Bechtold/Bosch/Brinker
Kommentar zum EU-Kartellrecht

EU-Kartellrecht

Artikel 101–106 AEUV, EU-Kartell-VO 1/2003, Gruppenfreistellungsverordnungen Vertikalvereinbarungen (330/2010), Kraftfahrzeugsektor (461/2010), Technologietransfer (316/2014), Forschung und Entwicklung (1217/2010) Spezialisierung (1218/2010) und Versicherungen (267/2010) sowie EU-FusionskontrollVO (139/2004)

Kommentar

von

Dr. Rainer Bechtold
Rechtsanwalt in Stuttgart
Honorarprofessor an der Universität Würzburg

Dr. Wolfgang Bosch
Rechtsanwalt in Frankfurt

Dr. Ingo Brinker, LL. M.
Rechtsanwalt in München

3., aktualisierte und erweiterte Auflage 2014

C.H.BECK

Zitiervorschlag

Bechtold/Bosch/Brinker Einl. Rn. ...
Bechtold/Bosch/Brinker AEUV Art. ... Rn. ...
Bechtold/Bosch/Brinker VO ... Art. ... Rn. ...

www.beck.de

ISBN 978 3 406 62746 0

© 2014 Verlag C. H. Beck oHG
Wilhelmstraße 9, 80801 München
Druck: Druckerei C. H. Beck Nördlingen
(Adresse wie Verlag)

Satz: Jung Crossmedia Publishing GmbH
Gewerbestraße 17, 35633 Lahnau

Gedruckt auf säurefreiem, alterungsbeständigem Papier
(hergestellt aus chlorfrei gebleichtem Zellstoff)

Vorwort

Mit dieser 3. Auflage wird nach etwas über 5-jährigem Abstand die 2. Auflage des Kommentars von Bechtold/Bosch/Brinker/Hirsbrunner zum EG-Kartellrecht fortgeführt. Angesichts der durch den Lissabon-Vertrag eingeführten neuen Terminologie geht es nicht mehr um das „EG-Kartellrecht", sondern um das Kartellrecht der Europäischen Union („EU-Kartellrecht"). An die Stelle der bisher kommentierten Art. 81–86 EG sind, ohne sachliche Änderung, die Art. 101–106 des Vertrages über die Arbeitsweise der Europäischen Union (AEUV) getreten. Alle Gruppenfreistellungsverordnungen sind neu gefasst und in der Neufassung kommentiert worden. Die Verfasser freuen sich, dass sie „in letzter Minute" auch noch die VO 316/2014 über die Gruppenfreistellung für Technologietransfer-Vereinbarungen in die Kommentierung einbeziehen konnten, die zum 1.5.2014 in Kraft trat und die in der Vorauflage kommentierte VO 772/2004 ersetzt.

Simon Hirsbrunner ist im Zusammenhang mit seinem Ausscheiden aus der Sozietät Gleiss Lutz nicht mehr Mitautor. Wir haben deswegen die bisher von ihm kommentierte Fusionskontrollverordnung 139/2004 gemeinsam völlig neu bearbeitet. Im Übrigen wurde die frühere Aufteilung beibehalten: Im Schwergewicht haben Bechtold die Einführung und die Gruppenfreistellungsverordnungen (mit Ausnahme der Versicherungs-GVO 267/210, die Brinker bearbeitet hat), Bosch Art. 101 AEUV, Brinker Art. 102–106 AEUV und die VO 1/2003 bearbeitet. Unterstützt hat die Autoren bei Art. 106 Rechtsanwalt Dr. Tobias Holzmüller, Direktor der Rechtsabteilung der GEMA, dem die Verfasser herzlich danken. All das ändert nichts an der Gesamtverantwortung der Herren Bechtold, Bosch und Brinker für alles, was in diesem Buch steht.

Die Verfasser danken Frau Andrea Lang im Stuttgarter Büro von Gleiss Lutz für die unverzichtbare und unermüdliche (schreib-)technische Hilfeleistung bei der Erstellung dieses Kommentars.

Stuttgart/Frankfurt/München, im Juni 2014 — Die Verfasser

Inhaltsverzeichnis

Inhaltsverzeichnis

Texteverzeichnis

(Verzeichnis der Texte, die in der Kommentierung mit Kurzbezeichnungen zitiert werden)

Die hier aufgeführten Verordnungen, Bekanntmachungen, Mitteilungen und Leitfäden der Kommission sind im Internet abrufbar unter http://www.europa. eu.int/comm/competition/index_de.html.

Bagatellbekanntmachung	Bekanntmachung der Kommission über Vereinbarungen von geringer Bedeutung, die den Wettbewerb gemäß Artikel 81 Absatz 1 des Vertrags zur Gründung der Europäischen Gemeinschaft nicht spürbar beschränken (de minimis) (ABl. 2001 C 368/13) **(Anhang B 2)**
Bekanntmachung über Behandlung von Beschwerden	Bekanntmachung der Kommission über die Behandlung von Beschwerden durch die Kommission gemäß Artikel 81 und 82 EG-Vertrag (ABl. 2004 C 101/65) **(Anhang B 19)**
Bekanntmachung über Beratungsschreiben	Bekanntmachung der Kommission über informelle Beratung bei neuartigen Fragen zu den Artikeln 81 und 82 des Vertrages, die in Einzelfällen auftreten (Beratungsschreiben) (ABl. 2004 C 101/78) **(Anhang B 18)**
Bekanntmachung über Nebenabreden	Bekanntmachung der Kommission über Einschränkungen des Wettbewerbs, die mit der Durchführung von Unternehmenszusammenschlüssen unmittelbar verbunden und für diese notwendig sind (ABl. 2005 C 56/24) **(Anhang B 23)**
Bekanntmachung über den relevanten Markt	Bekanntmachung der Kommission über die Definition des relevanten Marktes im Sinne des Wettbewerbsrechts der Gemeinschaft (ABl. 1997 C 372/5) **(Anhang B 1)**
Bekanntmachung über Zusammenarbeit mit Gerichten	Bekanntmachung der Kommission über die Zusammenarbeit zwischen der Kommission und den Gerichten der EU-Mitgliedstaaten bei der Anwendung der Artikel 81 und 82 des Vertrags (ABl. 2004 C 101/54) **(Anhang B 27)**
Bekanntmachung über vereinfachtes Verfahren	Bekanntmachung der Kommission über ein vereinfachtes Verfahren für bestimmte Zusammenschlüsse gemäß der Verordnung (EG) Nr. 139/2004 des Rates (ABl. 2005 C 56/32) **(Anhang B 25)**
Bekanntmachung über Zusammenarbeit im Netz	s. ECN-Bekanntmachung

Texteverzeichnis

„Best Practice"-Leitlinien zur Durchführung von EG-Fusionskontrollverfahren	DG Competition Best Practices Guidelines on the Conduct of EC Merger Control Proceedings, im Internet unter http://europa.eu.int/comm/competition/mergers/legislation
„Best Practice"-Leitlinien für Veräußerungsverpflichtungen	Best Practice Guidelines for Divestiture Commitments, im Internet unter http://europa.eu.int/comm/compe tition/mergers/legislation
ECN-Bekanntmachung	Bekanntmachung der Kommission über die Zusammenarbeit innerhalb des Netzes der Wettbewerbsbehörden (ABl. 2004 C 101/43) **(Anhang B 28)**
EGKS-Vertrag	Vertrag über die Gründung der Europäischen Gemeinschaft für Kohle und Stahl vom 18.4.1951 (mehrfach geändert)
Ergänzende Kfz-Leitlinien	s. Leitlinien Kfz-Sektor
EWR-Abkommen (-Vertrag)	Abkommen über den Europäischen Wirtschaftsraum vom 2.5.1992 (auszugsweise **Anhang A 1A**)
FKVO	s. VO 139/2004
Geldbußen-Leitlinien 1998	Leitlinien für das Verfahren zur Festsetzung von Geldbußen, die gemäß Artikel 15 Absatz 2 der Verordnung Nr. 17 und gemäß Artikel 85 Absatz 5 EGKS-Vertrag festgesetzt werden (ABl. 1998 C 9/3) **(Anhang B 14)**
Geldbußen-Leitlinien 2006	Leitlinien für das Verfahren zur Festsetzung von Geldbußen gemäß Artikel 23 Absatz 2 Buchstabe a) der Verordnung (EG) Nr. 1/2003 (ABl. 2006 C 110/2) **(Anhang B 15)**
Grundrechte-Charta	Charta der Grundrechte der Europäischen Union (ABl. 2007 C 303/1)
„Häufig gestellte Fragen"	Bekanntmachung der Kommission zur VO 1400/2002, im Internet unter http://europa.eu.int/comm/competition/car_sector/distribution/
Horizontalleitlinien	Leitlinien zur Anwendbarkeit von Art. 101 AEUV auf Vereinbarungen über horizontale Zusammenarbeit (ABl. 2011 C 11/1) **(Anhang B 5)**
Konsolidierte Mitteilung	s. Mitteilung zu Zuständigkeitsfragen
Kronzeugenmitteilung 1996	Mitteilung der Kommission über die Nichtfestsetzung oder die niedrigere Festsetzung von Geldbußen in Kartellsachen (ABl. 1996 C 207/4)
Kronzeugenmitteilung 2002	Mitteilung der Kommission über den Erlass und die Ermäßigung von Geldbußen in Kartellsachen (ABl. 2002 C 45/3) **(Anhang B 12)**
Kronzeugenmitteilung 2006	Mitteilung der Kommission über den Erlass und die Ermäßigung von Geldbußen in Kartellsachen (ABl. 2006 C 298/17) **(Anhang B 13)**
Leitfaden zum Kraftfahrzeugvertrieb	Kraftfahrzeugvertrieb und -kundendienst in der Europäischen Union – Leitfaden der Kommission, im Internet unter http://europa.eu.int/comm/competition/car_sector/distribution/
Leitfaden zur VO 1400/2002	s. Leitfaden zum Kraftfahrzeugvertrieb

Texteverzeichnis

Literaturverzeichnis

(Aufgeführt sind nur Bücher, keine Aufsätze, und nur soweit sie in der Kommentierung verkürzt zitiert sind)

Bauer/de Bronett, Die EU-Gruppenfreistellungsverordnung für vertikale Wettbewerbsbeschränkungen, 2001

Bechtold, GWB, 7. Aufl. 2013

Bellamy & Child, European Community Law of Competition, 2013 edition

Beutelmann, Selektive Vertriebssysteme im europäischen Kartellrecht, 2004

Bishop/Walker, Economies of EC Competition Law, 2007

de Bronett, Kommentar zum europäischen Kartellverfahrensrecht, 2. Aufl. 2012

Brinker, Missbrauchsaufsicht auf der Grundlage der Gruppenfreistellungsverordnungen, 1994

Callies/Ruffert, Kommentar zu EUV/AEUV, 4. Aufl. 2011

Creutzig, EG-Gruppenfreistellungsverordnung (GVO) für den Kraftfahrzeugvertrieb, 2003

Drauz/Jones, EU Competition Law II – Mergers & Acquisitions, 2007

Drauz/Reynolds, EC Merger Control: A Major Reform in Progress, 2003

Drauz/Schröder, Praxis der europäischen Fusionskontrolle, 3. Aufl. 1995

Dreher/Kling, Kartell- und Wettbewerbsrecht der Versicherungsunternehmen, 2007

Ensthaler/Funk/Stopper, Handbuch des Automobilvertriebs, 2003

Faull/Nikpay, The EC Law of Coompetition, 2nd edition, 2007

Frankfurter Kommentar zum Kartellrecht, Band II, III und VI zum EG-Kartellrecht, Loseblatt-Ausgabe, Stand 2013

Geiger/Khan/Kotzur, EUV/AEUV, 5. Aufl. 2010

Gemeinschaftskommentar, Gesetz gegen Wettbewerbsbeschränkungen und Europäisches Kartellrecht, 5. Aufl. 2001 ff.

Gleiss/Hirsch, Kommentar zum EG-Kartellrecht, 4. Aufl., Band 1, 1993

Grabitz/Hilf/Nettesheim, Das Recht der Europäischen Union, Kommentar, Loseblattsammlung, München, Stand: 51. Lfg. 2013

v. d. Groeben/Thiesing/Ehlermann, Kommentar zum EU-/EG-Vertrag, 5. Aufl., 1997/1998

v. d. Groeben/Schwarze, Vertrag über die Europäische Union und Vertrag zur Gründung der Europäischen Gemeinschaft, 6. Aufl. 2004

Immenga/Mestmäcker, Wettbewerbsrecht EG, Teil 1 und Teil 2, 5. Aufl. 2012

Karlsruher Kommentar zum OWiG, Karlsruher Kommentar zum Gesetz über Ordnungswidrigkeiten, 2. Aufl. 2000

Kerse/Khan, Antitrust Procedure, 5th ed. 2005

Kirscht, Versicherungskartellrecht: Problemfelder im Lichte der Europäisierung, 2003

Klees, Europäisches Kartellverfahrensrecht, 2005

Kölner Kommentar zum Kartellrecht, Band 4, 2013

Köhler/Bornkamm, Gesetz gegen den unlauteren Wettbewerb UWG, 31. Aufl. 2013

Kreiling, Versicherungsgemeinschaften im europäischen Kartellrecht, 1999

Lampert/Niejahr/Kübler/Weidenbach, EG-KartellVO, 2004

Langen/Bunte, Kommentar zum deutschen und europäischen Kartellrecht, 11. Aufl. 2010

Lenz/Borchardt, EU- und EG-Vertrag, Kommentar, 5. Aufl. 2010

Levy, A Guide to the Merger Control Regulation, 2012

Liebscher/Flohr/Petsche, Handbuch der EU-Gruppenfreistellungsverordnungen, 2. Aufl. 2012

Loewenheim/Meessen/Riesenkampff, Kartellrecht, 2. Aufl. 2009

Martinek, Moderne Vertragstypen, Band II, Franchising, Know-how-Verträge, Management- und Consultingverträge, 1992

Mestmäcker/Schweitzer, Europäisches Wettbewerbsrecht, 2. Aufl. 2004

Metzlaff, Praxishandbuch Franchising, 2003

Literaturverzeichnis

Münchener Kommentar zum Europäischen und Deutschen Wettbewerbsrecht (Kartellrecht), Bd. 1, Europäisches Wettbewerbsrecht, 2007

Prölss/Martin, Versicherungsvertragsgesetz, 27. Aufl. 2007

Roniger, Das neue Vertriebskartellrecht, 2000

Schnelle/Bartosch/Hübner, Das neue EU-Kartellverfahrensrecht, 2004

Schröter/Jakob/Mederer, Kommentar zum Europäischen Wettbewerbsrecht, 2003

Schulte/Just, Kartellrecht, 2012

Schultze/Pautke/Wagener, Die Gruppenfreistellungsverordnung für Technologietransfer-Vereinbarungen, 2005

Schultze/Pautke/Wagener, Vertikal-GVO, 3. Aufl. 2011

Schumacher, Tim, Recht des Kfz-Vertriebs in Europa, 2005

Schwalbe/Zimmer, Kartellrecht und Ökonomie, 2. Aufl. 2011

Schwarze, EU-Kommentar, 3. Aufl. 2012

Schwarze, Europäisches Verwaltungsrecht, Entstehung und Entwicklung im Rahmen der Europäischen Gemeinschaft, 2. Aufl. 2005

Schwarze/Weitbrecht, Grundzüge des europäischen Kartellverfahrensrechts, 2004

Streinz, Europarecht, 9. Aufl. 2012

Streinz, EUV/AEUV, 2. Aufl. 2012

Stumpf/Jaletzke/Schultze, Der Vertragshändlervertrag, 3. Aufl. 1997

Van Bael&Bellis, Competition Law of the European Community, 4. Aufl. 2005

Wettbewerbsbericht der Kommission, Bericht über die Wettbewerbspolitik, Europäische Kommission, erscheint jährlich

Wiedemann (Herausg.), Handbuch des Kartellrechts, 2. Aufl. 2011

Wiedemann, Kommentar zu den Gruppenfreistellungsverordnungen des EWG-Kartellrechts, Bd. I 1989, Bd. II 1990

Windhagen, Die Versicherungswirtschaft im europäischen Kartellrecht, 1996

Abkürzungsverzeichnis

aA . . . . anderer Ansicht
aaO . . . . am angegebenen Ort
ABl. . . . . Amtsblatt der Europäischen Union bzw. der Europäischen Gemeinschaften
Abs. . . . . Absatz
AEUV . . . . Vertrag über die Arbeitsweise der Europäischen Union
aF . . . . alte Fassung
AG . . . . Aktiengesellschaft
AKB . . . . Allgemeine Bedingungen für die Kraftfahrtversicherung
AktG . . . . Aktiengesetz
ARB . . . . Allgemeine Bedingungen für die Rechtsschutzversicherung
AUB . . . . Allgemeine Unfallversicherungsbedingungen
Aufl. . . . . Auflage
AVB . . . . Allgemeine Versicherungsbedingungen

BAnz . . . . Bundesanzeiger
BAV . . . . Bundesaufsichtsamt für das Versicherungswesen [Rechtsvorgänger der Bundesanstalt für Finanzdienstleistungsaufsicht BaFin]
BB . . . . Betriebsberater (Zeitschrift)
Begr. . . . . Begründung
BMWi . . . . Bundesminister(ium) für Wirtschaft (und Arbeit)
BGB . . . . Bürgerliches Gesetzbuch
BGBl. . . . . Bundesgesetzblatt
BGH . . . . Bundesgerichtshof
BGHZ . . . . Entscheidungssammlung des Bundesgerichtshofs in Zivilsachen
BKartA . . . . Bundeskartellamt
BReg . . . . Bundesregierung
BT-Drucks. . . . . . . Bundestags-Drucksache
BVerfG . . . . Bundesverfassungsgericht
BVerfGE . . . . Entscheidungssammlung des Bundesverfassungsgerichts
BWM . . . . Bundeswirtschaftsminister, Bundeswirtschaftsministerium

CLI . . . . Competition Law International (Zeitschrift)
CMLR . . . . Common Market Law Review (Zeitschrift)
CR . . . . Computer und Recht (Zeitschrift)

DB . . . . Der Betrieb (Zeitschrift)
dh . . . . das heißt

ECLR . . . . European Competition Law Review (Zeitschrift)
ECU . . . . Europäische Rechnungseinheit
EG . . . . Vertrag zur Gründung der Europäischen Gemeinschaft
EGKS . . . . Europäische Gemeinschaft für Kohle und Stahl (Montanunion)
EGKS-V . . . . Montanunions-Vertrag
EGMR . . . . Europäischer Gerichtshof für Menschenrechte
Einf. . . . . Einführung
Einl. . . . . Einleitung
EMRK . . . . Europäische Menschenrechtskonvention
ET . . . . Energiewirtschaftliche Tagesfragen (Zeitschrift)
EU . . . . Europäische Union
EUV . . . . Vertrag über die Europäische Union
EuZW . . . . Europäische Zeitschrift für Wirtschaftsrecht (Zeitschrift)

Abkürzungsverzeichnis

EuG . . . . Gericht der Europäischen Union
EuGeI . . . . s. EuG
EuGH . . . . Gerichtshof der Europäischen Union
EuR . . . . Europarecht (Zeitschrift)
EWR . . . . Europäischer Wirtschaftsraum
EWiR . . . . Entscheidungen zum Wirtschaftsrecht (Zeitschrift)
EWS . . . . Europäisches Wirtschafts- und Steuerrecht (Zeitschrift)

f. . . . . folgende
Faull/Nikpay . . . . . The EC Law of Competition, 2nd edition, 2007
ff. . . . . (fort)folgende
FIW-Schriftenreihe Schriftenreihe des Forschungsinstituts für Wirtschaftsverfassung und Wettbewerb e. V.
FK . . . . Frankfurter Kommentar zum Kartellrecht, Band II und III zum EG-Kartellrecht, Loseblatt-Ausgabe, Stand 2013
FKVO . . . . Verordnung (EG) Nr. 139/2004 des Rates vom 20. Januar 2004 über die Kontrolle von Unternehmenszusammenschlüssen (EG-Fusionskontrollverordnung)
FS . . . . Festschrift
FuE . . . . Forschung und Entwicklung

GA . . . . Generalanwalt
GCLR . . . . Global Competition Litigation Review (Zeitschrift)
GG . . . . Grundgesetz
ggf. . . . . gegebenenfalls
GmbHG . . . . GmbH-Gesetz
grds. . . . . grundsätzlich
GRUR . . . . Gewerblicher Rechtsschutz und Urheberrecht (Zeitschrift)
GVO . . . . Gruppenfreistellungs-Verordnung
GWB . . . . Gesetz gegen Wettbewerbsbeschränkungen

HGB . . . . Handelsgesetzbuch
hM . . . . herrschende Meinung
Hs. . . . . Halbsatz

idF . . . . in der Fassung
IM . . . . Immenga/Mestmäcker, Wettbewerbsrecht EG Teil 1 und 2, 4. Auflage 2007 (Kommentar)
iSd . . . . im Sinne des
iSv . . . . im Sinne von
iVm . . . . in Verbindung mit

KartVO . . . . Kartellverordnung
KG . . . . Kammergericht
KOMM . . . . Entscheidung der Europäischen Kommission
KSzW . . . . Kölner Schrift zum Wirtschaftsrecht (Zeitschrift)
KWG . . . . Kreditwesengesetz

LB . . . . Langen/Bunte, Kommentar zum deutschen und europäischen Kartellrecht, Band 2 Europäisches Kartellrecht, 11. Aufl. 2010
LG . . . . Landgericht
Lit. . . . . Literatur
lit. . . . . „littera", Buchstabe
L/M/R . . . . Loewenheim/Meessen/Riesenkampff, Kartellrecht, 2. Aufl. 2009 (Kommentar)

Mio. . . . . Millionen
Mrd. . . . . Milliarden

MünchKomm ..... Münchener Kommentar zum Europäischen und Deutschen Wettbewerbsrecht (Kartellrecht) 2007
mwN .... mit weiteren Nachweisen

nF .... neue Fassung
NJW .... Neue Juristische Wochenschrift (Zeitschrift)
NJW-RR .... Neue Juristische Wochenschrift, Rechtsprechungs-Report
Nr. .... Nummer
nv .... (noch) nicht veröffentlicht bzw. (noch) nicht in der Amtlichen Sammlung
NZKart .... Neue Zeitschrift für Kartellrecht (ab 2013)

OLG .... Oberlandesgericht
OWiG .... Gesetz gegen Ordnungswidrigkeiten

PatG .... Patentgesetz

RdE .... Recht der Energiewirtschaft (Zeitschrift)
RG .... Reichsgericht
RGBl. .... Reichsgesetzblatt
RGZ .... Entscheidungssammlung des Reichsgerichts in Zivilsachen
RIW .... Recht der Internat. Wirtschaft (Zeitschrift)
Rs. .... Rechtssache
Rspr. .... Rechtsprechung

S. .... Seite
s. .... siehe
SchiedsVZ .... Zeitschrift für Schiedsverfahren (Zeitschrift)
Slg. .... (amtliche) Sammlung der Rechtsprechung des Gerichtshofs der Europäischen Gemeinschaften
sog. .... sogenannte
st. Rspr. .... ständige Rechtsprechung
stdg. .... ständig
StVZO .... Straßenverkehrszulassungs-VO

TB .... Tätigkeitsbericht des Bundeskartellamts (erscheint 2-jährlich)
Tz. .... Textziffer

uE .... Unseres Erachtens
Unterabs. .... Unterabsatz
uU .... Unter Umständen
UWG .... Gesetz gegen den unlauteren Wettbewerb

VerBav .... Veröffentlichungen des Bundesaufsichtsamtes für das Versicherungswesen
VersR .... Versicherungsrecht (Zeitschrift)
vgl. .... vergleiche
VO .... Verordnung
VR .... Versicherungsrundschau (Zeitschrift)
VVG .... Versicherungsvertragsgesetz
VW .... Versicherungswirtschaft (Zeitschrift)
VwGO .... Verwaltungsgerichtsordnung
VwVfG .... Verwaltungsverfahrensgesetz
VwVG .... Verwaltungsvollstreckungsgesetz
VwZG .... Verwaltungszustellungsgesetz

WiB .... Wirtschaftsrechtliche Beratung (Zeitschrift)
wistra .... Zeitschrift für Wirtschafts- und Steuerstrafrecht (Zeitschrift)
WM .... Wertpapier-Mitteilungen (Zeitschrift)
WRP .... Wettbewerb in Recht und Praxis (Zeitschrift)

Abkürzungsverzeichnis

WuB	Entscheidungssammlung zum Wirtschafts- und Bankrecht
WuW	Wirtschaft und Wettbewerb (Zeitschrift)
WuW/E	Wirtschaft und Wettbewerb, Entscheidungssammlung
zB	zum Beispiel
ZPO	Zivilprozessordnung
ZHR	Zeitschrift für das gesamte Handelsrecht und Wirtschaftsrecht (Zeitschrift)
ZIP	Zeitschrift für Wirtschaftsrecht (Zeitschrift)
Ziff.	Ziffer
ZNER	Zeitschrift für Neues Energierecht (Zeitschrift)
ZEuP	Zeitschrift für Europäisches Privatrecht (Zeitschrift)

I. Einleitung

Inhaltsübersicht

1. Allgemeines zu den Europäischen Verträgen

a) Historische Entwicklung. Vorläufer der heute gültigen Verträge über die Europäische Union von 1992 (ABl. 1992 C 191/1, **EUV**) und über die Arbeitsweise der Europäischen Union von 2007 (ABl. 2007 C 306/1, **AEUV**) ist der Vertrag zur Gründung der Europäischen Wirtschaftsgemeinschaft vom 25.3.1957, der am 1.1.1958 in Kraft getreten ist **(EWG-Vertrag).** Schon vorher war der Vertrag über die Gründung der Europäischen Gemeinschaft für Kohle und Stahl vom 18.4.1951 (**EGKS-Vertrag,** Montanunion) in Kraft getreten. Gleichzeitig mit dem EWG-Vertrag wurde der Vertrag zur Gründung der Europäischen Atomgemeinschaft **(Euratom)** vom 25.3.1957 geschlossen, der ebenso wie der EWG-Vertrag am 1.1.1958 in Kraft trat. Vertragspartner aller dieser Verträge waren die sechs Gründerstaaten Belgien, Deutschland, Frankreich, Italien, Luxemburg und die Niederlande. Durch das Abkommen über gemeinsame Organe für die Europäischen Gemeinschaften vom 25.3.1957 und durch den Vertrag zur Einsetzung eines gemeinsamen Rates und einer gemeinsamen Kommission der Europäischen Gemeinschaften vom 8.4.1965 wurden diese drei Gemeinschaften in ihren Organen vereinheitlicht. Der EGKS-Vertrag ist mit dem 23.7.2002 außer Kraft getreten (Art. 97 EGKS-Vertrag); seither gilt der EG-Vertrag (und heute der AEUV) auch in den früher vom EGKS-Vertrag erfassten Wirtschaftsbereichen Kohle und Stahl. 1

Zum 1.1.1993 ist der **Vertrag über die Europäische Union** vom 7.2.1992 zwischen den damaligen Mitgliedstaaten der drei Europäischen Gemeinschaften in Kraft 2 getreten. Er ergänzt die Zusammenarbeit in den damals bestehenden drei Gemeinschaften durch die gemeinsame Außen- und Sicherheitspolitik sowie eine Kooperation in der Innen- und Justizpolitik. Zugleich wurde der EWG-Vertrag in der Maastrichter Fassung teilweise geändert. Zum 1.5.1999 ist die durch den Amsterdamer Vertrag geänderte Fassung des Vertrages zur Gründung der Europäischen Gemeinschaft (in der Rechtsprechung abgekürzt **EG**) in Kraft getreten. Er hat auch zu einer **Neunummerierung der (sachlich unveränderten) Wettbewerbsregeln** geführt. Früher umfassten die Wettbewerbsregeln des Vertrages die Art. 85–93 EWGV. Zwischen 1999 und 2009 hatten die Wettbewerbsregeln die Artikelbezeichnungen 81–89 EG.

3 Der **Vertrag von Lissabon von 2007** „zur Änderung des Vertrages über die Europäische Union und des Vertrages zur Gründung der Europäischen Gemeinschaft“ vom 13.12.2007 (ABl. 2007 C 306/1) umfasst in Art. 1 den überarbeiteten EU-Vertrag (EUV), in Art. 2 den ebenfalls überarbeiteten früheren EG-Vertrag, der in den **„Vertrag über die Arbeitsweise der Europäischen Union“ (AEUV)** (ABl. 2008 C 115/1 = ABl. 2010 C 83/1) umbenannt wurde (vgl. dazu *Schwarze,* EU-Kommentar, 3. Aufl. 2012, Einf. Rn. 5ff.). Das Kartellverbot (früher Art. 85 EGV, dann Art. 81 EG) ist nunmehr in Art. 101 AEUV enthalten, das Verbot des Missbrauchs marktbeherrschender Stellung (bisher Art. 86 EGV bzw. Art. 82 EG) in Art. 102 AEUV. In diesem Kommentar werden nur noch die Artikelbezeichnungen nach dem Lissabon-Vertrag verwendet, und zwar auch dann, wenn es sich um Entscheidungen und Zitate handelt, die die früheren Fassungen betrafen. Der Vertrag von Lissabon bzw. die durch ihn bewirkte Änderung des AEUV ist am 1.12.2009 in Kraft getreten. An diesem Datum ist auch die **„Charta der Grundrechte der Europäischen Union“** (vom 12.12.2007, ABl. 2007 C 303/1) in Kraft getreten. Außerdem sieht der EUV vor, dass die Union der Europäischen Konvention zum Schutz der Menschenrechte und Grundfreiheiten (EMRK) beitritt (Art. 6 Abs. 2 AEUV); der Beitritt ist noch nicht erfolgt. Diese Grundrechte sind aber nach Art. 6 Abs. 3 EU schon aktuell „als allgemeine Grundsätze Teil des Unionsrechts“. Die ausdrückliche Anerkennung von Grundrechten ist von besonderer Bedeutung für den Rechtsschutz der Unternehmen in Kartellverfahren.

4 Aus den **zunächst sechs Mitgliedstaaten** sind inzwischen **28 Mitgliedstaaten** geworden. Zum 1.1.1973 sind Dänemark, Irland und das Vereinigte Königreich beigetreten, zum 1.1.1981 Griechenland, zum 1.1.1986 Spanien und Portugal, zum 1.1.1995 Österreich, Schweden und Finnland. Die größte Erweiterung fand zum 1.5.2004 statt durch Beitritt von Tschechien, Estland, Zypern, Lettland, Litauen, Ungarn, Malta, Polen, Slowenien und der Slowakei. Zum 1.1.2007 sind Bulgarien und Rumänien, zum 1.7.2013 Kroatien beigetreten.

5 **b) Räumlicher Geltungsbereich des AEUV.** Früher hat Art. 299 EG den Geltungsbereich des Vertrages und damit auch den Geltungsbereich der europäischen Wettbewerbsregeln geregelt. Art. 52 Abs. 1 EUV sieht vor, dass die Verträge (insbesondere EUV und AEUV, und damit die Wettbewerbsregeln) in allen, im Einzelnen aufgeführten **Mitgliedstaaten** gelten. Das bezieht auch die **französischen Übersee-Departements** Guadeloupe, Guayana, Martinique, Réunion und Saint-Martin sowie die portugiesischen Azoren, das portugiesische Madeira und die spanischen kanarischen Inseln ein (dazu Art. 355 Abs. 1 AEUV). Nach Art. 349 AEUV können „Bedingungen für die Anwendung der Verträge“ auf diese Gebiete festgelegt werden. Für die Art. 101 und 102 AEUV gibt es keine solchen Modifikationen, sodass von einer vollen Anwendbarkeit der Art. 101 und 102 AEUV auszugehen ist. Für andere mit Mitgliedstaaten verbundene **„überseeische Länder und Hoheitsgebiete“**, die im Anhang II zum AEUV im Einzelnen aufgeführt sind, ist keine unmittelbare Anwendbarkeit der Wettbewerbsregeln vorgesehen. Art. 355 Abs. 2–6 AEUV enthalten weitere detailliertere Regelungen über die Anwendbarkeit des EUV und des AEUV, die aber keine weitergehende spezifische Bedeutung für die Anwendbarkeit der Wettbewerbsregeln haben.

c) Europäischer Wirtschaftsraum (EWR). Am 1.1.1994 trat das Abkommen über den Europäischen Wirtschaftsraum in Kraft (ABl. 1994 L 1/1 = BGBl. 1993 II S. 266). Es enthält für die **Länder der Union** (heute 28 Mitgliedstaaten) und die bisherigen **EFTA-Länder** Norwegen, Island und Liechtenstein – nicht aber die Schweiz – in Art. 53 und 54 Wettbewerbsregeln, die wörtlich den Art. 101 und 102 AEUV entsprechen. Praktisch führt der Europäische Wirtschaftsraum zu einer räumlichen Ausdehnung der Anwendung des europäischen Kartellrechts, allerdings **ohne Einbeziehung** einzelner Wirtschaftsbereiche wie insbesondere **der Landwirtschaft.** Die Einzelheiten sind geregelt in Art. 55 EWR-Abkommen **(Anhang A 1A),** in Anhang XIV zum EWR-Abkommen (ABl. 1991 L 1/446) und in den Protokollen 21 über die Durchführung der Wettbewerbsregeln für Unternehmen (ABl. 1994 L 1/181) und 24 über die Zusammenarbeit im Bereich der Kontrolle von Unternehmenszusammenschlüssen (ABl. 1994 L 1/188, **Anhang A 1B**). Obwohl der Anhang XIV und die Protokolle noch auf die 1994 geänderten sekundärrechtlichen Vorschriften Bezug nehmen, sind sie formal nicht angepasst worden. 6

2. Die Wettbewerbsregeln des AEUV

a) Überblick. Der AEUV ist in sieben Teile gegliedert. Die Wettbewerbsregeln befinden sich im dritten Teil (Art. 26ff.), der mit „Die internen Politiken und Maßnahmen der Union" überschrieben ist. Dessen **Titel VII** (Art. 101ff.) enthält „gemeinsame Regeln betreffend Wettbewerb, Steuerfragen und Angleichung der Rechtsvorschriften". Er ist untergliedert in drei Kapitel, deren erstes die **„Wettbewerbsregeln"** (Art. 101–109) umfasst. Die Wettbewerbsregeln sind ihrerseits untergliedert in zwei Abschnitte, nämlich Abschnitt 1 (Art. 101–106) mit den **„Vorschriften für Unternehmen"** und Abschnitt 2 (Art. 107–109) mit den Vorschriften über „staatliche Beihilfen". Gegenstand dieses Kommentars ist nur der Abschnitt 1 (Art. 101–106) mit dem darauf beruhenden Sekundärrecht. Die grundlegenden materiellen Vorschriften sind in den Art. 101 und 102 AEUV enthalten. 7

b) Kartellverbot (Art. 101 AEUV). Art. 101 enthält das **Verbot wettbewerbsbehindernder Vereinbarungen und Beschlüsse.** Er unterscheidet nicht zwischen horizontalen und vertikalen Wettbewerbsbeschränkungen. Das bedeutet, dass dem Verbot alle horizontal und vertikal vereinbarten, beschlossenen oder abgestimmten Wettbewerbsbeschränkungen unterliegen, also im Vertikalbereich Preis- und sonstige Inhaltsbindungen sowie Abschlussbindungen, insbesondere Ausschließlichkeitsverträge und alle Arten von Exportverboten. **Art. 101 Abs. 3 AEUV** enthält eine **Ausnahme vom Kartellverbot** des Abs. 1. Er hat durch die **VO 1/2003** mit Wirkung vom 1.5.2004 eine grundlegende Veränderung seiner Anwendung erfahren. Während er früher nur wirksam wurde, wenn entweder eine Einzelfreistellungsentscheidung der Kommission vorlag oder eine durch Kommissionsverordnung bewirkte Gruppenfreistellung eingriff, gilt er seither unmittelbar von Gesetzes wegen. Vereinbarungen, Beschlüsse und abgestimmte Verhaltensweisen, die zwar von dem Verbot des Abs. 1 erfasst werden, aber die Voraussetzungen des Abs. 3 erfüllen, sind nicht verboten und nicht von der Nichtigkeitssanktion des Abs. 2 erfasst. 8

c) Missbrauchsverbot (Art. 102 AEUV) und EU-Fusionskontrolle. Art. 102 AEUV verbietet den **Missbrauch marktbeherrschender Stellungen.** Der Missbrauch ist unmittelbar durch Gesetz verboten; eine Verbotsentscheidung muss nicht vorausgehen. Weder der EUV noch der AEUV enthalten ausdrückliche Vorschriften über **Unternehmenszusammenschlüsse.** Der Gerichtshof hat im Continental Can-Urteil von 1973 (Slg. 1973, 215) die These der Kommission bestätigt, dass unter bestimmten, engen Voraussetzungen auch Unternehmenszusammenschlüsse einen Missbrauch einer marktbeherrschenden Stellung nach Art. 102 AEUV darstellen können. Auf dieser Grundlage hat die Kommission kurz danach den Entwurf einer Fu- 9 sionskontrollverordnung vorgelegt, der aber vom Ministerrat nicht verabschiedet wurde. Erst am 21.12.1989 verabschiedete der Ministerrat eine wesentlich geänderte, außer auf Art. 102 (früher Art. 86 EWGV, dann Art. 82 EG) auch auf Art. 352 (früher Art. 235 EWGV, dann Art. 308 EG) gestützte Verordnung; diese **VO 4064/89** über die Kontrolle von Unternehmenszusammenschlüssen ist mit Wirkung vom 1.5.2004 durch die **VO 139/2004** ersetzt worden.

10 **d) Zwischenstaatsklausel.** Art. 101 und 102 AEUV haben zur gemeinsamen Voraussetzung, dass die von ihnen erfassten Maßnahmen geeignet sind, den zwischenstaatlichen Handel zu beeinträchtigen. Diese sog. Zwischenstaatsklausel (Zwischenstaatlichkeitsklausel) wird **außerordentlich weit ausgelegt.** Sie bewirkt keineswegs, dass nationale Sachverhalte nicht dem EU-Recht unterliegen. Kein Zweifel kann an ihrer Erfüllung bestehen, wenn die beteiligten Unternehmen ihren Sitz in verschiedenen EU-Mitgliedstaaten haben. Aber auch Vereinbarungen zwischen Unternehmen aus einem Mitgliedstaat oder mit Unternehmen aus Drittstaaten unterliegen dem EU-Kartellrecht, wenn sie in irgendeiner Weise unmittelbar oder mittelbar den zwischenstaatlichen Handel beeinflussen können. In der EU-Fusionskontrolle ist für die meisten Fälle die zwischenstaatliche Relevanz der von ihr erfassten Fusionen durch Umsatzschwellen nach Art. 1 Abs. 2 und 3 VO 139/2004 sichergestellt; es gibt aber auch Fälle, die zwar die Umsatzschwellen überschreiten, aber keinerlei Auswirkungen auf die Union und den zwischenstaatlichen Handel haben (→ FKVO Art. 1 Rn. 3).

11 **e) Art. 103–106 AEUV.** Von den weiteren Artikeln der „Vorschriften für Unternehmen" der Wettbewerbsregeln sind Art. 103 und 106 AEUV noch von aktueller Bedeutung. Art. 103 AEUV enthält die **Ermächtigung für Ratsverordnungen** zur „Verwirklichung der in den Art. 101 und 102 AEUV niedergelegten Grundsätze", die ihrerseits auch die **Kommission** zu **Durchführungsverordnungen** ermächtigen können. Art. 103 AEUV ist die Grundlage für die **VO 1/2003** und – neben Art. 352 AEUV – der Fusionskontroll**VO 139/2004.** Neben der VO 1/2003 stehen die Ratsverordnungen **19/65, 2821/71** und **1534/91,** die die Kommission zum Erlass von Gruppenfreistellungsverordnungen ermächtigt haben; diese Verordnungen sind die Grundlage für die hier kommentierten sechs Gruppenfreistellungsverordnungen im Horizontalbereich 1218/2010 (Spezialisierungsvereinbarungen), 1217/2010 (Forschungs- und Entwicklungsvereinbarungen) und 267/2010 (Vereinbarungen im Versicherungssektor) sowie im Vertikalbereich 330/2010 (Vertikalvereinbarungen), 461/2010 (Vertikalvereinbarungen im Kfz-Bereich) und 316/2014 (Technologietransfervereinbarungen). Art. 104 und 105 AEUV hatten ihre praktische Bedeutung im Wesentlichen während der Übergangszeit, insbesondere vor Erlass der Ratsverordnung 17/62. Weiterhin von großer Bedeutung ist Art. 106 AEUV, der die **Anwendung der Wettbewerbsregeln auf öffentliche Unternehmen** regelt und insoweit einige Privilegierungen enthält.

12 **f) Sekundärrecht.** Die Praxis des EU-Kartellrechts ist heute nicht nur durch die unmittelbare Anwendbarkeit der Art. 101 und 102 AEUV für die Unternehmen, sondern ebenso durch das Sekundärrecht geprägt. Für Art. 101 AEUV ergibt sich die **unmittelbare Anwendung** nicht nur der Abs. 1 und 2, sondern **auch der Freistellungsnorm des Abs. 3** aus der **VO 1/2003.** Bis zu deren Inkrafttreten am 1.5.2004 galt die Ratsverordnung 17/62, die noch vom Entscheidungsmonopol der Kommission für Art. 101 Abs. 3 AEUV (81 Abs. 3 EG) ausging. Die VO 1/2003 regelt das gesamte Kartellverfahren, die Entscheidungs- und Ermittlungsbefugnisse der Kommission, die Bußgeldsanktionen bei Verstößen gegen Art. 101 und 102 AEUV sowie die Anwendung der EU-Wettbewerbsregeln durch die nationalen Wettbewerbsbehörden und die nationalen Gerichte. Auf der Grundlage des Art. 33 VO 1/2003 hat die Kommission die **VO 773/2004 über die Durchführung von Verfahren** auf der Grundlage der Art. 81 und 82 EG erlassen (Anhang A 2). Im Rahmen des Art. 101

Abs. 3 AEUV sind die **Gruppenfreistellungsverordnungen** von großer Bedeutung. Wenn eine Vereinbarung, ein Beschluss oder eine aufeinander abgestimmte Verhaltensweise gegen Art. 101 Abs. 1 AEUV verstößt, stellt sich die Frage, ob dieser Verstoß durch Abs. 3 freigestellt ist. Bevor die schwierige und oft nicht mit eindeutigen Ergebnissen durchzuführende Prüfung der Tatbestandsmerkmale des Art. 101 Abs. 3 AEUV erfolgt, ist regelmäßig zu prüfen, ob eine der Gruppenfreistellungsverordnungen eingreift. Ist das der Fall, stellt sich jedenfalls in der Praxis nicht mehr die Frage, ob unabhängig oder zusätzlich zu der Gruppenfreistellung auch die Voraussetzungen des Abs. 3 unmittelbar eingreifen.

Im Bereich der **Fusionskontrolle** regelt die **VO 139/2004** (als Nachfolge-VO der VO 4064/89) nicht nur das Fusionskontrollverfahren, sondern enthält auch die materielle Eingriffsnorm, die sich in den – gegenüber der VO 4064/89 – neu gefassten Abs. 2 und 3 des Art. 2 von der ursprünglich auch auf Unternehmenszusammenschlüsse angewendeten Grundnorm des Art. 102 AEUV entfernt hat. Hiernach sind heute Zusammenschlüsse nicht mehr nur dann zu untersagen, wenn sie eine beherrschende Stellung begründen oder verstärken, sondern schon dann, wenn sie „**wirksamen Wettbewerb** im Gemeinsamen Markt oder einem wesentlichen Teil desselben erheblich **behindern**". Die VO 139/2004 enthält ihrerseits in Art. 23 Ermächtigungen für Durchführungsbestimmungen, von denen die Kommission durch die **Verfahrens-VO 802/2004** (Anhang A 3) Gebrauch gemacht hat. 13

g) Leitlinien, Mitteilungen und Bekanntmachungen der Kommission. Von großer praktischer Bedeutung sind die generellen Verlautbarungen der Kommission über Auslegungsprobleme der Wettbewerbsregeln und der Fusionskontrollvorschriften. Die wichtigsten sind in Anhang B abgedruckt. Sie sind rechtlich für die Unternehmen an sich unverbindlich, bewirken aber eine **Selbstbindung** der Kommission. Auch soweit sie unmittelbar das Verhalten von Unternehmen betreffen, haben sie eine wichtige Funktion für die einheitliche Anwendung des EU-Rechts in den Mitgliedstaaten (vgl. dazu auch *Bechtold,* FS Hirsch, 2008, S. 223ff.); rechtlich verbindlich sind sie aber für die Kartellbehörden und Gerichte der Mitgliedstaaten nicht (EuGH C-226/11 NZKart 2013, 111, 112 Expedia). 14

3. Der Geltungsbereich des EU-Kartellrechts

a) Unmittelbare und zwingende Geltung. Das EU-Kartellrecht entfaltet in jedem Mitgliedstaat ab seiner Zugehörigkeit zur EU unmittelbare Wirkung für und gegen jedes Unternehmen (ständige Rechtsprechung, vgl. EuGH Slg. 1991, I-935, 992 Delimitis/Henningerbräu). Durch diese unmittelbare Wirkung unterscheidet sich der AEUV grundlegend von normalen **völkerrechtlichen Verträgen,** die nur die vertragschließenden Staaten binden, nicht die einzelnen Staatsangehörigen (vgl. EuGH, Gutachten v. 14.12.1991 zum EWR, ABl. 1991 C 110/1, 11). Die EU-Wettbewerbsregeln sind von den Mitgliedstaaten in ihre eigenen, nationalen Rechtsordnungen aufgenommen und von allen ihren Organen anzuwenden. Das gilt nicht nur für die Primärvorschriften des AEUV, sondern auch für die auf dieser Grundlage erlassenen Verordnungen des Rates und der Kommission. 15

b) Ordre public. Das EU-Kartellrecht ist **zwingendes öffentliches Recht.** Es steht nicht zur Disposition Privater, selbstverständlich auch nicht der Unternehmen. Die Geltung der Art. 101 und 102 AEUV kann nicht abbedungen werden. Insbesondere für die Anwendung des Art. 101 AEUV spielt es keine Rolle, welche nationale Rechtsordnung für eine Vereinbarung gilt oder vereinbart ist. Art. 101 AEUV ist auch dann anzuwenden, wenn die Vereinbarung der Rechtsordnung eines Staates unterliegt, der nicht Mitglied der Union ist. Die Art. 101 und 102 AEUV gehören zu den Grundlagen der Regelungen über den europäischen Binnenmarkt und zu dessen tragenden Grundsätzen. Nach deutschem Recht gehören sie daher zum ordre public 16 iS von § 1059 Abs. 2 Nr. 2 lit. b ZPO (vgl. dazu BGH WuW/E BGH 1000 = NJW 1969, 978 = BB 1969, 692, Fruchtsäfte; BGH, BB 1972, 1295). Die tragende Bedeutung der Art. 101 und 102 AEUV und ihre Zuordnung zum ordre public ist dabei nicht nur nach innerstaatlichen Rechtsvorschriften zu beurteilen, sondern vor allem nach Unionsrecht, das **Vorrang vor nationalem Recht** hat. Wegen der Zugehörigkeit zum ordre public können in den Mitgliedstaaten Schiedssprüche nicht vollstreckt werden, die gegen Art. 101 oder 102 AEUV verstoßen (BGH aaO; EuGH Slg. 1999, I-3055, Rn. 36 Eco Swiss).

17 **c) Räumlicher Geltungsbereich.** Art. 101 und 102 AEUV sind auf Unternehmen unabhängig davon anwendbar, wo sie ihren Sitz haben oder aus welchem Recht sie ihre Rechtspersönlichkeit ableiten. Wenn Unternehmen den Tatbestand der Art. 101 oder 102 AEUV durch Handlungen außerhalb der EU erfüllen, finden die in ihnen enthaltenen Verbote Anwendung, soweit diese Handlungen **Wirkungen innerhalb der Union** haben **(Auswirkungsprinzip);** über Art. 53 und 54 des EWR-Abkommens (→ Rn. 6) sind der Union auch die anderen Mitgliedstaaten des EWR gleichgestellt, also Norwegen, Island und Liechtenstein. Das Auswirkungsprinzip, zu dem sich die meisten Kartellrechtsordnungen bekennen (in den USA seit der Alcoa-Entscheidung 1945, dazu *Baudenbacher/Behn* ZWeR 2004, 604, 607; zu Deutschland vgl. § 130 Abs. 2 GWB), gilt auch im Unionsrecht, spätestens seit dem Zellstoff-Urteil des EuGH vom 27.9.1988 (Slg. 1988, 5193, Rn. 14ff., Ahlström Osakeyhtiö u. a. „Zellstoff"). Der EuGH hält dabei (formal) an dem **Territorialitätsprinzip** fest, bezieht jedoch den Ort der Durchführung (Auswirkung) ein, womit er zu gleichen Ergebnissen wie bei der Anwendung des Auswirkungsprinzips kommt. Das EuG hat sich später im Falle Gencor/Lonrho zum Auswirkungsprinzip bekannt (Slg. 1999 II-753 Rn. 76ff., 89ff.). Vorläuferentscheidungen waren das Béguelin-Urteil des EuGH von 1971 (Slg. 1971, 949 Rn. 10–12; in einer Nebenbemerkung wurde auf die „Wirkung" innerhalb der EG abgestellt) sowie das Teerfarben-Urteil von 1972 (Slg. 1972, 619 Rn. 125, ICI), in dem zwar formal noch das Territorialitätsprinzip angewendet, aber tatsächlich auf die Verwirklichung des Kartells durch die Tochtergesellschaften in der Union abgestellt wurde.

18 Das Auswirkungsprinzip wird **völkerrechtlich** damit gerechtfertigt, dass durch die Anknüpfung an den Durchführungsort nur eine lückenhafte Erfassung von Wettbewerbsbeschränkungen erreicht würde. Es stellt **keinen Verstoß gegen das Einmischungsverbot** dar, weil und soweit der Staat den eigenen Außenhandel regelt und sich eine Einwirkung auf den fremden Wirtschaftsverkehr enthält. Das Auswirkungsprinzip hat aber auch völkerrechtliche Grenzen. Es sind dies insbesondere das Verbot des Rechtsmissbrauchs, das Interventionsverbot, der Grundsatz der Interessenabwägung und der Grundsatz der Angemessenheit (vgl. dazu insbesondere KG WuW/E OLG 3051, 3057 Morris/Rothmans). Danach muss zu dem Inlandsbezug des Auslandssachverhaltes insbesondere hinzukommen, dass sich „der den Inlandsbezug ergebende Sachverhalt nicht sinnvoll ohne Einbeziehung des Auslandssachverhaltes regeln lässt". Die Grundgedanken der Interessenabwägung und der Rücksichtnahme finden sich teilweise auch in dem **Comity-Abkommen** zwischen der EG und den USA (vgl. etwa Art. 6 des Abkommens von 1991/95, dazu unten Rn. 23). In diesen ist das völkerrechtliche Gebot der gegenseitigen Rücksichtnahme unter Völkerrechtssubjekten enthalten, das im anglo-amerikanischen Rechtsgeist als comity of nations eine besondere Rolle spielte und im europäischen Raum auch als Courtoisie bezeichnet wird. Auch das EuG stellte in Gencor/Lonrho hinsichtlich der Grenzen der Zuständigkeit der Gemeinschaft infolge des Auswirkungsprinzips auf die Grundsätze der Nichtintervention und der Verhältnismäßigkeit ab, wobei die Reichweite aber ausdrücklich offen gelassen wurde (Slg. 1999 II 753 Rn. 102ff.).

19 Nach dem Auswirkungsprinzip verstoßen zB vertragliche **Ausfuhrverbote in die Europäische Union,** die von Unternehmen in Drittstaaten vereinbart werden,

gegen Art. 101 Abs. 1 AEUV, soweit sie geeignet sind, den zwischenstaatlichen Handel zu beeinträchtigen (vgl. dazu EuGH Slg. 1978, 131 Miller). Haben Verhaltensweisen von Unternehmen Auswirkungen nur außerhalb der Gemeinschaft, sind die Wettbewerbsregeln nicht anwendbar. Aufgrund des Auswirkungsprinzips geht die Kommission in ihrer ständigen Entscheidungspraxis auch gegen **Unternehmen in Drittstaaten** vor, wenn sie mit Wirkung in der Europäischen Union gegen Art. 101 oder 102 AEUV verstoßen. Haben die Unternehmen mit Sitz in Drittstaaten Tochtergesellschaften in der Union, kann die Tochtergesellschaft aufgrund der wirtschaftlichen Einheit von Mutter- und Tochtergesellschaft in Anspruch genommen werden (vgl. dazu zB Kommission, ABl. 1985 L 92/1, 48, Aluminiumeinfuhren aus Osteuropa). Aber auch dann, wenn es keine Tochtergesellschaft in der Union gibt, werden die **Unternehmen in Drittstaaten unmittelbar haftbar** gemacht; die Kommission sieht sich auch als befugt an, Entscheidungen an Unternehmen in Drittstaaten zu übersenden. Da Art. 297 Abs. 2 letzter Satz AEUV für die Wirksamkeit der Entscheidung keine förmliche Zustellung voraussetzt, sondern eine „Bekanntgabe" ausreichen lässt, ist diese Praxis auch nach Auffassung des EuGH zulässig (vgl. insbes. EuGH, Slg. 1972, 619, 655f. ICI; Slg. 1973, 215, 241 Continental Can).

d) Sachlicher Geltungsbereich. Die Art. 101 ff. AEUV gelten grundsätzlich **für alle Wirtschaftsbereiche.** Allerdings kann nach Art. 103 Abs. 2 lit. c durch Ratsverordnung der Anwendungsbereich für einzelne Wirtschaftsbereiche „näher bestimmt" und damit eingeschränkt werden. Solche Einschränkungen enthalten in Nachfolge zur VO 26/63 die Verordnungen 1184/2006 und 1234/2007 (Anhang A 4 und 5) für den Bereich der **Landwirtschaft.** Die Anwendbarkeit der Art. 101 ff. AEUV ist damit aber nur insoweit ausgesetzt, wie die Verordnungen 1184/2006 und 1234/2007 im Einzelnen gehen; im Übrigen bleiben Art. 101 ff. AEUV anwendbar. Im **Verkehrssektor** galt früher die Verordnung 141/62; sie ist durch Art. 43 Abs. 2 VO 1/2003 aufgehoben worden. Für die Anwendung der Wettbewerbsregeln auf dem Gebiet des Eisenbahn-, Straßen- und Binnenschiffsverkehrs galt die VO 1017/68, die die zunächst befristete Nichtanwendung der VO 17/62 auf diesen Verkehrsbereich perpetuierte; sie ist durch Art. 4 iVm der Rats-VO 169/2009 (ABl. L 61/1) mit Ausnahme deren Art. 13 Abs. 3 aufgehoben worden. Die entsprechende VO 4056/86 für den Seeverkehr ist zunächst durch Art. 38 VO 1/2003 geändert und durch Art. 32 VO 1/2003 von deren Anwendungsbereich ausgenommen worden. Sie ist ebenso wie Art. 32 durch die VO 1419/2006 (ABl. L 296/1) aufgehoben worden. Nach Ablauf einer zweijährigen Übergangsvorschrift für bestimmte Linienkonferenzen gilt die VO 1/2003 jetzt daher auch uneingeschränkt für den Seeverkehr. 20

Nach **Auslaufen des EGKS-(Montanunion-)Vertrages** mit dem 22.7.2002 gelten der AEUV (EG-Vertrag) und damit auch die Wettbewerbsregeln **im Bereich von Kohle und Stahl uneingeschränkt.** Vom 23.7.2002 an können Verstöße gegen das EGKS-Kartellrecht aus der Vergangenheit nicht mehr geahndet werden, zumal das entsprechende Verfahrensrecht ohne Übergangsregelung wegfiel und die VO 17/62 und VO 1/2003 nur für das EU-Kartellrecht anwendbar sind (vgl. dazu EuG 25.10.2007, T 27/03 u. a., T 45/03, T 77/03, T 94/03 und *Dreher* EWS 2008, 219ff.). Der Vertrag zur Gründung der **Europäischen Atomgemeinschaft** (EAGV) gilt seit 1958 im Wesentlichen unverändert fort. Zuletzt ist er durch den Vertrag von Lissabon geändert worden; mit dessen Inkrafttreten am 1.12.2009 wurde er mit seinen Strukturen an den EUV und AEUV angepasst (vgl. ABl. 2007 L 306/199). Da der EAGV keine Wettbewerbsregeln enthält, gelten die Art. 101 ff. AEUV auch in den Wirtschaftsbereichen, die der EAGV erfasst (Anhang IV zum EAGV). Nur Art. 62 Abs. 2 lit. c EAGV enthält im Zusammenhang mit der Versorgung mit Erzen und Kernbrennstoffen durch eine besondere Agentur eine Bestimmung, die das Fehlen wettbewerbsbeschränkenden Verhaltens bei den Abnehmern voraussetzt. Zivil- und ordnungsrechtliche Sanktionen wie bei Art. 101 AEUV sind damit aber nicht 21 verbunden. Für die **Rüstungsindustrie** gelten die Art. 346 Abs. 1 lit. b, 347 AEUV. Diese Vorschriften ermächtigen die Mitgliedstaaten, die Art. 101 ff. AEUV für Herstellung und Handel von Waffen, Munition und Kriegsmaterial außer Kraft zu setzen. Die unmittelbare Geltung von Art. 101 für Unternehmen der Rüstungsindustrie wird dadurch aber nicht berührt.

22 **e) Freihandelsabkommen der EU mit Drittstaaten.** Die Europäische Union hat in Freihandelsabkommen, die seit Anfang der 70er-Jahre mit Drittstaaten abgeschlossen wurden, regelmäßig auch Wettbewerbsregeln vereinbart (so zB mit der Schweiz im Abkommen vom 22.7.1972, ABl. L 300/189, dazu *Bechtold,* AWD 1975, 469, zuletzt mit Singapur Abkommen vom 20.9.2013). Darin ist die Geltung des Kartellverbots und des Verbots des Missbrauchs marktbeherrschender Stellungen jeweils mit Wortlauten vorgesehen, die denen des Art. 101 Abs. 1 AEUV und Art. 102 AEUV entsprechen. Allerdings fehlt auf Seiten der EU das rechtliche Instrument für die Durchsetzung dieser Verbote gegenüber Unternehmen in der EU, soweit nur der Handel zwischen der EU und dem Drittland betroffen ist, und nicht zugleich auch der Handel zwischen EU-Mitgliedstaaten. Auf diesem Hintergrund haben die Wettbewerbsregeln der Freihandelsabkommen nur **programmatischen Charakter,** nicht auch den Charakter von für die Unternehmen unmittelbar geltenden Verboten.

23 **f) Kooperationsabkommen der EU mit Drittstaaten.** Die Europäische Union hat mit den **USA** zwei Abkommen im Hinblick auf die Wettbewerbsregeln abgeschlossen. Das erste Abkommen über die **Anwendung der Wettbewerbsregeln** war **1991** zunächst von der dafür unzuständigen Kommission abgeschlossen worden und wurde **1995** von dem dafür allein zuständigen Rat wiederholt (vgl. ABl. 1995 L 95/47). Es begründet eine Verpflichtung der Europäischen Union und der USA, die jeweils andere Partei darüber zu informieren, wenn deren Interessen im Bereich des Wettbewerbs beeinträchtigt werden könnten. Diese Informationspflicht betrifft auch Zusammenschlüsse. Daneben ist auch die Amtshilfe im Rahmen der Vollstreckung geregelt. Nach dem Abkommen von **1998** zwischen den europäischen Gemeinschaften und der Regierung der Vereinigten Staaten von Amerika über die **Anwendung der „Positive Comity"-Grundsätze** bei der Durchsetzung der Wettbewerbsregeln (ABl. 1998 L 173/28) soll grundsätzlich die Behörde zuständig sein, auf deren Gebiet der Schwerpunkt der Zuwiderhandlung liegt. Die Kartellbehörde des anderen Staates bzw. der anderen Partei kann dann einen Antrag auf Untersuchung des Kartellverstoßes und auf Abhilfe stellen; es betrifft nicht die Fusionskontrolle. Hierdurch ist kein Anspruch der ersuchenden Partei begründet, dass ein Verfahren durchgeführt wird. Diese Abkommen stellen einen Versuch dar, im Bereich von antitrust-proceedings zusammenzuarbeiten, anstatt Kartellrecht extraterritorial anzuwenden. Sie werden durch eine Vereinbarung über die administrative Umsetzung (sog. „Administrative Arrangement on Attendance") sowie die 2002 vereinbarten, rechtlich unverbindlichen „Best Practices" für die Zusammenarbeit in Fusionskontrollfällen ergänzt. Die Zusammenarbeit mit den USA ist besonders intensiv.

24 Entsprechende Abkommen über die Zusammenarbeit im Kartellrecht wurden 1999 auch zwischen der **EG und Kanada** (vgl. ABl. 1999 L 175/49), 2003 zwischen der **EG und Japan** (vgl. ABl. 2003 L 183/11) und 2009 zwischen der **EG und Südkorea** (vgl. ABl. 209 L 202/36) abgeschlossen. 2012 wurde ein Abkommen zwischen der Europäischen Union und der **Schweiz** über die Zusammenarbeit bei der Anwendung ihres Wettbewerbsrechts" ausgehandelt, das sich derzeit in der Ratifizierung befindet. Das Abkommen sieht, insoweit über die anderen Abkommen der „ersten Generation" hinausgehend, die Möglichkeit der Übermittlung auch vertraulicher Informationen vor (dazu *Brei/Hoffet* NZKart 2013/393). Mit anderen Ländern gibt es eine Vielzahl mehr oder weniger formalisierter bi- und multilateraler Kooperationsformen. Die Europäische Kommission ist Mitglied im **International Competition Network.** Sie arbeitet mit den Wettbewerbsbehörden anderer OECD-Mitgliedstaa-

ten auf der Grundlage einer OECD-Empfehlung von 1995 zusammen. Mit **China** gibt es einen gegenseitigen Informations- und Meinungsaustausch zu Wettbewerbsfragen. Hinzu kommt eine Vielzahl von völkerrechtlichen Verträgen der EU, die wettbewerbsrechtliche Bestimmungen enthalten (zB bilaterale Assoziierungsabkommen, Partnerschafts- und Kooperationsabkommen oder das multilaterale Cotonou-Abkommen mit den AKP-Staaten).

4. Verhältnis der Art. 101 ff. AEUV zum nationalen Recht

a) Grundsatz. Der EuGH geht in seiner Rechtsprechung generell davon aus, dass das Gemeinschaftsrecht (Unionsrecht) **Vorrang vor dem nationalen Recht** hat (vgl. schon EuGH, Slg. 1964, 1251, 1269 ff. ENEL). Danach ist es den Mitgliedstaaten nicht erlaubt, die von ihnen akzeptierte, eigenständige Rechtsordnung der Union durch Maßnahmen in Frage zu stellen, die ihre Wurzeln im nationalen Recht haben. Der Vorrang ist absolut. Es können ihm keine wie auch immer gearteten Rechtsvorschriften vorgehen (EuGH aaO, 1270, ENEL). All das gilt auch für das Kartellrecht. Normenkonflikte zwischen dem EU-Kartellrecht und innerstaatlichem Kartellrecht sind daher nach dem Grundsatz des Vorrangs des Gemeinschaftsrechts zu lösen (EuGH, Slg. 1969, 1, 14 Walt Wilhelm). Nationale Kartellvorschriften und ihr Vollzug dürfen die **einheitliche Anwendung des europäischen Kartellrechts** nicht beeinträchtigen. 25

b) Rechtsentwicklung bis zur VO 1/2003. Mit dem Walt Wilhelm-Urteil (EuGH, Slg. 1969, 1, 14) hat der EuGH die früher herrschende sog. **Zwei-Schranken-Theorie** verworfen. Sie ging davon aus, dass das europäische Kartellrecht und nationale Kartellrechte voneinander verschiedene Schutzbereiche haben und infolgedessen auf denselben Sachverhalt nebeneinander angewendet werden müssen. Danach hätten nationale Kartellbehörden insbesondere auch solche Absprachen nach nationalem Recht verbieten können, die durch eine Freistellungsentscheidung der Kommission oder durch Gruppenfreistellung vom Verbot des Art. 101 Abs. 1 AEUV freigestellt waren. Der EuGH hat demgegenüber die These begründet, dass Maßnahmen des nationalen Rechts nicht **„positive" Maßnahmen der Kommission** beeinträchtigen durften, was von der jedenfalls herrschenden Meinung darin interpretiert wurde, dass Freistellungsentscheidungen und Gruppenfreistellungen nach Art. 101 Abs. 3 AEUV unbedingten Vorrang vor widersprechenden Maßnahmen des nationalen Rechts hatten. Allerdings schloss nach dem Urteil Walt Wilhelm (Slg. 1969, 1, 14) der Vorrang des Gemeinschaftsrechts die Anwendung nationalen Rechts auf denselben Sachverhalt nicht prinzipiell aus. **Nationale Rechte waren vielmehr grundsätzlich neben dem europäischen Kartellrecht anzuwenden.** Nur bei Konflikten zwischen Normen beider Rechte setzt sich aufgrund der Vorrangregel das EU-Kartellrecht durch. Fehlte es an einem solchen Konflikt, tauchte die Frage des Vorrangs nicht auf. 26

c) Rechtslage nach der VO 1/2003. Die VO 1/2003 hat – insoweit auf der Grundlage des Art. 103 Abs. 2 lit. e AEUV (Verhältnis zwischen den innerstaatlichen Rechtsvorschriften und den EG-Wettbewerbsregeln) – das Verhältnis von EU- und nationalem Recht jedenfalls im **Bereich des Art. 101 AEUV** grundlegend verändert. Nach Art. 3 Abs. 1 VO 1/2003 darf im potenziellen Anwendungsbereich des Art. 101 – Eignung zur Beeinträchtigung des zwischenstaatlichen Handels – **nationales Recht nicht mehr mit einem dem Art. 101 AEUV widersprechenden Ergebnis angewendet** werden; zugleich sind die Mitgliedstaaten verpflichtet, im potenziellen Anwendungsbereich des Art. 101 AEUV diesen neben dem nationalen Recht anzuwenden. Die nationalen Gesetzgeber haben – wie auch der deutsche Gesetzgeber in der 7. GWB-Novelle – daraus zumeist den Schluss gezogen, dass das nationale Recht dem europäischen Recht voll angepasst wurde, sodass es im Verhältnis 27 zwischen EU- und nationalem Recht nicht zu widersprechenden Ergebnissen kommen kann. Um sachlich nicht zu rechtfertigende Differenzen im Bereich „oberhalb" der Zwischenstaatsklausel und „unterhalb" zu vermeiden, ist diese Anpassung in Deutschland auch für den Bereich vorgenommen worden, in dem Art. 101 AEUV mangels Eignung zur Beeinträchtigung des zwischenstaatlichen Handels nicht anwendbar ist (vgl. dazu *Bechtold,* GWB, 7. Aufl., Einf. Rn. 17 ff.). Im praktischen Ergebnis bedeutet das im Bereich des Art. 101 AEUV den **absoluten Vorrang des Unionsrechts** vor nationalem Recht.

28 Auch bei **Missbräuchen marktbeherrschender Stellungen** sind die Wettbewerbsbehörden der Mitgliedstaaten und die einzelstaatlichen Gerichte verpflichtet, im Bereich „oberhalb" der Zwischenstaatlichkeit neben dem nationalen Recht auch Art. 102 AEUV anzuwenden. Allerdings sind nach der **„deutschen Klausel"** in Art. 3 Abs. 2 S. 2 VO 1/2003 die Mitgliedstaaten berechtigt, für die Unterbindung oder Ahndung **„einseitiger Handlungen"** strengere Vorschriften zu erlassen. Das ist die Grundlage dafür, dass die Verbote des § 19, 20 GWB auch Verhaltensweisen erfassen können, die nicht gegen Art. 102 AEUV verstoßen. Jedenfalls gilt aber auch im Bereich des Art. 102 AEUV, dass alles, was gegen diese Vorschrift verstößt, durch nationales Recht nicht zugelassen werden kann. Stellt sich in einem nationalen Verfahren die Frage, ob ein Verhalten im potenziellen Anwendungsbereich des Art. 102 AEUV zulässig ist, ist von seiner Unzulässigkeit auszugehen, soweit es gegen Art. 102 AEUV verstößt.

II. Artikel 101–106 AEUV

Vertrag über die Arbeitsweise der Europäischen Union

In der Fassung der Bekanntmachung vom 9.5.2008 (ABl. C 115/47)
Zuletzt geändert durch Art. 2 des Beschlusses 2012/419/EU vom 11.7.2012 (ABl. L 204/131)

(Auszug)

Titel VII. Gemeinsame Regeln betreffend Wettbewerb, Steuerfragen und Angleichung der Rechtsvorschriften

Kapitel 1. Wettbewerbsregeln

Abschnitt 1. Vorschriften für Unternehmen

(Die Überschriften über den Artikeln sind nicht Teil der amtlichen Texte. Verwendet werden die Überschriften in den Beck'schen Gesetzestexten.)

Übersicht

Einführung zu Art. 101–106

Die Art. 101–106 sind die **einzigen primärrechtlichen Teile** der unmittelbar für Unternehmen geltenden Wettbewerbsregeln der EU. Art. 101 enthält das Verbot wettbewerbsbeschränkender Vereinbarungen, Beschlüsse und abgestimmter Verhaltensweisen, Art. 102 das Verbot des Missbrauchs marktbeherrschender Stellungen. Beide Vorschriften gelten unmittelbar für alle in der EU tätigen Unternehmen. Um von der Europäischen Kommission und den nationalen Wettbewerbsbehörden in Verwaltungs- und Bußgeldverfahren durchgesetzt werden zu können, bedarf es allerdings Ausführungsvorschriften. Sie sind im Wesentlichen in der VO 1/2003 enthalten. Die Freistellung vom Kartellverbot nach Art. 101 Abs. 3 ergibt sich unmittelbar aus dieser Norm. Daneben hat die Kommission Gruppenfreistellungsverordnungen erlassen. Alle diese **sekundärrechtlichen Vorschriften** haben ihre Grundlage in Art. 103. Demgegenüber haben die Art. 104 und 105 keine nennenswerte Relevanz mehr. Art. 106 regelt, in welchem Umfang die Art. 101 und 102 auf öffentliche Unternehmen und Unternehmen anwendbar sind, die „mit Dienstleistungen von allgemeinem wirtschaftlichem Interesse" betraut sind. 1

2 Die **Fusionskontrolle** nach der VO 139/2004 hat ihre primärrechtliche Grundlage nicht nur in Art. 103, sondern zusätzlich auch in **Art. 352 AEUV.**

Art. 101 AEUV [Kartellverbot]

(1) Mit dem Binnenmarkt unvereinbar und verboten sind alle Vereinbarungen zwischen Unternehmen, Beschlüsse von Unternehmensvereinigungen und aufeinander abgestimmte Verhaltensweisen, welche den Handel zwischen Mitgliedstaaten zu beeinträchtigen geeignet sind und eine Verhinderung, Einschränkung oder Verfälschung des Wettbewerbs innerhalb des Binnenmarkts bezwecken oder bewirken, insbesondere

a) die unmittelbare oder mittelbare Festsetzung der An- oder Verkaufspreise oder sonstiger Geschäftsbedingungen;

b) die Einschränkung oder Kontrolle der Erzeugung, des Absatzes, der technischen Entwicklung oder der Investitionen;

c) die Aufteilung der Märkte oder Versorgungsquellen;

d) die Anwendung unterschiedlicher Bedingungen bei gleichwertigen Leistungen gegenüber Handelspartnern, wodurch diese im Wettbewerb benachteiligt werden;

e) die an den Abschluss von Verträgen geknüpfte Bedingung, daß die Vertragspartner zusätzliche Leistungen annehmen, die weder sachlich noch nach Handelsbrauch in Beziehung zum Vertragsgegenstand stehen.

(2) Die nach diesem Artikel verbotenen Vereinbarungen oder Beschlüsse sind nichtig.

(3) Die Bestimmungen des Absatzes 1 können für nicht anwendbar erklärt werden auf

– Vereinbarungen oder Gruppen von Vereinbarungen zwischen Unternehmen,

– Beschlüsse oder Gruppen von Beschlüssen von Unternehmensvereinigungen,

– aufeinander abgestimmte Verhaltensweisen oder Gruppen von solchen,

die unter angemessener Beteiligung der Verbraucher an dem entstehenden Gewinn zur Verbesserung der Warenerzeugung oder -verteilung oder zur Förderung des technischen oder wirtschaftlichen Fortschritts beitragen, ohne daß den beteiligten Unternehmen

a) Beschränkungen auferlegt werden, die für die Verwirklichung dieser Ziele nicht unerläßlich sind, oder

b) Möglichkeiten eröffnet werden, für einen wesentlichen Teil der betreffenden Waren den Wettbewerb auszuschalten.

Inhaltsübersicht

I. Art. 101 Abs. 1

1. Überblick

1 **a) Generelles Verbot wettbewerbsbeschränkender Vereinbarungen.** Art. 101 Abs. 1 statuiert das Verbot wettbewerbsbeschränkender Vereinbarungen und abgestimmter Verhaltensweisen zwischen Unternehmen bzw. Beschlüsse von Unternehmensvereinigungen, wobei die Vereinbarung, der Beschluss oder die abgestimmte

Verhaltensweise geeignet sein müssen, sich auf den Handel zwischen den Mitgliedsstaaten auszuwirken. Der Vertrag zur Gründung der Europäischen Gemeinschaft (EG) enthielt in Art. 3 lit. g noch ausdrücklich das **Vertragsziel des unverfälschten Wettbewerbs.** Dieses Vertragsziel wurde zwar durch den AEUV (→ Einl. Rn. 3, 7 ff.) aufgehoben, ohne dass damit aber eine Änderung der Rechtslage verbunden ist. Die Regelung des Art. 101 besteht aus dem Verbot wettbewerbsbeschränkender Vereinbarungen, abgestimmter Verhaltensweisen und Beschlüssen von Unternehmen in Abs. 1, der Anordnung der Nichtigkeit solcher Verhaltensweisen in Abs. 2 und den Voraussetzungen der Freistellung vom Verbot des Abs. 1 in Abs. 3.

b) Direkte Anwendbarkeit. Die direkte Anwendbarkeit des **Art. 101 Abs. 1** 2 wird durch Art. 1 Abs. 1 VO 1/2003 bestätigt. Diese Vorschrift bestimmt, dass Vereinbarungen, Beschlüsse und abgestimmte Verhaltensweisen, die gegen Art. 101 Abs. 1 verstoßen, verboten sind, ohne dass es einer Entscheidung der Kommission oder einer anderen Behörde bedarf. Art. 1 Abs. 2 VO 1/2003 begründet die direkte Anwendbarkeit des **Art. 101 Abs. 3;** Vereinbarungen, Beschlüsse oder abgestimmte Verhaltensweisen, die gegen Art. 101 Abs. 1 verstoßen, sind ohne Weiteres von der Anwendbarkeit des Art. 101 Abs. 1 freigestellt, wenn und soweit sie die Freistellungsvoraussetzungen des Art. 101 Abs. 3 erfüllen. Nach der **Vorgängerverordnung VO 17/62** konnte eine Freistellung nach Art. 101 Abs. 3 nur über eine Einzelfreistellungsentscheidung der Kommission oder eine Gruppenfreistellungsverordnung erreicht werden. Die Neuregelung der Anwendung des Art. 101 durch die VO 1/2003 hat die Prüfung und Behandlung wettbewerbsbeschränkender Vereinbarungen tiefgreifend verändert: Während unter der Geltung der VO 17/62 eine Freistellung nur aufgrund eines weiteren Aktes der Kommission (Freistellungsentscheidung oder Gruppenfreistellungsverordnung) möglich war, schließt sich jetzt an die Prüfung der Voraussetzungen des Art. 101 Abs. 1 unmittelbar die Prüfung der Freistellungsvoraussetzungen nach Art. 101 Abs. 3 an. Die Prüfung der Freistellung erfolgt in zwei Schritten: Fällt die wettbewerbsbeschränkende Vereinbarung in den Freistellungsbereich einer Gruppenfreistellungsverordnung, so sind die Einzelfreistellungsvoraussetzungen nach Art. 101 Abs. 3 erfüllt. Fällt die wettbewerbsbeschränkende Vereinbarung nicht in den Anwendungsbereich einer Gruppenfreistellungsverordnung, so muss geprüft werden, ob die Einzelfreistellungsvoraussetzungen des Art. 101 Abs. 3 gegeben sind. Art. 2 VO 1/2003 stellt hierzu **Beweislastregeln** auf. Ob Art. 101 Abs. 1 anwendbar ist, muss die Partei oder die Behörde, die den Vorwurf des Verstoßes gegen Art. 101 Abs. 1 erhebt, behaupten und beweisen. Nach Art. 2 S. 2 VO 1/2003 obliegt die Beweislast dafür, dass die Voraussetzungen des Art. 101 Abs. 3 vorliegen, den Unternehmen oder Unternehmensvereinigungen, die sich auf die Freistellung berufen. Diese von der VO 1/2003 eingeführte **„Selbstveranlagung"** durch die Unternehmen bedeutet für die Unternehmen, dass sich der Prüfungsaufwand deutlich erhöht und die Rechtssicherheit erheblich sinkt. Rechtsirrtümer des sich selbst veranlagenden Unternehmens schließen wohl im Regelfall das Verschulden nach Art. 23 Abs. 2 VO 1/2003 bezüglich des Verstoßes gegen Art. 101 Abs. 1 nicht aus (EuGH 18.6.2013 C-681/11 Rn. 43 Schenker, EuZW 2013, 333; dazu auch Schlussanträge *Kokott* NZKart 2013, 147).

c) Verpflichtungen der Mitgliedstaaten. Die **Mitgliedstaaten** dürfen wegen 3 Art. 2 (früher Art. 10 Abs. 2 EG) keine Maßnahmen treffen oder beibehalten, die **die praktische Wirksamkeit der Art. 101** (und 102) **ausschalten oder unterlaufen** könnten (EuGH Slg. 1977, 2115, 2145 INNO/ATAB; Slg. 1985, 305, 309 Cullet/Leclerc, mwN; Slg. 1991 I-1979, 2017 Höfner und Elser, st. Rspr., zu Einzelheiten *Lange* EuR 2008, 3 ff.). Sie dürfen keine Vorschriften erlassen, die Kartellabsprachen vorschreiben, erleichtern oder deren Auswirkungen verstärken, etwa durch ein System, das die Genehmigung unter Wettbewerbern abgesprochener Flugtarife vorsieht (EuGH Slg. 1986, 1425, 1471 Ministère Public/Asjes) oder gesetzlich Preise festsetzt, die Unternehmen zuvor vertraglich vereinbart haben (EuGH Slg. 1987, 3801, 3828 f.

Flämische Reisebüros). Art. 101 ist aber nicht anwendbar, wenn ein Staat Preise durch Gesetz regelt, wie zB Anwaltsgebühren (EuGH 5.12.2006 C-94/04 und C 202/04 etc. Rn. 47 Cipolla/Fazari). Eine weitere Absicherung der Durchsetzbarkeit des Art. 101 gegen Maßnahmen der Mitgliedstaaten ergibt sich aus Art. 106 Abs. 1, wonach die Mitgliedstaaten bezüglich öffentlicher und monopolartiger Unternehmen ausdrücklich gehalten sind, keine den Art. 101, 102 widersprechenden Maßnahmen zu treffen oder aufrechtzuerhalten (KOMM ABl. 1985 L 152/25 Griechische Versicherung; bestätigt durch EuGH Slg. 1988, 3611 Kommission/Griechenland).

4 **d) Legalausnahme Landwirtschaft.** Für die Erzeugung bestimmter landwirtschaftlicher Erzeugnisse und den Handel mit diesen Erzeugnissen stellt bis 2006 die VO 26/1962 (ABl. 1962, 993) und ihre seither geltende Nachfolgeverordnung VO 1184/2006 (ABl. L 214/7, Anhang A 4 B), für bestimmte landwirtschaftliche Erzeugnisse in Zusammenschau mit der VO 1234/2007 (ABl. L 299/1, Anhang A 4C) eine echte **Ausnahme von der Anwendbarkeit des Art. 101 Abs. 1** auf. Nach Art. 42 (= Art. 36 EG) finden die Wettbewerbsregeln (Art. 101 ff.) „auf die Produktion landwirtschaftlicher Erzeugnisse und den Handel mit diesen nur insoweit Anwendung, als das Europäische Parlament und der Rat dies unter Berücksichtigung der Ziele des Art. 39 im Rahmen des Art. 43 Abs. 2 und gemäß dem dort vorgesehenen Verfahren bestimmt". Die Erzeugnisse, auf die sich nach Art. 38 Abs. 3 Art. 42 bezieht, sind in Anhang I zum AEUV aufgeführt (vgl. Anhang A 4A).

5 Die Wettbewerbsregeln der Art. 101 ff. gelten für die im Anhang I zum AEUV (Anhang A 4A) aufgeführten **landwirtschaftlichen Produkte** nur, wenn dies durch einen Rechtsakt des Europäischen Parlaments und des Rates vorgesehen ist. In der Vorgängerfassung des Art. 36 EG lag die Kompetenz allein beim Rat; die Mit-Kompetenz des Parlaments ist erst durch den AEUV eingeführt worden. **VO 1184/2006** (Anhang A 4 B) regelt die Anwendung der Wettbewerbsregeln auf die Produktion landwirtschaftlicher Erzeugnisse und den Handel mit diesen Erzeugnissen; **VO 1234/2007** (Anhang A 4 C) regelt eine gemeinsame Organisation der Agrarmärkte und mit Sondervorschriften für bestimmte landwirtschaftliche Erzeugnisse.

6 Nach Art. 1 VO 1184/2006 und Art. 175 VO 1234/2007 **gilt Art. 101 grundsätzlich** auch für Vereinbarungen über die Erzeugung und den Handel mit landwirtschaftlichen Erzeugnissen, es sei denn, dass die Vereinbarungen nach Art. 2 Abs. 1 VO 1184/2006/Art. 176 Abs. 1 VO 1234/2007 **Bestandteil einer einzelstaatlichen Marktordnung** oder zur Verwirklichung der Ziele des Art. 39 AEUV notwendig sind. Art. 39 lautet:

„(1) Ziel der gemeinsamen Agrarpolitik ist es,

a) die Produktivität der Landwirtschaft durch Förderung des technischen Fortschritts, Rationalisierung der landwirtschaftlichen Erzeugung und den bestmöglichen Einsatz der Produktionsfaktoren, insbesondere der Arbeitskräfte, zu steigern;
b) auf diese Weise der landwirtschaftlichen Bevölkerung, insbesondere durch Erhöhung des Pro-Kopf-Einkommens der in der Landwirtschaft tätigen Personen, eine angemessene Lebenshaltung zu gewährleisten;
c) die Märkte zu stabilisieren;
d) die Versorgung sicherzustellen;
e) für die Belieferung der Verbraucher zu angemessenen Preisen Sorge zu tragen.

(2) Bei der Gestaltung der gemeinsamen Agrarpolitik und der hierfür anzuwendenden besonderen Methoden ist Folgendes zu berücksichtigen:

a) Die besondere Eigenart der landwirtschaftlichen Tätigkeit, die sich aus dem sozialen Aufbau der Landwirtschaft und den strukturellen und naturbedingten Unterschieden der verschiedenen landwirtschaftlichen Gebiete ergibt;
b) Die Notwendigkeit, die geeigneten Anpassungen stufenweise durchzuführen;
c) Die Tatsache, dass die Landwirtschaft in den Mitgliedsstaaten einen mit der gesamten Volkswirtschaft eng verflochtenen Wirtschaftsbereich darstellt."

Souverän auf dem Spielfeld.

3 Monate gratis testen
inkl. Online-Zugang

Deutsches und europäisches Kartellrecht aus erster Hand.

NZKart
Neue Zeitschrift für Kartellrecht
www.nzkart.de

NZKart · Neue Zeitschrift für Kartellrecht

2. Jahrgang. 2014.
Erscheint monatlich.
Jahresabonnement: € 440,–
Vorzugspreis € 360,– für Bezieher der GRUR sowie des beck-online Fachmoduls Gewerblicher Rechtsschutz PLUS | PREMIUM
Inklusive Zugang zu NZKartDirekt in beck-online für einen User.

www.nzkart.de

162187/Angebotsstand: 1. Januar 2014/Verlag C.H.BECK oHG, Wilhelmstraße 9, 80801 München, Amtsgericht München HRA 48045

Die ganze Palette

Die neue NZKart befasst sich umfassend, jeden Monat auf 40 Seiten, **mit dem gesamten deutschen und europäischen Kartellrecht.**

Sie informiert aus erster Hand über alle Aspekte aus den Bereichen ■ Kartellverbot ■ Mißbrauchsaufsicht ■ Fusionskontrolle ■ Bußgeldrecht ■ Verfahrensrecht.

Im **Aufsatzteil** erörtern Experten aktuelle und praxisnahe Themen auf höchstem Niveau.

Der **Rechtsprechungsteil** enthält Entscheidungen der deutschen und europäischen Gerichte und Kartellbehörden im Originalwortlaut in den entscheidenden Auszügen.

Die **NZKart** sucht den Gedankenaustausch zwischen Kartellrechtswissenschaft und Kartellrechtspraxis.

Online-Zugang inklusive

Mit dem Modul **NZKartDirekt** erhalten Sie in beck-online Zugriff auf die Inhalte der NZKart und zusätzlich auf den **Volltext aller im Heft zitierten Entscheidungen** sowie auf die in NZKart meistzitierten Normen.

Name/Vorname

Straße

PLZ/Ort

E-Mail/Kundennummer

☐ **Ja, ich will die NZKart gratis testen!**

Schicken Sie mir bitte 3 **Hefte der Zeitschrift NZKart gratis** zu, inkl. Zugang zu NZKartDirekt für einen User. Wenn ich nicht bis 1 Woche nach Erhalt des letzten Gratis-Heftes abbestelle, erhalte ich die NZKart danach im regulären Abonnement.

Preis € 440,–/Jahr. **Vorzugspreis € 360,–** für Bezieher der GRUR sowie des beck-online Fachmoduls Gewerblicher Rechtsschutz PLUS | PREMIUM

Abbestellung bis 6 Wochen vor Jahresende. Daneben besteht kein zusätzliches Widerrufsrecht.

Preise jeweils inkl. MwSt., zzgl. Vertriebs-/Direktbeorderungsgebühren (€ 10,70/€ 2,80) = 13,50 jährlich. Einzelheft € 42,–.

✘

Datum/Unterschrift

Bitte bestellen Sie bei Ihrer Buchhandlung oder bei:

VERLAG C.H.BECK · 80791 München

Telefon (089) 3 81 89-750 · Fax: (089) 3 81 89-402 · E-Mail: bestellung@beck.de

beck-shop.de

ANTWORT

Bitte mit
Postkartenporto
freimachen

Die **erste Tatbestandsalternative des Art. 2 Abs. 1 VO 1184/2006** (Anhang A 4 B) gilt für solche Vereinbarungen, Beschlüsse und Verhaltensweisen, die wesentlicher Bestandteil einer einzelstaatlichen Marktordnung sind. Erforderlich ist also, dass ein Mitgliedstaat für das betroffene landwirtschaftliche Produkt gerade eine eigene Marktordnung aufgestellt hat. Da für viele landwirtschaftliche Produkte gemeinschaftsweite Marktordnungen bestehen, ist diese Tatbestandsalternative heute nahezu bedeutungslos (eine noch bestehende einzelstaatliche Marktordnung ist die französische Marktordnung für Frühkartoffeln, s. Kommission ABl. 1988 L 59/25; *Schröter* in Schröter/Jakob/Mederer, Durchführungsvorschriften Landwirtschaft Rn. 13 zur VO 26/62). 7

Die **zweite Tatbestandsalternative des Art. 2 Abs. 1 VO 1184/2006** gilt für solche Vereinbarungen, Beschlüsse und Verhaltensweisen die zur Verwirklichung der Ziele des Art. 39 (= 33 EG) notwendig sind, also einen wesentlichen Beitrag zur Erreichung dieser Ziele leisten (*Schröter* in Schröter/Jakob/Mederer, Durchführungsvorschriften Landwirtschaft Rn. 14). Bisher gibt es keine positive Entscheidung der Kommission hierzu. Die „insbesondere"-Regelung in Art. 2 Abs. 1 S. 2 erklärt Art. 2 Abs. 1 S. 1 für Erzeugervereinigungen aus einem Mitgliedstaat für die Erzeugung, den Absatz oder die Benutzung gemeinsamer Einrichtungen für die Lagerung, Be oder Verarbeitung landwirtschaftlicher Produkte für anwendbar. Gerade auf genossenschaftliche Strukturen kann damit die Legalausnahme anwendbar sein. Die Regelung stellt aber klar, dass Preisbindung und andere wettbewerbsausschließende Regelungen nicht von der Anwendung des Art. 101 Abs. 1 ausgenommen sind. 8

Nach Art. 2 Abs. 1 VO 1184/2006 und Art. 176 Abs. 1 Unterabs. 2 VO 1234/2007 gilt das Kartellverbot „insbesondere" nicht für **Vereinbarungen von landwirtschaftlichen Erzeugerbetrieben,** 9

> „soweit sie **ohne Preisbindung** die Erzeugung oder den Absatz landwirtschaftlicher Erzeugnisse oder die Benutzung gemeinschaftlicher Einrichtungen für die Lagerung, Be- oder Verarbeitung landwirtschaftlicher Erzeugnisse betreffen, es sei denn, die Kommission stellt fest, dass dadurch der Wettbewerb ausgeschlossen wird oder die Ziele des Art. 33 des Vertrages (= Art. 39 AEUV) gefährdet werden."

Art. 2 Abs. 2 VO 1184/2006 und 176 Abs. 2 VO 1234/2007 sehen die **ausschließliche Zuständigkeit der Kommission** für die Feststellung der Ausnahme vom Kartellverbot vor. Es gilt also ein gestaffeltes Entscheidungsmonopol der Kommission: Einerseits entscheidet allein sie darüber, ob die Ausnahme nach Unterabs. 1 vorliegt; andererseits ist auch sie allein dafür zuständig, diese Ausnahme durch die Feststellung unanwendbar zu machen, dass der Wettbewerb ausgeschlossen oder die Ziele des Art. 39 gefährdet werden. Die Einzelheiten dieser Entscheidungsmonopole sind unklar. Den Vorschriften der Art. 2 VO 1184/2006 und Art. 176 VO 1234/2007 entspricht § 28 GWB. Dort wird in partieller Übernahme des Wortlauts der europarechtlichen Vorschrift eine Ausnahme von der Anwendung des Kartellverbots des § 1 GWB angeordnet, und zwar ausdrücklich in Abs. 1 (u. a.) für Vereinbarungen von landwirtschaftlichen Erzeugerbetrieben über 10

> „1. die Erzeugung oder den Absatz landwirtschaftlicher Erzeugnisse oder
> 2. die Benutzung gemeinschaftlicher Einrichtungen für die Lagerung, Be- oder Verarbeitung landwirtschaftlicher Erzeugnisse,
> sofern sie keine Preisbindung enthalten und den Wettbewerb nicht ausschließen."

(vgl. dazu *Bechtold* GWB § 28 Rn. 1 ff., 10).

2. Unternehmen

a) Unternehmensbegriff. Normadressaten des Art. 101 sind Unternehmen und Unternehmensvereinigungen. Die Eigenschaft des Unternehmens setzt eine wirtschaftliche Tätigkeit voraus. Der **Unternehmensbegriff** ist ein **funktionaler,** unab- 11 hängig von der Organisationsform (s. EuGH 11.7.2013 C-440/11P Rn. 36 Stichting Administratiekanttor Portielje, EuZW 2013, 367), s. zur wirtschaftlichen Einheit auch unten Rn. 33ff. Für die Anwendbarkeit des Art. 101 Abs. 1 kommt es also nicht nur auf die Unternehmenseigenschaft der betroffenen Einheit als solche an, sondern auch, ob diese Einheit im konkreten Fall unternehmerisch handelt. Unternehmerisches Handeln erfordert Beteiligung am geschäftlichen Leistungsaustausch. Die **Gestaltung der Rahmenbedingungen** für wirtschaftliche Betätigung ist kein unternehmerisches Handeln (zum Erlass eines Gesetzes, das Einhaltung der Banderolenpreise für Tabakwaren vorschreibt, auch wenn diese vom Hersteller festgelegt werden: EuGH Slg. 1984, 1797, 1815 Van de Haar). Auch hinsichtlich der **Festlegung von Preisen durch Gesetz** handelt ein Staat nicht als Unternehmen, da er sich selbst nicht am geschäftlichen Verkehr beteiligt (EuGH Slg. 1985, 1, 33 Leclerc/Au blé vert; bestätigt durch EuGH Slg. 2000 I-8207 Französische Buchpreisbindung; bei gesetzlicher Mindestpreisregelung für Benzin: EuGH Slg. 1985, 305, 320 Cullet/Leclerc; oder Preisstopp-Verordnung für bestimmte Milcherzeugnisse (EuGH Slg. 1979, 3203, 3231 Buys). Gleiches gilt bei marktschließender Wirkung einer von einem öffentlichen Unternehmen erlassenen Verordnung (EuGH Slg. 1985, 873 Italien/Kommission), bei Erteilung einer Konzession (Konzessionsvertrag einer Gemeinde mit privatem Unternehmen über Bestattungen: EuGH Slg. 1988, 2479, 2512 Bodson/Pompes Funèbres) oder sonst bei **Ausübung hoheitlicher Befugnisse** (EuGH 28.2.2013 C 1/12 NZKart 2013, 291 Portugiesische Buchprüfung); EuGH 12.12.2013 C 327/12 SOA Zertifizierungsunternehmen NZKart 2014, 66).

12 **b) Wirtschaftliche Tätigkeit.** Anknüpfungspunkt für die Unternehmenseigenschaft ist die wirtschaftliche Tätigkeit. Unternehmen im Sinne des Art. 101 Abs. 1 ist nach ständiger **Praxis jede eine wirtschaftliche Tätigkeit ausübende Einheit,** unabhängig von ihrer Rechtsform und der Art ihrer Finanzierung (st. Rspr., s. EuGH 19.7.2012 C-628/10 P Rn. 42 Alliance One, vgl. auch EuGH 26.9.2013 C-679/11P Alliance One, NZKart 2013, 501; EuGH Slg. 1991 I-1979 Rn. 21 Höfner und Elser; Slg. 1995 I-4022 Rn. 14 Fédération Francaise des Sociétés d'Assurance; Slg. 1997 I-7119 Rn. 21 Job Centre coop; ebenso KOMM ABl. 1989 L 74/1 PVC; ABl. 1994 L 243/1 Karton). Die eine wirtschaftliche Tätigkeit ausübende Einheit setzt dabei voraus, dass „sie … in einer einheitlichen Organisation persönlicher, materieller und immaterieller Mittel" besteht, die dauerhaft einen bestimmten wirtschaftlichen Zweck verfolgt und an einer Zuwiderhandlung iSd Art. 101 beteiligt sein kann (EuG Slg. 1991 II-1623 Rn. 235 Enichem; Slg. 1992 II-757 Rn. 311 Shell; s. auch Kooperationsbekanntmachung ABl. 1990 C 203/10 Rn. 8). Unternehmen können **juristische und natürliche Personen** sein. Der Begriff ist von der rechtlichen Organisation unabhängig; er umfasst uU mehrere zu einer wirtschaftlichen Einheit verbundene Personen (zur gegenseitigen Zurechnung Rn. 33ff.). Die Tätigkeit des (privaten) **Verbrauchers** ist nicht unternehmerischer Natur.

13 Hinsichtlich des Merkmals der Ausübung einer wirtschaftlichen Tätigkeit reicht grundsätzlich jede **auf Dauer angelegte Teilnahme am Wirtschaftsverkehr** aus, insbesondere also das Angebot von oder die Nachfrage nach Waren und Dienstleistungen jeder Art (EuGH Slg. 1998 I-3851 Rn. 36 Kommission/Italien Zollspediteure; KOMM ABl. 1985 L 92/1, 37 Aluminiumeinfuhren aus Osteuropa). Normadressaten sind also **Hersteller von Waren** und die **Erbringer von Dienstleistungen.** Beispiele sind **produzierende Unternehmen, Veranstalter von Ausstellungen und Messen** (KOMM ABl. 1988 L 233/15 BDTA, mwN; st. Praxis), **Börsen** (KOMM ABl 1987 L 19/18 GAFTA SOMFA, mwN), **Banken** (EuGH Slg. 1981, 2021 Züchner/Bayerische Vereinsbank), **Versicherungen** (EuGH Slg. 1987, 405 Sachversicherer; KOMM ABl. 1990 L 15/25 Concordato Incendio; st. Praxis), Händler mit Fernsehrechten und Unterlizenzen (KOMM ABl. 1993 L 179/31 EBU-Eurovision), **Fernsehsender** (EuGH Slg. 1974, 409 Sacchi), **Energieversorgungsunterneh-**

men (EuGH Slg. 1994 I-1477 Almelo; KOMM ABl. 1991 L 28/32 Ijsselcentrale), **Postdienste** (KOMM ABl. 1990 L 233/19 Eilkurierdienst spanische Post), aber auch **Vertriebsmittler** wie Handelsvertreter (vgl. schon KOMM, Bekanntmachung über Alleinvertriebsverträge mit Handelsvertretern, ABl. 1962, 2921; Vertikalleitlinien, Anhang B 6, Rn. 12).

Zur wirtschaftlichen Tätigkeit gehört **grundsätzlich** die **Erbringung von Leis- 14
tungen gegen Entgelt** (EuGH Slg. 1993 I-637 Poucet; Slg. 1995 I-4113 Fédération Francaise des Sociétés d'Assurance). Fehlt es bezüglich der Tathandlung an einem **direkten Zusammenhang zwischen Leistung und Gegenleistung,** so fehlt es an der wirtschaftlichen Tätigkeit und damit an der Normadressateneigenschaft (so bei einer staatlicher Stelle, die im Rahmen eines durch Beiträge der Versicherten und Zahlungen des Staates finanzierten Systems Krankheitskosten erstattet: EuGH Slg. 1984, 523, 540 Duphar/Niederlande; für die Festlegung von Erstattungsbeträgen für Arzneimittel: EuGH Slg. 2004 I, 2493 Rn. 58–74 AOK Bundesverband). Der **Einkauf von Waren** reicht nicht ohne Weiteres für die Annahme wirtschaftlicher Tätigkeit aus. Am wirtschaftlichen Handeln und damit an Unternehmenseigenschaft soll es dann fehlen, wenn staatliche Einrichtungen (hier: nationale Gesundheitseinrichtungen) Waren einkaufen, **um sie zu rein sozialen Zwecken zu verwenden** (EuG Slg. 2003 II, 357 Rn. 30, bestätigt durch EuGH 11.6.2006 C-205/03 Rn. 25 FENIN; kritisch *Emmerich* in IM Art. 101 AEUV Rn. 18). Unentgeltlichkeit der Leistung reicht für sich allein aber nicht immer, um das Vorliegen wirtschaftlicher Tätigkeit auszuschließen. So wurde „wirtschaftliche Tätigkeit" bei Erbringung unentgeltlicher Leistungen bejaht, nämlich für die (für den Zuschauer kostenlosen) Ausstrahlung von Fernsehsendungen von Fernsehanstalten (EuGH Slg. 1985, 3261 CBEM/CLT u. IPB) sowie für die Arbeitsvermittlung (auch bei im Einzelfall unentgeltlicher Arbeitsvermittlung durch die Bundesanstalt für Arbeit, die durch Arbeitgeber und -nehmerbeiträge finanziert wird: EuGH Slg. 1991 I-1979 Höfner und Elser). Entscheidender Gesichtspunkt für diese Fälle ist nicht, ob das Unternehmen, dessen Normadressateneigenschaft zu beurteilen ist, ein Entgelt erhebt; entscheidend ist, ob im räumlich und sachlich relevanten Markt, der von einer Wettbewerbsbeschränkung betroffen ist, die in Frage stehende Leistung **üblicherweise gegen Entgelt** angeboten wird – dann ist auch der Erbringer einer unentgeltlichen Leistung Unternehmen und damit Normadressat des Art. 101 Abs. 1.

Auf das Vorliegen einer **Gewinnerzielungsabsicht** kommt es für die Unterneh- 15
menseigenschaft nicht an (EuGH Slg. 1995 I-4113 Fédération Francaise des Sociétés d'Assurance; KOMM ABl. 1993 L 179/31 EBU-Eurovision; ebenso für Unternehmensvereinigung EuGH Slg. 1980, 3125 Van Landewyck; Säcker/Herrmann in MünchKomm Einl. Rn. 1604). Daher können auch gemeinnützige Organisationen und gewinnlose Gesellschaften vom Verbot des Art. 101 Abs. 1 erfasst werden (KOMM ABl. 1981 L 370/49, 55 GVL – hier für eine Verwertungsgesellschaft); auch Genossenschaften kommen grundsätzlich als Normadressaten (Kommission ABl. 1980 L 51/19, 23 Lab) in Betracht, ebenso wie Versicherungsvereine auf Gegenseitigkeit (KOMM ABl. 1985 L 376/2, 6 P & I Clubs) oder Betriebsrentenfonds (EuGH Slg. 1999 I-6121 Rn. 77 Drijvende Bokken).

Weiteres Kriterium für das Vorliegen einer wirtschaftlichen Tätigkeit zur Begrün- 16
dung der Unternehmenseigenschaft war in der früheren Rechtspraxis außerdem eine **gewisse Dauerhaftigkeit der Tätigkeit;** eine bloß gelegentliche wirtschaftliche Tätigkeit sollte zur Begründung der Normadressateneigenschaft nicht ausreichen (für den EGKS Vertrag: EuGH Slg. 1962, 655, 687 Klöckner und Hoesch/Hohe Behörde). Nach jüngerer Praxis soll es allerdings auf die Dauerhaftigkeit nicht (mehr) ankommen (seit EuGH Slg. 1991 I-1979 Höfner und Elser; *Säcker/Herrmann* in MünchKomm Einl. Rn. 1605). Nach dem Normzweck des Art. 101 Abs. 1, Wettbewerbsbeschränkungen und -verfälschungen zu verhindern, ist dies zu begrüßen: Es kann nicht darauf ankommen, ob sich an einer Wettbewerbsbeschränkung beteiligte

Subjekte nur langfristig unternehmerisch betätigen; entscheidend für die Anwendbarkeit des Art. 101 Abs. 1 ist allein der Umstand der wettbewerbsbeschränkenden Wirkung, die von – wenn auch nur kurzzeitig bestehenden – Unternehmen verursacht wird. Die Normadressateneigenschaft ist außerdem an **keinerlei quantitative Voraussetzungen** geknüpft: Die Unternehmensgröße ist für die Normadressateneigenschaft unerheblich (KOMM ABl. 1976 L 6/8, 12 ADIP/Beyrard; ABl. 1980 L 39/51, 52, 55 FLORAL; EuGH Slg. 1988, 5281 Bayer u. a./Süllhöfer; Slg. 1983, 3045 Demo-Studio Schmidt; Slg. 1982, 2015 Nungesser).

17 **c) Arbeitnehmer als Unternehmen.** Arbeitnehmer sind grundsätzlich **keine Unternehmen** nach Art. 101 Abs. 1; Art. 101 befasst sich nicht mit arbeitsrechtlichen Angelegenheiten (KOMM, Anfragebeantwortung Nr. 777/89, Vertragsverletzungen durch den FIAT-Konzern, ABl. 1990 C 328/3; vgl. aber auch Schlussanträge Generalanwalt Lenz Rn. 273, zu EuGH Slg. 1995 I-4921 UEFA u. a./Bosman, der eine generelle und vollständige Ausnahme für Absprachen über Arbeitsverhältnisse vom Anwendungsbereich der Wettbewerbsregeln ablehnt). Die Unanwendbarkeit des Art. 101 Abs. 1 ist aber auf die Tätigkeit als Arbeitnehmer sachlich beschränkt; ein Arbeitnehmer kann also außerhalb eines Arbeitsverhältnisses Unternehmer sein, wenn er außerhalb seines Arbeitsverhältnisses einer selbständigen Tätigkeit nachgeht (EuGH Slg. 1983, 3045, 3061 Demo-Studio Schmidt).

18 Die **Abgrenzungskriterien zwischen Arbeitsverhältnis und unternehmerischer Tätigkeit** lassen sich auch auf das kollektive Arbeitsrecht übertragen: **Tarifverträge** und sonstige kollektiv-arbeitsrechtliche Vereinbarungen **fallen grundsätzlich nicht** unter Art. 101 Abs. 1; anderes gilt freilich, wenn auf der Grundlage von Tarifverträgen getroffene Vereinbarungen über die eigentliche Gestaltung der Arbeitsverhältnisse hinausgehen und die unternehmerische Tätigkeit der Arbeitgeber regeln, etwa Ladenschlusszeiten oder Öffnungszeiten von Banken (Kommission ABl. 1986 L 295/28 Irish Banks' Standing Committee).

19 **d) Staaten und Hoheitsträger als Unternehmen.** Staaten, ihre Behörden und ihre Einrichtungen können grundsätzlich Unternehmen und damit insoweit den Regeln Art. 101 unterworfen sein (EuGH 28.2.2013 C-1/12 Portugiesische Buchprüfer, NZKart 2013, 291 Rn. 48; 12.7.2012 C-138/11 Rn. 35 Compass-Datenbank; Slg. 1985, 873 Italien/Kommission; st. Rspr.). Staaten und Hoheitsträger sind aber **grundsätzlich im Bereich hoheitlichen Handelns nicht Unternehmen** und damit nicht Normadressaten des Art. 101 Abs. 1.

20 Die **Abgrenzung** von **hoheitlichem** Handeln, das nicht Art. 101 unterliegt, zu **privatwirtschaftlichem** Handeln, das grundsätzlich in den Anwendungsbereich des Art. 101 fällt, wird europarechtlich getroffen; das nationale Recht kann nur einen Anhaltspunkt liefern (vgl. EuGH Slg. 1974, 153, 163 Sotgiu/Deutsche Bundespost zu Art. 48 Abs. 4 EGV aF). Auch hoheitliches Handeln nach dem Recht eines Mitgliedstaats schließt nicht aus, dass die Unternehmenseigenschaft trotzdem zu bejahen ist: so für Tätigkeiten auf Fernmeldesektor, obwohl öffentlich-rechtliche Körperschaften die Rechtsbeziehungen zu Kunden aufgrund gesetzlicher Ermächtigung durch Verordnung einseitig selbst regeln (KOMM ABl. 1982 L 360/36, 39 British Telecommunications; EuGH Slg. 1985, 873 Italien/Kommission). Auch öffentlich-rechtlich organisierte Fernsehsender sind Unternehmen, wenn sie Werbezeit vertreiben, Senderechte erwerben oder Sendungen produzieren (Bull. EG 1986–7/8 Rn. 2.1.61. EBU).

21 Die europarechtlich entwickelten Kriterien für die Abgrenzung von hoheitlichem zu unternehmerischem Handeln können so zusammengefasst werden: Die **Organisation** oder **Rechtsform** des staatlichen Organs **spielt für die Abgrenzung keine entscheidende Rolle.** Irrelevant ist auch, ob das Unternehmen ganz oder teilweise verselbständigt ist, etwa als **Regieunternehmen** (*Emmerich* in IM Art. 101 AEUV Rn. 32).Es kommt auf die **ausgeübte Tätigkeit im konkreten Fall** an (dazu ausführlich *Säcker/Herrmann* in MünchKomm Einl. Rn. 1619). Staatliche Organe sind

immer dann „Unternehmen", wenn sich ihre Tätigkeit nicht von der Tätigkeit von privaten Unternehmen unterscheidet; es kommt also nicht darauf an, ob sie privatwirtschaftlich handeln oder ihr Handeln hoheitlich ausgestaltet ist. So sind Hoheitsträger Normadressaten des Art. 101 Abs. 1 bei Herstellung und Vertrieb von Fernmeldeausrüstungen und dem Erbringen von Dienstleistungen im Telekommunikationsbereich, unabhängig davon, ob das Telekommunikationswesen im betroffenen Mitgliedsstaat hoheitlich oder privatrechtlich organisiert ist (Kommission, Leitlinien für die Anwendung der EG-Wettbewerbsregeln im Telekommunikationsbereich vom 6.9.1991, ABl. C 233/2). Wettbewerbsbeschränkungen durch **Berufsverbände,** die sich aus hoheitlich verliehenem Recht zum Erlass einer Gebührenordnung für die angeschlossenen Unternehmen ergeben, können als Beschluss einer Unternehmensvereinigung qualifiziert und damit nach Art. 101 Abs. 1 geprüft werden (EuGH 28.2.2013 C 1/12 NZKart 2013, 291 Portugiesische Buchprüfer; EuG Slg. 2000 II-1807 CSND). Anderes gilt für nicht autonom seitens der Berufsvereinigung festgelegte Gebühren, sondern durch **staatlichen Rechtsetzungsakt erlassene Gebührenordnungen** (so für die Gebührenordnung der italienischen Rechtsanwälte, die – auf Vorschlag des nationalen Rats der Rechtsanwälte – vom Justizminister erlassen wird (EuGH WuW/E EU-R 531 Gebührenordnung für Rechtsanwälte). Der Umstand, dass **berufsständische Vertretungen** gesetzlich verpflichtet sind, ein **System der obligatorischen Fortbildung** für ihre Mitglieder einzurichten, schließt die Anwendung von Art. 101 Abs. 1 nicht aus (EuGH 28.2.2013 C-1/12 Ordem dos Técnicos Oficias de Contas/Autoridad da Concorencia Rn. 39 ff.).

Weitere Beispiele: Die Organisation als öffentlich-rechtliche Anstalt, der zB eine Vermittlungstätigkeit übertragen ist **(Bundesanstalt für Arbeit),** führt nicht dazu, die von ihr ausgeübte Vermittlungstätigkeit als hoheitlich zu qualifizieren; entscheidend ist, dass die fragliche Tätigkeit auch von privatwirtschaftlichen Anbietern ausgeübt wird (EuGH Slg. 1991 I-1979, 2016 Höfner und Elser; Slg. 1997 I-7119 Job Centre coop). Die Unternehmenseigenschaft wurde bejaht bei einer halb-öffentlicher Einrichtung, die privatrechtliche Verträge über den An- und Verkauf von Rohkaffee schließt (KOMM ABl. 1982 L 360/31 Cafeteros de Colombia), bei Ex- und Importgeschäfte für Aluminiumprodukte **staatlicher Außenhandelsorganisationen** (KOMM ABl. 1985 L 92/1, 37 Aluminiumeinfuhren aus Osteuropa), bei einer Körperschaft öffentlichen Rechts, die privatrechtliche Verträge über die Verwertung von Sortenschutzrechten schließt (EuGH Slg. 1982, 2015 Nungesser), bei der Beförderung von Eilpost durch **staatliche Postdienste** (KOMM ABl. 1990 L 10/47 Eil-Kurierdienstleistungen Niederlande). Die Tätigkeit eines **beliehenen Unternehmers** ist stets unternehmerisch, auch hinsichtlich des öffentlich-rechtlichen Teils seiner Tätigkeit, etwa der Erteilung technischen Prüfplaketten (also Technische Überwachungsvereine) oder sonstiger Qualitätsbescheinigungen (EuGH Slg. 1975, 1367, 1379 General Motors; KOMM ABl. 1976 L 231/24 Pabst & Richarz/BNIA). 22

Die **Qualifikation** zum **unternehmerischen Handeln** und damit die Unternehmenseigenschaft **fehlt,** wenn eine staatliche Einrichtung (hier: nationale Gesundheitseinrichtungen) Waren oder Dienstleistungen einkauft, um sie zu rein **sozialen Zwecken** zu verwenden (EuG Slg. 2003 II-357 Rn. 30, bestätigt durch EuGH 11.7.2006 C-205/03 Rn. 25 FENIN s. bereits Rn. 14). Diese Rechtsprechung kann wohl nicht auf die sozialen Zwecke beschränkt werden. Die Gerichte stellen darauf ab, dass Nachfrage von Gütern für hoheitliche Zwecke deshalb nicht als unternehmerisches Handeln qualifiziert werden kann, weil die Ware nicht mehr unternehmerisch abgesetzt wird. Dem kann man freilich entgegen halten, dass Nachfrageverhalten die Marktverhältnisse genauso beeinflusst wie Angebotsverhalten (s. *Säcker/Herrmann* in MünchKomm Einl. Rn. 1628 ff.; kritisch auch *Emmerich* in IM Art. 101 AEUV Rn. 18). 23

e) Kunst, Sport, Wissenschaft, Kultur. Künstlerische, sportliche, wissenschaftliche oder kulturelle Tätigkeiten begründen als solche noch keine Unternehmens- 24 und damit Normadressateneigenschaft. Nach ständiger Rechtsprechung des Europäischen Gerichtshofs, des Gerichts und der Kommission, wird **Sport** nur insoweit vom Gemeinschaftsrecht erfasst, als Sport Teil des Wirtschaftslebens im Sinne von Art. 2 EG (heute insoweit nicht in Art. 2 und 3 übernommenen) ist (EuGH Slg. 1974, 1405 Rn. 4/10 Walrave und Koch; EuGH Slg. 1976, 1333 Rn. 12–16 Donà; EuGH Slg. 1995 I-5040 Rn. 76ff. Bosman; EuGH Slg. 2000 I-2595 Rn. 41 Deliège; EuGH Slg. 2000 I-2714 Rn. 32 Lehtonen; EuG 30.9.2004 T-313/02 Rn. 37 Meca-Medina/Majcen; KOMM ABl. 2003, L 291/25 Rn. 127 UEFA Champions League). Dieser ursprünglich für die Freizügigkeit und die Dienstleistungsfreiheit entwickelte Grundsatz bedeutet aber nicht, dass rein sportliche Regelungen nicht unter Art. 101 und 102 fallen können, denn die Ausnahme von der Anwendung der Regelungen über die Freizügigkeit und Dienstleistungsfreiheilt gilt nur insoweit, als es ihr Zweck für den Sport erfordert (EuGH 18.7.2006 C-519/04P Rn. 33 Meca-Medina/Majcen, Slg. 2006 I-6991 gegen die Vorinstanz EuG 30.9.2004 T-313/02 Rn. 42 Meca-Medina/Majcen;). Art. 101 und 102 finden nach Auffassung des EuGH (18.7.2006 C-519/04P Rn. 30 Meca-Medina/Majcen) dann Anwendung, wenn die Sportregeln von einem Unternehmen aufgestellt sind und diese Sportregel den Wettbewerb beschränkt. Anti-Doping-Regeln des IOC sind danach gründsätzlich eine Wettbewerbsbeschränkung zwischen Unternehmen, aber mit dem Gemeinsamen Markt vereinbar, weil sie einen legitimen Zweck verfolgen, allerdings nur insoweit, als sie auf das „zum ordnungsgemäßen Funktionieren des sportlichen Wettkampfs Notwendigen begrenzt sind (EuGH 18.7.2006 C-519/04P, Slg. 2006 I-6991, Rn. 45, 47 Meca-Medina/Majcen).

25 Die **Vermarktung von sportlichen oder kulturellen Veranstaltungen** begründet die **Unternehmenseigenschaft** in jedem Fall, so bei Veranstaltungen, soweit sie gegen Entgelt besucht oder durch Werbung gesponsert werden können (Schlussanträge Generalanwalt Lenz Rn. 254, zu EuGH Slg. 1995 I-4921 UEFA u. a./Bosman). Die Unternehmenseigenschaft kann aber durch die **Verwertung** oder **Vermittlung** von Rechten an den **Ergebnissen** jener Tätigkeiten begründet werden. Grundsätzlich gilt, dass angestellte Sportler Arbeitnehmer und damit keine Unternehmen sind, **Berufssportler** aber – soweit sie selbständig an Wettkämpfen teilnehmen und hierfür Prämien oder Preisgelder erhalten –, Unternehmen sind (s. dazu *Emmerich* in IM Art. 101 AEUV Rn. 23). **Berufssportler** sind hinsichtlich der Vermarktung ihrer sportlichen Leistungen Unternehmen; soweit Berufssportler sich selbst als Werbeträger vermarkten, handeln sie als Unternehmen, unabhängig davon, ob sie angestellt sind oder nicht (EuGH Slg. 1974, 1405, 1418 Walrave und Koch (Radrennsport); EuGH Slg. 1976, 1333, 1340 Donà/Mantero (Fußballprofis oder -halbprofis)). Die FIFA ist eine Unternehmensvereinigung iSiSv Art. 101 Abs. 1, soweit es um Fußball als wirtschaftliche Tätigleit geht, und die Fußballvereine sind insoweit Unternehmen (EuG 26.1.2005 T-193/02 Rn. 68 Piau/Kommission). **Künstler** oder **Erfinder** sind Unternehmen, wenn sie ihre Leistungen gewerblich verwerten (KOMM ABl. 1979 L 19/32 Vaessen/Moris; KOMM ABl. 1976 L 6/8 ADIP/Beyrad).

26 **f) Freie Berufe.** Bei Angehörigen der freien Berufe wird die Unternehmenseigenschaft ebenfalls bejaht (KOMM ABl. 1995 L 122/37, 46 Rn. 32f. COAPI (Patentanwälte); KOMM, 23. Wettbewerbsbericht 1993, S. 146 Rn. 219 (Zollspediteure); EuGH Slg. 2002 I-1577 Rn. 64 Wouters; Slg. 2000 I-6451 Rn. 70 Parlov). **Regelungen über Standespflichten** von selbständigen Berufen sind Vereinbarungen zwischen Unternehmen (EuG Slg. 2001 II-1087 Institute des mandataires agréés; EuGH 18.7. 2013 C 136/12 Rn. 44 Italienischer Geologenverband NZKart 2014, 22; EuGH Slg. 2002 I-1577 Rn. 64 Wouters). Die Vereinbarung zwischen selbständigen Fachärzten, einen Pensionsfonds zu gründen, ist eine Vereinbarung zwischen Unternehmen (EuGH Slg. 2000 I-6451 Rn. 70 Pavel Parlov; Einzelheiten bei *Säcker/Herrmann* in MünchKomm Einl. Rn. 1613). Das Gleiche gilt für ein von einer **berufsständische**

Vertretung geregelten **obligatorischen Fortbildung** für ihre Mitglieder (EuGH 28.2.2013 C-1/12 Rn. 60ff., Portugiesische Buchprüfer NZKart 2013, 291).

27 **g) Verbände.** Verbände können Unternehmen sein, wenn sie **selbst wirtschaftlich tätig** werden, und zwar auch dann, wenn ihre Mitglieder selbst keine Unternehmen sind (KOMM ABl. 1992 L 326/31, 35f. Fußball-WM 1990; vgl. auch EuGH Slg. 1977, 1091 Rn. 24 Van Ameyde/Uci). Unternehmerische Tätigkeit, die insoweit die Normadressateneigenschaft begründet, ist zB die Vermittlung eines gemeinsamen Einkaufs oder Anbieten von Dienstleistungen wie etwa Medikamentenprüfungen (KOMM ABl. 1990 L 18/35 A. P. B.), die Veranstaltung von Ausstellungen (KOMM ABl. 1988 L 233/15 BDTA) oder die Vermarktung von Sportveranstaltungen, aber auch die Regulierung des Berufsspielertransfers (EuG 26.1.2005 T-193/02 Rn. 68 Piau/Kommission für die FIFA). Auch wenn ein Verband selbst nicht Unternehmen ist, unterliegen Beschlüsse seiner Unternehmens-Mitglieder als „Beschlüsse von Unternehmensvereinigungen" Art. 101 Abs. 1 (→ Rn. 29 ff).

28 **h) Gesellschafter von Unternehmen.** Diese können selbst Unternehmen sein, wenn sie als Veräußerer oder Erwerber eines Unternehmens auftreten (KOMM ABl. 1976 L 254/40, 42, 45 Reuter/BASF; ABl. 1983 L 376/22, 25 Nutricia), oder auf Dauer Einfluss auf die Geschicke des Beteiligungsunternehmens nehmen, sich also mittels des Unternehmens, das sie beherrschen, **unternehmerisch betätigen** (vgl. KOMM ABl. 1976 L 254/40, 45 Reuter/BASF; ABl. 1979 L 19/32, 34 Vaessen/Morris).

3. Unternehmensvereinigungen

29 Art. 101 Abs. 1 stellt den Vereinbarungen zwischen Unternehmen **Beschlüsse** von Unternehmensvereinigungen gleich. Keine eigenständige Bedeutung hat diese Tatbestandsalternative, soweit eine Unternehmensvereinigung selbst Unternehmen ist (vgl. Schlussanträge GA Lenz Rn. 256, zu EuGH Slg. 1995 I-4921 UEFA u. a./Bosman); die Tatbestandsalternative muss ebenfalls nicht bemüht werden, wenn mehrere Unternehmen eine neue Gesellschaft gründen oder sich gemeinsam an einem anderen Unternehmen beteiligen; diese neue Gesellschaft ist selbst Unternehmen (KOMM ABl. 1971 L 10/12 SUPEXIE; ABl. 1972 L 13/44 SAFCO; ABl L 212/23, 25 INTERGROUP). Ziel dieser Tatbestandsalternative ist es, Beschlüsse von Unternehmensvereinigungen zu erfassen, die **in ihren Wirkungen Vereinbarungen zwischen Unternehmen gleichstehen;** die Anwendbarkeit des Art. 101 soll nicht von der rechtsgeschäftlichen Gestaltungsform abhängen. Art. 101 Abs. 1 erfasst also Beschlüsse von Unternehmensvereinigungen, wenn ihre eigene Tätigkeit oder die ihrer Mitglieder Wirkungen herbeiführen, die gegen Art. 101 verstoßen (EuGH Slg. 1975, 563, 583f. FRUBO; Slg. 1980, 3125, 3250 Rn. 88 Van Landewyck; Slg. 1983, 3369, 3410 Rn. 20 IAZ u. a.; st. Rspr.).

30 Von Art. 101 werden Beschlüsse **sowohl privatrechtlich** (KOMM ABl. 1971 L 134/15 GEMA (Verein, vgl. dazu auch EuG 18.4.2013, T-410/08, NZKart 2013, 244); ABl. 1975 L 159/22 Kachelhandel (Kartellvertrag); ABl. 1985 L 35/35 Milchförderungsfonds (BGB-Gesellschaft); EuGH Slg. 1994 I-5641 DLG (Genossenschaft)) als auch **öffentlich-rechtlich organisierter Unternehmensvereinigungen** erfasst (EuGH Slg. 1985, 391 BNIC/Clair (spartenübergreifende Organisation von Cognac-Winzern und -Händlern); EuGH 28.2.2013, C-1/12 NZKart 2013, 291 Portugiesische Buchprüfer; 18.7.2013 C 436/12 Rn. 44 Italienischer Geologenverband NZKart 2014, 22; KOMM ABl. 1993 L 203/27 CNSD (Berufsverband der Zollspediteure), bestätigt durch EuGH Slg. 1998 I-3851; KOMM ABl. 1995 L 122/37 COAPI (Kammer der Patentanwälte)). Eine Unternehmensvereinigung im Sinne des Art. 101 ist auch dann gegeben, wenn deren Mitglieder auf Vorschlag von Berufsorganisationen vom Staat ernannt werden; diese Mitglieder sind Vertreter von Unternehmensvereinigungen (KOMM ABl. 1982 L 379/1, 10 UGEL/BNIC; EuGH Slg. 1985, 391 BNIC/

Clair); anders gilt aber dann, wenn die Entsandten nicht als Vertreter, sondern als gemeinwohlverpflichtete unabhängige Sachverständige handeln: Dann besteht keine direkte Verbindung mehr zu den Unternehmen (EuGH Slg. 1993 I-5801 Rn. 18f. Reiff). Auch **Vereinigungen von Unternehmensvereinigungen** sind Unternehmensvereinigungen (KOMM ABl. 1971 L 227/26 CEMATEX; ABl. 1977 L 299/18 BPICA; ABl. 1982 L 379/1 UGEL/BNIC; ABl. 1994 L 343/1 Zement).

31 Unter Art. 101 Abs. 1 fallen selbstverständlich auch **Mischformen** aus Vereinbarungen zwischen Unternehmen unter Beteiligung von Unternehmensvereinigungen und Vereinbarungen zwischen Unternehmensvereinigungen (KOMM ABl. 1975 L 29/26 Pilzkonserven; ABl. 1987 L 293/58, 60 Dentalschau; ABl. 1982 L 167/39 Navewa/Anseau; bestätigt durch EuGH Slg. 1983, 3369 IAZ u. a. (Vereinbarungen zwischen Unternehmensvereinigung und Unternehmen); KOMM ABl. 1972 L 264/22 Zentralheizung; ABl. 1992 L 246/37, 42 Scottish Salmon Board; EuGH Slg. 1983, 3369 Rn. 2, 20 IAZ u. a.; EuG Slg. 1994 II 49 Rn. 77 CB und Europay (Vereinbarungen zwischen Unternehmensvereinigungen); EuGH Slg. 1985, 391 BNIC/Clair (Vereinbarungen von Unternehmensvereinigungen, aus denen sich eine neue Unternehmensvereinigung zusammensetzt). Allein entscheidendes Kriterium ist also, dass die Beschlüsse der Unternehmensvereinigung zur Koordinierung des Verhaltens von Unternehmen im Wettbewerb führen können (KOMM ABl. 1985 L 35/35, 39 Milchförderungsfonds).

32 Die **Unternehmensvereinigung** mit Rechtspersönlichkeit ist **selbst Normadressat** des Art. 101 Abs. 1; fehlt es an der eigenen Rechtspersönlichkeit, sind Norm- und Entscheidungsadressaten deren einzelne Mitglieder (KOMM ABl. 1969 L 69/15 EWA; ABl. 1969 L 168/22 VVVF; ABl. 1971 L 10/15 Bodenfliesen). Handelt die Unternehmensvereinigung im Namen ihrer Mitglieder, so sind die Unternehmen selbst diejenigen, die den Verstoß begehen (KOMM ABl. 1974 L 343/19 Kugellager). Die Entscheidungspraxis der Kommission ist allerdings uneinheitlich (zB Kartellverstoß nur durch die Unternehmensvereinigung: KOMM ABl. 1983 L 200/44 Vimpoltu; Kartellverstoß durch die Unternehmensvereinigung und ihre Mitglieder: KOMM ABl. 1983 L 140/27 CEMATEX).

4. Unternehmensbegriff und Zurechnung von Kartellverstößen

33 Ein weiterer Aspekt des Unternehmensbegriffs ist die Zurechnung von wettbewerbswidrigen Handlungen, insbesondere die Mitverantwortung der **Konzernobergesellschaft** für wettbewerbswidrige Handlungen der **beherrschten Gesellschaften** (EuGH Slg. 1972, 619 Rn. 132, 135 ICI; Slg. 1983, 3151 Rn. 49 AEG (zu Art. 102); EuGH Slg. 1974, 223 Rn. 39, 41 Commercial Solvents (ebenfalls zu Art. 102)) bzw. die Zurechnung von wettbewerbswidrigen Handlungen bei **Umstrukturierungen** von Unternehmen. Das den Wettbewerbsverstoß begehende Unternehmen ist und bleibt verantwortlich **(Grundsatz der persönlichen Verantwortlichkeit).** Daneben soll auch das dieses Unternehmen beherrschende Unternehmen verantwortlich sein, wenn das den Wettbewerbsverstoß begehende Unternehmen sein Marktverhalten **nicht autonom** bestimmt, sondern vor allem wegen der wirtschaftlichen und rechtlichen Bindungen im Wesentlichen die Weisungen des herrschenden Unternehmens befolgt hat (EuGH Slg. 1972, 619 Rn. 133 ICI; EuGH Slg. 2003 I, 11 005 Rn. 94f. Aristrain, EuGH 10.9.2009 C-97/08 Rn. 58 Akzo, ständige Rechtsprechung, dazu auch Schlussanträge *Kokott* in der Sache C-501/11 P Schindler, NZKart 2013, 206 Rn. 60ff. und Urteil v. 18. 7.2013 C-501/11 P Schindler NZKart 2013, 334).

34 Der EuGH **vermutet** eine solche Situation bei **100%igen Tochtergesellschaften** (EuGH Slg. 1983, 3151 Rn. 50 AEG; EuGH Slg. 2000 I-9948 Rn. 28 und 29 Stora; EuGH 10.9.2009 C-97/08 Rn. 60 Akzo; EuGH 29.3.2011 C-201/09 P Rn. 96–98 ArcelorMittal; EuGH 19.7.2012 C-628/10 P Rn. 46, 47 Alliance One

International; st. Rspr.), sodass in der Anwendung dieser Praxis die oberste Konzerngesellschaft bei 100%iger Beteiligung für ihre Tochtergesellschaften zur Verantwortung gezogen werden kann; weitere Voraussetzungen als die 100%ige Beteiligung gibt es nach Ansicht des EuGH für das Eingreifen dieser Vermutung nicht (EuGH 10.9.2009 C-97/08 Rn. 62 Akzo; EuGH 20.1.2011 C-90/09P Rn. 41, 42 General Quimica u. a.). Die Möglichkeit, die **Vermutung zu widerlegen,** besteht allerdings (EuGH Slg. 2000 I-9948 Rn. 48 Stora und Slg. 2006, II 3085 Rn. 136 Avebe). Das EuGH verlangt aber dazu, dass das Unternehmen nachweist, dass sein Tochterunternehmen nicht die von ihm ausgegebenen Leitlinien anwendet und demnach auf dem Markt eigenständig auftritt (EuG 12.12.2007 T-112/05 Rn. 62ff., Akzo; bestätigt durch EuGH 10.9.2009 C-97/08 Rn. 61 Akzo; vgl. auch u.a. EuGH 26.9.2013 C-679/11 P Alliance One NZKart 2013, 501; 11.7.2013 C-440/11 P Gosselin NZKart 2013, 267 und Schlussanträge *Kokott* NZKart 2013, 28). Die Anforderungen, die an diesen Gegenbeweis gestellt werden, werden vom EuG sehr hoch gesetzt. So soll es für die Entlastung der Obergesellschaft nicht reichen, dass das Tochterunternehmen gerade in dem Bereich, in dem es zur Zuwiderhandlung gekommen ist, die Anweisungen der Konzernobergesellschaft nicht eingehalten hat (EuG 12.12.2007 T-112/05 Rn. 83 Akzo); dies ist nur ein Indiz unter anderen (EuGH 10.9.2009 C-97/08 Rn. 73 Akzo), entscheidend sind sämtliche mit den organisatorischen, wirtschaftlichen und rechtlichen Verbindungen zur Muttergesellschaft relevanten Gesichtspunkte (EuGH 10.9.2009 C-97/08 Rn. 65 Akzo; EuGH 20.1.2011 C-90/09P Rn. 51 General Quimica u. a.).

Kann die oberste Konzerngesellschaft nicht bestimmt werden, sondern besteht die **35** Konzernspitze aus zwei voneinander unabhängigen **Schwesterunternehmen,** findet eine Zurechnung des Verhaltens der Tochtergesellschaft eines der Schwesterunternehmen auf das andere Schwesterunternehmen nicht statt (EuGH Slg. 2003 I, 11 005 Rn. 98ff. Aristrain; anders die Vorinstanz). Nach Ansicht des EuGH setzt der Unternehmensbegriff iS des Art. 101 nicht voraus, dass die betreffende wirtschaftliche Einheit eine eigene Rechtspersönlichkeit hat. Allein der Umstand, dass Weisungen eines anderen Unternehmens befolgt wurden, soll zur Verklammerung zu einem einheitlichen Unternehmen und damit für die Zurechnung des Verstoßes auf das anweisende Unternehmen ausreichen (EuGH 28.6.2005 C-189/02 etc. Rn. 113, 117 Dansk Rorindustri).

Hinsichtlich der Frage, ob bei Umstrukturierungen, Unternehmenskäufen usw. **36** die Verantwortlichkeit für den Kartellverstoß übergeht oder untergeht, stellt die Kommission für die Zurechnung auf die **funktionale und wirtschaftliche Unternehmenskontinuität** ab. Die funktionelle und wirtschaftliche Unternehmenskontinuität wird dabei gemeinschaftsrechtlich und nicht nach nationalen gesellschaftsrechtlichen Bestimmungen bestimmt (KOMM ABl. 1994 L 243/1 Karton; ABl. 1989 L 74/1 PVC; ABl. 1989 L 74/21 LDPE; ABl. 1986 L 230/1, 31 Polypropylen). Im ersten Schritt ermittelt die Kommission dabei die **Identität des Unternehmens,** das den Verstoß begangen hat, und prüft, ob das Unternehmen in seiner Substanz noch besteht oder aufgelöst worden ist (KOMM ABl. 1989 L 74/1 PVC; ABl. 1989 L 74/21 LDPE); dies soll der Fall sein, wenn das Unternehmen als nach außen fortbestehend dargestellt wird, etwa durch Werbebroschüren, Kundenbriefe, und wenn Arbeitskräfte und Management im Wesentlichen noch vorhanden sind. Die Fortführung der Firma soll dafür irrelevant sein (KOMM ABl. 1986 L 230/1, 32 Polypropylen; ABl. 1989 L 74/21, 36 LDPE; ABl. 1994 L 243/1 Karton). Das bestehende Unternehmen bleibt verantwortlich, auch wenn das abhängige Unternehmen oder der Unternehmensteil, in dessen Tätigkeitsfeld es zur tatbestandsmäßigen Wettbewerbsbeschränkung kam, **veräußert** wurden (EuG Slg. 1991 II-1623 Enichem; KOMM ABl. 1986 L 230/1, 31 Polypropylen; ABl. 1994 L 243/1, 46 Karton; EuGH Slg. 1999 I-4125 Rn. 145 Anic). Insoweit bleibt es also bei einer Zurechnung des Verstoßes nach dem Grundsatz der persönlichen Verantwortlichkeit. Das Kriterium der **wirtschaftlichen Kontinuität** kommt nur dann zum Zuge, wenn die für den Betrieb des Unternehmens verantwortliche juristische Person nach der Begehung der Zuwiderhandlung aufgehört hat, rechtlich zu existieren (EuGH Slg. 1999 I-4125 Rn. 145 Anic; EuG 14.12.2006 T-259/02 etc. Rn. 334/335 Raiffeisen Zentralbank Österreich). Der EuGH rechnet den Kartellverstoß aber inzwischen auch dem **Erwerber** bei Fortbestand des veräußernden Unternehmen zu, wenn die Unternehmen vorher bereits strukturell (nicht im Sinne bereits bestehender Beherrschung!) verbunden waren (EuGH 7.1.2004 C-204 P/00 Aalborg Portland Rn. 281). Zur Zurechnung bei Umstrukturierung innerhalb einer öffentlichen Stelle (Finanzministerium) EuGH 11.12.2007 C-280/06 Rn. 45ff. ETI.

37 Bei der **Veräußerung einer kartellrechtswidrig handelnden Tochtergesellschaft** soll die Verantwortung allerdings mit ihr übergehen, wenn der Kartellverstoß nach den Grundsätzen der Zurechnung im Konzern nicht der Konzernspitze, sondern nur der Tochtergesellschaft selbst zuzurechnen ist (KOMM ABl. 1994 L 243/1, 46 Karton). Dies kann aber nur für die in → Rn. 34 beschriebenen Fälle gelten, in denen der Kartellverstoß von vorneherein der Konzernobergesellschaft nicht zugerechnet werden konnte. Wird das kartellrechtswidrig handelnde Unternehmen an einen Dritten verkauft und verliert das Unternehmen dabei seine rechtliche Existenz oder wird der ursprüngliche Unternehmensträger mit einem anderen verschmolzen, so geht die kartellrechtliche Verantwortlichkeit auf den Erwerber oder den fusionsgeborenen Unternehmensträger über; die Kommission soll insoweit die Wahl haben, welche Muttergesellschaft in Mithaftung genommen wird (EuGH 10.9.2009 C-125/07P Rn. 81 Erste Group Bank). Dies soll auch dann gelten, wenn ein Unternehmen in eine Gruppe eingegliedert wird, die ein viel breiteres Tätigkeitsspektrum abdeckt. **Ohne Bedeutung** soll sein, dass der **Erwerber den früheren Kartellverstoß gebilligt,** übernommen oder fortgesetzt hat (KOMM ABl. 1986 L 230/1 Polypropylen; ABl. 1989 L 74/21, 35 LDPE; ABl. 1989 L 74/1, 14 PVC; ABl. 1994 L 243/1, 46 Karton). Allerdings bleibt auch das Unternehmen für den Wettbewerbsverstoß verantwortlich, das seine produzierende Tätigkeit auf eine Gesellschaft überträgt, an der es noch mit einem Drittel beteiligt ist, und außer dem Halten von Beteiligungen selbst unternehmerisch gar nicht mehr tätig ist (KOMM ABl. 1989 L 74/21, 35f. LDPE). Andererseits soll der unschuldige Käufer für den im Rahmen der erworbenen Unternehmenseinheit begangenen Kartellverstoß nicht verantwortlich gemacht werden (KOMM ABl. 1982 L 325/20 Navewa/Anseau; ABl. 1989 L 74/1, 14 PVC; ABl. 1989 L 74/21, 35 LDPE). Wenn die handelnde juristische Person während des Kartellzeitraumes ihre **Konzernzugehörigkeit ändert,** kann sich die Mithaftung der Muttergesellschaften entsprechend verteilen (dazu EuGH 10.4.2014 C-231/11 P u.a. Siemens Österreich NZKart 2014, 177).

38 Bei **Gemeinschaftsunternehmen** kommt eine wirtschaftliche Einheit mit den herrschenden Gesellschaft und damit die Mithaftung mehrer Muttergesellschaften in Betracht: Tatsächliche Aufsichtsmaßnahmen sollen sogar für ein von zwei Unternehmen gemeinsam kontrolliertes Vollfunktionsunternehmen die wirtschaftliche Einheit mit den Mutterunternehmen begründen: s. EuG 2.2.2012 T 76/08 Rn. 66ff El DuPont de Nemours ./. Kommission; bestätigt durch EuGH 26.9.2013 C-172/12 P Rn. 46, 47, so Rn. 46, 47, Dupont größtenteils wortgleich mit Urteil C-179/12P Dow, NZKart 2013, 504; dazu auch *Gehring/Kasten/Mäger* CCZ 2013, 1, 3).

39 Die geschilderte Rechtspraxis zur Zurechnung kann nur als **uneinheitlich und einzelfallabhängig** bezeichnet werden. Dadurch, dass Kommission, EuG und EuGH nationale Zurechnungsregeln nicht anwenden, sondern nicht wirklich entwickelte Zurechnungsregeln des Gemeinschaftsrechts, ist die Rechtsunsicherheit bezüglich der Frage, welches Unternehmen haftet, groß. Als sicher kann nur gelten, dass das Unternehmen, das den Kartellverstoß selbst begangen hat, immer verantwortlich bleibt, ebenso wie das zum Zeitpunkt des Kartellverstoßes eines abhängigen Unternehmens herrschende Unternehmen, sofern der Kartellverstoß geduldet wurde oder sogar auf ausgeübten Einfluss zurückgeführt werden kann. So überzeugend der Grundsatz auch sein mag, dass der unschuldige Käufer selbst nicht verantwortlich ge-

macht werden kann – die Entscheidungspraxis gibt hier keine Sicherheit. Im Übrigen → VO 1/2003, Art. 23 Rn. 26ff. Letztlich erweist es sich als **mit rechtsstaatlichen Grundvorstellungen nicht vereinbar,** dass Konzernobergesellschaften für Fehlverhalten ihrer Tochtergesellschaften allein nach diesen von der Rechtspraxis aufgestellten Regeln haften sollen. Art. 23 Abs. 2 VO 1/2003 verlangt als Geldbußengrundlage vorsätzliches oder fahrlässiges Handeln eines Unternehmens; damit kann insoweit nichts anderes als ein bestimmter Rechtsträger – also eine bestimmte juristische Person – gemeint sein. Es kann nicht angehen, dass Fragen der Mithaftung anderer juristischer Personen mittels des Unternehmensbegriffs gelöst werden, der seine Funktion allein darin hat, festzulegen, wann Vereinbarungen „zwischen Unternehmen" gegeben sind und damit Art. 101 überhaupt anwendbar ist; der EuGH folgt dieser Ansicht nicht (18.7.2013 C-501/11 P Rn. 101ff. *Schindler,* NZKart 2013, 334 und Schlussanträge *Kokott* NZKart 2013, 206).

5. Vereinbarungen

a) Begriff der Vereinbarung. Verboten sind nach Art. 101 Abs. 1 Vereinbarungen und abgestimmte Verhaltensweisen zwischen Unternehmen sowie Beschlüsse von Unternehmensvereinigungen. Diese Begriffe sind nach der Rechtsprechung des EuGH „Formen der Kollusion ..., die in ihrer Art. Übereinstimmen, und ... sich nur in ihrer Art und Intensität und ihren Ausdrucksformen unterscheiden" (EuGH 4.6.2009 C-8/08 Rn. 23 T-Mobile Netherlands) Erfasst werden sowohl horizontale als auch vertikale Vereinbarungen (EuGH Slg. 1966, 281 LTM/Maschinenbau; Slg. 1966, 322 Consten-Grundig). **Horizontale Vereinbarungen** sind solche, die zwischen Unternehmen geschlossen werden, die auf derselben Marktstufe, also zB derselben Stufe der Produktion oder des Vertriebs, tätig sind (Horizontalleitlinien, Anhang B 5 Rn. 1), also insbesondere, aber nicht nur, Vereinbarungen zwischen Wettbewerbern. **Vertikale Vereinbarungen** (im Einzelnen hierzu Rn. 189ff. und Vertikalleitlinien, Anhang B 6) sind dagegen zwischen Unternehmen geschlossen, die auf verschiedenen Wirtschaftsstufen tätig sind; typisches Beispiel sind Vereinbarungen zwischen dem Lieferanten einer Ware und seinen Abnehmern, also insbesondere Vertriebsverträge. Vertikale Vereinbarungen können auch zwischen Wettbewerbern abgeschlossen werden, wenn die Vereinbarung ein Leistungsverhältnis regelt, in deren Erfüllung die Unternehmen auf verschiedenen Marktstufen tätig sind. **40**

Der Begriff der Vereinbarung in Art. 101 Abs. 1 erfasst nicht nur den **zivilrechtlichen Vertrag;** was eine Vereinbarung nach Art. 101 Abs. 1 ist, wird losgelöst von nationalen Vertragsvorstellungen definiert (EuGH Slg. 1990 I-45 Sandoz; Slg. 1985, 391 BNIC/Clair). Die **Form,** in der die Vereinbarung abgeschlossen wurde, **ist gleichgültig;** Schriftlichkeit ist nicht erforderlich (KOMM ABl. 1986 L 230/1 Polypropylen; ABl. 1989 L 74/1, 11 PVC); auch eine Vereinbarung, die durch schlüssiges Verhalten (konkludent) geschlossen wurde, reicht für die Tatbestandsverwirklichung aus (KOMM ABl. 1982 L 354/28, 32 Panasonic; ABl. 1989 L 74/1, 9 PVC; ABl. 1989 L 74/21, 28 LDPE). Die **bindende Wirkung** des Vertrags nach dem nach dem jeweils anwendbaren nationalen Recht ist **keine Tatbestandsvoraussetzung;** die Vereinbarung braucht weder rechtlich, noch faktisch (tatsächlich oder moralisch) verbindlich zu sein (ausdrücklich EuG Slg. 1998 II-1751 Rn. 65 Mayr-Melnhof). Während die Kommission früher eine zumindest faktische Verpflichtung verlangte, um eine wettbewerbsbeschränkende Vereinbarung annehmen zu können (KOMM ABl. 1974 L 343/19, 24 Kugellager; ABl. 1985 L 35/20 Rn. 26ff. Verband der Sachversicherer, wo auf die Möglichkeit zur Erzwingung der Abrede abgestellt wird, es allerdings um die Beurteilung des Merkmals der Wettbewerbsbeschränkung ging), reicht heute die reine Verständigung für die Annahme einer Vereinbarung aus (KOMM ABl. 1986 L 230/1 Rn. 81 Polypropylen; ABl. 1989 L 74/1 Rn. 30, 32 PVC; ABl. 1989 L 74/21 Rn. 37 LDPE; ABl. 1994 L 239/14 Rn. 30 PVC; ABl. **41**

1994 L 243/1 Rn. 126 Karton; EuGH Slg. 1990 I-45 Rn. 12 Sandoz; kritisch hierzu *Paschke* in MünchKomm Art. 81 Rn. 12ff.).

42 Eine Vereinbarung im Sinne des Art. 101 Abs. 1 liegt damit vor, wenn die Parteien ihren **gemeinsamen Willen** zum Ausdruck gebracht haben, **sich auf dem Markt in einer bestimmten Weise zu verhalten** (EuGH Slg. 1970, 661 Rn. 112 ACF Chemiefirma; Slg. 1980, 3125 Rn. 86 Van Landewyck; Slg. 1990-I 45 Sandoz; EuG Slg. 1992 II-1275 Rn. 301 Chemie Linz (Willensübereinstimmung); Slg. 1995 II-791 Rn. 95 Tréfileurope). Die Vereinbarung muss sich nicht auf ein bestimmtes Verhalten beziehen; es reicht aus, wenn die Beteiligten – uU auch in nur recht allgemeiner Form – einen Konsens über die großen Linien ihres zukünftigen Marktverhaltens erreichen (KOMM ABl. 1994 L 243/1 Rn. 126 Karton; EuG Slg. 2005 II-3033 Rn. 119 Brasserie Nationale) oder einen Plan vereinbaren, durch den ihre wirtschaftliche Handlungsfreiheit möglicherweise beeinträchtigt bzw. ihr Marktverhalten bestimmt wird (KOMM ABl. 1986 L 230/1 Polypropylen; ABl. 1989 L 74/1 Rn. 30 PVC). An einer Vereinbarung kann es fehlen, wenn sich Unternehmen nur an einen vorgegebenen rechtlichen Handlungsrahmen halten, also gar nicht aufgrund einer geschlossenen Vereinbarung parallel handeln. So wurde für eine Vereinbarung über Preise für Arzneimittel, die zwischen einem Pharmaunternehmen und Großhändlern abgeschlossen wurde, argumentiert, eine Vereinbarung iS d Art. 101 Abs. 1 liege dann nicht vor, wenn sich die Preisstellung durch den Großhändler bereits aus dem Gesetz ergebe. Das EuG hat eine Vereinbarung bejaht, weil eine wie in der Vereinbarung vorgesehene Preisdifferenzierung gesetzlich nicht vorgegeben war (EuG 27.9.2006 T-168/01 etc. Rn. 66 GlaxoSmithKline).

43 An die **Einigung,** die für die Vereinbarung vorliegen muss, werden **keine strengen Anforderungen** gestellt (s. allgemein EuG Slg. 2005 II-3033 Rn. 118 Brasserie Nationale). Insbesondere ist nicht erforderlich, dass ein gemeinsamer Wille bestand, ein wettbewerbswidriges Ziel zu erreichen (EuG 27.9.2006 T-168/01 etc. Rn. 77ff. GlaxoSmithKline) Mit der **Behauptung, ohne rechtlichen Bindungswillen oder auf wirtschaftlichen Druck** gehandelt oder **sich nur zum Schein oder aus Furcht vor Kartellzwang** an Vereinbarung beteiligt zu haben, kann sich ein Unternehmen **nicht entlasten** (KOMM ABl. 1986 L 232/15, 27 Dach- und Dichtungsbahnen; ABl. 1989 L 74/1, 11 PVC; ABl. 1989 L 74/21 32 LDPE). Auch wirtschaftlicher Druck oder Zwang auf einen Vertragspartner ändert nichts daran, dass auch dieser als Teilnehmer einer Vereinbarung gilt (EuG 19.5.2010 T-21/05 Rn. 72 Chalkor AE m. Nachw; s. auch EuGH Slg. 1979, 2435 Rn. 54 BMW Belgium; EuG Slg. 1995 II-791 Rn. 58 Tréfileurope). So soll der Umstand, dass sich ein Unternehmen den Ergebnissen von Sitzungen mit wettbewerbsfeindlichem Inhalt nicht gebeugt hat, nicht geeignet sein, es vom Vorwurf der Teilname an der Handlung und damit der Absprache zu befreien (EuG, WuW EU-R 87, Rz. 118, Karton; ebenso EuG Slg. 1995 II-791 aaO Tréfileurope). Für die Teilnahme an einer Vereinbarung reicht es aus, dass sich ein Unternehmen an einer Sitzung beteiligt, in denen Ergebnisse mit wettbewerbsbeschränkendem Inhalt erzielt werden; wenn das Unternehmen sich von dem Vorwurf befreien will, muss es nachweisen, dass es sich offen vom Inhalt der Sitzung distanziert (EuG Slg. 1995 II-791 Rn. 85 Tréfileurope; EuG Slg. 1991 II-1711 Rn. 232 Hercules Chemicals). Der EuGH geht so weit, dass die Beteiligung an einer wettbewerbsbeschränkenden Vereinbarung vermutet wird, wenn ein Unternehmen **an Sitzungen teilnahm,** bei denen wettbewerbswidrige Vereinbarungen getroffen wurden, ohne sich offen dagegen auszusprechen. Das Unternehmen, das die Teilnahme bestreitet, muss nach Meinung des EuGH Indizien vortragen, die zum Beweis seiner fehlenden wettbewerbswidrigen Einstellung bei der Teilnahme an der Sitzung geeignet sind, und nachweisen, dass es seine Wettbewerber darauf hingewiesen hat, dass es an den Sitzungen mit einer anderen Zielrichtung als diese teilnahm (EuGH 7.1.2004 C-204/00 etc. Rn. 81 Aalborg Portland; EuGH 28.6.2005 C-189/02 etc. Rn. 142 Dansk Rorindustri). Die Umstände, wieso ein Unternehmen an einer Ver-

einbarung teilnahm, finden nur bei der Bestimmung der Höhe der Geldbuße Beachtung. Zu den Beweisanforderungen s. auch EuG 14.10.2004 T-56/02 etc. Rn. 53ff. Dresdner Bank.

Vom Vereinbarungsbegriff erfasst werden auch sog. **gentlemens' agreements,** 44
die auf der Grundlage wirtschaftlicher, gesellschaftlicher oder moralischer Verbindlichkeit den gemeinsamen Willen der Beteiligten, sich auf dem Markt in bestimmter Weise zu verhalten, zum Ausdruck bringen (EuGH Slg. 1970, 661 Rn. 112 ACF Chemiefarma; EuG Slg. 1995 II-791 Rn. 95 Tréfileurope; Kommission ABl. 1989 L 74/1, 11 PVC; ABl. 1989 L 74/21, 32 LDPE).

b) Vereinbarung und Vertragswerk. Vereinbarung im Sinne des Art. 101 45
Abs. 1 ist nur der Teil eines unter Umständen **größeren Vertragswerks,** der die Tatbestandsvoraussetzungen des Art. 101 Abs. 1 im übrigen erfüllt, also nur die wettbewerbsbeschränkende Vertragsklauseln sowie die untrennbar mit diesen verbundenen Klauseln (EuGH Slg. 1966, 281 LTM/Maschinenbau Ulm). Andererseits ist eine Vereinbarung im Sinne des Art. 101 Abs. 1 nicht auf ein bestimmtes Vertragsdokument beschränkt: Die Gesamtheit von Regelungen und Absprachen, die Unternehmen über mehrere Jahre in immer neuen Variationen über ein bestimmtes Verhalten im Wettbewerb getroffen haben, bildet eine einzige fortdauernde Vereinbarung im Sinne der Vorschrift (KOMM ABl. 1986 L 230/1, 26 Polypropylen; ABl. 1989 L 74/1, 11 PVC; ABl. 1989 L 74/21, 32 LDPE).

Vereinbarungen, die nach Art. 101 Abs. 1 relevant sind, können sich in allen Arten 46
von Verträgen finden, so in **Gesellschaftsverträgen** (EuGH Slg. 1994 I-5641 Gotrupp-Klim; EuG Slg. 1992 II-1931 Dansk Pelsdyravleforeining;), in **allgemeinen Geschäftsbedingungen** (KOMM ABl. 1980 L 377/16 Johnson & Johnson; ABl. 1982 L 94/7 Moet et Chandon), **Rahmenvereinbarungen,** die Grundlage von Einzelverträgen sein sollen (KOMM ABl. 1986 L 230/1 Polypropylen; bestätigt durch EuG Slg. 1991 II-1711 Hercules).

Der **Zweck** der Vereinbarung ist **gleichgültig;** auch Verträge mit an sich wettbe- 47
werblich neutralen Zielen können wettbewerbsbeschränkende Vereinbarungen im Sinne des Art. 101 Abs. 1 sein (EuGH Slg. 1983, 3369, 3411 IAZ: öffentliche Gesundheit, Kostendämpfung). Auch ist gleichgültig, ob die eine Vereinbarung wettbewerbliche Beschränkungen für alle oder nur einzelne Vertragspartner bezweckt oder bewirkt (EuGH Slg. 1983, 3369, 3411 IAZ). Eine Vereinbarung fällt auch nicht dadurch aus dem Anwendungsbereich des Art. 101 Abs. 1 heraus, dass sie gerade fairen Wettbewerb herstellen soll (EuGH Slg. 1985, 391, 422 BNIC/Clair; KOMM ABl. 1986 L 230/1, 13 Polypropylen; ABl. 1989 L 74/1, 12 PVC; ABl. 1989 L 74/21, 33 LDPE; s. auch unten Rn. 60). Auch Verträge, mit denen gemeinsame Verwaltungsverfahren organisiert werden sollen, können Vereinbarungen nach Art. 101 Abs. 1 sein (KOMM ABl. 1974 L 343/24 Kugellager: Vereinbarung von Antidumpingverfahren gegen Importeure).

Gerichtliche (KOMM ABl. 1979 L 19/32 Vaessen/Mois) sowie außergerichtliche 48
Vergleiche, die der Beilegung eines Rechtsstreits dienen (EuGH Slg. 1982, 2015, 2076 Nungesser; Slg. 1988, 5249, 5286 Bayer u. a./Süllhöfer), können Vereinbarungen sein; es gibt **kein grundsätzliches Vergleichsprivileg** (Technologietransfer-Leitlinien, Anhang B 9, Rn. 234ff. zu Abgrenzungsvereinbarungen bei Schutzrechtsstreitigkeiten; s. auch *Jansen/Johannsen* EuZW 2012, 893). Man wird aber davon ausgehen können, dass bei Vergleichen über Schutzrechte dann und insoweit keine wettbewerbsbeschränkende Vereinbarung gegeben ist, wenn nur Beschänkungen geregelt werden, die sich bereits aus dem Schutzumfang der Rechte ergeben, über die der Vergleich angeschlossen wird.

c) Abgrenzung zur einseitigen Maßnahme. Einseitige Maßnahmen sind 49
grundsätzlich **keine Vereinbarungen** (EuGH Slg. 1983, 3151 Rn. 38 AEG/Telefunken; EuG WuW EU-R 761 Rn. 33 VW-Händlerverträge; bestätigt durch EuGH

13.7.2006 C-74/04 etc. Rn. 48ff.). Die Abgrenzung ist entscheidend für die Beurteilung von Fallgestaltungen, in denen der Inhaber eines Vertriebssystems versucht, durch einseitiges Handeln – zB Aufforderungen, Vertrieb über die Grenzen des Vertriebsgebiets zu unterlassen, oder Androhung von Liefereinschränkungen – einen Zustand herbeizuführen, der als Vereinbarung gegen Art. 101 Abs. 1 verstoßen würde. Einseitige Maßnahmen des Lieferanten in Vertriebssystemen, die darauf zielen, ein bestimmtes Verhalten des Vertriebspartners zu erreichen, wurden in der Vergangenheit unter bestimmten Voraussetzungen als Vereinbarungen im Sinne des Art. 101 Abs. 1 qualifiziert. So können einseitige Handlungen zu Vertragsmodifikationen bzw. -konkretisierungen werden, deren Befolgung Zustimmung bedeutet und sie damit zur Vereinbarung macht, insbesondere dann, wenn klar ist, dass die Nichtbefolgung Konsequenzen für das weitere Vertriebsverhältnis hat (vgl. EuGH Slg. 1984, 1129 Ford I; EuGH Slg. 1985, 2725 Ford II; Slg. 1990 I-45 Sandoz: hier: Exportverbot auf der Warenrechnung; EuG WuW EU-R 761 Rn. 35 VW-Händlerverträge; KOMM ABl. 1988 L 78/34 Konica). Die Qualifizierung einseitiger Maßnahmen als Vereinbarung spielt ebenfalls eine große Rolle in **selektiven Vertriebssystemen:** so soll zB die Nichtzulassung von qualifizierten Händlern zum Vertriebssystem nicht als einseitige Maßnahme, sondern Umsetzung einer Vereinbarung zur Beschränkung des Kreises der Vertriebspartner sein (KOMM ABl. 1982 L 117/15 AEG-Telefunken).

50 Eine Klärung in die Abgrenzung zwischen Vereinbarung und einseitiger Maßnahme hat das Urteil EuG vom 26.10.2000 gebracht (EuG Slg. 2000 II, 3383 Rn. 70ff. Bayer, bestätigt durch EuGH WuW EU-R 769, 771 Rn. 78ff.). Das EuG setzt sich (aaO Rn. 158) ausführlich mit der bisherigen Rechtspraxis auseinander; es weist nach, dass in den bisherigen Entscheidungen, in denen eine einseitige Maßnahme des Lieferanten in einem Vertriebssystem als Vereinbarung im Sinne des Art. 101 Abs. 1 qualifiziert wurde, entweder **Sanktionen zur Durchsetzung** einer den Vertriebspartnern kommunizierten Wettbewerbsbeschränkungen angedroht oder verhängt wurden, oder eine kommunizierte Maßnahme **ausdrücklich oder konkludent gebilligt** wurde, und sei es auch nur durch Befolgen seitens des Adressaten. Die Gerichte stellen klar, dass **eine einseitige Maßnahme** dann **nicht** als **Vereinbarung** qualifiziert werden kann, wenn gar nicht der Versuch seitens des Lieferanten unternommen wird, die Vertriebspartner zu einem bestimmten Verhalten zu bewegen, insbesondere dann, wenn es an Sanktionen seitens des Lieferanten fehlt (weiter differenzierend *Paschke* in MünchKomm Art. 81 Rn. 34ff.). Konsequenterweise wird die bloße Androhung von Sanktionen, die nicht zu einer Änderung des Verhaltens des Vertragspartners führt, nie als Vereinbarung qualifiziert werden können, weil die einseitige Maßnahme überhaupt nur durch Befolgung durch den anderen Vertragspartner zur „Vereinbarung" werden kann.

51 **d) Abschluss und Praktizierung.** Der Abschluß der Vereinbarung ist die **tatbestandsmäßige Handlung;** keine Rolle spielt, ob die Vereinbarung praktiziert wird oder ob sie ruht (EuGH Slg. 1984 19, 54 VBVB u. VBBB; KOMM ABl. 1975 L 228/3 IFTRA-Hüttenaluminium); ebenso wenig, ob sie längst aufgehoben, erfüllt oder sonst erledigt ist (EuGH Slg. 1971, 69ff. Sirena; KOMM ABl. 1975 L 228/3 IFTRA-Hüttenaluminium); die Praktizierung hat allein Bedeutung für die Dauer der Zuwiderhandlung sowie der Verfolgungsverjährung.

6. Beschlüsse

52 Der Beschluss einer **Unternehmensvereinigung** ist ebenfalls Tatbestandshandlung. Damit der Beschluss einer Vereinbarung gleichgestellt werden kann, muss auch er den einer Vereinbarung entsprechenden Inhalt haben. Auch der Beschluss muss den gemeinsamen Willen der beteiligten Unternehmen ausdrücken, das Marktverhalten ihrer Mitglieder zu koordinieren (EuGH Slg. 1987, 405 Rn. 32 Verband der Sachversicherer; vgl. auch Urteil vom 18.7.2013 C-136/12 Rn. 46ff. Italienischer

Geologenverband NZKart 2014, 22). Besondere Bedeutung erlangt die Tatbestandsvariante des Beschlusses bei **Empfehlungen,** die eine Unternehmensvereinigung durch Beschluss ausspricht. Die **unverbindliche Empfehlung** ist **kein Beschluss,** wohl aber die verbindliche. Dabei ist nicht klar, welchen Grad der Verbindlichkeit die durch Beschluss ausgesprochene Empfehlung erreichen muss, um von Art. 101 Abs. 1 erfasst zu werden. Die Verbindlichkeit der Empfehlung kann sich aus der Verbandssatzung ergeben (EuGH Slg. 1980, 3125 Rn. 88f. Van Landewyck). Auf die Verbindlichkeit kommt es jedoch dann nicht mehr an, wenn die Empfehlung angenommen und befolgt wurde (EuGH Slg. 1983, 3369 Rn. 20 IAZ).

7. Aufeinander abgestimmte Verhaltensweisen

a) Begriff. Die Tatbestandsvariante der aufeinander abgestimmten Verhaltensweise ist eine Auffangregelung. Sie soll jene Formen der **Verhaltenskoordinierung unterhalb von Vereinbarungen bzw. Beschlüssen** erreichen, die zu einem bewussten und gewollten Zusammenspiel von Unternehmen zum Zwecke der Ausschaltung unternehmerischer Risiken führen (EuGH Slg. 1999 I-4287 Rn. 158 Polypropylen), KOMM ABl. 1994 L 243/1 Rn. 126f. Karton; Schlussanträge GA Vesterdorf, 923ff., zu EuG Slg. 1991 II-867 Rhône-Poulenc). Nach der Rechtspraxis ist eine aufeinander abgestimmte Verhaltensweise jede Form der Koordinierung zwischen Unternehmen, die zwar noch nicht bis zum Abschluss eines Vertrages im eigentlichen Sinn gediehen ist, jedoch bewusst eine praktische Zusammenarbeit an die Stelle des mit Risiken verbundenen Wettbewerbs treten lässt (EuGH 4.6.2009 C-8/08 Rn. 27 T-Mobile Netherlands; EuGH Slg. 1972, 619 Rn. 64, 67 ICI; Slg. 1972, 713 BASF; Slg. 1972, 745 Bayer; Slg. 1972, 787 Geigy; Slg. 1975, 1663 Rn. 173 Suiker Unie u. a.; Slg. 1993 I-1307 Rn. 63 Ahlström; EuG Slg. 1995 II-1847 Rn. 76 ICI; EuGH Slg. 1999 I-4287 Rn. 158 Polypropylen; st. Rspr). Die Kriterien der Koordinierung und Zusammenarbeit, die Voraussetzung für aufeinander abgestimmte Verhaltensweisen sind, verlangen nicht die Ausarbeitung eines „eigentlichen Plans" zwischen den beteiligten Unternehmen (EuGH Slg. 1975, 1663 Rn. 173 Suiker Unie; Slg. 1998 I-3111 Rn. 86 John Deere). 53

Die Abgrenzung der abgestimmten Verhaltensweise zum **autonomen Parallelverhalten** ist schwierig. Art. 101 Abs. 1 verlangt, dass jedes Unternehmen für sich selbst bestimmt, „welche Politik [es] auf dem Gemeinsamen Markt zu betreiben gedenkt" (EuGH Slg. 1975, 1663 Rn. 173f. Suiker Unie u. a.; Slg. 1981, 2021 Rn. 13f. Züchner/Bayerische Vereinsbank; Slg. 1993 I-1307 Rn. 63 Ahlström). Nach Ansicht der Kommission und des EuG/EuGH ist daher jede **unmittelbare oder mittelbare Fühlungnahme zwischen Unternehmen** untersagt, die bezweckt oder bewirkt, das Marktverhalten eines gegenwärtigen oder potentiellen Mitbewerbers zu beeinflussen oder einen solchen Mitbewerber über das Marktverhalten ins Bild zu setzen, das man selbst an den Tag zu legen entschlossen ist oder in Erwägung zieht (EuGH Slg. 1975, 1663 Rn. 173f. Suiker Unie u. a.; EuG Slg. 1991 II-867 Rhône-Poulenc; Slg. 1992 II-1275 Chemie Linz; KOMM ABl. 1984 L 220/27 Zinc Producer Group; ABl. 1994 L 243/1 Rn. 127 Karton), oder die zu Wettbewerbsbedingungen führt, die nicht den normalen Marktbedingungen entsprechen (EuGH Slg. 1975, 1663 Rn. 173f. Suiker Unie u. a.; Slg. 1981, 2021 Rn. 13f. Züchner/Bayerische Vereinsbank; ähnlich EuGH Slg. 1999 I-4287 Rn. 161 Polypropylen). Dagegen hat jedes Unternehmen das Recht, sich dem „festgestellten oder erwarteten Verhalten [seiner] Mitbewerber mit wachem Sinne anzupassen" (EuGH Slg. 1975, 1663 Rn. 174 Suiker Unie; Slg. 1998 I-3111 Rn. 87 John Deere). Verhalten, das sich allein an den Ergebnissen einer autonomen Marktbeobachtung orientiert, kann nicht als abgestimmtes Verhalten qualifiziert werden. Hieraus resultierendes paralleles Verhalten ist keine abgestimmte Verhaltensweise (EuGH Slg. 1972, 619 ICI). Gleichförmige öffentliche Preisankündigungen von Mitbewerbern (EuGH Slg. 1993 I1307 Rn. 64 Ahlström; 54

vgl. demgegenüber jedoch EuGH Slg. 1972, 619 Rn. 101f. ICI) oder Einrichtung eines nicht auf Preise bezogenen und auch sonst nicht der Unterstützung eines wettbewerbswidrigen Mechanismus dienenden Informationsaustauschsystems in einem vom Wettbewerb noch geprägten (im Gegensatz zu hochkonzentriertem) Markt führen noch nicht zu Reduktion wettbewerblichen Risikos im Sinne des abgestimmten Verhaltens (EuG Slg. 1994 II-905 Rn. 91 Fiatagri und New Holland).

55 **b) Abstimmung.** Die Abstimmung, also die Kommunikation mit einem anderen Unternehmen, kann durch **unmittelbaren Kontakt** zwischen beteiligten Unternehmen **oder** durch **Zwischenschaltung** eines Dritten erfolgen (vgl. EuGH Slg. 1984, 883 Hasselblad; Slg. 1983, 1825 Musique Diffusion); da die Abstimmung qualitativ weniger ist als die Vereinbarung, gilt erst recht für die Abstimmung, dass sie in keiner Weise, dh weder rechtlich noch wirtschaftlich, moralisch oder gesellschaftlich, verbindlich sein muss (EuGH Slg. 1972, 619, 658 ICI). Für die Erfüllung des Tatbestandsmerkmals der Abstimmung ist entscheidend, dass es durch die Fühlungnahme zwischen den beteiligten Unternehmen zu einer **Reduktion des Risikos** kommt, das mit autonomen Entscheidungen sonst verbunden ist, bzw. dass dadurch die Ungewissheit über das zukünftige Verhalten der Mitbewerber verringert wird (EuGH Slg. 1972, 619 ICI; Slg. 1975, 1663 Suiker Unie u. a.; Slg. 1993 I-1307 Ahlström; EuG Slg. 1995 II-1775 Solvay; Slg. 1995 II-1847 ICI). Es reicht aus, dass der von den beteiligten Unternehmen unternommene Kontakt die Koordinierung kommerziellen Verhaltens erleichtert (EuGH Slg. 1975, 1663 Suiker Unie u. a.; KOMM ABl. 1994 L 243/1 Karton). Dabei ist entscheidend, dass es zwischen den Unternehmen tatsächlich zu koordinierendem Kontakt kommt.

56 **c) Zusammenhang zwischen Abstimmung und Verhalten.** Anders als bei der Begehungsmodalität „Vereinbarung" bedarf das abgestimmte Verhalten zusätzlich zur Abstimmung einer dadurch verursachten **Umsetzung,** also eines „Verhaltens". Ist der koordinierende Kontakt nachgewiesen und folgt ihm paralleles Verhalten, ist der Tatbestand erfüllt, sofern ursächlicher Zusammenhang besteht (EuGH Slg. 1972, 619 ICI; Slg. 1975, 1663 Suiker Unie u. a. (einheitliche Preiserhöhungen); EuGH Slg. 1984, 883 Hasselblad (Maßnahmen zur Behinderung von Parallelimporten). Eine wettbewerbswidrige Auswirkung muss aber nicht festgestellt werden, wenn das abgestimmte Verhalten eine Verhinderung, Einschränkung oder Verfälschung des Wettbewerbs **bezweckt** (EuGH 4.6.2009 C-8/08 Rn. 31 T-Mobile Netherlands Slg. 2009 I-4529; 14.3.2013 C-32/11 Rn. 33f. Allianz, NZKart 2013, 241). Beispielsfälle, in denen auf die Feststellung des ursächlichen Zusammenhangs verzichtet wurde: EuG Slg. 1995 II-1847 ICI (Aufteilung der Absatzgebiete); EuGH Slg. 1993 I-1307 Ahlström (gleichförmige Preisankündigungen); EuG Slg. 1992 II-1403 Società Italiana Vetro u. a. (Beeinflussung der Ein- und Verkaufspolitik von Abnehmern); EuGH Slg. 1984, 1679 CRAM und Rheinzink (Einstellung von Lieferungen zur Verhinderung von Paralleleinfuhren); EuG Slg. 2000 II-491 Rn. 1852 Zement). Die Ursächlichkeit zwischen Abstimmung und späterem Verhalten darf aber nicht ohne Weiteres vermutet werden (→ Rn. 82). Letztlich hat die Durchführung einer Abstimmung keine eigenständige Bedeutung; die Durchführung lässt nur Rückschlüsse zu, ob der vorhergehende Kontakt zwischen den beteiligten Unternehmen tatsächlich verhaltenskoordinierenden Inhalt hatte. Besteht der Kontakt im Austausch über geheimes Wissen, das sich wettbewerbliches Verhalten bezieht, so liegt die Abstimmung nahe: So soll nach Ansicht des EuG bereits die Teilnahme an Sitzung, deren Zweck in Informationsaustausch über praktizierte und angestrebte Preise, Verkaufszahlen und -mengenbeschränkungen sowie Kunden besteht, als abgestimmtes Verhalten anzusehen sein, weil es bei **Festlegung zukünftigen Marktverhaltens** zwangsläufig zur Berücksichtigung dieser Informationen kommen müsse (EuG Slg. 1991 II-867 Rn. 123 Rhône-Poulenc). Ähnlich der EuGH (EuGH 4.6.2009 C-8/08 Rn. 31ff T-Mobile Netherlands Slg. 2009 I-4529): Der **Austausch von Infor-**

mationen zwischen Wettbewerbern verstößt gegen Art. 101 in der Begehungsform der abgestimmten Verhaltensweise, wenn „er den Grad der Ungewissheit über das fragliche Marktgeschehen verringert oder beseitigt" und dadurch zu einer Beschränkung des Wettbewerbs zwischen den Unternehmen führt; in diesem Fall stellte der EuGH aber ausdrücklich drauf ab, dass die ausgetauschten Informationen Preise betrafen, und somit eine Wettbewerbsbeschränkung bezweckt wurde.

d) Tatbestandsbegrenzung durch Unschuldsvermutung. Jede **Ausdehnung** des Begriffs des **abgestimmten** Verhaltens muss auch im Zusammenhang mit der Unschuldsvermutung zugunsten der Unternehmen gesehen werden. Die Kommission darf allein aus festgestelltem Parallelverhalten nicht auf eine Abstimmung schließen; es ist allenfalls ein hinreichendes, aber nicht ausreichendes Indiz (EuGH Slg. 1972, 619 ICI: Indizwirkung parallelen Verhaltens, wenn es sich nur durch eine Abstimmung einleuchtend erklären lässt; EuGH Slg. 1993 I-1307 Rn. 71 f. Ahlström; Slg. 1984, 1679 Rn. 16 CRAM und Rheinzink; EuG Slg. 1995 II-1847 Rn. 85 ICI; nach den Schlussanträgen GA Darmon Rn. 195, zu EuGH Slg. 1993 I-1307 Ahlström, sei eine jeden vernünftigen Zweifel ausschließende Sicherheit über das Vorliegen einer Abstimmung zu verlangen). Die **Indizwirkung parallelen Verhaltens** für das Vorliegen abgestimmten Verhaltens muss zudem stets vor dem Hintergrund der konkreten Marktverhältnisse, also der Art der Erzeugnisse, Größe und Anzahl der Unternehmen sowie des Marktvolumens geprüft werden. Stellen sich auf Grundlage dieser Prüfung die einzelnen Elemente des Parallelverhaltens als ein Bündel von ernsthaften, genauen und übereinstimmenden Indizien für eine vorherige Abstimmung dar, so kann dies als ausreichender Indizienbeweis gelten (EuGH Slg. 1993 I-1307 Rn. 71 f. Ahlström; EuG Slg. 1995 II-1847 Rn. 85 ICI). Der Beweis für abgestimmtes Verhalten ist dagegen nicht erbracht, wenn die beteiligten Unternehmen Umstände nachweisen, die eine andere **Erklärung für das Parallelverhalten** geben (EuGH Slg. 1984, 1679 Rn. 16 CRAM und Rheinzink; EuG 12.4.2013 T-410/08 GEMA NZKart 2013, 244; 16.9.2013 T-364/10 Dŭravit NZKart 2013, 412 Rn. 91 ff.), oder wenn sie als Teilnehmer einer Veranstaltung nachweisen können, dass sie sich offen von einer Abstimmung distanzieren (EuG Slg. 1995 II-791 Rn. 85 Tréfileurope; EuG Slg. 1991 II-1711 Rn. 232 Hercules Chemicals). Liegt aber eine Abstimmung vor, vermutet der EuGH das nachfolgende parallele Verhalten (EuGH 4.6.2009 C-8/08 Rn. 51 T-Mobile Netherlands): es gilt die „Vermutung, dass die an der Abstimmung beteiligten und weiterhin auf dem Markt tätigen Unternehmen die mit ihren Wettbewerbern ausgetauschen Informationen berücksichtigen". Diese Vermutung kann letztlich nur dadurch widerlegt werden, dass die Unternehmen ihre Geschäftstätigkeit auf dem betroffenen Markt einstellen, oder nachweisen, dass die ausgetauschten Informationen in sonstiger Weise ihr Marktverhalten nicht beeinflussen konnten. Damit ist die Widerlegung dieser Vermutung praktisch sehr schwierig. 57

8. Beteiligung von mindestens zwei Unternehmen

a) Unternehmensinterne Wettbewerbsbeschränkungen. Art. 101 erfasst nur Tatbestandshandlungen zwischen Unternehmen, nicht dagegen innerhalb eines Unternehmens. Deshalb ist von großer Bedeutung, wie das Unternehmen nach Art. 101 definiert ist. Kommission und Gericht bemühen hierfür den Begriff der **wirtschaftlichen Einheit:** Tatsächlich geht es um die Frage, inwieweit Wettbewerbsbeschränkungen innerhalb eines Unternehmens nach Art. 101 Abs. 1 relevant sein können, und wie weit die Grenzen des Unternehmens sind. So sind **Maßnahmen zwischen herrschendem und beherrschten Gesellschaften** nach Art. 101 Abs. 1 irrelevant, soweit eine beherrschte Gesellschaft ihr Marktverhalten gar nicht autonom bestimmen kann, sondern Weisungen der beherrschenden Gesellschaft unterliegt; kann die Wettbewerbsbeschränkung also aufgrund einer Weisung der herrschenden Gesellschaft 58 durchgesetzt werden, kommt es zu keiner Wettbewerbsbeschränkung zwischen Unternehmen, sodass Art. 101 Abs. 1 nicht anwendbar ist (EuGH Slg. 1984, 2999 Rn. 11 Hydrotherm/Comact; Slg. 1988, 2479 Rn. 19 Bodson/Pompes Funèbres; EuG Slg. 1992 II-757 Rn. 312 Shell). Im Ergebnis sind also wettbewerbsbeschränkende Vereinbarungen und abgestimmte Verhaltensweisen innerhalb einer wirtschaftlichen Einheit, also zwischen Konzernunternehmen, die eine wirtschaftliche Einheit nach diesen Grundsätzen bilden, nicht solche „zwischen Unternehmen" und können damit nicht gegen Art. 101 Abs. 1 verstoßen **(konzerninterne Vereinbarungen).**

59 Das Kriterium für die wirtschaftliche Einheit nach der Praxis von EuGH/EuG und der Kommission ist, dass es im Verhältnis der beteiligten Unternehmen zueinander an der **Unabhängigkeit im Marktverhalten** fehlt. An der Unabhängigkeit im Marktverhalten soll es nach der Rechtsprechung des EuGH auf jeden Fall zwischen einer Gesellschaft und ihrer 100%igen Tochtergesellschaft fehlen; in diesem Fall bedarf es nicht einmal des Nachweises einer konkreten Weisung (EuGH Slg. 1983, 3151 Rn. 50 AEG; EuG Slg. 1995 II-17 Rn. 51 Viho; die Kommission sieht das strenger: keine wirtschaftliche Einheit soll vorliegen, wenn die Tochtergesellschaft – selbst bei 100%iger Beteiligung – aus eigenem Antrieb handelt und getrennt operiert: KOMM ABl. 1978 L 46/33 BMW Belgium; ABl. 1986 L 230/1 Rn. 99 Polypropylen); zu den Einzelheiten → Rn. 33ff. Tatsächliche Aufsichtsmaßnahmen sollen auch für ein von zwei Unternehmen gemeinsam kontrolliertes Vollfunktionsunternehmen die wirtschaftliche Einheit des Gemeinschaftsunternehmens jeweils mit dem Mutterunternehmen begründen: s. EuG 2.2.2012 T 76/08 Rn. 66ff. El DuPont de Nemours ./. Kommission; bestätigt durch EuGH 26.09.2013 C-172/12 P Rn. 46 NZKart 2013, 504; dazu auch *Gehring/Kasten/Mäger* CCZ 2013, 1, 3. Das kann so gedeutet werden, dass bilateral zwischen dem von mehreren Unternehmen beherrschten Unternehmen und einer Muttergesellschaft vereinbarte wettbewerbsbeschränkende Vereinbarungen nicht unter das Kartellverbot fallen. Allerdings hält der EuGH in seinem Urteil (Rn. 47) fest, dass die wirtschaftliche Einheit des von zwei Unternehmen kontrollierten Unternehmens mit den jeweiligen Muttergesellschaften nur zum Zwecke der Haftungszurechnung für kartellwidriges Verhalten gelten soll. Dies kann aber nicht bedeuten, dass damit Wettbewerbsbeschränkung zwischen den beherrschenden Unternehmen einerseits im Verhältnis zum beherrschten Unternehmen andererseits nicht als Verstoß gegen Art. 101 qualifiziert werden können. Alles andere liefe darauf hinaus, unterschiedliche Unternehmensbegriffe einzuführen.

60 **b) Handelsvertreter.** Das Kriterium der wirtschaftlichen Einheit dient auch als dogmatischer Ansatz für die kartellrechtliche Privilegierung des Handelsvertreter- oder Kommissionsverhältnisses. In ständiger Rechtsprechung wurden Handelsvertreter, weil sie den Weisungen des Geschäftsherrn unterliegen, als **in das Unternehmen eingegliedertes Hilfsorgan angesehen** (sog. Eingliederungstheorie: EuGH Slg. 1966, 457, 485 Italienische Klage; Slg. 1975, 1663 Rn. 478, 481 Suiker Unie u. a.). Im Ergebnis werden so wettbewerbsbeschränkende Vereinbarungen zwischen dem in die Absatzorganisation eingegliederten Handelsvertreter und dem Prinzipal als unternehmensintern qualifiziert; Art. 101 Abs. 1 soll insoweit nicht anwendbar sein. Der Handelsvertreter bildet mit dem Unternehmen, das er vertritt, eine Einheit. Art. 101 taste die innere Organisation eines Unternehmens nicht an.

61 Entscheidend für die wirtschaftliche Einheit von Handelsvertreter und Prinzipal war für die Rechtsprechung damit die **Stellung als eingegliedertes Hilfsorgan** (EuGH Slg. 1966, 322 Consten-Grundig; Slg. 1966, 457, 563 Italienische Klage; Slg. 1975, 1663, 2024 Suiker Unie u. a.; Slg. 1995 I-3477 VW/VAG). Trägt der Absatzmittler hingegen die wirtschaftlichen Risiken des Absatzes und der Vertragsabwicklung, steht er einem Eigenhändler gleich und ist selbständiges Unternehmen iSv Art. 101 Abs. 1 (EuGH Slg. 1975, 1663 Rn. 482f., 541f. Suiker Unie u. a.; vgl. auch Vertikalleitlinien Anhang B 6, Rn. 13, wo auf das finanzielle oder geschäftliche Risiko

abgestellt wird; KOMM ABl. 1988 L 45/34 Rn. 26 ARG/Unipart). Ist der Handelsvertreter auch nur teilweise Eigenhändler (Verhältnis mit **Doppelprägung**), soll die wirtschaftliche Einheit und damit die kartellrechtliche Privilegierung nach der bisherigen Rechtsprechung des EuGH insgesamt nicht bestehen (EuGH Slg. 1975, 1663 Rn. 544, 547 Suiker Unie u. a.; so auch Kommission ABl. 1973 L 140/17, 41 Zucker; anders KOMM ABl. 1988 L 45/34 Rn. 26 ARG/Unipart). Ein Handelsvertreter, der für mehrere Unternehmen tätig ist, bildet mit den jeweiligen Unternehmen keine wirtschaftliche Einheit: deswegen muss er im Verhältnis zu seinem Geschäftsherrn als Unternehmen qualifiziert werden, sodass beispielsweise ein **Provisionsweitergabeverbot** kartellwidrig wäre (EuGH Slg. 1987, 3801 Rn. 17, 20 VVR/Sociale Dienst; vgl. auch EuGH Slg. 1993, 5751 Meng). Diese Eingliederungstheorie wird vom EuGH aber mittlerweile nicht mehr weiterverfolgt (→ Rn. 62).

Die Kommission entfernt sich in den Vertikalleitlinien (Anhang B 6, Rn. 13, 15, die in Rn. 12–21 spezielle Grundsätze für die Handelsvertreter enthalten und schon in der Fassung von 2000 die frühere Handelsvertreterbekanntmachung von 1962, ABl. 1962, 2921 ablösen) von der Eingliederungsrechtsprechung des EuGH; sie unterscheidet zwischen **Handelsvertretern,** auf die Art. 101 Abs. 1 nicht anwendbar ist, und Vertriebsmittlern, die Eigenhändlern gleichzustellen sind und für die Art. 101 Abs. 1 grundsätzlich gilt (Anlage B 6, Rn. 12ff. und 21); die in den alten Vertikalleitlinien vom 2000 aufgestellte Unterscheidung zwischen **„echten" und „unechten" Handelsvertreterverhältnissen** wird damit weitergeführt, ohne dass die Bezeichnungen „echt" und „unecht" in den Vertikalleitlinien 2010 weiterverwendet werden. Für Handelsvertreter mit der in den Vertikalleilinien (Anlage B 6, Rn. 12ff, Rn. 16/17) handelsvertretertypischen Risikotragung sind Gebiets- und Kundenbeschränkungen, Beschränkungen bzgl. der zu vermittelnden Waren oder Dienstleistungen sowie Preisvorgaben zulässig (Vertikalleitlinien, Anhang B 6, Rn. 18). Die Einordnung als Handelsvertreterverhältnis soll nicht wie in der Rechtsprechung des EuGH über das Kriterium der Eingliederung, sondern aufgrund der Prüfung erfolgen, ob eine **handelsvertretervertragstypische Risikoverteilung** gegeben ist oder nicht. Der Handelsvertreter darf keine oder allenfalls unbedeutende Risiken für die vermittelten Geschäfte und vertriebstypische Investitionen tragen. Indizien für fehlende Risikotragung des Vermittlers sind u. a. fehlende Eigentumsrechte an den vermittelten Gütern, keine Übernahme verkaufsfördernder Investitionen, fehlendes Lagerhaltungsrisiko, keine Service- und Wartungsverpflichtungen (Vertikalleitlinien, Anhang B 6, Rn. 17 mit näheren Details zu der dortigen nicht erschöpfenden Aufstellung). 62

Während früher **Wettbewerbsverbote** zulasten des Handelsvertreters als Ausfluss der Interessenwahrungspflicht und damit als funktionsnotwendige Wettbewerbsbeschränkung angesehen wurden (KOMM, Handelsvertreterbekanntmachung, ABl. 1962, 2921, Ziff. II Abs. 4), relativiert dies die Kommission, da es in derartigen Fällen zu einer Marktabschottung auf dem Markt für Vermittlungsdienste kommen kann und dann auch eine Anwendung von Art. 101 Abs. 1 in Betracht kommt (Vertikalleitlinien, Anhang B 6, Rn. 19). Ob Absatzmittler **für einen oder mehrere Auftraggeber** handelt, hält Kommission für unerheblich; allerdings kann ein Verstoß gegen Art. 101 Abs. 1 dann vorliegen, wenn mehrere Auftraggeber denselben Handelsvertreter einsetzen und gemeinsam andere davon abhalten, dies ebenfalls zu tun, oder wenn der Handelsvertreter als Koordinationsinstrument für Marktstatrtegie oder für den Austausch vertraulicher Marktdaten verwendet wird (Vertikalleitlinien, Anhang B 6 Rn. 20). Die früher zugelassene Übernahme der **Delkrederehaftung,** also die Übernahme des Inkassorisiko durch den Handelsvertreter (Vertikalleitlinien, Anhang B 6 Rn. 16d); vgl. dazu noch Handelsvertreterbekanntmachung, ABl. 1962, 2921, Ziff. I), soll zur Anwendung des Kartellverbots führen. Ist Art. 101 Abs. 1 auf ein Handelsvertreterverhältnis anwendbar, so soll nach Meinung der Kommission das Verbot einer **Provisionsweitergabe** gegen Art. 101 Abs. 1 verstoßen (Vertikalleitlinien 63

Rn. 49). Das bestätigt zugleich, dass die Anwendung der vom Geschäftsherrn vorgegebenen Preise auch vom „unechten" Handelsvertreter, der im Namen des Geschäftsherrn handelt, verlangt werden kann, in diesem Sinne also eine **„Preisbindung"** zulasten des (auch „unechten") Handelsvertreters zulässig ist; die Unterscheidung von „echtem" und „unechtem" Handelsvertreter spielt insoweit nur beim Provisionsabgabeverbot eine Rolle (dieses ist beim „echten" Handelsvertreter zulässig).

64 Das **EuG** kombiniert in seiner neueren Rechtsprechung die bisherigen Begründungsansätze des EuGH und der Kommission: Vereinbarungen im Rahmen eines Handelsvertreterverhältnisses sind Vereinbarungen innerhalb derselben wirtschaftlichen Einheit und damit innerhalb desselben Unternehmens, es sei denn, dem Vertreter werden Aufgaben übertragen, die denen eines Eigenhändlers ähneln, sodass er die wirtschaftlichen Risiken des Absatzes oder der Abwicklung der mit Dritten geschlossenen Verträge zu tragen hat. Für den Fall des deutschen Mercedes-Benz-Vertretervertrages entschied das EuG, dass Art. 101 Abs. 1 nicht anwendbar ist, jedenfalls nicht auf das Vermittlungsvertretungsverhältnis im zu beurteilenden Fall (EuG Slg. 2005 II-3319 Rn. 86ff., 102 DaimlerChrysler). Der **EuGH** bestätigt diese Rechtsprechung; auch er stellte im Wesentlichen darauf ab, ob **Absatzrisiken auf den Vertreter verlagert** werden. Ist dies der Fall, so ist Art. 101 Abs. 1 auf wettbewerbsbeschränkende Vereinbarungen wie etwa die Preisbindung im Vertrieb der Vertragswaren anwendbar. Trägt der Handelsvertreter **nur einen geringen Teil der händlertypischen Risiken,** so ist Art. 101 Abs. 1 auf die Vertriebsbeschränkungen wie zB die Preisbindung **nicht anwendbar.** Der EuGH unterscheidet hiervon aber – wie die Kommission – solche Beschränkungen, die dem Handelsvertreter als unabhängigem Wirtschaftsteilnehmer auferlegt werden, wie Ausschließlichkeits- und Wettbewerbsverbotsklauseln (EuGH Slg. 2006 I 11987 Rn. 62 CEPSA und 11.9.2008 C-279/06 Rn. 33ff., EWS 2008, 424 = EuZW 2008, 668 CEPSA II für den Tankstellenvertrieb). Damit wird die bisherige „Eingliederungsrechtsprechung" aufgegeben.

65 Die Wettbewerbsbeschränkungen im Handelsvertreterverhältnis fallen danach grundsätzlich in den Anwendungsbereich des Art. 101 Abs. 1, soweit die Tätigkeit des **Handelsvertreters als Vertriebsdienstleister** betroffen ist; dies gilt insbesondere für **Wettbewerbsverbote, Ausschließlichkeitsbindungen** usw. Die Vertriebsbeschränkungen bezüglich der Vertragswaren verstoßen nicht gegen Art. 101 Abs. 1, soweit die Absatzrisiken und sonstigen eigenhändlertypischen Risiken beim Lieferanten verbleiben und nicht dem Handelsvertreter auferlegt werden (→ Rn. 62). Liegen die eigenhändlertypischen Risiken beim Handelsvertreter, so bedeutet dies nicht, dass er im Vermittlungs- oder Abschlussvertreterverhältnis Einfluss auf den zwischen Kunden und Prinzipal geschlossenen Vertrag nehmen kann; zivilrechtlich kann er nur die Rechte ausüben, die er hat. Allerdings darf dem eigenhändlerähnlichen Handelsvertreter nicht verboten werden, aus seinem eigenen Vermögen Vorteile an den Kunden zu geben, wie einen faktischen Preisnachlass durch Weitergabe seiner Provisionen (→ Rn. 63). Faktisch bedeutet dies, dass der zum Vertragsabschluss bevollmächtigte eigenhändlerähnliche Handelsvertreter ebenso wird der echte von der Abschlussvollmacht nur so Gebrauch machen kann, wie sie ihm gewährt wurde. Der Vertrag mit dem Prinzipal kommt zu den in der Vollmacht festgelegten Bedingungen zustande. Der Prinzipal darf dem echten Handelsvertreter verbieten, aus seinem eigenen Vermögen weitere Nachlässe zu gewähren, was beim eigenhändlerähnlichen Handelsvertreter nicht möglich ist (auch → VO 330/2010 Art. 1 Rn. 23f. und Art. 2 Rn. 14f.).

9. Wettbewerbsbeschränkung

66 **a) Wettbewerb.** Nach Ansicht des EuGH setzt der von Art. 3 und 101 geforderte **unverfälschte Wettbewerb** das Vorhandensein eines wirksamen Wettbewerbs **(workable competition)** auf dem Markt voraus. Dafür ist soviel Wettbewerb erforderlich,

dass die grundlegenden Forderungen des Vertrages erfüllt und seine Ziele, insbesondere die Bildung eines einzigen Marktes mit binnenmarktähnlichen Verhältnissen, erreicht werden (EuGH Slg. 1977, 1875 Rn. 20 Metro/SABA I). Das System unverfälschten Wettbewerbs ist somit nicht Selbstzweck, sondern dient zusammen mit den anderen Grundfreiheiten des EG-Vertrags der Marktöffnung und -integration (Kommission 27. Wettbewerbsbericht, 1997 Rn. 52). Auch beziehen sich EuGH und Kommission häufig auf Verbraucherwohlfahrt als Bestandteil ihrer Vorstellung von Wettbewerb (EuGH Slg. 1966, 322, 387 Grundig/Consten; Slg. 1977, 1875, 1906 Metro/SABA I; KOMM ABl. 1979 L 286/32, 46f. BP Kemi-DDSF; ABl. 1986 L 348/50, 64 MELDOC). Anders als in der Rechtsanwendungspraxis der US-Kartellbehörden hat sich keine wettbewerbspolitische Doktrin durchgesetzt; in der Praxis wird vor allem dem Erfordernis der autonomen Bestimmung der Unternehmenspolitik **(Selbständigkeitspostulat)** zentrale Bedeutung beigemessen (EuGH Slg. 1983, 4172 Rn. 6 Kerpen & Kerpen; KOMM ABl. 1978 L 20/18 Rn. 25f. Rijwielhandel). Nach Ansicht des EuGH handelt es beim Selbständigkeitspostulat dabei um den Grundgedanken der Wettbewerbsvorschriften (EuGH Slg. 1975, 1663, 2024 Suiker Unie).

Art. 101 regelt Wettbewerb **auf und zwischen allen Stufen des Marktes.** Die 67
Regelung schützt den Wettbewerb im **Horizontalverhältnis** zwischen Unternehmen auf der gleichen Marktstufe und sowie im **Vertikalverhältnis** zwischen Unternehmen, die auf verschiedenen Marktstufen tätig sind (EuGH Slg. 1966, 281, 302f. LTM/Maschinenbau Ulm; Slg. 1966, 457, 485 Italienische Klage; vgl. auch Slg. 1980, 3125 Rn. 132 Van Landewyck); Voraussetzung ist nur, dass es um Wettbewerb über die Grenzen des einzelnen Unternehmens hinaus geht (zu Wettbewerbsbeschränkungen innerhalb eines Unternehmens s. Rn. 51). Geschützt ist Wettbewerb sowohl zwischen Produkten gleicher (intra-brand) wie auch unterschiedlicher Marken (inter-brand, EuGH Slg. 1966, 321, 390 Consten-Grundig).

Von Art. 101 Abs. 1 **geschütztes Rechtsgut** ist der **Wettbewerb** an sich; die 68
Norm **unterscheidet nicht zwischen schützenswertem** und **nicht schützenswertem Wettbewerb.** Geschützt ist sowohl der Wettbewerb zwischen Anbietern als auch der Wettbewerb zwischen Nachfragern (vgl. Komm ABl. 1983 L 376/11, 13 VW-MAN). Der Wettbewerb ist auch auf jeder Handelsstufe geschützt. Besonders geschützt ist bei hohem gesetzlichen Regulierungsgrad der verbleibende Spielraum auf regulierten Märkten, also der Restwettbewerb (EuGH Slg. 1975, 1663, 1942 Suiker Unie u. a.; Slg. 1985, 3831, 3866ff. SS I; KOMM ABl. 1982 L 232/1, 24 SS I; ABl. 1982 L 379/19, 26 Toltecs-Dorcet).

b) Unlauterer Wettbewerb. Durch Art. 101 Abs. 1 wird der unlautere Wettbe- 69
werb nicht geschützt. Damit sind grundsätzlich Vereinbarungen zulässig, in denen sich Unternehmen verpflichten, die Regeln des lauteren Wettbewerbs einzuhalten. Für Beurteilung der Lauterkeit und damit für Nichtanwendbarkeit des Art. 101 Abs. 1 kommt es nicht auf subjektive Vorstellungen der Parteien und auch nicht auf von Parteien gewählte Bezeichnung einer Vereinbarung als **Regel für den lauteren Wettbewerb** an (KOMM ABl. 1974 L 160/1, 11 IFTRA-Verpackungsglas; ABl. 1975 L 228/3, 8 IFTRA-Hüttenaluminium). Entscheidend dafür, was lauterer Wettbewerb ist, ist das **Recht des Mitgliedstaates,** auf den sich die Vereinbarung bezieht (KOMM ABl. 1974 L 160/1 IFTRA-Verpackungsglas; ABl. 1975 L 228/3 IFTRA-Hüttenaluminium; ABl. 1978 L 20/18 Rn. 27 Rijwielhandel; ABl. 1983 L 376/41, 49 SABA II). Erstreckt sich die Vereinbarung von Unternehmen aus mehreren Staaten auf das Marktverhalten in mehreren Mitgliedstaaten, so ist die Auswahl bestimmter Regeln aus den verschiedenen anwendbaren Lauterkeitsrechten zwangsläufig willkürlich; eine solche Vereinbarung kann dazu führen, dass durch Festlegung eines strengen, nicht allen Mitgliedstaaten gemeinsamen Lauterkeitsmaßstabes Unternehmen gezwungen würden, wettbewerbliche Verhaltensweisen trotz ihrer Gesetzmäßigkeit in einzelnen Märkten zu unterlassen (KOMM ABl. 1974 L 160/1 Rn. 33 IFTRA-Verpackungsglas). Art. 101 Abs. 1 ist damit auf solche Vereinbarungen anwendbar.

70 Art. 101 Abs. 1 ist **anwendbar,** wenn Unternehmen sich an **strengere Lauterkeitsregeln** binden, als sie in ihrem jeweiligen Betätigungsfeld **nach nationalem Recht** befolgen müssten (KOMM ABl. 1975 L 228/3, 8 IFTRA-Hüttenaluminium). Solche Abreden können jedoch für das Gebiet der Mitgliedsstaaten wirksam sein, in denen die Vereinbarungen den nationalen Lauterkeitsregeln entspricht (vgl. KOMM ABl. 1978 L 20/18 Rijwielhandel sowie den Hinweis auf die jeweiligen nationalen Wettbewerbsgesetze in KOMM ABl. 1983 L 376/41, 49 SABA II). Die **Unanwendbarkeit** von Art. 101 Abs. 1 besteht aber **nur** insoweit, als die Vereinbarung **Lauterkeitsrecht** umsetzt, das **mit Gemeinschaftsrecht in Einklang** steht. Verstößt zB eine einzelstaatliche Lauterkeitsnorm gegen Art. 28 (Warenverkehrsfreiheit), so kann eine Vereinbarung, die diese gemeinschaftswidrige Norm umsetzt, keine Ausnahme vom Kartellverbot für sich in Anspruch nehmen (EuGH Slg. 1971, 949 Béguelin; Slg. 1974, 837 Dassonville; Slg. 1979, 649 Rewe; Slg. 1980, 2071 Gilli und Andres; Slg. 1981, 181, 194 Dansk Supermarked/Imerco; Slg. 1983, 1825 Musique Diffusion (Pioneer); Slg. 1990 I-667 GB-INNO-BM/CCL). Auch kann einzelstaatliches Kartellrecht Vereinbarungen nicht erlauben, die gegen Art. 101 Abs. 1 verstoßen (EuGH Slg. 1984, 19 VBVB und VBBB).

71 **Standesregeln freier Berufe** können als Lauterkeitsregeln aufgefasst werden; sie können aber wettbewerbsbeschränkend sein, wenn sie über das hinausgehen, was erforderlich ist, den Beruf ordentlich auszuüben (EuG 28.3.2001 T-144/99 Institut der beim Europäischen Patentamt zugelassenen Patentanwälte/Kommission Rn. 64; EuGH 19.2.2002 C-309/99 Wouters/Nederlandse Orde van Advocaten Rn. 97; 28.2.2013 C-1/12 Portugiesische Buchhalter NZKart 2013, 291; 18.7.2013 C-136/12 Italienischer Geologenverband NZKart 2014, 22). Das Verbot jeglicher Werbung ist auch in Standesregeln eine Wettbewerbsbeschränkung (EuG 28.3.2001 T-144/99 Institut der beim Europäischen Patentamt zugelassenen Patentanwälte/ Kommission Rn. 75; zur Anwendbarkeit des Art. 101 auf Standesregeln s. auch oben Rn. 22). **Sportregeln** können ebenfalls zulässig sein, so zB Anti-Doping-Regeln des IOC, allerdings nur insoweit, als sie auf das „zum ordnungsgemäßen Funktionieren des sportlichen Wettkampfs Notwendigen begrenzt sind (EuGH 18.7.2006 C-519/ 04P Rn. 45, 47 Meca-Medina/Majcen).

72 **Einzelfälle: Unzulässig** ist die Vereinbarung eines **Preisunterbietungsverbots** zwischen Wettbewerbern, unabhängig davon, ob sich das Verbot nur auf Verkäufe unter Selbstkosten bezieht oder nicht, sowie Dumpingverbote (KOMM ABl. 1974 L 160/1 IFTRA-Verpackungsglas; ABl. 1975 L 228/3 IFTRA-Hüttenaluminium); das **Verbot diskriminierender Preise, Rabatte und Geschäftsbedingungen** (KOMM ABl. 1974 L 160/1 IFTRA-Verpackungsglas); die **Vereinbarung von Banken,** für einen **möglicherweise rechtswidrige Geschäfte** abwickelnden Finanzdienstleister keine Kontokorrentkonten einzurichten (EuGH 7.2.2013 C-68/12 Protimonopolny urad Slovenskej republiky/Slovenska sporitela a.s. NZKart 2013, 146 Rn. 19, 20); die **Verpflichtung zur Veröffentlichung bzw. zum Austausch individueller Preis- und Rabattlisten** (KOMM ABl. 1974 L 160/1 IFTRA-Verpackungsglas; ABl. 1975 L 228/ 3 IFTRA-Hüttenaluminium); **Ausfuhrbeschränkungen** hinsichtlich beschädigter Waren. (KOMM ABl. 1974 L 160/1 IFTRA-Verpackungsglas). Verpflichten sich Unternehmen, Vernichtungswettbewerb zu unterlassen, muss geprüft werden, ob sich die Vereinbarung wirklich auf unlauteren Wettbewerb beschränkt (KOMM ABl. 1972 L 303/24, 36 Cimbel; ABl. 1974 L 160/1, 11 IFTRA-Verpackungsglas) oder ob in Wirklichkeit unbequemer Preiswettbewerb ausgeschaltet werden soll (KOMM ABl. 1978 L 20/18 Rijwielhandel; ABl. 1982 L 362/40, 48 Zinkbleche). **Unzulässig** sind auch **Vereinbarungen** zur **Verhinderung von Paralleleinfuhren,** die ihrerseits keine unlautere Handelspraxis darstellen, wenn die Produkte rechtmäßig in den Verkehr gebracht wurden (EuGH Slg. 1971, 949 Béguelin; Slg. 1983, 1825 Musique Diffusion (Pioneer)), **konzertierte Kampfpreisunterbietungen** zur **Abwehr** von **Importen,** die angeblich ihrerseits Verstöße gegen Wettbewerbsregeln darstellen (KOMM ABl.

1986 L 348/50, 62 MELDOC), wettbewerbsbeschränkende Maßnahmen zum Schutz der freien Marktwirtschaft (KOMM ABl. 1985 L 92/1, 43ff. Aluminiumeinfuhren aus Osteuropa; vgl. auch KOMM ABl. 1992 L 246/37, 45 Scottish Salmon Board) sowie wettbewerbsbeschränkende Maßnahmen zur Abwehr unlauterer Verhaltensweisen (EuGH Slg. 1983, 1825 Musique Diffusion (Pioneer); Slg. 1984, 19, 63 VBVB und VBBB; Slg. 1986, 611, 656 Windsurfing International; KOMM ABl. 1985 L 19/17, 23 Grohe; ABl. 1985 L 20/38, 44 Ideal-Standard). **Zulässig** sind dagegen **Vereinbarungen über Produktbezeichnungen zur Vermeidung der Irreführung** von Verbrauchern (KOMM ABl. 1969 L 168/22 V. V. V. F.; zum Verhältnismäßigkeitserfordernis in diesem Zusammenhang vgl. KOMM ABl. 1976 L 231/24 Pabst & Richarz/BNIA), **Verbote über die Nachahmung von Handelsmarken** bzw. -namen zur Vermeidung der Irreführung der Verbraucher sowie über die Verwendung unwahrer Herkunfts- oder Fertigungsangaben (unbeanstandet in KOMM ABl. 1974 L 160/1 IFTRA-Verpackungsglas).

c) Wettbewerbsbeschränkungen in regulierten Verhältnissen. Der Umstand, dass wettbewerbsbeschränkendes Zusammenwirken **gesetzliche** oder **administrative** Regeln ausführt, ergänzt oder ausfüllt, **reicht nicht, um die Wettbewerbsrelevanz auszuschließen** (EuGH Urteil vom 5.12.2006 C-94/04 u.a. Cipolla Slg. 2006, I-11421 Rn. 46; vom 12.12.2013 C-327/12 SOA Zertifizierungsunternehmen NZKart 2014, 66 Rn. 37f.; KOMM ABl. 1972 L 303/32 Cimbel; ABl. 1973 L 140/17, 31 Zucker; ABl. 1974 L 343/19 Kugellager). Selbst eine Genehmigung für die Vereinbarung oder die abgestimmte Verhaltensweise auf einer anderen rechtlichen Grundlage schließt die Anwendbarkeit von Art. 101 nicht aus (EuGH Slg. 1985, 391, 423f. BNIC/Clair; KOMM ABl. 1974 L 343/19, 23 Kugellager; ABl. 1986 L 232/15, 24 Dach- und Dichtungsbahnen). 73

d) Aktueller und potenzieller Wettbewerb. Nicht nur der **aktuelle,** auch der **potenzielle Wettbewerb** ist geschützt (KOMM ABl. 1986 L 236/30, 36 Lichtwellenleiter; ABl. 1988 L 50/18, 23 Enichem/ICI; vgl. auch Horizontalleitlinien Anhang B 5, Rn. 8 und 9), sodass eine tatbestandsmäßige Beschränkung des Wettbewerbs auch dann vorliegt, wenn nur potenzieller Wettbewerb beschränkt wird. Nach den Horizontalleitlinien (Rn. 10) wird ein Unternehmen als **tatsächlicher Wettbewerber** angesehen, wenn es entweder auf demselben relevanten Markt tätig. Ein Unternehmen wird als **potenzieller Wettbewerber** angesehen, wenn es Anhaltspunkte dafür gibt, dass es ohne die Vereinbarung die notwendigen zusätzlichen Investitionen und andere erforderliche Umstellungskosten auf sich nehmen könnte und wahrscheinlich auch würde, um als Reaktion auf eine geringfügige, aber dauerhafte Heraufsetzung der relativen Preise ggf. in den Markt einzutreten (Horizontalleitlinien Rn. 10). Dieser Einschätzung müssen **realistische Erwägungen** zugrunde liegen; die rein theoretische Möglichkeit eines Marktzutritts reicht hierzu nicht aus (EuG Slg. 1998 II-3141 Rn. 137 European Nights Services; s. hierzu auch Bekanntmachung über den relevanten Markt, Rn. 20–23). Nur das Nichtbestehen rechtlicher Hindernisse für den Markteintritt reicht jedoch noch nicht aus, potenziellen Wettbewerb anzunehmen (EuG Slg. 1998 II-3141 Rn. 144 European Nights Services). Potenzieller Wettbewerb durch ein noch nicht im gleichen Markt tätiges Unternehmen kann bejaht werden, wenn eine gewisse **sachliche und räumliche Nähe zum relevanten Markt besteht** und **Marktzutritt in angemessener Zeit möglich** ist (EuGH Slg. 1973, 215 Rn. 35f. Continental Can; KOMM ABl. 1990 L 209/15, 19 Rn. 28 Elopak/Metal Box; s. auch EuGH Slg. 1991 I-935 Rn. 21 Delimitis; EuG Slg. 1997 II-923 Rn. 158 Tiercé Ladbroke). 74

e) Verhinderung, Einschränkung oder Verfälschung. Art. 101 Abs. 1 verlangt als **Zweck** oder **Wirkung** der Vereinbarung die Verhinderung, Einschränkung oder Verfälschung des Wettbewerbs. Zwischen diesen Begriffen wird in der Praxis 75 kaum unterschieden. Die Terminologie ist uneinheitlich; so werden auch die Begriffe Wettbewerbsstörung (EuGH Slg. 1966, 281 LTM/Maschinenbau Ulm; Slg. 1971, 949 Béguelin; Slg. 1980, 3775 L'Oréal), Wettbewerbsbeeinträchtigung (EuGH Slg. 1966, 281 LTM/Maschinenbau Ulm; Slg. 1971, 949 Béguelin) und **Wettbewerbsbeschränkung** verwendet (EuGH Slg. 1980, 3125 Van Landewyck). Der Tatbestand der **Verhinderung** wird nur in Ausnahmefällen verwirklicht sein (so etwa in EuGH Slg. 1981, 851 Cooperative Stremselen Kleurselfabriek), nämlich dann, wenn der Marktzutritt ausgeschlossen wird.

76 Eine **Einschränkung** liegt schon dann vor, wenn die **wirtschaftlichen Handlungsmöglichkeiten aller oder einzelner der an einer unternehmerischen Maßnahme Beteiligten beschränkt** werden (EuGH Slg. 1984, 883 Rn. 46 Hasselblad; Slg. 1995 I-3439 Rn. 19 BMW/ALD; Slg. 1998 I-1983 Rn. 13 Javico/YS L). Bei einer Beteiligung mehrerer Unternehmen reicht es aus, wenn Handlungsmöglichkeiten eines einzelnen an einer Abrede beteiligten Unternehmens beeinträchtigt werden. Es ist also bei wettbewerbsbeschränkenden Handlungen zwischen Unternehmen, die auf verschiedenen Marktstufen tätig sind, nicht erforderlich, dass sich die Wettbewerbsbeschränkung bei jedem Unternehmen und auf jeder Marktstufe auswirkt. Art. 101 Abs. 1 lässt damit **auch** die **Beschränkung der wirtschaftlichen Handlungsfreiheit gegenüber Dritten** ausreichen – die Beschränkung muss also nicht den Wettbewerb zwischen den beteiligten Unternehmen betreffen (EuGH Slg. 1966, 322 Rn. 13 Consten-Grundig; Slg. 1966, 457, 485 Italienische Klage; EuG Slg. 1997 II-923 Rn. 156 Tiercé Ladbroke).

77 Die Tatbestandsvariante der **Verfälschung** dürfte **kaum eigene Bedeutung** haben; als Beispiel werden Fälle genannt, in denen nach außen Unternehmen wie Wettbewerber handeln, intern aber Ausgleichzahlungen für Lieferungen entgegen vereinbarter Quoten- oder Gebietsregelungen vorgenommen wurden (KOMM ABl. 1974 L 19/18 Transocean II; ABl. 1979 L 186/32 BP/DDSF).

78 **f) Bezweckte Wettbewerbsbeschränkung.** Die Vereinbarung oder die abgestimmte Verhaltensweise muss die Verhinderung, Einschränkung der Verfälschung des Wettbewerbs **bezwecken** oder bewirken. Wettbewerbswidriger Zweck und wettbewerbswidrige Wirkung sind alternative Voraussetzungen für die Tatbestandsverwirklichung (EuGH 4.6.2009 C-8/08 Rn. 28 T-Mobile Netherlands; EuGH 6.10.2009 C-501/06P Rn. 55 GlaxoSmithKline; vgl. auch EuGH 14.3.2013 C-32/11 Allianz NZKart 2013, 241). Ob die Wettbewerbsbeschränkung bezweckt ist, bestimmt sich danach, ob sie **objektiv geeignet** ist, eine Beeinträchtigung des Wettbewerbs herbeizuführen. Auszugehen ist dabei vor allem vom **Inhalt der Absprache** (EuGH Slg. 1966, 281, 303 LTM/Maschinenbau Ulm; KOMM ABl. 1990 L 71/71 Bayo-n-ox). Dabei sind die wirtschaftlichen (EuGH Slg. 1966, 281 LTM/Maschinenbau Ulm; Slg. 1984, 1679 Rn. 26 CRAM und Rheinzink) bzw. die rechtlichen und tatsächlichen Begleitumstände zu berücksichtigen (EuGH Slg. 1979, 2435 Rn. 23 + 28 BMW Belgium; EuGH 20.11.2008 C-209/07 Rn. 16, 21 ff Beef Industry Development Society; EuGH 6.10.2009 C-501/06P Rn. 58 GlaxoSmithKline). Sind diese nicht eindeutig, muss auf Entstehungsgeschichte und Praktizierung der Absprache abgestellt werden (KOMM ABl. 1974 L 160/1, 12 IFTRA-Verpackungsglas). Absicht ist nicht erforderlich, spricht aber für die bezweckte Wettbewerbsbeschränkung (EuGH 6.10.2009 501/06P Rn. 58, 63 GlaxoSmithKline). So sollen Vereinbarungen, die den Parallelhandel begrenzen, grundsätzlich eine Beschränkung des Wettbewerbs bezwecken (EuGH 6.10.2009 501/06P Rn. 59 GlaxoSmithKline). Die Feststellung, dass mit einer Vereinbarung ein wettbewerbswidriger Zweck verfolgt wird, setzt nicht voraus, dass dadurch dem Endverbraucher die Vorteile eines wirksamen Wettbewerbs hinsichtlich der Bezugsquellen oder der Preise vorenthalten werden (Absicht ist nicht erforderlich, spricht aber für die bezweckte Wettbewerbsbeschränkung; EuGH 6.10.2009 501/06P Rn. 58 GlaxoSmithKline). Anders als im US-amerikanischen

Recht werden in der bisherigen Praxis der Kommission und des Gericht nicht Fallgruppen für Vereinbarungen gebildet, die per se gegen Art. 101 Abs. 1 verstoßen (EuGH Slg. 1966, 281, 302 LTM/Maschinenbau Ulm; EuG Slg. 1994, II 595 Rn. 85 Matra). Allerdings finden sich in der Kommissionspraxis durchaus Hinweise, dass mit einer ähnlichen Abgrenzung gearbeitet wird.

Steht der wettbewerbsbeschränkende Zweck fest, so ist die **Prüfung der tatsächlichen Auswirkungen auf Wettbewerb entbehrlich** (EuGH Slg. 1966, 281, 303 LTM/Maschinenbau Ulm; Slg. 1966, 322 Consten-Grundig; Slg. 1985, 391, 423 BNIC/Clair; Slg. 1987, 405, 457 Verband der Sachversicherer; Slg. 1990, I 45 Sandoz; EuG Slg. 1994, II 49 Cartes Bancaires und Europay; EuG Slg. 2005 II-3033 Brasserie Nationale; KOMM ABl. 1986 L 232/15, 26 Dach- und Dichtungsbahnen; EuGH 4.6.2009 C-8/08 Rn. 28ff. T-Mobile Netherlands; EuGH 6.10.2009 C-501/06P Rn. 55 GlaxoSmithKline; 11.7.2013 C 440-11 P Rn. 97 Stichting AP NZKart 2013, 367). Irgendwelche Umsetzungs- oder Durchführungshandlungen sind nicht erforderlich (EuGH Slg. 1979, 2435 BMW Belgium; Slg. 1989, 2117 Belasco; Slg. 1993 I-1307 Ahlström; EuG Slg. 1995 II-791 Tréfileurope; KOMM ABl. 1975 L 228/3, 8 IFTRA-Hüttenaluminium; ABl. 1984 L 220/27, 38 Zinc Producer Group; ABl. 1986 L 230/1, 29 Polypropylen). Art. 101 Abs. 1 ist in der Tatbestandsvariante der die Wettbewerbsbeschränkung bezweckenden Vereinbarung (oder abgestimmten Verhaltensweise) **Gefährdungsdelikt** zum Schutze des Wettbewerbs (Schlussanträge GA Vesterdorf zu EuG Slg. 1991 II-867 Rhône-Poulenc). Dem Ausmaß der Umsetzung der die Wettbewerbsbeschränkung bezweckenden Vereinbarung kommt nur für die Höhe der Geldbuße Bedeutung zu (KOMM, Leitlinien für das Verfahren zur Festsetzung von Geldbußen, die gem. Art. 15 Abs. 2 der VO 17 und gem. Art. 65 Abs. 2 EGKS V festgesetzt werden, ABl. 1998 C 9/3). 79

Beispiele für Vereinbarungen oder abgestimmte Verhaltensweisen, die Wettbewerbsbeschränkungen **bezwecken,** sind Vereinbarungen, die sich gerade auf das wettbewerbliche Verhalten richten, wie **Exportverbote** (EuGH Slg. 1978, 131, 147 Miller: ihrem Wesen nach auf Marktabschottung gerichtet), Vereinbarungen über **Preise** wie zB Vereinbarung von Mindestpreisen (EuGH Slg. 1985, 391, 423f. BNIC/Clair: ihrer Natur nach eine Wettbewerbsverfälschung bezweckend), Festlegung von **Handelsspannen** (EuGH Slg. 1980, 3125, 3257 Van Landewyck: auf den ersten Blick erkennbar bzw. ihrem Wesensgehalt nach den Preiswettbewerb beschränkend), **Preiserhöhungsempfehlungen** eines Unternehmensverbandes (EuGH Slg. 1987, 405 Verband der Sachversicherer), aber auch Vereinbarungen über andere Wettbewerbsparameter, so **Kapazitätsabbauvereinbarungen** (KOMM ABl. 1987 L 5/13, 17 ENI/Montedison: naturbedingt wettbewerbsbeeinträchtigende Ausfuhrklauseln zur Verhinderung von Reimporten; EuGH Slg. 1984, 1679 CRAM und Rheinzink), **Verwendungsbeschränkungen** für bestimmte Produkte (EuGH Slg. 1983, 4173 Kerpen & Kerpen). Vereinbarungen, die den **Parallelhandel begrenzen,** bezwecken grundsätzlich eine Beschränkung des Wettbewerbs (EuGH 4.6.2009 C 8/08 Rn. 38f. T-Mobile Netherlands; EuGH 6.10.2009 C 501/06P Rn. 63 GlaxoSmithKline). 80

g) Bewirkte Wettbewerbsbeschränkung. Kann einer Maßnahme kein wettbewerbsbeschränkender Zweck beigemessen werden, ist zu prüfen, ob sie eine Wettbewerbsbeeinträchtigung **bewirkt** (EuGH Slg. 1966, 281, 303 LTM/Maschinenbau Ulm; Slg. 1966, 322 Rn. 27 Consten-Grundig; Slg. 1985, 391 BNIC/Clair; Slg. 1987, 405 Verband der Sachversicherer; Slg. 1990 I-45 Sandoz; EuG Slg. 1994 II-49 Cartes Bancaires und Europay). Die bewirkte Wettbewerbsbeschränkung grenzt sich von der bezweckten dadurch ab, dass es an vertraglichen Beschränkungen der unternehmerischen Handlungsfreiheit fehlt. Die „bewirkte" Wettbewerbsbeschränkung ist eine Beschränkung des wettbewerblichen Verhaltens der beteiligten Unternehmen dadurch, dass aus der Tatbestandshandlung eine Wettbewerbsdämpfung erfolgt, weil 81 sich Unternehmen durch die Vereinbarung besser auf das wettbewerbliche Verhalten anderer Unternehmen einstellen können. Ausreichend ist eine tatsächliche oder wahrscheinlich spürbare negative auswirkung auf mindestens einen Wettbewerbsparameter des Marktes (zB Preis, Produktionsmenge, Qualität, Produktvielfalt oder Innovation; Horizontalleitlinien, Anhang B 5, Rn. 27). Wettbewerbsbeschränkende Auswirkungen auf dem relevanten Markt sind dann wahrscheinlich, wenn in hinreichendem Maße davon auszugehen ist, dass die beteiligten Unternehmen aufgrund der Vereinbarung in der Lage wären, gewinnbringend den Preis zu erhöhen oder andere Parameter wie Produktionsmenge, Innovation, Qualität usw. zu beeinflussen (Horizontalleitlinien, Anhang B 5, Rn. 28). Typisches Beispiel hierfür sind Vereinbarungen über gegenseitige Marktinformationen (allerdings nicht über Preise oder andere Parameter, bei denen vom „Zweck" der Wettbewerbsbeschränkung ausgegangen wird: EuGH 4.6.2009 C-8/08 Rn. 31 ff T-Mobile Netherlands). Die Auswirkung der Vereinbarung oder der abgestimmten Verhaltensweise ist in einem **Vergleich** der **tatsächlichen Wettbewerbsverhältnisse und der hypothetischen Wettbewerbsverhältnisse** ohne die Vereinbarung oder die abgestimmte Verhaltensweise zu prüfen (EuGH Slg. 1966, 281 LTM/Maschinenbau Ulm; Slg. 1980, 2511 Lancome/Etos; Slg. 1985, 2545 Remia, Slg. 1998 I-3111 Rn. 76 John Deere; EuG Slg. 1994 II-905 Fiatagri und New Holland). Eine Wettbewerbsbeschränkung liegt nicht vor, wenn die Vereinbarung zu **keiner Veränderung der Situation gegenüber derjenigen bei ungestörtem Wettbewerb** führte (EuGH Slg. 1999 I-135 Rn. 33 Bagnasco/BPN und Carige). Die Prüfung muss den wirtschaftlichen und rechtlichen Gesamtzusammenhang der zu prüfenden Handlung berücksichtigen (EuGH Slg. 1967, 543 De Haecht I; Slg. 1971, 949 Béguelin), insbesondere auch Art und Menge der betroffenen Erzeugnisse, die Marktstellung der Beteiligten, die Eingebundenheit einer Vereinbarung in ein Vertragsnetz gleichartiger Verträge und die Offenheit des betroffenen Marktes bzw. Möglichkeiten des Marktzugangs für Dritte (EuGH Slg. 1966, 281 LTM/Maschinenbau Ulm; Slg. 1980, 2511 Lancome/Etos; Slg. 1991, I 935 Delimitis/Henninger Bräu). Das Bewirken einer Wettbewerbsbeschränkung darf **nicht nur unvorhersehbare Nebenwirkungen** der Vereinbarung sein (KOMM ABl L 231/24, 27 BNIA).

82 Inwieweit die wettbewerbsbeschränkende Wirkung **tatsächlich festgestellt** werden muss oder die **Prognose ausreicht,** dass sie sicher eintritt, ist in der Rechtspraxis nicht abschließend geklärt. In einzelnen Entscheidungen des EuG wurde für die Tatbestandsverwirklichung nicht verlangt, dass es überhaupt zur Wettbewerbsbeschränkung kommt. Der EuGH hält den Nachweis der tatsächlich eingetretenen wettbewerbsbeschränkenden Wirkung einer Vereinbarung für verzichtbar, weil Art. 101 sowohl tatsächliche als auch rein potentielle wettbewerbswidrige Auswirkungen verbiete (EuGH Slg. 1998 I-3111 Rn. 77 John Deere, vgl. insofern auch Kommission ABl. 1975 L 228/3, 8). Für das Bewirken der Wettbewerbsbeschränkung ist also eine zuverlässige Prognose einer solchen Wirkung ausreichend. Für die Frage, ob eine wettbewerbsbeschränkende Wirkung eintritt, ist die **Marktmacht** der beteiligten Unternehmen von entscheidender Bedeutung (s. hierzu Horizontalleitlinien, Anhang B 5, Rn. 39 ff.; Bagatellbekanntmachung, Anhang B 2, Rn. 7 ff). Gleiches gilt für die Marktstruktur, die dazu führen kann, dass Wettbewerbsbeschränkungen bereits bei relativ niedrigen Marktanteilen der beteiligten Unternehmen angenommen werden können. Ist der Markt dynamisch, finden also Marktzutritte relativ leicht statt, so ist normalerweise nicht zu erwarten, dass erheblich spürbare wettbewerbsbeschränkende Auswirkungen zu befürchten sind (Horizontalleitlinien, Anhang B 5, Rn. 47).

83 **h) Wettbewerbsbeschränkende Wirkung durch Vertragsbündel.** Ein Sonderproblem stellt sich, wenn die einzelne Vereinbarung oder abgestimmte Verhaltensweise für sich selbst gesehen keine wettbewerbliche Auswirkung hat, aber eine **Gesamtheit gleichartiger im Markt vorhandener Vereinbarungen** eine solche

Wirkung hätte. Hier sind zwei Fallgruppen zu unterscheiden. **Das von einem Unternehmen geschaffene Netz von Vereinbarungen,** also insbesondere ein **Netz von Vertriebs- oder Bezugsverträgen,** ist hinsichtlich seiner wettbewerbsbeschränkenden Wirkung insgesamt zu prüfen, nicht nur bezogen auf die Wirkung der einzelnen (EuGH Slg. 1966, 327, 391 Grundig/Consten; vgl. auch EuGH Slg. 1974, 837, 851 Dassonville; Slg. 1988, 1919, 1940 La Hesbignonne). So kann auch bei der Prüfung der wettbewerbsbeschränkenden Wirkung zwischen mehreren Unternehmen berücksichtigt werden, dass an ihnen jeweils dasselbe Unternehmen beteiligt ist, sodass ein Netz von untereinander verbundenen Joint-Ventures entsteht (KOMM ABl. L 236/30, 37 Lichtwellenleiter).

Die zweite Fallgruppe betrifft nicht die Bündelung des von einem Unternehmen abgeschlossener Verträge, sondern die Möglichkeit, die im Markt vorhandenen **Verträge aller oder einer Mehrzahl von Unternehmen mit Ausschließlichkeitsbindungen zusammenzufassen** und in ihrer Gesamtauswirkung zu prüfen (EuGH Slg. 1966, 281, 303f. LTM/Maschinenbau Ulm; Slg. 1967, 543, 555f. De Haecht I; vgl. auch Slg. 1970, 127 Brauerei Bilger; Slg. 1971, 949 Béguelin; Slg. 1977, 65 Brouwerij Concordia; Slg. 1980, 3775, 3792 L'Oréal; Slg. 1991 I-935, 985 Delimitis/Henninger Bräu; Slg. 1994 I-1477 Almelo; Slg. 1998 I-2055 Cabour; EuG Slg. 1997 II-759 Bloemkwekerijprodukten; Kommission ABl. 1985 L 369/9 Sortenschutzrecht; EuGH Slg. 1975 1663 Rn. 548f. Suiker Unie u. a.; Slg. 1994 I-1477 Rn. 37ff. Almelo; Kommission ABl. 1989 L 260/1 Rn. 162 Betonstahlmatten). Ergibt sich, dass die Gesamtwirkung dieser Vertragsbundel unter Berücksichtigung der wirtschaftlichen und rechtlichen Begleitumstände anderen Wettbewerbern den Zutritt zu diesem Markt erschwert oder ihre Expansion verhindert, so ist nach der Rechtspraxis (EuGH Slg. 1991 I-935 Delimitis/Henninger Bräu; vgl. auch EuG Slg. 1992 II-415, 447f. Vichy; Slg. 1995 II-1533 Rn. 99ff. Langnese-Iglo; KOMM ABl. 1999 L 186/1 Rn. 123ff. Bass; ABl. 1999 L 186/28 Rn. 93ff. Scottish and Newcastle) entscheidend, welchen **Beitrag das Vertragsbündel des betroffenen Unternehmens** zu dieser Marktabschottung leistet (sog. **Bündeltheorie**). Trägt das Vertragsnetz des betroffenen Unternehmens **in erheblichem Maße** zu dieser Marktabschließungswirkung bei, bewirken die von diesem Unternehmen abgeschlossenen Verträge selbst eine Wettbewerbsbeschränkung; Verträge, deren Beitrag zur kumulativen Marktabschottungswirkung hingegen unerheblich ist, werden von Art. 101 Abs. 1 nicht erfasst. Wichtige Kriterien zur Bestimmung dieser Marktabschottungswirkung sind Vertragsdauer und Stellung der Vertragspartner. An einem erheblichen Beitrag der Verträge zur Marktabschottung kann es fehlen, wenn nur ein geringer Teil der Alleinbezugsverträge eines Lieferanten wettbewerbsbeschränkend war (EuGH Slg. 2000 I-11 121 Rn. 29, 36f. Nestle); es sind nur die Verträge in das Bündel, dessen Wirkung geprüft wird, einzubeziehen, die zur Abschottungswirkung erheblich beitragen. Zur Spürbarkeit der Wettbewerbsbeschränkung solcher Vertragsbündel → Rn. 103ff. 84

i) Akzessorische Wettbewerbsbeschränkungen. Vertragsklauseln, die selbst nicht Wettbewerbsbeschränkungen bezwecken oder bewirken, können gegen Art. 101 Abs. 1 verstoßen, **wenn** sie **wettbewerbsbeschränkende Hauptpflichten sichern oder verwirklichen** helfen. Solche Nebenpflichten teilen das rechtliche Schicksal der Hauptpflicht (EuGH Slg. 1977, 1875, 1908f. Metro/SABA I; KOMM ABl. 1983 L 376/41, 46 SABA II; ABl. 1985 L 19/17, 21 Grohe; st. Praxis). Auch **Schiedsklauseln** dürfen nicht der Durchsetzung vereinbarter Wettbewerbsbeschränkungen dienen (KOMM ABl. 1972 L 143/31, 35 Davidson Rubber; ABl. 1975 L 159/22, 26 Kachelhandelaren; ABl. 1975 L 228/3 IFTRA-Hüttenaluminium); ansonsten sind sie unbedenklich, wenn nicht der Gegenstand oder der Wortlaut der Vereinbarung Schiedssprüche erwarten lassen, die verbotene Wettbewerbsbeschränkungen festschreiben (KOMM ABl. 1972 L 13/50 Burroughs-Delplanque; ABl. 1972 85

L 13/53 Burroughs-Geha; ABl. 1975 L 222/34, 39 Kabelmetal-Luchaire). Diese Unterscheidung ist jedoch in höchstem Maße zweifelhaft: Die Schiedsabrede müsste gerade vorsehen oder begründet befürchten lassen, dass das Schiedsgericht, das über die Wirksamkeit einer Vereinbarung zu entscheiden hat, die Unwirksamkeit der Vereinbarung wegen Art. 101 Abs. 1 übergeht. Da der Schiedsspruch, der einen gegen Art. 101 Abs. 1 verstoßenden Vertrag für wirksam erachtet, kaum anerkennungs- und vollstreckungsfähig (s. Art. V des UN-Übereinkommens über die Anerkennung und Vollstreckung ausländischer Schiedssprüche, BGBl 1961 II S. 121, dazu § 1061 ZPO) wäre, ist diese Praxis eher auf eine Unkenntnis über das Schiedsverfahren und die Anerkennung und Vollstreckung von Schiedssprüchen zurückzuführen und nicht verallgemeinerungsfähig.

86 Verstoßen vertragliche Hauptpflichten gegen Art. 101 Abs. 1, gilt das auch für **entsprechende Kontroll- und Absicherungsvorschriften,** etwa Klauseln über die Weitergabe geschäftlicher Informationen, Einführung von Kontrollen über die Anwendung der Vereinbarungen (KOMM ABl. 1980 L 383/19, 22 Gussglas; ABl. 1981 L 326/32, 40 Flachglas), ebenso **Klauseln über die Einleitung von förmlichen Untersuchungen** nebst Rechnungsprüfungen bei vermuteten Verstößen gegen die Kartellabsprachen und die **Vereinbarung von Vertragsstrafen** (KOMM ABl. 1983 L 200/44, 48 VIMPOLTU).

87 Die Unwirksamkeit eines Vertragsbestandteils nach Art. 101 Abs. 1 ist streng von den jeweils nach nationalem Recht verschiedenen Regeln zu den **Folgen der kartellrechtlichen Unwirksamkeit einzelner Vertragsbestandteile** auf die Wirksamkeit des gesamten Vertrags zu unterscheiden. Eine vertragliche Teilunwirksamkeitsregelung kann nur gegen die zivilrechtliche Folge einer Gesamtunwirksamkeit des Vertrags wegen kartellrechtlicher Teilunwirksamkeit helfen; die akzessorisch unwirksame Regelung kann über die salvatorische Regelung nicht gerettet werden; zur Auswirkung nichtiger Regelungen auf den Gesamtvertrag → Rn. 140.

10. Regelbeispiele für Wettbewerbsbeschränkungen

88 Die Regelbeispiele des Art. 101 Abs. 1 sind nur **illustrativ und nicht abschließend;** das Vorliegen eines Regelbeispiels bedeutet nicht, dass die Tatbestandsmerkmale des Art. 101 Abs. 1 nicht im Einzelnen zu prüfen sind.

89 **a) Unmittelbare oder mittelbare Festsetzung der An- oder Verkaufspreise oder sonstiger Geschäftsbedingungen (lit. a).** Vereinbarungen und abgestimmte Verhaltensweisen über Preise und Konditionen können einerseits in horizontalen Zusammenhängen, andererseits jedoch – als Preisbindung des Wiederverkäufers – in vertikalen Beziehungen vorkommen (EuGH Slg. 1987, 3801 Flämische Reisebüros). Verboten sind nicht nur die unmittelbare Bestimmung der Höhe von Preisen, sondern auch **preisbeeinflussende Abreden** wie etwa Festlegung von Kostenbestandteilen oder Kalkulationssätzen (KOMM ABl. 1974 L 160/1 Rn. 46 IFTRA-Verpackungsglas), Vereinbarungen über die Einhaltung von **Preisober- bzw. -untergrenzen** (EuGH Slg. 1985, 391 Rn. 22 BNIC/Clair; KOMM ABl. 1983 L 317/1 Rn. 53 Gusseisen- und Gussstahlwalzen; ABl. 1985 L 369/25 Rn. 2 London Sugar Futures Market Limited; ABl. 1992 L 246/37 Rn. 20 Scottish Salmon Board; ABl. 1993 L 203/27 Rn. 45 CNSD), Vereinbarung von **Referenzpreisen** (KOMM ABl. 1984 L 220/27 Rn. 66 Zinc Producer Group), **Exportpreisen** (KOMM ABl. 1980 L 318/32 Rn. 27 Industrieverband Solnhofener Natursteinplatten) und Bestimmungen über die Ausrichtung des Exportpreises am lokalen Marktpreis (KOMM ABl. 1975 L 228/3, 12 IFTRA-Hüttenaluminium). Unzulässig sind auch Absprachen zur **Erreichung bestimmter Zielpreise** mittels konzertierter Preisinitiativen (EuG Slg. 1991 II-867 Rn. 120 Rhône Poulenc; KOMM ABl. 1986 L 230/1 Rn. 80, 89 Polypropylen; ABl. 1994 L 243/1 Rn. 133 Karton). Preisabsprachen sind auch Vereinbarungen

über das Bieter- oder Angebotsverhalten in Auktionen oder Ausschreibungen, also insbesondere **Submissionsabsprachen** (KOMM ABl. 1999 L 24/1 Fernwärmetechnik-Kartell; ABl. 1992 L 92/1 Rn. 78 Niederländische Bauwirtschaft; bestätigt durch EuG Slg. 1995 II-289 SPO), **Prämienempfehlungen** von Versicherungsverbänden (KOMM ABl. 1993 L 4/26 Rn. 32 Lloyd's). Eine Preisvereinbarung liegt auch in der Absprache, „für bestimmte Leistungen überhaupt" Gebühren zu erheben (EuG Slg. 1994 II-49 Rn. 86 CB und Europay).

Auch Vereinbarungen über die **Gewährung oder Nichtgewährung von Preisnachlässen** bzw. Rabatten sind Vereinbarungen über Preise (KOMM ABl. 1971 L 10/15, 19 Rabattbeschluss der IG der dt. Fliesenwerke; KOMM ABl. 1975 L 159/22, 24 Kachelhandel, EuGH Slg. 1975, 1491 Rn. 7, 8 Fabricants de Papiers Peints de Belgique; KOMM ABl. 1974 L 237/3, 5 Papiers Peints de Belgique; KOMM ABl. 1983 L 200/44 Rn. 35 Vimpoltu; ABl. 1978 L 20/18 Rn. 27 Rijwielhandel). 90

Vereinbarungen im **Vertikalverhältnis** über **Wiederverkaufspreise,** also zwischen Lieferant und Wiederverkäufer, sind ebenfalls Preisabsprachen. Siehe auch zur Problematik der Bindung von Wiederverkaufspreisen im Handelsvertreterverhältnis Rn. 63. **Empfehlungen** eines Lieferanten an seine Wiederverkäufer zur Einhaltung bestimmter Wiederverkaufspreise begründen als autonome, einseitige Handlung zunächst keinen Kartellverstoß, können jedoch bei entsprechender Befolgung zur Grundlage einer abgestimmten Verhaltensweise zwischen Abnehmern oder zwischen Abnehmern und Lieferanten werden (EuGH Slg. 1986, 353 Rn. 25 Pronuptia; KOMM ABl. 1989 L 35 Rn. 29 Charles Jourdan, s. zur Abgrenzung von einseitiger Maßnahme und Vereinbarung oben Rn. 42). Aufschluss über das, was von der Kommission hinsichtlich der Bindung von Preisen im Vertikalverhältnis für zulässig gehalten wird, ergibt sich aus der VO 330/2010 (→ VO 330/2010 Art. 4 Rn. 5ff.). Aus der Generalfreistellung des Art. 2 VO 330/2010 leitet die herrschende Meinung jedenfalls eine Freistellung nach Art. 101 Abs. 3 im Anwendungsbereich der VO 330/2010 für Preisbindung zulasten des Lieferanten ab (→ VO 330/2010 Art. 4 Rn. 9). Dies gilt insbesondere auch für **Meistbegünstigungsklauseln,** die dem Lieferanten auferlegt werden, also insbesondere dem Verbot, Waren an andere Abnehmer zu günstigeren Konditionen als den Wiederverkäufer zu überlassen (zu Meistbegünstigungsklauseln zulasten des Abnehmers im Internetvertrieb *Fiebig* NZKart 2014, 122). Hinsichtlich Preisbindungen zulasten des Vertriebspartners bestimmt Art. 4a VO 330/2010, dass die Möglichkeiten des Käufers, den Verkaufspreis selbst festzusetzen, insoweit möglich sind, als Höchstverkaufspreise oder Preisempfehlungen ausgesprochen werden dürfen. Allerdings dürfen Höchstverkaufspreise und Preisempfehlungen nicht infolge der Ausübung von Druck oder der Gewährung von Anreizen Wirkungen einer Fest- oder Mindestverkaufspreisbindung haben. Außerhalb des Anwendungsbereichs der VO 330/2010 wird man sich auf diese Grundsätze nicht verlassen können. Im Einzelfall muss geprüft werden, ob überhaupt eine tatbestandsrelevante Wettbewerbsbeschränkung vorliegt, und wenn dies der Fall ist, ob die Voraussetzungen des Art. 101 Abs. 3 vorliegen können. 91

Den Vereinbarungen und abgestimmten Verhaltensweisen über Preise sind auch diejenigen **über Konditionen** gleichgestellt, also über die Verwendung von **Standardverträgen** oder bloß einzelner **Geschäftsbedingungen** zwischen Unternehmen im Horizontal- oder Vertikalverhältnis. **Vereinbarungen** über Konditionen können aber auch Absprachen über **Öffnungszeiten** (KOMM ABl. 1986 L 295/28 Rn. 16 Irish Banks' Standing Commitee) oder andere Modalitäten der Geschäftsausübung sein. 92

b) Einschränkung oder Kontrolle der Erzeugung, des Absatzes, der technischen Entwicklung oder der Investitionen (lit. b). Typische Einschränkungen der **Erzeugung** sind **Spezialisierungsvereinbarungen** (s. dazu VO 1218/2010; KOMM ABl. 1987 L 5/13 Rn. 22 ENI/Montedison), Vereinbarungen über **Produk-** 93

tionseinstellungen und -verbote (KOMM ABl. 1969 L 192/5 Rn. 30 Chinin; ABl. 1994 L 131/15 Rn. 16 Stichting Baksteen), Vereinbarungen über Produktionseinschränkungen bzw. über bestimmte **Kapazitätsauslastungen** der Produktionsmittel (KOMM ABl. 1984 L 220/27 Rn. 36 Zinc Producer Group; ABl. 1994 L 243/1 Rn. 57f., 130, 134 Karton; ABl. 1994 L 376/1 Rn. 297ff. Trans Atlantic Agreement), **Produktionsquotenvereinbarungen** (EuG Slg. 1993 II-669 Rn. 41 Asia Motor France u. a.; KOMM ABl. 1989 L 260/1 Rn. 159ff. Betonstahlmatten), die **Festlegung von Produktionsstandorten** (KOMM ABl. 1983 L 229/1, 14 Windsurfing International; ABl. 1988 L 309/34 Rn. 25 Delta Chemie – DDD) oder über Beschränkung auf bestimmte **Produktnormen und -typen** (KOMM ABl. 1978 L 47/42 Rn. 23 Video-Cassettenrecorder; ABl. 1982 L 167/40 Navewa-Anseau; bestätigt durch EuGH Slg. 1983, 3369 IAZ u. a.).

94 Vereinbarungen über den Absatz sind Vereinbarungen von **Liefermengen oder -quoten, Lieferbandbreiten und bestimmter Höchstliefermengen** (KOMM ABl. 1972 L 303/24 Rn. 6a Cimbel; ABl. 1973 L 140/17, 31f. Zucker; ABl. 1980 L 383/19, 24 Gussglas; ABl. 1984 L 220/27 Rn. 77 Zinc Producer Group; ABl. 1986 L 230/1 Rn. 52 Polypropylen; ABl. 1991 L 152/16 Rn. 12 Soda-Solvay/CFK; ABl. 1994 L 243/1 Rn. 51ff. Karton), **Verkaufsgemeinschaften** oder **gemeinsame Verkaufsstellen** konkurrierender Unternehmen (→ Rn. 191ff.; KOMM ABl. 1973 L 217/3, 4 Kali und Salz; ABl. 1978 L 242/15 Rn. 61 CSV; ABl. 1980 L 39/51, 55f. Floral), aber auch Vereinbarungen über **Bezugspflichten** (KOMM ABl. 1988 L 262/27 Rn. 102, 111 Bloemenveilingen Aalsmeer), **Kundenaufteilungen** (KOMM ABl. 1978 L 224/29 Rn. 62ff., 81 GB-INNO; ABl. 1986 L 232/15 Rn. 51f., 74 Dach- und Dichtungsbahnen), **Gebietsbeschränkungen, zeitliche Verkaufsbeschränkungen** (Kommission ABl. 1974 L 237/3, 7 Papiers peints de Belgique), **Verkaufsverbote hinsichtlich minderer Warenqualitäten** (KOMM ABl. 1974 L 160/1 Rn. 37 IFTRA-Verpackungsglas). Absatzbeschränkungen können auch Vereinbarungen über **Kollegenlieferungen** (EuGH Slg. 1984, 1679 Rn. 35 CRAM und Rheinzink; KOMM ABl. 1982 L 362/40, 47 Zinkbleche) sein, wenn eine solche Vereinbarung bewirkt, dass nicht an Abnehmer, sondern an Konkurrenten geliefert wird und so der Wettbewerb um die Abnehmer eingeschränkt wird. Vereinbarungen über den Absatz sind auch den Abnehmern auferlegte Verwendungsbeschränkungen (KOMM ABl. 1990 L 21/71 Rn. 39 Bayo-n-ox; s. auch EuGH Slg. 1983, 4172 Rn. 6 Kerpen & Kerpen).

95 Unter **Einschränkung der technischen Entwicklung** wird neben Verhinderung der Entwicklung bzw. des Entstehens neuer technisch/wissenschaftlicher Erkenntnisse auch Beeinträchtigung ihrer Verbreitung verstanden. Grundsätzlich fallen auch Vereinbarungen zwischen Wettbewerbern **über die Entwicklung neuer Produkte** in diese Fallgruppe (KOMM ABl. 1988 L 305/33 Rn. 14 Conti/Michelin, KOMM ABl. 1997 L 16/87 Rn. 40 Iridium; ABl. 1999 L 125/12 Rn. 66 P&I-Clubs), wobei in solchen Fällen die wettbewerbsbeschränkende Wirkung der Vereinbarung einer vertieften Prüfung bedarf. Eine Wettbewerbsbeeinträchtigung liegt etwa vor, wenn den an einem gemeinsamen Forschungs- und Entwicklungs-Projekt beteiligten Unternehmen die eigenständige Tätigkeit in diesem Bereich untersagt ist (Art. 5 Abs. 1 lit. a VO 1217/2010) oder Lizenzgebern die Nutzungsüberlassung ihrer Technologie an Unternehmen im Vertragsgebiet eines ihrer Lizenznehmer verboten wird (s. unten bei VO 772/2004). Wettbewerb in der Entwicklung kann auch durch die Gründung von Gemeinschaftsunternehmen beschränkt werden, die unabhängige Forschungsanstrengungen unterbinden (KOMM ABl. 1988 L 52/51 Rn. 41 Olivetti/Canon).

96 Investitionen werden durch vertragliche **Investitionsstopps** eingeschränkt (KOMM ABl. 1969 L 192/5, 17 Chinin). Umfassende Investitions-, Entwicklungs- und Produktionsbeschränkungen zum koordinierten Abbau unternehmerischer Überkapazitäten als Reaktion auf strukturelle Angebotsüberschüsse, wie sie bei

Strukturkrisen typisch sind, unterliegen ebenfalls lit. b (KOMM ABl. 1982 L 362/40, 48 Zinkbleche; ABl. 1984 L 212/1 Rn. 26 BPCL/ICI). Grundsätzlich muss sich jedes Unternehmen selbst der Strukturkrise anpassen und so im Wettbewerb überleben (KOMM ABl. 1972 L 303/24, 33f. Cimbel; ABl. 1989 L 260/1 Rn. 126ff., 174ff., 201 Betonstahlmatten; ABl. 1994 L 131/15 Stichting Baksteen).

c) Aufteilung der Märkte oder Versorgungsquellen (lit. c). Eine **geographische bzw. räumliche Marktaufteilung** läuft der Bildung eines einheitlichen Binnenmarktes offenkundig zuwider; deshalb wird die Aufteilung der Märkte ausdrücklich als Regelbeispiel aufgeführt. Ein Marktaufteilung ist zB die Vereinbarung eines Heimatmarktprinzips, aufgrund dessen ein Markt ausschließlich einem dort beheimateten Unternehmen vorbehalten bleibt (KOMM ABl. 1985 L 35/1 Rn. 10 Peroxyd); Gleiches gilt für die Verpflichtung, nur in bestimmte Gebiete zu verkaufen (EuG Slg. 1995 II-791 Rn. 141f. Tréfileurope) sowie den Verzicht auf Herstellung und Vertrieb von Produkten für bestimmte Mitgliedstaaten (KOMM ABl. 1978 L 191/41 Rn. 13 SNPE-LEL). Dem gleichen Ziel dient die Garantie eines Mindestabsatzes in einem bestimmten Gebiet, wenn dadurch die Beschränkung auf einen bestimmten Markt erreicht werden soll (KOMM ABl. 1991 L 152/16 Rn. 12 Soda-Solvay-CFK). 97

Gebietsbezogene Marktaufteilung liegt auch bei **Kontingentierungen,** also mengenmäßigen Beschränkungen hinsichtlich Belieferung bestimmten Marktes, vor (KOMM ABl. 1975 L 29/26, 28 Pilz-Konserven (Exportkontingent); ABl. 1984 L 220/27 Rn. 77 Zinc Producer Group; EuG Slg. 1994, II 531 Rn. 40 Herlitz (Exportverbot)) sowie bei Vereinbarung grenzüberschreitender **Lieferungen ausschließlich von Hersteller zu Hersteller** (KOMM ABl. 1973 L 140/17, 30 Zucker; ABl. 1985 L 35/1 Rn. 26 Peroxyd). Gebietsbeschränkungen gleichgestellt sind Abreden über **Ausgleichszahlungen, Pauschalentschädigungen oder Entschädigung der tatsächlich entstandenen Kosten bezüglich Übergrenzlieferungen** (zB KOMM ABl. 1975 L 29/20, 21 Rank Sopelem). 98

Eine weitere Möglichkeit der Marktaufteilung besteht in der **Aufteilung nach Kunden oder Kundengruppen** (KOMM ABl. 1973 L 296/24, 25 Prym-Beka; KOMM ABl. 1979 L 286/32 Rn. 80 BP Kemi-DDSF; ABl. 1986 L 232/15, 21 Dach- und Dichtungsbahnen). Zu Kundenaufteilungen führen auch **Submissionskartelle** im Zuge öffentlicher Auftragsvergaben (KOMM ABl. 1999 L 24/1 Rn. 33, 75, 147, 165 Fernwärmetechnik-Kartell; ABl. 1992 L 92/1 Rn. 93ff. Niederländische Bauwirtschaft; bestätigt durch EuG Slg. 1995 II-289 SPO) oder die Vereinbarung unterschiedlicher Behandlung der Kunden, je nach dem, wem sie innerhalb einer wettbewerbsbeschränkenden Vereinbarung zugewiesen sind (KOMM ABl. 1970 L 147/24 Rn. 17 Kodak). 99

Die Aufteilung **der Versorgungs- bzw. Bezugsquellen** erfasst **Beschränkungen des** zwischen kartellbeteiligten Parteien bestehenden **Nachfragewettbewerbs auf vorgelagerten Märkten** (KOMM ABl. 1980 L 260/24 Rn. 30ff. NSAA (gemeinsamer Einkauf); ABl. 1994 L 104/34 Rn. 87f. HOV-SVZ/MCN), insbesondere wenn es dadurch zur Verschlechterung der Bezugsmöglichkeiten Dritter oder der Schaffung privilegierter Zugangsmöglichkeiten zu vorgelagerten Märkten durch Vereinbarungen zwischen Lieferanten und Abnehmern kommt (KOMM ABl. 1990 L 18/35 Rn. 27f. A. P. B.; ABl. 1994 L 354/66 Rn. 80ff. Eurotunnel). Beschränkungen des Absatzes sind auch das Abnehmern durch ihren Lieferanten auferlegte **Verbot des Weiterverkaufs** (KOMM ABl. 1990 L 21/71 Rn. 39ff. Bayo-n-ox), **Exportverbote** (KOMM ABl. 1985 L 35/58 John Deere) bzw. Verbote anderweitiger Bedarfsdeckung (KOMM ABl. 1985 L 233/22 Velcro/Aplix; ABl. 1988 L 52/51 Rn. 43 Olivetti/Canon), aber auch Transferregeln im Fußball (Schlussanträge GA Lenz Rn. 262, zu EuGH Slg. 1995 I-4921 Bosman) 100

d) Anwendung unterschiedlicher Bedingungen (lit. d). Art. 101 Abs. 1 ist grundsätzlich **nur auf die koordinierte,** dh die auf einer Vereinbarung, einem Be- 101 schluss oder auf einer abgestimmten Verhaltensweise beruhende **Diskriminierung, nicht** aber die **einseitige** (autonome) Benachteiligung von Handelspartnern durch ein einzelnes Unternehmen anwendbar; letztere in nur bei Vorliegen der Tatbestandsvoraussetzungen des Art. 102 verboten (EuG Slg. 1995 II17 Rn. 61 Viho; bestätigt in EuGH Slg. 1996 I-5482 Rn. 21, 22). Dieses Regelbeispiel greift nur, wenn gerade die Vereinbarung oder die abgestimmte Verhaltensweise die Diskriminierung, also die sachlich ungerechtfertigte Ungleichbehandlung, zur Folge hat. In der Entscheidungspraxis finden sich nur wenige Fallbeispiele, in denen wettbewerbsbeschränkende Diskriminierungen allein unter lit. d zu subsumieren waren, so zB der Ausschluss einer Gruppe von Letztverkäufern von Teilnahme an einem Bonussystem (Gesamtumsatzrabattsystem), das von fast allen nationalen Tabakwarenherstellern und -importeuren eingerichtet wurde (KOMM ABl. 1982 L 232/1 Rn. 99 S. S. I.; offenlassend EuGH Slg. 1985, 3801 Rn. 42 NSO) oder diskriminierende Preisgestaltung in Ergänzung zu umfassender Preis- und Quotenabsprache (KOMM ABl. 1972 L 303/24 Rn. 15 a Cimbel).

102 **e) Kopplung (lit. e).** Lit. e definiert die verbotene Kopplung als die an den Abschluss von Verträgen geknüpfte Bedingung, dass die Vertragspartner zusätzliche Leistungen annehmen, die weder sachlich noch nach Handelsbrauch in Beziehung zum Vertragsgegenstand stehen. Dieses Regelbeispiel kann ebenfalls wie lit. d nur **auf Vereinbarungen oder abgestimmten Verhaltensweisen beruhende Koppelungspraktiken** erfassen. Einseitige Kopplungen können nur über Art. 102 lit. d erfasst werden. Beispiel für eine von lit. e erfasste Koppelungsvereinbarung ist ein Lizenzvertrag, der Lizenznehmer verpflichtet, ihren Kunden nur komplette Surfbretter und nicht einzelne aufgrund der Lizenz hergestellte Teile anzubieten (KOMM ABl. 1983 L 229/1, 6 ff. Windsurfing International; EuGH Slg. 1986, 611 Rn. 57 f. Windsurfing International). Die wettbewerbsbeschränkende Vereinbarung ist also die Verpflichtung des Lizenznehmers, Surfbretter nur als Ganzes zu vertreiben. Ein weiteres Beispiel für eine unter lit. e fallende Kopplung wäre auch, wenn Vertriebspartner in einem Vertriebssystem verpflichtet sind, zur Absatzfinanzierung der von ihnen weiter vertriebenen Produkte nur vom Lieferanten bereitgestellte oder von bestimmten Dritten zur Verfügung gestellte Finanzierungsinstrumente zu verwenden, also beispielsweise Leasing nur durch das herstellereigene Leasingunternehmen anzubieten.

11. Spürbarkeit der Wettbewerbsbeschränkung

103 Der EuGH hat in Entscheidungspraxis sehr früh das den Anwendungsbereich des Kartellverbots einschränkende, **ungeschriebene Tatbestandsmerkmal** der **Spürbarkeit** anerkannt (sog. de minimis- oder Bagatellregel). Danach kann nur diejenige unternehmerische Zusammenarbeit gegen Art. 101 Abs. 1 verstoßen, deren wettbewerbs- und handelsbeschränkende Konsequenzen als spürbar, dh nicht bloß als geringfügig bzw. unbedeutend, einzustufen sind (EuGH Slg. 1966, 281, 304 LTM/Maschinenbau Ulm; Slg. 1969, 295 Völk/Vervaecke; Slg. 1971, 69 Sirena; Slg. 1971, 351 Cadillon/Höss; Slg. 1971, 949 Rn. 18 Béguelin; Slg. 1980, 3125 Rn. 154 Van Landewyck). Die ungeschriebene Tatbestandsrestriktion der **Spürbarkeit** hat Bedeutung sowohl für die **Wettbewerbsbeschränkung** als auch für die **Eignung zur Beeinträchtigung des Handels zwischen den Mitgliedsstaaten,** zu Letzterem → Rn. 117 ff.

104 In der **Bagatellbekanntmachung** (Anhang B 2) hat die Kommission ihre Ansicht zur **Spürbarkeit der Wettbewerbsbeschränkung** unter Berücksichtigung der Rechtsprechung zusammengefasst. In den **Leitlinien zum zwischenstaatlichen Handel** (Anhang B 3) hat die Kommission Regelungen für die **Spürbarkeit der Beeinträchtigung des zwischenstaatlichen Handels** aufgestellt. Beide Dokumente der Kommission stellen **unverbindliche Rechtsakte** iSv Art. 288 letzter Satz dar und binden weder europäische Gerichte noch die nationalen Zivilgerichte und Behörden (Rn. 4 und 6 Bagatellbekanntmachung; s. ausdrücklich EuGH

13.12.2012 C-226/11 Expedia Inc/Autorité de la concurrence NZKart 2013, 111, Rn. 23ff.; vgl. aber *Bechtold* FS Hirsch, 2008, S. 223). Faktisch berücksichtigen aber auch andere Behörden und Gerichte diese Rechtsakte als **Auslegungshilfe,** was die Kommission auch erwartet (Rn. 4 der Bagatellbekanntmachung). Auch die Europäischen Gerichte orientieren sich an der Bekanntmachung (EuG Slg. 1998 II-3141 Rn. 103–105 European Night Services). Auf jeden Fall führt die Bekanntmachung hinsichtlich der Tatbestandsrestriktion der Spürbarkeit zu einer **Selbstbindung der Kommission;** die Kommission kann gegen Maßnahmen von Unternehmen, die die Bagatellkriterien erfüllen, nicht einschreiten. Überdies will die Kommission gegen Unternehmen, die gutgläubig von der Erfüllung dieser Kriterien ausgegangen sind, keine Geldbußen verhängen (Rn. 4 der Bagatellbekanntmachung).

Die Bagatellbekanntmachung stellt **quantitative bzw. qualitative Kriterien** auf, anhand derer sich die Spürbarkeit einer Maßnahme im Sinne des Art. 101 Abs. 1 ausschließen lassen soll; sie definiert positiv einen bestimmten Bereich, innerhalb dessen keine Spürbarkeit einer Wettbewerbsbeschränkung besteht. Schon in der Vorgängerregelung (ABl. 1997 C 372/13) stellte die Kommission nicht mehr auf Umsatz- und Marktanteilsschwellenwerte ab, sondern allein auf **Marktanteile** der an einer Maßnahme beteiligten Unternehmen. Mit dem Verzicht auf Umsatzschwellenwerte dehnte die Kommission den Anwendungsbereich der Bagatellbekanntmachung im Einklang mit der Rechtsprechung des EuGH (EuGH Slg. 1969, 295 Völk/Vervaecke; Slg. 1971, 351 Cadillon/Höss) auch auf große Unternehmen aus, soweit die wettbewerbsbeschränkende Maßnahme nur geringe Marktanteile und damit schwache Marktstellung betrifft (Rn. 5 der Mitteilung über die Änderung der Bagatellbekanntmachung, ABl. 1997 C 29/3). Das **Erreichen oder Überschreiten der Marktanteilsschwellen** bedeutet nicht automatisch, dass die Spürbarkeit gegeben ist (Rn. 2 der Bagatellbekanntmachung, Anhang B 2). Vielmehr muss in diesen Fällen aufgrund der konkreten Marktauswirkungen geprüft werden, ob sich die Wettbewerbsbeschränkung ausnahmsweise doch nicht spürbar auswirkt. Allerdings dürfte sich bei Überschreiten der Marktanteilsschwellen eine **Beweislastumkehr** ergeben. 105

Die **quantitativen Kriterien unterscheiden** nach **horizontalen und vertikalen Wettbewerbsbeschränkungen: Horizontale Vereinbarungen** (zur Definition → Rn. 40) beschränken den von Art. 101 geschützten Wettbewerb nicht spürbar, wenn der von den an der Vereinbarung beteiligten Unternehmen insgesamt gehaltene Marktanteil auf keinem der von der Vereinbarung betroffenen relevanten Märkte **10%** überschreitet (Rn. 7 lit. a der Bagatellbekanntmachung, Anhang B 2). Für **vertikale Vereinbarungen** (zur Definition → Rn. 40) liegt die Spürbarkeitsschwelle demgegenüber bei 15% (Rn. 7 lit. b S. 1 der Bagatellbekanntmachung). In Fällen, in denen die Einordnung der Wettbewerbsbeschränkung als horizontale oder vertikale schwierig ist, gilt der niedrigere Schwellenwert für horizontale Vereinbarungen (Rn. 7 lit. b S. 2 der Bagatellbekanntmachung). Grund der unterschiedlichen Marktanteilsschwellen sind die größeren Gefahren horizontaler Vereinbarungen; außerdem wird der positive Einfluss vertikaler Vereinbarungen so berücksichtigt (Rn. 6 der Mitteilung der Kommission über die Änderung der Bagatellbekanntmachung, ABl. 1997 C 29/3; vgl. auch schon Schlussanträge GA Warner zu EuGH Slg. 1978, 131 Miller). Für die Ermittlung der Marktanteile werden die Marktanteile verbundener Unternehmen einbezogen (vgl. die Verbundklausel in Rn. 12 der Bagatellbekanntmachung). 106

Die Bagatellbekanntmachung (Anhang B 2, Rn. 11) erklärt diese Marktanteilsschwellen nicht als relevant für sogenannte **Kernbeschränkungen.** Zwischen **Wettbewerbern** gelten Regelungen als Kernbeschränkungen, die die Festsetzung von Preisen, die Beschränkung der Produktion und des Absatzes sowie die Aufteilung von Märkten und Kunden bezwecken (s auch EuG Slg. 2005 II-3033 Rn. 140 Brasserie Nationale: bei bezweckter Wettbewerbsbeschränkung spielt die tatsächliche Auswirkung der Vereinbarung keine Rolle). Bei Vereinbarungen zwischen **Nicht-** 107

wettbewerbern gelten als **Kernbeschränkungen** die „schwarzen Klauseln" aus Art. 4 VO 330/2010, also vertikale Preisbindungen, Vertriebsgebietsbeschränkungen und Kundenabgrenzungen mit den in Art. 4b) VO 330/2010 geregelten Ausnahmen, Beschränkungen des aktiven oder passiven Verkaufs an Verbraucher in selektiven Vertriebssystemen gemäß Art. 4c) VO 330/2010, Beschränkungen von Querlieferungen zwischen Händlern eines selektiven Vertriebssystems gemäß Art. 4d) VO 330/2010 sowie Beschränkungen hinsichtlich des Ersatzteilvertriebs gemäß Art. 4e) VO 330/2010. Allerdings kann es bei Kernbeschränkungen letztlich an der Eignung zur Beeinträchtigung des Handels zwischen den Mitgliedsstaaten fehlen (Leitlinien zum zwischenstaatlichen Handel, Anhang B 3, Rn. 50 und →Rn. 110ff.).

108 Die Bagatellbekanntmachung (Anhang B 2) trägt der kumulativen Wirkung von **Vertragsbündeln** (Bündeltheorie, →Rn. 83f.) insofern Rechnung, als bei Beschränkungen des Wettbewerbs durch Vereinbarungen, die verschiedene Lieferanten oder Händler für den Verkauf von Waren oder Dienstleistungen geschlossen haben (kumulativer Marktabschottungseffekt durch nebeneinander bestehende Netze von Vereinbarungen, die ähnliche Wirkungen auf dem Markt haben), die in Rn. 7 genannten **Marktanteilsschwellen auf 5%** herabgesetzt werden. Liegt der Marktanteil der Beteiligten höchstens bei 5%, dann fehlt nach Ansicht der Kommission der Abschottungseffekt bezüglich dieser Verträge, sodass sie insoweit nicht unter Art. 101 fallen (Rn. 8 der Bagatellbekanntmachung). Überschreiten die gleichartigen Verträge eines Herstellers mit seinen Händlern zusammen selbst die Grenze zur Spürbarkeit, dann bejaht die Kommission Spürbarkeit auch ohne die Würdigung der kumulativen Wirkungen (Kommission ABl. 1993 L 183/1 und 19 Schöller und Langnese; das EuG wandte diese Differenzierung nicht an, vgl. EuG Slg. 1995 II-1533 Langnese-Iglo und Slg. 1996 II-1611 Schöller).

109 In ihrer Entscheidungspraxis stellen die Kommission und die Gerichte noch **weitere Kriterien** für die Spürbarkeit auf, etwa **die Bedeutung des beschränkten Handels** (KOMM ABl. 1991 L 185/23 Rn. 38 Gosme/Martell-DMP; vgl. ähnlich EuGH Slg. 1981, 1563 Rn. 17 Salonia/Poidermani und Giglio), die **bereits bestehende Marktkonzentration** (KOMM ABl. 1982 L 379/19, 26 Toltecs/Dorcet), die gemeinschaftsweite Anwendung einer Vereinbarung (KOMM ABl. 1994 L 20/15 Rn. 35 Grundig; jetzt wohl eher ein Fall der Spürbarkeit der Beeinträchtigung des zwischenstaatlichen Handels, →Rn. 117ff.) oder die Größe der involvierten Unternehmen (KOMM ABl. 1980 L 39/51, 57 Floral; ABl. 1993 L 20/14 Rn. 22 Ford/VW). Die europäischen Gerichte orientieren sich sehr an **individuellen Gegebenheiten des Einzelfalles** und stellen auf eine **Gesamtbetrachtung aller wirtschaftlichen und rechtlichen Umstände** ab (EuGH Slg. 1966, 281 LTM/Maschinenbau Ulm). Besondere Bedeutung für Spürbarkeit kommt aber auch hier der **Marktstellung der an einer Vereinbarung Beteiligten** zu. Wird der Markt durch deren schwache Stellung auf diesem nur geringfügig beeinträchtigt, so können selbst absoluten Gebietsschutz vermittelnde Alleinvertriebsvereinbarungen aus dem Anwendungsbereich des Kartellverbots herausfallen (EuGH Slg. 1969, 295 Rn. 7 Völk/Vervaecke; Slg. 1971, 351 Cadillon/Höss; Slg. 1983, 1825 Musique Diffusion (Pioneer); Slg. 1998 I-1983 Rn. 17 Javico/YSL; EuG Slg. 1994 II-549 Rn. 39 Parker Pen). Auch wenn eine Festlegung auf bestimmte Schwellenwerte vermieden wird, lassen manche Entscheidungen doch erkennen, dass ein gemeinsam oder sogar einzeln **erreichter 5%-Marktanteil** der Beteiligten Spürbarkeit nahe legt (EuGH Slg. 1978, 131 Miller; Slg. 1983, 3151 AEG-Telefunken). In einem großen, vom Vorhandensein vieler Marken geprägten Markt können marktabschottende Maßnahmen auch bei Anteilen der Beteiligten in der Größenordnung von 3–3,5% Spürbarkeitskriterium erfüllen, insbesondere wenn sie damit Marktanteile der übrigen Konkurrenten übertreffen und große Umsätze aufweisen (EuGH Slg. 1983, 1825 Musique Diffusion (Pioneer)). Bei betroffenen Marktanteilen, die kleiner als 1% sind, soll es dagegen an der Spürbarkeit in aller Regel fehlen (EuGH Slg. 1969, 295 Völk/Vervaecke; Slg. 1971, 351 Cadillon/Höss; Slg. 1971, 949 Béguelin). Weiteres Beispiel: Die Pflichtmitgliedschaft in einem Pensionsfond für Fachärzte sei nicht spürbar (EuGH 12.9.2000 C-180/98 Pavel Parlov Rn. 70ff.). Außerhalb des Anwendungsbereichs der Bagatellbekanntmachung, also für die Beurteilung von Fällen mit Kernbeschränkungen oder bei Überschreitung der Marktanteile, haben diese Kriterien nach wie vor ihre Bedeutung.

12. Beeinträchtigung des Handels zwischen den Mitgliedstaaten

a) Allgemeines. Das Tatbestandsmerkmal der Beeinträchtigung des Handels zwischen den Mitgliedstaaten **grenzt den Anwendungsbereich des Art. 101 von vergleichbaren Regelungen der nationalen Kartellrechte** ab (Art. 3 Abs. 2 VO 1/2003; EuGH Slg. 1966, 281 LTM/Maschinenbau Ulm; Slg. 1966, 322 Consten-Grundig; Slg. 1979, 1869, 1899 Hugin; KOMM ABl. 1985 L 85/1, 24 Zellstoff). Nach der vom EuGH entwickelten Formel liegt eine Beeinträchtigung des Handels zwischen den Mitgliedstaaten vor, **wenn** eine wettbewerbsbeschränkende Maßnahme unter Berücksichtigung der Gesamtheit objektiver rechtlicher oder tatsächlicher Umstände mit hinreichender Wahrscheinlichkeit erwarten lässt, dass sie **unmittelbar oder mittelbar, tatsächlich oder der Möglichkeit nach den Warenverkehr zwischen Mitgliedstaaten** in einer Weise **beeinflusst,** die der Verwirklichung der Ziele eines einheitlichen zwischenstaatlichen Marktes nachteilig sein könnte (EuGH Slg. 1966, 322 LTM/Maschinenbau Ulm; Slg. 1980, 3775 L'Oréal; Slg. 1985, 3831 Stichting Sigarettenindustrie; Slg. 1993 I-1307 Ahlström; Slg. 1997 I-4411 Ferriere Nord; EuG Slg. 1994 II-549 Parker Pen; Slg. 1995 II-1533 Langnese; Slg. 1997 II-759 Bloemkwekerijprodukten; st. Rspr.; Leitlinien zum zwischenstaatlichen Handel, Anhang B 3, Rn. 24, zu deren Bedeutung vgl. EuGH 11.7.2013 C-439/11 P Ziegler NZKart 2013, 364). 110

Der Begriff des Handels beschreibt nicht nur den Handel mit Waren, sondern den **gesamten Wirtschaftsverkehr** zwischen den Mitgliedstaaten (EuGH Slg. 1981, 2021, 2032 Züchner/Bayerische Vereinsbank; Slg. 1987, 405, 458f. Verband der Sachversicherer; Kommission ABl. 1987 L 7/27, 32 BVB/ABB; Leitlinien zum zwischenstaatlichen Handel Rn. 19). Ob bzw. inwieweit auch grenzüberschreitende Beschäftigungsmöglichkeiten von Arbeitnehmern (zB Profifußballer, Künstler mit fixem Engagement) vom Begriff des Handels erfasst werden, ist noch nicht endgültig geklärt (bejahend Schlussanträge GA Lenz Rn. 260, zu EuGH Slg. 1995 I-4921 UEFA u. a./Bosman; Kommission ABl. 1978 L 157/39 RAI-Unitel). 111

b) Eignung zur Beeinträchtigung. Dem Wortlaut der Zwischenstaatlichkeitsklausel (Zwischenstaatsklausel) entsprechend kommt es nach der Rspr. des EuGH nicht darauf an, dass der zwischenstaatliche Handel **tatsächlich beeinträchtigt** wird; entscheidend ist nur, dass die Absprache hierzu **geeignet** ist (EuGH Slg. 1997 I-4411 Ferriere Nord) bzw. eine Gefahr der Beeinträchtigung begründet (EuGH Slg. 1978, 131 Miller). Diese Eignung liegt vor, wenn sich unter Berücksichtigung aller objektiven rechtlichen und tatsächlichen Umstände mit hinreichender Wahrscheinlichkeit (EuGH Slg. 1980, 3775 L'Oréal) voraussehen lässt, dass die unternehmerische Maßnahme **unmittelbar oder mittelbar, tatsächlich oder potenziell** den Handelsverkehr zwischen Mitgliedstaaten beeinflussen kann. Eine unmittelbare Beeinträchtigung liegt vor, wenn sich die Vereinbarung auf den Import oder Export von Gütern bezieht bzw. dem Zweck der Marktaufteilung dient (EuGH Slg. 1975, 1663 Suiker Unie u. a.; Slg. 1975, 563 FRUBO; Slg. 1983, 3369 IAZ; KOMM ABl. 1984 L 220/27 Zinc Producer Group) oder die betroffenen Geschäfte internationalen Charakter aufweisen (EuGH Slg. 1981, 2021 Züchner/Bayerische Vereinsbank). Eine bloß mittelbare Beeinträchtigung liegt hingegen dann vor, wenn sich Vereinbarung auf ein Zwischenerzeugnis bezieht und lediglich das Endprodukt Gegenstand des innergemeinschaftlichen Handels ist (EuGH Slg. 1985, 391 BNIC/Clair; Slg. 1993 I-1307 Ahlström) 112 oder Hersteller Vereinbarungen über die ihren Wiederverkäufern einzuräumenden Handelsspannen treffen, die diesen den Anreiz zur Absatzförderung importierter Produkte nehmen (EuGH Slg. 1985, 3831 Stichting Sigarettenindustrie). Aus dem Erfordernis der Berücksichtigung aller objektiven rechtlichen und tatsächlichen Umstände ergibt sich die **Notwendigkeit einer Gesamtbetrachtung,** die neben der Wirkung der einzelnen, konkret wettbewerbsbeschränkenden Vertragsklauseln den Vertrag in seiner Gesamtheit berücksichtigt (EuGH Slg. 1986, 611 Windsurfing International).

113 **c) Beteiligung von Unternehmen aus Drittstaaten.** Vereinbarungen über den innergemeinschaftlichen und grenzüberschreitenden Waren- oder Dienstleistungsverkehrs erfüllen naturgemäß die Zwischenstaatlichkeitsklausel. Dem **Sitz** der an einer solchen wettbewerbsbeschränkenden Maßnahme beteiligten Unternehmen kommt **keine Bedeutung** zu; so können u. a. auch Vereinbarungen mit Beteiligung von **Unternehmen aus Drittstaaten** erfasst werden (dazu EuGH Slg. 1971, 949 Béguelin; Slg. 1978, 1391 Tepea), wenn sie das **Verhalten der Unternehmen in der Union** betreffen. Beispiele sind vertragliche Ausfuhrverbote (EuGH Slg. 1978, 131 Miller; Slg. 1993 I-1307 Ahlström; EuG Slg. 1994 II-549 Parker Pen; KOMM ABl. 1982 L 354/28 National Panasonic; ABl. 1988 L 78/34 Konica; ABl. 1994 L 378/45 Tretorn) sowie Einfuhrverbote in Länder der Union (KOMM ABl. 1981 L 326/32 Flachglas), auf aktive Verkäufe beschränkte Ausfuhrverbote (KOMM ABl. 1990 L 100/32 Moosehead/Whitbread), die aus vertraglichen Bezugsverpflichtungen resultierenden Einfuhrbeschränkungen (KOMM ABl. 1993 L 50/14 Jahrhundertvertrag), Vereinbarungen über koordinierte Aufkäufe zur Eindämmung von Exporten aus anderen Märkten (KOMM ABl. 1994 L 343/1 Zement), Vereinbarungen zwischen Unternehmen, die den Export von Gütern verteuern (KOMM ABl. 1991 L 185/23 Gosme/Martell) und Preis-, Produktionseinschränkungs- und Marktaufteilungsvereinbarungen (KOMM ABl. 1969 L 192/5 Chininkartell).

114 **d) Beteiligung von Unternehmen aus nur einem Mitgliedstaat.** Maßnahmen, deren wettbewerbsbeschränkende Wirkungen sich auf das **gesamte Hoheitsgebiet eines Mitgliedstaates** erstrecken, sind in der Regel zur Beeinträchtigung des Handels zwischen den Mitgliedstaaten geeignet, weil sie schon ihrem Wesen nach die Abschottung nationaler Märkte verfestigen und die gewünschte Marktintegration verhindern können (EuGH Slg. 1972, 977 Cementhandelaren; EuGH Slg. 2006 I-2263 Rn. 41 Manfredi/Lloyd Adriatico Assicurazioni; EuGH 10.9.2009 C-125/07P Rn. 39 Erste Group Bank; 11.7.2013 C-440/11 P Stichting AP NZKart 2013, 367 Rn. 100 und C-439/11 P Ziegler NZKart 364 Rn. 94). Dies gilt auch für Vertriebssysteme, die sich auf das Gebiet eines Mitgliedstaates erstrecken (entschieden für ein selektives und ausschließlich auf inländische Zeitungen bezogenes Vertriebssystem (EuGH Slg. 1981, 1563 Salonia/Poidomani), für ein auf das Gebiet eines Mitgliedstaates bezogenes Alleinvertriebssystem (KOMM ABl. 1993 L 1183/19 Langnese; insoweit bestätigt durch EuG Slg. 1995 II-1533 Langnese), für die selektiven Vertriebshändlern auferlegte Belieferungsbeschränkung gegenüber Fremdleasinggesellschaften (EuGH Slg. 1995 I-3439 BMW/ALD; vgl. auch EuGH Slg. 1995 I-3477 VW/VAG). Auch **nationale Preiskartelle** können die einen Mitgliedstaat abschottende Wirkung haben, sodass der Handel zwischen den Mitgliedstaaten beeinträchtigt wird. Beispiel: Nationales Preiskartell, das Schutzmaßnahmen gegen ausländische Konkurrenten enthielt (EuGH Slg. 1989, 2117 Belasco), nationales Richtpreiskartell, das u. a. ein Verbot des Verkaufs an nicht anerkannte Wiederverkäufer enthielt (EuGH Slg. 1972, 977 Cementhandelaren).

115 Die **Abgrenzung** zu den Fallgestaltungen, in denen es an der Eignung zur Beeinträchtigung des Handels zwischen Mitgliedsstaaten fehlt, ist schwierig: Klar ist das Fehlen der Eignung bei Weigerung eines **außerhalb der EU ansässigen Herstellers** zur Belieferung eines lokal in einem Mitgliedstaat tätigen Unternehmens mit Ersatzteilen (EuGH Slg. 1979, 1869 Hugin (zu Art. 102); ebenfalls bei sich **rein natio-**

nal auswirkenden Wettbewerbsbeschränkungen, so bei einem Beschluss über einheitliche Bedingungen für die Vermietung von Bankschließfächern (KOMM ABl. 1989 L 253/1 Niederländische Banken) oder bei einer Einigung über die Geschäftsbedingungen über Generalbürgschaften, die nur in einem Mitgliedsstaat vorkommen (EuGH Slg. 1999 I-135 Rn. 50–53 Bagnasco/BPN und Carige).

e) Auswirkungen nur außerhalb der Gemeinschaft. Grundsätzlich keine Eignung zur Beeinträchtigung des Handels zwischen Mitgliedsstaaten haben Maßnahmen, die den **Export in außerhalb der Gemeinschaft gelegene Märkte** betreffen. Beispiele: Vertriebsvereinbarungen für Gebiete außerhalb der Gemeinschaft; in Vertriebsverträgen enthaltene Verbote hinsichtlich des Exports in Drittstaaten (evtl. gekoppelt mit einem Reimportverbot) wegen des aus wirtschaftlichen (doppelte Zollbelastung und Handelsspannen) oder technischen Gründen unrealistischen Reimports (KOMM ABl. 1975 L 38/10 Goodyear Italiana; ABl. 1976 L 28/19 SABA; für das einem japanischen Lizenznehmer auferlegte Exportverbot vgl. auch KOMM ABl. 1972 L 143/39 Raymond/Nagoya), Arbeitsgemeinschaften zwecks gemeinsamer Durchführung von außerhalb der Gemeinschaft vergebene Bauaufträge (KOMM ABl. 1964, 2761 DECA). Solche sich an sich auf Gebiete außerhalb der Gemeinschaft auswirkenden Maßnahmen können aber **Rückwirkungen in die Gemeinschaft** haben, zum Beispiel dann, wenn die Exportregelung mit einer Absprache zur Aufteilung des Gemeinsamen Marktes bzw. zur Erschwerung eines (möglichen) Reimports in die Gemeinschaft in Zusammenhang steht; so wurde die Eignung zur Beeinträchtigung des Handels zwischen Mitgliedstaaten bei Vereinbarungen über die Ausfuhr von Produktionsüberschüssen, die von dem Gebiet der Gemeinschaft ferngehalten werden sollten, bejaht (EuGH Slg. 1975, 1663 Suiker Unie u. a.; KOMM ABl. 1979 L 21/16 Bleiweiß; ABl. 1994 L 343/1 Zement), ebenso bei dem einem Abnehmer auferlegten Ausfuhrgebot in einen Drittstaat zum Schutz des Preisniveaus innerhalb einzelner Mitgliedstaaten (KOMM ABl. 1982 L 362/40 Zinkbleche; bestätigt durch EuGH Slg. 1984, 1679 CRAM und Rheinzink) oder bei einer Verkaufskooperation in Drittstaaten, die mit einer auf den Gemeinsamen Markt bezogenen Zusammenarbeit verbunden war (KOMM ABl. 1978 L 242/15 CS V). 116

f) Spürbarkeit der Beeinträchtigung des Handels zwischen den Mitgliedstaaten. Die Beeinträchtigung des Handels zwischen den Mitgliedstaaten muss – wie die Wettbewerbsbeschränkung, s. oben Rn. 95 – **spürbar** sein (s. EuGH 13.12.2012 C-226/11 Expedia Inc/Autorité de la concurrence Rn. 16). Die Kommission hat ihre Haltung zur Spürbarkeit des Handels zwischen den Mitgliedsstaaten in ihren Leitlinien zum zwischenstaatlichen Handel (Anhang B 3) zusammengefasst. Zur Rechtsnatur gilt das zur Bagatellbekanntmachung Gesagte entsprechend, → Rn. 104; dazu auch EuGH 11.7.2013 C-439/11 P Ziegler NZKart 2013, 364 Rn. 95. 117

An der Spürbarkeit der Beeinträchtigung des Handels zwischen den Mitgliedstaaten soll es fehlen, wenn die beanstandbare Vereinbarung oder abgestimmte Verhaltensweise aufgrund der **schwachen Marktstellung** der beteiligten Unternehmen **den fraglichen Produktmarkt nur geringfügig beeinträchtigt** (Leitlinien zum zwischenstaatlichen Handel, Anhang B 3, Rn. 44). Je stärker die Marktstellung der beteiligten Unternehmen ist, umso größer soll die Wahrscheinlichkeit sein, dass eine Beeinträchtigung des Handels zwischen Mitgliedstaaten durch die Tatbestandshandlung als spürbar einzustufen sei (Leitlinien Rn. 45). Die Kommission geht davon aus, dass Vereinbarungen grundsätzlich nicht geeignet sind, den Handels zwischen den Mitgliedstaaten spürbar zu beeinträchtigen, wenn der **gemeinsame Marktanteil der Parteien** auf keinem von der Vereinbarung betroffenen relevanten Markt innerhalb der Gemeinschaft 5% erreicht. **Bei horizontalen Vereinbarungen** darf außerdem der gesamte **Jahresumsatz** der beteiligten Unternehmen innerhalb der Gemeinschaft mit den von der Vereinbarung umfassten Waren nicht den Betrag von **EUR 40 Mio.** überschreiten; bei Vereinbarungen über den gemeinsamen Einkauf 118 soll der Umsatz aus den gemeinsamen Käufen entscheidend sein. **Bei vertikalen Vereinbarungen** darf der **Jahresumsatz des Lieferanten** mit den von der Vereinbarung erfassten Waren in der Gemeinschaft nicht den Betrag von **EUR 40 Mio.** überschreiten (Leitlinien zum zwischenstaatlichen Handel Rn. 52). Die Kommission wird die Vermutung auch dann anwenden, wenn während zwei aufeinander folgenden Kalenderjahren der genannte Schwellenwert für den Marktanteil um höchstens 10% und der Schwellenwert für den Marktanteil um höchstens 2%-Punkte überschritten werden.

119 Sind die genannten **Schwellen überschritten** und ist die Vereinbarung **ihrem Wesen nach geeignet,** sich auf den Handel zwischen Mitgliedstaaten auszuwirken, geht die Kommission davon aus, dass die Beeinträchtigung **spürbar** ist; diese **Vermutung** ist aber **widerleglich. Unterhalb dieser Schwellen** geht die Kommission davon aus, dass **keine Spürbarkeit** besteht; das gilt **auch für Kernbeschränkungen.** Das bedeutet, dass – im Gegensatz zur Spürbarkeit nach der Bagatellbekanntmachung (→ Rn. 107) – auch Kernbeschränkungen, die immer als wettbewerbsbeschränkend angesehen werden, unterhalb der Spürbarkeitsschwellen in der Regel nicht von der Kommission aufgegriffen werden (Leitlinien zum zwischenstaatlichen Handel, Anhang B 3, Rn. 50).

120 Die **Spruchpraxis der europäischen Gerichte** orientiert sich bisher an den **Auswirkungen im Einzelfall,** soweit in der bisherigen Rechtsprechung überhaupt zwischen der Spürbarkeit der Wettbewerbsbeschränkung und der Spürbarkeit der Beeinträchtigung auf den zwischenstaatlichen Handel unterschieden wurde: An der **Spürbarkeit** der Auswirkung einer wettbewerbsbeschränkenden Vereinbarung auf den Handel zwischen den Mitgliedsstaaten **mangelt es,** wenn eine Beschränkung **nur auf einem nationalen Markt auswirkt,** und die Auswirkung auf die Tätigkeit von ausländischen Unternehmen in diesem nationalen Markt gering ist, so für die Vereinbarungen über die Bedingungen für Generalbürgschaften in Italien (EuGH Slg. 1999 I-135 Rn. 50–53 Bagnasco/BPN und Carige). Unabhängig von Marktanteilen ist von spürbarer Handelsbeeinträchtigung auszugehen, wenn die Vereinbarung 10% des zwischen zwei Mitgliedstaaten stattfindenden Handels mit dem betreffenden Produkt erfasst (EuGH Slg. 1983, 4172 Rn. 9 Kerpen & Kerpen). Im Rahmen eines horizontalen Preis- und Quotenkartells kommt es nicht auf Spürbarkeit der individuellen Tatbeiträge der Beteiligten, sondern auf die handelsbeeinträchtigende Wirkung der unternehmerischen Maßnahme insgesamt an (EuG Slg. 1991 II-1623 Enichem).

13. Grenzen des Tatbestands des Art. 101 Abs. 1

121 **a) Allgemeines.** Die Praxis von Gemeinschaftsgerichte und der Kommission anerkennt Tatbestandsausnahmen von Art. 101 Abs. 1. Diese Tatbestandseinschränkungen bei vertikalen wie horizontalen Maßnahmen werden letztlich mit der Wettbewerbsförderung durch Marktzutritt oder der **Notwendigkeit** oder **Immanenz** begründet (deutlich etwa EuGH Slg. 1994 I-5641 Rn. 34 DLG zum Verbot der Doppelmitgliedschaft als Funktionsvoraussetzung für eine Genossenschaft; KOMM ABl. 1994 L 117/30 Rn. 22 SCK und FNK für horizontale Beschränkungen).

122 Eine generelle Tatbestandseinschränkung iS einer **„rule of reason"** wird von EuG und EuGH aber abgelehnt (EuG Slg. 2006 II-1231 Rn. 69 ff O2; ausführlich dazu *Säcker/Molle* in MünchKomm Art. 81 Rn. 480 ff.). Eine Abwägung der wettbewerbsfördernden und der wettbewerbswidrigen Wirkungen einer Vereinbarung finde im Rahmen der Prüfung der Voraussetzungen des Art. 101 Abs. 3 statt. Verlagere man diese Abwägung bereits in den Verbotstatbestand des Abs. 1, verlöre Abs. 3 seine praktische Bedeutung. Dies schließe es nicht aus bzw. mache es auch nicht entbehrlich, die Verbotsvoraussetzungen des Abs. 1 flexibel und in Bezug auf den jeweiligen wirtschaftlichen und rechtlichen Kontext der Vereinbarung und des relevanten

Marktes auszulegen (noch offen gelassen in den Entscheidungen EuG Slg. 1992 II-1155 Rn. 265 Montedipe; Slg. 1995 II-1063 Rn. 109 Tréfilunion).

In den Horizontalleitlinien von 2011 (Anhang B 5) scheint die Kommission neues Terrain zu beschreiten und einen ökonomischen Ansatz verfolgen zu wollen: Bei Vereinbarungen, die zu Wettbewerbsbeschränkungen führen können, soll die **Marktstruktur** und die **Marktmacht** der Parteien **mitentscheidend** dafür sein, ob Art. 101 Abs. 1 anwendbar ist oder nicht. Sei der gemeinsame Marktanteil niedrig, so sei eine wettbewerbsbeschränkende Wirkung der Zusammenarbeit unwahrscheinlich und eine weitere Untersuchung in der Regel nicht erforderlich. Wenn nur eines der beteiligten Unternehmen einen unbedeutenden Marktanteil hält und nicht über bedeutende Ressourcen verfügt, sei auch ein hoher gemeinsamer Marktanteil nicht Anzeichen für eine wettbewerbsbeschränkende Wirkung im Markt (Horizontalleitlinien Rn. 44). Daneben sei auch die Marktstruktur, also die vorhandene Marktkonzentration zu berücksichtigen. Es ist sehr daran zu zweifeln, ob dieser Ansatz eine generelle Lösung ermöglicht; dieser Ansatz wird allenfalls als weiteres Indiz verwendet werden können, wenn die Prüfung im Übrigen erhebliche Zweifel an der Anwendbarkeit von Art. 101 Abs. 1 ergeben hat. Dogmatisch wird man diesen Ansatz wohl eher in den Bereich des ungeschriebenen Tatbestandsmerkmals der Spürbarkeit der Wettbewerbsbeschränkung rücken müssen. 123

Unabhängig von der Diskussion einer generellen Tatbestandsrestriktion haben sich in der Praxis **Fallgruppen** spezieller Tatbestandsrestriktionen herausgebildet. 124

b) Kartellfreie Kooperation – Arbeitsgemeinschaften. Arbeitsgemeinschaften iS d. Art. 101 Abs. 1 sind dadurch gekennzeichnet, dass die an ihnen beteiligten Unternehmen einen Auftrag oder ein Projekt gemeinsam durchführen. In der Regel schließen die beteiligten Unternehmen eine vertragliche über die Erbringung der jeweiligen Leistungen nicht hinausgehende Vereinbarung, die nicht auf Dauer angelegt ist. Grundsätzlich wird zwischen Arbeitsgemeinschaften **komplementärer Unternehmen** und Arbeitsgemeinschaften von **Wettbewerbern** unterschieden. Arbeitsgemeinschaften verursachen grundsätzlich dann keine Wettbewerbsbeschränkungen, wenn die Unternehmen, die an ihnen beteiligt sind, verschiedenen Branchen angehören. Dabei kommt es lediglich **auf das konkrete gemeinsame Projekt** an. Ob die Unternehmen in anderen Bereichen im Wettbewerb stehen, ist für die Frage, ob die Arbeitsgemeinschaft unter Art. 101 Abs. 1 fällt, unerheblich. Das Gleiche gilt auch für Unternehmen der gleichen Branche, soweit sie sich jeweils mit den Leistungen oder Erzeugnissen an der Gemeinschaft beteiligen, die der andere zu erbringen nicht imstande ist. So soll Art. 101 Abs. 1 nicht eingreifen, wenn ein Unternehmen jeweils auf die technologischen Kenntnisse oder Fähigkeiten eines anderen angewiesen ist, um ein Projekt erfolgreich zu gestalten (vgl. KOMM, ABl. 1999 L 218/24 Rn. 32, Télécom Dévelopement, und KOMM, ABl. 1990 L 209/15 Rn. 24ff., Elopak/Metal Box). 125

Unter die Fallgruppe der **Arbeitsgemeinschaft zwischen Wettbewerbern** fasst man diejenigen Fälle, in denen das einzelne Unternehmen zwar grundsätzlich in der Lage wäre, die in Frage stehende Leistung auch alleine zu erbringen, jedoch **auf das konkrete Projekt bezogen außer Stande ist, die Leistung alleine durchzuführen.** Als beispielhaft hierfür kann die Entscheidung der Kommission hinsichtlich des Eurotunnels (KOMM ABl. 1988 L 311/35, S. 36, Eurotunnel) herangezogen werden, in der die Kommission die Zulässigkeit der Arbeitsgemeinschaft bejahte, da nach ihren Feststellungen keines der beteiligten Unternehmen für sich allein den Bau des Tunnels hätte durchführen können. Ausdrücklich zugelassen wurden Arbeitsgemeinschaften durch die Kommission auch, wenn das Projekt das **technische** (vgl. KOMM ABl. 1997 L 16/87 Rn. 40 Iridium) **oder das finanzielle Risiko des einzelnen übersteigt** (vgl. KOMM ABl. 1990 L 228/31, Abschnitt II 2a zur Herstellung und Entwicklung eines GSM-Systems, Konsortium ECR 900; außerdem KOMM ABl. 1997 L 16/87 Rn. 49, Iridium; KOMM ABl. 1999 L 218/14 Rn. 40, 126

Cégétel+4; Kommission, ABl. 1990 L 209/15 Rn. 34, Elopak/Metal Box). Zugestanden wurde auch der Grund des Fehlens von geeignetem Fachpersonal (vgl. KOMM ABl. 1990 L 228/31, Abschnitt II 2a, Konsortium ECR 900) sowie die Unmöglichkeit, in derselben Zeit (Kommission, ABl. 1990 L 228/31, Abschnitt II 2a, Konsortium ECR 900) oder in demselben Ausmaß (vgl. KOMM ABl. 1999 L 218/14 Rn. 40, Cégétel+4) in den neuen Markt einzudringen, um zu rechtfertigen, dass im konkreten Fall nicht gegen Art. 101 Abs. 1 verstoßen wird.

127 **Nicht ausreichend** soll es hingegen sein, wenn es für die betroffenen Unternehmen lediglich **wirtschaftlich effizienter ist,** ein Projekt gemeinsam zu bestreiten (vgl. KOMM ABl. 2000 L 58/16, GEAE/Pratt & Whitney). In diesem Fall hatte die Kommission über die Kooperation zweier Triebwerkshersteller zu entscheiden, die zum Zwecke der Entwicklung eines anspruchsvollen Düsentriebwerkes eine Allianz schlossen. Unter Rn. 75 der Entscheidung führt die Kommission aus, dass, selbst wenn es für die Gesellschaften wirtschaftlich effizienter sein mag, das neue Triebwerk gemeinsam zu entwickeln, beide Parteien technisch und wirtschaftlich durchaus in der Lage wären, das Triebwerk auch unabhängig voneinander zu entwickeln. Die Parteien seien somit hinsichtlich des neuen Triebwerkes potentielle Wettbewerber in einem engen Oligopol, das höchstens drei Hersteller umfassen würde. Durch die Allianz werde der Wettbewerb spürbar eingeschränkt, da es die Wahlmöglichkeiten zwischen drei Triebwerksanbietern auf zwei verringere. Diese Wertung wird aber in Rn. 83 der Entscheidung relativiert. Eine Zusammenarbeit sei dann im Sinne von Art. 101 Abs. 3 unerlässlich, wenn es notwendig erscheint, dass ein konkurrierendes Produkt zu einem früheren Zeitpunkt auf den Markt gebracht wird. So gab es hier – von der Allianz abgesehen – nur einen einzigen Anbieter für derartige Triebwerke. Ohne die kosten- und zeitsparende Allianz der betroffenen Unternehmen wäre eine Monopolstellung durch diesen Anbieter entstanden.

128 **c) Funktionsnotwendige, wettbewerbsbeschränkende Nebenabreden im horizontalen Bereich.** Wettbewerbsbeschränkende Nebenabreden sind zulässig, wenn sie für die Durchführung einer kartellrechtlich unbedenklichen Hauptvereinbarung funktionsnotwendig sind **(ancillary restraints).** Der EuGH hat diesen Grundsatz erstmals für **Wettbewerbsverbote** anerkannt, die in **Unternehmenskaufverträgen** zulasten des Verkäufers vereinbart werden. Danach findet das Kartellverbot keine Anwendung, wenn das Konkurrenzverbot der Absicherung des Übergangs aller mitveräußerten Unternehmenswerte dient und in sachlicher, räumlicher und zeitlicher Hinsicht auf das erforderliche Mindestmaß beschränkt ist (EuGH Slg. 1985, 2545 Remia; Slg. 1987, 4487 British-American Tobacco; KOMM ABl. 1976 L 254/40 BASF/Reuter; ABl. 1985 L 35/34 Mecaniver-PPG; ABl. 1992 L 235/9 Quantel). Dies gilt nicht nur für das reine Wettbewerbsverbot des Veräußerers, sondern wird auch auf die mit diesem unmittelbar verbundenen und notwendigen, wettbewerbsbeschränkenden Patent- und Know-how-Lizenzvereinbarungen bzw. Marken-Abgrenzungsvereinbarungen und Liefer- und Bezugspflichten erstreckt (vgl. auch KOMM WuW/E EV 1979ff. Rn. 23 Thomas Cook/LTU/West LB; WuW/E EV 1995 Rn. 27 Ericsson/Ascom; WuW/E EV 2041 Rn. 19 Matra/Cap Gemini Sogeti). Bei **Gemeinschaftsunternehmen** können **Beteiligungsverbote** sowie **Tätigkeitsbeschränkungen** zulasten von Gesellschaftern für das ordnungsgemäße Funktionieren des Gemeinschaftsunternehmens notwendig und damit mit Art. 101 Abs. 1 vereinbar sein (EuGH Slg. 1994 I-5641 Gotrupp-Klim; EuG Slg. 1992 II-1931 Dansk Pelsdyravlerforeining).

129 Diese Grundsätze hat die Kommission in ihrer **Bekanntmachung über Nebenabreden** (bei der Durchführung von Unternehmenszusammenschlüssen, Anhang B 23) zusammengefasst und weiter konkretisiert: Danach sind Wettbewerbsverbote, die dem Veräußerer im Zusammenhang mit der Übertragung eines Unternehmens oder Unternehmensteils auferlegt werden, mit der Durchführung des Zusammenschlusses

unmittelbar verbunden und für diesen notwendig. Wettbewerbsverbote sind jedoch nur dann durch das rechtmäßige Ziel, den Zusammenschluss durchzuführen, gerechtfertigt, wenn sie im Hinblick auf ihre Geltungsdauer, ihren räumlichen und sachlichen Geltungsbereich sowie die betroffenen Personen nicht über das zur Erreichung dieses Ziels erforderliche Maß hinausgehen (Bekanntmachung Rn. 19). Wird mit dem Unternehmen sowohl der **Geschäftswert als auch das Know How** übertragen, sind Wettbewerbsverbote **bis zu drei Jahren** gerechtfertigt; wird **nur der good will,** also der Geschäftswert übertragen, soll die zulässige Dauer **nur zwei Jahre** betragen (Bekanntmachung Rn. 20). Beschränkt sich die Übertragung **auf materielle Vermögenswerte** wie Grundstücke, Gebäude usw., so können Wettbewerbsverbote sogar als **nicht notwendig** angesehen werden (Bekanntmachung Rn. 21). Der **räumliche Geltungsbereich** muss sich auf das Gebiet beschränken, in dem der Veräußerer die betreffenden Waren oder Dienstleistungen bereits vor der Unternehmensübertragung angeboten hat; der räumliche Geltungsbereich kann auch auf Gebiete erstreckt werden, in denen der Veräußerer zum Zeitpunkt der Unternehmensübertragung geschäftlich tätig zu werden plante, aber nur, sofern er bereits entsprechende Investitionen getätigt hat (Bekanntmachung Rn. 22).

Abwerbeverbote und Vertraulichkeitsklauseln sollen eine vergleichbare Wirkung haben und sollen deshalb in gleicher Weise wie Wettbewerbsverbote behandelt werden. In gleicher Weise können **wettbewerbsbeschränkende Lizenzvereinbarungen** mit Artikel 101 Abs. 1 vereinbar sein, wenn sie dem Erwerber die volle Nutzung der übernommenen Vermögenswerte ermöglichen sollen. Allerdings sollen Beschränkungen in den Lizenzvereinbarungen, die eher den Lizenzgeber schützen als den Lizenznehmer, für die Durchführung des Zusammenschlusses eher nicht notwendig sein. Ebenfalls für die Durchführung eines Unternehmenskaufs notwendig können **Bezugs- und Lieferpflichten** sein, die für sich gegen Artikel 101 Abs. 1 verstoßen könnten. Diese Liefer- und Bezugspflichten sind allerdings auf den Zeitraum zu begrenzen, der erforderlich ist, um das Abhängigkeitsverhältnis durch eine unabhängige Marktstellung zu ersetzen. Bezugs- und Lieferpflichten können für eine Übergangszeit von bis zu fünf Jahren gerechtfertigt sein (siehe hierzu Bekanntmachung über Nebenabreden, Anhang B 23, Rn. 33). **130**

Bei **Gemeinschaftsunternehmen** ist die lang diskutierte Frage der **„Doppelkontrolle"** durch Art. 101 Abs. 1 einerseits und Fusionskontrolle andererseits ein Scheinproblem. Weder verdrängt nach der heutigen Fassung der VO 139/2004 die Anwendbarkeit der Fusionskontrolle die Anwendbarkeit des Art. 101 Abs. 1 noch umgekehrt. Beschränkt sich die Transaktion auf die Einbringung der jeweiligen Aktivitäten auf ein Gemeinschaftsunternehmen, dann ist hierauf bei Erreichung der jeweiligen Schwellenwerte die Fusionskontrolle anwendbar. Eine wettbewerbsbeschränkende Vereinbarung liegt nicht vor, soweit die Strukturänderung geregelt wird. Alle über die Gründung des Gemeinschaftunternehmens hinausgehenden Regelungen zwischen Mutterunternehmen und Gemeinschaftsunternehmen sowie zwischen den Mutterunternehmen sind an Art. 101 Abs. 1 zu prüfen. Auch bei **Gemeinschaftsunternehmen** sind **Wettbewerbsverbote im Verhältnis der Gründerunternehmen zum Gemeinschaftsunternehmen** als mit der Durchführung des Zusammenschlusses unmittelbar verbunden und notwendig einzustufen, wenn sich diese Verpflichtungen auf die Waren, Dienstleistungen und Gebiete beziehen, die in der betreffenden Gründungsvereinbarung oder in der Satzung vorgesehen sind (Bekanntmachung über Nebenabreden, Anhang B 23, Rn. 36). Der **räumliche Geltungsbereich** des Wettbewerbsverbots muss sich auf das Gebiet beschränken, in dem die Gründer die betreffenden Waren oder Dienstleistungen vor der Gründung des Gemeinschaftsunternehmens abgesetzt bzw. erbracht haben; der räumliche Geltungsbereich kann sich auch auf Gebiete erstrecken, in denen die Gründerunternehmen zum Zeitpunkt der Unternehmensgründung geschäftlich tätig zu werden planten, sofern sie bereits entsprechende Investitionen getätigt haben (Bekanntmachung **131**

Rn. 37). Entsprechendes gilt für Wettbewerbsverbote bezüglich der umfassten Waren und Dienstleistungen.

132 **Wettbewerbsverbote zwischen den Gründerunternehmen und dem Gemeinschaftsunternehmen** können **so lange** als mit der Durchführung des Zusammenschlusses unmittelbar verbunden und für diese notwendig angesehen werden, **wie das Gemeinschaftsunternehmen besteht.** Auch die Vergabe einer Lizenz durch die Gründer an das Gemeinschaftsunternehmen kann als mit der Durchführung des Zusammenschlusses unmittelbar verbunden und für diese notwendig angesehen werden. Lizenzvereinbarungen zwischen den Gründerunternehmen hingegen gelten nicht als mit der Gründung eines Gemeinschaftsunternehmens unmittelbar verbunden und für diese notwendig (Bekanntmachung über Nebenabreden, Anhang B 23, Rn. 43). Zwischen dem Gemeinschaftsunternehmen und den Gründerunternehmen sind auch **Bezugs- und Liefervereinbarungen** im gleichen Umfang möglich, wie dies im Zusammenhang mit Unternehmenskäufen der Fall ist.

133 **d) Markterschließung und Wettbewerbsöffnung.** Eine weitere Fallgruppe von Tatbestandsrestriktionen besteht für durch **Vertriebs- oder Lizenzverträge** eingeräumte sachliche oder räumliche Alleinstellungen sowie selektive und andere Vertriebssysteme mit funktionsnotwendigen Wettbewerbsbeschränkungen. Zu den Einzelheiten s. unten VO 330/2010. Unter diesem Gesichtspunkt der Markterschließung sollen nach der Rechtsprechung **Alleinvertriebsverträge mit absolutem Gebietsschutz** für die beteiligten Händler dann nicht von Kartellverbot erfasst werden, wenn sie für das Eindringen eines Unternehmens in ein Gebiet, in dem es bisher nicht tätig war, notwendig sind (EuGH Slg. 1966, 281, 304 LTM/Maschinenbau Ulm; vgl. früher auch Erwägungsgrund 6 der Alleinvertriebs-GVO Nr. 1983/83, ABl. 1983 L 173/1, und der Alleinbezugs-GVO Nr. 1984/83, ABl. 1983 L 173/5). In späteren Entscheidungen wies der EuGH insofern allerdings lediglich auf Möglichkeit mangelnder Spürbarkeit einer solchen Wettbewerbsbeschränkung hin (EuGH Slg. 1969, 295 Völk/Vervaecke; Slg. 1971, 351 Cadillon/Höss; Slg. 1998 I-1983 Javico/YSL). Ob diese Rechtsprechung heute noch Bestand hat, ist zu bezweifeln: Nach Art. 4b) VO 330/2010 ist nur das Verbot des aktiven Vertriebs in Gebieten zulässig, die der Lieferant sich oder anderen Händlern vorbehalten hat; Einlieferungen, die nicht auf aktiver Vertriebstätigkeit beruhen, können vertraglich nicht verboten werden.

134 Die Kommission hat in einigen Entscheidungen die Unbedenklichkeit von **Exportgemeinschaften** kleiner Unternehmen nicht nur mit mangelnder Spürbarkeit der Wettbewerbsbeschränkung, sondern mit markterschließender Wirkung und damit mit einer Tatbestandsrestriktion begründet (KOMM ABl. 1968 L 201/1 Alliance de constructeurs; ABl. 1972 L 13/44 SAFCO).

135 **e) Tatbestandsrestriktionen hinsichtlich Handelsvertretern und Kommissionsagenten.** S. zur Annahme einer Unternehmenseinheit zwischen Prinzipal und Handelsvertreter bzw. Kommissionsagenten Rn. 60ff.

136 **f) Zulieferverhältnisse.** Eine Tatbestandsausnahme von Art. 101 Abs. 1 gilt auch für bestimmte Wettbewerbsbeschränkungen in Zulieferverhältnissen. Bei Zulieferverhältnissen in der **Konstellation der verlängerten Werkbank** besteht für den Besteller, der bestimmte Komponenten nicht selbst, sondern durch Dritte herstellen lässt, das Bedürfnis, dass die Komponenten auch nur an ihn und nicht für Dritte hergestellt werden. Die Kommission hat deshalb bestimmte in Zulieferverträgen enthaltene Handlungsbeschränkungen für kartellrechtlich unbedenklich eingestuft (vgl. Zulieferbekanntmachung, Anhang B 8), wenn die Konstellation der typischen verlängerten Werkbank gegeben ist.

137 Voraussetzung für die Tatbestandsrestriktion ist, dass der Zulieferer seine Tätigkeit nur aufgrund der vom Auftraggeber zur Verfügung gestellten und sonst nicht unter

angemessenen Bedingungen erhältlichen Kenntnisse oder Betriebsmittel ausführen kann. **Art. 101 Abs. 1** ist in dieser Konstellation **nicht anwendbar** auf **Geheimhaltungspflichten, Weitergabe- und Verwertungsverbote, Lieferverbote** der Vertragsprodukte an Dritte, **Nutzungsbeschränkungen** bezüglich der zur Verfügung gestellten Hilfsmittel sowie die Verpflichtung, eine nicht ausschließliche Lizenz an vom Zulieferer entwickelten Verbesserungserfindungen verlangen zu können (Rn. 2, 3 der Zulieferbekanntmachung, Anhang B 8). Zuliefervereinbarungen zwischen **Nichtwettbewerbern** können zudem, wenn sie nicht von einem Know-how-Transfer begleitet sind, in den Anwendungsbereich der Vertikal-GVO und der Vertikalleitlinien fallen. Zuliefervereinbarungen zwischen Wettbewerbern werden erfasst durch die Horizontalleitlinien.

II. Art. 101 Abs. 2

1. Allgemeines

Art. 101 Abs. 2 ordnet an, dass gegen Art. 101 Abs. 1 verstoßende Vereinbarungen und Beschlüsse nichtig sind. Der **Begriff der Nichtigkeit** stammt zwar aus nationalen Rechten, hat sich aber **gemeinschaftsrechtlich verselbständigt.** Nach ständiger Rechtsprechung wirkt die Nichtigkeit für und gegen alle und ist absolut; sie kann von jedem geltend gemacht werden (EuGH Slg. 1971, 949, 962, Beguelin; EuGH Slg. 2006 I-2263 Rn. 41 Rn. 57 Manfredi/Lloyd Adriatico Assicurazioni; 11.9.2008 C-279/06 Rn. 74 CEPSA II). Ein Rückgriff auf § 134 BGB ist damit überflüssig (*Karsten Schmidt* in IM Art. 101 Abs. 2 AEUV Rn. 2). 138

Die **Nichtigkeit reicht so weit,** wie es für die Durchsetzung des Verbots des Art. 101 Abs. 1 **notwendig** ist, aber auch nicht weiter. Dabei erfasst die Nichtigkeitsfolge des Art. 101 Abs. 2 zunächst die Klauseln, die die Wettbewerbsbeschränkung bezwecken und bewirken, aber auch die Klauseln, die zur Umsetzung in den Vertrag aufgenommen wurden. Von der Nichtigkeit nach Art. 101 Abs. 2 sind alle Teile des Vertragswerks direkt erfasst, die sich nicht von der gegen Art. 101 Abs. 1 verstoßenden Vereinbarung trennen lassen (*Karsten Schmidt* in IM Art. 101 Abs. 2 AEUV Rn. 21). Beispiele aus der Rechtspraxis sind Umsetzungsregelungen wie zB Veräußerungspflichten und Veräußerungen von Unternehmen und Unternehmensteilen bei Marktaufteilungsvereinbarungen (s. hierzu KOMM ABl. 1993 Nr. L 116, 21 Gillette). Die Nichtigkeit erstreckt sich auch auf Vertragsklauseln, die wettbewerbsbeschränkende Hauptpflichten sichern oder verwirklichen helfen (s. akzessorische Wettbewerbsbeschränkungen; → Rn. 85 ff.). 139

Der **Teil der Vereinbarung, die keinen wettbewerbsbeschränkenden Inhalt hat, kann wirksam bleiben.** EuGH Slg. 1966, 337, 360 LTM; Slg. 1991 I-935 Rn. 40 Delimitis; 11.9.2008 C-279/06 Rn. 78, EWS 2008, 424 = EuZW 2008, 668 CEPSA II mit Nachw.); ob dies der Fall ist, richtet sich nach dem entsprechenden anwendbaren **nationalen Recht** (*Karsten Schmidt* in IM Art. 101 Abs. 2 AEUV Rn. 23). Nach deutschem Recht geht § 139 BGB grundsätzlich von einer Gesamtnichtigkeit der Vereinbarung bei Nichtigkeit einzelner Regelungen aus. § 139 BGB ist jedoch abdingbar und wird in aller Regel in Vertragswerken mittels sog. **salvatorischer Klauseln** ausgeschlossen; solche salvatorischen Klauseln regeln, dass bei Nichtigkeit einer Vereinbarung im Vertrag des Rest des Vertrags wirksam bleibt. Solche salvatorischen Klauseln beseitigen nach deutschem Recht die nach § 139 BGB drohende Gesamtnichtigkeitsfolge jedoch nicht in jedem Fall, insbesondere dann nicht, wenn ohne die nichtige Regelung kein weiter lebensfähiges Vertragswerk mehr bestehen bleibt. Eine solche salvatorische Klausel bewirkt aber nur eine Umkehr der Beweislast für die Frage, ob der Vertrag auch bei Kenntnis der Unwirksamkeit der Regelung im Übrigen von den Parteien gewollt wäre. Die Beweislast für die Gesamtnichtigkeit 140 trifft denjenigen, der entgegen der salvatorischen Klausel den Vertrag für insgesamt unwirksam hält (BGH NJW 2003, 347; detailliert *Karsten Schmidt* in IM Art. 101 Abs. 2 AEUV Rn. 30ff.).

141 Zu weit gehende Wettbewerbsbeschränkungen können in engen Grenzen inbesondere bei zeitlich oder sachlich zu weit gehenden Wettbewerbsverboten **„geltungserhaltend reduziert"** werden, auch wenn teilweise argumetiert wird, dies sei mit dem Zweck des Art. 101 nicht vereinbar (s. zum Meinungsstand auch *Karsten Schmidt* in IM Art. 101 Abs. 2 AEUV Rn. 29; vgl. auch VO 330/2010 Art. 5 Rn. 7, 13).

142 **Ausführungsverträge** zwischen den Beteiligten der Kartellvereinbarung in Ergänzung zu diesen teilen deren Schicksal. **Folgeverträge,** also Verträge, die **mit Dritten** in Ausführung einer wettbewerbsbeschränkenden Vereinbarung geschlossen werden, werden grundsätzlich **nicht von Art. 101 Abs. 2 erfasst.** Art. 101 Abs. 2 regelt nur die Nichtigkeitsfolge für wettbewerbsbeschränkende Vereinbarungen. Der Folgevertrag müsste also selbst gegen Art. 101 Abs. 1 verstoßen, damit Art. 101 Abs. 2 überhaupt auf ihn anwendbar sein könnte (s. zum Meinungsstand auch *Karsten Schmidt* in IM Art. 101 Abs. 2 AEUV Rn. 36). Typisches Beispiel sind Verträge mit Kunden einer Kartellabsprache; vereinbaren Hersteller, dass sie gegenüber Abnehmern gleiche Preise verlangen, so sind die in Ausführung mit Dritten geschlossenen Verträge, die diese Preise zugrunde legen, grundsätzlich selbst frei von Wettbewerbsbeschränkungen. Nationale Rechtsordnungen können bestimmen, dass als weitere Rechtsfolge die Verletzung des Kartellrechts auch darauf beruhende Folgevereinbarungen unwirksam sind; für das deutsche Recht ist dies nicht der Fall (OLG Düsseldorf WuW/E 3993, 3994 und *Bechtold* GWB § 1 Rn. 92).

2. Nichtigkeit und Freistellung nach Abs. 3

143 **Bis zum Inkrafttreten der VO 1/2003** spielte bei gegen Art. 101 Abs. 1 verstoßenden, aber nach Art. 101 Abs. 3 freistellbaren und deshalb angemeldeten Vereinbarungen die Frage der Anwendbarkeit des Art. 101 Abs. 2 für den Interimszeitraum zwischen Anmeldung und Erteilung der Einzelfreistellung eine Rolle. Für diesen Fall herrschte weitgehend Einigkeit, dass die Freistellungsentscheidung nach Art. 101 Abs. 3 zur vollen Wirksamkeit der wettbewerbsbeschränkenden Vereinbarung führte, die wettbewerbsbeschränkende Vereinbarung also bis zum Zeitpunkt der Freistellung nur schwebend unwirksam behandelt wurde, sofern sie angemeldet wurde (Art. 4 Abs. 1 VO 17/62) oder nicht anmeldepflichtig war (Art. 4 Abs. 2 VO 17/62). Erst bei endgültiger bestandskräftiger Verweigerung der Freistellung stand die Nichtigkeitsfolge (dann aber von Anfang an) fest. Dieses Rechtsproblem kann nach Inkrafttreten der VO 1/2003 noch für **Altfälle** Bedeutung haben, weil nach Art. 34 Abs. 1 VO 1/2003 alle gestellten Anträge auf Einzelfreistellung mit Inkrafttreten der VO 1/2003 zum 1.5.2004 unwirksam werden, und auch nur insoweit, als es auf die Wirksamkeit der Vereinbarung vor dem 1.5.2004 ankommt.

144 Die direkte, materielle Anwendung der Freistellungsvoraussetzungen nach Art. 101 Abs. 3 nach Art. 1 Abs. 2 VO 1/2003 **ab dem 1.5.2004** hat gravierende Auswirkungen auf die Nichtigkeitsfolge des Art. 101 Abs. 2. Kam es früher zur Beseitigung der Nichtigkeit darauf an, ob eine Freistellungsentscheidung nach Art. 101 Abs. 3 erging, kommt es jetzt für die Anwendung des Art. 101 Abs. 2 darauf an, **ob und wie lange die Freistellungsvoraussetzungen des Art. 101 Abs. 3 erfüllt sind.** Um also beurteilen zu können, ob eine wettbewerbsbeschränkende Vereinbarung wirkt oder nicht wirkt, muss für den Zeitpunkt, in dem es auf die Wirksamkeit ankommt, festgestellt werden, ob materiell die Freistellungsvoraussetzungen des Art. 101 Abs. 3 vorgelegen haben. Dies kann zu großen Schwierigkeiten führen, wenn beispielsweise Rationalisierungsvorteile weggefallen sind, wenn keine hinreichenden Verbrauchervorteile mehr feststellbar sind, oder wenn sich gar die Wettbewerbsverhältnisse, unter Umständen sogar aufgrund äußerer Umstände, so verändert haben, dass eine ursprünglich den Wettbewerb nicht ausschließende Vereinbarung später doch als wettbewerbsausschließend angesehen wird. Ähnliche Schwierigkeiten ergeben sich bei Prüfung des Tatbestandsmerkmals der Unerlässlichkeit der Wettbewerbsbeschränkung nach Art. 101 Abs. 3. In letzter Konsequenz bedeutet dies, dass die Feststellung der Wirksamkeit einer gegen Art. 101 Abs. 1 verstoßenden Vereinbarung, bei der eine Freistellung nach Art. 101 Abs. 3 (außerhalb des Anwendungsbereichs einer Gruppenfreistellungs-Verordnung) in Frage kommt, eine Analyse der Freistellungsvoraussetzungen nach Art. 101 Abs. 3 für den Zeitpunkt erfordert, für den die Wirksamkeit der Vereinbarung festgestellt werden muss.

Schwierig ist die **Anwendung des Art. 101 Abs. 2** auf Vereinbarungen, die im Zeitpunkt, auf den es für die Streitentscheidung ankommt, die **Freistellungsvoraussetzungen des Art. 101 Abs. 3** erfüllt haben, dies aber vorher nicht durchgängig der Fall war. So kann in einer Kooperationsvereinbarung kurzzeitig die Marktanteilsschwelle nach einer GruppenfreistellungsVO überschritten worden sein. Nach deutschem Zivilrecht kommt die Heilung einer nach § 134 BGB nichtigen Vereinbarung uU nur durch Bestätigung nach § 141 BGB in Betracht; eine automatische Heilung nach Wegfall des Nichtigkeitsgrundes wird überwiegend abgelehnt (zum Meinungsstand: *Ellenberger* in Palandt, BGB, 71. Aufl. 2012, § 134 Rn. 12a); war der Vertrag aber von vorneherein im Bewusstsein der möglichen Nichtigkeit mit der Intention geschlossen, dass er bei Wegfall des gesetzlichen Verbots wirksam werden soll, so müsste er wirksam werden können, ohne dass es einer Bestätigung nach § 141 BGB bedarf. Die Nichtigkeitsfolge nach Art. 101 Abs. 2, die gemeinschaftsrechtlich verstanden werden muss und nach altem Recht auch einen Zustand der **„schwebenden Nichtigkeit"** bis zur Freistellungsentscheidung der Kommission anerkannte, muss aber in diesem Sinne verstanden werden. Da die Erfüllung der Freistellungsvoraussetzungen immer mittels einer Momentaufnahme festgestellt werden muss, ist eine Prüfung, ob die Voraussetzungen auch vor diesem Moment immer erfüllt waren, gar nicht durchführbar. Damit muss grundsätzlich von einer **Heilbarkeit** ausgegangen werden, wenn im Zeitpunkt, für den die Wirksamkeit der Vereinbarung geprüft wird, die Freistellungsvoraussetzungen des Art. 101 Abs. 3 erfüllt waren, zu einem früheren Zeitpunkt aber nicht, jedenfalls dann, wenn die Parteien im Zeitpunkt des Abschlusses die Wirksamkeit des Vertrags im Falle der Erfüllung der Freistellungsvoraussetzungen auch wollten. 145

3. Schadensersatz

Ob wegen der gegen Art. 101 Abs. 1 verstoßenden Vereinbarung Schadensersatzansprüche zugunsten geschädigter Dritter hergeleitet werden können, entscheidet sich nach **nationalem Recht,** das sich nach den Regeln des jeweils aus Sicht des mit dem Fall befassten und zuständigen Richters anwendbaren nationalen Kollisionsrechts bestimmt. Nach früherem deutschem Recht konnten Schadensersatzansprüche gestützt auf §§ 1, 33 GWB bzw. Art. 101, § 823 Abs. 2 BGB geltend gemacht werden, soweit die wettbewerbsbeschränkende Vereinbarung unmittelbar gegen die den Schadensersatzanspruch geltend machende Person gerichtet war (s. BGH WuW/E DE-R 206, 207). Maßgeblich war nicht die Wirkung des wettbewerbswidrigen Verhaltens, sondern die Frage, ob der Anspruchsteller zu dem vom Gesetzgeber ins Auge gefassten geschützten Personenkreis gehört und ob gerade ein Rechtsschutz, wie er wegen der behaupteten Verletzung in Anspruch genommen wird, gewährt werden sollte (BGH aaO). 146

Nach dem seit der 7. GWB-Novelle geltenden § 33 GWB wird auch im Falle der Verletzung des Art. 101 nach § 33 GWB nF ein Schadensersatzanspruch unabhängig davon zugebilligt, dass die Vorschrift oder die Verfügung den Schutz eines anderen bezweckt. Das frühereErfordernis der finalen Schädigung bestimmter Dritter wurde 147 abgeschafft. Dies liegt auf der Linie des Urteils des EuGH in Sachen Courage (Slg. 2001 II-6297, Rn. 26; EuGH Slg. 2006 I-2263 Rn. 41 Rn. 60 Manfredi/Lloyd Adriatico Assicurazioni; zu den Einzelheiten der Vorgaben des EuGH *Säcker/Jaecks* in MünchKomm Art. 101 Rn. 837) wonach grundsätzlich **jedermann** Ersatz des Schadens verlangen kann, der ihm durch einen Vertrag, der den Wettbewerb beschränken oder verfälschen kann, oder durch ein entsprechendes Verhalten entstanden ist. In § 33 Abs. 3 GWB nF wird der Umfang des Schadensersatzanspruchs geregelt; insbesondere kann der anteilige Gewinn, den das Unternehmen durch den Verstoß erlangt hat, bei der Schadensschätzung nach § 287 ZPO Berücksichtigung finden (vgl. dazu *Bechtold,* GWB, § 33 Rn. 33f.). Die Kommission hat im **Weissbuch über Schadensersatzklagen** (KOM (208) 165 vom 2.4.2008) konkrete Maßnahmen an die Mitgliedstaaten vorgeschlagen, um die Durchsetzung von Schadensersatzansprüchen wegen Verletzung der Wettbewerbsregeln zu verbessern, so Klagemöglichkeit indirekter Abnehmer und von Verbänden bzw. Gruppen, Erleichterung des Zugangs zu Beweismitteln, Bindungswirkung von Entscheidungen nationaler Wettbewerbsbehörden, Erleichterungen zur Berechnung des Schadensersatzes usw. Die Regelungen der §§ 33 und 34, 34a GWB haben die von der Kommission vorgeschlagenen Maßnahmen schon teilweise vorweggenommen. Die am 11.6.2013 von der Kommission **als Entwurf vorgelegte Richtlinie** „über bestimmte Vorschriften für Schadensersatzklagen nach einzelstaatlichem Recht wegen Zuwiderhandlungen gegen wettbewerbsrechtliche Bestimmungen der Mitgliedstaaten und der Europäischen Union" (COM (2013) 404 endg.) sieht keine class action vor, sondern strebt eine „Optiminierung der Interaktion zwischen behördlicher und privater Durchsetzung des EU-Wettbewerbsrechts" und die Gewährleistung von „Schadensersatz in voller Höhe" an. Die Richtlinie wurde mit Modifikationen am 17.4.2014 vom Europäischen Parlament verabschiedet; mit der Zustimmung des Rates wird gerechnet (→ VO 1/2003 Art. 2 Rn. 19, 36). Sie wird zu wesentlichen Änderungen des § 33 GWB führen (dazu *Vollrath* NZKart 2013, 434; *Wagner-von Papp* EWS 2009, 445; *Brinker* NZKart 2013, 221; *Hempel* NZKart 2013, 494).

III. Art. 101 Abs. 3

1. Überblick

148 Art. 101 Abs. 3 regelt die Ausnahme vom Kartellverbot des Art. 101 Abs. 1. Während nach der VO 17/62 die Freistellung nur durch **Gruppenfreistellung** aufgrund einer Gruppenfreistellungs-Verordnung oder **Einzelfreistellung** aufgrund einer Einzelfreistellungs-Entscheidung der Kommission gewährt werden konnte, wirkt nach Art. 1 Abs. 2 VO 1/2003 Art. 101 Abs. 3 seit dem 1.5.2004 direkt. Liegen die Voraussetzungen des Art. 101 Abs. 3 vor, ist die Vereinbarung vom Verbot des Art. 101 Abs. 1 freigestellt. Nach Art. 2 VO 1/2003 obliegt die Beweislast dafür, dass die **Voraussetzungen des Art. 101 Abs. 3** vorliegen, demjenigen, der sich auf Art. 101 Abs. 3 beruft. Das frühere Anmeldeverfahren ist einer **„Selbstveranlagung"** der Unternehmen gewichen.

149 Um nach Art. 101 Abs. 3 freigestellt zu sein, muss die Vereinbarung **vier Voraussetzungen** erfüllen, nämlich (1) zur Verbesserung der Warenerzeugung oder -verteilung oder zur Förderung des technischen oder wirtschaftlichen Fortschritts beitragen, (2) die Verbraucher an dem entstehenden Gewinn angemessen beteiligen, (3) den beteiligten Unternehmen keine Beschränkungen auferlegen, die für die Verwirklichung dieser Ziele nicht unerlässlich sind, und (4) darf sie keine Möglichkeit eröffnen, für einen wesentlichen Teil der betreffenden Waren den Wettbewerb auszuschließen.

150 Im Prinzip kann jede Art von Vereinbarung die Freistellungsvoraussetzungen erfüllen; die Kommission geht aber davon aus, dass **schwerwiegende Wettbewerbs-**

beschränkungen, wie sie beispielsweise in den **schwarzen Klauseln** der Gruppenfreistellungsvoraussetzungen aufgelistet sind, die **Freistellungsvoraussetzungen** in aller Regel **nicht erfüllen** können (Leitlinien zu Art. 81 Abs. 3, Anhang B 4, Rn. 46). Als Beispiel sei eine horizontale Preisabsprache genannt. Obwohl sich der Wortlaut des Art. 101 Abs. 3 nur auf die Herstellung und den Vertrieb von Waren bezieht, besteht Einigkeit, dass die **Regelung auch für Dienstleistungen** gilt (Leitlinien zu Art. 81 Abs. 3, Anhang B 4, Rn. 48).

2. Zeitpunkt der Erfüllung der Freistellungsvoraussetzungen

Die **Voraussetzungen des Art. 101 Abs. 3** müssen **kumulativ** in dem Moment erfüllt sein, auf den hin die Wirksamkeit einer Vereinbarung, die gegen Art. 101 Abs. 1 verstößt, geprüft wird (Leitlinien zu Art. 81 Abs. 3, Anhang B 4, Rn. 44). Liegt nur eine Voraussetzung nicht oder nicht mehr vor, entfällt die Freistellungswirkung nach Art. 101 Abs. 3 (Leitlinien zu Art. 81, Anhang B 4, Rn. 44). Abschreibezeiträume bzw. **Amortisationszeiträume** können aber berücksichtigt werden, sodass bei notwendigen Investitionen zur Erzielung der Effizienzvorteile die Voraussetzungen des Art. 101 Abs. 3 durchaus für den Zeitraum der Amortisation bzw. Abschreibung als erfüllt gelten (Leitlinien zu Art. 81 Rn. 44). 151

Alle **Freistellungsvoraussetzungen müssen für ein und denselben räumlich und sachlich relevanten Markt vorliegen;** so müssen auf dem Markt nicht nur die Effizienzvoraussetzungen, sondern auch die Verbrauchervorteile gegeben sein (EuG Slg. 2002 II-2023 Rn. 163 Shaw; Leitlinien Art. 81 Abs. 3, Anhang B 4, Rn. 43). **Alle vier Voraussetzungen müssen kumulativ** vorliegen (EuGH 7.2.2013 C-68/12 Protimonopolny urad Slovenskej republiky/Slovenska sporitela a.s., NZKart 2013, 146, Rn. 35, 36). Bei verbundenen Märkten kann die Verbraucherbeteiligung auch nur auf einem Markt erfolgen, wenn die Verbrauchergruppen in den betroffenen Märkten im Wesentlichen identisch sind (EuG Slg. 2002 II-1011 Rn. 343–345 Compagnie Générale Maritime). 152

3. Effizienzvorteile

Über das Merkmal der Verbesserung der Warenerzeugung oder -verteilung oder Förderung des technischen oder wirtschaftlichen Fortschritts verlangt Art. 101 Abs. 3, dass die Vereinbarung zu deutlichen Effizienzvorteilen führt. Diese Tatbestandsvarianten lassen grundsätzlich die Freistellung jeder Art von Vereinbarungen über unternehmerische Zusammenarbeit, also über Produktion, den Vertrieb von Waren, gemeinsame Forschung, zu, die ökonomisch vorteilhaft sind. Erforderlich **sind echte nachvollziehbare objektive Vorteile,** die aufgrund der Vereinbarungen prognostiziert werden können; die Sicht der Vertragspartner reicht nicht aus (KOMM ABl. 1998 L 246/1 Van den Bergh Foods). Wird die Vereinbarung bereits praktiziert, müssen sich diese Effekte entweder nachweisen lassen oder sie müssen durch die Vereinbarung mit hoher Wahrscheinlichkeit herbeigeführt werden (s. hierzu KOMM ABl. 1994 L 354, 87, 92 Asahi/Saint Gobain m. N.). Die **Vorteile** müssen auch **spürbar** sein, was nur dann der Fall ist, wenn sie wirtschaftlich von Bedeutung sind (KOMM ABl. 1990 Nr. L 31, 32, 44 Zuckerrüben). 153

Für die Erfüllung der Voraussetzung der Verbesserung der Warenerzeugung oder -verteilung reicht **jede Art von ökonomischem Vorteil** aus, wobei diese ökonomischen Vorteile – im Sprachgebrauch der Leitlinien **„Effizienzgewinne"** – objektiv vorliegen müssen (s. hierzu KOMM ABl. 1998 L 246/1 Rn. 224 Van Den Bergh Foods Limited; Leitlinien Art. 81 Abs. 3, Anhang B 4, Rn. 49); es reicht nicht aus, dass die Effizienzgewinne nur nach der subjektiven Überzeugung der Parteien vorliegen. Auch muss es sich um echte durch die Zusammenarbeit herbeigeführte ökonomische Vorteile mit Wirkungen für Dritte handeln, und nicht nur um Vorteile aus zwischen 154 den Vertragspartnern vereinbarten Wettbewerbsbeschränkungen für die Vertragspartner.

155 **Nicht vorteilhaft** sind **Vereinbarungen,** die sich von vorne herein **darin erschöpfen, wettbewerbswidrig zu wirken,** wie Absprachen, die sich in Marktaufteilungen erschöpfen oder sonst nur darauf zielen, Dritten den Zugang zum Markt zu erschweren (s. hierzu KOMM ABl. L 1975/29, 26, 29 Pilzkonserven). Nicht vorteilhaft sind außerdem Vereinbarungen, bei denen die Effizienzvorteile allein aus dem Gewinn an Marktmacht ergeben (Leitlinien zu Art. 81 Abs. 3, Anhang B 4, Rn. 49): Effizienzvorteile aus vereinbarter Wettbewerbsbeschränkung wie Preisabsprachen oder Quotenvereinbarung sind unbeachtlich; die Effizienzvorteile müssen sich aus wertsichernden oder werterhöhenden Umständen ergeben (Leitlinien Art. 81 Abs. 3, Anhang B 4, Rn. 49). Die Absprache von Preisen ist zwar ökonomisch vorteilhaft, weil hierdurch höhere Umsätze möglich sind als bei funktionierendem Preiswettbewerb. Derartige Vorteile, die sich nur auf die zwischen den Parteinen vereinbarten Wettbewerbsbeschränkungen beziehen, werden jedoch nicht als Effizienzgewinne im Sinne der ersten Voraussetzung des Art. 101 Abs. 3 akzeptiert.

156 Die **Vorteile,** die sich aus der Absprache ergeben, müssen **größer als** die sich aus ihr ergebenden **Nachteile** sein, um einen Vorteil iSv Art. 101 Abs. 3 darstellen zu können (EuGH Slg. 1966, 322, 397 Grundig/Consten). Die Vorteile müssen von einer gewissen Dauer sein. Nach Meinung der Kommission ist die Absprache dann **nicht vorteilhaft,** wenn die an der Absprache beteiligten Unternehmen die Vorteile ohne die Kooperation selbst herbeiführen könnten (s. hierzu KOMM ABl. 1974, L 19/22, 25 Kali und Salz II). Vorteile sind zB Senkung von Kosten in Produktion und Vertrieb, Verbreiterung und Verbesserung des Angebots, die Erschließung und bessere Bearbeitung des Markts. Nachteile, die Vorteile überwiegen können, sind starke Wettbewerbsbeschränkungen wie die Abschottung nationaler Märkte durch Gebietsschutz (s. hierzu KOMM ABl. 1975 L 29/26, 29 Pilzkonserven) und Ausschluss von Wettbewerbern sowie Preisabsprachen.

157 Die **Behauptungs- und Beweislast** für die Effizienzgewinne – wie für die Voraussetzungen des Art. 101 Abs. 3 insgesamt – liegt bei den Unternehmen, die sich auf die Freistellung berufen (Art. 2 VO 1/2003). Die Kommission stellt in den Leitlinien zu Art. 81 Abs. 3 hohe Anforderungen an die **Substantiierung der Effizienzgewinne:** Nach Ansicht der Kommission müssen (1) die Art der geltend gemachten Effizienzgewinne, (2) die Verknüpfung zwischen der Vereinbarung und den Effizienzgewinnen, (3) die Wahrscheinlichkeit und das Ausmaß jedes geltend gemachten Effizienzgewinns und (4) wie und wann jeder geltend gemachte Effizienzgewinn erreicht wird, substantiiert werden können (Leitlinien zu Art. 81 Abs. 3; Anhang B 4, Rn. 51). Die Verknüpfung zwischen der Vereinbarung und den Effizienzgewinnen setzt voraus, dass sich die Effizienzgewinne aus der Wirtschaftstätigkeit selbst ergeben, die Gegenstand der Vereinbarung ist, also aus dem Vertrieb, der Produktion usw. (Leitlinien zu Art. 81 Abs. 3, Anhang B 4, Rn. 53). Der **Effizienzgewinn muss direkt aus der Vereinbarung folgen und nicht nur ein Reflex** sein. Die Leitlinien nennen als Beispiel eines direkten Zusammenhangs, wenn eine Vereinbarung dazu dient, neue oder verbesserte Produkte herzustellen. Eine nur indirekte und nicht zu berücksichtigende Wirkung würde dann vorliegen, wenn ein Unternehmen durch eine wettbewerbsbeschränkende Vereinbarung – zB eine Preisabsprache – in die Lage versetzt wird, Gewinne zu erhöhen und dadurch in andere Bereiche zB in Forschung und Entwicklung zu investieren (Leitlinien zu Art. 81 Abs. 3, Anhang B 4, Rn. 54). Die Wahrscheinlichkeit und Ausmaß des geltend gemachten Effizienzgewinns müssen für die Abwägung gegenüber den verursachten Nachteilen ermittelt werden. Die Kommission fordert sogar, dass Kosteneinsparungen genau berechnet bzw. geschätzt werden müssen (Leitlinien zu Art. 81 Abs. 3, Anhang B 4, Rn. 56).

158 **Mögliche Effizienzgewinne,** also Verbesserungen der Warenerzeugung oder -verteilung und Förderung des technischen und wirtschaftlichen Fortschritts, können

erreicht werden durch Vereinbarungen über den gemeinsamen Vertrieb, Vereinbarungen über die gemeinsame Produktion, insbesondere Spezialisierungsvereinbarungen, sowie Vereinbarungen über Forschung und Entwicklung, und hierbei insbesondere Kosteneinsparungen aus besseren Produktionstechniken und Verfahren oder verbesserten Technologien, Synergien (Leitlinien zu Art. 81 Abs. 3, Anlage B 4, Rn. 65), Skalenvorteile (economies of scale), also abnehmende Stückkosten bei steigender Produktion (Leitlinien zu Art. 81 Abs. 3 Rn. 66), Verbundvorteile (economies of scope), also Effizienzgewinne, wenn Komponenten und Anlagen aus der Zusammenarbeit für Herstellung weiterer Produkte eingesetzt werden können (Leitlinien zu Art. 81 Abs. 3 Rn. 67). Auch qualitative Effizienzgewinne werden berücksichtigt, was insbesondere bei technologischen Fortentwicklungen in Lizenzvereinbarungen oder in gemeinsamen Forschungs- und Entwicklungsvereinbarungen der Fall ist.

4. Beteiligung der Verbraucher am Gewinn

Art. 101 Abs. 3 setzt weiter voraus, dass die Verbraucher an den entstehenden Effizienzgewinnen angemessen beteiligt werden müssen. **Verbraucher** ist dabei **jeder Nutzer der Produkte,** einschließlich Produzenten, die die Ware als Vorprodukt verwenden, oder **Mitglieder der Vertriebskette,** somit sämtliche Kunden der Vertragspartner und die späteren Käufer dieser Produkte (Leitlinien zu Art. 81 Abs. 3, Anhang B 4, Rn. 84). **159**

Angemessene Beteiligung des Verbrauchers bedeutet, dass in einer Abwägung der Vorteile die **nachteiligen Auswirkungen** der Wettbewerbsbeschränkung auf den Verbraucher mindestens ausgeglichen werden (Leitlinien zu Art. 81 Abs. 3 Rn. 85; diese Anforderung wird praktisch äußerst streng verstanden: KOMM 19.12.2007 COMP/34.579 Rn. 739ff. Mastercard et al.). Nach den Leitlinien zu Art. 81 Abs. 3 (Rn. 86) ist es nicht erforderlich, dass die Verbraucher an jedem einzelnen Effizienzgewinn beteiligt sind; es müssen nur die negativen Auswirkungen der beschränkenden Vereinbarung ausgeglichen werden, sodass eine angemessene Beteiligung am Gesamtgewinn besteht. Dadurch, dass aus der **Gesamtabwägung** aber ein Vorteil resultieren muss, muss der so erzielte Gesamtgewinn höherwertig sein. Es kommt dabei auch nicht auf Auswirkungen auf den einzelnen Verbraucher, sondern auf die Weitergabe von Vorteilen an die Teilnehmer am relevanten Markt an (Leitlinien zu Art. 81 Abs. 3, Anhang B 4, Rn. 87). Die Kommission verlangt dabei eine ganz konkrete ökonomische Betrachtung. Sollen Nachteile sofort eintreten, die Vorteile jedoch erst in Zukunft, so soll nach Meinung der Kommission der Wert der künftigen Gewinne diskontiert werden, um ihn mit den derzeitigen Verlusten vergleichen zu können (Leitlinien zu Art. 81 Abs. 3, Anhang B 4, Rn. 88). Die angemessene Weitergabe von Effizienzgewinnen an den Verbraucher bedeutet, dass im Grundsatz starke Wettbewerbsbeschränkungen mit relativ geringen Effizienzgewinnen nicht gerechtfertigt werden können, weil entsprechend wenig Vorteile zum Aufwiegen der Nachteile nicht ausreichen, während schwache Wettbewerbsbeschränkungen mit eben geringeren Nachteilen leichter kompensiert werden können (beispielhaft KOMM 19.12.2007 COMP/34.579 Rn. 739ff. Mastercard et al.). **160**

Die Kommission legt in den Leitlinien zu Art. 81 Abs. 3 (Anhang B 4) dar, wie sie sich zB die **Weitergabe** und den **Ausgleich von Kosteneinsparungen** vorstellt. Dabei spielt auch die **Wettbewerbssituation** auf dem Markt eine Rolle. So ist es bei hartem Wettbewerb wahrscheinlich, dass die erzielten Vorteile schnell über einen sinkenden Preis an die Verbraucher weitergegeben werden. Die Weitergabe dauert länger, wenn die Marktstrukturen nicht von starkem Wettbewerb geprägt sind, insbesondere bei Marktstrukturen mit stillschweigenden Kollisionen (Leitlinien zu Art. 81 Abs. 3, Anhang B 4, Rn. 97). Andere Effizienzgewinne als Kosteneinsparungen sind hinsichtlich ihrer Weitergabe noch schwerer zu prüfen. Auch hier gilt, dass die Gesamtauswirkung auf die von den in der Vereinbarung betroffenen Verbraucher im be- **161** troffenen Markt geprüft werden muss und Verbraucher angemessen beteiligt sind. Insbesondere die Verfügbarkeit neuer oder verbesserter Produkte kann eine angemessene Beteiligung darstellen (Leitlinien Art. 81 Abs. 3, Anhang B 4, Rn. 4). Nach Ansicht der Kommission sind die Voraussetzungen der Weitergabe der Vorteile in aller Regel erfüllt, solange die sich aus der Verfügbarkeit neuer oder verbesserter Produkte ergebende Steigerung schwerer wiegt als die durch die wettbewerbsbeschränkende Vereinbarung bewirkten Preisstabilisierungen bzw. -erhöhungen.

5. Unerlässlichkeit der Wettbewerbsbeschränkung

162 Die Wettbewerbsbeschränkung muss unerlässlich sein, um die eine Freistellung überhaupt möglich machenden Vorteile der wettbewerbsbeschränkenden Vereinbarung herbeizuführen. Diese Tatbestandsvoraussetzung ist **Ausprägung** des **Verhältnismäßigkeitsgrundsatzes.** Die Voraussetzung der Unerlässlichkeit verlangt **mehr als** die bloße **Eignung,** die Vorteile eintreten zu lassen. Die **Vorteile dürfen ohne die Wettbewerbsbeschränkungen nicht erreichbar** sein, damit Unerlässlichkeit angenommen werden kann. Die Kommission nimmt Unerlässlichkeit meistens dann an, wenn die vereinbarten Wettbewerbsbeschränkungen nicht wesentlich über das hinausgehen, was nötig ist, um die Ziele der Absprache zu erreichen (s. hierzu KOMM ABl. 1973 L 296/24, 27 Prym-Beka).

163 Nach den Leitlinien zu Art. 81 Abs. 3 (Anhang B 4, Rn. 79) ist eine Wettbewerbsbeschränkung unerlässlich, wenn ohne sie die sich aus der Vereinbarung ergebenden Effizienzgewinne beseitigt oder erheblich geschmälert würden oder die Wahrscheinlichkeit zurückgehen würde, dass sich diese Effizienzgewinne realisieren. Beispiele für **unerlässliche Wettbewerbsbeschränkungen** sind Abnahmeverpflichtungen zur Absicherung der Amortisation einer speziell für den Kunden getätigten Investition. Dabei ist zu berücksichtigen, dass die Unerlässlichkeit nur für den Zeitraum bestehen kann, der notwendig ist, um die entsprechenden Effizienzgewinne zu erzielen (Leitlinien zu Art. 81 Abs. 3, Anhang B 4, Rn. 81). Auch hier gilt, dass die jeweils weniger wettbewerbsbeschränkende Alternative den Vorzug verdient.

164 Die Kommission arbeitet mit der Vermutung, dass Beschränkungen, die in den **Schwarzen Klauseln** der Gruppenfreistellungs-Verordnungen erscheinen oder **Kernbeschränkungen** nach den Leitlinien oder Bekanntmachungen der Kommission sind, **nicht** als **unerlässliche Beschränkungen** angesehen werden können (Leitlinien zu Art. 81 Abs. 3, Anhang B 4, Rn. 79). Kernbeschränkungen sind bei vertikalen Vereinbarungen insbesondere die zum Ausschluss der Freistellung führenden Regelungen in Art. 4 VO 330/2010, also die Festlegung von Mindestpreisen, das Verbot passiven Vertriebs außerhalb des Vertriebsgebiets und zugewiesener Kundengruppen usw. Bei horizontalen Sachverhalten sind Kernbeschränkungen alle Arten von Gebietsaufteilungen, Kundenschutzvereinbarungen, und selbstverständlich Vereinbarungen über Preise und Produktionsbeschränkungen. Anhaltspunkt dafür, was nicht als Kernbeschränkung angesehen wird, bietet für horizontale Vereinbarungen insbesondere die VO 1218/2010. Spezialisierungen einschließlich Beschränkungen der Produktion sind zulässig. Die Grenze zur Kernbeschränkung wird nach Art. 4 VO 1218/2010 bei Festsetzung von Preisen, der Beschränkung der Produktion oder des Absatzes oder der Aufteilung von Märkten oder Abnehmerkreisen überschritten (→ VO 1218/2010 Art. 4 Rn. 1 ff.).

165 **Unerlässlichkeit** ist **nicht** gegeben, wenn sich ein **Missverhältnis zwischen Vorteilen und der Wettbewerbsbeschränkung** ergibt, die Wettbewerbsbeschränkung an sich völlig unnötig oder untauglich oder eben im Verhältnis zu den erreichten Vorteilen unverhältnismäßig ist. Durch die Vereinbarung dürfen keine Wettbewerbsbeschränkungen auferlegt werden, die zur Erzielung der Effizienzgewinne durch die Vereinbarung nicht unerlässlich sind. Damit muss geprüft werden, ob die Vereinbarung insgesamt notwendig ist, um die Effizienzgewinne zu erzielen, und auch die sich aus

der Vereinbarung ergebenden Wettbewerbsbeschränkungen müssen hierfür unerlässlich sein. **Gerade die Wettbewerbsbeschränkungen müssen es ermöglichen, höhere Effizienz zu erreichen.** Nach den Leitlinien zu Art. 81 Abs. 3 (Anhang B 4, Rn. 74) kommt es darauf an, ob mehr Effizienzgewinne mit der wettbewerbsbeschränkenden Vereinbarung als ohne sie erzielt werden. Damit muss zunächst geprüft werden, ob sich die Effizienzgewinne nur durch die Vereinbarung selbst erzielen lassen, weil es keine andere wirtschaftlich machbare oder weniger wettbewerbsbeschränkende Möglichkeit ergibt, die Effizienzgewinne zu erzielen (Leitlinien zu Art. 81 Abs. 3, Anhang B 4, Rn. 85).

Die Kommission scheint den Unternehmen einen gewissen **Beurteilungsspielraum,** ob sie andere Möglichkeiten in Betracht ziehen müssen als die beschränkende Vereinbarung, zu belassen. Die Unternehmen müssen zunächst prüfen, ob nicht durch eine weniger wettbewerbsbeschränkende Art von Vereinbarung Effizienzgewinne erzielt werden können. Im zweiten Schritt ist dann die Unerlässlichkeit der einzelnen Wettbewerbsbeschränkungen zu prüfen. Die Kommission will nach den Leitlinien zu Art. 81 Abs. 3 (Anhang B 4, Rn. 75) nur dann einschreiten, wenn es hinreichend klar ist, dass es realistische und erreichbare Alternativen zur wettbewerbsbeschränkenden Vereinbarung zur Erreichung der Effizienzgewinne gibt. 166

6. Keine Ausschaltung des Wettbewerbs

Weiteres Ausschlusstatbestandsmerkmal ist die Ausschaltung des Wettbewerbs für einen wesentlichen Teil der betreffenden Waren. Wird Wettbewerb für einen wesentlichen Teil der betreffenden Waren ausgeschaltet, gibt es keine Freistellung nach Art. 101 Abs. 3. Dabei ist entscheidend, ob es auf dem räumlich und sachlich relevanten Markt weiter wirksamen Wettbewerb gibt (s. dazu *Ellger* in IM Art. 101 Abs. 3 AEUV Rn. 280). **Effizienzgewinne um den Preis des Wettbewerbsausschlusses sind also nicht möglich.** Der Begriff der Ausschaltung des Wettbewerbs für einen wesentlichen Teil der betreffenden Waren wird von der Kommission als autonomes Konzept des Gemeinschaftsrechts speziell für die Anwendung im Rahmen von Art. 101 Abs. 3 angesehen (s. hierzu Leitlinien zu Art. 81 Abs. 3, Anhang B 4, Rn. 106; EuG Slg. 2002 II-875 Rn. 330 Atlantic Container Line). Die Kommission will dabei das tatsächliche Marktverhalten der Parteien berücksichtigen, aber auch das künftige Wettbewerbsverhalten prognostizieren. Entscheidend ist also sowohl der **Innenwettbewerb** zwischen den an der wettbewerbsbeschränkenden Vereinbarung beteiligten Unternehmen als auch der **Außenwettbewerb,** also der verbliebende Wettbewerb durch die nicht an der wettbewerbsbeschränkenden Vereinbarung teilnehmenden Unternehmen. 167

Entscheidend ist also, wie sich die Wettbewerbsintensität durch die Vereinbarung verringert. **Erster Anhaltspunkt** für die Prüfung dieses negativen Tatbestandsmerkmals ist der **Marktanteil der beteiligten Unternehmen.** Wenn ein Marktanteil von 100% durch die Vereinbarung betroffen ist, ist wirksamer Wettbewerb und damit eine Freistellung kaum mehr möglich (KOMM ABl. 1974 L 19/22, 25 Kali und Salz II). Art. 101 Abs. 3 muss dahin ausgelegt werden, dass eine Anwendung dieser Bestimmung auf wettbewerbsbeschränkende Vereinbarungen jedenfalls dann ausgeschlossen ist, die den Missbrauch einer marktbeherrschenden Stellung darstellen. Gleiches gilt bei Absprachen zwischen Wettbewerbern, die 90% des Marktes erreichen (KOMM ABl. 1975 L 159/22, 29 Kachelhandelaaren). Dagegen besteht wirksamer Wettbewerb fort, wenn nur geringe Marktanteile betroffen sind. Der Marktanteil ist allerdings nur ein Indiz dafür, ob wirksamer Wettbewerb trotz der Vereinbarung fortbestehen kann. Entscheidend ist auch die Marktstruktur und ggf. auch die sich aus der Vereinbarung ergebenden Marktstrukturveränderungen. Aus den Gruppenfreistellungsverordnungen kann entnommen werden, dass bei Marktanteilen zwischen 20 und 30% kaum ein Ausschluß des Wettbewerbs vorliegt. 168

169 Der Ausschluss des Wettbewerbs auf dem Markt könnte beispielsweise anzunehmen sein, wenn eine beschränkende Vereinbarung mit einem marktaktiven Unternehmen (Störenfried, Maverick) geschlossen wird, der bisher die Marktverhältnisse beeinflusst hat, und dessen Wettbewerbsverhalten durch die Vereinbarung gedämpft wird (Leitlinien zu Art. 81 Abs. 3, Anhang B 4, Rn. 112). Diese letzte Voraussetzung des Art. 101 Abs. 3 bedeutet also nichts anderes als **ein Korrektiv zur Sicherung der Marktstruktur.** Wird der Wettbewerb auf dem Markt durch die Vereinbarung erheblich im Sinne einer weiteren Reduzierung des Wettbewerbs beschränkt, scheidet die Freistellung nach Art. 101 Abs. 3 aus. Wenn dagegen der Markt schon immer von einem lebhaften Wettbewerbsverhalten geprägt ist, ist die Gefahr gering, dass es zu einem Ausschluss des Wettbewerbs kommt. Letztlich wird eine Parallelwertung zu den Untersagungskriterien der Art. 2 FKVO vorgenommen werden müssen, die ebenfalls auf den Schutz wirksamen Wettbewerbs gerichtet sind.

7. Praktische Vorgehensweise bei Prüfung der Freistellungsvoraussetzungen („Selbstveranlagung")

170 Nach Art. 2 VO 1/2003 obliegt dem sich auf die Freistellung berufenden Unternehmen die **Beweislast** für die Erfüllung der Freistellungsvoraussetzung des Art. 101 Abs. 3. Da zudem die Freistellungsvoraussetzungen in jedem Augenblick der Durchführung der Kooperation erfüllt sein müssen, ergibt sich von selbst, dass bei der Prüfung der Freistellungsvoraussetzungen und Absicherung des Prüfungsergebnisses im Interesse der Unternehmen **höchste Sorgfalt** anzuwenden ist. Durch das Wegfallen des Freistellungsmonopols der Kommission sehen sich die Unternehmen bei dieser **„Selbstveranlagung"** dem Problem ausgesetzt, dass sie vor jedem Gericht oder jeder Behörde, die mit der Prüfung der Wirksamkeit der Vereinbarung befasst ist, darlegen müssen, dass die Freistellungsvoraussetzungen des Art. 101 Abs. 3 vorliegen. Bei Abschluss einer gegen Art. 101 Abs. 1 verstoßenden, aber möglicherweise nach Art. 101 Abs. 3 freistellungsfähigen Vereinbarung muss deshalb in nachvollziehbarer Form geprüft werden, ob die Vereinbarung die Freistellungsvoraussetzungen erfüllt. Die Prüfung sollte so ablaufen, dass zunächst festgestellt wird, ob und wieso die Vereinbarung nicht in den Anwendungsbereich einer Gruppenfreistellungsverordnung fällt, und dass **keine Kernbeschränkungen,** die in den schwarzen Klauseln der Gruppenfreistellungsverordnungen aufgeführt sind, in der Vereinbarung enthalten sind, bevor die Freistellungsvoraussetzungen des Art. 101 Abs. 3 im Einzelnen geprüft werden. Bezüglich der Effizienzvorteile empfiehlt es sich, eine **Prognose der betriebswirtschaftlichen Vorteile** anzustellen. Bezüglich der Weitergabe dieser Vorteile an die Marktgegenseite empfiehlt es sich, mögliche positive Auswirkungen auf Preise (also mögliche Preissenkungen) zu dokumentieren. Die Prüfung sollte auch klarstellen, von welcher **Marktposition die Vertragspartner** ausgehen, um dokumentieren zu können, dass ein Ausschluss wesentlichen Wettbewerbs von den Parteien nicht gesehen wurde. Da die Freistellungsvoraussetzungen **in jedem Zeitpunkt der Kooperation** erfüllt sein müssen, empfiehlt es sich, in die Vereinbarung selbst Regelungen zur Überprüfung des Vorliegens der Freistellungsvoraussetzungen aufzunehmen und ggf. eine Anpassung des Vertrags zuzulassen (zB für den Fall, dass bestimmte beschränkende Vereinbarungen nicht mehr als unerlässlich angesehen werden, weil sich herausstellt, dass bestimmte Vorteile nicht aufgrund bestimmter beschränkender Regelungen erreicht werden oder wurden).

171 Bei der praktischen Prüfung der Freistellungsvoraussetzung kommt den **Gruppenfreistellungsverordnungen auch außerhalb ihres eigentlichen Anwendungsbereichs große Bedeutung** zu. Gruppenfreistellungsverordnungen sind Verordnungen der Kommission, die das Vorliegen der Freistellungsvoraussetzung für bestimmte Vertragstypen, die die Voraussetzung der jeweiligen Gruppenfreistellungsverordnung erfüllen, feststellen. In der Sache sind Gruppenfreistellungsverordnungen damit nicht Allgemeinverfügungen, die die Freistellung nach Art. 101 Abs. 3 aussprechen; sie stellen vielmehr unwiderlegliche Vermutungen für die Voraussetzungen des Art. 101 Abs. 3 auf (→ VO 1/2003 Art. 29 Rn. 1, 2). Die Gruppenfreistellungsverordnungen haben als „unwiderlegliche Vermutungen" für das Vorliegen der Freistellungsvoraussetzungen nicht nur Auswirkungen für diejenigen Vertragstypen, für die sie erlassen sind; aus den Gruppenfreistellungsverordnungen lassen sich darüber hinaus allgemein Rückschlüsse auf die Zulässigkeit bzw. Freistellung von vertraglichen Regelungen ziehen. So ist den Gruppenfreistellungsverordnungen beispielsweise das Verbot für Preisabsprachen gemeinsam (zB Art. 4a VO2790/1999) oder – mit Ausnahmen – das Verbot der Kundenaufteilung. Aus diesen **„schwarzen Klauseln"**, die je nach Gruppenfreistellungsverordnung zumeist zu einem Verlust der Freistellung insgesamt führen, sollte eine solche Regelung in einem Vertrag enthalten sein, kann entnommen werden, dass solche Klauseln jedenfalls nicht unerlässlich und generell nicht freistellungsfähig sind. Umgekehrt kann aus den Voraussetzungen, die an die Freistellung nach den Gruppenfreistellungsverordnungen geknüpft werden, gefolgert werden, wie in vergleichbaren Fällen Verträge gestaltet sein müssen, um die Voraussetzung des Art. 101 Abs. 3 zu erfüllen.

IV. Fallgruppen

1. Überblick

Art. 101 findet Anwendung sowohl auf Wettbewerbsbeschränkungen von Unternehmen, die auf derselben Marktstufe tätig sind **(horizontale Wettbewerbsbeschränkung),** wie auch auf Unternehmen, die in unterschiedlichen Marktstufen tätig sind **(vertikale Wettbewerbsbeschränkung).** Sowohl für horizontale wie auch vertikale Wettbewerbsbeschränkungen können Fallgruppen gebildet werden, die die typischen Erscheinungsformen der Zusammenarbeit zwischen Unternehmen kategorisieren. Da die Beurteilungskriterien für horizontale und vertikale Wettbewerbsbeschränkungen verschieden sein können, wird gemeinhin in der systematischen Betrachtung zwischen horizontalen und vertikalen Wettbewerbsbeschränkungen unterschieden. Diese theoretische Unterscheidung hat sich mittlerweile auch praktisch manifestiert, indem die Kommission mit den Horizontal- und Vertikalleitlinien (Anhänge B 5 und B 6) jeweils in sich geschlossene Zusammenfassungen der Verwaltungspraxis und Rechtsmeinung der Kommission geschaffen haben. 172

2. Horizontale Sachverhalte

a) Einführung. Unternehmen auf gleicher Marktstufe können in verschiedenen Formen zusammenarbeiten: Sie können gemeinsam forschen und entwickeln, gemeinsam Vorprodukte einkaufen, sie können ihren Vertrieb zusammenlegen, sie können sich Produktionsstätten oder andere Ressourcen wie zB Schutzrechte teilen. Diese Zusammenarbeitsformen sind betriebswirtschaftlich durchaus sinnvoll, können aber mit Art. 101 kollidieren. Die Kollision mit Art. 101 liegt dann auf der Hand, wenn die Unternehmen **Wettbewerber** sind und sich vertraglich verpflichten, bestimmte Wettbewerbshandlungen zu unterlassen (zur Anwendung auf Nicht-Wettbewerber vgl. *Bechtold,* FS Bornkamm 2014, S. 95). Dann bezweckt die Vereinbarung bereits die Wettbewerbsbeschränkung. Schwieriger zu beurteilen sind die Fälle, in denen **ausdrückliche Beschränkungen fehlen** und beurteilt werden muss, ob die Kooperation eine Beschränkung des Wettbewerbs bewirkt (→ Rn. 81 f.). 173

Die Horizontalleitlinien (Anhang B 5) behandeln zunächst Vereinbarungen, in denen die Art der Zusammenarbeit bereits auf die Anwendbarkeit des Art. 101 Abs. 1 hinweist. Dies liegt für Vereinbarungen, die durch Festsetzung der Preise, Begrenzung der Produktion oder Aufteilung der Märkte oder Kunden eine Wettbewerbsbe- 174 schränkung **bezwecken,** auf der Hand (Horizontalleitlinien, Anhang B 5, Rn. 24). Die Leitlinien sagen dann auch, dass diese Vereinbarungen bezüglich ihrer tatsächlichen Auswirkungen auf den Wettbewerb und den Markt nicht weiter untersucht werden müssen. Für Kooperationen, die Wettbewerbsbeschränkungen nicht bezwecken, muss im Einzelfall festgestellt werden, ob sie eine Beschränkung des Wettbewerbs **bewirken,** nämlich dann, wenn sie den Wettbewerb im betroffenen Markt in einem Maß beeinträchtigen, das negative Auswirkungen hinsichtlich Preisen, Produktion, Innovation oder Vielfalt und Qualität der Waren und Dienstleistungen zu erwarten sind (Horizontalleitlinien, Anhang B 5, Rn. 26).

175 Die Horizontalleitlinien (Anhang B 5) stellen zunächst allgemein Fallgruppen auf, die eine **Einteilung und Einschätzung auf den ersten Blick** erlauben sollen. So sollen Vereinbarungen von Art. 101 Abs. 1 nicht erfasst werden, weil sie die Koordination des Wettbewerbsverhaltens der Vertragspartner nicht bedingen, wie die **Zusammenarbeit zwischen Nichtwettbewerbern,** die Zusammenarbeit zwischen Wettbewerbern, wenn sie die von der Zusammenarbeit erfasste Tätigkeit oder das Projekt nicht eigenständig durchführen können und die Zusammenarbeit bei einer Tätigkeit, welche die relevanten Wettbewerbsparameter nicht beeinflusst. Die von der Kommission hierbei gemachte Einschränkung ist diejenige, dass diese Arten der Zusammenarbeit doch in den Anwendungsbereich des Art. 101 Abs. 1 fallen können, wenn Unternehmen mit einer erheblichen Marktmacht beteiligt sind und die Zusammenarbeit zu **Abschottungsproblemen gegenüber Dritten** führen kann (Horizontalleitlinien, Anhang B 5, Rn. 41). Dagegen sollen Vereinbarungen fast immer von Art. 101 Abs. 1 erfasst werden, wenn die Zusammenarbeit die **Festsetzung von Preisen,** die **Beschränkung der Produktion** oder die **Aufteilung von Märkten oder Kunden** bezweckt. Hier muss nach Ansicht der Kommission davon ausgegangen werden, dass diese Beschränkungen immer negative Wirkungen haben; die Auswirkung auf den Wettbewerb wird bei bezweckten Wettbewerbsbeschränkungen nicht mehr geprüft (Horizontalleitlinien, Anhang B 5, Rn. 24, 25).

176 In Zweifelsfällen soll eine Untersuchung der Wirkungen der Kooperation aufgrund **marktbezogener Kriterien,** also insbesondere der Marktstellung der Vertragspartner und der Marktstruktur, erfolgen (Horizontalleitlinien, Anhang B 5, Rn. 27). Die Kommission stellt allerdings in ihrer bisherigen Praxis und in den Leitlinien kaum verlässliche Kriterien auf zur Beurteilung von Marktmacht und Marktstruktur; in der Rechtsprechung der europäischen Gerichte ist das bisher allenfalls im Rahmen des ungeschriebenen Tatbestandsmerkmals der Spürbarkeit geschehen. Die Kommission knüpft an die Stellung der beteiligten Unternehmen auf den von der Zusammenarbeit betroffenen Märkten an. Im Mittelpunkt der Beurteilung durch die Kommission steht damit die **Marktabgrenzung** der Grundlage der Bekanntmachung über den relevanten Markt (Horizontalleitlinien, Anhang B 5, Rn. 27). Die Kommission hält Kooperationen dann für unbedenklich, wenn der gemeinsame Marktanteil der beteiligten Unternehmen niedrig ist oder wenn nur eines der beiden beteiligten Unternehmen einen bedeutenden Marktanteil innehat (Horizontalleitlinien, Anhang B 5, Rn. 44). Ein weiterer Faktor kann die **Marktstruktur** sein (Horizontalleitlinien, Anhang B 5, Rn. 45 ff.).

177 Führt die Prüfung der Marktauswirkungen dazu, dass die Vereinbarung unter Art. 101 Abs. 1 fällt, so ist weiter zu prüfen, ob die **Freistellungsvoraussetzungen des Art. 101 Abs. 3** erfüllt sind. Für horizontale Vereinbarungen stehen außerdem Gruppenfreistellungsverordnungen für Spezialisierungsvereinbarungen (VO 2658/2000) und Forschung und Entwicklung (VO 2659/2000) zur Verfügung. Horizontale Vereinbarungen über Schutzrechte können u.U. auch in den Freistellungsbereich der Technologietransfer-Gruppenfreistellungsverordnung (VO 316/2014) fallen.

178 **b) Kooperation bei Forschung und Entwicklung.** Vereinbarungen über Forschung und Entwicklung dienen der gemeinsamen Ausnutzung der Ressourcen in diesem Bereich. Die Unternehmen versuchen auf diese Weise, kostengünstiger und schneller mit neuen Produkten auf den Markt zu kommen. Gerade **kleine und mittlere Unternehmen** sind auf Forschungs- und Entwicklungskooperationen besonders angewiesen und fördern durch die Kooperationen ihre Wettbewerbschancen gegenüber Großunternehmen mit entsprechend großen Budgets.

Bei der Prüfung der Marktauswirkungen von Forschungs- und Entwicklungskooperationen kommt der **Marktabgrenzung** besondere Bedeutung zu. Zum einen kann Forschung und Entwicklung der Verbesserung von bereits eingeführten Produkten dienen. Sie kann aber auch der Entwicklung völlig neuer Produkte, für die es noch keinen Markt gibt, dienen. Dabei soll es auf den bereits bestehenden **Produktmarkt** ankommen, wenn die Zusammenarbeit Forschungs- und Entwicklungsarbeiten zur Verbesserung bestehender Produkte dient (Horizontalleitlinien, Anhang B 5, Rn. 113). Anderes soll gelten, wenn das angestrebte Produkt ein bestehendes Produkt ersetzen soll. Daneben kann sich die Forschung und Entwicklung eines Teils eines Produkts auch auf den nachgelagerten Produktmarkt auswirken (Horizontalleitlinien, Anhang B 5, Rn. 114). Betrifft die Forschung und Entwicklung eine Komponente eines Produkts, so kann der Markt, dem die Komponente zuzurechnen ist, und der Markt des Endprodukts relevant sein (Horizontalleitlinien, Anhang B 5, Rn. 115). Erstreckt sich die Forschung und Entwicklung nicht nur auf ein bestehendes oder künftiges Produkt, sondern auf eine übergreifende Technologie, so sind auch die Auswirkungen auf diesem **Technologiemarkt** zu prüfen (Horizontalleitlinien, Anhang B 5, Rn. 116ff). 179

Forschungs- und Entwicklungskooperationen bewirken **im Allgemeinen keine Wettbewerbsbeschränkung,** sofern die teilnehmenden Unternehmen **nicht Wettbewerber** sind. Unternehmen sind insbesondere dann nicht aktuelle oder potenzielle Wettbewerber, wenn beide Unternehmen jeweils allein nicht in der Lage wären, die Forschung und Entwicklung durchzuführen (Horizontalleitlinien, Anhang B 5, Rn. 130). Genauso wird eine Zusammenarbeit der Unternehmen, die sich **nicht auf die gemeinsame Nutzung (Verwertung) der Ergebnisse** erstreckt, nur in ganz seltenen Fällen von Art. 101 Abs. 1 erfasst (Horizontalleitlinien, Anhang B 5, Rn. 132), es sei denn, die Zusammenarbeit hindert die Unternehmen an jeweils eigenständigen Innovationsversuchen, sodass der Innovaionswettbewerb beeinträchtigt würde (Horizontalleitlinien, Anhang B 5, Rn. 132). Outsourcing von zuvor selbst durchgeführter Forschung und Entwicklung sind dann nicht wettbewerbsbeschränkend, wenn das die Forschung und Entwicklung erbringende Unternehmen selbst nicht an der Verwertung beteiligt ist (Horizontalleitlinien, Anhang B 5, Rn. 131); das gilt auch für die Verpflichtung, die Ergebnisse der Forschung und Entwicklung ausschließlich an den Auftraggeber zu liefern (Horizontalleitlinien, Anhang B 5, Rn. 131). Dagegen ist Art. 101 Abs. 1 fast immer anwendbar, wenn die Unternehmen durch die **gemeinsame** Forschung und Entwicklung gerade eine **Wettbewerbsbeschränkung bezwecken,** indem sie offen oder verdeckt eigenständige Forschungsbestrebungen unterbinden, oder sich durch eine solche Vereinbarung Produktion oder Märkte aufteilen (Horizontalleitlinien, Anhang B 5, Rn. 128). 180

Schwieriger zu beurteilen sind Vereinbarungen **zwischen Wettbewerbern,** und zwar bezogen auf durch die Kooperation betroffene **Produkt-, Technologie- oder Innovationsmärkte,** und wenn die Zusammenarbeit – auch ohne vertraglich vereinbarte Beschränkungen – dazu führt, dass die Unternehmen die Innovation im Markt beschränken. Dies wird nur der Fall sein, wenn die beteiligten Unternehmen eine entsprechende Markmacht ausüben und gerade ihre Zusammenarbeit den Wettbewerbsdruck im Markt einschränkt. Nach den Horizontalleitlinien (Anhang B 5) sind Vereinbarungen über Forschung und Entwicklungen solche nachteiligen Wirkungen nur zu untersuchen, wenn der **gemeinsame Marktanteil der beteiligten Unternehmen 25% überschreitet** (Rn. 124, 125). Bei Marktanteilen von unter 25% greift in der Regel die Freistellung nach der VO 1217/2010 ein. Problematisch 181 wird eine Vereinbarung über Forschung und Entwicklung bei gemeinsam stärkerer Marktstellung dann, wenn der Marktzutritt schwierig ist und nur wenige andere innovative Tätigkeiten auszumachen sind. Die Kommission beurteilt die reine Forschung und Entwicklung als meist noch mit Art. 101 Abs. 1 vereinbar, zieht jedoch die Grenze dort, wo die Unternehmen auch – bei der Verbesserung oder Verfeinerung vorhandener Produkte/Technologien – auf die **gemeinsame Verwertung der Entwicklungsergebnisse** zielen. Insbesondere wenn es sich um starke Wettbewerber handelt, könnte sich eine nachteilige Wirkung hinsichtlich Preisen und Produktion in bestehenden Märkten einstellen (Horizontalleitlinien, Anhang B 5, Rn. 137).

182 Bei Zusammenarbeit von Wettbewerbern in Forschung und Entwicklung, die auf ein **neues Produkt** oder eine **neue Technologie** gerichtet sind, wird die Wirkung auf Preise und Produktionen in bestehenden Märkten nach Ansicht der Kommission eher unwahrscheinlich sein. Hier muss die Bewertung die Innovationsbeschränkungen besonders berücksichtigen, die daher rührt, dass die Unternehmen nicht mehr unabhängig voneinander im Innovationsmarkt tätig sind. Obwohl eine Forschungs- und Entwicklungsvereinbarung in Bezug auf vollständig neue Produkte als wettbewerbsfördernd angesehen wird, und dies sich auch nicht erheblich ändern soll, wenn die gemeinsame Nutzung der Ergebnisse vereinbart wird, soll eine solche Vereinbarung erst dann problematisch werden, wenn die gemeinsame Nutzung zur **Abschottung von Schlüsseltechnologien** führt. Solche Probleme sollen aber dadurch zu lösen sein, dass die Partner Lizenzen an Dritte erteilen (Horizontalleitlinien, Anhang B 5, Rn. 138).

183 **c) Produktionsvereinbarungen einschließlich Spezialisierungsvereinbarungen.** Produktionsvereinbarungen können in verschiedenen Ausprägungen vorkommen. Unternehmen können vereinbaren, dass sie **Produktionskapazitäten** gemeinsam nutzen, indem eines der Unternehmen seine Produktion einstellt und Waren vom anderen Unternehmen, das seine Produktion durch die Vereinbarung besser auslasten kann, bezieht. Unternehmen können aber auch ein **gemeinsames Unternehmen** gründen, in das die Produktion hineinverlagert wird. Die Kommission unterscheidet in den Horizontalleitlinien Vereinbarungen über die gemeinsame Produktion, bei denen die Parteien bestimmte Erzeugnisse gemeinsam herstellen, einseitige oder gegenseitige Spezialisierungsvereinbarungen, bei denen die Partner allein oder gemeinsam die Produktion eines bestimmten Erzeugnisses einstellen und dieses vom jeweils anderen Partner beziehen, sowie **Zuliefervereinbarungen,** bei denen der eine Partner dem anderen Partner die Herstellung eines Erzeugnisses überlässt (Horizontalleitlinien, Anhang B 5, Rn. 152). Die Kommission ordnet Zuliefervereinbarungen **zwischen Nichtwettbewerbern** nicht den Horizontalleitlinien zu, sondern den potenziellen Anwendungsbereichen der Zulieferbekanntmachung (Anhang B 8), den Vertikalleitlinien (Anhang B 6) und der Gruppenfreistellungsverordnung 330/2010; die Horizontalleitlinien und die Technologietransferleitlinien bestätigen ausdrücklich die Weitergeltung der Zulieferbekanntmachung (Horizontalleitlinien, Anhang B 5, Rn. 154; Technologietransferleitlinien, Anhang B 9, Rn. 64).

184 **Produktions- bzw. Zuliefervereinbarungen zwischen Wettbewerbern** können zu einer unmittelbaren Beschränkung des Wettbewerbs zwischen den Parteien führen, weil Produktionsmengen und Qualität, Preise sowie andere wettbewerbsrelevante Parameter angeglichen werden (Horizontalleitlinien, Anhang B 5, Rn. 157). Bei Marktmacht der beteiligten Unternehmen kann die Angleichung der Kosten aufgrund gemeinsamer Produktion zu einem Kollusionsergebnis führen (Horizontalleitlinien, Anhang B 5, Rn. 158). Weiter können Produktionsvereinbarungen zu Marktverschließungen führen, insbesondere für nachgelagerte Märkte (Horizontalleitlinien, Anhang B 5, Rn. 159). Produktionsvereinbarungen sollen nach den Horizontalleitlinien dann nicht unbedingt von Art. 101 Abs. 1 erfasst werden, wenn die Zusammenarbeit der einzige wirtschaftlich gerechtfertigte und mögliche Weg ist, in einen neuen Markt einzutreten oder ein neues Erzeugnis herzustellen fü (Horizontalleitlinien, Anhang B 5, Rn. 163). Auch gilt eine Wirkung auf das Wettbewerbsverhalten zwischen Wettbewerbern dann als unwahrscheinlich, wenn nur ein kleiner Teil der Gesamtkosten gemeinsame Kosten sind, also ein geringes Maß an Angleichung bei dem gemeinsam Kosten angenommen werden muss, wenn zwei oder mehr Unternehmen gemeinsam ein Zwischenerzeugnis herstellen, auf das nur ein kleiner Teil der Produktionskosten des Endprodukts und damit der Gesamtkosten entfällt; ist die Produktion der Schwerpunkt der wirtschaftlichen Tätigkeit, liegt die Beschränkung des Wettbewerbs nahe (Horizontalleitlinien, Anhang B 5, Rn. 164).

Dagegen werden nach den Horizontalleitlinien Vereinbarungen fast immer von **185** Art. 101 Abs. 1 erfasst, wenn sie die **Festsetzung der Preise, Beschränkung der Produktion** oder die **Aufteilung von Märkten oder Kundengruppen** bezwecken. Dabei bezwecken Produktionsvereinbarungen nach Ansicht der Kommission schon dann nicht die Beschränkung des Wettbewerbs, wenn nur der unmittelbar unter die Produktionsvereinbarung fallende Output beschränkt wird, Auch soll die gemeinsame Festsetzung von Verkaufspreisen keine Wettbewerbsbeschränkung bezwecken, soweit er für die gemeinsame Produktion erforderlich ist (Horizontalleitlinien, Anhang B 5, Rn. 160). In diesen Fällen soll die Vereinbarung auf den Hintergrund der Auswirkungen des Gemeinschaftsunternehmens insgesamt geprüft werden (Horizontalleitlinien, Anhang B 5, Rn. 161).

Außerhalb dieser beiden Bereiche sollen Produktionsvereinbarungen, die nicht **186** eindeutig wettbewerbsbeschränkend sind oder als nicht wettbewerbsbeschränkend eingeordnet werden können, im Hinblick auf ihre Auswirkungen auf ihre Vereinbarkeit mit Art. 101 Abs. 1 geprüft werden; dabei wird jedoch klargestellt, dass **Kernbeschränkungen** (Beschränkungen der Preise, Gebiets- und Kundenaufteilung) nicht mit Art. 101 Abs. 1 vereinbar sind. Für die Beurteilung soll es wiederum auf Marktmacht und Marktstrukturen ankommen. Beträgt der **gemeinsame Marktanteil** der Vertragspartner unter 20%, ist Marktmacht unwahrscheinlich (Horizontalleitlinien, Anhang B 5, Rn. 169). Beträgt der gemeinsame Marktanteil mehr als 20%, kommt des auf den Konzentrationsgrad des Marktes an (Horizontalleitlinien, Anhang B 5, Rn. 170). In einem höher konzentrierten Markt kann ein Marktanteil von mehr als 20% zu einer Beschränkung des Wettbewerbs führen. Zu prüfen ist bei einer gemeinsamen Produktion auch der **Netzeffekt,** also eine mögliche wettbewerbsdämpfende Wirkung einer zusätzlichen Verbindung zwischen Unternehmen (Horizontalleitlinien, Anhang B 5, Rn. 172). Die Wahrscheinlichkeit, dass es zu einem „Kollusionsergebnis" zwischen den Partnern einer Produktionsvereinbarung kommt, und damit eine Wettbewerbsbeschränkung zu bejahen ist, wird nach Meinung der Kommission (Horizontalleitlinien, Anhang B 5, Rn. 177) dann wahrscheinlich, wenn die Unternehmen bereits vor Abschluss der Vereinbarung einen hohen Anteil der variablen Kosten gemein haben, insbesondere dann, wenn auf die Produktionskosten ein großer Teil der betreffenden variablen Kosten entfällt. Ein Kollusionsergebnis kann auch dadurch wahrscheinlicher werden, wenn die Produktionsvereinbarungen den Austausch strategisch wichtiger Geschäftsinformationen umfasst.

d) Einkaufsvereinbarungen. Einkaufsvereinbarungen können sowohl horizon- **187** tal wie auch vertikal vorkommen. Eine **Zusammenarbeit zwischen Lieferanten und Einzelhändlern** über den gemeinsamen Bezug eines Produkts ist als **vertikale Vereinbarung** nach den Regeln über vertikale Beschränkungen zu prüfen. Die Abgrenzung ist im Einzelfall zwischen rein vertikalen und horizontalen Vereinbarungen ist schwierig. Die Horizontalleitlinien (Anhang B 5) nennen in Rn. 196 den Fall, dass eine Gruppe von Einzelhändlern Erzeugnisse gemeinsam einkauft. Die Gründung der Vereinigung und die Bedingungen des gemeinsamen Einkaufs sollen nach den Grundsätzen über eine horizontale Kooperation, die vertikalen Vereinbarungen zwischen der Vereinigung und einem Mitglied über Zu- und Verkauf sollen als vertikale Beschränkungen beurteilt werden, insbesondere nach der VO 330/2010.

188 Durch die Einkaufsvereinbarung kann der **Einkaufsmarkt** und der **Verkaufsmarkt** betroffen werden. Der Einkaufsmarkt ist der Markt, der durch das nachgefragte Produkt bestimmt wird. Der Verkaufsmarkt ist der Markt, auf dem die beteiligten Unternehmen im Verkauf tätig sind. Unproblematisch sind Vereinbarungen zwischen Unternehmen, die **im Verkaufsmarkt nicht Wettbewerber** sind, also zB Vereinbarungen über den gemeinsamen Einkauf von Einzelhändlern, die auf räumlich unterschiedlichen Märkten tätig sind (Horizontalleitlinien, Anhang B 5, Rn. 212). Von Art. 101 Abs. 1 sollen jedoch fast immer Einkaufsvereinbarungen erfasst werden, die nicht nur zum gemeinsamen Einkauf, sondern als **Mittel zur Verschleierung eines Kartells** genutzt werden, um Preisfestsetzungen, Beschränkungen der Produktion oder Zuteilung von Märkten durchzusetzen, und damit eine Beschränkung des Wettbewerbs **bezwecken** (Horizontalleitlinien, Anhang B 5, Rn. 205).

189 Bei Einkaufsvereinbarungen kommt es besonders auf die durch die Einkaufsvereinbarungen erzeugte **Marktmacht im Einkaufsmarkt** an. Gleichzeitig kann aber auch auf den Märkten, auf denen die Unternehmen im Verkauf Wettbewerber sind, eine Wettbewerbsbeeinträchtigung dadurch stattfinden, dass Kosteneinsparungen entstehen, die nicht an Kunden weitergegeben werden, sodass eine **Wettbewerbsdämpfung aus der Einkaufsvereinbarung** resultiert. Außerdem ist es möglich, dass die Nachfragemacht im Einkaufsmarkt zur Abschottung von Wettbewerbern oder zur Heraufsetzung der Kosten von Rivalen verwendet wird und so negative Auswirkungen auf dem Verkaufsmarkt geschaffen werden.

190 Die Kommission bewertet die **Zusammenarbeit von Unternehmen im Einkauf unproblematisch, wenn der gemeinsame Marktanteil der Beteiligten sowohl auf den Einkaufsmärkten als auch auf den Verkaufsmärkten unter 15 %** beträgt. Oberhalb dieser Schwelle muss geprüft werden, wie sich die Vereinbarung bei der bestehenden Marktkonzentration und möglicherweise bestehender Gegenmacht starker Lieferanten auswirkt (Horizontalleitlinien, Anhang B 5, Rn. 208, 209). Einkaufsvereinbarungen können bei Vorliegen des Art. 101 Abs. 3 freigestellt; hierfür gelten die allgemeinen Grundsätze (Horizontalleitlinien, Anhang B 5, Rn. 217 ff.).

191 **e) Vermarktungs- und Verkaufsvereinbarungen.** Vereinbarungen beim Verkauf und der Vermarktung eines Produkts können in verschiedener Intensität vorkommen. Zum einen sind vollständige Vertriebsvereinbarungen **(Verkaufsgemeinschaften)** denkbar, bei denen die teilnehmenden Unternehmen selbst nicht mehr vertreiben, sondern den Vertrieb nur noch gemeinschaftlich vornehmen. Zum anderen sind Verkaufs- und Vermarktungsvereinbarungen in geringerer Intensität denkbar, wenn Hilfsfunktionen (zB Kundendienst, Werbung, usw.) zusammengelegt werden. Vertriebsvereinbarungen fallen unter die Vertikalleitlinien für vertikale Beschränkungen, wenn die Vertragspartner nicht gegenwärtige oder zukünftige Wettbewerber sind (hierzu VO 330/2010).

192 Nach den Leitlinien werden **Vermarktungsvereinbarungen** dann nicht von Art. 101 Abs. 1 erfasst, wenn die Unternehmen nicht Wettbewerber sind. Sind die beteiligten Unternehmen Wettbewerber, so fallen sie in der Regel unter **Art. 101 Abs. 1, wenn Preise vereinheitlicht** werden oder in sonstiger Weise ein Kollusionsergebnis erzielt werden kann (Horizontalleitlinien, Anhang B 5, Rn. 227). Dies gilt für **Verkaufsgemeinschaften sowohl ausschließlicher als auch nichtausschließlicher Art.** Auch wenn Ausschließlichkeit nicht besteht (kein Andienungszwang; die Wettbewerber könnten grundsätzlich auch selbst vertreiben), soll Art. 101 anwendbar sein, sofern angenommen werden kann, dass dennoch die Vereinbarung zu einer Koordinierung der Preise führt (Horizontalleitlinien, Anhang B 5, Rn. 145). **Vermarktungsvereinbarungen zwischen Wettbewerbern, die sich nicht auf die Preisfestsetzung erstrecken,** sollen nur nach Art. 101 Abs. 1 relevant sein, wenn die Partner ein gewisses Maß an Marktmacht haben. Dies ist unwahrscheinlich,

wenn die Partner einen gemeinsamen Marktanteil von weniger als 15% halten (Horizontalleitlinien, Anhang B 5, Rn. 240). **Vermarktungsvereinbarungen,** die sich nicht auf den gemeinsamen Verkauf erstrecken, können **problematisch** sein, wenn sie die Möglichkeit schaffen, **vertrauliche Geschäftsinformationen über Marktstrategie und Preisgestaltung** auszutauschen. Das Gleiche gilt, wenn sie die Endkosten für die Vermarktung vergemeinschaften und dadurch den Spielraum für den Preiswettbewerb im Vertrieb einschränken (Horizontalleitlinien, Anhang B 5, Rn. 244, 245).

Die Voraussetzungen an eine **Freistellung** von Vermarktungsvereinbarungen 193
nach Art. 101 Abs. 3 sind hoch. Der wirtschaftliche Nutzen darf sich nicht auf die Einsparungen reduzieren, die aus dem Wegfall der sich aus dem Wettbewerb ergebenden Kosten bestehen.

f) Vereinbarungen über Normen. Vereinbarungen über Normen, die für alle 194
zugänglich und transparent sind und nicht die Verpflichtung zur Einhaltung einer Norm enthalten oder Bestandteil einer umfassenderen Vereinbarung zur Gewährleistung der Kompatibilität von Erzeugnissen sind, beschränken den Wettbewerb normalerweise nicht und sind mit Art. 101 Abs. 1 vereinbar.

Nach den hierfür von der Kommission aufgestellten Grundsätzen muss zum Erhalt 195
des Wettbewerbs sichergestellt werden, dass (i) die Möglichkeit der grundsätzlich uneingeschränkten Mitwirkung am Normungsprozess gegeben ist, (ii) das Verfahren für die Annahme der betreffenden Norm transparent ist, (iii) keine Verpflichtung zur Einhaltung der Norm besteht und (iv) Dritten der Zugang zu der Norm zu fairen, zumutbaren und diskriminierungsfreien Bedingungen gewährt wird (Horizontalleitlinien, Anhang B 5, Rn. 257ff., insb. 280ff.). Die Entwicklung einheitlicher Standards muss in einem **offenen, nicht diskriminierenden und transparenten Verfahren** erfolgen müssen. Um den Anforderungen eines offenen Industriestandards zu genügen, müssen die Ergebnisse öffentlich zugänglich gemacht werden. Ziel der Normung oder Standardisierung darf nicht sein, andere Wettbewerber und/oder Lieferanten auszuschließen. Der effektive Zugang zu fairen, zumutbaren und diskriminierungsfreien Bedingungen muss gewährleistet sein. Soweit Rechte des geistigen Eigentums Bestandteil der Norm werden, sollten die Rechteinhaber eine unwiderrufliche schriftliche Verpflichtung abgeben, Dritten zu fairen, zumutbaren und diskriminierungsfreien Bedingungen Lizenzen für diese Rechte zu erteilen (sog. **„FRAND-Selbstverpflichtung"**, FRAND = fair, reasonable and non-discriminitory; dazu auch Art. 102 AEUV Rn. 62). Eine Zugangsbeschränkung hat nur dann nicht notwendigerweise wettbewerbsbeschränkende Wirkungen, wenn mehrere konkurrierende Standards oder wirksamer Wettbewerb zwischen den genormten und den nicht genormten Lösungen besteht (Horizontalleitlinien, Anhang B 5, Rn. 294).

Für **Wettbewerber** auf den von der Norm betroffenen Märkten muss ein grund- 196
sätzlich **uneingeschränktes Beteiligungsrecht an der Kooperation** gewährleistet sein. Einschränkungen sind umso eher gerechtfertigt, je weniger sich eine Norm auf den Markt auswirkt, etwa wenn Wettbewerb zwischen mehreren Normen und Normenorganisationen herrscht. Gleichfalls sollen Beschränkungen möglich sein, wenn die Annahme der Norm wegen des Fehlens einer Begrenzung der Anzahl der Beteiligten nicht möglich wäre oder anerkannte Verfahren für die kollektive Interessenvertretung vorgesehen sind (Horizontalleitlinien, Anhang B 5, Rn. 295, 316). So können zB einheitliche sachliche und/oder persönliche Anforderungen geregelt und die Beteiligung an die Zustimmung der Mitgliedermehrheit gebunden werden. Auch die Einräumung eines Ermessensspielraums bei der Entscheidung über eine Beteiligung ist zulässig (Kommission, Entscheidung vom 15.12.1986 – Open Group, Ziffer 45). Bei einer eingeschränkten Mitwirkung sollten die Akteure jedoch zumindest über den Stand der Arbeiten informiert und dazu konsultiert werden.

197 Nach Ansicht der Kommission sollten die Normenorganisationen die Stimmrechte in einem objektiven und diskriminierungsfreien Verfahren zuweisen und ggf. objektive Kriterien für die Auswahl der für den Standard relevanten Technik anwenden (vgl. Horizontalleitlinien, Anhang B 5 Rn. 281). Die an der Normung bzw. Standardisierung Beteiligten müssen die **Freiheit** behalten, **alternative Normen oder Produkte zu entwickeln.** Daher darf es keine Bindung an die erzielten Ergebnisse und keine Nutzungspflicht bzw. eine Pflicht zur Einhaltung der entwickelten Standards geben. Die Partner müssen die Freiheit behalten, selbst über Art und Umfang der Verwendung der erzielten Arbeitsergebnisse zu entscheiden (Horizontalleitlinien, Anhang B 5, Rn. 293, 318).

198 **g) Umweltschutzvereinbarungen.** Umweltschutzvereinbarungen können Vereinbarungen über Normen für die Umweltergebnisse von Produkten oder Herstellungsverfahren sein. Hierbei sind die Wirkungen auf den Märkten zu würdigen, auf die sich die Vereinbarung bezieht. Umweltschutzvereinbarungen fallen **in aller Regel nicht unter Art. 101 Abs. 1,** wenn sich die Partner keine bestimmten Verpflichtungen auferlegen oder sich nur allgemein verpflichten, zu Erfüllung eines Umweltschutzzieles eines Wirtschaftszweigs beizutragen (so in den alten Horizontalleitlinien Rn. 185; die Horizontalleitlinien von 2011 behandeln Umweltvereinbarungen nicht mehr als separate Fallgruppe; vielmehr sind die Regeln über Vereinbarungen über Normen und Standards anzuwenden: → Rn. 194 ff.; dazu auch *Fritzsche* EuZW 2011, 208, 211).

199 **h) Marktinformationsverfahren.** Ein Verstoß gegen Art. 101 liegt grundsätzlich vor, wenn die beteiligten Wettbewerber zeitnah Informationen über solche Umstände austauschen, die nicht allgemein und ohne Weiteres verfügbar und **für den Wettbewerb zwischen den beteiligten Unternehmen von Bedeutung** sind (zB laufende Informationen über Aufträge, Lieferungen, Preise, Umsätze, Investitionen usw.). Dies gilt insbesondere, wenn sich bestimmte Tatsachen oder konkrete Verhaltensweisen aufgrund des Marktinformationsverfahrens individuellen Wettbewerbern zuordnen lassen, dh ein **identifizierendes Verfahren** gegeben ist. Dadurch wird der **Geheimwettbewerb** beeinträchtigt oder gar beseitigt, also die Ungewissheit über das Marktverhalten der Wettbewerber (vgl. dazu EuG Slg. 1999 II-347 ff. Thyssen Stahl). Anders zu bewerten sind reine **Marktstatistiken.** Dies sind Marktinformationsverfahren, bei denen sich Wettbewerber unter Einschaltung einer Meldestelle darüber informieren, welche Mengen geliefert und welche Umsätze getätigt wurden. Marktstatistiken sind für viele Anbieter für die Steuerung ihrer Produktion und für die Beurteilung der Marktlage von Bedeutung. Derartige Meldeverfahren haben aber zumeist einen abstrakten Charakter im Hinblick auf Marktbewegungen und stellen die relevanten Marktdaten neutral dar. Wichtig ist dabei, dass eine **Identifizierung** einzelner Kunden, Lieferanten oder von Einzelgeschäften – insbesondere bei der Weitermeldung von Durchschnittswerten – tatsächlich ausgeschlossen bleibt. Bedenken können darüber hinaus bestehen, wenn die erfasste Zahl der je Erzeugnisgruppe lieferfähigen Unternehmen oder die Zahl der je Erzeugnisgruppe gemeldeten Stückzahlen bzw. Geschäftsvorfälle gering ist. Die Auswirkungen des Informationsaustausches brauchen dann aber nach der Rechtsprechung des EuGH nicht festgestellt werden, wenn der Austausch die Beschränkung des Wettbewerbs bezweckt (EuGH 4.6.2009 C8/08 Rn. 29 T-Mobile Netherlands; vgl. dazu auch EuGH 5.12.2013 C-455/11 P NZKart 2014, 63 Solvay).

200 Eine einheitliche und pauschale Bewertung sämtlicher Erscheinungsformen von Marktinformationsverfahren ist nicht möglich. Vielmehr muss eine Beurteilung aufgrund der **Umstände des konkreten Einzelfalls** erfolgen. Die wettbewerbswidrigen Wirkungen eines Informationsverfahrens dürfen nicht abstrakt unterstellt, sondern müssen konkret bestimmt werden (vgl. EuGH Slg. 1998 II-1048 ff. Gruber + Weber). Dabei spielt auch die Art des Produkts sowie die **Marktstruktur** eine große

Rolle (s. dazu auch EuGH Slg. 2006 I-11 125 Rn. 57 Asnef-Equifaax/Ausbanc): So soll auf einem stark oligopolistischen Markt mit eingeschränktem Wettbewerb und ohnehin erleichtertem Informationsaustausch ein geographisch stark gegliedertes Marktinformationsverfahren, das in kurzen zeitlichen Abständen über die Umsätze der jeweils letzten Periode informiert, in jedem Fall unzulässig sein, weil es allen Wettbewerbern in festen Zeitabständen die Marktpositionen und die Strategien der einzelnen Wettbewerber offen legt (EuG Slg. 1994 II-957 Rn. 51 John Deere, bestätigt durch EuGH Slg. 1998 I-3111). Auch der Austausch von öffentlich zugänglichen Informationen, wie beispielsweise historiche Preise, kann zur weiteren wettbewerbswidrigen **Verstärkung der Transparenz** auf einem Markt führen, wenn auf diesem Markt der Wettbewerb ohnehin schon stark geschwächt ist und die Informationen die Überwachung der Einhaltung von Kartellvereinbarungen dient (EuGH 7.1.2004 C-204 P, C-205 P, C-211 P, C-213 P, C-217 P und C-219 P Aalborg Portland Rn. 281).

Diese bisherige Rechtspraxis wird in den Horizontalleitlinien (Anlage B 5) zusammengefasst und konkretisiert. **Strategische Informationen** können sich auf **Preise, Kundenlisten, Produktionskosten, Mengen, Umsätze, Verkaufszahlen, Kapazitäten, Qualität, Marketingpläne, Risiken, Investitionen, Technologien sowie F&E-Programme** und deren Ergebnisse beziehen (Horizontalleitinien, Rn. 86). Wettbewerbsbeschränkende Auswirkungen sind wahrscheinlich, wenn die am Austausch beteiligten Unternehmen einen hinreichend großen Teil des relevanten Marktes abdecken (Horizontalleitlinien, Anlage B 5, Rn. 87). Beim Austausch von Daten ist außerdem zu berücksichtigen, ob die Daten **aggregiert** oder **identifizierbar** ausgetauscht werden. Bei echt aggregierten Daten, also Daten, die keine Rückschlüsse auf individuelle unternehmensspezifische Daten zulassen, sind wettbewerbsbeschränkende Auswirkungen weniger wahrscheinlich als beim Austausch unternehmensindividueller Daten (Horizontalleitlinien, Anlage B 5, Rn. 89). Somit ist es im Allgemeinen weniger wahrscheinlich, dass der Austausch aggregierter Daten zu wettbewerbsbeschränkenden Auswirkungen führt, außer im Falle eines solchen Austauschs in einem engen Oligopol (Horizontalleitlinien, Anlage B 5, Rn. 89). Ein weiteres Kriterium ist das Alter der Daten; sind die Daten aktuell, so ist die Wahrscheinlichkeit einer Wettbewerbsbeschränkung größer als dann, wenn die Daten eher historisch sind (Horizontalleitlinien, Anlage B 5, Rn. 90). Ein wichtiger Faktor ist schließlich, ob die Informationen **öffentlich** sind. Sofern die Informationen allen Wettbewerbern und Kunden gleichermaßen zur Verfügung stehen, dürfte Art. 101 kaum verletzt sein (Horizontalleitlinien, Anlage B 5, Rn. 92). 201

Der Informationsaustausch muss – um als abgestimmtes Verhalten mit wettbewerbswidrigem Zweck oder wettbewerbsbeschränkender Wirkung – **nicht systematisch** durchgeführt werden. Es reicht aus, wenn Unternehmen gegenüber einem oder mehreren Wettbewerbern strategische Informationen offenlegen und die empfangenden Unternehmen diese Informationen „akzeptieren". Kontakt in Form von Schriftverkehr, E-Mails, Telefongesprächen oder Treffen reichen aus. Es soll unerheblich sein, ob nur ein Unternehmen seine Wettbewerber **einseitig** über das beabsichtigte Marktverhalten informiert oder ob alle beteiligten Unternehmen sich **gegenseitig** unterrichten, weil bereits durch die Information für alle Beteiligten die Ungewissheit über das künftige Marktgeschehen verringert wird und die Gefahr einer Verringerung des Wettbewerbs und eines kollusiven Verhaltens besteht (s. Horizontalleitlinien, Anhang B 5, Rn. 62; Schlussanträge der Generalanwältin Kokott Slg 2009, I-4529, Rn. 54, T-Mobile Netherlands) Die bloße Anwesenheit in einer Sitzung, in der ein anderes Unternehmen strategische Informationen offenlegt, kann also bereits unter Art. 101 fallen (EuGH Slg. 2001, II-2035, Rn. 54, Tate & Lyle). Gleichzeitig wird nach Ansicht des EuGH davon ausgegangen, dass ein Unternehmen strategische Informationen, die von einem Wettbewerber erhalten werden, bei seinem künftigen Marktverhalten berücksichtigt hat; damit wird bereits das abge- 202 stimmte Verhalten vermutet (EuGH 4.6.2009 C-8/08 Rn. 27 T-Mobile Netherlands; vgl. dazu auch EuGH 5.12.2013 C-455/11 P NZKart 2014, 63 Solvay). Der Austausch von Kreditinformationen zwischen Banken soll dann nicht gegen Art. 101 Abs. 1 verstoßen, wenn der Markt keine hochgradige Konzentration aufweist, die Identität der Gläubiger nicht aufgedeckt wird und die Kreditinformationen den im maßgeblichen Bereich tätigen Wirtschaftsteilnehmern diskriminierungsfrei zugänglich sind (EuGH Slg. 2006 I-11 125 Rn. 61 Asnef-Equifaax/Ausbanc).

3. Vertikale Sachverhalte

203 **a) Einführung.** Art. 101 Abs. 1 ist auch auf wettbewerbsbeschränkende **Vereinbarungen zwischen Unternehmen in verschiedenen Marktstufen** anwendbar. Dies gilt insbesondere für Vereinbarungen über den Vertrieb von Produkten. In Rechtsprechung und Rechtspraxis ist aber festzustellen, dass bei der Beurteilung von Wettbewerbsbeschränkungen in Vertikalverhältnissen in deutlich **größerem Umfang als bei Horizontalverhältnissen ökonomische Notwendigkeiten, Tatbestandsrestriktionen oder Freistellbarkeit** anerkannt wurden. Ein gutes Beispiel hierzu ist die Rechtspraxis zum selektiven Vertrieb (s. Rn. 210). Im US-Kartellrecht wird sogar mittlerweile unter engen Voraussetzungen die Bindung von Mindeswiederverkaufspreisen für möglich gehalten (US Supreme Court, Leegin vs PSKS, 127 S Ct 2705 (2007)). Diese Überlegungen greifen die Vertikalleitlinien 2010 auf (Vertikalleitlinien, Anhang B 6 Rn. 225). Danach sollen vertikale Preisbindungen im Einzelfall die Freistellungsvoraussetzungen nach Art. 101 Abs. 3 erfüllen können, nämlich bei der Einführung neuer Produkte, bei der Koordinierung von kurzfristigen Sonderpreisaktionen in Franchisesystemen oder ähnlichen Vertriebssystemen, oder ach dann, wenn mit einem festgesetzen Preis den Einzelhändlern die Möglichkeit geboten werden soll, dem Kunden besondere Beratungs- oder Serviceleistungen anzubieten.

204 Die kartellrechtliche Beurteilung von Vertriebsvereinbarungen wird im Wesentlichen geprägt durch die **Gruppenfreistellungsverordnung für Vertikalvereinbarungen** (VO 330/2010) und die Leitlinien für vertikale Beschränkungen (**Vertikalleitlinien,** Anhang B 6). Die Definition der Vertikalvereinbarungen ergibt sich aus Art. 2 Abs. 1 VO 330/2010. Vertikalvereinbarungen sind danach Vereinbarungen zwischen zwei oder mehr Unternehmen, von denen jedes zwecks Durchführung der Vereinbarung auf einer unterschiedlichen Produktions- oder Vertriebsstufe tätig ist, und welche die Bedingungen betreffen, zu denen die Parteien bestimmte Waren oder Dienstleistungen beziehen, verkaufen oder weiterverkaufen können. Diese Legaldefinition der vertikalen Vereinbarungen stellt also nur auf die Tätigkeit auf unterschiedlichen Produktions- oder Vertriebsstufen ab. Ob die Unternehmen Wettbewerber sind oder nicht, spielt bei der Einordnung des Vertikalverhältnisses keine Rolle, wohl aber bei der wettbewerbsrechtlichen Bewertung. Nach Art. 2 Abs. 4 VO 330/2010 werden vertikale Vereinbarungen zwischen Wettbewerbern einem sehr viel strengeren Regime unterworfen als vertikale Vereinbarungen zwischen Nichtwettbewerbern. Dies hat den Grund, dass über Vertikalvereinbarungen horizontale Wettbewerbsbeschränkungen vereinbart werden können. Eine Gebietsbeschränkung zwischen zwei Unternehmen lässt sich auch dadurch erzielen, dass sich die Unternehmen gegenseitig zu Vertriebshändlern mit Ausschließlichkeitsrechten einsetzen.

205 **Bezugsbindungen** sind Vereinbarungen, die ein Unternehmen im **Bezug von Waren beschränken,** also beispielsweise verbieten, Waren anderer als derjenigen des Lieferanten zu beziehen. Art. 101 Abs. 1 ist auf Vertriebssysteme grundsätzlich anwendbar, die Bezugs- oder Absatzbindungen enthalten. Sonderprobleme ergeben sich dabei für die Frage, ob eine Vereinbarung zwischen verschiedenen Unternehmen vorliegt (zum **Handelsvertreter** → Rn. 60ff.) oder die Wettbewerbsbeschränkung eines Bezugs- oder Absatzbindungsvertrags spürbar ist (zur gebündelten Betrachtung, **Bündeltheorie,** → Rn. 84). Durch das Kartellrecht sollen insbesondere die folgende

wettbewerbshindernde Effekte verhindert werden: Der Ausschluss anderer Lieferanten oder anderer Käufer vom Markt durch Errichtung von Marktzutrittsschranken, der Verringerung des Markenwettbewerbs zwischen den im Markt tätigen Unternehmen **(inter-brand competition),** der Verringerung des Wettbewerbs zwischen Vertriebshändlern, die Produkte derselben Marke vertreiben **(intra-brand competition)** und die Behinderung der Integration der Märkte durch Einschränkung der Freiheit der Verbraucher, Waren oder Dienstleistungen in einem Mitgliedstaat ihrer Wahl zu kaufen.

Die Vertikalleitlinien teilen Bezugs- und Absatzbindungen in zwei Kategorien ein. **206** Die erste Kategorie mit der Bezeichnung **Markenzwang** (Vertikalleitlinien, Anhang B 6, Rn. 129ff.) umfasst Vereinbarungen, die den Käufer veranlassen, seine Bestellung für ein bestimmtes Produkt auf einen Lieferanten zu konzentrieren, also Alleinbezugsvereinbarungen bzw. in der Nomenklatur der VO 330/2010 (vgl. Art. 1 lit. b) **Wettbewerbsverbote** (→VO 330/2010 Art. 1 Rn. 25ff.). Diese Vereinbarungen führen im Wesentlichen zu einem Ausschluss anderer Lieferanten, einer Verfestigung der Marktstellung des Lieferanten, der Wettbewerbsverbote auferlegt, dem fehlenden Markenwettbewerb beim Händler und unter Umständen zur Möglichkeit von Kopplungsgeschäften. Die andere, in den Leitlinien dargestellte Kategorie umfasst den Bereich der **Vertriebsbeschränkungen,** also **Alleinvertrieb** (Vertikalleitlinien, Anhang B 6 Rn. 131) für Gebiet oder Kundengruppen, **Alleinbelieferungsverpflichtungen** und Mengenvorgaben für den Lieferanten, **selektiver Vertrieb** (Vertikalleitlinien, Anhang B 6, Rn. 174ff.). Fast immer unzulässig sind **Vereinbarungen über vertikale Preisbindungen,** die den Verkäufer verpflichten oder dazu verleiten, nicht unterhalb eines bestimmten Preises zu gehen (dazu Rn. 89ff., mit den „Aufweichungen" der Vertikalleitlinien, Anhang B 6, Rn. 225), und **Marktaufteilungen,** deren Hauptelement darin besteht, dass der Käufer beim Bezug oder Weiterverkauf eines Produkts in seiner Wahlfreiheit eingeschränkt wird.

Die Kommission anerkennt aber auch **positive Effekte vertikaler Beschränkungen.** **207** Ein Vertriebshändler kann von den Verkaufsförderungsbemühungen eines anderen Händlers profitieren oder Lieferanten können die Verkaufsförderungsmaßnahmen anderer Lieferanten ausnutzen; dieses **„Trittbrettfahrerproblem"** kann durch Alleinvertriebsvereinbarungen gelöst werden. Zum anderen kann eine vertikale Beschränkung sinnvoll sein, um die **Schaffung neuer Märkte** und den **Einstieg in neue Märkte** zu ermöglichen. So ist ein Alleinvertriebsrecht für ein bestimmtes Gebiet geeignet, einem Vertriebshändler den Aufbau des Kundenstammes und die hiermit verbundene Investition zu erleichtern. Selektive Vertriebssysteme, die einen bestimmten Standard des Angebots von Waren oder Dienstleistungen sicherstellen, können durch Beschränkungen gegen das Gütesiegel-Trittbrettfahrerproblem abgeliefert werden. Schließlich kann das Hold-up-Problem mit Vertriebsbeschränkungen gelöst werden, das auftritt, wenn ein Lieferant oder Käufer in kundenspezifische Maßnahmen investieren muss und ihm die Möglichkeit gegeben werden muss, diese Investitionen zu amortisieren. Vorteilhaft kann auch ein Vertriebssystem mit Alleinvertriebsrechten, Mengenvorgaben in Form von Mindestbezugsmengen usw. sein, um Größenvorteile im Vertrieb zu erreichen. Vertriebsbeschränkungen können auch erforderlich sein, um etwa eine Darlehensgewährung an einen Händler zu rechtfertigen, der nur durch diese Darlehensgewährung in den Stand versetzt wird, einen Betrieb aufzubauen (Erhebung von Unzulänglichkeiten der Kapitalmärkte). Und schließlich können vertikale Beschränkungen Steigerungen des Absatzes unter dem Gesichtspunkt der Sicherung von Einheitlichkeit und Qualität dienen; Beispiel ist hier selektiver Vertrieb und Franchising (zu diesen Vorteilen Vertikalleitlinien, Anhang B 6, Rn. 106ff.).

Die Kommission schlägt in den Vertikalleitlinien (Anhang B 6, Rn. 110) eine **Prüfung der Beschränkung in vier Schritten** vor: (1) **Ermittlung des Marktanteils:** **208** Überschreitet der Anteil am relevanten Markt nicht die **30%-Schwelle,** so fällt die betreffende vertikale Vereinbarung unter die VO 303/2010, soweit sie (2) **keine Kernbeschränkung** nach Art. 4 VO 330/2010 enthält. (3) Beträgt der Anteil am relevanten Markt **mehr als 30%,** so kommt es auf die Vereinbarkeit der zu prüfenden Regelung mit Art. 101 Abs. 1 an. (4) Verstößt die Regelung gegen Art. 101 Abs. 1, ist zu prüfen, ob die allgemeinen Freistellungsvoraussetzungen des Art. 101 Abs. 3 vorliegen.

209 **b) Alleinvertrieb.** Ein Alleinvertriebsvertrag ist ein Vertrag, der den Lieferanten verpflichtet, seine Produkte zum Zwecke des Weiterverkaufs in einem **bestimmten Gebiet nur an einen Vertriebshändler** zu verkaufen; der Lieferant verpflichtet sich, in dem Gebiet keine weiteren Händler einzusetzen. Typische zusätzliche Wettbewerbsbeschränkungen sind die Verpflichtung des Lieferanten, im Gebiet selbst nicht tätig zu werden, und Beschränkungen des Händlers außerhalb des Gebiets. Alleinvertriebsvereinbarungen sind unterhalb der Marktanteilsschwellen des Art. 3 VO 330/2010 weitgehend freigestellt. Einschränkungen der Freistellung bestehen für Alleinvertriebsvereinbarungen zwischen Wettbewerbern (s. Art. 2 Abs. 4 VO 330/2010) und soweit Kernbeschränkungen vereinbart werden; zu den Einzelheiten siehe Art. 4 VO 330/2010.

210 **c) Selektiver Vertrieb.** Selektiver Vertrieb ist dadurch gekennzeichnet, dass dem Händler nicht ein Gebiet oder eine Kundengruppe zugewiesen wird, sondern der Händler anhand von Auswahlkriterien, die mit der Beschaffenheit des Produkts zusammenhängen, ausgewählt wird. Wettbewerbsbeschränkend kann insoweit einerseits die Vereinbarung sein, nur solche Händler zum System zuzulassen, die die besonderen Kriterien erfüllen, sowie andererseits die zum Schutz des Systems zwingend notwendige Regelung, dass Wiederverkäufer, die dem System nicht angehören, nicht beliefert werden dürfen. Diese **Wettbewerbsbeschränkenden Vereinbarungen in selektiven Vertriebssystemen** werden unter bestimmten Voraussetzungen als ein **nicht gegen Art. 101 Abs. 1 verstoßender** Bestandteil des Wettbewerbs angesehen (EuGH Slg. 1977, 1875 Rn. 20 Metro/SABA I). Die typische Wettbewerbsbeschränkung in selektiven Vertriebssystemen, die unter diese Tatbestandsausnahme fällt, ist die **Fachhandelsbindung,** also die Verpflichtungen des Lieferanten und der Händler, die Vertragswaren nur an Endkunden und Wiederverkäufer des Systems zu veräußern.

211 Entscheidende Voraussetzung dafür, dass Art. 101 Abs. 1 nicht zur Anwendung kommt, ist, dass die **Auswahl der Wiederverkäufer nach objektiven Gesichtspunkten qualitativer Art** erfolgt. **Qualitative selektive Vertriebssysteme** sind dadurch gekennzeichnet, dass die Händler ausschließlich nach objektiv qualitativen Kriterien ausgewählt werden, die sich nach den Anforderungen des betreffenden Produkts richten, also Ausbildung, Teilnahme an Schulungen, Angebot eines bestimmten Service für das Produkt. Qualitativ sind diese Anforderungen deswegen, weil die Anzahl der möglichen Händler hierdurch nicht beschränkt wird – jeder kann Händler werden, der diese Voraussetzungen erfüllt (zB **fachliche Eignung** des Personals und seine sachliche Ausstattung). Erforderlich ist aber, dass die **Besonderheiten des Produkts die Selektion rechtfertigen,** außerdem **die einheitliche, nichtdiskriminierende Anwendung dieser Kriterien** (KOMM ABl. 1970 L 147/24 Kodak; ABl. 1976 L 30/10 Junghans; ABl. 1984 L 118/24 IBM-Personalcomputer; ABl. 1985 L 376/16 Villeroy & Boch; ABl. 1992 L 12/24 YSL Parfums; ABl. 1992 L 336/11 Parfumes Givenchy), damit Art. 101 Abs. 1 nicht zur Anwendung kommt. Liegen diese Voraussetzungen vor, wird nach der Rechtsprechung sogar eine zur Verwirklichung dieser Unternehmenspolitik erforderliche Stabilisierung des Preisniveaus für zulässig gehalten, wenn sie zu einer Intensivierung des Wettbewerbs in anderen Bereichen als dem der Preise führt (EuGH Slg. 1977, 1875 Rn. 21 Metro/SABA I; Slg. 1983, 3151 AEG-Telefunken). Stärkere Maßnahmen als Preisempfehlungen dürften aber nicht zulässig sein (s. den Freistellungsumfang in Art. 4 a) VO 330/2010 und EuGH Slg. 1986, 353 Rn. 25 Pronuptia).

212 Beim **quantitativen Selektivvertrieb** kommen Zulassungskriterien hinzu, die die Anzahl der in Frage kommenden Händler unmittelbar beschränken, weil beispielsweise ein Mindest- oder Höchstumsatz vorgeschrieben ist oder die Händlerzahl ausdrücklich begrenzt ist (s. hierzu Vertikalleitlinien, Anhang B 6, Rn. 185). Nach der Rechtsprechung der Gemeinschaftsgerichte muss bei derartigen Selektionskriterien davon ausgegangen werden, dass wettbewerbsbeschränkende Vereinbarungen, also die Verpflichtung zur Anwendung der Kriterien einerseits und das Wiederverkäuferbelieferungsverbot andererseits, **gegen Art. 101 Abs. 1 verstoßen** können; allerdings kommt grundsätzlich eine Freistellung nach der VO 330/2010 in Frage. Durch die Freistellung selektiver Vertriebssysteme durch die VO 330/2010 hat die Abgrenzung qualitativ selektiver Vertriebssysteme, die nicht unter Art. 101 Abs. 1 fallen, von solchen, die nicht als qualitativ selektierend eingestuft werden können, an Bedeutung verloren, kann aber wegen der Marktanteilsschwelle in Art. 3 VO 330/2010 nach wie vor relevant sein.

Das dem Händler auferlegte Verbot, die zu vertreibenden Ware nicht per Internet zu vertreiben, sondern nur aus dem physischen Verkaufslokal heraus (zB durch das Erfordernis, das Produkt nur in Anwesenheit eines Pharmazeuten zu verkaufen), wird als gegen Art. 101 Abs. 1 verstoßende bezweckte Wettbewerbsbeschränkung angesehen, wenn das Produkt die qualitative Anforderung nicht objektiv rechtfertigt. Eine Freistellung nach Abs. 3 kommt deshalb nicht in Betracht, weil das de-facto-Verbot des Vertriebs über das Internet dem Verbot des passiven Vertriebs gleichkommt (s. Art. 4c VO 330/2010; EuGH 13.10.2011 C 439/09 Rn. 34ff., 47 Pierre Fabre). **213**

d) Franchising. Franchise-Vereinbarungen sind in der Regel Vertriebsvereinbarungen, die mit **Lizenzen für Marken oder Know How** zum Zwecke der Nutzung oder des Vertriebs von Waren und Dienstleistungen kombiniert sind; wesentlich ist die Verpflichtung zu **einheitlichem Auftreten** und einheitlichen Vertriebs- und Angebotsmethoden. Während Franchise-Vereinbarungen früher durch eine spezielle Freistellungsverordnung (VO 4087/88) abgesichert waren, fallen sie heute in den Anwendungsbereich VO 330/2010 (s. auch Vertikalleitlinien, Anhang B 6, Rn. 189ff.). **214**

e) Alleinbelieferung. Alleinbelieferungsverträge sind solche, nach der sich ein Lieferant verpflichtet, ein bestimmtes Produkt **nur an einen bestimmten Käufer** zu geben. Damit werden andere Käufer vom Markt ausgeschlossen. Alleinbelieferungsvereinbarungen können grundsätzlich durch die VO 330/2010 freigestellt sein. In diesem Zusammenhang spielt die Abgrenzung zur Zuliefersituation im Sinne einer verlängerten Werkbank eine bedeutende Rolle, s. auch zur Zulieferbekanntmachung (Anhang B 8) Rn. 128, Vertikalleitlinien, Anhang B 6, Rn. 192ff.. **215**

f) Bezugsverpflichtungen. Gegen Art. 101 Abs. 1 können auch Bezugsverpflichtungen verstoßen, insbesondere Regelungen zum Alleinbezug. Alleinbezugsverpflichtungen waren bis zum Inkrafttreten der VO 330/2010 in der Gruppenfreistellungsverordnung VO 1984/83 geregelt, die zudem besondere Regelungen für den Bier- und Kraftstoffvertrieb enthielt. Bezugsverpflichtungen sind innerhalb des Anwendungsbereichs der VO 330/2010 als **„Wettbewerbsverbote"** entsprechend der Definition des Art. 1b) VO 330/2010 freigestellt, nach Art. 5a) VO 330/2010 aber nur für einen Maximalzeitraum von fünf Jahren (s. zu den Einzelheiten und Ausnahmen VO 330/2010 Art. 5). Nach der Definition des Wettbewerbsverbots in Art. 1b) VO 330/2010 bedürfen aber nur solche Bezugsverpflichtungen der Freistellung, und verstoßen damit erst nach Ansicht der Kommission gegen Art. 101 Abs. 1, soweit der **Käufer verpflichtet ist, „mehr als 80%** seiner auf der Grundlage des Einkaufswertes der vorherigen Kalenderjahres berechneten gesamten Einkäufe von Vertragswaren oder -dienstleistungen" **zu beziehen.** Daraus kann geschlossen werden, dass Bezugsverpflichtungen unter dieser Schwelle in der Regel nicht gegen Art. 101 verstoßen; im Einzelfall kann aber Anderes gelten. **216**

g) Kopplung. Bei Kopplungsvereinbarungen macht der Lieferant den Verkauf eines Produkts vom Bezug eines verschiedenartigen Produkts abhängig. Eine wettbe- **217**

werbsbeschränkende Vereinbarung liegt allerdings nur vor, wenn ein **vertraglicher Abschlusszwang für den Kauf eines anderen Produkts** besteht. Aus Sicht der Kommission liegt ein nach Art. 101 Abs. 1 relevantes Kopplungsgeschäft vor, wenn zwei Produkte verschiedenartig sind und sie aus Sicht der Käufer zu verschiedenen Märkten gehören würden, falls es die Kopplung nicht gäbe. Die wettbewerbsnachteilige Wirkung liegt darin, dass eine mögliche Marktabschottung bei dem gekoppelten Produkt eintritt. Kopplungsverbote können als Vertriebsbindungen nach der VO 330/2010 freigestellt sein. Zu Kopplungsvereinbarungen auch → Rn. 102.

4. Vereinbarungen über Schutzrechte

218 **a) Grundsätze.** Schutzrechte aller Art, also Patentrechte, Urheberrechte, Geschmacksmusterrechte, Marken usw. geben dem Inhaber ein **Nutzungsmonopol;** Entsprechendes kann für (rechtlich nicht geschütztes) Know-how gelten. Dieses Nutzungsmonopol kollidiert mit den Wettbewerbsregeln des AEUV; die missbräuchliche Ausnutzung des durch das Schutzrecht gewährten Monopols kann – je nach Marktabgrenzung – gegen Art. 102 verstoßen. **Vereinbarungen,** die die **Nutzung des Schutzrechts** regeln, können nach Art. 101 relevant sein. Der EuGH sieht die **Ausübung eines Schutzrechts** dann in Konflikt mit Art. 101 Abs. 1, wenn sie den Gegenstand, das Mittel oder die Folge einer wettbewerbsbeschränkenden Vereinbarung darstellt (EuGH Slg. 1982, 2015, 2061, Nungesser (Maissaatgut); Slg. 1982, 3381, 3401 Coditel II Rn. 15). Die wirtschaftliche Verwertung von Schutzrechten durch Verträge unterliegt grundsätzlich den Wettbewerbsregeln des AEUVs, also gerade Art. 101 (EuGH Slg. 1981, 147 Rn. 12 Gema; EuGH Slg. 1993, I-5145 Rn. 20). Art. 101 Abs. 1 soll auf die **vollständige Lizenzierung** des Schutzrechts **anwendbar** sein (EuGH Slg. 1982, 3381, 3401 Coditel, II wobei die Entscheidung ausdrücklich auf die besondere Situation bei der Verwertung von Rechten an Filmwerken abstellt). Eine **Schutzrechtsübertragung** soll im Prinzip mit Art. 101 Abs. 1 vereinbar sein; sie kann aber dann gegen Art. 101 Abs. 1 verstoßen, wenn sie das Mittel der Umsetzung einer Kartellabsprache ist, also die Schutzrechte gerade zu dem Zweck einer Marktaufteilung und damit im Rahmen einer Kartellabsprache aufgeteilt oder verteilt wurden (s. hierzu EuGH Slg. 1978, 1391, 1415 TEPEA).

219 **b) Lizenzvereinbarungen über Technologie, insbesondere gewerbliche Schutzrechte.** Soll in Lizenzverträgen die **Nutzung des Schutzrechts nur teilweise gestattet** werden, so muss grundsätzlich geprüft werden, ob die Nutzungsbeschränkung nach Art. 101 Abs. 1 relevant ist. Die größte Bedeutung hat die Anwendbarkeit des Art. 101 Abs. 1 denn auch auf Regelungen im Zusammenhang mit Lizenzvereinbarungen. Nach den **Technologietransfer-Leitlinien** (Anhang B 9) der Kommission, gestützt auf Rechtsprechung des EuGH, muss die Bewertung, ob eine Lizenzvereinbarung wettbewerbsbeschränkende Wirkung hat, in konkretem Zusammenhang erfolgen, in dem Wettbewerb stattfinden würde, wenn die Vereinbarung mit ihren mutmaßlichen Beschränkungen nicht bestünde. Geprüft werden müssen also die Auswirkungen auf den **Technologienwettbewerb,** also den Wettbewerb zwischen Unternehmen, die verschiedene, aber konkurrierende Technologien verwenden, so wie auf den **technologieinternen Wettbewerb,** also den Wettbewerb zwischen Unternehmen, die dieselbe Technologie verwenden (Technologietransferleitlinien; Anhang B 9, Rn. 11). Die Technologietransferleitlinien und die Technologietransfer Gruppenfreistellungsverordnung 316/2014 stellen ein Regelungsgeflecht für Verträge über die Nutzung von Patenten, Know-how und sonstigen technischen Schutzrechten auf (im Einzelnen unten VO 316/2014).

220 Grundsätzlich gilt, dass Vereinbarungen über die Nutzung und die Ausübung von Schutzrechten insoweit nicht von Art. 101 Abs. 1 erfasst werden, soweit sie die Ausschlussrechte regeln, die das Schutzrecht ohnehin gewährt. Diese Ausschlussrechte sind für jedes Schutzrecht besonders zu ermitteln. Von entscheidender Bedeutung ist

dabei die **Erschöpfung des Rechts,** also die Reichweite der Rechte nach dem vom Rechtsinhaber erlaubten Inverkehrbringen von Produkten, die unter Nutzung der Schutzrechte hergestellt wurden, von ihm erlaubter Vervielfältigung eines urheberrechtlich geschützten Werkes (also einer Filmkopie, eines Tonträgers oder eines Buches usw.), oder von ihm gestatteter Kennzeichnung einer Ware mit einer Marke.

c) Werknutzungsverträge. Werknutzungsverträge sind Verträge über die Nutzung von Urheberrechten. Hinsichtlich der Nutzung eines urheberrechtlich genutzten Werkes sind die körperliche und die nicht-körperliche Werkverwertung zu unterscheiden. Die **körperliche Werkverwertung** geschieht bei einem Schriftwerk durch Schaffung und körperlichen Vertrieb eines Vervielfältigungsstücks (eines Buches, einer Musik-CD, einer Film-DVD, eines Video- oder Computerspieles, aber auch Software usw.). Grundsätzlich gelten für den Vertrieb der Vervielfältigungsstücke die gleichen Regeln wie für den Vertrieb von Waren; Beschränkungen sind jedenfalls insoweit an Art. 101 Abs. 1 zu messen, als sie urheberrechtlich wegen Erschöpfung des Weiterverbreitungsrechts nicht mehr durchsetzbar wären. Durch Veräußerung des Vervielfältigungsstücks erschöpft sich das Weiterverbreitungsrecht bezüglich des Vervielfältigungsstücks (für das deutsche Recht s. § 17 S. 2 UrhRG), aber nicht Aufführungs- oder Verleihrechte (s. EuGH Slg. 1988, 2605 Warner Brothers; Slg. 1998, I 5171 Foreningen af danske videogramdistributors). Bezüglich des Vervielfältigungsstücks gelten damit die allgemeinen Regeln für den Vertrieb von Waren und die Freistellungsmöglichkeiten nach VO 330/2010. Für Werknutzungsverträge über die **nicht-körperliche Verwertung,** also Nutzungsverträge über urheberrechtlich geschützte Werke, wird die territoriale Einschränkung der Nutzung für die nichtkörperliche Werkverwertung als **mit Art. 101 Abs. 1 vereinbar** akzeptiert (EuGH Slg. 1982, 3381, 3402 Coditel II für das ausschließliche Recht zur Vorführung eines Films in einem Land). Eine Wettbewerbsbeschränkung liegt aber vor, wenn dem Sendeunternehmen die Pflicht auferlegt wird, Decodiervorrichtungen nicht außerhalb des zur ausschließlichen Ausstrahlung einer Sendung überlassenen Gebiets zu vertreiben (EuGH 4.10.2011 C 429/08 Rn. 298ff. Football Association Premier League). Diese ausschließliche Zuweisung eines Sendegebiets zur Ausstrahlung der Premier-League-Fußballspiele wurde für mit Art. 101 vereinbar angesehen, nicht aber die Verpflichtung, die Decodiergeräte nur innerhalb des Sendegebiets zu vertreiben. Dies legt den Schluss nahe, dass „passive" Ermöglichung der Werknutzung außerhalb des zur ausschließlichen Nutzung zugewiesenen Gebiets nicht unterbunden werden darf. 221

Die **Vergabe von Lizenzen für die Vervielfältigung und Verbreitung eines geschützten Werks,** insbesondere die Herstellung von Kopien für den Weiterverkauf, wird, auch wenn es sich um Sofware-Urheberrechte handelt, nicht von der Freistellung nach der VO 316/2014 erfasst, da es nicht um „Produktion"geht; u.U. ist aber die VO 330/2010 „analog" anwendbar (dazu Technologietransferleitlinien, Anhang B 9, Rn. 62). Anderes kann gelten, wenn der Lizenznehmer die lizenzierte Software in das Vertragsprodukt integriert (→ Rn. 63). 222

Regelungen, die **Streitigkeiten über geistiges Eigentum regeln,** genießen in der Anwendung des Art. 101 Abs. 1 **keine Privilegierung.** Sie sind nach den allgemeinen Regeln für Technologietransfervereinbarungen zu prüfen (Technologietransferleitlinien, Anhang B 9, Rn. 234ff.). 223

d) Markenlizenzverträge. Problematisch ist, welche **Wettbewerbsbeschränkungen in Markenlizenzvereinbarungen** mit Art. 101 Abs. 1 vereinbar sind. Spezifischer Gegenstand der Marke ist nach der Rechtsprechung des Gerichtshofs das ausschließliche Recht, ein Erzeugnis mit der Marke zu versehen und erstmals in Verkehr zu bringen (EuGH Slg. 1978, 1139, 1165, Hofmann-La Roche/Centrafarm; EuGH Slg. 1990 I-3711 Rn. 14 HAG). Abwehrrechte bestehen nach der Rechtsprechung des EuGH gegen jüngere und verwechslungsfähige Marken Dritter, aber auch die Antastung des Originalzustands der Ware (EuGH Slg. 1981, 2913, 2926, Pfizer/Eurim-Pharm.). 224

225 Gegenstand des Markenschutzes ist nach dem Verständnis des EuGH vor allem die Herkunfts- und Qualitätssicherungsfunktion (EuGH Slg. 1974, 1183, 1195, Centrafarm/Winthrop). Auf dieser Funktion aufbauend kann nach der Campari-Entscheidung (ABl. 1978 L 70/69) und der Moosehead/Whitbread-Entscheidung (ABl. 1990 L 100/32) der Kommission eine Vereinbarung über die Nutzung der Marke auch eine bestimmte **Qualitätsanforderung** für das Erzeugnis absichern, also auch eine Verpflichtung rechtfertigen, bei der Herstellung des Produkts für das die Markennutzung erlaubt wird, bestimmte Qualitätsanforderungen und Rezepte einzuhalten (KOMM ABl. 1990 L 100/32, 36 Moosehead/Whitbread). Bei solchen kombinierten Marken- und Know-how-Lizenzen zur Herstellung von Produkten wurde es auch als mit Art. 101 Abs. 1 angesehen, **Bezugspflichten** für Zutaten aufzuerlegen (KOMM ABl. 1990 L 100/32, 36 Moosehead/Whitbread). Auch Gebietslizenzen sind möglich, können aber bei Vereinbarungen über den Vertrieb von Waren oder Dienstleistungen keine weitergehenden Beschränkungen rechtfertigen, als dies nach der VO 330/2010 möglich wäre (s. Vertikalleitlinien, Anhang B 6, Rn. 38 sowie Art. 2 Abs. 3 VO 330/2010, s. auch → VO 330/2010 Art. 2 Rn. 7ff.). Gebietslizenzen über Marken an Hersteller von Waren, die das Verbot aktiver Verkäufe der selbst hergestellten Waren außerhalb des Lizenzgebiets vorsehen, können gegen Art. 101 Abs. 1 verstoßen, aber nach den Grundsätzen der Marktöffnung (Rn. 125) nach Art. 101 Abs. 3 freigestellt sein (so für eine Markenlizenz für eine Biermarke KOMM ABl. 1990 L 100/32, 37 Moosehead/Whitbread).

226 **Nicht-Angriffsklauseln bezüglich Marken** in Lizenzverträgen können gegen Art. 101 Abs. 1 verstoßen, wenn sie zur Abschottung eines Marktes beitragen. Sie sind aber nur spürbar, wenn die Verwendung einer weithin bekannten Marke erhebliche Wettbewerbsvorteile verleiht und das Fehlen der Marke eine spürbare Marktzutrittsschranke wäre; dagegen liegt keine spürbare Wettbewerbsbeschränkung vor, wenn es ohne weitere Nachteile möglich ist, die Ware unter einer anderen Marke in den Verkehr zu bringen (Kommission ABl. 1990 L 100/32, 36 Moosehead/Whitbread). Zu Einzelheiten s außerdem *Fammler,* Der Markenlizenzvertrag, 2. Auf. 2007, S. 7ff.; außerdem zu Nicht-Angriffs-Verpflichtungen →VO 316/2014 Art. 5 Rn. 8ff.

Art. 102 AEUV [Missbrauch einer marktbeherrschenden Stellung]

Mit dem Binnenmarkt unvereinbar und verboten ist die missbräuchliche Ausnutzung einer beherrschenden Stellung auf dem Binnenmarkt oder auf einem wesentlichen Teil desselben durch ein oder mehrere Unternehmen, soweit dies dazu führen kann, den Handel zwischen Mitgliedstaaten zu beeinträchtigen.

Dieser Missbrauch kann insbesondere in Folgendem bestehen:

a) der unmittelbaren oder mittelbaren Erzwingung von unangemessenen Einkaufs- oder Verkaufspreisen oder sonstigen Geschäftsbedingungen;

b) der Einschränkung der Erzeugung, des Absatzes oder der technischen Entwicklung zum Schaden der Verbraucher;

c) der Anwendung unterschiedlicher Bedingungen bei gleichwertigen Leistungen gegenüber Handelspartnern, wodurch diese im Wettbewerb benachteiligt werden;

d) der an den Abschluss von Verträgen geknüpften Bedingung, dass die Vertragspartner zusätzliche Leistungen annehmen, die weder sachlich noch nach Handelsbrauch in Beziehung zum Vertragsgegenstand stehen.

Inhaltsübersicht

1. Überblick

Art. 102 verbietet die missbräuchliche Ausnutzung einer beherrschenden Stellung auf dem Binnenmarkt bzw. auf einem wesentlichen Teil des Binnenmarktes durch ein oder mehrere Unternehmen, sofern dies dazu führen kann, den Handel zwischen Mitgliedstaaten zu beeinträchtigen. Das **Missbrauchsverbot** ergänzt das allgemeine Kartellverbot des Art. 101 und **rundet das kartellrechtliche Instrumentarium** ab. Unternehmen können nicht nur durch zwei- oder mehrseitige Vereinbarungen das Ziel des Binnenmarktes gefährden. Auch marktbeherrschende Unternehmen allein, die über eine große Wirtschaftsmacht verfügen, sind in der Lage, die Wettbewerbsverhältnisse auf den Märkten negativ zu beeinflussen (EuG Slg. 2007 II-3601 Rn. 229 Microsoft), insbesondere die nationalen Märkte gegeneinander abzuschotten (vgl. zB EuG Slg. 1994 II-755 Rn. 124 Tetra Pak). Anders als das Verbot der Monopolisierung, das nach dem US-amerikanischen Kartellrecht verboten ist (Sec. 2 Sherman Act), richtet sich Art. 102 nicht gegen die marktbeherrschende Stellung eines Unternehmens als solche, grundsätzlich auch nicht gegen den Erwerb einer marktbeherrschenden Stellung (EuGH Slg. 1973 215 Continental Can). Letzteres ist Gegenstand der EG-Fusionskontrolle. Nach Art. 102 verboten ist ausschließlich die **missbräuchliche Ausnutzung** einer solchen Stellung auf dem relevanten Markt (EuG 1

Slg. 2007 II-3601 Rn. 229 Microsoft). Allerdings muss das beanstandete Verhalten dem handelnden Marktbeherrscher als autonom bestimmt zuzurechnen und darf nicht auf eine staatliche Veranlassung, sondern muss auf die eigene Initiative des Unternehmens zurückzuführen sein (EuG Slg. 2008 II-477; bestätigt durch EuGH Slg. 2010 I-9555 Rn. 285 und 286 Deutsche Telekom; dazu auch *Lübbig* in L/M/R Art. 82 Rn. 19).

2 Begriffsnotwendig gibt es **keine** Möglichkeit der **Freistellung** vom Verbot des Art. 102. Liegt ein missbräuchliches Verhalten vor, das einem marktbeherrschenden Unternehmen zuzurechnen ist, ist das Verhalten als solches ausnahmslos unzulässig und verboten. Die Kommission hat keine Befugnisse, Ausnahmen vom Verbot zuzulassen. Art. 101 und Art. 102 stehen in einem **Konkurrenzverhältnis** zueinander. Das bedeutet, dass ein Verstoß gegen Art. 102 selbst dann vorliegen kann, wenn zB eine Vereinbarung im Einzelfall oder durch eine Gruppenfreistellungsverordnung nach Art. 101 Abs. 3 freigestellt ist (EuG Slg. 1990 II-309 Rn. 25 Tetra Pak I; *Eilmannsberger* in MünchKomm Art. 82 EG Rn. 35; a. A. *Kulka,* FS Rittner, 1991, S. 343, 359). In der Praxis wird eine solche Situation jedoch äußerst selten sein (*Fuchs/Möschel* in IM Art. 102 AEUV Rn. 28). Falls ein marktbeherrschendes Unternehmen seine Position missbräuchlich ausnutzt, wird eine Freistellung weder im Einzelfall noch durch eine Gruppenfreistellungsverordnung in Betracht kommen. Das verhindern im Bereich der Gruppenfreistellungsverordnungen bereits die nun in allen Verordnungen zu findenden **Marktanteilsschwellen.** Wenn ein Unternehmen eine marktbeherrschende Stellung einnimmt, sind diese in aller Regel eindeutig überschritten. Selbst wenn die Freistellungswirkung im Einzelfall eingetreten sein sollte, hätte die Kommission die Möglichkeit, die Freistellungswirkung konstitutiv im Einzelfall zu **entziehen** (vgl. dazu Art. 29 VO 1/2003 Rn. 10). Hat sie im Rahmen eines Verfahrens Anhaltspunkte dafür ermittelt, dass ein marktbeherrschendes Unternehmen seine Stellung missbraucht hat, wird sie im Rahmen ihres Ermessens kaum davon absehen können, die Freistellungswirkung für die betreffende Vereinbarung zu entziehen.

3 Art. 102 setzt voraus, dass ein Unternehmen eine **marktbeherrschende Stellung** hat. Die Beurteilung der Frage, ob ein Unternehmen allein oder gemeinsam mit anderen Unternehmen marktbeherrschend ist, setzt eine Bestimmung des sachlich und geographisch **relevanten Marktes** voraus. Auf der Grundlage dieses so abgegrenzten Marktes ist zu beurteilen, ob das Unternehmen allein oder gemeinsam mit anderen Unternehmen marktbeherrschend ist. Daran schließt sich die Prüfung an, ob ein **Missbrauchstatbestand** vorliegt.

4 Art. 102 ist, wie Art. 101, **unmittelbar und direkt anwendbar** (*Fuchs/Möschel* in IM Art. 102 AEUV Rn. 2). Das bedeutet, dass Unternehmen, die durch ein vermeintlich missbräuchliches Verhalten eines marktbeherrschenden Unternehmens benachteiligt oder geschädigt werden, dies direkt vor einem nationalen Gericht rügen können **(Verbotsprinzip).** Es ist nicht erforderlich, dass die Kommission oder eine zuständige nationale Wettbewerbsbehörde zuvor den Missbrauch konstitutiv festgestellt hat. Art. 102 ist **self-executing** (*Schröter* in *von der Groeben/Schwarze* Art. 82 Rn. 27). Vereinbarungen, die gegen Art. 102 AEUV verstoßen, sind zivilrechtlich unwirksam. Da das EU-Recht den Begriff der zivilrechtlichen Unwirksamkeit selbst nicht definiert, ist hinsichtlich der konkreten Rechtsfolgen auf das jeweils anwendbare nationale Zivilrecht zurückzugreifen (s. aber die am effet-utile-Grundsatz ausgerichtete Rspr. des EuGH zu den zivilrechtlichen Folgen eines Verstoßes gegen die Art. 101 und 102 in der Entscheidung Manfredi, EuGH Slg. 2006 I-6691 Rn. 57 Manfredi; dazu unten die Kommentierung zu Art. 2 VO 1/2003 Rn. 33). Auf der Grundlage von Art. 102 kann ebenso wie im Falle einer Zuwiderhandlung gegen Art. 101 Schadenersatz und Unterlassung verlangt werden. Art. 102 ist, wie auch Art. 101, ein **Schutzgesetz** iSv § 823 Abs. 2 BGB. Seit dem Inkrafttreten der 7. GWB-Novelle können sich Unternehmen, die wegen einer Zuwiderhandlung

gegen Art. 102 Schadenersatz geltend machen wollen, stattdessen auf § 33 GWB nF berufen (vgl. hierzu *Bechtold,* GWB, § 33, Rn. 1). Die Kommission ist darüber hinaus befugt, die Abstellung des beanstandeten Verhaltens zu verlangen. Sie kann auch Geldbußen verhängen, was sie in der Vergangenheit häufiger getan hat (so zB KOMM Fall COMP/37 792 Microsoft; KOMM ABl. 1992 L72/1 Tetra Pak II; KOMM ABl. 2009 C 227/13 Intel, bestätigt durch EuG 12.6.2014 T-286/09 NZKart 2014, 267; KOMM ABl. 2011 C 324/7 Telekom Polska).

2. Definition des relevanten Marktes

a) Ausgangslage. Die Bestimmung des relevanten Marktes ist eine wichtige Ausgangsfrage, die für die Anwendung des Art. 102 von größter Bedeutung ist. Der relevante Markt hat eine sachliche, eine geographische und selten auch eine zeitliche Komponente. Der **sachlich relevante Markt** bezieht sich auf die Produkte bzw. Dienstleistungen, die Gegenstand einer missbräuchlichen Verhaltensweise sind. Der **geographisch relevante Markt** umfasst das Gebiet, in dem die sachlich relevanten Produkte oder Dienstleistungen vertrieben werden. Die **zeitliche Komponente** tritt in der Bedeutung weit hinter den beiden genannten Aspekten zurück. In Einzelfällen mag im Hinblick auf die Saisonbedingtheit bestimmter Produkte oder Dienstleistungen eine solche zeitliche Marktabgrenzung relevant sein. Dies ist jedoch eindeutig die Ausnahme. 5

Die **Grundsätze der Marktabgrenzung** sind durch zahlreiche Entscheidungen der Kommission und des Gerichtshofes aufgestellt und weiterentwickelt worden. Die Kommission hat diese Prinzipien 1997 in ihrer **Bekanntmachung** über die Definition des relevanten Marktes (ABl. 1997 C 372/5, Anhang B 1) zusammengefasst und weiter erläutert. Der Kommission kommt bei der Abgrenzung des relevanten Marktes eine herausgehobene Stellung zu. Gericht und Gerichtshof anerkennen eine **Prärogative der Kommission** in diesem Bereich und beschränken ihre Kontrolle unter Berufung auf die **komplexen wirtschaftlichen Beurteilungen,** die in erster Linie durch die Kommission und nicht durch die europäischen Gerichte zu erfolgen hat (EuG Slg. 2010 II-5865 Rn. 66 CEAHR unter Bezugnahme auf frühere Urteile des EuG). Die Kontrolle der europäischen Gerichte ist vor diesem Hintergrund darauf beschränkt, ob die von der Kommission vorgenommene Abgrenzung des relevanten Marktes auf unzutreffenden Tatsachenfeststellungen beruht oder mit einem Rechtsfehler, einem offensichtlichen Beurteilungsfehler oder einem Ermessensmissbrauch behaftet ist (so EuG aaO Rn. 65). Die Praxis von Kommission und europäischen Gerichten verdeutlicht, dass diese an dem überkommenen Ansatz der Abgrenzung des relevanten Marktes zumindest bis auf Weiteres festhalten. In den Vereinigten Staaten ist dagegen eine gewisse Distanzierung der Kartellbehörden und -gerichte von der Methode der Marktabgrenzung zu beobachten. Wenn man die sog. **Horizontal Merger Guidelines des US Department of Justice und der Federal Trade Commission** (19.8.2010) heranzieht, wird deutlich, dass in manchen Fällen eine Abgrenzung des relevanten Marktes für entbehrlich erachtet wird. Ob die Kommission, zB im Zusammenhang mit der Anwendung des SIEC-Testes der europäischen Fusionskontrolle diesen Schritt nachvollziehen wird, ist derzeit offen, erscheint jedenfalls durchaus fraglich zu sein (→ FKVO Art. 2 Rn. 9 ff.). 6

Als die zentralen Grundsätze für die Definition des Marktes nennt die Kommission in ihrer Bekanntmachung die Faktoren, die sich auf die **Wettbewerbsverhältnisse in einem Markt** auswirken. Dabei handelt es sich vor allem um die Aspekte der Nachfragesubstituierbarkeit, der Angebotssubstituierbarkeit und des potentiellen Wettbewerbs (Bekanntmachung über den relevanten Markt, Anhang B 1, Rn. 13). Während die **Nachfragesubstitution,** dh die Ersetzbarkeit eines Produktes durch ein anderes Produkt, die Anbieter durch das konkrete Nachfrageverhalten der Kunden diszipliniert, erfolgt der Disziplinierungseffekt unter dem Aspekt der **Angebotssubstituierbar-** 7

keit dadurch, dass Wettbewerber eines Herstellers ihre Produktion kurzfristig auf die relevanten Erzeugnisse umstellen können und auf diese Weise die Wettbewerbsverhältnisse auf dem relevanten Markt verstärken können (so insb. KOMM Fall COMP/ 37 792 Rn. 321f. Microsoft; bestätigt durch EuG Slg. 2007 II-3601 Rn. 494 Microsoft). Nicht nur der aktuelle Wettbewerbsdruck spielt in diesem Zusammenhang eine Rolle. Auch der Umstand, dass andere, **potenzielle Wettbewerber,** die auf dem relevanten Markt bisher nicht tätig sind, in diesen aber ohne größeren Aufwand eintreten können, hat für die Frage der Marktabgrenzung nach Auffassung der Kommission große Bedeutung (*Fuchs/Möschel* in IM Art. 102 AEUV Rn. 43).

8 **b) Sachlich relevanter Markt.** Der sachlich relevante Markt umfasst sämtliche Produkte, die sich aufgrund ihrer Merkmale zur Befriedigung eines gleichbleibenden Bedarfs besonders eignen und mit anderen Erzeugnissen, die einem anderen Markt zuzurechnen sind, nur in geringem Maße **austauschbar** sind (EuGH Slg. 1979 461 Rn. 28 Hoffmann-La Roche). Er bezieht ein sämtliche Erzeugnisse bzw. Dienstleistungen, die von den Verbrauchern hinsichtlich ihrer **Eigenschaften, Preise** und ihres vorgesehenen **Verwendungszwecks** als austauschbar oder substituierbar angesehen werden (Bekanntmachung über den relevanten Markt, Anhang B 1, Rn. 7; KOMM Fall COMP/38 096 Rn. 135 Clearstream). Die Frage der Austauschbarkeit ist aus **Sicht der Kunden und Abnehmer** zu beurteilen (EuG Slg. 2010 II-5865 Rn. 69 CEAHR). Dabei spielen die Qualität eines Produktes, sein Preis, die Verfügbarkeit eines Produktes im Markt, Verbraucherpräferenzen, Marktzutrittsschranken für neue Wettbewerber etc. eine wichtige Rolle.

9 Hervorzuheben ist, dass der Gerichtshof weniger auf das Kriterium des Preises abstellt als vielmehr auf die **spezifischen Charaktereigenschaften** eines Produktes oder einer Dienstleistung. Nach dem Gesichtspunkt der funktionalen Äquivalenz (dazu *Schröter* in *von der Groeben/Schwarze* Art. 82 EG Rn. 131) müssen die Wettbewerbsmöglichkeiten im Rahmen eines Marktes beurteilt werden, der sämtliche Erzeugnisse umfasst, die sich aufgrund ihrer Merkmale zur Befriedigung eines gleichbleibenden Bedarfs besonders eignen und **mit anderen Erzeugnissen nur in geringem Maß austauschbar** sind (EuGH Slg. 1983 3461 Rn. 37 Michelin). Dabei wird deutlich, dass der Gerichtshof in besonderem Maße auf die Charaktereigenschaften des nachgefragten Produktes oder der nachgefragten Dienstleistung abhebt und dabei auf die **Verwendbarkeit aus Sicht des Abnehmers** abstellt (*Fuchs/Möschel* in IM Art. 102 AEUV Rn. 49). Auch in späteren Entscheidungen des Gerichtshofs wird der Preis als Beurteilungsmaßstab eher nur am Rande herangezogen. Dabei darf allerdings nicht verkannt werden, dass auch die europäischen Gerichte Preise, insbesondere auch Preisunterschiede herangezogen haben, um den bzw. die sachlich relevanten Märkte abzugrenzen. Ob zwei Erzeugnisse einem einzigen Markt oder unterschiedlichen Märkten zuzuordnen sind, wird nämlich auch im Hinblick auf den preislichen Wettbewerb ermittelt, der zwischen den betreffenden Produkten besteht (EuGH Slg. 1978, 207, 282 United Brands).

10 Ein wichtiger Aspekt in diesem Zusammenhang ist das Kriterium der **Kreuzpreiselastizität** →(Art. 2 FKVO Rn. 11). Dieser Aspekt, der das erste Mal im Fall United Brands (EuGH Slg. 1978, 207) angesprochen wurde, stellt auf die Frage ab, ob Kunden als Reaktion auf eine angenommene **kleine, bleibende Erhöhung der relativen Preise** (zwischen 5 und 10%, sog. **SSNIP-Test,** → FKVO Art. 2 Rn. 11, 14) für die betreffenden Produkte und Gebiete auf leicht verfügbare Substitute ausweichen würden (Bekanntmachung über den relevanten Markt, Anhang B 1, Rn. 17). Weichen Kunden bei einer Preiserhöhung nicht auf das andere Produkt aus, ist von zwei getrennten Märkten auszugehen. Allerdings steht bei manchen Produkten oder Dienstleistungen die Qualität derart im Vordergrund, dass der Preis und damit auch ein nicht unerheblicher Preisunterschied von untergeordneter Bedeutung sind. Kommt es auf spezifische technische, kommerzielle oder andere, qualitätsorientierte

Eigenschaften des Produkts an, kann der Preis lediglich von indikativer Bedeutung sein (so *Le,* World Competition 2004, 567, 572ff.). Er ist somit **nicht in jedem Fall ein vollwertiges Kriterium,** das neben der Qualität und den spezifischen Charaktereigenschaften eines Produktes herangezogen werden kann.

Nicht jede Form der Austauschbarkeit reicht aus, um einen einzigen bzw. getrennte Märkte anzunehmen. Vielmehr muss im Rahmen einer wertenden Betrachtung geprüft werden, ob die **Austauschbarkeit hinreichend** ist, um einen einzigen Produktmarkt annehmen zu können. Verlangt wird die Fähigkeit eines Unternehmens, die Bedingungen, unter denen sich ein Wettbewerb entwickeln kann, so merklich zu beeinflussen, dass es in seinem Verhalten keine Rücksicht auf das Verhalten von Wettbewerbern nehmen muss (so bereits EuGH Slg. 1973, 215, 248 Continental Can). Dabei kann **kein verallgemeinernder Ansatz** gewählt werden, vielmehr ist in jedem Einzelfall zu ermitteln, ob diese Voraussetzungen erfüllt sind. **Spezifische Kundenbedürfnisse** wie auch **unterschiedliche Vertriebswege** spielen dabei eine entscheidende Rolle. So wird zB im Bereich der Kfz-Zulieferung darauf abgestellt, ob das betreffende Zulieferteil in das Originalprodukt des Herstellers eingebaut wird (OEM) oder ob es als Ersatzteil im Originalprodukt vom Hersteller verwandt wird (OES) oder über einen unabhängigen, nachgelagerten Markt vertrieben wird (IAM) (so auch *Fuchs/Möschel* in IM Art. 102 AEUV Rn. 72). Die Vertriebswege bzw. das unterschiedliche Nachfrageverhalten der Kunden ist dafür maßgeblich. Der konkrete Bedarf der Kunden ist empirisch zu ermitteln. Die Kommission führt regelmäßig Kundenbefragungen durch, um den konkreten Bedarf der Abnehmer zu ermitteln. Die tatsächliche Verfügbarkeit des nachgefragten Produktes zu vergleichbaren Preisen spielt dabei eine zentrale Rolle. 11

In jüngerer Zeit ist die Kommission teilweise dazu übergegangen, von diesen **traditionellen Parametern** abzuweichen. Teilweise werden diese zwar nach wie vor, sogar in erster Linie herangezogen; ergänzend werden häufig jedoch ökonomische Überlegungen angestellt, die durch in der Ökonomie anerkannte, **ökonometrische Modelle** unterlegt werden (*Desai* ECLR 2002, 524, 527ff.; *Säcker* ZWeR 2004, 1). Während diese Methode in den Vereinigten Staaten bereits seit mehreren Jahrzehnten genutzt wird, steht die Entwicklung in der Europäischen Union bisher noch am Anfang (dazu *Brinker,* Praktische Probleme der Marktabgrenzung, in *Schwarze,* Recht und Ökonomie im Europäischen Wettbewerbsrecht, 2006, S. 41, 47). Es ist jedoch absehbar, dass sich dieser Ansatz zumindest gleichwertig neben den bisher angestellten Überlegungen positioniert (→ Rn. 28). Allerdings wird immer wieder auch darauf hingewiesen, dass – in der Regel aufwändige – ökonometrische Analysen in offensichtlichen Fällen nicht erforderlich sind (so zB *Kroes* CLI 2008 Vol 4 No 3, 4, 6). 12

c) Geographisch relevanter Markt. Ergänzend zu der Ermittlung des sachlich relevanten Produktmarktes ist es erforderlich, den räumlich relevanten Markt zu bestimmen (→ FKVO Art. 2 Rn. 18ff.). Dies ist deshalb erforderlich, um feststellen zu können, ob ein Unternehmen innerhalb des Binnenmarktes oder eines wesentlichen Teils des Binnenmarktes eine beherrschende Stellung einnimmt. Dies zeigt bereits, dass sich der räumlich relevante Markt **nicht auf das gesamte Gebiet der Europäischen Union oder des Europäischen Wirtschaftsraumes** erstrecken muss. Es reicht vielmehr aus, wenn sich die beherrschende Stellung auf einen **wesentlichen Teil des Binnenmarktes** erstreckt. Die Anforderungen hierfür sind unterschiedlich. Selbst sehr kleine Märkte, wie zB Flughäfen (KOMM ABl. 1998 L 72/30 Flughafen Frankfurt/Main AG), maritime Häfen (KOMM ABl. 1994 L 15/89, KOMM ABl. 1994 L 55/52 Rødby) oder andere Märkte mit eher lokaler Dimension (wie zB Sportstätten), können uU ausreichen, um einen wesentlichen Teil des Binnenmarktes auszumachen. Das Verständnis verdeutlicht, dass es um einen **funktionalen Marktbeherrschungsbegriff** geht (*Mestmäcker/Schweitzer,* S. 393; *Fuchs/Möschel* in IM Art. 102 AEUV Rn. 44). Zentraler Ansatzpunkt ist das Vorliegen einer beherrschenden Stel- 13 lung auf einem bestimmten, wenn auch möglicherweise kleinem Markt. Wenn die Präsenz und das Verhalten des Marktbeherrschers auf diesem Markt dazu führen kann, den zwischenstaatlichen Handel zu beeinträchtigen, ist es nicht erforderlich, dass sich die Marktstellung auf den Binnenmarkt insgesamt erstreckt (*Fuchs/Möschel* in IM Art. 102 AEUV Rn. 67). Der funktionale Ansatz ist deshalb von zentraler Bedeutung.

14 Der räumlich relevante Markt ist das Territorium, in dem die Erzeugnisse und Dienstleistungen vertrieben werden und in dem die **Wettbewerbsbedingungen hinreichend homogen** sind, um eine Einschätzung der wirtschaftlichen Macht des betroffenen Unternehmens zu ermöglichen (EuGH Slg. 1978 207 Rn. 10f. United Brands; Bekanntmachung über den relevanten Markt, Anhang B 1, Rn. 8). Außerdem wird geprüft, ob sich die Wettbewerbsbedingungen in dem betreffenden Gebiet von denjenigen in benachbarten Gebieten spürbar unterscheiden (KOMM Fall COMP/38 096 Rn. 196 Clearstream). Die Kommission prüft dabei, ob die **Preise innerhalb des Binnenmarktes weitgehend einheitlich sind** oder ob sie stark voneinander differieren. Ein wichtiger Ansatzpunkt sind auch die **Marktanteile** des bzw. der beteiligten Unternehmen (so vor allem *Fuchs/Möschel* in IM Art. 102 AEUV Rn. 87f.). Sind diese Faktoren in den einzelnen Mitgliedstaaten sehr unterschiedlich, ist von nationalen Märkten auszugehen. Der Binnenmarkt als Ganzer ist unter diesen Voraussetzungen nicht als räumlich relevant anzusehen (Bekanntmachung über den relevanten Markt, Anhang B 1, Rn. 28). Weitere **wichtige Kriterien für die räumliche Marktabgrenzung** sind nationale bzw. regionale Präferenzen der Kunden, Produkt- und Markendifferenzierung, Erforderlichkeit einer Gebietspräsenz, Kosten für die Errichtung eines Vertriebsnetzes, sprachliche Barrieren, regulatorische Schranken, die Existenz von Kontingenten und Zöllen, technische Normen, Transportkosten etc. Je nach Ergebnis kann der räumlich relevante Markt sehr weiträumig sein (so im Fall Microsoft für die Märkte Betriebssysteme für PC's, Betriebssysteme für Arbeitsgruppenserver und Media Player, KOMM Fall COMP/37 792 Rn. 427). Es ist jedoch auch denkbar, dass die Kommission nationale Märkte oder sogar regionale und lokale Märkte abgrenzt.

15 Von zentraler Bedeutung für die geographische Marktabgrenzung ist die **Homogenität der Wettbewerbsbedingungen.** Dazu werden insbesondere die Marktstruktur gezählt, die Preislage der angebotenen Güter, die Verbrauchergewohnheiten und eventuelle Beschränkungen beim Vertrieb der Produkte. Maßgeblich ist auf den Vertrieb der Produkte abzustellen, nicht dagegen auf die Herstellungsart der Waren. In der Praxis haben **unterschiedliche Marktanteile der Unternehmen** in verschiedenen Gebieten ebenso eine bedeutende Rolle gespielt wie **Preisunterschiede zwischen einzelnen Gebieten,** insbesondere zwischen benachbarten Gebieten. Je größer die Unterschiede sind, desto größer ist die Wahrscheinlichkeit, dass von unterschiedlichen räumlich relevanten Märkten auszugehen ist (*Schröter* in *von der Groeben/Schwarze* Art. 82 EG Rn. 147). Räumliche Faktoren spielen dabei ebenfalls eine gravierende Rolle. Ausgehend vom Standort des Unternehmens bzw. seiner Niederlassungen ist zu prüfen, in welchem Maße Zugang zu bestimmten Absatzmärkten gegeben ist. Dabei spielt die **Transportfähigkeit des Produktes** eine erhebliche Rolle, ebenso die mit dem Transport verbundenen Kosten (EuGH Slg. 1973 215 250 Continental Can; EuG Slg. 1991 II-1439 Hilti). Gibt es Hemmnisse, die den Markteintritt erschweren, wie zB regulatorische Vorgaben, administrative Maßnahmen, Absprachen innerhalb von Unternehmensvereinigungen, Währungsunterschiede, Steuersätze, etc., spricht vieles für die Annahme nationaler Märkte (so im Fall Clearstream, KOMM Fall COMP/38 096 Rn. 197f.). Klassische Beispiele für regulatorische Schranken sind Zölle, Einfuhrabgaben, Kontingentregelungen, staatliche oder staatlich gewährte Monopole, technische Normen, Verpackungsvorschriften und andere Genehmigungsvorbehalte.

16 Dem Käuferverhalten, dh dem **Nachfrageverhalten der Abnehmer** kommt ebenfalls eine bedeutende Rolle zu. Die Kommission hat in der Bekanntmachung über den relevanten Markt (Anhang B 1, Rn. 25) zahlreiche Kriterien aufgelistet, durch die das Käuferverhalten geprägt sein kann. Die Kommission führt insbesondere Vorlieben für einheimische Marken, sprachliche Präferenzen, kulturelle Unterschiede, nationale oder regionale Präferenzen, etc., an, um die Annahme unterschiedlicher geographisch relevanter Märkte zu rechtfertigen. Insgesamt nehmen allerdings die Kommission wie auch die europäischen Gerichte an, dass mit zunehmender Entwicklung des Handels und des Dienstleistungsverkehrs in der Europäischen Union mehr und mehr von gesamteuropäischen Märkten auszugehen ist, je mehr die Handelsströme grenzüberschreitend verlaufen. Auch weltweite Märkte werden gelegentlich und mit zunehmender Tendenz anerkannt (KOMM Fall COMP/37 792 Rn. 427 Microsoft).

d) Zeitlich relevanter Markt. Der zeitliche Faktor spielt bei der Marktabgrenzung in den seltensten Fällen eine Rolle (vgl. dazu auch *Bechtold* GWB, § 18 Rn. 28). Es kann jedoch zeitliche Aspekte geben, die die Abgrenzung unterschiedlicher Märkte erforderlich macht (*Fuchs/Möschel* in IM Art. 102 AEUV Rn. 68f.). Das betrifft zB ein **zeitlich befristetes, dafür häufig wechselndes Angebot** in Unterhaltungsbranchen. In vielen Fällen wird die zeitliche Komponente Bestandteil der Abgrenzung des sachlich relevanten Marktes sein (so der Hinweis von *Schröter* in *von der Groeben/Schwarze* Art. 82 Rn. 154). 17

3. Marktbeherrschung

a) Begriff. Auf der Basis des ermittelten sachlich und geographisch relevanten Marktes ist in einem weiteren Schritt zu beurteilen, ob das betreffende Unternehmen eine beherrschende Stellung auf dem so verstandenen Markt einnimmt. Marktbeherrschung wird angenommen, wenn ein Unternehmen **keinem aktuellen oder potenziellen Wettbewerb ausgesetzt** und von dem die Gegenseite für die betreffende Ware oder Leistung völlig abhängig ist (*Fuchs/Möschel* in IM Art. 102 AEUV Rn. 97). Ein Unternehmen wird als marktbeherrschend angesehen, wenn es **Raum für unabhängige Verhaltensweisen** hat, der das Unternehmen in die Lage versetzt, ohne Rücksichtnahme auf Wettbewerber, Abnehmer oder Lieferanten zu handeln (so zuletzt EuG Slg. 2007 II-3601 Rn. 229 Microsoft). Dies ist jedenfalls dann der Fall, wenn das Unternehmen aufgrund seines Marktanteils, ggf. in Verbindung mit der Verfügbarkeit von technischem Wissen, Rohstoffen oder Kapital die Möglichkeit hat, für einen bedeutenden Teil der Erzeugnisse, die dem sachlich relevanten Markt zuzuordnen sind, die Preise zu bestimmen und die Produktion und die Verteilung zu kontrollieren. Diese Möglichkeit braucht sich nicht unbedingt aus einer absoluten Beherrschung zu ergeben, die es den beherrschenden Unternehmen gestattet, jeden Willen ihrer wirtschaftlichen Partner aufzuheben. Es genügt vielmehr, dass die beherrschende Stellung insgesamt stark genug ist, um dem Unternehmen eine **globale Bewegungsfreiheit** zu gewährleisten, selbst wenn der Einfluss auf den einzelnen Teilmärkten unterschiedlich groß ist (grundlegend KOMM ABl. 1972 L 7/25, 35 Continental Can; bestätigt durch die Rspr., vor allem EuG Slg. 2007 II-3601 Rn. 229 Microsoft und EuGH Slg. 2007 I-2331 Rn. 57 British Airways). Es wird auf diese Weise deutlich, dass zwischen dem Bestehen der marktbeherrschenden Stellung und dem missbräuchlichen Verhalten ein funktionaler Zusammenhang bestehen muss (so auch *Eilmannsberger* CMLR 2005, 129, 140ff.; *Eilmannsberger* in MünchKomm Art. 82 EG Rn. 14; auch *Fuchs/Möschel* in IM Art. 102 AEUV Rn. 14). 18

Der Gerichtshof nimmt eine beherrschende Stellung an, wenn ein Unternehmen aufgrund seiner wirtschaftlichen Machtstellung in der Lage ist, die Aufrechterhaltung eines wirksamen Wettbewerbs auf dem relevanten Markt zu verhindern, indem sie ihm die Möglichkeit verschafft, sich **seinen Wettbewerbern, seinen Abnehmern und letztlich auch den Verbrauchern gegenüber** in einem nennenswerten Um- 19 fang **unabhängig zu verhalten** (EuGH Slg. 1979 461 Rn. 38 Hoffmann-La Roche; st. Rspr., auch EuG Slg. 2007 II-3601 Rn. 229 Microsoft). Dabei ist es unerheblich, auf welche Ursache der fehlende Wettbewerb zurückzuführen ist. Für die Beurteilung durch die Kommission und die europäischen Gerichte ist es von Vorteil, dass **keine ex-ante-Betrachtung** stattfindet. Die mit der Anwendung des Art. 102 befassten Wettbewerbsbehörden oder Gerichte brauchen deshalb keine, in der Regel anfechtbare Prognose anzustellen, ob ein Unternehmen allein oder gemeinsam mit anderen voraussichtlich in der Lage sein wird, die Wettbewerbsverhältnisse auf einem Markt so zu behindern, dass ein wirksamer Wettbewerb ausgeschlossen ist. Vielmehr ist im Rahmen einer **ex-post-Untersuchung** im Nachhinein zu prüfen, ob und inwieweit es einem marktbeherrschenden Unternehmen gelungen ist, allein oder gemeinsam mit anderen aktuelle Wettbewerber vom Markt zu verdrängen oder potentielle Wettbewerber vom Markt fernzuhalten (EuGH Slg. 1989 803 Rn. 37ff. Ahmed Saeed Flugreisen; EuG Slg. 1991 II-575 Rn. 37 ITP).

20 Eine marktbeherrschende Stellung besteht nicht, wenn sie sich auf einen solchen regionalen oder lokalen Markt beschränkt. Anwendungsvoraussetzung für Art. 102 ist, dass das betroffene Unternehmen auf dem **Binnenmarkt** insgesamt oder zumindest auf einem **wesentlichen Teil desselben** eine marktbeherrschende Stellung einnimmt. Ein wesentlicher Teil des Binnenmarktes kann mit dem Territorium eines Mitgliedstaates identisch sein (so für das Gebiet der Bundesrepublik Deutschland KOMM ABl. 2001 L 125/27 Rn. 42 Deutsche Post AG). Bei den größeren Mitgliedstaaten ist auch denkbar, dass lediglich ein Teilgebiet als wesentlicher Teil des Binnenmarktes angesehen wird. Auch auf den ersten Blick rein lokale Märkte, wie zB ein Flughafen, können als wesentlicher Teil des Gemeinsamen Marktes anzusehen sein (KOMM ABl. 1998 L 73/20 Rn. 106 Flughafen Frankfurt/Main AG).

21 Auf den ersten Blick ist Art. 102 nur auf marktbeherrschende Unternehmen anwendbar, die Produkte oder Dienstleistungen anbieten. Es ist jedoch allgemein anerkannt, dass auch **nachfragende Unternehmen** gegenüber ihren Anbietern eine marktbeherrschende Stellung einnehmen und ggf. missbräuchlich ausnutzen können (*Schröter* in *von der Groeben/Schwarze* Art. 82 EG Rn. 74f.; *Eilmannsberger* in MünchKomm Art. 82 EG Rn. 67 und Rn. 76; *Fuchs/Möschel* in IM Art. 102 AEUV Rn. 71 und 82ff.). In diesen Fällen ist entsprechend nicht auf die Marktposition abzustellen, die die fraglichen Unternehmen auf den Angebotsmärkten haben. Vielmehr ist im Einzelnen zu analysieren, ob die Unternehmen auf dem jeweiligen Beschaffungsmarkt eine Position einnehmen, die einer Marktbeherrschung entspricht. Dabei ist zu prüfen, ob **wirksamer Nachfragewettbewerb** besteht. Diese Voraussetzung ist erfüllt, wenn die beliefernden Vertragspartner in einem solchen **Abhängigkeitsverhältnis zum Abnehmer** stehen, dass ihnen ein Ausweichen auf andere Abnehmer praktisch nicht möglich ist (so EuGH Slg. 1995 I-743 RTE (Magill); EuGH Slg. 1999 I-2387 Deutsche Bahn).

22 Marktbeherrschung kann in unterschiedlichen Formen vorkommen. Denkbar ist es zunächst, dass ein einziges Unternehmen eine marktbeherrschende Stellung auf dem jeweils relevanten Markt einnimmt **(individuelle Marktbeherrschung).** Daneben ist es aber auch denkbar, dass mehrere Unternehmen gemeinsam eine entsprechende marktbeherrschende Stellung einnehmen **(kollektive Marktbeherrschung).** Auch wenn in der Praxis der Kommission und der europäischen Gerichte die individuelle Marktbeherrschung im Vordergrund stand, darf die kollektive Marktbeherrschung nicht völlig außer Betracht bleiben. Allerdings sind die Anwendungsvoraussetzungen von Art. 102 im Falle mehrerer Unternehmen, die gemeinsam eine marktbeherrschende Stellung einnehmen, deutlich höher.

23 **b) Einzelmarktbeherrschung.** Einzelmarktbeherrschung ist anzunehmen, wenn das betreffende Unternehmen ein Monopol auf dem relevanten Markt hat. Dabei kann es sich um ein **gesetzliches** oder **staatlich verordnetes,** aber auch um ein

faktisches Monopol handeln. In solchen Situationen ist stets von einer marktbeherrschenden Stellung auszugehen. Dies wird für urheberrechtliche **Verwertungsgesellschaften** angenommen, oder auch für **ehemalige staatliche Monopolbetriebe im Verkehrs-, Post- oder Telekommunikationssektor.** Ein faktisches Monopol nahm die Kommission zB für die Bereiche Verwahrung, Clearing und Abrechnung für bei einer Clearingstelle verwahrte Wertpapiere an (KOMM Fall COMP/38 096 Rn. 203 Clearstream). Das faktische Monopol wurde daran festgemacht, dass es für Clearstream keine aktuelle Konkurrenz im deutschen Markt gab. Auch der Markteintritt eines potenziellen Wettbewerbers in der nahen Zukunft wurde für unwahrscheinlich erachtet. Anders verhält es sich, wenn ein Monopol nicht besteht. Dann ist die Marktposition eines Unternehmens von zentraler Bedeutung. Diese drückt sich vor allem durch Marktanteile aus (so ausdrücklich in KOMM Fall COMP/37 792 Rn. 429 Microsoft; zur Bedeutung der Marktanteile in der Fusionskontrolle Art. 2 FKVO Rn. 29ff.). Der Gerichtshof hat mehrfach bestätigt, dass die **Marktanteile erheblich** sein müssen. Dies ist der Fall, wenn ein Unternehmen Marktanteile von mehr als 50% hat (EuGH Slg. 1991 I-3359 AKZO). Liegt der Marktanteil deutlich unter der 50%-Schwelle, kann eine marktbeherrschende Stellung nur angenommen werden, wenn weitere, gewichtige Umstände hinzutreten (*Fuchs/Möschel* in IM Art. 102 AEUV Rn. 87f.; auch *Bergmann* in L/M/R Art. 82 Rn. 102). Das ist zB der Fall, wenn erhebliche Marktzutrittsschranken bestehen. Gewerbliche Schutzrechte als solche begründen noch keine beherrschende Stellung (EuGH Slg. 1968 85 Rs. 24/67 Parke, Davis).

Marktanteile können eine umfängliche **Untersuchung der Marktverhältnisse** nicht ersetzen. Vielmehr hat die entscheidende Instanz eine umfassende Bewertung der **Struktur des Marktes,** des **Verhaltens der Marktbeteiligten** sowie der **tatsächlichen Marktergebnisse** vorzunehmen. Dabei spielen zwar die Marktanteile, dh die konkrete Marktposition des betroffenen Unternehmens eine zentrale Rolle. Daneben sind jedoch die vorgenannten Faktoren ergänzend zu berücksichtigen. Darunter fallen insbesondere die Präsenz des Marktbeherrschers auf angrenzenden Märkten und die Stärke von Vertriebs- und Servicenetzen (KOMM ABl. 2002 L 143/1 Rn. 181 Michelin). Auch die Struktur der Marktgegenseite kann in diesem Zusammenhang von Bedeutung sein. Allerdings wird sich die **Struktur und auch das Verhalten der Marktgegenseite** weniger auf das Ergebnis der Analyse auswirken, ob ein Unternehmen eine marktbeherrschende Stellung einnimmt oder nicht. Vielmehr ist das Marktverhalten der Marktgegenseite im Rahmen der Beurteilung des Vorliegens eines Missbrauchs von großer Relevanz (offen lassend *Schröter* in *von der Groeben/Schwarze* Art. 82 EG Rn. 100). 24

Ein schwieriges Thema ist, in welchem Umfang **potenzieller Wettbewerb** berücksichtigt werden muss. Die Fähigkeit anderer Unternehmen zum Markteintritt relativiert nicht selten die Marktstellung, die die aktuellen Wettbewerber auf dem jeweiligen Markt haben. Das hat zur Folge, dass zwar die aktuellen Wettbewerbsverhältnisse noch nicht maßgeblich durch den potenziell neu hinzu tretenden Wettbewerber mitgeprägt sind. Allerdings ist es auch nicht auszuschließen, dass sich die aktuell auf einem Markt befindlichen Unternehmen im Hinblick auf einen potenziellen Markteintritt wettbewerblicher verhalten als ohne die Existenz eines solchen potenziell Marktzutretenden. Das gilt insbesondere dann, wenn benachbarte Produktmärkte zur Verfügung stehen, auf denen starke Wettbewerber tätig sind. Kann ein solcher Wettbewerber ohne größeren Aufwand auf benachbarte Märkte neu eintreten, wird sich dies auf die Wettbewerbsverhältnisse auswirken. Entsprechend ist die Marktstellung der aktuell auf dem betreffenden Markt tätigen Unternehmen zu relativieren. Allerdings muss eine **realistische Wahrscheinlichkeit** bestehen, dass ein potenzieller Wettbewerber neu auf den Markt eintritt. Dies ist im jeweiligen Einzelfall gesondert zu prüfen. Eine verallgemeinernde Betrachtungsweise verbietet sich (EuGH Slg. 1974 223 249f. Commercial Solvents). In diesem Zusammenhang sind 25 auch Marktzutrittsschranken zu berücksichtigen (so ausdrücklich KOMM Fall COMP/37 792 Rn. 448 Microsoft).

26 **c) Kollektive Marktbeherrschung.** Es ist nicht stets erforderlich, dass ein Unternehmen allein eine marktbeherrschende Stellung innehat. Für die Anwendbarkeit von Art. 102 reicht es aus, wenn mehrere Unternehmen gemeinsam eine marktbeherrschende Stellung einnehmen. Dies setzt aber voraus, dass zwischen diesen **tatsächlich kein wesentlicher Wettbewerb** besteht, zB aufgrund eines Konzernverhältnisses oder auf der Grundlage einer Kartellabsprache (KOMM ABl. 1997 L 258/1 Irish Sugar). Für eine gemeinsame Marktbeherrschung reicht es nicht aus, wenn ein Markt **oligopolistisch geprägt** ist und das Wettbewerbsverhalten der im Oligopol verbundenen Unternehmen nicht besonders intensiv zu sein scheint (EuG Slg. 1992 II-1403 1547 Flachglas; EuGH Slg. 1994 I-1477 Rn. 41 Almelo; EuG Slg. 1996 II-1403 Rn. 358 Compagnie Maritime Belge). Andererseits wird angenommen, dass von einer gemeinsamen Marktbeherrschung auszugehen ist, wenn die **Reaktionsverbundenheit der Unternehmen im engen Oligopol** sehr groß ist. Allerdings sind die Anforderungen, die EuG und EuGH an dieses Kriterium gestellt hat, **sehr streng** (so insbesondere EuGH Slg. 1992 I-1403 Rn. 360 SIV; ebenso EuGH Slg. 2000 I-1365 Rn. 35 Compagnie maritime belge). Eine marktbeherrschende Stellung kann somit zB im Falle eines Einkaufskartells oder einer vergleichbaren Organisation bestehen (EuGH Slg. 1985, 1105 CICEE). Beschaffen die Unternehmen auf einem Markt jedoch parallel und ohne Abstimmung untereinander, kann von einer gemeinsamen marktbeherrschenden Stellung nicht ausgegangen werden (kritisch hierzu *Marchisio,* 34 ECLR [2013] 559ff.). Im Rahmen der Fusionskontrolle hat das EuG äußerst strenge Standards für die Annahme einer oligopolistischen Marktbeherrschung aufgestellt (EuG Slg. 2002 II-2585 Rn. 62 Airtours; auch EuGH Slg. 2008 I-4951 Rn. 117 Impala, Zusammenfassung in ABl. 2008 C 223/8), die sich für die Anwendung von Art. 102 fruchtbar machen lassen (so auch *Eilmannsberger* in MünchKomm Art. 82 EG Rn. 90). Danach kommt kollektive Marktbeherrschung nur in Betracht, wenn eine **hohe Markttransparenz** besteht, aufgrund wirksamer **Vergeltungsmöglichkeiten** ein struktureller Anreiz für die dauerhafte Aufrechterhaltung einer stillschweigenden Kollusion gegeben ist und schließlich aktueller oder potenzieller **Wettbewerb** sowie eine kompensierende Nachfragemacht nicht bestehen. Diese Voraussetzungen werden nur selten erfüllt sein.

4. Missbrauch

27 **a) Grundsatz.** Art. 102 definiert den Missbrauchsbegriff ebenso wenig wie das Tatbestandsmerkmal der marktbeherrschenden Stellung. Aus diesem Grunde ist es erforderlich, den Missbrauchsbegriff zum einen unter Berücksichtigung des **funktionalen Zusammenhangs mit dem Begriff der marktbeherrschenden Stellung** zu sehen, zum anderen im **Kontext mit den allgemeinen Zielen,** die der AEUV insgesamt und Art. 101ff. im Besonderen verfolgen (so auch *Eilmannsberger* CMLR 2005, 129, 140ff.; *Mestmäcker/Schweitzer,* S. 393). Der funktionale Zusammenhang mit dem Marktbeherrschungsbegriff führt dazu, dass für Unternehmen mit unterschiedlichen Marktstellungen unterschiedliche Rechtsgrundsätze gelten. Das gleiche Verhalten kann in einem Falle als kartellrechtlich unbedenklich angesehen werden, während es als missbräuchlich angesehen werden kann, sofern das Unternehmen über eine starke, dh marktbeherrschende Stellung verfügt (dazu grundsätzlich *Mestmäcker/Schweitzer,* S. 389). Die Tatbestandsmerkmale der Marktbeherrschung und des Missbrauchs sind somit funktional aufeinander bezogen (*Fuchs/Möschel* in IM Art. 102 AEUV Rn. 44). Dies kommt auch bei der Auslegung beider Begriffe zum Tragen. Besonders deutlich wird dies bei Verhaltensweisen, die an und für sich als völlig „normal" anzusehen sind und üblichem Wettbewerbsverhalten entsprechen. Der zentrale

Anknüpfungspunkt in Art. 102 ist die **Beeinträchtigung effektiver wettbewerblicher Strukturen,** die allein durch die Existenz des marktbeherrschenden Unternehmens gefährdet sein kann. Art. 102 mutet deshalb marktbeherrschenden Unternehmen eine besondere Verantwortung zu (so ausdrücklich EuG Slg. 1990 II-309 357f. Tetra Pak).

28 Darüber hinaus sind die **allgemeinen Ziele** zu berücksichtigen, **die der AEUV verfolgt.** Dabei spielte bisher das Vertragsziel der Aufrechterhaltung eines freien, redlichen, unverfälschten und wirksamen Wettbewerbs auf dem Binnenmarkt gemäß ex-**Art. 3 Abs. 1 lit. g EG** eine besondere Rolle (so bereits EuGH Slg. 1973 215 244f. Continental Can), das jedoch durch den Vertrag von Lissabon gestrichen und durch eine Protokollerklärung ersetzt werden soll (→ Rn. 5). Gerade an dieser Stelle entzündet sich aktuell die Diskussion, ob die Praxis der Kommission und der europäischen Gerichte zu Art. 102 noch sach- und zeitgerecht ist. Die bisher weitgehend funktional angelegte Anwendung des Art. 102 hatte bisher nämlich weitgehend die spezifischen Ziele im Auge, die die Wettbewerbsbestimmungen des AEUV generell verfolgen. Danach war es die primäre Aufgabe der Art. 101 und 102, die **Schaffung eines Binnenmarktes** insoweit abzusichern, als die Bestimmungen, die sich an die Unternehmen wenden, die im Binnenmarkt tätig sind, als **notwendige Komplementärregelungen** zu den Bestimmungen angesehen wurden, die an die Mitgliedstaaten gerichtet sind (so insbesondere Art. 34ff., Art. 45ff., Art. 49ff., Art. 56ff. und Art. 63ff.). Die Streichung von ex-Art. 3 lit. g EG wird die Diskussion weiter anheizen und das traditionelle Binnenmarktziel noch mehr in Frage stellen, selbst wenn dieses in eine Protokollerklärung aufgenommen wurde.

29 Von einigen Seiten wird daneben der Einwand erhoben, ob die „traditionelle", am Ziel des Binnenmarktes ausgerichtete Praxis überhaupt noch zeitgemäß ist. Verwiesen wird auf eine „modernere" Wettbewerbspolitik, die insbesondere in den Vereinigten Staaten verfolgt wird, dort jedoch unter anderen Rahmenbedingungen. **Sec. 2 des Sherman Act** sanktioniert nämlich bereits den **„attempt to monopolize";** ein Missbrauch wird nicht für erforderlich erachtet. In der Literatur gibt es deshalb verschiedene Anregungen, die Anwendung von Art. 102 an diese moderne Entwicklung anzupassen (so insbesondere *Eilmannsberger* CMLR 42, 129, 132ff.; *Forrester,* Article 82: Remedies in search of theories?; *B. Hawk (Hrsg.),* International Law & Policy, 2004, S. 167ff.; *Geradin* CMLR 41, 1519ff.; *O'Donoghue/Padilla,* The Law and Economics of Art. 82 EC, passim, 2006; *Pardolesi/Renda,* World Competition 2004, 513; *Sher* ECLR 2004, 243, 244f.; differenzierter *Fuchs/Möschel* in IM Art. 102 AEUV Rn. 125ff.; verhalten kritisch auch *Eilmannsberger* in MünchKomm Art. 82 EG Rn. 14). In der Literatur wird unter Bezug auf die Chicago School insbesondere angeregt, in größerem Maße als bisher ökonomische Analysen heranzuziehen. Dies fügt sich ein in die allgemeine Politik der Kommission, die einen **„more economic approach"** bei der Anwendung von Art. 101 verfolgen will. Es wäre deshalb nur konsequent, wenn die Kommission diesen Ansatz auch im Rahmen von Art. 102 verfolgte. Dabei darf jedoch nicht außer Betracht gelassen werden, dass Art. 102 nicht allein auf die ökonomischen Aspekte des einzelnen Falles beschränkt werden darf. Die **allgemeinen Ziele der Errichtung und Gewährleistung eines Binnenmarktes** müssen auch weiterhin ein zentrales Element der europäischen Wettbewerbspolitik bleiben (so auch *Eilmannsberger,* aaO, 132ff.).

30 Vor dem Hintergrund dieser Diskussion legte die Kommission am 19.12.2005 ein **Diskussionspapier** vor, in dem sie eine Debatte eröffnen wollte, wie die Märkte am besten vor wettbewerbsschädlichen Verdrängungspraktiken marktbeherrschender Unternehmen geschützt werden könnten (KOMM IP/05/1626 sowie DG Competition discussion paper on the application of Article 82 of the Treaty to exclusionary abuses, auf der Website der Kommission abrufbar; dazu auch *Albers,* Der „more economic approach" bei Verdrängungsmissbräuchen, daselbst). Dieses Diskussionspapier bezieht sich ausschließlich auf die Fallgruppen des **Behinderungsmissbrauchs,**

nicht jedoch auf die Auslegung von Art. 102 insgesamt. Dort greift die Kommission die in der Literatur forcierten Grundsätze des **„more economic approach"** auf und wendet sie auf verschiedene Fallgruppen an, insbesondere auf Ausschließlichkeitsbindungen, Kopplungsgeschäfte und Rabattpraktiken (vgl. *Albers,* aaO). Das Diskussionspapier mündete ein in die sog. **„Prioritäten-Mitteilung"** („Erläuterung zu den Prioritäten der Kommission bei der Anwendung von Art. 82 des EG-Vertrags auf Fälle von Behinderungsmissbrauch durch marktbeherrschende Unternehmen", „Guidance on the Commission's enforcement priorities in applying Article 82 EC Treaty to abusive exclusionary conduct by dominant undertakings", Anhang B 11). Dieses Guidance-Papier enthält allgemeine Hinweise, wie Art. 102 auf die vorstehend genannten Fallgruppen angewendet werden soll. Es bleibt weitgehend hinter den Erwartungen zurück, die die Praxis an die Kommission hinsichtlich der Konkretisierung der Anwendungsstandards von Art. 102 gerichtet hat (kritisch zB *Glöckner* EWS 2009, 401, insb. 410ff.).

31 Nach der Rechtsprechung des EuGH erfasst der Begriff der **missbräuchlichen Ausnutzung** die Verhaltensweisen eines Unternehmens in beherrschender Stellung, die die **Struktur eines Marktes** beeinflussen können, auf dem der Wettbewerb gerade wegen der Anwesenheit des fraglichen Unternehmens bereits geschwächt ist, und die die Aufrechterhaltung des auf dem Markt noch bestehenden Wettbewerbs oder dessen Entwicklung durch die Verwendung von Mitteln behindern, welche von den Mitteln eines normalen Produkt- oder Dienstleistungswettbewerbs auf der Grundlage der Leistungen der Marktbürger abweichen (st. Rspr.; EuGH Slg. 1979 461 Rn. 91 Hoffmann-LaRoche; aus jüngerer Zeit EuG Slg. 2007 II-1607 Rn. 120 DSD, bestätigt durch EuGH Slg. 2009 I-6155 DSD). Die Definition zeigt, dass Art. 102, ebenso wie bereits Art. 101, sowohl den **Schutz der Wettbewerbsverhältnisse** auf den betroffenen Märkten im Auge hat als auch den **Schutz der auf dem betreffenden Markt tätigen Unternehmen.** Art. 102 umfasst somit sowohl den objektiven Institutionenschutz des Wettbewerbs als auch den subjektiven Schutz der Marktteilnehmer.

32 Der Begriff des Missbrauchs ist **objektiv** auszulegen (EuG Slg. 2007 II-1607 Rn. 120 DSD). Eine schädigende Absicht des Marktbeherrschers ist nicht erforderlich (hierzu *Eilmannsberger* CMLR 2005, 129, 146ff.). **Subjektive Elemente** spielen allenfalls insoweit eine Bedeutung, als sie bei der Ermittlung einer Zuwiderhandlung gegen Art. 102 hilfreich sein können (KOMM Fall COMP/38 096 Rn. 218 Clearstream). Ist nämlich erkennbar, dass der Marktbeherrscher seine Marktstellung dazu einsetzt, um seine Marktposition abzusichern oder gar auf andere, benachbarte Märkte auszudehnen, erleichtert dies der Kommission häufig die Analyse, ob in einer bestimmten Verhaltensweise ein Missbrauch zu sehen ist oder nicht. Auch können die subjektiven Elemente von Bedeutung sein, soweit die Kommission ein Bußgeld wegen der Zuwiderhandlung gegen Art. 102 verhängen möchte. Eine besondere wettbewerbsfeindliche Absicht wird in der Regel zu höheren Geldbußen führen als rein „objektive" Verstöße gegen diese Norm (so bereits aus EuGH Slg. 1975, 1663 Suiker Unie abzuleiten).

33 **b) Konkretisierung durch Fallgruppen.** Aus dem Wortlaut des Art. 102 wird deutlich, dass sich dieser zunächst ganz allgemein gegen missbräuchliche Verhaltensweisen marktbeherrschender Unternehmen wendet. Art. 102 ist als **Generalklausel** ausgestaltet, die jedoch im Tatbestand selbst **Beispielsfälle** nennt, bei deren Vorliegen grundsätzlich von einem Missbrauch der marktbeherrschenden Stellung auszugehen ist. Die in Art. 102 genannten Beispielsfälle sind nicht abschließend (EuGH Slg. 2007 I-2331 Rn. 57 British Airways). Darüber hinaus hat sich eine **umfangreiche Kasuistik** entwickelt. Die europäischen Gerichte haben in Zusammenwirken mit der Kommission Fallgruppen entwickelt, um Art. 102 für die Praxis nutzbar zu machen. Dabei ist zu beachten, dass auch ein Marktbeherrscher seine genuinen Wirt-

schaftsinteressen verfolgen darf. Dies muss jedoch in einem **angemessenen Verhältnis** zu seiner Marktstellung geschehen, da er nach Auffassung des Gerichtshofs eine besondere Verantwortung dafür trägt, dass der wirksame und unverfälschte Wettbewerb auf dem Binnenmarkt durch das Verhalten des marktbeherrschenden Unternehmens nicht beeinträchtigt wird (EuG Slg. 1993 II-289 Rn. 67 BPB). Dieses Prinzip ist auch im Zusammenhang mit den nachfolgend dargestellten Fallgruppen stets zu beachten.

c) Ausbeutungsmissbrauch, insbesondere Preismissbrauch. Die Kategorie des Ausbeutungsmissbrauchs, die auf den **Schutz der vor- und nachgelagerten Wirtschaftsstufen** sowie auf den Schutz der Verbraucher zielt, wird ausdrücklich als Regelbeispiel in Art. 102 Abs. 2 lit. a erwähnt. Der EuGH bejaht einen Ausbeutungsmissbrauch, wenn der Inhaber einer marktbeherrschenden Stellung die sich daraus ergebenden Möglichkeiten dazu nutzt, um geschäftliche Vorteile zu erhalten, die er bei einem normalen und hinreichend wirksamen Wettbewerb nicht erhalten hätte (EuGH Slg. 1978 207 Rn. 248ff. United Brands). Das kann sowohl die Forderung überhöhter Preise betreffen, die zum erbrachten Gegenwert in **keinem angemessenen Verhältnis** stehen, als auch die Verwendung unangemessener Geschäftskonditionen (EuGH Slg. 2008 I-9275 Rn. 47 STIM; *Fuchs/Möschel* in IM Art. 102 AEUV Rn. 175). Ob ein Marktbeherrscher unangemessen hohe Preise verlangt, die in keinem angemessenen Verhältnis zum Gegenwert der erbrachten Leistung stehen, ermittelt der EuGH unter Verwendung unterschiedlicher Methoden (ausführlich dazu *Eilmannsberger* in MünchKomm Art. 82 EG Rn. 194). Nach dem **Konzept der Gewinnbegrenzung** wird ermittelt, ob zwischen den tatsächlichen Kosten und dem tatsächlich verlangten Preis ein übertriebenes Missverhältnis besteht (EuGH Slg. 1978 207 Rn. 248/257 United Brands; EuGH Slg. 1989 803 Rn. 42 Ahmed Saeed Flugreisen, allerdings beschränkt auf den Bereich Luftfahrt). Missbräuchlich sind solche Preise dann, wenn sie einen unangemessenen Gewinn enthalten. 34

Nach dem räumlichen **Vergleichsmarktkonzept,** das der EuGH in der Vergangenheit mehrfach herangezogen hat (EuGH Slg. 1989 2811 Rn. 25 SACEM), zieht der Gerichtshof nationale Teilmärkte in der Union als Vergleichsmärkte heran, sofern auf diesen eine höhere Wettbewerbsintensität zu beobachten ist. In Einzelfällen greift der Gerichtshof aber auch auf Monopolmärkte als Vergleichsmaßstab zurück (EuGH Slg. 1988 2479 Rn. 24 Bodson). Für die Berücksichtigung struktureller Unterschiede zwischen den Märkten hat der EuGH kein einheitliches System entwickelt. Er hat die **Zulässigkeit von Abschlägen,** die durch nationale Besonderheiten bedingt sind, grundsätzlich anerkannt (EuGH Slg. 1989 2811 Rn. 27 SACEM). Unternehmensbezogene Besonderheiten werden jedoch nicht berücksichtigt (EuGH Slg. 1991 I-5889 Rn. 18 Porto di Genova). Ein Missbrauch wird angenommen, wenn der tatsächlich verlangte Preis im Verhältnis zu dem so ermittelten Vergleichspreis **stark überhöht** ist (EuGH Slg. 1975 1367 Rn. 15/16 General Motors). In einer früheren Entscheidung hat der EuGH ergänzend das **sog. sachliche Vergleichsmarktkonzept** herangezogen (*Fuchs/Möschel* in IM Art. 102 AEUV Rn. 183). Dies war jedoch auf den Sonderfall der rechts- und linkslenkenden Fahrzeuge beschränkt. Im selben Fall zog der Gerichtshof auch das **sog. zeitliche Vergleichsmarktkonzept** heran. Dabei verglich er das tatsächlich zu beobachtende Verhalten mit dem früheren Verhalten des marktbeherrschenden Unternehmens selbst. Er untersuchte, ob bei wirksamem Wettbewerb eine Preiserhöhung hätte durchgesetzt werden können (EuGH Slg. 1986 3263 Rn. 25ff. British Leyland). 35

Ein Missbrauch kann ebenfalls vorliegen, wenn die von einem Marktbeherrscher erzwungenen Geschäftsbedingungen offensichtlich unbillig sind (EuGH Slg. 1974 409 Rn. 7 Sacchi; EuG Slg. 2007 II-1607 Rn. 129 DSD). In diesem Zusammenhang ist eine **Interessenabwägung** vorzunehmen. Die Interessen des Marktbeherrschers und die der betroffenen Vertragspartner müssen gegeneinander abgewogen werden, 36 wobei der **Verhältnismäßigkeitsgrundsatz** zu berücksichtigen ist (EuGH Slg. 1978 207 Rn. 152/160 United Brands; EuG Slg. 1994 II-755 Rn. 137 Tetra Pak). Der Marktbeherrscher muss ein grundsätzlich legitimes Ziel verfolgen, das sich auf den Vertragspartner so wenig belastend wie möglich auswirkt (EuGH Slg. 1974, 313, 317 BRT II). Bei der Interessenabwägung ist auch das **Ziel des Binnenmarktes** zu berücksichtigen. Aus diesem Grund sind Klauseln missbräuchlich, die zu einer objektiv nicht rechtfertigbaren Bindung des Vertragspartners führen und einen Wechsel zu einem anderen Vertragspartner unbillig erschweren (KOMM ABl. 1971 L 134/15, 22 Gema I). Die Verpflichtung des Mitglieds einer marktbeherrschenden Verwertungsgesellschaft, sämtliche gegenwärtigen und zukünftigen Urheberrechte abzutreten, ohne dass zwischen allgemein anerkannten Verwertungsformen unterschieden wird, ist missbräuchlich, wenn sie auch noch für eine längere Zeit nach Beendigung der Mitgliedschaft gelten soll (EuGH Slg. 1974, 313, 317 BRT II). Ebenso missbräuchlich sind **Ausschließlichkeitsverträge** mit anderen Verwertungsgesellschaften (EuGH Slg. 1989 2811 Rn. 11 SACEM). Preisbindungsklauseln stellen, unabhängig von der Frage der Vereinbarkeit mit Art. 101, grundsätzlich einen Missbrauch dar (EuGH Slg. 1989 838 Rn. 42 Ahmed Saeed).

37 **d) Behinderungsmissbrauch allgemein.** Art. 102 verbietet Verhaltensweisen, die die Struktur eines Marktes beeinflussen können, auf dem der Wettbewerb gerade wegen der Anwesenheit des fraglichen Unternehmens bereits geschwächt ist, und die Aufrechterhaltung des auf dem Markt noch bestehenden Wettbewerbs oder dessen Entwicklung durch den Einsatz von Mitteln behindern, die von den Mittel eines **normalen Produkt- oder Dienstleistungswettbewerbs** auf der Grundlage der Leistungen der Marktbürger abweichen (EuGH Slg. 1979 461 Rn. 89f. Hoffmann-La Roche; EuGH Slg. 1991 I-3359 Rn. 69 AKZO; in diesem Sinn auch EuG Slg. 1997 II-1689 Rn. 78 Deutsche Bahn; EuG Slg. 2007 II-1607 Rn. 151 DSD).

38 **e) Predatory pricing.** Preise, die unter den **durchschnittlichen variablen Kosten** liegen und mit deren Hilfe ein marktbeherrschendes Unternehmen versucht, einen Konkurrenten auszuschalten, sind als missbräuchlich anzusehen (EuGH Slg. 1991 I-3359 Rn. 7 AKZO; KOMM ABl. 2001 L 125/27 Rn. 35 Deutsche Post AG; allg. dazu *Ewald* WuW 2003, 1165ff., auch Prioritäten-Mitteilung der Kommission (Anhang B 11), → Rn. 23ff.). In diesen Fällen wird die **Verdrängungsabsicht** des Marktbeherrschers durch gezielte Preisunterbietung (predatory pricing) **vermutet** (EuGH Slg. 1996 I-5951 Rn. 44 Tetra Pak II). Das Gericht geht davon aus, dass die variablen Kosten nicht gedeckt werden, wenn der einem Abnehmer gewährte Rabatt wesentlich höher liegt als die üblichen Handelsspannen in einem ganzen Produktbereich eines Unternehmens (EuG Slg. 1994 II-755 Rn. 147 Tetra Pak II). Preise, die unter den durchschnittlichen Gesamtkosten, dh **Fixkosten plus variable Kosten** liegen, jedoch über den durchschnittlichen variablen Kosten, sind als missbräuchlich anzusehen, wenn sie im Rahmen eines Plans festgesetzt werden, der die Ausschaltung eines Konkurrenten zum Ziel hat (EuGH aaO Rn. 72 AKZO; KOMM ABl. 2001 L 125/27, Rn. 35 Deutsche Post AG). Eine **diskriminierende Kampfpreisunterbietung** ist auch ohne Unterschreitung bestimmter Kostenmargen missbräuchlich, wenn das marktbeherrschende Unternehmen Bedingungen selektiv und diskriminierend einsetzt. Die Preispolitik des Marktbeherrschers ist allerdings gerechtfertigt, wenn sie sich als direkte und verhältnismäßige **Abwehrreaktion** gegenüber Wettbewerbern darstellt (EuGH aaO AKZO).

39 **f) Kosten-Preis-Schere.** Ein Missbrauch ist auch im Falle einer sog. Kosten-Preis-Schere anzunehmen (dazu *Henk-Merten,* Die Kosten-Preis-Schere im Kartellrecht, 2004; *Petzold,* Die Kosten-Preis-Schere im EU-Kartellrecht, 2012; Prioritäten-Mitteilung (Anhang B 11) Rn. 75f.) die die Kommission im Fall Deutsche Telekom annahm (ABl. 2003 L 263/9 Rn. 102; bestätigt durch EuG Slg. 2008 II-477

Rn. 99; bestätigt durch EuGH Slg. 2010 I-9555 Deutsche Telekom). Aus der bisherigen Entscheidungspraxis der Kommission folgt, dass ein Missbrauch einer marktbeherrschenden Stellung vorliegt, wenn bei einem marktbeherrschenden integrierten Unternehmen ein Verhältnis zwischen den **Vorleistungspreisen für Leistungen an seine Wettbewerber in einem vorgelagerten Markt** und den **Endkundenpreisen in einem nachgeordneten Markt** besteht, welches dazu führt, dass der Wettbewerber auf dem Vorleistungs- oder dem Endkundenmarkt eingeschränkt wird (so bereits KOMM ABl. 1988 L 284/41 Rn. 66 Napier Brown). Im Falle des Zugangs zum Ortsnetz ist eine missbräuchliche Kosten-Preis-Schere anzunehmen, wenn die Differenz zwischen den Endkundenentgelten eines marktbeherrschenden Unternehmens und dem Vorleistungsentgelt für vergleichbare Leistungen an seine Wettbewerber entweder negativ ist oder nicht ausreicht, um die **produktspezifischen Kosten des marktbeherrschenden Betreibers** für die Erbringung seiner eigenen Endkundendienste im nachgeordneten Markt zu decken (EuG aaO Rn. 186 Deutsche Telekom). In einer solchen Situation entsteht in wettbewerbswidriger Weise ein Druck auf die Handelsspannen der Wettbewerber, da die Margen entweder überhaupt nicht vorhanden oder aber zu gering sind, um es den Wettbewerbern zu ermöglichen, auf den Märkten für den Endkundenzugang in den Wettbewerb mit dem etablierten Betreiber einzutreten.

Eine **unzureichende Spanne** zwischen den Vorleistungs- und den Endkunden- 40 entgelten eines vertikal integrierten marktbeherrschenden Betreibers stellt insbesondere dann ein wettbewerbswidriges Verhalten dar, wenn dadurch auf dem nachgeordneten Markt andere Anbieter vom Wettbewerb ausgeschlossen werden, selbst wenn sie mindestens ebenso effizient sind wie der etablierte Betreiber. Die **Vergleichbarkeit der Vorleistungs- und der Endkunden-Zugangsdienste** ist ausschlaggebend für die Feststellung einer Kosten-Preis-Schere. Die Wettbewerber erbringen in der Regel, genauso wie der etablierte Betreiber, sämtliche Arten von Endkundendienstleistungen. Daher muss ermittelt werden, ob die Endkunden- und die Vorleistungsdienste des etablierten Betreibers dergestalt miteinander vergleichbar sind, dass sie die selben oder zumindest ähnliche technische Merkmale aufweisen und die Erbringung der selben oder ähnlicher Dienste ermöglichen. Um die Vergleichbarkeit der Vorleistungs- und der Endkundendienste herzustellen, ist üblicherweise ein **gewichteter Ansatz für die Preise und Kosten** zu verwenden. Bei dieser Methode werden sämtliche Formen des Endkunden-Teilnehmerzugangs berücksichtigt, und zwar zusammengefasst auf der Grundlage der Anzahl der jeweiligen Varianten von Leitungen, die der etablierte Betreiber an seine eigenen Endkunden vermarktet hat. Sofern die durchschnittlichen Endkundenpreise unter dem Niveau der Vorleistungsentgelte liegen, lässt sich daraus auf das Vorliegen einer Kosten-Preis-Schere schließen. Die produktspezifischen Kosten des etablierten Betreibers für die Erbringung der eigenen Endkundendienste sind dabei nur in dem Fall zu berücksichtigen, dass die durchschnittlichen Endkundenpreise über dem Niveau der Vorleistungsentgelte liegen. Eine Kosten-Preis-Schere liegt in diesem Fall vor, wenn die produktspezifischen Kosten die positive Spanne zwischen Endkunden- und Vorleistungsentgelten übersteigen (KOMM ABl. 2003 L 263/9 Rn. 106 Deutsche Telekom AG; bestätigt durch EuG Slg. 2008 II-477 Rn. 186 Deutsche Telekom).

g) Ausschließlichkeitsbindungen. Ausschließliche Bezugs-, Liefer- und 41 **Andienungsverpflichtungen,** die ein Marktbeherrscher einem Abnehmer auferlegt, sind grundsätzlich missbräuchlich (EuGH Slg. 1979 461 Rn. 90 Hoffmann-La Roche; EuGH Slg. 1991 I-3359 Rn. 149 AKZO; EuGH Slg. 1994 I-1477 Rn. 44 Almelo; EuG 12.6.2014 T-286/09 NZKart 2014, 267 Rn. 72ff. Intel; dazu Prioritäten-Mitteilung (Anhang B 11), Rn. 17 und 39; auch *Eilmannsberger* in MünchKomm Art. 82 EG Rn. 251). Dabei spielt es keine Rolle, ob die Bindung rechtlicher oder wirtschaftlicher Natur ist. Insbesondere reicht die Gewährung besonderer **Rabatte**

als Anreiz zur Befolgung der Ausschließlichkeitsbindungen aus (EuGH aaO Hoffmann-La Roche; vgl. auch KOMM ABl. 2009 C 227/13 Intel). Es reicht aus, wenn ein **beträchtlicher Teil des Gesamtbedarfs** des Abnehmers von der Ausschließlichkeitsbindung erfasst ist. Es ist nicht erforderlich, dass der tatsächliche Gesamtbedarf des Kunden gebunden wird (EuG Slg. 1993 II-389 Rn. 68 BPB). Man wird in diesem Kontext auf den Rechtsgedanken von Art. 1 lit. b VO 2790/1999 abstellen können. Danach wird von einer Gesamtbedarfsdeckung ausgegangen, wenn der Käufer mehr als **80% seines Gesamtbedarfs** beim Lieferanten decken muss (vgl. dazu unten VO 2790/1999, Art. 1 Rn. 5). Missbräuchlich sind ebenfalls unvertretbar lange Kündigungsfristen (KOMM ABl. 1991 L 152/21, 35 Solvay), ein Leasingvertrag, der sich automatisch um 15 Jahre verlängert (EuGH Slg. 1988 5987 Rn. 10 Alsatel), und die bevorzugte Belieferung treuer Kunden in Fällen von Lieferengpässen, um den Alleinbezug zu sichern (EuG aaO BPB) sowie die Zahlung von Prämien als Anreiz für den Abbruch von Geschäftsbeziehungen mit Konkurrenten (KOMM ABl. 1989 L 10/50, 69 BPB; ebenso KOMM ABl. 2009 C 227/13 Rn. 22ff. Intel, bestätigt durch EuG 12.6.2014 T-286/09 NZKart 2014, 267). Grundsätzlich sind auch Marktbeherrscher frei, ihren Vertrieb eigenständig und nach eigenen Grundsätzen zu organisieren (vgl. dazu Rn. 31). Dabei müssen jedoch die Vertriebs- bzw. Verwendungsbindungen nach **objektiven Kriterien** gestaltet sein, **nicht diskriminierend** angewendet werden und bezogen auf ein **legitimes Vertriebsziel** das erforderliche Maß nicht überschreiten (EuGH Slg. 1978 207 Rn. 182/83 United Brands: EuG Slg. 2007 II-1607 Rn. 164 DSD).

42 Nach diesen Grundsätzen sind folgende Klauseln als missbräuchlich eingestuft worden:

– Die Klausel, gelieferten Zucker nur für **bestimmte Zwecke zu verwenden** ist allein noch nicht missbräuchlich. Erst im Zusammenspiel mit Drohungen liegt ein Missbrauch vor (EuGH Slg. 1975 1663 Rn. 398/399 Suiker Unie);
– auch das **Verbot Konkurrenten zu beliefern** wurde als missbräuchlich kategorisiert (KOMM ABl. 1988 L 65/19 36 Hilti). In diesem Fall lieferte ein marktbeherrschender Hersteller von Bolzenschussgeräten seine patentrechtlich geschützten Kartuschenstreifen nur unter einem Weiterverkaufsverbot. Dadurch sollte die Herstellung kompatiblen Zubehörs durch Konkurrenten, die auf die Kartuschenstreifen angewiesen waren, verhindert werden.
– Ebenfalls missbräuchlich ist eine Klausel, die dazu verpflichtet, **nur an bestimmte Abnehmer weiterzuveräußern** (EuGH aaO Slg. 1975 1663 Rn. 398/399).
– Ein **Weiterverkaufsverbot** für grüne Bananen, das Reifereien auferlegt wurde, ist als missbräuchlich beurteilt worden, da es zur Qualitätssicherung nicht erforderlich ist und als sonstiges Vertriebsziel nur noch die Marktabschottung in Frage kommt, die aber als solche bereits illegitim ist (EuGH Slg. 1978 207 Rn. 152/160 United Brands).
– Ein **Ausfuhrverbot** wird von der Kommission als missbräuchlich bewertet (KOMM ABl. 1978 L 22/23 31 Hugin/Liptons).
– Eine Klausel, mit der den Nutzern des britischen Fernmeldenetzes die Weiterleitung von Nachrichten aus dem Ausland untersagt wurde, ist missbräuchlich, da sie nicht zur Absicherung der Funktionsfähigkeit des Fernmeldenetzes erforderlich ist, sondern nur der illegitimen Absicherung von nationalen Preisunterschieden dient (EuGH Slg. 1985 873 British Telecommunications).
– Im Fall Tetra Pak II bewertete die Kommission eine Vertragsgestaltung, die **umfassende Nutzungsbeschränkungen** für die verkauften Abfüllanlagen vorsah, als missbräuchlich (KOMM ABl. 1992 L 72/1 22 Tetra Pak II, bestätigt durch EuG Slg. 1994 II-755 Rn. 212 Tetra Pak II). Den Abnehmern der Abfüllanlagen war es verboten, andere Geräte an die Anlagen von Tetra Pak anzuschließen, die Anlage umzubauen, zu erweitern, oder an dieser mit fremder Hilfe Instandhaltungs- oder Reparaturarbeiten durchzuführen. Auch durften nur **Originaler-**

satzteile verwendet werden. Schließlich wurde Tetra Pak das Recht eingeräumt, gegen den Willen des Abnehmers kostenlose Wartungs- und Modernisierungsarbeiten durchzuführen (KOMM ABl. 1992 L 72/1 23 Tetra Pak II).

– Im Falle eines Leasingvertrags hält der EuGH eine vergleichbare **Nutzungsbeschränkung** aber für zulässig, solange der Leasinggeber noch Eigentümer ist (EuGH Slg. 1988 5987 Rn. 10 Alsatel). Genauso missbräuchlich ist es, wenn ein marktbeherrschendes Unternehmen seine Abnehmer dazu bringt, Verträge über Gefriertruhen mit ihm abzuschließen, in denen nur sein Eis gelagert werden darf (KOMM ABl. 1998 L 246/1 46 Van den Bergh Foods).

– Im Fall Intel bewertete die Kommission Vereinbarungen zwischen Intel als Lieferant von Hauptprozessoren (CPU's) an die größten OEM-Hersteller von PC's sowie eine entsprechende Vereinbarung mit einem marktführenden Unternehmen der Elektro-Einzelhandelsbranche als missbräuchlich, wonach den Unternehmen Rabatte in erheblicher Größenordnung eingeräumt wurden, sofern sie keine Prozessoren von dem einzigen, deutlich weniger marktbedeutenden Wettbewerber von Intel bezögen (KOMM ABl. 2009 C 227/13, 22ff. Intel, bestätigt durch EuG 12.6.2014 T-286/09 NZKart 2014, 267). Die Kommission wertete die von Intel gewährten Zahlungen als mit der Strategie verbunden, die maßgeblichen Hersteller von PC's **exklusiv an sich zu binden,** ebenso das marktführende Unternehmen der Elektro-Einzelhandelsbranche (KOMM aaO Rn. 37).

h) Wettbewerbsklauseln. Wettbewerbsklauseln sind nicht missbräuchlich, sofern sie bezüglich des Wesens der in Rede stehenden rechtlichen und wirtschaftlichen Beziehung angemessen sind (EuGH Slg. 1975 1663 Rn. 486 Suiker Unie). Gegenüber **Abnehmern** sind Verbote, für Konkurrenten als Absatzmittler tätig zu werden oder für diese zu werben (EuGH Slg. 1978 207 Rn. 194 United Brands), missbräuchlich. Gegenüber **Handelsvertretern,** die als ein in das Unternehmen des Geschäftsherrn eingegliedertes Hilfsorgan anzusehen sind, ist das Verbot, mit Konkurrenzprodukten zu handeln, angemessen. Etwas anderes gilt, wenn dem Absatzmittler aufgrund der zwischen ihm und dem Geschäftsherrn getroffenen Abmachung Aufgaben erwachsen oder verbleiben, die aus wirtschaftlicher Sicht insofern denen eines Eigenhändlers ähneln, als der Absatzmittler die finanziellen Risiken des Absatzes bzw. der Abwicklung der mit Dritten geschlossenen Verträge zu tragen hat. Jedoch können auch mit Handelsvertretern vereinbarte Wettbewerbsverbote einen Missbrauch darstellen, wenn ausländische Wettbewerber keine selbständigen Unternehmen vorfinden, die in der Lage sind, das betreffende Erzeugnis in genügend großen Mengen abzusetzen, und deshalb praktisch keine andere Wahl haben, als sich an die Handelsvertreter des genannten Unternehmens zu wenden, falls sie das Erzeugnis in dessen Absatzgebiet vertreiben wollen (EuGH aaO Suiker Unie). 43

i) Kopplungsgeschäfte. Ein Missbrauch liegt auch vor, wenn der Abnehmer verpflichtet wird, **zusätzliche Leistungen** anzunehmen, die **weder sachlich noch nach Handelsbrauch in Beziehung zum Vertragsgegenstand** stehen (Art. 102 Abs. 2 lit. d, Kopplungsgeschäfte). Eine nach Art. 102 unzulässige Kopplung setzt voraus (Prioritäten-Mitteilung, Anhang B 11, Rn. 47ff.), dass die beiden Produkte, deren Vertrieb gekoppelt wird, zwei unterschiedlichen Märkten angehören, das betroffene Unternehmen auf dem Markt, dem das eigentliche bezogene Produkt angehört, eine marktbeherrschende Stellung einnimmt, das betroffene Unternehmen Kunden nicht die Wahl lässt, die Produkte einzeln zu beziehen und schließlich durch die Kopplung den Wettbewerb ausschließt (KOMM Fall COMP/37 792 Rn. 794 Microsoft; bestätigt durch Präsident EuG Slg. 2004 II-4463 Rn. 326, 390ff. Microsoft und EuG Slg. 2007 II-3601 Rn. 814). Zunächst muss die Leistung des Hauptgeschäfts von der des Zusatzgeschäfts hinreichend abgrenzbar sein, sodass **keine einheitliche Leistung** vorliegt. Eine zusätzliche Leistung wird angenommen, wenn sie zu einem anderen Produktmarkt als die Leistung des Hauptgeschäfts gehört. In folgenden Fäl- 44 len wurde das Vorliegen einer Zusatzleistung bejaht: Bolzenschussgeräte, Bolzen und Kartuschenstreifen (KOMM ABl. 1988 L 65/19 31 Hilti); Verpackungsmaschinen und dazugehörige Kartons (EuGH Slg. 1996 I-5951 Tetra Pak II); Verkauf technischer Geräte und eventuell erforderliche Instandhaltungs- bzw. Reparaturarbeiten inklusive Ersatzteile (EuG aaO Tetra Pak II); Ware und Transport derselben (KOMM ABl. 1988 L 284/41 55 British Sugar); Aufnahme in ein rechnergesteuertes Flugreservierungssystem und Bodendienstabfertigung (KOMM ABl. 1988 L 317/47 52 SABENA); die Gewährung eines Preisvorteils auf dem Markt der Business-to-Customer-Postdienste nur unter der Voraussetzung des Erreichens von Verkaufszielen auf dem Markt der Business-to-Business-Postdienste (KOMM ABl. 2002 L 61/32 Rn. 54 De Post – La Poste).

45 Eine Koppelung kann grundsätzlich durch einen **Handelsbrauch** gerechtfertigt sein (Art. 102 Abs. 2 lit. d). Ein solcher besteht aber nicht, wenn Wettbewerber die gekoppelten Leistungen auch getrennt anbieten. Ein Handelsbrauch muss objektiv gerechtfertigt sein (EuGH Slg. 1996 I-5951 Rn. 36 Tetra Pak II; auch EuG Slg. 2007 II- 3601 Rn. 1144 Microsoft). Der EuGH erachtet **Technik** und **Gesundheitsschutz-Aspekte** nicht als ausreichende Rechtfertigung für die Koppelung. Danach steht es einem Unternehmen in beherrschender Stellung nicht zu, aus eigener Initiative Maßnahmen zu ergreifen, um Produkte zu eliminieren, die es zu Recht oder Unrecht im Vergleich zu eigenen Erzeugnissen für qualitativ minderwertig hält (EuGH aaO Tetra Pak II). Insbesondere ist zur Erreichung solche Ziele das **mildeste Mittel** zu wählen. Dies bestand im Tetra Pak II-Fall darin, dass die Benutzer der Tetra-Pak-Maschinen über sämtliche technische Spezifikationen der auf diesen Anlagen zu verwendenden Kartons unterrichtet worden wären. Im „Industriegase"-Fall hatten sich die Lieferanten von Gasen das ausschließliche Recht zum Befüllen und zur Wartung von Lagerbehältern vorbehalten. Diese Koppelung akzeptierte die Kommission aus Gründen der Sicherheit (Kommission, XIX. Wettbewerbsbericht Rn. 62, Industriegase). Die Verpflichtung, Instandhaltungs- bzw. Reparaturarbeiten nur beim marktbeherrschenden Unternehmen durchzuführen, ist bei einem Leasingvertrag gerechtfertigt, solange die Anlage im **Eigentum** des Leasinggebers bleibt (inzident EuGH Slg. 1988 5987 Rn. 10 Alsatel).

46 **j) Rabattsysteme. Rabatte** sind missbräuchlich (dazu allg. *Eilmannsberger* in MünchKomm Art. 82 EG Rn. 467; *Kallaugher/Sher* ECLR 2004, 263ff.; *Kleinmann* EWS 2002, 466f.; *Sher,* ECLR 2002, 482ff.; Prioritäten-Mitteilung, Anhang B 11, Rn. 37ff.), wenn sie darauf abzielen, dem Abnehmer durch die Gewährung eines Vorteils, der nicht auf einer ihn rechtfertigenden wirtschaftlichen Leistung beruht, die Wahl zwischen mehreren Bezugsquellen unmöglich zu machen oder zu erschweren, den Konkurrenten den Zugang zum Markt zu verwehren, Handelspartnern für gleichwertige Leistungen ungleiche Bedingungen aufzuerlegen oder die beherrschende Stellung durch einen verfälschten Wettbewerb zu stärken (EuGH Slg. 1983 3461 Rn. 71 Michelin; in diesem Sinne auch EuGH Slg. 1979 461 Rn. 89 Hoffmann-La Roche; KOMM ABl. 2002 L 143/1 Rn. 216 Michelin). Nach diesen Grundsätzen wurden die folgenden Rabattsysteme bewertet:

– **Treuerabatte,** die darauf abzielen, Kunden auf dem Weg über die Gewährung eines finanziellen Vorteils vom Bezug bei konkurrierenden Herstellern abzuhalten, sind missbräuchlich (EuGH Slg. 1975 1663 Rn. 510ff. Suiker Unie; EuGH Slg. 1979 461 Rn. 89 Hoffmann-La Roche; EuGH Slg. 1983 3461 Rn. 71 Michelin; EuGH Slg. 1999 II-2969 Irish Sugar; EuGH Slg. 2007 I-2331 Rn. 73 British Airways; KOMM ABl. 1991 L 152/40 51 Soda-ICI; KOMM ABl. 1993 L 34/20 35 CEWAL; KOMM ABl. 2001 L 125/27 Rn. 33 Deutsche Post AG; KOMM ABl. 2009 C 227/13 Intel, bestätigt durch EuG 12.6.2014 T-286/09 NZKart 2014, 267). Das Gleiche gilt, wenn anstelle von Rabatten nachträgliche Zahlungen als Belohnung der Treue erfolgen (KOMM ABl. 1989 L 10/50 65 BPB).

- **Gruppenrabatte,** die den ausschließlichen Bezug von ganzen Abnehmergruppen **belohnen,** sind als Unterfall der Treuerabatte ebenfalls missbräuchlich (KOMM ABl. 1988 L 284/41 56 British Sugar).
- **Ziel- bzw. Jahresumsatzrabatte** sind missbräuchlich, wenn sie einen versteckten Treuerabatt darstellen (EuGH aaO Hoffmann-La Roche). Diese einem Treuerabatt ähnliche Wirkung kann entweder durch eine Staffelung, die selektiv an der Abnahmefähigkeit der Kunden orientiert ist (EuGH aaO Hoffmann-La Roche,), oder durch ein einseitig festgelegtes und dem Abnehmer gegenüber geheimgehaltenes Rabattsystem (EuGH aaO Michelin) hervorgerufen werden.
- **Sortimentsrabatte** sind ebenfalls missbräuchlich (EuGH aaO Hoffmann-La Roche). Das Gleiche gilt für **Grenzrabatte,** die nur im Grenzgebiet gewährt werden (EuGH aaO Irish Sugar).

Der Marktbeherrscher darf Unternehmen keine Rabatte einräumen, die ihm keinen Wettbewerb machen und solchen, die ihm Wettbewerb machen, diese versagen, da er damit seine **Konkurrenten,** die gleichzeitig auch seine Abnehmer sind, diskriminieren würde (EuGH aaO Irish Sugar). Die negative Bewertung eines Rabattsystems kann nicht durch eine **englische Klausel** kompensiert werden, vielmehr verstärkt diese die wettbewerbsbeschränkende Wirkung des Rabattsystems, da durch die Mitteilungspflicht der Geheimwettbewerb ausgeschaltet wird (EuGH Slg. 1979 461 Rn. 106 Hoffmann-La Roche). Ebenso wenig kann der Marktbeherrscher ein grundsätzlich missbräuchliches Rabattsystem damit rechtfertigen, dass die Konkurrenten sich ihrerseits **verbotener** Wettbewerbsmethoden bedienen (EuGH aaO Irish Sugar). **Einführungsrabatte** sind unbedenklich, da sie eine Gegenleistung für eine wirtschaftliche Leistung darstellen (inzident EuGH Slg. 1979 461 Rn. 96 Hoffmann-La Roche). **Mengenrabatte,** die ausschließlich an den Umfang der bei dem betroffenen Hersteller getätigten **Käufe** anknüpfen, sind grundsätzlich ebenfalls unbedenklich (EuGH Slg. 1983 3461 Rn. 71 Michelin; EuG 12.6.2014 T-286/09 NZKart 2014, 267 Rn. 75 Intel). 47

k) Geschäfts- und Lieferverweigerung. Grundsätzlich kann jedes Unternehmen seine **Handelspartner frei auswählen.** Dieser Grundsatz wird sowohl durch die Rechtsordnungen der Mitgliedstaaten als auch durch das europäische Wettbewerbsrecht anerkannt. Sogar ein Unternehmen mit beherrschender Stellung darf deshalb Verkäufe, Belieferungen und Geschäftsabschlüsse ablehnen und auch seine Lieferpolitik ändern, ohne zwangsläufig gegen das Missbrauchsverbot des Art. 102 zu verstoßen (EuGH Slg. 1978 207 Rn. 182/191 United Brands; EuG Slg. 2000 II-3383 Rn. 80 Bayer). Aus diesem Grunde sind **Geschäfts- und Lieferverweigerungen nur unter bestimmten, engen Voraussetzungen missbräuchlich** (EuGH Slg. 2000 I-825 Rn. 60/61 Deutsche Post; Prioritäten-Mitteilung, Anhang B 11, Rn. 75 ff.; vgl. auch *Eilmannsberger* in MünchKomm Art. 82 EG Rn. 312). Wenn ein beherrschendes Unternehmen aber Schritte zum Schutz seiner wirtschaftlichen Interessen ergreift und Geschäftsbeziehungen entweder nicht aufnehmen möchte oder bestehende beenden will, müssen diese Schritte **„vernünftig"** sein und in einem **angemessenen Verhältnis** zu der Bedrohung stehen, die diese Schritte für Kunden und den Wettbewerb darstellen könnten. Das marktbeherrschende Unternehmen muss dann **objektive Gründe** anführen und notfalls beweisen können, dass diese Schritte gerechtfertigt sind (*Fuchs/Möschel* in IM Art. 102 AEUV Rn. 313); außerdem müssen die vorgetragenen Gründe die mit den Wettbewerbsregeln der Gemeinschaft verfolgten Ziele, die insbesondere in ex-Art. 3 lit. g EG bzw. nach dessen Streichung durch den Vertrag von Lissabon in einer Protokollerklärung zum Ausdruck kommen, berücksichtigen. In diesem Sinne hat der EuGH entschieden, dass ein Unternehmen mit einer beherrschenden Stellung auf dem maßgeblichen Arzneimittelmarkt, das sich zur **Verhinderung von Parallelexporten,** die bestimmte Großhändler von einem Mitgliedstaat in andere Mitgliedstaaten vornehmen, weigert, von diesen Großhändlern 48 aufgegebene normale Bestellungen auszuführen, seine beherrschende Stellung missbräuchlich ausnutzt (EuGH Slg. 2008 I-7139 Rn. 35 und 37 GlaxoSmithKline).

49 Eine Geschäfts- oder Leistungsverweigerung kann sowohl in der Weigerung der **erstmaligen Erbringung** einer Dienstleistung oder die erstmalige Belieferung mit einem bestimmen Produkt zu sehen sein als auch in der **Einstellung eines bestehenden Geschäftsverhältnisses** (EuGH Slg. 1978 207 Rn. 182 United Brands; KOMM ABl. 1988 L 317/47 Sabena). Dabei umfasst der Begriff der Geschäfts- bzw. Leistungsverweigerung nicht nur die völlige und endgültige Verweigerung, sondern auch eine **lang anhaltende und beharrliche Hinhaltetaktik** eines beherrschenden Unternehmens, wenn es für ein solches Verhalten keinen triftigen Grund gibt und es in seiner Wirkung einer Leistungsverweigerung oder einer Verweigerung einer Geschäftsbeziehung gleichkommt. Können solche taktischen Verzögerungen oder hinhaltendes Verhalten bei der Erbringung von Dienstleistungen festgestellt werden, ist eine Untersuchung des Geschäftsgebarens des Marktbeherrschers angezeigt. Dabei ist insbesondere zu prüfen, ob das Geschäftsgebaren Teil eines Verhaltensmusters ist, das unter den gegebenen Umständen als unangemessen zu betrachten ist und den Wettbewerb iSv Art. 102 beschränkt oder beschränken könnte (so ausdrücklich KOMM Fall COMP/38 096 Rn. 223 Clearstream).

50 Der **Abbruch bestehender Geschäftsverbindungen** wird grundsätzlich als missbräuchlich betrachtet, sofern nicht ein objektiver Rechtfertigungsgrund vorliegt und das Verhältnismäßigkeitsprinzip gewahrt ist (EuGH Slg. 1978 207 Rn. 182/183 United Brands; *Fuchs/Möschel* in IM Art. 102 AEUV Rn. 310). Stellt der Hersteller die Lieferung von Original-Ersatzteilen an einen Reparaturbetrieb ein, der zuvor viele Jahre von ihm beliefert wurde, weil er fortan nur noch innerhalb seines eigenen Vertriebsnetzes liefern will oder verweigert er das Zurverfügungstellen technischer Informationen, die für die Reparatur der vom Hersteller produzierten Fahrzeuge erforderlich sind, so ist dieses Verhalten missbräuchlich, wenn der Reparaturbetrieb dadurch in seiner Existenz bedroht wird (KOMM ABl. 1978 L 22/23 32 Hugin/Liptons; KOMM ABl. 2007 L 317/76 DaimlerChrysler zu einem Fall nach Art. 101). Die Anforderungen, die an Händler im Rahmen eines selektiven Vertriebsnetzes gestellt werden, können jedenfalls nicht zur Rechtfertigung für eine Lieferverweigerung von Original-Ersatzteilen an solche Unternehmen, die Dienstleistungen für das Produkt erbringen wollen und dabei Ersatzteile verwenden, herangezogen werden (KOMM aaO). Die **Werbung** eines Händlers für ein Konkurrenzprodukt hat der EuGH nicht als Rechtfertigungsgrund für den Abbruch der Lieferbeziehungen anerkannt (EuGH Slg. 1978 207 Rn. 194 United Brands).

51 Als Rechtfertigung für den Abbruch von Geschäftsbeziehungen reicht der **Absatz von Konkurrenzprodukten** durch den Abnehmer des Marktbeherrschers grundsätzlich nicht aus. Anders ist es, wenn ein Kunde seine Haupttätigkeit auf die Absatzförderung einer konkurrierenden Marke richtet und das marktbeherrschende Unternehmen mit einer angemessenen vorherigen Ankündigung seine Lieferbeziehungen abbricht (KOMM ABl. 1987 L 286/36 41 BBI). Dagegen rechtfertigt die Missachtung einer **unzulässigen Vertriebsbindung** eine Lieferverwiegerung nicht (KOMM ABl. 1988 L 65/19 36 Hilti). Ebenso wenig rechtfertigt das **Entstehen eines Konkurrenzverhältnisses** mit dem Abnehmer die Liefereinstellung, wenn die Gefahr besteht, dass dieser sonst aus dem Wettbewerb ausscheiden würde (KOMM ABl. 1987 L 286/36 40 BBI). Als missbräuchlich wurde die Weigerung angesehen, einem Wettbewerber innerhalb einer angemessenen Zeitspanne direkten Zugang zu primären Clearing- und Abrechnungsleistungen für in Deutschland ausgegebene und von ihr verwahrte Namensaktien zu gewähren. Die Missbräuchlichkeit des Vorgehens wurde insbesondere damit begründet, dass das sich weigernde Unternehmen auf dem relevanten Markt faktisch eine Monopolstellung innehatte. Wegen der Beschaffenheit des relevanten Marktes und der hohen Marktzutrittsschranken gab es somit keine Möglichkeit des Ausweichens (KOMM Fall COMP/38 096 Rn. 224 Clearstream). Dagegen kann auch ein Marktbeherrscher nicht verpflichtet werden, dem Konkurrenten dieselben Konditionen einzuräumen, wie einer Tochtergesellschaft. In Krisenzeiten rechtfertigt die **Rohstoffverknappung** grundsätzlich die Lieferverweigerung gegenüber Gelegenheitskunden, falls diese nicht in ihrer Existenz gefährdet werden (EuGH Slg. 1978 1513 Rn. 29 B. P.).

Im Fall Sacchi untersagte der EuGH einer **Rundfunkanstalt,** die ein Monopol für die Ausstrahlung von Werbung hatte, Unternehmen aus anderen Mitgliedstaaten den Verkauf von Werbezeiten zu verweigern (EuGH Slg. 1974 409 Rn. 17 Sacchi). **Urheberrechtsverwertungsgesellschaften** dürfen Personen, die zur Wahrnehmung ihrer Rechte auf diese angewiesen sind, ihre Dienstleistungen nicht verweigern (EuGH Slg. 1983 483 Rn. 46ff. GVL). Ebenfalls missbräuchlich war der Verkauf von Werbezeiten für Telefonmarketing durch einen **Fernsehsender** unter der Bedingung, hierfür die Telefondienste einer Werbeagentur des Senders in Anspruch zu nehmen (EuGH Slg. 1985 3261 Rn. 26 Télémarketing). Im British Leyland-Fall wurde die Weigerung von British Leyland, die ein Monopol für die Erteilung von Konformitätsbescheinigungen für die von ihnen hergestellten Fahrzeuge hatten, Konformitätsbescheinigungen zu erteilen, als missbräuchlich bewertet (EuGH Slg. 1986 3263 Rn. 13 British Leyland). Auch die Verweigerung zum **Interlining** hat die Kommission als missbräuchlich beurteilt (KOMM ABl. 1992 L 96/4 British Midland). 52

l) Essential Facilities. In den sog. essential facilities-Fällen wird ein **Zugangsrecht zu solchen Einrichtungen bejaht,** die für den Eintritt in einen nachgelagerten Markt unerlässlich sind und nicht dupliziert werden können (allg. *Deselaers* EuZW 1995, 563ff.; *Eilmannsberger* in MünchKomm Art. 82 EG Rn. 332; *Temple Lang,* Defining legitimate competition: companies' duties to supply competitors, and access to essential facilities in *B. Hawk (Hrsg.),* International Antitrust Law & Policy, 1994, 245ff.). An der Duplizierbarkeit fehlt es, wenn die Einrichtung jedenfalls von besonders leistungsfähigen Wettbewerbern errichtet werden kann. Die **Häfen** von Rødby und Holyhead wurden als wesentliche Einrichtungen betrachtet (KOMM ABl. 1994 L 15/8 Sealink II; KOMM ABl. 1994 L 55/52 Hafen von Rødby). Die Weigerung irischer Fernsehgesellschaften, dem Verleger einer Fernsehzeitschrift ihre wöchentlichen Programme zu überlassen, stellte sich unter dem Gesichtspunkt der „essential-facility" Doktrin als missbräuchlich dar (EuGH Slg. 1995 I-743 Rn. 48 RTE (Magill)). Die Verweigerung des vollständigen und genauen Zugangs zu **Schnittstelleninformationen,** mit denen nicht von Microsoft stammende Arbeitsgruppenserver uneingeschränkt mit Windows-PC's und -servern kommunizieren können, wurde ebenfalls als missbräuchlich angesehen (KOMM Fall COMP/37 792 Rn. 546 Microsoft; bestätigend Präsident EuG Slg. 2004 II-4463 Rn. 266 Microsoft und EuG Slg. 2007 II-3601 Rn. 317 Microsoft; dazu *Stopper* ZWeR 2005, 87ff.). Den Zugang zu offenen, **technischen Standards** allein sahen weder Kommission noch der Präsident des Gerichts als ausreichend an (dazu allg. *Koenig/Neumann* WuW 2003, 1138, 1148). 53

Grundsätzlich vertritt der Gerichtshof in ständiger Rechtsprechung, dass auch ein marktbeherrschendes Unternehmen nicht verpflichtet ist, Wettbewerbern den Zugang zu wesentlichen Einrichtungen unter allen Umständen zu gewähren. Das gilt in besonderem Maße, wenn es sich um Einrichtungen, Produkte oder Rechte handelt, die durch gewerbliche Schutzrechte geschützt sind (dazu allg. *Schwarze* EuZW 2002, 75ff.; *Montag* EuZW 1997, 71ff.; *Fuchs/Möschel* in IM Art. 102 AEUV Rn. 331). Art. 102 verlangt nicht in jedem Fall die zwangsweise Lizenzierung gewerblicher Schutzrechte durch einen Marktbeherrscher (*Jung* ZWeR 2004, 379, 402ff.; *Wirtz/Holzhauser* WRP 2004, 683ff.). Auch dieser ist grundsätzlich berechtigt, sich seine Geschäftspartner, denen er eine Lizenz erteilen möchte, auszusuchen. Allerdings ist dieses **Recht eingeschränkt,** wenn **drei Voraussetzungen** erfüllt sind. Die erste Voraussetzung ist, dass die Verweigerung zu einer **Beschränkung der Produktion, der Märkte oder der technischen Entwicklung zum Nachteil des Verbrauchers** er- 54 folgt. Darüber hinaus wird als Zweites vorausgesetzt, dass sich der Marktbeherrscher durch die Verweigerung die marktbeherrschende Stellung auf einem **Sekundärmarkt vorbehält** und jeden **Wettbewerb auf diesem Markt ausschließen** kann. Schließlich wird drittens vorausgesetzt, dass die **Verweigerung objektiv ungerechtfertigt** ist (EuGH Slg. 1974 223 Rn. 25 Commercial Solvents; EuGH Slg. 1985 3261 Rn. 26 Télémarketing; EuGH Slg. 1995 I-743 Rn. 54 RTE (Magill)).

55 In der Entscheidung Bronner wurde ein **landesweites System der Hauszustellung von Tageszeitungen** dagegen nicht als essential facility betrachtet (EuGH Slg. 1998 I-7791 Rn. 39 Bronner). Der Gerichtshof war nicht der Ansicht, dass der Zugang zu dem Zustellungssystem für Wettbewerber der einzig mögliche Weg ist, um mit dem Marktbeherrscher, der das nationale Zustellungssystem etabliert hatte, zu konkurrieren. Die **Fernsehübertragung von Pferderennen** ist ebenfalls keine essential facility, da sie als solche nicht für die Ausübung der Haupttätigkeit der Annahme von Wetten unerlässlich ist (EuG Slg. 1997 II-923 Rn. 130 Ladbroke). Die Zugangsverweigerung zu einer essential facility ist nicht missbräuchlich, wenn sie bei optimaler Ausnutzung durch Kapazitätsengpässe (KOMM ABl. 1994 L 15/8 Sealink II) oder durch die fehlende Qualifikation des Wettbewerbers gerechtfertigt ist (KOMM ABl. 1992 L 96/34 British Midland). Dagegen wurde die Zulassungsverweigerung zur Erbringung von **Vorfeldabfertigungsleistungen auf einem Flughafen** als missbräuchlich angesehen (KOMM ABl. 1998 L 72/30 Flughafen Frankfurt/Main AG). Eigentums-, Organisations- und historische Rechte können als objektive Rechtfertigung der Weigerung nicht herangezogen werden.

56 In den Entscheidungen **IMS Health** (EuG Slg. 2001 II-3193; EuGH Slg. 2002 I-3401; EuGH Slg. 2004 I-5039 Rn. 37 IMS Health) hält der EuGH die Differenzierung zwischen dem eigentlichen Produktmarkt und einem diesem vorgelagerten Markt aufrecht, scheint aber wieder, abweichend von der Bronner-Entscheidung, einem erweiterten Verständnis der essential facility-Doktrin das Wort zu reden. Er stellt maßgeblich darauf ab, ob das marktbeherrschende Unternehmen durch seine Weigerungshaltung auf dem **dem Produktmarkt vorgelagerten Markt** den Produktmarkt abzuschließen vermag und die Entstehung von Wettbewerbsverhältnissen verhindern kann (vgl. dazu *Brinker,* Essential Facility Doctrine and Intellectual Property law in *B. Hawk (Hrsg.),* International Antitrust Law & Policy, 2004, S. 137). Dies stellt er in der Entscheidung aber unter den Vorbehalt, dass es sich bei dem von dem Wettbewerbsunternehmen auf den Produktmarkt zu bringendes Produkt um eine **echte Innovation** handelt, wenn auch um ein Produkt, das mit bereits auf den Markt eingeführten Produkten in Wettbewerb tritt. Handelt es sich dagegen nur um ein **Nachahmerprodukt,** soll eine Verweigerung nicht missbräuchlich sein (vgl. dazu *Bartl,* Immaterialgüterrechtliche Marktzutrittsschranken im System des Art. 82 EG, 2005; *Körber* RIW 2004, 881 ff.). In diesem Sinne ist auch die Microsoft-Entscheidung des EuG zu interpretieren (EuG Slg. 2007 II-3601 Rn. 643 Microsoft).

57 **m) Diskriminierung.** Gemäß Art. 102 Abs. 2 lit. c ist die Diskriminierung von **Handelspartnern,** also Unternehmen, die im Verhältnis zum Marktbeherrscher auf einer vor- oder nachgelagerten Wirtschaftsstufe stehen und mit diesem in geschäftlichen Kontakt sind (EuGH Slg. 1978 1513 Rn. 29/34 BP), missbräuchlich, wenn die Handelspartner dadurch im Wettbewerb benachteiligt werden. Die **Benachteiligung im Wettbewerb** folgt dabei regelmäßig aus der Diskriminierung (EuGH Slg. 1978 207 Rn. 227/233 United Brands; *Eilmannsberger* in MünchKomm Art. 82 EG Rn. 264; *Fuchs/Möschel* in IM Art. 102 AEUV Rn. 375). Dies wurde zB angenommen, wenn ein marktbeherrschendes Postunternehmen eingehende **grenzüberschreitende Briefpost** zurückhält, eingehende grenzüberschreitende Briefpost mit Zuschlägen belegt und die Freigabe eingehender grenzüberschreitender Briefpost über lange Zeiträume verzögert wird (KOMM ABl. 2001 L 331/40 Rn. 104 Deutsche Post AG). Bei der Diskriminierung von Verbrauchern greift der Gerichtshof auf

die Generalklausel zurück. Eine Diskriminierung liegt vor, wenn die Gegenleistungen der Marktpartner bei gleichzeitiger Gleichwertigkeit der Leistungen des Marktbeherrschers unterschiedlich sind, wodurch die Marktpartner im Wettbewerb benachteiligt werden (KOMM ABl. 1994 L 104/34 MOV-SVZ/MCN). Diskriminierendes Verhalten setzt somit voraus, dass unterschiedliche Bedingungen angewandt werden, die fraglichen Leistungen gleichwertig sind und das marktbeherrschende Unternehmen durch sein Verhalten **Handelspartner im Wettbewerb benachteiligt** (KOMM Fall COMP/38 096 Rn. 302 Clearstream). Allerdings darf die Diskriminierung **nicht durch sachliche Gründe gerechtfertigt** sein. Dabei sind aber die Ziele des Vertrags zu berücksichtigen, nämlich das Bemühen um einen einheitlichen Markt und unverfälschten Wettbewerb auf demselben. So hat die Kommission einer Urheberrechtsverwertungsgesellschaft untersagt, für inländische und importierte Tonträger bzw. Tonaufzeichnungsgeräte unterschiedliche Lizenzgebührensätze zu erheben, auch wenn die Kontrolle der importierten Waren mit höheren Kosten verbunden ist (KOMM ABl. 1971 L 134/15 GEMA I).

n) Strukturmissbrauch. Der Gerichtshof hat im Fall **Continental Can** (dazu 58
auch FKVO Einf. Rn. 7ff.) ein missbräuchliches Verhalten angenommen, wenn ein Unternehmen in beherrschender Stellung diese dergestalt verstärkt, dass der erreichte Beherrschungsgrad den Wettbewerb wesentlich behindert, dass also nur noch Unternehmen auf dem Markt bleiben, die in ihrem Marktverhalten von den beherrschenden Unternehmen abhängen (EuGH Slg. 1973 215 Rn. 26 Continental Can). Diese als Continental Can-Doktrin bezeichnete Formel wurde zeitweilig als Grundlage für eine Fusionskontrolle auf der Grundlage von ex-Art. 81 und 82 EG interpretiert. In der Praxis hat dieser Ansatz aber keine nennenswerte Rolle gespielt (s. auch EuGH Slg. 1987 4566 BAT/Reynolds,). Seit dem Inkrafttreten der Fusionskontrollverordnung VO 4064/89 (nun VO139/2004) hat das Thema seine Relevanz vollständig eingebüßt (so auch *Fuchs/Möschel* in IM Art. 102 AEUV Rn. 388ff.).

o) Sonstige Missbrauchsfälle. Im Fall **Tetra Pak** wurden der Aufkauf von Ma- 59
schinen von Mitbewerbern zu dem Zweck, sie aus dem Markt zu nehmen, die Erlangung der Zusage einer Molkerei, zwei Maschinen, die sie bei Konkurrenten von Tetra Pak erworben hatte, nicht mehr zu benutzen und schließlich die ausschließliche Sicherung von Werbeträgern für sich selbst durch Erlangung einer mündlichen Ausschließlichkeitszusage der wichtigsten Fachzeitschrift (EuG Slg. 1994 II-755 Rn. 212 Tetra Pak II) als missbräuchlich bewertet. Der Austausch von Produkten unter Wettbewerbern zum Zweck der Marktabschottung **(product-swapping)** wurde als Missbrauch iSv Art. 102 bewertet (EuG Slg. 1999 II-2969 Rn. 73 Irish Sugar). Die unnötige **Verlängerung eines gesetzlichen Lizenzerteilungsverfahrens** durch Forderung einer überhöhten Lizenzgebühr wurde ebenfalls als missbräuchlich eingestuft. (EuG Slg. 1991 II-1439 Rn. 99 Hilti).

Ein Missbrauch im Sinne von Art. 102 kann auch die **Forderung auf** Durch- 60
führung **einer Vertragsklausel** sein, wenn sie über das hinausgeht, was die Parteien vernünftigerweise von diesem Vertrag erwarten durften, oder wenn sich die bei Abschluss des Vertrages bestehenden Umstände in der Zwischenzeit geändert haben (EuG Slg. 1998 II-2937 113 ITT). Auch die **Erhebung einer Klage** kann unter ganz außergewöhnlichen Umständen als Missbrauch anzusehen sein. Diese Umstände sind gegeben, wenn die Klage vernünftigerweise nicht als Geltendmachung der Rechte des betroffenen Unternehmens verstanden werden und daher nur dazu dienen kann, den Gegner zu belästigen und zweitens Teil eines Plans ist, mit dem der Wettbewerb beseitigt werden soll (EuG aaO ITT). Das durch öffentliche Postbetreiber vorgenommene Anhalten von internationalen **ABA-Remailsendungen,** die aus dem Monopolgebiet eines dieser Betreiber stammen und von Privatunternehmen in das Postsystem eines anderen Landes befördert und eingeführt werden, um über das herkömmliche internationale Postsystem in das Herkunftsland zurückbefördert zu

werden, verstößt gegen Art. 102 (EuG Slg. 1998 II-3645 Rn. 87 IECC). Die Anwendung **einheitlicher Bankbedingungen,** die eine Bankenvereinigung ihren Mitgliedern für die Verträge über die Eröffnung eines Kontokorrentkredits vorschreibt, stellt dagegen keine missbräuchliche Ausnutzung einer beherrschenden Stellung dar, wenn die in diesen Bedingungen gestattete Änderung des Zinssatzes dieses Kredits von objektiven Gesichtspunkten abhängt (EuGH Slg. 1999 I-135 Rn. 59 Bagnasco).

61 In jüngerer Zeit sind verschiedene Themen im Bereich der **Standardisierungs-Organisationen** sowie aus dem Bereich des **gewerblichen Rechtsschutzes,** insbesondere des Patentrechtes, im Zusammenhang mit Art. 102 diskutiert worden (vgl. dazu die Übersicht auch zur Fallpraxis in den USA bei *Picht* GRUR Int 2014 1 ff.). Neben der Frage, ob zB Patentanmeldungen selbst als Missbrauch einer marktbeherrschenden Stellung nach Art. 102 angesehen werden können (diese Frage verneinend *Straus,* GRURInt 2009, 93, im Hinblick auf die Sektoruntersuchung Pharma der Europäischen Kommission), steht insbesondere die Frage im Vordergrund, ob und ggf. unter welchen Voraussetzungen ein Patentinhaber **zur Gewährung einer Lizenz verpflichtet (Zwangslizenz für standardessentielle Patente)** sein kann. In der viel diskutierten Entscheidung Orange-Book-Standard des BGH (BGH KZR 39/06, BGHZ 180, 312) hatte dieser über das Unterlassungsbegehren eines Patentinhabers zu befinden, dessen Anspruch vom Beklagten der Einwand der missbräuchlichen Ausnutzung einer marktbeherrschenden Stellung entgegengehalten wurde. Begründet wurde dies damit, dass sich der Patentinhaber weigerte, mit dem Beklagten einen Patentlizenzvertrag zu nicht-diskriminierenden und nicht-behindernden Bedingungen abzuschließen. Der BGH formulierte als Voraussetzungen für die Annahme eines Missbrauchs, dass der Patentinhaber ein **unbedingtes Angebot auf Abschluss eines Lizenzvertrages** gemacht haben muss. Hat er im Angebot keine Lizenzgebühr beziffert, ist das nur ausreichend, wenn sich deren Höhe nach billigem Ermessen bestimmen lässt (kritisch hierzu *Körber,* NZKart 2013, 87 ff.; *Körber,* Standardessentielle Patente, FRAND-Verpflichtungen und Kartellrecht, 2013). Diese Auffassung weicht von der der Kommission ab, die sie in einer Pressemitteilung vom 21.12.2012 vertritt. Sie ist der Ansicht, dass ein Missbrauch schon dann vorliegt, wenn der Patentinhaber seinen Unterlassungsanspruch durchsetzt, obwohl der Patentverletzer Verhandlungsbereitschaft bekundet hat. Das LG Düsseldorf hat wegen dieser Differenz dem Gerichtshof Vorlagefragen vorgelegt (NZKart 2013, 256), über die noch nicht entschieden ist.

62 Der **FRAND**-Maßstab (fair, reasonable and non-discriminatory, dazu auch Art. 101 AEUV Rn. 195) hat primär bei der Lizenzierung durch Normenorganisationen (dazu *Ullrich/Heinemann* in IM GRUR B Rn. 37 a), aber auch außerhalb in der Anwendung des Art. 102 Bedeutung. Im Fall Rambus akzeptierte die Kommission eine Verpflichtungszusage des Unternehmens Rambus, im Rahmen eines nicht-diskriminierenden, offenen und transparenten Verfahrens jedem interessierten Unternehmen den Abschluss eines Lizenzvertrages anzubieten, darüber hinaus eine angemessene Lizenzgebühr zu verlangen und diese einheitlich allen potenziell Interessierten zu gewähren (KOMM(2010) ABl. 2010 C 30/17 Rambus; vgl. auch KOMM 24.11.2009 MEMO/09/516 Qualcomm; vgl. auch *Bulst* in Langen/Bunte Art. 82 EG Rn. 373; jüngst hierzu KOMM 29.4.2014 (C(2014) 2891 final) Samsung; ebenso MEMO/14/322 v. 29.4.2014 und IP/14/489 v. 29.4.2014 Motorola). Diese Entscheidung ist maßgeblich für die Behandlung von Standardsetzungsverfahren im Rahmen von **Standardisierungs-Organisationen** wie für die Problematik des sog. **„Patent Ambush“,** das sich sowohl nach europäischem und nach US-amerikanischem Wettbewerbsrecht stellt (vgl. hierzu *Klees,* EWS 2008, 449 ff.). Hinzugetreten sind in jüngerer Zeit Streitigkeiten im Zusammenhang mit der Suchmaschine von Google. Neben der Frage, unter welchen Voraussetzungen Zugang zur Suchmaschine zu gewähren ist, stellt sich auch die Frage der Bedingungen des Zugangs hierzu (vgl. hierzu *Paal,* GRUR 2013, 873 ff.; *Paal,* Suchmaschinen Marktmacht und Meinungsbildung, 2012).

5. Beeinträchtigung des Handels zwischen den Mitgliedstaaten

a) Grundsatz. Der Tatbestand von Art. 102 setzt, ebenso wie Art. 101 Abs. 1, voraus, dass die missbräuchliche Ausnutzung der marktbeherrschenden Stellung im Binnenmarkt oder in einem wesentlichen Teil desselben dazu führen kann, den Handel zwischen den Mitgliedstaaten zu beeinträchtigen. Die Zwischenstaatlichkeitsklausel spielt somit auch im Rahmen des Art. 102 eine wesentliche Rolle. Da die Tatbestandsmerkmale im Wesentlichen gleich ausgelegt werden, kann auf die Kommentierung zu Art. 101 verwiesen werden (→ Art. 101 Rn. 102). Allerdings sind auch einige, teilweise recht gravierende Unterschiede zu beobachten. Dies ergibt sich insbesondere aus dem **funktionalen Zusammenhang** zwischen dem Tatbestandsmerkmal der marktbeherrschenden Stellung und dem Missbrauch dieser Stellung im Binnenmarkt einerseits und dem Tatbestandsmerkmal der Eignung zur Beeinträchtigung des zwischenstaatlichen Handels andererseits (*Fuchs/Möschel* in IM Art. 102 Rn. 22ff.). Dieser kann dazu führen, dass selbst auf den ersten Blick nationale, ja sogar regional oder lokal geprägte Sachverhalte vom Anwendungsbereich von Art. 102 erfasst sein können. In diesem Zusammenhang ist insbesondere auf die essential-facility-Fälle hinzuweisen, die in aller Regel **national oder regional geprägt** sind, gleichwohl unter Art. 102 gefasst werden (→ Rn. 53). 63

b) Definition der Zwischenstaatlichkeitsklausel. Das Tatbestandsmerkmal der Beeinträchtigung des Handels zwischen den Mitgliedstaaten grenzt den Anwendungsbereich des Art. 102 von vergleichbaren Regelungen der nationalen Kartellrechte ab. Nach der vom EuGH entwickelten Formel liegt eine Beeinträchtigung des Handels zwischen den Mitgliedstaaten vor, wenn eine Maßnahme unter Berücksichtigung „der Gesamtheit objektiver rechtlicher oder tatsächlicher Umstände mit hinreichender Wahrscheinlichkeit" erwarten lässt, dass sie „**unmittelbar oder mittelbar, tatsächlich oder der Möglichkeit nach** den Warenverkehr zwischen Mitgliedstaaten in einer Weise beeinflusst, die **der Verwirklichung der Ziele eines einheitlichen zwischenstaatlichen Marktes nachteilig** sein könnte" (st. Rspr.; EuGH Slg. 1966, 322 Maschinenbau Ulm; EuGH Slg. 1980 3775 L'Oréal; EuG Slg. 1991 II-535 Rn. 65 BBC). Dem Wortlaut der Zwischenstaatlichkeitsklausel entsprechend kommt es nach der Rspr. des Gerichtshofs nicht darauf an, dass der zwischenstaatliche Handel tatsächlich beeinträchtigt wurde. Entscheidend ist nur, dass die Absprache hierzu geeignet ist (EuGH Slg. 1997 I-4411 Ferriere Nord) bzw. eine derartige Gefahr begründet (EuGH Slg. 1978 131 Miller). Diese Eignung liegt vor, wenn sich unter Berücksichtigung aller „objektiven rechtlichen und tatsächlichen Umstände" mit **hinreichender Wahrscheinlichkeit** (EuGH Slg. 1980 3775 L'Oréal) voraussehen lässt, dass die unternehmerische Maßnahme „unmittelbar oder mittelbar, tatsächlich oder potentiell" den Handelsverkehr zwischen Mitgliedstaaten beeinflussen kann. Eine **unmittelbare Beeinträchtigung** liegt vor, wenn sich die Maßnahme auf den Import oder Export von Gütern oder Dienstleistungen bezieht (KOMM Fall COMP/38 096 Rn. 339 Clearstream) bzw. dem Zweck der Marktaufteilung dient (EuGH Slg. 1975 1663 Suiker Unie u. a.; EuGH Slg. 1975 563 FRUBO). Eine bloß **mittelbare Beeinträchtigung** liegt hingegen dann vor, wenn sich eine Vereinbarung auf ein Zwischenerzeugnis bezieht und lediglich das Endprodukt Gegenstand des innergemeinschaftlichen Handels ist (EuGH Slg. 1985 391 BNIC/Clair; EuGH Slg. 1993 I-1307 Ahlström). Aus dem Erfordernis der Berücksichtigung aller „objektiven rechtlichen und tatsächlichen Umstände" ergibt sich die Notwendigkeit einer Gesamtbetrachtung, die neben der Wirkung der einzelnen, konkret wettbewerbsbeschränkenden Vertragsklauseln den Vertrag in seiner Gesamtheit berücksichtigt (EuGH Slg. 1986 611 Windsurfing International). Die Beeinträchtigung muss **spürbar** sein (dazu und zur Zwischenstaatlichkeitsklausel → Art. 101 Rn. 102ff., 109ff. sowie Leitlinien zum zwischenstaatlichen Handel, Anhang B 3). 64

65 Vereinbarungen über den innergemeinschaftlichen und grenzüberschreitenden Waren- oder Dienstleistungsverkehrs erfüllen naturgemäß die Zwischenstaatlichkeitsklausel. Dem Sitz der an einer solchen wettbewerbsbeschränkenden Maßnahme beteiligten Unternehmen kommt keine Bedeutung zu; so können u. a. auch Vereinbarungen mit Beteiligung von Unternehmen aus Drittstaaten erfasst werden (dazu EuGH Slg. 1971 949 Béguelin; EuGH Slg. 1978 1391 Tepea), wenn sie das Verhalten der Unternehmen in der Union betreffen. Beispiele sind vertragliche **Ausfuhrverbote** (EuGH Slg. 1978 131 Miller; EuG Slg. 1994 II-549 Parker Pen) sowie **Einfuhrverbote** (KOMM ABl. 1981 L 326/32 Flachglas), auf aktive Verkäufe beschränkte Ausfuhrverbote (KOMM ABl. 1990 L 100/32 Moosehead/Whitbread) und aus vertraglichen Bezugsverpflichtungen resultierenden Einfuhrbeschränkungen (KOMM ABl. 1993 L 50/14 Jahrhundertvertrag).

66 **c) Abgrenzung zwischen nationalen und gemeinschaftsweiten Sachverhalten.** Maßnahmen, deren wettbewerbsbeschränkende Wirkungen sich auf das gesamte Hoheitsgebiet eines Mitgliedstaates erstrecken, sind in der Regel zur Beeinträchtigung des Handels zwischen den Mitgliedsstaaten geeignet, weil sie schon „ihrem Wesen nach" die **Abschottung nationaler Märkte** verfestigen und die gewünschte Marktintegration verhindern können (EuGH Slg. 1972 977 Cementhandelaren). Dies gilt auch für Vertriebssysteme, die sich auf das Gebiet eines Mitgliedstaates erstrecken, entschieden für ein selektives und ausschließlich auf inländische Zeitungen bezogenes Vertriebssystem (EuGH Slg. 1981 1563 Salonia/Poidomani) und für ein auf das Gebiet eines Mitgliedstaates bezogenes Alleinvertriebssystem (KOMM ABl. 1993 L 1183/19 Langnese; insoweit bestätigt durch EuG Slg. 1995 II-1533 Langnese).

67 Die **Abgrenzung** zu den Fallgestaltungen, in denen es an der Eignung zur Beeinträchtigung des Handels zwischen Mitgliedstaaten fehlt, ist **bisweilen schwierig:** Klar ist das Fehlen der Eignung bei Weigerung eines (außerhalb der EU ansässigen) Herstellers zur Belieferung eines lokal tätigen Unternehmens mit Ersatzteilen (EuGH Slg. 1979 1869 Hugin). Dies ist ebenfalls bei sich rein national auswirkenden Wettbewerbsbeschränkungen der Fall, so bei einem Beschluss über einheitliche Bedingungen für die Vermietung von Bankschließfächern (KOMM ABl. 1989 L 253/1 Niederländische Banken) oder bei einer Einigung über die Geschäftsbedingungen über Generalbürgschaften, die nur in einem Mitgliedsstaat vorkommen (EuGH Slg. 1999 I-135 Rn. 50–53 Bagnasco). Grundsätzlich keine Eignung zur Beeinträchtigung des Handels zwischen Mitgliedsstaaten haben Maßnahmen, die den **Export in außerhalb der Gemeinschaft gelegene Märkte** betreffen. Das gilt zB für Vertriebsvereinbarungen für Gebiete außerhalb der Gemeinschaft, für in Vertriebsverträgen enthaltene Verbote hinsichtlich des Exports in Drittstaaten (evtl. gekoppelt mit einem Reimportverbot) wegen des aus wirtschaftlichen (doppelte Zollbelastung und Handelsspannen) oder technischen Gründen unrealistischen Reimports (KOMM ABl. 1975 L 38/10 Goodyear Italiana; KOMM ABl. 1976 L 28/19 SABA).

68 Solche an sich auf Gebiete außerhalb der Union auswirkenden Maßnahmen wirken sich aber in der Gemeinschaft aus, wenn sie **Rückwirkungen in die Union** haben, zum Beispiel dann, wenn die Exportregelung mit einer Absprache zur Aufteilung des Binnenmarktes bzw. zur Erschwerung eines (möglichen) Reimports in die Union in Zusammenhang steht. So wurde die Eignung zur Beeinträchtigung des Handels zwischen Mitgliedstaaten bei Vereinbarungen über die Ausfuhr von Produktionsüberschüssen, die von dem Gebiet der Union ferngehalten werden sollten, bejaht (EuGH Slg. 1975 1663 Suiker Unie; KOMM ABl. 1979 L 21/16 Bleiweiß; ABl. 1994 L 343/1 Zement), ebenso bei dem einem Abnehmer auferlegten Ausfuhrgebot in einen Drittstaat zum Schutz des Preisniveaus innerhalb einzelner Mitgliedstaaten (KOMM ABl. 1982 L 362/40 Zinkbleche; bestätigt durch EuGH Slg. 1984 1679 CRAM und Rheinzink) oder bei einer Verkaufskooperation in Drittstaaten, die mit einer auf den Binnenmarkt bezogenen Zusammenarbeit verbunden war (KOMM ABl. 1978 L 242/15 CS V). Eine Politik der Treuerabatte, die sich auf das Gebiet eines Mitgliedstaates auswirkt, kann eine **„Sogwirkung"** erzeugen, die Kunden davon abhält, sich an Anbieter aus anderen Mitgliedstaaten zu wenden (KOMM ABl. 2001 L 125/27 Rn. 42 Deutsche Post AG). Dies genügt, um die Zwischenstaatlichkeitsklausel in Art. 102 auszulösen (KOMM ABl. 1997 L 258/1 Rn. 155 Irish Sugar).

Einen Sonderfall stellen die sog. **essential facilities-Fälle** dar. In den Häfen-Fällen stellte sich das Problem der Eignung zur Beeinträchtigung zwischenstaatlichen Handels im besonderem Maße (KOMM ABl. 1994 L 15/89 Sealink II; KOMM ABl. 1994 L 55/52 Rødby). Auf den ersten Blick konzentrierten sich die Wirkungen der Maßnahmen der Hafenbetreiber auf das Gebiet der Häfen, also auf **regional und lokal beschränkte Gebiete.** Vor diesem Hintergrund stellt sich die Frage, ob eine Eignung zur Beeinträchtigung des zwischenstaatlichen Handels überhaupt vorliegen kann. Die Frage wurde von der Kommission zu Recht bejaht, weil die Maßnahmen den Handel mit den Mitgliedstaaten betrafen. Unternehmen aus Drittstaaten, die die Einrichtungen der Hafenbetreiber nutzen wollten, waren insoweit in ihrer Tätigkeit beschränkt. Eine Abschottungswirkung war bei diesen Verweigerungsfällen offensichtlich. Es entspricht der allgemeinen Praxis der europäischen Gerichte und auch der Kommission, auch solche Fälle in den Anwendungsbereich von Art. 101 und auch Art. 102 einzubeziehen (so KOMM ABl. 1998 L 72/30 Rn. 106 Flughafen Frankfurt/Main AG). Die Abschottungswirkung wirkt sich zweifelsfrei auf den zwischenstaatlichen Handel- und Dienstleistungsverkehr aus. Die Anwendbarkeit der Zwischenstaatlichkeitsklausel ist deshalb in solchen Fällen nachvollziehbar. 69

6. Rechtsfolgen eines Verstoßes

a) Grundsatz. Ein Verstoß gegen Art. 102 kann **sowohl verwaltungsrechtliche als auch zivilrechtliche Konsequenzen** haben. So kann die Kommission auf der Grundlage der ihr nach VO 1/2003 verliehenen Befugnisse die Unterlassung des beanstandeten missbräuchlichen Verhaltens verlangen. Auch ist die Kommission berechtigt, nach Maßgabe von Art. 23 VO 1/2003 ein Bußgeld gegen das marktbeherrschende Unternehmen zu verhängen. Darüber hinaus ist zivilrechtlich von Bedeutung, dass Rechtsgeschäfte, die auf der Grundlage des Missbrauchs beruhen, unwirksam sind. Von dem missbräuchlichen Verhalten Betroffene können darüber hinaus Unterlassung oder Schadenersatz verlangen. 70

b) Verwaltungsrechtliche Konsequenzen. Der Kommission stehen ebenso wie den mitgliedstaatlichen Wettbewerbsbehörden alle Möglichkeiten offen, um das missbräuchliche Verhalten zu sanktionieren (*Fuchs/Möschel* in IM Art. 102 AEUV Rn. 408). So kann die Kommission nach Art. 7 VO 1/2003 die **Missbräuchlichkeit** des Verhaltens und damit die Unvereinbarkeit mit Art. 102 **feststellen.** Gleichzeitig kann es die **Untersagung anordnen** und die **Abstellung des Verhaltens** verlangen. Denkbar ist auch, dass die Kommission **einstweilige Maßnahmen** nach Maßgabe von Art. 8 trifft. Der Fall NDC Health (KOMM ABl. 2003 L 268/69 NDC Health/IMS Health, die eine frühere Entscheidung der Kommission aufhob) war ein prominentes Beispiel dafür, dass die Kommission gewillt ist, wegen eines vermeintlich missbräuchlichen Verhaltens einstweilige Anordnungen nach Maßgabe von Art. 8 VO 1/2003 zu treffen. Von großer Bedeutung ist auch die Befugnis der Kommission, **Geldbußen nach Maßgabe des Art. 23** zu verhängen. Davon hat die Kommission in der Vergangenheit mehrfach Gebrauch gemacht (so zB in KOMM ABl. 2002 L 143/1 Michelin sowie in KOMM Fall COMP/37 792 Microsoft und KOMM ABl. 2009 C 227/13 Intel). 71

72 **c) Zivilrechtliche Konsequenzen.** Rechtsgeschäfte, die auf das missbräuchliche Verhalten eines Marktbeherrschers zurückzuführen sind, sind **zivilrechtlich unwirksam.** Sie verstoßen nach deutschem Recht gegen **§§ 134, 138 BGB** (*Fuchs/Möschel* in IM Art. 102 AEUV Rn. 415). Art. 102 enthält dabei ebenso wenig wie Art. 101 eine Vorschrift, die die Rechtsunwirksamkeit definiert. Stattdessen ist deshalb ergänzend auf **Vorschriften des nationalen Zivilrechts** abzustellen. Zuwiderhandlungen gegen Art. 102 begründen darüber hinaus **Unterlassungs- und Schadenersatzansprüche.** Art. 102 ist ein Schutzgesetz iSv § 823 Abs. 2 BGB. Nach dem Inkrafttreten der 7. GWB-Novelle kann ein Anspruch wegen einer zivilen Handlung gegen Art. 102 auch direkt auf **§ 33 GWB** gestützt werden (→ VO 1/2003 Art. 6 Rn. 16).

73 Da Art. 102 ebenfalls keine Vorschriften vorsieht, wie die vorstehend skizzierten zivilrechtlichen Konsequenzen durchzusetzen sind, ist, ebenso wie im Rahmen von Art. 101, ergänzend auf die **nationalen Bestimmungen zum Zivilprozessrecht** abzustellen. Diese Vorschriften sind heranzuziehen, wobei sowohl der **Äquivalenzgrundsatz** als auch der **Effektivitätsgrundsatz** berücksichtigt werden müssen (EuGH Slg. 2001 I-6297 Rn. 29 Courage). Das bedeutet, dass die anwendbaren prozessualen Vorschriften nicht ungünstiger sein dürfen als diejenigen, welche die Geltendmachung vergleichbarer Ansprüche aus dem innerstaatlichen Recht regeln. Der Effektivitätsgrundsatz verlangt darüber hinaus, dass die Anwendung der nationalen Vorschriften die Durchsetzung unionsrechtlicher Ansprüche weder praktisch unmöglich machen noch übermäßig erschweren darf. Da Art. 102 ebenso wie Art. 101 dem **ordre public** jedes Mitgliedstaats der Union zuzurechnen ist, sind auch Schiedsgerichte verpflichtet, Art. 102 im Rahmen ihrer Tätigkeit zu berücksichtigen. Andernfalls droht die Gefahr, dass das Exequatur für die **Vollstreckbarkeit des Schiedsurteils** von einem nationalen Gericht **verweigert** wird (EuGH Slg. 1999 I-3055 Rn. 36 Eco Swiss).

Art. 103 AEUV [Erlass von Verordnungen und Richtlinien]

(1) **Die zweckdienlichen Verordnungen oder Richtlinien zur Verwirklichung der in den Artikeln 101 und 102 niedergelegten Grundsätze werden vom Rat auf Vorschlag der Kommission und nach Anhörung des Europäischen Parlaments beschlossen.**

(2) **Die in Absatz 1 vorgesehenen Vorschriften bezwecken insbesondere,**

a) **die Beachtung der in Artikel 101 Absatz 1 und Artikel 102 genannten Verbote durch die Einführung von Geldbußen und Zwangsgeldern zu gewährleisten;**

b) **die Einzelheiten der Anwendung des Artikels 101 Absatz 3 festzulegen; dabei ist dem Erfordernis einer wirksamen Überwachung bei möglichst einfacher Verwaltungskontrolle Rechnung zu tragen;**

c) **gegebenenfalls den Anwendungsbereich der Artikel 101 und 102 für die einzelnen Wirtschaftszweige näher zu bestimmen;**

d) **die Aufgaben der Kommission und des Gerichtshofs der Europäischen Union bei der Anwendung der in diesem Absatz vorgesehenen Vorschriften gegeneinander abzugrenzen;**

e) **das Verhältnis zwischen den innerstaatlichen Rechtsvorschriften einerseits und den in diesem Abschnitt enthaltenen oder aufgrund dieses Artikels getroffenen Bestimmung andererseits festzulegen.**

Inhaltsübersicht

1. Überblick

1 Art. 103 ergänzt die materiellen Vorschriften der Art. 101 und 102 in verfahrensrechtlicher Hinsicht. Die Bestimmung ermächtigt den Rat, die erforderlichen **Durchführungsvorschriften** zu erlassen, die zur Umsetzung und Anwendung der in den Art. 101 und 102 niedergelegten Grundsätze erforderlich sind. Während Abs. 1 die allgemeine Ermächtigungsgrundlage des Rates begründet, enthält Abs. 2 Beispielstatbestände, die einen inhaltlichen Abriss der Durchführungsvorschriften geben, die nach Art. 103 Abs. 1 erlassen werden können.

2 Art. 103, insbesondere der in Abs. 1 verwendete Begriff der „in den Art. 101 und 102 niedergelegten Grundsätze" hat zu Beginn der Gemeinschaft zu einer vehementen **Kontroverse über die Rechtsnatur der Art. 101 und 102** geführt. Aus dem Begriff **„Grundsätze"** wurde geschlossen, dass das Kartellverbot in Art. 101 und das Missbrauchsverbot in Art. 102 nicht direkt und unmittelbar anwendbar sind. Vielmehr sollten diese Vorschriften nach dieser Auffassung lediglich allgemeine Grundsätze formulieren, die einer Konkretisierung und Ausfüllung durch Verordnungen oder Richtlinien bedürften, die der Rat gemäß Art. 103 erlassen würde. Dieser Auffassung hat sich der Gerichtshof nicht angeschlossen. Er hat in der Rechtssache de Geus/Bosch die unmittelbare Anwendbarkeit der Wettbewerbsvorschriften des Vertrages anerkannt (EuGH Slg. 1962, 99, 112). Das bedeutet, dass eine Vereinbarung, die gegen Art. 101 verstößt, **automatisch und ex lege** unwirksam und nichtig ist. Das Verständnis, die Wettbewerbsvorschriften enthielten lediglich ausführungsbedürftige Grundsätze, lehnte der EuGH ausdrücklich ab.

3 Die Reichweite der Rechtsfolge der Unwirksamkeit von Vereinbarungen schränkte der Gerichtshof für die Zeit vor dem Erlass der auf der Grundlage von Art. 103 zu erlassenden Durchführungsverordnung im Hinblick auf das Gebot der Rechtssicherheit dahin ein, dass die Unwirksamkeit erst eintritt, wenn entweder die Kommission gemäß Art. 105 bzw. eine zuständige nationale Wettbewerbsbehörde nach Art. 104 die Unvereinbarkeit einer Vereinbarung mit Art. 101 Abs. 1 konstitutiv feststellt und gleichzeitig die Anwendbarkeit von Art. 101 Abs. 3 ablehnt. Diese eingeschränkte Unwirksamkeit bzw. vorläufige Wirksamkeit sollte nur für Vereinbarungen gelten, die beim Inkrafttreten der auf der Grundlage von Art. 103 zu erlassenden Durchführungsverordnung bereits bestanden **(sog. Altvereinbarungen).** Vereinbarungen, die erst nach dem Eintritt der Durchführungsvorschriften geschlossen werden **(sog. Neuvereinbarungen),** sollten an diesem Privileg nicht teilhaben. Die Rechtsfolge der Unwirksamkeit sollte für diese Abreden ungeachtet einer konstitutiven Feststellung bzw. Anordnung der Kommission bzw. einer nationalen Wettbewerbsbehörde automatisch eintreten. An dieser Differenzierung hat der Gerichtshof bis zum Inkrafttreten der VO 1/2003 festgehalten (EuGH Slg. 1991 I-935 Rn. 44ff. Delimitis).

4 Da die Art. 104 und 105 als Ermächtigungsgrundlage der Kommission bzw. der zuständigen nationalen Wettbewerbsbehörden zu wenig detailliert waren, um eine effektive und an den Grundsätzen der Rechtsstaatlichkeit orientierte Anwendung der Kartellbestimmungen zu garantieren, erließ der Rat mit der **VO 17/62** die **erste**

Durchführungsverordnung. Diese blieb, von kleineren Änderungen abgesehen, bis zum Inkrafttreten der **VO 1/2003** unverändert gültig und wirksam. Die VO 17/62 enthielt die vom EuGH geforderten Verfahrensregeln, die die Anwendung der ex-Art. 81 und 82 EG erst möglich machten. Das galt in besonderem Maße für die Erteilung von Freistellungen nach ex-Art. 81 Abs. 3 EG und die Sanktionierung von Verstößen gegen das Kartellverbot und das Missbrauchsverbot. In der Nachfolge der VO 17/62 enthält nunmehr die VO 1/2003 Verfahrensbestimmungen zur Bekämpfung wettbewerbsbeschränkender Absprachen, insbesondere zur Feststellung der Unvereinbarkeit solcher Vereinbarungen mit Art. 101 Abs. 1 sowie zur Festsetzung von Bußgeldern. Die Kartellverordnung enthält darüber hinaus Verfahrensgrundsätze, die die Kommission bei der Durchführung von Kartellverfahren beachten muss, und Verfahrensgarantien zum Schutz der betroffenen Unternehmen. Der Mechanismus der Freistellung von Vereinbarungen, der in der VO 17/62 durch der **Dualismus** der **Einzelfreistellungen** auf der Grundlage einer Anmeldung bei der Kommission einerseits und der **Gruppenfreistellungsverordnungen** andererseits geprägt war, ist erst durch das Weißbuch der Kommission über die Modernisierung der Vorschriften zur Anwendung der ex-Art. 81 und 82 EG (ABl. 1999 C 132/1) und in dessen Folge durch die VO 1/2003, die die VO 17/62 ersetzte und einen grundlegenden Paradigmenwechsel bewirkte, grundsätzlich in Frage gestellt worden. Mit der VO 1/2003 ist der Regelungsmechanismus von Anmeldung und Einzelfreistellung aufgegeben und durch das **Prinzip der Legalausnahme** und die **unmittelbare Anwendbarkeit von Art. 101 Abs. 3** ersetzt worden.

5 Es ist zweifelhaft, ob mit dem Inkrafttreten der neuen Durchführungsverordnung VO 1/2003 die **Differenzierung des EuGH zwischen Alt- und Neuvereinbarungen** ihre Bedeutung verloren hat. Mit dem Inkrafttreten der VO 1/2003 ist die **Möglichkeit einer Anmeldung** von Vereinbarungen nach Art. 4 Abs. 1 VO 17/62 bzw. für Altvereinbarungen nach Art. 5 VO 17/62 bei der Kommission mit dem Ziel einer Einzelfreistellung **weggefallen.** Dasselbe gilt für die Ausnahmeregelung des Art. 4 Abs. 2 VO 17/62, die bestimmte Vertragstypen von der Pflicht zur Anmeldung ausnahm und die Möglichkeit einer über den Zeitpunkt der Anmeldung hinausgehenden, rückwirkenden Anordnung der Freistellung vorsah. Für Vereinbarungen, die nach dem Inkrafttreten der VO 17/62 geschlossen wurden, ist die Rechtslage eindeutig. Diese sind entweder bereits unter dem Freistellungs-Regime der VO 17/62 angemeldet und freigestellt oder nach Maßgabe der seit dem 1.5.2004 geltenden VO 1/2003 und des damit verbundenen Prinzips der Legalausnahme mit Art. 101 vereinbar. Davon unabhängig stellt sich weiterhin, wenngleich mit Blick auf den Zeitablauf mit weitaus geringerer Schärfe, die Frage, wie mit Vereinbarungen umzugehen ist, die im Zeitpunkt des Inkrafttretens der VO 17/62 bereits bestanden und nach Art. 5 Abs. 2 iVm Art. 4 Abs. 2 VO 17/62 **nicht anmeldepflichtig** waren. Für diese kann die differenzierte Betrachtung des EuGH nicht mehr gelten. Mit dem Inkrafttreten der VO 1/2003 ist die Möglichkeit einer Anmeldung sowohl für Neu- als auch für Altvereinbarungen weggefallen. Damit greift nunmehr allein das **Legalausnahmeprinzip.** Das bedeutet, dass Art. 101 AEUV stets in seinem vollen Umfang zur Anwendung kommt. Dieses muss auch für Altvereinbarungen gelten (→ VO 1/2003 Art. 1 Rn. 23).

6 Es wurde lange bezweifelt, ob der Rat auf der Grundlage des Art. 103 zum Erlass von Vorschriften über die **präventive Fusionskontrolle** befugt ist (vgl. dazu allg. *Bechtold* RIW 1990, 253ff.; *Sturhahn* in L/M/R Art. 83 Rn. 20). Die Katalogtatbestände des Art. 103 Abs. 2 enthalten dafür keine unmittelbaren Anhaltspunkte. Art. 103 ist nach seinem Wortlaut nur auf Vorschriften gerichtet, die zur Durchführung der in den Art. 101 und 102 niedergelegten Grundsätze führen sollen. Es wurde zwar argumentiert, Art. 102 richte sich gegen marktbeherrschende Unternehmen. Die Fusionskontrolle bezwecke, die Entstehung bzw. Verstärkung marktbeherrschender Positionen zu verhindern. Insofern umfasse Art. 103 auch die Fusionskontrolle (so

Adt in *von der Groeben/Schwarze* nach Art. 85, Fusionskontrolle, Rn. 12ff.; *Sturhahn* in L/M/R Art. 83 Rn. 20). Da jedoch zweifelhaft blieb, ob Art. 103 alle Zusammenschlüsse umfasst und auch zur Einführung einer präventiven Fusionskontrolle ermächtigt, ist die 1989 erlassene Fusionskontrollverordnung **VO 4064/89** ebenso wie die seit dem 1.5.2004 geltende **VO 139/2004** nicht nur auf Art. 103 (ex-Art. 87 EGV), sondern zusätzlich **auch auf Art. 352** (ex-Art. 235 EGV) gestützt worden.

2. Reichweite und Inhalt der Ermächtigung

a) Verhängung von Geldbußen und Zwangsgeldern. Nach Art. 103 Abs. 2 7
lit. a) ist der Rat berechtigt, Vorschriften zur Einführung von Geldbußen und Zwangsgeldern zu erlassen, um die Beachtung der in Art. 101 Abs. 1 und Art. 102 genannten Verbote zu gewährleisten. Bereits die Verwendung dieser beiden Begriffe macht deutlich, dass Geldbußen und Zwangsgelder **unterschiedliche Zwecke** verfolgen. Während durch die Verhängung von Geldbußen Verstöße gegen die in den Art. 101 Abs. 1 und Art. 102 enthaltenen **Verbote sanktioniert** werden sollen, haben Zwangsgelder den Zweck, **zukünftigen Verstößen vorzubeugen** und aktuelle Zuwiderhandlungen abzustellen. Sie können auch darauf gerichtet sein, bestimmte Handlungen oder Aktivitäten mittelbar zu erzwingen. Letzteres ist insbesondere von Bedeutung, damit die Kommission ihre Ermittlungsrechte effektiv ausüben kann.

Der Rat hat von der Befugnis zum Erlass von Bestimmungen zur Verhängung von 8
Geldbußen in Art. 23 VO 1/2003 Gebrauch gemacht. Diese Sanktion tritt zur **zivilrechtlichen Rechtsfolge in Art. 101 Abs. 2** hinzu, die allein eine effektive Durchsetzung des Kartellverbots in Art. 101 Abs. 1 nicht garantiert. Nach herrschender, wenn auch bestrittener Auffassung ermächtigt Art. 103 nicht zum Erlass von Strafnormen (*Rapp-Jung* in MünchKomm Art. 83 Rn. 14; *Sturhahn* in L/M/R Art. 83 Rn. 9). Bei einem Verstoß gegen Art. 101 Abs. 1 handelt sich um eine **Ordnungswidrigkeit,** die allein durch eine Geldbuße, nicht aber durch eine Kriminalstrafe geahndet werden kann. Für die Verhängung einer solch weitreichenden Sanktion fehlt es an der geeigneten Ermächtigungsgrundlage im Primärrecht (so *Gleiss/Hirsch* 3. Aufl., Art. 87 Rn. 13; *Schröter* in *von der Groeben/Schwarze* Art. 83 Rn. 28).

Der Rat hat in Art. 24 VO 1/2003 von der Möglichkeit Gebrauch gemacht, die 9
Kommission zur **Verhängung von Zwangsgeldern** zu ermächtigen. Auf diese Weise soll die Kommission gewährleisten können, dass Entscheidungen zur Abstellung von Zuwiderhandlungen gegen Art. 101 und 102 nach Art. 7 VO 1/2003, einstweilige Maßnahmen nach Art. 8 VO 1/2003 und von den Betroffenen abgegebene Verpflichtungszusagen nach Art. 9 VO 1/2003 beachtet und durchgesetzt werden können. Daneben gibt es die Möglichkeit zur Verhängung von Zwangsgeldern, um die Beantwortung von Auskunftsbeschlüssen nach Art. 17 VO 1/2003 oder die Duldung von Nachprüfungen nach Art. 20 VO 1/2003 zu erzwingen. Die zu diesem Zweck verhängten Zwangsgelder sollen erkennbar bestimmte Handlungen oder Aktivitäten erzwingen.

b) Anwendung von Art. 101 Abs. 3. Nach Art. 103 Abs. 2 lit. b ist der Rat 10
berechtigt, die **Einzelheiten der Anwendung von Art. 101 Abs. 3** festzulegen. Dabei soll dem Erfordernis einer wirksamen Überwachung bei möglichst einfacher Verwaltungskontrolle Rechnung getragen werden. Von dieser Ermächtigung hat der Rat in der VO 17/62 und der VO 1/2003 auf sehr unterschiedliche Weise Gebrauch gemacht. Nach dem Regime der VO 17/62 war lediglich ex-Art. 81 Abs. 1 EG unmittelbar und direkt anwendbar. Ein Verstoß gegen diese Bestimmung führte gemäß ex-Art. 81 Abs. 2 EG automatisch zur zivilrechtlichen Unwirksamkeit der Vereinbarung. Ex-Art. 81 Abs. 3 EG dagegen enthielt eine **nicht unmittelbar wirkende Freistellungsmöglichkeit,** die zu ihrer Anwendbarkeit einer konstitutiven Anwendungsanordnung (im Einzelfall durch Entscheidung der Kommission oder gruppen-

weise für bestimmte Vertragstypen durch Verordnungen) bedurfte. Für die Anwendung des Kartellverbots nach ex-Art. 81 Abs. 1 EG waren nicht nur die europäischen Instanzen zuständig, sondern auch die nationalen Kartellbehörden und -gerichte. Für **Freistellungen nach Abs. 3** hatte die **Kommission** auf der Grundlage von Art. 9 VO 17/62 ein **Monopol.**

11 Das Entscheidungsmonopol der Kommission wurde durch die VO 1/2003 aufgegeben. An seine Stelle trat eine ganz **andere Deutung des Art. 101 Abs. 3,** nämlich die als eine unmittelbar anwendbare Norm. Dieses neue Verständnis als **self-executing** wurde insbesondere in Deutschland, dh vom Bundeskartellamt, der Monopolkommission und zahlreichen Autoren angegriffen (Monopolkommission, Sondergutachten 23, Kartellpolitische Wende in der Europäischen Union?, 1999; *Deringer* EuZW 2000, 5; *Fikentscher* WuW 2001, 446; *Hossenfelder/Lutz* WuW 2003, 118; *Mestmäcker* EuZW 1999, 523; *Möschel* JZ 2000, 61; anders aber zB *Bechtold* BB 2000, 2425; *Ehlermann* 37 CMLR (2000), 537; *Schaub/Dohms* WuW 1999, 1057; *Sturhahn* in L/M/R Art. 83 Rn. 12). Man vertrat die Auffassung, dass Art. 101 Abs. 3 eine Entscheidung der Kommission voraussetze, die Deutung als **self-executing** sei mit dem Wortlaut nicht vereinbar. Diese primärrechtliche Vorgabe könne sekundärrechtlich nicht beseitigt werden. Bereits nach dem Inkrafttreten des EWG-Vertrages war das deutsche Rechtsverständnis des Art. 101 Abs. 3 nicht unumstritten; insbesondere aus Frankreich wurde schon damals die Deutung als unmittelbar anwendbare Norm vertreten (Bericht im Namen des Binnenmarktausschusses zu der Konsultation des Europäischen Parlaments durch den Rat der Europäischen Gemeinschaft betr. eine erste Durchführungsverordnung zu den Art. 85 und 86 des EWG-Vertrages (sog. *Deringer-Bericht*), Sitzungsdokument 1961–1962, Dokument 57 v. 7.9.1961; *Hambloch* EuR 2002, 877). Die Vereinbarkeit der neuen Regelung mit dem Primärrecht wird inzwischen nur noch vereinzelt in Frage gestellt.

12 Im neuen System gibt es **keine gestaltenden Einzelfreistellungsentscheidungen** der Kommission mehr. Die **Gruppenfreistellungsverordnungen** bleiben dagegen weiterhin bestehen. Es stellt sich aber die Frage nach ihren **Rechtswirkungen** (*Sturhahn* in L/M/R Art. 83 Rn. 13). Die sich aus einer Gruppenfreistellungsverordnung ergebende Freistellungswirkung tritt allein durch die Anwendung der Gruppenfreistellungsverordnung selbst ein. Verordnungen iSv Art. 288 Abs. 2 wirken direkt und unmittelbar. Die Freistellungswirkung tritt ein, ohne dass nach dem bisherigen Verständnis unter der VO 17/62 eine Anmeldung der Vereinbarung durch die Vertragsparteien bei der Kommission vorliegen müsste und ohne dass die Kommission eine Erklärung abzugeben bräuchte (EuGH Slg. 1976 111 Rn. 12 Roubaix). Alle Vereinbarungen, die unter eine Gruppenfreistellungsverordnung subsumiert werden können, sind automatisch **ipso jure** vom Kartellverbot des Art. 101 Abs. 1 freigestellt. Für sie gilt nicht die Nichtigkeitsfolge des Art. 101 Abs. 2. In ihren Wirkungen entsprechen Gruppenfreistellungsverordnungen daher **Legalausnahmen.** In jedem Einzelfall ist lediglich zu prüfen, ob die tatbestandlichen Voraussetzungen der jeweils einschlägigen Gruppenfreistellungsverordnung vorliegen. Nicht erforderlich ist jedoch eine Prüfung, ob die Freistellungsvoraussetzungen von Art. 101 Abs. 3 im Einzelfall erfüllt sind. Diese Prüfung kann unterbleiben, weil die Kommission mit dem Erlass der Gruppenfreistellungsverordnung deutlich gemacht hat, dass sie bei den gruppenfreigestellten Vereinbarungen grundsätzlich von einer Vereinbarkeit mit Art. 101 Abs. 3 ausgeht. Liegen die tatbestandlichen Voraussetzungen der einschlägigen Gruppenfreistellungsverordnung vor, tritt die Freistellungswirkung deshalb selbst dann ein, wenn die Voraussetzungen von Art. 101 Abs. 3 tatsächlich nicht vorliegen. Die Kommission hat lediglich die Möglichkeit, die Freistellungswirkung im Einzelfall durch einen Beschluss iSv Art. 288 Abs. 4 zu **entziehen.** Gruppenfreistellungen bewirken nicht rechtsgestaltend eine Freistellung, sondern stellen nur **deklaratorisch** unwiderleglich fest, dass die Anwendungsvoraussetzungen von Art. 101 Abs. 3 erfüllt sind (*Bechtold* BB 2000, 2425; *K. Schmidt* BB 2003, 1237).

c) Anwendung der Art. 101 und 102 auf einzelne Wirtschaftszweige. Nach Art. 103 Abs. 2 lit. c) ist der Rat berechtigt, den Anwendungsbereich der Art. 101 und 102 für die **einzelnen Wirtschaftszweige** näher zu bestimmen. Die Vorschrift unterscheidet sich inhaltlich und in ihrer Reichweite deutlich von Art. 42, wonach die Wettbewerbsvorschriften auf die Produktion landwirtschaftlicher Erzeugnisse und den Handel mit diesen nur insoweit anwendbar sind, als der Rat dies unter Berücksichtigung der Ziele der gemeinsamen Agrarpolitik bestimmt. Art. 103 Abs. 2 lit. c sagt dagegen nur, dass der Rat berechtigt ist, den Anwendungsbereich der Art. 101 und 102 für einzelne Wirtschaftszweige näher zu bestimmen. Es ist deshalb ausgeschlossen, dass Art. 101 und 102, so wie zB für die Landwirtschaft, für bestimmte Wirtschaftszweige, für die im Vertrag selbst keine ausdrückliche Ausnahmeregelung vorgesehen ist, **vollständig** oder zumindest weitreichend vom Anwendungsbereich der Art. 101 und 102 **auszunehmen** (*Schröter* in *von der Groeben/Schwarze* Art. 83 EG Rn. 43; *Sturhahn* in L/M/R Art. 83 Rn. 14). Es ist lediglich zulässig, Einzelheiten bei der Anwendung der Wettbewerbsvorschriften auf einen spezifischen Wirtschaftsbereich zu konkretisieren und näher festzulegen. Der Rat hat nur für den Bereich der **Landwirtschaft** eine ausdrückliche **Sonderregelung** geschaffen. Durch VO 26/62 ist die Anwendbarkeit des Art. 101 auf die Landwirtschaft erheblich eingeschränkt worden. 13

Darüber hinaus hat der Rat einige Sonderbestimmungen für den Bereich des Verkehrs geschaffen, dh für den **Land-, See- und den Luftverkehr.** Diese unterscheiden sich jedoch von der VO 26/62 qualitativ und in ihrer Reichweite erheblich. Die Durchführungsverordnungen für die Verkehrssektoren gehen insbesondere nicht so weit, dass bestimmte Vereinbarungen vollständig vom Anwendungsbereich des Art. 101 ausgenommen wären. Diese sind inzwischen aufgehoben worden, soweit der See- und der Luftverkehr betroffen sind (vgl. die Kommentierung zu Art. 104 und Art. 105). Für den Seeverkehr hat die Kommission statt den bisher verbindlichen Verordnungen Leitlinien veröffentlicht (KOMM, Leitlinien Seeverkehrsdienstleistungen v. 1.7.2008, SEK(2008) 2151 final). Im Übrigen hat der Rat davon abgesehen, **Branchenausnahmen** bzw. Sonderregelungen für bestimmte Wirtschaftsbereiche vorzusehen. Eine Rechtspflicht zur Schaffung solcher Sonderregeln ergibt sich aus Art. 103 Abs. 2 lit. c nicht. Der Rat hat ein erhebliches Ermessen, ob er Sonderregeln für bestimmte Wirtschaftsbereiche erlassen will. Diese Notwendigkeit hat er bisher nicht gesehen. Eine unmittelbare Wirkung dieser Bestimmung, die dazu führen könnte, dass die Wettbewerbsvorschriften auf bestimmte Wirtschaftsbereiche erst anwendbar sind, wenn der Rat solche Durchführungsbestimmungen erlassen hat, hat der Gerichtshof abgelehnt. Er hat bestätigt, dass die Wettbewerbsvorschriften **auf sämtliche Wirtschaftsbereiche,** mit **Ausnahme der Landwirtschaft,** unmittelbar und in vollem Umfang **anwendbar** sind, solange der Rat nicht einschränkende Vorschriften erlassen hat (EuGH Slg. 1987 447 Verband der Sachversicherer). 14

d) Abgrenzung der Aufgaben von Kommission und Gerichtshof. Art. 103 Abs. 2 lit. d ermächtigt den Rat, die Aufgaben der Kommission und des Gerichtshofs bei der Anwendung der nach Art. 103 Abs. 2 erlassenen Durchführungsvorschriften gegeneinander abzugrenzen. *Schröter* hat zu recht darauf hingewiesen, dass der Vertrag selbst die Aufgabenverteilung und die spezifischen Befugnisse der Kommission und des Gerichtshofes festlegt. Die Befugnisse für die Kommission ergeben sich aus Art. 244 ff., die des Gerichtshofes aus Art. 251 ff. EG. Die Vorschriften des Sekundärrechts können an dieser grundsätzlichen **Aufgabenverteilung** nichts ändern (*Schröter* in *von der Groeben/Schwarze* Art. 83 EG Rn. 45). Die Ermächtigungsgrundlage in Art. 103 Abs. 2 lit. d kann nicht dazu führen, die Befugnisse der Organe zu ändern und die Aufgabenverteilung zwischen den Organen zu beeinflussen. 15

Auf der Grundlage von Art. 103 Abs. 2 lit. d kann somit lediglich konkretisiert werden, welche Befugnisse Kommission und Gerichtshof bei der **Anwendung des** 16

Sekundärrechts zukommen sollen. Das gilt insbesondere für die Gewährung von Freistellungen und die Verhängung von Bußgeldern. Die VO 1/2003 enthält entsprechend in Art. 23 Bestimmungen, die die Verhängung von Geldbußen im Detail regeln. Geregelt sind auch die Befugnisse, die dem Gerichtshof bei der Kontrolle von Bußgeldentscheidungen der Kommission zukommen. Entsprechend sehen Art. 261 und Art. 31 VO 1/2003 vor, dass der Gerichtshof eine festgesetzte Geldbuße bzw. ein festgesetztes Zwangsgeld aufheben, herabsetzen oder **auch erhöhen** kann. Gerade die Möglichkeit der Erhöhung eines Bußgeldes verdeutlicht die besonderen Befugnisse, die dem Gerichtshof in diesem Zusammenhang zukommen (vgl. dazu die Kommentierung zu Art. 31 VO 1/2003). Im Rahmen der Kontrolle von Bußgeldentscheidungen der Kommission wäre es an sich nicht erforderlich gewesen, eine solche Befugnis des Gerichtshofs zu begründen. Der Rat hat dies im Hinblick auf den spezifischen Charakter von Bußgeldverfahren jedoch für sinnvoll erachtet.

17 Anders als bei der Verhängung von Bußgeldern hat der Rat davon abgesehen, eine Aufgabenverteilung zwischen Kommission und Gerichtshof bei der Kontrolle von **Freistellungsentscheidungen** vorzunehmen. Grundsätzlich wäre der Gerichtshof befugt, Freistellungsentscheidungen einer umfassenden Prüfung zu unterziehen. Der EuGH hat jedoch stets anerkannt, dass der Kommission im Rahmen der Anwendung des Art. 101 Abs. 3 ein **weites Ermessen** zusteht. Die Ausübung dieses Ermessens unterliegt nach der ständigen Rechtsprechung des Gerichtshofes lediglich einer eingeschränkten Kontrolle. Der Gerichtshof beschränkt seine Kontrolle auf die Prüfung, ob die Kommission den Sachverhalt vollständig ermittelt und gewürdigt, ihr Ermessen nicht erkennbar überschritten sowie zweckwidrige Erwägung angestellt hat (vgl. allg. dazu *Schwarze,* Europäisches Verwaltungsrecht, 2. Aufl., 344ff.).

18 **e) Verhältnis zwischen nationalem und europäischem Kartellrecht.** Ein Normenkonflikt zwischen dem nationalen und dem europäischen Kartellrecht kann entstehen, wenn sowohl eine nationale Bestimmung als auch eine Vorschrift des europäischen Kartellrechts auf ein und denselben Sachverhalt anwendbar sind, jedoch unterschiedliche Rechtsfolgen normieren. Bei einer solchen Situation ist nach der ständigen Rechtsprechung des Gerichtshofs das **Unionsrecht vorrangig** anwendbar (EuGH Slg. 1964, 1251 Costa/ENEL). Der Vorrang bedeutet nicht, dass die nationale Vorschrift unwirksam wird. Vielmehr ist der Grundsatz vom Vorrang des Gemeinschaftsrechts iS eines Anwendungsvorrangs zu verstehen. Die Bestimmung des nationalen Rechts muss in dem jeweiligen Einzelfall unbeachtet bleiben. Sie darf nicht zur Anwendung gelangen.

19 Der Grundsatz des Vorrangs des Unionsrechts erstreckt sich auch auf das Kartellrecht. Bis 1969 herrschte in der Literatur die Auffassung vor, für das Verhältnis zwischen nationalem und europäischem Kartellrecht gelte die sog. **Zweischranken-Theorie** (so insbesondere *Koch* in *Grabitz/Hilf* vor Art. 85 (1983), Rn. 31). Danach wurde angenommen, dass das nationale und das europäische Recht **unterschiedlichen Schutzbereichen** zugeordnet sind. Das nationale Recht schützt nur den innerstaatlichen Wirtschaftsverkehr, das Gemeinschaftsrecht nur den zwischenstaatlichen Wirtschaftsverkehr (so *Koch* aaO). Anwendungskonflikte zwischen dem nationalen und dem Gemeinschaftsrecht können deshalb nicht entstehen. Entweder ist das nationale Recht oder das europäische Recht anwendbar. Eine parallele Anwendung kommt nach der Zweischranken-Theorie nicht in Frage. Diese Auffassung hat der Gerichtshof in seinem berühmten **Farben-Urteil** abgelehnt. Er betonte, dass beide Rechtsordnungen grundsätzlich parallel und nebeneinander anwendbar sind. Eine klare Abgrenzung der Anwendungsbereiche, die Konflikte vermeiden könnten, ist nicht möglich und auch nicht notwendig, da sich Konflikte nach dem im EU-Recht generell anerkannten Grundsatz vom **Vorrang des Unionsrechts** (EuGH, Costa/ENEL, aaO) lösen lassen. Die grundsätzlich zulässige parallele Anwendung des nationalen und des Gemeinschaftsrechts darf lediglich nicht dazu führen, dass die

einheitliche Anwendung sowie die **volle Wirksamkeit** der EU-Wettbewerbsvorschriften beeinträchtigt oder gefährdet werden. Im Fall eines Konflikts sind deshalb die Vorschriften des EU-Rechts vorrangig anwendbar (EuGH Slg. 1969 1 Rn. 6 Walt Wilhelm).

Fraglich ist, welche Maßnahmen des Unionsrechts am Vorrang teilnehmen. Nach dem Farben-Urteil des EuGH sind die Vorschriften des EU-Rechts nur dann vorrangig anwendbar, wenn sich die einschlägige Rechtsfolge unmittelbar aus dem EU-Vertrag ergibt oder wenn die Kommission eine Maßnahme erlassen hat, die **positiver Ausdruck** einer Gestaltung der unionsrechtlichen Wettbewerbspolitik ist (EuGH Slg. 1969 1 Rn. 5 Walt Wilhelm). Es ist darüber gestritten worden, wann eine solche positive Maßnahme anzunehmen ist. Folgende Aussagen können als allgemein akzeptiert gelten: Der Vorrang bezieht sich nicht nur auf solche Vorschriften des Gemeinschaftsrechts, die **strengeren Rechtsfolgen** anordnen als die vergleichbaren Bestimmungen des nationalen Rechts. Der Vorranggrundsatz gilt auch für im Vergleich zum nationalen Recht **weniger strenge Bestimmungen** des Unionsrechts (*Lieberknecht,* FS Pfeiffer, 1988, S. 589, 594 ff.). Diese Voraussetzung war bei **Einzelfreistellungsentscheidungen** ohne Weiteres erfüllt. Der Vorrang galt danach auch, wenn eine **Gruppenfreistellungsverordnung** eine günstigere Rechtsfolge anordnet als das nationale Recht (*Wagner,* EWG-Gruppenfreistellung und nationales Kartellrecht, 14 ff.). Anerkannt war schließlich auch, dass sog. **Negativatteste** der Kommission nicht am Vorrang des Gemeinschaftsrechts teilhaben (*Lieberknecht* aaO). 20

Umstritten war, welche Wirkungen die in der Praxis äußerst bedeutsamen **Verwaltungsschreiben** der Kommission hatten. Dabei handelte es sich nicht um förmliche Entscheidungen der Kommission, sondern um ein in der Regel vom zuständigen Direktor der Generaldirektion Wettbewerb unterzeichnetes Schreiben. In diesem brachte die mit dem Fall befasste Abteilung der Generaldirektion Wettbewerb ihre Auffassung über die Vereinbarkeit bzw. Nichtvereinbarkeit einer Vereinbarung mit ex-Art. 81 Abs. 1 EG oder hinsichtlich der Freistellungsfähigkeit bzw. Nichtfreistellungsfähigkeit einer Vereinbarung nach ex-Art. 81 Abs. 3 EG zum Ausdruck. Im für die Unternehmen positiven Fall wurden sie als **Verwaltungsschreiben (comfort letters)** bezeichnet. Nach überwiegender Auffassung nehmen solche Verwaltungsschreiben **nicht am Vorrang des Unionsrechts teil** (EuGH Slg. 1980 2327 Rn. 18 Giry und Guerlain). Der Gerichtshof hat jedoch bestimmt, dass die mitgliedstaatlichen Gerichte und Wettbewerbsbehörden die Äußerungen der Kommission in Verwaltungsschreiben bei ihrer Entscheidungsfindung zu berücksichtigen haben (EuGH Slg. 1991 I-935 Rn. 47 Delimitis). In der Literatur ist gegen diese eingeschränkte Bedeutung von Verwaltungsschreiben eingewandt worden, diese seien ein konkretisierter Ausdruck der Ermessensausübung der Kommission. Die Kommission binde sich durch das Verwaltungsschreiben hinsichtlich der Beurteilung des jeweiligen Falles. Daraus könnten die betroffenen Unternehmen Rechte ableiten, da die Kommission von ihrer Beurteilung nur unter stark eingeschränkten Voraussetzungen, die sich an Art. 8 Abs. 3 VO 17/62 zu orientieren haben, abweichen dürfe. Vor diesem Hintergrund wurde empfohlen, dass Verwaltungsschreiben ebenfalls, zumindest eingeschränkt, am Vorrang des Unionsrechts teilhaben (*Schwarze* JZ 1995, 57; *Brinker* WuW 1996, 549). Mit dem Wechsel zum System der Legalausnahme sind **Verwaltungsschreiben weggefallen** und hat sich diese Debatte erledigt. Beratungsschreiben der Kommission haben andere Rechtswirkungen als Verwaltungsschreiben, sodass sich das Problem in der Zukunft nicht stellen dürfte. 21

Bis zum Erlass der VO 1/2003 hatte der Rat davon abgesehen, auf der Grundlage von Art. 103 Abs. 2 lit. e eine Verordnung oder eine Richtlinie zu erlassen, die das Verhältnis zwischen den nationalen und den europäischen Wettbewerbsvorschriften näher bestimmt. Solange die Reichweite des Grundsatzes vom Vorrang des Unionsrechts vor nationalem Recht weitgehend geklärt erschien, bestand dazu kein Anlass. Insoweit war das Verhältnis zwischen EU- und nationalem Kartellrecht eindeutig. 22

Durch die VO 1/2003 hat sich dies geändert. Seit die Bestimmung des Art. 101 Abs. 3 in Form einer **Legalausnahme** unmittelbar anwendbar ist, stellt sich das Problem des Verhältnisses zwischen europäischem und nationalem Kartellrecht neu. Ohne eine ausdrückliche Anwendungsentscheidung der Kommission, so wie sie u. a. in Einzelfreistellungsentscheidungen zu finden ist, bleibt unklar, in welchem **Verhältnis Art. 101 Abs. 3 zu den Bestimmungen des nationalen Rechts** steht. Es fehlt dann an der positiven Gestaltungsentscheidung der Kommission iS der Walt-Wilhelm-Doktrin. Dieses Problem, das in der Literatur wiederholt angesprochen wurde (vgl. zB *Deringer* EuZW 2000, 5, 6ff.; *Mestmäcker* EuZW 1999, 523, 529), hat die Kommission aufgegriffen. Den Vorschlag der Kommission hat der Rat in Art. 3 VO 1/2003 zur Festlegung des Verhältnisses zwischen den innerstaatlichen Rechtsvorschriften und dem EU-Kartellrecht aufgegriffen.

23 Im **ersten Entwurf der Kommission zu Art. 3 VO 1/2003** hieß es noch, dass im Falle der Anwendbarkeit der Art. 101 und 102 allein das Wettbewerbsrecht der Gemeinschaft unter Ausschluss des Wettbewerbsrechts der Mitgliedsstaaten anwendbar sei. Die **geltende Fassung des Art. 3** ist anders formuliert, ohne allerdings substanziell an dem **Anwendungsausschluss** etwas zu ändern (→ VO 1/2003 Art. 3 Rn. 9). Es heißt jetzt, dass die Mitgliedstaaten, wenn sie nationales Recht im Anwendungsbereich der Art. 101 Abs. 1 und Art. 102 anwenden wollen, zugleich auch Art. 101 und 102 anwenden müssen. Für Art. 101 wird das in Abs. 2 dahin konkretisiert, dass Vereinbarungen, Beschlüsse und aufeinander abgestimmte Verhaltensweisen, die entweder keine Wettbewerbsbeschränkungen iSv Art. 101 Abs. 1 enthalten oder zuvor gegen Art. 101 Abs. 1 verstoßen, aber die Voraussetzungen des Art. 101 Abs. 3 erfüllen, nicht nach nationalem Recht verboten werden dürfen. Anders als bisher gilt also im Bereich des Art. 101 der Vorrang des Unions-Kartellrechts nicht nur im Falle der Freistellung, sondern immer, wenn eine Wettbewerbsbeschränkung vorliegt und der zwischenstaatliche Handel berührt ist. Die Möglichkeit, nationales Recht parallel anzuwenden, hat keine praktische Bedeutung, wenn im Falle des Verbots auch Art. 101 und 102 angewendet werden müssen. Greift die Freistellung nach Art. 101 Abs. 3, **darf nationales Recht nicht mit dem Ziel einer Untersagung angewendet werden.** In allen Fällen, in denen die Eignung zur Beeinträchtigung des zwischenstaatlichen Handels gegeben ist, können die Vorschriften über die horizontalen und vertikalen Kartelle nicht mehr anders als Art. 101 angewendet werden.

24 Die Kommission hat am 24.7.2008 einen Konsultationsprozess initiiert, der die Überprüfung der Regelungen der VO 1/2003 – insbesondere auch des Art. 3 – zum Gegenstand hat (vgl. IP/08/1203). Das Ergebnis der Prüfung hat die Kommission in einer Mitteilung zusammengefasst (Mitteilung der Kommission an das Europäische Parlament und den Rat, Bericht über das Funktionieren der VO (EG) Nr. 1/2003 des Rates v. 29.4.2009 (KOM(2009) 206 endg.), Rn. 19ff.; vgl. auch Commission Staff Working Paper v. 29.4.2009 (SEC(2009) 574 final), Rn. 160ff.). Die Kommission will die Frage erst zu einem späteren Zeitpunkt wieder aufgreifen und ggf. einer Neuregelung zuführen (→ VO 1/2003 Art. 3 Rn. 10 aE).

Art. 104 AEUV [Übergangsbestimmung]

Bis zum Inkrafttreten der gemäß Artikel 103 erlassenen Vorschriften entscheiden die Behörden der Mitgliedstaaten in Einklang mit ihren eigenen Rechtsvorschriften und den Bestimmungen der Artikel 101, insbesondere Absatz 3, und 102 über die Zulässigkeit von Vereinbarungen, Beschlüssen und aufeinander abgestimmten Verhaltensweisen sowie über die missbräuchliche Ausnutzung einer beherrschenden Stellung auf dem Binnenmarkt.

1. Allgemeines

Art. 104 begründet die Zuständigkeit der nationalen Wettbewerbsbehörden, die Vorschriften der Art. 101 und 102 in Übereinstimmung mit den einschlägigen nationalen Rechtsvorschriften anzuwenden. Diese Befugnis ist **zeitlich beschränkt** bis zum Inkrafttreten der gemäß Art. 103 erlassenen Durchführungsbestimmungen. Dadurch relativiert sich die Bedeutung dieser Bestimmung ganz erheblich. Nach dem Inkrafttreten der VO 17/62 sowie der Parallelvorschriften für den Land-, See- und Luftverkehr, inzwischen durch die VO 1/2003 (ABl. 2003 L 1/1), insbesondere durch Art. 36ff. ersetzt bzw. geändert, ergibt sich die Anwendungsbefugnis der nationalen Wettbewerbsbehörden aus diesen Durchführungsbestimmungen. Im Anwendungsbereich dieser Vorschriften verliert Art. 104 seine Bedeutung und ist dann nicht anwendbar. 1

2. Entwicklung bis zur VO 1/2003

Die VO 17/62 regelte, dass die nationalen Wettbewerbsbehörden gemäß Art. 9 Abs. 3 zuständig sind, ex-Art. 81 Abs. 1 EG sowie ex-Art. 82 EG anzuwenden, solange die **Kommission kein Verfahren** eingeleitet hat. Sobald die Kommission einen Fall an sich gezogen hatte, waren die nationalen Behörden zur Durchsetzung der Europäischen Wettbewerbsvorschriften nicht mehr zuständig. Vergleichbare Bestimmungen waren in den Verkehrsverordnungen zu finden. Danach unterschied sich die Befugnis der nationalen Wettbewerbsbehörden zur Anwendung der Bestimmungen des EWG-Wettbewerbsrechts nach den Verfahrensbestimmungen des Sekundärrechts erheblich von der ursprünglichen Befugnis, die ex-Art. 84 EG vorsah. Diese Grundsätze finden sich nunmehr auch in Art. 11 Abs. 6 VO 1/2003. Danach entfällt die Zuständigkeit der Wettbewerbsbehörden der Mitgliedstaaten, sobald die Kommission ein Verfahren einleitet. 2

In Deutschland ist mit der **5. GWB-Novelle** eine Vorschrift in das GWB eingeführt worden, die das Bundeskartellamt zur Wahrnehmung der in den Art. 104 und 105 sowie der in den auf der Grundlage von Art. 103 ergangenen Durchführungsvorschriften übertragenen Aufgaben ausdrücklich ermächtigt. Es war längere Zeit umstritten, ob Art. 104 allein als Ermächtigungsgrundlage ausreicht, damit das Bundeskartellamt im Rahmen seiner Tätigkeit auch die Vorschriften des EG-Kartellrechts anwendet. Das Kammergericht (KG WuW/E OLG 4291) hat dies bezweifelt. Mit **§ 50 GWB** (bis zum Inkrafttreten der 6. GWB-Novelle § 47 GWB aF) ist eine hinreichende Rechtsgrundlage für die Anwendung der Bestimmungen des EG-Kartellrechts durch das Bundeskartellamt begründet worden. 3

Vor dem Erlass der in Art. 103 vorgesehenen Durchführungsverordnungen erstreckten sich die Befugnisse der nationalen Wettbewerbsbehörden nach Art. 104 auch auf die **Anwendung von Art. 101 Abs. 3;** die nationalen Wettbewerbsbehörden konnten also Einzelfreistellungen erteilen. Nachdem die Durchführungsvorschriften gemäß Art. 103, von wenigen Ausnahmen abgesehen, erlassen waren – insbesondere mit der VO 17/62 –, hatten die nationalen Wettbewerbsbehörden keine Kompetenz mehr, Einzelfreistellungen auszusprechen. Nach Art. 9 Abs. 1 VO 17/62 war, vorbehaltlich der Kontrolle durch den Gerichtshof, die **Kommission ausschließlich** befugt, Freistellungsentscheidungen nach ex-Art. 81 Abs. 3 zu treffen. Die nationalen Wettbewerbsbehörden waren nach der VO 17/62 dazu ebenso wenig berechtigt wie die nationalen Gerichte. Mit dem Inkrafttreten der VO 1/2003 ist dieser Regelungsmechanismus weggefallen. Die nationalen Wettbewerbsbehörden sind ebenso wie die mitgliedstaatlichen Gerichte nach Art. 5 und Art. 6 VO 1/2003 in gleichem Maße wie die Kommission dazu befugt, Art. 101 in seiner Gesamtheit anzuwenden. Die bis zum Inkrafttreten der VO 1/2003 geltende Besonderheit, dass die nationalen Wettbewerbsbehörden im Rahmen von Art. 104 4 auch zur Anwendung von ex-Art. 81 Abs. 3 EG berufen waren, hat somit ihre Bedeutung eingebüßt.

3. Heutige Bedeutung von Art. 104

5 Während die VO 1/2003 in Art. 11 Abs. 6 eine **Kollisionsregel** dafür enthält, welche Behörde für ein Verfahren zuständig ist, wenn sowohl die Kommission als auch eine nationale Wettbewerbsbehörde tätig geworden sind, gibt es keine vergleichbare Bestimmung, die die Zuständigkeit der nationalen Wettbewerbsbehörden nach Art. 104 und der Kommission nach Art. 105 abgrenzen würde. Nach Art. 11 Abs. 6 VO 1/2003 verlieren die nationalen Wettbewerbsbehörden ihre Zuständigkeit, sobald die Kommission ein Verfahren einleitet. Eine vergleichbare Regelung findet sich im Primärrecht nicht. Grundsätzlich bleiben deshalb die nationalen Kartellbehörden zuständig, selbst wenn die Kommission ebenfalls ein Verfahren einleitet. Die Kompetenzen der Kommission und der nationalen Wettbewerbsbehörden stehen somit in einem Konkurrenzverhältnis zueinander (*Schröter* in *von der Groeben/Schwarze* Art. 84 Rn. 3). Zu praktischen Problemen hat dies aufgrund der engen Kooperation zwischen der Kommission und den mitgliedstaatlichen Wettbewerbsbehörden nicht geführt.

6 Die **praktische Bedeutung** von Art. 104 beschränkte sich auf die Bereiche, in denen Durchführungsvorschriften nicht ergangen waren. Das betraf in erster Linie den See- und Luftverkehr innerhalb eines einzelnen Mitgliedstaates (Art. 1 Abs. 2 VO 4056/85) sowie den in den letzten Jahren viel diskutierten Anwendungsfall des Luftverkehrs zwischen der Gemeinschaft und Drittstaaten. Die **Allianzen** zwischen europäischen und insbes. US-amerikanischen **Fluglinien** haben zu einer zeitweiligen Wiederbelebung der Vorschrift des Art. 104 geführt. Die VO 1/2003 brachte auch insoweit erhebliche Veränderungen mit sich, als die Bestimmungen in dieser Verordnung grundsätzlich auf alle Sektoren, insbesondere auch auf die Ausnahmebereiche im Verkehrssektor für anwendbar erklärt wurden. Eine Ausnahme sah Art. 32 VO 1/2003 lediglich im Hinblick auf internationale Tramp-Dienste nach Art. 1 Abs. 3 lit. a VO 4056/86 vor sowie für Seeverkehrsdienstleistungen, die ausschließlich zwischen den Häfen ein- und desselben Mitgliedstaates erbracht werden, so wie in Art. 1 Abs. 2 VO 4056/86 vorgesehen. Weitere Ausnahmen für Lufttransportdienstleistungen zwischen der Gemeinschaft und Drittstaaten waren bereits durch VO 411/2004 aufgehoben worden. Aber auch die Ausnahmen in Art. 32 VO 1/2003 für internationale Tramp-Dienste und Seeverkehrsdienstleistungen, die ausschließlich zwischen Häfen ein- und desselben Mitgliedstaates erbracht werden, sind inzwischen durch VO 1419/2006 aufgehoben worden. Dies bedeutet, dass Art. 104 in der Praxis seine Bedeutung vollständig eingebüßt hat.

Art. 105 AEUV [Wettbewerbsaufsicht]

(1) **Unbeschadet des Artikels 104 achtet die Kommission auf die Verwirklichung der in den Artikeln und 102 niedergelegten Grundsätze. Sie untersucht auf Antrag eines Mitgliedstaats oder von Amts wegen in Verbindung mit den zuständigen Behörden der Mitgliedstaaten, die ihr Amtshilfe zu leisten haben, die Fälle, in denen Zuwiderhandlungen gegen diese Grundsätze vermutet werden. Stellt sie eine Zuwiderhandlung fest, so schlägt sie geeignete Mittel vor, um diese abzustellen.**

(2) **Wird die Zuwiderhandlung nicht abgestellt, so trifft die Kommission in einem mit Gründen versehenen Beschluss die Feststellung, daß eine derartige Zuwiderhandlung vorliegt. Sie kann den Beschluss veröffentlichen und die Mitgliedstaaten ermächtigen, die erforderlichen Abhilfemaßnahmen zu treffen, deren Bedingungen und Einzelheiten sie festlegt.**

(3) **Die Kommission kann Verordnungen zu den Gruppen von Vereinbarungen erlassen, zu denen der Rat nach Artikel 103 Absatz 2 Buchstabe b eine Verordnung oder Richtlinie erlassen hat.**

Parallel zu Art. 104, der die Zuständigkeit der nationalen Wettbewerbsbehörden hinsichtlich der Anwendung der Art. 101 und Art. 102 festlegt, begründet Art. 105 eine entsprechende **Zuständigkeit der Kommission.** Diese Bestimmung hat, ebenfalls parallel zu Art. 104, ihre **praktische Bedeutung weitgehend eingebüßt.** Nach dem Inkrafttreten der VO 17/62, VO 1017/68, VO 4056/86 und VO 3975/87 bleibt für Art. 105 praktisch kein Raum mehr. Das gilt erst recht, nachdem die VO 17/62 und die Spezialverordnungen für den Verkehrssektor am 1.5.2004 durch die VO 1/2003 ersetzt worden sind. Die Auffassung, Art. 105 begründe eine **Grundsatznorm,** die unabhängig vom Inkrafttreten der Vorschriften des Sekundärrechts ihre Bedeutung behalte (*Schröter* in *von der Groeben/Schwarze* Art. 85 Rn. 9), verkennt die praktische Relevanz dieser Bestimmung. Tatsächlich gibt es, vor allem nach Inkrafttreten der VO 411/2004 und der VO 1419/2006, praktisch keine Beispielsfälle mehr, in denen Art. 105 von Bedeutung sein könnte. 1

Relevanz besaß Art. 105 noch im Bereich des **Luftverkehrs** zwischen der Gemeinschaft und Drittstaaten, auf den die VO 3975/87 nicht anwendbar war. Die Kommission hatte auf der Grundlage von Art. 105 gegen Luftfahrtunternehmen Verfahren durchgeführt, die den Flugverkehr auf der Nordatlantik-Route zum Gegenstand hatten (KOMM Lufthansa/SAS ABl. 1998 C 239/5 u. KOMM British Airways/American Airlines ABl. 1998 C 239/10). Mit Inkrafttreten der VO 411/2004 kann aber die VO 1/2003 auch für diese Sektoren uneingeschränkte Gültigkeit beanspruchen. Ex-Art. 85 EG verlor auch in diesem Kontext somit seine Bedeutung, ebenso wie im Bereich der internationalen Tramp-Dienste und Seeverkehrsdienstleistungen, die ausschließlich zwischen Häfen ein- und desselben Mitgliedstaates erbracht werden (VO 1419/2006). 2

Die Kommission und die Mitgliedstaaten sind grundsätzlich auf der Grundlage der Art. 104 und 105 in gleichem Maße berechtigt, die Vorschriften der Art. 101 und 102 anzuwenden. Eine **Kollisionsnorm,** die im Fall des beiderseitigen Tätigwerdens den Fall nur einer Behörde zuweist, ist dem Primärrecht nicht zu entnehmen (→ Art. 104 Rn. 6). Auch aus der allgemeinen Treuepflicht des Art. 4 Abs. 3 EUV folgt eine solche Pflicht nicht. Es bleibt somit bei der **Parallelzuständigkeit** der nationalen Wettbewerbsbehörden und der Kommission. In der Praxis hat diese Parallelzuständigkeit nicht zu Problemen geführt (*Schröter* in *von der Groeben/Schwarze* Art. 85 Rn. 7). 3

Durch den Vertrag von Lissabon neu aufgenommen wurde Abs. 3, der in der bisher geltenden Fassung von Art. 105 bzw. ex-Art. 85 EG nicht zu finden war. Durch diese neue Norm wird die an sich nicht bestrittene **Befugnis der Kommission** primärrechtlich bestätigt, Gruppenfreistellungsverordnungen nach Art. 101 Abs. 3 zu erlassen. Voraussetzung hierfür ist lediglich, dass der Rat gemäß Art. 103 Abs. 2 lit. b eine entsprechende Verordnung oder Richtlinie erlassen hat. Bisher sind Gruppenfreistellungsverordnungen ausschließlich auf der Grundlage von Ratsverordnungen ergangen, nicht jedoch auf der Grundlage von Richtlinien. Es ist nicht zu erwarten, dass sich dies im Hinblick auf die Neuregelung in Art. 105 Abs. 3 ändert. 4

Art. 106 AEUV [Öffentliche Unternehmen; Dienstleistungen von allgemeinem wirtschaftlichem Interesse]

(1) **Die Mitgliedstaaten werden in Bezug auf öffentliche Unternehmen und auf Unternehmen, denen sie besondere oder ausschließliche Rechte gewähren, keine den Verträgen und insbesondere den Artikeln 18 und 101 bis 109 widersprechende Maßnahmen treffen oder beibehalten.**

(2) [1]**Für Unternehmen, die mit Dienstleistungen von allgemeinem wirtschaftlichem Interesse betraut sind oder den Charakter eines Finanzmonopols haben, gelten die Vorschriften der Verträge, insbesondere die Wettbewerbsregeln, soweit die Anwendung dieser Vorschriften nicht die Erfüllung der ihnen übertragenen besonderen Aufgabe rechtlich oder tatsächlich verhindert.** [2]**Die Entwicklung des Handelsverkehrs darf nicht in einem Ausmaß beeinträchtigt werden, das dem Interesse der Union zuwiderläuft.**

(3) **Die Kommission achtet auf die Anwendung dieses Artikels und richtet erforderlichenfalls geeignete Richtlinien oder Beschlüsse an die Mitgliedstaaten.**

Inhaltsübersicht

1. Überblick

Art. 106 entspricht Art. 86 EG bzw. 90 EGV. Die Wettbewerbsregeln und die sonstigen Bestimmungen des Vertrages über die Arbeitsweise der Europäischen Union gelten nicht nur für private Unternehmen, sondern auch, wenn der Mitgliedstaat unmittelbar oder mittelbar durch Einflussnahme auf mit ihm eng verbundene Unternehmen handelt. Abs. 1 enthält ein umfassendes **Verbot für die Mitgliedstaaten,** auf diese Weise dem Vertrag widersprechende Maßnahmen zu ergreifen. So werden insbesondere die Wettbewerbsregeln sowohl gegenüber privaten Unternehmen als auch gegenüber den Mitgliedstaaten effektiv durchgesetzt. Die Verpflichtung der Mitgliedstaaten kommt in der Formulierung des Abs. 1 zum Ausdruck, „keine diesem Vertrag ... widersprechenden Maßnahmen [zu] treffen oder bei[zu]behalten". Die Pflicht gilt in Bezug auf alle **öffentlichen Unternehmen** und schließt auch solche **Unternehmen** ein, denen die Mitgliedstaaten **besondere oder ausschließliche Rechte** gewähren. Die Formulierung des Abs. 2 belegt, dass die Pflicht grundsätzlich auch in Bezug auf Unternehmen besteht, die mit Dienstleistungen von allgemeinem wirtschaftlichen Interesse betraut sind oder den Charakter eines Finanzmonopols haben. Insoweit sind aber unter bestimmten Voraussetzungen Ausnahmen möglich. Die Kommission hat nach Abs. 3 die Aufgabe und Ermächtigung, die Anwendung des Art. 106 zu überwachen und geeignete Maßnahmen zu ergreifen, um die Mitgliedstaaten zu einem vertragsgemäßen Handeln anzuhalten. 1

Art. 106 ist die einzige Vorschrift des Vertrages, in der „öffentliche Unternehmen" ausdrücklich erwähnt werden. Neben der **Anerkennung eines öffentlichen Sektors** in den Volkswirtschaften der Mitgliedstaaten ist der Regelung vor allem zu entnehmen, dass **öffentliche Unternehmen in vollem Umfang den Wettbewerbsregeln der Art. 101ff. unterliegen.** Anderenfalls hätte der Vertrag an dieser Stelle eine ausdrückliche Ausnahme vorsehen müssen. Stattdessen befasst sich die Norm mit den Verpflichtungen der Mitgliedstaaten in Bezug auf diese Unternehmen. Vielfach wird die Auffassung vertreten, Art. 106 normiere den Grundsatz der Gleichbehandlung privater und öffentlicher Unternehmen (vgl. EuGH Slg. 1991 I-1433, Rn. 19 Textilbeihilfen; *Wernicke* in *Grabitz/Hilf,* Art. 106, Rn. 5). Tatsächlich ergibt sich aus den Verpflichtungen der Mitgliedstaaten, in Bezug auf bestimmte Unternehmen keine dem Vertrag widersprechenden Maßnahmen zu treffen oder beizubehalten, lediglich ein Verbot der Besserstellung dieser Unternehmen. Der Grundsatz der Gleichbehandlung würde sowohl die Besser- als auch die Schlechterstellung verbieten. Ein Verbot der Schlechterstellung lässt sich aus Art. 106 schon deshalb nicht ableiten, weil die in Abs. 1 genannten Unternehmen nach Abs. 3 einer erhöhten und daher belastenden Kontrolle der Gemeinschaft unterliegen (ebenso *Kühling* in *Streinz* Art. 106 AEUV Rn. 2). 2

2. Verhältnis zu anderen Vorschriften

a) Art. 4 Abs. 3 S. 3 EUV. Art. 106 verpflichtet die Mitgliedstaaten als Teilnehmer am Wirtschaftsverkehr keine dem Vertrag zuwiderlaufenden Maßnahmen zu treffen. Das Vertragsziel des unverfälschten Wettbewerbs ist von den Mitgliedstaaten zu respektieren (EuGH Slg. 1977 2115 Rn. 28 INNO/ATAB). Dies ergibt sich aus Art. 4 Abs. 3 S. 3 EUV iVm dem Protokoll Nr. 27, welches gem. Art. 51 EUV Bestandteil der Verträge ist. Die Mitgliedstaaten dürfen keine Maßnahmen ergreifen oder beibehalten, die den Wettbewerbsregeln widersprechen oder ihre praktische 3

Wirksamkeit ausschalten (EuGH Slg. 1993, I-2533 Rn. 12 Corbeau; Slg. 1991, I-2925 Rn. 35 ERT). Insofern stellt Art. 106 eine **Ausprägung der allgemeinen Loyalitätspflicht der Mitgliedstaaten** dar, die in Art. 4 Abs. 3 S. 3 EUV normiert ist (EuGH Slg. 1995 I-4664 Rn. 46 Banchero). Art. 106 gehört neben Art. 37 AEUV zu den speziellen Normen, die die allgemeine Regelung des Art. 4 Abs. 3 S. 3 EUV konkretisieren.

4 Art. 106 enthält gegenüber Art. 4 Abs. 3 S. 3 EUV insoweit eine **Erweiterung der allgemeinen Loyalitätspflicht,** als das Verbot des Abs. 1 vom Vorliegen eines Verstoßes des konkret handelnden Unternehmens gegen einzelne Vertragsvorschriften unabhängig ist. Nach der Rechtsprechung des EuGH enthält Art. 4 Abs. 3 S. 3 EUV in Verbindung mit den Art. 101 ff. ein **Verbot mitgliedstaatlicher Maßnahmen,** die wettbewerbswidriges Verhalten von Unternehmen vorschreiben, fördern oder erleichtern (vgl. nur EuGH Slg. 1988 4769 Rn. 16 Van Eycke; Slg. 1998 I-5955 Rn. 26 Librandi). Nach der überwiegenden Ansicht greift dieses Verbot nur ein, wenn neben der Maßnahme eines Mitgliedstaats auch nach Art. 101 ff. verbotenes Verhalten des konkret handelnden Unternehmens vorliegt, dh wenn die mitgliedstaatliche Maßnahme gegenüber dem unternehmerischen Verhalten akzessorisch ist. Insoweit ist Art. 106 Abs. 1 gegenüber der sog. „neuen Norm" der Art. 4 Abs. 3 S. 3 EUV iVm Art. 101 ff. die speziellere Vorschrift (vgl. EuGH Slg. 1977 2115 Rn. 40 ff. INNO/ATAB; *Schwarze* EuZW 2000, 613, 621 f. mwN). Ob eine vergleichbare Akzessorietät im Rahmen des Art. 106 Abs. 1 verlangt werden muss, ist umstritten. Die Frage wird in der Kommissionspraxis und in der Literatur ganz überwiegend – auch unter Hinweis auf einzelne Aussagen des EuGH – verneint (KOMM ABl. 2002 L 120/19 Rn. 87 La Poste; EuGH Slg. 1986 1425 Rn. 71 Nouvelles Frontières; EuGH Slg. 1988 2479 Rn. 33 f. Bodson; vgl. *Burmeister/Staebe* EuR 2004, 810, 820). Mitgliedstaatliche Maßnahmen in Bezug auf öffentliche Unternehmen, denen kein eigener Handlungsspielraum verbleibt, unterliegen allein Art 106 Abs. 1. Die Vorschrift erweitert hier die mitgliedstaatlichen Pflichten aus Art. 4 Abs. 3 S. 3 EUV.

5 **b) Art. 37 AEUV.** Während Art. 37 das Verbot mengenmäßiger Beschränkungen bei der Einfuhr von Waren und Maßnahmen gleicher Wirkung ergänzt sowie die Verpflichtung der Mitgliedstaaten zur Umformung ihrer staatlichen Handelsmonopole vorsieht, ergänzt Art. 106 die Wettbewerbsregeln. Die den Mitgliedstaaten auferlegte Pflicht, in Bezug auf bestimmte Unternehmen keine dem Vertrag widersprechenden Maßnahmen zu ergreifen, bezieht sich vor allem auf Dienstleistungsmonopole. Die überwiegende Auffassung geht von einer **parallelen Anwendbarkeit der Art. 106 und 37** aus (so etwa *Jung* in *Callies/Ruffert* Art. 106 AEUV Rn. 2 mwN). Nur soweit es um die Umformung staatlicher Handelsmonopole geht, enthält Art. 37 die speziellere Regelung.

6 **c) Art. 345 AEUV.** Außerhalb des Art. 106 unterscheidet der AEUV nicht zwischen privaten und öffentlichen Unternehmen bzw. Unternehmen mit besonderen Rechten oder Pflichten. Vielmehr lässt der Vertrag nach Art. 345 die **Eigentumsordnung** in den verschiedenen Mitgliedstaaten ausdrücklich **unberührt.** Dies schließt die Möglichkeit der Mitgliedstaaten ein, öffentliche Unternehmen zu gründen oder sich an Unternehmen zu beteiligen. Unterhält ein Mitgliedsstaat ein öffentliches Unternehmen, darf er es nicht für Maßnahmen ausnutzen, die dem Vertrag widersprechen. Insofern kann **Art. 106 als Gegenstück zu Art. 345** angesehen werden.

7 **d) Art. 14 und Art. 36 GRCh.** Bei der Auslegung des Art. 106 sind außerdem Art. 14 und Art. 36 GRCh zu beachten, die – ohne den Anwendungsbereich des Art. 106 einzuschränken oder zu erweitern – **„Dienste von allgemeinem wirtschaftlichen Interesse"** zum Bestandteil der gemeinsamen Werte der Union erklären. Der Union und den Mitgliedstaaten wird die Aufgabe zugewiesen, im Rahmen

ihrer Befugnisse die Funktionsfähigkeit der „Daseinsvorsorge“ zu gewährleisten und den Bürgern den Zugang zu solchen Dienstleistungen zu sichern (s. hierzu auch das Grünbuch der Kommission zu Dienstleistungen von allgemeinem Interesse vom 21.5.2003, KOM (2003) 270 endg.).

e) Art. 258, 103, 109 und 114 AEUV. Die Befugnis der Kommission nach Abs. 3 steht neben der Möglichkeit, bei einer Verletzung des Art. 106 durch die Mitgliedstaaten auch ein **Vertragsverletzungsverfahren** nach Art. 258 einzuleiten. Auch die **sonstigen Rechtsetzungsbefugnisse des Rates** nach Art. 103, 109 und 114 werden durch Abs. 3 nicht berührt. Der Rat kann unabhängig von Abs. 3 jederzeit Verordnungen oder Richtlinien zur Verwirklichung der Wettbewerbsregeln (Art. 103) oder besondere Regelungen über die öffentlichen Unternehmen gewährten Beihilfen (Art. 109) erlassen. Gleiches gilt für die Zuständigkeiten auf dem Gebiet der Rechtsangleichung (Art. 114). Abs. 3 stellt lediglich eine **spezifische verfahrensrechtliche Ergänzung** der Organkompetenzen im Bereich des Art. 106 dar (allg. M., vgl. *Stadler* in LB Art. 86 EG Rn. 78 ff.). 8

3. Historisch-teleologischer Hintergrund

a) Anerkennung öffentlicher Unternehmen. In historischer Perspektive sollte die Aufnahme des früheren Art. 90 EWGV (heute: Art. 106) in den Vertrag den Interessen derjenigen Mitgliedstaaten Rechnung tragen, die traditionell über einen bedeutenden öffentlichen Sektor verfügen (zB Frankreich und Italien). Die Vorschrift ist erst am Ende der Verhandlungen des EWG-Vertrages formuliert worden. Schon dieser Umstand weist auf den **Kompromisscharakter der Regelung** hin. Insbesondere die französische Seite konnte sich mit ihrem Wunsch nach einer weitgehenden Ausnahme zugunsten des öffentlichen Sektors *(service public)* nicht durchsetzen. Die Vertragsparteien erkannten in den Abs. 1 und 2 zwar ein **Nebeneinander privater und öffentlicher Unternehmen** an. Abs. 3 belegt jedoch, dass dies nur unter der Voraussetzung eines effektiven Kontrollmechanismus akzeptiert wurde, der – anders als die vergleichbaren Rechtsetzungszuständigkeiten in Art. 103, 109 oder 114 – gerade keine Mitwirkung der Mitgliedstaaten über den Rat vorsieht. 9

b) Kein Missbrauch öffentlicher Unternehmen. Zweck des Art. 106 ist die Verhinderung einer **Instrumentalisierung bestimmter Unternehmen für mittelbare Vertragsverletzungen** der Mitgliedstaaten (vgl. EuGH Slg. 1982 2545 Rn. 12 Transparenzrichtlinie). Die mitgliedstaatlichen Verpflichtungen aus Art. 106 führen dazu, dass öffentliche Unternehmen nicht nur den unternehmensbezogenen, sondern auch den an die Mitgliedstaaten gerichteten Vertragsvorschriften wie zB dem Diskriminierungsverbot und den Grundfreiheiten unterliegen. So soll auch den öffentlichen Unternehmen die Möglichkeit genommen werden, ihre besondere Nähe zu „ihrem“ Mitgliedstaat für vertragswidriges Verhalten auszunutzen (vgl. *Hochbaum/Klotz* in *von der Groeben/Schwarze* Art. 86 EG Rn. 4). 10

c) Begrenzter Schutz öffentlicher Unternehmen. Neben dem Verbot der Instrumentalisierung öffentlicher Unternehmen bezweckt Art. 106 auch einen begrenzten Schutz des öffentlichen Sektors. Bei Unternehmen, die mit Dienstleistungen von allgemeinem wirtschaftlichen Interesse betraut sind oder den Charakter eines Finanzmonopols haben, können sich die Mitgliedstaaten auf die Bereichsausnahme des Abs. 2 berufen. Art. 106 gilt als **„Grundnorm der öffentlichen Unternehmen“** (*Ipsen/Nicolaysen* NJW 1964, 2336). Die Vorschrift legitimiert die unternehmerische Tätigkeit der Mitgliedstaaten, die der Erbringung von Dienstleistungen im Rahmen der Daseinsvorsorge dient. Die darüber hinaus gehende unternehmerische Tätigkeit der Mitgliedstaaten, die zugleich Ziele der Wirtschafts- und Fiskalpolitik verfolgt, wird mit dem Interesse der Union an der Einhaltung der Wettbewerbs- 11 regeln und der sonstigen Bestimmungen des Vertrages in Einklang gebracht (so auch EuGH Slg. 1991 I-1223 Rn. 12 Telekommunikations-Endgeräte).

4. Unmittelbare Anwendbarkeit

12 **a) Art. 106 Abs. 1.** Als bloße Verweisungsnorm fehlt es an der unmittelbaren Anwendbarkeit der Verbotsvorschrift des Abs. 1. Nur in Verbindung mit anderen Vertragsvorschriften, die ihrerseits unmittelbar anwendbar sind, ist die **unmittelbare Anwendbarkeit des Abs. 1 ausnahmsweise** gegeben. Unmittelbar anwendbare Vertragsvorschriften (wie insbesondere Art. 101 und 102) büßen ihre unmittelbare Anwendbarkeit nicht ein, wenn sie im Zusammenhang mit mitgliedstaatlichen Maßnahmen nach Art. 106 geprüft werden. Sie begründen im Rahmen des Art. 106 Rechte des Einzelnen, die die nationalen Gerichte zu wahren haben (EuGH Slg. 1974 409 Rn. 18 Sacchi).

13 **b) Art. 106 Abs. 2. Umstritten** ist die **unmittelbare Anwendbarkeit** des Abs. 2. Sie wurde vom EuGH und wird weiterhin von der Kommission insgesamt verneint, weil die Regelung keine individuellen Rechte begründe. Sie sei nicht unbedingt, sondern erfordere eine Abwägung zwischen den Interessen des betrauten Unternehmens und dem Gemeinschaftsinteresse. Diese Abwägung könne nur die Kommission im Rahmen ihrer Befugnisse nach Abs. 3 vornehmen (vgl. EuGH Slg. 1971 723 Rn. 13 und 16 Hafen von Mertert). In späteren Entscheidungen finden sich Aussagen, wonach die Kommission zumindest für die Anwendung des **Abs. 2 S. 1** nicht ausschließlich zuständig sei. Vielmehr müssten die **nationalen Behörden und Gerichte** beurteilen, ob eine Maßnahme unter die Ausnahme des Abs. 2 S. 1 falle (EuGH Slg. 1989 803 Rn. 55f. Ahmed Saeed; ebenso Slg. 1993 I-2533 Rn. 20 Corbeau; Slg. 1994 I-1477 Rn. 50 Almelo; EuG Slg. 1992 II-2417 Rn. 99 Rendo). Unklar ist die unmittelbare Anwendbarkeit des **Abs. 2 S. 2.** Einerseits hat der EuGH mit Zustimmung der Literatur bis in die jüngste Zeit erklärt, dass nur die Kommission das dort maßgebliche Unionsinteresse definieren könne (EuGH Slg. 1997 I-5815, Rn. 113 Monopole bei Strom und Gas; ebenso *Koenig/Paul* in *Streinz* Art. 106 Rn. 44). Andererseits sind Verfahren, in denen es um die Anwendung des gesamten Abs. 2 ging, insgesamt an die vorlegenden nationalen Gerichte zurückverwiesen worden (EuGH Slg. 1993 I-2533 Corbeau; Slg. 1994 I-1477 Almelo). Damit hat der EuGH die **unmittelbare Anwendbarkeit des Abs. 2** zumindest dort anerkannt, wo die Behörden oder Gerichte der Mitgliedstaaten zu einer klaren Aussage darüber kommen können, wie die Interessen des betrauten Unternehmens gegen das Gemeinschaftsinteresse abzuwägen sind. Ist ihnen dies nicht möglich, müssen sie ihre Entscheidung aussetzen, um der Kommission die Möglichkeit zu geben, ihrerseits festzustellen, ob die Bedingungen für die Anwendung der Ausnahmeregelung erfüllt sind (wie hier *Wernicke* in *Grabitz/Hilf/Nettesheim* Art. 106 AEUV Rn. 13; *Stadler* in LB Art. 86 EG Rn. 12 mwN).

5. Öffentliche Unternehmen (Abs. 1)

14 **a) Unternehmensbegriff des Art. 106.** Art. 106 verpflichtet die Mitgliedstaaten einschließlich ihrer Untergliederungen (zB Regionen, Provinzen, Länder, Gemeinden, vgl. EuGH Slg. 1988 2479 Rn. 33 Pompes Funèbres), auf bestimmte Unternehmen keinen Einfluss zu nehmen, der den Vorschriften des Vertrages zuwiderläuft. Es handelt sich um Unternehmen, für deren Verhalten die Mitgliedstaaten aufgrund von Einwirkungsmöglichkeiten eine besondere Verantwortung tragen (vgl. EuGH Slg. 1982 2545 Rn. 12 Transparenzrichtlinie): „Öffentliche Unternehmen" und Unternehmen, denen „besondere oder ausschließliche Rechte" gewährt worden sind (privilegierte Unternehmen). Ebenso wie Art. 101 und 102 – und anders als der frühere EGKS-Vertrag (vgl. Art. 80 EGKS) und der EAG-Vertrag (vgl.

Art. 196 lit. b EA) – enthält Art. 106 **keine Definition des Unternehmensbegriffs.** Die systematische Stellung der Vorschrift lässt aber nach allgemeiner Auffassung darauf schließen, dass sich der Unternehmensbegriff des Art. 106 nicht vom allgemeinen **funktionalen Unternehmensbegriff** des europäischen Kartellrechts unterscheidet: „Unternehmen" ist danach „... jede eine wirtschaftliche Tätigkeit ausübende Einheit, unabhängig von ihrer Rechtsform und der Art ihrer Finanzierung" (vgl. EuGH Slg. 1991 I-1979 Rn. 21 Höfner und Elser; st. Rspr.). Erforderlich ist lediglich eine **gewisse organisatorische Selbständigkeit** (h. M.; vgl. *Hochbaum/Klotz* in *von der Groeben/Schwarze* Art. 86 EG Rn. 12 mwN; krit. *Kühling* in *Streinz* Art. 106 Rn. 14). Auf eine rechtliche Trennung vom Staat oder eine eigene Rechtspersönlichkeit kommt es ebenso wenig an wie auf Art und Umfang der Tätigkeit oder auf die Absicht der Gewinnerzielung (vgl. EuGH Slg. 1971 949 959 Beguelin; Slg. 1987 2599 Rn. 8 Kommission/Italien; Slg. 1993 I-5335 Rn. 15 Decoster).

Keine Unternehmen sind Einheiten, die zu hoheitlichen oder sozialen Zwecken tätig werden wie zB Träger der öffentlichen Sozialversicherung (EuGH, Slg. 2006 I-6295 Rn. 25 FENIN; Slg. 2004 I-2493 Rn. 58 ff AOK Bundesverband) 15

b) Begriff des öffentlichen Unternehmens. Auch für den Begriff des öffentlichen Unternehmens fehlt es in Art. 106 an einer Definition. Die gemeinschaftsrechtliche **Definition des Art. 2 Abs. 1 der Transparenzrichtlinie** ist zwar nicht maßgeblich für die Auslegung der Art. 101 ff., sondern gilt nur für die Zwecke der Richtlinie. Sie kann aber dennoch als Orientierung dienen (EuGH Slg. 1987 2599 Kommission/Italien). Eine Unterscheidung zwischen privaten und öffentlichen Unternehmen ist für die Anwendung der Art. 101 und 102 nicht notwendig. Der funktionale Unternehmensbegriff erfasst sowohl private als auch öffentliche Unternehmen. Für die Anwendung des Art. 106 kann auf eine Begriffsbestimmung dennoch nicht verzichtet werden. Maßnahmen der Mitgliedstaaten, die sich nicht auf öffentliche oder privilegierte Unternehmen beziehen, sind nicht anhand des Art. 106 zu messen, sondern unterliegen der „neuen Norm" (Art. 4 Abs. 3 S. 3 EUV iVm Art. 101 ff.). Auch die Befugnisse der Kommission nach Abs. 3 beziehen sich nur auf mitgliedstaatliche Maßnahmen in Bezug auf öffentliche und privilegierte Unternehmen. 16

Der Begriff des öffentlichen Unternehmens ist nicht nach dem Verständnis der mitgliedstaatlichen Rechtsordnungen, sondern **unionsrechtlich zu bestimmen.** Im Hinblick auf den Zweck des Art. 106 umfasst er alle – öffentlich-rechtlich oder privatrechtlich organisierten – **Unternehmen, auf die die öffentliche Hand einwirken kann,** ohne hierzu auf hoheitliche Mittel angewiesen zu sein. Einer rechtlichen „Beherrschung" im Sinne des Gesellschaftsrechts bedarf es nicht. Auch eine Kapitalbeteiligung der öffentlichen Hand ist nicht erforderlich. Der Mitgliedstaat muss nicht einmal tatsächlich Einfluss auf das Unternehmen ausüben. Vielmehr genügt eine entsprechende **Möglichkeit zur Einflussnahme.** Auf dieses Minimum kann im Rahmen des Art. 106 nicht verzichtet werden, weil die Befugnisse der Kommission nach Abs. 3 leer laufen würden. Nach Art. 2 der Transparenzrichtlinie wird ein bestimmender Einfluss vermutet, wenn die öffentliche Hand unmittelbar oder mittelbar die Mehrheit des Kapitals besitzt, über die Mehrheit der Stimmrechte verfügt oder mehr als die Hälfte der Mitglieder der Verwaltungs-, Leitungs- oder Aufsichtsgremien des betreffenden Unternehmens stellen kann (vgl. EuGH Slg. 1982 2545 Rn. 25 Transparenzrichtlinie). 17

Im Rahmen des Art. 106 genügt es, wenn die Möglichkeit der **Einwirkung aufgrund faktischer Umstände** besteht. Diese können auch **mittelbar** bestehen, dh sie konnen sich auf Tochter- und Beteiligungsgesellschaften eines Unternehmen erstrecken (vgl. *Wernicke* in *Grabitz/Hilf/Nettesheim* Art. 106 AEUV Rn. 26 mwN). Offen ist, ob die Möglichkeit der Einflussnahme auch von **mehreren Trägern öffentlicher Gewalt gemeinsam** ausgeübt werden kann. Dies dürfte zu bejahen sein, 18 wenn diese rechtlich (zB durch eine Konsortialvereinbarung der Anteilseigner des Unternehmens) oder faktisch (zB aufgrund einer einheitlichen Interessenlage) die Möglichkeit haben, einen gemeinsamen Willen zu bilden. Ist eine Vielzahl von Anteilseignern an einem Unternehmen beteiligt und eine einheitliche Willensbildung nicht möglich („Unternehmen im öffentlichen Streubesitz"), kann nicht mehr von einem öffentlichen Unternehmen im Sinne des Abs. 1 gesprochen werden (wie hier *Wernicke* in *Grabitz/Hilf/Nettesheim* Art. 106 AEUV Rn. 29; *Voet van Vormizeele* in *Schwarze* Art. 106 Rn. 19 mwN). **Beispiele für öffentliche Unternehmen** sind Unternehmen in den Bereichen Eisenbahn-, Luft- und Seeverkehr (vgl. zB KOMM ABl. 1992 L 366/47 UIC; ABl. 1995 L 216/8 Brüssel Zaventem; ABl. 1998 L 7230 Flughafen Frankfurt/Main AG; ABl. 1994 L 55/52 Hafen von Rødby); Energieversorgung, Post und Telekommunikation (vgl. KOMM ABl. 1993 L 50/14 Jahrhundertvertrag; ABl. 1982 L 360/36 UK Post Office; ABl. 1990 L 233/19 Rn. 6 Eilkurierdienstleistungen), Forschungsinstitute (KOMM ABl. 1978 L 286/23 Maissaatgut) und kommunale Unternehmen (vgl. Kommission, Mitteilung zu Leistungen der Daseinsvorsorge, ABl. 1996 C 281/3; *Stadler* in LB Art. 86 EG Rn. 21 mwN)

19 **c) Abgrenzung von staatlicher unternehmerischer Tätigkeit.** Vom Unternehmensbegriff nicht erfasst sind die unmittelbare unternehmerische Tätigkeit des Mitgliedstaats und das hoheitliche Handeln. In dem – praktisch nicht häufigen – Fall, dass der **Mitgliedstaat ohne Einschaltung einer organisatorisch verselbständigten Einheit** unternehmerisch tätig wird, unterliegt sein Verhalten nicht dem Art. 106, sondern fällt unmittelbar unter Art. 101 und 102. Für Art. 106 ist kein Raum, wo Handlungssubjekt und Handlungsobjekt identisch sind (ebenso *Wernicke* in *Grabitz/Hilf/Nettesheim* Art. 106 AEUV Rn. 16; *Jung* in *Callies/Ruffert* Art. 106 AEUV Rn. 11; vgl. EuGH Slg. 1993 I-5367 Rn. 46 Lagauche; Slg. 1997 I-4449 Rn. 29 GT Link). Nach einer einschränkenden Auffassung soll der Mitgliedstaat auch dann den Pflichten des Art. 106 unterliegen, wenn er unmittelbar unternehmerisch handelt und sich keiner organisatorisch verselbständigten Einheit bedient. Für eine Befreiung des Mitgliedstaates von seinen Verpflichtungen aus Art. 106 bestehe hier kein Bedürfnis (so *Kühling* in *Streinz* Art. 106 AEUV Rn. 14). Hier wird verkannt, dass die unmittelbare unternehmerische Tätigkeit des Mitgliedstaats unmittelbar den Art. 101 und 102 unterliegt, was im Ergebnis dieselben Verpflichtungen mit sich bringt wie die Anwendung des Art. 106.

20 Außerhalb der Anwendungsbereiche des Art. 106 und der Art. 101 ff. (dazu Art. 101 AEUV Rn. 12) liegt indessen die **schlichte Teilnahme des Mitgliedstaats am Wirtschaftsleben als Verbraucher,** wenn er sich Waren oder Dienstleistungen für den eigenen Bedarf ohne die Absicht des Weiterverkaufs oder einer ähnlichen unternehmerischen Betätigung beschafft (vgl. *Hochbaum/Klotz* in von der Groeben/ Schwarze Art. 86 EG Rn. 12).

21 **d) Abgrenzung von hoheitlicher Tätigkeit.** Handelt der Staat nicht unternehmerisch bzw. nicht-wirtschaftlich, sondern hoheitlich, sind sowohl Art. 101 und 102 als auch Art. 106 unanwendbar. Im Bereich des hoheitlichen Handelns unterliegen die Mitgliedstaaten nur den sonstigen staatsgerichteten Vorschriften des Vertrages. Wann hoheitliches Handeln vorliegt, ist ohne Rückgriff auf die nationalen Rechtsordnungen nach **unionsrechtlichen Kriterien** zu bestimmen. Als **nicht hoheitlich, sondern wirtschaftlich** gilt jede Tätigkeit, bei der **Güter oder Dienstleistungen auf einem bestimmten Markt angeboten** werden (vgl. EuGH Slg. 1998 I-3851 Rn. 36 Kommission/Italien). Nach der Rechtsprechung und der Kommissionspraxis gehören hierzu zum **Beispiel** das Im- und Exportgeschäft einer staatlichen Handelsorganisation (KOMM ABl. 1985 L 92/1 Aluminiumeinfuhren), der Betrieb öffentlicher Fernmeldeanlagen (EuGH Slg. 1985 873 Rn. 16 Italien/Kommission), Bestattungsdienste (EuGH Slg. 1988 2479 Rn. 18 Bodson), die Arbeitsvermittlung (EuGH Slg. 1991 I-1979 Rn. 22 Höfner und Elser; Slg. 1997 I-7119 Rn. 25

Job Centre; EuG Slg. 2000 II-4217 Rn. 13 Carra), der Vertrieb von Tabakwaren (KOMM ABl. 1998 L 252/47 Rn. 21 AAMS), die Tätigkeit von Berufsverbänden (EuGH Slg. 2002 I-1577 Rn. 45ff. Wouters), Leistungen von Bahngesellschaften (EuG Slg. 1997 II-1689 Deutsche Bahn), Krankentransporte (EuGH Slg. 2001 I-8089 Rn. 20 Ambulanz Glöckner), Flughafendienstleistungen (EuGH Slg. 2002 I-9297 Rn. 78ff. Aéroport de Paris; KOMM ABl. 1998, L 72/30 Flughafen Frankfurt a. M. AG).

Als **hoheitlich** sind demgegenüber alle Tätigkeiten anzusehen, die im **öffentlichen Interesse und nicht zu Erwerbszwecken** ausgeübt werden (EuGH Slg. 22 1995 I-4663 Rn. 49 Banchero). **Beispiele** hierfür sind die Überwachung des nationalen Luftraums (EuGH Slg. 1994 I-43 Rn. 30 Eurocontrol), die Wahrnehmung von Umweltschutzaufgaben (EuGH Slg. 1997 I-1549 Rn. 22 Diego Cali & Figli), Tätigkeiten ohne Gewinnerzielungsabsicht zur Verwirklichung sozialer Ziele (EuGH Slg. 1993 I-637 Rn. 18f. Poucet und Pistre; Slg. 1999 I-5751 Rn. 77ff. Albany International) oder die Beschaffungstätigkeit im engen Zusammenhang mit der Wahrnehmung derartiger Aufgaben (EuG Slg. 2006 I-6295 Rn. 26 FENIN; kritisch hierzu *Kühling* in *Streinz* Art. 106 AEUV Rn. 13). Bei **gemischtwirtschaftlichen Tätigkeiten** wie der Veranstaltung des öffentlich-rechtlichen Rundfunks (vgl. EuGH Slg. 1974 409 Rn. 14 Sacchi), kommt es auf den Schwerpunkt der Tätigkeit an, sofern die hoheitlichen und die wirtschaftlichen Tätigkeiten nicht eindeutig voneinander getrennt und jeweils nach unterschiedlichen Vorschriften beurteilt werden können.

6. Privilegierte Unternehmen (Abs. 1)

a) Unternehmen mit Sonderstellung. Die Verpflichtung der Mitgliedstaaten 23 nach Abs. 1 bezieht sich nicht nur auf öffentliche Unternehmen, sondern auch auf Unternehmen mit besonderen oder ausschließlichen Rechten **(privilegierte Unternehmen).** Sie sind den öffentlichen Unternehmen gleichgestellt. Die besondere Erwähnung dieser Unternehmen neben den öffentlichen Unternehmen bedeutet, dass es sich bei Unternehmen mit besonderen oder ausschließlichen Rechten **sowohl um öffentliche als auch um private Unternehmen** handeln kann.

Welche Unternehmen im Einzelnen zur Kategorie der privilegierten Unterneh- 24 men gehören, wird in Art. 106 nicht geregelt. Auch hier gilt der Grundsatz der **unionsrechtlichen Begriffsbildung** anhand des Zwecks des Art. 106. Als Auslegungshilfe kann die Transparenzrichtlinie herangezogen werden. Aus der Gleichstellung öffentlicher und privilegierter Unternehmen ergibt sich, dass sich Abs. 1 neben den öffentlichen Unternehmen auf alle Unternehmen bezieht, die aufgrund der ihnen eingeräumten Rechte einem **vergleichbaren Einfluss des Staates** ausgesetzt sind und sich deshalb in einer Sonderstellung befinden. Nur ihre Sonderstellung rechtfertigt es, dass diese Unternehmen einer weitgehenden Aufsicht der Kommission nach Abs. 3 unterliegen (vgl. EuGH Slg. 1991 I-1223, Rn. 24 Telekommunikations-Endgeräte). Keine Sonderstellung liegt vor, wenn einer unbestimmten Vielzahl von Unternehmen nach abstrakten Kriterien Rechte (sog. **„unechte Konzessionen"**) gewährt werden (EuGH Slg. 1977 2115 Rn. 40ff. INNO/ATAB; Slg. 1993 I-5267 Rn. 46 Lagauche).

b) Ausschließliche Rechte. Eine **Differenzierung** zwischen „besonderen" 25 und „ausschließlichen" Rechten ist lediglich **im Hinblick auf die Anwendung von Abs. 3** erforderlich (in EuGH Slg. 2001 I-8089 Rn. 20ff. Ambulanz Glöckner wurden besondere und ausschließliche Rechte zusammengefasst). So muss die Kommission im Fall besonderer Rechte vor einem Tätigwerden nach Abs. 3 diese Rechte präzisieren und ihre wettbewerbswidrigen Auswirkungen begründen. Ausschließliche Rechte implizieren hingegen stets eine Wettbewerbsbeschränkung, sodass sich die Kommission nur mit der Frage der Rechtfertigung befassen muss (vgl. insbes.

EuGH Slg. 1991 I-1223 Rn. 31 ff. Telekommunikationsendgeräte; EuGH Slg. 1992 I-5833 Rn. 29 ff. Telekommunikationsdienste; zu weitgehend *Hochbaum/Klotz* in *von der Groeben/Schwarze* Art. 86 EG Rn. 22).

26 Ausschließliche Rechte liegen vor, wenn der Mitgliedstaat bestimmte wirtschaftliche **Tätigkeiten einem oder mehreren Unternehmen vorbehält und andere von diesen Tätigkeiten ausschließt.** Hiermit ist regelmäßig die Schaffung eines Monopols bzw. einer marktbeherrschenden Stellung – im gesamten Hoheitsgebiet eines Mitgliedstaates oder einem Teil desselben – verbunden. Dieses Verständnis entspricht der Definition in Art. 2f der Transparenzrichtlinie. Beispiele für die Gewährung ausschließlicher Rechte sind etwa die Einräumung der alleinigen Befugnis zur Verbreitung von Fernsehsendungen (EuGH Slg. 1975 409 Rn. 14 Sacchi; Slg. 1991 I-2925 Rn. 10 ERT), die Gewährung des ausschließlichen Rechts zur Regelung von Schadensfällen durch ein bestimmtes Versicherungsbüro (EuGH Slg. 1977 1091 Rn. 18 Van Ameyde), die Gewährung von Konzessionen für Schifffahrtslinien oder Flugstrecken (EuGH Slg. 1989 803 Rn. 50 Ahmed Saeed), die Einräumung des ausschließlichen Rechts zur Organisation und Durchführung von Hafenarbeiten (EuGH Slg. 1991 I-5889 Rn. 9 Porto di Genova) oder Lotsendiensten (EuGH Slg. 1994 I-1783 Rn. 39 Corsica Ferries), die Gewährung von Konzessionen im Zusammenhang mit Postdienstleistungen (EuGH Slg. 1993 I-2533 Rn. 8 Corbeau) oder dem Fernmeldewesen (EuGH Slg. 1991 I-5941 Rn. 24 GB-INNO; Slg. 1991 I-1259 Rn. 31 ff. Telekommunikations-Endgeräte; Slg. 1992 I-5883 Rn. 36 Telekommunikationsdienste) und die Gewährung ausschließlicher Konzessionen für die Arbeitskräftevermittlung (EuGH Slg. 1997 I-7119 Rn. 27; Slg. 1991 I-1979 Rn. 31 Höfner und Elser) oder Bestattungsdienste (EuGH Slg. 1988 2479 Rn. 33 Pompes Funèbres).

27 **c) Besondere Rechte.** Durch besondere Rechte werden einzelne **Unternehmen von einem Mitgliedstaat individuell privilegiert,** ohne dass ihre Tätigkeit diesen Unternehmen allein vorbehalten bleibt. Nach Art. 2g Transparenzrichtlinie zeichnen sich die besonderen Rechte dadurch aus, dass sie einer **begrenzten Zahl von Unternehmen** eingeräumt werden, ohne dass es hierfür auf objektive oder leistungsbezogene Kriterien ankäme, über deren Vorliegen der Mitgliedstaat diskriminierungsfrei entschiede. Während „ausschließliche Rechte" eine exklusive Sonderstellung des begünstigten Unternehmens schaffen, vermitteln „besondere Rechte" dem begünstigen Unternehmen eine Vorzugsbehandlung auf andere Weise. Beispiele hierfür liegen in der Entscheidungspraxis des EuGH bisher nicht vor. Denkbar wäre die Einräumung besonderer Rechte durch Beleihung oder Konzessionierung, sofern die Gewährung der Konzession nicht nach abstrakten Kriterien erfolgt.

28 **d) „Gewährung".** Abs. 1 sieht vor, dass die besonderen oder ausschließlichen Rechte „gewährt" worden sind. Der Begriff der **Gewährung** ist im Hinblick auf den in Abs. 2 verwendeten Begriff der Betrauung weit zu verstehen. Besondere oder ausschließliche Rechte werden durch **individuell-konkrete hoheitliche Maßnahmen** gewährt. Der Erlass abstrakt-genereller Gesetze oder Verordnungen kann nicht als Gewährung iS d. Abs. 1 angesehen werden. Dasselbe gilt für sog. unechte Konzessionen, auf die jedermann bei Erfüllung der gesetzlichen Voraussetzungen einen Anspruch hat (*Wernicke* in *Grabitz/Hilf/Nettesheim* Art. 106 AEUV Rn. 35). Privilegierte Unternehmen leiten ihre Sonderstellung allein aus individuell-konkreten hoheitlichen Maßnahmen ab. Diese muss keinen öffentlichen Zweck verfolgen. Das **weite Verständnis des Begriffs der Gewährung** besonderer oder ausschließlicher Rechte bedeutet jedoch nicht, dass die Mitgliedstaaten insoweit völlig frei sind. Sie haben vielmehr sämtliche Bestimmungen des Vertrages zu beachten, die sie auch beim Erlass von Gesetzen, Verordnungen oder sonstigen Normen beachten müssten. Insbesondere müssen sie sich im Rahmen des allgemeinen Diskriminierungsverbots, der Grundfreiheiten und des Beihilfenrechts halten (ausf. zu den Grenzen der Be-

günstigungsmöglichkeit *Hochbaum/Klotz* in *von der Groeben/Schwarze* Art. 86 EG Rn. 27 ff.).

7. Vertragswidrige Maßnahmen (Abs. 1)

a) Begriff der Maßnahme. Abs. 1 verbietet den Mitgliedstaaten, in Bezug auf öffentliche oder privilegierte Unternehmen dem Vertrag „widersprechende Maßnahmen" zu treffen oder beizubehalten. Für die Zwecke der Vorschrift ist der Begriff der Maßnahme weit auszulegen. Er umfasst jede **rechtliche oder tatsächliche staatliche Einflussnahme** ohne Rücksicht auf deren Rechtsform oder Rechtsqualität (vgl. EuGH Slg. 1991 I-5941 Rn. 20 GB-INNO). Die Einflussnahme kann öffentlich-rechtlich oder privatrechtlich sein; es kann sich auch um schlichte Realakte handeln. Entscheidend ist, dass die Maßnahme einzelne oder mehrere öffentliche oder privilegierte **Unternehmen individuell begünstigt.** Um den mitgliedstaatlichen Einfluss auf öffentliche oder privilegierte Unternehmen umfassend zu sanktionieren, ist nicht nur positives Tun als Maßnahme iSd Abs. 1 anzusehen, sondern auch jedes dem positiven Tun im Ergebnis gleichstehende Unterlassen. Keine Maßnahme iSv Abs. 1 liegt vor, wenn die wettbewerbswidrige Verhaltensweise ausschließlich auf die eigene Initiative des handelnden Unternehmens zurückgeht (EuGH Slg. 1991 I-1223 Rn. 55 Telekommunikationsendgeräte; Slg. 1994 I-5077 Crespelle). **Beispiele** für positives Tun in Handlungsformen des öffentlichen Rechts sind etwa der Erlass eines Gesetzes (EuGH Slg. 1991 I-2925 Rn. 38 ERT; Slg. 1991 I-2925 Rn. 38 Höfner und Elser; Slg. 1991 I-5889 Rn. 20 Porto di Genova), einer Rechtsverordnung (vgl. EuGH Slg. 1991 I-5941 Rn. 28 GB-INNO) oder eines Verwaltungsakts (EuGH Slg. 1988 2479 Rn. 33 Pompes Funèbres). Ein Beispiel für eine privatrechtliche Maßnahme iSd Abs. 1 wäre die Mitwirkung an der Beschlussfassung in einem öffentlichen Unternehmen in privater Rechtsform. Ein dem positiven Tun gleichgestelltes Unterlassen könnte darin liegen, dass der Mitgliedstaat, der einem Unternehmen eine Genehmigung für eine bestimmte Tätigkeit gewährt hat, anderen Unternehmen entsprechende Genehmigungen verweigert. 29

Der Mitgliedstaat darf keine dem Vertrag widersprechenden Maßnahmen **„in Bezug auf"** öffentliche oder privilegierte Unternehmen ergreifen. Hieraus folgt, dass die **Bildung öffentlicher Unternehmen,** zB durch Verstaatlichung oder den Erwerb einer Mehrheitsbeteiligung an privaten Unternehmen, sowie die Gewährung besonderer oder ausschließlicher Rechte an private Unternehmen **niemals am Maßstab des Art. 106 Abs. 1** zu messen sind. „Konstituierende" Maßnahmen sind Tatbestandsvoraussetzung des Abs. 1 und keine Maßnahmen „in Bezug auf" die dort genannten Unternehmen (EuGH Slg. 2006 I-2941 Rn. 23 Servizi Ausiliari; vgl. auch *Hochbaum/Klotz* in *von der Groeben/Schwarze* Art. 86 EG Rn. 14). 30

b) Widerspruch zum Vertrag. Dem Mitgliedstaat ist alles verboten, was im Widerspruch zum Vertrag steht. Eine Maßnahme widerspricht dem Vertrag, wenn sie öffentliche oder privilegierte Unternehmen zu einem vertragswidrigen Verhalten zwingt oder eine Lage schafft, in der das öffentliche oder privilegierte Unternehmen sich vertragswidrig verhalten kann. Es sind also **Maßnahmen mit Auswirkungen** erfasst, die der Mitgliedstaat auch **nach anderen Vertragsbestimmungen nicht herbeiführen** dürfte. Als Beispiele für Bestimmungen, die für mitgliedstaatliche Maßnahmen besonders „anfällig" sind, nennt Abs. 1 durch Verweise auf Art. 18 und Art. 101–109 das Verbot der Diskriminierung aus Gründen der Staatsangehörigkeit sowie die kartellrechtlichen Vorschriften. Die Verwendung des Wortes „insbesondere" stellt klar, dass diese Aufzählung nicht abschließend ist. Die Vertragswidrigkeit einer mitgliedstaatlicher Maßnahme kann sich darüber hinaus aus allen Vorschriften des Vertrages und des darauf gestützten Sekundärrechts ergeben (EuGH Slg. 1982 2545 Rn. 12 Transparenzrichtlinie). 31

32 Eine Maßnahme, deren Widerspruch zum Vertrag sich **aus staatsgerichteten Vorschriften** ergibt, kann zum **Beispiel** vorliegen, wenn ein Mitgliedstaat einem öffentlichen Unternehmen entgegen Art. 18 die Diskriminierung anderer Unternehmen aufgrund ihrer Staatsangehörigkeit vorschreibt (EuGH Slg. 1974 409 Rn. 20 Sacchi). Häufig tritt ein Verstoß gegen Art. 18 hinter die Verletzung spezieller Diskriminierungsverbote zurück (EuGH Slg. 1994 I-1783 Rn. 19 Corsica Ferries). Die Gewährung ausschließlicher Rechte im Zusammenhang mit Einfuhr, Vertrieb und Instandsetzung von Telekommunikations-Endgeräten verstößt ebenso gegen Art. 34 iVm Art. 106 (EuGH Slg. 1991 I-1223 Rn. 44 Telekommunikations-Endgeräte) wie die Gewährung der alleinigen Befugnis zur Durchführung von Hafenarbeiten (EuGH Slg. 1991 I-5889 Rn. 21 Porto di Genova). Ein gegenüber öffentlichen oder privilegierten Unternehmen angeordnetes Ausfuhrverbot steht im Widerspruch zu Art. 35 iVm Art. 106 (EuGH Slg. 1983 555 Rn. 15 Inter-Huiles). Die Anordnung, dass öffentliche Unternehmen sich nur noch bei bestimmten öffentlichen Versicherungsgesellschaften versichern dürfen, verstößt gegen Art. 49 und 56 iVm Art 106 (vgl. EuGH Slg. 1988 3611 Rn. 3 Kommission/Griechenland). Ein Verstoß gegen Art. 49 und 56 iVm Art. 106 liegt vor, wenn eine Gemeinde eine DL-Konzession ohne Ausschreibung an ein von ihr kontrolliertes Unternehmen vergibt (EuGH Slg. 2005 I-8585 Parking-Brixen). Die Übertragung des ausschließlichen Rechts zur Übertragung von Fernsehsendungen aus anderen Mitgliedstaaten, die das begünstigte Unternehmen in die Lage versetzt, die Übertragung ausländischer Programme zu beschränken, verstößt gegen Art. 56 iVm Art. 106 (EuGH Slg. 1991 I-2925 Rn. 11 ERT). **Keinen nennenswerten Anwendungsbereich** hat Art. 106 in Verbindung mit den staatsgerichteten Vorschriften über **gemeinschaftswidrige Beihilfen** in Art. 107 ff.. Aufgrund des weiten Beihilfenbegriffs fallen Maßnahmen, mit denen öffentliche oder privilegierte Unternehmen zur Gewährung einer dem Mitgliedstaat zuzurechnenden Begünstigung verpflichtet werden, regelmäßig unmittelbar unter Art. 107 ff.. (ebenso *Stadler* in LB Art. 86 EG Rn. 35 f.).

33 Bei Maßnahmen, die aufgrund eines Verstoßes **gegen unternehmensgerichtete Vorschriften** im Widerspruch zum Vertrag stehen, spielt das Verbot des **Missbrauchs einer marktbeherrschenden Stellung** nach Art. 102 eine zentrale Rolle. Zwar verstößt die bloße Schaffung einer marktbeherrschenden Stellung durch die Gewährung besonderer oder ausschließlicher Rechte nicht gegen Art. 102 iVm Art. 106, da es an der Maßnahme „in Bezug auf" öffentliche oder privilegierte Unternehmen fehlt (vgl. EuGH Slg. 1991 I-5889 Rn. 16 Porto di Genova; Slg. 1994 I-1783 Rn. 42 Corsica Ferries). Wird aber durch mitgliedstaatliche Maßnahmen eine Lage geschaffen, in der das begünstigte Unternehmen gegen Art. 102 verstößt oder verstoßen kann, ist dies mit Art. 106 unvereinbar (vgl. EuGH Slg. 1991 I-2025 Rn. 37 ERT; Slg. 1994 I-5077 Rn. 18 Crespelle; Slg. 1997 I-4449 Rn. 33 GT Link; Slg. 1998 I-533 Rn. 27 Raso).

8. Pflichten der Mitgliedstaaten (Abs. 1)

34 **a) Unterlassungspflicht.** Die Mitgliedsstaaten dürfen die dem Vertrag widersprechenden Maßnahmen weder „treffen" noch „beibehalten". Einerseits müssen sie alles unterlassen, was einen vertragswidrigen Zustand herbeiführen könnte. Falls ein vertragswidriger Zustand bereits besteht, sind sie verpflichtet, alles zu unternehmen, damit dieser wieder beseitigt wird. Abs. 1 enthält also zunächst eine **weitgehende Unterlassungspflicht,** nach der vertragswidrige Maßnahmen nicht neu eingeführt werden dürfen. Zwingt der Mitgliedstaat das Unternehmen zu einem bestimmten mit Art. 106 nicht vereinbaren Verhalten, ist die Unterlassungspflicht jedenfalls verletzt (zB bei einer Verpflichtung zur Festsetzung bestimmter Preise; vgl. EuGH Slg. 1988 2479 Rn. 33 Pompes Funèbres). Ausreichend ist es jedoch, wenn der Mitgliedstaat eine „Gefahrenlage" schafft, die das begünstigte Unternehmen zu einem dem

Vertrag widersprechenden Verhalten ausnutzen könnte (zB bei der hoheitlichen Ausdehnung eines Monopols auf einen benachbarten Markt; vgl. EuGH Slg. 1991 I-1979 Rn. 34 Höfner und Elser).

b) Handlungspflicht. Die Unterlassungspflicht wird durch eine ebenso weitgehende Handlungspflicht erweitert. Wenn sich Abs. 1 auf eine Unterlassungspflicht beschränken würde, könnten die Mitgliedstaaten nur im Wege geeigneter Gegenmaßnahmen nach Abs. 3 oder im Wege eines Vertragsverletzungsverfahrens nach Art. 258 zur nachträglichen Beseitigung des vertragswidrigen Zustands verpflichtet werden. Die unmittelbare vertragliche Pflicht, keine vertragswidrigen Maßnahmen beizubehalten, unterstreicht die nachträgliche Handlungspflicht und erweitert sie um eine **Pflicht zum präventiven Tätigwerden.** Bestehende vertragswidrige Maßnahmen sind auszusetzen bzw. abzustellen. Darüber hinaus müssen die Mitgliedstaaten die rechtlichen Rahmenbedingungen für öffentliche und privilegierte Unternehmen vertragskonform gestalten und diese Unternehmen entsprechend beaufsichtigen. Eine gesetzliche Bestimmung, die ein öffentliches oder privilegiertes Unternehmen in die Lage versetzt, zB gegen Art. 102 zu verstoßen, darf nicht angewandt und muss innerhalb überschaubarer Fristen aufgehoben oder geändert werden (vgl. EuGH Slg. 1997 I-7119 Rn. 29 Job Centre). 35

9. Sektorübergreifende Ausnahme (Abs. 2)

Abs. 2 enthält eine Einschränkung der grundsätzlichen **Pflicht der Mitgliedstaaten,** in Bezug auf öffentliche Unternehmen und auf Unternehmen, denen besondere oder ausschließliche Rechte gewährt wurden, keine vertragswidrigen Maßnahmen zu treffen oder beizubehalten. Sie sind formal **Adressaten der Vorschrift.** Materiell vergrößert Abs. 2 vor allem den Handlungsspielraum der Mitgliedstaaten bei ihren Maßnahmen iSd Abs. 1. Wird die Kommission im Rahmen ihrer Aufsichtsbefugnisse nach Abs. 3 tätig, können die Mitgliedstaaten einwenden, Maßnahmen in Bezug auf Unternehmen getroffen zu haben, die mit Dienstleistungen von allgemeinem wirtschaftlichem Interesse betraut sind oder den Charakter eines Finanzmonopols haben. 36

Vertragswidrige Maßnahmen sind nur unter engen Voraussetzungen zulässig. Liegen diese Voraussetzungen vor, steht es den Mitgliedstaaten allerdings frei, gegenüber öffentlichen und privaten Unternehmen Maßnahmen zu treffen, mit denen Vertragsverletzungen bewirkt werden. Die in der früheren Rechtsprechung aufgrund des Adressatenkreises der Vorschrift angedeutete Beschränkung, wonach die Mitgliedstaaten nur von mittelbaren Verstößen gegen die unternehmensgerichteten Vorschriften des Vertrages befreit werden sollten (vgl. EuGH Slg. 1984 2727 Rn. 19 Campus Oil), ist in der jüngeren Rechtsprechung aufgegeben worden. Abs. 2 ermöglicht die **Abweichung von unternehmensgerichteten und staatsgerichteten Vertragsbestimmungen** (vgl. EuGH Slg. 1993 I-2533 Corbeau; Slg. 1994 I-1477 Almelo; Slg. 1997 I-5815 Rn. 44ff. Monopole bei Strom und Gas). Die in Abs. 2 genannten Unternehmen profitieren sowohl bei einer Befreiung des Mitgliedstaats von den unternehmensgerichteten als auch bei einer Befreiung von den staatsgerichteten Bestimmungen (ebenso *Koenig/Paul* in *Streinz* Art. 106 AEUV Rn. 41). Staatliche Ausgleichszahlungen an Unternehmen für die Erfüllung gemeinwirtschaftlicher Verpflichtungen fallen nicht unter den Beihilfebegriff iSv Art. 107 Abs. 1, wenn das begünstigte Unternehmen tatsächlich mit der Erfüllung einer solchen Verpflichtung betraut wurde, die Ausgleichsberechnung objektiv und transparent erfolgt und nicht über die dem Unternehmen entstehenden angemessenen Kosten hinausgeht (EuGH Slg. 2003 I-7747 Altmark Trans; vgl. auch Mitteilung der Kommission über die Anwendung der Beihilfevorschriften der Europäischen Union auf Ausgleichsleistungen für die Erbringung von Dienstleistungen von allgemeinem wirtschaftlichen Interesse, ABl. 2012/C 8/02). Darüber hinaus hat die Kommission solche Ausgleichsleistungen, 37 die den Tatbestand der Beihilfe erfüllen, unter bestimmten Voraussetzungen von der Anmeldepflicht des Art. 108 Abs. 3 befreit und damit auch zugleich für vereinbar mit Art. 106 Abs. 2 erklärt (Beschluss der Kommission über die Anwendung von Artikel 106 Abs. 2 des Vertrages über die Arbeitsweise der europäischen Union auf staatliche Beihilfen in Form von Ausgleichsleistungen zugunsten bestimmer Unternehmen, die mit Dienstleistungen von allgemeinem wirtschaftlichen Interesse betraut sind, K(2011) 9380). Entgegen des früheren restriktiven Verständnisses der Vorschrift, die zT bereits für „obsolet" gehalten wurde (*v. Wilmowsky* ZHR 155 (1991) 545), wird so der Charakter des Abs. 2 als sektorübergreifende Ausnahme für bestimmte öffentliche oder privilegierte Unternehmen **(„Service Public-Vorbehalt")** anerkannt. Dies ist insbesondere vor dem Hintergrund des durch den Vertrag von Amsterdam eingeführten Art. 14 konsequent. Nach dieser Vorschrift zählen Dienste von allgemeinem wirtschaftlichem Interesse zu den gemeinsamen Werten der Union, deren „Funktionieren" gewährleistet sein muss. Ein restriktives Verständnis des Abs. 2 wäre hiermit kaum zu vereinbaren.

10. Begünstigte der Ausnahme (Abs. 2)

38 a) **Betraute Unternehmen.** Die Bereichsausnahme betrifft Unternehmen mit der besonderen Pflicht, Dienstleistungen im allgemeinen wirtschaftlichen Interesse zu erbringen. Abs. 2 bezieht sich gleichermaßen auf private und öffentliche Unternehmen im Sinne des allgemeinen (funktionellen) **Unternehmensbegriffs der Art. 101 ff.** (vgl. EuGH Slg. 1997 I-4449 Rn. 50 GT Link). Die Übernahme besonderer Pflichten durch private Unternehmen ist in der Praxis eher die Ausnahme. Überträgt ein Mitgliedsstaat einem Unternehmen besondere Aufgaben, behält er sich häufig auch Einflussmöglichkeiten vor, sodass sich die Bereichsausnahme in erster Linie auf öffentliche Unternehmen bezieht.

39 Die besonderen Pflichten der hier angesprochenen Unternehmen bestehen darin, **Dienstleistungen** von allgemeinem wirtschaftlichen Interesse zu erbringen. Der AEUV definiert den Begriff der Dienstleistung in Art. 57 als „Leistungen, die in der Regel gegen Entgelt erbracht werden" und nennt beispielhaft gewerbliche, kaufmännische, handwerkliche und freiberufliche Tätigkeiten. Dieses Begriffsverständnis ist zu eng für den Zweck des Abs. 2, eine Ausnahme für Unternehmen vorzusehen, die im allgemeinen wirtschaftlichen Interesse tätig werden. Der Begriff „Dienstleistungen" umfasst daher **auch das Bereithalten, Bereitstellen und Verteilen von Sachleistungen.** Er ist identisch mit dem in Art. 14 verwendeten Begriff der „Dienste von allgemeinem wirtschaftlichem Interesse" und entspricht der Definition der Kommission in ihrer Mitteilung zu Leistungen der Daseinsvorsorge (ABl. 2001 C 17/4, Anh. II; vgl. *Wernicke* in *Grabitz/Hilf/Nettesheim* Art. 106 AEUV Rn. 38).

40 Das Erfordernis eines **wirtschaftlichen Interesses** schließt Leistungen aus, die ausschließlich oder ganz überwiegend kulturellen, sozialen oder karitativen Zwecken dienen. Dies ergibt sich schon daraus, dass Abs. 2 den Mitgliedstaaten die Möglichkeit einräumen soll, bestimmte Unternehmen als **Instrument ihrer Wirtschafts- und Fiskalpolitik** einzusetzen (vgl. EuGH Slg. 1997 I-5815 Rn. 55 Monopole bei Strom und Gas). Die Kommission hat in ihren Mitteilungen zu Leistungen der Daseinsvorsorge (ABl. 2001 C 17/4) bekräftigt, dass Dienstleistungen iSd Abs. 2 Leistungen im wirtschaftlichen Interesse sein müssen. Wenn auch andere als wirtschaftliche Interessen verfolgt werden, ist das unschädlich wenn es zumindest auch um wirtschaftliche Interessen geht (vgl. dazu auch *Voet van Vormizeele* in *Schwarze* Art. 106 AEUV Rn. 64 f.).

41 Zudem müssen die Dienstleistungen **allgemeinen Interessen** dienen. Allgemeine Interessen sind öffentliche Interessen. Die Wahrnehmung von Partikularinteressen allein genügt nicht. Eine abschließende Definition der Rechtsprechung fehlt bislang. Allgemeine Interessen dürften jedenfalls vorliegen, wenn Dienstleistungen

(zB im Falle sog. „Universaldienste") im Interesse aller Einwohner eines Mitgliedstaates erbracht werden (vgl. EuGH Slg. 1993 I-2533 Rn. 15 Corbeau; Slg. 2001 I-8089 Rn. 55 Ambulanz Glöckner). Es wäre aber nicht sachgerecht, das allgemeine Interesse auf Dienstleistungen zu beschränken, die den Interessen einzelner oder gar sämtlicher Mitgliedstaaten Rechnung tragen. Auch auf ein Interesse der Union kann es nicht ankommen, da Abs. 2 das Unionsinteresse als Grenze des Ausnahmetatbestands definiert. Richtigerweise wird man von Dienstleistungen im allgemeinen Interesse immer dann ausgehen müssen, wenn sie im **Interesse der Öffentlichkeit** eines bestimmten geographischen Teils des gemeinsamen Marktes liegen. Es muss sich hierbei **nicht um einen wesentlichen Teil des gemeinsamen Marktes** handeln. Nicht ausreichend ist es, wenn ausschließlich privaten oder Partikularinteressen Rechnung getragen wird. Dies gilt beispielsweise für Maßnahmen, die lediglich dem Schutz geistiger Eigentumsrechte dienen, ohne dass der Staat dem Unternehmen weitergehende Aufgaben übertragen hat. Insoweit kann sich ein Mitgliedstaat nicht auf Abs. 2 berufen (vgl. EuGH Slg. 1974 313 Rn. 23 BRT/SABAM).

Ob Dienstleistungen im allgemeinen und wirtschaftlichen Interesse liegen, ist **von den Mitgliedstaaten zu bestimmen.** Zwar handelt es sich bei den Tatbestandsmerkmalen des Abs. 2 um unionsrechtliche Begriffe, die losgelöst von den mitgliedstaatlichen Rechtsordnungen auszulegen sind. Da sich im System des Art. 106 die Mitgliedstaaten gegenüber der Union auf die Ausnahmevorschrift des Abs. 2 berufen müssen, verfügen sie bei der Konkretisierung dieser Bestimmung über eine **Einschätzungsprärogative.** Dieses „Recht des ersten Zugriffs" auf das, was unter Dienstleistungen von allgemeinem wirtschaftlichem Interesse zu verstehen ist, unterliegt nach Abs. 3 der Kontrolle durch die Kommission und ggf. der gerichtlichen Überprüfung. Die Rechtskontrolle beschränkt sich auf offenkundige Fehler, solange für den betroffenen Sektor keine unionsrechtlichen Sondervorschriften gelten (vgl. EU-Kommission, Entscheidung über die Anwendung von Art. 86 Abs. 2 auf staatliche Beihilfen für mit Gemeinwohlaufgaben betraute Unternehmen, ABl. 2005 L 312/67, Erwägungsgrund 7). Die Kommission ist nicht befugt, über Gestaltung, Umfang und Zweckmäßigkeit der Übertragung öffentlicher Aufgaben zu entscheiden (vgl. EuGH Slg. 1991 I-1223 Rn. 12 Frankreich/Kommission; Slg. 1997 I-5699 Rn. 38ff. Niederlande/Kommission; ebenso *Koenig/Paul* in *Streinz* Art. 106 Rn. 49). 42

Beispiele für Dienstleistungen von allgemeinem wirtschaftlichen Interesse sind etwa die Einrichtung und der Betrieb eines öffentlichen Fernmeldenetzes (EuGH Slg. 1991 I-5941 Rn. 16 GB/INNO), die öffentliche Verteilung von Postsendungen (EuGH Slg. 1993 I-2533 Rn. 15 Corbeau), die Arbeitsvermittlung (EuGH Slg. 1997 I-7119 Rn. 26 Job Centre; Slg. 1991 I-1979 2017 Höfner und Elser), die Tätigkeit der öffentlich-rechtlichen Rundfunkanstalten (EuGH Slg. 1974 409 Rn. 15 Sacchi; Slg. 1985 3261 Rn. 17 Telemarketing), die öffentliche Versorgung mit Strom und Gas (EuGH Slg. 1997 I-5815 Monopole bei Strom, und Gas; Slg. 1997 I-5699 Rn. 34 Kommission/Niederlande; Slg. 1997 I-5789 Rn. 53 Kommission/Italien), bestimmte Leistungen von Verkehrsunternehmen (EuGH Slg. 1989 803 Rn. 55 Ahmed Saeed; EuG Slg. 1997 II-997 Rn. 141 Air Inter; Slg. 1998 I-3949 Rn. 45 Corsica Ferries) oder die Tätigkeit einer staatlichen landwirtschaftlichen Forschungsanstalt (EuGH Slg. 1982 2015 Rn. 9 Nungesser; vgl. *Wernicke* in *Grabitz/Hilf/Nettesheim* Art. 106 AEUV Rn. 46 mwN). 43

Der Umstand, dass ein Unternehmen Dienstleistungen erbringt, die einem dieser Bereiche zuzuordnen sind, genügt nicht, um die Voraussetzungen des Ausnahmetatbestands zu erfüllen. Vielmehr ist in jedem Einzelfall zu prüfen und vom Mitgliedstaat nachzuweisen, ob die erbrachten Dienstleistungen mit **einer besonderen Verpflichtung oder Aufgabe** verbunden sind (vgl. EuGH Slg. 1997 I-5815 Rn. 68ff. Monopole bei Strom und Gas). So stellt die öffentliche Verteilung von Postsendungen nur deshalb eine Dienstleistung von allgemeinem wirtschaftlichem Interesse dar, weil sie flächendeckend in gleicher Qualität zu einheitlichen Gebühren erfolgt 44

(EuGH Slg. 1993 I-2533 Rn. 15 Corbeau). Bei der Stromversorgung ist entscheidend, dass diese zu einheitlichen Tarifen erfolgt und die Versorgungssicherheit gewährleistet ist (EuGH Slg. 1994 I-1477 Rn. 48 Almelo).

45 Die Anwendung der Ausnahmevorschrift setzt voraus, dass Unternehmen mit der Wahrnehmung besonderen Pflichten betraut worden sind. Der **Begriff der Betrauung** ist aus sich heraus nicht verständlich, da die verschiedenen Sprachfassungen des Vertrages inhaltlich voneinander abweichende Begriffe verwenden. Der EuGH hatte zunächst ein restriktives Begriffsverständnis entwickelt. Danach musste die Übertragung der besonderen Pflichten durch einen **Hoheitsakt der öffentlichen Gewalt** erfolgen (vgl. EuGH Slg. 1989 803 Rn. 55 Ahmed Saeed), insbesondere durch eine abstrakt-generelle Rechtsvorschrift (EuGH Slg. 1991 I-1979 Rn. 24 Höfner und Elser). Inzwischen ist anerkannt, dass auch eine Betrauung auch durch eine **Aufgabenübertragung im Einzelfall** (vgl. EuGH Slg. 1994 I-1477 Rn. 47 Almelo; Slg. 1997 I-5815 Rn. 65 Monopole bei Strom und Gas) sowie durch öffentlich-rechtliche oder privatrechtliche Verträge möglich ist. Eine vertragliche Betrauung muss allerdings auf der Grundlage eines Hoheitsakts erfolgen (EuGH Slg. 1981 2021 Rn. 7 Züchner). Die Erteilung einer allgemein zugänglichen Erlaubnis (zB eine Gewerbeerlaubnis) genügt den Anforderungen an eine Betrauung ebenso wenig wie die bloß faktische Erbringung einer Dienstleistung, auch wenn dies vom Mitgliedstaat gebilligt oder überwacht wird (vgl. EuGH Slg. 1983 483 Rn. 31 GVL).

46 **b) Finanzmonopole.** Die Bereichsausnahme des Abs. 2 bezieht sich neben Unternehmen, die mit Dienstleistungen von allgemeinem wirtschaftlichem Interesse betraut sind, auch auf Finanzmonopole. Dies können öffentliche oder private Unternehmen sein, denen der Mitgliedstaat ein ausschließliches Recht mit dem Ziel übertragen hat, **dem öffentlichen Haushalt eine besondere Einnahmequelle** zu sichern (*Pernice/Wernicke* in *Grabitz/Hilf* Art. 86 EGV Rn. 43 mwN). Die Schaffung eines Produktionsmonopols genügt nicht, selbst wenn das Unternehmen den erwirtschafteten Gewinn an den Staat abführen müsste. **Beispiele** für Finanzmonopole sind Tabakmonopole, Branntweinmonopole (vgl. zum deutschen Branntweinmonopol Gesetz vom 8.4.1922, RGBl. I, S. 405, zuletzt geändert durch Gesetz vom 21.6.2013, BGBl. I S. 1650 – tritt zum 31.12.2017 außer Kraft) und das in Deutschland im Jahre 1983 ausgelaufene Zündwarenmonopol. Kein Finanzmonopol soll im Fall des staatlichen Glückspielmonopols vorliegen, da damit ausschließlich sozialpolitische Zielsetzungen verfolgt werden (BVerwG NJW 2001, 2648, 2651).

11. Ausnahmevoraussetzungen

47 **a) Erforderlichkeit des Vertragsverstoßes.** Betraute Unternehmen oder Finanzmonopole unterliegen grundsätzlich den Bestimmungen des EU-Vertrages. Die Ausnahme des Abs. 2 greift nur ein, wenn zwei Voraussetzungen erfüllt sind: Eine Aussetzung der Vertragsvorschriften kommt nur in Betracht, wenn andernfalls die **Erfüllung der den Unternehmen übertragenen Aufgaben rechtlich oder tatsächlich verhindert oder zumindest gefährdet** würde. Zudem darf die Entwicklung des Handelsverkehrs in der Union nicht über das hinaus beeinträchtigt werden, was im Interesse der Union hinnehmbar ist. Solange die **Aufgabenerfüllung auch ohne Vertragsverstoß** möglich ist, kann dieser **nicht gerechtfertigt** sein. Hieraus ergibt sich, dass Abs. 2 erst anwendbar ist, wenn anderweitige Ausnahmevorschriften oder Freistellungsmöglichkeiten (zB die Ausnahmen im Bereich der Grundfreiheiten, die Gruppenfreistellungsverordnungen im Bereich des Art. 101 oder Art. 108 Abs. 2 im Bereich der Art. 107 ff.) nicht eingreifen.

48 Die **Kriterien der Erforderlichkeit** ergeben sich im Einzelfall aus den Belastungen, die dem betrauten Unternehmen aus der Erfüllung seiner besonderen Aufgaben entstehen. Wenn die Aufgabenerfüllung ohne Vertragsverstoß überhaupt nicht mehr

gewährleistet wäre, ist die Erforderlichkeit zu bejahen. Die Aufgabenerfüllung ohne Vertragsverstoß muss das Unternehmen nicht in seiner Existenz bedrohen. Es genügt, wenn das Unternehmen **seine besondere Aufgabe nicht mehr zu wirtschaftlich tragbaren Bedingungen erfüllen** kann (EuGH Slg. 1994 I-1477 Rn. 49 Almelo; 1997 I-5815 Rn. 59 und 96 Monopole bei Strom und Gas). Der EuGH lässt es in einer neueren Rechtsprechung genügen, wenn die (volle) Anwendung der Wettbewerbsregeln die Erfüllung der besonderen Verpflichtungen, die den betrauten Unternehmen obliegen, **tatsächlich oder rechtlich gefährden** würde (vgl. EuGH Slg. 1999 I-5751 Rn. 107 Albany; Slg. 2011 I-4109 Rn. 54 TNT Traco; dazu auch *van Vormizeele* in *Schwarze* Art. 106 Rn 70; *Stadler* in LB Art. 86 Rn. 61). Nicht erforderlich sind generelle Freistellungen betrauter Unternehmen von den Vorschriften des Vertrages. Eine Ausnahme nach Abs. 2 ist nur zulässig, wenn sich der Vertragsverstoß zumindest mittelbar auf dem Markt auswirkt, auf dem das betraute Unternehmen seine besondere Aufgabe erfüllt. Liegt die staatliche Maßnahme in der Erstreckung eines Monopols auf einen benachbarten Markt, ist diese nur erforderlich, soweit sie dem betrauten Unternehmen die Wahrnehmung seiner besonderen Aufgaben durch die Quersubventionierung zwischen unrentablen und rentablen Aktivitäten ermöglicht (vgl. EuGH Slg. 1993 I-2533 Rn. 17f. Corbeau; Slg. 1991 I-5941 Rn. 22 GB INNO).

Der Mitgliedstaat, der das Vorliegen der Ausnahmevorschrift des Abs. 2 geltend macht, muss den Nachweis führen, dass er dem betrauten Unternehmen besondere Verpflichtungen auferlegt, die ohne eine Verletzung des Vertrages nicht erfüllt werden könnten (vgl. EuGH Slg. 1998 I-4075 Rn. 76 Dusseldorp) oder deren Erfüllung jedenfalls gefährdet wäre. Die **Beweislast der Mitgliedstaaten** bedeutet aber nicht, dass der Mitgliedstaat auch darlegen müsste, dass und warum andere denkbare Maßnahmen als „mildere Mittel" nicht in Betracht kommen (EuGH Slg. 1997 I-5815 Rn. 101 Monopole bei Strom und Gas). Es ist Sache der Kommission, im Rahmen von Aufsichtsmaßnahmen nach Abs. 3 oder im Vertragsverletzungsverfahren nach Art. 258 den Nachweis zu führen, dass der Mitgliedstaat den Maßstab der Erforderlichkeit verkannt hat. 49

Kommission und Gerichtshof haben zwar in vielen Fällen anerkannt, dass Unternehmen Dienstleistungen von allgemeinem wirtschaftlichem Interesse erbringen. Der **Nachweis,** dass eine Vertragsverletzung erforderlich war, um die Erbringung dieser Dienstleistungen weiterhin zu gewährleisten, **konnte allerdings nur vereinzelt geführt** werden. Als nicht ausreichend hat es die Kommission angesehen, wenn Unternehmen auch bei Wettbewerb noch ausreichende Gewinne erwirtschaften konnten (KOMM ABl. 1990 L 10/47 Niederländische Eilkurierdienste; KOMM ABl. 1990 L 233/19 Spanische Eilkurierdienste) oder wenn sie ihren Verpflichtungen auch ohne Ein- und Ausfuhrmonopole nachkommen konnten (KOMM ABl. 1991 L 28/32). Zum Schutz eines flächendeckenden öffentlichen Telekommunikationsnetzes, beim Sprachtelefondienst und beim Postdienst haben Gerichtshof und Kommission die Voraussetzungen des Abs. 2 zumindest vorübergehend als erfüllt angesehen (vgl. EuGH Slg. 1993 I-2533 Corbeau; KOMM ABl. 1990 L 10/47 Niederländische Eilkurierdienste; ABl. 1990 L 233/19 Spanische Eilkurierdienste). Wettbewerbsbeschränkungen auf dem Markt für Krankentransporte können erforderlich für die Sicherung eines funktionierenden Rettungsdienstes sein (EuGH Slg. 2003 I-8089 Rn. 57 Ambulanz Glöckner). Art. 3 Abs. 8 Elektrizitätsbinnenmarktrichtlinie (Richtlinie 2003/54/EG, ABl. 2003 L 176/37) erlaubt ein Abweichen von den Wettbewerbsregeln der Richtlinie, wenn durch deren Befolgung die gemeinwirtschaftlichen Verpflichtungen der Energieversorger verhindert würden. 50

b) Keine übermäßige Beeinträchtigung des Handelsverkehrs. Die Ausnahmevorschrift des Abs. 2 wird dadurch begrenzt, dass die Hinnahme einer Vertragsverletzung die Entwicklung des Handelsverkehrs nicht in einem Ausmaß beeinträchti- 51 gen darf, das dem Interesse der Unionzuwiderläuft. Die Beeinträchtigung des Handelsverkehrs ist **nicht identisch mit der „Beeinträchtigung des Handels zwischen den Mitgliedstaaten"** im Sinne der Art. 101 ff.. Dies ergibt sich aus der Verknüpfung der Handelsbeeinträchtigung mit dem Unionsinteresse. Die Grenze des Ausnahmetatbestands verläuft dort, wo die Vertragsabweichung unverhältnismäßige Auswirkungen auf die Entwicklung des Binnenmarktes und des Wettbewerbs hat (ebenso *Koenig/Paul* in *Streinz* Art. 106 AEUV Rn. 77; ähnlich *Stadler* in LB Art. 86 EG Rn. 67). Erforderlich ist vielmehr eine **Abwägung** zwischen den **mitgliedstaatlichen Interessen** an der Erfüllung einer besonderen Aufgabe einerseits und dem **Interesse der Union** andererseits (EuGH Slg. 1971 730 Hafen von Mertert).

52 Das **Interesse der Union** ergibt sich aus dem gesamten primären und sekundären Unionsrecht, wobei insbesondere dem Vertragsziel des unverfälschten Wettbewerbs eine besondere Bedeutung zukommt. Andererseits muss nach Art. 14 auch dem Funktionieren der Dienste von allgemeinem wirtschaftlichen Interesse Rechnung getragen werden. Letztlich führt die Begrenzung der Ausnahmevorschrift des Abs. 2 zu einer Verhältnismäßigkeitsprüfung. Vertragswidrige Maßnahmen müssen **geeignet** sein, die **weitere Erbringung der Dienstleistung von allgemeinem wirtschaftlichen Interesse zu gewährleisten.** Mildere Mittel als die Vertragsverletzung, die die Erbringung dieser Dienstleistungen ebenfalls sicherstellen würden, dürfen nicht vorliegen. Bei einer Verletzung fundamentaler Grundsätze des Unionsrechts wie beispielsweise des Diskriminierungsverbots nach Art. 18 ist eine Vertragsverletzung in jedem Fall unzulässig (ebenso *Grill* in *Lenz/Borchardt* Art. 86 Rn. 29; *Koenig/Paul* in *Streinz* Art. 106 AEUV Rn. 77 f.).

12. Aufgaben und Befugnisse der Kommission (Abs. 3)

53 **a) Durchsetzung des Art. 106.** Nach Abs. 3 ist die Kommission verpflichtet, auf die Anwendung des Art. 106 zu achten und erforderlichenfalls geeignete Richtlinien und Entscheidungen an die Mitgliedsstaaten zu erlassen. **Umfang und Grenzen der Rechtssetzungsbefugnis** nach Abs. 3 ergeben sich aus dem Wortlaut des Art. 106 unter Berücksichtigung seiner systematischen Stellung und Zielsetzung. Der Kommission kommt zunächst eine **Überwachungsaufgabe** zu, auf deren Erfüllung sich die Kommission zunächst konzentrierte (EuGH Slg. 1982 2545 Rn. 12 Transparenzrichtlinie). Erst im Laufe der Zeit entwickelte sich das Verständnis, dass Abs. 3 der Kommission auch eine **Konkretisierungs- und Entwicklungsfunktion** zuweist (EuGH Slg. 1991 I-1223 Rn. 14 Telekommunikations-Endgeräte; Slg. 1992 I-5833 Rn. 12 Telekommunikationsdienste). Jedenfalls müssen die Maßnahmen der Kommission erforderlich sein, um die Überwachungs- und Konkretisierungsaufgaben wirksam erfüllen zu können (EuGH Slg. 1982 2545 Rn. 13 Transparenzrichtlinie).

54 **b) Mögliche Rechtsakte.** Nach dem Wortlaut des Abs. 3 darf die Kommission gegenüber den Mitgliedstaaten **Richtlinien und Entscheidungen** erlassen. Richtlinien (Art. 288 Abs. 3) sind für den Mitgliedsstaat, an den sie gerichtet sind, hinsichtlich des zu erreichenden Ziels verbindlich. Sie präzisieren die sich aus dem Vertrag ergebenden Verpflichtungen der Mitgliedstaaten in abstrakt-genereller Form. Sie überlassen den Mitgliedstaaten die Wahl der Form und der Mittel der innerstaatlichen Umsetzung, sodass auf der nationalen Ebene ein eigener Entscheidungsspielraum verbleibt (vgl. EuGH Slg. 1992 I-5833 Rn. 22 Telekommunikationsdienste). Anders als bei der Richtlinie räumen Beschlüsse (Art. 288 Abs. 4) ihrem Adressaten weder einen eigenen Umsetzungsspielraum ein, sondern sind in vollem Umfang unmittelbar verbindlich. Sie enthalten regelmäßig eine individuell-konkrete Regelung eines bestimmten Sachverhalts (vgl. EuGH Slg. 1992 I-565 Rn. 27 Eil-Kurierdienste).

55 Aus der Befugnis, Richtlinien und Beschlüsse zu erlassen, ergibt sich, dass die Kommission auch weniger zwingende Maßnahmen ergreifen darf. Sie kann sich zur

Durchsetzung des Art. 106 insbesondere auch der **Empfehlung oder Stellungnahme** (Art. 288 Abs. 5) bedienen (*Stadler* in LB Art. 86 EG Rn. 78). Über diese Maßnahmen hinaus steht der Kommission jederzeit die Möglichkeit offen, gegen die Mitgliedstaaten auch im Zusammenhang mit Art. 106 aufgrund anderer Vorschriften des Vertrages vorzugehen, insbesondere etwa ein Vertragsverletzungsverfahren nach Art. 258 einzuleiten.

c) Ermessen. Abs. 3 sieht „erforderlichenfalls" geeignete Maßnahmen vor. Der Kommission ist demnach zunächst Ermessen in der Frage eingeräumt, „ob" sie überhaupt tätig werden will **(Entschließungsermessen)** und „wie" sie dieses Ermessen ausübt **(Auswahlermessen).** Sie muss insbesondere beim Erlass von Richtlinien und Beschlüssen prüfen, ob diese Maßnahmen geeignet und keine milderen Mittel zur Erreichung des verfolgten Zwecks ersichtlich sind. Das Entschließungs- und Auswahlermessen ermächtigt je nach dem verfolgten Ziel zu präventiven oder repressiven Maßnahmen. 56

Als **präventive Maßnahme** kommt der Erlass einer Richtlinie in Betracht, deren Adressatenkreis zweckmäßigerweise mehrere oder sämtliche Mitgliedstaaten umfasst. Zum Erlass der Transparenzrichtlinie hat der EuGH ausdrücklich anerkannt, dass das Fehlen der Transparenz der finanziellen Beziehung zwischen den Mitgliedstaaten und den öffentlichen Unternehmen die Überwachung der Beihilfevorschriften erschwert. Die Kommission durfte unter diesen Umständen durch eine Aufstellung einheitlicher Kriterien für alle Mitgliedstaaten und ihre Unternehmen zusätzliche Informationen über diese Beziehungen zu erlangen (EuGH Slg. 1982 2545 Rn. 13 Transparenzrichtlinie). 57

Als **repressive Maßnahme** bietet sich der individuelle Beschluss an. Repressive Maßnahmen setzen Feststellungen dazu voraus, worin die Vertragsverletzung eines Mitgliedstaats überhaupt besteht. Derartige Ausführungen wären in einer Richtlinie nicht möglich. Für einen Beschluss ist es hingegen charakteristisch, dass die Kommission konkret mitgliedstaatliche Verhaltensweisen benennt und für unvereinbar mit Abs. 1 erklärt. Ein Beispiel für eine auf Abs. 3 gestützte Maßnahme der Kommission ist die Entscheidung über die in Griechenland bestehende Anordnung, dass öffentliche Unternehmen sich nur noch bei bestimmten öffentlichen Versicherungsgesellschaften versichern dürfen. Der EuGH hat diese Entscheidung für rechtmäßig gehalten und damit die Befugnis der Kommission zum Erlass repressiver Entscheidungen bestätigt (EuGH Slg. 1988 3611 Rn. 3 Kommission/Griechenland). 58

Zu den repressiven Maßnahmen gehört neben den in Abs. 3 vorgesehenen Rechtsakten der Richtlinie und der Entscheidung auch das **Vertragsverletzungsverfahren** nach Art. 258. Die Kommission hat im Rahmen ihres Auswahlermessens vor Erlass eines Rechtsakts nach Abs. 3 zu prüfen, ob der Vertragsverstoß eines Mitgliedsstaates nicht im Wege des Vertragsverletzungsverfahrens verfolgt werden sollte. Das Verfahren nach **Art. 258 ist nicht** schon deshalb **vorrangig,** weil es den Beteiligten – anders als das Verfahren nach Abs. 3 – ausdrücklich rechtliches Gehör einräumt. Auch vor Erlass von Maßnahmen nach Abs. 3 wird die Kommission dem betroffenen Mitgliedstaat Gelegenheit zur Stellungnahme geben. 59

Aus dem weiten Ermessen der Kommission ergibt sich, dass **kein Anspruch des Einzelnen auf Einschreiten der Kommission** gegen einen Mitgliedstaat besteht (EuGH Slg. 1997 I-947 Rn. 27 Bundesverband der Bilanzbuchhalter; EuG Slg. 1994 II-1015 Rn. 45 Ladbroke I). Insbesondere ist die VO 1/2003 bei der Durchführung der Befugnisse, die der Kommission aufgrund von Art. 106 zustehen, nicht anwendbar (→ VO 1/2003 Art 7 Rn. 39 ff.). Die Kommission ist deshalb nicht verpflichtet, auf den Antrag eines Einzelnen auf der Grundlage von Art. 106 Abs. 3 tätig zu werden, insbesondere nicht gegenüber Unternehmen, die mit der Verwaltung von im allgemeinen wirtschaftlichen Interesses liegenden Diensten betraut sind (EuG Slg. 1995 II-2565 Rn. 45 Ladbroke III). 60

61 Auch **Rechtsmittel,** mit denen die Weigerung der Kommission, Zuwiderhandlungen eines Mitgliedstaates nach Abs. 3 verfolgt werden könnte, bestehen nicht (zuletzt EuGH Slg. 2005 I-1283 Rn. 69ff. T-Mobile Austria). Die Kommission kann je nach Lage des Falles durch Erlass eines Beschlusses oder durch Erlass einer Richtlinie entscheiden (EuG Slg. 1994 II-1015 Rn. 45 Ladbroke I). Deswegen ist eine **Untätigkeitsklage unzulässig** (EuG Slg. 1994 II-1015 Rn. 39 Ladbroke I). Im Übrigen ist der gemäß Art. 106 Abs. 3 zu erlassende Rechtsakt nur an den Mitgliedstaat gerichtet, der Kläger befindet sich also nicht in der Situation des potentiellen Adressaten, wie es von Art. 265 Abs. 3 verlangt wird (EuG Slg. 1994 II-1015 Rn. 40 Ladbroke I mwN). Der Kläger kann auch nicht behaupten, dass er durch den Rechtsakt betroffen ist, den die Kommission zu erlassen unterlassen hat. Dritte, die naturgemäß nicht die Eigenschaft eines Adressaten eines Beschlusses haben, können nur dann als durch den **Beschluss individuell betroffen** angesehen werden, wenn diese sie wegen bestimmter persönlicher Eigenschaften oder besonderer, sie aus dem Kreis aller übrigen Personen heraushebender Umstände berührt und sie daher in ähnlicher Weise individualisiert wie den Adressaten dieses Beschlusses (st. Rspr.; EuGH Slg. 1963 213 Plaumann; EuG Slg. 1996 II-1931 Rn. 62 Kruidvat). Der Umstand, dass ein Rechtsakt geeignet ist, einen Einfluss auf die auf einem Markt bestehenden Wettbewerbsverhältnisse auszuüben, kann für sich allein nicht genügen, damit jeder Wirtschaftsteilnehmer auf diesem Markt als durch diesen Rechtsakt unmittelbar und individuell betroffen angesehen werden kann (EuG Slg. 1994 II-121 Rn. 82 Air France; insgesamt EuG Slg. 1994 II-1015 Rn. 41 Ladbroke I). Die Beteiligung an einer von der Kommission durchgeführten Untersuchung allein begründet nicht die Zulässigkeit der Klage eines Betroffenen gegen die im Anschluss an diese Untersuchung erlassene Entscheidung.

62 **d) Verfahrensvorschriften.** Besondere Verfahrensvorschriften sind in Abs. 3 nicht vorgesehen. Für das Verfahren gelten die allgemeinen Grundsätze des Unionsrechts. Insbesondere bevor repressive Maßnahmen nach Abs. 3 ergriffen werden, ist dem betroffenen Mitgliedstaat **rechtliches Gehör** zu gewähren, dh Gelegenheit zur Stellungnahme zu geben. Die Anhörungspflicht betrifft nicht nur die Mitgliedstaaten, sondern auch die betroffenen Unternehmen, denen Gelegenheit zur Stellungnahme gegeben werden muss, sofern sie unmittelbar und individuell betroffen sind (vgl. EuGH Slg. 1992 I-565 Rn. 45ff. Eil-Kurierdienste). Ausnahmsweise wird allerdings auch ein unmittelbares Vorgehen nach Abs. 3 gerechtfertigt sein, etwa wenn die Kommission gegen offensichtliche Verletzungen des Unionsrechts vorgehen will.

63 Mangels besonderer Verfahrensvorschriften ist die Kommission nicht zu einer **Beteiligung anderer Unionsorgane** verpflichtet, bevor sie Maßnahmen auf der Grundlage des Abs. 3 ergreift. Im Einzelfall haben in der Vergangenheit aber informelle Konsultationen des Europäischen Parlaments und/oder des Wirtschafts- und Sozialausschusses stattgefunden. Im Übrigen muss die Kommission im Rahmen des Abs. 3 die allgemeinen Verfahrensgrundsätze des Unionsrechts beachten. So unterliegt sie bei Erlass einer Richtlinie oder eines Beschlusses nach Art. 296 der **Begründungspflicht.** Die Kommission muss die Rechtsgrundlage ausdrücklich nennen, wenn sie eine Richtlinie oder einen Beschluss erlässt (vgl. EuGH Slg. 1993 I-3283 Rn. 26 Frankreich/Kommission). In einer Entscheidung muss zudem angegeben werden, worin der gerügte Vertragsverstoß besteht (EuGH Slg. 1991 I-1223 Rn. 45ff. Telekommunikations-Endgeräte). Der Erlass von Richtlinien muss insoweit begründet werden, als dort anzugeben ist, welche mitgliedstaatlichen Maßnahmen nach Abs. 1 konkret als vertragswidrig angesehen werden (EuGH Slg. 1992 I-5833 Rn. 29 Telekommunikationsdienste).

64 **e) Kommissionspraxis.** Die Kommission hat von den ihr eingeräumten Befugnissen ab 1980 Gebrauch gemacht. Die erste und wichtigste Maßnahme bestand im Erlass der Richtlinie 80/723/EWG über die Transparenz der finanziellen Beziehungen zwischen den Mitgliedstaaten und den öffentlichen Unternehmen **(„Transpa-**

renzrichtlinie“) vom 25.6.1980 (ABl. 1980 L 195/35; bestätigt von EuGH Slg. 1982 2545 Transparenzrichtlinie; geändert durch Richtlinie 85/413/EWG, ABl. 1985 L 229/20, Richtlinien 93/94/EWG, ABl. 1993 L 254/16, 2000/52/EG, ABl. 2000 L 193/75 und 2005/81/EG, ABl. 2005 L 312/47, konsolidiert in Richtlinie 2006/11/EG ABl. 2006 L 318/17; ausf. zur Transparenzrichtlinie *Hochbaum/Klotz* in *von der Groeben/Schwarze* Art. 86 EG Rn. 103ff.).

Weitere Richtlinien betrafen die mitgliedstaatliche Politik im **Telekommunikationsbereich:** Die Richtlinie 88/301/EWG über den Wettbewerb auf dem Markt für Telekommunikations-Endgeräte (ABl. 1988 L 131/73; grds. bestätigt durch EuGH Slg. 1991 I-1223 Telekommunikations-Endgeräte; geändert durch Richtlinie 94/46/EG, ABl. 1994 L 268/15) und die Richtlinie 90/388/EWG über den Wettbewerb auf dem Markt für Telekommunikationsdienste (ABl. 1990 L 192/10; grds. bestätigt durch EuGH Slg. 1992 I-5833 Telekommunikationsdienste; geändert durch Richtlinie 94/46/EG, ABl. 1994 L 268/15; Richtlinie 95/51/EG, ABl. 1995 L 256/49; Richtlinie 96/2/EG, ABl. 1996 L 20/59 und Richtlinie 96/19/EG, ABl. 1996 L 74/13) wurden inzwischen in einer gemeinsamen Richtlinie 2002/77/EG (ABl. L 249/21) konsolidiert (ausf. hierzu *Hochbaum/Klotz* in *von der Groeben/Schwarze* Art. 86 EG Rn. 119ff.). In Deutschland wurden die unionsrechtlichen Vorgaben der Richtlinien in Telekommunikationsgesetz umgesetzt (BGBl. 2004 I S. 1190). 65

Die **Liberalisierung weiterer Sektoren** erfolgte nicht auf der Grundlage des Art. 106 Abs. 3, sondern aufgrund der allgemeinen Befugnis zur Rechtsangleichung nach Art. 114. Mit der Elektrizitätsbinnenmarktrichtlinie (Richtlinie 96/92/EG, ABl. 1997 L 27/20 ersetzt durch Richtlinie 2003/54/EG, ABl. 2003 L 176/37 geändert durch Richtlinie 2004/85 EG, ABl. 2004 L 236/10) und der Erdgasbinnenmarktrichtlinie (Richtlinie 98/30/EG, ABl. 1998 L 204/1 ersetzt durch Richtlinie 2003/55/EG, ABl. 2003 L 176/57, berichtigt durch ABl. 2004 L 2/55 und L 16/74) wurden die beiden wesentlichen Instrumente zur Liberalisierung des europäischen **Energiemarktes** auf Art. 114 sowie in Teilen auf Art. 53 Abs 2 und Art. 62 gestützt. Die Richtlinien schreiben die organisatorische Entflechtung von Erzeugung, Übertragung und Verteilung vor, statuieren eine Durchleitungspflicht für Netzbetreiber und die freie Wahl des Energieanbieters für alle Kunden und verpflichten die Mitgliedstaaten zur Ausübung einer effektiven Preis- und Zugangsaufsicht. Der deutsche Gesetzgeber hat diese Verpflichtungen durch das zweite Gesetz zur Neuregelung des Energiewirtschaftsrechts (BGBl. I 2005, 1790) und das Gesetz über die Bundesnetzagentur für Elektrizität, Gas, Telekommunikation, Post und Eisenbahn (BGBl. 2005 I, 2009) umgesetzt. Gegen wettbewerbsfeindliche Organisationsakte der Mitgliedstaaten wie zB Ein- und Ausfuhrmonopole für Elektrizität ging die Kommission bislang ebenfalls nicht nach Art. 106 Abs. 3 vor, sondern strengte Vertragsverletzungsverfahren wegen Verstößen gegen Art. 34, 35 und 37 an (EuGH Slg. 1997 I-5815 Monopole bei Strom und Gas). 66

Die Postbinnenmarktrichtlinie (Richtlinie 97/67 EG, ABl. 1998 L 15/14 geändert durch Richtlinie 2002/39 EG ABl. 2002 L 176/21), die eine schrittweise Liberalisierung des europäischen **Marktes für Postdienstleistungen** einleitete, erging ebenfalls auf der Grundlage von Art. 114. Daneben erließ die Kommission jedoch eine Reihe von Einzelfallentscheidungen nach Art. 106 Abs. 3 gegen wettbewerbsbeschränkende Maßnahmen der Mitgliedstaaten auf dem Postsektor (vgl. etwa KOMM WuW EU-V 1035 Postvorbereitungsdienste; ausf. *Mestmäcker/Schweitzer* in IM Art. 106 Abs. 3 AEUV Rn. 52ff.). 67

Auch **in anderen Bereichen** hat die Kommissionen regelmäßig Entscheidungen zur Wahrung der Wettbewerbsfreiheit an einzelne Mitgliedstaaten gerichtet. Die meisten Fälle betrafen Telekommunikationsdienste sowie den Luft- und Seeverkehr (vgl. hierzu die Übersichten über die bisherige Entscheidungspraxis bei *Hochbaum/Klotz* in *von der Groeben/Schwarze* Art. 86 EG Rn. 173ff. und *Stadler* in LB Art. 86 EG 68

Rn. 88ff.). Bedeutung über den Einzelfall hinaus hat die ebenfalls auf Art. 106 Abs. 3 beruhende Entscheidung der Kommission über die Anwendung von Art. 106 Abs. 2 auf staatliche Beihilfen für mit Gemeinwohlaufgaben betraute Unternehmen (KOMM ABl. 2005 L 312/67). Darin hat die Kommission die Voraussetzungen festgelegt, unter denen **staatliche Beihilfen für gemeinwirtschaftliche Unternehmen** von der Notifizierungspflicht nach Art 106 Abs. 3 freigestellt sind (ausf. *Mestmäcker/Schweitzer* in IM Art. 106 Abs. 3 AEUV Rn. 60ff.).

III. EU-Kartell-VO: VO 1/2003

Verordnung (EG) Nr. 1/2003 des Rates vom 16. Dezember 2002 zur Durchführung der in den Artikeln 81 und 82 des Vertrags niedergelegten Wettbewerbsregeln

(ABl. 2003 L 1/1)

(Die Überschriften über den Artikeln sind Teil des amtlichen Textes.)

Übersicht

Erwägungsgründe

(1) Zur Schaffung eines Systems, das gewährleistet, dass der Wettbewerb im Gemeinsamen Markt nicht verfälscht wird, muss für eine wirksame und einheitliche Anwendung der Artikel 81 und 82 des Vertrags in der Gemeinschaft gesorgt werden. Mit der Verordnung Nr. 17 des Rates vom 6. Februar 1962, Erste Durchführungsverordnung zu den Artikeln 81 und 82 des Vertrags, wurden die Voraussetzungen für die Entwicklung einer Gemeinschaftspolitik im Bereich des Wettbewerbsrechts geschaffen, die zur Verbreitung einer Wettbewerbskultur in der Gemeinschaft beigetragen hat. Es ist nunmehr jedoch an der Zeit, vor dem Hintergrund der gewonnenen Erfahrung die genannte Verordnung zu ersetzen und Regeln vorzusehen, die den Herausforderungen des Binnenmarkts und einer künftigen Erweiterung der Gemeinschaft gerecht werden.

(2) Zu überdenken ist insbesondere die Art und Weise, wie die in Artikel 81 Absatz 3 des Vertrags enthaltene Ausnahme vom Verbot wettbewerbsbeschränkender Vereinbarungen anzuwenden ist. Dabei ist nach Artikel 83 Absatz 2 Buchstabe b) des Vertrags dem Erfordernis einer wirksamen Überwachung bei möglichst einfacher Verwaltungskontrolle Rechnung zu tragen.

(3) Das durch die Verordnung Nr. 17 geschaffene zentralisierte System ist nicht mehr imstande, diesen beiden Zielsetzungen in ausgewogener Weise gerecht zu werden. Dieses System schränkt die Gerichte und die Wettbewerbsbehörden der Mitgliedstaaten bei der Anwendung der gemeinschaftlichen Wettbewerbsregeln ein, und das mit ihm verbundene Anmeldeverfahren hindert die Kommission daran, sich auf die Verfolgung der schwerwiegendsten Verstöße zu konzentrieren. Darüber hinaus entstehen den Unternehmen durch dieses System erhebliche Kosten.

(4) Das zentralisierte Anmeldesystem sollte daher durch ein Legalausnahmesystem ersetzt werden, bei dem die Wettbewerbsbehörden und Gerichte der Mitgliedstaaten nicht nur zur Anwendung der nach der Rechtsprechung des Gerichtshofs der Euro-

päischen Gemeinschaften direkt anwendbaren Artikel 81 Absatz 1 und Artikel 82 des Vertrags befugt sind, sondern auch zur Anwendung von Artikel 81 Absatz 3 des Vertrags.

(5) Um für die wirksame Durchsetzung der Wettbewerbsvorschriften der Gemeinschaft zu sorgen und zugleich die Achtung der grundlegenden Verteidigungsrechte zu gewährleisten, muss in dieser Verordnung die Beweislast für die Artikel 81 und 82 des Vertrags geregelt werden. Der Partei oder Behörde, die den Vorwurf einer Zuwiderhandlung gegen Artikel 81 Absatz 1 oder Artikel 82 des Vertrags erhebt, sollte es obliegen, diese Zuwiderhandlung gemäß den einschlägigen rechtlichen Anforderungen nachzuweisen. Den Unternehmen oder Unternehmensverbänden, die sich gegenüber der Feststellung einer Zuwiderhandlung auf eine Rechtfertigung berufen möchten, sollte es obliegen, im Einklang mit den einschlägigen rechtlichen Anforderungen den Nachweis zu erbringen, dass die Voraussetzungen für diese Rechtfertigung erfüllt sind. Diese Verordnung berührt weder die nationalen Rechtsvorschriften über das Beweismaß noch die Verpflichtung der Wettbewerbsbehörden und Gerichte der Mitgliedstaaten, zur Aufklärung rechtserheblicher Sachverhalte beizutragen, sofern diese Rechtsvorschriften und Anforderungen im Einklang mit den allgemeinen Grundsätzen des Gemeinschaftsrechts stehen.

(6) Die wirksame Anwendung der Wettbewerbsregeln der Gemeinschaft setzt voraus, dass die Wettbewerbsbehörden der Mitgliedstaaten stärker an der Anwendung beteiligt werden. Dies wiederum bedeutet, dass sie zur Anwendung des Gemeinschaftsrechts befugt sein sollten.

(7) Die einzelstaatlichen Gerichte erfüllen eine wesentliche Aufgabe bei der Anwendung der gemeinschaftlichen Wettbewerbsregeln. In Rechtsstreitigkeiten zwischen Privatpersonen schützen sie die sich aus dem Gemeinschaftsrecht ergebenden subjektiven Rechte, indem sie unter anderem den durch die Zuwiderhandlung Geschädigten Schadenersatz zuerkennen. Sie ergänzen in dieser Hinsicht die Aufgaben der einzelstaatlichen Wettbewerbsbehörden. Ihnen sollte daher gestattet werden, die Artikel 81 und 82 des Vertrags in vollem Umfang anzuwenden.

(8) Um die wirksame Durchsetzung der Wettbewerbsregeln der Gemeinschaft und das reibungslose Funktionieren der in dieser Verordnung enthaltenen Formen der Zusammenarbeit zu gewährleisten, müssen die Wettbewerbsbehörden und die Gerichte in den Mitgliedstaaten verpflichtet sein, auch die Artikel 81 und 82 des Vertrags anzuwenden, wenn sie innerstaatliches Wettbewerbsrecht auf Vereinbarungen und Verhaltensweisen, die den Handel zwischen den Mitgliedstaaten beeinträchtigen können, anwenden. Um für Vereinbarungen, Beschlüsse von Unternehmensvereinigungen und aufeinander abgestimmte Verhaltensweisen gleiche Bedingungen im Binnenmarkt zu schaffen, ist es ferner erforderlich, auf der Grundlage von Artikel 83 Absatz 2 Buchstabe e) des Vertrags das Verhältnis zwischen dem innerstaatlichen Recht und dem Wettbewerbsrecht der Gemeinschaft zu bestimmen. Dazu muss gewährleistet werden, dass die Anwendung innerstaatlichen Wettbewerbsrechts auf Vereinbarungen, Beschlüsse und abgestimmte Verhaltensweisen im Sinne von Artikel 81 Absatz 1 des Vertrags nur dann zum Verbot solcher Vereinbarungen, Beschlüsse und abgestimmten Verhaltensweisen führen darf, wenn sie auch nach dem Wettbewerbsrecht der Gemeinschaft verboten sind. Die Begriffe Vereinbarungen, Beschlüsse und abgestimmte Verhaltensweisen sind autonome Konzepte des Wettbewerbsrechts der Gemeinschaft für die Erfassung eines koordinierten Verhaltens von Unternehmen am Markt im Sinne der Auslegung dieser Begriffe durch die Gerichte der Gemeinschaft. Nach dieser Verordnung darf den Mitgliedstaaten nicht das Recht verwehrt werden, in ihrem Hoheitsgebiet strengere innerstaatliche Wettbewerbsvorschriften zur Unterbindung oder Ahndung einseitiger Handlungen von Unternehmen zu erlassen oder anzuwenden. Diese strengeren einzelstaatlichen Rechtsvorschriften können Bestimmungen zum Verbot oder zur Ahndung missbräuchlichen Verhaltens ge-

genüber wirtschaftlich abhängigen Unternehmen umfassen. Ferner gilt die vorliegende Verordnung nicht für innerstaatliche Rechtsvorschriften, mit denen natürlichen Personen strafrechtliche Sanktionen auferlegt werden, außer wenn solche Sanktionen als Mittel dienen, um die für Unternehmen geltenden Wettbewerbsregeln durchzusetzen.

(9) Ziel der Artikel 81 und 82 des Vertrags ist der Schutz des Wettbewerbs auf dem Markt. Diese Verordnung, die der Durchführung dieser Vertragsbestimmungen dient, verwehrt es den Mitgliedstaaten nicht, in ihrem Hoheitsgebiet innerstaatliche Rechtsvorschriften zu erlassen, die andere legitime Interessen schützen, sofern diese Rechtsvorschriften im Einklang mit den allgemeinen Grundsätzen und übrigen Bestimmungen des Gemeinschaftsrechts stehen. Sofern derartige Rechtsvorschriften überwiegend auf ein Ziel gerichtet sind, das von dem des Schutzes des Wettbewerbs auf dem Markt abweicht, dürfen die Wettbewerbsbehörden und Gerichte in den Mitgliedstaaten solche Rechtsvorschriften in ihrem Hoheitsgebiet anwenden. Dementsprechend dürfen die Mitgliedstaaten im Rahmen dieser Verordnung in ihrem Hoheitsgebiet innerstaatliche Rechtsvorschriften anwenden, mit denen unlautere Handelspraktiken – unabhängig davon, ob diese einseitig ergriffen oder vertraglich vereinbart wurden – untersagt oder geahndet werden. Solche Rechtsvorschriften verfolgen ein spezielles Ziel, das die tatsächlichen oder vermuteten Wirkungen solcher Handlungen auf den Wettbewerb auf dem Markt unberücksichtigt lässt. Das trifft insbesondere auf Rechtsvorschriften zu, mit denen Unternehmen untersagt wird, bei ihren Handelspartnern ungerechtfertigte, unverhältnismäßige oder keine Gegenleistungen umfassende Bedingungen zu erzwingen, zu erhalten oder den Versuch hierzu zu unternehmen.

(10) Aufgrund von Verordnungen des Rates wie 19/65/EWG, (EWG) Nr. 2821/71, (EWG) Nr. 3976/87, (EWG) Nr. 1534//91 oder (EWG) Nr. 479/92 ist die Kommission befugt, Artikel 81 Absatz 3 des Vertrags durch Verordnung auf bestimmte Gruppen von Vereinbarungen, Beschlüssen von Unternehmensvereinigungen und aufeinander abgestimmten Verhaltensweisen anzuwenden. In den durch derartige Verordnungen bestimmten Bereichen hat die Kommission so genannte Gruppenfreistellungsverordnungen erlassen, mit denen sie Artikel 81 Absatz 1 des Vertrags auf Gruppen von Vereinbarungen, Beschlüssen oder aufeinander abgestimmten Verhaltensweisen für nicht anwendbar erklärt, und sie kann dies auch weiterhin tun. Soweit Vereinbarungen, Beschlüsse oder aufeinander abgestimmte Verhaltensweisen, auf die derartige Verordnungen Anwendung finden, dennoch Wirkungen haben, die mit Artikel 81 Absatz 3 des Vertrags unvereinbar sind, sollten die Kommission und die Wettbewerbsbehörden der Mitgliedstaaten die Befugnis haben, in einem bestimmten Fall den Rechtsvorteil der Gruppenfreistellungsverordnung zu entziehen.

(11) Zur Erfüllung ihrer Aufgabe, für die Anwendung des Vertrags Sorge zu tragen, sollte die Kommission an Unternehmen oder Unternehmensvereinigungen Entscheidungen mit dem Ziel richten können, Zuwiderhandlungen gegen die Artikel 81 und 82 des Vertrags abzustellen. Sie sollte, sofern ein berechtigtes Interesse besteht, auch dann Entscheidungen zur Feststellung einer Zuwiderhandlung erlassen können, wenn die Zuwiderhandlung beendet ist, selbst wenn sie keine Geldbuße auferlegt. Außerdem sollte der Kommission in dieser Verordnung ausdrücklich die ihr vom Gerichtshof zuerkannte Befugnis übertragen werden, Entscheidungen zur Anordnung einstweiliger Maßnahmen zu erlassen.

(12) Mit dieser Verordnung sollte der Kommission ausdrücklich die Befugnis übertragen werden, unter Beachtung des Grundsatzes der Verhältnismäßigkeit alle strukturellen oder auf das Verhalten abzielenden Maßnahmen festzulegen, die zur effektiven Abstellung einer Zuwiderhandlung erforderlich sind. Maßnahmen struktureller Art sollten nur in Ermangelung einer verhaltensorientierten Maßnahme von gleicher Wirksamkeit festgelegt werden, oder wenn letztere im Vergleich zu Maßnah-

men struktureller Art mit einer größeren Belastung für das betroffene Unternehmen verbunden wäre. Änderungen an der Unternehmensstruktur, wie sie vor der Zuwiderhandlung bestand, sind nur dann verhältnismäßig, wenn ein erhebliches, durch die Struktur eines Unternehmens als solcher bedingtes Risiko anhaltender oder wiederholter Zuwiderhandlungen gegeben ist.

(13) Bieten Unternehmen im Rahmen eines Verfahrens, das auf eine Verbotsentscheidung gerichtet ist, der Kommission an, Verpflichtungen einzugehen, die geeignet sind, die Bedenken der Kommission auszuräumen, so sollte die Kommission diese Verpflichtungszusagen durch Entscheidung für die Unternehmen bindend erklären können. Ohne die Frage zu beantworten, ob eine Zuwiderhandlung vorgelegen hat oder noch vorliegt, sollte in solchen Entscheidungen festgestellt werden, dass für ein Tätigwerden der Kommission kein Anlass mehr besteht. Entscheidungen bezüglich Verpflichtungszusagen lassen die Befugnisse der Wettbewerbsbehörden und der Gerichte der Mitgliedstaaten, das Vorliegen einer Zuwiderhandlung festzustellen und über den Fall zu entscheiden, unberührt. Entscheidungen bezüglich Verpflichtungszusagen sind für Fälle ungeeignet, in denen die Kommission eine Geldbuße aufzuerlegen beabsichtigt.

(14) In Ausnahmefällen, wenn es das öffentliche Interesse der Gemeinschaft gebietet, kann es auch zweckmäßig sein, dass die Kommission eine Entscheidung deklaratorischer Art erlässt, mit der die Nichtanwendung des in Artikel 81 oder Artikel 82 des Vertrags verankerten Verbots festgestellt wird, um die Rechtslage zu klaren und eine einheitliche Rechtsanwendung in der Gemeinschaft sicherzustellen; dies gilt insbesondere in Bezug auf neue Formen von Vereinbarungen oder Verhaltensweisen, deren Beurteilung durch die bisherige Rechtsprechung und Verwaltungspraxis noch nicht geklärt ist.

(15) Die Kommission und die Wettbewerbsbehörden der Mitgliedstaaten sollen gemeinsam ein Netz von Behörden bilden, die die EG-Wettbewerbsregeln in enger Zusammenarbeit anwenden. Zu diesem Zweck müssen Informations- und Konsultationsverfahren eingeführt werden. Nähere Einzelheiten betreffend die Zusammenarbeit innerhalb des Netzes werden von der Kommission in enger Abstimmung mit den Mitgliedstaaten festgelegt und überarbeitet.

(16) Der Austausch von Informationen, auch solchen vertraulicher Art, und die Verwendung solcher Informationen zwischen den Mitgliedern des Netzwerks sollte ungeachtet anders lautender einzelstaatlicher Vorschriften zugelassen werden. Diese Informationen dürfen für die Anwendung der Artikel 81 und 82 des Vertrags sowie für die parallel dazu erfolgende Anwendung des nationalen Wettbewerbsrechts verwendet werden, sofern letztere Anwendung den gleichen Fall betrifft und nicht zu einem anderen Ergebnis führt. Werden die ausgetauschten Informationen von der empfangenden Behörde dazu verwendet, Unternehmen Sanktionen aufzuerlegen, so sollte für die Verwendung der Informationen keine weitere Beschränkung als nur die Verpflichtung gelten, dass sie ausschließlich für den Zweck eingesetzt werden, für den sie zusammengetragen worden sind, da Sanktionen, mit denen Unternehmen belegt werden können, in allen Systemen von derselben Art sind. Die Verteidigungsrechte, die Unternehmen in den einzelnen Systemen zustehen, können als hinreichend gleichwertig angesehen werden. Bei natürlichen Personen dagegen können Sanktionen in den verschiedenen Systemen erheblich voneinander abweichen. In solchen Fällen ist dafür Sorge zu tragen, dass die Informationen nur dann verwendet werden, wenn sie in einer Weise erhoben wurden, die hinsichtlich der Wahrung der Verteidigungsrechte natürlicher Personen das gleiche Schutzniveau wie nach dem für die empfangende Behörde geltenden innerstaatlichen Recht gewährleistet.

(17) Um eine einheitliche Anwendung der Wettbewerbsregeln und gleichzeitig ein optimales Funktionieren des Netzwerks zu gewährleisten, muss die Regel beibehalten werden, dass die Wettbewerbsbehörden der Mitgliedstaaten automatisch ihre

Zuständigkeit verlieren, sobald die Kommission ein Verfahren einleitet. Ist eine Wettbewerbsbehörde eines Mitgliedstaats in einem Fall bereits tätig und beabsichtigt die Kommission, ein Verfahren einzuleiten, sollte sie sich bemühen, dies so bald wie möglich zu tun. Vor der Einleitung eines Verfahrens sollte die Kommission die betreffende nationale Behörde konsultieren.

(18) Um eine optimale Verteilung der Fälle innerhalb des Netzwerks sicherzustellen, sollte eine allgemeine Bestimmung eingeführt werden, wonach eine Wettbewerbsbehörde ein Verfahren mit der Begründung aussetzen oder einstellen kann, dass sich eine andere Behörde mit demselben Fall befasst hat oder noch befasst. Ziel ist es, dass jeder Fall nur von einer Behörde bearbeitet wird. Diese Bestimmung sollte nicht der der Kommission durch die Rechtsprechung des Gerichtshofs zuerkannten Möglichkeit entgegenstehen, eine Beschwerde wegen fehlenden Gemeinschaftsinteresses abzuweisen, selbst wenn keine andere Wettbewerbsbehörde die Absicht bekundet hat, sich des Falls anzunehmen.

(19) Die Arbeitsweise des durch die Verordnung Nr. 17 eingesetzten Beratenden Ausschusses für Kartell- und Monopolfragen hat sich als sehr befriedigend erwiesen. Dieser Ausschuss fügt sich gut in das neue System einer dezentralen Anwendung des Wettbewerbsrechts ein. Es gilt daher, auf der Grundlage der Bestimmungen der Verordnung Nr. 17 aufzubauen und gleichzeitig die Arbeit effizienter zu gestalten. Hierzu ist es zweckmäßig, die Möglichkeit eines schriftlichen Verfahrens für die Stellungnahme vorzusehen. Der Beratende Ausschuss sollte darüber hinaus als Diskussionsforum für die von den Wettbewerbsbehörden der Mitgliedstaaten gerade bearbeiteten Fälle dienen können, um auf diese Weise dazu beizutragen, dass die Wettbewerbsregeln der Gemeinschaft einheitlich angewandt werden.

(20) Der Beratende Ausschuss sollte sich aus Vertretern der Wettbewerbsbehörden der Mitgliedstaaten zusammensetzen. In Sitzungen, in denen allgemeine Fragen zur Erörterung stehen, sollten die Mitgliedstaaten einen weiteren Vertreter entsenden dürfen. Unbeschadet hiervon können sich die Mitglieder des Ausschusses durch andere Experten des jeweiligen Mitgliedstaats unterstützen lassen.

(21) Die einheitliche Anwendung der Wettbewerbsregeln erfordert außerdem, Formen der Zusammenarbeit zwischen den Gerichten der Mitgliedstaaten und der Kommission vorzusehen. Dies gilt für alle Gerichte der Mitgliedstaaten, die die Artikel 81 und 82 des Vertrags zur Anwendung bringen, unabhängig davon, ob sie die betreffenden Regeln in Rechtsstreitigkeiten zwischen Privatparteien anzuwenden haben oder ob sie als Wettbewerbsbehörde oder als Rechtsmittelinstanz tätig werden. Insbesondere sollten die einzelstaatlichen Gerichte die Möglichkeit erhalten, sich an die Kommission zu wenden, um Informationen oder Stellungnahmen zur Anwendung des Wettbewerbsrechts der Gemeinschaft zu erhalten. Der Kommission und den Wettbewerbsbehörden der Mitgliedstaaten wiederum muss die Möglichkeit gegeben werden, sich mündlich oder schriftlich vor einzelstaatlichen Gerichten zu äußern, wenn Artikel 81 oder 82 des Vertrags zur Anwendung kommt. Diese Stellungnahmen sollten im Einklang mit den einzelstaatlichen Verfahrensregeln und Gepflogenheiten, einschließlich derjenigen, die die Wahrung der Rechte der Parteien betreffen, erfolgen. Hierzu sollte dafür gesorgt werden, dass die Kommission und die Wettbewerbsbehörden der Mitgliedstaaten über ausreichende Informationen über Verfahren vor einzelstaatlichen Gerichten verfügen.

(22) In einem System paralleler Zuständigkeiten müssen im Interesse der Rechtssicherheit und der einheitlichen Anwendung der Wettbewerbsregeln der Gemeinschaft einander widersprechende Entscheidungen vermieden werden. Die Wirkungen von Entscheidungen und Verfahren der Kommission auf Gerichte und Wettbewerbsbehörden der Mitgliedstaaten müssen daher im Einklang mit der Rechtsprechung des Gerichtshofs geklärt werden. Von der Kommission angenommene Entscheidungen bezüglich Verpflichtungszusagen berühren nicht die Befugnis der

Gerichte und der Wettbewerbsbehörden der Mitgliedstaaten, die Artikel 81 und 82 des Vertrags anzuwenden.

(23) Die Kommission sollte die Befugnis haben, im gesamten Bereich der Gemeinschaft die Auskünfte zu verlangen, die notwendig sind, um gemäß Artikel 81 des Vertrags verbotene Vereinbarungen, Beschlüsse und aufeinander abgestimmte Verhaltensweisen sowie die nach Artikel 82 des Vertrags untersagte missbräuchliche Ausnutzung einer beherrschenden Stellung aufzudecken. Unternehmen, die einer Entscheidung der Kommission nachkommen, können nicht gezwungen werden, eine Zuwiderhandlung einzugestehen; sie sind auf jeden Fall aber verpflichtet, Fragen nach Tatsachen zu beantworten und Unterlagen vorzulegen, auch wenn die betreffenden Auskünfte dazu verwendet werden können, den Beweis einer Zuwiderhandlung durch die betreffenden oder andere Unternehmen zu erbringen.

(24) Die Kommission sollte außerdem die Befugnis haben, die Nachprüfungen vorzunehmen, die notwendig sind, um gemäß Artikel 81 des Vertrags verbotene Vereinbarungen, Beschlüsse und aufeinander abgestimmte Verhaltensweisen sowie die nach Artikel 82 des Vertrags untersagte missbräuchliche Ausnutzung einer beherrschenden Stellung aufzudecken. Die Wettbewerbsbehörden der Mitgliedstaaten sollten bei der Ausübung dieser Befugnisse aktiv mitwirken.

(25) Da es zunehmend schwieriger wird, Verstöße gegen die Wettbewerbsregeln aufzudecken, ist es für einen wirksamen Schutz des Wettbewerbs notwendig, die Ermittlungsbefugnisse der Kommission zu ergänzen. Die Kommission sollte insbesondere alle Personen, die eventuell über sachdienliche Informationen verfügen, befragen und deren Aussagen zu Protokoll nehmen können. Ferner sollten die von der Kommission beauftragten Bediensteten im Zuge einer Nachprüfung für die hierfür erforderliche Zeit eine Versiegelung vornehmen dürfen. Die Dauer der Versiegelung sollte in der Regel 72 Stunden nicht überschreiten. Die von der Kommission beauftragten Bediensteten sollten außerdem alle Auskünfte im Zusammenhang mit Gegenstand und Ziel der Nachprüfung einholen dürfen.

(26) Die Erfahrung hat gezeigt, dass in manchen Fällen Geschäftsunterlagen in der Wohnung von Führungskräften und Mitarbeitern der Unternehmen aufbewahrt werden. Im Interesse effizienter Nachprüfungen sollten daher die Bediensteten der Kommission und die anderen von ihr ermächtigten Personen zum Betreten aller Räumlichkeiten befugt sein, in denen sich Geschäftsunterlagen befinden können, einschließlich Privatwohnungen. Die Ausübung der letztgenannten Befugnis sollte jedoch eine entsprechende gerichtliche Entscheidung voraussetzen.

(27) Unbeschadet der Rechtsprechung des Gerichtshofs ist es sinnvoll, die Tragweite der Kontrolle darzulegen, die das nationale Gericht ausüben kann, wenn es, wie im innerstaatlichen Recht vorgesehen und als vorsorgliche Maßnahme, die Unterstützung durch Verfolgungsbehörden genehmigt, um sich über einen etwaigen Widerspruch des betroffenen Unternehmens hinwegzusetzen, oder wenn es die Vollstreckung einer Entscheidung zur Nachprüfung in anderen als Geschäftsräumen gestattet. Aus der Rechtsprechung ergibt sich, dass das nationale Gericht insbesondere von der Kommission weitere Klarstellungen anfordern kann, die es zur Ausübung seiner Kontrolle benötigt und bei deren Fehlen es die Genehmigung verweigern könnte. Ferner bestätigt die Rechtsprechung die Befugnis der nationalen Gerichte, die Einhaltung der für die Durchführung von Zwangsmaßnahmen geltenden Vorschriften des innerstaatlichen Rechts zu kontrollieren.

(28) Damit die Wettbewerbsbehörden der Mitgliedstaaten mehr Möglichkeiten zu einer wirksamen Anwendung der Artikel 81 und 82 des Vertrags erhalten, sollten sie einander im Rahmen von Nachprüfungen und anderen Maßnahmen zur Sachaufklärung Unterstützung gewähren können.

(29) Die Beachtung der Artikel 81 und 82 des Vertrags und die Erfüllung der den Unternehmen und Unternehmensvereinigungen in Anwendung dieser Verordnung

auferlegten Pflichten sollten durch Geldbußen und Zwangsgelder sichergestellt werden können. Hierzu sind auch für Verstöße gegen Verfahrensvorschriften Geldbußen in angemessener Höhe vorzusehen.

(30) Um für eine tatsächliche Einziehung der Geldbußen zu sorgen, die Unternehmensvereinigungen wegen von ihnen begangener Zuwiderhandlungen auferlegt werden, müssen die Bedingungen festgelegt werden, unter denen die Kommission von den Mitgliedern der Vereinigung die Zahlung der Geldbuße verlangen kann, wenn die Vereinigung selbst zahlungsunfähig ist. Dabei sollte die Kommission der relativen Größe der der Vereinigung angehörenden Unternehmen und insbesondere der Lage der kleinen und mittleren Unternehmen Rechnung tragen. Die Zahlung der Geldbuße durch eines oder mehrere der Mitglieder einer Vereinigung erfolgt unbeschadet der einzelstaatlichen Rechtsvorschriften, die einen Rückgriff auf andere Mitglieder der Vereinigung zur Erstattung des gezahlten Betrags ermöglichen.

(31) Die Regeln über die Verjährung bei der Auferlegung von Geldbußen und Zwangsgeldern sind in der Verordnung (EWG) Nr. 2988/74 des Rates enthalten, die darüber hinaus Sanktionen im Verkehrsbereich zum Gegenstand hat. In einem System paralleler Zuständigkeiten müssen zu den Handlungen, die die Verjährung unterbrechen können, auch eigenständige Verfahrenshandlungen der Wettbewerbsbehörden der Mitgliedstaaten gerechnet werden. Im Interesse einer klareren Gestaltung des Rechtsrahmens empfiehlt es sich daher, die Verordnung (EWG) Nr. 2988/74 so zu ändern, dass sie im Anwendungsbereich der vorliegenden Verordnung keine Anwendung findet, und die Verjährung in der vorliegenden Verordnung zu regeln.

(32) Das Recht der beteiligten Unternehmen, von der Kommission gehört zu werden, sollte bestätigt werden. Dritten, deren Interessen durch eine Entscheidung betroffen sein können, sollte vor Erlass der Entscheidung Gelegenheit zur Äußerung gegeben werden, und die erlassenen Entscheidungen sollten auf breiter Ebene bekannt gemacht werden. Ebenso unerlässlich wie die Wahrung der Verteidigungsrechte der beteiligten Unternehmen, insbesondere des Rechts auf Akteneinsicht, ist der Schutz der Geschäftsgeheimnisse. Es sollte sichergestellt werden, dass die innerhalb des Netzwerks ausgetauschten Informationen vertraulich behandelt werden.

(33) Da alle Entscheidungen, die die Kommission nach Maßgabe dieser Verordnung erlässt, unter den im Vertrag festgelegten Voraussetzungen der Überwachung durch den Gerichtshof unterliegen, sollte der Gerichtshof gemäß Artikel 229 des Vertrags die Befugnis zu unbeschränkter Ermessensnachprüfung bei Entscheidungen der Kommission über die Auferlegung von Geldbußen oder Zwangsgeldern erhalten.

(34) Nach den Regeln der Verordnung Nr. 17 zur Durchführung der in den Artikeln 81 und 82 des Vertrags niedergelegten Grundsätze kommt den Organen der Gemeinschaft eine zentrale Stellung zu. Diese gilt es zu bewahren, doch müssen gleichzeitig die Mitgliedstaaten stärker an der Anwendung der Wettbewerbsregeln der Gemeinschaft beteiligt werden. Im Einklang mit dem in Artikel 5 des Vertrags niedergelegten Subsidiaritäts- und Verhältnismäßigkeitsprinzip geht die vorliegende Verordnung nicht über das zur Erreichung ihres Ziels einer wirksamen Anwendung der Wettbewerbsregeln der Gemeinschaft Erforderliche hinaus.

(35) Um eine ordnungsgemäße Anwendung des gemeinschaftlichen Wettbewerbsrechts zu erreichen, sollten die Mitgliedstaaten Behörden bestimmen, die sie ermächtigen, Artikel 81 und 82 des Vertrags im öffentlichen Interesse anzuwenden. Sie sollten die Möglichkeit erhalten, sowohl Verwaltungsbehörden als auch Gerichte mit der Erfüllung der den Wettbewerbsbehörden in dieser Verordnung übertragenen Aufgaben zu betrauen. Mit der vorliegenden Verordnung wird anerkannt, dass für die Durchsetzung der Wettbewerbsregeln im öffentlichen Interesse in den Mitgliedstaaten sehr unterschiedliche Systeme bestehen. Die Wirkung von Artikel 11 Absatz 6 dieser Verordnung sollte sich auf alle Wettbewerbsbehörden erstrecken. Als Ausnahme von dieser allgemeinen Regel sollte, wenn eine mit der Verfolgung von Zuwi-

derhandlungen betraute Verwaltungsbehörde einen Fall vor ein von ihr getrenntes Gericht bringt, Artikel 11 Absatz 6 für die verfolgende Behörde nach Maßgabe der Bedingungen in Artikel 35 Absatz 4 dieser Verordnung gelten. Sind diese Bedingungen nicht erfüllt, sollte die allgemeine Regel gelten. Auf jeden Fall sollte Artikel 11 Absatz 6 nicht für Gerichte gelten, soweit diese als Rechtsmittelinstanzen tätig werden.

(36) Nachdem der Gerichtshof in seiner Rechtsprechung klargestellt hat, dass die Wettbewerbsregeln auch für den Verkehr gelten, muss dieser Sektor den Verfahrensvorschriften der vorliegenden Verordnung unterworfen werden. Daher sollte die Verordnung Nr. 141 des Rates vom 26. November 1962 über die Nichtanwendung der Verordnung Nr. 17 des Rates auf den Verkehr aufgehoben werden und die Verordnungen des Rates (EWG) Nr. 1017/68, (EWG) Nr. 4056/86 und (EWG) Nr. 3975/87 sollten so geändert werden, dass die darin enthaltenen speziellen Verfahrensvorschriften aufgehoben werden.

(37) Diese Verordnung wahrt die Grundrechte und steht im Einklang mit den Prinzipien, die insbesondere in der Charta der Grundrechte der Europäischen Union verankert sind. Demzufolge ist diese Verordnung in Übereinstimmung mit diesen Rechten und Prinzipien auszulegen und anzuwenden.

(38) Rechtssicherheit für die nach den Wettbewerbsregeln der Gemeinschaft tätigen Unternehmen trägt zur Förderung von Innovation und Investition bei. In Fällen, in denen ernsthafte Rechtsunsicherheit entsteht, weil neue oder ungelöste Fragen in Bezug auf die Anwendung dieser Regeln auftauchen, können einzelne Unternehmen den Wunsch haben, mit der Bitte um informelle Beratung an die Kommission heranzutreten. Diese Verordnung lässt das Recht der Kommission, informelle Beratung zu leisten, unberührt.

Einführung

Das erste Kapitel des Titels VI des EG-Vertrages, nunmehr des Titels VII des Vertrages über die Arbeitsweise der Europäischen Union (AEUV), enthält die **primärrechtlichen Vorschriften über die europaweit geltenden Wettbewerbsregeln.** Während sich der zweite Abschnitt mit den staatlichen Beihilfen befasst und Vorschriften enthält, die an die Mitgliedstaaten gerichtet sind, enthält der erste Abschnitt des Kapitels die Vorschriften, die die Unternehmen des Binnenmarktes als Adressaten im Blick haben. Art. 101 AEUV enthält das allgemein geltende **Wettbewerbsverbot** des europäischen Kartellrechts. Art. 102 AEUV ergänzt diese Bestimmung um ein Verbot, das gegen die **missbräuchliche Ausnutzung einer marktbeherrschenden Stellung** gerichtet ist. Art. 103 Abs. 1 AEUV ermächtigt den Rat, alle zweckdienlichen Verordnungen oder Richtlinien zur Verwirklichung der in den Art. 101 und 102 AEUV niedergelegten Grundsätze zu beschließen. Auch wenn das Tatbestandsmerkmal der „in den Artikeln 101 und 102 niedergelegten Grundsätze" von den europäischen Gerichten stets im Sinne **subjektiver Rechte und Pflichten** der Unternehmen des Gemeinsamen Marktes interpretiert wurde (EuGH Slg. 1962, 97 De Geus/Bosch), ist aus Art. 103 AEUV direkt abzuleiten, dass auch die Väter des EG-Vertrages die Notwendigkeit sahen, die allgemein gehaltenen Grundsätze des Kartell- und des Missbrauchsverbotes im Primärrecht durch **sekundärrechtliche Durchführungsmaßnahmen** zu ergänzen. 1

Von dieser Ermächtigung hat der Rat zunächst mit der **VO 17/62** Gebrauch gemacht. Diese Verordnung, die durch weitere Durchführungsverordnungen der Kommission ergänzt wurde, machte die Kartellrechtsvorschriften des ersten Abschnittes des ersten Kapitels von Titel VII erst wirklich praktikabel und durchführbar. Die VO 2

17/62 bekräftigte nicht nur in ihrem Art. 1 die unmittelbare und direkte Anwendbarkeit der Art. 81 Abs. 1 und Abs. 2 sowie Art. 82 EG aF, nunmehr Art. 101 Abs. 1 und Abs. 2 sowie Art. 102 AEUV. Sie sah darüber hinaus auch Verfahrensvorschriften für die Durchsetzung der Kartellrechtsbestimmungen der Art. 81 und 82 EG aF durch die Kommission vor. Dies brachte es insbesondere mit sich, dass die Kommission die Möglichkeit erhielt, **Zuwiderhandlungen gegen die Art. 81 und 82 EG aF zu sanktionieren,** und zwar entweder durch Untersagungsverfügungen oder Bußgeldentscheidungen. Darüber hinaus erhielt die Kommission auch die Möglichkeit, **Einzelfreistellungen** zu **erlassen,** sofern die an einer Vereinbarung beteiligten Unternehmen eine solche beantragt hatten. Schließlich regelte die VO 17/62 auch die **Ermittlungsbefugnisse** der Kommission, die diese in Anspruch nehmen durfte, um von ihren Befugnissen zur Kartellbekämpfung möglichst effizient Gebrauch machen zu können. Daneben und als rechtsstaatlich gebotenes Komplementärelement enthielt die VO 17/62 Regeln über das rechtliche Gehör und die anderen **Verfahrensrechte,** die die von einem Kartellverfahren betroffenen Unternehmen in Anspruch nehmen können müssen.

3 In der Mitte der 1990er Jahre begann die Kommission einen Prozess, um die Wirksamkeit der VO 17/62 einer sorgfältigen Analyse zu unterziehen. Dies führte dazu, dass erhebliche Defizite festgestellt wurden, die die Kommission in ihrem **Weißbuch über die Modernisierung** der Vorschriften zur Anwendung **der Art. 85 und 86 EG-Vertrag** zusammenfasste (ABl. 1999 C 132/1). An die Analyse der Schwachpunkte schloss die Kommission Vorschläge an, wie die Defizite möglichst effizient beseitigt werden können. Dies umfasste insbesondere den Vorschlag des Übergangs **vom Anmelde- und Freistellungssystem zum System der Legalausnahme.** Nach langjährigen Beratungen verabschiedete der Rat die neue Durchführungsverordnung, die VO 1/2003 (ABl. 2003 L 1/1). Die neue Kartellverfahrens-VO ersetzte am 1.5.2004 die Vorgängerregelung der VO 17/62.

4 Die **Neuregelung der VO 1/2003** baut systematisch auf der alten Regelung auf. Sie enthält Vorschriften über die Entscheidungs- und Ermittlungsbefugnisse der Kommission sowie die Verfahrensrechte, die die von einem Kartellverfahren betroffenen Unternehmen in Anspruch nehmen können. Außerdem sieht die Verordnung Vorschriften vor, die der effizienten Ausgestaltung des Prinzips der Legalausnahme geschuldet sind, insbesondere im Hinblick auf die **Dezentralisierung** der Anwendung des europäischen Kartellrechtes und die damit verbundene Notwendigkeit der Koordination zwischen der Kommission einerseits und den mitgliedstaatlichen Wettbewerbsbehörden bzw. -gerichten andererseits. Die detaillierten Regelungen zeigen, dass die VO 1/2003, wie bereits die Vorgängerregelung der VO 17/62, das **verfahrensrechtliche Rückgrat des europäischen Kartellrechts** bildet. Ohne diese Bestimmungen des Sekundärrechts ist die effektive und wirksame Anwendung der primärrechtlichen Vorschriften über das Kartell- und das Missbrauchsverbot nicht denkbar. In ihrer Mitteilung vom 29.4.2009 (KOM(2009) 206 endg.) legte die Kommission dem Europäischen Parlament und dem Rat einen Bericht über das Funktionieren der VO 1/2003 vor, in dem die Kommission feststellte, dass sich diese bewährt habe und es der Kommission ermögliche, die Bestimmungen der Art. 101 und 102 AEUV effizienter durchzusetzen. Unmittelbaren Änderungs- oder Ergänzungsbedarf sah die Kommission nicht.

Kapitel I. Grundsätze

Vorbemerkung

1. Überblick

1 Das erste Kapitel der VO 1/2003 regelt die tragenden Grundsätze, die für die Anwendung der Vorschriften des europäischen Kartellrechtes gelten. Dieses Kapitel enthält lediglich drei Artikel. Jedoch finden sich hier die Regelungen, die den **gravierenden Paradigmenwechsel** ausmachen, der im Vergleich zur Vorgängerregelung der VO 17/62 durch die Neuregelung der VO 1/2003 bewirkt wird. Art. 1 begründet die unmittelbare und direkte Wirkung von Art. 101 AEUV insgesamt. Die Vorschrift wird ergänzt durch Art. 2, der die Beweislastverteilung regelt. Abgerundet werden diese Bestimmungen durch die Regelung in Art. 3, der das Verhältnis zwischen den Bestimmungen des europäischen Kartellrechtes und den einzelstaatlichen Wettbewerbsrechtsordnungen normiert. Im Vergleich zu diesen wahrlich grundlegenden Neuregelungen enthalten die übrigen Kapitel eher technische Vorschriften, die teilweise bereits in der Vorgängerregelung der VO 17/62 zu finden waren, teilweise die logische Konsequenz aus dem Paradigmenwechsel sind, der durch die Art. 1–3 bedingt ist.

2. Unmittelbare Anwendbarkeit der Art. 101 und 102 AEUV

2 Die Bestimmung in Art. 1 (der Rat hat bis dato keine ÄnderungsVO erlassen, um die neue Nummerierung des AEUV in der VO 1/2003 zu berücksichtigen; im Folgenden wird in der Regel auf die neue Nummerierung des AEUV Bezug genommen, nur für die originalen Vorschriftentexte der Artikel der VO 1/2003 selbst gilt dies natürlich nicht) sieht vor, dass eine Vereinbarung, ein Beschluss oder eine aufeinander abgestimmte Verhaltensweise verboten ist, sofern sie gegen Art. 81 Abs. 1 (nunmehr Art. 101 Abs. 1 AEUV) verstößt, ohne gleichzeitig die Voraussetzungen von Art. 81 Abs. 3 EG (nunmehr Art. 101 Abs. 3 AEUV) zu erfüllen. Die Verbotswirkung tritt ein, **ohne dass dies einer vorherigen Entscheidung bedarf.** Ebenfalls tritt die umgekehrte Rechtsfolge ein, wenn eine Vereinbarung, ein Beschluss oder eine aufeinander abgestimmte Verhaltensweise zwar gegen Art. 81 Abs. 1 EG (nunmehr Art. 101 Abs. 1 AEUV) verstößt, jedoch die Voraussetzungen nach Art. 81 Abs. 3 EG (nunmehr Art. 101 Abs. 3 AEUV) erfüllt. Auch diese Rechtsfolge tritt ein, ohne dass es einer vorherigen Entscheidung bedürfte. Schließlich stellt Art. 1 Abs. 3 klar, dass die missbräuchliche Ausnutzung einer marktbeherrschenden Stellung iSv Art. 82 EG (nunmehr Art. 102 AEUV) verboten ist, ohne dass dies einer vorherigen Entscheidung bedarf. Da Art. 102 AEVU anders als Art. 101 AEUV keine Ausnahmevorschrift enthält, ist eine in Art. 1 Abs. 2 entsprechende Vorschrift für den Anwendungsbereich von Art. 102 AEUV nicht vorgesehen.

3 Abweichend von der Vorgängerregelung in VO 17/62 sieht Art. 1 vor, dass nicht nur Art. 102 AEUV, sondern auch Art. 101 AEUV in seiner Gesamtheit unmittelbar und direkt anwendbar ist. Art. 1 der **Vorgängerregelung VO 17/62** sah hingegen vor, dass lediglich Art. 81 Abs. 1 EG aF, nicht aber Art. 81 Abs. 3 EG aF unmittelbar und direkt anwendbar sind, ohne dass es einer vorherigen Entscheidung bedarf. Mit der Neuregelung wird **Art. 101 AEUV insgesamt self executing.** Mit dem Wegfall des Anmeldesystems kann und wird es konstitutive Freistellungsentscheidungen der Kommission unter dem Regime der VO 1/2003 nicht mehr geben. Dies hat weniger Auswirkungen auf die Anwendung des europäischen Kartellverbots durch die Kommission, dafür umso größere Implikationen für die Durchsetzung des Kartellverbots durch die mitgliedstaatlichen Kartellbehörden und -gerichte.

3. Beweislastverteilung

4 Art. 2 regelt die Beweislastverteilung, sofern die Anwendung von Art. 101 und 102 AEUV für den Ausgang eines Verfahrens von Bedeutung ist. Die Frage der Beweislastverteilung hat nicht nur für **zivilrechtliche Auseinandersetzungen** erhebliche Bedeutung. Auch für **Verwaltungs- und Bußgeldverfahren,** die entweder auf der Ebene der Gemeinschaft oder auf der Ebene eines Mittelstaates geführt werden, ist die Beweislastverteilung von großer Bedeutung. Nicht zuletzt wird dies durch eine Protokollerklärung der Bundesregierung deutlich, die diese anlässlich der Verabschiedung der VO 1/2003 abgegeben hat. Darin legt die Bundesregierung Wert auf die Feststellung, dass eine Kartellbehörde für den Fall der Verhängung eines Bußgeldes in vollem Umfang die Beweislast zu tragen hat. Die **Beweislastverteilung** in Art. 2 kann **für Bußgeldverfahren nicht** gelten. Grundsätzlich verteilt Art. 2 die Beweislast so, dass diese für eine Zuwiderhandlung gegen Art. 101 Abs. 1 AEUV oder gegen Art. 102 AEUV von der Partei oder Behörde zu tragen ist, die den entsprechenden Vorwurf erhoben hat. Dagegen obliegt dem Unternehmen, das sich auf die Anwendbarkeit von Art. 101 Abs. 3 AEUV beruft, die Beweislast dafür, dass die tatbestandlichen Voraussetzungen dieser Bestimmung erfüllt sind. Im Einzelfall kann die Regelung zu erheblichen Abgrenzungsschwierigkeiten führen.

4. Verhältnis zu den nationalen Wettbewerbsordnungen

5 Eine weitreichende Änderung der Rechtslage ist schließlich durch Art. 3 erfolgt. Diese Bestimmung regelt das Verhältnis zwischen den Art. 101 und 102 AEUV einerseits und den einzelstaatlichen Wettbewerbsrechtsordnungen andererseits. Im Hinblick auf die neue Regelungssystematik, die durch Art. 1 eintritt, stellte sich die Frage des Verhältnisses zwischen dem europäischen Kartellrecht und den nationalen Kartellrechten neu. Der **Geltungsbereich des Vorranggrundsatzes** ist **erheblich ausgedehnt** worden. Zwar ist grundsätzlich auch weiterhin von der parallelen Existenz der europäischen sowie der mitgliedstaatlichen Kartellrechtsordnungen auszugehen. Das europäische Kartellrecht ist jedoch immer dann anwendbar, wenn eine Vereinbarung, ein Beschluss oder eine aufeinander abgestimmte Verhaltensweise geeignet ist, den Handel zwischen den Mitgliedstaaten zu beeinträchtigen. Damit geht die Vorschrift weit über das hinaus, was bisher als Vorrangprinzip anerkannt war und praktiziert wurde.

Art. 1 Anwendung der Artikel 81 und 82 des Vertrags

(1) **Vereinbarungen, Beschlüsse und aufeinander abgestimmte Verhaltensweisen im Sinne von Artikel 81 Absatz 1 des Vertrags, die nicht die Voraussetzungen des Artikels 81 Absatz 3 des Vertrags erfüllen, sind verboten, ohne dass dies einer vorherigen Entscheidung bedarf.**

(2) **Vereinbarungen, Beschlüsse und aufeinander abgestimmte Verhaltensweisen im Sinne von Artikel 81 Absatz 1 des Vertrags, die die Voraussetzungen des Artikels 81 Absatz 3 des Vertrags erfüllen, sind nicht verboten, ohne dass dies einer vorherigen Entscheidung bedarf.**

(3) **Die missbräuchliche Ausnutzung einer marktbeherrschenden Stellung im Sinne von Artikel 82 des Vertrags ist verboten, ohne dass dies einer vorherigen Entscheidung bedarf.**

Inhaltsübersicht

1. Einführung

a) Grundprinzipien der Regelung. Art. 1 enthält die Grundnorm des europäischen Kartellverfahrensrechts. Abs. 1 dieser Vorschrift sieht vor, dass Vereinbarungen, Beschlüsse und aufeinander abgestimmte Verhaltensweisen iSv Art. 81 Abs. 1 EG (seit Inkrafttreten des Vertrages von Lissabon am 1.12.2009 Art. 101 Abs. 1 AEUV), die **nicht die Freistellungsvoraussetzungen von Art. 81 Abs. 3 EG (nunmehr Art. 101 Abs. 3 AEUV) erfüllen, verboten** sind, **ohne** dass dies einer **vorherigen Entscheidung** bedarf. Genau entgegengesetzt regelt Abs. 2 dieser Vorschrift, dass Vereinbarungen, Beschlüsse und aufeinander abgestimmte Verhaltensweisen iSv Art. 81 Abs. 1 EG (nunmehr Art. 101 Abs. 1 AEUV), die die **Freistellungsvoraussetzungen von Art. 81 Abs. 3 EG (nunmehr Art. 101 Abs. 3 AEUV) erfüllen, nicht verboten** sind, **ohne** dass dies einer **vorherigen Entscheidung** bedarf. Ergänzend stellt Abs. 3 der Vorschrift klar, dass die missbräuchliche Ausnutzung einer marktbeherrschenden Stellung iSv Art. 82 EG (nunmehr Art. 102 AEUV) verboten ist, ohne dass dies einer vorherigen Entscheidung bedarf. Die Vorschriften in Art. 1 enthalten somit den Grundsatz, dass sowohl das **Kartellverbot in Art. 101 AEUV** in seiner Gesamtheit als auch das **Missbrauchsverbot in Art. 102 AEUV unmit-** 1

telbar und direkt anwendbar sind, ohne dass es einer vorherigen, konstitutiven Geltungsanordnung der Kommission, einer mitgliedstaatlichen Kartellbehörde oder eines mitgliedstaatlichen Gerichts bedarf. Die Vorschriften sind somit nicht wie bisher nur teilweise, sondern in ihrer Gesamtheit **self executing.** Sie wirken unmittelbar und direkt für und gegen Unternehmen und Unternehmensvereinigungen, die wettbewerbsbeschränkende, aber möglicherweise freigestellte Vereinbarungen, Beschlüsse oder aufeinander abgestimmte Verhaltensweisen getroffen haben. Die tatsächliche Bedeutung von Art. 1 geht weit über diejenige einer verfahrensrechtlichen Norm hinaus. Die Bestimmung hat auch weitreichende materielle Rechtswirkungen für den Anwendungsbereich und die Reichweite von Art. 101 AEUV (so ausdrücklich für Art. 3 EuGH 14.2.2012 C-17/10 Rn. 48f. Toshiba u. a.; EuZW 2012, 223, gestützt auf die Schlussanträge von GAin Kokott in dieser Sache v. 8.9.2011, Rn. 43ff.). Das Primärrecht wird nämlich ganz maßgeblich durch das Sekundärrecht ausgestaltet, und zwar nicht nur in verfahrensrechtlicher Hinsicht (so auch *Schwarze,* Europäisches Wirtschaftsrecht, 2007, Rn. 198).

2 **b) Frühere Rechtslage.** Die unmittelbare und direkte Anwendbarkeit von Art. 102 AEUV entspricht der bis 2004 gültigen Rechtslage in Art. 1 **VO 17/62.** Insoweit gilt unter dem Regime der VO 1/2003 nichts anderes als unter dem alten Regime. Die früher geltende Regelung sah ebenfalls vor, dass die missbräuchliche Ausnutzung einer marktbeherrschenden Stellung iSd Art. 102 AEUV automatisch und ex lege verboten ist, ohne dass es einer vorherigen Entscheidung der Kommission bedurft hätte. Ganz anders sah die Regelung hinsichtlich Art. 101 AEUV aus. Zwar sah Art. 1 VO 17/62 für Vereinbarungen, Beschlüsse und aufeinander abgestimmte Verhaltensweisen, die gegen Art. 81 Abs. 1 EG (nunmehr Art. 101 Abs. 1 AEUV) verstoßen, die gleiche Rechtsfolge vor. Das Kartellverbot war auf solche Vereinbarungen ebenfalls unmittelbar und direkt anwendbar, ohne dass es einer vorherigen Geltungsanordnung der Kommission (oder einer nationalen Kartellbehörde) bedurft hätte. Allerdings beschränkte sich die Regelung in der VO 17/62 auf diesen Fall. Es fehlte eine vergleichbare Regelung für die Anwendbarkeit von Art. 81 Abs. 3 EG (nunmehr Art. 101 Abs. 3 AEUV). Nach der bisher geltenden Vorgängerregelung der VO 17/62 trat die Freistellungswirkung nach Art. 81 Abs. 3 EG (nunmehr Art. 101 Abs. 3 AEUV) nur ein, wenn die betreffende Vereinbarung, der Beschluss oder die abgestimmte Verhaltensweise bei der **Kommission angemeldet** und von dieser, fiel die betreffende Vereinbarung bzw. der betreffende Beschluss nicht in den Anwendungsbereich einer **Gruppenfreistellungsverordnung, konstitutiv im Einzelfall durch eine Entscheidung freigestellt** worden war (*Gleiss/Hirsch,* Kommentar EWG-Kartellrecht, 3. Aufl., Rn. 464). Art. 81 Abs. 3 EG (nunmehr Art. 101 Abs. 3 AEUV) war somit nach bisheriger Rechtslage nicht unmittelbar und direkt anwendbar. Vielmehr bedurfte diese Vorschrift zu ihrer Anwendbarkeit einer konstitutiven Geltungsanordnung durch die Kommission und zwar entweder durch eine Einzelfreistellungsentscheidung iSv Art. 288 Abs. 4 AEUV oder, gestützt auf eine Ermächtigungsverordnung des Rates, durch eine Gruppenfreistellungsverordnung iSv Art. 288 Abs. 2 AEUV.

3 Art. 1 weicht von der Vorgängerregelung in gravierendem Maße ab, soweit das Kartellverbot in Art. 101 Abs. 1 AEUV in Zukunft nur noch eingreift, wenn eine Vereinbarung, ein Beschluss oder eine abgestimmte Verhaltensweise gegen Art. 101 Abs. 1 AEUV verstößt, ohne zugleich die Freistellungsvoraussetzungen von Art. 101 Abs. 3 AEUV zu erfüllen **(integrale Anwendung)** (vgl. dazu *Schütz* in Gemeinschaftskommentar, Art. 1 Rn. 9f.). Liegen dagegen die tatbestandlichen Voraussetzungen sowohl von Art. 101 Abs. 1 AEUV als auch diejenigen von Art. 101 Abs. 3 AEUV vor, ist das Kartellverbot nicht mehr anwendbar. Art. 101 Abs. 3 AEUV ist durch Art. 1 als unmittelbar und direkt anwendbar, somit als self executing erklärt worden. Es bedarf somit keiner vorherigen Anmeldung der Vereinbarung und auch keiner konstitutiven Freistellungsentscheidung der Kommission, damit Art. 101

Abs. 3 AEUV anwendbar ist. Das bisher unangefochtene Prinzip eines Verbots mit Erlaubnisvorbehalt ist damit durch den **Grundsatz eines Verbots mit unmittelbar wirkender Legalausnahme** ersetzt worden.

2. Entstehungsgeschichte

a) Diskussionen nach Inkrafttreten des EG-Vertrags. Bereits nach dem Inkrafttreten des EWG-Vertrages am 1.1.1958 stellte sich die Frage nach den Rechtswirkungen der Bestimmungen über das Europäische Kartellrecht in den ex-Art. 85 und ex-Art. 86 EWGV. Im Zeitpunkt des Inkrafttretens des EWG-Vertrages hatten die meisten der damaligen Mitgliedstaaten, wenn überhaupt, nur solche Kartellgesetze, denen eine zumeist recht großzügige Missbrauchsaufsicht zugrunde lag (vgl. nur *Deringer,* Bericht im Namen des Binnenmarktausschusses, Dok. 104/1960–61, Europäisches Parlament, Sitzungsdokumente 1961–1962, 7.9.1961, Dok. 57, Rn. 50ff.). Deshalb gingen die meisten Mitgliedstaaten nach dem Inkrafttreten des EWG-Vertrages davon aus, dass dem Verbot des ex-Art. 85 Abs. 1 EWGV **keine unmittelbare Wirkung** zukam. Vielmehr wurden die ex-Art. 85 EWGV und ex-Art. 86 EWGV als **Programmsätze** interpretiert, die einer Konkretisierung durch auf ex-Art. 87 EWGV beruhenden Verordnungen bedürfen, um nicht nur im Verhältnis der Mitgliedstaaten zueinander, sondern auch gegenüber den Unternehmen des Gemeinsamen Marktes Geltung beanspruchen zu können. Als Argument wurde der Wortlaut von ex-Art. 87 EWGV herangezogen, der in seinem Abs. 1 von „in Art. 85 und 86 niedergelegten Grundsätzen" spricht. 4

Eine andere Auffassung erkannte ex-Art. 85 EWGV zwar als unmittelbar geltendes Recht an, forderte aber eine Entscheidung der zuständigen Behörde, um die Nichtigkeitsfolge des Abs. 1 im konkreten Einzelfall eintreten zu lassen. Die Vorschrift enthielt nach Ansicht der Vertreter dieser Auffassung lediglich eine **Ermächtigungsgrundlage** für eine Entscheidung im Einzelfall durch die zuständige Instanz, in der die Nichtigkeitsfolge für eine bestimmte wettbewerbsbeschränkende Absprache oder Vereinbarung konstitutiv festgelegt wurde. Diese Auffassung verwies auf die klar formulierten Tatbestandsmerkmale der ex-Art. 85 und 86 EWGV, die nicht mit allgemein formulierten Grundsätzen gleichgesetzt werden könnten. Außerdem wurde auf die Vorschriften in ex-Art. 88 und 89 EWGV verwiesen, die mitgliedstaatliche Wettbewerbsbehörden und die Kommission zur Anwendung der ex-Art. 85 und 86 EWGV ermächtigten. 5

Die **überwiegende Meinung** hielt diesen Auffassungen entgegen, dass den Vorschriften des EG-Kartellrechts eine **unmittelbare Geltung** zugebilligt werden müsse (*Deringer,* Bericht im Namen des Binnenmarktausschusses, aaO – Rn. 4 –, Rn. 51; *von der Groeben* WuW 1961, 373, 379). Diese Auffassung wurde mit dem **Wortlaut der ex-Art. 85 und 86 EWGV** begründet, wonach bestimmte Vereinbarungen und Verhaltensweisen bzw. die missbräuchliche Ausnutzung einer marktbeherrschenden Stellung verboten sind. Dieses Verständnis deckte sich mit der Bedeutung der übrigen materiellen Bestimmungen des EWG-Vertrages, insbesondere den Vorschriften über die Grundfreiheiten. Auch diesen wurde mit Ausnahme der Normen über die Kapitalverkehrsfreiheit eine unmittelbare und direkte Wirkung zuerkannt. Da die Wettbewerbsregeln die Vorschriften über die Grundfreiheiten ergänzen sollten, damit der Binnenmarkt nicht nur vor staatlichen Beschränkungen, sondern auch vor entsprechenden Maßnahmen der Unternehmen des Binnenmarktes geschützt ist, sollte den Wettbewerbsregeln eine entsprechende Bedeutung und Reichweite zukommen wie den Bestimmungen über die Grundfreiheiten. Sowohl die EG-Kommission (vgl. 2. Gesamtbericht über die Tätigkeit der Gemeinschaft, Rn. 115) als auch das Bundeskartellamt (BKartA, 12.12.1960, WuW/E BKartA 337) legten ihrer Praxis, die sich auf die Ermächtigungsvorschriften der ex-Art. 88 und 89 EWGV stützten, diese Interpretation zugrunde. Dieses Grundver- 6 ständnis floss auch ein in die Verordnung des Rates Nr. 17/62 (vgl. insb. *von der Groeben* aaO).

7 **b) VO 17/62 und die frühe Rechtsprechung des EuGH.** Diese Auffassung spiegelte sich auch in der Rechtsprechung des EuGH wider. In der Entscheidung De Geus/Bosch (EuGH Slg. 1962, 97) bekannte sich der Gerichtshof zu der Auffassung, dass die Bestimmung des ex-Art. 85 EWGV unmittelbare und direkte Wirkung beanspruchen könne, wobei er jedoch der Besonderheit von Kartellen und Wettbewerbsbeschränkungen, die zum Zeitpunkt des Inkrafttretens der VO 17/62 vereinbart worden waren, Rechnung trug. Er differenzierte in der Entscheidung De Geus/Bosch wie auch in Folgeentscheidungen (zB EuGH Slg. 1977 2359 Rn. 8/10 De Bloos/Boyer; EuGH Slg. 1991 I-935 Rn. 48 Delimitis) zwischen sog. **Altkartellen,** dh Vereinbarungen, die im Zeitpunkt der Verordnung 17/62 bereits bestanden, bzw. **Beitrittskartellen,** dh Vereinbarungen, die im Zeitpunkt des Beitritts eines neuen Mitgliedstaates zur Europäischen Gemeinschaft bereits bestanden, einerseits und **Neukartellen,** dh Vereinbarungen, die nach dem Inkrafttreten der VO 17/62 bzw. im Fall von Beitrittskartellen erst nach dem Beitritt des betreffenden Mitgliedstaates zur Europäischen Gemeinschaft getroffen wurden. Für den Zeitraum vor dem Erlass der VO 17/62 konnte nach Ansicht des EuGH die Verbotsnorm des ex-Art. 85 Abs. 1 EWGV nur dann Wirkung beanspruchen, wenn eine nach ex-Art. 88 EWG zuständige Behörde einen Verstoß gegen das Verbot festgestellt und die Nichtigkeitsfolge angeordnet hat. Insoweit folgte der EuGH also der Theorie, die in ex-Art. 85 und 86 EWGV keine unmittelbar geltenden Verbote sah, sondern lediglich Ermächtigungsgrundlagen. Mit dem Inkrafttreten der VO 17/62 erledigte sich diese Rechtsprechung.

8 Mit dem **Erlass der VO 17/62 vom 6.2.1962** wurde die unmittelbare und direkte Anwendbarkeit des Kartellverbots ausdrücklich und allgemein verbindlich bestätigt. Diese Rechtswirkungen beschränkten sich aber auf die ex-Art. 85 Abs. 1 und 86 EWGV. Während die VO 17/62 für die Verbotsbestimmungen ex-Art. 85 Abs. 1 und 86 EWGV die unmittelbare und direkte Anwendbarkeit noch einmal ausdrücklich anordnete, fehlte eine vergleichbare Anordnung für die Freistellungsvorschrift in ex-**Art. 85 Abs. 3 EWGV.** Diese wurde **nicht als unmittelbar anwendbar** erklärt. Vielmehr bedurfte die Anwendbarkeit von ex-Art. 85 Abs. 3 EWGV einer **konstitutiven Geltungsanordnung** in Form einer Entscheidung der Kommission. Eine Ausnahme wurde nur insoweit zugelassen, als auch Gruppenfreistellungen in Form von Verordnungen bestimmte Gruppen von Vereinbarungen, Beschlüssen und bestimmten Verhaltensweisen vom Kartellverbot des ex-Art. 85 Abs. 1 EWGV ausnehmen können. Abgesehen von der Möglichkeit des Erlasses einer Gruppenfreistellungsverordnung, zu der die Kommission jedoch durch eine Verordnung des Rates ermächtigt werden muss (vgl. ex-Art. 87 Abs. 1 EWGV), kam die Ausnahmeregelung in Art. 85 Abs. 3 EWGV somit nur zur Anwendung, wenn die Kommission auf eine vorausgegangene Anmeldung der Vereinbarung, des Beschlusses oder der abgestimmten Verhaltensweise eine konstitutive Freistellungsentscheidung erließ. Hierzu war sie nach Art. 9 Abs. 1 VO 17/62 ausschließlich zuständig **(Freistellungsmonopol der Kommission).** Weder die nationalen Kartellbehörden noch die mitgliedstaatlichen Gerichte waren befugt, Einzelfreistellungsentscheidungen zu erlassen.

9 Der Regelung in der VO 17/62 ging eine **Meinungsverschiedenheit über den Regelungscharakter von ex-Art. 85 Abs. 3 EWGV** voraus. Während insbesondere die französische Regierung Abs. 3 im Sinne einer Legalausnahme interpretierte, die auch im Einzelfall immer automatisch, dh ohne vorheriges Tätigwerden der Kommission eintreten sollte, sobald die Freistellungsvoraussetzungen in Abs. 3 erfüllt sind, vertrat die Gegenauffassung, insbesondere die deutsche Bundesregierung die Theorie des Verbots mit Erlaubnisvorbehalt. Diese Interpretation betonte zum einen den Charakter des Kartellverbots als repressives Verbot, zum anderen den Wortlaut

des Abs. 3 („können für nicht anwendbar erklärt werden"). Eine Ausnahme bzw. Freistellung von diesem Verbot sollte danach nur zulässig sein, sofern die betreffende Vereinbarung angemeldet, von der zuständigen Behörde gründlich geprüft und ausdrücklich, dh durch einen konstitutiven Rechtsakt freigestellt wurde (vgl. hierzu die Ausführungen von *Deringer,* Bericht im Namen des Binnenmarktausschusses, aaO Rn. 59ff.). Auf den ersten Blick setzte sich in der VO 17/62 die Auffassung durch, die in ex-Art. 85 EWGV (nunmehr Art. 101 AEUV) ein **Verbot mit Erlaubnisvorbehalt** sah. Dafür sprach der Mechanismus der Anmeldung einer Vereinbarung, die in den Vorteil einer Freistellung gelangen wollte, nach Art. 4ff. VO 17/62 und der Freistellungsmechanismus in Art. 6ff. VO 17/62. Lediglich im Bereich der Gruppenfreistellungsverordnung blieb das Element der Legalausnahme erkennbar. Beim Erlass der VO 17/62 wurde jedoch **keine abschließende Entscheidung** über die Frage getroffen, ob ex-Art. 85 EWGV (nunmehr Art. 101 AEUV) sich eindeutig **für ein System der Legalausnahme oder für ein System des Erlaubnisvorbehaltes** aussprach. Die VO 17/62 führte jedenfalls ein System ein, das auf der Interpretation des ex-Art. 85 EWGV (nunmehr Art. 101 AEUV) als Kartellverbot mit Erlaubnisvorbehalt basierte. Der Theorienstreit blieb im Übrigen offen.

c) Weißbuch der Kommission von 1999. Diese Diskussion wurde durch das Weißbuch der Kommission, das diese 1999 vorlegte, erneut angefacht (Weißbuch über die Modernisierung der Vorschriften zur Anwendung der Artikel 85 und 86 EG-Vertrag, ABl. 1999 C 132/1; dazu *K. Schmidt* in IM VO 1/2003 Art. 1 Rn. 2). Die Kommission hatte nach annähernd vierzig Jahren Praxis unter der VO 17/62 erhebliche Nachteile und Missstände ausgemacht, die durch das **umständliche Anmelde- und Freistellungssystem** der VO 17/62 bedingt waren. Freistellungsverfahren nach der VO 17/62 banden die personellen Kapazitäten der Kommission in erheblichem Umfang. Freistellungsverfahren dauerten regelmäßig sehr lange, wobei sie in aller Regel ohne eine förmliche Freistellungsentscheidung endeten. Vielmehr hatten sich in der Praxis sog. **Verwaltungsschreiben (comfort letter)** durchgesetzt. Dabei handelte es sich um schriftliche Äußerungen, die nicht von der Kommission als Kollegialgremium erlassen worden waren und die auch nicht den Formanforderungen der VO 17/62 (Anhörung des Beratenden Ausschusses, etc.) genügten. Vielmehr teilte der zuständige Direktor den anmeldenden Parteien mit, dass die Kommission keinen Anlass sah, gegen die angemeldete Vereinbarung nach Art. 81 EG vorzugehen. Verwaltungsschreiben begründeten **keine bindenden Rechtswirkungen,** auf die sich die anmeldenden Parteien in einem nationalen Rechtsverfahren berufen konnten. Diese Faktoren zusammen genommen führten dazu, dass die Kommission Überlegungen anstellte, das Regelungswerk der VO 17/62 zu modernisieren. **10**

Während einige Mitgliedstaaten, insbesondere die Bundesrepublik Deutschland die Lösung favorisierten, die Zuständigkeit für die Erteilung von Freistellungsentscheidungen nicht ausschließlich der Kommission zuzusprechen, sondern auf die mitgliedstaatlichen Kartellbehörden auszudehnen, vertrat die Kommission einen radikaleren Ansatz. Sie favorisierte eine Lösung, nach dem der zentralistisch ausgeprägte **Anmelde- und Freistellungsmechanismus insgesamt abgeschafft** und durch ein **System der Legalausnahme** und der **dezentralen Anwendung der Art. 81 und 82 EG (nunmehr Art. 101 und 102 AEUV)** ersetzt werden sollte. Dieser Ansatz wurde insbesondere von Stimmen aus der deutschen Wissenschaft sowie der Monopolkommission und des Bundeskartellamtes heftig angegriffen (vgl. nur Tagungsbericht des Bundeskartellamtes, Praxis und Perspektiven der dezentralen Anwendung des EG-Wettbewerbsrechts, WuW 1998, 1173 (Kurzfassung des Diskussionspapiers); *Monopolkommission,* Sondergutachten 28, 1999; *Deringer* EuZW 2000, 5; *Mestmäcker* EuZW 1999, 523; *Möschel* JZ 2000, 61; *Hossenfelder/Lutz* WuW 2003, 118; die Diskussion zusammenfassend *Böge/Bardong* in MünchKomm VO 1/2003 Art. 1 Rn. 12 und *K. Schmidt* in IM VO 1/2003 Art. 1 Rn. 9). Es wurde die Auffas- **11** sung vertreten, das System des Verbotes mit Erlaubnisvorbehalt lasse die Einführung eines Legalausnahmesystems nicht zu und sei damit unvereinbar. Die Kritik verebbte, nachdem diese in den anderen Mitgliedstaaten keinen Widerhall fand (*Brinker,* NZKart 2013, 2, 4). Die **Vereinbarkeit des Systems der Legalausnahme mit dem Primärrecht** wird seither von Ausnahmen abgesehen nicht mehr angezweifelt (so ausdrücklich *Schwarze/Weitbrecht* S. 31 f.; *Klees* S. 25 ff.; *K. Schmidt* in IM aaO). An die Stelle trat vielmehr eine Auseinandersetzung mit den als Entwurf vorgelegten Detailregelungen (ABl. 2000 C 365 E/284). Nach ausführlichen Beratungen und zum Teil tiefgreifenden Änderungen verabschiedete der Rat die VO 1/2003 am 16.12.2002, die am 4.1.2003 im Amtsblatt veröffentlicht wurde und am 1.5.2004 zusammen mit dem Beitritt von zehn neuen Mitgliedstaaten in Kraft trat (ABl. 2003 L 1/1). Die Frage nach der Vereinbarkeit der Verordnung mit dem Primärrecht wurde nicht mehr aufgeworfen. Der Kartellsenat des Bundesgerichtshofs sah jedenfalls bisher keine Notwendigkeit, dem EuGH Fragen zur Rechtmäßigkeit der VO 1/2003 zur Vorabentscheidung vorzulegen (vgl. die Übersicht über die Rspr. des BGH *Ball,* FS Hirsch, 2008, S. 213); das Gleiche gilt, soweit ersichtlich, für die Obergerichte der anderen Mitgliedstaaten.

3. Regelungsziele

12 Die Regelungsziele der Kommission, die sie mit der neuen Verfahrensverordnung verfolgte, kamen bereits im Weißbuch deutlich zum Ausdruck. Mit Blick auf die unbefriedigende Situation unter dem Anmelde- und Freistellungsregime und unter Berücksichtigung der **knappen personellen Ressourcen der Kommission** sollte ein effizienteres Regelwerk verabschiedet werden. Dies erfolgte durch die Abkehr vom zentralistischen, präventiven Anmelde- und Freistellungssystem der VO 17/62, das noch ganz vom Prinzip des Verbotes mit Erlaubnisvorbehalt geprägt war. Stattdessen sieht die neue Regelung ein **System der Legalausnahme** vor, das auf die **Dezentralisierung der Kartellrechtsanwendung,** auf die stärkere Einbindung der nationalen Behörden und Gerichte sowie auf die verstärkte **nachträgliche Kontrolle** durch die Kommission, die nationalen Kartellbehörden und die nationalen Kartellgerichte setzt (*K. Schmidt* in IM aaO Rn. 6). Durch die Aufgabe des in der VO 17/62 begründeten zentralistischen Ansatzes werden die Wettbewerbsbehörden und Gerichte der Mitgliedstaaten stärker als in der Vergangenheit in die Durchsetzung des europäischen Kartellrechtes einbezogen. Die Kommission erwartet einen erheblichen **Effizienzgewinn für die Durchsetzung der Vorschriften des europäischen Kartellrechts,** und zwar im gesamten Gebiet des am 1.5.2004 größer gewordenen Binnenmarktes. Durch den Wegfall des Anmelde- und Freistellungsmechanismus wird der **repressive Charakter des Kartellverbotes verstärkt.** Da sowohl die Kommission als auch die mitgliedstaatlichen Wettbewerbsbehörden und Gerichte weitgehend auf die nachträgliche Kontrolle beschränkt sind, müssen die Unternehmen vorsichtiger und vorausschauender agieren.

13 Daraus folgt als logische Konsequenz eine deutlich verstärkte **Eigenverantwortung der Unternehmen.** Unternehmen, die Adressat von Art. 101 AEUV sind, sind seit dem Inkrafttreten der neuen Verfahrensverordnung verpflichtet, die Vereinbarkeit der von ihnen getroffenen Vereinbarungen mit dem Kartellverbot selbst zu prüfen **(Prinzip der Selbstveranlagung).** Die Unternehmen müssen eine deutlich größere Verantwortung auf sich nehmen, da sie keine Möglichkeit mehr haben, die Vereinbarkeit einer Vereinbarung mit Art. 101 AEUV förmlich im Wege eines Freistellungsverfahrens prüfen und von der Kommission bestätigen zu lassen. Das daraus resultierende **Subsumtionsrisiko** hat sich deutlich erhöht. Die verstärkte nachträgliche Kontrolle durch die Kommission sowie durch die nationalen Kartellbehörden und -gerichte führt zu einer weiteren Verunsicherung der betroffenen Unternehmen, insbesondere wegen des Entfallens der sich aus Art. 15 Abs. 5 VO 17/62 ergebenden

Bußgeldimmunität. Die betroffenen Unternehmen können nur eingeschränkt die früher bekannte Rechtssicherheit erwirken. Die **informelle Beratung mit Kommission und mitgliedstaatlichen Wettbewerbsbehörden** sowie die von der Kommission angekündigten **Beratungsschreiben** sind nur ein unvollkommener Ersatz, zumal diese in der Praxis bisher eine völlig untergeordnete Rolle gespielt haben. Beratungsschreiben sind bis dato (Stand: 1.7.2014) überhaupt keine ergangen (vgl. auch *K. Schmidt* in IM VO 1/2003 Art. 1 Rn. 22).

Das Element der nachträglichen Kontrolle wird dadurch noch weiter ausgebaut, 14
als die Kommission die nationalen Kartellbehörden und -gerichte in die Anwendung des europäischen Kartellrechtes einbeziehen möchte. Diese sind nach der VO 1/2003 verpflichtet, nicht nur Abs. 1 von Art. 101 AEUV zu prüfen. Vielmehr sind sie auch verpflichtet, Abs. 3 dieser Bestimmung in vollem Umfang zu prüfen und anzuwenden. Die Exklusivität der Anwendung von Art. 101 Abs. 3 AEUV, die der Kommission nach Art. 9 VO 17/62 zustand, ist vollkommen entfallen. **Kommission** sowie **nationale Behörden** und **Gerichte** sind in gleichem Maße dazu aufgerufen und verpflichtet, **Art. 101 AEUV in seiner Gesamtheit anzuwenden.** Durch die Dezentralisierung der Durchsetzung der Art. 101 und 102 AEUV erhöht sich in der Konsequenz die Notwendigkeit der Abstimmung zwischen Kommission, mitgliedstaatlichen Wettbewerbsbehörden und mitgliedstaatlichen Gerichten, um für eine hinreichende Kohärenz der Kartellrechtspraxis in der Europäischen Union Sorge zu tragen.

4. Unmittelbare Anwendbarkeit von Art. 101 AEUV in seiner Gesamtheit

a) Unmittelbare Anwendbarkeit des Art. 101 Abs. 1 AEUV. Dass das Kar- 15
tellverbot in Art. 81 Abs. 1 EG direkt und unmittelbar anwendbar ist, entspricht der **ständigen Praxis von Gerichtshof und Kommission** und wird auch in der Literatur allgemein akzeptiert (EuGH Slg. 1973 77 Rn. 10/13 Brasserie de Haecht; EuGH Slg. 1974 51 Rn. 18/23 BRT/SABAM; EuGH Slg. 2001 I-6297 Rn. 19 Courage; EuGH Slg. 2006 I-6619 Rn. 38 Manfredi; zuletzt EuGH Urt. v. 6.6.2013 Rs. C-536/11 – Donau Chemie Rn. 20, noch nicht in der Slg., NZKart 2013, 330). Der EuGH betont in ständiger Rechtsprechung, der EWG-Vertrag habe eine eigene Rechtsordnung geschaffen, die in die Rechtsordnungen der Mitgliedstaaten aufgenommen wurde und von den nationalen Gerichten anzuwenden ist. Rechtssubjekte dieser Rechtsordnung sind nicht nur die Mitgliedstaaten, sondern auch die Einzelnen, denen das Gemeinschaftsrecht Pflichten auferlegen, aber auch Rechte verleihen kann. Diese Voraussetzungen sind nach der Auffassung des EuGH im Falle der Art. 101 Abs. 1 und Art. 102 AEUV erfüllt. Diese Bestimmungen erzeugen in den Beziehungen zwischen Einzelnen unmittelbare Wirkungen und lassen in deren Person Rechte unmittelbar entstehen. Diese haben die Gerichte der Mitgliedstaaten unter allen Umständen zu wahren (EuGH, aaO, Rn. 20 Donau Chemie, mit Hinweis auf frühere Entscheidungen). Die unmittelbare und direkte Anwendbarkeit bedeutet, dass die Vorschrift **self executing** ist. Sie bedarf für ihre Geltung keiner konstitutiven Anordnungsentscheidung durch die Kommission oder eine nationale Kartellbehörde.

Seit dem **Urteil van Gend & Loos** (EuGH Slg. 1963, 1, 24) dringt der EuGH 16
darauf, dass die **Rechte einzelner aus der Rechtsordnung der Union geschützt** werden müssen. Solche Rechte bestehen nicht nur, wenn das Gemeinschaftsrecht den einzelnen Bürgern und Unternehmen ausdrücklich solche Rechte einräumt. Es genügt vielmehr, dass aus einer Rechtsnorm klar und eindeutig eine Vergünstigung einzelner hervorgeht, die keiner Bedingung und keinem zeitlichen Aufschub unterliegt und weder die Gemeinschaft noch die Mitgliedstaaten einen Spielraum zur Ausgestaltung besitzen. Rechte einzelner aus dem Gemeinschaftsrecht haben eine **doppelte Funktion:** Zum einen verhelfen sie den Rechtsträgern dazu, die ihnen zu-

gedachten Vergünstigungen durchsetzen zu können, notfalls auf gerichtlichem Wege. Zum anderen bewirkt das Interesse der einzelnen, ihre Rechte wahrzunehmen, dass die damit befassten Gerichte, also auch die mitgliedstaatlichen Gerichte, dem Gemeinschaftsrecht Wirksamkeit verschaffen (*Zuleeg* in *von der Groeben/Schwarze* Art. 1 Rn. 34 mwN).

17 Das hat zur Folge, dass Unternehmen, die sich auf die Unwirksamkeit einer Vereinbarung wegen eines Verstoßes gegen Art. 101 Abs. 1 AEUV berufen, die **Erfüllung** der betreffenden Vereinbarung verweigern, **Schadenersatz** oder **Unterlassung** der Umsetzung der Vereinbarung verlangen können. Die nationalen Gerichte sind nach der Rechtsprechung des EuGH verpflichtet, die volle Wirksamkeit von Art. 101 Abs. 1 AEUV zu gewährleisten und die Rechte zu schützen, die diese Vorschrift Einzelnen verleiht. Die praktische Wirksamkeit von Art. 101 Abs. 1 AEUV wäre beeinträchtigt, wenn nicht jedermann Ersatz des Schadens verlangen könnte, der ihm durch ein wettbewerbsbeschränkendes Verhalten entstanden ist. Diese Rechtswirkung gilt nicht nur im Verhältnis von Dritten zu den Parteien eines Vertrages (EuGH Slg. 2006 I-6619 Rn. 57 Manfredi; hinsichtlich des hieraus erwachsenden Umfangs des Rechts auf Akteneinsicht durch kartellgeschädigte Schadenersatzkläger EuGH Slg. 2011 I-5161 Rn. 23f. Pfleiderer sowie EuGH, aaO Rn. 30ff. Donau Chemie). Sie gilt auch im Verhältnis der Vertragsparteien untereinander (EuGH Slg. 2001 I-6297 Rn. 24 Courage). Auch Vertragsparteien untereinander können sich auf den Verstoß gegen das Kartellverbot in Art. 101 Abs. 1 AEUV berufen, ohne dass damit ein Verstoß gegen vertragliche Pflichten und den Grundsatz von Treu und Glauben verbunden wäre. Diese Rechtswirkungen sind die Konsequenz des **präventiven Verbotscharakters der Norm.** Diese hat, wie die meisten Vorschriften des Primärrechts, nicht den Charakter von Programmsätzen oder Ermächtigungsnormen. Vielmehr gelten, von wenigen Ausnahmen abgesehen, praktisch alle Vorschriften des Primärrechts unmittelbar und direkt und zwar nicht nur im Verhältnis zwischen den Mitgliedstaaten, sondern auch zwischen den Unternehmen des Gemeinsamen Marktes und den Mitgliedstaaten sowie die zwischen den Unternehmen des Gemeinsamen Marktes selbst.

18 **b) Unmittelbare Anwendbarkeit des Art. 101 Abs. 3 AEUV.** Art. 1 geht über die Vorgängerregelung in der VO 17/62 hinaus, als nicht nur Art. 101 Abs. 1 AEUV als unmittelbar und direkt anwendbar angesehen wird. Vielmehr wird auch die Ausnahmebestimmung in **Art. 101 Abs. 3 AEUV als unmittelbar und direkt anwendbar** behandelt. Legt man die Praxis des Gerichtshofs und der Kommission zur unmittelbaren und direkten Anwendbarkeit in Art. 101 Abs. 1 AEUV zugrunde, hat dies zur Folge, dass die **Rechtsfolgen auch auf Art. 101 Abs. 3 AEUV zu erstrecken** sind. Das bedeutet zum einen, dass, anders als in der Vergangenheit unter der VO 17/62, die Ausnahmebestimmung in Abs. 3 keiner vorherigen, konstitutiven Anordnungsentscheidung der Kommission bedarf. Wenn die Freistellungsregelung in Art. 101 Abs. 3 AEUV unmittelbar und direkt anwendbar ist, bedarf es keiner solchen Entscheidung. Entsprechend erübrigen sich auch Anmeldungen, die unter dem Vorgängerregime der VO 17/62 Voraussetzung für eine Einzelfreistellungsentscheidung war. Wenn Art. 101 Abs. 3 AEUV unter dem Regime der VO 1/2003 unmittelbare und direkte Geltung beanspruchen darf, was im Hinblick auf den Wortlaut von Art. 1 VO 1/2003 nicht zweifelhaft sein kann, können sich **Unternehmen auf diese Bestimmung direkt berufen.** Nicht nur die Kommission, sondern auch die mitgliedstaatlichen Kartellbehörden und -gerichte sind dann nach der Rechtsprechung des EuGH aufgerufen und verpflichtet, die aus Art. 101 Abs. 3 AEUV erwachsenden subjektiven Rechte der betroffenen Unternehmen zur vollen Wirksamkeit zu verhelfen. Hierzu sind sie, anders als noch unter Art. 9 Abs. 1 VO 17/62, auch berechtigt, da die Kommission unter der VO 1/2003 ihr Monopol zur Anwendung von Art. 101 Abs. 3 AEUV verloren hat.

c) Unmittelbare Anwendbarkeit des Art. 101 AEUV insgesamt. Sowohl die Kommission als auch die mitgliedstaatlichen Kartellbehörden und -gerichte sind berechtigt und verpflichtet, Art. 101 AEUV in seiner Gesamtheit anzuwenden. Die Bestimmungen in Art. 1 Abs. 1 und Abs. 2 lassen deutlich werden, dass, anders als in der Vergangenheit, eine **gestufte Anwendung von Art. 101 AEUV nicht mehr zulässig** ist (*K. Schmidt* in IM VO 1/2003 Art. 1 Rn. 26). Unter dem Vorgängerregime der VO 17/62 war es zum einen für die Kommission möglich, lediglich Art. 101 Abs. 1 AEUV anzuwenden, sofern die Vertragsparteien die betreffende Vereinbarung bei der Kommission nicht angemeldet hatten. Die Kommission war dann, mit Ausnahme der Verträge, die in Art. 4 Abs. 2 VO 17/62 aufgelistet waren, daran gehindert, für nicht angemeldete Vereinbarungen eine Freistellungsentscheidung zu treffen. Unterblieb eine Anmeldung der Vereinbarung, musste und durfte die Kommission allein das Verbot in Art. 101 Abs. 1 AEUV anwenden. Dies führte in der Praxis zur zivilrechtlichen Unwirksamkeit der Vereinbarung nach Art. 101 Abs. 2 AEUV und berechtigte die Kommission, geeignete Maßnahmen zur Abstellung des Kartellverstoßes zu ergreifen. Erst wenn die beteiligten Unternehmen die betreffende Vereinbarung bei der Kommission angemeldet hatten, war diese berechtigt, Art. 101 Abs. 3 AEUV anzuwenden. 19

Etwas anderes galt für die mitgliedstaatlichen Kartellbehörden und -gerichte. Diese waren nach Art. 9 Abs. 3 VO 17/62 zwar grundsätzlich berechtigt, ein eigenständiges Kartellverfahren durchzuführen, solange die Kommission selbst kein Verfahren eröffnet hatte. Allerdings waren die nationalen Kartellbehörden und -gerichte nach Art. 9 Abs. 1 VO 17/62 daran gehindert, die Freistellungsnorm des Art. 101 Abs. 3 AEUV anzuwenden. Vielmehr entwickelte der EuGH einen Mechanismus, wie in Situationen zu verfahren war, in denen eine Vereinbarung zwar gegen Art. 101 Abs. 1 AEUV verstieß, jedoch die **Voraussetzungen für eine Freistellung nach Art. 101 Abs. 3 AEUV potenziell** vorlagen. Bei einer solchen Konstellation sollten insbesondere die nationalen Gerichte dazu berechtigt sein, das Gerichtsverfahren auszusetzen, um den Parteien die Möglichkeit zu geben, eine Freistellungsentscheidung der Kommission herbeizuführen. In der **Entscheidung Delimitis/ Henniger Bräu** (EuGH Slg. 1991 I-935) verfeinerte der Gerichtshof diesen Mechanismus. Er machte deutlich, dass eine Aussetzung nur in Betracht kam, sofern die Vertragsparteien vor der mündlichen Verhandlung einen Freistellungsantrag bei der Kommission eingereicht hatten. Diese Rechtsprechung ist unter der VO 1/2003 hinfällig geworden. Vielmehr sind die nationalen Kartellbehörden und -gerichte nun in jedem Fall und ohne weiteres dazu berechtigt, aber auch verpflichtet, sowohl Art. 101 Abs. 1 AEUV als auch Art. 101 Abs. 3 AEUV direkt anzuwenden. Sie sind also **verpflichtet,** die **Freistellungsvoraussetzungen,** die in Art. 101 Abs. 3 AEUV normiert sind, im Hinblick auf den vorliegenden Einzelfall genau zu **prüfen.** Dabei werden sich insbesondere die Gerichte auf den vorgetragenen Sachverhalt sowie die vorgelegten Informationen stützen müssen. Bleiben Zweifel, ist entsprechend der Beweislastverteilung zu entscheiden (→ Art. 2 Rn. 31 f.). 20

d) Deklaratorische Wirkung von Entscheidungen und Gruppenfreistellungsverordnungen. Alle **Entscheidungen,** die die Kommission, eine mitgliedstaatliche Kartellbehörde oder ein nationales Gericht im Hinblick auf die Freistellungsvoraussetzungen nach Art. 101 Abs. 3 AEUV trifft, haben unter Berücksichtigung der unmittelbaren und direkten Anwendbarkeit dieser Bestimmung **lediglich deklaratorische Wirkung** (*K. Schmidt* BB 2003, 1237, 1239, 1241; *K. Schmidt* in IM VO 1/2003 Art. 1 Rn. 32). Konstitutive Wirkung, wie sie insbesondere Freistellungsentscheidungen nach Art. 6 VO 17/62 hatten, können in Zukunft weder Gerichtsentscheidungen noch kartellbehördliche Entscheidungen haben. Durch die unmittelbare und direkte Anwendbarkeit von Art. 101 AEUV gibt es unter dem Regime der VO 1/2003 keine konstitutiven Regelungen mehr. Jede Äußerung der Kommission oder 21 nationaler Behörden und Gerichte hat ausschließlich deklaratorische, feststellende Wirkung. Dies ist weniger von Bedeutung, soweit Freistellungsentscheidungen, Negativatteste oder Verwaltungsschreiben (Comfort Letters) betroffen sind. Diese Rechtsakte, die unter dem Regime der VO 17/62 von Bedeutung waren, sind mit Ausnahme von Negativattesten nach Art. 10 unter dem neuen Regime nicht mehr relevant. Die Kommission möchte ergänzend lediglich in Ausnahmefällen, auf die weiter unten eingegangen wird (→ Rn. 26), **sog. Beratungsschreiben (guidance letters)** an die betroffenen Unternehmen richten. Diese haben keine verbindliche Wirkung und können somit auch keine konstitutiven Rechtswirkungen erzeugen.

22 Eine Besonderheit besteht für **Gruppenfreistellungsverordnungen.** Dabei handelt es sich im rechtstechnischen Sinne um Verordnungen iSv Art. 288 Abs. 2 AEUV. Solche Verordnungen sind unmittelbar und direkt anwendbar und können generell konstitutive Wirkung für sich beanspruchen. Gruppenfreistellungsverordnungen können unter dem Regime der VO 1/2003 jedoch ebenfalls nur deklaratorische Wirkung beanspruchen (*Bechtold* BB 2000, 2425, 2426; *Bechtold* EWS 2001, 49, 50; *Gröning* WRP 2001, 83, 85; *Klees* S. 49ff.; *Wagner* WRP 2003, 1369, 1371ff.; *K. Schmidt* aaO Rn. 33). Allerdings unterscheiden sich Gruppenfreistellungsverordnungen von anderen Rechtsakten der Kommission dadurch, dass sie weiterhin insoweit von Bedeutung sind, als sie **verbindlich** regeln, welche Vereinbarungen vom Anwendungsbereich des Art. 101 Abs. 3 AEUV ausgenommen sind (so auch *Jaeger* WuW 2000, 1062, 1066; *K. Schmidt* BB 2003, 1237, 1241; beispielhaft aus der deutschen Rspr. BGH WuW/E DE-R 1335 Citroën, dazu die Analyse von *Ball,* FS Hirsch, S. 213ff.). Insoweit kommt ihnen in diesem Sinne auch konstitutive Wirkung zu, auch wenn dies mit dem Prinzip der Legalausnahme zu kollidieren scheint (in diesem Sinne mit ausführlicher Begründung bereits *Wagner* WRP 2003, 1369, 1374ff., 1381).

23 **e) Übergangsprobleme, Behandlung von Altfällen.** Vor dem 1.5.2004 **nach altem Recht eingereichte Anmeldungen** sind mit dem 1.5.2004 **unwirksam** geworden (Art. 34 Abs. 1). Obwohl die unmittelbare Anwendbarkeit des Art. 101 Abs. 3 AEUV nach Art. 1 Abs. 2 erst vom 1.5.2004 an gilt, muss es in den Fällen der nach Art. 4 Abs. 1 VO 17/62 anmeldebedürftigen und angemeldeten Vereinbarungen ebenso wie für die nach Art. 4 Abs. 2 nicht anmeldebedürftigen und dementsprechend auch nicht angemeldeten Vereinbarungen die Möglichkeit der **Rückwirkung** geben. Hätte die VO 17/62 fortgegolten, so hätte die Kommission die anmeldebedürftigen und angemeldeten Vereinbarungen bis zum Tage der Anmeldung rückwirkend freistellen können. Dem Systemwechsel von der VO 17/62 zur VO 1/2003 kann nicht unterstellt werden, dass die Rechtsposition der Unternehmen dadurch verschlechtert werden sollte.

24 Gleiches gilt für die **nicht anmeldebedürftigen Vereinbarungen.** Sie hätten, wenn sie materiell die Voraussetzungen des Art. 101 Abs. 3 AEUV erfüllten, von der Kommission rückwirkend bis zum Tage des Abschlusses freigestellt werden können; dann sind sie nach neuem Recht auch für diesen Rückwirkungszeitraum der Selbstveranlagung zugänglich. Das hat besondere Bedeutung für Vereinbarungen zwischen Unternehmen aus ein und demselben Mitgliedstaat (Art. 4 Abs. 2 Nr. 1 VO 17/62) und Vertriebsvereinbarungen (Art. 4 Abs. 2 Nr. 2 lit. a VO 17/62). Sie müssen auch **für die Zeit vor dem 1.5.2004 als freigestellt** angesehen werden, wenn sie die Voraussetzungen des Art. 101 Abs. 3 AEUV erfüllen (insoweit aA BGH WuW/E DE-R 1335, 1338f. Citroën).

5. Subsumtionsrisiko und Rechtssicherheit

25 **a) Entfallen der Bußgeldimmunität.** Unter dem Regime der VO 1/2003 entfällt die Möglichkeit, eine Vereinbarung bei der Kommission **anzumelden.** Eine

Anmeldung brachte für die anmeldenden Parteien, die sich nicht auf die Anwendbarkeit einer Gruppenfreistellungsverordnung verlassen konnten oder wollten, die Aussicht auf eine Freistellung der Vereinbarung mit sich, wenn häufig auch lediglich in Form eines Verwaltungsschreibens **(comfort letter).** Auch ein Verwaltungsschreiben gab den anmeldenden Unternehmen aber regelmäßig ausreichende Sicherheit, um die betreffende Vereinbarung umsetzen zu können. Von größerer Bedeutung war für Unternehmen regelmäßig die **Immunität von einem Bußgeld,** das potenziell gegen jede kartellrechtswidrige Vereinbarung verhängt werden konnte (Art. 15 Abs. 1 VO 17/62). Da diese Möglichkeit unter dem Regime der VO 1/2003 wegfällt, tragen Unternehmen das volle **Subsumtionsrisiko,** ob eine Vereinbarung, sofern sie in den Anwendungsbereich von Art. 101 Abs. 1 AEUV fällt, die Freistellungsvoraussetzungen von Abs. 3 erfüllt (*Böge/Bardong* in MünchKomm VO 1/2003 Art. 1 Rn. 9; *K. Schmidt* in IM VO 1/2003 Art. 1 Rn. 17). Die Unternehmen sollen verstärkt **Eigenverantwortung** hinsichtlich der Vereinbarkeit ihrer Vereinbarungen mit Art. 101 AEUV übernehmen. Die Kommission verweist in ihrem Weißbuch auf den **vergleichbaren Rechtszustand** in den USA sowie in **anderen Staaten,** in denen die Möglichkeit einer Anmeldung und einer daraus resultierenden Freistellungsentscheidung nicht gegeben sind.

Eine Anmeldung bei der Kommission hatte einen für die anmeldenden Unterneh- **26**
men entscheidenden weiteren Vorteil. Nicht selten äußerte die Kommission Bedenken zwar nicht gegen die angemeldete Vereinbarung insgesamt, jedoch gegen einzelne Klauseln. Dies führte regelmäßig dazu, dass die Parteien, sofern sie die Kommission nicht davon überzeugen konnten, dass die geäußerten Bedenken unbegründet waren, die Vereinbarung in dem fraglichen Punkt ergänzten oder änderten. Nicht selten gingen der Anpassung langwierige Verhandlungen zwischen der Kommission und den anmeldenden Unternehmen voraus. Neben originär wettbewerbsrechtlichen Argumenten flossen auch **allgemeine, wirtschaftliche Erwägungen** ein. Die Kommission berücksichtigte diese, zB umweltschutzrelevante oder medienpolitische Aspekte im Rahmen des ihr zustehenden Ermessens (*Quellmalz* WRP 2004, 461 ff.). Die bilateralen Gespräche führten in aller Regel zu **Kompromissen, die für alle Beteiligten akzeptabel waren.** Diese Möglichkeit steht, abgesehen von der Abgabe verbindlicher Verpflichtungszusagen nach Art. 9, nicht mehr zur Verfügung.

b) Informelle Abklärung. Allerdings besteht die Möglichkeit, dass Parteien **27**
einer Vereinbarung mit der Kommission oder mit mitgliedstaatlichen Wettbewerbsbehörden Kontakt aufnehmen, um eventuelle kartellrechtliche Probleme im Zusammenhang mit einer Vereinbarung zu diskutieren. Sowohl die Kommission als auch nationale mitgliedstaatliche Wettbewerbsbehörden, wie zB das Bundeskartellamt, haben zu erkennen gegeben, dass sie **für informelle Abklärungen grundsätzlich zur Verfügung stehen.** Allerdings hat die Kommission darauf hingewiesen, dass sie nicht gewillt ist, eine Entwicklung zu tolerieren, die mit dem Zustand eines Anmeldesystems vergleichbar wäre. Die betroffenen Unternehmen haben deshalb unter dem neuen Regime keinen Anspruch und kein subjektives Recht auf die Aufnahme informeller Gespräche mit der Kommission. Vielmehr gedenkt die Kommission, im Rahmen ihrer Ermessensausübung zu entscheiden, ob eine informelle Abklärung der Vereinbarkeit einer Vereinbarung mit Art. 101 AEUV grundsätzlich sinnvoll ist. Dies hat die Kommission ausdrücklich in ihrer **Erklärung zum Ratsprotokoll** verlautbart. Danach berührt der Übergang vom Anmelde- und Genehmigungssystem zum System der Legalausnahme die Möglichkeit der Kommission nicht, einzelnen Unternehmen informellen Rat zu erteilen, wenn Einzelfälle wegen der hierdurch aufgeworfenen neuartigen oder ungelösten Fragen eine grundsätzliche Unsicherheit bewirken. Die Kommission erklärt sich auch bereit, im Rahmen einer Mitteilung anzugeben, unter welchen Umständen eine Beratung in Form schriftlicher Stellung-

nahmen erfolgen könnte. Jedoch sieht sich die Kommission nicht zur Beratung in jedem Einzelfall verpflichtet (Rat der Europäischen Union, Dok. 15 435/02 ADD 1 vom 10.12.2002, S. 8).

28 Die Kommission hat mit dem Erlass der Durchführungsverordnung für Verfahren nach Art. 81 und 82 EG (**VO 773/2004,** Anhang A 1) eine **Bekanntmachung über die informelle Beratung bei neuartigen Fragen zu den Art. 81 und 82 EG, die in Einzelfällen auftreten (Beratungsschreiben)** (Anhang B 18) veröffentlicht. In dieser Bekanntmachung legt die Kommission die Grundsätze nieder, nach denen sie unter dem Regime der VO 1/2003 informelle Beratungen mit den Parteien einer Vereinbarung aufnimmt sowie Beratungsschreiben an die Parteien der Vereinbarung richtet. Grundsätzlich geht die Kommission davon aus, dass die Unternehmen unter dem System der Legalausnahme in aller Regel in der Lage sind, die Rechtmäßigkeit ihres Verhaltens selbst zu beurteilen. Sollte das nicht der Fall sein, beabsichtigt die Kommission, soweit sie dies noch nicht getan hat, Gruppenfreistellungsverordnungen, Leitlinien und Bekanntmachungen zu veröffentlichen, um den Unternehmen die Beurteilung ihres eigenen Falles zu erleichtern (Bekanntmachung über Beratungsschreiben, aaO, Rn. 3f.; dazu *K. Schmidt* in IM VO 1/2003 Art. 1 Rn. 19ff). Nur in Fällen, in denen **ernsthafte Rechtsunsicherheit** entsteht, weil neue oder ungelöste Fragen in Bezug auf die Anwendung der Art. 101 und 102 AEUV auftauchen, sollen Unternehmen berechtigt sein, mit der Bitte um informelle Beratung an die Kommission heranzutreten. Wenn sich die Befassung mit einem an die Kommission herangetragenen Einzelfall grundsätzlich mit den Prioritäten der Kommission bei der Durchsetzung des EU-Kartellrechts vereinbaren lässt, wird die Kommission bereit sein, sich zu diesen neuartigen Fragen, die sich bei der Auslegung der Art. 101 102 AEUV stellen, schriftlich zu äußern und Beratungsschreiben an die betroffenen Unternehmen zu richten.

29 Voraussetzung für eine informelle Beratung ist es nach Auffassung der Kommission, dass die aufgeworfene Rechtsfrage nicht allein auf der **Grundlage der bisherigen Entscheidungspraxis** der Kommission sowie der Gemeinschaftsgerichte beantwortet werden kann. Außerdem beabsichtigt die Kommission, die **wirtschaftliche Bedeutung der betroffenen Vereinbarung,** die Auswirkungsmöglichkeit auf den Gemeinsamen Markt sowie den Umfang der Transaktion, insbesondere wenn es um die **Gründung von Teilfunktions-Gemeinschaftsunternehmen** geht, zu prüfen. Sollten die Fragen bereits geklärt sein, beabsichtigt die Kommission nicht, in informelle Gespräche mit den Parteien einzutreten (Bekanntmachung über Beratungsschreiben, Anhang B 15, Rn. 8f.). Die Darlegungen der Kommission in der Bekanntmachung lassen deutlich werden, dass die Kommission **nur in Ausnahmefällen** bereit ist, mit den betroffenen Unternehmen informelle Beratungen aufzunehmen und ggf. Beratungsschreiben an die Unternehmen zu richten (kritisch *Immenga* EuZW 2005, 353). Die bisherige Praxis zeigt, dass die Unternehmen nur in Ausnahmefällen Orientierung von der Kommission erwarten dürfen. Bis dato (Stand: 1.5.2014) hat es kein einziges Beratungsschreiben gegeben. Es ist nicht zu erwarten, dass sich diese restriktive Praxis in absehbarer Zeit ändern wird.

30 Als nicht deutlich großzügiger hat sich die **Praxis der nationalen Wettbewerbsbehörden** erwiesen. Diese hatten zwar anfänglich verlauten lassen, dass sie auch unabhängig von den Vorgaben der Bekanntmachung der Kommission über Beratungsschreiben Unternehmen Hilfestellungen geben werden. Es schien sich deshalb häufig zu empfehlen, nicht auf die Kommission, sondern eher auf die mitgliedstaatlichen Wettbewerbsbehörden zuzugehen, wenn Zweifel hinsichtlich der Vereinbarkeit einer Vereinbarung mit Art. 101 AEUV entstanden sind. Allerdings hat es sich nicht erwiesen, dass die mitgliedstaatlichen Behörden bereitwilliger als die Kommission sind, Unternehmen zu beraten. Dies wird sich vermutlich in absehbarer Zeit ebenfalls nicht entscheidend ändern.

c) Gruppenfreistellungsverordnungen als Orientierungshilfe. Vollständige Rechtssicherheit können die Unternehmen dadurch erlangen, wenn eine Vereinbarung in den Anwendungsbereich einer Gruppenfreistellungsverordnung fällt. Sind die tatbestandlichen Voraussetzungen einer Gruppenfreistellungsverordnung erfüllt, ist diese **automatisch und rechtssicher vom Anwendungsbereich des Kartellverbots ausgenommen,** auch wenn Gruppenfreistellungsverordnungen unter dem System der Legalausnahme nur deklaratorische Wirkung haben (→ Rn. 22). Allerdings wirft die Anwendung der Gruppenfreistellungsverordnung häufig ebenso **Zweifelsfragen** auf wie die Anwendung von Art. 101 Abs. 3 AEUV (vgl. dazu allg. *Bechtold* EWS 2001, 49; *K. Schmidt* in IM VO 1/2003 Art. 1 Rn. 34). So stellt sich im Rahmen der Berufung auf eine Gruppenfreistellungsverordnung ebenso das Problem der sachlichen und geographischen Marktabgrenzung wie bei der Anwendung von Art. 101 AEUV allgemein. Ist die Bestimmung des sachlich und geographisch relevanten Marktes zweifelhaft, verbleiben logischerweise Zweifel hinsichtlich der Frage, ob die **Marktanteilsschwellen überschritten** werden, die sich in allen Gruppenfreistellungsverordnungen finden. Zusätzlich zum Problem der Abgrenzung des sachlich und geographisch relevanten Marktes stellt sich in diesem Zusammenhang das Problem, ob das **relevante Gesamtmarktvolumen richtig und belastbar ermittelt** werden kann. Nur wenn dies möglich ist, können die Marktanteile der an einer Vereinbarung beteiligten Unternehmen richtig eingeschätzt werden. Auch in diesem Kontext verbleiben häufig gravierende Zweifel. Absolute Rechtssicherheit kann deshalb, berufen sich die Parteien einer Vereinbarung auf die Anwendbarkeit einer Gruppenfreistellungsverordnung, nur erzielt werden, wenn es sich um eindeutige und unproblematische Fälle handelt. 31

Umstritten ist die Frage, ob und ggf. in welchem Umfang Gruppenfreistellungsverordnungen, sollten diese nicht unmittelbar anwendbar sein, analog herangezogen werden können. Alternativ stellt sich die Frage, dass, lehnt man die **analoge Anwendbarkeit der Gruppenfreistellungsverordnungen** ab, zumindest die sich aus den einzelnen Bestimmungen der Gruppenfreistellungsverordnungen ergebenden Rechtsgedanken auf Fälle übertragen werden können, in denen die Gruppenfreistellungsverordnungen selbst nicht anwendbar sind. Der EuGH hat bisher konsequent die Auffassung vertreten, dass Bestimmungen in Gruppenfreistellungsverordnungen nicht analogiert werden können (EuGH Slg. 1991 I-935 Rn. 35 ff. Delimitis). Dies begründet der EuGH zum einen mit dem Ausnahmecharakter der Gruppenfreistellungsverordnungen. Ausnahmevorschriften sollen, so die ständige Rechtsprechung des EuGH, eng und restriktiv ausgelegt und angewandt werden. Eine **extensive Auslegung von Ausnahmevorschriften lehnt der EuGH ausdrücklich ab** (kritisch dazu *Bechtold* EWS 2001, 49, 51 ff.; so auch *K. Schmidt* aaO Rn. 34). Der EuGH hat darüber hinaus das Argument herangezogen, dass, sollten die Bestimmungen der Gruppenfreistellungsverordnungen analog herangezogen werden können, die Befugnis der Kommission zur Erteilung von Einzelfreistellungen unterlaufen werden könnte. Dies würde sich jedoch mit der **Zuständigkeits- und Kompetenzordnung der VO 17/62** nicht vereinbaren lassen. 32

Das zweite Argument ist mit dem **Übergang vom Anmelde- zum Legalausnahmesystem hinfällig** geworden. Die Zuständigkeits- und Kompetenzordnung des europäischen Kartellverfahrensrechts wird durch eine analoge Anwendung der in Gruppenfreistellungsverordnungen geregelten Bestimmungen nicht in Frage gestellt. Auch das andere Argument, dass Ausnahmebestimmungen im EG-Recht grundsätzlich restriktiv ausgelegt werden müssen, ist zweifelhaft (so bereits *Bechtold* aaO). Vielmehr stellt sich die Frage, inwieweit die Unternehmen, die dem Risiko der Selbsteinschätzung ausgesetzt sind, sich direkt oder eben analog auf die Wertungen berufen können, die sich aus den Gruppenfreistellungsverordnungen ergeben. Es spricht **im System der Legalausnahme** sehr viel dafür, dass sich die Unternehmen in Zukunft in Einzelfällen, wenn zB die Marktanteilsschwellen nur geringfügig über- 33 schritten sind, **analog auf die Bestimmungen der Gruppenfreistellungsverordnungen berufen können.** Aus diesen ist nämlich erkennbar, welche Klauseln die Kommission im Einzelfall für schädlich oder für unschädlich hält. Wenn dies für Vereinbarungen zwischen Unternehmen mit Marktanteilsschwellen, die in den Gruppenfreistellungsverordnungen genannt werden, gelten soll, kann dies eigentlich auch nur für Vereinbarungen zwischen Unternehmen gelten, deren Marktanteile geringfügig höher liegen und die Marktanteilsschwellen der jeweils einschlägigen Gruppenfreistellungsverordnungen überschreiten. Erst wenn die Marktanteile den Grad zur Marktbeherrschung erreichen, wird dies nicht möglich sein. Dann wird es nämlich am Tatbestandsmerkmal des hinreichenden Restwettbewerbs iSv Art. 101 Abs. 3 AEUV fehlen. Eine analoge Anwendung der Bestimmungen der einschlägigen Gruppenfreistellungsverordnung scheidet dann selbstverständlich aus. Im Übrigen gibt es keinen nachvollziehbaren Grund, der eine analoge Anwendung der Gruppenfreistellungsverordnungen ausschließen sollte.

34 **d) Bekanntmachungen und Leitlinien als Orientierungshilfe.** Die Kommission hat eine größere Zahl von Bekanntmachungen veröffentlicht, die eine **Orientierung der betroffenen Wirtschaftskreise erleichtern** sollen (so zuletzt für die Bagatellbekanntmachung der Kommission EuGH 13.12.2012 C-226/11 Rn. 28 Expedia, NZKart 2013, 111). Die Kommission hat zeitgleich mit dem Erlass der Durchführungsverordnung 773/2004 **Leitlinien über den Begriff der Beeinträchtigung des zwischenstaatlichen Handels in den Art. 81 und 82 des Vertrags** (Anhang B 3) sowie **Leitlinien zu Art. 81 Abs. 3 EG** (Anhang B 4) veröffentlicht. Hinzu kommen Leitlinien und Bekanntmachungen, die die Kommission bereits in der Vergangenheit veröffentlicht hat. In diesem Zusammenhang sind insbesondere die **Vertikalleitlinien** (Anhang B 6) und die **Horizontalleitlinien** (Anhang B 7) zu nennen (vgl. dazu allg. *Pampel,* Rechtsnatur und Rechtswirkungen horizontaler und vertikaler Leitlinien im reformierten europäischen Wettbewerbsrecht, 2005; *Thomas* EuR 2008, 312; kritisch allg. *Weiß* EWS 2010, 257, 259ff.; ähnlich, aber differenzierend *Bechtold* GRUR 2012, 107, 111f.). Diese Leitlinien (vgl. dazu Art. 101 Rn. 162ff. und 189ff.) sind jedoch – trotz einer beschränkten Verbindlichkeit (dazu *Bechtold,* FS Hirsch, 2008, S. 223ff.; *Frenz* WRP 2010, 224) – häufig **nur eine erste Orientierungshilfe.** Sie erleichtern die Beurteilung der Vereinbarkeit einer Vereinbarung mit Art. 101 AEUV zum Teil erheblich. Sie können jedoch nicht verhindern, dass zT gravierende und für die Praxis häufig unakzeptable Bedenken und Zweifel verbleiben (*K. Schmidt* in IM VO 1/2003 Art. 1 Rn. 19; kritisch auch *Bechtold* GRUR 2012, 107, 111).

35 Das gilt zB für die Frage der Abgrenzung des sachlich und geographisch relevanten Marktes. Die entsprechende **Bekanntmachung** der Kommission über die **Definition des relevanten Marktes** im Sinne des Wettbewerbsrechts der Gemeinschaft (Anhang B 1) vermittelt lediglich die methodischen Grundsätze für die Definition des Marktes. Sie kann die eigentliche Marktabgrenzung nicht ersetzen. Diese müssen die betroffenen Unternehmen selbst vornehmen. Dass die Wertungen der betroffenen Unternehmen nicht selten von den Einschätzungen der mitgliedstaatlichen Wettbewerbsbehörden oder der Kommission abweichen, ist unvermeidbar. Etwas Vergleichbares gilt für die Bewertung der Frage, ob eine Vereinbarung als **spürbar iSv Art. 101 AEUV** angesehen werden kann. Die Parteien einer Vereinbarung können sich zwar an der Bekanntmachung der Kommission über Vereinbarungen von geringer Bedeutung, die den Wettbewerb gemäß Art. 101 Abs. 1 AEUV nicht spürbar beschränken **(de minimis)** (**Bagatellbekanntmachung,** ABl. 2001 C 368/13, Anhang B 2), orientieren. Die tatsächliche Bewertung der Spürbarkeit müssen sie aber selbst vornehmen. Auch insoweit verbleiben häufig erhebliche Zweifel. Die Unsicherheit wird noch dadurch verstärkt, dass die mitgliedstaatlichen Behörden an die Bekanntmachung der Kommission ebenso wenig gebunden sind wie die europä-

ischen und die nationalen Gerichte. Diese werden sich zwar häufig ebenfalls an den Aussagen der Kommission orientieren und von diesen nicht ohne Not abweichen (so zB BGH im Fall Selektive Exklusivität JZ 1998, 960 mit Anm. *Brinker*). Dass sie dies im Einzelfall doch einmal tun können, ohne gegen europäisches Recht zu verstoßen, hat der EuGH jüngst noch einmal bestätigt (EuGH 13.12.2012 C-226/11 Rn. 24ff. Expedia NZKart 2013, 111; vgl. auch mit ausführlicher Begründung die Schlussanträge der GAin Kokott in dieser Rechtssache vom 6.9.2012 Rn. 35ff., noch nicht in der Slg., die aber eine weitergehende Prüfungs- und Berücksichtigungspflicht der nationalen Wettbewerbsbehörden für geboten hält; ebenso *Bechtold* GRUR 2012, 107, 108).

Das Gleiche gilt schließlich, möglicherweise sogar in deutlich größerem Maße für die Frage, ob eine Vereinbarung, die grundsätzlich vom Anwendungsbereich des Art. 101 Abs. 1 AEUV erfasst ist, die Freistellungsvoraussetzungen nach Art. 101 Abs. 3 AEUV erfüllt. Grundsätzlich werden die Unternehmen bemüht sein, ihre Vereinbarung so auszugestalten, dass sie in den **Anwendungsbereich einer Gruppenfreistellungsverordnung** fällt. Ist dies der Fall, können die Parteien rechtssicher davon ausgehen, dass die betreffende Vereinbarung mit Art. 101 AEUV vereinbar ist. Es werden jedoch häufig Zweifel verbleiben, ob die einschlägige Gruppenfreistellungsverordnung tatsächlich anwendbar ist (→ Rn. 29). In diesem Fall müssen die Vertragsparteien zumindest hilfsweise prüfen, ob die **Voraussetzungen einer Einzelfreistellung nach Art. 101 Abs. 3 AEUV** unmittelbar gegeben sind. Die Leitlinien zu Art. 81 Abs. 3 EG (Anhang B 4) vermitteln zwar die grundlegenden Kenntnisse, wie diese Bestimmung anzuwenden ist. Neben allgemeinen Grundsätzen finden sich auch Detailbemerkungen zu Effizienzgewinnen, die im Rahmen der Anwendung von Art. 101 Abs. 3 AEUV von Bedeutung sein können. Auch die Tatbestandsmerkmale der Unerlässlichkeit sowie der angemessenen Beteiligung der Verbraucher werden erläutert. Die Ausführungen der Kommission können jedoch nicht darüber hinwegtäuschen, dass eine erhebliche Rechtsunsicherheit verbleibt. Absolute Gewissheit können die Unternehmen nicht gewinnen, selbst wenn sie sich so weit wie möglich an den Leitlinien orientieren. 36

e) Beurteilungsspielräume der Unternehmen. Wird es bei der Einschätzung der Vereinbarkeit einer Vereinbarung mit Art. 101 AEUV mit großer Wahrscheinlichkeit regelmäßig zu Unsicherheiten und Fehleinschätzungen kommen, stellt sich in der Konsequenz die Frage, ob die Unternehmen bei der Beurteilung der Freistellungsvoraussetzungen von Art. 101 Abs. 3 AEUV einen **Beurteilungsspielraum** in Anspruch nehmen können. Der EuGH hat der **Kommission** bei der Anwendung von Art. 101 Abs. 3 AEUV stets einen weiten Beurteilungsspielraum eingeräumt (st. Rspr; vgl. den Überblick bei *Schwarze,* Europäisches Verwaltungsrecht, 2. Aufl. 2006, 344ff.). Entsprechend gering war die **Kontrolldichte** über Entscheidungen der Kommission. Begründet wurde diese mit dem Argument, die Kommission nehme bei der Prüfung der Freistellungsfähigkeit einer Vereinbarung politische Verantwortung wahr. Deshalb wurde es als angemessen angesehen, ihr ein ausreichendes Ermessen und einen entsprechenden Beurteilungsspielraum zuzubilligen. Diesen respektierte der Gerichtshof und stellte entsprechend seine eigenen Erwägungen nicht an die Stelle derjenigen der Kommission. Wenn die Kommission nach der VO 1/2003 nicht mehr dazu aufgerufen ist, eine konstitutive Freistellungsentscheidung zu treffen, sondern den Unternehmen im Rahmen der Übertragung von mehr Eigenverantwortung überlässt, drängt sich die Frage auf, ob die Unternehmen nicht einen vergleichbaren Beurteilungsspielraum für sich in Anspruch nehmen können müssen (so *Bechtold* WuW 2003, 343). Die Haltung der Kommission wie auch der nationalen Wettbewerbsbehörden und -gerichte zu dieser Frage ist eindeutig: Sie beanspruchen die **volle Überprüfbarkeit der Einschätzung der Unternehmen** hinsichtlich der Freistellungsfähigkeit einer Vereinbarung nach Art. 101 Abs. 3 AEUV und **verneinen** 37

jeden Beurteilungsspielraum der Vertragsparteien. Ein Beurteilungsspielraum soll den Unternehmen nicht zukommen.

38 Diese rigide Haltung provoziert Widerspruch (differenzierend, einen „Vertretbarkeitsspielraum" fordernd *K. Schmidt* in IM VO 1/2003 Art. 1 Rn. 31; ablehnend *Böge/Bardong* in MünchKomm VO 1/2003 Art. 1 Rn. 27). Wenn die **Unternehmen** nicht die Möglichkeit haben, in angemessener Form Rechtssicherheit zu erlangen, sondern im Wege der Eigeneinschätzung selbst die Frage beantworten müssen, ob eine Vereinbarung die Freistellungsvoraussetzungen von Art. 101 Abs. 3 AEUV erfüllt, muss ihnen ein gewisser **Beurteilungsspielraum** zugestanden werden (vgl. *Bechtold* WuW 2003, 343; *Dreher/Thomas* WuW 2004, 8, 14ff.; in diesem Sinn auch *K. Schmidt* aaO). Die tatbestandlichen Voraussetzungen von Art. 101 Abs. 3 AEUV sind unbestimmt und offen formuliert. Vollständige Sicherheit hinsichtlich des Eintritts der Freistellungsvoraussetzungen kann nicht erreicht werden. Der Wortlaut der tatbestandlichen Voraussetzungen von Art. 101 Abs. 3 AEUV ist ausfüllungsbedürftig. Dass die Kommission Gruppenfreistellungsverordnungen erlassen und zahlreiche **Leitlinien, Mitteilungen und Bekanntmachungen** veröffentlicht hat, um den Unternehmen Hinweise zur Anwendung und Auslegung der EG-Kartellrechtsnormen zu geben, kann nicht darüber hinwegtäuschen, dass erhebliche Risiken verbleiben (so vor allem *Bechtold* GRUR 2012, 107, 111f.; der Fall Schenker C-681/11 – dazu → Rn. 40ff. – ist ein anschauliches Beispiel für die verbleibende Rechtsunsicherheit). Es kann nicht in den Risikobereich der Unternehmen fallen, wenn sie vor diesem Hintergrund einer Fehleinschätzung erlegen sind. Sie müssen einen Beurteilungsspielraum, der auch Raum für Zweifelsfälle lassen muss, für sich in Anspruch nehmen können (so auch *Dreher/Thomas,* aaO, 8, 15ff.). Andernfalls stellt sich die Frage, ob eine strikte ex-post-Kontrolle, die eine umfassende Prüfungsbefugnis für sich beansprucht, auf der Grundlage unbestimmter Rechtsbegriffe mit rechtsstaatlichen Grundsätzen vereinbar ist. Unbestimmte Rechtsbegriffe, die in einer Rechtsordnung unvermeidlich sind, sind hinzunehmen, wenn eine Behörde oder ein Gericht eine rechtsgestaltende Konkretisierung vornimmt. Wenn jedoch unbestimmte Rechtsbegriffe lediglich einer deklaratorisch wirkenden ex-post-Kontrolle unterworfen sind, wird das Subsumtionsrisiko in rechtsstaatlich unakzeptabler Form den Unternehmen auferlegt. Dies ist auch in einem System der Lgealausnahme nicht hinnehmbar.

39 **f) Bußgeldrisiko bei Fehleinschätzungen.** Neben der Frage, ob den Unternehmen bei der Beurteilung der Frage, ob die Freistellungsvoraussetzungen nach Art. 101 Abs. 3 AEUV im Einzelfall vorliegen, ein Ermessen oder Beurteilungsspielraum zugebilligt wird, stellt sich die weitere Frage, ob und ggf. unter welchen Voraussetzungen die Unternehmen für sich in Anspruch nehmen dürfen, von einem Bußgeld verschont zu werden, weil sie sich bei der Beurteilung des Vorliegens der Freistellungsvoraussetzungen geirrt haben. Unter dem Regime der VO 17/62 war die Praxis der Gemeinschaftsgerichte ebenso wie die der Kommission äußerst restriktiv (vgl. *Dreher/Thomas* WuW 2004, 8, 10ff. mwN). Es wurde der zentrale Einwand erhoben, Unternehmen, die hinsichtlich der Freistellungsfähigkeit einer Vereinbarung unsicher waren, könnten eine Einzelfreistellung bei der Kommission nach Art. 101 Abs. 3 AEUV beantragen. Wenn sie von dieser Möglichkeit keinen Gebrauch machten, sollte grundsätzlich kein Anlass gegeben sein, dass sich die Unternehmen nachträglich auf einen **Verbotsirrtum** berufen könnten, der die Verhängung eines Bußgeldes ausschließen würde. Nur wenn die **Kommission selbst durch falsche Hinweise und Stellungnahmen einen Rechtsirrtum provoziert** habe, sollte es an einer vorsätzlichen oder fahrlässigen Verletzung der Wettbewerbsregeln fehlen (*Dreher/Thomas,* aaO). *Dreher/Thomas* sind zu Recht der Auffassung, dass diese Standards unter dem System der Legalausnahme nicht mehr gelten dürfen (so ausdrücklich auch GAin Kokott in ihren Schlussanträgen v. 28.2.2013 in der Rs.

C-681/11 Rn. 55 Schenker). Fällt die Möglichkeit einer Anmeldung bei der Kommission weg, ist den Unternehmen das zentrale Instrument genommen, um Rechtssicherheit zu erlangen. Aus diesem Grunde müssten sich Unternehmen eigentlich in größerem Umfang als bisher darauf berufen können, dass sie sich bei der Einschätzung des Vorliegens der Freistellungsvoraussetzungen nach Art. 101 Abs. 3 AEUV geirrt haben.

In der Rechtssache Schenker hat GAin Kokott in ihren Schlussanträgen v. 28.2.2013 (Rs. C-68111, noch nicht in der Slg., NZKart 2013, 147) ausführlich dargelegt, dass im Hinblick auf den **strafrechtsähnlichen Charakter des Kartellbußgeldrechtes** sowohl das Rechtsstaats- als auch das Schuldprinzip gelten müssten. Der Grundsatz der persönlichen Verantwortlichkeit mache die Anerkennung des Grundsatzes *nulla poena sine culpa* erforderlich, der sich auf Unionsebene aus den gemeinsamen Verfassungstraditionen der Mitgliedstaaten sowie aus Art. 48 Abs. 1 der Charta der Grundrechte der Europäischen Union sowie aus Art. 6 Abs. 2 EMRK mittelbar ergebe, da er implizit eine notwendige Voraussetzung der Unschuldsvermutung sei (GAin Kokott aaO Rn. 40f.). Auch wenn die Voraussetzungen, die die GAin in ihren Schlussanträgen ausführlich darlegt, in der Praxis nur selten gegeben sein dürften, müsse das Institut des unvermeidbaren, dh entschuldbaren und nicht vorwerfbaren Irrtums grundsätzlich anerkannt sein. In der konkret zu entscheidenden Rechtssache Schenker ging es um die Frage, ob und ggf. unter welchen Voraussetzungen die Einholung von Rechtsrat durch ein Unternehmen geeignet sein kann, einen solchen unvermeidbaren Verbotsirrtum zu begründen. GAin Kokott nannte sechs Mindestvoraussetzungen, die für das Vorliegen eines unvermeidbaren Verbotsirrtums vorliegen müssten. Der betreffende Rechtsrat müsse von einem unabhängigen, externen Rechtsanwalt eingeholt werden, der nicht Mitarbeiter der internen Rechtsabteilung des Unternehmens oder des Konzerns sein dürfe. Unter Berufung auf die Rechtsprechung des EuGH zum **Legal Privilege** (EuGH Slg. 2010 I-8301 Akzo Nobel) verneint GAin Kokott die Unabhängigkeit des von einem Unternehmensjuristen getätigten Rechtsrates. Darüber hinaus verlangt sie des Weiteren, dass es sich um den Rat eines auf das Kartellrecht spezialisierten und regelmäßig mit Mandaten aus diesem Bereich betrauten, fachkundigen Rechtsanwaltes handelt, der seinen anwaltlichen Rat auf der Grundlage einer vollständigen und zutreffenden Schilderung der Tatsachen erteilt hat, was im Fall einer nur lückenhaften oder gar wahrheitswidrigen Informationsvermittlung auszuschließen sei. Der Rechtsrat müsse sich umfassend mit der Entscheidungspraxis der Europäischen Kommission sowie der Unionsgerichte auseinandersetzen und zu allen rechtlich einschlägigen Gesichtspunkten eingehend Stellung nehmen, was nicht gegeben sei, wenn der Rechtsrat offensichtlich falsch sei. Falls sich aus dem Rechtsrat ergebe, dass die **Rechtslage im konkreten Einzelfall unklar** sei, handle das Unternehmen auf eigene Gefahr, wenn es sich über die formulierten Bedenken hinwegsetzt (GAin Kokott aaO Rn. 64–71). GAin Kokott räumt ein, dass die von ihr vorgeschlagenen strikten Mindestanforderungen den Wert anwaltlicher Rechtsgutachten und anwaltlichen Rechtsrats deutlich geschmälert sei, was jedoch im Hinblick auf die Rechtsnatur des mit der VO 1/2003 etablierten Systems in der Natur der Sache liege. **40**

Sind die von GAin Kokott formulierten Mindestanforderungen bereits restriktiv, insbesondere was das Erfordernis des Einholens externen Rechtsrates anbelangt, geht der EuGH in seinem Urteil in dieser Rechtssache noch deutlich darüber hinaus (EuGH 18.6.2013 Rs. C-681/11 Rn. 41f. NZKart 2013, 332 Schenker). Der EuGH setzt sich mit den Überlegungen der Generalanwältin nicht auseinander, inwieweit der Grundsatz *nulla poena sine culpa* die Zulassung des Instituts des unvermeidbaren Verbotsirrtums grundsätzlich erforderlich mache. Stattdessen stellt er allein und ausschließlich darauf ab, ob sich die betroffenen Unternehmen im Rahmen des **Grundsatzes des Vertrauensschutzes** auf den durch einen **externen Anwalt** gegebenen Rechtsrat verlassen dürfen. Dies lehnt der EuGH insgesamt und kategorisch **41** ab und sieht keine Möglichkeit, dass sich ein Unternehmen wegen eines erteilten, letztlich unrichtigen Rechtsrates exkulpieren und von der Verhängung einer Geldbuße ausgenommen werden kann. Ganz im Gegenteil formuliert der Gerichtshof mit vergleichsweise harschen Worten, dass „[d]er Rechtsrat eines Anwalts [...] bei einem Unternehmen [...] auf keinen Fall ein berechtigtes Vertrauen darauf begründen [kann], dass sein Verhalten nicht gegen Art. 101 AEUV verstößt oder nicht zur Verhängung einer Geldbuße führt." Der EuGH geht, gestützt auf Art. 5, sogar so weit, dass die Bestätigung einer mitgliedstaatlichen Behörde, dass ein Verstoß gegen Art. 101 AEUV nicht vorliege, ebenfalls keinen Vertrauensschutz begründen könne, da die nationale Wettbewerbsbehörde zu einer solchen Feststellung nicht berechtigt sei. Daher könne sie auch keine vertrauensbildende Wirkung haben.

42 Diese **äußerst restriktive Rechtsprechung des EuGH** ist für die betroffenen Unternehmen unbefriedigend. Die im Vorfeld der Verabschiedung der VO 1/2003 geäußerte Befürchtung, das System der Legalausnahme und die Verpflichtung zur **Selbstveranlagung** bürde den Unternehmen unakzeptable und hohe Risiken auf, scheint sich bewahrheitet zu haben. Wenn es, wie der EuGH ausgeführt hat, keine Möglichkeit gibt, Rechtssicherheit durch die Einholung externen Rechtsrats zu erlangen, wenn die Kommission selbst den Unternehmen keine Hinweise gibt, vergleichbare Äußerungen der nationalen Wettbewerbsbehörden jedoch ebenso wenig Vertrauensschutz begründen können wie von einem externen, im Kartellrecht erfahrenen Anwalt eingeholter Rechtsrat, verbleibt das volle Risiko der Kartellrechtskonformität von Vereinbarungen bei den Unternehmen. Dies ist, gerade vor dem Hintergrund des Systemwechsels von der VO 17/62 zur VO 1/2003 unangemessen. Besonders unbefriedigend ist in diesem Kontext, dass der EuGH, was im Hinblick auf die Darlegungen der Generalanwältin Kokott nahegelegen hätte, den Rechtsgrundsatz *nulla poena sine culpa* mit keinem Wort erwähnt. Es stellt sich vor diesem ernüchternden Ergebnis die Frage, welche Auswirkungen dies auf die Entscheidungsfindung von Geschäftsführern, Vorständen und Aufsichtsgremien nach dem einschlägigen nationalen Gesellschaftsrecht hat. Verbleiben zB hinsichtlich der Freistellbarkeit einer Vereinbarung nach Art. 101 Abs. 3 AEUV Zweifel, müsste die Geschäftsführung bzw. der Vorstand den Abschluss einer solchen Vereinbarung ablehnen, um auch nur vage rechtliche Risiken vollständig ausschließen zu können. Dies kann nicht in der Absicht des Rates der Europäischen Union bei der Verabschiedung der VO 1/2003 gelegen haben.

43 Wenn der EuGH die Akzeptanz des Rechtsinstituts eines unvermeidbaren Verbotsirrtums kategorisch ausschließt, verlagert sich die Diskussion auf die der **Organhaftung** nach den mitgliedstaatlichen Gesellschaftsrechten, insbesondere den maßgeblichen Vorschriften im GmbH- sowie vor allem im Aktienrecht (so insb. *Fleischer* EuZW 2013, 326). Maßgeblich sind im deutschen Gesellschaftsrecht also die Vorschriften in § 93 AktG bzw. § 43 GmbHG bzw. die entsprechenden Vorschriften für den Aufsichtsrat in § 111 AktG bzw. § 52 GmbHG iVm § 111 AktG. Welche Prüfungs- und Abwägungspflichten Geschäftsführer und Vorstände bzw. Aufsichtsräte treffen, ergeben sich für das deutsche Gesellschaftsrecht insbesondere aus der ARAG/Garmenbeck-Rechtsprechung des II. Zivilsenates des Bundesgerichtshofes (BGHZ 135, 244). Danach sind die Geschäftsführer und Vorstände bzw. die Aufsichtsräte nicht verpflichtet, in jedem Fall eine ganz bestimmte Entscheidung zu treffen. Vielmehr müssen sie eine sachgerechte Entscheidung (welchen Inhalts auch immer) auf der Grundlage eines sorgfältig und umfänglich ermittelten Sachverhaltes und unter Berücksichtigung eingeholten (internen oder externen) Rechtsrates eines mit den betreffenden Themen vertrauten, fachkundigen Rechtsanwalts treffen. Die Entscheidungsfindung muss sorgfältig protokolliert und dokumentiert werden, um ggf. den Nachweis führen zu können, dass die Entscheidungsfindung auf kundiger Basis und sachgerecht erfolgt ist (umfassend dazu *Goette*, Liber Amicorum Martin Winter, S. 153 ff.; *Goette*, FS Hoffmann-Becking, 2013, S. 377 ff.).

Rechtliche Stellungnahmen, unabhängig davon, ob sie von internen oder externen Rechtsberatern abgegeben werden, werden **keine letzte Sicherheit** darüber geben können, ob eine Vereinbarung mit Art. 101 AEUV vereinbar ist, insbesondere ob die Freistellungsvoraussetzungen nach Art. 101 Abs. 3 AEUV erfüllt sind. In solchen Stellungnahmen werden auf der Grundlage eines gründlich ermittelten, umfassenden Sachverhalts lediglich die rechtlichen Voraussetzungen zusammengetragen und ausgewertet werden können. Auch werden im Rahmen der Subsumtion die Argumente dargelegt werden können, ob die ermittelten Rechtsgrundsätze auf den jeweils zu beurteilenden Fall übertragbar sind oder nicht. Abschließende Rechtssicherheit wird sich dadurch nicht erlangen lassen. Etwas anderes gilt möglicherweise für **ökonomische Analysen** (dazu *Zimmer* WuW 2007, 1198). Die Kommission hat in ihren Leitlinien zu Art. 101 Abs. 3 AEUV deutlich gemacht, dass für die Frage, ob durch eine Vereinbarung Effizienzgewinne erzielt werden können, **umfangreiche ökonomische Analysen** angestellt werden müssen. Dafür werden Untersuchungen erforderlich sein, die in einem Unternehmen häufig nicht geleistet werden können. Die Hinzuziehung ökonomischer Berater wird sich in solchen Fällen anbieten. Das gilt insbesondere, wenn, wie es sich in europäischen Fusionskontrollverfahren, aber auch in Bußgeldverfahren und Schadensersatzprozessen immer häufiger abzeichnet (vgl. grundlegend dazu Fall Nr. COMP/M.3625 – Blackstone/Acetex; allg. *Brinker,* Praktische Probleme der Marktabgrenzung aus rechtlicher Sicht, in: Schwarze (Hrsg.), Recht und Ökonomie im Europäischen Wettbewerbsrecht, 2006, S. 41 ff.), **ökonometrische Berechnungen** angestellt werden. Dafür bedarf es nicht nur entsprechend ausgebildeter Ökonomen, die über die erforderliche Expertise und Erfahrung im Bereich der Ökonometrie verfügen. In technischer Hinsicht werden Unternehmen häufig nicht in der Lage sein, diese Untersuchungen im Unternehmen selbst auszuüben. Die aus der VO 1/2003 erwachsene Pflicht zur Selbsteinschätzung macht es jedoch erforderlich, dass die Unternehmen insbesondere bei der Prüfung des Eintritts der Freistellungsvoraussetzungen nach Art. 101 Abs. 3 AEUV sorgfältig vorgehen. Dabei wird es häufig nicht ausreichen, wenn die Unternehmen entweder selbst oder durch externe Berater die bisherige Praxis der Kommission und der Gemeinschaftsgerichte analysieren lassen und auf die jeweils betroffene Vereinbarung übertragen. Diese Untersuchungen werden nicht selten durch ökonomische Analysen sekundiert werden müssen. 44

Unterbleiben diese, setzen sich die Unternehmen möglicherweise dem Vorwurf aus, nicht alles getan zu haben, um eine **verlässliche Einschätzung des Eintritts der Freistellungsvoraussetzungen nach Art. 101 Abs. 3 AEUV** abgeschätzt zu haben. Nach der Rechtsprechung des EuGH kann das betroffene Unternehmen weder ein Ermessen bzw. einen Beurteilungsspielraum in Anspruch nehmen noch sich auf das Vorliegen eines unvermeidbaren Verbotsirrtums berufen (EuGH aaO – → Rn. 41 –), auch wenn die Kommission oder mitgliedstaatliche Wettbewerbsbehörden für wettbewerbsbeschränkende Vereinbarungen, für die lediglich Zweifel hinsichtlich deren Freistellungsfähigkeit nach Art. 101 Abs. 3 AEUV bestehen, in der Regel keine Bußgelder verhängen. Die den Vertragsschluss bestätigenden Geschäftsführer oder Vorstände bzw. Aufsichtsräte müssen sich jedoch die Frage gefallen lassen, ob sie vor dem Hintergrund der Vorschriften in § 43 GmbHG und § 93 AktG bzw. § 111 AktG (ggf. iVm § 52 GmbHG) ihren rechtlichen Verpflichtungen in vollem Umfang nachgekommen sind, um die Vereinbarkeit der betreffenden Vereinbarung mit den Vorgaben des europäischen Kartellrechts sicherzustellen. Diesen Nachweis werden sie nur führen können, wenn sie alles in ihrer Macht Stehende getan haben, um eine möglichst umfassende Abschätzung des Vorliegens der Freistellungsvoraussetzungen nach Art. 101 Abs. 3 AEUV unternommen haben. Dies setzt sowohl eine umfassende Ermittlung sämtlicher relevanter Tatsachen und Sachverhaltselemente voraus wie auch die Einholung sachkundigen Rechtsrats durch einen fachkundigen und erfahrenen Kartellanwalt. Hinzu kommt, dass von den Unternehmen in formaler 45

Hinsicht verlangt werden darf, die **Prüfung angemessen zu dokumentieren.** Sind diese Voraussetzungen erfüllt, haben die betroffenen Unternehmen alles getan, was ihnen im Rahmen der kartellrechtlichen Prüfung zugemutet werden kann. Stellt sich im Nachhinein heraus, dass die Einschätzung fehlerhaft war, können sich die Unternehmen nach der Rechtsprechung des EuGH in der Rechtssache Schenker (EuGH aaO NZKart 2013, 332) zwar nicht auf einen **Tatsachen- oder Rechtsirrtum** berufen. Die Leitungsorgane werden sich aber, wenn sie die vorstehend zusammengefassten Vorgaben beachten, weder dem Vorwurf gesellschaftsrechtlicher Pflichtverletzungen aussetzen noch einem persönlichen Organhaftungsrisiko.

46 Falls die Voraussetzungen einer Gruppenfreistellungsverordnung entgegen der Einschätzung der beteiligten Vertragsparteien nicht erfüllt sind, scheidet eine Bußgeldfestsetzung ungeachtet der Rechtsprechung des EuGH in der Rechtssache Schenker gleichwohl in aller Regel aus, wenn die betreffende **Vereinbarung keine schwarze Klausel enthält.** Wenn dagegen die betreffende Vereinbarung eine schwarze Klausel enthält, wird man nicht ausschließen können, dass eine Kartellbehörde ex post wegen des Verstoßes ein Bußgeld festsetzt. Liegt dagegen lediglich ein Verstoß gegen eine **sog. graue Klausel** vor, wie zB im Falle eines überlangen Wettbewerbsverbotes, das die Voraussetzungen von Art. 5 Abs. 1 lit. a VO 330/2010 nicht erfüllt, führt dies zwar zur zivilrechtlichen Unwirksamkeit der Klausel; ein Bußgeld wird wegen des Verstoßes gegen Art. 5 Abs. 1 lit. a VO 330/2010 in aller Regel nicht verhängt werden.

47 **g) Zivilrechtliche Konsequenzen.** Ein Rechtsirrtum hat unabhängig davon, ob man der strikten Auffassung des EuGH folgt, keinen Einfluss auf den Eintritt der **zivilrechtlichen Sanktionen,** die sich aus Art. 101 Abs. 2 AEUV ergeben. Rechts- oder Tatsachenirrtümer können nicht dazu führen, dass diese objektive Rechtsfolge nicht eintritt (*K. Schmidt* in IM aaO). Auch entsprechende Vorkehrungen der Unternehmen, zB im Rahmen rechtlicher oder ökonomischer Gutachten, haben keinen Einfluss auf den Eintritt dieser Rechtsfolge. Allerdings können Unternehmen im Rahmen der Vertragsgestaltung Mechanismen vorsehen, die das mit dem Eintritt der zivilrechtlichen Unwirksamkeit verbundene Risiko minimieren. Die **Möglichkeiten im Rahmen der Vertragsgestaltung sind begrenzt** (in diesem Sinne aber *Sura* in LB VO 1/2003 Art. 1 Rn. 20). Am effektivsten wird es sein, wenn, wie allgemein üblich, die Vertragsparteien eine **salvatorische Klausel** vorsehen, die auch für den Fall gelten soll, dass die Vereinbarung im Hinblick auf kartellrechtliche Vorgaben ganz oder teilweise zivilrechtlich unwirksam werden sollte. Allerdings werden die Vertragsparteien sorgfältig prüfen müssen, ob die salvatorische Klausel für alle Vertragsbestimmungen gelten soll oder ob die Vereinbarung nur dann fortgelten soll, wenn alle Elemente der Vereinbarung Wirksamkeit beanspruchen können. Im Hinblick auf die Rechtsprechung des BGH zum Umfang der zivilrechtlichen Nichtigkeit empfiehlt es sich, im Vertrag selbst eine Klarstellung zu treffen, ob beim Wegfall mancher Klauseln die Vereinbarung insgesamt wirksam bleiben soll oder ob die Vereinbarung insgesamt unwirksam werden soll, wenn eine bestimmte, einzelne Klausel zivilrechtlich unwirksam sein sollte (BGH NJW 2003, 347).

48 Häufig haben die Parteien einer Vereinbarung in der Vergangenheit versucht, kartellrechtliche Probleme, die sich im Zusammenhang mit einer Vereinbarung stellen, dadurch zu umgehen, dass sie entweder eine **Schiedsgerichtsvereinbarung unter Ausschluss der Zuständigkeit der ordentlichen Gerichte** getroffen oder einen **Gerichtsstand in der Schweiz** vereinbart haben. Dies verband sich mit der Hoffnung, dass die Schiedsgerichte bzw. die Schweizer Gerichte die Kartellrechtsbestimmungen der Art. 101 und 102 AEUV nicht bzw. nicht in vollem Umfang anwenden. Diese Hoffnung hat sich in vielen Fällen nicht bewahrheitet. So gibt es inzwischen einschlägige Rechtsprechung Schweizer Obergerichte, nach der es die **allgemeinen Grundsätze des internationalen Privatrechtes** der Schweiz erforderlich machen,

dass auch die Bestimmungen des europäischen Kartellrechtes berücksichtigt und angewandt werden müssen (grundlegend zu dieser Thematik *Girsberger/Weber-Stecher,* Die Einrede der Wettbewerbswidrigkeit vor schweizerischen Schiedsgerichten, FS R. Zäch, 681 ff.). Dies bedeutet, dass auch durch die Wahl eines Schweizer Gerichtsstands die Anwendung des europäischen Kartellrechts nicht umgangen werden kann. Zwar kommt es immer wieder vor, dass Schiedsgerichte die Kartellrechtsbestimmungen des EG-Rechts nicht in vollem Umfang berücksichtigen. Nach der Entscheidung **Javico** des EuGH (EuGH Slg. 1998 I-1983) hat ein mitgliedstaatlicher Richter, der über die **Vollstreckbarkeitserklärung eines Schiedsurteils** zu befinden hat, stets zu prüfen, ob das Schiedsgericht die einschlägigen Bestimmungen des europäischen Rechts, insbesondere auch des europäischen Wettbewerbsrechts, in vollem Umfang berücksichtigt und angewandt hat. Nur wenn die Anwendung des europäischen Wettbewerbsrechts garantiert ist und die Bestimmungen zu ihrer vollen Wirksamkeit gelangt sind, darf der mitgliedstaatliche Richter das Exequatur erklären. Auf diese Weise ist sichergestellt, dass die Anwendung der Bestimmungen des europäischen Wettbewerbsrechts nicht umgangen werden kann.

6. Dezentralisierung der Anwendung des EU-Kartellrechts

a) Wegfall der Beschränkungen nach Art. 9 VO 17/62. Die Kommission verfolgt mit dem Übergang vom Anmelde- und Freistellungssystem zum System der Legalausnahme auch das Ziel, die Anwendung und Durchsetzung des europäischen Wettbewerbsrechts auf mehrere Schultern zu verteilen. Zwar waren unter der VO 17/62 die mitgliedstaatlichen Wettbewerbsbehörden und -gerichte auch bisher aufgerufen, die Anwendung von Art. 101 Abs. 1 und Abs. 2 AEUV sowie von Art. 102 AEUV sicherzustellen. Im Hinblick auf das **Freistellungsmonopol der Kommission** nach Art. 9 Abs. 1 VO 17/62 waren den mitgliedstaatlichen Wettbewerbsbehörden und -gerichten bei der Anwendung der Vorschriften des europäischen Wettbewerbsrechts Grenzen gesetzt. Solange allein die Kommission über einen Antrag auf Erteilung einer Einzelfreistellung entscheiden konnte, beschränkte sich die Befugnis der nationalen Behörden und Gerichte auf eine **Annex-Funktion.** Diese Situation hat sich mit dem Übergang zum System der Legalausnahme grundlegend geändert. Mit der Befugnis der mitgliedstaatlichen Wettbewerbsbehörden und -gerichte zur Anwendung von Art. 101 AEUV in seiner Gesamtheit wird eine **Anwendung der Bestimmungen des europäischen Wettbewerbsrechts auf breiter Basis** einhergehen. Im Sinne einer **weitgehenden Dezentralisierung** wird in Zukunft nicht allein die Kommission dazu aufgerufen sein, Art. 101 AEUV in seiner Gesamtheit anzuwenden. Durch die Befugnis der nationalen Behörden und Gerichte, in Zukunft neben Art. 101 Abs. 1 und Abs. 2 AEUV auch Abs. 3 dieser Bestimmung anzuwenden, ist eine **verstärkte Befassung der mitgliedstaatlichen Wettbewerbsbehörden und -gerichte** mit den Bestimmungen des EG-Wettbewerbsrechts absehbar (so insb. GAin Kokott in ihren Schlussanträgen v. 28.2.2013 in der Rs. C-681/11 Schenker Rn. 82; ebenso GAin Kokott in ihren Schlussanträgen v. 6.9.2012 in der Rs. C-226/11 Expedia Rn. 37). 49

b) Verpflichtung zur Anwendung des EU-Wettbewerbsrechts. Die Verpflichtung der mitgliedstaatlichen Wettbewerbsbehörden und -gerichte ergibt sich nicht nur aus der VO 1/2003, sondern unmittelbar aus dem Primärrecht. Der EuGH vertritt in ständiger Rechtsprechung die Auffassung, aus Art. 101 und 102 AEUV ergeben sich subjektive Rechte, die die betroffenen Unternehmen des Gemeinsamen Marktes effektiv durchsetzen können müssen. Sie müssen insbesondere befugt sein, vor den mitgliedstaatlichen Gerichten sich auf ihre aus Art. 101 und 102 AEUV ergebenden Rechte berufen zu können. Diese dürfen sich den Rechtsschutzbegehren der Betroffenen nicht verweigern. Vielmehr sind sie aufgerufen, den Bestimmungen des 50 europäischen Wettbewerbsrechts **in vollem Umfang zu effektiver Wirksamkeit zu verhelfen** (EuGH Slg. 2001 I-6297 Courage; ebenso EuGH 14.6.2011 Rs. C-360/09 Pfleiderer, noch nicht in der Slg.). Die Bereitschaft der nationalen Instanzen, die Art. 101 und 102 AEUV in vermehrtem Maße anzuwenden, dürfte allein im Hinblick auf die erweiterten Kompetenzen zunehmen. Da insbesondere die nationalen Gerichte in Zukunft Rechtsstreitigkeiten, in denen es um die Auslegung und Anwendung von Art. 101 AEUV geht, in vollem Umfang und ohne Unterbrechung anwenden können, ohne vorab den Parteien die Möglichkeit zu geben, im Rahmen eines Anmelde- und Freistellungsverfahrens eine Entscheidung der Kommission einzuholen, wird sich die Neigung der nationalen Gerichte erhöhen, Rechtsstreitigkeiten im Zusammenhang mit Art. 101 AEUV rascher und effektiver zu erledigen.

51 Etwas Vergleichbares gilt für die nationalen Wettbewerbsbehörden. Auch diese sind aufgerufen und verpflichtet, Art. 101 und 102 AEUV zu voller Wirksamkeit zu verhelfen. Die nationalen Wettbewerbsbehörden sind ebenso wie die Kommission aufgerufen, die **Beachtung der Normen des europäischen Wettbewerbsrechts ex post sicherzustellen.** Ebenso wie die Kommission sind deshalb die nationalen Behörden verpflichtet, von ihren Befugnissen im Rahmen einer nachträglichen Kontrolle Gebrauch zu machen (so GAin Kokott aaO).

52 **c) Europäisches Wettbewerbsnetz.** Dass die dezentrale Anwendung des europäischen Wettbewerbsrechts ein zentrales Element der neuen Regelung ist, ergibt sich aus der **Gründung des europäischen Netzes der Wettbewerbsbehörden.** Um das durch die VO 1/2003 begründete System paralleler Zuständigkeiten der Kommission und der mitgliedstaatlichen Wettbewerbsbehörden effizient auszugestalten, bilden die nationalen Wettbewerbsbehörden und die Kommission ein Netz von Behörden (vgl. dazu allg. *Canenbley/Rosenthal* ECLR 2005, 106ff., 178ff.). Dieses Netz ist ein Diskussions- und Kooperationsforum für die Anwendung und Durchsetzung der europäischen Wettbewerbspolitik. Das Netz wird als **„Europäisches Wettbewerbsnetz“ (ECN)** bezeichnet. Die Kommission hat zusammen mit den anderen, oben genannten Bekanntmachungen eine weitere Bekanntmachung über die Zusammenarbeit innerhalb des Netzes der Wettbewerbsbehörden veröffentlicht (Netzwerkbekanntmacung = **ECN-Bekanntmachung,** Anhang B 28). Dort werden die Grundsätze für die **Arbeitsteilung** und die **kohärente Anwendung** der europäischen Wettbewerbsregeln niedergelegt.

53 Dass es sich bei dem europäischen Wettbewerbsnetz nicht allein um eine Einrichtung handelt, die in das Ermessen der Europäischen Kommission gestellt ist, ergibt sich aus der **Gemeinsamen Erklärung des Rates und der Kommission zur Arbeitsweise des Netzes der Wettbewerbsbehörden** (Rat der Europäischen Union, Dok. 15 435/02 ADD 1 vom 10.12.2002, S. 1). In der Gemeinsamen Erklärung werden allgemeine Grundsätze für die Zusammenarbeit im Netz definiert. Ebenso werden Grundsätze für die Verteilung der Arbeit niedergelegt sowie Vorschriften für die kohärente Anwendung der Wettbewerbsregeln der Gemeinschaft aufgestellt. Durch die Gemeinsame Erklärung wird klargestellt, dass die **Festlegung der Grundsätze nicht in der alleinigen Zuständigkeit der Kommission** liegt. Vielmehr haben sich Kommission und Rat gemeinsam auf die allgemeinen Grundsätze über die Arbeitsweise, die Verteilung der Arbeit und die kohärente Anwendung der europäischen Wettbewerbsregeln geeinigt. Die Gemeinsame Erklärung kann nur gemeinsam geändert, angepasst oder aufgehoben werden. Dies verdeutlicht, welche Bedeutung die Mitgliedstaaten der dezentralen Anwendung des europäischen Wettbewerbsrechts beimessen.

54 Auch wenn anerkannt wird, dass die Arbeitsweise der einzelnen mitgliedstaatlichen Wettbewerbsbehörden unterschiedlichen Regeln und Standards unterliegt, geht die Gemeinsame Erklärung davon aus, dass **alle Mitglieder des Netzes ohne Einschränkung parallel zuständig für die Anwendung der Art. 101 und 102**

AEUV sind (Gemeinsame Erklärung, aaO, Rn. 11). Die Verteilung von Fällen soll in **transparenten Verfahren** erfolgen und so schnell wie möglich abgeschlossen werden (vgl. zu den Erfahrungen seit Inkrafttreten der VO 1/2003 die Berichte des FIDE Kongresses 2008 *Koeck/Karollus* (Hrsg.), The Modernisation of European Competition Law – Initial Experiences with Reg. 1/2003, Wien 2008, insb. 432ff.). Grundsätzlich soll die Behörde für einen Fall zuständig sein, die besonders gut in der Lage ist, im jeweiligen Fall tätig zu werden und für eine wirksame Durchsetzung der Art. 101 und 102 AEUV zu sorgen. Grundsätzlich sollen **Fälle nur von einer einzigen Wettbewerbsbehörde bearbeitet** werden. Da dies nicht immer möglich ist, koordinieren die Mitglieder des Netzes, wenn mehrere Wettbewerbsbehörden gleichzeitig tätig werden. Wenn mehr als drei Mitgliedstaaten die Zuständigkeit für einen bestimmten Fall für sich reklamieren, erscheint es nach Auffassung von Kommission und Rat sinnvoller zu sein, dass die Kommission die Zuständigkeit für das betreffende Verfahren übernehmen sollte (Gemeinsame Erklärung, aaO, Rn. 15ff.). Schließlich sieht die Gemeinsame Erklärung auch Regeln vor, die die kohärente Anwendung der europäischen Wettbewerbsregeln gewährleisten sollen (Gemeinsame Erklärung, aaO, Rn. 20f.).

7. Risiko der inkohärenten Anwendung des EU-Kartellrechts

a) Ausgangsproblematik. Die parallele Anwendung der Bestimmungen des EG-Kartellrechts durch die Kommission sowie durch die nationalen Kartellbehörden und -gerichte birgt das Risiko in sich, dass sich in der Europäischen Union der 28 Mitgliedstaaten **unterschiedliche Standards** hinsichtlich der Anwendung der Art. 101 und 102 AEUV entwickeln (dazu *Gerber/Cassinis,* ECLR 2006, 1 (Part 1) und 51 (Part 2)). Dies kann zu erheblichen Verzerrungen führen und damit mittelbar zu **Wettbewerbsverfälschungen.** Dieses Risiko haben Kommission und Mitgliedstaaten im Vorfeld der Reform des europäischen Kartellverfahrensrechts erkannt. Die Kommission hat zusammen mit den mitgliedstaatlichen Behörden das Europäische Wettbewerbsnetz gegründet, das den Zweck hat, auf eine **einheitliche und kohärente Anwendung der Kartellrechtsnormen** hinzuwirken. Zu diesem Zweck hat die Kommission die ECN-Bekanntmachung (Anhang B 28) veröffentlicht. Eine vergleichbare Bekanntmachung hat die Kommission über die **Zusammenarbeit zwischen der Kommission und den Gerichten** der Mitgliedstaaten bei der Anwendung der Art. 81 und 82 EG veröffentlicht (ABl. 2004 C 101/54, Anhang B 27). 55

b) Zusammenarbeit der Wettbewerbsbehörden. In der Bekanntmachung über die Zusammenarbeit innerhalb des europäischen Wettbewerbsnetzes werden die **Grundsätze für die Verteilung eingehender Fälle** geregelt, um eine effiziente Arbeitsteilung zwischen der Kommission und den nationalen Wettbewerbsbehörden sicherzustellen (ECN-Bekanntmachung, Rn. 5ff.). Im Zentrum stehen die Regeln, die eine **kohärente Anwendung der europäischen Wettbewerbsregeln** sicherstellen sollen (ECN-Bekanntmachung, Rn. 43ff.). Die Grundsätze, die in der Bekanntmachung niedergelegt sind, konkretisieren die Regeln in Art. 11. Auf die Kommentierung zu dieser Vorschrift wird verwiesen (→ Art. 11 Rn. 4ff.). Im Zentrum steht die Befugnis der Kommission, gemäß Art. 11 Abs. 6 Verfahren an sich zu ziehen (vgl. hierzu EuGH 14.2.2012 Rs. C-17/10 Rn. 70ff. Schenker; unter ausdrücklicher Berufung auf die Schlussanträge von GAin Kokott in dieser Rechtssache v. 8.9.2011 Rn. 74ff.). Die Kommission kann, selbst wenn eine oder gar mehrere mitgliedstaatliche Wettbewerbsbehörden bereits ein Ermittlungsverfahren eingeleitet haben, ebenfalls ein Verfahren eröffnen. Dies führt dazu, dass die **mitgliedstaatlichen Behörden ihre Zuständigkeit verlieren.** Allein die Kommission ist ab diesem Zeitpunkt für den betreffenden Vorgang zuständig. Zwar wird die Kommission nur selten von dieser Befugnis Gebrauch machen (vgl. Berichte zum FIDE Kongress 2008, aaO, 56

S. 442ff.). Sie ist jedenfalls ein geeignetes Instrument, um einer drohenden Inkohärenz der Anwendung des EG-Kartellrechts zu begegnen.

57 In diesem Kontext ist ergänzend auf ein Instrument zu verweisen, von dem die Kommission in den letzten Jahren vermehrt und in großem Maße Gebrauch gemacht hat. Es handelt sich um **Bekanntmachungen, Mitteilungen, Leitlinien,** etc., die die Kommission für die unterschiedlichsten Bereiche des europäischen Wettbewerbsrechtes herangezogen hat. Dabei handelt es sich nach allgemeiner Auffassung um sog. „soft law", dem zwar keine rechtsverbindliche Wirkung für die mitgliedstaatlichen Wettbewerbsbehörden und -gerichte, naturgemäß auch nicht für die europäischen Gerichte zukommt, deren praktische Bedeutung auf europäischer wie auf mitgliedstaatlicher Ebene aber gleichwohl nicht unterschätzt werden darf (so ausdrücklich GAin Kokott in ihren Schlussanträgen v. 6.9.2012 in der Rs. C-226/11 Expedia Rn. 35; weitergehend *Bechtold,* FS Hirsch, 2008, 233). Auf den ersten Blick dienen solche Bekanntmachungen, Mitteilungen, etc. dazu, die Praxis der Kommission zusammenzufassen und für die betroffenen Wirtschaftskreise transparent zu machen. Die **Kommission bindet sich auf diese Weise selbst** und darf nicht ohne Angabe von Gründen und nicht ohne Beachtung des Grundsatzes der Gleichbehandlung hiervon abweichen. Darüber hinaus dienen Bekanntmachungen, Mitteilungen, etc. für die mitgliedstaatlichen Wettbewerbsbehörden wie auch für die nationalen Gerichte aber auch als Leitfaden, der gerade für das Funktionieren des dezentralen Systems der europäischen Kartellrechtsdurchsetzung und für eine unionsweit möglichst wirksame und einheitliche Anwendung der Art. 101 und 102 AEUV von entscheidender Bedeutung ist (vgl. die Schlussanträge von GAin Kokott aaO Rn. 37). Auch wenn die mitgliedstaatlichen Wettbewerbsbehörden und -gerichte an solche Bekanntmachungen, Mitteilungen, etc. nicht rechtlich gebunden sind, dürfen sie diese nicht einfach ignorieren. Vielmehr obliegt es ihnen, im Rahmen der sich **aus Art. 4 Abs. 3 EUV ergebenden Pflicht zur loyalen Zusammenarbeit** die wettbewerbspolitischen Ausführungen der Kommission im Rahmen ihrer eigenen Entscheidungsfindung angemessen zu berücksichtigen. Aus diesem Grunde müssen sie sich in jedem Einzelfall, sofern eine Bekanntmachung von Relevanz sein kann, mit den dort zu findenden Stellungnahmen und wettbewerbspolitischen Aussagen auseinandersetzen und gerichtlich prüfbare Gründe für etwaige Abweichungen angeben (vgl. die Schlussanträge von GAin Kokott aaO Rn. 38f.). Durch die Zusammenfassung ihrer bisherigen Entscheidungspraxis sowie durch darüber hinausgehende wettbewerbspolitische Stellungnahmen ist die Europäische Kommission in der Lage, auch im System der dezentralen Anwendung des europäischen Wettbewerbsrechtes Einfluss auf die Entscheidungspraxis der mitgliedstaatlichen Wettbewerbsbehörden und -gerichte zu nehmen. Dieses eher informelle Rechtsinstrument dient also ebenfalls der rechtlichen Kohärenz bei der Anwendung der europäischen Wettbewerbsregeln.

58 **c) Zusammenarbeit mit den mitgliedstaatlichen Gerichten.** Während außer der Sicherstellung der kohärenten Anwendung der europäischen Wettbewerbsregeln die Verteilung von Fällen zwischen der Kommission und den mitgliedstaatlichen Wettbewerbsbehörden im Vordergrund der Netzwerk-(ECN-)Bekanntmachung (Anhang B 28) steht, geht es bei der Zusammenarbeit zwischen der Kommission und den Gerichten der Mitgliedstaaten naturgemäß nicht um die Verteilung von Fällen, sondern in erster Linie um die **kohärente und effiziente Anwendung der europäischen Wettbewerbsregeln.** Zu diesem Zweck werden in der Bekanntmachung der Kommission Regeln über die Information der Kommission über anhängige Gerichtsverfahren aufgestellt. Vergleichbar mit der Fallkonstellation, die der Delimitis-Entscheidung des EuGH zugrunde lag (EuGH Slg. 1991 I-935), sieht die Kommission in ihrer Bekanntmachung über die Zusammenarbeit mit den mitgliedstaatlichen Gerichten (Anhang B 27) auch Regeln dafür vor, wie in Fällen zu verfahren ist, in denen ein nationales Gericht gleichzeitig oder zeitlich versetzt zur Kommission

Art. 101 AEUV auf einen Fall anzuwenden hat (vgl. zu den bisherigen Erfahrungen die Berichte zum FIDE Kongress 2008, aaO, S. 462ff.). Vor dem Hintergrund der Masterfoods-Entscheidung (EuGH Slg. 2000 I-11 369) sieht die Kommission einen besonderen Regelungsbedarf für Fälle, in denen es möglicherweise zur **unterschiedlichen Bewertung von Sachverhalten** kommen kann und damit zu einer **divergierenden Anwendung der europäischen Wettbewerbsregeln** (→ Art. 15 Rn. 3ff.).

d) Kohärenz durch Vorabentscheidung. In einem System der Legalausnahme wird schließlich das Instrument des **Vorabentscheidungsersuchens nach Art. 267 AEUV** größere Bedeutung gewinnen. Unter dem Regime der VO 17/62 gab es nur vergleichsweise wenige Vorabentscheidungsersuchen, die an den EuGH zur Auslegung der Art. 101 Abs. 1 und 2 AEUV gerichtet wurden. Dabei handelte es sich regelmäßig um Fälle, in denen es um die **Zuständigkeitsverteilung bei der Anwendung der Bestimmungen des europäischen Wettbewerbsrechts** durch die Kommission einerseits und die mitgliedstaatlichen Behörden und Gerichte andererseits (vgl. zB EuGH Slg. 1991 I-935 Delimitis; EuGH Slg. 2000 I-11 369 Masterfoods) oder um Fälle, in denen es um die **Auslegung bestimmter Tatbestandsmerkmale von Art. 101 Abs. 1 AEUV** ging (EuGH Slg. 1986 I-353 Pronuptia; EuGH Slg. 2004 I-2493 AOK Bundesverband). Da weder die mitgliedstaatlichen Wettbewerbsbehörden noch die mitgliedstaatlichen Gerichte unter dem Regime der VO 17/62 befugt waren, die Freistellungsbestimmung in Art. 101 Abs. 3 AEUV anzuwenden, konnte es naturgemäß zu keinen Vorabentscheidungsersuchen kommen. 59

Dies wird sich mit großer Wahrscheinlichkeit in der Zukunft ändern. Da sowohl die mitgliedstaatlichen Wettbewerbsbehörden als auch die nationalen Gerichte befugt und verpflichtet sind, Art. 101 AEUV in seiner Gesamtheit direkt und unmittelbar anzuwenden, werden die Gerichte in größerem Maße von Vorabentscheidungsersuchen nach Art. 267 AEUV Gebrauch machen. Die **Rechtsprechung des EuGH wird in der Konsequenz zu größerer Kohärenz führen,** da die ergehenden Vorabentscheidungen geeignet sein werden, die Standards in den einzelnen Mitgliedstaaten der Europäischen Union weitgehend zu vereinheitlichen. 60

8. Unmittelbare Anwendung von Art. 102 AEUV

Art. 1 Abs. 3 VO 1/2003 sieht vor, dass Art. 102 AEUV unmittelbar und direkt anwendbar, also **self-executing** ist, ohne dass es einer vorherigen, konstitutiven Entscheidung der Kommission oder einer nationalen Kartellbehörde bzw. eines Kartellgerichtes bedarf. Dies **entspricht der bisherigen Rechtslage.** Die Norm ist in der bisherigen Rechtsprechung des EuGH stets als direkt und unmittelbar anwendbar angesehen worden (EuGH Slg. 1989 803 Rn. 32 Ahmed Saeed Flugreisen). Ein Missbrauch iSd Art. 102 AEUV führt somit automatisch zu einem Verstoß gegen Art. 102 AEUV und damit zur Unwirksamkeit der Vereinbarung bzw. der angegriffenen Handlung. Eine **Ausnahme vom Missbrauchsverbot** kommt **sowohl begrifflich als auch von der Regelungssystematik her nicht in Frage.** 61

Art. 102 AEUV kommt nach der Rechtsprechung des EuG selbst dann unmittelbar und direkt zur Anwendung, wenn im Einzelfall unter dem Regime von Art. 101 AEUV eine **Gruppenfreistellungsverordnung** anwendbar sein sollte. Zwar verfolgen Art. 101 und Art. 102 AEUV das gemeinsame, bisher in ex-Art. 3 lit. g EG, nun mehr nur noch in einer Protokollerklärung zum Vertrag von Lissabon formulierte Ziel der Errichtung eines Systems, das den Wettbewerb auf dem Gemeinsamen Markt vor Verfälschungen stützt. Jedoch stellen sie dafür unterschiedliche Instrumente zur Verfügung (EuG Slg. 1990 II-309 Rn. 22ff. Tetra Pak I). Eine Freistellung nach Art. 101 Abs. 3 AEUV und damit auch eine Gruppenfreistellung, die auf der Grundlage einer Gruppenfreistellungsverordnung bewirkt wird, hat lediglich zur 62

Folge, dass die freigestellten Vereinbarungen nicht mehr in den Anwendungsbereich des Kartellverbots des Art. 81 Abs. 1 fällt. Eine **Freistellung nach Art. 101 Abs. 3 AEUV** bedeutet aber **nicht** gleichzeitig und automatisch **auch eine Freistellung vom Missbrauchsverbot des Art. 102 AEUV,** und zwar unabhängig davon, ob die Freistellung im Einzelfall oder gruppenweise erteilt wurde. Das EuG argumentiert, beide Vorschriften müssten unabhängig voneinander und im Hinblick auf ihre jeweilige Systematik geprüft und angewandt werden. Dabei wird die Anwendung von Art. 102 AEUV nicht berührt, wenn zuvor geprüft wurde, ob für eine bestimmte Vereinbarung eine Freistellung nach Art. 101 Abs. 2 AEUV in Betracht kommt. Außerdem verweist das EuG auf die fehlende Freistellungsregelung in Art. 102 AEUV, die im Hinblick auf den Charakter des Missbrauchsverbots generell gar nicht in Frage kommt.

63 In der Literatur wird entgegen gehalten, es würde einen Widerspruch bedeuten, wenn ein nach **Art. 101 Abs. 3 AEUV freigestelltes Verhalten als missbräuchlich iSv Art. 102 AEUV** angesehen würde (*Wiedemann,* Kommentar zu den Gruppenfreistellungsverordnungen, Band I, Rn. 364). So wird auch die Auffassung vertreten, eine nach Art. 101 Abs. 3 AEUV freigestellte Vereinbarung könne per se nicht missbräuchlich iSv Art. 102 AEUV sein (*Kulka,* Das Verhältnis von Artikel 85 und 86 EWG-Vertrag, FS Rittner, 1991, S. 343, 362ff.). Es dürfte sich bei diesem Meinungsstreit um ein eher akademisches Problem handeln. In der Praxis sind kaum Fälle denkbar, in denen eine Vereinbarung, die missbräuchlich iSv Art. 102 AEUV ist, von der Freistellungsregelung in Art. 101 Abs. 3 AEUV profitieren könnte. Die Anwendung von Art. 102 AEUV setzt das Vorliegen einer **marktbeherrschenden Stellung** voraus. Liegt eine solche vor, wird jedoch regelmäßig weder eine Einzelfreistellung nach Art. 101 Abs. 3 AEUV möglich sein noch eine Gruppenfreistellungsverordnung zur Anwendung kommen können. Letztere enthalten praktisch durchgehend **Marktanteilsschwellen,** von deren Nichterreichen die Anwendbarkeit der Gruppenfreistellungsverordnung abhängig sein soll. Art. 101 Abs. 3 AEUV setzt voraus, dass nicht die Möglichkeit eröffnet wird, für einen wesentlichen Teil der betreffenden Waren den Wettbewerb auszuschalten. Auch diese Tatbestandsvoraussetzung wird in aller Regel nicht erfüllt sein, wenn ein Unternehmen eine marktbeherrschende Stellung iSv Art. 102 AEUV einnimmt. Wird diese dann auch noch missbraucht, werden auch die übrigen Voraussetzungen von Art. 101 Abs. 3 AEUV nicht erfüllt sein. In der Praxis werden deshalb Art. 101 und Art. 102 AEUV zu vergleichbaren Ergebnissen kommen.

Art. 2 Beweislast

In allen einzelstaatlichen und gemeinschaftlichen Verfahren zur Anwendung der Artikel 81 und 82 des Vertrags obliegt die Beweislast für eine Zuwiderhandlung gegen Artikel 81 Absatz 1 oder Artikel 82 des Vertrags der Partei oder der Behörde, die diesen Vorwurf erhebt. Die Beweislast dafür, dass die Voraussetzungen des Artikels 81 Absatz 3 des Vertrags vorliegen, obliegt den Unternehmen oder Unternehmensvereinigungen, die sich auf diese Bestimmung berufen.

Inhaltsübersicht

1. Einführung

a) Grundsatz. Die VO 1/2003 enthält, anders als die Vorgängerregelung der VO 17/62, in Art. 2 eine **ausdrückliche Regelung über die Verteilung der Beweislast** in mitgliedstaatlichen sowie in Unionsverfahren zur Anwendung der Art. 101 und 102 AEUV. Nach S. 1 dieser Vorschrift obliegt in solchen Verfahren die Beweislast für eine **Zuwiderhandlung gegen Art. 101 Abs. 1 AEUV** oder **gegen Art. 102 AEUV** der Partei oder der Behörde, die den Vorwurf des Verstoßes gegen diese Bestimmungen erhebt. Dagegen tragen nach S. 2 dieser Vorschrift die Beweislast dafür, dass die **Voraussetzungen von Art. 101 Abs. 3 AEUV erfüllt** sind, die Unternehmen oder Unternehmensvereinigungen, die sich auf die Anwendbarkeit dieser Bestimmung, also auf den Eintritt der Freistellungswirkung, berufen. 1

Diese Regelung ist auf den ersten Blick nicht überraschend und scheint keine wesentliche Änderung der bisherigen Rechtslage zu bewirken. Bei einer näheren Prüfung der praktischen Auswirkungen dieser Vorschrift zeigt sich jedoch, dass durch den Übergang vom Anmelde- und Genehmigungssystem zum System der Legalausnahme allein durch die Änderung der verfahrensrechtlichen Rahmenbedingungen die explizite Beweislastverteilung in Art. 2 **gravierende Auswirkungen für die betroffenen Unternehmen** und Unternehmensvereinigungen hat. Unabhängig von der Frage, welche konkreten Anforderungen an die Beweisführung und an das Beweismaß bisher zu stellen waren bzw. in Zukunft zu stellen sind, hat die **Beweislastverteilung unter dem Regime der VO 1/2003** eine **relativ größere Bedeutung** als unter dem Regime der VO 17/62. 2

b) Vorteile einer Anmeldung für Verwaltungsverfahren. Ein Antrag auf Erteilung einer Freistellung nach der VO 17/62 hatte für den Antragsteller erhebliche Vorteile. Ein wesentlicher bestand darin, dass eine Anmeldung nach Art. 15 Abs. 5 VO 17/62 dazu führte, dass die Kommission für angemeldete Handlungen sowie für sog. Alt- bzw. Beitrittskartelle keine Geldbuße festsetzen durfte. Für **angemeldete Vereinbarungen** bestand somit nach dem Regime der VO 17/62 **Bußgeldimmu-** 3

nität. Diese wurde lediglich durch Art. 15 Abs. 6 dahin eingeschränkt, dass die Kommission im Einzelfall den betroffenen Unternehmen mitteilen konnte, sie sei auf Grund vorläufiger Prüfung zu der Auffassung gelangt, dass zwar die Voraussetzungen von ex-Art. 81 Abs. 1 EG vorliegen, eine Anwendung von ex-Art. 81 Abs. 3 jedoch voraussichtlich nicht gerechtfertigt sei. Mit dieser konstitutiven Erklärung entstand das Bußgeldrisiko erneut. Solange eine solche Erklärung jedoch nicht vorlag, war den Unternehmen, die die betreffende Vereinbarung bei der Kommission mit dem Ziel einer Einzelfreistellung angemeldet hatten, das Risiko einer Bußgeldfestsetzung genommen.

4 Die Vorteile einer Anmeldung bestanden jedoch nicht nur darin, dass die Unternehmen ein Bußgeldrisiko ausschließen konnten. Der Antrag auf Erteilung einer Einzelfreistellung nach ex-Art. 81 Abs. 3 EG verpflichtete die Kommission, von ihren **Ermittlungsbefugnissen von Amts wegen Gebrauch** zu machen. Zwar verlangte die Kommission auf der Grundlage des früher verwandten Formblattes A/B, dass die Unternehmen der Kommission umfangreiche Informationen zur Verfügung stellten, damit diese die Freistellbarkeit einer Vereinbarung prüfen konnte. Die Unternehmen waren auch verpflichtet, der Kommission auf der Grundlage von Art. 11 VO 17/62 ergänzende Auskünfte zu geben. Ergänzend musste die Kommission jedoch im Rahmen der Offizialmaxime, ihre Ermittlungen auch auf andere Unternehmen als die anmeldenden Parteien ausdehnen. Dies wirkte sich auf die anmeldenden Parteien selbstverständlich vorteilhaft aus. Diese waren und sind auch heute regelmäßig nicht in der Lage, ein umfassendes Bild von den Marktverhältnissen zu geben. Dieses Defizit konnte dadurch wettgemacht werden, dass die Kommission im Rahmen des Offizialgrundsatzes selbst Ermittlungen von Amts wegen aufnehmen musste und dabei von ihren weitreichenden Ermittlungsbefugnissen nach der VO 17/62 Gebrauch machen konnte.

5 Die anmeldenden Parteien hatten somit den faktischen Vorteil, dass sie sich darauf verlassen konnten, dass die Kommission zusätzlich zu den von den anmeldenden Parteien selbst übermittelten Informationen ergänzende Auskünfte und Daten beiziehen konnte, die eine Entscheidung über einen Freistellungsantrag regelmäßig erst ermöglichten. Die Erfolgsaussichten einer Freistellungsentscheidung vergrößerten sich auf diese Weise selbstverständlich erheblich. Dass die anmeldenden Parteien bereits nach dem Regime der VO 17/62 grundsätzlich die **Beweislast für die Anwendungsvoraussetzungen von ex-Art. 81 Abs. 3 EG** trugen, wurde somit **lediglich in den Fällen relevant, in denen die Kommission keine hinreichenden Tatsachen ermitteln konnte,** die eine Freistellung nach ex-Art. 81 Abs. 3 EG aus ihrer Sicht rechtfertigten. **Im Übrigen verminderte sich das Risiko,** dass die Unternehmen selbst keine hinreichenden Tatsachen vortragen konnten, ganz erheblich.

6 **c) Vorteile einer Anmeldung für mitgliedstaatliche Gerichtsverfahren.** Im Rahmen **zivilprozessualer Rechtsstreitigkeiten** konnte die Anmeldung einer Vereinbarung bei der Kommission für die Parteien ebenfalls vorteilhaft sein. Nach den **Grundsätzen der Delimitis-Entscheidung** (EuGH Slg. 1991 I-935 Rn. 44ff. Delimitis) durfte ein mitgliedstaatliches Gericht über eine Vereinbarung, die bei der Kommission angemeldet war, nur nach den in der Entscheidung festgelegten Grundsätzen entscheiden. Der EuGH hielt die nationalen Gerichte nur insoweit für befugt, unmittelbar und direkt über eine Vereinbarung, die in den Anwendungsbereich von ex-Art. 81 EG fiel, zu entscheiden, wenn die Vereinbarung gegen das Verbot in ex-Art. 81 Abs. 1 EG verstieß, die **Vertragsparteien** gleichwohl davon **abgesehen hatten, die Vereinbarung bei der Kommission mit dem Ziel einer Einzelfreistellung nach ex-Art. 81 Abs. 3 EG anzumelden.** In diesen Fällen sollte das Gericht befugt sein, unmittelbar, direkt und ohne eine vorherige Entscheidung oder anderweitige Äußerung der Kommission den Verstoß gegen ex-Art. 81 Abs. 1 EG und die daraus resultierende Rechtsfolge der zivilrechtlichen Unwirksamkeit der Vereinba-

rung nach ex-Art. 81 Abs. 2 EG zu judizieren. Umgekehrt sollte ein nationales Gericht nach den Grundsätzen der Delimitis-Entscheidung an eine bereits erteilte Einzelfreistellung der Kommission gebunden sein. Hatten die Vertragsparteien die Vereinbarung nämlich bei der Kommission angemeldet und hatte diese eine Freistellungsentscheidung nach ex-Art. 81 Abs. 3 EG erteilt, sollte das mitgliedstaatliche Gericht an diese Entscheidung gebunden sein. Es musste deshalb konsequenterweise nicht von der zivilrechtlichen Wirksamkeit der Vereinbarung ausgehen. Zur Konstellation **sog. dilatorischer Anmeldungen** Vorauflage Art. 2 Rn. 7.

d) Faktische Bedeutung von Art. 2. Mit dem Wegfall der Möglichkeit einer Anmeldung bei der Kommission sind die damit verbundenen Vorteile entfallen. Unter dem Regime der Legalausnahme gibt es weder die Möglichkeit, das Risiko einer Bußgeldfestsetzung durch eine Anmeldung zu minimieren, noch die Möglichkeit, im Rahmen eines anhängigen Zivilprozesses eine Entscheidung der Kommission herbeizuführen. Auf diese Weise ist auch die Möglichkeit weggefallen, die **Ermittlungsbefugnisse der Kommission** gezielt dazu **zu nutzen, um Beweisprobleme zu beseitigen oder abzumildern.** Die **Beweislastverteilung,** die die VO 1/2003 in Art. 2 nun vornimmt, wirkt sich deshalb in vollem Umfang auf die Parteien einer Vereinbarung aus, die möglicherweise gegen Art. 101 AEUV verstößt. Darin liegt die **besondere Bedeutung** dieser Vorschrift (*K. Schmidt* in IM VO 1/2003 Art. 2 Rn. 7). 7

2. Verteilung der Beweislast bei Art. 101 Abs. 1 AEUV und Art. 102 AEUV

a) Grundsatz. Die Beweislast ist in Art. 2 auf den ersten Blick **klar und eindeutig verteilt. Parteien und Behörden,** die eine Verletzung von Art. 101 Abs. 1 AEUV oder Art. 102 AEUV geltend machen, tragen hierfür die Beweislast. Sie müssen also **darlegen und notfalls beweisen,** dass ein **Verstoß gegen das Kartellverbot bzw. das Missbrauchsverbot** vorliegt (für Art. 102 EuG 12.6.2014 T-286/09 NZKart 2014, 267 Rn. 61 ff. Intel). Falls sich die von dem Vorwurf eines Kartellverstoßes betroffenen Unternehmen dagegen wehren wollen, können sie den Eintritt der Freistellungswirkung nach Art. 101 Abs. 3 AEUV geltend machen. Dann tragen sie nach Art. 2 S. 2 jedoch die **Beweislast** dafür, dass die **Freistellungsvoraussetzungen** dieser Vorschrift tatsächlich erfüllt sind. Die Beweislastverteilung erscheint somit klar und konsequent. Auf den zweiten Blick stellen sich jedoch einige, zum Teil gravierende Abgrenzungsprobleme. Darüber hinaus stellen sich neben Fragen zum konkreten Beweismaß weitere Probleme, die sich insbesondere im Hinblick auf die unbestimmten Rechtsbegriffe in Art. 101 Abs. 3 AEUV stellen. 8

b) Beweis einer Wettbewerbsbeschränkung. Nach Art. 2 Abs. 1 muss die Kommission, eine mitgliedstaatliche Kartellbehörde, eine Vertragspartei oder ein von einer Vereinbarung betroffenes Drittunternehmen, das einen Verstoß gegen Art. 101 Abs. 1 AEUV behauptet, darlegen und beweisen, dass eine Vereinbarung oder abgestimmte Verhaltensweise vorliegt, die eine Verhinderung, Einschränkung oder Verfälschung des Wettbewerbs innerhalb des Gemeinsamen Marktes bezweckt oder bewirkt und darüber hinaus geeignet ist, den Handel zwischen den Mitliedstaaten zu beeinträchtigen. Die **Beweislast erstreckt sich** somit zum einen **auf das Vorliegen einer wettbewerbsbeschränkenden Vereinbarung oder einer entsprechenden abgestimmten Verhaltensweise.** Die Behörde oder Partei, die den Verstoß gegen Art. 101 Abs. 1 AEUV geltend macht, muss also darlegen und beweisen, dass eine Wettbewerbsbeschränkung in dem Sinne vorliegt, dass die Vertragsparteien der betreffenden Vereinbarung in ihrer wirtschaftlichen Entscheidungsfreiheit eingeschränkt sind. Darüber hinaus müssen sie aber auch dartun und beweisen, dass sich diese **Beschränkung spürbar auf die Wettbewerbsverhältnisse im betroffenen** 9

Markt auswirkt (EuGH Slg. 1966, 281, 303 Technique Minière/Maschinenfabrik Ulm). Gerade dieser letzte Aspekt kann Probleme bereiten. Die Anforderungen insbesondere des ungeschriebenen Tatbestandsmerkmals der Spürbarkeit sind erheblich und in den letzten Jahren stetig gestiegen. Da insbesondere Unternehmen, die einen Verstoß gegen Art. 101 Abs. 1 AEUV behaupten, nicht über die Ermittlungsbefugnisse der Kartellbehörden verfügen, wird dieser Beweis nicht selten nicht geführt werden können. Kann der Beweis nicht geführt werden bzw. kommt es zu einer **non-liquet-Situation, trägt die beweisbelastete Partei das Risiko,** dass ihre Behauptung der Zuwiderhandlung gegen das Kartellverbot zurückgewiesen wird. Dieses Risiko besteht allerdings in erster Linie **im Falle bewirkter Wettbewerbsbeschränkungen, nicht jedoch im Falle bezweckter Wettbewerbsbeschränkungen.** Während bei bewirkten Beschränkungen der Nachweis erbracht werden muss, dass sich diese nachteilig auf die Wettbewerbsverhältnisse im Markt auswirken, ist ein solcher Nachweis im Fall einer bezweckten Beschränkung entbehrlich (so EuGH 13.10.2011 C-439/09 Rn. 34 Pierre Fabre, EuZW 2012, 28; EuGH 13.12.2012 C-226/11 Rn. 35f. Expedia, NZKart 2013, 111).

10 **c) Beweis der Eignung zur Beeinträchtigung des zwischenstaatlichen Handels.** Etwas Vergleichbares gilt für das Tatbestandsmerkmal der **Eignung zur Beeinträchtigung des zwischenstaatlichen Handels.** Während in der Vergangenheit der EuGH eine großzügige Haltung einnahm, hat sich die Rechtsprechung in den letzten Jahren zu diesem Tatbestandsmerkmal erheblich verschärft. Seit der Entscheidung Bagnasco (EuGH Slg. 1999 I-135) differenziert der EuGH stärker als früher danach, ob eine Vereinbarung tatsächlich zwischenstaatliche Auswirkungen hat. Dies wird wie bisher angenommen, wenn die **Parteien einer Vereinbarung ihren Sitz in unterschiedlichen Mitgliedstaaten** haben. Sofern die Markbedeutung der Unternehmen spürbar ist, ist in einem solchen Falle regelmäßig von der Eignung zur Beeinträchtigung des zwischenstaatlichen Handels auszugehen. Etwas anderes gilt jedoch für Fälle, die sich **ausschließlich, zumindest aber schwerpunktmäßig in einem Mitgliedstaat auswirken.** Der EuGH verlangt, dass die Abrede, auch wenn sie sich nur auf das Hoheitsgebiet eines Mitgliedstaates erstreckt, eine **Abschottungswirkung** zur Folge hat (EuGH aaO Rn. 50ff.). Die **Darlegungs- und Beweisanforderungen** in dieser Hinsicht sind jedoch höher als in der Vergangenheit. Der EuGH hat in der Entscheidung Bagnasco deutlich gemacht, dass die Abschottungswirkung nicht vorliegt, wenn Unternehmen aus anderen Mitgliedstaaten ungeachtet der angegriffenen Vereinbarung in der Lage sind, ihre Waren oder Dienstleistungen im betroffenen Mitgliedstaat anzubieten. Auch hier verbleiben somit erhebliche Risiken für die Unternehmen, die sich auf einen Verstoß gegen Art. 101 Abs. 1 AEUV berufen.

11 **d) Beweis der Auswirkung auf den Binnenmarkt.** Bei Vereinbarungen, die ein Unternehmen, das seinen Sitz in der Europäischen Union hat, mit einem Unternehmen trifft, das seinen Sitz außerhalb der Europäischen Union hat, oder bei Vereinbarungen zwischen Unternehmen allein aus Drittstaaten muss die **Auswirkung auf den Binnenmarkt** nachgewiesen werden. Bezieht sich der Vertrag schwerpunktmäßig auf das Gebiet eines Staates oder Gebietes außerhalb der Europäischen Union, nimmt der EuGH regelmäßig an, dass eine **spürbare** Auswirkung auf den Binnenmarkt nicht vorliegt (EuGH Slg. 1998 I-1983 Yves Saint Laurent). Nur wenn die Vereinbarung Klauseln enthält, die auf den europäischen Markt abzielen und darüber hinaus geeignet sind, sich faktisch auf den Binnenmarkt auszuwirken, wird davon auszugehen sein, dass die betreffende Vereinbarung den europäischen Markt betrifft und damit die Anwendung von Art. 101 AEUV auslöst. Die Beweisanforderungen sind, zieht man die Grundsätze der Entscheidung Yves Saint Laurent heran, hoch. Da ein Unternehmen, das sich auf die Anwendbarkeit von Art. 101 AEUV beruft, nicht über die Ermittlungsbefugnisse von Kartellbehörden verfügen wird, wird dieser Nachweis häufig nicht oder nur schwer zu führen sein.

e) Abgrenzungsprobleme. Abgrenzungsprobleme können schließlich Fallgruppen mit sich bringen, die sich insbesondere aus der Rechtsprechung des EuGH und aus der Praxis der Kommission ergeben. Wenn die Beweislast so verteilt ist, dass die Partei, die sich auf einen Verstoß gegen Art. 101 Abs. 1 AEUV bzw. auf die Anwendbarkeit der Freistellungsnorm in Art. 101 Abs. 3 AEUV beruft, das Vorliegen der jeweiligen Tatbestandsvoraussetzungen darlegen muss, werden die Parteien bemüht sein, ihren Vortrag darauf auszurichten, dass die jeweils andere Partei das Risiko der Beweislast zu tragen hat. Die **Systematik von Art. 101 AEUV** sieht grundsätzlich vor, dass Abs. 1 allein der Frage nachgeht, ob eine wettbewerbsbeschränkende Vereinbarung vorliegt, die geeignet ist, den zwischenstaatlichen Handel zu beeinträchtigen. Dagegen ist im Rahmen von Abs. 3 zu prüfen, ob eine solche Vereinbarung, die grundsätzlich in den Anwendungsbereich von Art. 101 Abs. 1 AEUV fällt, an den Vorteilen der Freistellungswirkung nach Art. 101 Abs. 3 AEUV teilhat. In der Rechtsprechung des EuGH gibt es Fallgruppen, die für bestimmte Vereinbarungen annimmt, dass bereits der Tatbestand von Art. 101 Abs. 1 AEUV nicht erfüllt ist, obwohl auf den ersten Blick ein Anwendungsfall des Art. 101 Abs. 3 AEUV vorzuliegen scheint. In der Literatur wird in diesem Kontext häufig von der aus dem US-amerikanischen Recht stammenden **Rechtsfigur der rule of reason** gesprochen (vgl. *Ackermann* Art. 85 Abs. 1 EGV und die rule of reason, 1997, mit Besprechung *Bechtold* ZHR 164 (2000), 200). Das bedeutet, dass eine bestimmte Vereinbarung, die zwar theoretisch gegen das Kartellverbot verstößt, gleichwohl kartellrechtlich neutrale oder gar positive Wirkungen hat, vom Anwendungsbereich des Art. 101 Abs. 1 AEUV ausgenommen wird. 12

Als Beispiele können insbesondere **Wettbewerbsverbote in Unternehmensveräußerungsverträgen** genannt werden. Der EuGH hält solche Wettbewerbsverbote grundsätzlich für kartellrechtsneutral, sofern sie sich im Rahmen des sachlich, zeitlich und geographisch Angemessenen halten (EuGH Slg. 1985, 2545 Remia). Etwas Vergleichbares hat der EuGH für **Franchiseverträge** judiziert (EuGH Slg. 1986, 353 Pronuptia). **Selektive Vertriebssysteme** sind nach der Rechtsprechung des EuGH sowie nach der Praxis der Kommission unter bestimmten Voraussetzungen nicht geeignet, den Anwendungsbereich des Art. 101 Abs. 1 AEUV auszulösen (EuGH Slg. 1983, 3151 AEG-Telefunken; ebenso EuGH 13.10.2011 C-439/09 Rn. 40f. Pierre Fabre, EuZW 2012, 28)). Auch die Entscheidungen Meca-Medina (EuGH Slg. 2006 I-6991) und Wouters (EuGH Slg. 2002 I-1577) lassen sich dahin interpretieren, dass der Gerichtshof eine Abwägung der Vor- und Nachteile einer Vereinbarung vorzunehmen bereit ist. In diesem Zusammenhang sind ebenfalls zu nennen **Arbeitsgemeinschaften** zwischen Unternehmen, die gegründet werden, um bestimmte Aufträge gemeinsam zu bearbeiten. Arbeitsgemeinschaften werden für nötig erachtet, um bestimmte Großaufträge zu bearbeiten oder bestimmte Großrisiken abzusichern (vgl. *Brinker* in Schwarze, EU-Kommentar, Art. 101, Rn. 64). Etwas Vergleichbares gilt schließlich für **Zulieferverträge.** Solche Vereinbarungen werden nach der Praxis der Kommission ebenfalls unter bestimmten Voraussetzungen vom Anwendungsbereich des Art. 101 Abs. 1 AEUV ausgenommen (Zulieferbekanntmachung, vgl. Anhang B 8). 13

Die vorgenannten Fallgruppen werden nicht im Rahmen von Art. 101 Abs. 3 AEUV behandelt, sondern **ausschließlich im Tatbestand von Art. 101 Abs. 1 AEUV.** Entsprechend ist die Beweislast verteilt. Parteien, die einen Verstoß gegen Art. 101 Abs. 1 AEUV geltend machen, werden bemüht sein, auch solche Vereinbarungstypen grundsätzlich als vom Anwendungsbereich des Art. 101 Abs. 1 AEUV erfasst zu sehen. Damit werden sie die Absicht verfolgen, die Parteien der Vereinbarung dazu zu zwingen, die Freistellbarkeit nach Art. 101 Abs. 3 AEUV zu beweisen. Genau umgekehrt werden selbstverständlich die Parteien einer solchen Vereinbarung prozesstaktisch daran interessiert sein, die Frage, ob ein Verstoß gegen Art. 101 Abs. 1 AEUV vorliegt, so weit wie möglich auszudehnen. 14

3. Verteilung der Beweislast bei Art. 101 Abs. 3 AEUV

15 Nach Art. 2 S. 2 obliegt die Beweislast für die Anwendung der Freistellungsvoraussetzungen von Art. 101 Abs. 3 AEUV Unternehmen und Unternehmensvereinigungen, die sich auf diese Bestimmung berufen. Im Rahmen der Anwendung von Art. 101 Abs. 3 AEUV stellen sich **erhebliche Anwendungsprobleme.** Diese sind durch die **unbestimmten Rechtsbegriffe** bedingt, die Art. 101 Abs. 3 AEUV enthält. Da zweifelhaft ist, ob insoweit eine **Beweiserleichterung** eintreten kann (→ Art. 1 Rn. 37), drängt sich die Frage auf, inwieweit die Unternehmen, die sich auf die Anwendbarkeit von Art. 101 Abs. 3 AEUV berufen, ein Ermessen bzw. einen Beurteilungsspielraum in Anspruch nehmen können. Die bisherige Praxis des EuGH unter dem Anmelde- und Genehmigungsregime der VO 17/62 räumte der Kommission im Rahmen von Freistellungsentscheidungen regelmäßig ein **weites Ermessen** ein (*Schwarze/Weitbrecht* S. 34). Dies führte dazu, dass der EuGH die Entscheidungen der Kommission lediglich im Hinblick auf die Durchführung eines ordnungsgemäßen Verfahrens, auf eine vollständige Ermittlung des Sachverhaltes und offensichtliche Beurteilungsfehler überprüfte. Im Übrigen übte der EuGH seine Befugnis zur Kontrolle von Kommissionsentscheidungen in diesem Kontext nur sehr restriktiv aus. Nachdem die Kommission unter dem System der Legalausnahme keine (konstitutiven) Freistellungsentscheidungen mehr treffen wird, stellt sich die Frage, ob die Unternehmen, die sich auf die Anwendbarkeit von Art. 101 Abs. 3 AEUV berufen, ebenfalls einen **Beurteilungsspielraum für sich in Anspruch nehmen dürfen** (hierzu sowie zur Frage eines unvermeidbaren Verbotsirrtums → Art. 1 Rn. 39 ff.).

4. Anwendungsbereich

16 Die Beweislastverteilung nach Art. 2 gilt **sowohl für einzelstaatliche als auch für gemeinschaftliche Verfahren.** Das bedeutet, dass die Regelung in Art. 2 zum einen in **Kartellverfahren** gilt, **die die Kommission führt.** Das betrifft also Verfahren, die mit einer Entscheidung der Kommission über die Feststellung und Abstellung von Zuwiderhandlungen (Art. 7) endet oder mit einer Feststellung der Nichtanwendbarkeit von Art. 101 oder 102 AEUV (Art. 10). Aber auch für Entscheidungen, die mit einer Bußgeldfestsetzung der Kommission enden (Art. 23), gilt die Beweislastverteilung. Die Beweislastverteilung in Art. 2 geht jedoch über Kommissionsverfahren hinaus. Sie gilt nach dem eindeutigen Wortlaut auch für alle **einzelstaatlichen Verfahren.** Das bedeutet, dass auch in Verfahren, die die **nationalen Kartellbehörden** zur Anwendung der Art. 101 und 102 AEUV führen, die Beweislastverteilung nach Art. 2 gilt. Auch die nationalen Kartellbehörden müssen somit die Beweislast dafür tragen, dass ein Verstoß gegen das Kartellverbot des Art. 101 Abs. 1 AEUV bzw. des Missbrauchsverbots in Art. 102 AEUV vorliegt. Andererseits sind die Unternehmen, die sich mit einer nationalen Kartellbehörde über die Anwendung der Art. 101 und 102 AEUV auseinander setzen müssen, beweislastpflichtig für ihren Vortrag, dass die Freistellungsvoraussetzungen von Art. 101 Abs. 3 AEUV erfüllt sind. Dieselben Grundsätze gelten auch für die sich an ein nationales Kartellverfahren eventuell anschließenden **Rechtsbehelfsverfahren bei den mitgliedstaatlichen Kartellgerichten.** Diese unterziehen Entscheidungen der nationalen Kartellbehörden einer umfassenden Kontrolle. Im Rahmen dieser Rechtsbehelfsverfahren gelten die Regeln über die Beweislastverteilung, wie sie sich aus Art. 2 ergeben, uneingeschränkt. Schließlich gelten die Grundsätze auch **für zivilprozessuale Rechtsstreitigkeiten** (dazu *K. Schmidt* in IM VO 1/2003 Art. 2 Rn. 10 und 17). Es ist denkbar, dass die Anwendung von Art. 101 und 102 AEUV im Rahmen der Entscheidung in gerichtlichen Auseinandersetzungen relevant sein können. Für solche Rechtsstreitigkeiten gilt die Beweislastverteilung in Art. 2 ebenfalls.

Die grundsätzliche Verteilung der Beweislast sagt noch nichts darüber aus, welche **konkreten Anforderungen an die Beweiserhebung, die Beweisführung und an die Beweiswürdigung** durch die Behörden und Gerichte auf gemeinschaftlicher wie auf mitgliedstaatlicher Ebene zu stellen sind. Dabei handelt es sich nicht um einen Randaspekt. Vielmehr können die Standards, die im Rahmen der Beweiswürdigung gelten, ganz wesentliche Konsequenzen für den Ausgang von Verwaltungs-, Bußgeld- oder Gerichtsverfahren haben. Die Anforderungen an Beweiserhebung, Beweisführung und Beweiswürdigung durch die zuständigen Behörden und Gerichte sind, ebenso wie die Grundsätze der Beweiserhebung, **in Art. 2 oder an anderer Stelle der VO 1/2003 nicht geregelt.** Die Standards, die im Rahmen der Beweisführung, der Beweiserhebung wie der Beweiswürdigung gelten, ergeben sich aus nationalem Recht. Die Gemeinschaft hat keine Kompetenz, diese Aspekte quasi als Annex mitzuregeln. Entsprechend sind die **relevanten Standards ausschließlich aus den nationalen Rechtsordnungen** zu entwickeln. 17

Dies führt zu **Folgeproblemen.** Zum einen stellt sich die Frage, ob die einschlägigen nationalen Bestimmungen mit den Vorstellungen des Gemeinschaftsgesetzgebers übereinstimmen oder diesen zuwiderlaufen bzw. die volle Wirksamkeit der Gemeinschaftsregelung **(effet utile)** gefährden. Es ist durchaus denkbar, dass die **Beweislastverteilung in Art. 2 durch Standards der nationalen Rechtsordnungen unterlaufen** werden könnte. Dann stellt sich die Frage, wie das Verhältnis zwischen dem europäischen Recht in Art. 2 einerseits und den Bestimmungen der nationalen Rechtsordnung andererseits zu qualifizieren ist. Ein weiteres Problem resultiert aus den **unterschiedlichen Standards,** die sich **aus den nationalen Rechtsordnungen** ergeben. Als Beispiel kann angeführt werden, dass im deutschen Zivilprozess bekanntlich der **Beibringungsgrundsatz** gilt. Das heißt, die Parteien eines Rechtsstreites sind aufgerufen, die Tatsachen, auf die sie ihren Vortrag stützen, selbst zu ermitteln und dem Gericht vorzutragen. Nach englischem Prozessrecht gibt es dagegen den Mechanismus der **Pre-Trial Discovery.** Diese ermöglicht es der Klägerseite, von der Beklagtenseite Auskunft über umfangreiche Informationen, Fakten und Tatsachen zu erhalten, die ein erfolgreiches Prozessieren häufig erst möglich machen. Die Ausgangssituation in einem deutschen Prozess ist somit eine völlig andere als in einem englischen Prozess. Auch hier stellt sich die Frage, wie das Verhältnis zwischen den nationalen Verfahrensrechten zu behandeln ist. 18

Die Kommission hat diese Ungleichgewichte in ihrem **Weißbuch Schadenersatzklagen wegen Verletzung des EG-Wettbewerbsrechts** (KOM(2008) 165 endg.) aufgegriffen und Maßnahmen zur Abhilfe vorgeschlagen. In ihrem lang erwarteten **Vorschlag einer Richtlinie** über bestimmte Vorschriften für Schadensersatzklagen nach einzelstaatlichem Recht wegen Zuwiderhandlungen gegen wettbewerbsrechtliche Bestimmungen der Mitgliedstaaten und der EU (KOM (2013) 404 endg. vom 11.6.2013, dazu *Vollrath* NZKart 2013, 434; *Krüger* NZKart 2013, 483) schlägt die Kommission in Kapitel II des Entwurfes mehrere Vorschriften zur **Offenlegung von Beweismitteln** vor. Danach sollen die einzelstaatlichen Gerichte unter bestimmten Voraussetzungen die Befugnis erhalten, die Offenlegung von Beweismitteln durch Unternehmen anzuordnen, sofern Opfer Schadenersatz geltend machen (Art. 5 des Richtlinien-Entwurfs). Allerdings formuliert die Kommission in den Art. 6 und 7 Einschränkungen für die Offenlegung von Beweismitteln aus den Akten einer Wettbewerbsbehörde sowie für die Verwendung von allein durch Einsicht in die Akten einer Wettbewerbsbehörde erlangten Beweismittel. Ergänzt werden diese Bestimmungen durch Art. 8, der die Auferlegung von Sanktionen durch die einzelstaatlichen Gerichte vorsieht, wenn zB die zur Offenlegung verpflichtete Partei die relevanten Beweismittel vernichtet, die gerichtliche Offenlegungsanordnung nicht befolgt u. a. Auf diese Weise möchte die Kommission die strukturellen Nachteile ausgleichen, die sich durch die nationalen Zivilprozessordnungen insbesondere der kontinentaleuropäischen Mitgliedstaaten ergeben. Der Vorschlag der Kommission ist am 19

17.4.2014 durch das Europäische Parlament in modifizierter Form verabschiedet worden, und liegt derzeit (Stand 1.5.2014) dem Rat zur Bestätigung vor. Mit einer positiven Entscheidung wird allgemein gerechnet. Die Richtlinie wird erheblichen Einfluss auf die Ausgestaltung der nationalen (Zivilprozess-)Rechtsordnungen haben (→ Rn. 36 und → AEUV Art. 101 Rn. 147).

5. Anforderungen an die Beweisführung in Verfahren vor der Kommission

20 **a) Verwaltungsverfahren.** Bereits nach früher geltendem Verfahrensrecht unter der Verordnung 17/62 war die Beweislast so verteilt, dass Unternehmen, die sich auf die Anwendbarkeit von Art. 101 Abs. 3 AEUV beriefen, grundsätzlich die **Beweislast für den Eintritt der Freistellungswirkung** trugen. Sofern die Kommission dargelegt hatte, dass eine Vereinbarung vom Anwendungsbereich von Art. 101 Abs. 1 AEUV erfasst war, kehrte sich die Beweislast dahin um, dass die betroffenen Parteien der Vereinbarung darlegen und beweisen mussten, dass die Freistellungsvoraussetzungen von Art. 101 Abs. 3 AEUV erfüllt sind (EuGH Slg. 1995 I-1611 Rn. 141 Schöller). Allerdings war die Kommission aufgerufen, im Rahmen der **Offizialmaxime** die Voraussetzungen für die Anwendbarkeit von Art. 101 Abs. 3 AEUV von Amts wegen zu prüfen. Führten die Ermittlungen nicht zu dem Ergebnis, dass die Anwendbarkeit von ex-Art. 81 Abs. 3 EG gegeben war, trugen die Parteien der Vereinbarung die Beweislast. Etwas **Vergleichbares gilt unter dem System der Legalausnahme,** auch wenn die Möglichkeit einer Anmeldung auf Erteilung einer Einzelfreistellung nach Art. 101 Abs. 3 AEUV weggefallen ist. Auch nach dem neuen Rechtsrahmen tragen die Parteien einer Vereinbarung die Beweislast dafür, dass die Freistellungsvoraussetzungen nach Art. 101 Abs. 3 AEUV erfüllt sind. Die Kommission bleibt trotz Wegfalls des Anmeldemechanismus berechtigt und befugt, ihre Ermittlungsbefugnisse einzusetzen, um u. a. auch den Eintritt der Freistellungsvoraussetzungen nach Art. 101 Abs. 3 AEUV zu prüfen (so nachdrücklich *Immenga* EuZW 2005, 353; auch *K. Schmidt* in IM VO 1/2003 Art. 2 Rn. 14).

21 Damit ist aber noch nichts über das **Beweismaß bzw. den Grad der Nachweislichkeit** gesagt (ausführlich und grundlegend zu diesem Komplex *Kirchhoff,* WuW 2004, 745ff.). In der Vergangenheit verlangte die Kommission für die Erteilung einer Freistellung **nicht,** dass der Eintritt der tatbestandlichen Voraussetzungen von Art. 101 Abs. 3 AEUV **eindeutig bewiesen** war. Abgesehen von den Fällen, in denen die Voraussetzungen einer Freistellung eindeutig vorlagen, stellte die Kommission in den übrigen, weniger eindeutigen Fällen eine **Prognose** an, ob die **positiven Wirkungen,** die aus einer Vereinbarung voraussichtlich erwachsen und daher die Anwendbarkeit der Freistellungsvoraussetzungen nach Art. 101 Abs. 3 AEUV auslösen würden, **wahrscheinlich eintreten werden.** Die Kommission lässt allgemein das **Wahrscheinlichkeitskriterium** genügen. Dabei hat sie unterschiedliche Grade von Wahrscheinlichkeit herangezogen. Während sie häufig auf die **einfache oder hinreichende Wahrscheinlichkeit** abstellte, ließ sie bisweilen auch einen **ausreichenden Grad an Wahrscheinlichkeit** genügen. In jedem Fall ließ sie es bei einem Wahrscheinlichkeitsmaßstab genügen (so ausdrücklich *Kirchhoff* WuW 2004, 745, 746; *K. Schmidt* in IM VO 1/2003 Art. 2 Rn. 37; auch *Böge/Bardong* in MünchKomm VO 1/2003 Art. 2 Rn. 15).

22 Diesen Maßstab hat der EuGH bei der Kontrolle von Entscheidungen der Kommission nicht in Frage gestellt. Der EuGH hat der Kommission in der Vergangenheit vielmehr stets ein **weites Ermessen** und einen **großen Beurteilungsspielraum** zugebilligt, wobei eine präzise Trennung zwischen Ermessensausübung und Beurteilungsspielraum wie im deutschen Recht üblicherweise unterbleibt (*Schwarze/Weitbrecht* S. 34). In Zukunft wird der EuGH seine Kontrolldichte jedoch verengen müssen, da die Rechtfertigung für das weite Ermessen weggefallen ist. Wenn die Kommission nämlich

im Rahmen des ihr eingeräumten politischen Handlungsspielraums Entscheidungen traf, gestand der EuGH der Kommission einen Beurteilungsspielraum zu. Mit Wegfall der Entscheidungsbefugnisse zur Erteilung von Einzelfreistellungen nach Art. 101 Abs. 3 AEUV ist dieses Argument weggefallen.

Die Annahme, nach Wegfall des Anmelde- und Genehmigungssystems im neuen System der Legalausnahme ändere sich praktisch nichts, hat sich nicht bewahrheitet (so aber *Schütz* in Gemeinschaftskommentar, EG-Kartellverfahrensrecht VO 1/2003, Art. 2 Rn. 4). Für diese Interpretation wurde angeführt, **für die Verteilung der materiellen Beweislast sei im neuen System eigentlich kein Raum mehr,** da es eine „den Vorteil des (ex-)Art. 81 Abs. 3 beanspruchende Partei" im EG-Kartellverwaltungsverfahren nicht mehr gebe. Die Kommission müsse auch in Zukunft die Voraussetzungen von Art. 101 Abs. 3 AEUV von Amts wegen erforschen. Dass interessierte Unternehmen Sachverhalt und Argumente beisteuern und auf die Kommission einzuwirken versuchen, ändere nichts daran, dass Unternehmen praktisch nur noch reflexartig einen Rest materieller Beweislast zu tragen hätten. Diese Auffassung verkennt, dass es auch unter dem neuen Regime der Legalausnahme eine „den Vorteil des (ex-)Art. 81 Abs. 3 beanspruchende Partei" gibt. Die Kommission muss auch weiterhin, ähnlich wie in Beschwerdeverfahren, im Falle von Verfahren, die zu Entscheidungen nach Art. 7ff. führen können, Untersuchungen durchführen. Ob die Pflicht zur Prüfung von Informationen, Daten und Fakten genauso weit reicht wie im Rahmen des Anmelde- und Genehmigungssystems, erscheint aber durchaus fraglich (so auch *K. Schmidt* in IM VO 1/2003 Art. 2 Rn. 38). Bei einer praktischen Betrachtungsweise ist es wahrscheinlich, dass die Kommission weniger weitgehende Untersuchungen anstellt als unter dem alten System. Dies hat zwar nicht zur Folge, dass die bereits früher bekannte Beweislastverteilung eine Änderung erfährt. Faktisch wird sich jedoch das neue System dahin auswirken, dass die Beweislast für das Vorliegen der Freistellungsvoraussetzungen nach Art. 101 Abs. 3 AEUV die sich darauf berufende Partei in größerem Maße treffen wird als in der Vergangenheit. 23

b) Bußgeldverfahren. Etwas anderes gilt für Bußgeldverfahren. Grundsätzlich gilt für Unternehmen in Bußgeldverfahren die Unschuldsvermutung (EuGH Slg. 1999 I-4287 Rn. 50 Hüls; vgl. allg. *Montag/Rosenfeld* ZWeR 2003, 107, 120). Das bedeutet, dass die **Kommission in Bußgeldverfahren in vollem Umfang nachweisen muss, dass ein Verstoß gegen Art. 101 AEUV vorliegt** (so auch *Böge/Bardong* in MünchKomm VO 1/2003 Art. 2 Rn. 20; *K. Schmidt* in IM VO 1/2003 Art. 2 Rn. 12 und 39; *de Bronett,* Europäisches Kartellverfahrensrecht, 2. Aufl., Art. 2, Rn. 9ff. und Rn. 23ff.). Das bedeutet insbesondere auch, dass die Kommission darlegen und notfalls beweisen muss, dass die **Freistellungsvoraussetzungen nach Art. 101 Abs. 3 AEUV nicht erfüllt** sind. In diesem Kontext wird man den Parteien einer Vereinbarung eine Mitwirkungsverpflichtung in dem Sinne abverlangen dürfen, dass sie die für eine Beurteilung der Anwendbarkeit der Freistellungsvoraussetzungen nach Art. 101 Abs. 3 AEUV erforderlichen Marktinformationen und Daten übermitteln müssen. Das bedeutet aber nicht, dass die Kommission von ihrer Verpflichtung zur Prüfung der Anwendungsvoraussetzungen befreit ist. Dies würde zwingenden verfassungsrechtlichen Prinzipien und den Grundsätzen des Rechtsstaats zuwiderlaufen, die auch im europäischen Recht gelten (vgl. *Montag/Rosenfeld,* aaO). Insoweit kann die Beweislastverteilung in Art. 2 S. 2 für Bußgeldverfahren nicht bzw. nur eingeschränkt gelten. 24

In der Literatur ist vorgeschlagen worden, dass es **Vermutungsregelungen im EU-Recht** gibt, die für die Beweiswürdigung von Relevanz sein können. So wird insbesondere auf die Bekanntmachungen und Leitlinien der Kommission verwiesen, die diese zu verschiedenen Themen veröffentlicht hat (*Lampert/Niejahr/Kübler/Weidenbach* Art. 2 Rn. 66). Diese Auffassung verkennt jedoch, dass solche Bekanntmachungen, Leitfäden etc. keine unmittelbaren Rechtswirkungen beanspruchen können (vgl. allg. 25

Pampel, Rechtsnatur und Rechtswirkungen horizontaler und vertikaler Leitlinien im reformierten europäischen Wettbewerbsrecht, 2005, S. 122ff.). Vielmehr kodifiziert die Kommission ihre bisherige Praxis bzw. erläutert, in welcher Form zukünftig zu entscheiden gedenkt. Es handelt sich somit um ein Instrument der Selbstbindung der Kommission (so auch *Thomas* EuR 2008, 312, 319). Als Vermutungsregel für die Auslegung des Unionsrechts sind diese Bekanntmachungen ungeeignet (zur Bedeutung von Bekanntmachungen → Art. 1 Rn. 35ff.)

6. Anforderungen an die Beweisführung in Verfahren vor mitgliedstaatlichen Kartellbehörden und -gerichten

26 **a) Verwaltungsverfahren und sich anschließende Rechtsbehelfsverfahren.** In Verwaltungsverfahren gilt sowohl für die zuständige Kartellbehörde als auch für das Beschwerdegericht der **Untersuchungsgrundsatz (§ 70 Abs. 1 GWB).** Das heißt, sowohl das Bundeskartellamt als auch das Beschwerdegericht erforschen den Sachverhalt von Amts wegen. Dieser Grundsatz hat jedoch keine Auswirkungen auf die Standards, die für die Beweisführung bzw. -würdigung gelten. Nach **§ 71 Abs. 1 GWB** entscheidet das Gericht nach seiner **freien, aus dem Gesamtergebnis des Verfahrens gewonnenen Überzeugung.** Der bei der Kommission zu findende Wahrscheinlichkeitsmaßstab gilt auch im Rahmen des deutschen Verwaltungsverfahrens sowie des Beschwerdeverfahrens (*Kirchhoff* WuW 2004, 745, 746). Danach muss es nicht im Einzelfall nachgewiesen sein, dass eine bestimmte Kartellvereinbarung bestimmte Auswirkungen hat. Vielmehr reicht es aus, wenn ein **hoher Grad von Wahrscheinlichkeit** gegeben ist, der das Eintreten der tatbestandlichen Voraussetzungen nahe legt (*Böge/Bardong* in MünchKomm VO 1/2003 Art. 2 Rn. 23). Dies wird insbesondere im Rahmen der Anwendung von Art. 101 Abs. 3 AEUV von Bedeutung sein. Es wird sich in den seltensten Fällen konkret nachweisen lassen, dass die tatbestandlichen Voraussetzungen tatsächlich im Zeitpunkt der Entscheidung durch das Beschwerdegericht eingetreten sind. Dann wird es ausreichen müssen, wenn ein hoher Grad von Wahrscheinlichkeit gegeben ist.

27 **b) Bußgeldverfahren und sich anschließende Rechtsbehelfsverfahren.** Anders stellt sich dagegen die Situation in Bußgeldverfahren dar. Nach dem Wortlaut von Art. 2 scheint es keine Unterschiede zu geben, in welchem Verfahren eine Partei die Beweislast zu tragen hat. Grundsätzlich scheinen somit dieselben Regeln für Verwaltungs- und Bußgeldverfahren sowie für Zivilprozesse zu gelten. Diese Schlussfolgerung kann nach deutschen Verfahrensrecht jedoch nicht gezogen werden. Nach **§ 71 OWiG iVm § 261 StPO** entscheidet das Gericht über das Ergebnis der Beweisaufnahme nach seiner **freien, aus dem Inbegriff der Hauptverhandlung geschöpften Überzeugung.** Im gerichtlichen Bußgeldverfahren sind Beweisregeln oder Beweisvermutungen, welche die Pflichten des Richters zu umfassender Beweiswürdigung einschränken oder dem Betroffenen eine Beweislast aufbürden, ebenso unzulässig wie im Strafverfahren (*Senge* in Karlsruher Kommentar, Ordnungswidrigkeitengesetz, 3. Aufl. 2006, § 71 Rn. 79 mwN). Der **Grundsatz der freien richterlichen Beweiswürdigung** besagt, dass Schlussfolgerungen tatsächlicher Art, die der Richter aus dem Ergebnis der Beweisaufnahme zieht, nur denkgesetzlich möglich, nicht aber zwingend sein müssen (BGH NJW 1979, 2318). Lässt eine Tatsache oder ein Tatsachenkomplex mehrere verschiedene Deutungen zu, darf sich der Richter nicht für eine von ihnen entscheiden, ohne die übrigen in seine Überlegungen mit einzubeziehen und sich mit ihnen auseinander zu setzen. Er braucht zwar nicht jede theoretisch denkbare, den Umständen nach jedoch fernliegende Möglichkeit der Fallgestaltung zu berücksichtigen. Er erfüllt aber nicht seine Aufgabe, die Beweise nicht nur denkgesetzlich richtig und widerspruchsfrei, sondern auch erschöpfend zu würdigen, wenn er von mehreren naheliegenden tat-

sächlichen Möglichkeiten nur eine in Betracht zieht und die anderen außer Acht lässt (BGH NJW 1974, 2295).

Allgemein gilt, dass in Bußgeldsachen an den Schuldnachweis keine geringeren Anforderungen zu stellen sind als im Strafverfahren (*K. Schmidt* in IM VO 1/2003 Art. 2 Rn. 15 und 39). Deshalb setzt die richterliche Überzeugung **neben der persönlichen Gewissheit des Richters objektive Grundlagen** voraus. Sie müssen aus rationalen Gründen den Schluss erlauben, dass das **festgestellte Geschehen mit hoher Wahrscheinlichkeit mit der Wirklichkeit übereinstimmt.** Die Urteilsgründe müssen erkennen lassen, dass die Beweiswürdigung auf einer tragfähigen, verstandesmäßig einsichtigen Tatsachengrundlage beruht und dass die vom Gericht gezogene Schlussfolgerung nicht etwa nur eine Annahme ist oder sich als bloße Vermutung erweist, die letztlich nicht mehr als einen Verdacht zu begründen vermag. Für die richterliche Überzeugung ist es erforderlich, dass ein **nach der Lebenserfahrung ausreichendes Maß an Sicherheit** besteht, dem gegenüber vernünftige Zweifel nicht mehr auftauchen können. Nicht erforderlich ist eine absolute, das Gegenteil denknotwendig ausschließende und damit von niemandem anzweifelbare Gewissheit. Zweifel haben außer Betracht zu bleiben, die realer Anknüpfungspunkte entbehren und sich lediglich auf die Annahme einer bloß gedanklichen, abstrakt-theoretischen Möglichkeit gründen (ausführlich *Senge,* Karlsruher Kommentar, aaO – oben Rn. 27 –, Rn. 81). 28

Für kartellrechtliche Bußgeldverfahren bedeutet dies, dass der entscheidende **Richter in vollem Umfang und von Amts wegen nachprüfen muss, ob die Freistellungsvoraussetzungen nach Art. 101 Abs. 3 AEUV erfüllt sind.** Eine **Beweislastregel** in dem Sinne, dass im Falle der Nichterweislichkeit bzw. des non-liquet die Freistellungsvoraussetzungen von Art. 101 Abs. 3 AEUV nicht erfüllt sind, **darf im Ordnungswidrigkeitenrecht nicht gelten.** Vielmehr muss die Kartellbehörde zur Überzeugung des entscheidenden Gerichts den Nachweis führen, dass sowohl ein Verstoß gegen Art. 101 Abs. 1 AEUV vorliegt als auch dass die Freistellungsvoraussetzungen nach Art. 101 Abs. 3 AEUV nicht erfüllt sind. Die Beweislastverteilung von Art. 2 muss vor dem Hintergrund der besonders strengen Anforderungen an das Ordnungswidrigkeitenrecht zurücktreten. Auf diesen Aspekt hat die Bundesregierung im Rahmen einer **Protokollnotiz** ausdrücklich hingewiesen. Sie hat festgehalten, dass die **Unschuldsvermutung** auch für das strafrechtliche Verfahren wie für Bußgeldverfahren gelten müsse. Entsprechend gab sie zum **Protokoll der Ratssitzung** eine Erklärung ab, dass die VO 1/2003, insbesondere Art. 2, nicht für Strafverfahren oder strafrechtsähnliche Verfahren geltende strafrechtliche oder strafverfahrensrechtliche Bestimmungen und Rechtsgrundsätze der Mitgliedstaaten ändern oder beeinträchtigen könne (Rat der Europäischen Union, Dokument 15 435/02 ADD 1 vom 10.12.2002, S. 8). 29

In der Literatur sind Zweifel geäußert worden, ob dieser Vorbehalt angemessen ist (so *Lampert/Niejahr/Kübler/Weidenbach* Art. 2 Rn. 80). Die Zweifel werden damit begründet, dass weder nach dem bisherigen Anmeldesystem noch im System der Legalausnahme eine Möglichkeit bestehe, vom Bußgeldrisiko eines Verstoßes gegen Art. 101 Abs. 1 AEUV ohne Vorbringen oder Beweise der für Art. 101 Abs. 3 AEUV erforderlichen Tatsachen befreit zu werden. Diese Auffassung verkennt jedoch die strengen Anforderungen, die der BGH an die Beweisführung in Ordnungswidrigkeitensachen stellt. Die Festsetzung eines Bußgeldes kann nämlich nicht mit einer Untersagungsverfügung gleichgesetzt werden. Vielmehr ist der mit der Festsetzung eines Bußgeldes verbundene Eingriff in die Rechte des Betroffenen gravierender. **Rechtsstaatliche und verfassungsrechtliche Grundsätze müssen in besonderem Maße beachtet werden.** Diesen Anforderungen wird aber nicht Genüge getan, wenn den Parteien einer Vereinbarung die Beweislast auch im Rahmen eines Bußgeldverfahrens auferlegt wird, die Voraussetzungen von Art. 101 Abs. 3 AEUV darzutun und notfalls zu beweisen (so auch *Böge/Bardong* in MünchKomm VO 1/2003 Art. 2 Rn. 27 und *K. Schmidt* in IM VO 1/2003 Art. 2 Rn. 39). 30

31 **c) Beweisführung in Zivilprozessen.** Im deutschen Zivilprozess gilt der **Beibringungsgrundsatz** (*Thomas/Putzo,* ZPO, 34. Aufl. 2013, Einl. I, Rn. 1 ff.). In Kartellgerichtsverfahren, in denen über die Anwendbarkeit von Art. 101 AEUV gestritten wird, gilt nichts anderes. Es darf bei der Entscheidung deshalb nur berücksichtigt werden, was von den Parteien im Rahmen des Gerichtsverfahrens vorgetragen und unter Beweis gestellt wurde. Ähnlich wie nach § 71 Abs. 1 GWB in Beschwerdeverfahren entscheidet das Gericht im Zivilprozess gemäß **§ 286 ZPO** nach dem **Grundsatz der freien Beweiswürdigung.** Es wird sich erweisen müssen, ob und ggf. in welchem Maße sich die Vorschriften über die Erleichterung der Beweisführung im Vorschlag der Kommission für eine Richtlinie über bestimmte Vorschriften für Schadensersatzklagen nach einzelstaatlichem Recht wegen Zuwiderhandlungen gegen wettbewerbsrechtliche Bestimmungen der Mitgliedstaaten und der Europäischen Union (KOM (2013) 404 endg. v. 11.6.2013, dazu Rn. 19) auf den Grundsatz der freien Beweiswürdigung auswirken werden. Da der Richtlinienvorschlag in der Europäischen Kommission auf wenige Themen beschränkt ist, die sich u. a. mit der Befugnis der mitgliedstaatlichen Gerichte zur Anordnung der Offenlegung von Beweismitteln durch Unternehmen befassen, im Übrigen die Besonderheiten der mitgliedstaatlichen Zivilprozessordnungen jedoch nicht berühren, wird man davon ausgehen dürfen, dass der Grundsatz der freien Beweiswürdigung nach § 286 ZPO nicht beeinträchtigt wird.

32 Maßgeblich ist die **persönliche Gewissheit des entscheidenden Richters** (*Kirchhoff,* aaO – oben Rn. 26 –, 747; *K. Schmidt* in IM VO 1/2003 Art. 2 Rn. 37). Ausreichend ist danach ein für das praktische Leben brauchbarer Grad von Gewissheit (BGH NJW 1994, 801, 802). Dieser Gewissheitsgrad muss einem restlichen etwaigen Zweifel Schweigen gebieten, ohne ihn jedoch völlig ausschließen zu müssen. Eine **bloße Wahrscheinlichkeit** ist dagegen nach der Rechtsprechung des BGH **unzureichend.** Ausreichend ist dagegen eine **sehr hohe Wahrscheinlichkeit,** dass eine behauptete Tatsache für wahr gehalten werden darf. Eine nur **überwiegende Wahrscheinlichkeit** reicht dagegen nicht aus (*Kirchhoff,* aaO). Der im deutschen Zivilprozess geltende Beweismaßstab geht über denjenigen hinaus, den die Kommission anwendet. Mit Blick auf die Regelung in Art. 2 und unter Berücksichtigung des Grundsatzes der weitestgehend möglichen **Kohärenz der europäischen Rechtsordnung** wäre es zu begrüßen, wenn der BGH in kartellrechtlichen Auseinandersetzungen den Maßstab der Kommission genügen ließe.

7. Verhältnis zwischen nationalen Verfahrensrechten und EU-Recht

33 **a) Verhältnis zwischen EU-Recht und nationalem Verfahrensrecht.** Die Anforderungen an Beweisführung und -würdigung in den nationalen Rechtsordnungen weichen zum Teil erheblich von den Maßstäben ab, die nach europäischem Kartellverfahrensrecht gelten. Es stellt sich die Frage, in welchem **Verhältnis** die **nationalen Verfahrensrechte zum europäischen Recht** stehen. Dabei ist zunächst zu berücksichtigen, dass Art. 2 nach Begründungserwägung 5 zur VO 1/2003 die nationalen Rechtsvorschriften über das Beweismaß nicht berührt. Ebenfalls bleiben die Verpflichtungen der Wettbewerbsbehörden und Gerichte der Mitgliedstaaten, nach der Offizialmaxime weiterhin uneingeschränkt zur Aufklärung rechtserheblicher Sachverhalte beizutragen, unberührt. Diese Formulierung legt es nahe, dass die VO 1/2003 insgesamt, insbesondere auch **Art. 2 keinerlei Vorgaben für die mitgliedstaatlichen Rechtsvorschriften über Beweiserhebung, Beweisführung und Beweismaß** enthalten. Auch der Untersuchungsgrundsatz, der die mitgliedstaatlichen Gerichte und Wettbewerbsbehörden von Amts wegen zur Durchführung von Ermittlungen verpflichtet, bleibt danach in vollem Umfang unberührt. Diese Grundsätze stehen jedoch unter dem Vorbehalt, dass die nationalen Rechtsvorschriften und

Anforderungen „im Einklang mit den allgemeinen Grundsätzen des Gemeinschaftsrechts stehen" müssen. Inhalt und Reichweite des Vorbehaltes sind alles andere als eindeutig. So ist zum einen die Interpretation denkbar, dass die einschlägigen mitgliedstaatlichen Rechtsvorschriften den Vorgaben des EG-Rechts nicht widersprechen dürfen. Denkbar ist aber auch, dass neben diesem selbstverständlichen Prinzip speziell auf den **sog. effet utile-Grundsatz** abgehoben wird. Danach darf die Anwendung einer nationalen Rechtsnorm nicht dazu führen, die volle Wirksamkeit des Gemeinschaftsrechts zu gefährden oder einzuschränken (so zB EuGH Slg. 2006 I-6691 Rn. 57 Manfredi; so auch EuGH 14.06.2011 C-360/09 Rn. 24 Pfleiderer, EuZW 2011, 598).

Ein Verstoß gegen das effet utile-Prinzip wäre zB anzunehmen, wenn die einschlägigen nationalen Rechtsvorschriften die Beweislastverteilung in Art. 2 insgesamt in Frage stellten oder ins Gegenteil verkehrten. Wäre ein Fall gegeben, dass die Anwendung einer einschlägigen, mitgliedstaatlichen Rechtsvorschrift die Beweislastregel in Art. 2 in Frage stellte, handelte es sich nicht um eine **direkte Kollision zwischen nationalem und europäischem Recht,** die entweder unter die Regelung von Art. 3 fiele oder allgemein vom Vorranggrundsatz des Gemeinschaftsrechts erfasst wäre. Vielmehr handelt es sich um zwei unterschiedliche Rechtsgebiete, die lediglich mittelbar Berührungspunkte haben. Aus diesem Grunde gilt der **allgemeine Grundsatz vom Vorrang des Unionsrechts** nicht. Dieser besagt, dass im Falle einer Kollision zwischen der Rechtsfolgenanordnung des europäischen Rechts mit einer Rechtsfolgenanordnung des nationalen Rechts die Anwendbarkeit des nationalen Rechts ausgeschlossen ist. Ein so verstandener Vorranggrundsatz kann bei der vorstehend skizzierten Konstellation nicht greifen, da es sich nicht um einen Fall einer direkten Kollision handelt (vgl. allg. *Hatje* in *Schwarze,* EU-Kommentar, Art. 4 EUV Rn. 32ff.). 34

Indirekte Kollisionen hat der Gerichtshof lange Zeit mit äußerster Vorsicht behandelt. In der Entscheidung Simmenthal II (EuGH Slg. 1978, 629) hielt der Gerichtshof ausdrücklich fest, dass **Unterschiede in der Anwendung der nationalen Verfahrensrechte hinzunehmen** seien, solange keine Harmonisierung der Rechtsordnungen herbeigeführt werde. Diese Rechtsprechung gilt zwar grundsätzlich bis heute. Jedoch hat sich die Reichweite des Effektivitäts- wie auch des mit diesem eng verbundenen Äuqivalenzgrundsatzes stark erweitert. Eine Einschränkung ist insbesondere dahin vorgenommen worden, dass durch die Anwendung der nationalen Verfahrensrechte die **Wirksamkeit des europäischen Rechts nicht in Frage gestellt** werden darf (EuGH Slg. 1995 I-4599 Peterbroeck; EuGH Slg. 1995 I-4705 Van Schijndel). Nach dieser Rechtsprechung sind die Mitgliedstaaten im Rahmen des allgemeinen Treueprinzips verpflichtet, alle Maßnahmen zu unterlassen, die die volle Wirksamkeit der Anwendung des Gemeinschaftsrechts in Frage stellen könnten (*Hatje,* Loyalität als Rechtsprinzip in der EU, 2001). 35

b) Verhältnis der nationalen Verfahrensrechte untereinander. Das Problem der divergierenden Standards stellt sich nicht nur im Verhältnis zwischen dem europäischen Recht und dem nationalen Verfahrensrecht, sondern auch zwischen den nationalen Verfahrensrechten selbst. Greift man auf das Beispiel zurück, dass im deutschen Zivilprozessrecht der Beibringungsgrundsatz gilt, im englischen Prozessrecht dagegen die Pre-Trial Discovery herangezogen werden kann, sind **gravierende Unterschiede** die logische Konsequenz. Anders als im Verhältnis zwischen europäischem Recht und nationalem Recht kann hier jedoch **kein Vorrangprinzip** gelten. Auch der effet-utile-Gedanke kann nicht bemüht werden, da es nicht um die volle Wirksamkeit der Anwendung des Gemeinschaftsrechts geht. In der Literatur ist deshalb darauf hingewiesen worden, dass die Unterschiede in den Verfahrensordnungen der Mitgliedstaaten zum **sog. Forum Shopping** einladen könnten (*Montag/Rosenfeld* ZWeR 2003, 107, 122; *Forrester,* Legal Issues of European Integration 2001, 173). Diese Befürchtung ist berechtigt. Sie wird jedoch allenfalls durch eine förmliche Angleichung der na- 36 tionalen Verfahrensrechte beseitigt werden können. In diesem Kontext wird der **Vorschlag der Kommission für eine Richtlinie** über bestimmte Vorschriften für Schadenersatzklagen nach einzelstaatlichem Recht wegen Zuwiderhandlungen gegen wettbewerbsrechtliche Bestimmungen in Mitgliedstaaten und der Europäischen Union (KOM (2013) 404 endg. v. 11.6.2013, dazu Rn. 19) von Bedeutung werden, da der Richtlinienvorschlag insbesondere auf eine Angleichung der Beweiserhebung abzielt, in dem er Regelungen für die Befugnis der mitgliedstaatlichen Gerichte zur Anordnung der Offenlegung von Beweismitteln vorsieht. Die Richtlinie wurde mit Modifikationen am 17.4.2014 vom Europäischen Parlament verabschiedet; mit der Zustimmung des Rates wird gerechnet. Mit ihr werden sich die derzeit noch gravierenden Unterschiede zwischen den mitgliedstaatlichen Verfahrensrechten erheblich verringern (→ AEUV Art. 101 Rn. 147).

Art. 3 Verhältnis zwischen den Artikeln 81 und 82 des Vertrags und dem einzelstaatlichen Wettbewerbsrecht

(1) **Wenden die Wettbewerbsbehörden der Mitgliedstaaten oder einzelstaatliche Gerichte das einzelstaatliche Wettbewerbsrecht auf Vereinbarungen zwischen Unternehmen, Beschlüsse von Unternehmensvereinigungen und aufeinander abgestimmte Verhaltensweisen im Sinne des Artikels 81 Absatz 1 des Vertrags an, welche den Handel zwischen Mitgliedstaaten im Sinne dieser Bestimmung beeinträchtigen können, so wenden sie auch Artikel 81 des Vertrags auf diese Vereinbarungen, Beschlüsse und aufeinander abgestimmten Verhaltensweisen an. Wenden die Wettbewerbsbehörden der Mitgliedstaaten oder einzelstaatliche Gerichte das einzelstaatliche Wettbewerbsrecht auf nach Artikel 82 des Vertrags verbotene Missbräuche an, so wenden sie auch Artikel 82 des Vertrags an.**

(2) **Die Anwendung des einzelstaatlichen Wettbewerbsrechts darf nicht zum Verbot von Vereinbarungen zwischen Unternehmen, Beschlüssen von Unternehmensvereinigungen und aufeinander abgestimmten Verhaltensweisen führen, welche den Handel zwischen Mitgliedstaaten zu beeinträchtigen geeignet sind, aber den Wettbewerb im Sinne des Artikels 81 Absatz 1 des Vertrags nicht einschränken oder die Bedingungen des Artikels 81 Absatz 3 des Vertrags erfüllen oder durch eine Verordnung zur Anwendung von Artikel 81 Absatz 3 des Vertrags erfasst sind. Den Mitgliedstaaten wird durch diese Verordnung nicht verwehrt, in ihrem Hoheitsgebiet strengere innerstaatliche Vorschriften zur Unterbindung oder Ahndung einseitiger Handlungen von Unternehmen zu erlassen oder anzuwenden.**

(3) **Die Absätze 1 und 2 gelten unbeschadet der allgemeinen Grundsätze und sonstigen Vorschriften des Gemeinschaftsrechts nicht, wenn die Wettbewerbsbehörden und Gerichte der Mitgliedstaaten einzelstaatliche Gesetze über die Kontrolle von Unternehmenszusammenschlüssen anwenden, und stehen auch nicht der Anwendung von Bestimmungen des einzelstaatlichen Rechts entgegen, die überwiegend ein von den Artikeln 81 und 82 des Vertrags abweichendes Ziel verfolgen.**

Inhaltsübersicht

1. Einführung

a) Grundsatz. Die VO 1/2003 enthält, anders als die Vorgängerregelung der VO 17/62, in Art. 3 eine **ausdrückliche Regelung über das Verhältnis zwischen den Artikeln 101 und 102 AEUV und den einzelstaatlichen Wettbewerbsrechten.** Die VO 17/62 enthielt ebenso wenig wie andere Vorschriften des europäischen Sekundärrechtes eine Regelung über das Verhältnis dieser Normen, obwohl ex-Art. 83 Abs. 2 lit. e EG hierzu seit jeher die Befugnis vorsah (*Mestmäcker/Schweitzer* § 5 Rn. 12ff.). Mangels positivrechtlicher Regelung musste sich deshalb der EuGH immer wieder mit Fragen zum Verhältnis des europäischen Primär- und Sekundärrechtes zu den Bestimmungen des nationalen Rechts auseinander setzen. Das europäische Wettbewerbsrecht bildete dabei keine Ausnahme. Der EuGH entschied bereits im Jahr 1969, wie im Falle eines Konfliktes zwischen den Vorschriften des europäischen Wettbewerbsrechtes und den Regelungen des nationalen Wettbewerbsrechtes zu verfahren ist (EuGH Slg. 1969, 1 Walt Wilhelm). Diese Rechtsprechung wurde durch spätere Entscheidungen weiter verfeinert. 1

Das Verhältnis zwischen nationalem und europäischem Kartellrecht ist trotz dieser Rechtsprechungspraxis des Gerichtshofs **bis heute nicht abschließend geklärt.** Ein Normenkonflikt zwischen dem nationalen und dem europäischen Kartellrecht kann entstehen, wenn sowohl eine nationale Bestimmung als auch eine Vorschrift des europäischen Rechts auf ein und denselben Sachverhalt anwendbar sind, jedoch unterschiedliche Rechtsfolgen normieren. Bei einer solchen Situation ist nach der ständigen Rechtsprechung des Gerichtshofs das **Gemeinschaftsrecht vorrangig anwendbar** (EuGH Slg. 1964 1251 Costa/ENEL). Der Vorrang bedeutet nicht, dass die nationale Vorschrift unwirksam wird. Vielmehr ist der **Grundsatz vom Vorrang des Gemeinschaftsrechts iS eines Anwendungsvorrangs** zu verstehen. Die Bestimmung des nationalen Rechts muss in dem jeweiligen Einzelfall unbeachtet bleiben. Sie darf nicht zur Anwendung gelangen. 2

b) Bisherige Rechtslage. Der Grundsatz des Vorrangs des Unionsrechts erstreckt sich auch auf das Kartellrecht. Bis 1969 herrschte in der Literatur die Auffassung vor, für das Verhältnis zwischen nationalem und europäischem Kartellrecht gelte die **sog. Zweischranken-Theorie** (so insbesondere *Koch* in *Grabitz,* Kommentar zum EG-Vertrag, Vor Art. 85 (1983) Rn. 31; *Schwarze/Weitbrecht* S. 40f.; *Rehbinder* in IM VO 1/2003 Art. 3 Rn. 6). Danach wurde angenommen, dass das nationale und das europäische Recht unterschiedlichen Schutzbereichen zuzuordnen ist. Das nationale Recht schütze den innerstaatlichen Wirtschaftsverkehr, das Gemeinschaftsrecht dagegen den zwischenstaatlichen Wirtschaftsverkehr (so *Koch,* aaO). Anwendungskonflikte zwischen dem nationalen und dem Gemeinschaftsrecht könnten deshalb nicht entstehen. Entweder ist das nationale Recht anwendbar oder das europäische Recht. Eine parallele Anwendung kommt nach der Zweischranken-Theorie nicht in Frage. 3

4 Diese Auffassung hat der Gerichtshof in seinem berühmten Farben-Urteil abgelehnt. Er betonte, dass die europäische und die mitgliedstaatlichen Rechtsordnungen grundsätzlich parallel und nebeneinander anwendbar sind. Eine klare Abgrenzung der Anwendungsbereiche, die Konflikte vermeiden könnten, ist nicht möglich und auch nicht notwendig, da sich Konflikte nach dem im EU-Recht generell anerkannten Grundsatz vom Vorrang vom Unionsrecht (EuGH, Costa/ENEL, aaO) lösen lassen. Die grundsätzlich zulässige parallele Anwendung des nationalen und des Unionsrechts darf lediglich nicht dazu führen, dass **die einheitliche Anwendung** sowie die **volle Wirksamkeit der EU-Wettbewerbsvorschriften** beeinträchtigt oder gefährdet werden. Im Fall eines Konflikts sind deshalb die Vorschriften des **EU-Rechts vorrangig** anwendbar (EuGH Slg. 1969 1 Rn. 6 Walt Wilhelm; dazu *Böge/Bardong* in MünchKomm VO 1/2003 Art. 3 Rn. 68).

5 Fraglich ist, welche Maßnahmen des Unionsrechts am Vorrang teilnehmen. Nach dem Farben-Urteil des EuGH sind die Vorschriften des EU-Rechts nur vorrangig anwendbar, wenn sich die einschlägige **Rechtsfolge unmittelbar aus dem EU-Vertrag** ergibt oder wenn die Kommission eine **Maßnahme** erlassen hat, die **positiver Ausdruck einer Gestaltung der unionsrechtlichen Wettbewerbspolitik** ist (EuGH Slg. 1969 1 Rn. 5 Walt Wilhelm). In der Vergangenheit wurde unter dem Regime der VO 17/62 darüber gestritten, wann eine solche positive Maßnahme anzunehmen sei. Folgende Aussagen galten als allgemein akzeptiert: Der Vorrang beziehe sich nicht nur auf solche Vorschriften des Unionsrechts, die **strengere Rechtsfolgen** anordnen als die vergleichbaren Bestimmungen des nationalen Rechts. Der Vorranggrundsatz gelte auch für im Vergleich zum nationalen Recht weniger strenge Bestimmungen des Unionsrechts (*Lieberknecht,* Zum Vorrang positiver Maßnahmen des EWG-Kartellrechts gegenüber dem Recht der Mitgliedstaaten, FS Pfeiffer, 1988, S. 589, 594ff.). Diese Voraussetzung war bei **Einzelfreistellungsentscheidungen** nach dem Regime der VO 17/62 ohne weiteres erfüllt. Der Vorrang galt danach auch, wenn eine **Gruppenfreistellungsverordnung** eine günstigere Rechtsfolge anordnet als das nationale Recht (*Wagner,* EWG-Gruppenfreistellung und nationales Kartellrecht, 1993, 14ff.). Anerkannt war schließlich, dass **Negativatteste** der Kommission **nicht am Vorrang des Unionsrechts teilhaben** (*Lieberknecht,* aaO).

6 Umstritten war, welche Wirkungen die in der Praxis äußerst bedeutsamen **Verwaltungsschreiben der Kommission** hatten. Dabei handelte es sich nicht um förmliche Entscheidungen der Kommission, sondern um ein in der Regel vom zuständigen Direktor der Generaldirektion Wettbewerb unterzeichnetes Schreiben. In diesem brachte die mit dem Fall befasste Abteilung der Generaldirektion Wettbewerb ihre Auffassung über die Vereinbarkeit bzw. Nichtvereinbarkeit einer Vereinbarung mit ex-Art. 81 Abs. 1 oder hinsichtlich der Freistellungsfähigkeit bzw. Nichtfreistellungsfähigkeit einer Vereinbarung nach ex-Art. 81 Abs. 3 zum Ausdruck. Nach überwiegender Auffassung nahmen solche Verwaltungsschreiben nicht am Vorrang des Gemeinschaftsrechts teil (EuGH Slg. 1980 2327 Rn. 18 Giry und Guerlain). Der Gerichtshof verlangte jedoch, dass die mitgliedstaatlichen Gerichte und Wettbewerbsbehörden die Äußerungen der Kommission in Verwaltungsschreiben bei ihrer Entscheidungsfindung berücksichtigen (EuGH Slg. 1991 I-935 Rn. 47 Delimitis). In der Literatur ist gegen diese eingeschränkte Bedeutung von Verwaltungsschreiben eingewandt worden, diese seien ein **konkretisierter Ausdruck der Ermessensausübung der Kommission** und damit ein positiver Gestaltungsakt. Vor diesem Hintergrund wurde empfohlen, dass Verwaltungsschreiben zumindest eingeschränkt am Vorrang des Unionsrechts teilhaben (*Schwarze* JZ 1996, 57; *Brinker* WuW 1996, 549). Im neuen System gibt es zwar Beratungsschreiben, aber keine Verwaltungsschreiben der Kommission. Beratungsschreiben haben andere Rechtswirkungen als Verwaltungsschreiben (→ Vor Art. 7 Rn. 7ff.). Das Problem der Vorrangwirkung wird sich daher in Bezug auf Verwaltungsschreiben nicht mehr stellen. Allerdings gibt es unter dem heute geltenden Regime eine vergleichbare Diskussion zur Bedeu-

tung von Bekanntmachungen, Mitteilungen und Leitlinien der Kommission und deren Teilnahme an der Vorrangwirkung des EU-Rechts (→ Rn. 21 f.).

c) Gesetzgeberische Ausgangsüberlegungen. Bisher hatte der Rat stets davon abgesehen, auf der Grundlage von Art. 103 Abs. 2 lit. e AEUV eine Verordnung oder eine Richtlinie zu erlassen, die das Verhältnis zwischen den nationalen und den europäischen Wettbewerbsvorschriften festlegt. Der Rat hat nach **Art. 103 Abs. 2 lit. e AEUV** die **Befugnis, das Verhältnis zwischen nationalem und europäischem Kartellrecht generell festzulegen.** Nach dieser Bestimmung kann der Rat das Verhältnis zwischen den innerstaatlichen Rechtsvorschriften einerseits und den in diesem Abschnitt (Vorschriften für Unternehmen) oder auf Grund dieses Artikels getroffenen Bestimmungen andererseits festlegen. Das bedeutet zum einen, dass der Rat das Verhältnis zwischen den innerstaatlichen Rechtsvorschriften einerseits und den Bestimmungen des EU-Sekundärkartellrechts andererseits festlegen kann. Darüber hinaus ist der Rat auch befugt, das Verhältnis zwischen den innerstaatlichen Rechtsvorschriften und dem Primärrecht zu regeln. Solange die Reichweite des Grundsatzes vom Vorrang des Gemeinschaftsrechts vor nationalem Recht weitgehend geklärt erschien, bestand für den Rat kein Anlass, das Verhältnis positivrechtlich zu regeln. 7

Durch das **Weißbuch der Kommission über die Modernisierung der Vorschriften zur Anwendung der Art. 81 und 82** (ABl. 1999 Nr. C 132/1) wurde die Diskussion erneut angestoßen. Nach dem durch die VO 1/2003 bedingten Paradigmenwechsel und der unmittelbaren und direkten Anwendbarkeit von Art. 101 Abs. 3 AEUV stellt sich das Problem des Verhältnisses zwischen europäischem und nationalem Kartellrecht anders. Ohne eine ausdrückliche Anwendungsentscheidung der Kommission, so wie sie u. a. in Einzelfreistellungsentscheidungen zu finden ist, bleibt unklar, in welchem Verhältnis Art. 101 Abs. 3 AEUV zu den Bestimmungen des nationalen Rechts steht. Es fehlt an der positiven Gestaltungsentscheidung der Kommission iS der Walt-Wilhelm-Doktrin. Dieses Problem, das in der Literatur wiederholt angesprochen wurde (vgl. zB *Deringer* EuZW 2000, 5, 6 ff.; *Mestmäcker* EuZW 1999, 523, 529), ist in Art. 3 einer Lösung zugeführt worden. 8

Der **erste Vorschlag der Kommission** für eine Verordnung des Rates zur Durchführung der in Art. 101 und 102 AEUV niedergelegten Wettbewerbsregeln (KOM (2000) 582 endg.) sah noch eine deutlich kürzere, aber auch deutlich schärfere Formulierung für die Festlegung des Verhältnisses zwischen den Art. 101 und 102 AEUV und dem einzelstaatlichen Wettbewerbsrecht vor (vgl. dazu *Bechtold* BB 2000, 2425, 2428 f.; *Klees* S. 69 ff.; *Lucey* ECLR 2006, 558; auch *Böge/Bardong* in MünchKomm VO 1/2003 Art. 3 Rn. 4). Danach sollte allein das europäische Wettbewerbsrecht **unter Ausschluss der mitgliedstaatlichen Wettbewerbsrechte** anwendbar sein, wenn Vereinbarungen, Beschlüsse und aufeinander abgestimmte Verhaltensweisen iSd Art. 101 und 102 AEUV vorlagen, die geeignet sind, den Handel zwischen den Mitgliedstaaten zu beeinträchtigen. Dies hätte zur Folge gehabt, dass vom Grundsatz der parallelen Anwendung des europäischen sowie der mitgliedstaatlichen Wettbewerbsrechtsordnungen abgewichen worden wäre. Der bisherige Ansatz, dass die europäische sowie die nationalen Rechtsordnungen so lange parallel anwendbar sind, bis ein Konflikt in der Rechtsfolgenanordnung durch den Grundsatz des Vorrangs des Gemeinschaftsrechts gelöst werden muss, wäre durch eine praktisch uneingeschränkte und umfassende Anwendung des europäischen Wettbewerbsrechts ersetzt worden. Die **nationalen Rechtsordnungen** hätten damit ihre **Bedeutung praktisch vollständig eingebüßt.** Hinzu kam, dass die nun in Art. 3 vorgesehenen Ausnahmen, die die Regeln der Missbrauchsaufsicht sowie des Lauterkeitsrechts und des Gewerblichen Rechtsschutzes betreffen, im Kommissionsvorschlag nicht vorgesehen waren. 9

Sowohl **kritische Stimmen** in der Literatur als auch der **Widerstand der Mitgliedstaaten** haben dazu geführt, dass die Kommission den Formulierungsvorschlag geändert hat (so insb. *Bechtold,* BB 2000, 2425, 2428 f.; auch *Böge/Bardong,* aaO 10

Rn. 4). Die Bedenken richteten sich zum einen gegen die angezweifelte Vereinbarkeit des Kommissionsvorschlags mit dem Primärrecht bzw. mit der vom EuGH aufgestellten Walt-Wilhelm-Doktrin. Es wurde insbesondere eingewandt, dass sich weder Kommission noch Rat trotz der Ermächtigung in Art. 103 Abs. 2 lit. e AEUV über den primärrechtlichen Grundsatz von der parallelen Anwendbarkeit des europäischen und der nationalen Rechtsordnungen hinwegsetzen könnten. Außerdem wurde beanstandet, dass der Vorranggrundsatz ungebührlich weit interpretiert würde, wenn auch Rechtsnormen vom Vorranggrundsatz erfasst wären, die in erster Linie andere Ziele verfolgten als das europäische Wettbewerbsrecht. Dies betraf insbesondere die **Regeln zum Lauterkeitsrecht sowie zu den übrigen Vorschriften des Gewerblichen Rechtsschutzes.** Von deutscher Seite wurde eingewandt, es gebe kein legitimes Interesse, die in manchen Mitgliedstaaten zu findenden, strengeren **Vorschriften über die Missbrauchsaufsicht** in den Vorranggrundsatz einzubeziehen (vgl. *Bechtold,* aaO). Dieser Einwand wurde insbesondere vor der deutlich größeren Praktikabilität bei der Anwendung der §§ 19 und 20 GWB im Vergleich zur äußerst schwerfälligen Anwendbarkeit von Art. 102 AEUV erhoben. Kommission und Rat griffen diese Bedenken auf und modifizierten die Bestimmung in Art. 3 im Laufe des Gesetzgebungsvorhabens maßgeblich. Das Ergebnis der Diskussion ist nun dem Wortlaut von Art. 3 zu entnehmen. Allerdings mehren sich wieder Stimmen in der Kommission, die auf eine striktere Formulierung des Art. 3 drängen (Mitteilung der Kommission an das Europäische Parlament und den Rat, Bericht über das Funktionieren der VO (EG) Nr. 1/2003 des Rates v. 29.4.2009 (KOM(2009) 206 endg.), Rn. 19ff.; vgl. auch Commission Staff Working Paper v. 29.4.2009 (SEC(2009) 574 final), Rn. 160ff.). Allerdings will die Kommission dieser Frage erst zu einem späteren Zeitpunkt und erst nach einer sorgfältigen Prüfung nachgehen.

11 Rat und Kommission haben in Art. 3 eine ausdrückliche Regelung vorgesehen, um das Verhältnis zwischen den innerstaatlichen Rechtsvorschriften einerseits und den Bestimmungen des primären und sekundären EU-Wettbewerbsrechts andererseits konkret festzulegen. Art. 3 Abs. 1 verpflichtet die Wettbewerbsbehörden der Mitgliedstaaten und die nationalen Gerichte dazu, **neben den einzelstaatlichen Wettbewerbsvorschriften stets auch die Vorschriften des europäischen Wettbewerbsrechts anzuwenden,** sofern eine Vereinbarung zwischen Unternehmen, der Beschluss einer Unternehmensvereinigung oder aufeinander abgestimmte Verhaltensweisen geeignet sind, den Handel zwischen den Mitgliedstaaten zu beeinträchtigen. Das bedeutet, dass immer, wenn eine Vereinbarung vom Anwendungsbereich des europäischen Kartellverbots erfasst ist, und zwar unabhängig von der im Einzelfall konkret eintretenden Rechtsfolge, diese Bestimmung insgesamt anzuwenden ist. Die nationalen Wettbewerbsbehörden und Gerichte müssen **beide Vorschriften parallel anwenden.** Dieselbe Regelung wird für die Anwendung von Art. 102 AEUV vorgesehen. Die mitgliedstaatlichen Wettbewerbsbehörden und Gerichte sind nach Art. 3 Abs. 1 S. 2 verpflichtet, **neben den einzelstaatlichen Missbrauchsvorschriften stets auch Art. 102 AEUV anzuwenden,** sofern dessen tatbestandlichen Voraussetzungen erfüllt sind.

12 **d) Umfassender Vorrang des Unionsrechts.** Art. 3 Abs. 2 ergänzt diese **Verpflichtung zur parallelen Anwendung** der mitgliedstaatlichen Wettbewerbsrechte und der europäischen Kartellrechtsordnung dahin, dass die Anwendung der einzelstaatlichen Wettbewerbsrechte nicht dazu führen darf, dass Vereinbarungen, Beschlüsse oder aufeinander abgestimmte Verhaltensweisen, die geeignet sind, den Handel zwischen Mitgliedstaaten zu beeinträchtigen, verboten werden, wenn sie entweder den Wettbewerb iSv Art. 101 Abs. 1 AEUV nicht einschränken oder die Voraussetzungen für eine Freistellung nach Art. 101 Abs. 3 AEUV erfüllt sind. Das bedeutet, dass ein **umfassender Vorrang des europäischen Kartellrechts** begründet wird. Immer wenn eine Vereinbarung die **Zwischenstaatlichkeitsklausel von**

Art. 101 AEUV erfüllt, müssen die nationalen Wettbewerbsbehörden und Gerichte sowohl die nationalen Wettbewerbsvorschriften als auch die Vorschriften des europäischen Wettbewerbsrechts anwenden; darüber hinaus müssen sie für den Fall, dass die Bestimmungen des nationalen Rechts zu einer anderen Rechtsfolge führt als die Vorschriften des europäischen Wettbewerbsrechts, die nationale Rechtsfolge außer Acht lassen und ausschließlich diejenige, die das Ergebnis der Anwendung von Art. 101 AEUV ist, zur Wirkung kommen lassen. Der Umfang des Vorrangprinzips in Art. 3 geht somit weit über das hinaus, was bisher im europäischen Kartellrecht galt.

Eine **Einschränkung** erfährt dieses Prinzip dadurch, dass den Mitgliedstaaten **13**
durch Art. 3 nicht verwehrt wird, **strengere innerstaatliche Vorschriften** zur Unterbindung oder Ahndung **einseitiger Handlungen** von Unternehmen zu erlassen oder anzuwenden (dazu *Böge/Bardong* in MünchKomm VO 1/2003 Art. 3 Rn. 13). Dies gilt insbesondere für Vorschriften der Missbrauchskontrolle. Für die Rechtsordnung der Bundesrepublik Deutschland bedeutet dies zB, dass die Bestimmungen in den §§ 19 und 20 GWB aufrecht erhalten und uneingeschränkt zur Anwendung gebracht werden dürfen, selbst wenn diese Bestimmungen strengere Rechtsfolgen vorsehen als die vergleichbaren Bestimmungen des EU-Kartellrechts. Darüber hinaus gelten die genannten Grundsätze nach Art. 3 Abs. 3 nicht für die nationalen Bestimmungen über die **Kontrolle von Zusammenschlüssen.** Diese **bleiben weiterhin uneingeschränkt anwendbar.** Der Vorranggrundsatz ist lediglich im Verhältnis zwischen den Vorschriften des europäischen Fusionskontrollrechtes einerseits und den entsprechenden Vorschriften der Mitgliedstaaten andererseits zu bestimmen (vgl. Art. 21 Abs. 3 VO 139/2004; vgl. hierzu die Kommentierung von Art. 21 VO 139/2004). Außerdem ist es den Mitgliedstaaten unbenommen, Bestimmungen des einzelstaatlichen Rechts unabhängig von den Vorgaben des Art. 3 anzuwenden, die überwiegend **ein von den Art. 101 und 102 AEUV abweichendes Ziel verfolgen.** Darunter werden in erster Linie die **Vorschriften zur Bekämpfung des unlauteren Wettbewerbs** gefasst sowie andere Vorschriften, die dem **gewerblichen Rechtsschutz** zuzurechnen sind (*Pichler,* Das Verhältnis von Kartell- und Lauterkeitsrecht, 2009; vgl. aus der umfangreichen Literatur nur *Köhler,* WRP 2005, 645; *Köhler* in Köhler/Bornkamm, Einl., Rn. 6.11; *Alexander,* GRUR Int. 2013, 636; *Henning-Bodewig,* GRUR 2013, 238). Auch andere Vorschriften, wie zB **Verbraucherschutzbestimmungen** und Vorschriften über **allgemeine Geschäftsbedingungen,** werden hierunter zu fassen sein (zu letzteren BGH WuW/E DE-R 1335 = EuR 2005, 79 Citroën).

2. Pflicht zur parallelen Anwendung

a) Grundsatz. Art. 3 Abs. 1 begründet die allgemeine Verpflichtung der mit- **14**
gliedstaatlichen Wettbewerbsbehörden und -gerichte, neben den an sich anzuwendenden Bestimmungen des nationalen Wettbewerbsrechts auch die Vorschriften des europäischen Kartellrechts heranzuziehen und anzuwenden, wenn eine Vereinbarung, ein Beschluss oder eine aufeinander abgestimmte Verhaltensweise geeignet ist, den Handel zwischen den Mitgliedstaaten iSv Art. 101 Abs. 1 AEUV zu beeinträchtigen. Dies hat zur Folge, dass die nationalen Wettbewerbsbehörden sowie die mitgliedstaatlichen Kartellgerichte nicht mehr berechtigt sind, allein und ausschließlich die nationalen Kartellrechtsbestimmungen, insbesondere das jeweilige Kartellverbot anzuwenden. Vielmehr müssen sie zunächst prüfen, ob die fragliche Vereinbarung geeignet ist, die Zwischenstaatlichkeitsklausel von Art. 101 Abs. 1 AEUV zu erfüllen. Ist dies der Fall, darf **nicht allein das nationale Kartellverbot herangezogen** werden. Vielmehr ist in jedem Fall auch immer Art. 101 AEUV anzuwenden, und zwar in seiner Gesamtheit.

15 **b) Weitreichende Bedeutung der Zwischenstaatlichkeitsklausel.** Dem Tatbestandsmerkmal der Beeinträchtigung des zwischenstaatlichen Handels kommt somit **entscheidende Bedeutung** zu. Die nationalen Wettbewerbsbehörden und -gerichte bleiben nämlich berechtigt, allein die Bestimmungen des nationalen Wettbewerbsrechts anzuwenden, wenn die Zwischenstaatlichkeitsklausel nicht erfüllt ist. Allerdings verbleibt im Hinblick auf die Rechtsprechung des Gerichtshofs **wenig Raum für die alleinige Anwendung der nationalen Kartellrechtsordnungen.** Nach ständiger Rechtsprechung kommt es nämlich allein darauf an, ob eine Vereinbarung, ein Beschluss oder eine abgestimmte Verhaltensweise unmittelbar oder mittelbar, tatsächlich oder potenziell geeignet ist, die Freiheit des Handels in einer Weise zu gefährden, welche die Verwirklichung der Ziele eines einheitlichen Marktes nachteilig beeinflussen kann (EuGH Slg. 1985 2545 Rn. 22 Remia). **Nicht erforderlich ist dagegen,** dass die Vereinbarung, der Beschluss oder die abgestimmte Verhaltensweise den innergemeinschaftlichen Handel **tatsächlich spürbar beeinträchtigt.** Vielmehr wird lediglich der Nachweis verlangt, dass die Vereinbarung, der Beschluss oder die abgestimmte Verhaltensweise eine solche Wirkung entfalten kann (EuGH Slg. 1997 I-4411 Rn. 19 Ferriere Nord). Eine wettbewerbsbeschränkende Absprache ist stets geeignet, den Handel zwischen den Mitgliedstaaten zu beeinträchtigen, wenn sie sich **unmittelbar oder mittelbar auf den Import oder Export von Waren oder Dienstleistungen bezieht,** dh die Regulierung grenzüberschreitender Waren- bzw. Dienstleistungsströme zum Gegenstand hat. Dazu ist es nicht erforderlich, dass eine Ware oder eine Dienstleistung tatsächlich grenzüberschreitend gehandelt wird (hierauf weist GAin Kokott in ihren Schlussanträgen v. 28.2.2013 in der Rs. C-681/11 Schenker NZKart 2013, 147 Rn. 70 und 77 ausdrücklich hin). Es reicht aus, wenn der grenzüberschreitende Verkehr von Waren oder Dienstleistungen unterbunden oder zumindest behindert wird (*Gleiss/Hirsch* Art. 85 (1) Rn. 242 und 245 mwN). Aber auch ohne einen solchen, unmittelbaren grenzüberschreitenden Bezug kann die Zwischenstaatlichkeitsklausel erfüllt sein. Nach der ständigen Rechtsprechung des Gerichtshofs ist eine Vereinbarung geeignet, den zwischenstaatlichen Handel zu beeinträchtigen, wenn sie ihrem Wesen nach zu einer **Abschottung der nationalen Märkte** führt (EuGH Slg. 1972, 977, 991 Cementhandelaren; EuGH Slg. 2006 I-6619 Rn. 41 Manfredi). Das ist der Fall, wenn sich eine Absprache auf das gesamte Hoheitsgebiet eines Mitgliedstaats erstreckt. Dies gilt bei größeren Mitgliedstaaten selbst dann, wenn sich die Absprache nur auf einen **wesentlichen Teil des Hoheitsgebietes des betreffenden Mitgliedstaates** auswirkt (so EuGH Slg. 1985 2545 Rn. 22 Remia; allgemein dazu *Koenigs,* FS Pfeiffer, 569, 575 ff.).

16 Lange Zeit war unklar, unter welchen Voraussetzungen eine Eignung zur **Beeinträchtigung des zwischenstaatlichen Handels hinreichend konkret** ist. Der Gerichtshof hat wiederholt betont, dass die Zwischenstaatlichkeitsklausel nicht erfüllt ist, wenn eine Vereinbarung lediglich einen beschränkten Einfluss auf den Handel bzw. den Dienstleistungsverkehr zwischen den Mitgliedstaaten hat (EuGH Slg. 1999 I-135 Rn. 50 ff. Bagnasco). Im Einzelfall muss deshalb gründlich geprüft werden, ob **spürbare Auswirkungen auf den zwischenstaatlichen Handels- bzw. Dienstleistungsverkehr** gegeben sind (*Schwarze/Weitbrecht* S. 46 f. mwN). Das gilt in besonderem Maße, wenn eine Vereinbarung mit Vertragspartnern aus Drittstaaten betroffen ist. Der Handel zwischen Mitgliedstaaten ist nämlich nur beeinträchtigt, wenn sich anhand einer Gesamtheit objektiver rechtlicher und tatsächlicher Umstände mit hinreichender Wahrscheinlichkeit voraussehen lässt, dass die Vereinbarung unmittelbar oder mittelbar, tatsächlich oder potenziell den Handel zwischen Mitgliedstaaten in einer Weise beeinflussen kann, die für die Verwirklichung der Ziele eines einheitlichen zwischenstaatlichen Handels nachteilig sein kann (EuGH Slg. 2006 I-6619 Rn. 45 Manfredi). Die **Beeinträchtigung darf nicht geringfügig sein.** Ob diese Voraussetzung erfüllt ist, hängt entscheidend von der Stellung und

der Bedeutung der Parteien auf dem Markt des betroffenen Produktes ab (EuGH Slg. 1998 I-1983 Rn. 16f. Javico/Yves Saint Laurent).

c) Faktische Auswirkungen der Zwischenstaatlichkeitsklausel. Um das Tatbestandsmerkmal der Beeinträchtigung des zwischenstaatlichen Handels näher zu erläutern, hat die Kommission eine Bekanntmachung veröffentlicht (**Leitlinien zum zwischenstaatlichen Handel,** ABl. 2004 C 101/81, Anhang B 3). In dieser Leitlinie sind die wesentlichen Grundsätze zusammengefasst, die der Rechtsprechung des Gerichtshofs zu entnehmen sind. Die Kommission analysiert insbesondere die Grundsätze, die der Gerichtshof in den Entscheidungen Javico und Bagnasco aufgestellt hat. Die Leitlinien sind jedoch ebenso wie die vorstehend zusammengefasste Rechtsprechung des Gerichtshofs nur insoweit von Bedeutung, als in der Praxis die nationalen Wettbewerbsvorschriften vom europäischen Kartellverbot in Art. 101 AEUV abweichen. Dies ist jedoch nur noch bei wenigen Mitgliedstaaten der Fall. Im Wege der **faktischen, weichen Harmonisierung** sind viele Mitgliedstaaten dazu übergegangen, ihre Kartellrechtsordnungen weitestgehend an die Vorgaben des europäischen Rechtes anzupassen (*Klees* S. 76f.; *Schwarze/Weitbrecht* S. 43f.). Zuletzt ist dies auch in Deutschland zu beobachten gewesen. Mit der 7. GWB-Novelle sind die Vorschriften der §§ 1ff. GWB in der Fassung der 6. GWB-Novelle insgesamt aufgehoben und durch Vorschriften ersetzt worden, die den Vorschriften des Art. 101 Abs. 1 und Abs. 3 AEUV weitestgehend entsprechen. Vor diesem Hintergrund hat die Frage der parallelen Anwendung der nationalen sowie der europäischen Kartellrechtsordnungen nur insoweit Bedeutung, als in einzelnen Mitgliedstaaten weiterhin materielle Unterschiede bestehen (vgl. EuGH 18.06.2013 C-681/11 Rn. 36 Schenker NZKart 2013, 333; auch → Rn. 20f.). 17

d) Erstreckung auf Art. 102 AEUV. Die Verpflichtung zur parallelen Anwendung der nationalen sowie der europäischen Kartellrechtsordnungen gilt nicht nur für die Vorschriften, die in den Anwendungsbereich des Kartellverbots in Art. 101 AEUV fallen. Vielmehr weitet Art. 3 Abs. 1 S. 2 die **Verpflichtung zur parallelen Anwendung** der nationalen und der europäischen Kartellrechtsordnungen **auch auf von Art. 102 AEUV erfasste Missbrauchstatbestände** aus. S. 2 verpflichtet die Wettbewerbsbehörden der Mitgliedstaaten sowie die nationalen Gerichte zur Anwendung von Art. 102 AEUV stets, wenn sie das nationale Wettbewerbsrecht auf nach Art. 102 AEUV verbotene Missbräuche anzuwenden gedenken. Die Verpflichtung zur parallelen Anwendung der nationalen sowie der europäischen Wettbewerbsrechtsordnungen ist somit nicht auf die Reichweite des Kartellverbotes begrenzt, sondern schließt auch die Anwendung auf nach Art. 102 AEUV verbotene Missbräuche ein. 18

3. Reichweite des Vorranggrundsatzes

a) Grundsatz. Die Verpflichtung zur parallelen Anwendung der Art. 101 und 102 AEUV neben den einzelstaatlichen Bestimmungen reicht nicht aus, um den Vorschriften des europäischen Kartellrechts zur vollen Wirksamkeit zu verhelfen. Da die bisherige Rechtsprechung des Gerichtshofs zum Vorranggrundsatz darauf abstellte, ob die Kommission einen politisch motivierten, positiven Gestaltungsakt erlassen hat, ist es unter dem Regime der Legalausnahme erforderlich, eine **ausdrückliche Regelung für das Verhältnis von Art. 101 AEUV zu den nationalen Vorschriften** vorzusehen. Diese Regelung findet sich in Art. 3 Abs. 2 S. 1. Diese normiert, dass die Anwendung des einzelstaatlichen Wettbewerbsrechts nicht zum Verbot von Vereinbarungen, Beschlüssen oder aufeinander abgestimmten Verhaltensweisen führen darf, welche den Handel zwischen den Mitgliedstaaten zu beeinträchtigen geeignet sind, aber entweder den **Wettbewerb iSv Art. 101 Abs. 1 AEUV nicht einschränken** oder die **Freistellungsvoraussetzungen** 19

von Art. 101 Abs. 3 AEUV erfüllen. Die zweite Alternative wird dahin ergänzt, dass der Grundsatz auch gelten soll, wenn die betreffende Vereinbarung, der Beschluss oder die aufeinander abgestimmte Verhaltensweise vom Anwendungsbereich einer **Gruppenfreistellungsverordnung nach Art. 101 Abs. 3 AEUV** erfasst ist. Dies hat zur Folge, dass die Rechtsfolge, die das europäische Wettbewerbsrecht normiert, in jedem Fall gegenüber der vom nationalen Recht normierten Rechtsfolge vorrangig anwendbar ist. Die Vorschriften des nationalen Rechts treten somit in jedem Fall zurück. Das gilt unabhängig davon, ob das europäische Recht eine strengere oder eine weniger strenge Rechtsfolge anordnet. Das gilt auch unabhängig von der Frage, ob die Rechtsfolge im europäischen Primärrecht angeordnet wird oder auf einer Vorschrift des Sekundärrechts beruht. **In jedem Fall gelten die Vorschriften des europäischen Rechts vorrangig, und zwar hinsichtlich sämtlicher Tatbestandsmerkmale des Art. 101 AEUV.** Dies führt dazu, dass der nationale Gesetzgeber im Bereich der Zwischenstaatlichkeitsklausel auch daran gehindert ist, nationales Kartellrecht auf Sachverhalte anzuwenden, die nicht als Handlungsweisen iSv Art. 101 Abs. 1 AEUV zu qualifizieren sind (bewusstes Parallelverhalten). Der Vorranggrundsatz verhindert auch die Anwendung des Kartellverbots auf Vereinbarungen zwischen Institutionen und Organisationen, die nicht als Unternehmen iSv Art. 101 Abs. 1 AEUV anzusehen sind (vgl. *Bechtold,* GWB, § 1 Rn. 8ff.; *Bornkamm,* FS Hirsch, 2008, S. 231, 238).

20 Für den nicht alltäglichen Fall, welche Befugnisse eine mitgliedstaatliche Wettbewerbsbehörde hat, wenn die Europäische Kommission und parallel eine nationale Wettbewerbsbehörde zu einem Zeitpunkt Kenntnis von einem vermeintlichen Kartellrechtsverstoß erhalten, der kurz nach dem Beitritt des betreffenden Mitgliedstaates am 1.5.2004 zur Europäischen Union aufgedeckt wird und **beide Behörden ein Ermittlungsverfahren** nach europäischem bzw. nationalem Kartellverfahrensrecht einleiten, entschied der Gerichtshof, dass Art. 3 Abs. 1 der nationalen Wettbewerbsbehörde nicht untersagt, allein das nationale Wettbewerbsrecht auf einen Sachverhalt anzuwenden, der sich auf das Hoheitsgebiet des Beitrittsstaates beschränkt und den **Zeitraum bis zum Beitritt des neuen Mitgliedstaates zur Europäischen Union** zum Gegenstand hat (EuGH 14.02.2012 Rs. C-17/10 Rn. 67 Toshiba u. a., EuZW 2012, 223). Dass sich die Abrede auf den zwischenstaatlichen Handel der Mitgliedstaaten ausgewirkt hat, kann für den hier zu entscheidenden Fall nach der Überzeugung des Gerichtshofes nach Art. 3 Abs. 1 nicht zur parallelen Anwendung des europäischen Wettbewerbsrechtes neben den Vorgaben des nationalen Wettbewerbsrechtes führen. Art. 3 enthält ebenso wie andere Vorschriften der Verordnung nicht nur und in erster Linie verfahrensrechtliche Bestimmungen, sondern auch materiellrechtliche Normen. Diese dürfen aber, wie der Gerichtshof unter ausdrücklicher Berufung auf die Schlussanträge von Generalanwältin Kokott ausführt (vgl. die Schlussanträge v. 8.9.2011 in der Rs. C-17/10 Rn. 42ff. Toshiba u. a.), im Hinblick auf den Grundsatz der Rechtssicherheit nicht rückwirkend angewandt werden. **Das Prinzip des Rückwirkungsverbotes** verbietet, Art. 3 so auszulegen, dass die materiellrechtlichen Vorgaben des primären wie des sekundären Wettbewerbsrechtes rückwirkend auf den Zeitraum vor dem Beitritt des neuen Mitgliedstaates erstreckt würden. Wenn dies dazu führt, dass sowohl die Europäische Kommission unter Anwendung von Art. 101 AEUV als auch die nationale Wettbewerbsbehörde unter Anwendung der nationalen Wettbewerbsvorschriften je eine Sanktion gegen die beteiligten Unternehmen verhängten, verstößt dies nicht gegen das Doppelbestrafungsverbot, dh gegen den **Grundsatz *ne bis in idem*.** Da die nationale Behörde einen Verstoß gegen das nationale Wettbewerbsrecht sanktioniert und zwar für einen Zeitraum vor dem Beitritt zur Europäischen Union, die Europäische Kommission einen Verstoß gegen das Europäische Wettbewerbsrecht, jedoch beschränkt auf das Territorium der Europäischen Union vor dem Beitritt des neuen Mitgliedstaates, könne der Grundsatz *ne bis in idem* nicht gelten. Aus diesem Grunde scheidet auch eine Anwendung von Art. 11 Abs. 6 aus (EuGH Rn. 69ff.; → Art. 11 Rn. 18ff.).

21 Art. 3 bezieht sich ausdrücklich nur auf die Bestimmungen der Art. 101 Abs. 1 und Abs. 3 AEUV sowie auf Art. 102 AEUV. Die Bezugnahme auf Art. 101 Abs. 3 AEUV bedeutet, dass auch die Vorschriften **der Gruppenfreistellungsverordnungen vom Grundsatz des Vorrangs des Unionsrechtes erfasst** sind. Weniger eindeutig ist dagegen die Frage zu beantworten, welche Bedeutung Art. 3 für die von der Kommission in großer Zahl verabschiedeten **Bekanntmachungen, Leitlinien und Mitteilungen** hat. Zwar ist allgemein anerkannt, dass diese Rechtsakte, die dem sog. „soft law" zuzuordnen sind, keine unmittelbaren und bindenden Rechtswirkungen für die mitgliedstaatlichen Kartellbehörden und -gerichte haben. Sie binden allein die Kommission selbst, die ihre Verwaltungspraxis transparent und vorhersehbar machen möchte (vgl. hierzu die Kommentierung zu Art. 1 VO 1/2003 Rn. 55 mwN). Dass Bekanntmachungen etc. den Charakter von Leitfäden haben, an denen sich die mitgliedstaatlichen Behörden und Gerichte orientieren können führt nicht zu denselben Rechtswirkungen, die der Gerichtshof für die Vorschriften des primären und sekundären Wettbewerbsrechts ausgesprochen hat. Art. 3 Abs. 1 und Abs. 2 können also nicht zu einer Verpflichtung der mitgliedstaatlichen Behörden und Gerichte zur Anwendung der in diesen enthaltenen Grundsätze, Standards und Ausführungen führen. Sie sind lediglich als Anhaltspunkte zu sehen, die den mitgliedstaatlichen Behörden und Gerichten eine sachgerechte Bewertung erleichtern sollen (EuGH 13.12.2012 C-226/11 Rn. 31 Expedia).

22 Etwas weiter gegangen ist Generalanwältin Kokott in ihren Schlussanträgen in dieser Rechtssache (v. 6.9.2012 Rs. C-226/11 Rn. 26ff. sowie 35ff.). Generalanwältin Kokott begründet zwar ausführlich, dass Bekanntmachungen der Kommission keine verbindlichen Rechtswirkungen erzeugen können. Allerdings unterstreicht sie den Hinweischarakter der Bekanntmachungen als Leitfäden für die Anwendung des europäischen Wettbewerbsrechtes. Für die Kommission hält sie noch einmal ausdrücklich fest, dass diese im Rahmen des Grundsatzes der **Selbstbindung** der Verwaltung nicht ohne Angaben von Gründen und nicht ohne Beachtung des Grundsatzes der Gleichbehandlung von den in Bekanntmachungen, Leitlinien und Mitteilungen formulierten Verhaltensnormen und Aussagen abweichen darf (Schlussanträge aaO Rn. 36), was für die mitgliedstaatlichen Behörden und Gerichte nicht gilt. Gleichzeitig unterstreicht die Generalanwältin aber die Bedeutung solcher Leitfäden für das Funktionieren der dezentralen Kartellrechtsdurchsetzung in der Europäischen Union. Bekanntmachungen, Leitlinien und Mitteilungen ermöglichen nämlich eine unionsweit wirksame und einheitliche Anwendung der Art. 101 und Art. 102 AEUV und gewährleisten damit gleiche Wettbewerbsbedingungen im Binnenmarkt sowie gesteigerte Rechtssicherheit für die betroffenen Unternehmen. Aus der **Pflicht zur loyalen Zusammenarbeit (Art. 4 Abs. 3 AEUV)** folgert sie, dass die nationalen Behörden und Gerichte Bekanntmachungen der Kommission **gebührend berücksichtigen müssen.** Selbst wenn es sich nicht um zwingende Vorgaben handelt, sind die mitgliedstaatlichen Behörden und Gerichte verpflichtet, sich mit den in den Bekanntmachungen zum Ausdruck gekommenen Einschätzungen der Kommission intensiv auseinander zu setzen. Auch müssen sie, sofern sie von den Positionen der Kommission abweichen wollen, gerichtlich überprüfbare Gründe hierfür anführen (Schlussanträge aaO Rn. 38f.). Es besteht also keine ausdrückliche rechtliche Verpflichtung zur Berücksichtigung und Anwendung der Bekanntmachungen, Leitlinien und Mitteilungen der Kommission. Jedoch sind die mitgliedstaatlichen Wettbewerbsbehörden und -gerichte verpflichtet, sich mit dem in den Äußerungen der Kommission festgehaltenen Einschätzungen gebührend auseinanderzusetzen.

23 Die Konsequenz ist ein offensichtlicher **Bedeutungsverlust der nationalen Rechtsordnungen.** Diese können sich in ihren Besonderheiten nur dann durchsetzen, wenn eine Vereinbarung, ein Beschluss oder eine abgestimmte Verhaltensweise

das Tatbestandsmerkmal der Zwischenstaatlichkeitsklausel nicht erfüllt. Im Hinblick auf die weite Auslegung dieser Klausel durch den Gerichtshof (→ AEUV Art. 101 Rn. 102ff.) sind nur wenige Fallkonstellationen denkbar, in denen allein die Bestimmungen der nationalen Rechtsordnungen zur Anwendung gelangen. Wenn bei einer solchen Konstellation die Vorschriften der nationalen Rechtsordnungen strenger sind als die Vorgaben des europäischen Kartellrechts, stellt sich in besonderem Maße die Frage nach der Legitimität solch strengerer Rechtsfolgenanordnungen. Im Regelfall wird es nämlich um solche Vereinbarungen, Beschlüsse oder abgestimmte Verhaltensweisen gehen, die von **kleineren oder mittleren Unternehmen (KMU)** getroffen werden. Wenn für solche aber strengere Regeln gelten als für Vereinbarungen, die von größeren Unternehmen getroffen werden, ist eine ungerechtfertigte Ungleichbehandlung die Konsequenz. Gerade vor diesem Hintergrund hat auch die deutsche Regierung den Beschluss gefasst, die Bestimmungen des deutschen Kartellrechts in den **§§ 1ff. GWB vollständig an die Vorgaben des europäischen Kartellrechts anzugleichen** (vgl. *Bechtold,* GWB, § 1, Rn. 4ff.; *Bornkamm,* FS Hirsch, 2008, S. 231, 238). Unabhängig vom Vorliegen einer Verpflichtung zur Harmonisierung der materiellen Kartellrechtsvorschriften, wie sie sich zB aus einer Richtlinie ergeben könnten, hat die Bundesregierung autonom entschieden, so wie manch andere Mitgliedstaaten auch, auf eigenständige Regelungen zu verzichten und die Vorgaben des europäischen Kartellrechts auf freiwilliger, autonomer Basis zu übernehmen. Vor diesem Hintergrund dürfte der Vorrangregelung in Art. 3 Abs. 2 S. 1 in der Praxis eine geringere Bedeutung zuwachsen als ursprünglich angenommen.

24 Die Absicht des deutschen Gesetzgebers, mit der 7. GWB-Novelle eine vollständige Harmonisierung des deutschen Kartellrechtes mit dem europäischen Kartellrecht herbeizuführen, hat jedoch eine weiter reichende Bedeutung. Art. 3 würde dem nationalen Gesetzgeber grundsätzlich das Recht belassen, für Sachverhalte, die von der Zwischenstaatlichkeitsklausel des Art. 101 Abs. 1 AEUV nicht erfasst sind, anderweitige Regelungen vorzusehen als das europäische Kartellrecht. Wenn jedoch der deutsche Gesetzgeber mit der **7. GWB-Novelle** die **vollständige Angleichung des deutschen Kartellrechts an das europäische Kartellrecht** vor Augen hatte, führt dies dazu, dass die einzelnen Tatbestandsmerkmale in § 1 GWB ebenso auszulegen sind wie die Tatbestandsmerkmale von Art. 101 Abs. 1 AEUV. Die Konsequenz ist, dass der deutsche Gesetzgeber ebenso wenig wie die zur Anwendung der Vorschriften des deutschen Kartellrechts aufgerufenen Behörden und Gerichte von der Auslegung dieser Tatbestandsmerkmale durch die europäischen Gerichte und die Europäische Kommission abweichen darf. Dies lässt sich am Beispiel des Unternehmensbegriffs besonders verdeutlichen. Der Gerichtshof hat in seiner FENIN-Entscheidung (EuGH, Slg. 2006, I-6295) für den Bereich der gesetzlichen Krankenversicherungen entschieden, dass diese im Rahmen der ihnen gesetzlich zugewiesenen Befugnisse beschaffend tätig sind. Im Hinblick auf diese inzwischen ständige Rechtsprechung könnten weder der deutsche Gesetzgeber noch die zuständigen Wettbewerbsbehörden und -gerichte von dieser Interpretation des Tatbestandsmerkmals abweichen. Dies kann zwar nicht unmittelbar aus Art. 3 abgeleitet werden, auch nicht unter Hinzuziehung des effet utile-Gedankens, jedoch aus der Absicht des deutschen Gesetzgebers, das deutsche Kartellverbot vollständig mit dem europäischen Kartellverbot zu harmonisieren.

25 **b) Ausnahmen für Missbrauchskontrolle.** In Gesetzgebungsverfahren ist es den Mitgliedstaaten gelungen, eine Ausnahme vom allgemein geltenden Vorranggrundsatz vorzusehen. Nach Art. 3 Abs. 2 S. 2 bleiben die Mitgliedstaaten berechtigt, in ihrem Hoheitsgebiet **strengere innerstaatliche Vorschriften** zur Unterbindung oder Ahndung **einseitiger Handlungen** von Unternehmen zu erlassen oder anzuwenden. Diese Ermächtigung bezieht sich in erster Linie auf Missbrauchstatbestände, die von Art. 102 AEUV erfasst sein können (*Böge/Bardong* in MünchKomm VO 1/

2003 Art. 3 Rn. 98; *Rehbinder* in IM VO 1/2003 Art. 3 Rn. 32). Da die Anwendungsvoraussetzungen dieser Bestimmung sehr hoch sind, insbesondere im Hinblick auf das Vorliegen einer marktbeherrschenden Stellung iSv Art. 102 AEUV (vgl. dazu Art. 102 AEUV Rn. 17ff.), gibt es in mehreren Mitgliedstaaten, u. a. auch in der Bundesrepublik Deutschland, Vorschriften wie §§ 19 und 20 GWB, deren Anwendungsschwellen deutlich niedriger sind. Im Hinblick auf die Vorschrift in Art. 3 Abs. 2 S. 2 bleiben die Mitgliedstaaten berechtigt, solch strengere Vorschriften beizubehalten oder zu erlassen und in der Folge anzuwenden. Entsprechend sind die Bestimmungen der §§ 19 und 20 GWB im Zuge der 7. GWB-Novelle auch keinen Änderungen zugeführt worden. Zu den die Unterschiede kritisch bewertenden Erwägungen der Kommission in ihrem Bericht über das Funktionieren der VO 1/2003 v. 29.4.2009 → Rn. 10.

Etwas Vergleichbares gilt für andere Missbrauchstatbestände zB im **Telekommunikationsgesetz** oder im **Energiewirtschaftsgesetz.** Missbrauchsvorschriften wie zB § 17 und § 20 EnWG können somit ungeachtet der Frage, ob mit diesem Gesetz iSv Art. 3 Abs. 3 überwiegend ein von Art. 101 und 102 AEUV abweichendes Ziel verfolgt wird, weiterhin bestehen bleiben und angewandt werden. Es handelt sich nämlich um Missbrauchstatbestände, deren Reichweite und Umfang die Mitgliedstaaten auch in Zukunft auf der Grundlage von Art. 3 Abs. 2 S. 2 autonom festlegen können. 26

4. Ausnahmen vom Vorranggrundsatz

a) Grundsatz. Abs. 3 macht deutlich, dass die Verpflichtung zur parallelen Anwendung des europäischen und der nationalen Kartellrechtsordnungen nur auf solche nationalen Vorschriften begrenzt ist, die überwiegend den selben Zweck verfolgen wie die Art. 101 und 102 AEUV. Vorschriften, die **überwiegend ein von den Art. 101 und 102 AEUV abweichendes Ziel verfolgen,** sind von der Verpflichtung zur parallelen Anwendung sowie vom Vorranggrundsatz des Art. 3 Abs. 2 S. 1 befreit. Ausdrücklich ergänzt wird die Ausnahme im Hinblick auf **Vorschriften über die Kontrolle von Unternehmenszusammenschlüssen** (*Rehbinder* in IM VO 1/2003 Art. 3 Rn. 44). Für diese findet sich in Art. 21 Abs. 3 VO 139/2004 eine ausdrückliche Regelung. Diese besagt, dass Zusammenschlüsse, die in den Anwendungsbereich der europäischen Fusionskontrolle fallen, ausschließlich bei der Kommission angemeldet und von dieser zu bescheiden sind. Die nationalen Fusionskontrollregime finden auf solche Zusammenschlüsse keine Anwendung. Diese Regelung wird durch Art. 3 Abs. 3 noch einmal ausdrücklich bekräftigt. Jedoch handelt es sich allein um eine deklaratorische Bestimmung, da die konstitutive Anordnung bereits in Art. 21 Abs. 3 VO 139/2004 enthalten ist. 27

b) Verfolgung von Art. 101 und 102 AEUV abweichender Ziele. Von eigenständiger Bedeutung ist die Regelung insoweit, als einzelstaatliche Regeln betroffen sein können, die überwiegend **einen von Art. 101 und 102 AEUV abweichenden Zweck verfolgen.** Diese Voraussetzung ist erfüllt für Vorschriften über den **Schutz des lauteren Wettbewerbs** (*Böge/Bardong* in MünchKomm VO 1/2003 Art. 3 Rn. 21; *Rehbinder* in IM VO 1/2003 Art. 3 Rn. 47). Im deutschen Recht ist damit in erster Linie das UWG betroffen sowie Vorschriften, die ergänzend zu den Vorschriften des UWG erlassen worden sind. In der Vergangenheit, insbesondere im Vorfeld des Erlasses des GWB in den 1950er Jahren, wurde ausführlich diskutiert, welche Ziele das UWG und das GWB verfolgen. Es gab Stimmen insbesondere in der Literatur, die einen weitgehend parallelen Zweck annahmen (vgl. grundlegend *Fikentscher,* Wettbewerb und gewerblicher Rechtsschutz, München, 1958, S. 29ff., 33ff.). Inzwischen hat sich jedoch die Auffassung durchgesetzt, dass **UWG und GWB unterschiedliche Zwecke verfolgen.** Während das UWG auf den Schutz der Markt- 28 teilnehmer gegen unlautere Wettbewerbshandlungen einzelner Unternehmen gerichtet ist, schützen das GWB und auch das EU-Kartellrecht den freien Wettbewerb als Koordinator der Marktbeziehungen vorwiegend unter wirtschaftspolitischen Gesichtspunkten gegen Beschränkungen. Diese beiden Ziele mögen in Einzelheiten deckungsgleich sein. Insgesamt sind die Vorschriften jedoch auf unterschiedliche Schutzgegenstände ausgerichtet (*Köhler/Bornkamm,* UWG, 31. Aufl. 2013, Einl., Rn. 6.11; auch *Köhler,* WRP 2005, 645, und *Pichler,* Das Verhältnis von Kartell- und Lauterkeitsrecht, 2009). Die Konsequenz ist, dass die Vorschriften des UWG sowohl vom Vorranggrundsatz des Art. 3 Abs. 2 S. 1 ausgenommen sind als auch von der Verpflichtung der mitgliedstaatlichen Wettbewerbsbehörden und -gerichte zur parallelen Anwendung der nationalen und der europäischen Wettbewerbsrechtsordnungen nach Art. 3 Abs. 1. Die Reichweite der Ausnahmevorschrift beschränkt sich darauf jedoch nicht. Auch andere Gesetze, die dem Bereich des Gewerblichen Rechtsschutzes zuzurechnen sind, wie zB das Patentgesetz, können sich auf die Ausnahmevorschrift in Art. 3 Abs. 3 berufen. Für diese Vorschriften gilt etwas Vergleichbares wie für das UWG.

Kapitel II. Zuständigkeit

Vorbemerkung

1. Überblick

1 Während das erste Kapitel die zentralen Grundsätze gerade auch materiellrechtlicher Art (EuGH 14.02.2012 C-17/10 Rn. 48f. Toshiba u. a., EuZW 2012, 223) regelt, die für die Anwendung der Art. 101 und 102 AEUV gelten, enthalten Art. 4ff. die **grundsätzlichen Zuständigkeitszuweisungen** für die Anwendung der Art. 101 und 102 AEUV. Entsprechend rechtsstaatlichen Grundsätzen enthält Art. 4 die **Ermächtigungsgrundlage für die Kommission,** die Art. 101 und 102 AEUV anzuwenden sowie von den in der VO 1/2003 vorgesehenen Befugnissen Gebrauch zu machen. Etwas Vergleichbares gilt nach Art. 5 für die **Wettbewerbsbehörden der Mitgliedstaaten** sowie nach Art. 6 für die **Gerichte der Mitgliedstaaten.** Auch diese sind aufgerufen, Art. 101 und 102 AEUV anzuwenden. Die mitgliedstaatlichen Wettbewerbsbehörden sollen entsprechend dem **Ziel der Dezentralisierung** stärker in die Anwendung der Art. 101 und 102 AEUV einbezogen werden (vgl. Begründungserwägung 6 zur VO 1). Durch den Wegfall des Freistellungsmonopols der Kommission wird dies deutlich erleichtert. Etwas Vergleichbares gilt für die mitgliedstaatlichen Gerichte. Diese sind in besonderem Maße dazu berufen, die subjektiven Rechte der Betroffenen zu schützen und sollen daher ergänzend neben den nationalen Wettbewerbsbehörden zur Durchsetzung der Art. 101 und 102 AEUV beitragen (vgl. Begründungserwägung 7 zur VO 1).

2 Während es Art. 4 allgemein bei der Zuweisung der Zuständigkeit der Kommission belässt und die Entscheidungen, die die Kommission zur Anwendung des Kartell- und des Missbrauchsverbots trifft, den speziellen Regelungen in Art. 7–10 sowie Art. 23 und 24 vorbehält, führt Art. 5 ausdrücklich an, welche Entscheidungen die mitgliedstaatlichen Wettbewerbsbehörden erlassen können. Dies erscheint erforderlich zu sein, da es **nationaler Umsetzungsmaßnahmen** bedarf, die die präzisen Entscheidungsbefugnisse der nationalen Wettbewerbsbehörden im Detail regeln (→ Art. 5 Rn. 9f.). Viele nationale Rechtsordnungen enthalten keine ausdrücklichen Vorschriften über die Befugnisse, über die die nationalen Wettbewerbsbehörden bei der Anwendung der Art. 101 und 102 AEUV verfügen sollten. Daher hat es der Verordnungsgeber für erforderlich gehalten, die Entscheidungsbefugnisse zu konkretisie-

ren. Dies hat auch Auswirkungen auf das deutsche Recht, da § 50 GWB aF zB keine hinreichende **Ermächtigung für die Festsetzung von Bußgeldern** enthielt. Die Mitgliedstaaten werden außerdem nach Art. 35 ausdrücklich verpflichtet, die Behörden zu benennen, die zur Anwendung der Art. 101 und 102 AEUV befugt sein sollen.

2. Grundlagen im AEUV

Art. 4 ersetzt in weiten Bereichen, soweit dies nicht bereits durch die VO 17/62 geschehen war, Art. 105 AEUV. In dieser Bestimmung sind die Befugnisse der Kommission zur Anwendung der in den Art. 101 und 102 AEUV niedergelegten Grundsätze geregelt. Solange der Rat noch keine Durchführungsverordnung auf der Grundlage von ex-Art. 83 EG erlassen hatte, war Art. 105 AEUV die alleinige Grundlage für ein Tätigwerden der Kommission zur Anwendung der Art. 101 und 102 AEUV. Mit dem Inkrafttreten der VO 17/62, nunmehr ersetzt durch die VO 1/2003, hat Art. 105 AEUV weitgehend seine Bedeutung eingebüßt. Auch im Bereich des **interkontinentalen Flugverkehrs zwischen der Gemeinschaft und Drittstaaten** hat Art. 105 AEUV inzwischen seine Bedeutung eingebüßt (→ AEUV Art. 105 Rn. 5 ff.). Die Kompetenz der Kommission zur Anwendung des Art. 101 AEUV ist auf den Luftverkehr zwischen der Gemeinschaft und Drittstaaten ausgedehnt worden (ABl. 2004 L 68/1). 3

Etwas Vergleichbares gilt für die Befugnis der Mitgliedstaaten zur Anwendung von Art. 101 und 102 AEUV. Nach Art. 104 AEUV sind die Behörden der Mitgliedstaaten nämlich bis zum Inkrafttreten der Durchführungsverordnung nach Art. 103 AEUV befugt, Art. 101 und 102 AEUV insgesamt auf wettbewerbsbeschränkende Vereinbarungen, Beschlüsse und aufeinander abgestimmte Verhaltensweisen sowie Missbräuche anzuwenden. Die Besonderheit liegt darin, dass **Art. 104 AEUV die mitgliedstaatlichen Behörden** somit **ausdrücklich ermächtigt, auch Art. 101 Abs. 3 AEUV anzuwenden.** Diese Befugnisse sind mit dem Inkrafttreten der VO 17/62 gegenstandslos geworden (→ AEUV Art. 104 Rn. 2 ff.). 4

Art. 4 Zuständigkeit der Kommission

Zur Anwendung der Artikel 81 und 82 des Vertrags verfügt die Kommission über die in dieser Verordnung vorgesehenen Befugnisse.

Art. 4 begründet die Zuständigkeit der Kommission zur Anwendung der Art. 101 und 102 AEUV und ermächtigt die Kommission zur Anwendung der in der VO 1/2003 vorgesehenen Befugnisse. Letzteres bezieht sich zum einen auf die Ermittlungsbefugnisse der Kommission aus Art. 17 ff., zum anderen auf die Befugnisse zum Erlass von Entscheidungen und Maßnahmen nach Art. 7 ff. sowie Art. 23, Art. 24 Abs. 2 und Art. 29 Abs. 1. Art. 4 ist somit die **zentrale Ermächtigungsgrundlage** für das Tätigwerden **der Kommission.** Die Vorschrift in Art. 4 beruht auf der Ermächtigung durch den Rat nach Art. 103 Abs. 1 AEUV iVm Art. 17 EUV und ergänzt die Regelung von Art. 104 AEUV für den Anwendungsbereich der VO 1/2003. Art. 104 AEUV verliert für diesen Bereich seine Bedeutung (→ vor Art. 4 Rn. 4). 1

Die Vorschrift hatte in der **VO 17/62 keine unmittelbare Vorgängerbestimmung.** Eine allgemeine Vorschrift, die die Kommission dazu ermächtigte, die in der VO 17/62 vorgesehenen Befugnisse zur Anwendung von Art. 101 und 102 AEUV in Anspruch zu nehmen, fand sich in der Vorgängerregelung nicht. Man kann allenfalls **Art. 9 VO 17/62** als Vorläufernorm heranziehen. Danach wurde die Kommission für ausschließlich zuständig erklärt, ex-Art. 85 Abs. 1 nach ex-Art. 85 Abs. 3 des Vertrages für nicht anwendbar zu erklären **(Freistellungsmonopol der Kommission).** Au- 2 ßerdem wurde die Kommission für zuständig erklärt, ex-Art. 85 Abs. 1 und ex-Art. 86 EG-Vertrag anzuwenden, auch wenn die für die Anmeldung nach Art. 5 Abs. 1 und Art. 7 Abs. 2 vorgesehenen Fristen noch nicht abgelaufen sind. Schließlich regelte Art. 9 Abs. 3 VO 17/62 die **Kompetenzverteilung zwischen der Kommission und den mitgliedstaatlichen Wettbewerbsbehörden.** Die Bestimmung in Art. 9 VO 17/62 unterscheidet sich jedoch von Art. 4 VO 1 dadurch, dass sich Art. 9 VO 17/62 ausschließlich auf spezielle Konstellationen bezog. Art. 9 VO 17/62 wurde als zentrale Norm für die Zuständigkeitsverteilung zwischen nationalen Wettbewerbsbehörden und Kommission angesehen, weniger als allgemeine Ermächtigungsgrundlage, von den in der VO 17/62 vorgesehenen Befugnissen Gebrauch zu machen.

3 Art. 4 enthält seinem Wortlaut nach eine **allgemein gehaltene Ermächtigungsgrundlage** für die Kommission. Allerdings wird diese dahin konkretisiert und begrenzt, dass die Kommission nicht allgemein Maßnahmen ergreifen kann, um Art. 101 und 102 AEUV zur Anwendung zu bringen. Vielmehr darf die Kommission nach Art. 4 lediglich die „in dieser Verordnung vorgesehenen Befugnisse" in Anspruch nehmen. Das bedeutet, dass die Kommission hinsichtlich der Entscheidungen festgelegt ist, die sie zur Anwendung der Art. 101 und 102 AEUV erlassen darf. Dabei handelt es sich nach Art. 7 um Entscheidungen zur Feststellung und Abstellung von Zuwiderhandlungen, nach Art. 8 um den Erlass einstweiliger Maßnahmen, nach Art. 9 um die Entgegennahme von Verpflichtungszusagen und nach Art. 10 um Entscheidungen zur Feststellung der Nichtanwendbarkeit der Art. 101 und 102 AEUV. Darüber hinaus hat die Kommission weitreichende Befugnisse, die in Kapitel V der VO 1/2003 geregelt sind. Der Wortlaut von Art. 4 macht deutlich, dass es sich **nicht um eine offene Generalermächtigung handelt.** Vielmehr sind die Befugnisse der Kommission klar auf die in der VO 1/2003 geregelten Befugnisse beschränkt (*Weiß/Creus* in L/M/R VerfVO Art 4 Rn. 2). Allerdings bedeutet dies nicht, dass die Kommission nicht auch weniger weitgehende Maßnahmen ergreifen darf. Sie bleibt berechtigt, Empfehlungen iSv Art. 288 Abs. 5 AEUV auszusprechen oder Beratungsschreiben an die an eine Vereinbarung beteiligten Unternehmen zu richten (vgl. dazu Vor Art. 7 Rn. 6). Auch ist die Kommission berechtigt, im Rahmen von Bußgeldverfahren ein Vergleichs- bzw. Verständigungsverfahren durchzuführen (→ Art. 27 Rn. 23). Der numerus clausus der Art. 7 ff. steht solchen Maßnahmen nicht entgegen.

4 Art. 4 regelt ausschließlich die Zuständigkeit der Kommission zur Anwendung der Art. 101 und Art. 102 AEUV. Einzelheiten insbesondere hinsichtlich der **Verfahrensrechte Dritter,** die durch Maßnahmen der Kommission im Rahmen der Anwendung von Art. 101 und Art. 102 AEUV betroffen sind, sind in Art. 4 selbst nicht geregelt. Soweit die VO 1/2003 keine Regelungen hierzu enthält (insbesondere Art. 27 und Art. 28), ist ergänzend auf die Durchführungsverordnung der Kommission VO 773/04 (ABl. 2004 L 123/18) zurückzugreifen. Diese gestaltet die Verfahrensrechte Dritter aus, und zwar unabhängig davon, ob es sich um von einem Kartellverfahren unmittelbar Betroffene oder um Beschwerdeführer und somit um Drittbetroffene handelt. Auch die Weise, wie die Kommission Entscheidungen erlässt, wird weder durch Art. 4 noch durch andere Vorschriften der VO 1/2003 geregelt. Grundsätzlich entscheidet die **Kommission als Kollegialorgan** (Art. 1 GO der Kommission, ABl. 2000 L 308/26). Allerdings ist der Wettbewerbskommissar ermächtigt, bestimmte Maßnahmen allein anzuordnen, solange keine Sachentscheidung damit verbunden ist. So darf der Wettbewerbskommissar zB Nachprüfungen allein anordnen (EuGH Slg. 1986 2585 Rn. 35 ff. Akzo; vgl. allgemein zu dieser Frage *Schütz* in Gemeinschaftskommentar Art. 4 VO 1/2003 Rn. 2 mwN).

Art. 5 Zuständigkeit der Wettbewerbsbehörden der Mitgliedstaaten

Die Wettbewerbsbehörden der Mitgliedstaaten sind für die Anwendung der Artikel 81 und 82 des Vertrags in Einzelfällen zuständig. Sie können hierzu von Amts wegen oder aufgrund einer Beschwerde Entscheidungen erlassen, mit denen
- **die Abstellung von Zuwiderhandlungen angeordnet wird,**
- **einstweilige Maßnahmen angeordnet werden,**
- **Verpflichtungszusagen angenommen werden oder**
- **Geldbußen, Zwangsgelder oder sonstige im innerstaatlichen Recht vorgesehene Sanktionen verhängt werden.**

Sind die Voraussetzungen für ein Verbot nach den ihnen vorliegenden Informationen nicht gegeben, so können sie auch entscheiden, dass für sie kein Anlass besteht, tätig zu werden.

1. Einführung

Art. 5 enthält eine Art. 4 vergleichbare **Ermächtigungsgrundlage für die Wettbewerbsbehörden der Mitgliedstaaten.** Nach dieser Bestimmung sind neben der Kommission auch die Wettbewerbsbehörden der Mitgliedstaaten für die Anwendung der Art. 101 und 102 AEUV in Einzelfällen zuständig. Sie können von Amts wegen oder auf Grund einer Beschwerde Entscheidungen erlassen, mit denen die **Abstellung von Zuwiderhandlungen gegen Art. 101 und 102 AEUV** angeordnet (Art. 7), **einstweilige Maßnahmen** angeordnet (Art. 8), **Verpflichtungszusagen** angenommen (Art. 9) oder **Geldbußen, Zwangsgelder** (Art. 23 und 24) oder **sonstige im innerstaatlichen Recht vorgesehenen Sanktionen** verhängt werden. Auch können sie, entsprechend Art. 10, entscheiden, dass **kein Anlass besteht,** in einem bestimmten Vorgang **tätig zu werden.** Im deutschen Recht finden sich entsprechende Entscheidungsbefugnisse der deutschen Kartellbehörden in §§ 32ff. GWB sowie in § 81 GWB. Art. 5 ist im systematischen Zusammenhang mit **Art. 35** zu sehen. Diese Vorschrift behält den Mitgliedstaaten das Recht vor zu bestimmen, welche Behörde(n) zur Anwendung der Art. 101 und 102 AEUV im Hoheitsgebiet des jeweiligen Mitgliedstaates zuständig sein soll(en) (EuGH Slg. 2010 I-12471 Rn. 56ff. VEBIC). 1

2. Begriff der Wettbewerbsbehörden der Mitgliedstaaten

a) Vergleich mit Parallelvorschriften. Art. 5 spricht ganz allgemein von den **Wettbewerbsbehörden der Mitgliedstaaten.** Es bleibt offen, welche Behörden damit gemeint sind. Insoweit ist die Regelung in Art. 5 mit der **VO 17/62,** insbesondere deren Art. 9 und Art. 10 vergleichbar. Auch dort war lediglich von den „Behörden der Mitgliedstaaten" bzw. den „zuständigen Behörden der Mitgliedstaaten" die Rede. Die VO 17/62 verzichtete ebenfalls darauf, den Begriff der Wettbewerbsbehörden der Mitgliedstaaten zu konkretisieren. Aus dem Primärrecht lassen sich auch keine Anhaltspunkte gewinnen. **Art. 104 AEUV** spricht ebenfalls lediglich von den „Behörden der Mitgliedstaaten", die nach Maßgabe von Art. 104 AEUV befugt sind, die Bestimmungen der Art. 101 und Art. 102 AEUV anzuwenden. 2

Rückschlüsse auf den Behördenbegriff von Art. 5 erlaubt die **Rechtsprechung des Gerichtshofs.** Dieser hat zu Art. 9 Abs. 3 VO 17/62 entschieden, dass der Begriff „die Behörden der Mitgliedstaaten" iSv Art. 9 Abs. 3 VO 17/62 **auch Gerichte umfassen** kann (so zuletzt EuGH Slg. 2010 I-12471 Rn. 62). Der Gerichtshof verweist in der Rechtssache BRT/SABAM auf Art. 104 AEUV (ex-Art. 88 EGV). Nach dieser Vorschrift ist den Behörden der Mitgliedstaaten die Zuständigkeit zur 3

Anwendung der Art. 101 und 102 AEUV verliehen. In einigen Mitgliedstaaten gehören dazu, so der Gerichtshof, neben den Verwaltungsbehörden auch Gerichte, die besonders damit betraut sind, das nationale Wettbewerbsrecht anzuwenden oder die **Gesetzmäßigkeit seiner Anwendung durch die Verwaltungsbehörden zu überwachen.** Diese Gerichte sind nach Auffassung des Gerichtshofs im Tatbestandsmerkmal „Behörden der Mitgliedstaaten" mit umfasst (EuGH Slg. 1974 51 Rn. 18/23 BRT/SABAM; ebenso EuGH Slg. 2010 I-12471 Rn. 62 VEBIC). Der EuGH differenziert somit zwischen **Gerichten,** die **über Zivilrechtsstreitigkeiten entscheiden** und dabei auch mit der Anwendung der Art. 101 und Art. 102 AEUV befasst werden, einerseits und solchen Gerichten, die entweder in originärer Zuständigkeit die Sanktionen nach den Art. 7 ff. aussprechen oder als **Kontrollorgane für Entscheidungen der nationalen Wettbewerbsbehörden** fungieren, die Maßnahmen nach Art. 7 ff. erlassen.

4 **b) Behördenbegriff der VO 1/2003.** Art. 35, der in Ergänzung zu Art. 5 heranzuziehen ist, belässt den **Mitgliedstaaten** das Recht, die **Behörden zu bestimmen, die zur Anwendung der Art. 101 und 102 AEUV aufgerufen** sind. Art. 35 Abs. 1 S. 2 lässt es zu, dass zu den von den Mitgliedstaaten bestimmten Behörden **auch Gerichte** gehören können (→ Art. 35 Rn. 2). Mitgliedstaatliche Gerichte sind von Art. 5 nur insoweit erfasst, als sie entweder **Befugnisse einer Wettbewerbsbehörde** der Mitgliedstaaten wahrnehmen oder als **Rechtsmittelinstanzen** Maßnahmen der mitgliedstaatlichen Wettbewerbsbehörden bei der Umsetzung der Art. 101 und 102 AEUV kontrollieren (*Bauer* in MünchKomm VO 1/2003 Art. 5 Rn. 19). Art. 35 Abs. 2 ermächtigt die Mitgliedstaaten dazu, Behörden und Gerichte, falls diese beide mit der Durchsetzung des EU-Kartellrechts betraut werden, **unterschiedliche Aufgaben zuzuweisen.** Nicht vom Begriff der „Wettbewerbsbehörden der Mitgliedstaaten" erfasst sind Zivilgerichte, die im Rahmen ihrer Tätigkeit Bestimmungen des europäischen Kartellrechtes zu berücksichtigen und durchzusetzen haben. Solche Gerichte fallen ausschließlich in den **Anwendungsbereich von Art. 6** (→ Art. 6 Rn. 11 ff.). In welchem Umfang und unter welchen Voraussetzungen eine von einem Mitgliedstaat benannte Behörde als Antragsgegnerin in einem sich an eine von ihr erlassene Entscheidung anschließenden Gerichtsverfahren zu beteiligen ist, obliegt mangels unionsrechtlicher Regelungen der Entscheidungshoheit der Mitgliedstaaten (EuGH Slg. 2010 I-12471 Rn. 63 VEBIC). Dass das Bundeskartellamt in Einspruchsverfahren beim OLG Düsseldorf gegen von ihm verhängte Bußgeldentscheidungen nur die Rolle eines Hilfsorgans hat, da die Generalstaatsanwaltschaft Düsseldorf im Gerichtsverfahren die Rolle der Verfolgungsbehörde übernimmt, verstößt nicht gegen Unionsrecht (so *Ost/Brenner,* FS Canenbley, 2012, S. 369 ff.).

5 Der deutsche Gesetzgeber hat zum ersten Mal in der 5. GWB-Novelle (§ 47 GWB bzw. § 50 GWB in der Fassung der 6. GWB-Novelle) klargestellt, dass (allein) das **Bundeskartellamt zur Anwendung des EG-Kartellrechts befugt ist.** § 50 GWB in der Fassung der 7. GWB-Novelle erweitert die Zuständigkeit dahin, dass neben dem Bundeskartellamt **auch die obersten Landesbehörden (Landeskartellbehörden)** für die Anwendung der Art. 101 und 102 AEUV zuständig sind. In dieser Bestimmung wird ausdrücklich auf Art. 35 Abs. 1 Bezug genommen. Die Regelung in § 50 GWB ist nicht nur mit Blick auf die Vorgaben von Art. 5 und Art. 35 erforderlich. Auch rechtsstaatliche Vorgaben nach deutschem Recht machen die Regelung in § 50 GWB erforderlich. Das Kammergericht hat nämlich in einer früheren Entscheidung (WuW/E 4291, 4294 ff. – Landegebühr) das Vorliegen einer nationalen Ermächtigungsgrundlage für die Verfolgungszuständigkeit des Bundeskartellamtes für das europäische Kartellrecht gefordert. Dieser Forderung wurde zunächst mit § 47 GWB aF, nunmehr durch § 50 GWB Rechnung getragen.

6 Der **deutsche Gesetzgeber** hat von der Befugnis in Art. 35 Abs. 2 insoweit Gebrauch gemacht, als er die prinzipielle **Zuständigkeit zur Durchsetzung des EU-**

Kartellrechts dem Bundeskartellamt sowie den Landeskartellbehörden überträgt (§ 50 GWB). Dagegen sollen die Gerichte, dh die Kartellsenate bei den zuständigen Oberlandesgerichten, sofern sie als Beschwerdeinstanzen tätig werden, lediglich Kontrollfunktion wahrnehmen (§§ 63ff. GWB bzw. §§ 74ff. GWB für Rechtsbeschwerden zum BGH). Als Beschwerde- bzw. Rechtsbeschwerdeinstanzen werden die Kartellsenate nicht wie ordentliche Gerichte tätig. Vielmehr handelt es sich um Rechtsmittelinstanzen, die von einem Kartellverfahren Betroffene ähnlich wie in verwaltungsgerichtlichen Auseinandersetzungen in Anspruch nehmen können. Insoweit handeln die Kartellsenate wie „Wettbewerbsbehörden der Mitgliedstaaten" iSv Art. 5 und Art. 35, da sie im Sinne der BRT/SABAM-Entscheidung des EuGH wie Verwaltungsbehörden der Mitgliedstaaten tätig werden. Allerdings hat der deutsche Gesetzgeber von seiner Befugnis nach Art. 35 Abs. 2 nur bezüglich des Bundeskartellamtes und der Landeskartellbehörden Gebrauch gemacht (*Bauer* in MünchKomm VO 1/2003 Art. 5 Rn. 19).

Ein Gericht, das wie zB die Kartellsenate beim OLG Düsseldorf oder der Kartellsenat des Bundesgerichts, als **Beschwerde- bzw. Rechtsbeschwerdeinstanz für Entscheidungen des Bundeskartellamtes** fungiert, ist berechtigt und auch verpflichtet, Art. 101 und Art. 102 AEUV in vollem Umfang anzuwenden. Die Befugnis erstreckt sich insbesondere auch auf eine **vollständige Kontrolle der Anwendung von Art. 101 Abs. 3 AEUV** durch die mitgliedstaatlichen Wettbewerbsbehörden. Die mitgliedstaatlichen Gerichte sind nicht darauf beschränkt, die Anwendung von Art. 101 Abs. 3 AEUV durch eine Behörde lediglich daraufhin zu prüfen, ob die Kommission den Sachverhalt vollständig ermittelt und gewürdigt hat, ihr Ermessen nicht erkennbar überschritten sowie zweckwidrige Erwägungen angestellt hat. Darauf beschränkte bisher der Gerichtshof seine Prüfung der Anwendung von Art. 101 Abs. 3 AEUV durch die Kommission unter dem Regime der VO 17/62 (*Schwarze,* Europäisches Verwaltungsrecht, 2. Aufl., 344ff.). Der EuGH anerkannte ein **weites, von ihm nur beschränkt kontrollierbares Ermessen der Kommission,** das dieser im Rahmen der Anwendung von Art. 101 Abs. 3 AEUV zustehe. Die Ausübung dieses Ermessens unterlag nach Auffassung und ständiger Rechtsprechung des Gerichtshofs lediglich einer eingeschränkten Kontrolle. 7

Unter dem Regime der VO 1/2003 ist diese Beschränkung nicht mehr angezeigt. Vielmehr sind Wettbewerbsbehörden und Kartellgerichte in gleichem Maße dazu aufgerufen, Art. 101 AEUV in seiner Gesamtheit anzuwenden. Wenn also die mitgliedstaatlichen Kartellgerichte im Rahmen von zivilrechtlichen Auseinandersetzungen dazu aufgerufen sind, Art. 101 Abs. 3 AEUV in originärer und umfassender Zuständigkeit zu prüfen und anzuwenden, kann nichts anderes gelten, wenn die mitgliedstaatlichen Gerichte als Kontrollinstanzen Entscheidungen der nationalen Wettbewerbsbehörden bei der Anwendung der Art. 101 und 102 AEUV überprüfen. Auch in diesem Kontext muss die **Prüfungs- und Anwendungsbefugnis der Gerichte umfassend** sein (so *Schwarze/Weitbrecht* S. 34). Eine Selbstbeschränkung, wie sie der EuGH lange Zeit für angemessen gehalten hat, ist unter dem Regime der Legalausnahme nicht sachgerecht. 8

3. Umfang der Zuständigkeitsregelung

Art. 5 geht hinsichtlich seines Regelungsinhaltes über Art. 4 hinaus. Er enthält nämlich, anders als Art. 4, nicht nur eine allgemeine Ermächtigungsgrundlage zum Tätigwerden. Ergänzend wird geregelt, **welchen Inhalt und welche Reichweite die Maßnahmen der mitgliedstaatlichen Wettbewerbsbehörden** zur Anwendung der Art. 101 und Art. 102 AEUV haben dürfen. In Art. 4 ist etwas Vergleichbares nicht vorgesehen. Dort findet sich andererseits der Verweis auf die „in dieser Verordnung vorgesehenen Befugnisse". In Art. 4 war eine vergleichbare Auflistung nicht erforderlich, da für die Kommission in Kapitel III (Art. 7ff.) die Entscheidun- 9 gen genannt sind, die die Kommission erlassen darf. Art. 5 nimmt für die mitgliedstaatlichen Wettbewerbsbehörden die **Grundprinzipien der Art. 7ff.** auf, soweit auf die Entscheidungen und Maßnahmen hingewiesen wird, die zur Umsetzung und Anwendung der Art. 101 und Art. 102 AEUV ergriffen werden dürfen, und zwar entweder von Amts wegen oder auf Grund einer Beschwerde. Art. 5 gibt aber lediglich den Rahmen vor. Details bleiben der Regelung durch die Mitgliedstaaten vorbehalten.

10 Ob Art. 5 seinem Kern nach mehr ist als eine **allgemeine Ermächtigungs- und Zuständigkeitsnorm,** deren Ausgestaltung und Detailierung durch die Mitgliedstaaten bedarf, war Gegenstand einer Grundsatzentscheidung des OLG Düsseldorf (OLG Düsseldorf, NZKart 2013, 166 Silostellgebühren II). Wegen der restriktiven Rechtsprechung des BGH zur Erstreckung der kartellrechtlichen Haftung im Kontext einer Gesamtrechtsnachfolge (BGH, NJW 2012, 164 Versicherungsfusion) zog das Bundeskartellamt **Art. 5 als eigenständige Rechtsgrundlage für die Verhängung einer Geldbuße** heran. Das OLG Düsseldorf lehnte unter Berufung auf die überwiegende Meinung in der Literatur diesen Ansatz ab. Im Hinblick auf den Wortlaut von Art. 5 S. 2 4. Spiegelstrich bedarf es einer **mitgliedstaatlichen Regelung,** damit die zuständige Kartellbehörde eine Geldbuße, Zwangsgelder oder eine sonstige Sanktion verhängen möchte. Das OLG Düsseldorf findet seine Auslegung bestätigt durch das allgemeine Regelungsziel der VO 1/2003, insbesondere von dessen Art. 5, sowie durch die (insoweit gut dokumentierte und damit heranziehbare) Entstehungsgeschichte von Art. 5 (OLG Düsseldorf, aaO, 166, 168f.). Von besonderer Bedeutung ist das Argument, dass sowohl grundrechtliche als auch **rechtsstaatliche Grundsätze** eine Auslegung von Art. 5 als unmittelbar geltende Rechts- und Ermächtigungsgrundlage für die Festsetzung von Geldbußen entgegenstehen. Diese Vorgaben ergeben sich sowohl aus dem Unionsrecht als auch aus deutschem Verfassungsrecht. Danach muss nicht nur der einschlägige Deliktstatbestand hinreichend bestimmt und vorhersehbar sein, sondern auch die **Androhung der Sanktion.** Da Art. 5 für die mitgliedstaatlichen Wettbewerbsbehörden, anders als gemäß Art. 4 und die Art. 7ff. und Art. 23 für die Kommission, keine hinreichend präzisen Vorgaben enthält, kann Art. 5 nicht unmittelbar als Rechtsgrundlage für die Sanktionierung eines Kartellrechtsverstoßes herangezogen werden. Eine Sanktion kann durch die mitgliedstaatliche Wettbewerbsbehörde nur auf der Grundlage einer präzisen, rechtsstaatlichen Vorgaben entsprechenden Rechtsnorm des nationalen Rechts auferlegt werden (in diesem Sinne wohl auch GAin *Kokott* Schlussanträge v. 8.9.2011 Rs. C-17/10 Rn. 58 Toshiba).

11 Eine Besonderheit gegenüber Art. 4 besteht darin, dass die Wettbewerbsbehörden der Mitgliedstaaten für die Anwendung der Art. 101 und 102 AEUV **nur „in Einzelfällen" zuständig** sind. Damit wird deutlich, dass die mitgliedstaatlichen Wettbewerbsbehörden, anders als die Kommission, auf der Grundlage von Ermächtigungsverordnungen des Rates **nicht zum Erlass von Gruppenfreistellungsverordnungen** befugt sind (*Bauer* in MünchKomm VO 1/2003 Art. 5 Rn. 24). Ursprünglich sollte nämlich die VO 1/2003 eine allgemeine Ermächtigungsgrundlage zu Gunsten der Kommission vorsehen, dass diese Gruppenfreistellungsverordnungen erlassen darf. Diese Bestimmung ist in die endgültige Fassung der VO 1/2003 nicht aufgenommen worden. Lediglich in Kapitel IX findet sich in Art. 29 Abs. 1 die Befugnis der Kommission (und in Art. 29 Abs. 2 die – gegenüber den Befugnissen der Kommission eingeschränkte – Befugnis der mitgliedstaatlichen Wettbewerbsbehörden), den **Rechtsvorteil von Gruppenfreistellungen im Einzelfall zu entziehen.** Vor dem Hintergrund, dass die Kommission keine allgemeine Ermächtigungsgrundlage für den Erlass von Gruppenfreistellungsverordnungen erhalten hat, stellt sich die Frage, inwieweit die einschränkende Formulierung sinnvoll ist. Der Sinn erklärt sich zB mit Blick auf Art. 17, dass die Kommission einzelne Wirtschaftszweige und einzelne Arten von Vereinbarungen allgemein untersuchen kann. Hierzu sollen die Wettbewerbsbehörden der Mitgliedstaaten nach der VO 1/2003 nämlich nicht zuständig sein. Diese Befugnis steht allein der Kommission zu.

Nach Art. 5 Abs. 2 steht den mitgliedstaatlichen Wettbewerbsbehörden das Recht zu zu entscheiden, dass, sofern die Voraussetzungen für ein Verbot nach den vorliegenden Informationen nicht gegeben sind, für sie kein Anlass besteht, tätig zu werden. Diese Bestimmung ist **wörtlich zu interpretieren.** Die mitgliedstaatlichen Behörden sind in der Tat darauf beschränkt festzustellen, dass sie keine Veranlassung sehen, in einem bestimmten Einzelfall tätig zu werden. Dagegen steht ihnen nicht die Befugnis zu, auszusprechen, dass ein Verstoß gegen Art. 101 oder Art. 102 AEUV nicht vorliegt (so ausdrücklich EuGH Slg. 2011 I-3055 Rn. 30 Tele2 Polska). Hätte eine mitgliedstaatliche Behörde die Befugnis, eine Entscheidung zu treffen, durch die ein Verstoß gegen Art. 101 oder Art. 102 ausdrücklich verneint würde, würde dies nicht nur gegen den klaren Wortlaut von Art. 5 Abs. 2 verstoßen. Darüber hinaus läge auch eine **Gefahr für die kohärente und einheitliche Anwendung der Wettbewerbsregeln in der Europäischen Union** vor. Nach Art. 10 steht eine solche Befugnis ausschließlich der Kommission zu. Wenn das nationale Recht eine solche Befugnis der mitgliedstaatlichen Wettbewerbsbehörde nicht vorsieht, in einem konkreten Einzelfall mangels Vorliegen ausreichender Verdachtsmomente tätig zu werden, kann Art. 5 Abs. 2 als Rechts- und Ermächtigungsgrundlage der nationalen Wettbewerbsbehörden direkt und unmittelbar herangezogen werden (so ausdrücklich EuGH Slg. 2011 I-3055 Rn. 35 Tele2 Polska). Allerdings ist die Bestimmung lediglich in dieser Hinsicht, dh im Hinblick auf die Entscheidung nicht tätig werden zu wollen, auszulegen. Eine darüber hinausgehende Interpretation, dass Art. 5 als Rechts- und Ermächtigungsgrundlage dienen kann, um eine Sanktion zu verhängen, zB ein Bußgeld, ist dagegen mit rechtstaatlichen Grundsätzen nicht vereinbar (so ausdrücklich OLG Düsseldorf, NZKart 2013, 166, 169; → Rn. 10). 12

Art. 6 Zuständigkeit der Gerichte der Mitgliedstaaten

Die einzelstaatlichen Gerichte sind für die Anwendung der Artikel 81 und 82 des Vertrags zuständig.

1. Einführung

a) Grundsatz. Art. 6 erklärt auch die **mitgliedstaatlichen Gerichte** ausdrücklich für **zuständig, die Art. 101 und 102 AEUV anzuwenden.** Insoweit wird zum einen klargestellt, dass nicht nur die Kommission (Art. 4) und die mitgliedstaatlichen Wettbewerbsbehörden (Art. 5) zur Anwendung der Bestimmungen des EU-Kartellrechts berechtigt sind. Art. 6 ergänzt diese **Ermächtigungsnormen** dahin, dass auch die mitgliedstaatlichen Gerichte zur Anwendung der Bestimmungen des EU-Kartellrechts aufgerufen sind. Zum anderen wird durch den Wortlaut von Art. 6 deutlich, dass die nationalen Gerichte nicht wie bisher durch Art. 9 VO 17/62 hinsichtlich der Anwendungsbefugnis auf die Vorschriften der Art. 101 Abs. 1 und Abs. 2 AEUV beschränkt sind, sondern nunmehr, entsprechend dem **System der Legalausnahme, Art. 101 AEUV in seiner Gesamtheit anwenden** dürfen. Art. 6 rundet somit die Kompetenzordnung des EU-Kartellrechts ab und stellt klar, dass neben den Behörden auch die Gerichte aufgerufen sind, den Bestimmungen der Art. 101 und 102 AEUV zur vollen Wirksamkeit zu verhelfen. 1

Art. 6 ist im Lichte der Politik der Kommission zu sehen, die mittels des im April 2008 veröffentlichten Weißbuches zum Thema Schadenersatzklagen wegen Verletzung des EG-Wettbewerbsrechts (KOM(2008) 165 endg.) und des am 11.6.2013 vorgelegten Vorschlags für eine Richtlinie über bestimmte Vorschriften für Schadenersatzklagen nach nationalem Recht wegen Zuwiderhandlungen gegen das EU- 2

Wettbewerbsrecht (KOM(2013) 404 endg., → Art. 2 Rn. 19) die **private Durchsetzung des EU-Kartellrechts (private enforcement)** zu fördern versucht. Die Kommission bemüht sich darum, alle Marktbeteiligten davon zu überzeugen, nicht allein auf die bisher quasi ausschließlich stattfindende hoheitliche Durchsetzung durch die Kommission und die mitgliedstaatlichen Wettbewerbsbehörden zu setzen. Unternehmen sollen vielmehr stärker zur Durchsetzung des EU-Kartellrechts durch zivilrechtliche Privatklagen beitragen. Aus diesem Grund möchte sie Unternehmen dazu bewegen, sich nicht nur im Rahmen sog. **follow-on-Klagen,** also im Rahmen von Schadenersatzklagen in Folge bereits ergangener Bußgeldentscheidungen, auf Art. 101 und 102 AEUV zu berufen (dazu *Hempel* WuW 2005, 137). Vielmehr möchte sie die Unternehmen dazu ermuntern, selbst originär Kartellverstöße anzuprangern und im Klagewege zu beseitigen.

3 **b) Unmittelbare Anwendbarkeit des EU-Kartellrechts.** An sich bedarf es keiner ausdrücklichen Zuständigkeitserklärung der nationalen Gerichte durch den Rat. Art. 6 bestätigt nur, was schon unter dem Regime der VO 17/62 communis opinio war. Es entspricht allgemeiner Auffassung in Rechtsprechung, Behördenpraxis und Literatur, dass **Art. 101 Abs. 1 und Abs. 2 AEUV ebenso wie Art. 102 AEUV unmittelbar und direkt anwendbar** sind. Dies hat der Gerichtshof bereits in frühen Entscheidungen klargestellt und in späteren Entscheidungen immer wieder bestätigt (EuGH Slg. 1962, 97 De Geus/Bosch; EuGH Slg. 1974 51 Rn. 15/17 BRT/SABAM; EuGH Slg. 1991 I-935 Rn. 45 Delimitis; EuGH Slg. 2001 I-6297 Rn. 25 ff. Courage; EuGH Slg. 2006 I-6619 Rn. 57 Manfredi). Die Bestimmungen des EU-Vertrags sind nach der unangefochtenen Auffassung des EuGH nicht mit den Vorschriften in klassischen völkerrechtlichen Verträgen vergleichbar. Während letztere allein und ausschließlich staatengerichtet sind, maß der EuGH den meisten Bestimmungen des EU-Vertrages eine andere Bedeutung zu. Der EU-Vertrag begründet nämlich in der allgemein akzeptierten Interpretation des EuGH eine **eigenständige Rechtsordnung,** die nicht nur im Verhältnis der Mitgliedstaaten zueinander gilt, sondern darüber hinaus auch unmittelbar wirkende **Rechte und Pflichten für bzw. gegen die einzelnen Bürger und Unternehmen** des Binnenmarktes (EuGH Slg. 1963 1, 24 van Gend/Loos). Auch für das Kartellrecht nahm der EuGH Vergleichbares an. Nach dieser Rechtsprechung erzeugen nämlich Art. 101 Abs. 1 und Abs. 2 AEUV ebenso wie Art. 102 AEUV in den Beziehungen zwischen Einzelnen unmittelbare Wirkungen. Sie lassen in deren Person unmittelbar Rechte entstehen, die die **Gerichte der Mitgliedstaaten zu wahren und zu schützen** haben (EuGH Slg. 1974, 51 BRT/SABAM; EuGH Slg. 1980 2481 Rn. 13 Estée Lauder; EuGH Slg. 1991 I-935 Rn. 45 Delimitis; zuletzt EuGH Slg. 2011 I-5161 Rn. 19 Pfleiderer und EuGH 6.6.2013 C-536/11 Rn. 20 ff. Donau-Chemie, NZKart 2013, 330). Das bedeutet, dass die mitgliedstaatlichen Gerichte die Vorschriften des EU-Kartellrechts nicht unberücksichtigt lassen dürfen, wenn ein konkreter Sachverhalt, mit dem sie befasst werden, von der Auslegung und Anwendung der Kartellrechtsvorschriften des EU-Rechts abhängen. Diese Verpflichtung ergibt sich unmittelbar aus dem AEUV. Art. 6 stellt somit lediglich klar, was primärrechtlich ohnehin gilt. Die Bestimmung ist daher **deklaratorisch** (so auch *de Bronett* Art. 6 Rn. 1).

4 Die Verpflichtung zur Anwendung des EU-Kartellrechts durch die mitgliedstaatlichen Gerichte wurde bisher lediglich für Art. 102 AEUV sowie die beiden ersten Absätze von Art. 101 AEUV angenommen. Der VO 17/62 lag das Verständnis zugrunde, Art. 101 AEUV enthalte ein **Kartellverbot mit Erlaubnisvorbehalt.** Die Befugnis zur Gewährung einer Erlaubnis stand nach Art. 9 VO 17/62 ausschließlich der Kommission zu. Mangels unmittelbarer und direkter Anwendbarkeit von Art. 101 Abs. 3 AEUV konnte sich die Berechtigung und Verpflichtung der nationalen Gerichte nicht auf die Anwendung der Ausnahmevorschrift in Art. 101 Abs. 3 AEUV erstrecken (EuGH Slg. 1974 51 Rn. 18/23 BRT/SABAM). Bisher durften

die nationalen Gerichte lediglich die Anwendbarkeit von **Gruppenfreistellungsverordnungen** prüfen und judizieren (EuGH Slg. 1976, 111 Fonderies Roubaix). Das bedeutete, dass die nationalen Gerichte nur die Anwendbarkeit der Freistellungen, die sich aus Gruppenfreistellungsverordnungen ergeben konnten, auf eine bestimmte Vereinbarung prüfen und anwenden durften. Darüber hinaus kam eine **unmittelbare Anwendung von Art. 101 Abs. 3 AEUV** für die nationalen Gerichte ebenso wenig in Frage wie für die mitgliedstaatlichen Kartellbehörden. Mit dem Übergang zum System der Legalausnahme hat sich dies nachhaltig geändert. Mit der VO 1/2003 und dem damit verbundenen Übergang vom System des Erlaubnisvorbehalts zum **System der Legalausnahme** hat sich dies geändert. Seit dem Inkrafttreten der VO 1/2003 beschränkt sich die Befugnis der mitgliedstaatlichen Gerichte nicht mehr darauf, nur die ersten beiden Absätze von Art. 101 AEUV anzuwenden (*Bauer* in MünchKomm VO 1/2003 Art. 6 Rn. 4). Vielmehr sind die nationalen Gerichte dazu befugt, aber eben auch verpflichtet, die Ausnahmevorschrift in **Art. 101 Abs. 3 AEUV direkt und unmittelbar anzuwenden** (Art. 1 Abs. 3). Entscheidungen deutscher Obergerichte bestätigen diesen Systemwechsel nachdrücklich (BGH WuW/E DE-R 1335 Citroën; eingehend dazu *Ball,* FS Hirsch, 2008, S. 213).

2. Rechtsnatur

Die Bedeutung von Art. 6 ist seinem Wortlaut nach **nicht eindeutig.** Auf den ersten Blick enthält die Regelung allein eine **(deklaratorische) Zuständigkeitsregelung** in dem Sinne, dass die einzelstaatlichen Gerichte für die Anwendung der Art. 101 und 102 AEUV zuständig sind. Daraus lässt sich unmittelbar zunächst nur die **Berechtigung zur Anwendung der Vorschriften in Art. 101 und 102 AEUV** ableiten. Die nationalen Gerichte haben die Befugnis, die Vorschriften des EG-Kartellrechts und zwar insgesamt anzuwenden. Dass sich die Vorschrift jedoch nicht allein in der Befugnis und Berechtigung der nationalen Gerichte erschöpft, wird deutlich, wenn man die ständige Rechtsprechung des Gerichtshofs in den Rechtssachen BRT/SABAM, Delimitis, Courage, Manfredi, Pfleiderer, Donau-Chemie u. a. (EuGH aaO) berücksichtigt. Dieser vertritt, darauf wurde bereits hingewiesen, in ständiger Rechtsprechung die Auffassung, dass die mitgliedstaatlichen Gerichte nicht nur berechtigt, sondern auch verpflichtet sind, den subjektiven Rechten, die Einzelne, insbesondere auch einzelne Unternehmen für sich in Anspruch nehmen können, zur vollen Wirksamkeit zu verhelfen (EuGH aaO Courage und Pfleiderer). Das heißt, dass einzelne Unternehmen die Möglichkeit haben müssen, unmittelbar und direkt geltende Rechte vor Gericht geltend zu machen. Die **nationalen Gerichte müssen diese Ansprüche durchsetzen** (*Ritter* in IM VO 1/2003 Art. 6 Rn. 1). 5

Die Verpflichtung geht nicht nur dahin, dass die Bestimmungen der Art. 101 und Art. 102 AEUV in rechtlichen Auseinandersetzungen berücksichtigt und judiziert werden müssen. Das umfasst zum einen die deklaratorische Erklärung der (Un-)Vereinbarkeit eines Vertrages bzw. einer Vertragsklausel mit Art. 101 oder Art. 102 AEUV, den Ausspruch einer Unterlassungsverpflichtung oder die Zuerkennung eines Schadenersatzanspruches (so *Baur* EuR 1988, 257 ff.). Die Verpflichtung zur Anwendung der Art. 101 und Art. 102 AEUV gilt auch, wenn es allein um die **Vollstreckbarkeit einer Entscheidung** geht, die entweder ein **Gericht eines anderen Mitgliedstaates** erlassen hat oder auf ein **Schiedsverfahren** zurückgeht, muss der nationale Richter die angemessene Berücksichtigung der Kartellrechtsnormen in den Art. 101 und 102 AEUV prüfen. Ein **Exequatur** darf deshalb nur erfolgen, wenn der entscheidende Richter oder Schiedsrichter die Rechtsgrundsätze der Art. 101 und 102 AEUV sowie der auf deren Grundlage erlassenen Sekundärrechtsnormen angemessen berücksichtigt und in die Entscheidung hat einfließen lassen (EuGH Slg. 1999 I-3055 Rn. 36 Eco Swiss; dazu eingehend *Eilmannsberger* 6

SchiedsVZ 2006, 10; *Hilbig,* Das gemeinschaftsrechtliche Kartellverbot im internationalen Handelsschiedsverfahren, 2006, S. 12).

3. Erfordernis einer nationalen Ermächtigung

7 Art. 6 vermittelt den Eindruck, dass die Bestimmung, ähnlich wie Art. 4 für die Kommission, als **allein ausreichende Ermächtigungsgrundlage** für das Tätigwerden der mitgliedstaatlichen Gerichte dienen kann. Für diese Auffassung spricht manches. Zum einen ist auf die vom EuGH in ständiger Rechtsprechung vertretene Verpflichtung der mitgliedstaatlichen Gerichte hinzuweisen, den Bestimmungen der Art. 101 und 102 AEUV zur vollen Wirksamkeit zu verhelfen. Das legt den Schluss nahe, dass es an sich **überhaupt keiner ausdrücklichen Ermächtigung bedarf,** damit die nationalen Gerichtsinstanzen die Vorschriften des EU-Kartellrechts anwenden dürfen. Zum anderen ist auf den Wortlaut von Art. 6 abzustellen. Dieser erklärt die mitgliedstaatlichen Gerichte ausdrücklich für die Anwendung der Art. 101 und 102 AEUV zuständig. Der Wortlaut lässt wenig Zweifel daran, dass die Bestimmung im Sinne einer Ermächtigungsgrundlage formuliert ist. Da den Bestimmungen des EU-Rechts und zwar auch des Sekundärrechts unmittelbare und direkte Wirkung zukommt, spricht deshalb einiges dafür, dass Art. 6 als Ermächtigungsgrundlage anzusehen ist, die **rechtsstaatlichen Vorgaben im Sinne eines Gesetzesvorbehaltes** genügt.

8 Dieser Auffassung hat sich das Kammergericht in einer älteren Entscheidung unter Hinweis auf die Rechtslage der VO 17/62 nicht angeschlossen. Vielmehr verlangte es eine **ausdrückliche Ermächtigungsgrundlage** für die Anwendung der Bestimmungen des EG-Kartellrechts **im nationalen Recht** (WuW/E 4291, 4294 ff. Landegebühr). Diese Entscheidung bezog sich zwar auf die Anwendung des EU-Kartellrechts durch das Bundeskartellamt und damit durch eine Wettbewerbsbehörde, nicht durch ein Gericht. Für ein nationales Gericht, das zur Anwendung von Art. 101 AEUV in seiner Gesamtheit aufgerufen ist, also auch zur Anwendung (oder Nichtanwendung) von Art. 101 Abs. 3 AEUV, kann aber nichts anderes gelten. Ursprünglich fand sich deshalb in § 96 GWB eine ausdrückliche Regelung, die die Vorschriften der §§ 87 ff. GWB auf die Anwendung der Art. 101 und 102 AEUV erstreckt. Diese Bestimmung wurde inzwischen aufgehoben. Die Zuständigkeit zur Anwendung der Art. 101 und 102 AEUV ergibt sich direkt und unmittelbar aus § 87 GWB (*Bechtold,* GWB, § 87 Rn. 1).

4. Begriff des Gerichts

9 **a) Grundsatz.** Art. 6 spricht allgemein von den einzelstaatlichen Gerichten, die für die Anwendung der Art. 101 und 102 AEUV zuständig sind. Eine Definition des Gerichtsbegriffs findet sich weder in Art. 6 noch in anderen Bestimmungen der VO 1/2003; auch die Präambel zur Verordnung 1/2003 enthält keine Anhaltspunkte. Die VO 17/62 enthielt überhaupt keinen Hinweis auf die mitgliedstaatlichen Gerichte. In **Art. 9 VO 17/62** wie in anderen Bestimmungen der VO 17/62 waren allein die mitgliedstaatlichen Wettbewerbsbehörden angesprochen. Darunter fielen nach allgemeinem Verständnis uU auch Gerichte (so EuGH Slg. 1974 51 Rn. 18/23 BRT/SABAM; → Art. 5 Rn. 4). Damit angesprochen waren aber allein **administrative Befugnisse zur Anwendung der Art. 101 und Art. 102 AEUV,** nicht originär judikative Befugnisse. Letztere griff die Kommission, nach ersten Hinweisen und Ankündigungen (Kommission, 13. Bericht über die Wettbewerbspolitik, Rn. 217 f.; Kommission, 17. Bericht über die Wettbewerbspolitik, Rn. 15) erst in ihrer (ersten) Bekanntmachung über die **Zusammenarbeit der Kommission und der nationalen Gerichte** bei der Anwendung der EG-Wettbewerbsregeln (ABl. 1993 C 39/6) auf. Diese ist in der Regelung von Art. 15 aufgegangen und durch eine neue Be-

kanntmachung der Kommission konkretisiert worden (Bekanntmachung über Zusammenarbeit mit Gerichten, ABl. 2004 C 101/54; → Art. 15 Rn. 4f.).

10 Da die VO 1/2003 selbst keine einschlägige Definition enthält, bietet es sich an, auf den Gerichtsbegriff in **Art. 267 AEUV** (ex-Art. 234 EG) abzustellen, der das Vorabentscheidungsverfahren regelt. Den Gerichtsbegriff des Art. 267 AEUV interpretiert der EuGH traditionell weit (*Schwarze* EU-Kommentar Art. 267 AEUV Rn. 26ff.). Er umfasst **nicht nur Gerichte im institutionellen Sinne,** zB im Sinnes des GVG, sondern auch Spruchkörper, die innerstaatlich nicht als Gerichte qualifiziert werden. Allerdings muss eine solche Einrichtung mehrere Voraussetzungen erfüllen. So muss der entscheidende Spruchkörper auf einer **gesetzlichen Grundlage** errichtet worden sein. Er darf darüber hinaus nicht nur auf ad-hoc-Basis errichtet worden sein, sondern muss eine **ständige Einrichtung** sein. Schließlich muss die **Gerichtsbarkeit obligatorisch** sein. Das Verfahren muss einen kontradiktorischen Charakter sowie die Anwendung von Rechtsnormen zum Gegenstand haben (EuGH Slg. 1997 I-4961 Rn. 38 Dorsch Consult; dazu *Brinker* JZ 1998, 39).

11 **b) Beschränkung auf Zivilgerichte.** Nationale Zivilgerichte, die über **Zivilrechtsstreitigkeiten** zu befinden haben, bei denen die Anwendung von Art. 101 und Art. 102 AEUV eine Rolle spielen kann, erfüllen diese Voraussetzungen und sind somit eindeutig Gerichte iSv Art. 6. Sie sind daher zur Anwendung der Kartellrechtsbestimmungen berechtigt, aber auch verpflichtet (*de Bronett* Art. 6 Rn. 1). Die Befugnis der mitgliedstaatlichen Zivilgerichte bei der Anwendung der Bestimmungen des EG-Kartellrechts umfasst **verschiedene Elemente.** Die mitgliedstaatlichen Gerichte sind zunächst verpflichtet, die Vereinbarkeit vertraglicher Vereinbarungen mit Art. 101 und Art. 102 AEUV zu prüfen. Im Rahmen **zivilrechtlicher Streitigkeiten** ist dies eine sich **praktisch immer stellende Vorfrage,** die ein nationales Gericht zu prüfen und zu entscheiden hat, bevor über die eigentliche Klageforderung (Erfüllungsbegehren bzw. -verweigerung, Unterlassung etc.) entschieden werden kann. Kommt das Gericht zum Ergebnis der Unvereinbarkeit eines Vertrages bzw. einzelner Vertragsklauseln mit Art. 101 oder Art. 102 AEUV, muss das Gericht gemäß Art. 101 Abs. 2 AEUV die **Nichtigkeit der Vereinbarung** judizieren. Aus der betreffenden Vereinbarung bzw. Vertragsklausel können dann keine Rechte abgeleitet werden, da sie wegen des Verstoßes gegen die Bestimmungen des europäischen Kartellrechts unzulässig und damit zivilrechtlich unwirksam sind.

12 Daneben kann eine Partei, die sich auf die Unwirksamkeit einer Vereinbarung wegen deren Unvereinbarkeit mit dem europäischen Kartellrecht beruft, auch die **Unterlassung** der Umsetzung dieser Vereinbarung verlangen (vgl. allg. *Baur* EuR 1988, 245). Rechtsgrundlage im deutschen Recht war lange Zeit allein §§ 823 Abs. 2 iVm 1004 BGB, nicht aber § 33 GWB. Diese Bestimmung bezog sich allein auf Verstöße gegen Bestimmungen des deutschen Kartellrechts. Erst mit der **7. GWB-Novelle** wurde auch **für Verstöße gegen das EG-Kartellrecht eine originäre Anspruchsgrundlage** geschaffen, und zwar in **§ 33 GWB nF** (dazu *Steinle/Hattaß* GCLR 2008, 57). Diese Vorschrift enthält einen ausdrücklichen Verweis auf die Art. 101 und Art. 102 AEUV. Ein solches Begehren kann sowohl von den Vertragsparteien selbst gestellt werden als auch von Dritten, die durch den Kartellrechtsverstoß betroffen sind (so ausdrücklich für Schadenersatzansprüche EuGH Slg. 2001 I-6297 Rn. 28ff. Courage; ebenso EuGH Slg. 2006 I-6691 Rn. 57 Manfredi). Auch kann auf der Grundlage von Art. 101 AEUV iVm § 823 Abs. 2 BGB bzw. iVm § 33 GWB nF nicht nur Unterlassung, sondern auch **Schadenersatz** verlangt werden (BGH, NJW 2012, 928 ORWI; dazu *Weitbrecht,* NJW 2012, 881). Der EuGH hat ausdrücklich darauf hingewiesen, dass die volle Wirksamkeit von Art. 101 AEUV in Frage gestellt wäre, wenn nicht jedermann wegen eines Kartellverstoßes Schadenersatz verlangen könnte (EuGH Slg. 2001 I-6297 Rn. 26f. Courage). Dabei ist die **Schadenersatzforderung nicht nur geschädigten Dritten vorbehalten.** Viel-

mehr können **auch Vertragsparteien selbst** Schadenersatz geltend machen, wenn sie durch einen Kartellrechtsverstoß geschädigt worden sind (EuGH aaO Rn. 28 Courage).

13 **c) Ausnahmen vom Gerichtsbegriff.** Dagegen sind nationale Gerichte, die nicht über Zivilrechtsstreitigkeiten zu befinden haben, sondern als **Rechtsmittelinstanzen** Entscheidungen der nationalen Kartellbehörden zu kontrollieren haben, keine Gerichte iSv Art. 6. Solche Gerichte sind als Wettbewerbsbehörden iSv Art. 35 anzusehen und fallen daher unter Art. 5, nicht aber unter Art. 6 (*de Bronett* Art. 6 Rn. 1; so auch *Schütz* in Gemeinschaftskommentar, Art. 6 VO 1/2003 Rn. 2f.). Nicht unter Art. 6 fallen auch **Gerichte, die wie eine Kartellbehörde agieren.** Solche Gerichte, wie zB das österreichische Kartellobergericht, fielen in der Vergangenheit in den Anwendungsbereich von Art. 9 Abs. 3 VO 17/62. **Gerichte, die wie eine Behörde agieren,** sind von Art. 5 erfasst. Diese Bestimmung regelt die Befugnis der mitgliedstaatlichen Wettbewerbsbehörden zur Anwendung von Art. 101 und Art. 102 AEUV. Die Mitgliedstaaten benennen nach Art. 35, welche Behörden im Hoheitsgebiet des jeweiligen Mitgliedstaates für die Anwendung der Art. 101 und 102 AEUV zuständig sein sollen. Dabei stellt Art. 35 Abs. 1 S. 2 ausdrücklich klar, dass **zu den bestimmten Behörden auch Gerichte gehören** können. Allerdings ergibt sich aus dem Zusammenhang der Regelung, dass die Gerichte eine originäre Verwaltungsaufgabe wahrnehmen müssen, wie zB die Verhängung einer Geldbuße. Art. 6 ist in diesem Zusammenhang nicht anwendbar. Die Bundesrepublik hat gemäß Art. 35 Abs. 2 nur das Bundeskartellamt und die Landeskartellbehörden benannt, nicht aber die Kartellsenate bei den Oberlandesgerichten und beim Bundesgerichtshof (*Nothdurft* in MünchKomm VO 1/2003 Art. 15 Rn. 6).

14 Nicht unter den Gerichtsbegriff von Art. 267 AEUV fallen ebenfalls **private Schiedsgerichte** (EuGH Slg. 1999 I-3055 Eco Swiss). Solche Schiedsinstanzen erfüllen nicht den Gerichtsbegriff des Art. 267 AEUV und sind deshalb nicht berechtigt, Vorabentscheidungsersuchen an den Gerichtshof nach Art. 267 AEUV zu richten. Das bedeutet, dass sich die **Zuständigkeitsnorm in Art. 6 auf private Schiedsgerichte nicht erstreckt.** Allerdings sind private Schiedsgerichte gleichwohl verpflichtet, die Kartellrechtsbestimmungen der Art. 101 und Art. 102 AEUV anzuwenden. Falls sie dies nicht tun, muss ein nationales Gericht, das einen Schiedsspruch überprüft, um die Vollstreckbarkeit zu erklären, das **Exequatur verweigern** (*Eilmannsberger* SchiedsVZ 2006, 5, 12; *Hilbig,* Das gemeinschaftsrechtliche Kartellverbot im internationalen Handelsschiedsverfahren, 2006, S. 174). Der Gerichtshof hat in der Entscheidung Eco Swiss deutlich gemacht, dass eine Vollstreckbarkeitserklärung nicht in Betracht kommt, wenn das entscheidende Schiedsgericht die grundlegenden Bestimmungen des europäischen Kartellrechtes außer Betracht gelassen hat (EuGH Slg. 1999 I-3055 Eco Swiss.).

5. Ergänzende Anwendung nationalen Rechts

15 **a) Grundsatz.** Art. 101 und Art. 102 AEUV regeln selbst nur die Unzulässigkeit wettbewerbsbeschränkender Vereinbarungen bzw. des missbräuchlichen Verhaltens einer marktbeherrschenden Stellung. Art. 101 Abs. 2 AEUV ordnet darüber hinaus die Nichtigkeit von Vereinbarungen an, die gegen das Kartellverbot verstoßen. Das europäische Kartellrecht enthält aber **keine eigenständige Regelung, welche Rechtsfolgen aus der Nichtigkeit** erwachsen. Art. 101 Abs. 1 AEUV enthält auch **keine eigenständige Rechtsgrundlage,** auf die ein Unterlassungs- oder Schadenersatzbegehren gestützt werden kann. Diese Auffassung hat zwar Generalanwalt van Gerven vertreten (Schlussanträge des Generalanwalts van Gerven in der Rechtssache Banks, EuGH Slg. 1993 I-1212, 1243ff.). Dieser Auffassung ist der EuGH jedoch weder in dieser Rechtssache gefolgt noch in späteren. Auch in der Entscheidung

Courage hat er diese Frage offen gelassen, ist jedenfalls der Rechtsauffassung von Generalanwalt van Gerven erneut nicht gefolgt (EuGH Slg. 2001 I-6297 Rn. 29ff.).

b) Annexe Anwendung nationalen Zivilrechts. Aus diesem Grunde hat der EuGH wiederholt darauf hingewiesen, dass ergänzend zu den Vorschriften über das europäische Kartellrecht die **nationalen Zivilrechtsvorschriften** zur Anwendung kommen müssen (so EuGH Slg. 2001 I-6297 Rn. 29 Courage; auch EuGH Slg. 2006 I-6691 Rn. 57 Manfredi). Diese ergänzen die Vorschriften des EU-Kartellrechts dahin, dass sie im Detail regeln, welche Rechtsfolgen aus der Nichtigkeit einer kartellrechtswidrigen Vereinbarung erwachsen. Sie regeln auch, unter welchen Voraussetzungen Unterlassung oder Schadenersatz verlangt werden kann. Im deutschen Recht ist § 823 Abs. 2 BGB heranzuziehen, und zwar sowohl im Hinblick auf Unterlassungs- als auch auf Schadenersatzbegehren. Art. 101 und Art. 102 AEUV sind nach ständiger Rechtsprechung der deutschen Gerichte als Schutzgesetze im Sinne dieser Vorschrift anzusehen. Während **§ 33 GWB** in der Fassung der 6. GWB-Novelle ausschließlich auf Verstöße gegen das deutsche Kartellrecht anwendbar war, wurde mit der **7. GWB-Novelle in § 33 GWB nF eine originäre Anspruchsgrundlage** im GWB begründet, die zur Geltendmachung von Unterlassungs- und Schadenersatzbegehren berechtigt, und zwar ausdrücklich für solche Fälle, in denen der Kläger keinen Verstoß gegen das deutsche Kartellrecht geltend macht, sondern gegen die Bestimmungen des EU-Kartellrechts (*Bechtold,* GWB, § 33 Rn. 2). 16

Eine Einschränkung erfolgt lediglich durch den Äquivalenz- sowie den Effektivitätsgrundsatz (hierzu *Roth,* WRP 2013, 257; *Weyer* ZEuP 1999, 424, 441ff.). Die innerstaatlichen Vorschriften der einzelnen Mitgliedstaaten, die ergänzend zur Anwendung der einschlägigen Gemeinschaftsregelungen heranzuziehen sind, dürfen zum einen nicht weniger günstig ausgestaltet sein als die entsprechenden innerstaatlichen Klagen **(Äquivalenzgrundsatz)** und die Auslegung der durch die Gemeinschaftsrechtsordnung verliehenen Rechte nicht praktisch unmöglich machen oder übermäßig erschweren (**Effektivitätsgrundsatz** – EuGH Slg. 2001 I-6297 Courage). Diese Voraussetzungen sind sowohl im Hinblick auf § 823 Abs. 2 BGB als erst recht im Hinblick auf § 33 GWB erfüllt. Dass Unterlassungs- und Schadenersatzansprüche wegen Verstößen gegen das nationale, deutsche Kartellrecht nicht anders behandelt werden als solche wegen des Verstoßes gegen Art. 101 und Art. 102 AEUV, ergibt sich nunmehr unmittelbar aus dem Wortlaut von § 33 GWB. Aber auch im Hinblick auf die Rechtsprechung des BGH und der deutschen Obergerichte war die Gleichbehandlung beider Anspruchsarten nicht zweifelhaft. Auch ist nicht erkennbar, in welcher Hinsicht die Vorschriften der §§ 823 Abs. 2 BGB oder 33 GWB nF die Wirksamkeit der Durchsetzung des Gemeinschaftsrechts in Frage stellen oder erschweren sollten (*Bechtold,* GWB, § 33 Rn. 2). 17

Umstritten ist noch immer, worauf auf Art. 101 AEUV gestützte Unterlassungs- und Schadenersatzansprüche gerichtet sein können. Der BGH vertritt bisher in ständiger Rechtsprechung die Auffassung, dass aus Art. 101 AEUV, anders als aus § 20 GWB, ein **unmittelbarer Belieferungsanspruch,** zB im Rahmen eines selektiven Vertriebssystems, **nicht abgeleitet** werden kann (BGH EuZW 1998, 766; dazu *Traugott* WuW 1997, 486; *Weyer* GRUR 2000, 848; *Zuber* in L/M/R VO 1/2003 Art. 6 Rn. 5). Der BGH ist der Auffassung, Art. 101 AEUV belasse dem Organisator eines selektiven Vertriebssystems die Wahlmöglichkeit, durch die diskriminierungsfreie Belieferung die Vereinbarkeit des selektiven Vertriebssystems mit Art. 101 AEUV herzustellen. Andererseits stehe es ihm auch frei, dies nicht zu tun mit der Folge, dass das Vertriebssystem insgesamt kartellrechtswidrig ist. Ein Belieferungsanspruch, der die Vereinbarkeit mit EG-Kartellrecht herstellt, kann dagegen nicht auf die Bestimmung gestützt werden. Dies würde, so der BGH, die unternehmerische Entscheidungsfreiheit in Frage stellen. 18

19 **c) Annexe Anwendung nationalen Prozessrechts.** Neben der ergänzenden Heranziehung der Bestimmungen des nationalen Zivilrechts sind auch prozessuale Vorschriften aus dem nationalen Recht heranzuziehen. Das gilt zB für die Vorschriften über den Erlass einstweiliger Verfügungen. Als Grenze ist dabei die **Wirksamkeit des Gemeinschaftsrechts (effet utile)** zu berücksichtigten (EuGH Slg. 1995 I-4025, Rn. 22 Van Schijndel; EuGH Slg. 1995 I-4276, Rn. 24 Peterbroek; allg. dazu *Brinker/Balssen,* FS Bechtold, 2006, S. 69, 75; *Weyer* EuR 2000, 145). Außerdem hat der EuGH in der Entscheidung Masterfoods entschieden, dass die nationalen Gerichte sich über Entscheidungen der Kommission nicht hinwegsetzen dürfen (EuGH Slg. 2000 I-11 369 Rn. 44 Masterfoods). Diese Grundsätze sind in die **Art. 15 und 16** eingeflossen (→ Art. 15 Rn. 4 und → Art. 16 Rn. 3f.). Sollte der Vorschlag der Kommission für eine Richtlinie über bestimmte Vorschriften für Schadenersatzklagen nach einzelstaatlichem Recht wegen Zuwiderhandlungen gegen das EU-Wettbewerbsrecht (KOM(2013) 404 endg., dazu Art. 2 Rn. 19) verabschiedet und in nationales Recht umgesetzt werden, hätte dies erhebliche Auswirkungen auf die mitgliedstaatlichen Prozessrechte.

Kapitel III. Entscheidungen der Kommission

Vorbemerkung

1. Einführung

1 Das dritte Kapitel der VO 1/2003 enthält den **Katalog der Maßnahmen,** die die Kommission zur **Durchsetzung der Art. 101 und 102 AEUV** ergreifen kann. Im Hinblick auf den auch im europäischen Recht geltenden rechtsstaatlichen Grundsatz vom Gesetzesvorbehalt bedürfen belastende Maßnahmen der Kommission einer gesetzlichen Grundlage (EuGH Slg. 1989 2859 Rn. 19 Hoechst). Diese finden sich in den Art. 7–10. Allerdings handelt es sich **nicht** um einen **numerus clausus** in dem Sinne, dass die Kommission neben den in diesen Bestimmungen genannten Maßnahmen keine anderen Maßnahmen treffen kann. Vielmehr bleibt die Kommission berechtigt, **weniger gravierende Maßnahmen** zu ergreifen, die ebenfalls der effektiven Durchsetzung des gemeinschaftlichen Kartellrechtes dienen.

2. Überblick über Maßnahmen der Kommission

2 Die **Feststellung und Abstellung von Zuwiderhandlungen** gegen Art. 101 oder 102 AEUV stehen im Zentrum der Tätigkeit der Kommission wie auch der mitgliedstaatlichen Wettbewerbsbehörden und -gerichte. Art. 7 gibt den rechtlichen Rahmen vor, den die Kommission in diesem Zusammenhang zu beachten hat. Dabei ist von Bedeutung, dass Art. 7, ähnlich wie bereits die Vorgängervorschrift in Art. 3 VO 17/62, es nicht bei der Regelung der Befugnis zur Feststellung und Abstellung von Zuwiderhandlungen bewenden lässt. Vielmehr wird die Kommission ausdrücklich ermächtigt, erforderliche **Abhilfemaßnahmen** verhaltensorientierter und **auch struktureller Art** vorzuschreiben. Darüber hinaus wird vorgegeben, auf welcher Grundlage die Kommission tätig werden kann. Dies kann sie entweder von Amts wegen oder auf Grund einer Beschwerde. Art. 7 Abs. 2 definiert, welche natürlichen und juristischen Personen neben den Mitgliedstaaten berechtigt sind, eine Beschwerde bei der Kommission einzureichen.

3 Häufig ist der zeitliche Rahmen, den die Kommission für den Erlass von Feststellungs- bzw. Abstellungsentscheidungen iSv Art. 7 benötigt, zu lang, um den Interessen des Wettbewerbs oder den spezifischen Interessen eines Beschwerdeführers gerecht zu

werden. Bereits in der Vergangenheit hat die Kommission das Recht für sich in Anspruch genommen, auch ohne gesetzliche Grundlage in einer Verordnung **einstweilige Maßnahmen zur Sicherung der Wettbewerbsverhältnisse** zu erlassen. Da der EuGH die Kommission bereits unter dem Regime der VO 17/62 für berechtigt angesehen hat (EuGH Slg. 1980, 119 Camera Care), einstweilige Maßnahmen zu erlassen, hat der Gesetzgeber der VO 1/2003 diese Befugnis ausdrücklich aufgenommen. Art. 8 regelt nun, unter welchen Voraussetzungen die Kommission befugt ist, einstweilige Maßnahmen zu erlassen.

Die Kommission hat Anmeldeverfahren nach dem Regime der VO 17/62 regelmäßig dazu genutzt, mit den Unternehmen **Lösungen** zu diskutieren, um einen **kartellrechtskonformen Zustand** zu erreichen. Die Unternehmen waren häufig bereit, Änderungen an ihren Vereinbarungen vorzunehmen, damit die Kommission im Anschluss in der Lage war, eine Freistellungsentscheidung zu treffen bzw. einen comfort letter an die Vertragsparteien zu richten. Diese Möglichkeit ist nach dem Wegfall des Anmelde- und Freistellungssystems nicht mehr gegeben. Die Kommission wird gleichwohl in der Lage sein, Vereinbarungen, die sie entweder von Amts wegen oder auf Grund einer Beschwerde aufgegriffen hat und deren Vereinbarkeit mit Art. 101 oder 102 AEUV sie prüft, so zu modifizieren, dass die Vereinbarkeit mit dem EU-Kartellrecht garantiert wird. Die Kommission kann zu diesem Zweck von den beteiligten Unternehmen **Verpflichtungszusagen entgegennehmen** (dazu *Hirsbrunner/Rhomberg* EWS 2005, 61). Verpflichtungserklärungen sollen dafür Sorge tragen, dass eine Vereinbarung mit den Vorgaben des europäischen Kartellrechts übereinstimmt. 4

Die VO 17/62 enthielt in Art. 2 die Möglichkeit, ein **sog. Negativattest** der Kommission zu beantragen. Zu diesem Zweck konnten die Parteien einer Vereinbarung diese bei der Kommission nicht nur mit dem Ziel der Erteilung einer Einzelfreistellung anmelden. Sie konnten auch, wenn sie der Überzeugung waren, dass die Vereinbarung nicht gegen Art. 101 Abs. 1 AEUV verstieß, die Feststellung der Kommission beantragen, dass die tatbestandlichen Voraussetzungen von Art. 101 Abs. 1 AEUV im Einzelfall nicht erfüllt waren. Diese Möglichkeit besteht nach dem Wegfall des Anmelde- und Freistellungsregimes der VO 17/62 nicht mehr. Gleichwohl behält die Kommission nach Art. 10 das Recht, **in Einzelfällen ausdrücklich festzustellen,** dass **Art. 101 und Art. 102 AEUV** auf eine bestimmte Vereinbarung, einen Beschluss einer Unternehmensvereinigung oder eine abgestimmte Verhaltensweise **nicht anwendbar** sind. Allerdings sieht Art. 10 ausschließlich die Befugnis der Kommission vor, eine solche Feststellungsentscheidung zu treffen. Ein Recht der Vertragsparteien, eine entsprechende Erklärung der Kommission zu erhalten, korrespondiert mit der Befugnis der Kommission dagegen nicht. 5

3. Empfehlungen

Neben diesen Maßnahmen bleibt die Kommission weiterhin berechtigt, **Empfehlungen auszusprechen,** die sich an die Parteien einer Vereinbarung bzw. einer abgestimmten Verhaltensweise oder an eine Unternehmensvereinigung, die einen Beschluss gefasst hat, richtet. Empfehlungen nach Art. 288 Abs. 5 AEUV sind zwar in Kapitel III der VO 1/2003 nicht ausdrücklich erwähnt. Gleichwohl besteht kein Grund zu der Annahme, dass die Kommission nicht weiterhin berechtigt sein soll, Empfehlungen auszusprechen. Ihrer Rechtsnatur nach sind Empfehlungen unverbindlich. Sie haben **keine rechtliche Bindungswirkung** (*Biervert* in *Schwarze,* EU-Kommentar, Art. 288 AEUV Rn. 37). Zwar kommt Empfehlungen keine rechtliche Bedeutung zu. Gleichwohl darf die **faktische Wirkung von Empfehlungen** nicht unterschätzt werden, da diese häufig Vorstufe für den Erlass eines verbindlichen Rechtsaktes sind. Für die Kartellrechtspraxis sind häufig Empfehlungen aus anderen Politikbereichen von Bedeutung, zB im Bereich des Urheberrechts oder der Finanz- 6 dienstleistungen. Empfehlungen beeinflussen zT erheblich die Auslegungs- und Anwendungspraxis der DG Wettbewerb, indem sie die inhaltliche Richtung vorgeben. Andererseits sind Empfehlungen für die Betroffenen auch vorteilhaft. Die Kommission bringt mit einer Empfehlung nämlich ihre Rechtsauffassung verbindlich zum Ausdruck. Aus diesem Grunde dürfen die Betroffenen auf den Bestand der Rechtsauffassungen vertrauen. Die Kommission ist daran selbst gebunden und darf nicht ohne Grund hiervon abweichen (*Crones,* Selbstbindungen der Verwaltung im europäischen Gemeinschaftsrecht, 1997).

4. Beratungsschreiben

7 **a) Grundsatz.** Neben Empfehlungen ist die Kommission insbesondere auch berechtigt, **sog. Beratungsschreiben (guidance letters)** zu verfassen. Im Vorfeld des Erlasses der VO 1/2003 haben insbesondere Unternehmensvertreter bemängelt, dass mit dem Übergang vom Anmelde- und Freistellungssystem zu einem System der Legalausnahme die **Rechtssicherheit der betroffenen Unternehmen erheblich leidet.** Dies wurde insbesondere daran festgemacht, dass unter dem Regime der VO 17/62 zwar Freistellungsentscheidungen in vielen Fällen nicht zu erreichen waren. Gleichwohl erhielten die Unternehmen im Austausch mit der Kommission und im Rahmen eines Verwaltungsschreibens regelmäßig die Gewissheit, dass die Kommission selbst keinen Anlass sah, gegen die Vereinbarung vorzugehen bzw. eine Vereinbarung iSv Art. 101 Abs. 3 AEUV für freistellbar hielt. Mit dem Übergang zum Legalausnahmesystem entfällt diese Möglichkeit. Es wurde deshalb die Forderung erhoben, die Kommission solle Unternehmen wie in der Vergangenheit auch die Möglichkeit einräumen, im Rahmen bilateraler Gespräche zumindest in einem gewissen Maße Rechtssicherheit zu erlangen.

8 Die Kommission erklärte sich vor dem Hintergrund dieser Forderungen im Vorfeld des Inkrafttretens der VO 1/2003 bereit, **in begrenztem Umfang sog. Beratungsschreiben (guidance letters) zu verfassen** (so bereits *Schaub,* Vortrag auf dem 8. St. Galler Kartellrechtsforum, S. 17f. des Vortragsskripts). Dabei handelt es sich um Schreiben, in denen die Kommission zum Ausdruck bringt, ob und ggf. unter welchen Voraussetzungen eine bestimmte Vereinbarung mit Art. 101 oder Art. 102 AEUV vereinbar ist. Die Kommission legte jedoch Wert auf die Feststellung, dass sie grundsätzlich nur unter engen Voraussetzungen Beratungsschreiben verfassen wird. Auch sollte **unter keinen Umständen ein Rechtsanspruch der Unternehmen** begründet werden, von der Kommission die Abfassung von Beratungsschreiben verlangen zu können. Um diese Prinzipien zu verdeutlichen, hat die Kommission eine Bekanntmachung veröffentlicht, unter welchen Voraussetzungen sie bereit ist, in **informelle Beratungen mit Unternehmen** einzutreten und an diese ein **Beratungsschreiben zu richten** (Bekanntmachung über Beratungsschreiben, ABl. 2004 C 101/78, Anhang B 18).

9 **b) Voraussetzungen.** Die Kommission hat als Voraussetzungen für die Abfassung von Beratungsschreiben (vgl. allg. *Kerse/Khan* Rn. 2–053) definiert, dass die materiellrechtliche Beurteilung einer Vereinbarung oder Verhaltensweise eine **Frage der Rechtsanwendung** aufwirft, die weder durch den bestehenden Rechtsrahmen der Gemeinschaft noch durch andere, allgemein verfügbare Orientierungshilfen geklärt werden kann. Darüber hinaus muss die Vereinbarung von **erheblicher wirtschaftlicher Bedeutung** sein und darüber hinaus der Umfang der mit der Transaktion einhergehenden Investition eine informelle Beratung rechtfertigen. Schließlich verlangt die Kommission, dass ein Beratungsschreiben **anhand der von den Parteien vorgelegten Angaben** erstellt werden kann; die Durchführung eigener, uU umfangreicher Ermittlungen lehnt die Kommission ab (vgl. Bekanntmachung über Beratungsschreiben, aaO, Anhang B 15, Rn. 8). Die Kommission ist **nicht bereit, allein**

hypothetische Fragen zu beantworten. Fragen, die der Gerichtshof in ähnlicher Weise bereits beantwortet hat oder die bereits Gegenstand eines Verfahrens bei der Kommission, bei einer mitgliedstaatlichen Wettbewerbsbehörde oder einem mitgliedstaatlichen Gericht entschieden wurden, sollen nicht beantwortet werden.

Die **Anforderungen,** die die Kommission an die Abfassung von Beratungsschreiben gestellt hat, sind **auch in der Praxis sehr streng.** In der bisherigen Praxis (Stand: 1.10.2013) ist noch kein Fall bekannt geworden, in dem die Kommission ein Beratungsschreiben verfasst hätte. Dies bestätigt den **äußerst restriktiven Ansatz der Kommission.** Dieser kann nicht gutgeheißen werden. Die Unternehmen sind in vielen Fällen darauf angewiesen, Rat und Aneitung durch die Kommission zu erhalten. Dies kann im Regelfall nur durch informelle Gespräche geschehen, die möglichst durch Beratungsschreiben abgerundet werden sollten. Falls dies nicht möglich ist, bleibt den Unternehmen der **Weg zu den mitgliedstaatlichen Wettbewerbsbehörden.** Diese sind möglicherweise etwas bereitwilliger, mit den Unternehmen in informelle Gespräche einzutreten. Allerdings besteht insoweit das Risiko, als die mitgliedstaatlichen Wettbewerbsbehörden selbstverständlich nur Aussagen für das Hoheitsgebiet des jeweiligen Mitgliedstaates treffen können. Eine Äußerung der Kommission wäre deshalb vorzugswürdig. 10

Art. 7 Feststellung und Abstellung von Zuwiderhandlungen

(1) **Stellt die Kommission auf eine Beschwerde hin oder von Amts wegen eine Zuwiderhandlung gegen Artikel 81 oder Artikel 82 des Vertrags fest, so kann sie die beteiligten Unternehmen und Unternehmensvereinigungen durch Entscheidung verpflichten, die festgestellte Zuwiderhandlung abzustellen. Sie kann ihnen hierzu alle erforderlichen Abhilfemaßnahmen verhaltensorientierter oder struktureller Art vorschreiben, die gegenüber der festgestellten Zuwiderhandlung verhältnismäßig und für eine wirksame Abstellung der Zuwiderhandlung erforderlich sind. Abhilfemaßnahmen struktureller Art können nur in Ermangelung einer verhaltensorientierten Abhilfemaßnahme von gleicher Wirksamkeit festgelegt werden, oder wenn letztere im Vergleich zu Abhilfemaßnahmen struktureller Art mit einer größeren Belastung für die beteiligten Unternehmen verbunden wäre. Soweit die Kommission ein berechtigtes Interesse hat, kann sie auch eine Zuwiderhandlung feststellen, nachdem diese beendet ist.**

(2) **Zur Einreichung einer Beschwerde im Sinne von Absatz 1 befugt sind natürliche und juristische Personen, die ein berechtigtes Interesse darlegen, sowie die Mitgliedstaaten.**

Inhaltsübersicht

1. Einführung

1 Neben der Befugnis der Kommission zur **Verhängung einer Geldbuße** nach Art. 23 steht im Zentrum der Entscheidungsbefugnisse das Recht der Kommission, **Verstöße** gegen die Art. 101 oder Art. 102 AEUV **festzustellen** und von den beteiligten Unternehmen ihre **Abstellung zu verlangen.** Art. 7 Abs. 1 konkretisiert diese Befugnis dahin, dass die Kommission den beteiligten Unternehmen dabei alle **erforderlichen Abhilfemaßnahmen,** seien sie **verhaltensorientierter oder struktureller Art,** vorschreiben darf. Abhilfemaßnahmen struktureller Art werden vom Vorliegen besonderer Voraussetzungen abhängig gemacht. Art. 7 legt darüber hinaus klar, dass die Kommission entweder **auf der Grundlage einer Beschwerde oder von Amts wegen** tätig werden kann. In Art. 7 Abs. 2 wird näher geregelt, unter welchen Voraussetzungen eine Beschwerde bei der Kommission eingereicht werden darf.

2 Die Vorschrift des Art. 7 baut auf der **Vorgängerregelung in Art. 3 VO 17/62** auf. Diese Bestimmung enthielt wie nunmehr auch Art. 7 die Befugnis der Kommission, Zuwiderhandlungen gegen die Art. 81 und Art. 82 EG festzustellen. Darüber hinaus wurde die Kommission für zuständig erklärt, die beteiligten Unternehmen zur Abstellung der festgestellten Zuwiderhandlung zu verpflichten. Art. 3 Abs. 2 VO 17/62 regelte ebenso wie Art. 7 Abs. 2, welche Personen berechtigt sind, einen Antrag bei der Kommission auf Tätigwerden zu stellen. Anders als Art. 7 enthielt Art. 3 Abs. 3 VO 17/62 darüber hinaus aber eine Regelung, dass die Kommission unabhängig von den in Art. 3 vorgesehenen Befugnissen **Empfehlungen zur Abstellung der Zuwiderhandlung** an die beteiligten Unternehmen und Unternehmensvereinigungen richten konnte. Dass Art. 7 die in Art. 3 Abs. 3 VO 17/62 noch vorgesehene Befugnis der Kommission, Empfehlungen zur Abstellung der Zuwiderhandlungen auszusprechen, nicht mehr enthält, ändert an der Rechtslage nichts. Die Kommission bleibt weiterhin berechtigt, statt eine förmliche Entscheidung auszusprechen Empfehlungen an die beteiligten Unternehmen zu richten, sollte sie dies für opportun erachten. Die neue Regelung in Art. 7 hindert die Kommission daran nicht.

3 Dass Art. 7 Abs. 1 ausführlicher regelt, welche Abhilfemaßnahmen die Kommission ergreifen kann, ändert an der bisherigen Rechtslage ebenfalls nichts. Zwar fand sich in Art. 3 VO 17/62 keine vergleichbare Regelung. Gleichwohl wurde die Kommission auch in der Vergangenheit unter dem Regime der VO 17/62 für befugt erachtet, die zur Abstellung einer Zuwiderhandlung gegen Art. 81 oder Art. 82 EG erforderlichen **Abhilfemaßnahmen** zu erlassen. Auch in der Vergangenheit konnten diese **verhaltensorientierter oder struktureller Art** sein. Die Regelung in Art. 7 Abs. 1 S. 2 und S. 3 kodifiziert lediglich die Anforderungen, die Kommission und Gerichtshof formuliert haben. Dass die Kommission nach Art. 7 Abs. 1 S. 4 befugt ist, die **Feststellung einer Zuwiderhandlung** auszusprechen, selbst nachdem diese beendet ist, ändert an der bisherigen Rechtslage schließlich ebenfalls nichts. Die Kommission muss lediglich ein berechtigtes Interesse nachweisen können, dass eine solche

Feststellung geboten ist. Unter dieser Voraussetzung konnte die Kommission auch bereits unter dem Regime der VO 17/62 Feststellungen aussprechen.

2. Tätigwerden von Amts wegen oder auf Grund einer Beschwerde

a) Grundsatz. Die Kommission kann zur Vorbereitung einer Entscheidung nach Art. 7 entweder **auf Grund einer Beschwerde** tätig werden **oder von Amts wegen.** Diese Alternativen fanden sich, wenn auch mit einer etwas anderen Formulierung, bereits in Art. 3 Abs. 1 VO 17/62. Während in Art. 7 ausdrücklich von einer Beschwerde die Rede ist, sprach Art. 3 noch von einem Antrag, den die Mitgliedstaaten oder Personenvereinigungen, die ein berechtigtes Interesse darlegen können, stellen können. In der Praxis hat sich jedoch bereits seit langem der Begriff der Beschwerde durchgesetzt. Eine materielle Änderung ist deshalb mit dem Wortlaut des Tatbestandsmerkmals nicht verbunden. Da die Kommission die Wahl hat, von Amts wegen oder auf Grund einer Beschwerde tätig zu werden, kann sie selbst dann tätig bleiben, wenn sie **ursprünglich auf der Grundlage einer Beschwerde** tätig geworden ist, **diese jedoch später zurückgenommen** wurde (so zuletzt zB in den Verfahren Rambus und Qualcomm, in denen sich die betroffenen Unternehmen zT mit den Beschwerdeführern geeinigt hatten, die Kommission die Verfahren aber gleichwohl fortsetzte; vgl. MEMO/07/330 und MEMO/07/389). Die Kommission kann, falls sie im Rahmen der angestellten Ermittlungen ausreichende Erkenntnisse gewonnen hat, das Verfahren von Amts wegen fortsetzen. Auch ohne eine Beschwerde kann die Kommission tätig bleiben und ist nicht verpflichtet, das Verfahren einzustellen. Ein Anspruch des Beschwerdeführers, dass die Kommission nach der Rücknahme einer Beschwerde ihre Tätigkeit einstellt, besteht nicht. 4

Die Kommission ist unbeschadet ihres Rechts, ggf. von Amts wegen ein Verfahren zur Feststellung einer Zuwiderhandlung einzuleiten, berechtigt, der **Beschwerde eines Unternehmens,** dass kein berechtigtes Interesse nachweist, **nicht stattzugeben.** In welchem Stadium der Untersuchung die Kommission feststellt, dass diese Voraussetzung nicht vorliegt, spielt keine Rolle (EuG Slg. 1998 II-345 Rn. 79 IECC III). Eine Abstellungsentscheidung der Kommission nach Art. 7 Abs. 1 entbehrt aber nicht deshalb der rechtlichen Grundlage, weil das zu ihrem Erlass führende Verfahren auf Beschwerden von Personen zurückzuführen ist, die **kein berechtigtes Interesse** iSv Art. 7 Abs. 2 daran haben, bei der Kommission die Feststellung einer Zuwiderhandlung gegen Art. 101 oder Art. 102 AEUV zu beantragen. Nach Art. 7 Abs. 1 ist die Kommission berechtigt, ein solches Verfahren von Amts wegen einzuleiten und fortzusetzen (EuGH Slg. 1979 2435 Rn. 18 BMW Belgium). 5

b) Beschwerdebefugnis der Mitgliedstaaten. Art. 7 Abs. 2 gibt den Mitgliedstaaten die Befugnis zur Einreichung einer Beschwerde. Mitgliedstaaten brauchen ein **berechtigtes Interesse nicht darzulegen.** Dies ergibt sich bereits aus Art. 105 Abs. 1 S. 2 AEUV. Danach untersucht die Kommission auf Antrag eines Mitgliedstaates oder von Amts wegen die Fälle, in denen Zuwiderhandlungen gegen Art. 101 oder Art. 102 AEUV vermutet werden. Aus Art. 105 Abs. 1 S. 2 AEUV wird das Recht abgeleitet, dass die Mitgliedstaaten einen **Anspruch** darauf haben, dass eine Untersuchung durchgeführt wird, ohne ein berechtigtes Interesse darlegen zu müssen (EuG Slg. 1992 II-2223 Rn. 76 Automec II). 6

c) Beschwerdebefugnis natürlicher und juristischer Personen. Außer den Mitgliedstaaten sind auch natürliche und juristische Personen befugt, eine Beschwerde bei der Kommission einzureichen. Allerdings sind natürliche und juristische Personen nicht wie Mitgliedstaaten privilegiert. Sie müssen vielmehr ein **berechtigtes Interesse darlegen.** Der Begriff des berechtigten Interesses ist weder in Art. 7 Abs. 2 geregelt noch in Art. 5 Abs. 1 UAbs. 1 VO 773/2004. Allerdings kann auf **umfangreiche Rechtsprechung des Gerichtshofs** zurückgegriffen werden. Das be- 7 rechtigte Interesse fällt mit der **Klagebefugnis nach Art. 263 Abs. 4 AEUV** zusammen (so EuG Slg. 1995 II-147 Rn. 27 BEMIM). Die Kommission hat folgenden Beschwerdeführern ein berechtigtes Interesse zugestanden: Kunden, die von der Belieferung ausgeschlossen werden (KOMM ABl. 1992 L 131/32 Dunlop Slazenger; KOMM ABl. 1992 L233/27 Viho); Kunden, die auf Grund einer Absprache überhöhte Preise zahlen müssen (KOMM ABl. 1992 L 92/1 Niederländische Bauwirtschaft); Wettbewerbern (KOMM ABl. 1985 L 374/1 ECS/AKZO; KOMM ABl. 1992 L 20/14 Ford/Volkswagen); Gewerkschaften (KOMM 16.WB, Rn. 43); Verbraucherverbänden (EuG Slg. 1994 II-285 Rn. 36 BEUC II).

8 Ein **Unternehmensverband,** der durch die gerügte Verhaltensweise nicht unmittelbar als ein auf dem fraglichen Markt tätiges Unternehmen betroffen ist, kann ein **legitimes Interesse an der Einreichung einer Beschwerde** geltend machen. Er muss aber zum einen befugt sein, die **Interessen seiner Mitglieder zu vertreten;** zum anderen muss die beanstandete Verhaltensweise geeignet sein, **die Interessen der Mitgliedsunternehmen zu verletzen** (EuG Slg. 1995 II-147 Rn. 28 BEMIM). Für die Kommission bietet das Tätigwerden eines Verbandes verfahrensmäßige Vorteile, weil sich die Gefahr verringert, über eine große Anzahl von Einzelbeschwerden entscheiden zu müssen, mit denen dieselbe Verhaltensweise beanstandet wird. Ob der Verband befugt ist, die Interessen seiner Mitglieder zu vertreten, ist auf der **Grundlage der Satzung des Verbandes** festzustellen (EuG Slg. 1995 II-147 Rn. 29 BEMIM).

9 In welcher **Form** eine Beschwerde einzulegen ist (vgl. hierzu ausführlich *Kerse/Khan* Rn. 2–019ff.) und wie Beschwerden von der Kommission zu behandeln sind, ist in Art. 5 bis Art. 9 VO 773/2004 geregelt. Art. 5 Abs. 1 Unterabs. 2 schreibt vor, dass Beschwerden die Angaben enthalten müssen, die in dem im Anhang zu VO 773/2004 beigefügten Formblatt C gefordert werden. In der Vergangenheit gab es keine verbindlichen Formvorschriften für die Einreichung von Beschwerden. Die VO 27 enthielt zwar ebenfalls ein Formblatt C, das jedoch durch die Nachfolgeregelung der VO 3385/94 abgeschafft wurde. Aber auch unter dem Regime der VO 27 war die Verwendung des Formblatts lediglich fakultativ und nicht obligatorisch vorgeschrieben. Das Formblatt C im Anhang zur VO 773/2004 muss ebenfalls nicht selbst verwendet werden. Allerdings kann die Kommission verlangen, dass ein Beschwerdeführer **sämtliche Angaben** vorträgt, die **nach dem Formblatt** verlangt werden (Bekanntmachung über Behandlung von Beschwerden, Anhang B 19, Rn. 29). Genügt eine Beschwerde diesen Anforderungen nicht, kann die Kommission diese zurückweisen. Allerdings ist sie nach Art. 5 Abs. 1 Unterabs. 2 S. 2 VO 773/2004 berechtigt, von der Vorlage eines Teils der im Formblatt C geforderten Angaben und Unterlagen abzusehen.

3. Maßnahmen zur Abhilfe eines Verstoßes gegen Art. 101 oder 102 AEUV

10 **a) Überblick.** Sobald die Kommission eine Zuwiderhandlung gegen Art. 101 oder Art. 102 EG festgestellt hat, kann sie die **Abstellung der festgestellten Zuwiderhandlung** verlangen. Die Befugnis erschöpft sich nicht darin, von den an einer Zuwiderhandlung beteiligten Unternehmen deren Beendigung zu verlangen. Vielmehr kann sie alle erforderlichen **Abhilfemaßnahmen** vorschreiben, die für eine wirksame Abstellung der Zuwiderhandlung erforderlich sind. Die Abhilfemaßnahmen können dabei **verhaltensorientierter oder auch struktureller Art** sein. Allerdings dürfen strukturelle Maßnahmen nur ergriffen werden, falls keine vergleichbaren verhaltensorientierten Abhilfemaßnahmen zur Verfügung stehen oder im Vergleich zu Abhilfemaßnahmen struktureller Art mit einer größeren Belastung für die beteiligten Unternehmen einhergehen (*Ritter* in IM VO 1/2003 Art. 7 Rn. 48; *Anweiler* in L/M/R VerfVO Art. 7 Rn. 60).

Hält die Kommission eine **Empfehlung** für opportun, bevor sie eine förmliche Entscheidung nach Art. 7 Abs. 1 trifft, ist sie auch unter dem Regime der VO 1/2003 hierzu berechtigt. Nach Art. 3 Abs. 3 VO 17/62 hatte die Kommission die Möglichkeit, vor Erlass einer verbindlichen Entscheidung an die beteiligten Unternehmen Empfehlungen zur Abstellung der Zuwiderhandlung zu richten. Zweck einer Empfehlung ist es, den beteiligten Unternehmen die Beurteilung der Zuwiderhandlung durch die Kommission zur Kenntnis zu bringen, um sie so zu veranlassen, sich auch ohne unmittelbaren rechtlichen Zwang nach dieser Auffassung zu richten (EuGH Slg. 1980 119 Rn. 16 Camera Care). Art. 3 Abs. 3 beschränkte aber nicht die Entscheidungsbefugnisse der Kommission, sondern erweiterte sie (EuGH Slg. 1980 119 Rn. 16 Camera Care). Die Kommission hat stets die Wahl, welche Handlungsform sie für geeignet erachtet. Mit dem Inkrafttreten der VO 1/2003 hat sich dies nicht geändert (→ Vor Art. 7 Rn. 6). 11

b) Feststellung der Rechtswidrigkeit. Die Befugnis der Kommission zum Erlass von Entscheidungen, durch die Unternehmen zur Beendigung einer festgestellten Zuwiderhandlung gegen die gemeinschaftsrechtlichen Wettbewerbsregeln gezwungen werden sollen und durch die im Falle einer Zuwiderhandlung Gelder und Zwangsgelder verhängt werden, umfasst notwendigerweise die **Befugnis zur Feststellung der in Rede stehenden Zuwiderhandlung** (EuGH Slg. 1983 483 Rn. 23 GVL). Die Feststellung ist die logische Voraussetzung für die weiteren Maßnahmen, die die Kommission ergreifen darf. Durch die Feststellung wird klargestellt, um welche konkrete Zuwiderhandlung es geht und **welche Aktivitäten der beteiligten Unternehmen sanktioniert werden** sollen. 12

Die Kommission darf selbst dann eine Entscheidung erlassen, mit der sie eine Zuwiderhandlung feststellt, wenn diese von den beteiligten Unternehmen **bereits beendet und abgestellt** worden ist. Allerdings muss sie ein **berechtigtes Interesse an der Feststellung** vorweisen können (EuGH Slg. 1983 483 Rn. 24 GVL). Ein solches Interesse ist anzunehmen, wenn die Kommission davon ausgehen darf, dass die **Gefahr einer Wiederaufnahme** der von dem Unternehmen beendeten Praxis tatsächlich besteht und eine **Klarstellung der Rechtslage geboten** ist (EuGH Slg. 1983 483 Rn. 27 GVL). Auch wenn Art. 7 Abs. 1 diese Möglichkeit nicht mehr vorsieht, anders als die Vorgängerregelung in Art. 3 Abs. 1 VO 17/62, bedeutet dies nicht, dass die Kommission diese Befugnis nicht mehr haben soll. Eine solche Befugnis der Kommission besteht allerdings nicht, wenn die in Rede stehende Verletzungshandlung **verjährt** und die Kommission daran gehindert ist, eine Sanktion wegen der Zuwiderhandlung zu verhängen. Das EuG hat die Feststellung einer Zuwiderhandlung zwar nicht als Sanktion eingestuft. In der Regel kann die Kommission aber in einer solchen Konstellation **kein legitimes Interesse** geltend machen, auch nachträglich noch die Zuwiderhandlung festzustellen (EuG Slg. 2005 II-4065 Rn. 136 Sumitomo/Kommission). 13

c) Anordnung der Abstellung des rechtswidrigen Zustands. Nach ständiger Rechtsprechung kann die Kommission neben der Feststellung der Zuwiderhandlung gegenüber den beteiligten Unternehmen das Verbot aussprechen, bestimmte Tätigkeiten, Praktiken oder Zustände, deren Rechtswidrigkeit festgestellt worden ist, **nicht mehr fortzuführen** (EuGH Slg. 1995 I-743 Rn. 90 ITP). Die Entscheidung kann auch das Verbot eines künftigen gleichartigen Verhaltens umfassen (EuG Slg. 1994 II-755 Rn. 220 Tetra Pak). Die Kommission ist dagegen nicht befugt, einem Unternehmen, dem sie die Anordnung erteilt, das von ihm geschaffene Netz von Ausschließlichkeitsvereinbarungen zu beseitigen, zu untersagen, **in Zukunft neue Vereinbarungen gleicher Art abzuschließen.** Eine Rechtsgrundlage für diese Befugnis gibt es weder in Art. 101 Abs. 1 AEUV, der solche Vereinbarungen nicht grundsätzlich verbietet, noch in Art. 7, der die Kommission nur zur **Untersagung der Durchführung bestehender Verträge** berechtigt (EuG Slg. 1992 II-1839 14

Rn. 205ff. Langnese). Da sich die Anwendung des Art. 7 Abs. 1 nach der festgestellten Zuwiderhandlung richten muss, ist die Kommission befugt, den **Umfang der Verpflichtungen** festzulegen, die den beteiligten Unternehmen **zur Abstellung dieser Zuwiderhandlung** auferlegt werden. Solche den Unternehmen auferlegte Verpflichtungen dürfen jedoch nicht die Grenzen dessen überschreiten, was zur Erreichung des angestrebten Zieles **angemessen und erforderlich** ist (EuG Slg. 1999 II-931 Rn. 1250 Limburgse Vinyl Maatschappij NV).

15 Da die Vertragsfreiheit die Regel bleiben muss, kann die Kommission im Rahmen der Anordnungsbefugnisse, über die sie zur Abstellung von Zuwiderhandlungen gegen Art. 101 Abs. 1 AEUV verfügt, grundsätzlich nicht die Befugnis zuerkannt werden, einer Partei die Begründung vertraglicher Beziehungen aufzugeben, da ihr im allgemeinen geeignete Mittel zu Gebote stehen, um ein Unternehmen zum Abstellen einer Zuwiderhandlung zu zwingen (EuG Slg. 1992 II-2223 Rn. 51 Automec II). Eine solche **Einschränkung der Vertragsfreiheit ist nicht gerechtfertigt,** weil es mehrere Mittel gibt, eine Zuwiderhandlung abzustellen. Unter diesen Umständen ist die Kommission zwar befugt, die Zuwiderhandlung festzustellen und den betroffenen Parteien die Abstellung aufzugeben. Es steht ihr aber nicht zu, den Parteien bezüglich der verschiedenen möglichen, allesamt dem Vertrag entsprechenden Verhaltensweisen ihre eigene Wahl aufzuzwingen (EuG Slg. 1992 II-2223 Rn. 52 Automec II; EuG Slg. 1995 II-1611 Rn. 160 Schöller). Stellt die Kommission fest, dass das Verhalten eines Herstellers eine Zuwiderhandlung gegen Art. 101 und 102 AEUV darstellt, hat sie die Befugnis, das betreffende Unternehmen zu verpflichten, alles zu tun um die Zuwiderhandlung abzustellen (EuGH Slg. 1983 3045 Rn. 12 u. 15 Demo-Studio Schmidt).

16 **d) Abhilfemaßnahmen zur Herstellung des rechtmäßigen Zustands.** Die Kommission hat nach Art. 7 Abs. 1 die Möglichkeit, alle erforderlichen Abhilfemaßnahmen verhaltensorientierter als auch struktureller Art vorzuschreiben, die für eine wirksame Abstellung der Zuwiderhandlung erforderlich sind. Dabei muss die Kommission zwar den Verhältnismäßigkeitsgrundsatz beachten. Grundsätzlich kann sie jedoch ein weites Ermessen in Anspruch nehmen, wenn sie die erforderlichen Abhilfemaßnahmen erlässt. Grundsätzlich ist die Kommission verpflichtet, **verhaltensorientierte Abhilfemaßnahmen** festzulegen. Nur wenn diese nicht verfügbar sind oder für die beteiligten Unternehmen mit einer größeren Belastung verbunden wären, darf die Kommission **subsidiär** auf **strukturelle Abhilfemaßnahmen** zurückgreifen (*Ritter* in IM VO 1/2003 Art. 7 Rn. 48; *Anweiler* in L/M/R VerfVO Art. 7 Rn. 60; ebenso *de Bronett,* Art. 7 Rn. 13f. im Hinblick auf die Microsoft-Entscheidung der Kommission). Die Kommission hat vor dem Inkrafttreten der VO 1/2003 ausschließlich verhaltensorientierte Abhilfemaßnahmen angeordnet (*de Bronett* Art. 7 Rn. 13).

17 Ob strukturelle Maßnahmen im Einzelfall zulässig, insbesondere ob sie verhältnismäßig sind, kann allein im Einzelfall festgestellt werden. Allerdings sind nur wenige Fälle denkbar, in denen eine strukturelle Abhilfemaßnahme tatsächlich verhältnismäßig ist. Als strukturelle Abhilfemaßnahme kommt in erster Linie die Veräußerung von Geschäftstätigkeiten oder Beteiligungsgesellschaften in Betracht. Da dies mit einem **gravierenden Eingriff in die Rechte der beteiligten Unternehmen** verbunden ist, wird die Kommission im Einzelfall nachweisen müssen, dass sie das selbe Ziel nicht mit Hilfe **weniger gravierender, verhaltensorientierter Abhilfemaßnahmen** erreichen kann. In die Überlegung einzubeziehen sein wird auch, ob die beteiligten Unternehmen nicht zur Abgabe einer Verpflichtungszusage bewegt werden können. Ohne dies vorab geklärt zu haben, kann die Kommission keine strukturelle Abhilfemaßnahme erlassen (in diesem Sinne auch *de Bronett,* Art. 7 Rn. 13). Dies ist zB im Falle von E.ON geschehen, die der Kommission den Verkauf des Stromübertragungsnetzes als strukturelle Zusage angeboten hat (MEMO/08/132). Dem Verneh-

men nach ist E.ON auf diese Weise einer strukturellen Entflechtungsanordnung der Kommission zuvorgekommen.

4. Anspruch eines Beschwerdeführers auf Einleitung eines Verfahrens

a) Ausgangslage. Ein Kartellverfahren nach der VO 1/2003 ist **kein kontradiktorisches Verfahren zwischen den beteiligten Unternehmen.** Es handelt sich vielmehr um ein Verfahren, das die Kommission einleitet, um die Einhaltung der Wettbewerbsregeln zu überwachen (so auch *Ritter* in IM VO 1/2003 Art. 7 Rn. 27). Daraus folgt, dass sich die Unternehmen, gegen die das Verfahren eingeleitet worden ist, und die Unternehmen, die einen Antrag nach Art. 7 Abs. 2 gestellt und ein berechtigtes Interesse an der Abstellung der behaupteten Zuwiderhandlung dargetan haben, nicht in einer verfahrensmäßig vergleichbaren Lage befinden. Beschwerdeführer müssen zwar Gelegenheit erhalten, ihre **berechtigten Interessen im Verwaltungsverfahren** zu schützen. Die Kommission muss auch alle tatsächlichen und rechtlichen Gesichtspunkte prüfen, die ihr die Beschwerdeführer zur Kenntnis bringen (EuGH Slg. 1985 1105 Rn. 18 CICCE). Ihre verfahrensmäßigen Rechte gehen jedoch nicht so weit wie der Anspruch auf rechtliches Gehör der Unternehmen, gegen die sich die Untersuchung der Kommission richtet. 18

Beschwerdeführer haben auch **kein Recht, an Verhandlungen zwischen der Kommission und den betroffenen Unternehmen teilzunehmen** oder über ihren Fortgang auf dem Laufenden gehalten zu werden (EuGH Slg. 1987 4487 Rn. 24 BAT). Andernfalls wäre das Recht derartige Verhandlungen durchzuführen in Frage gestellt. Dies ist aber wiederum unerlässliche Voraussetzung dafür, dass den beteiligten Unternehmen die Möglichkeit gegeben wird, die beanstandeten Vereinbarungen oder Verhaltensweisen mit den Vertragsbestimmungen in Einklang zu bringen (EuGH Slg. 1987 4487 Rn. 23 BAT). Die berechtigten Interessen der Beschwerdeführer sind gewahrt, wenn sie über das **Ergebnis dieser Verhandlungen unterrichtet** werden. Ein Anspruch auf Einsicht in die Unterlagen, um die es in den Verhandlungen gegangen ist, besteht nicht. **Dritte,** und dazu zählen auch Beschwerdeführer, haben nicht gleichermaßen wie die von Ermittlungen der Kommission betroffenen Unternehmen ein Recht auf **Akteneinsicht** (EuG Slg. 1994 II-595 Rn. 34 Matra II). 19

Der Umfang der Rechte eines Beschwerdeführers war Gegenstand unzähliger Entscheidungen des Gerichts sowie des Gerichtshofes. Die Grundsätze, die das Gericht und der Gerichtshof aufgestellt haben, sind eingeflossen in Art. 5 bis Art. 9 VO 773/2004 sowie in die **Bekanntmachung** der Kommission über die **Behandlung von Beschwerden durch die Kommission** gemäß Art. 81 und Art. 82 EG (ABl. 2004 C 101/65; vgl. Anhang B 19). Insbesondere die Bekanntmachung greift detailliert die Grundsätze auf, die die europäischen Gerichte in den vergangenen zwanzig Jahren aufgestellt haben, und führt diese zusammen. Die Rechte der Beschwerdeführer sind, je nach Stadium des Ermittlungsverfahrens sehr unterschiedlich. 20

b) Ablauf des Beschwerdeverfahrens. Ein Beschwerdeverfahren besteht aus **drei Abschnitten** (EuG Slg. 1990 II-367 Rn. 45–47 Automec I; EuG Slg. 1994 II-285 Rn. 29 BEUC II; Bekanntmachung über Behandlung von Beschwerden, Anhang B 16, Rn. 54)). Ausgangspunkt ist die **schriftliche Beschwerde eines Unternehmens** oder einer Unternehmensvereinigung, das oder die ein berechtigtes Interesse an einem bestimmten Sachverhalt geltend macht. Die Kommission prüft nach Eingang der Beschwerde, ob der vorgetragene Sachverhalt **Anhaltspunkte für einen Verstoß** gegen Art. 101 oder Art. 102 AEUV bietet. Nach einer ersten Prüfung kann die Kommission mit dem Beschwerdeführer in Kontakt treten, um Unklarheiten und Sachverhaltslücken aufzuklären. Die Kommission ist in diesem Verfahrensstadium nicht verpflichtet, die Unternehmen, gegen die sich die Beschwerde 21 richtet, vom Eingang der Beschwerde oder von ihrem Inhalt zu unterrichten. Sie ist ebenfalls nicht verpflichtet, bereits in diesem frühen Stadium den Inhalt der Beschwerde im Amtsblatt der EU bekannt zu machen.

22 Ist die Kommission der Ansicht, dass die **Angaben in der Beschwerde stichhaltig** sind und ein Verstoß gegen Art. 101 oder Art. 102 AEUV nicht von vornherein auszuschließen ist, kann sie **in ein Vorprüfungsverfahren eintreten.** In diesem Zusammenhang prüft sie auf der Grundlage der ihr vorliegenden Unterlagen, ob eine förmliche Verfahrenseinleitung in Betracht kommt. Zu diesem Zweck führt sie Vorermittlungen durch, ohne dass sie verpflichtet wäre, die beteiligten Unternehmen einzubeziehen. Ist die Kommission der Ansicht, dass die Beschwerde keine Anhaltspunkte für einen Verstoß gegen die Vorschrift der Art. 101 oder Art. 102 AEUV enthält, teilt sie dies dem Beschwerdeführer mit (Bekanntmachung über Behandlung von Beschwerden, Anhang B 19, Rn. 55). Die Kommission ist befugt, dem Beschwerdeführer noch während dieses ersten Verfahrensabschnitts zunächst in einem informellen Schreiben mitzuteilen, dass seine Beschwerde nicht weiter verfolgt werden soll. Damit gibt sie ihm Gelegenheit, seinen Sachvortrag unter Berücksichtigung der Rechtsauffassung der Kommission zu überdenken, zu ergänzen oder zu berichtigen. Auch wenn die Kommission es in der Regel vorziehen wird, bereits in der ersten Verfahrensphase **informell Kontakt mit dem Beschwerdeführer** aufzunehmen, kann sie auch ohne ein informelles Schreiben eine förmliche Mitteilung an den Beschwerdeführer richten. Diese muss den Voraussetzungen von Art. 7 VO 773/2004 genügen. Die vorläufigen Bemerkungen der Dienststellen der Kommission im Rahmen dieser informellen Kontakte sind **keine anfechtbaren Maßnahmen** (EuG Slg. 1990 II-367 Rn. 45 Automec I; EuG Slg. 1994 II-285 Rn. 30 BEUC II).

23 Mit dieser Mitteilung beginnt die **zweite Phase** des Beschwerdeverfahrens. Der Beschwerdeführer wird darüber informiert, dass und aus welchen Gründen die Kommission die Absicht hat, kein förmliches Verfahren einzuleiten. Außerdem weist die Kommission den Beschwerdeführer darauf hin, dass er die Möglichkeit hat, innerhalb einer gesetzten Frist dazu Stellung zu nehmen. Die Mitteilung muss vom Generaldirektor der GD Wettbewerb unterzeichnet sein. Das **sog. Art. 7-Schreiben** ähnelt der in Art. 10 VO 773/2004 vorgesehenen Mitteilung der Beschwerdepunkte. Die Mitteilung der Beschwerdepunkte ist eine gegenüber der abschließenden Entscheidung diese nur **vorbereitende Verfahrenshandlung** (EuGH Slg. 1981 2639 Rn. 21 IBM). Wenn dies für die Mitteilung der Beschwerdepunkte gilt, kann auch die **Mitteilung nach Art. 7 VO 773/2004 nicht als Entscheidung angesehen** werden. Eine gegen eine solche Mitteilung gerichtete Nichtigkeitsklage könnte das Gericht erster Instanz wie im Fall einer Klage gegen die Mitteilung der Beschwerdepunkte zu einer Entscheidung über Fragen zwingen, zu denen die Kommission sich noch nicht hat äußern können. Sie würde damit der Erörterung der sachlichen Probleme vorgreifen und die verschiedenen Phasen des Verwaltungsverfahrens durcheinander bringen (EuGH Slg. 1981 2639 Rn. 20 IBM). Dies wäre mit der Zuständigkeitsverteilung zwischen der Kommission und den Gemeinschaftsgerichten sowie mit dem Klagesystem des AEUV, den Erfordernissen einer geordneten Rechtspflege und eines ordnungsgemäßen Ablaufs des Verwaltungsverfahrens der Kommission unvereinbar (EuG Slg. 1990 II-367 Rn. 46 Automec I).

24 Macht der Beschwerdeführer von dieser Möglichkeit Gebrauch, prüft die Kommission in einer **dritten Phase** die Stichhaltigkeit des Vorbringens. Sie prüft insbesondere, ob neue Gesichtspunkte vorliegen, die eine Verfahrenseinleitung rechtfertigen können (Bekanntmachung über Behandlung von Beschwerden, Anhang B 19, Rn. 57). Nach Art. 7 Abs. 2 VO 773/2004 muss die Kommission eine **förmliche Einstellungsverfügung** an den Beschwerdeführer richten. Diese Verfügung ist eine **anfechtbare Entscheidung bzw. (nach der Terminologie des AEUV) ein anfechtbarer Beschluss iSv Art. 288 Abs. 4 AEUV** (EuG Slg. 1990 II-367 Rn. 47

Automec I). Sie ist vom zuständigen Kommissar für Wettbewerbsfragen zu unterzeichnen.

c) Verpflichtung der Kommission zur Durchführung eigener Untersuchungen. Nach ständiger Rechtsprechung ist die Kommission zwar nicht verpflichtet, eine Untersuchung durchzuführen. Sie ist aber verpflichtet, die ihr **vom Beschwerdeführer vorgetragenen tatsächlichen und rechtlichen Gesichtspunkte zu prüfen** um festzustellen, ob diese eine Verhaltensweise erkennen lassen, die geeignet ist, den Wettbewerb innerhalb des Gemeinsamen Marktes zu verfälschen und den Handel zwischen den Mitgliedstaaten zu beeinträchtigen bzw. ein den Wettbewerbsvorschriften zuwiderlaufendes Verhalten erkennen lassen (st. Rspr.; EuGH Slg. 1983 3045 Rn. 19 Demo-Studio Schmidt; EuG Slg. 1992 II-2223 Rn. 79 Automec II; EuG Slg. 1993 II-669 Rn. 35f. Asia Motor France III; EuG Slg. 2010 II-5865 Rn. 28 CEAHR; EuG 19.3.2012 T-273/09 Rn. 101f. Assoc. Juventus). 25

Nach ständiger Rechtsprechung ist es grundsätzlich Sache des Beschwerdeführers, der Kommission die seiner Beschwerde zugrunde liegenden tatsächlichen und rechtlichen Gesichtspunkte mitzuteilen (ausdrücklich EuG Slg. 1996 II-1019 Rn. 258 NALOO). Legt der Beschwerdeführer Beweise vor, die einen starken Beweiswert haben oder ernst zu nehmende Indizien enthalten, hat die Kommission zumindest den Versuch zu unternehmen, mit den Mitteln, die sie nach den Umständen des Falles als die passendsten ansieht, mit einem **ausreichenden Grad an Sicherheit** festzustellen, ob die behaupteten Tatsachen zutreffen (EuG Slg. 1993 II-669 Rn. 43, 44, 53 Asia Motor France III). Das **Urteil eines nationalen Gerichts,** das das Vorliegen einer wettbewerbswidrigen Absprache feststellt, muss der Kommission Anlass geben ihre Untersuchungen fortzuführen, auch wenn die Kommission durch die Feststellungen des nationalen Gerichts nicht gebunden wird und das nationale Gericht die Entscheidung bis zur Entscheidung der Kommission ausgesetzt hat. Somit hat der Beschwerdeführer die Möglichkeit, durch die Wahl der vorgebrachten Tatsachen die Untersuchungspflicht der Kommission zu beeinflussen (EuG Slg. 1995 II-147 Rn. 83 BEMIM). 26

Die Kommission kann den bei ihr anhängigen **Vorgängen unterschiedliche Prioritäten zuweisen** und ein Verfahren einstellen, ohne Verfahren zur Feststellung von Verletzungen des Unionsrechts einzuleiten, wenn sie zu der Ansicht gelangt ist, dass **kein ausreichendes Unionsinteresse an der Einleitung von Untersuchungsmaßnahmen** besteht (EuG Slg. 1992 II-2223 Rn. 77 Automec II; EuG Slg. 1994 II-285 Rn. 47 BEUC II; EuG Slg. 2010 II-5865 Rn. 27 und 157 CEAHR; Bekanntmachung über Behandlung von Beschwerden, Anhang B 19, Rn. 41). Da die Kommission nicht verpflichtet ist sich dazu zu äußern, ob eine Zuwiderhandlung vorliegt oder nicht, kann sie nicht zur Durchführung einer Untersuchung verpflichtet sein, da diese kein anderes Ziel haben könnte, als die Ermittlung von Beweisen für das Vorliegen oder Nichtvorliegen einer Zuwiderhandlung, zu deren Feststellung sie nicht verpflichtet ist (EuG Slg. 1992 II-2223 Rn. 76 Automec II; EuG Slg. 1995 II-115 Rn. 58 Ladbroke II). Die VO 1/2003 und die VO 773/2004 verpflichten die Kommission im Gegensatz zu der Regelung des Art. 105 Abs. 1 S. 2 AEUV im Falle von Anträgen der Mitgliedstaaten die Kommission nicht, auf die bei ihr eingelegten Beschwerden hin eine Untersuchung durchzuführen. 27

d) Entscheidung über das Vorliegen eines Verstoßes gegen Art. 101 oder 102 AEUV. Nach ständiger Rechtsprechung gibt Art. 7 demjenigen, der einen Antrag nach dieser Vorschrift stellt, **keinen Anspruch** darauf, dass die Kommission eine **Entscheidung bzw. einen Beschluss iSv** Art. 288 Abs. 4 AEUV über das Vorliegen einer Zuwiderhandlung gegen Art. 101 oder Art. 102 AEUV erlässt (EuGH Slg. 1979 3173 Rn. 17 GEMA, EuG Slg. 1992 II-2223 Rn. 75f. Automec II; EuG Slg. 1996 II-961 Rn. 46 Asia Motor France IV). Dies verhindert nicht, dass die Klägerin eine Entscheidung der Kommission über ihre Beschwerde erhält, die entspre- 28 chend dem allgemeinen Grundsatz, dass ein Anspruch auf effektiven gerichtlichen Rechtsschutz besteht, angefochten werden kann (EuG Slg. 1995 II-1753 Rn. 23 Guerin I). Die Auffassung, die Kommission sei verpflichtet, eine Entscheidung zu erlassen, mit der die Unternehmen zur Abstellung einer Zuwiderhandlung verpflichtet werden, sobald sie eine solche festgestellt haben, widerspricht dem Wortlaut des Art. 7 Abs. 1, nach dem die Kommission eine solche Entscheidung treffen kann. Die Kommission kann nicht nur vor der Untersuchung einer Beschwerde, sondern auch nach der Durchführung von Untersuchungsmaßnahmen entscheiden, eine **Beschwerde mangels eines ausreichenden Unionsinteresses nicht weiterzuverfolgen** (EuG Slg. 1995 II-147 Rn. 81 BEMIM; EuG Slg. 1998 II-3605 Rn. 49 IECC II). Andernfalls würde die Kommission verpflichtet, eine Entscheidung über das Vorliegen eines Verstoßes gegen Art. 101 oder 102 AEUV zu treffen, wenn sie einmal auf eine Beschwerde hin Untersuchungsmaßnahmen durchgeführt hat. Dies widerspricht dem Wortlaut des Art. 7 („kann") und der ständigen Rechtsprechung der europäischen Gerichte (EuG Slg. 1995 II-147 Rn. 80 BEMIM).

29 Die Kommission kann sich allerdings nicht damit begnügen, sich abstrakt auf das Unionsinteresse zu berufen. Vielmehr muss sie die **tatsächlichen und rechtlichen Erwägungen** darlegen, die sie zu dem Ergebnis geführt haben, dass ein ausreichendes Gemeinschaftsinteresse nicht besteht. Mithin kontrolliert das Gericht die Tätigkeit der Kommission durch die Überprüfung der Rechtmäßigkeit dieser Gründe (EuG Slg. 1992 II-2223 Rn. 85 Automec II; EuG Slg. 1994 II-285 Rn. 47 BEUC II; EuGH Slg. 1999 I-1341 Rn. 42 Ufex II). Bei der Würdigung des Gemeinschaftsinteresses muss die Kommission die Umstände des konkreten Falles und insbesondere die tatsächlichen und rechtlichen Gesichtspunkte berücksichtigen, die in der Beschwerde vorgebracht werden. Sie hat insbesondere die **Bedeutung der behaupteten Zuwiderhandlungen für das Funktionieren des Binnenmarktes,** die Wahrscheinlichkeit des Nachweises ihres Vorliegens sowie den Umfang der notwendigen Ermittlungsmaßnahmen gegeneinander abzuwägen, um ihre Aufgabe der Überwachung der Einhaltung der Art. 81 und 82 EG bestmöglich zu erfüllen (EuG Slg. 1992 II-2223 Rn. 86 Automec II; EuG Slg. 1995 II-147 Rn. 80 BEMIM; EuG Slg. 1995 II-185 Rn. 62 Tremblay I; EuG Slg. 2010 II-5865 Rn. 158 CEAHR; EuG 16.10.2013 T-432/10 Rn. 27f. Vivendi).

30 Werden die Auswirkungen der in einer Beschwerde beanstandeten Zuwiderhandlungen **im Wesentlichen nur im Hoheitsgebiet eines Mitgliedstaats spürbar** und wurden die Gerichte und zuständigen Verwaltungsbehörden dieses Mitgliedstaates mit Verfahren befasst, in denen sich der Beschwerdeführer und derjenige gegenüberstehen, gegen den sich die Beschwerde richtet, ist nach Auffassung des Gerichts die Kommission befugt, die Beschwerde mangels ausreichenden Gemeinschaftsinteresses an der Fortführung der Untersuchung der Sache zurückzuweisen, sofern die Rechte des Beschwerdeführers oder seiner Mitglieder in zufriedenstellender Weise, insbesondere von den nationalen Gerichten, geschützt werden können (EuG Slg. 1992 II-2223 Rn. 87 Automec II; EuG Slg. 1995 II-147 Rn. 80, 86 BEMIM). Eine andere Bewertung ist nur gerechtfertigt, wenn das **nationale Recht keinen Rechtsbehelf vorsieht,** der dem nationalen Gericht in zufriedenstellender Weise die Wahrung der Rechte der beschwerdeführenden Partei ermöglichen würde. Der Umstand, dass das nationale Gericht Schwierigkeiten bei der Auslegung der Art. 101 oder 102 AEUV haben könnten, stellt angesichts der durch Art. 267 AEUV gebotenen Möglichkeit keinen Gesichtspunkt dar, den die Kommission bei der Beurteilung des Gemeinschaftsinteresses an der Fortführung der Untersuchung einer Sache zu berücksichtigen hätte (EuG Slg. 1995 II-147 Rn. 88 BEMIM; EuG Slg. 1995 II-185 Rn. 67 Tremblay I). Die Kommission sieht durch das System der VO 1/2003 die Rechte der Beschwerdeführer gestärkt, vor den nationalen Gerichten effektiven Rechtsschutz zu erlangen (Bekanntmachung über Behandlung von Beschwerden, Anhang B 19, Rn. 18).

e) Bescheidung des Beschwerdeführers. Der Beschwerdeführer hat **keinen Anspruch** auf eine Entscheidung über das Vorliegen eines Verstoßes gegen Art. 101 oder Art. 102 AEUV. Das bedeutet nicht, dass er kein Recht auf eine Entscheidung seiner Beschwerde hat. Die Kommission ist verpflichtet, eine Beschwerde so zu bescheiden, dass der **Beschwerdeführer die Möglichkeit hat, gerichtlichen Rechtsschutz in Anspruch zu nehmen** (EuG Slg. 1990 II-367 Rn. 86 Automec I; EuG Slg. 1995 II-1753 Rn. 23 Guerin I). Die Kommission ist verpflichtet, entweder ein Verfahren gegen die Person einzuleiten, gegen die sich die Beschwerde richtet, oder eine **endgültige Entscheidung über die Zurückweisung der Beschwerde** zu erlassen, die mit einer Nichtigkeitsklage vor dem Gemeinschaftsrichter angefochten werden kann (EuGH Slg. 1997 I-1503 Rn. 36 Guerin II; EuG Slg. 1999 II-2633 Rn. 36, 40 UPS). Dies ist schon im Hinblick auf das Erfordernis einer rechtsmittelfähigen Entscheidung zu fordern, da das **Art. 7-Schreiben als vorbereitende Maßnahme kein tauglicher Klagegegenstand** ist. Eine endgültige Entscheidung der Kommission muss gemäß den Grundsätzen der ordnungsgemäßen Verwaltung innerhalb einer angemessenen Frist nach dem Eingang der Bemerkungen des Beschwerdeführers erlassen werden (EuGH Slg. 1997 I-1503 Rn. 37 Guerin II; EuG Slg. 1999 II-2633 Rn. 37 UPS; EuG Slg. 1997 II-1739 Rn. 55f. SCK und FNK). 31

Die **Angemessenheit der Dauer eines Verwaltungsverfahrens** beurteilt sich nach den besonderen Umständen des jeweiligen Einzelfalls und insbesondere nach dessen Kontext, den verschiedenen Verfahrensabschnitten, die die Kommission zu durchlaufen hat, dem Verhalten der Beteiligten im Laufe des Verfahrens, der Komplexität der Angelegenheit sowie ihrer Bedeutung für die verschiedenen Beteiligten (EuG Slg. 1999 II-2633 Rn. 38 UPS; EuG Slg. 1999 II-931 Rn. 126 Limburgse Vinyl Maatschappij NV). Um zu prüfen, ob der Zeitraum zwischen den Bemerkungen des Klägers zu der Mitteilung gem. Art. 7 VO 773/2004 und der Aufforderung der Kommission zum Tätigwerden vertretbar ist, sind die bereits **abgelaufenen Untersuchungsjahre,** der **gegenwärtige Stand der Untersuchung** und das **Verhalten der Beteiligten insgesamt** zu berücksichtigen. Im Fall UPS, in dem das EuG die vertretbaren Zeiträume für überschritten erachtete, waren seit Eingang der Beschwerde 47 Monate, zwischen Eingang der Bemerkungen auf das Art. 7-Schreiben und Aufforderung zum Tätigwerden bzw. Klageeinreichung vier bzw. sechs Monate vergangen (EuG Slg. 1999 II-2633 Rn. 39 UPS). 32

f) Begründung der Bescheidung des Beschwerdeführers. Die Begründungspflicht ist ein wesentliches Mittel, um die Anwendung des Gemeinschaftsinteresses durch die Kommission gerichtlich überprüfen zu können (EuG Slg. 1992 II-2223 Rn. 85 Automec II; EuG Slg. 1998 II-3605 Rn. 95 IECC II). Nach ständiger Rechtsprechung muss die Begründung die **Überlegungen der Unionsbehörde,** die den angefochtenen Rechtsakt erlassen hat, so **klar und unzweideutig wiedergeben,** dass der Kläger zur Wahrnehmung seiner Rechte die tragenden Gründe für die Maßnahme erkennen und der Gerichtshof seine Kontrolle ausüben kann (EuGH Slg. 1995 I-23 Rn. 39 Publishers Association; EuG Slg. 1996 II-1019 Rn. 298 NALOO; EuG Slg. 1998 II-345 Rn. 125 IECC III; EuG Slg. 2010 II-5865 Rn. 28 CEAHR; EuGH 19.9.2013 C-56/12 P Rn. 59 EFIM NZKart 2013, 500). Die Kommission muss insbesondere begründen, warum das Gemeinschaftsinteresse keine Verfahrenseinleitung gebietet. Sie ist nicht befugt, abstrakt und ohne nähere Ausführungen eine Verfahrenseinstellung durch einen Verweis auf das Gemeinschaftsinteresse zu rechtfertigen. Sie muss vielmehr konkret im Zusammenhang mit dem vorgetragenen Sachverhalt darlegen, warum eine Verfahrenseinleitung nicht im Gemeinschaftsinteresse liegt. Die Begründung muss so genau und detailliert sein, dass das Gericht die Ausübung der Ermessensbefugnis der Kommission zu **Festlegung der Prioritäten wirksam überprüfen** kann. Liegen die entsprechenden Voraussetzungen vor, sind auch Ausführungen erforderlich, die auf die Rechtsfehlerhaftigkeit 33 der Ausführungen des Beschwerdeführers eingehen. In jedem Fall muss die Kommission dem Beschwerdeführer substantiiert darlegen, aus welchen Gründen eine Verfahrenseröffnung nicht in Betracht kommt.

34 Nach ständiger Rechtsprechung hängt der **Umfang der Begründungspflicht** von der Art des in Rede stehenden Rechtsakts und dem Kontext ab, in dem er erlassen wurde (EuG Slg. 1996 II-1019 Rn. 300 NALOO; EuG Slg. 1998 II-345 Rn. 126 IECC III). Insbesondere nach dem Inhalt des Rechtsakts, der Art der angeführten Gründe und nach dem Interesse, das die Adressaten oder andere durch den Rechtsakt unmittelbar und individuell betroffene Personen an Erläuterungen haben können (EuG Slg. 1999 II-931 Rn. 1172 Limburgse Vinyl Maatschappij NV). Die Kommission muss in der Begründung von Entscheidungen, die sie erlässt, um die Anwendung der Wettbewerbsregeln sicherzustellen, nicht auf alle Argumente eingehen, die die Betroffenen für ihren Antrag vorbringen. Es reicht vielmehr aus, dass die Kommission die **Tatsachen und rechtlichen Erwägungen** anführt, denen nach dem Aufbau der Entscheidung eine wesentliche Bedeutung zukommt (EuGH Slg. 1987 4487 Rn. 72f. BAT). In der Begründung brauchen **nicht alle tatsächlichen oder rechtlich einschlägigen Gesichtspunkte** benannt zu werden, da die Frage, ob die Begründung eines Rechtsakts den Erfordernissen des Art. 296 AEUV genügt, nicht nur anhand ihres Wortlauts, sondern auch anhand ihres Kontexts sowie sämtlicher Rechtsvorschriften auf dem betreffenden Gebiet zu beurteilen ist (EuG Slg. 1995 II-2651 Rn. 63 Brinks; EuG Slg. 1999 II-931 Rn. 1172 Limburgse Vinyl Maatschappij NV). Für die Ablehnung einer nach Art. 7 gestellten Beschwerde reicht es aus, dass die Kommission darlegt, weshalb sie keinen Verstoß gegen die Wettbewerbsregeln glaubte feststellen zu können. Insbesondere ist die Kommission nicht verpflichtet, eventuelle Abweichungen von ihrer Mitteilung der Beschwerdepunkte zu erklären, da es sich bei dieser um ein **vorbereitendes Schriftstück** handelt, dessen Wertungen lediglich vorläufiger Natur sind und der Festlegung des Gegenstandes des Verwaltungsverfahrens im Verhältnis zu den Unternehmen dienen, gegen die sich dieses Verfahren richtet (EuGH Slg. 1987 4487 Rn. 70 BAT).

35 **g) Prozessuale Rechtsbehelfe des Beschwerdeführers.** Antwortet die Kommission auf eine Beschwerde nicht oder weist sie diese zurück, muss ein Beschwerdeführer gerichtlichen Schutz in Anspruch nehmen können. Reagiert die Kommission auf eine Beschwerde nicht, kommt eine Untätigkeitsklage nach Art. 265 Abs. 3 AEUV in Betracht. Diese ist nur zulässig, wenn der Kläger nachweisen kann, dass er **potenzieller Adressat einer Handlung** ist, **die die Kommission an ihn zu richten hat** (EuG Slg. 1996 II-351 Rn. 58 AITEC). Nach gefestigter Rechtsprechung ist eine Untätigkeitsklage nur zulässig, wenn die Kommission es unterlassen hat, dem Kläger gegenüber einen Akt zu erlassen, auf den er nach den Vorschriften des Gemeinschaftsrechts einen Anspruch hatte (EuGH Slg. 1982 2277 Rn. 13 Lord Bethell; EuG Slg. 1992 II-2285 Rn. 29 Asia Motor France II). Dies ist bei einer Beschwerde, die auf Art. 3 gestützt wird, der Fall.

36 Nur in wenigen Fällen reagiert die Kommission gar nicht. Häufiger kommt es vor, dass sie die Beschwerde zurückweist. In einem solchen Falle kann der Beschwerdeführer eine **Nichtigkeitsklage nach Art. 263 Abs. 4 AEUV** erheben. Natürliche oder juristische Personen, die nach Art. 7 Abs. 2 einen Antrag auf Feststellung einer Zuwiderhandlung gegen die Art. 101 oder 102 AEUV bei der Kommission zu stellen berechtigt sind, sind **zum Schutz ihrer berechtigten Interessen** klagebefugt iSv Art. 263 Abs. 4 AEUV (EuGH Slg. 1977 1875 Rn. 13 Metro I; EuGH Slg. 1983 3045 Rn. 14 Demo-Studio Schmidt; EuG Slg. 1994 II-285 Rn. 36 BEUC II). Im Falle von Handlungen, die in einem mehrphasigen Verfahren, insbesondere zum Abschluss eines internen Verfahrens, ergehen, liegt eine anfechtbare Handlung nur bei Maßnahmen vor, die den Standpunkt des Organs zum Abschluss dieses Verfahrens endgültig festlegen, nicht aber bei Zwischenmaßnahmen, die die abschließende Ent-

scheidung vorbereiten sollen (EuGH Slg. 1981 2639 Rn. 9 IBM; EuG Slg. 1994 II-21 Rn. 43 Air France).

Gegen **bloße Zwischenbescheide** in der ersten Phase des Verfahrens ist **kein gerichtlicher Rechtsbehelf** gegeben (EuG Slg. 1995 II-1753 Rn. 40 Guerin I). Die **endgültige Entscheidung, die zur dritten Phase des Verfahrens der Untersuchung der Beschwerde gehört,** ist dagegen Gegenstand einer Klage (EuG Slg. 1995 II-147 Rn. 32 BEMIM). Ob ein Schreiben zur dritten Phase gehört und damit mit der Nichtigkeitsklage anfechtbar ist, bestimmt das EuG grundsätzlich nach dem Wortlaut des Schreibens (EuG Slg. 1990 II-367 Rn. 49 Automec I). **Maßnahmen rein vorbereitender Art** sind zwar als solche nicht anfechtbar; die ihnen anhaftenden rechtlichen Mängel können jedoch im Rahmen der Klage gegen die endgültige Handlung, deren Vorbereitung sie dienen, geltend gemacht werden (EuGH Slg. 1981, 2639 Rn. 12 IBM). Nach ständiger Rechtsprechung ist die **Form,** in der Handlungen oder Entscheidungen ergehen, **grundsätzlich ohne Einfluss auf ihre Anfechtbarkeit im Wege der Nichtigkeitsklage.** Für die Feststellung, ob Maßnahmen Handlungen iSv Art. 263 AEUV darstellen, ist vielmehr auf ihr Wesen abzustellen (EuGH Slg. 1981 2639 Rn. 9 IBM; EuG Slg. 1994 II-285 Rn. 38 BEUC II). 37

Hat die Kommission eine Verfügung über die Einstellung einer nach Art. 7 Abs. 2 eingelegten Beschwerde getroffen, ohne eine Untersuchung zu eröffnen, umfasst nach ständiger Rechtsprechung die Rechtmäßigkeitskontrolle durch das Gericht die Prüfung, ob die Begründung ausreichend ist, die streitige Entscheidung auf unzutreffenden Tatsachen beruht oder einen Rechtsfehler, einen offensichtlichen Beurteilungsfehler oder einen Ermessensmissbrauch aufweist (EuG Slg. 1996 II-1 Rn. 56 Koelman II; EuG Slg. 1994 II-285 Rn. 45 BEUC II; EuG Slg. 1992 II-2223 Rn. 79f. Automec II; EuGH Slg. 1983 3045 Rn. 20 Demo-Studio Schmidt; EuG Slg. 2010 II-5865 Rn. 160f. CEAHR). Das Gericht hat im Rahmen seiner Kontrolle der Schlussfolgerungen, die die Kommission aus dem ihr zur Beurteilung unterbreiteten Sachverhalt zieht, nur zu prüfen, ob **keine offensichtlichen Beurteilungsfehler** vorliegen (EuG Slg. 1995 II-147 Rn. 72 BEMIM). Diese Überprüfung hat insbesondere unter Berücksichtigung der tatsächlichen und rechtlichen Gesichtspunkte zu erfolgen, die der Kommission durch den Kläger zur Kenntnis gebracht worden sind und die die Kommission bei der Beurteilung, ob im vorliegenden Fall ein Verstoß gegen die Wettbewerbsregeln des Vertrags vorlag, untersuchen musste (EuGH Slg. 1983, 3045 Rn. 22 Demo-Studio Schmidt). Eine Entscheidung ist ermessensmissbräuchlich, wenn sie nach **objektiven, maßgeblichen und übereinstimmenden Anhaltspunkten** offensichtlich ausschließlich oder zumindest überwiegend zu anderen als den angegebenen Zwecken erlassen worden ist (EuG Slg. 1997 II-1 Rn. 116 SFEI III; EuG Slg. 1995 II-185 Rn. 87ff. Tremblay I). Allerdings reicht auch ein offensichtlicher Beurteilungsfehler nicht für die Nichtigerklärung einer Entscheidung aus, wenn dieser unter den konkreten Umständen des Einzelfalles das Ergebnis nicht entscheidend beeinflussen konnte (EuG Slg. 2010 II-5865 Rn. 161 CEAHR). 38

6. Beschwerde wegen eines Verstoßes gegen Art. 106 AEUV

Weder die VO 1/2003 noch VO 773/2004 oder eine andere Vorschrift sind bei der Durchführung der Befugnisse, die der **Kommission auf Grund von Art. 106 AEUV** zustehen, anwendbar (EuG Slg. 1994 II-1015 Rn. 43 Ladbroke I). Die Kommission ist deshalb nicht verpflichtet, auf den Antrag eines Einzelnen auf der Grundlage von Art. 106 Abs. 3 AEUV tätig zu werden, insbesondere nicht gegenüber Unternehmen, die mit der Verwaltung von im allgemeinen wirtschaftlichen Interesse liegenden Diensten betraut sind, zumal wenn ein solches Tätigwerden die Beurteilung der Vereinbarkeit nationaler Rechtsvorschriften mit dem Gemeinschaftsrecht erfordert (EuG Slg. 1995 II-2565 Rn. 45 Ladbroke III). Im Übrigen ergibt sich dies auch daraus, dass die Kommission je nach Lage des Falles durch Erlass einer Entschei- 39 dung oder durch Erlass einer Richtlinie entscheiden kann (EuG Slg. 1994 II-1015 Rn. 45 Ladbroke I). Deswegen ist eine **Untätigkeitsklage unzulässig** (EuG Slg. 1994 II-1015 Rn. 39 Ladbroke I). Im Übrigen ist der gemäß Art. 106 Abs. 3 AEUV zu erlassende Rechtsakt nur an den Mitgliedstaat gerichtet, der Kläger befindet sich also nicht in der Situation des potentiellen Adressaten, wie es von Art. 265 Abs. 3 AEUV verlangt wird (EuG Slg. 1994 II-1015 Rn. 40 mwN Ladbroke I). Der Kläger kann auch nicht behaupten, dass er durch den Rechtsakt betroffen ist, den die Kommission zu erlassen unterlassen hat. Dritte, die naturgemäß nicht die Eigenschaft eines Adressaten einer Entscheidung haben, können nur dann als durch die **Entscheidung individuell betroffen** angesehen werden, wenn diese sie wegen bestimmter persönlicher Eigenschaften oder besonderer, sie aus dem Kreis aller übrigen Personen heraushebender Umstände berührt und sie daher in ähnlicher Weise individualisiert wie den Adressaten diese Entscheidung (st. Rspr.; EuGH Slg. 1963 213 Plaumann; EuG Slg. 1996 II-1931 Rn. 62 Kruidvat). Der Umstand, dass ein Rechtsakt geeignet ist, einen Einfluss auf die auf einem Markt bestehenden Wettbewerbsverhältnisse auszuüben, kann für sich allein nicht genügen, damit jeder Wirtschaftsteilnehmer auf diesem Markt als durch diesen Rechtsakt unmittelbar und individuell betroffen angesehen werden kann (EuG Slg. 1994 II-121 Rn. 82 Air France; insgesamt EuG Slg. 1994 II-1015 Rn. 41 Ladbroke I). Die Beteiligung an einer von der Kommission durchgeführten Untersuchung allein begründet nicht die Zulässigkeit der Klage eines Betroffenen gegen die im Anschluss an diese Untersuchung erlassene Entscheidung.

40 Art. 106 Abs. 3 AEUV gehört nach seiner Stellung im Vertrag und seinem Zweck zu den Vorschriften, die den freien Wettbewerb gewährleisten sollen, und bezweckt somit den Schutz der Wirtschaftsteilnehmer vor Maßnahmen, mit denen ein Mitgliedstaat die vom Vertrag verliehenen wirtschaftlichen Grundfreiheiten behindert. Sowohl auf Grund der Stellung dieser Vorschriften im Vertrag als auch auf Grund ihres Zweckes darf folglich dem einzelnen nicht der Schutz seiner rechtmäßigen Interessen genommen werden, wenn ein Mitgliedstaat im Hinblick auf öffentliche Unternehmen oder Unternehmen, denen besondere oder ausschließliche Rechte zustehen, Maßnahmen trifft oder beibehält, die in gleicher Weise wettbewerbswidrig wirken wie die wettbewerbswidrigen Verhaltensweisen anderer Unternehmen. Nach der Rechtsprechung zählt zu den allgemeinen Grundsätzen des Gemeinschaftsrechts der Grundsatz, dass jedermann gegen die Entscheidungen, die gegen ein von den Verträgen anerkanntes Recht verstoßen, einen **Anspruch auf die Gewährung effektiven Rechtsschutzes** haben muss (vgl. insb. Slg. 1986 1651 Rn. 18 Johnston). Der **weite Ermessensspielraum, über den die Kommission bei der Durchführung des Art. 106** AEUV **verfügt,** darf diesen Schutz nicht zunichte machen, da sich nicht von vornherein ausschließen lässt, dass für einen einzelnen ein Ausnahmefall vorliegt, auf Grund dessen er zur Erhebung einer Klage gegen eine Weigerung der Kommission befugt ist, im Rahmen ihrer Überwachungsfunktion nach Art. 106 Abs. 1 und 3 AEUV eine Entscheidung zu erlassen (EuG Slg. 1999 II-1757 Rn. 51 Tf1).

Art. 8 Einstweilige Maßnahmen

(1) **Die Kommission kann in dringenden Fällen, wenn die Gefahr eines ernsten, nicht wieder gutzumachenden Schadens für den Wettbewerb besteht, von Amts wegen auf der Grundlage einer prima facie festgestellten Zuwiderhandlung durch Entscheidung einstweilige Maßnahmen anordnen.**

(2) **Die Entscheidung gemäß Absatz 1 hat eine befristete Geltungsdauer und ist – sofern erforderlich und angemessen – verlängerbar.**

1. Einführung

1 Bis die Kommission eine verbindliche Entscheidung trifft, vergehen nicht selten mehrere Jahre. Dies wird den Interessen der an einem Kartellverfahren beteiligten Unternehmen häufig nicht gerecht. In besonderem Maße sind Unternehmen, die sich gegen ein vermeintlich missbräuchliches Verhalten eines marktbeherrschenden Unternehmens wenden, auf **rasche Abhilfemaßnahmen** angewiesen. Aus diesem Grunde besteht in zahlreichen Fällen ein legitimes Interesse der Beteiligten, von der Kommission möglichst zeitnah **Maßnahmen zur vorläufigen Absicherung des Status Quo** zu erlangen. Art. 8 sieht eine solche Möglichkeit nunmehr ausdrücklich vor. Danach kann die Kommission in dringenden Fällen von Amts wegen auf der Grundlage einer prima facie festgestellten Zuwiderhandlung eine einstweilige Maßnahme durch Entscheidung anordnen, wenn die Gefahr eines ernsten, nicht wieder gutzumachenden Schadens für den Wettbewerb besteht. Bereits aus dem Wortlaut wird deutlich, dass einstweilige Maßnahmen **nur in Ausnahmefällen** erlassen werden und daher **nur für eine beschränkte Dauer** gelten dürfen. Art. 8 Abs. 2 stellt deshalb ausdrücklich klar, dass Entscheidungen der Kommission befristet sein müssen, in Einzelfällen aber, sofern erforderlich und verhältnismäßig, verlängert werden können.

2 Die **Vorgängerregelung der VO 17/62** sah **keine ausdrückliche Ermächtigung der Kommission** zum Erlass einstweiliger Maßnahmen vor. Gleichwohl nahm die Kommission auch früher schon für sich die Befugnis in Anspruch, solche Maßnahmen erlassen zu können (vgl. *Kerse/Khan* Rn. 6–030f.). Dieser Auffassung schloss sich der Gerichtshof an. Er leitete aus Art. 3 VO 17/62 die **Befugnis der Kommission** her, **sichernde Maßnahmen ergreifen zu können.** Allerdings mussten diese als unerlässlich erscheinen, um zu vermeiden, dass die Ausübung der in Art. 3 VO 17/62 vorgesehenen Entscheidungsbefugnisse durch das Verhalten der betroffenen Unternehmen unwirksam oder illusorisch gemacht wird (EuGH Slg. 1980 119 Rn. 18 Camera Care). Die Zuständigkeit der Kommission nach Art. 3 Abs. 1 VO 17/62 umfasst demnach auch die Befugnis, diejenigen einstweiligen Maßnahmen zu ergreifen, die unerlässlich sind, um der Kommission die wirksame Erfüllung ihrer Aufgaben zu ermöglichen und insbesondere die **praktische Wirksamkeit der Entscheidungen zu gewährleisten,** durch die die Unternehmen gegebenenfalls verpflichtet werden, die festgestellte Zuwiderhandlung abzustellen (EuGH Slg. 1980 119 Rn. 18 Camera Care; EuG Slg. 1992 II-1 Rn. 27 La Cinq).

2. Voraussetzungen für den Erlass einstweiliger Maßnahmen

3 Nach der Rechtsprechung des Gerichtshofes kann eine Sicherungsmaßnahme nur ergriffen werden, wenn die Wettbewerbspraktiken bestimmter Unternehmen **auf den ersten Blick (prima facie)** einen **Verstoß gegen die gemeinschaftsrechtlichen Wettbewerbsregeln** darstellen können, der durch eine Entscheidung der Kommission geahndet werden kann. Außerdem dürfen solche Maßnahmen nur im Fall **erwiesener Dringlichkeit** und nur mit dem Ziel ergriffen werden, einer Situation entgegenzutreten, die geeignet ist, der den Erlass der Maßnahme beantragenden Partei einen **schweren und nicht wieder gutzumachenden Schaden** zuzufügen oder für die Allgemeinheit unerträglich ist (EuG Slg. 1992 II-1 Rn. 28 La Cinq). Diese Voraussetzungen sind nunmehr in der Bestimmung von Art. 8 kodifiziert worden. Auf die ältere Rechtsprechung, die noch zu Maßnahmen unter dem Regime der VO 17/62 getroffen wurden, kann deshalb zur Erläuterung der Tatbestandsmerkmale zurückgegriffen werden (so auch *Kerse/Khan* Rn. 6–032).

4 **a) Prima facie Verstoß gegen Art. 101 oder Art. 102 AEUV.** Art. 8 Abs. 1 setzt zunächst voraus, dass prima facie eine Zuwiderhandlung gegen Art. 101 oder Art. 102 AEUV vorliegt. Die Anforderungen an die Feststellung der Zuwiderhand-

lung sind gegenüber den Anforderungen in einem normalen Kommissionsverfahren deutlich abgeschwächt (*Ritter* in IM VO 1/2003 Art. 8 Rn. 6). Das Erfordernis einer **prima facie** vorliegenden Zuwiderhandlung kann deshalb nicht dem Erfordernis der Gewissheit gleichgestellt werden, dem eine endgültige Entscheidung genügen muss (EuG Slg. 1991 II-653 Rn. 61 Peugeot). Die Kommission kann daher davon ausgehen, dass das beanstandete Vorgehen **auf den ersten Blick ernsthafte Zweifel an seiner Vereinbarkeit** mit den Wettbewerbsregeln des Vertrages weckt. Dies gibt ihr die Befugnis, bis zum Erlass einer Entscheidung in der Hauptsache einstweilige Maßnahmen zu treffen (EuG Slg. 1991 II-653 Rn. 63 Peugeot).

5 Der **prima facie-Begriff** in Art. 8 hat eine andere Bedeutung hat als das Tatbestandsmerkmal der **„vorläufigen Prüfung" in Art. 9 Abs. 1.** Während es bei der vorläufigen Prüfung iSv Art. 9 Abs. 1 um die noch nicht endgültige Beurteilung eines vollständigen Sachverhaltes geht, prüft die Kommission im Rahmen der Frage, ob eine einstweilige Maßnahme nach Art. 8 ergehen soll, einen **noch unvollständigen Sachverhalt, diesen aber abschließend** (*de Bronett* Art. 8 Rn. 2). Im Rahmen von Art. 9 kann die Kommission somit im Interesse einer einvernehmlichen Regelung von einer vollständigen Aufarbeitung des relevanten Sachverhaltes absehen. Dagegen muss die Kommission im Rahmen der Entscheidung, ob eine einstweilige Maßnahme iSv Art. 8 ergehen soll, die ihr vorliegenden Fakten umfänglich prüfen. Allerdings kann sie insoweit auf eine Erleichterung der Anforderungen zurückgreifen, als sie den relevanten Sachverhalt im Interesse einer zügigen Entscheidung nicht umfassend aufzuklären braucht. Verbleiben bei der Kommission nach Abschluss ihrer Prüfung **legitime Zweifel an der Vereinbarkeit einer Vereinbarung mit Art. 101 oder Art. 102** AEUV, ist sie grundsätzlich befugt, eine einstweilige Maßnahme anzuordnen (EuG Slg. 1991 II-653 Rn. 63 Peugeot). Allerdings darf die Maßnahme die endgültige Entscheidung nicht vorwegnehmen (*Ritter* in IM VO 1/2003 Art. 8 Rn. 8).

6 **b) Dringlichkeit.** Als weitere Voraussetzung für den Erlass einer einstweiligen Maßnahme muss die **Gefahr eines schweren und nicht wieder gutzumachenden Schadens** (EuG Slg. 1992 II-1 Rn. 29 La Cinq) bestehen. Aus diesem Grund dürfen einstweilige Maßnahmen nur im Fall **erwiesener Dringlichkeit** und nur mit dem Ziel ergriffen werden, einer Situation entgegenzutreten, die geeignet ist, der ihren Erlass beantragenden Partei einen schweren und nicht wieder gutzumachenden Schaden zuzufügen, oder die für die Allgemeinheit unerträglich ist (EuGH Slg. 1980 119 Rn. 19 Camera Care). Unter derartigen Umständen geht es darum zu vermeiden, dass während der Untersuchung eines Verhaltens oder einer Vereinbarung durch die Kommission nicht wieder gutzumachende Schäden zu entstehen drohen, die durch die Entscheidung, die die Kommission am Ende des Verwaltungsverfahrens zu erlassen hat, nicht mehr beseitigt werden können (EuGH Slg. 1980 119 Rn. 14 Camera Care). Das Kriterium der Dringlichkeit ist jedenfalls dann erfüllt, wenn eine Situation gegeben ist, die die **Existenz des Unternehmens zu gefährden droht,** weil es sich eines wesentlichen Teils seiner Einnahmequellen beraubt sieht und, wenn diese Situation andauert, Gefahr läuft, seine Tätigkeit einstellen zu müssen (EuG Slg. 1991 II-653 Rn. 72 Peugeot). Der **Antragsteller,** der den Erlass einer einstweiligen Maßnahme begehrt, ist **darlegungs- und beweispflichtig,** dass er den Ausgang des Verfahrens zur Hauptsache nicht abwarten kann, ohne einen Schaden zu erleiden, der **schwere und nicht wieder gutzumachende Folgen** für ihn hätte (EuG Slg. 1993 II-1409 Rn. 27 Gestevisión Telecinco). Die Kommission ist aber nicht daran gehindert, eigene Untersuchungen anzustellen und dabei auch von ihren Ermittlungsbefugnissen Gebrauch zu machen (so zB bei EuG Slg. 1991 II-653 Peugeot).

3. Verfahren

7 Nach dem Wortlaut von Art. 8 Abs. 1 kann die Kommission einstweilige Maßnahmen **lediglich von Amts wegen** erlassen. Anders als in Art. 7 ist die Möglichkeit einer Entscheidung auf Grund einer Beschwerde nicht vorgesehen. Dies steht im Widerspruch zur bisherigen Praxis und Rechtslage. Einstweilige Maßnahmen konnten bisher sowohl auf Antrag, dh auf eine Beschwerde eines Drittunternehmens als auch von Amts wegen ergehen. Die Formulierung in Art. 8 Abs. 1 bedeutet aber nicht, dass es nicht auch in Zukunft Beschwerden an die Kommission geben wird, die auf den Erlass einer einstweiligen Maßnahme gerichtet sind. Auch in Zukunft werden solche **Beschwerden die häufigste Ursache für den Erlass einstweiliger Maßnahmen** durch die Kommission sein (so *de Bronett,* aaO). Allerdings haben die Antragsteller unter der Regelung des Art. 8 keinen subjektiven Anspruch darauf, dass die Kommission einstweilige Maßnahmen erlässt (*Schütz* in Gemeinschaftskommentar Art. 8 Rn. 4).

8 Die Kommission ist verpflichtet, beim Erlass der einstweiligen Maßnahme die den beteiligten Parteien in der VO 1/2003 eingeräumten **Verfahrensgarantien zu beachten** (EuGH Slg. 1980 119 Rn. 19 Camera Care; *Anweiler* in L/M/R VerfVO Art. 8 Rn. 5). Art. 27 sowie die Durchführungsverordnung der Kommission VO 773/2004 sind auf das Verfahren der einstweiligen Anordnung mit den Einschränkungen anwendbar, die sich aus der Natur einer einstweiligen Anordnung ergeben. Die **Fristen** können **in Fällen besonderer Dringlichkeit kürzer** sein. Eine mündliche Aufklärung findet nur statt, wenn es zur Sachaufklärung erforderlich ist (*Ritter* in IM VO 1/2003 Art. 8 Rn. 11). Der Beratende Ausschuss ist in aller Regel anzuhören (so im Fall der Entscheidung Ford Werke AG, KOMM ABl. 1982 L 256/20; EuG Slg. 1992 II-415 Rn. 22 Vichy). Eine **Veröffentlichung** ist nicht in allen Fällen erfolgt. Teilweise erfolgte eine Veröffentlichung im Amtsblatt (so KOMM ABl. 1982 L 256/20 Ford Werke; KOMM ABl. 1983 L 252/13 ECS/AKZO; KOMM ABl. 1987 L 286/36 Boosey&Hawkes; KOMM ABl. 1994 L 15/8 Sealink/Stena), teilweise lediglich im jährlich veröffentlichten Wettbewerbsbericht (so KOMM, 22. WB Rn. 219; KOMM, 25. WB Rn. 43).

9 Nach GA Slynn (EuGH Slg. 1984, 1129, 1172 Ford) ist die Kommission verpflichtet, den Beratenden Ausschuss nach Art. 14 Abs. 1 anzuhören. Auch die Entscheidung über einen Antrag auf Erlass einer einstweiligen Anordnung stellt ein Verfahren iSv Art. 10 Abs. 3 VO 17/62 dar, da er eine Feststellung über einen Verstoß gegen Art. 101 AEUV enthält, wenn auch nur prima facie. Dann wäre eine **Anhörung des beratenden Ausschusses** erforderlich, obwohl keine abschließende Entscheidung ergeht (aA *Hitzler* WuW 1985, 189, 194 mwN). Dieser Auffassung hat sich der Gesetzgeber der VO 1/2003 angeschlossen; sie ist nunmehr in Art. 14 Abs. 1 kodifiziert worden. Allerdings besteht nach Art. 14 Abs. 3 und Abs. 4 die Möglichkeit zur **Abkürzung der an sich einzuhaltenden Fristen.**

10 In der Entscheidung Ford bestätigte der Gerichtshof ein **Recht auf Anhörung (rechtliches Gehör)** nach Art. 19 VO 17/62, nunmehr Art. 27. Dem durch eine Maßnahme Betroffenen muss eine ernsthafte Gelegenheit zu einer Anhörung gegeben werden, insbesondere innerhalb einer angemessenen Frist. Nach GA Slynn besteht in der Regel auch ein Recht derjenigen, die ein ausreichendes Interesse glaubhaft machen, **schriftlich angehört** zu werden (EuGH Slg. 1984, 1129, 1174 Ford). Die Frist durfte früher nicht weniger als zwei Wochen betragen (EuGH Slg. 1984, 1129, 1174 Ford). Nunmehr sieht Art. 17 Abs. 2 VO 773/2004 vor, dass die **Frist auf eine Woche begrenzt** werden darf. Wegen des Grundsatzes der Verfahrensbeschleunigung ist keine Fassung der Entscheidung in allen Gemeinschaftssprachen erforderlich; auch bei der Verabschiedung der Entscheidung ist eine **Beschränkung auf die Verfahrenssprache** möglich (*Ritter* in IM VO 1/2003 Art. 8 Rn. 10 mit Fn. 54).

11 Die Entscheidung wird in aller Regel mit der **Anordnung eines Zwangsgeldes** bewehrt (so KOMM ABl. 1982 L 256/20 Ford Werke; KOMM ABl. 1983 L 252/13 ECS/AKZO; KOMM ABl. 1987 L 286/36 Boosey&Hawkes). Die Festsetzung des Zwangsgeldes als vollstreckbarer Titel bedarf aber einer weiteren Entscheidung (*Ritter* in IM VO 1/2003 Art. 8 Rn. 12). Die Kommission muss als Gremium beschließen, da die einstweilige Anordnung wegen der Verhängung eines Zwangsgeldes keine laufende Angelegenheit ist (EuG Slg. 1995 II-729 Rn. 99–101 LdPE). Es besteht also **keine Delegationsmöglichkeit.** Üblicherweise erfolgt die Festsetzung eines Zwangsgeldes in zwei Schritten: Mit der ersten Entscheidung wird einem Unternehmen unter Androhung eines in der Entscheidung festgesetzten Zwangsgeldes aufgegeben, bestimmte Maßnahmen zu ergreifen. Kommt das Unternehmen dieser Anordnung nicht nach, so wird eine zweite Entscheidung erlassen, durch die das Zwangsgeld tatsächlich festgesetzt wird (Schlussanträge GA Slynn in EuGH Slg. 1984 1129 1173 Ford).

4. Regelungsgegenstand

12 **a) Grundsatz.** Die von der Kommission erlassenen einstweiligen Maßnahmen müssen **vorläufiger und sichernder Art** sein und auf das in der gegebenen Sachlage Notwendige beschränkt bleiben (EuGH Slg. 1980 119 Rn. 19 Camera Care). Daraus folgt, dass sich die einstweilige Maßnahmen in den **Rahmen der Entscheidung** einfügen müssen, die **nach Art. 7** endgültig erlassen werden kann (so für die Rechtslage unter der VO 17/62 EuGH Slg. 1984 1129 Rn. 19 Ford). Die Kommission hat ferner zu bestimmen, welche **geeigneten Sicherheiten** ein Unternehmen für den Fall zu erbringen hat, dass sie mit ihrer Hauptsacheklage nicht durchdringt (EuGH Slg. 1975 1193 Rn. 8 National Carbonising Company). Die betroffenen Unternehmen können durch Abgabe einer Zusage eine formelle Entscheidung vermeiden (so in den Fällen IGR I und II, 11. WB, Rn. 94; Hilti, 15. WB, Rn. 49; Veng/Ford, 15. WB, Rn. 49; KOMM ABl. 1988 L 284/41 Rn. 10 Napier Brown/ British Sugar). Die Kommission kann im Verfahren nach Art. 8 im Hinblick auf die Beendigung einer Zuwiderhandlung gegen Art. 101 AEUV Unternehmen nicht zwingen, ein **Verhalten** an den Tag zu legen, das **im Widerspruch zu einem nationalen Gesetz** steht, ohne dieses Gesetz anhand des Gemeinschaftsrechts zu prüfen. Das geeignete Verfahren, das der Kommission zur Verfügung steht, um eine Frage wie diese zu prüfen, ist das nach Art. 258 AEUV einzuleitende Vertragsverletzungsverfahren, das Vorrang vor dem Verfahren des Art. 8 hat (EuG Slg. 1992 II-2420 Rn. 106f. Rendo I).

13 **b) Beispiele:** Das an ein Unternehmen gerichtete Verbot, Verdrängungspreise zu verwenden (ABl. 1983 L 252/13); die Verpflichtung, Ersatzteile zu handelsüblichen Preisen zu liefern (ABl. 1987 L 286/36 Boosey & Hawkes); die Anordnung zur Rücknahme eines Rundschreibens, in dem Vertragshändler angewiesen werden, ihre Lieferungen an den Beschwerdeführer einzustellen (EuG Slg. 1991 II-653 Rn. 4 Peugeot); die Nichtgeltendmachung einer Ausschließlichkeitsbindung beim Verkauf von Speiseeis (EuG Slg. 1992 II-1839 Rn. 32 Langnese); die Verpflichtung zu Erteilung von Lizenzen (IGR I und II 11. WB, Rn. 94 und 14. WB, Rn. 92); die Aufgabe von Koppelungsgeschäften (15. WB, Rn. 49 Hilti); der Verzicht auf die Geltendmachung ausschließlicher gewerblicher Schutzrechte zur Verdrängung von Außenseitern (15.WB, Rn. 49 Veng/Ford); die Rückkehr zu den alten Benutzungszeiten eines Hafens, nachdem durch die Veränderung der Betriebszeiten ein Konkurrent wesentlich behindert wurde ([1992] 5 C. M. L. R. 255, 271 Sealink); die Einräumung von Zugangsrechten zu einem Hafen zu nicht diskriminierenden Bedingungen ([1995] 5 C. M. L. R. 177, 197 Port of Roscoff); die **Verpflichtung zur Erteilung von Lizenzen** für die Verwendung einer Struktur, die sich zur landesweit akzeptierten

Norm für eine Branche entwickelt hat (ABl. 2002 L 59/18 IMS Health, später von der Kommission zurückgezogen, ABl. 2003 L 268/69).

5. Rechtsschutz

a) Grundsatz. Entscheidungen über den Erlass von einstweiligen Anordnungen sind in einer Form zu treffen, die es jeder Partei, die sich in ihren Rechten verletzt fühlt, ermöglicht, sie **vor dem Gerichtshof anzugreifen** (EuGH Slg. 1980 119 Rn. 19 Camera Care). Die Rechte der Betroffenen sind dadurch geschützt, dass jede beteiligte Partei, deren legitime Interessen durch die von der Kommission ergriffenen einstweiligen Maßnahmen beeinträchtigt werden, jederzeit die Möglichkeit hat, durch geeignete rechtliche Schritte die **Überprüfung der getroffenen Entscheidungen** zu erreichen und gegebenenfalls gemäß Art. 278 und Art. 279 AEUV Dringlichkeitsmaßnahmen zu beantragen (EuGH Slg. 1980 119 Rn. 20 Camera Care). 14

b) Rechtsschutz gegen einstweilige Anordnungen. Die betroffenen Unternehmen haben die Möglichkeit, gegen die Anordnung der einstweiligen Maßnahmen **Nichtigkeitsklage** gemäß Art. 263 Abs. 2 und Abs. 4 AEUV zu erheben. Außerdem kann ein **Antrag gemäß Art. 278** AEUV **auf Aussetzung des Vollzugs** der streitigen Entscheidung gestellt werden (so EuG Slg. 1991 II-653 Rn. 8 Peugeot; EuG Slg. 2001 II-2349 Rn. 20 IMS Health; EuGH Slg. 2002 I-3401 IMS Health II). Für letztere sind die Präsidenten des Gerichts bzw. des Gerichtshofs zuständig. Voraussetzung für einen Antrag auf Aussetzung des Vollzugs sind zum einen die **Dringlichkeit** des Antrags, dh der Antrag ist zur Abwendung eines **schweren und nicht wiedergutzumachenden Schadens** auf Seiten des Antragstellers erforderlich, zum anderen die **Notwendigkeit** des Antrags, dh die summarische Prüfung der Erfolgsaussichten in der Hauptsache führt zu der Annahme, dass die Klage prima facie Erfolg haben wird **(fumus boni iuris)** bzw. im Falle schwieriger Rechtsfragen, die der sorgfältigen Analyse bedürfen, prima facie nicht unbegründet erscheint (**fumus non mali iuris**; vgl. hierzu Präsident des EuG Rs. T-164/12 R Rn. 50ff. Alstom). Dringlichkeit und Notwendigkeit sind **glaubhaft zu machen** (*Schwarze,* EU-Kommentar, Art. 278 Rn. 17 und 23 mwN). 15

c) Rechtsschutz gegen ablehnende Entscheidungen. Eine Entscheidung, mit der ein Antrag auf Erlass einstweiliger Maßnahmen abgelehnt wird, stellt nur dann einen anfechtbaren Rechtsakt dar, wenn die Kommission zum Erlass solcher Maßnahmen befugt ist (EuG Slg. 1998 II-523 Rn. 50 Goldstein mwN). Die Kommission ist zB **nicht befugt, Anordnungen an nationale Gerichte zu richten,** um abstrakt – und sei es auch in ihrer Rolle als Hüterin der Verträge – Maßnahmen zu erlassen oder um die Gültigkeit ihrer Entscheidungen zu beurteilen. Die Kommission ist auf jeden Fall im Verhältnis zu den nationalen Gerichten kein Rechtsmittelgericht. Folglich berührt die Weigerung, eine solche Maßnahme zu erlassen, nicht die Rechtssphäre des Klägers. Die Aufrechterhaltung oder Nichtigerklärung dieser Entscheidung ist in keiner Weise geeignet, die Interessen des Klägers zu beeinträchtigen (EuG Slg. 1998 II-523 Rn. 57f. Goldstein). 16

Eine **Untätigkeitsklage nach Art. 265** AEUV ist **in aller Regel unzulässig,** da ein Antragsteller **keinen subjektiven Anspruch** darauf hat, dass die Kommission eine einstweilige Maßnahme erlässt (*Schütz* in Gemeinschaftskommentar, Art. 8 Rn. 4). Es steht im **Ermessen der Kommission**, in Ausübung der ihr im AEUV und in der VO 1/2003 verliehenen Kontrollbefugnis in Wettbewerbsangelegenheiten zu entscheiden, ob auf Grund eines bei ihr anhängigen Antrags einstweilige Maßnahmen zu erlassen sind (EuG Slg. 1990 II-1 Rn. 11 Cosimex). Es wäre mit den Grundsätzen für die von den Verfassern des Vertrages gewollte Verteilung der Zuständigkeiten zwischen den verschiedenen Unionsorganen unvereinbar, wenn das Gericht der 17

Kommission aufgeben könnte, den bei ihr gestellten Antrag auf einstweilige Anordnung erneut zu bescheiden (EuG Slg. 1990 II-1 Rn. 12 Cosimex). Außerdem würde es Art. 266 iVm Art. 263 AEUV ausschließen, dass das Gericht den Rahmen festlegt, in dem die Kommission einen Antrag auf einstweilige Anordnung neu zu bescheiden hat, ohne dass es vorher die Handlung aufgehoben hätte, mit der gegebenenfalls der Erlass der fraglichen einstweiligen Anordnung abgelehnt worden ist (EuG Slg. 1990 II-1 Rn. 13 Cosimex). Gemäß der im Vertrag festgelegten Zuständigkeitsverteilung ist es Sache der Kommission, im Rahmen der ihr zugewiesenen Kontrollbefugnisse eine einstweilige Maßnahme wie die im vorliegenden Fall beantragte zu ergreifen, wenn sie das für notwendig erachtet. Die Rolle des Gerichts besteht darin, die **gerichtliche Kontrolle über das Vorgehen der Kommission** in diesem Bereich auszuüben, aber nicht anstelle der Kommission die Befugnisse wahrzunehmen, die ihr gemäß den vorgenannten Bestimmungen obliegen (EuG Slg. 1993 II-1409 Rn. 24 Gestevisión Telecinco).

18 Im Übrigen muss sich das Verfahren der einstweiligen Anordnung in den Rahmen einer Klage einfügen, die nach Art. 263 AEUV erhoben wurde und auf die Nichtigerklärung der streitigen Entscheidung der Kommission abzielt. Einstweilige Anordnungen, deren Erlass der zuständige Richter für notwendig erachtet, müssen sich daher grundsätzlich im Rahmen der endgültigen Entscheidung bewegen, die das Gericht gem. Art. 263 AEUV iVm Art. 266 AEUV erlässt, und sich **in den Rahmen der Beziehungen zwischen den Parteien** einfügen. Die Entscheidung des Gerichts im Rahmen der Klage kann jedoch zB nicht die Nichtigerklärung der Vereinbarung über den gemeinsamen Erwerb von Fernsehrechten betreffen, die innerhalb der EBU von Unternehmen geschlossen wurden, die zudem an dem Rechtsstreit gar nicht beteiligt sind. (EuG Slg. 1993 II-1409 Rn. 25 Gestevisión Telecinco). Da der Antrag auf einstweilige Anordnung nicht in die Zuständigkeit des Richters fällt, ist ein solcher Antrag unzulässig (EuG Slg. 1993 II-1409 Rn. 26 Gestevisión Telecinco).

Art. 9 Verpflichtungszusagen

(1) **Beabsichtigt die Kommission, eine Entscheidung zur Abstellung einer Zuwiderhandlung zu erlassen, und bieten die beteiligten Unternehmen an, Verpflichtungen einzugehen, die geeignet sind, die ihnen von der Kommission nach ihrer vorläufigen Beurteilung mitgeteilten Bedenken auszuräumen, so kann die Kommission diese Verpflichtungszusagen im Wege einer Entscheidung für bindend für die Unternehmen erklären. Die Entscheidung kann befristet sein und muss besagen, dass für ein Tätigwerden der Kommission kein Anlass mehr besteht.**

(2) **Die Kommission kann auf Antrag oder von Amts wegen das Verfahren wieder aufnehmen,**

a) wenn sich die tatsächlichen Verhältnisse in einem für die Entscheidung wesentlichen Punkt geändert haben,

b) wenn die beteiligten Unternehmen ihre Verpflichtungen nicht einhalten oder

c) wenn die Entscheidung auf unvollständigen, unrichtigen oder irreführenden Angaben der Parteien beruht.

Inhaltsübersicht

1. Einführung

Nach früherem Recht hatte die Kommission zwei Möglichkeiten, ein Kartellverfahren nach der VO 17/62 zu einem Abschluss zu bringen: Entweder sie **untersagte die Durchführung einer kartellrechtswidrigen Vereinbarung** und verhängte ggf. ein Bußgeld, wenn die fragliche Maßnahme oder Vereinbarung mit ex-Art. 81 oder ex-Art. 82 EG nicht vereinbar war, oder sie erließ, falls eine Gruppenfreistellungsverordnung nicht einschlägig war, eine **Einzelfreistellung nach ex-Art. 81 Abs. 3 EG,** wenn eine Vereinbarung die Voraussetzungen dieser Vorschrift erfüllte. In der Praxis war es häufig so, dass die Kommission keine förmliche Freistellungsentscheidung erließ, dafür jedoch ein **Verwaltungsschreiben (comfort letter)** an die Parteien richtete. Zwar waren die Rechtswirkungen einer Entscheidung bzw. eines Verwaltungsschreibens unterschiedlich; die inhaltliche Aussage war jedoch cum grano salis dieselbe. 1

In vielen Fällen, in denen die Parteien einer Vereinbarung diese nach ex-Art. 81 Abs. 3 EG mit dem Ziel einer Einzelfreistellung bei der Kommission angemeldet hatten, konnte die Kommission die angemeldete Vereinbarung nicht einfach so wie vorgelegt vom Kartellverbot des ex-Art. 81 Abs. 1 EG freistellen. Stattdessen sah sich die Kommission in zahlreichen Fällen genötigt, den **Parteien Änderungen an der Vereinbarung vorzuschlagen,** die erst zur Freistellungsfähigkeit der angemeldeten Vereinbarung führten. In praktisch allen Fällen nahmen die Vertragsparteien die Anregungen der Kommission auf und passten den Vertrag an die Vorgaben der Kommission an. In der Folge erteilte die Kommission dann entweder eine förmliche Einzelfreistellung oder, in der Praxis weitaus häufiger, richtete ein Verwaltungsschreiben an die beteiligten Unternehmen. 2

Mit dem Wegfall des Anmelde- und Freistellungssystems der VO 17/62 ist auch die Möglichkeit der Unternehmen weggefallen, Anregungen der Kommission zur Änderung einer Vereinbarung aufzunehmen und diese im Rahmen der Vertragsgestaltung zu berücksichtigen. Die Unternehmen sind im System der Legalausnahme nunmehr verpflichtet, ohne Hilfe der Kommission selbst für die Vereinbarkeit der Vereinbarung mit Art. 101 AEUV insgesamt Sorge zu tragen (**Selbstveranlagung;** vgl. dazu *Bechtold* BB 2000, 2425, 2426f.). Das bedeutet, dass die Vereinbarung keine Klauseln enthalten darf, die mit Art. 101 Abs. 1 AEUV unvereinbar sind. Alternativ ist es auch denkbar, dass die Vereinbarung zwar Klauseln enthält, die gegen Art. 101 Abs. 1 AEUV verstoßen, dafür aber die Freistellungsvoraussetzungen nach Art. 101 Abs. 3 AEUV erfüllen. Können sich die Unternehmen auf eine eindeutige Praxis des Gerichtshofs oder der Kommission stützen, liegt eine ausreichende **Orientierungshilfe für die Vertragsgestaltung** vor. Häufiger ist die Situation, dass die Unternehmen sich nicht auf vergleichbare Orientierungshilfen stützen können. Mit dem Wegfall des Anmeldesystems ist ihnen aber die Möglichkeit genommen, mit der Kommission in bilateralen Gesprächen über eine **Anpassung der angemeldeten Vereinbarung zu verhandeln.** 3

2. Voraussetzungen für die Annahme einer Verpflichtungszusage

4 **a) Grundsatz.** Art. 9 Abs. 1 sieht als Rechtsfolge vor, dass die Kommission Verpflichtungszusagen im Wege einer **förmlichen Entscheidung bzw. eines solchen Beschlusses iSv Art. 288** AEUV für bindend für die Unternehmen erklären kann. Dies kann nur dann geschehen, wenn die Kommission zunächst den Unternehmen mitgeteilt hat, eine Entscheidung zur Abstellung einer Zuwiderhandlung gegen Art. 101 und Art. 101 AEUV erlassen zu wollen, und die beteiligten Unternehmen der Kommission daraufhin anbieten, Verpflichtungen einzugehen, die geeignet sind, die den Unternehmen von der Kommission nach deren vorläufigen Beurteilung mitgeteilten Bedenken auszuräumen (*Bauer* in MünchKomm VO 1/2003 Art. 9 Rn. 8). Als Voraussetzungen sieht Art. 9 Abs. 1 somit zunächst vor, dass die Kommission die **Absicht** verfolgt, eine Entscheidung zur **Abstellung einer Zuwiderhandlung** gegen die Bestimmungen des EU-Kartellrechts zu erlassen. Die Kommission muss diese Absicht den Unternehmen kommuniziert haben (*Ritter* in IM VO 1/2003 Art. 9 Rn. 6). Dabei reicht es aus, dass die Kommission die Vereinbarkeit einer Vereinbarung oder Maßnahme geprüft und zu der **vorläufigen Beurteilung** gelangt ist, dass diese Vereinbarung oder Maßnahme gegen Art. 101 oder Art. 102 AEUV verstoßen kann. Wenn die Kommission den beteiligten Unternehmen das Ergebnis der vorläufigen Beurteilung mitgeteilt und auf diese Weise ihre Absicht dokumentiert hat, eine Abstellungsentscheidung iSv Art. 7 erlassen zu wollen, können die Unternehmen zur Abwendung einer solchen Entscheidung Verpflichtungen anbieten. Diese müssen geeignet sein, die von der Kommission **mitgeteilten Bedenken auszuräumen.**

5 **b) Absicht zum Erlass einer Abstellungsentscheidung.** Die Kommission muss zunächst entweder von Amts wegen oder auf Grund einer eingereichten Beschwerde einen konkreten Sachverhalt ermitteln und diesen einer genauen Prüfung unterziehen. Insoweit entspricht das Vorgehen der Kommission demjenigen wie bei jedem anderen Ermittlungsverfahren auch (*Bauer* in MünchKomm VO 1/2003 Art. 9 Rn. 12). Die Kommission ist verpflichtet, aber auch berechtigt, den relevanten Sachverhalt soweit wie möglich aufzuklären. Dabei kann sie von ihren **Ermittlungsbefugnissen nach Art. 17ff.** Gebrauch machen.

6 Allerdings muss die Kommission den Entscheidungsprozess, der dem Erlass einer Abstellungsentscheidung vorangeht, nicht vollständig zu Ende führen. Vielmehr kann sie den **Sachverhalt einer vorläufigen Beurteilung unterziehen.** Das bedeutet zum einen, dass die Kommission zwar wesentliche Überlegungen anstellen muss, ob eine Vereinbarung oder Maßnahme mit Art. 101 oder 102 AEUV vereinbar ist. **Eine endgültige, sämtliche Aspekte in Betracht ziehende Abwägung** aller sachverhaltsrelevanten Fakten ist dagegen **nicht erforderlich.** Materiell-rechtlich bedeutet dies, dass keine verfahrensbeendende und damit nach Art. 263 Abs. 4 AEUV anfechtbare Entscheidung der Kommission vorliegt (*de Bronett* Art. 9 Rn. 3). Verfahrensmäßig bedeutet dies, dass die **Kommission nicht alle Verfahrensvorgaben der VO 1/2003 zu beachten** hat. Das betrifft insbesondere die Anforderungen an die Einschaltung des Beratenden Ausschusses, der zwar eingeschaltet werden muss, dessen Beteiligungsrechte aber eingeschränkt sind (*Ritter* in IM VO 1/2003 Art. 9 Rn. 9). Auch andere Formvorschriften, wie zB die Abfassung einer Entscheidung in sämtlichen Amtssprachen, sind nur eingeschränkt anwendbar. Insoweit unterscheiden sich die tatbestandlichen Voraussetzungen von Art. 9 von denen in Art. 8. Dort ist die Kommission berechtigt, eine **prima facie-Feststellung** zu treffen. Für die Zwecke des Art. 8 bedeutet dies, dass die Kommission nicht verpflichtet ist, und im Hinblick auf den Zeitdruck, der in Fällen nach Art. 8 regelmäßig gegeben ist, auch nicht ermitteln kann, ist die Kommission nach Art. 9 grundsätzlich aufgerufen, den relevanten Sachverhalt völlig aufzuklären **und möglichst vollständige Sachverhaltsfeststellungen** zu treffen.

Erforderlich ist aber, dass die Kommission den Unternehmen ihre vorläufige Beurteilung klar und deutlich mitteilt, damit die Unternehmen von den erhobenen Vorwürfen Kenntnis nehmen können. **Nicht erforderlich** ist, dass die Kommission zum Zweck der Kommunikation den beteiligten Unternehmen **förmliche Beschwerdepunkte** mitteilt (ebenso *Hirsbrunner/Rhomberg* EWS 2005, 61, 62; aA *Schwarze/Weitbrecht* 2004, 113; in diesem Sinne auch *Temple-Lang* ECLR 2003, 347 und *Ritter* in IM VO 1/2003 Art. 9 Rn. 4; dagegen *Bauer* in MünchKomm VO 1/2003 Art. 9 Rn. 15). Zwar müssen die Unternehmen in zumutbarer Weise von der Beurteilung und den einzelnen Feststellungen der Kommission Kenntnis nehmen können. Dies hat auch so klar und deutlich wie möglich zu geschehen. Das bedeutet jedoch nicht, dass die Kommission sämtliche förmlichen Verfahrensvorgaben beachtet, die nach der VO 773/2004 vor dem Ergehen einer förmlichen Entscheidung beachtet werden müssen. In der Mitteilung muss zum einen die vorläufige Beurteilung der Kommission zum Ausdruck kommen. Dabei sind die **wesentlichen Überlegungen der Kommission** klar zu formulieren. Darüber hinaus muss die Kommission auch ihre Absicht kund tun, eine Abstellungsentscheidung nach Art. 7 erlassen zu wollen. 7

c) Angebot der Unternehmen zum Eingehen von Verpflichtungen. Sobald die Kommission den beteiligten Unternehmen ihre vorläufige Beurteilung mitgeteilt hat, können die Unternehmen hierzu Stellung nehmen. Den **Unternehmen** steht **rechtliches Gehör** zu. Solange die Kommission keine Beschwerdepunkte erlassen hat, haben die Unternehmen **kein Akteneinsichtsrecht.** Insoweit sind ihre Verfahrensrechte eingeschränkter als im Rahmen eines förmlichen Verfahrens, das kurz vor seinem Abschluss durch den Erlass einer Abstellungsverfügung steht. Allerdings müssen die Unternehmen auch in Verfahren nach Art. 9 die Möglichkeit haben, ihren Rechtsstandpunkt klarzumachen und auf Fehler der Kommission, zB bei der Sachverhaltsermittlung oder bei der Beurteilung der festgestellten Fakten, hinzuweisen. 8

Kann die Kommission den Argumenten der beteiligten Unternehmen nicht folgen, kann sie an der Absicht festhalten, eine Entscheidung zur Abstellung der Zuwiderhandlung gegen die Art. 101 oder Art. 102 AEUV zu erlassen. Die Unternehmen können dann die Abgabe von Verpflichtungen anbieten, die geeignet sind, die ihnen von der Kommission mitgeteilten Bedenken auszuräumen. Das bedeutet zum einen, dass die Unternehmen klar und deutlich zum Ausdruck bringen müssen, welche Verpflichtungen sie einzugehen bereit sind. Das bedeutet zum anderen, dass **alle** an einem Verfahren **Beteiligten** bereit sind, die **Verpflichtungszusage mitzutragen**. Das war zB beim CISAC-Verfahren nicht der Fall, da sich einige Verwertungsgesellschaften gegen die Zusagen ausgesprochen hatten. Entsprechend wies die Kommission die angebotene Zusage zurück (vgl. Kommission, IP/07/829 und IP/08/1165). 9

Allerdings muss auch die Kommission selbst alle Verfahrensbeteiligten anhören und ihnen Gelegenheit zur Stellungnahme geben (EuG Slg. 2007 II-2601 Rn. 196 Alrosa; aufgehoben durch EuGH Slg. 2010 I-5949, wodurch die Kommissionsentscheidung wiederhergestellt wurde; der EuGH bestätigte das Anhörungserfordernis, sah es im konkret zu entscheidenden Falle aber als erfüllt an). Darüber hinaus müssen die angebotenen Zusagen geeignet sein, die von der Kommission **mitgeteilten Bedenken in vollem Umfang auszuräumen.** Insoweit entsprechen die Verpflichtungszusagen nach Art. 9 weitgehend den Zusagen, die an einem Zusammenschluss beteiligten Unternehmen im Rahmen der FKVO abgegeben werden, um eine Untersagungsentscheidung der Kommission abzuwenden (vgl. Art. 6 Abs. 2 und Art. 8 Abs. 3 VO 139/2004). Im Rahmen der FKVO nimmt die Kommission, hält sie die Zusagen für geeignet, die Genehmigungsvoraussetzungen nach der FKVO eintreten zu lassen, in ihrer Freistellungsentscheidung auf. Sie werden ein integraler Bestandteil der Freigabeentscheidung. Entsprechendes gilt für Art. 9. Außerdem gilt auch bei der Annahme von Verpflichtungszusagen das Prinzip der Verhältnismäßigkeit, das die Kommission beachten muss (EuG Slg. 2007 II-2601 Rn. 98 Alrosa, aufgehoben 10 durch EuGH Slg. 2010 I-5949, der das Gebot im konkreten Fall als in vollem Umfang beachtet ansah).

11 **d) Art und Charakter der Verpflichtungszusagen.** Nach Art. 7 kann die Kommission nicht nur Untersagungen, sondern auch Abstellungsverfügungen aussprechen. Unter Berücksichtigung des stets zu beachtenden Grundsatzes der Verhältnismäßigkeit können diese einen verhaltensorientierten, aber auch einen strukturellen Charakter haben. Dies hängt ganz maßgeblich davon ab, welche Maßnahme im konkreten Einzelfall angemessen und verhältnismäßig ist. Verpflichtungszusagen nach Art. 9 können ebenfalls einen **verhaltensorientierten oder strukturellen Charakter** haben. Auch in diesem Kontext kommt es maßgeblich auf den Einzelfall an, welche konkrete Maßnahme geeignet ist, die von der Kommission formulierten wettbewerbsrechtlichen Bedenken auszuräumen. Auf ihrer Website hat die Kommission für den Zeitraum zwischen 2001 und 2012 29 Fälle aufgelistet, in denen Verpflichtungszusagen durch Entscheidungen bzw. Beschlüsse der Kommission angenommen und damit rechtsverbindlich wurden. **Beispiele für strukturelle Verpflichtungszusagen** ergeben sich zB aus den Entscheidungen der Kommission in den Fällen E.ON Gas (KOMM ABl. 2010 C 278/9) und Microsoft (KOMM ABl. 2010 C 36/7). **Beispiele verhaltensorientierter Verpflichtungszusagen** ergeben sich regelmäßig im Zusammenhang mit langfristigen Vertragsbeziehungen, wie dies im Fall Siemens/Areva (KOMM ABl. 2012 C 280/8) hinsichtlich der Verkürzung der Laufzeit eines vereinbarten Wettbewerbsverbots der Fall war, wie auch im Fall De Beers/Alrosa (KOMM ABl. 2006 L 205/24) sowie im Fall E-Books (KOMM ABl. 2013 C 73/17).

12 Bei verhaltensorientierten Verpflichtungszusagen stellt sich anders als im Fall struktureller Zusagen häufig das Problem des **Monitoring über einen längeren Zeitraum.** In der Fusionskontrolle wird das Problem der unerwünschten dauerhaften Überwachung der Zusagenbefolgung dadurch gelöst, dass dort in der Regel nur strukturelle Zusagen akzeptiert werden. Verhaltensorientierte Zusagen werden nur in Ausnahmefällen zugelassen. Im Rahmen von Art. 9 ist dies zwar anders. Dann muss jedoch sichergestellt sein, dass, wie zB im Fall Microsoft, entweder die Kommission selbst personelle Ressourcen zur Verfügung stellt, die eine Überwachung ermöglichen, oder einen Dritten als Treuhänder beauftragt, der die Überwachung für die Kommission übernimmt (vgl. auch *Ritter* in IM VO 1/2003 Art. 9 Rn. 12).

13 **e) Annahme der Verpflichtungszusagen durch die Kommission.** Hält die Kommission die von den Unternehmen angebotenen Verpflichtungen für ausreichend, um die von ihr in der vorläufigen Beurteilung mitgeteilten Bedenken auszuräumen, kann die Kommission die **Verpflichtungszusagen akzeptieren** und **im Wege einer Entscheidung bzw. eines Beschlusses iSv Art. 288 Abs. 4 AEUV für die Unternehmen für bindend erklären.** Die Kommission muss zu diesem Zweck ein förmliches Verfahren eröffnen, gemäß Art. 27 Abs. 4 eine Zusammenfassung des Falls und der Verpflichtungszusage im Amtsblatt veröffentlichen und Dritten mit einer Frist von mindestens einem Monat Gelegenheit zur Stellungnahme geben (*Hirsbrunner/Rhomberg* EWS 2005, 61, 63). Die Kommission muss eine **Entscheidung bzw. einen Beschluss nach Art. 288 Abs. 4 AEUV** erlassen. Auch wenn es sich um eine förmliche Entscheidung der Kommission handelt, tritt keine Bindungswirkung gegenüber den mitgliedstaatlichen Wettbewerbsbehörden und -gerichten ein (so ausdrücklich Erwägungsgründe 13 und 22; kritisch *Montag/Rosenfeld* ZWeR 2003, 107, 132). Gleichwohl müssen die mitgliedstaatlichen Instanzen diese nichtbindenden Rechtsakte der Kommission im Rahmen der Anwendung der Art. 101 und Art. 102 AEUV berücksichtigen (so *Brinker* EuR 1998, Beiheft I, S. 95 ff. für Verwaltungsschreiben der Kommission unter Berufung auf EuGH Slg. 1991 I-935 Delimitis; unter Verweis auf Art. 16 VO 1/2003 ähnlich *Ritter* in IM VO 1/2003 Rn. 31).

14 Die Entscheidung der Kommission ist durch Dritte, die sich am Verfahren beteiligt haben, nach Art. 263 Abs. 4 AEUV mit der **Nichtigkeitsklage** anfechtbar. Dritte können, wie der Fall Alrosa (Rn. 11) zeigt, von Verpflichtungszusagen betroffen und durch diese beschwert sein. Deshalb müssen Dritte grundsätzlich die Möglichkeit haben, Rechtsschutz in Anspruch zu nehmen. Auch wenn Dritte ebenso wie mitgliedstaatliche Wettbewerbsbehörden und -gerichte durch die Verpflichtungszusage nicht unmittelbar gebunden werden, können sie sich im Falle einer Auseinandersetzung vor einem nationalen Gericht auf die Zusagenentscheidung berufen, auch wenn es sich dabei nicht um einen öffentlich-rechtlichen Vertrag zugunsten Dritter handelt (aA offensichtlich *Ritter* in IM VO 1/2003 Art. 9 Rn. 26). Die Gerichte sind nicht gemäß Art. 16 an die Verpflichtungszusage gebunden, müssen diese jedoch im Rahmen der Anwendung der unionsrechtlichen Kartellrechtsvorschriften angemessen berücksichtigen (Schlussanträge *GA Kokott* v. 8.9.2011 C-1710 Rn. 83f. Toshiba Corp. u. a.).

15 Die Unternehmen, die die Verpflichtungszusage abgegeben haben, können die Entscheidung mangels Beschwer dagegen nicht angreifen. Die Entscheidung muss die Verpflichtungszusagen als integralen Bestandteil aufnehmen. Darüber hinaus muss die Kommission zum Ausdruck bringen, dass **für ein weiteres Tätigwerden der Kommission kein Anlass** besteht. Schließlich kann die Kommission eine **Befristung der Entscheidung** vorsehen. Hierbei kann sie jedoch ein weites Ermessen in Anspruch nehmen. Eine Befristung ist nicht in jedem Fall erforderlich, auch wenn diese im Interesse der Verpflichteten sein wird (so *Hirsbrunner/Rhomberg* EWS 2005, 61, 64).

16 **f) Bindungswirkung der Verpflichtungszusagen.** Anders als die mitgliedstaatlichen Wettbewerbsbehörden und -gerichte und Dritte sind sowohl die **beteiligten Unternehmen,** die die Verpflichtungszusage abgegeben haben, als auch die **Kommission,** die durch den Erlass einer Entscheidung bzw. eines Beschlusses nach Art. 288 Abs. 4 AEUV die abgegebene Verpflichtungszusage hat bindend werden lassen, **an die Verpflichtungszusage rechtlich gebunden.** Das bedeutet zum einen, dass die Kommission, vorbehaltlich der Möglichkeit, das Verfahren nach Maßgabe von Art. 9 Abs. 2 wieder aufzunehmen, nicht ohne Weiteres davon abweichen darf. Die Kommission ist in vollem Umfang an den Inhalt der Verpflichtungszusage gebunden. Das gilt in gleichem Maße für die beteiligten Unternehmen, die gegen die Verpflichtungszusage nicht verstoßen dürfen. Halten sie die Zusage nicht ein, kann die Kommission entweder die Wiederaufnahme des Verfahrens beschließen oder alternativ gemäß Art. 23 Abs. 2 lit. c eine Geldbuße (so geschehen im Fall Microsoft, KOMM ABl. 2013 C 120/15) sowie nach Art. 24 Abs. 1 lit. c Zwangsgelder verhängen, um die Beachtung der Verpflichtungszusage durchzusetzen. Ist eine Frist festgesetzt worden, gelten die sich aus der Verpflichtungszusage ergebenden Rechtspflichten der beteiligten Unternehmen nicht mehr, wenn die Frist abgelaufen ist. Nach Ablauf der Frist entfallen die Rechtspflichten ohne Weiteres, dh ohne dass die Kommission erneut tätig werden müsste.

3. Wiederaufnahme des Verfahrens

17 **a) Grundsatz.** Die Kommission ist nicht darauf angewiesen, eine Verpflichtungszusage in jedem Fall auf Dauer als bestandskräftig zu behandeln. Vielmehr kann die Kommission unter bestimmten Voraussetzungen, die in Art. 9 Abs. 2 geregelt sind, das Verfahren entweder **von Amts wegen oder auf Antrag wieder aufnehmen.** Art. 9 Abs. 2 nennt drei Fallgruppen, bei deren Vorliegen die Wiederaufnahme zulässig ist. Es handelt sich dabei um **einen numerus clausus von Fallgruppen,** der nicht erweitert werden kann. Die Vorschriften entsprechen weitgehend denjenigen in Art. 8 Abs. 3 VO 17/62 (vgl. dazu *Brinker,* Missbrauchsaufsicht auf der Grundlage der Gruppenfreistellungsverordnungen, 1994, 74f., 130f.). Diese Norm regelte,

unter welchen Voraussetzungen die Kommission unter dem Regime der VO 17/62 eine förmliche Freistellungsentscheidung aufheben und erneut in ein Prüfungsverfahren eintreten durfte. Mit dem Wegfall des Anmelde- und Freistellungssystems der VO 17/62 hat die Vorschrift in Art. 8 Abs. 3 VO 17/62 ihre Bedeutung verloren. Allerdings ist die Interessenlage weitgehend vergleichbar, wenn es um Entscheidungen geht, in denen die Kommission Verpflichtungszusagen der beteiligten Unternehmen annimmt und für die Unternehmen für bindend erklärt.

18 **b) Änderung der tatsächlichen Verhältnisse.** Die Kommission soll die Möglichkeit haben, ein Verfahren wieder aufzunehmen, wenn sich die tatsächlichen Verhältnisse geändert haben, die für die Entscheidung in einem wesentlichen Punkt von Bedeutung war. Unter dem Regime von Art. 8 Abs. 3 VO 17/62 gab es einen einzigen Fall, in dem dies einmal relevant wurde. Im Fall Schöller (ABl. 1993 L 183/1) hatte die Kommission zunächst ein Verwaltungsschreiben an die beteiligten Unternehmen gerichtet, in dem sie den Unternehmen mitteilte, es bestehe zu einer Weiterverfolgung der Angelegenheit kein Anlass. Zwar handelte es sich bei dem Verwaltungsschreiben nicht um eine formlose Freistellungserklärung, auf die Art. 8 Abs. 3 VO 17/62 anwendbar wäre. Allerdings zog die Kommission diese Bestimmung für das Abweichen von einem Verwaltungsschreiben analog heran (vgl. *Brinker,* aaO – oben Rn. 17 –, 137f.). Eine Änderung der tatsächlichen Verhältnisse kommt insbesondere dann in Betracht, wenn sich die **Marktstellung der beteiligten Unternehmen maßgeblich verändert hat,** insbesondere wenn sich ihre Marktanteile erhöht oder verringert haben oder wenn neue Marktteilnehmer auf den Markt treten. Eine solche Veränderung wirkt sich in aller Regel maßgeblich auf die Wettbewerbsverhältnisse auf dem relevanten Markt aus. Dies kann eine geänderte Beurteilung einer Maßnahme oder einer Vereinbarung durch die Kommission rechtfertigen. Die Kommission soll unter diesen Voraussetzungen berechtigt sein, erneut in ein bereits abgeschlossenes Verfahren einzutreten.

19 **c) Nichteinhaltung von Verpflichtungszusagen.** Die Kommission soll ebenfalls berechtigt sein, **erneut in das Verfahren einzusteigen,** wenn die Unternehmen sich nicht an ihre abgegebenen Verpflichtungszusagen halten. Weichen die Unternehmen von den Zusagen ab oder erfüllen sie diese nicht, fällt eine wesentliche Grundlage für die Einstellung des Verfahrens durch die Kommission weg. Es besteht dann kein Grund mehr, weshalb die Kommission daran gehindert sein sollte, das Verfahren weiterzubetreiben bzw. erneut in dieses einzusteigen. Sie soll dann die Möglichkeit haben, ihre ursprüngliche Absicht weiterzuverfolgen und eine Abstellungsverfügung zu erlassen.

20 **d) Falsche oder unvollständige Angaben der Parteien.** Die Kommission kann durch **unvollständige, unrichtige oder irreführende Angaben der Unternehmen** zu einer fehlerhaften Beurteilung eines Sachverhaltes gelangt sein. Dann soll sie ebenfalls berechtigt sein, von der Annahme einer Verpflichtungszusage abzuweichen und das eingestellte Verfahren erneut aufzugreifen. Die Unternehmen tragen im Falle unvollständiger, unrichtiger oder irreführender Angaben selbst die Verantwortung dafür, dass die Kommission keine sachgerechte Beurteilung treffen konnte. Insoweit können sie sich auch auf **kein schutzwürdiges Vertrauen** berufen. Vielmehr muss die Kommission die Möglichkeit haben, den Sachverhalt vollständig und richtig zu ermitteln, um auf dieser Grundlage eine sachgerechte Entscheidung treffen zu können.

21 **e) Rechtsschutz.** Die Wiedereröffnung des Verfahrens selbst ist **kein anfechtbarer Rechtsakt iSv Art. 263 Abs. 4 AEUV.** Es fehlt an einer endgültigen Regelung, die als anfechtbare Entscheidung angesehen werden kann. Erst der **actus contrarius, dh der Widerruf der Entscheidung** ist als anfechtbarer Rechtsakt anzusehen, der einer Nichtigkeitsklage iSv Art. 263 Abs. 4 AEUV zugänglich ist.

Art. 10 Feststellung der Nichtanwendbarkeit

Ist es aus Gründen des öffentlichen Interesses der Gemeinschaft im Bereich der Anwendung der Artikel 81 und 82 des Vertrags erforderlich, so kann die Kommission von Amts wegen durch Entscheidung feststellen, dass Artikel 81 des Vertrags auf eine Vereinbarung, einen Beschluss einer Unternehmensvereinigung oder eine abgestimmte Verhaltensweise keine Anwendung findet, weil die Voraussetzungen des Artikels 81 Absatz 1 des Vertrags nicht vorliegen oder weil die Voraussetzungen des Artikels 81 Absatz 3 des Vertrags erfüllt sind.

Die Kommission kann eine solche Feststellung auch in Bezug auf Artikel 82 des Vertrags treffen.

1. Einführung

Im Anmelde- und Freistellungssystem der **VO 17/62** waren Unternehmen nicht nur berechtigt, Einzelfreistellungsentscheidungen der Kommission nach ex-Art. 81 Abs. 3 zu beantragen (Art. 4 und 5 VO 17/62). Sie konnten auch einen **Antrag auf Erteilung eines sog. Negativattests** stellen (Art. 2 VO 17/62). In einem solchen Attest stellte die Kommission fest, dass für sie kein Anlass besteht, gegen eine Vereinbarung oder eine andere Maßnahme auf Grund von ex-Art. 81 Abs. 1 EG oder von ex-Art. 82 EG vorzugehen. Dabei handelte es sich um eine **deklaratorische Feststellung** der Kommission, die, anders als zB Einzelfreistellungsentscheidungen der Kommission oder Gruppenfreistellungsverordnungen, nicht als positiver Akt der Gestaltung der gemeinschaftlichen Wettbewerbspolitik iS der Walt-Wilhelm-Doktrin (EuGH Slg. 1969 1 Walt Wilhelm) angesehen wurde und damit zB auch nicht am Vorrang des Gemeinschaftsrechts teilnahm (so auch *Schütz* in Gemeinschaftskommentar, Art. 10 Rn. 1). 1

Anträge von Unternehmen, dass eine Vereinbarung die Freistellungsvoraussetzungen von ex-Art. 81 Abs. 3 EG erfüllt, wurden im Rahmen des Anmelde- und Freistellungssystems der VO 17/62 grundsätzlich durch **förmliche Einzelfreistellungsentscheidungen** getroffen. Die Kommission stellte in ihren Entscheidungen nach ex-Art. 81 Abs. 3 EG fest, dass die Voraussetzungen für eine Einzelfreistellung nach ex-Art. 81 Abs. 3 EG für bei ihr angemeldete Vereinbarungen vorlagen. Daran schloss sich die konstitutive Einzelfreistellung der Vereinbarung vom Kartellverbot des ex-Art. 81 Abs. 1 EG an. Anders als Negativatteste beschränkte sich eine Einzelfreistellungsentscheidung somit nicht auf die deklaratorische Feststellung der Anwendbarkeit von ex-Art. 81 Abs. 3 EG. Vielmehr erteilte die Kommission eine **konstitutive, rechtsgestaltende Einzelfreistellung nach ex-Art. 81 Abs. 3 EG.** Nur diese wurde als positiver Gestaltungsakt der gemeinschaftlichen Wettbewerbspolitik iS der Walt-Wilhelm-Doktrin angesehen. 2

In der Praxis erließ die Kommission in den letzten Jahrzehnten nur wenige förmliche Einzelfreistellungsentscheidungen, ebenfalls nur wenige förmliche Negativatteste. Vielmehr beschränkte sie sich darauf, aus Gründen der Verwaltungsvereinfachung sog. **Verwaltungsschreiben (comfort letter)** an die Unternehmen zu richten. Diesen Schreiben kamen **keine konstitutiven Rechtswirkungen** zu. Die Kommission brachte lediglich ihre Auffassung zum Ausdruck, dass – im Falle eines Einzelfreistellungsantrages – die Freistellungsvoraussetzungen von ex-Art. 81 Abs. 3 EG im Einzelfall erfüllt waren oder – im Falle eines Antrages auf Erteilung eines Negativattestes –, dass die Anwendungsvoraussetzungen von ex-Art. 81 Abs. 1 bzw. ex-Art. 82 EG nicht erfüllt seien. In beiden Fällen erfüllte die entsprechende Äußerung der Kommission die formellen Anforderungen an ein förmliches Negativattest bzw. eine förmliche Einzelfreistellungsentscheidung nicht. 3

4 Unter dem System der Legalausnahme der VO 1/2003 ist sowohl die Erteilung von Negativattesten als auch die Erteilung von Einzelfreistellungsentscheidungen weggefallen. Die Anmeldung von Vereinbarungen bei der Europäischen Kommission ist grundsätzlich nicht mehr möglich. Gerade dies war eines der zentralen Ziele, die die Kommission mit der Reform des europäischen Kartellverfahrensrechts verfolgte. Die Unternehmen sollen die Vereinbarkeit der von ihnen geschlossenen Vereinbarungen mit den Bestimmungen des EG-Kartellrechts selbst prüfen und sicherstellen **(Selbstveranlagung).** Sie sollen nicht die Möglichkeit haben, die Vereinbarkeit durch die Kommission förmlich prüfen und bestätigen zu lassen. Allerdings haben Rat und Kommission es für erforderlich angesehen, dass die Kommission in Einzelfällen das Recht haben soll, die **Nichtanwendbarkeit der Vorschrift in Art. 101 Abs. 1 und Art. 102 AEUV bzw. die Anwendbarkeit von Art. 101 Abs. 3 AEUV im Einzelfall deklaratorisch feststellen** zu können. Die Voraussetzungen wie auch die Rechtswirkungen solcher Feststellungen sind jedoch fundamental andere als von Negativattesten und Freistellungsentscheidungen im Rahmen des Anmelde- und Freistellungsregimes der VO 17/62.

2. Feststellungsvoraussetzungen und Rechtswirkungen

5 **a) Alleinige Befugnis der Kommission.** Die Kommission ist **berechtigt, nicht aber verpflichtet,** im Einzelfall eine Feststellung der Nichtanwendbarkeit von Art. 81 Abs. 1 EG oder die Anwendbarkeit von Art. 81 Abs. 3 EG auszusprechen. Dies kann sie tun, wenn dies aus Gründen des **öffentlichen Interesses** der Gemeinschaft im Bereich der Anwendung der Art. 81 und 82 des Vertrags erforderlich ist (*Bauer* in MünchKomm VO 1/2003 Art. 10 Rn. 8; *Ritter* in IM VO 1/2003 Art. 10 Rn. 4). Bereits aus dem Wortlaut wird somit deutlich, dass **allein die Kommission** die Befugnis haben soll, eine solche Feststellung auszusprechen; die nationalen Wettbewerbsbehörden der Mitgliedstaaten sind dazu nicht befugt. Diese dürfen lediglich feststellen, dass für sie im konkreten Fall kein Anlass besteht, tätig zu werden (EuGH Slg. 2011 I-3055 Rn. 23ff. Tele2 Polska). Diese Befugnis korrespondiert mit keiner entsprechenden Berechtigung der Unternehmen, von der Kommission die Abgabe einer solchen Feststellungserklärung verlangen zu können. Die VO 1/2003 und der damit verbundene Übergang zum System der Legalausnahme hat gerade diese Rechtswirkung zur Folge. Den Unternehmen sollte die Berechtigung genommen werden, von der Kommission die Abgabe entsprechender Negativatteste, Freistellungsentscheidungen oder Verwaltungsschreiben verlangen zu können.

6 **b) Maßstab des öffentlichen Interesses.** Allein das öffentliche Interesse der Gemeinschaft (der Union) an einer Feststellungserklärung soll somit die Kommission berechtigen, Nichtanwendungs- bzw. Anwendungserklärungen nach Art. 10 abzugeben. Das subjektive Interesse der an einer Vereinbarung beteiligten Unternehmen oder von Beschwerdeführern wird in keinem Fall ausreichen, um eine Feststellungserklärung iSv Art. 10 zu rechtfertigen. Mit dem Wegfall des Anmeldesystems sind die subjektiven Interessen der Unternehmen in den Hintergrund getreten. Es kommt allein auf das Gemeinschaftsinteresse an. Das öffentliche Gemeinschaftsinteresse wird in aller Regel nur gegeben sein, wenn es sich um ein **neuartiges Rechtsproblem** handelt, das weder der Gerichtshof noch die Kommission bisher entschieden haben. In diesem Falle können es die Rechtssicherheit und die Gebote der Rechtseinheit und der Kohärenz gebieten, dass die **Kommission eine Leitentscheidung trifft,** die die Anwendung der Art. 101 und 102 AEUV auf diese neuartige Fallgestaltung klarstellt. Dabei macht es keinen Unterschied, ob die Kommission die Feststellung trifft, dass die Anwendungsvoraussetzungen des Kartellverbots in Art. 101 Abs. 1 AEUV oder die Anwendungsvoraussetzungen von Art. 102 AEUV nicht erfüllt sind, oder ob es darum geht, ob in einem Einzelfall die Einzelfreistellungsvoraussetzungen nach

Art. 101 Abs. 3 AEUV oder die Voraussetzungen einer Gruppenfreistellungsverordnung erfüllt sind (für die VO 1400/2002 vgl. zB IP/06/302 BMW und IP/06/303 General Motors).

c) Rechtswirkungen und Rechtsschutz. In beiden Fällen kann die Kommission lediglich die **deklaratorische Feststellung der Anwendbarkeit bzw. Nichtanwendbarkeit** treffen. Im System der Legalausnahme kann es keine konstitutiven Entscheidungen der Kommission geben, da Art. 101 AEUV insgesamt, also auch Art. 101 Abs. 3 AEUV self-executing ist (so Erwägungsgrund Nr. 14; kritisch *K. Schmidt* BB 2003, 1237, 1242). Die aus Art. 101 AEUV erwachsenden Rechtsfolgen treten automatisch ein. Äußerungen zum Vorliegen oder Nichtvorliegen der Voraussetzungen von Art. 101 Abs. 3 AEUV können deshalb auch nur deklaratorisch sein und Feststellungscharakter haben. Das ändert nichts daran, dass die Kommission eine **förmliche Entscheidung bzw. einen solchen Beschluss iSv Art. 288 Abs. 4 AEUV** erlassen muss, wenn sie eine Feststellung nach Art. 10 trifft. Solche Entscheidungen **sind mit der Nichtigkeitsklage nach Art. 263 AEUV angreifbar.** Diese Möglichkeit steht aber lediglich Dritten, insbesondere Beschwerdeführern offen (dazu allg. *K. Schmidt* BB 2003, 1237, 1240). Die an einer Vereinbarung Beteiligten haben in der Regel kein Interesse an einer Nichtigkeitsklage und sind in aller Regel auch nicht beschwert (so auch *Schütz* in Gemeinschaftskommentar aaO, Rn. 15). Über Art. 16 sind die mitgliedstaatlichen Gerichte an die Entscheidung der Kommission gebunden (so *Schütz* in Gemeinschaftskommentar Art. 10 Rn. 9). 7

3. Beratungsschreiben

Die Kommission ist **in begründeten Einzelfällen** bereit, mit den beteiligten Unternehmen in **informelle Gespräche** einzutreten und ggf. **Beratungsschreiben (guidance letters)** an die Unternehmen zu richten (→Vor Art. 7 Rn. 7f.). Die Kommission hat hierzu eine Bekanntmachung veröffentlicht, in der sie die Grundsätze für die Abfassung von Beratungsschreiben zusammengefasst hat (Bekanntmachung über Beratungsschreiben, Anhang B 18, ABl. 2004 C 101/78). Sie hat aber auch für Beratungsschreiben klargestellt, dass die **Kommission nicht verpflichtet** sein soll, in jedem Fall in informelle Gespräche mit den Unternehmen, die an einer Vereinbarung beteiligt sind, einzutreten. Vielmehr hat die Kommission in der Bekanntmachung restriktive Voraussetzungen formuliert, die erfüllt sein müssen, damit die Kommission bereit ist, Beratungsschreiben an die Unternehmen zu richten. Dies ist für die Unternehmen unbefriedigend und häufig unzumutbar (vgl. dazu Vor Art. 7 Rn. 10). 8

Kapitel IV. Zusammenarbeit

Vorbemerkung

1. Dezentrale Anwendung des EU-Wettbewerbsrechts

Das vierte Kapitel der VO 1/2003 enthält die allgemeinen Regeln für die **Zusammenarbeit zwischen der Kommission und den mitgliedstaatlichen Wettbewerbsbehörden und -gerichten.** Vorschriften dieser Art gab es bereits in der Vorgängerregelung der VO 17/62. Allerdings beschränkten sich diese weitgehend auf eine **Koordinierung der Zuständigkeitsverteilung** bei der Anwendung der ex-Art. 81 und ex-Art. 82 EG. Dies war vor allem der ausschließlichen Befugnis der Kommission geschuldet, Einzelfreistellungsentscheidungen nach ex-Art. 81 Abs. 3 EG treffen zu dürfen (Art. 9 Abs. 1 VO 17/62). Die Art. 11ff. gehen darüber weit hi- 1 naus. Dies ist das Resultat des Übergangs zur dezentralen Anwendung des europäischen Wettbewerbsrechts.

2 Mit dem Übergang vom Anmelde- und Freistellungssystem hin zu einem **System der Legalausnahme** werden die mitgliedstaatlichen Wettbewerbsinstanzen in deutlich größerem Maße in die Anwendung der Art. 101 und Art. 102 AEUV einbezogen als bisher. Grundsätzlich sind die Kommission und die mitgliedstaatlichen Wettbewerbsbehörden und -gerichte in gleichem Maße und gleichberechtigt aufgerufen, die Bestimmungen des europäischen Wettbewerbsrechts zur Anwendung zu bringen. Unter dem Regime der VO 1/2003 sind die mitgliedstaatlichen Instanzen insbesondere auch befugt, Art. 101 Abs. 3 AEUV anzuwenden. Eine Koordinierung der Tätigkeiten ist deshalb in besonderem Maße erforderlich. Hierfür sehen die Art. 11 ff. das Instrumentarium vor.

2. Kooperation zwischen Kommission und mitgliedstaatlichen Wettbewerbsbehörden

3 **a) Grundsätze.** Art. 11–14 befassen sich mit der Zusammenarbeit zwischen der Kommission und den Wettbewerbsbehörden der Mitgliedstaaten (dazu umfassend *Reichelt* CMLR 2005, 745 ff.). Dies umfasst zunächst allgemeine Regeln, die Art. 11 für die Zusammenarbeit aufstellt. Diese Grundsätze werden ergänzt durch Einzelheiten über den **Informationsaustausch** zwischen der Kommission und den mitgliedstaatlichen Wettbewerbsbehörden in Art. 12. Während Art. 11 Abs. 6 die Befugnis der Kommission begründet, einen Fall an sich zu ziehen, regelt Art. 13 die Situation, dass mehrere Behörden mit ein- und demselben Vorgang befasst sind. Art. 14 schließlich knüpft an die Vorgängerregelung der VO 17/62 an. Die Mitgliedstaaten werden vor Entscheidungen, die die Kommission nach Maßgabe der Art. 7, 8, 9, 10, 23 sowie Art. 24 Abs. 2 und Art. 29 Abs. 1 erlassen möchte, angehört. Dazu ist der **Beratende Ausschuss** für Kartell- und Monopolfragen das Forum.

4 Die Bestimmungen der Art. 11–14 werden ergänzt durch die Bekanntmachung über die Zusammenarbeit im Netz (**ECN-Bekanntmachung, Netzwerkbekanntmachung,** Anhang B 28**).** Die Bekanntmachung ist in zweierlei Hinsicht von besonderer Bedeutung. Zum einen finden sich in Rn. 5 ff. die Grundsätze, nach denen zu behandelnde **Fälle zwischen der Kommission und den nationalen Wettbewerbsbehörden aufgeteilt** werden. Zum anderen unternimmt die Bekanntmachung einen – wenig gelungenen – Versuch, dem **Problem der unterschiedlichen Kronzeugenprogramme,** die die Kommission und verschiedene mitgliedstaatliche Wettbewerbsbehörden aufgelegt haben, zu behandeln. Darüber hinaus enthält die Bekanntmachung auch Regeln, die die konkrete Praxis der Zusammenarbeit zum Gegenstand haben. Für die Unternehmen sind die ersten beiden Problembereiche von größerer Bedeutung.

5 **b) Verteilung von Fällen innerhalb des Netzes.** Als Grundsatz formuliert die Bekanntmachung, dass ein Fall möglichst nur von einer Wettbewerbsbehörde behandelt werden soll (ECN-Bekanntmachung, Anhang B 28 Rn. 7). Eine unnötige Verwendung von Ressourcen mehrerer Wettbewerbsbehörden soll vermieden werden und zwar unabhängig davon, ob es sich um Ressourcen der Kommission handelt oder der mitgliedstaatlichen Wettbewerbsbehörden. Die Bekanntmachung enthält allgemeine Grundsätze, nach denen die Fälle der Kommission oder einer bestimmten mitgliedstaatlichen Wettbewerbsbehörde zugeteilt werden. Dabei wird in erster Linie danach differenziert, ob eine bestimmte mitgliedstaatliche Wettbewerbsbehörde geeignet ist, sich eines Falles anzunehmen, oder eher die Kommission. Wirkt sich eine Vereinbarung oder eine Verhaltensweise in erster Linie **innerhalb des Hoheitsgebietes eines Mitgliedstaates** aus, ist grundsätzlich dessen Wettbewerbsbehörde besonders geeignet, sich des jeweiligen Vorganges anzunehmen. Das soll jedenfalls dann

gelten, wenn die Behörde über ausreichende Befugnisse verfügt, die Zuwiderhandlung wirksam beenden und die erforderlichen Beweise der Zuwiderhandlung effizient erheben kann (ECN-Bekanntmachung, Rn. 8). **In Einzelfällen** wird auch nicht ausgeschlossen, dass ein **paralleles Vorgehen durch zwei oder gar drei mitgliedstaatliche Wettbewerbsbehörden** angemessen sein kann. Das ist zum Beispiel der Fall, wenn es um eine Vereinbarung zwischen zwei Unternehmen geht, die ihren Sitz in zwei benachbarten Mitgliedstaaten haben und die Vereinbarung geeignet ist, den Handel zwischen diesen Staaten in besonderem Maße zu beeinträchtigen. Die Kommission dagegen wird für besonderes geeignet angesehen, wenn eine Vereinbarung oder eine Verhaltensweise Auswirkungen auf mehr als drei Mitgliedstaaten hat. Dann wäre es nämlich theoretisch denkbar, dass in jedem einzelnen Mitgliedstaat die jeweilige Wettbewerbsbehörde tätig wird. Dies würde zu einem ineffizienten Einsatz von Ressourcen führen. Die Kommission sollte sich deshalb dieser Fälle in besonderem Maße annehmen, da sie grenzübergreifende Auswirkungen haben (ECN-Bekanntmachung, Rn. 14). Zum Problem des ne bis in idem bei Verfahren mehrer nationalen Behörden wegen desselben Verstoßes gegen Art. 101 AEUV vgl. *Soltész* WuW 2005, 616, 622ff.

Stellt sich erst im Laufe eines Verfahrens heraus, dass die handelnde Wettbe- 6
werbsbehörde nicht geeignet ist, sich eines Falles anzunehmen, kann eine Umverteilung stattfinden. Voraussetzung ist die wechselseitige Unterrichtung der Kommission und der mitgliedstaatlichen Wettbewerbsbehörden nach Maßgabe von Art. 11 (→ Art. 11 Rn. 6f.). Grundsätzlich soll eine Umverteilung nur erfolgen, solange die handelnde Wettbewerbsbehörde noch keine weitreichenden Aktivitäten entfaltet hat. Deshalb bietet es sich an, eine **Umverteilung möglichst rasch nach Einleitung von Ermittlungstätigkeiten** vorzunehmen. Wird eine Umverteilung vorgenommen, ist es aus Sicht der Wettbewerbsbehörden effizient, wenn vertrauliche Informationen ausgetauscht und in dem Verfahren der anderen Wettbewerbsbehörde verwendet werden dürfen. Dies geschieht allein nach strikter Maßgabe von Art. 12 (→ Art. 12 Rn. 3f.).

Die vorgenannten Grundsätze sind nicht in das Belieben der Kommission gestellt. 7
Aus diesem Grunde haben es die Mitgliedstaaten abgelehnt, es allein der Kommission zu überlassen, die Grundsätze für eine Verteilung der Fälle aufzustellen. Eine Bekanntmachung, deren Veröffentlichung die Kommission im Vorfeld des Inkrafttretens der VO 1/2003 wiederholt angekündigt hatte, wurde von den Mitgliedstaaten als unzureichend angesehen. Aus diesem Grunde sind die maßgeblichen Prinzipien, die für die Fallverteilung herangezogen werden sollen, in einer **Protokollerklärung der Kommission und des Rates** zum Ratsprotokoll niedergelegt worden (Gemeinsame Erklärung des Rates und der Kommission zur Arbeitsweise des Netzes der Wettbewerbsbehörden, Dokument 15 435/02 ADD 1). In den Rn. 11ff. und 15ff. sind **Prinzipien für die Verteilung der Arbeit** niedergelegt. Durch die gemeinsame Erklärung ist garantiert, dass die Kommission die zentralen Grundsätze bei der Verteilung der Fälle im Netz der Wettbewerbsbehörden nicht einseitig ändern kann. Dies kann lediglich einvernehmlich durch Rat und Kommission gemeinsam erfolgen.

c) Kronzeugenprogramme der Kommission und der Mitgliedstaaten. Ein 8
zentrales Problem für die Unternehmen des Gemeinsamen Marktes ist, dass es **keine harmonisierten Regelungen für Kronzeugenprogramme** im Netz der Wettbewerbsbehörden gibt. Das kommt zum einen dadurch zum Ausdruck, dass nicht alle mitgliedstaatlichen Wettbewerbsbehörden ein Kronzeugenprogramm wie die Kommission haben (s. dazu die Übersicht bei *Schroeder,* FS Bechtold, 2006, S. 437, 439). Selbst wenn aber ein Kronzeugenprogramm besteht, weichen diese teilweise nicht unerheblich von den Prinzipien ab, die die Kommission in ihrer Kronzeugenregelung niedergelegt hat (vgl. Kronzeugenmitteilung der Kommission, Anhang B 10). Entscheidet sich ein Unternehmen, eine Zuwiderhandlung wegen Art. 101 AEUV zur

Kenntnis der zuständigen Wettbewerbsbehörde zu bringen, um in den Genuss der Immunität bzw. Reduzierung eines zu verhängenden Bußgeldes zu gelangen, sieht es sich mit der Frage konfrontiert, an welche Behörde es sich wenden soll. Stellt es einen entsprechenden Antrag bei der Kommission, ist es nicht ausgeschlossen, dass es die Kommission ablehnt, sich mit dem Fall zu befassen. Die Kommission kann nämlich der Auffassung sein, dass der Fall in die Zuständigkeit einer oder mehrerer mitgliedstaatlicher Wettbewerbsbehörden fällt. In einem solchen Falle bleibt dem Unternehmen nichts anderes übrig, als sich an diese Wettbewerbsbehörden zu wenden. Unter Umständen kann es dann aber bereits zu spät sein, da ein anderes Unternehmen, das möglicherweise Kenntnis von dem Vorstoß bei der Kommission erhalten hat, seinerseits einen Antrag bei den für den betreffenden Fall zuständigen Wettbewerbsbehörden gestellt hat. Dies ist eine **äußerst unvorteilhafte Situation für Unternehmen,** die die Inanspruchnahme des Kronzeugenprogramms und damit dessen Wirksamkeit beeinträchtigten kann. Darüber hinaus ist ein weiteres Problem darin gegeben, dass die **Anwendungsvoraussetzungen** für die Inanspruchnahme von Kronzeugenprogrammen in einzelnen Mitgliedstaaten durchaus **unterschiedlich** sind (dazu *Schroeder,* aaO, 441). So kann zB in einem Programm verlangt werden, dass das Unternehmen die Zuwiderhandlung unverzüglich einstellt. Dagegen kann ein anderes Programm verlangen, dass die mitgliedstaatliche Wettbewerbsbehörde das Unternehmen dazu veranlasst, bis zur Aufnahme förmlicher Ermittlungstätigkeiten pro forma an der Zuwiderhandlung weiter teilnimmt. Solche unvereinbare materiell-rechtliche Anforderungen stellen jeden Antragsteller vor unlösbare Probleme.

9 Die Kommission hat zu erkennen gegeben, dass sie sich des Problems annehmen möchte. Die Vorschläge, die die ECN-Bekanntmachung unternimmt (vgl. Rn. 38ff.) bietet selbst **keine Lösung.** Vielmehr stellt die Bekanntmachung sogar ausdrücklich klar, dass ein bei einer bestimmten Behörde gestellter Antrag auf Kronzeugenbehandlung nicht gleichzeitig als Antrag auf Kronzeugenbehandlung bei einer anderen Behörde angesehen werden kann. Dieses Problem kann allein dadurch umgangen werden, dass **bei allen Behörden gleichzeitig** ein Antrag auf Kronzeugenbehandlung gestellt wird. Dieser Vorschlag ist nicht besonders hilfreich, soweit es nach wie vor Mitgliedstaaten gibt, die über kein Kronzeugenprogramm verfügen. Es besteht dann nämlich die Gefahr, dass die Unternehmen zwar einen Antrag auf Kronzeugenbehandlung gestellt haben, eine mitgliedstaatliche Wettbewerbsbehörde, die über kein entsprechendes Programm verfügt, aber von Amts wegen ein Ermittlungsverfahren einleitet. Das betreffende Unternehmen kann dann den Vorteil der anderen Kronzeugenprogramme in dem betreffenden Mitgliedstaat nicht in Anspruch nehmen (*Canenbley/Rosenthal* ECLR 2005, 106, 109ff.).

10 Ein weiteres Problem ergibt sich daraus, dass die Kommission und die mitgliedstaatlichen **Wettbewerbsbehörden untereinander Informationen austauschen** können. Das führt dazu, dass im Rahmen eines Kronzeugenprogramms ermittelte Informationen und Unterlagen anderer Wettbewerbsbehörden nach Maßgabe von Art. 12 zur Verfügung gestellt werden können. Das gilt selbst dann, wenn die betreffende Wettbewerbsbehörde selbst nicht über ein Kronzeugenprogramm verfügt und deshalb ein normales Ermittlungsverfahren durchführt. Ein Einverständnis des Antragstellers hält die Kommission in vielen Fällen nicht für erforderlich (ECN-Bekanntmachung, Anhang B 28 Rn. 41). Die dort genannten Fallgruppen gehen sehr weit und werden die effiziente Inanspruchnahme von Kronzeugenprogramme unterlaufen.

11 Ein wichtiger Schritt in Richtung einer Harmonisierung der unterschiedlichen Kronzeugenprogramme ist das **ECN Model Leniency Programme** (Stand: November 2012), das vor dem Hintergrund der dezentralen Anwendung des EU-Wettbewerbsrechts den Versuch unternimmt, gemeinsame und konsensorientierte Standards für die Kronzeugenprogramme der Kommission sowie der verschiedenen EU-Mitgliedstaaten zu entwickeln. Das betrifft zum einen die **materiellen Anwen-**

dungsvoraussetzungen, die in einem Kronzeugenprogramm formuliert werden können, zum anderen die **verfahrensrechtlichen Rahmenbedingungen.** Damit wird das Grundproblem, dass die Unternehmen mehrere Kronzeugenanträge stellen müssen, die teilweise auch unterschiedliche Voraussetzungen berücksichtigen müssen, zwar nicht völlig beseitigt. Jedoch wird neben dem Versuch einer Grundharmonisierung der Standards auch ein Prozedere entwickelt, dass für den Fall der Zuständigkeit der Kommission die Parteien, wenn sie zur Sicherheit Kronzeugenanträge zusätzlich auch in einzelnen Mitgliedstaaten stellen wollen, vom Modell der sog. *summary appliacations* Gebrauch machen können. Das bedeutet in der Praxis, dass das Kronzeugenprogramm in Anspruch nehmende Unternehmen den eigentlichen Antrag bei der Kommission stellt. Wenn dann parallel Anträge bei den mitgliedstaatlichen Wettbewerbsbehörden gestellt werden, kann sich das betreffende Unternehmen auf eine verkürzte Eingabe und zusammenfassende Ausführungen beschränken. Dem ECN Model Leniency Programme beigefügt ist ein Formular, das die antragstellenden Unternehmen für die Zwecke einer *summary application* verwenden können **(Template for the submission of a summary leniency application within the ECN).** In der Praxis wird hiervon regelmäßig Gebrauch gemacht. Deshalb lässt sich konstatieren, dass die Unterschiede durch die Bemühungen der Wettbewerbsbehörden im ECN zwar nicht völlig beseitigt sind, dass jedoch zumindest für den Fall eines Kronzeugenantrags bei der Kommission als zuständiger Behörde ein pragmatischer Weg gefunden wurde, um den Aufwand weiterer Kronzeugenanträge bei den mitgliedstaatlichen Wettbewerbsbehörden zu begrenzen. Allerdings verbleibt es bei dem Problem der Antragstellung bei mehreren Wettbewerbsbehörden, wenn im Einzelfall die Kommission nicht die am besten geeignete Behörde für die Übernahme der Ermittlungen in einem konkreten Fall sein sollte.

3. Kooperation zwischen Kommission und mitgliedstaatlichen Gerichten

Zur Kooperation zwischen der Kommission und den mitgliedstaatlichen Wettbewerbsbehörden tritt diejenige zwischen der Kommission und den mitgliedstaatlichen Gerichten hinzu. Hierfür enthält Art. 15 die maßgeblichen Vorschriften. Diese sind erforderlich, da die Kommission im Hinblick auf die verfassungsrechtlich geschützte **Unabhängigkeit der Gerichte** keine Vorrechte wie gegenüber den mitgliedstaatlichen Wettbewerbsbehörden in Anspruch nehmen kann. Wie im Zusammenhang mit der Zusammenarbeit der Kommission mit den mitgliedstaatlichen Wettbewerbsbehörden hat die Kommission auch für die Kooperation mit den Gerichten eine Bekanntmachung veröffentlicht (**Bekanntmachung über Zusammenarbeit mit Gerichten,** Anhang B 27). 12

4. Einheitliche Anwendung des EU-Wettbewerbsrechts

Abschließend ist auf den Grundsatz der einheitlichen Anwendung des gemeinschaftlichen Wettbewerbsrechts hinzuweisen, den Art. 16 nunmehr ausdrücklich regelt. Hintergrund ist die **Masterfoods-Entscheidung** des Gerichtshofs (EuGH Slg. 2000 I-11 369). In dieser Entscheidung stellte der Gerichtshof Prinzipien auf, die die mitgliedstaatlichen Gerichte im Rahmen ihrer Entscheidungsfindung zu berücksichtigen haben, insbesondere wenn die Kommission im selben Vorgang bereits eine Entscheidung erlassen hat bzw. zu erlassen beabsichtigt. Art. 16 kodifiziert diese Rechtsprechung für die Zwecke der VO 1/2003. 13

Art. 11 Zusammenarbeit zwischen der Kommission und den Wettbewerbsbehörden der Mitgliedstaaten

(1) Die Kommission und die Wettbewerbsbehörden der Mitgliedstaaten arbeiten bei der Anwendung der Wettbewerbsregeln der Gemeinschaft eng zusammen.

(2) Die Kommission übermittelt den Wettbewerbsbehörden der Mitgliedstaaten eine Kopie der wichtigsten Schriftstücke, die sie zur Anwendung der Artikel 7, 8, 9, 10 und 29 Absatz 1 zusammengetragen hat. Die Kommission übermittelt der Wettbewerbsbehörde eines Mitgliedstaates auf Ersuchen eine Kopie anderer bestehender Unterlagen, die für die Beurteilung des Falls erforderlich sind.

(3) Werden die Wettbewerbsbehörden der Mitgliedstaaten aufgrund von Artikel 81 oder Artikel 82 des Vertrags tätig, so unterrichten sie hierüber schriftlich die Kommission vor Beginn oder unverzüglich nach Einleitung der ersten förmlichen Ermittlungshandlung. Diese Unterrichtung kann auch den Wettbewerbsbehörden der anderen Mitgliedstaaten zugänglich gemacht werden.

(4) Spätestens 30 Tage vor Erlass einer Entscheidung, mit der die Abstellung einer Zuwiderhandlung angeordnet wird, Verpflichtungszusagen angenommen werden oder der Rechtsvorteil einer Gruppenfreistellungsverordnung entzogen wird, unterrichten die Wettbewerbsbehörden der Mitgliedstaaten die Kommission. Zu diesem Zweck übermitteln sie der Kommission eine zusammenfassende Darstellung des Falls, die in Aussicht genommene Entscheidung oder, soweit diese Unterlage noch nicht vorliegt, jede sonstige Unterlage, der die geplante Vorgehensweise zu entnehmen ist. Diese Informationen können auch den Wettbewerbsbehörden der anderen Mitgliedstaaten zugänglich gemacht werden. Auf Ersuchen der Kommission stellt die handelnde Wettbewerbsbehörde der Kommission sonstige ihr vorliegende Unterlagen zur Verfügung, die für die Beurteilung des Falls erforderlich sind. Die der Kommission übermittelten Informationen können den Wettbewerbsbehörden der anderen Mitgliedstaaten zugänglich gemacht werden. Die einzelstaatlichen Wettbewerbsbehörden können zudem Informationen untereinander austauschen, die zur Beurteilung eines von ihnen nach Artikel 81 und 82 des Vertrags behandelten Falls erforderlich sind.

(5) Die Wettbewerbsbehörden der Mitgliedstaaten können die Kommission zu jedem Fall, in dem es um die Anwendung des Gemeinschaftsrechts geht, konsultieren.

(6) Leitet die Kommission ein Verfahren zum Erlass einer Entscheidung nach Kapitel III ein, so entfällt damit die Zuständigkeit der Wettbewerbsbehörden der Mitgliedstaaten für die Anwendung der Artikel 81 und 82 des Vertrags. Ist eine Wettbewerbsbehörde eines Mitgliedstaats in einem Fall bereits tätig, so leitet die Kommission ein Verfahren erst ein, nachdem sie diese Wettbewerbsbehörde konsultiert hat.

1. Einführung

1 **a) Grundzüge.** Art. 11 regelt nicht nur, wie die Überschrift vermuten lässt, die **„Zusammenarbeit“** zwischen der Kommission und den Wettbewerbsbehörden der Mitgliedstaaten, sondern auch die **Kompetenzabgrenzung.** Er geht von dem Grundsatz aus, dass für die Anwendung der Wettbewerbsregeln (Art. 101 und 102 AEUV) sowohl die Kommission als auch die Mitgliedstaaten zuständig sind, und dass

die Kommission die Mitgliedstaaten und die Mitgliedstaaten die Kommission über die bei ihnen anhängigen Verfahren unterrichten. Abs. 6 regelt den **Vorrang von Verfahrenseinleitungen durch die Kommission:** Leitet die Kommission ein Verfahren zum Erlass einer Entscheidung ein, so entfällt damit die Zuständigkeit der Wettbewerbsbehörden der Mitgliedstaaten. Die Behörden der Mitgliedstaaten haben, wenn sie eine Entscheidung auf der Grundlage des Art. 101 oder 102 AEUV erlassen wollen, die Kommission spätestens 30 Tage vor Erlass dieser Entscheidung zu unterrichten (Abs. 4). Art. 11 regelt nicht die Kooperation der Wettbewerbsbehörden der Mitgliedstaaten untereinander. Diese ist Gegenstand des Art. 12 und der ECN-Bekanntmachung der Kommission.

b) Frühere Rechtslage. Die **VO 17/62** enthielt – anders als die VO 1/2003 (insbesondere in Art. 3) – **keine Verpflichtung der Mitgliedstaaten, die EG-Wettbewerbsregeln anzuwenden.** Eine solche ist in **Art. 104 AEUV** enthalten, aber nur für die Zeit bis zum Inkrafttreten der Ausführungsverordnungen des Art. 103 AEUV (vgl. dazu Art. 104 AEUV Rn. 2ff.). Art. 105 AEUV sieht eine Mitwirkungspflicht der Mitgliedstaaten in Verfahren der Kommission vor, aber keine darüber hinausgehende Verpflichtung der Mitgliedstaaten zur Anwendung der EU-Wettbewerbsregeln. Im deutschen Recht ist die (schon vorher bejahte) Befugnis des Bundeskartellamts zur Anwendung der EU-Wettbewerbsregeln erst in dem durch die 5. GWB-Novelle 1990 eingefügten § 47 GWB (seit der 7. GWB-Novelle § 50 GWB) ausdrücklich geregelt. 2

Die Verordnung 17/62 enthielt nur Regelungen über die Mitwirkung der Behörden der Mitgliedstaaten am Verfahren der Kommission. Nach Art. 10 hatte die Kommission bei Anträgen und Anmeldungen die zuständigen **Behörden der Mitgliedstaaten zu unterrichten** und die Verfahren „in enger und stetiger Verbindung" mit diesen Behörden durchzuführen. Der **Beratende Ausschuss,** der inzwischen in Art. 14 geregelt ist, war nach Art. 10 Abs. 3 VO 17/62 vor jeder Entscheidung der Kommission anzuhören. Die Behörden der Mitgliedstaaten waren verpflichtet, bei von der Kommission angeordneten Nachprüfungen entweder diese durchzuführen oder jedenfalls mitzuwirken (Art. 13, 14 VO 17/62). Trotz dieser ganz bei der Kommission liegenden Verantwortung für die Durchsetzung der EU-Wettbewerbsregeln hat die Kommission versucht, die Tätigkeit der Mitgliedstaaten in diesem Bereich zu intensivieren. Die bis zum Inkrafttreten der VO 1/2003 geltenden Grundsätze waren in einer besonderen Bekanntmachung der Kommission „über die Zusammenarbeit zwischen der Kommission und den Wettbewerbsbehörden der Mitgliedstaaten bei der Bearbeitung von Fällen im Anwendungsbereich der Art. 85 (81) und 86 (82) EG-Vertrag" zusammengefasst (ABl. 1997 C 313/3). 3

2. Grundsatz der „engen Zusammenarbeit" (Abs. 1, 5)

a) Mittel und Zweck der Zusammenarbeit. Art. 11 regelt die **„vertikale" Zusammenarbeit** zwischen Kommission und den nationalen Wettbewerbsbehörden, nicht die Zusammenarbeit der nationalen Wettbewerbsbehörden untereinander. Diese ist in Art. 12 und insbesondere der ECN- Bekanntmachung geregelt. Zweck der in Art. 11 geregelten „vertikalen" Zusammenarbeit ist einerseits, die Kommission über alle nationalen Verfahren und Probleme im Zusammenhang mit der Anwendung der EU-Wettbewerbsregeln unterrichtet zu halten, der Kommission die Möglichkeit der Beratung und Beeinflussung der nationalen Wettbewerbsbehörden zu geben, bei Bedarf Verfahren durch Verfahrenseinleitungen an sich zu ziehen und dadurch insgesamt die **Einheitlichkeit der Anwendung der EU-Wettbewerbsregeln** innerhalb der gesamten Gemeinschaft zu sichern. Die Zusammenarbeit kann dazu führen, dass entweder nationale Behörden Verfahrenseinleitungen auf der Grundlage der Art. 101 oder 102 AEUV vornehmen; dann richtet sich der Rechts- 4 schutz insoweit nach nationalem Recht. Wenn die Kommission nach Konsultation mit den nationalen Behörden ein Verfahren durchführt, richtet sich dieses ausschließlich nach den EU-rechtlichen Verfahrensvorschriften, insbesondere der VO 1/2003.

5 **b) Konsultation der Kommission (Abs. 5).** Nach Abs. 5 können die Behörden der Mitgliedstaaten die Kommission „zu jedem Fall, in dem es um die Anwendung des Gemeinschaftsrechts geht", konsultieren. Diese **Konsultationsmöglichkeit** steht neben den **Unterrichtungsverpflichtungen** nach Abs. 3 und 4. Sie bezieht sich insbesondere auf Phasen vor der Einleitung eines Verfahrens und vor einem durch Abs. 3 erfassten „Tätigwerden", daneben aber auch auf die Inhalte von Entscheidungen oder sonstigen Verfahrensabschlüssen. Abs. 5 geht von einer Verpflichtung der Kommission aus, auf entsprechende Konsultationsanfragen der nationalen Behörden tätig zu werden. Abs. 5 enthält keine Verpflichtung der nationalen Behörden, die Meinung der Kommission einzuholen. Eine solche Verpflichtung kann sich aber aus Art. 4 Abs. 3 EUV ergeben, soweit es um die Sicherung der einheitlichen Anwendung der EG-Wettbewerbsregeln geht.

3. Unterrichtungspflichten (Abs. 2–4)

6 **a) Unterrichtung der nationalen Behörden durch die Kommission (Abs. 2).** Nach Abs. 2 hat die Kommission den Wettbewerbsbehörden der Mitgliedstaaten „eine Kopie der wichtigsten Schriftstücke" zu übermitteln, die sie zur Anwendung der Vorschriften „zusammengetragen hat", die sie zu Entscheidungen in Einzelfällen ermächtigen. Abs. 2 entspricht teilweise **Art. 10 VO 17/62.** Während bei der dort noch vorgesehenen Übermittlung der Anträge und Anmeldungen klar war, dass sie unverzüglich nach deren Einreichung zu übersenden waren, lässt Abs. 2 offen, **wann** die Kommission ihre Übermittlungspflicht zu erfüllen hat. S. 1 spricht von den Schriftstücken, die die Kommission „zusammengetragen hat". Dass deutet darauf hin, dass die Kommission nicht gehalten ist, Schriftstücke jeweils einzeln und unmittelbar nach deren Eingang an die Mitgliedstaaten weiterzuleiten; vielmehr kann sie die Schriftstücke „sammeln" und sie den Mitgliedstaaten spätestens dann übersenden, wenn sie intern eine Vorentscheidung darüber getroffen hat, dass und wie sie von den Entscheidungsermächtigungen der Art. 7–10 und 29 Abs. 1 Gebrauch machen will. Im Ergebnis bedeutet das, dass die Kommission **vor den** in Abs. 2 genannten **Entscheidungen** die Unterlagen übersenden muss; trifft sie keine Entscheidung, gibt es auch keine Übersendungspflicht. Abs. 2 enthält keine Ausnahme für Unterlagen, die **Geschäftsgeheimnisse** von Unternehmen enthalten. Die Kommission ist zur Übermittlung derartiger Unterlagen nicht nur berechtigt, sondern auch verpflichtet; sie muss aber zur Sicherung des Schutzes von „Berufsgeheimnissen" nach Art. 28 Abs. 2 die Teile der Unterlagen, die derartige Geschäftsgeheimnisse enthalten, kenntlich machen. Der Begriff der **„Unterlage"** ist nicht klar definiert. Er umfasst alle auf Papier oder Datenträgern abgespeicherten Dokumente, die für die Beweisführung in den zu entscheidenden Einzelfällen von Bedeutung sind. Er umfasst **nicht die interne Korrespondenz in der Kommission** oder die Korrespondenz der Kommission mit nationalen Behörden.

7 Die Kommission ist nicht zur Übermittlung sämtlicher Schriftstücke verpflichtet, sondern nur „der **wichtigsten**" (*Bardong* in MünchKomm VO 1/2003 Art. 11 Rn. 16). Sie hat insoweit also ein **Auswahlermessen.** Die Ausübung dieses Ermessens ist zu orientieren am Zweck der Unterrichtungspflicht, der sich an den Entscheidungen orientiert, für die die Unterlagen verwendet werden. Grundsätzlich sind also alle Unterlagen zu übermitteln, die für den Anlass und den Inhalt der Entscheidung von Bedeutung sind, insbesondere all die Unterlagen, die dann auch in der Entscheidung ausdrücklich zitiert werden. Während sich die Unterrichtungspflicht nach S. 1 auf **alle nationalen Wettbewerbsbehörden** bezieht, setzt die Verpflichtung nach

S. 2 ein **Ersuchen einer bestimmten Wettbewerbsbehörde** voraus. Sie kann die Kommission ersuchen, „andere bestehende Unterlagen zu übersenden", die für die Beurteilung des Falls erforderlich sind. Die Übersendung erfolgt nur gegenüber dem Mitgliedstaat, der darum ersucht. Die Gesetzesformulierung lässt offen, wer zu entscheiden hat, ob eine Unterlage für die Beurteilung des Falles erforderlich ist. Im Hinblick auf die Mitwirkungsbefugnis der nationalen Behörden im Beratenden Ausschuss nach Art. 14 muss es insoweit ausreichen, dass die **nationale Behörde nachvollziehbar geltend macht,** dass bestimmte Unterlagen, die sie selbst identifiziert, oder nach denen sie sich erkundigt, für die Beurteilung des Falles bzw. die Meinungsbildung der nationalen Behörden dazu von **Bedeutung sein können.** Wenn sich andere nationale Behörden dem Ersuchen einer einzelnen Behörde anschließen, hat die Übersendung der betroffenen Unterlagen auch gegenüber diesen zu erfolgen. Offen ist die Frage, welche Rechtsfolge sich aus einer Verletzung der Mitteilungspflicht ergibt. Grundsätzlich kann die Verletzung mit der Nichtigkeitsklage nach Art. 263 AEUV angefochten werden. Allerdings muss sich die Verletzung auf die Entscheidung ausgewirkt haben (*Bardong* in MünchKomm VO 1/2003 Art. 11 Rn. 23). Das wird in der Regel auszuschließen sein. Ein Klagerecht der betroffenen Unternehmen dürfte vor diesem Hintergrund in den meisten Fällen auszuschließen sein.

b) Unterrichtung der Kommission bei Einleitung des Verfahrens (Abs. 3). 8
Abs. 3 und 4 regeln **Informationsverpflichtungen der nationalen Behörden** gegenüber der Kommission. Abs. 3 betrifft die Unterrichtung bei Einleitung des Verfahrens, Abs. 4 die Unterrichtung vor Erlass einer Entscheidung. Nach Abs. 3 S. 1 sind die **Wettbewerbsbehörden der Mitgliedstaaten** verpflichtet, die Kommission schriftlich zu unterrichten, wenn sie aufgrund von Art. 101 oder 102 AEUV tätig werden wollen. Die Unterrichtungspflicht knüpft zeitlich an die „Einleitung der ersten förmlichen Ermittlungshandlung" an. Daraus wird deutlich, dass bei informellen Vorprüfungen oder Korrespondenzen über die Anwendung der Wettbewerbsregeln eine Unterrichtungspflicht noch nicht besteht; vielmehr setzt die Unterrichtungspflicht die **Einleitung eines Verfahrens** voraus, das möglicherweise mit einer Entscheidung über die Anwendung des Art. 101 oder 102 AEUV enden kann. Der Begriff der „förmlichen Ermittlungshandlung" ist, gemessen an diesem Zweck der Unterrichtungspflicht, weit zu fassen; er umfasst insbesondere jede förmliche Einleitungshandlung. Von der Unterrichtungspflicht werden auch alle Verfahren umfasst, die nationale Behörden auf der **Grundlage ihres nationalen Kartellrechts** einleiten, und in deren Rahmen sie nach Art. 3 Abs. 1 verpflichtet sind, auch Art. 101 oder 102 AEUV anzuwenden. Es kommt nicht darauf an, ob das Verfahren primär der Anwendung des nationalen Rechts dient; die Unterrichtungspflicht besteht immer dann, wenn neben dem nationalen Recht auch Art. 101 oder 102 AEUV angewendet werden (*Bardong* in MünchKomm VO 1/2003 Art. 11 Rn. 29, der zu Recht auf die Pflicht zu Anwendung der Art. 101 und 102 AEUV nach Art. 3 hinweist).

S. 1 enthält über das Erfordernis der **Schriftlichkeit** keine genaue Vorgabe darüber, wie die Unterrichtung der Kommission zu erfolgen hat. Die Unterrichtung macht aber nur Sinn, wenn die Kommission ihr entnehmen kann, gegen welche Unternehmen Art. 101 oder 102 AEUV angewendet werden sollen, aus welchem Grund und mit welchem Ziel. Im Allgemeinen reicht es aus, wenn die nationale Behörde der Kommission eine Kopie der beabsichtigten oder abgeschlossenen ersten förmlichen Ermittlungshandlung übersendet. S. 2 spricht davon, dass die Unterrichtung durch die nationale Behörde „auch den Wettbewerbsbehörden der anderen Mitgliedstaaten zugänglich gemacht werden" kann. Er lässt offen, durch wen diese Unterrichtung erfolgen kann. Jedenfalls ist die Kommission nach S. 2 berechtigt, die **Unterrichtung des einen Mitgliedstaates dem anderen zugänglich** zu machen. Verstößt die nationale Behörde gegen ihre Unterrichtungspflicht nach Abs. 3, berührt das nicht die Wirksamkeit oder die Rechtmäßigkeit der Ermittlungsmaßnahme gegenüber den 9 betroffenen Unternehmen. Diese können sich also nicht mit Aussicht auf Erfolg auf einen derartigen Verstoß berufen (differenzierend *Bardong* in MünchKomm VO 1/2003 Art. 11 Rn. 63).

10 **c) Unterrichtung der Kommission vor Erlass einer Entscheidung.** Nach Abs. 4 haben die Behörden der Mitgliedstaaten die Kommission vor Erlass einer Entscheidung, die den in Abs. 2 genannten Entscheidungen der Kommission nach Art. 7–10 und 29 Abs. 1 entspricht, über ihre **Absicht** zu unterrichten, **eine Entscheidung zu erlassen.** Abs. 4 setzt voraus, dass die nationalen Wettbewerbsbehörden nach dem für sie geltenden Recht befugt sind, derartige Entscheidungen zu erlassen. Das ist in Deutschland durch die 7. GWB-Novelle 2005 in § 50 und § 50a GWB detailliert geregelt worden. Der Entscheidung der Kommission über die Feststellung und Abstellung von Zuwiderhandlungen nach Art. 7 entspricht § 32 GWB, dem Art. 8 über einstweilige Maßnahmen § 32a GWB, dem Art. 9 über die Verpflichtungszusagen § 32b GWB und dem Art. 10 über die Feststellung der Nichtanwendbarkeit § 32c GWB (vgl. aber zur auch im Wortlaut von § 32c GWB zu findenden Einschränkung iSv „kein Anlass zum Tätigwerden" EuGH Slg. 2011 I-3055 Rn. 24ff. Tele2 Polska). Dem Art. 29 Abs. 1 über den Entzug einer Gruppenfreistellung entspricht § 32d GWB. Für die Unterrichtungspflicht spielt es keine Rolle, ob die beabsichtigte Entscheidung primär auf EU-Recht gestützt ist, oder ob das EU-Recht nur deswegen angewendet wird, weil Art. 3 Abs. 1 dessen parallele Anwendung neben dem nationalen Recht vorschreibt.

11 Über Art und Inhalt der Unterrichtung sieht S. 2 vor, dass die nationale Behörde alternativ entweder „eine **zusammenfassende Darstellung des Falles**", den **Entwurf** der in Aussicht genommenen Entscheidung oder „jede **sonstige Unterlage,** der die geplante Vorgehensweise zu entnehmen ist", übersendet. Gemessen an der Praxis des Bundeskartellamtes reicht es aus, wenn der Kommission die zum Zwecke der Einräumung des rechtlichen Gehörs ergehende **„Abmahnung"** der durch die Entscheidung benachteiligten Unternehmen übersandt wird. Dieser Weg ist aber nur gangbar, wenn diese Abmahnung schon mindestens 30 Tage vor Erlass der Entscheidung vorliegt. Andernfalls muss die nationale Behörde eigens für die Unterrichtung der Kommission eine „zusammenfassende Darstellung des Falles" fertigen oder sonstige Unterlagen übersenden, die der Kommission Aufschluss über die betroffenen Unternehmen und den Inhalt der beabsichtigten Entscheidung geben. Die Information muss insgesamt so umfassend und klar sein, dass die Kommission informell auf den Inhalt der Entscheidung noch einwirken kann oder formell auch eine Entscheidung darüber treffen kann, dass sie nach Abs. 6 ein Verfahren einleitet.

12 Nach S. 4 kann die Kommission von der nationalen Wettbewerbsbehörde **weitere Informationen** verlangen, die für die Beurteilung des Falles erforderlich sind. Bei diesem Erforderlichkeitskriterium kommt es auf die Auffassung der Kommission an. Da im Zeitpunkt der Beurteilung die Information noch nicht vorliegt, muss es ausreichen, wenn die Information für die Beurteilung des Falles (nach Auffassung der Kommission) von Bedeutung sein kann.

13 Sowohl die Ausgangsinformation als auch die ergänzenden Informationen, die die nationale Behörde der Kommission zu erteilen hat, können von der nationalen Behörde ebenso wie von der Kommission auch den **Wettbewerbsbehörden der anderen Mitgliedstaaten** zugänglich gemacht werden. Da die informierende Behörde über die Informationen verfügungsberechtigt ist, bedürfte es zu ihren Gunsten dieser Vorschrift nicht; vielmehr haben die S. 3 und 5 ihren Sinn primär darin, dass die Kommission diese Informationen an die anderen Behörden weitergeben kann. Es besteht kein Anlass zur Annahme, dass die Kommission diese Weitergabe nur zugunsten **aller** Wettbewerbsbehörden vornehmen kann; vielmehr kann es je nach Lage des Falles auch sinnvoll sein – und ist durch S. 3 und 5 gedeckt –, dass die Kommission die Information einer oder einigen Wettbewerbsbehörden weitergibt, die einen besonde-

ren Bezug zu diesem Fall aufweisen. Dieser kann sich zB aus Auswirkungen dieses Falles auch auf das Gebiet dieser Wettbewerbsbehörden oder parallelen Verfahren ergeben, die diese gegen dieselben oder dritte Unternehmen durchführen. Für den **Geschäftsgeheimnisschutz** gilt Art. 28 Abs. 2.

Nach S. 6 können die nationalen Wettbewerbsbehörden Informationen, die nach den vorstehenden Sätzen gegenüber der Kommission mitteilungspflichtig sind, auch untereinander austauschen. Diese Vorschrift sichert, dass der Geschäftsgeheimnisschutz nach Art. 28 Abs. 2 auch für diese **horizontal ausgetauschten Informationen** gilt. An sich bedürfte es der Vorschrift nicht, weil die Behörde, die die Informationen liefert, über diese verfügungsberechtigt ist und sie dementsprechend (vorbehaltlich des Geschäftsgeheimnisschutzes) auch anderen Behörden zur Verfügung stellen kann. S. 6 hat aber den Charakter eines Programmsatzes in dem Sinne, dass die Behörden aufgefordert sind, sich auch horizontal zu informieren und Informationen auszutauschen. Einzelheiten dazu sind in der ECN-Kooperations-Bekanntmachung enthalten. 14

4. Wegfall der nationalen Zuständigkeit nach Verfahrenseinleitung durch die Kommission (Abs. 6)

a) Grundsätze. Abs. 6 entspricht teilweise **Art. 9 Abs. 3 VO 17/62.** Danach blieben die Behörden der Mitgliedstaaten zuständig, ex-Art. 81 Abs. 1 (nicht Abs. 3!) und Art. 82 EG anzuwenden, „solange die Kommission kein Verfahren" eingeleitet hatte. Das bedeutete in der Umkehrung, dass die Behörden der Mitgliedstaaten ex-Art. 81 Abs. 1 und ex-82 EG nicht mehr anwenden durften, sobald die Kommission ein Verfahren eingeleitet hatte; die **Verfahrenseinleitung durch die Kommission** bildete also ein **Verfahrenshindernis für die nationalen Behörden,** allerdings nur für die Anwendung der EG-Wettbewerbsregeln, nicht für die Anwendung ihres nationalen Kartellrechts (dazu EuGH Slg. 1969, 1, 13 Walt Wilhelm). Die Kommission kann die – nach der VO 1/2003 grundsätzlich erwünschte – Tätigkeit einer nationalen Behörde in einem Einzelfall dadurch beenden oder ausschließen, dass sie selbst ein Verfahren einleitet. Diese Befugnis steht der Kommission nach pflichtgemäßem Ermessen zu. Sie ist von der Einleitung eines Verfahrens nicht dadurch gehindert, dass bereits eine nationale Wettbewerbsbehörde ein Verfahren eingeleitet hat (EuG Slg. 2007 II-521 Rn. 79 France Telecom). Die Kommission ist allerdings zur loyalen Zusammenarbeit verpflichtet (vgl. *Rizzuto,* ECLR 2008, 286, 291). Die Kommission hat ihre Anwendungspraxis zu Art. 11 Abs. 6 in der ECN-Bekanntmachung (dort Rn. 50ff.) konkretisiert. 15

b) Verfahrenseinleitung durch die Kommission. Die Ausschlusswirkung des Abs. 6 tritt nur ein, wenn die Kommission ein **Verfahren zum Erlass einer Entscheidung** nach Kapitel 3, also der Art. 7–10, einleitet. Anders als in Abs. 2 ist nicht das Verfahren nach Art. 29 Abs. 1 eingeschlossen, nämlich das Verfahren zum **Entzug des Rechtsvorteils einer Gruppenfreistellung** in einem Einzelfall. Nach Art. 29 Abs. 2 kann die Behörde eines Mitgliedstaates den Vorteil der Gruppenfreistellung nur für diesen Mitgliedstaat oder ein Teilgebiet dieses Mitgliedstaates entziehen, wenn diese Gebiete gesonderte räumlich relevante Märkte sind. Offenbar geht die Verordnung 1/2003 davon aus, dass sich der Vorrang der Entscheidungsbefugnis der Kommission nach Art. 29 Abs. 2 aus Art. 29 selbst ergibt, so dass für die Anwendung des Art. 11 Abs. 6 auf das Entzugsverfahren kein Anlass bestand (→ Art. 29 Rn. 13). Der Sache nach gilt aber auch bei Entzugsverfahren nichts anderes als nach Abs. 6: Ein Entzugsverfahren der Kommission, das das Gebiet eines Mitgliedstaates einschließt, schließt es aus, dass dieser Mitgliedstaat ein eigenes Entzugsverfahren einleitet oder fortsetzt. 16

Abs. 6 setzt eine **formalisierte Verfahrenseinleitung** voraus (so auch ECN-Bekanntmachung, Anhang B 28 Rn. 52; ausführlich dazu *Leopold* EWS 2004, 539ff.). 17

Diese ist als solche in der VO 1/2003 nicht geregelt. Insoweit gilt die frühere Rechtsprechung zu Art. 9 Abs. 3 VO 17/62 fort. Für die Verfahrenseinleitung im Sinne dieser Vorschrift war Voraussetzung ein „hoheitlicher Rechtsakt der Kommission", der deren Willen zum Ausdruck bringt, eine Entscheidung nach den genannten Artikeln herbeizuführen (EuGH Slg. 1973, 51, 88 de Haecht II; Slg. 1981, 2639, 2653 IBM). Die Verfahrenseinleitung ergibt sich noch nicht ohne weiteres aus einer Wahrnehmung der Ermittlungsbefugnisse der Art. 17ff., also aus der Einholung von Auskünften oder der Durchführung von Nachprüfungen. Vielmehr können diese Ermittlungsbefugnisse auch der Klärung der Frage dienen, ob ein Verfahren eingeleitet werden soll oder nicht. Erforderlich ist eine **ausdrückliche interne Entscheidung** innerhalb der Kommission, ein Verfahren einzuleiten; häufig erfolgt diese zeitgleich mit der Versendung der Beschwerdepunkte. Die Verfahrenseinleitung muss jedenfalls auch gegenüber den betroffenen Unternehmen kundgetan werden. Wenn die Kommission die Ausschlusswirkung des Abs. 6 in Anspruch nehmen will, muss sie deswegen darauf bedacht sein, die Verfahrenseinleitung nach diesen Grundsätzen vorzunehmen. Da es sich bei der Verfahrenseröffnung um eine nur vorbereitende Verfahrenshandlung handelt, ist diese **nicht selbständig anfechtbar** (vgl. EuGH Slg. 1981, 2639, 2654 IBM). Das gilt sowohl für die von einer Verfahrenseröffnung betroffenen Unternehmen (so auch *Leopold* EWS 2004, 539, 549f.), aber auch für den Mitgliedstaat, dessen Wettbewerbsbehörde durch die Verfahrenseröffnung der Kommission betroffen wird (aA *Leopold* aaO 545; *Schwarze/Weitbrecht* S. 172, die im Verhältnis zu den Mitgliedstaaten eine „Endentscheidung" annehmen; vgl. auch *Schwarze,* FS Bechtold, 2006, S. 483, 491). Würde man in der Verfahrenseröffnung eine für den Mitgliedstaat anfechtbare Entscheidung sehen, hätte dies uU gravierende Auswirkungen für das durch die Verfahrenseröffnung betroffene Unternehmen. Das gilt nicht nur im Hinblick auf die voraussichtlich erheblich verlängerte Verfahrensdauer. Den Unternehmen würde auch die Gewissheit fehlen, dass die „richtige" Behörde ihren Fall behandelt. Dies kann zu einer unhaltbaren Ungewissheit für die betroffenen Unternehmen führen.

18 **c) Wirkung der Verfahrenseinleitung.** Hat die Kommission ein Verfahren eingeleitet, **entfällt damit die Zuständigkeit der Wettbewerbsbehörden der Mitgliedstaaten** für die Anwendung der Art. 101 und 102 AEUV. Das bedeutet zunächst, dass die Behörden des Mitgliedstaates kein Verfahren mehr einleiten dürfen. Hat eine nationale Behörde schon ein Verfahren eingeleitet, dann darf dieses nicht fortgesetzt werden; es muss eingestellt werden. Allerdings ist in diesem Fall nach S. 2 die Kommission gehalten, ihr Verfahren erst einzuleiten, nachdem sie die Wettbewerbsbehörde, die schon ein Verfahren durchführt, konsultiert hat. Die Verfahrenseinleitung der Kommission hindert auch die Einleitung oder Fortsetzung eines nationalen Verfahrens, **soweit es auf nationales Recht gestützt** ist, die nationale Behörde nach Art. 3 Abs. 1 aber verpflichtet ist, auch Art. 101 und 102 AEUV anzuwenden. Eine isolierte Fortsetzung des Verfahrens ausschließlich auf nationaler Rechtsgrundlage würde das Ziel des Art. 3 Abs. 1, unterschiedliche Ergebnisse zwischen nationalem und EG-Recht zu vermeiden, konterkarieren (hierzu EuGH 14.2.2012 C-17/10 Rn. 78 Toshiba u. a.; hierzu ausführlich auch die Schlussanträge von *GA Kokott* 8.9.2011 Rn. 72ff.).

19 Abs. 6 setzt voraus, dass das Verfahren der Kommission und das – gehinderte – Verfahren der nationalen Kartellbehörde **identisch** sind. Die Identität liegt jedenfalls vor, wenn sich die **betroffenen Unternehmen** und der mögliche Verfahrensausgang entsprechen. Soweit das Verfahren der nationalen Behörde auch andere Unternehmen einbezieht, tritt die Hinderungswirkung des Abs. 6 nicht ein. Der Identität der beiden Verfahren steht nicht entgegen, dass sie ganz oder teilweise zu **unterschiedlichen Rechtsfolgen** führen können, zB im deutschen Recht auch zu einer verwaltungsrechtlichen Vorteilsabschöpfung durch die Kartellbehörde (§ 34 GWB). Wenn

der Verfahrensgegenstand identisch ist, schließt die Verfahrenseinleitung durch die Kommission jede weitere Verfahrensdurchführung durch die nationale Behörde aus, unabhängig von der Möglichkeit unterschiedlicher Verfahrensergebnisse. Gleiches gilt für das Verhältnis von Haupt- und Nebenverfahren. Wenn die Kommission ein Verfahren eingeleitet hat, kann die nationale Behörde auch keine einstweiligen Maßnahmen – wie in Deutschland nach § 32a GWB – treffen.

Zeitlich hindert die Verfahrenseinleitung durch die Kommission nur die Einleitung oder Fortführung eines nationalen Verfahrens (zur zeitlichen Dimension der Verfahrenseröffnung durch die Kommission für den Fall eines Beitrittsstaates EuGH 14.2.2012 C-17/10 Rn. 79f. Toschiba u. a. n. v.). Ist dieses Verfahren **abgeschlossen,** hat die Verfahrenseinleitung der Kommission **keine Auswirkung mehr auf die Wirksamkeit dieses Verfahrensabschlusses.** Ist das nationale Verfahren zwar vor der Verwaltungsbehörde abgeschlossen, aber noch bei Gericht anhängig, darf das Verfahren bei Gericht nicht fortgeführt werden; vielmehr tritt durch die Verfahrenseinleitung der Kommission aufgrund des Abs. 6 eine Erledigung des Gerichtsverfahrens ein. Die Auswirkung auf eine rechtskräftige vorhergehende Entscheidung der nationalen Behörde die Verfahrenseinleitung richtet sich nicht nach Abs. 6. Vielmehr kommt dann nur in erweiternder Anwendung des Art. 16 ein in nationalem Recht durchzusetzender Anspruch eines dadurch belastenden Unternehmens in Betracht, dass die widersprechende Entscheidung der Behörde nicht mehr vollzogen werden kann oder aufzuheben ist (→ Art. 16 Rn. 9). 20

Art. 12 Informationsaustausch

(1) **Für die Zwecke der Anwendung der Artikel 81 und 82 des Vertrags sind die Kommission und die Wettbewerbsbehörden der Mitgliedstaaten befugt, einander tatsächliche oder rechtliche Umstände einschließlich vertraulicher Angaben mitzuteilen und diese Informationen als Beweismittel zu verwenden.**

(2) **Die ausgetauschten Informationen werden nur zum Zweck der Anwendung von Artikel 81 oder 82 des Vertrags sowie in Bezug auf den Untersuchungsgegenstand als Beweismittel verwendet, für den sie von der übermittelnden Behörde erhoben wurden. Wird das einzelstaatliche Wettbewerbsrecht jedoch im gleichen Fall und parallel zum gemeinschaftlichen Wettbewerbsrecht angewandt und führt es nicht zu anderen Ergebnissen, so können nach diesem Artikel ausgetauschte Informationen auch für die Anwendung des einzelstaatlichen Wettbewerbsrechts verwendet werden.**

(3) **Nach Absatz 1 ausgetauschte Informationen können nur als Beweismittel verwendet werden, um Sanktionen gegen natürliche Personen zu verhängen, wenn**
- **das Recht der übermittelnden Behörde ähnlich geartete Sanktionen in Bezug auf Verstöße gegen Artikel 81 oder 82 des Vertrags vorsieht oder, falls dies nicht der Fall ist, wenn**
- **die Informationen in einer Weise erhoben worden sind, die hinsichtlich der Wahrung der Verteidigungsrechte natürlicher Personen das gleiche Schutzniveau wie nach dem für die empfangende Behörde geltenden innerstaatlichen Recht gewährleistet. Jedoch dürfen in diesem Falle die ausgetauschten Informationen von der empfangenden Behörde nicht verwendet werden, um Haftstrafen zu verhängen.**

1. Überblick

1 Das Verhältnis zwischen Art. 11 und 12 ergibt sich nicht ohne weiteres aus dem Wortlaut dieser Vorschriften. Art. 11 regelt die „vertikale" Zusammenarbeit zwischen der Kommission und den Behörden der Mitgliedstaaten, nicht die „horizontale" Zusammenarbeit zwischen den Mitgliedstaaten untereinander. Er verpflichtet teils die Kommission, teils die Behörden der Mitgliedstaaten zur Unterrichtung der jeweils anderen Seite aus Anlass der Vorbereitung oder Durchführung von Verfahren, die Einzelfälle abschließen. Art. 12 enthält demgegenüber **eine von einzelnen Verfahren losgelöste Ermächtigung,** keine Verpflichtung, **zum Informationsaustausch.** Er erfasst nicht nur das **„vertikale" Verhältnis** zwischen Kommission und den Behörden der Mitgliedstaaten, sondern auch das **„horizontale" Verhältnis** der Mitgliedstaaten untereinander. Diese Ermächtigung gilt auch dann, wenn nationale Vorschriften den Informationsaustausch ausschließen sollten; insoweit geht Gemeinschaftsrecht vor. Wesentlich ist die **Beschränkung der Informationsverwendung,** insbesondere im Hinblick auf vertrauliche Unterlagen; sie dürfen von den empfangenden Behörden nur für die Anwendung des Art. 101 und 102 AEUV nutzbar gemacht werden, nicht für andere Zwecke auf Abs. 2. Abs. 3 enthält besondere Vorschriften für die (gerade auch in Deutschland relevanten) Fälle, dass die Anwendung der Art. 101 und 102 AEUV zu Sanktionen gegen natürliche Personen führen kann.

2. Ermächtigung zum Informationsaustausch (Abs. 1)

2 Abs. 1 gilt nicht nur für das Verhältnis zwischen Kommission und Mitgliedstaaten, sondern auch zwischen den Mitgliedstaaten untereinander (vgl. dazu auch ECN-Bekanntmachung, Ziffer 27). Abs. 1 enthält **keine Verpflichtung** zum Informationsaustausch. Allerdings ist er im Lichte des Art. 4 Abs. 3 EUV und im Hinblick auf das Ziel der einheitlichen Anwendung des gemeinschaftlichen Wettbewerbsrechts nach Art. 16 als **Aufforderung** an alle beteiligten Behörden **zum gegenseitigen Informationsaustausch** zu verstehen (so auch *Hossenfelder* in L/M/R VerfVO Art. 12 Rn. 9). Rechtlich hat er seine besondere Bedeutung darin, dass nationale Vorschriften, die eine nationale Behörde daran hindern könnten, am Informationsaustausch teilzunehmen, nicht mit widersprechendem Ergebnis angewendet werden können. Das gilt insbesondere im Hinblick darauf, dass der Informationsaustausch **auch vertrauliche Angaben umfassen** darf. Der Schutz als Geschäftsgeheimnis ist durch Art. 28 gewährleistet. Das Interesse, dass unternehmensindividuelle Informationen nicht für andere Zwecke als die Anwendung der Wettbewerbsregeln verwendet werden, ist durch Abs. 2 geschützt.

3. Verwendungsbeschränkungen für die Anwendung des Art. 101 und 102 AEUV (Abs. 2)

3 Die **VO 17/62** enthielt zwar in Art. 10 die Verpflichtung der Kommission, die Mitgliedstaaten über laufende Verfahren und die dabei erhobenen Schriftstücke zu informieren, regelte aber **nicht** die **Verwendung** dieser Informationen **durch die Behörden der Mitgliedstaaten.** Im Falle Spanischer Bankenverband hat der Gerichtshof klargestellt, dass alle Informationen, die die nationalen Behörden im Zusammenhang mit dem ihnen nach der VO 17/62 zugewiesenen Funktionen erhalten, nicht für andere Verfahren verwendet werden dürfen, und zwar entsprechend der damaligen Rechtslage auch nicht für Verfahren auf der Grundlage nationaler Kartellvorschriften (EuGH Slg. 1992 I-4820 = EuZW 1992, 671, 673f., Rn. 33ff. mit Anmerkung *Bechtold*).

4 Diese Rechtslage hat sich durch die Verpflichtung der nationalen Behörden nach Art. 3 Abs. 1, in Fällen „oberhalb" der Zwischenstaatsklausel neben dem nationalen

Kartellrecht auch EU-Recht anzuwenden, geändert; dem trägt Abs. 2 dadurch Rechnung, dass die erlangten Informationen zwar nur für die Anwendung der Art. 101 und 101 AEUV verwendet werden dürfen, bei **paralleler Anwendung des nationalen Wettbewerbsrechts** entsprechend Art. 3 Abs. 1 aber auch für diesen Zweck. Der Vorbehalt in Abs. 2 S. 2, dass die Anwendung nationalen Wettbewerbsrechts **„nicht zu anderen Ergebnissen“** als die Anwendung der Art. 101 und 102 AEUV führt, hat für Art. 101 keine Bedeutung. Nach Art. 3 Abs. 2 S. 1 darf nationales Kartellrecht im Anwendungsbereich des Art. 101 nicht mit anderen Ergebnissen als diese Vorschrift angewendet werden. Bedeutung hat die Regelung allerdings für Art. 102, weil insoweit Art. 3 Abs. 2 in S. 2 nicht ausschließt, dass nationales Recht mit strengeren Ergebnissen angewendet wird. Kommt das in Betracht, dürfen die Informationen, die die nationale Behörde erhalten hat, insoweit nicht verwertet werden.

4. Verwendungsbeschränkungen für Sanktionen gegen natürliche Personen (Abs. 3)

5 Nach dem System der VO 1/2003 kann die **Kommission** bei Verstößen gegen Art. 101 oder 102 AEUV **nur Unternehmen** verwaltungsrechtlich oder bußgeldrechtlich sanktionieren, **nicht natürliche Personen.** Im deutschen Recht gilt anderes für Geldbußen. Das deutsche Ordnungswidrigkeitenrecht, das insoweit Anwendung findet, geht davon aus, dass nur natürliche Personen Ordnungswidrigkeiten begehen können, deswegen werden primär gegen sie die in § 81 GWB vorgesehenen Geldbußen verhängt. Geldbußen, die gegen Unternehmen verhängt werden, haben ihre Grundlage in § 30 OWiG. Die hiernach gegen ein Unternehmen festzusetzende Geldbuße knüpft an die Strafe oder Ordnungswidrigkeit einer natürlichen Person an. Abs. 3 enthält Vorkehrungen dagegen, dass Informationen, die Unternehmen belasten, nicht ohne weiteres auch gegen natürliche Personen verwendet werden können (*Hossenfelder* in L/M/R VerfVO Art. 12 Rn. 12; *Bardong* in MünchKomm VO 1/2003 Art. 12 Rn. 85). Diese Vorkehrungen gelten auch für den Fall, dass das **„Unternehmen“,** das sanktioniert wird, eine **natürliche Person ist.**

6 Nach dem **1. Spiegelstrich** in Abs. 3 können die empfangenen Informationen als Grundlage für Sanktionen gegen natürliche Personen verwendet werden, wenn derartige Sanktionen auch nach dem **Recht der übermittelnden Behörde möglich** sind. Im Verhältnis zwischen Kommission als übermittelnder Behörde und nationalen Wettbewerbsbehörden bedeutet dies, dass die nationale Wettbewerbsbehörde die von der Kommission erlangten Informationen nur dann gegen eine natürliche Person verwenden darf, wenn diese das Unternehmen ist, das Unternehmen also aus einer natürlichen Person besteht. Für das Verhältnis zwischen Kommission und Bundeskartellamt bedeutet das außerhalb des Sonderfalles, dass die Information eine natürliche Person als Unternehmen betrifft, Folgendes: Das Bundeskartellamt kann Informationen, die es von der Kommission erhalten hat, nur für die Ahndung der juristischen Person nach § 30 OWiG verwenden, nicht auch für die Ahndung der natürlichen Person. Gegebenenfalls hat das Bundeskartellamt ein **selbständiges Bußgeldverfahren gegen das Unternehmen** ohne gleichzeitige Ahndung der natürlichen Person nach § 30 Abs. 4 OWiG durchzuführen (*Bardong* in MünchKomm VO 1/2003 Art. 12 Rn. 87). Im – „horizontalen“ – Verhältnis **zwischen mehreren nationalen Wettbewerbsbehörden** ist die Verwendung der Information gegen eine natürliche Person nur möglich, wenn im Recht der die Information liefernden nationalen Behörden eine natürliche Person aufgrund dieser Informationen sanktioniert werden könnte.

7 Für den Fall, dass die Voraussetzung des 1. Spiegelstriches nicht vorliegen, sieht der **2. Spiegelstrich** vor, dass die Informationen nur gegen natürliche Personen verwendet werden dürfen, wenn die Information mit einem **Schutzniveau** erlangt worden sind, die dem Schutzniveau in dem empfangenden Mitgliedstaat entsprechen. Kei-

nesfalls dürfen Informationen allerdings für die **Verhängung von Haftstrafen** verwendet werden. Beim Vergleich der Schutzniveaus der Rechtsordnungen der informierenden und der empfangenden Behörde, kommt es insbesondere auf die **Verteidigungsrechte** an. Das hat besondere Bedeutung für den Fall, dass die Kommission der nationalen Behörde Informationen liefert, die sie nach Art. 18 oder 20 erlangt hat, und in denen sie Unternehmen veranlasst hat, sie belastende Informationen zu liefern. Das Schutzniveau der EU-Bußgeldverfahren liegt im Bereich der **Selbstbeschuldigung** und der **Selbstbelastung** deutlich unter dem Deutschlands und anderer Mitgliedstaaten (*Bardong* in MünchKomm VO 1/2003 Art. 12 Rn. 99). Nach deutschem Ordnungswidrigkeiten-Verfahrensrecht ist weder ein Unternehmen noch eine natürliche Person gezwungen, sich selbst zu belasten. Ist ein Unternehmen zB nach Art. 18 veranlasst worden, genaue Informationen darüber zu liefern, ob eine bestimmte natürliche Person an Kartelltreffen teilgenommen hat, können diese dann nicht im nationalen Verfahren gegen diese Person verwendet werden.

Art. 13 Aussetzung und Einstellung des Verfahrens

(1) **Sind die Wettbewerbsbehörden mehrerer Mitgliedstaaten aufgrund einer Beschwerde oder von Amts wegen mit einem Verfahren gemäß Artikel 81 oder Artikel 82 des Vertrags gegen dieselbe Vereinbarung, denselben Beschluss oder dieselbe Verhaltensweise befasst, so stellt der Umstand, dass eine Behörde den Fall bereits bearbeitet, für die übrigen Behörden einen hinreichenden Grund dar, ihr Verfahren auszusetzen oder die Beschwerde zurückzuweisen. Auch die Kommission kann eine Beschwerde mit der Begründung zurückweisen, dass sich bereits eine Wettbewerbsbehörde eines Mitgliedstaats mit dieser Beschwerde befasst.**

(2) **Ist eine einzelstaatliche Wettbewerbsbehörde oder die Kommision mit einer Beschwerde gegen eine Vereinbarung, einen Beschluss oder eine Verhaltensweise befasst, die bereits von einer anderen Wettbewerbsbehörde behandelt worden ist, so kann die Beschwerde abgewiesen werden.**

1. Verfahren mehrerer Behörden

1 Art. 13 geht von der Möglichkeit aus, dass wegen ein und desselben Sachverhalts **mehrere Behörden Verfahren durchführen.** Er enthält nicht den Grundsatz, dass eine solche Verfahrenshäufung unzulässig ist, sondern nur die Möglichkeit, sie durch Zurückweisung von Beschwerden zu vermeiden. Umgekehrt kann der Regelung nicht entnommen werden, dass es für die Parallelität von Verfahren keine Grenzen gäbe; insbesondere ist es nicht möglich, Art. 13 im Sinne einer Einschränkung des Grundsatz ne bis in idem zu interpretieren (vgl. dazu auch *Lampert/Niejahr/Kübler/Weidenbach* Art. 13 Rn. 254). Art. 13 schließt also nicht aus, dass ein Tätigwerden oder die Einleitung eines Verfahrens durch eine Behörde aus anderen als den in Art. 13 vorgesehenen Gründen abgelehnt wird, insbesondere dann, wenn ein solches Verfahren gegen den Grundsatz des ne bis in idem verstoßen würde.

2 Damit verbindet sich die Frage, ob nationale Verfahren auf der Grundlage des Art. 101 und 102 AEUV allein deswegen unterschiedliche Verfahrensgegenstände betreffen, weil möglicherweise jeweils nur die **nationalen Auswirkungen eines Verstoßes** gegen Art. 101 oder 102 AEUV berücksichtigt werden. Unseres Erachtens ist das nicht der Fall. Für die Identität im Sinne des ne bis in idem reicht es aus, wenn sich die Handlungen, die Gegenstand der Verfahren sind, auch nur **partiell überschneiden.** Soweit es um eine Handlung geht, die sich in verschiedenen Mitgliedstaaten auswirkt, ist die Handlung, die Gegenstand des Verfahrens im Mitgliedstaat A ist, identisch mit der Handlung, die Gegenstand des Verfahrens im Mitgliedstaat B ist.

Darauf hat es keinen Einfluss, dass die von den einzelnen Mitgliedstaaten verhängten (Geldbußen-)Sanktionen möglicherweise nur orientiert sind an den Auswirkungen in dem jeweiligen Mitgliedstaat. Es ist gerade Sinn des Informationsaustausches zwischen den Wettbewerbsbehörden und der Aufgabenverteilung im „Netzwerk" der Kartellbehörden, dass die jeweils auch im Hinblick auf die Sanktionen „geeignete" Behörde das Verfahren durchführt. Geht es um erhebliche Auswirkungen in verschiedenen Mitgliedstaaten, spricht das dafür, dass die Kommission ihre Zuständigkeit wahrnimmt.

2. Zurückweisung von Beschwerden

a) Grundsätze. Abs. 1 regelt den Fall, dass bei einer Behörde (der Kommission oder der Wettbewerbsbehörde eines Mitgliedstaats) eine Beschwerde wegen eines Sachverhalts eingeht, mit dem sich schon eine andere Behörde befasst; Kennzeichen ist also die **Gleichzeitigkeit von Beschwerde und Befassung einer anderen Behörde.** Dem gegenüber befasst sich Abs. 2 mit einem zeitlich gestaffelten Vorgang: Es wird bei der Kommission oder einer mitgliedstaatlichen Behörde Beschwerde wegen eines Falles eingereicht, mit dem sich eine andere Behörde schon abschließend befasst hat (*Schneider* in MünchKomm VO 1/2003 Art. 13 Rn. 31). In beiden Fällen kann die Beschwerde zurückgewiesen werden. Das ist in Rechtsordnungen, in denen ohnehin keine Verpflichtung zur Behandlung solcher Beschwerden besteht, an sich nicht regelungsbedürftig. Art. 13 hat deswegen einmal Bedeutung für die Fälle, in denen Verwaltungsbehörden nicht ohne weiteres berechtigt sind, Beschwerden zurückzuweisen; zum anderen hat er Bedeutung als Bestätigung des **Grundsatzes, dass ein und derselbe Kartellsachverhalt möglichst nur von einer Behörde bearbeitet** werden soll. 3

b) Abweisung von Beschwerden durch die Kommission. Nach der – fortgeltenden – Rechtsprechung zur VO 17/62 ist die Kommission grundsätzlich nicht verpflichtet, auf Beschwerden hin in Einzelfällen tätig zu werden (vgl. dazu Art. 7 Rn. 31). Sie ist allerdings gehalten, Beschwerden zu **prüfen und eine Zurückweisung zu begründen.** Die Zurückweisung kann insbesondere auch damit begründet werden, dass **kein ausreichendes Gemeinschaftsinteresse** an der Verfolgung der Beschwerde besteht (st. Rspr.; vgl. zB EuG Slg. 1992 II-2250 Automec II; EuG Slg. 1994 II-287 BEUC und NCC; EuGH 19.9.2013 Rs. C-56/12 P Tintenpatronen, NZKart 2013 500). Im System der VO 1/2003 ist die Befugnis der Kommission, ein Gemeinschaftsinteresse an der Verfolgung einer Beschwerde zu verneinen, tendenziell ausgeweitet worden. Nach Art. 7 VO 773/2004 muss die Kommission dann, wenn sie einer Beschwerde nicht nachgehen will, dies dem Beschwerdeführer zusammen mit den Gründen mitteilen und ihm Gelegenheit zur schriftlichen Stellungnahme geben; im Anschluss daran kann sie die Beschwerde zurückweisen. Art. 9 VO 773/2004 verpflichtet die Kommission bei Ablehnung einer Beschwerde wegen noch laufender oder schon abgeschlossener Behandlung desselben Falles durch eine einzelstaatliche Wettbewerbsbehörde, dem Beschwerdeführer mitzuteilen, welche einzelstaatliche Wettbewerbsbehörde den Fall derzeit behandelt oder bereits behandelt hat. 4

Art. 14 Beratender Ausschuss

(1) **Vor jeder Entscheidung, die nach Maßgabe der Artikel 7, 8, 9, 10 und 23, Artikel 24 Absatz 2 und Artikel 29 Absatz 1 ergeht, hört die Kommission einen Beratenden Ausschuss für Kartell- und Monopolfragen.**

(2) **Für die Erörterung von Einzelfällen setzt der Beratende Ausschuss sich aus Vertretern der Wettbewerbsbehörden der Mitgliedstaaten zusammen. Für Sitzungen, in denen andere Fragen als Einzelfälle zur Erörterung**

stehen, kann ein weiterer für Wettbewerbsfragen zuständiger Vertreter des jeweiligen Mitgliedstaats bestimmt werden. Die Vertreter können im Falle der Verhinderung durch andere Vertreter ersetzt werden.

(3) **Die Anhörung kann in einer von der Kommission einberufenen Sitzung, in der die Kommission den Vorsitz führt, frühestens 14 Tage nach Absendung der Einberufung, der eine Darstellung des Sachverhalts unter Angabe der wichtigsten Schriftstücke sowie ein vorläufiger Entscheidungsvorschlag beigefügt wird, erfolgen. Bei Entscheidungen nach Artikel 8 kann die Sitzung sieben Tage nach Absendung des verfügenden Teils eines Entscheidungsentwurfs abgehalten werden. Enthält eine von der Kommission abgesendete Einberufung zu einer Sitzung eine kürzere Ladungsfrist als die vorerwähnten Fristen, so kann die Sitzung zum vorgeschlagenen Zeitpunkt stattfinden, wenn kein Mitgliedstaat einen Einwand erhebt. Der Beratende Ausschuss nimmt zu dem vorläufigen Entscheidungsvorschlag der Kommission schriftlich Stellung. Er kann seine Stellungnahme auch dann abgeben, wenn einzelne Mitglieder des Ausschusses nicht anwesend und nicht vertreten sind. Auf Antrag eines oder mehrerer Mitglieder werden die in der Stellungnahme aufgeführten Standpunkte mit einer Begründung versehen.**

(4) **Die Anhörung kann auch im Wege des schriftlichen Verfahrens erfolgen. Die Kommission muss jedoch eine Sitzung einberufen, wenn ein Mitgliedstaat dies beantragt. Im Fall eines schriftlichen Verfahrens setzt die Kommission den Mitgliedstaaten eine Frist von mindestens 14 Tagen für die Übermittlung ihrer Bemerkungen, die an die anderen Mitgliedstaaten weitergeleitet werden. In Bezug auf Entscheidungen nach Artikel 8 gilt eine Frist von sieben anstatt von 14 Tagen. Legt die Kommission für das schriftliche Verfahren eine kürzere Frist als die vorerwähnten Fristen fest, so gilt die vorgeschlagene Frist, sofern kein Einwand seitens der Mitgliedstaaten erhoben wird.**

(5) **Die Kommission berücksichtigt soweit wie möglich die Stellungnahme des Ausschusses. Sie unterrichtet den Ausschuss darüber, inwieweit sie seine Stellungnahme berücksichtigt hat.**

(6) **Gibt der Beratende Ausschuss eine schriftliche Stellungnahme ab, so wird diese Stellungnahme dem Entscheidungsentwurf beigefügt. Empfiehlt der Beratende Ausschuss die Veröffentlichung seiner Stellungnahme, so trägt die Kommission bei der Veröffentlichung dem berechtigten Interesse der Unternehmen an der Wahrung ihrer Geschäftsgeheimnisse Rechnung.**

(7) **Die Kommission setzt auf Antrag der Wettbewerbsbehörde eines Mitgliedstaats Fälle, die nach Artikel 81 und 82 des Vertrags von einer Wettbewerbsbehörde eines Mitgliedstaats behandelt werden, auf die Tagesordnung des Beratenden Ausschusses. Die Kommission kann dies auch aus eigener Initiative tun. In beiden Fällen wird die betreffende Wettbewerbsbehörde von ihr vorab unterrichtet.**

Ein entsprechender Antrag kann insbesondere von der Wettbewerbsbehörde eines Mitgliedstaats gestellt werden, wenn es sich um einen Fall handelt, bei dem die Kommission die Einleitung eines Verfahrens mit den Wirkungen des Artikels 11 Absatz 6 beabsichtigt.

Zu den Fällen, die von den Wettbewerbsbehörden der Mitgliedstaaten behandelt werden, gibt der Beratende Ausschuss keine Stellungnahme ab. Der Beratende Ausschuss kann auch allgemeine Fragen des gemeinschaftlichen Wettbewerbsrechts erörtern.

1. Einführung

Die ersten drei Vorschriften von Kapitel IV der VO 1/2003 betreffen Fragen der Zusammenarbeit zwischen der Kommission und den Wettbewerbsbehörden der Mitgliedstaaten bzw. zwischen verschiedenen Wettbewerbsbehörden der Mitgliedstaaten. Die dezentrale Anwendung der Bestimmungen des europäischen Kartellrechts durch die Kommission und die mitgliedstaatlichen Wettbewerbsbehörden setzt einen höheren Grad an Abstimmung und Koordination zwischen den verschiedenen Vollzugsbehörden voraus. Sind die Kommission und die mitgliedstaatlichen Wettbewerbsbehörden selbständig dazu aufgerufen, Art. 101 AEUV in seiner Gesamtheit anzuwenden, ist vor dem Hintergrund der Vorgaben der Art. 11–13 sowie der Bekanntmachung über Zusammenarbeit im Netz zu klären, welche Behörde für einen bestimmten Fall zuständig und wie ein ordnungsgemäßer Informationsaustausch organisiert sein soll. Anders als diese sich unter dem Regime der VO 1/2003 neu stellende Problematik befasst sich Art. 14 mit der **Einbindung der Mitgliedstaaten in die Entscheidungsfindung der Kommission.** Wenn diese Entscheidungen nach Maßgabe der Art. 7–10 sowie Art. 23, Art. 24 Abs. 2 und Art. 29 Abs. 1 zu erlassen gedenkt, ist die Kommission nach Art. 14, wie bereits in der Vergangenheit nach Art. 10 Abs. 3 VO 17/62, verpflichtet, den Beratenden Ausschuss für Kartell- und Monopolfragen anzuhören. Art. 14 Abs. 1 schreibt somit lediglich fort, was bereits in der Vergangenheit gegolten hat. 1

Bereits unter dem Regime der VO 17/62 musste die Kommission die Mitgliedstaaten einbinden, wenn sie eine Entscheidung erlassen wollte. Dass es dazu in vielen Fällen nicht kam, insbesondere wenn die Kommission **Verwaltungsschreiben** an die betroffenen Unternehmen richtete, ergab sich aus den praktischen Anwendungsschwierigkeiten der VO 17/62. Gerade die Einbeziehung des Beratenden Ausschusses nach Art. 10 Abs. 3 VO 17/62 führte nach Auffassung der Kommission häufig zu erheblichen Verzögerungen. Im Hinblick auf die große Zahl von Anmeldeverfahren nach ex-Art. 81 Abs. 3 EG litt die Effizienz der Verwaltungstätigkeit der Kommission erheblich. Dem versuchte die Kommission durch Umgehungslösungen, wie zB Verwaltungsschreiben, zu begegnen. Dieser Weg befreite die Kommission nämlich davon, den Beratenden Ausschuss anzuhören und in das Verfahren einzubeziehen. Im System der Legalausnahme kann sich die Kommission auf wesentliche Entscheidungen konzentrieren. Dann ist sie aber verpflichtet, in jedem Fall den Beratenden Ausschuss hinzuzuziehen. 2

Der Beratende Ausschuss setzt sich aus **Vertretern der mitgliedstaatlichen Wettbewerbsbehörden** zusammen. Art. 14 Abs. 3 und Abs. 4 regeln die verfahrensrechtlichen Vorgaben, die die Kommission bei der Anhörung des Beratenden Ausschusses berücksichtigen muss. Im Zentrum der materiell-rechtlichen Vorgaben des Anhörungserfordernisses steht Abs. 5. Diese Vorschrift begründet keine unmittelbare Verpflichtung der Kommission zur Befolgung der Stellungnahmen des Beratenden Ausschusses. Die Kommission muss die Stellungnahmen lediglich soweit wie möglich „berücksichtigen" (*Schneider* in MünchKomm VO 1/2003 Art. 14 Rn. 48). Die betroffenen Unternehmen erhalten von der Stellungnahme des Beratenden Ausschusses Kenntnis, wenn sich dieser schriftlich geäußert hat. Insoweit schafft Art. 14 Abs. 6 Transparenz. Besonders hervorzuheben ist, dass die Kommission entweder auf Antrag der Wettbewerbsbehörde eines Mitgliedstaates oder auf eigene Initiative den Beratenden Ausschuss einberufen kann, um **Fälle** zu behandeln, die **von einer Wettbewerbsbehörde eines Mitgliedstaates behandelt** werden. Insoweit begründet Art. 14 nicht nur das Recht der Mitgliedstaaten, über den Beratenden Ausschuss in die Entscheidungsfindung der Kommission eingebunden zu werden. Vielmehr kann die Kommission auch über das Netzwerk der Wettbewerbsbehörden hinaus den Beratenden Ausschuss als Forum nutzen, um die Behandlung bestimmter Fälle durch mitgliedstaatliche Wettbewerbsbehörden zum Gegenstand der Erörterungen zu machen. 3

2. Umfang und Rechtswirkungen des Anhörungsrechts

4 Die Kommission ist nach Art. 14 Abs. 1 verpflichtet, vor jeder **Entscheidung nach Maßgabe der Art. 7–10 sowie Art. 23, Art. 24 Abs. 2 und Art. 29 Abs. 1** den Beratenden Ausschuss zu hören. Auf diese Weise erhalten die Mitgliedstaaten die Gelegenheit, Einfluss auf Entscheidungen der Kommission zu nehmen, die zur Anwendung der Art. 101 und 102 AEUV ergehen. Der Beratende Ausschuss setzt sich aus Vertretern der Wettbewerbsbehörden der Mitgliedstaaten zusammen. Jeder Mitgliedstaat kann einen Vertreter in den Beratenden Ausschuss entsenden. Die Kommission ist nach Art. 14 Abs. 5 verpflichtet, die Stellungnahmen des Ausschusses **soweit wie möglich zu berücksichtigen.** Der Ausschuss ist darüber zu informieren, in welchem Umfang die Kommission die Stellungnahme des Beratenden Ausschusses berücksichtigt hat. Die Berücksichtigungspflicht bedeutet nicht, dass die Kommission verpflichtet wäre, die Anregungen und Anmerkungen des Beratenden Ausschusses in jedem Fall umzusetzen (*de Bronett* Art. 14 Rn. 4). Vielmehr kann sie im Rahmen des ihr zustehenden, **pflichtgemäßen Ermessens** entscheiden, ob und ggf. in welchem Umfang die Stellungnahme in den betreffenden Entscheidungsentwurf übernommen werden. Das kann bedeuten, dass die Kommission nur einzelne Aspekte der Stellungnahme übernimmt, möglicherweise auch überhaupt keine. Die Mitgliedstaaten haben nicht die Möglichkeit, die Berücksichtigung einzelner Aspekte durch die Kommission zu erzwingen.

5 Die Einbeziehung und Anhörung des Beratenden Ausschusses ist ein **verpflichtendes Formerfordernis** (so auch *Schneider* in MünchKomm VO 1/2003 Art. 14 Rn. 23). Ergeht eine Entscheidung der Kommission nach Maßgabe der Art. 7–10 sowie Art. 23, Art. 24 Abs. 2 und Art. 29 Abs. 1, ohne dass zuvor der Beratende Ausschuss angehört worden ist, liegt eine **Verletzung zwingenden Verfahrensrechts** vor. Die Entscheidung ist dann rechtswidrig. Sie ist, sofern der Adressat der Entscheidung Nichtigkeitsklage nach Art. 263 AEUV erhoben hat, vom Gericht bzw. vom Gerichtshof aufzuheben (EuG Slg. 2000 II-495 Rn. 742 CBR u. a.). Dies ist auf den ersten Blick überraschend. Art. 14 hat erkennbar vorrangig das Recht der Mitgliedstaaten im Auge, Vertreter der mitgliedstaatlichen Wettbewerbsbehörden in den Beratenden Ausschuss zu entsenden, damit dieser vor Entscheidungen der Kommission Stellung nehmen kann. Die Vorschrift **schützt das Interesse der Mitgliedstaaten,** mittelbar aber eben auch die Interessen der betroffenen Unternehmen. Die Einbeziehung der Mitgliedstaaten gewährleistet, dass die Kommission ihren Entscheidungsvorschlag rechtfertigen und verteidigen muss. Das dient zum einen dem Wettbewerb als Institution. Das schützt aber in gleichem Maße die von einer Maßnahme der Kommission Betroffenen vor übereilten und unausgewogenen Entscheidungen. Die Missachtung dieses wesentlichen Formerfordernisses **führt zur Anfechtbarkeit der Entscheidung** der Kommission insgesamt (so auch *Schneider* in MünchKomm VO 1/2003 Art. 14 Rn. 23).

3. Verfahren und Fristen

6 Die Anhörung kann entweder **mündlich** im Rahmen einer von der Kommission einberufenen Sitzung erfolgen (Art. 14 Abs. 3) **oder im Wege des schriftlichen Verfahrens** (Art. 14 Abs. 4). Eine mündliche Anhörung hat stattzufinden, wenn ein Mitgliedstaat die Einberufung einer Sitzung beantragt hat. Die Kommission muss den Mitgliedern des Beratenden Ausschusses zusammen mit der Einberufung den Sachverhalt darstellen. Dabei sind die **wichtigsten Schriftstücke,** die als Beweismittel verwandt werden, beizufügen, ebenso wie ein **vorläufiger Entscheidungsvorschlag.** Nicht verpflichtet ist die Kommission dagegen, den Entwurf der Entscheidung selbst zu übermitteln. Dieser ist nur beizufügen, wenn die Kommission beabsichtigt, nach Maßgabe von Art. 8 eine einstweilige Maßnahme zu erlassen.

Auch wenn die **Anhörung in einer Sitzung** erfolgt, nimmt der Beratende Ausschuss zu dem vorläufigen Entscheidungsvorschlag der Kommission **schriftlich Stellung.** Auf Antrag eines oder mehrerer Mitglieder des Beratenden Ausschusses sind die einzelnen Standpunkte zu begründen. Haben sich die Mitglieder des Beratenden Ausschusses mit einem schriftlichen Verfahren einverstanden erklärt, kann die schriftliche Stellungnahme auch ohne mündliche Anhörung erfolgen.

Grundsätzlich darf die Anhörung **frühestens 14 Tage nach Absendung der Einberufung** stattfinden. Eine Ausnahme gilt, wenn die Kommission eine **Entscheidung nach Art. 8** erwägt oder die Sitzung mit einer kürzeren Ladungsfrist einberufen hat und **kein Mitgliedstaat Einwände erhoben** hat. Während bei Entscheidungen nach Art. 8 die Sitzung sieben Tage nach Absendung des verfügenden Teils eines Entscheidungsentwurfs abgehalten werden kann, sieht Art. 14 Abs. 3 keine konkrete Fristverkürzung vor, die für den Fall des Fehlens eines Einwandes eines Mitgliedstaates gelten soll. Auch hier gilt jedoch, dass ein angemessener Zeitraum verbleiben muss. Missachtet die Kommission das Fristenregime, kann dieser Fehler mit der Nichtigkeitsklage gerügt werden, **sofern sich der Fehler auf die Entscheidung auswirkt** (*Schneider* in MünchKomm VO 1/2003 Art. 14 Rn. 28). Vergleichbares gilt für den Fall der Anhörung im Wege des schriftlichen Verfahrens. Es gelten dieselben Fristen wie im Zusammenhang mit einer mündlichen Anhörung. 7

Sofern der Beratende Ausschuss eine schriftliche Stellungnahme abgibt, wozu er nach Art. 14 Abs. 3 und Abs. 6 nicht verpflichtet ist, wird diese **dem Entscheidungsentwurf beigefügt.** Der Adressat der beabsichtigten Entscheidung erhält somit Kenntnis von der Stellungnahme, die der Beratende Ausschuss abgegeben hat. Der Beratende Ausschuss kann die Veröffentlichung seiner Stellungnahme empfehlen. In diesem Fall muss die Kommission für die Wahrung der Geschäftsgeheimnisse der betroffenen Unternehmen Sorge tragen (Art. 14 Abs. 6). 8

4. Anhörung vor Entscheidung einer mitgliedstaatlichen Wettbewerbsbehörde

Nach Art. 14 Abs. 7 kann die Kommission entweder auf Antrag der Wettbewerbsbehörde eines Mitgliedstaates oder auf eigene Initiative auch solche **Fälle** auf die Tagesordnung des Beratenden Ausschusses setzen, die **von einer mitgliedstaatlichen Wettbewerbsbehörde behandelt** werden. Dieses Verfahren bietet sich insbesondere an, wenn, worauf Art. 14 Abs. 7 Unterabs. 2 ausdrücklich hinweist, die Kommission die **Einleitung eines Verfahrens nach Art. 11 Abs. 6** beabsichtigt. Die Verfahrenseinleitung führt nämlich dazu, die Zuständigkeit der mitgliedstaatlichen Wettbewerbsbehörde zu beenden. Ein solches Vorgehen soll im Beratenden Ausschuss behandelt werden. Ein Unterschied im Vergleich zur Anhörung des Beratenden Ausschusses im Falle von Entscheidungen der Kommission besteht darin, dass der Beratende Ausschuss in solchen Fällen **keine Stellungnahme** abgibt. Es handelt sich somit um ein Instrument, den Beratenden Ausschuss Gelegenheit zur mündlichen Stellungnahme zu geben. Diese ist nicht schriftlich zu dokumentieren. 9

5. Erörterung allgemeiner Fragen des Wettbewerbsrechts

Art. 14 Abs. 7 Unterabs. 3 S. 2 gibt dem Beratenden Ausschuss die Möglichkeit, neben konkreten Einzelfällen auch allgemeine Fragen des europäischen Wettbewerbsrechts zu erörtern. Es ist jedoch zweifelhaft, ob diese Bestimmung praktisch relevant wird. Das Netzwerk der europäischen Wettbewerbsbehörden, das insbesondere durch Art. 11 und Art. 12 errichtet worden ist, ist hierfür das geeignetere Forum. Es ist deshalb zu erwarten, dass sich der Beratende Ausschuss nur äußerst selten mit allgemeinen Fragen des europäischen Wettbewerbsrechts befassen wird (dagegen aber *Schneider* in MünchKomm VO 1/2003 Art. 14 Rn. 12). 10

Art. 15 **Zusammenarbeit mit Gerichten der Mitgliedstaaten**

(1) **Im Rahmen von Verfahren, in denen Artikel 81 oder 82 des Vertrags zur Anwendung kommt, können die Gerichte der Mitgliedstaaten die Kommission um die Übermittlung von Informationen, die sich in ihrem Besitz befinden, oder um Stellungnahmen zu Fragen bitten, die die Anwendung der Wettbewerbsregeln der Gemeinschaft betreffen.**

(2) **Die Mitgliedstaaten übermitteln der Kommission eine Kopie jedes schriftlichen Urteils eines einzelstaatlichen Gerichts über die Anwendung des Artikel 81 oder 82 des Vertrags. Die betreffende Kopie wird unverzüglich übermittelt, nachdem das vollständige schriftliche Urteil den Parteien zugestellt wurde.**

(3) **Die einzelstaatlichen Wettbewerbsbehörden können von sich aus den Gerichten ihres Mitgliedstaates schriftliche Stellungnahmen zur Anwendung des Artikel 81 oder 82 des Vertrags übermitteln. Mit Erlaubnis des betreffenden Gerichts können sie vor den Gerichten ihres Mitgliedstaats auch mündlich Stellung nehmen. Sofern es die kohärente Anwendung der Artikel 81 oder 82 des Vertrags erfordert, kann die Kommission aus eigener Initiative den Gerichten der Mitgliedstaaten schriftliche Stellungnahmen übermitteln. Sie kann mit Erlaubnis des betreffenden Gerichts auch mündlich Stellung nehmen.**

Zum ausschließlichen Zweck der Ausarbeitung ihrer Stellungnahmen können die Wettbewerbsbehörden der Mitgliedstaaten und die Kommission das betreffende Gericht des Mitgliedstaats ersuchen, ihnen alle zur Beurteilung des Falls notwendigen Schriftstücke zu übermitteln oder für deren Übermittlung zu sorgen.

(4) **Umfassendere Befugnisse zur Abgabe von Stellungnahmen vor einem Gericht, die den Wettbewerbsbehörden der Mitgliedstaaten nach ihrem einzelstaatlichen Recht zustehen, werden durch diese Artikel nicht berührt.**

1. Einführung

1 **a) Grundsatz.** Art. 101 und Art. 102 AEUV begründen für die betroffenen Unternehmen unmittelbare Rechte und Pflichten. Diese sind nicht nur von der Kommission und den mitgliedstaatlichen Wettbewerbsbehörden durchzusetzen. Auch die Gerichte der Mitgliedstaaten sind aufgerufen, die Vorschriften der Art. 101 und Art. 102 AEUV zu ihrer vollen Wirksamkeit zu verhelfen. Diese Bestimmungen **begründen subjektive Rechte,** auf die sich **Unternehmen direkt berufen** und die sie nicht nur in gemeinschaftlichen Verfahren, sondern auch **in nationalen Gerichtsverfahren durchsetzen** können müssen (st. Rspr.; so EuGH Slg. 2001 I-6297 Rn. 25 ff. Courage). Während unter dem Regime der VO 17/62 lediglich die ex-Art. 81 Abs. 1 und Abs. 2 sowie ex-Art. 82 EG unmittelbar und direkt anwendbar waren und allein die Kommission konstitutiv über eine Einzelfreistellung nach ex-Art. 81 Abs. 3 EG entscheiden konnte, hat sich die Reichweite der unmittelbaren Anwendbarkeit des EU-Kartellrechts mit dem Inkrafttreten der VO 1/2003 deutlich erweitert. Aus Art. 1 wird unmissverständlich deutlich, dass **Art. 101 in seiner Gesamtheit unmittelbar anwendbar ist.** Das bedeutet, dass die Kommission keine ausschließliche Zuständigkeit für die Anwendung von Art. 101 Abs. 3 AEUV in Anspruch nehmen kann. Auch die mitgliedstaatlichen Gerichte sind berechtigt, aber auch verpflichtet, Art. 101 AEUV in seiner Gesamtheit anzuwenden.

2 Dieser Grundsatz wird durch Art. 6 noch einmal in aller Deutlichkeit bekräftigt. Art. 6 sieht vor, dass die **einzelstaatlichen Gerichte für die Anwendung der**

Art. 101 und 102 des Vertrages zuständig sind. Im Hinblick auf die Rechtswirkungen, die sich aus den primärrechtlichen Vorgaben der Art. 101 und Art. 102 AEUV ergeben, ist diese Bestimmung deklaratorischer Natur. Sie stellt unter dem Regime der Legalausnahme in Art. 1 klar, dass die nationalen Gerichte zur Anwendung des Art. 101 AEUV insgesamt aufgerufen sind (→ Art. 6 Rn. 3f.). Art. 6 erfasst die **Tätigkeit der nationalen Zivilgerichte.** Diese entscheiden im Rahmen zivilrechtlicher Auseinandersetzungen zwischen Unternehmen über die Vereinbarkeit einer Vertragsklausel bzw. eines Vertrages insgesamt mit Art. 101 und Art. 102 AEUV. Diese Fragen stellen sich sowohl in Streitigkeiten über die Auslegung und Wirksamkeit von Verträgen, aber auch im Rahmen von Unterlassungs- und Schadenersatzklagen (→ Art. 6 Rn. 11f.). Ergänzend zu den Vorgaben in Art. 6 ist auch die Regelung in Art. 5 heranzuziehen. Der Begriff der **Wettbewerbsbehörden der Mitgliedstaaten** umfasst auch Gerichte, soweit diese aufgerufen sind, selbst administrative Vollzugsaufgaben zu übernehmen bzw. als Rechtsmittelinstanzen fungieren, indem sie Entscheidungen der nationalen Wettbewerbsbehörden bei der Anwendung von Art. 101 oder Art. 102 AEUV überprüfen.

b) Grundsätze der Zusammenarbeit. Art. 15 enthält Regelungen über die 3
Zusammenarbeit zwischen der Kommission und den Gerichten der Mitgliedstaaten. Es handelt sich um eine notwendige Komplementärregelung zu den Art. 11–14, die die Zusammenarbeit zwischen der Kommission und den Wettbewerbsbehörden der Mitgliedstaaten regeln. Allerdings bleibt die Regelung in Art. 15 wie auch in Art. 16 weit hinter der detaillierten Regelung der Art. 11–14 zurück. Mit Blick auf den Grundsatz von der **Unabhängigkeit der Gerichte und der entscheidenden Richter** (*de Bronett* Art. 15 Rn 2), die in den Verfassungsordnungen sämtlicher Mitgliedstaaten wie auch der europäischen Rechtsordnung geschützt ist, kann die Kommission zB nicht für sich beanspruchen, durch eine Verfahrenseröffnung die Zuständigkeit der nationalen Gerichte zu beschränken (so für die Zuständigkeit der Wettbewerbsbehörden aber Art. 11 Abs. 6). Stattdessen beschränkt sich Art. 15 auf die Vorgabe eines Rahmens, der den **Informationsaustausch zwischen der Kommission und den Gerichten der Mitgliedstaaten** ermöglicht und umreißt. Außerdem wird die **Rolle** umschrieben, die die Kommission **im Rahmen mitgliedsstaatlicher Gerichtsverfahren** einnehmen kann. Art. 15 Abs. 4 macht deutlich, dass es sich dabei lediglich um ein Mindestniveau handelt. Die nationalen Rechtsordnungen können weitergehende Bestimmungen vorsehen, um der Kommission die Abgabe von Stellungnahmen vor einem nationalen Gericht in größerem Umfang zu ermöglichen, als dies in Art. 15 vorgesehen ist. Entsprechend hat der Gesetzgeber der 7. GWB-Novelle weitgehende Regelungen aufgenommen, um das Bundeskartellamt in Gerichtsverfahren einzubeziehen, in denen es um die Auslegung und Durchsetzung der Art. 101 und Art. 102 AEUV geht.

Da Art. 15 lediglich die grundsätzlichen Prinzipien für die Zusammenarbeit zwi- 4
schen der Kommission und den Gerichten der Mitgliedstaaten festlegt, hat die Kommission eine weitergehende Bekanntmachung veröffentlicht, mit der sie die Grundsätze über die Zusammenarbeit weiter ausformuliert hat (**Bekanntmachung** über **Zusammenarbeit zwischen der Kommission und den Gerichten,** ABl. 2004 C 101/54, Anhang B 27). Nach einer Definition ihres Geltungsbereiches enthält die Bekanntmachung Ausführungen zu Fragen, die die Anwendung der EU-Wettbewerbsregeln durch einzelstaatliche Gerichte betreffen. Dabei fasst die Kommission die Rechtsprechung des Gerichtshofs zusammen, die dieser zur Berechtigung, aber auch zur Verpflichtung der mitgliedstaatlichen Gerichte zur Anwendung der Bestimmungen des europäischen Kartellrechts getroffen hat. Ergänzend wird darauf hingewiesen, in welchem Umfang ergänzend auf Vorschriften der mitgliedstaatlichen Rechtsordnungen zurückzugreifen ist. Das betrifft insbesondere Fragen zur **Anwendung des nationalen materiellen Zivilrechts wie auch des nationalen Pro-**

zessrechts. Darüber hinaus enthält die Bekanntmachung technische Details, die für die Zusammenarbeit zwischen der Kommission und den einzelstaatlichen Gerichten gelten sollen. Im Hinblick auf den rechtsstaatlichen Grundsatz der Unabhängigkeit der Gerichte kann es sich dabei selbstverständlich nicht um bindende Vorgaben handeln. Vielmehr bietet die Kommission einen Rahmen an, den sie den mitgliedstaatlichen Gerichten für die Zusammenarbeit anbietet. Im Interesse einer effizienten Zusammenarbeit werden die Gerichte gut beraten sein, auf dieses Angebot zurückzugreifen.

5 Die Bekanntmachung von 2004 (Anhang B 27) **ersetzt eine ältere Bekanntmachung,** die bis zum Inkrafttreten der VO 1/2003 galt. Die inzwischen außer Kraft getretene Bekanntmachung über die Zusammenarbeit zwischen der Kommission und den Gerichten der Mitgliedstaaten bei der Anwendung der Art. 85 und 86 des EWG-Vertrages (ABl. 1993 C 39/6) regelte zum Teil vergleichbare Themen wie die neue Bekanntmachung der Kommission. Allerdings konzentrierte sich die Bekanntmachung auf Probleme, die **der spezifischen Zuständigkeitsordnung der VO 17/62 geschuldet** waren, insbesondere Art. 9 dieser Verordnung. So stellte sich in zahlreichen Gerichtsverfahren die Frage, wie mit der parallelen Befassung der Kommission einerseits und mitgliedstaatlicher Berichte andererseits umzugehen ist, wenn beide mit ein und demselben Sachverhalt befasst sind. Die Delimitis-Entscheidung des Gerichtshofs (EuGH Slg. 1991 I-935) hat hier, aufbauend auf ältere Rechtsprechung des Gerichtshofs (EuGH Slg. 1973 77 Brasserie de Haecht; EuGH Slg. 1974 51 BRT/SABAM), die wesentlichen Grundsätze für die Behandlung der Problematik formuliert, die sich aus der **parallelen Anwendungszuständigkeit der nationalen Gerichte und der Europäischen Kommission** ergeben.

6 Diese ergab sich insbesondere im Hinblick auf die ausschließliche Zuständigkeit der Kommission, gemäß Art. 9 Abs. 3 VO 17/62 Einzelfreistellungen zu erteilen. Wenn ein Unternehmen, das die Kartellrechtswidrigkeit einer Vereinbarung vor einem nationalen Gericht beanstandete, war häufig zu beobachten, dass sich die beklagte Partei an die Europäische Kommission wandte und die fragliche Vereinbarung mit dem Ziel einer Einzelfreistellung bei der Kommission anmeldete (sog. **dilatorische Anmeldungen**). Vor diesem Hintergrund stellte sich häufig die Frage, ob das nationale Gericht das Ende des Kommissionsverfahrens abwarten und das erzielte Ergebnis berücksichtigen müsse oder ob das Gericht unmittelbar und direkt entscheiden müsse. Der EuGH entschied in der Rechtssache Delimitis, dass die **nationalen Gerichte** grundsätzlich berechtigt, aber auch verpflichtet sind, die ex-**Art. 81 Abs. 1 und Abs. 2 EG direkt und unmittelbar und ohne Verzögerungen anzuwenden.** Lediglich wenn rechtzeitig eine Anmeldung bei der Kommission eingereicht worden ist, dh vor der ersten mündlichen Verhandlung, durfte das nationale Gericht entsprechend den Vorgaben des nationalen Prozessrechts das Verfahren aussetzen und die Entscheidung der Kommission abwarten. Diese Probleme stellen sich unter dem Regime der VO 1/2003 nicht mehr. Zwar ist es auch unter der neuen Regelung nicht auszuschließen, dass es zu **parallelen Zuständigkeiten** kommen kann. Dies wird jedoch durch die in Art. 15 sowie in der Bekanntmachung der Kommission vorgeschlagenen Mechanismen weitgehende auszuschließen sein. Sollte es gleichwohl zu Konfliktsituationen kommen, enthält Art. 16, aufbauend auf der Rechtsprechung des EuGH, entsprechende Vorschriften (→ Art. 16 Rn. 5 ff.).

2. Begriff der Gerichte der Mitgliedstaaten

7 Art. 6 beschränkt sich auf die **Tätigkeit der mitgliedstaatlichen Zivilgerichte,** die über Streitigkeiten zwischen Unternehmen zu befinden haben. Dagegen fallen Gerichte, die entweder **administrative Befugnisse** bei der Durchsetzung der Kartellrechtsbestimmungen der Art. 101 und Art. 102 AEUV wahrnehmen, oder die als Rechtsmittelinstanzen über Entscheidungen der mitgliedstaatlichen Wettbewerbsbe-

hörden zu befinden haben, in den Anwendungsbereich von **Art. 5** (vgl. dazu Art. 5 Rn. 4). Diese Unterscheidung ist insoweit von Bedeutung, als die Art. 11–14 ausschließlich auf die Zusammenarbeit zwischen der Kommission und den mitgliedstaatlichen Wettbewerbsbehörden anwendbar ist. Unter dem Begriff der mitgliedstaatlichen Wettbewerbsbehörden können vor diesem Hintergrund uU auch Gerichte, so zB die Kartellsenate des OLG Düsseldorf und des Bundesgerichtshofs fallen, wenn sie als Rechtsmittelinstanzen über Entscheidungen des Bundeskartellamtes zu befinden haben (aA *Nothdurft* in MünchKomm VO 1/2003 Art. 15 Rn. 6, der sich aber – bewusst – in Widerspruch zu Erwägungsgrund 21 VO 1/2003 setzt). Allerdings hat der deutsche Gesetzgeber von Art. 35 Abs. 2 nur insoweit Gebrauch gemacht, als er die Zuständigkeit des Bundeskartellamtes und der Landeskartellbehörden begründete. Die Beschwerde- bzw. Rechtsbeschwerdeinstanzen nehmen lediglich eine Kontrollfunktion wahr (→ Art. 5 Rn. 6).

Art. 15 dagegen differenziert nicht zwischen mitgliedstaatlichen **Zivilgerichten** 8
einerseits und mitgliedstaatlichen Gerichten andererseits, die entweder **eigene administrative Durchsetzungsbefugnisse** bei der Anwendung der Bestimmung des EG-Kartellrechts wahrnehmen oder als **Rechtsmittelinstanzen** fungieren. Art. 15 bezieht sich auf beide Arten mitgliedstaatlicher Gerichte (so ausdrücklich Erwägungsgrund 21 VO 1/2003). Von diesem Verständnis geht auch die Bekanntmachung der Kommission über die Zusammenarbeit mit den Gerichten aus (vgl. Bekanntmachung, Rn. 2). Die Folge ist, dass unter bestimmten Voraussetzungen sowohl die Bekanntmachung der Kommission über die Zusammenarbeit zwischen der Kommission und den Gerichten der Mitgliedstaaten anwendbar ist als auch die Bekanntmachung der Kommission über die Zusammenarbeit innerhalb des Netzes der Wettbewerbsbehörden.

Art. 15 betrifft nur mitgliedstaatliche Gerichte, **nicht** aber **Schiedsgerichte** (*Eil-* 9
mannsberger SchiedsVZ 2006, 5; *Hilbig,* Das gemeinschaftsrechtliche Kartellverbot im internationalen Handelsschiedsverfahren, 2006, S. 146; *Schütze* SchiedsVZ 2007, 121, 123). Die Verpflichtung der Kommission zur Zusammenarbeit mit den Gerichten erstreckt sich nicht auf Schiedsverfahren. Insbesondere kommt es zu keinem organisierten Informationsaustausch zwischen der Kommission und Schiedsgerichten. Das bedeutet nicht, dass sich ein Schiedsgericht nicht mit der Kommission ins Benehmen setzen und diese um Auskünfte bitten kann. Die Kommission wird auf freiwilliger Grundlage auch Informationen zur Verfügung stellen, falls dies opportun erscheint. Allerdings besteht hierauf **kein Rechtsanspruch.** Die Kommission ist durch Art. 28 auch daran gehindert, vertrauliche Informationen an Schiedsgerichte weiterzugeben. Die Übermittlung von Informationen und Stellungnahmen erstreckt sich deshalb ausschließlich auf solche Informationen, die der Öffentlichkeit zugänglich gemacht werden können. Die Schiedsgerichte sind andererseits ebenfalls nicht dazu verpflichtet, der Kommission Kopien ergangener Schiedsurteile zu übermitteln. Eine Zusammenarbeit kann deshalb wechselseitig nur auf freiwilliger Basis erfolgen.

3. Informationsaustausch zwischen Kommission und mitgliedstaatlichen Gerichten

a) Informationspflichten der Kommission. Die Gerichte sind befugt, gemäß 10
Art. 15 Abs. 1 die Kommission um die **Übermittlung von Informationen** zu bitten, die sich in deren Besitz befinden. Außerdem dürfen die Gerichte die **Kommission um Stellungnahmen** zu Fragen **bitten,** die die Anwendung der Wettbewerbsregeln der Gemeinschaft betreffen. Die Übermittlung von Informationen umfasst Dokumente und Erkenntnisse, die die Kommission entweder allgemein oder im Rahmen möglicher Parallelverfahren ermittelt hat. Informationen allgemeiner Natur können den mitgliedstaatlichen Gerichten ohne weiteres zur Verfügung gestellt werden. Etwas anderes gilt für **vertrauliche Informationen und Geschäftsgeheim-**

nisse. Diese darf die Kommission den mitgliedstaatlichen Gerichten nur unter Voraussetzung zugänglich machen, wenn im Gerichtsverfahren ein umfassender und gleichwertiger Schutz der Vertraulichkeit besteht wie im Verfahren nach der VO 1/2003 (*de Bronett* Art. 15 Rn. 2).

11 Art. 28 verpflichtet die Kommission zur **Wahrung des Berufsgeheimnisses.** Zwar sieht Art. 28 Abs. 1 eine ausdrückliche Ausnahme für die Übermittlung von Informationen nach Art. 15 vor. Dies berechtigt die Kommission aber lediglich zum Austausch und zur Weitergabe von Informationen für die Zwecke von Art. 12 (für mitgliedstaatliche Wettbewerbsbehörden) und Art. 15 (mitgliedstaatliche Gerichte). Die Ausnahme **entbindet die Kommission nicht von der Beachtung des Berufsgeheimnisses.** Aus diesem Grunde muss unbedingt dafür Sorge getragen werden, dass die Vertraulichkeit auch in nationalen Gerichtsverfahren gewahrt ist. Diese Voraussetzung ist zB in normalen zivilrechtlichen Auseinandersetzungen nicht gegeben. Das deutsche Prozessrecht erlaubt es nicht, dass einer Partei Informationen, die Grundlage der Entscheidung des erkennenden Gerichts ist, vorenthalten werden. Auch der Geheimnisschutz vertraulicher Informationen kann dies nicht rechtfertigen. Die Gerichte dürfen deshalb Informationen, die ihnen von der Kommission übermittelt wurden, nicht heranziehen und für die Zwecke der Entscheidung verwenden (*Nothdurft* in MünchKomm VO 1/2003 Art. 15 Rn. 148). Die Kommission sollte mit dem erkennenden Gericht im Einzelfall klären, ob die Übermittlung solcher Informationen überhaupt sinnvoll ist. Ist der Geheimnisschutz nicht gewährleistet, sollte die Kommission von der Übermittlung der Informationen absehen.

12 Es stellt sich die Frage, ob die betroffene Prozesspartei, zu deren Lasten möglicherweise vertrauliche Informationen ausgetauscht werden, die **Übermittlung dieser Informationen durch die Kommission gerichtlich angreifen** kann. Auf den ersten Blick fehlt es am Vorliegen einer Entscheidung, die Grundlage einer **Nichtigkeitsklage nach Art. 263 AEUV** sein könnte. Allerdings würde diese Interpretation die betroffenen Unternehmen weitgehend rechtsschutzlos stellen. Im Hinblick auf die häufig gegebene Brisanz von Dokumenten, die Geschäftsgeheimnisse der Unternehmen enthalten, ist dies nicht akzeptabel. Es ist deshalb zu fordern, dass, ähnlich wie in Kommissionsverfahren auch, notfalls das Gericht bzw. der Gerichtshof über den Schutz vertraulicher Informationen befinden muss (so auch *Nothdurft* in MünchKomm VO 1/2003 Art. 15 Rn. 42). Es darf nicht der die vertraulichen Informationen übermittelnden Kommission bzw. des übernehmenden mitgliedstaatlichen Gerichts überlassen sein, über die Schutzwürdigkeit der übermittelten Informationen zu befinden. Auch ist es nicht ausreichend, wenn erst im Endurteil oder gar in der nächsten Instanz eine verbindliche Entscheidung über die Schutzwürdigkeit der übermittelten Informationen gefällt wird. Dann kann bereits für das betroffene Unternehmen ein nicht wieder gut zu machender Schaden eingetreten sein. Dies gilt es unter allen Umständen zu verhindern.

13 Von besonderer Brisanz ist die Übermittlung solcher Informationen, die ein **mitgliedstaatliches Gericht im Rahmen eines bei ihm anhängigen Strafverfahrens** angefordert hat. Während die meisten Mitgliedstaaten ähnlich wie die mitgliedstaatliche Rechtsordnung bußgeldrechtliche Sanktionen vorsehen, gibt es einige Mitgliedstaaten, wie zB Großbritannien und Irland, die für natürliche Personen Kriminalstrafen vorsehen. Die **Übermittlung von Informationen und Erkenntnissen** durch die Kommission, die diese im Rahmen paralleler Ermittlungstätigkeit gewonnen hat, ist **für solche Zwecke unzulässig.** Die Kommission darf einem Gericht, das befugt ist, gegen natürliche Personen Kriminalstrafen auszusprechen, solche Informationen nicht übermitteln. Dies ergibt sich für die Zusammenarbeit zwischen der Kommission und den mitgliedstaatlichen Wettbewerbsbehörden unmittelbar aus Art. 12 Abs. 3 2. Spiegelstrich (→ Art. 12 Rn. 7). Dies muss für Gerichte in gleichem Maße gelten, sofern diese nach der nationalen Rechtsordnung befugt sind, Kriminalsanktionen gegen natürliche Personen zu verhängen.

b) Informationspflichten der mitgliedstaatlichen Gerichte. Die mitgliedstaatlichen Gerichte übermitteln gemäß Art. 15 Abs. 2 der Kommission eine **Kopie ihres schriftlichen Urteils** über die Anwendung der Art. 101 oder Art. 102 AEUV. Dies hat **unverzüglich** zu erfolgen, nachdem das vollständige schriftliche Urteil den Parteien zugestellt wurde. Von Bedeutung ist, dass erst das schriftliche Urteil der Kommission zu übermitteln ist. Eine verpflichtende Information der Kommission, dass zB eine die Anwendung von Art. 101 oder Art. 102 AEUV berührende Rechtsstreitigkeit eingegangen ist, sieht Art. 15 nicht vor. Eine solche Information bleibt gemäß Art. 15 Abs. 4 den nationalen Gerichtsordnungen überlassen. 14

4. Befugnis zur Abgabe von Stellungnahmen

Ein mitgliedstaatliches Gericht kann die **Kommission um eine Stellungnahme bitten,** die die Anwendung der Art. 101 und Art. 102 AEUV betreffen. Dabei handelt es sich um ein Instrument, um den mitgliedstaatlichen Gerichten die Möglichkeit zu geben, auf die besondere Expertise der Kommission bei der Anwendung und Durchsetzung der Art. 101 und 102 AEUV zurückzugreifen. Es ist ein sinnvolles Instrument, das neben der **Möglichkeit von Vorabentscheidungsverfahren nach Art. 267 AEUV besteht.** Vorabentscheidungsverfahren sind zeitaufwändig und häufig auch nicht geeignet, den entscheidenden mitgliedstaatlichen Gerichten die notwendigen praktischen Auskünfte über die Auslegung und Anwendung der Art. 101 und 102 AEUV zu vermitteln. Der informelle Weg, die Kommission um eine Stellungnahme zu bitten, wird für viele mitgliedstaatlichen Gerichte hilfreich sein. Es ist zu erwarten, dass die Gerichte hiervon in großem Umfang Gebrauch machen werden. 15

Sowohl die mitgliedstaatlichen Wettbewerbsbehörden als auch die Kommission sind darüber hinaus berechtigt, von sich aus und **aus eigener Initiative** den mitgliedstaatlichen Gerichten schriftliche Stellungnahmen zu übermitteln. Eine Stellungnahme kann somit auch abgegeben werden, ohne dass, anders als im Rahmen von Art. 15 Abs. 1, das Gericht die Kommission oder die mitgliedstaatliche Wettbewerbsbehörde als **amicus curiae** ausdrücklich zur Abgabe der Stellungnahme aufgefordert hat (*Klees* S. 291 ff.; *Schwarze/Weitbrecht* S. 223 f.; kritisch zur Institution des amicus curiae *Nothdurft* in MünchKomm VO 1/2003 Art. 15 Rn. 28) und ohne dass die mitgliedstaatliche Wettbewerbsbehörde als Antragsgegnerin am nationalen Gerichtsverfahren beteiligt sein müsste (EuGH Slg. 2010 I-12471 Rn. 53 und 55 VEBIC; zur Bedeutung des Urteils auf das deutsche Kartellverfahrensrecht *Ost/Brenner,* FS Canenbley, 2012, S. 369 ff.). Allerdings dürfen weder die mitgliedstaatlichen Wettbewerbsbehörden noch die Kommission ohne ausdrückliche Erlaubnis des erkennenden Gerichts mündlich im Rahmen der mündlichen Verhandlung Stellung nehmen. Sie sind berechtigt, einen entsprechenden Antrag bei Gericht zu stellen. Das Gericht ist in der Entscheidung über diesen Antrag frei, wird aber mit Blick auf den Grundsatz der gemeinschaftlichen Treuepflicht aus Art. 4 Abs. 3 EUV ein solches Begehren nur in Ausnahmefällen abschlägig bescheiden. 16

Die mitgliedstaatlichen Wettbewerbsbehörden wie auch die Kommission haben das Recht, das erkennende mitgliedstaatliche Gericht zur **Übermittlung der Verfahrensakte** aufzufordern. Dies ist häufig Voraussetzung dafür, dass sachgerecht und fallbezogen zu der fraglichen Auseinandersetzung Stellung genommen werden kann. Nach dem Wortlaut ist dies nicht auf die Übermittlung der gesamten Verfahrensakte gerichtet. Vielmehr kann lediglich die **Übermittlung der für die Beurteilung des Falles notwendigen Schriftstücke** verlangt werden. Aus Gründen der Verfahrensökonomie wird das erkennende Gericht gleichwohl häufig die gesamte Verfahrensakte zur Verfügung stellen. 17

5. Weitergehende nationale Regelungen

18 Die Mitgliedstaaten bleiben nach Art. 15 Abs. 4 berechtigt, über die in den Art. 15 Abs. 1–3 enthaltenen Regelungen hinaus, Vorschriften im innerstaatlichen Recht vorzusehen, die über die in Art. 15 geregelten Befugnisse hinausgehen. Von dieser Möglichkeit hat der Gesetzgeber der 7. GWB-Novelle in **§ 90a GWB** Gebrauch gemacht (dazu *Bechtold,* GWB, § 90a Rn. 1).

Art. 16 Einheitliche Anwendung des gemeinschaftlichen Wettbewerbsrechts

(1) **Wenn Gerichte der Mitgliedstaaten nach Artikel 81 oder 82 des Vertrags über Vereinbarungen, Beschlüsse oder Verhaltensweisen zu befinden haben, die bereits Gegenstand einer Entscheidung der Kommission sind, dürfen sie keine Entscheidungen erlassen, die der Entscheidung der Kommission zuwiderlaufen. Sie müssen es auch vermeiden, Entscheidungen zu erlassen, die einer Entscheidung zuwiderlaufen, die die Kommission in einem von ihr eingeleiteten Verfahren zu erlassen beabsichtigt. Zu diesem Zweck kann das einzelstaatliche Gericht prüfen, ob es notwendig ist, das vor ihm anhängige Verfahren auszusetzen. Diese Verpflichtung gilt unbeschadet der Rechte und Pflichten nach Artikel 234 des Vertrags.**

(2) **Wenn Wettbewerbsbehörden der Mitgliedstaaten nach Artikel 81 oder 82 des Vertrags über Vereinbarungen, Beschlüsse oder Verhaltensweisen zu befinden haben, die bereits Gegenstand einer Entscheidung der Kommission sind, dürfen sie keine Entscheidungen treffen, die der von der Kommission erlassenen Entscheidung zuwiderlaufen würden.**

1. Einführung

1 **a) Ausgangslage unter der VO 17/62.** In einem System der parallelen Zuständigkeiten stellt sich das **Problem der einheitlichen Anwendung und Kohärenz** in besonderem Maße (dazu *Gerber/Cassinis* ECLR 2006, 1 (Part 1) und 51 (Part 2)). Wenn sowohl die Kommission als auch die mitgliedstaatlichen Wettbewerbsbehörden und -gerichte befugt und verpflichtet sind, den Bestimmungen in den Art. 101 und 102 AEUV zur vollen Wirksamkeit zu verhelfen, ist es nicht auszuschließen, dass die mit einem Vorgang befassten Instanzen unterschiedliche Entscheidungen treffen. Das gilt in besonderem Maße, wenn diese Instanzen parallel im selben Vorgang tätig werden. Im Verhältnis zwischen der Kommission und den mitgliedstaatlichen Wettbewerbsbehörden kann ein solcher Konflikt vergleichsweise einfach beseitigt werden, indem die **Kommission** gemäß Art. 11 Abs. 6 ein Verfahren eröffnet und damit die **Zuständigkeit der mitgliedstaatlichen Wettbewerbsbehörden beendet.** Eine vergleichbare Kompetenz besitzt die Kommission im Verhältnis zu den mitgliedstaatlichen Gerichten nicht. Im Hinblick auf den rechtsstaatlichen Grundsatz von der Unabhängigkeit der Gerichte kann der Kommission eine vergleichbare Kompetenz nicht zustehen. Deshalb ist es wichtig, Mechanismen und Instrumente einzuführen, die eine möglichst kohärente und einheitliche Anwendung des EU-Kartellrechts gewährleisten.

2 Das Problem der Einheitlichkeit der Anwendung ist mit dem Inkrafttreten der VO 1/2003 nicht neu entstanden. Bereits unter dem Vorgängerregime der VO 17/62 gab es vergleichbare Probleme. Auch diese ergaben sich daraus, dass nach Art. 9 Abs. 1 VO 17/62 sowohl die Kommission als auch die mitgliedstaatlichen Wettbewerbsbehörden und -gerichte berechtigt waren, ex-Art. 81 Abs. 1 und Abs. 2 sowie ex-Art. 82 EG anzuwenden. Lediglich die direkte Anwendung von ex-Art. 81 Abs. 3 EG durch die

mitgliedstaatlichen Wettbewerbsinstanzen war ausgeschlossen. Die Befugnis zur Anwendung von ex-Art. 81 Abs. 3 EG und die Erteilung von Einzelfreistellungen war ausschließlich der Kommission vorbehalten. Das **Problem der Inkohärenz** stellte sich unter dem alten Regime deshalb eher mit Blick auf die **Zuständigkeitsregelung in Art. 9 Abs. 3 VO 17/62.** Die parallele Befassung der mitgliedstaatlichen Gerichte und der Kommission war durch das Spannungsverhältnis zwischen der parallelen Zuständigkeit für die Anwendung der ex-Art. 81 Abs. 1 und Abs. 2 durch die mitgliedstaatlichen Gerichte und die Kommission einerseits und die ausschließliche Zuständigkeit der Kommission für die Erteilung von Einzelfreistellungen nach ex-Art. 81 Abs. 3 EG bedingt. Parteien einer Vereinbarung, die vor einem mitgliedstaatlichen Gericht wegen dieser Vereinbarung verklagt wurden, versuchten sich dadurch der direkten Anwendung von ex-Art. 81 Abs. 1 und Abs. 2 EG durch die Gerichte zu entziehen, dass sie die Vereinbarung bei der Kommission mit dem Ziel einer Einzelfreistellung nach Art. 81 Abs. 3 EG anmeldeten, und zwar unabhängig von den konkreten Erfolgsaussichten eines solchen Antrags. Allein die enorme **Verfahrensdauer,** die regelmäßig in **Einzelfreistellungsverfahren** zu beobachten war, bewirkte einen prozesstaktischen Vorteil für die beklagte Partei.

b) Rechtslage unter der VO 1/2003. Aufbauend auf der Delimitis-Entscheidung des Gerichtshofs (EuGH Slg. 1991 I-935) veröffentlichte die Kommission in ihrer ursprünglichen Bekanntmachung über die Zusammenarbeit zwischen der Kommission und den mitgliedstaatlichen Gerichten bei der Anwendung der Art. 81 und 82 EG Grundsätze, wie in solchen Konstellationen zu verfahren ist. Bekanntmachungen der Kommission binden die mitgliedstaatlichen Gerichte zwar nicht. Gleichwohl hat der BGH in seiner Entscheidung Selektive Exklusivität (BGH JZ 1998 960 m. Anm. *Brinker*) ausdrücklich auf die Bekanntmachung der Kommission hingewiesen und die dort niedergelegten Grundsätze herangezogen. Das Problem der kohärenten Anwendung stellt sich unter dem System der Legalausnahme grundsätzlich anders als unter dem Regime der VO 17/62. Durch den Wegfall der ausschließlichen Zuständigkeit der Kommission für die Erteilung von Einzelfreistellungen ist das Problem entfallen, dass Prozessparteien die unterschiedlichen Zuständigkeiten gezielt für ihre Prozesstaktik nutzen können. Allerdings bleibt das Problem, dass die mitgliedstaatlichen **Gerichte und die Kommission parallel mit demselben Vorgang befasst** sind. Bei einer solchen Fallkonstellation ist es nicht ausgeschlossen, dass es zu **unterschiedlichen Entscheidungen** kommt. Gerade dieser Problematik möchte Art. 16 begegnen (*Schneider* in MünchKomm VO 1/2003 Art. 16 Rn. 4). 3

Die Vorschrift begründet in Abs. 1 die Verpflichtung der mitgliedstaatlichen Gerichte, keine Entscheidung zu erlassen, die einer bereits ergangenen Entscheidung der Kommission zuwiderlaufen. Auch müssen die mitgliedstaatlichen Gerichte es vermeiden, Entscheidungen zu erlassen, die **einer Entscheidung der Kommission zuwiderlaufen,** die die Kommission in einem von ihr eingeleiteten Verfahren zu erlassen beabsichtigt. Aus diesem Grunde sollen die mitgliedstaatlichen Gerichte prüfen, ob ein anhängiges Verfahren ausgesetzt werden kann. Abs. 2 ergänzt die Regelung im Hinblick auf die **Tätigkeit der mitgliedstaatlichen Wettbewerbsbehörden.** Auch diese dürfen keine Entscheidungen treffen, die bereits Gegenstand einer Entscheidung der Kommission waren und dieser zuwiderlaufen würden. Die Gefahr widersprüchlicher Entscheidungen der mitgliedstaatlichen Wettbewerbsbehörden und der Kommission ist aber deutlich geringer als diejenige widersprüchlicher Entscheidungen der mitgliedstaatlichen Gerichte und der Kommission. Die Kommission ist nach Art. 11 Abs. 6 wie bereits nach Art. 9 Abs. 3 VO 17/62 berechtigt, durch eine Verfahrenseröffnung die ausschließliche Zuständigkeit für die Anwendung der Art. 101 und 102 AEUV an sich zu ziehen. Insoweit ist Art. 16 Abs. 1 von größerer praktischer Bedeutung als Art. 16 Abs. 2. 4

2. Pflichten der mitgliedstaatlichen Gerichte

5 **a) Beachtung ergangener Kommissionsentscheidungen.** Die mitgliedstaatlichen Gerichte werden durch Art. 16 Abs. 1 dazu angehalten, **keine Entscheidungen** zu treffen, die **bereits ergangenen Entscheidungen der Kommission zuwiderlaufen.** Entscheidungen der Kommission, die diese nach Art. 7, Art. 8, Art. 10 oder Art. 29 Abs. 1 erlassen hat, sind somit für die mitgliedstaatlichen Gerichte bindend (so EuGH 14.2.2012 C-17/10 Rn. 84ff., insb. Rn. 87 Toshiba u. a.; ausführlich dazu auch die Schlussanträge von *GA Kokott* 8.9.2011 Rn. 84ff.; aA hinsichtlich der Bindungswirkung von Entscheidungen nach Art. 10 *K. Schmidt* BB 2003, 1237, 1241; *Röhling* GRUR 2003, 1019, 1023). Diese dürfen sich nicht darüber hinwegsetzen. Sie sind vielmehr verpflichtet und daran gebunden, die Entscheidungen der Kommission zu respektieren und ihre eigene Entscheidung daran auszurichten. Bei Entscheidungen nach Art. 9 handelt es sich zwar ebenfalls um förmliche Entscheidungen. Diese sind aber nicht bindend (so ausdrücklich Erwägungsgründe 13 und 22; → Art. 9 Rn. 10). Ein mitgliedstaatliches Gericht ist somit nicht an Entscheidungen gebunden, die die Kommission zur Annahme von Verpflichtungszusagen iSv Art. 9 erlässt. Entscheidungen nach Maßgabe der Art. 23 und 24 Abs. 2 sind ebenfalls nicht vom Anwendungsbereich des Art. 16 erfasst. Insoweit besteht die Gefahr inkohärenter Entscheidungen ohnehin nicht, insbesondere auch mit Blick auf den Grundsatz ne bis in idem.

6 Die Konstellation, dass sich ein mitgliedstaatliches Gericht bewusst oder unbewusst über eine **gegenläufige Entscheidung der Kommission** hinwegsetzt, lag der Entscheidung des Gerichtshofs in der Rechtssache **Masterfoods** zugrunde (EuGH Slg. 2000 I-11 369). Dort hatte der irische High Court eine Entscheidung erlassen, die im Widerspruch zu Beschwerdepunkten stand, die die Kommission im selben Vorgang erlassen hatte. Die klagende Partei legte gegen die Entscheidung des High Court Rechtsmittel ein. Der irische Supreme Court legte dem Gerichtshof nach Art. 267 AEUV den Rechtsstreit zur Vorabentscheidung vor. Der Gerichtshof entschied, ein nationales Gericht dürfe sich nicht über eine Entscheidung der Kommission hinwegsetzen. Vielmehr sei das nationale Gericht an die Entscheidung der Kommission gebunden, selbst wenn diese gegen eine frühere, gegenläufige Entscheidung einer unteren Instanz desselben Mitgliedstaates zuwiderläuft. Der Gerichtshof wies darauf hin, das betroffene Unternehmen habe die Möglichkeit, die Entscheidung der Kommission mit der Nichtigkeitsklage nach Art. 263 AEUV anzugreifen. Ein nationales Gericht, das während der Dauer der Nichtigkeitsklage mit einem Seitenaspekt der Streitigkeit befasst werde, müsse erwägen, den anhängigen Rechtsstreit **für die Dauer des Verfahrens beim Gerichtshof auszusetzen** (EuGH aaO Rn. 46ff.; vgl. *Bornkamm* ZWeR 2003, 73). Diese Rechtsprechung ist nun in Art. 16 kodifiziert worden (*Schwarze/Weitbrecht* S. 224ff.; vgl. auch *Komninos* CMLR 2007, 1387, 1405).

7 **b) Beachtung beabsichtigter Kommissionsentscheidungen.** Etwas Vergleichbares gilt, wenn die Kommission zwar noch keine endgültige Entscheidung getroffen hat, jedoch zB in Form von Beschwerdepunkten ihre Absicht kundgetan hat, eine Entscheidung ergehen zu lassen. Ein nationales Gericht darf nach Art. 10 Abs. 1 S. 2 nicht ohne Berücksichtigung dieser Absicht entscheiden. Vielmehr ist es gehalten zu prüfen, ob eine **Aussetzung des anhängigen Verfahrens** bis zum Abschluss des Kommissionsverfahrens in Betracht kommt. In jedem Fall ist es verpflichtet, Widersprüche zwischen einer Entscheidung des Gerichts und einer zu erwartenden anderslautenden Entscheidung der Kommission zu vermeiden. Aus diesem Grunde ist regelmäßig eine Aussetzung des anhängigen nationalen Gerichtsverfahrens zu erwägen, wenn die Kommission ein Verfahren eingeleitet hat. Diese Grundsätze stehen **in Übereinstimmung mit der Delimitis-Rechtsprechung** des EuGH (EuGH Slg. 1991 I-935). Bereits in diesem Urteil hatte der Gerichtshof entschieden,

dass ein mitgliedstaatliches Gericht die Aussetzung des anhängigen nationalen Verfahrens erwägen müsse, um eine Entscheidung der Kommission abzuwarten und diese der eigenen Entscheidung zugrunde zu legen (EuGH aaO Rn. 45).

Schiedsgerichte werden, wie bereits im Rahmen von Art. 6 (vgl. dazu Art. 6 Rn. 14), **nicht als staatliche Gerichte angesehen** (so auch *Schneider* in MünchKomm VO 1/2003 Art. 16 Rn. 6). Deshalb kann sich die Bindungswirkung, die sich aus Art. 16 ergibt, auch nicht auf Schiedsgerichte erstrecken. Eine Bindungswirkung von Entscheidungen nach Art. 7, 8 und 10 kommt deshalb in Zusammenhang mit Schiedsverfahren grundsätzlich nicht in Betracht. Allerdings müssen auch Schiedsgerichte die Bestimmungen und Grundsätze des europäischen Kartellrechts insgesamt berücksichtigen. Dies ergibt sich zum einen daraus, dass die Bestimmungen des europäischen Kartellrechts zum **ordre public** gehören. Weitaus gravierender ist aber zum anderen, dass einem Schiedsurteil die **Vollstreckbarkeitserklärung versagt** bleibt, wenn das Schiedsgericht die Vorschriften des europäischen Kartellrechts nicht in ausreichendem Maße berücksichtigt und angewandt hat (EuGH Slg. 1999 I-3055 Eco Swiss; ausführlich dazu *Eilmannsberger* SchiedsVZ 2006, 5, 12; *Hilbig,* Das gemeinschaftsrechtliche Kartellverbot im internationalen Handelsschiedsverfahren, 2006, S. 22, 174). Dabei wird man nicht allein darauf abstellen dürfen, ob das Schiedsgericht die Art. 101 und 102 AEUV in ausreichendem Maße angewandt hat. Vielmehr wird man auch bei einem Schiedsverfahren Art. 16 zumindest sinngemäß heranziehen müssen. Hat die Kommission nämlich, bevor das Schiedsurteil ergangen ist, ein Verfahren eingeleitet, darf auch ein Schiedsgericht eine beabsichtigte Entscheidung nicht außer Betracht lassen. Das gilt erst recht, wenn eine Entscheidung der Kommission nach Art. 7, 8 oder 10 bereits ergangen ist. Setzt sich ein Schiedsgericht wissentlich oder fahrlässig über eine bereits ergangene oder über eine beabsichtigte Entscheidung der Kommission hinweg, muss dem Schiedsurteil das Exequatur versagt bleiben (→ Art. 6 Rn. 14). 8

c) Rechtsfolge eines Verstoßes gegen Art. 16. Falls sich das nationale Gericht über die Vorschrift von Art. 16 Abs. 1 hinwegsetzt, stellt sich die Frage, ob die Entscheidung im Hinblick auf den **Vorrang des Unionsrechts** unberücksichtigt bleiben muss oder ob die Kommission andere Maßnahmen zu ergreifen hat, um die Entscheidung aus der Welt zu schaffen. Falls ein mitgliedstaatliches Gericht sich bewusst oder unbewusst über eine für das Gericht bindende, gegenläufige Entscheidung der Kommission hinwegsetzt, ist darin ein Verstoß gegen Art. 16 Abs. 1 und damit ein **Verstoß gegen das Unionsrecht** zu sehen. Die Kommission ist berechtigt, gegen den betreffenden Mitgliedstaat ein **Vertragsverletzungsverfahren nach Art. 258 AEUV** einzuleiten. Folgt der Gerichtshof der Auffassung der Kommission, dass eine Vertragsverletzung vorliegt, kann diese entsprechend ausgesprochen und die Beseitigung der Vertragsverletzung notfalls durch die Verhängung von Zwangsgeldern erzwungen werden. Allerdings nimmt die Entscheidung der Kommission nicht am Vorrang des Unionsrechts teil. Das bedeutet nicht, dass die Entscheidung des mitgliedstaatlichen Gerichts hinter der Entscheidung der Kommission zurücktritt. Der Vorranggrundsatz kann insoweit nicht gelten, selbst wenn die volle Wirksamkeit des Gemeinschaftsrechts dadurch in Frage gestellt werden sollte. Das Problem wird sich allerdings in aller Regel nur stellen, wenn das letztinstanzlich entscheidende Gericht entschieden hat. Widerspricht die Entscheidung einer unteren Instanz einer Entscheidung der Kommission, kann das Problem der Widersprüchlichkeit im Rahmen eines Rechtsmittelverfahrens beseitigt werden. Die an einem Rechtsstreit beteiligten Unternehmen werden in der Regel das Interesse haben, die gegenläufige Entscheidung des mitgliedstaatlichen Gerichts aus der Welt zu schaffen. 9

d) Vorabentscheidungsersuchen. In jedem Fall bleiben die Gerichte befugt, den Gerichtshof mit der Bitte um eine **Vorabentscheidung nach Art. 267 AEUV** anzurufen. Dies stellt Art. 16 Abs. 1 S. 4 ausdrücklich, jedoch nur deklaratorisch klar. 10

Diese Befugnis ergibt sich ohne weiteres aus dem Primärrecht. Art. 16 Abs. 1 S. 4 kommt insoweit keine eigenständige Bedeutung zu.

3. Pflichten der mitgliedstaatlichen Wettbewerbsbehörden

11 Die mitgliedstaatlichen Wettbewerbsbehörden trifft dieselbe Verpflichtung wie die mitgliedstaatlichen Gerichte, bereits ergangene Entscheidungen der Kommission zu respektieren und keine gegenläufigen Entscheidungen zu erlassen (vgl. dazu Rn. 5ff.). Art. 16 Abs. 2 enthält keine eigenständige Regelung für Fallkonstellation, dass die Kommission noch keine Entscheidung getroffen hat, eine solche aber zB nach dem Erlass von Beschwerdepunkten zu treffen beabsichtigt. Falls eine mitgliedstaatliche Wettbewerbsbehörde in einem Parallelverfahren tätig ist und die **Gefahr einer gegenläufigen Entscheidung** durch die mitgliedstaatliche Wettbewerbsbehörde droht, kann die **Kommission** von ihrer Befugnis nach Art. 11 Abs. 6 Gebrauch machen und die Zuständigkeit für das Verfahren an sich ziehen. Eine ausdrückliche Regelung, dass die mitgliedstaatlichen Wettbewerbsbehörden verpflichtet sind, alles zu tun, um widersprüchliche Entscheidungen zu vermeiden, ist daher nicht erforderlich.

Kapitel V. Ermittlungsbefugnisse

Vorbemerkung

1 Eines der Ziele der VO 1/2003 ist, die Verfolgungstätigkeit der Kommission zu intensivieren und dieser einen effizienteren Rahmen zu geben. Dies setzt voraus, dass die Kommission effektive Ermittlungsbefugnisse in Anspruch nehmen kann. Diese sind im fünften Kapitel der VO 1/2003 in den Art. 17–22 geregelt. Zentrale Vorschriften dieses Kapitels greifen auf die Vorgängerregelungen der VO 17/62 zurück (Art. 11 und 14 VO 17/62). Ergänzend werden Entscheidungen des EuGH, die zur Konkretisierung der Ermittlungsbefugnisse der Kommission ergangen sind, herangezogen und kodifiziert (zB EuGH Slg. 1989, 2859 Hoechst). Das gilt in besonderem Maße für die Befugnis der Kommission zur **Untersuchung einzelner Wirtschaftszweige** und einzelner Arten von Vereinbarungen nach Art. 17, noch mehr aber für die Befugnis der Kommission nach Art. 18, **Auskunftsverlangen** an Unternehmen oder Unternehmensvereinigungen zu richten. Darunter fallen auch die **Nachprüfungsbefugnisse** der Kommission nach Art. 20.

2 Im Vergleich zur VO 17/62 klarstellend und ausdrücklich geregelt ist in Art. 19 die Befugnis der Kommission zur **Befragung natürlicher und juristischer Personen** zum Zweck der Einholung von Informationen, die sich auf den Gegenstand einer Untersuchung beziehen. In der Vergangenheit war umstritten, ob bereits die VO 17/62 eine ausreichende Ermächtigungsgrundlage für eine solche Befragung der Kommission zur Verfügung stellte. Mit Art. 19 ist diese Frage nunmehr positivrechtlich beantwortet. Neu ist auch die Regelung in Art. 21, die der Kommission das Recht gibt, **Nachprüfungen in anderen Räumlichkeiten** als denen der betroffenen Unternehmen und Unternehmensvereinigungen durchzuführen. Diese Möglichkeit bestand unter der VO 17/62 nicht.

3 Art. 22 regelt schließlich die **Befugnis der mitgliedstaatlichen Wettbewerbsbehörden,** nach Maßgabe des innerstaatlichen Rechts im Namen und für Rechnung der Wettbewerbsbehörden anderer Mitgliedstaaten Nachprüfungen und andere Maßnahmen zur Sachverhaltsaufklärung durchzuführen. Dasselbe gilt, wenn die Kommission die Wettbewerbsbehörde eines Mitgliedstaates mit einer Nachprüfung beauftragt.

Art. 17 Untersuchung einzelner Wirtschaftszweige und einzelner Arten von Vereinbarungen

(1) **Lassen die Entwicklung des Handels zwischen Mitgliedstaaten, Preisstarrheiten oder andere Umstände vermuten, dass der Wettbewerb im Gemeinsamen Markt möglicherweise eingeschränkt oder verfälscht ist, so kann die Kommission die Untersuchung eines bestimmten Wirtschaftszweigs oder – Sektor übergreifend – einer bestimmten Art von Vereinbarungen durchführen. Im Rahmen dieser Untersuchung kann die Kommission von den betreffenden Unternehmen oder Unternehmensvereinigungen die Auskünfte verlangen, die zur Durchsetzung von Artikel 81 und 82 des Vertrags notwendig sind, und die dazu notwendigen Nachprüfungen vornehmen.**

Die Kommission kann insbesondere von den betreffenden Unternehmen und Unternehmensvereinigungen verlangen, sie von sämtlichen Vereinbarungen, Beschlüssen und aufeinander abgestimmten Verhaltensweisen zu unterrichten.

Die Kommission kann einen Bericht über die Ergebnisse ihrer Untersuchung bestimmter Wirtschaftszweige oder – Sektor übergreifend – bestimmter Arten von Vereinbarungen veröffentlichen und interessierte Parteien um Stellungnahme bitten.

(2) **Die Artikel 14, 18, 19, 20, 22, 23 und 24 gelten entsprechend.**

1. Frühere Rechtslage

Art. 17 ersetzt **Art. 12 VO 17/62.** Diese Bestimmung hatte die Kommission zu einer **„allgemeinen Untersuchung" bestimmter Wirtschaftszweige** ermächtigt. Dazu hatte sie grundsätzlich die gleichen Ermittlungsbefugnisse wie in konkreten Einzelverfahren. Voraussetzung war, dass in einem Wirtschaftszweig „die Entwicklung des Handels zwischen Mitgliedstaaten Preisbewegungen, Preiserstarrungen oder andere Umstände vermuten (lassen), dass der Wettbewerb innerhalb des gemeinsamen Marktes in dem betreffenden Wirtschaftszweig eingeschränkt oder verfälscht ist". Die Kommission hatte bisher unter ausdrücklicher Berufung auf Art. 12 VO 17/62 nur zwei Branchenuntersuchungen durchgeführt. Seit dem Inkrafttreten der VO 1/2003 hat die Kommission von der Befugnis zur Untersuchung einzelner Wirtschaftszweige extensiver Gebrauch gemacht (so auch *Burrichter* in IM VO 1/2003 Art. 17 Rn. 4). Am 13.6.2005 hat die Kommission zwei Entscheidungen veröffentlicht, mit denen sie umfangreiche Branchenuntersuchungen im Energiebereich sowie im Bankensektor und im Versicherungssektor einleitete (dazu *Brinker/Siegert* VW 2005, 971; *Linsmeier* ET 2005, 623 jeweils mwN). Die Ergebnisse dieser Untersuchungen sind inzwischen veröffentlicht worden, für den Energiesektor am 10.1.2007 (KOM(2006) 851 final und KOM(2006) 1724 final), für den Bereich Retailbanking am 31.1.2007 (KOM(2007) 33 final und SEC(2007) 16) und für den Bereich Unternehmensversicherungen am 25.9.2007 (KOM(2007) 556 final und SEC (2007) 1231). Am 15.1.2008 hat die Kommission eine weitere Untersuchung im pharmazeutischen Sektor eingeleitet (COMP/D/39.514), die mit der Vorlage des Abschlussberichts am 8.7.2009 abgeschlossen wurde. 1

Teilweise wird die Auffassung vertreten, Art. 17 habe die Eingriffsschwelle für Untersuchungen gesenkt (dagegen aber zu Recht *Burrichter/Hennig* in IM VO 1/2003 Art. 17 Rn. 11). Nach Art. 17 reicht die Vermutung aus, dass der **Wettbewerb „möglicherweise" eingeschränkt** ist, während Art. 12 ohne Einschränkung die Vermutung forderte, dass der Wettbewerb eingeschränkt ist (vgl. dazu *Hossenfelder/Lutz* WuW 2003, 118, 126). Erweitert wurde Art. 17 dadurch, dass nicht nur Unter- 2 suchungen in Bezug auf einen bestimmten „Wirtschaftszweig" möglich sind, sondern auch **„sektorübergreifend"** Untersuchungen im Hinblick auf eine **„bestimmte Art von Vereinbarungen"** möglich sind (so *Bischke* in MünchKomm VO 1/2003 Art. 17 Rn. 2). Art. 17 hindert die Kommission nicht daran, auch außerhalb dieser Vorschrift entsprechende Untersuchungen anzustellen; förmlich auf Art. 17 zurückgreifen muss sie nur, wenn sie darin vorgesehene Ermittlungsbefugnisse in Anspruch nehmen will.

2. Gegenstand der Untersuchung (Abs. 1 Unterabs. 1)

3 **a) Bestimmter Wirtschaftszweig.** In der ersten Alternative von Abs. 1 ist Gegenstand der Untersuchung „ein bestimmter Wirtschaftszweig". Insoweit stimmt Art. 17 mit Art. 12 Abs. 1 VO 17/62 überein. Offenbar synonym mit dem Begriff des Wirtschaftszweigs wird zur Abgrenzung der auch ermöglichten Untersuchung „bestimmter Arten von Vereinbarungen" der Begriff **„Sektor"** verwendet (daher auch die übliche Charakterisierung als **„Sektoruntersuchung"**, sector inquiry). Ein Wirtschaftszweig umfasst die Betätigung von Unternehmen, die auf den gleichen Produkt- oder Dienstleistungsmärkten tätig sind (*Burrichter/Hennig* in IM VO 1/2003 Art. 17 Rn. 19). Üblicherweise ist der Wirtschafts-„Zweig" dadurch gekennzeichnet, dass es nicht nur um einzelne Märkte, sondern um ein **Bündel von Märkten** geht, auf denen typischerweise eine Mehrzahl von Unternehmen gleichermaßen tätig sind (zB Automobilindustrie, Erdölindustrie usw.). Der Wirtschaftszweig kann außerdem durch die Funktion, die Unternehmen in ihm wahrnehmen, eingegrenzt werden, also insbesondere in der Differenzierung nach **Herstellung oder Handel.** Somit ist es möglich, dass die Kommission als Gegenstand einer Untersuchung Herstellung und Handel mit Automobilen definiert, möglicherweise aber auch nur die Herstellung oder nur den Handel mit Automobilen. Art. 17 enthält keine Vorgabe für die **räumliche Eingrenzung** des Wirtschaftszweiges; typischerweise handelt es sich aber um Wirtschaftszweige in der Gemeinschaft oder einer Mehrzahl von Mitgliedstaaten. Da sich der Verdacht auf Wettbewerbsbeschränkungen **„im Gemeinsamen Markt"** erstrecken muss, ist jedenfalls erforderlich, dass der Wirtschaftszweig für mehrere Mitgliedstaaten Relevanz hat, und zwar in einem Umfang, der über das Merkmal des „wesentlichen Teils" (des Binnenmarktes in Art. 102 AEUV) hinausgeht.

4 **b) Bestimmte Art von Vereinbarungen.** Art. 17 hat im Vergleich zur VO 17/62 neu die Möglichkeit begründet, dass die Kommission auch Untersuchungen über sektorübergreifende bestimmte Arten von Vereinbarungen durchführen kann (*Burrichter/Hennig* in IM VO 1/2003 Art. 17 Rn. 23). Der Begriff der „Vereinbarungen" umfasst auch die in Art. 101 Abs. 1 AEUV erwähnten **Beschlüsse** und **abgestimmten Verhaltensweisen;** das wird durch deren Aufzählung in Abs. 1 Unterabs. 2 bestätigt. Es würde keinen Sinn machen, die Untersuchungsbefugnisse der Kommission davon abhängig zu machen, wie die Verhaltensweisen, die Gegenstand der Untersuchung sind, formal ausgestaltet sind. Wenn es nur um bestimmte Arten von Vereinbarungen in einem Wirtschaftszweig (zB Bierlieferverträge, dazu 1. Wettbewerbsbericht 1972, S. 114f., Ziff. 124) geht, handelt es sich um die Untersuchung eines Wirtschaftsbereiches, nicht um eine solche von „bestimmten Arten von Vereinbarungen". Diese Vereinbarungen können gekennzeichnet sein entweder durch **übereinstimmende rechtliche Merkmale** (zB Alleinvertrieb, Wettbewerbsverbote, Ausschließlichkeitsbindungen) oder durch **unternehmens- oder marktbezogene Kriterien** (zB Vertriebsverträge kleiner und mittlerer Unternehmen, Zuliefervereinbarungen in der Konsumgüterindustrie usw.). Auch bei den „bestimmten Arten von Vereinbarungen" ist erforderlich, dass sie Bedeutung haben für den **„Gemeinsamen Markt",** also nicht beschränkt sind auf nur einen Mitgliedstaat, ohne darüber hinausgehende Bedeutung für den Binnenmarkt insgesamt.

c) „Anfangsverdacht". Die Untersuchung ist nur zulässig, wenn die Vermutung besteht, dass der **Wettbewerb im Gemeinsamen Markt (Binnenmarkt) möglicherweise eingeschränkt** oder verfälscht ist (*Burrichter/Hennig* in IM VO 1/2003 Art. 17 Rn. 13). Anders als nach dem Wortlaut des Art. 12 VO 17/62 muss die Vermutung sich nur darauf beziehen, dass der Wettbewerb „möglicherweise" eingeschränkt ist. Ein sachlicher Unterschied ergibt sich daraus nicht. Wesensgemäß bezieht sich eine Vermutung immer auf eine Möglichkeit (von Wettbewerbsbeschränkungen); auch in der Fassung des Art. 12 VO 17/62 war nicht die Gewissheit von Wettbewerbsbeschränkungen, sondern nur die Möglichkeit gefordert. Die Vermutung muss allerdings **begründet** sein, und zwar aufgrund **konkreter Umstände** (aA aber wohl *Barthelmeß/Rudolf* in L/M/R VerfVO Art. 17 Rn. 6). Unterabs. 1 erwähnt insoweit als Grundlage der Vermutung „die **Entwicklung des Handels** zwischen Mitgliedstaaten, **Preisstarrheiten** oder andere Umstände". In Art. 12 VO 17/62 waren außerdem noch erwähnt worden „Preisbewegungen"; statt „Preisstarrheiten" hieß es „Preiserstarrungen". Angesichts der Zulassung auch aller anderen Umstände machen begriffliche Differenzierungen keinen Sinn. Es muss sich jedenfalls um Umstände handeln, die den Verdacht nahelegen, dass der Wettbewerb in Bezug auf den Sektor oder die zu prüfenden Vereinbarungen beschränkt oder verfälscht ist. 5

3. Verfahren und Ermittlungsbefugnisse (Abs. 1 Unterabs. 1 und 2 und Abs. 2)

a) Verfahren. Art. 12 Abs. 1 VO 17/62 sah vor, dass die Kommission, wenn die materiellen Voraussetzungen für die Eröffnung einer Untersuchung vorlagen, einen **„Beschluss"** fasst. Art. 17 spricht nicht mehr von einem solchen Beschluss, sondern nur von der Möglichkeit, dass die Kommission die Untersuchung durchführen kann. Deswegen stellt sich die Frage, ob die Kommission die Untersuchungsbefugnisse des Art. 17 nur hat, wenn zuvor eine entsprechende **Entscheidung** getroffen wurde (so für die alte Rechtslage *Gleiss/Hirsch,* Kommentar zum EWG-Kartellrecht, 3. Aufl. 1978, Art. 12 VO 17/62 Rn. 8). Diese Frage ist aus zwei Gründen zu bejahen(*Barthelmeß/Rudolf* in L/M/R VerfVO Art. 17 Rn. 9; *Burrichter/Hennig* in IM VO 1/2003 Art. 17 Rn. 26; aA für das deutsche Recht OLG Düsseldorf WuW/E DE-R 1993, 1996f. Außenwerbeflächen; dazu *Bechtold,* GWB, § 32e Rn. 6). Einmal verweist Art. 17 Abs. 2 u. a. auch auf Art. 14, also die Vorschrift über die Mitwirkungsrechte des **Beratenden Ausschusses.** Diese macht nur Sinn im Hinblick auf die in Art. 14 Abs. 1 vorgesehene Pflicht der Kommission, „vor jeder Entscheidung" den beratenden Ausschuss anzuhören. Da im Rahmen des Art. 17 ansonsten keine anhörungspflichtigen Entscheidungen vorgesehen sind, kann sich das nur – wie früher – auf die Eröffnungsentscheidung beziehen. Außerdem spricht für die **Formalisierung der Verfahrenseröffnung** entscheidend, dass andernfalls ohne klare Festlegung darin, dass die Untersuchungsvoraussetzungen des Abs. 1 vorliegen und welchem Zweck die Untersuchung dient, die Kommission über Art. 17 außerhalb von Einzelfällen ein umfassendes, und gerade nicht mehr an die Voraussetzungen des Abs. 1 geknüpfte Untersuchungsrecht hätte. 6

b) Ermittlungsbefugnisse. Abs. 2 sieht die entsprechende Anwendung (außer des Art. 14) der Art. 18, 19, 20, 22, 23 und 24 vor. Das bedeutet, dass die Kommission wie in allen anderen Verfahren die Möglichkeit hat, an Unternehmen **Auskunftsverlangen** zu richten, einzelne Personen zu befragen, **Nachprüfungsbefugnisse** hat, die Wettbewerbsbehörden der Mitgliedstaaten einschalten kann und bei Zuwiderhandlungen der Unternehmen, die gegen ihre durch die Verweisungsvorschriften begründeten Verpflichtungen verstoßen, mit **Geldbußen** und **Zwangsgeldern** belegen kann (*Burrichter/Hennig* in IM VO 1/2003 Art. 17 Rn. 30). **Nicht verwiesen wird auf Art. 21,** also die Möglichkeit der Nachprüfung in anderen Räumlichkeiten 7 als den Geschäftsräumen. Das ist berechtigt, weil die Befugnisse nach Art. 17 nicht wie in Individualverfahren mit Vorwürfen verbunden sind, deren Aufklärung auch Nachprüfungen in anderen als Geschäftsräumen (insbesondere Privatwohnungen) rechtfertigt. Die Aukunfts- und Nachprüfungsbefugnisse sind durch Abs. 1 Unterabs. 1 S. 2 begrenzt auf Auskünfte, „die **zur Durchsetzung von Art. 101 und 102 AEUV notwendig** sind" und die **„dazu notwendigen" Nachprüfungen** (*Burrichter/Hennig* in IM VO 1/2003 Art. 17 Rn. 32). Die Voraussetzungen sind strenger formuliert als die in Art. 18 und Art. 20. Diese Differenzierung im Gesetzeswortlaut erscheint insoweit nicht schlüssig. Ob die Auskünfte und die Nachprüfungen „zur Durchsetzung von Art. 101 und 102" AEUV notwendig sind, ergibt sich unter Umständen erst nach voller Aufklärung des Sachverhalts, also erst, nachdem die Auskünfte vorliegen und die Nachprüfungen durchgeführt sind. Es muss deswegen ausreichen, wenn die die Untersuchung rechtfertigende Vermutung im Lichte des S. 1 begründet ist.

8 Nach Abs. 1 Unterabs. 2 kann die Kommission von den dem Wirtschaftszweig angehörenden Unternehmen und Unternehmensvereinigungen sowie den Unternehmen und Unternehmensvereinigungen, die an den geprüften Vereinbarungen beteiligt sind, verlangen, „sie **von sämtlichen Vereinbarungen,** Beschlüssen und aufeinander abgestimmten Verhaltensweisen **zu unterrichten**". Die Kommission setzt diese Unterrichtungsbefugnis über Art. 18 durch. Im Sinne dieses Artikels gilt die Möglichkeit, eine entsprechende Unterrichtung von den Unternehmen und Unternehmensvereinigungen zu verlangen, als eine „Aufgabe", deren Erfüllung der Kommission durch die VO 1/2003 übertragen ist.

4. Veröffentlichung eines Ergebnisberichts (Abs. 1 Unterabs. 3)

9 Unterabs. 3 sieht nur vor, dass die Kommission die Ergebnisse ihrer Untersuchung **veröffentlichen „kann".** Sie ist dazu nicht verpflichtet. Die Kommission kann die Ergebnisse der Untersuchung ggf. auch ohne Veröffentlichung zur Grundlage von Verfahren gegen einzelne Unternehmen und Unternehmensvereinigungen machen (*Barthelmeß/Rudolf* in L/M/R VerfVO Art. 17 Rn. 12; *Burrichter/Hennig* in IM VO 1/2003 Art. 17 Rn. 44 und für mitgliedstaatliche Einzelverfahren Rn. 47). Veröffentlicht die Kommission die Ergebnisse der Untersuchung, hat sie interessierte Parteien um Stellungnahme zu bitten (*Barthelmeß/Rudolf* in L/M/R VerfVO Art. 17 Rn. 12). Daraus ergibt sich, dass der **Ergebnisbericht nicht abschließend,** sondern eine Grundlage für die Stellungnahmen der interessierten Parteien ist. Wenn derartige Stellungnahmen vorliegen, ist die Kommission frei darin, ob sie einen **Abschlussbericht** unter Berücksichtigung dieser Stellungnahmen veröffentlicht, oder ob sie die Untersuchung nach Art. 17 beendet. Auch in diesem Stadium kann sie die dabei gewonnenen Erkenntnisse auch in Verfahren gegen einzelne Unternehmen und Unternehmensvereinigungen verwerten. Art. 17 enthält keine Vorschrift darüber, wie das Ergebnis zu veröffentlichen ist. Da es sich nicht um eine Entscheidung handelt, ist Art. 297 Abs. 1 AEUV über die Veröffentlichung im Amtsblatt nicht anwendbar. Die Kommission ist frei in der Festlegung von Umfang und Art der Veröffentlichung.

Art. 18 Auskunftsverlangen

(1) **Die Kommission kann zur Erfüllung der ihr durch diese Verordnung übertragenen Aufgaben durch einfaches Auskunftsverlangen oder durch Entscheidung von Unternehmen und Unternehmensvereinigungen verlangen, dass sie alle erforderlichen Auskünfte erteilen.**

(2) **Bei der Versendung eines einfachen Auskunftsverlangens an ein Unternehmen oder eine Unternehmensvereinigung gibt die Kommission die**

Rechtsgrundlage, den Zweck des Auskunftsverlangens und die benötigten Auskünfte an, legt die Frist für die Übermittlung der Auskünfte fest und weist auf die in Artikel 23 für den Fall der Erteilung einer unrichtigen oder irreführenden Auskunft vorgesehenen Sanktionen hin.

(3) **Wenn die Kommission durch Entscheidung von Unternehmen und Unternehmensvereinigungen zur Erteilung von Auskünften verpflichtet, gibt sie die Rechtsgrundlage, den Zweck des Auskunftsverlangens und die geforderten Auskünfte an und legt die Frist für die Erteilung der Auskünfte fest. Die betreffende Entscheidung enthält ferner einen Hinweis auf die in Artikel 23 vorgesehenen Sanktionen und weist entweder auf die in Artikel 24 vorgesehenen Sanktionen hin oder erlegt diese auf. Außerdem weist sie auf das Recht hin, vor dem Gerichtshof gegen die Entscheidung Klage zu erheben.**

(4) **Die Inhaber der Unternehmen oder deren Vertreter oder – im Fall von juristischen Personen, Gesellschaften und Vereinigungen ohne Rechtspersönlichkeit – die nach Gesetz oder Satzung zur Vertretung berufenen Personen erteilen die verlangten Auskünfte im Namen des betreffenden Unternehmens bzw. der Unternehmensvereinigung. Ordnungsgemäß bevollmächtigte Rechtsanwälte können die Auskünfte im Namen ihrer Mandanten erteilen. Letztere bleiben in vollem Umfang dafür verantwortlich, dass die erteilten Auskünfte vollständig, sachlich richtig und nicht irreführend sind.**

(5) **Die Kommission übermittelt der Wettbewerbsbehörde des Mitgliedstaats, in dessen Hoheitsgebiet sich der Sitz des Unternehmens bzw. der Unternehmensvereinigung befindet, sowie der Wettbewerbsbehörde des Mitgliedstaats, dessen Hoheitsgebiet betroffen ist, unverzüglich eine Kopie des einfachen Auskunftsverlangens oder der Entscheidung.**

(6) **Die Regierungen und Wettbewerbsbehörden der Mitgliedstaaten erteilen der Kommission auf Verlangen alle Auskünfte, die sie zur Erfüllung der ihr mit dieser Verordnung übertragenen Aufgaben benötigt.**

1. Einführung

1 Besteht ein Verdacht, dass ein Unternehmen oder eine Unternehmensvereinigung gegen die Vorschriften in Art. 101 oder 102 AEUV verstoßen hat, ist die Kommission berechtigt und verpflichtet, den vermeintlichen Verstoß zu untersuchen. Dabei stehen ihr mehrere Möglichkeiten zur Verfügung. Sie kann sich auf **allgemein verfügbare Informationen** stützen, daneben auf Informationen, die ihr durch Beschwerdeführer oder im Rahmen von Kronzeugenanträgen übermittelt werden. Dies allein reicht jedoch nicht aus, um die erforderlichen Informationen, Daten und Unterlagen zu erhalten, die als Beweismittel für den Nachweis eines Verstoßes gegen die Vorschriften des europäischen Kartellrechts erforderlich sind.

2 Art. 18 räumt der Kommission die Befugnis ein, von den betroffenen Unternehmen und Unternehmensvereinigungen **Auskünfte zu verlangen.** Dabei handelt es sich neben der Unternehmen und Unternehmensvereinigungen deutlich belastenderen Befugnis der Kommission, in den Räumen der Unternehmen Nachprüfungen durchzuführen (Art. 20), um die wichtigste Befugnis, über die die Kommission im Rahmen ihrer Ermittlungstätigkeiten verfügt.

3 Die Befugnis der Kommission ist **zweistufig ausgestaltet.** Einerseits kann die Kommission Auskunftsersuchen an die Adressaten richten **(einfaches Auskunftsverlangen).** Die Adressaten des Verlangens sind nicht verpflichtet, auf diese zu antworten. Die Kommission hat dann jedoch die Möglichkeit, durch einen **verbindlichen Beschluss iSv Art. 288 Abs. 4 AEUV** ein **förmliches Auskunftsverlangen**

an die Adressaten zu richten. Diese trifft dann eine **umfassende Mitwirkungspflicht.** Sie können die Beantwortung des förmlichen Auskunftsverlangens nur unter sehr eingeschränkten Voraussetzungen verweigern.

2. Rechtliche Voraussetzungen

4 Die Kommission kann nach Art. 18 Abs. 1 „zur Erfüllung der ihr durch diese Verordnung übertragenen Aufgaben“ einfache oder förmliche Auskunftsverlangen an die Adressaten richten. Bereits aus dem Wortlaut wird deutlich, dass die Befugnisse der Kommission sehr weit sind. Es ist nicht erforderlich, dass die Kommission ein Verfahren eröffnet hat. Vielmehr kann sie gerade **im Vorfeld der förmlichen Verfahrenseröffnung,** dh vor der Versendung der Beschwerdepunkte, zum Mittel des Auskunftsverlangen greifen. Es reicht ein einfacher Anfangsverdacht aus, dass ein Verstoß gegen Art. 101 oder 102 AEUV vorliegt.

5 Es müssen hinreichende Anhaltspunkte erkennbar sein, dass ein solcher Verstoß nicht von Vornherein ausgeschlossen ist. Verfügt die Kommission nicht über klare Hinweise oder Informationen, dass ein Unternehmen an einem Verstoß gegen die Wettbewerbsvorschriften beteiligt war, kann sie das Instrument der Auskunftsverlangen **nicht** dazu einsetzen, um die **Unternehmen auszuforschen** (EuG 14.11.2012 T-135/09 Rn. 38ff. Nexans, NZKart 2013, 119; EuG Slg. 2001 II-729 Rn. 77 Mannesmann Röhrenwerke; vgl. auch *Burrichter/Hennig* in IM Art. 18 VO 1/2003 Rn. 35). Vielmehr müssen konkrete Fragen zu konkreten Vorwürfen, Abläufen oder Sachverhalten gestellt werden.

6 Das Auskunftsverlangen muss den Gegenstand der Untersuchung genau bezeichnen, damit die Unternehmen prüfen und beurteilen können, ob sie beim EuG Klage nach Art. 263 AEUV erheben wollen (Schlussanträge *GA Jacobs* Slg. 1994 I-1911 SEP). Hieraus wird deutlich, dass es sich zwar nicht bei einem einfachen Auskunftsverlangen, jedoch beim verbindlichen Auskunftsbeschluss um einen Beschluss iSv Art. 288 Abs. 4 AEUV handelt (EuG 14.3.2014 Rs. T-306/11 Zement (Schwenk), NZKart 2014, 143). Auf die bestehenden Rechtsschutzmöglichkeiten muss die Kommission im Rahmen des Beschlusses hinweisen. Außerdem muss die Kommission den angeschriebenen Unternehmen eine angemessene Frist zur Beantwortung einräumen. Diese muss den Unternehmen die Möglichkeit geben, die gestellten Fragen sachgerecht zu beantworten. Zu kurze Antwortfristen sind daher zu vermeiden. Die Kommission muss ggf. eine angemessene Fristverlängerung gewähren.

3. Adressatenkreis

7 Art. 18 Abs. 1 richtet sich zunächst gegen Unternehmen und Unternehmensvereinigungen. Damit ist der Adressatenkreis mit dem Anwendungsbereich von Art. 101 Abs. 1 AEUV identisch. Da nur Unternehmen und Unternehmensvereinigungen Adressat der Norm des europäischen Kartellverbotes sein können, richten sich die Ermittlungsbefugnisse der Kommission auch ausschließlich gegen diese.

8 Allerdings macht Art. 18 Abs. 4 deutlich, dass im Falle juristischer Personen, Gesellschaften oder Vereinigungen ohne Rechtspersönlichkeit die nach Gesetz oder Satzung zur Vertretung berufenen Personen die verlangten Auskünften im Namen des Unternehmens oder der Unternehmensvereinigung erteilen müssen. Diese Aufgabe wird üblicherweise von **verantwortlichen Mitarbeitern** von Unternehmen und Unternehmensvereinigungen übernommen, also Vorständen, Geschäftsführern oder leitenden Angestellten. Art. 18 Abs. 4 lässt es zu, dass auch ordnungsgemäß **mandatierte Rechtsanwälte** die Auskünfte im Namen ihrer Mandanten erteilen können.

9 Etwas überraschend ist in Art. 18 Abs. 6 geregelt, dass auch Regierungen und Wettbewerbsbehörden der Mitgliedstaaten verpflichtet sind, der Kommission zur Er-

füllung der ihr durch die VO 1/2003 übertragenen Aufgaben Auskünfte zu erteilen. Diese Norm findet ihre Grundlage im Primärrecht, nämlich in Art. 337 AEUV. Da die eigentlichen Adressaten der Vorschriften des europäischen Wettbewerbsrechts Unternehmen und Unternehmensvereinigungen sind, tritt die Befugnis der Kommission nach Art. 18 Abs. 6 in den Hintergrund. Diese spielt in der Praxis auch eine untergeordnete Rolle.

4. Einfache Auskunftsverlangen

Die Kommission kann einfache, dh **nicht-verbindliche und nicht-bindende** 10
Auskunftsverlangen an Unternehmen und Unternehmensvereinigungen richten, um einen Sachverhalt aufzuklären. Inhaltlich ist sie dabei, ebenso wie bei einem förmlichen Auskunftsbeschluss, verpflichtet, den Hintergrund ihrer Ermittlungen transparent zu machen. Die Kommission muss daher zeigen, um welche Verdachtsmomente es konkret geht. Die im Auskunftsverlangen gestellten Fragen müssen sich darauf beziehen.

Auf **einfache Auskunftsverlangen** brauchen die angeschriebenen Unterneh- 11
men und Unternehmensvereinigungen nicht zu antworten. Es besteht insoweit keine Verpflichtung, auch **keine allgemeine Mitwirkungsverpflichtung.** Allerdings ist die Kommission ohne Weiteres in der Lage, im Falle einer Verweigerung einen förmlichen Auskunftsbeschluss zu erlassen, zu dessen Beantwortung die Unternehmen verpflichtet sind. Wenn das Unternehmen jedoch – wie im Regelfall – freiwillig auf das Auskunftsverlangen antwortet, müssen die Auskünfte wahrheitsgemäß, richtig und umfassend erteilt werden. Auch wenn es den adressierten Unternehmen grundsätzlich freisteht, einfache Auskunftsverlangen zu beantworten oder nicht zu beantworten, besteht bei Beantwortung eine **Pflicht zur Richtigkeit und Vollständigkeit der Antwort.** Andernfalls besteht selbst im Falle der freiwilligen, jedoch unrichtigen, irreführenden oder unvollständigen Antwort das Risiko, dass die Kommission dieses Verhalten nach Art. 23 mit der Festsetzung einer Geldbuße sanktioniert (vgl. hierzu die Kommentierung zu Art. 23 VO 1/2003).

5. Verbindliche Auskunftsbeschlüsse

Die Kommission ist nicht darauf beschränkt, allein informelle Auskunftsverlangen 12
auf freiwilliger Basis versenden zu dürfen. Vielmehr kann sie den angeschriebenen Unternehmen auch die Verpflichtung auferlegen, auf einen förmlichen Auskunftsbeschluss hin die verlangten Auskünfte verbindlich zu erteilen. Das Gebot der Verhältnismäßigkeit gebietet nicht, dass die Kommission zuerst ein einfaches Auskunftsverlangen erlässt, bevor sie einen verbindlichen Auskunftsbeschluss treffen darf. Vielmehr darf sie gleich einen verbindlichen Beschluss erlassen, wenn ihr dies unter den gegebenen Umständen opportun erscheint. Es besteht insoweit eine **Mitwirkungsverpflichtung** der befragten Unternehmen und Unternehmensvereinigungen (*Bechtold,* EuR 1992, 41, 43ff.). Ein allgemeines Auskunftsverweigerungsrecht besteht ungeachtet der in der Literatur geäußerten Kritik (vgl. hierzu die Vorauflage Art. 18 VO 1/2003 Rn. 9ff.) nach der insoweit eindeutigen Rechtsprechung der europäischen Gerichte nicht (EuGH Slg. 1989, 3283 Orkem; EuG Slg. 2001 II-729 Mannesmann Röhren-Werke; *Brinker* in Schwarze (Hrsg.), Wirtschaftsverfassungsrechtliche Garantie, 2001, 177, 186ff.).

Die Unternehmen sind verpflichtet, innerhalb der gesetzten Frist **richtig, frist-** 13
gerecht und vollständig Auskunft zu erteilen. Die der Kommission übermittelten Antworten dürfen insbesondere nicht irreführend sein. Hat die Kommission Grund zur Annahme, dass ein Unternehmen unrichtige oder irreführende Informationen übermittelt hat, kann sie diesem Unternehmen eine Geldbuße auf der Grundlage von Art. 23 Abs. 1 lit. b auferlegen (vgl. die Pressemitteilung der Kommission vom

27.1.2012, mit der die Kommission die Einstellung eines Ermittlungsverfahrens mitteilt, IP/12/43).

14 Jedoch gibt es Einschränkungen durch das **sog. Anwaltsprivileg (legal privilege).** In der Rechtsprechung des EuGH ist anerkannt, dass die Korrespondenz zwischen einem externen Anwalt und einem Unternehmen vertraulich und den Ermittlungsbehörden nicht offen zu legen ist. Dieses Privileg erstreckt sich nur auf externe Anwälte, die in einem Mitgliedstaat der Europäischen Union zugelassen sind. Das Privileg erstreckt sich dagegen nicht auf Unternehmensjuristen und externe Anwälte, die in Jurisdiktionen außerhalb der Europäischen Union zugelassen sind (EuGH Slg. 1982, 1575 AM & S; EuGH Slg. 2010 I-8301 **Akzo**). Diese restriktive Praxis der europäischen Gerichte wird in der Literatur äußerst kritisch gesehen (vgl. nur *Moosmayer,* NJW 2010, 3548).

Art. 19 Befugnis zur Befragung

(1) **Zur Erfüllung der ihr durch diese Verordnung übertragenen Aufgaben kann die Kommission alle natürlichen und juristischen Personen befragen, die der Befragung zum Zweck der Einholung von Information, die sich auf den Gegenstand einer Untersuchung bezieht, zustimmen.**

(2) **Findet eine Befragung nach Absatz 1 in den Räumen eines Unternehmens statt, so informiert die Kommission die Wettbewerbsbehörde des Mitgliedstaats, in dessen Hoheitsgebiet die Befragung erfolgt. Auf Verlangen der Wettbewerbsbehörde dieses Mitgliedstaats können deren Bedienstete die Bediensteten der Kommission und die anderen von der Kommission ermächtigten Begleitpersonen bei der Durchführung der Befragung unterstützen.**

1. Zweck der Regelung

1 Art. 19 ist **neu** in das EU-Verfahrensrecht eingeführt worden; diese Bestimmung hat keinen Vorgänger in der VO 17/62. Die erstmals geregelte **mündliche Befragung von Personen,** die nicht Gegenstand von Auskunftsverlangen (Art. 18) und Nachprüfungen (Art. 20) sind, wird im Erwägungsgrund 25 damit gerechtfertigt, dass die Ermittlungsbefugnisse der Kommission ergänzt werden müssten, weil es zunehmend schwieriger werde, Verstöße gegen die Wettbewerbsregeln aufzudecken: „Die Kommission sollte insbesondere alle Personen, die evtl. über sachdienliche Informationen verfügen, befragen und deren Aussagen zu Protokoll nehmen können". Die Ergänzung der Ermittlungsbefugnisse, die insbesondere auch im Hinblick auf die unklare Rechtsprechung des Gerichtshofs erforderlich war (EuGH Slg. 1980, 2033 National Panasonic), liegt darin, dass überhaupt die Befugnis zur Befragung begründet wird. Sie ist allerdings unvollkommen, weil mit Art. 19 **keine Zwangsbefugnisse** verbunden sind; vielmehr kann die Kommission die Befragung nur durchführen, wenn die in Betracht kommenden natürlichen und juristischen Personen zustimmen (so auch *Kerse/Khan* Rn. 3–059). Die **Weigerung ist sanktionslos,** ebenso wie die **Erteilung unvollständiger oder unrichtiger Auskünfte** (ebenso *Burrichter/Hennig* in IM Art. 19 VO 1/2003 Rn. 4). Die Kataloge der geldbußenpflichtigen Tatbestände in Art. 23 und der zu Zwangsgeldern berechtigenden Zuwiderhandlungen in Art. 24 enthalten keine Bezugnahme auf Art. 19. Diese Vorschrift führt deswegen auch **nicht** dazu, dass die auf ihrer Grundlage eingeholten Informationen gegenüber sonstigen Auskünften oder Mitteilungen allein wegen der Formalisierung im Rahmen des Art. 19 **von erhöhtem Beweiswert** sind. Allerdings können diese Informationen in der **freien Beweiswürdigung** durch die Kommission deswegen von besonderer Be-

deutung sein, weil sie unter Umständen Ausfluss einer besonders qualifizierten Befragung sind.

2. Stellung der befragten Personen, keine Sanktionen

Abs. 1 begründet die Befugnis der Kommission, **natürliche und juristische Personen** zu befragen. Die Tatsache, dass Abs. 2 davon ausgeht, dass die Befragung in bestimmten Räumen stattfindet, deutet darauf hin, dass Art. 19 nur die **mündliche** Befragung regelt, nicht die schriftliche, für die ausschließlich Art. 18 gilt. Eine mündliche Befragung ist nur bei natürlichen Personen möglich. Dennoch erfasst Abs. 1 auch juristische Personen. Dabei ist offenbar gedacht an Fälle, in denen ein **Unternehmen** gebeten wird, die **geeigneten Mitarbeiter** für eine mündliche Befragung zur Verfügung zu stellen. In diesem Fall kommt es der Kommission weniger auf die Aussage einer von ihr bestimmten natürlichen Person an, sondern vielmehr darauf, was von ihr nicht von vornherein benannte Unternehmensangehörige auf bestimmte Fragen antworten. 2

Voraussetzung für die Befragung ist, dass sie der **Erfüllung der Aufgaben** dient, die der Kommission durch die VO 1/2003 übertragen sind. Insoweit wird der gleiche Wortlaut wie in Art. 18 Abs. 1 (Auskunftsverlangen) und Art. 20 Abs. 1 (Nachprüfungsverlangen) verwendet. Das bedeutet, dass die Kommission immer dann, wenn sie auf der Grundlage des Art. 18 Auskünfte einholen oder auf der Grundlage des Art. 20 Nachprüfungen durchführen kann, auch Befragungen vornehmen kann. Das gilt nicht nur in Verfahren gegen einzelne Unternehmen, sondern aufgrund der Verweisung in Art. 17 Abs. 2 auch für die Untersuchungen nach Art. 17. Ein **Rangverhältnis** zwischen den Ermittlungsbefugnissen der Kommission nach Art. 18–20 **besteht nicht** (*Burrichter/Hennig* in Art. 19 IM VO 1/2003 Rn. 6). Die Kommission kann also, wenn sie Auskünfte nach Art. 18 einholt, nicht darauf verwiesen werden, dass sie auch eine Befragung hätte durchführen können, und umgekehrt. Die Kommission ist im Hinblick auf das Tatbestandsmerkmal „zum Zweck der Einholung von Informationen, die sich auf den Gegenstand einer Untersuchung bezieht" verpflichtet, den **Gegenstand der Untersuchung offen** zu legen. Die Befragung setzt also voraus, dass die befragte Person weiß, in welchem Rahmen die Kommission tätig wird und was Gegenstand der Untersuchung ist, in die sich die Befragung einfügt. 3

Die Befragung der natürlichen oder juristischen Person ist nur zulässig, wenn diese ihr **zustimmen** (*Burrichter/Hennig* in IM Art. 19 VO 1/2003 Rn. 13). Für die Zustimmung gibt es keine Formvorschriften; sie kann auch darin liegen, dass die Person sich nach Belehrung über die Freiwilligkeit der Befragung stellt. Die Zustimmung kann während der Befragung widerrufen werden; dann ist ihre Fortsetzung nicht zulässig. Der **Widerruf ist nicht für die Vergangenheit möglich;** was die Kommission bei einer – zulässigen – Befragung erfahren hat, kann sie für die weitere Erfüllung ihrer Aufgaben verwerten. Bei **juristischen Personen** wirkt die Zustimmung für die Mitarbeiter. Sind die Mitarbeiter nicht bereit, trotz Zustimmung der juristischen Person die Fragen zu beantworten, ist das wie die Versagung oder der Widerruf der Zustimmung der juristischen Person zu bewerten. Die juristische Person hat zwar möglicherweise das Recht, ihre Mitarbeiter zur Beantwortung der Fragen zu verpflichten; die Kommission kann sich aber auf diese zivilrechtliche Pflicht nicht berufen. 4

3. Mitwirkung der nationalen Wettbewerbsbehörden (Abs. 2)

Nach Abs. 2 hat die Kommission, wenn sie die **Befragung in Räumen eines Unternehmens** durchführt, die **Wettbewerbsbehörde des Mitgliedsstaats zu informieren**. Die Wettbewerbsbehörde dieses Mitgliedstaats kann verlangen, dass sie an der Befragung teilnimmt, aber nur zum Zwecke der Unterstützung der Bediensteten der Kommission, nicht etwa, um die Befragung zu behindern. Im Sinne 5 dieser Vorschrift liegt eine Befragung „in den Räumen eines Unternehmens" nur vor, soweit es sich um die Räume desjenigen Unternehmens handelt, dem die befragten Personen angehören. Führt die Kommission die Befragung zB in einem Hotel oder ansonsten gemieteten Räumen durch, findet diese Vorschrift keine Anwendung. Wenn die Kommission die Befragung in ihren Räumen in Brüssel oder anderswo durchführt, gelten die Informationspflicht und die Teilnahmeberechtigung nach Abs. 2 nicht in Bezug auf die belgische Wettbewerbsbehörde.

Art. 20 Nachprüfungsbefugnisse der Kommission

(1) **Die Kommission kann zur Erfüllung der ihr durch diese Verordnung übertragenen Aufgaben bei Unternehmen und Unternehmensvereinigungen alle erforderlichen Nachprüfungen vornehmen.**

(2) **Die mit den Nachprüfungen beauftragten Bediensteten der Kommission und die anderen von ihr ermächtigten Begleitpersonen sind befugt,**

a) alle Räumlichkeiten, Grundstücke und Transportmittel von Unternehmen und Unternehmensvereinigungen zu betreten;

b) die Bücher und sonstigen Geschäftsunterlagen, unabhängig davon, in welcher Form sie vorliegen, zu prüfen;

c) Kopien oder Auszüge gleich welcher Art aus diesen Büchern und Unterlagen anzufertigen oder zu erlangen;

d) betriebliche Räumlichkeiten und Bücher oder Unterlagen jeder Art für die Dauer und in dem Ausmaß zu versiegeln, wie es für die Nachprüfung erforderlich ist;

e) von allen Vertretern oder Mitgliedern der Belegschaft des Unternehmens oder der Unternehmensvereinigung Erläuterungen zu Tatsachen oder Unterlagen zu verlangen, die mit Gegenstand und Zweck der Nachprüfung in Zusammenhang stehen, und ihre Antworten zu Protokoll zu nehmen.

(3) **Die mit Nachprüfungen beauftragten Bediensteten der Kommission und die anderen von ihr ermächtigten Begleitpersonen üben ihre Befugnisse unter Vorlage eines schriftlichen Auftrags aus, in dem der Gegenstand und der Zweck der Nachprüfung bezeichnet sind und auf die in Artikel 23 vorgesehenen Sanktionen für den Fall hingewiesen wird, dass die angeforderten Bücher oder sonstigen Geschäftsunterlagen nicht vollständig vorgelegt werden oder die Antworten auf die nach Maßgabe von Absatz 2 des vorliegenden Artikels gestellten Fragen unrichtig oder irreführend sind. Die Kommission unterrichtet die Wettbewerbsbehörde des Mitgliedstaats, in dessen Hoheitsgebiet die Nachprüfung vorgenommen werden soll, über die Nachprüfung rechtzeitig vor deren Beginn.**

(4) **Die Unternehmen und Unternehmensvereinigungen sind verpflichtet, die Nachprüfungen zu dulden, die die Kommission durch Entscheidung angeordnet hat. Die Entscheidung bezeichnet den Gegenstand und den Zweck der Nachprüfung, bestimmt den Zeitpunkt des Beginns der Nachprüfung und weist auf die in Artikel 23 und Artikel 24 vorgesehenen Sanktionen sowie auf das Recht hin, vor dem Gerichtshof Klage gegen die Entscheidung zu erheben. Die Kommission erlässt diese Entscheidungen nach Anhörung der Wettbewerbsbehörde des Mitgliedstaats, in dessen Hoheitsgebiet die Nachprüfung vorgenommen werden soll.**

(5) **Die Bediensteten der Wettbewerbsbehörde des Mitgliedstaats, in dessen Hoheitsgebiet die Nachprüfung vorgenommen werden soll, oder von dieser Behörde entsprechend ermächtigte oder benannte Personen unter-**

stützen auf Ersuchen dieser Behörde oder der Kommission die Bediensteten der Kommission und die anderen von ihr ermächtigten Begleitpersonen aktiv. Sie verfügen hierzu über die in Absatz 2 genannten Befugnisse.

(6) **Stellen die beauftragten Bediensteten der Kommission und die anderen von ihr ermächtigten Begleitpersonen fest, dass sich ein Unternehmen einer nach Maßgabe dieses Artikels angeordneten Nachprüfung widersetzt, so gewährt der betreffende Mitgliedstaat die erforderliche Unterstützung, gegebenenfalls unter Einsatz von Polizeikräften oder einer entsprechenden vollziehenden Behörde, damit die Bediensteten der Kommission ihren Nachprüfungsauftrag erfüllen können.**

(7) **Setzt die Unterstützung nach Absatz 6 nach einzelstaatlichem Recht eine Genehmigung eines Gerichts voraus, so ist diese zu beantragen. Die Genehmigung kann auch vorsorglich beantragt werden.**

(8) **Wird die in Absatz 7 genannte Genehmigung beantragt, so prüft das einzelstaatliche Gericht die Echtheit der Entscheidung der Kommission sowie, ob die beantragten Zwangsmaßnahmen nicht willkürlich und, gemessen am Gegenstand der Nachprüfung, nicht unverhältnismäßig sind. Bei der Prüfung der Verhältnismäßigkeit der Zwangsmaßnahmen kann das einzelstaatliche Gericht von der Kommission unmittelbar oder über die Wettbewerbsbehörde des betreffenden Mitgliedstaats ausführliche Erläuterungen anfordern, und zwar insbesondere zu den Gründen, die die Kommission veranlasst haben, das Unternehmen einer Zuwiderhandlung gegen Artikel 81 oder 82 des Vertrags zu verdächtigen, sowie zur Schwere der behaupteten Zuwiderhandlung und zur Art der Beteiligung des betreffenden Unternehmens. Das einzelstaatliche Gericht darf jedoch weder die Notwendigkeit der Nachprüfung in Frage stellen noch die Übermittlung der in den Akten der Kommission enthaltenen Informationen verlangen. Die Prüfung der Rechtmäßigkeit der Kommissionsentscheidung ist dem Gerichtshof vorbehalten.**

1. Einführung

Neben die Befugnis, Auskunftsverlangen an Unternehmen und Unternehmensvereinigungen zu richten (Art. 18), tritt die Befugnis der Kommission zur Durchführung von Nachprüfungen. Art. 20 räumt der Kommission das Recht ein, zum Zwecke der Erfüllung der ihr durch die VO 1/2003 übertragenen Aufgaben **Nachprüfungen vorzunehmen** (Art. 20 Abs. 1). Art. 20 Abs. 2 konkretisiert die Befugnis dahin, welche Befugnisse der Kommission und ihren Bediensteten im Einzelnen zukommen. Nach dieser Vorschrift können die Kommissionsbeamten insbesondere die Räumlichkeiten, Grundstücke und Transportmittel von Unternehmen und Unternehmensvereinigungen betreten (lit. a)), Bücher und Geschäftsunterlagen prüfen (lit. b)), Kopien und Auszüge aus diesen Büchern und Unterlagen anfertigen (lit. c)), betriebliche Räumlichkeiten und Bücher oder Unterlagen jeder Art für die Dauer der Nachprüfung versiegeln (lit. d)) sowie von Vertretern des Unternehmens oder der Unternehmensvereinigung Erläuterungen zu Tatsachen oder Unterlagen verlangen, die mit der Nachprüfung im Zusammenhang stehen (lit. e)). Die **Befugnis zum Betreten von Unternehmensräumlichkeiten, -grundstücken und -transportmitteln** wird erweitert durch die Befugnisse, die die Kommission nach **Art. 21** in Anspruch nehmen kann, nämlich die Durchführung von Nachprüfungen in anderen, insbesondere **privaten Räumlichkeiten** (vgl. hierzu die Kommentierung zu Art. 21 VO 1/2003). 1

Gerade in den letzten Jahren hat die Kommission in großer Zahl von der durch Art. 20 eingeräumten Befugnis Gebrauch gemacht. Dies ist u. a. darauf zurückzufüh- 2 ren, dass sich die Kommission nach dem Inkrafttreten der VO 1/2003 und die Abschaffung des Anmeldesystems stark auf die Verfolgung von Kartellverstößen konzentriert hat. Hinzu kommt die große Zahl von **Kronzeugenanträgen,** die in den meisten Fällen Ausgangspunkt für die Aufnahme von Ermittlungen wegen des Verdachts eines Verstoßes gegen die Bestimmungen des europäischen Wettbewerbsrechtes sind. Eine wesentliche Voraussetzung für die Annahme eines Kronzeugenantrages ist es, dass dieser so hinreichend konkrete Tatsachen und Hinweise enthält, dass die Kommission in die Lage versetzt wird, eine Nachprüfung nach Art. 20 durchzuführen (Kronzeugenmitteilung 2006, Rn. 8, Anhang B 13). Da die Unternehmen alles tun, um den Status des Kronzeugen zu erhalten, sind die allermeisten Kronzeugenanträge so detailliert, dass die Kommission auf ihrer Grundlage unproblematisch Nachprüfungen durchführen kann.

3 Das **Ziel der Nachprüfungen** ist darin zu sehen, dass die Kommission in den Geschäftsräumen der Unternehmen weitere **Beweismittel sicherstellen** kann, auf die sie andernfalls keinen Zugriff hätte und die sie zum Nachweis des vermeintlichen Verstoßes gegen die Bestimmungen des EU-Wettbewerbsrechtes benötigt.

2. Vereinbarkeit mit grundrechtlichen Gewährleistungen

4 In einem Rechtsstreit zwischen der Deutsche Bahn AG und der Kommission wegen der Durchführung von zwei Nachprüfungen hatte das Gericht der Europäischen Union die Gelegenheit zu prüfen, ob die Befugnisse der Kommission zur Durchführung von Nachprüfungen nach Art. 20 mit den **grundrechtlichen Gewährleistungen der EMRK und der Grundrechtecharta** übereinstimmen (EuG 6.9.2013 T-289/11 u. a. Deutsche Bahn, NZKart 2013, 407). In diesem Urteil bestätigte das Gericht zunächst die Auffassung der Klägerin, dass die Durchführung einer Nachprüfung einen offensichtlichen Eingriff in die Rechte auf Achtung der Privatsphäre, der Räumlichkeiten und der Korrespondenz des Unternehmens darstellt. Insoweit stellte sich die Frage, ob ein rechtswidriger Eingriff in den Schutzbereich von Art. 8 EMRK anzunehmen sei und ob ein solcher Eingriff einer vorherigen richterlichen Ermächtigung bedarf. Die Durchführung einer Nachprüfung bedarf nach Art. 20 Abs. 4 grundsätzlich **keiner vorherigen richterlichen Ermächtigung.** Erforderlich ist ausschließlich eine „Entscheidung“ (nach Inkrafttreten des Lissaboner Vertrages „ein Beschluss“ iSv Art. 288 Abs. 4 AEUV) der Kommission. In dieser Entscheidung müssen Gegenstand und Zweck der Nachprüfung klar bezeichnet sein, ebenso der Zeitpunkt des Beginns der Nachprüfung und ein Hinweis auf die nach Art. 23 und Art. 24 vorgesehenen Sanktionen, die für den Fall verhängt werden können, wenn sich das Unternehmen entgegen der Verpflichtung in Art. 20 Abs. 4 S. 1 weigert, die Nachprüfung zu dulden. Anders als zB im Falle einer Durchsuchung nach § 59 GWB iVm den Bestimmungen der StPO, die das Bundeskartellamt von engen Ausnahmen abgesehen nur auf der Grundlage einer richterlichen Anordnung durchführen darf, bedarf es eines solchen richterlichen Beschlusses nach Art. 20 nicht.

5 Unter Beachtung der maßgeblichen Rechtsprechung des EGMR entschied das EuG, dass **Art. 8 EMRK** durch eine Nachprüfung auf der Grundlage einer förmlichen Entscheidung der Kommission, dh **ohne vorherige Ermächtigung durch einen Richter,** nicht verletzt sei. Dafür führt das Gericht fünf Gründe an, nämlich (1) das nach Art. 20 bestehende Erfordernis einer Begründung des Nachprüfungsbeschlusses, (2) die der Kommission für den Ablauf der Nachprüfung gesetzten, engen Grenzen, (3) die fehlende Möglichkeit der Kommissionsbeamten, die Nachprüfung selbst gewaltsam durchzusetzen, (4) das Erfordernis des Eingreifens nationaler Stellen im Falle der Weigerung und die dafür ggf. erforderliche Einholung einer richterlichen Ermächtigung sowie, ganz zentral, (5) die Möglichkeit nachträglichen Rechtsschutzes nach dem System der VO 1/2003 und des AEUV (EuG aaO Rn. 74ff.). Durch das Erfordernis der Begründung des Nachprüfungsbeschlusses ist sichergestellt,

dass das Unternehmen die Möglichkeit hat, von seinem **Widerspruchsrecht nach Art. 20 Abs. 6** Gebrauch zu machen. Sofern das Unternehmen das Widerspruchsverfahren in Anspruch nimmt, muss nämlich die zuständige nationale Stelle prüfen, ob ggf. Zwangsmaßnahmen ergriffen werden müssen. Sofern, wie im deutschen Recht, der nationale Richter hierzu eine Ermächtigung aussprechen muss, muss diese entsprechend eingeholt werden.

Von zentraler Bedeutung ist für das Gericht schließlich die Möglichkeit, dass das betroffene Unternehmen nach europäischem Recht **nachträglich Rechtsschutz in Anspruch nehmen** kann. Das Gericht verweist darauf, dass ein Nachprüfungsbeschluss mit der Nichtigkeitsklage nach Art. 263 AEUV angegriffen werden kann. Sofern das Gericht die Argumente der Klägerin teilt, kann es den Nachprüfungsbeschluss nachträglich aufheben. Dass nur ein nachträglicher Rechtsschutz möglich ist, wird vom Gericht als unproblematisch erachtet, da in diesem Falle die Kommission die im Zuge der Nachprüfung erlangten Informationen für Beweiszwecke nicht verwenden darf (EuG aaO Rn. 113 unter Verweis auf EuGH Slg. 2002 I-9011 Rn. 45 Roquette Frères). Im Ergebnis hält das Gericht die Befugnisse der Kommission in Art. 20 daher für grundrechtskonform (kritisch hierzu *Bischke,* NZKart 2013, 397, 400ff.). 6

3. Inhalt des Nachprüfungsbeschlusses

Art. 20 Abs. 4 macht deutlich, dass es einer **bindenden Entscheidung** der Kommission bedarf (seit Inkrafttreten der Lissaboner Vertrages eines solchen **„Beschlusses"** iSv Art. 288 Abs. 4 AEUV). Abs. 4 S. 2 verlangt, dass der **konkrete Gegenstand und der Zweck der Nachprüfung klar und deutlich bezeichnet** sind, der Zeitpunkt des Beginns der Nachprüfung genannt wird und ein Hinweis auf eventuelle Sanktionsmöglichkeiten durch die Kommission ebenso zu finden ist wie ein Hinweis auf das Recht des betroffenen Unternehmens, vor dem Gerichtshof nach Art. 263 AEUV Klage gegen den Beschluss erheben zu können. Die Angaben im Beschluss müssen so hinreichend konkretisiert sein, dass das betroffene Unternehmen im Zeitpunkt der Eröffnung des Beschlusses, dh also zu Beginn der Durchführung der Nachprüfung, konkret nachvollziehen kann, **welche Vorwürfe die Kommission erhebt,** welche Verdachtsmomente bestehen und nach welchen Informationen, Daten und Unterlagen die Kommissionsbeamten konkret suchen (EuG 14.11.2012 T-135/09 Rn. 38ff. Nexans, NZKart 2013, 119). Die Entscheidung bedarf nicht der vorherigen Anhörung oder gar Zustimmung des Beratenden Ausschusses. Allerdings muss die Kommission vor der Beschlussfassung die Wettbewerbsbehörde des Mitgliedstaates anhören, in dessen Hoheitsgebiet die Nachprüfung vorgenommen wird. Die genaue **Bezeichnung des Gegenstandes der Nachprüfung** ist erforderlich, damit das Unternehmen ggf. von der Möglichkeit Gebrauch machen kann, nach Art. 263 AEUV Klage zum EuG zu erheben. 7

4. Durchführung der Nachprüfung

Der **Ablauf einer Nachprüfung** folgt einer klaren Struktur. Üblicherweise finden sich die beauftragten Kommissionsbeamten, die zumeist von Bediensteten der Wettbewerbsbehörde des Mitgliedstaates, in dessen Hoheitsgebiet die Nachprüfung vorgenommen wird, nach Art. 20 Abs. 5 begleitet werden, zu Beginn der üblichen Bürozeiten auf dem Gelände des Unternehmens ein. Der Nachprüfungsbeschluss ist den **Vertretern des Unternehmens zu eröffnen,** damit diese nachvollziehen können, ob eine ausreichende Rechtsgrundlage für die Durchführung der Nachprüfung besteht. Liegt eine ausreichende Grundlage vor und haben sich die Kommissionsbeamten wie auch die Angehörigen der nationalen Wettbewerbsbehörde ausweisen können, muss ihnen **unverzüglich Zugang zum Grundstück und zu den** 8

Räumlichkeiten des Unternehmens gewährt werden. Das Unternehmen ist berechtigt, **anwaltlichen Beistand hinzuzuziehen** (*de Bronett* Art. 20 Rn. 8). Zwar ist die Kommission nicht verpflichtet, das Eintreffen der anwaltlichen Berater abzuwarten. In den meisten Fällen gewähren die Kommissionsbeamten jedoch eine angemessene Karenzzeit, damit das Unternehmen seine anwaltlichen Berater informieren und hinzuziehen kann.

9 Auf der Grundlage des Nachprüfungsbeschlusses können die Kommissionsbeamten Zugang zu allen Räumlichkeiten des Unternehmens verlangen und sich alle Geschäftsbücher und sonstigen Unterlagen vorlegen lassen. In der heutigen Zeit betreffen die Nachprüfungsmaßnahmen häufig nicht in erster Linie Geschäftsakten. Vielmehr begehren die Kommissionsbeamten unmittelbar **Zugriff auf die IT-Systeme des Unternehmens.** Diese sind unverzüglich zu gewähren. In der Praxis geschieht dies in der Regel so, dass der Kommission ein Zugriff ermöglicht wird, der zumeist durch die IT-Verantwortlichen des Unternehmens vermittelt wird. Sofern ein Unternehmen die Organisation und den Betrieb der IT-Systeme ausgelagert hat (Outsourcing), wird sich eine gewisse Verzögerung des Zugangs häufig nicht vermeiden lassen. Hält sich die Verzögerung in einem angemessenen zeitlichen Rahmen, werden die Kommissionsbeamten dies nicht beanstanden und auch nicht als Verstoß gegen die Duldungspflicht nach Art. 20 Abs. 4 S. 1 interpretieren. Verstößt das Unternehmen gegen seine Duldungspflicht, kann die Kommission eine Geldbuße nach Art. 23 verhängen (so zB geschehen im Fall KOMM ABl. 2012 C 316/8 EPH u. a.).

10 Die Kommission kann von Geschäftsbüchern und sonstigen Unterlagen Kopien anfertigen oder anfertigen lassen. Wichtiger ist in der heutigen Zeit der Zugriff auf bestimmte **IT-Daten,** wie zB E-Mails, Outlook-Daten, etc. Dies wird in der Regel so sichergestellt, dass die Kommission einen Ausdruck des fraglichen Dokumentes erhält sowie die fraglichen Dokumente, E-Mails, etc. auch in elektronischer Form auf einem Datenträger zur Verfügung gestellt bekommt (vgl. dazu *de Bronett* Art. 20. Rn. 23 und 26; *Burrichter/Hennig* in IM Art. 20 VO 1/2003 Rn. 65). Eventuelle Erläuterungen der Mitarbeiter (Art. 20 Abs. 2 lit. e) sind zu protokollieren. Das Unternehmen erhält nach Abstimmung des genauen Inhalts eine Kopie (vgl. hierzu *Burrichter/Hennig* in IM Art. 20 VO 1/2003 Rn. 78f.).

11 Kann wie häufig eine Nachprüfung nicht innerhalb eines Tages abgeschlossen werden, wird die Kommission die Räume, die sie weiter untersuchen möchte, in denen sie Geschäftsbücher und sonstige Unterlagen aufbewahrt oder in denen sie den Zugang zum IT-System erhält, **über Nacht versiegeln** (*Burrichter/Hennig* in IM Art. 20 VO 1/2003 Rn. 66). Diese Befugnis steht der Kommission ausdrücklich nach Art. 20 Abs. 2 lit. d) zu. Wird das Siegel beschädigt oder gar vollständig beseitigt **(Siegelbruch),** kann die Kommission dies durch die Verhängung einer Geldbuße nach Art. 23 Abs. 1 lit. e sanktionieren. Dies ist, soweit ersichtlich, bisher in zwei Fällen geschehen (KOMM ABl. 2008 C 240/6 E.ON, bestätigt durch EuGH 22.11.2012 C-89/11 P E.ON, NZKart 2013, 69; KOMM K(2011) 3640 endg. 24.5.2011 COMP/39.796 Suez Environnement u. a.).

5. Ausnahmen von der Pflicht zur Überlassung von Dokumenten und Beweisstücken

12 Grundsätzlich sind die Unternehmen nach Art. 20 Abs. 4 S. 1 verpflichtet, der Kommission Geschäftsbücher und Unterlagen zu überlassen, damit sie Kopien und Abschriften hiervon anfertigen kann. Dasselbe gilt in ähnlicher Weise für elektronische Daten. Eine Ausnahme von der Pflicht besteht insoweit, als das **Anwaltsprivileg (legal privilege)** betroffen ist. Nach der Rechtsprechung des Gerichtshofes genießt die Korrespondenz zwischen einem Unternehmen und seinem externen anwaltlichen Berater einen besonderen Schutz. Diese Korrespondenz unterliegt dem Anwaltsprivileg und braucht der Kommission nicht vorgelegt bzw. überlassen zu wer-

den (EuGH Slg. 1982, 1575 AM & S; EuGH Slg. 2010 I-8301 Akzo). Das Anwaltsprivileg erstreckt sich dabei auf Anwälte, die in einem Mitgliedstaat der Europäischen Union zur Anwaltschaft zugelassen sind, **nicht aber auf Unternehmensjuristen** oder Anwälte mit einer Zulassung in einer Jurisdiktion außerhalb der Europäischen Union (EuGH aaO Akzo).

Besteht Streit zwischen der Kommission und dem Unternehmen, ob ein Doku- **13**
ment oder bestimmte Unterlagen herauszugeben sind, muss das fragliche Dokument von den übrigen, unstrittigen Dokumenten und Unterlagen separiert und in einen verschlossenen Umschlag gelegt werden. Ist die Kommission nicht der Auffassung, dass das fragliche Dokument vom Anwaltsprivileg erfasst ist, muss sie einen **eigenständigen Beschluss nach Art. 288 Abs. 4 AEUV** treffen, den das betroffene Unternehmen mit der Nichtigkeitsklage nach Art. 263 AEUV bzw. im Rahmen des vorläufigen Rechtsschutzes nach Art. 278 und Art. 279 AEUV einer **richterlichen Kontrolle zuführen** kann. Solange die richterliche Entscheidung aussteht, darf die Kommission keinen Zugriff auf das fragliche Dokument nehmen. Um Manipulationsrisiken zu vermeiden, muss das fragliche Dokument in einem versiegelten Umschlag bleiben, bis das Gericht der Europäischen Union bzw. der Gerichtshof über die Schutzwürdigkeit des Dokumentes befunden hat (hierzu ausführlich *de Bronett* Art. 20 Rn. 13ff.; aus der Kommissionspraxis KOMM K(2010) 544 endg. 23.7.2010 COMP/E-1/39.612 Perindopril (Servier)). Ein solches Vorgehen darf dem Unternehmen **nicht** als Verweigerungshaltung und damit nicht als **Verstoß gegen die Duldungspflicht** nach Art. 20 Abs. 4 S. 1 ausgelegt werden.

Sofern die Kommission Dokumente oder Unterlagen sicherstellt, die vom Gegen- **14**
stand der fraglichen Nachprüfungsentscheidung nicht gedeckt sind, handelt es sich um einen **sog. Zufallsfund.** Solche Zufallsfunde dürfen zu keinem anderen als den im Nachprüfungsbeschluss angegebenen Zwecken verwendet werden. Die Verteidigungsrechte des Unternehmens würden, so das EuG, nämlich in schwerwiegender Weise beeinträchtigt, wenn die Kommission gegenüber den Unternehmen bei einer Nachprüfung erlangte Beweise anführen könnte, die in keinem Zusammenhang mit Gegenstand und Zweck der Nachprüfung stehen (EuGH Slg. 1989, 3137 Rn. 18 Dow Benelux; ebenso EuG 6.9.2013 T-289/11 u. a. Rn. 124 Deutsche Bahn, NZKart 2013, 407). Allerdings ist die Kommission nicht daran gehindert, die fraglichen Dokumente zum **Anlass für eine weitere, separat durchzuführende Nachprüfung** zu verwenden. Die Kommission ist nach der Auffassung des EuG befugt, ein weiteres, zusätzliches Untersuchungsverfahren einzuleiten, um Informationen, die sie bei einer früheren Nachprüfung zufällig erlangt hat, auf deren Richtigkeit hin zu überprüfen (EuG aaO Rn. 168ff.; kritisch hierzu *Bischke,* NZKart 2013, 397, 400ff.).

6. Unterstützung durch die Mitgliedstaaten

Nach Art. 20 Abs. 5 unterstützen die Bediensteten der Wettbewerbsbehörde des **15**
Mitgliedstaates, in dessen Hoheitsgebiet die Nachprüfung vorgenommen werden soll, die Bediensteten der Kommission bei der Durchführung der Nachprüfung. In der Praxis werden die Kommissionsbeamten im Hoheitsgebiet der Bundesrepublik Deutschland in aller Regel durch Beamte des Bundeskartellamtes unterstützt.

Diese sind nach Art. 20 Abs. 6 und Abs. 7 dazu aufgerufen, im Falle der verweiger- **16**
ten Mitwirkung des Unternehmens für die erforderliche Unterstützung der Kommissionsbeamten zu sorgen. Ggf. können die Beamten des Bundeskartellamtes um den **Einsatz von Polizeikräften oder anderen Vollzugsbehörden** ersuchen. Sofern eine gerichtliche Ermächtigung erforderlich ist, soll diese nach Art. 20 Abs. 7 beantragt werden. Die Befugnisse des Gerichts zur Prüfung der Nachprüfungsentscheidung der Kommission sind nach Art. 20 Abs. 8 eingeschränkt.

In der Praxis werden im Falle der verweigerten Duldung durch ein Unterneh- **17**
men die Beamten des Bundeskartellamtes ein eigenes Ermittlungsverfahren nach

deutschem Recht einleiten. Hierzu haben sie häufig bereits einen entsprechenden richterlichen Beschluss erwirkt oder erwirken diesen kurzfristig im Laufe der Nachprüfung.

Art. 21 Nachprüfungen in anderen Räumlichkeiten

(1) **Besteht ein begründeter Verdacht, dass Bücher oder sonstige Geschäftsunterlagen, die sich auf den Gegenstand der Nachprüfung beziehen und die als Beweismittel für einen schweren Verstoß gegen Artikel 81 oder 82 des Vertrags von Bedeutung sein könnten, in anderen Räumlichkeiten, auf anderen Grundstücken oder in anderen Transportmitteln – darunter auch die Wohnungen von Unternehmensleitern und Mitgliedern der Aufsichts- und Leitungsorgane sowie sonstigen Mitarbeitern der betreffenden Unternehmen und Unternehmensvereinigungen – aufbewahrt werden, so kann die Kommission durch Entscheidung eine Nachprüfung in diesen anderen Räumlichkeiten, auf diesen anderen Grundstücken oder in diesen anderen Transportmitteln anordnen.**

(2) **Die Entscheidung bezeichnet den Gegenstand und den Zweck der Nachprüfung, bestimmt den Zeitpunkt ihres Beginns und weist auf das Recht hin, vor dem Gerichtshof gegen die Entscheidung Klage zu erheben. Insbesondere werden die Gründe genannt, die die Kommission zu der Annahme veranlasst haben, dass ein Verdacht im Sinne von Absatz 1 besteht. Die Kommission trifft die Entscheidungen nach Anhörung der Wettbewerbsbehörde des Mitgliedstaats, in dessen Hoheitsgebiet die Nachprüfung durchgeführt werden soll.**

(3) **Eine gemäß Absatz 1 getroffene Entscheidung kann nur mit der vorherigen Genehmigung des einzelstaatlichen Gerichts des betreffenden Mitgliedstaats vollzogen werden. Das einzelstaatliche Gericht prüft die Echtheit der Entscheidung der Kommission und dass die beabsichtigten Zwangsmaßnahmen weder willkürlich noch unverhältnismäßig sind – insbesondere gemessen an der Schwere der zur Last gelegten Zuwiderhandlung, der Wichtigkeit des gesuchten Beweismaterials, der Beteiligung des betreffenden Unternehmens und der begründeten Wahrscheinlichkeit, dass Bücher und Geschäftsunterlagen, die sich auf den Gegenstand der Nachprüfung beziehen, in den Räumlichkeiten aufbewahrt werden, für die die Genehmigung beantragt wird. Das einzelstaatliche Gericht kann die Kommission unmittelbar oder über die Wettbewerbsbehörde des betreffenden Mitgliedstaats um ausführliche Erläuterungen zu den Punkten ersuchen, deren Kenntnis zur Prüfung der Verhältnismäßigkeit der beabsichtigten Zwangsmaßnahmen erforderlich ist.**

Das einzelstaatliche Gericht darf jedoch weder die Notwendigkeit der Nachprüfung in Frage stellen noch die Übermittlung der in den Akten der Kommission enthaltenen Informationen verlangen. Die Prüfung der Rechtmäßigkeit der Kommissionsentscheidung ist dem Gerichtshof vorbehalten.

(4) **Die von der Kommission mit der Durchführung einer gemäß Absatz 1 angeordneten Nachprüfung beauftragten Bediensteten und die anderen von ihr ermächtigten Begleitpersonen haben die in Artikel 20 Absatz 2 Buchstaben a), b) und c) aufgeführten Befugnisse. Artikel 20 Absätze 5 und 6 gilt entsprechend.**

1. Zweck der Regelung

Art. 21 ist gegenüber der VO 17/62 **neu.** Diese hat in Art. 14, der im wesentlichen Art. 20 entspricht, die Kommission nur zur Nachprüfung in Geschäftsräumen der Unternehmen ermächtigt. Nach Art. 14 Abs. 1 Unterabs. 2 lit. d hatte die Kommission (nur) die Befugnis, alle Räumlichkeiten, Grundtücke und Transportmittel der Unternehmen zu betreten, nicht aber Privaträume und private Transportmittel. Das galt umso mehr, als die Rechtsprechung des Gerichtshofes mehrfach klargestellt hat, dass „**Eingriffe der öffentlichen Gewalt in die Sphäre der privaten Betätigung** jeder – natürlichen oder juristischen – Person einer **Rechtsgrundlage**" bedürfen. Diese Rechtsgrundlage müsse einen Schutz gegen „willkürliche und unverhältnismäßige Eingriffe" vorsehen (EuGH Slg. 1989 2859 2824 Rn. 19 Hoechst/Kommission; EuGH Slg. 2002 I-9011 Rn. 27 Roquette Fréres). Im Erwägungsgrund 26 heißt es ohne Bezugnahme auf das Erfordernis eines besonderen Schutzes, die Erfahrung habe gezeigt, „dass in manchen Fällen Geschäftsunterlagen in der Wohnung von Führungskräften und Mitarbeitern der Unternehmen aufbewahrt werden". Im Interesse „effizienter Nachprüfungen" sollen daher die Befugnisse der Kommission erweitert werden, allerdings nur nach „entsprechender **gerichtlicher Entscheidung**". Da die Prüfungsbefugnis des nationalen Gerichts, das nach Abs. 3 zu entscheiden hat, eng begrenzt ist, kann Art. 21 der strengen Rechtsprechung des Gerichtshofes und des europäischen Gerichtshofes für Menschenrechte (EGMR, dazu auch *Schwarze/Weitbrecht* S. 66f.) nur genügen, wenn man ihn als **eng zu interpretierende Ausnahmevorschrift** von dem hochrangigen Schutz der Privatsphäre interpretiert. 1

2. Voraussetzungen (Abs. 1)

a) Begründeter Verdacht für Aufbewahrung in anderen Räumlichkeiten. Abs. 1 setzt neben dem Anfangsverdacht für einen „schweren Verstoß gegen Art. 101 oder 102" AEUV voraus, dass ein „begründeter Verdacht" dafür besteht, dass relevante Bücher oder sonstige Geschäftsunterlagen in anderen Räumlichkeiten als den Geschäftsräumen aufbewahrt werden. Das macht deutlich, dass **im Regelfall nur eine Nachprüfung nach Art. 20** stattfinden kann, also in den Räumlichkeiten des Unternehmens. Die Tatsache, dass ein Unternehmen möglicherweise einen Verstoß gegen Art. 101 oder 102 AEUV begangen hat und dass deswegen die Möglichkeit besteht, dass es dafür relevante Unterlagen gibt, begründet für sich allein noch nicht den Verdacht, dass derartige Unterlagen auch in privaten Räumlichkeiten aufbewahrt werden. Vielmehr ist erforderlich, dass aufgrund **gesonderter Umstände** ein spezifischer Verdacht besteht, dass bestimmte Personen Unterlagen auch außerhalb der Geschäftsräume aufbewahren (zweifelnd *Burrichter/Hennig* in IM Art. 21 VO 1/2003 Rn. 18). Insoweit reicht auch eine mögliche Erfahrungstatsache nicht aus, dass dies häufiger vorkommt. Vielmehr muss es darüber hinaus gehende und in der Entscheidung im Einzelnen darzulegende Umstände geben, die im konkreten Fall den „begründeten Verdacht" ergeben. Da in der Entscheidung der Ort angegeben werden muss, der überprüft wird, muss sich der **Verdacht gerade auch auf diesen Ort** beziehen. Er kann sich zB daraus ergeben, dass es Hinweise dafür gibt, dass eine betroffene Person relevante Gespräche stets in seinen Privaträumen führt und deswegen möglicherweise auch relevante Unterlagen aufbewahrt. In Bezug auf Kraftfahrzeuge kann sich der Verdacht zB daraus ergeben, dass nach Kenntnis der Kommission am Tage der Nachprüfung die betreffende Person in der Angelegenheit, wegen der die Nachprüfung stattfindet, eine Dienstreise unternimmt. 2

Vergleichsmaßstab für die **„Andersartigkeit"** der Räumlichkeiten, in denen nach Art. 21 Nachprüfungen durchgeführt werden können, sind die Räumlichkeiten, die nach Art. 20 Abs. 2 lit. a überprüft werden können. Auch dort werden die Begriffe „Räumlichkeiten, Grundstücke und Transportmittel" verwendet. Eine klare 3

Differenzierung zwischen Räumlichkeiten und (insoweit weniger relevanten) Grundstücken ist wegen der Gleichbehandlung nicht erforderlich; unter „Transportmittel" sind gleichermaßen Autos, Flugzeuge und Schiffe zu verstehen. Besondere Bedeutung hat Art. 21 im Hinblick auf die ausdrücklich erwähnten „**Wohnungen** von Unternehmensleitern und Mitgliedern der Aufsichts- und Leitungsorgane sowie sonstigen Mitarbeitern der betreffenden Unternehmen und Unternehmensvereinigungen". Die Aufzählung geht weit **über die Mitglieder der gesetzlichen Leitungsorgane** (Vorstand, Geschäftsführung) **hinaus;** sie umfasst daneben auch die Mitglieder der Aufsichtsorgane und alle Mitarbeiter. Das ist nur hinnehmbar, weil die Privatwohnungen aller dieser Personen nur dann einer Nachprüfung nach Art. 21 unterzogen werden dürfen, wenn gerade für sie ein begründeter Verdacht besteht. In jedem Falle muss eine **Verhältnismäßigkeitsprüfung** stattfinden.

4 **b) Schwerer Verstoß gegen Art. 101 oder 102 AEUV.** Die Nachprüfung der Geschäftsräume nach Art. 20 ist grundsätzlich möglich zur Erfüllung jeder Aufgabe, die der Kommission durch die VO 1/2003 übertragen worden ist. Das bezieht sich in erster Linie auf die Verfolgung von Verstößen gegen Art. 101 und 102 AEUV, ohne dass dafür eine besondere Schwere des Verstoßes vorliegen muss; allerdings ergeben sich unter dem Gesichtspunkt der Verhältnismäßigkeit Einschränkungen in der Anwendung auch des Art. 20, wenn Anlass der Nachprüfung allenfalls ein leichter Verstoß gegen Art. 101 oder 102 AEUV ist. Art. 21 kann nur in Anspruch genommen werden, soweit es um einen **„schweren"** Verstoß gegen Art. 101 oder 102 AEUV geht (*Burrichter/Hennig* in IM Art. 21 VO 1/2003 Rn. 6). In ihren inzwischen nicht mehr gültigen **Geldbußen-Leitlinien** von 1998 (ABl. C 9/3, Anhang B 14) unterschied die Kommission zwischen „minder schweren", „schweren" und „besonders schweren" Verstößen. Daraus ergab sich zunächst, dass eine Nachprüfung nach Art. 21 nur in Betracht kommt, wenn es um Verstöße geht, wegen der, wenn sie nachgewiesen werden können, die **Verhängung von Geldbußen** möglich erscheint. In Anlehnung an die frühere Geldbußenvorschrift des Art. 15 Abs. 2 VO 17/62 sind als schwere oder besonders schwere Verstöße solche qualifiziert worden, für die Geldbußen in Betracht kamen, die **über dem festen Rahmen von 1 Euro bis 1 Mio. Euro** lagen, der in Art. 23 Abs. 2 VO 1/2003 nicht mehr vorgesehen ist. Ein **„schwerer" Verstoß** ist im Lichte dieser Qualifizierung nur anzunehmen, wenn erstens überhaupt eine **Geldbuße** in Betracht kommt und zweitens diese **voraussichtlich** wegen der „Schwere", die nach Art. 23 Abs. 3 zu berücksichtigen ist, **über 1 Mio. Euro** liegen wird. Nachdem die Kommission in ihren neuen Geldbußen-Leitlinien diese Unterteilung aufgegeben hat, muss die Schwere im Rahmen einer umfassenden Gesamtwürdigung ermittelt werden (so vor allem *Burrichter/Hennig* in IM Art. 21 VO 1/2003 Rn. 13).

3. Entscheidung der Kommission (Abs. 1, Abs. 2)

5 Die Nachprüfung nach Art. 21 muss durch eine Entscheidung der Kommission angeordnet werden. Es gibt nicht, wie nach Art. 20 eine Rangfolge von Nachprüfungsauftrag (Art. 20 Abs. 3) und Nachprüfungsentscheidung (Abs. 4). Die Kommission ist also nicht berechtigt, die Nachprüfung zunächst auf der Grundlage eines Nachprüfungsauftrages zu „versuchen". Im Hinblick auf das Erfordernis der gerichtlichen Genehmigung nach Abs. 3, die in Art. 21 anders als nach Art. 20 Abs. 6 und 7 ausnahmslos vorgesehen ist, ist es auch **nicht möglich, eine Nachprüfungsentscheidung nach Art. 20 mit einer solchen nach Art. 21 zu verbinden.** Das schließt nicht aus, dass die Nachprüfungen, wenn die entsprechenden Entscheidungen vorliegen, gleichzeitig durchgeführt werden. Mit dem Erfordernis einer Entscheidung ist es nicht vereinbar, dass Nachprüfungen, die auf der Grundlage des Art. 20 durchgeführt werden, bei einem sich dabei ergebenden Verdacht der Aufbe-

wahrung von Unterlagen in anderen Räumlichkeiten **„wegen Gefahr im Verzug"** auch auf die anderen Räumlichkeiten ausgedehnt werden; Entsprechendes gilt, wenn aufgrund einer Entscheidung nach Art. 21 Nachprüfungen in bestimmten Privatwohnungen stattfinden und sich dabei der Verdacht ergibt, dass auch in anderen Wohnungen Unterlagen aufbewahrt werden könnten; eine Ausdehnung auf die anderen, nicht in der Entscheidung erwähnten Räumlichkeiten ist ohne besondere, zusätzliche Entscheidung nicht möglich, auch nicht bei Gefahr im Verzug. Die Entscheidung der Kommission ist ebenso wie die nach Art. 20 einen Beschluss **im Sinne von Art. 288 AEUV,** die nach Art. 13 der Geschäftsordnung der Kommission auf den Wettbewerbskommissar übertragen ist.

Inhalt der Entscheidung ist die Anordnung, dass in **bestimmten Räumlichkeiten,** Grundstücken oder Transportmitteln eine Nachprüfung zu erfolgen habe (Abs. 1). Die Entscheidung bezeichnet den Gegenstand und den Zweck der Nachprüfung und bestimmt den Zeitpunkt des Beginns der Nachprüfung. Sie muss insbesondere auch die **Gründe** nennen, die die Kommission zu der Annahme veranlasst haben, dass ein **Verdacht im Sinne des Absatzes 1** besteht. Darunter ist nicht nur der Verdacht eines „schweren" Verstoßes gegen Art. 101 oder 102 AEUV zu verstehen, sondern insbesondere der Verdacht, dass relevante Unterlagen in den Räumlichkeiten aufbewahrt werden, die in der Entscheidung als Gegenstand der Nachprüfung genannt sind. In der Entscheidung muss auf die Möglichkeit der Klage zum Gericht hingewiesen werden. Weder die Klage noch gar ihre Ankündigung haben aufschiebende Wirkung. 6

Die Kommission muss vor Erlass der Entscheidung die **Wettbewerbsbehörde des Mitgliedsstaats,** in dessen Hoheitsgebiet die Nachprüfung durchgeführt werden soll, anhören. Das setzt eine Information über den Verdacht des Verstoßes gegen Art. 101 und 102 AEUV ebenso voraus wie über die Umstände, die die Kommission zur Nachprüfung der anderen Räumlichkeiten veranlassen. Die Wettbewerbsbehörde des Mitgliedstaats kann Stellung nehmen, die Nachprüfung aber nicht verhindern. Sie hat aber über Abs. 4 S. 2 die Möglichkeit, an der Nachprüfung teilzunehmen (Art. 20 Abs. 5); ggf. muss sie die Kommission auch mit Zwangsmitteln unterstützen (Art. 20 Abs. 6). 7

4. Genehmigung durch einzelstaatliches Gericht (Abs. 3)

a) Prüfungsmaßstab. Während die Nachprüfung nach Art. 20 keiner vorherigen gerichtlichen Genehmigung bedarf – diese ist in Art. 20 Abs. 7 und 8 nur im Hinblick darauf angesprochen, dass die zwangsweise Durchsetzung einer Nachprüfung einer gerichtlichen Genehmigung bedarf –, ist für Nachprüfungen nach Art. 21 eine gerichtliche Genehmigung **zwingend vorgeschrieben.** Diese Genehmigung ist vor der Nachprüfung zu beantragen. Allerdings hat das Gericht nach Abs. 3 nur eine eingeschränkte Prüfungskompetenz: Es prüft zunächst die **„Echtheit"** der Entscheidung der Kommission, also die Frage, ob es sich um eine Entscheidung der Kommission handelt. Eine materielle Prüfungskompetenz dahin, ob die Entscheidung von der Kommission als Kollegialorgan oder aufgrund einer ordnungsgemäßen Ermächtigung durch einen einzelnen Kommissar zurecht erlassen wurde, steht dem Gericht in diesem Zusammenhang nicht zu. Zweiter Prüfungsgegenstand ist, „dass die beabsichtigten Zwangsmaßnahmen **weder willkürlich noch unverhältnismäßig** sind". Damit übernimmt Art. 20 den entsprechenden Wortlaut der Urteile des Gerichtshofes in Sachen Hoechst (Slg. 1989, 2859, 2924, Rn. 19) und Roquette (Slg. 2002 I-9011 Rn. 27). Dafür kommt es nach dem Wortlaut von Abs. 3 auf die Schwere der Zuwiderhandlung, die Wichtigkeit des gesuchten Beweismaterials, die Beteiligung des betreffenden Unternehmens und die begründeten Wahrscheinlichkeit an, dass die Unterlagen in den Räumlichkeiten aufbewahrt werden. Das Gericht kann die Kommission hierzu um ausführliche Erläuterungen ersuchen. 8

9 Das Gericht darf aber die **Rechtmäßigkeit der Kommissionsentscheidung nicht in Frage stellen;** das ist dem Gerichtshof vorbehalten (Abs. 3 Unterabs. 2, letzter S.). Diese Nachprüfung setzt eine Klage zum Gericht der Europäischen Union voraus; das einzelstaatliche Gericht ist nicht befugt, den Gerichtshof selbst zur Prüfung der Rechtmäßigkeit der Entscheidung anzurufen. Unterabs. 2 S. 1 verbietet dem Gericht auch, die Notwendigkeit der Nachprüfung in Frage zu stellen. Damit ist dasselbe gemeint wie die Prüfung der Rechtmäßigkeit der Entscheidung. Dem einzelstaatlichen Gericht soll es verwehrt sein, die spezifisch EU-rechtlichen Grundlagen des Verfahrens, in das sich die Nachprüfung einbindet, und der Nachprüfung selbst zu überprüfen. Steht die Echtheit der Entscheidung der Kommission fest, kann das Gericht also nur **auf der Basis der Entscheidung** und der Erläuterungen, die zusätzlich angefordert werden können, die darin enthaltenen Rechtsausführungen darauf prüfen, ob die Nachprüfung willkürlich oder unverhältnismäßig ist. Liegt nach der Entscheidung und den dazu gegebenen Erläuterungen möglicherweise ein schwerer Verstoß gegen Art. 101 oder 102 AEUV vor und ist auch der Verdacht begründet, dass Unterlagen in einer bestimmten Privatwohnung aufbewahrt werden, wird die entsprechende Nachprüfung im Regelfall verhältnismäßig sein. Sie kann sich aber als unverhältnismäßig darstellen, wenn der mögliche Verstoß gering wiegt oder möglicherweise nach Art. 101 Abs. 3 AEUV gerechtfertigt ist, oder wenn die Indizien dafür, dass Unterlagen in den betroffenen Räumen aufbewahrt werden, schwach sind.

10 **b) Zuständigkeitsbestimmung des nationalen Gerichts.** Weder die VO 1/2003 noch das GWB enthalten Vorschriften darüber, wie sich die Zuständigkeit des einzelstaatlichen Gerichtes nach Art. 21 Abs. 3 bestimmt. In der Bestimmung der Zuständigkeit nach deutschem Recht muss das Verfahren der Kommission, in dessen Rahmen die Nachprüfung nach Art. 21 stattfindet, einer entsprechenden Verfahrenskategorie zugeordnet werden. In Betracht kommt dafür ein **Verwaltungsverfahren,** dessen Regeln in den §§ 54ff. GWB enthalten sind, und das **Bußgeldverfahren,** das nur rudimentär im GWB (§§ 82ff.), im Übrigen im OWiG und in der StPO geregelt ist. Das Verfahren nach der VO 1/2003 entzieht sich einer entsprechenden Zuordnung, zumal erst am Ende des Verfahrens feststeht, ob die Kommission sich mit einer Entscheidung rein verwaltungsrechtlichen Inhalts begnügt oder auch eine Geldbuße verhängt. Am ehesten hilft die **analoge Anwendung des § 59 Abs. 4 GWB,** der in Verwaltungsverfahren **Durchsuchungen** der Kartellbehörde von der „Anordnung des Amtsrichters, in dessen Bezirk die Durchsuchung erfolgen soll“ abhängig macht. Ebenso wie bei **Beschlagnahmen** nach § 58 GWB richtet sich das sich anschließende Verfahren nach den §§ 306–310 und 311a StPO, so dass auch strafprozessuale Besonderheiten Berücksichtigung finden. Die Kommission hat also, wenn sie für in Deutschland belegene Räumlichkeiten von Art. 21 Gebrauch macht, die richterliche Genehmigung des Amtsgerichts einzuholen, in dessen Bezirk die Nachprüfung stattfinden soll. Deckt die Entscheidung mehrere Nachprüfungen in verschiedenen Bezirken, sind die Genehmigungen aller hiernach zuständigen Amtsgerichte erforderlich.

5. Befugnisse der Bediensteten (Abs. 4)

11 Die Nachprüfung wird von **Bediensteten der Kommission** durchgeführt; sie müssen damit ausdrücklich beauftragt sein. Nach Abs. 4 S. 2 iVm Art. 20 Abs. 5 kann die Kommission die Teilnahme von **Bediensteten der Wettbewerbsbehörde** des Mitgliedstaats verlangen. Diese haben nach dem ebenfalls anwendbaren Art. 20 Abs. 6 ggf. die Kommission auch durch Einsatz von Polizeikräften zu unterstützen. Alle diese Bediensteten haben nur die **Befugnisse nach Art. 20 Abs. 2 lit. a, b und c,** also das Recht zum Betreten der Räumlichkeiten, der Prüfung der Unterlagen und der Anfertigung von Kopien oder Auszügen. Sie sind **nicht berechtigt,** Unterlagen zu **be-**

schlagnahmen. Außerdem haben sie auch nicht das Recht, Räumlichkeiten und Teile davon zu **versiegeln** oder **Befragungen** an Ort und Stelle **durchzuführen** (Art. 20 Abs. 2 lit. d und e sind nicht entsprechend anwendbar).

6. Sanktionen

Art. 23, der die Kommission ermächtigt, bei Zuwiderhandlungen von Unterneh- 12
men gegen die Pflichten, die ihnen nach Art. 20 obliegen, Geldbußen zu verhängen, sieht **keine entsprechenden Sanktionen im Hinblick auf Art. 21** vor. Die Verletzung der mit der Nachprüfung der Sache nach verbundenen Duldungspflichten kann also weder gegen Unternehmen noch gegen natürliche Personen mit Geldbußen geahndet werden. Das Gleiche gilt, wenn während der Nachprüfung nach Art. 21 von den betroffenen Personen unrichtige oder unvollständige Auskünfte erteilt werden; auch das ist in den Katalogen des Art. 23 nicht aufgeführt. Entsprechendes gilt auch für die Zwangsgeldbefugnisse nach Art. 24.

Art. 22 Ermittlungen durch Wettbewerbsbehörden der Mitgliedstaaten

(1) **Die Wettbewerbsbehörde eines Mitgliedstaats darf im Hoheitsgebiet dieses Mitgliedstaats nach Maßgabe des innerstaatlichen Rechts im Namen und für Rechnung der Wettbewerbsbehörde eines anderen Mitgliedstaats alle Nachprüfungen und sonstigen Maßnahmen zur Sachverhaltsaufklärung durchführen, um festzustellen, ob eine Zuwiderhandlung gegen Artikel 81 oder 82 des Vertrags vorliegt. Der Austausch und die Verwendung der erhobenen Informationen erfolgen gemäß Artikel 12.**

(2) **Auf Ersuchen der Kommission nehmen die Wettbewerbsbehörden der Mitgliedstaaten die Nachprüfungen vor, die die Kommission gemäß Artikel 20 Absatz 1 für erforderlich hält oder die sie durch Entscheidung gemäß Artikel 20 Absatz 4 angeordnet hat. Die für die Durchführung dieser Nachprüfungen verantwortlichen Bediensteten der einzelstaatlichen Wettbewerbsbehörden sowie die von ihnen ermächtigten oder benannten Personen üben ihre Befugnisse nach Maßgabe ihrer innerstaatlichen Rechtsvorschriften aus.**

Die Bediensteten der Kommission und andere von ihr ermächtigte Begleitpersonen können auf Verlangen der Kommission oder der Wettbewerbsbehörde des Mitgliedstaats, in dessen Hoheitsgebiet die Nachprüfung vorgenommen werden soll, die Bediensteten dieser Behörde unterstützen.

Art. 22 hatte in der Vorgängerverordnung, VO 17/62, keine Entsprechung. Dies 1
war darauf zurückzuführen, dass die Einbindung der mitgliedstaatlichen Wettbewerbsbehörden in die Durchsetzung der Art. 101 und 102 AEUV im Rahmen der VO 17/62 deutlich weniger ausgeprägt war, als sie dies unter dem Regime der VO 1/2003 ist. Ebenso wie die mitgliedstaatlichen Gerichte sind auch die mitgliedstaatlichen Wettbewerbsbehörden nunmehr aufgerufen, Art. 101 und 102 AEUV in ihrer Gesamtheit anzuwenden. Hierzu sind die nationalen Behörden sowohl berechtigt, aber auch verpflichtet (vgl. Art. 1 und Art. 5). Während die Zusammenarbeit der mitgliedstaatlichen Wettbewerbsbehörden im Rahmen von Ermittlungen, die durch die Europäische Kommission durchgeführt werden, insbesondere von Nachprüfungen, sehr häufig vorkommt, ist eine **Zusammenarbeit unter den mitgliedstaatlichen Wettbewerbsbehörden ein Novum.**

Art. 22 Abs. 2 ermächtigt die Wettbewerbsbehörde eines Mitgliedstaates, in sei- 2
nem Hoheitsgebiet nach Maßgabe innerstaatlichen Rechts im Namen und für Rechnung der Wettbewerbsbehörde eines anderen Mitgliedstaates „alle Nachprüfung und

sonstigen Maßnahmen zur Sachverhaltsaufklärung" durchzuführen, um festzustellen, ob ein Verstoß gegen Art. 101 oder Art. 102 AEUV vorliegt. Die Befugnisse der mitgliedstaatlichen Wettbewerbsbehörde sind somit nicht auf Nachprüfungen beschränkt, sondern erstrecken sich auch auf **„sonstige Maßnahmen zur Sachverhaltsaufklärung"**. Diese unterliegen den Bestimmungen des nationalen Kartellverfahrensrechts. Im Hoheitsgebiet der Bundesrepublik Deutschland bestimmen sich die Befugnisse des insoweit zuständigen Bundeskartellamtes (§ 50a und b GWB) also nach den entsprechenden Bestimmungen des GWB. Das Bundeskartellamt kann von seinen Ermittlungsbefugnissen Gebrauch machen, die ihm nach dem GWB zugewiesen sind.

3 Im Zuge der Verabschiedung der VO 1/2003 sowie im Vorfeld der 7. GWB-Novelle hat sich insbesondere die Monopolkommission in zwei Sondergutachten kritisch mit der Zusammenarbeit der mitgliedstaatlichen Wettbewerbsbehörden geäußert (*Monopolkommission,* Sondergutachten Nr. 32/2001 über Folgeprobleme der europäischen Kartellverfahrensreform, sowie *Monopolkommission,* Sondergutachten Nr. 41/2004 über das allgemeine Wettbewerbsrecht in der 7. GWB-Novelle). Es wurden verschiedene Aspekte der Zusammenarbeit als rechtlich zweifelhaft bzw. als nur unzureichend und lückenhaft geregelt kritisiert (*Monopolkommission,* aaO, Sondergutachten Nr. 41/2004 Rn. 32f., sowie Sondergutachten Nr. 32/2001. Rn. 54ff.). In der praktischen Arbeit hat sich jedoch gezeigt, dass diese **Bedenken unbegründet** sind. Im Hinblick auf die klar geregelten Ermittlungsbefugnisse des Bundeskartellamtes nach dem GWB erscheint es wenig plausibel zu sein, dass die Zusammenarbeit unter den mitgliedstaatlichen Wettbewerbsbehörden auf der Grundlage von Art. 22 sowie im Rahmen des ECN massiven Problemen ausgesetzt wäre (anders noch die Vorauflage zu Art. 22 VO 1/2003 Rn. 2). Die ersten praktischen Anwendungsfälle legen das Gegenteil nahe (vgl. TB BKartA 2011/12, S. 44).

4 Art. 22 Abs. 1 S. 2 verweist hinsichtlich des Austausches und der Verwendung der erhobenen Informationen auf **Art. 12.** Die Voraussetzungen dieser Bestimmung müssen erfüllt sein, wenn ermittelte Informationen von der ermittelnden nationalen Wettbewerbsbehörde an die andere, ersuchende nationale Wettbewerbsbehörde übermittelt werden sollen (vgl. hierzu die Kommentierung unter Art. 12 VO 1/2003).

5 Auch die **Kommission** kann die Wettbewerbsbehörden der Mitgliedstaaten darum bitten, eine Nachprüfung durchzuführen. Dies kann sie entweder durch eine einfache Bitte tun, sofern die Kommission eine Nachprüfung nach Art. 20 Abs. 1 für erforderlich hält. Alternativ kann sie auch eine förmliche Entscheidung gemäß Art. 20 Abs. 4 treffen, die dann von der mitgliedstaatlichen Wettbewerbsbehörde durchzuführen ist. Diese Befugnis tritt neben die Befugnisse nach Art. 20, wonach die Kommission grundsätzlich selbst Nachprüfungen durchführen kann und sich dabei der Unterstützung durch Beamte der jeweils zuständigen mitgliedstaatlichen Wettbewerbsbehörde versichern kann. Art. 22 regelt den Sonderfall, dass die Kommission selbst nicht an der Nachprüfung beteiligt ist. Dies ist in der Praxis kaum vorstellbar.

Kapitel VI. Sanktionen

Vorbemerkung

1 Die Kommission ist nach Maßgabe der Art. 7, 8, 9 und 10 befugt, bestimmte Maßnahmen und Entscheidungen zu treffen. Dabei handelt es sich um Entscheidungen, die selbst keine Sanktionen für Zuwiderhandlungen gegen die Art. 101 oder Art. 102 AEUV ermöglichen. Die Ermächtigungsgrundlage für die Verhängung von **Geldbu-**

ßen findet sich in Art. 23, für **Zwangsgelder** in Art. 24 VO 1/2003. Der Rat konnte sich auf Art. 103 Abs. 2 lit. a AEUV stützen. Diese Vorschrift stellte klar, dass die Durchführungsvorschriften, die der Rat auf der Grundlage von Art. 103 Abs. 1 AEUV erlassen darf, insbesondere die Einführung von Geldbußen und Zwangsgeldern umfassen.

Art. 23 Geldbußen

(1) **Die Kommission kann gegen Unternehmen und Unternehmensvereinigungen durch Entscheidung Geldbußen bis zu einem Höchstbetrag von 1% des im vorausgegangenen Geschäftsjahr erzielten Gesamtumsatzes festsetzen, wenn sie vorsätzlich oder fahrlässig**

a) bei der Erteilung einer nach Artikel 17 oder Artikel 18 Absatz 2 verlangten Auskunft unrichtige oder irreführende Angaben machen;

b) bei der Erteilung einer durch Entscheidung gemäß Artikel 17 oder Artikel 18 Absatz 3 verlangten Auskunft unrichtige, unvollständige oder irreführende Angaben machen oder die Angaben nicht innerhalb der gesetzten Frist machen;

c) bei Nachprüfungen nach Artikel 20 die angeforderten Bücher oder sonstigen Geschäftsunterlagen nicht vollständig vorlegen oder in einer Entscheidung nach Artikel 20 Absatz 4 angeordnete Nachprüfungen nicht dulden;

d) in Beantwortung einer nach Artikel 20 Absatz 2 Buchstabe e) gestellten Frage
- **eine unrichtige oder irreführende Antwort erteilen oder**
- **eine von einem Mitglied der Belegschaft erteilte unrichtige, unvollständige oder irreführende Antwort nicht innerhalb einer von der Kommission gesetzten Frist berichtigen oder**
- **in Bezug auf Tatsachen, die mit dem Gegenstand und dem Zweck einer durch Entscheidung nach Artikel 20 Absatz 4 angeordneten Nachprüfung in Zusammenhang stehen, keine vollständige Antwort erteilen oder eine vollständige Antwort verweigern;**

e) die von Bediensteten der Kommission oder anderen von ihr ermächtigten Begleitpersonen nach Artikel 20 Absatz 2 Buchstabe d) angebrachten Siegel erbrochen haben.

(2) **Die Kommission kann gegen Unternehmen und Unternehmensvereinigungen durch Entscheidung Geldbußen verhängen, wenn sie vorsätzlich oder fahrlässig**

a) gegen Artikel 81 oder Artikel 82 des Vertrags verstoßen oder

b) einer nach Artikel 8 erlassenen Entscheidung zur Anordnung einstweiliger Maßnahmen zuwiderhandeln oder

c) durch Entscheidung gemäß Artikel 9 für bindend erklärte Verpflichtungszusagen nicht einhalten.

Die Geldbuße für jedes an der Zuwiderhandlung beteiligte Unternehmen oder jede beteiligte Unternehmensvereinigung darf 10% seines bzw. ihres jeweiligen im vorausgegangenen Geschäftsjahr erzielten Gesamtumsatzes nicht übersteigen.

Steht die Zuwiderhandlung einer Unternehmensvereinigung mit der Tätigkeit ihrer Mitglieder im Zusammenhang, so darf die Geldbuße 10% der Summe der Gesamtumsätze derjenigen Mitglieder, die auf dem Markt tätig waren, auf dem sich die Zuwiderhandlung der Vereinigung auswirkte, nicht übersteigen.

(3) **Bei der Festsetzung der Höhe der Geldbuße ist sowohl die Schwere der Zuwiderhandlung als auch deren Dauer zu berücksichtigen.**

(4) **Wird gegen eine Unternehmensvereinigung eine Geldbuße unter Berücksichtigung des Umsatzes ihrer Mitglieder verhängt und ist die Unternehmensvereinigung selbst nicht zahlungsfähig, so ist sie verpflichtet, von ihren Mitgliedern Beiträge zur Deckung des Betrags dieser Geldbuße zu fordern.**

Werden diese Beiträge innerhalb einer von der Kommission gesetzten Frist nicht geleistet, so kann die Kommission die Zahlung der Geldbuße unmittelbar von jedem Unternehmen verlangen, dessen Vertreter Mitglieder in den betreffenden Entscheidungsgremien der Vereinigung waren.

Nachdem die Kommission die Zahlung gemäß Unterabsatz 2 verlangt hat, kann sie, soweit es zur vollständigen Zahlung der Geldbuße erforderlich ist, die Zahlung des Restbetrags von jedem Mitglied der Vereinigung verlangen, das auf dem Markt tätig war, auf dem die Zuwiderhandlung erfolgte.

Die Kommission darf jedoch Zahlungen gemäß Unterabsatz 2 oder 3 nicht von Unternehmen verlangen, die nachweisen, dass sie den die Zuwiderhandlung begründenden Beschluss der Vereinigung nicht umgesetzt haben und entweder von dessen Existenz keine Kenntnis hatten oder sich aktiv davon distanziert haben, noch ehe die Kommission mit der Untersuchung des Falls begonnen hat.

Die finanzielle Haftung eines Unternehmens für die Zahlung der Geldbuße darf 10% seines im letzten Geschäftsjahr erzielten Gesamtumsatzes nicht übersteigen.

(5) **Die nach den Absätzen 1 und 2 getroffenen Entscheidungen haben keinen strafrechtlichen Charakter.**

Inhaltsübersicht

1. Überblick

Art. 23 enthält eine **Ermächtigung der Kommission** zum Erlass von Bußgeldentscheidungen für Verstöße im Rahmen von Ermittlungen der Kommission (Abs. 1) sowie für Zuwiderhandlungen gegen die materiell-rechtlichen Wettbewerbsregeln (Abs. 2). **Verfahrensverstöße** liegen etwa vor, wenn im Kartellverfahren gegenüber der Kommission unrichtige, unvollständige oder irreführende Angaben gemacht werden, wenn Auskünfte nicht oder verspätet erfolgen oder bei Nachprüfungen die vollständige Einsicht in die angeforderten Geschäftsunterlagen vereitelt wird. In diesen Fällen können **Geldbußen von bis zu 1%** des im vorangegangenen Geschäftsjahr erzielten Umsatzes verhängt werden. **Materiell-rechtliche Zuwiderhandlungen** sind alle Verstöße gegen die Verbote der Art. 101 und 102 AEUV oder materielle Entscheidungen der Kommission nach Art. 8 und 9. Sie können **Geldbußen von bis zu 10%** des im vorangegangenen Geschäftsjahr erzielten Gesamtumsatzes nach sich ziehen. 1

Die **Höhe des Bußgelds im Einzelfall** hängt von der Schwere und Dauer der Zuwiderhandlung ab (Abs. 3). Bußgeldentscheidungen setzen eine vorsätzliche oder fahrlässige Tatbestandsverwirklichung voraus. Sie können sich nur an **Unternehmen und/oder Unternehmensvereinigungen** richten. Die Mitglieder von Unternehmensvereinigungen haften für eine gegen die Vereinigung ausgesprochene Geldbuße 2 gesamtschuldnerisch, wenn die Unternehmensvereinigung selbst nicht zahlungsfähig ist (Abs. 4). Obwohl die Bußgeldentscheidung uU schon aufgrund der Höhe des Bußgeldes erhebliche Konsequenzen für ihre Adressaten haben kann, hat sie **keinen strafrechtlichen Charakter** (Abs. 5).

2. Historischer und systematischer Zusammenhang

3 In der **Ermächtigungsgrundlage** der VO 1/2003 wird die Einführung einer Regelung über Geldbußen ausdrücklich erwähnt: **Art. 103 Abs. 2 lit. a AEUV** erteilt dem Rat ausdrücklich den Auftrag, die Durchsetzung der Verbotsnormen der Art. 101 f. AEUV „durch die Einführung von Geldbußen und Zwangsgeldern zu gewährleisten". Der Rat hat diesen Rechtssetzungsauftrag bereits in **Art. 15 und 16 VO 17/62** aufgegriffen und Regelungen über Geldbußen und Zwangsgelder in das Kartellverfahrensrecht aufgenommen. Diese werden in Art. 23 und 24 **im Wesentlichen übernommen.**

4 Im **Unterschied zur früheren Regelung** verzichtet Art. 23 jedoch auf den in Art. 15 Abs. 2 VO 17/62 enthaltenen Rahmen für **Geldbußen bei materiellrechtlichen Zuwiderhandlungen** (von 1000 bis 1 Mio. Euro) und beschränkt sich darauf, dass Geldbußen nach wie vor bis zu 10% des im vorangegangenen Geschäftsjahr erzielten Gesamtumsatzes betragen können. Der **relativen Bußgeldobergrenze** wird ein eigener Unterabsatz gewidmet. Mit dieser Formulierung wird die bisherige Praxis der Kommission bestätigt, die die **10%-Grenze** nicht als Orientierung, sondern als Kappungsgrenze verstanden hat (zB KOMM ABl. 1999 L 24/1 Rn. 176, 179 Fernwärmetechnik; dagegen aber für das an sich durch den deutschen Gesetzgeber freiwillig harmonisierte, vergleichbare deutsche Recht BGH 26.2.2013 KRB 20/12 Rn. 50ff. Grauzement, NZKart 2013, 195, der einen Sanktionsrahmen annimmt und damit bewusst ein Abweichen von der EU-Praxis in Kauf nimmt). Die **rechtsstaatlichen Bedenken wegen der Unbestimmtheit** der Bußgeldregelung werden dadurch allerdings noch verstärkt (dazu grundlegend vor allem *Schwarze/Bechtold/Bosch,* Rechtsstaatliche Defizite im Kartellrecht der Europäischen Gemeinschaft, 2008, 40ff.; *Bechtold/Bosch,* ZWeR 2011, 160; *Schwarze* EuZW 2003, 261, 268; *Soltész,* WuW 2012, 141; aA aber Schlussanträge *GA Kokott* 18 4 2013 C-501/11 P Schindler, NZKart 2013, 206, ihr folgend EuGH 18.7.2013 C-501/11 P Schindler, NZKart 2013, 334; in diesem Sinne auch EGMR 27.9.2011 Nr. 43509/08 Menarini). Diese Bedenken haben im Hinblick auf die dramatisch gestiegenen Bußgeldbeträge noch weiter zugenommen und zu grundlegenden rechtspolitischen Erwägungen zur Überarbeitung und Veränderung des EG-Bußgeldrechts geführt, insbesondere zu Überlegungen über einen Übergang zu einer Kriminalisierung von Wettbewerbsverstößen (*Schwarze/Bechtold/Bosch* aaO; Dannecker/*Biermann* in IM vor Art. 23ff. VO 1/2003 Rn. 38ff.; *Engelsing/Schneider* in MünchKomm Art. 23 VO 1/2003 Rn. 12; *Wils,* Efficiency and Justice in European Antitrust Enforcement, 2008, S. 49, 155; dagegen ausdrücklich *Dreher,* WuW 2011, 232).

5 Anders als die Geldbußen für materiell-rechtliche Zuwiderhandlungen wurden die **Sanktionen für Verfahrensverstöße** in der Vergangenheit nicht als hinreichend angesehen. So konnte die Geldbuße, die nach **Art. 15 Abs. 1 VO 17/62** für die Verweigerung oder die unrichtige, unvollständige oder irreführende Erteilung von Auskünften verhängt werden konnte, zwischen 100 und 5000 Euro pro Tag betragen. Art. 23 Abs. 1 enthält eine dramatische **Verschärfung dieses Bußgeldrahmens:** Für Verfahrensverstöße können nunmehr Geldbußen von bis zu 1% des im vorangegangenen Geschäftsjahr erzielten Umsatzes verhängt werden. Dies entspricht der Parallelvorschrift des **Art. 14 Abs. 1 FKVO.** Die **Bußgeldtatbestände** wurden der Konzeption der VO 1/2003 angepasst. Sanktionen für Verfahrensverstöße im Zusammenhang mit Anträgen auf Einzelfreistellung oder Erteilung eines Negativattests sind im System der Legalausnahme nicht mehr erforderlich. Andererseits musste der Buß-

geldkatalog an die **zusätzlichen Ermittlungsbefugnisse** des Art. 20 Abs. 2 lit. d und e angeglichen werden.

6 Im Unterschied zu Art. 15 Abs. 4 VO 17/62 enthält Art. 23 Abs. 4 nunmehr eine verbesserte Regelung zur Durchsetzbarkeit von **Geldbußen gegenüber Unternehmensvereinigungen.** Im Übrigen bleibt das Sanktionensystem der VO 1/2003 nach wie vor zweigeteilt: Die **Geldbußen nach Art. 23** sollen Verfahrensverstöße oder materiell-rechtliche Zuwiderhandlungen sanktionieren. Im Unterschied hierzu dient das **Zwangsgeld nach Art. 24** dazu, förmliche Entscheidungen der Kommission durchzusetzen. Bußgeld und Zwangsgeld haben unterschiedliche Funktionen. Die Bußgeldentscheidung bezieht sich auf die Vergangenheit, das Zwangsgeld bezieht sich auf gegenwärtiges oder künftiges Verhalten. Beide Instrumente schließen sich nicht gegenseitig aus. Zwischen den Bußgeldtatbeständen des Art. 23 und den Zwangsgeldtatbeständen des Art. 24 besteht **keine Gesetzeskonkurrenz.** Daher können Geldbußen und Zwangsgeldern parallel verhängt werden. Dies gilt insbesondere, wenn Bußgeld und Zwangsgeld für gleiche Zeiträume verhängt werden soll (→ Art. 24 Rn. 3; auch *Engelsing/Schneider* in MünchKomm Art. 23 VO 1/2003 Rn. 22).

3. Sinn und Zweck von Bußgeldsanktionen

7 Bußgeldsanktionen sollen die **Adressaten von Ge- oder Verbotsnormen** zu einem **bestimmten Verhalten** veranlassen. Dies gilt auch für die Sanktionen im Kartellbußgeldverfahren. Zwar werden die Adressaten der Art. 101 und 102 AEUV in der Regel ihren gesetzlichen Pflichten nachkommen. Mit der Befugnis, Geldbußen wegen vorsätzlicher oder fahrlässiger Zuwiderhandlungen gegen Art. 101 und 102 AEUV oder deren Durchführungsbestimmungen zu verhängen, wird der Kommission die **Wahrnehmung ihrer Überwachungsaufgabe** ermöglicht (*Dannecker/Biermann* in vor Art. 23ff. IM VO 1/2003 Rn. 23ff.). Nach der Rechtsprechung sind Geldbußen „ein **Instrument der Wettbewerbspolitik** der Kommission", um die Unternehmen zur Einhaltung der Wettbewerbsregeln anzuhalten (EuG Slg. 1995 II-1165 Rn. 59 Martinelli). „Im Interesse der praktischen Wirksamkeit" der Wettbewerbsregeln und innerhalb der durch die Bußgeldnorm gezogenen Grenzen kann die Kommission „das Niveau der Geldbußen den Erfordernissen dieser Politik anpassen" (vgl. EuGH Slg. 1983 1825 Rn. 109 Musique Diffusion Francaise).

8 Geldbußen können sowohl für Verfahrensverstöße als auch bei materiell-rechtlichen Zuwiderhandlungen verhängt werden. Die **Sanktionsmöglichkeit für Verfahrensverstöße** dient nicht nur der Durchsetzung der Mitwirkungs- und Duldungspflichten, sondern auch dem **Schutz des Verfahrens** und der Entscheidungsfindung zB vor falschen Informationen und Verzögerungen. Insgesamt sollen die Sanktionen die Normadressaten von Verfahrensverstößen und **materiell-rechtlichen Zuwiderhandlungen** abschrecken **(Generalprävention).** Dies gilt insbesondere, wenn es sich nicht um Ersttäter, sondern um Wiederholungstäter handelt **(Spezialprävention).** Die **Präventionsfunktion** (dazu grundlegend *Dannecker/Biermann* in IM vor Art. 23ff. VO 1/2003 Rn. 25) tritt mit der zunehmenden Höhe der Bußgelder immer mehr in den Vordergrund.

4. Bußgeldverfahren

9 **a) Zuständigkeit und Verfahrenseinleitung.** Für die Durchführung des Bußgeldverfahrens nach Art. 23 besteht eine **ausschließliche Zuständigkeit der Kommission.** Soweit in der VO 1/2003 keine anderweitigen Regelungen getroffen werden, gelten für die Durchführung des Verfahrens die allgemeinen Vorschriften des Unionsrechts. Ob ein Bußgeldverfahren eingeleitet wird, entscheidet die Kommission **von Amts wegen** nach dem **Opportunitätsprinzip.** Sie hat ein Entschließungs- und Auswahlermessen darüber, ob sie in einem Fall einschreiten will oder

nicht. Es steht ihr frei, auch dann nichts zu unternehmen, wenn alle Voraussetzungen eines Bußgeldtatbestands vorliegen (KOMM ABl. 1998 L 230/10 AFS/ADP). Das Ermessen wird nicht durch das **Diskriminierungsverbot** eingeschränkt (EuGH Slg. 1993 II-1307 Rn. 145f. Ahlstroem).

10 **b)** ***Ne bis in idem.*** Der verfahrensrechtliche Grundsatz *ne bis in idem,* der in allen mitgliedstaatlichen Rechtsordnungen und in Art. 4 des 7. Zusatzprotokolls zur EMRK anerkannt ist, gehört zu den **allgemeinen Rechtsgrundsätzen des Gemeinschaftsrechts** (*Dannecker/Biermann* in IM vor Art. 23ff. VO 1/2003 Rn. 242ff.; *Engelsing/Schneider* in MünchKomm Art. 23 VO 1/2003 Rn. 20). Er verbietet, dass ein Unternehmen bzw. eine Unternehmensvereinigung wegen eines Verhaltens, für das bereits eine rechtskräftige Sanktion verhängt oder für das eine Verantwortlichkeit ausgeschlossen wurde, erneut verfolgt und/oder mit einer Sanktion belegt wird. Der Grundsatz bildet bereits eine **Grenze für die Durchführung erneuter Ermittlungsverfahren** iSe objektiven Verfahrenshindernisses. Jedenfalls steht er der Verhängung einer weiteren Sanktion entgegen.

11 **Problematisch** ist, in welchen Fällen ein bestimmtes Verhalten erneut verfolgt wird. Der Grundsatz *ne bis in idem* kommt nur zur Anwendung, wenn sich das erneute Verfahren gegen **dieselben Personen** richtet, **derselbe Sachverhalt** zugrunde liegt und auch **dasselbe Rechtsgut** verletzt ist (EuGH Slg. 2006 I-5977 Rn. 26 SGL Carbon; für den deutschen Rechtskreis BGH 26.2.2013 KRB 20/12 Rn. 19ff. Grauzement, NZKart 2013, 195). Es wird also nicht auf den zugrunde liegenden Lebenssachverhalt, sondern auf den Unrechtsgehalt der einschlägigen Norm und die Auswirkungen des illegalen Handelns abgestellt. Aus diesem **restriktiven Identitätsverständnis** ergibt sich, dass **Mehrfachsanktionen durchaus zulässig** sind. Dies gilt zum **Beispiel,** wenn über ein bereits sanktioniertes Verhalten ein Verfahren wegen eines Verstoßes gegen eine **andere materiell-rechtliche Verbotsnorm** eröffnet wird (vgl. *Lampert/Niejahr/Kübler/Weidenbach* Art. 23 Rn. 467). Es gilt grundsätzlich auch für Verhalten, das bereits von der **Kartellbehörde eines Drittstaates** sanktioniert worden ist. Es besteht kein völkerrechtlicher Grundsatz, der den Behörden und Gerichten verschiedener Staaten die Mehrfachbestrafung untersagt (EuGH aaO Rn. 34; dazu auch *Canenbley/Rosenthal* ECLR 2005, 178). Innerhalb der Gemeinschaft wird man hingegen bei Identität der Personen, des Sachverhalts und der – von einer Behörde eines Mitgliedstaates oder der Kommission angewendeten – Rechtsnorm (Art. 101 oder 102 AEUV) vom Grundsatz des ne bis in idem ausgehen müssen (vgl. *Soltész* WuW 2005, 616, 622ff.). Der von der früheren Rechtsprechung entwickelte **allgemeine Billigkeitsgrundsatz,** wonach die Kommission bzw. die nationalen Kartellbehörden bei der Eröffnung von Ermittlungsverfahren und bei der Festsetzung von Geldbußen **Sanktionen berücksichtigen,** die andere Behörden wegen derselben Tat bereits verhängt haben (so EuGH Slg. 1969 1 Rn. 3, 11 Walt Wilhelm; EuGH Slg. 1972 1281 Rn. 3 Boehringer), ging von der Anwendung unterschiedlicher Rechtsnormen aus (Art. 101 AEUV, nationales Kartellverbot). Mit dem Inkrafttreten der VO 1/2003 hat sich die Rechtslage aber verändert. In der Regel sind Art. 101 AEUV und die entsprechenden nationalen Kartellrechtsbestimmungen parallel und nebeneinander anwendbar. Dann muss der Grundsatz aber zur Anwendung gelangen.

12 **c) Verfahrensabschluss.** Die Festsetzung der Geldbuße erfolgt durch einen **Beschluss iSd Art. 288 Abs. 4 AEUV.** Sie wird mit ihrer Bekanntgabe gemäß Art. 297 Abs. 3 AEUV wirksam und stellt einen vollstreckbaren Titel iSd Art. 299 Abs. 1 AEUV dar. Sie wird in Euro festgesetzt. Zahlungen fließen unmittelbar in den Haushalt der Gemeinschaft. Obwohl die Geldbuße eine unmittelbare Zahlungsverpflichtung gegenüber der Kommission begründet, findet regelmäßig die **Vollstreckung erst nach Eintritt der Bestandskraft** statt. Die Kommission kann einen **Fälligkeitstermin** bestimmen und **Verzugszinsen** für die Überschreitung dieses Termins anordnen. Hierbei muss sie zwar auf die finanzielle Lage des Adressaten keine Rücksicht nehmen.

Bei der Vollstreckung besteht aber eine gewisse Flexibilität. Insbesondere kann die Vollstreckung durch eine **Bankbürgschaft** zunächst abgewendet werden. In der Regel gewährt die Kommission eine **Zahlungsfrist von drei Monaten** ab Bekanntgabe der Entscheidung. Im Falle einer Aufhebung der Bußgeldentscheidung durch das EuG muss die Kommission nicht nur das gezahlte Bußgeld zurückerstatten, sondern diesen Betrag auch verzinsen (EuG Slg. 2004 II-2325 Rn. 223 Corus).

Ob die Bestandskraft mit der Bekanntgabe eintritt oder nicht, hängt davon ab, 13 welche **Rechtsmittel** gegen die Entscheidung eingelegt werden. Die **Nichtigkeitsklage,** die jede natürliche oder juristische Person nach Art. 263 Abs. 4 zum EuG erheben kann, hat nach Art. 278 S. 1 AEUV grundsätzlich **keine aufschiebende Wirkung.** Die Bestandskraft einer Entscheidung wird nur gehemmt, wenn das EuG die Durchführung der Entscheidung im Wege der **einstweiligen Anordnung** nach Art. 278 S. 2 iVm Art. 279 AEUV aussetzt. Die Voraussetzungen hierfür sind sehr streng (st. Rspr. seit EuGH Slg. 1982 1549 Rn. 6; *Engelsing/Schneider* in MünchKomm Art. 23 VO 1/2003 Rn. 166). Darüber hinaus kann das EuG nach Art. 299 Abs. 4 AEUV auch die **Aussetzung der Zwangsvollstreckung** aus einer Entscheidung anordnen. Die Zuständigkeit für diese Entscheidungen liegt nach Art. 104ff. VerfO EuG grundsätzlich beim Präsidenten des EuG. Offensichtlich unter Berücksichtigung der wirtschaftlichen Verhältnisse, die sich in Zeiten der Finanz- und Wirtschaftskrise in der Europäischen Union ergeben haben, hat sich die Kommission in den letzten Jahren mehr als in der Vergangenheit dazu bereit erklärt, wirtschaftliche Engpässe und die Zahlungsunfähigkeit von Unternehmen bei der Bußgeldbemessung zu berücksichtigen **(sog. inability-to-pay-Fälle, ITP).** Grundsätzlich besteht dazu nach Rn. 35 der Geldbußen-Leitlinien 2006 (vgl. Anhang B 15) seit Inkrafttreten der Leitlinien die Möglichkeit, die Leistungsfähigkeit eines Unternehmens in einem gegebenen sozialen und ökonomischen Umfeld zu berücksichtigen. Eine Ermäßigung soll danach nur möglich sein, wenn eindeutig nachgewiesen wird, dass die Verhängung einer Geldbuße die **wirtschaftliche Überlebensfähigkeit** eines Unternehmens **unwiderruflich gefährden** und ihre Aktiva jeglichen Wertes berauben würde. Um im Rahmen der Bußgeldfestsetzung in den Vorteil einer Reduzierung gelangen zu können, muss das Unternehmen darlegen, dass es **„zahlungsunfähig"** ist. Dazu kann man nach deutschem Recht auf die Regelungen der Insolvenzordnung rekurrieren. Die Kommission prüft in diesem Zusammenhang die historischen Werte, den gegenwärtigen Zustand sowie die voraussichtliche Entwicklung bestimmter betriebswirtschaftlicher Kennzahlen. Darüber hinaus prüft sie die **Kausalität der Bußgeldfestsetzung für die behauptete Zahlungsunfähigkeit** des Unternehmens (vgl. eingehend zu dieser Thematik *Grave/Nyberg,* WuW 2011, 926ff.). Grundsätzlich zu berücksichtigen ist, dass die Prüfung der Zahlungsunfähigkeit ausschließlich auf Antrag des betroffenen Unternehmens erfolgt. Die Kommission prüft die Thematik also nicht *ex officio.*

5. Einzelne Bußgeldtatbestände (Abs. 1 und 2)

a) Verfahrensverstöße bei Auskunftsverlangen (Abs. 1 lit. a und b). Nach- 14 dem das für den früheren Art. 15 Abs. 1 lit. a VO 17/62 maßgebliche Sanktionsbedürfnis für fehlerhafte Angaben in einem Antrag auf Einzelfreistellung oder auf Erteilung eines Negativattests im Zuge der Umstellung auf das System der Legalausnahme hinfällig geworden ist, beschränkt sich Art. 23 im Zusammenhang mit den Bußgeldtatbeständen für Verfahrensverstöße auf Auskunftsverlangen und Nachprüfungen. Abs. 1 lit. a und b entsprechen weitgehend Art. 15 lit. b VO 17/62. Die Kommission kann Geldbußen verhängen, um unrichtige, irreführende, unvollständige oder verspätete Angaben bei der **Erteilung von Auskünften** zu sanktionieren (vgl. hierzu KOMM, Pressemitteilung IP/12/43 Servier). **Unrichtig** ist eine Auskunft, wenn sie objektiv falsch ist. **Irreführend** bedeutet, dass die Auskunft bei isolierter Betrachtung zutreffend ist, aber in einem Zusammenhang erteilt wird, der ihr eine andere als die richtige Bedeutung gibt. **Verspätet** ist die Auskunft, wenn sie nicht innerhalb einer bestimmten Frist erteilt wurde. Die Grenzen zwischen der irreführenden und der verspäteten Auskunft zur **unvollständigen Auskunft** dürften fließend sein.

15 Ob und wofür Geldbußen verhängt werden dürfen, hängt davon ab, wodurch die Kommission die Unternehmen oder Unternehmensvereinigungen zur Auskunftserteilung aufgefordert hat. Beruht die Auskunft auf eine **Auskunftsentscheidung** nach Art. 18 Abs. 3, „haftet" dessen Adressat nicht nur für die **unrichtige oder irreführende,** sondern auch für die **unvollständige oder verspätete** Auskunftserteilung (Abs. 1 lit. b). Liegt der Auskunft lediglich ein **formloses (einfaches) Auskunftsersuchen** nach Art. 18 Abs. 1 und 2 zugrunde, kann eine Geldbuße nur für **unrichtige oder irreführende** Angaben verhängt werden (Abs. 1 lit. a). Die Nichtbeantwortung eines einfachen Auskunftsverlangens nach Art. 18 Abs. 1 und 2 zieht daher (wie bisher) keine Bußgeldsanktion nach sich (vgl. dazu die Kommentierung zu Art. 18 VO 1/2003).

16 Führt die Kommission eine Untersuchung einzelner Wirtschaftszweige oder bestimmter Arten von Vereinbarungen, also eine sog. Sektorenuntersuchung **nach Art. 17** durch, könnte nach der umfassenden Formulierung des Abs. 1 lit. b auf den ersten Blick auch die unvollständige oder verspätete Beantwortung einfacher Auskunftsverlangen bußgeldbewehrt sein. Da in Art. 17 Abs. 2 die „entsprechende Geltung" des Art. 18 angeordnet wird, gilt auch im Rahmen des Art. 17 die **Unterscheidung** zwischen **Auskunftsentscheidung** und **Auskunftsverlangen.** Nur im Falle förmlicher Auskunftsverlangen greift die Bußgeldsanktion des Abs. 1 lit. b auch für unvollständige oder verspätete Auskünfte ein. Bei einfachen Auskunftsersuchen beschränkt sich das Bußgeldrisiko auf unrichtige und irreführende Angaben.

17 **Rechtsfolge** für einen Verfahrensverstoß im Zusammenhang mit einem Auskunftsverlangen ist eine **Geldbuße bis zu einem Höchstbetrag von 1%** des im vorausgegangenen Geschäftsjahr erzielten Gesamtumsatzes. Die Vorgängervorschrift des Art. 15 Abs. 1 VO 17/62 begnügte sich hier noch mit einem Bußgeldrahmen von 100 bis 5000 Euro, der unter spezial- und generalpräventiven Gründen als unzureichend angesehen worden war.

18 **b) Verfahrensverstöße bei Nachprüfungen (Abs. 1 lit. c–e).** Geldbußen können ferner verhängt werden, wenn Nachprüfungen nach Art. 20 **nicht geduldet,** bei Nachprüfungen **Geschäftsunterlagen nicht vollständig vorgelegt, Fragen fehlerhaft oder unvollständig beantwortet** oder angebrachte **Siegel erbrochen** werden. Abs. 1 lit. c entspricht wörtlich dem früheren Art. 15 Abs. 1 lit. c VO 17/62. Die neuen Vorschriften in Abs. 1 lit. d und e waren durch die Erweiterung der Nachprüfungsbefugnisse in Art. 20 veranlasst. Die Möglichkeiten zur Verhängung von Geldbußen unterscheiden sich danach, ob die Kommission aufgrund einer förmlichen Nachprüfungsentscheidung oder eines formlosen Nachprüfungsauftrages tätig geworden ist.

19 Wenn die Nachprüfung **aufgrund einer förmlichen Nachprüfungsentscheidung** erfolgt, besteht die bußgeldbewehrte Pflicht, die Nachprüfung zu dulden und Fragen Art. 20 Abs. 2 lit. e vollständig zu beantworten. Bei **einfachen Nachprüfungsaufträgen** können Geldbußen nur für die unvollständige Vorlage von Geschäftsunterlagen und für unrichtige oder irreführende Antworten auf Fragen nach Art. 20 Abs. 2 lit. e verhängt werden. Die Weigerung der Duldung oder der Beantwortung von Fragen sind hier nicht bußgeldbewehrt (*Dannecker/Biermann* in IM Art. 23 VO 1/2003 Rn. 34). Ein Unternehmen muss also Fragen im Falle einer Nachprüfung aufgrund eines einfachen Nachprüfungsauftrages nicht beantworten. Werden von dem Unternehmen oder einem Mitarbeiter **Antworten auf Fragen** gegeben, müssen diese jedoch **richtig und vollständig** sein. Da sich das Bußgeld nicht gegen den einzelnen Mitarbeiter, sondern gegen das Unternehmen richtet, hat das

Unternehmen die **Möglichkeit zur Vervollständigung oder Korrektur** unrichtiger, unvollständiger oder irreführender Antwort von Mitarbeitern, ggf. innerhalb einer von der Kommission gesetzten Frist. Andernfalls steht das Unternehmen für die Vollständigkeit und Richtigkeit der Antwort ein.

Wenn **im Zusammenhang mit einer Nachprüfung** Betriebsräume, Bücher oder sonstige Unterlagen von Kommissionsbediensteten oder ihre Beauftragten im Rahmen ihrer Befugnisse nach Art. 20 Abs. 2 lit. d mit einem Siegel versehen worden sind, führt der **Siegelbruch** zu einem Bußgeld (als bisher aufsehenerregendster Fall KOMM ABl. 2008 C 240/6 E.ON Energie AG, bestätigt durch EuGH 22.11.2012 C-89/11 P E.ON, NZKart 2013, 69; auch KOMM K(2011) 3640 endg. 24.5.2011 COMP/39.796 Suez Environnement u. a.). Als ebenfalls verschärfte **Rechtsfolge** für einen Verfahrensverstoß im Zusammenhang mit Nachprüfungen wird eine **Geldbuße bis zu einem Höchstbetrag von 1%** des im vorausgegangenen Geschäftsjahr erzielten Gesamtumsatzes angedroht. 20

c) Materiell-rechtliche Zuwiderhandlungen. Die Bußgeldtatbestände für materiell-rechtliche Zuwiderhandlungen sind allgemeiner formuliert als die Bußgeldtatbestände für Verfahrensverstöße. Dies gilt insbesondere für den Tatbestand des Abs. 2 lit. a, der die wirtschaftlich besonders bedeutsamen Bußgelder nach sich zieht. Danach können Geldbußen verhängt werden, wenn ein **Verstoß gegen Art. 101 oder 102 AEUV** vorliegt. Daneben erfasst Abs. 2 noch **Zuwiderhandlungen gegen Entscheidungen** zur Anordnung einstweiliger Maßnahmen nach Art. 8 Verstöße gegen für verbindlich erklärte Verpflichtungszusagen nach Art. 9. Im Falle eines Verstoßes gegen Art. 101 oder Art. 102 AEUV bedarf es keiner vorherigen (Feststellungs-)Entscheidung der Kommission. Stellt diese einen solchen Verstoß fest, kann sie unmittelbar und direkt neben der Feststellung der Zuwiderhandlung ein Bußgeld verhängen. Die **Rechtsfolgen** für eine materiell-rechtliche Zuwiderhandlung sind in der VO 1/2003 modernisiert worden. Es ist nur noch ein **Bußgeldrahmen bis zu 10% des erzielten Gesamtumsatzes** eines Unternehmens vorgesehen. Der frühere Art. 15 Abs. 2 VO 17/62 enthielt darüber hinaus noch ein Basisbußgeld von 1000 bis 1 Mio. Euro. 21

d) Allgemeine Tatbestandslehren. Die Bußgeldtatbestände der Abs. 1 und 2 sind mit der **Vollendung** des Verfahrensverstoßes oder der materiell-rechtlichen Zuwiderhandlung verwirklicht. Es ist **keine Beendigung** der Handlung erforderlich. Mangels ausdrücklicher Anordnung ist der **Versuch nicht bußgeldbewehrt** (EuG Slg. 2002 II-1487 Rn. 206 HFB Holding). Mehrere Tathandlungen berechtigen die Kommission, jeweils gesonderte Geldbußen zu verhängen **(Tatmehrheit).** Liegt eine einzelne Handlung mit mehreren Teilakten vor, kann auch eine einzige Geldbuße verhängt werden **(Tateinheit).** Gleiches gilt, wenn mehrere Handlungen so verknüpft sind, dass sie eine **„rechtliche" oder „natürliche Handlungseinheit"** im Sinne des Strafrechts bilden. In diesen Fällen sind mehrere gleichartige Tathandlungen aufgrund rechtlicher Wertungen („Bewertungseinheit") oder aufgrund eines sozialen Sinnzusammenhangs so miteinander verbunden, dass sie sich objektiv als ein einheitliches Tun darstellen. 22

Die **Unterscheidung von Tateinheit und Tatmehrheit** ist gerade in jüngerer Zeit wiederholt Gegenstand von Kommissionsentscheidungen und in der Folge der Praxis der europäischen Gerichte von Bedeutung gewesen. So nahm die Kommission zB in ihren Entscheidungen vom 23.4.1986 (KOMM ABl. 1986 L 230/1), vom 9.12.2004 (KOMM Fall COMP IV/E-2–37533 Cholinchlorid) sowie in ihrer Entscheidung vom 24.1.2007 (KOMM Fall COMP/F/38 899 Gasisolierte Schaltanlagen) jeweils eine einzige und fortgesetzte Zuwiderhandlung an **(single, complex and continuous infringement)**. Die Beantwortung der Frage, ob eine einheitliche und fortgesetzte Handlung oder mehrere einzelne Handlungen vorliegen, ist nicht nur für die Bemessung der Geldbuße von Bedeutung, sondern auch für die Frage, ob 23 einzelne Vorwürfe nach Art. 25 verjährt sind (vgl. hierzu Art. 25 Rn. 3). Die Kommission hat das Konzept der einzigen und fortgesetzten Zuwiderhandlung immer weiter ausgedehnt (für einen Verstoß gegen Art. 102 AEUV EuG 12.6.2014 T-286/09, NZKart 2014, 267 Rn. 1561 ff. Intel). Das Gericht hat dieser Tendenz Schranken gesetzt (EuG Slg. 2007 II-4949 Rn. 158 BASF und UCB/Kommission). Nach der Rechtsprechung des EuG kann sich ein Verstoß gegen Art. 101 Abs. 1 AEUV aus einer Reihe von Handlungen sowie aus einem fortgesetzten Verhalten ergeben, die sich wegen ihres **identischen Zwecks der Verfälschung des Wettbewerbs** innerhalb des Gemeinsamen Marktes in einen **„Gesamtplan"** einfügen. In einem solchen Fall soll die Kommission berechtigt sein, die Verantwortung für diese Handlungen nach Maßgabe der **Beteiligung an der Zuwiderhandlung als Ganzes** zuzuweisen, selbst wenn das betroffene Unternehmen nachweislich nur an einem oder mehreren Bestandteilen der Zuwiderhandlung unmittelbar mitgewirkt hat (EuGH 4.7.2013 C-278/11 P Rn. 63 Aalberts, NZKart 2013, 370). Dass einzelne Unternehmen bei der Verfolgung eines gemeinsamen Ziels unterschiedliche Rolle spielten, ändert nach Auffassung des EuG nichts an dem wettbewerbswidrigen Zweck und damit an der Zuwiderhandlung, sofern jedes Unternehmen auf seiner Ebene zur Verfolgung des gemeinsamen Ziels beitrug (EuG aaO Rn. 161 BASF und UCB/Kommission; grundsätzlich dazu *Seifert* ECLR 2008, 546). Das gilt selbst dann, wenn an der Zuwiderhandlung teilweise und zu unterschiedlichen Zeitpunkten verschiedene Unternehmen beteiligt waren (EuG 16.9.2013 T-378/10 Rn. 32 Masco und Hansgrohe, NZKart 2013, 420) oder wenn die an der Zuwiderhandlung beteiligten Unternehmen in keinem Wettbewerbsverhältnis zueinander stehen (EuG 16.9.2013 T-364/10 Rn. 90 ff. Duravit, NZKart 2013, 412). Im Fall BASF kam das Gericht bei seiner Prüfung zu dem Ergebnis, dass es keine einheitliche, auf weltweiter und auf europäischer Ebene einzige und fortgesetzte Zuwiderhandlung gegeben hat. Vielmehr zeigte sich, dass es verschiedene Vereinbarungen und aufeinander abgestimmte Verhaltensweisen gab, die **jeweils für sich betrachtet** werden mussten, selbst wenn diese Absprachen nach Auffassung der Kommission eng miteinander verbunden gewesen seien (EuG aaO Rn. 181 BASF und UCB/Kommission).

24 **e) Verstoß gegen das Bestimmtheitsgebot.** Gegen die Unbestimmtheit der Rechtsfolgen für materiell-rechtliche Zuwiderhandlung bestehen Bedenken, die sich aus dem **Grundsatz *nulla poena sine lege*** ergeben. Er ist Bestandteil der mitgliedstaatlichen Rechtsordnung, ist in Art. 7 Abs. 1 EMRK verankert und gehört daher zu den **allgemeinen Rechtsgrundsätzen** des Gemeinschaftsrechts (vgl. etwa EuGH Slg. 1984 1075 Rn. 11 Kloppenburg; Slg. 1981 2735 Rn. 10 Salumi; EuG 8.7.2008 T-99/04 Rn. 112 AC Treuhand; *Schwarze/Bechtold/Bosch,* Rechtsstaatliche Defizite im Kartellrecht der Europäischen Gemeinschaft, 2008, passim; *Bechtold/Bosch,* ZWeR 2011, 160; *Dannecker/Biermann* in IM vor Art. 23 ff. VO 1/2003 Rn. 44 ff.). Erlässt die Gemeinschaft **Rechtsakte, müssen** diese **eindeutig** und für die Betroffenen muss ihre **Anwendung vorhersehbar** sein. Dies gilt insbesondere, wenn es sich um Vorschriften handelt, die finanzielle Konsequenzen für den Einzelnen haben können (EuGH Slg. 1990 I-691 Rn. 23 Kommission/Frankreich; EuGH Slg. 1987 5041 Rn. 18 Irland/Kommission; EuGH Slg. 1987 5091 Rn. 24 Niederlande/Kommission). Der Bestimmtheitsgrundsatz gilt nicht nur für strafrechtliche Sanktionen sondern auch – wie aufgrund des Abs. 5 im Falle des Abs. 2 – für **Sanktionen ohne strafrechtlichen Charakter** (EuGH Slg. 1984 3291 Rn. 11 Könecke/BALM; EuGH Slg. 1987 4603 Rn. 15 Maizena), und zwar sowohl auf der Tatbestands- als auch auf der Rechtsfolgenseite (einschränkend aber EuGH 18.7.2013 C-501/11 P Schindler, NZKart 2013, 334, sich stützend auf die Schlussanträge von *GA Kokott* in dieser Sache, NZKart 2013, 206).

25 Art. 23 Abs. 2 verleiht der Kommission die Befugnis, bei einem Verstoß gegen die Wettbewerbsregeln des Vertrages eine Geldbuße festzusetzen, deren Höchstgrenze

individuell je nach Unternehmensumsatz festzustellen ist. Zur **Bußgeldbemessung im Einzelfall** ist lediglich vorgesehen, dass dabei neben der Schwere des Verstoßes auch die Dauer der Zuwiderhandlung zu berücksichtigen ist. Die Kommission verfügt also über einen nahezu **unbegrenzten Ermessensspielraum** bei der Bußgeldfestsetzung. Das Bestimmtheitsgebot verlangt hingegen die Schaffung klarer und eindeutiger Normen (EuGH in diesem Sinne vor allem *Schwarze/Bechtold/Bosch* aaO; auch *Forrester,* ELR 2009, 817; *Dannecker/Biermann* in IM vor Art. 23ff. VO 1/2003 Rn. 43; dagegen aber vor allem *Wils,* World Comp. 2004, 201, *Wils,* World Comp. 2010, 1; *Castillo de la Torre,* World Comp. 2009, 505). Die Bußgeldregelung des Art. 23 Abs. 2 entspricht diesen Anforderungen nicht (aA aber EuGH 18.7.2013 C-501/11 P Schindler, NZKart 2013, 334; auch EuG 16.9.2013 T-364/10 Rn. 66ff. Duravit, NZKart 2013, 412). Es existieren **keine inhaltlichen Vorgaben,** in welchen Fällen einer materiell-rechtlichen Zuwiderhandlung überhaupt ein Bußgeld verhängt werden soll. Vor allem aber fehlt es an einer **absoluten, numerischen Bußgeldobergrenze.** Stattdessen wird die maximal zulässige Höhe der Geldbuße erst zum Zeitpunkt der konkreten Rechtsanwendung auf den Einzelfall sichtbar. Dann beträgt sie 10% des Gesamtumsatzes, ohne dass eindeutig vorhersehbar wäre, um welche Beträge es letztlich geht.

6. Täterschaft und Teilnahme

Bußgeldentscheidungen richten sich nur an **Unternehmen und Unternehmensvereinigungen,** nicht an natürliche Personen. Dies entspricht dem Kreis der Adressaten der materiellen Verbotstatbestände der Art. 101 und 102 AEUV. „Unternehmen" ist „... jede eine wirtschaftliche Tätigkeit ausübende Einheit, unabhängig von ihrer Rechtsform und der Art ihrer Finanzierung" (vgl. EuGH Slg. 1991 I-1979 Rn. 21 Höfner und Elser; st. Rspr.). Wird einem Unternehmen die Verwirklichung eines Bußgeldtatbestands der Abs. 1 und 2 zur Last gelegt, ist es Adressat der Bußgeldentscheidung. **Teilnahme an der Zuwiderhandlung Dritter** in Form von **Anstiftung oder Beihilfe** wird wie Täterschaft behandelt. Das Bußgeldrecht geht (ebenso wie das deutsche Ordnungswidrigkeitenrecht) von einem **einheitlichen Täterbegriff** (vgl. § 14 OWiG) aus: Beteiligen sich mehrere an einer Zuwiderhandlung, verwirklicht jeder den Bußgeldtatbestand unabhängig davon, wie er zur Verwirklichung des Tatbestands beiträgt. So genügt es zum **Beispiel,** wenn sich ein Unternehmen dadurch an einem Verstoß gegen Art. 101 AEUV beteiligt, dass es eine Schlüsselrolle bei der Organisation von Kartellzusammenkünften übernimmt oder die Einhaltung getroffener Absprachen überwacht (vgl. KOMM 10.12.2003 COMP/E2/37 857 Rn. 95ff. AC Treuhand; bestätigt durch EuG Slg. 2008 II-1501 Rn. 129 AC Treuhand). 26

Anstelle der an einer Zuwiderhandlung beteiligten Tochtergesellschaft kommt uU auch die **Muttergesellschaft als Adressat einer Bußgeldentscheidung** in Betracht. Dass die Tochtergesellschaft eigene Rechtspersönlichkeit besitzt, schließt die Zurechnung ihres Verhaltens zur Muttergesellschaft nicht aus (vgl. EuGH Slg. 1972 619 Rn. 132, 135 ICI). Ist die Muttergesellschaft selbst an der Zuwiderhandlung nicht beteiligt gewesen, spricht man von **akzessorischer Haftung.** Dann richtet sich die Bußgeldfestsetzung bezüglich der Muttergesellschaft ausschließlich nach derjenigen der Tochter (EuGH 22.1.2013 C-286/11 P Rn. 43 Tomkins, NZKart 2013, 112). Die Rechtsprechung nimmt eine **Zurechnung der Tochtergesellschaft** zur Muttergesellschaft an, wenn die Tochtergesellschaft ihr Marktverhalten nicht selbständig bestimmt, sondern wegen der Bindungen zur Muttergesellschaft im Wesentlichen deren Weisungen befolgt (EuGH Slg. 1972 619 Rn. 132, 135 ICI; EuGH Slg. 1983 3151 Rn. 49 AEG; EuG Slg. 2006 II-3435 Rn. 122 Jungbunzlauer). Für den Fall, dass das Tochterunternehmen zu 100% im Eigentum der Muttergesellschaft steht, besteht eine Vermutung dafür, dass die Muttergesellschaft tatsächlich entscheidenden Einfluss auf das Verhalten ihrer Tochtergesellschaft ausübt (EuGH Slg. 2000 I- 27

9925 Rn. 29 Stora; EuGH Slg. 2009 I-8237 Rn. 58 Akzo; EuGH Slg. 2011 I-8901 Rn. 38 Arkema; aus der Literatur vgl. nur *Leupold,* 34 ECLR[2013], 570; *de Bronett,* EWS 2012, 113; *Kling,* ZWeR 2011, 169; *Gehring/Kasten/Mäger,* CCZ 2013, 1)), wobei diese Vermutung widerlegt werden kann, bisher tatsächlich aber noch nie widerlegt wurde (vgl. zB die Anforderungen des EuGH im Fall Stichting: EuGH 11.7.2013 C-440/11 P Rn. 60ff. Stichting, NZKart 2013, 367). Das gilt auch, wenn die Beteiligung auf zwei zwischengeschaltete Tochtergesellschaften aufgeteilt ist (im konkreten Fall 40:60, vgl. EuG 27.9.2012 T-343/06 Rn. 44f. Shell, NZKart 2013, 29) sowie dann, wenn die Muttergesellschaft selbst nicht wirtschaftlich tätig ist (EuGH 11.7.2013 C-440/11 P Rn. 43f. Stichting, NZKart 2013, 367). Nach der Rechtsprechung des EuGH setzt die **Widerlegung der Vermutung,** dass eine Muttergesellschaft, die das gesamte oder nahezu gesamte Kapital der Tochtergesellschaft hält, auf diese einen bestimmenden Einfluss ausübt und deswegen für deren Kartellverstöße haftet, den Nachweis voraus, dass die Tochtergesellschaft nicht nur auf operativer, sondern auch auf finanzieller Ebene völlig eigenständig handeln konnte (EuGH 8.5.2013 C-508/11 P Rn. 64ff. ENI, NZKart 2013, 293). Wenn sich dagegen die Kommission für die Haftung der Muttergesellschaft nicht allein auf die Vermutung stützt, dass die Muttergesellschaft auf das Verhalten der 100%igen Tochtergesellschaft einen entscheidenden Einfluss ausübt, sondern die Ausübung des entscheidenden Einflusses auch tatsächlich nachweist **(„dual basis method“)**, scheidet die Haftung aus, wenn der Nachweis tatsächlich nicht geführt wird (EuGH 26.9.2013 C-679/11 P Rn. 41 Alliance One, NZKart 2013, 501).

28 Unabhängig von der Höhe der Beteiligung spricht es zum **Beispiel** für einen entscheidenden Einfluss, wenn die Muttergesellschaft die Interessen der Tochtergesellschaft bei Kartellzusammenkünften vertreten hat (KOMM COMP/E-1/38 240 Rn. 236 Industrierohre; EuG Slg. 1998 II-1007 Rn. 48 KNP) oder wenn der Muttergesellschaft das rechtswidrige Verhalten der Tochtergesellschaft bekannt war, ohne dass sie hiergegen etwas unternommen hat (EuG Slg. 1998 II-925 Rn. 158 Cascades; EuGH Slg. 2000 I-9925 Rn. 31 Stora). Eine Zurechnung erfolgt auch, wenn sich Mitarbeiter der Muttergesellschaft im Verwaltungsverfahren als Gesprächspartner der Kommission präsentierten (EuGH Slg. 2000 I-9925 Rn. 29 Stora) oder wenn sie die Geschäftsleitung der Tochter bestellen (KOMM COMP/E-2/37 857 Rn. 386 Organische Peroxide). Bei einer deutschen GmbH ist zu beachten, dass die Gesellschafter über weitreichende Kontrollbefugnisse verfügen. Für den Fall, dass die Muttergesellschaft die alleinige Gesellschafterin der GmbH ist, hat die Kommission allein aus diesem Umstand einen entsprechenden Einfluss hergeleitet (KOMM COMP/E-38 359 Rn. 259 Elektrotechnische und mechanische Kohlenstoff- und Graphitprodukte).

7. Verschuldensmaßstab

29 Die Verwirklichung der Bußgeldtatbestände der Abs. 1 und 2 kann **vorsätzlich oder fahrlässig** erfolgen. Nach der Praxis der Kommission ist davon auszugehen, dass dem Unternehmen alles **zuzunehmen** ist, was einzelne Mitarbeiter tun oder unterlassen; dennoch wird für das Verschulden auf das Unternehmen abgestellt. Vorsatz ist bereits dann anzunehmen, wenn die beteiligten Unternehmen „sich der wettbewerbsbeschränkenden und außerdem widerrechtlichen Natur ihrer Handlungen bewusst“ waren (KOMM ABl. 2003 L 84/1 Rn. 412 Industriegase; KOMM ABl. 2004 L 75/1 Rn. 219 Geschmacksverstärker; KOMM ABl. 2001 L 262/14 Rn. 103 Volkswagen, unter Verweis auf EuGH Slg. 1989 2117 Rn. 41 Belasco u. a.). Für den **Nachweis des Vorsatzes** genügt es, wenn das Unternehmen hätte wissen können, dass sein Verhalten eine Einschränkung des Wettbewerbs bezweckt (KOMM ABl. 2003 L 153/1 Rn. 264 Zinkphosphat; EuG Slg. 1999 II-931 Rn. 1111f. LVM; EuGH Slg. 1978 131 Rn. 17f. Miller). Das Unternehmen braucht dabei nicht zu wissen, gegen welche Rechtsvorschriften im Einzelnen verstoßen wird (EuG Slg. 1994 II-531 Rn. 45 Herlitz; EuGH Slg. 2010 I-9555 Rn. 124ff. Deutsche Telekom). Bei weniger eindeutigen Wettbewerbsverstößen trifft die Kommission ausdrückliche Feststellungen zur Kenntnis des Unternehmens vom Gemeinschaftsrecht (KOMM ABl. 2002 L 69/1 Rn. 134 JCB), offenbar um einen Verbotsirrtum zu verneinen (die Berufung auf das Institut des Verbotsirrtums aber generell ablehnend EuGH 18.6.2013 C-681/11 Schenker, NZKart 2013, 332).

8. Grundlagen der Bußgeldbemessung (Abs. 3)

a) Allgemeines. Nach dem Wortlaut des Art. 23 Abs. 3 muss die Kommission bei der Festsetzung einer Geldbuße nach Abs. 2 sowohl die **Schwere** der Zuwiderhandlung als auch deren **Dauer** berücksichtigen. Auch andere Umstände können für die Höhe der Geldbuße eine Rolle spielen. Abs. 3 läuft also auf eine **Berücksichtigung sämtlicher Umstände des Einzelfalles** hinaus (vgl. hierzu die ausführliche Untersuchung von *Geradin/Henry,* European Competition Journal 2005, 401). Die ausdrücklich genannten Kriterien haben lediglich exemplarischen Charakter (KOMM 29.10.2004 COMP/F-1/38 338 Rn. 314 Nadeln). 30

Abs. 3 gilt sowohl für die Bemessung der Geldbußen für Verfahrensverstöße als auch für materiell-rechtliche Zuwiderhandlungen. Aufgrund der besonderen wirtschaftlichen Bedeutung der Geldbußen für die Verstöße gegen Art. 101 und 102 AEUV spielt die Bußgeldbemessung hier jedoch eine größere Rolle. Die theoretisch **optimale Höhe der Geldbuße** für einen materiell-rechtlichen Wettbewerbsverstoß ist der **Betrag des erlangten Gewinns zuzüglich einer Marge,** die garantiert, dass die Zuwiderhandlung nicht Folge eines rationalen Kalküls ist. Nach Ansicht der Kommission muss diese Summe mit der Entdeckungswahrscheinlichkeit multipliziert werden (*Arbault,* Competition Policy Newsletter 2/2003, 1). Letztere ist bei den geheimen Kartellen geringer als bei Einschränkungen des Parallelimports oder beim Missbrauch einer marktbeherrschenden Stellung, so dass Kartelle tendenziell höhere Geldbußen nach sich ziehen als die beiden letztgenannten Arten von Wettbewerbsbeschränkungen. 31

b) Geldbußen-Leitlinien 1998. Im Jahre 1998 hat die Kommission – noch auf der Basis der VO 17/62 – die Grundlagen ihrer **Bußgeldbemessung für materiell-rechtliche Zuwiderhandlungen** in Form von Leitlinien veröffentlicht (Anhang B 14). Sie finden auf Geldbußen für Verfahrensverstöße keine Anwendung, da sie sich nur auf die Bußgeldbemessung nach dem früheren Art. 15 Abs. 2 VO 17/62 und damit nicht auf die formellen Bußgeldtatbestände bezogen. Unmittelbarer Anlass für die Formulierung der Methodik der Bußgeldbemessung waren **Entscheidungen der Gemeinschaftsgerichte** aus dem Jahre 1995, in denen verlangt worden war, dass es den von einer Bußgeldentscheidung betroffenen Unternehmen möglich sein müsse, die **Art und Weise der Bußgeldberechnung** unmittelbar aus der Kommissionsentscheidung zu entnehmen, ohne hiergegen gerichtlich vorzugehen (EuG Slg. 1995 II-1063 Rn. 141f. Tréfilunion; EuG Slg. 1995 II-1057 Rn. 145 SMN; EuG Slg. 1995 II-1191 Rn. 138 STPS; ähnlich EuGH Slg. 2000 I-9693 Rn. 43 Cascades; zum Ganzen *Weitbrecht/Tepe* EWS 2001, 220, 221). Hinzu kam, dass die Kommission eine **Erhöhung der Geldbußen** beabsichtigte. Die bisherigen Geldbußen zwischen 6% und 9% des mit dem kartellierten Produkt erzielten Jahresumsatzes wurden zunehmend als unbefriedigend angesehen, weil sie einer weiteren Erhöhung der Bußgelder enge Grenzen setzten (s. *Joshua,* Competition Policy Newsletter 1/1999, 27; die Rechtmäßigkeit grundsätzlich bejahend EuGH 18.7.2013 C-501/11 P Rn. 66ff. Schindler n. v., NZKart 2013, 334). 32

Die Geldbußen-Leitlinien wurden seit ihrem Erlass im Januar 1998 in etwa 50 Entscheidungen angewandt. Obwohl sie zu einer erheblichen **Erhöhung der Geldbußen** geführt haben, wurden die Leitlinien auch auf „Altfälle" angewandt. Hierin lag **kein Verstoß gegen das Rückwirkungsverbot,** das als allgemeiner Grundsatz des Gemeinschaftsrechts auch in der Anwendungspraxis Berücksichtigung finden 33 muss (EuGH Slg. 2005 I-5425 Rn. 202 Dansk Rorindustri; zu Recht kritisch *Schwarze,* Europäisches Wirtschaftsrecht, 2007, S. 121; *Schwarze/Weitbrecht,* Grundzüge des europäischen Kartellverfahrensrechts, 2004, S. 157). Eine **Methode, nach der Bußgelder berechnet werden,** ist nicht mit Rechtsnormen gleichzusetzen, die ohne Weiteres dem Rückwirkungsverbot unterfallen (EuG Slg. 2001 II-3859 Rn. 82ff. HFB; EuG Slg. 2002 II-1705 Rn. 231 Tokai Carbon; ebenso *Weitbrecht/Tepe* EWS 2001, 220). Mit dem Argument, es handele sich nur um eine Methode der Bußgeldberechnung, lässt sich auch die **Anwendbarkeit der Leitlinien im Rahmen der VO 1/2003** begründen. Obwohl die Leitlinien zunächst als Auslegungs- und Anwendungsgrundsätze zu Art. 15 VO 17/62 formuliert wurden, gelten die Leitlinien auch über deren Ablösung hinaus fort. Die Bußgeldtatbestände der Abs. 1 und 2, die die Bußgeldtatbestände des Art. 15 VO 17/62 ablösen, sind im Wesentlichen identisch geblieben.

34 Die Geldbußen-Leitlinien verfolgen einerseits den Zweck, die Transparenz und **Objektivität der Entscheidungspraxis** zu erhöhen. Andererseits sollen sie „den **Ermessensspielraum bekräftigen,** der … innerhalb der Obergrenze von 10% des Gesamtumsatzes" der Kommission eingeräumt wurde (vgl. Präambel der Geldbußen-Leitlinien, Abs. 1). Sie haben die Bußgeldbemessung der Kommission grundlegend verändert. Insgesamt hat die ausformulierte Methodik der Bußgeldbemessung jedoch nur eine **scheinbare Transparenz** und Vorhersehbarkeit geschaffen (aA aber EuG Slg. 2006 II-343 Rn. 80 Jungbunzlauer). Nach der Auffassung der Kommission ist weiterhin eine **einzelfallbezogene Betrachtung** erforderlich, da die Bußgeldvorschriften von vornherein einer „mechanischen Anwendung" entzogen seien. Zudem werde die präventive Wirkung des Bußgelds in Frage gestellt, wenn Bußgeldentscheidungen vollkommen vorhersehbar wären. Die Möglichkeit, eine „Kosten-Nutzen-Rechnung" für einen Gesetzesverstoß aufzustellen, werde den Unternehmen nur durch ein **gewisses Maß an Unvorhersehbarkeit** genommen (*Arbault,* Competition Policy Newsletter 2/2003, 1, 6).

35 **c) Absehen von einer Geldbuße.** Die Kommission ist nach Art. 23 Abs. 2 nicht verpflichtet, Wettbewerbsverstöße zu sanktionieren. Vielmehr gilt das Opportunitätsprinzip. Die Bußgeldnorm enthält keinerlei Vorgaben, in welchen Fällen die Kommission eine Geldbuße verhängen soll. Die Entscheidung über das „Ob" einer Geldbuße steht vielmehr im **(Entschließungs-)Ermessen** der Kommission. So kann ein Unternehmen, das gegen Art. 101 AEUV verstoßen hat, einer Sanktion nicht deshalb entgehen, weil gegen andere an derselben Zuwiderhandlung beteiligte Unternehmen, mit deren Situation der Unionsrichter nicht befasst ist, keine Geldbuße verhängt worden ist (EuG Slg. 2001 II-3757 Rn. 298 KTS und AST). Die **finanziellen Konsequenzen** eines Verzichts auf eine Geldbuße sind weitreichend. Angesichts der damit einher gehenden Ungleichbehandlung und der fehlenden richterlichen Kontrolle hätte es nahe gelegen, die Voraussetzungen und Grenzen des Absehens von einer Geldbuße näher zu regeln.

36 Für die Ausübung des (Entschließungs-)Ermessens der Kommission im Sinne des **Absehens von einer Geldbuße** gibt es einige **Beispiele** (so zB KOMM 16.7.2008 COMP/38 698 CISAC). So waren in das von der Kommission im Jahre 1994 untersuchte „Zementkartell" zunächst 76 Unternehmen verwickelt. Eine Geldbuße wurde aber nur gegen 42 Unternehmen verhängt (KOMM ABl. 1994 L 343/2). Im Fall „Österreichische Banken" wurden Geldbußen nur gegen diejenigen Banken festgesetzt, die besonders häufig an den wichtigsten Gesprächsrunden des Kartells teilgenommen hatten. Nach Auffassung der Kommission lag kein Verstoß gegen den Gleichbehandlungsgrundsatz vor, wenn „aufgrund objektiver Kriterien" eine Auswahl getroffen werde (KOMM ABl. 2004 L 56/1 Rn. 470).

37 Gegenüber Unternehmen, die an **Vertikalvereinbarungen** beteiligt sind, ist die Kommission in der Regel großzügiger als gegenüber Unternehmen, die sich in einem horizontalen Wettbewerbsverhältnis befinden. Geht etwa die Initiative für den **Kartellrechtsverstoß von einem Hersteller** aus, so verzichtet die Kommission üblicherweise auf Geldbußen gegenüber den Händlern (KOMM ABl. 2001 L 262/14 Rn. 104 Volkswagen II). Im Fall „JCB" wurden **gegenüber sämtlichen Vertriebshändlern keine Geldbußen** verhängt, da „einige" von ihnen „unter Zwang und entgegen ihrem wirtschaftlichen Interesse" gehandelt hätten. Zudem lagen der Kommission keine klaren Beweise dafür vor, dass Händler die Durchsetzung der wettbewerbsbeschränkenden Vereinbarung gefordert hatten (KOMM ABl. 2002 L 69/1 Rn. 260 JCB). Ebenfalls keine Geldbußen hat die Kommission gegen Vertriebshändler verhängt, die von ihren Lieferanten wirtschaftlich abhängig, aber nicht aktiv an der Zuwiderhandlung beteiligt waren. Allein die wirtschaftliche Abhängigkeit eines Vertriebshändlers genügt jedoch nicht, um von einer Geldbuße abzusehen. Dies gilt erst recht bei der Beteiligung eines Vertriebshändlers an einem horizontalen Kartell (vgl. etwa KOMM ABl. 2002 L 255/33 Rn. 430f. Nintendo). Im Fall „Clearstream", der den **Missbrauch einer marktbeherrschenden Stellung** betraf, sah die Kommission von einer Geldbuße ab, da sie „bei ihrer wettbewerbsrechtlichen Analyse von Clearing und Abrechnung nicht auf frühere Fälle und damit die Sammlung der Rechtsprechung zurückgreifen konnte" (KOMM 2.6.2004 COMP/38 096).

d) Symbolische Geldbußen. War zur Zeit der Zuwiderhandlung etwa aufgrund der Neuartigkeit des Falles oder aufgrund einer widersprüchlichen Entscheidungspraxis die **Rechtslage unklar,** verhängt die Kommission Geldbußen lediglich in symbolischer Höhe. Sie versteht diese Entscheidungen als **„Warnung"** an die Unternehmen, dass zukünftige Zuwiderhandlungen ähnlicher Art schwere Geldbußen nach sich ziehen werden (so zB KOMM COMP/E-2/37 857 Organische Peroxide, bestätigt durch EuG Slg. 2008 II-1501 AC Treuhand). Für das betroffene Unternehmen sind symbolische Geldbußen problematisch: Die mit einer Klage gegen die Entscheidung verbundenen **Kosten übersteigen die Höhe der Geldbuße** bei weitem. Verzichtet das Unternehmen jedoch auf eine Anfechtung einer seiner Ansicht nach rechtswidrigen Entscheidung, schafft es einen bestandskräftigen Präzedenzfall und setzt sich dem späteren Vorwurf aus, die Rechtsauffassung der Kommission akzeptiert zu haben. 38

Zu symbolischen Geldbußen kommt es vor allem dann, wenn **Geldbußen erstmals** wegen einer bestimmten Form von Kartellverstößen verhängt werden (vgl. KOMM ABl. 1982 L 379/19 Toltecs/Dorcet; ABl. 1983 L 229/1 Windsurfing International; ABl. 1987 L 3/17 Fettsäuren). **Vor Erlass der Geldbußen-**Leitlinien waren die problematischen Auslegungsfragen zumeist schon Gegenstand früherer veröffentlichter Verbotsentscheidungen, so dass die Kommission aus generalpräventiven Gründen zur Ahndung übergehen konnte. 39

Auch **nach Erlass der Geldbußen-Leitlinien** (Anhang B 14) hat die Kommission symbolische Geldbußen in Höhe von 1000 EUR ausgesprochen. Im Unterschied zur früheren Entscheidungspraxis fehlte es in diesen Fällen jedoch an einer einschlägigen früheren Verbotsentscheidung: So stand zum **Beispiel** in der Entscheidung „Deutsche Post" das Verhalten des betroffenen Unternehmens jedenfalls weitgehend im Einklang mit der Rechtsprechung nationaler Gerichte. Auch einschlägige Entscheidungen der Gemeinschaftsgerichte lagen zum Zeitpunkt der Zuwiderhandlung noch nicht vor. Gleichwohl ging die Kommission von einem **fahrlässigen Verhalten des betroffenen Unternehmens** im Hinblick auf die Zuwiderhandlung aus (KOMM ABl. 2001 L 331/40 Rn. 193 Deutsche Post). Dagegen enthielt die Entscheidung „Fußball-Weltmeisterschaft 1998" die ausdrückliche Feststellung, dass die Kartellrechtswidrigkeit des beanstandeten Verhaltens dem betroffenen Unternehmen zum Zeitpunkt der Zuwiderhandlung nicht bekannt war (KOMM ABl. 2000 L 5/55 Rn. 123). Dennoch wurde eine symbolische Geldbuße von 1000 Euro verhängt. Hier zeichnet sich eine **Abkehr von der bisherigen Praxis** der Kommission ab, in rechtlich ungeklärten Bereichen zunächst eine Verbotsentscheidung zu erlassen. Dies ist im Hinblick auf das Schuldprinzip bedenklich. 40

41 **e) Bußgeldobergrenze.** Die Höchstgrenze einer Geldbuße für materiell-rechtliche Zuwiderhandlungen liegt nach Art. 23 Abs. 2 bei **10% des Gesamtumsatzes des beteiligten Unternehmens.** Der Gesamtumsatz unterliegt keiner räumlichen Grenze, so dass insbesondere eine Beschränkung auf den EU-weiten Umsatz nicht vorgenommen werden muss (EuG Slg. 2000 II-491 Rn. 5022 CBR u. a.). Haften mehrere Adressaten einer Entscheidung gesamtschuldnerisch, folgt daraus für die Obergrenze nicht etwa, dass die Geldbuße für die gesamtschuldnerisch haftenden Unternehmen auf 10% ihres jeweiligen Umsatzes beschränkt wäre. Die in der Bestimmung festgelegte Obergrenze von 10% des Umsatzes ist anhand des gesamten Umsatzes aller Gesellschaften zu ermitteln, aus denen die als „Unternehmen" im Sinne von Art. 101 AEUV auftretende wirtschaftliche Einheit besteht (EuG Slg. 2002 II-1487 Rn. 528 HFB). Für die Berechnung der Bußgeldobergrenze ist nach Abs. 2 Unterabs. 2 das vorausgegangene Geschäftsjahr maßgebend. Darunter ist das **letzte Geschäftsjahr vor Erlass der Entscheidung** zu verstehen (EuGH Slg. 2002 I-8375 Rn. 593 Limburgse Vinyl Maatschappij).

42 **f) Entwicklung der Bußgeldpraxis.** Vom Sonderfall der symbolischen Geldbußen abgesehen, entsprachen die bis zum Erlass der Geldbußen-Leitlinien Anfang 1998 verhängten **früheren Geldbußen** einem bestimmten Prozentsatz des von den beteiligten Unternehmen mit dem kartellierten Produkt in der Gemeinschaft bzw. im EWR erzielten Umsatzes. In der Regel betrugen die **Geldbußen weniger als 10% dieses Umsatzes** (siehe zB EuG Slg. 1998 II-1617 Rn. 304 Finnboard: Geldbußen von 7,5% bzw. 9% des gemeinschaftsweiten Produktumsatzes). Auch wenn der Prozentsatz sicherlich nicht in allen Fällen hoch genug war, um die notwendige Abschreckungswirkung zu erzielen, war die **Bemessungsgrundlage sachgerecht.** Die Höhe der Geldbuße war unmittelbar an die wirtschaftliche Bedeutung und damit an die Schwere des Verstoßes gekoppelt.

43 Nach den Geldbußen-Leitlinien 1998 wurde zunächst ein **Grundbetrag** festgelegt, der sich nach der **Schwere und Dauer der Zuwiderhandlung** richtete (Geldbußen-Leitlinien 1998, Ziff. 1). Dieses Vorgehen entsprach der Methode bei der Bemessung von Zwangsgeldern gegen Mitgliedstaaten wegen Vertragsverletzungen nach Art. 260 Abs. 2 Unterabs. 2 S. 2 AEUV (vgl. Ziff. 5 der Mitteilung der Kommission über die Anwendung von exArt. 228 EGV (Art. 260 AEUV), ABl. 1996 C 242/6). Auf diesen Grundbetrag wurden **bußgelderhöhende Aufschläge** zur Berücksichtigung erschwerender und **bußgeldvermindernde Abzüge** zur Berücksichtigung mildernder Umstände vorgenommen.

44 **g) Geldbußen-Leitlinien 2006.** Die Europäische Kommission erließ am 28.6.2006 neue Leitlinien zur Festsetzung von Geldbußen (ABl. 2006 C 210/2, Anhang B 15). Die neuen Leitlinien ersetzen die 1998 eingeführten ersten Leitlinien der Kommission zur Bußgeldfestsetzung (Anhang B 14). In ihrer Mitteilung zur Einführung der neuen Leitlinien (KOMM IP 06/857 und MEMO/06/256) hat die Kommission ihre mit den neuen Leitlinien verfolgten Ziele dahin definiert, dass diese **höhere Kartellbußen gegen Unternehmen** im Vergleich zu den bisherigen Leitlinien ermöglichen sollen, um die **abschreckende Wirkung der Sanktionen zu erhöhen** (*Moosmayer* wistra 2007, 91). Wie bereits unter den bisher geltenden Leitlinien berechnet die Kommission auch weiterhin die gegen ein Unternehmen bzw. eine Unternehmensvereinigung zu verhängende Geldbuße **in zwei Stufen.** Zunächst ist der **Grundbetrag der Geldbuße** festzusetzen, der anschließend durch weitere Faktoren **nach oben bzw. nach unten angepasst** wird (*Moosmayer,* aaO, 92). Es fällt zunächst auf, dass die Geldbußen-Leitlinien 2006 vom Ansatz der Geldbußen-Leitlinien 1998 insoweit abweichen, als die Unterteilung in drei unterschiedliche Schweregrade von Verstößen aufgegeben wird. Damit verbunden ist auch die Aufgabe der verschiedenen Rahmen, die als Grundbetrag für die Bußgeldbemessung zugrunde gelegt wurden. Ausgangspunkt der neuen Leitlinien ist der Umsatz der betroffenen

Unternehmen. Dabei handelt es sich um den **Umsatz,** der von den Unternehmen innerhalb des EWR mit den Waren oder Dienstleistungen erzielt wurde, die **mit dem Kartellverstoß in einem unmittelbaren oder mittelbaren Zusammenhang stehen** (Geldbußen-Leitlinien 2006 Rn. 18). Von dem so ermittelten Betrag wird ein bestimmter Prozentsatz zugrunde gelegt, der bis zu maximal 30% des ermittelten Umsatzes betragen kann (Geldbußen-Leitlinien 2006 Rn. 21). Erst in diesem Kontext gewinnt die Schwere des Verstoßes Bedeutung, da sich die konkrete Höhe des Umsatzanteils danach bestimmt. Die Kommission weist in ihren Geldbußen Leitlinien 2006 auf Anhaltspunkte hin, die bei der Festsetzung der Höhe des Umsatzanteils zu berücksichtigen sind, wie zB die Natur der vorgeworfenen Absprache, der Marktanteil der Kartellteilnehmer, der räumliche Umfang der Kartellabsprache, etc. (Geldbußen-Leitlinien 2006 Rn. 22). Um die Dauer der Mitwirkung der einzelnen Unternehmen an der Zuwiderhandlung zu berücksichtigen, wird der so ermittelte Betrag mit der Anzahl der Jahre multipliziert und nicht wie bisher lediglich mit einem Aufschlag von 10% pro Jahr der Beteiligung berechnet (Geldbußen-Leitlinien 2006 Rn. 24). Dies führt zu einer **dramatischen Erhöhung der Bußgelder,** die die Kommission zu verhängen beabsichtigt. Außerdem wird die Kommission einen zusätzlichen Aufschlag vornehmen, der zwischen 15 und 25% des Umsatzes betragen kann (**sog. Eintrittsgebühr,** Geldbußen-Leitlinien 2006 Rn. 25). Schließlich wird dieser Grundbetrag angepasst, und zwar im Hinblick auf erschwerende sowie mildernde Umstände, die im Wesentlichen dem Inhalt der Geldbußen-Leitlinien 1998 entsprechen. Abschließend wird darauf hingewiesen, dass unter außergewöhnlichen Umständen die Kommission im Hinblick auf die Leistungsfähigkeit von Unternehmen eine weitere Anpassung vornehmen kann. Dies gilt insbesondere auch mit Blick auf eine ausreichend abschreckende Wirkung des Bußgeldes (Geldbußen-Leitlinien 2006 Rn. 30 und 35).

9. Bestimmung des Grundbetrages

a) „Schwere-Kategorien". Der Festsetzung des Grundbetrages nach Schwere und Dauer der Zuwiderhandlung ist nach den Geldbußen-Leitlinien 1998 und 2006 (Anhang B 14 und B 15, Ziff. 1 lit. a) zunächst ein Ausgangsbetrag zugrunde zu legen, der sich allein an der Schwere orientiert (sog. „Schwere-Grundbetrag"). Schon hier wird die **entscheidende Weichenstellung** bei der Bußgeldbemessung vorgenommen. Der Ausgangsbetrag bestimmt zu einem wesentlichen Teil den Endbetrag der Geldbuße (*Arbault,* Competition Policy Newsletter 2/2003, 1, 3). Der Ausgangsbetrag stand nach den Geldbußen-Leitlinien 1998 in keinem Verhältnis zur Größe oder zum Tatbeitrag des einzelnen Unternehmens, sondern orientiert sich allein an einer abstrakten Betrachtung der Zuwiderhandlung. Die Geldbußen-Leitlinien unterscheiden „minder schwere", „schwere" und „besonders schwere" Fälle. Die Geldbußen-Leitlinien tragen der **Verhältnismäßigkeit** Rechnung, sodass der Rüge, eine hiernach festgesetzte Geldbuße sei unverhältnismäßig, im Regelfall nicht gefolgt wird (dazu auch EuG 12.6.2014 T-286/09, NZKart 2014, 267 Rn. 1574ff. Intel). 45

Für die **Einordnung in diese Gruppen** werden in der Praxis insbesondere die Art der Zuwiderhandlung, ihre tatsächlichen Auswirkungen auf den relevanten Markt, soweit diese sich messen lassen, und die Größe des Marktes herangezogen. Zu Beginn der Bußgeldbemessung stellt die Kommission üblicherweise fest, ob ein **vorsätzlicher Verstoß** vorliegt. Ist dies der Fall, geht die Kommission regelmäßig von einem „besonders schwereren" Fall aus. Für **fahrlässiges Handeln** kommt hingegen die Einordnung als „schwerer" oder „minder schwerer" Fall in Betracht. Berücksichtigt wird schließlich auch die Bedeutung der betroffenen Produkte bzw. Dienstleistungen für den Endverbraucher (vgl. etwa KOMM ABl. 2001 L 262/14 Rn. 111 Volkswagen; KOMM ABl. 2000 L 30/1 Rn. 119 Virgin/British Airways; KOMM ABl. 2004 L 56/1 Rn. 506 Österreichische Banken). Erweist sich die klare 46

Einordnung der Zuwiderhandlung in einer der „Schwere-Kategorien" als unmöglich, muss die Schwere der Zuwiderhandlung ***in dubio pro reo*** milder beurteilt werden. Praktisch werden **die meisten Fälle als „schwer" oder „besonders schwer"** eingestuft. Ein „minder schwerer" Verstoß wurde bislang nur in einem einzigen Fall angenommen (KOMM ABl. 2001 L 54/1 Rn. 131 Nathan-Bricolux).

47 **b) Art der Zuwiderhandlung.** Die Einordnung in die verschiedenen „Schwere-Kategorien" ist abhängig von der Art des Wettbewerbsverstoßes (vgl. *Arbault,* Competition Policy Newsletter 2/2003, 1, 3). Als ihrer Art nach **besonders schwer** hat die Kommission Vereinbarungen eingestuft, mit denen **Mindestpreise** und die **Begrenzung von Importmengen** festgesetzt wurden (KOMM ABl. 2003 L 209/12 Rn. 165 Viandes bovines françaises; KOMM ABl. 2003 L 153/1 Rn. 273 Zinkphosphat). Auch sonstige **Einschränkungen des Preiswettbewerbs** werden als ihrer Art nach besonders schwere Verstöße angesehen (KOMM ABl. 2001 L 262/14 Rn. 107 Volkswagen; KOMM ABl. 2003 L 255/1 Rn. 271 Methionin). Gleiches gilt für die **Empfehlung von Mindesthonoraren** (KOMM 24.6.2004 COMP/A. 38 549 Rn. 127 Belgische Architektenkammer). Die **künstliche Aufteilung von Märkten** stellt, insbesondere wenn sie zur Abschottung nationaler Märkte führt, ihrer Art nach stets einen besonders schweren Verstoß dar (vgl. etwa KOMM ABl. 2002 L 69/1 Rn. 248 JCB; KOMM ABl. 2003 L 255/33 Rn. 374 Nintendo; KOMM 29.10.2004, COMP/F-1/38 338 Rn. 317 Nadeln). **Treuerabatte** marktbeherrschender Unternehmen mit der Absicht, Wettbewerber auszuschalten oder klein zu halten, fallen ebenfalls in diese Kategorie (KOMM ABl. 2000 L 30/1 Rn. 118 Virgin/British Airways; ebenso EuG Slg. 2003 II-5917 Rn. 316 British Airways/Kommission).

48 Die Einordnung nach der Art der Zuwiderhandlung muss **für jedes Unternehmen gesondert** beurteilt werden. So darf zum **Beispiel** einem Unternehmen, das nur an der nationalen Vereinbarung im Rahmen eines internationalen Kartells beteiligt war, nicht automatisch wegen des grenzüberschreitenden Charakters der Vereinbarung ein besonders schwerer Verstoß angelastet werden (vgl. KOMM ABl. 2003 L 255/1 Rn. 272 Methionin). Für die Beurteilung ist ferner zu berücksichtigen, ob „alle großen Akteure" einer Branche an den Kartellvereinbarungen beteiligt waren ob diese auf den Führungsebenen der beteiligten Unternehmen ausgearbeitet, angeordnet und gefördert wurde (KOMM ABl. 2003 L 84/1 Rn. 416 Industriegase). Dagegen kommt es nicht darauf an, ob eine Kartellabsprache effektiv durchgesetzt werden konnte. Das Fehlen eines Durchsetzungsmechanismus mindert die Schwere der Zuwiderhandlung nicht (KOMM ABl. 2003 L 153/1 Rn. 276 Zinkphosphat).

49 **c) Marktwirkungen.** Die Marktwirkungen des Wettbewerbsverstoßes spielten nach den **Geldbußen-Leitlinien 1998** für die Einordnung in die „Schwere-Kategorien" nur dann eine Rolle, wenn sie sich messen ließen. Die Auswirkungen eines Kartellverstoßes auf den betroffenen Märkten **mussten nicht konkret ermittelt werden** (KOMM ABl. 2003 L 153/1 Rn. 279 Zinkphosphat; KOMM ABl. 2004 L 75/1 Rn. 228 Geschmacksverstärker; KOMM ABl. 2003 L 84/1 Rn. 420 Industriegase; EuGH 18.7.2013 C-501/11 P Rn. 134 Schindler n. v., NZKart 2013, 334). Eine **ihrer Art nach „besonders schwere" Zuwiderhandlung,** die sich auf den gesamten Gemeinsamen Markt erstreckt, „ist als besonders schwer einzustufen, selbst wenn ihre **konkreten Auswirkungen nicht ermittelt** werden können" (KOMM COMP/E-2/37 533 Rn. 198 Cholinchlorid; in diesem Sinne auch EuG Slg. 2009 II-1167 Rn. 63 KME). Dies gilt etwa bei Preisabsprachen, bei denen sich ohnehin nicht immer zuverlässig angeben lässt, wie sich die Preise ohne den Wettbewerbsverstoß entwickelt hätten (KOMM COMP/A. 38 549 Rn. 128 Belgische Architektenkammer).

50 Selbst wenn Marktwirkungen ermittelt werden konnten, genügte der Kommission die Feststellung, dass das Verhalten ein **Risiko negativer Marktwirkungen** geschaf-

fen hat. Fast immer bringen die betroffenen Unternehmen vor, ihr wettbewerbswidriges Verhalten habe keine oder nur geringe Marktwirkungen gehabt, da zB getroffene Vereinbarungen nicht eingehalten worden seien. Die Kommission wendet hiergegen regelmäßig ein, dass die Unternehmen ihre Zuwiderhandlung dann nicht hätten fortsetzen müssen. Eine **geringere Schwere** des Wettbewerbsverstoßes wurde lediglich dann angenommen, wenn die betroffenen Unternehmen den **Beweis dafür** erbringen können, dass das verbotswidrige Verhalten den Markt tatsächlich nicht beeinträchtigt hat (KOMM ABl. 2004 L 75/1 Rn. 238 Geschmacksverstärker; KOMM ABl. 2004 L 56/1 Rn. 510 Österreichische Banken; KOMM ABl. 2003 L 255/1 Rn. 287 Methionin; KOMM COMP/E-2/37 533, Rn. 194 Cholinchlorid).

Wenn **tatsächlich negative Marktwirkungen vorliegen,** führt dies ohne Weiteres zur Einordnung des Verstoßes in die höheren „Schwere-Kategorien". Negative Marktwirkungen liegen jedenfalls dann vor, wenn **Vereinbarungen umgesetzt** wurden. Preisabsprachen gelten als umgesetzt, wenn die vereinbarte Preiserhöhung „den Kunden im Markt angeboten wurde". Ob die Preiserhöhung dem vereinbarten Zielpreis entsprach und auf die Tätigkeit des Kartells zurückzuführen war, ist unerheblich (KOMM ABl. 2003 L 255/1 Rn. 278ff. Methionin). Lediglich im Einzelfall wurden „grundsätzlich schwere" oder „sehr schwere" Verstöße aufgrund ihrer **weniger gravierenden tatsächlichen Marktwirkungen günstiger** eingestuft. Im Fall „Nathan-Bricolus" wurde die Herabstufung auf einen „minder schweren" Fall vorgenommen, weil die Wettbewerbsbeschränkungen „nicht systematisch" angewendet wurden (KOMM ABl. 2001 L 54/1 Rn. 131). Im Fall „Belgische Architektenkammer" wurde die Einstufung als „schwer" damit begründet, dass die wettbewerbsbeschränkende Honorarordnung „wahrscheinlich" nicht von allen Architekten angewandt werden würde und dass der Verstoß räumlich auf das Gebiet eines Mitgliedstaats beschränkt war (KOMM COMP/A. 38 549, Rn. 129f.). 51

Die bisherige Praxis der Kommission hat sich durch die **Geldbußen-Leitlinien 2006** erheblich geändert. Die Kommission ermittelt nach den neuen Leitlinien den Grundbetrag der Geldbuße auf der Basis des von dem jeweiligen Unternehmen erzielten Umsatzes im EWR im kartellbefangenen Markt. Den so ermittelten Umsatz wird die Kommission mit einem Prozentsatz in Ansatz bringen, der maximal 30% betragen darf. Je nach Schwere der Tat wird die Kommission eher an die 30%-Grenze heranreichen. In weniger gravierenden Fällen wird sie dagegen deutlich darunter bleiben. Die vorstehenden Überlegungen, die die Kommission zu einer gewissen Qualifizierung der Auswirkungen eines Kartellverstoßes herangezogen hat, werden in diesem Zusammenhang durchaus von Bedeutung bleiben. Allerdings wird der erzielte Umsatz des Unternehmens eine weitaus größere Bedeutung gewinnen als bisher. 52

d) Größe des relevanten Marktes. Im Unterschied zu den schwer zu ermittelnden Marktwirkungen kam nach den Geldbußen-Leitlinien 1998 der leichter feststellbaren Größe des relevanten Marktes eine **erhebliche Bedeutung für die Einordnung in die „Schwere-Kategorien"** zu. Dies ist auch unter den Geldbußen-Leitlinien 2006 so. So wiegen beispielsweise Zuwiderhandlungen, die sich nur auf ein räumlich begrenztes Gebiet oder einen einzigen Mitgliedstaat beschränken, weniger schwer als Wettbewerbsverstöße, die mehrere Mitgliedstaaten betreffen. Ein seiner Art nach „besonders schwerer" Verstoß, der **in räumlicher Hinsicht** nur einen einzigen Mitgliedstaat betrifft, wird von der Kommission lediglich als „schwer" beurteilt (vgl. KOMM ABl. 1999 L 76/1 Rn. 193 British Sugar; KOMM ABl. 2002 L 253/21 Rn. 92 Luxemburgische Brauereien; KOMM ABl. 2001 L 262/14 Rn. 107 Volkswagen). Allerdings erfolgt keine automatische Herabstufung eines seiner Art nach „besonders schweren" Verstoßes, der sich zwar nicht auf alle, aber auf eine Mehrzahl der Mitgliedstaaten erstreckt (KOMM COMP/F-1/38 338 Rn. 321 Nadeln). Die Größe des relevanten Marktes spielt auch **in sachlicher Hinsicht** eine Rolle. Wenn nicht nur der betroffene räumlich relevante Markt, sondern auch der 53 betroffene Produktmarkt von eingeschränkter Bedeutung ist, kann dies zur Einordnung in eine niedrigere „Schwere-Kategorie" führen (KOMM ABl. 2003 L 84/1 Rn. 423 Industriegase).

54 **e) Höhe des Ausgangsbetrages.** Die Geldbußen-Leitlinien 1998 (Anhang B 11) sahen für „minder schwere" Fälle einen Ausgangsbetrag von 1000 bis 1 Mio. Euro, für „schwere" Fälle einen Ausgangsbetrag von 1 Mio. bis 20 Mio. Euro und für „besonders schwere Fälle" einen Ausgangsbetrag von mehr als 20 Mio. Euro vor. Da die Geldbuße für jedes beteiligte Unternehmen individuell festgesetzt wird, konnte bei **Verstößen mit mehreren Beteiligten** differenziert werden, um das Gewicht des einzelnen Verstoßes sachgerecht zu erfassen (KOMM ABl. 2003 L 255/33 Rn. 385 Nintendo; KOMM COMP/E-2/37 533 Rn. 200 Cholinchlorid). Eine Grenze bildet insoweit der **Gleichbehandlungsgrundsatz** (EuGH Slg. 1984 4209 Rn. 28 Sermide; st. Rspr.). Zur Differenzierung zwischen beteiligten Unternehmen werden nach der Bedeutung der einzelnen Unternehmen auf dem betroffenen Markt Gruppen gebildet (KOMM ABl. 2003 L 255/33 Rn. 386 Nintendo; KOMM ABl. 2004 L 75/1 Rn. 247 Geschmacksverstärker; KOMM COMP/E-2/37 533, Rn. 201 Cholinchlorid).

55 Diese **transparente Berechnung des Ausgangsbetrages** wird in der Praxis dadurch in Frage gestellt, dass die Kommission unter Berufung auf die „Größe und Gesamtressourcen" der einzelnen Unternehmen Erhöhungen vornimmt. Dies geschieht vordergründig mit dem Ziel, „eine ausreichend abschreckende Wirkung" zu gewährleisten (Kommission, ABl. 2003 L 255/33, Rn. 393, 396 Nintendo). In Wahrheit deutet es aber darauf hin, dass die Kommission das betroffene Unternehmen doch nicht der Gruppe zurechnet, in die es aufgrund seiner Größe gehört. Insoweit ist die Berechnungsmethode unter den Geldbußen-Leitlinien 2006 transparenter und letztlich auch konsequenter. Die Orientierung am vom jeweiligen Unternehmen erzielten **Umsatz im kartellbefangenen Markt** und die Berücksichtigung eines bestimmten Prozentsatzes des so ermittelten Umsatzes lässt deutlicher werden, in welcher Größenordnung die Kommission ein Bußgeld bzw. den dem Bußgeld zugrunde liegenden Grundbetrag ermitteln will.

56 **f) Aufschlag für die Dauer der Zuwiderhandlung.** Je nach Dauer der Zuwiderhandlung wird auf den Ausgangsbetrag ein Aufschlag vorgenommen, um so zum **Grundbetrag** zu gelangen. Nach den **Geldbußen-Leitlinien 1998** (Ziff. 1 lit. b) bewirkte ein Verstoß von „kurzer Dauer" (weniger als ein Jahr), dass ein Aufschlag gänzlich unterbleibt. Verstöße von „mittlerer Dauer" (bis zu fünf Jahren) berechtigten zu einem Aufschlag von 50% des Ausgangsbetrages, und Verstöße von „langer Dauer" (mehr als fünf Jahre) zogen für jedes Jahr einen Aufschlag in Höhe von 10% des Ausgangsbetrages nach sich. Die Kommission beschränkt sich nicht auf **Aufschläge für volle Jahre,** sondern erhöht den Ausgangsbetrag zusätzlich für jedes **volle Halbjahr** um 5% (Kommission, 9.12.2004, COMP/E-2/37 533, Rn. 206 Cholinchlorid).

57 Im Übrigen belegt die **Entscheidungspraxis,** dass die Maßstäbe der Geldbußen-Leitlinien im Wesentlichen beachtet werden: Bei **Zuwiderhandlungen von kurzer Dauer** hat die Kommission von einer Erhöhung des Grundbetrages abgesehen (vgl. KOMM ABl. 2003 Nr. L 209/12 Rn. 171 Viandes bovines françaises). Bei **Verstößen von mittlerer Dauer** wurde in manchen Fällen für jedes Jahr der Zuwiderhandlung eine Erhöhung nur um 5% vorgenommen (vgl. KOMM ABl. 2001 L 54/1 Rn. 132 Nathan-Bricolux), obwohl die Leitlinien einen Aufschlag von bis zu 50% zulassen. Teilweise hat die Kommission aber auch bei Verstößen von mittlerer Dauer für jedes volle Jahr eine Erhöhung um 10% und für jedes volle Halbjahr eine Erhöhung um 5% vorgenommen (KOMM ABl. 2004 L 56/1 Rn. 521 Österreichische Banken; KOMM ABl. 2003 L 84/1 Rn. 435 Industriegase). Bei **Verstößen von langer Dauer** sind nur insoweit Abweichungen von den Geldbußen-Leitlinien festzustellen als hier der

Grundbetrag regelmäßig für jedes volle Jahr um 10% und für jedes volle Halbjahr um 5% erhöht wird, obwohl die Leitlinien für diesen Fall lediglich eine Erhöhung um „bis zu" 10% vorsehen (KOMM ABl. 2004 L 75/1 Rn. 259 Geschmacksverstärker; KOMM ABl. 2000 L 30/1 Rn. 122 Virgin/British Airways; KOMM ABl. 2004 L 38/18 Rn. 248 Methylglukamin; ABl. 2003 L 255/1 Rn. 311 Methionin).

Durch die Geldbußen-Leitlinien 2006 (Anhang B 15) hat sich diese Praxis deutlich verschärft. Während die Kommission unter den Geldbußen-Leitlinien 1998 für jedes Jahr lediglich einen Aufschlag von 10% vornahm, wird nunmehr für jedes Jahr der Beteiligung am vorgeworfenen Kartell ein Aufschlag von 100% vorgenommen. Der von der Kommission ermittelte Grundbetrag wird nämlich mit den Jahren der Beteiligung am vorgeworfenen Kartell **multipliziert.** Dies wird automatisch zu einer deutlichen Erhöhung der festzusetzenden Bußgelder führen. 58

Auf **Unterbrechungen der Teilnahme** an einem wettbewerbsbeschränkenden Verhalten kann sich ein Unternehmen grundsätzlich nicht berufen. Im Fall „Zinkphosphat" hatte ein beteiligtes Unternehmen vorgebracht, es habe fünf bis sechs Monate lang nicht mehr am Kartell teilgenommen. Die Kommission bezweifelte diesen Vortrag. Der Rückzug sei unerheblich gewesen, da das Unternehmen weiterhin vom Bestand des Zinkphosphatkartells ausgehen und seine geschäftlichen Entscheidungen hieran ausrichten konnte (KOMM ABl. 2003 L 153/1 Rn. 232ff.). Allenfalls eine **zeitweilige einvernehmliche Aussetzung** eines Kartells kann nach der vom EuG gebilligten Ansicht der Kommission bei der Beurteilung der Dauer der Zuwiderhandlung berücksichtigt werden (EuG Slg. 2002 II-1633 Rn. 63 Lögstör Rör/Kommission). 59

10. Bußgelderhöhende (erschwerende) Umstände

a) Wiederholungstäterschaft. Die Geldbußen-Leitlinien 1998 und 2006 sehen eine Erhöhung des Grundbetrages (dh des durch einen durch die Dauer bedingten Aufschlag erhöhten Ausgangsbetrages) durch eine Reihe von erschwerenden Umständen vor (Rn. 28). So erhöht sich der Grundbetrag zunächst im Falle eines erneuten gleichartigen Verstoßes desselben Unternehmens. In der Anwendungspraxis führt die **Wiederholungstäterschaft** regelmäßig zu einer **Erhöhung des Grundbetrages um 50%,** um um eine hinreichende Abschreckungswirkung zu erzielen (KOMM COMP/E-2/37 533, Rn. 208 Cholinchlorid; vgl. *Arbault,* Competition Policy Newsletter 2/2003, 1, 5). Nach den Geldbußen-Leitlinien 2006 erhöht sich der Grundbetrag sogar bis zu 100%. Wiederholungstäterschaft setzt nicht voraus, dass die frühere Zuwiderhandlung im gleichen Markt oder Wirtschaftssektor begangen worden ist. Maßgeblich sind die Art der Zuwiderhandlung und die Identität des Unternehmens. 60

b) Fehlverhalten im Ermittlungsverfahren. Zu Bußgelderhöhungen führt auch ein **Fehlverhalten der betroffenen Unternehmen im Ermittlungsverfahren.** Verletzt ein Unternehmen seine Mitwirkungspflichten, etwa durch unrichtige Auskünfte, oder unternimmt darüber hinaus Behinderungsversuche, kann dies zu einer **Erhöhung des Grundbetrages um bis zu 30%** führen (Geldbußen-Leitlinien 2006 Rn. 28). Werden beispielsweise Auskunftsverlangen der Kommission falsch beantwortet oder rechtswidrige Vereinbarungen trotz eines Abmahnschreibens der Kommission heimlich fortgesetzt, liegen erschwerende Umstände vor (KOMM ABl. 2003 L 255/33 Rn. 414 Nintendo; KOMM ABl. 2003 L 209/12 Rn. 174 Viandes bovines françaises). Gleiches gilt, wenn nach Beginn der Kommissionsuntersuchung die **Zuwiderhandlungen offen fortgesetzt** werden (KOMM ABl. 2003 L 255/33 Rn. 407 Nintendo). 61

c) Rädelsführerschaft. Im Übrigen führt eine herausragende Rolle bei der Vorbereitung und Durchführung des Zuwiderhandlung, zB als Anstifter oder Anführer 62 der Zuwiderhandlung (sog. Rädelsführerschaft) regelmäßig zu einer **Bußgelderhöhung um bis zu 50%** (Geldbußen-Leitlinien 2006 Rn. 28; KOMM ABl. 2003 L 209/12 Rn. 175 Viandes bovines françaises; KOMM COMP/F/38 899 Rn. 511 Gasisolierte Schaltanlagen; vgl. auch EuG 27.9.2012 T-343/06 Rn. 152ff. Shell, NZKart 2013, 29).

63 **d) „Abschreckungszuschlag" bei Großunternehmen.** Um eine „hinreichend abschreckende Wirkung" der Geldbuße zu gewährleisten und um der Tatsache Rechnung zu tragen, dass Großunternehmen über „juristischen und wirtschaftlichen Sachverstand und Ressourcen" verfügen, anhand deren sie erkennen können, in welchem Maß ihr Verhalten einen Wettbewerbsverstoß darstellt, kommt es im Einzelfall bei Großunternehmen zu einer **Erhöhung des Grundbetrags** (Geldbußen-Leitlinien 2006 Rn. 30; dazu EuG Slg. 2011 II-477 Rn. 310ff. Siemens). So wurde etwa bei einem Unternehmen mit einem weltweiten jährlichen Gesamtumsatz von über 8 Mrd. Euro eine Erhöhung vorgesehen (KOMM ABl. 2004 L 75/1 Rn. 253 Geschmacksverstärker). Umsätze in der Größenordnung von bis zu 3 Mrd. Euro genügten für eine Erhöhung allerdings nicht (KOMM COMP/E-2/37 533, Rn. 203 Cholinchlorid). Im Fall „Zitronensäure" erhöhte die Kommission den Grundbetrag bei einem Unternehmen, das selbst nur einen weltweiten Gesamtumsatz von ca. 200 Mio. EUR erzielte. Als Tochtergesellschaft einer Unternehmensgruppe mit einem weltweiten Gesamtumsatz von über 30 Mrd. Euro lagen dennoch Gesichtspunkte für eine Erhöhung vor (KOMM ABl. 2002 L 239/18 Rn. 243 Zitronensäure).

64 Die **Höhe des Abschreckungszuschlages** ist nicht vorhersehbar. In manchen Fällen wurde der **Grundbetrag um 100%** (dh um den Faktor 2) erhöht (vgl. etwa KOMM ABl. 2003 L 255/1 Rn. 305 Methionin; KOMM ABl. 2004 L 75/1 Rn. 254 Geschmacksverstärker; KOMM ABl. 2002 L 239/18 Rn. 246 Zitronensäure; KOMM COMP/E-2/37 533 Rn. 203 Cholinchlorid). In anderen Fällen lag der **Faktor zwischen 1,25 und 3** (vgl. KOMM ABl. 2003 L 255/33 Rn. 396 Nintendo; KOMM ABl. 1999 L 24/1 Rn. 169 Fernwärmetechnik; KOMM ABl. 2002 L 239/18 Rn. 246 Zitronensäure; KOMM COMP/F/38 899 Rn. 552 Gasisolierte Schaltanlagen, bestätigt durch EuG 2011 II-477 Rn. 363ff. Siemens). In manchen Fällen wurde demgegenüber ohne Begründung **von einem Abschreckungszuschlag abgesehen,** auch wenn es sich um besonders große und national bedeutsame Unternehmen handelte (KOMM ABl. 2004 L 56/1 Rn. 515ff. Österreichische Banken).

65 In der Entscheidungspraxis der Kommission ist bisher nicht deutlich geworden, welche **Funktion der Abschreckungszuschlag** haben sollte. Insbesondere blieben spezialpräventive Erwägungen regelmäßig unberücksichtigt. Zuschläge wurden auch dann verhängt, wenn das betroffene Unternehmen zwischenzeitlich ein Compliance-Programm aufgelegt hatte (KOMM COMP/E-2/37 533 Rn. 204 Cholinchlorid) oder wenn es nicht mehr auf dem betroffenen Produktmarkt tätig war (KOMM ABl. 2003 L 255/33 Rn. 394 Nintendo).

66 **e) Verletzung eines Compliance-Programms.** Im Fall „British Sugar" wurde die **Verletzung eines bestehenden Compliance-Programms** erschwerend berücksichtigt, obwohl dem beteiligten Unternehmen in einem früheren Verfahren wegen der Einführung des Programms eine Ermäßigung der Geldbuße gewährt worden war (KOMM ABl. 1999 L 76/1 Rn. 208 British Sugar). Dies ist besonders fragwürdig, weil die mangelnde Funktionsfähigkeit von Compliance-Programmen in früheren Entscheidungen überhaupt keine Rolle gespielt hatte (dazu *Moosmayer* wistra 2007, 91, 94). Manches deutet darauf hin, dass die Kommission British Sugar nur für den Rückfall bestrafen wollte (ebenso *Weitbrecht/Tepe* EWS 2001, 220, 228). Da dem Unternehmen in einem früheren Verfahren wegen der Einführung des Programms eine Ermäßigung der Geldbuße gewährt worden war, wog die „Enttäuschung" der Kommission über die Verletzung des Programms umso schwerer. Die

hierauf gestützte Bußgelderhöhung ist in erster Linie so zu erklären, dass der mit der Ermäßigung gewährte Vorteil im Zuge des späteren Verfahrens entzogen werden sollte. Im Ergebnis war die Implementierung des Compliance-Programms also neutral zu bewerten (→ Rn. 75).

f) Sonstige erschwerende Umstände. In der Entscheidungspraxis der Kommission sind zahlreiche weitere erschwerende Umstände entwickelt worden: So wirkt sich **vorsätzliches Verhalten** grundsätzlich erschwerend aus. Der EuGH hat allerdings darauf hingewiesen, dass die Schwere der Zuwiderhandlung nicht zwingend davon abhängt, ob der Verstoß vorsätzlich oder fahrlässig erfolgte. Vielmehr sei eine fahrlässig begangene Zuwiderhandlung nicht unbedingt weniger schwerwiegend als ein vorsätzlicher Verstoß (EuGH Slg. 1970 769 Rn. 58 Boehringer). Dennoch hat das EuG in einzelnen Entscheidungen die **Verschuldensform zur Begründung einer bestimmten Bußgeldhöhe** herangezogen. Erschwerend wirkt es schließlich, wenn ein beteiligtes Unternehmen andere durch **Drohung oder Anwendung von Gewalt** zur Teilnahme an einem Wettbewerbsverstoß zwingt (KOMM ABl. 2003 L 209/12 Rn. 173 Viandes bovines françaises). Dies schließt nicht nur die Anwendung physischen Zwangs ein, sondern umfasst auch die **Drohung mit „marktbezogenen" Vergeltungsmaßnahmen,** Abmahnungen, Vertragskündigungen, etc. für den Fall, dass sich andere Unternehmen nicht am wettbewerbswidrigen Verhalten beteiligen (KOMM ABl. 2001 L 262/14 Rn. 107 Volkswagen; KOMM ABl. 2002 L 69/1 Rn. 153, 255 JCB). 67

11. Bußgeldvermindernde (mildernde) Umstände

a) Zusammenarbeit des betroffenen Unternehmens. Der traditionell wichtigste mildernde Umstand ist die Kooperation des betroffenen Unternehmens mit den Kartellbehörden. Seit 1996 trägt die Kommission diesem Umstand insbesondere im Rahmen des **Kronzeugen- oder *Leniency*-Programms** Rechnung (näher hierzu u. Rn. 75ff.). Mildernde Umstände können sich aber nach wie vor auch aus eine **Kooperation außerhalb der Kronzeugenregelung** ergeben (KOMM ABl. 2003 L 255/33 Rn. 454 Nintendo). Voraussetzung ist allerdings, dass die Kooperation in einem **individuellen Verhalten des betroffenen Unternehmens** im Rahmen der Zuwiderhandlung liegt (KOMM ABl. 2003 L 255/33 Rn. 429 Nintendo). So kann es zum **Beispiel** als mildernder Umstand berücksichtigt werden, wenn einzelne Unternehmen unabhängig voneinander **mit den Kartellbehörden Kontakt aufnehmen,** um diese bei der Aufklärung von Zuwiderhandlungen zu unterstützen oder wenn ein Unternehmen die Kommission darauf hinweist, dass ein Kartell länger gedauert hat als bisher angenommen (KOMM COMP/E-2/37 533 Rn. 218 Cholinchlorid). Für **Beweismaterial,** ohne das der Verstoß nicht hätte festgestellt werden können, hat die Kommission eine **Ermäßigung des Grundbetrags von 40%** gewährt (Kommission, ABl. 2001 L 54/1, Rn. 134 Nathan-Bricolux). 68

b) Passive Mitwirkung. Die Geldbußen-Leitlinien 2006 (Rn. 29) sehen eine Verringerung des Grundbetrages (dh des durch einen durch die Dauer bedingten Aufschlag erhöhten Ausgangsbetrages) bei mildernden Umständen vor. Solche Umstände liegen zum Beispiel in Fällen der „ausschließlich passiven Mitwirkung" oder eines **„reinen Mitläufertums"** vor. Die Kommission stellt strenge Anforderungen an die Annahme einer rein passiven Rolle. Unternehmen, die während der Gesamtdauer ihrer Beteiligung an einem Kartell bei Treffen anwesend waren und Absatzdaten ausgetauscht haben, können nicht behaupten, eine „rein passive Rolle" gespielt zu haben (KOMM ABl. 2004 L 75/1 Rn. 266 Geschmacksverstärker; KOMM ABl. 2001 L 152/24 Rn. 365 Aminosäuren; KOMM ABl. 2003 L 209/12 Rn. 178 Viandes bovines françaises). Gleiches gilt für ein Unternehmen, das an den meisten Karteltreffen teilgenommen und sich unmittelbar und aktiv an der Zuwiderhandlung 69 beteiligt und insbesondere Informationen über Absatzmengen ausgetauscht hat (KOMM ABl. 2003 L 255/1 Rn. 321 Methionin). Dagegen erhielt ein nationaler Alleinvertriebshändler, der „die meiste Zeit" eine rein passive Rolle gespielt hatte, eine Ermäßigung um 50%. Seine Tätigkeit erschöpfte sich im Wesentlichen darin, an den Hersteller über Parallelimporte nach Portugal zu berichten (KOMM ABl. 2003 L 255/33 Rn. 421 Nintendo; ähnlich KOMM ABl. 2003 L 84/1 Rn. 440 Industriegase).

70 **c) Nichtanwendung wettbewerbswidriger Vereinbarungen.** Als weiterer mildernder Umstand kommt die „tatsächliche Nichtanwendung" der gegen Art. 101 oder 102 AEUV verstoßenden Vereinbarungen in Betracht. Anders als die bei der Beurteilung der Schwere der Zuwiderhandlung kommt es für die Annahme mildernder Umstände auf das **individuelle Verhalten jedes beteiligten Unternehmens** an. Wendet ein Unternehmen eine wettbewerbswidrige Vereinbarung nicht an, ist ihm dies positiv anzurechnen. Die Kommission stellt allerdings **strenge Anforderungen** an das Vorliegen dieses mildernden Umstands. Er ist – soweit ersichtlich – bislang noch nie angenommen worden. Die Tatsache, dass die Durchsetzung der vereinbarten Zielpreise regelmäßig nicht gelungen ist, ist jedenfalls nicht zwangsläufig als mildernder Umstand zu werten, da Preisvereinbarungen als umgesetzt gelten, wenn die Parteien ihre Preise festsetzen, um sie auf das vereinbarte Ziel zuzubewegen (KOMM ABl. 2003 L 255/1 Rn. 327 Methionin).

71 **d) Verhalten im Ermittlungsverfahren.** Als mildernden Umstand erkennt es die Kommission an, wenn die betroffenen Unternehmen ihr **verbotswidriges Verhalten sofort aufgeben,** nachdem die Kommission zB durch Nachprüfungen eingeschritten ist. Nach Ansicht der Kommission führt eine sofortige Verhaltensänderung aber nicht automatisch zur Bußgeldminderung. Umgekehrt bewirkt auch eine Fortsetzung der Zuwiderhandlung nicht ohne Weiteres eine Bußgeldverschärfung. Bei **offenkundigen Zuwiderhandlungen** soll deren Beendigung nach dem ersten Einschreiten der Kommission überhaupt **nicht als mildernder Umstand** in Betracht kommen (Kommission, ABl. 2004 L 56/1, Rn. 529 Österreichische Banken). Die Kommission steht außerdem auf dem Standpunkt, dass die freiwillige **Beendigung der Zuwiderhandlung *vor* einem Eingreifen** nicht mildernd berücksichtigt werden sollte (KOMM ABl. 2004 L 38/18 Rn. 258 Methylglukamin; KOMM COMP/E-2/37 533 Rn. 210 Cholinchlorid). Um mildernde Umstände annehmen zu können, müsse das Unternehmen „einen direkten Zusammenhang zwischen seiner freiwilligen Einstellung des Verstoßes und dem Tätigwerden der Kommission nachweisen" (KOMM ABl. 2003 L 255/33 Rn. 439 Nintendo). Hier wird die **Beweislast der Kommission** für das Fehlen mildernder Umstände verkannt. Der Grund für die Berücksichtigung der Beendigung liegt nicht in der Appellfunktion des Eingreifens der Kommission, sondern in der vom Unternehmen erbrachten **„Umkehrleistung".** Letztere ist bei einer freiwilligen Beendigung der Zuwiderhandlung *vor* einem Einschreiten der Kommission noch größer als bei einer Beendigung danach (vgl. aber EuG Slg. 2004 II-2223, Rn. 280 Mannesmannröhren-Werke).

72 **e) Zweifel an der Rechtswidrigkeit des eigenen Verhaltens.** Kann das betroffene Unternehmen den Nachweis berechtigter Zweifel an der Rechtswidrigkeit seines wettbewerbswidrigen Verhaltens erbringen, ist dies mildernd zu berücksichtigen. Wurde ein solches **Verhalten jedoch bereits von der Kommission missbilligt,** ist für vernünftige Zweifel kein Raum (KOMM COMP/A. 38 549 Rn. 136 Belgische Architektenkammer). Das EuG verlangt sogar Gutgläubigkeit: Setzt sich ein Unternehmen über die Einwände der Kommission hinweg könne nicht angenommen werden, dass das Unternehmen sein Verhalten während des gesamten Verlaufs des Verwaltungsverfahrens **gutgläubig für rechtmäßig** hielt (EuG Slg. 2003

II-5917 Rn. 314 British Airways/Kommission). Die Kommission steht auf dem Standpunkt, dass „jedes Unternehmen … dazu verpflichtet ist, sich über geltendes Recht zu informieren“ (KOMM ABl. 2004 L 56/1 Rn. 497 Österreichische Banken; ebenso der EuGH 18.6.2013 C-681/11 Schenker, NZKart 2013, 332).

f) Sonstige mildernde Umstände. Ist eine Zuwiderhandlung fahrlässig bzw. „unvorsätzlich“ begangen worden, kann dies als Milderungsgrund herangezogen werden. Bei den Merkmalen Vorsatz und Fahrlässigkeit handelt es sich **nicht lediglich um Tatbestandsvoraussetzungen** für die Verhängung einer Geldbuße. Vielmehr besteht zwischen den beiden Schuldformen ein **Wertungsgefälle,** das sich in der Bußgeldbemessung niederschlagen kann (vgl. KOMM ABl. 1980 L 60/28 Rn. 95 Pioneer; KOMM ABl. 1982 L 354/28 Rn. 65 National Panasonic). 73

Als mildernder Umstand ist es auch anzusehen, wenn ein Unternehmen den durch die Zuwiderhandlung geschädigten **Dritten finanziellen Ausgleich** leistet (KOMM ABl. 2003 L 255/33 Rn. 440 Nintendo). Gleiches kann gelten, wenn sich das **Regierungsmitglied eines Mitgliedstaates für den Kartellverstoß** ausgesprochen hat (KOMM ABl. 2003 L 209/12 Rn. 176 Viandes bovines françaises) oder wenn der Wettbewerbsverstoß durch **illegale Aktionen anderer Unternehmen** oder Mitglieder eines Unternehmensverbandes erzwungen wurde (KOMM ABl. 2003 L 209/12 Rn. 121 Viandes bovines françaises). 74

g) Keine mildernden Umstände. Nicht als mildernde Umstände anerkannt wurden zum **Beispiel** Verluste beim Absatz des kartellierten Produktes (KOMM COMP/E-2/37 533, Rn. 215 Cholinchlorid; ähnlich KOMM ABl. 2003 L 255/33 Rn. 448 Nintendo). Gleiches galt für den Einwand, die wettbewerbswidrigen **Absprachen seien teilweise nicht eingehalten** worden (KOMM ABl. 2003 L 153/1 Rn. 327f. Zinkphosphat, unter Hinweis auf EuG Slg. 1998 II-925 Rn. 230 Cascades). Auch die **erzwungene Mitwirkung an einer Zuwiderhandlung** stellt keinen mildernden Umstand dar. Wenn ein Vertriebshändler an einer Zuwiderhandlung mitwirkte, weil er vom Hersteller boykottiert zu werden drohte, hätte sich der Vertriebshändler mit einer Beschwerde an die Kommission wenden müssen anstatt an der Zuwiderhandlung mitzuwirken und anschließend mildernde Umstände geltend zu machen (KOMM ABl. 2003 L 255/33 Rn. 120, 443 Nintendo). Keine Bußgeldermäßigung bewirken eine allgemein **schwierige Finanzlage** des betreffenden Wirtschaftszweiges, eine stagnierende oder rückläufige Marktentwicklung oder Mängel in der Unternehmensführung, die die Ertragslage der beteiligten Unternehmen beeinträchtigte (KOMM ABl. 2004 L 38/18 Rn. 253 Methylglukamin; KOMM ABl. 2004 L 56/1 Rn. 527 Österreichische Banken). Hat ein Unternehmens **in *anderen* Verfahren mit der Kommission zusammengearbeitet** oder sich durch sonstiges Verhalten ausgezeichnet hat, bewirkt dies ebenfalls keine Bußgeldminderung (vgl. KOMM ABl. 2004 L 38/18 Rn. 242 Methylglukamin). Auch die **Einführung von Compliance-Programmen** ist von der Kommission zwar begrüßt, aber nicht als mildernder Umstand anerkannt worden (EuGH 18.7.2013 C-501/11 P Rn. 143f. Schindler, NZKart 2013, 334; dagegen zu Recht *Moosmayer* wistra 2007, 91, 94; *Bosch/Colbus/Harbusch,* WuW 2009, 740; *Voet van Vormizeele,* CCZ 2009, 41). 75

12. Kronzeugenprogramm

a) Kronzeugenmitteilung 1996. Wegen des erheblichen Interesses der Allgemeinheit und der Kommission an der Aufklärung von Kartelltaten gilt seit 1996 ein **Kronzeugen- oder *Leniency*-Programm** im europäischen Kartellverfahren. Die Kommission folgte damit dem **Ansatz des US-Antitrustrechts,** der es den Kartellbehörden in den USA ermöglicht hat, wirksam gegen Kartellverstöße einzuschreiten. Die europäische Kronzeugenpolitik beruhte anfangs auf einer der Mitteilung der Kommission aus dem Jahre 1996 (ABl. 1996 C 207/4), die erheblich zur Aufdeckung 76 und Ahndung geheimer Kartellabsprachen beigetragen hat. Die Regelung beschränkte sich jedoch auf **horizontale Kartellabsprachen.** Voraussetzung für einen Geldbußenerlass war zudem, dass der Kronzeuge nicht als **Anstifter der anderen Teilnehmer** des Kartells tätig geworden war.

77 **b) Kronzeugenmitteilung 2002.** Die Kommission hatte in ihrer Mitteilung von 1996 angekündigt, die Regelung zu überarbeiten, wenn sich zeige, dass zB die Bedingungen für einen Erlass oder eine Ermäßigung der Geldbuße transparenter und berechenbarer gemacht würden. Um die **Kronzeugenregelung effizienter und attraktiver** zu machen, wurden in einer neuen Mitteilung von 2002 großzügigere Voraussetzungen für einen vollständigen Geldbußenerlass geschaffen (Anhang B 12). Außerdem sollte die **Rechtssicherheit für Unternehmen** erhöht werden, damit diese besser absehen können, ob gegen sie eine Geldbuße verhängt wird bzw. in welchem Umfang diese Geldbuße ermäßigt wird.

78 **c) Erlass der Geldbuße.** Die neue Kronzeugenmitteilung aus dem Jahre 2002 geht davon aus, dass ein vollständiger, jedenfalls aber substantieller **Erlass der Geldbuße** immer dann gerechtfertigt ist, wenn

- Beweismittel vorgelegt werden, die mindestens einen ausreichenden Anfangsverdacht für eine Nachprüfungsentscheidung bilden
- der Kronzeuge seine Teilnahme am Kartell spätestens zu dem Zeitpunkt einstellt, an dem er es bei der Kommission anzeigt
- die verfügbaren Beweismittel und Informationen vollständig sind und der Kronzeuge während des Verfahrens weiterhin mit der Kommission zusammenarbeitet
- wenn der Kronzeuge andere Unternehmen nicht durch wirtschaftlichen Druck zur Teilnahme am Kartell gezwungen hat.

79 Dem **Unternehmen, das als erstes Beweismittel vorlegt,** die der Kommission ein Einschreiten gegen Kartellverstöße ermöglichen, wird die Geldbuße vollständig erlassen. Der Erlass wird nur gewährt, wenn die Kommission zum Zeitpunkt der Vorlage der Beweismittel nicht schon selbst über ausreichende Mittel verfügt, um gegen den mutmaßlichen Kartellverstoß vorzugehen und wenn nicht bereits einem anderen Unternehmen ein Bußgelderlass gewährt worden ist (Kronzeugenmitteilung 2002, Rn. 8). Ob die Voraussetzungen für einen Bußgelderlass vorliegen, stellt die Kommission durch Entscheidung fest. Wenn das Unternehmen weiterhin mit der Kommission kooperiert, erfolgt der **endgültige Bußgelderlass** im Rahmen der das Bußgeldverfahren abschließenden Entscheidung (vgl. Kronzeugenmitteilung 2002, Anhang B 12, Rn. 12ff.).

80 **d) Ermäßigung der Geldbuße.** Erfüllt ein Unternehmen die Voraussetzungen für den vollständigen Bußgelderlass nicht, kommt zumindest eine **Ermäßigung der Geldbuße** in Betracht. Hierfür müssen der Kommission Beweismittel vorgelegt werden, die gegenüber den bereits bei der Kommission befindlichen Beweismitteln einen **erheblichen Mehrwert** darstellen. Sie müssen „aufgrund ihrer Eigenschaft und/oder ihrer Ausführlichkeit der Kommission dazu verhelfen, den betreffenden Sachverhalt nachzuweisen". Um eine Bußgeldermäßigung zu erhalten, muss das Unternehmen seine **eigene Teilnahme an dem mutmaßlich kartellrechtswidrigen Verhalten einstellen** (Kronzeugenregelung 2002, Rn. 20). Ob die Voraussetzungen für die Bußgeldermäßigung vorliegen, stellt die Kommission erst in der das Bußgeldverfahren abschließenden Entscheidung fest (vgl. Kronzeugenmitteilung 2002, Rn. 23ff.). Erfüllen mehrere Unternehmen die Voraussetzungen für eine Bußgeldermäßigung, gewährt die Kommission dem ersten einen Nachlass zwischen 30% und 50%, dem zweiten einen Nachlass zwischen 20% und 30%; und jedem weiteren Unternehmen einen Nachlass von bis zu 20% (vgl. Kronzeugenmitteilung 2002, Rn. 23).

e) Umfang der Zusammenarbeit. Um in den Genuss eines Bußgelderlasses zu gelangen, muss das Unternehmen während des Verwaltungsverfahrens in vollem Umfang **mit der Kommission zusammenarbeiten.** Es muss der Kommission alle verfügbaren Beweismittel vorlegen, Fragen beantworten und seine **eigene Teilnahme an dem mutmaßlich kartellrechtswidrigen Verhalten einstellen.** Auch wenn es nur um eine Bußgeldermäßigung geht, werden die Voraussetzungen der Kronzeugenregelung nicht durch die **bloße Beantwortung von Auskunftsersuchen** oder die Übermittlung angeforderter Unterlagen erfüllt: Was rechtlich geschuldet ist, ist nicht freiwillig und kann daher schon begrifflich nicht als „Zusammenarbeit" angesehen werden (KOMM ABl. 2004 L 56/1 Rn. 546 Österreichische Banken; großzügiger noch KOMM ABl. 2001 L 54/1 Rn. 134 Nathan-Bricolux). Nach ständiger Rechtsprechung ist eine **Herabsetzung der Geldbuße** nur gerechtfertigt, wenn und soweit der Kooperationsbeitrag des Unternehmens es der Kommission ermöglicht hat, die **Zuwiderhandlung leichter festzustellen** (EuG Slg. 1998 II-1617 Rn. 363 Finnboard; bestätigt durch EuGH Slg. 2000 I-10 157 Finnboard). Eine solche Erleichterung kann zum **Beispiel** aus wichtigen, der Kommission vorher nicht bekannten (und von ihr nicht abgefragten) Tatsachen oder in einer „besonderen Ausführlichkeit der Antwort auf das Auskunftsverlangen" folgen, wenn gerade jene Ausführlichkeit es der Kommission erleichtert hat, die Bedeutung von Tatsachen und Schriftstücken zu verstehen und daraus ihre Folgerungen für die Feststellung und Beendigung der Zuwiderhandlung zu ziehen (EuG Slg. 1992 II-121 Rn. 393 ICI). Eine rein praktische oder logistische Unterstützung der Ermittlungsarbeit der Kommission kann dagegen keine Herabsetzung der Geldbuße rechtfertigen (KOMM ABl. 2004 L 56/1 Rn. 547 Österreichische Banken). Der Kommission steht bei der Beurteilung der Kooperation und ihres Wertes für das Ermittlungsverfahren ein weites Ermessen zu (so EuGH 18.7.2013 C-501/11 P Rn. 155ff. Schindler, NZKart 2013, 334). 81

Für einen vollständigen Erlass der Geldbuße, die ohne die Zusammenarbeit mit der Kommission verhängt worden wäre, ist es nicht Voraussetzung, dass ein Unternehmen **schriftliche Originalunterlagen** aus der Zeit der Zuwiderhandlung vorlegen kann (KOMM ABl. 2003 L 255/1 Rn. 339 Methionin). Unschädlich ist auch, wenn die Erklärung des ersten Kronzeugen nicht alle Kartellaktivitäten umfasste, sofern sich dies mit einer **lückenhaften Rekapitulation der Ereignisse** erklären lässt (KOMM ABl. 2003 L 255/1 Rn. 339 Methionin). Liefert ein anderes Unternehmen später solche schriftlichen Originalunterlagen (zB Sitzungsmitschriften, auf den Kartelltreffen verteilte Unterlagen) nach, kommt dieses Unternehmen nicht mehr für einen Bußgelderlass in Frage (KOMM COMP/E-2/37 533 Rn. 222 Cholinchlorid). 82

f) Kronzeugenmitteilung 2006. Die Kommission verabschiedete am 7.12.2006 eine **Neufassung der Kronzeugenregelung** (ABl. C 298/17, Anhang B 13). Im Vergleich zur vorangegangenen Revision im Jahr 2002 war der Umfang der vorgenommenen Änderungen und Ergänzungen vergleichsweise gering. In der Neufassung der Kronzeugenmitteilung präzisierte die Kommission den Umfang und den Inhalt der Informationen, die ein Antragsteller der Kommission vorlegen muss, um in den Vorteil einer Bußgeldimmunität zu gelangen. Hinzu kommt, dass die Europäische Kommission gestützt auf das Vorbild des US-Kartellrechtes ein **sog. Marker-System** einführte, um auf diese Weise den Unternehmen die Sicherheit zu geben, in zeitlicher Hinsicht Priorität gegenüber anderen Anträgen zu genießen. Schließlich verbesserte die Kommission den **Schutz von Unternehmenserklärungen,** die in den letzten Jahren immer mehr an Bedeutung gewonnen haben. Mit diesen ist das Risiko verbunden, dass vorgelegte schriftliche Informationen möglicherweise der US-amerikanischen Discovery unterliegen. Um dieses Risiko zu minimieren, präzisierte die Kommission die Vorgaben für die Abgabe von Unternehmenserklärungen. Im Übrigen ist die Kronzeugenregelung 2002 weitgehend unverändert geblieben. 83

84 **g) Vor- und Nachteile.** Die Berufung auf die Kronzeugenregelung verschafft den kooperierenden Unternehmen zunächst den **Vorteil des Bußgelderlasses bzw. der Bußgeldermäßigung** im Bußgeldverfahren vor der Kommission. Diesem je nach Schwere der Zuwiderhandlung nicht zu unterschätzenden Vorteil stehen Nachteile gegenüber, die im Einzelfall abzuwägen sind. Bußgelderlass oder -ermäßigung bewirken **keinen Ausschluss der zivilrechtlichen Verantwortlichkeit** der Unternehmen, die an Kartellrechtsverstößen beteiligt sind, auch wenn sie mit der Kommission kooperiert haben. Spätestens mit der verfahrensabschließenden Bußgeldentscheidung wird ihre **Beteiligung öffentlich bekannt** und kann – auch über Europa hinaus, insbesondere in den USA – die Grundlage von **Schadenersatzforderungen** bilden, die die beteiligten Unternehmen empfindlich treffen können. Umstritten ist aktuell der Anspruch potenziell Geschädigter auf Einsicht in die Ermittlungsakte der Kommission einschließlich der Kronzeugenanträge (vgl. dazu die Kommentierung zu Art. 28 VO 1/2003; vgl. auch *Dittrich,* WuW 2012, 133).

85 Eine Kooperation im Verfahren vor der Kommission im Rahmen der Kronzeugenregelung hat grundsätzlich keine unmittelbaren **Auswirkungen auf Verfahren vor nationalen Kartellbehörden.** Da die Kommission und die nationalen Kartellbehörden im Rahmen des „Netzwerks der Kartellbehörden" eng zusammenarbeiten, sich gegenseitig über Verfahren informieren und Dokumente austauschen (vgl. Art. 11), bedeutet eine Kooperation mit der Kommission automatisch die **Information der nationalen Kartellbehörden über einen Wettbewerbsverstoß.** Die Kommission erklärt in ihrer „Netzwerkbekanntmachung", dass im Rahmen der Kronzeugenregelung freiwillig vorgelegte Informationen und Dokumente grundsätzlich nur im **Einverständnis mit dem Antragsteller** weitergegeben werden. Gleiches gilt für sonstige Informationen, die während oder nach einer Nachprüfung erlangt wurden, die nur infolge des Antrags auf Kronzeugenbehandlung durchgeführt werden konnte (ECN-Bekanntmachung, Rn. 40). Im Einzelfall kann auf das Einverständnis des Antragstellers verzichtet werden, wenn etwa der Antragsteller bei der nationalen Behörde ebenfalls einen Antrag auf Kronzeugenbehandlung gestellt oder diese Behörde darauf verzichtet hat, Sanktionen gegen den Antragsteller zu verhängen (ECN-Bekanntmachung, Rn. 41).

86 Nach Einführung der Kronzeugenregelung durch die Kommission hat inzwischen etwa die Hälfte der EG-Mitgliedstaaten vergleichbare **Programme auf nationaler Ebene** eingeführt (vgl. nur für Deutschland die Bonusregelung des Bundeskartellamtes vom 7.3.2006, abgedruckt bei Bechtold, Anhang C.4, dazu *Voet van Vormizeele* wistra 2006, 292). Die Berufung auf die Kronzeugenregelung bei einer Kartellbehörde gilt nicht als Antrag auf eine entsprechende Behandlung bei anderen Behörden (ECN-Bekanntmachung, Rn. 39). Die Berufung auf die **Kronzeugenregelung erfordert eine Vielzahl gleichzeitiger Anträgen** bei den verschiedenen Behörden. Wegen der unterschiedlichen Voraussetzungen der verschiedenen Kronzeugenprogramme ist nicht auszuschließen, dass trotz eines Bußgelderlasses bzw. einer Bußgeldermäßigung durch die Kommission im Verfahren vor nationalen Behörden Bußgelder verhängt werden.

13. Besonderheiten bei Unternehmensvereinigungen (Abs. 4)

87 Nach Abs. 1 und 2 können ohne Weiteres auch **Geldbußen gegen Unternehmensvereinigungen** verhängt werden, sofern diese rechtsfähig sind. Dies war bereits in **Art. 15 Abs. 4 VO 17/62** so vorgesehen. Wurde in der Vergangenheit gegenüber eine Unternehmensvereinigung eine Bußgeldentscheidung erlassen, griff die Kommission bei der Geldbußenbemessung auf die Umsätze der Mitgliedsunternehmen zurück, für die die Beschlüsse der Unternehmensvereinigung verbindlich waren. Die Höhe dieser Bußgelder führte regelmäßig zu einer **Überforderung der Vereini-**

gungen. Da die Mitgliedsunternehmen insoweit nicht verantwortlich gemacht werden konnten, gingen die Bußgeldentscheidungen gegen Unternehmensvereinbarungen oft ins Leere. Bislang wurden gegen Unternehmensvereinigungen allerdings nur moderate Geldbußen verhängt (vgl. KOMM ABl. 1994 343/1 128 Zement: 100 000 Euro).

Wird künftig gegen eine Unternehmensvereinigung eine Geldbuße wegen einer **materiell-rechtlichen Zuwiderhandlung** verhängt, gilt nach Abs. 2 Unterabs. 3 zunächst eine **erweiterte Höchstgrenzenregelung.** In Abs. 1 ist eine derartige Regelung nicht vorgesehen. Abs. 2 Unterabs. 3 ist hier auch nicht analog anwendbar, weil dies zu einer unverhältnismäßigen Erhöhung des Bußgeldrahmens für Verfahrensverstöße führen würde. Nach Abs. 2 Unterabs. 3 kann die gegen die Unternehmensvereinigung wegen materiell-rechtlicher Zuwiderhandlungen verhängte Geldbuße bis zu 10% der Summe der Gesamtumsätze derjenigen Mitglieder betragen, die auf dem Markt tätig waren, auf dem sich die Zuwiderhandlung ausgewirkt hat. Dies gilt nur, wenn die Zuwiderhandlung einer Unternehmensvereinigung **mit der Tätigkeit ihrer Mitglieder im Zusammenhang** gestanden hat. 88

Verhängt die Kommission gegen eine Unternehmensvereinigung eine Geldbuße unter Berücksichtigung des Umsatzes ihrer Mitglieder und ist die Unternehmensvereinigung selbst nicht zahlungsfähig, so ist sie verpflichtet, **von ihren Mitgliedern Deckungsbeiträge** zu fordern. Werden diese nicht innerhalb einer von der Kommission gesetzten Frist geleistet, kann die Kommission die Zahlung der Geldbuße bzw. des bei der Unternehmensvereinigung selbst uneinbringlichen Restbetrages unmittelbar von jedem der beteiligten Unternehmen unmittelbar fordern. Die Haftung jedes einzelnen Unternehmens ist hier wiederum auf 10% seines im letzten Geschäftsjahr erzielten Gesamtumsatzes begrenzt. Haben einzelne Mitglieder einer Unternehmensvereinigung den die Zuwiderhandlung begründenden Beschluss nicht umgesetzt, enthält Abs. 4 Unterabs. 4 eine **Exkulpationsmöglichkeit.** Unternehmen, die entweder von der Existenz des Beschlusses der Unternehmensvereinigung nichts wussten oder sich aktiv distanziert haben, noch ehe die Kommission den Fall aufgegriffen hat, müssen für ihre Unternehmensvereinigung nicht einstehen. 89

14. Kein Strafcharakter (Abs. 5)

Obwohl die Bußgeldentscheidung uU schon aufgrund der Höhe des Bußgeldes erhebliche Konsequenzen für ihre Adressaten haben kann, ist mit ihr kein moralisches „Unwerturteil" verbunden. Art. 23 stellt in Übereinstimmung mit der Rechtsprechung (EuG Slg. 1994 II-755 Rn. 235; EuGH Slg. 2008 I-81 Rn. 38 Evonik Degussa; in diesem Sinne auch *GA Kokott* in ihren Schlussanträgen im Verfahren C-501/11 P (Schindler), NZKart 2013, 206, 207, Rn. 25 f.; kritisch u. a. *Bechtold/Bosch,* ZWeR 2011, 160, 161 ff.) klar, dass Geldbußen lediglich „Verwaltungsunrecht" ahnden sollen und **keinen strafrechtlichen Charakter** haben (Abs. 5). So soll verhindert werden, dass besondere Folgen einer strafrechtlichen Verurteilung eintreten, die im Recht einiger Mitgliedstaaten vorgesehen. Allerdings drängt sich mehr und mehr der Eindruck auf, dass mit der zunehmenden Höhe der von der Kommission verhängten Bußgelder die Regelung des Art. 23 Abs. 5 ausgehöhlt wird. Je gravierender die Sanktionen, desto größer wird die Bedeutung rechtsstaatlicher Garantien, die gerade im Anwendungsbereich des Strafrechts höchste Priorität haben müssen. Allein die Klarstellung, dass im Zusammenhang mit Kartellverstößen verhängte Bußgelder keinen strafrechtlichen Charakter haben, kann nicht darüber hinwegtäuschen, dass sich die Kommission durch die Verhängung immer höherer Bußgelder quasi strafrechtliche Kompetenzen anmaßt, die ihr im Gefüge des EG-Vertrags bewusst nicht eingeräumt wurden (so insb. *Bechtold/Bosch,* aaO). 90

Art. 24 Zwangsgelder

(1) Die Kommission kann gegen Unternehmen und Unternehmensvereinigungen durch Entscheidung Zwangsgelder bis zu einem Höchstbetrag von 5% des im vorausgegangenen Geschäftsjahr erzielten durchschnittlichen Tagesumsatzes für jeden Tag des Verzugs von dem in ihrer Entscheidung bestimmten Zeitpunkt an festsetzen, um sie zu zwingen,

a) eine Zuwiderhandlung gegen Artikel 81 oder Artikel 82 des Vertrags gemäß einer nach Artikel 7 getroffenen Entscheidung abzustellen;

b) einer gemäß Artikel 8 erlassenen Entscheidung zur Anordnung einstweiliger Maßnahmen nachzukommen;

c) durch Entscheidung gemäß Artikel 9 für bindend erklärte Verpflichtungszusagen einzuhalten;

d) eine Auskunft vollständig und genau zu erteilen, die die Kommission durch Entscheidung gemäß Artikel 17 oder Artikel 18 Absatz 3 angefordert hat;

e) eine Nachprüfung zu dulden, die die Kommission in einer Entscheidung nach Artikel 20 Absatz 4 angeordnet hat.

(2) Sind die Unternehmen oder Unternehmensvereinigungen der Verpflichtung nachgekommen, zu deren Erfüllung das Zwangsgeld festgesetzt worden war, so kann die Kommission die endgültige Höhe des Zwangsgelds auf einen Betrag festsetzen, der unter dem Betrag liegt, der sich aus der ursprünglichen Entscheidung ergeben würde. Artikel 23 Absatz 4 gilt entsprechend.

1. Allgemeines

1 Art. 24 ermächtigt die Kommission, Zwangsgelder festzusetzen, um die **Beachtung bestimmter Handlungs-, Duldungs- oder Unterlassungspflichten** zu gewährleisten, die die Kommission aufgrund der Ausführungsbestimmungen zu Art. 101 und 102 AEUV begründet.

2 Die Vorschrift beruht auf der vertraglichen **Ermächtigungsgrundlage des Art. 103 Abs. 2 lit. a AEUV,** die dem Rat den ausdrücklichen Auftrag erteilt, die Durchsetzung der Verbotsnormen der Art. 101 f. AEUV „durch die Einführung von Geldbußen und Zwangsgeldern zu gewährleisten". Der Rat war diesem Rechtssetzungsauftrag bereits mit **Art. 15 und 16 VO 17/62** nachgekommen. Art. 24 entspricht im Wesentlichen der Vorgängernorm des Art. 16 VO 17/62 und der Parallelvorschrift des Art. 15 FKVO. Allerdings betrug das Zwangsgeld, das nach Art. 16 VO 17/62 für die Nichterteilung einer Auskunft, die fehlende Duldung einer Nachprüfung oder den Verstoß gegen eine Verhaltensverfügung festgesetzt werden konnte, **nur 50 bis 1000 Euro pro Tag.** Art. 24 ordnet demgegenüber zur Durchsetzung von Kommissionsentscheidungen (zB Auskunftserteilung, Durchführung von Nachprüfungen, Einhaltung von Verpflichtungszusagen und einstweiligen Verfügungen) **für jeden Tag der Zuwiderhandlung 5%** des im vorausgegangenen Geschäftsjahr erzielten durchschnittlichen Tagesumsatzes an.

3 Anders als das Bußgeld nach Art. 23 ist das Zwangsgeld nicht eine Sanktion für vollendete schuldhafte Zuwiderhandlungen, sondern ein **Mittel zur Vollstreckung und Durchsetzung von Entscheidungen,** die Handlungs-, Duldungs- oder Unterlassungspflichten begründen (*Schneider* in MünchKomm Art. 4 VO 1/2003 Rn. 2). Diesen Entscheidungen gegenüber ist das **Zwangsgeld akzessorisch** (*Dannecker/Biermann* in IM VO 1/2003 Art. 24 Rn. 10). Ist eine Entscheidung rechtmäßig, gilt die zumindest dem Grunde nach auch für das festgesetzte Zwangsgeld. Nur die Höhe des Zwangsgeldes und das Verfahrens der Feststellung und Vollstreckung kön-

nen das Zwangsgeld ggf. in Frage stellen (*de Bronett* Art. 24, Rn. 2). Mit dem **Zwangsgeld** soll **gegenwärtiges oder künftiges Verhalten erzwungen** werden. Es soll verhindern, dass Rechtsverletzungen überhaupt eintreten und hat insofern präventiven Charakter (*Dannecker/Biermann* in IM VO 1/2003 Art. 24 Rn. 8). Zwischen den Bußgeldtatbeständen des Art. 23 und dem Zwangsgeld nach Art. 24 besteht **keine Gesetzeskonkurrenz.** Daher können Zwangsgelder und Geldbußen auch nebeneinander in derselben Entscheidung festgesetzt werden (in diesem Sinne EuG 27.6.2012 T 167/08 Rn. 91 Microsoft).

2. Einzelne Zwangsgeldtatbestände

Das Zwangsgeld steht der Kommission nicht beliebig zur Verfügung, sondern darf nur festgesetzt werden, wenn einer der in Abs. 1 genannten **fünf Tatbestände** erfüllt ist. Ihnen ist gemeinsam, dass der Adressat des Zwangsgeldes Pflichten nicht erfüllt, die ihm die Kommission **durch Entscheidung** auferlegt: Zwangsgeldbewehrt ist die Zuwiderhandlung gegen eine Abstellungsverfügung **nach Art. 7** (dazu KOMM 27.2.2008 Fall COMP/37 792 Microsoft = WuW/E EU-V 1275), die Nichtbeachtung einer Entscheidung **nach Art. 8** über einstweilige Maßnahmen, die Nichteinhaltung einer Entscheidung **nach Art. 9** über verbindlich erklärte Verpflichtungszusagen, die fehlerhafte Erteilung einer durch Entscheidung **nach Art. 17 und 18** angeforderten Auskunft und die fehlende Duldung einer durch Entscheidung **nach Art. 20** angeordneten Nachprüfung. Fehlt es an einer dieser Entscheidungen, ist die Festsetzung eines Zwangsgeldes nicht zulässig. Insbesondere kann die Kommission **kein Zwangsgeld** verhängen, um **unmittelbar gegen materiell-rechtliche Zuwiderhandlungen** vorzugehen oder **unmittelbar Auskünfte oder Nachprüfungen** zu erzwingen. 4

Besondere praktische Bedeutung kommt der Zwangsgeldfestsetzung im Zusammenhang mit Auskunftsverlangen und Nachprüfungen zu (vgl. KOMM ABl. 1991 L 97/16 Baccarat; ABl. 1992 L 305/16 CSM/Zucker). Anders als bei der Verwirklichung der Bußgeldtatbestände ist für die Zwangsgeldfestsetzung **Verschulden nicht erforderlich** (*Schneider* in MünchKomm Art. 24 VO 1/2003 Rn. 5). Nur für die Höhe des Zwangsgeldes kann es eine Rolle spielen, ob die Missachtung von Handlungs-, Duldungs- oder Unterlassungspflichten vorsätzlich oder fahrlässig erfolgte. 5

Problematisch ist, dass Abs. 1 hinsichtlich der Höhe Zwangsgeldes lediglich vorsieht, dass **für jeden Tag der Zuwiderhandlung 5 %** des im vorausgegangenen Geschäftsjahr erzielten durchschnittlichen Tagesumsatzes festgesetzt werden können. Der Tagesumsatz ergibt sich aus einer Verteilung des Gesamtumsatzes im letzten Geschäftsjahr auf die einzelnen Tage (EuG Slg. 1998 II-1439 Rn. 85f. Sarrió; Slg. 2000 II-491 Rn. 5022 Cimenteries CBR). Für das letztlich zu zahlende Zwangsgeld sind **keinerlei numerische Zwangsgeldhöchstgrenzen** vorgesehen. Hier kann selbst die im Hinblick auf das **Bestimmtheitsgebot** zweifelhafte Grenze von 10% des Gesamtumsatzes überschritten werden, die in Art. 23 Abs. 2 als Höchstgrenze für Geldbußen vorgesehen ist. Die dort geäußerten Bedenken gelten daher auch für die Zwangsgeldtatbestände (→ Art. 23 Rn. 23f.). Im Übrigen gilt selbstverständlich auch in diesem Kontext das Verhältnismäßigkeitsgebot (KOMM 27.2.2008 Fall COMP/37 792 Rn. 294ff. Microsoft = WuW/E EU-V 1275). 6

3. Zwangsgeldverfahren

a) Opportunitätsprinzip. Ebenso wie das Bußgeldverfahren wird auch das Zwangsgeldverfahren vom **Opportunitätsprinzip** beherrscht. Es steht im (Entschließungs-) Ermessen der Kommission, ob ein Zwangsgeld festgesetzt wird. Wenn zB damit zu rechnen ist, dass das Unternehmen seinen Pflichten auch ohne Zwangs- 7 geld nachkommt, kann **von einer Zwangsgeldfestsetzung abgesehen** werden. Üblicherweise setzt die Kommission nur dann ein Zwangsgeld fest, wenn tatsächlich das Risiko besteht, dass der Adressat einer Entscheidung den ihm auferlegten Handlungs-, Duldungs- oder Unterlassungspflichten nicht nachkommt (*de Bronett* Art. 24 Rn. 6).

8 **b) Zwangsgeldfestsetzung.** Das Zwangsgeldverfahren ist **zweistufig** (*Schneider* in MünchKomm Art. 24 VO 1/2003 Rn. 4). Zunächst bedarf es der **„Auferlegung", „Verhängung" bzw. „Androhung"** eines Zwangsgeldes, die in Abs. 1 als „Festsetzung" bezeichnet wird. Diese Festsetzung erfolgt durch Beschluss iSd Art. 288 Abs. 4 AEUV. Erlässt die Kommission Entscheidungen zur Abstellung von Zuwiderhandlungen (Art. 7), über einstweilige Maßnahmen (Art. 8) oder über Verpflichtungszusagen (Art. 9), kann das Zwangsgeld in dieser Entscheidung unmittelbar festgesetzt werden. Dies ist aber nicht zwingend. Gerade in komplexen Fällen, wie zB im Fall Microsoft, neigt die Kommission dazu, **getrennte Entscheidungen** zu erlassen. So erließ die Kommission auf der Grundlage der Entscheidung vom 24.3.2004, in der Microsoft eine Verpflichtung zur Offenlegung von Schnittstelleninformationen auferlegt worden war, am 10.11.2005 eine weitere Entscheidung, in der Microsoft für den Fall der Nichtbefolgung ein Zwangsgeld von 2 Mio. Euro pro Tag angedroht wurde. In einer weiteren Entscheidung vom 12.7.2006 stellte die Kommission fest, dass Microsoft seiner Verpflichtung nicht nachgekommen war und setzte die (vorläufig) endgültige Höhe des Zwangsgeldes fest. Gleichzeitig wurde das Zwangsgeld für den Fall der weiteren Nichtbefolgung auf 3 Mio. Euro pro Tag erhöht. Nachdem die Kommission die weitere Nichtbefolgung konstatiert hatte, setzte sie die endgültige Höhe des Zwangsgeldes in einer weiteren Entscheidung vom 27.2.2008 fest (dazu KOMM 27.2.2008 Fall COMP/37 792 = WuW/E EU-V 1275).

9 Gleiches gilt nunmehr auch für Entscheidungen, die eine Auskunftserteilung anordnen (Art. 17 und 18). Nach der alten Rechtslage war eine **Koppelung der Zwangsgeldfestsetzung mit der Entscheidung,** die Handlungs-, Duldungs- oder Unterlassungspflichten begründete, **unzulässig.** Die VO 17/62 sah für Auskunftsverlangen (Art. 11 Abs. 5) und Nachprüfungen (Art. 14 Abs. 3) vor, dass hier die betroffenen Unternehmen zunächst über die Möglichkeit eines Zwangsgeldes belehrt werden sollten. Nach **Art. 18 Abs. 3** weist die Entscheidung über ein **Auskunftsverlangen** entweder „auf die in Art. 24 vorgesehenen Sanktionen hin oder erlegt diese auf". Für **Nachprüfungen** fehlt in **Art. 20** eine entsprechende Formulierung. Insofern bleibt es bei der früheren Auslegung, nach der eine Koppelung einer Nachprüfungsentscheidung mit der Festsetzung eines Zwangsgeldes unzulässig ist (vgl. EuG Slg. 1994 II-1039 Rn. 4 Scottish Football Association; Slg. 1995 II-545 Rn. 16 Société Génerale).

10 In der Zwangsgeldfestsetzung wird neben der Ankündigung, dass überhaupt ein Zwangsgeld verhängt wird, eine Festlegung des **Tagessatzes** sowie des **frühesten Zeitpunktes** zu finden sein, zu dem der festgelegte Tagessatz als Zwangsgeld anfallen kann (so zB in KOMM 10.11.2005 COMP/37 792 Microsoft). Als frühestmöglicher Zeitpunkt kommt der Tag in Betracht, an dem der Adressat der Entscheidung mit einer ihm auferlegten Handlungs-, Duldungs- oder Unterlassungspflicht in Verzug gerät. In der Entscheidung ist konkret anzugeben, für welche Pflichtverletzung das Zwangsgeld angedroht wird, damit für das betroffene Unternehmen kein Zweifel am Umfang der ihm auferlegten Pflichten und der ggf. fällig werdenden Zwangsgelder ausgelöst wird. Vor der Entscheidung über die Zwangsgeldfestsetzung finden **keine Anhörungen** von Verfahrensbeteiligen statt (EuGH Slg. 1989 2859 Rn. 56 Hoechst). Lediglich im Falle von Auskunftsentscheidungen, die nicht schon eine Zwangsgeldfestsetzung enthalten, und bei Nachprüfungsentscheidungen müssen die Unternehmen auf die Möglichkeit des Zwangsgelds hingewiesen worden sein. Im Übrigen gelten lediglich **allgemeine verfahrensrechtliche Schutzvorkehrungen**

(vgl. EuGH Slg. 1989 3283 Rn. 26 Orkem). So darf etwa ein Zwangsgeld nicht auf eine unmögliche Leistung gerichtet sein.

Die Zwangsgeldfestsetzung kann weder **isoliert vollzogen** werden noch ist sie **isoliert anfechtbar** (EuGH Slg. 1989 2859 Rn. 56 Hoechst; EuG Slg. 1998 II-2383 Dalmine). Wenn der Adressat gegen die Zwangsgeldfestsetzung vorgehen will, muss er die zugrunde liegende Entscheidung angreifen. Ist diese bestandskräftig, kann das Zwangsgeld nur vermieden werden, wenn die in der Entscheidung auferlegten Handlungs-, Duldungs- oder Unterlassungspflichten erfüllt werden (*de Bronett* Art. 24 Rn. 3). 11

c) Zwangsgeldfeststellung. Von der Zwangsgeldfestsetzung zu unterscheiden ist die tatsächliche Bezifferung der verwirkten Summe und ihre Vollstreckung. Wenn ein Unternehmen seiner zwangsgeldbewehrten Verpflichtung nicht nachkommt, kann die Kommission nach Abs. 2 die endgültige Höhe des Zwangsgelds wiederum „festsetzen" (so zB in KOMM 27.2.2008 COMP/37 792 Microsoft = WuW/E EU-V 1275). Auch diese Festsetzung ist ein **Beschluss iSd Art. 288 Abs. 4 AEUV,** der nach Art. 263 AEUV mit der Nichtigkeitsklage gesondert angefochten werden kann (vgl. EuG 27.6.2012 T-167/08 Rn. 82ff. Microsoft). Sie stellt einen **vollstreckbaren Titel** iSd Art. 299 Abs. 1 AEUV dar. Um eine Verwechselung mit der „Feststellung" eines Zwangsgeldes iS der Androhung nach Abs. 1 zu vermeiden, sollte auf der zweiten Stufe von der „Zwangsgeldfeststellung" gesprochen werden. Sie erfolgt, indem das in der Zwangsgeldfestsetzung vorgesehene Zwangsgeld pro Tag **mit der Zahl der Tage der Zuwiderhandlung multipliziert** wird. Da Art. 24 keinen absoluten Höchstbetrag vorsieht, kann das tatsächlich zu zahlende Zwangsgeld durchaus oberhalb der Grenze von 10% des Gesamtumsatzes des betroffenen Unternehmens liegen (*de Bronett* Art. 24 Rn. 6). Die Kommission hat hier allerdings einen **Ermessensspielraum.** Abs. 2 sieht vor, dass die Kommission den Gesamtbetrag des Zwangsgeldes auf einen Betrag **herabsetzen** kann, der unter dem Betrag liegt, der sich aus der Festsetzungsentscheidung ergibt (EuG 27.6.2012 T-167/08 Rn. 207 Microsoft). Das EuG ist auf der Grundlage von Art. 31 zur unbeschränkten Nachprüfung befugt (EuG 27.6.2012 T-167/08 Rn. 222 Microsoft). Sie ist dazu nicht verpflichtet (vgl. Kommission, ABl. 1991 L 97/16 Baccarat). Wird das **Zwangsgeld gegen eine Unternehmensvereinigung** verhängt, gilt die Sonderregelung für Geldbußen nach Art. 23 Abs. 4 entsprechend. 12

Kapitel VII. Verjährung

Vorbemerkung

Die Vorgänger-VO 17/62 enthielt keine Regelungen über die Verfolgungs- und Vollstreckungsverjährung im Wettbewerbsrecht; maßgeblich war insoweit die auf der Grundlage des Art. 87 EGV (jetzt Art. 103 AEUV) erlassene Rats-**VO 2988/74** über die Verfolgungs- und Vollstreckungsverjährung im Verkehrs- und Wettbewerbsrecht der europäischen Wirtschaftsgemeinschaft (ABl. 1974 L 319/1). Die Artikel 25 und 26 integrieren die Regelungen über die Verfolgungs- und Vollsteckungsverjährung in die VO 1/2003, aber nur für ihren Regelungsbereich, zB nicht für Fusionskontrolle (→ Art. 25 Rn. 2). 1

Art. 25 Verfolgungsverjährung

(1) **Die Befugnis der Kommission nach den Artikeln 23 und 24 verjährt**
a) in drei Jahren bei Zuwiderhandlungen gegen Vorschriften über die Einholung von Auskünften oder die Vornahme von Nachprüfungen,
b) in fünf Jahren bei den übrigen Zuwiderhandlungen.

(2) **Die Verjährungsfrist beginnt mit dem Tag, an dem die Zuwiderhandlung begangen worden ist. Bei dauernden oder fortgesetzten Zuwiderhandlungen beginnt die Verjährung jedoch erst mit dem Tag, an dem die Zuwiderhandlung beendet ist.**

(3) **Die Verjährung der Befugnis zur Festsetzung von Geldbußen oder Zwangsgeldern wird durch jede auf Ermittlung oder Verfolgung der Zuwiderhandlung gerichtete Handlung der Kommission oder der Wettbewerbsbehörde eines Mitgliedstaats unterbrochen. Die Unterbrechung tritt mit dem Tag ein, an dem die Handlung mindestens einem an der Zuwiderhandlung beteiligten Unternehmen oder einer beteiligten Unternehmensvereinigung bekannt gegeben wird. Die Verjährung wird unter anderem durch folgende Handlungen unterbrochen:**
a) schriftliche Auskunftsverlangen der Kommission oder der Wettbewerbsbehörde eines Mitgliedstaats,
b) schriftliche Nachprüfungsaufträge, die die Kommission oder die Wettbewerbsbehörde eines Mitgliedstaats ihren Bediensteten erteilen,
c) die Einleitung eines Verfahrens durch die Kommission oder durch die Wettbewerbsbehörde eines Mitgliedstaats,
d) die Mitteilung der von der Kommission oder der Wettbewerbsbehörde eines Mitgliedstaats in Betracht gezogenen Beschwerdepunkte.

(4) **Die Unterbrechung wirkt gegenüber allen an der Zuwiderhandlung beteiligten Unternehmen und Unternehmensvereinigungen.**

(5) **Nach jeder Unterbrechung beginnt die Verjährung von neuem. Die Verjährung tritt jedoch spätestens mit dem Tag ein, an dem die doppelte Verjährungsfrist verstrichen ist, ohne dass die Kommission eine Geldbuße oder ein Zwangsgeld festgesetzt hat. Diese Frist verlängert sich um den Zeitraum, in dem die Verjährung gemäß Absatz 6 ruht.**

(6) **Die Verfolgungsverjährung ruht, solange wegen der Entscheidung der Kommission ein Verfahren vor dem Gerichtshof anhängig ist.**

1. Einführung

1 Weder die Kommission noch die mitgliedstaatlichen Wettbewerbsbehörden sind berechtigt, ohne zeitliche Beschränkung eventuelle Wettbewerbsverstöße zu sanktionieren. Vielmehr sieht Art. 25 vor, dass die Befugnis der Kommission zur **Verhängung von Geldbußen nach Art. 23** nur **innerhalb eines zeitlichen Rahmens von fünf Jahren** zulässig ist. Nach Ablauf dieses Zeitrahmens ist die Befugnis der Kommission verjährt (so EuG Slg. 2007 II-4949 Rn. 162 BASF und UCB). Etwas Vergleichbares gilt für die Befugnis der Kommission zur **Verhängung von Zwangsgeldern nach Art. 24.** Haben Unternehmen gegen Vorschriften über die Einholung von Auskünften oder die Vornahme von Nachprüfungen verstoßen, ist die Kommission lediglich **innerhalb eines Zeitrahmens von drei Jahren** berechtigt, Zuwiderhandlungen durch die Verhängung von Zwangsgeldern zu sanktionieren. Nach Ablauf der 3-Jahres-Frist verjährt die Befugnis der Kommission. Während Art. 25 die Verjährung der Verfolgungsbefugnis der Kommission zum Gegenstand hat, regelt Art. 26 die Verjährung der Befugnis der Kommission zur Vollstreckung erlassener

Entscheidungen. Die beiden Vorschriften sind klar voneinander getrennt und enthalten eigenständige Regelungen. Der Grundsatz der Verfolgungsverjährung, der in Abs. 1 von Art. 25 geregelt ist, wird ergänzt durch die Vorschriften in den Abs. 2–6, die die Berechnung der Frist betreffen, die Unterbrechung der Verjährungsfrist sowie die Berechnung der Verjährungsfrist nach erfolgter Unterbrechung.

Art. 25 und Art. 26 regeln sowohl die **Verfolgungs-** als auch die **Vollstreckungsverjährung** für den **Anwendungsbereich der VO 1/2003 abschließend.** Durch Art. 37 ist in die an sich einschlägige Verjährungsregelung der VO 2988/74 (ABl. 1974 L 319/1) eine neue Bestimmung aufgenommen worden, die den Anwendungsbereich dieser Verordnung insoweit einschränkt, als sie nicht für Maßnahmen gilt, die nach Maßgabe der VO 1/2003 getroffen werden. Nach Erwägungsgrund 31 zur VO 1/2003 ist eine eigenständige Regelung in Art. 25 und Art. 26 erforderlich, da nicht nur Maßnahmen der Kommission, **sondern auch Maßnahmen der mitgliedstaatlichen Wettbewerbsbehörden zur Unterbrechung der Verjährung führen** (so *Schütz* in Gemeinschaftskommentar Art. 25 Rn. 1). Dies geht aber über die Regelung in der VO 2988/74 hinaus und bedarf deshalb einer **eigenständigen Regulierung.** Die VO 2988/74 bleibt somit allein für den Bereich der Fusionskontrolle anwendbar (*Schütz* in Gemeinschaftskommentar, aaO). 2

2. Dauer und Beginn der Verjährung

Art. 25 Abs. 1 differenziert danach, ob Zuwiderhandlungen gegen Vorschriften über die Einholung von Auskünften oder die Vornahme von Nachprüfungen sanktioniert werden oder andere als die vorgenannten. Während für die ersteren eine Verjährungsfrist von drei Jahren gilt, gilt für alle übrigen Zuwiderhandlungen eine Verjährungsfrist von fünf Jahren. Letztere ist also der Regelfall. Die Verjährungsfrist beginnt nach Art. 25 Abs. 2 mit dem **Tag, an dem die Zuwiderhandlung begangen** worden ist. Bei **dauernden oder fortgesetzten Zuwiderhandlungen** (dazu ausführlich *Seifert* ECLR 2008, 546) beginnt die Verjährung jedoch erst mit dem **Tag, an dem die Zuwiderhandlung beendet** ist (EuG 17 5 2013 T-147/09 und T-148/09 Rn. 86ff. Trelleborg, NZKart 2013, 295). Der Beginn der Verjährungsfrist ist für die Frage der Verfolgungsverjährung von zentraler Bedeutung. Während die Verjährungsfrist hinsichtlich ihrer Dauer vergleichsweise einfach zu berechnen ist, kommt es in der Praxis fast immer entscheidend darauf an, wann die **Zuwiderhandlung begangen** wurde bzw., was von praktisch größerer Relevanz ist, **wann diese beendet wurde.** Dass ein Fall einer einmaligen Zuwiderhandlung vorliegt, kommt vergleichsweise selten vor. **Dauernde oder fortgesetzte Zuwiderhandlungen** sind der **Regelfall.** Das ist insbesondere bei **Hardcore-Verstößen** zu beobachten. 3

Beantwortet ein Unternehmen zB eine Auskunftsentscheidung der Kommission unvollständig, wahrheitswidrig oder irreführend, oder kommt ein Unternehmen seinen Verpflichtungen im Rahmen einer Nachprüfung nicht nach, ist die Zuwiderhandlung vergleichsweise einfach zu identifizieren, ebenso das Ende der Zuwiderhandlung. Damit steht auch der Beginn der Verjährung eindeutig fest. Bei eigentlichen **Kartellverstößen,** die in aller Regel **über einen längeren Zeitraum** hinweg praktiziert werden, ist der Zeitpunkt des Beginns einer Zuwiderhandlung bzw., was von praktisch größerer Relevanz ist, der Zeitpunkt der Beendigung der Zuwiderhandlung, der relevante Anknüpfungspunkt. Dieser ist nicht für den Eintritt der Verfolgungsverjährung von Bedeutung, sondern auch für die **Berechnung des von der Kommission zu verhängenden Bußgeldes.** Die Kommission berücksichtigt bei der Bemessung einer Geldbuße nicht nur die Schwere, sondern auch die Dauer der Zuwiderhandlung. Letztere ist in der Praxis häufig nur sehr schwer festzustellen. Liegt ein eindeutig identifizierbarer Zeitpunkt vor, an dem eine Zuwiderhandlung beendet wurde, beginnt die Verjährungsfrist von diesem Tag an zu laufen (so EuG Slg. 2006 II-4441 Rn. 46 Peroxidos Organicos). Häufig ist ein solcher eindeutig iden- 4 tifizierbarer Zeitpunkt jedoch nicht gegeben. Dann kommt es darauf an, mit der Kommission gemeinsam oder kontradiktorisch den relevanten Zeitpunkt festzulegen.

3. Unterbrechung des Laufs der Verjährungsfrist

5 **a) Grundsatz.** Der Lauf der Verjährungsfrist nach Art. 25 Abs. 1 wird durch **jede Ermittlungs- oder Verfolgungshandlung der Kommission oder einer mitgliedstaatlichen Wettbewerbsbehörde unterbrochen.** Diese Regelung ist im Vergleich zu früheren Regelungen neu und dem System der Legalausnahme, das mit dem Inkrafttreten der VO 1/2003 begründet wurde, geschuldet. Seit die mitgliedstaatlichen Wettbewerbsbehörden nach Art. 5 in gleichem Maße wie die Kommission dazu aufgerufen sind, Verstöße gegen die Art. 101 oder 102 AEUV zu sanktionieren, insbesondere auch mit einem Bußgeld zu belegen, muss den Ermittlungs- und **Verfolgungshandlungen der mitgliedstaatlichen Wettbewerbsbehörden vergleichbare Rechtswirkungen** zukommen wie denjenigen der Kommission. Entsprechend unterbrechen nach Art. 25 Abs. 3 Ermittlungs- und Verfolgungshandlungen der mitgliedstaatlichen Wettbewerbsbehörden die Verjährung.

6 **b) Verjährungsunterbrechende Ereignisse.** Von entscheidender Bedeutung ist der Tag, an dem die Kommission oder eine mitgliedstaatliche Wettbewerbsbehörde mindestens einem an der Zuwiderhandlung beteiligten Unternehmen oder Unternehmensvereinigung die relevante Handlung bekannt gibt. Mit dieser Handlung wird die Verjährungsfrist unterbrochen. Es kommt somit auf den **Zeitpunkt der Bekanntgabe** an. Art. 25 Abs. 3 S. 3 nennt **vier Beispiele,** bei deren Vorliegen die Unterbrechungswirkung eintritt. Die **Zustellung eines schriftlichen Auskunftsverlangens** der Kommission oder einer mitgliedstaatlichen Wettbewerbsbehörde wird als ausreichend angesehen, um die Verjährung zu unterbrechen. Es kommt somit auf den Zeitpunkt der Bekanntgabe, nach deutschem Recht also dem Tag der **förmlichen Zustellung des Auskunftsverlangens** bei dem beteiligten Unternehmen oder der beteiligten Unternehmensvereinigung an (lit. a). Etwas Vergleichbares gilt nach lit. b für **schriftliche Nachprüfungsaufträge.** Diese werden den Unternehmen in aller Regel zusammen mit dem Beschluss eines zuständigen mitgliedstaatlichen Gerichts (EuGH Slg. 1989 2859 Hoechst) unmittelbar vor der vorzunehmenden Nachprüfung übermittelt. Auch hier kommt es auf den **Zeitpunkt der konkreten Zustellung** an. **Leitet die Kommission** oder eine mitgliedstaatliche Wettbewerbsbehörde unabhängig von den in lit. a und lit. b genannten Ermittlungsaktivitäten **ein Verfahren ein,** unterbricht dieses ebenfalls die Verjährung (lit. c). Auch in diesem Zusammenhang kommt es maßgeblich auf den Zeitpunkt der Zustellung bei einem beteiligten Unternehmen bzw. einer beteiligten Unternehmensvereinigung an. Dieselbe Rechtswirkung tritt ein, wenn die Kommission oder eine mitgliedstaatliche Wettbewerbsbehörde dem beteiligten **Unternehmen Beschwerdepunkte mitteilen** (lit. d).

7 **c) Unterbrechung.** Die Unterbrechung **wirkt,** auch wenn sie nur gegenüber einem der beteiligten Unternehmen oder einer beteiligten Unternehmensvereinigung bekannt gegeben wird, **gegenüber allen an der Zuwiderhandlung beteiligten Unternehmen** und Unternehmensvereinigungen. Die Regelung in Art. 25 Abs. 4 ist sehr weitgehend (*Arhold* in MünchKomm Art. 25 VO 1/2003 Rn. 16; *Dannecker/Biermann* in IM Art. 25 VO 1/2003 Rn. 22). Häufig können die Unternehmen nämlich nicht überblicken, wann die Kommission mit Ermittlungsmaßnahmen begonnen hat. Dies gilt insbesondere dann, wenn ein an einer kartellrechtswidrigen Vereinbarung beteiligtes Unternehmen die Kronzeugenregelung in Anspruch nimmt und bei der Kommission eine Selbstanzeige stellt. Richtet diese im Anschluss Auskunftsverlangen an das Unternehmen, das die Kronzeugenregelung der Kommission in Anspruch nimmt, wird die Verjährung damit unterbrochen. Das gilt gegenüber al-

len Unternehmen, die an einer Zuwiderhandlung beteiligt sind, selbst wenn sie im Zeitpunkt des Auskunftsverlangens hiervon keine Kenntnis haben und haben können.

4. Neubeginn und Ruhen der Verfolgungsverjährung

Nach jeder Unterbrechung **beginnt die Verjährung von neuem** zu laufen. Das bedeutet, dass eine neue 5-Jahres-Frist nach Art. 25 Abs. 1 lit. b zu laufen beginnt, wenn die Kommission nach Art. 25 Abs. 3 S. 3 lit. a ein schriftliches Auskunftsverlangen an ein an einer Zuwiderhandlung beteiligtes Unternehmen gerichtet hat. Auf diese Weise kann sich, vorbehaltlich der Regelung in Art. 25 Abs. 5 S. 3 iVm Abs. 6, die Verjährungsfrist auf maximal zehn Jahre verdoppeln. Danach tritt ein **absolutes Verfolgungsverbot** ein. Allerdings verlängert sich die Frist um den Zeitraum, in dem die Verjährung nach Art. 25 Abs. 6 ruht. Das **Ruhen der Verfolgungsverjährung** tritt ein, solange wegen der Entscheidung der Kommission oder ein Verfahren vor dem Gerichtshof anhängig ist. Die Dauer des Gerichtshofs ist somit auf die maximale Verjährungsdauer von zehn Jahren ggf. ergänzend hinzuzurechnen. 8

Das Ruhen der Verjährungsfrist beginnt mit der **Einreichung der Klage beim Gericht erster Instanz** (EuGH Slg. 2002 I-8375 Rn. 157 Limburgese Vinyl Maatschapij u. a.). Falls von mehreren an einer Zuwiderhandlung beteiligten Unternehmen nur einzelne Klage einreichen, tritt die **Unterbrechungswirkung nach Art. 25 Abs. 6 nur für diese** ein. Für Unternehmen, die an einer Zuwiderhandlung beteiligt sind, gegen eine Maßnahme der Kommission jedoch keine Nichtigkeitsklage eingelegt haben, wirkt die Unterbrechungswirkung nach Art. 25 Abs. 6 nicht. Eine analoge Anwendung der Bestimmung in Art. 25 Abs. 4 kommt nicht in Betracht (so *de Bronett* Art. 25 Rn. 15). Mit der **Verkündung des Urteils endet das Ruhen** der Verjährungsfrist. Maßgeblich ist dabei nicht die förmliche Zustellung des Urteils beim Kläger, sondern der **Tag der Verkündung der Entscheidung.** Die Ruhensfrist wird nicht dadurch verlängert, wenn eine der Prozessparteien später fristgerecht Rechtsmittel gegen die Entscheidung des Gerichts erster Instanz einlegt. Vielmehr beginnt die Ruhensfrist dann erneut zu laufen. Die weitere Ruhensfrist endet ebenfalls mit der Verkündung des Urteils des Gerichtshofs in der Rechtsmittelsache. 9

5. Besonderheiten bei der Verhängung von Zwangsgeldern

Anders als die Festsetzung eines Bußgeldes ist das **Verfahren zur Verhängung eines Zwangsgeldes zweistufig** ausgestaltet. Für den Eintritt der Verjährung kann es nicht auf die erste Stufe, dh auf die Androhung des Zwangsgeldes, ankommen. Vielmehr ist maßgeblich auf die Festsetzung der endgültigen Höhe eines Zwangsgeldes abzustellen (*de Bronett* Art. 25 Rn. 20f.). Allein die **Maßnahme auf der zweiten Stufe** des Verfahrens führt somit zur **Unterbrechung der Verfolgungsverjährung.** Für das Ruhen der Verjährungsfrist gilt das oben Gesagte (→ Rn. 9). 10

Art. 26 Vollstreckungsverjährung

(1) **Die Befugnis der Kommission zur Vollstreckung von in Anwendung der Artikel 23 und 24 erlassenen Entscheidungen verjährt in fünf Jahren.**

(2) **Die Verjährung beginnt mit dem Tag, an dem die Entscheidung bestandskräftig geworden ist.**

(3) **Die Vollstreckungsverjährung wird unterbrochen**

a) durch die Bekanntgabe einer Entscheidung, durch die der ursprüngliche Betrag der Geldbuße oder des Zwangsgelds geändert oder ein Antrag auf eine solche Änderung abgelehnt wird,

b) durch jede auf zwangsweise Beitreibung der Geldbuße oder des Zwangsgelds gerichtete Handlung der Kommission oder eines Mitgliedstaats auf Antrag der Kommission.

(4) **Nach jeder Unterbrechung beginnt die Verjährung von neuem.**

(5) **Die Vollstreckungsverjährung ruht,**

a) solange eine Zahlungserleichterung bewilligt ist,

b) solange die Zwangsvollstreckung durch eine Entscheidung des Gerichtshofs ausgesetzt ist.

1. Einführung

1 Die Bestimmungen über den Eintritt der Verfolgungsverjährung in Art. 25 wird ergänzt durch die Vorschrift des Art. 26, der die **Verjährung von Vollstreckungsmaßnahmen der Kommission** regelt. Während es in Art. 25 um Maßnahmen zur Verfolgung von Zuwiderhandlungen gegen Art. 101 oder Art. 102 geht, handelt Art. 26 von der zeitlich beschränkten Befugnis der Kommission, Vollstreckungsmaßnahmen zur Durchsetzung bereits erlassener Entscheidungen zu ergreifen. Während es also im Rahmen von Art. 25 darum geht, dass die Kommission nur innerhalb des vorgegebenen zeitlichen Rahmens Zuwiderhandlungen aufgreifen und sanktionieren darf, geht es bei Art. 26 darum, die **Maßnahmen zur Durchsetzung vollstreckbarer Entscheidungen zeitlich zu begrenzen.** Die Verjährungsfrist wird für die Vollstreckung bereits erlassener Entscheidungen nach Maßgabe der Art. 23 und 24 einheitlich auf **fünf Jahre** festgelegt. Ähnlich wie die Abs. 2–6 des Art. 25 regeln die Abs. 2–5 von Art. 26 rechtstechnische Details. Das betrifft zum einen die Frage, zu welchem Zeitpunkt die Verjährung beginnt, unter welchen Voraussetzungen die Vollstreckungsverjährung unterbrochen wird und unter welchen Voraussetzungen die Vollstreckungsverjährung ruht.

2. Anwendungsbereich und Beginn der Vollstreckungsverjährung

2 **a) Anwendungsbereich.** Die Regelungen über die Vollstreckungsverjährung in Art. 26 erstrecken sich ausschließlich auf **Entscheidungen, die in Anwendung der Art. 23 und 24 erlassen wurden.** Es geht somit ausschließlich um Entscheidungen, in denen die Kommission ein Bußgeld oder die endgültige Höhe eines Zwangsgeldes festgesetzt hat. Die Entscheidungen begründen somit eine **konkrete Zahlungsverpflichtung** der Adressaten und sind **vollstreckbare Titel iSv Art. 299 AEUV.** Auf andere Entscheidungen, insbesondere auf diejenigen, die in Anwendung der Art. 7–10 ergangen sind, ist Art. 26 nicht anwendbar. Sofern diese Entscheidungen keine zeitliche Befristung vorsehen, sind sie somit grundsätzlich unbeschränkt gültig und rechtswirksam. Die Befugnis der Kommission zum Ergreifen von Vollstreckungsmaßnahmen verjährt in fünf Jahren. Anders als Art. 25 differenziert Art. 26 nicht zwischen Bußgeldentscheidungen nach Art. 23 und der Verhängung von Zwangsgeldern nach Art. 24. Der Gesetzgeber wollte vielmehr für **Entscheidungen nach Maßgabe der Art. 23 und 24** generell eine **einheitliche Verjährungsfrist von fünf Jahren** einführen.

3 **b) Beginn des Laufs der Verjährungsfrist.** Die Verjährung beginnt mit dem Tag, an dem die **Entscheidung bestandskräftig** geworden ist. Bestandskräftig wird eine Entscheidung dadurch, wenn sie dem Adressaten **zugestellt** wurde und dieser nicht fristgemäß gemäß Art. 263 Abs. 5 AEUV Nichtigkeitsklage beim Gericht erhoben hat. Entscheidet sich der Adressat gegen die Klageerhebung oder lässt er die **Kla-**

gefrist ergebnislos verstreichen, wird die Entscheidung der Kommission bestandskräftig. An diesem Tag beginnt der Lauf der fünfjährigen Verjährungsfrist. Bestandskraft tritt darüber hinaus auch ein, wenn der Adressat der Entscheidung zwar Klage zum Gericht erhoben hat, dieses die **Klage** jedoch ganz oder überwiegend **abweist.** Der unterlegene Kläger hat dann die Möglichkeit, Rechtsmittel zum Gerichtshof einzulegen. Sieht er davon ab, entweder durch einen ausdrücklich erklärten Rechtsmittelverzicht oder durch Ablauf der Frist zur Einlegung eines Rechtsmittels, wird die Entscheidung der Kommission bestandskräftig und zwar in der Fassung, die sie durch die Entscheidung des Gerichts erhalten hat. Legt der unterlegene Kläger und Adressat der Kommissionsentscheidung gegen eine für ihn ungünstige Entscheidung des Gerichts fristgerecht Rechtsmittel ein, tritt die Bestandskraft der Entscheidung erst ein, wenn der Gerichtshof im Sinne der Kommission über das Rechtsmittel entschieden und dieses ganz oder überwiegend zurückgewiesen hat. Mit der **Verkündung des Rechtsmittelurteils** ist der Instanzenweg ausgeschöpft. Mit der Verkündung des Rechtsmittelurteils wird die Entscheidung der Kommission bestandskräftig und zwar in der Form, die sie durch das Urteil des Gerichts bzw. des Gerichtshofs erhalten hat.

3. Unterbrechung und Ruhen der Vollstreckungsverjährung

a) Unterbrechung der Vollstreckungsverjährung. Die Vollstreckungsverjährung wird nach Maßgabe des Art. 26 Abs. 3 unterbrochen durch die Bekanntgabe einer Entscheidung, durch die der **ursprüngliche Betrag der Geldbuße oder des Zwangsgeldes geändert** oder ein **Antrag auf eine solche Änderung abgelehnt** wird (lit. a)). Diese Fallgruppe ist gegeben, wenn, was in der Praxis selten vorkommt, die Kommission von sich aus den ursprünglichen Betrag der Geldbuße oder des Zwangsgeldes reduziert. In der Praxis häufiger ist die Konstellation, dass der ursprüngliche Betrag der Geldbuße oder des Zwangsgeldes durch eine Entscheidung der europäischen Gerichte **reduziert,** in Einzelfällen aber auch **erhöht** wird. Dieselbe Rechtswirkung tritt ein, wenn das Gericht oder der Gerichtshof einen entsprechenden Antrag des Adressaten der Kommissionsentscheidung ablehnt. 4

Die Vollstreckungsverjährung wird ebenfalls unterbrochen, wenn die Kommission oder die Behörde eines Mitgliedstaates auf Antrag der Kommission den Betrag der Geldbuße oder des Zwangsgeldes **zwangsweise beitreibt.** Zwangsvollstreckungsmaßnahmen der Kommission oder eines auf Antrag der Kommission tätig werdenden Mitgliedstaates unterbrechen die Verfolgungsverjährung ebenfalls (*de Bronett* Art. 26 Rn. 3). Allerdings muss es sich um **förmliche Vollstreckungsmaßnahmen** handeln (so auch *Dannecker/Biermann* in IM Art. 26 VO 1/2003 Rn. 3). Die einfache Aufforderung der Kommission oder einer mitgliedstaatlichen Behörde, die auf Antrag der Kommission tätig wird, reicht nicht aus, um die Rechtswirkungen von Art. 26 Abs. 3 lit. b) eintreten zu lassen. 5

Nach jeder Unterbrechung beginnt gemäß Art. 26 Abs. 4 die Verjährung von neuem. Insoweit greift Art. 26 Abs. 4 die Regelungen in Art. 25 Abs. 5 S. 1 auf. Allerdings sieht Art. 26 keine Art. 25 Abs. 5 S. 5 vergleichbare Regelung vor. Es gibt somit in Art. 26 **keine absolute Begrenzung der möglichen Verlängerung der Verjährungsfrist durch Unterbrechung.** Dabei dürfte es sich jedoch eher um ein theoretisches Problem handeln. In der Praxis sind nur wenige Fälle denkbar, in denen sich die Verjährungsfrist nach Art. 26 auf unabsehbare Zeit verlängern könnte. Selbst in Fällen, in denen das Gericht erster Instanz oder der Gerichtshof die **Vollstreckung der Entscheidung gemäß Art. 278 AEUV ausgesetzt** hat, verlängert sich die Verjährungsfrist nur um die Dauer der Aussetzung. Diese wird in der Regel mit der **Dauer der anhängigen Nichtigkeitsklage identisch** sein. Um die sofortige Vollstreckbarkeit der Kommissionsentscheidung zu beseitigen, muss der Kläger zusätzlich zur Nichtigkeitsklage einen Antrag nach Art. 278 AEUV stellen, da eine **Nichtigkeitsklage keinen Suspensiveffekt** hat. 6

7 Art. 26 enthält ebenfalls keine Art. 25 Abs. 4 vergleichbare Regelung. Nach dieser Bestimmung wirkt eine Unterbrechung gegenüber allen an einer Zuwiderhandlung beteiligten Unternehmen und Unternehmensvereinigungen. In Art. 25 macht diese Regelung Sinn, da sich die Verfolgungstätigkeit der Kommission gerade in Kartellverfahren in aller Regel nicht gegen ein einzelnes Unternehmen richtet, sondern **gegen mehrere gleichzeitig.** Art. 26 betrifft dagegen ausschließlich die Verjährung für die Vollstreckung von Entscheidungen, die gegen ein bestimmtes Unternehmen gerichtet ist. Das gilt auch dann, wenn zB in einer Bußgeldentscheidung mehrere Unternehmen als Adressaten der Entscheidung genannt sind. Vollstreckungsmaßnahmen müssen **gegen jedes Unternehmen einzeln** ergriffen werden. Deshalb können die Regeln über die Vollstreckungsverjährung in Art. 26 auch nur individuell gegenüber jedem einzelnen beteiligten Unternehmen gelten. Eine Erstreckung auf die anderen beteiligten Unternehmen analog Art. 25 Abs. 4 wäre unsinnig.

8 **b) Ruhen der Vollstreckungsverjährung.** Die Vollstreckungsverjährung ruht, solange eine Zahlungserleichterung bewilligt ist (lit. a) oder solange die Zwangsvollstreckung durch eine Entscheidung des Gerichtshofs ausgesetzt ist (lit. b). Eine Zahlungserleichterung liegt vor, wenn die Kommission sich mit einer **Stundung** der Zahlung einverstanden erklärt hat, wenn sie **Ratenzahlung** bewilligt hat oder eine **Bankbürgschaft** des Schuldners akzeptiert hat. In diesen Fällen ruht die Vollstreckungsverjährung (*Dannecker/Biermann* in IM Art. 26 VO 1/2003 Rn. 6). Dieselbe Rechtswirkung tritt ein, wenn der Adressat eines Bußgeldes oder eines Zwangsgeldes beim Gericht bzw. beim Gerichtshof einen **Antrag auf Aussetzung der Vollstreckung nach Art. 278 AEUV** gestellt hat. Stimmt eines der europäischen Gerichte der Aussetzung der Vollziehbarkeit nach Art. 278 AEUV zu, was nur selten vorkommt, ruht die Vollstreckungsverjährung ebenfalls.

9 Die Rechtswirkung des Ruhens der Vollstreckungsverjährung bedeutet, dass sich die fünfjährige Frist, vorbehaltlich einer Unterbrechung dieser Frist, um den Zeitraum verlängert, in dem die Vollstreckungsverjährung ruht. Zwar enthält Art. 26 keine Regelung, die mit Art. 25 Abs. 5 S. 3 vergleichbar wäre. Allerdings kann für die Vollstreckungsverjährung in Art. 26 nichts anderes gelten.

Kapitel VIII. Anhörungen und Berufsgeheimnis

Vorbemerkung

1 Bezeichnenderweise widmet sich erst das achte Kapitel der VO 1/2003 den **fundamentalen Verfahrensrechten der Unternehmen und Personen,** die an einem Kartellverfahren nach der VO 1/2003 beteiligt sind. Die vorangehenden Kapitel befassen sich mit den allgemeinen Grundsätzen der Anwendung der Art. 101 und 102 AEUV sowie den Befugnissen de Kommission sowie der mitgliedstaatlichen Wettbewerbsbehörden und Gerichte sowohl hinsichtlich der Ermittlungsbefugnisse, die sie zur Aufklärung von Sachverhalten in Anspruch nehmen können, als auch hinsichtlich der Maßnahmen, die sie zur Abstellung vermeintlicher Zuwiderhandlungen gegen Art. 101 und Art. 102 AEUV ergreifen können. Erst mit den Vorschriften des achten Kapitels wird das Augenmerk auf die Rechte der Verfahrensbeteiligten gelenkt. Dieses enthält nur zwei Vorschriften. In Art. 27 geht es um den Schutz des **rechtlichen Gehörs,** das die Parteien, die an einem Verfahren beteiligt sind, sowie der Beschwerdeführer und sonstige Dritte beanspruchen können. Ergänzend regelt Art. 28 das **Berufsgeheimnis.** Dabei ist jedoch darauf hinzuweisen, dass mit der Überschrift „Berufsgeheimnis" der **Regelungsinhalt** von Art. 28 **nicht angemessen zusammengefasst** wird. Die Regelung geht tatsächlich weit über das Berufsgeheimnis hi-

naus und regelt auch die Grenzen für die Verwertung ermittelter Informationen, Daten und Dokumente.

Art. 27 enthält ebenso wie seine Vorgängervorschrift in Art. 19 VO 17/62 lediglich die **Grundsätze,** die bei der Beachtung der Verfahrensrechte der an einem Verfahren Beteiligten zu beachten sind. Ergänzend hat die Kommission eine **Durchführungsverordnung** über die Durchführung von Verfahren auf der Grundlage der Art. 101 und 102 AEUV erlassen (VO 773/2004, vgl. Anhang A 2). Diese Verordnung regelt im Einzelnen den Ablauf des Verfahrens sowie die konkreten Verfahrensrechte, die die Kommission bei der Durchführung von Kartellverfahren zu beachten hat. Ergänzend hat sie **Bekanntmachungen** veröffentlicht, die in diesem Kontext ebenfalls von Bedeutung sind. Neben den Vorschriften des Sekundärrechtes in der VO 1/2003, der VO 773/2004 und den Bekanntmachungen der Kommission kann auf umfangreiche **Rechtsprechung der europäischen Gerichte** zurückgegriffen werden. Diese haben es stets als eine wichtige Aufgabe angesehen, die Verfahrensgarantien und -rechte der Unternehmen in Kartellverfahren zu schützen. Dies war bereits aus der Rechtsprechung des Gerichtshofs in früheren Jahren abzulesen. Besonders deutlich geworden ist diese Absicht, nachdem das **Gericht** seine Tätigkeit aufgenommen hatte. Insbesondere das Gericht hat eine Fülle Aufsehen erregender Urteile erlassen, die den **Schutz der an einem Kartellverfahren beteiligten Unternehmen erheblich erweitert** haben. 2

Art. 27 Anhörung der Parteien, der Beschwerdeführer und sonstiger Dritter

(1) Vor einer Entscheidung gemäß den Artikeln 7, 8, 23 oder 24 Absatz 2 gibt die Kommission den Unternehmen und Unternehmensvereinigungen, gegen die sich das von ihr betriebene Verfahren richtet, Gelegenheit, sich zu den Beschwerdepunkten zu äußern, die sie in Betracht gezogen hat. Die Kommission stützt ihre Entscheidung nur auf die Beschwerdepunkte, zu denen sich die Parteien äußern konnten. Die Beschwerdeführer werden eng in das Verfahren einbezogen.

(2) Die Verteidigungsrechte der Parteien müssen während des Verfahrens in vollem Umfang gewahrt werden. Die Parteien haben Recht auf Einsicht in die Akten der Kommission, vorbehaltlich des berechtigten Interesses von Unternehmen an der Wahrung ihrer Geschäftsgeheimnisse. Von der Akteneinsicht ausgenommen sind vertrauliche Informationen sowie interne Schriftstücke der Kommission und der Wettbewerbsbehörden der Mitgliedstaaten. Insbesondere ist die Korrespondenz zwischen der Kommission und den Wettbewerbsbehörden der Mitgliedstaaten oder zwischen den Letztgenannten, einschließlich der gemäß Artikel 11 und Artikel 14 erstellten Schriftstücke, von der Akteneinsicht ausgenommen. Die Regelung dieses Absatzes steht der Offenlegung und Nutzung der für den Nachweis einer Zuwiderhandlung notwendigen Informationen durch die Kommission in keiner Weise entgegen.

(3) Soweit die Kommission es für erforderlich hält, kann sie auch andere natürliche oder juristische Personen anhören. Dem Antrag natürlicher oder juristischer Personen, angehört zu werden, ist stattzugeben, wenn sie ein ausreichendes Interesse nachweisen. Außerdem können die Wettbewerbsbehörden der Mitgliedstaaten bei der Kommission die Anhörung anderer natürlicher oder juristischer Personen beantragen.

(4) Beabsichtigt die Kommission eine Entscheidung gemäß Artikel 9 oder 10 zu erlassen, so veröffentlicht sie zuvor eine kurze Zusammenfassung des

Falls und den wesentlichen Inhalt der betreffenden Verpflichtungszusagen oder der geplanten Vorgehensweise. Interessierte Dritte können ihre Bemerkungen hierzu binnen einer Frist abgeben, die von der Kommission in ihrer Veröffentlichung festgelegt wird und die mindestens einen Monat betragen muss. Bei der Veröffentlichung ist dem berechtigten Interesse der Unternehmen an der Wahrung ihrer Geschäftsgeheimnisse Rechnung zu tragen.

Inhaltsübersicht

1. Einführung

1 **a) Ausgangslage.** Anknüpfend an die Vorgängerregelung in Art. 19 der VO 17/62 gewährleistet Art. 27 den **Schutz des rechtlichen Gehörs** der an einem Kartellverfahren Beteiligten. Es handelt sich um die zentrale Vorschrift zum Schutz der **Verfahrensrechte der Parteien, der Beschwerdeführer und sonstiger Dritter,** die an einem Kartellverfahren beteiligt sein können. Die Vorschrift allein gibt lediglich den Rahmen vor, der für den Schutz des Rechts auf rechtliches Gehör gezogen wird. Er bedarf der weiteren Ausgestaltung und Konkretisierung durch Rechtsakte der Kommission und der mitgliedstaatlichen Wettbewerbsbehörden sowie durch die Rechtsprechung. Die Vorschriften in Art. 27 sprechen lediglich einige, wenn auch wesentliche Aspekte an, die im Rahmen der Gewährung rechtlichen Gehörs von Bedeutung sind. Im Interesse eines umfassenden Schutzes der Verfahrensrechte der beteiligten Unternehmen ist ergänzend auf andere Quellen abzustellen. Dabei handelt es sich insbesondere um die **Durchführungsverordnung der Kommission** für die Durchführung von Verfahren auf der Grundlage der Art. 81 und 82 EG (**VO 773/2004,** Anhang A 2). Diese regelt die Grundsätze für die Einleitung des Verfahrens, die Durchführung von Ermittlungen durch die Kommission, die Behandlung von Beschwerden durch die Kommission, die Wahrnehmung des Anspruchs auf rechtliches Gehör sowie die Gewährung von Akteneinsicht und die Behandlung vertraulicher Informationen. Ergänzend hat die Kommission **Bekanntmachungen** veröffentlicht, die insbesondere die **Behandlung von Beschwerden durch die Kommission** zum Gegenstand haben (ABl. 2004 C 101/65, Anhang B 19), sowie die Regeln für die Einsicht in Kommissionsakten in Fällen einer Anwendung der Art. 81 und 82 EG, der Art. 53, 54 und 57 des EWR-Abkommens und der VO 139/2004 (ABl. 2005 C 325/7, Anhang B 17).

Sämtliche Maßnahmen der Kommission wie auch der mitgliedstaatlichen Wettbewerbsbehörden müssen sich an den auch im Europarecht verbindlich geltenden Grundrechtsvorgaben messen lassen. Der Gerichtshof hat bereits in einem frühen Stadium seiner Rechtsprechung darauf hingewiesen, dass auch die Europäische Union den Schutz der Grundrechte gewährleistet. In Grundsatzentscheidungen hat der Gerichtshof den **Schutz der Grundrechte** als wesentlichen Bestandteil der gemeinsamen Rechts- und Verfassungstraditionen der Mitgliedstaaten angesehen (EuGH Slg. 1969, 419 Stauder; EuGH Slg. 1970, 1125 Internationale Handelsgesellschaft; EuGH Slg. 1974, 491 Nolt; dazu *Brinker,* Verfahrensgrundrechte für Unternehmen in *Schwarze (Hrsg.),* Wirtschaftsverfassungsrechtliche Garantien für Unternehmen im Binnenmarkt, 2001, S. 177). Grundrechte werden vor diesem Hintergrund als **allgemeine Rechtsgrundsätze des Unionsrechts** anerkannt (vgl. allgemein *Schwarze,* Probleme des europäischen Grundrechtsschutzes, FS Deringer, 1993, S. 160). Wiederholte Vorschläge der Kommission, die Europäische Union solle der Europäischen Konvention zum Schutz der Menschenrechte und Grundfreiheiten **(EMRK)** förmlich beitreten, wurden lange Zeit nicht aufgegriffen. Auch der EuGH äußerte Zweifel, ob im geltenden Unionsrecht eine ausreichende Kompetenzgrundlage für einen solchen Beitritt vorgesehen sei (EuGH Slg. 1996 I-1759, 1763). Bis auf weiteres blieb es deshalb bei der gemeinsamen Erklärung des Europäischen Parlaments, des Rates und der Kommission aus dem Jahr 1977 (ABl. 1977 C 103/1), bei der Ausübung ihrer Befugnisse die Grundrechte zu achten, wie sie sich insbesondere aus den Verfassungen der Mitgliedstaaten und aus dem EMRK ergeben. 2

Darüber hinaus enthielt **Art. 6 EUV** in der Fassung des Vertrages von Nizza eine positiv-rechtliche Bekräftigung des vom Parlament, Rat und Kommission bekräftigten Grundsatzes, die Grundrechte zu achten. Art. 6 Abs. 1 EUV anerkennt, dass die Europäische Union auf den Grundsätzen der Freiheit, der Demokratie, der Achtung der Menschenrechte und Grundfreiheiten sowie der Rechtsstaatlichkeit beruht. Art. 6 Abs. 2 EUV hält fest, dass die Union die Grundrechte achtet, wie sie in der EMRK gewährleistet sind und wie sie sich aus den gemeinsamen Verfassungsüberlieferungen der Mitgliedstaaten als allgemeine Grundsätze des Gemeinschaftsrechts ergeben. Damit wird deutlich, dass die Vorschriften der EMRK, selbst wenn sie nicht unmittelbar anwendbar sind, auch innerhalb der Europäischen Union von erheblicher Bedeutung sind (vgl. *Stumpf* in *Schwarze,* EU-Kommentar, Art. 6 EUV Rn. 2). Entsprechend zieht der Gerichtshof die Vorschriften der EMRK regelmäßig heran, wenn es um die Bestimmung von Inhalt und Reichweite von Grundrechten geht, die der gemeinsamen Rechts- und Verfassungstradition der Mitgliedstaaten zu entnehmen sind (so zB EuG Slg. 2001 II-729 Mannesmannröhren-Werke). 3

Einen weiteren Schritt hat die Union mit der Proklamation der **Grundrechtscharta der Europäischen Union** durch das Europäische Parlament, den Europäischen Rat und die Europäische Kommission erfahren (ABl. 2000 C 364/1). Auf sie verweist ausdrücklich Erwägungsgrund 37 zur VO 1/2003. Aus der Charta sind im vorliegenden Kontext insbesondere Art. 41, Art. 42 sowie die justiziellen Rechte in Art. 47–50 zu nennen (dazu *Brinker,* Verfahrensgrundrechte für Unternehmen, aaO). Art. 41 regelt das Recht auf gute Verwaltung. Damit verbunden sind insbesondere die Gewährleistung des Rechts auf rechtliches Gehör, des Rechts auf Akteneinsicht sowie die Pflicht zur Begründung belastender Rechtsakte. Art. 42 regelt das Recht auf Zugang zu Dokumenten. Art. 47 regelt das Recht auf wirksamen Rechtsbehelf und die Unparteilichkeit der Gerichte, während Art. 48 die Unschuldsvermutung gewährleistet, sowie die effektive Wahrnehmung von Verteidigungsrechten. Derzeit ist die Charta vor allem im Hinblick auf noch nicht abschließend geklärte Kompetenzfragen noch keine direkte, unmittelbare Rechts- und Bindungswirkung beanspruchende Rechtsnorm (vgl. allg. *Bernsdorff/Borowsky,* Die Charta der Grundrechte der Europäischen Union, 2002). Dies hätte sich geändert, falls die **Europäische Verfassung,** die die Bestimmungen der Charta integriert hat, von den Mitgliedstaaten der Europä- 4 ischen Union ratifiziert worden wäre (dazu *Hirsch,* Die Aufnahme der Grundrechtecharta in den Verfassungsvertrag, in *Schwarze* (Hrsg.), Der Verfassungsentwurf des Europäischen Konvents, 2004, S. 111 ff.).

5 Bekanntlich ist der Verfassungsvertrag an den Voten in Frankreich und den Niederlanden gescheitert. Es ist auch nicht zu erwarten, dass der Verfassungsvertrag in absehbarer Zeit eine mehrheitliche Zustimmung in den Mitgliedstaaten finden wird. Vor diesem Hintergrund haben sich die Mitgliedstaaten der Europäischen Union auf eine weniger ambitionierte Kompromisslösung verständigt, die Niederschlag im **Vertrag von Lissabon** gefunden hat (→ Einl. Rn. 5). Dessen Ratifizierung durch die Mitgliedstaaten ist erfolgt. Der Vertrag ist am 1. 12. 2009 in Kraft getreten. Art. 6 des Vertrages über die Europäische Union in der Fassung des Vertrages von Lissabon enthält gravierende Änderungen im Vergleich zur vorstehend skizzierten Rechtslage. In Art. 6 Abs. 1 erkennt die Europäische Union die Rechte, Freiheiten und Grundsätze an, die in der Charta der Grundrechte der Europäischen Union niedergelegt sind. Ausdrücklich wird klargestellt, dass die **Charta der Grundrechte** und die Verträge **rechtlich gleichrangig** sind. Dies wird für die Bedeutung der grundrechtlichen Gewährleistungen erhebliche Auswirkungen haben. Hinzu kommt nach Art. 6 Abs. 2 des Vertrages über die Europäische Union in der Fassung des Vertrages von Lissabon, dass die **Union der EMRK beitritt.** In Abs. 3 wird darüber hinaus klargestellt, dass die Grundrechte, wie sie in der EMRK gewährleistet sind und wie sie sich aus den allgemeinen Verfassungsüberlieferungen der Mitgliedstaaten ergeben, als allgemeine Grundsätze Teil des Unionsrechtes sind. Damit ist eine gravierende Änderung der bisherigen Rechtslage verbunden. Wie oben dargestellt, hat es erhebliche Einwände dagegen gegeben, dass die Europäische Union der EMRK beitreten solle. Mit dem Vertrag von Lissabon ist genau dieser Schritt nunmehr gegangen worden. Es bleibt abzuwarten, ob damit eine wesentliche Verbesserung und Erweiterung der Rechtspositionen der betroffenen Unternehmen verbunden ist (vgl. hierzu *Jaeger,* MLex Magazine 2011 Heft 6 9 ff.; auch *Weiß,* ECLR 2011, 186).

6 **b) Zusammenfassung des wesentlichen Regelungsinhaltes.** Die zentrale Aussage zum Schutz des Rechts auf rechtliches Gehör findet sich in Art. 27 Abs. 1. Danach gibt die Kommission, bevor sie eine Entscheidung gemäß den Art. 7, 8, 23 oder 24 Abs. 2 erlässt, den Unternehmen, gegen die sich das betriebene Verfahren richtet, Gelegenheit, sich zu den **Beschwerdepunkten** zu äußern, die die Kommission in Betracht gezogen hat. Die Kommission darf ihre Entscheidung nur auf die Beschwerdepunkte stützen, zu denen sich die Parteien äußern konnten. Abs. 2 der Bestimmung ergänzt diesen Grundsatz dahin, dass die Verteidigungsrechte der Parteien während des Verfahrens in vollem Umfang gewahrt werden müssen. Die Parteien haben insbesondere ein Recht auf Einsicht in die Akten der Kommission, wobei der **Schutz der Geschäftsgeheimnisse** zu wahren ist und **interne Schriftstücke** der Kommission sowie die Korrespondenz zwischen der Kommission und den mitgliedstaatlichen Wettbewerbsbehörden nicht zugänglich sind. Die Kommission ist berechtigt, erforderlichenfalls **andere natürliche oder juristische Personen** anzuhören. Dem Antrag solcher Personen auf Gehör ist stattzugeben, sofern diese ein ausreichendes Interesse nachweisen können. Auch die mitgliedstaatlichen Wettbewerbsbehörden können die Anhörung solcher Personen beantragen. Beschwerdeführer sind in besonderem Maße in das Verfahren einzubeziehen (Art. 27 Abs. 1 S. 3). Entsprechend hat die Kommission einen besonderen Abschnitt in die VO 773/2004 aufgenommen, die sich mit den **Rechten der Beschwerdeführer** befasst. Diese sind auch vor dem Hintergrund der Regelungen in Art. 7 zu sehen (→ Art. 3 Rn. 18 ff.).

7 Andere Regeln als vor dem Erlass einer belastenden Entscheidung gemäß Art. 7, 8, 23 oder 24 Abs. 2 gelten, wenn die Kommission eine die betroffenen Unternehmen begünstigende Entscheidung nach Art. 9 oder 10 zu treffen gedenkt. In diesem Zusammenhang gelten nicht die strengen Verfahrensregeln des Art. 27 Abs. 1, sondern

Vorgaben, die insbesondere auf den Schutz Dritter, vor allem eventueller Beschwerdeführer gerichtet sind. Sofern die Kommission **Verpflichtungszusagen** gemäß Art. 9 akzeptieren möchte oder gemäß Art. 10 **Feststellungsentscheidungen über die Nichtanwendbarkeit** der Art. 101 oder Art. 102 AEUV veröffentlichen möchte, hat sie zuvor eine kurze Zusammenfassung des Falls sowie den wesentlichen Inhalt der betreffenden Verpflichtungszusage bzw. der geplanten Vorgehensweise iSv Art. 10 zu veröffentlichen. Interessierte Dritte können hierzu Bemerkungen abgeben. Dazu müssen sie auseichend Zeit haben. Die Kommission legt deshalb in der Veröffentlichung eine Frist fest, innerhalb der Dritte Bemerkungen abgeben können. Die Frist muss mindestens einen Monat betragen. Etwas anderes gilt auch im Rahmen des Vergleichsverfahrens nach Art. 10a VO 773/2004 i. d. F. der VO 622/2008 (ABl. 2008 L 171/3, Anhang A 2; hierzu *Soltész,* BB 2010, 2123). Nach Art. 10a Abs. 2 VO 773/2004 kann die Kommission im Rahmen der Vergleichsgespräche verschiedene Informationen und Dokumente offen legen. Diese Informationen sind **gegenüber Dritten vertraulich.** Im Übrigen sind die Anhörungsrechte nach Art. 12 Abs. 2 VO 773/2004 im Falle von Vergleichsgesprächen eingeschränkt. Eine Einsicht in die Verfahrensakte wird nach Art. 15 Abs. 1a VO 773/2004 ebenfalls gewährt, allerdings unter eingeschränkten Voraussetzungen.

2. Eröffnung eines Verfahrens nach VO 1/2003 durch Mitteilung der Beschwerdepunkte

a) Grundsatz. Wenn die Kommission im Rahmen der Vorprüfung ihre Ermittlungen abgeschlossen hat, muss sie entscheiden, ob sie das Verfahren einstellt und die Akte schließt oder ob sie ein **formelles Verfahren einleitet.** Letzteres wird sie nur tun, wenn die Ermittlungsergebnisse voraussichtlich den Nachweis einer Zuwiderhandlung gegen Art. 101 oder Art. 102 AEUV ermöglichen. Trifft die Kommission die Entscheidung ein formelles Verfahren einzuleiten, teilt sie den Parteien die sog. Beschwerdepunkte mit. Dabei handelt es sich um die **Zusammenfassung der relevanten Fakten und Beweismittel,** auf die sich die Kommission im Rahmen ihrer Entscheidung stützen will. Die Kommission kann die Beweisdokumente als Anlage beifügen (EuG Slg. 2000 II-491 Rn. 324 CBR; EuG 27.6.2012 T-167/08 Rn. 182ff. Microsoft). Häufig fügt die Kommission eine CD-ROM bei, die die relevanten Beweisdokumente enthält. Die betroffenen Unternehmen müssen darüber hinaus die Möglichkeit haben, im Rahmen der Akteneinsicht auf die Beweisdokumente Zugriff zu erhalten und sich gegen die erhobenen Vorwürfe zu verteidigen. Dies ist Ausdruck der Pflicht zur Beachtung der Verteidigungsrechte, die im Unionsrecht generell einen hohen Schutz genießen. Der Grundsatz ist ein Wesensbestandteil guter Verwaltung, der in Art. 41 Grundrechtecharta geschützt wird. Er umfasst insbesondere das Recht auf Übermittlung umfassender Beschwerdepunkte und das Recht auf Einsicht in die Verfahrensakte der Kommission (EuGH Slg. 2009 I-7191 Rn. 34f. Koehler; EuG 27.9.2012 T-343/06 Rn. 82ff. Shell, NZKart 2013, 31). Die Kommission muss neben der Zusammenfassung des relevanten Sachverhalts auch die Schlussfolgerungen anführen, die sie aus den Beweismitteln zieht (EuGH Slg. 1991 I-3359 Rn. 21ff. AKZO; allg. *Kerse/Khan* Rn. 4–018). Nur so ist eine effektive und umfassende Erwiderung und Stellungnahme möglich. 8

b) Rechtsnatur der Beschwerdepunkte. In der Mitteilung der Beschwerdepunkte ist der konkrete **Akt der Verfahrenseröffnung** zu sehen. Es bedarf keiner eigenständigen Entscheidung oder Mitteilung. In den Beschwerdepunkten teilt die Kommission dem Adressaten formlos mit, dass sie ein Verfahren einleitet (*Kerse/Khan* Rn. 4–020; *Ritter* in IM Art. 27 VO 1/2003 Rn. 9). Gleichzeitig fasst sie den konkret erhobenen Vorwurf und die Tatsachen zusammen, auf die der Vorwurf gestützt wird. Bei den Beschwerdepunkten handelt es sich um einen Teilakt, der **keinen (auch nur** 9

teil-) verfahrensbeendenden Charakter hat, sondern die abschließende Entscheidung der Kommission lediglich vorbereitet (EuGH Slg. 1987 4487 Rn. 14 BAT und Reynolds). Es handelt sich deshalb auch nicht um einen Beschluss nach Art. 288 Abs. 4 AEUV, der mit einer Nichtigkeitsklage nach Art. 263 AEUV angefochten werden könnte. Die Mitteilung der Beschwerdepunkte ist eine gegenüber der abschließenden Entscheidung diese nur **vorbereitende Verfahrenshandlung** (EuGH Slg. 1981 2639 Rn. 21 IBM; *Ritter* in IM Art. 27 VO 1/2003 Rn. 6 Fn. 17). Eine gegen eine solche Mitteilung gerichtete Nichtigkeitsklage könnte das Gericht zu einer Entscheidung über Fragen zwingen, zu denen die Kommission sich noch nicht hat äußern können. Sie würde damit der Erörterung der sachlichen Probleme vorgreifen und die verschiedenen Phasen des Verwaltungsverfahrens durcheinander bringen (EuGH Slg. 1981 2639 Rn. 20 IBM). Dies wäre mit der Zuständigkeitsverteilung zwischen der Kommission und den Gemeinschaftsgerichten sowie mit dem Klagesystem des AEUV, den Erfordernissen einer geordneten Rechtspflege und eines ordnungsgemäßen Ablaufs des Verwaltungsverfahrens der Kommission unvereinbar (EuG Slg. 1990 II-367 Rn. 46 Automec I).

10 **c) Inhalt der Beschwerdepunkte.** Die Kommission ist verpflichtet, die **handelnden Personen** und den **Adressaten der Entscheidung** präzise zu benennen. Die Verantwortlichkeiten müssen in den Beschwerdepunkten klar und eindeutig zum Ausdruck kommen, auch wenn die Kommission ein Bußgeld gegen natürliche Personen, die ggf. innerhalb eines Unternehmens für die Zuwiderhandlung verantwortlich sind, nicht verhängen darf. Nur wenn die Verantwortlichen zweifelsfrei benannt sind, kann sich der Adressat der Beschwerdepunkte effektiv gegen diese verteidigen (EuG Slg. 2000 II-491 Rn. 106 CBR; EuG 27.6.2012 T-167/08 Rn. 182ff. Microsoft). Die Kommission darf nicht offen lassen, **welche Maßnahme** zu verhängen sie beabsichtigt. Dies wird unter anderem dadurch garantiert, dass die Kommission den betroffenen Unternehmen den **Entwurf des Tenors** mitteilt. Der Entwurf des Tenors muss so aussehen, wie er in der endgültigen Entscheidung enthalten sein wird. Im Falle einer Bußgeldentscheidung braucht die Höhe des Bußgeldes allerdings nicht genannt zu werden (EuG aaO Rn. 482ff. CBR; *Ritter* in IM Art. 27 VO 1/2003 Rn. 9).

11 Die Kommission ist nicht verpflichtet, in einer Bußgeldentscheidung nach Art. 23 bereits in den Beschwerdepunkten den von ihr **für angemessen gehaltenen Bußgeldbetrag** zu nennen (*Ritter* in IM aaO). Allerdings ist sie verpflichtet, sämtliche Fakten, Tatsachen und Schlussfolgerungen anzuführen, die für die **Bemessung der Bußgeldfestsetzung** erforderlich sind (EuG Slg. 2002 II-1881 Rn. 85ff. ABB). Dabei ist auf alle Umstände Rücksicht zu nehmen, die sich aus dem Leitfaden der Kommission zur Bemessung von Geldbußen ergeben. Alle Faktoren, die auf die Bemessung des Bußgeldes Einfluss haben, müssen deshalb angeführt werden, damit das betroffene Unternehmen sachgerecht und umfassend hierauf erwidern kann (*Kerse/Khan* Rn. 4–023). Von zentraler Bedeutung ist somit zum einen die Dauer des Verstoßes. Die Kommission muss **Beginn und Ende der Zuwiderhandlung** präzisieren. Diese Feststellungen müssen sich anhand von Beweismitteln belegen lassen. Deshalb ist es erforderlich, dass die Kommission zum einen den Beginn und das Ende der Zuwiderhandlung nennt (EuG Slg. 2011 II-477 Rn. 174ff. Siemens), zum anderen die Beweise, aus denen sie die betreffenden Schlussfolgerungen zieht (dazu ausführlich EuG Slg. 2006 II-4441 Rn. 50 Peroxidos Organicos). Etwas Vergleichbares gilt auch für **Art und Umfang der Zuwiderhandlung.** Die Kommission muss darlegen, ob sie von einer vorsätzlichen oder lediglich von einer fahrlässigen Zuwiderhandlung ausgeht. Die Feststellung ist deshalb wichtig, damit die betroffenen Unternehmen zum Vorwurf der Schwere der Tat Stellung nehmen können.

12 Grundsätzlich muss die Kommission gegenüber jedem betroffenen Unternehmen eigenständige Beschwerdepunkte mitteilen. Nur auf diese Weise ist gewährleistet, dass die **Vorwürfe hinreichend individualisiert** sind und sich die betroffenen Unternehmen hiergegen wehren können. Allerdings entspricht es der Praxis der Kommission, gerade in großen Kartellverfahren, die durch ein gleichförmiges Verhalten der betroffenen Unternehmen charakterisiert sind, **einheitliche Beschwerdepunkte an alle betroffenen Unternehmen** zu richten (*de Bronett* Art. 27 Rn. 17; *Kerse/Khan* Rn. 4–026 mwN). Die Beschwerdepunkte unterscheiden sich dann zwischen den einzelnen Unternehmen nicht. Gleichwohl ist auch in diesem Fall davon auszugehen, dass jedes Unternehmen seine eigenen Beschwerdepunkte mitgeteilt erhält (*Ritter* in IM Art. 27 VO 1/2003 Rn. 12).

d) Verhältnis der Beschwerdepunkte zum Inhalt der endgültigen Entscheidung. Die Kommission darf in die endgültige Entscheidung nur solche Punkte aufnehmen, die Bestandteil der Beschwerdepunkte waren. Hat sie nach Mitteilung der Beschwerdepunkte oder nach der Anhörung der betroffenen Unternehmen **neue Beweismittel** ausfindig gemacht, darf sie diese in der endgültigen Entscheidung nur verwerten, wenn die betroffenen Unternehmen nachträglich die Gelegenheit bekommen haben, zu diesen neuen Beweismitteln und den daraus gezogenen Schlussfolgerungen Stellung zu nehmen. Das führt dazu, dass die Kommission in Einzelfällen zusätzliche oder ergänzende Beschwerdepunkte mitteilt (so zB im Fall Intel, Memo/08/517 17.7.2008), um neue Beweismittel und auch neue Vorwürfe einzuführen. Ohne diese Möglichkeit darf das fragliche Beweismittel nicht herangezogen werden (EuGH Slg. 1970 661 Rn. 91ff. ACF). Die **Rechtsfolge des Verstoßes** ist allerdings nicht, dass die Entscheidung der Kommission insgesamt und per se rechtswidrig ist und deshalb im Rahmen einer Nichtigkeitsklage angegriffen werden kann. Vielmehr prüfen die europäischen Gerichte, werden sie mit dem Vorwurf befasst, dass die betroffenen Unternehmen keine ausreichende Gelegenheit hatten, rechtliches Gehör in Bezug auf neue Beweismittel in Anspruch zu nehmen, genau, ob allein die fraglichen Beweismittel oder ob daneben auch andere Beweismittel und Tatsachen den von der Kommission erhobenen Vorwurf stützen (EuG 27.6.2012 T-167/08 Rn. 186 Microsoft). Handelt es sich um das einzige verfügbare Beweismittel, darf der Vorwurf nicht erhoben werden bzw. muss, wenn der Vorwurf gleichwohl erhoben wurde, die Entscheidung in diesem Punkt für nichtig erklärt werden. Gibt es **andere Beweismittel, die den Vorwurf stützen,** darf die Entscheidung, weder insgesamt noch hinsichtlich des konkreten Vorwurfes, nicht für nichtig erklärt werden (EuG Slg. 2000 II-491 Rn. 245 CBR; EuG Slg. 2011 II-477 Rn. 47 Siemens). 13

3. Recht auf Akteneinsicht

a) Grundsatz. Das Recht auf Akteneinsicht ist, wie auch das Anhörungsrecht, ein **wesentlicher Bestandteil des Rechtes auf effektive Wahrnehmung der Verteidigungsrechte** (EuGH Slg. 1979 461 Rn. 9 Hoffmann LaRoche; EuGH Slg. 1983 3461 Rn. 7 Michelin). Art. 27 VO regelt allgemein die Wahrnehmung der Verteidigungsrechte und begründet eine Ermächtigungsgrundlage der Kommission, Durchführungsverordnungen und -maßnahmen zu erlassen. Dies ist geschehen durch VO 773/2004, die die VO 2842/98 ersetzt hat. Die Verordnung regelt allgemein, dass Unternehmen, die von einem Kartellverfahren betroffen sind, unter bestimmten Voraussetzungen Einsicht in die Akten der Kommission nehmen können. Das Recht auf Akteneinsicht besteht erst ab dem Zeitpunkt der Mitteilung der Beschwerdepunkte (Art. 15 Abs. 1 VO 773/2004). **Umfang und Reichweite dieses Rechtes** sind dort nicht geregelt und waren zwischen der Kommission und den betroffenen Unternehmen lange Zeit umstritten. Die Mitteilung der Kommission über interne Verfahrensvorschriften für die Behandlung von Anträgen auf Akteneinsicht (ABl. 1997 C 23/3) ist durch eine neue Bekanntmachung ersetzt worden (vgl. Anhang B 17). 14

15 **b) Reichweite des Akteneinsichtsrechts.** Das EuG hat in der Zement-Entscheidung (EuG Slg. 2000 II-491 CBR u. a.) die Reichweite des Anspruchs auf Akteneinsicht grundsätzlich geklärt. Das Urteil enthält wegweisende Aussagen über Umfang und Reichweite des Akteneinsichtsrechts, aber auch zu den **Rechtsfolgen eines unrechtmäßig verweigerten Zugangs zu den Verfahrensrechten.** Die Einsicht in die Verfahrensakte der Kommission soll die Unternehmen in die Lage versetzen, das Material zur Kenntnis zu nehmen, um zu den Schlussfolgerungen Stellung nehmen zu können, zu denen die Kommission aufgrund des fraglichen Materials gelangt (EuG aaO Rn. 142 CBR). Es handelt sich, so das EuG, um eine **essentielle Verfahrensgarantie,** die die Wahrnehmung der Verteidigungsrechte schützen soll. Eine unberechtigte Verweigerung der Akteneinsicht stellt deshalb eine gravierende Beeinträchtigung der Verteidigungsrechte dar. Grundsätzlich darf im Hinblick auf den Grundsatz der Waffengleichheit zwischen Kommission einerseits und an einem Kartellverfahren beteiligten Unternehmen andererseits die Kommission nicht allein entscheiden, welche Dokumente den betroffenen Unternehmen zugänglich gemacht werden sollen (*Ritter* in IM Art. 27 VO 1/2003 Rn. 18). Grundsätzlich müssen die Unternehmen **Zugang zur vollständigen Ermittlungsakte der Kommission** haben. Davon sind lediglich Dokumente ausgenommen, die Geschäftsgeheimnisse enthalten, sowie interne Vermerke der Kommission (Mitteilung über Akteneinsicht, Anhang B 17, Rn. 12).

16 Die Ausnahme für **vertrauliche Dokumente** und **interne Vermerke** darf nicht dazu führen, dass die Unternehmen eine nicht nachvollziehbare Verfahrensakte erhielten. Vielmehr ist die Kommission verpflichtet, ein **vollständiges Verzeichnis sämtlicher Dokumente,** dh einschließlich der vertraulichen Dokumente und der internen Kommissionsvermerke, zu erstellen und den Unternehmen zugänglich zu machen (Art. 16 VO 773/2004). In dieser Liste müssen die Dokumente eindeutig bezeichnet sein, die den Unternehmen zB wegen der Vertraulichkeit ihres Inhaltes, nicht zugänglich gemacht werden könnten. Dies allein reicht jedoch nicht aus, damit die Unternehmen ihre Verteidigungsrechte in ausreichendem Umfang wahrnehmen könnten. Vielmehr muss die Kommission auch bemüht sein, von solchen Dokumenten eine **nicht-vertrauliche Fassung** vorzubereiten, die den Unternehmen zugänglich gemacht werden müsse (EuG aaO Rn. 147 CBR u. a.; dazu auch Mitteilung über Akteneinsicht, aaO, Rn. 39). Dies gilt nur für Dokumente, die Geschäftsgeheimnisse enthalten, nicht jedoch für interne Vermerke der Kommission. Solche müssen lediglich in dem Dokumentenverzeichnis, das die Kommission vorbereiten muss, als solche bezeichnet sein.

17 **c) Unrechtmäßig verweigerte Akteneinsicht.** Die Frage, welche Folgerungen aus einer unrechtmäßig verweigerten Akteneinsicht zu ziehen sind, hatte das EuG in früheren Entscheidungen (EuG Slg. 1995 II-1775, II-1847, II-1901 Solvay und ICI) noch offen gelassen. In der Zement-Entscheidung stellte das EuG fest, dass die nicht-ordnungsgemäße Einsicht in die Verfahrensakte bzw. die nicht-ordnungsgemäße Gewährung der Akteneinsicht **allein kein Grund für die Nichtigerklärung der Entscheidung** der Kommission ist. Das Recht auf Akteneinsicht hat keinen Selbstzweck, sondern dient allein dem Schutz der Verteidigungsrechte der betroffenen Unternehmen. Erforderlich ist es deshalb, dass die Unternehmen an der Kenntnisnahme von Unterlagen gehindert werden, die **für die Wahrnehmung der Verteidigungsrechte „nützlich“** sind (EuG aaO Rn. 240f. CBR). Die Frage der „Nützlichkeit“ ist durch ein Gericht objektiv nachprüfbar. Diese Aufgabe obliegt dem Gericht sowie dem Gerichtshof. Diese müssen zunächst prüfen, ob das fragliche Dokument, zu dem den betroffenen Unternehmen der Zugang verweigert wurde, **objektiv mit dem von der Kommission erhobenen Vorwurf zusammenhängt.** Ist diese Frage zu bejahen, ist darüber hinaus zu prüfen, ob mit der Verweigerung des Zugangs zu diesem Dokument eine **Beeinträchtigung der Verteidigungsrechte** einhergegangen

ist. Eine solche Beeinträchtigung, die zur Verletzung der Verteidigungsrechte führt, soll nach Auffassung des EuG bereits dann vorliegen, wenn nur die geringe Möglichkeit bestanden hätte, dass das Verfahren zu einem anderen Ergebnis gelangt wäre, sofern das Unternehmen das fragliche Dokument hätte zur Kenntnis nehmen und im Rahmen seiner Verteidigung hätte verwenden können (kritisch hierzu *Ritter* in IM Art. 27 VO 1/2003 Rn. 30).

Diesen Grundsatz schränkte das EuG dahin ein, dass eine Verletzung der Verteidigungsrechte nur vorliegt, wenn die **Kommission sich tatsächlich auf das fragliche Dokument gestützt** hat. Das gilt insbesondere vor dem Hintergrund, dass das fragliche Dokument geeignet war, gegenüber dem betroffenen Unternehmen einen Vorwurf zu begründen. Betrifft das fragliche Dokument dagegen Verhaltensweisen oder Maßnahmen von Drittunternehmen, ohne dass gleichzeitig auch ein Bezug zu den gegenüber dem betroffenen Unternehmen erhobenen Vorwürfen besteht, sind die Verteidigungsrechte nicht verletzt (EuG aaO Rn. 247f. CBR). Falls ein Dokument, das den betroffenen Unternehmen nicht zugänglich gemacht worden ist, in diesem Sinne von Relevanz ist, darf es von der Kommission nicht berücksichtigt werden, wenn es den betroffenen Unternehmen nicht ordnungsgemäß zugänglich gemacht worden ist. Das fragliche **Dokument muss deshalb als Beweismaterial außer Betracht bleiben,** wenn das Unternehmen nicht die Möglichkeit hatte, Zugriff auf das Dokument zu nehmen und für seine Verteidigung zu verwenden. Wenn ein solches Dokument gleichwohl als Beweismaterial herangezogen worden ist, führt dies nicht unmittelbar zur Nichtigerklärung der angegriffenen Entscheidung. Vielmehr ist zu prüfen, ob außer dem angegriffenen Dokument noch **weitere Beweismaterialien** vorliegen, die den konkret erhobenen Vorwurf der Kommission stützen. Handelt es sich um das einzige verfügbare Beweismittel, darf der Vorwurf nicht erhoben werden bzw. muss, wenn der Vorwurf gleichwohl erhoben wurde, die Entscheidung in diesem Punkt für nichtig erklärt werden. Gibt es andere Beweismittel, die denselben Vorwurf stützen und belegen, darf die Entscheidung, weder insgesamt noch hinsichtlich des konkreten Vorwurfes, nicht für nichtig erklärt werden (EuG aaO Rn. 245 CBR; EuG Slg. 2011 II-477 Rn. 47 Siemens). 18

4. Erwiderung auf Beschwerdepunkte und Anhörung

a) Schriftliche Erwiderung auf die Beschwerdepunkte. Nach der Mitteilung der Beschwerdepunkte haben die betroffenen Unternehmen zunächst die Möglichkeit, schriftlich zu diesen Stellung zu nehmen. In aller Regel werden die Unternehmen zunächst **Einsicht in die Verfahrensakte der Kommission** nehmen. Vor der Mitteilung der Beschwerdepunkte haben sie hierzu kein Recht (*Ritter* in IM Art. 27 VO 1/2003 Rn. 6). Sobald die Beschwerdepunkte jedoch mitgeteilt wurden, erhalten die betroffenen Unternehmen Zugang zur Verfahrensakte, um die Grundlage für eine sachgerechte und umfassende Erwiderung auf die Beschwerdepunkte zu erhalten. Dies geschieht in der Regel durch eine CD-ROM oder eine DVD, die den übersandten Beschwerdepunkten beigelegt wird und die sämtliche Beweisdokumente umfasst (Mitteilung über Akteneinsicht, Anhang B 17, Rn. 44). Eine Akteneinsicht in die Verfahrensakte findet vor Ort in den Räumlichkeiten nur noch statt, wenn Einsicht in sog. Unternehmenserklärungen (corporate statements) genommen werden soll, die im Rahmen von Kronzeugenanträgen mündlich zu Protokoll der ermittelnden Kommissionsbeamten abgegeben wurden. Um den Schutz einer discovery nach US-amerikanischem Prozessrecht sicherzustellen, werden corporate statements nicht schriftlich, sondern nur mündlich abgegeben und auf ein Tonband gesprochen. Mitarbeiter der Kommission fertigen im Anschluss ein schriftliches Protokoll an, das nicht im Rahmen der Akteneinsicht an sonstige Verfahrensbeteiligte versandt wird. Diese können lediglich in den Räumen der Kommission Einsicht in die Protokolle nehmen. Kopien oÄ dürfen nicht erstellt werden (Kronzeugenmitteilung 2006, Anhang B 13, Rn. 33f.). 19

20 Nach Art. 10 Abs. 2 VO 773/2004 setzt die Kommission bei der Zustellung der Mitteilung der Beschwerdepunkte den Parteien eine **Frist zur schriftlichen Stellungnahme.** Bei der Festlegung der Frist muss die Kommission gemäß Art. 17 Abs. 1 VO 773/2004 den für die Vorbereitung der Ausführungen **erforderlichen Zeitaufwand** wie auch die **Dringlichkeit des Falls** in Rechnung stellen. Als **Mindestfrist** nennt Art. 17 Abs. 2 VO 773/2004 mindestens **vier Wochen.** Im Falle einer einstweiligen Maßnahme nach Art. 8 kann die Frist auf eine Woche begrenzt werden. Bei diesen Fristen handelt es sich um die Mindestfristen. In aller Regel wird diese aber nicht ausreichen, um den betroffenen Unternehmen ausreichend Gelegenheit zur Erwiderung auf die Beschwerdepunkte zu geben. Allerdings wird eine Frist von **zwei bis drei Monaten** selbst bei umfangreichen und schwierigen Fällen als ausreichend angesehen (so zB EuG Slg. 2001 II-729 Rn. 68ff. Mannesmannröhren-Werke). Diese Frist erscheint auf den ersten Blick sehr kurz zu sein. Allerdings ist zu berücksichtigen, dass die Frist nicht unmittelbar mit der Zustellung der Beschwerdepunkte zu laufen beginnt. Zwar beginnt die Frist auch nicht erst nach erfolgter, umfassender Akteneinsicht zu laufen. Allerdings müssen den betroffenen Unternehmen die **wichtigsten belastenden Beweismittel vorliegen,** damit eine sachgerechte Prüfung der Beschwerdepunkte vorgenommen werden kann (EuG aaO Rn. 65 Mannesmannröhren-Werke).

21 Die Kommission ist nicht verpflichtet, Stellungnahmen nach Ablauf der gesetzten Frist zu berücksichtigen. Allerdings ist sie nicht daran gehindert, solcher Anmerkungen auf freiwilliger Basis bei der Abfassung der endgültigen Entscheidung Rechnung zu tragen (so *de Bronett* Art. 27 Rn. 38). Die Kommission ist andererseits nicht verpflichtet, in ihrer Entscheidung zu begründen, weshalb sie die **Bemerkungen und Kommentare des betroffenen Unternehmens** bei der Abfassung der endgültigen Entscheidung **nicht berücksichtigt.** Das gilt selbst dann, wenn die Stellungnahme des betroffenen Unternehmens fristgerecht eingegangen ist. Ist die Kommission von der Stellungnahme nicht überzeugt, kann sie hierüber hinweggehen, ohne dass es einer ausführlichen Begründung bedarf. Allerdings wird die Kommission gut beraten sein, auf die Argumentation einzugehen. In aller Regel werden die betroffenen Unternehmen, die Adressat einer belastenden Entscheidung der Kommission nach Art. 7, 8, 23 und 24 Abs. 2 sind, die Möglichkeit einer Nichtigkeitsklage nach Art. 263 AEUV in Erwägung ziehen. Der Adressat der Entscheidung wird dann auf die Argumente zurückgreifen, die in der Erwiderung auf die Beschwerdepunkte ausgeführt worden sind. Falls die Kommission diese nicht oder nicht ausreichend berücksichtigt hat, besteht für die Kommission die Gefahr, dass die europäischen Gerichte der Argumentation des Adressaten folgen. In der Praxis trägt die Kommission den eingewandten Argumenten dadurch Rechnung, dass diesen in der endgültigen Entscheidung widersprochen wird, in Einzelfällen auch stattgegeben wird.

22 **b) Mündliche Anhörung.** Grundsätzlich steht die schriftliche Erwiderung auf die Mitteilung der Beschwerdepunkte nach Art. 10 VO 773/2004 im Vordergrund. Damit ist dem Anspruch der Parteien auf rechtliches Gehör nach Art. 27 und Art. 11 VO 773/2004 Rechnung getragen. Art. 12 VO 773/2004 gibt den Parteien darüber hinaus das Recht, ihre Argumente, die sie gegen Beschwerdepunkte einwenden möchten, **im Rahmen einer Anhörung** vorzutragen (*Ritter* in IM Art. 27 VO 1/2003 Rn. 44). Allerdings müssen die Parteien dies in ihren schriftlichen Ausführungen vorab beantragt haben. Außer den Adressaten einer von der Kommission ins Auge gefassten Entscheidung können auch Beschwerdeführer nach Art. 5 VO 773/2004 einen Antrag auf Anhörung stellen; ebenso andere Personen, die weder Beschwerdeführer noch Parteien des betreffenden Verfahrens sind (Art. 13 VO 773/2004). Letztere müssen allerdings ein ausreichendes Interesse darlegen, das nicht in allen Fällen gegeben sein wird.

23 Die Anhörung wird durch den **Anhörungsbeauftragten der Kommission** organisiert und geleitet. Die Anhörungen sind **nicht öffentlich.** Zur Teilnahme be-

rechtigt sind lediglich die Parteien und ihre Anwälte, Beschwerdeführer, andere Dritte, die ein ausreichendes Interesse darlegen können, sowie Beamte der Kommissionsdienststellen und Vertreter der Mitgliedstaaten. Die Aussagen der im Rahmen der Anhörung gehörten Personen werden aufgezeichnet. Von der Aufzeichnung wird ein Transkript erstellt, das allen Beteiligten auf Antrag zur Verfügung gestellt wird (Art. 14 Abs. 8 VO 773/2004). Der Anhörungsbeauftragte wird auf der Grundlage eines Mandats tätig, das der Präsident der Kommission erteilt hat (ABl. 2011 L 275/29; Beschluss zum Anhörungsbeauftragten, Anhang A 5). Das Mandat regelt Einzelheiten, die weder in der VO 1/2003 noch in der Durchführungsverordnung VO 773/2004 geregelt sind. Der Anhörungsbeauftragte, obwohl Kommissionsbeamter, nimmt die **Rolle eines unabhängigen Dritten** ein, der die Verteidigungsrechte der Parteien, insbesondere deren Recht auf rechtliches Gehör, zu schützen beauftragt ist (Art. 1 Abs. 2 des Mandats). Dies wird insbesondere dadurch deutlich, dass sich nach Art. 14 des Mandats der Anhörungsbeauftragte ggf. in seinem Bericht, den er nach Art. 16 des Mandats für den zuständigen Kommissar und das Gremium der Kommission erstellt, auch zur Objektivität der von der Kommission durchgeführten Untersuchung äußern kann. Die Rolle des Anhörungsbeauftragten ist durch das 2011 erlassene Mandat deutlich gestärkt worden (KOMM IP/11/1201). Der **Abschlussbericht** des Anhörungsbeauftragten wird dem der Kommission vorgelegten Entscheidungsentwurf beigefügt. Der Abschlussbericht wird auch den Adressaten der von der Kommission erlassenen Entscheidung zugänglich gemacht. Darüber hinaus wird der Abschlussbericht im Amtsblatt der Europäischen Union veröffentlicht (Art. 17 Abs. 3 des Mandats).

5. Vergleichsverfahren

Mit der VO 622/2008 vom 30.6.2008 hat die Kommission die VO 773/2004 hinsichtlich der Durchführung von Vergleichsverfahren in Kartellfällen ergänzt (ABl. L 171/3, Anhang A 2; vgl. ergänzend die Mitteilung über Vergleichsverfahren, ABl. 2008 C 167/1, Anhang B 16). Die Einführung des Vergleichsverfahrens (hierzu insbesondere *Mehta/Tierno Centella* CLI 2008, 11) diente weniger der Verbesserung der Rechtsposition der betroffenen Unternehmen, sondern vielmehr der **Entlastung der Kommission,** insbesondere im Hinblick auf die Abfassung umfassender Beschwerdepunkte, der Vorbereitung der in der Regel sehr umfangreichen und damit aufwändigen Akteneinsicht sowie schließlich der Vermeidung zahlreicher Gerichtsverfahren, die sich in aller Regel an Bußgeldentscheidungen anschließen (vgl. hierzu Art. 7 Rn. 10ff.). Die Verfahrensrechte der betroffenen Unternehmen sind durch Art. 10a VO 773/2004 entsprechend den Besonderheiten des Vergleichsverfahrens angepasst worden. 24

Nach Art. 10a Abs. 1 bietet die Kommission den betroffenen Parteien schriftlich Vergleichsgespräche an. Sofern diese zustimmen, kann die Kommission den Parteien Informationen und Dokumente offen legen, die in Art. 10a Abs. 2 VO 773/2004 aufgelistet sind. Wichtig ist, dass diese, den Parteien übermittelten **Informationen gegenüber Dritten vertraulich** sind. Art. 12 Abs. 2 schränkt das Recht der Parteien zu einer Anhörung dahin ein, dass sie eine solche nur beantragen dürfen, wenn der Inhalt der Vergleichsausführungen nicht in der Mitteilung der Beschwerdepunkte angemessen wiedergegeben wurde. Art. 15 Abs. 1a VO 773/2004 schließlich sieht vor, dass die Kommission den Parteien auf deren Antrag hin Beweise und Unterlagen offen legt. Dies dient dazu, das Recht auf Akteneinsicht der Parteien zu Gunsten der Kommission einzugrenzen. 25

Die Kommission benötigte etwa zwei Jahre, bevor sie das erste Vergleichsverfahren abschloss (vgl. hierzu *Soltész*, BB 2010, 2123). Seither hat die Kommission mehrfach von dem Verfahren Gebraucht gemacht. Bis dato (Stand: 1.5.2014) hat die Kommission sieben Bußgeldverfahren im Rahmen des Vergleichsverfahrens abgeschlossen. 26

Während die Kommission anfangs der Auffassung war, dass sog. hybride Fälle, dh Verfahren, in denen sich nicht alle verfahrensbeteiligten Unternehmen mit der Durchführung eines Vergleichsverfahrens einverstanden erklären, ungeeignet seien, um das Vergleichsverfahren zur Anwendung zu bringen. Diese Auffassung hat sie jedoch bereits im zweiten Kartellverfahren, das im Rahmen des Vergleichsverfahrens abgeschlossen wurde, aufgegeben (vgl. hierzu *Soltész,* aaO).

Art. 28 Berufsgeheimnis

(1) **Unbeschadet der Artikel 12 und 15 dürfen die gemäß den Artikeln 17 bis 22 erlangten Informationen nur zu dem Zweck verwertet werden, zu dem sie eingeholt wurden.**

(2) **Unbeschadet des Austauschs und der Verwendung der Informationen gemäß den Artikeln 11, 12, 14, 15 und 27 sind die Kommission und die Wettbewerbsbehörden der Mitgliedstaaten und ihre Beamten, ihre Bediensteten und andere unter ihrer Aufsicht tätigen Personen sowie die Beamten und sonstigen Bediensteten anderer Behörden der Mitgliedstaaten verpflichtet, keine Informationen preiszugeben, die sie bei der Anwendung dieser Verordnung erlangt oder ausgetauscht haben und die ihrem Wesen nach unter das Berufsgeheimnis fallen. Diese Verpflichtung gilt auch für alle Vertreter und Experten der Mitgliedstaaten, die an Sitzungen des Beratenden Ausschusses nach Artikel 14 teilnehmen.**

1. Einführung

1 **a) Grundsatz.** Die Kommission erhält im Rahmen der von ihr angestrebten Ermittlungen regelmäßig Kenntnis von Informationen, Dokumenten, u. ä., die **sensible Bereiche des Wirtschaftslebens** betreffen. Die wenigsten Informationen sind in der Öffentlichkeit bekannt und allgemein verfügbar. Informationen, die die Kommission entweder auf der **Grundlage von ihr angestellter Ermittlungen** (Auskunftsersuchen, Nachprüfungen, etc.) erhält oder die ihr im Zuge der Kooperation mit Unternehmen, zB auf der Grundlage der **Kronzeugenregelung,** übermittelt werden, sind vertraulich und betreffen geheimhaltungsbedürftige Unternehmensdaten. Entsprechend können die Kommission und ihre Bediensteten nicht befugt sein, mit diesen Daten beliebig zu verfahren, sie insbesondere beliebig an Dritte weiterzugeben. Dabei kann es keinen Unterschied machen, ob es sich um Privatpersonen, Unternehmen, Vertreter der Presse oder nationale Behörden und Instanzen handelt, die in die Anwendung und Durchsetzung der Kartellrechtsbestimmungen der Art. 101 und Art. 102 AEUV nicht einbezogen sind.

2 Diese Beschränkung kann nicht allein für die Kommission gelten. Die **mitgliedstaatlichen Wettbewerbsbehörden und ihre Bediensteten** kommen ähnlich wie die Kommission und ihre Bediensteten in Kontakt mit zahlreichen vertraulichen Informationen. Dies geschieht entweder im Rahmen nationaler Kartellverfahren, die zur Durchsetzung der Art. 101 und Art. 102 AEUV auf Ebene der einzelnen Mitgliedstaaten eingeleitet werden, oder im Rahmen der Einbeziehung in Kommissionsverfahren. Der **Beratende Ausschuss** setzt sich aus Vertretern der nationalen Wettbewerbsbehörden zusammen. Diese erhalten ebenfalls häufig äußerst sensible und vertrauliche Informationen und Daten, die die Kommission im Zuge einer Entscheidung nach Art. 7 ff. zu verwenden gedenkt. Die Pflicht, die die Kommission und ihre Bediensteten nach Art. 28 trifft, muss deshalb den mitgliedstaatlichen Wettbewerbsbehörden und ihre Bedienstete in gleichem Maße treffen.

3 **b) Regelungsumfang.** Art. 28, der mit der Überschrift „Berufsgeheimnis" überschrieben ist, regelt tatsächlich **zwei unterschiedliche Themen.** Zum einen enthält

Art. 28 Abs. 1 eine **Verwendungs- und Verwertungsbeschränkung.** Informationen, die auf der Grundlage von Ermittlungen nach Art. 17–Art. 22 erlangt wurden, dürfen unbeschadet der Möglichkeit, nach Maßgabe der Art. 12 und Art. 15 Informationen und Unterlagen an mitgliedstaatliche Wettbewerbsbehörden und mitgliedstaatliche Gerichte weiterzugeben, **nur zu dem Zweck verwertet** werden, **zu dem sie eingeholt worden sind.** Der erste Absatz von Art. 28 regelt somit, in welchem Umfang im Rahmen von Ermittlungsverfahren erlangte Daten und Informationen verwendet und für die Zwecke von Maßnahmen verwertet werden dürfen, die die Kommission oder mitgliedstaatliche Wettbewerbsbehörden zu erlassen gedenken. Daneben verpflichtet Art. 28 Abs. 2 die Kommission und die mitgliedstaatlichen Wettbewerbsbehörden sowie deren Beamte und Bedienstete, keine Informationen an wen auch immer preiszugeben, die sie bei der Anwendung der VO 1/2003 erlangt oder ausgetauscht haben und die ihrem Wesen nach unter das **Berufsgeheimnis** fallen. Ausdrücklich ergänzt wird, dass diese Verpflichtung auch für die Vertreter und Experten der Mitgliedstaaten gilt, die an Sitzungen des Beratenden Ausschusses (Art. 14) teilnehmen. Erst Art. 28 Abs. 2 regelt somit die Verpflichtung zur Wahrnehmung des Berufsgeheimnisses, mit dem die Vorschrift des Art. 28 überschrieben ist.

2. Verwertungsbeschränkung und -verbot

a) Reichweite der Verwertungsbeschränkungen. Ein in der Praxis häufig vor- 4
kommendes Problem stellt sich für Unternehmen, wenn sie von der Kommission auf der Grundlage der Art. 17ff. zur Übermittlung umfangreicher Unterlagen und Informationen bzw. zur schriftlichen Erläuterung von Vorgängen aufgefordert werden. Nicht selten befinden sich dieselben Unternehmen **in weiteren Verfahren der Kommission oder der mitgliedstaatlichen Wettbewerbsbehörden,** zB in einem **Fusionskontrollverfahren** nach europäischem oder nationalen Recht, in einem **Beihilfeverfahren** nach Art. 107ff. AEUV o ä Informationen, die die Unternehmen im Zuge eines Ermittlungsverfahrens der Kommission nach der VO 1/2003 übermittelt haben, dürfen ausschließlich für die Zwecke dieses Verfahrens nach der VO 1/2003 verwendet werden, nicht aber für andere Zwecke. Das bedeutet zB, dass die Kommission, selbst wenn sich **unterschiedliche Abteilungen der Generaldirektion Wettbewerb** einerseits mit einem Kartellverfahren nach der VO 1/2003, andererseits einem Fusionskontrollantrag nach der VO 139/2004 befassen, nicht beliebig auf Daten, Informationen und Unterlagen zurückgreifen dürfen, die allein für die Zwecke des Verfahrens nach der VO 1/2003 übermittelt wurden. Art. 28 Abs. 1 macht deutlich, dass die Informationen, Daten und Unterlagen **nur zu diesem spezifischen Zweck verwertet** werden dürfen (*Ritter* in IM Art. 28 VO 1/2003 Rn. 11f., einschränkend aber für die Ergebnisse von Sektorenuntersuchungen, Rn. 11). Das bedeutet aber auch, dass die Kommission und die mitgliedstaatlichen Wettbewerbsbehörden, die nach Maßgabe von Art. 11, 12, 14 und 15 Informationen austauschen und für ihre spezifischen Zwecke auch verwenden dürfen, diese Informationen nicht für andere, mit dem Verfahren, in dem die fraglichen Informationen, Daten und Unterlagen ermittelt wurden, nicht identische Verfahren nicht einfach verwenden und verwerten werden dürfen. Insoweit besteht ein **eindeutiges Verwertungsverbot.** Informationen und Erkenntnisse dürfen also in einem anderen **Verfahren, das einen anderen Untersuchungsgegenstand hat,** nicht verwertet werden (so auch *de Bronett* Art. 28 Rn. 3).

Dieses an sich weitreichende Prinzip kann dadurch ausgehöhlt werden, dass so- 5
wohl die Kommission als auch die mitgliedstaatlichen Wettbewerbsbehörden berechtigt sein könnten, die auf Grund eines bestimmten Verfahrens erhaltenen Informationen, Daten und Unterlagen **zum Anlass zu nehmen, in einem anderen Verfahren neue Ermittlungen aufzunehmen.** In diesem neuen Verfahren können dann auf der Grundlage der Verdachtsmomente, die sich aus den übermittelten

Informationen, Daten und Unterlagen ergeben, **neue Ermittlungen** gestützt werden, insbesondere auch neue Auskunftsersuchen oder Nachprüfungen nach Art. 17 ff. durchgeführt werden (so ausdrücklich *de Bronett,* aaO, Rn. 2). Diese Auffassung begegnet gravierenden Bedenken. Das **Verwendungs- und Verwertungsverbot kann vollständig ausgehöhlt werden,** wenn die Kommission oder die mitgliedstaatlichen Wettbewerbsbehörden die übermittelten Erkenntnisse und Informationen letztlich doch dazu verwenden dürfen, neue Ermittlungen aufzunehmen. Wenn sie die betroffenen Unternehmen nämlich mit weiteren Auskunftsersuchen konfrontieren, werden diese in aller Regel ihre Einverständnis erklären, dass die bereits erhobenen Informationen verwendet werden dürfen. Von einer Freiwilligkeit des Einverständnisses kann vor diesem Hintergrund keine Rede sein. Vielmehr wird der **faktische Zwang** stets dazu führen, dass die Unternehmen der Verwendung und schließlich auch der Verwertung der Informationen und Erkenntnisse zustimmen werden. Es steht deshalb zu befürchten, dass Art. 28 Abs. 1 weitgehend leer zu laufen droht. Aus diesem Grunde kann dieser Auffassung nicht zugestimmt werden. Vielmehr muss es bei dem weitgehenden Verwendungs- und Verwertungsverbot, das Art. 28 Abs. 1 eindeutig formuliert, bleiben.

6 **b) Einschränkung des Verwertungsverbots.** Ein **einschränkendes Verwendungs- und Verwertungsverbot** besteht insoweit, als die Kommission und die mitgliedstaatlichen Wettbewerbsbehörden bzw. die mitgliedstaatlichen Gerichte auf der Grundlage der Art. 12 und Art. 15 Informationen austauschen dürfen. Wenn zB die Kommission Vorermittlungen durchgeführt hat, sich letztlich aber dazu entschließt, kein förmliches Verfahren nach der VO 1/2003 einzuleiten, weil sich die fragliche Vereinbarung schwerpunktmäßig im Hoheitsgebiet eines bestimmten Mitgliedstaates auswirkt, kann die Wettbewerbsbehörde des betreffenden Mitgliedstaates die Ermittlungen übernehmen. In diesem Falle können die von der Kommission erhobenen Informationen und Erkenntnisse auf der Grundlage von Art. 12 **an die mitgliedstaatliche Wettbewerbsbehörde übermittelt** werden. Diese ist nach Art. 28 Abs. 1 auch nicht daran gehindert, die von der Kommission übermittelten Informationen und Erkenntnisse für die Zwecke des eigenen Verfahrens zu verwenden und in der Entscheidung zu verwerten. Etwas Vergleichbares muss für den Austausch der Informationen nach Art. 15 für die **Zusammenarbeit zwischen der Kommission und den mitgliedstaatlichen Gerichten** gelten. Auch die mitgliedstaatlichen Gerichte sind berechtigt, die von der Kommission übermittelten Informationen und Erkenntnisse, **vorbehaltlich der nationalen Prozessrechte,** in den bei ihnen anhängigen Verfahren zu verwerten.

7 Das Verwertungsverbot des Art. 28 Abs. 1 gewinnt besondere Bedeutung, wenn die nationale Wettbewerbsbehörde, der die Kommission Informationen und Erkenntnisse übermittelt, die Befugnis hat, **natürliche Personen** nicht nur mit Bußgeldern, sondern sogar mit **Kriminalstrafen** zu belegen. Zwar stellt Art. 12 Abs. 3 Spiegelstrich 2 klar, dass auf der Grundlage von Art. 12 ausgetauschte Informationen als Beweismittel nicht verwendet werden dürfen, wenn die empfangende Behörde befugt ist, Haftstrafen gegen natürliche Personen zu verhängen. Art. 12 Abs. 3 ist insoweit als **lex specialis** gegenüber Art. 28 Abs. 1 anzusehen. Gleichwohl bleiben berechtigte Bedenken, insbesondere im Hinblick auf Selbstanzeigen im Rahmen der Kronzeugenregelungen der Kommission und einiger mitgliedstaatlicher Wettbewerbsbehörden. Diese sind zum Teil sehr unterschiedlich. In einigen Mitgliedstaaten gibt es überhaupt keine Kronzeugenprogramme. Die Wahrung des Verwertungsverbots ist vor diesem Hintergrund von besonderer Bedeutung.

3. Berufsgeheimnis

8 **a) Grundsatz.** Art. 28 Abs. 2 erweitert die Verwendungs- und Verwertungsbeschränkung des Art. 28 Abs. 1 um eine **persönliche Dimension,** die sich auf die **Beamten und Bediensteten der Kommission** und der **mitgliedstaatlichen Wettbewerbsbehörden** bezieht. Diese trifft nämlich die persönliche Verpflichtung, alle Informationen, Daten, Erkenntnisse, Unterlagen, etc., von denen sie in Ausübung ihrer Tätigkeit Kenntnis erlangt haben, gegenüber **jedermann** vertraulich zu behandeln. Die Informationen dürfen allein für die Zwecke des Verfahrens verwendet werden, in denen die betroffenen Beamten, Bediensteten u. ä. tätig sind. Eine **Weitergabe an Dritte,** die an dem Verfahren nicht beteiligt sind, ist **ausdrücklich verboten.** Das betrifft nicht nur offensichtliche Fälle, wie die Weitergabe solcher Informationen und Erkenntnisse an Vertreter der Presse, am Verfahren nicht beteiligte Unternehmen oÄ. Das betrifft auch die Weitergabe an andere Beamte und Bedienstete entweder der Kommission oder der Mitgliedstaaten, die in die Behandlung des betreffenden Falles nicht involviert sind. Verstöße gegen die aus Art. 28 Abs. 2 erwachsene Verpflichtung können sowohl mit **Disziplinarmaßnahmen** der Kommission bzw. der Mitgliedstaaten geahndet werden als auch durch **Schadenersatzansprüche,** die von den geschädigten Unternehmen oder auch natürlichen Personen geltend gemacht werden können (EuGH Slg. 1985, 3539 Adams). Allerdings hat das Gericht entschieden, dass ein Verstoß gegen das Berufsgeheimnis keine Auswirkungen auf die Rechtmäßigkeit einer getroffenen Bußgeldentscheidung hat, sofern keine Anhaltspunkte dafür vorliegen, dass die Verletzung des Berufsgeheimnisses Auswirkungen auf die Entscheidungsfindung der Kommission hatte. Etwas anderes kann nach der Auffassung des EuG nur gelten, wenn durch die Verletzung des Berufsgeheimnisses ein faktischer Zwang begründet wird, der eine unabhängige Entscheidungsfindung durch das Kollegium der Kommissare nicht mehr möglich macht. Dies wird in aller Regel zu verneinen sein (EuG Slg. 2011 II-477 Rn. 402 Siemens). Diese Auffassung des EuG ist uE zu restriktiv. In der Praxis kommt es häufig vor, dass ein oder zwei Tage vor der förmlichen Entscheidung des Kommissarkollegiums Informationen an die Öffentlichkeit gelangen, die eine völlig unabhängige Entscheidungsfindung zumindest beeinträchtigen. Die restriktive Haltung des EuG lässt Verstöße gegen das Berufsgeheimnis damit praktisch unsanktioniert, da sowohl Disziplinarmaßnahmen als auch Schadenersatzansprüche nur äußerst selten vorkommen.

9 **b) Anspruch der Öffentlichkeit auf Zugang zu Dokumenten.** Eine besondere Dimension hat Art. 28 durch jüngst veröffentliche Entscheidungen des Gerichts und des Gerichtshofs zur Reichweite der **VO 1049/2001** über den **Zugang der Öffentlichkeit zu Dokumenten des Europäischen Parlaments, des Rates und der Kommission** erhalten (ABl. 2001 L 145/43; grundsätzlich dazu *Kellerbauer,* WuW 2011, 688ff.). Der Entscheidung des Gerichts lag ein Begehren des Österreichischen Vereins für Konsumenteninformation zugrunde, der die Kommission um Einsicht in die Verwaltungsakten bat, die die Entscheidung der Kommission hinsichtlich eines von der Kommission aufgedeckten stattgefundenen Kartells zwischen acht österreichischen Banken (sog. Lombard-Club) aufgedeckt hatte. Der Verein betreibt mehrere Zivilprozesse vor österreichischen Gerichten und versprach sich durch die Akteneinsicht zusätzliche Erkenntnisse, die in dem Gerichtsverfahren verwendet werden könnten. Die Kommission lehnte den Antrag ab, ohne vorher die in der Akte enthaltenen Dokumente konkret geprüft zu haben. Das Gericht schloss zwar nicht aus, dass ein wesentlicher Teil der Akte dem Verein nicht zugänglich sein würde. Allerdings hätte die Kommission den Verein zumindest Einsichtnahme zu einem Teil der Akte gewähren müssen (EuG Slg. 2005 II 1121 Rn. 47 Verein für Konsumenteninformation). Die Entscheidung ist insoweit von Bedeutung, als Dritte auf der Grundlage der genannten Verordnung und **entgegen der Bestimmung in Art. 28**

Abs. 1 unter bestimmten Voraussetzungen **Zugang zu Dokumenten der Kommission** verlangen können (ähnlich EuG 22.5.2012 T-344/08 EnBW; einschränkend dagegen EuGH 27.2.2014 Rs. C-365/12 P EnBW, NZKart 2014, 140, dabei den Schlussanträgen von *GA Villalon* 3.10.2013 C-365/12 P folgend, NZKart 2014, 112; weitergehend dagegen noch EuG Slg. 2011 II-8251 CDC Hydrogene Peroxide). Das soll selbst dann gelten, wenn es sich um ein Verfahren handelt, an dem die Einsicht begehrende Partei nicht beteiligt war. Dies ist eine bedenkliche Entwicklung, die mit der Zielrichtung von Art. 28 Abs. 1 nicht vereinbar ist. Allerdings nimmt die Zahl solcher Klagen in letzter Zeit erheblich zu, offensichtlich um Schadenersatzklagen geschädigter Privater oder Unternehmen vorzubereiten.

4. Behandlung von Geschäftsgeheimnissen

10 Ein besonderes Problem stellt sich, wenn es nicht nur um die Verwertung einfacher, der Kommission im Rahmen eines Ermittlungsverfahrens überlassener Informationen und Unterlagen geht, sondern um vertrauliche Informationen. Informationen, Unterlagen und Daten, die Geschäftsgeheimnisse der betroffenen Unternehmen enthalten, dürfen auch am Verfahren beteiligten Drittunternehmen nicht zugänglich gemacht werden. Der **Schutz von Geschäftsgeheimnissen** geht über das hinaus, was Art. 28 ohnehin regelt. Insoweit besteht ein Sachzusammenhang mit der Regelung in Art. 30 Abs. 2. Geschäftsgeheimnisse unterliegen einem umfassenden Schutz. Dies ist allgemein anerkannt (vgl. *de Bronett* Art. 28 Rn. 7). Daneben gibt es auch andere vertrauliche Informationen, die vom Schutz des Art. 28 Abs. 2 erfasst sind. Besonders deutlich wurde dies in der Rechtssache Adams. Stanley Adams gab im Rahmen des Ermittlungsverfahrens gegen Hoffmann LaRoche der Kommission Informationen und umfangreiches Beweismaterial an die Hand, das es der Kommission erst ermöglichte, dem betroffenen Unternehmen einen Kartellverstoß nachzuweisen. Auf Grund einer Verletzung des Amtsgeheimnisses wurde die Identität des Informanten publik, der daraufhin in der Schweiz zu einer langjährigen Gefängnisstrafe verurteilt wurde. Der Schutz der Identität eines Zeugen ist vor diesem Hintergrund ebenfalls als nach Art. 28 schutzwürdig anerkannt worden (EuGH Slg. 1985 2539 Rn. 34 Adams).

11 Die eigentliche Problematik liegt darin, unter welchen Voraussetzungen ein schutzwürdiges Geschäftsgeheimnis vorliegt. Dies kann nur im Einzelfall beantwortet werden (EuGH Slg. 1994 I-667 Hilti). Grundsätzlich ist es Aufgabe der Kommission, den vertraulichen Charakter eines Dokumentes oder einer Unterlage als Geschäftsgeheimnis zu identifizieren. Dabei muss den betroffenen Unternehmen jedoch **umfassendes rechtliches Gehör** gewährt werden. Die Kommission ist nicht berechtigt, das Verlangen des betroffenen Unternehmens nach vertraulicher Behandlung eines Geschäftsgeheimnisses einfach abzuweisen. Vielmehr muss die Kommission einen **förmlichen Beschluss nach Art. 288 Abs. 4 AEUV** treffen. Diese kann von den betroffenen Unternehmen im Wege der Nichtigkeitsklage von den europäischen Gerichten überprüft werden (so bereits EuGH Slg. 1986 1965 Rn. 29 Akzo; für die Auseinandersetzung über den Schutzbereich des sog. Legal Professional Privilege EuGH Slg. 2010 I-8301 Akzo).

Kapitel IX. Freistellungsverordnungen

Vorbemerkung

1 Kapitel IX umfasst nur Art. 29 über die **Gruppenfreistellungsverordnungen.** Art. 29 enthält keine Ermächtigung zum Erlass solcher Gruppenfreistellungsverordnungen, sondern nimmt Bezug auf spezielle Ermächtigungsverordnungen. Durch

den Vertrag von Lissabon ist eine ausdrückliche Ermächtigung zum Erlass von Gruppenfreistellungsverordnungen auf der Grundlage von spezifischen Ermächtigungsverordnungen des Rates nach Art. 103 Abs. 2 lit. b) AEUV in Art. 105 Abs. 3 AEUV aufgenommen worden (vgl. dazu die Kommentierung von Art. 105 AEUV Rn. 4). Geregelt ist in Art. 29 nur der Entzug der Gruppenfreistellung in Einzelfällen, und zwar durch die Kommission (Abs. 1) und durch Behörden der Mitgliedstaaten (Abs. 2).

Art. 29 Entzug des Rechtsvorteils in Einzelfällen

(1) Hat die Kommission aufgrund der ihr durch eine Verordnung des Rates wie z. B. den Verordnungen Nr. 19/65/EWG, (EWG) Nr. 2821/71, (EWG) Nr. 3976/87, (EWG) Nr. 1534/91 oder (EWG) Nr. 479/92 eingeräumten Befugnis, Artikel 81 Absatz 3 des Vertrags durch Verordnung anzuwenden, Artikel 81 Absatz 1 des Vertrags für nicht anwendbar auf bestimmte Gruppen von Vereinbarungen, Beschlüssen von Unternehmensvereinigungen oder aufeinander abgestimmten Verhaltensweisen erklärt, so kann sie von Amts wegen oder auf eine Beschwerde hin den Rechtsvorteil einer entsprechenden Gruppenfreistellungsverordnung entziehen, wenn sie in einem bestimmten Fall feststellt, dass eine Vereinbarung, ein Beschluss oder eine abgestimmte Verhaltensweise, für die die Gruppenfreistellungsverordnung gilt, Wirkungen hat, die mit Artikel 81 Absatz 3 des Vertrags unvereinbar sind.

(2) Wenn Vereinbarungen, Beschlüsse von Unternehmensvereinigungen oder aufeinander abgestimmte Verhaltensweisen, die unter eine Verordnung der Kommission im Sinne des Absatzes 1 fallen, in einem bestimmten Fall Wirkungen haben, die mit Artikel 81 Absatz 3 des Vertrags unvereinbar sind und im Gebiet eines Mitgliedstaats oder in einem Teilgebiet dieses Mitgliedstaats, das alle Merkmale eines gesonderten räumlichen Marktes aufweist, auftreten, so kann die Wettbewerbsbehörde dieses Mitgliedstaats den Rechtsvorteil der Gruppenfreistellungsverordnung in diesem Gebiet entziehen.

1. VO 1/2003 und Gruppenfreistellungsverordnungen

a) Überblick über die Regelungen in der VO 1/2003. Anders als die ersten Entwürfe zur VO 1/2003 enthält die Verordnung **keine allgemeine Ermächtigung zum Erlass von Gruppenfreistellungsverordnungen.** Eine grundsätzliche, aber eingeschränkte Ermächtigung zum Erlass von Gruppenfreistellungsverordnungen ist durch den Lissaboner Vertrag in Art. 105 Abs. 3 AEUV eingeführt worden. Allerdings setzt die Befugnis eine vorher ausgesprochene Ermächtigung durch den Rat voraus. Kapitel IX „Freistellungsverordnung" regelt in Art. 29 nur den „Entzug des Rechtsvorteils in Einzelfällen". Daneben enthalten der Sache nach auch Art. 40 und 41 Regelungen über die Gruppenfreistellungsverordnungen. Anders als nach den erwähnten Entwürfen sind die Gruppenfreistellungs-Ermächtigungsverordnungen des Rates 19/65 für Vertikal- und Lizenzvereinbarungen, 2821/71 für bestimmte Arten von Horizontalvereinbarungen, 487/2009 für den Luftverkehr, 246/2009 für den Seeverkehr und 1534/91 für die Versicherungswirtschaft aufrecht erhalten geblieben. Es gilt also weiterhin einen **numerus clausus** für den Erlass von Gruppenfreistellungsverordnungen. 1

b) Gruppenfreistellungen und unmittelbare Anwendbarkeit des Art. 101 Abs. 3 AEUV. Anders als nach der VO 17/62 gibt es keine Freistellungsentscheidungen der Kommission mehr. Demgegenüber gibt es aber weiterhin Gruppenfreistel- 2 lungen. Da die Anwendung des Art. 101 Abs. 3 AEUV keines gestaltenden Aktes bedarf, enthalten sie nicht rechtsgestaltend eine Freistellung, sondern **stellen** nur – nicht einzelfallbezogen sondern „gruppenweise" – **das Eingreifen der Freistellungsvoraussetzungen des Art. 101 Abs. 3 AEUV fest.** Wenn die Gruppenfreistellung nur etwas feststellt, was von Rechts wegen sowieso gilt, stellt sich die Frage, ob diese Feststellung durch Kommissionsverordnung auch in den Fällen verbindlich ist, in denen die Voraussetzungen des Art. 101 Abs. 3 AEUV nicht vorliegen oder jedenfalls zweifelhaft sind. Im Ergebnis kann diese Frage nur bejaht werden. Dogmatisch ist das allerdings schwer zu begründen: Wenn Art. 101 Abs. 3 AEUV unabhängig von einer Entscheidung sagt, was gilt, hat die Kommission nicht die Befugnis, etwas davon Abweichendes zu regeln. Das war bei dem Verständnis des Art. 81 Abs. 3 EG als Ermächtigung für eine gestaltende Freistellungsentscheidung oder -verordnung jedenfalls im praktischen Ergebnis anders, weil dort der Kommission nach der Rechtsprechung des Gerichtshofes ein weites Beurteilungsermessen zustand. Würde man dieses der Kommission auch bei der „gruppenweisen" Feststellung der Freistellung zugestehen, wäre diese Feststellung teilweise eben doch gestaltender Natur. Zu befriedigenden Ergebnissen kommt man nur, wenn man das Wesen der Gruppenfreistellungsverordnung so definiert, dass sie eine **unwiderlegbare Vermutung für die Voraussetzungen des Art. 101 Abs. 3 AEUV** begründet und damit denjenigen, der sich auf sie beruft, von einer weitergehenden Darlegungs- und Beweislast befreit (dazu *Bechtold* in *Schwarze,* Instrumente zur Durchsetzung des europäischen Wettbewerbsrechts, 2002, 25, 28ff.; *Bechtold* EWS 2001, 49, 54f.).

3 Mittelbar hat sich durch die VO 1/2003 der Charakter der Gruppenfreistellungsverordnungen verändert. Der Gerichtshof hat zu den früheren Gruppenfreistellungsverordnungen in ständiger Rechtsprechung die These vertreten, sie seien **eng auszulegen** (zB EuGH Slg. 1995 I-3439, 3471 BMW/ALD Auto-Leasing; EuGH Slg. 1995 I-3477, 3516 VAG-Leasing). Im jetzigen System ist der Gegenschluss, dass das, was zwar weitgehend, aber nicht in allen Einzelheiten die Voraussetzungen einer Gruppenfreistellung erfüllt, unzulässig ist, nicht mehr ohne Weiteres möglich. Vielmehr liegt es nahe, die einer Gruppe von Vereinbarungen zugebilligten **Freistellungsgründe einzelfallbezogen auch auf nicht exakt von der Gruppenfreistellung erfasste Vereinbarungen zu erweitern.** Wenn zB eine Vereinbarung sämtliche Voraussetzungen der VO 330/2010 erfüllt, möglicherweise aber die Marktanteilsschwelle des Art. 3 Abs. 1 überschritten ist, greift die Gruppenfreistellung möglicherweise nicht ein. Das spricht aber nicht ohne Weiteres gegen das unmittelbare Eingreifen des Art. 101 Abs. 3 AEUV. Es gibt keine „Vermutung der Rechtswidrigkeit" von nicht ausdrücklich freigestellten Vereinbarungen (vgl. dazu auch Ziff. 60 der Vertikalleitlinien, Anhang B 6). Es ist durchaus möglich, dass in Anbetracht näher darzulegender Umstände die Freistellungswirkung des Art. 101 Abs. 3 AEUV auch einer Vereinbarung zugute kommt, bei der die Marktanteilsgrenze – sicher oder möglicherweise – überschritten ist.

2. Derzeit geltende Gruppenfreistellungen und Ermächtigungen

4 Aufgrund der **Rats-VO 19/65** für Vertikal- und Lizenzvereinbarungen sind erlassen und weiterhin in Kraft
- die VO 330/2010 vom 20.4.2010 über Vertikalvereinbarungen
- die VO 461/2010 vom 27.5.2010 über den Kraftfahrzeugsektor und
- die VO 316/2014 vom 21.3.2014 über Technologietransfer-Vereinbarungen.

5 Die **Rats-VO 2821/71** über bestimmte Arten von Horizontalvereinbarungen ist die Rechtsgrundlage für
- die VO 1218/2010 vom 14.12.2010 über Spezialisierungsvereinbarungen und
- die VO 1217/2010 vom 14.12.2010 über Forschungs- und Entwicklungs-Vereinbarungen.

Aufgrund der **Rats-VO 1534/91** für Versicherungsunternehmen gilt 6
– die VO 267/2010 vom 24.3.2010 für Vereinbarungen von Versicherungsunternehmen.

Aufgrund der **Rats-VO 246/2009** für Seeschifffahrtsunternehmen 7
– die VO 906/2009 vom 28.9.2009 für Konsortien.

Die Kommission hat von der Befugnis nach **Rats-VO 487/2009** für den Luftverkehr keinen erneuten Gebrauch gemacht, nachdem die früher geltenden Gruppenfreistellungsverordnungen für den Luftverkehr ausliefen bzw. aufgehoben worden sind. 8

3. Entzug des Rechtsvorteils durch die Kommission (Abs. 1)

a) Vorgängerregelungen. Die Rats-VOen 19/65 (für Vertikal- und Lizenzvereinbarungen), 2821/71 (für bestimmte Horizontalvereinbarungen) und 1534/91 (für den Versicherungssektor) enthielten in Art. 7 **gleichlautende Ermächtigungen der Kommission, im Einzelfall den Vorteil der Gruppenfreistellung zu entziehen.** Eine dem Abs. 2 entsprechende Ermächtigung für die Behörden der Mitgliedstaaten war in diesen Verordnungen nicht vorgesehen. Diese Bestimmungen sind durch Art. 40 **aufgehoben** worden. Die früheren Gruppenfreistellungsverordnungen enthielten durchweg entsprechende Vorschriften. Art. 17 VO 3932/92, Art. 6 und 7 VO 2790/1999, Art. 7 VO 2658/2000, Art. 7 VO 2659/2000 und Art. 6 VO 1400/2002 verwiesen noch unmittelbar auf Art. 7 VO 19/67, VO 2821/71 bzw. VO 358/2003 (gemäß Art. 7 der Verordnung … kann die Kommission im Einzelfall …). Mit Aufhebung der Art. 7 VO 19/65, VO 2821/71 und VO 1534/91 ist an ihre Stelle unmittelbar Art. 29 getreten, und zwar mit dem über Art. 7 der früheren Regelungen hinausgehenden Ergebnis, dass nach Art. 29 Abs. 2 auch ein **Entzug durch die Behörden der Mitgliedstaaten** möglich ist. Art. 29 enthält die Ermächtigung für Entscheidungen der Kommission und der Behörden der Mitgliedstaaten zum Entzug des Rechtsvorteils einer Gruppenfreistellungsverordnung im Einzelfall. In der GruppenfreistellungsVO 316/2014 bezieht sich Art. 6 ausdrücklich auf Art. 29 VO 1/2013 (→ VO 316/2014 Art. 6 Rn. 1). 9

b) Materielle Entzugsvoraussetzungen. Voraussetzung für den Entzug sind **Wirkungen** einer an sich durch eine Gruppenfreistellungsverordnung freigestellten Vereinbarung, „die **mit Art. 101 Abs. 3 AEUV unvereinbar** sind". Art. 101 Abs. 3 AEUV enthält vier Voraussetzungen, die kumulativ erfüllt sein müssen, damit eine Vereinbarung vom Verbot des Art. 101 Abs. 1 AEUV freigestellt ist. Die durch eine Gruppenfreistellung vorgesehene Freistellung beruht auf der Annahme, dass die Vereinbarung typischerweise alle vier Voraussetzungen des Abs. 3 erfüllt. Tut sie das im Einzelfall nicht, berührt das die Gruppenfreistellung und die Freistellungswirkung für die einzelnen Vereinbarungen zunächst nicht. Vielmehr kann die Freistellung **nur im Verfahren des Art. 29** entzogen werden. Das setzt den Nachweis im Einzelfall voraus, dass zumindest eine der vier Freistellungsvoraussetzungen im konkreten Fall nicht erfüllt ist (vgl. dazu *Brinker,* Missbrauchsaufsicht auf der Grundlage der Gruppenfreistellungsverordnungen, 1994, S. 100ff.). Die Beweislast liegt insoweit voll bei der Kommission. 10

c) Verfahren. Die Kommission kann das Entzugsverfahren nach Art. 29 Abs. 1 **von Amts wegen** oder **auf Beschwerde** hin einleiten. Sie ist nicht verpflichtet, einer Beschwerde Folge zu leisten (vgl. *Brinker,* aaO, S. 82ff.). Gegenstand des Entzugsverfahrens kann, je nach Inhalt der Eingriffsvoraussetzungen, eine **einzelne Vereinbarung** oder das **gesamte Vereinbarungssystem eines Unternehmens** sein. Der Freistellungsentzug bezieht sich allerdings nur auf die Teile der Vereinbarung, die gegen Art. 101 Abs. 1 AEUV verstoßen und deswegen der Freistellung nach Abs. 3 bedürfen. Die Auswirkungen auf die Fortgeltung der kartellrechtlich irrelevan- 11 ten Bestimmungen regelt sich nach dem jeweils anwendbaren nationalen Zivilrecht (in Deutschland nach § 139 BGB, unter Beachtung der insoweit möglichen salvatorischen Klauseln). Liegen die Entzugsvoraussetzungen nicht für die Vereinbarung insgesamt vor, sondern nur für einzelne Klauseln, zB weil sie nicht unerlässlich sind im Sinne von Art. 101 Abs. 3 lit. b AEUV, kann die Freistellung auch nur für diese einzelne Klausel entzogen werden. Die Kommission hat in dem Entzugsverfahren die **Ermittlungsbefugnisse der Art. 17ff.** (vgl. *Brinker,* aaO, S. 93ff.). Für die Anhörung der Beteiligten gilt Art. 27, auch wenn dies in Art. 29 nicht ausdrücklich erwähnt ist. Den Beteiligten sind also insbesondere Beschwerdepunkte vor Erlass einer für sie negativen Entscheidung zuzustellen; sie haben Anspruch auf eine mündliche Anhörung.

12 **d) Wirkungen.** Die Entscheidung nach Art. 29 Abs. 1 wirkt **nur für die Zukunft;** ein rückwirkender Freistellungsentzug ist nicht möglich (vgl. *Brinker,* aaO, S. 80f.). Der Entzug wirkt nur für die Vereinbarung, die in der Entscheidung ausdrücklich genannt ist. Sie bedeutet, dass die Vereinbarung künftig als nicht durch eine Gruppenfreistellung nach Art. 101 Abs. 3 AEUV freigestellt anzusehen ist. Theoretisch kommt zwar in Betracht, dass sich dennoch die Freistellung unmittelbar aus Art. 81 Abs. 3 EG ergibt. Praktisch ist das aber, wenn die Entzugsvoraussetzungen tatsächlich vorliegen, auszuschließen. Die Vereinbarung ist also nach Art. 101 Abs. 1 AEUV verboten und nach Abs. 2 nichtig. Ihre Praktizierung kann für die Zeit ab Wirkung des Entzugs nach Art. 23 Abs. 2 lit. a mit Geldbuße belegt werden. Die Entzugsentscheidung kann nach Art. 263 AEUV von den betroffenen Unternehmen durch Klage zum Gericht angefochten werden; die Klage hat keine aufschiebende Wirkung.

4. Entzug des Rechtsvorteils durch eine nationale Behörde (Abs. 2)

13 **a) Wirkungen in einem Mitgliedstaat oder einem Teil.** Voraussetzung für eine Maßnahme nach Abs. 2 sind **Wirkungen der Vereinbarung, die im Einzelfall nicht mit Art. 101 Abs. 3 AEUV vereinbar** sind. Insoweit gilt das Gleiche wie nach Abs. 1. Die mit Art. 101 Abs. 3 AEUV unvereinbaren Wirkungen müssen entweder im **gesamten Gebiet eines Mitgliedstaates** oder in einem **Teilgebiet** auftreten, „das alle Merkmale eines gesonderten räumlichen Marktes aufweist". Dieser Relativsatz bezieht sich nicht nur auf den Teil eines Mitgliedstaates, sondern auch auf den Mitgliedstaat als solchen. Es würde keinen Sinn machen, für den Teil eines Mitgliedstaates die Voraussetzungen des „gesonderten räumlichen Marktes" aufzustellen, nicht aber für den Mitgliedstaat als solchen. Bestätigt wird das durch die Formulierung von Art. 9 Abs. 2 der Fusionskontrollverordnung 139/2004, der einen insoweit vergleichbaren Sachverhalt regelt. Dort wird nicht danach differenziert, ob es um den Mitgliedstaat insgesamt oder nur einen Teil davon geht; Voraussetzung ist in beiden Alternativen, dass das Gebiet „alle Merkmale eines gesonderten Marktes aufweist". Art. 29 Abs. 2 findet also **keine Anwendung,** wenn es um **Wirkungen** geht, die **auch außerhalb des jeweiligen Mitgliedstaates** vorhanden sind, und der Mitgliedstaat oder sein Teilgebiet, bezogen auf den relevanten Produktmarkt keinen eigenständigen räumlich relevanten Markt bilden (vgl. *de Bronett* WuW 1999, 825, 828). Zeigt eine Vereinbarung mit Art. 101 Abs. 3 AEUV unvereinbare Wirkungen, und treten diese Wirkungen auf einem Markt auf, der über das Gebiet des betroffenen einzelnen Mitgliedstaates hinausreicht, ist Abs. 2 nicht anwendbar. In diesem Fall besteht nur die Möglichkeit des Entzugs der Freistellung durch die Kommission nach Abs. 1. Erreichen die Wirkungen einer Vereinbarung mehrere Mitgliedstaaten und bilden diese bezogen auf die relevanten Märkte getrennte räumliche Märkte, so ist Abs. 2 anwendbar. Einschränkungen der **Zuständigkeit der Kommission** ergeben sich aus Abs. 2 nicht. Sie kann Abs. 1 auch wegen der mit Art. 101 Abs. 3 AEUV un-

vereinbaren Wirkung in besonderen räumlichen Märkten in einem Mitgliedsstaat oder in einem wesentlichen Teil desselben anwenden. Hat die Kommission auf der Grundlage des Abs. 1 ein Verfahren eingeleitet, das auf die Wirkungen der betroffenen Vereinbarungen in diesem Mitgliedsstaat oder einem Teil desselben gestützt ist, kann die nationale Behörde nach Art. 11 Abs. 6 ein Verfahren nach Abs. 2 nicht mehr durchführen.

b) Entzugsverfahren. Abs. 2 spricht allgemein von der **„Wettbewerbsbehörde" des Mitgliedsstaates.** In Deutschland ist nach §§ 32d, 50 Abs. 6 GWB damit das **Bundeskartellamt** gemeint (vgl. *de Bronett* WuW 1999, 825, 828; *Bechtold* GWB § 32d Rn. 4). Für das Entzugsverfahren gilt, soweit Abs. 2 keine Regelung enthält, nationales Recht. Es gibt keine Regelungen darüber, auf wessen Initiative das Bundeskartellamt tätig werden kann. Es ist nicht verpflichtet, ein Entzugsverfahren einzuleiten; entsprechende Anregungen, Anträge oder Beschwerden Dritter kann es aus Ermessensgründen zurückweisen. Die Kommission ist nicht berechtigt, die nationale Behörde zu einem Verfahren zu verpflichten; sie kann es selbst durchführen. Die Wirkung des Entzugs ist **auf das „betroffene Gebiet" beschränkt.** Dabei handelt es sich entweder um den Mitgliedsstaat insgesamt oder einen Teil desselben, das „alle Merkmale eines gesonderten räumlichen Marktes aufweist". In diesem Gebiet können sich die Unternehmen nach Entzug der Freistellung nicht mehr auf die Freistellungswirkung des Art. 101 Abs. 3 AEUV berufen. Die Beschwerde gegen die Entzugsentscheidung des Bundeskartellamts, die auf der Grundlage des § 32 GWB erfolgt, hat nach § 64 Abs. 1 GWB keine aufschiebende Wirkung (§ 32d ist im Katalog des § 64 Abs. 1 nicht erwähnt). Insoweit besteht also ein Gleichklang mit den Rechtswirkungen einer Entzugsentscheidung durch die Kommission. 14

Kapitel X. Allgemeine Bestimmungen

Vorbemerkung

Das zehnte Kapitel der VO 1/2003 enthält einige **ergänzende Vorschriften,** die die vorherstehenden Bestimmungen der VO 1/2003 ergänzen. Art. 30 begründet die Pflicht zur **Veröffentlichung** von Entscheidungen, die die Kommission in Anwendung der Art. 7–10 sowie Art. 23 und Art. 24 erlässt. Art. 32 legt ausdrücklich klar, für welche Bereiche die VO 1/2003 nicht gilt. Das betrifft bestimmte Dienstleistungen im **See-** sowie im **Luftverkehr** (vgl. dazu Art. 104 AEUV Rn. 6, und Art. 105 AEUV), die jedoch jüngst aufgehoben wurden. Art. 33 enthält schließlich eine Ermächtigungsgrundlage für den Erlass von **Durchführungsvorschriften.** Von dieser Möglichkeit hat die Kommission mit dem Erlass der VO 773/2004 Gebrauch gemacht. 1

Materiell-rechtlich von Bedeutung ist die **Nachprüfungsbefugnis des Gerichtshofs,** die in Art. 31 geregelt ist. Diese Vorschrift ist vor dem Hintergrund der Ermächtigung in Art. 103 Abs. 2 lit. d AEUV zu sehen. Danach kann der Rat die Aufgaben der Kommission und des Gerichtshofs bei der Anwendung der zur Durchführung der Art. 101 und Art. 102 AEUV ergangenen Vorschriften gegeneinander abgrenzen. In Art. 31 ist ausdrücklich klargestellt, dass der Gerichtshof, wie bereits unter der VO 17/62, eine **uneingeschränkte Befugnis** zur Nachprüfung von Bußgeld- und Zwangsgeldentscheidungen hat. Diese kann er aufheben. Er kann die festgesetzte Geldbuße bzw. das festgesetzte Zwangsgeld aber auch **herabsetzen oder erhöhen.** 2

Art. 30 Veröffentlichung von Entscheidungen

(1) **Die Kommission veröffentlicht die Entscheidungen, die sie nach den Artikeln 7 bis 10 sowie den Artikeln 23 und 24 erlässt.**

(2) **Die Veröffentlichung erfolgt unter Angabe der Beteiligten und des wesentlichen Inhalts der Entscheidung einschließlich der verhängten Sanktionen. Sie muss dem berechtigten Interesse der Unternehmen an der Wahrung ihrer Geschäftsgeheimnisse Rechnung tragen.**

1 Art. 30 entspricht **Art. 21 VO 17/62** und in der Fusionskontrolle **Art. 20 VO 139/2004.** Er enthält nicht nur eine **Veröffentlichungspflicht,** sondern auch ein **Veröffentlichungsrecht,** das eine Beeinträchtigung von Interessen der dadurch betroffenen Unternehmen und Personen impliziert. Abs. 2 sieht vor, dass „dem berechtigten Interesse der Unternehmen an der Wahrung ihrer **Geschäftsgeheimnisse** Rechnung" getragen werden muss. Das bezieht sich aber nur auf bestimmte Inhalte der Entscheidung, nicht die Entscheidung als solche und ihren wesentlichen Inhalt einschließlich der verhängten Sanktionen.

2 Abs. 1 zählt die zu **veröffentlichenden Entscheidungen** auf, nämlich
- Entscheidung über die Feststellung und Abstellung von Zuwiderhandlungen (Art. 7)
- einstweilige Maßnahmen (Art. 8)
- Entscheidungen über die Verbindlicherklärung von Verpflichtungszusagen (Art. 9)
- Feststellung der Nichtanwendbarkeit der Art. 101 und 102 AEUV (Art. 10)
- Entscheidungen über Festsetzung von Geldbußen (Art. 23) und
- Entscheidung über die Festsetzung von Zwangsgeldern (Art. 24).

3 Die Kommission kann auch andere Entscheidungen veröffentlichen. Hier kann im Einzelfall eine stärkere Berücksichtigung der Interessen der betroffenen Unternehmen geboten sein.

4 Abs. 2 sieht **nicht** die Veröffentlichung **des vollen Wortlauts** vor; veröffentlichungspflichtig sind nur die Beteiligten (Mitnahmen und sonstigen Identifizierungsmerkmalen) und der „**wesentliche Inhalt** der Entscheidung einschließlich der verhängten Sanktionen". Bis 2004 hat die Kommission jeweils den vollen Wortlaut der Entscheidungen, bereinigt um Geschäftsgeheimnisse und andere vertrauliche Informationen, im Amtsblatt der Europäischen Union veröffentlicht. Diese Praxis hat sie inzwischen geändert. Sie veröffentlicht im Amtsblatt nur noch eine Zusammenfassung der Entscheidungen (vgl. zB KOMM 3.12.2003 ABl. 2004 L 125/45 Elektrotechnische und mechanische Kohlenstoff- und Graphitprodukte; KOMM 16.12.2003 ABl. 2004 L 125/50 Industrierohre). Die Veröffentlichung erfolgt nach Art. 297 Abs. 1 AEUV im Amtsblatt der Europäischen Union. Das ist – anders als in Art. 20 Abs. 1 VO 139/2004 – in Art. 30 nicht ausdrücklich gesagt.

5 Art. 30 regelt nur die Veröffentlichung im **Amtsblatt,** die in allen Amtssprachen der Union zu erfolgen hat. Die Kommission veröffentlicht daneben auch Entscheidungen im **Internet,** auf der Website der Generaldirektion Wettbewerb, dies ohne ausdrückliche Rechtsgrundlage. Diese Veröffentlichungen erfolgen in der Verfahrenssprache und zusätzlich in den Arbeitssprachen der Kommission, also in deutscher, englischer und französischer **Sprache. Nicht veröffentlicht** werden insbesondere Auskunfts- und Nachprüfungsentscheidungen.

Art. 31 Nachprüfung durch den Gerichtshof

Bei Klagen gegen Entscheidungen, mit denen die Kommission eine Geldbuße oder ein Zwangsgeld festgesetzt hat, hat der Gerichtshof die Befugnis zu unbeschränkter Nachprüfung der Entscheidung. Er kann die festgesetzte

Geldbuße oder das festgesetzte Zwangsgeld aufheben, herabsetzen oder erhöhen.

Art. 31 entspricht **Art. 17 VO 17/62.** Er beruht auf Art. 261 AEUV, der den Rat ausdrücklich ermächtigt, in Ratsverordnungen „dem Gerichtshof eine Zuständigkeit (zu)übertragen, welche die Befugnis zu **unbeschränkter Ermessensnachprüfung** und zur Änderung oder Verhängung solcher Maßnahmen umfasst". Einer solchen Regelung bedurfte es, weil das Klageverfahren nach Art. 263 AEUV ein Kassationsverfahren ist. Ist die angefochtene Entscheidung rechtswidrig, ist sie für nichtig zu erklären; das gilt auch, wenn die Entscheidung auf unrichtiger Ausübung des Ermessens beruht. Weder das Gericht noch der Gerichtshof ist normalerweise befugt, sein Ermessen an die Stelle desjenigen der Kommission zu setzen. Gäbe es Art. 31 nicht, wären Gericht und Gerichtshof verpflichtet, die Entscheidung insgesamt für nichtig zu erklären, wenn sie der Auffassung wären, dass die Höhe der Geldbuße nach Art. 23 oder eines Zwangsgeldes nach Art. 24 nicht gerechtfertigt ist. Die Kommission hätte dann die Möglichkeit, ein neues Verfahren unter Beachtung der Entscheidungsgründe des Gerichts durchzuführen. Der Gerichtshof kann eine von der Kommission festgesetzte Geldbuße – was er häufig getan hat – oder ein Zwangsgeld herabsetzen (EuG 27.6.2012 T-167/08 Rn. 222 Microsoft). Er ist aber auch berechtigt, die Geldbuße zu erhöhen; es gibt also im Gerichtsverfahren **kein Verbot der reformatio in pejus.** Allerdings ist das EuG nicht verpflichtet, in jedem Fall seine eigene Beurteilung an diejenige der Kommission zu stellen (EuGH 24.10.2013 C-510/11 P Rn. 27f. Kone, NZKart 2013, 503). 1

Art. 31 differenziert nicht nach **Gericht** und **Gerichtshof.** Das entspricht der Terminologie des AEUV. Dessen Abschnitt 4 ist mit „der Gerichtshof" überschrieben. Die Aufgabenverteilung in zwei instanzlichen Verfahren zwischen Gericht und Gerichtshof bringt es mit sich, dass „die Befugnis zu unbeschränkter Nachprüfung der Entscheidung" beim Gericht liegt. Der Gerichtshof wird nur aufgrund eines „auf Rechtsfragen beschränkten Rechtsmittels" tätig (Art. 256 Abs. 1 Unterabs. 2 AEUV). Die Neufestsetzung der Geldbuße, die nach Art. 31 dem Gerichtshof möglich ist, setzt tatsächliche Würdigungen voraus, die dem Gerichtshof als zweiter Instanz verwehrt sind. Hält er die Geldbuße aus Rechtsgründen nicht für zulässig, muss er deswegen das Verfahren an das Gericht zurückverweisen. 2

Art. 32 Ausnahmen vom Anwendungsbereich

Art. 32 wurde durch Art. 2 VO 1419/2006 des Rates gestrichen (ABl. 2006 L 269/1).

Art. 33 Erlass von Durchführungsvorschriften

(1) **Die Kommission ist befugt, alle sachdienlichen Vorschriften zur Durchführung dieser Verordnung zu erlassen. Diese können unter anderem Folgendes zum Gegenstand haben:**

a) **Form, Inhalt und sonstige Modalitäten der Beschwerden gemäß Artikel 7 sowie das Verfahren zur Abweisung einer Beschwerde,**
b) **die praktische Durchführung des Informationsaustauschs und der Konsultation nach Artikel 11,**
c) **die praktische Durchführung der Anhörungen gemäß Artikel 27.**

(2) **Vor dem Erlass von Maßnahmen nach Absatz 1 veröffentlicht die Kommission einen Entwurf dieser Maßnahmen und fordert alle Beteiligten auf, innerhalb einer von ihr gesetzten Frist, die einen Monat nicht unterschreiten darf, zu dem Entwurf Stellung zu nehmen. Vor der Veröffent-**

lichung des Entwurfs einer Maßnahme und vor ihrem Erlass hört die Kommission den Beratenden Ausschuss für Kartell- und Monopolfragen.

1 Art. 33 entspricht **Art. 24 VO 17/62,** der die Kommission ermächtigte, bestimmte Ausführungsbestimmungen zu erlassen. Er ist gegenüber dieser Vorgängerbestimmung weiter gefasst; die Kommission kann hiernach „**alle sachdienlichen Vorschriften** zur Durchführung dieser Verordnung" erlassen. Diese Ermächtigung bezieht sich ausschließlich auf generelle Regelungen in Form einer Kommissionsverordnung im Sinne von Art. 288 AEUV, nicht auf die ohne besondere Ermächtigung erlassenen **Bekanntmachungen, Leitlinien, generelle Mitteilungen** usw. Die Kommission hat inzwischen auf der Grundlage des Art. 33 die **VO 773/2004** vom 7.4.2004 „über die Durchführung von Verfahren auf der Grundlage der Art. 81 und 82 EG-Vertrag durch die Kommission" erlassen. In dieser VO sind Vorschriften über die Einleitung des Verfahrens, ergänzende Vorschriften über die Ermittlungsbefugnisse, über die Behandlung von Beschwerden, die Wahrnehmung des Anspruchs auf rechtliches Gehör sowie die Akteneinsicht und die Behandlung vertraulicher Informationen enthalten. Diese Verordnung deckt damit die Ermächtigungen in Abs. 1 lit. a und c, nicht aber lit. b, die die Kommission zum Erlass von Durchführungsvorschriften für den Informationsaustausch und der Konsultation im Verhältnis zwischen Kommission und den Wettbewerbsbehörden der Mitgliedstaaten ermächtigt. Insoweit gibt es noch keine Durchführungsverordnung.

2 Abs. 2 verpflichtet die Kommission, vor Erlass einer Verordnung den **Entwurf zu veröffentlichen** und allen Beteiligten Gelegenheit zur Stellungnahme zu geben. Vor der Veröffentlichung des Entwurfs muss der Beratende Ausschuss nach Art. 14 gehört werden.

Kapitel XI. Übergangs-, Änderungs- und Schlussbestimmungen

Vorbemerkung

1 Kapitel XI umfasst die Art. 34–45, die hier nur teilweise abgedruckt sind. Von besonderer Bedeutung ist Art. 34 in den Übergangsbestimmungen, insbesondere im Hinblick auf nach der VO 17/62 gestellten Anträgen und Anmeldungen, und Art. 35 über die Bestimmung der Wettbewerbsbehörden der Mitgliedstaaten. Die Art. 36–43 enthalten Änderungen anderer Verordnungen. Art. 44 sieht eine Berichterstattung über die Anwendung der Verordnung nach 5 Jahren vor. Art. 45 regelt das Inkrafttreten, und zwar zum 1. Mai 2004.

Art. 34 Übergangsbestimmungen

(1) **Bei der Kommission nach Artikel 2 der Verordnung Nr. 17 gestellte Anträge, Anmeldungen gemäß den Artikeln 4 und 5 der Verordnung Nr. 17 sowie entsprechende Anträge und Anmeldungen gemäß den Verordnungen (EWG) Nr. 1017/68, (EWG) Nr. 4056/86 und (EWG) Nr. 3975/87 werden mit Anwendbarkeit der vorliegenden Verordnung unwirksam.**

(2) **Die Wirksamkeit von nach Maßgabe der Verordnung Nr. 17 und der Verordnungen (EWG) Nr. 1017/68, (EWG) Nr. 4056/87 und (EWG) Nr. 3975/87 vorgenommenen Verfahrensschritten bleibt für die Anwendung der vorliegenden Verordnung unberührt.**

Art. 34 sieht vor, dass die noch während der Geltung der VO 17/62 und der früher geltenden branchenspezifischen Verordnungen 1017/68 (Eisenbahn, Straßen- und Binnenschiffsverkehr), 4056/86 (Seeverkehr) und 3975/87 (Luftverkehr, inzwischen aufgehoben) gestellten Anträge auf Erteilung eines Negativattests und **Anmeldungen** von Vereinbarungen und Beschlüssen mit dem Ziel einer Freistellungserklärung nach Art. 101 Abs. 3 AEUV mit dem 1.5.2004 **unwirksam geworden** sind. Die Kommission kann diese Anträge und Anmeldungen nicht mehr bearbeiten, weil es für die angestrebten Entscheidungen keine Rechtsgrundlage mehr gibt. Soweit mit den Anmeldungen für die Unternehmen Rechtsvorteile verbunden waren, wie insbesondere das Verbot der Verhängung von Geldbußen nach Art. 15 Abs. 5 VO 17/62, sind diese Vorteile mit dem 1.5.2004 entfallen. Allerdings sind Vereinbarungen, die bis zum 30.4.2004 mangels Anmeldung und Freistellung unwirksam waren, mit dem 1.5.2004 wirksam geworden, wenn sie die Voraussetzungen von Art. 101 Abs. 3 AEUV erfüllen (dazu BGH WuW/E DE-R 2045ff., 2048 Kfz-Vertragshändler III). Vereinbarungen, die bisher nach Art. 4 Abs. 2 VO 17/62 **nicht anmeldebedürftig** waren und die von der Kommission nach Anmeldung rückwirkend hätten freigestellt werden können (Art. 6 Abs. 2 VO 17/62), sind – wenn sie materiell die Voraussetzungen von Art. 101 Abs. 3 AEUV erfüllen – mit Inkrafttreten der VO 1/2003 auch rückwirkend wirksam geworden. Andernfalls hätte sich ihre Beurteilung durch die VO 1/2003 verschlechtert; eine rückwirkende Freistellung durch die Kommission ist seit dem 1.5.2004 nicht mehr möglich (dazu auch Art. 1 VO 1/2003 Rn. 25). Entsprechendes gilt, wenn eine Vereinbarung bei der Kommission angemeldet worden war und über die Anmeldung während der Geltungsdauer der VO 17/62 nicht entschieden wurde (→ Art. 1 VO 1/2003 Rn. 24). 1

Abs. 2 sieht vor, dass die noch während der Geltung der Verordnungen „vorgenommenen **Verfahrensschritte**" gültig bleiben. Dabei kann es sich nur um Verfahrensschritte handeln, die auch im System der VO 1/2003 noch existieren und von Bedeutung sind, insbesondere um Verfahrenseinleitungen, Ermittlungsmaßnahmen, Mitteilungen von Beschwerdepunkten bis hin zu Entscheidungen. **Entscheidungen,** die nach der VO 17 ergingen, sind **weiterhin wirksam.** Das gilt auch und gerade für Freistellungsentscheidungen, die die Kommission nach Art. 6 VO 17/62 erlassen hat. Da sie nach Art. 8 nur für eine bestimmte Zeit abgegeben werden konnten, bleiben sie für die Zeiträume, die sich aus ihnen selbst ergeben, wirksam. 2

Art. 35 Bestimmung der Wettbewerbsbehörden der Mitgliedstaaten

(1) **Die Mitgliedstaaten bestimmen die für die Anwendung der Artikel 81 und 82 des Vertrags zuständige(n) Wettbewerbsbehörde(n) so, dass die Bestimmungen dieser Verordnung wirksam angewandt werden. Sie ergreifen vor dem 1. Mai 2004 die notwendigen Maßnahmen, um diesen Behörden die Befugnis zur Anwendung der genannten Artikel zu übertragen. Zu den bestimmten Behörden können auch Gerichte gehören.**

(2) **Werden einzelstaatliche Verwaltungsbehörden und Gerichte mit der Durchsetzung des Wettbewerbsrechts der Gemeinschaft betraut, so können die Mitgliedstaaten diesen unterschiedliche Befugnisse und Aufgaben zuweisen.**

(3) **Die Wirkung von Artikel 11 Absatz 6 erstreckt sich auf die von den Mitgliedstaaten bestimmten Wettbewerbsbehörden, einschließlich der Gerichte, die Aufgaben in Bezug auf die Vorbereitung und den Erlass der in Artikel 5 vorgesehenen Arten von Entscheidungen wahrnehmen. Die Wirkung von Artikel 11 Absatz 6 erstreckt sich nicht auf Gerichte, insoweit diese als Rechtsmittelinstanzen in Bezug auf die in Artikel 5 vorgesehenen Arten von Entscheidungen tätig werden.**

(4) **Unbeschadet des Absatzes 3 ist in den Mitgliedstaaten, in denen im Hinblick auf den Erlass bestimmter Arten von Entscheidungen nach Artikel 5 eine Behörde Fälle vor ein separates und von der verfolgenden Behörde verschiedenes Gericht bringt, bei Einhaltung der Bestimmungen dieses Absatzes die Wirkung von Artikel 11 Absatz 6 auf die mit der Verfolgung des betreffenden Falls betraute Behörde begrenzt, die ihren Antrag bei dem Gericht zurückzieht, wenn die Kommission ein Verfahren eröffnet; mit der Zurücknahme des Antrags wird das nationale Verfahren vollständig beendet.**

1 Art. 35 verpflichtet die Mitgliedstaaten, die für die Anwendung der Art. 101 und 102 AEUV **zuständigen Wettbewerbsbehörden zu bestimmen.** Die Mitgliedstaaten wurden verpflichtet, „vor dem 1. Mai 2004 die notwendigen Maßnahmen" zu ergreifen, um diesen Behörden die Befugnis zur Anwendung der genannten Artikel zu übertragen. Abs. 1 stellt im letzten S. klar, dass zu den bestimmten Behörden auch Gerichte gehören können (→ Art. 5 Rn. 7 und → Art. 6 Rn. 13). Der Gerichtshof verlangt, dass die Mitgliedstaaten bei der Bestimmung der zuständigen Wettbewerbsbehörde keine Modalitäten erlassen dürfen, die die wirksame Anwendung der Art. 101 und 102 AEUV beeinträchtigen würde. Dies nahm er im Falle des belgischen Wettbewerbsrechts an, da die belgische Wettbewerbsbehörde nach früher geltendem Recht keine Befugnis hatte, sich auch ohne die Stellung einer Antragsgegnerin an einem gerichtlichen Verfahren zu beteiligen (EuGH Slg. 2010 I-12471 Rn. 56f. und 62f. VEBIC).

2 Das GWB hatte schon vor dem Inkrafttreten der VO 1/2004 in § 50 vorgesehen, dass in Deutschland das **Bundeskartellamt** für die Anwendung der Art. 101 und 102 zuständig ist. Diese Bestimmung ist durch die 7. GWB-Novelle dahin geändert worden, dass für den Vollzug des europäischen Rechts in Deutschland nicht nur das Bundeskartellamt, sondern im Rahmen ihrer jeweiligen Zuständigkeit auch die obersten Landesbehörden zuständig sind (*Bechtold* GWB § 50 Rn. 3). Die anderen Mitgliedstaaten haben in unterschiedlicher Weise ihre Verpflichtungen nach Art. 35 erfüllt. Ein Teil der Mitgliedstaaten hat einen Teil des Vollzugs der Art. 101 und 102 auch auf Gerichte übertragen. Unabhängig davon gilt überall der Grundsatz, dass die Gerichte, die sowieso unmittelbar anwendbar in Art. 101 und 102 AEUV anwenden müssen.

Art. 36 bis Art. 43 Änderungen und Aufhebungen von Verordnungen

(Vom Abdruck wurde abgesehen)

1 Die Art. 36–43 enthalten Vorschriften über Änderungen von Ratsverordnungen:

– Art. 36 sieht wesentliche Änderungen in der Aufhebung der meisten Vorschriften der VO 1017/68 für den **Eisenbahn-, Straßen- und Binnenschiffsverkehr** vor.
– Art. 37 ergänzt die VO 2988/74 über die **Verfolgungs- und Vollstreckungsverjährung** im Verkehrs- und Wettbewerbsrecht dadurch, dass nach einem neuen Art. 7a diese Verordnung nicht im Geltungsbereich der VO 1/2003 gilt; insoweit ist sie ersetzt worden durch Art. 25 und 26. Sie gilt nur noch im Anwendungsbereich der VO 4056/86 und der VO 139/2004 (dazu Art. 14 VO 139/2004 Rn. 9).
– Art. 38 ändert die VO 4056/86 über den **Seeverkehr,** die durch die VO 1419/2006 vom 25.9.2006 aber inzwischen aufgehoben wurde (ABl. 2006 L 269/1).
– Art. 39 ändert die VO 3975/87 über den **Luftverkehr,** die inzwischen durch die VO 411/2004 vom 26.2.2004 (ABl. 2004 L 68/1) aufgehoben wurde.
– Art. 40 hebt die Vorschriften in den Ermächtigungs-Verordnungen für Gruppenfreistellungsverordnungen 19/65 (Vertikal- und Lizenzverträge), 2821/71 (Hori-

zontalvereinbarungen) und 1534/91 (Versicherungen) über den **Entzug des Vorteils der Gruppenfreistellung** in Einzelfällen auf; an die Stelle der Regelung in jeweils Art. 7 ist Art. 29 getreten.

- Art. 41 ändert die VO 3976/87 für den **Luftverkehr** zwischen Flughäfen der Gemeinschaft. Sie passt die Regelung über die Konsultation des beratenden Ausschusses an die VO 1/2003 an.
- Art. 42 enthält eine entsprechende Anpassung der Ermächtigungsverordnung 479/92 vom 25.2.1992 für **Seeschiffahrts-Konsortien** (vgl. daneben die Leitlinien über die Anwendung von Art. 81 EG-Vertrag auf Seeverkehrsdienstleistungen vom 1.7.2008, SEK(2008) 2151 endg.).
- Art. 43 hebt die **Vorgänger-VO 17/62** auf. VO 141/62 (keine Anwendung der VO 17/62 auf bestimmte Vereinbarungen im Verkehr) ohne jede Einschränkung auf.

Art. 44 Berichterstattung über die Anwendung der vorliegenden Verordnung

Die Kommission erstattet dem Europäischen Parlament und dem Rat fünf Jahre nach Inkrafttreten dieser Verordnung Bericht über das Funktionieren der Verordnung, insbesondere über die Anwendung von Artikel 11 Absatz 6 und Artikel 17.

Auf der Grundlage dieses Berichts schätzt die Kommission ein, ob es zweckmäßig ist, dem Rat eine Überarbeitung dieser Verordnung vorzuschlagen.

Art. 44 sieht vor, dass die Kommission bis zum 1.5.2009 dem Europäischen Parlament einen **Bericht über das Funktionieren der VO 1/2003** erstattet. Dieser Bericht soll sich insbesondere auch auf die Erfahrungen mit Art. 11 Abs. 6 und Art. 17 beziehen. Art. 11 Abs. 6 sieht vor, dass die Zuständigkeit der Wettbewerbsbehörden der Mitgliedstaaten entfällt, wenn die Kommission ein Verfahren zum Erlass einer Entscheidung einleitet. Art. 17 ermächtigt die Kommission zur Durchführung von Untersuchungen einzelner Wirtschaftszweige und einzelner Arten von Vereinbarungen. Beide Regelungen waren in ihren genauen Grenzen politisch umstritten. Deswegen wurde dem europäischen Parlament und dem Rat zugesagt, dass die Kommission insbesondere auch über das Funktionieren dieser Bestimmungen Bericht erstattet wird. Die Kommission wird dann entscheiden, ob es zweckmäßig ist, dem Rat eine Überarbeitung dieser VO vorzuschlagen. Die Kommission hat den Konsultationsprozess am 24.7.2008 eingeleitet (IP/08/1203). 1

Art. 45 Inkrafttreten

Diese Verordnung tritt am zwanzigsten Tag nach ihrer Veröffentlichung im Amtsblatt der Europäischen Gemeinschaften in Kraft.

Sie gilt ab dem 1. Mai 2004.

Art. 45 unterscheidet zwischen **Inkrafttreten** und **„Geltung“**. Nach Abs. 1 ist die VO am 20. Tage nach ihrer Veröffentlichung im Amtsblatt in Kraft getreten, also am 24.1.2003. Für die Anwendung der Verordnung ist die Geltung ab dem 1.5.2004 maßgeblich; erst mit diesem Tage sind zB die Vorgänger-Verordnungen außer Kraft getreten. Das frühere Inkrafttreten hat Bedeutung für die Verpflichtungen der Mitgliedstaaten, die durch die Verordnung ausgelöst wurden, insbesondere für Art. 35 über die Bestimmung der Wettbewerbsbehörden der Mitgliedstaaten. 1

IV. Gruppenfreistellungsverordnungen

A. VO 330/2010 – Gruppenfreistellung für Vertikalvereinbarungen

Verordnung (EU) Nr. 330/2010 der Kommission vom 20. April 2010 über die Anwendung von Artikel 101 Absatz 3 des Vertrags über die Arbeitsweise der Europäischen Union auf Gruppen von vertikalen Vereinbarungen und abgestimmten Verhaltensweisen

(ABl. 2010 L 102/1)

(Die Überschriften über den Artikeln sind Teil des amtlichen Textes.)

Übersicht

Erwägungsgründe

(1) Nach der Verordnung Nr. 19/65/EWG ist die Kommission ermächtigt, Artikel 101 Absatz 3 des Vertrages über die Arbeitsweise der Europäischen Union durch Verordnung auf Gruppen von vertikalen Vereinbarungen und entsprechenden abgestimmten Verhaltensweisen anzuwenden, die unter Artikel 101 Absatz 1 AEUV fallen.

(2) Verordnung (EG) Nr. 2790/1999 der Kommission vom 22. Dezember 1999 über die Anwendung von Artikel 81 Absatz 3 des Vertrages auf Gruppen von vertikalen Vereinbarungen und aufeinander abgestimmten Verhaltensweisen definiert eine Gruppe von vertikalen Vereinbarungen, die nach Auffassung der Kommission in der Regel die Voraussetzungen des Artikels 101 Absatz 3 AEUV erfüllen. Angesichts der insgesamt positiven Erfahrungen mit der Anwendung der genannten Verordnung, die am 31. Mai 2010 außer Kraft tritt und angesichts der seit ihrem Erlass gesammelten Erfahrungen sollte eine neue Gruppenfreistellungsverordnung erlassen werden.

(3) Die Gruppe von Vereinbarungen, die in der Regel die Voraussetzungen des Artikels 101 Absatz 3 AEUV erfüllen, umfasst vertikale Vereinbarungen über den Bezug oder Verkauf von Waren oder Dienstleistungen, die zwischen nicht miteinander im Wettbewerb stehenden Unternehmen, zwischen bestimmten Wettbewerbern sowie von bestimmten Vereinigungen des Wareneinzelhandels geschlossen werden; diese Gruppe umfasst ferner vertikale Vereinbarungen, die Nebenabreden über die Übertragung oder Nutzung von Rechten des geistigen Eigentums enthalten. Der Begriff „vertikale Vereinbarungen" sollte entsprechende abgestimmte Verhaltensweisen umfassen.

(4) Für die Anwendung von Artikel 101 Absatz 3 AEUV durch Verordnung ist es nicht erforderlich, die vertikalen Vereinbarungen zu definieren, die unter Artikel 101 Absatz 1 AEUV fallen können. Bei der Prüfung einzelner Vereinbarungen nach Artikel 101 Absatz 1 AEUV sind mehrere Faktoren, insbesondere die Marktstruktur auf der Angebots- und Nachfrageseite, zu berücksichtigen.

(5) Die durch diese Verordnung bewirkte Gruppenfreistellung sollte nur vertikalen Vereinbarungen zugute kommen, von denen mit hinreichender Sicherheit angenommen werden kann, dass sie die Voraussetzungen des Artikels 101 Absatz 3 AEUV erfüllen.

(6) Bestimmte Arten von vertikalen Vereinbarungen können die wirtschaftliche Effizienz innerhalb einer Produktions- oder Vertriebskette erhöhen, weil sie eine bessere Koordinierung zwischen den beteiligten Unternehmen ermöglichen. Insbesondere können sie dazu beitragen, die Transaktions- und Vertriebskosten der beteiligten Unternehmen zu verringern und deren Umsätze und Investitionen zu optimieren.

(7) Die Wahrscheinlichkeit, dass derartige effizienzsteigernde Auswirkungen stärker ins Gewicht fallen als etwaige von Beschränkungen in vertikalen Vereinbarungen ausgehende wettbewerbswidrige Auswirkungen, hängt von der Marktmacht der an der Vereinbarung beteiligten Unternehmen ab und somit von dem Ausmaß, in dem diese Unternehmen dem Wettbewerb anderer Anbieter von Waren oder Dienstleistungen ausgesetzt sind, die von ihren Kunden aufgrund ihrer Produkteigenschaften, ihrer Preise und ihres Verwendungszwecks als austauschbar oder substituierbar angesehen werden.

(8) Solange der auf jedes an der Vereinbarung beteiligten Unternehmen entfallende Anteil am relevanten Markt jeweils 30% nicht überschreitet, kann davon ausgegangen werden, dass vertikale Vereinbarungen, die nicht bestimmte Arten schwerwiegender Wettbewerbsbeschränkungen enthalten, im Allgemeinen zu einer Verbesserung der Produktion oder des Vertriebs und zu einer angemessenen Beteiligung der Verbraucher an dem daraus entstehenden Gewinn führen

(9) Oberhalb dieser Marktanteilsschwelle von 30% kann nicht davon ausgegangen werden, dass vertikale Vereinbarungen, die unter Artikel 101 Absatz 1 AEUV fallen, immer objektive Vorteile mit sich bringen, die in Art und Umfang ausreichen, um die Nachteile auszugleichen, die sie für den Wettbewerb mit sich bringen. Es kann allerdings auch nicht davon ausgegangen werden, dass diese vertikalen Vereinbarungen entweder unter Artikel 101 Absatz 1 AEUV fallen oder die Voraussetzungen des Artikels 101 Absatz 3 AEUV nicht erfüllen.

(10) Diese Verordnung sollte keine vertikalen Vereinbarungen freistellen, die Beschränkungen enthalten, die wahrscheinlich den Wettbewerb beschränken und den Verbrauchern schaden oder die für die Herbeiführung der effizienzsteigernden Auswirkungen nicht unerlässlich sind; insbesondere vertikale Vereinbarungen, die bestimmte Arten schwerwiegender Wettbewerbsbeschränkungen enthalten, wie die Festsetzung von Mindest- oder Festpreisen für den Weiterverkauf oder bestimmte Arten des Gebietsschutzes, sollten daher ohne Rücksicht auf den Marktanteil der beteiligten Unternehmen von dem mit dieser Verordnung gewährten Rechtsvorteil der Gruppenfreistellung ausgeschlossen werden.

(11) Die Gruppenfreistellung sollte an bestimmte Bedingungen geknüpft werden, die den Zugang zum relevanten Markt gewährleisten und Kollusion auf diesem Markt vorbeugen. Zu diesem Zweck sollte die Freistellung von Wettbewerbsverboten auf Verbote mit einer bestimmten Höchstdauer beschränkt werden. Aus demselben Grund sollten alle unmittelbaren oder mittelbaren Verpflichtungen, die die Mitglieder eines selektiven Vertriebssystems veranlassen, die Marken bestimmter konkurrierender Anbieter nicht zu führen, vom Rechtsvorteil dieser Verordnung ausgeschlossen werden.

(12) Durch die Begrenzung des Marktanteils, den Ausschluss bestimmter vertikaler Vereinbarungen von der Gruppenfreistellung und die nach dieser Verordnung zu erfüllenden Voraussetzungen ist in der Regel sichergestellt, dass Vereinbarungen, auf die die Gruppenfreistellung Anwendung findet, den beteiligten Unternehmen keine Möglichkeiten eröffnen, den Wettbewerb für einen wesentlichen Teil der betreffenden Produkte auszuschalten.

(13) Nach Artikel 29 Absatz 1 der Verordnung (EG) Nr. 1/2003 des Rates vom 16. Dezember 2002 zur Durchführung der in den Artikeln 81 und 82 des Vertrags niedergelegten Wettbewerbsregeln kann die Kommission den Rechtsvorteil der Gruppenfreistellung entziehen, wenn sie in einem bestimmten Fall feststellt, dass eine Vereinbarung, für die die Gruppenfreistellung nach dieser Verordnung gilt, dennoch Wirkungen hat, die mit Artikel 101 Absatz 3 AEUV unvereinbar sind.

(14) Die mitgliedstaatlichen Wettbewerbsbehörden können, nach Artikel 29 Absatz 2 der Verordnung (EG) Nr. 1/2003 den aus dieser Verordnung erwachsenden Rechtsvorteil für das Hoheitsgebiet des betreffenden Mitgliedstaats oder einen Teil dieses Hoheitsgebiets entziehen, wenn in einem bestimmten Fall eine Vereinbarung, für die die Gruppenfreistellung nach dieser Verordnung gilt, dennoch im Hoheitsgebiet des betreffenden Mitgliedstaats oder in einem Teil dieses Hoheitsgebiets, das alle Merkmale eines gesonderten räumlichen Marktes aufweist, Wirkungen hat, die mit Artikel 101 Absatz 3 AEUV unvereinbar sind.

(15) Bei der Entscheidung, ob der aus dieser Verordnung erwachsende Rechtsvorteil nach Artikel 29 der Verordnung (EG) Nr. 1/2003 entzogen werden sollte, sind die wettbewerbsbeschränkenden Wirkungen, die sich daraus ergeben, dass der Zugang zu einem relevanten Markt oder der Wettbewerb auf diesem Markt durch gleichartige Auswirkungen paralleler Netze vertikaler Vereinbarungen erheblich eingeschränkt werden, von besonderer Bedeutung. Derartige kumulative Wirkungen können sich etwa aus selektiven Vertriebssystemen oder aus Wettbewerbsverboten ergeben.

(16) Um die Überwachung paralleler Netze vertikaler Vereinbarungen zu verstärken, die gleichartige wettbewerbsbeschränkende Auswirkungen haben und mehr als 50% eines Marktes abdecken, kann die Kommission durch Verordnung erklären, dass diese Verordnung auf vertikale Vereinbarungen, die bestimmte auf den betroffenen Markt bezogene Beschränkungen enthalten, keine Anwendung findet, und dadurch die volle Anwendbarkeit von Artikel 101 AEUV auf diese Vereinbarungen wiederherstellen.

Einführung

1. Wesen der Vertikalvereinbarung

Art. 101 AEUV unterscheidet nicht zwischen horizontalen und vertikalen Verein- 1
barungen, Beschlüssen und abgestimmten Verhaltensweisen. Er erfasst also gleichermaßen Vereinbarungen (usw.) zwischen Unternehmen, die auf derselben Wirtschaftsstufe tätig sind, also (insbesondere oder ausschließlich?) zwischen Wettbewerbern

(horizontale Vereinbarungen) und Vereinbarungen zwischen Unternehmen, die auf unterschiedlichen Wirtschaftsstufen tätig sind (**vertikale Vereinbarungen,** dazu grundlegend EuGH Slg. 1966 321 387 Grundig/Consten; Slg. 1966 457 458 italienische Klage). Die – zumindest in der Theorie – einschränkungslose Anwendung des Art. 101 AEUV auf vertikale Vereinbarungen hängt wesentlich mit dem Ziel der Integration der nationalen Märkte zu einem einzigen, freien Binnenmarkt zusammen. Private Beschränkungen der wettbewerblichen Handlungsfreiheit, die zur Abschottung der nationalen Märkte führen, stehen dem entgegen und sind deswegen mit dem Binnenmarkt unvereinbar. Unter diesem Gesichtspunkt sind vertikale Wettbewerbsbeschränkungen potenziell genauso schädlich wie horizontale. Den Unternehmen soll es nicht möglich sein, durch **vertikale Gebietsbeschränkungen** und **Exportverbote** das Ziel des Binnenmarktes (gemeinsamen Marktes) zu konterkarieren (vgl. auch Vertikalleitlinien, Anhang B 6, Rn. 7).

2 Auf der anderen Seite verdienen vertikale Vereinbarungen im Vergleich zu den horizontalen eine **differenzierte Beurteilung.** Vereinbarungen, die – vertikale – Vertriebssysteme begründen, können gerade auch durch Beschränkungen der beteiligten Unternehmen die Effizienz des Vertriebes erhöhen und damit auch das Ziel des einheitlichen Binnenmarktes fördern (vgl. *Gleiss/Hirsch* Art. 81 (1) Rn. 1025; *Petsche/Lager* in *Liebscher/Flohr/Petsche* § 7 Rn. 6ff.). Diese differenzierte Beurteilung prägt die Entwicklung des Kartellrechts seit Anbeginn. Zwar wird einerseits das grundsätzliche Kartellverbot des Art. 101 Abs. 1 AEUV auch im Hinblick auf vertikale Vereinbarungen weit ausgelegt, andererseits hat die **Freistellungsnorm des Art. 101 Abs. 3 AEUV** gerade auch bei vertikalen Vereinbarungen einen **weiten Anwendungsraum.** Daneben hat sich im Laufe der Zeit eine Tendenz ausgeprägt, Art. 101 Abs. 1 AEUV für einzelne Klauseln auch wieder einengend auszulegen. Die Theorie der **rule of reason** hat gerade im Bereich der vertikalen Wettbewerbsbeschränkungen ihren Ursprung (vgl. dazu *Ackermann* Art. 85 Abs. 1 EGV und die rule of reason, 1997, passim, und *Bechtold* ZHR 164 (2000), 200ff.).

2. Frühere Beurteilung von Vertikalvereinbarungen

3 **a) Behandlung in der Kartell-VO 17/62.** Nach den ersten Weichenstellungen zur grundsätzlichen Anwendbarkeit des Art. 101 Abs. 1 AEUV auf vertikale Wettbewerbsbeschränkungen und der damit verbundenen Unzulässigkeit und Nicht-Freistellbarkeit insbesondere von Exportverboten und Preisbindungen hat sich schnell das Bedürfnis nach Grundsätzen dazu ergeben, welche vertikalen Wettbewerbsbeschränkungen unzulässig und welche – über eine einschränkende Auslegung des Art. 101 Abs. 1 AEUV und/oder eine Freistellung nach Art. 101 Abs. 3 AEUV – erwünscht oder zumindest hinnehmbar sind. Die Kommission hat schon in der Erstfassung der Kartellverordnung 17/62 vom 6.2.1962 (ABl. 1962, 204) besondere Vorschriften für einige Vertikalvereinbarungen vorgesehen, die einerseits die Anwendung des Art. 101 Abs. 1 AEUV auf diese voraussetzten, andererseits aber eine großzügigere Behandlung nach Art. 101 Abs. 3 AEUV begründeten. In der VO 17/62 wurde primär im Hinblick auf Vertikalvereinbarungen zwischen **anmeldebedürftigen** und **nicht anmeldebedürftigen** Vereinbarungen unterschieden. Vereinbarungen, die nach Art. 4 Abs. 2 nicht anmeldebedürftig waren, konnten nach Art. 6 Abs. 2 rückwirkend freigestellt werden, und zwar rückwirkend bis zum Tag ihres Abschlusses, nicht nur – wie sonst – bis zum Tage der Anmeldung. Nach Art. 4 Abs. 2 Nr. 1 VO 17/62 betraf dies einmal (auch) vertikale Vereinbarungen zwischen Unternehmen aus einem Mitgliedstaat, die „nicht die Ein- oder Ausfuhr zwischen Mitgliedstaaten betreffen", und nach Nr. 2 bestimmte Vertriebs- und Lizenzvereinbarungen. Diese nicht anmeldebedürftigen Vereinbarungen wurden in der frühen Rechtsprechung des EuGH zunächst als **„vorläufig gültig"** behandelt, dh als voll wirksam und nur mit Wirkung für die Zukunft vernichtbar (Slg. 1970 127 137 Bilger/Jehle). Diese

Rechtsprechung ist vom EuGH aber schon 1973 wieder aufgegeben worden (Slg. 1973 77 87 de Haecht II).

b) Bekanntmachungen über Handelsvertreter- und Patentlizenzverträge von 1962. Die Kommission hat schon 1962 die „Bekanntmachung über Alleinvertriebsverträge mit Handelsvertretern" (vom 24.12.1962 ABl. 1962, 2921, auch als „Weihnachtsbekanntmachung" bezeichnet) veröffentlicht, in der Wettbewerbsbeschränkungen zulasten von Handelsvertretern als grundsätzlich mit Art. 101 Abs. 1 AEUV vereinbar bezeichnet wurden. Voraussetzung dafür sei, „dass der als Handelsvertreter bezeichnete Vertragspartner auch **funktionsmäßig Handelsvertreter** ist und nicht im Rahmen der Abwicklung der Handelsgeschäfte die Funktion eines Eigenhändlers übernimmt oder ausübt. Die Kommission betrachtet als maßgebliches Kriterium für die Unterscheidung zwischen Handelsvertreter und Eigenhändler die Regelung, die ausdrücklich oder stillschweigend für die Übernahme der mit dem Absatz oder der Vertragsabwicklung verbundenen finanziellen Risiken getroffen worden ist". Dem gegenüber könne bei „Alleinvertriebsverträgen mit Eigenhändlern" die Anwendung des Art. 101 Abs. 1 AEUV nicht ausgeschlossen werden. „Die Wettbewerbsbeschränkung der **Ausschließlichkeitsbindungen** liegt bei diesen Vereinbarungen entweder in der Verkürzung des Angebots, wenn der Anbieter sich verpflichtet, ein bestimmtes Erzeugnis ausschließlich an einen Nachfrager zu liefern, oder in der Verkürzung der Nachfrage, wenn sich der Nachfrager verpflichtet, ein bestimmtes Erzeugnis ausschließlich von einem Anbieter zu beziehen. Diese Wettbewerbsbeschränkungen bestehen auf beiden Seiten, wenn die Verpflichtungen gegenseitig sind". Die Handelsvertreterbekanntmachung war Grundlage der kartellrechtlichen Beurteilung von Handelsvertretervereinbarungen bis zu deren ausdrücklichen **Aufhebung** durch die Vertikalleitlinien vom Oktober 2000 (Rn. 12). 4

Zugleich mit der Handelsvertreterbekanntmachung hat die Kommission auch eine **Bekanntmachung über Patentlizenzverträge** erlassen (ABl. 1962, 2922, ebenfalls vom 24.12.1962). In dieser Bekanntmachung hat die Kommission die Auffassung vertreten, dass bestimmte Beschränkungen in Patentlizenzverträge nicht von Art. 101 Abs. 1 AEUV erfasst werden. Sie wurde in ihrer Bedeutung allerdings schon bald dadurch eingeschränkt, dass die Kommission in ihrer Entscheidungspraxis teilweise von ihr abgewichen ist; das galt insbesondere im Hinblick auf die Möglichkeit von Exportverboten in Lizenzverträgen. Die Bekanntmachung ist zugleich mit dem Erlass der Gruppenfreistellungsverordnung 2349/84 für Patentlizenzvereinbarungen **im Jahr 1984 förmlich widerrufen** worden (vgl. ABl. 1984 L 219/15). 5

c) Erste Gruppenfreistellungsverordnung für Alleinvertriebsverträge (VO 67/67). Die differenzierte Behandlung von Vertikalvereinbarungen wurde am deutlichsten durch die Gruppenfreistellungsverordnung 67/67 „über die Anwendung von Art. 85 Abs. 3 des Vertrages auf Gruppen von Alleinvertriebsvereinbarungen" vom 22.3.1967 (ABl. S. 849). Diese – erste – Gruppenfreistellungsverordnung hat in besonders klarer und auch aus heutiger Sicht vorbildlicher Weise bestimmte Vertriebsvereinbarungen, die auch nach damaliger Auffassung gegen das Kartellverbot des Art. 101 Abs. 1 AEUV (damals Art. 85 Abs. 1 EGV) verstießen, gruppenweise nach Art. 101 Abs. 3 AEUV (damals Art. 85 Abs. 3 EGV) freigestellt. Kennzeichen der freigestellten Alleinvertriebsverträge war, dass sich der Hersteller verpflichtete, seine Erzeugnisse in einem bestimmten Gebiet **ausschließlich an den Händler zu liefern,** der sie dann im eigenen Namen und auf eigene Rechnung weiterveräußert; umgekehrt verpflichtet sich der Händler, die Erzeugnisse des Herstellers **ausschließlich von ihm zu beziehen.** Teils in Konkretisierung der VO 67/67, teils in Abgrenzung dazu entwickelte sich eine umfangreiche **Einzelfallpraxis** zur Beurteilung von Vertriebsverträgen. Klargestellt wurde insbesondere, dass absoluter Gebietsschutz für den Vertragshändler unzulässig ist, also das Verbot für alle anderen unmittelbaren und mittelbaren Abnehmer, in das Gebiet des Vertragshändlers zu liefern (so schon EuGH 6

Slg. 1966, 322 Grundig/Consten). Langsam entwickelte sich auch eine besondere Praxis zur **Fachhandelsbindung** und allgemein zu **selektiven Vertriebssystemen.** Soweit der Hersteller nur direkt an den Einzelhandel liefert und dabei als Kunden nur Händler mit ausreichender Qualifikation akzeptiert, wurde das von vornherein als kartellrechtlich unproblematisch angesehen (KOMM ABl. L 147/24, 25 Kodak; ABl. L 242/22, 25 Omega). Auch dann, wenn der Hersteller sich den Händlern gegenüber verpflichtet, nur Fachhändler als neue Händler aufzunehmen, ist das grundsätzlich mit Art. 101 Abs. 1 AEUV vereinbar, wenn das Produkt, um das es geht, wegen seiner Beschaffenheit eine Fachhandelsbindung erfordert (KOMM ABl. 1976 L 28/19, 25 SABA; EuGH Slg. 1980 3775 3791 L'Oréal).

7 **d) Zulieferbekanntmachung von 1978.** Die Kommission hat sich im Jahr 1978 in einer Bekanntmachung mit den besonderen kartellrechtlichen Problemen von Zuliefervereinbarungen befasst (Bekanntmachung über die Beurteilung von Zulieferverträgen vom 18.12.1978, Anhang B 8). Kennzeichnendes Element der von der Bekanntmachung erfassten Zulieferverträge ist, dass der **Auftraggeber dem Zulieferer besondere Kenntnisse oder Betriebsmittel zur Verfügung stellt,** die der Zulieferer zur Erfüllung des Auftrages unbedingt braucht. Diese Zur-Verfügung-Stellung kann auch dadurch erfolgen, dass der Auftraggeber die Erlangung besonderer Kenntnisse durch den Zulieferer zB im Rahmen eines Entwicklungsauftrags voll finanziert (vgl. dazu Ziff. 1 Abs. 2 Zulieferbekanntmachung: Arbeiten, die „für Rechnung" des Auftraggebers ausgeführt werden). Ohne diese Hilfe des Auftraggebers wäre der Zulieferer nicht in der Lage, für den Auftraggeber tätig zu werden. Das trifft insbesondere auf kleine und mittlere Unternehmen zu. Andererseits würde der Auftraggeber diese Hilfe nicht leisten, wenn diese über kurz oder lang seiner Konkurrenz zugute käme oder wenn er sich dadurch den Zulieferer zum Konkurrenten machen würde. Die Zulieferbekanntmachung enthält bestimmte Beschränkungen des Zulieferers, die dem Interessenausgleich dienen und nicht gegen Art. 101 AEUV verstoßen. Trotz des ursprünglichen Vorhabens, die Zulieferbekanntmachung durch die Technologietransfer-Leitlinien von 2004 zu ersetzen, **gilt** die Zulieferbekanntmachung **noch heute** (bestätigt in Rn. 22 der Vertikalleitlinien, Anhang B 6 und in Rn. 64 der Technologietransferleitlinien von 2014, Anhang B 9).

8 **e) Gruppenfreistellungsverordnungen für Vertikalvereinbarungen vor der VO 330/2010.** Die VO 67/67 über Alleinvertriebsverträge ist 1983 durch die beiden Gruppenfreistellungsverordnungen **1983/83 für Alleinvertriebsvereinbarungen und 1984/83 für Alleinbezugsvereinbarungen** ersetzt worden (jeweils vom 22.6.1983, ABl. 1983 L 173/1 und 173/5). Diese Verordnungen trennten Alleinvertriebs- und Alleinbezugsvereinbarungen, die zuvor beide durch die VO 67/67 erfasst waren. Die VO 1984/83 enthielt auch besondere Vorschriften über **Bierliefer- und Tankstellenverträge.** Beide Verordnungen sollten ursprünglich nur bis zum 31.12.1997 gelten; ihre Geltungsdauer ist sukzessive bis zum 31.5.2000 verlängert worden. Mit Wirkung vom 1.6.2000 sind beide Verordnungen durch die bis 31.5.2010 geltende VO 2790/1999 ersetzt worden.

9 Schon bald nach Erlass der Gruppenfreistellungsverordnungen für Alleinvertriebs- und Alleinbezugsvereinbarungen entstand im Anschluss an die Rechtsprechung des Gerichtshofes das Bedürfnis für eine **besondere Gruppenfreistellungsverordnung für Franchise-Verträge.** Grundsätzlich wird unterschieden zwischen Vertriebs-, Dienstleistungs- und Produktionsfranchising (vgl. dazu *Martinek,* Moderne Vertragstypen, Band II, §§ 13ff.; *Skaupy* in *Metzlaff,* Praxishandbuch Franchising, § 3; *Gleiss/Hirsch* Art. 81 (1) Rn. 1541ff.). Allen drei Formen ist gemein, dass der Franchisenehmer gegenüber seinen Abnehmern zwar als selbständiger Unternehmer auftritt, sich gleichzeitig aber als Teil des einheitlichen Franchisesystems präsentiert. Der Franchisenehmer benutzt Namen oder Marken des Franchisegebers. Sein Geschäftsbetrieb ist nach Richtlinien und Vorgaben des Franchisegebers eingerichtet, die für alle

Franchisenehmer im Wesentlichen gleich sind. Er erhält vom Franchisegeber ein Paket bestehend aus wirtschaftlichem, zum Teil auch technischem Know-how für den Geschäftsbetrieb und Lizenzen für gewerbliche Schutzrechte; für dieses Paket bezahlt er eine Gebühr. Der Franchisegeber unterstützt den Franchisenehmer laufend in kommerzieller und technischer Hinsicht, zB durch überregionale Werbung, Beratung in Marketingfragen, häufig auch durch Finanzierungshilfen. Die Grundsätze für die kartellrechtliche Behandlung von Franchising hat der EuGH in seinem **Pronuptia-Urteil** aufgestellt (Slg. 1986 353 381). Der EuGH bezieht sich allerdings nur auf Vertriebs-Franchising. Die Kommission hat jedoch zu Recht die Auffassung vertreten, dass Dienstleistungs-Franchising grundsätzlich wie Vertriebs-Franchising behandelt werden kann (ABl. L 332/38, 39 ServiceMaster). Die Kommission hat am 30.11.1988 die Gruppenfreistellungsverordnung für Franchisevereinbarungen erlassen, die sich auf Vertriebs- und Dienstleistungs-Franchising, nicht aber Produktions-Franchising bezog (**VO 4087/88,** ABl. L 1988 L 359/46). Diese VO hatte zunächst eine Geltungsdauer bis zum 31.12.1999; sie ist bis zum 31.5.2000 verlängert worden. Mit Wirkung ab 1.6.2000 galt die VO 2790/1999 auch für Franchiseverträge; dasselbe gilt für deren Nachfolge-VO 330/2010.

Mit Wirkung vom 1.6.2000 trat an die Stelle der Gruppenfreistellungsverordnungen 1983/83 für Alleinvertriebsvereinbarungen, 1984/83 für Alleinbezugsvereinbarungen und 4087/88 für Franchise-Vereinbarungen die **Gruppenfreistellungsverordnung 2790/1999.** Sie galt bis zum 31.5.2010 und wurde mit Wirkung vom 1.6.2010 durch die **VO 330/2010** ersetzt. Ebenso wie diese galt sie für alle Vertikalvereinbarungen, insoweit also über die drei Spezial-Vorgängerverordnungen hinausgehend, insbesondere auch für Zuliefer- und Einkaufsvereinbarungen. In ihrem Anwendungsbereich, der im Wesentlichen durch die Definition der vertikalen Vereinbarung und das Nichtüberschreiten einer Marktanteilsschwelle von 30% durch den „Lieferanten" (heute: „Anbieter") gekennzeichnet war, waren alle Wettbewerbsbeschränkungen freigestellt, soweit sie nicht ausdrücklich verboten waren. Bei den ausdrücklich verbotenen Klauseln wurde unterschieden zwischen den „schwarzen" Klauseln (Art. 4), bei deren Vereinbarung die Freistellung insgesamt wegfiel, und „grauen" Klauseln (Art. 5), deren Verbot und Unwirksamkeit sich nur auf die Klausel selbst bezog, ohne darüber hinausgehende Rechtsfolgen. Die VO 2790/1999 hat sich nach allgemeiner Auffassung bewährt. Die VO 330/2010 setzt sie im Wesentlichen unverändert fort. 10

f) Besondere Behandlung der Automobilvertriebsverträge. Die Kommission hat sich schon in einer Entscheidung vom 13.12.1974 mit den Besonderheiten des Automobilvertriebs befasst (BMW ABl. 1975 L 29/1). Die Besonderheiten des Automobilvertriebs liegen insbesondere darin, dass ein besonderes Bedürfnis für eine **quantitative Selektion** und deren vertragliche Absicherung besteht. Sie verstößt grundsätzlich gegen Art. 101 Abs. 1 AEUV und bedarf einer Freistellung nach Art. 101 Abs. 3 AEUV. Die Gruppenfreistellung nach der VO 67/67 und später nach der VO 1983/83 griff nicht ein, da sie auf dem Grundsatz aufbaute, dass ein Händler für ein Gebiet zuständig war und ihm irgendwelche Vertriebsbeschränkungen an andere Händler nicht auferlegt werden konnten. Die Kommission hat deswegen am 12.12.1984 eine besondere **Gruppenfreistellungsverordnung für Vertriebs- und Kundendienstvereinbarungen über Kraftfahrzeuge** erlassen (**VO 123/85,** ABl. 1985 L 15/16). Sie galt bis zum 30.6.1995 und wurde am 1.7.1995 durch die Nachfolge-**VO 1475/95** ersetzt (vom 28.6.1995 ABl. L 145/25). Diese ist ihrerseits durch die **VO 1400/2002** ersetzt worden (vom 31.7.2002 ABl. L 203/30). Die VO 1475/95 sah ausdrücklich vor, dass auf Vertriebs- und Kundendienstvereinbarungen über Kraftfahrzeuge die Franchise-VO 4087/88 nicht anwendbar sei. Die Anwendbarkeit der Verordnungen 1983/83 und 1984/83 war nicht ausgeschlossen, was aber keine praktische Bedeutung hatte. Die VO 2790/1999 sah in ihrem Art. 2 Abs. 5 ausdrücklich vor, dass sie nicht für die in der VO 1400/2002 geregelten Vereinbarungen 11 im Kraftfahrzeugsektor anwendbar war. Vom 1.6.2010 war die VO 1400/2002 – zeitlich befristet bis zum 31.5.2013 – nur noch für den **Vertrieb von neuen Kraftfahrzeugen** anwendbar; in diesem Rahmen war die Anwendung der VO 330/2010 nach dessen Art. 2 Abs. 5 auf den Neufahrzeugvertrieb weiterhin ausgeschlossen (vgl. Art. 2 und 3 **VO 461/2010**). Seit dem 1.6.2013 ist die VO 330/2010 uneingeschränkt auf den Vertrieb von neuen Kraftfahrzeugen anwendbar. In Bezug auf den **„Kfz-Anschlussmarkt“,** dh für den Vertrieb von Ersatzteilen und die Erbringung von Instandsetzungs- und Wartungsdienstleistungen, gilt seit dem 1.6.2010 grundsätzlich die VO 330/2010. Insoweit wird der Katalog der „schwarzen“ Klauseln in Art. 4 durch drei weitere ersatzteil-spezifische Klauseln ergänzt (Art. 5 VO 461/2010).

3. Grundzüge der VO 330/2010

12 Die VO 330/2010 ist grundsätzlich **auf alle Vertikalvereinbarungen anwendbar,** also auf Vereinbarungen und aufeinander abgestimmte Verhaltensweisen zwischen zwei oder mehr Unternehmen, von denen jedes zwecks Durchführung der Vereinbarung auf seiner unterschiedlichen Produktions- und Vertriebsstufe tätig ist, und welche die Bedingungen betreffen, zu denen die Parteien bestimmte Waren oder Dienstleistungen beziehen, verkaufen oder weiterverkaufen können (Art. 1 Abs. 1 lit. a). Damit erfasst sie grundsätzlich alle **Vertriebs- und Zuliefervereinbarungen,** die Unternehmen „nach oben“ oder „nach unten“ abschließen. Von besonderer Bedeutung ist die Einbeziehung aller Vereinbarungen in **selektiven Vertriebssystemen.** Weil die VO 330/2010 ebenso wie die Vorgänger-VO 2790/1999 grundsätzlich alle Vertikalvereinbarungen erfasst, wird sie auch als **„Schirm-GVO“** bezeichnet. Von der Anwendbarkeit ausgeschlossen sind nur Lizenzvereinbarungen über gewerbliche Schutzrechte (Art. 2 Abs. 3). Differenzierte Anwendungsvoraussetzungen gelten für Vertikalvereinbarungen zwischen Wettbewerbern (Art. 2 Abs. 4; vgl. dazu auch Vertikalleitlinien, Anhang B 6, Rn. 27f.). Der Anwendungsbereich der VO 330/2010 ist begrenzt durch die Marktanteilsschwellen in Art. 3.

13 Innerhalb dieses Anwendungsbereiches folgt die VO 330/2010 konsequent dem Grundsatz, dass **alle Wettbewerbsbeschränkungen** in Vertikalvereinbarungen **nach Art. 101 Abs. 3 AEUV freigestellt und damit erlaubt sind, die nicht ausdrücklich verboten sind** (vgl. dazu auch *Ellger* in IM Vertikal-VO Ein. Rn. 34; *Nolte* in LB, Fallgruppen Art. 81, Rn. 486ff.). Für Verbote unterscheidet die VO in Art. 4 Hardcore-Beschränkungen (sogenannte **„schwarze“ Klauseln**), die bei ihrer Vereinbarung zum Wegfall der Freistellung insgesamt führen, und in Art. 5 mildere Wettbewerbsbeschränkungen **(„graue“ Klauseln);** teilweise werden diese Klauseln auch als „rote Liste“ bezeichnet (vgl. *Enstaler/Funk* BB 2000, 1685; *Bauer/de Bronett* Rn. 137). Sie sind als einzelne Klausel bei ihrer Vereinbarung nicht freigestellt, berühren aber die Freistellung im Übrigen nicht. Mit diesem Regelungsprinzip hat die Verordnung den **„Zwangsjackeneffekt“ der früheren Spezial-Verordnungen** für den Alleinvertrieb (VO 1983/83), den Alleinbezug (VO 1984/83) und das Vertriebs- und Dienstleistungs-Franchising (VO 4087/88) aufgegeben (vgl. dazu auch *Bechtold* EWS 2001, 49, 50). Es ist nicht mehr erforderlich, den Status der Vertikalvereinbarung genauer zu definieren, wenn sie sich im Rahmen des Anwendungsbereiches der Art. 2 und 3 hält und keine schwarzen oder grauen Klauseln des Art. 4 oder 5 enthält.

14 Die Kommission hat im Jahr nach der Verkündung der VO 2790/1999 **„Leitlinien für vertikale Beschränkungen“** veröffentlicht (ABl. C 291/1 vom 13.10.2000), die nach Erlass der VO 330/2010 durch eine **Neufassung** ersetzt wurden (ABl. C 130/1 vom 19.5.2010, Anhang B 6). Diese sog. **„Vertikalleitlinien“** enthalten nicht nur wichtige Auslegungshinweise zur VO 330/2010, sondern auch über die VO hinaus Erläuterungen zu von ihr nicht im Einzelnen geregelten Vereinbarungen, wie zB Handelsvertreterverträge. Die Vertikalleitlinien sind für die Rechtsanwendung und die

Feststellung der Auffassung der Kommission von großer Bedeutung (vgl. dazu auch *Bechtold* EWS 2001, 49, 53; *Bechtold,* Festschrift Hirsch, 2008, 223; *Beutelmann* S. 79; *Lange* EWS 2001, 18, 19).

Art. 1 Begriffsbestimmungen

(1) Für die Zwecke dieser Verordnung gelten folgende Begriffsbestimmungen:

a) „vertikale Vereinbarung" ist eine Vereinbarung oder abgestimmte Verhaltensweise, die zwischen zwei oder mehr Unternehmen, von denen jedes für die Zwecke der Vereinbarung oder der abgestimmten Verhaltensweise auf einer anderen Ebene der Produktions- oder Vertriebskette tätig ist, geschlossen wird und die die Bedingungen betrifft, zu denen die beteiligten Unternehmen Waren oder Dienstleistungen beziehen, verkaufen oder weiterverkaufen dürfen;

b) „vertikale Beschränkung" ist eine Wettbewerbsbeschränkung in einer vertikalen Vereinbarung, die unter Artikel 101 Absatz 1 AEUV fällt;

c) „Wettbewerber" ist ein tatsächlicher oder potenzieller Wettbewerber; ein „tatsächlicher Wettbewerber" ist ein Unternehmen, das auf demselben relevanten Markt tätig ist; ein „potenzieller Wettbewerber" ist ein Unternehmen, bei dem realistisch und nicht nur hypothetisch davon ausgegangen werden kann, dass es ohne die vertikale Vereinbarung als Reaktion auf einen geringen, aber anhaltenden Anstieg der relativen Preise wahrscheinlich innerhalb kurzer Zeit die zusätzlichen Investitionen tätigen oder sonstigen Umstellungskosten auf sich nehmen würde, die erforderlich wären, um in den relevanten Markt einzutreten;

d) „Wettbewerbsverbot" ist eine unmittelbare oder mittelbare Verpflichtung, die den Abnehmer veranlasst, keine Waren oder Dienstleistungen herzustellen, zu beziehen, zu verkaufen oder weiterzuverkaufen, die mit den Vertragswaren oder -dienstleistungen im Wettbewerb stehen, oder eine unmittelbare oder mittelbare Verpflichtung des Abnehmers, auf dem relevanten Markt mehr als 80% seines Gesamtbezugs an Vertragswaren oder -dienstleistungen und ihren Substituten, der anhand des Werts des Bezugs oder, falls in der Branche üblich, anhand des bezogenen Volumens im vorangehenden Kalenderjahr berechnet wird, vom Anbieter oder von einem anderen vom Anbieter benannten Unternehmen zu beziehen;

e) „selektive Vertriebssysteme" sind Vertriebssysteme, in denen sich der Anbieter verpflichtet, die Vertragswaren oder -dienstleistungen unmittelbar oder mittelbar nur an Händler zu verkaufen, die anhand festgelegter Merkmale ausgewählt werden, und in denen sich diese Händler verpflichten, die betreffenden Waren oder Dienstleistungen nicht an Händler zu verkaufen, die innerhalb des vom Anbieter für den Betrieb dieses Systems festgelegten Gebiets nicht zum Vertrieb zugelassen sind;

f) „Rechte des geistigen Eigentums" umfassen unter anderem gewerbliche Schutzrechte, Know-how, Urheberrechte und verwandte Schutzrechte;

g) „Know-how" ist eine Gesamtheit nicht patentgeschützter praktischer Kenntnisse, die der Anbieter durch Erfahrung und Erprobung gewonnen hat und die geheim, wesentlich und identifiziert sind; in diesem Zusammenhang bedeutet „geheim", dass das Know-how nicht allgemein bekannt oder leicht zugänglich ist; „wesentlich" bedeutet, dass das Know-how für den Abnehmer bei der Verwendung, dem Verkauf oder dem Weiterverkauf der Vertragswaren oder -dienstleistungen bedeutsam und

nützlich ist; „identifiziert" bedeutet, dass das Know-how so umfassend beschrieben ist, dass überprüft werden kann, ob es die Merkmale „geheim" und „wesentlich" erfüllt;

h) „Abnehmer" ist auch ein Unternehmen, das auf der Grundlage einer unter Artikel 101 Absatz 1 AEUV fallenden Vereinbarung Waren oder Dienstleistungen für Rechnung eines anderen Unternehmens verkauft;

i) „Kunde des Abnehmers" ist ein nicht an der Vereinbarung beteiligtes Unternehmen, das die Vertragswaren oder -dienstleistungen von einem an der Vereinbarung beteiligten Abnehmer bezieht.

(2) [1]**Für die Zwecke dieser Verordnung schließen die Begriffe „Unternehmen", „Anbieter" und „Abnehmer" die jeweils mit diesen verbundenen Unternehmen ein.**

[2]**„Verbundene Unternehmen" sind:**

a) Unternehmen, in denen ein an der Vereinbarung beteiligtes Unternehmen unmittelbar oder mittelbar
   i) die Befugnis hat, mehr als die Hälfte der Stimmrechte auszuüben, oder
   ii) die Befugnis hat, mehr als die Hälfte der Mitglieder des Leitungs- oder Aufsichtsorgans oder der zur gesetzlichen Vertretung berufenen Organe zu bestellen, oder
   iii) das Recht hat, die Geschäfte des Unternehmens zu führen;

b) Unternehmen, die in einem an der Vereinbarung beteiligten Unternehmen unmittelbar oder mittelbar die unter Buchstabe a aufgeführten Rechte oder Befugnisse haben;

c) Unternehmen, in denen ein unter Buchstabe b genanntes Unternehmen unmittelbar oder mittelbar die unter Buchstabe a aufgeführten Rechte oder Befugnisse hat;

d) Unternehmen, in denen ein an der Vereinbarung beteiligtes Unternehmen gemeinsam mit einem oder mehreren der unter den Buchstaben a, b und c genannten Unternehmen oder in denen zwei oder mehr der zuletzt genannten Unternehmen gemeinsam die unter Buchstabe a aufgeführten Rechte oder Befugnisse haben;

e) Unternehmen, in denen die folgenden Unternehmen gemeinsam die unter Buchstabe a aufgeführten Rechte oder Befugnisse haben:
   i) an der Vereinbarung beteiligte Unternehmen oder mit ihnen jeweils verbundene Unternehmen im Sinne der Buchstaben a bis d, oder
   ii) eines oder mehrere der an der Vereinbarung beteiligten Unternehmen oder eines oder mehrere der mit ihnen verbundenen Unternehmen im Sinne der Buchstaben a bis d und ein oder mehrere dritte Unternehmen.

Inhaltsübersicht

1. Überblick

Art. 1 enthält Definitionen wichtiger Begriffe, die in der VO verwendet werden. 1
Anders – und besser – als die VO 2790/1999 werden **alle Begriffe,** für die der Verordnungsgeber **besondere Definitionen** für erforderlich hielt, in Art. 1 zusammengefasst. Die VO 2790/1999 enthielt derartige Definitionen nicht nur in dem (nur einen Absatz umfassenden) Art. 1, sondern auch in Art. 2 Abs. 1 in Bezug auf die „vertikalen Vereinbarungen" und „vertikalen Beschränkungen" sowie in Art. 11 in Bezug auf die „verbundenen Unternehmen". Aus dem Katalog der definierten Begriffe ist entfallen der der „Alleinbelieferungsverpflichtungen" (früher in Art. 1 lit. c) VO 2790/1999), da diese keiner besonderen Regelung mehr bedurften (wie noch in Art. 3 Abs. 2 VO 2790/1999 im Hinblick auf eine besondere Marktanteilsschwelle). Neu ist die Definition in Art. 1 Abs. 1 lit. i für den „Kunden des Abnehmers".

In der deutschen Fassung wird nicht mehr wie in der VO 2790/1999 vom **„Lieferanten"** und **„Käufer"** gesprochen, sondern vom **„Anbieter"** und **„Abnehmer".** 2
Die entsprechende Terminologie im französischen Text (fournisseur/acheteur) und im englischen Text (supplier/buyer) ist gegenüber der VO 2790/1999 nicht geändert worden. Das bestätigt, dass diese Begriffsänderung im deutschen Text **nicht mit einer inhaltlichen Änderung** verbunden ist. Die Begriffe „Anbieter" und „Abnehmer" sind nicht definiert, obwohl sie für das Verständnis der VO 330/2010 essenziell sind. Art. 1 Abs. 1 lit. h) enthält keine Definition des „Abnehmers", sondern nur eine Klarstellung im Hinblick auf die Einbeziehung von Handelsvertretern und Kommissionären (→ Rn. 50). Unter **„Anbieter"** ist das Unternehmen zu verstehen, das in der Vertikalvereinbarung „oben" steht, im Allgemeinen also der Hersteller, der Vertriebsverträge mit seinen Händlern schließt, oder der Zulieferer, der einen (Endprodukte-)Hersteller beliefert. Das in der Vertikalen „unten" stehende Unternehmen ist der **„Abnehmer".** In den typischen Vertikalvereinbarungen handelt es sich also um den Händler oder den Hersteller, der Produkte beim Zulieferer kauft.

Nicht definiert sind die Begriffe **„Vertragswaren"** und **„Vertragsdienstleistungen",** die insbesondere für den Geltungsbereich des Art. 4 von Bedeutung sein 3
können. Es handelt sich um die Waren und Dienstleistungen, die Gegenstand der Vertikalvereinbarung sind. Werden sie bearbeitet und dadurch – wesentlich – verändert, handelt es sich um neue, andere Waren bzw. Dienstleistungen. Deswegen erfasst zB Art. 4 lit. b nicht Beschränkungen, die sich auf diese anderen (und deswegen nicht mehr Vertrags-)Waren und Dienstleistungen beziehen (so auch *Baron* in LMR Art. 4 Vertikal-GVO, Rn. 180; aA *Ellger* in IM Vertikal-GVO Art. 4 Vertikal-GVO Rn. 40). UE führen die Begriffe „Waren" und „Dienstleistungen" nicht zur Unanwendbarkeit der VO 330/2010 auf **Miet-, Pacht- und Leasingverträge** (aA Kommission Vertikalleitlinien, Anhang B 6, Rn. 26). Mit diesen Verträgen werden zwar keine Waren, wohl aber durch Gebrauchsüberlassung Dienstleistungen „verkauft". Wenn man das

Kartellverbot des Art. 101 AEUV entsprechend der allgemeinen Auffassung auch auf Vermietung, Verpachtung und Leasing anwendet, gibt es keinen Grund, auf sie die Vertikal-GVO nicht anzuwenden. Die Begriffe „Waren" und „Dienstleistungen" in Art. 1 Abs. 1 a sollen den Anwendungsbereich des Art. 101 Abs. 1 AEUV voll widerspiegeln. Auch die ausdrückliche Verwendung des Begriffes der „vertikalen" Vereinbarung im Titel der Vertikal-GVO bestätigt, dass diese **alle vertikalen Austauschvereinbarungen** erfassen sollte (aA für Miet- und Pachtverträge *Baron* in LMR Art. 2 Vertikal-GVO Rn. 62; *Petsche/Lager* in Liebscher/Flohr/Petsche, § 7 Rn. 35; → Rn. 8f.).

2. Vertikale Vereinbarung (Abs. 1 lit. a)

4 Die Definition der vertikalen Vereinbarung war in der VO 2790/1999 in Art. 2 Abs. 1 enthalten. Sie ist, trotz kleinerer stilistischer Abweichungen, inhaltlich identisch in den Definitionenkatalog des Art. 1 Abs. 1 übernommen worden.

5 **a) Vereinbarung.** Der Begriff der vertikalen „Vereinbarung" ist in lit. a) definiert durch die Einbeziehung auch der „aufeinander abgestimmte Verhaltensweisen". Damit ist klargestellt, dass die Gruppenfreistellung nicht nur Vereinbarungen (Verträgen) zugute kommt, sondern auch (nicht-vertraglichen) aufeinander abgestimmten Verhaltensweisen (zu den Begriffen → AEUV Art. 101 Rn. 40ff., 53ff.). **Vereinbarungen** sind zumindest aus der Sicht der Parteien verbindlich und im allgemeinen, aber nicht notwendig, dadurch gekennzeichnet, dass sie schriftlich festgehalten sind, **aufeinander abgestimmte Verhaltensweisen** durch entsprechende unverbindliche Verhaltensweisen ohne zumindest vollständige schriftliche Fixierung. In der Einbeziehung der aufeinander abgestimmten Verhaltensweisen liegt gegenüber den „Vereinbarungen" nicht nur eine Erweiterung der Gruppenfreistellung, sondern potenziell auch eine Einschränkung, und zwar im Hinblick auf die klauselbezogenen Anwendungsausschlüsse in Art. 4 und 5. Eine schriftlich fixierte, in dieser schriftlichen Fixierung allen Anforderungen der VO genügende Vereinbarung ist nicht freigestellt, wenn sie mit einer aufeinander abgestimmten Verhaltensweise verbunden ist, die die Voraussetzungen des Art. 4 erfüllt, zB mit einer Preisbindung. **Beschlüsse,** die in Art. 101 Abs. 1 AEUV gleichberechtigt behandelt werden mit Vereinbarungen und abgestimmten Verhaltensweisen, sind in lit. a) nicht erwähnt. Das basiert offenbar darauf, dass sie typischerweise im Horizontal-, nicht im Vertikalverhältnis vorkommen; praktische Probleme ergeben sich daraus nicht (vgl. dazu auch *Ellger* in IM Art. 2 Vertikal-VO Rn. 7ff.; *Schultze/Pautke/Wagener* Art. 1 Rn. 107ff.)

6 Vereinbarungen und abgestimmte Verhaltensweisen sind im System der VO grundsätzlich **gleichberechtigt.** Dennoch kommt den **schriftlich fixierten Vereinbarungen** wesensmäßig ein **praktischer Vorrang** zu. So kann zwar eine Vereinbarung, die durch Verhaltensweisen ergänzt wird, die die Voraussetzungen des Art. 4 erfüllen, dadurch insgesamt von der Freistellung ausgeschlossen sein. Umgekehrt ist es aber nicht denkbar, dass eine Vereinbarung, die nach ihrem schriftlich festgehaltenen Wortlaut über Art. 4 von der Freistellung ausgeschlossen ist, deswegen als freigestellt anzusehen ist, weil die Vereinbarung insoweit nicht praktiziert wird, sondern durch eine mit Art. 4 vereinbare aufeinander abgestimmte Verhaltensweise ersetzt ist. Da Art. 101 Abs. 1 AEUV unabhängig von der Praktizierung schon den Abschluss einer Vereinbarung als solchen erfasst (→ AEUV Art. 101 Rn. 51), ist es für die Freistellung einer Vereinbarung nicht ausreichend, wenn das tatsächliche Verhalten nicht mit Klauseln des Art. 4 und 5 kollidiert. Vielmehr ist es erforderlich, dass die Vereinbarung nach ihrem jeweils verbindlichen Inhalt – unabhängig von der Form, in der der Inhalt festgehalten ist – insgesamt die Voraussetzungen der VO erfüllt. Zulässige abgestimmte Verhaltensweisen retten also eine unzulässige Vereinbarung nicht. Eine an sich zulässige Vereinbarung kann aber die **Freistellung verlieren,** wenn sie **mit einer unzulässigen abgestimmten Verhaltensweise verbunden** ist.

Lit. a) erfasst nicht einseitige Verhaltensweisen, wohl aber **scheinbar einseitige Verhaltensweisen,** die aufgrund ihrer Einfügung in ein umfassenderes Vertragsverhältnis oder ansonsten im Voraus erteilter Zustimmung der anderen Seite die Voraussetzungen des Vereinbarungsbegriffs nach Art. 101 Abs. 1 AEUV erfüllen (→ AEUV Art. 101 Rn. 49 f.). Insoweit ist **Deckungsgleichheit** zwischen den Anwendungsvoraussetzungen des Art. 101 Abs. 1 AEUV und der VO 330/2010 geboten. Besondere Bedeutung hat das für die Behandlung von **Empfehlungen,** die in der Form der Preisempfehlung in Art. 4 lit. a erwähnt und als zulässig beurteilt werden. Für die Frage, ob eine Preisempfehlung zulässig ist, kommt es zunächst darauf an, ob sie überhaupt als Vereinbarung oder abgestimmte Verhaltensweise von Art. 101 Abs. 1 AEUV erfasst wird; ist das nicht der Fall, stellt sich die Frage der Anwendbarkeit der VO 2790/1999 nicht. Die Hinnahme von Preisempfehlungen durch die Gegenausnahme in Art. 4 lit. a hat also nur Bedeutung für den Fall, dass sie als Vereinbarung oder abgestimmte Verhaltensweise iSv Art. 101 Abs. 1 AEUV qualifiziert wird und deswegen potenziell Probleme nach dieser Vorschrift aufwerfen kann (→ Art. 4 Rn. 6). 7

b) Unterschiedliche Produktions- und Vertriebsstufen. Kennzeichen der **„vertikalen"** Vereinbarung ist die Tatsache, dass die Unternehmen auf jeweils einer „anderen Ebene der Produktions- oder Vertriebskette" tätig sind. Das begriffliche Gegenstück dazu ist die **„horizontale"** Beziehung zwischen den Partnern einer Vereinbarung. Sie liegt vor, wenn die Partner jeweils auf derselben Stufe oder Ebene tätig sind. Das bedeutet nicht unbedingt, dass sie Wettbewerber sein müssen, sondern nur, dass ihre Tätigkeiten nichts miteinander zu tun haben, oder sich überschneiden oder ergänzen und jedenfalls nicht im Verhältnis zueinander vor- oder nachgelagert sind. Die VO 330/2010 geht davon aus, dass es nicht nur verschiedene **Vertriebsebenen,** sondern auch verschiedene **Produktionsebenen** gibt (vgl. dazu auch Vertikalleitlinien, Anhang B 6, Rn. 25 lit. c). Allerdings sind auch sie im Verhältnis zueinander durch Vertriebs- und Bezugsbeziehungen gekennzeichnet. Verschiedene Produktionsebenen liegen vor bei **Zulieferverträgen,** zB zwischen dem Automobil- und dem Teilehersteller oder dem Rohstoff-Förderer und dem Rohstoff-Weiterverarbeiter. Verschiedene Vertriebsebenen sind durch die Abnehmerkreise gekennzeichnet. Der Großhändler beliefert jedenfalls in seiner Hauptfunktion Einzelhändler, der Einzelhändler Endabnehmer. Produktions- und Vertriebsebenen können miteinander verbunden sein. So kann es sein, dass der Warenproduzent nicht nur von Lieferanten mit von ihnen selbst hergestellten Vorprodukten oder Teilen für die zu produzierenden Waren beliefert wird, sondern auch von Händlern. Lit. a erfasst mit der völligen Gleichstellung von Produktions- und Vertriebsebenen **alle insoweit denkbaren Kombinationen,** also auch insbesondere den Produzenten, der von einem Händler beliefert wird. 8

Gegenstand von Produktion oder Vertrieb sind nicht nur **Waren,** sondern auch **Dienstleistungen.** In der Terminologie der VO werden also auch Dienstleistungen, nicht nur Waren, „produziert" und „vertrieben". Gerade im Hinblick auf Dienstleistungen macht die Verbindung von Vertrieb und Produktion Sinn, nämlich zB dann, wenn ein Warenproduzent für die Produktion erforderliche Dienstleistungen „einkauft". Verschiedene Vertriebsstufen von Dienstleistungen sind insbesondere vorstellbar im Verhältnis von Franchisegeber-Masterfranchisenehmer-Franchisenehmer, daneben aber auch in den Fällen, in denen ein Dienstleister andersartige Dienstleistungen „zukauft" und damit seine eigene umfassendere Dienstleistung ergänzt und als einheitliche „verkauft". Zur Anwendung auf Miet-, Pacht- und Leasingverträge → Rn. 3. 9

Lit. a verlangt nicht, dass die beteiligten Unternehmen generell oder jedenfalls in ihrer Haupttätigkeit auf jeweils „anderen Produktions- oder Vertriebsebenen" tätig sind. Es reicht nach dem klaren Wortlaut aus, dass das Vertikalverhältnis **„für die** 10

Zwecke der Vereinbarung" besteht, nicht auch darüber hinaus. Deswegen ist es durchaus möglich, dass Vertikalvereinbarungen **zwischen Wettbewerbern** – also Unternehmen, die (auch) für bestimmte Waren oder Dienstleistungen auf derselben Stufe stehen – abgeschlossen werden; erforderlich ist nur, dass die konkrete Vereinbarung die Unternehmen nicht in ihrer Eigenschaft als Wettbewerber betrifft, sondern als auf unterschiedlichen Produktions- oder Vertriebsebenen tätigen Unternehmen (vgl. dazu *Schultze/Pautke/Wagener* Art. 1 Rn. 126; *Petsche/Lager* in *Liebscher/Flohr/Petsche* § 7 Rn. 65ff.). Das ist zB der Fall, wenn ein Hersteller, der auch unmittelbar an Endabnehmer vertreibt, Vertriebsverträge mit Händlern schließt, oder wenn ein Produzent einen auf einem Endprodukte-Markt konkurrierenden Produzenten mit Vorprodukten beliefert. Diese Auslegung wird bestätigt durch Art. 2 Abs. 4, der von „vertikalen Vereinbarungen zwischen Wettbewerbern" spricht und die Verordnung dafür grundsätzlich für unanwendbar erklärt, allerdings mit der Ausnahme bestimmter nicht-wechselseitiger vertikaler Vereinbarungen (→ Art. 2 Rn. 13ff.).

11 **c) Zwei oder mehr Unternehmen.** An einer Vereinbarung oder aufeinander abgestimmten Verhaltensweise sind wesensgemäß mindestens zwei Unternehmen beteiligt. **Endverbraucher,** die keine Unternehmer sind, sind ausgenommen (vgl. dazu auch Vertikalleitlinien, Anhang B 6 Rn. 25 unter lit. b). Abs. 1 lässt es zu, dass auch mehrere Unternehmen beteiligt sind. Damit wurde die Gesetzgebungstechnik in den Vorgängerverordnungen vor der VO 2790/1999 aufgegeben, in denen jeweils Voraussetzung war, dass nur „zwei" Unternehmen beteiligt sind (Art. 1 VO 1983/83 und VO 1984/83, Art. 1 Abs. 1 VO 4087/88). Letztlich ist damit aber keine weitreichende Änderung verbunden, weil **jedes** Unternehmen zur Durchführung der Vereinbarung **auf einer unterschiedlichen Produktions- oder Vertriebsebene** tätig sein muss (vgl. auch *Ellger* in IM Art. 2 Vertikal-GVO Rn. 12ff.). Gedacht ist also zB an eine Vertriebskette Hersteller-Großhändler-Einzelhändler. Sie ist in der Marktanteilsregelung des Art. 3 Abs. 2 ausdrücklich angesprochen (→ Art. 3 Rn. 9). Die Einbeziehung von mehr als zwei Unternehmen bedeutet nicht, dass damit auch Unternehmen privilegiert werden, die untereinander Wettbewerber sind. All das hat nichts damit zu tun, dass die VO 330/2010 ihrer Funktion als Gruppenfreistellung entsprechend uU eine **Vielzahl nebeneinander abgeschlossener Verträge** freistellt, wenn an diesen Verträgen jeweils nur zwei Unternehmen oder mehr Unternehmen in jeweils unterschiedlicher Funktion beteiligt sind. Die Tatsache, dass die Verträge in einem bestimmten sachlichen Zusammenhang stehen, weil sie zB Grundlage der gesamten Vertriebsorganisation eines Herstellers sind, steht dem nicht entgegen.

12 **d) Bezug oder Verkauf von Waren oder Dienstleistungen.** Abs. 1 lit. a erfasst nur solche vertikale Vereinbarungen, die die Bedingungen betreffen, zu denen die beteiligten Unternehmen bestimmte Waren oder Dienstleistungen beziehen, verkaufen oder weiterverkaufen dürfen. Die Vereinbarung muss jedenfalls solche Bedingungen enthalten; enthält sie auch weitere Bedingungen, die mit dem Bezug, Verkauf oder Weiterverkauf von Waren oder Dienstleistungen nichts zu tun haben, nehmen diese an der Freistellung nicht teil. Die Worte **„beziehen"** und **„verkaufen"** fügen sich ein in das Verhältnis zwischen den Parteien der Vertikalvereinbarung: Der „Abnehmer" bezieht beim „Anbieter", und der „Anbieter" verkauft an den „Abnehmer". Das Verhältnis zu Dritten wird nur durch das Wort **„weiterverkaufen"** erfasst. Nicht erfasst ist der Bezug bei Dritten; wenn insoweit Wettbewerbsbeschränkungen vereinbart sind, werden sie nicht von der Freistellung erfasst. Die Erwähnung der „Bedingungen" in lit. a hat in Verbindung mit Art. 2 Abs. 1 die Funktion, den Freistellungsumfang festzulegen. Von praktischer Bedeutung ist diese Begrenzungswirkung der Freistellung aber nur, soweit die Zusatzbedingungen wettbewerbsbeschränkend sind, also ihrerseits gegen Art. 101 Abs. 1 AEUV verstoßen. Das ist idR nicht der Fall.

13 Damit bezieht sich Abs. 1 auf alle klassischen Vertikalbeschränkungen im Zusammenhang mit dem Kauf und Verkauf von Waren und Dienstleistungen, also auf Inhalts- und Abschlussbindungen. Unter **Inhaltsbindungen** sind in sog. „Erstverträgen" festgelegte Bedingungen für die vom Gebundenen abzuschließenden „Zweitverträge" zu verstehen, also Festlegungen von Preisen (die ihrerseits über Art. 4 lit. a zum Ausschluss der Freistellung führen) und sonstigen Geschäftsbedingungen. Unter **Abschlussbindungen** sind alle Bindungen im „Erstvertrag" zu verstehen, die das Ob und das Wie des Abschlusses von „Zweitverträgen" betreffen, also insbesondere **Verwendungsbindungen, Ausschließlichkeitsbindungen, Vertriebsbindungen und Kopplungsbindungen.** Aus der Figur der „Vertikal"-Vereinbarung ergibt sich, dass immer vor- oder nacheinander gelagerte Vereinbarungen oder entsprechende aufeinander abgestimmte Verhaltensweisen erforderlich sind. Schutzgegenstand des Art. 101 Abs. 1 AEUV im Bereich der Vertikalvereinbarungen und potenzieller Freistellungsgegenstand nach Abs. 3 sind die Bedingungen, zu denen der potenziell Gebundene geschäftlich gegenüber Dritten tätig wird.

14 Die Begriffe **„Bezug", „Verkauf" und „Weiterverkauf"** sind, wie sich schon allein durch die Einbeziehung der Dienstleistungen als möglichen Gegenstand von Kaufgeschäften ergibt, nicht in einem streng zivilrechtlichen Sinne zu verstehen. Erforderlich ist also nicht unbedingt eine Warenlieferung gegen Entgelt. Entscheidend ist vielmehr, dass eine Ware oder Dienstleistung Gegenstand einer geschäftlichen Beziehung ist, und zwar unabhängig davon, wie diese zivilrechtlich gedeutet wird und wie die Gegenleistung ausgestaltet ist. Vertreibt ein Produzent eine Ware (zB ein Anzeigenblatt, für das er Entgelte nur von den Anzeigenkunden, nicht von den Abnehmern oder Lesern der Zeitung erhält) über Verteilunternehmen **kostenlos** an Endabnehmer, so ist die Beziehung zwischen dem Produzenten und dem Verteilunternehmen von Nr. 1 erfasst. Wenn man in diesem Fall die Lieferung der Ware nicht als Quasi-Verkauf versteht, liegt jedenfalls eine Erbringung von Vertriebs-Dienstleistungen durch das Verteilunternehmen vor. Wirtschaftlich muss aber eine Übertragung der Ware oder Dienstleistung iS einer „Entäußerung" vorliegen; die **pacht- oder mietweise Überlassung reicht** uE dafür aber aus (aA 1. Aufl. Art. 2 Rn. 12; Vertikalleitlinien, Anhang B 6, Rn. 26; → Rn. 3).

15 **e) Handelsvertreter- und Kommissionärsvereinbarungen.** Handelsvertreter wirken zwar beim Bezug, Verkauf oder Weiterverkauf von Waren mit, kaufen oder verkaufen aber nicht selbst. Sie erbringen Dienstleistungen, die nur in einem weiteren Sinne als Gegenstand von Kaufgeschäften gedeutet werden können. Dennoch unterliegen auch Handelsvertretervereinbarungen dem Abs. 1 nur, soweit sie in den Geltungsbereich von Art. 101 Abs. 1 AEUV fallen. Das ist durch die Definition des „Abnehmers" in Abs. 1 lit. h (→ Rn. 50) klargelegt worden. Hiernach liegt auch dann im Sinne der Begriffe in Abs. 1 lit. a ein „Verkauf" vor, wenn das beteiligte Unternehmen dabei **„für Rechnung eines anderen Unternehmens"** handelt. Da hier nur das Handeln „für Rechnung" und nicht notwendigerweise auch „im Namen" für einen anderen erwähnt wird, gilt diese Erweiterung außer für Handelsvertreter (die im Namen und für Rechnung eines Dritten handeln) auch für Kommissionäre (die im eigenen Namen für Rechnung eines Dritten handeln).

16 In den Vertikalleitlinien (Anhang B 6) wird unter Rn. 12 die Tätigkeit der Handelsvertreter so umschrieben, dass sie „im Auftrag einer anderen Person (des Auftraggebers) entweder im eigenen Namen oder im Namen des Auftraggebers Verträge aushandeln und/oder schließen". Diese Leitlinien gehen von einer **relativ weiten Anwendungsmöglichkeit des Art. 101 Abs. 1 AEUV auf Handelsvertretervereinbarungen** aus, was nicht voll mit der Rspr. des EuG und des EuGH übereinstimmt (vgl. insbes. EuG 15.9.2005 T-325/01 Rn. 85ff., 102, WuW/E EU-R 933ff. Mercedes-Benz; → AEUV Art. 101 Rn. 60ff.; vgl. dazu auch *Rittner* DB 2000, 1211ff.; *Lange* EWS 2001, 18ff.; *Nolte* WuW 2006, 252ff.). Entscheidend ist die **Risikover-**

teilung. Der Handelsvertretervertrag unterliegt nur dann nicht Art. 101 Abs. 1 AEUV, wenn der Geschäftsherr die wesentlichen finanziellen und geschäftlichen Risiken der vom Handelsvertreter getätigten Geschäfte trägt. Parallele Eigengeschäfte des Handelsvertreters sind nur dann schädlich, wenn sie auf Verlangen des Geschäftsherrn denselben Markt betreffen, auf dem er als Handelsvertreter tätig ist (vgl. dazu auch *Simon* EWS 2010, 497, 498 f.). Das „Handelsvertreterprivileg" wird aber nicht beeinträchtigt, wenn der Handelsvertreter Reparatur- und Wartungsdienstleistungen im eigenen Namen und auf eigene Rechnung für die Waren erbringt (erbringen muss), für deren Verkauf er als Handelsvertreter tätig ist.

17 Soweit Art. 101 Abs. 1 AEUV – zu Recht oder zu Unrecht – angewendet wird, sind auch die Bestimmungen der VO anwendbar. Selbst dann, wenn nach den Kriterien der Vertikalleitlinien (Anhang B 6) die Voraussetzungen für eine Ausnahme der Handelsvertretervereinbarungen von Art. 101 Abs. 1 AEUV generell nicht gegeben sind (etwa, weil eine der Tätigkeiten erbracht wird, die in Rn. 16 der Leitlinien erwähnt sind), kann das nicht bedeuten, dass damit Handelsvertretervereinbarungen durchweg so behandelt werden, als ob es sich um Händlerverträge handelte, aufgrund deren Waren im eigenen Namen und für eigene Rechnung verkauft werden. Vielmehr ist auch dann im Rahmen der **Vertragsfreiheit** ein handelsrechtliches Handelsvertreterverhältnis möglich und zulässig, und zwar gerade hinsichtlich des **Preisbestimmungsteils,** der sinnvoll nicht in eine Eigenhändlertätigkeit umgedeutet werden kann. Wirkt ein Handelsvertreter, der das Handelsvertreterprivileg nach Rn. 16 der Leitlinien an sich ausschließende Tätigkeiten ausübt, beim Verkauf von Waren seines Geschäftsherrn durch Vermittlung oder Vertretung mit, und trägt er bei dem einzelnen Verkaufsgeschäft kein Risiko, muss es zulässig sein, dass er insoweit die Weisungen seines Geschäftsherrn hinsichtlich der Preise und Geschäftsbedingungen ausführt, ohne dass dies als Preisbindung über Art. 4 lit. a zum Ausschluss der Gruppenfreistellung führt.

3. Vertikale Beschränkung (lit. b)

18 Die Definition in lit. b) war früher in Art. 2 Abs. 1 Unterabs. 2 VO 2790/1999 enthalten; sachliche Änderungen sind mit der Umstellung nicht verbunden. Eine Vereinbarung wird nur dann von der Freistellung nach Art. 2 Abs. 1 erfasst, wenn sie eine (vertikale) Beschränkung enthält. Nur dann ist auf sie das Kartellverbot des Art. 101 Abs. 1 AEUV anwendbar, und sie bedarf einer Freistellung nach Abs. 3. lit. b definiert die vertikale Beschränkung als in einer vertikalen Vereinbarung enthaltene Wettbewerbsbeschränkung, die unter Art. 101 Abs. 1 AEUV fällt. Es muss eine **Wettbewerbsbeschränkung** iS von Art. 101 Abs. 1 AEUV vorliegen, die im Zusammenhang mit dem Vertikalverhältnis steht. Da die Freistellung nach Art. 101 Abs. 3 AEUV nur Sinn macht, wenn die Verbotsvoraussetzungen des Art. 101 Abs. 1 AEUV erfüllt sind, erfasst Abs. 1 nur Wettbewerbsbeschränkungen iS des Art. 101 Abs. 1 AEUV, die alle dessen Voraussetzungen erfüllen. Das hat besondere Bedeutung für das Merkmal der **„Spürbarkeit" der Wettbewerbsbeschränkung** (→ Art. 101 AEUV Rn. 103 ff.) und der **Beeinträchtigung des zwischenstaatlichen Handels** (→ Art. 101 AEUV Rn. 117 ff.). Soweit unabhängig von der Wettbewerbsbeschränkung Vereinbarungen nicht geeignet sind, den Handel zwischen Mitgliedstaaten zu beeinträchtigen, ist für die Freistellung nach Art. 2 Abs. 1 ebenfalls kein Raum.

4. Wettbewerber (lit. c)

19 Lit. c) entspricht der Definition, die in der VO 2790/1999 in Art. 1 lit. a enthalten war. Sie wurde im Hinblick auf den potenziellen Wettbewerb erweitert und – in allgemein gültiger Weise – präzisiert. Der Begriff des „Wettbewerbers" wird in Art. 2 Abs. 4 verwendet. Nach dem Obersatz in Halbs. 1 gilt die Freistellung nicht für „vertikale Vereinbarungen zwischen Wettbewerbern" (vgl. dazu auch Vertikalleitlinien,

Anhang B 6 Rn. 27f.). Für den Begriff des Wettbewerbers kommt es nur darauf an, ob die beteiligten Unternehmen **in Bezug auf die Vertragswaren oder -dienstleistungen Wettbewerber** sind, nicht darauf, ob sich die Tätigkeitsbereiche der beteiligten (und mit ihnen verbundenen, vgl. Abs. 2) Unternehmen ansonsten überschneiden. Der Begriff der Vertragswaren oder -dienstleistungen erfasst die vom Anbieter bereitgestellten Waren oder Dienstleistungen, uE aber nicht „die daraus resultierenden" Waren oder Dienstleistungen (aA Vertikalleitlinien Anhang B 6 Rn. 25, unter lit. d; → Rn. 3).

Der Begriff des Wettbewerbers setzt die **Abgrenzung des relevanten Marktes** 20 voraus. Es kommt darauf an, wie der Markt **aus der Sicht des Abnehmers,** dh aus der Sicht des in der Vertikalvereinbarung auf unterer Stufe stehenden Vertragspartners abzugrenzen ist, nicht auf die Sicht des am Vertikalvertrag nicht beteiligten **Endabnehmers oder gar des Anbieters,** im allgemeinen also des Herstellers. Anders als die Definition in Art. 1 lit. a VO 2790/1999 wird nicht nur auf die Identität des „Produktmarktes" abgestellt, sondern allgemein darauf, dass die Unternehmen „auf demselben relevanten Markt" tätig sind, also nicht nur im **Produktmarkt,** sondern auch **demselben räumlich relevanten Markt.** Der zur VO 2790/1999 vertretenen Auffassung, dass Unternehmen auch dann Wettbewerber im Sinne der Definition seien, wenn sie zwar auf demselben Produktmarkt, aber auf unterschiedlichen räumlich relevanten Märkten tätig sind, ist damit die Basis entzogen (vgl. zum früheren Rechtszustand 2. Aufl. VO 2790/1999 Art. 1 Rn. 3).

Die Definition in Halbs. 2 erfasst den **„tatsächlichen Wettbewerber".** Erforder- 21 lich ist dafür, dass Unternehmen auf demselben Produkt- und räumlich relevanten Markt aktuell tätig sind. Über das Ausmaß der Wettbewerbsbeziehung besagt die Definition nichts; insoweit können sich Einschränkungen daraus ergeben, dass die Tätigkeit zumindest eines der in die Betrachtung einbezogenen Unternehmen auf diesem Markt unbedeutend oder nicht „spürbar" ist. Der dritte Halbs. befasst sich mit dem **„potenziellen" Wettbewerber.** Die ausdrückliche Definition auch des potenziellen Wettbewerbers ist neu; in der Vorgänger-Vorschrift des Art. 1 lit. a) VO 2790/1999 war der potenzielle Anbieter zwar in die Wettbewerber-Definition einbezogen, aber nicht zusätzlich erläutert. Halbs. 3 ist angelehnt an die Definition des „konkurrierenden Unternehmens" in Art. 1 lit. j ii VO 772/2004, die insoweit auch in die VO 316/2014 übernommen wurde (→ VO 316/2014 Art. 1 Rn. 31ff.). Die Definition in Halbs. 3 enthält mehrere Leitlinien: Maßgeblich ist ein **„realistischer" Maßstab,** und nicht nur ein „hypothetischer". Es muss realistischerweise davon ausgegangen werden können, dass das Unternehmen „ohne die vertikale Vereinbarung als Reaktion auf einen geringen, aber anhaltenden Anstieg der relativen Preise wahrscheinlich innerhalb kurzer Zeit die zusätzlichen Investitionen tätigen oder sonstige Umstellungskosten auf sich nehmen würde, die erforderlich wären, um in den relevanten Markt einzutreten". Wichtig sind hierbei neben dem Erfordernis einer „realistischen" Betrachtungsweise auch, dass der Markteintritt **„wahrscheinlich"** sein muss, und zwar bezogen auf eine **„kurze Zeit".** Aus den Definitionen des potenziellen Wettbewerbs in Art. 1 Abs. 1 lit. b VO 1217/2010 und Art. 1 Abs. 1 lit. n VO 1218/2010 kann entnommen werden, dass an einen **Zeitraum von höchstens drei Jahren** gedacht ist. Für die Bestimmung eines potenziellen Wettbewerbsverhältnisses kommt es hiernach nicht nur auf theoretisch mögliche Wettbewerbsbeziehungen an, sondern darauf, ob vernünftigerweise mit der Aufnahme von Wettbewerb zu rechnen wäre (vgl. dazu auch Vertikalleitlinien, Anhang B 6 Rn. 27).

Aus dem Wortlaut lässt sich nicht klar ableiten, ob auch die Voraussetzung des 22 **„geringen, aber anhaltenden Anstiegs der relativen Preise"** von den Maßstäben der Wahrscheinlichkeit der kurzen Zeit erfasst sein muss, oder ob es ausreicht, dass bei einem nur gedachten, im Übrigen aber nicht wahrscheinlichen Preisanstieg wahrscheinlich kurzfristig eine Reaktion erfolgen würde. Die gesamte Definition ist überlagert von dem Erfordernis des „realistischen" und nicht nur des „hypothetischen" Maßstabes. Deswegen ist für die Beurteilung des potenziellen Wettbewerbsverhältnisses auch erforderlich, dass jedenfalls die **Möglichkeit,** nicht unbedingt die Wahrscheinlichkeit, **eines Preisanstieges** besteht, unabhängig davon, ob das jetzt oder erst in irgendeiner Zukunft stattfindet. Nur bei einer solchen Auslegung können sinnvoll potenzielle Wettbewerbsverhältnisse erfasst werden, weil gerade der potenzielle Wettbewerb die Ursache dafür sein kann, dass der Preisanstieg nicht stattfindet. Für den Fall, dass er stattfindet, muss die Prognose möglich sein, dass sich dann – wahrscheinlich und kurzfristig – der potenzielle Wettbewerb in aktuellen umwandelt.

23 Potenzieller Wettbewerb kommt insbesondere in Betracht, wenn **Unternehmen zwar auf demselben Produktmarkt,** aber auf **unterschiedlichen räumlich relevanten Märkten** tätig sind, oder wenn sie auf unterschiedlichen Produktions- und Vertriebsebenen tätig sind. Der Hersteller, der bestimmte Produkte nur im Gebiet A, nicht aber im Gebiet B vertreibt, ist unter den in der Definition genannten weiteren Voraussetzungen potenzieller Wettbewerber auch derjenigen, die aktuell im Gebiet B tätig sind. Der Hersteller, der ausschließlich über Händler vertreibt, ist auf demselben Produktmarkt tätig wie seine Händler. Er ist aber nicht deren aktueller Wettbewerber. Dennoch verfügt er im Allgemeinen über die Möglichkeit, in Wettbewerb zu den Händlern deren Endabnehmer zu beliefern. Von diesem potenziellen Wettbewerbsverhältnis zwischen Hersteller und Händler geht auch Art. 2 Abs. 4 lit. a aus (→ Art. 2 Rn. 14).

24 Die Definition im 3. Halbs. stellt nicht nur auf die objektive Möglichkeit ab, dass das Unternehmen die zusätzlichen Investitionen tätigen oder sonstigen Umstellungskosten auf sich nehmen würde, um in den Markt einzutreten. Angesichts des realistischen und gerade nicht nur hypothetischen Maßstabes muss auch ein **unternehmerisches Interesse an einem Markteintritt** hinzukommen. Eine entsprechende subjektive Bereitschaft ist dafür nicht erforderlich; es ist aber mindestens die Feststellung erforderlich, dass ein Unternehmen unter den genannten Voraussetzungen **nach den Maßstäben kaufmännischer Vernunft** in den Markt eintreten würde, und dass andere Marktbeteiligte diese Möglichkeit in Betracht ziehen.

5. Wettbewerbsverbot (lit. d)

25 Die Definition des Wettbewerbsverbots in Abs. 1 lit. d) entspricht der in Art. 1 lit. b) VO 2790/1999. Neu ist nur, dass die 80%-Schwelle nicht mehr ausschließlich auf den Einkaufswert bezogen wird, sondern „falls in der Branche üblich" sich auch auf das bezogene „Volumen" beziehen kann.

26 **a) Wettbewerbsverbot zulasten des Abnehmers.** Der Begriff der Wettbewerbsverbote wird in **Art. 5 Abs. 1 lit. a** verwendet. Hiernach sind alle unmittelbaren oder mittelbaren Wettbewerbsverbote, die für eine unbestimmte Dauer oder für eine Dauer von mehr als fünf Jahren vereinbart werden, grundsätzlich nicht freigestellt; anderes gilt nach Art. 5 Abs. 2, wenn sie mit Miet- oder Pachtverhältnissen verbunden sind. Die Definition des Wettbewerbsverbots in lit. d geht von der Tätigkeit des Anbieters aus. Es bezieht sich auf **Tätigkeitsbeschränkungen zulasten des Abnehmers,** nämlich Verbote an den Abnehmer, konkurrierende Waren oder Dienstleistungen herzustellen, von Dritten zu beziehen, zu verkaufen oder weiterzuverkaufen. Wettbewerbsverbote **zulasten des Anbieters,** also zB das Verbot an den Anbieter, eine mit dem Abnehmer konkurrierende Händlertätigkeit wahrzunehmen, werden von dieser Definition nicht erfasst (ebenso *Ellger* in IM Art. 5 Vertikal-GVO Rn. 5; *Schultze/Pautke/Wagener* Art. 1 Rn. 187 ff.). Lit. d bezieht alle auch nur mittelbaren Wettbewerbsverbote zulasten des Abnehmers ein. Ein **mittelbares Wettbewerbsverbot** kann insbesondere vorliegen, wenn dem Abnehmer ein Darlehen oder andere Vorteile eingeräumt wird, und diese Vorteile gekündigt werden können, wenn der Abnehmer Wettbewerbstätigkeiten entfaltet; Entsprechendes gilt bei Über-

schreitung des nach Art. 5 Abs. 1 lit. a zugelassenen fünf-Jahres-Zeitraums (dazu auch Vertikalleitlinien, Anhang B 6, Rn. 66). Sog. **„englische Klauseln"** führen im Regelfall nicht dazu, dass die Voraussetzungen eines Wettbewerbsverbots nach lit. d nicht mehr erfüllt sind. Wenn der Abnehmer die Möglichkeit hat, Vertragswaren oder -dienstleistungen von einem Dritten zu beziehen, wenn der zuvor informierte Anbieter auf dessen günstigere Konditionen nicht einsteigt, ändert das nichts an der grundsätzlich bestehenden, nach lit. d) vom Begriff des Wettbewerbsverbotes erfassten Bezugsverpflichtung (vgl. dazu auch *Ellger* in IM Art. 5 Vertikal-GVO Rn. 14; *Schultze/Pautke/Wagener*, Art. 1 Rn. 180ff.).

b) Ausschließliche Bezugsverpflichtungen. Der 2. Teil der Definition in lit. d macht deutlich, dass ausschließliche Bezugsverpflichtungen zulasten des Abnehmers grundsätzlich Wettbewerbsverbote sind. Sie hindern den Abnehmer daran, konkurrierende Waren oder Dienstleistungen von Dritten zu beziehen. Für den Gegenstand der Bezugsverpflichtung sind die Begriffe **„auf dem relevanten Markt"** und **„Substitute"** relevant. Entscheidend ist, ob der Fremdbezug dazu führen könnte, dass der Abnehmer entsprechend weniger beim Anbieter beziehen würde. Die Erwähnung der „Substitute" macht deutlich, dass es für den Gegenstand der Bezugsverpflichtung nicht unbedingt darauf ankommt, dass die Waren oder Dienstleistungen, die der Abnehmer nicht bei Dritten beziehen darf, demselben Produktmarkt zuzuordnen sind. Wird dem Abnehmer verboten, Waren oder Dienstleistungen bei Dritten zu beziehen, die nicht Vertragswaren oder Dienstleistungen sind und auch nicht als deren Substitute angesehen werden können, ist dieses Bezugsverbot kein Wettbewerbsverbot im Sinne von lit. d und damit grundsätzlich von der Freistellung erfasst. Als Begünstigte der Bezugsverpflichtung können auch **dritte Unternehmen** vereinbart sein. Die Definition enthält keine weiteren Vorgaben über diese dritten Unternehmen. Es kann sich dabei um Zulieferer des Anbieters handeln, aber auch um Unternehmen, mit denen dieser ansonsten keine Geschäftsbeziehungen unterhält. Besondere Bedeutung kann die Bezugsverpflichtung zugunsten dritter Unternehmen in Vertriebssystemen haben, in denen Händlern bestimmte Sortimentsverpflichtungen auferlegt werden, denen nur dadurch genügt werden kann, dass bestimmte Teile der Sortimente von bestimmten Lieferanten bezogen werden. 27

Die schwierige Abgrenzungsfrage, in welchem Umfang nicht ausschließliche, aber doch quantitativ erhebliche Bezugsverpflichtungen – nach Art. 5 Abs. 1 lit. a – zulässig sind, löst die Definition dadurch, dass nur Bezugsverpflichtungen **von mehr als 80%** vom Begriff des Wettbewerbsverbots erfasst werden. Berechnungsgrundlage für die 80% ist der **„Wert"** des Bezugs im vorangegangenen Kalenderjahr. Wird in der Branche üblicherweise nicht auf den Wert abgestellt, sondern auf das **Volumen** (Stück, Berechnung nach technischen Maßen oÄ), kommt es auf das Volumen an. Eine entsprechende Übung gibt es zB in der Automobilindustrie, in der bezogen auf Neufahrzeuge nicht nur die Marktanteile, sondern auch Bezugsverpflichtungen anhand von Stückzahlen berechnet werden (vgl. dazu auch Ergänzende Leitlinien Anhang B 7 Rn. 12 mit Fn. 4). Ist im Vertrag keine Prozentschwelle vereinbart, sondern nur eine nach Werten oder Stückzahlen bestimmte Bezugsverpflichtung, kommt es darauf an, ob bei einer prozentualen Umrechnung die 80%-Schwelle überschritten wird. 28

Der Satz von bis zu 80% kann **auf den Anbieter und Dritte aufgeteilt** werden. Es ist also unterhalb der Schwelle des Wettbewerbsverbots möglich, dass der Lieferant seinen Abnehmern auferlegt, bis zu einem Prozentsatz x Waren von ihm selbst zu beziehen, bis zu y vom Unternehmen A und bis zu z vom Unternehmen B; Voraussetzung ist nur, dass **insgesamt** die 80%-Grenze nicht überschritten wird. Das bedeutet aber auch, dass die 80%-Grenze für einzelne Waren oder Dienstleistungen bis zu 100% überschritten werden kann, solange der Abnehmer für mindestens 20% seiner „**gesamten** Einkäufe" frei ist (so auch *Schultze/Pautke/Wagener* Art. 1 Rn. 65; aA *Veelken* in IM Vertikal-VO Rn. 280; → VO 461/2010 Annex Rn. 67). 29

30 Die 80%-Klausel berücksichtigt nicht das Erfordernis, dass in selektiven Vertriebssystemen die dem System angehörenden Händler (Abnehmer) darin frei sein müssen, die Vertragswaren und -dienstleistungen auch **bei anderen zugelassenen Händlern (Abnehmern) quer zu beziehen.** Angesichts des hohen Stellenwertes der Querlieferungsfreiheit, die auch in Art. 4 lit. d zum Ausdruck kommt, ist davon auszugehen, dass in die 80%-Grenze auch die Mengen der Vertragswaren oder -dienstleistungen einzubeziehen sind, die bei anderen zugelassenen Händlern quer bezogen werden (so auch *Ellger* in IM Art. 5 Vertikal-GVO Rn. 17; *Schultze/Pautke/Wagener* Art. 1 Rn. 195 und Art. 4 Rn. 816). Ein Wettbewerbsverbot iSv lit. d liegt also nur dann nicht vor, wenn der Abnehmer darin frei ist, mindestens 20% seines Einkaufsvolumens bei Dritten zu beziehen und nur bis zu 80% einer Bezugsverpflichtung beim Anbieter oder dem von ihm benannten Dritten unterliegt, wobei die Querbezüge bei Händlern des vom Anbieter eingerichteten selektiven Vertriebssystems als Bezüge beim Anbieter zu bewerten sind.

31 In Verbindung mit der Regelung des Wettbewerbsverbots in Art. 5 Abs. 1 lit. a bedeutet die 80%-Schwelle, dass es zulässig ist, einem Abnehmer aufzuerlegen, zB 75% seines Bedarfs an Waren oder Dienstleistungen vom Anbieter oder einem von ihm benannten Unternehmen zu beziehen. Auf die **Dauer** einer solchen (bis zu 80%-igen) Bezugsverpflichtung kommt es dabei nicht an (vgl. dazu auch *Schultze/Pautke/Wagener,* Art. 1 Rn. 176; *Baron* in LMR Art. 5 Vertikal-GVO Rn. 269).

32 **c) Bedeutung der Definition außerhalb des Anwendungsbereichs der VO 330/2010.** Die 80%-Grenze in lit. d wirft die Frage auf, ob der Verordnungsgeber damit einen allgemeinen Grundsatz formulieren wollte, wonach Bezugsverpflichtungen bis zu 80% nicht nur nicht vom Begriff des Wettbewerbsverbots erfasst werden, sondern generell keine nach Art. 101 Abs. 1 AEUV relevante Wettbewerbsbeschränkung enthalten (→ Art. 101 AEUV Rn. 216). Die Rechtslage ist insoweit **unsicher.** Nach der einen Auffassung kann generell davon ausgegangen werden, dass **Bezugsverpflichtungen von bis zu 80% keine Wettbewerbsbeschränkung** im Sinne von Art. 101 Abs. 1 AEUV bezwecken oder bewirken; entscheidend ist nach dieser Betrachtungsweise, dass der Abnehmer im Hinblick auf die 20%ige Bezugsfreiheit in seiner wettbewerblichen Betätigung nicht beschränkt wird. Die Gegenauffassung geht davon aus, dass es nicht in der Intention des Verordnungsgebers der VO 330/2010 (ebenso wie schon der VO 2790/1999) lag, mit der Definition des Wettbewerbsverbots Hinweise auf die Auslegung des Primärrechts zu geben. In dieser Betrachtung besagt die Definition nur, dass Bezugsverpflichtungen bis zu 80% dann, **wenn sie gegen Art. 101 Abs. 1 AEUV verstoßen,** unter den weiteren Voraussetzungen der VO 330/2010 ohne die Begrenzung aus Art. 5 freigestellt sind (vgl. dazu auch *Markert* EuZW 2000, 427, 429). Die Antwort auf die Frage, unter welchen Voraussetzungen Bezugsverpflichtungen unterhalb der 100%-Grenze gegen Art. 101 Abs. 1 AEUV verstoßen, bleibt in dieser Betrachtung offen. Für sie kommt es auf der Basis dieser Auffassung auf eine **Gesamtbetrachtung** der Umstände an, insbesondere auch auf die Dauer der Bezugsverpflichtung, und darauf, ob und in welchem Umfang der durch die Bezugsverpflichtung gebundene tatsächlich von der prozentualen Bezugsfreiheit Gebrauch machen kann. Diese Fragen sind in den letzten Jahren insbesondere im Zusammenhang mit langfristigen Energiebezugsverträgen diskutiert worden (dazu u. a. BGH WuW/E DE-R 2679ff. Ruhrgas).

6. Selektive Vertriebssysteme (lit. e)

33 **a) Allgemeines.** Die Definition der „selektiven Vertriebssysteme" in lit. e entspricht der in Art. 1 lit. d) VO 2790/1999. Neu sind nur die Worte im letzten Halbs. „innerhalb des vom Anbieter **für den Betrieb dieses Systems festgelegten Gebiets**". Damit wird – ebenso wie in Art. 4 lit. b iii – bestätigt, dass für verschiedene

Gebiete unterschiedliche Vertriebssysteme unterhalten werden können, und dass das Verbot der Querlieferung an nicht zugelassene Händler nur für das Gebiet möglich ist, in dem ein selektives Vertriebssystem tatsächlich praktiziert wird.

Der Begriff des selektiven Vertriebssystems wird in Art. 4 lit. b iii, lit. c und lit. d sowie in Art. 5 Abs. 1 lit. c genannt. Nach der Definition in lit. e ist das selektive Vertriebssystem dadurch gekennzeichnet, dass der Anbieter nur Händler beliefert, „die anhand festgelegter Merkmale ausgewählt werden". Außer dieser **Selektion** ist für den Begriff des selektiven Vertriebssystems wesentlich, dass die Händler sich **verpflichten, nicht zum Vertrieb zugelassene Händler nicht zu beliefern** (vgl. dazu auch *Seeliger* in Wiedemann § 10 Rn. 174, 274ff.; *Schütz* in Gemeinschaftskommentar, Kfz-Vertrieb, Einführung, Rn. 79). Diese Definition macht deutlich, dass ein Vertriebssystem nur dann als „selektiv" anerkannt werden kann, wenn in ihm sichergestellt ist, dass nicht selektierte Händler dadurch ausgeschlossen bleiben, dass auch die selektierten Händler sie nicht (quer-)beliefern dürfen. Ein Vertriebssystem kann hiernach nicht als selektives anerkannt werden, wenn es nicht ausdrücklich den selektierten Händlern verbietet, nicht zum Verkauf zugelassene Händler zu beliefern. Angesichts der Aufnahme dieses **Querlieferungsverbots** in die Definition des selektiven Vertriebssystems ist die Regelung in Art. 4 lit. b iii unnötig und irreführend; die dort erwähnte Beschränkung des Verkaufs an nicht zugelassene Händler ist nicht nur zulässig, sondern für den Begriff des selektiven Vertriebssystems **konstitutiv.** Die Selektion wird nicht durch Querlieferungen zwischen zugelassenen Händlern beeinträchtigt; deswegen sind Beschränkungen der Querlieferungen zwischen Händlern innerhalb eines selektiven Vertriebssystems nach Art. 4 lit. d iS einer „schwarzen" Klausel verboten. Art. 4 lit. c verbietet Beschränkungen des Verkaufs an Endverbraucher durch selektierte Einzelhändler. Art. 5 Abs. 1 lit. c betrifft den speziellen Fall des Verbots des Verkaufs bestimmter Marken in selektiven Vertriebssystemen. 34

Die Verpflichtung der Händler, außen stehende Wiederverkäufer nicht zu beliefern, ist nach der insoweit erweiterten Definition der selektiven Vertriebssysteme in lit. e beschränkt auf die Wiederverkäufer, die „innerhalb des vom Anbieter für den Betrieb dieses Systems festgelegten **Gebiets** nicht zum Vertrieb zugelassen sind". Der Verordnungsgeber arbeitet – ebenso wie in Art. 4 lit. b iii (→ Art. 4 Rn. 21) – mit der Vorstellung, dass ein Anbieter die Möglichkeit hat, in verschiedenen Teilen des Binnenmarktes **unterschiedliche Vertriebssysteme** zu unterhalten. Hat er, wie häufig, nur im Land A ein selektives Vertriebssystem eingerichtet, muss den im Land A eingesetzten Mitgliedern des Vertriebssystems untersagt werden, nicht zugelassene Händler zu beliefern (ebenso wie ihnen erlaubt sein muss, alle zugelassenen Händler in diesem Vertriebssystem zu beliefern). Den zugelassenen Händlern muss aber gestattet sein, Händler in anderen Ländern, in denen kein selektives Vertriebssystem praktiziert wird, zu beliefern; dort gibt es nach den Vorgaben des insoweit autonomen Anbieters kein System zugelassener und nicht zugelassener Händler. Besondere Probleme können sich ergeben, wenn der Anbieter in verschiedenen Ländern **unterschiedliche selektive Vertriebssysteme** praktiziert, also zB im einen Land ein qualitatives selektives Vertriebssystem, im anderen Land ein quantitatives selektives Vertriebssystem, oder in verschiedenen Ländern qualitative selektive Vertriebssysteme, aber jeweils mit unterschiedlichen Qualitäts-„Merkmalen". Insoweit gilt der Grundsatz, dass vom jeweiligen Händler verlangt werden kann, in seinen **Aktivitäten außerhalb des Vertriebssystems,** dessen Mitglied er ist, die dort **jeweils geltenden Vertriebssysteme zu respektieren.** Er muss also die Freiheit haben, die Händler in anderen Gebieten zu beliefern, die dort zum Vertriebssystem zugelassen sind, und es darf ihm insoweit auch untersagt werden, nicht zugelassene Wiederverkäufer zu beliefern. 35

Die Definition der selektiven Vertriebssysteme erfasst, obwohl dies nicht ausdrücklich klargestellt ist, sowohl **qualitative** als auch **quantitative selektive Vertriebssysteme** (vgl. Vertikalleitlinien, Anhang B 6, Rn. 174ff.). Schon lange vor Inkraft- 36 treten der Vorgänger-VO 2790/1999 ist in der Praxis des EU-Rechts zwischen beiden Arten selektiver Vertriebssysteme unterschieden worden. Dabei sind rein qualitative selektive Vertriebssysteme (häufig auch als **qualifizierte Fachhandelsbindungen** bezeichnet, vgl. dazu in *Schultze/Pautke/Wagener* Art. 1 Rn. 212ff.) und die dafür erforderlichen Beschränkungen von Anbietern und Abnehmern unter bestimmten Voraussetzungen als nicht gegen Art. 101 Abs. 1 AEUV verstoßend bewertet worden (vgl. EuGH Slg. 1977 1875 1905ff. Metro/Saba I; Slg. 1980 3775 3790 L'Oréal; KOMM ABl. 1992 L 12/24, 33 Yves St. Laurent; ABl. 1992 L 236/11, 20 Givenchy). Die qualitative Selektion musste nach der Art des Produktes gerechtfertigt sein; die Selektionskriterien mussten einheitlich und nicht diskriminierend angewendet werden und den zugelassenen Händlern musste die Querlieferung innerhalb des Systems freigegeben werden. Die mit quantitativen selektiven Vertriebssystemen verbundenen Handlungsbeschränkungen wurden hingegen regelmäßig als Verstoß gegen Art. 101 Abs. 1 AEUV bewertet und bedurften einer Freistellung nach Abs. 3 (EuGH und Kommission aaO, vgl. auch *Schumacher* in *Liebscher/Flohr/Petsche* § 8 Rn. 6ff.).

37 **b) Qualitative selektive Vertriebssysteme.** Die Definition in lit. e unterscheidet nicht nach qualitativen und quantitativen selektiven Vertriebssystemen. Für beide Arten ist gleichermaßen kennzeichnend, dass sich der Anbieter verpflichtet, die Vertragswaren oder Vertragsdienstleistungen nur an Händler zu verkaufen, die **„aufgrund festgelegter Merkmale“** ausgewählt werden. Anders als nach der früheren Entscheidungspraxis (vgl. dazu Urteile des Gerichtshofs Slg. 1980 3775 L'Oréal; Slg. 1977 1875 Metro I; Slg. 1983 3151 AEG; EuG Slg. 1992 II – 415 Vichy) gibt es keine Anforderungen dafür, dass die festgelegten Merkmale bei qualitativer Selektion **erforderlich** sein müssen, also etwa in dem Sinne, dass sie nur zulässig sind, wenn die Anforderungen des Produktes und seines Vertriebes die Selektion nach diesen Merkmalen sachlich rechtfertigen. Dem entspricht auch die Definition der „selektiven Vertriebssysteme“ in Art. 1 Abs. 1 lit. o VO 316/2014. In der VO 1400/2002 wurde demgegenüber in den Definitionen des Art. 1 Abs. 1 lit. g und h zwischen beiden Vertriebssystemen unterschieden. Dort wurde für die qualitativen selektiven Vertriebssysteme nicht nur von „festgelegten Merkmalen“ gesprochen, sondern im Sinne der früheren Praxis ausdrücklich von „rein qualitativen Merkmalen für die Auswahl der Händler oder Werkstätten ..., die wegen der Beschaffenheit der Vertragswaren oder -dienstleistungen **erforderlich** sind“ (vgl. EuGH 14.6.2012, C-158/11 Jaguar, Rn. 33).

38 **Im Anwendungsbereich der VO 330/2010 kommt es auf die Erforderlichkeit nicht an** (*Ellger* in IM Art. 4 Vertikal-GVO Rn. 77; *Schultze/Pautke/Wagener* Art. 1 Rn. 224ff.; *Schuhmacher* in *Liebscher/Flohr/Petsche* § 8 Rn. 42, aA *Semler/Bauer* DB 2000, 193, 198). Das Merkmal der Erforderlichkeit der qualitativen Kriterien spielt nur noch insoweit eine Rolle, als qualitative Vertriebssysteme, die diesen Anforderungen genügen, unter Umständen nicht gegen Art. 101 Abs. 1 AEUV verstoßen und deswegen nicht der Freistellung nach Art. 101 Abs. 3 AEUV bedürfen. Im Rahmen des Anwendungsbereiches der VO 330/2010 ist demgegenüber eine Prüfung der Erforderlichkeit der qualitativen Merkmale nicht notwendig. Auch wenn sie nicht erforderlich sind, ist das System jedenfalls unter den weiteren Voraussetzungen der VO 330/2010 freigestellt. Deswegen ist zB auch dort, wo eine Beschränkung des Vertriebs auf den stationären Fachhandel nicht objektiv begründbar ist, ein entsprechendes selektives Vertriebssystem und in Verbindung damit der Ausschluss des reinen Versand- oder **Internetvertriebs** (oder eines von beiden) zulässig (vgl. dazu auch *Ellger* in IM Art. 4 Vertikal-GVO Rn. 77; *Oest/Wagener* RIW 2012, 35, 37; *Pischel* GRUR 2010, 972, 975f.); dem zugelassenen stationären Händler darf aber – nach Art. 4 lit. c (→ Art. 4 Rn. 23) – **nicht der zusätzliche Vertrieb im Versand oder über das Internet untersagt** werden (vgl. BGH WuW/E DE-R 1203ff., Depotkosmetik im

Internet; dazu auch *Schweda/Rudowicz* WRP 2013, 590, 595; *Bauer* WRP 2003, 243ff.; *Rheinländer* WRP 2005, 285ff.; *Dieselhorst/Luhn* WRP 2008, 1306ff.). Wird der Internetvertrieb zugelassen, dürfen an ihn besondere qualitative Anforderungen gestellt werden (vgl. dazu auch EuGH C-439/09, WRP 2011, 1577 Rn. 46 Pierre Fabre und *Dethof* ZWeR 2012, 503).

Die Merkmale der qualitativen Selektion müssen **„festgelegt"** sein. Die VO ent- 39
hält **keine Vorgaben** darüber, **wie diese Festlegung** zu erfolgen hat. Im Allgemeinen ergibt sie sich aus den Händler- oder Vertriebsverträgen des Systems, in denen die Auswahlkriterien entweder ausdrücklich erwähnt oder jedenfalls indirekt in der Form enthalten sind, dass der Vertragspartner verpflichtet wird, die Voraussetzungen dieser Merkmale während der Vertragslaufzeit aufrecht zu erhalten. Die Merkmale sind festgelegt, wenn sie sich auch für Dritte entweder aus den Vertragswortlauten oder aus sonstigen Verlautbarungen des Lieferanten eindeutig ergeben. Es ist aber auch möglich, dass die Merkmale geheim gehalten werden; im Streitfalle müssen sie aber offen gelegt werden können (EuGH 14.6.2012, C-158/11 Jaguar, Rn. 31). Die Einhaltung einer Schriftform oder einer besonderen öffentlichen Mitteilung ist nicht erforderlich; die Merkmale müssen im Streitfall aber eindeutig als (wie auch immer) „festgelegt" identifiziert werden (vgl. dazu auch *Schuhmacher* in *Liebscher/Flohr/Petsche* § 8 Rn. 44f.) und in diesem Sinne auch überprüft werden können (vgl. EuGH 14.6.2012, C-158/11 Jaguar, Rn. 30).

Die Definition der selektiven Vertriebssysteme enthält, soweit sie sich auf die **qua-** 40
litativen selektiven Vertriebssysteme bezieht, anders als zB die entsprechende Definition in Art. 1 Abs. 1 lit. h VO 1400/2002 nicht ausdrücklich das Erfordernis, dass die festgelegten Merkmale **einheitlich für alle Händler** gelten und in **nicht diskriminierender Weise angewendet** werden. Der Sache nach gilt es aber auch im Rahmen der VO 330/2010. Es kann dem Merkmal entnommen werden, dass sich der Anbieter „verpflichtet", die Waren oder Dienstleistungen nur an nach festgelegten Merkmalen ausgewählte Händler zu verkaufen. Das impliziert, dass alle Händler, die die festgelegten Merkmale erfüllen, beliefert werden; wäre das nicht der Fall, müsste das Merkmal der Festlegung als nicht erfüllt angesehen werden. Wenn ein Händler, der die festgelegten Merkmale erfüllt, nicht beliefert wird, ist hiernach davon auszugehen, dass das Vertriebssystem nicht die Voraussetzungen des (qualitativen) selektiven Vertriebssystems iSv lit. d erfüllt.

Werden die festgelegten Merkmale **diskriminierend angewendet,** erfüllt das Ver- 41
triebssystem nicht (mehr) die Voraussetzungen der Definition in lit. e (so auch *Bechtold* NJW 2003, 3729ff., 3731; *Ellger* in IM Art. 4 Vertikal-GVO Rn. 76; aA *Schultze/Pautke/Wagener* Art. 1 Rn. 239ff.; *Baron* in L/M/R GVO-Vertikal Rn. 205). Das hat rechtlich zur Folge, dass das Vertriebssystem, das unter Umständen entsprechend der Praxis der Kommission und der Rechtsprechung des Gerichtshofs als rein qualitatives selektives Vertriebssystem an sich nicht gegen Art. 101 Abs. 1 AEUV verstößt, aufgrund der diskriminierenden Anwendung vom Zeitpunkt dieser Anwendung an Art. 101 Abs. 1 AEUV verletzt. Die Frage, wer für die nicht-diskriminierende einheitliche Anwendung der qualitativen Merkmale **beweispflichtig** ist, beantwortet sich danach, wo die angebliche diskriminierende Anwendung rechtlich angesiedelt ist. Geht es bei ihr darum, ob das qualitative selektive Vertriebssystem überhaupt gegen Art. 101 Abs. 1 AEUV verstößt, trägt nach Art. 2 S. 1 VO 1/2003 die Darlegungs- und Beweislast derjenige, der sich auf die diskriminierende Anwendung und die dadurch bewirkte Nichtanwendbarkeit des Art. 101 Abs. 1 AEUV beruft. Steht hingegen die Anwendbarkeit des Art. 101 Abs. 1 AEUV fest, und geht es nur darum, ob die diskriminierende Anwendung zum Wegfall der Freistellung führt, trägt der sich auf die Freistellung berufende Anbieter nach Art. 2 S. 2 VO 1/2003 die Darlegungs- und Beweislast dafür, dass er nicht gegen das Gebot der nicht-diskriminierenden Anwendung verstoßen hat.

Wer die Aufnahme in das Vertriebssystem mit der Begründung begehrt, er erfülle 42
alle qualitativen Standards, kann die **Zulassung** nicht unmittelbar auf der Grundlage

des lit. e oder anderer Bestimmungen der VO 330/2010 beanspruchen (vgl. dazu auch *Bechtold* NJW 2003, 3729, 3731 f.; *Nolte* WRP 2005, 1124 ff., 1125; *Nolte* in LB Art. 81 Fallgruppen Rn. 584; vgl. auch *Schultze/Pautke/Wagener* Art. 1 Rn. 242). Die VO sagt über die Definition in lit. e hinaus nur, dass bei uneinheitlicher oder diskriminierender Anwendung der qualitativen Merkmale die Voraussetzungen der qualitativen Selektion nicht (mehr) erfüllt sind. Der Anbieter, der gegen diese Gebote verstößt, riskiert also für sein Vertriebssystem den **Wegfall der Freistellung.** Der die Zulassung begehrende potenzielle Vertriebspartner hat keinen Anspruch darauf, dass der Anbieter nur ein freigestelltes System praktiziert.

43 Ein Zulassungsanspruch kann sich aber aus anderen kartellrechtlichen Vorschriften ergeben, die unmittelbar gegen diskriminierende Verhaltensweisen gerichtet sind. Denkbar ist **im deutschen Recht** die Anwendung des § 33 Abs. 1 S. 3 GWB mit der Begründung, dass den durch die Verweigerung der Zulassung ausgeschlossene Dritte durch den Verstoß gegen Art. 101 Abs. 1 AEUV „betroffen" ist und einen Beseitigungsanspruch hat, der auf Zulassung zum Vertriebssystem gerichtet sein könnte (vgl. *Bechtold,* BB 2011, 1610, 1611). Als Anspruchsgrundlage kommen auch in Betracht **Art. 102 AEUV und § 19 Abs. 2 Nr. 1 GWB,** die einem marktbeherrschenden Unternehmen diskriminierende Verhaltensweisen verbieten; sie sind aber nur anwendbar, wenn der Anbieter marktbeherrschend ist. Schließlich ist im deutschen Recht die **Anwendung des § 20 Abs. 1 (bisher Abs. 2) GWB** möglich, der nicht die Marktbeherrschung des Anbieters zur Voraussetzung hat, sondern eine Marktstärke in dem Sinne, dass von ihm kleine und mittlere Unternehmen in spezifischer Weise abhängig sind (vgl. *Bechtold,* GWB, § 20 Rn. 16). Im Falle der qualitativen Selektion steht einem Zulassungsanspruch auf der Grundlage der §§ 19, 20 GWB kein Vorrang des Unionsrechts entgegen; vielmehr entspricht es dem Zweck der Freistellung der qualitativen Selektion, dass alle qualitativ geeigneten Vertriebspartner zugelassen werden. Insoweit gilt anderes als bei der quantitativen Selektion (→ Rn. 46), wo angesichts der ausdrücklichen Freistellung der quantitativen Begrenzung ein dieser Begrenzung widersprechendes Zulassungsbegehren unionsrechtlich nicht begründbar ist (vgl. dazu auch *Bechtold* NJW 2003, 3729 ff., 3732 ff.).

44 **c) Quantitative selektive Vertriebssysteme.** Diese sind dadurch gekennzeichnet, dass der Anbieter die **Zahl der Händler quantitativ begrenzt,** und zwar unabhängig von ihrer Eignung. Dementsprechend sind die quantitativen selektiven Vertriebssysteme in Art. 1 Abs. 1 lit. g VO 1400/2002 schlicht dadurch definiert, dass der Anbieter „Merkmale für die Auswahl der Händler … verwendet, durch die deren Zahl unmittelbar begrenzt wird". Die quantitative Selektion bedeutet wesensgemäß, dass die **qualitativen Selektionskriterien nicht einheitlich angewendet** werden; in diesem Sinne sind quantitative selektive Vertriebssysteme ihrem Wesen nach diskriminierend. Die sachliche Rechtfertigung dieser „Diskriminierung" liegt in dem Bedürfnis nach quantitativer Begrenzung der zugelassenen Händler.

45 Auch für die quantitative Selektion gilt das Erfordernis der **„festgelegten Merkmale".** Sie können sich bewusst auf die zahlenmäßige Begrenzung der Händler beschränken. Es ist nicht erforderlich, dass diese Begrenzung (zB in einem bestimmten Gebiet Begrenzung der Zahl der Händler auf 100) irgendwo formell und schriftlich festgelegt ist. Die quantitative Begrenzung kann sich aus der entsprechenden Praxis des Lieferanten ergeben. Dementsprechend sind auch **Änderungen der quantitativen Selektion formlos möglich,** zB dadurch, dass die Zahl der Händler tatsächlich verringert oder erhöht wird. Nach der Definition in lit. e und dem System der VO 330/2010 ist es nicht erforderlich, dass die quantitative Selektion zusätzlich mit festgelegten qualitativen Kriterien verbunden ist (ebenso *Schultze/Pautke/Wagener* Art. 1 Rn. 232). Es ist also denkbar, dass der Anbieter im Prinzip bereit ist, Händler unabhängig von ihrer qualitativen Eignung aufzunehmen und sich darauf beschränkt, nur die Zahl dieser Händler zu begrenzen.

Aus dieser Kennzeichnung der quantitativen Selektion ergibt sich, dass Außenseiter jedenfalls dann nicht zugelassen werden müssen, wenn der Anbieter dartut, dass die weitere Zulassung nicht mit seiner quantitativen Selektion vereinbar wäre. Die VO 330/2010 gewährt **sowieso keinen Zulassungsanspruch.** Der quantitativen Selektion ist eine **gewisse Willkürlichkeit in der Begrenzung der Zulassung** wesenseigen; sie muss weder objektiv gerechtfertigt sein noch diskriminierungsfrei angewendet werden (so ausdrücklich EuGH 14.6.2012, C-158/11 Jaguar, GRUR Int. 2012, 769 Rn. 32, 36; vgl. auch *Schultze* BB 2012, 1883; *Emde* BB 2013, 2627, 2638). Die Zulassung zu einem nach der VO 330/2010 freigestellten quantitativen selektiven Vertriebssystem kann auch nicht über nationales Recht erzwungen werden, in Deutschland also auch nicht nach §§ 19 Abs. 2 oder 20 Abs. 1 GWB, selbst bei Erfüllung aller Tatbestandsmerkmale (vgl. dazu auch *Bechtold* NJW 2003, 3729, 3732ff.). Mit dem Wesen der Freistellung eines quantitativen selektiven Vertriebssystems ist notwendigerweise verbunden, dass in der Zulassung zum Vertriebssystem gleichgelagerte Fälle unterschiedlich behandelt werden. Es kann dogmatisch zweifelhaft sein, ob der Zulassungsanspruch wegen des Vorrangs des Unionsrechts von vornherein nicht gewährt wird, oder ob die Ablehnung jedenfalls im Hinblick auf die Freistellung nach der VO 330/2010 sachlich gerechtfertigt ist. 46

7. Rechte des geistigen Eigentums (lit. f)

In Art. 1 lit. e VO 2790/1999 war der Begriff der „intellektuellen Eigentumsrechte" definiert, obwohl dieser als solcher nicht in der VO verwendet wurde; Art. 2 Abs. 3 VO 2790/1999 verwendete den Begriff der **„geistigen Eigentumsrechte".** Dieser formale Mangel ist – ohne inhaltliche Änderung – in der VO 330/2010 behoben worden. Art. 1 Abs. 1 lit. f definiert den Begriff der „Rechte des geistigen Eigentums", der als solcher in Art. 2 Abs. 3 verwendet wird. Inhaltlich ist der Begriff identisch mit den früher in der VO 2790/1999 verwendeten Begriffen der „intellektuellen Eigentumsrechte" und den „geistigen Eigentumsrechten". 47

Nach Art. 2 Abs. 3 sind vertikale Vereinbarungen über die Übertragung von Rechten des geistigen Eigentums oder die Nutzung solcher Rechte mit freigestellt, soweit sie **nicht Hauptgegenstand** der Vereinbarung sind, sondern in einem unmittelbaren Zusammenhang mit dem von Art. 1 Abs. 1 lit. a erfassten Hauptgegenstand der Vereinbarung stehen. Der Hauptanwendungsfall ist dafür die **Lizenzierung von Urheberrechten und Marken,** die häufig mit Alleinvertriebs- oder Franchisevereinbarungen verbunden ist. Sind Urheberrechte und/oder Marken Hauptgegenstand einer (Lizenz-)Vereinbarung, ist weder die VO 330/2010 noch die VO 316/2014 anwendbar. Die VO 316/2014 ist grundsätzlich nur auf die Lizenzierung oder Übertragung von Patenten und anderen technischen Schutzrechten anwendbar, im Bereich der Urheberrechte allerdings auch auf Softwarelizenzen. Der Begriff der intellektuellen Eigentumsrechte umfasst nach dem insoweit geänderten Wortlaut auch **Know-how;** dieser Begriff ist in lit. g gesondert definiert (→ Rn. 49 und → Art. 2 Rn. 8). 48

8. Know-how (lit. g)

Lit. g entspricht – ohne wesentliche inhaltliche Änderung – Art. 1 lit. f VO 2790/1999. Der Begriff des Know-how wird in Abs. 1 lit. f und Art. 5 Abs. 3 lit. c im Zusammenhang mit **nachvertraglichen Wettbewerbsverboten** verwendet. Das nachvertragliche Wettbewerbsverbot ist hiernach nur zulässig, wenn es u. a. unerlässlich ist, um ein dem Abnehmer vom Anbieter übertragenes Know-how zu schützen. In diesem Zusammenhang wird die Möglichkeit bestätigt, Nutzung und Offenlegung von nicht allgemein bekannt gewordenem Know-how zeitlich unbegrenzt Beschränkungen zu unterwerfen. Die Definition des Know-how in lit. f stimmt überein mit der Definition in Art. 1 Abs. 1 lit. i VO 316/2014 (→ VO 316/2014 Art. 1 Rn. 21ff.). 49

Kennzeichen des Know-how sind die nicht patentierten praktischen Kenntnisse, die **geheim, wesentlich** und **identifiziert** sind. Lit. f leitet das durch den Obersatz ein, dass es sich um „nicht patentgeschützte praktische Kenntnisse" handelt, „die der Anbieter durch Erfahrung und Erprobung gewonnen hat". Dass die Kenntnisse nicht patentiert sind, ergibt sich schon daraus, dass sie andernfalls nicht geheim wären. Das Know-how muss für den Abnehmer **„bedeutsam und nützlich"** sein. Diese Worte ersetzen die strengere Formulierung in der VO 2790/1999, die von „unerlässlich" sprach. Im Hinblick auf die der jetzigen Fassung entsprechende Regelung schon in der VO 772/2004 kam diesem Wortlautunterschied keine praktische Bedeutung zu. Eine besondere Bedeutung hat die Formulierung, dass der Anbieter die Kenntnisse durch Erfahrung und Erprobung gewonnen haben muss. Sinnvollerweise steht es dem Begriff des Know-how und den sich darauf stützenden Regelungen in Art. 5 lit. b nicht entgegen, wenn die Kenntnisse nicht vom Anbieter gewonnen wurden, sondern dieser seinerseits das Know-how von einem anderen Unternehmen erworben oder überlassen erhalten hat.

9. Abnehmer (lit. h)

50 Lit. h definiert nicht den Abnehmer – in der Terminologie der VO 2790/1999 der „Käufer" –, sondern stellt klar, dass von diesem Begriff auch ein Unternehmen erfasst wird, das Waren oder Dienstleistungen **für Rechnung eines anderen Unternehmens** verkauft. Der Begriff des Abnehmers wird in der VO 330/2010 mehrfach verwendet. Er ist in der Terminologie der Verordnung der Vertragspartner des Anbieters, also derjenige, der in der „Produktions- und Vertriebsstufe" unten steht. Typischerweise ist er der Händler oder derjenige, der als Abnehmer eines Zulieferproduktes dieses verarbeitet. Sinn der Klarstellung ist ausschließlich das Bestreben, **Handelsvertreter- und Kommissionärsvereinbarungen** für den Fall, dass sie ganz oder teilweise von Art. 101 Abs. 1 AEUV erfasst werden, so freizustellen, dass sie gegenüber Eigenhändler-Vereinbarungen nicht schlechter gestellt werden (vgl. dazu auch Vertikalleitlinien, Anhang B 6, Rn. 12ff.; → Art. 101 Rn. 60ff.; außerdem *Rittner* DB 2000, 1211ff.; *Pukall* NJW 2000, 1375, 1377; *Petsche/Lager* in *Liebscher/Flohr/Petsche* § 7 Rn. 36ff.; *Schultze/Pautke/Wagener* Art. 1 Rn. 271ff.). Diese Definition ist nicht geeignet, eine gegenüber der bisherigen Entscheidungspraxis von Kommission und Gerichtshof weitergehende Anwendung des Art. 101 Abs. 1 AEUV auf Handelsvertreter- und Kommissionärsverhältnisse zu begründen. Sie soll nur sicherstellen, dass, soweit Art. 101 Abs. 1 AEUV auf solche Vertragsverhältnisse anwendbar ist, auch die Freistellungsmöglichkeiten bestehen (→ Art. 2 Rn. 3f.).

10. Kunde des Abnehmers (lit. i)

51 Die Definition des „Kunden des Abnehmers" ist **neu** in der VO 330/2010, war also nicht in der VO 2790/1999 enthalten. Der Begriff wird in Art. 4 lit. b i verwendet; in der VO 2790/1999 sprach diese Bestimmung nicht von „Kunden des Abnehmers", sondern von „Kunden des Käufers". Nach Abs. 1 lit. i ist „Kunde des Abnehmers", wer Vertragswaren oder -dienstleistungen von einem an der Vereinbarung beteiligten Abnehmer bezieht, ohne selbst an der Vereinbarung beteiligt zu sein. Damit soll in Verbindung mit Art. 4 sichergestellt werden, dass die **Freistellung aktiver Verkaufsbeschränkungen in Alleinvertriebssystemen** nur gilt, wenn dem Kunden des Abnehmers keine Verkaufsbeschränkungen auferlegt werden. Damit ist in erster Linie zum Ausdruck gebracht, dass in Alleinvertriebsvereinbarungen Querlieferungsverbote an außen stehende Wiederverkäufer nicht möglich sind (→ Art. 4 Rn. 17)

11. Verbundene Unternehmen (Abs. 2)

Abs. 2 entspricht – **ohne sachliche Änderung** – dem Art. 11 Abs. 1 und 2 VO 2790/1999. Er ist in Aufbau und teilweise auch der Formulierung identisch mit Art. 1 Abs. 2 VO 1400/2002 und Art. 1 Abs. 2 VO 772/2004; in diesen Verordnungen ist schon dieselbe Technik angewendet worden wie jetzt in der VO 330/2010, dass nämlich auch die Definition der Unternehmensverbindungen jeweils in den Abs. 2 des den Definitionen gewidmeten Art. 1 eingeordnet wurde. 52

Abs. 2 stellt klar, dass überall dort, wo im Zusammenhang mit Unternehmen qualitative Bewertungen vorzunehmen sind, die **jeweils verbundenen Unternehmen einzubeziehen** sind. Nach Unterabs. 1 sind deswegen die Begriffe des „Unternehmens“, des „Anbieters“ und des „Abnehmers“ so zu verstehen, dass sie jeweils die mit ihnen verbundenen Unternehmen einschließen. Das hat Bedeutung nicht nur für die Umsatzschwellen des Art. 2 Abs. 2 und Art. 2 Abs. 4 lit. a und die Marktanteilsschwellen des Art. 3, sondern auch für die Beurteilung, ob Unternehmen iS von Art. 2 Abs. 4 **Wettbewerber** sind. Zwar definiert Abs. 2 Unterabs. 1 nicht ausdrücklich den „Wettbewerber“ in dem Sinne, dass dabei auch alle mit ihm verbundenen Unternehmen einzubeziehen sind. Art. 2 Abs. 4 nimmt aber mit dem Begriff des Wettbewerbers Bezug auf die Vereinbarung oder abgestimmte Verhaltensweise zwischen zwei oder mehr Unternehmen, und die Definition des Abs. 2 Unterabs. 1 bezieht sich ausdrücklich auch auf Unternehmen. Abs. 2 ist zugleich eine Bestätigung dafür, dass Vereinbarungen zwischen den verbundenen Unternehmen nicht von Art. 101 AEUV erfasst werden (**konzerninterne Vereinbarungen,** → AEUV Art. 101 Rn. 58). 53

Der **Begriff der verbundenen Unternehmen** in Abs. 2 Unterabs. 2 deckt sich im Wesentlichen mit der Definition der verbundenen Unternehmen in Art. 5 Abs. 4 (der Fusionskontroll-)VO 139/2004 (→ VO 139/2004 Art. 5 Rn. 21 ff.) und in den neuen Gruppenfreistellungsverordnungen. Ausgegangen wird jeweils von einem an einer Vereinbarung beteiligten Unternehmen. Nach lit. a sind ihm die von ihm **abhängigen Unternehmen** zuzurechnen und nach lit. b die es **beherrschenden Unternehmen.** Lit. c bezieht auch die anderen Unternehmen ein, die von einem einzubeziehenden beherrschenden Unternehmen abhängig sind. Lit. d und e betreffen Fälle der **gemeinsamen Beherrschung,** und zwar lit. d in der Form, dass mit einer Vertragspartei verbundene Unternehmen gemeinsam ein anderes Unternehmen beherrschen, lit. e, dass entweder mehrere Vertragsparteien einschließlich der mit ihnen verbundenen Unternehmen oder eine Vertragspartei mit dritten Unternehmen ein anderes Unternehmen gemeinsam beherrschen. 54

Art. 11 Abs. 3 VO 2790/1999 enthielt noch eine weitere Regelung über die Zuordnung von Marktanteilen bei **Gemeinschaftsunternehmen.** Diese Regelung ist in der VO 330/2010 in Art. 7 lit. g verlagert worden, und damit in die Vorschrift, die generell die Anwendung der Marktanteilsschwelle regelt (→ Art. 7 Rn. 11). 55

Art. 2 Freistellung

(1) [1]Nach Artikel 101 Absatz 3 AEUV und nach Maßgabe dieser Verordnung gilt Artikel 101 Absatz 1 AEUV nicht für vertikale Vereinbarungen.

[2]Diese Freistellung gilt, soweit solche Vereinbarungen vertikale Beschränkungen enthalten.

(2) [1]Die Freistellung nach Absatz 1 gilt nur dann für vertikale Vereinbarungen zwischen einer Unternehmensvereinigung und ihren Mitgliedern oder zwischen einer solchen Vereinigung und ihren Anbietern, wenn alle Mitglieder der Vereinigung Wareneinzelhändler sind und wenn keines ihrer Mitglieder zusammen mit seinen verbundenen Unternehmen einen jähr-

lichen Gesamtumsatz von mehr als 50 Mio. EUR erwirtschaftet. [2]Vertikale Vereinbarungen solcher Vereinigungen werden von dieser Verordnung unbeschadet der Anwendbarkeit von Artikel 101 AEUV auf horizontale Vereinbarungen zwischen den Mitgliedern einer solchen Vereinigung sowie auf Beschlüsse der Vereinigung erfasst.

(3) **[1]Die Freistellung nach Absatz 1 gilt für vertikale Vereinbarungen, die Bestimmungen enthalten, die die Übertragung von Rechten des geistigen Eigentums auf den Abnehmer oder die Nutzung solcher Rechte durch den Abnehmer betreffen, sofern diese Bestimmungen nicht Hauptgegenstand der Vereinbarung sind und sofern sie sich unmittelbar auf die Nutzung, den Verkauf oder den Weiterverkauf von Waren oder Dienstleistungen durch den Abnehmer oder seine Kunden beziehen. [2]Die Freistellung gilt unter der Voraussetzung, dass diese Bestimmungen für die Vertragswaren oder -dienstleistungen keine Wettbewerbsbeschränkungen enthalten, die denselben Zweck verfolgen wie vertikale Beschränkungen, die durch diese Verordnung nicht freigestellt sind.**

(4) **Die Freistellung nach Absatz 1 gilt nicht für vertikale Vereinbarungen zwischen Wettbewerbern. Sie findet jedoch Anwendung, wenn Wettbewerber eine nicht gegenseitige vertikale Vereinbarung treffen und**

a) der Anbieter zugleich Hersteller und Händler von Waren ist, der Abnehmer dagegen Händler, jedoch kein Wettbewerber auf der Herstellungsebene; oder

b) der Anbieter ein auf mehreren Handelsstufen tätiger Dienstleister ist, der Abnehmer dagegen Waren oder Dienstleistungen auf der Einzelhandelsstufe anbietet und auf der Handelsstufe, auf der er die Vertragsdienstleistungen bezieht, kein Wettbewerber ist.

(5) **Diese Verordnung gilt nicht für vertikale Vereinbarungen, deren Gegenstand in den Geltungsbereich einer anderen Gruppenfreistellungsverordnung fällt, es sei denn, dies ist in einer solchen Verordnung vorgesehen.**

1. Überblick

1 Art. 2 regelt die **Anwendungsvoraussetzungen** der VO 330/2010 und Ausnahmen hiervon. An der Vorteilen der Gruppenfreistellung haben nur teil Vereinbarungen (und abgestimmte Verhaltensweisen), die die Voraussetzungen des Art. 2 Abs. 1 erfüllen. Abs. 2 und 3 erhalten teils Erweiterungen, teils Ausschlüsse. Abs. 4 regelt eine Ausnahme von der Anwendung für Vertikalvereinbarungen zwischen Wettbewerbern, allerdings verbunden mit einer Gegenausnahme. Abs. 5 regelt das Konkurrenzverhältnis zu anderen Gruppenfreistellungsverordnungen für Vertikalverträge, und zwar nach heutigem Stand allein für die VO 461/2010 für den Kraftfahrzeugsektor.

2 Die Art. 3–5 enthalten Anwendungsausschlüsse, und zwar differenziert nach Anwendungsausschluss für die gesamte Vertikalvereinbarung in Art. 3 und für einzelne Inhalte in Art. 4 und 5. Dort sind unterschiedliche Rechtsfolgen vorgesehen, nämlich Wegfall der Freistellung insgesamt (Art. 4 **„schwarze Klauseln“**) und nur für die betroffene Klausel (Art. 5 **„graue Klauseln“,** teilweise auch als „rote Liste“ bezeichnet, vgl. *Enstaler/Funk* BB 2000, 1685; *Bauer/de Bronett* Rn. 137). Der von diesem System vorgegebene Prüfungsablauf ist also der folgende: Zunächst ist zu prüfen, ob die Vereinbarung die Voraussetzungen von Art. 2 Abs. 1–3 erfüllt und nicht die Anwendungsausschlüsse für die Gesamtvereinbarung eingreifen, die in Art. 2 Abs. 4 und 5, Art. 3 und Art. 4 enthalten sind. Wenn diese Anwendungsausschlüsse nicht in Betracht kommen, ist zusätzlich zu prüfen, ob einzelne Klauseln von Art. 5 erfasst werden; dann sind (nur) diese Klauseln nicht freigestellt, unabhängig von der Freistellungswirkung für die übrigen Klauseln.

2. Grundsatz (Abs. 1)

3 Art. 2 Abs. 1 entspricht, obwohl wesentlich kürzer, exakt dem bisherigen Art. 2 Abs. 1 VO 2790/1999. Er unterscheidet sich von der Vorgänger-Vorschrift nur dadurch, dass die beiden Definitionen der „vertikalen Vereinbarung" und der „vertikalen Beschränkung" in den Definitionskatalog des Art. 1 Abs. 1 lit. a und b verlagert worden sind. Abs. 1 ist die **grundlegende Freistellungsanordnung.** Vertikale Vereinbarungen sind „nach Maßgabe dieser Verordnung" nach Art. 101 Abs. 3 AEUV vom Verbot des Art. 101 Abs. 1 AEUV freigestellt. Obwohl Unterabs. 1 Art. 101 Abs. 3 AEUV und die „Maßgabe dieser Verordnung" auf die gleiche Stufe stellt, ist Unterabs. 1 nicht etwa so zu interpretieren, dass die Voraussetzungen des Art. 101 Abs. 3 AEUV gesondert festzustellen sind. Vielmehr ist dann, wenn die „Maßgaben" dieser Verordnung erfüllt sind, davon auszugehen, dass **auch die Voraussetzungen des Art. 101 Abs. 3 AEUV erfüllt** sind; eine gesonderte Prüfung soll sich nach dem Sinn der Gruppenfreistellung gerade erübrigen. In den französischen und englischen Wortlauten kommt diese Normenhierarchie besser zum Ausdruck: Im französischen Text heißt es „conformément à l'article 101, paragraphe 3, du traité, et sous réserve des dispositions du présent règlement", im englischen Text „persuant to article 101 (3) of the treaty and subject to the provisions of this regulation".

4 Unterabs. 2 stellt klar, dass sich diese Freistellung **nur auf „vertikale Beschränkungen"** bezieht, also nach der Definition in Art. 1 Abs. 1 lit. b auf vertikale Wettbewerbsbeschränkungen. Die VO 330/2010 enthält also keine Freistellung horizontaler Wettbewerbsbeschränkungen oder unter anderen rechtlichen Gesichtspunkten als denen des Art. 101 AEUV. Sie bezieht sich nur auf die wettbewerbsbeschränkenden Klauseln, nicht auf den wettbewerbsneutralen weiteren Inhalt von Vereinbarungen oder Abstimmung. Abs. 1 ist zugleich auch der Grundsatz zu entnehmen, dass die Freistellung alle Wettbewerbsbeschränkungen umfasst, die nach der „Maßgabe der Verordnung" nicht ausdrücklich ausgeschlossen sind. Es gilt also der Grundsatz: **„Erlaubt (freigestellt) ist alles, was nicht ausdrücklich durch die Verordnung verboten ist".** Die VO 330/2010 ist damit offen für neue Vertriebssysteme oder Klauseln, die in „klassischen" Vertriebssystemen neu entwickelt werden. Das gilt zB für sog. „Produktgruppenmanagement-Vereinbarungen" (Category Management Agreements, dazu Vertikalleitlinien, Anhang B 6, Rn. 209ff.).

3. Vertikalvereinbarungen von Einzelhandelsvereinigungen (Abs. 2)

5 Abs. 2 entspricht inhaltlich voll Art. 2 Abs. 2 VO 2790/1999. Die Gruppenfreistellung gilt hiernach grundsätzlich auch für **„Verbundgruppen"**, dh vertikale Vereinbarungen zwischen einer Wareneinzelhandelsvereinigung und ihren Mitgliedern oder zwischen einer solchen Vereinigung und ihren Anbietern (vgl. dazu auch *Schultze/Geiger* EuZW 2000, 396ff.). Die besondere Erwähnung dieser Fallgruppe ist darauf zurückzuführen, dass Einzelhandelsvereinigungen an sich **horizontale Vereinigungen** sind. Abs. 2 enthält im Hinblick auf Vertikalvereinbarungen einer solchen Unternehmensvereinigung die Klarstellung, dass die Verbindung mit einer Horizontalvereinbarung insoweit unschädlich ist. Die Freistellung bezieht sich dennoch nur auf die Vertikalvereinbarung. Die Anwendbarkeit des Art. 101 Abs. 1 AEUV auf horizontale Vereinbarungen oder Beschlüsse bleibt nach S. 2 unberührt (ebenso Vertikalleitlinien, Anhang B 6, Rn. 29f.; *Ellger* in IM Vertikal-GVO Rn. 54ff.; kritisch zu dieser Vorschrift *Schultze/Geiger* EuZW 2000, 396, 399; *Schultze/Pautke/Wagener* Art. 2 Rn. 369ff.). Es stellt sich allerdings die Frage, wie die unberührt bleibende Anwendbarkeit des Art. 101 Abs. 1 AEUV auf Einzelhandelsvereinigungen **sinnvoll abzugrenzen** ist von der **Zulassung der Vertikalvereinbarungen solcher Vereinigungen.** Beschließt eine Einzelhandelsvereinigung, dass

alle Mitglieder zum Bezug über sie verpflichtet sind, ist das – Spürbarkeit vorausgesetzt – eine horizontale Wettbewerbsbeschränkung iS von Art. 101 Abs. 1 AEUV. Trifft sie mit dem einzelnen Mitglied eine Vereinbarung über den Einkauf über sie und ist in dieser Vertikalvereinbarung eine Bezugsbindung enthalten, liegt das im Anwendungsbereich des Abs. 2. Im Verhältnis zu den Anbietern stellen sich die Probleme anders: Die Anbieter könnten nicht durch Beschlüsse der Einzelhandelsvereinigung gebunden werden. Hier geht es also um vertikale Vereinbarungen, in denen Anbieter zB zur ausschließlichen Belieferung der Mitglieder der Einzelhandelsvereinigung verpflichtet werden.

6 Die Schwierigkeit, unzulässige horizontale Komponenten von den durch Abs. 2 zugelassenen Vertikalvereinbarungen zu trennen, relativiert sich dadurch, dass Abs. 2 eine Einzelhandelsvereinigung nur dann privilegiert, wenn sie ausschließlich Mitglieder umfasst, die jeweils einen jährlichen **Gesamtumsatz von nicht mehr als 50 Mio. €** erzielen. Dabei kommt es auf die Konzernumsätze der Mitglieder an; weitere Einzelheiten dazu sind in Art. 8 geregelt (→ Art. 8 Rn. 1, 2) Die Kommission relativiert die Bedeutung der Umsatzschwelle in den Vertikalleitlinien (Anhang B 6, Rn. 29): „Die kartellrechtliche Würdigung nach Art. 101 AEUV dürfte in der Regel auch nicht anders ausfallen, wenn der Umsatz einiger Mitglieder einer solchen Unternehmensvereinigung über der genannten Umsatzschwelle von EUR 50 Mio. liegt und wenn auf diese Mitglieder insgesamt weniger als 15% des Gesamtumsatzes aller Mitglieder der Vereinigung entfällt." Dann geht es aber nicht mehr um eine Gruppen-, sondern um eine Einzelfreistellung unmittelbar nach Art. 101 Abs. 3 AEUV. Entsprechendes gilt im Hinblick auf eine Anwendung des Grundgedankens des auf den Einzelhandel beschränkten Abs. 2 auf (von ihm nicht erfasste) Dienstleistungen. Erfüllt eine **Dienstleistungskooperation** die Voraussetzungen des Abs. 2, liegt die unmittelbare Anwendung des Art. 101 Abs. 3 AEUV nahe (vgl. dazu *Schulze/Geiger* EuZW 2000, 396ff., 397f.).

4. Schutzrechtsvereinbarungen als Nebenvereinbarungen (Abs. 3)

7 Abs. 3 entspricht inhaltlich Art. 2 Abs. 3 VO 2790/1999, allerdings mit einer sich aus der neuen Definition der „Rechte des geistigen Eigentums" in Art. 1 Abs. 1 lit. f ergebenden Änderung. Abs. 3 regelt die **Einbeziehung von Lizenzvereinbarungen** über gewerbliche Schutzrechte, aber nur als notwendige **Ergänzung zu dem Hauptgegenstand** der Vereinbarung, die die Voraussetzungen des Abs. 1 erfüllt. Wenn die Lizenzvereinbarung Hauptgegenstand der Vereinbarung ist, ist die VO 330/2010 nicht anwendbar; dann handelt es sich nicht um eine in Art. 1 lit. a) definierte Vereinbarung, die die Bedingungen betrifft, „zu denen die beteiligten Unternehmen Waren oder Dienstleistungen beziehen, verkaufen oder weiterverkaufen dürfen". Es ist möglich, dass eine solche Vereinbarung die Voraussetzungen der VO 316/2014 erfüllt. Marken-, Rezeptur-, Urheberrechtslizenzen oder Sponsorenverträge sind als Hauptgegenstand keine Vertikalvereinbarungen im Sinne von Abs. 1 (vgl. dazu auch Vertikalleitlinien, Anhang B 6, Rn. 31ff.). Das, was die Voraussetzungen der Definition des Art. 2 Abs. 1 (iVm Art. 1 Abs. 1 lit. a und b) erfüllt, muss nach Inhalt, Zweck und objektivierbarer Interessenlage Hauptgegenstand der Vereinbarung sein, wozu die **Schutzrechtsvereinbarung nur eine „Annexfunktion"** hat (vgl. dazu auch *Baron* in L/M/R GVO-Vertikal Rn. 75).

8 Abs. 3 privilegiert Nebenbestimmungen, die die Übertragung oder Nutzung von **„Rechten des geistigen Eigentums"** betreffen. Dieser Begriff ist in Art. 1 Abs. 1 lit. f „unter anderem" definiert durch „gewerbliche Schutzrechte, Know-how, Urheberrechte und verwandte Schutzrechte". In erster Linie geht es hierbei um **Urheberrechts- und Markenlizenzen,** die häufig mit Alleinvertriebs- oder Franchisevereinbarungen verbunden sind und die im Regelfall auch die weiteren Voraussetzungen des Abs. 3 erfüllen. Vertriebsverträge über **Software** können Vertikalvereinbarungen

im Sinne von Art. 2 Abs. 1 sein, wenn sie auf einem materiellen Träger weiterverkauft wird; die damit verbundene Lizenz ist im Regelfall nicht Hauptgegenstand der Vereinbarung, sodass Abs. 3 der Anwendung der VO 2790/1999 nicht entgegensteht (vgl. dazu auch *Schultze/Pautke/Wagener* Art. 2 Rn. 421ff.). Anderes gilt, wenn es der Sache nach um eine Lizenzierung zur Ermöglichung einer Produktion geht; dann gilt die VO 316/2014 (→ VO 316/2014 Art. 1 Rn. 14; vgl. dazu auch Vertikalleitlinien, Anhang B 6, Rn. 31ff.). Außer Urheberrechten und Marken kommen auch **sonstige gewerbliche Schutzrechte** in Betracht, außerdem auf Grund der Einbeziehung in die Definition der „Rechte des geistigen Eigentums" auch Know-how (anders für die VO 2790/1999 2. Aufl. Art. 1 VO 2790/1999, Rn. 19). Know-how ist kein Schutzrecht, sondern eine Gesamtheit nicht geschützter Kenntnisse (dazu Definition in Art. 1 lit. g, → Art. 1 Rn. 49). Die Überlassung von Know-how in einer Vertikalvereinbarung – wie häufig insbesondere in Franchisevereinbarungen (dazu Vertikalleitlinien, Anhang B 6, Rn. 43ff.) – und darauf bezogene Regelungen können demnach auch dann, wenn sie Hauptgegenstand einer Vertikalvereinbarung sind, in den Freistellungsbereich der VO 2790/1999 fallen. Das wird bestätigt durch Art. 5 Abs. 3 lit. c, wonach unter bestimmten Voraussetzungen nachvertragliche Know-how-Benutzungsverbote zulässig sind, soweit sie unerlässlich sind, um das übertragene Know-how zu schützen. Diese Regelung macht nur Sinn, wenn die Überlassung von Know-how zulässiger Regelungsgegenstand einer Vertikalvereinbarung ist, soweit diese die Voraussetzungen des Abs. 1 erfüllt (vgl. Klotz in *Schröter/Jakob/Mederer* Art. 81 – Fallgruppen Liefer- und Bezugsvereinbarungen, Rn. 49). In diesem Rahmen sind auch Regelungen möglich, die während der Dauer der Vereinbarung das Know-how schützen und zB sicherstellen, dass es nicht auch für andere Zwecke eingesetzt wird.

Die Nutzung der geistigen Eigentumsrechte muss für den Vertragspartner des Rechteinhabers im **Zusammenhang mit dem Hauptgegenstand** des Vertrages stehen; sie muss sich unmittelbar darauf „beziehen". Dafür maßgeblich ist der Inhalt des von den Partnern selbst festgelegten Konzepts der vertikalen Zusammenarbeit. In einem **Franchise-Vertriebssystem** (vgl. dazu *Schultze/Pautke/Wagener* Art. 2 Rn. 396ff. und Art. 4 Rn. 667ff.; *Liebscher/Petsche* EuZW 2000, 400ff.; *Metzlaff* BB 2000, 1201ff.) ist diese Voraussetzung erfüllt, wenn der Franchisegeber das Konzept so ausgestaltet hat, dass Know-how für Marketingzwecke überlassen wird, das System unter einem einheitlichen Namen organisiert und dafür die Benutzung einer einheitlichen Marke durch die Franchisenehmer erforderlich ist (vgl. dazu auch Vertikalleitlinien, Anhang B 6, Rn. 43ff.). Mit der Lizenz als Nebenbestimmung darf nach S. 2 keine Wettbewerbsbeschränkung verbunden werden, die **denselben Zweck oder dieselbe Wirkung** hat wie vertikale Beschränkungen, die durch diese VO nicht freigestellt werden. Damit wird auf Art. 4 und Art. 5 Bezug genommen, freilich mit unterschiedlichen Wirkungen. Wird unter dem Deckmantel einer Markenlizenz eine Preisbindung vereinbart, die nach Art. 4 zur Unanwendbarkeit der VO insgesamt führt, ergibt sich diese Wirkung auch über Abs. 3. Wird über die Lizenzvereinbarung eine Wettbewerbsbeschränkung vereinbart, die von Art. 5 erfasst wird, ist nur diese Wettbewerbsbeschränkung nicht freigestellt. 9

5. Vertikalvereinbarungen zwischen Wettbewerbern (Abs. 4)

Abs. 4 entspricht Art. 2 Abs. 4 VO 2790/1999. Allerdings enthielt die Vorgänger-Bestimmung in lit. a eine generelle Ausnahme zugunsten von nicht wechselseitigen vertikalen Vereinbarungen, wenn der jährliche **Gesamtumsatz des Abnehmers (Käufers) EUR 100 Mio.** nicht überschritt. Diese Bestimmung ist aufgegeben worden. Soweit eine Vereinbarung ausschließlich auf Grund dieser früheren Vorschrift freigestellt war, galt die Freistellung nach der **Übergangsvorschrift** des Art. 9 noch bis zum 31.5.2011. 10

11 **a) Vereinbarungen zwischen Wettbewerbern.** Die VO 330/2010 gilt nach Abs. 4 grundsätzlich nicht für vertikale Vereinbarungen zwischen Wettbewerbern. Diese Regelung ist zunächst ein Beleg dafür, dass es dem Begriff der Vertikalvereinbarung nicht widerspricht, wenn sie zwischen Wettbewerbern abgeschlossen wird. Auch **Wettbewerber können eine „vertikale" Vereinbarung schließen,** für deren Durchführung sie auf einer jeweils anderen Produktions- oder Vertriebsstufe stehen (→ Art. 1 Rn. 8). Für den Begriff des Wettbewerbers gilt die Definition in Art. 1 Abs. 1 lit. c (→ Art. 1 Rn. 19f.). Der Begriff des Wettbewerbers umfasst nicht nur **aktuelle,** sondern auch **potenzielle Wettbewerber** (vgl. auch Vertikalleitlinien, Anhang B 6, Rn. 27). Letzteres ist im Hinblick auf Vertikalverhältnisse von besonderer Bedeutung im Hinblick auf die Hersteller, die zwar generell über Händler verkaufen, potenziell aber auch in der Lage wären, die Endkunden der Händler selbst zu beliefern und das „aller Wahrscheinlichkeit nach" bei wenn auch geringfügiger, aber dauerhafter Veränderung der Marktverhältnisse auch täten; sie sind also dann auch potenzielle Wettbewerber der Händler.

12 Abs. 4 S. 1 postuliert den **Grundsatz,** dass die Freistellung nach Abs. 1 **nicht für vertikale Vereinbarungen zwischen Wettbewerbern** gilt (vgl. dazu auch Vertikalleitlinien, Anhang B 6, Rn. 27f.). Dieser Grundsatz würde gerade im Hinblick auf die Einbeziehung auch der potenziellen Wettbewerbsverhältnisse und die Tatsache, dass der Hersteller meist auch angesichts seiner Direktbelieferungsmöglichkeiten der Endabnehmer auch potenzieller Wettbewerber seiner Händler ist, zu einer weitgehenden Unanwendbarkeit der VO 330/2010 führen. Deswegen sind Ausnahmen von diesem Grundsatz erforderlich. Sie sind in Abs. 4 Halbs. 2 und lit. a enthalten, aber nur für nichtwechselseitige vertikale Vereinbarungen.

13 **b) Ausnahmen von der Unanwendbarkeit auf Wettbewerber.** Die Ausnahme in S. 2 gilt nur für **nichtwechselseitige** Vertikalvereinbarungen. Der Begriff der „nichtwechselseitigen" Vereinbarung ist in der VO 330/2010 nicht definiert. Die VO 316/2014 enthält in Art. 1 Abs. 1 lit. d und e Definitionen der wechselseitigen und nichtwechselseitigen Vereinbarung (→ VO 316/2014 Art. 1 Rn. 16ff.). Die wechselseitige Vereinbarung ist hiernach dadurch gekennzeichnet, dass zwei Unternehmen sich entweder in ein und demselben Vertrag oder in getrennten Verträgen für konkurrierende Waren oder Dienstleistungen **in jeweils unterschiedlicher Funktion** gegenüberstehen (A ist Anbieter und B ist Abnehmer für x, B ist Anbieter und A ist Abnehmer für y – wobei x und y ein und demselben Markt zuzurechnen sind). Wenn dasselbe Unternehmen in demselben oder in getrennten Verträgen durchweg Anbieter und das andere Unternehmen durchweg Abnehmer ist, ist die Vereinbarung „nichtwechselseitig". Die Verträge müssen, um der Beurteilung als wechselseitig oder nichtwechselseitig zugänglich zu sein, sich auf **denselben sachlich und räumlich relevanten Markt** beziehen (vgl. auch *Ellger* in IM Art. 2 Vertikal-GVO Rn. 109, 112). Vertragsbeziehungen zwischen den Parteien auf Drittmärkten spielen insoweit keine Rolle. **Wechselseitige vertikale Vereinbarungen zwischen Wettbewerbern sind unter keinen Umständen freigestellt.** Nichtwechselseitige Vereinbarungen zwischen Wettbewerbern sind unter den alternativen Voraussetzungen der lit. a und b des Satzes 2 freigestellt. S. 2 enthält trotz des insoweit nicht eindeutigen Wortlauts sachlich keine Einschränkung auf nur „eine" (nichtwechselseitige) Vereinbarung; vielmehr ist auch eine Mehrzahl solcher nichtwechselseitiger Vereinbarungen freigestellt, wenn eine der Voraussetzungen der lit. a oder b vorliegt.

14 Nach **lit. a** ist eine nichtwechselseitige vertikale Vereinbarung zwischen Wettbewerbern freigestellt, wenn „der **Anbieter zugleich Hersteller und Händler von Waren** ist, der Abnehmer dagegen Händler ist, jedoch kein Wettbewerber auf der Herstellungsebene" **(dualer oder zweigleisiger Vertrieb).** Die Bestimmung hat den Fall im Auge, dass der Anbieter zugleich Hersteller und Händler ist, der Abneh-

mer hingegen nur Händler. Dann ist der Anbieter in seiner Händlertätigkeit Wettbewerber des Abnehmers, der aber selbst nicht Hersteller ist. In die Gegenausnahme nach lit. a ist auch der Fall einzubeziehen, dass der Anbieter aktuell nur Hersteller und nicht auch selbst Händler von Waren ist, Letzteres aber potenziell sein könnte. Damit betrifft die Gegenausnahme in lit. a den in der Praxis wichtigsten Fall, in dem sich das Wettbewerbsverhältnis zwischen Anbieter und Abnehmer gerade daraus ergibt, dass der Anbieter auch die Tätigkeit des Abnehmers wahrnehmen könnte, dies aber aktuell nicht oder nur partiell tut. Lit. a findet keine Anwendung zwischen Großhändler und Einzelhändler (so auch *Baron* in L/M/R GVO-Vertikal Rn. 92), möglicherweise aber bei **Zulieferverträgen** (vgl. auch *Schultze/Pautke/Wagener* Art. 2 Rn. 450).

Die zweite Ausnahme in **lit. b** regelt den gleichen Sachverhalt wie lit. a, aber nicht 15
bezogen auf den Warenvertrieb, sondern auf **Dienstleistungen.** Auch diese Bestimmung setzt voraus, dass die beiden Parteien Wettbewerber als Dienstleistungserbringer sind, und sich das Vertikalverhältnis auf Dienstleistungen bezieht, in denen das Wettbewerbsverhältnis nicht besteht (vgl. *Schultze/Pautke/Wagener* Art. 2 Rn. 455f.; *Ellger* in IM Art. 2 Vertikal-GVO Rn. 116). Ist der Anbieter ein auf mehreren Stufen tätiger Organisator eines Franchisesystems und der Abnehmer Franchisenehmer, steht es der Anwendung der Gruppenfreistellung nicht entgegen, wenn Anbieter und Abnehmer auf einem anderenm Markt als Dienstleistungserbringer Wettbewerber sind.

Freigestellt ist auch eine **Kombination der (alternativen) Ausnahmen** in lit. a 16
und b, nämlich in der Weise, dass Anbieter und Abnehmer Wettbewerber als Hersteller von Waren sind, aber Dienstleistungsverträge schließen, die mit diesem Wettbewerbsverhältnis nichts zu tun haben, oder umgekehrt Anbieter und Abnehmer Wettbewerber auf Dienstleistungserbringungsmärkten sind, das Vertikalverhältnis sich aber auf die Lieferung und den Bezug von Waren bezieht.

6. Anwendungsausschluss bezogen auf andere GVOs (Abs. 5)

Art. 2 Abs. 5 entspricht Art. 2 Abs. 5 VO 2790/1999. Allerdings ist der 2. Halbs. 17
(„es sei denn ...") hinzugefügt worden, und zwar offensichtlich im Hinblick auf die neuen Regelungen im **Kraftfahrzeugsektor.** Abs. 5 hat sowieso nur Bedeutung für diesen Bereich. Nach Art. 2 VO 461/2010 galt die VO 1400/2002 fort für Vereinbarungen über den Bezug, den Verkauf oder Weiterverkauf neuer Kraftfahrzeuge, und zwar bis zum 31.5.2013. Nach Abs. 5 gilt für die sachlich umschriebene Vereinbarung für den genannten Zeitraum die VO 330/2010 nicht. In Art. 3 VO 461/2010 ist ausdrücklich klargestellt, **dass seit dem 1.6.2013 die VO 330/2010 auch für vertikale Vereinbarungen über den Bezug, Verkauf oder Weiterverkauf neuer Kraftfahrzeuge gilt.** Für vertikale Vereinbarungen in Bezug auf den **Kfz-Anschlussmarkt** (Bezug, Verkauf oder Weiterverkauf von Kraftfahrzeugersatzteilen oder Erbringung von Instandsetzungs- und Wartungsdienstleistungen für Kraftfahrzeuge) gilt nach Art. 4 VO 461/2010 die VO 330/2010, allerdings ergänzt um zusätzliche „schwarze" Klauseln (Art. 5 VO 461/2010). Die VO 461/2010 sieht also im Sinne von Abs. 5 ausdrücklich vor, dass die VO 330/2010 für vertikale Vereinbarungen in Bezug auf den Kfz-Anschlussmarkt gilt.

Abs. 5 stellt im Hinblick auf die **VO 316/2014 (früher VO 772/2004) für Tech- 18
nologietransfer-Vereinbarungen** an sich keinen Anwendungsausschluss dar, weil die von dieser VO erfassten Patentlizenz- oder Know-how-Vereinbarungen im allgemeinen nicht die Anwendungsvoraussetzungen des Art. 2 Abs. 1 erfüllen (dennoch gehen die Vertikalleitlinien, Anhang B 6, in Rn. 46 von einem solchen Anwendungsausschluss über Abs. 5 aus; vgl. dazu auch *Ellger* in IM Art. 2 Vertikal-GVO Rn. 125f.; *Fuchs* in IM Einl. TT-GVO Rn. 51). Ist das im Einzelfall doch der Fall oder ist das zweifelhaft, ist für Schutzrechtsvereinbarungen die **Kollision nach Abs. 3** zu lösen. Die Lizenzvereinbarung darf nicht Hauptgegenstand der Vereinbarung sein und muss

sich unmittelbar auf den durch Abs. 1 gedeckten Hauptgegenstand der Vereinbarung beziehen (→ Rn. 8). Die Unanwendbarkeit der VO 2790/1999 auf **Spezialisierungs- und Forschungs- und Entwicklungsvereinbarungen** im Sinne der VOen 2658/2000 und 2659/2000 ergibt sich daraus, dass es sich bei diesen nicht um Vertikalvereinbarungen nach Abs. 1 handelt, sondern um typische Horizontalvereinbarungen; für Technologietransfer-Vereinbarungen ist das in Art. 9 VO 316/2014 klargestellt (→ VO 316/2014 Art. 9 Rn. 1).

Art. 3 Marktanteilsschwellen

(1) **Die Freistellung nach Artikel 2 gilt nur, wenn der Anteil des Anbieters an dem relevanten Markt, auf dem er die Vertragswaren oder -dienstleistungen anbietet, und der Anteil des Abnehmers an dem relevanten Markt, auf dem er die Vertragswaren oder -dienstleistungen bezieht, jeweils nicht mehr als 30 % beträgt.**

(2) **Bezieht ein Unternehmen im Rahmen einer Mehrparteienvereinbarung die Vertragswaren oder -dienstleistungen von einer Vertragspartei und verkauft es sie anschließend an eine andere Vertragspartei, so gilt die Freistellung nach Artikel 2 nur, wenn es die Voraussetzungen des Absatzes 1 als Abnehmer wie auch als Anbieter erfüllt.**

1. Allgemeines

1 **a) Gesetzgebungsgeschichte.** In der **VO 2790/1999** galt nach Art. 3 Abs. 1 nur **eine Marktanteilsschwelle für den „Lieferanten"** (Anbieter), nicht auch für den „Käufer" (Abnehmer). In Abs. 2 war zwar eine besondere Marktanteilsschwelle für den „Käufer" (Abnehmer) enthalten, aber nur für den Fall „von vertikalen Vereinbarungen, die Alleinbelieferungsverpflichtungen enthalten". Der Begriff der „Alleinbelieferungsverpflichtung" war im Definitionenkatalog des Art. 1 in lit. c eingegrenzt auf die Belieferung eines einzigen Käufers innerhalb der Gemeinschaft, und hatte damit kaum praktische Bedeutung. Während der **Entwurfsphase** für die Nachfolge-Verordnung war zunächst vorgesehen, in Art. 3 in einem einzigen Absatz vorzusehen, dass „keines der an der Vereinbarung beteiligten Unternehmen einen Anteil von mehr als 30% an einem von der Vereinbarung betroffenen relevanten Markt hält". Das hätte bedeutet, dass drei Marktanteilsschwellen hätten überprüft werden müssen, nämlich die des Anbieters auf seinem Verkaufsmarkt und zum anderen die Marktanteile des Abnehmers auf seinem Einkaufs- und auf seinem Verkaufsmarkt; alle diese Märkte hätten als „von der Vereinbarung betroffen" bewertet werden müssen. Die jetzt gültige Fassung ist erst in einer späteren Phase der Verordnungsgebung entwickelt worden. Sie bezieht sich in Abs. 1 außer für den Angebotsmarkt des Anbieters für den Abnehmer nur auf seinen Marktanteil auf seinem Einkaufsmarkt. In der Entwurfsfassung nicht vorgesehen war der jetzige **Abs. 2,** der aber nur einen Sonderfall betrifft, nämlich den der „Mehrparteienvereinbarung", also eines durch eine Vereinbarung geregelten **mehrstufigen Vertriebssystems.** Nur in diesem Fall soll es für den in der „Mitte" stehenden Abnehmer auf dessen Marktanteile sowohl im Einkauf als auch im Vertrieb ankommen.

2 **b) Ökonomischer Ansatz.** Art. 3 ist Ausdruck des „ökonomischen" Ansatzes der VO 330/2010. Nach dem Erwägungsgrund 8 könne davon ausgegangen werden, dass die positiven Wirkungen der vertikalen Vereinbarungen nur eintreten, wenn der Marktanteil jedes der an der Vereinbarung beteiligten Unternehmen in dem relevanten Markt 30% nicht überschreitet. Im Entwurf der VO 2790/1999 (ABl. C 270/7 v. 24. 9. 1999) hatte es noch im Erwägungsgrund 10 geheißen, vertikale Vereinbarungen oberhalb dieser Marktanteilsschwelle böten im allgemeinen nicht die Gewähr, dass sie

objektive Vorteile entstehen ließen, welche nach Art und Umfang geeignet seien, die Nachteile auszugleichen, die sie für den Wettbewerb mit sich bringen könnten. Nach der Endfassung der VO 2790/199 und der VO 330/2010 gibt es nach dem Erwägungsgrund 9 **bei über 30% Marktanteil nur keine Vermutung für solche Vorteile** mehr; das lässt die Anwendung des Art. 101 Abs. 3 AEUV im Einzelfall bei Überschreiten der 30%-Grenze aussichtsreicher erscheinen als nach der früheren Entwurfsfassung (dazu auch Vertikalleitlinien, Anhang B 6 Rn. 23). Die Marktanteilsschwelle von 30% ist durch Art. 7 in den Fällen, in denen die 30%-Grenze zunächst unterschritten, dann überschritten wird, etwas ausgeweitet (→ Art. 7 Rn. 9, 10). Liegt der Marktanteil über diesen Schwellenwerten, greift die Gruppenfreistellung nicht ein. Besondere Schwierigkeiten ergeben sich, wenn die Marktanteilsschwelle **für einen Teil der betroffenen Waren unterschritten, teilweise überschritten** wird (vgl. dazu auch *Petsche/Lager* in *Liebscher/Flohr/Petsche* § 7 Rn. 74; *Ellger* in IM Art. 3 Vertikal-GVO Rn. 26); ähnliches gilt bei grenzüberschreitenden Vertriebssystemen, wenn in einzelnen Ländern die Marktanteilsschwelle unter-, in anderen Ländern überschritten wird (→ Rn. 10). In diesem Fall gilt die Gruppenfreistellung nur für die von ihr erfassten Waren, Dienstleistungen oder Länder. Es besteht aber keine Vermutung gegen das unmittelbare Eingreifen des Art. 101 Abs. 3 AEUV (vgl. dazu Erwägungsgrund 9 zur VO 330/2010; vgl. zur Anwendung des Art. 101 Abs. 3 AEUV gerade in den Fällen der Überschreitung der Schwellen des Art. 3 bei Bestehen wirksamen Wettbewerbs *Bechtold* WuW 2003, 343ff.; *Baron* in L/M/R GVO-Vertikal Rn. 133). Nach Rn. 87 der Vertikalleitlinien (Anhang B 6) soll es „in der Regel" nicht notwendig sein, für Vereinbarungen zwischen **kleinen und mittleren Unternehmen (KMU)** Marktanteile zu berechnen. Aus der Verweisung auf Rn. 11 der Vertikalleitlinien ergibt sich, dass bei KMU nur „selten" unter dem Gesichtspunkt der fehlenden „Spürbarkeit" von einem Verstoß gegen Art. 101 Abs. 1 AEUV auszugehen sei; wenn das dennoch der Fall sei, werde die Kommission „in der Regel" keine Prüfverfahren einleiten. Rechtssicherheit ist insoweit nur zu erlangen, wenn tatsächlich die Spürbarkeit fehlt.

2. Marktanteil des Anbieters (Abs. 1)

a) Betroffene Märkte. Für die Abgrenzung des sachlich und räumlich relevanten Marktes gelten die **allgemeinen Grundsätze** (→ Art. 102 AEUV Rn. 5ff. und Bekanntmachung über den relevanten Markt, Anhang B 1, dort Rn. 7). Entscheidend ist hiernach, ob die Waren und Dienstleistungen „vom Verbraucher hinsichtlich ihrer Eigenschaften, Preise und ihres vorgesehenen Verwendungszwecks als austauschbar oder substituierbar angesehen werden". Diese Definition gilt **nur für Absatzmärkte,** nicht auch für Nachfragemärkte, auf die es für den Marktanteil des Abnehmers ankommt (→ Rn. 7f.). Relevant ist der Markt, auf dem der Anbieter die Vertragswaren oder -dienstleistungen anbietet. Gemeint sind damit die Waren und Dienstleistungen, auf die sich die Vereinbarung bezieht. Es ist also festzustellen, welche Waren und Dienstleistungen durch die Vereinbarung betroffen sind. Dann sind der oder die Märkte festzustellen, denen die Waren und betroffenen Dienstleistungen angehören. Für diesen Markt sind die Marktanteile zu berechnen oder zu schätzen. 3

Für die **sachliche Marktabgrenzung** ist aus der Sicht des Abnehmers (als der Marktgegenseite des Anbieters) abzustellen auf die Waren und Dienstleistungen, die **Gegenstand** des **in der Vereinbarung** geregelten Lieferungs- oder Dienstleistungsverkehrs sind. Sie müssen entweder bezogen oder verkauft oder – bei Dienstleistungen – erbracht oder in Empfang genommen werden. Bei **Sortimenten,** die typischerweise gemeinsam vertrieben und Gegenstand einheitlicher Vertragswerke sind, kann das Sortiment für die Marktabgrenzung entscheidend sein (vgl. dazu auch *Bechtold* EWS 2001, 49, 51; vgl. dazu auch *Schultze/Pautke/Wagener* Art. 3 Rn. 508). Das hat besondere Bedeutung für Waren und Dienstleistungen, die für die Bewertung 4 des Wettbewerbs auf dem Herstellermarkt aus der Sicht des Verbrauchers unterschiedlichen Märkten zugeordnet werden (dazu auch Vertikalleitlinien, Anhang B 6, Rn. 89), **auf dem Händlermarkt hingegen als Einheit** zu betrachten sind (vgl. dazu auch *Beutelmann* S. 99; *Ackermann* EuZW 1999, 741, 742; für die identische Problematik im Kfz-Vertrieb →VO 461/2010 Annex Rn. 21 f.). Vertreibt ein Hersteller bestimmter Maschinen sein gesamtes Sortiment über Alleinvertriebshändler, kann es nicht darauf ankommen, ob der Hersteller mit einzelnen dieser Maschinen auf dem für ihn maßgeblichen Herstellermarkt auch Marktanteile von über 30% erreicht. Entscheidend ist allein, ob er mit diesem Maschinensortiment, wenn man es insgesamt bewertet, die Marktanteilsschwelle erreicht oder nicht. Dementsprechend erwähnen die Vertikalleitlinien (Anhang B 6, Rn. 89) zu Recht die Möglichkeit, dass die **„Palette"** für den Produktmarkt ausschlaggebend sein kann, wenn ein Kunde eine Palette von Erzeugnissen bei demselben Lieferanten bezieht. Das Erfordernis, dass „solche Paletten – und nicht die darin enthaltenen Einzelprodukte – von den Abnehmern als Substitute angesehen werden" (so Vertikalleitlinien aaO), spricht für einen „Paletten-Markt", wenn man konsequent auf die Sicht des Vertriebspartners (Abnehmers) und den Gesamtinhalt des Vertrags abstellt, nicht auf die Lieferung einzelner – uU untereinander nicht austauschbarer – Produkte. Dazu gehört auch das Verhältnis von Hauptwaren und **Ersatzteilen.** Häufig haben Hersteller für die Ersatzteile, die ausschließlich für ihre Hauptprodukte verwendbar sind, durchweg Marktanteile von 100%. Sind sie, wie bei Vertikalvereinbarungen, neben den Hauptwaren Gegenstand der Vertriebsvereinbarungen, so kommt es nicht auf diesen 100% igen Marktanteil an, sondern auf den Marktanteil, den der Hersteller mit seinem Sortiment erreicht, der für das Verhältnis zwischen ihm und dem Händler maßgeblich ist (ebenso *Schultze/Pautke/Wagener* Art. 3 Rn. 509; vgl. auch *Bechtold* EWS 2001, 49 ff., 51).

5 Die Märkte, auf die sich die Vereinbarung bezieht, sind nicht nur sachlich, sondern auch **räumlich** abzugrenzen. Auch insoweit gelten die allgemeinen Grundsätze. Häufig ist dabei auch bei europaweiten Vertriebssystemen nicht von einem **europäischen** Markt auszugehen, sondern – aufgrund unterschiedlicher Marktstrukturen und sonstiger für die räumliche Marktabgrenzung relevanter Faktoren – von **nationalen** oder möglicherweise auch **subnationalen Märkten** (vgl. *Bechtold* EWS 2001, 49, 51; *Ackermann* EuZW 1999, 741, 742; tendenziell für europaweite Märkte *Schultze/Pautke/Wagener* Art. 3 Rn. 512). Wie immer bei der Marktabgrenzung kommt es auf die Sicht der Marktgegenseite an. Es macht keinen Sinn, für die räumliche Marktabgrenzung auf eine andere Marktgegenseite als bei der sachlichen Marktabgrenzung abzustellen. Dabei ist von der betroffenen Vereinbarung zu abstrahieren, also danach zu fragen, welche räumliche Bezugsalternative der auf der unteren Ebene der Vertikalkette Stehende hat.

6 **b) Marktanteilsermittlung.** Für die Marktanteilsermittlung gilt Art. 7 (→Art. 7 Rn. 6 ff.). Die Priorität ist der **Wertberechnung** einzuräumen. Ist sie nicht möglich, kann auch auf der Basis von Absatzmengen geschätzt werden (vgl. Art. 7 lit. a); Vertikalleitlinien, Anhang B 6, Rn. 99). In die Marktanteilsberechnung sind nicht nur die Waren und Dienstleistungen einzubeziehen, auf die sich die Vereinbarung unmittelbar bezieht, sondern auch die Waren und Dienstleistungen, die der Anbieter oder die mit ihm verbundenen Unternehmen auch außerhalb des Gegenstandes der Vereinbarung verkaufen. Ist ein Unternehmen auf einem Markt mit mehreren Marken (a, b, c usw.) tätig, die unterschiedlich vertrieben werden, ist der relevante Marktanteil für den Vertriebsvertrag über die Marke a nicht nur mit den Waren der Marke a zu berechnen, sondern mit allen Marken, die der Anbieter auf dem relevanten Markt verkauft. Es ist also nicht möglich, der Ausschlusswirkung der Marktanteilsschwelle des Art. 3 dadurch zu entgehen, dass bewusst verschiedene Vertriebswege für die einzelnen Marken gewählt werden. Es kommt immer auf das **Gesamtangebot des Anbie-**

ters an, und zwar nach Art. 1 Abs. 2 **einschließlich der mit ihm verbundenen Unternehmen.**

3. Marktanteil des Abnehmers (Abs. 1)

Der durch die VO 330/2010 neu gefasste Abs. 1 stellt nicht mehr wie früher nach der VO 1400/2002 nur auf den Marktanteile des Anbieters ab, sondern gleichermaßen auch auf den Anteil des Abnehmers, allerdings nur bezogen auf den „relevanten **Markt, auf dem er die Vertragswaren oder -dienstleistungen bezieht**". Es kommt also nicht auf den Absatzmarkt des Abnehmers, sondern ausschließlich auf dessen **Einkaufsmarkt** an. Durch die Einführung dieser zusätzlichen Marktanteilsschwelle soll verhindert werden, dass die Gruppenfreistellung auch in Fällen greift, in denen der Abnehmer eine besondere (in den entscheidenden Fällen dann über den Marktanteil des Anbieters hinausgehende) Einkaufs-Marktstellung aufweist. Im **Regelfall** hält im Rahmen von Vertriebsverträgen der Abnehmer einen Einkaufsmarktanteil, der geringer ist als der Verkaufsmarktanteil des Anbieters. Das beruht auf der Erfahrungstatsache, dass Anbietermärkte im Allgemeinen sowohl sachlich als auch räumlich enger abzugrenzen sind als Nachfragemärkte, insbesondere auch bei internationalen Einkaufsmöglichkeiten in Bezug auf die räumliche Dimension. 7

Für die **Abgrenzung von Nachfragemärkten** gilt grundsätzlich eine „spiegelbildliche" Übertragung des für Angebotsmärkte entwickelten Bedarfsmarktkonzepts. Danach kommt es für die **sachliche** Abgrenzung darauf an, was aus der Sicht der Anbieter im Angebot austauschbar ist. Ergänzt wird dieses Konzept der Austauschbarkeit mit dem für Angebotsmärkte besonders wichtigen **Angebotsumstellungskonzept.** Für den Abnehmer kommen als Anbieter an Waren oder Dienstleistungen nicht nur Anbieter in Betracht, die diese Waren und Dienstleistungen aktuell herstellen bzw. erbringen, sondern auch solche, die durch eine einfache Umstellung ihrer Tätigkeit dazu in der Lage wären. **Räumlich** ist der Nachfragemarkt danach abzugrenzen, welche Bezugsmöglichkeiten der Nachfrager hat; insbesondere im gewerblich-professionellen Bereich geht der räumlich relevante Markt häufig weit über den räumlichen Markt hinaus, auf dem der Abnehmer seine Waren oder Dienstleistungen weiterverkauft. Für die **Berechnung des Marktanteils** ist nach Art. 7 lit. a auf den „Bezugswert" abzustellen, nur hilfsweise auf Bezugsmengen → Art. 7 Rn. 7). 8

4. Marktanteilsschwellen bei Mehrparteienvereinbarungen (Abs. 2)

Die Regelung in Abs. 2 ist der Sache nach nur eine Klarstellung. Der (in der VO nicht gesondert definierte) Begriff der „Mehrparteienvereinbarung" meint den Fall, dass durch eine einzige Vereinbarung (diese kann auch vorliegen, wenn formal getrennte Verträge zwischen den Beteiligten aufeinander abgestimmt sind, vgl. dazu *Ellger* in IM Art. 3 Vertikal-GVO Rn. 35) ein **dreistufiger Vertrieb** geregelt ist: Der Anbieter auf der obersten Stufe verkauft Vertragswaren (oder -dienstleistungen) an den Abnehmer der zweiten Stufe, der zugleich Anbieter für den Abnehmer der dritten Stufe ist. Für den Anbieter der ersten Stufe kommt es auf seinen Verkaufs-Marktanteil an. Auf der zweiten Stufe steht ihm ein Abnehmer gegenüber, dessen Einkaufsmarktanteil relevant ist. Dieser Abnehmer ist zugleich gegenüber der dritten Stufe Anbieter; deswegen ist sein Angebotsmarktanteil ebenfalls relevant. Die Freistellung gilt in diesem Fall nur, wenn **alle diese Marktanteile die 30%-Schwelle nicht überschreiten.** 9

5. Gemischte Vereinbarungen

10 Vertikalvereinbarungen können sich auf **mehrere Märkte** beziehen. Wenn auf dem einen Markt die Marktanteilsschwellen des Abs. 1 (oder 2) überschritten, auf dem anderen unterschritten ist, kommt es für die Freistellungswirkung darauf an, ob die Vereinbarung entsprechend trennbar ist. Bezieht sich die Vereinbarung auf die Märkte a–f, und ist die Marktanteilsschwelle bei den Märkten a–c unterschritten, bei den Märkten d–f aber überschritten, greift die Freistellungswirkung der VO 330/2010 nur für die Märkte a–c ein. Für d–f kommt aber die Freistellung unmittelbar nach Art. 101 Abs. 3 AEUV in Betracht. Von dieser Freistellungswirkung zu trennen ist die **zivilrechtliche Auswirkung dieser Teilfreistellung.** Lassen sich die freigestellten Teile von den nicht freigestellten Teilen klar trennen, kommt es für die zivilrechtliche Wirkung darauf an, welche Vorschriften das jeweils anwendbare nationale Zivilrecht für einen solchen Fall der Teilwirksamkeit bzw. Teilunwirksamkeit vorsieht und – wenn das nationale Zivilrecht insoweit dem Parteiwillen den Vorrang gibt – was die Parteien dafür vereinbart haben. Ist der Vertrag nicht teilbar, kann er insgesamt nicht praktiziert werden, weil sonst gegen Art. 101 Abs. 1 und 2 AEUV verstoßen würde (vgl. dazu *Wendel* WRP 2002, 1395, 1398 mwN). Ist er teilbar, darf nur der freigestellte Teil praktiziert werden; wird auch der nicht freigestellte Teil praktiziert, verstößt das gegen Art. 101 Abs. 1 und 2 AEUV und kann theoretisch auch nach Art. 23 Abs. 2 VO 1/2003 mit Bußgeld geahndet werden.

Art. 4 Beschränkungen, die zum Ausschluss des Rechtsvorteils der Gruppenfreistellung führen – Kernbeschränkungen

Die Freistellung nach Artikel 2 gilt nicht für vertikale Vereinbarungen, die unmittelbar oder mittelbar, für sich allein oder in Verbindung mit anderen Umständen unter der Kontrolle der Vertragsparteien Folgendes bezwecken:

a) Die Beschränkung der Möglichkeit des Abnehmers, seinen Verkaufspreis selbst festzusetzen; dies gilt unbeschadet der Möglichkeit des Anbieters, Höchstverkaufspreise festzusetzen oder Preisempfehlungen auszusprechen, sofern sich diese nicht infolge der Ausübung von Druck oder der Gewährung von Anreizen durch eines der beteiligten Unternehmen tatsächlich wie Fest- oder Mindestverkaufspreise auswirken;

b) die Beschränkung des Gebiets oder der Kundengruppe, in das oder an die ein an der Vereinbarung beteiligter Abnehmer, vorbehaltlich einer etwaigen Beschränkung in Bezug auf den Ort seiner Niederlassung, Vertragswaren oder -dienstleistungen verkaufen darf, mit Ausnahme

i) der Beschränkung des aktiven Verkaufs in Gebiete oder an Kundengruppen, die der Anbieter sich selbst vorbehalten oder ausschließlich einem anderen Abnehmer zugewiesen hat, sofern dadurch der Verkauf durch die Kunden des Abnehmers nicht beschränkt wird,

ii) der Beschränkung des Verkaufs an Endverbraucher durch Abnehmer, die auf der Großhandelsstufe tätig sind,

iii) der Beschränkung des Verkaufs an nicht zugelassene Händler durch die Mitglieder eines selektiven Vertriebssystems innerhalb des vom Anbieter für den Betrieb dieses Systems festgelegten Gebiets,

iv) der Beschränkung der Möglichkeit des Abnehmers, Teile, die zur Weiterverwendung geliefert werden, an Kunden zu verkaufen, die diese Teile für die Herstellung derselben Art von Waren verwenden würden, wie sie der Anbieter herstellt;

c) die Beschränkung des aktiven oder passiven Verkaufs an Endverbraucher durch auf der Einzelhandelsstufe tätige Mitglieder eines selektiven Ver-

triebssystems; dies gilt unbeschadet der Möglichkeit, Mitgliedern des Systems zu untersagen, Geschäfte von nicht zugelassenen Niederlassungen aus zu betreiben;

d) die Beschränkung von Querlieferungen zwischen Händlern innerhalb eines selektiven Vertriebssystems, auch wenn diese auf verschiedenen Handelsstufen tätig sind;

e) die zwischen einem Anbieter von Teilen und einem Abnehmer, der diese Teile weiterverwendet, vereinbarte Beschränkung der Möglichkeit des Anbieters, die Teile als Ersatzteile an Endverbraucher oder an Reparaturbetriebe oder andere Dienstleister zu verkaufen, die der Abnehmer nicht mit der Reparatur oder Wartung seiner Waren betraut hat.

Inhaltsübersicht

1. Überblick

a) Allgemeines. Art. 4 entspricht inhaltlich dem Art. 4 VO 2790/1999. Lediglich in lit. b sind die Worte „vorbehaltlich einer etwaigen Beschränkung in Bezug auf den Ort seiner Niederlassung“ und in lit. b iii die Worte „innerhalb des vom Anbieter für den Betrieb dieses Systems festgelegten Gebiets“ neu. Art. 4 enthält die sogenannten **„schwarzen Klauseln“.** Rechtsfolge der hier genannten Verstöße ist immer der **Wegfall der Freistellung insgesamt.** Der Gegensatz zu den in Art. 4 aufgeführten „schwarzen“ Klauseln liegt in den „grauen“ Klauseln des Art. 5, der nur vorsieht, dass die dort definierten Verstöße zum Wegfall der Freistellung für die jeweilige Bestimmung führen, nicht aber der Freistellung insgesamt (vgl. auch Vertikalleitlinien, Anhang B 6, Rn. 47, 65). **Wegfall der Freistellung insgesamt** bedeutet nicht automatisch Unwirksamkeit des ganzen Vertrages. Vielmehr wirkt sich der Wegfall der Freistellung unmittelbar nur auf die Teile des Vertrages aus, die, weil – jeweils spürbar – wettbewerbsbeschränkend und den zwischenstaatlichen Handel berührend, gegen Art. 101 Abs. 1 AEUV verstoßen und weder durch die Gruppenfreistellung noch – was gesondert festgestellt werden muss – unmittelbar nach Art. 101 Abs. 3 AEUV freigestellt sind. Sie sind nach Art. 101 Abs. 2 AEUV **unwirksam.** Ob der Vertrag auch im Übrigen, soweit er nicht gegen Art. 101 Abs. 1 AEUV verstößt, unwirksam 1 ist, richtet sich nach **nationalem Recht** (vgl. dazu auch EuGH 30.11.2006 C-376/05 Rn. 48 Brünsteiner/BMW) und, soweit durch nationales Recht zugelassen, ggf. der darauf bezogenen vertraglichen Regelung (im Allgemeinen wird eine **salvatorische Klausel** des Inhalts verwendet, dass der Vertrag auch bei Unwirksamkeit mehrer einzelner Bestimmungen im Übrigen wirksam bleiben soll). Der Wegfall der Freistellung führt auch zur Anwendbarkeit der Bußgeldsanktionen des Art. 23 Abs. 2 lit. a VO 1/2003 für alle wettbewerbsbeschränkenden Vereinbarungsteile. Die Bestimmungen des Art. 4 haben damit besonderes Gewicht. Diesem Gewicht entsprechen nicht immer die mangelnde Präzision der Regelungen und die damit verbundene Rechtsunsicherheit ((vgl. dazu auch Ackermann EuZW 1999, 741, 743; Nolte BB 1998, 2429, 2434f.)).

2 **b) Unmittelbares und mittelbares Bezwecken.** Die Freistellung gilt nach Art. 4 nicht für Vereinbarungen, die „unmittelbar oder mittelbar" die in den folgenden Buchstaben genannten Beschränkungen „bezwecken". Da der Begriff der „Vereinbarung" nach der Definition in Art. 1 Abs. 1 lit. a auch **„abgestimmte Verhaltensweisen"** erfasst, reicht es für die Anwendung des Art. 4 aus, wenn die entsprechenden Kernbeschränkungen zwar nicht vereinbart, aber abgestimmt praktiziert werden. Es kommt nicht darauf an, ob die schwarze Klausel in dem Vertrag selbst oder außerhalb dieses Vertragstextes vereinbart oder abgestimmt ist. Sind Beschränkungen, die die Voraussetzungen einer schwarzen Klausel erfüllen, nicht als solche – **„unmittelbar"** – im Vertrag enthalten, sondern ist für den Fall, dass die Vertragspartei sich anders verhält, – **„mittelbar"** – eine Sanktion – insbesondere eine Kündigungsmöglichkeit oder eine Vertragsstrafe – vorgesehen, steht dies einer im Vertrag vorgesehenen Beschränkung gleich. „Mittelbare" Beschränkungen halten die rechtliche Freiheit aufrecht, sanktionieren aber ihren Gebrauch. Es reicht aus, wenn die Vertragsparteien Ersatzinstrumente vereinbaren oder abgestimmt praktizieren, die dieselben Zwecke verfolgen, die durch die schwarzen Klauseln erreicht werden sollen. Die Erfassung auch mittelbarer Beschränkungen dient demgegenüber nicht der erweiternden Auslegung der einzelnen Klauseln in lit. a–e.

3 Derartige Vereinbarungen oder Verhaltensweisen müssen sich die Vertragsparteien zurechnen lassen, wenn sie unter ihrer **„Kontrolle"** erfolgen. Das ist der Fall, wenn die Vertragsparteien diese Vereinbarung oder Praxis auch verhindern könnten. Der Wortlaut deutet darauf hin, dass die **Kontrolle beider Parteien** der Vereinbarung gegeben sein muss. Allerdings ist auch dann, wenn eine von Art. 4 erfasste Klausel von der einen Vertragspartei initiiert wurde und der anderen wirtschaftlich oder tatsächlich nichts anderes übrig blieb, als sie zu akzeptieren, von deren Mit-Kontrolle auszugehen; die Mit-Kontrolle der anderen Partei liegt nur dann nicht vor, wenn sie von der Klausel oder dem entsprechenden Verhalten der initiierenden Partei nichts wusste und sie auch nicht verhindern konnte; dann ist sie idR. auch nicht vereinbart oder abgestimmt.

4 **c) Erfasste Vereinbarungen.** Wenn eine schwarze Klausel iS von Art. 4 lit. a–e vorliegt, gilt „die Freistellung nach Art. 2" nicht. Das wirft die Frage nach dem sachlichen und zeitlichen Geltungsausschluss der Freistellung auf. Art. 4 und die anderen Vorschriften der VO 330/2010 enthalten dazu keine konkretisierenden Regelungen. Erfasst von dem Geltungsausschluss wird **die „vertikale Vereinbarung", die die schwarze Klausel enthält.** Unterhält ein Hersteller ein Vertriebssystem mit einer Mehrzahl paralleler Vertriebsverträge, und sind einzelne schwarze Klauseln nur in einzelnen Verträgen enthalten, entfällt jedenfalls die Freistellung für diese Verträge. Es ist aber denkbar, dass der Freistellungswegfall auch andere Verträge ergreift, wenn sie in ihren wettbewerblichen Wirkungen durch die in anderen Verträgen vereinbarten schwarzen Klauseln berührt werden. Zeitlich gilt der Freistellungsentzug **nur so lange, wie die schwarze Klausel gilt,** dh Gegenstand einer Vereinbarung oder abgestimmten Verhaltensweise ist oder iS des Einleitungssatzes von Art. 4 unter der

Kontrolle der Vertragsparteien entsprechendes bezweckt. Das mögliche Wiederaufleben der Freistellung hat aber – jedenfalls nach dem insoweit maßgeblichen nationalen Recht, für das deutsche Recht – nur dann Bedeutung, wenn die (nichtig gewordene) Vereinbarung von den Parteien bestätigt oder neu abgeschlossen wird (→ Art. 101 AEUV Rn. 145).

2. Preisbindung (lit. a)

a) Grundsatz. Nach Art. 4 lit. a entfällt die Freistellung insgesamt, wenn die Vereinbarung eine Beschränkung „der **Möglichkeiten des Abnehmers, seinen Verkaufspreis selbst festzusetzen**" enthält. Art. 101 Abs. 1 AEUV ist unstreitig auf **alle Formen der vertikalen Preisbindung** des Abnehmers anwendbar (vgl. dazu EuGH Slg. 1987, 3821, 3828 Flämische Reisebüros; Slg. 1985, 2015, 2046, Binon/AMP); in Deutschland hat sich dafür auch der Begriff der – unzulässigen – „Preisbindung der zweiten Hand" eingebürgert. Enthält eine Vereinbarung eine solche vertikale Preisbindung, greift die Gruppenfreistellung nicht ein. Das schließt nicht aus, dass unter besonderen Umständen eine Preisbindung die Voraussetzungen einer **Einzelfreistellung** nach Art. 101 Abs. 3 AEUV erfüllt (→ Art. 101 Rn. 91). Das kann insbesondere in der Einführungsphase eines neuen Produkts, bei kurzfristigen Sonderangeboten in Franchisesystemen oder dann der Fall sein, wenn der gebundene Preis Händler in die Lage versetzt, für den Verkauf erforderliche Kundenberatungen zu erbringen, ohne befürchten zu müssen, dass der Kunde das Produkt dann billiger bei einem Dritten bezieht, der die Beratungsdienstleistungen nicht erbringt (Trittbrettfahrerproblematik, zu diesen Fällen Vertikalleitlinien Rn. 225). Das Verbot der Preisbindung nach lit. a umfasst nicht nur die unmittelbare oder mittelbare Gestaltung der Endpreise, sondern auch **aller preisbildenden Faktoren.** Auch die Vorgabe eines bestimmten Kalkulationsschemas oder bestimmter Preisaufschläge beschränkt die Möglichkeit des Käufers, seinen Verkaufspreis selbst festzusetzen. Unzulässig ist auch eine Festlegung von Gewinnspannen, Rabatten, Skonti oder Frachtsätzen. Die Vertikalleitlinien (Anhang B 6, Rn. 48) erwähnen als weitere **Beispiele** Abmachungen über Absatzspannen oder über Nachlässe, die der Vertriebshändler auf ein vorgegebenes Preisniveau höchstens gewähren darf, Bestimmungen, denen zufolge die Gewährung von Nachlässen oder die Erstattung von Werbeaufwendungen von der Einhaltung eines vorgegebenen Preises abhängig gemacht wird oder der vorgeschriebene Wiederverkaufspreis an die Preise von Wettbewerbern gebunden wird sowie Drohungen, Einschüchterung, Warnungen, Strafen, Verzögerungen oder Aussetzung von Lieferungen und **Vertragskündigungen bei Nichteinhaltung eines bestimmten Preisniveaus.** Letztere sind allerdings unter dem Gesichtspunkt der Preisbindung nur relevant, wenn sie für den Fall der Nichteinhaltung bestimmter Preise vorher angedroht worden sind. Mittelbar können auch Preisüberwachungssysteme oder die Verpflichtung, Preisunterbietungen anderer Händler zu melden, wie Preisbindungen wirken (vgl. dazu auch *Lettl* WRP 2013, 1272, 1278). Erfasst werden nur Beschränkungen der Preisbildungsfreiheit des Abnehmers in Bezug auf den Verkaufspreis für Vertragswaren und -dienstleistungen. Beschränkungen außerhalb der Vertragswaren und -dienstleistungen werden durch die Freistellung nach Art. 2 nicht erfasst. Sie verstoßen idR zwar gegen Art. 101 Abs. 1 AEUV; ihre Vereinbarung ist aber nicht mit der strengen Rechtsfolge einer „schwarzen" Klausel verbunden (vgl. dazu auch *Ellger* in IM Art. 4 Vertikal-GVO Rn. 12; *Baron* in L/M/R GVO-Vertikal Rn. 161). Zum Informationsaustausch über Preise im Vertikalverhältnis vgl. *Lettl* WRP 2013, 1272. 5

b) Ausnahme für Höchstverkaufspreise und Preisempfehlungen. Lit. a geht davon aus, dass die Festsetzung von Höchstverkaufspreisen und Preisempfehlungen durch den Anbieter im Hinblick auf die Verkaufspreise des Abnehmers möglich 6 sind. Diese Formulierung „unbeschadet der Möglichkeit" wirft die Frage auf, ob lit. a positiv die Möglichkeit gewähren will, Höchstverkaufspreise und Preisempfehlungen auszusprechen oder nur eine ansonsten vielleicht gegebene Möglichkeit dazu unberührt lassen will. Die Formulierungstechnik lehnt sich offensichtlich an Art. 5 lit. e der früheren Franchise-GVO 4087/88 an, der im Zusammenhang mit dem Katalog der schwarzen Klauseln in Franchiseverträgen davon sprach, dass „das Recht des Franchisegebers, Verkaufspreise zu empfehlen,... unberührt" bleibe. Der 13. Erwägungsgrund zur VO 4087/88 sagte dazu, dass es dem Franchisenehmer freistehe, Preise zu empfehlen, „soweit dies nach innerstaatlichem Recht zulässig ist und nicht zu aufeinander abgestimmten Verhaltenweisen zwecks tatsächlicher Anwendung dieser Preise" führe. Dem konnte entnommen werden, dass nach Auffassung des Verordnungsgebers die **Preisempfehlung grds. mit Art. 101 Abs. 1 AEUV vereinbar** war und nur dagegen verstieß, wenn sie zu einem entsprechenden aufeinander abgestimmten Verhalten führte. Da das Recht, Preisempfehlungen auszusprechen, mangels eines Verstoßes gegen Art. 101 Abs. 1 AEUV nicht freigestellt war, nahm es auch nicht an dem mit der Freistellung verbundenen Vorrang des Gemeinschaftsrechts teil. Darauf beruhte der Vorbehalt hinsichtlich des nationalen Rechts. Wenn Art. 4 lit. a, 2. Halbs. ebenso wie die frühere Regelung in der VO 4087/88 zu verstehen wäre, enthielte dieser 2. Halbs. keine Freistellung, sondern nur einen Hinweis auf den fehlenden Verstoß gegen Art. 101 Abs. 1 AEUV. Nach der Rechtsprechung des EuGH (Slg. 2006 I-6585 Rn. 44 VW III) und des EuG (Slg. 2004 II-49 Rn. 126 JCB) sind Preisempfehlungen grundsätzlich nicht von Art. 101 Abs. 1 AEUV erfasste einseitige Maßnahmen; nur unter besonderen Umständen können sie Teil einer Vereinbarung oder abgestimmten Verhaltensweise sein (dazu *Lettl* WRP 2011, 710, 714f.).

7 Je mehr man Art. 101 AEUV iS einer direkten Verbraucherschutz-Bestimmung interpretiert, desto näher liegt es, die **Höchstpreisbindung,** wenn sie nicht wie eine Festpreisbindung wirkt, nicht als Verstoß gegen Art. 101 Abs. 1 zu bewerten, weil sie sich zugunsten des Partners des Gebundenen auswirkt. Dem steht die Auffassung gegenüber, dass Art. 101 Abs. 1 AEUV die Wettbewerbsverfälschung als solche verbietet, unabhängig davon, zu wessen Gunsten oder Lasten sie sich auswirkt. Entscheidungen oder Äußerungen der Kommission, die sich für eine **Anwendung des Art. 101 Abs. 1 AEUV** auf Höchstpreisbindungen aussprechen, sind nicht bekannt; vielmehr werden (in diesem Punkt keineswegs eindeutige) Äußerungen der Kommission so interpretiert, dass sie einen solchen Verstoß auch außerhalb der VO 2790/1999 bzw. der VO 330/2010 verneint (vgl. dazu mwN *Ellger* in IM Art. 4 Vertikal-GVO Rn. 19; *Baron* in LB GV-Vertikal Art. 4 Rn. 166; *Schultze/Pautke/Wagener* Art. 4 Rn. 541ff.). Wenn die Höchstpreisbindung (ebenso wie die Preisempfehlung) gegen Art. 101 Abs. 1 AEUV verstößt, ist lit. a als Klarstellung so zu verstehen, dass sie, weil durch lit. a nicht erfasst, nach dem Grundsatz „Erlaubt ist, was nicht ausdrücklich verboten ist" freigestellt ist.

8 Unter der Festsetzung eines **Höchstverkaufspreises** ist die Festsetzung eines Verkaufspreises des Abnehmers durch den Anbieter zu verstehen mit der Maßgabe, dass dieser Preis zwar **unterschritten, nicht aber überschritten** werden darf. Der Begriff der Preisempfehlung erfasst die einseitige, ausdrücklich oder der Sache nach als unverbindlich gekennzeichnete Nennung eines Verkaufspreises mit der Maßgabe, dass er vom Abnehmer **sowohl unter- als auch überschritten** werden darf; die entsprechende Preisgestaltung wird in diesem Falle dem Abnehmer vom Anbieter nur nahegelegt, nicht vorgeschrieben. Die Höchstpreisbindung und Preisempfehlung nehmen an dem Privileg von lit. a Halbs. 2 nur teil, wenn sie sich „nicht infolge der **Ausübung von Druck oder der Gewährung von Anreizen** durch eines der beteiligten Unternehmen tatsächlich wie Fest- oder Mindestverkaufspreise auswirken". Eine derartige Wirkung kommt **Preisaufdrucken** auf den Waren nicht zu, wenn sie ausdrücklich als „empfohlene" Preise des Herstellers gekennzeichnet sind (aA Kommission in den Vertikalleitlinien, Anhang B 6 Rn. 48; sie übersieht, dass gerade der

Preisaufdruck ein Anreiz für den Händler sein kann, den Preis zu unterschreiten – er wirkt, weil er keinesfalls überschritten werden kann, allenfalls als –zulässige – Höchstpreisbindung). Es dürfen keine Druckmittel, Nachteilsandrohungen, Anreize oder Vorteilsversprechungen durch eine Vertragspartei vorgenommen werden, um die andere zu veranlassen, die Höchstpreisbindung nicht zu unterschreiten oder die Preisempfehlung einzuhalten. Da Höchstpreisbindungen zulässig sind, sind bei entsprechenden Preisempfehlungen diese Einwirkungen zulässig, wenn sie die Freiheit der anderen Seite, diese Preise zu unterschreiten, nicht beschränken.

c) „Preisbindung" des Handelsvertreters. Lit. a hat auch Bedeutung für den Handelsvertreter oder Kommissionär, also den Abnehmer, der im Sinne von Art. 1 Abs. 1 lit. h „Waren oder Dienstleistungen **für Rechnung eines anderen Unternehmens** verkauft". Auch wenn ein solcher Handelsvertreter- oder Kommissionärsvertrag, aus welchen Gründen auch immer, von Art. 101 Abs. 1 AEUV erfasst sein sollte, muss einem in diesem Sinne **„unechten" Handelsvertreter** die Möglichkeit gegeben werden, Verträge zu den vom Geschäftsherrn vorgegebenen Preisen abzuschließen oder zu vermitteln. In diesem Sinn ist er an diese Preise gebunden (so wohl auch Vertikalleitlinien, Anhang B 5, Rn. 49; vgl. auch *Veelken* in IM 4. Aufl. 2007 Vertikal-VO Rn. 171 f.; *Baron* in LMR Art. 4 Vertikal-GVO Rn. 154). Stellt man ihn insoweit dem auf eigene Rechnung handelnden Händler gleich, muss man ihm die Möglichkeit geben, Preisnachlässe zu seinen eigenen Lasten, nicht etwa des Geschäftsherrn, einzuräumen. Ein **Provisionsabgabeverbot ist dann unzulässig** (vgl. dazu auch *Kirchhoff* in Wiedemann, § 10 Rn. 29 ff.). Hat der „Abnehmer" diese Möglichkeit, ist die Bindung an die vom Geschäftsherrn vorgegebenen Preise nur eine Höchstpreisbindung, die, wie beim Eigenhändler auch, zu eigenen Lasten unterschritten werden kann. Besteht bei einem Handelsvertreter die Möglichkeit, dass seine kartellrechtliche Privilegierung nicht anerkannt und er und sein Vertragsverhältnis als „unechtes" Handelsvertreterverhältnis im Hinblick auf die in ihm enthaltenen Wettbewerbsbeschränkungen als Verstoß gegen Art. 101 Abs. 1 AEUV gewertet wird, ist es also erforderlich, ihm – ausdrücklich oder sich jedenfalls eindeutig aus dem Vertrag ergebend – die Möglichkeit einzuräumen, Preisnachlässe zulasten seiner eigenen Provision zu gewähren, ihn also keinem Provisionsabgabeverbot zu unterwerfen (vgl. auch Vertikalleitlinien, Anhang B 6, Rn. 49). 9

d) Preisbindungen zulasten des Anbieters. Lit. a erfasst nur Preisbindungen zulasten des Abnehmers, nicht zulasten des Anbieters (so die inzwischen wohl allg. Meinung, vgl. *Ellger* in IM Art. 4 Vertikal-GVO Rn. 13; *Baron* in L/M/R GVO-Vertikal Rn. 155). Das bedeutet nach dem Grundsatz, dass alles in einer von der VO 330/2010 erfassten Vertikalvereinbarung zulässig ist, was nicht ausdrücklich durch Art. 4 oder 5 verboten ist, dass Preisbindungen zulasten des Anbieters **zulässig** sind. Das ist insofern überraschend, als derartige Preisbindungen ebenso wie diejenigen zulasten des Abnehmers eindeutig gegen Art. 101 Abs. 1 AEUV verstoßen und gleichermaßen von dem Preisbindungsverbot erfasst werden, das in lit. a des Beispielskatalogs des Art. 101 Abs. 1 AEUV enthalten ist (vgl. dazu auch *Bechtold* EWS 2001, 49 ff., 52). Den Motiven der VO 330/2010 ist dazu nichts zu entnehmen; auch die Vertikalleitlinien behandeln die Lieferanten-Preisbindung nicht. Die VO 772/2004 behandelt in Art. 4 Abs. 1 lit. a und Abs. 2 lit. a allerdings Preisbindungen nach beiden Seiten gleich. Für die VO 330/2010 ebenso wie früher nach der VO 2790/1999 ist die Rechtslage insoweit eindeutig: Preisbindungen zulasten des Anbieters sind freigestellt. Es kann also in einer im Übrigen von der VO 330/2010 erfassten Vertikalvereinbarung vereinbart werden, dass der Lieferant dritte Abnehmer zu bestimmten Preisen zu beliefern hat. Damit sind auch alle Formen von **Meistbegünstigungsklauseln** (vgl. dazu auch *Meyer* WRP 2004, 1456 ff.) zulässig, die **den Anbieter** anhalten, den Vertragspartner der Vertikalvereinbarung besser zu behandeln als andere Abnehmer, entweder durch die Verpflichtung, anderen Abnehmern höhere Preise zu berechnen 10 (**echte** Meistbegünstigungsklausel) oder durch die Verpflichtung, bei Gewährung niedrigerer Preise an dritte Abnehmer diese auch dem Vertragspartner der Vertikalvereinbarung zu gewähren (**unechte** Meistbegünstigungsklausel). **Meistbegünstigungsklauseln zulasten des Abnehmers** werden von lit. a erfasst (ebenso *Schultze/Pautke/Wagener* Art. 4 Rn. 587ff.; vgl. auch Vertikalleitlinien, Anhang B 6, Rn. 48).

3. Gebiets- und Kundengruppenbeschränkungen (lit. b)

11 **a) Grundsatz.** Lit. b behandelt alle unmittelbaren und mittelbaren **„Beschränkungen des Gebiets oder der Kundengruppe"**, in das oder an die der Abnehmer Vertragswaren oder -dienstleistungen verkaufen darf, als schwarze Klauseln. Der Abnehmer, also der in der vertikalen Beziehung unten Stehende, soll darin **frei** sein, wo und **an wen er** die Vertragswaren oder -dienstleistungen (→ Art. 1 Rn.3) **verkauft. Gebietsbeschränkungen** liegen insbesondere darin, dass der Abnehmer auf ein Vertragsgebiet festgelegt und ihm untersagt wird, in andere Gebiete hineinzuverkaufen (vgl. dazu auch Vertikalleitlinien, Anhang B 6, Rn. 50). Die Gebietsbeschränkung ist ein Unterfall der Kundengruppenbeschränkung, die sich an räumlichen Kriterien (der Ansässigkeit der Abnehmer) orientiert. Eine Beschränkung iS des Obersatzes liegt auch vor, wenn dem Abnehmer **werbliche Aktivitäten außerhalb seines Gebietes** untersagt werden; das wird dadurch bestätigt, dass die Gegenausnahmen in lit. b gerade auch solche Werbebeschränkungen zulassen. Nach dem Obersatz von lit. b sind hinsichtlich der Tätigkeit des Abnehmers in und außerhalb des Vertragsgebiets Differenzierungen nicht möglich. Bei Vereinbarung von Vertragsgebieten darf den Händlern nicht, wenn nicht die besonderen Voraussetzungen der Gegenausnahmen vorliegen, untersagt werden, außerhalb des jeweiligen Vertragsgebietes in der gleichen Weise tätig zu werden wie innerhalb. **Indirekte Beschränkungen** können sich aus der Verweigerung von Nachlässen oder Liefermengen bei Belieferung bestimmter Gebiete oder Kunden ergeben; sie müssen allerdings auf einer Vereinbarung oder abgestimmtem Verhalten beruhen. Das ist bei der Androhung einer Vertragskündigung oder der Liefereinstellung uE nicht der Fall. Die Vertikalleitlinien (Anhang B 6, Rn. 50) könnten trotz der darin erwähnten zusätzlichen Voraussetzungen den Eindruck erwecken, dass eine unzulässige Gebietsbeschränkung vorliegt, wenn der Anbieter **keine unionsweiten Garantieleistungen** vorsieht, zu denen alle Händler verpflichtet sind und für die sie vom Anbieter vergütet werden. Das erscheint nicht richtig; lit. b kann nicht die positive Verpflichtung entnommen werden, unionsweite Garantiesysteme unabhängig von Verkäufen im Einzelfall vorzusehen (vgl. dazu auch *Ellger* in IM Art. 4 Vertikal-GVO Rn. 48; *Schultze/Pautke/Wagener* Art. 4 Rn. 615).

12 Derartige Gebietsbeschränkungen sind ein Unterfall der **Beschränkungen der Kundengruppe.** Kundengruppen, die dem Abnehmer (Händler) zugänglich sein können, können gebietlich oder auch nach Branchen, Funktionen oder anderen Kriterien definiert werden; auch **Leasinggesellschaften** sind in diesem Sinne Kundengruppen, deren Belieferung nicht untersagt werden darf (→ Rn. 19; für den Automobilvertrieb → VO 461/2010 Annex Rn. 75ff.). Nach dem deutschen Wortlaut könnte zweifelhaft sein, ob auch die **Festlegung auf einen oder wenige individuell bestimmte Kunden** Beschränkungen der Kundengruppe sind. Das ist der Fall, wie der englische Wortlaut zeigt, der die Begriffe „customer" und „customer group" im Obersatz von lit. b und in Ziff. I offenbar synonym verwendet (zur entsprechenden Definition in Art. 1 Abs. 1 lit. r VO 316/2014 → VO 316/2014 Art. 1 Rn. 17). Häufig kommt es vor, dass sich der Anbieter, der grundsätzlich über Händler vertreibt, die Direktbelieferung bestimmter Kunden vorbehält (sog. **Vorbehaltskunden;** zur Parallelproblematik im Kfz-Vertrieb *Ensthaler/Gesmann-Nuissl* BB 2003, 533ff.). Wenn dieser Vorbehalt mit dem Verbot an den Abnehmer verbunden ist, diese Kunden ebenfalls zu beliefern, wird dies vom Obersatz von lit. b erfasst. Solche Vorbe-

haltskunden sind häufig dadurch charakterisiert, dass sie besonders große Abnahmemengen haben, und deswegen vom Hersteller zu Konditionen beliefert werden, die günstiger sind als die Einkaufskonditionen des Händlers und die der Händler deswegen nicht gewähren kann. Eine Beschränkung des Kundenkreises des Händlers ergibt sich allein daraus nicht. Dem **Händler ist die Belieferung** ohne Vorbehalt **freigegeben,** auch wenn diese Kunden ihm wegen dieses Konditionengefüges tatsächlich nicht zugänglich sind (zur vertragsrechtlichen Seite vgl. *Ensthaler/Gesmann-Nuissl* BB 2003, 533, 534; *Creutzig* Rn. 834ff.). Die Nichtbelieferung der Kunden durch den Händler ist die Folge wettbewerblicher Konditionenbildung, nicht irgendwelcher unmittelbaren oder mittelbaren Verbote. Nach den Vertikalleitlinien (Anhang B 6, Rn. 60) liegt keine unzulässige Kundenbeschränkung vor, wenn ein an alle Vertriebshändler gerichtetes Verbot des Verkaufs an bestimmte Endbenutzer in Bezug auf das Produkt sachlich begründet ist, zB für das grundsätzliche Verbot, gefährliche Stoffe aus Sicherheits- oder Gesundheitsgründen nicht an bestimmte Kunden abzugeben.

Die VO 330/2010 hat im Vergleich zur Vorgänger-VO lit. b durch die Worte „vorbehaltlich einer etwaigen **Beschränkung in Bezug auf den Ort seiner Niederlassung**" ergänzt. Daraus ergibt sich, dass dem Abnehmer vorgeschrieben werden darf, von einer bestimmten Niederlassung aus tätig zu werden. Dem entspricht spiegelbildlich, dass dem Abnehmer **verboten** werden darf, **weitere Niederlassungen zu eröffnen,** oder ohne Niederlassung tätig zu werden. Nach dem Recht vor der VO 330/2010 war die Möglichkeit der Beschränkung auf eine zugelassene Niederlassung nur in lit. c vorgesehen, und damit nur für selektive Vertriebssysteme. Die Formulierungsunterschiede zwischen dem „Ort seiner Niederlassung" in lit. b und „nicht zugelassener Niederlassung" in lit. c erlaubt keine Differenzierung auf Grund des nur in lit. b enthaltenen Worts „Ort". In der französischen Fassung wird sowohl in lit. b als auch in lit. c vom „lieu d'établissement" gesprochen, in der englischen Fassung von „place of establishment". Lit. b erfasst nur **physische Verkaufsstellen,** in denen Direktverkäufe vorgenommen werden, nicht auch, was für den **Internetvertrieb** relevant sein könnte, „virtuelle" Niederlassungen (vgl. EuGH C-439/09 Rn. 56 Pierre Fabre, WRP 2011, 1577). 13

b) Aktive Verkaufsbeschränkungen (i.). Lit. b enthält in (i.) eine Gegenausnahme zugunsten **aktiver Akquisitionsverbote in Alleinvertriebsverträgen.** Soweit die Voraussetzungen dieser Gegenausnahme erfüllt sind, liegt keine schwarze Klausel iS von lit. b vor. Das aktive Akquisitionsverbot knüpft an die entsprechende Regelung in Art. 2 Abs. 2 lit. c VO 1983/83 an, das seinerseits die gleichlautende Regelung in der Vorgänger-VO 67/67 fortsetzte. Unter „aktivem" Verkauf sind Verkäufe zu verstehen, die auf entsprechende **Bemühungen** des Verkäufers zurückzuführen sind, sei es durch allgemeine Werbemaßnahmen oder durch direkte Kundenansprache (vgl. auch Vertikalleitlinien, Anhang B 6, Rn. 51). Wenn Beschränkungen des aktiven Verkaufs zulässig sind, dürfen derartige Werbemaßnahmen und Kundenansprachen untersagt werden. Der Gegensatz zum „aktiven" Verkauf liegt im **„passiven" Verkauf.** In diesem Fall geht vom Abnehmer keine Verkaufsbemühung aus; vielmehr ist der Verkauf auf die entsprechende **Aktivität des Kunden** zurückzuführen, der von sich aus den Abnehmer aufsucht oder sonst anspricht (sog. „Komm-Kunde"). Beschränkungen des passiven Verkaufs sind in jedem Falle unzulässig; der Abnehmer muss also frei sein, an diejenigen potenziellen Kunden, die aus eigener Initiative den Abnehmer aufsuchen oder ansprechen, zu verkaufen. Der **Verkauf über das Internet** (dazu auch *Schultze/Pautke/Wagener* Art. 4 Rn. 712ff.; *Pischel* GRUR 2010, 972) ist grds. ein passiver Verkauf (vgl. dazu Vertikalleitlinien Anhang B 6 Rn. 52). Dem Abnehmer, dem der aktive, nicht aber der passive, Verkauf untersagt werden kann, kann also nicht verboten werden, seine Angebote im Internet zu veröffentlichen und über das Internet Bestellungen anzunehmen (vgl. dazu auch *Oest/Wagener* RIW 2012, 35, 40f.). Das Aufsuchen der Website eines Vertriebshändlers und 14 die Kontaktaufnahme mit diesem durch einen Kunden, aus der sich der Verkauf einschließlich Lieferung eines Produktes ergibt, gelten als passiver Verkauf. Aktiver Verkauf liegt aber zB im **Versenden von E-Mails** an bestimmte Kunden vor. All das schließt nicht aus, dass der Hersteller reine Internethändler nicht beliefert; er kann im Rahmen sowohl der Alleinvertriebsverträge als auch der qualitativen Selektion verlangen, dass der Händler physische Verkaufsstellen unterhält (vgl. Vertikalleitlinien, Anhang B 6, Rn. 54 = *Pischel* GRUR 2010, 972, 974f.).

15 Von den in lit. b geregelten Vertriebsbeschränkungen (Vertriebsbindungen) sind **Verwendungsbeschränkungen** zu unterscheiden; sie werden in Art. 4 nur im speziellen Fall des lit. e (Verwendungsbeschränkung für Ersatzteile) erfasst (→ Rn. 28f.). Verwendungsbeschränkungen (zB **Weiterverarbeitungsklauseln** – Verbot der Weiterverarbeitung) verbieten nicht den Weiterverkauf als solchen, sondern beschränken lediglich die dem Weiterverkauf vorausgehende Verwendungsmöglichkeit; von lit. b werden sie nur erfasst, wenn sie den Weiterverkauf direkt oder indirekt vollständig ausschließen. Die **Beschränkung in der Verwendung ist etwas anderes als die Beschränkung des Weiterverkaufs.** Die in Art. 4 lit. b geregelten „Beschränkungen des Gebiets oder der Kundengruppe" sind nicht auch auf Verwendungs-(Weiterverarbeitungs)-Beschränkungen anzuwenden (vgl. dazu *Bechtold/Denzel* WuW 2008, 1272).

16 Aktive Verkaufsbeschränkungen sind **zulässig** in Gebiete oder an Gruppen von Kunden, die „der Anbieter sich **selbst vorbehalten** oder ausschließlich einem **anderen Abnehmer zugewiesen** hat". Diese Bestimmung könnte so verstanden werden, dass in allen Vertriebssystemen derartige Vorbehalte zugunsten des Anbieter oder ausschließliche Zuweisungen zugunsten anderer Abnehmer zulässig sind (so *Schütz* für die Parallelbestimmung der VO 1400/2002, vgl. *Schütz* in Gemeinschaftskommentar, Kfz-Vertrieb, Art. 4 Rn. 24). Das ist indes offensichtlich nicht der Fall. Vielmehr bezieht sich die Regelung nur auf **Alleinvertriebssysteme,** die gerade dadurch gekennzeichnet sind, dass Gebiete oder Kundengruppen zugeteilt werden, entweder an den Anbieter selbst oder an andere Abnehmer (so auch *Klotz* in Schröter/Jakob/Mederer Art. 81 – Fallgruppen Liefer- und Bezugsvereinbarungen, Rn. 94; vgl. dazu auch *Ellger* in IM Art. 4 Vertikal-GVO Rn. 59ff.). Würde man die vom ersten Spiegelstrich erfassten Beschränkungen des aktiven Verkaufs auch auf selektive Vertriebssysteme anwenden, ergäbe sich ein nicht lösbarer Widerspruch zu lit. c, der aktive Verkaufsbeschränkungen grundsätzlich verbietet. Die Regelung im ersten Spiegelstrich gibt dem Anbieter also die **Möglichkeit, anstelle von qualitativen oder quantitativen selektiven Vertriebssystemen Alleinvertriebssysteme zu begründen,** in denen er einzelne Gebiete festlegt, die ausschließlich einem Abnehmer zugewiesen werden; ein Teil dieser Gebiete kann sich der Anbieter auch selbst zuweisen. Pro Gebiet ist aber die Zuweisung nur jeweils an einen Abnehmer oder an den Anbieter möglich; Mischformen oder die **Zuweisung an mehrere Abnehmer sind nicht möglich** (vgl. auch *Beutelmann* S. 119 mwN). Entsprechendes gilt für **Kundengruppen.** Alleinvertriebssysteme sind nach dieser Definition also außer für geografische Gebiete auch für Kundengruppen möglich, etwa in dem Sinne, dass gewerbliche Kunden dem einen Abnehmer, private Kunden dem anderen zugewiesen werden. Unter dieser Voraussetzung sind auch **kombinierte Gebiets- und Kundenkreiszuweisungen** möglich (vgl. dazu auch Vertikalleitlinien, Anhang B 6, Rn. 51). Liegen in diesem Sinne Alleinvertriebsvereinbarungen vor, darf den Abnehmern untersagt werden, außerhalb der ihnen zugewiesenen Gebiete oder Kundengruppen aktiv zu verkaufen. Die passiven Verkäufe müssen ihnen allerdings möglich sein; der „Komm-Kunde" muss also in jedem Falle bedient werden dürfen (vgl. auch *Beutelmann* S. 119). Hat ein Anbieter ein **gemischtes Vertriebssystem** (im Land A Alleinvertrieb, im Land B selektiver Vertrieb), gilt für jeden Partner überall das mit ihm vereinbarte Regime: Der Alleinvertriebshändler darf außerhalb der anderen vorbehaltenen Gebiete überall aktiv und passiv verkaufen, der Selektivhändler überall an

Endverbraucher und an zugelassene Händler (und Werkstätten), nicht aber an außenstehende Wiederverkäufer. Entsprechendes gilt, wenn der Hersteller Vertriebsbindungen nur für bestimmte Gebiete vereinbart, andere Gebiete hingegen bindungsfrei sind; dann darf dem für das Gebiet A gebundenen Händler nicht untersagt werden, in das „bindungsfreie" Gebiet B zu verkaufen.

Die Freistellung aktiver Verkaufsbeschränkungen in Alleinvertriebssystemen gilt 17 nur, wenn den **Kunden des Abnehmers keine Verkaufsbeschränkungen** auferlegt werden. Damit ist in erster Linie zum Ausdruck gebracht, dass in Alleinvertriebsvereinbarungen **Querlieferungsverbote an außenstehende Wiederverkäufer nicht möglich** sind. Wenn ein Anbieter ein Alleinvertriebssystem wählt, muss er also in Kauf nehmen, dass über Querlieferungen an nicht systemangehörige Wiederverkäufer diese ebenfalls im Verkauf der Vertragswaren und -dienstleistungen tätig werden (vgl. *Klotz* in *Schröter/Jakob/Mederer* Art. 81 – Fallgruppen Liefer- und Bezugsvereinbarungen, Rn. 98). Qualitative Standards können zwar bei der Auswahl der vom Anbieter direkt belieferten Abnehmer festgelegt und beachtet werden, nicht aber beim Weiterverkauf durch die im Alleinvertriebssystem tätigen Abnehmer an andere Wiederverkäufer. Die „Sofern"-Klausel im ersten Spiegelstrich bezieht sich nicht nur auf gewerbliche Wiederverkäufer, die von den zugelassenen Abnehmern beliefert werden, sondern auf alle Weiterverkäufe der Kunden der Mitglieder des Alleinvertriebssystems. Es ist also nicht möglich, diesen Kunden zB bestimmte Weiterverkaufsverbote oder Mindesthaltedauern aufzuerlegen. Vielmehr sind in derartigen Alleinvertriebssystemen Beschränkungen im Hinblick auf nachfolgende Verkaufstätigkeiten generell unzulässig.

c) Direktbelieferungsverbot für Großhändler (ii.). Die zweite Ausnahme 18 von lit. b sieht vor, dass Verkaufsbeschränkungen zulässig sind, wenn sie den Abnehmer, der Großhändler ist, daran hindert, Endabnehmer direkt zu beliefern. Die Zulassung derartiger **„Sprunglieferungsverbote"** hat im EU-Kartellrecht eine lange Tradition. Der Gerichtshof hat insbesondere im Metro/Saba I-Urteil vom 25.10.1977 (Slg. 1977, 1875, 1909) die zuvor von der Kommission begründete Auffassung bestätigt, dass die Festschreibung der Großhandelsfunktion in dem Sinne, dass der Großhändler nur Wiederverkäufer, nicht aber Endabnehmer beliefern darf, nicht gegen Art. 101 Abs. 1 AEUV verstößt. Dem lag offenbar die Überlegung zugrunde, dass ein Händler, der sich selbst als Großhändler versteht und betätigt, keine wettbewerbliche Handlungsfreiheit darin hat, in Konkurrenz zu den von ihm belieferten Einzelhändlern auch Endabnehmer zu beliefern (vgl. auch *Beutelmann* S. 122). Soweit das Sprunglieferungsverbot nicht gegen Art. 101 Abs. 1 AEUV verstößt, bedarf es keiner Freistellung. Die Freistellung nach der Ausnahme in ii. hat also nur Bedeutung für den Fall, dass ein solcher Verstoß doch – wenn auch nur möglicherweise – angenommen werden muss. Sie gilt dann **in allen Vertriebssystemen** (so auch *Ellger* in IM Art. 4 Vertikal-GVO Rn. 67; *Nolte* in LB Art. 81 Fallgruppen Rn. 572). Deswegen ist es möglich, dass der Hersteller den von ihm belieferten Importeuren untersagt, ihrerseits selbst Endabnehmer zu beliefern, sondern ihre Funktion als Großhändler dadurch festschreibt, dass sie ausschließlich über Einzelhändler tätig werden. Das Verbot der Endverbraucherbelieferung kann **„geteilt"** werden. So kann dem Großhändler gestattet werden, bestimmte, zB größere Endkunden zu beliefern, während ihm der Verkauf an alle anderen verboten ist (dazu Vertikalleitlinien, Anhang B 6, Rn. 55). Fraglich ist, ob diese Zulassung von Funktionsbeschränkungen auch das **Verbot** deckt, eine **von der Großhandelsfunktion unabhängige zusätzliche Einzelhandelsfunktion zu begründen,** insbesondere durch vom Großhandel getrennte (rechtlich selbständige oder unselbständige) Einzelhandelsbetriebe oder durch die Übernahme solcher Einzelhandelsbetriebe. Unseres Erachtens ist ein solches Verbot durch die Zulassung des Sprunglieferverbotes nicht gedeckt. Vielmehr kann dem Großhändler zwar untersagt werden, aus seinem Großhandelsvertrieb Endverbraucher zu beliefern, nicht aber, neben der Großhandelsfunktion in der gleichen Weise wie andere Einzelhändler Einzelhandelsfunktionen in getrennten Einzelhandelsbetrieben wahrzunehmen. Ein solches Verbot würde wohl gegen den Obersatz in lit. b verstoßen. Die Rechtslage ist insoweit aber unsicher.

19 **d) Verbot des Verkaufs an nicht zugelassene Händler (iii.).** Die dritte Ausnahme in Buchstabe b lässt die „Beschränkung des Verkaufs an nicht zugelassene Händler durch die Mitglieder eines selektiven Vertriebssystems", ausdrücklich zu; sie gelten nicht als unzulässige Beschränkungen des Gebiets oder der Kundengruppe. Diese Regelung korrespondiert mit Art. 4 lit. d, der **Querlieferungsverbote zwischen Händlern innerhalb eines selektiven Vertriebssystems** in den Rang einer schwarzen Klausel erhebt. Diese Regelungen knüpfen an die Entscheidungspraxis von Kommission (u. a. ABl. 1976 L 28/19 SABA I; ABl. 1977, L 30/10 Junghans) und Gerichtshof (insbes. Slg. 1977 1875 1908 Rn. 27 Metro/SABA I) an, wonach die Mitglieder eines selektiven Vertriebssystems berechtigt sein müssen, Querlieferungen innerhalb des Systems vorzunehmen, und es ihnen nur verboten werden darf, nicht dem Vertriebssystem angehörende Händler zu beliefern. Anders als in den selektiven Vertriebssystemen darf in **Alleinvertriebssystemen** die Querlieferung an nicht zugelassene Händler nicht untersagt werden; das Alleinvertriebssystem ist also im Hinblick auf die Wiederverkaufsmöglichkeiten durch Dritte ein **„offenes" System.** Über den Wortlaut der Regelung in iii. hinaus, aber im Einklang mit der Definition des selektiven Vertriebssystems in Art. 1 Abs. 1 lit. e, ist der Anbieter in selektiven Vertriebssystemen nicht nur berechtigt, sondern **im Sinne einer Obliegenheit verpflichtet,** Querlieferungen an nicht zugelassene Händler zu untersagen. Tut er das nicht, und lässt er zu, dass zugelassene Händler auch nicht zugelassene Händler beliefern, nimmt er dem selektiven Vertriebssystem seine Grundlage: Die Hinnahme der Wiederverkaufstätigkeit nicht zugelassener Händler würde bestätigen, das die qualitative oder quantitative Selektion offenbar nicht gerechtfertigt ist. Die Selektionskriterien der qualitativen Selektion sind objektiv nicht zu rechtfertigen, wenn auch Wiederverkäufer tätig werden können, die nicht qualifiziert sind und deren Qualifikation nicht durch die Zulassung (die gewährt werden muss) geprüft ist. Die quantitative Selektion erweist sich als nicht gerechtfertigt und schon gar nicht erforderlich, wenn der Lieferant es hinnehmen kann, dass seine Vertragswaren auch außer durch die von ihm ausgewählten Händler durch andere Wiederverkäufer verkauft werden. **Leasinggesellschaften,** die die Vertragswaren verleasen, sind Endabnehmer, nicht etwa „nicht zugelassene Händler"; der Verkauf an sie darf also nicht untersagt werden (→ zur Rechtslage im Automobilvertrieb → VO 461/2010 Annex Rn. 75 ff.).

20 Den im Rahmen eines selektiven Vertriebssystems zugelassenen Händlern muss die Möglichkeit gegeben werden, die Vertragswaren und -dienstleistungen **an andere zugelassene Händler** zu vertreiben. Rechtliche und faktische Beschränkungen dieser **Querlieferungsfreiheit** sind unzulässig; sie verstoßen unmittelbar gegen den Obersatz in lit. b (Beschränkung des Gebiets oder Kundenkreises). Dieser Querlieferungsfreiheit entspricht die Unzulässigkeit von **Bezugsbindungen** im Hinblick auf andere zugelassene Händler (→ Art. 1 Rn. 30; BGH WuW/E DE-R 1449 ff., 1452 Bezugsbindung). In einem selektiven Vertriebssystem sind „zugelassen" alle diejenigen Händler, die entweder unmittelbar vom Anbieter oder jedenfalls innerhalb des vom Lieferanten eingerichteten Vertriebssystems (insbesondere vermittelt durch vom Anbieter zugelassene Importeure oder Großhändler) für dieselbe Funktion zugelassen sind, die der liefernde Händler wahrnimmt.

21 In der VO 330/2010 wurde die dritte Ausnahme in lit. b durch die Worte ergänzt **„innerhalb des vom Anbieter für den Betrieb dieses Systems festgelegten Gebiets"** Diese Änderung bestätigt, dass ein Anbieter berechtigt ist, **in verschiedenen (räumlichen) Gebieten unterschiedliche Vertriebssysteme** einzurichten und zu unterhalten. Die Abgrenzung des Gebiets obliegt dem Ermessen des Anbie-

ters: Er legt dieses Gebiet fest, und zwar unabhängig davon, wie der Markt räumlich abzugrenzen ist. Es ist also möglich, auch innerhalb eines einheitlich räumlich relevanten Markts verschiedene Vertriebssysteme einzurichten und zu unterhalten. Damit verbindet sich aber das Erfordernis, die Vereinbarungen **für das jeweilige Gebiet in ihrer Wirkung auf dieses zu begrenzen.** Wer ein qualitatives selektives Vertriebssystem im Gebiet A einrichtet, im Gebiet B aber keine Vertriebsbindungen vornimmt, darf (und muss) den Mitgliedern des selektiven Vertriebssystems im Gebiet A untersagen, außen stehende Wiederverkäufer in A zu beliefern; die Mitglieder des Vertriebssystems müssen aber frei sein, im Gebiet B jedermann zu beliefern. Entsprechendes gilt für die Abnehmer im Gebiet B: Sie dürfen alle Wiederverkäufer sowohl im Gebiet B als auch im Gebiet A beliefern. Will der Anbieter eine derartige „Durchlöcherung" seines selektiven Vertriebssystems in A verhindern, muss er auch in B ein entsprechendes System einrichten.

e) Vertriebsbeschränkungen für Einbauteile (iv.). Die Ausnahme in Art. 4 22
lit. b lässt im Verhältnis zwischen dem Anbieter von Teilen und einem Abnehmer, der diese Teile weiterverwendet, zu „die Beschränkung der Möglichkeit des Anbieters, die Teile als Ersatzteile an Endverbraucher oder an Reparaturbetriebe oder andere Dienstleister zu verkaufen, die der Abnehmer nicht mit der Reparatur oder Wartung seiner Waren betraut hat". Es ist hiernach im Rahmen **industrieller Zulieferverhältnisse** möglich, dass der Anbieter dem industriellen Abnehmer verbietet, die von ihm gelieferten Vor- oder Zwischenprodukte an **Konkurrenten des Anbieters** weiterzuverkaufen, die diese in Erzeugnisse einbauen, die mit denen des Anbieters konkurrieren. Diese Ausnahme von dem Verbot der Gebiets- und Kundengruppenbeschränkung ist nur erklärbar aus der Konstellation, dass ein mehrstufig tätiger Hersteller bestimmte Vorprodukte seiner eigenen Enderzeugnisse deswegen an andere Hersteller verkauft, weil diese sie in Produkte einbauen, die nicht mit denen des Herstellers konkurrieren. Müsste er damit rechnen, dass der Abnehmer diese Vorprodukte auch an seine Konkurrenten weiterverkauft, würde er den Abnehmer nicht beliefern. Dann ist es sachgerecht, wenn er dem Abnehmer, wenn er ihn beliefert, verbieten kann, diese Lieferverhältnisse zugunsten der Konkurrenten des Anbieters auszunützen.

4. Endverbraucher-Verkaufsbeschränkungen in selektiven Vertriebssystemen (lit. c)

Art. 4 lit. c verbietet innerhalb selektiver Vertriebssysteme alle Beschränkungen der 23
darin tätigen Einzelhändler hinsichtlich des **aktiven oder passiven Verkaufs an Endverbraucher.** Wenn ein Anbieter ein selektives Vertriebssystem iS von Art. 1 Abs. 1 lit. e wählt und vertraglich ausgestaltet, darf er es nicht mit Elementen verbinden, die in anderen Vertriebssystemen, insbesondere in solchen über Alleinvertriebshändler, möglich sind. Der Einzelhändler, der einem selektiven Vertrieb angehört, darf nicht daran gehindert werden, **jedweden Endbenutzer oder Endverbraucher zu beliefern.** Dabei wird **nicht differenziert zwischen aktivem und passivem Verkauf** (vgl. auch *Ellger* in IM Art. 4 Vertikal-GVO Rn. 87 ff.; *Schultze/Pautke/Wagener* Art. 4 Rn. 786). Er muss also in der Lage sein, überall – auch über das **Internet** (dazu auch Vertikalleitlinien, Anhang B 6, Rn. 56) – um solche Endkunden zu werben und sich in jeder Form um ihn zu bemühen. Selektive Vertriebssysteme dürfen also nicht auf der Einzelhandelsstufe den Intrabrand-Wettbewerb beschränken. Die einzige Beschränkung, die hinsichtlich der Tätigkeit des zugelassenen Einzelhändlers möglich ist, ist die **Beschränkung in der Eröffnung und dem Betrieb von Niederlassungen** (vgl. auch Vertikalleitlinien, Anhang B 6, Rn. 57). Es ist möglich, dem Einzelhändler aufzuerlegen, dass er nur von der zugelassenen Niederlassung aus tätig sein darf. Unter Niederlassung ist grundsätzlich eine feste, auf einem bestimmten Grundstück gelegene Verkaufsstelle zu verstehen. Der Begriff erfasst aber

auch eine **mobile Verkaufsstelle,** für die dann ein Gebiet festgelegt werden darf, in dem sie sich bewegen kann (dazu auch Vertikalleitlinien, aaO). Aus lit. c ergibt sich, dass dem Händler die Eröffnung weiterer Niederlassungen untersagt werden kann (vgl. dazu auch lit. b, → Rn. 13). Der **Vertrieb über das Internet,** den ein in einer stationären Niederlassung tätigen Einzelhändler tätigt, ist als solcher kein Vertrieb über eine weitere „virtuelle" Niederlassung, der untersagt werden könnte; dem im Hinblick auf seine stationäre Niederlassung zugelassenen Händler darf der zusätzliche Vertrieb über das Internet nicht untersagt werden (EuGH C-439/09 Rn. 56 = WRP 2011, 1577 Pierre Fabre; dazu *Dethof* ZWeR 2012, 503, 508; *Oest/Wagener* RIW 2012, 35; Vertikalleitlinien, Anhang B 6, Rn. 56; BGH WuW/E DE-R 1203ff., Depotkosmetik im Internet; *Schultze/Pautke/Wagener* Art. 4 Rn. 805ff.; *Bauer* WRP 2003, 243, 247; *Rheinländer* WRP 2005, 285, 288ff.). Teilweise wird in der Höhe der Einkaufspreise des Händlers bzw. der ihm gewährten Rabatte dennoch differenziert, ob er die Vertragswaren über das stationäre Geschäft oder über das Internet vertreibt. Das setzt voraus, dass der Händler den Hersteller detailliert über die Ausnutzung seiner Vertriebswege informiert. Die Preis- und Rabattdifferenzierung muss, damit sie nicht als mittelbare Behinderung einer der beiden Vertriebswege qualifiziert wird, durch die unterschiedlichen Leistungen des Händlers und die damit verbundenen Kosten gerechtfertigt sein.

24 Lit. c betrifft Händler, „welche **auf der Einzelhandelstufe** tätig" sind. Die VO 330/2010 geht offensichtlich davon aus, dass es zulässig ist, die Handelsstufe der in einem Vertriebssystem tätigen Händler zu definieren. Das wird durch den Vergleich zwischen Art. 4 lit. b, (ii.) und lit. d bestätigt. Es gibt hiernach Händler, „die auf der Großhandelsstufe tätig sind", und solche, die „auf der Einzelhandelsstufe tätig sind". Diese Unterscheidung macht nur Sinn, wenn es zulässig ist, **die Händler auf diese Funktionen festzuschreiben.** Das spielt insbesondere im internationalen Verkehr bei der Definition der Importeursstufe eine Rolle, die ihrerseits über Verträge mit auf der Einzelhandelsstufe tätigen Händlern arbeiten. Der Importeur darf auf seine Funktion als Großhändler festgelegt werden, der Einzelhändler auf letztere. Dem Einzelhändler, der einem selektiven Vertriebssystem angehört, darf allerdings nicht untersagt werden, systemangehörige Händler quer zu beliefern (→ Rn. 26f.).

25 Lit. c gilt **nicht** für Mitglieder von selektiven Vertriebssystemen, die auf der **Großhandelsstufe** tätig sind. Ihnen darf nach lit. b (ii.) der Verkauf an Endabnehmer untersagt werden; sie dürfen darauf festgelegt werden, nur Einzelhändler zu beliefern. Die damit verbundene Beschränkung des aktiven oder passiven Verkaufs an Endverbraucher ist also zulässig. Wenn aber von der in Art. 4 lit. b (ii.) vorgesehenen Beschränkung des Verkaufs an Endabnehmer kein Gebrauch gemacht wird, und damit der an sich oder primär auf der Großhandelsstufe tätige Händler eines selektiven Vertriebssystems auch die Möglichkeit hat, an Endabnehmer zu verkaufen, darf diese Möglichkeit nicht wiederum beschränkt werden. Eine Gesamtschau von Art. 4 lit. b (ii.) und c zeigt also, dass innerhalb selektiver Vertriebssysteme insoweit ein **Alles-oder-Nichts-Prinzip** gilt. Entweder wird dem auf der Großhandelsstufe tätigen Mitglied des selektiven Vertriebssystems auch der Verkauf an Endabnehmer freigegeben; dann darf er nicht partiell beschränkt werden. Oder er wird ihm generell verboten. Ein Mittelweg ist nicht möglich (aA *Schultze/Pautke/Wagener* Art. 4 Rn. 793 mit Fn. 36). Ist der **Anbieter als Mitglied des selektiven Vertriebssystems** auf der Einzelhandelsstufe tätig, darf (und muss) auch ihm die Verkaufsbeschränkung nach lit. c auferlegt werden.

5. Beschränkung von Querlieferungen innerhalb selektiver Vertriebssysteme (lit. d)

26 Art. 4 lit. d verbietet jedwede Form von Beschränkungen von Querlieferungen innerhalb selektiver Vertriebssysteme. Wenn ein Anbieter ein **qualitatives oder quantitatives selektives Vertriebssystem** aufbaut, müssen die diesem System angehö-

renden Händler darin frei sein, sich gegenseitig zu beliefern, und zwar ohne Differenzierung danach, ob es sich funktional um Groß- oder Einzelhändler handelt (vgl. Vertikalleitlinien, Anhang B 6, Rn. 58). Das hat praktische Bedeutung insbesondere für Lieferungen über Landesgrenzen hinweg, wenn und solange Preisdifferenzen in den einzelnen Ländern bestehen. Dann kann es wirtschaftliche Anreize geben, dass sich auch Einzelhändler gegenseitig beliefern. Der sich daraus mittelbar ergebende **wettbewerbliche Druck auf Preisangleichung** ist erwünscht; er darf nicht weggenommen werden (vgl. *Beutelmann* S. 117). Selektive Vertriebssysteme dürfen nicht mit irgendwelchen Vertriebsbindungen versehen werden, und zwar auch nicht auf der Stufe des Großhandels. Lit. d verlangt, dass innerhalb eines selektiven Vertriebssystems ein Großhändler in der Lage sein muss, alle Einzelhändler des Systems überall zu beliefern; Beschränkungen sind insoweit nicht möglich.

Die Querlieferungsfreiheit der Händler eines selektiven Vertriebssystems würde 27
auch beeinträchtigt, wenn die **Querbezugsfreiheit** der anderen Händler beschränkt würde (so auch *Schultze/Pautke/Wagener* Art. 4 Rn. 813). Der Freiheit in der Querbelieferung entspricht die Freiheit des Querbezugs bei anderen zugelassenen Händlern; wird sie beschränkt, liegt zugleich auch ein Verstoß gegen die „schwarze" Klausel der lit. d vor, ggf. auch gegen Art. 5 Abs. 1 lit. a. Letzteres wäre der Fall, wenn im Rahmen eines nach Art. 5 Abs. 1 lit. a beschränkt zulässigen Wettbewerbsverbotes dem Händler eines selektiven Vertriebssystems auferlegt würde, alle Vertragsprodukte und -dienstleistungen unmittelbar beim Lieferanten zu beziehen, sodass er zum Querbezug nicht in der Lage wäre. Deswegen muss Art. 5 Abs. 1 lit. a so interpretiert werden, dass in die hiernach beschränkt zulässige **100%ige Bezugsverpflichtung die Querbezüge** bei anderen Händlern des selektiven Vertriebssystems einzubeziehen sind. Entsprechendes gilt bei der 80%-Klausel des Art. 1 Abs. 1 lit. d (→ Art. 1 Rn. 30).

6. Verkaufsbeschränkungen für Ersatzteile (lit. e)

Hersteller von technischen Endprodukten (nach der Terminologie von lit. e „Ab- 28
nehmer") beziehen in großem Umfang Teile für die Herstellung von **Zulieferern** („Anbieter"). Die Zulieferer sind daran interessiert, die gleichen Teile, die sie an die Hersteller für die Erstausrüstung verkaufen, auch über die ihnen zur Verfügung stehenden **Ersatzteile-Vertriebswege** zu vertreiben. Da diese Teile mit den Erstausrüstungsteilen identisch sind (sog. **Identteile,** dazu BKartA WuW/E BKartA 1781 ff. Identteile), haben die Zulieferer häufig im Wettbewerb zu den Vertriebs- und Kundendienstorganisationen der Hersteller uU attraktive Vertriebsmöglichkeiten. Lit. e stellt sicher, dass in solchen Beziehungen die Teilelieferanten nicht daran gehindert werden dürfen, **Parallelvertriebswege für ihre Identteile** wahrzunehmen. Privilegiert davon sind aber nur Vertriebswege für die Verwendung der Teile als Ersatzteile im Reparatur- und Wartungsgeschäft, nicht auch für den Einbau in Erzeugnisse, die mit denen den Herstellers des Endproduktes („Abnehmer") konkurrieren.

Die Regelung in lit. e hat ihren praktischen Hauptanwendungsbereich bei **Er-** 29
satzteilen für Automobile, ist darauf aber nicht beschränkt. Für die Beurteilung von industriellen Zuliefervereinbarungen im Übrigen vgl. auch die Zulieferbekanntmachung der Kommission von 1979 (Anhang B 8).

Art. 5 Nicht freigestellte Beschränkungen

(1) **Die Freistellung nach Artikel 2 gilt nicht für die folgenden, in vertikalen Vereinbarungen enthaltenen Verpflichtungen:**

a) **unmittelbare oder mittelbare Wettbewerbsverbote, die für eine unbestimmte Dauer oder für eine Dauer von mehr als fünf Jahren vereinbart werden;**

b) unmittelbare oder mittelbare Verpflichtungen, die den Abnehmer veranlassen, Waren oder Dienstleistungen nach Beendigung der Vereinbarung nicht herzustellen, zu beziehen, zu verkaufen oder weiterzuverkaufen;

c) unmittelbare oder mittelbare Verpflichtungen, die die Mitglieder eines selektiven Vertriebsystems veranlassen, Marken bestimmter konkurrierender Anbieter nicht zu verkaufen.

Für die Zwecke des Unterabsatz 1 Buchstabe a gelten Wettbewerbsverbote, deren Dauer sich über den Zeitraum von fünf Jahren hinaus stillschweigend verlängert, als für eine unbestimmte Dauer vereinbart.

(2) **Abweichend von Absatz 1 Buchstabe a gilt die Begrenzung auf fünf Jahre nicht, wenn die Vertragswaren oder -dienstleistungen vom Abnehmer in Räumlichkeiten und auf Grundstücken verkauft werden, die im Eigentum des Anbieters stehen oder von diesem von nicht mit dem Abnehmer verbundenen Dritten gemietet oder gepachtet worden sind und das Wettbewerbsverbot nicht über den Zeitraum hinausreicht, in dem der Abnehmer diese Räumlichkeiten und Grundstücke nutzt.DE 23.4.2010 Amtsblatt der Europäischen Union L 102/5**

(3) **In Abweichung von Absatz 1 Buchstabe b gilt die Freistellung nach Artikel 2 für unmittelbare oder mittelbare Verpflichtungen, die den Abnehmer veranlassen, Waren oder Dienstleistungen nach Beendigung der Vereinbarung nicht herzustellen, zu beziehen, zu verkaufen oder weiterzuverkaufen, wenn die folgenden Bedingungen erfüllt sind:**

a) die Verpflichtungen beziehen sich auf Waren oder Dienstleistungen, die mit den Vertragswaren oder -dienstleistungen im Wettbewerb stehen;

b) die Verpflichtungen beschränken sich auf Räumlichkeiten und Grundstücke, von denen aus der Abnehmer während der Vertragslaufzeit seine Geschäfte betrieben hat;

c) die Verpflichtungen sind unerlässlich, um dem Abnehmer vom Anbieter übertragenes Know-how zu schützen;

d) die Dauer der Verpflichtungen ist auf höchstens ein Jahr nach Beendigung der Vereinbarung begrenzt.

Absatz 1 Buchstabe b gilt unbeschadet der Möglichkeit, Nutzung und Offenlegung von nicht allgemein zugänglichem Know-how unbefristeten Beschränkungen zu unterwerfen.

1. Allgemeines

1 Art. 5 ist im Vergleich zu Art. 5 VO 2790/1999 **neu gegliedert;** sachliche Änderungen sind damit nicht verbunden. In dem neuen Abs. 1 sind alle Beschränkungen aufgeführt, die unzulässig sind, in Abs. 2 und 3 die zulässigen Ausnahmen von diesen Beschränkungen. In der VO 2790/1999 war Art. 5 nicht in mehrere Absätze unterteilt. In lit. a war das grundsätzliche Wettbewerbsverbot (wie jetzt Abs. 1 lit. a) und die darauf bezogene Ausnahme (jetzt in Abs. 2) enthalten. In lit. b war das Wettbewerbsverbot nach Beendigung der Vereinbarung (jetzt Abs. 1 lit. b) und die darauf bezogene Ausnahme (jetzt Abs. 2) geregelt, in lit. c das gezielte Wettbewerbsverbot in selektiven Vertriebssystemen (jetzt Abs. 1 lit. c).

2 In Art. 5 sind Vertragsklauseln zusammengefasst, die nicht – wie in den Fällen des Art. 4 – zum Wegfall der Freistellung insgesamt führen, sondern nur bedeuten, dass die **im Einzelnen aufgeführten Klauseln nicht freigestellt** sind. Das kommt in der Formulierung „die Freistellung … gilt nicht für die folgenden … Verpflichtungen" zum Ausdruck (vgl. auch Vertikalleitlinien, Anhang B 6, Rn. 65). Ist in einer grundsätzlich von der VO 330/2010 erfassten Vereinbarung eine Verpflichtung iSd Art. 5 enthalten, ist nur die Verpflichtung als solche nicht von der Freistellung erfasst;

die Freistellung im Übrigen bleibt unberührt. Im Hinblick auf diese beschränkte Rechtsfolge werden die Klauseln in Art. 5 meistens als **„graue" Klauseln** bezeichnet; teilweise wird auch von „roten" Listen gesprochen (*Bauer/de Bronett* Rn. 137; *Ensthaler/Funk* BB 2000, 1685). Sie sind nicht „schwarz", weil sie die Freistellung nicht insgesamt berühren, und sie sind nicht „weiß", weil sie nicht freigestellt sind. Im Regelfall ist davon auszugehen, dass die von Art. 5 erfassten Klauseln nach Art. 101 Abs. 2 AEUV nichtig sind. Allerdings gibt es insoweit keinen Automatismus. Es ist nämlich möglich, dass die Klausel **im Einzelfall nicht gegen Art. 101 Abs. 1 AEUV verstößt,** weshalb sie dann auch keiner Freistellung bedarf. Außerdem ist denkbar, dass die Klausel zwar gegen Art. 101 Abs. 1 AEUV verstößt, aber unabhängig von dem Eingreifen der Gruppenfreistellung jedenfalls unmittelbar die Voraussetzung des Art. 101 Abs. 3 AEUV erfüllt. Art. 5 ist also nicht so zu verstehen, dass von Gesetzes wegen bei Vereinbarung einer entsprechenden Klausel immer das Verbot des Art. 101 Abs. 1 AEUV und die Nichtigkeitsfolge des Abs. 2 AEUV eingreifen, sondern nur in dem Sinne, dass die Gruppenfreistellung nach der VO 330/2010 nicht eingreift. Allerdings hat diese Differenzierung keine größere praktische Bedeutung. Im Regelfall ist davon auszugehen, dass bei Vereinbarung einer Klausel im Sinne des Art. 5 insoweit eine Freistellung nicht in Betracht kommt und deswegen das Verbot des Art. 101 Abs. 1 AEUV und die Nichtigkeitsaktion des Abs. 2 AEUV eingreifen; zum Wettbewerbsverbot in Franchisevereinbarungen → Rn. 6.

Art. 5 stellt ebenso wie Art. 4 nicht darauf ab, ob die dort angesprochene „Verpflichtung" im Vertragswortlaut der Vertikalvereinbarung enthalten ist. Da der Begriff der vertikalen Vereinbarung nach Art. 1 Abs. 1 lit. a nicht nur Vereinbarungen im zivilrechtlichen Sinne deckt, sondern auch aufeinander abgestimmte Verhaltenweisen (→ Art. 1, Rn. 5 ff.), kann sich theoretisch eine „graue" Klausel iS des Art. 5 auch aus einem **entsprechenden aufeinander abgestimmten Verhalten** ergeben. Das kann praktische Bedeutung insbes. für Abs. 1 lit. c haben, wenn nämlich die Partner eines vertikalen Vertriebssystems sich darüber abgestimmt haben, dass die Marken bestimmter konkurrierender Lieferanten nicht verkauft werden. 3

2. Wettbewerbsverbote während der Vertragsdauer (Abs. 1lit. a, Abs. 2)

a) Anwendungsbereich. Abs. 1 lit. a erfasst nur Wettbewerbsverbote zulasten des Abnehmers, also in der vertikalen Vereinbarung zulasten des Vertragspartners des Anbieters (ebenso *Ellger* in IM Art. 5 Vertikal-GVO Rn. 5; *Roniger* Art. 1 Rn. 4). Das ergibt sich aus der **Legaldefinition des „Wettbewerbsverbots" in Art. 1 Abs. 1 lit. d.** Hiernach geht es nur um Verpflichtungen, die den **Abnehmer** veranlassen, bestimmte Tätigkeiten zu unterlassen (→ Art. 1 Rn. 26). Wettbewerbsverbote **zulasten des Anbieters** sind in Art. 5 Abs. 1 lit. a und b **nicht geregelt** und allenfalls potenzieller Anwendungsbereich von Abs. 1 lit. c (→ Rn. 14). Typische Fälle von lit. a sind die Verbote an den Händler, Konkurrenzprodukte zu führen. Abs. 1 lit. a erfasst nur das Verbot wettbewerblicher Tätigkeiten, also iS der Definition von Art. 1 Abs. 1 lit. d von Tätigkeiten, die **„mit den Vertragswaren oder -dienstleistungen im Wettbewerb stehen". Sonstige Tätigkeitsbeschränkungen des Abnehmers** außerhalb des Wettbewerbsumfeldes sind zulässig. Es ist also möglich, dem Abnehmer zwar alle wettbewerblichen Tätigkeiten freizugeben, ihm aber zu untersagen, außerhalb des Wettbewerbsumfeldes sonstige Tätigkeiten zu ergreifen. Das kann durchaus Sinn machen in den Fällen, in denen der Anbieter daran interessiert ist, dass der Abnehmer (Händler) ein Vollsortiment miteinander konkurrierender Waren oder Dienstleistungen anbietet, ihm aber untersagt, daneben auch andere Tätigkeiten wahrzunehmen, die ihn zB daran hindern könnten, sich in dem vom Anbieter für erforderlich gehaltenen Umfang um den Vertrieb der Vertragswaren und -dienstleistungen und mit ihnen konkurrierender Waren und Dienstleistungen zu bemühen. 4

5 Abs. 1 lit. a ist auch insoweit in Verbindung mit Art. 1 Abs. 1 lit. d zu lesen, als sich daraus ergibt, dass eine **Bezugsverpflichtung von bis zu 80% des Gesamtbezugs nicht von dem Begriff des Wettbewerbsverbots erfasst** wird. Derartige Bezugsverpflichtungen sind also **zeitlich unbefristet zulässig** (ebenso *Klotz* in *Schröter/Jakob/Mederer* Art. 81 – Fallgruppen, Liefer- und Bezugsvereinbarungen, Rn. 113). In sie sind allerdings im Hinblick auf die Unzulässigkeit jeder Beschränkung von Querlieferungen innerhalb eines selektiven Vertriebssystems die **Querbezüge** bei anderen zugelassenen Händlern einzuberechnen (→ Art. 1 Rn. 30 und → Art. 4 Rn. 19); Mindestabnahmeverpflichtungen in Verbindung mit der Verpflichtung, diese ausschließlich unmittelbar vom Anbieter bezogenen Waren zu erfüllen, sind hiernach unzulässig (dazu BGH WuW/E DE-R 1335ff., 1341 Citroën).

6 Auch nach Auffassung der Kommission sind zeitlich unbefristete Wettbewerbsverbote in **Franchisevereinbarungen** jedenfalls insoweit mit Art. 101 Abs. 1 AEUV vereinbar, wie sie notwendig sind, „um die Einheitlichkeit und den Ruf des Franchisesystems zu erhalten" (Vertikalleitlinien, Anhang B 6, Rn. 190). Je nach Ausgestaltung des Franchisesystems können deswegen auch ausschließliche Bezugsverpflichtungen des Franchisenehmers beim Franchisegeber zulässig sein. Nach der Rechtsprechung des EuGH verstoßen Bezugspflichten in einem Franchisesystem nicht gegen Art. 101 Abs. 1 AEUV, wenn die Festlegung und Überwachung objektiver Qualitätskriterien im Hinblick auf fremdbezogene Vertragswaren unmöglich oder zu kostspielig wären (EuGH Slg. 1986 353 383 Pronuptia). Soweit aufgrund der Besonderheiten des Franchisesystems Art. 101 Abs. 1 AEUV auf Wettbewerbsverbote nicht anwendbar ist, ist auch ein formaler Verstoß gegen Art. 5 Abs. 1 lit. a unschädlich. Insbesondere gibt es dann keinen Grund, das „Wettbewerbsverbot" auf fünf Jahre zu begrenzen; vielmehr ist es jedenfalls insoweit relevant, als es nicht über die Laufzeit der Franchisevereinbarung hinausgeht.

7 **b) Höchstbegrenzung auf fünf Jahre.** Art. 5 Abs. 1 lit. a enthält kein generelles Verbot von Wettbewerbsverboten, sondern ihre Begrenzung auf fünf Jahre. Diese Regelung lehnt sich an Art. 3 lit. d VO 1984/83 an, dessen Wortlaut Anlass zu Auslegungsschwierigkeiten gab. Über den früheren Anwendungsbereich der VO 1984/83 hinaus erfasst lit. a aber **auch Wettbewerbsverbote in Alleinvertriebsverträgen.** In Alleinvertriebsverträgen war früher nach Art. 2 Abs. 2 lit. a VO 1983/83 ein zeitlich unbefristetes Wettbewerbsverbot zulasten des Alleinvertriebshändlers zulässig; ihm durfte für die Dauer des Vertrages verboten werden, mit den Vertragswaren im Wettbewerb stehende Waren nicht herzustellen oder zu vertreiben. Das ist nach lit. a nur noch für die Dauer von fünf Jahren zulässig. Eine **„geltungserhaltende Reduktion"** eines länger als für fünf Jahre vereinbarten Wettbewerbsverbotes auf die Dauer von fünf Jahren ist nach der Systematik des Art. 5 nicht möglich. Ist es für einen längeren Zeitraum vereinbart, ist es insgesamt nicht freigestellt; es kann also nicht „geltungserhaltend" auf fünf Jahre reduziert werden (*Schultze/Pautke/Wagener* Art. 5 Rn. 868f.). Das fünfjährige Wettbewerbsverbot kann aber mit einer anschließenden unbefristeten 80%-Vereinbarung kombiniert werden, da letztere nach der Definition des Art. 1 Abs. 1 lit. d kein Wettbewerbsverbot ist (so auch *Schultze/Pautke/Wagener* Art. 5 Rn. 856; *Petsche/Lager* in *Liebscher/Flohr/Petsche* § 7 Rn. 129).

8 Art. 5 Abs. 1 lit. a schreibt – außerhalb der Regelung über Wettbewerbsverbote – keine zeitliche Befristung der durch sie zugelassenen vertikalen Vereinbarungen vor. Sie können also ohne weiteres auch für **längere Laufzeiten als fünf Jahre** und für unbestimmte Laufzeiten abgeschlossen werden (vgl. auch *Ellger* in IM Art. 5 Vertikal-GVO Rn. 19). Enthalten sie aber zulasten des Abnehmers (Händlers) Wettbewerbsverbote, dürfen diese nur für die Höchstdauer von fünf Jahren vereinbart werden. Das bedeutet, dass sie nach dem Inhalt des Vertrages auch bei dessen längerer Laufzeit **nach fünf Jahren auslaufen müssen.** Es reicht nicht aus, dass der Vertrag insoweit eine vorzeitige Kündigungsmöglichkeit vorsieht, oder dass der Vertrag insge-

samt zwar auf unbestimmte Zeit geschlossen ist, aber schon vor fünf Jahren gekündigt werden kann. Es ist vielmehr die Klarstellung erforderlich, dass auch bei längerer Laufzeit des Vertrages das Wettbewerbsverbot **nach spätestens fünf Jahren endet.** Das ergibt sich nicht nur aus dem Wortlaut von lit. a, sondern auch aus der Auslegungsgeschichte zu Art. 3 lit. d VO 1984/83. Das Gericht (erster Instanz) hat im Fall Langnese/Iglo (Slg. 1995 II-1533 1584) das dortige Tatbestandsmerkmal der „unbestimmten" Laufzeit so ausgelegt, wie dies jetzt im Wortlaut von lit. a festgelegt ist. Wettbewerbsverbote für eine unbestimmte Dauer sind hiernach unzulässig. Als für unbestimmte Dauer gilt auch ein Wettbewerbsverbot vereinbart, wenn es zwar spätestens nach fünf Jahren gekündigt werden kann, im Falle der Nichtkündigung aber weiter gilt. Dasselbe soll nach Abs. 1 letzter S. bei Wettbewerbsverboten gelten, „deren Dauer sich über den Zeitraum von fünf Jahren stillschweigend verlängert". Das ist wohl als Hinweis darauf zu verstehen, dass ein nach dem Vertragswortlaut auf fünf Jahre befristetes Wettbewerbsverbot nicht in einer abgestimmten Verhaltensweise fortgelten soll. Es gibt aber nach Ablauf der fünf Jahre keine Pflicht des Abnehmers, von der neu gewonnenen Wettbewerbsfreiheit auch tatsächlich Gebrauch zu machen.

Zweck dieser strengen Regelung ist, dem Abnehmer sanktionslos die Möglichkeit 9
zu geben, nach fünf Jahren – bei längerer Laufzeit des Vertrages im Übrigen – auch wettbewerbliche Tätigkeiten zu ergreifen. Dem steht aber nicht entgegen, dass nach Ablauf der fünf Jahre oder vorher eine **neue Vereinbarung** getroffen wird, wonach der Abnehmer wieder – und zwar für eine Höchstlaufzeit von wiederum fünf Jahren – einem Wettbewerbsverbot unterliegt; derartige **„Kettenverträge"** sind also zulässig. Lit. a steht nur einem für längere Zeit als fünf Jahre vereinbarten Wettbewerbsverbot oder einem auf unbestimmte Zeit vereinbarten Wettbewerbsverbot entgegen, nicht aber der **späteren Verlängerung eines ursprünglich für höchstens fünf Jahre vereinbarten Wettbewerbsverbots** (*Schultze/Pautke/Wagener* Art. 5 Rn. 861). Zulässig ist eine **einseitige Verlängerungsoption** des Abnehmers, da bei Nichtausübung durch den Abnehmer die 5-Jahresbefristung nicht berührt wird (so auch *Ellger* in IM Art. 5 Vertikal-GVO Rn. 19; *Schultze/Pautke/Wagener* Art. 5 Rn. 665).

c) Wettbewerbsverbote in Verbindung mit Miet- oder Pachtverträgen 10
(Abs. 2). Abs. 2 lässt auch für mehr als fünf Jahre vereinbarte Wettbewerbsverbote zu, wenn der Abnehmer seine Tätigkeit in Räumen durchführt, die er vom Anbieter gemietet oder gepachtet hat. Maßgebend für diesen Fall sind die Besonderheiten der Bierlieferungs- und Tankstellenverträge, die in Art. 6ff. und Art. 10ff. der VO 1984/83 geregelt waren. Dem **Alleinbezugs-Gastwirt** und dem **Alleinbezugs-Tankstellenpächter** konnten hiernach auch länger als fünf Jahre laufende Wettbewerbsverbote auferlegt werden, wenn das Wettbewerbsverbot sich als Teil von Vorteilen darstellte, die der Anbieter dem Gastwirt bzw. dem Tankstellenpächter gewährt hat. Es musste sich dabei nicht unbedingt um Miet- oder Pachtverhältnisse handeln; es reichte die „Gewährung besonderer wirtschaftlicher oder finanzieller Vorteile" durch den Anbieter aus, die sich aber meistens auf die Ausstattung der Geschäftsräume des Abnehmers (Gastwirt, Tankstellenpächter) bezogen. Abs. 2 knüpft nur noch daran an, dass der Abnehmer seine Tätigkeit **in Räumlichkeiten oder auf Grundstücken** ausübt, die entweder im Eigentum des Anbieters stehen oder von diesem für die Geschäftstätigkeit des Abnehmers von Dritten gemietet oder gepachtet worden sind. Diese Regelung hat den Fall im Auge, dass ein Händler seine Tätigkeit in Geschäftsräumen ausübt, die ihm von seinem Anbieter zur Verfügung gestellt worden sind; dann wird es als gerechtfertigt angesehen, dass der Händler nicht auch für Wettbewerber seines Anbieters tätig sein darf. Die Vertikalleitlinien (Anhang B 6, Rn. 67) weisen ausdrücklich darauf hin, dass „künstliche Konstruktionen" nicht helfen. Sie können zB vorliegen, wenn Untermietverhältnisse mit dritten, aber am Wettbe-

werbsverbot interessierten Personen allein zu dem Zweck begründet werden, ein länger laufendes Wettbewerbsverbot formal zu legitimieren.

11 Das Wettbewerbsverbot darf in diesem Fall nicht über den **Zeitraum** hinausreichen, in welchem der Abnehmer die ihm vom Anbieter zur Verfügung gestellten **Räumlichkeiten und Grundstücke tatsächlich nutzt** (vgl. auch *Ellger* in IM Art. 5 Vertikal-GVO Rn. 24; *Baron* in L/M/R GVO-Vertikal Rn. 278). Wenn es nach dem Vertrag möglich ist, dass sich die Zurverfügungstellung der Räume von dem übrigen Inhalt der Vertikalvereinbarung trennt, die Vertikalvereinbarung also auch für den Fall weiter gelten soll, dass die besondere Vertragsbeziehung für die Räumlichkeiten endet, muss im Vertrag vorgesehen sein, dass dann auch das Wettbewerbsverbot endet. Die Kopplung mit den Räumlichkeiten kann **kombiniert** werden mit der Möglichkeit nach der Abs. 1 lit. a, ein Wettbewerbsverbot für einen Zeitraum von höchstens fünf Jahren zu vereinbaren. Abs. 2 lässt also eine Regelung zu, dass das Wettbewerbsverbot längstens für einen Zeitraum gilt, der aus der Dauer der Nutzung der Räumlichkeiten bzw. des Grundstückes besteht, zuzüglich höchstens fünf Jahre.

3. Nachvertragliche Verbote und Verpflichtungen (Abs. 1 lit. b, Abs. 3)

12 **a) Grundsatz.** Abs. 1 lit. b enthält den Grundsatz, dass alle nachvertraglichen Wettbewerbsverbote nicht freigestellt sind. Lit. b verwendet allerdings nicht den Begriff „Wettbewerbsverbot", sondern spricht von „allen unmittelbaren oder mittelbaren Verpflichtungen, die den Abnehmer veranlassen, Waren oder Dienstleistungen nach Beendigung der Vereinbarung nicht herzustellen, zu beziehen, zu verkaufen oder weiterzuverkaufen". Diese Formulierung deckt – nur zulasten des Abnehmers, nicht des Anbieters – **nicht nur Wettbewerbsverbote** iS von Verboten, etwas zu tun, sondern auch **positive Verpflichtungen, bestimmte Tätigkeiten fortzuführen oder aufzunehmen.** Lit. b ist aber nur anwendbar, wenn eine solche positive Tätigkeitsverpflichtung eine Wettbewerbsbeschränkung iS von Art. 101 Abs. 1 AEUV darstellt. Das ist grundsätzlich nicht der Fall, wenn dem Käufer nur etwas positiv auferlegt wird, er aber nicht direkt oder indirekt an irgendwelchen Tätigkeiten gehindert wird. Abs. 1 ordnet nur an, dass die Freistellung nach Art. 2 für eine solche Verpflichtung nicht gilt. Diese Regelung ist ohne Bedeutung, wenn die vom Wortlaut von lit. b erfasste Verpflichtung nicht gegen Art. 101 Abs. 1 AEUV verstößt. Sie ist nach dem Wortlaut von Abs. 1 nicht freigestellt; dieser Freistellung bedarf es aber nicht, weil sie nicht gegen Art. 101 Abs. 1 AEUV verstößt.

13 **b) Gegenausnahmen (Abs. 3).** Abs. 3 enthält **eine** Gegenausnahme. In der VO 2790/1999 ergab sich eindeutig aus dem englischen und französischen Wortlaut, dass die (inhaltlich nicht veränderten) Bedingungen kumulativ erfüllt sein mussten (vgl. 2. Aufl. Art. 5 VO 2790/1999, Rn. 12); der deutsche Wortlaut war insoweit nicht eindeutig. Die jetzt geltenden – deutschen, englischen und französischen – Gesetzeswortlaute machen klar, dass die Bedingungen nach lit. a-d **keine Alternativen** sind, sondern dass die Gegenausnahme nur dann eingreift, wenn alle Voraussetzungen **kumulativ** nebeneinander erfüllt sind (vgl. *Ellger* in IM Art. 5 Vertikal-GVO Rn. 30; *Baron* in L/M/R GVO-Vertikal Rn. 285; *Schultze/Pautke/Wagener* Art. 5 Rn. 884). Das bedeutet, dass das nachvertragliche Wettbewerbsverbot nur zulässig ist, wenn es sich auf Wettbewerbswaren oder -dienstleistungen und die bisherigen Geschäftsräume des Abnehmers bezieht und unerlässlich ist, um ein dem Abnehmer vom Anbieter übertragenes Know-how zu schützen (vgl. Vertikalleitlinien, Anhang B 6, Rn. 68). Diese Regelung setzt also insbesondere voraus, dass im Rahmen der Vertikalvereinbarung der Anbieter Know-how auf den Abnehmer übertragen hat; sie ist insbesondere auf **Franchise-Verträge** gemünzt (vgl. *Beutelmann* S. 143). Zeitlich ist

das hiernach zugelassene nachvertragliche Wettbewerbsverbot auf höchstens ein Jahr nach Beendigung der Vereinbarung begrenzt. Ist es für eine längere Zeit vereinbart, ist es nach Art. 5 Abs. 1 lit. b nicht freigestellt. Eine **„geltungserhaltende" Reduktion** auf ein Jahr ist angesichts der Systematik des Art. 5 **nicht möglich.** Ist es für einen längeren Zeitraum vereinbart, ist es also insgesamt nicht freigestellt. Davon unberührt ist freilich die Verpflichtung, **überlassenes Know-how weiterhin geheim zu halten.** Wäre diese Verpflichtung, die im Regelfall nicht wettbewerbsbeschränkend ist, nicht möglich, wäre die Aufrechterhaltung von geheimem Know-how, das im Zusammenhang mit Vertikalvereinbarungen überlassen wird, nach deren Beendigung nicht möglich.

4. Gezielte Wettbewerbsverbote in selektiven Vertriebssystemen (Abs. 1 lit. c)

Abs. 1 lit. c verbietet **Wettbewerbsverbote zulasten „bestimmter" konkurrierender Anbieter,** und zwar nur im Zusammenhang mit selektiven Vertriebssystemen. Für den Begriff des selektiven Vertriebssystems gilt Art. 1 Abs. 1 lit. e; er erfasst sowohl qualitative als auch quantitative selektive Vertriebssysteme. Solche Vertriebssysteme kommen häufig ohne Vereinbarung von Wettbewerbsverboten aus; für die rein qualitativ selektiven Vertriebssysteme ist das Vollsortiment und damit die Wettbewerbstätigkeit des Abnehmers häufig essentiell. Es ist zwar möglich, unter den Voraussetzungen des Art. 5 Abs. 1 lit. a ein Wettbewerbsverbot zu vereinbaren und damit die Mitglieder des selektiven Vertriebssystems von Wettbewerbstätigkeiten abzuhalten. Keinesfalls darf aber vereinbart werden, dass die Abnehmer zwar grundsätzlich Wettbewerbstätigkeiten durchführen dürfen, aber nicht für „bestimmte" konkurrierende Anbieter. Der Anbieter wird damit vor die Alternative gestellt, entweder seinen Händlern (Abnehmern) jede Wettbewerbstätigkeit zu untersagen, oder sie ihnen freizugeben; **Ausnahmen zulasten „bestimmter" Anbieter sind nicht zugelassen** (vgl. auch Vertikalleitlinien, Anhang B 6, Rn. 69). Abs. 1 lit. c erfasst als Alternativen dieser Beschränkung alle **„Mitglieder"** des Vertriebssystems und damit auch den Anbieter des Systems. Ihm darf das Verbot, für bestimmte andere Anbieter tätig zu werden, ebenfalls nicht auferlegt werden. Insoweit ist lit. c eine Einschränkung des Grundsatzes des Art. 5, dass er nur Wettbewerbsverbote zulasten der Abnehmer, nicht auch der Anbieter, erfasst. Ob das praktisch relevant ist, erscheint offen. 14

Der Begriff **„bestimmt"** ist erfüllt, wenn der oder die Anbieter entweder namentlich genannt sind oder jederzeit feststellbar ist, wer von der entsprechenden Regelung erfasst wird (vgl. *Schultze/Pautke/Wagener* Rn. 903). Ist vereinbart, dass die Tätigkeit für konkurrierende Anbieter der Zustimmung des Anbieters bedarf, sind alle Anbieter zunächst ausgeschlossen; insoweit liegen die Voraussetzungen von lit. c nicht vor. Allerdings kann der Anbieter bei einer solchen Regelung einen Ausschluss zulasten eines „bestimmten" Konkurrenten durchsetzen, wenn er die Zustimmung zwar regelmäßig erteilt, stets aber zulasten dieses Anbieters verweigert. Ergibt sich aus der tatsächlichen Handhabung in einem selektiven Vertriebssystem eine solche **tatsächliche Ausschlusswirkung** zulasten eines bestimmten oder mehrerer bestimmter Anbieter, liegt möglicherweise eine entsprechende abgestimmte Verhaltensweise vor. Sie bedeutet dann aber nur, dass sie nicht freigestellt ist, und damit der Händler (Abnehmer) frei ist, auch für die nicht zugelassenen Anbieter tätig zu werden. Die Vertikalleitlinien (Anhang B 6 Rn. 69) interpretieren lit. c so, dass – ausschließlich oder jedenfalls in erster Linie – verhindert werden soll, dass „mehrere" Anbieter, die dieselben Verkaufsstellen des selektiven Vertriebsnetzes nutzen, einen bestimmten Wettbewerber oder bestimmte Wettbewerber davon abhalten, beim Vertrieb ihrer Produkte auf diese Verkaufsstellen zurückzugreifen. Insoweit wird von einem „Marktausschluss eines konkurrierenden Anbieters in Form eines **kollektiven Boykotts**" gesprochen; die dafür zitierte Entscheidung 15 der Kommission vom 24.7.1972 (ABl. L 236/11ff. Parfum Givenchy) ist insoweit aber als Beleg ungeeignet

Art. 6 Nichtanwendung dieser Verordnung

Nach Artikel 1a der Verordnung Nr. 19/65/EWG kann die Kommission durch Verordnung erklären, dass in Fällen, in denen mehr als 50% des relevanten Marktes von parallelen Netzen gleichartiger vertikaler Beschränkungen abgedeckt werden, die vorliegende Verordnung auf vertikale Vereinbarungen, die bestimmte Beschränkungen des Wettbewerbs auf diesem Markt enthalten, keine Anwendung findet.

1. Überblick

1 Art. 6 entspricht Art. 8 VO 2790/1999. Er regelt die Möglichkeit, dass die **Kommission** die Gruppenfreistellung in Fällen für unanwendbar erklärt, in denen sich die Freistellungsvoraussetzungen des Art. 101 Abs. 3 AEUV auf Grund der **Einbindung in Netze** gleichartiger Vereinbarungen anderer Parteien als nicht gegeben erweisen. Rechtsgrundlage dafür ist **Art. 1a VO 19/65.** Die VO 2790/1999 enthielt in Art. 6 und 7 zusätzlich Regelungen über den Entzug der Freistellung durch die Kommission und, begrenzt auf das Gebiet eines Mitgliedsstaats, durch nationale Behörden. Diese Regelungen beruhten auf Art. 7 VO 19/65, der durch Art. 40 VO 1/2003 aufgehoben wurde. Die VO 1/2003 enthält in Art. 29 die Ermächtigung der Kommission bzw. der nationalen Behörden, den Rechtsvorteil der Gruppenfreistellung in Einzelfällen zu entziehen. Eine Wiederholung dieser Regelung in den einzelnen Gruppenfreistellungsverordnungen ist nicht erforderlich; sie gilt unmittelbar auch für die Freistellung nach der VO 330/2010. Der **Wegfall der Art. 6 und 7 VO 2790/1999** hat also die **Rechtslage nicht** geändert.

2 Art. 6 enthält entsprechend Art. 1a VO 19/65 (eingefügt durch VO 1215/1999 und nicht durch die VO 1/2003 aufgehoben oder geändert) die Möglichkeit, dass die Kommission durch Verordnung die Anwendbarkeit der VO 330/2010 auf „**parallele Netze** gleichartiger vertikaler Beschränkungen" ausschließt. Art. 1a VO 19/65 sieht ausdrücklich vor, dass die Kommission in der Gruppenfreistellungsverordnung die Bedingungen festlegt, unter denen die Anwendung ausgeschlossen werden kann. Der Ausschluss der Anwendung hat selbst **durch eine besondere Verordnung** zu erfolgen. Von Art. 6 VO 330/2010 bzw. der Vorgängerregelung in Art. 8 VO 2790/1999 iVm Art. 1a VO 19/65 ist bisher kein Gebrauch gemacht worden.

3 Die Regelung des Art. 1a VO 19/65 und des Art. 6 VO 330/2010 bindet sich ein in eine jahrzehntealte Praxis der Kommission, immer dann, wenn es auf Marktauswirkungen einer Vereinbarung ankommt, nicht nur die Wirkungen dieser Vereinbarung selbst zu betrachten, sondern **Wirkungen paralleler Vereinbarungen auf demselben** Markt einzubeziehen (vgl. dazu EuGH Slg. 1986 3021 3085 Rn. 40 Metro II). Dementsprechend stellt auch die Bagatellbekanntmachung vom Dezember 2001 (Anhang B 2) in Fn. 8 auf den „**kumulativen Marktabschottungseffekt** durch nebeneinander bestehende Netze von Vereinbarungen, die ähnliche Wirkungen auf dem Markt haben", ab. In der Marktanteils-Vorschrift des Art. 3 sind die Auswirkungen gleichartiger Netze nicht berücksichtigt. Das hätte sich schon deswegen verboten, weil damit die Eigenbeurteilung, ob eine Vereinbarung von der Gruppenfreistellung erfasst wird oder nicht, erschwert oder unmöglich gemacht worden wäre. Wettbewerblich negative Auswirkungen von Vertragsnetzen, die zu einem meist nur ganz geringen Teil von der jeweiligen Vereinbarung verursacht werden, sind nur zu berücksichtigen, wenn das von der Kommission bzw. der nationalen Kartellbehörde über Art. 29 Abs. 1 und 2 VO 1/2003 durch Entzug der Gruppenfreistellung im Ein-

zelfall oder von der Kommission generell durch Verordnung nach Art. 6 angeordnet wird.

2. Nichtanwendbarkeitserklärung

a) Materielle Voraussetzungen. Art. 6 setzt voraus, dass **„mehr als 50% des relevanten Marktes** von parallelen Netzen gleichartiger vertikaler Beschränkungen abgedeckt werden". Die in Rede stehenden Vertragsnetze müssen sich **auf ein und denselben sachlich und geographisch relevanten Markt** beziehen, und zwar auf derselben Wirtschaftsstufe. Es ist also erforderlich, dass eine Mehrzahl von Verträgen zwischen Herstellern und Händlern oder zwischen Großhändlern und Einzelhändlern besteht. Die Verträge müssen **„gleichartige vertikale Beschränkungen"** enthalten. Darunter sind die Klauseln zu verstehen, die – unabhängig von ihrer Spürbarkeit – vertikale Wettbewerbsbeschränkungen iSv Art. 1 Abs. 1 lit b enthalten. Sind auf dem Markt Rahmenverträge zwischen verschiedenen Wirtschaftsstufen üblich, die aber nur teilweise Wettbewerbsbeschränkungen (zB Alleinbezugsverpflichtungen, Wettbewerbsverbote) enthalten, kommt es darauf an, welchen Umfang die Verträge mit gleichartigen Wettbewerbsbeschränkungen ausmachen. 4

Die nebeneinander bestehenden gleichartigen vertikalen Beschränkungen müssen **mehr als 50% des betroffenen Marktes** ausmachen. Der Markt ist ebenso abzugrenzen wie für die Berechnung der Marktanteilsschwelle nach Art. 3 (→ Art. 3 Rn. 3ff.). Bezogen auf den **Gesamtmarkt** ist festzustellen, welchen Anteil die Vereinbarungen zwischen Unternehmen derselben Wirtschaftsstufen mit gleichartigen wettbewerbsbeschränkenden Klauseln am Gesamtmarkt ausmachen. Zwar ist der Gesamtmarkt aus der Sicht des auf der unteren Wirtschaftsstufe stehenden Vertragspartners („Abnehmer", vgl. dazu Art. 3 Rn. 4) abzugrenzen. Dennoch sind in den Gesamtmarkt nicht nur solche Vertriebssysteme einzubeziehen, die mit Unternehmen auf der Wirtschaftsstufe dieses Abnehmers arbeiten, sondern auch **Direktvertriebssysteme (integrierte Vertriebswege),** die nicht die Wirtschaftsstufe dieses Abnehmers einschalten. Für die Berechnung des **Marktanteils** des konkret betroffenen Anbieters kommt es aber nur auf dessen Marktstellung über die durch Vertikalverträge geregelten Vertriebssysteme an. Wenn in einem Markt zB 40% der Produkte im Direktvertrieb vom Hersteller an den Endabnehmer vertrieben werden, und nur 60% über den Handel mit entsprechenden vertikalen Wettbewerbsbeschränkungen, kommt es für den Gesamtmarkt sowohl auf diesen Teil des Marktes an, auf dem über Händler vertrieben wird, als auch auf den Direktvertrieb. Für den Marktanteil ist hingegen nur der (Vertikal-)Vertrieb über nicht verbundene Vertriebspartner relevant. Diese Auslegung wird bestätigt durch Art. 7 lit. c, der allerdings unmittelbar nur für Art. 3 gilt. Zwar mögen die Beschränkungen innerhalb des Eigenvertriebs der Hersteller faktisch noch größer sein als die vertraglichen Beschränkungen im Hersteller-Händler-Vertrieb; der Eigenvertrieb der Hersteller wird aber nicht vom Begriff der „nebeneinander bestehenden Netze gleichartiger vertikaler Beschränkungen" erfasst. Für die **Bemessung der 50%-Grenze** kommt es nicht auf die Zahl der Verträge an, sondern auf die Marktanteile, die über die Netze entsprechender Verträge erreicht werden. Ist zweifelhaft, ob diese Grenze erreicht ist, kann Art. 6 nicht angewendet werden; die Last des Zweifels trifft die Kommission (dazu auch Vertikalleitlinien, Anhang B 6, Rn. 77). 5

b) Inhalt und Rechtsfolgen. Die Verordnung nach Art. 6 enthält die Erklärung der Kommission, dass die Gruppenfreistellung durch die VO 330/2010 auf „vertikale Vereinbarungen, die bestimmte Beschränkungen des Wettbewerbs auf dem relevanten Markt enthalten, keine Anwendung findet". Die Verordnung muss also zunächst den **relevanten Markt definieren,** also zB den Markt des Vertriebs von genauer definierten Produkten von Herstellern oder Importeuren an Einzel- oder Großhändler in einem regional abgegrenzten Markt (Europäischer Wirtschaftsraum, mehrere Mit- 6 gliedstaaten, Mitgliedstaaten, Teil eines Mitgliedstaats, soweit es sich um einen wesentlichen Teil des Gemeinsamen Markts handelt). Außerdem muss die Verordnung die **Beschränkungen definieren,** die von ihr erfasst werden (vgl. auch Vertikalleitlinien, Anhang B 6, Rn. 83). Das bedeutet, dass Beschränkungen, die in der Verordnung nicht definiert werden, auf dem betroffenen Markt zulässig bleiben, wenn sie auch ohne die erfassten Beschränkungen Sinn machen. Es ist hiernach nicht möglich, für einen bestimmten Markt pauschal alle vertikalen Wettbewerbsbeschränkungen zu verbieten; vielmehr müssen „bestimmte" Beschränkungen definiert sein.

7 Die Verordnung gem. Art. 6 setzt den **Zeitpunkt** fest, ab dem sie gilt und damit die Freistellung nach der VO 330/2010 nicht mehr anwendbar ist. Nach Art. 1 a VO 16/65 darf die Frist zwischen Erlass der Verordnung und dem Zeitpunkt ihrer Geltung nicht kürzer als sechs Monate sein. Eine **Rückwirkung ist ausgeschlossen.** Für den Erlass der Verordnung ist der Tag der Verkündung im Amtsblatt maßgeblich. Sinn dieser Regelung ist, den betroffenen Unternehmen die Möglichkeit zu geben, ihre Vereinbarungen so umzustellen, dass sie künftig keine nicht mehr freigestellten Wettbewerbsbeschränkungen enthalten (vgl. Vertikalleitlinien, Anhang B 6, Rn. 84). Steht fest oder ist wahrscheinlich, dass die **Mindest-Umstellungszeit von 6 Monaten** nicht ausreicht, kann die Kommission verpflichtet sein, eine längere Frist vorzusehen; maßgeblich für die Bemessung der Frist ist die voraussichtlich erforderliche Umstellungszeit. Mit dem Zeitpunkt der Anwendbarkeit entfällt die Gruppenfreistellung nach der VO 330/2010 in dem Umfang, in dem die Vereinbarungen die in der VO definierten „bestimmten" Beschränkungen enthalten. Zivilrechtlich bedeutet das, dass von diesem Zeitpunkt an die Nichtigkeitsfolge des Art. 101 Abs. 2 AEUV eingreift; die Auswirkungen auf die Vereinbarung im übrigen richten sich nach nationalem Zivilrecht, in Deutschland also nach dem dispositiven § 139 BGB bzw. der vertraglichen Regelung über die Rechtsfolgen einer Teilunwirksamkeit der Vereinbarung.

8 Weder Art. 1 a VO 19/65 noch Art. 6 sehen Regelungen über die **zeitliche Begrenzung der Verordnung** vor. Die Nichtanwendbarkeitserklärung des Art. 6 macht nur Sinn für die **Geltungsdauer der VO 330/2010.** Ist keine Befristung des Anwendungsausschlusses vorgesehen, gilt der Anwendungsausschluss so lange wie die VO 330/2010. Wird diese später über den 31.5.2022 (vgl. Art. 10 Unterabs. 3) verlängert, verlängert sich aber nicht auch automatisch die VO über den Anwendungsausschluss. Die Kommission kann den Anwendungsausschluss aber auch befristen. Sie ist dazu verpflichtet, wenn konkrete Anhaltspunkte dafür bestehen, dass die Marktanteilsschwelle von 50% binnen einer bestimmten Frist unterschritten wird. Wird während der Geltungsdauer der VO nach Art. 6 faktisch die Marktanteilsschwelle von 50% unterschritten, führt dies nicht automatisch zum Wegfall des Freistellungsentzugs. Dieser fällt vielmehr erst weg, wenn die VO aufgehoben ist.

3. Verfahren

9 Art. 6 enthält **keine besonderen Vorschriften über das Verfahren** für den Erlass der Verordnung nach Art. 6. Nach Art. 6 Abs. 1 der (auch nach Erlass der VO 1/2003 mit Ausnahme des Art. 7 fortgeltenden) VO 19/65 hat die Kommission den **Beratenden Ausschuss** anzuhören, bevor sie einen Verordnungsentwurf veröffentlicht und bevor sie die Verordnung erlässt. Für die Anhörung des Beratenden Ausschusses ist Art. 14 VO 1/2003 entsprechend anzuwenden. Nach Art. 5 VO 19/65 hat die Kommission mit der Veröffentlichung des Verordnungsentwurfs **„alle Betroffenen"** aufzufordern, ihr innerhalb einer mindestens einmonatigen Frist „Bemerkungen mitzuteilen". Betroffen iS dieser Regelung sind alle Unternehmen, deren Vereinbarungen von der VO nach Art. 8 erfasst werden, daneben aber auch die Unternehmen, die durch den Anwendungsausschluss begünstigt werden. Die Unternehmen haben also die Möglichkeit, ihre Bemerkungen mitzuteilen; sie haben aber keinen Anspruch darauf, dass ihre Bemerkungen berücksichtigt werden. Gegen die

Verordnung nach Art. 6 können die betroffenen Unternehmen nach Art. 263 Abs. 4 AEUV Klage erheben.

Art. 7 Anwendung der Marktanteilsschwelle

Für die Anwendung der Marktanteilsschwellen im Sinne des Artikels 3 gelten folgende Vorschriften:

a) Der Marktanteil des Anbieters wird anhand des Absatzwerts und der Marktanteil des Abnehmers anhand des Bezugswerts berechnet. Liegen keine Angaben über den Absatz- bzw. Bezugswert vor, so können zur Ermittlung des Marktanteils des betreffenden Unternehmens Schätzungen vorgenommen werden, die auf anderen verlässlichen Marktdaten unter Einschluss der Absatz- und Bezugsmengen beruhen;

b) Die Marktanteile werden anhand der Angaben für das vorangegangene Kalenderjahr ermittelt;

c) Der Marktanteil des Anbieters schließt Waren oder Dienstleistungen ein, die zum Zweck des Verkaufs an vertikal integrierte Händler geliefert werden;

d) Beträgt ein Marktanteil ursprünglich nicht mehr als 30% und überschreitet er anschließend diese Schwelle, jedoch nicht 35%, so gilt die Freistellung nach Artikel 2 im Anschluss an das Jahr, in dem die Schwelle von 30% erstmals überschritten wurde, noch für zwei weitere Kalenderjahre;

e) Beträgt ein Marktanteil ursprünglich nicht mehr als 30% und überschreitet er anschließend 35%, so gilt die Freistellung nach Artikel 2 im Anschluss an das Jahr, in dem die Schwelle von 35% erstmals überschritten wurde, noch für ein weiteres Kalenderjahr;

f) Die unter den Buchstaben d und e genannten Rechtsvorteile dürfen nicht in der Weise miteinander verbunden werden, dass ein Zeitraum von zwei Kalenderjahren überschritten wird;

g) Der Marktanteil der in Artikel 1 Absatz 2 Unterabsatz 2 Buchstabe e genannten Unternehmen wird zu gleichen Teilen jedem Unternehmen zugerechnet, das die in Artikel 1 Absatz 2 Unterabsatz 2 Buchstabe a aufgeführten Rechte oder Befugnisse hat.

1. Anwendungsbereich

1 Art. 7 entspricht Art. 9 VO 2790/1999. Er enthält Modalitäten für die Berechnung der Marktanteilsschwellen in Art. 3. Art. 3 enthält Marktanteilsschwellen sowohl für den Angebotsmarkt des Anbieters als auch den Nachfragemarkt des Abnehmers. Art. 7 bezieht sich in **lit. a und c ausschließlich auf den Anbietermarktanteil, in den übrigen Absätzen auf beide Marktanteile.** Anders als die VO 2790/1999 enthält die Regelung über die Marktanteilsschwellen keine Hinweise mehr für die Abgrenzung des relevanten Marktes. Insoweit gelten grundsätzlich die allgemeinen Kriterien, insbesondere die nach der Bekanntmachung der Kommission über den relevanten Markt (Anhang B 1). Besonderheiten ergeben sich aber für den Anbietermarkt daraus, dass bei den Vertikalverträgen, die Gegenstand der VO 330/2010 sind, die Marktgegenseite nicht unmittelbar der Endverbraucher ist, sondern ein Händler (→ Rn. 2). Art. 7 hat mittelbar auch **Bedeutung für die Berechnung des Marktanteils nach Art. 6** (50%), auch wenn sich aus den unterschiedlichen Zielrichtungen von Art. 3 und Art. 6 Anwendungsunterschiede ergeben. Art. 3 verlangt eine Marktanteilsberechnung für konkret betroffene Unternehmen, Art. 6 hingegen eine Berechnung von Markanteilen, die auf die Vertragsnetze einer Vielzahl von Unternehmen entfallen.

2. Abgrenzung des Anbietermarkts

2 **a) Allgemeines.** Art. 7 enthält anders als die VO 2790/1999 keine Hinweise darauf, wie die Märkte sachlich und räumlich abzugrenzen sind. In Art. 9 Abs. 1 VO 2790/1999 war für den Absatzmarkt des Anbieters (Lieferanten) ausdrücklich vorgesehen, dass es auf die „von dem Lieferanten (Anbieter) verkauften Waren oder Dienstleistungen" ankommt, „die **vom Käufer** (Abnehmer) aufgrund ihrer Eigenschaften, ihrer Preislage und ihres Verwendungszwecks als austauschbar oder substituierbar angesehen werden". Entscheidend sollte insoweit die **Sichtweise des „Käufers"** sein, der in der VO 2790/1999 dem „Abnehmer" in der VO 330/2010 entsprach. Der „Abnehmer" oder „Käufer" ist jeweils das auf der unteren Stufe einer Vertikalvereinbarung stehende Unternehmen. Dieser Begriff erfasst **nicht den privaten Endabnehmer,** sondern nur den Vertragspartner des Vertikalvertrages, zu dessen Lasten oder zu dessen Gunsten Wettbewerbsbeschränkungen vereinbart sind (→ zur Bedeutung für die Marktabgrenzung → Art. 3 Rn. 4; *Roniger* Art. 3, 9 Rn. 5). Das bedeutet, dass für die VO 2790/1999 die Märkte **jeweils aus der Sicht der auf der unteren Stufe stehenden Vertragspartner abzugrenzen** waren. Es gibt keinen Anhaltspunkt dafür, dass für die VO 330/2010 andere Marktabgrenzungen gelten sollen als im Rahmen der VO 2790/1999. Diese Marktabgrenzung kann von der ansonsten verwendeten abweichen, bei der meistens auf die Sicht der Endabnehmer abgestellt wird. Stellt man auf die Sicht der Abnehmer (Händler) ab, kann es sinnvoll sein, nicht auf einzelne Produkte, sondern **Sortimente** abzustellen. Für den Händler macht der Vertrieb bestimmter Produkte nur als Teil des Vertriebs des Gesamtsortiments des Herstellers Sinn; dementsprechend fragt er (primär) nach Gesamtsortimenten nach, nicht (nur) nach einzelnen Produkten. Dem steht nicht entgegen, dass sich im Rahmen seiner Geschäftstätigkeit immer wieder Nachfragen nach einzelnen Produkten oder Teilen eines Gesamtsortiments oder nach bestimmten Ersatzteilen ergeben, die in dieser konkreten Nachfragesituation nicht austauschbar sind mit anderen Teilen des Sortiments. Abzustellen ist insoweit auf die typische Nachfrage.

3 **b) Einbeziehung der integrierten Vertriebswege (lit. c).** Nach lit. c schließt der Marktanteil „Waren oder Dienstleistungen ein, die zum Zwecke des Verkaufs an vertikal integrierte Händler geliefert werden". Diese Bestimmung hat unmittelbar nur Bedeutung für die Berechnung des **Marktanteils des konkret betroffenen Anbieters.** Wenn er teils über von ihm unabhängige Händler, teils über **vertikal integrierte Händler** vertreibt, soll sein Marktanteil, der für die 30%-Schwelle des Art. 3 Abs. 1 relevant ist, unter Einbeziehung des Marktanteils berechnet werden, der sich über den Vertrieb an integrierte Händler ergibt. Unter „integrierten" Händlern sind nicht nur als solche erkennbare Handelsunternehmen zu verstehen, die – rechtlich verselbständigt oder nicht – mit dem Lieferanten verbunden sind; vielmehr umschreibt der Begriff „Verkauf an vertikal integrierte Händler" alle Formen des Direktvertriebes an Endabnehmer, also insbesondere auch der Vertrieb, den der Lieferant über eigenes Personal wahrnimmt. „Integrierte Händler" sind insbesondere auch dann anzunehmen, wenn dasselbe Verkaufspersonal des Lieferanten teils an (nicht integrierte, selbständige) Händler zum Zwecke des Weiterverkaufs an Endabnehmer verkauft, teils unmittelbar an Endabnehmer.

4 Über den eigentlichen Wortlaut hinaus ergibt sich aus lit. c, dass generell der integrierte Direktverkauf in den Markt und damit **in die Berechnung der Marktvolumina und Marktanteile einzubeziehen** ist. Wenn auf einem Markt die Lieferanten zu 50% über Händler, im übrigen aber direkt an Endabnehmer verkaufen, ist zwar für die sachliche Marktabgrenzung die Sichtweise des Händlers maßgeblich; für die Berechnung der Marktvolumina und der Marktanteile kommt es aber auf den jeweiligen Gesamtvertrieb an. Wird auf einem so definierten Produkt- oder Sortimentsmarkt

üblicherweise vom Anbieter direkt an Endabnehmer vertrieben, und gibt es nur einen Anbieter, der über Händler vertreibt, so hat dieser Anbieter im Vertrieb über Händler nicht etwa einen Marktanteil von 100%, sondern nur den Marktanteil, der sich aus der Relation der von ihm über den Handel vertriebenen Produkte zu der Gesamtmenge der Produkte ergibt, die insgesamt von ihm über Händler und von den anderen Anbietern direkt vertrieben werden. Nur bei einer solchen Auslegung ergeben sich widerspruchsfreie Ergebnisse. Käme es nur für die Berechnung des Marktanteils des betroffenen Anbieters, nicht auch für die Berechnung der Marktvolumina, auch auf seinen Direktvertrieb an, wären diejenigen Anbieter durch die Marktanteilsregelungen unangemessen benachteiligt, die entgegen der sonstigen Branchengewohnheiten den Vertrieb über Händler organisierten. Diese **Einbeziehung der integrierten Vertriebswege in die Marktvolumina** gilt nicht nur für die 30%-Schwelle des Art. 3, sondern auch für Art. 6 (dort allerdings nicht für die Berechnung des konkret betroffenen Marktanteils, → Art. 6 Rn. 5). Die Rechtslage im Einzelnen ist umstritten und unklarer als hier wiedergegeben (vgl. dazu einerseits die Vertikalleitlinien, Anhang B 6. Rn. 87ff., 93ff. und andererseits *Schultze/Pautke/Wagener*, Art. 7 Rn. 936ff. und *Ellger* in IM Art. 7 Vertikal-GVO Rn. 6f.).

3. Abgrenzung des Nachfragemarkts

Nach Art. 3 Abs. 1 kommt es für den **Marktanteil des Abnehmers** auf den „relevanten Markt (an), auf dem er die Vertragswaren oder -dienstleistungen bezieht". Entscheidend ist also nicht sein Marktanteil auf seinem Absatzmarkt (auf ihn kann es im dreistufigen Verhältnis nach Art. 3 Abs. 2 auch ankommen), sondern sein Anteil am Einkaufsmarkt. Der Einkaufsmarkt ist, auch wenn er sich auf dieselben Vertragswaren und -dienstleistungen bezieht, die für die Marktabgrenzung des Anbieters auf seinem Absatzmarkt relevant sind, **eigenständig abzugrenzen.** Es kommt darauf an, welche Waren oder Dienstleistungen aus der Sicht der Marktgegenseite des Abnehmers, also des Anbieters, miteinander austauschbar sind. Unter dem Gesichtspunkt der **Angebotsumstellungs- oder Produktionsflexibilität** kann sich eine Erweiterung des Nachfragemarktes daraus ergeben, dass der Anbieter anstelle der konkret gelieferten Waren oder Dienstleistungen ohne weiteres auch andere Waren herstellen und/oder anbieten könnte. Anbietermärkte sind unter diesem Gesichtspunkt **tendenziell weiter zu fassen als Angebotsmärkte.** Das gilt in besonderem Maße auch für die räumliche Abgrenzung. Insbesondere in vertikalen Beziehungen zwischen größeren Unternehmen ist zu berücksichtigen, dass ein kaufmännisch versierter Abnehmer häufig ohne weiteres in der Lage ist, die Waren oder Dienstleistungen auch in Gebieten nachzufragen, die größer sein können als die Gebiete, in denen die einzelnen Anbieter tatsächlich tätig sind. So kann es sein, dass der Anbieter A nur in einem begrenzten Gebiet a tätig ist und in diesem Zusammenhang auch den Abnehmer B beliefert oder beliefern kann, während der Abnehmer B die Waren oder Dienstleistungen nicht nur in dem Gebiet A, sondern in einem weit größeren Gebiet nachfragt (also zB, obwohl er selbst im Absatz nur in Deutschland tätig ist, die abgesetzten Waren europa- oder weltweit nachfragt und tatsächlich oder potenziell auch bezieht). Das führt im praktischen Ergebnis dazu, dass die Nachfragemärkte häufig sehr viel **schwieriger abzugrenzen sind als Angebotsmärkte.** Noch größere Schwierigkeiten bereitet die Berechnung exakter Marktanteile. Allerdings erübrigt sich eine exakte Berechnung, wenn für die Anwendung der Art. 3 und Art. 6 die gesicherte, wenn auch nur auf Wahrscheinlichkeiten beruhende, Aussage möglich ist, dass keinesfalls die Schwelle von 30% bzw. 50% überschritten ist. Diese Schwierigkeiten der Marktanteilsberechnung stehen im Gegensatz zu den sehr konkreten Berechnungsvorschriften insbesondere in lit. d, e und f. 5

4. Modalitäten der Marktanteilsermittlung

6 **a) Berechnung oder Schätzung (lit. a).** Art. 7 lit. a spricht von der „Ermittlung" des Marktanteils. Er geht davon aus, dass ein Marktanteil grundsätzlich berechnet werden kann; **wenn diese Berechnung nicht möglich** ist, sind aber **„solide"** Schätzungen erlaubt (vgl. auch Vertikalleitlinien, Anhang B 6, Rn. 93). Damit wird der Tatsache Rechnung getragen, dass häufig die Marktvolumina auch dann, wenn eindeutig feststeht, welche Produkte oder Dienstleistungen einzubeziehen sind, nicht genau feststellbar sind. Dann sind Schätzungen über die Marktvolumina möglich. Der **Marktanteil des Anbieters** ergibt sich aus der Relation der im Allgemeinen feststehenden eigenen Absätze zu dem errechneten oder geschätzten Marktvolumen. Der **Marktanteil des Abnehmers** auf seinem Einkaufs-(Nachfrage-)Markt ergibt sich aus der Relation seines tatsächlichen Einkaufs zu dem tatsächlichen Absatz der auf dem relevanten Markt tätigen Anbieter. Häufig ist es so, dass die betroffenen Unternehmen selbst Marktvolumina nur schätzen können, und nur bei Einsatz behördlicher Ermittlungsmöglichkeiten das Marktvolumen durch Addition der tatsächlichen Absatzmengen der auf dem Markt tätigen Unternehmen berechnet werden kann. Die ausdrückliche Erwähnung der Schätzungsmöglichkeit hat zur Folge, dass ein **geschätzter Marktanteil** auch dann **relevant** bleibt, wenn sich nachträglich insbesondere durch Einsatz behördlicher Ermittlungsmöglichkeiten ergibt, dass er **von dem „richtig berechneten" abweicht** (zustimmend *Schultze/Pautke/Wagener* Art. 7 Rn. 933; Ebenso für die VO 772/2004 *Fuchs* in IM Art. 8 TT-GVO Rn. 2, vgl. unten VO 772/2004 Art. 8 Rn. 2). Die Anwendung der Marktanteilsschwellen des Art. 3 wäre mit unerträglicher Rechtsunsicherheit behaftet, wenn die seriös vorgenommene „solide" Marktanteilsschätzung sich bei einer nachträglich möglich gewordenen Berechnung rückwirkend als falsch erwiese. Deswegen kommt es immer auf den Marktanteil an, der sich aktuell unter Einsatz aller vernünftigerweise zur Verfügung stehenden Erkenntnismöglichkeiten ergibt. Er bleibt auch dann jedenfalls mit Wirkung für die Vergangenheit relevant, wenn er sich nachträglich aufgrund besserer und erst nachträglich zur Verfügung stehender Erkenntnismöglichkeiten als falsch erweist.

7 **b) Wert- und Mengenberechnung (lit. a).** Lit. a bringt klar zum Ausdruck, dass der Ermittlung von Marktvolumina und Marktanteilen nach **Absatzwerten** bzw. **Bezugswerten** der Vorrang einzuräumen ist vor Absatz- bzw. Bezugsmengen. Das entspricht auch der sonstigen Praxis der Kommission; eine Ausnahme bilden insoweit die Automobilmärkte (vgl. dazu Art. 8 Abs. 1 lit. a VO 1400/2002). Berechnungen der Marktanteile auf der Basis von Absatzwerten führen dazu, dass derjenige, der teurer verkauft bzw. einkauft, allein deswegen höhere Marktanteile hat. Die Berechnung der Marktvolumina und Marktanteile nach Werten ist desto sachgerechter, je verschiedenartiger die in den Markt einbezogenen Produkte und Dienstleistungen sind. Es gibt aber Fälle, in denen **Wertberechnungen nicht möglich** sind, weil es keine entsprechenden Unterlagen über die Marktvolumina gibt. In diesen Fällen sind **Mengenberechnungen** möglich, also je nach Art des Produktes oder Dienstleistung nach Stückzahlen, Gewicht, Flächen- oder Längenmaßen, Leistung usw.

8 **c) Zeitraum (lit. b).** Nach lit. b wird der Marktanteil anhand der Angaben für das **vorangegangene Kalenderjahr** ermittelt. Diese Regelung ist nicht immer sachgerecht. Sachgerechter wäre es, auf die **jeweils verfügbaren aktuellsten Daten** abzustellen, die einen Zeitraum von mindestens einem Jahr umfassen. Zu Beginn eines Kalenderjahres liegen häufig die Daten für das vorangegangene Kalenderjahr noch nicht vor; auch daraus ergeben sich Einschränkungen. In bestimmten Branchen stellen die gebräuchlichen Statistiken nicht auf Kalenderjahre, sondern auf andere, branchenspezifische Wirtschaftsjahre ab. Teilweise ist auch die **Begrenzung auf Jahresperioden** nicht sachgerecht; je größer und teurer die Ware und Dienstleistung ist, desto eher ist die Ermittlung des Marktanteils auf der Basis einer längeren Zeitperiode

sachgerecht. Lit. b muss deswegen so ausgelegt werden, dass **nur im Regelfall** auf die vorangehende Kalenderjahresperiode abzustellen ist, dass aber Ausnahmen insbesondere dann möglich sind, wenn Marktvolumina und Marktanteile nur für andere Zeitperioden zur Verfügung stehen (skeptisch insoweit, aber mit wichtigem Hinweis auf einen früheren Entwurf der Vertikalleitlinien *Veelken* in IM 4. Aufl. 2007 Vertikal-GVO Rn. 335; vgl. dazu auch *Schultze/Pautke/Wagener* Art. 7 Rn. 930f.). Zu der Bestimmung des Zeitpunktes, auf den es für die Feststellung ankommt, welches das vorangegangene Kalenderjahr ist, → Rn. 9f.

d) Kurzfristige Überschreitungen der Marktanteilsschwelle (lit. d–f). Lit. d und e gehen von dem Fall aus, dass eine Vertikalvereinbarung „zunächst“ die Marktanteilsschwelle von 30% nicht überschreitet. Steigt der Marktanteil dann über diese Grenze, führt das nicht sofort zum Wegfall der Freistellung, sondern mit Verzögerungen. Lag der Marktanteil „zunächst“ über 30%, und griff deswegen die Freistellung (möglicherweise von den beteiligten Unternehmen nicht erkannt) nicht ein, und sinkt er dann auf 30% oder darunter, greift von diesem Zeitpunkt an die Freistellung ein. Sobald die Freistellungsphase erreicht oder unterschritten ist, ist, wenn danach die Marktanteilsschwelle überschritten wird, Raum für die Übergangsregelungen der lit. d und e. Diese setzen also nur voraus, dass **die Marktanteilsschwelle von 30% in irgendeinem Zeitpunkt nicht überschritten wurde.** Dabei sind allerdings **Jahresperioden** zu beachten. Es reicht nicht aus, wenn ein Marktanteil kurzfristig auf 30% oder darunter fällt, er im Jahresschnitt aber über 30% liegt. Wenn im Jahr vor dem Vertragsabschluß (x – 1) der Marktanteil bei über 30% liegt, greift im Jahr des Vertragsabschlusses (x) nach Art. 3 die Freistellung nicht ein. Sinkt der Marktanteil in diesem Jahr (x) auf 30% oder weniger, ist der Vertrag im Folgejahr (x + 1) freigestellt. Dann ist auch Raum für die Übergangsregelungen nach lit. c und d. 9

Lit. d und e unterscheiden sich nach der **Geschwindigkeit, in der der Marktanteil steigt.** Liegt er im Jahr x bei höchstens 30%, gilt die Freistellung nach der Jahresregel des lit. b für das Jahr x + 1. Wächst er in diesem Jahr innerhalb der Marge von 30 bis 35%, so gilt nach lit. e die Freistellung noch für die beiden Folgejahre x + 2 und x + 3. Steigt der Marktanteil im Folgejahr x + 1 auf über 35%, so gilt nach lit. e die Freistellung nur noch für das Folgejahr. **Lit. f** soll verhindern, dass lit. d und e so kombiniert werden, dass der in lit. d vorgesehene Zeitraum von höchstens zwei weiteren Kalenderjahren überschritten wird. Das wäre ohne lit. f aber sowieso nicht denkbar, weil lit. d und e gleichermaßen voraussetzen, dass der Marktanteil zunächst nicht mehr als 30% beträgt. Beträgt er im Jahr x 30%, im Jahr x + 1 36% und im Jahr x + 2 34%, gilt nur lit. e mit der Verlängerung um ein Jahr. Beträgt er im Jahr x 30%, im Jahr x + 1 34% und im Jahr x + 2 36%, so gilt nur lit. d mit der Verlängerung für insgesamt zwei weitere Kalenderjahre. Bei Wegfall der Freistellung nach Ablauf der Übergangsfristen nach lit. d und e kommt eine Wiederanwendung der Freistellung nach Art. 3 nur in Betracht, wenn in einem Jahr der Marktanteil auf unter 30% fällt; dann gilt für das Folgejahr die Freistellung mit der Möglichkeit, dass bei Wiederüberschreiten der Grenze erneut die Übergangsfristen der lit. d und e Anwendung finden. Das Wiederaufleben der Freistellung ist nur relevant, wenn die Vereinbarung – durch Neuabschluss oder Bestätigung – durch die Parteien wieder in Kraft gesetzt wird. 10

e) Marktanteile von Gemeinschaftsunternehmen von beteiligten Unternehmen (lit. g). Lit. g knüpft an die Verbundklausel in Abs. 1 Abs. 2 Unterabs. 2 lit. e an, die **Gemeinschaftsunternehmen** mehrerer Vertragsparteien oder einer Vertragspartei mit Dritten erfasst. Während diese Gemeinschaftsunternehmen als mit jeweils allen Muttergesellschaften verbunden anzusehen sind und deswegen nach Art. 8 Abs. 1 auch mit ihrem vollen Umsatz zuzurechnen sind, enthält lit. g für die **Marktanteilszurechnung** eine Sonderregelung. Ein Gemeinschaftsunternehmen, das von einem beteiligten Unternehmen und einem Dritten gemeinsam beherrscht (kontrolliert) wird, ist hiernach dem beteiligten Unternehmen nur mit der Hälfte sei- 11 nes Marktanteils zuzurechnen. Dabei kommt es **nicht auf die Höhe der Beteiligung** an, sondern nur auf die **Anzahl der herrschenden (kontrollierenden) Unternehmen.** Handelt es sich um ein Gemeinschaftsunternehmen, in dem ein beteiligtes Unternehmen und drei andere Unternehmen gemeinsam einen beherrschenden (kontrollierenden) Einfluss ausüben, ist sein Marktanteil dem beteiligten Unternehmen nur zu einem Viertel zuzurechnen.

Art. 8 Anwendung der Umsatzschwelle

(1) **Für die Berechnung des jährlichen Gesamtumsatzes im Sinne des Artikels 2 Absatz 2 sind die Umsätze zu addieren, die das jeweilige an der vertikalen Vereinbarung beteiligte Unternehmen und die mit ihm verbundenen Unternehmen im letzten Geschäftsjahr mit allen Waren und Dienstleistungen ohne Steuern und sonstige Abgaben erzielt haben. Dabei werden Umsätze zwischen dem an der vertikalen Vereinbarung beteiligten Unternehmen und den mit ihm verbundenen Unternehmen oder zwischen den mit ihm verbundenen Unternehmen nicht mitgerechnet.**

(2) **Die Freistellung nach Artikel 2 bleibt bestehen, wenn der jährliche Gesamtumsatz im Zeitraum von zwei aufeinanderfolgenden Geschäftsjahren die Schwelle um nicht mehr als 10% überschreitet.**

1. Anwendungsbereich

1 Art. 8 entspricht Art. 10 VO 2790/1999. Er enthält Umsatzberechnungsvorschriften ausschließlich für die Regelungen in Art. 2 Abs. 2. Nach Art. 2 Abs. 2 gilt die Freistellung für Vertikalvereinbarungen zwischen Einzelhändlervereinigungen und ihren Mitgliedern nur, wenn keines der Mitglieder „zusammen mit seinen verbundenen Unternehmen einen jährlichen Gesamtumsatz von mehr als 50 Mio. EUR erzielt" (→ Art. 2 Rn. 6). Für diesen Fall sieht Art. 8 Abs. 1 vor, dass es für die Umsatzberechnung auf den Gesamtumsatz der jeweiligen Unternehmen ankommt, also ohne Begrenzung auf die von der Vereinbarung betroffenen Produkte und ohne räumliche Begrenzung. Einzubeziehen sind auch die Umsätze der verbundenen Unternehmen (dazu Art. 1 Abs. 2, → Art. 1 Rn. 52ff.). Maßgeblich sind also die jeweiligen **Konzern-Welt-Umsätze** für alle Aktivitäten. Art. 8 enthält **keine Umsatzsurrogate** wie in der Fusionskontrolle Art. 5 Abs. 3 VO 139/2004 für Kredit- und sonstige Finanzinstitute und Versicherungsunternehmen. Für sie bietet sich aber eine **analoge Anwendung** des Art. 5 Abs. 3 VO 139/2004 an. Von den Umsätzen sind **„Steuern** und sonstige Abgaben" abzusetzen. Auch insoweit zeigt ein Vergleich mit Art. 5 Abs. 1 VO 139/2004, dass damit gemeint sind die auf den Umsatz bezogenen Steuern, also insbesondere die Mehrwertsteuer. Schließlich ergibt sich aus Abs. 1 S. 2, dass **Innenumsätze** innerhalb der beteiligten Unternehmensgruppen (Konzerne) abzusetzen sind, außerdem Innenumsätze zwischen den beteiligten Vertragsparteien.

2. Überschreitung der Umsatzschwelle (Abs. 2)

2 Abs. 2 sieht eine Ausdehnung der Freistellung für den Fall vor, dass der relevante Umsatz nach Art. 2 Abs. 2 in zwei jeweils aufeinander folgenden Geschäftsjahren den **Schwellenwert von EUR 50 Mio. um nicht mehr als 1/10 überschreiten.** Voraussetzung ist, dass zu Beginn die Umsatzschwellen nicht überschritten wurden. Liegt der Umsatz nach Art. 2 Abs. 2 im Jahr x bei 49 Mio. EUR, gilt die Freistellung für das Jahr x + 1. Liegt er im Jahr x + 1 und im Jahr x + 2 bei jeweils höchstens 55 Mio. EUR, gilt die Freistellung bis zum Jahr x + 3. Liegt der Umsatz im Jahr x + 3 dann

bei 56 Mio. EUR, gilt die Freistellung nicht mehr. Sie greift erst dann wieder ein, wenn der Umsatz in einem Vorjahr auf unter 50 Mio. EUR gesunken ist.

Art. 9 Übergangszeitraum

Das Verbot nach Artikel 101 Absatz 1 AEUV gilt in der Zeit vom 1. Juni 2010 bis zum 31. Mai 2011 nicht für bereits am 31. Mai 2010 in Kraft befindliche Vereinbarungen, die zwar die Freistellungskriterien dieser Verordnung nicht erfüllen, aber am 31. Mai 2010 die Freistellungskriterien der Verordnung (EG) Nr. 2790/1999 erfüllt haben.

Die VO 330/2010 ersetzt die VO 2790/1999. Deren Geltungsdauer war in Art. 13 1
Unterabs. 3 begrenzt bis zum 31.5.2010. Diese Geltungsdauer wird durch Art. 9 bis zum 31.5.2011 verlängert für Vereinbarungen, die zwar die Voraussetzungen der VO 2790/1999 erfüllten, nicht aber die der VO 330/2010. Das wird nur selten der Fall sein, zB dann, wenn zwar der Marktanteil des Anbieters (Lieferanten) 30% nicht übersteigt, der Nachfrage-Marktanteil des Abnehmers, auf den es für die VO 2790/1999 nicht ankam, aber darüber liegt. Entsprechendes kommt in Betracht bei einer Vertikalvereinbarung zwischen Wettbewerbern, die bei einem Gesamtumsatz des Käufers von höchstens EUR 100 Mio. nach Art. 2 Abs. 4 lit. a VO 2790/1999 freistellungsfähig war, nach der VO 330/2010 aber nicht mehr (→ Art. 2 Rn. 10).

Art. 10 Geltungsdauer

Diese Verordnung tritt am 1. Juni 2010 in Kraft.
Sie gilt bis zum 31. Mai 2022.

Die VO 330/2010 ist am 1.6.2010 in Kraft getreten. Sie gilt bis zum 31.5.2022. 1
Wenn es ab 1.6.2022 keine Verlängerung der Geltungsdauer oder keine Nachfolge-GVO, greift von diesem Datum an keine Gruppenfreistellung mehr ein. Die gegen Art. 101 Abs. 1 AEUV verstoßenden Vereinbarungen sind dann von diesem Zeitpunkt an nicht mehr durch eine Gruppenfreistellung freigestellt; in Betracht kommt aber auch danach eine **Freistellung unmittelbar nach Art. 101 Abs. 3 AEUV.**

B. VO 461/2010 – Gruppenfreistellung für vertikale Vereinbarungen im Kraftfahrzeugsektor

Verordnung (EU) Nr. 461/2010 der Kommission vom 27. Mai 2010 über die Anwendung von Artikel 101 Absatz 3 des Vertrags über die Arbeitsweise der Europäischen Union auf Gruppen von vertikalen Vereinbarungen und abgestimmten Verhaltensweisen im Kraftfahrzeugsektor

(ABl. 2010 L 129/52)

(Die Überschriften über den Artikeln sind Teil des amtlichen Textes)

Übersicht

Erwägungsgründe

(1) Nach der Verordnung Nr. 19/65/EWG ist die Kommission ermächtigt, Artikel 101 Absatz 3 des Vertrags über die Arbeitsweise der Europäischen Union durch Verordnung auf Gruppen von vertikalen Vereinbarungen und entsprechenden abgestimmten Verhaltensweisen anzuwenden, die unter Artikel 101 Absatz 1 AEUV fallen. Gruppenfreistellungsverordnungen gelten für vertikale Vereinbarungen, die bestimmte Voraussetzungen erfüllen, und können allgemein oder nur auf bestimmte Sektoren anwendbar sein.

(2) Die Kommission hat eine Gruppe von vertikalen Vereinbarungen definiert, die ihrer Auffassung nach in der Regel die Voraussetzungen von Artikel 101 Absatz 3

AEUV erfüllen, und hat zu deren Freistellung die Verordnung (EU) Nr. 330/2010 der Kommission vom 20. April 2010 über die Anwendung von Artikel 101 Absatz 3 AEUV auf Gruppen von vertikalen Vereinbarungen und abgestimmten Verhaltensweisen erlassen, die die Verordnung (EG) Nr. 2790/1999 der Kommission ersetzt.

(3) Für den Kraftfahrzeugsektor, der sowohl Personenkraftwagen als auch Nutzfahrzeuge umfasst, wurden seit 1985 spezifische Gruppenfreistellungsverordnungen erlassen, zuletzt die Verordnung (EG) Nr. 1400/2002 der Kommission vom 31. Juli 2002 über die Anwendung von Artikel 81 Absatz 3 des Vertrags auf Gruppen von vertikalen Vereinbarungen und aufeinander abgestimmten Verhaltensweisen im Kraftfahrzeugsektor. Die Verordnung (EG) Nr. 2790/1999 galt ausdrücklich nicht für vertikale Vereinbarungen, deren Gegenstand in den Geltungsbereich einer anderen Gruppenfreistellungsverordnung fällt. Daher fiel der Kraftfahrzeugsektor nicht in den Geltungsbereich der vorgenannten Verordnung.

(4) Die Verordnung (EG) Nr. 1400/2002 tritt am 31. Mai 2010 außer Kraft. Im Interesse der Verwaltungsvereinfachung, der Senkung der Befolgungskosten der betroffenen Unternehmen und der wirksamen Überwachung der Märkte nach Artikel 103 Absatz 2 Buchstabe b AEUV sollte für den Kraftfahrzeugsektor jedoch weiterhin eine Gruppenfreistellung gelten.

(5) Auf der Grundlage der seit 2002 mit dem Vertrieb neuer Kraftfahrzeuge, dem Vertrieb von Ersatzteilen und der Erbringung von Instandstandsetzungs- und Wartungsdienstleistungen für Kraftfahrzeuge gesammelten Erfahrungen lässt sich im Kraftfahrzeugsektor eine Gruppe von vertikalen Vereinbarungen definieren, bei denen die Voraussetzungen von Artikel 101 Absatz 3 AEUV in der Regel als erfüllt gelten können.

(6) Diese Gruppe umfasst vertikale Vereinbarungen über den Bezug, Verkauf oder Weiterverkauf neuer Kraftfahrzeuge, vertikale Vereinbarungen über den Bezug, Verkauf oder Weiterverkauf von Kraftfahrzeugersatzteilen und vertikale Vereinbarungen über die Erbringung von Instandsetzungs- und Wartungsdienstleistungen für Kraftfahrzeuge, die zwischen nicht miteinander im Wettbewerb stehenden Unternehmen, zwischen bestimmten Wettbewerbern oder von bestimmten Vereinigungen des Einzelhandels oder von Werkstätten geschlossen werden. Sie umfasst ferner vertikale Vereinbarungen, die Nebenabreden über die Übertragung oder Nutzung von Rechten des geistigen Eigentums enthalten. „Vertikale Vereinbarungen" sind daher so zu definieren, dass der Begriff sowohl diese Vereinbarungen als auch die entsprechenden abgestimmten Verhaltensweisen umfasst.

(7) Bestimmte Arten von vertikalen Vereinbarungen können die wirtschaftliche Effizienz innerhalb einer Produktions- oder Vertriebskette erhöhen, weil sie eine bessere Koordinierung zwischen den beteiligten Unternehmen ermöglichen. Insbesondere können sie dazu beitragen, die Transaktions- und Vertriebskosten der beteiligten Unternehmen zu verringern und deren Umsätze und Investitionen zu optimieren.

(8) Die Wahrscheinlichkeit, dass derartige effizienzsteigernde Auswirkungen stärker ins Gewicht fallen als etwaige von Beschränkungen in vertikalen Vereinbarungen ausgehende wettbewerbswidrige Auswirkungen, hängt von der Marktmacht der an der Vereinbarung beteiligten Unternehmen ab und somit von dem Ausmaß, in dem diese Unternehmen dem Wettbewerb anderer Anbieter von Waren oder Dienstleistungen ausgesetzt sind, die von ihren Kunden aufgrund ihrer Produkteigenschaften, ihrer Preise und ihres Verwendungszwecks als austauschbar oder substituierbar angesehen werden. Vertikale Vereinbarungen, die Beschränkungen enthalten, die wahrscheinlich den Wettbewerb beschränken und den Verbrauchern schaden oder die für die Herbeiführung der effizienzsteigernden Auswirkungen nicht unerlässlich sind, sollten nicht unter die Gruppenfreistellung fallen.

(9) Um den geeigneten Geltungsbereich einer Gruppenfreistellungsverordnung zu bestimmen, muss die Kommission die Wettbewerbsbedingungen in dem entspre-

chenden Sektor berücksichtigen. Die Schlussfolgerungen der Beobachtung des Kraftfahrzeugsektors, die im Bericht zur Bewertung der Verordnung (EG) Nr. 1400/2002 der Kommission vom 28. Mai 2008 und in der Mitteilung der Kommission — Der künftige wettbewerbsrechtliche Rahmen für den Kfz-Sektor — vom 22. Juli 2009 aufgeführt sind, ergaben, dass zwischen Vereinbarungen über den Vertrieb neuer Kraftfahrzeuge und Vereinbarungen über die Erbringung von Instandsetzungs- und Wartungsdienstleistungen und den Vertrieb von Ersatzteilen zu unterscheiden ist.

(10) Beim Vertrieb neuer Kraftfahrzeuge gibt es offenbar keine erheblichen Beeinträchtigungen des Wettbewerbs, die diesen Sektor von anderen Wirtschaftssektoren unterscheiden und die Anwendung von Regeln erforderlich machen würden, die anders und strenger sind als die der Verordnung (EU) Nr. 330/2010. Durch die Marktanteilsschwelle, den Ausschluss bestimmter vertikaler Vereinbarungen von der Gruppenfreistellung und die in der vorgenannten Verordnung genannten weiteren Voraussetzungen ist in der Regel sichergestellt, dass vertikale Vereinbarungen über den Vertrieb neuer Kraftfahrzeuge den Anforderungen von Artikel 101 Absatz 3 AEUV entsprechen. Daher sollten solche Vereinbarungen unter die Freistellung nach der Verordnung (EU) Nr. 330/2010 fallen, sofern alle darin festgelegten Voraussetzungen erfüllt sind.

(11) Im Zusammenhang mit Vereinbarungen über den Vertrieb von Ersatzteilen und über die Erbringung von Instandsetzungs- und Wartungsdienstleistungen sollten bestimmte Besonderheiten des Kfz-Anschlussmarktes berücksichtigt werden. Insbesondere zeigen die von der Kommission bei der Anwendung der Verordnung (EG) Nr. 1400/2002 gesammelten Erfahrungen, dass sich Preiserhöhungen für einzelne Instandsetzungsdienstleistungen nur teilweise in einer größeren Zuverlässigkeit moderner Fahrzeuge und längeren Wartungsintervallen widerspiegeln. Diese Trends sind mit der technologischen Entwicklung und der zunehmenden Komplexität und Zuverlässigkeit der Fahrzeugteile verknüpft, die die Kraftfahrzeughersteller von Originalteileherstellern beziehen. Die Originalteilehersteller verkaufen ihre Produkte sowohl über die Netze der zugelassenen Werkstätten der Fahrzeughersteller als auch über unabhängige Kanäle als Ersatzteile auf dem Anschlussmarkt und üben dadurch erheblichen Wettbewerbsdruck auf dem Kfz-Anschlussmarkt aus. Die Kosten, die die Verbraucher in der Union im Schnitt für die Instandsetzung und Wartung von Kraftfahrzeugen tragen müssen, machen einen sehr großen Teil ihrer gesamten Kraftfahrzeugausgaben aus.

(12) Die Wettbewerbsbedingungen auf dem Kfz-Anschlussmarkt haben auch direkte Auswirkungen auf die öffentliche Sicherheit, weil nicht ordnungsgemäß instand gesetzte Fahrzeuge möglicherweise nicht sicher sind, wie auch auf die öffentliche Gesundheit und die Umwelt infolge der Emissionen von Kohlendioxid und anderen Luftschadstoffen von Fahrzeugen, die nicht regelmäßig gewartet werden.

(13) Soweit ein gesonderter Anschlussmarkt definiert werden kann, hängt es vom Grad des Wettbewerbs zwischen zugelassenen Werkstätten (d. h. Werkstätten, die direkt oder indirekt von Kraftfahrzeugherstellern geschaffenen Werkstattnetzen angehören) wie auch zwischen zugelassenen und unabhängigen Marktteilnehmern (zu denen unabhängige Ersatzteilhersteller und unabhängige Werkstätten zählen) ab, ob auf den Märkten für den Bezug und Verkauf von Ersatzteilen und den Märkten für die Erbringung von Instandsetzungs- und Wartungsdienstleistungen für Kraftfahrzeuge wirksamer Wettbewerb herrscht. Die Wettbewerbsfähigkeit der letztgenannten Akteure hängt von dem ungehinderten Zugang zu wesentlichen Vorleistungen wie Ersatzteilen und technischen Informationen ab.

(14) Aufgrund dieser Besonderheiten sind die in der Verordnung (EU) Nr. 330/2010 festgelegten Regeln, einschließlich der einheitlichen Marktanteilsschwelle von 30%, erforderlich, aber nicht ausreichend, um sicherzustellen, dass eine Gruppenfreistellung nur bei vertikalen Vereinbarungen über den Vertrieb von Ersatzteilen und

über die Erbringung von Instandsetzungs- und Wartungsdienstleistungen gewährt wird, bei denen mit ausreichender Sicherheit angenommen werden kann, dass die Voraussetzungen von Artikel 101 Absatz 3 AEUV erfüllt sind.

(15) Daher sollten vertikale Vereinbarungen über den Vertrieb von Ersatzteilen und über die Erbringung von Instandsetzungs- und Wartungsdienstleistungen nur dann unter die Gruppenfreistellung fallen, wenn sie zusätzlich zu den in der Verordnung (EU) Nr. 330/2010 festgelegten Freistellungsvoraussetzungen auch strengere Voraussetzungen in Bezug auf bestimmte Arten schwerwiegender Wettbewerbsbeschränkungen, die die Lieferung und die Verwendung von Ersatzteilen auf dem Kfz-Anschlussmarkt beschränken könnten, erfüllen.

(16) Die Gruppenfreistellung sollte insbesondere nicht für Vereinbarungen gelten, die den Verkauf von Ersatzteilen durch Mitglieder des selektiven Vertriebssystems eines Kraftfahrzeugherstellers an unabhängige Werkstätten beschränken, die die Ersatzteile für die Erbringung von Instandsetzungs- und Wartungsdienstleistungen verwenden. Ohne Zugang zu solchen Ersatzteilen könnten die unabhängigen Werkstätten nicht wirksam mit zugelassenen Werkstätten in Wettbewerb treten, da sie nicht in der Lage wären, den Verbrauchern Leistungen von guter Qualität anzubieten, die zu einem sicheren und zuverlässigen Betrieb der Kraftfahrzeuge beitragen.

(17) Um den wirksamen Wettbewerb auf den Instandsetzungs- und Wartungsmärkten zu gewährleisten und Werkstätten die Möglichkeit zu geben, Endverbrauchern konkurrierende Ersatzteile anzubieten, sollte die Gruppenfreistellung zudem nicht für vertikale Vereinbarungen gelten, die zwar die Voraussetzungen der Verordnung (EU) Nr. 330/2010 erfüllen, aber die Möglichkeiten eines Ersatzteilherstellers beschränken, solche Teile an zugelassene Werkstätten im Vertriebssystem eines Kraftfahrzeugherstellers, unabhängige Ersatzteilhändler, unabhängige Werkstätten oder Endverbraucher zu verkaufen. Dies berührt nicht die zivilrechtliche Haftung des Ersatzteilherstellers oder die Möglichkeit der Kraftfahrzeughersteller, die zugelassenen Werkstätten ihres Vertriebssystems anzuweisen, nur Ersatzteile zu verwenden, die den bei der Montage eines bestimmten Kraftfahrzeugs verwendeten Bauteilen qualitativ gleichwertig sind. Wegen der unmittelbaren vertraglichen Einbindung der Fahrzeughersteller in die Instandsetzungsarbeiten im Rahmen der Gewährleistung, des unentgeltlichen Kundendienstes und von Rückrufaktionen sollte die Freistellung für Vereinbarungen gelten, denen zufolge zugelassene Werkstätten verpflichtet sind, für diese Instandsetzungsarbeiten nur vom Fahrzeughersteller gelieferte Originalersatzteile zu verwenden.

(18) Damit zugelassene und unabhängige Werkstätten sowie Endverbraucher den Hersteller von Kraftfahrzeugbauteilen oder Ersatzteilen identifizieren und zwischen alternativ angebotenen Ersatzteilen wählen können, sollte sich diese Gruppenfreistellung nicht auf Vereinbarungen erstrecken, durch die ein Kraftfahrzeughersteller die Möglichkeiten eines Herstellers von Bauteilen oder Originalersatzteilen beschränkt, sein Waren- oder Firmenzeichen auf diesen Teilen effektiv und sichtbar anzubringen.

(19) Damit alle Marktteilnehmer genügend Zeit haben, um sich an die vorliegende Verordnung anzupassen, sollte die Geltungsdauer der Bestimmungen der Verordnung (EG) Nr. 1400/2002, die sich auf vertikale Vereinbarungen über den Bezug, Verkauf und Weiterverkauf neuer Kraftfahrzeuge beziehen, bis zum 31. Mai 2013 verlängert werden. Für vertikale Vereinbarungen über den Vertrieb von Ersatzteilen und über die Erbringung von Instandsetzungs- und Wartungsdienstleistungen sollte die vorliegende Verordnung ab dem 1. Juni 2010 gelten, damit weiterhin ein angemessener Schutz des Wettbewerbs auf den Kfz-Anschlussmärkten gewährleistet ist.

(20) Die Kommission wird die Entwicklungen im Kraftfahrzeugsektor fortlaufend beobachten und geeignete Abhilfemaßnahmen treffen, wenn Wettbewerbsprobleme auftreten sollten, die sich auf dem Markt für den Vertrieb neuer Kraftfahrzeuge, für

die Lieferung von Ersatzteilen oder die Erbringung von Kundendienstleistungen für Kraftfahrzeuge zum Schaden der Verbraucher auswirken könnten.

(21) Nach Artikel 29 Absatz 1 der Verordnung (EG) Nr. 1/2003 des Rates vom 16. Dezember 2002 zur Durchführung der in den Artikeln 81 und 82 des Vertrags niedergelegten Wettbewerbsregeln kann die Kommission den Rechtsvorteil der Gruppenfreistellung entziehen, wenn sie in einem bestimmten Fall feststellt, dass eine Vereinbarung, für die die Gruppenfreistellung nach dieser Verordnung gilt, dennoch Wirkungen hat, die mit Artikel 101 Absatz 3 AEUV unvereinbar sind.

(22) Die mitgliedstaatlichen Wettbewerbsbehörden können nach Artikel 29 Absatz 2 der Verordnung (EG) Nr. 1/2003 den aus dieser Verordnung erwachsenden Rechtsvorteil für das Hoheitsgebiet des betreffenden Mitgliedstaats oder einen Teil dieses Hoheitsgebiets entziehen, wenn in einem bestimmten Fall eine Vereinbarung, für die die Gruppenfreistellung nach dieser Verordnung gilt, dennoch im Hoheitsgebiet des betreffenden Mitgliedstaats oder in einem Teil dieses Hoheitsgebiets, das alle Merkmale eines gesonderten räumlichen Marktes aufweist, Wirkungen hat, die mit Artikel 101 Absatz 3 AEUV unvereinbar sind.

(23) Bei der Entscheidung, ob der aus dieser Verordnung erwachsende Rechtsvorteil nach Artikel 29 der Verordnung (EG) Nr. 1/2003 entzogen werden sollte, sind die wettbewerbsbeschränkenden Wirkungen, die sich daraus ergeben, dass der Zugang zu einem relevanten Markt oder der Wettbewerb auf diesem Markt durch gleichartige Auswirkungen paralleler Netze vertikaler Vereinbarungen erheblich eingeschränkt werden, von besonderer Bedeutung. Derartige kumulative Wirkungen können sich etwa aus selektiven Vertriebssystemen oder aus Wettbewerbsverboten ergeben.

(24) Um die Überwachung paralleler Netze vertikaler Vereinbarungen zu verstärken, die gleichartige wettbewerbsbeschränkende Auswirkungen haben und mehr als 50% eines Marktes abdecken, kann die Kommission durch Verordnung erklären, dass diese Verordnung auf vertikale Vereinbarungen, die bestimmte auf den betroffenen Markt bezogene Beschränkungen enthalten, keine Anwendung findet, und dadurch die volle Anwendbarkeit von Artikel 101 AEUV auf diese Vereinbarungen wiederherstellen.

(25) Um die Auswirkungen dieser Verordnung auf den Wettbewerb im Kraftfahrzeugvertrieb, bei der Lieferung von Ersatzteilen und der Erbringung von Kundendienstleistungen für Kraftfahrzeuge im Binnenmarkt zu bewerten, erscheint es angemessen, einen Bewertungsbericht über die Anwendung der vorliegenden Verordnung zu erstellen.

Einführung

Inhaltsübersicht

1. Wesen der vertikalen Vereinbarungen im Kraftfahrzeugsektor

1 Die Vereinbarungen über den Vertrieb von Kraftfahrzeugen und Kraftfahrzeugersatzteilen und über den Kundendienst für Kraftfahrzeuge sind in der EU von **besonderer volkswirtschaftlicher Bedeutung.** Sie werfen jedenfalls in den Augen der Kommission eine Reihe spezifischer Probleme auf, die es ausschließen, dass sie kartellrechtlich völlig parallel zu sonstigen vertikalen Vertriebs- und Kundendienstvereinbarungen gelöst werden. Bei Kraftfahrzeugen handelt es sich um die wertvollsten Ge- und Verbrauchsgüter, die (auch) von privaten Endkunden gekauft werden. Für ihren Vertrieb und für ihren Kundendienst sind **flächendeckende Organisationen** erforderlich, für die umfangreiche Anfangs- und Erhaltungsinvestitionen erbracht werden müssen. Daraus ergeben sich in Vertriebs- und Kundendienstsystemen, in die selbständige Handelspartner und Werkstätten eingeschaltet sind, besondere Abhängigkeiten. Der völligen Vereinheitlichung der Marktverhältnisse stehen nicht nur die teilweise aus historischen Gründen unterschiedliche Ausbildung der Vertriebs- und Kundendienstsysteme entgegen, sondern auch unterschiedliche technische Zulassungsvorschriften und Verbraucherpräferenzen sowie die gerade in diesem Bereich besonders großen Unterschiede in den Mehrwertsteuersätzen und sonstigen, teilweise kraftfahrzeugspezifischen Verbrauchssteuern. Ein wesentliches Ziel der Wettbewerbspolitik der Kommission ist es, die **Wettbewerbsbedingungen im Kraftfahrzeugsektor in der Union zu vereinheitlichen** und durch wettbewerblichen Druck die Kraftfahrzeughersteller jeweils zur gemeinschaftsweiten Vereinheitlichung ihres Angebots und der Preise zu zwingen.

2. Frühere Beurteilung von Vereinbarungen über den Kraftfahrzeugvertrieb und Kraftfahrzeug-Kundendienstleistungen

2 Die Kommission hat sich erstmals in ihrer **BMW-Entscheidung vom 13. 12. 1974** mit Besonderheiten des Automobilvertriebs befasst (ABl. L 1975 29/1, mit Anm. von *Knoll* RIW/AWD 1975, 152; vgl. dazu auch *Bechtold* RIW 1975, 185). Auf die in der Entscheidung behandelten Vertriebsverträge zwischen BMW und den deutschen Händlern war die VO 67/67 (→ VO 330/2010 Einf. Rn. 6) schon deswegen nicht anwendbar, weil es sich um Vereinbarungen handelte, an denen nur Unternehmen aus einem Mitgliedstaat beteiligt waren. Die Kommission hebt die Besonderheiten hervor, die sich insbesondere aus dem Bedürfnis der Automobilhersteller nach einer quantitativen Selektion ihrer Vertriebspartner und deren Absicherung durch Weiterverkaufsverbote an nicht autorisierte Wiederverkäufer ergeben. Die Kommission hat sich in der Folgezeit ausführlicher mit weiteren Einzelproblemen des Automobilver-

triebs und der Kundendienstleistungen für Automobile befasst, aber keine weitere Entscheidung mehr getroffen. Ihre Aktivitäten mündeten vielmehr in die Vorbereitung einer besonderen Gruppenfreistellungsverordnung ein, die am 12.12.1984 als **VO 123/85** "über die Anwendung von Art. 85 Abs. 3 des Vertrages auf Gruppen von Vertriebs- und Kundendienstvereinbarungen über Kraftfahrzeuge" erlassen wurde (ABl. 1985 L 15/16).

Die VO 123/85 regelte zwei verschiedene Formen der Absatzorganisation: **selektive Vertriebssysteme** und **Alleinvertriebsvereinbarungen.** Sie ging von der Notwendigkeit der **Kombination von Vertrieb und Kundendienst** aus (vgl. 4. Erwägungsgrund zur VO 123/85). Der typische Freistellungsfall war also die Vereinbarung zwischen Kfz-Hersteller und einem Händler über den Vertrieb und den Kundendienst von Kraftfahrzeugen. Die VO 123/85 stellte weder reine Vertriebs- noch reine Kundendienst- oder Vertragswerkstätten frei. Besondere Bedeutung wurde im Rahmen der quantitativen Selektion darauf gelegt, dass die Händler frei waren, Fahrzeuge nicht nur vom Hersteller, sondern auch von anderen Händlern zu beziehen. Verboten werden konnte nur der Vertrieb an Wiederverkäufer, die nicht zum Vertriebsnetz gehörten (vgl. Art. 3 Nr. 10a) VO 123/85). 3

Die VO 123/85 war von vornherein auf den 30.6.1995 befristet (Art. 14 VO 123/85). Sie wurde mit Wirkung vom 1.7.1995 durch die **VO 1475/95** ersetzt. Die Prinzipien der VO 123/85 wurden fortgeführt, insbesondere auch im Hinblick auf die Kombination von exklusivem und selektivem Vertrieb (dazu BGH WuW/E DE-R 2045ff., 2049 Kfz-Vertragshändler III) und Vertrieb und Kundendienst. Ziel der Neuregelung war, die Unabhängigkeit der Händler gegenüber den Herstellern zu stärken. Deswegen sah die VO 1475/95 eine Reihe von Bestimmungen vor, die auch außerhalb des eigentlich wettbewerblich Relevanten die Konditionen der Vertriebsverträge festlegte, bis hin zu genauen **Vorgaben über die Kündigungsmöglichkeiten.** Im Gegensatz zur VO 123/85 begründete sie für den Kraftfahrzeugvertrieb das **Alles- oder Nichts-Prinzip;** eine einzige zusätzliche Wettbewerbsbeschränkung, die in der Verordnung nicht ausdrücklich erwähnt war, ließ die Freistellung insgesamt entfallen. Die VO 1475/95 sollte bis zum 30.9.2002 gelten (Art. 13). Durch die Nachfolge-VO 1400/2002 (Wortlauf in Anhang A 6) ist ihre Geltungsdauer für Vereinbarungen, die am 30.9.2002 bereits in Kraft waren und die Voraussetzungen der VO 1475/95 erfüllten, bis zum 30.9.2003 verlängert worden (Art. 10 VO 1400/2002). 4

3. Grundzüge der VO 1400/2002

Die VO 1400/2002 (Wortlaut in Anhang A 6) trat am 1.10.2002 in Kraft und galt für den Kfz-„Anschlussmarkt" bis 31.5.2010, für den Kfz-Vertrieb bis 31.5.2013 (→ Rn. 12; Annex zur VO 461/2010). Sie hat die **kartellrechtlichen Rahmenbedingungen** für den Vertrieb und den Kundendienst für Kraftfahrzeuge **grundlegend verändert.** Sie erfasste nicht nur Vereinbarungen zwischen Kraftfahrzeugherstellern und Kraftfahrzeugimporteuren einerseits und Kraftfahrzeughändlern und Werkstätten andererseits über den Vertrieb neuer Kraftfahrzeuge und Kundendienstleistungen, sondern auch Vereinbarungen zwischen anderen Lieferanten und Händlern über den Vertrieb von Kraftfahrzeugersatzteilen sowie alle Vertikalvereinbarungen über die Erbringung von Wartungs- und Instandsetzungsdienstleistungen für Kraftfahrzeuge. Im Vergleich zu allen anderen Gruppenfreistellungsverordnungen war sie die bei Weitem detaillierteste Verordnung und diejenige, die die meisten Auslegungsprobleme verursachte. Das einer Gruppenfreistellungsverordnung immanente Ziel der **Schaffung von Rechtssicherheit** in einem „safe harbour" wurde schon deswegen **nicht erreicht.** Obwohl niemand verpflichtet war, die Vorteile einer Gruppenfreistellung in Anspruch zu nehmen, hat sie die in der Kraftfahrzeugwirtschaft tätigen Unternehmen zu einer grundlegenden Umgestaltung ihrer Vertriebs- und Kundendienst-Vertragswerke gezwungen (vgl. auch *Schönbohm* WRP 2004, 695ff.). 5

6 Obwohl die VO 1400/2002 grundsätzlich Wahlmöglichkeiten zwischen Alleinvertrieb, quantitativer Selektion und qualitativer Selektion eröffnete, führte insbesondere das System der Marktanteilsschwellen in Art. 3 Abs. 1 zu einer **weitgehenden Uniformität der Vertriebs- und Kundendienstsysteme.** Der **„Zwangsjackeneffekt",** der mit den „moderneren" Gruppenfreistellungen an sich beseitigt werden sollte, ist durch die VO 1400/2002 nicht gemildert, sondern verschärft worden (vgl. dazu auch *Bechtold,* FS Mailänder, 2006, S. 73ff., 75); der „Evaluierungsbericht" von 2008 (→ Rn. 11) erkennt immerhin an, dass das Ziel, den „Zwangsjackeneffekt" zu beseitigen, nicht erreicht wurde. In völliger Umkehrung der Grundentscheidungen der Vorgänger-Verordnungen 123/85 und 1475/95 war die früher allgemein übliche und nach früherer Kommissionsmeinung im Interesse des Verbrauchers liegende **Verbindung von Kraftfahrzeugvertrieb und Kundendienst aufgegeben** worden; jede vertragliche Verpflichtung, das eine nicht ohne das andere zu tun, führte zum Verlust der Freistellung. In der Praxis hatte das eine Konzentration auf folgende Vertragssysteme zur Folge:

- Im **Vertrieb von Kraftfahrzeugen** wurde grundsätzlich die **quantitative Selektion** praktiziert: Die Kraftfahrzeughersteller und -importeure vergaben Vertriebsverträge nur an eine begrenzte Anzahl von Händlern.
- **Im Bereich des Kundendienstes** wurde allgemein das Prinzip der **qualitativen Selektion** praktiziert. Das bedeutet, dass jede Werkstatt, die die qualitativen Voraussetzungen erfüllt, zu den markenspezifischen Kundendienstsystemen zugelassen wurde.
- Das außerdem für den Vertrieb neuer Kraftfahrzeuge zugelassene **Alleinvertriebssystem** wurde wegen der Notwendigkeit, den zugelassenen Alleinvertriebshändlern auch den Vertrieb an nicht zugelassene Wiederverkäufer zu gestatten, **nicht praktiziert.** Mit Ausnahme von Suzuki haben sich alle Kfz-Hersteller gegen die Möglichkeit des Alleinvertriebs entschieden.
- Die Kraftfahrzeughändler und die Kraftfahrzeugwerkstätten unterlagen **keinem Wettbewerbsverbot** mehr, waren also frei, auch für andere Kraftfahrzeugmarken tätig zu werden.

7 Kein klares Bild ergab sich im Hinblick auf den **Ersatzteilevertrieb.** Die VO 1400/2002 enthielt keine Regelung, die den Lieferanten (Hersteller) zwangen, ein vom Kundendienst getrenntes besonderes Vertriebssystem für Ersatzteile aufzubauen (aA offenbar Kommission in der Antwort auf Frage 16 der „häufig gestellten Fragen", → Rn. 30). Der Hersteller konnte sich dafür entscheiden, dass er **überhaupt keine Ersatzteilehändler** beliefert, sondern nur Werkstätten, die die Ersatzteile erhalten, um selbst Reparaturen durchzuführen, und ggfs. andere freie Werkstätten beliefern, die ihrerseits Teile aber auch nur für die Instandsetzung und Wartung eines Kfz verwenden (vgl. auch *Bechtold,* FS Mailänder, 2006, S. 73ff., 77).

8 Die Verordnung arbeitete ebenso wie die anderen seit 1999 erlassenen Gruppenfreistellungs-Verordnungen mit dem Prinzip, dass **Alles, was nicht ausdrücklich verboten ist, erlaubt und damit nach Art. 101 AEUV freigestellt ist** (vgl. auch *Veelken* in IM 4. Aufl. 2007 Kfz-VO Rn. 12). Dieses Prinzip wurde aber dadurch ausgehöhlt, dass einerseits die Anwendungsvoraussetzungen der Verordnung detailliert und kompliziert ausgestaltet waren, und andererseits die Art. 4 und 5 weitgehende und in sich mit besonderen Auslegungsschwierigkeiten verbundenen Ausnahmen vorsahen. Dabei unterschieden Art. 4 und 5 ebenso wie die entsprechenden Artikel der VO 2790/1999 – und heute der VO 330/2010 – zwischen **„schwarzen" und „grauen" Klauseln.** Wurde in eine Vertriebs- oder Kundendienstvereinbarung eine Klausel aufgenommen, die gegen Art. 4 verstieß, entfiel die Freistellung insgesamt. Wurde eine Klausel vereinbart, die von Art. 5 erfasst wurde, entfiel die Freistellung nur für diese Klausel, ohne weitere Folgen für die Freistellung im Übrigen. Besondere Probleme ergaben sich daraus, dass Art. 4 nicht nur Vertragsklauseln enthielt, sondern auch Verhaltensweisen mit dem generellen Freistellungsentzug ahndete, die

ein Vertragspartner außerhalb der Vereinbarung an den Tag legt, so im Falle des Art. 4 Abs. 1 lit. j mit Lieferanten von Originalersatzteilen oder im Falle des Art. 4 Abs. 2 im Verhältnis zu unabhängigen, im Bereich der Kraftfahrzeugwartung tätigen Marktbeteiligten.

Zu den nach dem Grundsatz „Erlaubt ist, was nicht ausdrücklich verboten ist" **zulässigen Klauseln** gehörten Absatzbemühungsverpflichtungen des Händlers und die Festlegung verbindlicher Absatzziele (dazu BGH WuW/E DE-R 1335ff., 1314 Citroën; vgl. auch BGH WuW/E DE-R 1449ff., 1452 Bezugsbindung – zum alten Recht der VO 1475/95; *Thoma* WRP 2005, 1133), die Verkoppelung von Werkstattvertrag und Einzelteilehandel und – damit zusammenhängend – der Verzicht auf Vergabe besonderer Ersatzteile-Händler-Verträge (→ Rn. 28). 9

Die Kommission hat zur Erläuterung ihres Verständnisses der VO 1400/2002 in 2002 einen **„Leitfaden"** (engl. explanatory brochure) erlassen, außerdem Ende 2003 **Antworten auf „häufig gestellte Fragen"** (frequently asked questions) bekannt gemacht. Diese Veröffentlichungen waren bei der Anwendung der VO 1400/2002 zu berücksichtigen; teilweise bestanden aber erhebliche Zweifel, ob die Ausführungen der Kommission in diesen Bekanntmachungen durch die VO 1400/2002 gedeckt waren. 10

4. Aufgabe der besonderen Freistellung für den Kfz-Bereich: Grundzüge der VO 461/2010

a) Evaluierungsbericht 2008. Die Kommission war nach Art. 11 Abs. 2 VO 1400/2002 verpflichtet, spätestens am 31. 5. 2008 „einen Bericht über die Funktionsweise dieser Verordnung" vorzulegen. Dieser Bericht („Bericht der Kommission zur Bewertung der VO 1400/2002 über Vertrieb, Instandsetzung und Wartung von Kraftfahrzeugen", im Internet abrufbar unter http://ec.europa.eu/comm/competition/sectors/motor_vehicles/news.html; dazu auch *Wendel,* BB 2008, 1294ff.) verhielt sich sehr kritisch zu all den Besonderheiten, die in die VO 1400/2002 über die VO 1475/1995 hinaus eingeführt worden waren, insbesondere zur Trennung von Vertrieb und Kundendienst, zur Standortklausel und zu den Sozialschutzklauseln. Im Anschluss daran sind mehrere Optionen untersucht worden. Nach einer intensiven Diskussion entschied sich die Kommission für einen **Kompromiss zwischen der Fortgeltung der VO 1400/2002** mit oder ohne Änderungen **und der vollen Integration des Kfz-Bereiches in die Gruppenfreistellung für Vertikalvereinbarungen** (VO 330/2010 im Anschluss an die VO 2790/1999). Es sollte eine kurze Gruppenfreistellung, die sich auf den Wettbewerb auf dem „Anschlussmarkt" konzentriert und die allgemeine Gruppenfreistellung ergänzt, angenommen werden, ergänzt durch Leitlinien, die die Kfz-spezifischen Besonderheiten bei der Anwendung der allgemeinen Regeln für Vertikalvereinbarungen erläutert. Dieses wettbewerbspolitische Konzept ist in der VO 461/2010 und in den „Ergänzenden Leitlinien für vertikale Beschränkungen in Vereinbarungen über den Verkauf und die Instandsetzung von Kraftfahrzeugen und den Vertrieb von Kraftfahrzeug-Ersatzteilen" (ABl. 2010 C 138/16, Anhang B 7) realisiert worden. 11

b) Grundzüge der VO 461/2010. Die VO 361/2010 verlängerte in ihrem Art. 2 die Geltungsdauer der VO 1400/2002 bis zum 31.5.2013 (also um drei Jahre), aber nur bezogen auf den Vertrieb neuer Kraftfahrzeuge, nicht in Bezug auf den „Anschlussmarkt". Für die Zeit seit **1.6.2013** gilt hiernach auch für den **Vertrieb neuer Kraftfahrzeuge** nicht mehr die VO 1400/2002, sondern ausschließlich – neben der Möglichkeit der unmittelbaren Anwendbarkeit des Art. 101 Abs. 3 AEUV – die allgemeine Gruppenfreistellungsverordnung für Vertikalvereinbarungen **330/2010.** Für den **„Anschlussmarkt",** dh für den Bezug und Verkauf von Kfz-Ersatzteilen und die Erbringung von Instandsetzungs- und Wartungsdienstleistungen für 12

Kfz gilt **seit 1.5.2010 die VO 330/2010,** allerdings ergänzt um drei zusätzliche „schwarze Klauseln“ (Art. 5), die aus der VO 1400/2002 übernommen worden sind. Die wettbewerbspolitisch umstrittenen besonderen Anwendungsvoraussetzungen für die Gruppenfreistellung, insbesondere im Hinblick auf Vertragsübertragung, Kündigungsregelungen, Entscheidungsbefugnisse von Sachverständigen oder Schiedsrichtern (Art. 3 Abs. 3–6 VO 1400/2002) gelten ersatzlos nicht mehr. Entsprechendes gilt für die frühere Verpflichtung der Kfz-Hersteller, außen stehenden Werkstätten und Dienstleistern technische Informationen zur Verfügung zu stellen (Art. 4 Abs. 2 VO 1400/2002), wobei insoweit teilweise auf anderer Grundlage entsprechende Verpflichtungen der Kfz-Hersteller begründet wurden.

5. Der Vertrieb neuer Kraftfahrzeuge im neuen Rechtssystem

13 **a) Quantitative Selektion.** Die meisten Hersteller praktizieren im Bereich des Vertriebs neuer Kraftfahrzeuge eine quantitative Selektion. Sie ist dadurch gekennzeichnet, dass der Anbieter (Lieferant) Merkmale für die Auswahl der Händler verwendet, „durch die deren Zahl unmittelbar begrenzt wird“ (vgl. Art. 1 Abs. 1 lit. g) VO 1400/2002). Die mit der quantitativen Selektion notwendigerweise verbundenen **Handlungsbeschränkungen** der beteiligten Unternehmen verstoßen nach der Praxis der Kommission und der Rechtsprechung des Gerichtshofes gegen Art. 101 Abs. 1 AEUV, sind also freistellungsbedürftig. Nach der VO 330/2010 sind quantitative selektive Vertriebssysteme von der Gruppenfreistellung erfasst, allerdings nur dann, wenn die **Marktanteilsschwellen** des Art. 3 VO 330/2010 nicht überschritten sind. Im Vertrieb neuer Kraftfahrzeuge kommt es bei enger sachlicher und räumlicher Marktabgrenzung (→ VO 461/2010 Annex Rn. 19ff.) häufig vor, dass die Marktanteilsschwelle überschritten ist. Im Hinblick darauf sah die VO 1400/2002 in Art. 3 Abs. 1 Unterabs. 2 ausdrücklich vor, dass die Marktanteilsschwelle bei quantitativen selektiven Vertriebssystemen nicht bei 30%, sondern bei 40% liegt. Seit dem 1.6.2013 gilt keine entsprechende Bestimmung mehr, so dass es im Rahmen der VO 330/2010 nach deren Art. 3 allein auf die Marktanteilsschwelle von 30% ankommt. Die ergänzenden Kfz-Leitlinien (Anhang B 7) sehen in Rn 56 dennoch – für die Zeit ab 1.6.2013 – vor, dass der quantitative selektive Vertrieb „in der Regel die Voraussetzungen von Art. 101 Abs. 3 AEUV (erfüllt), wenn die Marktanteile der beteiligten Unternehmen **40% nicht überschreiten**“. Liegt der Marktanteil bei zwischen 30% und 40%, ergibt sich dann die Freistellung nicht aus der VO 330/2010, sondern aus der unmittelbaren Anwendbarkeit des Art. 101 Abs. 3 AEUV. Im Ergebnis bedeutet das, dass insoweit auch nach dem 31.5.2013 die Rechtslage wie nach der VO 1400/2002 fortgilt. Dabei ist zu beachten, dass die neue zusätzliche Marktanteilsschwelle nach Art. 3 Abs. 1 in Bezug auf den Einkaufsmarktanteil des Händlers im Regelfall keine Relevanz hat. Die für die Abgrenzung des relevanten Einkaufsmarktes maßgebliche Marktgegenseite sind bei Einkauf des Händlers die im jeweiligen Land tätigen Hersteller und Importeure. Bezogen auf deren Absatzvolumen wird ein Anteil des Händlers von 30% oder mehr praktisch kaum vorkommen.

14 **b) Wettbewerbsverbot.** Die VO 1400/2002 qualifizierte „alle unmittelbaren oder mittelbaren Wettbewerbsverbote“ als „graue“ Klauseln (Art. 5 lit. a) VO 1400/2002). Der Begriff des Wettbewerbsverbots war in Art. 1 Abs. 1 lit. b) VO 1400/2002 definiert; er bezog sich im Wesentlichen auf die Nichtüberschreitung einer 30%-Schwelle beim Bezug der Vertragswaren. Wenn dem Käufer auferlegt wurde, mehr als 30% seiner Einkäufe an Vertragswaren beim Lieferanten zu tätigen, galt das als „unzulässige“ Vereinbarung eines Wettbewerbsverbots. Entsprechend der Rechtsnatur als „graue“ Klausel berührte die dem widersprechende Vereinbarung eines Wettbewerbsverbots nicht die Freistellung im Übrigen. Der Wegfall dieser besonderen Regelung führt dazu, dass im Kfz-Vertrieb ab 1.6.2013 die Regelung des Wettbe-

werbsverbots in Art. 5 Abs. 1 VO 330/2010 gilt; der dort verwendete Begriff des Wettbewerbsverbots enthält nach Art. 1 Abs. 1 lit. d) VO 330/2010 nur den **Ausschluss einer mehr als 80%-igen Bezugsbindung.** Auch mit einer höheren Bezugsbindung ist das Wettbewerbsverbot zulässig, wenn es befristet für eine Höchstdauer von fünf Jahren vereinbart wird. Das wird allgemein so verstanden, dass auch in länger laufenden Händlerverträgen derartige Wettbewerbsverbote möglich sind, wenn für sie klargestellt ist, dass sie automatisch – ohne Kündigung – nach fünf Jahren auslaufen. Im Anschluss daran kann das Wettbewerbsverbot neu vereinbart werden, wiederum längstens für fünf Jahre.

c) Vorgaben für die Ausstellung bei zugelassener Konkurrenztätigkeit. 15
Die erste Automobil-Gruppenfreistellungsverordnung 123/85 hatte noch uneingeschränkt Wettbewerbsverbote zugelassen. Die Nachfolgeverordnung 1475/95 ließ die Wettbewerbstätigkeit des Händlers für andere Hersteller grundsätzlich zu; dem Händler durfte aber auferlegt werden, Konkurrenzfahrzeuge „nur in räumlich getrennten Verkaufslokalen unter getrennter Geschäftsführung mit eigener Rechtspersönlichkeit und in einer Weise zu vertreiben, die eine Verwechslung der Marken ausschließt" (Art. 3 Nr. 3 VO 1475/95). Die sich daran anschließende VO 1400/2002 sah in der Definition des Wettbewerbsverbotes (die eine Bezugsbindung bis zu 30% zuließ) die Zulässigkeit einer Verpflichtung des Händlers vor, „Kraftfahrzeuge anderer Lieferanten in gesonderten Bereichen des Ausstellungsraums zu verkaufen, um eine Verwechslung der Marken zu vermeiden". Die Verpflichtung des Händlers, für verschiedene Kraftfahrzeugmarken „markenspezifisches Verkaufspersonal zu beschäftigen", wurde nur dann als zulässig angesehen, wenn der Lieferant alle dabei anfallenden zusätzlichen Kosten übernahm. Derartige besondere Vorschriften gibt es seit dem 1. 6. 2013 nicht mehr. Soweit der Händler für Konkurrenzfabrikate tätig sein darf, darf ihm die Verpflichtung auferlegt werden, „zusätzliche konkurrierende Marken in einem **getrennten Ausstellungsraum**" auszustellen, es sei denn, es geht um einen „Ort, an dem die Erfüllung solcher Anforderungen nicht rentabel wäre (zB in gering bevölkerten Gebieten)" (vgl. dazu ergänzende Kfz-Leitlinien, Anhang B 7, Rn. 32).

d) Standortbindung. Nach der VO 1400/2002 war es im Rahmen eines selekti- 16
ven Händler-Vertriebssystems grundsätzlich zulässig, den Händlern zu verbieten, „Geschäfte von nicht zugelassenen Standorten aus zu betreiben" (Art. 4 Abs. 1 lit. d) VO 1400/2002). Allerdings durfte den Händlern von Pkw und leichten Nutzfahrzeugen nicht verboten werden, „zusätzliche **Verkaufs- oder Auslieferungsstellen** an anderen Standorten im gemeinsamen Markt zu errichten, an denen selektiver Vertrieb verwendet wird" (Art. 5 Abs. 2 lit. b VO 1400/2002). Nach der VO 330/2010 ist es ausdrücklich (wieder) möglich, den „Mitgliedern des (selektiven Vertriebs-)Systems zu **verbieten, Geschäfte von nicht zugelassenen Niederlassungen aus zu betreiben**". Die Standortbindung ist also zulässig, ohne dass dem Händler die Möglichkeit gegeben werden muss, zusätzliche Verkaufs- oder Auslieferungsstellen einzurichten und zu unterhalten. Das erscheint im Rahmen einer quantitativen Selektion zwingend: ihr Wesen besteht gerade darin, dass die Zahl der Händler und damit deren Standort quantitativ begrenzt werden kann. Allerdings können sich dann, wenn die quantitative Selektion wegen Überschreitens der Marktanteilsschwellen des Art. 3 nicht von der Gruppenfreistellung nach der VO 330/2010, wohl aber von der direkten Anwendung des Art. 101 Abs. 3 AEUV erfasst wird (→ Rn. 13), besondere Probleme ergeben (vgl. ergänzende Kfz-Leitlinien, Anhang B 7, Rn. 50). Die Kommission schreibt dort, dass sich zwar aus der Konzentration auf einen Standort „Effizienzgewinne durch effizientere Logistik und planbare Netzabdeckung" ergeben können, dass aber die Nachteile von Standortklauseln schwerer wiegen können als diese Vorteile, wenn der Marktanteil sehr hoch ist.

17 e) **Verfügbarkeitsklausel.** Nach der VO 1400/2002 war es im Rahmen der „schwarzen" Klausel nach Art. 4 Abs. 1 lit. f unzulässig, die „Möglichkeit des Händlers" zu beschränken, „neue Kraftfahrzeuge zu verkaufen, die einem Modell seines Vertragsprogramms entsprechen" (→ Annex zur VO 461/2010 Rn. 50ff.). Diese Verfügbarkeitsklausel sollte gewährleisten, dass ein Händler in der Lage ist, außer den Kraftfahrzeugmodellen, die für seine jeweiliges Land konzipiert sind, auch die für andere Länder der Union konzipierten Modelle zu verkaufen. Die Kommission hat im Evaluierungsbericht 2008 zum Ausdruck gebracht, dass diese „Verfügbarkeitsklausel" wohl nicht mehr erforderlich sei, nachdem durch die Richtlinie 2007/46/EG (ABl. 2007 L 263/1) die Pflicht der Hersteller begründet wurde, **Übereinstimmungsbescheinigungen (Certificates of Conformity)** zu erstellen, die technische Hindernisse des Parallelhaltens zu überwinden helfen. Obwohl die Freistellung nach der VO 330/2002 nicht von einer entsprechenden Verfügbarkeitsklausel abhängig gemacht wird, beruft sich die Kommission in den ergänzenden Leitlinien (Anhang B 7, Rn. 50 mit Fn. 3) auf das Urteil des Gerichtshofes vom 17.9.1985 (Slg. 1985, 2725, Ford-Werke AG und Ford of Europe/Kommission), wonach eine Weigerung, Fahrzeuge mit ausländischen Spezifikationen zu liefern, als mittelbare Beschränkung des Weiterverkaufs gelte.

6. Der Kfz-Anschlussmarkt im neuen Rechtssystem

18 a) **Grundsätze.** Die VO 461/2010 verwendet erstmals den Begriff des „Kfz-Anschlussmarkts" (vgl. Überschrift zu Kapitel III, in englisch: „Motor Vehicle Aftermarket"). Sie sieht die **volle Integration** der vertikalen Vereinbarungen in Bezug auf den Kfz-Anschlussmarkt in die **allgemeine Gruppenfreistellungs-VO 330/2010** für Vertikalvereinbarungen vor, und ergänzt deren Katalog „schwarzer" Klauseln in Art. 4 um **drei weitere Klauseln,** die im Wesentlichen wörtlich den schwarzen Klauseln des Art. 4 Abs. 1 lit. i, lit. j und lit. l VO 1400/2002 entsprechen.

19 b) **Marktanteilsschwellen.** Auf der Basis der von der Kommission gebildeten engen, weil auf Fahrzeugmarken eingegrenzten Ersatzteilmärkten und Märkten der Instandsetzungs- oder Wartungsdienstleistungen sind **die Marktanteilsschwellen von 30% regelmäßig überschritten.** Auch dann, wenn man für die Belieferung von Händlern oder Werkstätten mit Ersatzteilen nicht auf einzelne Ersatzteiltypen wie Kupplungsteile oder Einspritzpumpen abstellt, sondern auf Kfz-Ersatzteile insgesamt, haben auf einem Markt der für bestimmte Fahrzeugmarken verwendbaren Ersatzteile die Fahrzeughersteller im Allgemeinen hohe Marktanteile, weil sie auf ihrer Ebene entweder einzige Anbieter für die Eigenfertigungsteile oder jedenfalls die führenden Händler für die von ihnen bezogenen Fremdfertigungsteile sind, die als Original-Ersatzteile unter ihrer Marke weiterverkauft werden. Die Kommission ging zur VO 1400/2002 auch davon aus, dass die Kfz-Hersteller auf Märkten der Instandsetzungs- und Wartungsdienstleistungen für die Fahrzeuge ihrer Marke jeweils hohe Marktanteile (über 30%) haben (→ Annex zur VO 461/2010 Rn. 26).

20 Normalerweise ist ein **Kfz-Hersteller** jedenfalls auf der Wirtschaftsstufe über der Werkstatt überhaupt nicht im Bereich der Instandsetzungs- und Wartungsdienstleistungen tätig, sondern vergibt nur entsprechende Werkstattverträge; auf ihrer Grundlage werden rechtlich und wirtschaftlich selbstständige Werkstätten durch ein Bündel von Leistungen und Ersatzteillieferungen in die Lage versetzt, ihrerseits Instandsetzungs- und Wartungsdienstleistungen zu erbringen. Obwohl die Art und Tätigkeit des Kfz-Herstellers insoweit eine ganz andere ist als die auf der unteren Stufe tätigen Werkstatt, wird auch sie einem besonderen Markt der Instandsetzungs- und Wartungsdienstleistungen zugeordnet, allerdings auf der Stufe des **Quasi-Franchise-Gebers,** der das System insgesamt organisiert und entsprechende Werkstattverträge vergibt. Die Tätigkeit des Kfz-Herstellers auf diesem Markt wird – parallel zu der

Marktabgrenzung im Bereich der Ersatzteile – eingegrenzt auf die Instandsetzungs- und Wartungsdienstleistungen für Fahrzeuge der jeweiligen Marke mit der Folge, dass alle Kfz-Hersteller auf diesem Markt der Instandsetzungs- und Wartungsdienstleistungen für die Fahrzeuge ihrer Marke hohe Marktanteile haben, jedenfalls über 30%. Das gilt umso mehr, aber auch unabhängig davon, als auch diese Märkte entsprechend den tatsächlichen Nachfrage- und Belieferungsströmen wahrscheinlich national abzugrenzen sind. Die Kommission bringt in den ergänzenden Leitlinien (Anhang B 7, Rn. 57 mit Fn. 1) klar zum Ausdruck, dass sie an dieser Marktabgrenzung auch unter der Geltung der VO 461/2010 festhält. Für den Anwendungsbereich des § 19 GWB im deutschen Recht geht der BGH von einer weiteren, alle Marken umfassenden Marktabgrenzung aus (BGH WuW/E DE-R 3303, 3305f. Vertragswerkstätten; kritisch dazu *Ensthaler* NJW 2011, 2701; *Bechtold* BB 2011, 1610).

Die markenbezogene Abgrenzung führt dazu, dass die VO 461/2010 in ihren Art. 4 **21**
und 5 **an sich keinen praktisch relevanten unmittelbaren Anwendungsbereich** hat: Alle Kfz-Hersteller haben für ihre Marken Anteile von über 30%. Das könnte Anlass zu einer Sinn gebenden Auslegung in der Richtung sein, dass entweder die Marktanteilsschwelle von 30% nach Art. 3 VO 330/2010 nicht für Vereinbarungen auf dem „Anschlussmarkt" gilt, oder dass die relevanten Märkte anders als nach der bisherigen Praxis abzugrenzen sind. Für eine derartige Abgrenzung käme insbesondere in Betracht, die Märkte nicht nach Kfz-Marken abzugrenzen, sondern umfassende Märkte der Kfz-Instandsetzungs- und Wartungsdienstleistungen bzw. der Kfz-Ersatzteile für alle Fahrzeuge zu bilden. In Bezug auf die Instandsetzungs- und Wartungsdienstleistungen käme auch in Betracht, die Tätigkeit des Herstellers klar zu trennen von der Tätigkeit der mit ihm vertraglich verbundenen Werkstätten; dann wäre der Hersteller entweder auf dem Markt gar nicht tätig, oder nur über seine eigenen Niederlassungen. Jedenfalls wären ihm die mit ihm nur vertraglich, nicht aber konzernrechtlich verbundenen Werkstätten nicht zuzurechnen. Wenn hiernach die VO 330/2010 für die Kfz-Anschlussmärkte gar nicht unmittelbar anwendbar sein sollte, lässt sich doch aus der Vorgeschichte und der allgemeinen, durch die VO 1400/2002 legitimierten Praktizierung der **qualitativen Selektion im Kundendienst** deren **grundsätzliche Zulässigkeit** ableiten. Verträge, die den Anschlussmarkt betreffen – und die entweder, weil sie von vornherein nicht gegen Art. 101 Abs. 1 AEUV verstoßen oder weil sie die individuellen Freistellungsvoraussetzungen des Abs. 3 erfüllen –, dürfen aber keine „schwarzen" Klauseln enthalten, die in Art. 4 VO 330/2010 und in Art. 5 VO 461/2010 erwähnt sind. Das gilt umso mehr, als im Bereich der sonstigen Vertikalvereinbarungen klar davon auszugehen ist, dass die Vereinbarung „schwarzer" Klauseln iSv Art. 4 VO 330/2010 dazu führt, dass die Freistellung insgesamt ausgeschlossen ist.

c) Qualitative Selektion. Im Kundendienstbereich praktizieren fast alle Herstel- **22**
ler ein System der qualitativen Selektion, in deren Rahmen grundsätzlich alle qualitativ geeigneten, den vom Hersteller autonom definierten Merkmalen entsprechende Werkstätten zugelassen werden. Eine quantitative Selektion im Kundendienstbereich ist, weil sie gegen Art. 101 Abs. 1 AEUV verstößt und bei der markenbezogenen Abgrenzung des Marktes nicht freistellungsfähig ist, ausgeschlossen (dazu auch *Ensthaler* NJW 2011, 2701, 2703f.). In der VO 1400/2002 war ausdrücklich vorgesehen, dass die **Marktanteilsschwelle von 30% „nicht für Vereinbarungen über qualitative selektive Vertriebssysteme"** gilt (Art. 3 Abs. 1 Unterabs. 3 VO 1400/2002). Auf dieser Grundlage war es nicht erforderlich, bei dem den Anschlussmarkt betreffenden qualitativ selektierenden Vertriebssystemen irgendwelche Feststellungen über den Marktanteil zu treffen, weil alle Vereinbarungen, die im Zusammenhang mit dieser qualitativen Selektion getroffen wurden, unter den übrigen Voraussetzungen der VO 1400/2002 freigestellt waren.

Nach der Rechtsprechung des Gerichtshofes verstoßen qualitative selektive Ver- **23**
triebssystem im Hinblick auf die dafür erforderlichen Wettbewerbsbeschränkungen

nicht gegen Art. 101 Abs. 1 AEUV (→ AEUV Art. 101 Art. 210f.). Voraussetzung dafür ist, dass die Selektion der Vertriebspartner nach qualitativen Kriterien aus der Natur des Produktes zu rechtfertigen ist, in einheitlich geltenden, für die Qualitätssicherung erforderlichen Kriterien festgelegt und nicht diskriminierend angewendet wird (vgl. dazu insbesondere EuGH, Slg. 1975, 1905, Rn. 20 Metro/Saba I; Slg. 1983, 3151, 3195, Rn. 35 AEG; Slg. 1980, 2511, 2536, Rn. 20 Lancôme; Slg. 1986, 3021, 3084, Rn. 37 Metro/Saba II). Wenn gewährleistet ist, dass der Hersteller alle qualitativ geeigneten Vertriebspartner in sein Vertriebssystem aufnimmt, er also keine darüber hinausgehende quantitative Selektion betreibt, ist es zulässig, den zugelassenen Vertriebspartnern zu untersagen, nicht zugelassene Wiederverkäufer mit den vom Hersteller bezogenen Ersatzteilen zu beliefern. Die Definition der selektiven Vertriebssysteme in Art. 1 Abs. 1 lit. e) VO 330/2010 zeigt, dass das Verbot der Belieferung außen stehender Wiederverkäufer konstitutiv für das selektive Vertriebssystem ist. Dann kann es bei Hinnahme der qualitativen Selektion unter dem Gesichtspunkt des Art. 101 Abs. 1 oder 3 AEUV nicht selbstständig beanstandet werden. Gleiches gilt für die Freiheit, dem System angehörende Vertriebspartner zu beliefern **(Querbelieferung)** oder die Vertragswaren von anderen systemangehörigen Vertriebspartnern zu beziehen (**Querbezug,** jeweils innerhalb des Netzes).

24 **d) Wettbewerbsverbot.** Die Zulässigkeit der qualitativen Selektion auch bei Überschreitung der Marktanteilsschwellen des Art. 3 VO 330/2010 deckt nicht Wettbewerbsbeschränkungen ab, die mit der qualitativen Selektion als solcher nicht in innerem Zusammenhang stehen und für sie nicht erforderlich sind. Das hat insbesondere Bedeutung für das Wettbewerbsverbot, insbesondere in der Form der **Bezugsbindung.** Ein Wettbewerbsverbot kann in Verbindung mit der qualitativen Selektion nur in dem Umfang vereinbart werden, in dem es nicht gegen Art. 101 Abs. 1 AEUV verstößt oder nach Abs. 3 freigestellt ist. Auch wenn die Marktanteilsschwellen des Art. 3 VO 300/2010 überschritten sind, kann in Verbindung mit der qualitativen Selektion davon ausgegangen werden, dass alle Wettbewerbsverbote, die nach ihrer Reichweite und ihrer Laufzeit die Freistellungsvoraussetzungen der VO 330/2010 erfüllen, zulässig sind.

25 **e) Verwendung von Originalersatz- und Identteilen, Bezugsbindung für Ersatzteile.** Art. 4 Abs. 1 lit. k VO 1400/2002 untersagte als „schwarze Klausel" Beschränkungen der Möglichkeit einer zugelassenen Werkstatt, „Originalersatzteile oder qualitativ gleichwertige Ersatzteile von einem dritten Unternehmen ihrer Wahl zu erwerben und diese Teile für die Instandsetzung oder Wartung von Kraftfahrzeugen zu verwenden". Eine derartige Beschränkung wurde als eine Wettbewerbsbeschränkung qualifiziert, die unter keinen Umständen gerechtfertigt werden konnte. Allerdings war und ist die Verpflichtung, „im Rahmen der **Gewährleistung,** des unentgeltlichen Kundendienstes oder von Rückrufaktionen" ausschließlich Originalersatzteile zu verwenden, die vom Fahrzeughersteller bezogen wurden, zulässig. Das ergab sich früher aus einer entsprechenden Gegenausnahme in der Gruppenfreistellungsverordnung; diese Verpflichtung rechtfertigt sich aber auch heute aus dem Umstand, dass die Arbeiten auf **Kosten des Herstellers** durchgeführt werden, und er dann auch befugt ist, vorzuschreiben, welche Teile auf seine Kosten verwendet werden. Das gilt auch dann, wenn der Hersteller dem Fahrzeugbesitzer kostenlose Reparaturen außerhalb der gesetzlichen Gewährleistungsfrist zusagt oder besondere, vergütungspflichtige Allround-Angebote für längere Zeiträume macht. Entscheidend ist die Kostenübernahme durch den Hersteller (so ausdrücklich auch OLG Düsseldorf, WuW/E DE-R 1865ff., 1867 5-Sterne-Prämiumpaket).

26 Es gibt keine gesetzliche **Definition des Originalersatzteils** mehr, die – wie früher ausdrücklich Art. 1 Abs. 1 lit. t VO 1400/2002 – ausdrücklich die **„Identteile"** einbezieht, die vom Teilehersteller direkt vertrieben werden („die von gleicher Qualität sind wie die Bauteile, die für die Montage des Neufahrzeugs verwendet wer-

den oder wurden, und die nach den Spezifizierungen und Produktionsanforderungen hergestellt wurden, die vom Kraftfahrzeughersteller für die Herstellung der Bauteile oder Ersatzteile des fraglichen Kraftfahrzeugs vorgegeben wurden"). Die ergänzenden Leitlinien (Anhang B 7, Rn. 19) vertreten die Auffassung, dass sie den vom Kfz-Hersteller bezogenen Originalteilen gleichstehen; die Leitlinien berufen sich auch auf eine entsprechende Definition in der Rahmenrichtlinie 2007/46/EG (ABl. 2007 L 263/1). Auch wenn hiernach die Werkstatt nicht darin beschränkt werden kann, Identteile zu verwenden, ist eine Bezugsbindung für (Original-)Ersatzteile beim Kfz-Hersteller im Rahmen des Art. 1 Abs. 1 lit. b) VO 330/2010 zulässig; die Werkstatt darf hiernach verpflichtet werden, bis zu 80% ihres Ersatzteilbedarfs unmittelbar beim Hersteller (bzw. durch Querbezüge bei anderen zugelassenen Vertriebspartnern) zu beziehen.

Soweit die Werkstatt **Identteile,** die nicht vom Hersteller stammen, sondern von einem seiner Zulieferer, verwendet, stellt sich die Frage, ob er verpflichtet werden kann, den **Werkstattkunden zu informieren,** wenn er derartige Identteile verwendet. Das ist wohl nicht möglich, weil es Kennzeichen gerade dieser Identteile ist, dass sie den Originalersatzteilen gleichwertig sind. Etwas Anderes gilt bei der Verwendung von Teilen, deren Gleichwertigkeit mit den Originalersatzteilen sich nicht daraus ergibt, dass sie von denselben Teile-Herstellern stammen, die auch die Kfz-Hersteller beliefern (Nachbauteile). 27

f) Verpflichtung zur Vergabe besonderer Ersatzteil-Vertriebsverträge?. 28
Im System der VO 1400/2002 war der Hersteller nicht verpflichtet, neben Verträgen über die Instandsetzungs- und Wartungsdienstleistungen (Werkstattverträge) besondere Ersatzteil-Vertriebsverträge zu vergeben. Er konnte sich vielmehr entscheiden, überhaupt keine reinen Ersatzteilehändler zu beliefern, sondern nur Werkstätten, die die Ersatzteile erhalten, um selbst Reparaturen durchzuführen und ggf. auch andere freie Werkstätten zu beliefern, die ihrerseits Teile aber auch nur für die Instandsetzung und Wartung eines Kfz verwenden (vgl. Art. 4 Abs. 1 lit. i VO 1400/2002). An dieser Rechtslage hat sich nichts geändert. Zwar umfasst die VO 461/2010 (in Art. 1 Abs. 1 lit. d) ausdrücklich auch den **„zugelassenen Händler" für Ersatzteile,** der neben der „zugelassenen Werkstatt" steht, die in Art. 1 Abs. 1 lit. c als „Erbringer von Instandsetzungs- und Wartungsdienstleistungen für Kraftfahrzeuge" definiert ist. Das bedeutet aber nicht, dass ein Hersteller entsprechend getrennte Verträge vergeben muss. Wenn er besondere Ersatzteile-Vertriebsverträge vergeben will, kann er von der Gruppenfreistellung Gebrauch machen, wenn er deren Voraussetzungen erfüllt. Das wird im Regelfall aber nicht zutreffen, weil bei Eingrenzung des sachlich relevanten Marktes auf die jeweilige Fahrzeugmarke die Marktanteilsschwelle von 30% überschritten ist. Unabhängig davon lässt sich aus dem System der Gruppenfreistellungsverordnungen **keine Pflicht** ableiten, **bestimmte Vertragsmuster anzuwenden.** Desgleichen lässt sich weder der VO 330/2010 noch der VO 461/2010 ein Verbot entnehmen, den Ersatzteile-Vertrieb voll mit dem Werkstattgeschäft zu koppeln und vertraglich nur in Verbindung mit den Kundendienstverträgen zu regeln.

g) Gewährung des Zugangs zu technischen Informationen. Nach Art. 4 29
Abs. 2 VO 1400/2002 galt die Freistellung der Werkstattverträge nach der VO 1400/2002 nicht, wenn der Kfz-Hersteller nicht dafür Sorge trug, dass auch die unabhängigen Werkstätten und andere unabhängige Marktbeteiligte Zugang zu den technischen Informationen und den Gerätschaften haben, die von den Kraftfahrzeuglieferanten in der eigenen Organisation für erforderlich gehalten wurden, Instandsetzungs- und Wartungsarbeiten an ihren Kraftfahrzeugen durchzuführen. Mit dieser Klausel waren erhebliche Auslegungs- und Anwendungsprobleme verbunden, zumal es sich um Obliegenheiten der Hersteller handelte, denen die Hersteller außerhalb der freigestellten Werkstattverträge nachzukommen hatten. Im Evaluierungsbericht 2008 hat die Kommission selbst die Erforderlichkeit der Regelung in Abs. 2 jedenfalls für

die Zukunft in Frage gestellt. Wenn ein Kfz-Hersteller heute die Obliegenheiten, die ihm durch Art. 4 Abs. 2 VO 1400/2002 auferlegt wurden, in der Praxis nicht beachtet, berührt das die Zulässigkeit oder Freistellung seines Vertriebssystems im Bereich der Instandsetzungs- und Wartungsdienstleistungen nicht. Die Kommission geht allerdings davon aus, dass die **Kfz-Hersteller öffentlich-rechtlich zu entsprechenden Informationen verpflichtet** sind. In den ergänzenden Leitlinien (Anhang B 7) werden unter Rn. 65 die Rechtsgrundlagen dargelegt. Sie betreffen allerdings nur Fahrzeuge, die ab dem 1.9.2009 in Verkehr gebracht wurden. Für den Altbestand weist die Kommission darauf hin, dass die Vorenthaltung von bestimmten Informationen für Fahrzeuge des Altbestandes „dazu führen könnte, dass die betreffenden Vereinbarungen von Art. 101 AEUV erfasst werden". Damit sind nicht die Vereinbarungen gemeint, die die Vorenthaltung von bestimmten Informationen betreffen, sondern die Werkstattverträge. Es gibt aber keine Anhaltspunkte dafür, dass die Wirksamkeit dieser Werkstattverträge in der heutigen Rechtslage dadurch in Frage gestellt werden könnte, dass der Hersteller außerhalb dieser Verträge Dritten bestimmte Informationen nicht erteilt.

7. Kombination von Händler- und Werkstattverträgen

30 Die VO 1400/2002 hatte erstmals durch die „schwarze" Klausel in Art. 4 Abs. 1 lit. g) den Grundsatz verwirklicht, dass ein Kfz-Händler nicht verpflichtet werden durfte, selbst auch Werkstattleistungen zu erbringen. Er durfte nur verpflichtet werden, dafür Sorge zu tragen, dass für die von ihm verkauften Fahrzeuge Instandsetzungs- und Wartungsdienstleistungen durch eine nahe gelegene Werkstatt erbracht werden. Er musste insbesondere die Möglichkeit haben, die Erbringung von Instandsetzungs- und Wartungsdienstleistungen an zugelassene Werkstätten „untervertraglich weiter zu vergeben". Den Kfz-Händlern sollte es damit frei stehen, einen reinen Handelsbetrieb zu unterhalten, und nicht zugleich auch Instandsetzungs- und Wartungstätigkeiten durchzuführen. Dem entsprach das in Art. 4 Abs. 1 lit. h VO 1400/2002 geregelte Recht der Werkstätten, sich auf das Werkstattgeschäft zu beschränken, und nicht zugleich auch Vertriebstätigkeiten für neue Kraftfahrzeuge wahrzunehmen. Dieses **Verbot der Koppelung** der beiden Vertragstypen galt **zu Lasten von Kfz-Händlern nur noch bis zum 31.5.2013. Zu Lasten von Werkstätten** gilt es **schon seit dem 1.6.2010 nicht mehr,** weil die auf Werkstätten bezogene schwarze Klausel des Art. 4 Abs. 1 lit. h mit dem Auslaufen der VO 1400/2002 zum 31.5.2010 nicht mehr gilt. Auch nach Auffassung der Kommission hat sich dieses Koppelungsverbot nicht bewährt.

31 In der neuen Rechtslage ist zu differenzieren: Wenn mit Händlern ein **quantitativ selektives Vertriebssystem** vereinbart wird und die Freistellungsvoraussetzungen vorliegen, ist es möglich, in die quantitative Selektion nur solche Händler aufzunehmen, die auch eine Werkstatt betreiben und die dafür vom Hersteller für erforderlich gehaltenen qualitativen Voraussetzungen erfüllen. Ein **qualitativ selektierendes Werkstatt-Vertriebssystem** ist, wenn eine der Marktanteilsschwellen des Art. 3 VO 330/2010 überschritten ist, nur zulässig, wenn es nicht gegen Art. 101 Abs. 1 AEUV verstößt. Das setzt voraus, dass die Tätigkeit im Kfz-Vertrieb für die Erbringung der Werkstattleistungen erforderlich ist (zur qualitativen Selektion → Rn. 22f. und → AEUV Art. 101 Rn. 210f.). Dementsprechend äußert die Kommission in den ergänzenden Leitlinien (Anhang B 7, Rn. 71) die Auffassung, dass die Vereinbarung, wonach eine zugelassene **Werkstatt auch zum Verkauf von Neuwagen verpflichtet** wird, „wahrscheinlich" gegen Art. 101 Abs. 1 AEUV verstoße. Die Voraussetzungen des Art. 101 Abs. 3 AEUV seien „in der Regel" nicht erfüllt, da eine solche Verpflichtung „eine starke Beschränkung des Zugangs zum Netz der zugelassenen Werkstätten zur Folge hätten und damit den Wettbewerb einschränken würden, ohne dass die Verbraucher einen gleichwertigen Nutzen daraus zögen". Wir

halten diese Auffassung für falsch, da die Qualität des Werkstattgeschäfts durch die Beteiligung der Werkstatt am Verkauf von Neuwagen durchaus positiv beeinflusst werden kann (→ Art. 5 Rn. 2). Keinesfalls gelten die Bedenken der Kommission für Regelungen im Werkstattvertrag, wonach die Werkstatt Kundenanfragen oder für die Werkstatt erkennbare Verkaufsmöglichkeiten dem Händler der Marke weiterzugegeben hat; derartige positive Handlungspflichten enthalten keine Wettbewerbsbeschränkungen iSv Art. 101 Abs. 1 AEUV (→ Art. 5 Rn. 2).

Kapitel I. Gemeinsame Bestimmungen

Art. 1 Begriffsbestimmungen

(1) Für die Zwecke dieser Verordnung gelten folgende Begriffsbestimmungen:

a) „vertikale Vereinbarung" ist eine Vereinbarung oder abgestimmte Verhaltensweise, die zwischen zwei oder mehr Unternehmen, von denen jedes für die Zwecke der Vereinbarung oder der abgestimmten Verhaltensweise auf einer anderen Ebene der Produktions- oder Vertriebskette tätig ist, besteht und die die Bedingungen betrifft, zu denen die beteiligten Unternehmen Waren oder Dienstleistungen beziehen, verkaufen oder weiterverkaufen dürfen;

b) „vertikale Beschränkung" ist eine Wettbewerbsbeschränkung in einer vertikalen Vereinbarung, die unter Artikel 101 Absatz 1 AEUV fällt;

c) „zugelassene Werkstatt" ist ein Erbringer von Instandsetzungs- und Wartungsdienstleistungen für Kraftfahrzeuge, der dem von einem Kraftfahrzeuganbieter eingerichteten Vertriebssystem angehört;

d) „zugelassener Händler" ist ein Händler von Ersatzteilen für Kraftfahrzeuge, der dem von einem Kraftfahrzeuganbieter eingerichteten Vertriebssystem angehört;

e) „unabhängige Werkstatt" ist

i) ein Erbringer von Instandsetzungs- und Wartungsdienstleistungen für Kraftfahrzeuge, der nicht dem von einem Kraftfahrzeuganbieter, dessen Kraftfahrzeuge er instand setzt oder wartet, eingerichteten Vertriebssystem angehört,

ii) eine zugelassene Werkstatt im Vertriebssystem eines Anbieters, soweit sie Instandsetzungs- und Wartungsdienstleistungen für Kraftfahrzeuge erbringt, für die sie nicht Mitglied des Vertriebssystems des entsprechenden Anbieters ist;

f) „unabhängiger Händler" ist:

i) ein Händler von Ersatzteilen für Kraftfahrzeuge, der nicht dem von einem Kraftfahrzeuganbieter eingerichteten Vertriebssystem angehört,

ii) ein zugelassener Händler im Vertriebssystem eines Anbieters, soweit er Ersatzteile für Kraftfahrzeuge vertreibt, für die er nicht Mitglied des Vertriebssystems des entsprechenden Anbieters ist;

g) „Kraftfahrzeuge" sind Fahrzeuge mit Selbstantrieb und mindestens drei Rädern, die für den Verkehr auf öffentlichen Straßen bestimmt sind;

h) „Ersatzteile" sind Waren, die in ein Kraftfahrzeug eingebaut oder an ihm angebracht werden und ein Bauteil dieses Fahrzeugs ersetzen, wozu auch Waren wie Schmieröle zählen, die für die Nutzung des Kraftfahrzeugs erforderlich sind, mit Ausnahme von Kraftstoffen;

i) „selektive Vertriebssysteme" sind Vertriebssysteme, in denen sich der Anbieter verpflichtet, die Vertragswaren oder -dienstleistungen unmittel-

bar oder mittelbar nur an Händler zu verkaufen, die aufgrund festgelegter Merkmale ausgewählt werden, und in denen sich diese Händler verpflichten, die betreffenden Waren oder Dienstleistungen nicht an Händler zu verkaufen, die innerhalb des vom Anbieter für den Betrieb dieses Systems festgelegten Gebiets nicht zum Vertrieb zugelassen sind.

(2) **Für die Zwecke dieser Verordnung schließen die Begriffe „Unternehmen", „Anbieter", „Hersteller" und „Abnehmer" die jeweils mit diesen verbundenen Unternehmen ein.**

„Verbundene Unternehmen" sind:

a) Unternehmen, in denen ein an der Vereinbarung beteiligtes Unternehmen unmittelbar oder mittelbar
   i) die Befugnis hat, mehr als die Hälfte der Stimmrechte auszuüben, oder
   ii) die Befugnis hat, mehr als die Hälfte der Mitglieder des Leitungs- oder Aufsichtsorgans oder der zur gesetzlichen Vertretung berufenen Organe zu bestellen, oder
   iii) das Recht hat, die Geschäfte des Unternehmens zu führen;

b) Unternehmen, die in einem an der Vereinbarung beteiligten Unternehmen unmittelbar oder mittelbar die unter Buchstabe a aufgeführten Rechte oder Befugnisse haben;

c) Unternehmen, in denen ein unter Buchstabe b genanntes Unternehmen unmittelbar oder mittelbar die unter Buchstabe a aufgeführten Rechte oder Befugnisse hat;

d) Unternehmen, in denen ein an der Vereinbarung beteiligtes Unternehmen gemeinsam mit einem oder mehreren der unter den Buchstaben a, b und c genannten Unternehmen oder in denen zwei oder mehr der zuletzt genannten Unternehmen gemeinsam die unter Buchstabe a aufgeführten Rechte oder Befugnisse haben;

e) Unternehmen, in denen die folgenden Unternehmen gemeinsam die unter Buchstabe a aufgeführten Rechte oder Befugnisse haben:
   i) an der Vereinbarung beteiligte Unternehmen oder mit ihnen jeweils verbundene Unternehmen im Sinne der Buchstaben a bis d oder
   ii) eines oder mehrere der an der Vereinbarung beteiligten Unternehmen oder eines oder mehrere der mit ihnen verbundenen Unternehmen im Sinne der Buchstaben a bis d und ein oder mehrere dritte Unternehmen.

Inhaltsübersicht

1. Überblick

1 Artikel 1 enthält ebenso wie alle neueren Gruppenfreistellungsverordnungen die Definitionen aller spezifischen Begriffe, die in den folgenden Artikeln verwenden werden. Die Definitionen in Abs. 1 lit. a, b und i sowie in Abs. 2 sind identisch mit denen in der VO 330/2010. Von Bedeutung sind die Kfz-spezifischen Definitionen der Begriffe in Abs. 1 lit. c–h, die sachlich weitgehend denen entsprechen, die in der früheren Kfz-GVO 1400/2002 verwendet worden waren.

2. Vertikale Vereinbarung (Art. 1 lit. a)

2 Die Definition der vertikalen Vereinbarung in Art. 1 lit. a stimmt wörtlich überein mit der in **Art. 1 lit. a VO 330/2010** (→ VO 330/2010 Art. 1 Rn. 4ff.). Er ist grundlegend für den Anwendungsbereich der VO 461/2010 und deren Verweisungen auf die VO 1400/2002 (Art. 2) und VO 330/2010 (Art. 3). Dies bedeutet in Zusammenfassung der Erläuterungen zur VO 330/2010:

3 Die Definition der „vertikalen Vereinbarung" bezieht nicht nur „Vereinbarungen", sondern **auch „abgestimmte Verhaltensweisen"** ein. Widerspricht sich das, was – meistens schriftlich – vereinbart und das, was außerhalb einer Vereinbarung aufgrund einer Abstimmung praktiziert wird, gilt die **jeweils strengste Anwendung:** Unzulässige und nicht freigestellte Vereinbarungen können nicht dadurch gerettet werden, dass die abgestimmte Praktizierung sich im Rahmen des Zulässigen hält; zulässige abgestimmte Verhaltensweisen retten also eine unzulässige Vereinbarung nicht. Praktizieren die Partner einer zulässigen Vereinbarung eine unzulässige Abstimmung, hilft die Zulässigkeit der Vereinbarung nicht. Umgekehrt kann eine unzulässige Vereinbarung nicht dadurch gerettet werden, dass sie aufgrund einer Abstimmung nicht praktiziert wird, und dass das, was praktiziert wird, sich im Rahmen des Zulässigen hält.

4 Lit. a erfasst auch **scheinbar einseitige Verhaltensweisen,** wenn sie aufgrund ihrer Einfügung in ein umfassendes Vertragsverhältnis oder ansonsten im Voraus erteilter Zustimmung der anderen Seite die Voraussetzungen des Vereinbarungsbegriffs nach Art. 101 Abs. 1 AEUV erfüllen (→ Art. 101 Rn. 49f.). Besondere Bedeutung hat das für die Behandlung von **Empfehlungen.**

5 Kennzeichen der „vertikalen" Vereinbarung ist, dass die beteiligten Unternehmen für ihre Zwecke jeweils „auf einer **anderen Ebene der Produktions- oder Vertriebskette**" tätig sind. Verschiedene Produktionsstufen liegen insbesondere vor zwischen dem Automobil- und dem Teilehersteller. Verschiedene Vertriebsstufen sind durch die Abnehmerkreise gekennzeichnet. Der Hersteller beliefert, soweit er nicht unmittelbar Einzelhändler oder Endabnehmer beliefert, Großhändler bzw. Importeure; diese beliefern in ihrer Hauptfunktion Einzelhändler, diese beliefern Endabnehmer. Produktions- und Vertriebsstufen können miteinander verbunden sein. Gegenstand von Produktion oder Vertrieb sind nicht nur **Waren,** sondern auch **Dienstleistungen.** Lit. a verlangt nicht, dass die beteiligten Unternehmen generell oder jedenfalls in ihrer Haupttätigkeit auf jeweils anderen Stufen der Produktions- oder Vertriebsstufe tätig sind. Es reicht aus, dass das Vertikalverhältnis „für die Zwecke der Vereinbarung" besteht, nicht auch darüber hinaus. Insbesondere steht es der Qualifikation als Vertikalvereinbarung nicht entgegen, wenn der Hersteller zugleich auch auf der Stufe des Händlers oder der Werkstatt tätig ist und insoweit **auch Wettbewerber der Vertragspartner** ist; dieses Wettbewerbsverhältnis darf aber nicht Regelungsgegenstand der vertikalen Vereinbarung sein.

6 An einer Vereinbarung oder abgestimmten Verhaltensweise sind wesensmäßig **mindestens zwei Unternehmen** beteiligt. Lit. a lässt es zu, dass auch mehr als zwei Unternehmen beteiligt sind. Jedes Unternehmen muss für die Zwecke der Vereinbarung auf einer jeweils anderen Produktions- oder Vertriebsstufe tätig sein; gedacht ist insbesondere an die Vertriebskette Hersteller-Großhändler (Importeur)-Einzelhändler.

3. Vertikale Beschränkung (Art. 1 lit. b)

7 Die Definition der vertikalen Beschränkung in Art. 1 lit. b stimmt wörtlich überein mit der in Art. 1 lit. b VO 330/2010 (→ VO 330/2010 Art. 1 Rn. 18). Die Beschränkung ist die von Art. 101 Abs. 1 AEUV erfasste **Wettbewerbsbeschränkung** (→ AEUV Art. 101 Rn. 66ff.). Das Merkmal **„vertikal"** bezieht sich auf die in lit. a beschriebene Tätigkeit der beklagten Unternehmen auf jeweils einer anderen Ebene der Produktions- oder Vertriebskette.

4. Zugelassene Werkstatt (Art. 1 lit. c)

8 Die Definition stimmt sachlich voll überein mit der in Art. 1 Abs. 1 lit. l VO 1400/2002 (Wortlaut in Anhang A 6). Der Begriff wird in der Definition des Gegenbegriffs der „unabhängigen" Werkstatt in Art. 1 Abs. 2 lit. e Ziff. ii verwendet, außerdem in Art. 5 lit. b.

9 Die Werkstatt ist definiert als der „**Erbringer von Instandsetzungs- und Wartungsdienstleistungen** für Kraftfahrzeuge". Die Instandsetzung bezieht sich auf schadhafte Fahrzeuge, und zwar unabhängig davon, ob der Schaden im Rahmen der normalen Nutzung (intern) oder durch einen Unfall (extern) entstanden ist. Die Wartungstätigkeit betrifft die Pflege des an sich noch funktionstüchtigen Fahrzeuges mit dem Ziel, die Funktion zu erhalten. Beide Tätigkeiten sind wesentlicher Bestandteil einer Werkstatttätigkeit. Soweit eine Werkstatt nur den einen Teil, nicht auch den anderen erbringt (nur Instandsetzungsarbeiten, keine Wartungsarbeiten oder umgekehrt), erfüllt die Werkstatt schon unter diesem Gesichtspunkt nicht die begrifflichen Voraussetzungen. Denkbar ist eine Spezialisierung auf bestimmte Technikbereiche unter Einbeziehung darauf bezogener Instandsetzungs- und Wartungsdienstleistungen und in Verbindung damit, dass der Anbieter ein Vertriebssystem mit **unterschiedlichen Arten und Spezialisierungen von Werkstätten** aufbaut; dann gibt es keinen Grund, den entsprechenden Betrieb nicht insoweit auch als Werkstatt zu bewerten.

10 In der Definition der lit. c steht die **„zugelassene"** im Gegensatz zur **„unabhängigen"** Werkstatt, die in lit. e definiert ist. Die Zulassung führt dazu, dass die Werkstatt „dem von einem **Kraftfahrzeuganbieter** eingerichteten Vertriebssystem angehört." Da die VO 330/2010 entsprechend der Definition in Art. 4 VO 461/2010 auch auf vertikale Vereinbarungen über Wartungs- und Instandsetzungsdienstleistungen anwendbar ist, die nicht mit einem Kraftfahrzeuganbieter abgeschlossen werden, sondern mit einem **„freien" Anbieter** für Wartungs- und Instandsetzungsdienstleistungen, passt der Begriff der „zugelassenen" Werkstatt nicht auf eine Werkstatt in einem solchen kraftfahrzeughersteller-unabhängigen Instandsetzungs- und Wartungsdienstleistungssystem. Dieser Fall ist in Art. 1 Abs. 1 lit. e Ziff. ii angesprochen; die Werkstatt, die Teil eines Vertriebssystems ist, das nicht von einem Kfz-Hersteller eingerichtet ist, ist nach dieser Definition als „unabhängige" Werkstatt anzusehen.

11 Für die Zulassung einer Werkstatt ist **kein besonderes Verfahren** vorgesehen. Als Zulassung ist jeder Akt anzusehen, der dazu führt, dass die Werkstatt dem Vertriebssystem angehört. Im Regelfall ist das die Vergabe des schriftlichen Werkstattvertrages, den der Kfz-Anbieter im Rahmen der – bei Werkstätten fast ausschließlich angewendeten – qualitativen Selektion vergibt. Eine Werkstatt, die zwar die Merkmale (Stan-

dards) der Selektion erfüllt, aber den Vertrag nicht erhalten oder nicht unterschrieben hat, ist nicht „zugelassen". Lässt der Anbieter entgegen der für die Zulassung geltenden Merkmale eine dieser Merkmale erfüllende Werkstatt nicht zu, muss diese, bevor sie als zugelassene Werkstatt gilt, zuerst zugelassen werden.

5. Zugelassener Händler (Art. 1 lit. d)

Der Begriff des „zugelassenen Händlers" ist in der VO 1400/2002, der VO 330/2010 und deren Vorgänger-VO 2790/1999 nicht gesondert definiert worden. Er wird in der VO 461/2010 verwendet in der Definition des Gegenbegriffs des „unabhängigen" Händlers (lit. f Ziff. ii) und Art. 5 lit. b. In diesem Rahmen hat er nur Bedeutung für den **Handel mit Ersatzteilen,** nicht auch mit Kraftfahrzeugen. Ebenso wie bei der „zugelassenen" Werkstatt in lit. c geht es um einen Händler, der dem **von einem Kraftfahrzeuganbieter** – also einem Anbieter neuer Kraftfahrzeuge – **eingerichteten Vertriebssystem** angehört. Ersatzteilehändler, die einem Vertriebssystem eines Ersatzteileanbieters angehören, werden durch die Definition nicht erfasst; für die „Zulassung" → Rn. 11. 12

6. Unabhängige Werkstatt (Art. 1 lit. e)

Die Definition stimmt überein mit der in Art. 1 Abs. 1 lit. m VO 1400/2002. Ziff. i entspricht lit. m Satz 1, Ziff. ii lit. m Satz 2 VO 1400/2002. Der Begriff hat im System der VO 461/2010 nur Bedeutung für die Kernbeschränkung in Art. 5 lit. a, die Beschränkungen des Verkaufs von Ersatzteilen an unabhängige Werkstätten verbietet, die diese Teile für die Instandsetzung und Wartung von Kraftfahrzeugen benötigen. 13

Die Begriffe der „Erbringung von Instandsetzungs- und Wartungsdienstleistungen" entsprechen dem in lit. c (→ Rn. 9). Auch der Begriff der „Werkstatt" ist in lit. e derselbe wie in lit. c. Die „unabhängige" Werkstatt ist nach Ziff. i dadurch gekennzeichnet, dass sie **dem Vertriebssystem eines Kfz-Anbieters nicht angehört.** Ihr steht nach Ziff. ii die Werkstatt gleich, die nicht einem Vertriebssystem angehört, das von einem Kraftfahrzeuganbieter eingerichtet ist, sondern von einem Dritten (wie die Franchisesysteme, die für bestimmte Spezialarbeiten an Kraftfahrzeugen aller Marken von Kfz-Hersteller-unabhängigen Franchisegebern eingerichtet werden). Derartige **Mitglieder „freier" Vertriebssysteme** sind zwar in diesem Vertriebssystem zugelassen, gelten aber im Verhältnis zu den Vertriebssystemen, die von Kfz-Herstellern für ihre Kraftfahrzeuge ausgehen, als „unabhängig". 14

Eine Mittelstellung zwischen unabhängiger Werkstatt und Endkunden bilden die **Regiewerkstätten** von Fuhrpark-Betreibern. Sie sind Endkunden und dürfen deswegen vom Kfz-Hersteller und den Mitgliedern des selektiven Werkstatt-Vertriebssystems beliefert werden, aber wie jeder Endkunde nur für die Eigenverwendung und nicht für den Weiterverkauf. Da sie selbst als Werkstatt tätig sind und in diesem Rahmen möglicherweise auch eine beschränkte Lagerhaltung betreiben, besteht ebenso wie bei unabhängigen Werkstätten das durch Art. 5 lit. a) legitimierte Bedürfnis, sie für die Verwendung der Teile für die Instandsetzung und Wartung zu beliefern, und sie zugleich auch auf diese Verwendung einzuschränken (→ Art. 5 Rn. 5). 15

7. Unabhängiger Händler (Art. 1 lit. f)

Der Begriff des „unabhängigen Händlers" war in der VO 1400/2002 nicht definiert. Er wird in Art. 5 lit. b verwendet, und zwar zusammen mit dem „zugelassenen" Händler. Insoweit ist es also nicht erforderlich, zwischen beiden Arten der Händler zu differenzieren. Beide Begriffe beziehen sich ausschließlich auf **Kfz-Ersatzteile.** Die **erste Alternative** des unabhängigen Händlers ist nach Ziff. i der Händler, der nicht einem von einem Kraftfahrzeuganbieter eingerichteten Vertriebssystem angehört. 16

Dabei kommt es nicht darauf an, ob es sich um ein Vertriebssystem für neue Kraftfahrzeuge, Instandsetzungs- und Wartungsdienstleistungen und/oder Ersatzteile handelt; entscheidend soll allein sein, dass der Händler in diesem Bereich nicht mit einem Kraftfahrzeuganbieter vertraglich verbunden ist. Die **zweite Alternative** umfasst nach Ziff. ii Händler, die im Sinne von lit. d Ersatzteilehändler in einem Vertriebssystem eines Kfz-Anbieters sind, aber daneben auch Ersatzteile anderer Anbieter vertreiben, ohne deren Vertriebssystem anzugehören. Diese komplizierte Definition soll sicherstellen, dass die „schwarze" Klausel in Art. 5 lit. b alle Vertriebsbeschränkungen außerhalb der vom Kfz-Anbieter eingerichteten Vertriebssysteme erfasst.

8. Kraftfahrzeuge (Art. 1 lit. g)

17 Lit. g entspricht wörtlich Art. 1 lit. n VO 1400/2002. Die Definition ist – auch in Verbindung mit den Ersatzteilen und den Instandsetzungs- und Wartungsdienstleistungen – **entscheidend für den sachlichen Anwendungsbereich der VO 461/2010.** Wenn Fahrzeuge betroffen sind, die die Voraussetzungen von lit. g nicht erfüllen, ist die VO 461/2010 nicht anwendbar; es gilt dann unmittelbar und einschränkungslos die VO 330/2010. Die Unterscheidung in Personenkraftwagen (Art. 1 Abs. 1 lit. o VO 1400/2002) und leichten Nutzfahrzeugen (Art. 1 Abs. 1 lit. p VO 1400/2002) spielt im System der VO 461/2010 keine Rolle mehr.

18 Wesentlich für den Begriff des Kraftfahrzeuges ist zunächst der **Selbstantrieb.** Das bedeutet, dass die für die Fortbewegung erforderliche Kraft mit der dafür im Fahrzeug gespeicherten Energie im Fahrzeug selbst erzeugt werden muss und nicht von außen bezogen wird. Deswegen sind **Anhänger keine Kraftfahrzeuge.** Das Gleiche gilt für Fahrzeuge, die ihre Energie über Stromabnehmer extern beziehen; deswegen sind **Trolleybusse** keine Kraftfahrzeuge. Erforderlich sind mindestens **drei Räder.** Diese Definition dient dem Ausschluss von Motorrädern. Auch **Motorräder** mit Beiwagen sind, obwohl sie gemeinsam über mindestens drei Räder verfügen, keine Kraftfahrzeuge, weil der Beiwagen von dem Motorrad trennbar und dementsprechend im Allgemeinen auch getrennt vertrieben wird (im Ergebnis so auch *Becker* in MünchKomm GVO 1400/2002 Art. 1 Rn. 23); das Gleiche gilt wohl auch für sog. „Quads" (so auch *Becker* aaO). Die Radzahl weist nach oben keine Begrenzung auf; deswegen sind auch Fahrzeuge mit mehr als vier Rädern unter diesem Gesichtspunkt Kraftfahrzeuge. Erforderlich sind aber „Räder"; die Bewegung muss unmittelbar durch die Einwirkung von Rädern auf den externen Untergrund erzeugt werden. Deswegen sind **Kettenfahrzeuge** keine Kraftfahrzeuge in diesem Sinne.

19 In der Praxis am wichtigsten ist die Bestimmung des Fahrzeugs für den **Verkehr auf öffentlichen Straßen.** Von dieser Definition werden zunächst ganz selbstverständlich erfasst PKWs, (leichte, mittlere und schwere) Nutzfahrzeuge sowie Omnibusse. Erfasst werden auch Traktoren und Baustellenfahrzeuge, soweit sie für den Verkehr auf öffentlichen Straßen bestimmt sind. Ist ein Fahrzeug primär für den Verkehr außerhalb öffentlicher Straßen bestimmt, daneben aber auch zugelassen für den Verkehr auf öffentlichen Straßen, kommt es auf die **Hauptbestimmung** an. Die Kommission hat dementsprechend Traktoren unabhängig von ihrer Zulassungsfähigkeit nicht den damals relevanten Vorschriften der VO 123/1985 unterworfen (vgl. KOMM ABl. 1993, L 20/1, Ford agricultural).

9. Ersatzteile (Art. 1 lit. h)

20 Lit. h entspricht wörtlich Art. 1 Abs. 1 lit. s VO 1400/2002. Der Begriff ist **konstitutiv für den Anwendungsbereich der Art. 4 und 5,** und damit praktisch dafür, ob die zusätzlichen „schwarzen" Klauseln des Art. 5 auf Vertikalvereinbarungen in Bezug auf den Kfz-Anschlussmarkt gelten. Die Definition der „Originalersatzteile" (Art. 1 Abs. 1 lit. t VO 1400/2002) und der „qualitativ gleichwertigen Ersatzteile"

(Art. 1 Abs. 1 lit. u VO 1400/2002) spielen insoweit keine Rolle mehr (→ VO 461/2010 Annex Rn. 12ff.).

Der Begriff des Ersatzteils ist nach der Definition in lit. h einerseits geprägt durch den **Einbau im Kraftfahrzeug** oder die **Anbringung an ihm** und – für beide Fälle – den **Ersatz eines Bauteils** dieses Fahrzeugs. Der Begriff des „Bauteils", der gesetzlich nicht gesondert definiert ist, deutet auf die Integration des Teils in das vom Hersteller „gebaute" Fahrzeug hin. Soweit ersetzt wird, wird ein „Ersatzteil" verwendet. Zu unterscheiden vom für den „Bau" des Fahrzeugs konstitutiven Teil, das gegebenenfalls durch ein Ersatzteil ersetzt wird, ist das **Zubehörteil,** das typischerweise nicht vom Kfz-Hersteller, sondern vom Endabnehmer selbst oder auf dessen gesonderte Bestellung dem Fahrzeug zugefügt wird (Bodenteppiche, Schonbezüge, zusätzliche elektrische Geräte usw.). Zubehörteile sind im Sinne der gesetzlichen Definition keine „Ersatzteile" (vgl. dazu auch *Becker* in MünchKomm GVO 1400/2002 Art. 1 Rn. 29; zur Abgrenzung Zubehörteil-Ersatzteil vgl. auch Leitfaden zur VO 1400/2002, Frage 95, S. 87). 21

Ersatzteile sind auch Waren wie **Schmieröle,** „die für die Benutzung des Kraftfahrzeugs erforderlich sind, mit **Ausnahme von Kraftstoffen**". Das Beispiel des Schmieröls zeigt, dass es sich bei diesen für die Nutzung des Kfz erforderlichen Waren um solche handelt, die von Kfz-Hersteller von vornherein in das Fahrzeug eingefügt werden, um seine Nutzbarkeit sicherzustellen. Diese Definition könnte an sich auch Treibstoffe erfassen; sie sind aber ausdrücklich ausgenommen. Bestimmte Waren wie Schmieröle, Lacke, Schrauben, Muttern u.dgl. können **verschiedene Einsatzbereiche** haben. Nach Auffassung der Kommission sind sie nur insoweit als Ersatzteil iSd Art. 1 Abs. 1 lit. s VO 1400/2002 und damit wohl auch der VO 461/2010 anzusehen, als sie zum Einbau in ein Kraftfahrzeug oder zum Anbringen an ihm bestimmt sind (vgl. Leitfaden zur VO 1400/2002, S. 18; außerdem *Becker* in MünchKomm GVO 1400/2002 Art. 1 Rn. 31). 22

10. Selektive Vertriebssysteme (Art. 1 lit. i)

a) Grundsätze. Die Definition der „selektiven Vertriebssysteme" entspricht der in Art. 1 Abs. 1 lit. e VO 330/2010 und – allerdings begrenzt auf Händler, nicht bezogen auch auf Werkstätten – in Art. 1 Abs. 1 lit. f VO 1400/2002 (→ VO 461/2010 Annex Rn. 5ff.). In der VO 461/2010 hat die Definition nur **Bedeutung für die „schwarze" Klausel in Art. 5 lit. a.** Sie verbietet Beschränkungen von Ersatzteilehändlern im Vertrieb von Kfz-Ersatzteilen an unabhängige Werkstätten, welche diese Teile für die Instandsetzung und Wartung eines Kraftfahrzeugs verwenden. 23

b) „Festgelegte Merkmale". Selektive Vertriebssysteme sind dadurch gekennzeichnet, dass unter einer Vielzahl von Vertriebspartnern ausgewählt (selektiert) wird. Bei der **quantitativen Selektion** werden nicht alle geeigneten Vertriebspartner aufgenommen, sondern nur so viele, wie der Lieferant einsetzen will; das führt notwendigerweise dazu, dass potenzielle, gleich geeignete Vertriebspartner unterschiedlich behandelt werden. Bei der **qualitativen Selektion** gibt es nur qualitative Selektionskriterien, keine quantitativen. Dann müssen alle qualitativ geeigneten Vertriebspartner aufgenommen werden (zur Frage, ob sich daraus ein Rechtsanspruch auf Aufnahme ergibt, Creutzig Rn. 501ff; *Bechtold* NJW 2003, 3729, 3731f.); dem qualitativ selektiven Vertriebssystem ist also die Nicht-Diskriminierung bei der Auswahl der Vertriebspartner eigen. 24

In beiden Fällen erfolgt die Selektion nach lit. i **„auf Grund festgelegter Merkmale".** Das wirft die Frage auf, ob und in welcher Weise die Selektionskriterien generell-abstrakt von vornherein festgelegt und möglicherweise auch nach außen kommuniziert werden müssen. Insoweit ist zu differenzieren zwischen der quantitativen und der qualitativen Selektion. Die **quantitative Selektion** kann dadurch gekenn- 25 zeichnet sein, dass der Lieferant nur die aktuelle Anzahl von Vertriebspartnern haben will, nicht aber mehr. In diesem Fall besteht das „festgelegte Merkmal" in der Anzahl der Vertriebspartner entweder in der Gemeinschaft oder in einzelnen Gebieten. Eine darüber hinausgehende sachliche Definition ist nicht erforderlich, soweit die quantitative Selektion als solche zugelassen ist (aA offenbar *Becker* in MünchKommGVO 1400/2002 Art. 1 Rn. 11 und Rn. 15; → Einf. Rn. 13). Bei der **qualitativen Selektion** haben die qualitativen Merkmale nicht nur die Funktion, die schon getroffene Auswahl zu rechtfertigen, sondern auch diejenige, allen potenziellen Vertriebspartnern, die die qualitativen Merkmale erfüllen, die Möglichkeit zu geben, um die Zulassung zum Vertriebssystem nachzusuchen. Dafür müssen sie die Merkmale kennen. Lit. f spricht auch im Hinblick auf die qualitative Selektion von „festgelegten" Merkmalen, nicht auch davon, ob und wie sie zu veröffentlichen sind. Im Hinblick auf ihre **Funktion für neue Vertriebspartner** müssen sie aber jedenfalls für diese feststellbar sein, entweder aufgrund ihrer Veröffentlichung oder aufgrund einer Einzelnachfrage beim Lieferanten (→ VO 461/2010 Annex Rn. 6).

26 **c) Nichtbelieferung von Außenseitern.** Lit. i nimmt die Verpflichtung der zugelassenen Mitglieder des Vertriebssystems, Außenseiter nicht zu beliefern, in die Definition des „selektiven Vertriebssystems" mit der Folge auf, dass die Vereinbarung der entsprechenden Pflicht **Voraussetzung für die Deutung eines Vertriebssystems als „selektiv"** ist. Das entspricht dem Wesen des selektiven Vertriebssystems. Wären die zugelassenen Mitglieder frei, unbeschränkt auch Außenseiter zu beliefern, würden dadurch die Selektivität des Vertriebssystems und ihre sachliche Rechtfertigung untergraben. Wenn ein Lieferant der Meinung ist, dass er die Zulassung zu seinem Vertriebssystem quantitativ begrenzen muss, würde diese quantitative Begrenzung ihren Sinn verlieren, wenn die zugelassenen Mitglieder Außenseiter unterbeschränkt beliefern könnten. Entsprechendes gilt für die qualitative Selektion: Das Argument, die betroffene Ware oder Dienstleistung erfordere vor, beim und nach dem Verkauf besondere Eigenschaften des Vertriebspartners, würde durch die Belieferung ungeeigneter Vertriebspartner in sich widerlegt.

27 Der Ausschluss der Belieferung von Außenseitern durch lit. i entspricht der Definition der selektiven Vertriebssysteme in Art. 1 lit. e VO 330/2010. Allerdings schränkt Art. 4 lit. a das Verbot der Belieferung von Außenseitern ein: Die **Möglichkeit des Ersatzteilsverkaufs an unabhängige Werkstätten** muss gegeben sein, soweit die Werkstätten die Teile für die Instandsetzung und Wartung eines Kraftfahrzeugs verwenden.

11. Verbundene Unternehmen (Abs. 2)

28 **a) Grundsätze.** Art. 1 Abs. 2 entspricht fast wörtlich Art. 1 Abs. 2 VO 330/2010 und Art. 1 Abs. 2 VO 1400/2002. Die Definition in der VO 330/2010 bezieht sich auf die Begriffe „Unternehmen", „Anbieter" und „Abnehmer", die in der VO 1400/2002 zusätzlich auf „Händler" und „Werkstatt". In Art. 1 Abs. 2 sind nur die Begriffe „Unternehmen", „Anbieter", „Händler" und „Abnehmer" erwähnt, nicht auch Händler und Werkstätten. Ein materieller Grund für deren Nichterwähnung ist nicht erkennbar. Nach dem umfassenden Unternehmensbegriff des Art. 101 Abs. 1 AEUV (→ AEUV Art. 101 Rn. 11 ff., 33 ff.) gilt auch insoweit der Grundsatz, dass die verbundenen Unternehmen einzubeziehen sind. Das rechtfertigt sich daraus, dass schon die Einbeziehungsklausel des Art. 1 Abs. 2 Ausdruck eines **allgemeinen kartellrechtlichen Grundsatzes** ist, dass es nämlich für den Unternehmensbegriff nicht auf die rechtliche Identität ankommt, sondern darauf, was als **wettbewerbliche Einheit** auftritt. Abs. 2 ist eine Bestätigung dafür, dass Vereinbarungen zwischen den verbundenen Unternehmen nicht von Art. 101 AEUV erfasst werden (**konzerninterne Vereinbarungen,** → AEUV Art. 101 Rn. 58).

Die Einbeziehung der jeweils verbundenen Unternehmen hat insbesondere Bedeutung für die Berechnung der **Umsatzschwelle** des Art. 2 Abs. 3 lit. a und die **Marktanteilsschwellen** des Art. 3 Abs. 1 und 2, darüber hinaus aber auch zB für die Beurteilung, ob Unternehmen im Sinne von Art. 2 Abs. 2 **„Wettbewerber"** sind. Zwar definiert Art. 1 Abs. 2 nicht ausdrücklich den „Wettbewerber" in dem Sinne, dass dabei auch alle mit ihm verbundenen Unternehmen einzubeziehen sind. Art. 2 Abs. 2 verbindet aber den Begriff des Wettbewerbers mit dem der „vertikalen Vereinbarung", den Art. 1 Abs. 1 lit. c ausdrücklich als eine Vereinbarung zwischen Unternehmen, für die wiederum die Erweiterung in Abs. 2 gilt, gekennzeichnet hat. 29

b) Unternehmensverbindung. Der Begriff der verbundenen Unternehmen in Unterabsatz 2 deckt sich mit der Definition der verbundenen Unternehmen in den anderen Gruppenfreistellungsverordnungen und in Art. 5 Abs. 4 der (Funktionskontroll-)VO 139/2004 (→ FKVO Art. 5 Rn. 21 f.). Ausgegangen wird jeweils von einem an einer Vereinbarung beteiligten Unternehmen. Nach lit. a sind die von ihm **abhängigen** Unternehmen zuzurechnen und nach lit. b die es **beherrschenden** Unternehmen. Lit. c bezieht auch die anderen Unternehmen ein, die von einem einzubeziehenden beherrschenden Unternehmen abhängig sind. Lit. d und e betreffen Fälle der **gemeinsamen Beherrschung,** und zwar lit. d in der Form, dass mit einer Vertragspartei verbundene Unternehmen gemeinsam ein anderes Unternehmen beherrschen, lit. e in der Form, dass entweder mehrere Vertragsparteien einschließlich der mit ihnen verbundenen Unternehmen oder eine Vertragspartei mit dritten Unternehmen ein anderes Unternehmen gemeinsam beherrschen. 30

Kapitel II. Vertikale Vereinbarungen über den Bezug, Verkauf oder Weiterverkauf neuer Kraftfahrzeuge

Art. 2 Geltung der Verordnung (EG) Nr. 1400/2002

Nach Artikel 101 Absatz 3 AEUV gilt Artikel 101 Absatz 1 AEUV vom 1. Juni 2010 bis zum 31. Mai 2013 nicht für vertikale Vereinbarungen, die die Bedingungen betreffen, unter denen die beteiligten Unternehmen neue Kraftfahrzeuge beziehen, verkaufen oder weiterverkaufen dürfen, und die die in der Verordnung (EG) Nr. 1400/2002 festgelegten Freistellungsvoraussetzungen erfüllen, die speziell vertikale Vereinbarungen über den Bezug, Verkauf oder Weiterverkauf neuer Kraftfahrzeuge betreffen.

1. Überblick

Kapitel II regelt die Anwendung der Gruppenfreistellungsverordnungen auf „vertikale Vereinbarungen über den Bezug, Verkauf oder Weiterverkauf neuer Kraftfahrzeuge", also auf den **Kraftfahrzeughandel.** Dem steht gegenüber Kapitel III mit den Art. 4 und 5, das sich mit dem „Anschlussmarkt", dh mit dem Handel mit Kraftfahrzeugersatzteilen und den Instandsetzungs- und Wartungsdienstleistungen befasst, also insbesondere dem Werkstattgeschäft. Art. 2 sieht vor, dass für den Kraftfahrzeughandel bis zum 31.5.2013 die **Gruppenfreistellungsverordnung 1400/2002 weiter galt.** Seit dem 1.6.2013 gilt die VO 330/2010. Das ist – gesetzestechnisch an sich unnötig – in Art. 3 geregelt. 1

2. Befristete Fortgeltung der VO 1400/2002 für den Kraftfahrzeughandel

Die VO 461/2010 verfolgt den Leitgedanken, dass das, was bisher Gegenstand der branchenspezifischen Kfz-Gruppenfreistellung 1400/2002 war, in das **System der** 2

allgemeinen Vertikal-Gruppenfreistellungsverordnung 330/2010 überführt werden soll. Das sollte mit dem in Art. 12 Abs. 3 VO 1400/2002 vorgesehenen Endtermin der VO 1400/2002 (Wortlaut in Anhang A 6) sofort für die Vereinbarungen gelten, die den **Kfz-Anschlussmarkt,** also den Vertrieb von Kfz-Ersatzteilen und das Instandsetzungs- und Wartungsgeschäft betreffen, allerdings ergänzt um zusätzliche „schwarze" Klauseln in Art. 5. Für den **Kfz-Handel** wollte man den sofortigen Übergang in das allgemeine System vermeiden. Deswegen galt nach Art. 2 die VO 1400/2002 insoweit befristet fort. Diese Fortgeltung bedeutete in Verbindung mit Art. 2 Abs. 5 VO 330/2010, dass insoweit die allgemeine Vertikal-Gruppenfreistellungsverordnung 330/2010 noch keine Anwendung fand. Für den Kfz-Handel gab es also in der **Zwischenzeit vom 1.6.2010 bis 31.5.2013** nicht etwa eine Wahlmöglichkeit zwischen zwei Gruppenfreistellungsverordnungen. Allerdings konnte die Tatsache, dass bestimmte Verträge ab 1.6.2013 durch die dann anwendbare VO 330/2010 gruppenweise freigestellt sind, ein Indiz dafür sein, dass auch schon vorher die Voraussetzungen des Art. 101 Abs. 3 AEUV unmittelbar erfüllt waren. Entsprechendes lässt sich auch für den umgekehrten Fall argumentieren, dass nämlich die Verträge, die bis zum 31.5.2013 durch die VO 1400/2002 gruppenweise freigestellt waren, auch danach die Freistellungsvoraussetzungen des Art. 101 Abs. 3 AEUV unmittelbar erfüllen.

3 Die **befristete Fortgeltung der Gruppenfreistellungs-VO 1400/2002** bezog sich nur auf „vertikale Vereinbarungen, die die Bedingungen betreffen, unter denen die beteiligten Unternehmen neue Kraftfahrzeuge beziehen, verkaufen oder weiterverkaufen dürfen". Der Begriff der vertikalen Vereinbarung ist – ohne sachliche Änderung gegenüber dem Rechtszustand bis zum 31.5.2010 – in Art. 1 Abs. 1 lit. a definiert (→ Art. 1 Rn. 2ff.). Die Fortgeltung der VO 1400/2002 betraf nur vertikale Vereinbarungen „über den Bezug, Verkauf oder Weiterverkauf neuer Kraftfahrzeuge". Der Begriff der Kraftfahrzeuge ist in Art. 1 Abs. 1 lit. g definiert (→ Art. 1 Rn. 17ff.). Die Worte „Bezug" und „Verkauf" fügen sich ein in das Verhältnis zwischen den Parteien der Vertikalvereinbarung: Der „Abnehmer" bezieht beim „Anbieter", und der „Anbieter" verkauft an den „Abnehmer". Das Verhältnis zu Dritten wird nur durch das Wort „Weiterverkauf" erfasst. Nicht erfasst ist der Bezug bei Dritten; wenn insoweit Wettbewerbsbeschränkungen vereinbart sind, werden sie nicht von der Freistellung erfasst. Soweit in einer Vertikalvereinbarung nicht nur der Handel mit neuen Kraftfahrzeugen geregelt war, sondern auch – was grundsätzlich zulässig ist – der **Verkauf von Ersatzteilen** und/oder die **Erbringung von Instandsetzungs- und Wartungsdienstleistungen** für Kraftfahrzeuge, **galt die VO 1400/2002 seit dem 1.6.2010 nicht mehr.** Dann kam es darauf an, ob die darauf bezogenen Vertragsbestandteile die Voraussetzungen der VO 330/2010 unter Einbeziehung des Verbots zusätzlicher Kernbeschränkungen nach Art. 5 erfüllten.

4 Art. 2 verlangt vom Gesetzesanwender, dass die Freistellungsvoraussetzungen der VO 1400/2002 daraufhin sortiert werden, ob sie **„speziell"** Vereinbarungen für den Kraftfahrzeughandel betreffen. Das bedeutet, dass die einzelnen Bestimmungen der VO 1400/2002 daraufhin überprüft werden müssen, ob sie die Voraussetzung des „speziellen" Betreffens erfüllen. Insoweit verweisen wir auf die Kommentierung der VO 1400/2002 in der 2. Auflage dieses Kommentars.

Art. 3 Anwendung der Verordnung (EU) Nr. 330/2010

Ab dem 1. Juni 2013 gilt die Verordnung (EU) Nr. 330/2010 für vertikale Vereinbarungen über den Bezug, Verkauf oder Weiterverkauf neuer Kraftfahrzeuge.

1 Art. 3 zieht die Konsequenz aus der befristeten Anwendung der VO 1400/2002 auf Händlerverträge für neue Kraftfahrzeuge. Da seit dem 1.6.2013 die VO 1400/

2002 nicht mehr anwendbar ist, gilt der **Anwendungsausschluss** des Art. 2 Abs. 5 VO 330/2010 **nicht mehr.** Dann ist seit dem 1.6.2013 die VO 330/2010 auch auf den Bezug, Verkauf oder Weiterverkauf neuer Kraftfahrzeuge anwendbar.

Kapitel III. Vertikale Vereinbarungen in Bezug auf den Kfz- Anschlussmarkt

Art. 4 Freistellung

Nach Artikel 101 Absatz 3 AEUV und nach Maßgabe dieser Verordnung gilt Artikel 101 Absatz 1 AEUV nicht für vertikale Vereinbarungen, die die Bedingungen betreffen, unter denen die beteiligten Unternehmen Kraftfahrzeugersatzteile beziehen, verkaufen oder weiterverkaufen oder Instandsetzungs- und Wartungsdienstleistungen für Kraftfahrzeuge erbringen dürfen, und die die Freistellungsvoraussetzungen der Verordnung (EU) Nr. 330/2010 erfüllen und keine der in Artikel 5 der vorliegenden Verordnung aufgeführten Kernbeschränkungen enthalten.

Diese Freistellung gilt, soweit solche Vereinbarungen vertikale Beschränkungen enthalten.

Das Kapitel III, das die Art. 4 und 5 umfasst, regelt die Freistellung „vertikaler Verein- 1
barungen in Bezug auf den Kfz-Anschlussmarkt". Unter dem Begriff des **„Kfz-Anschlussmarktes"** wird der Markt verstanden, der sich – sachlich und zeitlich – an den Markt des Verkaufs neuer Kraftfahrzeuge anschließt, nämlich der Markt der Kraftfahrzeugersatzteile und der Instandsetzungs- und Wartungsdienstleistungen für Kraftfahrzeuge. **Art. 4 hat drei Funktionen:** Er stellt **erstens** klar, dass die Gruppenfreistellungs-VO 330/2010 für die Vereinbarungen in Bezug auf den Kfz-Anschlussmarkt gelten. Dabei handelt es sich um eine Klarstellung, weil der Anwendungsausschluss des Art. 2 Abs. 5 VO 330/2010 nicht mehr gilt, nachdem es keine besondere Gruppenfreistellung mehr für den Kfz-Anschlussmarkt gibt. Art. 4 fügt den Freistellungsvoraussetzungen der VO 330/2010 – **zweitens** – durch den Verweis auf Art. 5 drei weitere negative Freistellungsvoraussetzungen hinzu und ergänzt damit für den Kfz-Anschlussmarkt den Katalog der Kernbeschränkungen in Art. 4 VO 330/2010 um drei weitere Kernbeschränkungen. Schließlich wird – **drittens** – in Wiederholung von Art. 2 Abs. 1 Unterabs. 2 VO 330/2010 klargestellt, dass die Freistellung gilt, „soweit" die von Unterabs. 1 erfassten Vereinbarungen „vertikale Beschränkungen" enthalten. Der Begriff der „vertikalen Beschränkung" ist in Art. 1 Abs. 1 lit. b definiert (→ Art. 1 Rn. 7).

Art. 5 Beschränkungen, die zum Ausschluss des Rechtsvorteils der Gruppenfreistellung führen — Kernbeschränkungen

Die Freistellung nach Artikel 4 gilt nicht für vertikale Vereinbarungen, die unmittelbar oder mittelbar, für sich allein oder in Verbindung mit anderen Umständen unter der Kontrolle der beteiligten Unternehmen Folgendes bezwecken:

a) die Beschränkung des Verkaufs von Kraftfahrzeugersatzteilen durch Mitglieder eines selektiven Vertriebssystems an unabhängige Werkstätten, welche diese Teile für die Instandsetzung und Wartung eines Kraftfahrzeugs verwenden;

b) die zwischen einem Anbieter von Ersatzteilen, Instandsetzungsgeräten, Diagnose- oder Ausrüstungsgegenständen und einem Kraftfahrzeughersteller vereinbarte Beschränkung der Möglichkeiten des Anbieters, diese

Waren an zugelassene oder unabhängige Händler, zugelassene oder unabhängige Werkstätten oder an Endverbraucher zu verkaufen;

c) die zwischen einem Kraftfahrzeughersteller, der Bauteile für die Erstmontage von Kraftfahrzeugen verwendet, und dem Anbieter dieser Bauteile vereinbarte Beschränkung der Möglichkeiten des Anbieters, sein Waren- oder Firmenzeichen auf diesen Teilen oder Ersatzteilen effektiv und gut sichtbar anzubringen.

1. Überblick

1 Art. 5 **ergänzt** für die in Art. 4 geregelten vertikalen Vereinbarungen in Bezug auf den Kfz-Anschlussmarkt, die grundsätzlich von der VO 330/2010 erfasst werden, **den Katalog der „schwarzen" Klauseln in Art. 4 VO 330/2010.** Die drei Klauseln in Art. 5 sind dem Katalog der „schwarzen" Klauseln in Art. 4 Abs. 1 VO 1400/2002 entnommen, die dort nach der Zwischenüberschrift vor lit. h sowie jetzt nach Art. 4 „lediglich den Verkauf von Instandsetzungs- und Wartungsdienstleistungen und Ersatzteilen betreffen". Übernommen wurden die „schwarzen" Klauseln in Art. 4 Abs. 1 VO 1400/2002 lit. i, lit. j und lit. l, nicht aber die in lit. h und in lit. k.

2 Die „schwarze" Klausel in Art. 4 Abs. 1 lit. h VO 1400/2002 betraf die Freiheit der Werkstätten, ihre Tätigkeit auf das Werkstattgeschäft und den Ersatzteilvertrieb zu beschränken, also keine Funktionen im Kfz-Handel zu übernehmen. Der Wegfall dieses Verbots bedeutet, dass nach dem Grundsatz „alles ist erlaubt, was nicht ausdrücklich verboten ist", dass Werkstätten auferlegt werden kann, **auch im Kfz-Handel tätig zu sein.** Die darauf bezogenen Bestimmungen müssen ihrerseits kartellrechtlich zulässig sein, entweder, weil sie nicht gegen Art. 101 Abs. 1 AEUV verstoßen, oder weil sie die Voraussetzungen der VO 330/2010 erfüllen. Die Kommission sieht in einer solchen Verpflichtung allerdings ein qualitatives Merkmal, das nicht durch die Art der Werkstatt-Dienstleistung bedingt ist und deswegen die qualitative Selektion der Werkstattverträge zur Anwendung des Verbots des Art. 101 Abs. 1 AEUV führt, das bei einem Marktanteil über 30% nicht durch die VO 330/2010 freigestellt ist (Ergänzende Leitlinien, Anhang B 7, Rn. 71). Wir halten diese Auffassung für falsch, da die Qualität des Werkstattgeschäfts durch die Beteiligung der Werkstatt am Verkauf von Neuwagen durchaus positiv beeinflusst werden kann. Keinesfalls gelten die Bedenken der Kommission für Regelungen im Werkstattvertrag, wonach die Werkstatt Kundenanfragen oder für die Werkstatt erkennbare Verkaufsmöglichkeiten dem Händler der Marke weiterzugeben hat; derartige positive Handlungspflichten enthalten keine Wettbewerbsbeschränkungen iSv Art. 101 Abs. 1 AEUV (→ Einf. Rn. 31).

3 Die „schwarze" Klausel in Art. 4 Abs. 1 lit. k VO 1400/2002 bezog sich auf Beschränkungen des Ersatzteilehändlers oder der Werkstatt, Originalersatzteile oder qualitativ gleichwertige **Ersatzteile von Dritten zu erwerben.** Sie sollte also sicherstellen, dass die Teilehändler und Werkstätten nicht einer Bezugsbindung beim Kfz-Hersteller unterliegen. Derartige Bezugsbindungen werden von der **Definition des „Wettbewerbsverbots"** in Art. 1 Abs. 1 lit. d VO 330/2010 erfasst. Sie sind zeitlich unbefristet zulässig, wenn sie auf bis zu 80% des Gesamtbezugs beschränkt sind. Eine 100%-ige Bezugsbindung ist nach Art. 5 Abs. 1 lit. a VO 330/2010 für die Dauer von fünf Jahren zulässig (→ Art. 5 VO 330/2010 Rn. 5f., 7f.).

2. Verkaufsbeschränkungen für Ersatzteile (lit. a)

4 **a) Anwendungsvoraussetzungen.** Lit. a setzt ein selektives Vertriebssystem (→ Art. 1 Rn. 23ff.) voraus und betrifft den Verkauf von Kraftfahrzeugersatzteilen. Daraus ergibt sich, dass lit. a nur anwendbar ist, wenn das selektive Vertriebssystem sich (allein oder auch) auf **Kraftfahrzeugersatzteile** bezieht. Hat der Anbieter für die Ersatzteile – wenn die Marktanteilsschwellen des Art. 3 Abs. 1 und 2 VO 330/

2010 insoweit nicht überschritten werden – ein Alleinvertriebssystem eingerichtet, gilt lit. a nicht. Dann ist allerdings Art. 4 Abs. 1 lit. b Ziff. i VO 330/2010 zu beachten, der in einem solchen Alleinvertriebssystem nur Beschränkungen des aktiven Verkaufs zulässt, nicht aber Beschränkungen des passiven Verkaufs (vgl. dazu Leitfaden zur VO 1400/2002, Frage 100, S. 90). Hat der Anbieter für Kraftfahrzeugersatzteile weder ein Alleinvertriebs- noch ein selektives Vertriebssystem eingerichtet, sondern vertreibt er Ersatzteile ohne Einrichtung eines selektiven oder Alleinvertriebssystems, so gilt zwar nicht lit. a, wohl aber das generelle Verbot der Beschränkung des Gebiets oder Kundenkreises nach Art. 4 Abs. 1 lit. b VO 330/2010. Die Kommission hat im **„Evaluierungsbericht"** 2008 (→ Einf. Rn. 11) Zweifel geäußert, ob lit. i VO 1400/2002, der lit. a entspricht, erforderlich sei (unter III D, S. 8). Wahrscheinlich reiche die Durchsetzung der „allgemeinen Regel" aus, nach der der Anbieter mit selektivem Vertriebssystem seinen Händlern keine Beschränkungen für den Verkauf an Endverbraucher auferlegen darf. Diese Einwendungen haben sich letztlich nicht durchgesetzt.

b) Belieferung von unabhängigen Werkstätten. Im Rahmen eines selektiven 5
Vertriebssystems ist das Verbot an den Händler oder die Werkstatt, Wiederverkäufer, die nicht zum Vertriebssystem gehören, zu beliefern, nicht nur zulässig, sondern auch notwendig (vgl. Art. 4 Abs. 1 lit. b iii VO 330/2010, → VO 330/2010 Art. 4 Rn. 19 ff.). Hiernach dürfte (und müsste) den zugelassenen Händlern oder Werkstätten verboten werden, unabhängige Werkstätten mit Ersatzteilen zu beliefern. Diese Möglichkeit wird durch lit. a eingeschränkt; dementsprechend enthielt früher Art. 4 Abs. 1 lit. b iii VO 1400/2002 ausdrücklich einen entsprechenden Vorbehalt im Hinblick auf Art. 4 Abs. 1 lit. i. Der zugelassene Händler oder die zugelassene Werkstatt muss die **Möglichkeit** haben, **unabhängige Werkstätten mit Ersatzteilen zu beliefern,** wenn und soweit sie diese Teile für die Instandsetzung und Wartung eines Kraftfahrzeugs verwenden. Es darf (und muss) ihnen verboten werden, unabhängige Werkstätten zum Zwecke des Weiterverkaufs zu beliefern. Da das Verbot der Belieferung außenstehender Wiederverkäufer für ein selektives Vertriebssystem essenziell ist, muss die Belieferung der Werkstatt zur Weiterbelieferung untersagt werden. Wenn lit. a dem zugelassenen Händler und der zugelassenen Werkstatt das Recht gibt, Kfz-Ersatzteile an unabhängige Werkstätten zu verkaufen, „welche diese Teile für die Instandsetzung und Wartung eines Kraftfahrzeugs verwenden", ist es auch zulässig, dem Anbieter vorzuschreiben, dass er die belieferte unabhängige Werkstatt entsprechend verpflichten muss. Es ist also die Verpflichtung zulässig, entsprechende **Verwendungsbindungen** zu vereinbaren (so auch *Ellger* in IM Art. 5 Kfz-GVO Rn. 13; Creutzig Rn. 1207). Im Verhältnis zwischen Anbieter und unabhängiger Werkstatt ist die Verwendungsbindung eine Wettbewerbsbeschränkung zu Lasten der unabhängigen Werkstatt. Wenn die VO 461/2010 es zulässt, dass der Anbieter eine entsprechende Verwendungsbindung mit der belieferten unabhängigen Werkstatt vereinbart, bringt sie auch zum Ausdruck, dass diese Verwendungsbindung in sich zulässig ist. Dasselbe gilt auch bei der Belieferung von **Regiewerkstätten von Flottenbetreibern,** unabhängig davon, ob man sie als Endkunden oder als unabhängige Werkstatt bewertet (→ Art. 1 Rn. 15).

3. Lieferbeschränkungen zu Lasten von Ersatzteillieferanten (lit. b)

a) Zweck der Regelung. Lit. b, der Art. 4 Abs. 1 lit. j VO 1400/2002 entspricht, 6
ist ebenso wie lit. c eine „schwarze Klausel", die sich nicht auf den Inhalt der freigestellten Vertikalvereinbarung bezieht, sondern auf **Vereinbarungen,** die der Kraftfahrzeughersteller mit Dritten trifft. Deswegen handelt es sich im Grunde nicht um eine „schwarze Klausel", sondern um die Sanktion eines **Verhaltens eines Vertragspartners außerhalb der Vertikalvereinbarung** (aA *Ellger* in IM Kfz GVO Rn. 15 f.). Die systematische Einordnung ist auch deswegen unglücklich, weil die Einleitung von Abs. 1 ausdrücklich Vereinbarungen „unter der Kontrolle der beteilig-

ten Unternehmen" betrifft, also an sich nur Verhaltensweisen, die von beiden Vertragsparteien kontrolliert werden. Das ist bei den Verhaltensweisen in lit. b nicht der Fall; dennoch kommt dem Erfordernis der Kontrolle auch für die Werkstätten Bedeutung zu, die die Vertragspartner der durch Art. 4 freigestellten Verträge sind (→ Rn. 7).

7 Es muss eine Verbindung zwischen dem durch lit. b erfassten Verhalten und der Vertikalvereinbarung geben. Sie kann nach dem Inhalt der lit. b nur über den dort erwähnten **„Kraftfahrzeughersteller"** begründet werden; lit. b kann also nur Auswirkungen haben für Vertikalvereinbarungen, an denen unmittelbar oder mittelbar ein Kraftfahrzeugsteller beteiligt ist. Dabei umfasst der Herstellerbegriff nach Art. 1 Abs. 2 alle mit dem Kraftfahrzeughersteller verbundenen Unternehmen, also insbesondere auch seine Importeurstochtergesellschaften. Werden Vereinbarungen, die der Kraftfahrzeughersteller oder eine Tochtergesellschaft mit einem Teilelieferanten trifft, von lit. b erfasst, **„infiziert"** das alle in Art. 4 aufgeführten, auf die Freistellung durch die VO 330/2010 angewiesenen Vertikalvereinbarungen über den Vertrieb von Kfz-Teilen und Wartungsdienstleistungen, an denen der Kraftfahrzeughersteller oder eine Tochtergesellschaft beteiligt ist. Allerdings führt diese Auslegung zu teilweise sachlich nicht zu rechtfertigenden Konsequenzen. Sie lassen sich nicht dadurch beseitigen, dass man lit. b letztlich darauf reduziert, dass die in ihr erwähnte Beschränkung des Anbieters als unzulässig bewertet wird (so *Ellger* in IM Art. 5 Kfz-GVO Rn. 16; nach ihm ist Rn. 23 der Ergänzenden Kfz-Leitlinien, Anhang B 7, auch in diesem Sinne zu verstehen); die Unzulässigkeit derartiger Beschränkungen ergibt sich, wenn nicht die Voraussetzungen der Zulieferbekanntmachung (Anhang B 8) vorliegen, unmittelbar aus Art. 101 AEUV. Allerdings bedarf lit. b dahingehend einer einschränkenden Auslegung, dass der Wegfall der Freistellung, die sich auch zu Lasten der Werkstätten als den Vertragspartnern der Kfz-Hersteller auswirkt, nur dann eintritt, wenn die **Werkstätten** zumindest **Kenntnis von den von lit. b erfassten Vereinbarungen** der Kfz-Hersteller haben; das ist das Mindeste, was sich aus dem aus dem Obersatz ergebenden Erfordernis der „Kontrolle der beteiligten Unternehmen" ergibt.

8 Lit. b hat das Ziel, die mit dem Gegenstand der freigestellten Vertikalvereinbarungen **konkurrierenden Vertriebswege für Ersatzteile zu schützen** (vgl. den 17. Erwägungsgrund zur VO 461/2010, der dem 23. Erwägungsgrund zur VO 1400/2002 entspricht). Dabei sind auch die zugelassenen (Ersatzteile-)Händler und zugelassenen Werkstätten in den Schutzzweck einbezogen. Ihnen soll auch nicht indirekt die Möglichkeit genommen werden, auf anderen als den durch die Vertikalvereinbarung unmittelbar geregelten Bezugswegen Ersatzteile oder Ausrüstungsgegenstände zu beziehen. Gleichrangig stehen daneben die Betätigungsmöglichkeiten der unabhängigen Händler und Werkstätten und die **Bezugsmöglichkeiten des Endverbrauchers.** Den Kraftfahrzeugherstellern sollen Strategien unmöglich gemacht werden, die außerhalb der freigestellten Vertikalvereinbarung die wettbewerblichen Möglichkeiten nicht gebundener Unternehmen beschränken und/oder sich zum Nachteil der Endverbraucher auswirken.

9 **b) Erfasste Beschränkungen.** Im Vordergrund stehen Vereinbarungen zwischen Kraftfahrzeugherstellern und Teileherstellern, die **den Teileherstellern verbieten,** die auch an den Kraftfahrzeughersteller gelieferten oder qualitativ gleichwertige **Ersatzteile an Dritte zu liefern.** Lieferbeschränkungen für nicht qualitativ gleichwertige Ersatzteile, die nicht an den Kfz-Hersteller geliefert werden, sind davon ebenso wie nach der Rechtslage nach der VO 1400/2002 nicht erfasst (vgl. Erläuterungen zum Entwurf der VO 1400/2002, ABl. 2002, C. 67/13, Tz 6). Das kann Bedeutung zB haben für Ausschussteile, die aus Qualitätsgründen weder Originalersatzteile noch qualitativ gleichwertige Ersatzteile sind, die aber dennoch vermarktet werden könnten. Wenn der Kfz-Hersteller seinen Teilelieferanten verbietet, derartige Ausschussteile an Dritte zu liefern, verstößt das nicht gegen lit. b. Wenn solche Lieferbeschränkungen

unabhängig davon gegen Art. 101 Abs. 1 AEUV verstoßen, hat das keinen Einfluss auf die Freistellung der Vertikalvereinbarungen.

Lit. b spricht von **„Beschränkung"** zu Lasten der Anbieter von Ersatzteilen usw. 10
Das deutet darauf hin, dass es sich in jedem Falle um **nach Art. 101 Abs. 1 AEUV relevante Wettbewerbsbeschränkungen** handeln muss. Nicht jedes Lieferverbot zu Lasten eines Ersatzteileherstellers ist in diesem Sinn eine Beschränkung. Das gilt für alle Vereinbarungen, die nach der **Zulieferbekanntmachung** (Anhang B 8) von der Kommission als nach Art. 101 Abs. 1 AEUV als zulässig bewertet werden. Wenn einem Teilhersteller verboten wird, die vom Kraftfahrzeughersteller stammenden wesentlichen „Kenntnisse oder Betriebsmittel" auch außerhalb der Vertragserfüllung für die Belieferung Dritter zu verwenden, ist das zulässig. Gleiches gilt, wenn der Zulieferer für seine Tätigkeit wesentliche Pläne, Unterlagen oder Fertigungsmittel vom Kraftfahrzeughersteller erhält (vgl. aber Leitfaden zur VO 1400/2002, Frage 104, S. 91); soweit diese Vorleistungen des Kraftfahrzeugherstellers nach der Zulieferbekanntmachung Beschränkungen des Teileherstellers legitimieren, sind diese im Lichte von lit. b zulässig.

Der Anwendungsbereich der lit. b umfasst auch **„Instandsetzungsgeräte, Diagnose- oder Ausrüstungsgegenstände".** Ebenso wie bei den Ersatzteilen geht es nur um Hardware, auf die die Begriffe „Geräte" und „Gegenstände" passen, **nicht auch um technische Informationen,** die in Art. 4 Abs. 2 VO 1400/2002 neben diesen Geräten erwähnt waren (vgl. auch *Schütz* in Gemeinschaftskommentar, Art. 4 Rn. 49). Gemeinsames Kennzeichen dieser Geräte und Gegenstände ist ihre Verwendung für Tätigkeiten, die aktuell oder potenziell zu denen der Vertriebspartner des Kfz-Herstellers in Wettbewerb stehen, und zwar unabhängig davon, ob sie von den zugelassenen Händlern und Werkstätten eingesetzt werden oder von unabhängigen Händlern und Werkstätten. Soweit diese Geräte und Gegenstände für die Tätigkeit dieser Unternehmen im Kfz-Gewerbe von Bedeutung sind, darf ihre Verfügbarkeit für die auf der Ebene der Händler und Werkstätten tätigen Unternehmen nicht dadurch beschränkt werden, dass der Kfz-Hersteller mit den Lieferanten dieser Geräte und Gegenstände Vertriebs- oder Verwendungsbeschränkungen zu Lasten der Händler und Werkstätten vereinbart. 11

Betroffen durch die in lit. b erwähnten Beschränkungen sind die **Anbieter der Ersatzteile, Geräte oder Gegenstände.** Sie dürfen in ihrer Freiheit, diese Sachen an Händler oder Werkstätten zu verkaufen, nicht durch den Kfz-Hersteller beschränkt werden. Beschränkungen sind nicht nur Verkaufsverbote, sondern alle Behinderungen des Verkaufs, insbesondere **auch Preisbindungen.** Obwohl die Terminologie „Anbieter" und „verkaufen" eindeutig auf echte Verkaufstätigkeiten hindeuten, kann es auf die Rechtsform des Überlassens an Dritte nicht ankommen. Deswegen sind sinnvollerweise auch Beschränkungen erfasst, die die **sonstige Überlassung** der Sachen an Händler, Werkstätten und Endverbraucher betreffen, zB die Vermietung. 12

4. Kennzeichnungsfreiheit für Originalersatzteile (lit. c)

a) Zweck der Regelung. Lit. c, der Art. 4 Abs. 1 lit. l VO 1400/2002 entspricht, betrifft ebenso wie lit. b (→ Rn. 6ff.) nicht Vereinbarungen in den freigestellten Vertikalvereinbarungen, sondern **Vereinbarungen des Kfz-Herstellers mit Dritten** (aA *Ellger* in IM Art. 5 Kfz-GVO Rn. 30; wie hier *Schütz* in GK Art. 4 Rn. 40; *Nolte* in LB Art. 81 Fallgruppen Rn. 980). Lit. c wirft also ebenso wie lit. b systematische Fragen auf, insbesondere auch im Hinblick auf die Zurechnung von entsprechenden Verhaltensweisen in einer internationalen Vertriebsorganisation zur Sphäre des Kraftfahrzeugherstellers; und im Hinblick auf die Rechtsfolgen, die auch die gebundenen Händler und Werkstätten benachteiligen können. Lit. c soll die Möglichkeit der Teilehersteller sichern, die zugleich Lieferanten für Erstausrüstung sind, diese Teile für den Ersatzteilbedarf auch unabhängig vom Kfz-Hersteller zu vertreiben (vgl. 24. Er- 13 wägungsgrund VO 1400/2002). Dazu kann es erforderlich oder jedenfalls hilfreich sein, die Marke oder andere Kennzeichnung auf dem Teil aufzubringen, das parallel vertrieben wird.

14 **b) Kennzeichnungsfreiheit für Teileanbieter.** Die Teilehersteller, die Teile für die Erstausrüstung liefern, dürfen nach lit. c nicht in der Möglichkeit beschränkt werden, die Teile, die an den Kfz-Hersteller (für die Erstausrüstung und für die über ihn vertriebenen Ersatzteile) geliefert werden und die identischen Teile, die nicht an den Kfz-Hersteller, sondern über eigene Vertriebswege verkauft werden, mit den **„Waren- oder Firmenzeichen" des Teileherstellers** zu versehen. Nach lit. c muss der Teilehersteller die Möglichkeit haben, sein Waren- oder Firmenzeichen nicht nur auf den von ihm über seine Vertriebswege vertriebenen Ersatzteilen anzubringen, sondern auch **auf den Erstausrüstungsteilen** selbst. Damit soll der Vergleich zwischen dem Erstausrüstungsteil und dem an seiner Stelle einzusetzenden Ersatzteil erleichtert werden. Wenn die Werkstatt beim Ausbau eines zu ersetzenden Teils erkennt, von welchem Teilehersteller dieses Teil stammt, wird ihr die Möglichkeit erleichtert, dieses Teil aus dem über den Teilehersteller bezogenen Sortiment zu verwenden (vgl. Creutzig Rn. 1232). Die Klausel in lit. c bedeutet **nicht,** dass der Ersatzteile-Hersteller auch die Möglichkeit haben muss, seine **eigenen Ersatzteilenummern** auf den Teilen anzubringen.

15 Lit. c sichert die Möglichkeit des Teileherstellers, sein Waren- oder Firmenzeichen sowohl auf den Erstausrüstungsteilen als auch den Ersatzteilen **„effektiv und gut sichtbar** anzubringen". Gedacht ist hier an erster Stelle an die Anbringung auf dem Teil selbst. Das ist allerdings aus technischen Gründen nicht immer möglich, insbesondere bei kleinen und in nicht festem Zustand verarbeiteten Teilen. Lit. d spricht nur von der Möglichkeit, die Kennzeichnung „auf" den Teilen anzubringen. Was technisch nicht möglich ist, kann nicht verlangt werden. Das kann bei Teilen für die Erstausrüstung zum Leerlaufen der Kennzeichnungspflicht führen. Die Obliegenheit nach lit. c dazu führen, dass die Anbringung **jedenfalls auf den Verpackungen** der Teile angebracht werden darf, die im Ersatzteilbereich verwendet werden (vgl. Leitfaden zur VO 1400/2002, Frage 97, S. 89). Wenn lit. c grundsätzlich dazu führt, dass die Waren- oder Firmenzeichen des Teileherstellers auch auf den Ersatzteilen anzubringen sind, die vom Kfz-Hersteller vertrieben werden, muss das in den Fällen, in denen eine Anbringung auf den Teilen nicht möglich ist, jedenfalls für die Verpackungen gelten. Das ergibt sich aus den Merkmalen „effektiv und gut sichtbar". Es soll dadurch ermöglicht werden, dass die Identität der Teile mit dem Erstausrüstungsteil feststellbar ist. Lit. c begnügt sich aber mit der Kennzeichnungsmöglichkeit in räumlicher Nähe mit dem Ersatzteil, also auf ihm selbst und ggf. auf der Verpackung. Diese Bestimmung bildet keine Basis für das Recht oder auch nur die Möglichkeit des Teileherstellers, dass seine Herstellung auch in vom Kfz-Hersteller verwendeten Ersatzteilkatalogen sichtbar gemacht wird.

16 Lit. c hindert den Kfz-Hersteller nicht, seine eigene Marke auf dem Teil oder in Verbindung mit dem Teil anzubringen **(Dual Branding)** (vgl. Leitfaden zur VO 1400/2002, Frage 97, S. 88). Lit. c kann auch nicht entnommen werden, dass bei technischen und räumlichen Begrenzungen das Recht des Kfz-Herstellers zur Kennzeichnung mit seiner eigenen Marke hinter der des Teileherstellers zurückzutreten habe; vielmehr gilt insoweit der Grundsatz der **Gleichberechtigung.**

Kapitel IV. Schlussbestimmungen

Art. 6 Nichtanwendung dieser Verordnung

Nach Artikel 1a der Verordnung Nr. 19/65/EWG kann die Kommission durch Verordnung erklären, dass in Fällen, in denen mehr als 50% des relevanten Marktes von parallelen Netzen gleichartiger vertikaler Beschränkun-

gen abgedeckt werden, die vorliegende Verordnung auf vertikale Vereinbarungen, die bestimmte Beschränkungen des Wettbewerbs auf diesem Markt enthalten, keine Anwendung findet.

1. Überblick

Art. 6 bezieht sich nur auf den Teil der VO 461/2010, der **konstitutiv eine Freistellung** regelt. Das ist nur für die vertikalen Vereinbarungen in Bezug auf den **Kfz-Anschlussmarkt** der Fall (Art. 4 und 5), nicht für die vertikalen Vereinbarungen über die neuen Kraftfahrzeuge, für die Art. 2 eine Fortgeltung der VO 1400/2002 bis zum 31.5.2013 anordnet. Für die letztere gilt der gleichlautende Art. 7 VO 1400/2002. Art. 6 regelt für die von Art. 4 und 5 erfassten Vertikalvereinbarungen die Möglichkeit, dass die Kommission die Gruppenfreistellung in Fällen für unanwendbar erklärt, in denen sich die Freistellungsvoraussetzungen des Art. 101 Abs. 3 AEUV aufgrund der Einbindung in Netze gleichartiger Vereinbarungen anderer Parteien als nicht gegeben erweisen. Rechtsgrundlage dafür ist Art. 1a VO 19/65. Die VO 1/2003 enthält in Art. 29 die Ermächtigung der Kommission bzw. der nationalen Behörden, den Rechtsvorteil der Gruppenfreistellung in Einzelfällen zu entziehen. Eine Wiederholung dieser Regelung in den einzelnen Gruppenfreistellungsverordnungen ist nicht erforderlich; sie gilt unmittelbar auch für die Freistellung nach der VO 461/2010. 1

Art. 6 enthält entsprechend Art. 1a VO 19/65 (eingefügt durch VO 1215/1999 und nicht durch die VO 1/2003 aufgehoben oder geändert) die Möglichkeit, dass die Kommission durch Verordnung die Anwendbarkeit der VO 461/2010 auf „bestimmte Netze gleichartiger Vereinbarungen oder abgestimmter Verhaltensweisen auf dem bestimmten Markt" ausschließt. Art. 1a VO 19/65 sieht ausdrücklich vor, dass die Kommission in der Gruppenfreistellungsverordnung die Bedingungen festlegt, unter denen die Anwendung ausgeschlossen werden kann. Der Ausschluss der Anwendung hat selbst **durch eine besondere Verordnung** zu erfolgen. Die Regelung des Art. 1a VO 19/65 und des Art. 6 bindet sich ein in eine jahrzehntealte Praxis der Kommission, immer dann, wenn es auf Marktauswirkungen einer Vereinbarung ankommt, nicht nur die Wirkungen dieser Vereinbarung selbst zu betrachten, sondern **Wirkungen paralleler Vereinbarungen auf demselben Markt** einzubeziehen (vgl. dazu EuGH Slg. 1986 3021 3085 Rn. 40 Metro II). Dementsprechend stellt auch die Bagatellbekanntmachung (Anhang B 2) in Rn. 8 auf den „**kumulativen Marktabschottungseffekt** durch nebeneinander bestehende Netze von Vereinbarungen, die ähnliche Wirkungen auf dem Markt haben", ab. Wettbewerblich negative Auswirkungen von Vertragsnetzen, die zu einem meist nur ganz geringen Teil von der jeweiligen Vereinbarung verursacht werden, sind nur zu berücksichtigen, wenn das von der Kommission bzw. der nationalen Kartellbehörde über Art. 29 Abs. 1 und 2 VO 1/2003 durch Entzug der Gruppenfreistellung im Einzelfall oder von der Kommission generell durch Verordnung nach Art. 6 angeordnet wird. 2

2. Nichtanwendbarkeitserklärung

a) Materielle Voraussetzungen. Art. 6 setzt voraus, dass „**mehr als 50% des relevanten Marktes** von parallelen Netzen gleichartiger vertikaler Beschränkungen abgedeckt werden". Die in Rede stehenden Vertragsnetze müssen sich **auf ein und denselben sachlich und geographisch relevanten Markt** beziehen, und zwar auf derselben Wirtschaftsstufe. Die Verträge müssen **„gleichartige vertikale Beschränkungen"** enthalten. Darunter sind die Klauseln zu verstehen, die – unabhängig von ihrer Spürbarkeit – vertikale Wettbewerbsbeschränkungen iSv Art. 1 Abs. 1 lit b enthalten. Sind auf dem Markt Rahmenverträge zwischen verschiedenen Wirtschaftsstufen üblich, die aber nur teilweise Wettbewerbsbeschränkungen (zB. Alleinbezugsver- 3 pflichtungen, Wettbewerbsverbote) enthalten, kommt es darauf an, welchen Umfang die Verträge mit gleichartigen Wettbewerbsbeschränkungen ausmachen.

4 Die nebeneinander bestehenden gleichartigen vertikalen Beschränkungen müssen **mehr als 50% des betroffenen Marktes** ausmachen. Bezogen auf den **Gesamtmarkt** ist festzustellen, welchen Anteil die Vereinbarungen zwischen Unternehmen derselben Wirtschaftsstufen mit gleichartigen wettbewerbsbeschränkenden Klauseln am Gesamtmarkt ausmachen. Zwar ist der Gesamtmarkt aus der Sicht des auf der unteren Wirtschaftsstufe stehenden Vertragspartners abzugrenzen. Dennoch sind in den Gesamtmarkt nicht nur solche Vertriebssysteme einzubeziehen, die mit Unternehmen auf der Wirtschaftsstufe dieses Abnehmers arbeiten, sondern auch **Direktvertriebssysteme,** die nicht die Wirtschaftsstufe dieses Abnehmers einschalten. Für die Berechnung des **Marktanteils** des konkret betroffenen Anbieters kommt es aber nur auf dessen Marktstellung über die durch Vertikalverträge geregelten Vertriebssysteme an. Wenn in einem Markt zB 40% der Produkte im Direktvertrieb vom Hersteller an den Endabnehmer vertrieben werden, und nur 60% über den Handel mit entsprechenden vertikalen Wettbewerbsbeschränkungen, kommt es für den Gesamtmarkt sowohl auf diesen Teil des Marktes an, auf dem über Händler vertrieben wird, als auch auf den Direktvertrieb. Für den Marktanteil ist hingegen nur der (Vertikal-)Vertrieb über nicht verbundene Vertriebspartner relevant (→VO 330/2010 Art. 6 Rn. 5). Zwar mögen die Beschränkungen innerhalb des Eigenvertriebs der Hersteller faktisch noch größer sein als die vertraglichen Beschränkungen im Hersteller-Händler-Vertrieb; der Eigenvertrieb der Hersteller wird aber nicht vom Begriff der „nebeneinander bestehenden Netze gleichartiger vertikaler Beschränkungen" erfasst. Für die **Bemessung der 50%-Grenze** kommt es nicht auf die Zahl der Verträge an, sondern auf die Marktanteile, die über die Netze entsprechender Verträge erreicht werden. Ist zweifelhaft, ob diese Grenze erreicht ist, liegen die Voraussetzungen des Art. 6 nicht vor; die Last des Zweifels trifft die Kommission.

5 **b) Inhalt und Rechtsfolgen.** Die Verordnung nach Art. 6 enthält die Erklärung der Kommission, dass die Gruppenfreistellung durch die VO 461/2010 auf „vertikale Vereinbarungen, die bestimmte Beschränkungen des Wettbewerbs auf dem relevanten Markt enthalten, keine Anwendung findet". Die Verordnung muss also zunächst den **relevanten Markt definieren,** also zB den Markt des Vertriebs von genauer definierten Produkten von Herstellern oder Importeuren an Einzel- oder Großhändler in einem regional abgegrenzten Markt (Europäischer Wirtschaftsraum, mehrere Mitgliedstaaten, Mitgliedstaaten, Teil eines Mitgliedstaats, soweit es sich um einen wesentlichen Teil des Gemeinsamen Markts handelt). Außerdem muss die Verordnung die **Beschränkungen definieren,** die von ihr erfasst werden (vgl. auch Vertikalleitlinien, Anhang B 6, Rn. 83). Das bedeutet, dass Beschränkungen, die in der Verordnung nicht definiert werden, auf dem betroffenen Markt zulässig bleiben, wenn sie auch ohne die erfassten Beschränkungen Sinn machen. Es ist hiernach nicht möglich, für einen bestimmten Markt pauschal alle vertikalen Wettbewerbsbeschränkungen zu verbieten; vielmehr müssen „bestimmte" Beschränkungen definiert sein.

6 Die Verordnung gem. Art. 6 setzt den **Zeitpunkt** fest, ab dem sie gilt und damit die Freistellung nach der VO 461/2010 nicht mehr anwendbar ist. Nach Art. 1a VO 16/65 darf die Frist zwischen Erlass der Verordnung und dem Zeitpunkt ihrer Geltung nicht kürzer als sechs Monate sein. Eine **Rückwirkung ist ausgeschlossen.** Für den Erlass der Verordnung ist der Tag der Verkündung im Amtsblatt maßgeblich. Sinn dieser Regelung ist, den betroffenen Unternehmen die Möglichkeit zu geben, ihre Vereinbarungen so umzustellen, dass sie künftig keine nicht mehr freigestellten Wettbewerbsbeschränkungen enthalten (vgl. Vertikalleitlinien, Anhang B 6, Rn. 84). Steht fest oder ist wahrscheinlich, dass die **Mindest-Umstellungszeit von 6 Monaten** nicht ausreicht, kann die Kommission verpflichtet sein, eine längere Frist vorzusehen; maßgeblich für die Bemessung der Frist ist die voraussichtlich erforderliche

Umstellungszeit. Mit dem Zeitpunkt der Anwendbarkeit entfällt die Gruppenfreistellung nach der VO 330/2010 in dem Umfang, in dem die Vereinbarungen die in der VO definierten „bestimmten" Beschränkungen enthalten. Zivilrechtlich bedeutet das, dass von diesem Zeitpunkt an die Nichtigkeitsfolge des Art. 101 Abs. 2 AEUV eingreift; die Auswirkungen auf die Vereinbarung im übrigen richten sich nach nationalem Zivilrecht, in Deutschland also nach dem dispositiven § 139 BGB bzw. der vertraglichen Regelung über die Rechtsfolgen einer Teilunwirksamkeit der Vereinbarung.

Weder Art. 1a VO 19/65 noch Art. 6 sehen Regelungen über die **zeitliche Begrenzung der Verordnung** vor. Die Nichtanwendbarkeitserklärung des Art. 6 macht nur Sinn für die Geltungsdauer der VO 461/2010. Ist keine Befristung des Anwendungsausschlusses vorgesehen, gilt der Anwendungsausschluss so lange wie die VO 461/2010, also bis zum 31.5.2023 (vgl. Art. 8). Wird diese später über den 31.5.2023 verlängert, verlängert sich aber nicht auch automatisch die VO über den Anwendungsausschluss. Die Kommission kann den Anwendungsausschluss aber auch **befristen.** Sie ist dazu verpflichtet, wenn konkrete Anhaltspunkte dafür bestehen, dass die Marktanteilsschwelle von 50% binnen einer bestimmten Frist unterschritten wird. Wird während der Geltungsdauer der VO nach Art. 6 faktisch die Marktanteilsschwelle von 50% unterschritten, führt dies nicht automatisch zum Wegfall des Freistellungsentzugs. Dieser fällt vielmehr erst weg, wenn die VO aufgehoben ist. 7

3. Verfahren

Art. 6 enthält **keine besonderen Vorschriften über das Verfahren** für den Erlass der Verordnung nach Art. 6. Nach Art. 6 Abs. 1 der (auch nach Erlass der VO 1/2003 mit Ausnahme des Art. 7 fortgeltenden) VO 19/65 hat die Kommission den Beratenden Ausschuss anzuhören, bevor sie einen Verordnungsentwurf veröffentlicht und bevor sie die Verordnung erlässt. Für die Anhörung des Beratenden Ausschusses ist Art. 14 VO 1/2003 entsprechend anzuwenden. Nach Art. 5 VO 19/65 hat die Kommission mit der Veröffentlichung des Verordnungsentwurfs „alle Betroffenen" aufzufordern, ihr innerhalb einer mindestens einmonatigen Frist „Bemerkungen mitzuteilen". Betroffen i. S. dieser Regelung sind alle Unternehmen, deren Vereinbarungen von der VO nach Art. 8 erfasst werden, daneben aber auch die Unternehmen, die durch den Anwendungsausschluss begünstigt werden. Die Unternehmen haben also die Möglichkeit, ihre Bemerkungen mitzuteilen; sie haben aber keinen Anspruch darauf, dass ihre Bemerkungen berücksichtigt werden. Gegen die Verordnung nach Art. 6 können die betroffenen Unternehmen nach Art. 263 Abs. 4 AEUV Klage erheben. 8

Art. 7 Überwachung und Bewertungsbericht

Die Kommission wird die Anwendung dieser Verordnung überwachen und spätestens bis zum 31. Mai 2021 einen Bericht erstellen; sie berücksichtigt dabei insbesondere die Voraussetzungen von Artikel 101 Absatz 3 AEUV.

Art. 7 verpflichtet die Kommission, die Anwendung der VO 461/2010 zu „überwachen". Diese Überwachungstätigkeit ist aber **nicht mit Befugnissen verbunden,** die über die ausdrücklich durch die vorstehenden Vorschriften der Kommission verliehenen hinausgehen. Der Verordnungsgeber will erreichen, dass die Kommission nach Erlass der Verordnung den Kfz-Vertrieb, der ab 1.6.2013 dem Regime der VO 330/2010 unterliegt, und den Kfz-Anschlussmarkt, der ab 1.6.2010 einer modifizierten VO 330/2010 unterliegt, genau beobachten, und ggf. von den durch die Verordnung ausdrücklich verliehenen Befugnissen Gebraucht macht. Außerdem hat die Überwachungsverpflichtung der Kommission **Bedeutung für eine Nachfolge-** 1

regelung, die sich an die VO 461/2010 nach deren Außerkrafttreten anschließen kann. Das ist auch der wesentliche Zweck des aufgrund der Überwachung anzufertigenden Berichts.

Art. 8 Geltungsdauer

Diese Verordnung tritt am 1. Juni 2010 in Kraft.
Sie gilt bis zum 31. Mai 2023.

1 Die VO 461/2010 ist am 1.6.2010 in Kraft getreten. Am Tag davor, am 31.5.2010, sind die Verordnungen 2790/1999 und 1400/2002 außer Kraft getreten. Die VO 1400/2002 gilt für den Verkauf neuer Kraftfahrzeuge bis zum 31.5.2013 fort, danach gilt die VO 330/2010 auch für den Verkauf neuer Kraftfahrzeuge. Für die „Kfz-Anschlussmärkte" gilt nach Maßgabe der Art. 4 und 5 seit 1.6.2010 die VO 330/2010. Die VO 461/2010 soll nach Art. 8 Unterabs. 2 am 31.5.2023 außer Kraft treten. Das wirft die Frage auf, was im **Jahr 2022/2023** gilt, wenn die **VO 330/2010** (nach ihrem Art. 10 Unterabs. 2) **am 31.5.2022 außer Kraft** tritt, während die auf diese Verordnung verweisenden Art. 3 und 4 noch ein Jahr länger gelten. Es ist anzunehmen, dass durch entsprechende Veränderungen oder Klarstellungen in den Nachfolgeverordnungen daraus kein praktisches Problem entsteht. Gibt es derartige Klarstellungen nicht, ist davon auszugehen, dass im Anwendungsbereich der VO 461/2010 die VO 330/2010 unabhängig von deren Fortgeltung für andere Bereiche bis zum 31.5.2023 fortgilt.

Annex zur VO 461/2010

Erläuterungen zu einzelnen Bestimmungen der VO 1400/2002 (Anhang A 6)

Inhaltsübersicht

I. Überblick

1 Die VO 1400/2002 (Wortlaut in Anhang A 6) gilt nicht mehr. Sie ist mit den Regelungen zum Kfz-**Anschlussmarkt** am 31.5.2010 außer Kraft getreten und – auf der Grundlage von Art. 4 **VO 461/2010** ergänzt um drei zusätzliche „schwarze Klauseln" – durch die **VO 330/2010** ersetzt worden (Art. 4 und 5 VO 461/2010, VO 461/2010 Art. 5 Rn. 11ff.). Die Regelungen über den **Vertrieb** neuer Kraftfahrzeuge galten noch bis zum 31.5.2013; seither gilt auch insoweit uneingeschränkt die VO 330/2010. Dennoch wirkt die VO 1400/2002 insbesondere mit ihren Regelungen für den Kfz-Vertrieb noch nach. Einmal kann sie noch Bedeutung haben für „Altfälle" und die Anwendung und Auslegung von Händlervertrags-Regelungen, die an die VO 1400/2002 angepasst waren und noch fortgelten. Zum anderen kann sie mittelbar noch die Anwendung und Auslegung der VO 330/2010 auf den Kfz-Vertrieb beeinflussen; das wird auch durch die Ergänzenden Kfz-Leitlinien der Kommission (Anhang B 7) von 2010 bestätigt, die immer wieder direkt oder indirekt auch auf die VO 1400/2002 Bezug nehmen.

II. Definitionen in Art. 1 Abs. 1

1. Quantitative selektive Vertriebssysteme (Art. 1 Abs. 1 lit. g)

2 Die Definition der **selektiven Vertriebssysteme** in Art. 1 Abs. 1 lit. f stimmt überein mit den Definitionen in Art. 1 Abs. 1 lit. i VO 461/2010 und in Art. 1 Abs. 1 lit. e VO 330/2010 (→ VO 461/2010 Art. 1 Rn. 23ff. und → VO 330/2010 Art. 1 Rn. 33ff.). Anders als dort gab es in der VO 1400/2002 besondere gesetzliche Definitionen der quantitativen (lit. g) und qualitativen (lit. h) selektiven Vertriebssysteme.

3 Die Definition der **quantitativen** selektiven Vertriebssysteme in lit. g baute auf der Definition der „selektiven" Vertriebssysteme in lit. f (= Art. 1 Abs. 1 lit. i VO 461/2010) auf. Auch ohne ausdrückliche gesetzliche Regelung ist die Definition in der VO 1400/2002 auch heute noch gültig. Kennzeichen der quantitativen Selektion ist, dass der Lieferant die Zahl der zugelassenen Händler **„unmittelbar begrenzt"**, und zwar aufgrund von „Merkmalen", die auch dem Begriff der „festgelegten Merkmale" in lit. f entsprechen müssen. Die „Merkmale" der quantitativen Selektion können sich darin erschöpfen, dass der Lieferant festlegt, er wolle „nicht mehr" Händler zulassen, als er schon zugelassen hat. Er kann aber auch damit arbeiten, dass er für ein bestimmtes Gebiet eine feste Zahl formuliert und damit zum Ausdruck bringt, dass er in diesem Gebiet nur so viele Händler zulassen will und eben nicht mehr. Schließlich ist es möglich, dass der Lieferant, ohne dass dies zu gebietsbezogenen Beschränkungen seiner Vertriebspartner führen darf, das Prinzip formuliert und praktiziert, dass in einem von ihm gedachten Vertriebsgebiet entweder jeweils nur ein oder eine bestimmte Anzahl von Händlern tätig ist. Die quantitative Selektion muss nicht mit der Definition qualitativen Standards verbunden sein.

4 Die mit dem Wesen der quantitativen Selektion verbundene **besondere Entscheidungsfreiheit des Lieferanten** darin, mit wie vielen Händlern er zusammenarbeiten will, kommt auch darin zum Ausdruck, dass der Lieferant die Merkmale **jederzeit ändern** kann, insbesondere in Verbindung mit dem Ausscheiden eines Händlers (Werkstatt) aus seinem Vertriebssystem, ohne dass er ersetzt wird (so auch *Veelken* in IM 4. Aufl. 2007 Kfz-VO Rn. 41). Die davon abweichende Auffassung *Creutzigs* (Rn. 118), die Merkmale müssten zum Bestandteil der Verträge gemacht werden und könnten deswegen nur wie die übrigen Bestimmungen des Vertrages geändert werden, in erster Linie also durch ordentliche Kündigung, erscheint nicht begründet. Der Hersteller, der darin frei ist, für ein bestimmtes Gebiet die Zahl der Händler (Werkstätten) auf 100 zu begrenzen, darf das nach Ausscheiden oder zum Zwecke des Ausscheidens eines Händlers (Werkstatt) auch auf 99 tun. Die VO verlangt nicht, dass die quantitative Selektion als solche oder die Selektionsmerkmale gesondert sachlich zu rechtfertigen sind. Wenn die Vertriebsvereinbarungen die Voraussetzungen der VO 1400/2002 erfüllen, insbesondere auch die für die quantitative Selektion geltenden Marktanteilschwellen nach Art. 3 Abs. 1 Unterabs. 1 und 2 nicht überschreiten, ist die quantitative Selektion zulässig.

2. Qualitative selektive Vertriebssysteme (Art. 1 Abs. 1 lit. h)

5 **a) Grundzüge.** Mit dem in Art. 1 Abs. 1 lit. h definierten Begriff des „qualitativen selektiven Vertriebssystems" knüpft die VO 1400/2002 an die **langjährige, von der Rechtsprechung bestätigte Verwaltungspraxis der Kommission** an. Die Kommission hatte für den Vertrieb hochwertiger technischer (Fernsehgeräte, Geräte der Unterhaltungselektronik, Computer) oder beratungsintensive Luxusgüter (Parfums) den Grundsatz entwickelt, dass die rein qualitative Selektion von Vertriebspartnern und damit verbundene Weitervertriebsverbote **nicht gegen Art. 101 Abs. 1 AEUV verstoßen,** also auch keiner Freistellung nach Abs. 3 bedürfen. Voraussetzung dafür war und ist, dass die Selektion der Vertriebspartner nach qualitativen Kriterien aus der Natur des Produktes zu rechtfertigen war, in einheitlich geltenden Kriterien festgelegt und nicht diskriminierend angewendet wurde (vgl. dazu EuGH Slg. 1975 1905 Rn. 20 Metro/SABA I; Slg. 1983 3151 3195 Rn. 35, AEG; Slg. 1980 2511 2536 Rn. 20 Lancôme; Slg. 1986 3021 3084 Rn. 37 Metro/SABA II). Wenn gewährleistet ist, dass der Hersteller alle qualitativ geeigneten Vertriebspartner in sein Vertriebssystem aufnimmt, er also keine darüber hinausgehende quantitative Selektion betreibt, ist es zulässig, den zugelassenen Händlern zu untersagen, nicht zugelassene Händler zu beliefern. Dieses Verbot der Belieferung von Außenseitern ist unter den genannten Voraussetzungen keine

Wettbewerbsbeschränkung im Sinne von Art. 101 Abs. 1 AEUV und bedarf also keiner Freistellung.

6 **b) Qualitative Auswahlkriterien.** Ein Vertriebssystem ist nur dann qualitativ selektiv, wenn für die Auswahl der Händler „rein qualitative Merkmale" angewendet werden, die „wegen der Beschaffenheit der Vertragswaren oder Dienstleistungen erforderlich sind". Im Hinblick auf die Pflicht, alle geeigneten Vertriebspartner aufzunehmen, reicht es nicht aus, wenn der Lieferant diese Merkmale für sich selbst formuliert, ohne sie nach außen hin kundzutun. Das kann entweder durch eine an die potenziellen Interessenten gerichtete „Veröffentlichung" geschehen oder dadurch, dass der Lieferant die Merkmale auf entsprechende Anfragen mitteilt (vgl. auch Leitfaden zur VO 1400/2002, Frage 73, S. 68). Sie müssen **„rein" qualitativ sein,** dürfen also **nicht unmittelbar zu einer zahlenmäßigen Begrenzung** der zugelassenen Händler führen. Letzteres ergibt sich aus der Abgrenzung zur quantitativen Selektion nach lit. g. Die mittelbare Begrenzung der Vertriebspartner ist damit nicht gemeint. Wenn in einem bestimmten Gebiet von vornherein zB nur 100 Unternehmen die qualitativen Merkmale erfüllen, ist die damit verbundene Obergrenze auf 100 keine quantitative Selektion, sondern der qualitativen Selektion immanent.

7 Die Merkmale, die zur qualitativen Begrenzung der Händler und Werkstätten führen, müssen „wegen der Beschaffenheit der Vertragswaren oder -dienstleistungen **erforderlich**" sein (vgl. dazu auch *Becker* in MünchKomm GVO 1400/2002 Art. 1 Rn. 14). Im Rahmen dieser Definition kommt es nur auf die vertriebliche Erforderlichkeit an. Üblicherweise werden im Anwendungsbereich der VO 1400/2002 unterschiedliche **qualitative Standards** für Kfz-Händler und –Werkstätten für erforderlich gehalten. Die Standards für die **Händler** beziehen sich auf die Gebäude und sonstigen Räumlichkeiten, die technischen Einrichtungen, die Qualität des Personals, jeweils verbunden mit auch quantitativen Mindestanforderungen (im Hinblick auf Größe, Kapazität, beschäftigtes Personal; Beispiele für legitime qualitative Anforderungen: Kommission, Häufig gestellte Fragen, Frage 12, S. 8 ff. Erläuterungen zum Entwurf, ABl. 2002, C 67/13, Tz. 13). Ein Hersteller kann, je nach der Art seines Produktes verlangen, dass seine Kraftfahrzeuge nur in Handelsbetrieben mit ansprechenden Ausstattungen verkauft werden, dass Personal zur Verfügung steht, das den Kaufinteressenten fachgerecht berät, dass Ausstellungs- und Vorführfahrzeuge zur Verfügung stehen usw. Die Standards für **Werkstätten** beziehen sich in erster Linie auf die technische Ausstattung der Werkstatt und die Ausbildung des Personals. Bei all dem gibt es einen **weiten Ermessens- und Gestaltungsspielraum** des Lieferanten, dessen Ausfüllung sachlich vertretbar und nachvollziehbar sein muss, und der nicht so weit eingeengt werden darf, dass jeweils nur eine Lösung anerkannt wird. Entsprechend dem Wesen der vom Lieferanten zu gestaltenden qualitativen Selektion muss von ihm als sachlich vertretbar und nachvollziehbar dargetan werden können, dass für ihn die genannten Merkmale erforderlich sind.

8 Anders als nach der Rechtslage nach der VO 1400/2002 ist es heute wieder **möglich,** die **Fähigkeit des Händlers zum qualitativen Merkmal zu erheben, auch selbst Instandsetzungs- und Wartungsarbeiten zu erbringen** und die dafür erforderlichen Einrichtungen nachzuweisen. Der Lieferant kann sich auf den Standpunkt stellen, dass die eigene Erbringung aller Kundendienstleistungen durch Händler im Rahmen seines Vertriebssystems „erforderlich" ist. Dabei können die Standards für die **Werkstätten** insoweit als „erforderlich" angesehen werden, als sie einerseits darauf abzielen, dem Kunden eine dem Ruf der Marke entsprechendes Bündel von Empfangs- und Beratungsqualität zu bieten und andererseits die Fähigkeit sicherstellen, die Instandsetzungs- und Wartungsarbeiten durchzuführen.

9 **c) Einheitliche Geltung und Anwendung der Qualitäts-Merkmale.** Die Voraussetzungen eines qualitativen selektiven Vertriebssystems sind nur dann erfüllt, wenn die Qualitätsmerkmale einheitlich gelten und angewendet werden. Mit der

einheitlichen Geltung notwendig verbunden ist, dass die Merkmale in irgendeiner Form formuliert und für die interessierte Marktgegenseite auch feststellbar sind. Nicht erforderlich ist, dass die Qualitätsmerkmale überall in der Gemeinschaft einheitlich gelten; vielmehr ist es möglich, für **einzelne Länder** oder selbst auch für Teilgebiete (zB differenziert nach Land- oder Stadtgebieten) unterschiedliche Kriterien zu formulieren (so ausdrücklich auch Kommission, Häufig gestellte Fragen, Frage 14, S. 10); sie müssen für den jeweiligen räumlichen Anwendungsbereich aber einheitlich gelten, wobei auch die Differenzierung vom Lieferanten als „erforderlich" erklärbar sein muss.

Die Qualitätskriterien müssen darüber hinaus auch **„in nicht diskriminierender Weise"** auf alle sich um die Aufnahme in das Vertriebssystem bewerbenden Händler bzw. Werkstatt angewandt werden. Das bedeutet im Grundsatz, dass jeder Händler bzw. Werkstatt – bei Entscheidung für ein qualitatives selektives Vertriebssystem – zugelassen werden muss, der die Merkmale erfüllt. Alle Gesichtspunkte, die die qualitative Selektion ergänzen um eine quantitative Selektion, sind unzulässig. Der Begriff der Diskriminierung lässt an sich entsprechend dem Diskriminierungstatbestand des Art. 102 AEUV (und auch den Diskriminierungstatbeständen in § 19 Abs. 2 Nr. 1 GWB) die **„sachliche Rechtfertigung"** von unterschiedlichen Behandlungen zu, wobei die Rechtfertigung eine Interessenabwägung unter Beachtung der Ziele der angewendeten Norm erfordert. Das Nicht-Diskriminierungs-Gebot im Zusammenhang mit der qualitativen Selektion lässt für derartige Rechtfertigungen kaum einen Raum. Denkbar ist die Verweigerung der Zulassung insbesondere in Fällen, in denen die **finanzielle Leistungsfähigkeit des Vertriebspartners** so zweifelhaft ist, dass jede Geschäftsaufnahme mit unzumutbaren finanziellen Risiken verbunden wäre. Insoweit ist denkbar, dass auch die finanzielle Leistungsfähigkeit selbst ein qualitatives Merkmal ist, allerdings nur, soweit sie erforderlich ist, um qualitative Schlechtleistungen zulasten des Kunden auszuschließen (ein finanziell nicht leistungsfähiger Vertriebspartner könnte veranlasst sein, zur Ersparnis von Kosten qualitativ schlechte Leistungen zu erbringen). Soweit es allein um den Ausschluss finanzieller Risiken für den Lieferanten geht, weil er bei der Belieferung eines finanziell schwach dastehenden Vertriebspartners erhöhte Ausfallrisiken hat, handelt es sich nicht um ein qualitatives Merkmal, wegen dessen Nichterfüllung ein Vertriebspartner abgelehnt werden kann. Vielmehr kann insoweit die Nichtaufnahme eines qualitativ an sich geeigneten Vertriebspartners sachlich gerechtfertigt sein (ebenso *Roniger/Hemetsberger* Art. 1 Rn. 43). Das setzt voraus, dass diese Risiken nicht auf andere Weise zu beseitigen sind, zB durch Vorauszahlungen oder finanzielle Garantien; außerdem gilt die sachliche Rechtfertigung nur für den Zeitraum, in dem diese Risiken bestehen. 10

Das Erfordernis der Nicht-Diskriminierung gilt **nur für die Aufnahme in das Vertriebssystem** und – in der Umkehrung – bei dem **Ausschluss** aus dem Vertriebssystem, **nicht aber für die Behandlung der Händler und Werkstätten während der Zusammenarbeit im Vertriebssystem.** Werden Vertriebspartner, die unter sich als gleichartig anzusehen sind, zB in finanzieller Hinsicht unterschiedlich behandelt, kann das vertragsrechtliche Unterlassungs- oder Schadensersatzansprüche auslösen, stellt aber nicht die Zulassung des qualitativen selektiven Vertriebssystems als solches in Frage. Beim Ausschluss aus dem Vertriebssystem durch Kündigung stellt sich rechtlich die Frage, ob der Vertriebspartner wegen Erfüllung der qualitativen Merkmale und Nicht-Vorliegens eines sachlich gerechtfertigten Grundes für die Nichtzulassung wieder einen Zulassungsanspruch hätte. Wird er dennoch ausgeschlossen, liegt ein Verstoß gegen das Gebot der diskriminierenden Anwendung vor. 11

3. Definitionen der Ersatzteile (Art. 1 Abs. 1 lit. s–u)

12 Art. 1 Abs. 1 lit. s definierte den Begriff der **Ersatzteile wortgleich wie Art. 1 Abs. 1 lit. h VO 461/2010** (dazu Art. 1 Rn. 20ff.). Lit. t und u enthielten zusätzliche Definitionen der Begriffe „Originalersatzteile" und „qualitativ gleichwertige Ersatzteile".

13 **a) Originalersatzteile (Abs. 1 lit. t).** Der Begriff der Originalersatzteile wurde verwendet in Art. 4 Abs. 1 lit. j und k. Diese Bestimmungen hatten zum Ziel, Originalersatzteile **auch für außenstehende Vertriebsorganisationen** erreichbar zu machen. Das gilt im Grundsatz auch heute noch. Nach Art. 4 Abs. 1 lit. j musste der Hersteller und Lieferant von Originalersatzteilen, der nicht identisch ist mit dem Kraftfahrzeughersteller, die Möglichkeit haben, die Originalersatzteile frei sowohl an zugelassene als auch an unabhängige Händler und Werkstätten sowie an Endverbraucher zu verkaufen. Nach lit. k mussten die Mitglieder der Vertriebsorganisation (Händler und Werkstätten) die Möglichkeit haben, die Originalersatzteile auch von Dritten, also nicht dem Vertriebssystem angehörenden Unternehmen, zu beziehen, um sie für die Instandsetzung oder Wartung von Kraftfahrzeugen zu verwenden. Die VO 1400/2002 wollte damit erreichen, dass jede Monopolisierung der Originalersatzteile für ein bestimmtes Vertriebssystem und die damit verbundene Ausschlusswirkung zulasten von freien Händlern und Werkstätten vermieden wird. Die Definition in lit. t ist im Wesentlichen in die Richtlinie 2007/46/EG (ABl 2007 L 263/1) übernommen worden, die den Parallelhandel auch für Ersatzteile erleichtern soll. Die Kommission ist der Auffassung, dass der Begriff des „Originalersatzteils" in der Definition der VO 1400/2002 auch heute noch Gültigkeit hat (→ VO 461/2010 Einf. Rn. 25ff.).

14 In der Kfz-Industrie ist es üblich, dass eine Vielzahl von Teilen, die für die Herstellung des Neufahrzeuges verwendet werden, von unabhängigen Zulieferern bezogen werden **(Fremdbezugsteile);** bis zu 80% aller für den Zusammenbau eines Kraftfahrzeuges verwendeten Komponenten werden nicht vom Kfz-Hersteller produziert. Für denjenigen, der diese Teile im neuen Kfz identifiziert, ist es im Allgemeinen nicht möglich festzustellen, ob es sich um Teile handelt, die vom Kfz-Hersteller selbst **(Eigenfertigungsteile)** oder von einem Zulieferer hergestellt wurden; soweit sie äußerlich mit Nummern und Marken gekennzeichnet sind, handelt es sich im Allgemeinen um die Nummern des Kfz-Herstellers und auch um seine Marken. Die VO 1400/2002 wollte in Art. 4 Abs. 1 lit. j und k ebenso wie heute Art. 5 lit. b und c VO 461/2010 den Herstellern der Fremdbezugsteile die Möglichkeit geben, diese Teile auch selbst als Ersatzteile zu vertreiben. Dabei handelt es sich um die **Identteile,** die vom Teilehersteller auf der gleichen Produktionsanlage hergestellt werden, wie die für die Herstellung des neuen Kraftfahrzeuges vom Kfz-Hersteller verwendeten Bauteile; darauf nahm Art. 1 lit. t S. 2 Bezug. Sie unterscheiden sich von den Teilen, die der Kfz-Hersteller bezieht und als Ersatzteile vertreibt, im Allgemeinen dadurch, dass sie nicht mit der Marke des Kfz-Herstellers, sondern nur des Teileherstellers versehen sind, manchmal allerdings auch mit der Ersatzteilnummer des Kfz-Herstellers und/oder der – davon verschiedenen – Ersatzteilenummern des Teileherstellers. Die Gleichbehandlung der Identteile mit den vom Kfz-Hersteller bezogenen und von diesem als Ersatzteile weiterverkauften Teilen rechtfertigt sich dadurch, dass die Identteile in der gleichen Weise wie die an den Kfz-Hersteller gelieferten Teile „nach den Spezifizierungen und Produktionsanforderungen" der Kfz-Herstellers hergestellt werden. Dass sie möglicherweise nicht einer besonderen Qualitätskontrolle durch den Kfz-Hersteller unterliegen, soll die Gleichstellung der Identteile, die vom Teilehersteller gesondert vertrieben werden, mit den an den Kfz-Hersteller gelieferten Ersatzteilen nicht hindern. Die Kennzeichnung der Ersatzteile, die vom Kfz-Hersteller für die Herstellung der Neufahrzeuge verwendet werden, als (seine) Originalersatzteile ist nicht gerechtfertigt, wenn es sich um allgemein vom Teilehersteller entwickelte und produ-

zierte Serienteile handelt, die nicht besonderen **Spezifizierungen und Produktionsanforderungen des Kfz-Herstellers** entsprechen, sondern von diesem sozusagen „von der Stange" bezogen werden (aA insoweit *Veelken* in IM 4. Aufl. 2007 Kfz-VO Rn. 179 mit Fn. 756). Auch dann, wenn sie trotz des Fehlens jeder Spezifizierung und Produktionsanforderung des Kfz-Herstellers als dessen Originalersatzteile bezeichnet werden, sind sie das im Sinne der VO 1400/2002 nicht; der Teilelieferant ist deswegen kartellrechtlich völlig frei darin, sie auch an andere Kfz-Hersteller, Händler und Werkstätten zu verkaufen.

Neben den Identteilen, die auf den gleichen Produktionsanlagen hergestellt wer- 15
den wie die Teile für die Erstausrüstung, gibt es nach der Definition der Originalersatzteile auch ihnen **gleichstehende Teile,** die von anderen Produktionsanlagen stammen, aber dennoch nach den Spezifizierungen und Produktionsanforderungen des Kfz-Herstellers gefertigt wurden, die auch für die Teilebelieferung in die Kfz-Herstellung gelten **(Parallelteile).** Offen ist, ob die Herstellung der Parallelteile gesondert vom Kfz-Hersteller autorisiert sein muss (so *Becker* in MünchKommEU-WettbR GVO 1400/2002 Art. 1 Rn. 32f.). Jedenfalls muss der Teilehersteller, wenn er nicht in der Erstausrüstung des Kfz-Herstellers tätig ist, darlegen und gegebenenfalls beweisen, dass er bei der Herstellung der Teile die Spezifizierungen und Produktionsanforderungen des Kfz-Herstellers beachtet hat (vgl. dazu auch Leitfaden zur VO 1400/2002, vor Frage 95, S. 86f.).

Nach Art. 1 Abs. 1 lit. t S. 3 wurde die Qualität als „Originalersatzteil" vermutet, 16
wenn der **Teilehersteller bescheinigt,** „dass diese Teile von gleicher Qualität sind, wie die für die Herstellung des betreffenden Fahrzeuges verwendeten Bauteile und dass sie nach den Spezifizierungen und Produktionsanforderungen des Kraftfahrzeugherstellers hergestellt wurden". Die Beweislastregelung setzte voraus, dass der Teilehersteller die entsprechende Bestätigung erteilt. Sie ist „glaubwürdiger" und einem Gegenbeweis jedenfalls dann weniger leicht zugänglich, wenn der Teilehersteller geltend machen kann, dass die Teile auf den gleichen Produktionsanlagen hergestellt wurden wie die Teile für die Erstausrüstung (vgl. S. 2). Aber auch dann, wenn es sich um Parallelteile handelt, die – gegebenenfalls auch von einem anderen Teilehersteller als dem Hersteller, der den Kfz-Hersteller beliefert – auf anderen Produktionsanlagen hergestellt werden als auf den Anlagen, die für die Erstausrüstung verwendet werden, begründete die Bescheinigung des Teilehersteller die entsprechende (widerlegbare) Vermutung (vgl. auch Leitfaden zur VO 1400/2002, Frage 101, S. 90). Diese Vermutungsregelung gilt heute nicht mehr; dennoch kann der Bescheinigung des Teileherstellers ein Indiz- oder Beweiswert zukommen.

b) Qualitativ gleichwertige Ersatzteile (Abs. 1 lit. u). Der Begriff der qualita- 17
tiv gleichwertigen Ersatzteile wurde in Art. 4 Abs. 1 lit. j und k jeweils neben dem Begriff des „Originalersatzteils" verwendet. Angesichts der Weite des Begriffes des „Originalersatzteils" nach lit. t und der Einbeziehung auch von Teilen in diesen Begriff, die von nicht zugleich für die Erstausrüstung des Kfz-Herstellers tätigen Teileherstellern hergestellt werden, ist eine **scharfe Abgrenzung** des Originalersatzteils zu dem Begriff der „qualitativ gleichwertigen Ersatzeile" **nicht möglich,** aber auch nicht erforderlich. Lit. u stellt in Erweiterung des Begriffes des Originalersatzteiles nach lit. t klar, dass in die Regelungen über Originalersatzteile auch solche Ersatzteile einzubeziehen sind, für die die nach lit. t S. 3 die Vermutung für ein „Originalersatzteil" begründende Bescheinigung nicht vorliegt, aber eine entsprechende **Bescheinigung „jederzeit" möglich** ist. Dabei kam es nicht darauf an, dass der Teilehersteller bescheinigt, dass die Teile nach den Spezifizierungen und Produktionsanforderungen des Kfz-Herstellers hergestellt wurden, sondern nur, dass sie diesen Teilen **„qualitativ entsprechen".** Das ist nicht der Fall, wenn die Produktionsanlagen des Herstellers denen des Originalteils nicht gleichwertig sind und jede Qualitätskontrolle fehlt, die bei der Erstausrüstung und bei den Identteilen tatsächlich vorhanden ist. Möglich

ist auch der empirisch zu belegende Nachweis, dass die Teile, für die die qualitative Gleichwertigkeit in Anspruch genommen wird, tatsächlich in einem nicht unerheblichen Umfang von der Qualität der Erstausrüstung- und Identteile abweichen.

III. Marktanteilsschwellen nach der VO 1400/2002

1. Differenzierung nach Vertriebssystemen

18 Art. 3 Abs. 1 und 2 sahen **unterschiedliche Marktanteilsschwellen** für (praktisch nicht relevante) Alleinvertriebssysteme (30%), quantitative selektive Vertriebssysteme für neue Kraftfahrzeuge (40%) und qualitative selektive Vertriebssysteme (keine Obergrenze) vor. Für die Anwendung dieser Regelungen waren verschiedene Begriffsdefinitionen in Art. 1 Abs. 1 relevant.

2. Relevanter Markt

19 **a) Allgemeines.** Die Anwendung der Regelungen über Marktanteilsschwellen setzt die Feststellung voraus, welcher Markt sachlich und räumlich relevant ist. Nach der besonderen Vorschrift des Art. 8 über die Berechnung der Marktanteile kam es jeweils auf die vom Lieferanten verkauften Vertragswaren oder Dienstleistungen an, die „**vom Käufer** aufgrund ihrer Eigenschaften, ihrer Preise und ihres Verwendungszwecks als austauschbar oder substituierbar angesehen werden". Entscheidend ist also – in Übereinstimmung mit Art. 9 Abs. 1 VO 2790/1999, der aber nicht in die VO 330/2010 übernommen wurde – die Sichtweise des „Käufers". Unter „Käufer" ist jeweils der Vertragspartner des Herstellers oder Lieferanten zu verstehen ist, also das jeweils auf der unteren Stufe einer Vertikalvereinbarung stehende Unternehmen (ebenso *Roniger/Hemetsberger* Art. 8 Rn. 4; *Ensthaler/Funck/Stopper,* C, Rn. 71; *Bechtold* EWS 2001, 49, 51; skeptisch dazu *Becker* in MünchKomm GVO 1400/2002 Art. 8 Rn. 3). Dieser Begriff erfasst **nicht den privaten Endabnehmer,** sondern nur den Vertragspartner der freigestellten Vertikalverträge, zu dessen Lasten oder zu dessen Gunsten Wettbewerbsbeschränkungen vereinbart sind. Das bedeutet, dass die Märkte jeweils **aus der Sicht der auf der unteren Stufe stehenden Vertragspartner abzugrenzen** sind. Diese Marktabgrenzung kann von der ansonsten verwendeten abweichen, bei der meistens auf die Sicht der Endabnehmer abgestellt wird. Die Austauschbarkeit aus der Sicht der Endabnehmer ist tendenziell enger als die aus der Sicht der „Käufer". Im Allgemeinen fragt der Händler oder die Werkstatt beim Hersteller oder Lieferanten nicht einzelne Produkte nach, sondern **Sortimente** (vgl. auch Art. 3 Rn. 5ff.; *Schütz* in Gemeinschaftskommentar, Art. 3 Rn. 13; *Bechtold* EWS 2001, 49, 51). Für ihn macht der Vertrieb bestimmter Produkte häufig nur Sinn, wenn er das Gesamtsortiment des Herstellers vertreibt. Dem steht nicht entgegen, dass sich im Rahmen seiner Geschäftstätigkeit immer wieder Nachfragen nach einzelnen Produkten oder Teilen eines Gesamtsortiments oder nach bestimmten Ersatzteilen ergeben, die in dieser konkreten Nachfragesituation nicht austauschbar sind mit anderen Teilen des Sortiments. Abzustellen ist insoweit auf die typische Nachfrage.

20 **b) Fahrzeugmärkte. Bei Personenkraftwagen** (PKWs) führt das Kriterium der Austauschbarkeit oder Substituierbarkeit (die Begriffe Austauschbarkeit und Substituierbarkeit werden im EG-Recht im Wesentlichen synonym verwendet) im Allgemeinen zu einer **engen Marktabgrenzung,** und zwar im Sinne einer Aufteilung in bis zu neun Kategorien, die die Kommission auch in der Fusionskontrolle favorisiert. In der **Fusionskontrolle** werden folgende Segmente unterschieden:

A: Kleinstwagen

B: Kleinwagen

C: Mittelklassewagen
D: Obere Mittelklasse
E: Oberklasse
F: Luxusklasse
S: Sportwagen
M: Mehrzweckfahrzeuge
J: Geländewagen

(vgl. BMW/Rover, M.416; Ford/Mazda, M.741; Daimler-Benz/Chrysler, M.1204; Toyota/Daihatsu, M.1326; Ford/Volvo, M.1452; GM/Saab, M.1847). Für den Endverbraucher, der einen PKW für einen konkreten Bedarf beschafft und nur einen bestimmten finanziellen Rahmen dafür aufwendet, ist ein kleiner PKW nicht austauschbar mit einem großen, auch wenn die Funktion von kleinem und großem PKW gleichermaßen in der Beförderung von Personen besteht.

Stellt man nicht auf den Endverbraucher, sondern auf den Händler ab, ergibt sich nach der einen möglichen Auffassung keine Veränderung in der Marktabgrenzung, weil der Händler nur die Nachfrage seiner Kunden an seinen Lieferanten weiterleitet (vgl. *Veelken* in IM Kfz-VO Rn. 35; *Ackermann* EuZW 1999, 741, 742). Wäre das entscheidend, gäbe es keine sinnvolle Erklärung dafür, dass Art. 9 Abs. 1 gerade nicht auf den Endverbraucher abstellte, sondern auf den „Käufer". Dabei handelt es sich, wie die Verordnungsgebungsgeschichte der insoweit ganz parallelen VO 2790/1999 belegt, um eine bewusst gewählte Terminologie. Die aus unserer Sicht richtige Auslegung stellt darauf ab, **was der Händler** (Käufer) **bei seinem Lieferanten** nachfragt, und das sind im Rahmen des Händlervertrages nicht nur einzelne Fahrzeuge, sondern das jeweilige **Gesamtsortiment des Lieferanten** (ebenso *Schütz* in Gemeinschaftskommentar, Art. 3 Rn. 13, *Bechtold* EWS 2001, 47, 51; skeptisch dazu *Becker* in MünchKomm GVO 1400/2002 Art. 8 Rn. 3. Vgl. auch Vertikalleitlinien – Anhang B 6 – Rn. 91). Diese Auslegung wird auch dadurch bestätigt, dass Art. 3 Abs. 1 auf den Markt abstellte, auf dem der Lieferant die Kraftfahrzeuge verkauft. Der Lieferant schließt mit seinem Händler den Händlervertrag nicht über einzelne Fahrzeuge, sondern über sein Gesamtsortiment ab. 21

Die Kommission misst im Leitfaden zum Kraftfahrzeugvertrieb (2002) der Marktabgrenzung aus der Sicht des Händlers (Käufers) keine besondere Bedeutung bei. Bedeutung wird aber dem Gesichtspunkt der **„Substitutionsketten"** beigemessen, die im Ergebnis doch zu weiteren Marktabgrenzungen als aus einer engen Verbrauchersicht führen können (S. 79 bzw. Ziff. 6.1 unter Ziff. 5 i. V. m. Fn 192 und Rn. 57 der Bekanntmachung über die Abgrenzung des relevanten Marktes, Anhang B 1). Das Beispiel a), das insbesondere im Anschluss an diese Ausführungen gebildet wird, eröffnet die Möglichkeit, dass zB der **Pkw-Markt** in drei Teile aufgeteilt wird, etwa in Unter-, Mittel- und Oberklasse (vgl. auch Leitfaden zur VO 1400/2002, S. 81). 22

Bei **Nutzfahrzeugen** stellen sich ähnliche Probleme im Hinblick darauf, dass einerseits aus der Sicht des Endabnehmers unterteilt werden kann in leichte, mittlere und schwere Lastkraftwagen, dass aber andererseits auch hier aus der Sicht des Händlers im Verhältnis zum Lieferant es primär um Sortimente geht. Bei **Omnibussen** wird in der Fusionskontrolle differenziert zwischen Stadtbussen, Linien-(Überland-)bussen und Reisebussen (vgl. M.477 Mercedes-Benz/Kässbohrer; M.1672 Volvo/Scania; M.2201 MAN/Auwärter). Auch sie sind aus der Sicht des Endabnehmers wohl nicht austauschbar; dennoch spricht auch hier vieles dafür, dass sie im Verhältnis zwischen Lieferant (Hersteller) und Händler einem einheitlichen Sortimentsmarkt der Omnibusse angehören (so auch *Schütz* in Gemeinschaftskommentar, Art. 13 Rn. 13). 23

Bei der Definition der **geografisch relevanten Kfz-Märkte** tendiert die Kommission in der Fusionskontrolle zu nationalen Märkten, und zwar sowohl im Hinblick auf die noch vorhandenen Preisunterschiede als auch die nationalen Strukturunterschiede, die hauptsächlich in differenzierten Marktanteilsstrukturen in den einzelnen 24

Ländern zum Ausdruck kommen (vgl. Daimler-Benz/Chrysler, M.1204; Toyota/Daihatsu, M.1326; Ford/Volvo, M.1452; GM/Saab, M.1847). Auch insoweit ist zwar die Sicht des Käufers (Händlers) maßgeblich, der als gewerblich tätiges Unternehmen eher als privater Endverbraucher potenziell in der Lage ist, international einzukaufen. Dennoch sind gerade die derzeit noch typischen Händlerverträge, die zwischen den einzelnen Händlern und den jeweiligen Herstellern, soweit sie in diesem Lande selbst tätig sind, oder den nationalen Importgesellschaften abgeschlossen werden, ein Beleg dafür, dass tatsächlich gerade auch im Verhältnis zwischen Lieferant und Händler national differenziert wird, und auf dieser Ebene **keine europaweiten Märkte** bestehen (ebenso Leitfaden zur VO 1400/2002, S. 74; *Schumacher* S. 125; für einen europaweiten Markt *Schütz* in Gemeinschaftskommentar, Art. 3 Rn. 17).

25 **c) Ersatzteile.** Soweit es um Ersatzteile als Vertragswaren geht, sind auch diese besonderen Märkten zuzuordnen. Für die Gesamtheit der Ersatzteile ist typisch, dass sie untereinander nicht oder nur sehr beschränkt austauschbar sind. So ist das Kupplungsteil unter allen relevanten Gesichtspunkten nicht austauschbar mit einem Teil der Einspritzpumpe. Stellt man insoweit auf die Sicht des Endverbrauchers oder des Fahrzeuginhabers ab, der ein Ersatzteil für eine bestimmte Reparatur braucht, kommt man zu extrem engen Märkten (vgl. Leitfaden zur VO 1400/2002, S. 78, Fn. 187). Stellt man hingegen auf die Nachfrage des Käufers (Händlers oder Werkstatt) ab, die Gegenstand des Händler- oder Werkstattvertrages ist, kommt man zu **umfassenderen Ersatzteilmärkten,** die dann nur noch zu unterteilen sind nach Fahrzeugmarken und gegebenenfalls für einzelne Fahrzeugtypen, nicht aber zusätzlich nach den einzelnen spezifischen Verwendungszwecken der Ersatzteile. Auf dem **Markt der für bestimmte Fahrzeugmarken verwendbaren Ersatzteile** haben die Fahrzeughersteller im Allgemeinen hohe Marktanteile, weil sie auf ihrer Ebene entweder einzige Anbieter für die Eigenfertigungsteile oder jedenfalls die führenden Händler für die von ihnen bezogenen Fremdfertigungsteile sind, die als Originalersatzteil unter ihrer Marke weiterverkauft werden (vgl. *Ensthaler/Funck/Stopper,* C, Rn. 217). Im Allgemeinen haben die Nicht-Originalersatzteile einschließlich der qualitativ gleichwertigen Ersatzteile (die in Art. 1 Abs. 1 lit. u gesondert definiert waren) keine so hohen Anteile am Markt, dass sie in Vertriebsorganisationen der Kfz-Hersteller zu Gunsten der jeweiligen Lieferanten zur Unterschreitung der insoweit allein relevanten Marktanteilsschwelle des Art. 3 Abs. 1 Unterabs. 1 führen könnten.

26 **d) Instandsetzungs- und Wartungsdienstleistungen.** Normalerweise ist ein Kfz-Hersteller jedenfalls auf der Wirtschaftsstufe über der Werkstatt überhaupt nicht im Bereich der Instandsetzungs- und Wartungsdienstleistungen tätig, sondern vergibt nur entsprechende Werkstattverträge; auf ihrer Grundlage werden rechtlich und wirtschaftlich selbständige Werkstätten durch ein Bündel von Leistungen und Ersatzteillieferungen in die Lage versetzt, ihrerseits Instandsetzungs- und Wartungsdienstleistungen zu erbringen (vgl. Leitfaden zur VO 1400/2002, S. 84). Obwohl die Art der Tätigkeit des Lieferanten insoweit eine ganz andere ist als die der auf der unteren Stufe tätigen Werkstatt, wurde sie durch Art. 3 Abs. 1 Unterabs. 1 dem Markt der Instandsetzungs- und Wartungsdienstleistungen zugeordnet, allerdings auf der Stufe des **Quasi-Franchisegebers,** der das System insgesamt organisiert und entsprechende Werkstattverträge vergibt. Die Tätigkeit des Kfz-Herstellers auf diesem Markt wird – parallel zu der Marktabgrenzung im Bereich der Ersatzteile – eingegrenzt auf die Instandsetzungs- und Wartungsdienstleistungen für Fahrzeuge der jeweiligen Marke mit der Folge, dass alle Kfz-Hersteller auf diesem Markt der Instandsetzungs- und Wartungsdienstleistungen für die Fahrzeuge ihrer Marke hohe Marktanteile haben, jedenfalls über 30% (→ VO 461/2010 Einf. Rn. 21; *Bechtold* BB 2011, 1610; *Ensthaler* NJW 2011, 2701, 2702f.; BGH WuW/E DE-R 3303, 3305 Vertragswerkstätten; *Creutzig* EuZW 2002, 560, 562; *Pfeffer* NJW 2002, 2910, 2913). Das gilt umso mehr,

aber auch unabhängig davon, als auch diese Märkte entsprechend den tatsächlichen Nachfrage- und Belieferungsströmen national abzugrenzen sind.

3. Berechnung der Marktanteile (zu Art. 8)

a) Mengen- und Wertberechnung. Für die Marktanteile bei neuen Kraftfahr- 27
zeugen sah Art. 8 Abs. 1 lit. a ausdrücklich vor, dass auf **„Absatzmengen"**, dh **Stückzahlen** abzustellen ist. Nach den allgemeinen Regeln über die Berechnung von Marktanteilen (vgl. dazu Rn. 53 ff. der Bekanntmachung der Kommission über die Definition des relevanten Marktes, Anhang B 1) ist **Wertmarktanteilen grundsätzlich der Vorzug zu geben,** weil sie die „relative Position und Stärke der einzelnen Anbieter besser widerspiegeln". Im Lichte dieser allgemeinen Regeln ist die klare Aussage in lit. a, dass auf Absatzmengen abzustellen ist, eine Ausnahme. Sie rechtfertigt sich durch die allgemeine Praxis im Kfz-Bereich und die Tatsache, dass Angaben über die Wertvolumina im Allgemeinen nicht verfügbar sind. Wert- und Mengenmarktanteile stimmen desto eher überein, je enger der Markt abgegrenzt wird. Wenn man, wie in der Fusionskontrolle üblich, zB den Pkw-Bereich in neun sachlich relevante Märkte aufteilt, sind in dem jeweiligen Markt nur Waren zusammengefasst, die sich preislich sowieso einigermaßen entsprechen; dann ist nicht mit größeren Abweichungen bei Wert- und Mengenmarktanteilen zu rechnen. Fasst man aber den Markt weiter, wie das aus unserer Sicht gerade bei den Vertriebs-Märkten erforderlich ist, können sich durchaus erhebliche Abweichungen ergeben. Dieser Umstand spricht aber nicht für eine engere Marktabgrenzung; vielmehr hat lit. a aus ganz praktischen Erwägungen die damit verbundenen potenziellen Divergenzen in Kauf genommen. Es kommt also in jedem Falle, unabhängig von der Weite des relevanten Marktes, **bei neuen Kraftfahrzeugen nur auf die Mengenmarktanteile** an. Die Kommission lässt in den Ergänzenden Kfz-Leitlinien von 2010 (Anhang B 7) offen, ob diese Art der Marktanteilsberechnung auch heute noch gilt. Nach Rn. 12 iVm. Fn. 4 nimmt die Kommission nur „zur Kenntnis, dass die Industrie derzeit die Marktanteile beim Vertrieb neuer Kraftfahrzeuge anhand der Menge von Kraftfahrzeugen berechnet, die der Anbieter auf dem relevanten Markt verkauft, zu dem alle Fahrzeuge gehören, die vom Kunden aufgrund ihrer Produkteigenschaften, ihrer Preise und ihres Verwendungszwecks als austauschbar oder substituierbar angesehen werden".

b) Einbeziehung der integrierten Vertriebswege. Nach Art. 8 Abs. 2 lit. b 28
schließt der Marktanteil „Waren oder Dienstleistungen ein, die zum Zwecke des Verkaufs an integrierte Händler geliefert werden". Diese Bestimmung hat unmittelbar nur Bedeutung für die Berechnung des **Marktanteils des konkret betroffenen Lieferanten.** Wenn er teils über von ihm unabhängige Händler, teils über integrierte Händler vertreibt, soll sein Marktanteil, der für die Schwellen des Art. 3 Abs. 1 und 2 relevant ist, unter Einbeziehung des Marktanteils berechnet werden, der sich über den Vertrieb an integrierte Händler ergibt. Das entspricht auch der Rechtslage nach der VO 330/2010 (dort Art. 7 lit. c, → VO 330/2010 Art. 7 Rn. 3, Vertikalleitlinien, Anhang B 6 Rn. 95; Leitfaden zur VO 1400/2002, S. 83). Unter „integrierten" Händlern sind nicht nur als solche erkennbare Handelsunternehmen zu verstehen, die – rechtlich verselbständigt oder nicht – dem Lieferanten gehören; vielmehr umschreibt der Begriff „Verkauf an integrierte Händler" alle Formen des Direktvertriebs an Endabnehmer, also insbesondere auch den Vertrieb, den der Lieferant über eigenes Personal wahrnimmt. „Integrierte Händler" sind insbesondere auch dann anzunehmen, wenn dasselbe Verkaufspersonal des Lieferanten teils an (nicht integrierte, selbständige) Händler zum Zwecke des Weiterverkaufs an Endabnehmer verkauft, teils unmittelbar an Endabnehmer.

Über den eigentlichen Wortlaut hinaus ergab sich aus Art. 8 Abs. 2 lit. b – ebenso 29
wie in der heutigen Rechtslage nach Art. 7 lit. c VO 330/2010 –, dass generell der

integrierte Direktverkauf in den Markt und damit **in die Berechnung der Marktvolumina und Marktanteile einzubeziehen** ist. Wenn auf einem Markt die Lieferanten zu 50% über Händler, im Übrigen aber direkt an Endabnehmer verkaufen, ist zwar für die sachliche Marktabgrenzung die Sichtweise des Händlers maßgeblich; für die Berechnung der Marktvolumina und der Marktanteile kommt es aber auf den jeweiligen Gesamtvertrieb an. Wird auf einem so definierten Produkt- oder Sortimentsmarkt üblicherweise vom Lieferanten direkt an Endabnehmer vertrieben, und gibt es nur einen Lieferanten, der über Händler vertreibt, so hat dieser Lieferant im Vertrieb über Händler nicht etwa einen Marktanteil von 100%, sondern nur den Marktanteil, der sich aus der Relation der von ihm über den Handel vertriebenen Produkte zu der Gesamtmenge der Produkte ergibt, die insgesamt von ihm über Händler und von den anderen Lieferanten direkt vertrieben werden. Nur bei einer solchen Auslegung ergeben sich widerspruchsfreie Ergebnisse. Käme es nur für die Berechnung des Marktanteils des betroffenen Lieferanten auch auf seinen Direktvertrieb an, wären diejenigen Lieferanten durch die Marktanteilsregelungen unangemessen benachteiligt, die entgegen der sonstigen Branchengewohnheiten den Vertrieb über Händler organisierten.

4. Marktanteilsschwellen

30 **a) Quantitative selektive Vertriebssysteme für neue Kraftfahrzeuge: 40% (Art. 3 Abs. 1 Unterabs. 2).** Die Marktanteilsschwelle von 40% war relevant für quantitative selektive Vertriebssysteme (dazu die Definition in Art. 1 Abs. 1 lit. g, →VO 461/2010 Art. 1 Rn. 3) für neue Kraftfahrzeuge (zur rechtspolitischen Ambivalenz dieser 40%-Schwelle vgl. „Evaluierungsbericht“ 2008 – →VO 461/2010 Einf. Rn. 11 – unter III B, S. 5f.). Kraftfahrzeughersteller waren also nach der klaren Regelung in Art. 3 Abs. 1 berechtigt, für den Kfz-Vertrieb quantitative selektive Vertriebssysteme einzurichten, wenn sie die Marktanteilsschwelle von 40% (nach Art. 8 Abs. 1 berechnet, mit den Toleranzgrenzen des Abs. 2) nicht überschreiten. Der Gesetzgeber ging davon aus, dass die 40%-Grenze so hoch bemessen ist, dass **alle in Europa tätigen Kfz-Hersteller** für ihren Kfz-Vertrieb davon Gebrauch machen können (so ausdrücklich Erläuterungen zum Entwurf, ABl. 2002, C 67/13, Tz. 36; in der Praxis traf das nicht überall zu, sodass Volkswagen in Tschechien und der Slowakei für den Kfz-Vertrieb keine quantitative Selektion vornahm). Das hängt freilich von der Abgrenzung des sachlich relevanten Marktes ab; würde man ebenso wie teilweise in der Fusionskontrolle engstmögliche Märkte aus der Sicht des Endverbrauchers abgrenzen, kommt durchaus bei einigen Herstellern für einzelne dieser sachlich relevanten Märkte in einzelnen Mitgliedsstaaten eine Überschreitung der 40%-Grenze in Betracht. Soweit die **Vertragswaren verschiedenen Märkten zuzurechnen** sind und die Schwelle von 40% teils über-, teils unterschritten wird, galt die Freistellung der VO 1400/2002 nur für die Vertragswaren, für die die Marktanteilsschwelle von 40% nicht überschritten wird. Da im Allgemeinen eine vertriebliche Trennung zwischen den verschiedenen Produkten nicht möglich ist, könnte der Lieferant die Gruppenfreistellung dann insgesamt nicht in Anspruch nehmen. Es war (und ist in der heutigen Rechtslage) aber möglich, dass für den Bereich, der über der Schwelle von 40% liegt, die **Voraussetzungen des Art. 101 Abs. 3 AEUV unmittelbar eingreifen,** so dass das System, wenn auch die anderen Voraussetzungen der VO 1400/2002 erfüllt, doch insgesamt freigestellt sein kann.

31 **b) Qualitative selektive Vertriebssysteme: Keine Marktanteilsschwelle (Art. 3 Abs. 1 Unterabs. 3).** Für qualitative selektive Vertriebssysteme (dazu die Definition in Art. 1 Abs. 1 lit. h, →VO 461/2010 Art. 1 Rn. 5ff.) war nach Unterabs. 3 keine Marktanteilsschwelle vorgesehen. Die Unabhängigkeit von einer Marktanteilsschwelle ergibt sich schon daraus, dass die rein qualitative Selektion mit den sich aus

ihr ergebenden notwendigen Wettbewerbsbeschränkungen **nicht gegen Art. 101 Abs. 1 AEUV verstößt.** Ein qualitatives selektives Vertriebssystem, das sich aus der Natur des Produktes rechtfertigt – das ist grundsätzlich bei Kraftfahrzeugen und deren Instandsetzung und Wartung der Fall –, verstößt nicht gegen Art. 101 Abs. 1 AEUV, wenn es außer der Verpflichtung des Lieferanten, nur die Qualitätsstandards erfüllende Vertriebspartner in das System aufzunehmen, andere aber nicht, und der Verpflichtung des Vertriebspartners, Querlieferungen nur innerhalb des Systems, nicht an außenstehende Dritte vorzunehmen, keine anderen Beschränkungen enthält. In diesem Falle ist eine Freistellung nach Art. 101 Abs. 3 AEUV nicht erforderlich (vgl. auch *Roniger/Hemetsberger* Art. 1 Rn. 45). Sie wird aber erforderlich, wenn weitere Wettbewerbsbeschränkungen hinzukommen, die sich nicht allein aus dem qualitativen selektiven Vertriebssystem rechtfertigen, aber durch die VO 1400/2002 gedeckt waren, zB Verwendungsbeschränkungen nach Art. 4 Abs. 1 lit. b iv. Das macht deutlich, dass bei qualitativen selektiven Vertriebssystemen nicht von vornherein der Rahmen der VO 1400/2002 zu beachten ist, sondern dass durchaus die Möglichkeit besteht, dass derartige Vertriebssysteme rechtlich überhaupt nicht mit Wettbewerbsbeschränkungen verbunden sind.

Der Verordnungsgeber ging offensichtlich davon aus, dass die qualitative Selektion 32 das **typische Vertriebsprinzip für die Wartungs- und Instandsetzungsdienstleistungen** ist, also für die Vertragsbeziehungen zu den Werkstätten (vgl. Erläuterungen zum Entwurf, ABl. 2002 C 67/13, Tz. 41). Für sie sind im Allgemeinen die Marktanteilsschwellen von 30 oder 40% überschritten, so dass insbesondere auch nicht ein quantitatives selektives Vertriebssystem in Betracht kommt. Typischerweise werden daher die Kfz-Hersteller ihr Werkstattsystem so aufbauen, dass alle geeigneten Werkstätten zugelassen werden. Für den Vertrieb neuer Kraftfahrzeuge ist ein rein qualitatives selektives Vertriebssystem ungeeignet, weil es keine Begrenzung der Zahl der Händler zulässt. Jedenfalls in den gegenwärtigen Vertriebsstrukturen wären damit eine ausreichende Auslastung der Händler und eine gezielte Absatzplanung kaum möglich.

IV. Kündigung und Laufzeit der Händler- und Werkstattverträge (Art. 3 Abs. 4 und 5)

1. Allgemeines

Art. 3 Abs. 4 machte die Freistellung davon abhängig, dass der **Vertrag ausdrücklich regelt,** dass der Lieferant nur schriftlich und mit einer ausführlichen Begründung kündigen kann. Damit ging die VO 1400/2002 deutlich über die VO 1475/95 hinaus, weil diese in Art. 5 Abs. 2 Nr. 2 nur Regelungen über die Kündigungsfristen enthielt (entsprechend Abs. 5, nicht aber über die Kündigungsform und deren Begründung). Diese Vorschrift des Art. 3 Abs. 4 kann auch heute noch für die Auslegung von Kündigungsklauseln in (Alt-)Verträgen von Bedeutung sein, die noch zur Zeit der Geltung der VO 1400/2002 abgeschlossen wurden und noch fortgelten. 33

Die Regelung des Art. 3 Abs. 4 gilt sowohl für die **ordentliche** als auch die **außerordentliche** Kündigung. Die Zulässigkeit der ordentlichen Kündigung wird durch Abs. 4 nicht in Frage gestellt (vgl. zur außerordentlichen Kündigung *Nolte* WRP 2005, 1124ff., 1126; *Becker* in MünchKomm GVO 1400/2002 Art. 3 Rn. 19; *Veelken* in IM 4. Aufl. 2007 Kfz-VO Rn. 73); Abs. 4 verlangt nur, dass der Vertrag Regelungen für die Form und die Begründungsnotwendigkeit enthält. Das wirtschaftliche Übergewicht des Lieferanten in den Vertragsbeziehungen mit Händlern und Werkstätten wird nicht dadurch ausgeglichen, dass auch der Händler die Möglichkeit der Kündigung hat; im Allgemeinen belastet diese Kündigung den Lieferanten nicht in der gleichen Weise wie im umgekehrten Fall. Abs. 4 liegt die Vorstellung zu 34

Grunde, dass die Verkopplung von vertragsrechtlich nicht begründeten Forderungen mit der Kündigungsandrohung verhindert werden kann, wenn die Kündigung auf das entsprechende Verhalten des Händlers nicht gestützt werden kann (vgl. 9. Erwägungsgrund VO 1400/2002). Dieser Sinn und Zweck des Abs. 4 wäre aber nur dann schlüssig verwirklicht, wenn nach ihm nicht nur die Nennung der Kündigungsgründe erforderlich wäre, sondern zugleich materiell die Kündigungsmöglichkeiten eingeschränkt wären. Das würde aber kollidieren mit der sich aus allgemeinem Zivilrecht ergebenden **Zulässigkeit einer ordentlichen, nicht weiter zu begründenden Kündigung.** Wenn der Lieferant den Vertrag des Händlers zB wegen Nichteinhaltung einer (verbotenen) Preisbindung kündigt, muss er aufgrund der dem Abs. 4 entsprechenden vertraglichen Regelung diesen **Kündigungsgrund in die schriftliche Kündigung aufnehmen.** Tut er das nicht, ist die Kündigung – unabhängig von ihrer materiellen Beurteilung – formal schon deswegen vertragswidrig, weil sie den wahren Kündigungsgrund nicht aufführt. Dennoch darf der Lieferant völlig unabhängig von dem Verstoß gegen die Preisbindung eine ordentliche Kündigung aussprechen, in der der Preisbindungsverstoß zwar erwähnt ist, die darüber hinaus aber mit Gründen versehen ist, die die Kündigung auch unabhängig von dem Preisbindungsverstoß plausibilisieren (für ein Begründungserfordernis auch bei der ordentlichen Kündigung *Schütz* in Gemeinschaftskommentar, Art. 3 Rn. 30; *Creutzig* BB 2002, 2133, 2147. Vgl. auch Erläuterungen zum Entwurf, ABl. 2002 C 67/13, Tz. 47). In jedem Falle gibt Abs. 4 dem Händler die Möglichkeit, gegen eine Kündigung ohne Angabe des aus seiner Sicht „wahren" Kündigungsgrundes geltend zu machen, dass sie der vertraglichen Kündigungsregelung, die dem Abs. 4 entspricht, nicht genüge.

35 Abs. 4 sah **nur die Verpflichtung vor, den Vertrag inhaltlich nach seinen Vorgaben auszugestalten.** Wenn eine entsprechende vertragliche Regelung im Vertrag nicht enthalten war, galt die Freistellung nicht, und zwar auch dann, wenn der Lieferant nicht kündigt oder bei einer Kündigung die materiellen Vorgaben des Abs. 4 beachtet. Die vertragliche Regelung musste ausdrücklich vorsehen, dass Kündigungen des Lieferanten schriftlich zu erfolgen haben, und dass die Kündigung ausführlich objektiv und transparent zu begründen ist. Hielt sich der Lieferant dann im Einzelfall nicht an die vertragliche Regelung, beseitigte das auch nach altem Recht nicht die Freistellung insgesamt oder in Bezug auf den einzelnen Vertrag, sondern allenfalls die Wirksamkeit der Kündigung.

2. Schriftform

36 Art. 3 Abs. 4 sah die Schriftform **nur für die Kündigung durch den Lieferanten** vor (so auch *Creutzig* Rn. 920; *Veelken* in IM Kfz-VO Rn. 71). Wenn für die Kündigungserklärung durch den Händler oder die Werkstatt im Vertrag nichts geregelt ist und deswegen auch mündliche Kündigungen möglich sind, ist das unschädlich; das Gleiche gilt aber auch, wenn die Schriftform auch für Kündigungserklärungen des Händlers oder der Werkstatt vorgesehen sind. Die VO 1400/2002 und das sonstige EG-Recht enthalten keine eigenständigen Definitionen der Schriftform. Insoweit kann auch auf das nationale Recht zurückgegriffen werden. Kündigungen sind wesensgemäß einseitige Erklärungen. Die Schriftform bedeutet, dass die Kündigungserklärung schriftlich abgefasst und in der **nach nationalem Zivilrecht erforderlichen Form** wirksam vom Kündigenden oder für den Kündigenden unterschrieben ist. Abs. 4 verlangt darüber hinaus, dass auch die Kündigungsgründe schriftlich angegeben werden müssen. Die Vertikalvereinbarung muss also für die Kündigung durch den Lieferanten so ausgestaltet sein, dass alle Gründe, die den Lieferanten tatsächlich veranlasst haben zu kündigen, in der schriftlichen Erklärung aufgeführt werden müssen, und zwar immerhin so ausführlich, dass dem Gebot der Objektivität und der Transparenz genügt wird.

3. Begründungserfordernis

Die vertragliche Regelung musste nach Art. 3 Abs. 4 vorsehen, dass die Kündigung des Lieferanten eine ausführliche Begründung enthalten muss. **Genügte der Vertrag diesem Erfordernis,** war die durch Abs. 4 definierte **Freistellungsvoraussetzung gegeben.** Die folgenden Ausführungen betreffen nicht die Freistellung des Vertrages, sondern die Frage, ob und wann die **Kündigung,** die im Rahmen einer dem Abs. 4 entsprechenden vertraglichen Regelung ausgesprochen wird, **wirksam** ist. Das ist eindeutig der Fall, wenn alle tatsächlich vorhandenen Kündigungsgründe schriftlich aufgeführt sind; dann sind sie sowohl objektiv als auch transparent. Dieses Erfordernis hat nichts damit zu tun, ob die Kündigung materiell wirksam ist, oder ob der Wirksamkeit nicht Gründe des Kartellrechts (etwa wenn im Rahmen der qualitativen Selektion die Wiederaufnahme durchgesetzt werden könnte) oder des allgemeinen Zivilrechts entgegenstehen. Es geht nur um die Frage, ob die tatsächlich aufgeführten Gründe dem Erfordernis der ausführlichen Begründung genügen. Das ist nur der Fall, wenn sie die Motive des Kündigenden richtig und vollständig wiedergeben. Ist das der Fall, ist die **Kündigung formal vertragsgemäß, unabhängig von ihrer materiellen Beurteilung.** Ist das nicht der Fall, etwa weil tatsächlich vorhandene Kündigungsgründe nicht aufgeführt werden, ist die Kündigung unter diesem formalen Aspekt nicht vertragsgemäß und deswegen – unabhängig von ihrer materiellen Beurteilung – nicht wirksam (teilweise aA *Veelken* in IM Kfz-VO Rn. 74). 37

4. Laufzeit und Kündigungsfristen

a) Allgemeines. Art. 3 Abs. 5 führte ähnliche Regelungen in Art. 5 Abs. 2 Nr. 2 und 3 VO 1475/95 fort. Er enthielt keine materielle Regelung von Kündigungsgründen, sondern nur Regelungen über die **Laufzeiten und Kündigungsfristen,** die in den Händler- oder Werkstattvertrag aufgenommen werden mussten. Enthielt der Vertrag keine dem Art. 3 Abs. 5 entsprechenden Laufzeit- und Kündigungsregelungen, war die Freistellungsvoraussetzung des Abs. 5 nicht erfüllt. Die vertragliche Regelung musste sich **einer der beiden Alternativen des Abs. 5** anschließen, also entweder im Sinne von lit. a eine feste Laufzeit von mindestens fünf Jahren haben oder im Sinne von lit. b unbefristet sein und dann entsprechende Kündigungsfristen vorsehen. Erfüllte der Vertrag zwischen dem Lieferanten und dem Händler bzw. der Werkstatt nicht die Voraussetzungen des Abs. 5, konnte die Freistellung des Vertrages auch nicht dadurch gerettet werden, dass im Einzelfall die Kündigung tatsächlich den Anforderungen des Abs. 5 genügt. Entspricht der Vertrag den Voraussetzungen des Abs. 5, hält sich aber die Kündigung im Einzelfall nicht an die entsprechende Regelung, ist sie aus vertraglichen Gründen, nicht etwa – in der früheren Rechtslage – unmittelbar wegen Verstoßes gegen die VO 1400/2002 unwirksam. Die Laufzeit- und Kündigungsregelungen des Abs. 5 betreffen **Lieferant und Händler bzw. Werkstatt gleichermaßen.** Lediglich bei Verträgen mit unbestimmter Laufzeit ist die Verkürzung der Kündigungsfrist auf ein Jahr nur für Kündigungen des Lieferanten vorgesehen, nicht auch für Kündigungen des Händlers bzw. der Werkstatt. Abs. 5 galt nur für Händler- und Werkstattverträge, in der Vertriebsorganisation eines Herstellers neuer Kraftfahrzeuge, nicht auch in Vertriebssystemen mit unabhängigen Werkstätten. 38

b) Feste Laufzeit (Art. 3 Abs. 5 lit. a). Nach Abs. 5 lit. a war unter dem Gesichtspunkt der Laufzeit und der Kündigungsfrist die Freistellung eines Kfz-Händler- oder Werkstattvertrages gewährleistet, wenn der Vertrag eine **feste Laufzeit von mindestens fünf Jahren** hat. Die dadurch bewirkte Tendenz, Händler- und Werkstattverträge trotz der darin enthaltenen oder bewirkten (freigestellten) Wettbewerbsbeschränkungen möglichst langfristig zu vereinbaren, ist gerade unter kartellrechtlichen Gesichtspunkten problematisch (das erkennt die Kommission im 39

„Evaluierungsbericht" 2008 – → VO 461/2010 Einf. Rn. 11 – unter III G, S. 11 an). Verträge mit festen Laufzeiten sind nur solche **ohne automatische Verlängerungsklausel.** Ist in einem Vertrag vorgesehen, dass er sich automatisch verlängert, wenn keine der Parteien zu einem bestimmten Datum kündigt, so handelt es sich um einen unbefristeten Vertrag. In diesem Sinne ist schon früher Art. 3 lit. d VO 1984/83 verstanden worden, der von der Freistellung Vereinbarungen „für einen unbestimmten Zeitraum" ebenso wie Vereinbarungen „für einen Zeitraum von mehr als fünf Jahren" ausnahm (vgl. dazu *Wiedemann,* EWG-Gruppenfreistellungs-Verordnungen, Bd. II 1990, VO 1984/83, Art. 3, Rn. 14). Die Kommission hat dementsprechend Verträge mit einer festen Laufzeit, die sich aber automatisch verlängerten, falls keine Kündigungen ausgesprochen werden, als solche auf unbestimmte Zeit angesehen (Bekanntmachung zu den VO 1983/83 und 1984/83 (ABl. 1984 C 101/2, Ziff. 39; ebenso Entscheidung ABl. 1993 L 183/1, 12, Nr. 112ff., insoweit bestätigt durch EuG Slg 1995 II-1611 ff., 1658, Nr. 124, Schöller/Kommission). Das ist früher in Art. 5 lit. a VO 2790/1999 und jetzt in Art. 5 Abs. 1 VO 330/2010 für den Fall von Wettbewerbsverboten klargestellt. Wenn sich ihre Dauer über den Zeitraum von fünf Jahren stillschweigend verlängert, gelten sie als für eine unbestimmte Dauer vereinbart. Dem lit. a ist also nur genügt, wenn der Vertrag eine feste Laufzeit vorsieht, die mindestens fünf Jahre (im Anwendungsbereich der VO 330/2010: mehr als fünf Jahre, vgl. Art. 5 Abs. 1 lit. a VO 330/2010) beträgt. Ist die feste Laufzeit kürzer als fünf Jahre (bzw. nicht länger als fünf Jahre), genügt sie dieser Anforderung nicht. Außerdem muss die Verpflichtung ausdrücklich vorgesehen sein, eine **Nichtverlängerung mindestens sechs Monate im Voraus anzukündigen.** Dieses Erfordernis betrifft nur die vertragliche Regelung. Es muss also ausdrücklich vereinbart sein, dass der Vertrag eine Laufzeit von mindestens fünf Jahren beträgt, und dass sich beide Parteien verpflichten, eine Nichtverlängerung mindestens sechs Monate im Voraus anzukündigen.

40 Von diesem Regelungsinhalt unabhängig ist die Frage, was geschieht, wenn eine Partei oder beide Parteien **im Einzelfall** bei einer dem lit. a entsprechenden vertraglichen Regelung nicht bereit sind, den Vertrag zu verlängern, die Nichtverlängerung aber nicht rechtzeitig angekündigt haben. Diese Frage wird durch die VO 1400/2002 nicht beantwortet. Sie richtet sich nach allgemeinem Vertragsrecht (so ausdrücklich auch Leitfaden zur VO 1400/2002, S. 65, Fn. 140). Wenn die Regelung im Händler- bzw. Werkstattvertrag genau den Vorgaben der lit. a entspricht, ist eine Kündigung ohne rechtzeitige Ankündigung nicht vertragsgemäß und damit unwirksam.

41 **c) Kündigungsfrist für unbestimmte Laufzeit (Abs. 5 lit. b Hs. 1).** Der in Art. 3 Abs. 5 lit. b Hs. 1 geregelte Fall ist auch heute noch der **Normalfall** der Kündigungsfrist-Vereinbarung in Händler- und Werkstattverträgen. Die Verträge werden üblicherweise mit einer unbestimmten Laufzeit vereinbart; die **Kündigungsfrist** beträgt **zwei Jahre.** Dieser Bestimmung war auch genügt, wenn einfach geregelt wurde, dass der Vertrag mit einer Kündigungsfrist von (mindestens) zwei Jahren gekündigt werden kann. Die VO 1400/2002 enthält keine Vorgaben über weitere Details der Kündigungsfristen. Sie kann jederzeit möglich sein, wenn sie nur erst zwei Jahre nach dem Kündigungstag wirksam wird; es ist aber ebenso möglich, die Kündigung nur auf Monats-, Quartals- oder Kalenderjahresende vorzusehen. In jedem Falle durfte die Fixierung der Kündigungsmöglichkeit und des Wirksamwerdens der Kündigung nicht zu einer Verkürzung der (mindestens) zweijährigen Kündigungsfrist führen. Die Kündigungsfrist musste **für beide Seiten gleich** sein (ebenso *Creutzig* Rn. 943); die Vereinbarung einer Kündigungsfrist von zwei Jahren nur für den Hersteller, bei kürzerfristiger Kündigungsmöglichkeit für den Händler oder die Werkstatt reichte nach der VO 1400/2002 nicht aus.

42 **d) Einjährige Kündigungsfrist in Sonderfällen (Abs. 5 lit. b Hs. 2).** Die Verkürzung der Kündigungsfrist auf ein Jahr in Halbs. 2 geht zurück auf die entspre-

chende Regelung in Art. 5 Abs. 2 Nr. 2 1. Spiegelstrich und Abs. 3 Spiegelstrich 1 VO 1475/95. Diese Bestimmungen gaben schon während der Geltungsdauer der VO 1475/95 Anlass zu **Auslegungsschwierigkeiten** (vgl. zB *Niebling,* Vertragshändlerrecht, Rn. 105ff.; *Creutzig* EuZW 1995, 723, 727); diese bestehen in der neuen VO fort. Die Fristverkürzung auf ein Jahr gilt nur, wenn **der Vertrag eine entsprechende Regelung enthält.** Die VO 1400/2002 enthielt – wie auch sonst – keine außerhalb des Vertrages unmittelbar geltenden Vorschriften, sondern befasste sich nur mit der Frage, welchen Inhalt Verträge haben müssen, um von der Freistellung erfasst zu werden. Die Parteien sind also **frei,** bei unbefristeter Laufzeit des Vertrages in allen Fällen eine Kündigungsfrist von mindestens zwei Jahren zu vereinbaren, und **auf die Ausnahmemöglichkeit nach Hs. 2 zu verzichten.** Haben sie keine dem Halbs. 2 entsprechende Vereinbarung vorgesehen, gilt also auch in den Fällen der Nummern (i) und (ii) die zweijährige Kündigungsfrist (in diesem Sinne für die VO 1475/95 *Creutzig* EuZW 1995, 723, 728).

Der **in (i) geregelte Fall** ist in seiner Reichweite unklar. Die entweder aufgrund 43
Gesetzes oder besonderer Absprache zu zahlende **„angemessene Entschädigung"** bedarf der Konkretisierung insbesondere dahin, für was die dem Händler zu zahlende Entschädigung zu leisten ist. Entschädigung setzt einen **„Schaden"** voraus. Theoretisch könnte der Schaden so definiert werden, dass er in dem dauerhaften Wegfall des Händlervertrages besteht, so dass die Entschädigung in der Zahlung des dauerhaft entgehenden Gewinnes besteht. Ein solches Auslegungsergebnis wäre aber nicht sachgerecht, weil es wirtschaftlich den Hersteller zwingen würde, auf die Kündigung zu verzichten. Sachgerecht ist vielmehr nur die Begrenzung des Schadens auf den Zeitraum, der dem Händler durch die von mindestens zwei Jahre auf mindestens ein Jahr verkürzte Kündigungsfrist entsteht. Die Entschädigung umfasst also den Schaden, die der Vertragspartner durch die um ein Jahr verkürzte Laufzeit erleidet (vgl. *Veelken* in IM Kfz-VO Rn. 84; *Schütz* in Gemeinschaftskommentar, Art. 3 Rn. 31; *Roniger/Hemetsberger* Art. 3 Rn. 26). Für die Definition des Schadens im Übrigen kann auf allgemeine zivilrechtliche Grundsätze zurückgegriffen werden (vgl. *Creutzig* NJW 2002, 3430, 3434; *Creutzig* Rn. 953). Ist der Händlerbetrieb in der Zeit vor der Kündigung mit Verlusten geführt worden und muss davon ausgegangen werden, dass dies auch in dem Differenzjahr der Fall gewesen wäre, kann die Entschädigung auch leer laufen. Schäden, die auch bei Kündigung mit voller zweijähriger Kündigungsfrist entstanden wären und aufgrund der verkürzten Kündigungsfrist früher entstehen, werden von dem Begriff der Entschädigung nicht erfasst. Die Entschädigung muss allerdings **nicht unbedingt den vollen Schaden,** den der Händler durch die vorzeitige Beendigung erlangt, ausgleichen; sie muss **„angemessen"** sein. Deswegen ist möglich, dass auch niedrigere Entschädigungen aufgrund besonderer Umstände angemessen sind. Auf der anderen Seite ist eine Entschädigung, die den vollen, durch die vorzeitige Vertragsbeendigung entstehenden Schaden ausgleicht, immer „angemessen".

Die Entschädigung muss in der **ersten Alternative** von (i) zu zahlen sein **„auf** 44
Grund gesetzlicher Bestimmungen". In Betracht kommt dafür nur eine Bestimmung nationalen Rechts. Sie muss eine Entschädigung des Händlers gerade für den vorzeitigen Kündigungsnachteil vorsehen. Unter diesem Gesichtspunkt erscheint zweifelhaft, ob der nach deutschem Recht nach **§ 89b HGB** in direkter Anwendung gegenüber Handelsvertretern und in analoger Anwendung gegenüber Händlern zu leistende Ausgleich die von lit. (i) angesprochene Entschädigung darstellt (dafür *Schütz* in Gemeinschaftskommentar, Art. 3 Rn. 31; *Jaletzke* in *Stumpf/Jaletzke/Schultze* Rn. 638; dagegen *Veelken* in IM 4. Aufl. 2007 Kfz-VO Rn. 84; *Niebling* Vertragshändlerrecht, Rn. 107; *Niebling* WRP 2005, 717; *Creutzig,* Rn. 945; *Reckmann* WuW 2003, 752, 755). Der Ausgleichsanspruch des deutschen Rechtes ist allerdings keine Entschädigung für eine vorzeitige Kündigung, sondern die erst nach Vertragsende fällig werdende Gegenleistung für die durch die Provisionen noch nicht voll ab-

gegoltene Leistung des Handelsvertreters (oder Händlers), nämlich für den Kundenstamm, den der Handelsvertreter (Händler) geschaffen und den der Unternehmer nunmehr allein nutzen kann (vgl. dazu *Baumbach/Hopt,* HGB, 35. Aufl. 2012, § 89b Rn. 2; vgl. auch *Reckmann* WuW 2003, 752, 755).

45 In der **zweiten Alternative** setzt (i) eine **„besondere Absprache"** voraus. Der Begriff der Absprache (im Englischen: special agreement, im Französischen: convention particulière) ist im deutschen und französischen Text nicht derselbe, der für die „Vertikalvereinbarung" verwendet wird, wohl aber im englischen. In jedem Falle fordert er, dass eine **Einigung zwischen Lieferant und Händler bzw. Werkstatt** stattgefunden hat. Sie kann entweder im Händler- oder Werkstättenvertrag selbst enthalten sein, oder gesondert, gleichzeitig oder nachträglich, jedenfalls im Zeitpunkt der Kündigung vorliegend, getroffen worden sein. Nach ihr muss der Lieferant sich verpflichten, dem Händler bzw. der Werkstatt eine Entschädigung mindestens in Höhe des Schadens zu zahlen, die ihm bzw. ihr durch die um ein Jahr frühere Beendigung des Vertrages entsteht.

46 Nach **Unterabs. (ii)** ist die Verkürzung der Mindest-Kündigungsfrist von zwei auf ein Jahr auch möglich im Falle der **„Umstrukturierung" des Vertriebsnetzes.** Auch insoweit gilt, dass Abs. 5 nur die Möglichkeit eröffnet, eine entsprechende Regelung in den Vertrag aufzunehmen. Ist sie nicht aufgenommen, gilt im Einzelfall die Kündigung nicht etwa von Gesetzes wegen; vielmehr gilt dann die im Vertrag vorgesehene Regel-Kündigungsfrist von mindestens zwei Jahren (vgl. *Creutzig* EuZW 1995, 723, 728). Unter „Umstrukturierung" ist jede Maßnahme des auf der oberen Ebene der Vertikalvereinbarungen stehenden Unternehmens zu verstehen, die die Ausgestaltung der Vertriebsnetze betrifft und voraussetzt, dass Verträge nicht nur im Einzelfall, sondern in größerer Anzahl gekündigt werden. Eine Umstrukturierung nur im Hinblick auf einen Vertragspartner ist hiernach allenfalls in Extremfällen denkbar. Erforderlich ist, dass **strukturelle Veränderungen des Vertriebssystems** vorgenommen werden, zB die Umstellung eines quantitativ selektiven Vertriebssystems in ein Alleinvertriebssystem, der Übergang von einem Händler-System in ein Handelsvertreter-System oder eine volle Umstellung in einen Eigenvertrieb. Schwierigkeiten bereitet das Merkmal der **„Notwendigkeit".** Es soll offenbar nicht ausreichen, dass der Lieferant eine Umstellung seines Vertriebssystems für sinnvoll erachtet; vielmehr muss es einen äußeren Druck auf ihn geben, das Vertriebssystem umzustrukturieren (vgl. auch Leitfaden zur VO 1400/2002, Frage 68, S. 65). Er kann sich aus rechtlichen Gründen ergeben, wie insbesondere dem **Wegfall oder der wesentlichen Änderung der Gruppenfreistellung** als Grundlage des Vertriebsnetzes. Unter der alten Rechtslage war daher uE die Kündigung der noch durch die VO 1475/95 freigestellten Verträge zum Ablauf der einjährigen Übergangsfrist des Art. 10 VO 1400/2002 ein typischer Fall der Umstrukturierungs-Klausel (so u. a. OLG München NJW 2004, 2530, 2531 = BB 2004, 798, 799; *Wendel* WRP 2002, 1395, 1401; *Pfeffer* NJW 2002, 2910, 2913; einschränkend *Becker* in MünchKommEuWettbR GVO 1400/2002 Art. 3 Rn. 20; *Veelken* in IM Kfz-VO Rn. 85). Der **EuGH** ist demgegenüber der Auffassung, dass das **Inkrafttreten der VO 1400/2002 als solches eine Umstrukturierung des Vertriebsnetzes nicht notwendig** gemacht hat. Es sei aber möglich, dass dieses Inkrafttreten nach Maßgabe des spezifischen Aufbaus des Vertriebsnetzes Änderungen von solcher Bedeutung notwendig machen konnte, dass sie eine „echte" Umstrukturierung darstellen konnten (EuGH 7.9.2006 C-125/05 Vulcan Silkeborg Rn. 29ff., 59ff.; 30.11.2006 C-376/05 und 377/05 Rn. 30ff. Brünsteiner/BMW; dazu auch BGH BB 2007, 1583ff.). Die Notwendigkeit zur Umstrukturierung kann sich auch ergeben, wenn die Kommission oder die nationale Kartellbehörde nach Art. 6 die Freistellung entzieht.

5. Anrufung eines Sachverständigen oder Schiedsrichters (Art. 3 Abs. 6)

Art. 3 Abs. 6 erweiterte im Vergleich zur VO 1475/95 die Notwendigkeit, für Meinungsverschiedenheiten die **Möglichkeit eines Entscheidungsverfahrens** durch einen unabhängigen Sachverständigen oder einen Schiedsrichter vorzusehen. Nach Art. 5 Abs. 3 VO 1475/95 musste im Hinblick auf die Umstrukturierungs-Kündigung mit einjähriger Kündigungsfrist und die außerordentlichen Kündigung ein Streitbeilegungsverfahren durch einen sachverständigen Dritten oder einen Schiedsrichter vorgesehen werden (vgl. dazu *Ebenroth/Lange/Mersch* EWS 1995, 173). Demgegenüber bezieht sich Art. 3 Abs. 6 auf **alle „Meinungsverschiedenheiten** (der Vertragsparteien) über die Erfüllung ihrer vertraglichen Verpflichtung", also nicht nur auf Meinungsverschiedenheiten aus Anlass der Vertragsbeendigung. Bezogen auf die **Kündigung** zeigt lit. g, dass der Begriff der „Meinungsverschiedenheiten über die Erfüllung der vertraglichen Verpflichtung" erweiternd auch auf Meinungsverschiedenheiten über die Berechtigung der Kündigung auszudehnen ist (vgl. auch Leitfaden zur VO 1400/2002, Frage 70, S. 66). Das hat Bedeutung insbesondere für den Fall der ordentlichen Kündigung, der nicht den Vorwurf voraussetzt, dass eine Vertragspartei ihre vertragliche Verpflichtung nicht erfüllt habe, so dass sich die Auseinandersetzung allein darauf bezöge. **47**

Der Katalog der Meinungsverschiedenheiten in S. 2 ist, wie sich aus dem „u. a." ergibt, **nicht abschließend.** Dennoch ist der Katalog für die Auslegung der VO 1400/2002 aufschlussreich. Er bestätigt insbesondere, dass nicht nur **Lieferverpflichtungen des Lieferanten,** sondern auch die Festsetzung oder das Erreichen von **Absatzzielen** des Händlers (dazu BGH WuW/E DE-R 1335ff., 1341 Citroën; nach der VO 1475/95 Art. 4 Abs. 1 Nr. 3 nur als Bemühensverpflichtung zulässig, dazu BGH WuW/E DE-R 1449ff., 1452 Bezugsbindung) sowie **Bevorratungspflichten** des Händlers Gegenstand der vertraglichen Vereinbarung sein können, freilich mit dem Vorbehalt, dass für Meinungsverschiedenheiten darüber das in Abs. 6 geregelte Sachverständigen- oder Schiedsrichterverfahren möglich sein muss. Dasselbe gilt auch für die Verpflichtung für Vorführfahrzeuge (lit. d). Die Verpflichtung, eine bestimmte Mindestanzahl von Vorführwagen zu unterhalten und/oder einen bestimmten Wechselintervall einzuhalten, war nach Auffassung des BGH (WuW/E DE-R 1335ff., 1342f. Citroën) nicht durch die VO 1400/2002 freigestellt. Nach lit. e erkennt die VO 1400/2002 an, dass auch die „Voraussetzungen" für den in jedem Falle zuzulassenden Mehrmarkenvertrieb streitig sein können. Lit. f ist nur verständlich im Hinblick auf die Regelungen in Art. 4 Abs. 1 lit. d, wonach in selektiven Vertriebssystemen grundsätzlich das Verbot möglich ist, Geschäfte von **nicht zugelassenen Standorten** aus zu betreiben. **48**

V. Kernbeschränkungen (Art. 4)

Art. 4 VO 1/2002 enthielt in Abs. 1 lit. a–e **„schwarze Klauseln",** die denjenigen in Art. 4 Abs. 1 lit. a–e VO 330/2010 entsprachen. Die schwarzen Klauseln in Abs. 1 lit. i, j und l gelten als schwarze Klauseln in Art. 5 VO 451/2010 fort. Nicht mehr gelten die im Folgenden behandelten Beschränkungen hinsichtlich des Vertriebs ausländischer Modelle (Art. 4 Abs. 1 lit. f), der Trennung von Verkauf und Kundendienst (Art. 4 Abs. 1 lit. g und h) sowie in der Verwendung von Nicht-Original-Ersatzteilen (Art. 4 Abs. 2 lit. k). **49**

1. Beschränkungen für ausländische Modelle (Art. 4 Abs. 1 lit. f)

50 Nach Art. 4 Abs. 1 lit. f durfte der Händler nicht darin beschränkt werden, neue Kraftfahrzeuge zu verkaufen, die einem **Modell seines Verkaufsprogramms entsprechen („Verfügbarkeitsklausel“)**. Damit sollte gewährleistet werden, dass Händler auch in der Lage sind, außer den Kraftfahrzeugmodellen, die für sein jeweiliges Land konzipiert sind, auch die für andere Länder der Gemeinschaft konzipierte Modelle zu verkaufen (vgl. auch 20. Erwägungsgrund; Leitfaden zur VO 1400/2002, S. 44). Das war aus der Sicht des Verordnungsgebers eine der Voraussetzungen dafür, dass auf der Handelsebene zwischenstaatlicher Handel funktioniert. Inzwischen hat die Kommission im „Evaluierungsbericht“ 2008 (→ VO 461/2010 Einf. Rn. 11) zum Ausdruck gebracht, dass die „Verfügbarkeitsklausel“ wohl nicht mehr erforderlich ist, nachdem durch die Richtlinie 2007/46/EG (ABl. 2007 L 263/1) die Pflicht der Hersteller begründet wurde, Übereinstimmungsbescheinigungen (certificates of conformity) zu erstellen, die technische Hindernisse des Parallelhandels überwinden helfen.

51 Wenn und soweit Fahrzeuge den einzelnen Mitgliedsstaaten in unterschiedlichen Ausführungen verkauft werden, macht **zwischenstaatlicher Handel** auf der Endverbraucherebene nur Sinn, wenn der Endverbraucher aus dem Mitgliedsland A im Mitgliedsland B auch die Fahrzeuge beziehen kann, die er (uU zu einem höheren Preis) in seinem Mitgliedsland A beziehen könnte. Das hat besondere Bedeutung für die Unterschiede der **Links- und Rechtslenker** (vgl. auch Erläuterungen zum Entwurf der VO 1400/2002, ABl. 2002, C 67/13, Tz. 29; Leitfaden zur VO 1400/2002, Fragen, 30, 31, S. 47). Der englische Endkunde kann von der Möglichkeit, das von ihm gewünschte und in seinem Heimatland eingesetzte Rechtslenkerfahrzeug überall in der Gemeinschaft zu kaufen, nur Gebrauch machen, wenn die Händler außerhalb seines Heimatlandes auch in der Lage sind, ihm das Rechtslenkerfahrzeug zu liefern. Dementsprechend wird im 20. Erwägungsgrund Sinn und Zweck der schwarzen Klausel der lit. f so umschrieben, dass der Endverbraucher das Recht haben solle, „bei jedem Händler im gemeinsamen Markt, der entsprechende Fahrzeugmodelle verkauft, neue Fahrzeuge mit Spezifizierungen zu erwerben, die mit denen in einem anderen Mitgliedsstaat verkauften Fahrzeugen identisch sind“. Der Anwendungsbereich der lit. f ist nicht begrenzt auf gesetzlich vorgegebene Unterschiede; vielmehr gilt er auch insoweit, als sich die Unterschiede aus differenzierten Verbraucherpräferenzen und darauf beruhenden differenzierten Absatzstrategien der Kfz-Hersteller ergeben. So kommt es vor, dass bestimmte Fahrzeugmodelle in einem Mitgliedsstaat auch mit einer **Motorenausrüstung** angeboten werden (zB Diesel), die in anderen Mitgliedsstaaten nicht nachgefragt werden; Entsprechendes gilt im Bereich der **Innenausstattungen.**

52 Die Formulierung „... die einem Modell seines Vertragsprogramms entsprechen“ war in Art. 1 Abs. 1 lit. r definiert. Ausgangspunkt ist das **Vertragsprogramm des Händlers.** Der Lieferant und der Händler sind frei darin, das Vertragsprogramm festzulegen, also zu bestimmen, welche Fahrzeugmodelle Gegenstand des Händlervertrages sind. Der Lieferant ist nicht verpflichtet, jeweils sein gesamtes Produktionsprogramm dem einzelnen Händler zum Vertrieb zu überlassen (ebenso *Creutzig* Rn. 618; Becker in MünchKommEuWettbR GVO 1400/2002 Art. 4 Rn. 22; *Veelken* in IM 4. Aufl. 2007 Kfz-VO Rn. 144; aA *Ensthaler/Funck/Stopper,* C, Rn. 270. Diese gehen fälschlicherweise davon aus, dass die Händler beim Hersteller jedes Fahrzeug bestellen können, das im Binnenmarkt vom Hersteller vertrieben wird); er darf insoweit durchaus Eingrenzungen vornehmen. Dementsprechend ist es zulässig, wenn ein Hersteller für verschiedene Marken unterschiedliche Händler einsetzt, oder auch innerhalb derselben Marke einzelne Händler nur für das untere oder obere Segment bestellt oder nur für bestimmte Fahrzeugarten (Pkw und leichte Nutzfahrzeuge einerseits und mittlere und schwere Nutzfahrzeuge und Omnibusse anderer-

seits). Lit. f verlangt nicht, dass die Möglichkeit des Händlers, diesem Vertragsprogramm entsprechende neue Kraftfahrzeuge zu verkaufen, ausdrücklich im Vertrag vorgesehen ist. Vielmehr verbietet lit. f nur, **dass der Vertrag Beschränkungen darin vorsieht,** dass der Händler neben den Fahrzeugen seines Vertragsprogramms auch andere, ihnen entsprechende (Länder-)Ausführungen vertreibt. Lit. f verpflichtet auch nicht den Lieferanten, dem Händler unmittelbar die dem Vertragsprogramm entsprechenden anderen Ausführungen zu liefern. Letztlich hat deswegen lit. f seine besondere Bedeutung darin, dass der Händler nicht darin beschränkt werden darf, die anderen Ausführungen der Fahrzeuge seines Vertragsprogramms bei anderen Händlern des Vertriebssystems (quer) zu beziehen.

2. Trennung von Kfz-Handel und Werkstattgeschäft (Art. 4 Abs. 1 lit. g und h)

a) Zweck der Regelung. Art. 4 Abs. 1 lit. g regelte die (Möglichkeit der) Trennung von Kfz-Handel und Werkstattgeschäft. Die Bestimmung galt bis zum 31.5.2013 für den Kfz-Vertrieb fort. Spiegelbildlich zu lit. g sicherte lit. h das Recht der Werkstatt, sich auf das Werkstattgeschäft zu beschränken und keine Verpflichtungen für den Verkauf von Kraftfahrzeugen zu übernehmen. Bis zum Inkrafttreten der VO 1400/2002 entsprach es der allgemeinen Übung, dass Kfz-Händler zugleich auch die Fahrzeuge, die sie verkaufen, instandsetzen und warten. Neben den voll integrierten Handels- und Werkstattbetrieben gab es teilweise auch reine Werkstattbetriebe, die sich – ebenso wie der Kfz-Handel markengebunden – ausschließlich im Reparaturgeschäft betätigten. Häufig waren diese reinen Werkstätten zugleich auch in der Vermittlung von Kraftfahrzeugverkäufen tätig, so dass es eine breite Palette von Betrieben gab, deren Tätigkeit sich zwischen dem Kfz-Verkauf und der Kfz-Reparatur bewegte, mit allen denkbaren Mischformen. Der Kfz-Teilevertrieb war meist nicht gesondert geregelt, sondern Teil des Werkstattgeschäftes. Die Vorgänger-VO 1475/95 ging von einer engeren **Verbindung von Kfz-Vertrieb und Werkstattgeschäft** aus (vgl. 4. Erwägungsgrund zur VO 1475/95). 53

Lit. g und h hoben die früheren Verbindungen auf. Kfz-Händler-Betriebe erfüllen hiernach nicht notwendigerweise auch Funktionen in der Instandsetzung und Wartung von Kraftfahrzeugen. Den Kfz-Händlern sollte es vielmehr **freistehen, einen reinen Handelsbetrieb zu unterhalten,** und nicht zugleich auch Instandsetzungs- und Wartungstätigkeiten durchzuführen. Dem entspricht das in Art. 4 Abs. 1 lit. h geregelte Recht der Werkstätten, sich auf das Werkstattgeschäft zu beschränken, und nicht zugleich auch Vertriebstätigkeiten für neue Kraftfahrzeuge wahrzunehmen. An diesem Grundsatz ließ sich nach der positiv-rechtlichen Regelung in der VO 1400/2002 nicht mehr rütteln. Während sich Art. 4 Abs. 1 lit. g und h ein **Verbot der zwingenden Kopplung von Kfz-Handels- und Werkstatt-Tätigkeit** entnehmen ließ, war das **für den Ersatzteile-Handel nicht der Fall.** Im Allgemeinen macht es wenig Sinn, die Teile-Handelsfunktion mit der des Kfz-Handels zu verbinden, wenn nicht zugleich auch ein Werkstattgeschäft wahrgenommen wird. Sinnvoller ist es allerdings, den Ersatzteilvertrieb mit der des Werkstattgeschäftes zu verbinden. Auf einer solchen Verbindung baute auch Art. 4 Abs. 1 lit. k auf, allerdings nicht nur bezogen auf das Werkstatt- und Handelsgeschäft, sondern auch den Kfz-Handel und den Teilehandel. Dem System dieser Regelungen ließ sich aber kein Grundsatz entnehmen, dass der Kfz-Hersteller verpflichtet sei, den Teilehandel getrennt von dem des Handels neuer Kraftfahrzeuge und dem Werkstattgeschäft zu trennen (→ VO 461/2010 Einf. Rn. 6; so wohl auch *Veelken* in IM Kfz-VO Rn. 151 aE). 54

b) Untervertragliche Weitervergabe. Nach lit. g musste der Händler die Möglichkeit haben, die Instandsetzung- und Wartungsdienstleistungen an zugelassene Werkstätten untervertraglich weiterzuvergeben. Da der Händler neue Kraftfahrzeuge 55 verkauft, für deren Mangelfreiheit er nach dem vertraglichen – über EU-Richtlinien vereinheitlichten – Gewährleistungsrecht haftet, muss er seinen Endabnehmern die Möglichkeit geben, bei ihm die **Gewährleistungsarbeiten** durchführen zu lassen (vgl. 17. Erwägungsgrund zur VO 1400/2002). Eine Beschränkung des Werkstattbetriebes auf die bloße Gewährleistung und die Verweigerung, darüber hinausgehende Instandsetzungs- und Wartungsarbeiten durchzuführen, würde keinen Sinn machen. Deswegen ging die VO 1400/2002 – zu Recht – von der Einheit der Instandsetzungs- und Wartungsdienstleistungen aus, die zum einen Teil in Arbeiten bestehen, die vom Kfz-Hersteller im Rahmen der Herstellergarantie bezahlt werden, zum anderen aus Arbeiten, die vom Endabnehmer für eigene Rechnung in Auftrag gegeben werden. Die Möglichkeit des Händlers, anstelle eigenen Angebots solcher Instandsetzungs- und Wartungsdienstleistungen diese Arbeiten **„untervertraglich weiterzuvergeben"**, machte **nur Sinn im Hinblick auf die vertragliche Gewährleistung des Händlers.** In diesem Umfang stand er vor der Notwendigkeit, entweder die Gewährleistungsarbeiten (wenn auch im Allgemeinen aufgrund der Herstellergarantie auf dessen Rechnung) durchzuführen oder sie untervertraglich weiterzuvergeben. Für die darüber hinausgehenden Instandsetzungs- und Wartungsdienstleistungen ist es an sich möglich, dass er von vornherein dem Kfz-Besitzer deutlich macht, dass er die Durchführung von Instandsetzungs- und Wartungsdienstleistungen nicht anbietet; der Kfz-Besitzer muss dann von sich aus andere Werkstätten aufsuchen und beauftragen. Dennoch bezog sich die „untervertragliche Weitervergabe" nicht nur auf die Durchführung der kaufvertraglichen **Gewährleistung,** sondern auf das **Reparaturgeschäft insgesamt.** Der Kfz-Hersteller konnte dem früheren Einheitsgedanken von Verkauf und Werkstattgeschäft jedenfalls noch insoweit Rechnung tragen, als er seinen Händler verpflichtete, sich (auch über die Gewährleistung hinaus) um das Werkstattgeschäft jedenfalls in dem Sinne zu kümmern, dass er seinen Kunden durch die Verweisung an mit ihm vertraglich verbundene Werkstätten hilft. Es ist aber möglich, dass ein Händler nur bestimmte Arbeiten vergibt und andere selbst durchführt (vgl. *Creutzig* Rn. 1186; *Schütz* in Gemeinschaftskommentar, Art. 4 Rn. 53; *Becker* in MünchKomm GVO 1400/2002 Rn. 25; *Veelken* in IM 4. Aufl. 2007 Kfz-VO Rn. 155).

56 **c) Auswirkungen für die Vertragsgestaltung.** Die durch lit. g vorgegebene Notwendigkeit, die Funktionen des Kfz-Handels und des Werkstattgeschäfts nicht zwingend miteinander zu verkoppeln, bedeutet nicht, dass es dafür nicht einen **einheitlichen Vertrag** geben durfte (ebenso ausdrücklich Häufig gestellte Fragen, Frage 18, S. 11). Gefordert wurde nur, dass innerhalb eines solchen einheitlichen Vertrages der Vertragspartner des Lieferanten frei ist, auf die eine oder andere Funktion zu verzichten und die jeweils andere fortzuführen (nur Kfz-Handel oder nur Kfz-Werkstatt). Da es unzweifelhaft zulässig wäre, dem Vertragspartner zwei **getrennte Verträge mit getrennten Laufzeitregelungen** zu geben, die getrennt gekündigt werden können, musste dem Vertragspartner im Rahmen eines einheitlichen Vertrages die Möglichkeit gegeben werden, die **Funktionen innerhalb der Zeiträume des Art. 3 Abs. 5 zu trennen.**

3. Beschränkungen in der Verwendung von Ersatzteilen (Art. 4 Abs. 1 lit. k)

57 **a) Zweck der Regelung.** Art. 4 Abs. 1 lit. k) sollte den **Händlern und zugelassenen Werkstätten** die Möglichkeit sichern, anstelle der Originalteile des Herstellers oder jedenfalls neben ihnen **auch andere Ersatzteile zu beziehen** und zu verwenden, wenn sie qualitativ gleichwertig sind. Lit. k hat damit nicht nur die Betätigungsfreiheit der Händler und Werkstätten im Sinn, sondern auch die **Absatzmöglichkeiten der freien Ersatzteilehersteller** und -großhändler. Insoweit ergänzt lit. k

die Regelung in lit. j (= Art. 5 lit. a VO 461/2010, → VO 461/2010 Art. 5 Rn. 4f.), die dem Lieferanten, der im Kfz-Bereich ein freigestelltes Vertriebssystem verwendet, die Vereinbarung von Absatzbeschränkungen der mit ihm in Geschäftsbeziehung stehenden Teilelieferanten verbietet. Die Wirkung dieser Regelung auf zusätzliche Absatzmöglichkeiten von Teileherstellern ist gering, wie die Kommission inzwischen in ihrem **„Evaluierungsbericht“** 2008 – → VO 461/2010 Einf. Rn. 11 – anerkannt hat (dort unter III E, S. 9). Dennoch gelten die Grundsätze der Regelungen in der VO 1400/2002 der Sache nach auch heute noch.

Lit. k schloss nicht aus, die Händler und Werkstätten im Bezug von **qualitativ minderwertigen Ersatzteilen** zu beschränken (so auch *Schütz* in Gemeinschaftskommentar, Art. 4 Rn. 46). Im Gegenschluss zu lit. k war es in Verbindung mit dem Grundsatz „erlaubt ist, was nicht ausdrücklich verboten ist“ zulässig, den Händlern und Werkstätten zu verbieten, Ersatzteile zu beziehen und einzusetzen, die nicht mindestens die Qualität der „qualitativ gleichwertigen Ersatzteile“ haben (zum Begriff Art. 1 Abs. 1 lit. u, → VO 461/2010 Art.91 Rn. 17). Lit. k verbot auch nicht, dem Händler oder der Werkstatt vorzuschreiben, Originalersatzteile – also Teile, die aus der gleichen Produktion stammen wie die Teile für die Erstausrüstung – in **Vorrat** zu halten. 58

b) Verbotene Beschränkungen. Art. 4 Abs. 1 lit. k gilt heute in der Sache nur noch eingeschränkt. Er enthielt das Verbot der Bezugsbindung für (mindesten mit den vom Hersteller angebotenen gleichwertigen) Ersatzteile; im System der VO 330/2010 und 461/2010 sind **derartige Bezugsbindungen bis zu 80% zulässig** (→ VO 461/2010 Einf. Rn. 14). Dennoch heißt es weitergehend im Erwägungsgrund 17 zur VO 461/2010: 59

„Um den wirksamen Wettbewerb auf den Instandsetzungs- und Wartungsmärkten zu gewährleisten und Werkstätten die Möglichkeit zu geben, Endverbrauchern konkurrierende Ersatzteile anzubieten, sollte die Gruppenfreistellung zudem nicht für vertikale Vereinbarungen gelten, die zwar die Voraussetzungen der Verordnung (EU) Nr. 330/2010 erfüllen, aber die Möglichkeiten eines Ersatzteilherstellers beschränken, solche Teile an zugelassene Werkstätten im Vertriebssystem eines Kraftfahrzeugherstellers, unabhängige Ersatzteilhändler, unabhängige Werkstätten oder Endverbraucher zu verkaufen.“

Auf diesem Hintergrund kommt Art. 4 Abs. 1 lit. k jedenfalls aus der Sicht der Kommission weiterhin aktuelle Bedeutung zu.

Nach dem ersten Halbs. von lit. k mussten der Händler und die zugelassene Werkstatt frei sein, Ersatzteile zu beziehen und zu verwenden, die mindestens qualitativ gleichwertig sind. Sind die Ersatzteile Vertragswaren, durften die nach lit. k nicht möglichen Beschränkungen nicht vereinbart werden. Sind die Ersatzteile nicht Vertragswaren und wurden dennoch Beschränkungen iSv lit. k vereinbart, waren sie ebenfalls unzulässig, weil sich eben aus dieser Vereinbarung die Einbeziehung der Ersatzteile in den Vertragsgegenstand des betroffenen Händler- oder Werkstattvertrages ergab. Lit. k hatte im Werkstattbereich Bedeutung nur für die **„zugelassene“ Werkstatt,** also die Werkstatt, die iSv Art. 1 Abs. 1 lit. l zu einem von einem Kraftfahrzeuglieferanten eingerichteten Vertriebssystem gehörte. Lit. k fand also keine Anwendung auf Werkstattsysteme, die nicht von einem Kfz-Lieferanten eingerichtet sind, sondern zB von einem von ihm unabhängigen Franchise-Geber. Einer solchen Werkstatt dürfen hiernach Bezugs- und Verwendungsbindungen uneingeschränkt auferlegt werden. 60

Der Händler und die zugelassene Werkstatt, die von lit. k erfasst wurden, mussten darin **frei** sein, **Originalersatzteile und qualitativ gleichwertige Ersatzteile von anderen Unternehmen als ihrem Vertragspartner** (dem Lieferanten oder dem Kraftfahrzeughersteller) **zu beziehen** und diese Teile für die Reparatur zu verwenden (vgl. Leitfaden zur VO 1400/2002, S. 86). Die Begriffe Originalersatzteile und qualitativ gleichwertige Ersatzteile waren in Art. 1 Abs. 1 lit. t und u definiert (→ VO 461/ 61

2010 Art. 1 Rn. 13ff., 17). Die Händler und Werkstätten mussten zum einen frei sein, **Identteile** auch beim Teilehersteller zu beziehen. Unter „Identteilen" werden solche Teile verstanden, die auf den gleichen Produktionsanlagen wie die Erstausrüstungsteile hergestellt werden (vgl. bereits BKartA WuW/E 1781, Identteile); sie unterscheiden sich von den Originalersatzteilen, die der Händler oder die Werkstatt vom Kfz-Hersteller bezieht, dadurch, dass sie vom Teilehersteller direkt und außerhalb der Werkstattorganisation der Kfz-Hersteller vertrieben werden. Nach der Beweisregel in Art. 1 Abs. 1 lit. t ergab sich der Charakter als Originalersatzteil im Streitfall aus einer Bescheinigung des Teileherstellers. War diese Bescheinigung nicht richtig, musste das von der anderen Seite bewiesen werden, im Regelfall des Art. 4 Abs. 1 lit. k also vom Kraftfahrzeughersteller bzw. dem „Lieferanten" als Vertragspartner von Händler und Werkstatt. Der Händler und die Werkstatt mussten zum anderen frei sein, auch **qualitativ gleichwertige Ersatzteile** zu beziehen und zu verwenden (vgl. Erläuterungen zum Entwurf der VO 1400/2002, C 67/13, Tz. 45). Diese sind nicht auf denselben Produktionsanlagen wie die Erstausrüstungsteile hergestellt und möglicherweise auch nicht von dem Teilehersteller, der die Erstausrüstung liefert. Die qualitative Gleichwertigkeit war im Verhältnis zum Lieferanten grundsätzlich vom Händler oder der Werkstatt zu beweisen. Auch insoweit reicht eine Bescheinigung des Teileherstellers über die qualitative Gleichwertigkeit aus (vgl. Leitfaden zur VO 1400/2002, Frage 102, S. 91). Ihre Unrichtigkeit muss ggf. vom Lieferanten bewiesen werden. Soweit mit der Erwartung des Endverbrauchers zu rechnen ist, dass die Vertragswerkstatt nur bestimmte Teile (Originalersatzteile oder – noch enger – Teile aus der Serienproduktion für Neufahrzeuge) verwendet, kann zur **Vermeidung einer Irreführung** des Verbrauchers eine objektive **Information** des Verbrauchers vor dem Einbau anderer Teile geboten sein. In diesem Umfang ist eine vertragliche Verpflichtung der Werkstatt zur Aufklärung des Verbrauchers zulässig (aA Leitfaden zur VO 1400/2002, Frage 77, S. 69; differenzierter *Becker* in MünchKommEuWettbR GVO 1400/2002 Art. 4 Rn. 46; wie hier *Schütz* in GK Art. 4 Rn. 48).

62 **c) Ausnahmen für Gewährleistung, Kulanz und Rückruf.** Der zweite Halbs. von Art. 4 Abs. 1 lit. k ließ ausdrücklich zu, dass der Lieferant neuer Kraftfahrzeuge die **Verwendung von Originalersatzteilen** vorschreiben darf, die vom Fahrzeughersteller bezogen wurden, soweit diese Teile im Rahmen der Gewährleistung, des unentgeltlichen Kundendienstes oder von Rückrufaktionen verwendet werden (vgl. 25. Erwägungsgrund, zur VO 1400/2002; Leitfaden zur VO 1400/2002, Frage 78, S. 70). Gemeinsames Kennzeichen dieser Fälle ist die **Bezahlung** der Arbeiten **durch den Lieferanten** der Kraftfahrzeuge (so ausdrücklich auch OLG Düsseldorf WuW/E DE-R 1865ff., 1867 5-Sterne-Premium-Paket). Dabei kommt es nicht darauf an, ob der Lieferant als der im Rahmen der Vertikalvereinbarung „oben" stehende die zu reparierenden Kraftfahrzeuge unmittelbar geliefert hat, und ob die Werkstatt (der Händler hat insoweit keine Funktion) die Ersatzteile unmittelbar vom Fahrzeughersteller bezogen hat. Es kommt allein darauf an, dass die Werkstatt die Reparaturen unmittelbar oder mittelbar auf Rechnung des Kraftfahrzeugherstellers durchführt (im 25. Erwägungsgrund zur VO 1400/2002 ist insofern von der „unmittelbaren vertraglichen Einbeziehung der Fahrzeughersteller" die Rede), und dass deswegen die dafür verwendeten Ersatzteile vom Kraftfahrzeughersteller unmittelbar oder mittelbar bezogen worden sind. Wer in die Zahlungs- und Vertriebsketten dazwischengeschaltet ist, ist unerheblich. Es geht allein um den Grundsatz, dass der Kraftfahrzeughersteller, wenn er die Gewährleistungs-, Kulanz- oder Rückrufarbeiten auf seine Kosten durchführen lässt, auch vorschreiben darf, dass nur von ihm gelieferte Teile verwendet werden. Die Werkstatt kann verpflichtet werden, derartige Teile im Rahmen ihrer voraussichtlichen Verwendbarkeit auf eigene Rechnung vom Kraftfahrzeughersteller zu beziehen und zu lagern (im Grundsatz so auch *Becker* in MünchKommEuWettbR VO 1400/2002 Art. 4 Rn. 45). Dabei kommt es nicht darauf an, ob es sich um Arbei-

ten im Rahmen der **„normalen" Herstellergarantie** handelt, oder um **darüber hinausgehende Programme,** die zum Zwecke der Neuwagen-Verkaufsförderung angeboten werden (so auch OLG Düsseldorf aaO). Da Originalersatzteile nach der Definition in Art. 1 Abs. 1 lit. t auch vom Teilehersteller bezogen werden dürfen, sieht der zweite Halbs. in lit. k ausdrücklich die Möglichkeit vor, dass diese Originalersatzteile vom Kfz-Hersteller bezogen sein müssen. Wenn in verschiedenen Vertriebsorganisationen teilweise drei Ersatzteilbegriffe verwendet werden, nämlich die (Kfz-)Hersteller-Originalteile, die sonstigen Kfz-Originalteile und die qualitativ gleichwertigen Ersatzteile, bezieht sich die Bezugs- und Verwendungsverpflichtung des zweiten Halbs. auf die erstgenannte Kategorie.

Der zweite Halbs. von lit. k warf die Frage auf, wie die mit dieser Bestimmung zu vereinbarende **Lagerhaltungsverpflichtung** für vom Kfz-Hersteller bezogene Originalersatzteile zu der Freiheit der Werkstatt verhält, auch andere Originalersatzteile und qualitativ gleichwertige Ersatzteile zu verwenden. Wenn die Werkstatt von dieser Freiheit vollen Gebrauch machen will, muss sie **ggf. zwei parallele Lagerhaltungen** durchführen. Für eine Werkstatt, die eine solche parallele Lagerhaltung vermeiden will, kann sich daraus faktisch der Zwang ergeben, bevorzugt vom Kfz-Hersteller bezogene Originalersatzteile zu verwenden. Dieser faktische Zwang wurde durch lit. k in Kauf genommen. Rechtlich abgesichert werden darf er allerdings nicht. Eine Verpflichtung, die Ersatzteile für Fahrzeuge verschiedener Marken in getrennten Bereichen der Werkstatt aufzubewahren, soll nach Auffassung der Kommission unzulässig sein (vgl. Leitfaden zur VO 1400/2002, Frage 80, S. 70). 63

VI. „Graue Klauseln" (Art. 5)

1. Wettbewerbsverbote (Art. 5 Abs. 1)

a) Vorbemerkung. Art. 1 Abs. 1 lit. b erläuterte den Begriff des Wettbewerbsverbots in S. 1 ähnlich wie die Parallelbestimmung in Art. 1 lit. b VO 2790/1999; er entspricht heute Art. 1 Abs. 1 lit. d VO 330/2010. Ebenso wichtig wie die darin enthaltene Grunddefinition waren aber die Sätze 2 und 3, und zwar nicht nur im Hinblick auf die in ihnen enthaltene **Grundaussage,** sondern auch die **Gegenschlüsse,** die daraus gezogen werden müssen. S. 2 betraf die Verpflichtung des Händlers, Kraftfahrzeuge anderer Lieferanten in gesonderten Bereichen des „Ausstellungsraums" zu verkaufen. S. 3 regelte die Möglichkeit, den Händler zu verpflichten, für verschiedene Kraftfahrzeugmarken „markenspezifisches" Verkaufspersonal zu beschäftigen. Beide Regelungen gewährten zwar einen gewissen Freiraum, um Wettbewerbsaktivitäten des Händlers einzugrenzen; angesichts der Spezialität der Regelungen und ihrer engen Voraussetzungen indizierten sie aber, dass andere, nicht den Ausstellungsraum und das Verkaufspersonal betreffende Einschränkungen des Wettbewerbsverbots nicht möglich sein sollten. Lit. a regelte nur Wettbewerbsverbote **während der Laufzeit der Vertikalvereinbarung** (zum nachvertraglichen Wettbewerbsverbot vgl. Art. 5 Abs. 1 d). Der „Evaluierungsbericht" (→ VO 461/2010 Einf. Rn. 11, im Bericht unter III A, S. 5) stellt fest, dass in der Praxis die Händler die durch Art. 1 Abs. 1 lit. b und Art. 5 Abs. 1 lit. a geschaffenen größeren Möglichkeiten nicht genutzt haben, die Marken konkurrierender Hersteller im selben Ausstellungsraum zu verkaufen. 64

b) Grundsatz. S. 1 entspricht der Definition des Wettbewerbsverbots in Art. 1 lit. d VO 330/2010. Er geht von der Tätigkeit des Lieferanten (Anbieters) aus und bezieht sich auf **Tätigkeitsbeschränkungen des Käufers** (Abnehmers), nämlich Verbote an den Käufer, konkurrierende Waren herzustellen, von Dritten zu beziehen, zu verkaufen oder weiterzuverkaufen. Wettbewerbsverbote **zulasten des Lieferanten,** 65 also zB das Verbot an den Lieferanten, eine mit dem Käufer konkurrierende Händlertätigkeit wahrzunehmen, wird von dieser Definition **nicht erfasst.**

66 Der zweite Teil der Definition des ersten Satzes macht deutlich, dass **ausschließliche Bezugsverpflichtungen** zulasten des Käufers grundsätzlich Wettbewerbsverbote sind. Sie hindern den Käufer daran, konkurrierende Waren von Dritten zu beziehen. Die schwierige Abgrenzungsfrage, in welchem Umfang nicht ausschließliche, aber doch quantitativ erhebliche Bezugsverpflichtungen zulässig sind, löste die Definition dadurch, dass Bezugsverpflichtungen **von mehr als 30%** als Wettbewerbsverbot qualifiziert werden. Das wurde so präzisiert, dass alle unmittelbaren oder mittelbaren Verpflichtungen des Käufers, „mehr als 30% seiner auf der Grundlage des Einkaufswerts des vorherigen Kalenderjahres berechneten gesamten Einkäufe von Vertragswaren, ihnen entsprechender Waren sowie ihrer Substitute auf dem relevanten Markt vom Lieferanten oder einem von ihm bezeichneten Unternehmen zu beziehen", als Wettbewerbsverbot qualifiziert wurden. Das bedeutete in der Umkehrung des Art. 5 Abs. 1 lit. a, dass es zulässig sein sollte, einem Käufer aufzuerlegen, zB 25% seines Bedarfes an Waren vom Lieferanten oder einem von ihm benannten Unternehmen zu beziehen. Es sind in diesem Umfang also auch **Bezugsverpflichtungen zu Gunsten dritter Unternehmen** möglich. Die Grenze von 30% gilt heute nicht mehr; an ihre Stelle ist durch Art. 1 Abs. 1 lit. d VO 330/2010 die **80%-Grenze** getreten.

67 Dabei sind die Vertragswaren für die Kfz-Marken, die Gegenstand des Vertrages sind, zusammenzufassen, also nicht nach einzelnen Kategorien oder Sortimentsteilen aufzuteilen; es kommt auf die „gesamten" Einkäufe an. Dem Händler kann vorgeschrieben werden, **bestimmte Waren zu 100%** vom Lieferanten zu beziehen, solange die **30%-(80%-)Grenze beim Gesamtsortiment** nicht überschritten ist. Der Händler muss also nicht bei allen Bezügen und Tätigkeiten potenziell wettbewerblich frei sein; er darf aber nicht in einem Umfang gebunden werden, der 30% (80%) seines Gesamteinkaufs übersteigt (vgl. dazu *Bechtold* FS Mailänder, 2006, S. 73ff., 82; aA *Veelken* in IM 4. Aufl. 2007 Kfz-VO Rn. 238; wohl auch *Becker* in MünchKomm GVO 1400/2002 Art. 1 Rn. 5; zum Parallelproblem in der VO 330/2010 → VO 461/2010 Art. 1 Rn. 28f.).

68 Die 30%-Klausel berücksichtigt nicht das Erfordernis, dass in selektiven Vertriebssystemen die dem System angehörenden Händler darin frei sein müssen, die Vertragswaren und -dienstleistungen auch bei anderen zugelassenen Händlern querzubeziehen. Angesichts des hohen Stellenwertes der **Querlieferungs- und Querbezugsfreiheit,** die auch in Art. 4 Abs. 1 lit. c zum Ausdruck kam, ist davon auszugehen, dass in die 30%-Grenze auch die Mengen der Vertragswaren einzubeziehen sind, die bei anderen zugelassenen Mitgliedern des Vertriebssystems querbezogen werden (in diesem Sinne ausdrücklich Leitfaden zur VO 1400/2002, S. 34; vgl. auch *Creutzig* Rn. 369). Ein Wettbewerbsverbot iSv lit. b liegt also nur dann nicht vor, wenn der Händler darin frei ist, mindestens 70% des Einkaufsvolumens bei Dritten zu beziehen und nur bis zu 30% einer Bezugsverpflichtung beim Lieferanten oder dem von ihm benannten Dritten unterliegt, wobei die Querbezüge bei Händlern des vom Lieferanten eingerichteten selektiven Vertriebssystems einzubeziehen sind.

69 Art. 1 Abs. 1 lit. b enthielt noch zwei besondere Regelungen über die Ausstellungsräume und das Verkaufspersonal, die heute nicht mehr gelten, aber über alte Verträge noch fortwirken können.

70 **c) Ausstellungsraum.** Im Automobilvertrieb spielt der „Ausstellungsraum" des Händlers eine besondere Rolle. Er ist ein wichtiges Akquisitionsinstrument, mit dem potenziellen Käufern die Vertragswaren präsentiert werden können. Der Ausstellungsraum, über den ein Händler verfügt, ist im Allgemeinen aus räumlichen, technischen und/oder finanziellen Gründen **begrenzt.** Wenn nach dem Grundsatz des

Art. 5 Abs. 1 lit. a ein Händler zugleich für mehrere Kraftfahrzeughersteller tätig sein darf, würde diese Möglichkeit untergraben, wenn dem Händler von jedem Hersteller auferlegt werden dürfte, faktisch seinen gesamtem Ausstellungsraum nur für seine Marke zu verwenden. Dementsprechend hält der darauf bezogene Erwägungsgrund 27 der VO 1400/2002 die Verpflichtung des Händlers für unzulässig, „die gesamte Fahrzeugpalette einer Marke auszustellen, wenn sie den Verkauf oder die Ausstellung von Fahrzeugen nicht verbundener Unternehmen unmöglich macht oder unverhältnismäßig erschwert". Das Problem, dass ein Händler insoweit nicht allen Vorgaben aller mit ihm kontrahierenden Hersteller genügen kann, stellt sich aber nicht nur bei der Ausstellung jeweils der „gesamten Fahrzeugpalette", sondern schon dann, wenn der **tatsächlich vorhandene Ausstellungsraum** für alle Fahrzeuge, die nach den Vorgaben der jeweiligen Hersteller mindestens ausgestellt werden sollen, **nicht ausreicht.** Das kann allerdings nicht bedeuten, dass bloße Mindestvorgaben über die Zahl der auszustellenden Fahrzeuge und die dafür erforderlichen Flächen immer schon dann unzulässig sind, wenn sie im Hinblick auf die konkreten Möglichkeiten eines jeden Händlers mit entsprechenden Vorgaben anderer Hersteller kollidieren oder kollidieren können. Ein großer Hersteller, der zB acht Grundtypen (mit jeweils unterschiedlichen Ausführungen und Ausstattungen) vertreibt, kann legitimerweise verlangen, dass jedenfalls diese Grundtypen ausgestellt werden, möglicherweise aber nicht mehr. Wenn sich dann ergibt, dass der faktisch vorhandene Ausstellungsraum eines Händlers nur für diese Grundtypen dieses Herstellers ausreicht, nicht aber für mehr, liegt in der sich daraus ergebenden Unmöglichkeit, mit anderen Herstellern entsprechende Vereinbarungen zu treffen, keine Realisierung eines Wettbewerbsverbots, sondern das allein vom Händler zu verantwortende – und von ihm ggf. durch Einschränkung seines Betriebes zu beseitigende – Unvermögen, weitere Wettbewerbsvertretungen zu übernehmen (aA *Creutzig* Rn. 390; *Creutzig* BB 2002, 2133, 2142; *Schumacher* S. 166; *Veelken* in IM Kfz-VO Rn. 239; vgl. dazu auch *Becker* in MünchKomm Art. 4 Rn. 7). Nach der Gegenauffassung sind Mindestvorgaben unzulässig, falls dadurch der Vertrieb oder die Ausstellung mehrerer Marken unverhältnismäßig erschwert wird.

Die Definition des Wettbewerbsverbots in Art. 1 lit. b sprach in S. 2 von „**gesonderten Bereichen** des Ausstellungsraums". Der Erwägungsgrund 27 zur VO 1400/2002 verwendete insoweit die Worte des „der eigenen Marke vorbehaltenen Teils des Ausstellungsbereiches". Der Hersteller darf hiernach dem Händler nicht – wie früher nach Art. 3 Abs. 3 VO 1475/95 – vorschreiben, gesonderte, räumlich und baulich voll getrennte Ausstellungsräume für die jeweilige Marke zu verwenden; das einzige, was gefordert werden kann, ist, dass die betroffenen Bereiche so abgetrennt werden, dass „eine **Verwechslung der Marken**" vermieden werden kann (vgl. dazu auch BGH WuW/E DE-R 1335ff., 1339 Citroën). Hat ein Händler einen großen Ausstellungsraum, in dem Fahrzeuge mehrerer Marken unterzubringen sind, kann von ihm nur verlangt werden, dass er die jeweiligen Marken gesammelt in bestimmten Bereichen des Ausstellungsraumes ausstellt und sie gegebenenfalls durch optische Hinweise („spanische Wände", sonstige Einrichtungsgegenstände) voneinander trennt; die Erstellung von Mauern oder sonstigen absoluten Sicht- und Kontakthindernissen kann nicht verlangt werden (vgl. auch Leitfaden, Frage 51, S. 58; *Ensthaler/Funck/Stopper,* C, Rn. 170). 71

d) Spezifisches Verkaufspersonal. Die Definition des Wettbewerbsverbots in Art. 1 lit. b enthielt in S. 3 eine in ihrer Anwendung problematische und teilweise nur schwer nachvollziehbare Sonderregelung für das Verkaufspersonal. Sie ist erst in einer späten Phase der Verordnungsgebung eingefügt worden. Zunächst ist sie als eine Auflockerung des Wettbewerbsverbotes verstanden worden; tatsächlich bewirkt sie eher eine **Einengung des Wettbewerbsverbots.** 72

Die Verordnung ging vom Regelfall aus, dass ein Händler, der für verschiedene Kraftfahrzeugmarken tätig ist, **dasselbe Personal für alle Marken** beschäftigt. So- 73 weit die Qualitätsstandards der Kraftfahrzeughersteller besondere Eignungen und Qualitätsmerkmale für dieses Verkaufspersonal vorschreiben, muss das Personal gegebenenfalls den entsprechenden Anforderungen mehrerer Kraftfahrzeugmarken genügen. Legt ein Hersteller Wert darauf, dass der (für mehrere Marken tätige) Händler „markenspezifisches", also ausschließlich für seine Marke tätiges Verkaufspersonal beschäftigt, konnte er auch nach der Definition des Satzes 3 im Händlervertrag nicht einfach eine Verpflichtung des Händlers vorsehen, solches Verkaufspersonal zu beschäftigen, und zwar auch nicht dann, wenn der Lieferant die Übernahme „aller dabei anfallenden zusätzlichen Kosten" zusagt. Vielmehr ergab sich aus der unüblichen Formulierung „es sei denn, der Händler entscheidet sich dafür …", dass eine **vertragliche Verpflichtung des Händlers nicht zulässig** war. Andernfalls hätte der S. 3 allein gesagt, dass die Verpflichtung, markenspezifisches Verkaufspersonal zu beschäftigen, zulässig sei, wenn der Lieferant alle dabei anfallenden zusätzlichen Kosten trage. Die in der Vertragszustimmung des Händlers enthaltene Erklärung, dass er mit den ihm darin auferlegten Verpflichtungen einverstanden sei, genügte dem Merkmal der „Entscheidung" offensichtlich nicht. Vielmehr ging S. 3 davon aus, dass dem Händler **während der Vertragslaufzeit die Entscheidungsfreiheit** darüber vorbehalten sein musste, ob er markenspezifisches Verkaufspersonal beschäftigt. Legte der Hersteller Wert darauf, dass der Händler von dieser Möglichkeit Gebrauch macht, musste er im Vertrag für den Fall einer positiven Entscheidung des Händlers zusagen, alle anfallenden zusätzlichen Kosten zu übernehmen. Wenn der Händler nur faktisch markenspezifisches Verkaufspersonal beschäftigte, weil er entweder sowieso nur für eine Marke tätig ist, oder es organisatorisch von ihm so vorgesehen ist, folgte daraus kein Kostenerstattungsanspruch; die Verkopplung von (freier) Händlerentscheidung und Kostenerstattung müsste vielmehr im Vertrag vorgesehen sein.

74 Unter diesen (engen und wenig praktischen) Voraussetzungen genügte eine Regelung über die Beschäftigung markenspezifischen Verkaufspersonals nur dann der Definition in S. 3 (mit der Folge, dass sie kein Wettbewerbsverbot im Sinne von Art. 5 Abs. 1 lit. a ist), wenn der Lieferant „alle dabei anfallenden **zusätzlichen Kosten**" übernahm. Diese Bestimmung hat zwei Komponenten. Übernommen werden mussten nur die „zusätzlichen" Kosten, nicht also die gesamten Beschäftigungskosten des markenspezifischen Verkaufspersonals; etwas anderes würde nur gelten, wenn der Händler durch die entsprechende vertragliche Regelung veranlasst würde, Personal, das er ansonsten nicht einstellen würde, allein und ausschließlich für die jeweilige Marke zu beschäftigen. Entstehen in Wahrheit keine zusätzlichen Kosten, gibt es auch keinen Kostenerstattungsanspruch. Erstattet werden mussten „alle" zusätzlichen Kosten. Es reichte also nicht aus, wenn der Hersteller nur einen Teil der Kosten übernahm (vgl. auch *Becker* in MünchKommEUWettbR GVO 1400/2002 Art. 1 Rn. 6; *Creutzig* Rn. 397). Diese engen Voraussetzungen hinsichtlich „aller" und „zusätzlichen" Kosten machten deutlich, dass eine **Pauschalierung der Kostenerstattung** keinesfalls dazu führen darf, dass nicht „alle" und „zusätzlichen" Kosten erstattet werden (vgl. auch Creutzig BB 2002, 2133, 2142).

2. Regelungen für das Leasinggeschäft (Art. 1 Abs. 1 lit. w und Art. 5 Abs. 2 lit. a)

75 Die spezifischen Regelungen der VO 1400/2002 gelten der Sache nach im Rahmen der allgemeinen Regelungen der VO 330/2010 weiter.

76 **a) Definition des Endverbrauchers in Art. 1 Abs. 1 lit. w.** Die VO 1400/2002 versteht unter Endverbrauchern alle Abnehmer von neuen Kraftfahrzeugen, Ersatzteilen und Werkstatt-Dienstleistungen, die diese für sich selbst in Anspruch nehmen und **nicht an Dritte weiterveräußern.** In dieser Funktion dient der Begriff des Endverbrauchers dazu, die Downstream-Marktgegenseite der Händler und

Werkstätten abzugrenzen von den anderen Händlern und Werkstätten, die Gegenstand der Gestattung oder des Verbots von Querlieferungen sind (Gestattung für Händler und Werkstätten desselben Vertriebssystems, Verbot für unabhängige Händler und Werkstätten).

Die Definition in lit. w stellte im Hinblick auf Leasingunternehmen klar, dass sie **Endverbraucher** sind, soweit sie Leasingverträge anbieten, die „**weder eine Übertragung von Eigentum** noch eine **Kaufoption** für das Fahrzeug **vor Ablauf des Leasingvertrags** enthalten". Wenn die Leasingverträge eine Übertragung von Eigentum oder Kaufoption für das Fahrzeugs vor Ablauf des Leasingvertrages enthalten, galten die Leasingunternehmen als **Wiederverkäufer,** die, wenn sie nicht Mitglieder des Vertriebssystems sind, in einem selektiven Vertriebssystems nach Art. 4 Abs. 1 lit. b (iii) nicht beliefert werden dürfen. 77

Das Abstellen auf die Eigentumsübertragung oder die Kaufoption war auch in **Art. 10 Nr. 12 S. 2 VO 1475/95** enthalten, allerdings nicht in Verbindung mit der Definition des „Endverbrauchers", sondern des „Weiterverkaufs". Dafür hat die Kommission der Sache nach die Auffassung vertreten, dass die Eigentums- und Kaufoptions-Einschränkung nur gilt, wenn der Leasingvertrag schon vor Leasingende einen Anspruch auf Eigentumsübertragung oder eine (vor Leasingende) auszuübende Kaufoption vorsieht (vgl. dazu KOMM 10. 10. 2001, ABl. L 2002, 257/1 ff. Mercedes Benz, insbesondere Rn. 209). Eine derartige Auslegung würde nur Fälle aus der Endverbraucherdefinition herausnehmen, in denen der Leasingnehmer vor Ende des Leasingvertrages das Eigentums voll erwerben und damit den Leasingvertrag vorzeitig beenden könnte. Das wird der Praxis nicht gerecht. Gemeint ist vielmehr, dass ein **Leasingunternehmen dann Wiederverkäufer** ist, wenn der **Leasingnehmer** schon mit dem Abschluss des Vertrages oder während der Vertragslaufzeit eine **Erwerbsoption** erhält, die aber erst zum Ende des Leasingvertrages ausgeübt wird. In diesen Fällen erweist sich das Leasingverhältnis nur als ein Zwischen-Finanzierungsmodell, das zumindest wirtschaftlich den Leasingnehmer von vornherein zum Endverbraucher macht, im Verhältnis zu dem dann das Leasingunternehmen Wiederverkäufer ist (vom EuG 15. 9. 2005 T-325/01 Rn. 156 Mercedes-Benz aus anderen Gründen gegen die Kommission entschieden). 78

Die Einbeziehung der Leasingunternehmen in die Definition des „Endverbrauchers" führt dazu, dass (wenn nicht die Einschränkungen des Sofern-Satzes gelten) die **Händler ohne jede Einschränkung berechtigt** sein müssen, **Leasingunternehmen zu beliefern,** und zwar unabhängig davon, ob diese die Belieferung zur Erfüllung bestehender Leasingverträge fordern oder für eine Vorratshaltung. Allerdings kann ein Lieferant geeignete Maßnahmen ergreifen, um sicherzustellen, dass seine Händler nicht an Leasingunternehmen liefern, welche die Fahrzeuge nicht verleasen, sondern weiterverkaufen (vgl. Leitfaden zur VO 1400/2002, S. 55 f.). Rechtstechnisch ergibt sich das daraus, dass nach Art. 4 Abs. 1 lit. b ebenso wie nach Art. 4 lit. b VO 330/2002 Beschränkungen des Kundenkreises der Händler grundsätzlich unzulässig sind, insbesondere bei der Belieferung aller Endverbraucher, zu denen nach der Definition von lit. w eben auch Leasingunternehmen gehören. Die Regelung hat keine Bedeutung für die Frage, ob Leasingunternehmen vom Hersteller oder den Händlern in den Konditionen gleichbehandelt werden müssen wie Großabnehmer (vgl. auch *Schütz* in Gemeinschaftskommentar, Einführung, Rn. 37). Dazu sagt die VO 1400/2002 nichts; insoweit sind maßgeblich die Diskriminierungsvorschriften des Art. 102 AEUV oder in Deutschland des § 19 Abs. 2 Nr. 1 und § 20 Abs. 1 GWB. 79

b) Leasingdienstleistungen des Händlers (Art. 5 Abs. 2 lit. a). Art. 5 Abs. 2 lit. a stellte sicher, dass der Händler Leasingdienstleistungen **„verkaufen"** darf (vgl. auch 30. Erwägungsgrund zur VO 1400/2002). Ein Verstoß gegen das Verbot, Leasingtätigkeiten des Händlers zu beschränken, führte nur zum Wegfall der Freistellung 80 für die entsprechende Klausel, nicht zum Wegfall der Freistellung insgesamt. Die Händler mussten und müssen frei sein, Leasinggesellschaften als Endverbraucher zu beliefern, und zwar unabhängig davon, ob sie die Fahrzeuge auf Vorrat nehmen oder zur Durchführung schon abgeschlossener Leasingverträge bestellen. Art. 5 Abs. 2 lit. a betraf nicht die Belieferung von Leasinggesellschaften, sondern die **Durchführung von Leasinggeschäften durch den Händler selbst** oder die Vermarktung von Leasingdienstleistungen von Leasingunternehmen. Die Vorgänger-VO 1475/95 hatte in Art. 10 Nr. 12 und 13 ebenfalls Regelungen über Leasinggeschäfte enthalten. Nr. 12 S. 2 bezweckte eine ähnliche Regelung wie jetzt die Definition in Art. 1 Abs. 1 lit. w. Nr. 13 stellte klar, dass die Begriffe „vertreiben" und „verkaufen" – also die Grundfunktionen des Kfz-Händlers – auch das Leasing umfassten. Das entspricht der Regelung in Art. 5 Abs. 2 lit. a; letztere geht aber über die alte Regelung insofern hinaus, als sie nicht nur eine eigene Leasingtätigkeit des Händlers umfasst, sondern **auch die Vermarktung von Leasingangeboten dritter Unternehmen** (so auch *Creutzig* Rn. 1315).

81 Abs. 2 lit. a verwendet den ansonsten in der VO 1400/2002 nicht verwendeten Begriff des **„Einzelhändlers".** Das bedeutet, dass **Beschränkungen zulasten von Großhändlern zulässig** waren; Großhändlern von neuen Kraftfahrzeugen durften also die in lit. a genannten Verpflichtungen auferlegt werden (so auch *Veelken* in IM Kfz-VO Rn. 249). In der gleichen Weise lässt Art. 4 Abs. 1 lit. b (ii) zulasten von Großhändlern Beschränkungen des Verkaufs an Endverbraucher zu; dort wird aber nicht von Groß- oder Einzelhändlern gesprochen, sondern von Händlern, „die auf der Großhandelsstufe tätig sind".

82 Der Einzelhändler musste nach lit. a frei sein, „Leasingdienstleistungen für Vertragswaren oder ihnen entsprechende Waren zu verkaufen". Der Begriff „Verkauf" wurde in der VO 1400/2002 durchweg auch für die **Erbringung von Dienstleistungen** verwendet (vgl. zB die Definition des „Käufers" in Art. 1 Abs. 1 lit. k)); Entsprechendes gilt für die VO 330/2010 (dort Art. 1 lit. a). Der Wortlaut von lit. a deckt gleichermaßen den „Verkauf" von Leasingdienstleistungen, die der Einzelhändler selbst erbringt, wie auch Dienstleistungen von Leasingunternehmen, die der Einzelhändler weiterverkauft oder vermittelt. Dem Einzelhändler durfte also nicht verboten werden, selbst Leasingangebote zu entwickeln und zu vermarkten, und zwar sowohl für die **Vertragswaren seines Händlervertrages** als auch für entsprechende Waren. Die Ausdehnung auf „entsprechende Waren" bedeutete, dass der Einzelhändler auch frei sein musste, Leasingangebote für **Fremdfabrikate** zu entwickeln und anzubieten. Allerdings hat er diese Freiheit nur in dem Umfang, in dem ihm nach Art. 5 Abs. 1 lit. a i. V. m. Art. 1 Abs. 1 lit. b der Wettbewerb für andere Kraftfahrzeuge freigegeben ist. Praktisch mindestens ebenso bedeutsam wie die Eigen-Leasingtätigkeit des Händlers ist der Verkauf von **Leasingangeboten von Drittunternehmen.** Im Hinblick auf die Leasing-Aktivitäten der Automobilhersteller durch eigene Leasing-Tochtergesellschaften bedeutet das insbesondere, dass die Händler nicht verpflichtet werden durften, im Leasinggeschäft ausschließlich mit den Leasinggesellschaften der Hersteller zusammenzuarbeiten (vgl. *Schütz* in Gemeinschaftskommentar, Art. 5 Rn. 8). Die Zusammenarbeit mit anderen Leasingunternehmen durfte nach dem Sinn und Zweck von lit. a auch nicht dadurch beschränkt werden, dass dem Händler die Werbung für fremde Leasinggesellschaften untersagt wird, die formal unabhängig vom Händler ihre Leasingdienstleistung im Zusammenhang mit dem Fahrzeugverkauf des Händlers anbieten. Der Einzelhändler musste also frei sein, als Vertreter fremder Leasingunternehmen deren Leasingdienstleistungen an seine Fahrzeugkunden zu vermitteln oder als deren Vertreter zu verkaufen (vgl. auch Leitfaden zur VO 1400/2002, S. 55); insoweit ist der Begriff des „Verkaufs" von Leasingdienstleistungen weit auszulegen.

3. Zusätzliche Verkaufs- und Auslieferungsstellen von Händlern (Art. 5 Abs. 2 lit. b)

a) Grundsätze. Die durch Art. 5 Abs. 2 lit. b eröffnete Möglichkeit für Händler von Pkw und leichten Nutzfahrzeugen, „zusätzliche Verkaufs- oder Auslieferungsstellen an anderen Standorten im gemeinsamen Markt zu errichten", war während des Verordnungsgebungsverfahrens eine der am meisten **umstrittenen Regelungen.** Sie gilt heute nicht mehr; vielmehr kann der Händler nach Art. 4 lit. b VO 330/2010 darauf beschränkt werden, vom „Ort seiner Niederlassung" aus tätig zu werden. Dennoch können Regelungen, wenn sie in noch fortgeltende Händlerverträge übernommen wurden, nach wie vor von Bedeutung sein. Die Kommission hat seinerzeit ihre Vorstellung durchgesetzt, allerdings mit der Einschränkung, dass das Verbot nach Abs. 2 lit. b erst am 1. 10. 2005 – also mit einer Verzögerung von 2 Jahren nach Inkrafttreten der VO 1400/2002 – in Kraft trat (vgl. Art. 12 Abs. 2). Diese Regelung ergänzte und erweiterte das in der VO 1400/2002 für selektive Vertriebssysteme geltende Prinzip, dass der **Händler überall in der Europäischen Union** verkaufen darf, ohne auf ein kleineres Vertragsgebiet direkt oder indirekt beschränkt zu sein. Dementsprechend galt lit. b **nicht für Alleinvertriebssysteme,** die entsprechend Art. 4 Abs. 1 lit. b (i) dadurch gekennzeichnet sind, dass den Händlern kleinere Vertriebsgebiete zugewiesen sind, außerhalb derer sie keine aktive Akquisition betreiben dürfen. Lit. b galt **nur für „selektive Vertriebssysteme",** hatte also auch keine Bedeutung für die Frage, ob etwa ein Alleinvertriebshändler innerhalb seines Vertriebsgebiets zusätzliche Verkaufs- oder Auslieferungsstellen einrichten darf. Sie widersprach an sich der quantitativen Selektion im Vertrieb, die gerade durch die zahlenmäßige Begrenzung der Verkaufsstellen gekennzeichnet ist (vgl. dazu *Bechtold,* FS Mailänder, 2006, S. 73 ff., 76). 83

Lit. b bezog sich nur auf den **Handel von Pkw und leichten Nutzfahrzeugen,** nicht auch auf den Handel mit schweren Nutzfahrzeugen einschließlich der ihnen entsprechenden Omnibusse. Händlern schwerer Nutzfahrzeuge darf also die Eröffnung zusätzlicher Verkaufs- und Auslieferungsstellen untersagt werden. Umfasst ein Händlervertrag als Vertragswaren Personenkraftwagen, leichte Nutzfahrzeuge und schwere Nutzfahrzeuge, kann vertraglich insoweit differenziert werden, indem die zusätzlichen Verkaufs- und Auslieferungsstellen auf den Vertrieb von Pkw und leichten Nutzfahrzeugen zu beschränken sind. Für den Begriff der Pkw und leichten Nutzfahrzeuge in Abgrenzung zu den schweren Nutzfahrzeugen vgl. Art. 1 Abs. 1 lit. o und p. 84

b) Verkaufs- und Auslieferungsstellen. Der Begriff der Verkaufs- und Auslieferungsstellen ist in der VO nirgendwo gesondert definiert. Mit dem Verkauf und Auslieferung sind **Teilfunktionen des Händlerbetriebes** umschrieben, zu denen weitere Teilfunktionen hinzukommen, wie insbesondere der Einkauf. Die zusätzlichen Verkaufs- oder Auslieferungsstellen sind **auf die Funktionen Verkauf und Auslieferung** beschränkt. Trotz der Verbindung der beiden Funktionen mit „oder" ist davon auszugehen, dass die beiden Funktionen **auch miteinander verbunden werden** dürfen (ebenso *Creutzig* Rn. 1332; *Roniger/Hemetsberger* Art. 5 Rn. 19). Damit sind aber keine zusätzlichen Händlervollbetriebe legitimiert. Das wird bestätigt durch die Regelung in Art. 4 Abs. 1 lit. d, die davon ausgeht, dass Einzelhändler von Pkw und leichten Nutzfahrzeugen nur von „zugelassenen" Standorten aus tätig sein dürfen. Damit ist im Lichte der dort ausdrücklich erwähnten Ausnahme in Art. 5 Abs. 2 lit. b der Standort des Händler-Vollbetriebes gemeint, in dem alle Funktionen vom Einkauf bis zur Auslieferung des Fahrzeuges erbracht werden. Es muss vielmehr die Hierarchie des **Händlervollbetriebes am „zugelassenen Standort"** und der **Händlerteilbetriebe iSv zusätzlichen Verkaufs- oder Auslieferungsstellen** eingehalten werden. Nichts zu tun hat dieses Regelungsgefüge mit der möglichen 85

Werkstatttätigkeit des Händlers. Insoweit ist er völlig frei; das im Werkstattgeschäft durchweg geltende Prinzip der qualitativen Selektion ermöglicht es dem Betreiber von Werkstätten, der zugleich auch Händler neuer Kraftfahrzeuge sein kann, überall Werkstätten zu eröffnen, wenn diese die qualitativen Voraussetzungen des Herstellers für das Werkstattgeschäft erfüllen.

86 Unter **„Verkaufsstelle"** ist ein Betrieb zu verstehen, in dem neue Pkw oder leichte Nutzfahrzeuge verkauft werden. Die Verkaufstätigkeit eines Händlers ist untrennbar verbunden mit der generellen und einzelkundenbezogenen Werbung. Die Tätigkeit der Verkaufsstelle kann deswegen nicht beschränkt werden auf den bloßen Verkaufsakt im Sinne eines Vertragsabschlusses, sondern bezieht Einrichtungen und Vorkehrungen ein, die für das Verkaufsgeschäft erforderlich sind, also insbesondere die **Ausstellung** neuer Kraftfahrzeuge, die für den **Verkauf** geeigneten Räumlichkeiten und die **Beschäftigung geeigneten Personals** und die Werbung für die Verkaufsstelle (vgl. Leitfaden zur VO 1400/2002, Frage 53, S. 59). Insoweit kann der Lieferant auch qualitative Mindestvoraussetzungen festlegen.

87 Die Funktion der **„Auslieferung"** bezieht sich auf die **Bereitstellung und Übergabe bestellter Kraftfahrzeuge** an den Käufer. Wenn die Auslieferungsstelle nicht mit einer Verkaufsstelle verbunden ist, geht es nur um die Funktion der Auslieferung und Übergabe des Fahrzeugs aufgrund einer Bestellung und eines Vertragsabschlusses, die außerhalb der Auslieferungsstelle stattgefunden haben (vgl. Leitfaden zur VO 1400/2002, Frage 53, S. 59). Auch insoweit kann der Lieferant qualitative Vorgaben machen. In jedem Falle bezieht sich lit. b nur auf Verkaufs- und Auslieferungsstellen, die **vom Händler selbst betrieben** werden, nicht auch auf Betriebe von wirtschaftlich selbständigen Unternehmen; die Freiheit in der Eröffnung zusätzlicher Auslieferungs- und Verkaufsstellen **legitimiert also nicht die Einrichtung von Unterhändler-Organisationen** (dazu d). Keine Rolle spielt in diesem Zusammenhang, ob die zusätzlichen Verkaufs- oder Auslieferungsstellen rechtlich selbständig sind oder ob es sich um **rechtlich unselbständige Betriebsstätten** handelt; bei rechtlicher Verselbständigung muss es sich aber um Unternehmen handeln, die mit dem Händler, der Vertragspartner des Lieferanten ist, im Sinne von Art. 1 Abs. 2 verbunden sind.

88 **c) Qualitative Standards für die Verkaufs- und Auslieferungsstellen.** Dem Händler darf im Händlervertrag vorgeschrieben werden, dass die Verkaufs- und Auslieferungsstellen bestimmten qualitativen Mindeststandards unterliegen. Die **qualitativen Kriterien,** die im Rahmen des selektiven Vertriebssystems für die Händlerbetriebe gelten, sind im Hinblick auf die **Teilfunktionen Verkauf oder Auslieferung** auch bei den zusätzlichen Verkaufs- oder Auslieferungsstellen einzuhalten (vgl. Leitfaden zur VO 1400/2002, Frage 54, S. 59; 29. Erwägungsgrund zur VO 1400/2002; vgl. dazu auch *Veelken* in IM 4. Aufl. 2007 Kfz-VO Rn. 253).

89 Für die **Verkaufsstelle** konnte der Lieferant dem Händler vorschreiben, dass zusätzlich eingerichtete Verkaufsstellen jeweils **mit Ausstellungsräumen zu verbinden** sind (so auch Leitfaden zur VO 1400/2002, Frage 53, S. 59), und zwar in einer dem Umfang des Verkaufs entsprechenden Größe; der Maßstab dafür ergab sich aus den Anforderungen, die für die zugelassenen (Haupt)Standorte der Händler praktiziert werden. Entsprechendes gilt auch für die Schulung des Verkaufspersonals (vgl. Leitfaden zur VO 1400/2002, Frage 54, S. 60). Der Lieferant musste es also nicht hinnehmen, dass die qualitativen Standards, die für die zugelassenen (Haupt-)Standorte angewendet werden, in den zusätzlichen Verkaufsstellen unterlaufen werden. Bei den **Auslieferungsstellen** sind die Standards im Allgemeinen weniger anspruchsvoll. Wenn ein Lieferant aber für die zugelassenen (Haupt-)Standorte der Händler Vorgaben für die Vor- und Einrichtungen der Auslieferung der Kraftfahrzeuge machte, konnten diese auch für die Auslieferungsstellen gemacht werden.

d) Unterhändler, Handelsvertreter des Händlers. Art. 5 Abs. 2 lit. b) legitimierte nur zusätzliche Verkaufs- oder Auslieferungsstellen, die dem Unternehmen des Händlers zuzurechnen sind, entweder als unselbständige Betriebsstätten oder als mit dem Händlerunternehmen verbundene Unternehmen. Die Freiheit des Händlers, zusätzliche Verkaufs- oder Auslieferungsstellen einzurichten, ist nicht gleichzusetzen mit der **Möglichkeit, Unterhändler einzusetzen,** also Händlerbetriebe, die mit dem Händler in einer dauerhaften Vertragsbeziehung stehen, mit ihm aber nicht unternehmerisch verbunden sind. Der Lieferant durfte nach der VO 1400/2002 und darf auch heute seinen Händlern untersagen, Unterhändler einzusetzen. Das gilt auch für **Handelsvertreter** des Händlers, soweit diese über besondere Räumlichkeiten tätig sind. Ist ein Handelsvertreter für einen Händler ständig tätig und übt er diese Tätigkeit stationär von einem eigenen Betrieb aus, so kommt dies wirtschaftlich der Funktion eines Unterhändlers gleich. Das gilt nicht für Handelsvertreter, die nicht von einer stationären Niederlassung aus tätig werden, sondern entweder in Verbindung mit dem Betrieb des Händlers oder als reisende Handelsvertreter tätig werden; der Einsatz solcher **Handelsvertreter ohne eigene Niederlassung** ist Teil der vom Händler autonom bestimmbaren Verkaufstätigkeiten und darf ihm deswegen nicht untersagt werden. **90**

Besondere Probleme ergeben sich in der Abgrenzung zwischen (verbietbaren) Händler-Unterorganisationen und einer **dauerhaften vertraglichen Zusammenarbeit zwischen Werkstätten und Händler im Fahrzeugvertrieb.** Werkstätten haben häufig laufende Kundenbeziehungen, die auch für den Vertrieb neuer Kraftfahrzeuge einsetzbar sind. Deswegen sind Händler daran interessiert, insbesondere räumlich zu ihnen nahegelegene Werkstätten als Handelsvertreter für ihren Kraftfahrzeugverkauf einzusetzen. Damit über derartige dauerhafte Zusammenarbeitsverhältnisse zwischen Händlern und Werkstätten nicht die Grundsätze der quantitativen Selektion untergraben werden, muss es **zulässig** sein, dass der **Lieferant seinen Händlern verbietet, mit Werkstätten Handelsvertreterverhältnisse zu begründen,** die nach außen den Eindruck erwecken können, als ob die Werkstätten auch Kraftfahrzeughändler wären. **Bedenkenfrei** sind im Lichte dieser Überlegungen nur Handelsvertreterverhältnisse, die die Werkstätten zur Vermittlungstätigkeit im Zusammenhang mit ihrem Werkstattgeschäft ermächtigen, **ohne die Unterhaltung besonderer Verkaufseinrichtungen.** **91**

C. VO 316/2014 – Gruppenfreistellung für Technologietransfervereinbarungen

Verordnung (EU) Nr. 316/2014 der Kommission vom 21. März 2014 über die Anwendung von Artikel 101 Absatz 3 des Vertrages über die Arbeitsweise der Europäischen Union auf Gruppen von Technologietransfer-Vereinbarungen

(ABl. 2014 L 93/17)

(Die Überschriften über den Artikeln sind Teil des amtlichen Textes.)

Übersicht

Erwägungsgründe

(1) Nach der Verordnung Nr. 19/65/EWG ist die Kommission ermächtigt, Artikel 101 Absatz 3 AEUV durch Verordnung auf bestimmte unter Artikel 101 Absatz 1 AEUV fallende Gruppen von Technologietransfer-Vereinbarungen und entsprechende aufeinander abgestimmte Verhaltensweisen für anwendbar zu erklären, an denen nur zwei Unternehmen beteiligt sind.

(2) Auf der Grundlage der Verordnung Nr. 19/65/EWG hat die Kommission insbesondere die Verordnung (EG) Nr. 772/2004 der Kommission erlassen. In der Verordnung (EG) Nr. 772/2004 sind die Gruppen von Technologietransfer-Vereinbarungen festgelegt, die nach Auffassung der Kommission in der Regel die Voraussetzungen des Artikels 101 Absatz 3 AEUV erfüllen. Angesichts der insgesamt positiven Erfahrungen mit der Anwendung dieser Verordnung, die am 30. April 2014 außer Kraft tritt, und der seit ihrem Erlass gesammelten Erfahrungen sollte eine neue Gruppenfreistellungsverordnung erlassen werden.

(3) Diese Verordnung sollte sowohl den Wettbewerb wirksam schützen als auch den Unternehmen angemessene Rechtssicherheit bieten. Bei der Verfolgung dieser

beiden Ziele ist darauf zu achten, dass die behördliche Kontrolle und der rechtliche Rahmen so weit wie möglich vereinfacht werden.

(4) Gegenstand einer Technologietransfer-Vereinbarung ist die Vergabe von Technologierechten in Form einer Lizenz. Solche Vereinbarungen steigern in der Regel die Effizienz in der Wirtschaft und fördern den Wettbewerb, da sie den parallelen Forschungs- und Entwicklungsaufwand reduzieren, den Anreiz zur Aufnahme von Forschungs- und Entwicklungsarbeiten stärken, Anschlussinnovationen fördern, die Verbreitung der Technologie erleichtern und den Wettbewerb auf den Produktmärkten beleben können.

(5) Die Wahrscheinlichkeit, dass die effizienzsteigernden und wettbewerbsfördernden Wirkungen die wettbewerbsschädigenden Wirkungen überwiegen, die von Beschränkungen in Technologietransfer-Vereinbarungen verursacht werden, hängt von der Marktmacht der beteiligten Unternehmen und somit von dem Ausmaß ab, in dem diese Unternehmen dem Wettbewerb anderer Unternehmen ausgesetzt sind, die über Ersatztechnologien verfügen oder Ersatzprodukte herstellen.

(6) Diese Verordnung sollte nur für Technologietransfer-Vereinbarungen zwischen einem Lizenzgeber und einem Lizenznehmer gelten. Sie sollte für solche Vereinbarungen auch dann gelten, wenn sie Bedingungen für mehr als eine Handelsstufe enthalten, beispielsweise wenn der Lizenznehmer verpflichtet wird, ein spezielles Vertriebssystem zu errichten, und wenn ihm vorgegeben wird, welche Verpflichtungen er den Wiederverkäufern der in Lizenz hergestellten Produkte auferlegen muss oder kann. Diese Beschränkungen und Verpflichtungen sollten jedoch mit den für Liefer- und Vertriebsvereinbarungen geltenden Wettbewerbsregeln der Verordnung (EU) Nr. 330/2010 der Kommission vereinbar sein. Liefer- und Vertriebsvereinbarungen zwischen einem Lizenznehmer und Kunden, die seine Vertragsprodukte kaufen, sollten von dieser Verordnung nicht freigestellt sein.

(7) Diese Verordnung sollte nur für Vereinbarungen gelten, mit denen der Lizenzgeber dem Lizenznehmer und/oder einem oder mehreren seiner Zulieferer(n) erlaubt, die lizenzierten Technologierechte – gegebenenfalls nach weiteren Forschungs- und Entwicklungsarbeiten des Lizenznehmers und/oder seines Zulieferers bzw. seiner Zulieferer – zur Produktion von Waren oder Dienstleistungen zu nutzen. Sie sollte nicht gelten für die Lizenzvergabe im Zusammenhang mit Forschungs- und Entwicklungsvereinbarungen, die unter die Verordnung (EU) Nr. 1217/2010 der Kommission fallen, und die Lizenzvergabe im Zusammenhang mit Spezialisierungsvereinbarungen, die unter die Verordnung (EU) Nr. 1218/2010 der Kommission fallen. Ebenfalls nicht gelten sollte sie für Vereinbarungen zur reinen Vervielfältigung und zum reinen Vertrieb urheberrechtlich geschützter Softwareprodukte, da derartige Vereinbarungen nicht die Vergabe von Technologielizenzen zu Produktionszwecken zum Gegenstand haben, sondern eher mit Vertriebsvereinbarungen vergleichbar sind. Ferner sollte die Verordnung weder für Vereinbarungen zur Errichtung von Technologiepools, das heißt Vereinbarungen über die Zusammenführung von Technologien mit dem Ziel, diese Dritten zur Nutzung anzubieten, noch für Vereinbarungen gelten, in deren Rahmen diesen Dritten Lizenzen für die zusammengeführten Technologien erteilt werden.

(8) Für die Anwendung des Artikels 101 Absatz 3 AEUV durch Verordnung ist es nicht erforderlich, diejenigen Technologietransfer-Vereinbarungen zu bestimmen, die unter Artikel 101 Absatz 1 AEUV fallen könnten. Bei der individuellen Beurteilung von Vereinbarungen nach Artikel 101 Absatz 1 sind mehrere Faktoren zu berücksichtigen, insbesondere die Struktur und Dynamik der relevanten Technologie- und Produktmärkte.

(9) Die in dieser Verordnung geregelte Gruppenfreistellung sollte nur für Vereinbarungen gelten, von denen mit hinreichender Sicherheit angenommen werden kann, dass sie die Voraussetzungen des Artikels 101 Absatz 3 AEUV erfüllen. Damit

die Vorteile des Technologietransfers genutzt und die damit verbundenen Ziele erreicht werden können, sollte diese Verordnung nicht nur für den Technologietransfer als solchen, sondern auch für andere in Technologietransfer-Vereinbarungen enthaltene Bestimmungen gelten, soweit diese Bestimmungen unmittelbar mit der Produktion oder dem Verkauf von Vertragsprodukten verbunden sind.

(10) Bei Technologietransfer-Vereinbarungen zwischen Wettbewerbern kann davon ausgegangen werden, dass sie im Allgemeinen zu einer Verbesserung der Produktion oder des Vertriebs und zu einer angemessenen Beteiligung der Verbraucher an den daraus resultierenden Vorteilen führen, wenn der gemeinsame Marktanteil der beteiligten Unternehmen auf den relevanten Märkten 20% nicht überschreitet und die Vereinbarungen keine stark wettbewerbsschädigenden Beschränkungen enthalten.

(11) Bei Technologietransfer-Vereinbarungen zwischen Nicht-Wettbewerbern kann davon ausgegangen werden, dass sie im Allgemeinen zu einer Verbesserung der Produktion oder des Vertriebs und zu einer angemessenen Beteiligung der Verbraucher an den daraus resultierenden Vorteilen führen, wenn der individuelle Marktanteil der beteiligten Unternehmen auf den relevanten Märkten 30% nicht überschreitet und die Vereinbarungen keine stark wettbewerbsschädigenden Beschränkungen enthalten.

(12) Wird die anwendbare Marktanteilsschwelle auf einem oder mehreren Produkt- oder Technologiemärkten überschritten, so sollte die Gruppenfreistellung für die Vereinbarung in Bezug auf die betreffenden relevanten Märkte nicht gelten.

(13) Bei Technologietransfer-Vereinbarungen oberhalb dieser Marktanteilsschwellen kann nicht ohne weiteres davon ausgegangen werden, dass sie unter Artikel 101 Absatz 1 AEUV fallen. Eine Vereinbarung zwischen nichtkonkurrierenden Unternehmen über die Vergabe einer Exklusivlizenz fällt beispielsweise häufig nicht unter Artikel 101 Absatz 1 AEUV. Auch bei unter Artikel 101 Absatz 1 fallenden Technologietransfer-Vereinbarungen oberhalb dieser Marktanteilsschwellen kann nicht ohne weiteres davon ausgegangen werden, dass sie die Freistellungsvoraussetzungen nicht erfüllen. Ebenso wenig kann jedoch angenommen werden, dass sie in der Regel objektive Vorteile mit sich bringen, die nach Art und Umfang geeignet sind, die durch sie verursachten Wettbewerbsbeeinträchtigungen auszugleichen.

(14) Diese Verordnung sollte keine Technologietransfer-Vereinbarungen freistellen, die Beschränkungen enthalten, die für die Verbesserung der Produktion oder des Vertriebs nicht unerlässlich sind. Insbesondere Technologietransfer-Vereinbarungen, die stark wettbewerbsschädigende Beschränkungen enthalten, wie die Festsetzung von Preisen gegenüber Dritten, sollten ungeachtet des Marktanteils der beteiligten Unternehmen von dem Vorteil der Gruppenfreistellung nach dieser Verordnung ausgenommen werden. Bei diesen sogenannten Kernbeschränkungen sollte die gesamte Vereinbarung vom Vorteil der Gruppenfreistellung ausgeschlossen werden.

(15) Um Innovationsanreize zu wahren und eine angemessene Anwendung der Rechte des geistigen Eigentums sicherzustellen, sollten bestimmte Beschränkungen von der Gruppenfreistellung ausgenommen werden. Dies gilt vor allem für bestimmte Rücklizenz-Verpflichtungen und Nichtangriffsklauseln. Sind solche Beschränkungen in einer Lizenzvereinbarung enthalten, so sollte nur die betreffende Beschränkung vom Vorteil der Gruppenfreistellung ausgeschlossen werden.

(16) Die Marktanteilsschwellen und der Ausschluss von der Gruppenfreistellung von Technologietransfer-Vereinbarungen welche stark wettbewerbsschädigende Beschränkungen und nichtfreigestellte Beschränkungen, die in dieser Verordnung vorgesehen sind, enthalten, dürften im Allgemeinen sicherstellen, dass Vereinbarungen, auf die die Gruppenfreistellung Anwendung findet, den beteiligten Unternehmen nicht die Möglichkeit eröffnen, für einen wesentlichen Teil der betreffenden Produkte den Wettbewerb auszuschalten.

(17) Nach Artikel 29 Absatz 1 der Verordnung (EG) Nr. 1/2003 des Rates kann die Kommission den mit dieser Verordnung verbundenen Rechtsvorteil entziehen, wenn sie in einem bestimmten Fall feststellt, dass eine nach dieser Verordnung freigestellte Vereinbarung gleichwohl Wirkungen hat, die mit Artikel 101 Absatz 3 AEUV unvereinbar sind. Dies kann unter anderem dann der Fall sein, wenn Innovationsanreize eingeschränkt werden oder der Marktzugang erschwert wird.

(18) Die Wettbewerbsbehörde eines Mitgliedsstaats kann nach Artikel 29 Absatz 2 der Verordnung (EG) Nr. 1/2003 den Rechtsvorteil der vorliegenden Verordnung für das Gebiet oder ein Teilgebiet des jeweiligen Mitgliedstaats entziehen, wenn sie in einem bestimmten Fall feststellt, dass eine unter die Freistellung nach dieser Verordnung fallende Vereinbarung im Gebiet oder in einem Teilgebiet des Mitgliedstaats, das alle Merkmale eines gesonderten räumlichen Marktes aufweist, Wirkungen hat, die mit Artikel 101 Absatz 3 AEUV unvereinbar sind.

(19) Im Hinblick auf die Verstärkung der Überwachung paralleler Netze von Technologietransfer-Vereinbarungen, die gleichartige wettbewerbsbeschränkende Auswirkungen haben und mehr als 50% eines Marktes abdecken, kann die Kommission durch Verordnung erklären, dass die vorliegende Verordnung auf Technologietransfer-Vereinbarungen, die bestimmte auf den betroffenen Markt bezogene Beschränkungen enthalten, keine Anwendung findet, und dadurch die volle Anwendbarkeit des Artikels 101 AEUV auf diese Vereinbarungen wiederherstellen.

Einführung

1. Wesen der Vereinbarungen über den Technologietransfer

1 Der Begriff der Technologietransfer-Vereinbarungen erfasst **Lizenzvereinbarungen über technische gewerbliche Schutzrechte,** also insbesondere Patentlizenzverträge, und **Überlassungsverträge über technisches Know-how.** Beide Vertragstypen waren früher durch gesonderte Gruppenfreistellungsverordnungen geregelt. Sie werfen aber eine Vielzahl gemeinsamer Probleme auf, die – durchaus sinnvoll – in einer einheitlichen Gruppenfreistellungsverordnung gelöst werden. Patentlizenzvereinbarungen und Know-how-Überlassungsverträge sind einerseits **wettbewerblich positiv** zu beurteilen, weil sie die Fähigkeit der Vertragspartner der Schutzrechts- und Know-how-Inhaber (Lizenznehmer) begründen oder verstärken, auf für sie ansonsten nicht erreichbaren Gebieten tätig zu werden. Diesem wettbewerbsfördernden Element steht allerdings die **Tendenz zu Beschränkungen insbesondere der Lizenznehmer** gegenüber; diese Beschränkungen können alle Gebiete der Lizenznehmertätigkeit erfassen, also Beschränkungen in der Anwendung von überlassenen Schutzrechten oder Know-how, in der gebietlichen Betätigung oder im Preisverhalten, daneben auch Beschränkungen in der Tätigkeit außerhalb der überlassenen Schutzrechte und Know-how. Wettbewerbliche Probleme können sich auch aus Beschränkungen der Lizenzgeber oder Know-how-Überlassenden ergeben, insbesondere aus Ausschließlichkeiten. Bei derartigen Lizenz- und Überlassungsverträgen war in stärkerem Umfang als bei anderen inzwischen durch die Gruppenfreistellungsverordnungen erfassten Verträgen unklar und streitig, ob und in welchem Umfang sie überhaupt vom Kartellverbot des Art. 101 Abs. 1 AEUV erfasst werden. Die Tendenz, jedenfalls **die Freistellungsnorm des Art. 101 Abs. 3 AEUV „großzügig"** auf derartige Vereinbarungen anzuwenden, wurde insbesondere durch das Argument bestärkt, dass die Alternative zu derartigen Beschränkungen darin bestehen könnte, dass die Lizenz überhaupt nicht erteilt würde, der vom Lizenznehmer ausgehende zusätzliche Wettbewerb also überhaupt nicht stattfinden würde.

2. Frühere Beurteilung von Patentlizenz- und Know-how-Verträgen

a) Bekanntmachung über Patentlizenzvereinbarungen von 1962 und Entwicklung der Entscheidungspraxis. Die Kommission hat sich schon frühzeitig im Jahr 1962 in ihrer **Bekanntmachung über Patentlizenzverträge** (vom 24.12.1962, ABl. 1962, 2922) generell zur kartellrechtlichen Beurteilung von Patentlizenzverträgen geäußert. Beschränkungen des Lizenznehmers wurden in einem aus heutiger Sicht großen Umfang als mit Art. 101 Abs. 1 AEUV vereinbar angesehen, so insbesondere auch Mengen- und Gebietsbeschränkungen; das Gleiche galt für Ausschließlichkeitsbindungen zulasten des Lizenzgebers. Allerdings hat die Kommission schon relativ bald die Erkenntnisse der Bekanntmachung **in ihrer Entscheidungspraxis modifiziert** (vgl. insbesondere ABl. 1972 L 13/50 Burrouhgs/Delplanque; ABl. 1972 L 13/53 Burroughs/Geha; ABl. 1972 L 143/31 Davidson/Rubber; ABl. 1972 L 143/39 Raimond/Nagoya; ABl. 1975 L 222/34 Kabelmetal). Außerhalb der technischen Schutzrechte (Patent, Patentanmeldung, Gebrauchsmuster und Gebrauchsmusteranmeldung) blieben die Maßstäbe für die Anwendung des Art. 101 Abs. 1 AEUV und der Freistellungsnorm des Art. 101 Abs. 3 AEUV unklar. Erst im Laufe der Zeit entwickelte sich der Grundsatz, dass auf Know-how-Überlassungsverträge ähnliche Maßstäbe wie für Patentlizenzvereinbarungen anwendbar sein können. 2

Die **Rechtsprechung des EuGH** konzentrierte sich in der Zeit vor Erlass von Gruppenfreistellungsverordnungen auf die Frage, in welchem Umfang die Beurteilung von Lizenzvereinbarungen durch Art. 36 AEUV (früher Art. 36 EWG-Vertrag, dann Art. 30 EG) die kartellrechtliche Beurteilung von Lizenzverträgen beeinflussen. Der EuGH hat den Grundsatz entwickelt, dass der Inhaber gewerblicher Schutzrechte unter bestimmten Umständen diese Rechte nicht dazu benutzen darf, nationale Märkte innerhalb der Gemeinschaft voneinander zu isolieren und im Handel zwischen den Mitgliedstaaten Beschränkungen herbeizuführen (u. a. EuGH Slg. 1971, 487, 500 Deutsche Grammophon; Slg. 1974, 731, 744 HAG; Slg. 1974, 1147, 1163f. Centrafarm/Sterling Drug; Slg. 1974, 1183, 1195f. Cetrafarm/Winthrop). Er unterschied in ständiger Rechtsprechung zwischen **„Bestand"** und **„Ausübung" des gewerblichen Schutzrechts** (zB EuGH Slg. 1981, 181, 193 Dansk Supermarked/Imerco). Der spezifische Gegenstand des Patentes besteht nach der Rechtsprechung des EuGH im Wesentlichen darin, das geschützte Erzeugnis als Erster in Verkehr zu bringen. Dies schließt die Herstellung des Erzeugnisses und Lizenzierung der geschützten Erfindung mit ein (EuGH Slg. 1974, 1147, 1163 Centrafarm/Sterling Drug). Das Ausschließlichkeitsrecht soll dem Patentinhaber die Chance eröffnen, einen finanziellen Ausgleich für seine schöpferische Erfindertätigkeit zu erhalten. Es kann aber nicht mehr geltend gemacht werden, wenn es verbraucht oder erschöpft ist. **Erschöpfung** tritt ein, wenn der Patentinhaber selbst das geschützte Erzeugnis in Mitgliedstaaten in Verkehr bringt oder durch einen Lizenznehmer in Verkehr gebracht hat (EuGH aaO; Slg. 1985, 2281, 2297 Pharmon/Hoechst). Aus dieser Rechtsprechung kann geschlossen werden, dass all das, was durch den spezifischen Gegenstand der Schutzrechte gedeckt ist, ohne Verstoß gegen Art. 101 Abs. 1 AEUV Inhalt von Lizenzvereinbarungen sein darf. Was darüber hinausgeht, bedarf der Freistellung nach Art. 101 Abs. 3 AEUV. 3

Bis zur Entscheidung des EuGH vom 8.6.1982 (Slg. 1982, 2015 **Nungesser-Maissaatgut**) wurde heftig darüber gestritten, ob die Ausschließlichkeit der Lizenz, die den Lizenzgeber in der Vergabe weiterer Lizenzen **(sole license)** und möglicherweise auch in der Nutzung des Schutzrechtes beschränkt **(exclusive license)** mit Art. 101 Abs. 1 AEUV vereinbar ist. Der EuGH unterschied zwischen einer **„offenen ausschließlichen Lizenz"** und einer **„ausschließlichen Lizenz mit Gebietsschutz".** Eine offene ausschließliche Lizenz liege vor, wenn der Lizenzgeber 4 sich verpflichte, keine weiteren Lizenzen für dasselbe Gebiet zu erteilen und dem Lizenznehmer in diesem Gebiet nicht selbst Konkurrenz zu machen. Eine ausschließliche Lizenz mit Gebietsschutz liege vor, wenn die Vertragsparteien die Absicht verfolgten, für die betreffenden Erzeugnisse und das fragliche Gebiet jeden Wettbewerb Dritter, etwa von Parallelimporteuren oder Lizenznehmern für andere Gebiete auszuschalten (EuGH aaO, 2068 Nungesser). Die ausschließliche Lizenz mit Gebietsschutz wurde als Verstoß gegen Art. 101 Abs. 1 beurteilt, der nicht freistellungsfähig sei (EuGH aaO, 2070f. 2073 Nungesser). Die offene ausschließliche Lizenz wurde hingegen als mit Art. 101 Abs. 1 AEUV vereinbar bewertet (EuGH aaO, 2069 Nungesser). Die Unterscheidung zwischen offener ausschließlicher Lizenz und ausschließlicher Lizenz mit Gebietsschutz bereitete in der Praxis Schwierigkeiten. Da zugleich mit der Nungesser-Rechtsprechung eine ausreichende Fallpraxis zur Beurteilung von Lizenzvereinbarungen vorzuliegen schien, ergab sich die Möglichkeit der Entwicklung einer Gruppenfreistellungsverordnung für Patentlizenzverträge.

5 **b) Vorgänger-Freistellungsverordnungen bis zur VO 772/2004.** Die Kommission hat am 23.7.1984 die erste **Gruppenfreistellungsverordnung 2349/84 für Patentlizenzvereinbarungen** erlassen (ABl. 1984 L 219/15, berichtigt in ABl. 1985 L 280/32). Sie erlaubte – bezogen auf Patente und Gebrauchsmuster – für eine Vielzahl von Beschränkungen Rückschlüsse darauf, ob sie nach Auffassung der Kommission gegen Art. 101 Abs. 1 AEUV verstoßen oder nicht und, falls ein Verstoß bejaht wird, ob sie freistellungsfähig waren. **Nicht gegen Art. 101 Abs. 1 AEUV verstießen** hiernach grundsätzlich unter anderem bestimmte Bezugsverpflichtungen des Lizenznehmers beim Lizenzgeber, Beschränkungen auf bestimmte technische Anwendungsbereiche, gegenseitige Verpflichtungen zum Erfahrungsaustausch und zur Lizenzierung von Anwendungs- und Verbesserungserfindungen sowie die Meistbegünstigung des Lizenznehmers. Ein Verstoß gegen Art. 101 Abs. 1 AEUV angenommen, aber grundsätzlich als **freistellungsfähig** beurteilt wurde die Ausschließlichkeit zulasten des Lizenzgebers durch das Verbot der weiteren Lizenzerteilung und der Selbstbenutzung im Lizenzgebiet und die Verpflichtung des Lizenznehmers, in Lizenzgebieten anderer Lizenznehmer keine aktive Vertriebspolitik zu führen. Als **nicht freistellungsfähig** wurden unter anderem umfassende und zeitlich unbeschränkte Exportverbote zulasten des Lizenznehmers, Nichtangriffsverpflichtungen, Wettbewerbsverbote, Mengenbeschränkungen und Preisbindungen bewertet.

6 Die VO 2349/84 erfasste auch gemischte Vereinbarungen über Patentlizenzen und Know-how, nicht aber reine Know-how-Übertragungsvereinbarungen. Dafür erließ die Kommission am 30.11.1988 eine besondere Gruppenfreistellungsverordnung, nämlich die **VO 556/89 über Know-how-Vereinbarungen** (ABl. 1989 L 61/1). Sie stellte eine weitgehende Parallelität in der Beurteilung von Patentlizenzvereinbarungen und Know-how-Übertragungen her. Die VO 2349/84 hatte eine Laufzeit bis zum 31.12.1994, die VO 556/89 bis zum 31.12.1999. Schon vor Ablauf der Geltungsdauer der VO 556/89 erließ die Kommission mit Wirkung vom 1.4.1996 die **Gruppenfreistellungs-VO 240/96 vom 31.1.1996 für Technologietransfer-Vereinbarungen,** also gleichermaßen für Patentvereinbarungen über technische Schutzrechte und den Know-how-Transfer. Die VO 240/96 führte damit den Begriff der Technologietransfer-Vereinbarung ein, der durch die VO 779/2004 fortgeführt wurde. Sie verfolgte noch eine grundsätzlich andere Gesetzgebungstechnik als die VO 774/2004. In Art. 1 waren die Anwendungsvoraussetzungen geregelt, und zwar unter Verwendung des früheren Prinzips der „weißen" Klausel; die Gruppenfreistellung sollte nur anwendbar sein auf Verträge, die wenigstens eine der in Art. 1 genannten Klauseln enthielten, zB die Ausschließlichkeit der Lizenz. Art. 2 enthielt Klauseln, die als „in der Regel" nicht wettbewerbsbeschränkend qualifiziert wurden, für den Fall, dass sie es dennoch sind, aber freigestellt wurden. Art. 3 enthielt eine Liste aus „schwarzer" Klauseln, bei deren Vereinbarung die Freistellung insgesamt entfiel.

Art. 4 sah für Klauseln, die nicht von Art. 1 und 2 erfasst waren und nicht unter Art. 3 fielen, ein **Widerspruchsverfahren** vor. Entsprechende Vereinbarungen konnten bei der Kommission angemeldet werden; sie galten als freigestellt, wenn die Kommission binnen vier Monaten keinen Widerspruch gegen die Freistellung erhob. Die Komplexität der Gruppenfreistellungsverordnung erschwerte ihre Anwendung. Das Widerspruchsverfahren erlangte keine größere praktische Bedeutung.

3. Grundzüge der bis zum 30.4.2014 geltenden VO 772/2004

Im Zuge der Umstellung der anderen Gruppenfreistellungsverordnungen erhöhte sich das Bedürfnis, auch im Bereich der Technologietransfer-Vereinbarungen das Prinzip **„Erlaubt ist alles, was nicht ausdrücklich verboten ist"** einzuführen, zumal mit der Systemumstellung durch die VO 1/2003 die Widerspruchsanmeldung nicht mehr systemkonform erschien. 7

Die am 27.4.2004 verabschiedete VO 772/2004 folgte diesem Prinzip. Sie enthielt eine **grundsätzliche Freistellungserklärung für alle Technologietransfer-Vereinbarungen** zwischen zwei Unternehmen, die die **Produktion** der Vertragsprodukte ermöglichen (Art. 2). Die Freistellungserklärung des Art. 2 galt freilich nur, wenn die Marktanteilsschwellen des Art. 3 nicht überschritten waren. Sie galt nicht, wenn die Vereinbarung eine der Kernbeschränkungen in Art. 4 enthält **(„schwarze Klauseln")**. Dabei wurden unterschieden Vereinbarungen zwischen konkurrierenden Unternehmen (Abs. 1) und solche zwischen nicht konkurrierenden Unternehmen (Abs. 2). Art. 5 enthielt einen (kürzeren) Katalog **„grauer" Klauseln,** deren Vereinbarung nur dazu führte, dass diese nicht freigestellt sind, ohne Auswirkungen auf die Freistellung im Übrigen. Die anderen Regelungen der VO 772/2004 entsprachen im Wesentlichen denen der anderen Gruppenfreistellungsverordnungen. Die VO 772/2004 war nicht anwendbar auf nicht technische Schutzrechte, insbesondere nicht auf Urheberrechte (mit Ausnahme von Software) und Marken. Dennoch erlaubte sie bei entsprechenden Lizenzvereinbarungen Rückschlüsse auf die Vereinbarkeit mit Art. 101 Abs. 1 AEUV und die Freistellungsfähigkeit nach Art. 101 Abs. 3 AEUV. 8

Die Kommission hat 2004 zugleich mit der Verkündung der VO 772/2004 „Leitlinien zur Anwendung von Art. 81 EG-Vertrag auf Technologietransfer-Vereinbarungen" **(Technologietransfer-Leitlinien)** bekannt gemacht (ABl. 2004 C 101/2 vom 27.4.2004, Vorauflage Anhang B 8). Diese Leitlinien erlaubten wesentliche Rückschlüsse auf das Verständnis der VO 772/2004, deren Auslegung und die Lösung von Problemen, die in der VO 772/2004 nicht geregelt waren. 9

4. Grundzüge der seit dem 1.5.2014 geltenden VO 316/2014

Die VO 772/2004 galt bis zum 30.4.2014 (Art. 11). Die Kommission hat im Februar 2013 Entwürfe einer Nachfolge-VO und **neuer Technologietransfer-Leitlinien** vorgelegt, die ihrerseits bis zum 30.4.2026 gelten sollen. Für beide Entwürfe wurden Konsultationsverfahren eingeleitet. Die Kommission ging davon aus und wurde im weiteren Konsultations- und Gesetzgebungsverfahren darin bestätigt, dass sich die VO 772/2004 und die bisherigen Technologietransfer-Leitlinien grundsätzlich bewährt haben (vgl. dazu auch 2. Erwägungsgrund: „insgesamt positive Erfahrungen" mit der VO 772/2004). Deswegen weicht die neue VO 316/2014 nur in wenigen Teilen wesentlich von der Vergänger-VO ab. Sie betreffen Änderungen im Bereich der schwarzen und grauen Klauseln. Zugleich mit der Verkündung der VO 316/2014 hat die Kommission auch neue Leitlinien zur Anwendung von Art. 101 AEUV auf Technologietransfer-Vereinbarungen (Technologietransfer-Leitlinien) erlassen (ABl. C 89/3 vom 28.3.2014, Anhang B 9). In den überarbeiteten Leitlinien sind von besonderer Bedeutung die Ausführungen über Technologie-Pools 10

(Rn. 243ff.). Die VO 316/2014 hat ebenso wie die VO 772/2004 nur Bedeutung für Technologietransfer-Vereinbarungen, die überhaupt in den Anwendungsbereich des Art. 101 AEUV fallen; das bedarf gerade bei dieser Art von Vereinbarungen stets genauerer Prüfung (vgl. dazu auch die grundsätzlich positive Beurteilung von Technologietransfer-Vereinbarungen im 4. Erwägungsgrund und Technologietransfer-Leitlinien, Anhang B 9, Rn. 40ff. und Rn. 156ff.).

Art. 1 Begriffsbestimmungen

(1) Für diese Verordnung gelten folgende Begriffsbestimmungen:

a) „Vereinbarung“: eine Vereinbarung, ein Beschluss einer Unternehmensvereinigung oder eine abgestimmte Verhaltensweise;

b) „Technologierechte“: Know-how und die folgenden Rechte oder eine Kombination daraus einschließlich Anträgen auf Gewährung bzw. auf Registrierung dieser Rechte:

i) Patente,

ii) Gebrauchsmuster,

iii) Geschmacksmuster,

iv) Topographien von Halbleiterprodukten,

v) ergänzende Schutzzertifikate für Arzneimittel oder andere Produkte, für die solche ergänzenden Schutzzertifikate vergeben werden können,

vi) Sortenschutzrechte,

vii) Software-Urheberrechte;

c) „Technologietransfer-Vereinbarung“:

i) eine von zwei Unternehmen geschlossene Vereinbarung über die Lizenzierung von Technologierechten mit dem Ziel der Produktion von Vertragsprodukten durch den Lizenznehmer und/oder seine Zulieferer;

ii) eine Übertragung von Technologierechten zwischen zwei Unternehmen mit dem Ziel der Produktion von Vertragsprodukten, bei der das mit der Verwertung der Technologierechte verbundene Risiko zum Teil beim Veräußerer verbleibt;

d) „wechselseitige Vereinbarung“: eine Technologietransfer-Vereinbarung, bei der zwei Unternehmen einander in demselben oder in getrennten Verträgen eine Technologielizenz erteilen, die konkurrierende Technologien zum Gegenstand hat oder für die Produktion konkurrierender Produkte genutzt werden kann;

e) „nichtwechselseitige Vereinbarung“: eine Technologietransfer-Vereinbarung, bei der ein Unternehmen einem anderen Unternehmen eine Technologielizenz erteilt oder mit der zwei Unternehmen einander eine solche Lizenz erteilen, wobei diese Lizenzen jedoch keine konkurrierenden Technologien zum Gegenstand haben und auch nicht für die Produktion konkurrierender Produkte genutzt werden können;

f) „Produkt“: eine Ware oder eine Dienstleistung in Form eines Zwischen- oder Endprodukts;

g) „Vertragsprodukt“: ein Produkt, das mittelbar oder unmittelbar auf der Grundlage der lizenzierten Technologierechte produziert wird;

h) „Rechte des geistigen Eigentums“: gewerbliche Schutzrechte, vor allem Patente und Markenzeichen, sowie Urheberrechte sowie verwandte Schutzrechte;

i) „Know-how“: eine Gesamtheit praktischer Kenntnisse, die durch Erfahrungen und Versuche gewonnen werden und die

   i) geheim, das heißt nicht allgemein bekannt und nicht leicht zugänglich sind,
   ii) wesentlich, das heißt für die Produktion der Vertragsprodukte von Bedeutung und nützlich sind, und
   iii) identifiziert sind, das heißt umfassend genug beschrieben sind, so dass überprüft werden kann, ob die Merkmale „geheim" und „wesentlich" erfüllt sind;

j) „relevanter Produktmarkt": der Markt für die Vertragsprodukte und ihre Substitute, das heißt alle Produkte, die aufgrund ihrer Eigenschaften, ihrer Preise und ihres Verwendungszwecks vom Käufer als austauschbar oder substituierbar angesehen werden;

k) „relevanter Technologiemarkt": der Markt für die lizenzierte Technologierechte und ihre Substitute, das heißt alle Technologierechte, die aufgrund ihrer Eigenschaften, der für sie zu entrichtenden Lizenzgebühren und ihres Verwendungszwecks vom Lizenznehmer als austauschbar oder substituierbar angesehen werden;

l) „räumlich relevanter Markt": das Gebiet, in dem die beteiligten Unternehmen die relevanten Produkte anbieten bzw. nachfragen oder Technologierechte lizenzieren, in dem die Wettbewerbsbedingungen hinreichend homogen sind und das sich von benachbarten Gebieten durch spürbar unterschiedliche Wettbewerbsbedingungen unterscheidet;

m) „relevanter Markt": die Kombination des relevanten Produkt- oder Technologiemarktes mit dem räumlich relevanten Markt;

n) „konkurrierende Unternehmen": Unternehmen, die auf dem relevanten Markt miteinander im Wettbewerb stehen, das heißt

   i) konkurrierende Unternehmen auf dem relevanten Markt, auf dem die Technologierechte lizenziert werden, das heißt Unternehmen, die Lizenzen für konkurrierende Technologierechte vergeben (tatsächliche Wettbewerber auf dem relevanten Markt);
   ii) konkurrierende Unternehmen auf dem relevanten Markt, auf dem die Vertragsprodukte verkauft werden, das heißt Unternehmen, die ohne die Technologietransfer-Vereinbarung auf dem relevanten Markt bzw. den relevanten Märkten, auf denen die Vertragsprodukte angeboten werden, beide tätig sein würden (tatsächliche Wettbewerber auf dem relevanten Markt), oder die unter realistischen Annahmen und nicht nur rein theoretisch im Falle einer geringfügigen, aber dauerhaften Erhöhung der relevanten Preise auch ohne die Technologietransfer-Vereinbarung wahrscheinlich umgehend die notwendigen zusätzlichen Investitionen oder sonstigen Umstellungskosten auf sich nehmen würden, um in den relevanten Markt bzw. in die relevanten Märkte eintreten zu können (potenzielle Wettbewerber auf dem Produktmarkt);

o) „selektive Vertriebssysteme": Vertriebssysteme, bei denen sich der Lizenzgeber verpflichtet, Lizenzen für die Produktion der Vertragsprodukte unmittelbar oder mittelbar nur Lizenznehmern zu erteilen, die anhand festgelegter Kriterien ausgewählt werden, und bei denen sich diese Lizenznehmer verpflichten, die Vertragsprodukte nicht an Händler zu verkaufen, die in dem vom Lizenzgeber in Bezug auf dieses System vorbehaltenen Gebiet nicht zum Vertrieb zugelassen sind;

p) „Exklusivlizenz": eine Lizenz, bei der der Lizenzgeber selber mit den lizenzierten Technologierechten weder im Allgemeinen noch im Hinblick auf eine bestimmte Nutzung oder in einem bestimmten Gebiet produzieren darf und diese Technologierechte auch nicht an Dritte vergeben darf;

q) „Exklusivgebiet": ein bestimmtes Gebiet, in dem nur ein Unternehmen die Vertragsprodukte produzieren darf, wobei die Möglichkeit nicht ausgeschlossen ist, dass es einem anderen Lizenznehmer erlaubt ist, die Vertragsprodukte in diesem Gebiet nur für einen bestimmten Kunden zu produzieren, wenn die zweite Lizenz erteilt worden ist, um diesem Kunden eine alternative Bezugsquelle zu verschaffen;

r) „Exklusivkundengruppe": eine Gruppe von Kunden, an die nur ein an der Technologietransfer-Vereinbarung beteiligtes Unternehmen die mit der lizenzierten Technologie produzierten Vertragsprodukte aktiv verkaufen darf.

(2) **Für die Zwecke dieser Verordnung schließen die Begriffe „Unternehmen", „Lizenzgeber" und „Lizenznehmer" verbundene Unternehmen ein.**

„Verbundene Unternehmen" sind

a) Unternehmen, bei denen ein an der Technologietransfer-Vereinbarung beteiligtes Unternehmen unmittelbar oder mittelbar
   i) über mehr als die Hälfte der Stimmrechte verfügt oder
   ii) mehr als die Hälfte der Mitglieder des Leitungs- oder Aufsichtsorgans oder der zur gesetzlichen Vertretung berufenen Organe bestellen kann oder
   iii) das Recht hat, die Geschäfte zu führen;

b) Unternehmen, die in einem an der Technologietransfer-Vereinbarung beteiligten Unternehmen unmittelbar oder mittelbar die unter Buchstabe a bezeichneten Rechte oder Einflussmöglichkeiten haben;

c) Unternehmen, in denen ein unter Buchstabe b genanntes Unternehmen unmittelbar oder mittelbar die unter Buchstabe a bezeichneten Rechte oder Einflussmöglichkeiten hat;

d) Unternehmen, in denen ein an der Technologietransfer-Vereinbarung beteiligtes Unternehmen gemeinsam mit einem oder mehreren der unter den Buchstaben a, b und c genannten Unternehmen oder in denen zwei oder mehr der zuletzt genannten Unternehmen gemeinsam die unter Buchstabe a bezeichneten Rechte oder Einflussmöglichkeiten haben;

e) Unternehmen, in denen die unter Buchstabe a bezeichneten Rechte und Einflussmöglichkeiten gemeinsam ausgeübt werden durch:
   i) an der Technologietransfer-Vereinbarung beteiligte Unternehmen oder mit ihnen jeweils verbundene Unternehmen im Sinne der Buchstaben a bis d oder
   ii) eines oder mehrere der an der Technologietransfer-Vereinbarung beteiligten Unternehmen oder eines oder mehrere der mit ihnen im Sinne der Buchstaben a bis d verbundenen Unternehmen und ein oder mehrere dritte Unternehmen.

Inhaltsübersicht

1. Überblick

Art. 1 enthält Definitionen **wichtiger Begriffe,** die in der VO verwendet werden. Die Gesetzestechnik entspricht derjenigen der anderen Gruppenfreistellungsverordnungen. Der Definitionskatalog stimmt sachlich weitgehend mit dem der Vorgänger-VO 772/2004 überein; er ist aber um vier Definitionen erweitert (lit. j–m), die die relevanten Märkte betreffen und die früher teilweise in Art. 3 Abs. 3 geregelt waren. Die Definitionen sind teilweise **auch außerhalb der VO 316/2014 von Bedeutung,** so zB die Definition der konkurrierenden Unternehmen, die auch außerhalb der VO für die Anwendung des Art. 101 Abs. 1 und 3 AEUV von Bedeutung sind. 1

2. „Vereinbarung" (Abs. 1 lit. a)

Lit. a enthält keine Definition des Vereinbarungsbegriffs, sondern stellt lediglich klar, dass die VO 316/2014 dort, wo sie von „Vereinbarung" spricht, jeweils auch den Beschluss einer Unternehmensvereinigung und die aufeinander abgestimmte Verhaltensweise erfasst. Die Begriffe Vereinbarung, **Beschluss** und **aufeinander abgestimmte Verhaltensweise** entsprechen denen in Art. 101 Abs. 1 AEUV (→ AEUV Art. 101 Rn. 40ff., 52, 53ff). Vereinbarungen sind im Allgemeinen, aber nicht notwendig, dadurch gekennzeichnet, dass sie schriftlich festgehalten sind, auf- 2 einander abgestimmte Verhaltensweisen durch entsprechende Verhaltensweisen ohne zumindest vollständige schriftliche Fixierung. In der Einbeziehung der aufeinander abgestimmten Verhaltensweisen liegt gegenüber der „Vereinbarung" nicht nur eine Erweiterung der Gruppenfreistellung, sondern potenziell auch eine Einschränkung, und zwar im Hinblick auf die klauselbezogenen Anwendungsausschlüsse in Art. 4 und 5. Eine schriftlich fixierte, in dieser schriftlichen Fixierung allen Anforderungen der VO 316/2014 genügende Vereinbarung ist nicht freigestellt, wenn sie **mit einer aufeinander abgestimmten Verhaltensweise verbunden** ist, die die Voraussetzungen des Art. 4 erfüllt, zB mit einer hiernach unzulässigen Preisbindung. Vereinbarungen und abgestimmte Verhaltensweisen sind im System der VO 316/2014 grundsätzlich gleichberechtigt. Dennoch kommt der schriftlichen Fixierung von Vereinbarungen wesensmäßig ein praktischer Vorrang zu. So kann zwar eine Vereinbarung, die durch Verhaltensweisen ergänzt wird, die die Voraussetzungen des Art. 4 erfüllen, dadurch insgesamt von der Freistellung ausgeschlossen sein. Umgekehrt ist es aber kaum denkbar, dass eine Vereinbarung, die nach ihrem schriftlich festgehaltenen Wortlaut über Art. 4 von der Freistellung ausgeschlossen ist, deswegen als freigestellt anzusehen ist, weil die Vereinbarung insoweit nicht praktiziert wird, sondern durch eine mit Art. 4 vereinbare aufeinander abgestimmte Verhaltensweise ersetzt ist. Da Art. 101 Abs. 1 AEUV unabhängig von der Praktizierung schon den Abschluss einer Vereinbarung als solche erfasst (→ AEUV Art. 101 Rn. 51), ist es für die Freistellung einer Vereinbarung nicht ausreichend, wenn das tatsächliche Verhalten mit Art. 4 und 5 in Übereinstimmung steht. Vielmehr ist es erforderlich, dass die Vereinbarung nach ihrem jeweils verbindlichen Inhalt – unabhängig von der Form, in der der Inhalt festgehalten ist – insgesamt die Voraussetzungen der VO erfüllt. **Zulässige abgestimmte Verhaltensweisen retten also eine unzulässige Vereinbarung nicht.** Eine an sich zulässige Vereinbarung kann aber die **Freistellung verlieren,** wenn sie **mit einer unzulässigen abgestimmten Verhaltensweise verbunden ist** (vgl. dazu auch *Fuchs* in IM Art. 1 TT-GVO Rn. 4ff.).

3. „Technologierechte" (Abs. 1 lit. b)

3 a) **Grundsatz.** Lit. b und c der neuen VO trennen die frühere zusammenfassende Definition der Technologietransfer-Vereinbarung in Art. 1 Abs. 1 lit. b VO 772/2004. Lit. b definiert den (hinsichtlich des Wortbestandteils „-rechte" neuen) Begriff der Technologierechte, lit. c den darauf bezogenen Begriff der Vereinbarung. Lit. b nennt außer dem **Know-how** – das in lit. i gesondert definiert ist – sieben **Schutzrechte,** die in Vorschriften außerhalb der Verordnung definiert sind. Einbezogen werden die **Anträge** auf Gewährung bzw. auf Registrierung dieser Rechte und die verschiedensten Kombinationen, die insoweit möglich sind. Während die in Ziff. i–vi genannten Schutzrechte nur bestehen, wenn sie angemeldet, eingetragen oder registriert sind, sind die in Ziff. vii genannten Software-Urheberrechte von einem solchen Eintragungsakt unabhängig. Die Definition erfasst nur **Schutzrechte für die Dauer und im räumlichen Umfang ihrer Geltung,** nicht darüber hinaus. Nur dort wo und solange sie bestehen und mit Verbietungsrechten versehen sind, können sie Wettbewerbsbeschränkungen in einer Lizenzvereinbarung legitimieren. Erforderlich ist außerdem, dass die Schutzrechte **im räumlichen Geltungsbereich des Art. 101 AEUV bzw. des Art. 53 EWR-Abkommen** bestehen, sei es überall oder in Teilgebieten. Eine Lizenz zB über ein US-amerikanisches Schutzrecht wird deswegen von der VO 316/2014 nicht erfasst; Wettbewerbsbeschränkungen mit Wirkungen in der Union oder im europäischen Wirtschaftsraum sind dann nicht durch die VO 316/2014 freigestellt. Andere als die in lit. b erwähnten Arten von geistigem Eigentum – wie Marken oder Urheberrechte (mit Ausnahme der Software-Urheberrechte) – sind keine „Technologierechte", können aber über Art. 2 Abs. 3 als Rechte des geistigen Eigentums mit von der Freistellung erfasst sein (→ Rn. 19f. und Art. 2 Rn. 6).

b) Patente und Patentanmeldungen (Ziff. i). Das deutsche Patentrecht ist im **Patentgesetz** 1981 geregelt (in der Fassung vom 16.12.1980, zuletzt geändert 2011), das für Anmelde- und Erteilungsverfahren überlagert wird durch das **Europäische Patentübereinkommen** vom 5.10.1973 (BGBl. 1976 II, S. 826, zuletzt geändert 2007). Nach der Definition des § 1 Abs. 1 des Patentgesetzes werden Patente „für Erfindungen erteilt, die neu sind, auf einer erfinderischen Tätigkeit beruhen und gewerblich anwendbar sind". Da unter bestimmten Voraussetzungen auch aus Patentanmeldungen Verbietungsrechte geltend gemacht werden können, sind diese, solange das Verbietungsrecht gilt, den Patenten gleichgestellt. 4

c) Gebrauchsmuster und Gebrauchsmusteranmeldungen (Ziff. ii). Das deutsche Gebrauchsmusterrecht ist im Gebrauchsmustergesetz in der Fassung vom 28.8.1986 geregelt (zuletzt geändert 2011); entsprechende oder ergänzende EU-rechtliche Vorschriften gibt es nicht. Nach § 1 Abs. 1 Gebrauchsmustergesetz werden als Gebrauchsmuster **„Erfindungen"** geschützt, „die neu sind, auf einem erfinderischen Schritt beruhen und gewerblich anwendbar sind"; es handelt sich also um ein dem Patent ähnliches Schutzrecht mit geringeren Anforderungen und **niedrigerem Schutzniveau.** Da ebenso wie Patentanmeldungen auch Gebrauchsmusteranmeldungen schon Verbietungsrechte gewähren, sind sie wie diese in die Definition der Schutzrechte in lit. h einbezogen. 5

d) Geschmacksmuster und Geschmacksmusteranmeldungen (Ziff. iii). Die VO 772/2004 hat erstmals auch Geschmacksmuster in die Gruppenfreistellung einbezogen; die Vorgänger-VO 240/96 hatte nur Gebrauchsmuster, nicht aber Geschmacksmuster Patenten gleichgestellt. In Deutschland ist das **Geschmacksmustergesetz** vom 12.3.2004 maßgeblich (BGBl. I, S. 309, zuletzt geändert 2011), in Europa die VO 6/2002 über **das Gemeinschaftsgeschmacksmuster** vom 12.12.2001 (ABl. 2002 L 3/1), ergänzt durch die DurchführungsVO der Kommission 2245/2002 (ABl. 2001 L 341/28). Art. 3 lit. a VO 6/2002 definiert das Geschmacksmuster in sachlicher Übereinstimmung mit § 1 Nr. 1 Geschmacksmustergesetz als „die **Erscheinungsform eines Erzeugnisses** oder eines Teils davon, die sich insbesondere aus den Merkmalen der Linien, Konturen, Farben, der Gestalt, Oberflächenstruktur und/oder der Werkstoffe des Erzeugnisses selbst und/oder seiner Verzierung ergibt". Kennzeichnend ist also nicht die technische Erfindung, sondern insbesondere die **Form und Farbe.** Das Geschmacksmuster entsteht in Deutschland durch Eintragung in das Register beim Deutschen Patent- und Markenamt, in der EU durch Eintragung durch das Harmonisierungsamt für den Binnenmarkt oder der nationalen Behörde sowie alternativ durch eine erstmalige Zugänglichmachung für die Öffentlichkeit (Art. 11 VO 6/2002). Ein Schutz zeitlich vor Eintragung oder dieser öffentlichen Zugänglichmachung besteht nicht. Dennoch bezieht die VO 316/2014 im Hinblick auf die aus einer Anmeldung entstehende Anwartschaft auch **Geschmacksmusteranmeldungen** ein (so auch schon für die Rechtslage nach der VO 772/2004 *Röhling* in MüchKommEuWettbR VO 772/2004 Art. 1 Rn. 47; *Fuchs* in IM Art. 1 TT-GVO Rn. 47; aA *Schultze/Pantke/Wagener* Rn. 144). 6

e) Topographien von Halbleiterprodukten und deren Anmeldungen (Ziff. iv). Topographien von mikroelektrischen Halbleiterprodukten sind durch das deutsche Halbleiterschutzgesetz vom 22.10.1987 (zuletzt geändert 2011) geschützt. Dieses Gesetz hat die Richtlinie des Rates vom 16.12.1986 (ABl. 1987 L 24/36) über den Rechtsschutz der Topographien von Halbleitererzeugnissen umgesetzt; es gibt in allen anderen EU-Mitgliedstaaten entsprechende Schutzmöglichkeiten. Die Topographien sind in § 1 Abs. 1 des Halbleiterschutzgesetzes definiert als **„dreidimensionale Strukturen** von mikroelektronischen Halbleitererzeugnissen". Der Schutz setzt eine Anmeldung beim Patentamt bzw. der entsprechenden nationalen 7

Behörde voraus; er entsteht mit der Anmeldung. Die VO 316/2014 bezieht – anders als die Vorgänger-VO 772/2004 – ausdrücklich auch den Zeitraum ab Anmeldung in den Schutz ein.

8 **f) Ergänzende Schutzzertifikate für Arzneimittel oder andere Produkte sowie deren Anmeldungen (Ziff. v).** Das „ergänzende Schutzzertifikat für Arzneimittel" ist EU-weit durch die VO 1768/92 vom 18.6.1992 (ABl. 1992 L 182/1) geschaffen worden. Es entsteht durch Anmeldung bei der nationalen Patentbehörde. Es hat der Sache nach die Funktion, den **Patentschutz für Arzneimittel zu verlängern.** Für den Patentschutz von Arzneimitteln ist typisch, dass das Patent in einem sehr frühen Stadium, lange vor dem ersten Inverkehrbringen des Arzneimittels, angemeldet wird. Das Schutzzertifikat verlängert die Laufzeit des Grundpatents für eine Dauer, die dem Zeitraum zwischen der Einreichung der Anmeldung für das Grundpatent und dem Zeitpunkt der ersten Genehmigung für das Inverkehrbringen in der Gemeinschaft entspricht, abzüglich eines Zeitraums von fünf Jahren (Art. 13 VO 1768/92). Die VO 1610/96 vom 23.7.1996 (ABl. 1996 L 198/30) hat ein weiteres ergänzendes Schutzzertifikat für **Pflanzenschutzmittel** geschaffen, bei denen die Verhältnisse ähnlich liegen wie bei den Arzneimitteln; auch es wird von der Definition des lit. e erfasst. Anders als nach der VO 772/2004 (vgl. dazu *Fuchs* in IM Art. 1 TT-GVO Rn. 49) sind durch die VO 316/2014 auch Schutzzertifikats-Anmeldungen in den Schutz einbezogen.

9 **g) Sortenschutzrechte und deren Eintragungsantrag (Ziff. vi).** Der Begriff der „Sortenschutzrechte" bezieht sich sowohl auf den **gemeinschaftlichen Sortenschutz** nach der VO 2100/94 vom 27.7.1994 (ABl. 1994 L 227/1) als auch auf das **nationale Sortenschutzrecht** nach dem Sortenschutzgesetz in der Fassung vom 19.12.1997 (BGBl. I S. 3164, zuletzt geändert 2010). Beide Rechtsgrundlagen sehen den Sortenschutz vor für Sorten, die unterscheidbar, homogen, beständig und neu sowie durch eine eintragbare Sortenbezeichnung bezeichnet sind. Der Sortenschutz entsteht durch Erteilung des gemeinschaftlichen Sortenschutzes durch das gemeinschaftliche Sortenamt. Von dem gemeinschaftlichen Sortenschutz unberührt bleibt das nationale Sortenschutzrecht. In Deutschland entsteht es durch Eintragung in die beim Sortenschutzamt geführte Sortenschutzrolle. Geschützt wird auch schon der Sortenschutzantrag (so schon für die frühere Rechtslage nach der VO 772/2004 *Röhling* in MünchKomm VO 772/2004 Art. 1 Rn. 56; aA *Fuchs* in IM Art. 1 TT-GVO Rn. 50). Nicht erwähnt ist das **Saatgut,** das kein Schutzrecht ist, wohl aber dem Sortenschutz zugänglich ist.

10 **h) Software-Urheberrechte (Ziff. vii).** Die VO 772/2004 hatte die Softwarelizenz im Zusammenhang mit der Definition der Technologietransfer-Vereinbarung in den Geltungsbereich der Gruppenfreistellung einbezogen, freilich ohne ausdrücklich den Charakter des Urheberrechts zu erwähnen. Kartellrechtlich handelt es sich bei der Softwarelizenz um eine **Urheberrechtslizenz für ein Computerprogramm,** und zwar unabhängig davon, wie die Überlassung der Software zivilrechtlich gedeutet wird (Kaufvertrag, Werklieferungsvertrag, Rechtspacht usw.; vgl. dazu auch *Röhling* in MünchKomm VO 772/2004, Art. 1 Rn. 9). Sie war von der VO 240/96 nur als Nebenbestimmung zu Patent- oder Know-how-Lizenzen erfasst, nicht – wie heute – selbständig. Erforderlich ist in jedem Falle ein **Produktionsbezug,** weil die Freistellung nach Art. 2 Abs. 1 voraussetzt, dass die Technologietransfer-Vereinbarung „die Produktion von Vertragsprodukten" ermöglicht. Wenn eine Lizenzbeziehung mit einem Endkunden besteht, der die Software nicht für die Produktion verwendet, gilt die VO 316/2014 nicht. Erforderlich ist also, dass der Lizenzgeber dem Lizenznehmer eine Software zur Entwicklung oder Herstellung eines neuen oder verbesserten Produkts überlässt; der reine Software-Vertriebsvertrag wird vom Begriff der Technologietransfer-Vereinbarung nicht erfasst (vgl. dazu auch *Schultze/*

Pautke/Wagner WRP 2004, 175, 180; *Zöttl* WRP 2005, 33, 35; *Schumacher/Schmid* GRUR 2006, 1ff.).

4. Technologietransfer-Vereinbarung (Abs. 1 lit. c)

a) Allgemeines. Die VO 316/2014 enthält zwar ebenso wie die VO 772/2004 (dort in Abs. 1 lit. b) eine Definition der Technologietransfer-Vereinbarung, definiert aber in Abs. 1 lit. b den Begriff des Technologie-Rechts gesondert. Das hat zur Folge, dass sich die Definition in lit. c **nur mit der Lizenzierung und Übertragung des Technologiesrechts** befasst, nicht mit dem Technologierecht als solchem. Es geht nur um Vereinbarungen zwischen **zwei Unternehmen;** sind mehr als zwei Unternehmen beteiligt, gilt die VO 316/2014 nicht. Lit. c differenziert zwischen der klassischen Lizenzvereinbarung (i) und der Übertragung von Technologierechten, die nach (ii) nur dann der Lizenzvereinbarung gleichgestellt ist, wenn das Verwertungsrisiko nicht voll auf den Erwerber übergeht, sondern zum Teil beim Veräußerer bleibt. Gemeinsam ist in beiden Alternativen das **„Ziel der Produktion von Vertragsprodukten".** 11

b) Lizenzierung von Rechten. Lit. c behandelt im ersten Teil (i) die Lizenzierung von Rechten und Know-how. Unter „Lizenz" versteht man die Gestattung der Benutzung des Rechts. Im engeren Sinn setzt sie voraus, dass der Lizenzgeber aufgrund eines Schutzrechts ein **Verbietungsrecht** hat; wenn er die Benutzung des Schutzrechts verbieten kann, kann er sie auch erlauben (lizenzieren). Für Know-how (→ Rn. 21ff.) passt der Begriff der „Lizenz" nicht. Hier wird nichts erlaubt, was andernfalls verboten werden könnte; vielmehr wird der Know-how-Nehmer erst durch die Übertragung des Know-how oder die Einweisung in das Know-how in die Lage versetzt, es zu nutzen. Der Begriff des **„Transfers"** erfasst sowohl den klassischen Lizenzvertrag als auch die bloße Verpflichtung des Lizenzgebers, seine Schutzrechte gegenüber einem anderen (Lizenznehmer) nicht auszuüben (vgl. Technologietransfer-Leitlinien, Anhang B 9, Rn. 53). 12

c) Übertragung von Rechten. Im zweiten Teil (ii) stellt lit. c der Lizenzvereinbarung gleich die Vereinbarung über die **„Übertragung"** von Rechten und Know-how. Die Übertragung als solche ist wie ein einzelner Kauf- oder Dienstleistungsvertrag kein Vertrag, der wettbewerbliche Verhaltensbeschränkungen bezweckt oder bewirkt. Deswegen verstößt er **prinzipiell nicht gegen Art. 101 Abs. 1 AEUV** und bedarf auch keiner Freistellung nach Abs. 3. Anderes gilt, wenn – so der Wortlaut in lit. c – „das mit der Verwertung der Technologierechte verbundene Risiko zum Teil beim Veräusserer verbleibt", wenn also der Vertrag sich nicht in der einmaligen Übertragung erschöpft, sondern ein **Dauerverhältnis** begründet. Das ist der Fall, wenn die Gegenleistung nicht in einer Einmalleistung besteht, sondern in einer nutzungsabhängigen Vergütung (dazu auch Technologietransfer-Leitlinien, Anhang B 9, Rn. 52). Art. 1 Abs. 1 lit. b VO 772/2004 erwähnte dafür als – auch heute noch aussagekräftiges – Beispiel den Fall, dass „der als Gegenleistung für die Übertragung zu zahlende Betrag vom Umsatz abhängt", den der Erwerber mit der Nutzung der ihm übertragenen Rechte erzielt. Diese Fälle der Übertragung sind dadurch gekennzeichnet, dass sie **wirtschaftlich einem Lizenzverhältnis entsprechen.** Kartellrechtlich soll es nicht möglich sein, dem Kartellverbot des Art. 101 Abs. 1 AEUV und der damit verbundenen Freistellungsmöglichkeit nach Abs. 3 dadurch zu entgehen, dass ein in diesen Fallkonstellationen nur scheinbar einmalige Übertragungsakt stattfindet. 13

d) Ziel der Produktion von Vertragsprodukten. Der Begriff der Technologietransfer-Vereinbarung ist nach der ausdrücklichen Regelung in beiden Alternativen der lit. c gekennzeichnet durch das „Ziel der Produktion von Vertragsprodukten". Auch mit Geltung für Ziff. ii ist in Ziff. i ausdrücklich klargestellt, dass es um 14 die Produktion von Vertragsprodukten **„durch den Lizenznehmer und/oder seine Zulieferer"** geht. Mit der Erwähnung der Zulieferer ist der häufige Fall angesprochen, dass der Lizenznehmer das Vertragsprodukt nicht in vollem Umfang selbst produziert, sondern auch Teile (oder Dienstleistungen) von Zulieferern verwendet. Die dafür uU erforderliche Weitergabe der Technologierechte an die Zulieferer muss allerdings durch den Lizenzvertrag legitimiert sein; der Lizenznehmer kann sich im Verhältnis zu seinen Zulieferern dadurch absichern, dass er diese verpflichtet, die überlassenen Technologierechte (insbesondere auch das Know-how) nur für die Lieferung an den Lizenznehmer einzusetzen (vgl. dazu Zulieferbekanntmachung in Anhang B 8 und Technologietransfer-Leitlinien, Anhang B 9, Rn. 64). Zur Produktion aufgrund von Software-Urheberrechten vgl. Technologietransfer-Leitlinien Rn. 62.

15 In der Entwurfsfassung vom Februar 2013 waren in partieller Übereinstimmung mit der Definition in Art. 1 Abs. 1 lit. b VO 772/2004 ausdrücklich auch Bestimmungen in die Definition einbezogen, „die sich sich auf den Erwerb von Produkten durch den Lizenznehmer" beziehen, „sofern diese Bestimmungen unmittelbar und ausschließlich mit der Produktion von Vertragsprodukten verbunden sind". Lit. c enthält diese Einbeziehung von **Nebenbestimmungen** nicht mehr; sie ergibt sich nunmehr aus Art. 2 Abs. 2 (→ Art. 2 Rn. 6). Aus dem die Technologietransfer-Vereinbarung kennzeichnenden „Ziel der Produktion von Vertragsprodukten" ergibt sich, dass alle Vereinbarungen vom Begriff der Technologietransfer-Vereinbarung und damit auch deren Freistellung umfasst ist, die entsprechend Art. 3 Abs. 3 „unmittelbar mit der Produktion oder dem Verkauf von Vertragsprodukten verbunden sind".

5. „Wechselseitige Vereinbarung" und „nicht wechselseitige Vereinbarung" (Abs. 1 lit. d und lit. e)

16 Lit. d und lit. e entsprechen den Regelungen in Art. 1 Abs. 1 lit. c und d VO 772/2004. Sie befassen sich mit den Begriffen der „wechselseitigen" (engl. **cross licence,** in der Verordnung „reciprocal agreement") und „nicht wechselseitigen" Vereinbarung. Diese Begriffe sind wesentlich für die Kernbeschränkungen und deren Ausnahmen in Art. 4 Abs. 1 (vgl. dort lit. b und die meisten Fälle von lit. c), also dort, wo die Vertragsparteien Wettbewerber sind. Die Definition der „wechselseitigen" Vereinbarung in lit. d bezieht sich auf den Fall, dass **zwei Unternehmen im Verhältnis zueinander sowohl Lizenzgeber als auch Lizenznehmer** sind, wobei es nicht darauf ankommt, ob das in ein und demselben oder in getrennten Verträgen vereinbart wird. Lit. d verwendet hier den Begriff „Vertrag" (im englischen Text: „contract"), wobei nicht erkennbar ist, dass ein Unterschied zu dem Begriff der „Vereinbarung" („agreement") besteht, und zwar in dem erweiterten Sinne von lit. a (so auch für die entsprechenden Regelungen in der VO 772/2004 *Fuchs* in IM Art. 1 TT-GVO Rn. 31 mit Fn. 320). Es liegt aber nur dann eine wechselseitige Vereinbarung vor, wenn die Lizenz entweder für **konkurrierende Technologien** erteilt ist oder sich auf die Produktion **konkurrierender Produkte** bezieht. Die Begriffe „konkurrierende Technologien" und „konkurrierende Produkte" sind als solche in dem Definitionskatalog nicht enthalten; der Definition der konkurrierenden Unternehmen in lit. n ist jedoch zu entnehmen, dass es darauf ankommt, ob die Technologien bzw. die Produkte ein und demselben Markt zuzurechnen sind und auf ihm miteinander im Wettbewerb stehen. Eine Vereinbarung ist nicht allein deshalb wechselseitig, weil sie eine **Rücklizenzverpflichtung** enthält oder weil sich der Lizenznehmer verpflichtet, eine Lizenz für seine eigenen Verbesserungen an der lizenzierten Technologie zu erteilen (vgl. Technologietransfer-Leitlinien, Anhang B 9, Rn. 98; *Fuchs* in IM Art. 1 TT-GVO Rn. 34).

17 Der in lit. d definierte Begriff der **„wechselseitigen"** Vereinbarung wird nur in Art. 4 Abs. 1 lit. b erwähnt; im Übrigen wird immer nur von „nicht wechselseitigen" Vereinbarungen gesprochen. Nach lit. b können Output-Beschränkungen auch in wechselseitigen Vereinbarungen zulässig sein, aber unter der Voraussetzung, dass nur einem der Lizenznehmer eine solche Output-Beschränkung auferlegt wird (→ Art. 4 Rn. 11). Der in lit. e definierte Begriff der **„nicht wechselseitigen"** Vereinbarung meint in erster Linie den **„Normal"-Fall,** dass ein Unternehmen einem anderen eine Lizenz erteilt, ohne dass etwas hinzukommt. Er erfasst aber auch den direkten Gegensatz zur wechselseitigen Vereinbarung nach lit. d, indem sich zwei Unternehmen einander eine Lizenz erteilen, wobei diese Lizenzen sich aber **nicht auf konkurrierende Technologien oder konkurrierende Produkte** beziehen. Gemeint sind also Fälle, in denen sich ein und dieselben Unternehmen sowohl als Lizenzgeber als auch als Lizenznehmer gegenüber stehen, die Lizenzgegenstände, aber keine miteinander konkurrierenden Technologien oder Produkte betreffen. Dabei kommt es nicht darauf an, ob die Lizenzbeziehungen in ein und demselben Vertrag geregelt sind. Eine nicht wechselseitige Vereinbarung ist also entweder eine Vereinbarung zwischen zwei Unternehmen, in dem ein Lizenzgeber und ein Lizenznehmer sich gegenüber stehen, oder eine komplexere Vereinbarung, in der beide Unternehmen sowohl Lizenzgeber als auch Lizenznehmer sind, die betroffenen Technologien und Produkte aber nicht miteinander konkurrieren, weil sie jeweils unterschiedlichen Märkten zuzurechnen sind.

6. „Produkt" und „Vertragsprodukte" (Abs. 1 lit. f und g)

Die Definition in lit. f und g entsprechend denen in Art. 1 Abs. 1 lit. e und f VO 772/2004. Der Begriff des „Produkts" wird in der VO meist nicht isoliert verwendet (so aber in Art. 4 Abs. 1 lit. a, Abs. 2 lit. a), sondern als Teil des weiteren Begriffs „Vertragsprodukt". Das Wesen des Begriffes „Produkt" in der VO 316/2014 ist der Unterschied zur „Technologie". Lizenzgegenstand sind im Normalfall Technologierechte, und das Produkt dasjenige, das mit Hilfe der lizenzierten Technologie erzeugt werden kann; dabei kann es sich sowohl um eine **Ware** als auch um eine **Dienstleistung** handeln. Die Definition in lit. f stellt – in Übereinstimmung mit Art. 1 Abs. 1 lit. d VO 1217/2010 (→ VO 1217/2010 Art. 1 Rn. 11) – klar, dass auch **Zwischenprodukte** erfasst sind. Wenn das Produkt mit der lizenzierten Technologie hergestellt wird, ist es das „Vertragsprodukt"; es ist also unmittelbar oder mittelbar auch Vertragsgegenstand. Der Begriff des Produkts sagt nichts über seine Marktzuordnung aus; er kann sowohl enger als auch weiter sein als das, was einem Markt zugeordnet wird. 18

7. „Rechte des geistigen Eigentums" (Abs. 1 lit. h)

Die VO 772/2004 sprach in lit. h und anderen Bestimmungen stets von den „Rechten an geistigem Eigentum". Die jetzigen Worte „Rechte des geistigen Eigentums", die der VO 1217/2010 (→ Art. 1 Abs. 1 lit. h, → VO 1217/2010 Art. 1 Rn. 15) entnommen sind, bedeuten dasselbe; der englische Wortlaut „intellectual property rights" wurde nicht verändert. Der Begriff der „Rechte des geistigen Eigentums" ist von Bedeutung für die Beschreibung der zulässigen **Nebenvereinbarungen** in Art. 2 Abs. 3 (Art. 2 Rn. 6), die von dem Hauptgegenstand der Technologietransfer-Vereinbarung abzugrenzen sind. Der Begriff wird weiterhin verwendet im Zusammenhang mit der **Nichtangriffs-Klausel** in Art. 5 Abs. 1 lit. b (→ Art. 5 Rn. 8 ff.). 19

Die eigentliche Bedeutung des Begriffs der „Rechte des geistigem Eigentums" liegt außerhalb der in lit. b erfassten Schutzrechte und des Know-how, nämlich insbesondere bei den in lit. h ausdrücklich erwähnten **„Markenzeichen"** (dh Marken und Warenzeichen) und **Urheberrechten;** in diesem Zusammenhang ist Know-how nicht erwähnt und vom Begriff des „Rechts des geistigen Eigentums" nicht erfasst. Auf (nach dem Hauptgegenstand) Markenlizenzen (dazu *Niebel* WRP 2003, 482 ff.; *Fuchs* in IM Art. 1 TT-GVO Rn. 41) und Urheberrechtslizenzen (außerhalb der Soft- 20 warelizenzen; dazu *Fuchs* aaO) bezieht sich die VO 316/2014 nicht; sie sind deswegen nicht als Hauptgegenstand, sondern nur als Nebengegenstand einer Lizenzvereinbarung freigestellt. Darauf bezogene Nichtangriffs-Klauseln werden aber durch Art. 5 Abs. 1 lit. b erfasst.

8. „Know-how" (Abs. 1 lit. i)

21 Der Begriff des Know-how war ähnlich wie in lit. i schon in Art. 10 Ziff. 1–4 VO 240/96 definiert und ist so auch in die VO 772/2004 und die VO 316/2014 übernommen worden. Auch die VO 330/2010 und die VO 1217/2010 enthalten in Art. 1 lit. g bzw. lit. i–l eine – inhaltlich identische – Definition des Know-how (dazu VO 330/ 2010 Art. 1 Rn. 49; → VO 1217/2010 Art. 1 Rn. 16ff.). Anders als dort ist der Begriff für die Anwendung der VO 316/2014 von **grundlegender Bedeutung.** Know-how kann ebenso wie gewerbliche Schutzrechte, insbesondere das Patent, Gegenstand eines „Lizenzvertrages" sein. Allerdings geht es hierbei nicht um die Lizenzierung im Sinne von Verzicht auf die Ausübung von Verbietungsrechten, sondern um die **positive Überlassung der Möglichkeit** für den „Lizenznehmer", dieses – ihm zuvor unbekannte und nicht zugängliche – Know-how im Rahmen der Vereinbarung zu verwenden. Dennoch wird im Folgenden der Know-how-Geber als Lizenzgeber, der Know-how-Nehmer als Lizenznehmer bezeichnet. Kennzeichen des Know-how sind die nicht patentierten praktischen Kenntnisse, die geheim, wesentlich und identifiziert sind. Lit. i leitet das durch den Obersatz ein, dass es sich um eine „Gesamtheit praktischer Kenntnisse" handelt, „die **durch Erfahrungen und Versuche gewonnen** werden". Dass die Kenntnisse nicht patentiert sind, ergibt sich schon daraus, dass sie anderenfalls nicht geheim wären. Eine besondere Bedeutung kommt der Formulierung zu, dass die Kenntnisse durch Erfahrungen und Versuche gewonnen werden. Dabei kommt es nicht darauf an, bei wem die Kenntnisse gewonnen worden sind, ob beim Lizenzgeber oder bei einem Dritten, von dem der Lizenzgeber das Know-how (mit der Möglichkeit der Weiterübertragung) übertragen erhalten hat.

22 Know-how kann nur solange Gegenstand einer der Gruppenfreistellung zugänglichen Technologietransfer-Vereinbarung sein, wie es (i.) **geheim** ist, dh nur dem Lizenzgeber und allenfalls seinen anderen, der Geheimhaltung verpflichteten Lizenznehmern bekannt ist. Es darf darüber hinaus auch für Dritte **„nicht leicht zugänglich"** sein. Es reicht also nicht aus, wenn derzeit die Kenntnisse nur dem Lizenzgeber bekannt sind, es aber tatsächlich ohne Weiteres (leicht) für andere zugänglich wäre, etwa weil es sich unmittelbar aus dem vertriebenen Produkt ergibt, oder auch ansonsten Schutzvorkehrungen nicht stattfinden oder nicht möglich sind. Know-how kann auf einer Vielzahl von Kenntnissen und Erfahrungen beruhen, die uU jeweils einzeln nicht geheim sind; dann kommt es darauf an, dass gerade die spezifische Zusammenfassung geheim ist (vgl. dazu auch *Röhling* in MünchKomm VO 772/2004 Art. 1 Rn. 59).

23 Das Know-how muss (ii.) **„wesentlich"** sein, dh es muss für die Produktion der Vertragsprodukte von Bedeutung und nützlich sein. Von Bedeutung ist es nur, wenn es **kausal** ist für die Herstellung der Vertragsprodukte entweder in dem Sinn, dass ohne das Know-how die Vertragsprodukte realistischerweise überhaupt nicht hergestellt werden können oder jedenfalls nicht mit für die Vertragsprodukte wesentlichen Charakteristika. Das Know-how muss außerdem für die Vertragsprodukte **nützlich** sein, also Vorteile mit sich bringen. Eine **Prüfung der objektiven Unerlässlichkeit findet im Rahmen der VO 316/2014 nicht statt;** es reicht aus, wenn der Lizenznehmer unternehmerisch nachvollziehbare Gründe dafür hat, dass für ihn das Know-how „wesentlich" ist. „Unwesentliches" Know-how kann jedenfalls nicht selbstständig Gegenstand einer freistellungsfähigen Technologietransfer-Vereinbarung sein.

24 Schließlich muss das Know-how (iii.) **„identifiziert"** sein. Dieses Merkmal bezieht sich in erster Linie auf die **Dokumentierung,** zB in Form von Beschreibungen,

Rezepten, Formeln, Mustern oder Zeichnungen. Die Dokumentierung dient einerseits der Nachprüfung, ob wesentliches und geheimes Know-how überlassen wurde, andererseits der Sicherstellung, dass der Lizenznehmer bei der Nutzung seiner eigenen Technologie nicht unangemessenen Beschränkungen unterworfen wird. Mit dem Erfordernis der „Identifizierung“ des Know-how ist die frühere Streitfrage, ob das Know-how im Vertrag genau umschrieben sein und von allgemeinem Wissen, das wegen Offenkundigkeit nicht Vertragsgegenstand sein kann, klar getrennt werden müsse, im Sinne der Festschreibung entschieden.

9. „Relevanter Produktmarkt“ (Abs. 1 lit. j)

a) Allgemeines. Die VO 772/2004 enthielt keine besondere Definition des relevanten Produktmarktes. Der Begriff war und ist aber wegen der Marktanteilsschwellen in Art. 3 VO 772/2004 und VO 316/2014 von wesentlicher Bedeutung. Er wird auch in der VO 1217/2010 (Art. 1 Abs. 1 lit. u, dort Rn. 33f.) verwendet. Bei einer Vereinbarung zwischen konkurrierenden Unternehmen liegt die Schwelle bei 20%, bei nicht konkurrierenden Unternehmen bei 30%. Die Technologietransfer-Vereinbarung wirkt sich auf Produktmärkten und im Produktwettbewerb aus, weil sie die Grundlage für die Herstellung von Produkten ist. Dabei ist entsprechend Art. 1 Abs. 1 lit. f der **Begriff des „Produktes“ weitgefasst** (Rn. 18), insbesondere bezieht er sowohl Zwischen- als auch Endprodukte ein und Dienstleistungen. Wenn Gegenstand der Technologietransfer-Vereinbarung ein Patent ist, mit dem ein bestimmtes Zulieferteil gefertigt werden kann, ist dieses Zulieferteil das Produkt. Für die Berechnung der Marktanteilsschwellen kommt es dann darauf an, welche Marktanteile die Parteien auf diesem Produktmarkt haben. Ermöglicht die Technologietransfer-Vereinbarung die **Eröffnung eines neuen Produktmarktes,** auf dem derzeit weder Lizenzgeber noch Lizenznehmer tätig sind, gibt es möglicherweise den Produktmarkt noch nicht; dann kommt die Überschreitung einer Marktanteilsschwelle nicht in Betracht. 25

b) Besonderheiten bei der Feststellung des Produktmarktes. Grundsätzlich ist der Markt aus der **Sicht der Marktgegenseite** (des „Käufers“) abzugrenzen (vgl. dazu auch Bekanntmachung über den relevanten Markt, Anhang B 1); was aus deren Sicht **austauschbar** ist, gehört einem einheitlichen Markt an, und umgekehrt. Allerdings ist die Tatsache, dass die Technologietransfer-Vereinbarung nicht unmittelbar die Vermarktung eines Produktes betrifft, sondern die Grundlage für dessen Herstellung bildet, ein Beleg dafür, dass der Gesichtspunkt der Austauschbarkeit durch den der **Produktionsflexibilität** ergänzt werden muss. In den relevanten Produktmarkt sind also nicht nur die Produkte einzubeziehen, die die beteiligten Unternehmen mit der Technologie, die Gegenstand der Vereinbarung ist, herstellen, sondern auch diejenigen, die sie mit den vorhandenen Produktionsanlagen und ihren Kenntnissen außerhalb der überlassenen Technologie **herstellen könnten.** Ist zB Gegenstand einer Patentlizenz eine besondere Aufhängungsvorrichtung, so ist nicht nur diese Vorrichtung als marktrelevant, sondern auch diejenige, die bisher ohne die überlassene Technologie hergestellt wurde, ebenso wie andere Aufhängevorrichtungen, die die Partner unter Verwendung ihrer schon vorhandenen Kenntnis und Anlagen herstellen könnten. Die allgemeinen Grundsätze gelten auch für die **räumliche Abgrenzung** des Produktmarktes; anders als der Technologiemarkt ist der Produktmarkt häufig kleiner als die gesamte EU oder die Welt. 26

10. Relevanter Technologiemarkt (Abs. 1 lit. k)

a) Allgemeines. Art. 3 verlangt, dass außer dem relevanten Produktmarkt auch der „betroffene relevante Technologiemarkt“ festgestellt werden muss. Dieser Begriff wird auch in der VO 1217/2010 (Art. 1 Abs. 1 lit. v, vgl. dort Rn. 33f.) verwendet. 27

Gegenstand der Technologietransfer-Vereinbarung sind in Schutzrechten oder Know-how zum Ausdruck kommende **Technologierechte.** Sie sind **zu unterscheiden von dem Produkt,** das mit ihrer Hilfe hergestellt werden kann. Die Technologie ist typischerweise dem Produktmarkt **vorgelagert** und bildet die **Voraussetzung für die Herstellung der Produkte.** Anbieter auf dem Technologiemarkt ist derjenige, der die Technologierechte auf andere überträgt oder lizenziert. Deswegen ist typischerweise jedenfalls der Lizenzgeber einer Technologietransfer-Vereinbarung auf diesem Markt tätig und realisiert seine Marktpräsenz eben durch die Technologietransfer-Vereinbarung. Bei dem **Lizenznehmer** ist das typischerweise anders: Durch die Technologietransfer-Vereinbarung erwirbt er die Technologierechte bzw. die Möglichkeit, das Schutzrecht zu verwenden. Dadurch wird er nicht Anbieter, sondern **Nachfrager für die Technologierechte.** Dann ist nur der Lizenzgeber auf dem Technologiemarkt tätig; nur er hat Marktanteile, nicht der Lizenznehmer.

28 **b) Besonderheiten bei der Feststellung des Technologiemarktes.** Für die Bestimmung des Technologiemarktes gelten an sich die allgemeinen Grundsätze, die die Kommission in der Bekanntmachung über die Definition des relevanten Marktes (Anhang B 1) festgehalten hat. Relevant sind also die lizenzierten Technologierechte und ihre Substitute, dh alle Technologierechte, die aufgrund ihrer Eigenschaften, ihrer Lizenzgebühren und ihres Verwendungszwecks von Lizenznehmern als austauschbar oder substituierbar angesehen werden (so ausdrücklich der Wortlaut des Art. 1 Abs. 1 lit. k; vgl. dazu auch Technologietransfer-Leitlinien, Anhang B 9, Rn. 22). Besonderheiten ergeben sich daraus, dass häufig die Technologie, die Gegenstand der Vereinbarung ist, entweder aufgrund ihrer Neuheit oder aufgrund der Strategie der Technologie- oder Schutzrechtsinhaber **bisher nicht vermarktet** worden ist. Aber auch dann, wenn der Lizenzgeber erstmals durch die in der Vereinbarung liegende Lizenzierung seiner Technologierechte auf dem Technologiemarkt tätig wird, kann der Markt schon bestehen. Er besteht typischerweise nicht nur exakt aus der Technologie der betroffenen Vereinbarung, sondern umfasst auch die **Technologien, die aus der Sicht der Technologieanwender untereinander austauschbar** sind. Technologiemärkte sind häufiger als Produktmärkte **räumlich europaweite oder Weltmärkte** (gegen das Erfordernis einer räumlichen Abgrenzung in der VO 772/2004 *Fuchs* in IM Art. 3 TT-GVO Rn. 10).

11. „Räumlich relevanter Markt" (Abs. 1 lit. l)

29 Die Definition des „räumlich relevanten Marktes" ist in der VO 316/2014 neu. Sie entspricht der allgemeinen Kommissionspraxis, die in der Bekanntmachung über den relevanten Markt (Anhang B 1) in Rn. 8 fast wortgleich festgehalten ist. Das Bedürfnis, den räumlich relevanten Markt in der VO 316/2014 – anders noch als in der VO 772/2004 – gesondert zu definieren, ergibt sich allenfalls aus der **Einbeziehung der Technologierechts-Lizenzen.** Diese sind ihrer Natur nach noch eher als Produkte und Dienstleistungen weltweit vermarktbar. Dennoch kommt es nach der Regelung in lit. l darauf an, in welchem Gebiet die beteiligten Unternehmen Technologierechte lizenzieren, nicht darauf, wo sie sie auch lizenzieren könnten. Auf die Nachfrage wird insoweit nicht abgestellt. Die Bedeutung der neuen Regelung ist unklar.

12. „Relevanter Markt" (Abs. 1 lit. m)

30 Die VO 772/2004 enthielt keine entsprechende Definition des „relevanten Markts". Der Begriff wird seinerseits außer in der Definition der „konkurrierenden Unternehmen" in Abs. 1 lit. n in Art. 3 Abs. 1 und 2 und Art. 7 verwendet. Mit der Definition in lit. m wird klargestellt, dass sich das in lit. n definierte Konkurrenzverhältnis immer auf die **Kombination des relevanten Produkt- oder Technologiemarktes mit dem räumlich relevanten Markt** bezieht. Das kann praktische

Bedeutung insbesondere für die Einbeziehung potenziellen Wettwerbs haben; dieser kommt nicht in Betracht, soweit die beteiligten Unternehmen die relevanten Produkte oder Technologien nicht anbieten. Räumlich relevant ist vielmehr nur das Gebiet, in dem die beteiligten Unternehmen tatsächlich zumindest als Anbieter oder Nachfrager tätig sind.

13. „Konkurrierende Unternehmen" (Abs. 1 lit. n)

a) Bedeutung. Die Marktanteilsschwellen des Art. 3 **differenzieren** danach, ob es sich bei den Vertragsparteien um konkurrierende oder nicht konkurrierende Unternehmen handelt; dasselbe gilt für den **Katalog der Kernbeschränkungen** in Art. 4. Diese ist in Abs. 1 im Hinblick auf konkurrierende Unternehmen sehr viel strenger als in Abs. 2 im Hinblick auf nicht konkurrierende Unternehmen; ein Teil der in Art. 4 Abs. 1 nur für konkurrierende Unternehmen erfassten Verwertungsverbote wird für nicht konkurrierende Unternehmen in Art. 5 Abs. 2 mit der milden Rechtsfolge einer „grauen" Klausel wiederholt. Der Begriff „konkurrierende" Unternehmen wurde auch schon in der VO 240/96 verwendet (Art. 3 Ziff. 4: konkurrierende Hersteller). Daneben wurde auch von „Wettbewerbern" gesprochen; für Lizenzvereinbarungen zwischen ihnen galt die VO 240/96 nach Art. 5 Abs. 1 Ziff. 2 und 3 nur unter besonderen Voraussetzungen. Die anderen Gruppenfreistellungsverordnungen stellen, teilweise mit Unterschieden im Hinblick auf den potenziellen Wettbewerb, ebenfalls auf den Begriff der „Wettbewerber" ab (so Art. 1 lit. c VO 330/2010). Die Definition in Art. 1 Abs. 1 lit. n ist gegenüber der VO 772/2004 insoweit geändert, als in den Ziffern (i) und (ii) – im Unterschied auch zum Entwurf vom Februar 2013 – nicht mehr darauf abgestellt wird, ob eine Rechtsverletzung im Verhältnis zum anderen Vertragspartner vorliegt (→ Rn. 33). Lit. n differenziert zwischen den konkurrierenden Unternehmen auf dem relevanten Technologiemarkt und dem relevanten Produktmarkt. Art. 3, Art. 4 und Art. 5 Abs. 2 sprechen generell von „konkurrierenden" bzw. „nicht konkurrierenden" Unternehmen. Dafür reicht es aus, wenn das **Konkurrenzverhältnis auf einem der beiden Märkte** besteht, also dem Technologie- oder dem Produktmarkt; es ist nicht erforderlich, dass das Konkurrenzverhältnis sich auf beide Märkte bezieht (so für die VO 772/2004 auch *Fuchs* in IM Art. 1 TT-GVO Rn. 57). Es kommt nicht auf die Tätigkeit der Unternehmen insgesamt an, sondern nur auf die Tätigkeit der Unternehmen auf den Märkten, die für die Technologietransfer-Vereinbarung relevant sind. **Zeitlich** kommt es auf den Zeitpunkt bei **Abschluss der Vereinbarung** an. 31

b) Konkurrenz auf dem relevanten Technologiemarkt (Ziff. i). Unternehmen konkurrieren nach der Definition in Ziff. i, wenn sie beide Lizenzen für konkurrierende Technologierechte vergeben. Die Klammerdefinition **„tatsächliche Wettbewerber auf dem relevanten Markt"** (dieser Begriff wird auch in Art. 1 Abs. 1 lit. c VO 330/2010 – → VO 330/2010 Art. 1 Rn. 21 – , in Art. 1 Abs. 1 lit. 5 VO 1217/2010 – → VO 1217/2010 Art. 1 Rn. 29 – und in Art. 1 Abs. 1 lit. m VO 1218/2010 – → VO 1218/2010 Art. 1 Rn. 17 – verwendet) macht deutlich, dass es insoweit nicht auf die bloße Fähigkeit, Lizenzen für konkurrierende Technologierechte zu vergeben, ankommt, sondern darauf, dass beide Unternehmen tatsächlich auf dem Lizenzmarkt tätig sind. Der **nur potenzielle Wettbewerb wird nicht erfasst** (allg. Auffassung auch für die VO 772/2004, vgl. Vorauflage Art. 1 VO 772/2004 Rn. 25; *Fuchs* in IM Art. 1 TT-GVO Rn. 63; *Röhling* in MünchKomm VO 772/2004 Rn. 69). Insoweit unterscheidet sich die Definition in Ziff. i von der Definition in Ziff. ii, wo dem tatsächlichen Wettbewerbsverhältnis ausdrücklich das potenzielle Wettbewerbsverhältnis gegenüber gestellt wird. Für das tatsächliche Wettbewerbsverhältnis auf dem Technologiemarkt ist nicht erforderlich, dass beide Unternehmen schon Lizenzen vergeben haben; es reicht aus, wenn sie Lizenzen schon **angeboten** 32 haben. Die Nichterfassung des potenziellen Technologiewettbewerbs bezieht sich nur auf die Anwendungsvoraussetzungen der VO 316/2014 und schließt nicht aus, den potenziellen Wettbewerb bei der Beurteilung der Auswirkungen von Lizenzvereinbarungen ansonsten zu berücksichtigen (dazu auch Technologietransfer-Leitlinien, Anhang B 9, Rn. 83).

33 Ziff. i in der Fassung der VO 772/2004 enthielt ebenso noch wie der Entwurf der VO 316/2014 vom Februar 2013 noch die Einschränkung, dass die Vergabe der Lizenzen nicht zur **Verletzung der Rechte des anderen Unternehmens** an geistigem Eigentum führen darf. Ein Wettbewerbsverhältnis sollte also nicht anzunehmen sein, wenn zwar beide Unternehmen Lizenzen vergeben, das eine aber die Rechte des anderen verletzt. Diese Einschränkung ist nicht in die VO 316/2014 übernommen worden. Das ist wirtschaftlich wahrscheinlich nicht von größerer Bedeutung. Die Definition in Ziff. i ist aber im Lichte dieser Änderung so auszulegen, dass ein Wettbewerbsverhältnis auch dann anzunehmen ist, wenn die Vertragsparteien sich über das Verhältnis ihrer Technologien uneinig sind und sich deswegen tatsächlich als Wettbewerber gegenüberstehen, obwohl möglicherweise der eine wegen Verletzung der Rechte des anderen objektiv gar nicht „seine" Technologie vermarkten dürfte. **Rechtliche Sperrpositionen,** die unter den Parteien streitig sind, sollten also keine Rolle spielen (vgl. dazu auch Technologietransfer-Leitlinien, Anhang B 9, Rn. 32f.; zum früheren Rechtszustand vgl. Fuchs in IM Art. 1 TT-GVO Rn. 67). In der VO 772/2004 enthielt Ziff. i zusätzlich die Definition des Technologiemarktes; sie ist jetzt in lit. k enthalten (→ Rn. 27f.).

34 **c) Konkurrenz auf dem relevanten Produktmarkt (Ziff. ii).** Lizenzgeber und Lizenznehmer sind nicht nur konkurrierend (dh Wettbewerber), wenn sie gleiche oder ähnliche Technologie anbieten, sondern auch, wenn sie gleichermaßen auf einem Produktmarkt **tätig sind oder tätig werden könnten.** Dabei ist auf den **Zustand ohne die Technologietransfer-Vereinbarung** abzustellen. Geht es um eine Technologie zur Herstellung des Produkts A, sind die beteiligten Unternehmen Wettbewerber, wenn sie beide auch ohne die Technologietransfer-Vereinbarung A entweder tatsächlich anbieten oder jedenfalls potenziell anbieten könnten. Ein Wettbewerbsverhältnis, das sich nur daraus ergibt, dass das eine Unternehmen die Schutzrechte des anderen verletzt, war nach der Definition in Art. 1 Abs. 1 lit. j ii VO 772/2004 unbeachtlich. Darauf kommt es nach der Neufassung nicht an; entscheidend ist allein, ob die beteiligten Unternehmen die miteinander konkurrierenden Produkte anbieten. Für den **potenziellen Wettbewerb** enthält die Definition in Ziff. ii mehrere Hinweise: Maßgeblich sind **„realistische" und nicht rein theoretische Annahmen,** die dafür sprechen, dass die beteiligten Unternehmen oder eines von ihnen „die notwendigen zusätzlichen Investitionen oder sonstigen Umstellungskosten" auf sich nehmen würden, um in die sachlich und räumlich relevanten Märkte eintreten zu können. Ein solches potenzielles Wettbewerbsverhältnis liegt auch vor, wenn das eine Unternehmen schon auf diesem Markt tätig ist, das andere aber nach den genannten Kriterien eintreten könnte. Das potenzielle Wettbewerbsverhältnis liegt einmal vor, wenn schon genügend Anreize vorhanden sind, um in den Markt einzutreten; es ist zum anderen anzunehmen, wenn mit dem Eintritt zu rechnen wäre, wenn „eine **geringfügige, aber dauerhafte Erhöhung der relativen Preise**" stattfände (im deutschen Wortlaut wird von „relevanten" Preisen gesprochen; dabei handelt es sich offensichtlich um ein Redaktionsversehen oder einen Übersetzungsfehler; gemeint sind wie früher und entsprechend dem englischen Wortlaut die „relativen" Preise). Die Annahme eines potenziellen Wettbewerbsverhältnisses macht nur Sinn, wenn ein Markteintritt tatsächlich in Betracht kommt mit der Wirkung, dass von der bloßen Möglichkeit ein aktueller Wettbewerbsdruck ausgeht; ist das nicht der Fall, weil die Hypothese der „geringfügigen, aber dauerhaften Erhöhung der relativen Preise" nicht realistisch ist, kann ein solches potenzielles Wettbewerbsverhältnis nicht

angenommen werden (aA für die VO 772/2004 *Fuchs* in IM Art. 1 TT-GVO Rn. 66). In der VO 772/2004 enthielt der letzte Hs. von Ziff. ii eine **Definition des relevanten Produktmarkts.** Sie ist jetzt – ohne sachliche Änderung – in lit. j enthalten (→ Rn. 25f.).

14. „Selektive Vertriebssysteme" (Abs. 1 lit. o)

Der Begriff des selektiven Vertriebssystems wird in Art. 4 Abs. 2 lit. b Ziff. v und lit. c verwendet. Nach Art. 4 Abs. 2 lit. b Ziff. v sind in Vereinbarungen zwischen nicht konkurrierenden Unternehmen Gebiets- oder Kundenkreisbeschränkungen für den passiven Verkauf von Lizenznehmern unzulässig, mit Ausnahme „der Beschränkung des Verkaufs an nicht zugelassene Händler, die Mitgliedern eines selektiven Vertriebssystems auferlegt werden". Damit wird entsprechend Art. 4d VO 330/2010 klargestellt, dass **Beschränkungen von Querlieferungen** (aktiver und passiver Verkauf) zwischen zugelassenen Händlern eines selektiven Vertriebssystems unzulässig, im Verhältnis zu nicht zugelassenen Händlern hingegen zulässig (und notwendig) sind (→ VO 330/2010 Art. 4 Rn. 19). Nach Art. 4 Abs. 2 lit. c sind **alle Verkaufsbeschränkungen an Endverbraucher unzulässig,** wenn der Lizenznehmer einem selektiven Vertriebssystem angehört und auf der Einzelhandelsstufe tätig ist (→ Art. 4 Rn. 32). Im Rahmen der VO 316/2014 hat all das nur Bedeutung für selektive Vertriebssysteme, die nicht Hauptgegenstand der freizustellenden Vereinbarung sind, sondern Nebengegenstand und deswegen nicht der Gruppenfreistellung nach der VO 330/2010 unterliegen. 35

Die Definition der selektiven Vertriebssysteme entspricht der in Art. 1 Abs. 1 lit. e VO 330/2010 (dazu Art. 1 VO 330/2010 Rn. 33ff.; zu der Frage, unter welchen Voraussetzungen qualitative selektive Vertriebssysteme überhaupt gegen Art. 101 Abs. 1 AEUV verstoßen, vgl. dort Rn. 36). Sie ist aber an die Anwendungsfälle der VO 316/2014 angepasst, also an das Verhältnis zwischen Lizenzgeber als „Veranstalter" des selektiven Vertriebssystems und Lizenznehmer als gebundenem Vertragspartner. Sie umfasst sowohl **qualitative als auch quantitative selektive Vertriebssysteme.** Die Selektion hat aufgrund von **„festgelegten Kriterien"** (in den anderen Regelungen wird – sachlich identisch – von „festgelegten Merkmalen" gesprochen) zu erfolgen, die sich bei der quantitativen Selektion auf mengenmäßige Begrenzung der Lizenznehmer beschränken kann, während sie bei der qualitativen Selektion Qualitätsmerkmale umfassen müssen. Die Voraussetzungen des „selektiven Vertriebssystems" sind nur erfüllt, wenn den Lizenznehmern ausdrücklich die Verpflichtung auferlegt ist, die Vertragsprodukte nicht an außenstehende Händler zu verkaufen. Ist diese Verpflichtung nicht Gegenstand der Vereinbarung, handelt es sich nicht um ein selektives Vertriebssystem; ihr Fehlen wird als unwiderlegbares Indiz dafür angesehen, dass trotz der Kennzeichnung als selektives Vertriebssystem in Wahrheit keine Selektion stattfindet (wenn die selektierten Lizenznehmer frei darin sind, alle Händler quer zu beliefern). 36

15. „Exklusivlizenz" (Abs. 1 lit. p)

Die VO 316/2014 enthält anders als die VO 772/2004 eine besondere Definition des Begriffes der „Exklusivlizenz". Er wird ausschließlich in Art. 5 Abs. 1 lit. a und Art. 6 Abs. 1 lit. b verwendet. Nach Art. 5 Abs. 1 lit. a ist eine Verpflichtung im Sinne einer „grauen" Klausel nicht freigestellt, durch die dem Lizenzgeber eine Exklusivlizenz für eigene Verbesserungen oder eigene neue Anwendungen der lizenzierten Technologie durch den Lizenznehmer gewährt wird (→ Art. 5 Rn. 5). Art. 6 verwendet den Begriff in Abs. 1 lit. b im Zusammenhang mit Marktzugangsbeschränkungen. Nach lit. p gilt eine Lizenz als Exklusivlizenz, wenn dem Lizenzgeber die Nutzung der lizenzierten Technologierechte untersagt und damit der **Lizenznehmer der ein-** 37

zige ist, der mit der lizenzierten Technologie im Allgemeinen oder im Hinblick auf eine bestimmte Nutzung oder in einem bestimmten Gebiet **produzieren** darf. Der Lizenzgeber verpflichtet sich also, sowohl keine weiteren Lizenzen zu erteilen (soweit es allein darum geht, wird in der englischen Rechtssprache von **„sole license"** gesprochen) als auch die **Technologie nicht selbst zu verwenden (exclusive license).** Die Definition der Exklusivlizenz in Verbindung mit dem Verbot in Art. 5 Abs. 1 lit. a sichert generell das Recht des Lizenznehmers, die von ihm entwickelten (abtrennbaren) Verbesserungs- und Anwendungserfindungen zu lizenzieren und selbst zu benutzen. Dieses Recht wird nicht beeinträchtigt, wenn er verpflichtet ist, dem Lizenzgeber eine nicht ausschließliche Lizenz zu erteilen.

16. „Exklusivgebiet" (Abs. 1 lit. q)

38 Die – mit Art. 1 Abs. 1 lit. l VO 772/2004 sachlich übereinstimmende – Definition des „Exklusivgebiets" bezieht sich auf die Regelungen in Art. 4 Abs. 1 lit. c Ziff. i und ii sowie in Art. 4 Abs. 2 lit. b Ziff. i. In allen diesen Bestimmungen geht es um **Ausnahmen von der Unzulässigkeit von Gebietsbeschränkungen.** So ist es nach Art. 4 Abs. 1 lit. c Ziff. ii in Lizenzvereinbarungen zwischen konkurrierenden Unternehmen zulässig, wenn einer Partei in einer nicht wechselseitigen Vereinbarung die Verpflichtung auferlegt wird, nicht in einem oder mehreren Exklusivgebieten, die der anderen Partei vorbehalten sind, zu produzieren. Auch insoweit lehnt sich die VO 316/2014 an die VO 330/2010 an, die in Art. 4 lit. b zwar einerseits Kundenbeschränkungen verbietet, andererseits aber Beschränkungen des aktiven Verkaufs in Gebiete zulässt, die der Lieferant sich selbst oder einem anderen Abnehmer exklusiv vorbehalten hat.

39 Die Definition in lit. q betrifft ein **Gebiet, in dem nur ein Unternehmen die Vertragsprodukte mit der lizenzierten Technologie produzieren darf,** also entweder der Lizenzgeber oder Lizenznehmer; in diesem Gebiet darf anderen Vertragsparteien die Produktion verboten werden. Es darf allerdings nicht die Möglichkeit ausgeschlossen werden, dass auch ein anderer Lizenznehmer in diesem Gebiet produziert, aber nur für einen bestimmten Kunden und nur dann, wenn diese zweite Lizenz erteilt worden ist, um diesem Kunden eine **alternative Bezugsquelle (second sourcing)** zu verschaffen. Damit lehnt sich die Definition an Art. 4 Abs. 1 lit. c Ziff. iv und Abs. 2 lit. b Ziff. iii an, die unter dem Gesichtpunkt der alternativen Bezugsquelle eine **Kundenbeschränkung in Bezug auf einen bestimmten Kunden** zulassen. Gedacht ist an die Fälle, dass ein Abnehmer einen Hauptlieferanten hat, der die Lieferungen aufgrund eigener Schutzrechte und eigenen Know-hows durchführt, und der vom Abnehmer veranlasst wird, zum Zwecke der alternativen Bezugsquelle einem anderen Lieferanten eine Lizenz zu erteilen, aber nur für die Belieferung des betreffenden Abnehmers.

17. „Exklusivkundengruppe" (Abs. 1 lit. r)

40 Lit. r (in der VO 772/2004, Art. 1 Abs. 1 lit. m) nimmt Bezug auf Art. 4 Abs. 1 lit. c Ziff. i und ii sowie Art. 4 Abs. 2 lit. b Ziff. i. Es handelt sich dabei um Ausnahmen von Kundenbeschränkungen, soweit bestimmte Kundengruppen der anderen Partei vorbehalten sind. Die Definition kennzeichnet die Exklusivkundengruppe dadurch, dass an sie nur ein Unternehmen die mit der lizenzierten Technologie produzierten Vertragsprodukte **aktiv** verkaufen darf (zum Begriff des aktiven Verkaufs Art. 4 VO 330/2010 Rn. 14). Sie hat also **keine Bedeutung für den passiven Verkauf.** Der Begriff der Kunden-„Gruppe" meine eine Gruppe von Kunden, die durch ein gemeinsames Merkmal – auch durch ein Gebiet (so auch *Fuchs* in IM Art. 1 TT-GVO Rn. 77; *Schultze/Pautke/Wagener* Rn. 232) – gekennzeichnet werden. Es reicht aus, dass die Kunden identifiziert werden können; es ist nicht erforderlich, dass sie durch

ein gemeinsames abstraktes „Merkmal“ gekennzeichnet sind. Weitere Anforderungen ergeben sich aus dem Begriff der „Gruppe“ nicht. Er verlangt insbesondere auch nicht, dass die Kunden abstrakt umschrieben und nach abstrakten Merkmalen zu einer „Gruppe“ zusammengefasst sind. Es ist vielmehr möglich, dass **auch einzelne Kunden** exklusiv der einen oder anderen Partei vorbehalten sind (so auch nach der VO 330/2010, → VO 330/2010 Art. 4 Rn. 12).

18. Verbundene Unternehmen (Abs. 2)

41 Nach Abs. 2 schließen die Begriffe „Unternehmen“, „Lizenzgeber“ und „Lizenznehmer“ die mit ihnen verbundenen Unternehmen ein. Unterabs. 2 definiert, welche Unternehmen als „verbunden“ anzusehen sind. Diese Definition entspricht Art. 5 Abs. 4 der (Fusionskontroll-)VO 139/2004 (→ FKVO Art. 5 Rn. 21 f.) und Art. 1 Abs. 2 VO 330/2010 und Art. 1 Abs. 2 VO 461/2010. Sie ist auch eine Bestätigung dafür, dass Vereinbarungen zwischen den verbundenen Unternehmen nicht von Art. 101 AEUV erfasst werden (**konzerninterne Vereinbarungen**, → AEUV Art. 101 Rn. 58). Ausgegangen wird jeweils von einem an einer Vereinbarung beteiligten Unternehmen. Nach lit. a sind ihm die von **ihm abhängigen Unternehmen** zuzurechnen und nach lit. b die es **beherrschenden Unternehmen.** Lit. c bezieht auch die anderen Unternehmen mit ein, die von einem einzubeziehenden beherrschenden Unternehmen abhängig sind. Lit. d und e betreffen **Fälle der gemeinsamen Beherrschung,** und zwar lit. d in der Form, dass mit einer Vertragspartei verbundene Unternehmen gemeinsam ein anderes Unternehmen beherrschen, lit. e in der Form, dass entweder mehrere Vertragsparteien einschließlich der mit ihnen verbundenen Unternehmen oder eine Vertragspartei mit dritten Unternehmen ein anderes Unternehmen gemeinsam beherrschen. In enger Verbindung mit der Definition in lit. e ist Art. 8 Abs. 1 zu lesen, der **Gemeinschaftsunternehmen** mehrerer Vertragsparteien oder einer Vertragspartei mit Dritten erfasst. Während diese Gemeinschaftsunternehmen nach lit. e als mit jeweils allen Muttergesellschaften verbunden anzusehen sind und deswegen an sich mit ihnen zusammenzurechnen sind, gilt nach Art. 8 Abs. 1 für die Marktanteile eine Sonderregelung. Ein Gemeinschaftsunternehmen, das von einem beteiligten Unternehmen und einem Dritten gemeinsam beherrscht wird, ist hiernach dem beteiligten Unternehmen nur mit der Hälfte seines Marktanteils zuzurechnen.

Art. 2 Freistellung

(1) **Nach Artikel 101 Absatz 3 AEUV und nach Maßgabe dieser Verordnung gilt Artikel 101 Absatz 1 AEUV nicht für Technologietransfer-Vereinbarungen.**

(2) **Die Freistellung nach Absatz 1 gilt, soweit diese Technologietransfer-Vereinbarungen Wettbewerbsbeschränkungen enthalten, die unter Artikel 101 Absatz 1 AEUV fallen. Die Freistellung gilt, solange die lizenzierten Technologierechte nicht abgelaufen, erloschen oder für ungültig erklärt worden sind oder – im Falle von lizenziertem Know-how – solange das Know-how geheim bleibt. Wenn das Know-how jedoch infolge des Verhaltens des Lizenznehmers offenkundig wird, gilt die Freistellung für die Dauer der Vereinbarung.**

(3) **Die Freistellung nach Absatz 1 gilt auch für Bestimmungen in Technologietransfer-Vereinbarungen, die sich auf den Erwerb von Produkten durch den Lizenznehmer oder aber auf die Lizenzierung oder die Übertragung von Rechten des geistigen Eigentums oder von Know-how auf den Lizenznehmer beziehen, soweit diese Bestimmungen unmittelbar mit der Produktion oder dem Verkauf von Vertragsprodukten verbunden sind.**

1. Überblick

1 Art. 2 enthält in **Abs. 1** den **Grundsatz der Freistellung** aller Technologietransfer-Vereinbarungen **zwischen zwei Unternehmen,** die die Produktion der Vertragsprodukte ermöglichen; diese Bestimmung nimmt Bezug auf die Definitionen der Technologierechte und der Technologietransfer-Vereinbarung in Art. 1 Abs. 1 lit. b und c. Art. 2 **Abs. 2** regelt den **Umfang der Freistellung.** Nach S. 1 bezieht sie sich auf die von Art. 101 Abs. 1 AEUV erfassten Wettbewerbsbeschränkungen. Voraussetzung für die Freistellung ist nach S. 2 bei Schutzrechten, dass die Schutzrechte noch bestehen und bei Know-how, dass es noch geheim ist. Neu und insoweit über den Entwurf der VO 316/2014 vom Februar 2013 hinausgehend ist **Abs. 3;** in der VO 772/2004 waren die hier geregelten **Nebenvereinbarungen** aber schon von der Definition der Technologietransfer-Vereinbarung in Art. 1 Abs. 1 lit. b VO 772/2004 erfasst. Der Sache nach führt er nicht zu einer Erweiterung der Freistellung, sondern allenfalls zu einer **Klarstellung.** Alle Vereinbarungen, die erforderlich sind, damit der Zweck der freigestellten Technologietransfer-Vereinbarung – nämlich die Produktion von Vertragsprodukten durch den Lizenznehmer – erreicht werden, sind von der Freistellung mitumfasst (→ Rn. 6). Art. 2 und damit die gesamte VO 316/2014 erfassen grundsätzlich auch Technologietransfer-Vereinbarungen **zwischen Wettbewerbern,** und zwar auch wechselseitige (insoweit deutlich über die VO 240/1996 hinausgehend, vgl. Art. 5 Abs. 1 Nr. 3 VO 240/1996).

2. Grundsätzliche Freistellungserklärung (Abs. 1, 3)

2 Nach Abs. 1 sind die in Art. 1 Abs. 1 lit. b und c definierten Technologietransfer-Vereinbarungen im Sinne von Art. 101 Abs. 3 AEUV freigestellt. Art. 2 Abs. 1 VO 772/2004 enthielt ebenso wie der Entwurf der VO 316/2014 vom Februar 2013 noch den Zusatz, dass sie die **Produktion von Vertragsprodukten** ermöglichen oder mit diesem Ziel geschlossen wurden. Dieser Zweck oder dieses Ziel ergibt sich schon aus der Definition in Art. 1 Abs. 1 lit. c, der ganz auf die Produktion der Vertragsprodukte ausgerichtet ist. Eine sachliche Änderung ist deswegen mit der Kürzung des Abs. 1 nicht verbunden. Die Freistellungserklärung ist in Abs. 2 nicht eingeschränkt. Einschränkungen ergeben sich aus Art. 3 im Hinblick auf Marktanteilsschwellen, aus Art. 4 im Hinblick auf unzulässige Kernbeschränkungen und aus Art. 5 im Hinblick auf einzelne, nicht freigestellte Beschränkungen. Diese Systematik macht deutlich, dass die Freistellung gilt, soweit sich aus den genannten anderen Bestimmungen nichts anderes ergibt. Damit wird der Grundsatz bestätigt, der auch den anderen Vertikal-Gruppenfreistellungen zugrunde liegt: **Erlaubt ist** im Rahmen der (in Art. 2 und 3 und damit auf die Vertragsprodukte bezogenen) definierten Anwendungsvoraussetzungen **alles, was nicht ausdrücklich** durch die Ausnahmen (in Art. 4 und 5) **verboten ist** (vgl. dazu auch für die VO 772/2004 *Fuchs* in IM Art. 2 TT-GVO Rn. 1; *Schultze/Pautke/Wagener* EWS 2004, 437 ff. 438).

3 Für den Begriff der Technologietransfer-Vereinbarung gilt die Definition in Art. 1 Abs. 1 lit. c (dazu Art. 1 Rn. 11 ff.). Beteiligt sein dürfen **nur zwei Unternehmen,** also der Lizenzgeber und der Lizenznehmer, zwischen denen die Technologie transferiert wird, entweder durch den **Verzicht auf die Geltendmachung von Verbietungsrechten,** die **aktive Einweisung in Know-how** oder die Übertragung von Schutzrechten und Know-how oder schließlich die Kombination von alldem.

4 Zweck des Technologietransfers muss es sein, dass dem empfangenden Unternehmen die **Produktion der Vertragsprodukte ermöglicht** wird; für den Begriff der Vertragsprodukte gilt die Definition in Art. 1 Abs. 1 lit. g (→ Art. 1 Rn. 18). Die lizenzierte Technologie muss im Produktionsprozess verwendet werden oder im Erzeugnis selbst Eingang finden (vgl. Technologietransfer-Leitlinien, Anhang B 9, Rn. 58 ff.). Diese Produktbezogenheit schließt nicht aus, dass vor der (beabsichtigten)

Produktion zunächst noch weitere Forschungs- und Entwicklungsarbeiten des Lizenznehmers erforderlich sind (vgl. Erwägungsgrund 7 und Technologietransfer-Leitlinien Rn. 65). Das Erfordernis der Ermöglichung der Produktion verlangt keine zeitnahe Umsetzung; ausreichend ist, wenn der Technologietransfer in der ernsthaften Absicht getätigt wird, die Vertragsprodukte durch den Lizenznehmer mit Hilfe der transferierten Technologie herzustellen. Das impliziert erstens, dass die Lizenz die Nutzung der Technologie zur Herstellung gestatten muss. Zweitens bedarf es einer ernsthaften **Nutzungsabsicht** des Lizenznehmers (so *Fuchs* zur VO 772/2004 in IM Art. 2 TT-GVO Rn. 9; teilweise abweichend *Röhling* in MünchKomm VO 772/2004, Art. 2 Rn. 18). Bei **Softwarelizenzen** dient das Merkmal der Produktionsbezogenheit der Abgrenzung von reinen Vertriebslizenzen. Erfasst ist die Lizenzierung von Software zur Weiterentwicklung, zum Einbau in oder zur Entwicklung eigener Software (vgl. dazu zur VO 772/2004 *Fuchs* in IM Art. 2 TT-GVO Rn. 13ff.).

Das **Schwergewicht** der Vereinbarung muss im Bereich des Technologietransfers 5
liegen. Liegt es stattdessen auf dem Vertrieb, ist die VO 772/2004 nicht anwendbar (vgl. dazu, jeweils zur VO 772/2004, *Fuchs* in IM Art. 2 TT-GVO Rn. 12; *Röhling* in MünchKomm VO 772/2004 Art. 2 Rn. 18; aA *Polley,* CR 2004, 641ff.). Erforderlich ist, dass der auf den Technologietransfer entfallende Teil der Vereinbarung wertmäßig höher zu bewerten ist als der auf die Warenlieferung entfallende Teil. Das setzt voraus, dass der mit der Technologie verbundene Umsatzzuwachs höher ist als der ohne die Technologie erzielte Umsatz. Liegt das Schwergewicht nicht beim Technologietransfer, kommt für Vertikalvereinbarungen die Anwendung der **VO 330/2010** in Betracht, und zwar auch in Bezug auf Schutzrechtsvereinbarungen (VO 330/2010 → Art. 2 Rn. 7ff.). Im Horizontalverhältnis kann eine Forschungs- und Entwicklungskooperation vorliegen, die in den Anwendungsbereich der **VO 1217/2010** fällt (→ Art. 9). Kennzeichen der durch die Verordnung 1217/2010 freigestellten Forschungs- und Entwicklungskooperation ist die „gemeinsame" Forschung und Entwicklung, während für die VO 772/2004 das „Vertikal"-Verhältnis von Lizenzgeber und Lizenznehmer prägend ist; im Einzelfall ist zu prüfen, wo das Schwergewicht der Vereinbarung liegt (vgl. dazu auch *Röhling* in MünchKomm, VO 772/2004, Einl. Rn. 57). **Vereinbarungen mit einem Endkunden,** der nichts „produziert", sind **nicht erfasst** (zum Begriff des Produkts vgl. Art. 1 lit. f, → Art. 1 Rn. 18).

Nach der – neuen – klarstellenden Regelung in Abs. 3 werden von der Freistellung 6
auch umfasst alle **(Neben- oder Zusatz-)Vereinbarungen,** die im Verhältnis zwischen Lizenzgeber und Lizenznehmer erforderlich sind, um dem Lizenznehmer die Produktion und dern Verkauf der Vertragsprodukte zu ermöglichen. Das bezieht sich einmal auf den **Bezug von Vor- oder Zwischenprodukten,** über die der Lizenzgeber verfügt, und deren Verwendung für die Herstellung der Vertragsprodukte erforderlich ist, zum anderen auch **auf Rechte des geistigen Eigentums,** die der Lizenznehmer zusätzlich zum eigentlichen Lizenzgegenstand braucht, um die Vertragsprodukte herstellen zu können. Auch für diese Nebenvereinbarungen gilt der Grundsatz, dass sie mit Wettbewerbsbeschränkungen verbunden sein dürfen, die einerseits der Definition des Abs. 3 genügen, und andererseits keine Klauseln enthalten, die gegen Art. 4 oder 5 verstoßen.

Aufgrund der Beschränkung auf zwei Unternehmen ist die Anwendung der VO 7
316/2014 auf Technologietransfer-Vereinbarungen zwischen mehr als zwei Unternehmen ausgeschlossen; sie ist also auf Mehr-Parteien-Lizenzen und **Technologie-Pools nicht anwendbar** (vgl. dazu auch Erwägungsgrund 7 und Technologietransfer-Leitlinien, Anhang B 9, Rn. 244ff.). Dabei ist die Verbundklausel des Art. 1 Abs. 2 zu berücksichtigen. Stehen auf der einen Seite mehrere Unternehmen, die im Sinne dieser Klausel miteinander verbunden sind, gelten sie als „ein" Unternehmen. Die Definitionen in Art. 1 Abs. 1 lit. f und g machen deutlich, dass es nicht nur um die Herstellung von Sachen geht, sondern auch um die **Erbringung von Dienstleistungen.** Produktion meint jedwede Nutzung der Technologie, meistens mit dem

Ziel auch der Vervielfältigung. Nicht erforderlich ist, dass die Vertragsprodukte, die produziert werden, im Markt abgesetzt werden; es reicht aus, wenn sie für die **Eigenverwendung oder den Eigenverbrauch** hergestellt werden. All das hat besondere Bedeutung für die Softwarelizenz.

3. Einschränkungen der Freistellung (Abs. 2)

8 **a) Freistellung nur von Wettbewerbsbeschränkungen (S. 1).** Nach S. 1 gilt die Freistellung, soweit die in Art. 2 Abs. 1 erwähnte Vereinbarung Wettbewerbsbeschränkungen enthält, die **unter Art. 101 Abs. 1 AEUV fallen.** Wenn die Vereinbarung keine Wettbewerbsbeschränkungen in diesem Sinne enthält, ist diese nicht durch Art. 2 freigestellt; sie bedarf dann keiner Freistellung. Für den Umfang der Freistellung kommt es nicht auf das an, was formal in einer Vereinbarung zusammengefasst ist, sondern darauf, ob die (mögliche) Wettbewerbsbeschränkung in einem inneren Zusammenhang mit dem Technologietransfer steht und nicht nur „bei Gelegenheit" dieses Transfers vereinbart wurde (dazu – zur VO 772/2004 – auch *Fuchs* in IM Art. 2 TT-GVO Rn. 24). Freigestellt sind nur Wettbewerbsbeschränkungen, nicht andere Bestimmungen des Vertrages. Das kann Bedeutung haben u. a. für die rechtliche Beurteilung der **Lizenzgebührenvereinbarung.** Wird eine Lizenzgebühr für ein nicht vorhandenes Schutzrecht vereinbart, wird das grundsätzlich als Wettbewerbsbeschränkung zulasten des „Lizenznehmers" angesehen (vgl. dazu zum früheren deutschen Recht BGH WuW/E DE-R 1130ff. Chirurgische Instrumente). Dasselbe kann gelten, wenn eine Lizenzgebühr im Hinblick auf einen nicht geschützten Ergänzungsbedarf erhöht wird (dazu EuGH Slg. 1989, 1177 Otting/Klee & Weilbach; vgl. dazu auch *Fuchs* in IM Art. 2 TT-GVO Rn. 21; *Backhaus* GRUR Int. 2005, 359, 362). Auch ansonsten können sich Probleme ergeben, soweit in die Lizenzgebührenbemessung auch Umsätze mit nicht geschützten Teilen einbezogen werden; ohne Verstoß gegen Art. 101 Abs. 1 AEUV ist es zulässig, wenn die Menge oder der Wert des geschützten Teils nicht oder nur schwer feststellbar ist oder wenn für den einzelnen patentgeschützten Gegenstand keine Nachfrage besteht, an dessen Befriedigung der Lizenznehmer durch eine solche Berechnungsmethode gehindert wird (EuGH Slg. 1986, 611 Rn. 60ff. Windsurfing International; vgl. dazu auch Technologietransferleitlinien, Anhang B 9, Rn. 156ff.) **Zuliefervereinbarungen** verstoßen mit den typischen Beschränkungen der Zulieferers nicht ohne Weiteres gegen Art. 101 Abs. 1 AEUV (vgl. dazu auch die Zulieferbekanntmachung der Kommission – Anhang B 8 –, die durch die Technologietransfer-Leitlinien – Anhang B 9, dort Rn. 64 – entgegen ursprünglichen Absichten nicht aufgehoben wurde). Verstößt eine Zuliefervereinbarung gegen Art. 101 Abs. 1 AEUV, kann die VO 316/2014 grundsätzlich anwendbar sein (vgl. Technologietransfer-Leitlinien Rn. 64); stattdessen kann aber auch die VO 330/2010 anwendbar sein (→ VO 330/2010 Einf. Rn. 7).

9 Verstoßen Bestimmungen einer Technologietransfer-Vereinbarung gegen **andere Verbote als Art. 101 Abs. 1 AEUV,** werden sie durch Art. 2 nicht freigestellt. Das gilt auch und insbesondere für Bestimmungen, die, wenn sie von einem Marktbeherrscher veranlasst sind, einen Missbrauch nach Art. 102 AEUV darstellen. Die Freistellung bezieht sich auch nicht auf „neutrale" (weil nicht gegen Art. 101 Abs. 1 AEUV verstoßende) Teile der Technologietransfer-Vereinbarung. Die Auswirkungen der Freistellung auf derartige neutrale Teile oder – umgekehrt – der Nicht-Freistellung sind durch die VO 316/2014 nicht geregelt; insoweit gelten allgemeine zivilrechtliche Vorschriften des nationalen Rechts.

10 **b) Freistellungsdauer bei lizenzierten Technologierechten (S. 2 1. Teil).** Nach S. 2 gilt die Freistellung, **solange die Rechte an der lizenzierten Technologie nicht abgelaufen,** erloschen oder für ungültig erklärt worden sind. Das bedeutet umgekehrt, dass sie solange gilt, wie der einen Vertragspartei aufgrund der Technolo-

gie ein – ggf. (bei Anmeldungen) noch vorläufiges oder vernichtbares – **Verbietungsrecht** zusteht. Gewährt die Technologie kein Verbietungsrecht mehr, weil zB das Patent abgelaufen oder für ungültig erklärt worden ist, fehlt für die Freistellung eine Grundlage. In diesem Falle erweisen sich Beschränkungen des empfangenden Teils grundsätzlich als Wettbewerbsbeschränkungen, die gerade nicht durch den Schutzumfang des (gar nicht mehr bestehenden) Schutzrechts gerechtfertigt werden können. Wenn ein Technologie-Inhaber kein Verbietungsrecht hat, kann er insoweit der anderen Seite auch keine Rechtsposition einräumen, die dann auch wieder beschränkt werden könnte. Besteht kein Schutzrecht (und geht es nicht um geheimes Know-how), darf der „Lizenznehmer" in seiner Tätigkeit nicht beschränkt werden; wird er es dennoch, ist das grundsätzlich eine gegen Art. 101 Abs. 1 AEUV verstoßende und nicht nach Abs. 3 freigestellte Wettbewerbsbeschränkung.

Der Begriff des **„Ablaufs"** stellt auf das Ende der Schutzdauer des Rechts ab, der 11
Begriff der **„Ungültigkeitserklärung"** auf formelle Akte der zuständigen Behörden oder Gerichte wie Widerruf oder Nichtigerklärung des Schutzrechts. Auch der Begriff des **„Erlöschens"** knüpft an gesetzlich geregelte Tatbestände an, wie nach § 20 PatG an den Verzicht oder nicht rechtzeitige Abgabe bestimmter Erklärungen oder die nicht rechtzeitige Zahlung von Gebühren. Er umfasst **nicht die Erschöpfung** (so im Ergebnis wohl auch *Röhling* in MünchKomm, VO 772/2004, Art. 2 Rn. 24). Anders als bei den Varianten des Erlöschens führt die Erschöpfung nur dazu, dass der Rechteinhaber sein Verbietungsrecht in Bezug auf die konkret in den Verkehr gebrachten Waren nicht mehr geltend machen kann, während ihm bezüglich aller anderen (nicht mit seinem Willen in den Verkehr gebrachten) Waren weiterhin Schutz des gewerblichen Schutzrechts zusteht; die Erschöpfung bedeutet also gerade nicht das „Erlöschen" der Rechte an der Technologie. Allerdings heißt es in Rn. 68 der Technologietransfer-Leitlinien (Anhang B 9), die Gruppenfreistellung gelte nicht mehr, wenn das Schutzrecht „abläuft bzw. ungültig oder **gemeinfrei** (engl.: „coming into the public domain") wird". Unter „Gemeinfreiwerden" könnten zwar auch Erschöpfungstatbestände verstanden werden; das ist aber nicht gemeint. Der Begriff des Gemeinfreiwerdens macht Sinn insbesondere im Hinblick auf Know-how, das bei Wegfall der Geheimhaltung nicht mehr Gegenstand eines Technologietransfers sein kann; dieser Fall ist im 2. Teil geregelt. Die Erschöpfung unterscheidet sich klar von den Tatbeständen des Art. 2 Abs. 2; Rn. 68 der Leitlinien kann sich deswegen nicht auf die Erschöpfung beziehen.

c) Freistellungsdauer bei lizenziertem Know-how (S. 2 Teil 2). Wettbewerbsbeschränkungen, die einem Know-how-Nehmer auferlegt werden, sind nur solange gerechtfertigt, wie die bei Vertragsschluss bestehende Abhängigkeit des Know-how-Nehmers von der Überlassung des Know-how fortwirkt. Das setzt voraus, dass das Know-how **geheim** bleibt. Ist es inzwischen ohne Zutun des Know-how-Nehmers offenkundig geworden, braucht der Know-how-Nehmer nicht mehr die Know-how-Lizenz; er kann sich das Know-how auch anderswo beschaffen. Das Angewiesensein des Know-how-Nehmers auf die vertragliche Überlassung des Know-how ist allerdings aus der Sicht des **Zeitpunktes bei Vertragsbeginn** zu beurteilen. Wenn der Know-how-Nehmer während der Vertragsdauer von dem Know-how unabhängig wird oder jedenfalls unabhängig werden könnte, weil er eigenes Know-how sich erarbeitet hat oder erarbeiten könnte, reicht das nicht aus für eine Begrenzung der Freistellungsdauer (vgl. dazu – für die VO 772/2004 – auch *Fuchs* in IM Art. 2 TT-GVO Rn. 26). Insoweit kommt es nach S. 2, 2. Satzteil nur auf die fortbestehende Geheimhaltung des Know-how an. Ist es weiterhin geheim, ergibt sich für den Lizenzgeber aus der Überlassung des Know-how die gleiche Position wie bei Schutzrechten, solange das Schutzrecht fortbesteht. 12

d) Offenkundigwerden des Know-how durch ein Verhalten des Lizenznehmers (S. 3). Eine Ausnahme von der Regelung in S. 2 Teil 2 besteht nach S. 3 13 für den Fall, dass das Know-how **durch ein dem Lizenznehmer zuzurechnendes Verhalten offenkundig** geworden ist. In dem Verordnungstext wird nur vom „Verhalten des Lizenznehmers" gesprochen. Gemeint ist damit jedes Verhalten, das **im Verantwortungsbereich des Lizenznehmers** liegt. Ob es ihm im Sinne von Verschulden **vorwerfbar** ist, **ist unerheblich.** Liegt ein in diesem Sinne dem Know-how-Nehmer zurechenbares Verhalten vor, durch das das Know-how offenkundig geworden ist, kann er für die ursprüngliche Dauer der Vereinbarung an ihr festgehalten werden; jedenfalls gilt für diese Dauer die kartellrechtliche Freistellung. Die Frage, ob die Freistellung dann endet, wenn feststeht, dass das Know-how später, aber noch während der Laufzeit der Vereinbarung, sowieso offenkundig geworden wäre, wird durch Art. 2 nicht beantwortet. Es erscheint sachgerecht, wenn in einem solchen Falle die Freistellung mit dem Zeitpunkt endet, in dem das Know-how sowieso offenkundig geworden wäre. Der Beweis für das alternative (spätere) Offenkundigwerden obliegt dann dem Know-how-Nehmer, wenn er von den Beschränkungen der Know-how-Vereinbarung befreit werden will.

Art. 3 Marktanteilsschwellen

(1) **Handelt es sich bei den Vertragsparteien um konkurrierende Unternehmen, so gilt die Freistellung nach Artikel 2 unter der Voraussetzung, dass der gemeinsame Marktanteil der Parteien auf dem relevanten Markt bzw. den relevanten Märkten 20% nicht überschreitet.**

(2) **Handelt es sich bei den Vertragsparteien nicht um konkurrierende Unternehmen, so gilt die Freistellung nach Artikel 2 unter der Voraussetzung, dass der individuelle Marktanteil der Parteien auf dem relevanten Markt bzw. den relevanten Märkten 30% nicht überschreitet.**

1. Überblick

1 Art. 3 macht die Freistellung von Technologietransfer-Vereinbarungen von der **Nicht-Überschreitung bestimmter Marktanteilsschwellen** abhängig. Damit fügt sie sich ein in die Regelungstechnik der anderen Gruppenfreistellungs-Verordnungen, so der Vertikal-GVO 330/2010 in Art. 3 Abs. 1 und 2, der Freistellungs-GVOen für Forschungs- und Entwicklungskooperationen 1217/2010 in Art. 4 und für Spezialisierungsvereinbarungen 1218/2010 in Art. 3. Für Technologietransfer-Vereinbarungen war die durch die VO 772/2004 eingeführte Marktanteilsschwelle im Jahr 2004 ein **Novum;** in der Entwurfsphase war dementsprechend das Vorhaben der Kommission, Marktanteilsschwellen einzuführen, heiß umstritten. Dieser Streit hat auch zu tun mit den Schwierigkeiten, bei – insbesondere neuen – Technologien den relevanten Markt zu bestimmen. Das hat in der Verordnung 772/2004 ebenso wie in der VO 316/2014 nicht etwa dazu geführt, dass nicht mehr auf den Technologiemarkt abgestellt wurde, sondern dass es jetzt auf Marktanteilsschwellen sowohl auf dem betroffenen relevanten Technologie- als auch dem betroffenen relevanten Produktmarkt ankommt.

2 Die VO 316/2014 übernimmt der Sache nach die frühere Regelung in Art. 3 VO 772/2004. Sie besteht nur noch aus zwei Absätzen. Gegenüber Art. 3 VO 772/2004 ist Art. 3 VO 316/2014 dadurch „entschlackt", dass er keine Definitionen mehr enthält, sondern insoweit auf den Marktdefinitionen in Art. 1 lit. j–m aufbaut. Abs. 1 und 2 enthalten nur noch die relevanten Marktanteilsschwellen: **20% bei konkurrierenden Unternehmen** (Abs. 1), **30% bei nicht konkurrierenden Unternehmen** (Abs. 2). Der frühere Absatz 3 hat sich durch die Definition der relevanten Märkte in Art. 1 Abs. 1 lit. j–m im Wesentlichen erübrigt. Der Entwurf der VO 316/2014 vom Februar 2013 enthielt in Art. 3 Abs. 2 eine neue Regelung, nach der die Marktanteils-

schwelle des Abs. 1 (20%) auch für Lizenzvereinbarungen von nicht konkurrierenden Unternehmen gilt, wenn der Lizenznehmer eine mit der lizenzierten Technologie substituierbare Technologie besitzt, die er aber nur für die „firmeninterne Herstellung“ nutzt, die er also nicht gesondert vermarktet. Diese Regelung ist nicht Gesetz geworden, offenbar aufgrund der – richtigen – Erkenntnis, dass der captive use („firmeninterne Herstellung“) schon nach allgemeinen Grundsätzen nicht in die Marktanteilsberechnung einbezogen wird. Es bleibt also bei dem einfachen Grundsatz, dass – unter Beachtung der Definitionen des Art. 1 Abs. 1 und ohne Berücksichtigung des **captive use** durch den Lizenzgeber – die Marktanteilsschwelle bei Lizenzverträgen zwischen konkurrierenden Unternehmen nach Abs. 1 20% beträgt, bei nicht konkurrierenden Unternehmen nach Abs. 2 30%.

Die Regelung in Art. 3 führt zu **kaum lösbaren Problemen in der Marktabgrenzung.** Damit besteht in einer Vielzahl von Fällen eine rechtspolitisch kaum begründbare Unsicherheit, ob die Freistellung nach der VO 772/2004 eingreift (dazu – noch in VO 772/2204 – auch *Fuchs* in IM TT-VO Rn. 192ff.; *Röhling* in MünchKomm VO 772/2004 Art. 3 Rn. 1ff.). In der Praxis kann helfen, dass bei Überschreiten der Marktanteilsschwellen – und im Übrigen Erfüllung aller Voraussetzungen der VO 316/2014 – die mittelbare Anwendung des Art. 101 Abs. 3 AEUV naheliegt. In Rn. 157 der Technologietransfer-Leitlinien (Anhang B 9) hat die Kommission den Standpunkt aufrechterhalten, dass ein Verstoß gegen Art. 101 AEUV außerhalb der sogenannten Kernbeschränkungen unwahrscheinlich ist, wenn es neben den von den Vertragsparteien kontrollierten Technologien vier oder mehr von Dritten kontrollierte Technologien gibt, die zu für den Nutzer vergleichbaren Kosten anstelle der lizenzierten Technologie eingesetzt werden können (**„4-plus-Daumenregel“**, vgl *Zöttl* WRP 2005, 33ff., 43f.). 3

2. Marktanteilsschwellen – relevante Märkte

Abs. 1 und 2 sehen unterschiedliche Marktanteilsschwellen je nachdem vor, ob die beteiligten Unternehmen Wettbewerber sind (Abs. 1) oder nicht (Abs. 2). In allen Fällen kommt es nur auf die **Marktanteile der Parteien,** also des Lizenzgebers und des Lizenznehmers an, nicht zB auch auf Marktanteile anderer Lizenznehmer des Lizenzgebers (dazu auch Technologietransfer-Leitlinien, Anhang B 9, Rn. 91). Damit verbindet sich die Frage, ob die Schwellen in einem strengen **Alternativverhältnis** stehen oder auch kumulativ anwendbar sind. Beim Alternativverhältnis ist Abs. 1 immer und ausschließlich anwendbar, wenn ein Wettbewerbsverhältnis entweder auf dem Technologie- oder dem Produktmarkt besteht; es reicht dann nicht aus, wenn zB auf dem Technologiemarkt, auf dem das Wettbewerbsverhältnis besteht, der gemeinsame Marktanteil unter 20% liegt, aber auf dem – nicht wettbewerblichen – Produktmarkt ein Vertragspartner einen Marktanteil von 25% hat, also damit unter der Schwelle des Abs. 2, aber über der des Abs. 1 liegt. Bei **kumulativer Anwendung** gälte in diesem Fall die Freistellung. U.E. spricht der Wortlaut der Abs. 1 und 2 für die Möglichkeit der Kumulation und gegen das strenge Alternativverhältnis (vgl. dazu auch *Fuchs* in IM Art. 3 TT-GVO Rn. 9, der uns in Fn 552 zu Unrecht als Befürworter der Deutung als „Alternativen in einem echten Ausschließlichkeitsverhältnis“ zitiert). Abs. 1 verlangt klar einen „gemeinsamen“ Marktanteil, Abs. 2 einen „individuellen“ Marktanteil. Wenn es teils gemeinsame, teils individuelle Anteile gibt, muss in der Anwendung der Abs. 1 und 2 differenziert werden; das ist nur bei kumulativer Anwendbarkeit möglich. Diese Frage ist nicht zu verwechseln damit, dass sich eine Lizenzvereinbarung auf **mehrere separate Produktmärkte oder unterschiedliche geografische Märkte** bezieht. Dann ist es möglich, dass sich die Freistellung nur auf einen dieser Märkte bezieht, auf die anderen wegen Überschreitens der Marktanteilsschwelle(n) nicht; ggf. ist dann zu prüfen, ob die Vereinbarung zivilrechtlich entsprechend teilbar ist (vgl. 4

dazu Rn. 81 Technologietransfer-Leitlinien, Anhang B 9, und *Röhling* MünchKomm VO 772/2004 Art. 3 Rn. 4).

5 Art. 3 spricht in Abs. 1 und 2 (anders als noch in der VO 772/2004) nur von den **relevanten Märkten,** die in Art. 1 lit. j–m neu definiert sind. Es geht hiernach immer sowohl um die Produkt- als auch die Technologiemärkte. Für die Berechnung der Marktanteile gilt Art. 8, der in lit. d die Regelung des Art. 3 Abs. 3 VO 772/2004 übernimmt (→ Art. 8 Rn. 6ff.).

3. Marktanteilsschwellen bei konkurrierenden Unternehmen (Abs. 1)

6 Nach Abs. 1 gilt bei einer Technologietransfer-Vereinbarung zwischen konkurrierenden Unternehmen eine **Marktanteilsschwelle von 20%.** Es kommt darauf an, ob die Parteien „gemeinsam" auf den betroffenen relevanten Technologie- oder Produktmärkten 20% nicht überschreiten. Liegt der **„gemeinsame Marktanteil" beider Parteien** auch nur auf einem der beiden Märkte über 20%, gilt die Freistellung des Art. 2 nicht. Der Begriff des konkurrierenden Unternehmens ist in Art. 1 Abs. 1 lit. n definiert, und zwar differenziert nach dem relevanten Technologiemarkt und dem relevanten Produktmarkt (→ Art. 1 Rn. 31ff.). Die Parteien einer Technologietransfer-Vereinbarung sind in diesem Sinne konkurrierende Unternehmen, wenn sie auf einem der beiden Märkte miteinander in Wettbewerb stehen; dabei kommt es nach den Definitionen in Art. 1 Abs. 1 lit. n für den Technologiemarkt auf den tatsächlichen Wettbewerb, für den Produktmarkt auf den tatsächlichen und den potenziellen Wettbewerb an.

7 Für die Berechnung der Marktanteile und deren **zeitliche Geltung** gilt Art. 8 (dazu Art. 8 Rn. 2ff.).

4. Marktanteilsschwelle bei nicht konkurrierenden Unternehmen (Abs. 2)

8 Nach Abs. 2 gilt bei Technologietransfer-Vereinbarungen, die nicht konkurrierende Unternehmen geschlossen haben, eine **Marktanteilsschwelle von 30%,** und zwar bezogen auf den Technologie- und den Produktmarkt. Für den Begriff des nicht konkurrierenden Unternehmens ist der Gegenschluss aus den Definitionen in Art. 1 Abs. 1 lit. n maßgeblich. Die Unternehmen sind nur dann nicht konkurrierend, wenn sie weder auf dem Technologie- noch auf dem Produktmarkt miteinander im Wettbewerb stehen. Die Marktanteilsschwelle von 30% darf weder auf dem Technologiemarkt noch auf dem Produktmarkt überschritten werden. Entsprechend dem Fehlen eines Konkurrenzverhältnisses zwischen den Parteien kommt es auf den „**individuellen Marktanteil der Parteien** an". Für eine Zusammenrechnung von Marktanteilen ist also kein Platz; keine der Parteien darf alleine die 30%-Grenze überschreiten. Wenn auch die Parteien nicht nebeneinander Marktanteile auf denselben Märkten haben dürfen, ist es aber möglich, dass die eine Partei einen Marktanteil auf dem Technologiemarkt, die andere einen Marktanteil auf dem Produktmarkt hat; beide dürfen dann die Grenzen von 30% nicht überschreiten.

9 Für die Berechnung der Marktanteile und deren **zeitliche Geltung** gilt Art. 8 (→ Art. 8 Rn. 2ff.).

Art. 4 Kernbeschränkungen

(1) **Handelt es sich bei den Vertragsparteien um konkurrierende Unternehmen, so gilt die Freistellung nach Artikel 2 nicht für Vereinbarungen, die unmittelbar oder mittelbar, für sich allein oder in Verbindung mit ande-**

ren Umständen, die der Kontrolle der Parteien unterliegen, Folgendes bezwecken:

a) die Beschränkung der Möglichkeit einer Partei, den Preis, zu dem sie ihre Produkte an Dritte verkauft, selbst festzusetzen;

b) die Beschränkung des Outputs mit Ausnahme von Output-Beschränkungen, die dem Lizenznehmer in einer nicht wechselseitigen Vereinbarung oder nur einem Lizenznehmer in einer wechselseitigen Vereinbarung in Bezug auf die Vertragsprodukte auferlegt werden;

c) die Zuweisung von Märkten oder Kunden mit Ausnahme

   i) der dem Lizenzgeber und/oder dem Lizenznehmer in einer nicht wechselseitigen Vereinbarung auferlegten Verpflichtung, mit den lizenzierten Technologierechten in dem Exklusivgebiet, das der anderen Partei vorbehalten ist, nicht zu produzieren und/oder in das Exklusivgebiet oder an die der anderen Partei vorbehaltene Exklusivkundengruppe nicht aktiv und/oder passiv zu verkaufen,

   ii) der in einer nicht wechselseitigen Vereinbarung dem Lizenznehmer auferlegten Beschränkung des aktiven Verkaufs in das Exklusivgebiet oder an die Exklusivkundengruppe, das bzw. die vom Lizenzgeber einem anderen Lizenznehmer zugewiesen worden ist, sofern es sich bei Letzterem nicht um ein Unternehmen handelt, das zum Zeitpunkt seiner eigenen Lizenzerteilung in Konkurrenz zum Lizenzgeber stand,

   iii) der dem Lizenznehmer auferlegten Verpflichtung, die Vertragsprodukte nur für den Eigenbedarf zu produzieren, sofern er keiner Beschränkung in Bezug auf den aktiven und passiven Verkauf der Vertragsprodukte als Ersatzteile für seine eigenen Produkte unterliegt,

   iv) der dem Lizenznehmer in einer nicht wechselseitigen Vereinbarung auferlegten Verpflichtung, die Vertragsprodukte nur für einen bestimmten Kunden zu produzieren, wenn die Lizenz erteilt worden ist, um diesem Kunden eine alternative Bezugsquelle zu verschaffen,

d) die Beschränkung der Möglichkeit des Lizenznehmers, seine eigenen Technologierechte zu verwerten, oder die Beschränkung der Möglichkeit der Vertragsparteien, Forschungs- und Entwicklungsarbeiten durchzuführen, es sei denn, letztere Beschränkungen sind unerlässlich, um die Preisgabe des lizenzierten Know-hows an Dritte zu verhindern.

(2) Handelt es sich bei den Vertragsparteien nicht um konkurrierende Unternehmen, so gilt die Freistellung nach Artikel 2 nicht für Vereinbarungen, die unmittelbar oder mittelbar, für sich allein oder in Verbindung mit anderen Umständen, die der Kontrolle der Parteien unterliegen, Folgendes bezwecken:

a) die Beschränkung der Möglichkeit einer Partei, den Preis, zu dem sie ihre Produkte an Dritte verkauft, selbst festzusetzen; dies gilt unbeschadet der Möglichkeit, Höchstverkaufspreise festzusetzen oder Preisempfehlungen auszusprechen, sofern sich diese nicht infolge der Ausübung von Druck oder der Gewährung von Anreizen durch eine der Vertragsparteien tatsächlich wie Fest- oder Mindestverkaufspreise auswirken;

b) die Beschränkung des Gebiets oder des Kundenkreises, in das bzw. an den der Lizenznehmer Vertragsprodukte passiv verkaufen darf, mit Ausnahme

   i) der Beschränkung des passiven Verkaufs in ein Exklusivgebiet oder an eine Exklusivkundengruppe, das bzw. die dem Lizenzgeber vorbehalten ist,

ii) der dem Lizenznehmer auferlegten Verpflichtung, die Vertragsprodukte nur für den Eigenbedarf zu produzieren, sofern er keiner Beschränkung in Bezug auf den aktiven und passiven Verkauf der Vertragsprodukte als Ersatzteile für seine eigenen Produkte unterliegt,

iii) der Verpflichtung, die Vertragsprodukte nur für einen bestimmten Kunden zu produzieren, wenn die Lizenz erteilt worden ist, um diesem Kunden eine alternative Bezugsquelle zu verschaffen,

iv) der Beschränkung des Verkaufs an Endverbraucher durch Lizenznehmer, die auf der Großhandelsebene tätig sind,

v) der Beschränkung des Verkaufs an nichtzugelassene Händler, die Mitgliedern eines selektiven Vertriebssystems auferlegt wird;

c) die Beschränkung des aktiven oder passiven Verkaufs an Endverbraucher, sofern diese Beschränkung einem Lizenznehmer auferlegt wird, der einem selektiven Vertriebssystem angehört und auf der Einzelhandelsebene tätig ist; dies gilt unbeschadet der Möglichkeit, Mitgliedern des Systems zu verbieten, Geschäfte von nichtzugelassenen Niederlassungen aus zu betreiben.

(3) **Sind die Vertragsparteien zum Zeitpunkt des Abschlusses der Vereinbarung keine konkurrierenden Unternehmen, sondern treten sie erst später miteinander in Wettbewerb, so ist Absatz 2 anstelle von Absatz 1 während der gesamten Geltungsdauer der Vereinbarung anwendbar, sofern die Vereinbarung nicht später wesentlich geändert wird. Eine solche Änderung liegt beispielsweise vor, wenn die Parteien eine neue Technologietransfer-Vereinbarung in Bezug auf konkurrierende Technologierechte schließen.**

Inhaltsübersicht

1. Überblick

1 **a) Allgemeines.** Art. 4 ist überschrieben mit **„Kernbeschränkungen“.** Gegenüber der Fassung der VO 772/2004 ist Art. 4 inhaltlich nur unwesentlich verändert worden. Art. 4 entspricht in seiner rechtlichen Bedeutung Art. 4 Vertikal-GVO 330/2010 und Art. 5 Kfz-GVO 461/2010. Abs. 1 enthält die Kernbeschränkungen für Vereinbarungen zwischen konkurrierenden Unternehmen, Abs. 2 für Vereinbarungen zwischen nicht konkurrierenden Unternehmen. Teilweise stimmen diese Bestimmungen überein. Abs. 3 regelt das Verhältnis von Abs. 2 und Abs. 1 für den Fall, dass die Unternehmen zunächst keine konkurrierenden Unternehmen sind, danach aber miteinander in Wettbewerb treten; in diesem Fall soll es bei der Geltung des Abs. 2 bleiben. Der Grund für die Differenzierung nach konkurrierenden und nicht konkurrierenden Unternehmen liegt darin, dass von Vereinbarungen zwischen konkurrierenden Unternehmen regelmäßig größere Gefahren für den Wettbewerb ausgehen, als von Vereinbarungen zwischen Nicht-Wettbewerbern; bei diesen ist häufig auch zweifelhaft, ob sie überhaupt gegen Art. 101 Abs. 1 AEUV verstoßen (vgl. dazu auch Erwägungsgründe 10 und 11).

2 Rechtsfolge aller in Abs. 1 und 2 genannten Verstöße ist immer der **Wegfall der Freistellung insgesamt.** Im Hinblick auf die Totalität dieser Rechtsfolge werden die Bestimmungen in Art. 4 häufig als **„schwarze“ Klauseln** gekennzeichnet. Der Gegensatz dazu liegt in den „grauen“ Klauseln des Art. 5, der nur regelt, dass die dort definierten Verstöße zum Wegfall der Freistellung für die jeweilige Bestimmung führen, nicht aber der Freistellung insgesamt. Wegfall der Freistellung insgesamt bedeutet nicht automatisch Unwirksamkeit des ganzen Vertrages. Vielmehr wirkt sich auch in diesem Fall der Wegfall der Freistellung unmittelbar nur auf die Teile des Vertrages aus, die, weil wettbewerbsbeschränkend und den zwischenstaatlichen Handel berührend, gegen Art. 101 Abs. 1 AEUV verstoßen und (wegen Wegfalls der Freistellung) nicht nach Abs. 3 freigestellt sind. Sie sind nach Art. 101 Abs. 2 AEUV **unwirksam.** Ob der Vertrag auch im Übrigen, soweit er nicht gegen Art. 101 Abs. 1 AEUV verstößt, unwirksam ist, richtet sich nach nationalem Recht und, soweit durch nationales Recht zugelassen, ggf. der darauf bezogenen vertraglichen Regelung (im Allgemeinen wird eine **salvatorische Klausel** des Inhalts verwendet, dass der Vertrag auch bei Unwirksamkeit einzelner Bestimmungen im Übrigen wirksam bleiben soll). Der Wegfall der Freistellung führt auch zur Anwendbarkeit der Bußgeldsanktionen des Art. 101 Abs. 1 AEUV für alle wettbewerbsbeschränkenden Vereinbarungen. Die Bestimmungen des Art. 4 haben damit besonderes Gewicht. Dazu stehen im Widerspruch die mangelnde Präzision der Regelungen und die damit verbundene Rechtsunsicherheit.

3 **b) Unmittelbares und mittelbares Bezwecken.** Abs. 1 und 2 gelten nicht für Vereinbarungen, die unmittelbar oder mittelbar die in den folgenden Buchstaben genannten Beschränkungen „bezwecken“. Damit begnügt sich Art. 4 ebenso wie die entsprechenden Regelungen der Vertikal-GVO 330/2010 nicht damit, unzulässige Inhalte zu definieren, sondern sieht eine Erweiterung auf alles vor, was „unmittelbar oder mittelbar, für sich allein oder in Verbindung mit anderen Umständen unter der Kontrolle der Vertragsparteien“ bezweckt wurde. Der Begriff des „Bezweckens“ ent-

spricht dem in Art. 101 Abs. 1 AEUV (→AEUV Art. 101 Rn. 78ff.). Da der Begriff der „Vereinbarung" nach der Definition in Art. 1 lit. a auch **„abgestimmte Verhaltensweisen"** erfasst, reicht es für die Anwendung des Art. 4 aus, wenn die entsprechenden Kernbeschränkungen zwar nicht vereinbart, aber abgestimmt praktiziert werden. Es kommt nicht darauf an, ob die schwarze Klausel in dem Vertrag selbst oder außerhalb dieses Vertragstextes **vereinbart oder abgestimmt ist.** Sind Beschränkungen, die die Voraussetzungen einer schwarzen Klausel erfüllen, nicht als solche – **„unmittelbar"** – im Vertrag enthalten, sondern ist für den Fall, dass die Vertragspartei sich anders verhält, – **„mittelbar"** – eine Sanktion – insbesondere eine Kündigungsmöglichkeit, eine für die andere Partei nachteilige **Veränderung der Lizenzgebühr** oder eine Vertragsstrafe – vorgesehen, steht dies einer im Vertrag vorgesehenen Beschränkung gleich. „Unmittelbare" Beschränkungen sind damit solche, die das Verbot selbst enthalten, während „mittelbare" Beschränkungen die rechtliche Freiheit aufrechterhalten, ihren Gebrauch aber sanktionieren. Es reicht aus, wenn die Vertragsparteien Ersatzinstrumente vereinbaren oder abgestimmt praktizieren, die dieselben Zwecke verfolgen, die durch die schwarzen Klauseln erreicht werden sollen.

4 Derartige Vereinbarungen oder Verhaltensweisen müssen sich die Vertragsparteien zurechnen lassen, wenn sie unter ihrer **„Kontrolle"** erfolgen. Das ist der Fall, wenn die Vertragsparteien diese Vereinbarung oder Praxis auch verhindern könnten. Der Wortlaut deutet darauf hin, dass die **Kontrolle beider Parteien** der Vereinbarung gegeben sein muss. Allerdings ist auch dann, wenn eine von Art. 4 erfasste Klausel von der einen Partei initiiert wurde und der anderen wirtschaftlich oder tatsächlich nichts anderes übrig blieb, als sie zu akzeptieren, von deren Mit-Kontrolle auszugehen; die Mit-Kontrolle der anderen Partei liegt nur dann nicht vor, wenn sie von der Klausel oder dem entsprechenden Verhalten der initiierenden Partei nichts wusste und sie auch nicht verhindern konnte.

5 **c) Beschränkungen zwischen Wettbewerbern und Nicht-Wettbewerbern (auch Abs. 3).** Art. 4 differenziert in den Abs. 1 und 2 danach, ob die Vertragspartner der Technologietransfer-Vereinbarung konkurrierende oder nicht konkurrierende Unternehmen sind. Die Begriffe sind in Art. 1 Abs. 1 lit. n definiert (→Art. 1 Rn. 31ff.). Abs. 3 ergänzt diese Definition im Hinblick darauf, dass sich das Wettbewerbsverhältnis im Laufe der Zeit ändern kann. Maßgeblich für die Beurteilung, ob Lizenzgeber und Lizenznehmer Wettbewerber sind, ist grundsätzlich der **Zeitpunkt des Abschlusses der Vereinbarung.** Sind sie in diesem Zeitpunkt nicht Wettbewerber, gilt Abs. 2, andernfalls Abs. 1. Treten sie nach Abschluss der Vereinbarung miteinander in Wettbewerb, so gilt weiterhin der (großzügigere) Abs. 2. Offen ist, ob das nur für die ursprüngliche Laufzeit der Vereinbarung gilt, oder auch **für Verlängerungen,** die auf Nicht-Kündigung beruhen. U.E. ist das der Fall. Anderes gilt bei einer **späteren wesentlichen Veränderung des Vertrags.** Wird die Vereinbarung während der Laufzeit nur unwesentlich verändert, spielt das keine Rolle. Wesentliche Veränderungen sind solche, die rechtlich und wirtschaftlich erheblich sind; sie führen dazu, dass anstelle von Abs. 2 Abs. 1 anwendbar wird. Nach dem in der VO 316/2014 neuen Abs. 3 S. 2 gilt „beispielsweise" der Abschluss einer neuen Technologietransfer-Vereinbarung über konkurrierende Technologierechte als wesentliche Veränderung; das bezieht sich auf Technologien, die mit der (ursprünglichen) Vertragstechnologie in Wettbewerb stehen. Eine wesentliche Veränderung kann auch die Änderung der Laufzeit nach Beginn des Konkurrenzverhältnisses sein (aA für die VO 772/2004 *Röhling* in MünchKomm VO 772/2004 Art. 4 Rn. 40); mit Inkrafttreten der geänderten Laufzeit gilt dann der strengere Abs. 1.

6 Abs. 3 regelt nur den Fall, dass zunächst nicht konkurrierende Unternehmen später Konkurrenten werden, nicht den umgekehrten Fall. Wenn Unternehmen bei Abschluss der Vereinbarung konkurrierende Unternehmen waren und sie deswegen

dem strengeren Regime des Abs. 1 unterworfen waren, gilt Abs. 1 mit **Wegfall des Konkurrenzverhältnisses** nicht mehr, dann gilt Abs. 2 (so auch *Fuchs* in IM Art. 4 TT-GVO Rn. 96; *Röhling* in MünchKomm VO 772/2004, Art. 4 Rn. 42). Allerdings bedeutet das nicht, dass Vereinbarungen, die wegen eines ursprünglichen Konkurrenzverhältnisses nach Abs. 1 nicht freigestellt waren und keine schwarze Klausel des Abs. 2 erfüllten, mit Wegfall des Konkurrenzverhältnisses automatisch freigestellt sind. Vielmehr stellt sich dann die nach nationalem Zivilrecht zu stellende Frage, ob und unter welchen Voraussetzungen eine zunächst unwirksame (weil nicht freigestellte) Vereinbarung nach Wegfall des Verbots wirksam wird; grundsätzlich ist dafür eine Bestätigung der ursprünglichen unwirksamen Vereinbarung erforderlich.

2. Kernbeschränkungen zwischen Wettbewerbern (Abs. 1)

Abs. 1 erfasst Kernbeschränkungen, die, wenn sie zwischen Wettbewerbern vereinbart oder abgestimmt sind, zum Wegfall der Freistellung insgesamt führen. Anders als nach der VO 240/96 (vgl. dort insbesondere Art. 5 Abs. 1 Nr. 3) ist die VO 316/2014 ebenso wie die VO 772/2004 grundsätzlich **auf – auch wechselseitige – Lizenzvereinbarungen zwischen Wettbewerbern anwendbar,** wenn auch mit besonderen Einschränkungen. Der Begriff der „konkurrierenden Unternehmen" ist definiert in Art. 1 Abs. 1 lit. n. Hiernach sind Unternehmen konkurrierend, wenn sie **entweder Wettbewerber auf dem Technologiemarkt** (insoweit kommt es nur auf den tatsächlichen Wettbewerb an) **oder dem Produktmarkt** (insoweit ist auch der potenzielle Wettbewerb einbezogen) sind; es ist also nicht erforderlich, dass das Konkurrenzverhältnis sich auf beide Märkte bezieht (→ Art. 1 Rn. 31). Der Katalog der schwarzen Klauseln ist in Abs. 1 wesentlich strenger als der Katalog der schwarzen Klauseln, der nach Abs. 2 für Technologietransfer-Vereinbarungen zwischen nicht konkurrierenden Unternehmen gilt. 7

a) Preisbindung (lit. a). Diese Klausel entspricht wörtlich der VO 772/2004. In Technologietransfer-Vereinbarungen zwischen Wettbewerbern darf keine Beschränkung der Möglichkeit einer Partei enthalten sein, den Preis, zu dem eine Partei die Vertragsprodukte an Dritte verkauft, nach eigenem Ermessen frei festzusetzen. Die Beschränkung auf Vertragsprodukte ergibt sich zwar nicht aus dem Wortlaut, aber doch aus dem Regelungszweck (so auch *Fuchs* in IM Art. 4 TT-GVO Rn. 10; aA *Röhling* in MünchKomm VO 772/2004 Art. 4 Rn. 7; Technologietransfer-Leitlinien, Anhang B 9, Rn. 98); Preisbindungen für andere Produkte liegen idR nicht im Freistellungsumfang des Art. 2 (→ Art. 2 Rn. 2). Dieses strikte Verbot der Preisbindung gilt **sowohl für Lizenznehmer als auch für Lizenzgeber;** damit weicht die Regelung (ebenso wie die in Abs. 2, → Rn. 24) von der entsprechenden Preisbindungs-Vorschrift in Art. 4 lit. a VO 330/2010 ab, die nur Preisbindungen zulasten des Käufers, also des in der Vertikal-Vereinbarung „unten" Stehenden verbietet, nicht aber Preisbindungen zulasten des Lieferanten. Erfasst werden auch **mittelbare Auswirkungen der Lizenzgebührenregelung** auf die Preisbildung. Das kann uU bspw. in Verbindung mit der Bemessung der Lizenzgebühren auf der Grundlage einzelner nach Umsätzen bemessener Produktverkäufe der Fall sein (vgl. dazu Technologietransfer-Leitlinien, Anhang B 9, Rn. 99ff.). Lit. a bezieht sich nur auf die Preise der mit der lizenzierten Technologie hergestellten und an Dritte verkaufte Produkte, nicht auf das Preisverhalten in Lizenzbedingungen mit Dritten. Es verstößt also **nicht gegen lit. a,** wenn in der Technologietransfer-Vereinbarung dem Lizenzgeber **Preise für die Lizenzierung an Dritte** vorgeschrieben werden. Gleiches gilt für **Meistbegünstigungsklauseln** in dem Sinne, dass der Lizenzgeber zwar Lizenzen an Dritte erteilen darf, aber nur zu ungünstigeren Bedingungen als an den Lizenznehmer. Derartige Preisbindungen sind, da nicht ausdrücklich verboten, in Technologietransfer-Vereinbarungen zulässig (so – für die VO 772/2004 – auch *Fuchs* in IM Art. 4 TT-GVO Rn. 15). 8

9 Anders als diese Bestimmung und das Preisbindungsverbot in Abs. 2 lit. a (→ Rn. 25) enthält Art. 4 Abs. 1 **keine Ausnahme zugunsten von Höchstpreisbindungen und Preisempfehlungen.** Dieser Unterschied ist nachvollziehbar. In Vertikal-Vereinbarungen oder Technologietransfer-Vereinbarungen zwischen nicht konkurrierenden Unternehmen haben Höchstpreisbindungen – jedenfalls nach Auffassung des Verordnungsgebers – keine schädlichen Auswirkungen auf den Wettbewerb und wirken sich tendenziell zugunsten des Verbrauchers aus. Im Verhältnis zwischen Wettbewerbern ist eine entsprechende positive Beurteilung nicht möglich, und zwar in Bezug sowohl auf einseitige als auch wechselseitige Höchstpreisbindungen. Der Wettbewerb zwischen Vertragspartnern wird in jedem Fall beschränkt, wenn die Partner sich einseitig oder beidseitig **Höchstpreisbindungen** auferlegen; sie wirken im Horizontal-Verhältnis tendenziell auch wie Festpreisbindungen. Wenn sich Wettbewerber gegenseitig **Empfehlungen** aussprechen, kann insoweit eine Vereinbarung oder jedenfalls eine Abstimmung vorliegen, deren Wettbewerbsrelevanz dann kaum zu bestreiten ist. Liegt keine Vereinbarung oder Abstimmung vor, wird die Preisempfehlung nicht erfasst. Liegt eine Vereinbarung oder Abstimmung vor, kommt es darauf an, ob dadurch die Möglichkeit der Partei beschränkt wird, den Preis selbst festzusetzen. Wenn es sich tatsächlich nur um eine Empfehlung handelt, ist sie ihrer Natur nach unverbindlich, dann wird die Preisbildungsfreiheit nicht beschränkt. Es kann aber eine wettbewerbsbeschränkende abgestimmte Verhaltensweise vorliegen.

10 **b) Output-Beschränkungen (lit. b).** Diese Klausel war fast wörtlich schon in der VO 772/2004 enthalten. Der Begriff des Output ist in dem Definitionskatalog des Art. 1 Abs. 1 nicht definiert. Gemeint sind Beschränkungen darin, **wie viel die Parteien produzieren und verkaufen dürfen** (vgl. auch Technologietransfer-Leitlinien, Anhang B 9, Rn. 103). Grundsätzlich ist es im Sinne einer schwarzen Klausel in Technologietransfer-Vereinbarungen zwischen konkurrierenden Unternehmen verboten, die Produktionsmengen des Lizenzgebers oder des Lizenznehmers zu beschränken. Im Verhältnis zwischen Wettbewerbern wirken sich derartige Produktionsbegrenzen tendenziell wie Quotenvereinbarungen oder Marktaufteilungen aus. Eine unzulässige Output-Beschränkung liegt auch vor, wenn die Parteien mittelbar durch Anreize veranlasst werden, die Produktion oder den Absatz nicht auszuweiten, indem zB einer Partei Zahlungen an die andere für den Fall auferlegt werden, dass ein bestimmtes Produktions- oder Absatzziel überschritten wird (vgl. dazu auch Technologietransfer-Leitlinien Rn. 103 f.). Das kann bei entsprechend **gestaffelten Lizenzgebühren** der Fall sein (vgl. dazu auch *Schultze/Pautke/Wagener* EWS 2004, 437 ff., 442 f.). Vom Begriff der Output-Beschränkung werden **nicht qualitative Festlegungen** erfasst. Es ist also durch lit. b nicht verboten, sich über die Qualität der Produktion bzw. der Produkte zu vereinbaren und abzugrenzen. Wenn damit aber auch quantitative Begrenzungen verbunden sind, liegt insoweit eine „Beschränkung des Outputs“ vor. Lit. b hat keine Entsprechung bei den schwarzen Klauseln zwischen nicht konkurrierenden Unternehmen nach Abs. 2. Zulässig sind Mindestmengenverpflichtungen, da sie grds. nicht gegen Art. 101 Abs. 1 AEUV verstoßen (dazu *Fuchs* in IM Art. 4 TT-GVO Rn. 19; Technologietransfer-Leitlinien, Anhang B 9, Rn. 183 lit. e).

11 Nach der **Ausnahmeregelung** in lit. b ist in einer **nicht wechselseitigen Vereinbarung** eine Qutput-Beschränkung zulasten des Lizenznehmers zugelassen. Der Begriff der „nicht wechselseitigen Vereinbarung“ ist in Art. 1 Abs. 1 lit. e definiert (→ Art. 1 Rn. 16 f.); er erfasst in Art. 1 Abs. 1 lit. e auch **gegenseitige Lizenzerteilungen über nicht konkurrierende Technologien.** Obwohl in der Ausnahme der lit. b nur von „dem“ Lizenznehmer im Singular gesprochen wird, sind auch in diesen Fällen der nicht wechselseitigen Vereinbarung gegenseitige Output-Beschränkungen zulasten der Lizenznehmer möglich. In allen diesen Fällen wird, wenn den

Lizenznehmern quantitative Produktionsbeschränkungen auferlegt werden, gegenseitiger Wettbewerb nicht oder jedenfalls nur in einer akzeptablen Weise beschränkt. In einer wechselseitigen Vereinbarung, also nach der Definition in Art. 1 Abs. 1 lit. d einer Vereinbarung, in der sich die Parteien Lizenzen für konkurrierende Technologien oder für die Produktion konkurrierender Produkte wechselseitig erteilen, ist eine Output-Beschränkung zulässig, wenn sie nur einer Partei in ihrer Eigenschaft als Lizenznehmer auferlegt wird, und nicht zugleich auch der anderen Partei in dem Bereich, in dem sie ebenfalls Lizenznehmer ist. Die Ausnahmeregelung greift nicht ein, wenn in einer wechselseitigen Vereinbarung einer Partei in ihrer **Eigenschaft als Lizenzgeber** eine Output-Beschränkung auferlegt wird; da dieser Fall **nicht von der Ausnahme erfasst** wird, gilt das generelle Verbot der „Beschränkung des Outputs" in der Einleitung von lit. b. Zum Verhältnis zur Produktionsbeschränkung für den Eigenbedarf → Rn. 18.

c) Zuweisung von Märkten oder Kunden (lit. c). Die Klausel mit den 4 Ausnahmen weicht von der VO 772/2004 und dem Entwurf der VO 316/2014 vom Februar 2013 ab, die insgesamt 7 Ausnahmen enthielten. Lit. c verwendet den Begriff der „Zuweisung" von Märkten oder Kunden, der ansonsten in den Gruppenfreistellungen unüblich ist. Anders als in lit. c wird in Abs. 2 lit. b von „Beschränkungen des Gebiets oder des Kundenkreises" gesprochen. Insoweit gibt es aber keinen grundsätzlichen Unterschied. Die „Zuweisung" ist die positive Regelungsform zugunsten der einen Vertragspartei, deren Kehrseite in **„Beschränkungen"** der anderen Vertragspartei oder Dritter besteht. Wenn einem Vertragspartner bestimmte Märkte oder Kunden „zugewiesen" sind, sollen andere in ihrer Tätigkeit im Hinblick auf diese Märkte um Kunden beschränkt werden. Darüber hinaus kann damit auch eine Begrenzung des Zuweisungsempfängers auf die betroffenen Märkte und Kunden verbunden sein. Das Verbot der „Zuweisung" korrespondiert mit einem Verbot von Beschränkungen. Jede Vertragspartei soll darin frei sein, wo und an wen sie verkauft. Der Begriff des **„Marktes"** ist sowohl **sachlich** als auch **regional** zu verstehen. Damit überschneidet sich der Begriff sowohl mit dem in den anderen Gruppenfreistellungen verwendeten Begriffs des „Gebietes" als auch mit dem in lit. c selbst verwendeten Begriffs des „Kunden". **Kunden,** die einer Partei nach lit. c nicht zugewiesen werden dürfen, können **gebietlich oder auch nach Branchen, Funktionen oder anderen Kriterien definiert** werden. Häufig kommt es vor, dass sich die eine Partei bestimmte Kunden vorbehält, während die andere für die anderen Kunden zuständig sein soll. Diese **„Vorbehaltskunden"** sind im Sinne von lit. c jedenfalls dann „zugewiesene" Kunden (und damit – vorbehaltlich der Ausnahmen in Ziff. i–iv – unzulässig), wenn damit ein entsprechendes Verbot für die andere Partei verbunden ist. 12

Während die VO 772/2004 noch 7 Ausnahmen von dem Verbot der Zuweisung von Märkten oder Kunden formuliert hatte, ist in der letzten Phase des Gesetzgebungsverfahrens der Katalog auf 4 Ausnahmen eingegrenzt worden. Gestrichen wurde insbesondere die als ausdrückliche Ausnahme formulierte Zulassung von **Anwendungsbeschränkungen** (sog. **„field of use-Beschränkungen"**) zulasten des Lizenznehmers in der früheren Ziff. i). Aus der Neufassung der Technologietransfer-Leitlinien (Anhang B 9, Rn. 113f.) ergibt sich, dass damit nicht das Verbot solcher Beschränkungen verbunden ist; vielmehr ist der Gesetzgeber der Auffassung, dass derartige – symmetrische oder asymmetrische – Beschränkungen nicht als „Zuweisung von Märkten oder Kunden" angesehen werden können und deswegen nach dem Grundsatz, dass alles erlaubt ist, was nicht ausdrücklich verboten ist, bei Erfüllung der sonstigen Anwendungsvoraussetzungen der VO 316/2014 zulässig sind. Eine „field of use"-Beschränkung ist nur die eingeschränkte Lizensierung; erst die weitergehende Beschränkung innerhalb des lizensierten technischen Anwendungsbereichs fällt unter lit. c. Die VO 772/2004 ließ in Art. 4 Abs. 1 lit. c Ziff. iii ausdrücklich die dem Lizenzgeber auferlegte Verpflichtung zu, in einem bestimmten Gebiet keinem anderen 13

Lizenznehmer eine Technologielizenz zu erteilen. Diese **Zulassung der Alleinlizenz** (sole license) ist im Sinne von lit. b keine „Beschränkung des Gebiets oder des Kundenkreises" zulasten des Lizenznehmers, und damit keine Kernbeschränkung. Die VO 772/2004 ließ in Art. 4 Abs. 1 lit. c Ziff. iv ausdrücklich bestimmte Beschränkungen des Lizenznehmers und des Lizenzgebers in einer nicht wechselseitigen Vereinbarung zu. Diese Beschränkung ist heute durch Abs. 2 lit. b Ziff. i für den Lizenznehmer zugelassen; ihm darf der passive Verkauf in ein Exklusivgebiet oder an eine Exklusivkundengruppe, das bzw. die dem Lizenzgeber vorbehalten ist, verboten werden.

14 **d) 1. Ausnahme: Zulassung von Produktions- und Verkaufsbeschränkungen (lit. c, Ziff. i).** Zulässig ist in einer **nicht wechselseitigen Vereinbarung** (dazu Art. 1 Abs. 1 lit. e, → Art. 1 Rn. 16ff.) **in der ersten Alternative** die dem Lizenzgeber oder Lizenznehmer auferlegte Verpflichtung, mit der lizenzierten Technologie nicht in einem Exklusivgebiet, **„das der anderen Partei vorbehalten ist"**, zu produzieren. Der Vorbehalt zugunsten des **„Exklusivgebiets"** schließt an die Definition in Art. 1 lit. q (→ Art. 1 Rn. 38f.) an. Er bezieht sich auf räumliche Gebiete, ist also klar zu trennen von Anwendungsbereichen oder (sachlich relevanten) Produktmärkten. Diese Ausnahme stellt klar, dass **in nicht wechselseitigen Vereinbarungen Exklusivitäten für Gebiete** sowohl zugunsten des Lizenzgebers als auch des Lizenznehmers möglich sind. Der Vorbehalt ist für genauer bestimmte Gebiete erforderlich mit der Folge, dass die anderen, nicht ausdrücklich vorbehaltenen Gebiete sowohl vom Lizenzgeber als auch vom Lizenznehmer in der Produktion abgedeckt werden dürfen. Ziff. i) bezieht sich in der ersten Alternative **nur auf die Produktion,** nicht auf andere Anwendungen der Technologie, also insbesondere **nicht auf den Vertrieb.** Sie legitimiert also nur Produktionsverbote, nicht aber Vertriebsverbote aus dem Gebiet, in dem die eine oder andere Partei sich die Produktion vorbehalten hat. In **wechselseitigen Vereinbarungen** sind alle Produktionsbeschränkungen nach dem Obersatz in lit. c **unzulässig.**

15 **In der zweiten Alternative** lässt Ziff. i) die Verpflichtung zulasten des Lizenzgebers oder des Lizenznehmers zu, nicht in das **Exklusivgebiet** oder die **exklusive Kundengruppe,** die der anderen Partei vorbehalten sind, aktiv oder passiv oder auch nur aktiv zu verkaufen. Damit entspricht diese Regelung der früheren in Art. 4 Abs. 1 lit. c Ziff. iv) VO 772/2004. Zulässig sind also Verkaufsbeschränkungen für Exklusivgebiete (dazu Art. 1 lit. q – → Art. 1 Abs. 1 Rn. 38f.) und Exklusivkundengruppen (dazu Art. 1 Abs. 1 lit. r – → Art. 1 Rn. 40), die der jeweils anderen Partei vorbehalten sind, allerdings nur in **nicht wechselseitigen Vereinbarungen** (dazu Art. 1 Abs. 1 lit. e, → Art. 1 Rn. 16ff.). Die Verkaufsbeschränkung ist **möglich sowohl für den aktiven als auch den passiven Verkauf.** Die Beschränkungen können gleichermaßen dem Lizenznehmer und dem Lizenzgeber auferlegt werden. Es ist also möglich, dass sich der **Lizenzgeber ein Land als sein Exklusivgebiet vorbehält,** und für dieses Gebiet dem Lizenznehmer, der in anderen Gebieten tätig sein darf, sowohl den aktiven als auch den passiven Verkauf verbietet. Aktiver Verkauf ist der Verkauf, um den sich der Verkäufer aktiv bemüht. Passiv ist ein Verkauf, dem keine entsprechenden aktiven Bemühungen zugrunde liegen, sondern durch die der Verkäufer einer an ihn herangetragenen Nachfrage genügt, also sogenannte **„Komm"-Kunden** bedient. Die Regelung entspricht teilweise Art. 4 lit. b Spiegelstrich 1 VO 330/2010 (dazu Art. 4 VO 330/2010 Rn. 11ff.), ist aber nicht auf das Verbot des aktiven Verkaufs beschränkt, sondern bezieht ausdrücklich auch den passiven Verkauf ein.

16 **Nicht legitimiert** wird durch diese Regelung eine **Weitergabe des Verkaufsverbotes an die Kunden der beschränkten Vertragspartei.** Der Lizenznehmer, dem der aktive und passive Verkauf in das Exklusivgebiet des Lizenzgebers verboten ist, darf seinen Abnehmern in Gebieten außerhalb dieses **Exklusivgebietes** nicht untersagen, in das Exklusivgebiet zu liefern. Derartige Verbote verstoßen im Regelfall

gegen Art. 101 Abs. 1 AEUV und sind nicht freigestellt. Der Vorbehalt für **„Exklusivkundengruppen"** verlangt nicht, dass die Kunden abstrakt umschrieben und nach abstrakten Merkmalen zu einer „Gruppe" zusammengefasst sind. Es ist vielmehr möglich, dass auch einzelne Kunden exklusiv der einen oder anderen Partei vorbehalten sind. Dieser Begriff ist in Art. 1 lit. r definiert (→ Art. 1 Rn. 40). Anders als bei Vertikalvereinbarungen (VO 330/2010) ist es in nicht wechselseitigen Technologietransfer-Vereinbarungen zulässig, dass sich Lizenzgeber oder Lizenznehmer Kunden exklusiv vorbehalten, so dass diese weder aktiv noch passiv von der anderen Partei beliefert werden dürfen. Ziff. i betrifft nur das Verhältnis von Lizenznehmer und Lizenzgeber. Der Schutz von Lizenznehmer-Gebieten oder -Kundengruppen ist in Ziff. ii geregelt, dort aber nur unter Zulassung von aktiven Verkaufsbeschränkungen. Für wechselseitige Vereinbarungen gilt Ziff. i nicht.

e) 2. Ausnahme: Zulassung von Verkaufsbeschränkungen in fremde Lizenzgebiete (lit. c, Ziff. ii). Die 2. Ausnahme lässt bei nicht wechselseitigen Vereinbarungen **Beschränkungen des aktiven Verkaufs** in Exklusivgebiete oder an Exklusivkundengruppen zu, die einem anderen Lizenznehmer zugewiesen sind. Die Begriffe sind in Art. 1 Abs. 1 lit. q und r definiert (→ Art. 1 Rn. 38 f., 40). Der **passive Verkauf** muss zulässig bleiben. Voraussetzung ist, dass es sich bei dem **anderen Lizenznehmer nicht um einen Wettbewerber des Lizenzgebers** handelt. Da Art. 4 Abs. 1 Lizenzvereinbarungen zwischen konkurrierenden Unternehmen betrifft, geht Ziff. ii davon aus, dass Beschränkungen zwischen Lizenznehmergebieten nur dann zulässig sind, wenn nicht auch der Lizenznehmer des Drittgebietes Wettbewerber des Lizenzgebers ist. Es wird also vorausgesetzt, dass zwar der Lizenznehmer der betroffenen Technologietransfer-Vereinbarung Wettbewerber des Lizenzgebers ist, nicht aber auch der Lizenznehmer in dem Gebiet, für das dem Lizenznehmer der aktive Verkauf verboten wird. Für die Beurteilung des Wettbewerbsverhältnisses zwischen dem Dritt-Lizenznehmer und dem Lizenzgeber kommt es auf den Zeitpunkt der Lizenzerteilung an, und zwar der Lizenzerteilung an den Lizenznehmer, dessen Beschränkung in Ziff. ii geregelt wird. Eine Veränderung der Verhältnisse nach Lizenzerteilung ist insoweit irrelevant (so für die VO 772/2004 auch *Fuchs* in IM Art. 4 TT-GVO Rn. 58 mit Fn. 711). 17

f) 3. Ausnahme: Zulassung von Produktionsbeschränkungen für den Eigenbedarf (lit. c, Ziff. iii). Diese Ausnahme entspricht wörtlich der in Abs. 2 lit. b Ziff. ii (→ Rn. 28); insoweit wird also nicht nach Verträgen zwischen Wettbewerbern und Nicht-Wettbewerbern differenziert. Zulässig ist es, dem Lizenznehmer die Verpflichtung aufzuerlegen, die Vertragsprodukte **nur für den Eigenbedarf** zu produzieren, wenn damit **nicht** auch **Beschränkungen für den Ersatzteilvertrieb** verbunden sind. Diese Bestimmung hat den Fall im Auge, dass ein Wettbewerber dem anderen eine Technologielizenz für die Produktion eines Teiles erteilt, das **in Endprodukte des Lizenznehmers eingebaut** wird. Der Lizenznehmer darf auf diesen Eigeneinbau beschränkt, aber nicht daran gehindert werden, die lizenzierten Teile als Ersatzteile für seine eigenen Produkte verkaufen. Eine zusätzliche Mengen-(Output-)Beschränkung (für den Eigenbedarf) ist möglich, auch ohne dass die Voraussetzungen des lit. b vorliegen (so auch für die VO 772/2004 Vorauflage Rn. 19 und *Fuchs* in IM Art. 4 TT-GVO Rn. 59). Die Bestimmung ist unklar darin, ob und wie der Lizenznehmer sicherstellen kann, dass die lizenzierten Teile von seinen Abnehmern nicht auch als Ersatzteile für die Produkte des Lizenzgebers verkauft oder eingesetzt werden. Sie rechtfertigt **keine entsprechenden Beschränkungen in Drittverträgen,** wohl aber Verkaufsbeschränkungen des Lizenznehmers in Vertriebs- oder Kundendienstsysteme, die im Wettbewerb zu entsprechenden Systemen des Lizenzgebers die betroffenen Teile auch für andere Verwendungszwecke vertreiben (so auch *Fuchs* aaO Rn. 61). Es ist möglich, dass der Lizenzgeber mehrere Lizenzen zur Belieferung ein und derselben Kunden vergibt (vgl. Technologietransfer-Leitlinien, Anhang B 9, Rn. 112). 18

19 **g) 4. Ausnahme: Zulassung von second source-Beschränkungen (lit. c Ziff. iv).** Die 4. Ausnahme lässt in einer nicht wechselseitigen Vereinbarung ausdrücklich Beschränkungen zu, die sich aus der typischen second source-Problematik rechtfertigen. In Verträgen zwischen Nicht-Wettbewerbern sind diese Beschränkungen auch bei Wechselseitigkeit erlaubt (dazu Abs. 2 lit. b Ziff. iii, → Rn. 29). Häufig wird der Lizenzgeber von seinen Abnehmern veranlasst, seine Technologie einem anderen Lieferanten zu lizenzieren, um dem Abnehmer eine **second source-Lieferung** zu ermöglichen. Zu einer solchen Lizenzierung ist der Lizenzgeber häufig nur bereit, wenn er die Gewähr hat, dass der (ihm aufgezwungene) Lizenznehmer die Technologie nur für die Belieferung des bestimmten Abnehmers verwendet, nicht auch für Drittlieferungen. Unter dieser Voraussetzung ist es zulässig, dem Lizenznehmer nur die Produktion für einen bestimmten Kunden zu gestatten. Eine derartige Beschränkung wird durch Ziff. iv aber nur in einer **nicht wechselseitigen Vereinbarung** zugelassen. Ist sie wechselseitig, besteht im Verhältnis zwischen Wettbewerbern die Möglichkeit, dass es sich um eine horizontale Kundenaufteilung handelt. Die second source-Beschränkung ist in Bezug auf ein und denselben Kunden in einer Mehrzahl von Lizenzvereinbarungen zulässig, sodass sich danach ein **„multiple sourcing"** ergibt (vgl. für die VO 772/2004 *Fuchs* in IM Art. 4 TT-GVO Rn. 63). Unter den Voraussetzungen der lit. b sind auch zusätzliche Mengen-(Output-)Beschränkungen zulässig (vgl. dazu auch *Fuchs* aaO 64; *Röhling* in MünchKomm VO 772/2004 Art. 4 Rn. 22).

20 **h) Beschränkungen im Hinblick auf andere Technologierechte (lit. d).** Diese Klausel war fast wortgleich in Art. 4 Abs. 1 lit. d VO 772/2004 enthalten. Lit. d verbietet im Verhältnis zwischen Wettbewerbern Beschränkungen in der Erarbeitung oder Verwertung von Technologien, die **nicht Gegenstand des Lizenzvertrages** sind. Im Verhältnis zwischen nicht konkurrierenden Unternehmen gilt Art. 5 Abs. 2 (→ Art. 5 Rn. 11 ff.). Die Vereinbarung entsprechender Klauseln im Verhältnis zwischen konkurrierenden Unternehmen führt nach Art. 4 voll zum Wegfall der Freistellung der Technologietransfer-Vereinbarung; zwischen nicht konkurrierenden Unternehmen bewirkt sie nach Art. 5 nur den Wegfall der Freistellung der entsprechenden Vertragsklausel.

21 In der **ersten Alternative** von lit. d geht es um die **Beschränkung des Lizenznehmers, seine eigenen – konkurrierenden oder nicht konkurrierenden – Technologierechte** zu verwerten. Diese sind nicht Gegenstand des Lizenzvertrages. Deswegen muss der Lizenznehmer grundsätzlich frei sein, seine eigene Technologie zu verwerten. Das gilt unabhängig davon, ob es sich um eine Technologie handelt, die mit der lizenzierten Technologie konkurriert. Beschränkungen in der Verwertung nicht konkurrierender Technologierechte sind noch weniger zu rechtfertigen als bei konkurrierenden Technologien; sie verstoßen gegen Art. 101 Abs. 1 AEUV und sind grds. nicht vom Freistellungsumfang des Art. 2 erfasst (im Ergebnis ebenso für die VO 772/2004 *Fuchs* in IM Art. 4 TT-GVO Rn. 67; *Röhling* in MünchKomm VO 772/2004 Art. 4 Rn. 23). Die „es sei denn"-Beschränkung bezieht sich nach dem klaren Wortlaut nicht auf diese Alternative. In der **zweiten Alternative** verbietet lit. d **Beschränkungen des Lizenznehmers oder des Lizenzgebers, eigene Forschungs- und Entwicklungsarbeiten durchzuführen.** Beide Parteien müssen frei sein in der Fortentwicklung der lizenzierten Technologie und in Arbeiten außerhalb der lizenzierten Technologie; derartige Beschränkungen rechtfertigen sich nicht aus der Lizenzierung als solche.

22 Beschränkungen in der Durchführung von Forschungs- und Entwicklungsarbeiten (2. Alternative) sind zulässig, wenn sie **„unerlässlich"** sind, **um die Preisgabe des lizenzierten Know-hows an Dritte zu verhindern.** Diese Ausnahme gilt nur für Vereinbarungen, durch die entweder ausschließlich Know-how übertragen wird, oder für den Know-how-Teil gemischter (auch Schutzrechte betreffender) Ver-

einbarungen; sie ist eng zu interpretieren. Das ergibt sich einmal aus dem sehr strengen Wortsinn des dem Art. 101 Abs. 3 AEUV entnommenen Wortes „unerlässlich", zum anderen daraus, dass es nur um die Preisgabe von lizenziertem Know-how an Dritte geht, nicht auch um sonstige Rechtfertigungsmöglichkeiten. Besondere Bedeutung hat diese Einschränkung für Forschungs- und Entwicklungsarbeiten auf dem Gebiet der lizenzierten Technologie oder in Nachbarbereichen, die bei Einschaltung von Dritten dazu führen können, dass das lizenzierte Know-how auch an Dritte weitergegeben wird. Diese Einschränkung hat keine Bedeutung, wenn dem Lizenzgeber die Lizenzierung des Know-how an Dritte mangels einer Ausschließlichkeit freigegeben ist oder der Lizenznehmer das Know-how auch an Dritte unterlizenzieren darf, freilich unter der Voraussetzung, dass dadurch der geheime Charakter des Know-how nicht gefährdet wird.

3. Kernbeschränkungen zwischen Nicht-Wettbewerbern (Abs. 2)

Der im Vergleich zur VO 772/2004 nur durch Streichung von Abs. 2b lit. ii) geänderte Abs. 2 erfasst Kernbeschränkungen in Technologietransfer-Vereinbarungen zwischen nicht konkurrierenden Unternehmen. Unternehmen sind im Sinne des Abs. 2 „nicht konkurrierend", wenn sie nicht die Voraussetzungen von Art. 1 Abs. 1 lit. n erfüllen (→ Art. 1 Rn. 31 ff.). Sie dürfen hiernach weder Wettbewerber auf dem Technologie- noch dem Produktmarkt sein. Der Katalog des Abs. 2 ist im Vergleich zu dem wettbewerblich sehr viel sensibleren Bereich der Technologietransfer-Vereinbarungen zwischen Wettbewerbern in Abs. 1 eingeschränkt; Technologietransfer-Vereinbarungen zwischen Nicht-Wettbewerbern werden tendenziell also **großzügiger** bewertet als solche zwischen Wettbewerbern. Soweit der Katalog in Abs. 2 kleiner ist als in Abs. 1, bedeutet das für Verträge zwischen Nicht-Wettbewerbern die Zulassung der entsprechenden Regelungen. Zulässig sind hiernach insbesondere Field of use-Beschränkungen, Output-Beschränkungen und **Exklusiv- und Allein-Lizenzen,** und zwar auch wechselseitige. 23

a) Preisbindung (lit. a). Die Preisbindungsregelung in lit. a entspricht im Wortlaut und ihren Ausnahmen stärker als Abs. 1 lit. a der Preisbindungsregelung in der VO 330/2010 (Art. 4 lit. a, → VO330/2010 Art. 4 Rn. 5 ff.). Sie erfasst aber anders als diese Regelungen nicht nur **Beschränkungen** des „Anbieters", also der in der Vertikalen unten stehenden Vertragspartei, sondern **beider Vertragsparteien.** Hiernach ist es in Technologietransfer-Vereinbarungen zwischen nicht konkurrierenden Unternehmen auch unzulässig, das Preisverhalten des Lizenzgebers zu beschränken. Es darf weder der Lizenzgeber noch der Lizenznehmer in seinem Preisverhalten im Hinblick auf den **Verkauf seiner Produkte** an Dritte beschränkt werden. Für mittelbare Beschränkungen, insbesondere durch Lizenzgebührenregelungen, gilt dasselbe wie zu Abs. 1 lit. a) (→ Rn. 8). Anders als nach der VO 330/2010 (→ VO 330/2010 Art. 4 Rn. 10) sind für den Verkauf der Produkte auch **Meistbegünstigungsklauseln** zulasten des Lizenzgebers bzw. des Lieferanten **unzulässig.** Lit. a bezieht sich aber nur auf die Preise der mit der lizenzierten Technologie hergestellten Produkte, **nicht auch auf das Preisverhalten in den Lizenzbedingungen.** Es verstößt also nicht gegen lit. a, wenn in der Technologietransfer-Vereinbarung dem Lizenzgeber Preise für die Lizenzierung an Dritte vorgeschrieben werden. Zulässig sind auch Meistbegünstigungsklauseln für Lizenzbedingungen (nicht für den Verkauf der Produkte) in dem Sinne, dass der Lizenzgeber zwar Lizenzen an Dritte erteilen darf, aber nicht zu günstigeren Bedingungen als an den Lizenznehmer. Derartige Preisbindungen sind, da nicht ausdrücklich verboten, in Technologietransfer-Vereinbarungen zulässig (insoweit für die VO 772/2004 aA *Fuchs* in IM Art. 4 TT-GVO Rn. 73; *Röhling* in MünchKomm VO 772/2004 Art. 4 Rn. 27 ff.). 24

25 Vom Preisbindungsverbot ausgenommen ist – mit exakt der gleichen Formulierung wie in Art. 4 lit. a VO 330/2010 – die Möglichkeit, **Höchstverkaufspreise** festzusetzen und **Preisempfehlungen** auszusprechen. In einer Technologietransfer-Vereinbarung zwischen Nicht-Wettbewerbern ist es also zulässig, wenn dem Lizenzgeber oder dem Lizenznehmer oder beiden verboten wird, für die unter Verwendung der Technologie hergestellten Produkte bestimmte Preisgrenzen zu überschreiten. Die Parteien dürfen sich auch einseitig oder gegenseitig Preisempfehlungen aussprechen, wenn die Freiheit der Partei, diese Preisempfehlungen zu unterschreiten, nicht beeinträchtigt wird. Preisempfehlungen, gegen deren Überschreiten Druck oder Anreize verwendet werden, sind hingegen unzulässig, weil sie einer Höchstpreisbindung gleichkommen (→ VO 330/2010 Art. 4 Rn. 8).

26 **b) Gebiets- und Kundenbeschränkungen zulasten des Lizenznehmers (lit. b).** Lit. b verbietet **zulasten des Lizenznehmers** Beschränkungen des **passiven Verkaufs** in bestimmte Gebiete oder an bestimmte Kundenkreise. Beschränkungen zulasten des Lizenzgebers werden nicht erfasst; sie sind also, wenn die Voraussetzungen des Art. 3 erfüllt sind, freigestellt (vgl. auch Technologietransfer-Leitlinien, Anhang B 9, Rn. 120). Nach lit. b ist es in einem Lizenzvertrag zwischen Nicht-Wettbewerbern nicht zulässig, dem Lizenznehmer den passiven Verkauf in bestimmte Gebiete oder an bestimmte Kundenkreise zu untersagen; er muss also frei sein, diese Kunden auf deren Nachfrage hin zu beliefern. Der **aktive Verkauf** in bestimmte Gebiete oder Kundenkreise kann dem Lizenznehmer im Rahmen der Anwendungsvoraussetzungen der VO 316/2014 generell verboten werden; das wird auch durch einen Gegenschluss zu lit. b Ziff. i bestätigt (zu den Begriffen und der Unterscheidung aktiver/passiver Verkauf → Rn. 15; Art. 4 VO 330/2010 Rn. 11 ff. und Vertikalleitlinien, Anhang B 6, Rn. 51). Das Verbot des passiven Verkaufs in bestimmte Gebiete oder Kundenkreise ist durch **fünf Ausnahmen** eingeschränkt (Ziff. i–v). In einem **Zuliefervertrag** ist die Beschränkung des Lizenznehmers (Zulieferers) darauf, dass er nur für den Lizenzgeber produziert und nur diesen beliefert, zulässig, auch wenn diese Beschränkung in den Ausnahmen nicht erwähnt ist. Sie verstößt nach der Zulieferbekanntmachung von 1979 (Anhang B 8) nicht gegen Art. 101 Abs. 1 AEUV.

27 **c) 1. Ausnahme: Zulassung des passiven Verkaufs in Lizenzgeber-Gebiete oder -Kundengruppen (lit. b, Ziff. i).** Zulässig ist die Beschränkung des passiven Verkaufs in ein Gebiet, das dem Lizenzgeber vorbehalten ist; Entsprechendes gilt für Exklusivkundengruppen. Die Begriffe Exklusivgebiet und Exklusivkundengruppe sind in Art. 1 Abs. 1 lit. q und r definiert (→ Art. 1 Rn. 38 ff.). Es ist also möglich, dass der **Lizenzgeber** sich im Lizenzvertrag **bestimmte Gebiete oder Kundengruppen exklusiv vorbehält.** Dann darf dem Lizenznehmer verboten werden, an diese Kunden überhaupt (also aktiv und passiv) zu verkaufen. Das Verbot des **aktiven Verkaufs** ist, da nicht als „schwarze" Klausel in Abs. 2 erwähnt, sowieso zulässig.

28 **d) 2. Ausnahme: Zulassung von Eigenbedarfsverpflichtungen (lit. b, Ziff. ii).** Ziff. ii entspricht wörtlich der 3. Ausnahme in Abs. 1 lit. c Ziff. iii) (→ Rn. 18). Zulässig ist es, dem Lizenznehmer die Verpflichtung aufzuerlegen, die Vertragsprodukte **nur für den Eigenbedarf** zu produzieren, wenn damit **nicht** auch **Beschränkungen für den Ersatzteilvertrieb** verbunden sind. Diese Bestimmung hat den Fall im Auge, dass ein Wettbewerber dem anderen eine Technologielizenz für die Produktion eines Teiles erteilt, das **in Endprodukte des Lizenznehmers eingebaut** wird. Der Lizenznehmer darf auf diesen Eigeneinbau beschränkt, aber nicht daran gehindert werden, die lizenzierten Teile als Ersatzteile für seine eigenen Produkte zu verkaufen. Die Bestimmung ist unklar darin, ob und wie der Lizenznehmer sicherstellen kann, dass die lizenzierten Teile von seinen Abnehmern nicht auch als Ersatzteile für die Produkte des Lizenzgebers verkauft oder eingesetzt werden. Sie rechtfertigt **keine entsprechenden Beschränkungen in**

Drittverträgen, wohl aber Verkaufsbeschränkungen des Lizenznehmers in Vertriebs- oder Kundendienstsysteme hinein, die im Wettbewerb zu entsprechenden Systemen des Lizenzgebers die betroffenen Teile auch für andere Verwendungszwecke vertreiben.

e) 3. Ausnahme: Zulassung von second source-Lieferungen (lit. b, Ziff. iii). Ziff. iii entspricht der 4. Ausnahme in Abs. 1 lit. c Ziff. iv (→ Rn. 19), allerdings nicht beschränkt, wie dort, auf nicht wechselseitige Vereinbarungen. In Lizenzvereinbarungen zwischen Nicht-Wettbewerbern ist es also auch wechselseitig zulässig, dem Lizenznehmer vorzuschreiben, die **Vertragsprodukte nur für einen bestimmten Kunden zu produzieren.** Voraussetzung ist aber hier ebenso wie in Abs. 1 lit. c Ziff. iv, dass die Lizenz erteilt worden ist, um dem Kunden eine alternative Bezugsquelle zu verschaffen. Mengen- oder Output-Beschränkungen sind zulässig (so auch für die VO 772/2004 *Fuchs* in IM Art. 4 TT-GVO Rn. 87; *Schultze/Pautke/Wagener* Rn. 779). 29

f) 4. Ausnahme: Zulassung des Sprunglieferverbotes (lit. b Ziff. iv). In Lizenzvereinbarungen zwischen Nicht-Wettbewerbern ist es zulässig, einen Lizenznehmer, der auf der **Großhandelsstufe** tätig ist, im **Verkauf an** – private oder gewerbliche – **Endverbraucher zu beschränken.** Diese Bestimmung entspricht Art. 4 lit. b Spiegelstrich 2 VO 330/2010 (→ VO 330/2010 Art. 4 Rn. 18). Er ist Ausfluss der Metro-Saba I-Rechtsprechung des EuGH (Urteil vom 25.10.1977 Slg 1977, 1875, 1909), wonach die Beschränkung eines Großhändlers in der Direktbelieferung von Endkunden keine Wettbewerbsbeschränkung ist. Diese Zulassung von sogenannten „Sprunglieferverboten" spielt in Lizenzverhältnissen wahrscheinlich keine besondere Rolle. Sie setzt voraus, dass der Lizenznehmer im Rahmen einer Technologietransfer-Vereinbarung, die die Produktion von Vertragsprodukten betrifft, hinsichtlich des Vertriebes nur auf der Großhandelsstufe tätig ist, also nicht Endverbraucher unmittelbar beliefert. Wenn das der Fall ist, kann ihm untersagt werden, Endverbraucher zu beliefern. An einer entsprechenden Beschränkung des Lizenznehmers kann der Lizenzgeber interessiert sein, wenn er selbst auf der Einzelhandelsstufe tätig ist, und dadurch Wettbewerb auf dieser Stufe durch den Lizenznehmer ausschließen will. 30

g) 5. Ausnahme: Zulassung von Querlieferungen an nicht zugelassene Händler (lit. b Ziff. v). Die 5. Ausnahme hat Bedeutung für den Fall, dass der Lizenznehmer für die lizenzierten Produkte ein **selektives Vertriebssystem** unterhält. Insbesondere dann, wenn er für dieses selektive Vertriebssystem die VO 330/2010 in Anspruch nehmen will, muss er gewährleisten können, dass nicht dem Vertriebssystem angehörende Wiederverkäufer von den zugelassenen Händlern nicht beliefert werden. Nach der Definition des selektiven Vertriebssystems in Art. 1 lit. o (→ Art. 1 Rn. 35 f.) ist die Verpflichtung, die betreffenden Waren oder Dienstleistungen nicht an nicht zugelassene Wiederverkäufer zu vertreiben, konstitutiv für das (freigestellte) selektive Vertriebssystem. Ziff. v hat nur Bedeutung für den Fall, dass die Technologietransfer-Vereinbarung sich auch ausdrücklich mit dem Vertrieb des Lizenznehmers befasst. Er hat keine Bedeutung für den Fall, dass der Lizenznehmer zwar auf der Grundlage der Technologietransfer-Vereinbarung Produkte herstellt, diese dann aber – ohne jede Regelung in der Technologietransfer-Vereinbarung – in einem Vertriebssystem verkauft, das er selbst ausgestaltet. Dann ist es zulässig, wenn er den Mitgliedern seines selektiven Vertriebssystems die Querbelieferung außenstehender Wiederverkäufer untersagt und damit zugleich sich ein Verbot auferlegt, selbst derartige Wiederverkäufer zu beliefern. 31

h) Verkaufsbeschränkungen an Endverbraucher (lit. c). Lit. c verbietet im Sinne einer schwarzen Klausel alle Verkaufsbeschränkungen an Endverbraucher, wenn der Lizenznehmer einem **selektiven Vertriebssystem** angehört und **auf der Einzelhandelsstufe tätig** ist. Diese Regelung entspricht Art. 4 lit. c VO 330/2010 32

(→ dazu VO 330/2010 Art. 4 Rn. 23ff.). Sie hat aber keine Bedeutung für selektive Vertriebssysteme, die Lizenznehmer unabhängig vom Lizenzverhältnis unterhalten, und über die sie auch die lizenzierten Produkte vertreiben. Bedeutung hat lit. c daher nur, soweit **Gegenstand des Lizenzverhältnisses** nicht nur die Produktion der Vertragsprodukte ist, sondern auch deren Vertrieb, der Lizenzgeber also auch am Vertrieb der Produkte interessiert ist. Das ist insbesondere in Produktions-Franchise-Systemen der Fall. Es kommt vor, dass Mitglieder eines solchen Franchise-Systems aufgrund der Technologietransfer-Vereinbarung Produkte herstellen und sie dann in einem vom Franchisegeber ausgestalteten Vertriebssystem vertreiben. Sind die Lizenznehmer auf der Einzelhandelsstufe tätig, vertreiben sie also typischerweise an – gewerbliche oder private – Endverbraucher, dürfen ihnen keinerlei Beschränkungen im aktiven und passiven Verkauf an Endverbraucher auferlegt werden. Die einzige Beschränkungsmöglichkeit ist die, dass ihnen verboten werden darf, **Geschäfte von nicht zugelassenen Niederlassungen** zu betreiben. Der **Vertrieb über das Internet** bedeutet nicht Eröffnung oder Nutzung einer neuen, ggf. nicht zugelassenen (virtuellen) Niederlassung, sondern kann der Niederlassung zugerechnet werden, in der die Internet-Aktivität physisch verwaltet wird.

Art. 5 Nicht freigestellte Beschränkungen

(1) **Die Freistellung nach Artikel 2 gilt nicht für die folgenden in Technologietransfer-Vereinbarungen enthaltenen Verpflichtungen:**

a) alle unmittelbaren oder mittelbaren Verpflichtungen des Lizenznehmers, dem Lizenzgeber oder einem vom Lizenzgeber benannten Dritten für eigene Verbesserungen an der lizenzierten Technologie oder eigene neue Anwendungen dieser Technologie eine Exklusivlizenz oder Gesamt- bzw. Teilrechte zu gewähren;

b) alle einer Partei auferlegten unmittelbaren oder mittelbaren Verpflichtungen, die Gültigkeit der Rechte des geistigen Eigentums, über die die andere Partei in der Union verfügt, nicht anzufechten, unbeschadet der Möglichkeit, bei einer Exklusivlizenz die Beendigung der Technologietransfer-Vereinbarung für den Fall vorzusehen, dass der Lizenznehmer die Gültigkeit eines oder mehrerer der lizenzierten Technologierechte anficht.

(2) **Handelt es sich bei den Vertragsparteien nicht um konkurrierende Unternehmen, so gilt die Freistellung nach Artikel 2 nicht für unmittelbare oder mittelbare Verpflichtungen, die die Möglichkeit des Lizenznehmers, seine eigenen Technologierechte zu verwerten, oder die Möglichkeit einer der Vertragsparteien, Forschungs- und Entwicklungsarbeiten durchzuführen, beschränken, es sei denn, letztere Beschränkung ist unerlässlich, um die Preisgabe des lizenzierten Know-hows an Dritte zu verhindern.**

1. Überblick

1 **a) „Graue Klauseln“.** Art. 5 erfasst Vertragsklauseln, die nicht – wie in den Fällen des Art. 4 – zum Wegfall der Freistellung insgesamt führen, sondern nur bedeuten, dass die im Einzelnen aufgeführten **Klauseln** – und nur diese – **nicht freigestellt** sind. Das kommt in der Formulierung „die Freistellung … gilt nicht für die … Verpflichtungen“ zum Ausdruck. Ist in einer grundsätzlich von der VO 316/2014 erfassten Vereinbarung eine Verpflichtung im Sinne des Art. 5 enthalten, ist nur die Verpflichtung als solche nicht von der Freistellung erfasst; die Freistellung im Übrigen bleibt unberührt. Im Hinblick auf diese beschränkte Rechtsfolge werden die Klauseln in Art. 5 gemeinhin als „graue“ Klauseln bezeichnen. Sie sind nicht „schwarz“, weil

sie die Freistellung nicht insgesamt berühren, und sie sind nicht „weiß", weil sie nicht freigestellt sind. Im Regelfall ist davon auszugehen, dass die von Art. 5 erfassten Klauseln **nach Art. 101 Abs. 2 AEUV nichtig** sind. Allerdings gibt es insoweit keinen Automatismus. Es ist möglich, dass die Klausel im Einzelfall nicht gegen Art. 101 Abs. 1 AEUV verstößt, weshalb sie dann auch keiner Freistellung bedarf. Außerdem ist denkbar, dass die Klausel zwar gegen Art. 101 Abs. 1 AEUV verstößt, aber unabhängig von dem Eingreifen der Gruppenfreistellung jedenfalls unmittelbar die Voraussetzungen des Art. 101 Abs. 3 AEUV erfüllt.

Die **VO 316/2014** hat Art. 5 gegenüber der VO 772/2004 **in dreifacher Hinsicht verändert.** In Abs. 1 lit. a wird nicht mehr darauf abgestellt, ob die Lizenzierungsverpflichtung sich auf „abtrennbare" Verbesserungen bezieht. Die frühere Regelung in Abs. 1 lit. b über die Übertragung von Verbesserungs- und Anwendungserfindungen wurde nicht übernommen. Offenbar wird davon ausgegangen, dass die „Übertragung" der Rechte schon durch die insoweit unveränderte exklusive Lizenzierung nach lit. a erfasst wird. Schließlich ist der Fall der Nichtangriffsklausel in den neu gefassten Art. 5 Abs. 1 lit. b (früher lit. c) geändert worden. Während es nach der früheren Fassung möglich war, die Beendigung der Technologietransfer-Vereinbarung für den Fall vorzusehen, dass der Lizenznehmer die Gültigkeit eines oder mehrerer der lizenzierten Schutzrechte angreift, ist das nach der VO 316/2014 nur noch möglich, wenn es sich um eine Exklusivlizenz handelt; bei anderen Lizenzen kann auf den Angriff des Schutzrechts nicht durch die vorzeitige oder außerordentliche Beendigung des Lizenzvertrages reagiert werden. 2

b) Konkurrierende und nicht konkurrierende Unternehmen. Art. 5 Abs. 1 enthält „graue" Klauseln ohne Differenzierung danach, ob die Vertragsparteien konkurrierende oder nicht konkurrierende Unternehmen sind. Abs. 2 enthält eine besondere graue Klausel für den Fall, dass es sich bei den Vertragsparteien nicht um konkurrierende Unternehmen handelt (zum Begriff Art. 1 Abs. 1 lit. n, → Art. Rn. 31 ff.). Das bedeutet aber keine Schlechterstellung der (wettbewerblich weniger problematischen) Technologietransfer-Vereinbarungen zwischen nicht konkurrierenden Unternehmen im Vergleich zu Vereinbarungen zwischen Konkurrenten. Das, was nach Abs. 2 nicht freigestellt ist, ist für konkurrierende Unternehmen nach Art. 4 Abs. lit. d eine schwarze Klausel. Die Rechtsfolge besteht also für konkurrierende Unternehmen im Wegfall der Freistellung insgesamt, für nicht konkurrierende Unternehmen nur im **Ausschluss der entsprechenden Klausel von der Freistellung,** ohne Auswirkungen auf die Freistellung im Übrigen. 3

c) Unmittelbare und mittelbare Verpflichtungen. Die grauen Klauseln in Abs. 1 und Abs. 2 verwenden durchweg die Worte „unmittelbare oder mittelbare Verpflichtungen". Damit werden die entsprechenden Begriffe in Art. 4 Abs. 1 und 2 übernommen, aber ohne die dort verwendeten Zusätze „für sich allein oder in Verbindung mit anderen Umständen unter der Kontrolle der Vertragsparteien". Auch wird nicht darauf abgestellt, ob die Vereinbarungen etwas „bezwecken"; vielmehr kommt es nur darauf an, ob eine Verpflichtung „unmittelbar oder mittelbar" gilt. Eine Verpflichtung ist in diesem Sinne **„unmittelbar",** wenn sie sich aus dem Wortlaut oder dem Wesen der Regelung ergibt und auch, zivilrechtliche Verbindlichkeit vorausgesetzt, „unmittelbar" durchgesetzt werden kann. **„Mittelbar"** ist eine Verpflichtung, wenn auf das Verhalten, auf das sich die Verpflichtung bezieht, kein Anspruch besteht, aber dennoch auf den Vertragspartner über die Technologietransfer-Vereinbarung ein Druck ausgeübt wird, sich entsprechend zu verhalten; eine solche mittelbare Verpflichtung ist insbesondere gegeben, wenn für den Fall, dass die Vertragspartei sich anders verhält, eine Sanktion – insbesondere eine **Kündigungsmöglichkeit** oder eine **Vertragsstrafe** – vorgesehen ist (das wird durch die auszudrückliche Zulassung der Beendigung oder Kündigung in einem bestimmten Fall in dem neu gefassten Art. 5 Abs. 1 lit. b bestätigt, → Rn. 9). „Unmittelbare" Verpflichtungen 4 sind damit solche, die das Verbot selbst enthalten, während „mittelbare" Verpflichtngen die rechtliche Freiheit aufrechterhalten, ihren Gebrauch aber sanktionieren. Es reicht aus, wenn die Vertragsparteien Ersatzinstrumente vereinbaren oder auch nur abgestimmt praktizieren, die dieselben Zwecke verfolgen, die durch die Verpflichtungen, die in Art. 5 erwähnt sind, erreicht werden sollen. Die Tatsache, dass nicht – wie in Art. 4 Abs. 1 und 2 (→ Art. 4 Rn. 4) – darauf abgestellt wird, ob entsprechendes Verhalten „unter der Kontrolle der Vertragsparteien" bezweckt wird, erklärt sich offenbar daraus, dass jeweils von „Verpflichtungen" (des Lizenznehmers) gesprochen wird. Damit ist von vornherein klargestellt, dass es nur um solche Verhaltensbeschränkungen geht, die sich aus der Technologietransfer-Vereinbarung ergeben; das bedeutet, dass in jedem Falle die „Kontrolle der Vertragsparteien" vorliegt.

2. Rücklizenz für Verbesserungserfindungen des Lizenznehmers (Abs. 1 lit. a)

5 Nach lit. a sind Verpflichtungen des Lizenznehmers nicht freigestellt, dem Lizenzgeber oder einem von ihm benannten Dritten eine Exklusivlizenz für eigene Verbesserungen an der lizenzierten Technologie oder seiner eigenen neuen Anwendungen dieser Technologie zu erteilen. Der Begriff der **„Exklusivlizenz"** ist in Art. 1 Abs. 1 lit. p (→ Art. 1 Rn. 37) gesondert definiert. Er bedeutet, dass sich der Lizenzgeber verpflichtet, keine weitere Lizenz zu erteilen und die Möglichkeit ausschließt, die Technologie selbst zu verwenden (engl. **exclusive license**). Hier geht es allerdings nicht um eine Lizenz des Lizenzgebers (der Technologietransfer-Haupt-Vereinbarung), sondern um eine Lizenz, die der Lizenznehmer dem Lizenzgeber erteilt; die Definition des Art. 1 Abs. 1 lit. p macht insoweit nur Sinn, wenn der Lizenznehmer (der Hauptvereinbarung) als Lizenzgeber (der Rücklizenz) angesehen wird. Lit. a verbietet Beschränkungen sowohl des Rechts des Lizenznehmers, weitere Lizenzen zu erteilen, als auch seines Rechts, die in lit. a erwähnten Verbesserungs- und Anwendungserfindung zu benutzen. Lit. a sichert also generell das **Recht des Lizenznehmers, die von ihm entwickelten Verbesserungs- und Anwendungserfindungen zu lizenzieren und selbst zu benutzen.** Dieses Recht wird nicht beeinträchtigt, wenn er verpflichtet ist, dem Lizenzgeber eine nicht ausschließliche Lizenz zu erteilen (dazu Technologietransfer-Leitlinien, Anhang B 9, Rn. 131).

6 Die frühere Fassung von Abs. 1 lit. a in der VO 772/2004 stellte zusätzlich darauf ab, dass es sich um **„abtrennbare"** Verbesserungen handelte, mit der Folge, dass exklusive Lizenzierungsverpflichtungen für nicht abtrennbare Verbesserungen zulässig waren. Offenbar auch im Hinblick auf die mit dem Begriff der Abtrennbarkeit notwendige Rechtsunsicherheit ist dieses Merkmal gestrichen worden. Eine exklusive Lizenzierungsverpflichtung ist also auch für nicht abtrennbare Verbesserungen unzulässig. Zulässig ist aber die Verpflichtung, dem Lizenzgeber eine **Alleinlizenz (sole license)** zu erteilen, was dem Lizenznehmer die Möglichkeit offen hält, die Verbesserung auch selbst zu benutzen.

7 Lit. a erfasst auch die **„eigenen neuen Anwendungen"** der lizenzierten Technologie durch den Lizenznehmer. Die Einbeziehung dieser neuen Anwendungen macht eine scharfe begriffliche Trennung zwischen den „Verbesserungen" und den „neuen Anwendungen" überflüssig. Lit. a differenziert nicht danach, ob die Lizenz, was nach Art. 4 Abs. 1 lit. c i und ii bei Lizenzverträgen zwischen nicht konkurrierenden Unternehmen möglich ist, auf einzelne Anwendungsbereiche beschränkt ist. Wenn der Lizenznehmer über den Gegenstand der Lizenz hinaus „eigene" neue Anwendungen der Technologie entwickelt, ist es zulässig, ihn zu verpflichten, für diese Anwendungen dem Lizenzgeber oder einem von ihm benannten Dritten eine nicht ausschließliche Lizenz zu erteilen. In der gleichen Weise ist die Verpflichtung möglich, dem Lizenzgeber eine Alleinlizenz (sole license) zu erteilen; dadurch wird die Freiheit des Lizenznehmers, die neue Anwendung selbst zu verwerten, nicht beschränkt.

3. Nicht-Angriffsverpflichtungen (Abs. 1 lit. b)

Lit. b sieht vor, dass die Nicht-Angriffsverpflichtung zulasten des Lizenznehmers im Sinne der „grauen" Klauseln nicht freigestellt ist. Dem Lizenznehmer darf hiernach nicht verboten werden, „die **Gültigkeit der Rechte des geistigem Eigentums,** über die die andere Partei (der Lizenzgeber) in der Union verfügt", **anzugreifen.** Der Begriff des „Rechts des geistigen Eigentums" bezieht sich entsprechend der Definition in Art. 1 Abs. 1 lit. h (→ Art. 1 Rn. 19f.) nur auf **Schutzrechte,** also gesetzliche Verbietungsrechte, nicht auf **Know-how** (→ Art. 1 Rn. 21ff.). Eine Nicht-Angriffsklausel im Sinne der lit. b liegt also vor, wenn dem Lizenznehmer verboten wird, die Voraussetzungen **gesetzlicher Verbietungsrechte** nach den jeweiligen spezialgesetzlichen Regelungen anzugreifen; entsprechende Verbietungsrechte gewährt das bloße Know-how nicht. 8

Obwohl lit. b auch die „mittelbaren" Verpflichtungen des Lizenznehmers, den Gegenstand des Lizenzvertrages nicht anzugreifen, erfasst, war es nach der VO 772/2004 generell **zulässig, für den Fall des Angriffs die „Beendigung der Technologietransfer-Vereinbarung vorzusehen"**. Diese Möglichkeit besteht jetzt nur noch für den Fall der **Exklusivlizenz,** also nach der Definition des Art. 1 Abs. 1 lit. p bei einer Lizenz, in der der Lizenznehmer der Einzige ist, der die Lizenz nutzen darf. In der Wirkung kann die Möglichkeit der Beendigung den Lizenznehmer davon abhalten, den Angriff zu versuchen; sie kann sich also faktisch wie ein Verbot des Nicht-Angriffs auswirken. Der Verordnungsgeber hat diese Einschränkung nur noch für die Exklusivlizenz als sachgerecht bewertet, weil es in diesen Fällen dem Lizenzgeber nicht zumutbar ist, das Lizenzverhältnis aufrecht zu erhalten, wenn der Lizenznehmer zugleich dessen Grundlagen in Frage stellt und er nicht die Möglichkeit hat, eine weitere Lizenz zu erteilen. Der Begriff der **„Beendigung"** lässt offen, wie sie zivilrechtlich erreicht wird. Im Regelfall wird dem Lizenzgeber für den Fall des Angriffs ein Kündigungsrecht eingeräumt. Es ist aber auch im Rahmen des lit. b zulässig, in der Technologietransfer-Vereinbarung deren automatisches Ende für den Fall des Angriffs vorzusehen. 9

Ist in einer Technologietransfer-Vereinbarung ein gegen lit. c verstoßendes Angriffsverbot enthalten, ist es dem Sinn der „grauen" Klausel entsprechend nicht freigestellt. Dieses Fehlen einer Freistellung macht aber nur Sinn, wenn die Klausel an sich **gegen Art. 101 Abs. 1 AEUV verstößt** und deshalb der Freistellung nach Abs. 3 bedarf. Es ist durchaus **zweifelhaft** und nach der Rspr. des EuGH ganz differenziert zu beantworten, ob das Verbot an einen Vertragspartner, von bestimmten gesetzlichen Möglichkeiten zum Angriff auf Schutzrechte Gebrauch zu machen, eine Wettbewerbsbeschränkung im Sinne des Art. 101 Abs. 1 AEUV ist (dazu EuGH Slg. 1986, 611, Rn. 77ff. Windsurfing International; Slg. 1988, 5249 Rn. 14ff. Bayer/Süllhofer). Ist das nicht der Fall, läuft die Versagung einer Freistellung nach Art. 101 Abs. 3 AEUV ins Leere: Wenn das Verbot des Angriffs nicht gegen Art. 101 Abs. 1 AEUV verstößt, bedarf es nicht der Freistellung; dann ist es nach allgemeinem Zivilrecht zulässig und wirksam. 10

4. Beschränkungen im Hinblick auf andere Technologien (Abs. 2)

Abs. 2 verbietet für den Fall, dass es sich bei den Vertragsparteien **nicht um konkurrierende Unternehmen** handelt (dazu die Definition in Art. 1 Abs. 1 lit. n, → Art. 1 Rn. 31ff.), **Beschränkungen des Lizenznehmers in der Erarbeitung oder Verarbeitung von Technologien,** die nicht Gegenstand des Lizenzvertrages sind. Abs. 2 **entspricht Art. 4 Abs. 1 lit. d** (→ Art. 4 Rn. 20ff.), der ein entsprechendes Verbot für Technologietransfer-Vereinbarungen zwischen konkurrierenden Unternehmen enthält. Ist eine von diesen Bestimmungen erfasste Verpflichtung Teil einer Technologietransfer-Vereinbarung zwischen **konkurrierenden Unterneh-** 11

men, handelt es sich um eine **schwarze Klausel** mit der Folge, dass die Freistellung insgesamt wegfällt. Ist sie hingegen Teil einer Vereinbarung zwischen nicht konkurrierenden Unternehmen, so erschöpft sich die Rechtsfolge im Wegfall der Freistellung dem Charakter als „graue" Klausel entsprechend nur für diesen Teil der Vereinbarung, nicht für die Vereinbarung im Übrigen.

12 In der **ersten Alternative** von lit. d geht es um die **Beschränkung des Lizenznehmers, seine eigene Technologie** zu verwerten. Diese ist nicht Gegenstand des Lizenzvertrages. Deswegen muss der Lizenznehmer grundsätzlich frei sein, seine eigene Technologie zu verwerten. Das gilt unabhängig davon, ob es sich um eine Technologie handelt, die mit der lizenzierten Technologie konkurriert. Beschränkungen in der Verwertung nicht konkurrierender Technologien sind noch weniger zu rechtfertigen als bei konkurrierenden Technologien; sie verstoßen gegen Art. 101 Abs. 1 AEUV und sind grds. nicht vom Freistellungsumfang des Art. 2 erfasst (im Ergebnis für die VO 772/2004 ebenso *Fuchs* in IM Art. 4 TT-GVO Rn. 17; *Röhling* in MünchKomm VO 772/2004 Art. 4 Rn. 23). Die „es sei denn"-Beschränkung bezieht sich nicht auch auf diese Alternative.

13 In der **zweiten Alternative** verbietet lit. d **Beschränkungen des Lizenznehmers oder des Lizenzgebers, eigene Forschungs- und Entwicklungsarbeiten durchzuführen.** Beide Parteien müssen frei sein in der Fortentwicklung der lizenzierten Technologie und in Arbeiten außerhalb der lizenzierten Technologie; derartige Beschränkungen rechtfertigen sich nicht aus der Lizenzierung als solche. Beide Beschränkungsalternativen sind allerdings zulässig, wenn sie **„unerlässlich"** sind, **um die Preisgabe des lizenzierten Know-hows an Dritte zu verhindern.** Diese Ausnahme gilt nur für Vereinbarungen, durch die entweder ausschließlich Know-how übertragen wird, oder für den Know-how-Teil gemischter (auch Schutzrechte betreffende) Vereinbarungen; sie ist eng zu interpretieren. Das ergibt sich einmal aus dem sehr strengen Wortsinn des dem Art. 101 Abs. 3 AEUV entnommenen Wortes „unerlässlich", zum anderen daraus, dass es nur um die Preisgabe von lizenziertem Know-how an Dritte geht, nicht auch um sonstige Rechtfertigungsmöglichkeiten. Besondere Bedeutung hat diese Einschränkung für Forschungs- und Entwicklungsarbeiten auf dem Gebiet der lizenzierten Technologie oder in Nachbarbereichen, die bei Einschaltung von Dritten dazu führen können, dass das lizenzierte Know-how auch an Dritte weitergegeben wird. Diese Einschränkung hat keine Bedeutung, wenn dem Lizenzgeber die Lizenzierung des Know-how an Dritte mangels einer Ausschließlichkeit freigegeben ist oder der Lizenznehmer das Know-how auch an Dritte unterlizenzieren darf, freilich unter der Voraussetzung, dass dadurch der geheime Charakter des Know-how nicht gefährdet wird.

Art. 6 Entzug des Rechtsvorteils im Einzelfall

(1) **Nach Artikel 29 Absatz 1 der Verordnung (EG) Nr. 1/2003 kann die Kommission den mit dieser Verordnung verbundenen Rechtsvorteil entziehen, wenn sie in einem bestimmten Fall feststellt, dass eine nach Artikel 2 freigestellte Technologietransfer-Vereinbarung gleichwohl Wirkungen hat, die mit Artikel 101 Absatz 3 AEUV unvereinbar sind; dies gilt insbesondere, wenn**

a) der Zugang von Technologien Dritter zum Markt beschränkt wird, beispielsweise durch die kumulative Wirkung paralleler Netze gleichartiger beschränkender Vereinbarungen, die den Lizenznehmern die Nutzung von Technologien Dritter untersagen;

b) der Zugang potenzieller Lizenznehmer zum Markt beschränkt wird, beispielsweise durch die kumulative Wirkung paralleler Netze gleichartiger beschränkender Vereinbarungen, die den Lizenzgebern die Erteilung von

Lizenzen an andere Lizenznehmer untersagen, oder weil der einzige Eigentümer einer Technologie, der für relevante Technologierechte eine Lizenz vergibt, einem Lizenznehmer eine Exklusivlizenz erteilt, der bereits mit substituierbaren Technologierechten auf dem betreffenden Produktmarkt tätig ist.

(2) **Wenn eine unter die Freistellung nach Artikel 2 dieser Verordnung fallende Technologietransfer-Vereinbarung im Gebiet eines Mitgliedstaats oder in einem Teilgebiet desselben, das alle Merkmale eines gesonderten räumlichen Marktes aufweist, im Einzelfall Wirkungen hat, die mit Artikel 101 Absatz 3 AEUV unvereinbar sind, kann die Wettbewerbsbehörde dieses Mitgliedstaats unter den gleichen Umständen wie in Absatz 1 des vorliegenden Artikels den Rechtsvorteil dieser Verordnung gemäß Artikel 29 Absatz 2 der Verordnung (EG) Nr. 1/2003 in Bezug auf das betroffene Gebiet entziehen.**

1. Überblick

1 Art. 6 sieht die Möglichkeit vor, dass die Kommission im Einzelfall einer Technologietransfer-Vereinbarung den Vorteil der Gruppenfreistellung entziehen kann. Gegenüber der VO 772/2004 ist der in Abs. 1 lit. c beispielhaft genannte Entzugsgrund der **Nicht-Verwertung der Lizenz** entfallen; dafür wurde der in lit. b genannte Beispielsfall der Zutrittsbehinderung erweitert. Nach Art. 29 VO 1/2003 ist die Kommission ermächtigt, „**von Amts wegen oder auf eine Beschwerde hin** den Rechtsvorteil einer entsprechenden Gruppenfreistellungs-Verordnung" zu entziehen. Nach Abs. 2 ist eine entsprechende Möglichkeit für die Wettbewerbsbehörde eines besonders betroffenen Mitgliedsstaates vorgesehen. Angesichts des unmittelbar anwendbaren Art. 29 bedürfte es an sich des Art. 6 VO 772/2004 gar nicht; die Kommission und die Behörden der Mitgliedstaaten haben die darin vorgesehenen Rechte sowieso auf der Grundlage des Art. 29 VO 1/2004. Allerdings konkretisiert Art. 6 Abs. 1 in lit. a und b durch Beispiele die Entzugsvoraussetzungen, so dass die originäre Bedeutung des Art. 6 gerade darin liegt.

2 Die **Kommission** kann Art. 6 Abs. 1 auch wegen der **Wirkungen in einem Mitgliedstaat** oder in – bezogen auf den Geltungsbereich der Vereinbarung – einem Teilgebiet des (uU auch die gesamte EU umfassenden) Geltungsbereiches anwenden. Voraussetzung dafür ist allerdings, dass das Teilgebiet im Sinne von Abs. 2 „alle Merkmale eines gesonderten räumlichen Marktes" oder die entsprechenden Merkmale mehrerer räumlich gesonderter Märkte aufweist. Umgekehrt bedeutet das, dass die nicht von dem Entzug erfassten Teilgebiete ihrerseits einem oder mehreren räumlich eigenständigen Märkten zuzuordnen sind. Die Zuständigkeit der Wettbewerbsbehörden der Mitgliedstaaten nach Abs. 2 schränkt die Zuständigkeit der Kommission nicht ein. Liegen die Entzugsvoraussetzungen nur in einem Mitgliedstaat oder einem Teilgebiet vor, kann es sachgerecht sein, dass die Kommission nach dem System des Art. 6 den betroffenen Mitgliedstaat auffordert, ein Entzugsverfahren nach Abs. 2 durchzuführen.

2. Unvereinbarkeit mit Art. 101 Abs. 3 AEUV im Einzelfall (Abs. 1)

3 **a) Einzelne Tatbestandsmerkmale.** Art. 101 Abs. 3 AEUV enthält vier Voraussetzungen, die kumulativ erfüllt sein müssen, damit eine Vereinbarung vom Verbot des Art. 101 Abs. 1 AEUV freigestellt ist (dazu Art. 101 Rn. 148ff.). Die durch eine Gruppenfreistellung vorgesehene Freistellung von Gruppen von Vereinbarungen, Beschlüssen und abgestimmten Verhaltensweisen beruht auf der Annahme, dass die Vereinbarung usw. typischerweise alle diese Voraussetzungen des Abs. 3 erfüllt. Ist das nicht der Fall, berührt das die Gruppenfreistellung und die Freistellungswirkung für

die einzelnen Vereinbarungen zunächst nicht. Die **Freistellung kann nur im Verfahren des Art. 6 entzogen** werden. Generelle Voraussetzung ist, dass die Vereinbarung **Wirkungen** hat, die **mit Art. 101 Abs. 3 AEUV unvereinbar** sind. Dafür nennen lit. a und b **Beispiele,** in denen die Unanwendbarkeit des Art. 101 Abs. 3 AEUV nahe liegt. Das befreit allerdings nicht von der Notwendigkeit des Nachweises, dass die Erfüllung der Beispielsvoraussetzungen im konkreten Fall zur Unanwendbarkeit zumindest einer der vier Voraussetzungen des Art. 101 Abs. 3 AEUV führt. Für all das trägt die Kommission (Abs. 1) oder die nationale Wettbewerbsbehörde (Abs. 2) aber die **Beweislast** (→ VO 1/2003 Art. 29 Rn. 8). Die Beispiele in Abs. 1 nach dem Wort „insbesondere" beziehen sich auf die 4. Voraussetzung des Art. 101 Abs. 3 AEUV, nämlich die Möglichkeit, den Wettbewerb auszuschalten.

4 **b) Marktzugangsbeschränkungen für fremde Technologien (lit. a).** Lit. a schützt den „Zugang fremder Technologien zum Markt". Die nachfolgende Voraussetzung der **„kumulativen Wirkung paralleler Netze"** ist nur als Beispiel erwähnt. Es ist deswegen jedenfalls nach dem Wortlaut von lit. a möglich, dass die Beschränkung des Zugangs fremder Technologien auch alleine von der einzelnen freigestellten Technologietransfer-Vereinbarung ausgeht; umgekehrt muss aber die betroffene Technologietransfer-Vereinbarung einen Beitrag zur „kumulativen Wirkung" leisten. Entscheidend für die negative Bewertung der Vereinbarung soll sein, ob und in welchem Umfang im Markt **den Lizenznehmern „die Nutzung fremder Technologien" untersagt** wird. Insoweit kommt es also auf die kumulative Wirkung von Handlungsbeschränkungen zulasten der Lizenznehmer in den verschiedenen Lizenzverhältnissen („Bündel") an. Gemeint sind damit in erster Linie die in den einzelnen Lizenzverträgen den Lizenznehmern auferlegten **Wettbewerbsverbote,** die – da nicht ausdrücklich durch Art. 4 oder 5 verboten – grundsätzlich zulässig sind. Wenn es aufgrund einer Mehrzahl derartiger Wettbewerbsverbote für Lizenzgeber wettbewerblicher Technologien wesentlich erschwert oder gar unmöglich gemacht wird, am Markte weitere Lizenznehmer zu finden, kann die Voraussetzung von lit. a erfüllt sein. Grundsätzlich ist es denkbar, dass derartige Marktzugangsbeschränkungen auch von Lizenzvereinbarungen ausgehen, die keine entsprechenden Beschränkungen enthalten, sich aber tatsächlich, zB aufgrund der Attraktivität der Technologie oder der Konditionen, entsprechend auswirken. Das ist für die Anwendung von lit. a untypisch, weil das dort erwähnte Beispiel **gleichartige „beschränkende" Vereinbarungen** voraussetzt, also Vereinbarungen, die **jedenfalls** gegen Art. 101 Abs. 1 AEUV verstoßen (so für die VO 772/2004 auch *Fuchs* in IM Art. 6 TT-GVO Rn. 6; *Röhling* in MünchKomm VO 772/2004 Art. 6 Rn 3). Dennoch ist es möglich, dass die Zugangsbeschränkung auch mit einem Sachverhalt begründet wird, der außerhalb des in lit. a enthaltenen Beispiels liegt; dann muss aber konkret dargetan werden, dass und aus welchem Grunde die einzelne Technologietransfer-Vereinbarung – allein oder im Netz – dazu führt, dass der Zugang fremder Technologien zum Markt beschränkt wird.

5 **c) Marktzugangsbeschränkungen für potenzielle Lizenznehmer (lit. b).** Während lit. a zugunsten potenzieller Lizenzgeber den Zugang für fremde Technologien offen halten soll, geht es in lit. b um den **Zugang für potenzielle Lizenznehmer.** Er kann insbesondere dadurch beschränkt werden, dass sich Lizenzgeber aufgrund von Ausschließlichkeiten, die nach der VO 316/2014 zulässig sind, auf einige wenige Lizenznehmer beschränken. Dabei hat lit. b in dem **ersten Unterfall** ebenso wie lit. a insbesondere den Fall **paralleler Netze** im Auge, ist aber darauf nicht beschränkt. Dem Wortlaut ist an sich nicht zu entnehmen, dass sich die Zugangsbeschränkungen für potenzielle Lizenznehmer auf **dieselbe Technologie** bezieht. Der Sache nach ist aber erforderlich, dass die Technologien, die Gegenstand der beschränkenden Lizenzverhältnisse sind, ein und demselben Markt angehören, also untereinander im Wettbewerb stehen. **Nur theoretische Zugangsbeschränkungen rei-**

chen nicht aus. Die Anwendung von lit. b kommt deshalb nur in Betracht, wenn potenzielle Lizenznehmer ihr Interesse an Lizenzerteilungen bekundet haben, also effektive Ausschlusswirkungen feststellbar sind (insoweit aA für die VO 772/2004 *Fuchs* in IM Art. 6 TT-GVO Rn. 8 mit Fn. 898).

Die VO 316/2014 hat lit. b durch einen **zweiten Unterfall** ergänzt. In ihm geht es darum, dass der Marktzugang durch das Instrument einer (in Art. 1 Abs. 1 lit. p definierten) **Exklusivlizenz** für andere potenzielle Lizenznehmer beschränkt wird. Voraussetzung ist in diesem Fall, dass der Lizenzgeber der einzige Inhaber der Technologie ist, der die relevante Technologie lizenzieren kann, und dass der Lizenznehmer schon auf der Basis substituierbarer Technologien auf dem Produktmarkt tätig ist. Der Verordnungsgeber hat also offenbar den Fall im Auge, dass das Instrument des Lizenzvertrages eingesetzt wird, um die Nutzung der Technologie auf Unternehmen zu beschränken, die sowieso schon auf dem Markt tätig sind. Allerdings ist angesichts der Voraussetzung, dass der Lizenzgeber der einzige Inhaber der Technologie sein muss, der die relevante Technologie lizenzieren kann, schwer vorstellbar, dass die Marktanteilsschwellen des Art. 3 auf den relevanten Technologiemärkten nicht überschritten sind, die Freistellungsvoraussetzungen also überhaupt vorliegen. Der zweite Unterfall ist wie der Katalog in lit. a und b insgesamt nur ein Beispiel; dieses Beispiel macht deutlich, dass die Entzugsvoraussetzungen sich in erster Linie daran orientieren, ob durch ein die Freistellungsvoraussetzungen der VO 316/2014 erfüllender Lizenzvertrag **Strategien der Marktverschließung** verfolgt werden. 6

Trotz der Streichung von Art. 6 Abs. 1 lit. c VO 772/2004 können die Entzugsvoraussetzungen des Abs. 1 auch und gerade dann erfüllt sein, wenn (nach dem Wortlaut von lit. c aF) **„die Parteien die lizenzierte Technologie ohne sachlich gerechtfertigten Grund nicht verwerten“.** Die Freistellung von Wettbewerbsbeschränkungen in Lizenzverträgen beruht im Wesentlichen darauf, dass durch die Lizenzerteilung zusätzliche Betätigungsmöglichkeiten für Lizenznehmer eröffnet werden; diese Markt- und Wettbewerbseröffnung rechtfertigt in dem durch die VO 316/2014 vorgegebenen Umfang Wettbewerbsbeschränkungen. Wenn dieser Effekt nicht eintritt, weil die Parteien die Technologie gar nicht verwerten, ist der **Freistellung die tatsächliche Grundlage entzogen.** Als Verwertung kann hier auch der Fall erfasst werden, dass die Technologie zwar nicht aktiv in einen Herstellungsprozess eingebunden wird, aber zur rechtlichen Absicherung benutzt wird, um Verletzungsklagen zu unterbinden. Nach dem Wortlaut von lit. c kam es darauf an, dass „die“ Parteien, die lizenzierte Technologie nicht verwerten, also **sowohl Lizenzgeber als auch Lizenznehmer.** In einem solchen Falle ist zB die Ausschließlichkeit der Lizenz, die dem Lizenzgeber die Erteilung weiterer Lizenzen verbietet, sachlich nicht zu rechtfertigen. Das gilt an sich auch, wenn **nur der Lizenznehmer die Technologie nicht verwertet,** weil auch dann eine dem Lizenznehmer zugesagte Ausschließlichkeit sachlich ungerechtfertigt erscheint. Dennoch lag in diesem Fall nach der früheren Wertung des Verordnungsgebers kein Grund vor, die Entzugsvoraussetzungen grundsätzlich anzunehmen, weil die Technologie immerhin – durch den Lizenzgeber – verwertet wird. Es ist allerdings möglich, dass in einem solchen Fall der Obersatz der Ziffer 1 eingreift. Die Unterlassung der Verwertung muss **sachlich ungerechtfertigt** sein. Häufig ist jedenfalls eine Verzögerung in der Aufnahme der Verwertung technisch oder wirtschaftlich gerechtfertigt. Die sachliche Rechtfertigung fehlt meist nur dann, wenn feststeht, dass eine Verwertung weder derzeit noch in Zukunft in Betracht kommt. Damit soll insbesondere in Fällen eingegriffen werden können, in denen die Technologietransfer-Vereinbarung in Wahrheit nicht zusätzliche Verwertungsmöglichkeiten eröffnen, sondern die Verwertung tatsächlich verhindert. 7

3. Verfahren und Wirkungen des Entzugs durch die Kommission

8 a) **Verfahren.** Die Kommission kann das Entzugsverfahren nach Art. 6 Abs. 1 von Amts wegen einleiten. Das schließt auch die Möglichkeit ein, dass die Kommission auf eine Beschwerde hin tätig wird; die Kommission ist **nicht verpflichtet, einer Beschwerde Folge zu leisten.** Gegenstand des Entzugsverfahrens kann, je nach Inhalt der Eingriffsvoraussetzungen, eine einzelne Lizenzvereinbarung sein, darüber hinaus aber auch das gesamte Lizenzvertragssystem eines Lizenzgebers oder ein Netz von Lizenzverträgen verschiedener Lizenzgeber. Der Freistellungsentzug bezieht sich allerdings nur auf die Teile der Vereinbarung, die gegen Art. 101 Abs. 1 AEUV verstoßen und deswegen der Freistellung nach Abs. 3 bedürfen. Die Auswirkungen auf die Fortgeltung der kartellrechtlich irrelevanten Bestimmungen regelt sich nach dem jeweils anwendbaren nationalen Zivilrecht (in Deutschland nach § 139 BGB, unter Beachtung der insoweit möglichen salvatorischen Klauseln). Liegen die Entzugsvoraussetzungen nicht für die Vereinbarung insgesamt vor, sondern nur für einzelne Klauseln, zB weil sie nicht unerlässlich sind iSv Art. 101 Abs. 3 lit. b AEUV, kann entsprechend Art. 6 die Freistellung auch nur für diese einzelne Klausel entzogen werden.

9 Das Entzugsverfahren richtet sich nach der **VO 1/2003.** Die Beweislastregel des Art. 2 VO 1/2003 gilt nicht. Die Kommission hat die **Ermittlungsbefugnisse** der Art. 17 ff. VO 1/2003. Für die Anhörung der Beteiligten muss Art. 27 VO 1/2003 gelten, auch wenn dies in Art. 29 nicht ausdrücklich erwähnt ist (vgl. auch VO 1/2003 Art. 29 Rn. 8). Den Beteiligten sind also insbesondere Beschwerdepunkte vor Erlass einer für sie negativen Entscheidung zuzustellen; sie haben Anspruch auf eine mündliche Anhörung.

10 b) **Wirkungen.** Die Entscheidung nach Art. 6 Abs. 1 wirkt **nur für die Zukunft;** ein rückwirkender Freistellungsentzug ist nicht möglich. Der Entzug wirkt nur für die Vereinbarung, die in der Entscheidung ausdrücklich genannt ist. Eine räumliche Eingrenzung des Entzugs auf ein Teilgebiet bei Fortgeltung der Vereinbarung in anderen Gebieten (im Binnenmarkt) ist nur möglich, wenn das Teilgebiet einen oder mehrere räumlich gesonderte Märkte bildet. Sie bedeutet, dass die Vereinbarung künftig als nicht durch eine Gruppenfreistellung nach Art. 101 Abs. 3 AEUV freigestellt anzusehen ist. Theoretisch kommt zwar in Betracht, dass sich dennoch die Freistellung unmittelbar aus Art. 101 Abs. 3 AEUV ergibt. Praktisch ist das aber, wenn die Entzugsvoraussetzungen tatsächlich vorliegen, auszuschließen. Die Vereinbarung ist also nach Art. 101 Abs. 1 verboten und nach Abs. 2 nichtig. Ihre Praktizierung kann nach Art. 23 Abs. 2 lit. a VO 1/2003 mit Geldbuße belegt werden, aber nur für die Zeit ab Wirkung des Entzugs. Die Entzugsentscheidung kann nach Art. 263 AEUV von den betroffenen Unternehmen durch Klage zum Gericht angefochten werden; die Klage hat keine aufschiebende Wirkung.

4. Entzug durch die nationale Behörde (Abs. 2)

11 a) **Wirkungen in einem Mitgliedstaat oder einem Teil.** Voraussetzung für eine Maßnahme nach Abs. 2 sind zunächst wie nach Abs. 1 Wirkungen der Vereinbarung, die im Einzelfall nicht mit Art. 101 Abs. 3 AEUV vereinbar sind. Insoweit gilt das Gleiche wie nach Abs. 1. Abs. 2 spricht in Übereinstimmung mit Art. 29 Abs. 2 VO 1/2003 davon, dass die mit Art. 101 Abs. 3 AEUV unvereinbaren Wirkungen entweder **im gesamten Gebiet eines Mitgliedstaates oder in einem Teil desselben** auftreten, „der alle Merkmale eines gesonderten räumlichen Marktes aufweist". Dieser Relativsatz bezieht sich nicht nur auf den Teil eines Mitgliedstaates, sondern auch auf den Mitgliedstaat als solchen (→ VO 1/2003 Art. 29 Rn. 11). Es würde keinen Sinn machen, für den Teil eines Mitgliedstaates die Voraussetzungen des „gesonderten räumlichen Marktes" aufzustellen, nicht aber für den Mitgliedstaat als solchen.

Bestätigt wird das durch die Formulierung von Art. 9 Abs. 2 der Fusionskontrollverordnung 139/2004, der einen insoweit ver-gleichbaren Sachverhalt regelt (→ Art. 9 FKVO Rn. 5). Dort wird nicht danach differenziert, ob es um den Mitgliedstaat insgesamt oder nur einen Teil davon geht; Voraussetzung ist in beiden Alternativen, dass das Gebiet **„alle Merkmale eines gesonderten Marktes aufweist".** Art. 6 Abs. 2 findet also keine Anwendung, wenn es um Wirkungen geht, die auch außerhalb des jeweiligen Mitgliedstaates vorhanden sind, und der Mitgliedstaat oder sein Teilgebiet bezogen auf den relevanten Produktmarkt keinen eigenständigen räumlich relevanten Markt bilden. Zeigt eine Vereinbarung mit Art. 101 Abs. 3 AEUV unvereinbare Wirkungen, und treten diese Wirkungen auf einem Markt auf, der über das Gebiet des betroffenen einzelnen Mitgliedstaates hinausreicht, ist Abs. 2 nicht anwendbar (→ VO 1/2003 Art. 29 Rn. 11). In diesem Fall besteht nur die Möglichkeit des Entzugs der Freistellung durch die Kommission nach Abs. 1. Erreichen die Wirkungen einer Vereinbarung mehrere Mitgliedstaaten und bilden diese bezogen auf die relevanten Märkte getrennte räumliche Märkte, so ist Abs. 2 anwendbar. Einschränkungen der Zuständigkeit der Kommission ergeben sich aus Abs. 2 nicht. Sie kann Abs. 1 auch wegen der mit Art. 101 Abs. 3 AEUV unvereinbaren Wirkungen in besonderen räumlichen Märkten in einem Mitgliedstaat oder in einem wesentlichen Teil desselben anwenden. Hat die Kommission auf der Grundlage des Abs. 1 ein Verfahren eingeleitet, das auf die Wirkungen der betroffenen Vereinbarung in diesem Mitgliedstaat oder einem Teil desselben gestützt ist, kann die nationale Behörde in entsprechender Anwendung des Art. 11 Abs. 6 VO 1/2003 ein Verfahren nach Abs. 2 nicht mehr durchführen.

b) Entzugsverfahren. Abs. 2 spricht allgemein von der **„Wettbewerbsbehörde" des Mitgliedstaats.** In Deutschland ist nach §§ 32d, 50 Abs. 6 GWB damit das Bundeskartellamt gemeint. Für das Entzugsverfahren gilt, soweit Abs. 2 und Art. 29 Abs. 2 VO 1/2003 keine Regelung enthält, nationales Recht. Es gibt keine Regelungen darüber, auf wessen Initiative das Bundeskartellamt tätig werden kann. Es ist nicht verpflichtet, ein Entzugsverfahren einzuleiten; entsprechende Anregungen, Anträge oder Beschwerden Dritter kann es aus Ermessensgründen zurückweisen. Die Kommission ist nicht berechtigt, die nationale Behörde zu einem Verfahren zu verpflichten; sie kann es selbst durchführen. Die Wirkung des Entzuges ist auf das „betroffene Gebiet" beschränkt. Dabei handelt es sich entweder um den Mitgliedstaat insgesamt oder einen Teil desselben, das „alle Merkmale eines gesonderten räumlichen Marktes aufweist". In diesem Gebiet können sich die Unternehmen nach Entzug der Freistellung nicht mehr auf die Freistellungswirkung des Art. 101 Abs. 3 AEUV berufen. Die Beschwerde gegen die Entzugsentscheidung des Bundeskartellamts, die auf der Grundlage des § 32d GWB erfolgt, hat nach § 64 Abs. 1 GWB keine aufschiebende Wirkung (§ 32d ist im Katalog des § 64 Abs. 1 nicht erwähnt). Insoweit besteht also ein Gleichklang mit den Rechtswirkungen einer Entzugsentscheidung durch die Kommission. 12

Art. 7 Nichtanwendung dieser Verordnung

(1) **Gemäß Artikel 1a der Verordnung Nr. 19/65/EWG kann die Kommission durch Verordnung erklären, dass in Fällen, in denen parallele Netze gleichartiger Technologietransfer-Vereinbarungen mehr als 50% eines relevanten Marktes erfassen, die vorliegende Verordnung auf Technologietransfer-Vereinbarungen, die bestimmte Beschränkungen des Wettbewerbs auf diesem Markt vorsehen, keine Anwendung findet.**

(2) **Eine Verordnung im Sinne von Absatz 1 wird frühestens sechs Monate nach ihrem Erlass anwendbar.**

1. Überblick

1 Art. 7 entspricht – von einer Umstellung des Wortlauts abgesehen – voll Art. 7 VO 772/2004 und in Abs. 1 Art. 6 VO 330/2010. Die Frist für das Inkrafttreten der Nichtanwendbarkeitserklärung der Kommission nach Abs. 2 beträgt ein halbes Jahr. Art. 7 enthält entsprechend Art. 1 a VO 19/65 (eingefügt durch VO 1215/1999 und nicht durch die VO 1/2003 geändert) die Möglichkeit, dass die Kommission durch die Verordnung die Anwendbarkeit der VO 772/2004 auf „**bestimmte Netze gleichartiger Vereinbarungen** oder abgestimmter Verhaltensweisen auf einem bestimmten Markt" ausschließt. Art. 1 a VO 19/65 sieht ausdrücklich vor, dass die Kommission in der Gruppenfreistellungsverordnung die Bedingungen festlegt, unter denen die Anwendung ausgeschlossen werden kann. Der Ausschluss der Anwendung hat selbst **durch eine besondere Verordnung** zu erfolgen. Von Art. 7 VO 772/2004 ist bisher kein Gebrauch gemacht worden.

2 Die Regelung des Art. 7 bindet sich ein in eine jahrzehntelange Praxis der Kommission, immer dann, wenn es auf Marktauswirkungen einer Vereinbarung ankommt, nicht nur auf die Wirkungen dieser einzelnen Vereinbarung selbst abzustellen, sondern **die Wirkungen paralleler Vereinbarungen auf demselben Markt** einzubeziehen. Dementsprechend stellt auch die Bagatellebekanntmachung (Anhang B 2) in Ziffer 8 auf den „kumulativen Marktabschottungseffekt durch nebeneinander bestehende Netze von Vereinbarungen, die ähnliche Wirkungen auf dem Markt haben", ab.

2. Nichtanwendbarkeitserklärung

3 **a) Materielle Voraussetzungen.** Abs. 1 setzt voraus, dass „parallele Netze gleichartiger Technologietransfer-Vereinbarungen **mehr als 50% eines relevanten Marktes** erfassen". Das Tatbestandsmerkmal der „parallelen Nutze" ist sachlich ebenso zu verstehen wie das entsprechende, teilweise aber anders formulierte Merkmal in Art. 6 Abs. 1 lit. a und b (→ Art. 6 Rn. 4). Die in Rede stehenden Vertragsnetze müssen sich auf den „relevanten Markt" beziehen, der in Art. 1 Abs. 1 lit. m als die „Kombination des relevanten Produkt- oder Technologiemarktes mit dem räumlich relevanten Markt" definiert ist (→ Art. 1 Rn. 30). Dabei kommt es auf alle in Betracht kommenden **sachlich und geografisch relevanten Märkte** an. Es ist also erforderlich, dass eine Mehrzahl von Verträgen zwischen Lizenzgebern und Lizenznehmern besteht. Sie müssen „bestimmte Beschränkungen des Wettbewerbs auf diesem Markt" vorsehen. Dabei müssen nicht nur die Technologietransfer-Vereinbarungen „gleichartig" sein, sondern gerade auch die Beschränkungen, für die nach Abs. 1 die Unanwendbarkeitserklärung erfolgt.

4 Abs. 1 bezieht sich sowohl auf **Technologie- als auch Produktmärkte** im Sinne von Art. 3. Es ist erforderlich, dass die **50%-Schwelle** auf einem Technologie- oder einem Produktmarkt überschritten wird. Die Märkte sind ebenso abzugrenzen wie für die Berechnung der Marktanteilsschwellen nach Art. 3 und damit auch unter Berücksichtigung des Art. 8, wenn auch dort abstrahiert von der einzelnen Vertragspartei. Bezogen auf den **Gesamtmarkt** ist festzustellen, welchen Anteil die betroffenen Technologietransfer-Vereinbarungen am Gesamtmarkt ausmachen. Die nebeneinander bestehenden gleichartigen Technologietransfer-Vereinbarungen mit – ebenfalls gleichartigen – bestimmten Beschränkungen des Wettbewerbs müssen mehr als 50% des betroffenen Marktes ausmachen. Für die **Bemessung der 50%-Grenze** kommt es nicht auf die Zahl der Verträge an, sondern auf die Marktanteile, die über die Netze entsprechender Verträge erreicht werden. Ist zweifelhaft, ob diese Grenze erreicht ist, liegen die Voraussetzungen des Art. 7 nicht vor; die Last des Zweifels trifft also die Kommission.

b) Inhalt und Rechtsfolgen. Die Verordnung nach Art. 7 enthält die Erklärung der Kommission, dass die Gruppenfreistellung durch die VO 316/2014 auf „Technologietransfer-Vereinbarungen, die bestimmte Beschränkungen des Wettbewerbs auf diesem Markt vorsehen, keine Anwendung findet". Die Verordnung muss also zunächst den betroffenen sachlichen und räumlichen **Markt definieren,** außerdem die Beschränkungen, die von der Verordnung erfasst werden. Es geht nicht um den Ausschluss der Freistellung für gesamte Netze von Technologietransfer-Vereinbarungen, sondern nur um den Ausschluss der Freistellung bestimmter Beschränkungen. 5

Die Verordnung setzt gemäß Abs. 1 den **Zeitpunkt** fest, ab dem sie anwendbar wird; nach Abs. 2 darf dieser Zeitpunkt frühestens 6 Monate nach ihrem Erlass liegen. Eine **Rückwirkung** ist also **ausgeschlossen.** Für den Erlass der Verordnung ist der Tag der Verkündung im Amtsblatt maßgeblich. Sinn dieser Regelung ist, den betroffenen Unternehmen die Möglichkeit zu geben, ihre Vereinbarungen so **umzustellen,** dass sie künftig keine nicht mehr freigestellten Wettbewerbsbeschränkungen enthalten. Mit dem Zeitpunkt der Anwendbarkeit entfällt die Gruppenfreistellung nach der VO 316/2014 in dem Umfang, in dem die Vereinbarungen die in der Verordnung definierten „bestimmten" Beschränkungen enthalten. Zivilrechtlich bedeutet das, dass von diesem Zeitpunkt an die Nichtigkeitsfolge des Art. 101 Abs. 2 AEUV eingreift; die Auswirkungen auf die Vereinbarungen im Übrigen richten sich nach nationalem Zivilrecht, in Deutschland also nach dem dispositiven § 139 BGB bzw. der vertraglichen Regelung über die Rechtsfolgen einer Teilunwirksamkeit. 6

Weder Art. 1a VO 19/65 noch Art. 7 sehen Regelungen über die **zeitliche Begrenzung der Verordnung** vor. Die Nichtanwendbarkeitserklärung des Abs. 1 macht nur Sinn für die Geltungsdauer der VO 316/2014, also längstens bis 30. 4. 2026 (Art. 11 Abs. 2). Ist keine Befristung des Anwendungsausschlusses vorgesehen, gilt daher der Anwendungsausschluss so lange wie die VO 316/2014. Die Kommission kann den Anwendungsausschluss kürzer befristen und ist dazu verpflichtet, wenn konkrete Anhaltspunkte dafür bestehen, dass die Marktanteilsschwelle von 50% binnen einer bestimmten Frist unterschritten wird. Wird während der Geltungsdauer der VO nach Art. 7 faktisch die Marktanteilsschwelle von 50% unterschritten, führt dies allerdings nicht automatisch zum Wegfall des Freistellungsentzugs. Dieser fällt vielmehr erst weg, wenn die Verordnung aufgehoben ist. 7

3. Verfahren

Art. 7 enthält keine besonderen Vorschriften für den Erlass der Verordnung. Für die **Anhörung des Beratenden Ausschusses** ist Art. 14 VO 1/2003 entsprechend anzuwenden. Nach Art. 6 Abs. 1 VO 19/65 hat die Kommission den Beratenden Ausschuss anzuhören, bevor sie einen Verordnungsentwurf veröffentlicht und bevor sie die Verordnung erlässt. Nach Art. 5 VO 19/65 hat die Kommission mit der Veröffentlichung des Verordnungsentwurfs „alle Betroffenen" aufzufordern, ihr innerhalb einer mindestens einmonatigen Frist „Bemerkungen" mitzuteilen. Betroffen im Sinne dieser Regelung sind alle Unternehmen, deren Vereinbarungen von der VO nach Art. 7 erfasst werden, daneben aber auch die Unternehmen, die durch den Anwendungsausschluss ansonsten benachteiligt oder begünstigt werden. 8

Während die Möglichkeit der betroffenen Unternehmen, gegen individuelle Entzugsentscheidungen nach Art. 6 Abs. 1 **Klage beim Gericht** gegen die Kommission zu erheben, zweifelsfrei feststeht, bedarf die Klagebefugnis der betroffenen Unternehmen gegen eine Verordnung nach Art. 7 besonderer Prüfung. Nach Art. 263 Abs. 4 AEUV ist erforderlich, dass es sich um eine Entscheidung der Kommission handelte, die, obwohl sie als Verordnung … ergangen ist, den potenziellen Kläger „unmittelbar" betrifft. Auch wenn man von dem Grundsatz ausgeht, dass Verordnungen der Kommission im Allgemeinen einzelne Unternehmen nicht unmittelbar und individuell betreffen, kann dies bei der Anwendungsausschluss-Verordnung des Art. 7 9 anders sein. Hier steht objektiv fest, welche Verträge von dem Anwendungsausschluss im Einzelnen erfasst werden. Die **Wirkungen für das einzelne Unternehmen sind die gleichen wie bei einem Anwendungsausschluss nach Art. 6.** Deswegen ist die Klagebefugnis der einzelnen Unternehmen zu bejahen, soweit tatsächlich abgeschlossene und praktizierte Vereinbarungen durch den Anwendungsausschluss erfasst werden (so auch für die VO 772/2004 *Fuchs* in IM Art. 7 TT-GVO Rn. 13). Die Klage hat keine aufschiebende Wirkung; der Anwendungsausschluss ist also so lange wirksam, wie er nicht vom Gericht oder Gerichtshof aufgehoben wird.

Art. 8 Anwendung der Marktanteilsschwellen

Für die Anwendung der Marktanteilsschwellen nach Artikel 3 gelten folgende Vorschriften:

a) Der Marktanteil wird anhand des Absatzwerts berechnet; liegen keine Angaben über den Absatzwert vor, so können zur Ermittlung des Marktanteils des betreffenden Unternehmens Schätzungen vorgenommen werden, die auf anderen verlässlichen Marktdaten unter Einschluss der Absatzmengen beruhen.

b) Der Marktanteil wird anhand der Angaben aus dem vorhergehenden Kalenderjahr ermittelt.

c) Der Marktanteil der in Artikel 1 Absatz 2 Unterabsatz 2 Buchstabe e genannten Unternehmen wird zu gleichen Teilen jedem Unternehmen zugerechnet, das die in Artikel 1 Absatz 2 Unterabsatz 2 Buchstabe a aufgeführten Rechte oder Einflussmöglichkeiten hat.

d) Der Anteil eines Lizenzgebers an einem relevanten Markt für die lizenzierten Technologierechte wird auf der Grundlage der Präsenz der lizenzierten Technologierechte auf dem relevanten Markt bzw. den relevanten Märkten (das heißt sowohl für den sachlich relevanten als auch für den räumlich relevanten Markt), auf dem/denen die Vertragsprodukte verkauft werden, berechnet, das heißt auf der Grundlage der Verkaufsdaten betreffend die vom Lizenzgeber und seinen Lizenznehmern insgesamt hergestellten Vertragsprodukte.

e) Wird die in Artikel 3 Absatz 1 oder Absatz 2 genannte Marktanteilsschwelle von 20 % bzw. 30 % erst zu einem späteren Zeitpunkt überschritten, so gilt die Freistellung nach Artikel 2 im Anschluss an das Jahr, in dem die Schwelle von 20 % bzw. 30 % erstmals überschritten wird, noch für zwei aufeinander folgende Kalenderjahre weiter.

1. Anwendungsbereich

1 Art. 8 bezieht sich auf die **Marktanteilsschwellen des Art. 3.** Er hat indirekt aber auch Bedeutung für die **Marktanteilsberechnung nach Art. 7,** auch wenn sich aus den unterschiedlichen Zielrichtungen dieser beiden Bestimmungen Anwendungsunterschiede ergeben. Art. 3 verlangt eine Marktanteilsberechnung für konkret betroffene Unternehmen, Art. 7 hingegen eine Berechnung von Marktanteilen, die auf die Vertragsnetze einer Vielzahl von Unternehmen entfallen. Anders als Art. 9 VO 2790/1999 und Art. 8 VO 1400/2002 enthält Art. 8 VO 772/2004 keine Regelung, die irgendwelchen Aufschluss über die Marktabgrenzung enthalten. Insoweit sind die Definitionen in Art. 1 Abs. 1 lit. j–m relevant. Art. 8 ist durch die VO 316/2014 im Vergleich zur VO 772/2004 neu in fünf Unterabsätze (lit. a–e) gegliedert worden. Sachlich ist nur lit. d neu, der für die Marktanteilsberechnung auf Technologiemärkten auf die „Präsenz" der Technologie auf den Produktmärkten abstellt (→ Rn. 6ff.).

2. Methoden der Marktanteilsermittlung (lit. a und b)

a) Berechnung oder Schätzung. In Abs. 1 lit. a S. 1 heißt es, dass der Marktanteil an Hand des Absatzwerts „berechnet" wird; nach S. 2 können aber auch **„Schätzungen"** vorgenommen werden, **wenn eine Berechnung nicht möglich ist.** Über den Wortlaut hinaus muss lit. a entnommen werden, dass alle verfügbaren Möglichkeiten ausgeschöpft werden müssen, um den Marktanteil zu ermitteln; wo keine Berechnung möglich ist, muss eine Schätzung versucht werden. Bei der Ermittlung der Marktanteile ist darauf zu achten, dass für die Ermittlung der Marktvolumina und der Absatzanteile, die dann zu den Marktanteilen führen, die gleichen Kriterien angewendet werden. Die ausdrückliche Erwähnung der Schätzungsmöglichkeit hat zur Folge, dass ein **geschätzter Marktanteil auch dann relevant** bleibt, wenn sich **nachträglich** insbesondere durch Einsatz behördlicher Ermittlungsmöglichkeiten ergibt, dass er **von dem „richtig berechneten" abweicht** (zum entsprechenden Problem in der VO 330/2010 → VO 330/2010 Art. 7 Rn. 6; gleicher Ansicht für die VO 772/2004 auch *Fuchs* in IM Art. 5 TT-GVO Rn. 2). Die Anwendung der Marktanteilsschwellen des Art. 3 wäre mit unerträglicher Rechtsunsicherheit behaftet, wenn die seriös vorgenommene Marktanteilsschätzung sich bei einer nachträglich möglich gewordenen Berechnung rückwirkend als falsch erwiese. Deswegen kommt es immer auf den Marktanteil an, der sich aktuell unter Einsatz aller vernünftigerweise zur Verfügung stehenden Erkenntnismöglichkeiten ergibt. Er bleibt auch dann jedenfalls mit Wirkung für die Vergangenheit relevant, wenn er sich nachträglich aufgrund besserer und erst nachträglich zur Verfügung stehender Erkenntnismöglichkeiten als falsch erweist. 2

b) Wert- und Mengenermittlung. Lit. a bringt klar zum Ausdruck, dass der Ermittlung von Marktvolumina und Marktanteilen **nach Absatzwerten der Vorrang** einzuräumen ist vor Absatzmengen. Das entspricht auch der sonstigen Praxis der Kommission. Zwar führen Berechnungen der Marktanteile auf der Basis von Absatzwerten dazu, dass derjenige, der teurer verkauft, deswegen höhere Marktanteile hat. Das kann aber dadurch gerechtfertigt werden, dass seine Möglichkeit, höhere Preise zu verlangen, auch aus einer entsprechend stärkeren Marktstellung resultiert. Die Berechnung der Marktvolumina und Marktanteile nach Werten ist desto sachgerechter, je verschiedenartiger die in den Markt einbezogenen Produkte und Dienstleistungen sind. Es gibt aber Fälle, in denen Wertberechnungen nicht möglich sind, weil es keine entsprechenden Unterlagen über die Marktvolumina gibt. In diesen Fällen sind Mengenberechnungen geboten. Lit. a erweckt zu Unrecht den Eindruck, als ob auf der Basis des Absatzwertes immer Berechnungen möglich seien, während Absatzmengen nur Grundlage für Schätzungen sein können. 3

c) Zeitraum (lit. b). Nach lit. b wird der Marktanteil anhand der Angaben für das **vorhergehende Kalenderjahr** ermittelt. Diese Regelung ist nicht immer sachgerecht. Sachgerechter wäre es, auf die **jeweils verfügbaren aktuellsten Daten** abzustellen, die einen Zeitraum von mindestens einem Jahr umfassen. Zu Beginn eines Kalenderjahres liegen häufig die Daten für das vorangegangene noch nicht vor; auch daraus ergeben sich Einschränkungen. In bestimmten Branchen stellen die gebräuchlichen Statistiken nicht auf Kalenderjahre, sondern auf andere Wirtschaftsjahre ab. Teilweise ist auch die Begrenzung auf Jahresperioden nicht sachgerecht; je größer und teurer die Ware und Dienstleistung ist, desto eher ist die Ermittlung des Marktanteils auf der Basis einer längeren Zeitperiode sachgerecht. Unterabs. 3 muss deswegen so ausgelegt werden, dass nur im Regelfall auf die vorangehende Kalenderjahrperiode abzustellen ist, dass aber Ausnahmen insbesondere dann möglich sind, wenn Marktvolumina und Marktanteile nur für andere Zeitperioden zur Verfügung stehen. 4

3. Einbeziehung der verbundenen Unternehmen (lit. c)

5 Nach der Definition der Begriffe „Unternehmen", „Lizenzgeber" und „Lizenznehmer" in Art. 1 Abs. 2 sind bei der Berechnung der Marktanteilsschwellen immer die verbundenen Unternehmen mit einzubeziehen. Art. 8 lit. c knüpft an die Regelung in Art. 1 Abs. 2 lit. e an, die auch **Gemeinschaftsunternehmen** von beteiligten Unternehmen in den Konzernverbund einbezieht. Während diese Gemeinschaftsunternehmen im Rahmen der VO 316/2014 generell als mit jeweils allen Muttergesellschaften verbunden anzusehen sind, gilt nach lit. c für die Marktanteilszurechnung eine Sonderregelung; sie entspricht Art. 7 lit. c VO 330/2010 für Vertikalvereinbarungen, Art. 7 lit. c VO 1217/2010 für Forschungs- und Entwicklungsvereinbarungen und Art. 5 lit. c VO 1218/2010 für Spezialisierungsvereinbarungen. Ein Gemeinschaftsunternehmen, das von mehreren beteiligten Unternehmen oder von einem beteiligten Unternehmen und einem Dritten gemeinsam beherrscht wird, ist hiernach den herrschenden Unternehmen jeweils nur zu gleichen Teilen zuzurechnen. Dabei kommt es nicht auf die Höhe der Beteiligungen an, sondern nur auf die Anzahl der beherrschenden Unternehmen. Handelt es sich um ein Gemeinschaftsunternehmen, in dem ein beteiligtes Unternehmen und drei andere Unternehmen gemeinsam einen beherrschenden Einfluss ausüben, ist sein Marktanteil dem beteiligten Unternehmen nur zu einem Viertel zuzurechnen.

4. Besonderheiten der Marktanteilsermittlung für Technologiemärkte (lit. d)

6 Die Regelung in Art. 8 lit. d entspricht im Wesentlichen Art. 3 Abs. 3 VO 772/2004. Bei Technologiemärkten läge es an sich nahe, die Marktanteile anhand der Lizenzgebühren, die auf dem Markt insgesamt und von den beteiligten Unternehmen in dem jeweiligen Kalenderjahr erzielt wurden, zu berechnen. Im Allgemeinen sind aber irgendwelche Informationen über die von Dritten erzielten Umsätze und damit über die Marktvolumina nicht bekannt und jedenfalls für die einzelnen Unternehmen nicht feststellbar. Deswegen stellt lit. d in Übereinstimmung mit Art. 3 Abs. 3 VO 772/2004 auf die Produkte ab, die aufgrund der Lizenz hergestellt wurden; in den Technologietransfer-Leitlinien (Anhang B 9 Rn. 87ff.) wird insoweit vom **„Fußabdruck"** (footprint) gesprochen.

7 Für die Bestimmung des Technologiemarktes gelten an sich die allgemeinen Grundsätze, die die Kommission in der Bekanntmachung über die Definition des relevanten Marktes (Anhang B 1) festgehalten hat. Relevant sind also die lizenzierte Technologie und ihre Substitute, dh alle Technologien, die aufgrund ihrer Eigenschaften, ihrer Lizenzgebühren und ihres Verwendungszwecks von Lizenznehmern als austauschbar oder substituierbar angesehen werden. Besonderheiten ergeben sich daraus, dass häufig die Technologie, die Gegenstand der Vereinbarung ist, entweder aufgrund ihrer Neuheit oder aufgrund der Strategie der Technologie- oder Schutzrechtsinhaber **bisher nicht vermarktet** worden ist. Aber auch dann, wenn der Lizenzgeber erstmals durch die in der Vereinbarung liegende Lizenzierung seiner Technologie auf dem Technologiemarkt tätig wird, kann der Markt schon bestehen. Er besteht typischerweise nicht nur exakt aus der Technologie der betroffenen Vereinbarung, sondern umfasst auch die **Technologien, die aus der Sicht der Technologieanwender untereinander austauschbar** sind. Technologiemärkte sind häufiger als Produktmärkte **räumlich europaweite oder Weltmärkte** (gegen das Erfordernis einer räumlichen Abgrenzung nach der VO 772/2004 *Fuchs* in IM Art. 3 TT-GVO Rn. 10; → Art. 1 Rn. 28).

8 Nach lit. d bestimmt sich der Marktanteil einer Partei auf den relevanten Technologiemärkten „nach der Präsenz der lizenzierten Technologie auf dem relevanten Markt bzw. den relevanten Märkten, auf dem/denen die Vertragsprodukte verkauft

werden". Diese Formulierung gibt wesentliche Anhalte nicht nur für die Berechnung des Marktanteils, sondern auch für die Definition des Marktes. Sie weist auf den engen Bezug zwischen Technologie- und Produktmarkt hin; deswegen wird von der **„Präsenz" der lizenzierten Technologie auf dem Produktmarkt** gesprochen. Das setzt deren aktuellen Einsatz für die Produktion bestimmter Erzeugnisse mit anderen Technologien voraus, was nicht notwendigerweise der Fall ist. Soweit die Technologie in Bezug auf die Produktion bestimmter Erzeugnisse mit anderen Technologien austauschbar ist, ergibt sich aus dieser Austauschbarkeit der Markt. Neue Technologien sind bisher noch nicht in einem Produktmarkt realisiert worden. Möglicherweise besteht auch eine Austauschbarkeit mit anderen Technologien nicht. Wenn man das so deutet, dass der Technologiemarkt noch nicht besteht, hat das zur Folge, dass auch Marktanteile auf ihm nicht vorhanden sind. Eine Alternative besteht darin, dass **durch die Technologietransfer-Vereinbarung ein Markt und eine Marktpräsenz des Anbieters entstehen;** das bedeutet dann, dass der Lizenzgeber auf diesem Markt einen Anteil von 100% hat. Letzteres hätte zur Folge, dass die Gruppenfreistellung für neue Technologien regelmäßig nicht anwendbar wäre, wenn die lizenzierte Technologie mit anderen nicht austauschbar ist. Diese Überlegung bedeutet, dass bei neuen, mit anderen Technologien austauschbaren Technologien **davon auszugehen ist, dass der Markt noch nicht besteht,** mit der Folge, dass dem Lizenzgeber bei der ersten Vermarktung seiner Technologie auch kein Marktanteil zuzurechnen ist (anders *Zöttl* WRP 2005, 33ff., 38). In diesem Fall ist die Technologie auf den relevanten Produktmärkten noch nicht präsent, so dass sich auch kein Marktanteil ergibt (so für die VO 772/2004 auch *Fuchs* in IM Art. 3 TT-GVO Rn. 15).

Technologiemarktanteile sind nach der Anwendung der Technologie auf Produktmärkten zu bestimmen. Ist die Technologie A, die Gegenstand der Technologietransfer-Vereinbarung ist, mit den Technologien B bis D austauschbar, kommt es für die Bewertung der Technologie A darauf an, in welchem Umfang sie nicht nur durch den Lizenzgeber, sondern auch durch seine Lizenehmer angewendet wird. Die Besonderheit dieser Bestimmungen liegt auch darin, dass dabei die Anwendung der Technologie durch den Lizenzgeber einzubeziehen ist, also insoweit auch den **„captive use".** Lit. d enthält keine Aussage für den **Marktanteil des Lizenznehmers.** Insoweit macht es keinen Sinn, auf die Präsenz der lizenzierten Technologie auf dem Markt abzustellen, auf dem er Lizenznehmer (jedenfalls bei Beginn der Vereinbarung noch) nicht tätig ist. Deswegen ist es wohl richtig, auch insoweit auf den Anteil des Lizenznehmers auf dem Technologiemarkt abzustellen, dem – bei Bejahung eines Konkurrenzverhältnisses – die lizenzeirte Technologie zuzuordnen ist und auf dem er ggf. auch als Lizenzgeber tätig ist (so für die VO 772/2004 auch *Fuchs* in IM Art. 3 TT-GVO Rn. 19). 9

5. Nachträgliche Überschreitungen der Marktanteilsschwellen (lit. e)

Lit. e regelt den Fall, dass die Marktanteilsschwellen des Art. 3 zunächst nicht überschritten, aber **„im Laufe der Zeit"** überschritten werden. Lit. e hat keine Bedeutung für den Fall, dass die relevante Marktanteilsschwelle des Art. 3 von vornherein überschritten war. Nicht ausdrücklich geregelt ist auch der Fall, dass die Marktanteilsschwelle zunächst überschritten ist, der Marktanteil aber „im Laufe der Zeit" unter die Schwelle sinkt. Dann greift die Freistellung ein, allerdings nur, wenn zivilrechtlich (durch Bestätigung der Vereinbarung) gesichert ist, dass die Parteien trotz einer zunächst gegebenen Unwirksamkeit der Vereinbarung nach Art. 101 Abs. 2 AEUV nach Erfüllung der Freistellungsvoraussetzungen an ihr festhalten. In diesem Fall kann lit. e bei späterem Wieder-Überschreiten der Marktanteilsschwellen von Bedeutung sein. 10

11 Nach lit. e gilt die Freistellung **bei späterem Überschreiten der Marktanteilsschwellen** noch für das Kalenderjahr, in dem die Schwelle erstmals überschritten wird und anschließend noch für zwei aufeinanderfolgende Kalenderjahre. Anders als nach Art. 8 Abs. 2 VO 330/2010 kommt es nicht darauf an, welches Ausmaß die nachträgliche Überschreitung hat.

Art. 9 Verhältnis zu anderen Gruppenfreistellungsverordnungen

Diese Verordnung gilt nicht für Lizenzabsprachen in Vereinbarungen über Forschung und Entwicklung, die unter die Verordnung (EU) Nr. 1217/2010 fallen oder in Spezialisierungsvereinbarungen, die unter die Verordnung (EU) Nr. 1218/2010 fallen.

1 Art. 9 ist in der VO 316/2014 neu; es gab keine entsprechende Vorschrift in der VO 772/2004 (dort für die Vorgänger-Verordnungen zu den in Art. 9 genannten Verordnungen über die Forschung und Entwicklung und die Spezialisierung). Aus unserer Sicht hat Art. 9 nur **klarstellenden Charakter.** Wenn eine Vereinbarung, unabhängig davon, ob sie als „Lizenzvereinbarung" bezeichnet ist, in den Anwendungsbereich der VO 1217/2010 oder der VO 1218/2010 fällt, ist die VO 316/2014 nicht anwendbar. Die beiden genannten Verordnungen definieren ihren Anwendungsbereich so, dass die Vertragsparteien sich nicht in einem Vertikalverhältnis (Lizenzgeber/Lizenznehmer) gegenüberstehen, sondern „horizontal" als Partner entweder von Vereinbarungen über die gemeinsame Forschung und Entwicklung oder über die Spezialisierung. Wenn im Rahmen dieser horizontalen Vereinbarungen auch Lizenzregelungen enthalten sind, werden diese ausschließlich nach den Verordnungen 1217/2010 bzw. 1218/2010 beurteilt, nicht auch nach der VO 316/2014 (vgl. dazu auch Technologietransfer-Leitlinien, Anhang B 9, Rn. 70ff.). Das schließt nicht aus, dass Wertungen der VO 316/2014 **mittelbar** auch im Rahmen der Beurteilung von Forschungs- und Entwicklungsvereinbarungen und Spezialisierungsvereinbarungen einfließen können, insbesondere auch bei der Frage, ob bestimmte Klauseln in den Anwendungsbereich des Art. 101 Abs. 1 AEUV fallen und damit überhaupt einer Freistellung bedürfen.

Art. 10 Übergangszeit

Das Verbot nach Artikel 101 Absatz 1 AEUV gilt vom 1. Mai 2014 bis zum 30. April 2015 nicht für Vereinbarungen, die am 30. April 2014 bereits in Kraft waren und die am 30. April 2014 die Voraussetzungen für eine Freistellung zwar nach der Verordnung (EG) Nr. 772/2004, nicht aber nach dieser Verordnung erfüllen.

1 Die VO 316/2014 ersetzt die VO 772/2004. Diese galt nach ihrem Art. 11 Abs. 2 bis zum 30.4.2014; angesichts dieses automatischen Außerkrafttretens bedurfte es **keiner ausdrücklichen Aufhebung der VO 772/2004** durch die VO 316/2014. Im Regelfall ergeben sich keine besonderen Übergangsprobleme. Vereinbarungen, die die Voraussetzungen der VO 772/2004 erfüllten, erfüllen meist auch die Voraussetzungen der VO 316/2014. Soweit das in – wahrscheinlich ganz seltenen – Einzelfällen nicht der Fall sein sollte, gilt für die nur durch die VO 772/2004 freigestellten Vereinbarungen die **alte Freistellung fort** bis zum 30.4.2015. Damit soll den Vertragsparteien die Möglichkeit eingeräumt werden, während dieser Zeit die Vereinbarung entweder so umzugestalten, dass sie die Voraussetzungen auch der VO 316/2014 erfüllt, oder aber sie aufzuheben. In dem – wahrscheinlich noch selteneren – Fall, dass eine Vereinbarung zwar **nicht die Voraussetzungen der VO 772/2004 erfüllte,**

wohl aber die der VO 316/2014, gilt zwar ab 1.5.2014 die Freistellung durch die neue Verordnung. Unabhängig davon stellt sich dann aber das zivilrechtliche Problem, ob die zuvor nicht die Voraussetzungen der Gruppenfreistellung erfüllende Vereinbarung „automatisch" mit dem 1.5.2014 in Kraft tritt, oder ob dafür nicht eine ausdrückliche Bestätigung erforderlich ist. Unabhängi davon kann allerdings die Tatsache, dass eine solche Vereinbarung jetzt durch die VO 316/2014 freigestellt ist, ein Indiz dafür sein, dass sie auch vorher unabhängig von der Gruppenfreistellung die Voraussetzungen der Einzelfreistellung nach Art. 101 Abs. 3 AEUV erfüllte.

Art. 11 Geltungsdauer

Diese Verordnung tritt am 1. Mai 2014 in Kraft.

Sie gilt bis zum 30. April 2026.

Die VO 316/2014 ist am **1.5.2014** in Kraft getreten. Das bedeutet, dass die von der VO begünstigten Unternehmen von diesem Tag an die Gruppenfreistellung in Anspruch nehmen konnten. Die Gruppenfreistellung gilt bis zum **30.4.2026.** Die meisten Technologietransfer-Vereinbarungen, die die Voraussetzungen der VO 772/2004 erfüllten, erfüllen auch die der neuen Verordnung. Soweit das aber nicht der Fall ist, zB im Hinblick auf die geänderte Marktanteilsvorschrift in Art. 3 Abs. 2, soll die Freistellung nach der VO 772/2004 noch bis zum 30.4.2015 fortgelten (→ Art. 10 Rn. 1). Es ist damit zu rechnen, dass eine Nachfolge-Verordnung zur VO 316/2014 eine ähnliche Übergangsvorschrift wie Art. 10 enthält. 1

D. VO 1217/2010 – Gruppenfreistellung für Forschungs- und Entwicklungsvereinbarungen

Verordnung (EU) Nr. 1217/2010 der Kommission vom 14. Dezember 2010 über die Anwendung von Artikel 101 Absatz 3 des Vertrags über die Arbeitsweise der Europäischen Union auf bestimmte Gruppen von Vereinbarungen über Forschung und Entwicklung

(ABl. 2010 L 335/36)

(Die Überschriften über den Artikeln sind Teil des amtlichen Textes.)

Übersicht

Erwägungsgründe

(1) Nach der Verordnung (EWG) Nr. 2821/71 ist die Kommission ermächtigt, Artikel 101 Absatz 3 des Vertrags über die Arbeitsweise der Europäischen Union durch Verordnung auf Gruppen von Vereinbarungen, Beschlüssen und abgestimmten Verhaltensweisen anzuwenden, die unter Artikel 101 Absatz 1 AEUV fallen und die Forschung und Entwicklung von Produkten, Technologien oder Verfahren bis zur Produktionsreife sowie die Verwertung der Ergebnisse einschließlich der Bestimmungen über Rechte des geistigen Eigentums zum Gegenstand haben.

(2) Entsprechend ihrem Auftrag nach Artikel 179 Absatz 2 AEUV unterstützt die Union Unternehmen, einschließlich kleiner und mittlerer Unternehmen, in ihren Bemühungen auf dem Gebiet der Forschung und technologischen Entwicklung von hoher Qualität und fördert ihre Zusammenarbeitsbestrebungen. Mit dieser Verordnung sollen Forschung und Entwicklung erleichtert, gleichzeitig jedoch der Wettbewerb wirksam geschützt werden.

(3) In der Verordnung (EG) Nr. 2659/2000 der Kommission vom 29. November 2000 über die Anwendung von Artikel 81 Absatz 3 des Vertrags auf Gruppen von Vereinbarungen über Forschung und Entwicklung (2) sind Gruppen von Forschungs- und Entwicklungsvereinbarungen definiert, die nach Auffassung der Kommission in

der Regel die Voraussetzungen des Artikels 101 Absatz 3 AEUV erfüllen. Angesichts der insgesamt positiven Erfahrungen mit der Anwendung dieser Verordnung, die am 31. Dezember 2010 außer Kraft tritt, und der seit ihrem Erlass gesammelten Erfahrungen sollte eine neue Gruppenfreistellungsverordnung erlasssen werden.

(4) Diese Verordnung sollte sowohl den Wettbewerb wirksam schützen als auch den Unternehmen angemessene Rechtssicherheit bieten. Mit Blick auf diese beiden Ziele sollte ebenfalls angestrebt werden, die behördliche Aufsicht und den rechtlichen Rahmen soweit wie möglich zu vereinfachen. Solange ein gewisser Grad an Marktmacht nicht erreicht ist, kann im Hinblick auf die Anwendung von Artikel 101 Absatz 3 AEUV grundsätzlich davon ausgegangen werden, dass die positiven Auswirkungen von Forschungs- und Entwicklungsvereinbarungen negative Auswirkungen auf den Wettbewerb überwiegen.

(5) Für die Anwendung von Artikel 101 Absatz 3 AEUV durch Verordnung ist es nicht erforderlich, die Vereinbarungen zu definieren, die unter Artikel 101 Absatz 1 AEUV fallen können. Bei der Einzelfallprüfung nach Artikel 101 Absatz 1 AEUV sind mehrere Faktoren, insbesondere die Struktur des relevanten Marktes, zu berücksichtigen.

(6) Vereinbarungen über die gemeinsame Durchführung von Forschungsarbeiten oder die gemeinsame Weiterentwicklung der Forschungsergebnisse bis zur Produktionsreife fallen normalerweise nicht unter das Verbot des Artikels 101 Absatz 1 AEUV. Unter bestimmten Umständen, etwa wenn sich die Parteien darauf verständigen, keinen weiteren Forschungs- und Entwicklungstätigkeiten in demselben Feld nachzugehen, und damit auf die Möglichkeit verzichten, gegenüber den übrigen Parteien Wettbewerbsvorteile zu erlangen, können solche Vereinbarungen unter Artikel 101 Absatz 1 AEUV fallen und sollten deshalb in den Anwendungsbereich dieser Verordnung aufgenommen werden.

(7) Der mit dieser Verordnung gewährte Rechtsvorteil der Freistellung sollte nur Vereinbarungen zugutekommen, bei denen mit hinreichender Sicherheit angenommen werden kann, dass sie die Voraussetzungen des Artikels 101 Absatz 3 AEUV erfüllen.

(8) Eine Zusammenarbeit in Forschung und Entwicklung sowie bei der Verwertung der Ergebnisse trägt am ehesten zur Förderung des technischen und wirtschaftlichen Fortschritts bei, wenn die Parteien Fähigkeiten, Vermögenswerte oder Tätigkeiten in die Zusammenarbeit einbringen, die einander ergänzen. Dies gilt auch für den Fall, dass eine Partei die Forschung und Entwicklung einer anderen Partei lediglich finanziert.

(9) Die gemeinsame Verwertung der Ergebnisse kann als logische Folge gemeinsamer Forschung und Entwicklung angesehen werden. Sie kann in der Herstellung von Produkten, in der Verwertung von Rechten des geistigen Eigentums, die wesentlich zum technischen oder wirtschaftlichen Fortschritt beitragen, oder in der Vermarktung neuer Produkte bestehen.

(10) Die aus einer verstärkten und wirksameren Forschungs- und Entwicklungstätigkeit erwachsenden Vorteile kommen den Verbrauchern in Form neuer oder verbesserter Waren oder Dienstleistungen, in Form einer schnelleren Markteinführung dieser Waren oder Dienstleistungen oder in Form niedrigerer Preise infolge des Einsatzes neuer oder verbesserter Technologien oder Verfahren zugute.

(11) Um eine Freistellung zu rechtfertigen, sollte sich die gemeinsame Verwertung nur auf Produkte, Technologien oder Verfahren beziehen, für die die Nutzung der Forschungs- und Entwicklungsergebnisse von entscheidender Bedeutung ist. Ferner sollte in der Forschungs- und Entwicklungsvereinbarung festgelegt sein, dass alle Parteien für die Zwecke weiterer Forschung und Entwicklung und Verwertung uneingeschränkten Zugang zu den Endergebnissen der gemeinsamen Forschung und Entwicklung, einschließlich daraus erwachsender Rechte des geistigen Eigentums und

daraus erwachsenden Know-hows, haben, sobald sie vorliegen. Der Zugang zu den Ergebnissen sollte grundsätzlich nicht beschränkt werden, wenn es um die Nutzung der Ergebnisse für die Zwecke weiterer Forschung und Entwicklung geht. Wenn die Parteien jedoch ihre Verwertungsrechte im Einklang mit dieser Verordnung beschränken, insbesondere wenn sie sich im Rahmen der Verwertung spezialisieren, kann auch der Zugang zu den Ergebnissen für die Zwecke der Verwertung entsprechend beschränkt werden. Ferner können an Forschung und Entwicklung beteiligte Hochschulen, Forschungsinstitute und Unternehmen, die Forschungs- und Entwicklungsleistungen in Form gewerblicher Dienste erbringen und sich üblicherweise nicht mit der Verwertung von Ergebnissen befassen, vereinbaren, die Forschungs- und Entwicklungsergebnisse ausschließlich für die Zwecke weiterer Forschung zu nutzen. Je nach ihrer Leistungsfähigkeit und ihren wirtschaftlichen Interessen können die Parteien ungleiche Beiträge zu ihrer Forschungs- und Entwicklungszusammenarbeit leisten. Um den unterschiedlichen Wert oder die unterschiedliche Art der Beiträge der Parteien zu berücksichtigen und auszugleichen, kann eine unter diese Verordnung fallende Forschungs- und Entwicklungsvereinbarung deshalb vorsehen, dass eine Partei einer anderen Partei für den Zugang zu den Ergebnissen für die Zwecke weiterer Forschung oder Verwertung eine Vergütung zahlt. Die Vergütung sollte jedoch nicht so hoch sein, dass sie diesen Zugang praktisch verhindern würde.

(12) Ist in der Forschungs- und Entwicklungsvereinbarung keine gemeinsame Verwertung der Ergebnisse vorgesehen, dann sollten die Parteien einander mit dieser Vereinbarung Zugang zu ihrem vorhandenen Know-how gewähren, sofern dieses Know-how für die Verwertung der Ergebnisse durch die anderen Parteien unerlässlich ist. Hierfür in Rechnung gestellte Lizenzgebühren sollten nicht so hoch sein, dass sie den Zugang der anderen Parteien zu dem Know-how praktisch verhindern würden.

(13) Die durch diese Verordnung gewährte Freistellung sollte auf Forschungs- und Entwicklungsvereinbarungen beschränkt werden, bei denen nicht die Gefahr besteht, dass die Unternehmen für einen wesentlichen Teil der betreffenden Waren, Dienstleistungen oder Technologien den Wettbewerb ausschalten. Von der Gruppenfreistellung auszuschließen sind Vereinbarungen zwischen Wettbewerbern, deren gemeinsamer Anteil am Markt für die Waren, Dienstleistungen oder Technologien, die aufgrund der Forschungs- und Entwicklungsergebnisse verbessert oder ersetzt werden können, bei Abschluss der Vereinbarung eine bestimmte Schwelle überschreitet. Es kann jedoch nicht generell davon ausgegangen werden, dass Forschungs- und Entwicklungsvereinbarungen unter Artikel 101 Absatz 1 AEUV fallen oder dass sie die Voraussetzungen des Artikel 101 Absatz 3 AEUV nicht erfüllen, wenn die in dieser Verordnung festgelegte Marktanteilsschwelle überschritten ist oder andere Voraussetzungen dieser Verordnung nicht erfüllt sind. In diesem Fall muss die Forschungs- und Entwicklungsvereinbarung einer Einzelfallprüfung nach Artikel 101 AEUV unterzogen werden.

(14) Damit auch bei der gemeinsamen Verwertung der Ergebnisse Wettbewerb gewährleistet bleibt, sollte festgelegt werden, dass die Gruppenfreistellung ihre Geltung verliert, wenn der gemeinsame Anteil der Parteien am Markt für die aus der gemeinsamen Forschung und Entwicklung hervorgegangenen Produkte, Dienstleistungen oder Technologien zu groß wird. Die Freistellung sollte jedoch ungeachtet der Höhe der Marktanteile der Parteien während eines bestimmten Zeitraums nach Beginn der gemeinsamen Verwertung weiter gelten, damit sich — insbesondere nach Einführung eines gänzlich neuen Produkts — die Marktanteile der Parteien stabilisieren können und zugleich ein Mindestzeitraum für die Erwirtschaftung einer Rendite auf das investierte Kapital gewährleistet wird.

(15) Vereinbarungen, die Beschränkungen enthalten, die für die Erzielung der positiven Auswirkungen einer Forschungs- und Entwicklungsvereinbarung nicht un-

erlässlich sind, sollten mit dieser Verordnung nicht freigestellt werden. Vereinbarungen, die bestimmte Arten schwerwiegender Wettbewerbsbeschränkungen enthalten, sollten ohne Rücksicht auf den Marktanteil der Parteien grundsätzlich von dem mit dieser Verordnung gewährten Rechtsvorteil der Freistellung ausgeschlossen werden; dies gilt unter anderem für die Beschränkung der Freiheit der Parteien, Forschung und Entwicklung in einem Bereich durchzuführen, der mit dem Bereich der betreffenden Vereinbarung nicht zusammenhängt, für die Festsetzung von Preisen für Dritte, für die Beschränkung von Produktion oder Absatz sowie für die Beschränkung des passiven Verkaufs von Vertragsprodukten oder Vertragstechnologien in Gebiete oder an Kunden, die anderen Parteien vorbehalten sind. Nutzungsbeschränkungen stellen in diesem Zusammenhang weder eine Produktions- oder Absatzbeschränkung noch eine Gebiets- oder Kundenbeschränkung dar.

(16) Durch die Begrenzung des Marktanteils, den Ausschluss bestimmter Vereinbarungen von der Freistellung und die in dieser Verordnung vorgesehenen Voraussetzungen ist in der Regel sichergestellt, dass Vereinbarungen, auf die die Gruppenfreistellung Anwendung findet, den Parteien nicht die Möglichkeit eröffnen, für einen wesentlichen Teil der betreffenden Waren oder Dienstleistungen den Wettbewerb auszuschalten.

(17) Es kann nicht ausgeschlossen werden, dass eine wettbewerbswidrige Marktverschließung bewirkt werden könnte, wenn eine Partei mehrere, von Wettbewerbern durchgeführte Forschungs- und Entwicklungsprojekte finanziert, die dieselben Vertragsprodukte oder Vertragstechnologien betreffen, insbesondere wenn die Partei das ausschließliche Recht erlangt, die Ergebnisse gegenüber Dritten zu verwerten. Daher sollte der Rechtsvorteil dieser Verordnung für Vereinbarungen über Auftragsforschung und -entwicklung nur gewährt werden, wenn der gemeinsame Marktanteil aller an diesen miteinander zusammenhängenden Vereinbarungen beteiligten Parteien, d. h. der finanzierenden Partei und aller die Forschungs- und Entwicklungsarbeiten ausführenden Parteien, höchstens 25% beträgt.

(18) Vereinbarungen zwischen Unternehmen, die nicht als Hersteller von Produkten, Technologien oder Verfahren, die aufgrund der Forschungs- und Entwicklungsergebnisse verbessert, substituiert oder ersetzt werden können, miteinander im Wettbewerb stehen, schalten den Wettbewerb in Forschung und Entwicklung nur in Ausnahmefällen aus. Es ist daher zweckmäßig, diesen Vereinbarungen die mit dieser Verordnung gewährte Freistellung unabhängig vom Marktanteil zugutekommen zu lassen und in Ausnahmefällen den Rechtsvorteil der Gruppenfreistellung zu entziehen.

(19) Nach Artikel 29 Absatz 1 der Verordnung (EG) Nr. 1/2003 des Rates vom 16. Dezember 2002 zur Durchführung der in den Artikeln 81 und 82 des Vertrags niedergelegten Wettbewerbsregeln kann die Kommission den Rechtsvorteil dieser Verordnung entziehen, wenn sie in einem bestimmten Fall feststellt, dass eine unter die Freistellung nach dieser Verordnung fallende Vereinbarung Auswirkungen hat, die mit Artikel 101 Absatz 3 AEUV unvereinbar sind.

(20) Nach Artikel 29 Absatz 2 der Verordnung (EG) Nr. 1/2003 kann die Wettbewerbsbehörde eines Mitgliedstaats den Rechtsvorteil dieser Verordnung für das Gebiet oder ein Teilgebiet dieses Mitgliedstaats entziehen, wenn sie in einem bestimmten Fall feststellt, dass eine unter die Freistellung nach dieser Verordnung fallende Vereinbarung im Gebiet oder in einem Teilgebiet dieses Mitgliedstaats, das alle Merkmale eines gesonderten räumlichen Marktes aufweist, Auswirkungen hat, die mit Artikel 101 Absatz 3 AEUV unvereinbar sind.

(21) Der Rechtsvorteil dieser Verordnung könnte zum Beispiel nach Artikel 29 der Verordnung (EG) Nr. 1/2003 entzogen werden, wenn die Forschungs- und Entwicklungsarbeiten Dritter in dem betreffenden Bereich durch das Bestehen einer Forschungs- und Entwicklungsvereinbarung erheblich eingeschränkt werden, weil

anderswo Forschungskapazitäten nur in begrenztem Umfang zur Verfügung stehen, oder wenn der Zugang Dritter zum Markt für die Vertragsprodukte oder Vertragstechnologien infolge der besonderen Angebotsstruktur durch das Bestehen der Forschungs- und Entwicklungsvereinbarung erheblich beschränkt wird, oder wenn die Parteien die Ergebnisse der gemeinsamen Forschung und Entwicklung ohne sachlich gerechtfertigten Grund nicht gegenüber Dritten verwerten, oder wenn die Vertragsprodukte oder Vertragstechnologien im Binnenmarkt oder in einem wesentlichen Teil desselben nicht mit Produkten, Technologien oder Verfahren im Wettbewerb stehen, die aufgrund ihrer Eigenschaften, ihres Preises und ihres Verwendungszwecks von den Nutzern als gleichartig angesehen werden, oder wenn durch das Bestehen der Forschungs- und Entwicklungsvereinbarung auf einem bestimmten Markt der Wettbewerb im Bereich der Innovation beschränkt oder der Wettbewerb in Forschung und Entwicklung ausgeschaltet würde.

(22) Da Forschungs- und Entwicklungsvereinbarungen und insbesondere solche, bei denen sich die Zusammenarbeit auch auf die Verwertung der Ergebnisse erstreckt, häufig für einen langen Zeitraum geschlossen werden, sollte die Geltungsdauer dieser Verordnung auf 12 Jahre festgesetzt werden.

Einführung

1. Wesen der Vereinbarungen über Forschung und Entwicklung

Für die Zusammenarbeit von Unternehmen in Forschung und Entwicklung (FuE) 1
gibt es eine breite Palette von Möglichkeiten, die eine einheitliche kartellrechtliche Beurteilung der FuE-Kooperation ausschließen. Differenzierungskriterien ergeben sich insbesondere daraus, ob die beteiligten Unternehmen **Wettbewerber** sind, aus der **Marktnähe ihrer Zusammenarbeit** (die Forschung ist ihrem Wesen nach marktferner, die Entwicklung kann unmittelbar marktrelevant sein) und ob sich die Zusammenarbeit auch auf die **Verwertung** bezieht. Dem entspricht eine differenzierte Entscheidungspraxis der Kommission in Einzelfällen, in der häufig auch die Anwendung des Art. 101 Abs. 1 AEUV verneint wurde. Dementsprechend geht auch die VO 217/2010 in ihrem Erwägungsgrund 6 davon aus, dass Vereinbarungen über die gemeinsame Durchführung von Forschungsarbeiten oder die gemeinsame Entwicklung der Forschungsergebnisse bis zur Produktionsreife **normalerweise nicht unter das Verbot des Art. 101 Abs. 1 AEUV** fallen. Wenn das aber im Einzelfall der Fall ist, soll eine Gruppenfreistellung helfen. Im Anwendungsbereich der Gruppenfreistellung kann deswegen häufig offen bleiben, ob die Vereinbarung überhaupt gegen Art. 101 Abs. 1 AEUV verstößt und deswegen einer Freistellung nach Abs. 3 bedarf.

2. Frühere Beurteilung von Forschungs- und Entwicklungsvereinbarungen

Die **erste Gruppenfreistellungsverordnung** für Forschungs- und Entwick- 2
lungsvereinbarungen wurde 1985 erlassen **(VO 418/85).** Vorangegangen waren mehrere **Einzelfallentscheidungen,** so insbesondere die Entscheidungen Henkel/Colgate (ABl. 1972 L 14/14), Bayer/Gist-Brocades (ABl. 1976 L 30/17), Sopelem/Vickers I (ABl. 1978 L 70/47) und Beecham/Parke Davis (ABl. 1979 L 70/11). Diese Entscheidungen ließ eine relativ großzügige Behandlung der Forschungs- und Entwicklungsvereinbarungen erkennen. Entscheidungserheblich war insbesondere die Frage, ob die Unternehmen Wettbewerber sind, deren gegenseitiger Wettbewerb iSv

Art. 101 Abs. 1 AEUV beschränkt werden könnte, und ob der Gegenstand der Zusammenarbeit überhaupt marktrelevant ist (vgl. dazu auch *Fuchs* in IM Einf. FuE-GVO Rn. 10). Die erste Gruppenfreistellungsverordnung 418/85 wurde parallel zur VO 417/85 für Spezialisierungsvereinbarungen erlassen (die ihrerseits schon Gegenstand früherer Gruppenfreistellungsverordnungen waren). Die VO 418/85 wurde durch die VO 151/93 vom 23.12.1992 geändert. Durch die VO 2236/97 wurde ihre Gültigkeit – ebenso wie die Gültigkeit der VO 417/85 – bis zum 31.12.2000 verlängert. Zum 1.1.2001 wurde sie durch die VO 2659/2000 ersetzt; parallel dazu wurde auch die Gruppenfreistellungsverordnung 2658/2000 für Spezialisierungsvereinbarungen erlassen. Mit Wirkung vom 1.1.2011 trat an die Stelle der VO 2659/2000 die VO 1217/2010, die anders gegliedert ist, aber im Grundsatz die materiellen Regelungen der alten VO fortführt. Die Kommission befasst sich auch in den Horizontalleitlinien (Anhang B 5) mit Vereinbarungen über Forschung und Entwicklung (Rn. 111ff.).

3. Grundzüge der VO 1217/2010

3 Die VO 1217/2010 unterscheidet **vier Arten von Forschungs- und Entwicklungskooperationen,** nämlich die **gemeinsame Forschung und Entwicklung** von Produkten oder Verfahren **einschließlich der gemeinsamen Verwertung** der dabei erzielten Ergebnisse (Art. 1 lit. a (i)), die **gemeinsame Verwertung** der Ergebnisse von Forschung und Entwicklung in Bezug auf Produkte oder Verfahren, die von denselben Vertragsparteien aufgrund einer früheren Vereinbarung durchgeführt worden sind (Art. 1 lit. a (ii)), die **gemeinsame Forschung und Entwicklung** von Produkten oder Verfahren **ohne die gemeinsame Verwertung** (Art. 1 lit. a (iii)) und die entsprechend untergliederte **Auftragsforschung und -entwicklung** (Art. 1 lit. a (iv-vi)). Sie stellt die Vereinbarungen frei, soweit sie Wettbewerbsbeschränkungen enthalten. Diese Freistellung betrifft nicht nur die Wettbewerbsbeschränkungen, die sich unmittelbar aus der gemeinsamen Forschung und Entwicklung ergeben, sondern auch solche Vereinbarungen, die mit der Durchführung der Forschung und Entwicklung unmittelbar verbunden und für diese erforderlich sind.

4 Die VO 1217/2010 folgt **nicht** wie die im Vertikalbereich erlassenen Gruppenfreistellungsverordnungen **dem Grundsatz, dass alles freigestellt ist, was nicht ausdrücklich von der Freistellung ausgeschlossen ist;** vielmehr ist von der Freistellung nur das erfasst, was entweder die gemeinsame Forschung und Entwicklung unmittelbar bewirkt oder mit der gemeinsamen Forschung und Entwicklung unmittelbar verbunden und für sie erforderlich ist. Wenn die beteiligten Unternehmen **konkurrierende Unternehmen** sind, ist Voraussetzung für die Freistellung, dass die beteiligten Unternehmen die **Marktanteilsschwelle** von 25% nach Art. 4 Abs. 2 nicht überschreiten. Sind die beteiligten Unternehmen keine konkurrierenden Unternehmen, gilt für einen Zeitraum von sieben Jahren nach dem ersten Inverkehrbringen der Vertragsprodukte im Binnenmarkt keine Marktanteilsschwelle (Art. 4 Abs. 1), danach eine Schwelle von ebenfalls 25% (Art. 4 Abs. 3). Die Freistellung entfällt insgesamt, wenn die Vereinbarung eine „Kernbeschränkung" oder **„schwarze" Klausel** im Sinne von Art. 5 Abs. 1 enthält. Die VO 1217/2010 enthält neu auch einen Katalog von zwei sog. **„grauen" Klauseln,** die in der VO 2659/2000 noch als „schwarze" Klauseln bewertet wurden. Wenn diese „grauen" Klauseln vereinbart werden, führt das nicht zum Wegfall der Freistellung insgesamt, sondern berührt nur die Wirksamkeit dieser Klauseln als solche. Der Sache nach gehören dazu über den Katalog in Art. 5 hinaus alle Klauseln, die gegen Art. 101 Abs. 1 AEUV verstoßen, aber nicht im Sinne von Art. 2 Abs. 2 unmittelbar mit der Durchführung der Forschung und Entwicklung verbunden und nicht für sie erforderlich sind. Derartige **„überschießende" Klauseln** sind nicht freigestellt, berühren die Freistellung im Übrigen aber nicht. Im Einzelfall können derartige „graue" Klauseln unmittelbar die

Voraussetzung des Art. 101 Abs. 3 AEUV erfüllen; dann sind sie über die VO 1217/2010 hinaus freigestellt. Die VO 1217/2010 enthält keine Regelung, die insoweit einen unmittelbaren Rückgriff auf Art. 101 Abs. 3 AEUV ausschließen würde.

Art. 1 Begriffsbestimmungen

(1) **Für die Zwecke dieser Verordnung bezeichnet der Ausdruck**

a) „Forschungs- und Entwicklungsvereinbarung" eine Vereinbarung zwischen zwei oder mehr Parteien, die die Bedingungen für die Verfolgung der nachstehenden Ziele durch diese Parteien betreffen:

i) gemeinsame Forschung und Entwicklung von Vertragsprodukten oder Vertragstechnologien und gemeinsame Verwertung der erzielten Ergebnisse,

ii) gemeinsame Verwertung der Ergebnisse der gemeinsamen Forschung und Entwicklung von Vertragsprodukten oder Vertragstechnologien, die nach einer zuvor geschlossenen Vereinbarung zwischen denselben Parteien durchgeführt worden ist,

iii) gemeinsame Forschung und Entwicklung von Vertragsprodukten oder Vertragstechnologien ohne gemeinsame Verwertung der Ergebnisse,

iv) Auftragsforschung und -entwicklung von Vertragsprodukten oder Vertragstechnologien und gemeinsame Verwertung der erzielten Ergebnisse,

v) gemeinsame Verwertung der Ergebnisse der Auftragsforschung und -entwicklung von Vertragsprodukten oder Vertragstechnologien, die nach einer zuvor geschlossenen Vereinbarung zwischen denselben Parteien durchgeführt worden ist, oder

vi) Auftragsforschung und -entwicklung von Vertragsprodukten oder Vertragstechnologien ohne gemeinsame Verwertung der Ergebnisse;

b) „Vereinbarung" eine Vereinbarung, einen Beschluss einer Unternehmensvereinigung oder eine abgestimmte Verhaltensweise;

c) „Forschung und Entwicklung" den Erwerb von Know-how über Produkte, Technologien oder Verfahren und die Durchführung von theoretischen Analysen, systematischen Studien oder Versuchen, einschließlich der versuchsweisen Herstellung und der technischen Prüfung von Produkten oder Verfahren, die Errichtung der dafür erforderlichen Anlagen und die Erlangung von Rechten des geistigen Eigentums an den Ergebnissen;

d) „Produkt" eine Ware oder eine Dienstleistung in Form einer Zwischen- oder Endware oder einer Zwischen- oder Enddienstleistung;

e) „Vertragstechnologie" eine Technologie oder ein Verfahren, die bzw. das aus den gemeinsamen Forschungs- und Entwicklungsarbeiten hervorgeht;

f) „Vertragsprodukt" ein Produkt, das aus den gemeinsamen Forschungs- und Entwicklungsarbeiten hervorgeht oder unter Anwendung der Vertragstechnologien hergestellt bzw. bereitgestellt wird;

g) „Verwertung der Ergebnisse" die Herstellung oder den Vertrieb der Vertragsprodukte, die Anwendung der Vertragstechnologien, die Abtretung von Rechten des geistigen Eigentums oder die Erteilung diesbezüglicher Lizenzen oder die Weitergabe von Know-how, das für die Herstellung oder Anwendung erforderlich ist;

h) „Rechte des geistigen Eigentums" unter anderem gewerbliche Schutzrechte, Urheberrechte und verwandte Schutzrechte;

i) „Know-how“ eine Gesamtheit nicht patentgeschützter praktischer Kenntnisse, die durch Erfahrung und Erprobung gewonnen wurden und die geheim, wesentlich und identifiziert sind;
j) „geheim“ im Zusammenhang mit Know-how, dass das Know-how nicht allgemein bekannt und nicht leicht zugänglich ist;
k) „wesentlich“ im Zusammenhang mit Know-how, dass das Know-how bei der Herstellung der Vertragsprodukte oder der Anwendung der Vertragstechnologien bedeutsam und nützlich ist;
l) „identifiziert“ im Zusammenhang mit Know-how, dass das Know-how so umfassend beschrieben ist, dass überprüft werden kann, ob es die Merkmale „geheim“ und „wesentlich“ erfüllt;
m) „gemeinsam“ im Zusammenhang mit Tätigkeiten, die unter einer Forschungs- und Entwicklungsvereinbarung ausgeübt werden, die Ausübung der betreffenden Tätigkeiten
   i) in einem gemeinsamen Team, einer gemeinsamen Organisation oder einem gemeinsamen Unternehmen,
   ii) durch einen gemeinsam bestimmten Dritten oder
   iii) durch die Parteien im Wege der Spezialisierung im Rahmen der Forschung und Entwicklung oder der Verwertung;
n) „Spezialisierung im Rahmen der Forschung und Entwicklung“ die Beteiligung aller Parteien an der unter die Forschungs- und Entwicklungsvereinbarung fallenden Forschung und Entwicklung und die Aufteilung der Forschungs- und Entwicklungsarbeiten untereinander so, wie es ihres Erachtens am zweckmäßigsten ist; dies umfasst nicht Auftragsforschung und -entwicklung;
o) „Spezialisierung im Rahmen der Verwertung“ die Verteilung einzelner Aufgaben wie Produktion oder Vertrieb unter den Parteien oder die Auferlegung von Beschränkungen hinsichtlich der Verwertung der Ergebnisse unter den Parteien wie in Bezug auf bestimmte Gebiete, Kunden oder Anwendungsbereiche; dies umfasst den Fall, dass nur eine Partei die Vertragsprodukte auf der Grundlage einer von den anderen Parteien erteilten ausschließlichen Lizenz herstellt und vertreibt;
p) „Auftragsforschung und -entwicklung“ die Ausführung von Forschungs- und Entwicklungsarbeiten durch eine Partei und deren Finanzierung durch eine finanzierende Partei;
q) „finanzierende Partei“ eine Partei, die Auftragsforschung und -entwicklung finanziert und selbst keine der Forschungs- und Entwicklungstätigkeiten ausübt;
r) „Wettbewerber“ einen tatsächlichen oder potenziellen Wettbewerber;
s) „tatsächlicher Wettbewerber“ ein Unternehmen, das Produkte, Technologien oder Verfahren anbietet, die auf dem räumlich relevanten Markt durch das Vertragsprodukt oder die Vertragstechnologie verbessert, substituiert oder ersetzt werden können;
t) „potenzieller Wettbewerber“ ein Unternehmen, bei dem realistisch und nicht nur hypothetisch davon ausgegangen werden kann, dass es ohne die Forschungs- und Entwicklungsvereinbarung als Reaktion auf einen geringen, aber anhaltenden Anstieg der relativen Preise wahrscheinlich innerhalb von höchstens drei Jahren die zusätzlichen Investitionen tätigen oder sonstigen Umstellungskosten auf sich nehmen würde, die erforderlich wären, um Produkte, Technologien oder Verfahren anbieten zu können, die auf dem räumlich relevanten Markt durch das Vertragsprodukt oder die Vertragstechnologie verbessert, ausgetauscht oder ersetzt werden können;

u) „relevanter Produktmarkt“ den relevanten Markt für die Produkte, die durch die Vertragsprodukte verbessert, ausgetauscht oder ersetzt werden können;

v) „relevanter Technologiemarkt“ den relevanten Markt für die Technologien oder Verfahren, die durch die Vertragstechnologien verbessert, ausgetauscht oder ersetzt werden können.

(2) **Für die Zwecke dieser Verordnung umfassen die Ausdrücke „Unternehmen“ und „Parteien“ die jeweils mit diesen verbundenen Unternehmen.**

Der Ausdruck „verbundene Unternehmen“ bezeichnet

a) Unternehmen, in denen eine Partei der Forschungs- und Entwicklungsvereinbarung unmittelbar oder mittelbar
   i) die Befugnis hat, mehr als die Hälfte der Stimmrechte auszuüben,
   ii) die Befugnis hat, mehr als die Hälfte der Mitglieder des Aufsichts- oder Leitungsorgans oder der zur gesetzlichen Vertretung berufenen Organe zu bestellen, oder
   iii) das Recht hat, die Geschäfte des Unternehmens zu führen;

b) Unternehmen, die in einem an der Forschungs- und Entwicklungsvereinbarung beteiligten Unternehmen unmittelbar oder mittelbar die unter Buchstabe a aufgeführten Rechte oder Befugnisse haben;

c) Unternehmen, in denen ein unter Buchstabe b genanntes Unternehmen unmittelbar oder mittelbar die unter Buchstabe a aufgeführten Rechte oder Befugnisse hat;

d) Unternehmen, in denen ein an der Forschungs- und Entwicklungsvereinbarung beteiligtes Unternehmen zusammen mit einem oder mehreren der unter den Buchstaben a, b und c genannten Unternehmen oder in denen zwei oder mehr der zuletzt genannten Unternehmen zusammen die unter Buchstabe a aufgeführten Rechte oder Befugnisse haben;

e) Unternehmen, in denen die folgenden Parteien zusammen die unter Buchstabe a aufgeführten Rechte oder Befugnisse haben:
   i) an der Forschungs- und Entwicklungsvereinbarung beteiligte Parteien oder jeweils mit diesen verbundene Unternehmen im Sinne der Buchstaben a bis d oder
   ii) eine oder mehrere der an der Forschungs- und Entwicklungsvereinbarung beteiligten Parteien oder eines oder mehrere der mit ihnen verbundenen Unternehmen im Sinne der Buchstaben a bis d und eine oder mehrere dritte Parteien.

Inhaltsübersicht

1. Überblick

1 Art. 1 enthält die Definition aller in der Verordnung verwendeten auslegungsbedürftigen Begriffe. Er entspricht insoweit Art. 2 VO 2659/2000, ist aber sehr viel umfassender. Abs. 1 enthält **22 Begriffsdefinitionen** mit zusätzlichen Untergliederungen. Abs. 2 enthält ebenso wie die Definitionskataloge aller neueren Gruppenfreistellungsverordnungen die Regelung, welche Mutter-, Tochter- und Schwestergesellschaften in den Unternehmensbegriff einzubeziehen sind. Die VO 1217/2010 erfasst **nicht „vertikale" Vereinbarungen,** insbesondere nicht Zulieferverträge (dazu die Zulieferbekanntmachung in Anhang B 8; vgl. dazu auch *Rosenberger* GRUR Int. 2012, 721, 722f.).

2. Forschungs- und Entwicklungsvereinbarung (Abs. 1 lit. a)

2 **a) Struktur des Definitionskatalogs.** Lit. a definiert den Begriff „Forschungs- und Entwicklungsvereinbarung" und damit das, was **Gegenstand der Freistellung** nach Art. 2 Abs. 1 Unterabs. 1 ist. In der VO 2659/2000 gab es keine entsprechende „vor die Klammer gezogene" Definition. Die Definition in lit. a verwendet teilweise Begriffe, die ihrerseits in den nachfolgenden Absätzen definiert werden, so insbesondere schon im Obersatz die Begriffe „Forschung und Entwicklung" (lit. c) und „Vereinbarung" (lit. b). Auch in dem Katalog der alternativen Forschungs- und Entwicklungskooperationen in i-vi werden die Begriffe „Vertragsprodukt", „Vertragstechnologie", „Verwertung der Ergebnisse", „gemeinsam" und „Auftragsforschung und -entwicklung" verwendet, die ihrerseits in den nachfolgenden Absätzen definiert werden.

3 Lit. a unterscheidet **sechs verschiedene Formen** der Forschungs- und Entwicklungskooperation. Die ersten drei (i-iii) erfassen Zusammenarbeitsformen, an denen die Partner unmittelbar teilnehmen, während die letzten drei alternative Arten der Auftragsforschung und -entwicklung erfassen, an der die Partner mittelbar durch die Gemeinsamkeit der Auftragserteilung teilnehmen, zum Teil kombiniert mit unmittelbarer Betätigung der Partner.

4 **b) Gemeinsame Forschung, Entwicklung und Verwertung (Abs. 1 lit. a, i).** Nr. i baut modellhaft auf dem historischen **Ablauf** der durch die VO 1217/2010 erfassten Zusammenarbeit auf: Sie beginnt mit der gemeinsamen Forschung, die sich im Laufe der Zeit in einer gemeinsamen Entwicklung konkretisiert und dann auch in eine gemeinsame Verwertung einmünden kann. Dieser historische Ablauf wird durch die Regelung in Art. 4 Abs. 1 bestätigt, die sich auf den Fall bezieht, dass die beteiligten Unternehmen keine konkurrie-renden Unternehmen sind. Dann gilt die Freistellung ohne zeitliche Befristung für die Durchführung der Forschungs- und Entwicklungsarbeiten; für die gemeinsame Verwertung gilt sie nur für einen weiteren

Zeitraum von sieben Jahren. Damit wird dem Umstand Rechnung getragen, dass die **Verwertung** die Stufe ist, die **am ehesten wettbewerbsbeschränkende Wirkungen** zeigen kann. Allerdings ist der in Art. 4 Abs. 1 geregelte Fall, dass die beteiligten Unternehmen nicht Wettbewerber sind, zugleich auch derjenige, in dem von vornherein und für die gesamte Dauer der Kooperation fraglich ist, ob sie überhaupt gegen Art. 101 Abs. 1 AEUV verstößt (→ AEUV Art. 101 Rn. 178ff.). Nr. i erfasst trotz der Verknüpfung Forschung „und" Entwicklung auch **reine Entwicklungskooperationen,** in denen keine Zusammenarbeit in der Forschung vorangeht, die aber in eine gemeinsame Verwertung einmündet (vgl. dazu auch *Fuchs* in IM Art. 1 FuE-GVO Rn. 13). Der umgekehrte Fall der **reinen Forschungskooperation** wird durch lit. a nicht erfasst. Sie kann ohne die Phase der gemeinsamen Produktentwicklung nicht in die gemeinsame Verwertung einmünden, die in Nr. i als Vereinbarungsbestandteil vorausgesetzt wird.

c) Gemeinsame Verwertung früherer Forschungs- und Entwicklungsergebnisse (Abs. 1 lit. a Nr. ii). Nr. ii bezieht sich nur auf die gemeinsame Verwertung der Ergebnisse einer früheren gemeinsamen Forschung und Entwicklung. Für den Begriff der Verwertung gilt die Definition nach Abs. 1 lit. g (→ Rn. 14), für die Gemeinsamkeit der Verwertung die Definition nach Abs. 1 lit. m (→ Rn. 20ff.). Die Freistellung der gemeinsamen Verwertung hängt nicht davon ab, wie die frühere Forschungs- und Entwicklungsvereinbarung zwischen den Vertragsparteien kartellrechtlich zu qualifizieren war. Die gemeinsame Verwertung ist also auch dann freigestellt, wenn die **frühere** Forschungs- und Entwicklungsvereinbarung – aus welchen Gründen auch immer – **gegen Art. 101 Abs. 1 AEUV verstieß** und **nicht nach Abs. 3 freigestellt** war (aA *Fuchs* in IM Art. 1 FuE-GVO Rn. 7). Allerdings ist Voraussetzung, dass die Marktanteilsschwelle und/oder Freistellungsdauer des Art. 4 nicht überschritten ist; das ist bei einer Vereinbarung, die sich nur auf die gemeinsame Verwertung bezieht, jedenfalls hinsichtlich der zeitlichen Schranken eher der Fall als bei einer reinen Forschungs- und Entwicklungsvereinbarung. Soweit an der gemeinsamen Verwertung **zusätzlich Unternehmen** teilnehmen, die an der früheren Forschungs- und Entwicklungskooperation nicht beteiligt waren, greift Nr. ii nicht ein (*Fuchs* aaO.; *Schütze* in L/M/R GVO-FuE Rn. 9; *Chrocziel/v. Merveldt* in MünchKomm GVO 2659/2000 Art. 1 Rn. 5). Anderes gilt, wenn der Kreis der beteiligten Unternehmen sich verengt. 5

d) Gemeinsame Forschung und Entwicklung ohne gemeinsame Verwertung (Abs. 1 lit. a Nr. iii). Diese Alternative erfasst diejenigen Forschungs- und Entwicklungskooperationen, die unter dem Gesichtspunkt des Art. 101 Abs. 1 AEUV an sich die **geringsten Probleme** aufwerfen. Die Aussage im Erwägungsgrund 6 über die Nichtanwendbarkeit des Art. 101 Abs. 1 AEUV auf reine Forschungs- und Entwicklungskooperationen bezieht sich primär und gerade auf diejenige ohne die gemeinsame Verwertung. Das Fehlen einer Vereinbarung über die gemeinsame Verwertung bedeutet allerdings, dass **jede der Vertragsparteien berechtigt ist, die Forschungs- und Entwicklungsergebnisse eigenständig,** unabhängig vom anderen **zu verwerten.** Das wird in Art. 3 Abs. 3 ausdrücklich klargestellt. Dort heißt es für den in Abs. 1 lit. a Nr. iii (und den entsprechenden Fall der Auftragsforschung und -entwicklung ohne gemeinsame Verwertung nach Nr. vi) geregelten Fall, dass in der Vereinbarung festgelegt sein muss, „dass jeder Partei **Zugang zum vorhandenen Know-how** der anderen Partei gewährt wird, sofern dieses Know-how für die Verwertung der Ergebnisse unerlässlich ist". 6

e) Auftragsforschung und -entwicklung (Abs. 1 lit. a Nr. iv-vi). Der Definitionskatalog in Abs. 1 lit. a erfasst – gegenüber der VO 2659/2000 neu – gesondert die Auftragsforschung und -entwicklung, die in lit. p definiert ist als „Ausführung von Forschungs- und Entwicklungsarbeiten durch eine Partei und deren **Finanzierung** 7

durch eine finanzierende Partei". Es geht nicht darum, dass die Parteien der Forschungs- und Entwicklungsvereinbarung gemeinsam einen Dritten beauftragen (dieser Fall ist in der Definition nach lit. m Nr. ii geregelt), sondern dass **eine Partei die Arbeiten durchführt,** und die **andere,** ohne dass sie selbst Forschungs- und Entwicklungstätigkeiten ausübt, **die Finanzierung** vornimmt. Dieser Fall war in der VO 2659/2000 nicht geregelt. Die VO 2659/2000 erfasste nur die gemeinsame Beauftragung eines Dritten mit der Durchführung von Forschungs- und Entwicklungs- oder Verwertungstätigkeiten (Art. 2 Nr. 11 lit. b VO 2659/2000) und den Fall, dass die Parteien unter sich die Tätigkeiten nach der Art einer Arbeitsteilung bzw. Spezialisierung aufteilten (Art. 2 Nr. 11 lit. c VO 2659/2000). Der in den Definitionen in Nr. iv–vi geregelte Fall der Auftragsforschung und -entwicklung wird häufig von vornherein nicht unter das Kartellverbot des Art. 101 Abs. 1 AEUV fallen; wenn dies dennoch der Fall ist, greift die Gruppenfreistellung ein. Die drei Fälle in iv–vi **entsprechen** den zuvor definierten Fällen **der Nicht-Auftragsforschung und -entwicklung.** iv schließt also ebenso wie i die gemeinsame **Verwertung** ein, v befasst sich ebenso wie ii nur mit der gemeinsamen Verwertung einer vorvereinbarten Auftragsforschung und -entwicklung, und vi erfasst entsprechend iii nur die Auftragsforschung und -entwicklung ohne gemeinsame Verwertung. Die Verwertung ist in den Fällen iv und v nicht vom Begriff des Auftrags erfasst; bei ihr handelt es sich also um eine Verwertung, die im Sinne der Definition von lit. m „gemeinsam" durchgeführt wird.

3. „Vereinbarung" (Abs. 1 lit. b)

8 Lit. b enthält keine Definition des Vereinbarungsbegriffs, sondern stellt lediglich klar, dass die VO 2659/2000 dort, wo sie von „Vereinbarung" spricht, jeweils auch den **Beschluss** einer Unternehmensvereinigung und die **aufeinander abgestimmte Verhaltensweise** erfasst. Diese Begriffe entsprechen denen in Art. 101 Abs. 1 AEUV (→ AEUV Art. 101 Rn. 40ff., 52, 53ff.). Vereinbarungen sind im Allgemeinen, aber nicht notwendig, dadurch gekennzeichnet, dass sie schriftlich festgehalten sind, aufeinander abgestimmte Verhaltensweisen durch entsprechende Verhaltensweisen ohne zumindest vollständige schriftliche Fixierung. In der Einbeziehung der aufeinander abgestimmten Verhaltensweisen liegt gegenüber der „Vereinbarung" nicht nur eine Erweiterung der Gruppenfreistellung, sondern potenziell auch eine Einschränkung, und zwar im Hinblick auf den klauselbezogenen Anwendungsausschluss des Art. 5. Eine schriftlich fixierte, in dieser **schriftlichen Fixierung** allen Anforderungen der VO 1217/2010 genügende Vereinbarung ist nicht freigestellt, wenn sie **mit einer aufeinander abgestimmten Verhaltensweise verbunden** ist, die die Voraussetzungen des Art. 5 erfüllt. Vereinbarungen, Beschlüsse und abgestimmte Verhaltensweisen sind im System der VO 1217/2010 grundsätzlich gleichberechtigt. Dennoch kommt der schriftlichen Fixierung von Vereinbarungen wesensmäßig ein praktischer Vorrang zu. So ist eine Vereinbarung, die durch Verhaltensweisen ergänzt wird, die die Voraussetzungen des Art. 5 erfüllen, dadurch insgesamt von der Freistellung ausgeschlossen. Umgekehrt ist es kaum denkbar, dass eine Vereinbarung, die nach ihrem schriftlich festgehaltenen Wortlaut über Art. 5 von der Freistellung ausgeschlossen ist, deswegen als freigestellt anzusehen ist, weil die Vereinbarung insoweit nicht praktiziert wird, sondern durch eine nicht gegen Art. 5 verstoßende abgestimmte Verhaltensweise ersetzt wird (so auch *Fuchs* in IM Art. 1 FuE-GVO Rn. 11). Da Art. 101 Abs. 1 AEUV unabhängig von der Praktizierung schon den Abschluss einer Vereinbarung als solchen erfasst (→ AEUV Art. 101 Rn. 51), ist es für die Freistellung einer Vereinbarung nicht ausreichend, wenn das tatsächliche Verhalten mit Art. 5 in Übereinstimmung steht. Vielmehr ist es erforderlich, dass die Vereinbarung nach ihrem jeweils verbindlichen Inhalt – unabhängig von der Form, in der der Inhalt festgehalten ist – insgesamt die Voraussetzungen der VO erfüllt. **Zulässige abgestimmte Verhaltensweisen retten**

also eine unzulässige Vereinbarung nicht. Eine an sich zulässige Vereinbarung kann aber die **Freistellung verlieren,** wenn sie **mit einer unzulässigen abgestimmten Verhaltensweise verbunden** ist.

4. „Forschung und Entwicklung" (lit. c)

Anders als die VO 2659/2000 enthält die VO 1217/2010 eine Definition der „Forschung und Entwicklung". Dabei wird nicht zwischen Forschung und Entwicklung differenziert; vielmehr werden beide Begriffe sowohl in der Definition als auch im Verordnungstext immer gemeinsam verwendet. Die VO 1217/2010 erfasst tendenziell **reine Forschungskooperationen nicht.** Diese sind dadurch gekennzeichnet, dass sie sich nicht auf die Entwicklung bestimmter Produkte oder Verfahren beziehen, sondern **nur Grundlagen** erfassen, die noch nicht bestimmten Produkten oder Verfahren zugeordnet werden können. Im Regelfall ist bei derartigen Forschungskooperationen davon auszugehen, dass sie noch keinen Bezug zu bestimmten Markttätigkeiten haben, also auch nicht geeignet sind, als Wettbewerbsbeschränkungen im Sinne des Art. 101 Abs. 1 AEUV qualifiziert zu werden (vgl. dazu auch Horizontalleitlinien, Anhang B 5 Rn. 129 und Erwägungsgrund 6). Relevant werden Forschungskooperationen nur, wenn sie mit der Entwicklung verbunden sind. Typischerweise ist bei der Forschung noch nicht eine Einengung auf bestimmte Produkte oder Verfahren möglich, während das gerade die Entwicklung kennzeichnet (skeptisch dazu *Fuchs* in IM Art. 1 FuE-GVO Rn. 13). 9

Da zwischen Forschung und Entwicklung nicht genau differenziert werden muss, spielt die Frage **keine Rolle, wann die Forschung in Entwicklung übergeht.** Der erste Teil der Definition erfasst tendenziell die Forschung, und spricht deswegen allgemein vom Erwerb von Know-how über Produkte, Technologien und Verfahren, also nicht unter Einengung auf „Vertragsprodukte" und „Vertragstechnologien". Der zweite Teil ist stärker auf bestimmte Produkte oder Verfahren ausgerichtet, insbesondere im Hinblick auf die „versuchsweise Herstellung und technische Prüfung". „Forschung und Entwicklung" liegt nur vor, wenn **jedenfalls einzelne Elemente dieser Definition erfüllt** sind; es ist nicht erforderlich, dass alle Merkmale abgedeckt werden. Insbesondere bei Entwicklungskooperationen, die in einer später Phase der Produkt- oder Verfahrensentwicklung beginnen, findet möglicherweise keine Durchführung von theoretischen Analysen statt; möglicherweise liegt hier das Schwergewicht bei der versuchsweisen Herstellung und der technischen Prüfung bis zur Produktreife (so auch *Fuchs* in IM Art. 1 FuE-GVO Rn. 13). Die Definition erfasst **nicht die Verwertung;** sie wird von den Regelungen nur erfasst, wenn sie ausdrücklich entweder allein oder zusätzlich zur Forschung und Entwicklung erwähnt ist. 10

5. „Produkt" (Abs. 1 lit. d)

Lit. d entspricht der Definition in Art. 2 Nr. 5 VO 2659/2000, allerdings sprachlich erweitert auf die „Zwischen- oder Enddienstleistung"; das ist auch in die Produktdefinition in Art. 1 Abs. 1 lit. f VO 316/2014 übernommen worden (→ VO 316/2014 Art. 1 Rn. 18). Die Definition knüpft an die Verwendung des Begriffes „Produkt" in Art. 1 Abs. 1 lit. c und f und anderen Bestimmungen an. Wichtig ist die dadurch bewirkte Klarstellung, dass sich die Freistellung nicht nur auf Forschungs- und Entwicklungsvereinbarungen im Hinblick auf **Waren,** sondern grundsätzlich auch auf **Dienstleistungen** bezieht. Dabei kann es sich um **Zwischen- oder Endprodukte** handeln; es kommt also nicht darauf an, auf welcher Wirtschaftsstufe die an einer Forschungs- und Entwicklungsvereinbarung beteiligten Unternehmen tätig sind. 11

6. „Vertragstechnologie“ (Art. 1 lit. e)

12 Der Begriff „Vertragstechnologie wird in der VO 1217/2010 erstmals verwendet; in der VO 2659/2000 war von „Vertragsverfahren“ die Rede (vgl. Art. 2 Nr. 6 VO 2659/2000). In der VO 1217/2010 wird der Begriff der „Vertragstechnologie“ in Art. 3 Abs. 4, Art. 4 Abs. 1, Art. 4 Abs. 2 lit. b, Art. 5 lit. b iv, lit. c, lit. d und lit. e sowie in Art. 6 lit. b verwendet. Der Begriff „Vertragstechnologie“ ist zunächst die Bestätigung dafür, dass Gegenstand der Forschungs- und Entwicklungskooperation **nicht nur die Entwicklung von Produkten** sein kann, sondern auch von **Technologien.** Sie kann ebenso wie das in lit. f definierte „Vertragsprodukt“ ein Ergebnis der gemeinsamen Forschungs- und Entwicklungsarbeiten sein.

7. „Vertragsprodukt“ (Art. 1 lit. f)

13 Die Definition in lit. f entspricht der in Art. 2 Nr. 7 VO 2659/2000. Der Begriff wird meistens parallel zu dem der „Vertragstechnologie“ (→ Rn. 13) verwendet. Es handelt sich um das Produkt, **auf das die vertragliche Forschungs- und Entwicklungskooperation ausgerichtet ist,** und das nach Herstellung auch Gegenstand einer Vermarktung sein kann. Darauf beziehen sich die „schwarzen“ Klauseln in Art. 5, soweit sie sich auf unzulässige Beschränkungen im Vertrieb der „Vertragsprodukte“ beziehen. Die Definition in lit. f erfasst neben den Produkten, die Gegenstand der Forschungs- und Entwicklungsarbeiten sind und deswegen aus ihnen „hervorgehen“, auch Produkte, die unter Anwendung einer gemeinsam entwickelten „Vertragstechnologie“ hergestellt bzw. „bereitgestellt“ werden.

8. „Verwertung der Ergebnisse“ (Abs. 1 lit. g)

14 Die Definition entspricht der in Art. 2 Nr. 8 VO 2659/2000. Der Begriff der „Verwertung der Ergebnisse“ wird (in Verbindung mit der „gemeinsamen“ Verwertung) in Art. 2 Abs. 2, Art. 3 Abs. 2 und Abs. 4, Art. 5 lit. b (i), (ii), (iii) verwendet. Es handelt sich um einen **zentralen Begriff** der VO 1217/2010. Die gemeinsame Forschung und Entwicklung erhält ihre **kartellrechtliche Relevanz im Allgemeinen erst durch die Verwertung** der gemeinsamen Entwicklungsergebnisse, die auf bestimmten Märkten erfolgt. Sind Gegenstand der Forschung und Entwicklung Vertragsprodukte, besteht die Verwertung in der Herstellung und/oder dem Vertrieb. Geht es um Technologien, geht es um deren Anwendung. Der Begriff der Verwertung umfasst auch die **Lizenzierung** der gemeinsamen Forschungs- und Entwicklungsergebnisse. Die Definition erwähnt deswegen auch die „Abtretung von Rechten des geistigen Eigentums“ und die „Erteilung diesbezüglicher Lizenzen“. Neben der Rechteabtretung und -lizenzierung steht auch die Weitergabe von Know-how, das für die Herstellung der Vertragsprodukte und für die Anwendung der Vertragsverfahren erforderlich ist.

9. „Rechte des geistigen Eigentums“ (Abs. 1 lit. h)

15 Die Definition entspricht der in Art. 2 Nr. 9 VO 2659/2000 und Art. 1 Abs. 1 lit. h VO 316/2014 (→ VO 316/2014 Art. 1 Rn. 19f.). Der Begriff „Rechte des geistigen Eigentums“ wird in der Definition der „Forschung und Entwicklung“ in lit. c, Art. 2 Abs. 2, Art. 3 Abs. 2 und 4 und Art. 6 lit. a verwendet. Er bezieht **nicht** das **Know-how** ein, das in lit. i gesondert definiert ist. Wichtig ist, dass lit. h nicht nur **technische Schutzrechte** und Schutzrechte erfasst, die durch Anmeldung oder Registrierung entstehen, sondern auch **Urheberrechte** und verwandte Schutzrechte. Es geht also generell um alle Schutzrechte, aus denen sich Verbietungsrechte ergeben, und die nach dem Motto „erlaubt werden kann alles, was an sich auch verboten werden kann“ auch Gegenstand von Erlaubnissen oder Lizenzierungen sind. **Nicht erfasst**

werden – anders als in der Definition in Art. 1 Abs. 1 lit. h VO 316/2014 (→ VO 316/2014 Art. 1 Rn. 20 – Schutzrechte, die keinen Bezug auf Forschungsergebnisse oder technische Kenntnisse haben wie zB Marken (so *Schütze* in L/M/R GVO FuE Rn. 24; *Chrocziel/v. Merveldt* in MünchKomm GVO 2659/2000 Rn. 17).

10. „Know-how" (Art. 1 lit. i–l)

Die Definition des Know-how ist in der VO 1217/2010 verteilt auf die Vorschriften von lit. i–l, die in der VO 2659/2000 in Art. 2 Nr. 10 zusammengefasst waren. Der Begriff des Know-how wird verwendet in Abs. 1 lit. g und Art. 3 Abs. 2–4. Gemeinsame Forschung und Entwicklung endet im Allgemeinen nicht nur in der Entstehung von Rechten an geistigem Eigentum, sondern auch von besonderem **Wissen, das rechtlich nicht geschützt** ist. Der Begriff des Know-how ist auch in anderen Gruppenfreistellungen verwendet (so Art. 1 lit. g VO 330/2010 und Art. 1 Abs. 2 lit. i VO 316/2014 → VO 316/2014 Art. 1 Rn. 21 ff.). Alle diese Definitionen stimmen sachlich überein. Kennzeichen des Know-how sind die **nicht rechtlich geschützten praktischen Kenntnisse,** die geheim, wesentlich und identifiziert sind. Daher spricht die Definition in **lit. i** von der „Gesamtheit nicht patentgeschützter praktischer Kenntnisse, die durch Erfahrung und Erprobung gewonnen wurden". Dass die Kenntnisse nicht patentiert sind, ergibt sich schon daraus, dass sie andernfalls nicht geheim wären. Keine besondere Bedeutung kommt der Formulierung zu, dass die Kenntnisse durch Erfahrungen und Versuche gewonnen werden. 16

Know-how ist solange **„geheim"** iS der Definition in **lit. j,** wie es nur den Vertragsparteien, also bei denjenigen, bei denen es entstanden ist, bekannt ist, darüber hinaus möglicherweise aber auch Dritten, denen das Know-how mit der Auflage überlassen wurde, es ebenfalls geheim zu halten. Es darf nicht allgemein bekannt und nicht leicht zugänglich sein. Wäre es ohne Weiteres für andere leicht zugänglich, etwa weil es sich unmittelbar aus dem Produkt ergibt, oder auch sonst Schutzvorkehrungen nicht stattfinden oder nicht möglich sind, handelt es sich nicht um Know-how im Sinne der Verordnung. 17

Das Know-how muss iS der Definition in **lit. k „wesentlich"** sein, dh es muss für die Produktion der Vertragsprodukte oder für die Anwendung der Vertragstechnologien „bedeutsam und nützlich" sein. Früher hieß es, das Know-how müsse **„unerlässlich"** sein. Die Unerlässlichkeit barg das Risiko in sich, dass eine Prüfung darüber stattzufinden hatte, ob die Vertragsparteien tatsächlich auf die Kenntnisse angewiesen sind. Die Anforderungen sind durch die Merkmale „bedeutsam" und „nützlich" an die Definition in den anderen Gruppenfreistellungen angepasst worden. 18

Schließlich muss das Know-how iS der Definition in **lit. l „identifiziert"** sein. Dieses Merkmal bezieht sich in erster Linie auf die **Dokumentierung,** zB in Form von Beschreibungen, Rezepten, Formeln, Mustern oder Zeichnungen. Da es bei der gemeinsamen Forschung und Entwicklung nicht darum geht, dass das Know-how Dritten überlassen wird, kommt es nicht auf seine Definition in einem Vertrag an; sie ist im Falle der gemeinsamen Forschung und Entwicklung im Allgemeinen auch gar nicht möglich, da das Know-how erst im Zuge der gemeinsamen Forschung und Entwicklung entsteht. Auch ohne gegenständliche Dokumentierung kann es auch ausreichen, wenn das Wissen in praktischen Kenntnissen von Mitarbeitern besteht und bei diesen „abrufbar" ist (so *Fuchs* in IM Art. 1 FuE-GVO Rn. 19). 19

11. „Gemeinsam"/„Spezialisierung" (Abs. 1 lit. m, n, o)

Die Definition des Begriffes **„gemeinsam"** entspricht sachlich der in Art. 2 Nr. 11 VO 2659/2000. Der Begriff der „Spezialisierung" (im Rahmen der Forschung und Entwicklung bzw. im Rahmen der Verwertung) wurde in der VO 2659/2000 nicht verwendet; die Spezialisierung wurde dort der Sache nach aber dadurch ange- 20 sprochen, dass eine gemeinsame Forschung und Entwicklung oder Verwertung auch vorliegen kann, wenn die Vertragsparteien unter sich eine Aufgabenverteilung vornehmen (Art. 2 Nr. 11 lit. c VO 2659/2000).

21 Das Wort „gemeinsam" wird in der VO 1217/2010 häufig verwendet, weil sie gerade dadurch gekennzeichnet ist, dass die Vertragsparteien gemeinsame Forschungs- und Entwicklungstätigkeiten durchführen. Die Definition in lit. m macht deutlich, dass die Gemeinsamkeit in verschiedenen Formen erfolgen kann. Sie kann nach Ziff. i in einem **gemeinsamen Team** (früher: Arbeitsgruppe), einer gemeinsamen Organisation oder einem Gemeinschaftsunternehmen erfolgen oder nach Ziff. ii durch einen **gemeinsam bestimmten Dritten.** Die hiernach mögliche gemeinsame Beauftragung eines Dritten ist nicht zu verwechseln mit der Auftragsforschung und -entwicklung, die gerade dadurch gekennzeichnet ist, dass nicht ein Dritter eingeschaltet wird, sondern die eine Partei Forschungs- und Entwicklungsarbeiten durchführt, und die andere sie finanziert (Abs. 1 lit. p).

22 Von besonderer Bedeutung ist die Möglichkeit der **Spezialisierung** nach Ziff. iii. Der Begriff wird in lit. n für den Fall definiert, dass die Spezialisierung „im Rahmen der Forschung und Entwicklung" erfolgt bzw. in lit. o „im Rahmen der Verwertung". Der Obersatz in lit. m Ziff. iii stellt klar, dass die Forschung und die Entwicklung **unter den Partnern aufgeteilt** werden können; sie ist aber nicht klar darin, ob die Spezialisierung auch gerade darin bestehen kann, dass die eine Partei für die Forschung und Entwicklung zuständig ist, die andere für die Verwertung. Durch die klare Trennung der „Spezialisierung im Rahmen der Forschung und Entwicklung" in lit. n von der „Spezialisierung im Rahmen der Verwertung" in lit. o wird deutlich, dass die Spezialisierung **jeweils nur innerhalb der Forschung und Entwicklung bzw. der Verwertung** erfolgen kann, nicht auch dadurch dass der eine für Forschung und Entwicklung, der andere für die Verwertung zuständig ist (unklar insoweit *Fuchs* in IM Art. 1 FuE-GVO Rn. 22).

23 Die **„Spezialisierung im Rahmen der Forschung und Entwicklung"** setzt nach lit. n auch voraus, dass alle Parteien irgendwie an der Forschung und Entwicklung beteiligt sind, und die Beteiligung nach Themen oder Tätigkeitsgebieten so aufteilen, wie das für sie am zweckmäßigsten ist. Insoweit gibt es einen weiten Ermessenspielraum der Parteien. Der Fall, dass nur die eine Partei mit der Forschung und Entwicklung befasst ist, die andere aber nicht, wird nicht vom Begriff der Spezialisierung erfasst; eine Gleichgewichtigkeit ist nicht erforderlich (dazu auch *Besen/Slobodenjuk* GRUR 2011, 300, 302). Die Finanzierung kann ein Teil der **„Auftragsforschung und -entwicklung"** sein, die nach lit. p ausdrücklich dadurch definiert wird, dass die eine Partei Forschungs- und Entwicklungsarbeiten durchführt, und die andere diese Arbeiten finanziert. Es gibt aber keine Bedenken dagegen, dass die **Spezialisierung und die Auftragstätigkeit miteinander vermischt** werden, insbesondere auch in der Form, dass Ungleichgewichtigkeiten in den Tätigkeitsbereichen der Parteien im Rahmen der Forschung und Entwicklung dadurch ausgeglichen werden, dass die eine Partei die „überschießenden" Arbeiten der anderen ganz oder teilweise finanziert.

24 Die **„Spezialisierung im Rahmen der Verwertung"** nach lit. o wirft potenziell größere Probleme auf, weil die **Verwertung wesensgemäß marktrelevant** ist. Die Definition macht in Verbindung mit dem Obersatz in lit. m Nr. iii deutlich, dass in der Produktion und im Vertrieb weitgehende Aufgabenverteilungen möglich sind; das wird durch die Ausnahmetatbestände zu der „schwarzen" Klausel der „Beschränkung von Produktion oder Absatz" in Art. 5 lit. b bestätigt. Die Definition ermöglicht zunächst eine Aufteilung **„einzelner Aufgaben wie Produktion oder Vertrieb"** unter den Parteien, insbesondere in der Form, dass die eine für die Produktion, die andere für den Vertrieb zuständig ist. Aber auch innerhalb dieser Funktionen kann aufgeteilt werden, insbesondere auch durch **Zuweisung von Gebieten oder Kunden.** Dass dies zulässig ist, wird ausdrücklich auch durch die „schwarze" Klausel in

Art. 5 lit. d bestätigt, die die entsprechenden Tätigkeitsverbote nur für den Fall vorsieht, dass Gebiete oder Kunden nicht im Wege der Spezialisierung zugewiesen worden sind. Allerdings darf bei einer entsprechenden Aufteilung nur die aktive Akquisition verboten werden, nicht auch der passive Verkauf, also der Verkauf, der kausal auf Nachfragen der Kunden, nicht auf Werbung einer der Parteien zurückzuführen ist. Die Spezialisierung ist auch für **Anwendungsbereiche** zulässig **(„field of use“).** Der Begriff des Anwendungsbereiches ist sowohl technisch als auch kommerziell zu verstehen. Es ist möglich, dem einen Partner die Nutzung nur für einen bestimmten Industriebereich (auch innerhalb ein- und desselben Produktmarktes) zuzuteilen und außerhalb dieses Bereiches zu verbieten.

Im zweiten Halbsatz von lit. o wird klargestellt, dass eine Spezialisierung im Rahmen der Verwertung vorliegt, wenn nur eine Partei für die Herstellung und den Vertrieb aufgrund einer von der anderen Partei erteilten **ausschließlichen Lizenz** zuständig ist (vgl. dazu auch *Wolf* WRP 2013, 885, 890; *Rosenberger* GRUR 2012, 722, 727ff.). Der deutsche Text macht nicht hinreichend deutlich, dass es sich dabei nur um einen Beispielsfall der Verwertungs-Spezialisierung handelt, nicht etwa den einzigen (vgl. den englischen Text, dies mit den Worten „this includes“ deutlicher macht). 25

12. „Auftragsforschung und -entwicklung“/„finanzierende Partei“ (Abs. 1 lit. p, q)

Die **VO 2659/2000 enthielt keine ausdrückliche Regelung der Auftragsforschung und -entwicklung;** deswegen kann insoweit nicht auf die Auslegung der früheren Verordnung zurückgegriffen werden. Die Begriffe „Auftragsforschung und -entwicklung“ werden in den Definitionen der Forschungs- und Entwicklungsvereinbarung in Abs. 1 lit. a Ziff. iv–vi für die Beschreibung des Geltungsbereiches der Gruppenfreistellung verwendet. Im Verordnungstext taucht der Begriff außerdem auf in Art. 6 lit. b. Die Definition der „finanzierenden Partei“ in lit. q hat nur Bedeutung für den Begriff, der in lit. p verwendet wird. 26

Die Definition der Auftragsforschung und -entwicklung macht deutlich, dass es nicht um die gemeinsame Beauftragung eines Dritten für die Durchführung von Forschungs- und Entwicklungsarbeiten geht (dies ist anders geregelt in der Definition der „Gemeinsamkeit“ in Abs. 1 lit. m, → Rn. 20ff.), sondern um einen **besonderen Fall der Spezialisierung,** die darin besteht, dass die eine Partei forscht und entwickelt, und die andere diese Arbeiten finanziert. Dieser Fall wirft im Ansatz jedenfalls dann keine kartellrechtlichen Probleme auf, wenn die ausführende und die finanzierende Partei untereinander keine Wettbewerber sind. Kartellrechtliche Probleme können sich aber stellen, wenn die beiden Parteien doch Wettbewerber sind, oder wenn an der Forschungs- und Entwicklungsvereinbarung nicht nur zwei, sondern mehrere Parteien beteiligt sind. Allerdings erfasst der Wortlaut der Definition der „Auftragsforschung und -entwicklung“ nur den Fall, dass **eine Partei die Arbeiten durchführt,** und eine **andere diese finanziert.** Wir halten alle **Mischformen,** die insoweit denkbar sind, dennoch für von den Definitionen erfasst (aA offenbar *Fuchs* in IM Art. 1 FuE-GVO Rn. 23). Das gilt einmal für den Fall, dass die Parteien die Forschungs- und Entwicklungsarbeiten ungleichgewichtig so unter sich aufteilen, dass die eine mehr tut als die andere, und die andere dafür zusätzliche Finanzierungsleistungen erbringt, als auch die Kooperation von mehr als zwei Partnern, in denen die Tätigkeiten und Finanzierungslasten unterschiedlich verteilt sind. Das setzt freilich voraus, dass der Begriff der **„finanzierenden Partei“** in lit. q so definiert wird, dass derjenige, der finanziert, in dem Umfang, in dem er die Finanzierung erbringt, keine Forschungs- und Entwicklungstätigkeiten ausübt; das schließt nicht aus, dass er in anderen Teilen der Forschungs- und Entwicklungsarbeit selbst tätig ist. 27

13. „Wettbewerber"/„Tatsächlicher Wettbewerber"/„Potenzieller Wettbewerber" (Abs. 1 lit. r–t)

28 Die auf drei Buchstaben verteilten Definitionen der Wettbewerber ersetzen eine einheitliche Definition der „konkurrierenden Unternehmen" in Art. 2 Nr. 13 VO 2659/2000. Sie entsprechen im Wesentlichen denen in Art. 1 Abs. 1 lit. l–n VO 1218/2010 (→ VO 1218/2010 Art. 1 Rn. 16ff.). Sachlich ist der Begriff des potenziellen Wettbewerbs präzisiert worden, und zwar in Anlehnung auch an die entsprechende Definition in Art. 1 lit. c VO 330/2010. Der Begriff des Wettbewerbers ist für die Geltung der Gruppenfreistellung **von großer Bedeutung.** Sind die Parteien der Forschungs- und Entwicklungsvereinbarung **keine Wettbewerber,** gilt nach Art. 4 Abs. 1 **keine Marktanteilsschwelle.** Sind sie Wettbewerber, gelten nach Art. 4 Abs. 2 und 3 dort genauer definierte Marktanteilsschwellen. Die Definition in lit. r stellt nur klar, dass der Begriff des Wettbewerbers sowohl den tatsächlichen als auch den potenziellen Wettbewerber umfasst.

29 **Tatsächliche Wettbewerber** sind Unternehmen, soweit sie Produkte, Technologien oder Verfahren anbieten, die auf dem räumlich relevanten Markt durch das Vertragsprodukt oder die Vertragstechnologie verbessert, substituiert oder ersetzt werden können. Diese Definition setzt voraus, dass die Unternehmen aktuell auf demselben Produkt-, Technologie- oder Verfahrensmarkt tätig sind. Tatsächliche Wettbewerber sind also **auf demselben sachlich und räumlich relevanten Markt** tätig. Es ist nicht Zweck der Definition, für den Anwendungsbereich der Gruppenfreistellung einen vom ansonsten geltenden Wettbewerbs- und Marktbegriff abweichenden Begriff vorzuschreiben. Vielmehr kommt es im Sinne der allgemeinen Marktdefinition (dazu auch Bekanntmachung der Kommission über den relevanten Markt in Anhang B 1) auf die **Austauschbarkeit aus der Sicht der Marktgegenseite** an. Die Begriffe der Verbesserung, Substitution oder Ersetzung sind durchweg als Unterfälle dieser Austauschbarkeit zu verstehen. Es wird außerdem klargestellt, dass die Unternehmen nicht nur auf demselben sachlich relevanten, sondern auch auf demselben räumlich relevanten Markt aktuell tätig sein müssen. Eine zusätzliche Eingrenzung ergibt sich daraus, dass Bezug genommen wird auf das **„Vertragsprodukt"** oder die **„Vertragstechnologie".** Entscheidend ist also, dass die beteiligten Unternehmen gleichermaßen auf Märkten tätig sind, denen das Vertragsprodukt oder die Vertragstechnologie zuzurechnen ist. Wenn die Unternehmen sich in diesem Bereich nicht überschneiden, wohl aber auf anderen als den für die Zusammenarbeit relevanten Märkten Wettbewerber sind, sind sie für die Forschungs- und Entwicklungskooperation keine Wettbewerber.

30 Die Definition des **„potenziellen Wettbewerbers"** in lit. t präzisiert die schon in Art. 2 Nr. 12 VO 2659/2000 enthaltene Kurzdefinition des potenziellen Wettbewerbers. Maßgeblich ist ein **„realistischer" Maßstab,** und nicht nur ein „hypothetischer". Es muss realistischerweise davon ausgegangen werden können, dass das Unternehmen „ohne die Forschungs- und Entwicklungsvereinbarung als Reaktion auf einen geringen, aber anhaltenden Anstieg der relativen Preise **wahrscheinlich innerhalb von höchstens drei Jahren** die zusätzlichen Investitionen tätigen oder sonstigen Umstellungskosten auf sich nehmen würde, „die erforderlich wären, um in den aktuellen Wettbewerb einzutreten". Wichtig sind hierbei neben dem Erfordernis einer „realistischen" Betrachtungsweise auch, dass der Markteintritt „wahrscheinlich" sein muss, und zwar bezogen auf einen Zeitraum von höchstens drei Jahren.

31 Aus dem Wortlaut lässt sich nicht klar ableiten, ob auch die Voraussetzung des „geringen, aber anhaltenden **Anstieges der relativen Preise**" von den Maßstäben der Wahrscheinlichkeit und des Dreijahreszeitraumes erfasst sein muss, oder ob es ausreicht, dass bei einem nur gedachten, im Übrigen aber nicht wahrscheinlichen Preisanstieg wahrscheinlich kurzfristig eine Reaktion erfolgen würde. Die gesamte Definition ist überlagert von dem Erfordernis des „realistischen" und nicht nur „hy-

pothetischen" Maßstabes. Deswegen ist für die Beurteilung des potenziellen Wettbewerbsverhältnisses auch erforderlich, dass jedenfalls die **Möglichkeit,** nicht unbedingt die Wahrscheinlichkeit, **eines Preisanstieges** besteht, unabhängig davon, ob das jetzt oder erst in irgendeiner Zukunft stattfindet (aA *Fuchs* in IM Art. 1 FuE-GVO Rn. 14 mit Fn. 183). Nur bei einer solchen Auslegung können sinnvoll potenzielle Wettbewerbsverhältnisse erfasst werden, weil gerade der potenzielle Wettbewerb die Ursache dafür sein kann, dass der Preisanstieg nicht stattfindet. Für den Fall, dass er mit der geforderten Wahrscheinlichkeit stattfindet, muss die Prognose möglich sein, dass sich dann – wahrscheinlich und innerhalb eines Zeitraumes von höchstens drei Jahren – der potenzielle Wettbewerb in aktuellen umwandelt.

Potenzieller Wettbewerb kommt insbesondere in Betracht, wenn Unternehmen 32
zwar **auf demselben Produktmarkt,** aber auf **unterschiedlichen räumlich relevanten Märkten** tätig sind, oder wenn sie auf unterschiedlichen Produktions- und Vertriebsebenen tätig sind. Der Hersteller, der bestimmte Produkte nur im Gebiet A, nicht aber im Gebiet B vertreibt, ist unter den in der Definition genannten weiteren Voraussetzungen potenzieller Wettbewerber auch derjenigen, die aktuell im Gebiet B tätig sind. Die Definition stellt nicht nur auf die **objektive Möglichkeit** ab, dass das Unternehmen die zusätzlichen Investitionen tätigen oder sonstigen Umstellungskosten auf sich nehmen würde, um in den Markt einzutreten. Angesichts des realistischen und gerade nicht nur hypothetischen Maßstabes muss auch ein **unternehmerisches Interesse an einem Markteintritt** hinzukommen. Eine entsprechende subjektive Bereitschaft ist dafür nicht erforderlich; es ist aber mindestens die Feststellung erforderlich, dass ein Unternehmen unter den genannten Voraussetzungen nach den Maßstäben kaufmännischer Vernunft in den Markt eintreten würde (→ VO 330/2010 Art. 1 Rn. 21 ff. und → VO 316/2014 Art. 1 Rn. 34).

14. „Relevanter Produktmarkt"/„Relevanter Technologiemarkt" (Abs. 1 lit. u, v)

Die VO 2659/2000 enthielt in Art. 2 Nr. 14 die Definition des „relevanten Mark- 33
tes der Vertragsprodukte". Diese Definition erwies sich als nicht ausreichend, weil es dort, wo es auf „relevante" Märkte ankommt, nicht nur um Produktmärkte, sondern **auch um Technologiemärkte** handelt. Das wird sowohl bei der Definition der Wettbewerber in lit. s und t deutlich, als auch bei den Marktanteilsschwellen in Art. 4, die ausdrücklich auf die Vertragsprodukte und Vertragstechnologien Bezug nehmen. Die VO 2659/2000 hat sich nicht ausdrücklich mit der Möglichkeit befasst, dass Technologie-, nicht Produktmärkte relevant sind. Das führte zu der heute nicht mehr aufrechtzuerhaltenden Auffassung, dass es in der alten Verordnung insoweit nicht auf Technologiemärkte ankommen konnte (dazu Vorauflage Art. 2 VO 2659/2000, Rn. 15; Art. 4 VO 2659/2000, Rn. 3 und 4; für eine Einbeziehung auch der Technologiemärkte nach altem Recht schon die frühere Fassung der Horizontalleitlinien von 2001, Rn. 53f.).

Die Marktdefinitionen in lit. u und lit. v (die im Wortlaut von denen in Art. 1 34
Abs. 1 lit. j und k VO 316/2014 abweichen, → VO 316/2014 Art. 1 Rn. 25f., 27f.) bedeuten nicht, dass im Rahmen der Gruppenfreistellung für Forschungs- und Entwicklungsvereinbarungen andere Marktdefinitionen gälten als im allgemeinen Kartellrecht. Vielmehr kommt es auch nach diesen Definitionen auf die **Austauschbarkeit aus der Sicht der Marktgegenseite** an. In lit. u und lit. v wird in der deutschen Fassung u. a. von „ausgetauscht" gesprochen; im gleichen Zusammenhang spricht lit. s insoweit von „substituiert". Der englische Text spricht insoweit überall ausdrücklich von „substituted". Auch die Begriffe der „Verbesserung" und der „Ersetzung" sind nur Umschreibungen dafür, dass das eine Produkt oder die eine Technologie aus der Sicht der Marktgegenseite aufgrund ihrer Eigenschaften und der Präferenzen der Marktgegenseite als marktgleichwertig angesehen werden.

15. „Verbundene Unternehmen" (Abs. 2)

35 Die Definition der verbundenen Unternehmen war in der VO 2659/2000 im allgemeinen Definitionskatalog des Art. 2 (dort Nr. 3) enthalten. Sie ist entsprechend der neueren Regelungstechnik in einem besonderen Absatz des Art. 1 fortgeführt; sachliche Änderungen gegenüber der früheren Fassung sind nicht erkennbar. **Immer** dann, wenn es auf das Unternehmen bzw. die Vertragspartei ankommt, sind die **verbundenen Unternehmen einzubeziehen.** Abs. 2 ist eine Bestätigung dafür, dass Vereinbarungen zwischen den verbundenen Unternehmen nicht von Art. 101 AEUV erfasst werden (**konzerninterne Vereinbarungen,** →AEUV Art. 101 Rn. 58)

36 Der Begriff der verbundenen Unternehmen in Abs. 2 Unterabs. 2 deckt sich im Wesentlichen mit der Definition der verbundenen Unternehmen in Art. 5 Abs. 4 (der Fusionskontroll-)VO 139/2004 (→FKVO Art. 5 Rn. 21 ff.) und in den neuen Gruppenfreistellungsverordnungen. Ausgegangen wird jeweils von dem an der Vereinbarung beteiligten Unternehmen. Nach lit. a sind ihm die von ihm **abhängigen Unternehmen** zuzurechnen und nach lit. b die es **beherrschenden Unternehmen.** Lit. c bezieht auch die anderen Unternehmen ein, die von einem einzubeziehenden beherrschenden Unternehmen abhängig sind. Lit. d und e betreffen Fälle der **gemeinsamen Beherrschung,** und zwar lit. d in der Form, dass mit einer Vertragspartei verbundene Unternehmen gemeinsam ein anderes Unternehmen beherrschen, lit. e, dass entweder mehrere Vertragsparteien einschließlich der mit ihnen verbundenen Unternehmen oder eine Vertragspartei mit Dritten ein anderes Unternehmen gemeinsam beherrschen.

Art. 2 Freistellung

(1) **Nach Artikel 101 Absatz 3 AEUV und nach Maßgabe dieser Verordnung gilt Artikel 101 Absatz 1 AEUV nicht für Forschungs- und Entwicklungsvereinbarungen.**

Diese Freistellung gilt, soweit diese Vereinbarungen Wettbewerbsbeschränkungen enthalten, die unter Artikel 101 Absatz 1 AEUV fallen.

(2) **Die Freistellung nach Absatz 1 gilt für Forschungs- und Entwicklungsvereinbarungen, deren Bestimmungen sich auf die Übertragung von Rechten des geistigen Eigentums oder die Erteilung diesbezüglicher Lizenzen an eine oder mehrere der Parteien oder an eine von den Parteien für die Durchführung der gemeinsamen Forschung und Entwicklung, der Auftragsforschung und -entwicklung oder der gemeinsamen Verwertung gegründete Einheit beziehen, sofern diese Bestimmungen nicht Hauptgegenstand solcher Vereinbarungen sind, sich aber unmittelbar auf deren Umsetzung beziehen und dafür erforderlich sind.**

1. Überblick

1 Art. 2 definiert, was **Gegenstand der Freistellung** ist. Freigestellt sind Vereinbarungen, deren **Hauptgegenstand** die Forschung und Entwicklung bilden (Abs. 1) einschließlich der Vereinbarungen, die sich auf die **Umsetzung** solcher Forschungs- und Entwicklungsvereinbarungen beziehen und dafür erforderlich sind (Abs. 2). Vereinbarungen, die diese Voraussetzungen nicht erfüllen, sind nicht durch Art. 2 freigestellt. Art. 3 enthält zusätzliche Freistellungsvoraussetzungen, Art. 4 differenziert danach, ob die Parteien Wettbewerber sind oder nicht, bei zeitlichen Begrenzungen und Marktanteilsschwellen. Art. 5 enthält genau definierte „schwarze Klauseln", die die Freistellung insgesamt ausschließen, Art. 6 zwei Klauseln, die nicht freigestellt

sind, aber die Freistellung im Übrigen nicht berühren („graue“ Klauseln). Klauseln, die die Voraussetzungen des Art. 101 Abs. 1 AEUV erfüllen, aber weder in Art. 5 noch in Art. 6 erwähnt sind, werden durch die Freistellung des Art. 2 nur erfasst, wenn sie sich im Rahmen des Abs. 1 als Hauptgegenstand und des Abs. 2 im Hinblick auf Durchführungsvereinbarungen halten. Deswegen gilt hier **nicht der Grundsatz, dass alles erlaubt ist, was nicht ausdrücklich verboten ist** (aA offenbar *Traugott* in Liebscher/Flohr/Petsche § 10 Rn. 31, 2. Absatz; *Wolf* WRP 2013, 885, 892).

2. Freistellung der Forschungs- und Entwicklungsvereinbarung (Abs. 1)

2 Der Abs. 1 enhält die allgemeine Freistellungserklärung für Forschungs- und Entwicklungsvereinbarungen. Die Vorschrift muss in Verbindung mit den Definitionen in Art. 1 lit. a verstanden werden; **nur die dort definierte „Forschungs- und Entwicklungsvereinbarung“ ist Gegenstand der Freistellung.** Aus dem Vergleich der Abs. 1 und 2 ergibt sich, dass Voraussetzung dafür ist, dass die Forschung und Entwicklung im Sinne des Art. 1 lit. a **Hauptgegenstand** der Vereinbarung ist. Die Neben- oder Durchführungsvereinbarungen werden in Abs. 1 angesprochen.

3 Abs. 1 Unterabs. 2 regel die Selbstverständlichkeit, dass die Freistellung (vom Kartellverbot des Art. 101 Abs. 1 AEUV) gilt, soweit die Forschungs- und Entwicklungsvereinbarungen **„Wettbewerbsbeschränkungen“** enthalten, die unter Art. 101 Abs. 1 AEUV fallen. Wenn die Voraussetzungen der VO 1217/2010 erfüllt sind, erübrigt sich eine präzise Feststellung dazu, ob die Vereinbarung tatsächlich von Art. 101 Abs. 1 AEUV erfasst wird. Jedenfalls im zeitlichen Rahmen der Gültigkeit kann das offen bleiben, weil eine freigestellte wettbewerbsbeschränkende Vereinbarung genauso zulässig ist wie eine Vereinbarung, die nicht wettbewerbsbeschränkend ist.

3. Freistellung von Durchführungsvereinbarungen (Abs. 2)

4 Im Vergleich zur VO 2659/2000 wurden Struktur und Inhalt des die Freistellungsnorm enthaltenden Art. 2 (bzw. Art. 1 VO 2659/2000) geändert. Art. 1 Abs. 2 VO 2659/2000 enthielt in der Formulierung und der Sache nach eine Erweiterung der Freistellungsnorm; mit freigestellt sein sollten auch alle Bestimmungen in Forschungs- und Entwicklungsvereinbarungen, die nicht den eigentlichen Gegenstand solcher Vereinbarungen bilden, die aber mit deren Durchführung unmittelbar verbunden und für diese notwendig sind (vgl. dazu auch *Rosenberger* GRUR Int. 2012, 722, 724). Der jetzige Abs. 2 ist unnötig kompliziert formuliert. Er erfasst die Durchführungsvereinbarungen der durch Abs. 1 freigestellten Forschungs- und Entwicklungsvereinbarungen und behandelt damit keine Alternative zu diesen Vereinbarungen, sondern deren Nebenbestimmungen. Das kommt im Text darin zum Ausdruck, dass sie nicht „Hauptgegenstand“ von Forschungs- und Entwicklungsvereinbarungen sind, sondern sich „unmittelbar“ auf die Umsetzung der Forschungs- und Entwicklungsvereinbarungen beziehen und dafür erforderlich sind. Es handelt sich also wie bisher in Art. 1 Abs. 2 VO 2659/2000 um eine **Erweiterung der Freistellungsnorm auf notwendige Durchführungsvereinbarungen.**

5 Abs. 2 erweitert die Freistellung für mit der Durchführung der Forschungs- und Entwicklungsvereinbarung unmittelbar verbundene und für sie notwendige Zusatzvereinbarungen **(„ancillary restraints“).** Dann handelt es sich um Wettbewerbsbeschränkungen, die im Lichte des Art. 101 Abs. 3 AEUV „unerlässlich“ sind. Wenn die Erfassung durch Abs. 2 feststeht, ist eine gesonderte Prüfung nicht erforderlich, ob die Vereinbarung tatsächlich gegen Art. 101 Abs. 1 AEUV verstößt. Nach Abs. 2 ist sie jedenfalls für den Fall freigestellt, dass ein solcher Verstoß vorliegt. Abs. 2 hat **keine Bedeutung für die „schwarzen Klauseln“** in Art. 5, die, selbst wenn sie die Voraus-

setzungen von Abs. 2 erfüllen, zum Ausschluss der Freistellung führen. Bestimmungen, die den gleichen Zweck haben wie die in Art. 5 Abs. 1 aufgeführten wettbewerbsbeschränkenden Bestimmungen, sind also unter keinen Umständen freigestellt und führen nach Art. 5 zum Wegfall der Freistellung insgesamt.

6 Anders als Art. 1 Abs. 2 VO 2659/2000 bezieht sich die Erweiterung der Freistellung aber **nicht generell auf alle notwendigen Durchführungsvereinbarungen,** sondern nur auf Vereinbarungen über die Übertragung von Schutzrechten und deren Lizenzierung, die sich auf die Umsetzung der gemeinsamen Forschung und Entwicklung beziehen und dafür „erforderlich" sind. Der Wortlaut erfasst nur die Übertragung oder Lizenzierung von **„Rechten des geisitigen Eigentums",** die nach den Definitionen in Art. 1 Abs. 1 lit. h und i nicht **„Know-how"** umfassen. Die Nichteinbeziehung des Know-how ist sachlich nicht begründbar; deswegen spricht viel dafür, Abs. 2 entsprechend erweiternd auszulegen (dafür *Rosenberger* GRUR Int. 2012, 722, 724f.). Mit dem Kriterium der **„Erforderlichkeit"** wird Bezug genommen auf die „Unerlässlichkeit" in Art. 101 Abs. 3 AEUV (so auch *Fuchs* in IM Art. 2 FuE-GVO Rn. 17). Es geht durchweg um Vereinbarungen über die **Übertragung von Schutzrechten** oder die **Erteilung von Lizenzen.** Dabei wird differenziert, ob Erwerber bzw. Lizenznehmer eine oder mehrere der Parteien sind oder eine „Einheit" (entity) ist, die die Partei für die gemeinsame oder im Wege der Auftragserteilung durchgeführte Forschung und Entwicklung oder für die gemeinsame Verwertung gegründet haben. Offenbar geht der Verordnungsgeber davon aus, dass sich nur insoweit das Problem der Zulässigkeit von Durchführungsvereinbarungen stellt. Das steht im Widerspruch zu der alten Fassung des Art. 1 Abs. 2 VO 2659/2000, wo ausdrücklich als Beispiel die (mit freigestellte) Verpflichtung erwähnt wurde, allein oder im Verbund mit Dritten „keine Forschung und Entwicklung in dem der Vereinbarung unterliegenden Bereich oder in einem eng verwandten Bereich zu betreiben". Daraus ergaben sich schwierige Abgrenzungsprobleme zu der schwarzen Klausel in Art. 5 Abs. 1 lit. a VO 2659/2000 (heute Art. 5 lit. a 1217/2010) (vgl. dazu Vorauflage Art. 1 Rn. 10). Wenn es um Übertragung von Schutzrechten oder die Lizenzierung an **Dritte** geht, gilt Abs. 2 nicht; dann kommt die Anwendung der VO 772/2004 in Betracht (dazu *Fuchs* in IM Art. 2 FuE-GVO Rn. 13). Eine erweiternde Auslegung des Abs. 2 auf notwendige Durchführungsvereinbarungen, die vom Wortlaut nicht erfasst werden, ist angesichts der Gesetzgebungstechnik nicht möglich (aA *Fuchs* in IM Art. 2 FuE-GVO Rn. 15f., anders aber für die Einbeziehung von Know-how, dazu oben). Wenn sie mit Art. 101 Abs. 1 AEUV nicht vereinbar und einer Einzelfreistellung nach Art. 101 Abs. 3 AEUV – das kann insbesondere unter dem Gesichtspunkt der „Unerlässlichkeit" der Fall sein – nicht zugänglich sind, sind sie unzulässig (aA *Traugott* in Liebscher/Flohr/Petsche § 10 Rn. 31), berühren aber die Freistellung im Übrigen nicht; mit ihnen sind dann nur die Rechtsfolgen verbunden, die denen von „grauen" Klauseln im Sinne von Art. 6 entsprechen.

Art. 3 Freistellungsvoraussetzungen

(1) **Die Freistellung nach Artikel 2 gilt unter den Voraussetzungen der Absätze 2 bis 5.**

(2) [1]**In der Forschungs- und Entwicklungsvereinbarung muss festgelegt sein, dass alle Parteien für die Zwecke weiterer Forschung und Entwicklung und Verwertung uneingeschränkten Zugang zu den Endergebnissen der gemeinsamen Forschung und Entwicklung oder der Auftragsforschung und -entwicklung einschließlich daraus erwachsender Rechte des geistigen Eigentums und daraus erwachsenden Know-hows haben, sobald sie vorliegen.**[2] **Beschränken die Parteien ihre Verwertungsrechte im Einklang mit dieser Verordnung, insbesondere wenn sie sich im Rahmen der Verwertung**

spezialisieren, so kann der Zugang zu den Ergebnissen für die Zwecke der Verwertung entsprechend beschränkt werden.[3] Ferner können Forschungsinstitute, Hochschulen oder Unternehmen, die Forschungs- und Entwicklungsleistungen in Form gewerblicher Dienste erbringen und sich üblicherweise nicht mit der Verwertung von Ergebnissen befassen, vereinbaren, die Ergebnisse ausschließlich für die Zwecke weiterer Forschung zu nutzen.[4] Die Forschungs- und Entwicklungsvereinbarung kann vorsehen, dass die Parteien einander für den Zugang zu den Ergebnissen für die Zwecke weiterer Forschung oder Verwertung eine Vergütung zahlen, die jedoch nicht so hoch sein darf, dass sie diesen Zugang praktisch verhindern würde.

(3) **[1]Sind in der Forschungs- und Entwicklungsvereinbarung nur gemeinsame Forschung und Entwicklung oder Auftragsforschung und -entwicklung vorgesehen, so muss in dieser Vereinbarung unbeschadet des Absatzes 2 festgelegt sein, dass jeder Partei Zugang zum vorhandenen Know-how der anderen Parteien gewährt wird, sofern dieses Know-how für die Verwertung der Ergebnisse durch die Partei unerlässlich ist.[2] Die Forschungs- und Entwicklungsvereinbarung kann vorsehen, dass die Parteien einander für den Zugang zu ihrem vorhandenen Know-how eine Vergütung zahlen, die jedoch nicht so hoch sein darf, dass sie diesen Zugang praktisch verhindern würde.**

(4) **Die gemeinsame Verwertung darf nur Ergebnisse betreffen, die durch Rechte des geistigen Eigentums geschützt sind oder Know-how darstellen und die für die Herstellung der Vertragsprodukte oder die Anwendung der Vertragstechnologien unerlässlich sind.**

(5) **Die im Wege der Spezialisierung im Rahmen der Verwertung mit der Herstellung der Vertragsprodukte betrauten Parteien müssen verpflichtet sein, Aufträge der anderen Parteien über die Belieferung mit Vertragsprodukten zu erfüllen, es sei denn, die Forschungs- und Entwicklungsvereinbarung sieht auch einen gemeinsamen Vertrieb im Sinne von Artikel 1 Absatz 1 Buchstabe m Ziffer i oder ii vor oder die Parteien haben vereinbart, dass nur die Partei, die die Vertragsprodukte herstellt, diese auch vertreiben darf.**

1. Überblick

1 Art. 3 entspricht im Wesentlichen Art. 3 VO 2659/2000. Er ist, ansonsten unüblich, mit „Freistellungsvoraussetzungen" umschreiben. Er enthält in den Abs. 2 bis 5 positiv umschriebene Voraussetzungen, die, wenn sie nicht erfüllt sind, die Freistellung insgesamt ausschließen. **Wenn den Voraussetzungen nicht genügt wird, gilt die Freistellung nicht.** Obwohl diese Rechtsfolge der der Vereinbarung einer „schwarzen" Klausel im Sinne von Art. 5 entspricht, enthält Art. 3 keine derartigen schwarzen Klauseln, sondern positive Anwendungsvoraussetzungen, die sich nicht in die Kategorie von Klauseln übersetzen lassen. Abs. 2 und 3 gehen vom **Grundsatz** aus, dass **alle Parteien an den Endergebnissen der gemeinsamen Forschungs- und Entwicklungsarbeiten berechtigt** sein müssen; zugleich werden aber Einschränkungen und Ausnahmen formuliert. Abs. 4 betrifft den Fall der gemeinsamen Verwertung, Abs. 5 den der Spezialisierung im Rahmen der Verwertung. Im Regelfall finden diese Voraussetzungen also nicht kumulativ, sondern alternativ Anwendung.

2. Zugang zu den Forschungs- und Entwicklungsergebnissen (Abs. 2)

2 **a) Grundsatz.** Die Abs. 2–5 gehen von dem Grundsatz aus, dass **die Ergebnisse der gemeinsamen Forschungs- und Entwicklungsarbeiten allen Parteien** zur Verfügung stehen müssen. Dieser in Abs. 2 S. 1 enthaltene Grundsatz wird in den folgenden Bestimmungen an einzelne Fallkonstellationen angepasst, insbesondere solche, die auch die Verwertung betreffen. Der gemeinsamen Forschung und Entwicklung wird, entsprechend der Definition in Art. 1 Abs. 1 lit. a, die gemeinsame Auftragsforschung und Entwicklung gleichgestellt.

3 **b) Zugang für „weitere" Forschung, Entwicklung und Verwertung (Abs. 2 Sätze 1, 4).** Die Parteien müssen uneingeschränkten Zugang zu den Endergebnissen der gemeinsamen Forschung und Entwicklung bzw. der entsprechenden Auftragsforschung und -entwicklung haben. Die Regelung bezieht sich auf die **„Endergebnisse"** der gemeinsamen Forschung und Entwicklung bzw. der entsprechenden Auftragstätigkeit (vgl. dazu auch *Rosenberger* GRUR Int. 2012, 722, 726f.). Damit wird klargestellt, dass sich der Zugangsanspruch **nicht auf die Zwischenergebnisse** bezieht, die während der gemeinsamen Tätigkeit erreicht werden. Für diese Zwischenergebnisse ist es dementsprechend möglich, den Zugang der Parteien auszuschließen, soweit es um „weitere" Forschungs-, Entwicklungs- und Verwertungsarbeiten geht, also um solche außerhalb der konkreten Zusammenarbeit. Die Vertragsparteien haben sowieso Zugang zu den Ergebnissen der gemeinsamen Forschungs- und Entwicklungsarbeiten, soweit auch eine **gemeinsame Verwertung** vorgesehen ist. Bezieht sich die Vereinbarung nur auf eine gemeinsame Forschung und Entwicklung ohne eine gemeinsame Verwertung der Ergebnisse, ist im Sinne des Satzes 1 jede Verwertungstätigkeit eine „weitere" Verwertung; sie muss den Parteien freistehen. Die Möglichkeit des uneingeschränkten Zugangs bezieht ausdrücklich in die „Endergebnisse" die daraus erwachsenen gewerblichen Schutzrechte und das Know-how ein. Das Tatbestandsmerkmal „sobald sie vorliegen" hat wohl keine eigenständige Bedeutung, sondern unterstreicht, dass der Zugang nur zu den „End"-Ergebnissen gewährt werden muss. Unklar ist, ob der Zugang auch für die Zeit nach Abschluss der gemeinsamen Arbeit gewährt werden muss (dafür, auch aufgrund eines Gegenschlusses zu Art. 3 Abs. 2 S. 3 *Wolf* EuZW 2013, 885, 887f.).

4 Die Vorgängernorm des Art. 3 Abs. 2 S. 1 VO 2659/2000 sah nur den materiellen Grundsatz vor, dass freier Zugang zu den Ergebnissen der gemeinsamen Forschung und Entwicklung bestehen muss. Die jetzige Regelung verlangt, dass dieser freie Zugang **in der Forschungs- und Entwicklungsvereinbarung festgelegt** sein muss. Es ist also eine ausdrückliche Regelung erforderlich; die Vereinbarung muss jedenfalls in diesem Sinne auslegbar sein. Das kann der Fall sein, wenn die Vereinbarung nach dem Grundsatz aufgebaut ist, dass alles das, was nicht beschränkt ist, für die Parteien zulässig ist. Gibt die Auslegung der Vereinbarung eine entsprechende „Festlegung" nicht her, sind die Voraussetzungen von Abs. 2 S. 1 nicht erfüllt.

5 In der Vorgängerregelung war offen gelassen, ob für den Zugang eine **Vergütungspflicht** vorgesehen werden kann. Dementsprechend war das streitig (für die Möglichkeit einer Vergütungspflicht Vorauflage Art. 3 VO 2659/2000 Rn. 2; zurückhaltend insoweit *Fuchs* in IM 4. Aufl. FuE-VO Rn. 70). Jetzt regelt S. 4 ausdrücklich, dass für die Forschungs- und Entwicklungsvereinbarungen eine Vergütungspflicht vorgesehen werden kann; sie darf aber **nicht prohibitiv** hoch sein. Die Vergütungspflicht kann beidseitig ausgestaltet werden, so dass jede Partei, die die Zugangsmöglichkeit in Anspruch nimmt, an die andere Partei eine Vergütung zu zahlen hat. Die Vergütung ist der Sache nach ein Ausgleich für die Aufwendungen, die jeder Partei im Rahmen der gemeinsamen Forschung und Entwicklung entstanden sind, und die ausschließlich kalkuliert waren im Hinblick auf die Zwecke der gemeinsamen For-

schung und Entwicklung. Wenn ihre Endergebnisse für andere („weitere") Arbeiten einer Partei außerhalb der gemeinsamen Forschung und Entwicklung in Anspruch genommen werden, erscheint eine finanzielle Entschädigung angemessen. Für die Höhe der Vergütung haben die Parteien einen **weiten Ermessensspielraum,** der nur dadurch begrenzt ist, dass sie nicht den Zugang „praktisch" ausschließen darf. Das bedeutet, dass die Vergütung sich nicht unbedingt an der Höhe marktüblicher Lizenzgebühren zu orientieren hat; sie kann unterhalb der praktischen Verhinderung auch höher sein.

c) Einschränkungen bei gemeinsamer Verwertung (S. 2). Der Grundsatz des freien Zugangs zu den Endergebnissen nach S. 1 kann beschränkt werden, wenn die Parteien im Rahmen der gemeinsamen Forschung und Entwicklung ihre **Verwertungsrechte zulässigerweise beschränken.** Damit wird Bezug genommen auf die Fälle, in denen eine **gemeinsame Verwertung** der Ergebnisse vorgesehen ist, also bei Forschungs- und Entwicklungsvereinbarungen, die die Voraussetzungen von Art. 1 Abs. 1 lit. a i, ii und iv und v erfüllen. Die Gemeinsamkeit der Verwertung kann insbesondere im Wege der **Spezialisierung** erfolgen (vgl. Art. 1 Abs. 1 lit. m, iii); dieser Fall ist in S. 2 ausdrücklich angesprochen. Sie kann aber auch in einem gemeinsamen Team, in einer gemeinsamen Organisation oder einem gemeinsamen Unternehmen (Art. 1 Abs. 1 lit. m, i) oder durch einen gemeinsam bestimmten Dritten (Art. 1 Abs. 1 lit. m, ii) erfolgen. Diese Regelung macht deutlich, dass die durch S. 1 garantierte Zugangsmöglichkeit nicht die Regelungen für die Forschung und Entwicklung einschränken darf, soweit sie mit Verwertungsvereinbarungen verbunden sind, die sich im Rahmen der VO 1217/2010 halten. 6

d) Verwendungsbeschränkungen für Forschungsinstitute (S. 3). S. 3 enthält eine besondere Regelung für Institute und Unternehmen, die auf Forschungs- und Entwicklungsarbeiten spezialisiert sind und sich „üblicherweise" nicht als Verwerter von Ergebnissen betätigen. Sie sind berechtigt zu vereinbaren, dass die Ergebnisse **ausschließlich zum Zwecke der Durchführung weiterer Forschungsarbeiten** verwendet werden. Damit können sie die Verwertung ausschließen, und zwar im Sinne der Definition von Art. 1 Abs. 1 lit. g, also für die Herstellung oder den Vertrieb von Vertragsprodukten, die Anwendung der Vertragstechnologien oder die Abtretung von Rechten oder Vergabe von Lizenzen. S. 3 ist unklar darin, ob die mögliche Beschränkung auf die „Zwecke weiterer Forschung" mit der Maßgabe zulässig ist, dass die Forschungsarbeiten nur durch die Vertragsparteien gemeinsam durchgeführt werden dürfen, oder ob eine individuelle Freiheit für die Verwertung in weiteren Forschungsarbeiten gefordert wird. Unseres Erachtens ist Letzeres der Fall. Die Forschungsinstitute dürfen die individuelle gewerbliche Verwertung ausschließen, **nicht aber Beschränkungen ihrer eigenen Forschungstätigkeit** vereinbaren; das wäre der Fall, wenn die Forschungs- und Entwicklungsergebnisse nur für weitere **gemeinsame** Forschungsarbeiten verwendet werden dürften (so auch *Fuchs* in IM Art. 3 FuE-GVO Rn. 7). 7

3. Zugang zum Know-how der anderen Partei (Abs. 3)

Abs. 3 entspricht Art. 3 Abs. 3 VO 2659/2000. Er regelt den Fall, dass sich die Kooperation auf die gemeinsame Forschung und Entwicklung (bzw. die entsprechende Auftragsforschung und -entwicklung) beschränkt, also eine **gemeinsame Verwertung nicht vorgesehen** ist. In diesem Fall muss **in der Vereinbarung festgelegt** sein, dass „jeder Partei Zugang zum vorhandenen Know-how der anderen Partei gewährt wird, sofern dieses Know-how für die Verwertung der Ergebnisse durch die Partei unerlässlich ist" („Background-Know-how", vgl. dazu *Wolf* WRP 2013, 885, 887). Damit wird der Grundsatz des Abs. 2 S. 1, dass nämlich freier Zugang zu Endergebnissen der gemeinsamen Forschung und Entwicklung bestehen muss, auf das 8

Know-how ausgeweitet, das bei einer Partei nicht durch die Kooperation entstanden ist, sondern **schon bei einer Partei vorhanden** ist. Wenn die Nutzung dieses Know-hows für die andere Partei erforderlich ist, um die Ergebnisse der gemeinsamen Forschung und Entwicklung zu nutzen, muss Zugang zu dem vorhandenen Know-how gewährt werden. Die auch in diesem Fall als möglich vorgesehene **Vergütungspflicht** hat einen anderen Hintergrund als die, die in Abs. 2 S. 4 vorgesehen ist. Sie ist eine Vergütung für die Inanspruchnahme von Know-how, das ausschließlich bei der anderen Partei besteht, und hat insoweit den Charakter einer „normalen" Know-How(-Lizenz)-Gebühr.

9 Art. 3 Abs. 3 VO 2659/2000 enthielt in S. 2 eine besondere Regelung dahin, dass sich das Verwertungsrecht für das **Know-how auf einzelne Anwendungsbereiche** beschränken konnte, wenn die Vertragsparteien keine konkurrierenden Unternehmen sind. Diese Regelung ist in die VO 1217/2010 nicht übernommen worden. Sie erscheint deswegen überflüssig, weil die sich aus S. 1 ergebende Verpflichtung, die Nutzung des Know-hows zu gestatten, durch den Nebensatz eingeschränkt ist, „sofern dieses Know-how für die Verwertung der Ergebnisse durch die Partei unerlässlich ist". Eine Differenzierung danach, ob die beteiligten Unternehmen Wettbewerber sind oder nicht, erscheint in diesem Zusammenhang nicht sinnvoll. Die Parteien sollen, unabhängig von einem Wettbewerbsverhältnis, darin frei sein, die Endergebnisse der gemeinsamen Forschung und Entwicklung zu nutzen. Wenn diese Nutzung nur möglich ist, wenn vorhandenes Know-how einer Partei zusätzlich genutzt wird, muss es zur Verfügung gestellt werden, aber eben nur in dem Umfang, in dem es für die Nutzung der Endergebnisse unerlässlich ist. Auf diesem Hintergrund kann Abs. 2 so interpretiert werden, dass er auch eine dementsprechende field of use-Beschränkung zulässt. Das wird durch Erwägungsgrund 15 bestätigt, dessen letzter S. ausdrücklich sagt, dass derartige Nutzungsbeschränkungen „weder eine Produktions- oder Absatzbeschränkung noch eine Gebiets- oder Kundenbeschränkung" darstellen.

4. Bedingungen der gemeinsamen Verwertung (Abs. 4)

10 Abs. 4 bezieht sich auf den Fall, dass entsprechend Art. 1 Abs. 1 lit. a ii und v eine gemeinsame Verwertung vereinbart ist. Abs. 4 trägt dem Umstand Rechnung, dass die gemeinsame Verwertung nicht nur die Berechtigung zur Gemeinsamkeit enthält, sondern auch **Beschränkung der getrennten Verwertung bedeutet,** jedenfalls im Rahmen des Gegenstandes der gemeinsamen Forschung und Entwicklung. Eine Vereinbarung über die gemeinsame Verwertung ist möglich, soweit es um Rechte des geistigen Eigentums geht, also um gewerbliche Schutzrechte, Urheberrechte und verwandte Schutzrechte (vgl. Art. 1 Abs. 1 lit. h, → Art. 1 Rn. 15) oder um Know-how iSv Art. 1 Abs. 1 lit. i), das wesentlich ist. Für **nicht geschützte Ergebnisse** und für in diesem Sinn unwesentliches Know-how kann zwar auch eine gemeinsame Verwertung vorgesehen werden (aA *Fuchs* in IM Art. 3 FuE-GVO Rn. 10). Die Beschränkung der Verwertung auf die Gemeinsamkeit ist aber nicht zulässig; vielmehr muss jede Vertragspartei frei sein, diese Ergebnisse unbeschränkt zu verwenden, und zwar auch innerhalb des Gegenstandes der einmal vereinbarten Forschung und Entwicklung, nicht nur im Hinblick auf „weitere Forschungs- oder Verwertungszwecke" iSv Abs. 2 S. 1.

5. Besonderheiten bei der Herstellung durch eine Partei (Abs. 5)

11 Abs. 5 betrifft die **„Spezialisierung im Rahmen der Verwertung".** Damit ist gemeint der Fall der gemeinsamen Verwertung iSv Art. 1 Abs. 1 lit. a ii und v, die entsprechend der Definition der Gemeinsamkeit in Art. 1 Abs. 1 lit. m auch im Wege der Spezialisierung durchgeführt werden kann. Wenn die gemeinsame Verwertung da-

durch erfolgt, dass – zulässigerweise – eine Partei mit der Herstellung beauftragt ist, muss sie verpflichtet sein, Aufträge der anderen Partei über die Belieferung mit Vertragsprodukten zu erfüllen. Damit soll sichergestellt werden, dass die Spezialisierung in der Herstellung nicht dazu führt, dass ein **Wettbewerb im Vertrieb der Vertragsprodukte** ausgeschlossen ist. Dieser Wettbewerb ist zulässigerweise nur dann ausgeschlossen, wenn die Forschungs- und Entwicklungsvereinbarung einen gemeinsamen Vertrieb durch ein „gemeinsames Team, eine gemeinsame Organisation oder ein gemeinsames Unternehmen" (Art. 1 Abs. 1 lit. m i) oder durch einen gemeinsam bestimmten Dritten (Art. 1 Abs. 1 lit. m ii) vorsieht. Die Fälle, in denen nach diesen Definitionen ein „gemeinsamer" Vertrieb vorgesehen ist, werden in Abs. 5 ergänzt durch die Möglichkeit, dass die Parteien vereinbaren, „dass nur die Partei, die die Vertragsprodukte herstellt, diese auch vertreiben darf". Damit wird deutlich, dass zulässigerweise die Spezialisierung in der Herstellung (nur eine Partei stellt her) auch verbunden werden darf mit der **Spezialisierung im Vertrieb** (nur die herstellende Partei vertreibt). Alle diese Regelungen setzen voraus, dass sie in die Forschungs- und Entwicklungsvereinbarung aufgenommen sind (→ Rn. 4).

Art. 4 Marktanteilsschwelle und Freistellungsdauer

(1) **Sind die Parteien keine Wettbewerber, so gilt die Freistellung nach Artikel 2 für die Dauer der Forschung und Entwicklung. Werden die Ergebnisse gemeinsam verwertet, so gilt die Freistellung weiter sieben Jahre ab dem Tag des ersten Inverkehrbringens der Vertragsprodukte oder Vertragstechnologien im Binnenmarkt.**

(2) **Sind zwei oder mehr Parteien Wettbewerber, so gilt die Freistellung nach Artikel 2 nur dann für den in Absatz 1 des vorliegenden Artikels genannten Zeitraum, wenn zum Zeitpunkt des Abschlusses der Forschungs- und Entwicklungsvereinbarung**

a) im Falle einer Forschungs- und Entwicklungsvereinbarung im Sinne von Artikel 1 Absatz 1 Buchstabe a Ziffer i, ii oder iii der gemeinsame Anteil der Parteien an den relevanten Produkt- und Technologiemärkten höchstens 25 % beträgt oder

b) im Falle einer Forschungs- und Entwicklungsvereinbarung im Sinne von Artikel 1 Absatz 1 Buchstabe a Ziffer iv, v oder vi der gemeinsame Anteil der finanzierenden Partei und aller Parteien, mit denen die finanzierende Partei Forschungs- und Entwicklungsvereinbarungen über dieselben Vertragsprodukte oder Vertragstechnologien geschlossen hat, an den relevanten Produkt- und Technologiemärkten höchstens 25 % beträgt.

(3) **Nach Ablauf des in Absatz 1 genannten Zeitraums gilt die Freistellung solange weiter, wie der gemeinsame Anteil der Parteien an den relevanten Produkt- und Technologiemärkten 25 % nicht überschreitet.**

1. Überblick

Art. 4 entspricht sachlich Art. 4 VO 2659/2000. Er differenziert für die Freistellungsdauer danach, ob die beteiligten Unternehmen **Wettbewerber** sind oder nicht. Sind sie es nicht, gelten Abs. 1 und 3. Sind zwei oder mehr beteiligte Unternehmen Wettbewerber, gilt Abs. 2. 1

2. Freistellungsdauer bei nicht konkurrierenden Unternehmen (Abs. 1, Abs. 3)

2 Sind **alle** an der Forschungs- und Entwicklungskooperation beteiligte Unternehmen **untereinander keine Wettbewerber,** und zwar nach Art. 1 Abs. 1 lit. r–t weder tatsächliche noch potenzielle Wettbewerber, gilt für die Freistellung und deren Dauer **keine Marktanteilsschwelle.** Dann gilt die Freistellung uneingeschränkt für die **„Dauer der Forschung und Entwicklung".** Dabei kommt es nicht auf die ggf. im Vertrag vorgesehene Dauer an, sondern darauf, wie lange die Durchführung der Forschungs- und Entwicklungsarbeiten **tatsächlich andauert** (so auch *Fuchs* in IM Art. 4 FuE-GVO Rn. 9). Im Falle der **gemeinsamen Verwertung** (Art. 1 Abs. 1 lit. a i, ii, iv, gilt die Freistellung **für einen weiteren Zeitraum von 7 Jahren,** beginnend mit dem Tag des ersten Inverkehrbringens der Vertragsprodukte oder Vertragstechnologien im Binnenmarkt. Die Parteien sind also (nur) während dieses 7 jährigen Zeitraumes berechtigt, die insbesondere mit der gemeinsamen Verwertung verbundenen Beschränkungen zu vereinbaren. Danach müssen sie in der getrennten Verwertung frei sein. Allerdings ist es möglich, dass die für die Zeit nach 7 Jahren weiter vereinbarten Wettbewerbsbeschränkungen unmittelbar durch Art. 101 Abs. 3 AEUV freigestellt sind; dann ergibt sich die Freistellung aber nicht mehr aus der Gruppenfreistellung, sondern aus der unmittelbaren Anwendbarkeit des Art. 101 Abs. 3 AEUV. Maßgeblich ist das **erste Inverkehrbringen im Binnenmarkt.** Der Betriff des „Inverkehrbringens" ist in der VO 1217/2010 nicht definiert. Es kommt darauf an, wann das auf der gemeinsamen Forschung und Entwicklung beruhende Vertragsprodukt erstmals auf dem Markt in Erscheinung getreten ist, also außerhalb des Konzerns der beteiligten Unternehmen veräußert worden ist. Soweit ein Inverkehrbringen in **neue Mitgliedstaaten** vor deren Beitritt zur Union erfolgt ist, kommt es nicht auf den Tag des Inverkehrbringens, sondern auf das Beitrittsdatum an (so auch *Chrocziel/v. Merveldt* in MünchKomm GVO 2659/2000 Art. 4 Rn. 5).

3 Die Freistellung nach Abs. 1 für Nicht-Wettbewerber hat nicht zur Voraussetzung, dass die beteiligten Unternehmen bestimmte Marktanteilsschwellen nicht überschreiten; sie ist grundsätzlich **unabhängig von den Marktanteilen.** Für den Fall, dass die beteiligten Unternehmen **Marktanteile von nicht mehr als 25%** haben, sieht Abs. 3 eine unbefristete Verlängerung der Freistellung vor, und zwar sowohl im Hinblick auf Abs. 1 (S. 1 und S. 2) sowie Abs. 2, also auch im Verhältnis zwischen Konkurrenten (insoweit aA noch 1. Aufl. Art. 4 VO 2659/2000 Rn. 3, richtig *Fuchs* in IM Art. 4 FuE-GVO Rn. 17; *Chrocziel/v. Merveldt* in MünchKomm GVO 2659/2000 Art. 4 Rn. 13). Relevant sind insoweit **Produkt- und Technologiemärkte** (anders noch Art. 4 Abs. 2 und 3 VO 2659/2000). Sind die Unternehmen nicht Wettbewerber und überschreiten sie nicht den Marktanteil von 25%, gilt die Freistellung über Art. 4 Abs. 1 S. 1 hinaus nicht nur für die Dauer der Durchführung der Forschungs- und Entwicklungsarbeiten, sondern auch danach. Das hat praktische Bedeutung nur, wenn für diese Zeit noch Wettbewerbsbeschränkungen vereinbart sind, die durch die VO 1217/2010 freigestellt sind. Die **gemeinsame Verwertung** iSv Abs. 1 S. 2 ist bei Nichtüberschreiten des Marktanteils von 25% nicht nur für die Dauer von sieben Jahren zulässig, sondern solange, wie der Marktanteil die Grenze von 25% nicht überschreitet. Für die Feststellung des relevanten Marktes und die Berechnung des Marktanteils gelten die Grundsätze nach Art. 4 Abs. 2 und Art. 7.

3. Marktanteilsschwelle bei Wettbewerbern (Abs. 2)

4 Abs. 2 schließt die Freistellung aus, wenn an der Vereinbarung **mehrere miteinander konkurrierende Unternehmen** beteiligt sind und die Marktanteile aller beteiligter Unternehmen zusammen **25% überschreitet.** Die (gegenüber der Vorgängerregelung in der VO 2659/2000 neue) Differenzierung nach lit. a und b trägt

dem Umstand Rechnung, dass die VO 1217/2010 ausdrücklich auch die Auftragsforschung und Entwicklung einbezieht. Lit. a betrifft die Forschungs- und Entwicklungsvereinbarungen iS der Definition des Art. 1 Abs. 1 lit. a i–iii, lit. b die Auftragsforschung und Entwicklung iSv Art. 1 Abs. 1 lit. a iv–vi. Der Wortlaut ist insoweit missverständlich, als er die Freistellung „für den in Abs. 1 genannten Zeitraum" ausschließt. Da dieser Zeitraum (in beiden Alternativen der Sätze 1 und 2 des Abs. 1) mit der Durchführung des Forschungs- und Entwicklungsarbeiten beginnt, erfasst er die gesamte Kooperation. Der Wortlaut des Abs. 2 macht daher nur Sinn, wenn die **Freistellung insgesamt ausgeschlossen** wird, nicht nur für einen bestimmten Zeitraum (so auch *Fuchs* in IM Art. 4 FuE-GVO Rn. 13). Für das Wettbewerbsverhältnis ist die Definition des Art. 1 Abs. 1 lit. r–t maßgeblich (→ Art. 1 Rn. 28 ff.); es kommt also nicht nur auf das tatsächliche, sondern auch das potenzielle Wettbewerbsverhältnis an. Der Anwendungsausschluss gilt auch, wenn einige der beteiligten Unternehmen untereinander nicht Konkurrenten sind; entscheidend ist allein, ob wenigstens zwei der beteiligten Unternehmen untereinander Wettbewerber sind. Die Marktanteilsschwelle von 25% bezieht sich auf die Summe der Anteile der beteiligten Unternehmen auf den relevanten Produkt- oder Technolgiemärkten. Es kommt also – anders als nach der VO 2659/2000 – nicht nur auf die Produkt-, sondern auch auf die Technologiemärkte an (→ Voraufl. Art. 4 VO 2659/2000 Rn. 4). Art. 7 enthält weitere Vorschriften für die Berechnung der Marktanteile (→ Art. 7 Rn. 2 ff.).

Art. 5 Kernbeschränkungen

Die Freistellung nach Artikel 2 gilt nicht für Forschungs- und Entwicklungsvereinbarungen, die unmittelbar oder mittelbar, für sich allein oder in Verbindung mit anderen Umständen, auf die die Parteien Einfluss haben, einen der folgenden Zwecke verfolgen:

a) die Beschränkung der Freiheit der Parteien, eigenständig oder in Zusammenarbeit mit Dritten Forschung und Entwicklung in einem Bereich, der mit dem Bereich der Forschungs- und Entwicklungsvereinbarung nicht zusammenhängt, oder aber nach Abschluss der gemeinsamen Forschung und Entwicklung oder der Auftragsforschung und -entwicklung im Bereich der Forschungs- und Entwicklungsvereinbarung oder in einem damit zusammenhängenden Bereich zu betreiben;

b) die Beschränkung von Produktion oder Absatz, ausgenommen

i) die Festlegung von Produktionszielen, wenn die gemeinsame Verwertung der Ergebnisse die gemeinsame Herstellung der Vertragsprodukte umfasst,

ii) die Festlegung von Absatzzielen, wenn die gemeinsame Verwertung der Ergebnisse den gemeinsamen Vertrieb der Vertragsprodukte oder die gemeinsame Erteilung von Lizenzen für die Vertragstechnologien im Sinne von Artikel 1 Absatz 1 Buchstabe m Ziffer i oder ii umfasst,

iii) Verhaltensweisen, die eine Spezialisierung im Rahmen der Verwertung darstellen, und

iv) die Beschränkung der Freiheit der Parteien, während des Zeitraums, für den die Parteien die gemeinsame Verwertung der Ergebnisse vereinbart haben, mit den Vertragsprodukten oder Vertragstechnologien im Wettbewerb stehende Produkte, Technologien oder Verfahren herzustellen, zu verkaufen, abzutreten oder Lizenzen dafür zu erteilen;

c) die Festsetzung der Preise für den Verkauf der Vertragsprodukte oder der Gebühren für die Erteilung von Lizenzen für die Vertragstechnologien an Dritte, ausgenommen die Festsetzung der Preise für direkte Abnehmer und die Festsetzung der Lizenzgebühren für direkte Lizenznehmer, wenn

die gemeinsame Verwertung der Ergebnisse den gemeinsamen Vertrieb der Vertragsprodukte oder die gemeinsame Erteilung von Lizenzen für die Vertragstechnologien im Sinne von Artikel 1 Absatz 1 Buchstabe m Ziffer i oder ii umfasst;

d) die Beschränkung des Gebiets oder der Kundengruppe, in dem oder an die die Parteien passiv die Vertragsprodukte verkaufen oder Lizenzen für die Vertragstechnologien erteilen dürfen, ausgenommen die Verpflichtung, Lizenzen für die Ergebnisse ausschließlich einer anderen Partei zu erteilen;

e) die Verpflichtung, die Vertragsprodukte oder Vertragstechnologien nicht oder nur in beschränktem Umfang aktiv in Gebieten oder an Kunden zu verkaufen, die einer der Parteien nicht im Wege der Spezialisierung im Rahmen der Verwertung ausschließlich zugewiesen sind;

f) die Verpflichtung, Aufträge von Kunden abzulehnen, die in dem Gebiet der jeweiligen Partei ansässig sind, oder von Kunden, die im Wege der Spezialisierung im Rahmen der Verwertung einer anderen Partei zugewiesen sind und die die Vertragsprodukte in anderen Gebieten innerhalb des Binnenmarkts vermarkten würden;

g) die Verpflichtung, Nutzern oder Wiederverkäufern den Bezug der Vertragsprodukte von anderen Wiederverkäufern auf dem Binnenmarkt zu erschweren.

1. Überblick

1 **a) Allgemeines.** Art. 5 enthält „Kernbeschränkungen" oder sogenannte **„schwarze" Klauseln,** die, wenn sie vereinbart sind, die Freistellung nach Art. 2 ausschließen. Enthält eine Forschungs- und Entwicklungsvereinbarung eine der in Art. 5 (abschließend) aufgeführten Vertragsbestimmungen, greift die Freistellung insgesamt nicht ein. Das bedeutet, dass **alle wettbewerbsbeschränkenden Klauseln der jeweiligen Vereinbarung nicht freigestellt sind,** unabhängig von ihrer Rechtfertigung im Einzelfall. Ob die Vereinbarung auch hinsichtlich ihrer nicht wettbewerbsbeschränkenden Teile, also in den Teilen, in denen sie nicht von Art. 101 Abs. 1 AEUV erfasst wird, nichtig ist, richtet sich nach nationalem Zivilrecht, und, soweit von diesem zugelassen, nach den Parteivereinbarungen. In Deutschland gilt § 139 BGB, von dem aber abweichende Vereinbarungen getroffen werden können. Der Katalog der schwarzen Klauseln in Art. 5 wird in Art. 6 – anders als noch in der VO 2659/2000 – **durch zwei sogenannte „graue" Klauseln ergänzt.** Nach dem System der VO 2659/2000 gilt die Freistellung uneingeschränkt dann, wenn die Anwendungsvoraussetzungen des Art. 2 einschließlich der Freistellungsvoraussetzungen nach Art. 3 erfüllt sind, (soweit anwendbar) der Marktanteil nach Art. 4 nicht überschritten ist und eine schwarze Klausel iSd Art. 5 Abs. 1 nicht vereinbart ist. Nicht freigestellt sind die in Art. 6 erwähnten Klauseln. Alle anderen wettbewerbsbeschränkenden Klauseln sind nur insoweit freigestellt, als sie die Voraussetzungen des Art. 2 Abs. 2 erfüllen, also die Übertragung von Rechten oder deren Lizenzierung vorsehen, mit der Durchführung der Forschungs- und Entwicklungsvereinbarung unmittelbar verbunden und für diese erforderlich sind. Andere, nicht damit verbundene und/oder nicht notwendige Klauseln werden aufgrund des Art. 2 Abs. 2 nicht mit erfasst; insoweit hat Art. 2 Abs. 2 eine Bedeutung, die in anderen Verordnungen dem Katalog sogenannter grauer Klauseln entspricht (→ VO 1217/2010 Einf. Rn. 4).

2 **b) Unmittelbares und mittelbares Bezwecken.** Der Einleitungswortlaut des Art. 5 Abs. 1 stellt auf alle Vereinbarungen einschließlich der abgestimmten Verhaltensweisen (vgl. Art. 2 Nr. 1, dazu Art. 2 Rn. 2) ab, die „unmittelbar oder mittelbar, für sich allein oder in Verbindung mit anderen Umständen, auf die die Parteien Ein-

fluss haben, einen der folgenden Zwecke verfolgen". Hiernach kommt es nicht darauf an, ob die schwarze Klausel in dem Vertragstext oder **außerhalb dieses Vertragstextes** vereinbart ist. Es kann auch ausreichen, dass sich der Inhalt der schwarzen Klauseln nicht unmittelbar aus einem Dokument ergibt, wohl aber mittelbar. Das ist insbesondere dann der Fall, wenn die vertragliche Verpflichtung, die die Voraussetzungen der schwarzen Klausel erfüllt, nicht als solche im Vertrag enthalten ist, sondern nur für den Fall, dass die Vertragspartei sich anders verhält, eine **Sanktion** – insbesondere eine Kündigungsmöglichkeit oder eine Vertragsstrafe – vorgesehen ist. „Mittelbare" Beschränkungen halten die rechtliche Freiheit aufrecht, sanktionieren aber ihren Gebrauch. Es reicht auch aus, wenn die Vertragsparteien Ersatzinstrumente vereinbaren oder auch nur **abgestimmt praktizieren,** die dieselben Zwecke verfolgen, die durch die schwarzen Klauseln erreicht werden sollen. Derartige Vereinbarungen oder Verhaltensweisen müssen sich die Vertragsparteien zurechnen lassen, wenn sie unter darauf **„Einfluss"** haben. Das ist der Fall, wenn die Vertragsparteien diese Vereinbarung oder Praxis auch verhindern könnten. Der Wortlaut deutet darauf hin, dass der **Einfluss aller Parteien** der Vereinbarung gegeben sein muss; es reicht also nicht aus, wenn nur eine Seite den entsprechenden Einfluss hat (vgl. zur entsprechenden, wenn auch das Beispiel der „Kontrolle" benutzenden Bestimmung zB in Art. 4 Abs. 1 VO 330/2010, → VO 330/2010 Art. 4 Rn. 3).

2. Beschränkung der Forschungs- und Entwicklungsfreiheit (lit. a)

Nach lit. a ist eine Regelung unzulässig, die die Freiheit der beteiligten Unterneh- 3
men beschränkt, eigenständig oder in Zusammenarbeit mit Dritten Forschungs- und Entwicklungsarbeiten in einem anderen Bereich oder nach Abschluss der Arbeiten in demselben Bereich oder in einem damit zusammenhängenden Bereich zu betreiben. **Nicht** gegen diese schwarze Klausel verstößt die Beschränkung der Freiheit der beteiligten Unternehmen, **während der vertraglichen Forschungs- und Entwicklungs-Zusammenarbeit** eigenständig oder mit Dritten **in demselben Bereich** zu forschen und zu entwickeln. Es ist also **zulässig, für den Gegenstand der Kooperation** für den Zeitraum der tatsächlichen Zusammenarbeit (→ Rn. 5) **eine Exklusivität zu vereinbaren,** und zwar auch im Hinblick auf eigenständige Forschungs- und Entwicklungsarbeiten (so auch *Fuchs* in IM Art. 5 FuE-GVO Rn. 5). Damit ist eine Regelung legitimiert, die die Parteien verpflichtet, sich im Bereich des Vereinbarungsgegenstandes auf die Kooperation zu konzentrieren. Diesem **Konzentrationsgebot,** das freilich nicht von Gesetzes wegen gilt, sondern gesondert vereinbart sein muss, widerspräche es, wenn die Parteien im Bereich des Kooperationsgegenstandes eigenständig parallel forschen und entwickeln dürften. Dann könnten sich nicht nur Abgrenzungsprobleme zwischen der eigenständigen und der Kooperationsarbeit ergeben, sondern auch schwer zu lösende Probleme in der Berechtigung an eventuellen Ergebnissen.

Nicht beschränkt werden darf aber die Forschungs- und Entwicklungsfreiheit in 4
einem **Bereich, der mit dem Bereich der Forschungs- und Entwicklungsvereinbarung nicht zusammenhängt.** Die Terminologie von lit. a zeigt, dass zu trennen ist zwischen dem Bereich der gemeinsamen Forschung und Entwicklung und den „damit zusammenhängenden Bereichen" einerseits und „anderen" Bereichen andererseits. Es ist **zulässig,** wenn sich die Parteien verpflichten, nicht nur **in demselben Bereich** der gemeinsamen Forschung und Entwicklung nicht eigenständig oder in Kooperation mit Dritten zu arbeiten, sondern auch in **damit zusammenhängenden Bereichen.** Ein mit dem Bereich der gemeinsamen Forschung und Entwicklung „zusammenhängender" Bereich ist dadurch gekennzeichnet, dass er Überschneidungen und Berührungen aufweist; auch in diesem Fall ist eine Verwischung der Grenzen der Kooperation und der andersartigen Tätigkeit möglich (vgl. dazu auch *Chrocziel/v. Merveldt* in MünchKomm GVO 2659/2000 Rn. 5).

5 **Nach Abschluss der gemeinsamen Forschung und Entwicklung** müssen die beteiligten Unternehmen **frei** sein, (nicht nur in anderen Bereichen, sondern) sowohl in **demselben Bereich** als auch in einem damit zusammenhängenden Bereich eigenständig oder in Kooperation mit Dritten weiterzuarbeiten. Probleme können sich daraus ergeben, wann die Arbeiten abgeschlossen sind. Dabei kommt es auf den **tatsächlichen Abschluss** der Arbeiten an, nicht auf das Ende der Vereinbarung. Da das Verbot der lit. a schon dann eingreift, wenn im ursprünglichen Vertrag eine gegen lit. a verstoßende Regelung enthalten ist, muss darauf geachtet werden, dass die Ausschließlichkeit nach lit. a nicht erst mit dem Vertragsende, sondern schon mit dem tatsächlichen Abschluss der Arbeiten endet (vgl. dazu auch *Fuchs* in IM Art. 5 FuE-GVO Rn. 6).

3. Produktions- oder Absatzbeschränkungen (lit. b)

6 **a) Grundsätzliches Verbot.** Nach lit. b) dürfen die Parteien einer Forschungs- und Entwicklungsvereinbarung keine Vereinbarung über die Be-schränkung der Produktion oder des Absatzes treffen. Eine **Beschränkung der Produktion** liegt vor, wenn in Verbindung mit der Forschungs- und Ent-wicklungsvereinbarung für die eine oder andere Partei Beschränkungen darin vorgesehen werden, wie groß ihre Produktion ist. Der Begriff der „Produktionsbeschränkung" bezieht sich nicht nur auf die **Menge** der Produktion, sondern auch auf den **Gegenstand** und den **Ort der Produktion.** Es darf dem produzierenden Partner also keine mengenmäßige Beschränkung vorgeschrieben werden, aber ebenso wenig auch eine Beschränkung der Produktion anderer Produkte oder darin, dass er an bestimmten Orten nicht produzieren darf (so auch *Fuchs* in IM Art. 5 FuE-GVO Rn. 8). Den Partnern einer Forschungs- und Entwicklungsvereinbarung dürfen auch keine **Beschränkungen des Absatzes** auferlegt werden, weder **quantitativ** noch im Hinblick auf die **zu beliefernden Kunden.** Sie müssen also frei darin sein, die Produkte, die auf einer Verwertung der gemeinsamen Forschung und Entwicklung beruhen, in allein von ihnen zu bestimmendem Umfang und an die von ihnen zu bestimmenden Kunden zu vertreiben, ohne Beschränkung durch die Forschungs- und Entwicklungsvereinbarung oder ohne das Erfordernis einer Abstimmung mit dem oder den Partnern.

7 **b) Ausnahmen.** Das Verbot der Beschränkung von Produktion oder Absatz ist mit vier Ausnahmen versehen. Sie waren in der VO 2659/2000 in einem besonderen Abs. 2 enthalten. Nach Ziff. i ist die Festlegung von **Produktionszielen** zulässig, wenn in der Forschungs- und Entwicklungsvereinbarung ausdrücklich vorgesehen ist, dass eine gemeinsame Verwertung durch die gemeinsame Herstellung der Vertragsprodukte stattfindet. Die Gemeinsamkeit der Herstellung umfasst die in Art. 1 Abs. 1 lit. m vorgesehenen Alternativen, also eine gemeinsame Herstellung in einer entsprechenden Organisation, durch einen gemeinsam bestimmten Dritten oder in Form einer Spezialisierung, die ihrerseits in Art. 1 Abs. 1 lit. o definiert ist. Die ii. Ausnahme betrifft die Festlegung von **Absatzzielen** im Falle des gemeinsamen Vertriebs, wobei in diesem Zusammenhang ausdrücklich auf die Definition der Gemeinsamkeit in Art. 1 Abs. 1 lit. m verwiesen wird. Für die Festlegung der Absatzziele wird (anders als für die Festlegung der Produktionsziele nach Ziff. i nicht auf die **Spezialisierung** verwiesen. Diese ist vielmehr in der iii. Ausnahme gesondert geregelt. Danach sind produktions- oder absatzbeschränkende Verhaltensweisen zulässig, wenn sie eine „Spezialisierung im Rahmen der Verwertung" darstellen. Dieser Begriff ist in Art. 1 Abs. 1 lit. o definiert. Danach können Produktion und Vertrieb im Rahmen einer Aufgabenverteilung auf die Partner aufgeteilt werden. Aus dieser Aufteilung ergeben sich für den jeweils nicht zuständigen Partner Beschränkungen in der Produktion bzw. im Absatz; sie sind zulässig (dazu auch *Fuchs* in IM Art. 5 FuE-GVO Rn. 12).

Nach der iv. Ausnahme sind Produktions- und Absatzbeschränkungen zulässig, die sich nicht auf die Vertragsprodukte oder Vertragstechnologien beziehen, sondern auf damit **in Wettbewerb stehende Produkte, Technologien oder Verfahren.** Insoweit darf den Partnern verboten werden, während der gemeinsamen Verwertung solche konkurrierenden Produkte, Technologien oder Verfahren herzustellen, zu verkaufen, abzutreten oder zu lizenzieren. Es handelt sich also nicht um Produktions- und Absatzbeschränkungen in Bezug auf die Vertragsgegenstände, sondern auf damit konkurrierende Gegenstände. Der Gesetzgeber geht davon aus, dass dieses **Wettbewerbsverbot** zulässig ist, um die gemeinsame Verwertung zu sichern. 8

4. Preisbindung (lit. c)

Nach lit. c) ist eine Regelung in einer Forschungs- und Entwicklungsvereinbarung unzulässig, die die „Festsetzung der **Preise** für den Verkauf der Vertragsprodukte" oder die „**Gebühren** für die Erteilung von Lizenzen für die Vertragstechnologien" umfasst. Das gilt nicht, soweit es um die Festsetzung der Preise oder Gebühren geht, die die Vertragspartner, wenn sie einen gemeinsamen Vertrieb durchführen, gegenüber Direktabnehmern festsetzen. Im Regelfall der Forschungs- und Entwicklungsvereinbarung bleiben die beteiligten Unternehmen **unabhängig voneinander am Markt** tätig. Wenn sie die Forschungs- und Entwicklungsergebnisse nicht gemeinsam durch gemeinsamen Vertrieb verwerten, darf die Preisbildungsfreiheit beim Verkauf der Produkte an dritte Abnehmer nicht beschränkt werden. Dabei kommt es nicht darauf an, ob die Parteien im gegenseitigen Wettbewerb am Markt tätig sind oder nicht. Erfasst wird nur die Preisbildungsfreiheit für den Verkauf oder die Lizenzierung an Dritte, also nicht für den Verkauf im Verhältnis zueinander und beim gemeinsamen Vertrieb gegenüber Direktabnehmern. 9

Lit. c wirft im Lichte der Preisbindungsregelungen in der VO 330/2010 (Art. 4 lit. a) und der VO 772/2004 (Art. 4 Abs. 2 lit. a) die Frage auf, ob das Preisbindungsverbot auch die Festsetzung von **Höchstverkaufspreisen und Preisempfehlungen** erfasst. Diesen Regelungen kann die Richtschnur entnommen werden, dass im Vertikalverhältnis die Höchstpreisbindung und der Ausspruch von Preisempfehlungen zulässig sind, und zwar offenbar in den Augen der Kommission, weil sie nicht gegen Art. 101 Abs. 1 AEUV verstoßen. Die Gegenüberstellung mit Art. 4 Abs. 1 lit. a VO 779/2004 zeigt aber, dass im Verhältnis zwischen Wettbewerbern derartige Regelungen wohl nicht zulässig sind. Das ermöglicht es, Art. 5 lit. c so zu interpretieren, dass auch die Vereinbarung über Höchstpreise und Preisempfehlungen **zulässig** ist, soweit es um ein **Vertikalverhältnis** zwischen den Parteien einer Forschungs- und Entwicklungsvereinbarung handelt, aber **unzulässig,** soweit es um das **Wettbewerbsverhältnis** zwischen den Parteien geht (abweichend *Fuchs* in IM Art. 5 FuE-GVO Rn. 15; → VO 1218/2010 Art. 4 Rn. 5). 10

5. Beschränkung des Gebiets oder der Kundengruppe (lit. d)

Lit. d) tritt an die Stelle von zwei getrennt geregelten „schwarzen" Klauseln in der VO 2659/2000, nämlich einmal im Hinblick auf Gebietsbeschränkungen (Art. 5 Abs. 1 lit. f) VO 2659/2000), zum anderen im Hinblick auf Kundenkreisbeschränkungen (Art. 5 Abs. 1 lit. e VO 2659/2000). Nach lit. d sind Gebiets- und Kundengruppenbeschränkungen unzulässig, soweit sie den **passiven Verkauf** betreffen. Der Verkauf über das Internet ist passiver Verkauf, darf also nicht verboten werden (vgl. dazu auch Horizontalleitlinien, Anhang B 5, Rn. 51 f.). Keinesfalls darf den Parteien also verboten werden, Verkäufe in bestimmte Gebiete oder an bestimmte Kundengruppen zu unterlassen, wenn von den Kunden die Initiative ausgeht. Zulässig ist aber, das ergibt der Gegenschluss, das **Verbot des aktiven Verkaufs** (so auch *Fuchs* in IM Art. 5 FuE-GVO Rn. 16), bei dem die Ansprache des Kunden von der jeweili- 11 gen Partei ausgeht. Dieses Verbot des aktiven Verkaufs ist an keine Voraussetzung gebunden, so dass immer dann, wenn die Vereinbarungen über die Verwertung den Vertrieb der Vertragsprodukte durch alle Parteien zulassen, entsprechende Beschränkungen möglich sind. Lit. d erfasst außer dem Vertrieb der Vertragsprodukte auch die Lizenzierung der Vertragstechnologie. Das Wort „passiv" bezieht sich nicht nur auf den Verkauf, sondern auch auf die Lizenzierung. Auch insoweit darf die „passive" Lizenzierung nicht verboten werden, wohl aber die „aktive" Lizenzierung, in der sich die jeweilige Partei um den Kunden bemüht. Offen ist, ob lit. d der Vereinbarung einer ausschließlichen Bezugsverpflichtung zwischen den Vertragsparteien entgegensteht. UE ist das nicht der Fall (vgl. dazu auch *Wolf* WRP 2013, 885, 890f.).

12 Lit. d lässt ausdrücklich die Verpflichtung zu, „**Lizenzen** für die Ergebnisse **ausschließlich einer anderen Partei** zu erteilen". Diese Regelung knüpft an die frühere „schwarze" Klausel in Art. 5 Abs. 1 lit. h VO 2659/2000 an, die die Beschränkungen der Lizenzerteilung an Dritte verbot, wenn nicht gewährleistet war, dass die Verwertung der Ergebnisse durch mindestens eine Vertragspartei erfolgt. In der Umkehrung bedeutet das, dass eine ausschließliche Lizenz an eine andere Vertragspartei zulässig ist, weil in diesem Fall davon ausgegangen werden kann, dass die Lizenz auch tatsächlich ausgeübt wird. Lizenzgeber und Lizenznehmer sind aufgrund der Ausschließlichkeit daran gehindert, Dritte zu lizenzieren; insoweit wird der Grundsatz, dass mindestens eine passive Lizenzierungsfreiheit bestehen muss, eingeschränkt.

6. Beschränkungen des aktiven Verkaufs (lit. e)

13 Lit. e betrifft die Fälle, in denen die Vertragspartner im Vertrieb der Vertragsprodukte oder Vertragstechnologien frei sind. Sie sind es nicht, wenn im Wege einer nach Art. 1 Abs. 1 lit. o iVm Art. 5 lit. b iii eine „**Spezialisierung** im Rahmen der Verwertung" vereinbart wurde, wonach die Gebiete oder Kunden zwischen den Parteien aufgeteilt wurden. Wenn eine solche Aufteilung zulässigerweise erfolgt ist, darf der aktive Verkauf in Gebiete oder an Kunden untersagt werden, die dem anderen vorbehalten sind. Außerhalb dieser Spezialisierung ist ein solches aktives Verkaufsverbot unzulässig; möglich ist nur die Beschränkung im passiven Verkauf (lit. d).

7. Beschränkung des indirekten Exports (lit. f)

14 Lit. f will indirekte Exportbehinderungen verhindern. Es geht in beiden im Text angesprochenen Alternativen um **Kunden, die die Vertragsprodukte „in anderen Gebieten innerhalb des Binnenmarkts vermarkten"**, also Exporte innerhalb des Binnenmarktes vornehmen wollen. Beide Alternativen des Verordnungstextes besagen, dass der Vertragspartei, die an sich für die Belieferung dieses Kunden zuständig ist, keinesfalls eine Verpflichtung auferlegt werden darf, die Belieferung derartiger Kunden abzulehnen. Es muss der Vertragspartei möglich sein, den Auftrag anzunehmen und durchzuführen. Auch eine mengenmäßige Begrenzung darf ihr nicht auferlegt werden.

8. Erschwerung des Bezugs von anderen Wiederverkäufern (lit. g)

15 Lit. g will den **Übergrenzhandel zwischen Wiederverkäufern** sichern. Jeder Vertragspartei muss es möglich sein, Nutzer oder Wiederverkäufer auch dann zu beliefern, wenn diese die Produkte an andere Wiederverkäufer weiterliefern wollen. Erschwerungen in dieser Weiterbelieferung und damit indirekt auch im Bezug durch fremde Wiederverkäufer sind unzulässig. Das gilt in besonderem Maße für die Geltendmachung von Schutzrechten im Hinblick auf die Belieferung zwischen Wiederverkäufern. Es ist also insbesondere unzulässig, wenn sich die Vertragsparteien ver-

pflichten, Rechte an geistigem Eigentum geltend zu machen, um Abnehmer am Weiterverkauf irgendwo im Binnenmarkt zu hindern.

Art. 6 Nicht freigestellte Beschränkungen

Die Freistellung nach Artikel 2 gilt nicht für die folgenden Verpflichtungen in Forschungs- und Entwicklungsvereinbarungen:

a) die Verpflichtung, nach Abschluss der Forschung und Entwicklung die Gültigkeit von Rechten des geistigen Eigentums, die die Parteien im Binnenmarkt innehaben und die für die Forschung und Entwicklung von Bedeutung sind, nicht anzufechten oder nach Ablauf der Forschungs- und Entwicklungsvereinbarung die Gültigkeit von Rechten des geistigen Eigentums, die die Parteien im Binnenmarkt innehaben und die die Ergebnisse der Forschung und Entwicklung schützen, nicht anzufechten; dies gilt unbeschadet der Möglichkeit, für den Fall, dass eine der Parteien die Gültigkeit solcher Rechte des geistigen Eigentums anficht, die Kündigung der Forschungs- und Entwicklungsvereinbarung vorzusehen;

b) die Verpflichtung, Dritten keine Lizenzen für die Herstellung der Vertragsprodukte oder für die Anwendung der Vertragstechnologien zu erteilen, sofern nicht die Verwertung der Ergebnisse der gemeinsamen Forschung und Entwicklung oder der Auftragsforschung und -entwicklung durch mindestens eine der Parteien in der Vereinbarung vorgesehen ist und im Binnenmarkt gegenüber Dritten erfolgt.

1. Überblick

Art. 6 enthält zwei **„graue" Klauseln.** Die Vorgänger-VO 2659/2000 enthielt keinen entsprechenden Katalog; es gab dort nur die „schwarzen" Klauseln des Art. 5. Das Verbot der Nicht-Angriffsklausel in lit. a war in der VO 2659/2000 noch eine „schwarze" Klausel (dort Art. 5 Abs. 1 lit. b). Die Verpflichtung, Dritten keine Lizenzen zu erteilen in lit. b entsprach der „schwarzen" Klausel in Art. 5 Abs. 1 lit. h VO 2659/2000. 1

Während die „schwarzen" Klauseln („Kernbeschränkungen") in Art. 5 so eingeleitet werden, dass bei ihrer Vereinbarung die Freistellung nicht für die jeweilige Forschungs- und Entwicklungsvereinbarung gilt, beschränkt sich der Ausschluss der Freistellung in Art. 6 nur auf die **einzelne Verpflichtung** in Forschungs- und Entwicklungsvereinbarungen. Im Regelfall ist davon auszugehen, dass die in Art. 6 erfassten Klauseln gegen Art. 101 Abs. 1 AEUV verstoßen und deswegen nach Art. 101 Abs. 2 AEUV nichtig sind. Allerdings gibt es insoweit keinen Automatismus. Es ist möglich, dass die Klausel **im Einzelfall nicht gegen Art. 101 Abs. 1 AEUV verstößt,** weshalb sie dann auch keiner Freistellung bedarf. Außerdem ist denkbar, dass die Klausel zwar gegen Art. 101 Abs. 1 AEUV verstößt, aber unabhängig von dem Eingreifen der Gruppenfreistellung jedenfalls unmittelbar die Voraussetzungen des Art. 101 Abs. 3 AEUV erfüllt. 2

2. Nicht-Angriffsklausel (lit. a)

Nach lit. a ist die Verpflichtung in einer Forschungs- und Entwicklungsvereinbarung, die Gültigkeit von Rechten des geistigen Eigentums nicht anzufechten, grundsätzlich unzulässig. Dabei wird differenziert nach dem tatsächlichen Abschluss der Forschung und Entwicklung und nach dem Ablauf der Forschungs- und Entwicklungsvereinbarung. Nach Abschluss der Forschung und Entwicklung geht es um die Schutzrechte, die für die Forschung und Entwicklung von Bedeutung sind. Nach Ablauf der Forschungs- und Entwicklungsvereinbarung geht es um die Schutzrechte, die 3 die Ergebnisse der Forschung und Entwicklung schützen. Mit dem Verbot der Nicht-Angriffsklausel soll erreicht werden, dass nach dem tatsächlichen Abschluss der Forschung und Entwicklung bzw. dem (möglicherweise davor liegenden) Ablauf der Forschungs- und Entwicklungsvereinbarung **die Parteien in ihrer Tätigkeit wieder völlig getrennt** sind, und deswegen auch Schutzrechte, die eine Partei gegen die andere geltend machen kann, angegriffen werden können. Während der gemeinsamen Forschung und Entwicklung ist die Nicht-Agriffsklausel zulässig (aA *Fuchs* in IM Art. 6 FuE-GVO Rn. 4). Der Begriff der **„Rechte des geistigen Eigentums"** ist in Art. 1 Abs. 1 lit. h (→ Art. 1 Rn. 15) definiert. Er bezieht sich auf gewerbliche Schutzrechte, Urheberrechte und verwandte Schutzrechte. Nicht erfasst ist – anders als im Fall der Untersagung der Nicht-Angriffsverpflichtung in der VO 772/2004 (Art. 5 Abs. 1 lit. c) – das **Know-how.** Es verstößt also nicht gegen lit. a, wenn die beteiligten Unternehmen daran gehindert werden, zB den geheimen Charakter von einseitiger oder gemeinsamer Arbeit im Know-how anzugreifen (so auch *Fuchs* in IM Art. 6 FuE-GVO Rn. 4).

4 Ebenso wie nach Art. 5 Abs. 1 lit. c der früheren VO 772/2004 – aber nach der geltenden VO 316/2014 nur noch im Falle der Exklusivlizenzen (→ VO 316/2014 Art. 5 Rn. 9) – ist es zulässig, für den Fall einer durch lit. a erfassten Anfechtung die **„Kündigung"** der Forschungs- und Entwicklungsvereinbarung vorzusehen. Gemeint ist damit, dass in der Forschungs- und Entwicklungsvereinbarung vorgesehen werden kann, dass sie bei einem nach lit. a an sich zulässigen Angriff gekündigt werden kann. In der Vorgänger-VO 2659/2000 hieß es in Abs. 1 lit. b, dass für den Fall des Angriffs die „Beendigung" vorgesehen werden könne. Danach war es grundsätzlich möglich, zB auch die automatische Beendigung bei einem entsprechenden Angriff vorzusehen. Nach der jetzt geltenden Fassung ist das nicht möglich; vielmehr kann nur die **Möglichkeit der Kündigung** vorgesehen werden. Allerdings enthält die Regelung keine zusätzlichen Einschränkungen; in der Forschungs- und Entwicklungsvereinbarung kann also auch die Möglichkeit der fristlosen Kündigung vorgesehen werden.

3. Beschränkung in der Lizenzvergabe (lit. b)

5 Die „graue" Klausel in Art. 6 lit. b entspricht der früheren „schwarzen" Klausel in Art. 1 lit. h VO 2659/2000. Lit. b geht davon aus, dass die Vertragsparteien entsprechend Art. 3 Abs. 2 S. 1 unabhängig voneinander die **gemeinsamen Forschungs- und Entwicklungsergebnisse selbstständig verwerten** dürfen. Der Begriff der Verwertung schließt nach Art. 1 Abs. 1 lit. g auch die Vergabe von Lizenzen ein (Art. 1 Rn. 14). Lit. b lässt Beschränkungen in der Lizenzvergabe allerdings zu, wenn die Verwertung durch mindestens eine Vertragspartei vorgesehen ist und „im Binnenmarkt gegenüber Dritten" auch tatsächlich erfolgt. Dann kann das Recht der selbstständigen getrennten Verwertung der gemeinsamen Forschungs- und Entwicklungsergebnisse im Bereich der Lizenzvergabe beschränkt werden, weil immerhin eine **Verwertung durch eine Vertragspartei gewährleistet** ist.

Art. 7 Anwendung der Marktanteilsschwelle

Für die Anwendung der Marktanteilsschwelle gemäß Artikel 4 gelten die folgenden Vorschriften:

a) Der Marktanteil wird anhand des Absatzwerts berechnet; liegen keine Angaben über den Absatzwert vor, so können zur Ermittlung des Marktanteils der Parteien Schätzungen vorgenommen werden, die auf anderen verlässlichen Marktdaten unter Einschluss der Absatzmengen beruhen.

b) Der Marktanteil wird anhand der Angaben für das vorangegangene Kalenderjahr ermittelt.

c) Der Marktanteil der in Artikel 1 Absatz 2 Unterabsatz 2 Buchstabe e genannten Unternehmen wird zu gleichen Teilen jedem Unternehmen zugerechnet, das die in Buchstabe a des genannten Unterabsatz es aufgeführten Rechte oder Befugnisse hat.

d) Beträgt der in Artikel 4 Absatz 3 genannte Marktanteil ursprünglich nicht mehr als 25% und überschreitet er anschließend diese Schwelle, jedoch nicht 30%, so gilt die Freistellung nach Artikel 2 im Anschluss an das Jahr, in dem die 25%-Schwelle erstmals überschritten wurde, noch für zwei weitere aufeinander folgende Kalenderjahre.

e) Beträgt der in Artikel 4 Absatz 3 genannte Marktanteil ursprünglich nicht mehr als 25% und überschreitet er anschließend 30%, so gilt die Freistellung nach Artikel 2 im Anschluss an das Jahr, in dem die 30%-Schwelle erstmals überschritten wurde, noch für ein weiteres Kalenderjahr.

f) Die in den Buchstaben d und e genannten Rechtsvorteile dürfen nicht in einer Weise miteinander verbunden werden, dass ein Zeitraum von zwei Kalenderjahren überschritten wird.

1. Überblick

Art. 7 bezieht sich auf die Anwendung der Marktanteilsschwelle in Art. 4 Abs. 2 1
und 3. Er konkretisiert in lit. a–c die Frage, wie Marktanteile zu berechnen und wem sie zuzurechnen sind. In den lit. d–f sind bestimmte Fälle der Veränderung der Marktanteile geregelt. Häufig bestehen trotz der Detailregelungen in Art. 7 **Unsicherheiten** darin, wie groß die Marktanteile tatsächlich sind. Diese Unsicherheiten ergeben sich sowohl aus den **Schwierigkeiten, die Märkte exakt sachlich und geografisch abzugrenzen,** als auch aus den häufig unzureichenden Kenntnissen der Markt- und Wettbewerbsverhältnisse. Deswegen ist oft eine klare Aussage darüber, ob die Marktanteilsschwelle des Art. 4 Abs. 2 und 3 überschritten oder unterschritten ist, nicht möglich.

2. Marktanteilsermittlung

a) Berechnung oder Schätzung (lit. a). Lit. a spricht als Oberbegriff von der 2
„Ermittlung" des Marktanteils. Er geht davon aus, dass ein Marktanteil grundsätzlich berechnet werden kann; wenn diese Berechnung nicht möglich ist, sind aber Schätzungen erlaubt. Damit wird der Tatsache Rechnung getragen, dass häufig die **Marktvolumina** (darauf bezieht sich jedenfalls auch der Begriff „Absatzwert") auch dann, wenn eindeutig feststeht, welche Produkte oder Dienstleistungen einzubeziehen sind, **nicht genau feststellbar** sind. Dann sind Schätzungen über die Marktvolumina möglich. Die Marktanteile ergeben sich aus der Relation der im Allgemeinen feststehenden eigenen Absätze zu dem berechneten oder geschätzten Marktvolumen. Häufig ist es so, dass die betroffe-nen Unternehmen selbst Markvolumina nur schätzen können, obwohl objektiv – insbesondere bei Einsatz behördlicher Ermittlungsmöglichkeiten – das Marktvolumen durch Addition der tatsächlichen Absatzmengen der auf dem Markttätigen Unternehmen berechnet werden könnte. Die ausdrückliche Erwähnung der Schätzungsmöglichkeit hat zur Folge, dass ein **geschätzter Marktanteil** mit Wirkung für die Vergangenheit auch dann **relevant** bleibt, wenn sich **nachträglich** insbesondere durch Einsatz behördlicher Ermittlungsmöglichkeiten ergibt, dass er **von dem „richtig berechneten" abweicht** (vgl. zum entsprechenden Problem in der VO 330/2010 → VO 330/2010 Art. 7 Rn. 6; wie *hier Chrocziel/v. Merveldt* in MünchKomm GVO 2659/2000 Art. 6 Rn. 2; differenzierend, aber im Wesentlichen jetzt zustimmend, *Fuchs* in IM Art. 7 FuE-GVO Rn. 6). Die Anwen-

dung der Marktanteilsschwelle des Art. 4 Abs. 2 und 3 wäre mit unerträglicher Rechtsunsicherheit behaftet, wenn die seriös vorgenommene Marktanteilsschätzung sich bei einer nachträglich möglich gemachten Berechnung rückwirkend als falsch erwiese. Deswegen kommt es immer auf den Marktanteil an, der sich aktuell unter Einsatz aller vernünftigerweise zur Verfügung stehenden Erkenntnismöglichkeiten ergibt. Er bleibt auch dann mit Wirkung für die Vergangenheit relevant, wenn er sich nachträglich aufgrund besserer oder erst nachträglich zur Verfügung stehender Erkenntnismöglichkeiten als falsch erweist.

3 **b) Wert- und Mengenberechnung (lit. a).** Lit. a bringt klar zum Ausdruck, dass der Ermittlung von Marktvolumina und Marktanteilen **nach Absatzwerten der Vorrang** einzuräumen ist vor Absatzmengen. Das entspricht auch der sonstigen Praxis der Kommission (vgl. dazu auch Bekanntmachung über den relevanten Markt, Anhang B 1, Rn. 53–55). Zwar führen Berechnungen der Marktanteile auf der Basis von Absatzwerten dazu, dass derjenige, der teurer verkauft, deswegen höhere Marktanteile hat. Das kann aber dadurch gerechtfertigt werden, dass eine Möglichkeit, höhere Preise zu verlangen, auch aus einer entsprechend stärkeren Marktstellung resultiert. Die Berechnung der Marktvolumina und Marktanteile nach Werten ist desto sachgerechter, je verschiedenartiger die in den Markt einbezogenen Produkte und Dienstleistungen sind. Es gibt aber Fälle, in denen **Wertberechnungen nicht möglich** sind, weil es keine entsprechenden Unterlagen über die Marktvolumina gibt. In diesen Fällen sind Mengenberechnungen möglich, also je nach Art des Produktes oder der Dienstleistung nach Stückzahlen, Gewicht, Flächen, Längenmaß usw.

4 **c) Zeitraum (lit. b).** Nach lit. b wird der Marktanteil anhand der Angaben für das **vorhergehende Kalenderjahr** ermittelt. Diese Regelung ist nicht immer sachgerecht. Sachgerechter wäre es, auf die **jeweils verfügbaren aktuellsten Daten** abzustellen, die einen Zeitraum von mindestens einem Jahr umfassen. Zu Beginn eines Kalenderjahres liegen häufig die Daten für das vorangegangene noch nicht vor; auch daraus ergeben sich Einschränkungen. In bestimmten Branchen stellen die gebräuchlichen Statistiken nicht auf Kalenderjahre, sondern auf andere Wirtschaftsjahre ab. Teilweise ist auch die **Begrenzung auf Jahresperioden** nicht sachgerecht; je größer und teurer die Ware und Dienstleistung ist, desto eher ist die Ermittlung des Marktanteils auf der Basis einer längeren Zeitperiode sachgerecht. Lit. b muss deswegen so ausgelegt werden, dass nur im Regelfall auf die vorangegangene Kalenderjahresperiode abzustellen ist, dass aber Ausnahmen insbesondere dann möglich sind, wenn Marktvolumina und Marktanteile nur für andere Zeitperioden zur Verfügung stehen (aA im Hinblick auf den Verordnungswortlaut *Fuchs* in IM Art. 7 FuE-GVO Rn. 5).

5 **d) Einbeziehung der verbundenen Unternehmen (lit. c).** Nach der Definition der verbundenen Unternehmen in Art. 1 Abs. 2 sind bei der Berechnung der Marktanteilsschwellen immer die verbundenen Unternehmen mit einzubeziehen. Lit. c knüpft an die Regelung in Art. 1 Abs. 2 lit. e an, die auch **Gemeinschaftsunternehmen** von beteiligten Unternehmen in den Konzernverbund einbezieht. Während diese Gemeinschaftsunternehmen im Rahmen der VO 1217/2010 generell als mit jeweils allen Muttergesellschaften verbunden anzusehen sind, gilt nach lit. c **für die Marktanteilszurechnung** eine Sonderregelung. Ein Gemeinschaftsunternehmen, das von mehreren beteiligten Unternehmen oder von einem Beteiligten oder mehreren beteiligten Unternehmen und einem Dritten gemeinsam beherrscht wird, ist den herrschenden Unternehmen **jeweils zu gleichen Teilen** zuzurechnen. Dabei kommt es nicht auf die Höhe der Beteiligungen an, sondern nur auf die Anzahl der beherrschenden Unternehmen. Handelt es sich um Gemeinschaftsunternehmen, in dem ein beteiligtes Unternehmen und drei andere Unternehmen gemeinsam einen beherrschenden Einfluss ausüben, ist ein Marktanteil dem beteiligten Unternehmen nur zu einem Viertel zuzurechnen.

3. Kurzfristige Überschreitungen der Marktanteilsschwelle (lit. d–f)

Lit. d–f gehen davon aus, dass die an einer potenziell freigestellten Forschungs- und Entwicklungsvereinbarung beteiligten Unternehmen „ursprünglich" die Marktanteilsschwelle von 25% nicht erreichen und anschließend diese Schwelle überschreiten. Das führt dann **nicht sofort zum Wegfall der Freistellung, sondern nur mit Verzögerungen.** Überschreitet der Marktanteil die Schwelle von 25%, bleibt aber unter 30%, so gilt die Freistellung nach lit. d im Anschluss an das Jahr, in welchem die 25%-Schwelle erstmals überschritten wurde, noch für zwei weitere Kalenderjahre. Überschreitet er die Marktanteilsschwelle jedoch sogleich auf mehr als 30%, so gilt nach lit. e die Freistellung im Anschluss an das Jahr, in welchem die Schwelle von 30% erstmals überschritten wurde, nur noch für ein weiteres Kalenderjahr. Beide Regelungen setzen voraus, dass die Marktanteilsschwelle von 25% zunächst nicht erreicht wurde. Lit. d und e unterscheiden sich nur nach dem **Ausmaß der Überschreitung.** Nach lit. f sollen lit. d und e aber nicht so kombiniert werden können, dass der in lit. d vorgesehene Zeitraum von höchstens zwei weiteren Kalenderjahren überschritten wird. Das wäre ohne lit. f aber sowieso nicht denkbar, weil lit. d und e gleichermaßen voraussetzen, dass der Marktanteil zunächst nicht mehr als 25% beträgt. Beträgt er im Jahr x 25%, im Jahr x + 1 31% und im Jahr x + 2 27%, gilt nur lit. e mit der Verlängerung um ein Jahr. Beträgt er im Jahr x 25%, im Jahr x + 1 28% und im Jahr x + 2 31%, so gilt allein lit. d mit der Folge, dass die Zweijahresfrist im Jahr x+2 ausläuft und keine weitere Verlängerung nach lit. e möglich ist (so wohl richtig *Fuchs* in IM Aart. 7 FuE-GVO Rn. 8 mit Fn. 342). Bei Wegfall der Freistellung nach Ablauf der Übergangsfristen nach lit. d und e kommt eine Wiederanwendung der Freistellung nur in Betracht, wenn in einem Jahr der Marktanteil auf unter 25% fällt; dann gilt für das Folgejahr die Freistellung mit der Möglichkeit, dass bei Wiederüberschreiten der Grenze die Übergangsfristen von lit. d und e Anwendung finden. 6

Art. 8 Übergangszeitraum

Das Verbot des Artikels 101 Absatz 1 AEUV gilt in der Zeit vom 1. Januar 2011 bis zum 31. Dezember 2012 nicht für bereits am 31. Dezember 2010 in Kraft befindliche Vereinbarungen, die zwar nicht die Freistellungsvoraussetzungen dieser Verordnung, aber die Freistellungsvoraussetzungen der Verordnung (EG) Nr. 2659/2000 erfüllen.

Die VO 1217/2010 ersetzt die VO 2659/2000, die bis zum 31.12.2010 galt (Art. 9 S. 2 VO 2659/2000). Aufgrund der – allerdings **geringen – materiellen Unterschiede zwischen beiden Gruppenfreistellungsverordnungen** ist es möglich, dass eine Vereinbarung die Voraussetzungen der VO 2659/2000 erfüllte, nicht aber die der VO 1217/2010. In diesem Fall gilt die Freistellung aufgrund der VO 2659/2000 noch über deren Geltungszeitraum hinaus bis zum 31.12.2012. Für die Zeit danach kommt es darauf an, ob die Forschungs- und Entwicklungsvereinbarung inzwischen der VO 1217/2010 angepasst ist. 1

Art. 9 Geltungsdauer

Diese Verordnung tritt am 1. Januar 2011 in Kraft.

Sie gilt bis zum 31. Dezember 2022.

1 Die VO 1217/2010 ist **am 1.1.2011 in Kraft getreten.** Das bedeutet, dass die von der VO begünstigten Unternehmen von diesem Tag an die Gruppenfreistellung in Anspruch nehmen konnten. Die Gruppenfreistellung gilt bis zum **31.12.2022.** Es ist damit zu rechnen, dass die Geltungsdauer entweder verlängert wird oder zu diesem Zeitpunkt die VO 1217/2010 durch eine neue Gruppenfreistellungsverordnung ersetzt wird. Das bedeutet nicht unbedingt, dass damit die durch die VO 1217/2010 erfassten, von der Nachfolgeverordnung aber nicht mehr erfassten Vereinbarungen unzulässig werden. Einmal ist wiederum mit einem Übergangszeitraum zu rechnen, in dem befristet die alte Freistellung noch fortgilt. Im Übrigen bleiben aufgrund der unmittelbaren Anwendbarkeit des Art. 101 Abs. 3 AEUV die Verträge, die zwar nicht mehr die Voraussetzungen einer Gruppenfreistellung erfüllen, wohl aber aufgrund einer dann anzustellenden Einzelprüfung unmittelbar die Voraussetzungen des Art. 101 Abs. 3 AEUV, weiterhin wirksam.

E. VO 1218/2010 – Gruppenfreistellung für Spezialisierungsvereinbarungen

Verordnung (EU) Nr. 1218/2010 der Kommission vom 14. Dezember 2010 über die Anwendung von Artikel 101 Absatz 3 des Vertrags über die Arbeitsweise der Europäischen Union auf bestimmte Gruppen von Spezialisierungsvereinbarungen

(ABl. 2010 L 335/43)

(Die Überschriften über den Artikeln sind Teil des amtlichen Textes.)

Übersicht

Erwägungsgründe

(1) Nach der Verordnung (EWG) Nr. 2821/71 ist die Kommission ermächtigt, Artikel 101 Absatz 3 des Vertrags über die Arbeitsweise der Europäischen Union durch Verordnung auf Gruppen von Vereinbarungen, Beschlüssen und abgestimmten Verhaltensweisen anzuwenden, die unter Artikel 101 Absatz 1 AEUV fallen und die eine Spezialisierung einschließlich der zu ihrer Durchführung erforderlichen Vereinbarungen zum Gegenstand haben.

(2) In der Verordnung (EG) Nr. 2658/2000 der Kommission vom 29. November 2000 über die Anwendung von Artikel 81 Absatz 3 des Vertrages auf Gruppen von Spezialisierungsvereinbarungen sind Gruppen von Spezialisierungsvereinbarungen definiert, die nach Auffassung der Kommission in der Regel die Voraussetzungen des Artikels 101 Absatz 3 AEUV erfüllen. Angesichts der insgesamt positiven Erfahrungen mit der Anwendung dieser Verordnung, die am 31. Dezember 2010 außer Kraft tritt, und der seit ihrem Erlass gesammelten Erfahrungen sollte eine neue Gruppenfreistellungsverordnung erlassen werden.

(3) Diese Verordnung sollte sowohl den Wettbewerb wirksam schützen als auch den Unternehmen angemessene Rechtssicherheit bieten. Mit Blick auf diese beiden Ziele sollte ebenfalls angestrebt werden, die behördliche Aufsicht und den rechtlichen Rahmen soweit wie möglich zu vereinfachen. Solange ein gewisser Grad an Marktmacht nicht erreicht ist, kann im Hinblick auf die Anwendung von Artikel 101 Ab-

satz 3 AEUV grundsätzlich davon ausgegangen werden, dass die positiven Auswirkungen von Spezialisierungsvereinbarungen negative Auswirkungen auf den Wettbewerb überwiegen.

(4) Für die Anwendung von Artikel 101 Absatz 3 AEUV durch Verordnung ist es nicht erforderlich, die Vereinbarungen zu definieren, die unter Artikel 101 Absatz 1 AEUV fallen können. Bei der Einzelfallprüfung nach Artikel 101 Absatz 1 AEUV sind mehrere Faktoren, insbesondere die Struktur des relevanten Marktes, zu berücksichtigen.

(5) Der mit dieser Verordnung gewährte Rechtsvorteil der Freistellung sollte nur Vereinbarungen zugutekommen, bei denen mit hinreichender Sicherheit angenommen werden kann, dass sie die Voraussetzungen des Artikels 101 Absatz 3 AEUV erfüllen.

(6) Vereinbarungen über die Spezialisierung in der Produktion tragen am ehesten zu Verbesserungen in Produktion und Vertrieb von Waren bei, wenn die Parteien komplementäre Fähigkeiten, Vermögenswerte oder Tätigkeiten einbringen, weil sie dann durch die Ausrichtung auf die Herstellung bestimmter Produkte rationeller arbeiten und die betreffenden Produkte preisgünstiger anbieten können. Dies gilt im Allgemeinen auch für Vereinbarungen über die Spezialisierung in der Vorbereitung von Dienstleistungen. In einer Wettbewerbssituation dürften die Verbraucher angemessene Vorteile daraus ziehen.

(7) Derartige Vorteile können sich ergeben aus Vereinbarungen, mit denen eine Partei zugunsten einer anderen ganz oder teilweise auf die Herstellung bestimmter Waren oder die Vorbereitung bestimmter Dienstleistungen verzichtet („einseitige Spezialisierung"), aus Vereinbarungen, mit denen jede Partei zugunsten einer anderen ganz oder teilweise auf die Herstellung bestimmter Waren oder die Vorbereitung bestimmter Dienstleistungen verzichtet („gegenseitige Spezialisierung"), und aus Vereinbarungen, mit denen sich die Parteien verpflichten, bestimmte Waren nur gemeinsam herzustellen oder bestimmte Dienstleistungen nur gemeinsam vorzubereiten („gemeinsame Produktion"). Im Rahmen dieser Verordnung ist es für eine einseitige oder gegenseitige Spezialisierung nicht erforderlich, dass eine Partei Kapazität abbaut, da es genügt, dass sie ihr Produktionsvolumen verringert. Für eine gemeinsame Produktion ist es jedoch nicht erforderlich, dass die Parteien ihre jeweilige Produktion außerhalb des Anwendungsbereichs ihrer geplanten Vereinbarung über die gemeinsame Produktion zurückfahren.

(8) Vereinbarungen über die einseitige bzw. die gegenseitige Spezialisierung setzen ihrem Wesen nach voraus, dass die Parteien auf demselben sachlich relevanten Markt tätig sind. Eine Tätigkeit der Parteien auf demselben räumlich relevanten Markt ist jedoch nicht notwendig. Die Anwendung dieser Verordnung auf Vereinbarungen über die einseitige bzw. die gegenseitige Spezialisierung sollte daher auf Fälle beschränkt werden, in denen die Parteien auf demselben sachlich relevanten Markt tätig sind. Vereinbarungen über die gemeinsame Produktion können von Parteien geschlossen werden, die bereits auf demselben sachlich relevanten Markt tätig sind, aber auch von Parteien, die über die Vereinbarung in einen sachlich relevanten Markt eintreten wollen. Vereinbarungen über die gemeinsame Produktion sollten daher unter diese Verordnung fallen, und zwar unabhängig davon, ob die Parteien bereits auf demselben sachlich relevanten Markt tätig sind.

(9) Damit die Vorteile der Spezialisierung zum Tragen kommen, ohne dass sich eine Partei ganz aus dem der Produktion nachgelagerten Markt zurückzieht, sollten Vereinbarungen über die einseitige und die gegenseitige Spezialisierung nur unter diese Verordnung fallen, sofern sie Liefer- und Bezugsverpflichtungen enthalten oder einen gemeinsamen Vertrieb vorsehen. Die Liefer- und Bezugsverpflichtungen können, müssen aber nicht ausschließlicher Art sein.

(10) Solange für die Produkte, die Gegenstand einer Spezialisierungsvereinbarung sind, der Anteil der Parteien am relevanten Markt eine bestimmte Schwelle nicht überschreitet, kann davon ausgegangen werden, dass solche Vereinbarungen im Allgemeinen einen wirtschaftlichen Nutzen in Form von Größen- oder Verbundvorteilen oder besseren Produktionstechniken bei angemessener Beteiligung der Verbraucher an den entstehenden Vorteilen mit sich bringen. Handelt es sich jedoch bei den Produkten, die im Rahmen einer Spezialisierungsvereinbarung hergestellt werden, um Zwischenprodukte, die eine oder mehrere der Parteien ganz oder teilweise als Vorleistung für ihre eigene Produktion bestimmter nachgelagerter Produkte verwenden, die sie dann auf dem Markt verkaufen, so sollte die mit dieser Verordnung gewährte Freistellung auch daran gebunden sein, dass der Anteil der Parteien am relevanten Markt für diese nachgelagerten Produkte eine bestimmte Schwelle nicht überschreitet. Würde man in einem solchen Fall lediglich den Marktanteil der Parteien auf der Ebene des Zwischenprodukts prüfen, so ließe man außer Acht, dass auf der Ebene der nachgelagerten Produkte potenziell das Risiko einer Marktverschließung oder einer Erhöhung der Inputpreise für Wettbewerber besteht. Es kann jedoch nicht generell davon ausgegangen werden, dass Spezialisierungsvereinbarungen unter Artikel 101 Absatz 1 AEUV fallen oder dass sie die Voraussetzungen des Artikel 101 Absatz 3 AEUV nicht erfüllen, wenn die in dieser Verordnung festgelegte Marktanteilsschwelle überschritten ist oder andere Voraussetzungen dieser Verordnung nicht erfüllt sind. In diesen Fällen muss die Spezialisierungsvereinbarung einer Einzelfallprüfung nach Artikel 101 AEUV unterzogen werden.

(11) Vereinbarungen, die Beschränkungen enthalten, die für die Erzielung der positiven Auswirkungen einer Spezialisierungsvereinbarung nicht unerlässlich sind, sollten mit dieser Verordnung nicht freigestellt werden. Vereinbarungen, die bestimmte Arten schwerwiegender Wettbewerbsbeschränkungen wie die Festsetzung von Preisen für Dritte, die Beschränkung von Produktion oder Absatz und die Zuweisung von Märkten oder Kundengruppen enthalten, sollten ohne Rücksicht auf den Marktanteil der Parteien grundsätzlich von dem mit dieser Verordnung gewährten Rechtsvorteil der Freistellung ausgeschlossen werden.

(12) Durch die Begrenzung des Marktanteils, den Ausschluss bestimmter Vereinbarungen von der Freistellung und die in dieser Verordnung vorgesehenen Voraussetzungen ist in der Regel sichergestellt, dass Vereinbarungen, auf die die Gruppenfreistellung Anwendung findet, den Parteien nicht die Möglichkeit eröffnen, für einen wesentlichen Teil der betreffenden Waren oder Dienstleistungen den Wettbewerb auszuschalten.

(13) Nach Artikel 29 Absatz 1 der Verordnung (EG) Nr. 1/2003 des Rates vom 16. Dezember 2002 zur Durchführung der in den Artikeln 81 und 82 des Vertrags niedergelegten Wettbewerbsregeln kann die Kommission den Rechtsvorteil dieser Verordnung entziehen, wenn sie in einem bestimmten Fall feststellt, dass eine unter die Freistellung nach dieser Verordnung fallende Vereinbarung Auswirkungen hat, die mit Artikel 101 Absatz 3 AEUV unvereinbar sind.

(14) Nach Artikel 29 Absatz 2 der Verordnung (EG) Nr. 1/2003 kann die Wettbewerbsbehörde eines Mitgliedstaats den Rechtsvorteil dieser Verordnung für das Gebiet oder ein Teilgebiet dieses Mitgliedstaats entziehen, wenn sie in einem bestimmten Fall feststellt, dass eine unter die Freistellung nach dieser Verordnung fallende Vereinbarung im Gebiet oder in einem Teilgebiet dieses Mitgliedstaats, das alle Merkmale eines gesonderten räumlichen Marktes aufweist, Auswirkungen hat, die mit Artikel 101 Absatz 3 AEUV unvereinbar sind.

(15) Der Rechtsvorteil dieser Verordnung könnte nach Artikel 29 der Verordnung (EG) Nr. 1/2003 entzogen werden, wenn insbesondere wegen der Marktstellung anderer Marktteilnehmer oder wegen Verbindungen zwischen anderen Marktteilneh-

mern aufgrund paralleler Spezialisierungsvereinbarungen der relevante Markt sehr konzentriert ist und kaum Wettbewerb besteht.

(16) Um den Abschluss von Spezialisierungsvereinbarungen zu erleichtern, die sich auf die Struktur der Parteien auswirken können, sollte die Geltungsdauer dieser Verordnung auf 12 Jahre festgesetzt werden.

Einführung

1. Wesen der Spezialisierungsvereinbarung

1 Spezialisierungsvereinbarungen sind die praktisch wichtigsten Fälle von horizontalen Kooperationen, die entweder – insbesondere wegen Fehlens eines Wettbewerbsverhältnisses oder aufgrund des Arbeitsgemeinschaftsgedankens (→ AEUV Art. 101 Rn. 125 ff., 183 ff.; *Fuchs* in IM Ein. Spez-GVO Rn. 13 ff.) – von vornherein nicht gegen das Kartellverbot des Art. 101 Abs. 1 AEUV verstoßen oder **grundsätzlich geeignet** sind, die **Freistellungsvoraussetzungen des Art. 101 Abs. 3 AEUV zu erfüllen.** Sie sind gekennzeichnet durch eine „Arbeitsteilung" zwischen Unternehmen, die auf der gleichen Wirtschaftsstufe tätig sind. Typischerweise bewirken sie dadurch **Rationalisierungseffekte.** Diese werden an den Verbraucher zumindest teilweise weitergegeben, wenn die beteiligten Unternehmen auf den für sie relevanten Märkten wirksamem Wettbewerb ausgesetzt sind. Die Wirksamkeit des Wettbewerbs kann sich dabei nicht nur aus dem Wettbewerb durch Dritte ergeben, sondern auch daraus, dass der Wettbewerb zwischen den beteiligten Unternehmen erhalten bleibt. Die Spezialisierung kann einseitig oder gegenseitig sein oder über ein Gemeinschaftsunternehmen erfolgen.

2. Frühere Beurteilung von Spezialisierungsvereinbarungen

2 Die Kommission hat schon **frühzeitig** eine **Gruppenfreistellungsverordnung** für Spezialisierungsvereinbarungen erlassen, nämlich die **VO 2779/72** vom 21.12.1972. Sie galt bis zum 31.12.1977. Durch die VO 2903/77 wurde sie um fünf Jahre bis zum 31.12.1982 verlängert. Zum 1.1.1983 wurde sie durch die **VO 3604/82** ersetzt, die bis zum 31.12.1997 gültig sein sollte, aber vorzeitig – zugleich mit einer erstmaligen Gruppenfreistellungsverordnung für die Forschung und Entwicklung (VO 418/85) – durch die **VO 417/85** vom 19.12.1984 ersetzt wurde. Die VO 417/85 wurde durch die VO 151/93 vom 23.12.1992 geändert; durch die VO 2236/97 wurde ihr Gültigkeit bis zum 31.12.2000 verlängert. Am 1.1.2001 wurde sie durch die VO 2658/2000 ersetzt. Diese galt bis zum 31.12.2010. Am 14.2.2010 wurde die Nachfolgeverordnung 1218/2010 erlassen, die seit dem 1.1.2011 bis zum 31.12.2022 gilt.

3 Auch in der früheren **Einzelfall-Entscheidungspraxis der Kommission** ist die grundsätzlich positive Beurteilung von Spezialisierungsvereinbarungen immer wieder deutlich geworden (vgl. etwa Kommission ABl. 1978 L 61/17 Jazz-Peter II; ABl. 1983 L 224/19, Rockwell/Iveco; ABl. 1983 L 376/11, VW-MAN; ABl. 1988 L 2/51 Olivetti/Canon; ABl. 1990 L 2/19 Alcatel/Espace/ANT). In dieser Einzelfallentscheidungspraxis sind die wesentlichen Grundfragen in der Beurteilung von Spezialisierungskartellen geklärt worden, insbesondere im Hinblick auf den aktuellen oder potenziellen Wettbewerb, den Begriff der Spezialisierung, und die Erforderlichkeit von Rationalisierungseffekten. Die Kommission behandelt die Spezialisierungsvereinbarungen in ihren Horizontalleitlinien (Anhang B 5) unter der Überschrift „Vereinbarungen über die gemeinsame Produktion" (Rn. 150 ff.).

3. Grundzüge der VO 1218/2010

Die VO 1218/2010 unterscheidet **drei Arten von Spezialisierungen,** nämlich die **einseitige** und die **gegenseitige** Spezialisierung sowie die **gemeinsame Produktion.** Sie stellt die Vereinbarungen frei, die diese Spezialisierung unmittelbar bewirken, sowie bestimmte Zusatzverordnungen, die mit der Durchführung der Spezialisierung verbunden sind. Mit der Regelung folgt sie entgegen einer teilweise abweichenden Auffassung der Literatur **nicht dem Grundsatz, dass alles freigestellt ist, was nicht ausdrücklich von der Freistellung ausgeschlossen ist;** vielmehr ist von der Freistellung nur das erfasst, was vom Begriff der Spezialisierungsvereinbarung erfasst und zusätzlich in Art. 2 ausdrücklich aufgeführt ist. Voraussetzung für die Freistellung ist, dass die beteiligten Unternehmen die Marktanteilsschwelle des Art. 3 nicht überschreiten. Die Freistellung entfällt insgesamt, wenn die Vereinbarung eine **„schwarze" Klausel** im Sinne von Art. 4 enthält. Die VO 1218/2010 enthält keinen Katalog sogenannter **„grauer" Klauseln,** also von Klauseln, die von der Freistellung ausgenommen sind, die Freistellung im Übrigen aber nicht berühren. Der Sache nach sind aber als in diesem Sinne „graue" Klauseln solche Klauseln zu bewerten, die gegen Art. 101 Abs. 1 AEUV verstoßen, aber die Spezialisierung nicht bewirken und auch nicht mit der Durchführung der Spezialisierung unmittelbar verbunden und für sie notwendig sind. Wenn sie ihrerseits nicht die Voraussetzungen einer schwarzen Klausel des Art. 4 erfüllen, sind derartige **„überschießende" Klauseln** zwar **nicht freigestellt, berühren die Freistellung im Übrigen aber nicht.** Im Einzelfall können derartige „graue" Klauseln unmittelbar die Voraussetzungen des Art. 101 Abs. 3 AEUV erfüllen; dann sind sie über die VO 1218/201 hinaus freigestellt. Die VO 1218/2010 enthält keine Regelung, die insoweit einen unmittelbaren Rückgriff auf Art. 101 Abs. 3 AEUV ausschließen würde. 4

Die VO 1218/2010 führt die Gesetzgebungstechnik der **Vorgänger-VO 2658/2000** im Wesentlichen fort. Die **wichtigsten Unterschiede** bestehen in der Gesetzgebungstechnik, insbesondere durch Voranstellung eines – uE unnötig aufgeblähten – Definitionskatalogs in Art. 1 und – sachlich – in der nur beschränkten Einbeziehung von Durchführungsvereinbarungen in die Freistellung durch Art. 2 Abs. 2. 5

Art. 1 Begriffsbestimmungen

(1) Für die Zwecke dieser Verordnung bezeichnet der Ausdruck

a) „Spezialisierungsvereinbarung" eine Vereinbarung über die einseitige Spezialisierung, eine Vereinbarung über die gegenseitige Spezialisierung oder eine Vereinbarung über die gemeinsame Produktion;

b) „Vereinbarung über die einseitige Spezialisierung" eine Vereinbarung zwischen zwei auf demselben sachlich relevanten Markt tätigen Parteien, mit der sich die eine Vertragspartei verpflichtet, die Produktion bestimmter Produkte ganz oder teilweise einzustellen oder von deren Produktion abzusehen und diese Produkte von der anderen Partei zu beziehen, die sich ihrerseits verpflichtet, diese Produkte zu produzieren und zu liefern;

c) „Vereinbarung über die gegenseitige Spezialisierung" eine Vereinbarung zwischen zwei oder mehr auf demselben sachlich relevanten Markt tätigen Parteien, mit der sich zwei oder mehr Parteien auf der Grundlage der Gegenseitigkeit verpflichten, die Produktion bestimmter, aber unterschiedlicher Produkte ganz oder teilweise einzustellen oder von deren Produktion abzusehen und diese Produkte von den anderen Parteien zu

beziehen, die sich ihrerseits verpflichten, diese Produkte zu produzieren und zu liefern;

d) „Vereinbarung über die gemeinsame Produktion" eine Vereinbarung, in der sich zwei oder mehr Parteien verpflichten, bestimmte Produkte gemeinsam zu produzieren;

e) „Vereinbarung" eine Vereinbarung, einen Beschluss einer Unternehmensvereinigung oder eine abgestimmte Verhaltensweise;

f) „Produkt" eine Ware oder eine Dienstleistung in Form einer Zwischen- oder Endware oder einer Zwischen- oder Enddienstleistung, mit Ausnahme von Vertriebs- und Mietleistungen;

g) „Produktion" die Herstellung von Waren oder die Vorbereitung von Dienstleistungen, auch im Wege der Vergabe von Unteraufträgen;

h) „Vorbereitung von Dienstleistungen" die der Erbringung von Dienstleistungen für Kunden vorgelagerten Tätigkeiten;

i) „relevanter Markt" den sachlich und räumlich relevanten Markt, zu dem die Spezialisierungsprodukte gehören, sowie im Falle von Spezialisierungsprodukten in Form von Zwischenprodukten, die eine oder mehrere der Parteien ganz oder teilweise intern für die Produktion nachgelagerter Produkte verwenden, auch den sachlich und räumlich relevanten Markt, zu dem die nachgelagerten Produkte gehören;

j) „Spezialisierungsprodukt" das Produkt, das unter der Spezialisierungsvereinbarung produziert wird;

k) „nachgelagertes Produkt" das Produkt, für das ein Spezialisierungsprodukt von einer oder mehreren der Parteien als Vorleistung verwendet wird und das von diesen Parteien auf dem Markt verkauft wird;

l) „Wettbewerber" einen tatsächlichen oder potenziellen Wettbewerber;

m) „tatsächlicher Wettbewerber" ein Unternehmen, das auf demselben relevanten Markt tätig ist;

n) „potenzieller Wettbewerber" ein Unternehmen, bei dem ohne die Spezialisierungsvereinbarung realistisch und nicht nur hypothetisch davon ausgegangen werden kann, dass es als Reaktion auf einen geringen, aber anhaltenden Anstieg der relativen Preise wahrscheinlich innerhalb von höchstens drei Jahren die zusätzlichen Investitionen tätigen oder sonstigen Umstellungskosten auf sich nehmen würde, die erforderlich wären, um in den relevanten Markt einzusteigen;

o) „Alleinbelieferungsverpflichtung" die Verpflichtung, das Spezialisierungsprodukt nicht an einen Wettbewerber zu liefern, es sei denn, er ist Partei der Vereinbarung;

p) „Alleinbezugsverpflichtung" die Verpflichtung, das Spezialisierungsprodukt nur von einer Vertragspartei zu beziehen;

q) „gemeinsam" im Zusammenhang mit dem Vertrieb, dass die Parteien
   i) die Produkte über ein gemeinsames Team, eine gemeinsame Organisation oder ein gemeinsames Unternehmen vertreiben oder
   ii) einen Dritten zum Vertriebshändler mit oder ohne Ausschließlichkeitsbindung ernennen, sofern der Dritte kein Wettbewerber ist;

r) „Vertrieb" unter anderem Verkauf von Waren und Erbringung von Dienstleistungen.

(2) Für die Zwecke dieser Verordnung umfassen die Ausdrücke „Unternehmen" und „Parteien" die jeweils mit diesen verbundenen Unternehmen.

Der Ausdruck „verbundene Unternehmen" bezeichnet

a) Unternehmen, in denen ein an der Spezialisierungsvereinbarung beteiligtes Unternehmen unmittelbar oder mittelbar
   i) die Befugnis hat, mehr als die Hälfte der Stimmrechte auszuüben,

ii) die Befugnis hat, mehr als die Hälfte der Mitglieder des Aufsichts- oder Leitungsorgans oder der zur gesetzlichen Vertretung berufenen Organe zu bestellen, oder
iii) das Recht hat, die Geschäfte des Unternehmens zu führen;
b) Unternehmen, die in einem an der Spezialisierungsvereinbarung beteiligten Unternehmen unmittelbar oder mittelbar die unter Buchstabe a aufgeführten Rechte oder Befugnisse haben;
c) Unternehmen, in denen ein unter Buchstabe b genanntes Unternehmen unmittelbar oder mittelbar die unter Buchstabe a aufgeführten Rechte oder Befugnisse hat;
d) Unternehmen, in denen ein an der Spezialisierungsvereinbarung beteiligtes Unternehmen zusammen mit einem oder mehreren der unter den Buchstaben a, b und c genannten Unternehmen oder in denen zwei oder mehr der zuletzt genannten Unternehmen zusammen die unter Buchstabe a aufgeführten Rechte oder Befugnisse haben;
e) Unternehmen, in denen die folgenden Parteien zusammen die unter Buchstabe a aufgeführten Rechte oder Befugnisse haben:
i) an der Spezialisierungsvereinbarung beteiligte Parteien oder jeweils mit diesen verbundene Unternehmen im Sinne der Buchstaben a bis d oder
ii) eine oder mehrere der an der Spezialisierungsvereinbarung beteiligten Parteien oder eines oder mehrere der mit ihnen verbundenen Unternehmen im Sinne der Buchstaben a bis d und eine oder mehrere dritte Parteien.

Inhaltsübersicht

1. Überblick

Art. 1 enthält die Definition aller in der Verordnung verwendeten auslegungsbedürftigen Begriffe. Er entspricht insoweit Art. 2 VO 2658/2000, ist aber sehr viel umfassender. Abs. 1 enthält **18 Begriffsdefinitionen** mit zusätzlichen Untergliederungen. Abs. 2 enthält ebenso wie die Definitionskataloge aller neueren Gruppenfreistellungsverordnungen die Regelung, welche Mutter-, Tochter- und Schwestergesellschaften in den Unternehmensbegriff einzubeziehen sind. 1

2. „Spezialisierungsvereinbarung" (Abs. 1 lit. a)

2 Lit. a definiert nicht die Spezialisierung, sondern fasst die drei durch die VO 1218/2010 erfaßten, in lit. b–d definierten Fälle zusammen, nämlich die einseitige und gegenseitige Spezialiserung und die gemeinsame Produktion. Kennzeichnend für die Spezialisierung ist die **Arbeitsteilung.** Diese Arbeitsteilung kann sich tatsächlich auf sämtliche Stufen der Tätigkeit von Unternehmen beziehen, also auf Forschung und Entwickung, auf die Produktion und den Vertrieb. Die VO 1218/2010 erfasst aber nicht alle diese Stufen. Für die Forschung und Entwicklung gilt die speziellere VO 1217/2010. Die VO konzentriert sich auf die Produktion und erfasst in Verbindung damit auch Bezugs- und Absatzabsprachen. **Reine Vertriebs-Spezialisierungen** sind von der VO **nicht erfasst.**

3. „Einseitige Spezialisierung" (Abs. 1 lit. b)

3 Die Definition in lit. b entspricht der in Art. 1 Abs. 1 lit. a VO 2658/2000. Sie ist präzisiert durch das Erfordernis, dass an der Vereinbarung nur **zwei Parteien** beteiligt sind, die zudem „**auf demselben sachlich relevanten Markt** tätig" sind. Es muss sich hiernach nicht unbedingt um aktuelle oder potenzielle Wettbewerber (→ Rn. 16ff.) handeln, wenngleich das im Regelfall so ist. Es reicht aus, wenn die Parteien auf völlig getrennten räumlichen Märkten tätig sind, die sich wettbewerblich nicht berühren. Aufgrund der Tätigkeit auf demselben sachlich relevanten Markt kann die „einseitige" Spezialisierung auch in diesem Fall Sinn machen.

4 Die einseitige Spezialisierung ist dadurch gekennzeichnet, dass eine Vertragspartei die Produktion bestimmter Produkte ganz oder teilweise einstellt – dann liegt ein Fall des **Outsourcing** vor – oder (wenn sie insoweit noch nicht tätig war, aber uU werden wollte) von deren Produktion absieht, um die betroffenen Produkte von einem anderen zu beziehen. Letzteres setzt voraus, dass das andere Unternehmen sich verpflichtet, die fraglichen Produkte zu produzieren und zu liefern. Allein der **Produktionsverzicht** wirft bei der einseitigen Spezialisierung Probleme nach Art. 101 Abs. 1 AEUV auf (vgl. auch *Fuchs* in IM Art. 1 Spez-GVO Rn. 3ff.); er ist aber nur dann eine Wettbewerbsbeschränkung im Sinne dieser Bestimmung, wenn das verzichtende Unternehmen entweder bisher in der betroffenen Produktion tätig war oder jedenfalls bereit und in der Lage wäre, das Produkt selbst herzustellen. Ist das nicht der Fall, könnte die Wettbewerbsbeschränkung nach Art. 101 Abs. 1 AEUV allenfalls in der **Verpflichtung** liegen, **das Produkt von dem anderen Unternehmen zu beziehen,** was das Verbot impliziert, es von dritten Unternehmen zu beziehen. Ist das beziehende Unternehmen sowieso weder bereit noch in der Lage, das Produkt selbst herzustellen, liegt im Produktionsverzicht keine Wettbewerbsbeschränkung. Die dann allein möglicherweise im Verbot, bei einem Dritten zu beziehen, liegende Wettbewerbsbeschränkung erfüllt allein die Voraussetzungen von lit. a nicht; in einem solchen Falle ist die die Spezialisierung kennzeichnende Rationalisierung nicht erkennbar.

4. „Gegenseitige Spezialisierung" (Abs. 1 lit. c)

5 Die Definition in lit. c entspricht der in Art. 1 Abs. 1 lit. b VO 2658/2000. Sie stellt klar, dass die – zwei oder mehr – Vertragsparteien auf **demselben sachlich relevanten Markt** tätig sein müssen; Tätigkeit auf demselben räumlich relevanten Markt ist nicht erforderlich (→ Rn. 3). Lit. c erfasst mit der gegenseitigen Spezialisierung die typische Spezialisierungsvereinbarung, die dadurch gekennzeichnet ist, dass das eine Unternehmen sich auf das eine Produkt, das andere Unternehmen auf das andere Produkt beschränkt, und man sich gegenseitig jeweils mit dem Produkt beliefert, das man herstellt. Diese Produktionsspezialisierung macht nur Sinn, wenn sie sich **jeweils**

auf unterschiedliche Produkte bezieht. Im Unterschied zur einseitigen Spezialisierung liegen **Produktionsverzichte auf beiden Seiten** vor. Das eine Unternehmen verzichtet auf die Produktion von A und bezieht es vom anderen Unternehmen; das andere Unternehmen verzichtet auf die Produktion von B und bezieht es vom einen Unternehmen. Typischerweise bewirkt die auf der Produktionsebene vereinbarte Spezialisierung, dass die Unternehmen sich entweder mit beiden Produkten am Markte Wettbewerb machen, indem sie nicht nur die eigenen, sondern auch die vom anderen bezogenen Produkte auf dem Markt vertreiben, oder dadurch, dass sie die damit als Vorprodukte hergestellten Produkte im gegenseitigen Wettbewerb vertreiben.

5. „Gemeinsame Produktion" (Abs. 1 lit. d)

Die Definition in lit. d entspricht der in Art. 1 Abs. 1 lit. c VO 2658/2000. Lit. d 6
geht ausdrücklich davon aus, dass auch eine **gemeinsame Produktion** eine **Spezialisierung** ist. Das ist nicht selbstverständlich, weil sie auch nicht ohne Weiteres vom Begriff der Arbeitsteilung erfasst wird. Die positiven Effekte des Art. 101 Abs. 3 AEUV sind aber auch bei der gemeinsamen Produktion deutlich. Die Gemeinsamkeit der Produktion führt zu höheren Stückzahlen und damit potenziell zu **Rationalisierungseffekten.** Die Wettbewerbsbeschränkung liegt in dem **Produktionsverzicht beider Unternehmen.** Dieser Produktionsverzicht kann sich entweder auf **Vorprodukte** für die Produkte beziehen, mit denen die beiden Unternehmen Wettbewerber sind; miterfasst ist aber auch der Fall, dass die gemeinsame Produktion sich auf das **Endprodukt** bezieht, mit dem beide Unternehmen dann im gegenseitigen Wettbewerb auf dem Markt tätig sind. Die gemeinsame Produktion erfolgt typischerweise in einem **Gemeinschaftsunternehmen.** Möglich ist aber auch die Produktion bei einem der beteiligten Unternehmen, wenn sie wirtschaftlich im Hinblick auf die Verteilung der finanziellen Chancen und Risiken einer gemeinsamen Produktion gleichsteht. Über die Definition der Produktion in Art. 1 Abs. 1 lit. g wird vom Begriff der gemeinsamen Produktion auch die gemeinsame Vergabe von Unteraufträgen und damit auch die **gemeinsame Beauftragung eines Dritten** erfasst, und zwar unabhängig davon, wie die damit verbundenen Rationalisierungseffekte zu beurteilen sind (unklar insoweit *Reher/Holzhäuser* in L/M/R GVO-Spez Rn. 17; *Völcker* in MünchKomm GVO 2658/2000 Art. 1 Rn. 22).

Wird zum Aufbau der gemeinsamen Produktion ein **Gemeinschaftsunterneh-** 7
men gegründet, muss unter Umständen ein **Fusionskontrollverfahren** durchgeführt werden. Allerdings erfüllt die gemeinsame Produktionsgesellschaft nicht die Voraussetzungen des Zusammenschlusstatbestandes des Art. 3 VO 139/2004, weil das Produktionsunternehmen, wenn es nicht auch für den Vertrieb zuständig ist, typischerweise nicht „auf Dauer alle Funktionen einer selbständigen wirtschaftlichen Einheit erfüllt" (Art. 3 Abs. 4 VO 139/2004, → FKVO Art. 3 Rn. 28; vgl. auch *Fuchs* in IM Art. 1 Spez-GVO Rn. 16). Möglich ist aber die Fusionskontrollpflichtigkeit **nach deutschem Recht,** weil es hier kein Erfordernis der Vollfunktion des Gemeinschaftsunternehmens gibt. Der **Vorrang des Unionsrechts** kann uE dazu führen, dass – wenn die Freistellung eingreift – eine Untersagung durch das Bundeskartellamt nicht möglich ist; das Erfordernis eines Fusionskontrollverfahrens ist angesichts des Ausschlusses eines Verbots eine bloße Formalverpflichtung, die nicht gegen den Vorrang des Unionsrechts verstößt.

6. „Vereinbarung" (Abs. 1 lit. e)

Die Definition in lit. e entspricht der in Art. 2 Nr. 1 VO 2658/2000. Lit. e stellt 8
klar, dass die VO 1218/2010 dort, wo sie von „Vereinbarung" spricht, jeweils auch den **Beschluss** einer Unternehmensvereinigung (für eine Spezisalisierungsvereinbarung kaum relevant) und die **aufeinander abgestimmte Verhaltensweise** erfasst.

Diese Begriffe entsprechen denen in Art. 101 Abs. 1 AEUV. Vereinbarungen sind im Allgemeinen, aber nicht notwendig, dadurch gekennzeichnet, dass sie schriftlich festgehalten sind, aufeinander abgestimmte Verhaltensweisen durch entsprechende Verhaltensweisen ohne zumindest vollständige schriftliche Fixierung. In der Einbeziehung der aufeinander abgestimmten Verhaltensweisen liegt gegenüber der „Vereinbarung" nicht nur eine Erweiterung der Gruppenfreistellung, sondern potenziell auch eine Einschränkung, und zwar im Hinblick auf den klauselbezogenen Anwendungsausschluss des Art. 4. Eine schriftlich fixierte, in dieser schriftlichen Fixierung allen Anforderungen der VO 1218/2010 genügende Vereinbarung ist nicht freigestellt, wenn sie **mit einer aufeinander abgestimmten Verhaltensweise verbunden** ist, die die Voraussetzungen des Art. 4 erfüllt.

9 Vereinbarungen, Beschlüsse und abgestimmte Verhaltensweisen sind im System der VO 1218/2010 **grundsätzlich gleichberechtigt.** Dennoch kommt der schriftlichen Fixierung von Vereinbarungen wesensmäßig ein praktischer Vorrang zu. So kann zwar eine Vereinbarung, die durch Verhaltensweisen ergänzt wird, die die Voraussetzungen des Art. 4 erfüllen, dadurch insgesamt von der Freistellung ausgeschlossen sein. Umgekehrt ist es aber kaum denkbar, dass eine Vereinbarung, die nach ihrem schriftlich festgehaltenen Wortlaut über Art. 4 von der Freistellung ausgeschlossen ist, deswegen als freigestellt anzusehen ist, weil die Vereinbarung insoweit nicht praktiziert wird, sondern durch eine nicht gegen Art. 4 verstoßende abgestimmte Verhaltensweise ersetzt wird (so auch *Fuchs* in IM Art. 1 Spez-GVO Rn. 19). Da Art. 101 Abs. 1 AEUV unabhängig von der Praktizierung schon den Abschluss einer Vereinbarung als solchen erfasst (→ AEUV Art. 101 Rn. 51), ist es für die Freistellung einer Vereinbarung nicht ausreichend, wenn das tatsächliche Verhalten mit Art. 4 in Übereinstimmung steht. Vielmehr ist es erforderlich, dass die Vereinbarung nach ihrem jeweils verbindlichen Inhalt – unabhängig von der Form, in der der Inhalt festgehalten ist – insgesamt die Voraussetzungen der VO erfüllt. **Zulässige abgestimmte Verhaltensweisen retten also eine unzulässige Vereinbarung nicht.** Eine an sich zulässige Vereinbarung kann aber die Freistellung verlieren, wenn sie **mit einer unzulässigen abgestimmten Verhaltensweise verbunden** ist.

7. „Produkt" (Abs. 1 lit. f)

10 Die Definition in lit. f entspricht der in Art. 2 Nr. 4 VO 2658/2000. Lit. f knüpft an die Verwendung des Begriffes „Produkt" in verschiedenen Definitionen in Art. 1 und in Art. 4 lit. a und b an. Wichtig ist die dadurch bewirkte Klarstellung, dass die Freistellung sich nicht nur auf Spezialisierungsvereinbarungen im Hinblick auf **Waren** und deren Herstellung, sondern sich grundsätzlich auch auf **Dienstleistungen** bezieht. Dabei kann es sich um **Zwischen- oder Endprodukte** bzw. entsprechende Dienstleistungen handeln; es kommt also nicht darauf an, auf welcher Wirtschaftsstufe die an einer Spezialisierungsvereinbarung beteiligten Unternehmen tätig sind und sich spezialisieren. Anders als in der ansonsten wortgleichen Definition in Art. 1 Abs. 1 lit. d VO 1217/2010 (VO 1217/2010 Art. 1 Rn. 11) sind **Vertriebs- und Mietleistungen** ausdrücklich ausgenommen. Das bedeutet insbesondere, dass Spezialisierungsvereinbarungen, die sich nur auf den Vertrieb beziehen, nicht von der Freistellung des Art. 2 erfasst und damit nicht freigestellt sind. Die Erwähnung der Mietleistungen knüpft an den Vertrieb an. Damit soll erreicht werden, dass der Ausschluss von Vertriebsspezialisierungen nicht dadurch unterlaufen wird, dass anstelle des Vertriebs im Sinne von Verkauf von Waren deren Vermietung spezialisiert wird (so auch *Fuchs* in IM Art. 1 Spez-GVO Rn. 20).

8. „Produktion" (Abs. 1 lit. g)

11 Die Definition in lit. g entspricht der in Art. 2 Nr. 5 VO 2658/2000. Sie knüpft an die Verwendung des Begriffs in verschiedenen Definitionen des Art. 1 und in Art. 4

lit. b an. Lit. g stellt klar, dass damit nicht nur die **Herstellung von Waren** erfasst wird, sondern auch die **Erbringung von Dienstleistungen.** Der Begriff „Vorbereitung" von Dienstleistungen ist in der nachfolgenden lit. h gesondert definiert. Dabei ist nicht erforderlich, dass die Produktion von den Parteien selbst vorgenommen wird; sie kann auch „im Wege der **Vergabe von Unteraufträgen**" erfolgen. Im Allgemeinen wird die Spezialisierung nicht darin bestehen, dass der Produktionsschritt, der im Rahmen der Spezialisierung einer Vertragspartei zugeordnet wird, vollständig im Wege von Unteraufträgen durch Dritte durchgeführt wird; aber auch das ist möglich.

9. „Vorbereitung von Dienstleistungen" (Abs. 1 lit. h)

Lit. h ergänzt die Definition der „Produktion" in lit. g. Dort ist die Rede von **12** „Vorbereitung" von Dienstleistungen; in der Vorgänger-Definition war von der „Erbringung" von Dienstleistungen die Rede. Nach Auffassung des Verordnungsgebers geht es aber nicht um die Erbringung der Dienstleistungen als solche, sondern um die **Tätigkeiten, die der Erbringung „vorgelagert"** sind. Damit soll offenbar die volle Parallelität zur Produktion von Produkten hergestellt werden. Diese Produktion hat keine Kundenberührung; diese tritt erst ein, wenn das produzierte Produkt verkauft wird. Entsprechendes gilt bei Dienstleistungen. Auch hier kann unterschieden werden zwischen dem, was intern die Dienstleistung „vorbereitet" und der Dienstleistung, die nach außen gegenüber dem Kunden in Erscheinung tritt. Wir können nicht erkennen, dass diese feine Unterscheidung von praktischer Bedeutung ist.

10. „Relevanter Markt" (Abs. 1 lit. i)

Die Definition in lit. i knüpft an an die in Art. 2 Nr. 6 VO 2658/2000. Sie ist er- **13** weitert um die Aussage, dass bei Zwischenprodukten auch die **Märkte der** Endprodukte relevant sein können. Dafür wird der – in lit. k gesondert definierte – Begriff des „nachgelagerten Produkts" verwendet. Lit. i nimmt Bezug auf den „relevanten Markt" in Art. 3, auf dem eine Marktanteilsschwelle von 20% gilt. Sie definiert nicht den relevanten Markt, sondern stellt nur klar, dass er den **sachlich und räumlich relevanten Markt** erfasst. Für die Definition des relevanten Marktes gelten die allgemeinen Grundsätze, die die Kommission in ihrer Bekanntmachung über den relevanten Markt vom Dezember 1997 (Anhang B 1) zusammengefasst hat. Zur Feststellung des relevanten Marktes müssen zunächst die Waren oder Dienstleistungen, die Gegenstand der Spezialisierungsvereinbarung sind, definiert werden; sie sind dann einem oder mehreren sachlich und räumlich relevanten Märkten zuzuordnen.

11. „Spezialisierungsprodukt" (Abs. 1 lit. j)

Die Vorgängerverordnung 2658/2000 verwendete den Begriff „Spezialisierungs- **14** produkt" nicht, sondern sprach bei den – insoweit nach wie vor relevanten – Begriffen der **Alleinbelieferungs- und Alleinbezugsverpflichtungen** (heute Art. 1 Abs. 1 lit. o und p) von dem Produkt „welches Gegenstand der Spezialsierungsvereinbarung ist". Jetzt spricht lit. j vom Produkt, „das **unter der Spezialisierungsvereinbarung produziert** wird". Sachliche Unterschiede sind nicht zu erkennen.

12. „Nachgelagertes Produkt" (Abs. 1 lit. k)

Der Begriff „nachgelagertes Produkt" ist in der Vorgänger-VO 2658/2000 nicht **15** verwendet worden. In der VO 1218/2010 wird er verwendet bei der Definition des relevanten Marktes in lit. i. Damit wird der Möglichkeit Rechnung getragen, dass sich die Spezialisierungsvereinbarung auf **Zwischenprodukte** bezieht, die dann von einer oder mehreren Parteien – außerhalb der Spezialisierungsvereinbarung – **für die Herstellung von Endprodukten** (nachgelagerten Produkten) verwendet werden. Lit. i stellt insoweit klar, dass in diesem Fall nicht nur die Zwischenprodukte einem relevanten Markt zuzuordnen sind, sondern auch die „nachgelagerten Produkte".

13. „Wettbewerber"/„Tatsächlicher Wettbewerber"/„Potenzieller Wettbewerber" (Abs. 1 lit. l–n)

16 Die auf drei Buchstaben verteilten Definitionen der Wettbewerber ersetzen eine einheitliche Definition der „konkurrierenden Unternehmen" in Art. 2 Nr. 7 VO 2658/2000. Sie entsprechen im Wesentlichen denen in Art. 1 Abs. 1 lit. r–t VO 1217/2010 (→VO 1217/2010 Art. 1 Rn. 28ff.). Sachlich ist der Begriff des potenziellen Wettbewerbs präzisiert worden, und zwar in Anlehnung auch an die entsprechende Definition in Art. 1 lit. c VO 330/2010. Der Begriff des Wettbewerbers hat in der VO 1218/2010 Bedeutung für die **Alleinbelieferungsverpflichtung,** die nach der Definition in lit. o durch das Verbot gekennzeichnet ist, einen Wettbewerber zu beliefern. Außerdem ist bei einem **gemeinsamen Vertrieb** die Ernennung eines Dritten zum Vertriebshändler nur möglich, wenn der Dritte kein Wettbewerber ist (lit. q ii iVm Art. 2 Abs. 3 lit. a). Die Definition in lit. l stellt nur klar, dass der Begriff des Wettbewerbers sowohl den tatsächlichen als auch den potenziellen Wettbewerber umfasst.

17 **Tatsächliche Wettbewerber** (lit. m) sind Unternehmen, die **auf demselben sachlich und räumlich relevanten Markt** tätig sind. Es ist nicht Zweck der Definition, für den Anwendungsbereich der Gruppenfreistellung einen vom ansonsten geltenden Wettbewerbs- und Marktbegriff abweichenden Begriff vorzuschreiben. Vielmehr kommt es im Sinne der allgemeinen Marktdefinition (dazu auch Bekanntmachung der Kommission über den relevanten Markt in Anhang B 1) auf die **Austauschbarkeit aus der Sicht der Marktgegenseite** an. Es ist erforderlich, dass die Unternehmen nicht nur auf **demselben sachlich relevanten,** sondern auch auf dem **räumlich relevanten Markt** aktuell tätig sind. Entscheidend ist, dass die beteiligten Unternehmen gleichermaßen auf Märkten tätig sind, denen das Vertragsprodukt zuzurechnen ist. Wenn die Unternehmen sich in diesem Bereich nicht überschneiden, wohl aber auf anderen als den für die Zusammenarbeit relevanten Märkten Wettbewerber sind, sind sie für die Spezialisierung keine Wettbewerber.

18 Die Definition des **„potenziellen Wettbewerbers"** in lit. n präzisiert die schon in Art. 2 Nr. 7 VO 2658/2000 enthaltene Kurzdefinition des potenziellen Wettbewerbers. Maßgeblich ist ein **„realistischer" Maßstab,** und nicht nur ein „hypothetischer". Es muss realistischerweise davon ausgegangen werden können, dass das Unternehmen „ohne die Spezialisierungsvereinbarung als Reaktion auf einen geringen, aber anhaltenden Anstieg der relativen Preise **wahrscheinlich innerhalb von höchstens drei Jahren** die zusätzlichen Investitionen tätigen oder sonstigen Umstellungskosten auf sich nehmen würde, „die erforderlich wären, um in den relevanten Markt einzusteigen". Wichtig sind hierbei neben dem Erfordernis einer „realistischen" Betrachtungsweise auch, dass der Markteintritt „wahrscheinlich" sein muss, und zwar bezogen auf einen Zeitraum von höchstens drei Jahren.

19 Aus dem Wortlaut lässt sich nicht klar ableiten, ob auch die Voraussetzung des „geringen, aber anhaltenden **Anstieges der relativen Preise**" von den Maßstäben der Wahrscheinlichkeit und des Dreijahreszeitraumes erfasst sein muss, oder ob es ausreicht, dass bei einem nur gedachten, im Übrigen aber nicht wahrscheinlichen Preisanstieg wahrscheinlich kurzfristig eine Reaktion erfolgen würde. Die gesamte Definition ist überlagert von dem Erfordernis des „realistischen" und nicht nur „hypothetischen" Maßstabes. Deswegen ist für die Beurteilung des potenziellen Wettbewerbsverhältnisses auch erforderlich, dass jedenfalls die **Möglichkeit,** nicht unbedingt die Wahrscheinlichkeit, **eines Preisanstieges** besteht, unabhängig davon, ob das jetzt oder erst in irgendeiner Zukunft stattfindet. Nur bei einer solchen Auslegung können sinnvoll potenzielle Wettbewerbsverhältnisse erfasst werden, weil gerade der potenzielle Wettbewerb die Ursache dafür sein kann, dass der Preisanstieg nicht stattfindet. Für den Fall,

dass er stattfindet, muss die Prognose möglich sein, dass sich dann – wahrscheinlich und innerhalb eines Zeitraumes von höchstens drei Jahren – der potenzielle Wettbewerb in aktuellen umwandelt (→ VO 1217/2010 Art. 1 Rn. 31; *Fuchs* in IM Art. 1 Spez-GVO Rn. 29).

Potenzieller Wettbewerb kommt insbesondere in Betracht, wenn Unternehmen zwar **auf demselben Produktmarkt,** aber auf **unterschiedlichen räumlich relevanten Märkten** tätig sein, oder wenn sie auf unterschiedlichen Produktions- und Vertriebsebenen tätig sind. Der Hersteller, der bestimmte Produkte nur im Gebiet A, nicht aber im Gebiet B vertreibt, ist unter den in der Definition genannten weiteren Voraussetzungen potenzieller Wettbewerber auch derjenigen, die aktuell im Gebiet B tätig sind. Die Definition stellt nicht nur auf die **objektive Möglichkeit** ab, dass das Unternehmen die zusätzlichen Investitionen tätigen oder sonstigen Umstellungskosten auf sich nehmen würde, um in den Markt einzutreten. Angesichts des realistischen und gerade nicht nur hypothetischen Maßstabes muss auch ein **unternehmerisches Interesse an einem Markteintritt** hinzukommen. Eine entsprechende subjektive Bereitschaft ist dafür nicht erforderlich; es ist aber mindestens die Feststellung erforderlich, dass ein Unternehmen unter den genannten Voraussetzungen nach den Maßstäben kaufmännischer Vernunft in den Markt eintreten würde (→ VO 330/2010, Art. 1 Rn. 21 ff. und → VO 316/2014 Art. 1 Rn. 34). 20

14. „Alleinbelieferungsverpflichtung“ (Abs. 1 lit. o)

Lit. o entspricht der Definition in Art. 2 Nr. 8 VO 2658/2000. Sie definiert die Alleinbelieferungsverpflichtung, die in **Art. 2 Abs. 3 lit. a** erwähnt ist und die ebenso wie die Alleinbezugsverpflichtung **Teil einer Spezialisierungsvereinbarung** sein kann. Lit. o definiert die Alleinbelieferungsverpflichtung nicht positiv durch die Verpflichtung, den Vertragspartner allein oder ausschließlich zu beliefern, sondern durch das **Verbot,** das Spezialisierungsprodukt (lit. j), also das Produkt, das Gegenstand der Spezialisierungsvereinbarung ist, **an einen Wettbewerber zu liefern.** Die Alleinbelieferungsverpflichtung, die nach Art. 2 Abs. 3 lit. a zulässig ist, umfasst nicht das generelle Verbot zulasten des zur Alleinbelieferung Verpflichteten, an Dritte zu liefern. Er muss also **frei** sein, das Produkt, das er an den Partner der Spezialisierungsvereinbarung zu liefern hat, **auch an andere zu liefern,** die nicht auf dem relevanten Markt tätig sind; die „Allein“-Belieferungsverpflichtung bezieht sich also nur auf andere Wettbewerber (so auch *Fuchs* in IM Art. 1 Spez-GVO Rn. 30; *Reher/Holzhäuser* in L/M/R GVO-Spez Rn. 34). 21

15. „Alleinbezugsverpflichtung“ (Abs. 1 lit. p)

Lit. p entspricht der Definition in Art. 2 Nr. 9 VO 2658/2000. Der Begriff der Alleinbezugsverpflichtung wird ebenso wie der Betriff der Alleinbelieferungsverpflichtung in **Art. 2 Abs. 3 lit. a** erwähnt. Er stellt Alleinbezugsverpflichtungen im Rahmen von Spezialisierungsvereinbarungen frei. Durch sie wird die beziehende Partei verpflichtet, das Spezialisierungsprodukt (lit. j), also das Produkt, das Gegenstand der Spezialisierungsvereinbarung ist, **nur von der anderen Vertragspartei zu beziehen;** sie impliziert das Verbot, das Produkt von einem anderen Unternehmen zu beziehen. 22

16. „Gemeinsam“ (Abs. 1 lit. q)

Der Begriff „Gemeinsam“ ist zwar auch in der VO 2658/2000 verwendet worden, nämlich als Alternative der „Vereinbarung über gemeinsame Produktionen“ (Art. 1 Abs. 1 lit. c VO 2658/2000). In der VO 1218/2010 wird der Begriff „Gemeinsam“ einmal im Hinblick auf die **„gemeinsame Produktion“** (Art. 1 Abs. 1 lit. d und 23

Art. 4 lit. b i), aber auch im Hinblick auf den **gemeinsamen Vertrieb** (Art. 2 Abs. 3 lit. b und Art. 4 lit. b ii) verwendet. Angesichts der Definition der gemeinsamen Produktion in lit. d hat die Definition von „gemeinsam" lit. q nur Bedeutung im Zusammenhang mit dem Vertrieb. Dort gibt es zwei Alternativen. Der gemeinsame Vertrieb kann einmal (lit. i) „über ein gemeinsames Team, eine gemeinsame Organisation oder ein **gemeinsames Unternehmen**" erfolgen. Den Parteien ist es also weitgehend überlassen, wie sie die Gemeinsamkeit organisieren. Die Möglichkeiten reichen vom formlosen gemeinsamen Team bis hin zum Gemeinschaftsunternehmen. Die andere Möglichkeit der Gemeinsamkeit besteht in der Ernennung eines Dritten zum **Vertriebshändler.** Der Dritte darf kein Wettbewerber sein. Der Begriff der Gemeinsamkeit deckt die beiden Alternativen ab, dass der Vertriebshändler „mit oder ohne **Ausschließlichkeitsbindung**" ernannt wird. Der Begriff der Ausschließlichkeitsbindung bezieht sich auf die Vereinbarung mit dem Dritten. Er darf zum ausschließlichen Vertriebshändler bestellt werden mit der Folge, dass nur er, kein anderer mit den gemeinsamen Produkten beliefert wird. Diese Ausschließlichkeitsbindung, die Teil der Vertriebsvereinbarung mit dem Dritten ist und eine Wettbewerbsbeschränkung zulasten der Parteien der Spezialisierungsvereinbarung enthält, ist durch die VO 1218/2010 zugelassen und freigestellt. Die Zulassung und Freistellung gilt auch dann, wenn der Vertriebsvertrag mit dem Dritten bei isolierter Betrachtung nicht zulässig wäre. Die Parteien können aber auch auf eine Ausschließlichkeitsbindung verzichten und damit auch mehrere Vertriebshändler bestellen. Sie sind auch berechtigt, ohne Bindungen sowohl direkt als auch über Dritte zu vertreiben.

17. „Vertrieb" (Abs. 1 lit. r)

24 Der Begriff „Vertrieb" war in der VO 2658/2000 nicht gesondert definiert. Er spielt in der VO 1218/2010 nur in Verbindung mit dem Begriff der „Gemeinsamkeit" eine Rolle. Nach Art. 2 Abs. 3 lit. b ist die Vereinbarung über den **gemeinsamen Vertrieb** zulässig; dabei ist in Ausnahme von den Kernbeschränkungen des Art. 4 die Festlegung von Absatzzielen im Rahmen des gemeinsamen Vertriebs zulässig (Art. 4 lit. b ii). Die Definition in lit. r hat über das normale Verständnis des Begriffs hinaus Bedeutung dafür, dass **auch die Erbringung von Dienstleistungen** Vertrieb ist; gemeint ist damit, dass sich die Spezialisierungsvereinbarung auch auf Dienstleistungen beziehen kann und diese gemeinsam verkauft werden können. Die Worte „unter anderem" haben, wenn überhaupt, Bedeutung dafür, dass auch die mit dem Verkauf im Zusammenhang stehenden Tätigkeiten mit erfasst werden wie zB Werbung und Marketing (so *Fuchs* in IM Art. 1 Spez-GVO Rn. 33).

18. „Verbundene Unternehmen" (Abs. 2)

25 Die Definition der verbundenen Unternehmen war in der VO 2658/2000 im allgemeinen Definitionskatalog des Art. 2 (dort Nr. 3) enthalten. Sie ist entsprechend der neueren Regelungstechnik in einem besonderen Absatz des Art. 1 fortgeführt; sachliche Änderungen gegenüber der früheren Fassung sind nicht erkennbar. **Immer** dann, wenn es auf das Unternehmen bzw. die Vertragspartei ankommt, sind die **verbundenen Unternehmen einzubeziehen.** Abs. 2 ist eine Bestätigung dafür, dass Vereinbarungen zwischen den verbundenen Unternehmen nicht von Art. 101 AEUV erfasst werden (**konzerninterne Vereinbarungen,** → AEUV Art. 101 Rn. 58.)

26 Der Begriff der verbundenen Unternehmen in Abs. 2 Unterabs. 2 deckt sich im Wesentlichen mit der Definition der verbundenen Unternehmen in Art. 5 Abs. 4 (der Fusionskontroll-)VO 139/2004 (→ FKVO Art. 5 Rn. 21 ff.) und in den neuen Gruppenfreistellungsverordnungen. Ausgegangen wird jeweils von dem an der Vereinbarung beteiligten Unternehmen. Nach lit. a sind ihm die von ihm **abhängigen Unternehmen** zuzurechnen und nach lit. b die es **beherrschenden Unterneh-**

men. Lit. c bezieht auch die anderen Unternehmen ein, die von einem einzubeziehenden beherrschenden Unternehmen abhängig sind. Lit. d und e betreffen Fälle der **gemeinsamen Beherrschung,** und zwar lit. d in der Form, dass mit einer Vertragspartei verbundene Unternehmen gemeinsam ein anderes Unternehmen beherrschen, lit. e, dass entweder mehrere Vertragsparteien einschließlich der mit ihnen verbundenen Unternehmen oder eine Vertragspartei mit Dritten ein anderes Unternehmen gemeinsam beherrschen.

Art. 2 Freistellung

(1) **Nach Artikel 101 Absatz 3 AEUV und nach Maßgabe dieser Verordnung gilt Artikel 101 Absatz 1 AEUV nicht für Spezialisierungsvereinbarungen.**

Diese Freistellung gilt, soweit diese Vereinbarungen Wettbewerbsbeschränkungen enthalten, die unter Artikel 101 Absatz 1 AEUV fallen.

(2) **Die Freistellung nach Absatz 1 gilt für Spezialisierungsvereinbarungen, deren Bestimmungen sich auf die Übertragung von Rechten des geistigen Eigentums oder die Erteilung diesbezüglicher Lizenzen an eine oder mehrere der Parteien beziehen, sofern diese Bestimmungen nicht Hauptgegenstand solcher Vereinbarungen sind, sich aber unmittelbar auf ihre Umsetzung beziehen und dafür erforderlich sind.**

(3) **Die Freistellung nach Absatz 1 gilt für Spezialisierungsvereinbarungen, wenn die Parteien**

a) eine Alleinbezugs- oder eine Alleinbelieferungsverpflichtung akzeptieren oder

b) die Spezialisierungsprodukte nicht selbst verkaufen, sondern gemeinsam vertreiben.

1. Überblick

Art. 2 entspricht teilweise Art. 1 VO 2658/2000. Er ist kürzer und scheinbar un- 1
komplizierter gefasst, weil er weitgehend auf die Definitionen Bezug nimmt, die in Art. 1 enthalten sind. Demgegenüber waren in Art. 1 VO 2658/2000 teilweise die Definitionen selbst enthalten, insbesondere im Hinblick auf die drei Formen der Spezialisierung (einseitige Spezialisierung, gegenseitige Spezialisierung und gemeinsame Produktion). Abs. 1 enthält die **Anordnung der Freistellung** für die in Art. 1 lit. a–d definierten Spezialisierungsvereinbarungen, Abs. 2 **für bestimmte Umsetzungsvereinbarungen.** Er bezieht sich, anders als der Wortlaut in der VO 2658/2000, nur auf Vereinbarungen über den Technologietransfer. Abs. 3 erfasst bestimmte Bezugs- und Absatzabsprachen, die früher in Art. 3 VO 2658/2000 geregelt waren.

2. Freistellung der Spezialisierungsvereinbarungen (Abs. 1)

a) Allgemeines. Durch Abs. 1 werden Spezialisierungsvereinbarungen freige- 2
stellt. Sie sind in Art. 1 Abs. 1 lit. a–d definiert. Es werden drei Arten von Spezialisierungsvereinbarungen unterschieden, nämlich die einseitige Spezialisierung, die gegenseitige Spezialisierung und die Vereinbarung über die gemeinsame Produktion. **Reine Vertriebsspezialisierungen** sind von der VO **nicht erfasst.**

b) Verstoß gegen Art. 101 Abs. 1 AEUV. Spezialisierungsvereinbarungen sind 3
Vereinbarungen zwischen Unternehmen, die auf derselben Wirtschaftsstufe stehen, sie sind also **horizontale,** keine **vertikalen** Vereinbarungen. Gegen Art. 101 Abs. 1 AEUV verstoßen sie nur, wenn die beteiligten Unternehmen **Wettbewerber** sind

(vgl. Horizontalleitlinien, Anhang B 5, Rn. 150ff., insbesondere im Hinblick auf die „horizontalen Zuliefervereinbarungen"); sind sie das nicht, führen Spezialisierungsvereinbarungen nicht zur Beschränkung gegenseitigen Wettbewerbs. Die die Spezialisierung charakterisierende Arbeitsteilung ist gerade auch im Verhältnis zwischen **Nicht-Wettbewerbern** möglich und sinnvoll. Dabei ist das Wettbewerbsverhältnis konkret auf den Gegenstand der Spezialisierung zu beziehen. Sind die Unternehmen alleine nicht, sondern nur im Zusammenwirken in der Lage, das betreffende Produkt herzustellen, sind sie in concreto keine Wettbewerber; Art. 101 Abs. 1 AEUV ist dann nach dem **Arbeitsgemeinschafts**-Gedanken nicht verletzt (→AEUV Art. 101 Rn. 125ff.). Wenn wegen des Fehlens eines Wettbewerbsverhältnisses eine Spezialisierungsvereinbarung nicht gegen Art. 101 Abs. 1 AEUV verstößt, gilt das grundsätzlich auch für Vereinbarungen, die über die Spezialisierung hinausgehen und ein mögliches Wettbewerbsverhältnis zu Dritten berühren, insbesondere Ausschließlichkeitsbindungen. Auch sie sind grundsätzlich nicht geeignet, den Wettbewerb zwischen den beteiligten Unternehmen zu beschränken. Die Freistellung nach der VO 1218/2010 ist hiernach nur von Bedeutung in den Fällen, in denen ein Verstoß gegen Art. 101 Abs. 1 AEUV vorliegt; nur dann kommt es zB auch auf die Marktanteilsschwelle nach Art. 3 an.

4 **c) Freistellungsumfang. Die einseitige Spezialisierung.** ist dadurch gekennzeichnet, dass ein Partner eine eigene Produktion einstellt oder von ihr absieht und die Produkte vom anderen bezieht. Die Definition der einseitigen Spezialisierung setzt in Art. 1 Abs. 1 lit. d (→Art. 1 Rn. 3) voraus, dass die beteiligten Unternehmen **„auf demselben sachlich relevanten Markt"** tätig sind. Im Regelfall sind sie dann tatsächliche oder jedenfalls potenzielle Wettbewerber. Sind sie das nicht, weil sie auf völlig getrennten räumlich relevanten Märkten tätig sind und deswegen auch kein potenzielles Wettbewerbsverhältnis besteht, liegt im Regelfall kein Verstoß gegen Art. 101 Abs. 1 AEUV vor. Ebenso wie der **Produktionsverzicht** für die einseitige Spezialisierung konstitutiv ist, ist es die Bezugsverpflichtung des verzichtenden Unternehmens und die korrespondierende **Produktions- und Lieferverpflichtung** des anderen Unternehmens. Die Produktionsverpflichtung des anderen Unternehmens bedeutet nicht unbedingt die Verpflichtung, selbst zu produzieren, sondern schließt nach der Definition der Produktion in Art. 1 Abs. 1 lit. g auch die Möglichkeit der Vergabe entsprechender Unteraufträge an Dritte durch das verpflichtete Unternehmen ein (im Ergebnis so auch *Fuchs* in IM Art. 1 Spez-GVO Rn. 10; a. A. offenbar *Reher/Holzhäuser* in L/MR GVO-Spez Rn. 17, die das Problem nur im Zusammenhang mit der gemeinsamen Produktion erörtern und der Legaldefinition insoweit keine Bedeutung beimessen). Die Bezugsverpflichtung und die Lieferverpflichtung als solche verstoßen an sich nicht gegen Art. 101 Abs. 1 AEUV. Anderes gilt, wenn sie mit Ausschließlichkeiten verbunden sind; insoweit ist die Ausweitung der Freistellung auf Alleinbezugs- und Alleinbelieferungsverpflichtungen in Art. 2 Abs. 3 relevant (→Rn. 10).

5 Die **gegenseitige Spezialisierung** (vgl. Art. 1 Abs. 1 lit. c, →Art. 1 Rn. 5) ist gekennzeichnet durch **Produktionsverzichte bei mehreren Parteien** und entsprechende Liefer- und Bezugsverpflichtungen. Ebenso wie bei der einseitigen Spezialisierung besteht häufig das Bedürfnis nach Ausschließlichkeiten in Bezug und in der Belieferung; auch insoweit greift Abs. 3 ein (→Rn. 10).

6 Die **gemeinsame Produktion** (Art. 1 Abs. 1 lit. d, dazu Art. 1 Rn. 6f.) erfolgt im Allgemeinen über Gemeinschaftsunternehmen oder durch gemeinsame Vergabe von Unteraufträgen. Das setzt eine Verständigung der beteiligten Unternehmen über einen Produktionsverzicht voraus, was im Regelfall gegen Art. 101 Abs. 1 AEUV verstößt.

3. Durchführungsvereinbarungen über Technologietransfer (Abs. 2)

a) Allgemeines. Die VO 2658/2000 erweiterte die Freistellung des Abs. 1 allgemein auf Bestimmungen, „die nicht den eigentlichen Gegenstand" von Spezialisierungsvereinbarungen bilden, „die aber mit deren Durchführung unmittelbar verbunden und für diese notwendig sind". Als Beispiele wurden „Bestimmungen über die Abtretung oder die Nutzung von Rechten an geistigem Eigentum" genannt. Art. 2 Abs. 2 ist demgegenüber von vornherein **begrenzt auf Technologietransfervereinbarungen,** die nicht Hauptgegenstand von Spezialisierungsvereinbarungen sind, „sich aber unmittelbar auf ihre Umsetzung beziehen und dafür erforderlich sind". Ein wesentlicher sachlicher Unterschied der beiden Verordnungen ist damit nicht verbunden. Die Erweiterung der Freistellung hatte aufgrund der systematischen Stellung des Art. 1 Abs. 2 VO 2658/2000 sowieso keine Bedeutung für Bezugs- und Absatzabsprachen, die früher in Art. 3 VO 2658/2000 geregelt waren und heute durch Art. 2 Abs. 3 erfasst sind. Ein Unterschied zur früheren Rechtslage kann sich daraus ergeben, dass die Erweiterung der Freistellung sich auch auf **Wettbewerbsverbote** beziehen konnte. Einem Partner konnte zB untersagt werden, entsprechende Spezialisierungsvereinbarungen mit anderen Unternehmen zu treffen, wenn dadurch der durch die Spezialisierung bezweckte Stückzahleffekt beeinträchtigt wird oder die Möglichkeit besteht, dass Geschäftsgeheimnisse, die im Rahmen der Spezialisierung ausgetauscht werden, weitergegeben werden (so auch *Reher/Holzhäuser* in L/M/R GVO Spez Rn. 22). Ein derartiges Wettbewerbsverbot kann heute nicht mehr durch die Freistellungserweiterung in Art. 2 Abs. 2 gerechtfertigt werden. Häufig wird es allerdings so sein, sie als **„ancilliary restraints"** sowieso nicht gegen Art. 101 Abs. 1 AEUV verstoßen (→ AEUV Art. 101 Rn. 128ff.). 7

b) Technologietransfer. Art. 2 Abs. 2 erweitert die Freistellung nach Abs. 1 auf Bestimmungen in Spezialisierungsvereinbarungen, die sich auf die Übertragung oder Lizenzierung von **„Rechten des geistigen Eigentums"** beziehen. Diese Begriffe sind in der VO 1218/2010 nicht definiert. Für die „Rechte des geistigen Eigentums" kann aber ohne Weiteres auf die Definition in Art. 1 Abs. 1 lit. h der VO 1217/2010 für Forschungs- und Entwicklungsvereinbarungen zurückgegriffen werden (→ VO 1217/2010 Art. 1 Rn. 15). Diese Definition macht deutlich, dass es nur um **„gewerbliche Schutzrechte, Urheberrechte und verwandte Schutzrechte"** geht. Know-how-Übertragungen und entsprechende „Lizenzierungen" sind vom Wortlaut des Art. 1 Abs. 1 lit. h VO 1217/2010 **nicht erfasst.** Gründe, das Know-how (in der Definition des Art. 1 Abs. 1 lit. i-l VO 1217/2010) nicht in den Anwendungsbereich des Abs. 2 einzubeziehen, sind nicht erkennbar (für die Einbeziehung des Know-how auch *Fuchs* in IM Art. 2 Spez-GVO Rn. 10 mit Fn. 188 unter Berufung auf die Definition in Art. 1 Abs. 1 lit. g VO 772/2004). Deswegen ist uE unter den engen Voraussetzungen des Abs. 2 auch eine Vereinbarung über die Übertragung bzw. Lizenzierung von Know-how mitfreigestellt. Diese Freistellungserweiterung macht nur Sinn, soweit die davon erfassten Bestimmungen gegen Art. 101 Abs. 1 AEUV verstoßen. Das macht deutlich, dass Abs. 2 gerade auch wettbewerbsbeschränkende Regelungen im Zusammenhang mit dem Technologietransfer rechtfertigt, also insbesondere **Ausschließlichkeiten und Verwendungsbeschränkungen.** Darauf, ob die Voraussetzungen der VO 772/2004 über Technologietransfervereinbarungen erfüllt sind, kommt es nicht an. 8

4. Freistellungserweiterung auf Bezugs- und Vertriebsvereinbarungen (Abs. 3)

9 **a) Allgemeines.** Die VO 1218/2010 fasst in Art. 2 **alles das zusammen, was freigestellt ist.** In der VO 2658/2000 war insoweit eine systematisch kaum nachvollziehbare Trennung vorgenommen worden, nämlich in die Freistellung der Spezialisierungsvereinbarung und notwendiger Durchführungsvereinbarungen in Art. 1 und die Freistellung von Bezugs- und Absatzabsprachen in Art. 3. Art. 2 Abs. 3 entspricht im Wesentlichen Art. 3 VO 2658/2000.

10 **b) Alleinbezugs- und Alleinbelieferungsverpflichtungen (lit. a).** Nach lit. a sind in allen drei Alternativen der Spezialisierung (einseitige und gegenseitige Spezialisierung, gemeinsame Produktion – Art. 1 Abs. 1 lit. b, c und d) zwischen den Vertragsparteien **wechselseitige Ausschließlichkeitsbindungen** in der Form von Alleinbelieferungsverpflichtungen (Art. 1 Abs. 1 lit o, → Art. 1 Rn. 21) und Alleinbezugsverpflichtungen (Art. 1 Abs. 1 lit. p, → Art. 1 Rn. 22) zulässig. Es ist also zulässig und typischer Inhalt einseitiger und gegenseitiger Spezialisierungsvereinbarungen, wenn diejenigen, die eine Produktion übernehmen, sich verpflichten, den oder die anderen Vertragspartner allein zu beliefern und Wettbewerber nicht zu beliefern; darüber hinaus dürfen dementsprechende ausschließliche Bezugsvereinbarungen geschlossen werden. Diese Alleinbelieferungsverpflichtung kann einer Alleinbezugsverpflichtung in dem Sinne gegenüberstehen, dass sich der beziehende Partner verpflichtet, die betroffenen Produkte ausschließlich vom anderen zu beziehen. Bei der **gemeinsamen Produktion** kann vereinbart werden, dass beide Vertragsparteien die gemeinsam produzierten Produkte voneinander oder vom Gemeinschaftsunternehmen allein beziehen, also nicht auch dritte Belieferungsquellen nutzen; die Alleinbelieferungsverpflichtung kann dann, wenn die gemeinsame Produktion durch ein Gemeinschaftsunternehmen erfolgt, zulasten dieses Gemeinschaftsunternehmens vereinbart werden.

11 **c) Gemeinsamer Vertrieb (lit. b).** Die Vorgängervorschrift in Art. 3 lit. b VO 2658/2000 bezog sich nur auf den Fall der gemeinsamen Produktion. Die jetzige Fassung des Art. 2 Abs. 3 lit. b bezieht sich auf **alle Fälle der Spezialisierungsvereinbarungen,** also auch auf die ein- und gegenseitige Spezialisierung. Die Parteien können auch in diesen Fällen vereinbaren, die Spezialisierungsprodukte (also die Produkte, die unter der Spezialisierungsvereinbarung produziert werden, vgl. Art. 1 Abs. 1 lit. j) „nicht selbst zu verkaufen, sondern gemeinsam zu vertreiben". Es kann den Vertragsparteien also ausdrücklich verboten werden, selbstständig zu vertreiben. Damit sind **Ausschließlichkeiten zu Gunsten des gemeinsamen Vertriebs zulässig.** Über die Definition in Art. 1 Abs. 1 lit. q ist ausdrücklich klargestellt, dass der gemeinsame Vertrieb über ein gemeinsames Team, eine gemeinsame Organisation oder ein Gemeinschaftsunternehmen erfolgen kann, außerdem auch durch die Ernennung eines Dritten zum Vertriebshändler mit oder ohne Ausschließlichkeitsbindung; allerdings darf der Dritte kein Wettbewerber sein (→ Art. 1 Rn. 23). Wenn in der ersten Alternative (gemeinsames Team, gemeinsame Organisation, gemeinsames Unternehmen) gemeinsam vertrieben wird, sind auch alle im Zusammenhang mit dem gemeinsamen Vertrieb getroffenen **Preisvereinbarungen** zulässig. Das wird durch die Gegenausnahme in Art. 4 lit. a ausdrücklich klargestellt; hiernach ist „die Festsetzung der Preise für direkte Abnehmer im Rahmen des gemeinsamen Vertriebs" ausdrücklich zulässig. Die Gegenausnahme in Art. 4 wirft die Frage auf, ob bei einem gemeinsamen Vertrieb über einen gemeinsam bestellten **Vertriebshändler** dessen **Preisbildung gegenüber seinen Abnehmern** auch festgelegt werden kann. Das ließe sich nach dem Wortlaut der Gegenausnahme möglicherweise rechtfertigen. Für eine entsprechende Auslegung des Art. 4 lit. a gibt es aber kein anerkennenswertes Bedürfnis. Deswegen gehen wir davon aus, dass der Vertriebshändler in

seiner Preisbildungsfreiheit gegenüber seinen Abnehmern nicht beschränkt werden darf (so auch *Fuchs* in IM Art. 4 Spez-GVO Rn. 6).

Art. 3 Marktanteilsschwelle

Die Freistellung nach Artikel 2 gilt nur unter der Voraussetzung, dass der gemeinsame Anteil der Parteien auf jedem relevanten Markt höchstens 20% beträgt.

1. Überblick

Art. 3 entspricht sachlich voll Art. 4 VO 2658/2000. Er ist Ausdruck des **„ökonomischen" Ansatzes der VO 1218/2010.** Nach dem Erwägungsgrund 10 kann davon ausgegangen werden, dass bei einem Marktanteil von nicht mehr als 20% Spezialisierungsvereinbarungen „im Allgemeinen einen wirtschaftlichen Nutzen in Form von **Größen- oder Verbundvorteilen** oder besseren Produktionstechniken bei angemessener Beteiligung der Verbraucher an den entstehenden Vorteilen mit sich bringen". Die **Beteiligung der Verbraucher** am „entstehenden Gewinn" ist im Regelfall nur gewährleistet, wenn die beteiligten Unternehmen durch Wettbewerb gezwungen werden, die Rationalisierungsvorteile zumindest teilweise an die Verbraucher weiterzugeben. Bei einem Marktanteil von bis zu 20% liegt dieser Wettbewerbsdruck nahe. Aber auch bei Marktanteilen von über 20% ist das häufig der Fall. Deswegen sind Spezialisierungsvereinbarungen, die die Marktanteilsschwelle des Art. 3 überschreiten, häufig geeignet, unter diesem Gesichtspunkt **unmittelbar die Voraussetzungen des Art. 101 Abs. 3 AEUV** zu erfüllen (vgl. dazu auch Horizontalleitlinien, Anhang B 5, Rn. 168ff.; *Fuchs* in IM Art. 3 Spez-GVO Rn. 13ff.). Maßgeblich dafür sind die Kriterien der „Ausschaltung des Wettbewerbs", bei dem die Voraussetzungen des Art. 101 Abs. 3 AEUV nicht mehr angenommen werden können. 1

2. Marktanteilsschwelle von 20%

Art. 3 setzt voraus, dass die durch die Spezialisierungsvereinbarung betroffenen Märkte definiert werden. Insoweit gelten die **allgemeinen Kriterien für die Bestimmung des relevanten Marktes,** und zwar sowohl in sachlicher als auch in räumlicher Hinsicht (vgl. dazu insbesondere die Bekanntmachung über den relevanten Markt, Anhang B 1). Für die Marktabgrenzung ist abzustellen auf die Waren und Dienstleistungen, die **Gegenstand der Spezialisierungsvereinbarung** sind. Der Wortlaut des Art. 3 geht davon aus, dass die beteiligten Unternehmen aktuell auf ein und demselben Markt tätig sind, so dass die Marktanteile addiert werden können. Das entspricht dem Regelfall. Zu Marktanteilsadditionen kommt es nicht, wenn die beiden Unternehmen nur **potenzielle Wettbewerber** sind, eines der beteiligten Unternehmen auf dem Markt also aktuell (noch) nicht tätig ist. Wenn trotz Fehlens eines Wettbewerbsverhältnisses Art. 101 Abs. 1 AEUV durch die Spezialisierungsvereinbarung berührt und deswegen eine Freistellung erforderlich sein sollte, darf der auf dem durch die Vereinbarung betroffenen Markt tätige Partner alleine die Schwelle von 20% nicht überschreiten. Es ist möglich, dass durch eine Spezialisierungsvereinbarung **mehrere Märkte** betroffen sind, zB mehrere Endprodukte oder Vor- und Endprodukte, außerdem in Verbindung mit Waren auch Dienstleistungen. Art. 3 verlangt, dass **auf keinem der betroffenen Märkte Marktanteile von 20%** oder mehr erreicht werden. 2

Die Regelung des Art. 3 wird in Art. 5 wesentlich konkretisiert, insbesondere im Hinblick darauf, dass es auf **Wertmarktanteile** und die Marktanteile im **vorhergehenden Kalenderjahr** ankommt (→ Art. 5 Rn. 2ff.). 3

Art. 4 Kernbeschränkungen

Die Freistellung nach Artikel 2 gilt nicht für Spezialisierungsvereinbarungen, die unmittelbar oder mittelbar, für sich allein oder in Verbindung mit anderen Umständen, auf die die Parteien Einfluss haben, einen der folgenden Zwecke verfolgen:

a) die Festsetzung der Preise für den Verkauf der Produkte an Dritte, ausgenommen die Festsetzung der Preise für direkte Abnehmer im Rahmen des gemeinsamen Vertriebs;

b) die Beschränkung von Produktion oder Absatz, ausgenommen
i) Bestimmungen über die in Vereinbarungen über die einseitige oder die gegenseitige Spezialisierung festgelegten Produktmengen und die Festlegung von Kapazität und Produktionsvolumen in Vereinbarungen über die gemeinsame Produktion und
ii) die Festlegung von Absatzzielen im Rahmen des gemeinsamen Vertriebs;

c) die Zuweisung von Märkten oder Kunden.

1. Überblick

1 **a) Allgemeines.** Art. 4 entspricht weitgehend Art. 5 VO 2658/2000, enthält sogenannte **„schwarze" Klauseln,** die, wenn sie vereinbart sind, die Freistellung nach Art. 2 ausschließen. Enthält eine Spezialisierungsvereinbarung eine der in Art. 4 (abschließend) aufgeführten Vertragsbestimmungen, greift die Freistellung insgesamt nicht ein. Das bedeutet, dass **alle wettbewerbsbeschränkenden Klauseln der jeweiligen Vereinbarung nicht freigestellt** sind, unabhängig von ihrer Rechtfertigung im Einzelfall. Ob die Vereinbarung auch hinsichtlich ihrer nicht wettbewerbsbeschränkenden Teile, also in den Teilen, in denen sie nicht von Art. 101 Abs. 1 AEUV erfasst wird, nichtig ist, richtet sich nach nationalem Zivilrecht und, soweit von diesem zugelassen, nach den Parteivereinbarungen. In Deutschland gilt **§ 139 BGB,** von dem aber abweichende Vereinbarungen getroffen werden können.

2 Anders als in der VO 772/2004, VO 330/2010 und VO 1217/2010 wird der Katalog der schwarzen Klauseln in Art. 4 nicht auch durch einen Katalog sogenannter **„grauer" Klauseln** ergänzt. Vielmehr gilt nach dem System der VO 1218/2010 die Freistellung uneingeschränkt dann, wenn die Anwendungsvoraussetzungen des Art. 2 erfüllt sind, der Marktanteil nach Art. 3 nicht überschritten ist und eine schwarze Klausel iSd Art. 4 nicht vereinbart ist. Es gilt aber **nicht der Grundsatz, dass alles, was nicht ausdrücklich verboten ist, mitfreigestellt** ist. Vielmehr grenzt Art. 2 den Freistellungsrahmen ab. Freigestellt sind nur die Spezialisierungsvereinbarungen als solche (Art. 2 Abs. 1) einschließlich von Alleinbezugs-, Alleinbelieferungs- und Vertriebsvereinbarungen (Abs. 3) sowie Vereinbarungen über gewerbliche Schutzrechte, die sich unmittelbar auf die Umsetzung der Spezialisierungsvereinbarung beziehen und dafür erforderlich sind (Abs. 3).

3 **b) Unmittelbares und mittelbares Bezwecken.** Der Einleitungswortlaut des Art. 4 stellt auf alle Vereinbarungen einschließlich der abgestimmten Verhaltensweisen (vgl. Art. 1 Abs. 1 lit. e) ab, „die unmittelbar oder mittelbar, für sich allein oder i. V. m. anderen Umständen, auf die die Parteien Einfluss haben, einen der folgenden Zwecke verfolgen". Hiernach kommt es nicht darauf an, ob die schwarze Klausel **in dem Vertragstext** oder **außerhalb dieses Vertragestextes** vereinbart ist. Es kann auch ausreichen, dass sich der Inhalt der schwarzen Klauseln nicht unmittelbar aus einem Dokument ergibt, wohl aber mittelbar. Das ist insbesondere dann der Fall, wenn die vertragliche Verpflichtung, die die Voraussetzungen der schwarzen Klausel erfüllt, nicht als solche im Vertrag enthalten ist, sondern nur für den Fall, dass die Ver-

tragspartei sich anders verhält, eine **Sanktion** – insbesondere eine Kündigungsmöglichkeit oder eine Vertragsstrafe – vorgesehen ist. Es reicht auch aus, wenn die Vertragsparteien Ersatzinstrumente vereinbaren oder auch nur **abgestimmt praktizieren,** die dieselben Zwecke verfolgen, die durch die schwarzen Klauseln erreicht werden sollen. Derartige Vereinbarungen oder Verhaltensweisen müssen sich die Vertragsparteien zurechnen lassen, wenn sie darauf **„Einfluss"** haben. Das ist der Fall, wenn die Vertragsparteien diese Vereinbarung oder Praxis auch verhindern könnten. Der Wortlaut deutet darauf hin, dass der **Einfluss aller Partner** der Vereinbarung gegeben sein muss; es reicht also nicht aus, wenn nur eine Seite den entsprechenden Einfluss hat (ausführlicher zu der entsprechenden Einleitung des Art. 4 VO 330/2010 → VO 330/2010 Art. 4 Rn. 3; → VO 1217/2010 Art. 5 Rn. 2).

2. Preisbindung (lit. a)

Nach lit. a ist eine Regelung in einer Spezialisierungsvereinbarung unzulässig, die die „Festsetzung der **Preise** für den Verkauf der Produkte **an Dritte**" umfasst. Das gilt aber nicht, soweit es um die Festsetzung der Preise geht, die im Rahmen eines **gemeinsamen Vertriebs** (dazu Art. 1 lit. q, → Art. 1 Rn. 23 f. und → Art. 2 Rn. 11) für direkte Abnehmer gelten. Im Regelfall der Spezialisierungsvereinbarung bleiben die beteiligten Unternehmen unabhängig voneinander am Markt tätig, und zwar sowohl im Falle der einseitigen als auch der gegenseitigen Spezialisierung. In keinem Falle darf die Preisbildungsfreiheit der Vertragsparteien beim Verkauf der Produkte an dritte Abnehmer beschränkt werden. Dabei kommt es nicht darauf an, ob die Parteien im gegenseitigen Wettbewerb am Markt tätig sind oder nicht. Erfasst wird nur die Preisbildungsfreiheit für den **„Verkauf der Produkte an Dritte"**, also **nicht für den Verkauf im Verhältnis zueinander.** Insoweit kommt es (nur) auf die Preise an, die die Parteien untereinander vereinbaren. Das gilt auch dann, wenn an der Spezialisierungsvereinbarung mehr als zwei Unternehmen beteiligt sind, und in dem Vertrag zwischen allen die Preisbildung nur zwischen einigen der Parteien geregelt ist. Auch dann handelt es sich nicht um – unzulässige – Beschränkungen beim Verkauf der Produkte an „Dritte"; Preisbindungen sind also auch dann zulässig (so auch *Fuchs* in IM Art. 4 Spez-GVO Rn. 5). 4

Lit. a wirft im Lichte der Preisbindungsregelungen in der VO 330/2010 (Art. 4 lit. a, → VO 330/2010 Art. 4 Rn. 6 ff.) und der VO 316/2014 (Art. 4 Abs. 2, → VO 316/2014 Art. 4 Rn. 25) die Frage auf, ob das Preisbindungsverbot auch die Festsetzung von **Höchstverkaufspreisen** und **Preisempfehlungen** erfasst. Diesen Regelungen kann die Richtschnur entnommen werden, dass **im Vertikalverhältnis** die Höchstpreisbindung und der Ausspruch von Preisempfehlungen zulässig sind, und zwar offenbar in den Augen der Kommission, weil sie nicht gegen Art. 101 Abs. 1 AEUV verstoßen. Die Gegenüberstellung mit Art. 4 Abs. 1 lit. a VO 772/2004 zeigt aber, dass im **Verhältnis zwischen Wettbewerbern** derartige Regelungen wohl nicht zulässig sind. Das ermöglicht es, Art. 4 lit. a so zu interpretieren, dass auch die Vereinbarung über Höchstpreise und Preisempfehlungen zulässig ist, soweit es um ein Vertikalverhältnis zwischen den Parteien einer Spezialisierungsvereinbarung geht, aber unzulässig ist, soweit es um das Wettbewerbsverhältnis zwischen den Parteien geht (abweichende Auffassungen vertreten *Fuchs* in IM Art. 4 Spez-GVO Rn. 7; *Reher/Holzhhäuser* in L/M/R GVO-Spez Rn. 45; *Seeliger/Laskey* in *Liebscher/Flor/Petsche* § 9 Rn. 118). 5

Nach den Ausnahmen in lit. a sind Preisvereinbarungen dann zulässig, wenn ein **gemeinsamer Vertrieb** (→ Art. 3 Rn. 11) stattfindet. Dann dürfen die Parteien der Spezialisierungsvereinbarung die Preise festlegen, die im Rahmen des gemeinsamen Vertriebs unmittelbar Dritten berechnet werden. Wird ein Dritter zum Vertriebshändler bestellt, gilt das nur für die Belieferung des Dritten als Vertriebshändler, nicht für dessen Weiterverkaufspreis am Markt. 6

3. Produktions- und Absatzbeschränkungen (lit. b)

7 **a) Produktionsbeschränkungen.** Nach lit. b dürfen die Parteien einer Spezialisierungsvereinbarung keine Vereinbarung über die Beschränkung der Produktion oder des Absatzes treffen. Wenn die Parteien eine einseitige oder gegenseitige Spezialisierung vereinbaren, führt das insoweit zur Beschränkung der Produktion, als im Rahmen der Spezialisierung nur noch die eine Partei pro-duziert (einseitige Spezialisierung) oder die Produktion unter sich aufteilen (ge-genseitige Spezialisierung). Darin allein kann keine nach lit. b unzulässige „Beschränkung der Produktion" liegen (so auch *Fuchs* in IM Art. 4 Spez-GVO Rn. 7). Sie liegt nur vor, wenn in der Spezialisierungsvereinbarung (zulässigerweise) **getrennte Produktionen** der Parteien vorgesehen sind, für die eine oder andere Partei Beschränkungen darin vorgesehen werden, wie groß ihre Produktion **außerhalb der Spezialisierung** sein darf. Dabei bezieht sich der Begriff der „Produktionsbeschränkung" nicht nur auf die **Menge** der Produktion, sondern auch den **Gegenstand** und den **Ort der Produktion.** Es darf dem produzierenden Partner im Rahmen einer einseitigen oder gegenseitigen Spezialisierung also keine mengenmäßige Beschränkung vorgeschrieben werden, aber ebenso wenig auch eine Beschränkung in der Produktion anderer Produkte oder darin, dass er an bestimmten Orten nicht produzieren darf.

8 Nach lit. b liegt keine unzulässige Beschränkung der Produktion vor, soweit in Vereinbarungen über die **einseitige oder gegenseitige Spezialisierung** Festlegungen der **Produktmengen** enthalten sind. Die Parteien dürfen insbesondere also eine Produktplanung vornehmen und dabei festlegen, welche Mengen für den Bedarf des (jeweils) abnehmenden Partners produziert werden. Diese Ausnahme legitimiert aber **nicht Produktionsbeschränkungen außerhalb der Spezialisierung.** Der im Falle der einseitigen Spezialisierung allein produzierende Partner und im Falle der gegenseitigen Spezialisierung die jeweils produzierenden Partner dürfen nicht darin beschränkt werden, Produkte für den eigenen Bedarf zu produzieren; insoweit ist eine Vereinbarung über die „Menge an Produkten" nicht zulässig.

9 Die zweite Ausnahme in lit. b betrifft den Fall der **gemeinsamen Produktion.** Bei ihr darf **die Kapazität** und das Produktionsvolumen dieser gemeinsamen Produktion von den Partnern festgelegt werden. Da die gemeinsame Produktion auf die Tätigkeit innerhalb der Spezialisierungsvereinbarung beschränkt werden kann, stellt sich hier das Problem der über diese Vereinbarung hinausgehenden Beschränkung der Partner nicht. Sie müssen in der Lage sein, die Tätigkeit der gemeinsamen Produktion zu vereinbaren und zu begrenzen.

10 **b) Absatzbeschränkungen.** Lit. b verbietet auch Absatzbeschränkungen. Nach der Ausnahme in ii gilt das nicht für die Festlegung von Absatzzielen im Rahmen eines **gemeinsamen Vertriebs.** Ist kein gemeinsamer Vertrieb (dazu Art. 1 lit. q, → Art. 1 Rn. 24 und → Art. 3 Rn. 11) vereinbart, dürfen den Partnern einer Spezialisierungsvereinbarung **keine Beschränkungen des Absatzes** auferlegt werden, **weder quantitativ noch im Hinblick auf die zu beliefernden Kunden.** Sie müssen also frei darin sein, die Produkte, die sie im Rahmen der Spezialisierung vertreiben, in allein von ihnen zu bestimmendem Umfang und an die von ihnen zu bestimmenden Kunden zu vertreiben, ohne Beschränkung durch die Spezialisierungsvereinbarung oder ohne das Erfordernis einer Abstimmung mit dem oder den Partnern.

4. Markt- und Kundenaufteilungen (lit. c)

11 Art. 4 lit. c qualifiziert alle Vereinbarungen über „die Zuweisung von Märkten oder Kunden" als schwarze Klauseln. Damit korrespondiert der sich aus Art. 2 ergebende Grundsatz, dass Spezialisierungsvereinbarungen nur im Hinblick auf die Produktion und ggf. einen gemeinsamen Absatz im Zusammenhang mit einer gemeinsamen Produktion möglich sind, **nicht aber Spezialisierungen, die sich unmittelbar auf**

die Märkte oder die Abnehmerkreise beziehen. Eine Spezialisierung in der regionalen Zuständigkeit (Unternehmen A ist für die Länder 1, 2, 3 zuständig, Unternehmen B für die Länder 4, 5, 6) ist von vornherein nicht freigestellt. Derartige Spezialisierungsvereinbarungen dürfen auch nicht in Verbindung mit freigestellten Produktionsvereinbarungen getroffen werden. Die einzige Ausnahme ergibt sich aus dem Umstand, dass nach Art. 2 Abs. 3 lit. b in einer Spezialisierungsvereinbarung, die sich nach Art. 1 Abs. 1 lit. a–c immer auf die Produktion bezieht, **auch die Vereinbarung eines gemeinsamen Vertriebes zulässig** ist. Im Rahmen dieses gemeinsamen Vertriebs können die Partner die Tätigkeit des gemeinsamen Unternehmens steuern, insbesondere auch dessen Preisbildung (dazu auch lit. a, → Rn. 6). Im Rahmen des gemeinsamen Vertriebs über ein Gemeinschaftsunternehmen kann es nicht zu einer Aufteilung von Märkten oder Abnehmerkreisen kommen, weil das Gemeinschaftsunternehmen gleichermaßen den Partnern der Spezialisierungsvereinbarung zuzurechnen ist, und deswegen eine Aufteilung der Märkte oder Abnehmerkreise über das gemeinsame Unternehmen nicht in Betracht kommt.

Art. 5 Anwendung der Marktanteilsschwelle

Für die Anwendung der Marktanteilsschwelle gemäß Artikel 3 gelten die folgenden Vorschriften:

a) Der Marktanteil wird anhand des Absatzwerts berechnet; liegen keine Angaben über den Absatzwert vor, so können zur Ermittlung des Marktanteils der Parteien Schätzungen vorgenommen werden, die auf anderen verlässlichen Marktdaten unter Einschluss der Absatzmengen beruhen.

b) Der Marktanteil wird anhand der Angaben für das vorangegangene Kalenderjahr ermittelt.

c) Der Marktanteil der in Artikel 1 Absatz 2 Unterabsatz 2 Buchstabe e genannten Unternehmen wird zu gleichen Teilen jedem Unternehmen zugerechnet, das die in Buchstabe a des genannten Unterabsatzes aufgeführten Rechte oder Befugnisse hat.

d) Beträgt der in Artikel 3 genannte Marktanteil ursprünglich nicht mehr als 20% und überschreitet er anschließend diese Schwelle, jedoch nicht 25%, so gilt die Freistellung nach Artikel 2 im Anschluss an das Jahr, in dem die 20%- Schwelle erstmals überschritten wurde, noch für zwei weitere aufeinanderfolgende Kalenderjahre.

e) Beträgt der in Artikel 3 genannte Marktanteil ursprünglich nicht mehr als 20% und überschreitet er anschließend 25%, so gilt die Freistellung nach Artikel 2 im Anschluss an das Jahr, in dem die 25%-Schwelle erstmals überschritten wurde, noch für ein weiteres Kalenderjahr.

f) Die in den Buchstaben d und e genannten Rechtsvorteile dürfen nicht in einer Weise miteinander verbunden werden, dass ein Zeitraum von zwei Kalenderjahren überschritten wird.

1. Überblick

1 Art. 5 entspricht voll dem Art. 6 VO 2658/2000; er ist lediglich neu gegliedert. Er bezieht sich auf die **Anwendung der Marktanteilsschwelle des Art. 3.** Häufig bestehen trotz der Detailregelungen in Art. 5 **Unsicherheiten** darin, wie groß die Marktanteile tatsächlich sind. Diese Unsicherheiten ergeben sich sowohl aus den Schwierigkeiten, die Märkte exakt sachlich und geografisch abzugrenzen, als auch aus unzureichenden Kenntnissen der Markt- und Wettbewerbsverhältnisse. Deswegen ist oft eine klare Aussage darüber, ob die Marktanteilsschwelle des Art. 3 über-

oder unterschritten ist, nicht möglich. Damit kann dann auch nicht sicher prognostiziert werden, ob die Freistellung nach der VO 1218/2010 eingreift oder nicht.

2. Marktanteilsermittlung (lit. a–c)

2 **a) Berechnung oder Schätzung (lit. a).** Lit. a spricht als Oberbegriff von der „Ermittlung" des Marktanteils. Er geht davon aus, dass ein Marktanteil grundsätzlich berechnet werden kann; wenn diese Berechnung nicht möglich ist, sind aber Schätzungen erlaubt. Damit wird der Tatsache Rechnung getragen, dass häufig die **Marktvolumina** (darauf bezieht sich jedenfalls auch der Begriff „Absatzwert") auch dann, wenn eindeutig feststeht, welche Produkte oder Dienstleistungen einzubeziehen sind, **nicht genau feststellbar** sind. Dann sind Schätzungen über die Marktvolumina möglich. Die Marktanteile ergeben sich aus der Relation der im Allgemeinen feststehenden eigenen Absätze zu dem errechneten oder geschätzten Marktvolumen. Häufig ist es so, dass die betroffe-nen Unternehmen selbst Marktvolumina nur schätzen können, obwohl objektiv – insbesondere bei Einsatz behördlicher Ermittlungsmöglichkeiten – das Marktvolumen durch Addition der tatsächlichen Absatzmengen der auf dem Markt tätigen Unternehmen berechnet werden kann. Die ausdrückliche Erwähnung der Schätzungsmöglichkeit hat zur Folge, dass ein **geschätzter Marktanteil** mit Wirkung für die Vergangenheit auch dann **relevant bleibt,** wenn sich nachträglich insbesondere durch Einsatz behördlicher Ermittlungsmöglichkeiten ergibt, dass er **von dem „richtig berechneten" abweicht** (vgl. zum entsprechenden Problem in der VO 330/2010 → VO 330/2010 Art. 7 Rn. 6; wie hier *Reher/Holzhäuser* in L/M/R GVO-Spez Rn. 54; differenzierend, aber im Wesentlichen jetzt zustimmend, *Fuchs* in IM Art. 5 Spez-GVO Rn. 6). Die Anwendung der Marktanteilsschwelle des Art. 3 wäre mit unerträglicher Rechtsunsicherheit behaftet, wenn die seriös vorgenommene Marktanteilsschätzung sich bei einer nachträglich möglich gemachten Berechnung rückwirkend als falsch erwiese. Deswegen kommt es immer auf den Marktanteil an, der sich aktuell unter Einsatz aller vernünftigerweise zur Verfügung stehenden Erkenntnismöglichkeiten ergibt. Er bleibt auch dann mit Wirkung für die Vergangenheit relevant, wenn er sich nachträglich aufgrund besserer und erst nachträglich zur Verfügung stehender Erkenntnismöglichkeiten als falsch erweist.

3 **b) Wert- und Mengenberechnung (lit. a).** Lit. a bringt klar zum Ausdruck, dass der Ermittlung von Marktvolumina und Marktanteilen **nach Absatzwerten der Vorrang** einzuräumen ist **vor Absatzmengen.** Das entspricht auch der sonstigen Praxis der Kommission (vgl. dazu auch Bekanntmachung über den relevanten Markt, Anhang B 1, unter Rn. 53–55). Zwar führen Berechnungen der Marktanteile auf der Basis von Absatzwerten dazu, dass derjenige, der teurer verkauft, deswegen höhere Marktanteile hat. Das kann aber dadurch gerechtfertigt werden, dass seine Möglichkeit, höhere Preise zu verlangen, auch aus einer entsprechend stärkeren Marktstellung resultiert. Die Berechnung der Marktvolumina und Marktanteile nach Werten ist desto sachgerechter, je verschiedenartiger die in den Markt einbezogenen Produkte und Dienstleistungen sind. Es gibt aber Fälle, in denen **Wertberechnungen nicht möglich** sind, weil es keine entsprechenden Unterlagen über die Marktvolumina gibt. In diesen Fällen sind **Mengenberechnungen möglich,** also je nach Art des Produktes oder der Dienstleistung nach Stückzahlen, Gewicht, Flächen, Längenmaß usw.

4 **c) Zeitraum (lit. b).** Nach lit. b wird der Marktanteil anhand der Angaben für das **vorangegangene Kalenderjahr** ermittelt. Diese Regelung ist nicht immer sachgerecht. Sachgerechter wäre es, auf die **jeweils verfügbaren aktuellsten** Daten abzustellen, die einen Zeitraum von mindestens einem Jahr umfassen. Zu Beginn eines Kalenderjahres liegen häufig die Daten für das vorangegangene noch nicht vor; auch daraus ergeben sich Einschränkungen. In bestimmten Branchen stellen die gebräuchlichen Statistiken nicht auf Kalenderjahre, sondern auf andere **Wirtschaftsjahre** ab.

Teilweise ist auch die Begrenzung auf Jahresperioden nicht sachgerecht; je größer und teurer die Ware und Dienstleistung ist, desto eher ist die Ermittlung des Marktanteils auf der Basis einer **längeren Zeitperiode** sachgerecht. Lit. b muss deswegen so ausgelegt werden, dass **nur im Regelfall** auf die vorangegangene Kalenderjahrperiode abzustellen ist, dass aber Ausnahmen insbesondere dann möglich sind, wenn Marktvolumina und Marktanteile nur für andere Zeitperioden zur Verfügung stehen (zustimmend *Reher/Holzhäuser* in L/M/R Rn. 54; a. A. im Hinblick auf den Verordnungswortlaut *Fuchs* in IM Art. 5 Spez-GVO Rn. 5).

d) Einbeziehung der verbundenen Unternehmen (lit. c). Nach der Definition der verbundenen Unternehmen in Art. 1 Abs. 2 sind bei der Berechnung der Marktanteilsschwellen immer die verbundenen Unternehmen mit einzubeziehen. Lit. c knüpft an die Regelung in Art. 1 Abs. 2 lit. d an, die auch **Gemeinschaftsunternehmen** von beteiligten Unternehmen in den Konzernverbund einbezieht. Während diese Gemeinschaftsunternehmen im Rahmen der VO 1218/2010 generell als mit jeweils allen Muttergesellschaften verbunden anzusehen sind, gilt nach lit. c für die Marktanteilszurechnung eine Sonderregelung. Ein Gemeinschaftsunternehmen, das von mehreren beteiligten Unternehmen oder von einem beteiligten oder mehreren beteiligten Unternehmen und einem dritten gemeinsam beherrscht wird, ist hiernach den herrschenden Unternehmen **jeweils zu gleichen Teilen** zuzurechnen. Dabei kommt es nicht auf die Höhe der Beteiligungen an, sondern nur auf die Anzahl der beherrschenden Unternehmen. Handelt es sich um ein Gemeinschaftsunternehmen, in dem ein beteiligtes Unternehmen und drei andere Unternehmen gemeinsam einen beherrschenden Einfluss ausüben, ist ein Marktanteil dem beteiligten Unternehmen nur zu einem Viertel zuzurechnen. 5

3. Kurzfristige Überschreitung der Marktanteilsschwelle (lit. d–f)

Lit. d–f gehen davon aus, dass die an einer potenziell freigestellten Spezialisierungsvereinbarung beteiligten Unternehmen „ursprünglich“ die Marktanteilsschwelle von 20% nicht erreichen und anschließend diese Schwelle überschreiten. Das führt dann **nicht sofort zum Wegfall der (Gruppen-)Freistellung, sondern nur mit Verzögerungen.** Überschreitet der Marktanteil die Schwelle von 20%, bleibt aber unter 25%, so gilt die Freistellung nach Art. 2 im Anschluss an das Jahr, in welchem die 20%-Schwelle erstmals überschritten wurde, noch für zwei weitere Kalenderjahre. Überschreitet er die Marktanteilsschwelle jedoch sogleich auf mehr als 25%, so gilt nach lit. e die Freistellung im Anschluss an das Jahr, in welchem die Schwelle von 25% erstmals überschritten wurde, nur noch für ein weiteres Kalenderjahr. Beide Regelungen setzen voraus, dass die Marktanteilsschwelle von 20% zunächst nicht erreicht wurde; lit. d und e unterscheiden sich nur nach dem **Ausmaß der Überschreitung.** Nach lit. f sollen lit. d und e aber nicht so kombiniert werden können, dass der in lit. d vorgesehene Zeitraum von höchstens zwei weiteren Kalenderjahren überschritten wird. Das wäre ohne lit. f aber sowieso nicht denkbar, weil lit. d und e gleichermaßen voraussetzen, dass der Marktanteil zunächst nicht mehr als 20% beträgt. Beträgt er im Jahr x 20%, im Jahr x + 1 26% und im Jahr x + 2 24%, gilt nur Abs. 3 mit der Verlängerung um ein Jahr. Beträgt er im Jahr x 20%, im Jahr x + 1 24% und im Jahr x + 2 26%, so gilt allein lit. d mit der Folge, dass die Zweijahresfrist im Jahr x + 2 ausläuft und keine weitere Verlägerung nach lit. e möglich ist (so wohl richtig *Fuchs* in IM Art. 5 Spez-GVO Rn. 8 mit Fn. 289). Bei Wegfall der Freistellung nach Ablauf der Übergangsfristen nach lit. d und e kommt eine Wiederanwendung der Freistellung nur in Betracht, wenn in einem Jahr der Marktanteil auf unter 20% fällt; dann gilt für das Folgejahr die Freistellung mit der Möglichkeit, dass bei Wiederüberschreiten der Grenze erneut die Übergangsfristen der lit. d und e Anwendung finden. 6

Art. 6 Übergangszeitraum

Das Verbot des Artikels 101 Absatz 1 AEUV gilt in der Zeit vom 1. Januar 2011 bis zum 31. Dezember 2012 nicht für bereits am 31. Dezember 2010 in Kraft befindliche Vereinbarungen, die zwar nicht die Freistellungskriterien dieser Verordnung, aber die Freistellungskriterien der Verordnung (EG) Nr. 2658/2000 erfüllen.

1 Die VO 1218/2010 trat mit Wirkung vom 1.1.2011 an die Stelle der VO 2658/2000. Diese hatte eine Geltungsdauer bis zum 31.12.2010. Art. 6 regelt den – in der Praxis kaum relevanten – Fall, dass eine Vereinbarung zwar die **Freistellungsvoraussetzungen der Vorgänger-VO** 2658/2000 erfüllt, nicht aber die der VO 1218/2010. Dann gilt die alte Freistellung noch bis zum 31.12.2012. Danach kann sich die Zulässigkeit und Wirksamkeit der Spezialisierungsvereinbarung nur noch entweder aus der unmittelbaren Anwendbarkeit des Art. 101 Abs. 3 AEUV oder daraus ergeben, dass die Spezialisierungsvereinbarung spätestens mit Wirkung zum 1.1.2013 an die VO 1218/2010 angepasst wurde.

Art. 7 Geltungsdauer

Diese Verordnung tritt am 1. Januar 2011 in Kraft.
Sie gilt bis zum 31. Dezember 2022.

1 Die VO 1218/2010 ist am 1.1.2011 in Kraft getreten. Das bedeutet, dass die von der VO begünstigten Unternehmen von diesem Tag an die Gruppenfreistellung in Anspruch nehmen konnten. Die Gruppenfreistellung gilt **bis zum 31.12.2022.** Es ist damit zu rechnen, dass die Geltungsdauer entweder verlängert wird oder zu diesem Zeitpunkt die VO durch eine neue Gruppenfreistellung ersetzt wird. Das bedeutet nicht unbedingt, dass damit die durch die VO 1218/2010 erfassten, von der Nachfolgeverordnung aber nicht mehr erfassten Vereinbarungen unzulässig werden. Aufgrund der unmittelbaren Anwendbarkeit des Art. 101 Abs. 3 AEUV bleiben die Verträge, die zwar nicht mehr die Voraussetzungen einer Gruppenfreistellung, wohl aber aufgrund einer dann anzustellenden Einzelprüfung unmittelbar die Voraussetzungen des Art. 101 Abs. 3 AEUV erfüllen, weiterhin wirksam.

F. VO 267/2010 – Gruppenfreistellung für den Versicherungssektor

Verordnung (EU) Nr. 267/2010 der Kommission vom 24. März 2010 über die Anwendung von Artikel 101 Absatz 3 des Vertrages über die Arbeitsweise der Europäischen Union auf Gruppen von Vereinbarungen, Beschlüssen und aufeinander abgestimmten Verhaltensweisen im Versicherungssektor

(ABl. 2010 L 83/1)

(Die Überschriften über den Artikeln sind Teil des amtlichen Textes.)

Übersicht

Erwägungsgründe

(1) Die Verordnung (EWG) Nr. 1534/91 ermächtigt die Kommission, Artikel 101 Absatz 3 des Vertrags über die Arbeitsweise der Europäischen Union durch Verordnung auf Gruppen von Vereinbarungen, Beschlüssen und abgestimmten Verhaltensweisen im Versicherungssektor anzuwenden, die eine Zusammenarbeit in folgenden Bereichen bezwecken:
- die Erstellung gemeinsamer, auf gegenseitig abgestimmten Statistiken oder dem Schadensverlauf beruhender Risikoprämientarife;
- die Erstellung von Mustern für allgemeine Versicherungsbedingungen;
- die gemeinsame Deckung bestimmter Arten von Risiken;
- die Abwicklung von Schadensfällen;
- die Prüfung und Anerkennung von Sicherheitsvorkehrungen;
- die Erstellung von Verzeichnissen und Austausch von Informationen über erhöhte Risiken

(2) Auf der Grundlage der Verordnung (EWG) Nr. 1534/91 erließ die Kommission die Verordnung (EG) Nr. 358/2003 vom 27. Februar 2003 über die Anwendung von Artikel 81 Absatz 3 EG-Vertrag auf bestimmte Gruppen von Vereinbarungen, Beschlüssen und aufeinander abgestimmten Verhaltensweisen im Bereich der Versicherungswirtschaft. Die Verordnung (EG) Nr. 358/2003 tritt am 31. März 2010 außer Kraft.

(3) Nach der Verordnung (EG) Nr. 358/2003 sind Vereinbarungen über die Abwicklung von Schadensfällen und über die Erstellung von Verzeichnissen erhöhter Risiken und den Austausch der entsprechenden Informationen nicht freigestellt. Die Kommission war der Ansicht, dass es ihr an ausreichender Erfahrung mit konkreten Fällen mangelte, um die ihr mit der Verordnung (EWG) Nr. 1534/91 übertragenen Befugnisse auf diese Bereiche anzuwenden. Daran hat sich nichts geändert. Ferner sollten mit dieser Verordnung – im Gegensatz zu der Verordnung (EG) Nr. 358/2003 – weder die Erstellung von Mustern für allgemeine Versicherungsbedingungen noch die Prüfung und Anerkennung von Sicherheitsvorkehrungen freigestellt werden, weil die von der Kommission vorgenommene Überprüfung des Funktionierens der Verordnung (EG) Nr. 358/2003 gezeigt hat, dass die Aufnahme solcher Vereinbarungen in eine sektorspezifische Gruppenfreistellungsverordnung nicht mehr erforderlich ist. Da jene beiden Arten von Vereinbarungen nicht spezifisch für den Versicherungssektor sind und, wie die Überprüfung gezeigt hat, auch Anlass zu wettbewerbsrechtlichen Bedenken geben können, ist es angemessener, dass sie der Selbstveranlagung unterliegen.

(4) Nach einer am 17. April 2008 eingeleiteten öffentlichen Anhörung nahm die Kommission am 24. März 2009 einen Bericht an das Europäische Parlament und an den Rat über das Funktionieren der Verordnung (EG) Nr. 358/2003 (nachstehend „Bericht" genannt) an. Der Bericht und das dazugehörige Arbeitspapier (nachstehend „Arbeitspapier" genannt) enthielten Vorschläge für vorläufige Änderungen an der Verordnung (EG) Nr. 358/2003. Am 2. Juni 2009 organisierte die Kommission eine öffentliche Zusammenkunft mit betroffenen Dritten, u. a. mit Vertretern des Versicherungssektors, der Verbraucherorganisationen und der mitgliedstaatlichen Wettbewerbsbehörden, bei der die Feststellungen und Vorschläge des Berichts und des Arbeitspapiers behandelt wurden.

(5) Diese Verordnung soll den effektiven Schutz des Wettbewerbs gewährleisten und gleichzeitig nutzbringend für die Verbraucher sein und den Unternehmen ausreichende Rechtssicherheit bieten. Bei der Verfolgung dieser Ziele sollten die von der Kommission gesammelten Erfahrungen auf diesem Gebiet und die Ergebnisse der Anhörungen, die dem Erlass der Verordnung vorangingen, berücksichtigt werden.

(6) Nach der Verordnung (EWG) Nr. 1534/91 muss die betreffende Freistellungsverordnung der Kommission eine Beschreibung der Gruppen von Vereinbarungen, Beschlüssen und abgestimmten Verhaltensweisen enthalten, auf die die Verordnung anzuwenden ist, und bestimmen, welche Beschränkungen oder Bestimmungen in den Vereinbarungen, Beschlüssen und abgestimmten Verhaltensweisen enthalten bzw. nicht enthalten sein dürfen; ferner müssen darin die Bestimmungen, die in die Vereinbarungen, Beschlüsse und abgestimmten Verhaltensweisen aufzunehmen sind, und die sonstigen Voraussetzungen, die erfüllt sein müssen, genannt sein.

(7) Dennoch sollte der Ansatz der Verordnung (EG) Nr. 358/2003 weiterverfolgt und dementsprechend das Hauptaugenmerk auf die Festlegung von Gruppen von Vereinbarungen gerichtet werden, die bis zu einem bestimmten Marktanteil freizustellen sind, sowie auf die Beschränkungen oder Bestimmungen, die in solchen Vereinbarungen nicht enthalten sein dürfen.

(8) Die Gruppenfreistellung aufgrund der vorliegenden Verordnung sollte auf Vereinbarungen beschränkt sein, von denen mit hinreichender Sicherheit angenommen werden kann, dass sie die Voraussetzungen von Artikel 101 Absatz 3 des Vertrags über

die Arbeitsweise der Europäischen Union (AEUV) erfüllen. Für die Anwendung von Artikel 101 Absatz 3 AEUV durch Verordnung ist es nicht erforderlich, diejenigen Vereinbarungen zu definieren, die unter Artikel 101 Absatz 1 AEUV fallen können. Gleichzeitig wird nicht vermutet, dass Vereinbarungen, die nicht unter diese Verordnung fallen, unter Artikel 101 Absatz 1 AEUV fallen oder die Voraussetzungen von Artikel 101 Absatz 3 AEUV nicht erfüllen. Bei der individuellen Beurteilung von Vereinbarungen nach Artikel 101 Absatz 1 AEUV sind verschiedene Faktoren und insbesondere die Struktur des relevanten Marktes zu berücksichtigen.

(9) Die Zusammenarbeit von Versicherungsunternehmen untereinander oder innerhalb von Unternehmensvereinigungen bei der Datenerhebung (die auch statistische Berechnungen einschließen kann) zur Ermittlung von Durchschnittskosten, die in der Vergangenheit für die Deckung eines genau beschriebenen Risikos entstanden sind, und – im Falle von Lebensversicherungen – die Zusammenarbeit bei der Aufstellung von Sterbetafeln und Tafeln über die Häufigkeit von Krankheiten, Unfällen und Invalidität (nachstehend „Tabellen" genannt) verbessern die Kenntnis von Risiken und erleichtern es dem einzelnen Versicherer, die Risiken zu bewerten. Dies wiederum kann Markteintritte erleichtern und damit nutzbringend für die Verbraucher sein. Das Gleiche gilt für gemeinsame Studien über die wahrscheinlichen Auswirkungen von außerhalb des Einflussbereichs der Unternehmen liegenden Umständen, die sich auf die Häufigkeit oder das Ausmaß von Schäden oder den Ertrag verschiedener Anlageformen auswirken. Es muss jedoch sichergestellt werden, dass diese Zusammenarbeit nur in dem zur Erreichung der genannten Ziele erforderlichen Umfang freigestellt wird. Deshalb ist insbesondere festzulegen, dass Vereinbarungen über Bruttoprämien nicht unter die Freistellung fallen. Bruttoprämien können niedriger sein als die in den genannten Erhebungen, Tabellen und Studienergebnissen ermittelten Beträge, da die Versicherungsunternehmen ihre Anlageerlöse zur Reduzierung ihrer Prämien verwenden können. Außerdem sollten die Erhebungen, Tafeln und Studien unverbindlich sein und lediglich zu Referenzzwecken eingesetzt werden. Ein Informationsaustausch, der nicht der Erreichung der in diesem Erwägungsgrund beschriebenen Ziele dient, sollte nicht unter diese Verordnung fallen.

(10) Je enger die Kategorien für Statistiken über die in der Vergangenheit entstandenen Kosten für die Deckung eines genau beschriebenen Risikos gefasst werden, umso mehr Spielraum haben die Versicherungsunternehmen, wenn sie bei der Berechnung der Bruttoprämien eine Staffelung vornehmen wollen. Die gemeinsamen Erhebungen über vergangene Risikokosten sollten daher unter der Voraussetzung freigestellt werden, dass die Statistiken so ausführlich und differenziert erstellt werden, wie es versicherungsstatistisch angemessen ist.

(11) Nicht nur die auf dem jeweiligen räumlichen oder sachlichen Markt tätigen Versicherungsunternehmen, sondern auch potenzielle Neuanbieter müssen Zugang zu den gemeinsamen Erhebungen, Tabellen und Studienergebnissen haben. Auch für Verbraucher- und Kundenorganisationen können derartige Erhebungen, Tabellen und Studienergebnisse von Interesse sein. Versicherungsunternehmen, die noch nicht auf dem fraglichen Markt vertreten sind, wie auch Verbraucher- und Kundenorganisationen müssen verglichen mit den bereits auf dem Markt vertretenen Versicherungsunternehmen zu angemessenen und diskriminierungsfreien Konditionen und zu erschwinglichen Preisen Zugang zu diesen Erhebungen, Tabellen und Studienergebnissen erhalten. Zu solchen Konditionen gehört beispielsweise die Selbstverpflichtung eines noch nicht auf dem Markt vertretenen Versicherungsunternehmens, im Falle eines Markteintritts statistische Informationen über Schadensfälle vorzulegen, sowie unter Umständen die Mitgliedschaft in dem für die Erstellung der Erhebungen verantwortlichen Versicherungsverband. Ausnahmen von dem Gebot des Zugangs für Verbraucher- und Kundenorganisationen sollten aus Gründen der öffentlichen Sicherheit

möglich sein, wenn die Daten beispielsweise die Sicherheitssysteme von Kernkraftwerken oder die Schwachstellen von Hochwasserschutzsystemen betreffen.

(12) Mit der Zahl der zugrunde gelegten Statistiken erhöht sich auch die Verlässlichkeit der gemeinsamen Erhebungen, Tabellen und Studien. Versicherungsunternehmen mit hohen Marktanteilen können unter Umständen für verlässliche Erhebungen auf eine ausreichende Zahl interner Statistiken zurückgreifen, Unternehmen mit geringen Marktanteilen jedoch nicht und Marktneulinge noch viel weniger. Grundsätzlich fördert die Einbeziehung der Angaben aller auf dem Markt vertretenen Versicherungsunternehmen einschließlich der großen Anbieter in diese gemeinsamen Erhebungen, Tabellen und Studien den Wettbewerb, da sie kleineren Versicherern hilft, und sie erleichtert zudem den Markteintritt. Wegen dieser Besonderheit des Versicherungssektors ist es nicht gerechtfertigt, eine Freistellung dieser gemeinsamen Erhebungen, Tabellen und Studien an Marktanteilschwellen zu knüpfen.

(13) Mitversicherungs- und Mit-Rückversicherungsgemeinschaften können unter eng begrenzten Voraussetzungen erforderlich werden, wenn die beteiligten Unternehmen die Versicherung oder Rückversicherung von Risiken anbieten wollen, für die sie ohne die Versicherungsgemeinschaft nur eine unzureichende Versicherungsdeckung anbieten könnten. Diese Art von Gemeinschaften führt im Allgemeinen nicht zu einer Wettbewerbsbeschränkung im Sinne des Artikels 101 Absatz 1 AEUV und ist demnach zulässig.

(14) Mitversicherungs- und Mit-Rückversicherungsgemeinschaften können zulassen, dass Versicherer und Rückversicherer auch dann eine Versicherung oder Rückversicherung von Risiken anbieten, wenn die Bildung einer Versicherungsgemeinschaft für die Deckung des betreffenden Risikos nicht erforderlich ist. Versicherungsgemeinschaften können aber auch zu Wettbewerbsbeschränkungen wie der Vereinheitlichung von Vertragsbedingungen oder sogar von Versicherungssummen und Prämien führen. Deshalb sollten Voraussetzungen festgelegt werden, unter denen solche Versicherungsgemeinschaften freigestellt werden können.

(15) Im Falle wirklich neuartiger Risiken ist nicht vorhersehbar, welche Zeichnungskapazität zur Risikodeckung erforderlich ist und ob zwei oder mehrere Versicherungsgemeinschaften nebeneinander die entsprechende Versicherung anbieten könnten. Deshalb kann eine Gemeinschaft zur Mitversicherung oder Mit-Rückversicherung dieser neuartigen Risiken für einen begrenzten Zeitraum ohne Marktanteilsschwelle freigestellt werden. Nach drei Jahren dürfte das gesammelte Datenmaterial über Schadensfälle ausreichen, um beurteilen zu können, ob ein Bedarf an einer Versicherungsgemeinschaft besteht.

(16) Risiken, die zuvor noch nicht existierten, sollten als neuartige Risiken eingestuft werden. In Ausnahmefällen kann ein Risiko jedoch als neuartiges Risiko eingestuft werden, wenn es sich einer objektiven Analyse zufolge so wesentlich verändert hat, dass nicht vorhersehbar ist, welche Zeichnungskapazität zur Risikodeckung erforderlich ist.

(17) Mitversicherungs- und Mit-Rückversicherungsgemeinschaften zur Deckung nicht neuartiger Risiken, die eine Einschränkung des Wettbewerbs bewirken, können unter eng begrenzten Voraussetzungen Vorteile haben, die eine Freistellung nach Artikel 101 Absatz 3 AEUV rechtfertigen, obwohl sie durch zwei oder mehr konkurrierende Anbieter ersetzt werden könnten. Durch sie können beispielsweise ihre beteiligten Unternehmen leichter die notwendige Erfahrung in der betreffenden Versicherungssparte sammeln oder von Kosteneinsparungen oder günstigeren Bruttoprämien dank gemeinsamer Rückversicherung zu vorteilhaften Konditionen profitieren. Alle Freistellungen sollten sich aber auf Vereinbarungen beschränken, die den betreffenden Unternehmen keine Möglichkeiten bieten, den Wettbewerb bei einem wesentlichen Teil der fraglichen Produkte auszuschalten. Für die Verbraucher bringen Versicherungsgemeinschaften jedoch nur dann wirklich Vorteile, wenn auf den rele-

vanten Märkten, auf denen die Versicherungsgemeinschaften tätig sind, hinreichender Wettbewerb herrscht. Diese Voraussetzung gilt als erfüllt, wenn der Marktanteil einer Versicherungsgemeinschaft eine bestimmte Schwelle nicht überschreitet, so dass davon ausgegangen werden kann, dass sie einem wirksamen tatsächlichen oder potenziellen Wettbewerb seitens der Unternehmen ausgesetzt ist, die nicht an jener Versicherungsgemeinschaft beteiligt sind.

(18) Diese Verordnung sollte daher Mitversicherungs- und Mit-Rückversicherungsgemeinschaften, wenn sie länger als drei Jahre bestehen oder nicht zur Deckung eines neuartigen Risikos gegründet werden, nur unter der Bedingung freistellen, dass der gemeinsame Marktanteil der an der Versicherungsgemeinschaft beteiligten Unternehmen bestimmte Schwellenwerte nicht überschreitet. Der Schwellenwert für Mitversicherungsgemeinschaften sollte niedriger angesetzt werden, weil im Rahmen einer Mitversicherungsgemeinschaft einheitliche Versicherungsbedingungen und Bruttoprämien vorkommen können. Um zu bestimmen, ob eine Versicherungsgemeinschaft die Marktanteilsvoraussetzung erfüllt, sind die Gesamtmarktanteile der einzelnen Mitglieder zu aggregieren. Der jeweilige Marktanteil der beteiligten Unternehmen basiert auf der Gesamtheit der auf demselben relevanten Markt inner- und außerhalb dieser Versicherungsgemeinschaft eingenommenen Bruttoprämien. Ferner sollte die Freistellung in beiden Fällen von der Erfüllung der zusätzlichen Voraussetzungen dieser Verordnung abhängig gemacht werden, mit denen die Beschränkungen des Wettbewerbs zwischen den an der Versicherungsgemeinschaft beteiligten Unternehmen auf ein Minimum begrenzt werden sollen. In diesen Fällen ist jeweils im Einzelnen zu prüfen, ob die Voraussetzungen dieser Verordnung erfüllt sind.

(19) Um den Abschluss von Vereinbarungen – die zum Teil mit erheblichen Investitionsentscheidungen einhergehen – zu erleichtern, sollte die Geltungsdauer dieser Verordnung auf sieben Jahre festgesetzt werden.

(20) Wenn die Kommission in einem bestimmten Fall feststellt, dass eine Vereinbarung, die nach dieser Verordnung freigestellt ist, dennoch Wirkungen entfaltet, die mit Artikel 101 Absatz 3 AEUV unvereinbar sind, kann sie den Rechtsvorteil dieser Verordnung nach Artikel 29 Absatz 1 der Verordnung (EG) Nr. 1/2003 des Rates vom 16. Dezember 2002 zur Durchführung der in den Artikeln 81 und 82 des Vertrags niedergelegten Wettbewerbsregeln entziehen.

(21) Nach Artikel 29 Absatz 2 der Verordnung (EG) Nr. 1/2003 kann die Wettbewerbsbehörde eines Mitgliedstaats den Rechtsvorteil dieser Verordnung im Gebiet des betreffenden Mitgliedstaats oder in einem Teilgebiet dieses Mitgliedstaats entziehen, wenn in einem bestimmten Fall eine Vereinbarung, die nach dieser Verordnung freigestellt ist, dennoch im Gebiet des betreffenden Mitgliedstaats oder in einem Teilgebiet dieses Mitgliedstaats, wenn das Gebiet alle Merkmale eines gesonderten räumlichen Marktes aufweist, Auswirkungen hat, die mit Artikel 101 Absatz 3 AEUV unvereinbar sind.

(22) Bei der Prüfung, ob der Rechtsvorteil dieser Verordnung nach Artikel 29 der Verordnung (EG) Nr. 1/2003 zu entziehen ist, sind etwaige wettbewerbsschädigende Auswirkungen aufgrund von Verbindungen zwischen einer Mitversicherungs- oder Mit-Rückversicherungsgemeinschaft und/oder ihren beteiligten Unternehmen und anderen Versicherungsgemeinschaften und/oder deren beteiligten Unternehmen auf demselben relevanten Markt von besonderer Bedeutung.

Einführung

1. Ermächtigungs-VO 1534/91 des Rates

1 Die Entscheidung des EuGH in dem Verfahren „Verband der Sachversicherer" (EuGH Slg. 1987 405) bestätigte die **Anwendbarkeit des europäischen Kartellrechts auf Sachverhalte der Versicherungswirtschaft.** Der EuGH lehnte eine ungeschriebene Bereichsausnahme von der Anwendung des ex-Art. 81 Abs. 1 EG ab; er bejahte auch die Eignung rein nationaler Sachverhalte – nämlich einer lediglich an Versicherungsunternehmen in einem Mitgliedstaat gerichteten Verbandsempfehlung –, den zwischenstaatlichen Handel zu beschränken. Die Folge war eine große Zahl von **Anmeldungen** nach der damals maßgeblichen VO 17/62. Die Kommission berichtete 1999 von mehreren hundert angemeldeten Vereinbarungen (Bericht der Kommission über die Anwendung der VO 3932/92, KOM (1999) 192 endg. vom 12.5.1999 Rn. 3). Durch die Anmeldungen versuchten die Unternehmen und Verbände der Versicherungswirtschaft, von der Kommission ein Negativattest oder eine Freistellungsentscheidung für ihre möglicherweise wettbewerbsbeschränkenden Vereinbarungen, Beschlüsse und abgestimmten Verhaltensweisen zu erhalten. Anmeldungen nach Art. 4 Abs. 1 VO 17 waren für die Erlangung einer Freistellung nach Art. 81 Abs. 3 EG durch die Kommission erforderlich. Auf Grundlage dieser Anmeldungen entwickelte die Kommission in mehreren **Einzelfallentscheidungen** ein eigenes Verständnis dafür, welche Vereinbarungen der Versicherungswirtschaft sie als wettbewerbsbeschränkend und welche Wettbewerbsbeschränkungen sie als freistellungsfähig iSd ex-Art. 81 Abs. 3 EG ansah. Um die Überlastung der Kommission durch die Vielzahl von Anmeldungen zu vermeiden, legte sie dem Rat den Entwurf einer Verordnung vor, in der die Kommission zum Erlass von Gruppenfreistellungen für bestimmte wettbewerbsbeschränkenden Verhaltensweisen der Versicherungswirtschaft ermächtigt werden sollte. Die am 31.5.1991 verabschiedete Ratsverordnung trägt die Bezeichnung VO 1534/91.

2. Entwicklung der Gruppenfreistellungsverordnungen für die Versicherungswirtschaft

2 Auf der Grundlage der Ermächtigung in der VO 1534/91 des Rates entwickelte die Kommission die **erste „Versicherungs-GVO", die VO 3932/92** vom 21.12.1992. Sie gewährte Freistellungen für vier der sechs Bereiche, für die der Rat die Kommission in Art. 1 VO 1534/91 zur Freistellung ermächtigt hatte. Der Anwendungsbereich der VO 3932/92 erstreckte sich auf Vereinbarungen zur Prämienberechnung, die Erstellung von Mustern Allgemeiner Versicherungsbedingungen, die Gemeinsame Deckung bestimmter Arten von Risiken sowie auf Abstimmungen über Sicherheitsvorkehrungen zur Schadenvermeidung. Mit dem Außerkrafttreten der bis zum 31.3.2003 befristeten VO 3932/92 wurde diese durch die VO 358/2003 vom 27.2.2003 ersetzt. Diese galt bis zum 31.3.2010 und wurde durch die hier kommentierte VO 267/2010 ersetzt.

3 Dem Erlass der neuen Versicherungs-GVO ging eine langwierige und **umfassende Konsultation** voraus. Am 13.6.2005 beschloss die Kommission, auf der Grundlage von Art. 17 VO 1/2003 eine Untersuchung zu Versicherungsprodukten und -dienstleistungen für Unternehmen einzuleiten. Die **Sektoruntersuchung** zielte darauf ab, den Versicherungssektor und die dort üblichen Praktiken näher zu prüfen, um etwaige Wettbewerbsbeschränkungen aufzudecken, die in den Anwendungsbereich der Art. 101 und 102 AEUV fallen könnten. Das Ergebnis der Untersuchung präsentierte die Kommission in ihrer Mitteilung an das Europäische Parlament,

den Rat, den Europäischen Wirtschafts- und Sozialausschuss sowie den Ausschuss der Regionen vom 25.9.2007 (KOM(2007) 556 endg., gestützt auf das Commission Staff Working Document vom selben Tag, SEC(2007) 1231 final; vgl. hierzu auch die Kommentierung zu Art. 17 VO 1/2003, Rn. 1, sowie *Brinker/Siegert,* VW 2005, 971). Kurze Zeit danach, am 17.4.2008, eröffnete die Europäische Kommission eine öffentliche **Anhörung zur Funktionsweise der Versicherungs-GVO** (IP/08/596 v. 17.4.2008). Hintergrund der Konsultation war die Frage, wie die Gruppenfreistellungsverordnung im Versicherungssektor in der Praxis funktioniert, sowie eine offensichtliche Skepsis, ob es weiterhin hinreichende Gründe für eine Verlängerung der sektorspezifischen Ausnahmeregelung gebe. Im Konsultationspapier der Kommission vom selben Tag wurden die Kommentare zusammengefasst, die im Rahmen der Branchenuntersuchung sowie der Befragung der nationalen Wettbewerbsbehörden bei der Kommission eingegangen waren. Auf dieser Grundlage wurden im Konsultationspapier eine Reihe allgemeiner als auch spezifischer Fragen zu einzelnen Freistellungskategorien formuliert (IP/08/596).

Auf der Grundlage der Kommentare und Rückmeldungen, die die Kommission erhielt, legte sie am 5.10.2009 den Entwurf einer geänderten Gruppenfreistellungsverordnung vor (IP/09/1413 v. 5.10.2009). Während zu Beginn des Konsultationsprozesses noch die Möglichkeit bestand, dass die Versicherungs-GVO nicht mehr verlängert, sondern ersatzlos außer Kraft treten könnte, schlug die Kommission nunmehr eine Neuregelung der GVO vor, die sich jedoch auf **zwei Regelungs- und Freistellungsbereiche** konzentrieren sollte. Auch wurden einige, jedoch nur geringfüge inhaltliche Änderungen der Freistellungsregelungen für die beiden verbleibenden Bereiche (gemeinsame Erhebungen, Tabellen, Studien sowie Versicherungs- und Rückversicherungspools) angeregt. Dem Entwurf ging ein ebenfalls am 5.10.2009 veröffentlichter Bericht der Kommission an das Europäische Parlament und den Rat über die Anwendung der VO 358/2003 (KOM(2009) 138 endg., zusammen mit dem Commission Staff Working Document SEC(2009) 364 final) voraus. Am 24.3.2010 erließ die Europäische Kommission schließlich die **neue Versicherungs-GVO, Verordnung (EU) Nr. 267/2010** der Kommission über die Anwendung von Artikel 101 Absatz 3 des Vertrages über die Arbeitsweise der Europäischen Union auf Gruppen von Vereinbarungen, Beschlüssen und abgestimmten Verhaltensweisen im Versicherungssektor (ABl. 2010 L 83/1; vgl. hierzu *Obst/Stefanescu* ÖZK 2010, 130; *Marcos Fernández/Sánchez Graells* [2009] ECLR 475; *Saller* VersR 2010, 417; *v. Hülsen/Manderfeld* VersR 2010, 559). Parallel dazu veröffentlichte die Kommission eine **Mitteilung über die Anwendung von Art. 101 Abs. 3 AEUV im Versicherungssektor** (ABl. 2010 C 82/20; vgl. Anhang B 10). Aus diesen beiden Dokumenten wird deutlich, dass ab dem 1.4.2010 **nur noch zwei Bereiche freigestellt** sein sollten, nämlich **gemeinsame Erhebungen, Tabellen und Studien** durch zwei oder mehr Unternehmen des Versicherungssektors sowie die **gemeinsame Deckung bestimmter Arten von Risiken** in Form von **Mitversicherungsgemeinschaften** bzw. in Form von **Mit-Rückversicherungsgemeinschaften.** 4

Die gemeinsame Aufstellung und Verbreitung nicht-verbindlicher allgemeiner Versicherungsbedingungen für die Direktversicherung **(AVB)** wie auch die Erarbeitung technischer Spezifikationen, Regelung und Verhaltenskodizes für **Sicherheitsvorkehrungen** sind nach der neuen Versicherungs-GVO nicht mehr freigestellt. Die Kommission sah keine Veranlassung mehr, für diese Vereinbarungen eine sektorspezifische Freistellung vorzusehen, da sie insoweit keine Besonderheiten des Versicherungssektors gegenüber anderen Wirtschaftssektoren erkennen konnte. Die Kommission anerkannte zwar das Problem, dass durch den Wegfall der Freistellungswirkung Rechtssicherheit verloren gehe (Mitteilung aaO, Rn. 20). Jedoch kündigte sie eine **Ausweitung der Horizontal-Leitlinien** (vgl. Anhang B 5) auf allgemeine Vertragsbedingungen aller anderen Sektoren an, was auch der gemeinsamen Aufstellung und Verbreitung von AVBs zugute kommen solle (Mitteilung aaO, Rn. 24). Entspre- 5 chend beabsichtigte die Kommission hinsichtlich der Sicherheitsvorkehrungen zu verfahren (Mitteilung aaO, Rn. 26). Weiterhin hat die Kommission keinen Gebrauch von der Befugnis gemacht, eine Freistellung für Vereinbarungen über die Abwicklung von Schadensfällen vorzusehen sowie für die Erstellung von Verzeichnissen und den Austausch von Informationen über erhöhte Risiken. Nicht von der Versicherungs-GVO sind wegen des fehlenden horizontalen Charakters sog. **Regulierungsvereinbarungen** erfasst, die Versicherungsunternehmen nicht mit Wettbewerbern schließen, sondern mit Leistungserbringern. Diese fallen in den Anwendungsbereich der Vertikal-GVO. In den folgenden drei Abschnitten wird kurz auf diese drei Problembereiche eingegangen.

3. Muster allgemeiner Versicherungsbedingungen

6 Allgemeine Versicherungsbedingungen (AVB) sind die **allgemeinen Geschäftsbedingungen der Versicherer** (*Prölss* in *Prölss/Martin,* VVG Vorbem. I, Rn. 13). Sie unterliegen zivilrechtlich derselben Inhaltskontrolle wie Allgemeine Geschäftsbedingungen in anderen Geschäftszweigen (vgl. § 307 BGB) und müssen wirksam in den Vertrag einbezogen sein (§§ 305 a, 306 BGB). Muster allgemeiner Versicherungsbedingungen waren nach Art. 2 Nr. 4 der VO 358/2003 als Bestimmungen in Modellverträgen oder Referenzverträgen, die gemeinsam von mehreren Versicherern oder von den Versichererverbänden ausgearbeitet wurden, freigestellt. Hinsichtlich der individuell von einem der Versicherer ausgearbeiteten Versicherungsbedingungen bestand und besteht kein Freistellungsbedarf, da diese bereits nicht in den Anwendungsbereich des Art. 101 Abs. 1 AEUV fallen. Vom Freistellungsbereich des Art. 1 lit. c iVm Art. 2 Nr. 4 VO 358/2003 waren nicht nur komplette Bedingungswerke erfasst, sondern auch einzelne, zwischen den Versicherern unverbindlich abgestimmte Klauseln. Mit der neuen Versicherungs-GVO, VO 267/2010, ist die Freistellungswirkung für Muster von AVBs entfallen. Die Mitteilung der Kommission (Anhang B 10, Rn. 24) verweist stattdessen auf die Horizontal-Leitlinien der Kommission (vgl. Anhang B 5), dort unter Ziff. 7, Rn. 259f., 270ff., 275f., 300ff., 312f., 320, 322f. und 328; hierzu *Pohlmann* WuW 2010, 1106, 1114ff.).

4. Sicherheitsvorkehrungen

7 Sicherheitsvorkehrungen, die im Zentrum des Art. 9 VO 358/2003 standen, waren nach der Legaldefinition des Art. 2 Nr. 8 Bestandteile und Anlagen, die zur Verhinderung oder Verringerung von Verlusten konzipiert wurden, und aus diesen Elementen gebildete Systeme. Wesentliches Element war der Bezug zur **Schadenverhinderung bzw. -minderung.** Dies bedeutet, dass Geräte und Anlagen wie Feuerlöscher, Brand- und Einbruchmeldeanlagen, Sprinkleranlagen, aber auch Emissionsverhinderungsanlagen wie Rauchgasfilter in den Anwendungsbereich des Art. 1 lit. f, Art. 2 Nr. 8 und Art. 9 VO 358/2003 fielen. Ebenso wie für die gemeinsame Erstellung von Mustern von AVBs ist die Freistellung für Sicherheitsvorkehrungen nach der neuen Versicherungs-GVO, VO 267/2010, entfallen. Stattdessen sollen, entsprechend der Ankündigung der Kommission (Mitteilung, aaO, Rn. 25), die Grundsätze aus der Horizontal-Leitlinie (vgl. Anhang B 5) maßgeblich sein. Kapitel 7 enthält Regelungen über Vereinbarungen über Normen, die auch, wie insbesondere das Beispiel in Rn. 328 der Leitlinie zeigt, für die Versicherungsbranche gelten sollen (vgl. hierzu auch *v. Hülsen/Manderfeld* VersR 2010, 559, 566; *Saller* VersR 2010, 417, 418).

5. Regulierungsabkommen und -vereinbarungen

Die Ermächtigungsverordnung des Rates, VO 1534/91, sieht die Möglichkeit vor, dass die Kommission Vereinbarungen zwischen Versicherungsunternehmen vom Kartellverbot freistellt, die auf Aspekte der **Schadensregulierung** bezogen sind. Von dieser Möglichkeit hat die Kommission bekanntlich bisher keinen Gebrauch gemacht. Vereinbarungen unter Versicherungsunternehmen über die Schadensregulierung haben, soweit ersichtlich, bisher keine überragende Rolle gespielt (anders jedoch im Falle Carpartner, der vom Bundeskartellamt aufgegriffen und untersagt wurde, vgl. hierzu BKartA, WuW/E BKartA 2795; KG, WuW/E OLG 5677; BGH VersR 1998, 1432; vgl. hierzu *Brinker/Siegert* VersR 2006, 30). Jedoch gibt es eine große Zahl bilateraler **Regulierungsvereinbarungen und -abkommen zwischen Versicherungsunternehmen einerseits und Leistungserbringern andererseits.** Dabei handelt es sich jedoch nicht, wie im Rahmen der Ermächtigungs-VO des Rates angedacht, um horizontale Vereinbarungen, sondern um Vertikalbeziehungen. Diese fallen, sofern sie wettbewerbsbeschränkende Elemente haben, in den Anwendungsbereich der Vertikal-GVO, VO 330/2010 (*Brinker/Siegert* VersR 2006, 30; *Bunte* VersR 1997, 1429; *Stahnke* VersR 2005, 1324). Beim Abschluss von Regulierungsabkommen ist also in erster Linie darauf zu achten, dass die schwarzen Klauseln in Art. 4 VO 330/2010 vermieden werden. 8

Kapitel I Begriffsbestimmungen

Art. 1 Begriffsbestimmungen

Für die Zwecke dieser Verordnung gelten die folgenden Begriffsbestimmungen:

1. „Vereinbarung" ist eine Vereinbarung, ein Beschluss einer Unternehmensvereinigung oder eine abgestimmte Verhaltensweise;

2. „beteiligte Unternehmen" sind Unternehmen, die Parteien einer solchen Vereinbarung sind, und die mit ihnen verbundenen Unternehmen;

3. „verbundene Unternehmen" sind

a) Unternehmen, in denen ein an der Vereinbarung beteiligtes Unternehmen unmittelbar oder mittelbar

i) die Befugnis hat, mehr als die Hälfte der Stimmrechte auszuüben, oder

ii) mehr als die Hälfte der Mitglieder des Leitungs- oder Verwaltungsorgans oder der zur gesetzlichen Vertretung berufenen Organe bestellen kann oder

iii) das Recht hat, die Geschäfte des Unternehmens zu führen;

b) Unternehmen, die in einem an der Vereinbarung beteiligten Unternehmen unmittelbar oder mittelbar die unter Buchstabe a aufgeführten Rechte oder Befugnisse haben;

c) Unternehmen, in denen ein unter Buchstabe b genanntes Unternehmen unmittelbar oder mittelbar die unter Buchstabe a aufgeführten Rechte oder Befugnisse hat;

d) Unternehmen, in denen ein an der Vereinbarung beteiligtes Unternehmen gemeinsam mit einem oder mehreren der unter den Buchstaben a, b und c genannten Unternehmen bzw. zwei oder mehr der zuletzt genannten Unternehmen gemeinsam die unter Buchstabe a aufgeführten Rechte oder Befugnisse hat bzw. haben;

e) Unternehmen, in denen die nachstehend genannten Unternehmen gemeinsam über die unter Buchstabe a aufgeführten Rechte oder Befugnisse verfügen:

i) an der Vereinbarung beteiligte Unternehmen oder mit ihnen jeweils verbundene Unternehmen im Sinne der Buchstaben a bis d oder
ii) ein oder mehrere an der Vereinbarung beteiligte Unternehmen oder ein oder mehrere der mit diesen im Sinne der Buchstaben a bis d verbundenen Unternehmen und ein oder mehrere dritte Unternehmen;

4. „Mitversicherungsgemeinschaften" sind unmittelbar oder über einen Makler oder einen bevollmächtigten Vertreter von Versicherungsunternehmen gegründete Gemeinschaften, ausgenommen Ad-hoc-Mitversicherungsvereinbarungen auf dem Zeichnungsmarkt, bei denen ein Teil des jeweiligen Risikos von einem Hauptversicherer und der verbleibende Teil von zur Deckung dieses verbleibenden Teils aufgeforderten Nebenversicherern gedeckt wird, und die
a) sich verpflichten, im Namen und für Rechnung aller Beteiligten Versicherungsverträge für eine bestimmte Risikosparte abzuschließen oder
b) den Abschluss und die Abwicklung der Versicherung einer bestimmten Risikosparte in ihrem Namen und für ihre Rechnung durch eines der Versicherungsunternehmen, einen gemeinsamen Makler oder eine zu diesem Zweck geschaffene gemeinsame Organisation vornehmen lassen;

5. „Mit-Rückversicherungsgemeinschaften" sind unmittelbar oder über einen Makler oder einen bevollmächtigten Vertreter von Versicherungsunternehmen, eventuell mit der Unterstützung von einem oder mehreren Rückversicherungsunternehmen, gegründete Gemeinschaften, ausgenommen Ad-hoc-Mit-Rückversicherungsvereinbarungen auf dem Zeichnungsmarkt, bei denen ein Teil des jeweiligen Risikos von einem Hauptversicherer und der verbleibende Teil von zur Deckung des verbleibenden Teils aufgeforderten Nebenversicherern gedeckt wird, um
a) wechselseitig alle oder Teile ihrer Verpflichtungen hinsichtlich einer bestimmten Risikosparte rückzuversichern;
b) gelegentlich für dieselbe Risikosparte Rückversicherungsschutz im Namen und für Rechnung aller Beteiligten anzubieten;

6. „neuartiges Risiko" ist
a) ein Risiko, das zuvor nicht existierte und das nur durch ein völlig neuartiges Versicherungsprodukt gedeckt werden kann, nicht aber durch Ergänzung, Verbesserung oder Ersatz eines vorhandenen Versicherungsprodukts oder
b) in Ausnahmefällen ein Risiko, das sich einer objektiven Analyse zufolge so wesentlich verändert hat, dass nicht vorhersehbar ist, welche Zeichnungskapazität zur Risikodeckung erforderlich ist;

7. „Bruttoprämien" sind Prämien, die den Versicherungsnehmern in Rechnung gestellt werden.

Inhaltsübersicht

1. Einführung

Die Begriffsbestimmungen in Art. 1 dienen nicht nur dazu, die in der VO 267/2010 gewählten Begriffe zu definieren. Die Definitionen sind so gefasst, dass mit ihnen die in Art. 2 und Art. 5 ausgesprochene Freistellung **präzisiert** und **in Teilen eingeschränkt** wird. Damit steht Art. 1 auch systematisch zwischen der Gewährleistungsnormen des Art. 2 und Art. 5 und den konkreten Freistellungsvoraussetzungen. Im Vergleich zur Vorgänger-VO 358/2003 sind einige, überwiegend unbedeutende Formulierungen geändert worden. Bei einigen Definitionen sind jedoch umfangreichere Ergänzungen erfolgt, die den Inhalt präzisieren sollen, die aber keine materiell erheblichen Änderungen zur Folge hatten. 1

2. Vereinbarung (Nr. 1)

„Vereinbarung" iSd Art. 1 Nr. 1 kann über die Vereinbarung iSd Art. 101 Abs. 1 AEUV hinaus auch der **Beschluss** einer Unternehmensvereinigung oder eine **abgestimmte Verhaltensweise** sein. Indem die VO 267/2010 auch Beschlüsse und abgestimmte Verhaltensweisen für freistellungsfähig erachtet, deckt sie die in Art. 101 Abs. 1 AEUV vorgesehenen Formen einer Verhaltenskoordination zwischen Unternehmen ab (vgl. dazu insbes. auch VO 330/2010 Art. 2 Rn. 3ff.). 2

3. Beteiligte Unternehmen (Nr. 2)

„Beteiligte Unternehmen" sind nach Nr. 2 die Unternehmen, die **Parteien** einer Vereinbarung nach Nr. 1 sind, sowie die mit diesen **verbundenen Unternehmen.** Mit dem letzten Hs. der Definition verweist Nr. 2 auf die Definition des verbundenen Unternehmens in Nr. 3. Die Verwendung des Begriffs „Parteien" weicht von der bisherigen Terminologie „Vertragspartner" ab, ohne dass sich der Regelungsgehalt dadurch geändert hätte. 3

4. Verbundene Unternehmen (Nr. 3)

Sämtliche Gruppenfreistellungsverordnungen enthalten Regelungen über „verbundene Unternehmen". Art. 1 Nr. 3 knüpft an die Definition in Art. 1 Abs. 2 VO 330/2010 an und übernimmt diese wortgleich (vgl. dazu Art. 1 Abs. 2 VO 330/2010, →VO 330/2010 Art. 1 Rn. 52ff.; ebenso Art. 1 Abs. 2 VO 461/2010, →VO 461/2010 Art. 1 Rn. 79ff.; Art. 1 Abs. 2 VO 772/2004, →VO 772/2004 Art. 1 Rn. 35; Art. 1 Abs. 2 VO 1217/2010, →VO 1217/2010 Art. 1 Rn. 4f.; Art. 1 Abs. 2 VO 1218/2010, →VO 1218/2010 Art. 2 Rn. 4f.). Entscheidend für das Bestehen einer wirtschaftlichen Einheit ist, dass ein Unternehmen die **Kontrolle** über das andere ausüben kann. Darauf stellt Art. 1 Nr. 3 lit. a–e ab, ohne aber den Begriff der Kontrolle zu verwenden. Stattdessen ist von verschiedenen Rechten bzw. Einflussmöglichkeiten die Rede: 4

5 **a) Kontrollmöglichkeit durch das gesellschaftsrechtlich beteiligte Unternehmen (lit. a).** Art. 1 Nr. 3 lit. a erfasst die unmittelbare oder mittelbare Beteiligung eines Unternehmens an einem anderen Unternehmen bzw. die Befugnis in der Form, dass es die Kontrolle über die Geschäftsabläufe dieses Unternehmens ausüben kann. Dies kann entweder dadurch erfolgen, dass das beteiligte Unternehmen (i) über die Befugnis verfügt mehr als die **Hälfte der Stimmrechte** auszuüben oder (ii) mehr als die **Hälfte der Mitglieder** des Leitungs- oder Verwaltungsorgans oder der zur gesetzlichen Vertretung berufenen Organe bestellen kann, oder (iii) das Recht hat, die Geschäfte zu führen.

6 Verfügt ein Unternehmen unmittelbar oder mittelbar über **mehr als die Hälfte der Stimmrechte** an einem anderen Unternehmen – so der Fall in **Ziff. i** –, hat es grundsätzlich die Möglichkeit, die geschäftliche Strategie dieses Unternehmens zu steuern. Das beteiligte Unternehmen muss über die Stimmrechte „verfügen" oder, wie die Formulierung in Ziff. i es im Unterschied zur Vorgänger-VO vorsieht, die Befugnis zur Ausübung der Stimmrechte haben. Dies führt zu der Frage, ob die Kontrollmöglichkeit entfällt, wenn das Unternehmen, das die Mehrheit der Stimmrechte hält, von diesen keinen Gebrauch machen kann (etwa in Folge eines Entherrschungsvertrages). In diesem Fall ist bei wirtschaftlicher Betrachtung die Verbindung zwischen den beiden Unternehmen entfallen (*Windhagen* S. 128). Umgekehrt kann ein Unternehmen über mehr als die Hälfte der Stimmrechte verfügen, obwohl es mittelbar und unmittelbar lediglich eine Minderheitsbeteiligung hält; dies kann der Fall sein, wenn dem Unternehmen aus anderen Gründen eine **gesicherte Hauptversammlungsmehrheit** zukommt.

7 **Ziff. ii** stellt der Mehrheit der Stimmrechte die Befugnis gleich, **mehr als die Hälfte der Mitglieder** des Leitungs- oder Verwaltungsorgans oder der zur gesetzlichen Vertretung berufenen Organe zu bestellen. Leitungs- oder Verwaltungsorgan bzw. gesetzliches Vertretungsorgan ist jedes Organ eines Unternehmens, das bestimmend auf die Zusammensetzung der Geschäftsleistung oder auf die Geschäfte selbst Einfluss nehmen kann. Nach deutschem Gesellschaftsrecht sind dies sowohl der Aufsichtsrat als auch der Vorstand bzw. die Geschäftsführung eines Unternehmens.

8 Art. 1 Nr. 3 lit. a **Ziff. iii** nimmt Bezug auf die Auffassung der Kommission, wonach eine Unternehmensverbindung auch dann vorliegt, wenn ein Unternehmen das **Recht** hat, **die Geschäfte des anderen Unternehmens zu führen** (KOMM ABl. 1992 L 204/1, 2 Rn. 6 ACCOR/Wagons-Lits). Nach deutschem Recht kann das Recht zur Geschäftsführung einem anderen Unternehmen etwa im Fall eines Beherrschungsvertrages, eines Gewinnabführungsvertrages oder eines anderen Unternehmensvertrages nach §§ 291, 292 AktG zustehen. Entscheidend für die Frage, ob ein verbundenes Unternehmen vorliegt, ist, wem die Kontrolle über das Unternehmen zusteht. Bei einem Vertrag über die bloße Betriebsführung behält der Eigentümer die Kontrolle über sein Unternehmen, sodass keine Unternehmensverbindung entsteht. Im Fall der Betriebsverpachtung geht die Kontrolle des gepachteten Unternehmens auf den Pächter über, sodass ihm das alleinige Geschäftsführungsrecht zusteht (vgl. auch *Bechtold* GWB § 37 Rn. 12).

9 **b) Kontrolle über ein beteiligtes Unternehmen (Nr. 3 lit. b).** Spiegelbildlich zu Art. 1 Nr. 3 lit. a bestimmt Art. 1 Nr. 3 lit. b, dass ein verbundenes Unternehmen auch dann anzunehmen ist, wenn die unter lit. a geschilderten Rechte bzw. Einflussmöglichkeiten gegenüber einem beteiligten Unternehmen bestehen, dh wenn das beteiligte Unternehmen von einem anderen Unternehmen (Mutterunternehmen) kontrolliert wird.

10 **c) Kontrolle über ein anderes Unternehmen durch ein Unternehmen, das ein beteiligtes Unternehmen kontrolliert (Nr. 3 lit. c).** Art. 1 Nr. 3 lit. c erfasst den Verbund zweier Unternehmen, die Schwesterunternehmen in einem Konzern sind. Die VO 267/2010 (wie zB auch die VO 330/2010) sieht Unternehmen auch

dann als verbundene Unternehmen an, wenn ein beteiligtes Unternehmen und ein drittes Unternehmen von einem gemeinsamen (Mutter-)Unternehmen unmittelbar oder mittelbar kontrolliert werden. Als Kontrollformen kommen auch hier die Modalitäten des Art. 1 Nr. 3 lit. a in Betracht. Durch die Möglichkeit der mittelbaren Kontrolle sind Einflüsse auf allen Konzernstufen erfasst.

d) Gemeinsam kontrollierte Unternehmen (Nr. 3 lit. d). Art. 1 Nr. 3 lit. d stellt klar, dass verbundene Unternehmen auch solche Unternehmen sind, die **von den beteiligten Unternehmen** nicht allein, sondern **gemeinsam** mit einem iSv Nr. 3 lit. a–c verbundenen Unternehmen kontrolliert werden. Darüber hinaus wird auch der Fall erfasst, in dem zwei oder mehr als zwei im Sinne der Buchstaben a, b oder c verbundenen Unternehmen die in lit. a dargelegten Rechte oder Befugnisse haben. Die erste Variante meint den Fall eines von einem beteiligten Unternehmen und einem verbundenen Unternehmen gemeinsam kontrollierten Tochterunternehmens. Die zweite Alternative meint den Fall, dass mehrere verbundene Schwesterunternehmen gemeinsame Kontrolle über ein Drittunternehmen ausüben; dieses wird nach Art. 1 Nr. 3 lit. d Var. ii ebenfalls als verbundenes Unternehmen angesehen. 11

e) Gemeinsam kontrollierende Unternehmen (Nr. 3 lit. e). Eine Verbindung zweier Unternehmen liegt nach Art. 1 Nr. 3 lit. e auch dann vor, wenn beteiligte oder mit diesen verbundene Unternehmen gemeinsam die **Kontrolle über ein drittes Unternehmen** innehaben (vgl. Nr. 3 lit. e Ziff. i). Alternativ kommt auch in Betracht, dass die gemeinsam gehaltene Kontrolle durch eines oder mehrere beteiligte Unternehmen oder eines oder mehrere der mit ihm verbundenen Unternehmen oder mehrere dritte Unternehmen ausgeübt wird (Nr. 3 lit. e Ziff. ii) Wie im Fall des gemeinsam kontrollierten Unternehmens (Art. 2 Nr. 3 lit. d) können also auch beim gemeinsam kontrollierenden Unternehmen dritte, nicht untereinander verbundene Unternehmen sich unter den herrschenden Unternehmen verbinden. Der Begriff der gemeinsamen Kontrolle wird in der VO 267/2010 nicht verwendet. Insoweit kann – ebenso wie bei anderen Begriffen in Nr. 3 – auch auf die Praxis in der Fusionskontrolle und die konsolidierte Mitteilung zu Zuständigkeitsfragen (Anhang B 20, dort Rn. 5ff. und 16ff.) zurückgegriffen werden. 12

5. Mitversicherungsgemeinschaften (Nr. 4)

In Art. 1 Nr. 4 ist der Begriff der „Mitversicherungsgemeinschaft“ legal definiert. Mitversicherungsgemeinschaften sind unmittelbar oder über einen Makler oder einen bevollmächtigten Vertreter von Versicherungsunternehmen gegründete Gemeinschaften, ausgenommen Ad-hoc-Mitversicherungsvereinbarungen auf dem Zeichnungsmarkt, bei denen ein Teil des jeweiligen Risikos von einem Hauptversicherer und der verbleibende Teil von zur Deckung dieses verbleibenden Teils aufgeforderten Nebenversicherern gedeckt wird, und die sich entweder verpflichten, im Namen und für Rechnung aller Beteiligten Versicherungsverträge für eine bestimmte Risikosparte abzuschließen, oder den Abschluss und die Abwicklung der Versicherung einer bestimmten Risikosparte in ihrem Namen und für ihre Rechnung durch eines der Versicherungsunternehmen, einen gemeinsamen Makler oder eine zu diesem Zweck geschaffene gemeinsame Organisation vornehmen lassen. Es handelt sich demnach um **Gemeinschaften aus Versicherungsunternehmen.** Die Beteiligung eines Unternehmens, das primär Rückversicherung anbietet, an einem Erstversicherungspool ist damit nicht grundsätzlich ausgeschlossen. Mitversicherungsgemeinschaften können nach Art. 1 Nr. 4 aber nur aus Unternehmen bestehen, die selbst die versicherungsvertraglichen Verpflichtungen **gegenüber dem Versicherungsnehmer** (mit-)übernehmen. 13

14 **a) Grundlagen.** Bei der Bildung von Mitversicherungsgemeinschaften geht es um die gemeinsame Deckung bestimmter Risiken durch eine Mehr- oder Vielzahl von Versicherungsverträgen (*Dreher,* FS Lorenz, 2004, S. 211, 215; *ders./Lange* VersR 2005, 717, 722ff.). Art. 1 Nr. 4 kennt Mitversicherungsgemeinschaften in **zwei verschiedenen Varianten:** Das Zusammenwirken der Versicherungsunternehmen kann in der Verpflichtung bestehen, im **Namen und für Rechnung aller beteiligten Unternehmen** Versicherungsverträge für eine bestimmte Risikosparte abzuschließen (i). Dies bedeutet, dass jedes der beteiligten Unternehmen im eigenen, zugleich aber auch im Namen der übrigen an der Mitversicherungsgemeinschaft beteiligten Unternehmen einen Versicherungsvertrag mit dem Versicherungsnehmer abschließt. Alternativ kann die Mitversicherungsgemeinschaft den Abschluss und die Abwicklung der Versicherung einer bestimmten Risikosparte durch **eines der beteiligten Unternehmen,** einen **gemeinsamen Makler** oder eine zu diesem Zweck geschaffene **gemeinsame Organisation** im Namen und für Rechnung der beteiligten Versicherungsunternehmen vornehmen lassen (ii). Eine derartige Vertriebsorganisation hat die Kommission in der Entscheidung TEKO (KOMM ABl. 1990 L 13/34 Teko) angenommen.

15 Die in der betrieblichen Praxis sogenannte **„verdeckte Mitversicherung"** ist keine Mitversicherungsgemeinschaft im versicherungsvertragsrechtlichen Sinn (→ Art. 5 Rn. 2) und fällt kartellrechtlich nicht unter Art. 1 Nr. 4. Während bei der „offenen" Mitversicherung im Versicherungsvertrag Vertragspartner des Versicherungsnehmers nicht ein einzelner Erstversicherer, sondern eine Mehrheit von Versicherungsunternehmen ist, erfolgt bei der „verdeckten" Mitversicherung die Risikostreuung nur auf der Ebene der Rückversicherung: Nach dem Prinzip „alle für einen" gewähren in diesem Fall die Mitglieder der Versicherungsgemeinschaft dem Versicherungsunternehmen, das Vertragspartner des Versicherungsnehmers geworden ist, Rückdeckung. Es handelt sich um eine Form der **Mitrückversicherung.** Diese besondere Form ist jedoch in Art. 1 Nr. 5 nicht von der Anwendung des Kartellverbots freigestellt.

16 **b) Abgrenzung zur Ad-hoc-Mitversicherung.** Die Ad-hoc-Mitversicherung fällt nach Ansicht der Kommission bereits nicht in den Anwendungsbereich des Art. 101 Abs. 1 AEUV, sodass insoweit kein Freistellungsbedarf besteht (so bereits Wettbewerbsbericht 1972, Rn. 57, Fn. 3; zustimmend: *Bunte* VR 1995 H 7–8, 6, 13; *Frank von Fürstenwerth* WM 1994, 365, 371). Die neue Formulierung in Art. 1 Nr. 4 nimmt Ad-hoc-Mitversicherungsvereinbarungen auf dem Zeichnungsmarkt ausdrücklich von der Freistellung aus. Anders als die Vorgänger-VO 358/2003, die diese ausdrückliche Ausnahme nicht vorsah, hat die Kommission aus Gründen der Klarstellung die Begriffsbestimmung für Mitversicherungsgemeinschaften ergänzt. Dabei hat sie sich nicht allein auf die **ausdrückliche Ausnahme für Ad-hoc-Mitversicherungsvereinbarungen** auf dem Zeichnungsmarkt beschränkt, sondern hat darüber hinaus mit einem weiteren Hs. eine Einschränkung vorgenommen. Sie hat nämlich nur solche Ad-hoc-Mitversicherungsvereinbarungen ausgenommen, bei denen ein Teil des jeweiligen Risikos von einem Hauptversicherer und der verbleibende Teil von zur Deckung dieses verbleibenden Teils aufgeforderten Nebenversicherern gedeckt wird. Dass sich dieser Teilsatz auf die Ad-hoc-Mitversicherungsvereinbarungen bezieht und nicht auf die Mitversicherungsgemeinschaften, wird aus Rn. 17 der Mitteilung der Kommission über die Anwendung von Art. 101 Abs. 3 AEUV im Versicherungssektor (ABl. 2010 C 82/20) deutlich. Dort wird nämlich in der Fußnote 1 ausdrücklich ein Bezug zwischen der Ad-hoc-Mitversicherung auf dem Zeichnungsmarkt und der Verteilung des Risikos zwischen einem Hauptversicherer und Nebenversicherern herausgestellt. Während die Kommission offensichtlich bei Ad-hoc-Mitversicherungsvereinbarungen von einer **Risikoabdeckung durch einen Haupt- und einen oder mehrere Nebenversicherer** ausgeht, wird die Rechtsnatur der Mitversicherung in der Literatur zum Teil differenzierter gesehen (so zB *Brin-*

ker/Schädle VW 2003, 1318ff., sowie *Dreher/Lange* VersR 2005, 717, 718f.). Insoweit verbleiben Zweifel, aus welchem Grund die Kommission den betreffenden Hs. in die Begriffsbestimmung aufgenommen hat.

Während Versicherungsgemeinschaften durch die Absicht der Mitglieder gekennzeichnet sind, eine unbestimmte Vielzahl von Risiken gemeinsam zu versichern (*Bunte,* VR 1995, H. 7–8, 6, 13; *Schumm* in *von der Groeben/Schwarze* nach Art. 81 FGVers Rn. 87), erfasst die Vereinbarung über eine Ad-hoc-Mitversicherung bzw. eine Ad-hoc-Mit-Rückversicherung nur die Übernahme eines **Einzelrisikos** (vgl. *Schumm* in *Schröter/Jakob/Mederer* Art. 81 FGVers Rn. 19; *Brinker/Schädle* VersR 2003, 1475, 1478; **aA** *Kirscht* S. 67, die Einzelmitversicherung als „Deckung eines zeitlich begrenzten Risikos" ansieht; ähnlich *Wiemer* in LB Art. 81 – SB VersW Rn. 154ff. Kritisch zu allen genannten Ansätzen: *Dreher,* FS Lorenz, 2004, S. 211, 218f.). Der Begriff des Einzelrisikos ist nicht zahlenmäßig, sondern normativ zu bestimmen. Einzelrisiko ist der **homogene oder innerlich verbundene Lebenssachverhalt,** für den durch eine Vereinbarung die konkrete Reservenbildung im Hinblick auf einen nicht mit abschließender Sicherheit zu prognostizierenden Kapitalbedarf vorgenommen wird. Einzelmitversicherung setzt also – in der Formulierung *Drehers* – die Versicherung „einer bestimmten oder bestimmbaren Zahl von Risiken, oder die Versicherung innerlich verbundener, das heißt durch risikobezogene Sachgegebenheiten zusammengehörender Risiken durch einen einzigen Versicherungsvertrag" voraus (*Dreher,* FS Lorenz, 2004, S. 211, 217). Eine Einzelmitversicherung kann nach dieser Definition auch dann vorliegen, wenn eine **Mehrzahl von Risiken** durch einen Versicherungsvertrag mit ein und **demselben Versicherungsnehmer** in Deckung genommen wird (ähnlich *Dreher,* FS Lorenz, 2004, S. 211, 216; *ders./Lange* VersR 2005, 717, 719), etwa dann, wenn die versicherten Gegenstände im Eigentum ein und derselben Person stehen. 17

Gruppenversicherungsverträge eines Erstversicherers mit **einem Versicherungsnehmer** umfassen die Deckung eines Einzelrisikos im normativen Sinn: Versichert wird die gleiche Gefahr für eine Vielzahl versicherter Personen durch Abschluss eines Versicherungsvertrages mit einem einzelnen Versicherungsnehmer. Wird ein Gruppenversicherungsvertrag von mehreren Erstversicherern mit einem Vertragspartner geschlossen, fällt dieser Vertrag nicht in den Anwendungsbereich des Art. 81 Abs. 1 EG (*Bunte* VR1995, H. 7–8, 6, 13; *Dreher,* FS Lorenz, 2004, S. 211, 220; *Frank von Fürstenwerth* WM 1994, 365, 371; *Lichtenwald* VR 1993, 317, 327; *Schumm* in *von der Groeben/Schwarze* nach Art. 81 FGVers Rn. 87). Ausschlaggebend ist, dass bei Gruppenversicherungsverträgen die versicherten Personen oder Sachen bei Vertragsschluss zumindest durch allgemeine Merkmale im Versicherungsvertrag bestimmbar sind, wogegen in Versicherungsgemeinschaften eine unbestimmte Zahl von Risiken versichert wird (ähnlich *Dreher/Kling* § 8 Rn. 239). Anders als der Gruppenversicherungsvertrag ist der **Rahmenvertrag** noch kein Versicherungsvertrag, sondern enthält lediglich die Konditionen, zu denen Versicherungsverträge abgeschlossen werden sollen. Beteiligen sich mehrere Versicherer an einem Rahmenvertrag, übernehmen sie nicht die Deckung eines Einzelrisikos für einen einzelnen Vertragspartner, sondern verpflichten sich, eine unbestimmte Vielzahl von Risiken mit einer Vielzahl von Versicherungsnehmern (Vertragspartnern) zu schließen. Mit dem Abschluss eines Rahmenvertrages bilden die daran beteiligten Versicherer eine Mitversicherungsgemeinschaft nach Art. 1 Nr. 4 (ebenso *Dreher,* FS Lorenz, 2004, S. 211, 222; *ders./Lange* VersR 2005, 717, 719 Fn. 20). 18

Schließen mehrere Versicherer im Rahmen einer sog. **Konzernpolice** Versicherungsverträge mit einzelnen Konzerngesellschaften, können nur die einzelnen Konzerngesellschaften Versicherungsnehmer und Vertragspartner der Versicherer werden. Bei formaler Betrachtung könnte man kaum von einer Einzelversicherung ausgehen: Abgeschlossen wird eine Mehrzahl von Versicherungsverträgen mit einer Mehrzahl von Vertragspartnern. Zwischen den Versicherungsunternehmen besteht aber im 19

Hinblick auf die Tochterunternehmen kein beschränkbarer Wettbewerb, wenn und soweit die Entscheidung zur Versicherung von einer einheitlichen Konzernleitung getroffen wird. Deshalb ist im Fall der **Konzernversicherung** durch mehrere Versicherungsunternehmen bei einheitlicher Leitung und einheitlicher Entscheidung über die Versicherungsangelegenheiten von einer Einzelmitversicherung auszugehen (insgesamt zum Vorstehenden *Dreher,* FS Lorenz, 2004, S. 211, 223f.).

20 **c) Deckung für bestimmte Risikosparten.** Von der Mitversicherungsgemeinschaft werden Mitversicherungsverträge für eine **bestimmte Sparte** abgeschlossen; es ist allerdings möglich, dass sich eine Mitversicherungsgemeinschaft auf **mehrere Sparten** erstreckt. Wird die Mitversicherungsgemeinschaft in mehreren Versicherungssparten tätig, ist dies für die Marktabgrenzung und damit für die Ermittlung der Marktanteile in Art. 6 Abs. 2.

6. Mit-Rückversicherungsgemeinschaften (Nr. 5)

21 Wie Mitversicherungsgemeinschaften sind auch die Mit-Rückversicherungsgemeinschaften aus Versicherungsunternehmen gebildet. Darunter sind primär **Erstversicherer** zu verstehen; die Beteiligung eines oder mehrerer **Rückversicherungsunternehmen** ist bei Mit-Rückversicherungsgemeinschaften jedoch zulässig. Art. 1 Nr. 5 ist im Wesentlichen identisch mit Art. 10 Abs. 2 lit. b VO 3932/92. Die missverständliche Struktur des Art. 10 Abs. 2 lit. b wurde auch von Art. 2 Nr. 6 VO 358/2003 übernommen und in Art. 1 Nr. 5 fortgeführt. Die eigentliche Definition der Mit-Rückversicherungsgemeinschaft ist in Art. 1 Nr. 5 **Ziff. i** enthalten und besagt, dass eine Mit-Rückversicherungsgemeinschaft vorliegt, wenn die beteiligten Erst-/Rückversicherer wechselseitig alle oder Teile ihrer Verpflichtungen betreffend eine **bestimmte Risikosparte** rückversichern. Wesentliches Element der Mit-Rückversicherungsgemeinschaft ist, dass der Rückversicherungsschutz **„wechselseitig“,** dh für jedes an der Mit-Rückversicherungsgemeinschaft beteiligte Unternehmen gewährt wird. Soll die Rückdeckung nur für die Verpflichtungen eines der Poolmitglieder (dies ist der Fall bei der sog. „verdeckten Mitversicherung“, vgl. Rn. 16) oder nur für ein drittes Erstversicherungsunternehmen gewährt werden, liegt keine freistellungsfähige Mit-Rückversicherungsgemeinschaft iSd VO 267/2010 vor. Ebenso wie in der Begriffsbestimmung für die Mitversicherungsgemeinschaft (Nr. 4) findet sich in der neuen Formulierung in Nr. 5 nun ebenfalls die Klarstellung, dass Ad-hoc-Mit-Rückversicherungsvereinbarungen auf dem Zeichnungsmarkt, bei denen ein Teil des jeweiligen Risikos von einem Hauptversicherer und der verbleibende Teil von zur Deckung des verbleibenden Teils aufgeforderten Nebenversicherern gedeckt wird, ausdrücklich ausgenommen sind (→ Rn. 16).

22 **Ziff. ii** besagt, dass die Mit-Rückversicherungsgemeinschaft auch dritten Erstversicherern im Namen und für Rechnung aller beteiligten Unternehmen Rückversicherungsschutz anbieten darf, dies jedoch nur, sofern der Rückversicherungsschutz für **dieselbe Risikosparte** angeboten wird wie die wechselseitige Rückdeckung nach Art. 1 Nr. 5 (i) und sofern dies nur **„nebenbei“** geschieht. Das Verhältnis der beiden Unterabschnitte (i) und (ii) ist nach dem Wortlaut der VO 267/2010 unklar. Insoweit wird Art. 10 Abs. 2 lit. b VO 3932/92 fortgeschrieben. Inhaltlich besteht kein Zweifel, dass die Mit-Rückversicherungsgemeinschaft nebenbei Rückdeckung für Dritte anbieten darf, dies **jedoch nicht muss** (vgl. *Schumm* in *Schröter/Jakob/Mederer* Art. 81 FG IV Rn. 19; *Schauer* in *Liebscher/Flohr/Petsche* § 12 Rn. 88). Die Kommission hat offen gelassen, bis zu welchem Geschäftsanteil eine Rückversicherungsleistung für Dritte „nebenbei“ geschieht. Dies hängt von den Umständen des Einzelfalls ab (zur Unzulässigkeit der Fokussierung auf Rückversicherungsschutz und zu den Möglichkeiten der Freistellung nach Art. 101 Abs. 3 AEUV vgl. *Herrmann* in MünchKomm GVO Nr. 358/2003 Art. 7, 8 Rn. 5). Wie die Mitversicherungsge-

meinschaft muss auch die Mit-Rückversicherungsgemeinschaft **auf Dauer angelegt** sein, um überhaupt in den Anwendungsbereich des Art. 101 Abs. 1 AEUV zu fallen. Eine Mit-Rückversicherung eines Einzelrisikos fällt nicht in den Anwendungsbereich des Art. 101 AEUV. **Einzelrisiko** ist im Rückversicherungsgeschäft in der Regel nicht das einzelne Risiko, das der Erstversicherer in Deckung nimmt, sondern das Risiko, das der Rückversicherer im Verhältnis zum Erstversicherer übernimmt.

7. Neuartiges Risiko (Nr. 6)

Die Legaldefinition des „neuartigen Risikos" in Art. Nr. 6 bewirkt eine erhebliche **Einschränkung des Freistellungsbereiches** für Mitversicherungsgemeinschaften bzw. Mit-Rückversicherungsgemeinschaften. Neuartig ist ein Risiko nach Art. 1 Nr. 6 lit. a, wenn es zuvor noch nicht existierte und nur durch ein völlig neuartiges Versicherungsprodukt gedeckt werden kann. Ausdrücklich werden Ergänzung, Verbesserung und Ersatz eines vorhandenen Versicherungsprodukts aus dem Begriff des neuartigen Risikos ausgenommen. Erwägungsgrund 20 bestätigt diese Wertung und weist vor dem Hintergrund der Terroranschläge in New York vom 11.9.2001 ausdrücklich darauf hin, dass ein Risiko, dessen Natur sich erheblich verändert (etwa durch einen massiven Anstieg terroristischer Aktivitäten), kein „neuartiges Risiko" im Sinne der Verordnung darstellt. 23

Die Begriffsdefinition des „neuartigen Risikos" ist in der VO 267/2010 durch einen neuen Gliederungspunkt lit. b ergänzt worden. Danach soll ein neuartiges Risiko in Ausnahmefällen auch dann vorliegen, wenn sich ein Risiko einer objektiven Analyse zufolge so **wesentlich verändert** hat, dass nicht vorhersehbar ist, welche Zeichnungskapazität zur Risikodeckung erforderlich ist. Dabei handelt es sich erkennbar um eine Erweiterung des sehr engen Risikobegriffs, der sich in Art. 1 Nr. 6 lit. a findet (vgl. insgesamt zu den Versuchen einer Systematisierung kritisch *Dreher/Baubkus* VersR 2010, 1389, 1391ff.). 24

8. Bruttoprämien (Nr. 7)

Art. 1 Nr. 7 definiert den Begriff der „Bruttoprämie", welcher der Verordnung wesentlich zu Grunde liegt. Bruttoprämien sind die **Verkaufspreise der Versicherer,** also, mit dem Wortlaut der VO, die Prämien, die dem Versicherer in Rechnung gestellt werden. Bruttoprämien werden ermittelt, indem man zu den Durchschnittskosten für die Deckung des Risikos (Nettoprämien) weitere unternehmensindividuelle Kalkulationsposten wie Verwaltungskosten und die Gewinnspanne hinzuaddiert. 25

Der **Austausch** zwischen Wettbewerbern über Bruttoprämien ist in der Regel **unzulässig.** Dies gilt zunächst für die Zusammenarbeit von Versicherungsunternehmen bei Berechnungen und Studien (vgl. Erwägungsgrund 10). Zwar verwendet Art. 3 Abs. 1 lit. c den Begriff der Bruttoprämien nicht. Die dort getroffene Umschreibung, wonach unter keinen Umständen die Sicherheitszuschläge, der Ertrag der Rückstellungen, die Verwaltungs- oder Vertriebskosten oder Steuern und sonstige Abgaben in Berechnungen und Tabellen enthalten bzw. Investitionserlöse oder erwartete Gewinne berücksichtigt sein dürfen, dient jedoch dazu, den Ausschluss von Vereinbarungen über Bruttoprämien aus dem Anwendungsbereich der Gruppenfreistellung zu unterstreichen. Art. 7 lit. f schließlich bestimmt, dass die Mitglieder einer Mit-Rückversicherungsgemeinschaft keine Bruttoprämien im Direktversicherungsgeschäft vereinbaren dürfen. Hieraus lässt sich über ein *argumentum e contrario* die einzige Ausnahme von dem Prinzip der VO 267/2010 entnehmen, dass **Vereinbarungen zwischen Versicherungsunternehmen über Bruttoprämien unzulässig** sind. Bei Mitversicherungsgemeinschaften nach Art. 1 Nr. 4 der Verordnung können die Mitgliedsunternehmen die im Erstversicherungsgeschäft verwendeten 26

Bruttoprämien vereinbaren, soweit sich hieraus keine weitere Wettbewerbsbeschränkung, wie etwa ein Nicht-Angriffs-Prinzip im Fall der Vertragsverlängerung gegenüber dem früheren führenden Versicherer, ergibt.

Kapitel II Gemeinsame Erhebungen, Tabellen und Studien

Art. 2 Freistellung

Nach Artikel 101 Absatz 3 AEUV und nach Maßgabe der Bestimmungen dieser Verordnung ist Artikel 101 Absatz 1 AEUV nicht anwendbar auf Vereinbarungen zwischen zwei oder mehr Unternehmen des Versicherungssektors über

a) die gemeinsame Erhebung und Verbreitung von Daten, die für folgende Zwecke erforderlich sind:
   i) Berechnung von Durchschnittskosten für die Deckung eines genau beschriebenen Risikos in der Vergangenheit (nachstehend „Erhebungen" genannt);
   ii) Erstellung von Sterbetafeln und Tafeln über die Häufigkeit von Krankheiten, Unfällen und Invalidität im Bereich der Versicherungen, die ein Kapitalisierungselement beinhalten (nachstehend „Tabellen" genannt);

b) die gemeinsame Durchführung von Studien zu den wahrscheinlichen Auswirkungen allgemeiner Umstände, die außerhalb des Einflussbereichs der betreffenden Unternehmen liegen, auf die Häufigkeit oder das Ausmaß von künftigen Forderungen bei einem bestimmten Risiko oder einer bestimmten Risikosparte oder auf den Ertrag verschiedener Anlageformen (nachstehend „Studien" genannt) sowie die Verbreitung der Ergebnisse solcher Studien.

1. Einführung

1 Art. 2 enthält den **Ausspruch der Gruppenfreistellung** für die gemeinsame Erhebung und Verbreitung bestimmter Daten sowie für die gemeinsame Durchführung bestimmter Studien. Die Freistellung beruht auf dem Ermächtigungstatbestand in Art. 1 VO 1534/91 des Rates. Aus der Ermächtigung, die Festsetzung **gemeinsamer Risikoprämientarife** freizustellen, wird die Freistellung für gemeinsame Erhebungen (Art. 1 lit. a i), gemeinsame Tabellen (Art. 1 lit. a ii) und gemeinsame Studien (Art. 1 lit. b).

2. Gemeinsame Erhebung und Verbreitung von Berechnungen und Tabellen (lit. a)

2 Die Freistellung der Erhebung und Verbreitung von Berechnungen und Tabellen ersetzt die Freistellung für die gemeinsame Festsetzung von Risikoprämientarifen in Art. 1 lit. a VO 358/2003. **Sinn und Zweck** der Freistellung ist es, die **Kenntnis der Versicherer über die Risiken zu verbessern** (Erwägungsgrund 9). Berechnungen und Tabellen, die sich auf Durchschnittskosten bzw. auf die Häufigkeit bestimmter Ereignisse beziehen, werden statistisch genauer, je breiter die Datenbasis ist, auf deren Grundlage sie erstellt werden. Andererseits ist die Höhe der Durchschnittskosten, die für die Deckung eines bestimmten Risikos erforderlich sind, in hohem Maße bestimmend für die Höhe der Prämien. Die Freistellung stößt daher dort an ihre Grenzen, wo Sicherheitszu- und -abschläge abgestimmt werden, die teilweise auf einer subjektiven Prognose und der Bewertung verschiedener Faktoren beruhen (vgl. *Schumm* in *Schröter/Jakob/Mederer* Art. 81 FGVers Rn. 6). Darüber hinaus ist in Er-

wägungsgrund 9 klargestellt, dass eine Vereinbarung über **Bruttoprämien** (vgl. Art. 1 Nr. 7) als klare Preisabsprache nicht unter die Freistellung fällt (*Saller* VersR 2010, 417, 419). Die genauen Voraussetzungen der Freistellungen für die gemeinsame Erhebung und Verbreitung bestimmter für die Ermittlung der Schadenkosten bedeutsamer Berechnungen und Tabellen sind in Art. 3, Ausnahmen in Art. 4 geregelt.

a) Erhebungen von Durchschnittskosten (lit. a i). Gegenstand der Freistellung nach lit. a i) sind **„Erhebungen".** Hierunter versteht die Kommission nach der Legaldefinition in lit. a i) Berechnungen von **Durchschnittskosten für die Deckung eines genau beschriebenen Risikos in der Vergangenheit.** Mit dem Begriff „Erhebung" soll deutlich gemacht werden, dass die Durchschnittskosten mathematisch ermittelt, dh weder geschätzt noch willkürlich festgelegt werden dürfen. 3

Unter **„Durchschnittskosten für die Deckung"** sind die Nettoprämien zu verstehen (*Ellger* in IM Art. 2 Vers-GVO Rn. 8). Über diese hinaus können keine unternehmensindividuellen Kosten wie etwa **Verwaltungskostenanteile** in die Berechnungen einbezogen werden. Dies ist von der Freistellung **nicht erfasst,** wie sich aus der Zusammenschau mit Art. 3 Abs. 1 lit. c ergibt (vgl. *Herrmann* in MünchKomm GVO Nr. 358/2003 Art. 1, 2 Rn. 2). Die Daten müssen eine statistisch einwandfreie Grundlage abgeben, um den **Durchschnitt** der Kosten für die Deckung der Risiken darzustellen (*Schumm* in *Schröter/Jakob/Mederer* Art. 81 FGVers Rn. 4). Die Berechnungen der Durchschnittskosten müssen sich nach lit. a i) auf ein genau beschriebenes **Risiko** in der Vergangenheit beziehen. Risiko ist dabei nicht das Einzelrisiko eines individuellen Versicherungsnehmens, sondern ein nach dem Maßstab des Art. 3 Abs. 2 lit. b hinreichend genau und differenzierend beschriebenes abstraktes Risiko (vgl. *Ellger* in IM Art. 2 Vers-GVO Rn. 9). 4

Zulässig ist nach lit. a i) nur eine Berechnung der Durchschnittskosten für die Deckung eines genau beschriebenen Risikos **aus der Vergangenheit.** Die Berechnung der Durchschnittskosten hat rein statistischen Charakter und stützt sich ausschließlich auf **empirische** Daten. Prognostische Elemente sind bei der Ermittlung der Durchschnittskosten ausdrücklich ausgeschlossen (vgl. Art. 3 Abs. 1 lit. c). Die Eingrenzung der Berechnungen der Durchschnittskosten für die Deckung von Risiken „in der Vergangenheit" zieht die – in der Ermächtigung nach Art. 1 VO 1534/91 des Rates nicht angelegte – Trennlinie zwischen den Freistellungen in Art. 2 lit. a („Erhebungen und Tabellen") und Art. 2 lit. b („Studien"). 5

b) Tabellen für Policen mit Kapitalisierungselement (lit. a ii). Für Versicherungssparten, bei denen ein Teil der Prämie **kapitalbildenden Charakter** hat, stellt die Verordnung bestimmte Arten von Tabellen von der Anwendung des Kartellverbots nach Art. 101 Abs. 1 AEUV frei. Kapitalisierungselemente enthalten v. a. Lebens- und Krankenversicherungen sowie teilweise Unfallversicherungen. Insgesamt sind in die Freistellung aber **alle Summenversicherungen** einzubeziehen, bei denen eine pauschale Versicherungsleistungen im Fall von Tod, Krankheit, Invalidität oder Unfall zu bezahlen ist bzw. für den Fall der unterbliebenen Inanspruchnahme eine Prämienrückgewähr stattfindet (vgl. *Dreher/Kling* § 7 Rn. 181). In diesen Fällen lassen sich aus den Tabellen wegen der pauschalen Versicherungsleistung, die unabhängig von konkreten Schäden gewährt wird, aus einer Risikotabelle unmittelbare Rückschlüsse auf die Schadenkosten ziehen (vgl. *Frank von Fürstenwerth* WM 1994, 368). 6

In der **Lebensversicherung** beruht die Kalkulation der Prämien zu einem wesentlichen Teil auf der **Lebenserwartung** des Versicherten. Diese ist individuell nicht zu bestimmen. Deshalb bedient sich die Versicherungswirtschaft sog. **Sterbetafeln,** also generalisierter Untersuchungen über die Sterbewahrscheinlichkeit und kombiniert deren Aussagen mit dem Rechnungszinsfuß sowie den Kostenzuschlägen. Die Bevölkerungssterbetafeln reichen als Kalkulationsgrundlage in der Lebensversicherung nicht aus, weil die Zusammensetzung der Versicherungsrisiken in der Lebens- 7 versicherung nicht der Risikolage der Gesamtbevölkerung entspricht. Gegenüber der Lebensversicherung müssen in der **Krankenversicherung** sowie bei der Unfallversicherung mit Kapitalisierungselement bei der Prämienkalkulation nicht nur die Sterblichkeit, sondern auch die **Wahrscheinlichkeit einer Erkrankung,** die durchschnittlichen **Heilungskosten** für einen in einem bestimmten Lebensalter stehenden Versicherten sowie die Wahrscheinlichkeit einer vorzeitigen Vertragsbeendigung (sog. **Abgangswahrscheinlichkeit**) berücksichtigt werden (vgl. für die Vorgänger-VO *Hootz* in Gemeinschaftskommentar VO 358/2003 Art. 1 Rn. 18f.).

8 **c) Freigestelltes Verhalten.** Die Erhebungen und Tabellen dürfen nach lit. a **gemeinsam erhoben und verbreitet** werden. Die Freistellung kann nur so weit greifen, wie das Kartellverbot nach Art. 101 Abs. 1 AEUV gilt. Dies ist insofern von Bedeutung, als die Kommission in ihrer früheren Kooperationsbekanntmachung (Bekanntmachung über Vereinbarungen, Beschlüsse und aufeinander abgestimmte Verhaltensweisen, die eine zwischenbetriebliche Zusammenarbeit betreffen, ABl. 1968 C 75/3, berichtigt in ABl. 1968 C 84/14) die gemeinsame Erstellung von Statistiken als nicht wettbewerbsbeschränkend angesehen hat. Auf dieser Grundlage wurde die Ansicht vertreten, die Zusammenarbeit der Versicherer in der Kalkulation der Risikoprämien sei nur insoweit kartellrechtlich relevant, als sie über die bloße Erstellung von Statistiken hinausgehe (so *Hootz* in Gemeinschaftskommentar Art. 1 Rn. 5). Die Kooperationsbekanntmachung der Kommission ist inzwischen durch die Horizontalleitlinien (Anhang B 5, vgl. dort Rn. 5 und 8) ersetzt worden. Diese enthalten keine Aussage über den wettbewerbsbeschreibenden Charakter der Zusammenarbeit bei der Erstellung von Statistiken. Zudem hat der EuGH (Slg 1987 405 Verband der Sachversicherer) klargestellt, dass in der Bekanntgabe von für die Prämienberechnung nötigen statistischen Durchschnittskosten für die Deckung von Risiken eine Willensäußerung des bekannt gebenden Verbandes zu sehen ist, das Verhalten der Mitglieder bei ihrer Prämienkalkulation koordinierend zu beeinflussen. Die Zusammenarbeit bei der Erstellung von Statistiken fällt deshalb in den Anwendungsbereich des Art. 101 Abs. 1 AEUV, soweit diese Statistiken das Verhalten eines Unternehmens im Wettbewerb beeinflussen können. Nicht entschieden hat die Kommission die Frage, ob die Erhebungen, Tabellen und Studien nur als **unverbindliche Referenzwerte** zulässig sind. Die Kommission hat hierauf in Erwägungsgrund 9 über eine **Soll-Bestimmung** hinzuwirken versucht. Nach allgemeiner Meinung umfasst die Verbreitung im Sinne von Art. 2 lit. a aber auch **„Empfehlungen"** von Versicherungsverbänden, solange diese unverbindlich sind und keine weiteren Maßnahmen zu ihrer Befolgung unternommen werden (vgl. *Ellger* in IM Art. 2 Vers-GVO Rn. 7 mwN; zur Frage, unter welchen Voraussetzungen Empfehlungen Beschlüsse im Sinne des Art. 101 Abs. 1 AEUV sind, vgl. die Kommentierung zu Art. 101).

3. Studien über Schadenhäufigkeit, Schadenausmaß und Ertrag von Anlageformen (lit. b)

9 **a) Studien.** Während Erhebungen (Art. 2 lit. a i)) eine mathematisch exakte Auswertung statistischer Daten darstellt, soll die Studie als **prognostische Untersuchung,** allerdings auf hinreichend gesicherter Sachverhaltsgrundlage und unter Anwendung wissenschaftliche Arbeitstechniken, verstanden werden. Diese Einschränkung des Begriffs „Studien" erreicht der Verordnungsgeber durch die Voraussetzungen **„wahrscheinliche Auswirkungen"** und **„allgemeine Umstände außerhalb des Einflussbereichs der beteiligten Unternehmen".**

10 Die Freistellung nach Art. 2 lit. b bezieht sich auf Untersuchungen über **wahrscheinliche Auswirkungen** bestimmter, näher definierter Umstände, entweder über die Häufigkeit und das Ausmaß künftiger Forderungen oder über den Ertrag verschiedener Anlageformen. Die als Ergebnis der Studie festgestellten Auswirkun-

gen müssen zwar nicht im Sinne einer mathematischen Rechnung gesichert, jedoch wahrscheinlich, dh in ihrem Eintritt bei objektiver Betrachtung unter Berücksichtigung aller bekannten Umstände bei einem geringen Spektrum von Abweichungen zu erwarten sein. Die Anforderungen an die prognostische Leistung dürfen jedoch nicht überzogen werden. Die Wertung in Art. 10 lit. a der Vorgänger-VO 358/2003 (aufgegangen in Art. 29 VO 1/2003) über die Möglichkeit des Entzugs der Freistellung, falls die Studien im Einzelfall auf ungerechtfertigten Annahmen beruhen, spricht für eine **weite Interpretation** des Art. 2 lit. b: Dieses weite Verständnis entbindet die Verfasser der Studien jedoch nicht, bei ihrer Arbeit anerkannte wissenschaftlich abgesicherte Methoden zu berücksichtigen (*Bunte* VR 1995 H. 7–8, 6, 10).

Gegenstand der Untersuchung dürfen nur solche Umstände sein, die **außerhalb des Einflussbereichs** der beteiligten Unternehmen liegen, zugleich aber Auswirkungen auf die künftige Schadenentwicklung oder auf den Ertrag verschiedener Anlageformen haben. Das Erfordernis, dass die Umstände außerhalb des Einflussbereichs der beteiligten Unternehmen liegen müssen, schließt es aus, dass die Umstände aus der **betrieblichen Sphäre eines der Beteiligten** stammen. Gemeinsame Studien über die Entwicklung unternehmensbezogener Daten, also einzelner Parameter in der versicherungstechnischen Rechnung, sind ebenso wenig freigestellt wie die Festlegung von auf einer Studie beruhenden Sicherungszuschlägen oder Steigerungsquoten (*Ellger* in IM Art. 2 Vers-GVO Rn. 12). 11

b) Freigestellte Inhalte. Einerseits können Häufigkeit und/oder Ausmaß künftiger Forderungen mit Bezug auf ein bestimmtes Risiko oder eine ganze Risikosparte untersucht werden (Art. 2 lit. b Var. 1); andererseits kann auch der Ertrag verschiedener Anlageformen zum Thema von Studien gemacht werden (Art. 2 lit. b Var. 2). Art. 2 lit. b greift mit der Formulierung „Auswirkungen auf die **Häufigkeit** und das **Ausmaß künftiger Forderungen**" den Inhalt des Art. 1 lit. b VO 358/2003 auf, in dem von „Auswirkungen auf Schadenhäufigkeit und Schadenhöhe" die Rede war. Ein sachlicher Unterschied besteht nicht. 12

Die Studien müssen sich auf ein bestimmtes Risiko oder eine bestimmte Risikosparte beziehen. **„Bestimmtes Risiko"** ist deckungsgleich mit einem **„genau beschriebenen Risiko"** in **lit. a i** (→ Rn. 5). Auch das „bestimmte Risiko" ist nicht das individuell versicherte Risiko, sondern ein durch Aggregation gleichartiger Versicherungsverträge gewonnenes typisiertes Risiko. Darüber hinaus können sich die Studien auch **auf gesamte Risikosparten,** also etwa die Vermögensschadenhaftpflicht, beziehen. Als Umstände, die **geeignet** sind, **sich auf die Schadenhäufigkeit oder die Schadenhöhe auszuwirken,** kommen u. a. Material- bzw. Lohnkosten für Reparaturen, die regionale und sektorale Kriminalitätsentwicklung, klimatische Veränderungen, Veränderungen der Verkehrsströme, ein spezifisches Verbraucherverhalten, die Entwicklung der weltpolitischen Lage bis hin zur Bedrohung durch Terrorismus in Betracht (Beispiele bei *Frank von Fürstenwerth* WM 1994, 365, 368; *Hörst* in L/M/R 16 GVO Vers-W Rn. 16; *Ellger* in IM Art. 2 Vers-GVO Rn. 12). 13

Gemeinsame Studien über die **aus verschiedenen Anlageformen zu erwartenden Erträge** bergen die Gefahr, dass die Unternehmen ihre Anlagepolitik an den Ergebnissen der Studien ausrichten. Die Studien dürfen sich nur mit den Auswirkungen **allgemeiner, außerhalb des Einflussbereichs der beteiligten Unternehmen liegender Umstände** auf den Ertrag von Anlageformen beschäftigen. Verhindert werden soll eine Kooperation der Versicherungsunternehmen hinsichtlich der individuellen Anlagestruktur, die ein wichtiges Element der Prämienkalkulation, nämlich die Höhe der Anlagenerlöse, als Variable im Wettbewerb zwischen den Versicherungsunternehmen ausschalten würde. 14

c) Verbreitung der Ergebnisse. Hinsichtlich der Verbreitung der Ergebnisse gilt für Studien nichts anderes als für Berechnungen (vgl. hierzu Rn. 4 ff.). Ergebnisse sind nicht nur zu erwartende Verschiebungen bei den Risikofaktoren, die zu erwartende 15

Zahl der Schadensfälle, die sich hieraus ergebenden Schadenzahlungen und die konkreten Schadenbedarfe, sondern etwa auch die zu erwartende Anzahl von Risiken. Auf der Grundlage der Studien obliegt es den Unternehmen, ihre Prämien und Kosten der zu erwartenden Entwicklung anzupassen, jedoch nur, wenn sie dies unternehmerisch für erforderlich halten. **Unzulässig** ist es, bei der Verbreitung Durchschnittskosten und künftige Erwartungen so zu vermischen, dass die Prognosen in die Berechnung der Durchschnittskosten nach Art. 1 lit. a einfließen (Kommission, Pressemitteilung vom 19. 1. 1993, Nr. 1). Die bloße gleichzeitige Verbreitung von Erhebungen und Studien ist jedoch unschädlich.

16 **d) Freistellungsvoraussetzungen im Einzelnen.** Die genauen Voraussetzungen der Freistellung sind in Art. 3 Abs. 2, Ausnahmen in Art. 4 geregelt.

Art. 3 Freistellungsvoraussetzungen

(1) **Die in Artikel 2 Buchstabe a vorgesehene Freistellung gilt nur unter der Voraussetzung, dass die Erhebungen und Tabellen**

a) auf der Zusammenstellung von Daten beruhen, die sich auf eine als Beobachtungszeitraum gewählte Anzahl von Risiko-Jahren beziehen und die identische oder vergleichbare Risiken in ausreichender Zahl betreffen, damit eine statistisch auswertbare Größe entsteht und unter anderem Folgendes beziffert werden kann:
   i) die Anzahl der Schadensfälle in dem genannten Zeitraum;
   ii) die Zahl der in dem Beobachtungszeitraum in jedem Risiko-Jahr versicherten einzelnen Risiken;
   iii) die Gesamtheit der innerhalb dieses Zeitraums aufgrund der aufgetretenen Schadensfälle geleisteten oder geschuldeten Zahlungen;
   iv) der Gesamtbetrag der Versicherungssummen pro Risiko-Jahr während des gewählten Beobachtungszeitraums;

b) hinsichtlich der verfügbaren Statistiken so detailliert sind, wie es versicherungsstatistisch angemessen ist;

c) unter keinen Umständen Sicherheitszuschläge, Erträge aus Rückstellungen, Verwaltungs- oder Vertriebskosten oder Steuern und sonstige Abgaben beinhalten oder Investitionserlöse oder erwartete Gewinne berücksichtigen.

(2) **Die in Artikel 2 vorgesehenen Freistellungen gelten nur unter der Voraussetzung, dass die Erhebungen, Tabellen und Studienergebnisse**

a) nicht die beteiligten Versicherungsunternehmen oder einen Versicherungsnehmer identifizieren;

b) bei der Erstellung und Verbreitung einen Hinweis auf ihre Unverbindlichkeit enthalten;

c) keinen Hinweis auf die Höhe von Bruttoprämien enthalten;

d) allen Versicherungsunternehmen, auch solchen die nicht auf dem räumlichen oder sachlichen Markt tätig sind, auf den sich diese Erhebungen, Tabellen oder Studienergebnisse beziehen, die ein Exemplar erbitten, zu angemessenen und diskriminierungsfreien Konditionen und erschwinglichen Preisen zur Verfügung gestellt werden;

e) Verbraucher- und Kundenorganisationen, die spezifische und präzise Zugangsanträge aus ordnungsgemäß gerechtfertigten Gründen stellen, zu angemessenen und diskriminierungsfreien Konditionen und erschwinglichen Preisen zur Verfügung gestellt werden, ausgenommen wenn die Nichtoffenlegung aus Gründen der öffentlichen Sicherheit objektiv gerechtfertigt ist.

Inhaltsübersicht

1. Einführung

a) Regelungsinhalt. Art. 3 enthält die **Tatbestandsvoraussetzungen** für die in Art. 2 lit. a und b enthaltene Freistellung gemeinsamer Erhebungen, Tabellen und Studien. **Abs. 2** knüpft die Freistellung an die grundlegenden Voraussetzungen der **Anonymität,** der **Unverbindlichkeit** und des **diskriminierungsfreien Zugangs** zu Erhebungen, Tabellen und Studien. Darüber hinaus legt der gegenüber Abs. 2 speziellere **Abs. 1** für die Freistellung von Erhebungen und Tabellen zusätzliche Voraussetzungen fest, die einerseits die **Objektivität** und versicherungstechnische **Verlässlichkeit** der Daten auf Abweichungen sicherstellen (lit. a und b) und andererseits gewährleisten sollen, dass zwischen den Unternehmen **keine Vereinbarungen über Bruttoprämien** getroffen werden (lit. c). **Art. 4** enthält die Gegenausnahme, dass die Freistellung **für Unternehmen entfällt,** welche die Zusammenarbeit zu einer Verhaltenskoordination über die Anwendung der Resultate ihrer erlaubten Zusammenarbeit nutzen. 1

b) Sinn und Zweck. Abstimmungen über Versicherungsprämien sind **Preisabsprachen** und als solche nicht freistellungsfähig. Auch dann, wenn die Parteien sich lediglich über **Kalkulationsbestandteile** verständigen, fällt dies unter Art. 101 Abs. 1 AEUV. Art. 3 und 4 präzisieren die in Art. 2 lit. a und b enthaltene Freistellung für die gemeinsame Erarbeitung von **Grundlagen für die Kalkulation von Risikoprämientarifen.** Nicht freigestellt und auch in direkter Anwendung von Art. 101 Abs. 3 AEUV nicht freistellungsfähig ist die Abstimmung über Risikoprämientarife selbst (zur Unterscheidung vgl. Art. 2 Rn. 3; *Schumm* in *Schröter/Jakob/Mederer* Art. 81 FGVers Rn. 6). 2

Zur Erarbeitung der Kalkulationsgrundlagen stellt die VO 358/2003 **Erhebungen** und **Studien** frei. Diese werden in der Versicherungswirtschaft als **unverzichtbare Voraussetzungen** für die Kalkulation von Nettoprämien angesehen. Während in Erhebungen die statistischen Voraussetzungen der Prämienkalkulation ermittelt werden, diese also in die Vergangenheit gerichtet sind, dienen Studien dazu, Nettoprämien für die Zukunft zu kalkulieren, enthalten also ein prognostisches Element. Als drittes Hilfsmittel stellt die VO 267/2010 **Tabellen** frei. Dabei handelt es sich um eine Sonderform der statistischen Datenerfassung: In Tabellen wird für die Versicherungsarten, die ein **Kapitalisierungselement** enthalten, erfasst, welcher Anteil 3 der Bevölkerung ein bestimmtes Alter erreichen wird („Sterbetafeln") bzw. wie hoch die Häufigkeit von Krankheiten, Invalidität und Unfällen anzusetzen ist. Die Begriffe „Erhebungen", „Tabellen" und „Studien" sind in Art. 2 lit. a und lit. b legal definiert (→ Art. 2 Rn. 4, 7, 10).

4 Mit der Freistellung gemeinsamer Erhebungen, Tabellen und Studien eröffnet die VO 267/2010 den Unternehmen der Versicherungswirtschaft ein **level playing field** für die einzelnen Versicherungssparten: Alle Versicherer einer Sparte können sich **unabhängig von ihren Prämieneinnahmen und ihrer Marktstärke** an der Zusammenarbeit beteiligen, also auch solche Marktteilnehmer, die aufgrund ihrer eigenen Bestandsdaten durch Auswertung der unternehmensindividuell versicherten Risiken die kalkulatorischen Grundlagen unabhängig von ihren Wettbewerbern erarbeiten könnten (Bericht der Kommission über die Anwendung der VO 358/2003, KOM (2009) vom 5.10.2009, Rn. 6ff.; *Schumm* in *Schröter/Jakob/Mederer* Art. 81 FGVers Rn. 61).

2. Verfahren zur Erstellung von Erhebungen und Tabellen (Abs. 1)

5 **a) Elemente zur Kalkulation der Nettoprämien (lit. a).** Ziel der Zusammenstellung von Daten in Berechnungen und Tabellen muss es sein, eine **statistisch auswertbare Größe** zu erhalten und die wesentlichen Parameter für die Kalkulation von Nettoprämien beziffern zu können. Die Kommission führt in nicht abschließender Aufzählung die vier **wesentlichen Kennziffern** auf, nach denen die Ermittlung der Nettoprämien in der Versicherungsbranche erfolgt: die Zahl der **Schadensfälle,** die Zahl der **versicherten Risiken,** die Gesamtheit der **Schadenzahlungen** (geleistet/geschuldet) und den Gesamtbetrag der **Versicherungssummen** pro Risiko-Jahr.

6 **b) Statistisches Datenmaterial.** Art. 3 Abs. 1 lit. a regelt auch die Auswahl der Daten, die für die Erhebungen und Tabellen herangezogen werden können. Die Auswahl des **Beobachtungszeitraums** bleibt den beteiligten Unternehmen überlassen. Die Zusammenstellung der Daten muss nur auf die als Beobachtungszeitraum gewählte Anzahl von Risiko-Jahren bezogen sein. Ob man dabei, wie in verschiedenen Versicherungssparten üblich, in Zeiträumen von jeweils einem Jahr vorgeht oder längerfristige Betrachtungen vornimmt, ist für den Erhalt der Freistellung unerheblich. Allerdings kann es sich ausschließlich um Beobachtungszeiträume **in der Vergangenheit** handeln, da Erhebungen und Tabellen anders als prognostische Studien lediglich für die Vergangenheit zulässig sind. Die Zusammenstellung prognostischer Daten ist deshalb von der Freistellung nach Art. 2 lit. a iVm Art. 3 Abs. 1 lit. a nicht erfasst. Zukünftige Entwicklungen können nur über Studien iSv Art. 2 lit. b untersucht werden (*Dreher/Kling* § 7 Rn. 188). Auch eine Vermischung von vergangenheits- und zukunftsbezogener Darstellung ist nicht zulässig. Dies ergibt sich aus Art. 3 Abs. 1 lit. c: Danach ist die Berücksichtigung von **Sicherheitszuschlägen,** also die Einbeziehung der künftigen Schadenentwicklung, bei der Berechnung von Durchschnittskosten nicht gestattet.

7 Erhebungen und Tabellen dürfen nur auf Grundlage von Daten erstellt werden, die **identische oder vergleichbare Risiken** betreffen. Vergleichbare Risiken wird man dann annehmen können, wenn der **zu erwartende Schadenverlauf bei beiden Risiken etwa gleich** anzusetzen ist. In der Praxis bedeutet dies jedoch, dass der Versicherungswirtschaft ein **breiter Ermessensspielraum** bleiben muss, welche Gruppen von Risiken sie zusammen oder getrennt analysiert. Die Zusammenstellung von Daten, die den Erhebungen und Tabellen zu Grunde gelegt werden, muss sich auf Risiken in so ausreichender Zahl beziehen, dass eine **statistisch auswertbare Größe** entsteht. Auch der Begriff der statistisch auswertbaren Größe lässt sich jeweils nur **individuell für das spezifische Risiko** bestimmen. Bei Spezialrisiken kann die Zahl der versicherten Risiken möglicherweise nicht ausreichen, um eine statistisch

auswertbare Größe zu bilden. UU kann eine Mehrjahres-Betrachtung zu einer tragfähigen Grundlage führen. Wo auch dies nicht möglich ist, ist eine Berechnung von Durchschnittskosten nach Art. 3 Abs. 1 lit. a nicht zulässig. Eventuell kann stattdessen eine Studie über den zukünftigen Schadenverlauf (Art. 2 lit. b, Art. 3 Abs. 2) erstellt werden.

c) Zulässige Zusammenstellungen und Erhebungen. Nach ursprünglicher Auffassung der Kommission sollte nur die rein **rechnerische** Ermittlung der Durchschnittskosten aus den zusammengestellten statistischen Daten zulässig sein. Bereits das Auf- und Abrunden der ermittelten Werte sollte nicht von der Freistellungswirkung erfasst sein (vgl. *Schumm* in *von der Groeben/Schwarze* nach Art. 81 FGVers Rn. 62 aE). Dies schloss auch die Bearbeitung der Daten anhand mathematisch-statistischer Methoden bzw. die Bereinigung durch Plätten und Kappen von Großschäden (Beseitigung von Zufallsschwankungen) aus, da in diesen Bereinigungen nach Ansicht der Kommission bereits subjektive Bewertungen enthalten sind. Zwischenzeitlich hat die Kommission diese Ansicht aufgegeben und eine **Bearbeitung der errechneten Rohdaten mit anerkannten versicherungsmathematischen Verfahren** für zulässig erachtet, sofern dies erforderlich ist, um die **realen** Durchschnittskosten iSv Art. 3 lit. a für bestimmte Risiken zu ermitteln (vgl. *Schumm* in *von der Groeben/Schwarze* nach Art. 81 FGVers Rn. 62; auch *v. Hülsen/Manderfeld* VersR 2010, 559, 561). Die Bearbeitung der Rohdaten muss allerdings in einem **transparenten und nachvollziehbaren Verfahren** geschehen, sodass jeder Versicherer die Rohdaten erhält und der angewandte versicherungsmathematische Ansatz offengelegt wird. Dabei soll nicht nur die Kappung der Schadenswerte zulässig sein, um einmalige Großschäden aus der Betrachtung auszunehmen, sondern auch die Bildung von **Schadensklassen** im Rahmen der Ermittlung der Nettoprämien-Tarife, sofern lediglich die errechneten Werte von **vergleichbaren oder identischen Risiken** rechnerisch zusammengefasst werden (*Schumm* in *von der Groeben/Schwarze* nach Art. 81 FGVers Rn. 62; aA noch Bericht der Kommission über die Anwendung der VO 3932/92, KOM (1999) 192 vom 12.5.1999, Rn. 8; *Ellger* in IM Art. 3 Vers-GVO Rn. 5f.). 8

d) Ziel: Statistisch angemessene Detaillierung (lit. b). Die Qualität des statistischen Materials, das in Erhebungen und Tabellen erarbeitet wird, muss nach der Generalklausel des Abs. 2 lit. b dem Maßstab der **versicherungsstatistischen Angemessenheit** genügen. Mit dieser Regelung, die bereits in der VO 358/2002 gegenüber der VO 3932/92 neu verwandt wurde, versucht die Kommission in einer **Generalklausel** die Verarbeitung der Daten zu regeln, die nach lit. a der Arbeit zugrunde gelegt werden dürfen. Es wird jedoch nicht klar, nach welchen Kriterien die Generalklausel in den einzelnen Versicherungssparten auszulegen ist. Dies ist im Rahmen einer Gruppenfreistellung besonders problematisch: Die beabsichtigte **Rechtssicherheit** für Unternehmen wird nicht gewährleistet, wenn den Unternehmen ein **unverhältnismäßig weites Subsumtionsrisiko** aufgebürdet wird. 9

e) Keine Vereinbarungen über Bruttoprämien und unternehmensspezifische Kalkulationsbestandteile (lit. c). Ziel der Kommission ist es, solche Erhebungen und Tabellen von der Gruppenfreistellung auszunehmen, die dazu führen, dass die einzelnen Unternehmen nicht autonom und unbeeinflusst ihre Prämien ermitteln. In Abs. 2 lit. c verwendet die Verordnung den Begriff „Bruttoprämien" (Art. 1 Nr. 7) nicht, sondern betont stattdessen, dass in die Berechnung **unter keinen Umständen Sicherheitszuschläge, unternehmensspezifische Kosten oder Gewinne** einfließen dürften. Die Kommission bringt zum Ausdruck, dass die Abstimmung sie diese Parameter als **Kernbereich der unternehmerischen Prämienkalkulation** ansieht und ein Austausch hierüber nichts mit dem durch die Zusammenarbeit angestrebten Ziel zu tun hat, bessere Kenntnis über Risiken und deren Bewertung zu erhalten (vgl. Erwägungsgrund 9). 10

11 **Sicherheitszuschläge** dienen in der Prämienkalkulation dazu, die ungewisse Risikoentwicklung der Zukunft prophylaktisch zu berücksichtigen. Sie bringen damit ein prognostisches Element in die Prämienkalkulation ein. Prämienbestandteile, die die Schadenprognose betreffen und nicht lediglich die vergangene Schadenentwicklung abbilden, dürfen in Erhebungen und Tabellen nicht enthalten sein. Freigestellt sind nach Art. 2 lit. a iVm Art. 3 Abs. 1 lit. c nur die Erhebung und Verbreitung der Durchschnittskosten für die Deckung der Risiken aufgrund statistischen Materials für die Vergangenheit.

12 Auch **Erträge von Rückstellungen** dürfen in Berechnungen und Tabellen nicht berücksichtigt werden. Zwar sind die Erträge, die ein Unternehmen aus Rückstellungen zieht, wichtige Kalkulationsbestandteile. Diese Erträge lassen sich auch für die Vergangenheit statistisch erfassen. Erträge aus Rückstellungen, sog. „nicht-technische Erträge", hängen in ihrer Höhe aber **von der individuellen Kapitalanlage-Praxis des Unternehmens** ab. Ließe man die Verbreitung von Durchschnittswerten zu, könnte die Kalkulation von Bruttoprämien durch diese Durchschnittswerte beeinflusst werden.

13 Ebenso wie die Erträge aus Rückstellungen sind auch die **Verwaltungs- und Vertriebskosten** von den strategischen Entscheidungen und dem Geschäftsverlauf der einzelnen Unternehmen abhängig. Die Höhe der Kosten ist mitentscheidend für die unternehmensindividuelle Spanne zwischen Netto- und Bruttoprämie. Der insoweit bestehende Wettbewerb zwischen den Unternehmen kann jedoch nicht Gegenstand der Freistellung sein (vgl. KOMM ABl. 1985 L 35/1 Rn. 42 Feuerversicherung). Zu den Verwaltungs- und Vertriebskosten gehören auch die **Vermittlungsentgelte** wie Vertreterprovisionen und Maklercourtagen. Einen **Grenzfall** bilden die **Schadenermittlungskosten.** Hierunter werden nicht nur die Kosten für den eigenen Apparat verstanden, die als Teil der Verwaltungskosten nicht in die Durchschnittskosten eingerechnet werden dürfen, sondern auch die Kosten, die durch die **Einschaltung Externer zur Ermittlung der Schadenursachen und der Schadenhöhe** entstehen (etwa Gutachterkosten). Die zuletzt genannten Kosten sind **Teil des Schadenaufwands,** der zum Gegenstand gemeinsamer Berechnungen und Tabellen gemacht werden kann. Auch Aufwendungen des Versicherers, die dazu dienen, den Schaden zu **beheben** (etwa Zusendung von Ersatzteilen), können im Rahmen von Berechnungen und Tabellen erfasst werden (so bereits zu den Vorgänger-VO'en *Hootz* in Gemeinschaftskommentar Art. 3 Rn. 17).

14 Auch **Steuern und sonstige Abgaben** dürfen nicht zum Gegenstand von Erhebungen und Tabellen gemacht werden. Zwar werden Steuern und sonstige Abgaben von Versicherungsunternehmen bei der Kalkulation der Bruttoprämien berücksichtigt. Es handelt sich dabei aber um unternehmensindividuelle Aufwände, die wie Verwaltungs- oder Vertriebskosten unternehmensspezifisch und als Teil des **Geheimwettbewerbs** anzusehen sind. Gleiches gilt für **Investitionserlöse und Gewinne, die** ebenfalls nicht in der gemeinsamen Berechnung von Durchschnittskosten erfasst werden dürfen.

3. Allgemeine Voraussetzungen der Freistellung (Abs. 2)

15 Art. 3 Abs. 2 enthält die **allgemeinen Voraussetzungen,** unter denen gemeinsame **Erhebungen, Tabellen und Studien** von der Anwendung des Art. 101 Abs. 1 AEUV freigestellt sind. Es handelt sich um ursprünglich **drei, nunmehr fünf Grundvoraussetzungen,** um einerseits die Wahrung des Geheimwettbewerbs sicherzustellen und andererseits die Ergebnisse für die gesamte Versicherungswirtschaft nutzbar zu machen. Gefordert werden die **Anonymität** im Hinblick auf die beteiligten Versicherungsunternehmen (lit. a), die explizite **Unverbindlichkeit** der erzielten Ergebnisse (lit. b) und der fehlende Hinweis auf die Höhe der Bruttoprämien (lit. c), der **diskriminierungsfreie Zugang** sämtlicher Versicherungsunternehmen zu den

Ausarbeitungen (lit. d) sowie der entsprechende Zugang durch Verbraucher- und Kundenorganisationen (lit. e).

a) Anonymität im Hinblick auf die beteiligten Versicherungsunternehmen (lit. a). Grundlegende Voraussetzung für die Freistellung von Erhebungen, Tabellen und Studien ist, dass keines der gemeinsam erstellten Dokumente die **Identifizierung der beteiligten Unternehmen** zulässt. Dies bedeutet, dass die von den Versicherungsunternehmen zur Verfügung gestellten Daten in zweifacher Hinsicht verarbeitet werden müssen: Zum einen dürfen Ausarbeitungen keine individuelle Quelle nennen. Zum anderen müssen die Daten derart aggregiert sein, dass sie im Endprodukt der Ausarbeitung keine Rückschlüsse auf die Herkunft der Daten zulassen. Die wettbewerbliche Brisanz der verwendeten Daten liegt darin, dass aufgrund der Analyse der Bestandsdaten sowie insbesondere aufgrund der Analyse der Schadenentwicklung die versicherungstechnische Kalkulation der Beiträge erfolgt. In Abs. 2 lit. a ist die Auffassung der Kommission über die Grenzen des zulässigen Informationsaustauschs in **Marktinformationssystemen** für den Versicherungsbereich konkretisiert. Ein weitergehender Informationsaustausch würde an die Grenze des Art. 101 Abs. 3 lit. b AEUV (Ausschaltung des Wettbewerbs für einen wesentlichen Teil der Produkte) stoßen. 16

Durch Abs. 2 lit. a ist klargestellt, dass Versicherungsunternehmen auch bei der Erarbeitung von Erhebungen, Tabellen und Studien ihren Mitbewerbern **keine Einsicht in die Prämienkalkulation** gewähren dürfen. Es ist deshalb unzulässig, wenn Mitarbeiter eines Versicherungsunternehmens stellvertretend für die Branche bzw. den Versicherungszweig Statistiken erstellen und die Unternehmen ihnen zu diesem Zweck ihre Geschäftsgeheimnisse offen legen. Erhebungen, Tabellen und Studien können deshalb **nur von unabhängigen Dritten** (Verbänden, Wissenschaftlern, Wirtschaftsanalysten, Unternehmensberatern) erstellt werden. Diese müssen die notwendige Vertraulichkeit gegenüber den Unternehmen in der Branche wahren. Auch den unabhängigen Dritten, wie Mitarbeitern von Verbänden, darf **nur fertiges Datenmaterial** zur Verfügung gestellt werden. Direkte Einblicke in die Kalkulationsgrundlagen des Unternehmens dürfen auch diesen neutralen Personen nicht gewährt werden 17

Das Interesse der Versicherungsunternehmen an möglichst detaillierten Ausarbeitungen für typisierte Risiken birgt die Gefahr, dass die Untersuchung so detailliert ausgestaltet wird, dass über die eingestellten Daten **Rückschlüsse auf einzelne Unternehmen** möglich sind. Dies ist insbesondere dann der Fall, wenn für das typisierte Risiko nur von wenigen Unternehmen eine Deckung angeboten wird. Auch ohne Namensnennung können dabei Rückschlüsse auf das jeweilige Versicherungsunternehmen möglich werden. In der Literatur wird zu Recht vertreten, dass eine nur **mittelbare** Möglichkeit der Identifizierung der beteiligten oder einzelner beteiligten Unternehmen die Freistellung nicht entfallen lässt (*Ellger* in IM Art. 3 Vers-GVO Rn. 8). Abs. 2 lit. a fordert zwar, dass die Erhebungen, Tabellen oder Studien eine Identifizierung der beteiligten Versicherungsunternehmen nicht ermöglichen dürfen. Der Wortlaut der Verordnung spricht jedoch nicht davon, dass jede Möglichkeit des Rückschlusses auf einzelne Versicherungsunternehmen untersagt werden soll. Sofern die „Entschlüsselung" nur unter erheblichem Aufwand möglich ist und ein gesichertes Ergebnis nicht erreicht werden kann, kann dies die Freistellung nicht entfallen lassen. 18

b) Ausdrücklicher Hinweis auf die Unverbindlichkeit (lit. b) und kein Hinweis auf Höhe der Bruttoprämien (lit. c). Ermittlung und Bekanntgabe von Berechnungen bei Tabellen und Studien sind nach Abs. 2 lit. b nur dann von der Anwendung des Art. 101 Abs. 1 AEUV freigestellt, wenn sie mit dem ausdrücklichen Hinweis auf ihre Unverbindlichkeit versehen werden. Durch das Merkmal **„ausdrücklich"** schließt die Kommission eine beiläufige Erwähnung der Unverbindlich- 19 keit (an versteckter Stelle im Begleitbrief etc.) aus. Man wird deshalb den Beteiligten raten müssen, dass der Unverbindlichkeitshinweis möglichst auf dem Titelblatt erfolgen sollte. Im Vergleich zur Vorgänger-VO 358/2003 sieht Art. 3 Abs. 2 lit. c ausdrücklich vor, dass die Erhebungen, Tabellen und Studienergebnisse keinen Hinweis auf die Höhe von Bruttoprämien enthalten. Diese weitere Voraussetzung erscheint vor dem Hintergrund der Regelung in Art. 3 Abs. 1 lit. c an sich entbehrlich zu sein, da, auch wenn dort der Begriff „Bruttoprämien" nicht ausdrücklich verwandt wird, der Sache nach Bruttoprämien auch dort Regelungsgegenstand sind. Gleichwohl wird diese weitere Voraussetzung bei der Erhebung und Verbreitung der Ergebnisse zu berücksichtigen sein.

20 **c) Freier Zugang für alle Versicherungsunternehmen (lit. d).** Art. 3 Abs. 2 lit. c stellt ebenso wie die vergleichbare Norm in der Vorgänger-VO 358/2003 die **gegenüber der VO 3932/92 neue** Voraussetzung der Freistellung auf, dass die Erhebungen, Tabellen und Studien allen Versicherern auf Wunsch zur angemessenen und nicht diskriminierenden Konditionen zur Verfügung gestellt werden. Der diskriminierungsfreie Zugang zu Berechnungen, Tabellen und Studien muss nur **Versicherungsunternehmen** gewährt werden, nicht dagegen anderen Marktteilnehmern (Maklern, Agenten, Beratungsunternehmen etc.). Rückversicherungsunternehmen haben als Versicherungsunternehmen dagegen Zugang auch zu den Ergebnissen der Untersuchungen, die auf Ebene der Erstversicherer durchgeführt werden. Abs. 2 lit. c verlangt, dass das die Erhebungen, Tabellen und Studien auch **potentiellen Wettbewerbern** zugänglich gemacht werden. Die Kommissionen will diesen Unternehmen durch den Zugang zu statistischem und prognostischem Material den Eintritt in den Markt erleichtern (*Korthals* in *von der Groeben/Schwarze* Nach Art. 81 EG FGVers Rn. 114 aE).

21 Eine angemessene Bedingung für die Aushändigung der Erhebungen, Tabellen und Studien kann auch die **Selbstverpflichtung** des noch nicht auf dem jeweiligen Markt tätigen Unternehmens sein, im Fall des Markteintritts die notwendigen statistischen Informationen über Schadenfälle vorzulegen und damit am Informationssystem teilzunehmen (Erwägungsgrund 11). Wird die Ausarbeitung von einem Versichererverband erarbeitet, kann das Unternehmen verpflichtet werden, wenn es die Aushändigung der Daten erreichen will, dem **Verband beizutreten,** sofern dies nicht auf dem betroffenen Markt tätigen Versicherern zu angemessenen und diskriminierungsfreien Konditionen möglich ist. Allerdings dürfen nach Erwägungsgrund 11 die mit dem Zugang verbundenen **Kosten** nicht so hoch sein, dass sie ein Eintrittshindernis darstellen.

22 **d) Freier Zugang für Kunden- und Verbraucherverbände (lit. e).** Durch die VO 267/2010 ist eine weitere Voraussetzung eingeführt worden (vgl. hierzu *Körber/Rauh* VersR 2012, 670; *Saller* VersR 2010, 417, 419; *v. Hülsen/Manderfeld* VersR 2010, 559, 562). Nach Abs. 2 lit. e müssen auch Verbraucher- und Kundenorganisationen, die spezifische und präzise Zugangsanträge aus ordnungsgemäß gerechtfertigten Gründen stellen, zu angemessenen und diskriminierungsfreien Konditionen und erschwinglichen Preisen die Erhebungen, Tabellen und Studienergebnisse zur Verfügung gestellt werden. Eine Ausnahme wird nur insoweit zugelassen, als die Nicht-Offenlegung aus Gründen der öffentlichen Sicherheit objektiv gerechtfertigt ist. Diese Norm ergänzt die Voraussetzung, die sich ursprünglich in der Vorgänger-VO 358/2003 in Abs. 2 lit. c fand und für alle Versicherungsunternehmen galt. Die von der Versicherungsbranche energisch bekämpfte Vorschrift ist ein Kompromiss, da die ursprünglichen Vorstellungen der Kommission weiter reichen. Diese wollte grundsätzlich alle möglicherweise betroffenen Dritten einbeziehen und diesen ein Zugangsrecht ermöglichen (vgl. *Körber/Rauh* VersR 2012, 670, 673). Die Regelung hat sich letztlich auf Verbraucher- und Kundenorganisationen beschränkt. Mit *Körber/Rauh* ist dabei davon auszugehen, dass es sich um unterschiedliche, komplementäre Begriffe handelt (aaO, 673). Unter **Verbraucherorganisationen** sind danach alle Organisa-

tionen zu verstehen, die sich die **Vertretung der Interessen von Endverbraucherbelangen** zur Aufgabe gemacht haben, wobei ein gewisser Organisationsgrad verlangt werden darf. Unter **Kundenorganisationen** verstehen *Körber/Rauh* solche Institutionen, die die **Interessen sonstiger Kunden** vertreten, also solcher, die keine Endverbraucher sind. Darunter fassen sie zB **Industrie- und sonstige Gewerbekunden** (aaO, 673).

Der Zugang zu den Daten setzt einen **ordnungsgemäß gerechtfertigten Antrag** voraus. Damit wird deutlich, dass eine Organisation nicht einfach aus allgemeinem Interesse oder „ins Blaue hinein" einen Zugangsantrag geltend machen darf. Vielmehr muss deutlich werden, zu welchem konkreten Zweck die Erhebungen, Tabellen oder Studienergebnisse benötigt werden. Dies setzt eine knappe, aber präzise Darlegung der Gründe voraus. Diese muss der Adressat des Antrags prüfen und im Einzelnen nachvollziehen können (ähnlich *Körber/Rauh,* aaO VersR 2012, 670, 674). Der Zugang muss zu diskriminierungsfreien und angemessenen Konditionen erfolgen. Dies lässt sich nur im Einzelfall ermitteln. Eine verallgemeinernde Beurteilung ist unzulässig. Eine **Verweigerung** des Zugangsanspruchs darf lediglich aus **Gründen der öffentlichen Sicherheit** erfolgen. Die von der Kommission in Erwägungsgrund 11 genannten Beispiele machen deutlich, dass die Anforderungen in diesem Zusammenhang sehr streng sind und nur selten erfüllt sein dürften. 23

Umstritten ist die Frage, ob Verbraucher- und Kundenorganisationen, sofern sie Zugang zu Erhebungen, Tabellen und Studienergebnissen erhalten haben, diese an Dritte, zB **an Mitglieder und andere Endverbraucher weitergeben dürfen.** Im Hinblick auf den klaren Wortlaut der ohnehin einschränkenden Bestimmung in Abs. 2 lit. e ist dies eindeutig zu verneinen. Falls eine solche Weitergabe zugelassen würde, würde die Einschränkung auf Verbraucher- und Kundenorganisationen leicht umgangen werden. Dies entspricht nicht der Kompromisslösung, die die Kommission letztlich in die VO 267/2010 aufgenommen hat. Allenfalls ist es denkbar, mit *Körber/Rauh* eine Offenlegung an Sachverständige und Experten zuzulassen (*Körber/Rauh,* aaO, 675). Allerdings wird man verlangen dürfen, dass solche eingeschalteten Sachverständige und Experten eine Vertraulichkeitserklärung unterzeichnen, damit die entsprechenden Daten, Informationen und Ergebnisse nicht zweckwidrig an Dritte gelangen (in diesem Sinne auch *von Hülsen/Manderfeld* VersR 2010, 559, 562). 24

Art. 4 Von der Freistellung ausgenommene Vereinbarungen

Die Freistellungen nach Artikel 2 gelten nicht für beteiligte Unternehmen, die sich verpflichten oder es anderen Unternehmen auferlegen, keine anderen Erhebungen oder Tabellen als die in Artikel 2 Buchstabe a genannten zu verwenden oder nicht von den Ergebnissen der Studien nach Artikel 2 Buchstabe b abzuweichen.

1. Systematik

Art. 4 enthält **keine „Kernbeschränkungen"** oder „schwarzen Klauseln", die in der Zusammenarbeit der Wettbewerber nicht vereinbart werden können, ohne dass die Freistellung für die Zusammenarbeit insgesamt entfiele. Die in Art. 4 verbotenen Verhaltensweisen lassen im Fall ihrer Verwirklichung zwar ebenfalls die Freistellung insgesamt entfallen, betreffen jedoch nicht die gemeinsame Erarbeitung der Kalkulationsgrundlagen an sich, sondern ihre **wettbewerbsbeschränkende Verwendung.** Man kann die in Art. 4 enthaltenen Regelungen daher in Abgrenzung zu „schwarzen Klauseln" als „Freistellungsausschlussgründe" bezeichnen (vgl. auch *Ellger* in IM Art 4 Vers-GVO Rn. 2). Stimmen sich Versicherungsunternehmen darüber ab, die Ergebnisse der Erhebungen, die Inhalte der Modelle und die Erkenntnisse der Stu- 1 dien ihrer individuellen Prämienkalkulation zugrunde zu legen, wird aus der wegen der Nutzen für die Verbraucher freigestellten Zusammenarbeit eine **Absprache über wesentliche Preisbestandteile.** Die Freistellung entfällt für die an der Abstimmung beteiligten Unternehmen; zugunsten der übrigen an der Untersuchung beteiligten Unternehmen bleibt die Freistellung bestehen (*Herrmann* in MünchKomm GVO Nr. 358/2003 Art. 3, 4 Rn. 12).

2. Ausschluss des Abweichens

2 Die Freistellung kommt den Unternehmen nicht zugute, welche die unternehmerische Preisfestsetzung an gemeinsame Berechnungen, Tabellen und Studien binden, und zwar im Wege der **Abstimmung,** der **Verpflichtung** oder des **einseitigen Auferlegens** gegenüber einem anderen Unternehmen.

3 **a) Wechselseitige Verpflichtung.** Die wechselseitige Verpflichtung (Art. 4 **Alt. 1**) geht über die bloße Verhaltensabstimmung hinaus, die in der Vorgänger-VO 358/2003 noch ausdrücklich als Fallgruppe genannt war, in Art. 4 aber nicht mehr enthalten ist. Sie unterscheidet sich von der Verhaltensabstimmung dadurch, dass die Beteiligten **vertraglich vereinbaren,** keine anderen Erhebungen oder Tabellen in ihrer Geschäftspolitik und Prämienkalkulation anzuwenden oder nur die Schlussfolgerung der gemeinsam erstellten Studien ihrer Geschäftspolitik zu Grunde zu legen. Die Umsetzung der Verpflichtung ist nicht erforderlich. Die Verpflichtung zur Anwendung der Erhebungen, Tabellen und Studien muss **nicht zwingend auf horizontaler Ebene** erfolgen. Einer der wichtigsten und zugleich in der Praxis problematischsten Anwendungsfälle dürfte derjenige sein, dass an einer Analyse beteiligte **Rückversicherer** mit ihren Zedenten vereinbaren, ausschließlich die gemeinsam erstellten Berechnungen oder Tabellen den Verträgen mit den Erstversicherungsnehmern zu Grunde zu legen (vgl. *Ellger* in IM Art. 4 Vers-GVO Rn. 3).

4 **b) Einseitiges Auferlegen der Anwendung.** In der 23. **Alternative** des „Auferlegens" bestimmt ein Unternehmen ein anderes Unternehmen dazu, keine anderen Erhebungen oder Tabellen zu verwenden oder von den Schlussfolgerungen der Studien nicht abzuweichen. Die Tathandlung des Auferlegens ist dann verwirklicht, wenn der Taterfolg durch eine Einflussnahme verwirklicht wird, die **ohne oder gegen den Willen des anderen Unternehmens** geschieht (*Herrmann* in MünchKomm GVO Nr. 358/2003 Art. 3, 4 Rn. 16). Als Tatmittel kommen sowohl Drohungen als auch ein beharrliches Überreden, ein Versprechen oder Einräumen von Vorteilen in Betracht. In der Praxis wird gerade im **Vertikalverhältnis,** etwa in der Beziehung zwischen Rückversicherer und Erstversicherer, die Abgrenzung zwischen einer Abstimmung über die Anwendung und einem Auferlegen nur schwer möglich sein. Wird der Rückversicherungsschutz von der Anwendung der Risikoprämientarife abhängig gemacht (sog. „Prämienberechnungsklausel", wird man von einem einseitigen Auferlegen ausgehen müssen (vgl. *Ellger* in IM Art. 4 Vers-GVO Rn. 3). Ein **Erfolg des „Auferlegens"** ist **nicht erforderlich,** um dem Druck ausübenden Unternehmen die Freistellung zu versagen.

5 **c) Ausschluss des Abweichens.** Die Verpflichtung oder das Auferlegen muss **darauf gerichtet** sein, dass nur die gemeinsam festgestellten Erhebungen oder Tabellen angewendet werden bzw. dass sich die Unternehmen in ihrer Prämienkalkulation den Schlussfolgerungen der Studien anzuschließen. Nach Erhebung und Verbreitung der Erhebungen, Tabellen und Studien muss sichergestellt sein, dass es jedem einzelnen Unternehmen obliegt, den Ergebnissen in der Prämienkalkulation Rechnung zu tragen, die bisherige Kalkulation unverändert fortzuführen oder aber aufgrund eigener Sondereinschätzungen sich ganz oder teilweise konträr zu den gemeinsam gefundenen Ergebnissen zu verhalten.

Kapitel III Gemeinsame Deckung bestimmter Arten von Risiken

Art. 5 Freistellung

Nach Artikel 101 Absatz 3 AEUV und nach Maßgabe der Bestimmungen dieser Verordnung ist Artikel 101 Absatz 1 AEUV nicht anwendbar auf Vereinbarungen zwischen zwei oder mehr Unternehmen des Versicherungssektors über die Bildung und die Tätigkeit von Gemeinschaften von Versicherungsunternehmen oder Gemeinschaften von Versicherungsunternehmen und Rückversicherungsunternehmen mit dem Ziel der gemeinsamen Abdeckung bestimmter Risikosparten, sei es in der Form der Mitversicherung oder der Mit-Rückversicherung.

1. Einführung

Art. 5 enthält den **Ausspruch der Gruppenfreistellung** für die gemeinsame Deckung bestimmter Risikoarten in der Form von Mitversicherungsgemeinschaften sowie in der Form von Mit-Rückversicherungsgemeinschaften. 1

2. Freistellung von Mitversicherungs- und Mit-Rückversicherungsgemeinschaften

Art. 5 stellt die Bildung und Tätigkeit von Gemeinschaften von Versicherungsunternehmen sowie von Versicherungsunternehmen und Rückversicherungsunternehmen mit dem **Ziel der gemeinsamen Abdeckung bestimmter Risikosparten** in der Form einer Mitversicherungsgemeinschaft oder einer Mit-Rückversicherungsgemeinschaft von der Anwendung des Kartellverbots frei. 2

a) Gemeinschaften von Versicherungsunternehmen. Art. 5 stellt nur bestimmte Kooperationen von Versicherungsunternehmen von der Anwendung des Art. 101 Abs. 1 AEUV frei. Die Freistellung bezieht sich nur auf Gemeinschaften von (Erst-)Versicherungsunternehmen **oder** Gemeinschaften von (Erst-)Versicherungsunternehmen und Rückversicherungsunternehmen. Gemeinschaften, an denen **ausschließlich Rückversicherungsunternehmen** beteiligt sind, sind von der Freistellungswirkung **nicht** betroffen. Dies ergibt sich nach der VO 267/2010aus der Definition „Rückversicherungsgemeinschaft" in Art. 1 Nr. 5. 3

b) Gemeinsame Abdeckung bestimmter Risikosparten. Ziel freigestellter Versicherungsgemeinschaften muss sein, bestimmte Risikosparten gemeinsam abzudecken, und zwar in der Form der Mitversicherungsgemeinschaft oder der Mit-Rückversicherungsgemeinschaft. Der Begriff **„Mitversicherungsgemeinschaft"** ist in Art. 1 Nr. 4 definiert. Der Begriff **„Mit-Rückversicherungsgemeinschaft"** ist in Art. 1 Nr. 7 definiert. Die Details der Anwendung, die Marktanteilsschwellen und die Freistellungsvoraussetzungen für Mitversicherungsgemeinschaften und auch für Mit-Rückversicherungsgemeinschaften ergeben sich aus Art. 6 und 7. 4

Art. 6 Anwendung der Freistellung und der Marktanteilsschwellen

(1) **Ausschließlich zur Deckung neuartiger Risiken gegründete Mitversicherungs- und Mit-Rückversicherungsgemeinschaften werden nach Artikel 5 unabhängig von ihrem Marktanteil ab dem Tag ihrer erstmaligen Gründung für eine Dauer von drei Jahren freigestellt.**

(2) **Mitversicherungs- und Mit-Rückversicherungsgemeinschaften, die nicht unter Absatz 1 fallen, werden für die Geltungsdauer dieser Verordnung**

gemäß Artikel 5 unter der Voraussetzung freigestellt, dass der von den beteiligten Unternehmen gehaltene gemeinsame Marktanteil folgende Werte nicht überschreitet:

a) bei Mitversicherungsgemeinschaften 20% eines der relevanten Märkte;
b) bei Mit-Rückversicherungsgemeinschaften 25% eines der relevanten Märkte.

(3) Bei der Berechnung des Anteils eines beteiligten Unternehmens an dem relevanten Markt wird Folgendes berücksichtigt:

a) der Marktanteil des beteiligten Unternehmens innerhalb der fraglichen Versicherungsgemeinschaft;
b) der Marktanteil des beteiligten Unternehmens innerhalb anderer Versicherungsgemeinschaften auf demselben relevanten Markt wie die fragliche Versicherungsgemeinschaft, an der das beteiligte Unternehmen beteiligt ist; und
c) der Marktanteil des beteiligten Unternehmens außerhalb jeglicher Versicherungsgemeinschaft auf demselben relevanten Markt wie die fragliche Versicherungsgemeinschaft.

(4) Für die Anwendung der in Absatz 2 genannten Marktanteilsschwellen gelten folgende Regeln:

a) der Marktanteil wird auf der Grundlage der Bruttobeitragseinnahmen berechnet; falls diese Zahlen nicht erhältlich sind, können Schätzungen anhand anderer verlässlicher Marktinformationen, u. a. Risikodeckung oder Versicherungswert, zur Errechnung des Marktanteils des betreffenden Unternehmens herangezogen werden;
b) der Marktanteil wird anhand der Angaben für das vorangegangene Kalenderjahr ermittelt.

(5) Wird die in Absatz 2 Buchstabe a genannte Marktanteilsschwelle von 20% erst im Laufe der Zeit überschritten und wird dabei ein Wert von höchstens 25% erreicht, so gilt die Freistellung nach Artikel 5 im Anschluss an das Jahr, in dem die Schwelle von 20% zum ersten Mal überschritten wird, für weitere zwei aufeinander folgende Kalenderjahre.

(6) Wird die in Absatz 2 Buchstabe a genannte Marktanteilsschwelle von 20% erst im Laufe der Zeit überschritten und wird dabei ein Wert von mehr als 25% erreicht, so gilt die Freistellung nach Artikel 5 im Anschluss an das Jahr, in dem die Schwelle von 25% zum ersten Mal überschritten wird, für ein weiteres Kalenderjahr.

(7) Die in den Absätzen 5 und 6 genannten Vorteile dürfen nicht in der Weise miteinander verbunden werden, dass ein Zeitraum von zwei Kalenderjahren überschritten wird.

(8) Wird die in Absatz 2 Buchstabe b genannte Marktanteilsschwelle von 25% erst im Laufe der Zeit überschritten und wird dabei ein Wert von höchstens 30% erreicht, so gilt die Freistellung nach Artikel 5 im Anschluss an das Jahr, in dem die Schwelle von 25% zum ersten Mal überschritten wird, für weitere zwei aufeinander folgende Kalenderjahre.

(9) Wird die in Absatz 2 Buchstabe b genannte Marktanteilsschwelle von 25% erst im Laufe der Zeit überschritten und wird dabei ein Wert von mehr als 30% erreicht, so gilt die Freistellung nach Artikel 5 im Anschluss an das Jahr, in dem die Schwelle von 30% zum ersten Mal überschritten wird, für ein weiteres Kalenderjahr.

(10) Die in den Absätzen 8 und 9 genannten Vorteile dürfen nicht in der Weise miteinander verbunden werden, dass ein Zeitraum von zwei Kalenderjahren überschritten wird.

Inhaltsübersicht

1. Einführung

Unter **Mitversicherung** versteht man die **gemeinsame Versicherung eines bestimmten Interesses durch das Zusammenwirken mehrerer Versicherungsunternehmen** (ausführlich zum Begriff der Mitversicherung *Dreher/Kling* § 8 Rn. 204ff.; *ders./Lange* VersR 2005, 717, 718). Die Beweggründe dafür, dass ein einzelner Versicherer die individuelle Deckung ablehnt und die Beteiligung mehrerer Risikoträger initiiert, können unterschiedlich sein. Tendenziell wird die Form der Mitversicherung gewählt, wenn die Versicherung des jeweiligen Risikos die **Kapazität** des einzelnen Versicherungsunternehmens übersteigt. Denkbar ist aber auch, dass eine Alleinträgerschaft für den einzelnen Versicherer unwirtschaftlich wäre oder die Deckung der jeweiligen Risiken im Hinblick auf Risikoeinschätzung und Schadenbearbeitung ein derart spezialisiertes **Know-how** erforderte, das aufzubauen die Kapazitäten des einzelnen Versicherers sprengen würde. Mitversicherung als Risikostreuung ist seit der Herausbildung des modernen Versicherungsgeschäfts gängige Praxis. Gerade im Hinblick darauf, dass der Bedarf an Versicherungsdeckung stark zunimmt, werden tendenziell mehr Risiken in gemeinschaftliche Deckung durch mehrere Versicherer genommen. Mitversicherung ist in einzelnen Sparten besonders stark verbreitet; dies gilt besonders für die industrielle Sachversicherung, die Transportversicherung oder das Ausfallrisiko von Großveranstaltungen (*Brinker/Schädle* VW 2003, 1318). 1

2. Wettbewerbsbeschränkung durch Versicherungsgemeinschaften

a) Vereinbarung zwischen Wettbewerbern. In Versicherungsgemeinschaften arbeiten Versicherungsunternehmen, die sich ansonsten auf dem Markt als Wettbewerber gegenüber stehen, zusammen. Wie stark hierdurch der Wettbewerb beschränkt wird, hängt insbesondere davon ab, wie viele Risiken in die Versicherungsgemeinschaft aufgenommen werden, für welche zeitliche Dauer die Mitversicherung vorgesehen ist, wie intensiv die rechtliche Verbindung zwischen den Konsorten, wie stark die Position der beteiligten Unternehmen am Markt und welcher Art die gedeckten Risiken sind (vgl. *Schumm* in *von der Groeben/Schwarze,* nach Art. 81 EG FGVers Rn. 18). Versicherungsgemeinschaften sind **Vereinbarungen zwischen** 2

Wettbewerbern im Erstversicherungsmarkt zur gemeinsamen Risikoübernahme.

3 **b) Vereinheitlichung von Prämien und Bedingungen.** Die wettbewerbspolitische Relevanz von Versicherungsgemeinschaften liegt vor allem darin, dass Mitversicherungsgemeinschaften eine starke Tendenz zur Vereinheitlichung von Prämien und Bedingungen entfalten (vgl. Erwägungsgrund 18; *Kreiling,* S. 17; *Kirscht,* S. 53). In ihrem Bericht über die Anwendung der VO 358/2003 hatte die Kommission sogar festgestellt, dass **„jede institutionalisierte Gemeinschaft bereits als solche eine Wettbewerbsbeschränkung darstellt"** (Bericht der Kommission über die Anwendung der VO 358/2003, KOM(2009) 138 endg., Rn. 17). In der Mitversicherungsgemeinschaft tritt an die Stelle des Wettbewerbs ein koordiniertes Verhalten aufgrund von Interessenidentität, je nach Umfang der Gemeinschaftstätigkeit (*Dreher,* FS Immenga, 2004, S. 93, 96). Neben dem **Binnenwettbewerb** zwischen den an der Mitversicherung beteiligten Versicherern wird aber auch die **wirtschaftliche Handlungsfreiheit Dritter** – nämlich der potentiellen Versicherungsnehmer, der nicht an der Mitversicherungsgemeinschaft beteiligten Versicherer sowie der Rückversicherer – beeinträchtigt (*Kreiling* S. 19f.).

4 Wird die **Zusammensetzung der Mitversicherung durch die Marktgegenseite,** also den Versicherungsnehmer oder einen Versicherungsmakler **(„Maklerkonzept"), bestimmt,** liegt dagegen keine Wettbewerbsbeschränkung vor, sofern ein Wettbewerb zwischen den Versicherern um die Deckung der konkreten Risiken für den Kunden von vornherein nicht bestand (vgl. BKartA Leitbrief vom 18. Dezember 1981 VerBAV 1982, 13, 14; *Frank von Fürstenwerth* WM 1994, 365, 371; *Kiecker* in *Wiedemann* § 33 Rn. 96; *Hörst* VR 2003, 148, 152; **aA** *Dreher,* FS Immenga, 2004, S. 93, 97; *ders.* VersR 2004, 1, 7; *ders./Kling* § 8 Rn. 279ff.; *Kreiling* S. 39f.).

5 **c) Keine Wettbewerbsbeschränkung durch Ad-hoc-Mitversicherung.** Ad-hoc-Mitversicherungen fallen nicht in den Anwendungsbereich des Art. 101 Abs. 1 AEUV (Bericht der Europäischen Kommission über die Anwendung der VO 357/2003 KOM(2009) 138 endg., Rn. 17ff.; vgl. auch *Dreher,* FS Deutscher Versicherungs-Schutzverband, 2001, S. 83, 93ff.; *ders.* in FS Lorenz, 2004, S. 211, 213; ausführlich *ders./Kling,* § 8 Rn. 223ff.). Diese Ansicht der Kommission ist in der Literatur auf weitgehende Zustimmung gestoßen (*Frank von Fürstenwerth* WM 1994, 371; *Kahlenberg* WuW 1994, 994; *Schumm* in *von der Groeben/Schwarze* nach Art. 81 FGVers Rn. 19). Die Argumentation wird auf die **mangelnde Spürbarkeit** nach der Bagatellbekanntmachung – Anhang B 2 – sowie auf den Gedanken der **Arbeitsgemeinschaft** gestützt (→ Art. 101 Rn. 117ff.). Die Bagatellbekanntmachung (Anhang B 2) lässt allerdings nur dann die Spürbarkeit entfallen, wenn keine der Kernbeschränkungen nach Rn. 11 verletzt ist. Zu den Kernbeschränkungen gehören nach Rn. 11 Nr. 1 lit. a auch Preisfestsetzungen, wie sie in der Mitversicherung in der Regel getroffen werden (so bereits *Dreher,* FS Immenga, 2004, S. 93, 98ff.; *ders.,* FS Lorenz, 2004, S. 211, 213; *ders./Kling* § 8 Rn. 220ff., 258). Teile der Literatur wollen allerdings auf Ad-hoc-Mitversicherungen ausschließlich die quantitativen Kriterien nach Rn. 7 lit. a der Bagatellbekanntmachung (Marktanteil von bis zu 10% bei Vereinbarungen zwischen Wettbewerbern) heranziehen und, um einen Wertungswiderspruch zwischen der Gruppenfreistellung für Mitversicherungsgemeinschaften und der Behandlung von Ad-hoc-Mitversicherungen zu vermeiden (*Kreiling,* S. 32; hiergegen *Dreher,* FS Immenga, 2004, S. 93, 99f.). Dieser Ansicht hat sich auch die Kommission angeschlossen und festgestellt, dass sie die **Marktanteilsschwellen der Bagatellbekanntmachung** für eine Beurteilung der Spürbarkeit auch dann anwenden wird, wenn eine Mitversicherungslösung Prämienfestsetzungen enthält, die für ihren Betrieb **notwendig** sind (*Stancke* VW 2004, 1458, 1461; eingehend zur Bedeutung der Kernbeschränkung nach Rn. 11 Nr. 1 lit. a der Bagatellbekanntmachung (Anhang B 2) bei Mitversicherungsgemeinschaften und Ad-hoc-Mitversicherungen *Dreher/Kling* § 8 Rn. 285ff.).

Der **Arbeitsgemeinschaftsgedanke** setzt voraus, dass die Beteiligten wegen mangelnder Erfahrung, Spezialkenntnisse, Kapazität oder Finanzkraft nicht in der Lage sind, den Auftrag alleine auszuführen (Horizontalleitlinien, Anhang B 5, Rn. 24; vgl. auch *Windhagen,* S. 194; *Kreiling,* S. 37f). Nach dem Gedanken der Arbeitsgemeinschaft können auch auf Dauer angelegte Versicherungsgemeinschaften uU nicht in den Anwendungsbereich des Art. 101 Abs. 1 AEUV fallen, wenn die Mitglieder der Versicherungsgemeinschaft jeweils alleine die Risiken nicht decken können (vgl. KOMM ABl. 1999 L 125/12, Rn. 66f., 68, 72 P & I-Clubs II; *Schumm* in *von der Groeben/Schwarze* nach Art. 81 EG FGVers Rn. 19). 6

3. Gemeinsame Deckung neuartiger Risiken (Abs. 1)

Abs. 1 enthält eine **Freistellung** für Mitversicherungsgemeinschaften, die **ausschließlich** zur Deckung **neuartiger Risiken** gegründet werden. Derartige gemeinschaftliche Deckungskonzepte müssen nach Inkrafttreten der VO 267/2010, also **nach dem 1.4.2010** (Art. 8) begründet worden sein, auch wenn dies abweichend von der Vorgänger-VO 358/2003 in Art. 1 Nr. 6 nicht mehr ausdrücklich so vorgesehen ist. Dort ist nur noch die Rede von Risiken, die „zuvor nicht existierten". Eine materielle Änderung ist damit aber nicht beabsichtigt. Ist dies der Fall, und deckt die Mitversicherungsgemeinschaft lediglich neuartige Risiken, ist sie für die Dauer von **drei Jahren nach Gründung** nach Art. 6 Abs. 1 von der Anwendung des Kartellverbots freigestellt. Abs. 1 soll der Versicherungsbranche, wenn sie Deckungskonzepte für neuartige Risiken entwickelt, den nötigen Freiraum lassen, da oftmals nicht vorhersehbar ist, welche Zeichnungskapazität zur Risikodeckung erforderlich ist und wie das Marktpotenzial. Der Begriff „neuartiges Risiko" ist in **Art. 1 Nr. 6** definiert (vgl. Art. 1 Rn. 24; grundsätzlich hierzu *Dreher/Baubkus* VersR 2010, 1389ff.; auch *Saller* VersR 2010, 417, 421; *v. Hülsen/Manderfeld* VersR 2010, 559, 565, die insb. die Erweiterung des Begriffs begrüßen). Nach Art. 6 Abs. 1 muss sich die Mitversicherungsgemeinschaft **ausschließlich** auf die Deckung von neuartigen Risiken beschränken. Werden andere, konventionelle Risiken in der Mitversicherungsgemeinschaft mitversichert, entfällt die Freistellung (vgl. Erwägungsgrund 15). 7

Für den **seltenen** Fall, dass Mitversicherungsgemeinschaften tatsächlich neuartige Risiken betreffen, steht die unternehmerische Praxis vor erheblichen Problemen: **Nach Ablauf von drei Jahren** finden auf die Mitversicherungsgemeinschaften für dann nicht mehr neuartige Risiken die Vorschriften des Art. 6 Abs. 2, 3 und 4 mit den Markanteilsschwellen von 20% bzw. 25% Anwendung. Diese Marktanteilsschwellen werden für die von den beteiligten Unternehmen oder in ihrem Namen im Rahmen der Versicherungsgemeinschaft gezeichneten Versicherungsprodukte im Hinblick auf das bisher neuartige Risiko mit hoher Wahrscheinlichkeit überschritten sein. Die Konsequenz ist, dass sich die Versicherungsgemeinschaft aufspalten müsste oder einzelne Versicherer aus der Versicherungsgemeinschaft ausscheiden müssten. Die VO 267/2010 trifft **keine Regelungen über eine Übergangsfrist,** sodass mit Ablauf des dritten Jahres nach Gründung der Versicherungsgemeinschaft ein den Vorgaben des Art. 6 Abs. 2 konformer Rechtszustand geschaffen sein muss. 8

4. Gemeinsame Deckung nicht neuartiger Risiken (Abs. 2)

Die Freistellungsvoraussetzungen in Abs. 2 unterscheiden sich für **Mitversicherungsgemeinschaften** und **Mit-Rückversicherungsgemeinschaften.** Die Marktanteilsgrenze für Mitversicherungsgemeinschaften ist mit 20% niedriger als die für Mit-Rückversicherungsgemeinschaften mit 25%, weil im Rahmen von Mitversicherungsgemeinschaften einheitliche Versicherungsbedingungen und Bruttoprämien vereinbart werden können (vgl. Erwägungsgrund 18) und deshalb von einer höheren Gefährdung des Wettbewerbs auszugehen ist. Zudem war die **unter-** 9

schiedliche Konzentration in den Erst- und Rückversicherungsmärkten zu berücksichtigen. In der Vorgänger-VO 358/2003 war beiden Varianten des damals Art. 7 Abs. 2 gemeinsam, dass nur Versicherungsgeschäft zu berücksichtigen ist, das **im Rahmen der Versicherungsgemeinschaft** gezeichnet wurde. Abzustellen war zudem auf die Marktmacht jeder einzelnen Versicherungsgemeinschaft, nicht etwa aller im relevanten Markt vertretenen Versicherungsgemeinschaften (*Dreher,* FS Immenga, 2004, S. 93, 108f). Dies hat sich durch die VO 267/2010 geändert. Im Hinblick auf die Regelung in Art. 6 Abs. 3 sind nicht nur der Marktanteil des beteiligten Unternehmens innerhalb der fraglichen Versicherungsgemeinschaft zu berücksichtigen, sondern darüber hinaus auch der Marktanteil innerhalb anderer Versicherungsgemeinschaften auf dem selben relevanten Markt sowie der Marktanteil des beteiligten Unternehmens außerhalb jeglicher Versicherungsgemeinschaft auf dem selben relevanten Markt (→ Rn. 16).

10 **a) Versicherungsgeschäft der beteiligten Unternehmen.** Bei der Ermittlung des Marktanteils nach ex-Art. 7 Abs. 3 VO 358/2003 waren nur diejenigen Prämienanteile zu berücksichtigen, die **von den beteiligten Unternehmen oder in ihrem Namen im Rahmen der Versicherungsgemeinschaft** gezeichnet wurden. Die Prämienvolumina, die der Versicherer im Alleingeschäft, in einer Ad-hoc-Mitversicherung oder im Rahmen einer weiteren Versicherungsgemeinschaft zeichnet, blieben bei der Ermittlung der Marktanteile außer Betracht. Ex-Art. 7 Abs. 2 brachte in dieser Hinsicht eine erhebliche Veränderung gegenüber Art. 11 Abs. 1 lit. a VO 3932/92. Hiernach war bei der Erhebung der Marktanteile der Wert zu ermitteln, den die **von den beteiligten Unternehmen oder für ihre Rechnung** angebotenen Versicherungsprodukte auf dem relevanten Markt erreichten. Damit waren Versicherungsgemeinschaften unter Beteiligung marktstarker Versicherer deutlich beschränkt.

11 Die Einschränkung „im Rahmen der Versicherungsgemeinschaft" bezog sich auf **beide Varianten** des Art. 7 Abs. 2 Hs. 2. Abzustellen war demnach auf die Versicherungsprodukte, die einerseits **von den beteiligten Unternehmen oder im Namen der beteiligten Unternehmen, jeweils im Rahmen der Versicherungsgemeinschaft,** gezeichnet wurden (vgl. *Brinker/Schädle* VersR 2003, 1475, 1478; *Hörst* VersR 2003, 148, 152; aA *Hootz* in Gemeinschaftskommentar Art. 7 Rn. 8 unter Verweis auf Art. 2 Nr. 3 lit. e, dem der Gedanke der konzernweiten Betrachtung zu entnehmen sei). Der Blick auf die englische und die französische Fassung des Abs. 2 zeigte aber klar, dass die Verordnung nur die Versicherungsprodukte berücksichtigen wollte, die im Rahmen der Mitversicherungsgemeinschaft entweder von den beteiligten Versicherungsunternehmen direkt oder in ihrem Namen gezeichnet wurden. Dies wurde auch durch die Erwägungsgründe 21 und 22 bestätigt (vgl. insgesamt *Dreher,* FS Immenga, 2004, S. 93, 104–106; eingehend *ders./Kling* § 8 Rn. 296ff.; *Veelken* in IM Vers-VO Rn. 112; *Herrmann* in MünchKomm GVO Nr. 358/2003 Art. 7, 8 Rn. 11).

12 Der Entwurf der GVO (ABl. EG 2002 Nr. C 163, S. 7ff.) knüpfte noch an die Summe der **Marktanteile der Mitglieder** der Versicherungsgemeinschaft an. Erst bei der Erarbeitung der Endfassung stellte die Kommission ihr Konzept dahin gehend um, dass auf die **Marktanteile der Versicherungsgemeinschaft** abgestellt werden sollte. Das ebenfalls erst nach Veröffentlichung des Entwurfs aufgenommene Verbot der Doppelmitgliedschaft (Art. 8 lit. g) war offenbar als Kompensation dafür gedacht, dass den Versicherungsunternehmen in Art. 7 Abs. 2 die Bezugnahme lediglich auf das im Rahmen der Versicherungsgemeinschaft gezeichnete Geschäft zugebilligt wurde (so bereits *Dreher,* FS Immenga, 2004, S. 93, 106: „marktmachtbegrenzender Faktor").

13 Die Kommission knüpft mit der jetzigen Regelung in Art. 6 Abs. 2 und Abs. 3 an den ursprünglichen Entwurf der VO 358/2003 an. Dabei hat die Kommission sowohl die Methode zur Berechnung der Marktanteile der Mitglieder der Versicherungsge-

meinschaft in den Blick genommen als auch das sog. **Verbot der Doppelmitgliedschaft,** das bisher in Art. 8 lit. g VO 358/2003 geregelt war. Die letztere Vorschrift ist in der neuen Fassung von Art. 7 **ersatzlos gestrichen** worden (vgl. hierzu *Saller* VersR 2010, 417, 421). Entsprechend hat die Kommission auch die Methode zur Berechnung der Marktanteile angepasst. Es kommt seit Inkrafttreten der neuen Verordnung nicht mehr allein auf die Marktanteile an, die die an der Versicherungsgemeinschaft beteiligten Unternehmen allein im Rahmen der Versicherungsgemeinschaft erzielen. Vielmehr muss das **gesamte Marktpotenzial der beteiligten Unternehmen** berücksichtigt werden. Dies umfasst sowohl den **Marktanteil der beteiligten Unternehmen innerhalb der Versicherungsgemeinschaft,** den **Marktanteil der beteiligten Unternehmen innerhalb anderer Versicherungsgemeinschaften** auf dem selben relevanten Markt sowie den **Marktanteil der beteiligten Unternehmen außerhalb jeglicher Versicherungsgemeinschaften** auf dem selben relevanten Markt. Das bedeutet zum einen, dass im Hinblick auf die Streichung von ex-Art. 8 lit. b VO 358/2003 die beteiligten Unternehmen an mehreren Versicherungsgemeinschaften im selben Markt beteiligt sein dürfen. Dann müssen sie sich jedoch ebenso wie die übrigen Mitglieder der Versicherungsgemeinschaft deren Marktpotenzial und die auf sie entfallenden Marktanteile anrechnen lassen.

b) Marktanteilsschwelle für Mitversicherungsgemeinschaften (Abs. 2 lit. a). Mitversicherungsgemeinschaften, die nicht Risiken iSd Abs. 1 decken, dh solche Mitversicherungsgemeinschaften, die entweder keine neuartigen Risiken decken oder schon länger als drei Jahre bestehen, werden nach Abs. 2 iVm Art. 5 unter der Voraussetzung vom Kartellverbot des Art. 101 Abs. 1 AEUV freigestellt, dass die von den Beteiligten selbst oder in ihrem Namen im Rahmen der Versicherungsgemeinschaft oder in ihrem Namen im Rahmen einer anderen Mitversicherungsgemeinschaft gezeichneten Versicherungsprodukte auf keinem der betroffenen Märkte einen Marktanteil von mehr als 20% überschreiten. Die Freistellung entfällt, wenn vorbehaltlich der Toleranzschwellen in den Abs. 5–10 ein Marktanteil von 20% überschritten wird. **Betroffen** sind die Märkte, auf denen die Gemeinschaft tätig ist (zur Marktabgrenzung → AEUV Art. 102 Rn. 5ff.; speziell zur Marktabgrenzung im Versicherungssektor *Brinker/Schädle* VersR 2004, 673; auch *Ellger* in IM Art. 6 Vers-GVO Rn. 12ff.). Versicherungsprodukte, die von der Gemeinschaft nicht versichert werden, bleiben bei der Ermittlung der Marktanteile außer Betracht. Die **Qualität des Risikos** ist nach Abs. 2 unerheblich. Insbesondere gibt es **keine Sonderregelungen für Katastrophen- und/oder erschwerte Risiken** mehr (zu den Rechtsfolgen und Toleranzgrenzen bei späterem Überschreiten der Marktanteilsschwelle → Rn. 19). 14

c) Marktanteilsschwelle für Mit-Rückversicherungsgemeinschaften (Abs. 2 lit. b). Die Gruppenfreistellung für Mit-Rückversicherungsgemeinschaften nach Art. 5 wird nur gewährt, wenn die von den beteiligten Unternehmen oder in ihrem Namen im Rahmen der Mit-Rückversicherungsgemeinschaften gezeichneten Rückdeckungen einen Marktanteil von 25% nicht überschreiten. Abzustellen ist ausschließlich auf den **Rückversicherungsmarkt,** nicht auf Erstversicherungen in dem gleichen Bereich, in dem die Mit-Rückversicherungsgemeinschaft dem einzelnen Mitglied Rückdeckung gewährt. **Überschreitet der Marktanteil** der im Rahmen der Versicherungsgemeinschaft, im Rahmen einer anderen Versicherungsgemeinschaft oder von den beteiligten Unternehmen selbst gezeichneten Versicherungsprodukte an den Bruttoprämien des relevanten Gesamtmarktes einen Wert von 20% im Fall von Mitversicherungsgemeinschaften und von 25% im Fall von Mit-Rückversicherungsgemeinschaften, **entfällt die Freistellung** nach Art. 5. In den Abs. 5–10 von Art. 6 sind jedoch zeitlich begrenzte **Toleranzschwellen** enthalten (dazu Rn. 19ff.). 15

5. Ermittlung der Marktanteile (Abs. 3 und Abs. 4)

16 **a) Zu berücksichtigendes Marktpotenzial (Abs. 3).** Im Unterschied zur Vorgänger-VO 358/2003 kommt es bei der Ermittlung der Marktanteile nicht allein auf die Marktanteile an, die die an der Versicherungsgemeinschaft beteiligten Unternehmen im Rahmen der fraglichen Versicherungsgemeinschaft auf dem relevanten Markt auf sich vereinigen. Abs. 3 stellt vielmehr klar, dass bei der Berechnung des Marktanteils **sämtliche Aktivitäten eines beteiligten Unternehmens auf dem relevanten Markt zu berücksichtigen** sind. Das bedeutet, dass sowohl der Marktanteil des beteiligten Unternehmens innerhalb der fraglichen Versicherungsgemeinschaft zu berücksichtigen ist als auch der Marktanteil des beteiligten Unternehmens innerhalb anderer Versicherungsgemeinschaften auf dem selben relevanten Markt und auch der Marktanteil des beteiligten Unternehmens außerhalb jeglicher Versicherungsgemeinschaft auf dem selben relevanten Markt. Sämtliche Marktanteile sind zusammenzurechnen, nachdem das in ex-Art. 8 lit. g der Vorgänger-VO 358/2003 geregelte Verbot der Doppelmitgliedschaft ersatzlos gestrichen wurde (*Saller* VersR 2010, 417, 421). Wenn ein beteiligtes Unternehmen an mehreren Versicherungsgemeinschaften im selben Markt beteiligt sein darf, muss es sich aber dessen Marktanteile zurechnen lassen.

17 Es stellt sich in diesem Kontext die Frage, in welchem Umfang die Marktanteile zu berücksichtigen sind. Vergleichsweise einfach zu beantworten ist dies im Hinblick auf Abs. 3 lit. a und lit. c. Nach lit. a sind die **auf die Versicherungsgemeinschaft insgesamt entfallenden Marktanteile** zu berücksichtigen, dh die auf alle beteiligten Unternehmen entfallenden Marktanteile, die die Versicherungsgemeinschaft auf sich vereinigt. Vergleichbar einfach ist die Kalkulation im Rahmen von lit. c. Dort geht es um Risiken, die das beteiligte **Unternehmen außerhalb einer Versicherungsgemeinschaft** gezeichnet hat. Wenn also ein Versicherungsunternehmen ein **Risiko allein gezeichnet** hat, ist der auf dieses Geschäft entfallende Marktanteil in vollem Umfang, also zu 100% zu berücksichtigen. Weniger eindeutig ist die Frage zu beantworten, wie die **Beteiligung eines Unternehmens an einer anderen Versicherungsgemeinschaft** im selben relevanten Markt zu beurteilen ist. Ähnlich stellt sich die Frage bei **Aktivitäten im Rahmen einer Ad-hoc-Mitversicherung.** Dabei könnte man der Auffassung folgen, dass man die Marktanteile, die auf die andere Versicherungsgemeinschaft insgesamt entfallen, auch für die Berechnung des Marktanteils der in Frage stehenden Versicherungsgemeinschaft berücksichtigen muss. Das würde bedeuten, dass nicht nur der Anteil des an der in Frage stehenden Versicherungsgemeinschaft beteiligten Unternehmens pro rata zu berücksichtigen ist, sondern der Marktanteil der anderen Versicherungsgemeinschaft insgesamt (so wohl *Saller* VersR 2010, 417, 421). Entsprechend müsste man nach dieser Methode auch bei Ad-hoc-Mitversicherungen vorgehen. Dann käme es ebenfalls nicht allein auf den pro rata-Anteil des an der in Frage stehenden Versicherungsgemeinschaft beteiligten Unternehmens an, sondern auf den Marktanteil der Ad-hoc-Mitversicherung insgesamt.

18 Dieser Ansatz kann nicht überzeugen. Würde man jeweils den gesamten auf eine andere Versicherungsgemeinschaft oder auf eine Ad-hoc-Mitversicherung entfallenden Marktanteil berücksichtigen, würde dies ggf. zu einer **Vervielfachung des tatsächlichen Marktpotenzials weit über 100%** hinaus führen. Dies kann nicht richtig sein. Deshalb kann es lediglich auf den **pro rata-Anteil** des an der fraglichen Versicherungsgemeinschaft beteiligten Unternehmens in anderen Versicherungsgemeinschaften oder im Rahmen von Ad-hoc-Mitversicherungen ankommen. Lediglich der auf das beteiligte Unternehmen entfallende Anteil kann für die Berechnung der Marktanteile nach Art. 3 und für die Zwecke der Kalkulation der Marktanteile nach Art. 6 Abs. 2 berücksichtigt werden (so auch *von Hülsen/Manderfeld* VersR 2010, 559, 564).

b) Bruttobeitragseinnahmen als Grundlage der Marktanteilsermittlung (Abs. 4 lit. a). Der Marktanteil der Mitversicherungs- bzw. Mit-Rückversicherungsgemeinschaft primär auf Grundlage der **Bruttobeitragseinnahmen** ermittelt. Lediglich für den Fall, dass diese Zahlen nicht erhältlich sind, bestimmt Hs. 2, dass **Schätzungen** vorgenommen und der Ermittlung des Marktanteils zugrunde gelegt werden können. Diese Schätzungen müssen allerdings auf verlässlichen Marktinformationen beruhen. 19

Für die Definition des Begriffs **Bruttobeitragseinnahmen** ist auf die Definition in Art. 5 Abs. 3 lit. b S. 1 FKVO zurückzugreifen (dazu Art. 5 FKVO Rn. 19). Daraus ergibt sich, dass von den vereinnahmten Bruttoprämien **Steuern** und **Abgaben** abzuziehen sind (vgl. *Bunte* VR 1995, H. 7–8, 6, 14). Ein **Selbstbehalt** kann **nicht** abgezogen werden (vgl. *Frank von Fürstenwerth* WM 1994, 365, 372; *Ellger* in IM Art. 6 Vers-GVO Rn. 17). 20

c) Ermittlungszeitraum (Abs. 4 lit. b). Der nach Art. 6 Abs. 2 anzusetzende Marktanteil ist anhand der **Zahlen des vorangegangenen Kalenderjahres** zu ermitteln (Abs. 4 lit. b). 21

6. Zeitlich begrenzte Toleranzschwellen (Abs. 5–10)

Nach **Art. 6 Abs. 5–10** sind **Mitversicherungsgemeinschaften** unter bestimmten Voraussetzungen auch dann von der Anwendung des Art. 101 Abs. 1 AEUV freigestellt, wenn der Marktanteil von 20% **vorübergehend und geringfügig** überschritten wird. Art. 6 Abs. 5 legt den Grenzwert der **Toleranzschwelle** auf **25%** fest. Bis zu diesem Wert gilt die Freistellung nicht nur für das Jahr der erstmaligen Überschreitung, sondern auch noch für **zwei weitere aufeinanderfolgende Jahre.** Manifestiert sich innerhalb dieser beiden Jahre die Überschreitung der Marktanteilsschwelle von 20%, entfällt die Freistellung von der Anwendung des Art. 101 Abs. 1 AEUV. Art. 6 Abs. 6 erweitert den Toleranzbereich nochmals: Selbst wenn die Marktanteilsschwelle von 20% so stark überschritten wird, dass auch die Schwelle von 25% **bereits im ersten Jahr** verletzt ist, bleibt die Freistellung im Anschluss an das Jahr der erstmaligen Überschreitung für **ein weiteres Kalenderjahr** erhalten. Art. 6 Abs. 7 **begrenzt** die Kombination der beiden Varianten nach Art. 6 Abs. 5 und 6: Die an einer Mitversicherungsgemeinschaft beteiligten Unternehmen können die Freistellung nur in der Form in Anspruch nehmen, dass zusammen eine Überschreitung in **nicht mehr als zwei Kalenderjahren** auftritt. 22

Für **Mit-Rückversicherungsgemeinschaften** gelten dieselben Grundsätze wie für Mitversicherungsgemeinschaften. Auch hier ist eine **Toleranzschwelle von 5 Prozentpunkten** vorgesehen. Bei kurzzeitigen Überschreitungen, die den in Art. 6 Abs. 5–7 geregelten entsprechen, wird von der VO 267/2010 eine vorübergehende Überschreitung der Marktanteilsschwelle von 25% bis zu einer Toleranzschwelle von 30% hingenommen. Im Übrigen gelten nach Abs. 9 und 10 dieselben Grundsätze wie bei der Mit-Versicherungsgemeinschaft nach Abs. 6 und 7. 23

Art. 7 Freistellungsvoraussetzungen

Die in Artikel 5 vorgesehene Freistellung gilt nur unter der Voraussetzung, dass

a) jedes beteiligte Unternehmen das Recht hat, nach einer angemessenen Kündigungsfrist aus der Versicherungsgemeinschaft auszuscheiden, ohne dass dies Sanktionen zur Folge hat;

b) die Regeln der Versicherungsgemeinschaft die daran beteiligten Unternehmen nicht verpflichten, Risiken der von der Versicherungsgemeinschaft gedeckten Art ganz oder teilweise über die Versicherungsgemein-

schaft zu versichern oder rückzuversichern, und ihnen nicht untersagen, diese Risiken außerhalb der Versicherungsgemeinschaft zu versichern oder rückzuversichern;

c) die Regeln der Versicherungsgemeinschaft die Tätigkeit der Versicherungsgemeinschaft oder der beteiligten Unternehmen nicht auf die Versicherung oder Rückversicherung von Risiken in bestimmten geografischen Gebieten der Union beschränken;

d) die Vereinbarung Produktion und Absatz nicht einschränkt;

e) die Vereinbarung keine Aufteilung von Märkten oder Kunden vorsieht und

f) die beteiligten Unternehmen einer Mit-Rückversicherungsgemeinschaft keine Bruttoprämien für die Direktversicherung vereinbaren.

1. Einführung

1 Art. 7 enthält sechs **„schwarze Klauseln".** Ist eine dieser Klauseln erfüllt, entfällt die in Art. 5 im Grundsatz gewährte Freistellung. Das Konzept des Art. 7 unterscheidet sich mit der Aufzählung „schwarzer Klauseln", die in der Mitversicherungsgemeinschaft nicht verwendet werden dürfen, ebenso wie die Vorgänger-VO 358/2003 klar von dem des Art. 10 VO 3932/92, der noch „weiße" Klauseln aufzählte, welche zulässigerweise verwendet werden durften. Im Ergebnis verbleibt ein **weiter Kreis von Regelungsgegenständen,** die in den Verträgen über Mitversicherungsgemeinschaften und Mit-Rückversicherungsgemeinschaften zulässigerweise vereinbart werden können: Die Unternehmen können sich über die **Auswahl der Risiken,** die in Deckung genommen werden, über vom Versicherungsnehmer obligatorisch einzusetzende **Sicherheitsvorkehrungen,** über die **Dauer** der Versicherungsgemeinschaft, ihre innere **Struktur und Führung,** den gemeinsamen **Marktauftritt,** die **Aufnahmemöglichkeiten** und -beschränkungen, die **Kostenverteilung,** die Verwendung und den Inhalt von **AVB** und die gemeinsame **Schadenabwicklung** verständigen. Im Verhältnis nach außen können die Mitglieder der Erstversicherungsgemeinschaft **gemeinsamen Rückversicherungsschutz** vereinbaren. Ebenso kann der Ausschluss der Rückversicherung für Selbstbehalte vereinbart werden.

2. Sanktionsloses Ausscheiden nach Kündigung binnen einer angemessenen Frist (lit. a)

2 Jedem Mitglied der Versicherungsgemeinschaft musste nach der Vorgängerregelung das Recht zustehen, **spätestens ein Jahr nach einer Kündigung** aus der Mitversicherungsgemeinschaft auszuscheiden, ohne dass dies für das Mitglied mit **Sanktionen** verbunden ist. Art. 7 lit. a unterschied sich von der Vorgängerregelung in Art. 11 Abs. 1 lit. b VO 3932/92 darin, dass nach der VO 3932/92 jedes beteiligte Unternehmen das Recht haben musste, bereits binnen sechs Monaten nach Kündigung sanktionslos aus der Gemeinschaft auszuscheiden. Diese Frist wurde in der VO 358/2003 auf ein Jahr verlängert. Damit trägt die neue Verordnung dem **Bestandsinteresse der Mitversicherungsgemeinschaft** stärker Rechnung.

3 Die Änderung ging allerdings **nicht weit genug.** Sowohl nach der alten als auch nach der neuen Regelung war es unzulässig, das Ausscheiden eines Mitglieds in dem Poolvertrag oder der sonstigen Mitversicherungsvereinbarung an das **Ende eines Kalenderjahres oder eines Geschäftsjahres** zu binden (*Hootz* in Gemeinschaftskommentar Art. 8 Rn. 2). Dies ist im Geschäftsleben jedoch **weit verbreitet** und unternehmensorganisatorisch sinnvoll. Deshalb hatte die Kommission bei der Anwendung der VO 3932/92 die Bereitschaft angedeutet, auf die Erfordernisse der Praxis Rücksicht zu nehmen und eventuell eine Einzelfreistellung nach Art. 101 Abs. 3 AEUV

iVm Art. 6 Abs. 1, 4 Abs. 1 VO 17/zu erteilen. Eine Kündigungsmöglichkeit zum Jahresende sollte jedenfalls dann sachlich gerechtfertigt und freistellbar sein, wenn die **zu sichernden Vertragsverhältnisse ihrerseits nur zum Jahresende gekündigt** werden könnten (*Bunte* VR 1995, H. 7–8, 6, 14). Auch das BKartA hatte die **Bedürfnisse der Praxis** anerkannt und erklärt, Kündigungsregelungen, die auf das Jahresende abstellten, nicht beanstanden zu wollen, wenn ansonsten „die ordnungsgemäße Auseinandersetzung zwischen der Gemeinschaft und dem ausscheidenden Unternehmen unzumutbar erschwert würde" (TB 1995/1996 S. 148).

Diese Bedenken hat die Kommission aufgegriffen und Art. 7 lit. a nunmehr anders geregelt. Die neue Regelung sieht **keine ausdrücklich normierte Frist für eine Kündigung** vor, weder die Jahresfrist der VO 358/2003 noch die sechsmonatige Kündigungsfrist der VO 3932/92. Stattdessen hat sie ein flexibles Tatbestandsmerkmal aufgenommen, das den Unternehmen ausreichend Möglichkeit zur sachgerechten Ausgestaltung der Kündigungsklauseln gibt. Nunmehr ist vorgesehen, dass jedes beteiligte Unternehmen das Recht haben muss, nach **„einer angemessenen Kündigungsfrist"** aus der Versicherungsgemeinschaft auszuscheiden. Das Kriterium der Angemessenheit ist sachgerecht, da es den beteiligten Unternehmen ausreichende Gestaltungsmöglichkeiten belässt, das Ausscheiden aus der Versicherungsgemeinschaft autonom zu regeln. Das Kriterium der Angemessenheit soll lediglich sicherstellen, dass keine ungebührlich langen Fristen vorgesehen werden. Eine, wie in Rn. 3 dargelegte, allgemeine Unternehmenspraxis, Kündigungsmöglichkeiten nur für das Ende eines Kalender- oder Geschäftsjahres vorzusehen, kann auf diese Weise berücksichtigt werden. Allerdings darf dies nicht dazu führen, dass die bisherigen Höchstgrenzen unverhältnismäßig lange überschritten werden. 4

Das in lit. a vorausgesetzte Recht der Mitglieder zur Kündigung der Mitversicherungsgemeinschaft ist **ein ordentliches Kündigungsrecht.** Es ist deshalb nicht zulässig, die Kündigungsmöglichkeiten an materielle Voraussetzungen zu knüpfen. Das Recht zur Kündigung muss jedem Mitglied der Versicherungsgemeinschaft **ohne Begründung jederzeit** zustehen. Es handelt sich dabei um ein Sonderkündigungsrecht des einzelnen Mitglieds, das den **Fortbestand der Mitversicherungsgemeinschaft** im Übrigen nicht berührt. Schreibt der Poolvertrag also vor, dass jedes Mitglied das Recht habe, seine Beteiligung an der Mitversicherungsgemeinschaft jederzeit aufzukündigen und im Anschluss an die Kündigung binnen einer angemessenen Frist aus der Mitversicherungsgemeinschaft auszuscheiden, ist diese Regelung für lit. a hinreichend. 5

„Sanktionslos" bedeutet, dass das Mitglied mit keinen Regelungen **belastet** werden darf, die an das Ausscheiden anknüpfen. **Begünstigende Regelungen sind dagegen zulässig,** etwa eine Option, die im Rahmen der Mitversicherungsgemeinschaft zwischen dem Mitglied und den jeweiligen Versicherungsnehmern zustande gekommenen Versicherungsverhältnisse auf die übrigen Mitglieder zu übertragen. Jedes (ehemalige) Mitglied einer Versicherungsgemeinschaft hat die Versicherungsverträge zu erfüllen, die während der Zeit der Mitgliedschaft in der Versicherungsgemeinschaft rechtswirksam für und gegen das jeweilige Mitglied geschlossen wurden. Der **weitere Abschluss von Versicherungsverträgen** (auch) für und gegen das ausscheidende Mitglied in der Zeit zwischen Kündigung und Ausscheiden aus der Versicherungsgemeinschaft könnte ebenso wie das Einstellen der Vermittlungstätigkeit (zumindest bei weiterlaufender Pflicht des ausscheidenden Mitglieds, sich an den Verwaltungskosten der Gemeinschaft zu beteiligen) als Nachteil verstanden werden, der mit dem Ausscheiden verbunden wird. Um weder in der einen noch in der anderen Richtung eine Sanktion iSd Art. 7 lit. a zu verhängen, ist zu empfehlen, dem ausscheidenden Mitglied eine **Option** einzuräumen, an den nach seiner Kündigung abgeschlossenen Versicherungsverhältnis noch beteiligt zu werden. Ob die Versicherungsverträge mit dem Versicherungsnehmer für und gegen das ausscheidende Mitglied wirken, hängt nicht vom Innenverhältnis zwischen den Mitgliedern der Versi- 6 cherungsgemeinschaft ab, sondern ist nach den allgemeinen Regeln der Stellvertretung (§ 164 Abs. 1 und 3 BGB) zu beurteilen.

3. Keine Pflicht zur Andienung oder Einbringung von Risiken (lit. b)

7 Die Mitglieder der Gemeinschaft dürfen nicht verpflichtet werden, Risiken der von der Gemeinschaft gedeckten Art ohne jede Ausnahme ganz oder teilweise über die Gemeinschaft zu versichern oder rückzuversichern (lit. b). Die Formulierung geht über die Vorgängerregelung noch hinaus, als den Unternehmen nunmehr auch nicht untersagt werden darf, Risiken außerhalb der Mit(-Rück-)Versicherungsgemeinschaft zu decken. In den Verträgen über die Mitversicherungs- bzw. Mit-Rückversicherungsgemeinschaft darf keine Bestimmung enthalten sein, in der sich die Mitgliedsunternehmen verpflichten oder in denen untersagt wird, von ihnen akquirierte Risiken, die in der Mitversicherungsgemeinschaft bzw. der Mit-Rückversicherungsgemeinschaft gedeckt werden könnten, **ganz oder teilweise in die Versicherungsgemeinschaft einzubringen.** Darüber hinaus liegt schon in der Verpflichtung der Mitglieder, der Gemeinschaft die Einbringung der Risiken anzubieten **(„Andienung")** ein Verstoß gegen lit. b, da es in diesem Fall allein in der Entscheidungskompetenz der Versicherungsgemeinschaft liegt, über die Deckung der Risiken im Pool oder im Alleinverantwortungsbereich des Andienenden zu entscheiden. Damit setzt die Kommission die bereits unter der VO 3932/92 vertretene Auffassung um, dass eine Andienungspflicht nicht zum freigestellten Bereich der Versicherungsgemeinschaft gehöre (*Wiemer* in LB Art. 81 SBVersW Rn. 180; *Ellger* in IM Art. 7 Vers-GVO Rn. 5).

4. Keine Beschränkung der Versicherung und Rückversicherung in den Gebieten der EU (lit. c)

8 Eine Vereinbarung der Mitglieder einer Versicherungsgemeinschaft darüber, Risiken in einzelnen Gebieten der Europäischen Union im Rahmen der Versicherungsgemeinschaft oder durch die einzelne Mitgliedsunternehmen nicht zu versichern oder rückzuversichern, ist nach lit. c unzulässig. Dies bedeutet: (1) Die **Mitglieder** der Versicherungsgemeinschaft dürfen durch die vertragliche Gestaltung der Mitversicherungsvereinbarung nicht daran gehindert werden, in allen Mitgliedstaaten und geografischen Regionen der europäischen Union autonom tätig zu werden. (2) Darüber hinaus hat Art. 7 lit. c seinem Wortlaut nach auch die Wirkung, dass eine **regionale Beschränkung der Versicherungsgemeinschaft** in ihrem Tätigwerden unzulässig ist. Dabei würde es sich nämlich um eine Vereinbarung handeln, durch welche die Versicherung oder Rückversicherung von Risiken in einzelnen geografischen Gebieten der Europäischen Union durch die Versicherungsgemeinschaft beschränkt würde. Nach dem Wortlaut des Art. 7 lit. c ist bereits eine Bestimmung unzulässig, wonach sich das Tätigkeitsgebiet der Versicherungsgemeinschaft auf einen oder mehrere Mitgliedstaaten beschränkt.

9 Lit. c darf nach der ratio der Gruppenfreistellung **vernünftige kaufmännische Erwägungen,** wo die Versicherungsgemeinschaft tätig werden soll, nicht abschneiden. Untersagt ist lediglich die fixe Gebietsbeschränkung in der Vereinbarung über die Versicherungsgemeinschaft (ähnlich *Ellger* in IM Art. 7 Vers-GVO Rn. 6). Jedenfalls kann die Versicherungsgemeinschaft nicht gezwungen werden, ein in einem anderen Mitgliedstaat der EU belegenes Risiko zu versichern, wenn die Versicherungsgemeinschaft auf diesem Markt über keinerlei Erfahrung verfügt. Trotz Art. 7 lit. c kann es den Mitgliedern der Versicherungsgemeinschaft deshalb nicht untersagt werden, Risiken aus kaufmännisch vernünftigen Erwägungen abzulehnen.

5. Keine Einschränkung von Produktion und Vertrieb (lit. d)

Nach lit. d dürfen durch die Regeln der Gemeinschaft die Produktion und Vertrieb von Versicherungsprodukten nicht eingeschränkt werden. Das Verbot gilt gleichermaßen für Beschränkungen gegenüber **Mitgliedern,** deren Marktverhalten außerhalb der Gesellschaft betreffend, wie auch für Beschränkungen der **Gemeinschaft** selbst. **Wettbewerbsverbote in Mitversicherungsvereinbarungen** sind daher **unzulässig.** In der Praxis wird es häufig so sein, dass die Mitglieder der Versicherungsgemeinschaft ihr Know-how für bestimmte Deckungen in der Mitversicherungsgemeinschaft bündeln und außerhalb der Gemeinschaft Risiken der gleichen Art nicht decken. Es muss allerdings jedem Mitglied der Versicherungsgemeinschaft freigestellt bleiben, die Risiken, die von der Gemeinschaft gedeckt werden, auch außerhalb der Gemeinschaft zu akquirieren und zu decken. Das Verbot der Beschränkung von Produktion und Vertrieb in Art. 7 lit. d steht deshalb in engem Zusammenhang mit dem Verbot der Einbringungs- und Andienungspflicht in Art. 7 lit. b. Daneben darf auch die **Geschäftstätigkeit der Gemeinschaft** selbst hinsichtlich Produktion und Vertrieb nicht beschränkt werden. Allerdings gilt die gleiche restriktive Auslegung wie beim Verbot der Gebietsbeschränkung (lit. c, vgl. Rn. 7f.): **Kaufmännisch sinnvolle Erwägungen,** wie die wirtschaftlichen Ressourcen der Versicherungsgemeinschaft am Effizientesten eingesetzt werden, lassen die Gruppenfreistellung nicht entfallen (ähnlich *Ellger* in IM Art. 7 Vers-GVO Rn. 6). 10

6. Keine Zuteilung von Märkten oder Kunden (lit. e)

Die Vereinbarung über die Mitversicherungsgemeinschaft darf keine Zuteilung von Märkten oder Kunden vorsehen. Wird im Rahmen der Versicherungsgemeinschaft die **Akquisitionstätigkeit der einzelnen Mitglieder regional** so aufgeteilt, dass jedes der Mitglieder in einem bestimmten Gebiet Kunden für die in der Mitversicherung gedeckten Risiken anwirbt, ist dies mit Art. 7 lit. e nicht vereinbar. Auch die bloße Erwartung, dass die einzelnen Mitglieder ihre herkömmlichen regionalen Stärken zugunsten der Versicherungsgemeinschaft einsetzen, könnte als Indiz für eine Umgehung von Art. 7 lit. e angesehen werden. Dagegen ist die Festlegung, die **Tätigkeit der Gemeinschaft auf bestimmte Risiken zu beschränken,** keine Aufteilung von Märkten oder Kunden (vgl. auch *Ellger* in IM Art. 7 Vers GVO Rn. 7). 11

7. Keine Vereinbarung von Bruttoprämien für das Direktgeschäft bei Mit-Rückversicherungsgemeinschaften (lit. f)

Die Vereinbarung von **Bruttoprämien** (Art. 1 Nr. 7; vgl. Art. 1 Rn. 26f.) **im Rahmen von Mitversicherungsgemeinschaften** ist nach der VO 267/2010 zulässig. Dies galt bereits nach Art. 12 lit. a Spiegelstriche 2 und 3 VO 3932/92 und auch unter dem Regime der VO 358/2003. Das Prinzip der Mitversicherungsgemeinschaft sieht zwar versicherungsvertragsrechtlich vor, dass mehrere Versicherungsverträge zwischen dem Versicherungsnehmer und den Poolmitgliedern zustande kommen, entsprechend der Mitgliederzahl der Mitversicherungsgemeinschaft. Die Risiken werden jedoch entweder von einzelnen Mitgliedern oder von einer gemeinsamen Einrichtung akquiriert. Dies hat für das einzelne Mitglied zur Folge, dass es, sofern es nach § 164 Abs. 1 BGB wirksam vertreten wird, die Prämien und Konditionen gegen sich gelten lassen muss, die ein Dritter ausgehandelt hat. Deshalb muss es in der Versicherungsgemeinschaft möglich sein, jedem der Mitglieder sowie der gemeinsamen Akquisitionseinheit die Prämien und Konditionen vorzugeben, zu denen die Versicherung abgeschlossen werden soll. Die Kommission erkennt an, dass für die Mitglieder der Versicherungsgemeinschaft ein legitimes Interesse besteht, angemes- 12 sene Prämien festzusetzen. Es dürfe **kein Beteiligter gezwungen werden, sich am Verlustgeschäften zu beteiligen** KOMM ABl. 1992 L 37 Rn. 40 *Assurpol*).

13 Bei **Mit-Rückversicherungsgemeinschaften** gewähren sich Erstversicherer, ggf. unter Beteiligung eines oder mehrerer Rückversicherer, Rückversicherungsschutz für die von den Erstversicherern in Deckung genommenen Risiken. Zwar darf die Mit-Rückversicherungsgemeinschaft festlegen, zu welchen Konditionen und Prämien dem einzelnen Poolmitglied Rückdeckung für seine Risiken gewährt wird. **Unzulässig** ist es allerdings, innerhalb der Mit-Rückversicherungsgemeinschaft Regelungen über die zwischen den Poolmitgliedern und den Versicherungsnehmern vereinbarten **Erstversicherungsprämien** zu treffen (*v. Hülsen/Manderfeld* VersR 2010, 559, 565). Jedem an der Mit-Rückversicherungsgemeinschaft beteiligten Erstversicherer obliegt es, im Verhältnis zum Versicherungsnehmer nicht nur die Risikoprämie zu kalkulieren, sondern auch seine Kosten und seinen Gewinn individuell anzusetzen.

14 Die **Verwendung von Risikoprämientarifen** ist in Mit-Rückversicherungsgemeinschaften weiterhin möglich. Art. 13 lit. a Bindestrich 3 VO 3932/92 sah vor, dass die Mitglieder der Mit-Rückversicherungsgemeinschaft gemeinschaftliche Risikoprämientarife unter Einschluss von **Trend- und Sicherheitszuschlägen** bzw. **-abschlägen** vereinbaren konnten. Eine derartige Regelung ist in der VO 267/2010 ebenso wie in der Vorgänger-VO 358/2003 nicht mehr enthalten. Gleichwohl ist die Verwendung von Risikoprämientarifen weiterhin zulässig. Zwar bestimmt Art. 3 Abs. 1 lit. c, dass von Versicherern gemeinsam vorgenommene Berechnungen und Tabellen unter keinen Umständen die Sicherheitszuschläge, den Ertrag der Rückstellungen, die Verwaltungs- oder Vertriebskosten oder Steuern und sonstige Abgaben enthalten oder Investitionserlöse oder erwartete Gewinne berücksichtigen dürfen. Diese Regelung für die Freistellung von Tarifempfehlungen gilt nach dem Sinn und Zweck der Gruppenfreistellung jedoch nicht im Rahmen von Mit-Rückversicherungsgemeinschaften (vgl. *Dreher/Kling* § 8 Rn. 323f.).

Kapitel IV Schlussbestimmungen

Art. 8 Übergangszeit

Das Verbot des Artikels 101 Absatz 1 AEUV gilt vom 1. April 2010 bis zum 30. September 2010 nicht für Vereinbarungen, die am 31. März 2010 bereits in Kraft waren und die Voraussetzungen für eine Freistellung nach der Verordnung (EG) Nr. 358/2003, nicht aber für eine Freistellung nach dieser Verordnung, erfüllen.

1 Die VO 267/2010 veränderte den **Anwendungsbereich der Gruppenfreistellung** gegenüber der VO 358/2003 in verschiedenen Bereichen. Um den Unternehmen ausreichend Gelegenheit zur Anpassung an die Vorgaben der VO 267/2010 zu geben, gewährte die Kommission eine **Übergangsfrist bis zum 30. 9. 2010** für Vereinbarungen, die zwar nach der VO 358/2003, nicht aber nach der VO 267/2010 freigestellt waren.

Art. 9 Geltungsdauer

Diese Verordnung tritt am 1. April 2010 in Kraft.

Sie gilt bis zum 31. März 2017.

1 Die VO 358/2003 lief nach ihrem Art. 12 S. 2 am 31.3.2010 aus; die neue GVO musste deshalb am 1.4.2010 in Kraft treten, um ein Freistellungsvakuum zu verhin-

dern. Die Verordnung entfaltete mit ihrem Inkrafttreten **sofortige Wirkung** für sämtliche Vereinbarungen iSd Art. 2 und Art. 5 zwischen zwei und mehr Unternehmen aus der Versicherungswirtschaft. Für den **Übergangszeitraum bis zum 30.9.2010** nahm Art. 8 diejenigen Vereinbarungen von der Anwendung des Art. 101 Abs. 1 AEUV aus, die zwar die Freistellungsvoraussetzungen nach der VO 358/2003, nicht aber nach der VO 267/2010 erfüllten.

Die Geltungsdauer der VO 267/2010 ist auf **sieben Jahre** befristet. Die VO läuft 2 zum 31.3.2017 ab. Die Geltungsdauer ist zeitlich auf die Berichtspflicht gegenüber Europäischem Parlament und Rat über das Funktionieren der Freistellung abgestimmt: Nach Art. 8 VO 1534/1991 des Rates ist die Kommission verpflichtet, jeweils spätestens sechs Jahre nach Inkrafttreten der GVO einen Bericht über deren Funktionieren vorzulegen und ggf. erforderliche Änderungsvorschläge beizufügen. Die Kommission erstattete sechs Jahre nach Inkrafttreten der VO 358/2003, am 5.10.2009, ihren Bericht (KOM(2009) 138 endg.). Der nächste Bericht ist zum **1.4.2016** vorzulegen.

V. EU-Fusionskontrollverordnung (VO 139/2004, FKVO)

Verordnung (EG) Nr. 139/2004 des Rates vom 20. Januar 2004 über die Kontrolle von Unternehmenszusammenschlüssen („EG-Fusionskontrolle")

(ABl. 2004 L 24/1)

(Die Überschriften über den Artikeln sind Teil des amtlichen Textes.)

Inhaltsübersicht

Erwägungsgründe

(1) Die Verordnung (EWG) Nr. 4064/89 des Rates vom 21. Dezember 1989 über die Kontrolle von Unternehmenszusammenschlüssen ist in wesentlichen Punkten ge-

ändert worden. Es empfiehlt sich daher aus Gründen der Klarheit, im Rahmen der jetzt anstehenden Änderungen eine Neufassung dieser Verordnung vorzunehmen.

(2) Zur Verwirklichung der allgemeinen Ziele des Vertrags ist der Gemeinschaft in Artikel 3 Absatz 1 Buchstabe g) die Aufgabe übertragen worden, ein System zu errichten, das den Wettbewerb innerhalb des Binnenmarkts vor Verfälschungen schützt. Nach Artikel 4 Absatz 1 des Vertrags ist die Tätigkeit der Mitgliedstaaten und der Gemeinschaft dem Grundsatz einer offenen Marktwirtschaft mit freiem Wettbewerb verpflichtet. Diese Grundsätze sind für die Fortentwicklung des Binnenmarkts wesentlich.

(3) Die Vollendung des Binnenmarkts und der Wirtschafts- und Währungsunion, die Erweiterung der Europäischen Union und die Reduzierung der internationalen Handels- und Investitionshemmnisse werden auch weiterhin erhebliche Strukturveränderungen bei den Unternehmen, insbesondere durch Zusammenschlüsse, bewirken.

(4) Diese Strukturveränderungen sind zu begrüßen, soweit sie den Erfordernissen eines dynamischen Wettbewerbs entsprechen und geeignet sind, zu einer Steigerung der Wettbewerbsfähigkeit der europäischen Industrie, zu einer Verbesserung der Wachstumsbedingungen sowie zur Anhebung des Lebensstandards in der Gemeinschaft zu führen.

(5) Allerdings ist zu gewährleisten, dass der Umstrukturierungsprozess nicht eine dauerhafte Schädigung des Wettbewerbs verursacht. Das Gemeinschaftsrecht muss deshalb Vorschriften für solche Zusammenschlüsse enthalten, die geeignet sind, wirksamen Wettbewerb im Gemeinsamen Markt oder in einem wesentlichen Teil desselben erheblich zu beeinträchtigen.

(6) Daher ist ein besonderes Rechtsinstrument erforderlich, das eine wirksame Kontrolle sämtlicher Zusammenschlüsse im Hinblick auf ihre Auswirkungen auf die Wettbewerbsstruktur in der Gemeinschaft ermöglicht und das zugleich das einzige auf derartige Zusammenschlüsse anwendbare Instrument ist. Mit der Verordnung (EWG) Nr. 4064/89 konnte eine Gemeinschaftspolitik in diesem Bereich entwickelt werden. Es ist jedoch nunmehr an der Zeit, vor dem Hintergrund der gewonnenen Erfahrung die genannte Verordnung neu zu fassen, um den Herausforderungen eines stärker integrierten Markts und der künftigen Erweiterung der Europäischen Union besser gerecht werden. Im Einklang mit dem Subsidiaritätsprinzip und dem Grundsatz der Verhältnismäßigkeit nach Artikel 5 des Vertrags geht die vorliegende Verordnung nicht über das zur Erreichung ihres Ziels, der Gewährleistung eines unverfälschten Wettbewerbs im Gemeinsamen Markt entsprechend dem Grundsatz einer offenen Marktwirtschaft mit freiem Wettbewerb, erforderliche Maß hinaus.

(7) Die Artikel 81 und 82 des Vertrags sind zwar nach der Rechtsprechung des Gerichtshofs auf bestimmte Zusammenschlüsse anwendbar, reichen jedoch nicht aus, um alle Zusammenschlüsse zu erfassen, die sich als unvereinbar mit dem vom Vertrag geforderten System des unverfälschten Wettbewerbs erweisen könnten. Diese Verordnung ist daher nicht nur auf Artikel 83, sondern vor allem auf Artikel 308 des Vertrags zu stützen, wonach sich die Gemeinschaft für die Verwirklichung ihrer Ziele zusätzliche Befugnisse geben kann; dies gilt auch für Zusammenschlüsse auf den Märkten für landwirtschaftliche Erzeugnisse im Sinne des Anhangs I des Vertrags.

(8) Die Vorschriften dieser Verordnung sollten für bedeutsame Strukturveränderungen gelten, deren Auswirkungen auf den Markt die Grenzen eines Mitgliedstaats überschreiten. Solche Zusammenschlüsse sollten grundsätzlich nach dem Prinzip der einzigen Anlaufstelle und im Einklang mit dem Subsidiaritätsprinzip ausschließlich auf Gemeinschaftsebene geprüft werden. Unternehmenszusammenschlüsse, die nicht im Anwendungsbereich dieser Verordnung liegen, fallen grundsätzlich in die Zuständigkeit der Mitgliedstaaten.

(9) Der Anwendungsbereich dieser Verordnung sollte anhand des geografischen Tätigkeitsbereichs der beteiligten Unternehmen bestimmt und durch Schwellenwerte eingegrenzt werden, damit Zusammenschlüsse von gemeinschaftsweiter Bedeutung erfasst werden können. Die Kommission sollte dem Rat über die Anwendung der Schwellenwerte und Kriterien Bericht erstatten, damit dieser sie ebenso wie die Vorschriften für Verweisungen vor einer Anmeldung gemäß Artikel 202 des Vertrags regelmäßig anhand der gewonnenen Erfahrungen überprüfen kann. Hierzu ist es erforderlich, dass die Mitgliedstaaten der Kommission statistische Angaben übermitteln, auf deren Grundlage die Kommission ihre Berichte erstellen und etwaige Änderungen vorschlagen kann. Die Berichte und Vorschläge der Kommission sollten sich auf die von den Mitgliedstaaten regelmäßig übermittelten Angaben stützen.

(10) Ein Zusammenschluss von gemeinschaftsweiter Bedeutung sollte dann als gegeben gelten, wenn der Gesamtumsatz der beteiligten Unternehmen die festgelegten Schwellenwerte überschreitet und sie in erheblichem Umfang in der Gemeinschaft tätig sind, unabhängig davon, ob der Sitz der beteiligten Unternehmen sich in der Gemeinschaft befindet oder diese dort ihr Hauptgeschäft ausüben.

(11) Die Regeln für die Verweisung von Zusammenschlüssen von der Kommission an die Mitgliedstaaten und von den Mitgliedstaaten an die Kommission sollten angesichts des Subsidiaritätsprinzips als wirksames Korrektiv wirken. Diese Regeln wahren in angemessener Weise die Wettbewerbsinteressen der Mitgliedstaaten und tragen dem Bedürfnis nach Rechtssicherheit sowie dem Grundsatz einer einzigen Anlaufstelle Rechnung.

(12) Zusammenschlüsse können in den Zuständigkeitsbereich mehrerer nationaler Fusionskontrollregelungen fallen, wenn sie die in dieser Verordnung genannten Schwellenwerte nicht erreichen. Die mehrfache Anmeldung desselben Vorhabens erhöht die Rechtsunsicherheit, die Arbeitsbelastung und die Kosten der beteiligten Unternehmen und kann zu widersprüchlichen Beurteilungen führen. Das System, nach dem die betreffenden Mitgliedstaaten Zusammenschlüsse an die Kommission verweisen können, sollte daher weiterentwickelt werden.

(13) Die Kommission sollte in enger und stetiger Verbindung mit den zuständigen Behörden der Mitgliedstaaten handeln und deren Bemerkungen und Mitteilungen entgegennehmen.

(14) Die Kommission sollte gemeinsam mit den zuständigen Behörden der Mitgliedstaaten ein Netz von Behörden bilden, die ihre jeweiligen Zuständigkeiten in enger Zusammenarbeit durch effiziente Regelungen für Informationsaustausch und Konsultation wahrnehmen, um sicherzustellen, dass jeder Fall unter Beachtung des Subsidiaritätsprinzips von der für ihn am besten geeigneten Behörde behandelt wird und um Mehrfachanmeldungen weitestgehend auszuschließen. Verweisungen von Zusammenschlüssen von der Kommission an die Mitgliedstaaten und von den Mitgliedstaaten an die Kommission sollten in einer effizienten Weise erfolgen, die weitestgehend ausschließt, dass ein Zusammenschluss sowohl vor als auch nach seiner Anmeldung von einer Stelle an eine andere verwiesen wird.

(15) Die Kommission sollte einen angemeldeten Zusammenschluss mit gemeinschaftsweiter Bedeutung an einen Mitgliedstaat verweisen können, wenn er den Wettbewerb in einem Markt innerhalb dieses Mitgliedstaats, der alle Merkmale eines gesonderten Marktes aufweist, erheblich zu beeinträchtigen droht. Beeinträchtigt der Zusammenschluss den Wettbewerb auf einem solchen Markt und stellt dieser keinen wesentlichen Teil des gemeinsamen Marktes dar, sollte die Kommission verpflichtet sein, den Fall ganz oder teilweise auf Antrag an den betroffenen Mitgliedstaat zu verweisen. Ein Mitgliedstaat sollte einen Zusammenschluss ohne gemeinschaftsweite Bedeutung an die Kommission verweisen können, wenn er den Handel zwischen den Mitgliedstaaten beeinträchtigt und den Wettbewerb in seinem Hoheitsgebiet erheblich zu beeinträchtigen droht. Weitere Mitgliedstaaten, die für die Prüfung des

Zusammenschlusses ebenfalls zuständig sind, sollten die Möglichkeit haben, dem Antrag beizutreten. In diesem Fall sollten nationale Fristen ausgesetzt werden, bis eine Entscheidung über die Verweisung des Falles getroffen wurde, um die Effizienz und Berechenbarkeit des Systems sicherzustellen. Die Kommission sollte befugt sein, einen Zusammenschluss für einen antragstellenden Mitgliedstaat oder mehrere antragstellende Mitgliedstaaten zu prüfen und zu behandeln.

(16) Um das System der Fusionskontrolle innerhalb der Gemeinschaft noch effizienter zu gestalten, sollten die beteiligten Unternehmen die Möglichkeit erhalten, vor Anmeldung eines Zusammenschlusses die Verweisung an die Kommission oder an einen Mitgliedstaat zu beantragen. Um die Effizienz des Systems sicherzustellen, sollten die Kommission und die einzelstaatlichen Wettbewerbsbehörden in einem solchen Fall innerhalb einer kurzen, genau festgelegten Frist entscheiden, ob der Fall an die Kommission oder an den betreffenden Mitgliedstaat verwiesen werden sollte. Auf Antrag der beteiligten Unternehmen sollte die Kommission einen Zusammenschluss mit gemeinschaftsweiter Bedeutung an einen Mitgliedstaat verweisen können, wenn der Zusammenschluss den Wettbewerb auf einem Markt innerhalb dieses Mitgliedstaats, der alle Merkmale eines gesonderten Marktes aufweist, erheblich beeinträchtigen könnte, ohne dass dazu von den beteiligten Unternehmen der Nachweis verlangt werden sollte, dass die Auswirkungen des Zusammenschlusses wettbewerbsschädlich sein würden. Die Kommission sollte einen Zusammenschluss nicht an einen Mitgliedstaat verweisen dürfen, wenn dieser eine solche Verweisung abgelehnt hat. Die beteiligten Unternehmen sollten ferner vor der Anmeldung bei einer einzelstaatlichen Behörde beantragen dürfen, dass ein Zusammenschluss ohne gemeinschaftsweite Bedeutung, der nach dem innerstaatlichen Wettbewerbsrecht mindestens dreier Mitgliedstaaten geprüft werden könnte, an die Kommission verwiesen wird. Solche Anträge auf eine Verweisung vor der Anmeldung an die Kommission wären insbesondere dann angebracht, wenn der betreffende Zusammenschluss den Wettbewerb über das Hoheitsgebiet eines Mitgliedstaats hinaus beeinträchtigen würde. Wird ein Zusammenschluss, der nach dem Wettbewerbsrecht mindestens dreier Mitgliedstaaten geprüft werden könnte, vor seiner Anmeldung bei einer einzelstaatlichen Behörde an die Kommission verwiesen, so sollte die ausschließliche Zuständigkeit für die Prüfung dieses Zusammenschlusses auf die Kommission übergehen, wenn keiner der für die Prüfung des betreffenden Falls zuständigen Mitgliedstaaten sich dagegen ausspricht; für diesen Zusammenschluss sollte dann die Vermutung der gemeinschaftsweiten Bedeutung gelten. Ein Zusammenschluss sollte jedoch nicht vor seiner Anmeldung von den Mitgliedstaaten an die Kommission verwiesen werden, wenn mindestens einer der für die Prüfung des Falles zuständigen Mitgliedstaaten eine solche Verweisung abgelehnt hat.

(17) Der Kommission ist vorbehaltlich der Nachprüfung ihrer Entscheidungen durch den Gerichtshof die ausschließliche Zuständigkeit für die Anwendung dieser Verordnung zu übertragen.

(18) Die Mitgliedstaaten dürfen auf Zusammenschlüsse von gemeinschaftsweiter Bedeutung ihr innerstaatliches Wettbewerbsrecht nur anwenden, soweit es in dieser Verordnung vorgesehen ist. Die entsprechenden Befugnisse der einzelstaatlichen Behörden sind auf die Fälle zu beschränken, in denen ohne ein Tätigwerden der Kommission wirksamer Wettbewerb im Gebiet eines Mitgliedstaats erheblich behindert werden könnte und die Wettbewerbsinteressen dieses Mitgliedstaats sonst durch diese Verordnung nicht hinreichend geschützt würden. Die betroffenen Mitgliedstaaten müssen in derartigen Fällen so schnell wie möglich handeln. Diese Verordnung kann jedoch wegen der Unterschiede zwischen den innerstaatlichen Rechtsvorschriften keine einheitliche Frist für den Erlass endgültiger Entscheidungen nach innerstaatlichem Recht vorschreiben.

(19) Im Übrigen hindert die ausschließliche Anwendung dieser Verordnung auf Zusammenschlüsse von gemeinschaftsweiter Bedeutung die Mitgliedstaaten unbeschadet des Artikels 296 des Vertrags nicht daran, geeignete Maßnahmen zum Schutz anderer berechtigter Interessen als derjenigen zu ergreifen, die in dieser Verordnung berücksichtigt werden, sofern diese Maßnahmen mit den allgemeinen Grundsätzen und den sonstigen Bestimmungen des Gemeinschaftsrechts vereinbar sind.

(20) Der Begriff des Zusammenschlusses ist so zu definieren, dass er Vorgänge erfasst, die zu einer dauerhaften Veränderung der Kontrolle an den beteiligten Unternehmen und damit an der Marktstruktur führen. In den Anwendungsbereich dieser Verordnung sollten daher auch alle Gemeinschaftsunternehmen einbezogen werden, die auf Dauer alle Funktionen einer selbstständigen wirtschaftlichen Einheit erfüllen. Ferner sollten Erwerbsvorgänge, die eng miteinander verknüpft sind, weil sie durch eine Bedingung miteinander verbunden sind oder in Form einer Reihe von innerhalb eines gebührend kurzen Zeitraums getätigten Rechtsgeschäften mit Wertpapieren stattfinden, als ein einziger Zusammenschluss behandelt werden.

(21) Diese Verordnung ist auch dann anwendbar, wenn die beteiligten Unternehmen sich Einschränkungen unterwerfen, die mit der Durchführung des Zusammenschlusses unmittelbar verbunden und dafür notwendig sind. Eine Entscheidung der Kommission, mit der ein Zusammenschluss in Anwendung dieser Verordnung für mit dem Gemeinsamen Markt vereinbar erklärt wird, sollte automatisch auch alle derartigen Einschränkungen abdecken, ohne dass die Kommission diese im Einzelfall zu prüfen hätte. Auf Antrag der beteiligten Unternehmen sollte die Kommission allerdings im Fall neuer oder ungelöster Fragen, die zu ernsthafter Rechtsunsicherheit führen können, gesondert prüfen, ob eine Einschränkung mit der Durchführung des Zusammenschlusses unmittelbar verbunden und dafür notwendig ist. Ein Fall wirft dann eine neue oder ungelöste Frage auf, die zu ernsthafter Rechtsunsicherheit führen kann, wenn sie nicht durch die entsprechende Bekanntmachung der Kommission oder eine veröffentlichte Entscheidung der Kommission geregelt ist.

(22) Bei der Regelung der Kontrolle von Unternehmenszusammenschlüssen ist unbeschadet des Artikels 86 Absatz 2 des Vertrags der Grundsatz der Nichtdiskriminierung zwischen dem öffentlichen und dem privaten Sektor zu beachten. Daher sind im öffentlichen Sektor bei der Berechnung des Umsatzes eines am Zusammenschluss beteiligten Unternehmens unabhängig von den Eigentumsverhältnissen oder von den für sie geltenden Regeln der verwaltungsmäßigen Zuordnung die Unternehmen zu berücksichtigen, die eine mit einer autonomen Entscheidungsbefugnis ausgestattete wirtschaftliche Einheit bilden.

(23) Es ist festzustellen, ob die Zusammenschlüsse von gemeinschaftsweiter Bedeutung mit dem Gemeinsamen Markt vereinbar sind; dabei ist von dem Erfordernis auszugehen, im Gemeinsamen Markt wirksamen Wettbewerb aufrechtzuerhalten und zu entwickeln. Die Kommission muss sich bei ihrer Beurteilung an dem allgemeinen Rahmen der Verwirklichung der grundlegenden Ziele der Gemeinschaft gemäß Artikel 2 des Vertrags zur Gründung der Europäischen Gemeinschaft und Artikel 2 des Vertrags über die Europäische Union orientieren.

(24) Zur Gewährleistung eines unverfälschten Wettbewerbs im Gemeinsamen Markt im Rahmen der Fortführung einer Politik, die auf dem Grundsatz einer offenen Marktwirtschaft mit freiem Wettbewerb beruht, muss diese Verordnung eine wirksame Kontrolle sämtlicher Zusammenschlüsse entsprechend ihren Auswirkungen auf den Wettbewerb in der Gemeinschaft ermöglichen. Entsprechend wurde in der Verordnung (EWG) Nr. 4064/89 der Grundsatz aufgestellt, dass Zusammenschlüsse von gemeinschaftsweiter Bedeutung, die eine beherrschende Stellung begründen oder verstärken, durch welche ein wirksamer Wettbewerb im Gemeinsamen Markt oder in einem wesentlichen Teil desselben in erheblichem Ausmaß behindert wird, für mit dem Gemeinsamen Markt unvereinbar zu erklären sind.

(25) In Anbetracht der Auswirkungen, die Zusammenschlüsse in oligopolistischen Marktstrukturen haben können, ist die Aufrechterhaltung wirksamen Wettbewerbs in solchen Märkten umso mehr geboten. Viele oligopolistische Märkte lassen ein gesundes Maß an Wettbewerb erkennen. Unter bestimmten Umständen können Zusammenschlüsse, in deren Folge der beträchtliche Wettbewerbsdruck beseitigt wird, den die fusionierenden Unternehmen aufeinander ausgeübt haben, sowie der Wettbewerbsdruck auf die verbleibenden Wettbewerber gemindert wird, zu einer erheblichen Behinderung wirksamen Wettbewerbs führen, auch wenn eine Koordinierung zwischen Oligopolmitgliedern unwahrscheinlich ist. Die Gerichte der Gemeinschaft haben jedoch bisher die Verordnung (EWG) Nr. 4064/89 nicht ausdrücklich dahingehend ausgelegt, dass Zusammenschlüsse, die solche nicht koordinierten Auswirkungen haben, für mit dem Gemeinsamen Markt unvereinbar zu erklären sind. Daher sollte im Interesse der Rechtssicherheit klargestellt werden, dass diese Verordnung eine wirksame Kontrolle solcher Zusammenschlüsse dadurch vorsieht, dass grundsätzlich jeder Zusammenschluss, der einen wirksamen Wettbewerb im Gemeinsamen Markt oder einem wesentlichen Teil desselben erheblich behindern würde, für mit dem Gemeinsamen Markt unvereinbar zu erklären ist. Für die Anwendung der Bestimmungen des Artikels 2 Absätze 2 und 3 wird beabsichtigt, den Begriff „erhebliche Behinderung wirksamen Wettbewerbs" dahin gehend auszulegen, dass er sich über das Konzept der Marktbeherrschung hinaus ausschließlich auf diejenigen wettbewerbsschädigenden Auswirkungen eines Zusammenschlusses erstreckt, die sich aus nicht koordiniertem Verhalten von Unternehmen ergeben, die auf dem jeweiligen Markt keine beherrschende Stellung haben würden.

(26) Eine erhebliche Behinderung wirksamen Wettbewerbs resultiert im Allgemeinen aus der Begründung oder Stärkung einer beherrschenden Stellung. Im Hinblick darauf, dass frühere Urteile der europäischen Gerichte und die Entscheidungen der Kommission gemäß der Verordnung (EWG) Nr. 4064/89 weiterhin als Orientierung dienen sollten und gleichzeitig die Übereinstimmung mit den Kriterien für einen Wettbewerbsschaden, die die Kommission und die Gerichte der Gemeinschaft bei der Prüfung der Vereinbarkeit eines Zusammenschlusses mit dem Gemeinsamen Markt angewendet haben, gewahrt werden sollte, sollte diese Verordnung dementsprechend den Grundsatz aufstellen, dass Zusammenschlüsse von gemeinschaftsweiter Bedeutung, die wirksamen Wettbewerb im Gemeinsamen Markt oder in einem wesentlichen Teil desselben erheblich behindern würden, insbesondere infolge der Begründung oder Stärkung einer beherrschenden Stellung, für mit dem Gemeinsamen Markt unvereinbar zu erklären sind.

(27) Außerdem sollten die Kriterien in Artikel 81 Absätze 1 und 3 des Vertrags auf Gemeinschaftsunternehmen, die auf Dauer alle Funktionen einer selbstständigen wirtschaftlichen Einheit erfüllen, insoweit angewandt werden, als ihre Gründung eine spürbare Einschränkung des Wettbewerbs zwischen unabhängig bleibenden Unternehmen zur Folge hat.

(28) Um deutlich zu machen und zu erläutern, wie die Kommission Zusammenschlüsse nach dieser Verordnung beurteilt, sollte sie Leitlinien veröffentlichen, die einen soliden wirtschaftlichen Rahmen für die Beurteilung der Vereinbarkeit von Zusammenschlüssen mit dem Gemeinsamen Markt bieten sollten.

(29) Um die Auswirkungen eines Zusammenschlusses auf den Wettbewerb im Gemeinsamen Markt bestimmen zu können, sollte begründeten und wahrscheinlichen Effizienzvorteilen Rechnung getragen werden, die von den beteiligten Unternehmen dargelegt werden. Es ist möglich, dass die durch einen Zusammenschluss bewirkten Effizienzvorteile die Auswirkungen des Zusammenschlusses auf den Wettbewerb, insbesondere den möglichen Schaden für die Verbraucher, ausgleichen, sodass durch den Zusammenschluss wirksamer Wettbewerb im Gemeinsamen Markt oder in einem wesentlichen Teil desselben, insbesondere durch Begründung oder

Stärkung einer beherrschenden Stellung, nicht erheblich behindert würde. Die Kommission sollte Leitlinien veröffentlichen, in denen sie die Bedingungen darlegt, unter denen sie Effizienzvorteile bei der Prüfung eines Zusammenschlusses berücksichtigen kann.

(30) Ändern die beteiligten Unternehmen einen angemeldeten Zusammenschluss, indem sie insbesondere anbieten, Verpflichtungen einzugehen, die den Zusammenschluss mit dem Gemeinsamen Markt vereinbar machen, sollte die Kommission den Zusammenschluss in seiner geänderten Form für mit dem Gemeinsamen Markt vereinbar erklären können. Diese Verpflichtungen müssen in angemessenem Verhältnis zu dem Wettbewerbsproblem stehen und dieses vollständig beseitigen. Es ist ebenfalls zweckmäßig, Verpflichtungen vor der Einleitung des Verfahrens zu akzeptieren, wenn das Wettbewerbsproblem klar umrissen ist und leicht gelöst werden kann. Es sollte ausdrücklich vorgesehen werden, dass die Kommission ihre Entscheidung an Bedingungen und Auflagen knüpfen kann, um sicherzustellen, dass die beteiligten Unternehmen ihren Verpflichtungen so effektiv und rechtzeitig nachkommen, dass der Zusammenschluss mit dem Gemeinsamen Markt vereinbar wird. Während des gesamten Verfahrens sollte für Transparenz und eine wirksame Konsultation der Mitgliedstaaten und betroffener Dritter gesorgt werden.

(31) Die Kommission sollte über geeignete Instrumente verfügen, damit sie die Durchsetzung der Verpflichtungen sicherstellen und auf Situationen reagieren kann, in denen die Verpflichtungen nicht eingehalten werden. Wird eine Bedingung nicht erfüllt, unter der die Entscheidung über die Vereinbarkeit des Zusammenschlusses mit dem Gemeinsamen Markt ergangen ist, so tritt der Zustand der Vereinbarkeit des Zusammenschlusses mit dem Gemeinsamen Markt nicht ein, sodass der Zusammenschluss damit in der vollzogenen Form von der Kommission nicht genehmigt ist. Wird der Zusammenschluss vollzogen, sollte er folglich ebenso behandelt werden wie ein nicht angemeldeter und ohne Genehmigung vollzogener Zusammenschluss. Außerdem sollte die Kommission die Auflösung eines Zusammenschlusses direkt anordnen dürfen, um den vor dem Vollzug des Zusammenschlusses bestehenden Zustand wieder herzustellen, wenn sie bereits zu dem Ergebnis gekommen ist, dass der Zusammenschluss ohne die Bedingung mit dem Gemeinsamen Markt unvereinbar wäre. Wird eine Auflage nicht erfüllt, mit der die Entscheidung über die Vereinbarkeit eines Zusammenschlusses mit dem Gemeinsamen Markt ergangen ist, sollte die Kommission ihre Entscheidung widerrufen können. Ferner sollte die Kommission angemessene finanzielle Sanktionen verhängen können, wenn Bedingungen oder Auflagen nicht eingehalten werden.

(32) Bei Zusammenschlüssen, die wegen des begrenzten Marktanteils der beteiligten Unternehmen nicht geeignet sind, wirksamen Wettbewerb zu behindern, kann davon ausgegangen werden, dass sie mit dem Gemeinsamen Markt vereinbar sind. Unbeschadet der Artikel 81 und 82 des Vertrags besteht ein solches Indiz insbesondere dann, wenn der Marktanteil der beteiligten Unternehmen im Gemeinsamen Markt oder in einem wesentlichen Teil desselben 25% nicht überschreitet.

(33) Der Kommission ist die Aufgabe zu übertragen, alle Entscheidungen über die Vereinbarkeit oder Unvereinbarkeit der Zusammenschlüsse von gemeinschaftsweiter Bedeutung mit dem Gemeinsamen Markt sowie Entscheidungen, die der Wiederherstellung des Zustands vor dem Vollzug eines für mit dem Gemeinsamen Markt unvereinbar erklärten Zusammenschlusses dienen, zu treffen.

(34) Um eine wirksame Überwachung zu gewährleisten, sind die Unternehmen zu verpflichten, Zusammenschlüsse von gemeinschaftsweiter Bedeutung nach Vertragsabschluss, Veröffentlichung des Übernahmeangebots oder des Erwerbs einer die Kontrolle begründenden Beteiligung und vor ihrem Vollzug anzumelden. Eine Anmeldung sollte auch dann möglich sein, wenn die beteiligten Unternehmen der Kommission gegenüber ihre Absicht glaubhaft machen, einen Vertrag über einen be-

absichtigten Zusammenschluss zu schließen und ihr beispielsweise anhand einer von allen beteiligten Unternehmen unterzeichneten Grundsatzvereinbarung, Übereinkunft oder Absichtserklärung darlegen, dass der Plan für den beabsichtigten Zusammenschluss ausreichend konkret ist, oder im Fall eines Übernahmeangebots öffentlich ihre Absicht zur Abgabe eines solchen Angebots bekundet haben, sofern der beabsichtigte Vertrag oder das beabsichtigte Angebot zu einem Zusammenschluss von gemeinschaftsweiter Bedeutung führen würde. Der Vollzug eines Zusammenschlusses sollte bis zum Erlass der abschließenden Entscheidung der Kommission ausgesetzt werden. Auf Antrag der beteiligten Unternehmen sollte es jedoch gegebenenfalls möglich sein, hiervon abzuweichen. Bei der Entscheidung hierüber sollte die Kommission alle relevanten Faktoren, wie die Art und die Schwere des Schadens für die beteiligten Unternehmen oder Dritte sowie die Bedrohung des Wettbewerbs durch den Zusammenschluss, berücksichtigen. Im Interesse der Rechtssicherheit ist die Wirksamkeit von Rechtsgeschäften zu schützen, soweit dies erforderlich ist.

(35) Es ist eine Frist festzulegen, innerhalb derer die Kommission wegen eines angemeldeten Zusammenschlusses das Verfahren einzuleiten hat; ferner sind Fristen vorzusehen, innerhalb derer die Kommission abschließend zu entscheiden hat, ob ein Zusammenschluss mit dem Gemeinsamen Markt vereinbar oder unvereinbar ist. Wenn die beteiligten Unternehmen anbieten, Verpflichtungen einzugehen, um den Zusammenschluss mit dem Gemeinsamen Markt vereinbar zu machen, sollten diese Fristen verlängert werden, damit ausreichend Zeit für die Prüfung dieser Angebote, den Markttest und für die Konsultation der Mitgliedstaaten und interessierter Dritter bleibt. Darüber hinaus sollte in begrenztem Umfang eine Verlängerung der Frist, innerhalb derer die Kommission abschließend entscheiden muss, möglich sein, damit ausreichend Zeit für die Untersuchung des Falls und für die Überprüfung der gegenüber der Kommission vorgetragenen Tatsachen und Argumente zur Verfügung steht.

(36) Die Gemeinschaft achtet die Grundrechte und Grundsätze, die insbesondere mit der Charta der Grundrechte der Europäischen Union anerkannt wurden. Diese Verordnung sollte daher im Einklang mit diesen Rechten und Grundsätzen ausgelegt und angewandt werden.

(37) Die beteiligten Unternehmen müssen das Recht erhalten, von der Kommission gehört zu werden, sobald das Verfahren eingeleitet worden ist. Auch den Mitgliedern der geschäftsführenden und aufsichtsführenden Organe sowie den anerkannten Vertretern der Arbeitnehmer der beteiligten Unternehmen und betroffenen Dritten ist Gelegenheit zur Äußerung zu geben.

(38) Um Zusammenschlüsse ordnungsgemäß beurteilen zu können, sollte die Kommission alle erforderlichen Auskünfte einholen und alle erforderlichen Nachprüfungen in der Gemeinschaft vornehmen können. Zu diesem Zweck und im Interesse eines wirksamen Wettbewerbsschutzes müssen die Untersuchungsbefugnisse der Kommission ausgeweitet werden. Die Kommission sollte insbesondere alle Personen, die eventuell über sachdienliche Informationen verfügen, befragen und deren Aussagen zu Protokoll nehmen können.

(39) Wenn beauftragte Bedienstete der Kommission Nachprüfungen vornehmen, sollten sie alle Auskünfte im Zusammenhang mit Gegenstand und Zweck der Nachprüfung einholen dürfen. Sie sollten ferner bei Nachprüfungen Versiegelungen vornehmen dürfen, insbesondere wenn triftige Gründe für die Annahme vorliegen, dass ein Zusammenschluss ohne vorherige Anmeldung vollzogen wurde, dass der Kommission unrichtige, unvollständige oder irreführende Angaben gemacht wurden oder dass die betreffenden Unternehmen oder Personen Bedingungen oder Auflagen einer Entscheidung der Kommission nicht eingehalten haben. Eine Versiegelung sollte in jedem Fall nur unter außergewöhnlichen Umständen und nur während der für die Nachprüfung unbedingt erforderlichen Dauer, dh normalerweise nicht länger als 48 Stunden, vorgenommen werden.

(40) Unbeschadet der Rechtsprechung des Gerichtshofs ist es auch zweckmäßig, den Umfang der Kontrolle zu bestimmen, die ein einzelstaatliches Gericht ausüben kann, wenn es nach Maßgabe des einzelstaatlichen Rechts vorsorglich die Unterstützung durch die Vollzugsorgane für den Fall genehmigt, dass ein Unternehmen sich weigern sollte, eine durch Entscheidung der Kommission angeordnete Nachprüfung oder Versiegelung zu dulden. Nach ständiger Rechtsprechung kann das einzelstaatliche Gericht die Kommission insbesondere um weitere Auskünfte bitten, die für die Ausübung seiner Kontrolle erforderlich sind und in Ermangelung dieser Auskünfte die Genehmigung verweigern. Des Weiteren sind die einzelstaatlichen Gerichte nach ständiger Rechtsprechung für die Kontrolle der Anwendung der einzelstaatlichen Vorschriften für die Vollstreckung von Zwangsmaßnahmen zuständig. Die zuständigen Behörden der Mitgliedstaaten sollten bei der Ausübung der Untersuchungsbefugnisse der Kommission aktiv mitwirken.

(41) Wenn Unternehmen oder natürliche Personen Entscheidungen der Kommission nachkommen, können sie nicht gezwungen werden, Zuwiderhandlungen einzugestehen; sie sind jedoch in jedem Fall verpflichtet, Sachfragen zu beantworten und Unterlagen beizubringen, auch wenn diese Informationen gegen sie oder gegen andere als Beweis für eine begangene Zuwiderhandlung verwendet werden können.

(42) Im Interesse der Transparenz sollten alle Entscheidungen der Kommission, die nicht rein verfahrensrechtlicher Art sind, auf breiter Ebene bekannt gemacht werden. Ebenso unerlässlich wie die Wahrung der Verteidigungsrechte der beteiligten Unternehmen, insbesondere des Rechts auf Akteneinsicht, ist der Schutz von Geschäftsgeheimnissen. Die Vertraulichkeit der innerhalb des Netzes sowie mit den zuständigen Behörden von Drittländern ausgetauschten Informationen sollte gleichfalls gewahrt werden.

(43) Die Einhaltung dieser Verordnung sollte, soweit erforderlich, durch Geldbußen und Zwangsgelder sichergestellt werden. Dabei sollte dem Gerichtshof nach Artikel 229 des Vertrags die Befugnis zu unbeschränkter Ermessensnachprüfung übertragen werden.

(44) Die Bedingungen, unter denen Zusammenschlüsse in Drittländern durchgeführt werden, an denen Unternehmen beteiligt sind, die ihren Sitz oder ihr Hauptgeschäft in der Gemeinschaft haben, sollten aufmerksam verfolgt werden; es sollte die Möglichkeit vorgesehen werden, dass die Kommission vom Rat ein Verhandlungsmandat mit dem Ziel erhalten kann, eine nichtdiskriminierende Behandlung für solche Unternehmen zu erreichen.

(45) Diese Verordnung berührt in keiner Weise die in den beteiligten Unternehmen anerkannten kollektiven Rechte der Arbeitnehmer, insbesondere im Hinblick auf die nach Gemeinschaftsrecht oder nach innerstaatlichem Recht bestehende Pflicht, die anerkannten Arbeitnehmervertreter zu unterrichten oder anzuhören.

(46) Die Kommission sollte ausführliche Vorschriften für die Durchführung dieser Verordnung entsprechend den Modalitäten für die Ausübung der der Kommission übertragenen Durchführungsbefugnisse festlegen können. Beim Erlass solcher Durchführungsbestimmungen sollte sie durch einen Beratenden Ausschuss unterstützt werden, der gemäß Artikel 23 aus Vertretern der Mitgliedstaaten besteht.

Einführung

Inhaltsübersicht

1. Überblick

1 Der Vertrag über die Arbeitsweise der Europäischen Union **(AEUV)** enthält ebenso wie früher der EGV und der EWG-Vertrag **keine ausdrücklichen Vorschriften über Unternehmenszusammenschlüsse.** Der Gerichtshof hat im Continental-Can-Urteil vom 21.2.1973 (Rs. 6/72, Slg. 1973, 215 = NJW 1973, 966 = WuW/E 296ff.) die These der Kommission bestätigt, dass unter bestimmten, engen Voraussetzungen auch Unternehmenszusammenschlüsse als Missbrauch marktbeherrschender Stellungen nach Art. 102 AEUV verfolgt werden könnten. Auf dieser Grundlage hat die Kommission kurz danach den Entwurf einer Fusionskontrollverordnung vorgelegt, der aber vom Ministerrat nicht verabschiedet wurde. Erst am 21.12.1989 verabschiedete der Ministerrat eine wesentlich geänderte, außer auf Art. 82, 83 EG (= Art. 102, 103 AEUV) auch auf Art. 308 EG (vgl. jetzt Art. 352 AEUV) gestützte Verordnung (**VO 4064/89 über die Kontrolle von Unternehmenszusammenschlüssen,** ABl. L 395/1 vom 30.12.1989, berichtigte Fassung ABl. L 257 vom 21.9.1990). Sie trat am 21.9.1990 in Kraft und wurde mit Wirkung vom 1.5.2004 durch die **VO 139/2004** vom 20.1.2004 (ABl. 2004 L 24/1) ersetzt.

2. Anwendung des Art. 101 AEUV auf Unternehmenszusammenschlüsse

2 **a) Grundsätzliche Unanwendbarkeit.** Das Fehlen einer eindeutigen Fusionskontroll-Regelung im EWG-Vertrag war schon früh Anlass für Überlegungen, ob die Vorschriften des Primärrechts (Art. 85 und 86 EWGV = 101 und 102 AEUV) nicht doch auch Unternehmenszusammenschlüsse erfassten. Es bestand Einigkeit darüber, dass Art. 85 EWGV (101 AEUV) das Markt**verhalten** von Unternehmen betreffe, nicht aber Änderungen der Markt**struktur** (vgl. dazu schon die von der Kommission 1966 herausgegebene EWG-Studie, Reihe Wettbewerb Nr. 3, S. 22ff.

Nr. 5ff.). Dementsprechend hat die Kommission zB in der Entscheidung vom 20.12.1974 (Chevron, WuW/E 570ff.) die Anwendung des Art. 85 EWGV abgelehnt, weil die Vereinbarungen eine „langfristige Änderung der Strukturen der betreffenden Unternehmen“ bewirkten und sich hieraus eine „echte Konzentration“ ergebe. Jedenfalls der Erwerb einer Mehrheitsbeteiligung unterliegt nach der seinerzeit begründeten, noch heute gültigen Auffassung nicht dem Art. 85 Abs. 1 EWGV (Art. 101 Abs. 1 AEUV, vgl. dazu auch Entscheidung vom 7.2.1985, Mecaniver-PPG, ABl. L 35/34ff.; zur Minderheitsbeteiligung → Rn. 6, 28).

b) Gemeinschaftsunternehmen. Art. 85 EWGV (Art. 101 AEUV) wurde aber als anwendbar angesehen, wenn nach dem Konzentrationsvorgang wirtschaftlich selbstständige Unternehmen bestehen bleiben. Das ist bei Gemeinschaftsunternehmen der Fall. Die Kommission ging in ständiger Entscheidungspraxis davon aus, dass Gemeinschaftsunternehmen zwischen aktuellen oder potenziellen Wettbewerbern – also **horizontale Gemeinschaftsunternehmen** – grundsätzlich in den Anwendungsbereich des Art. 85 Abs. 1 EWGV fallen (vgl. dazu *Bechtold* RIW 1985, 442ff., 444ff.; vgl. Entscheidungen vom 22.12.1987, Olivetti/Canon, ABl. L 52/51ff. vom 26.2.1988; 20.7.1988, Iveco/Ford, ABl. L 230/39ff. vom 19.8.1988; außerdem die Mitteilungen nach Art. 19 Abs. 3 VO 17 im Fall Bayer/BP ABl. C 253/5ff. vom 23.9.1987). Die Begründungen sind unterschiedlich. Im Vordergrund steht die Verminderung des Wettbewerbs allein dadurch, dass die Gründerunternehmen vor dem Zusammenschluss aktuelle oder potenzielle Wettbewerber waren, und daher ihre „Beteiligung an einem gemeinsamen Unternehmen auch ohne ausdrücklich wettbewerbsbeschränkende Bestimmungen den freien Wettbewerb zwischen ihnen beeinträchtigen“ werde (Entscheidungen vom 23.11.1977, GEC-Weir Natrium-Umwälzpumpen, ABl. L 327/26ff., 31 vom 20.12.1977; wohl auch 29.10.1982, Amersham/Buchler, ABl. L 314/34ff., 35 vom 10.11.1982). Das wurde weiter so konkretisiert, dass zwei (aktuelle oder potenzielle) Wettbewerber für die Geltungsdauer des Gemeinschaftsunternehmens durch einen ersetzt werden und insoweit auf Wettbewerb untereinander verzichten (aaO; 8.12.1983, Carbon Gas Technologie, ABl. L 376/17ff. vom 31.12.1983). Später wurde die Anwendung des Kartellverbots davon abhängig gemacht, dass die Mütter trotz des Gemeinschaftsunternehmens auch künftig potenzielle Wettbewerber bleiben (etwa 13.7.1983, Rockwell/Iveco, ABl. L 244/19ff., 24 vom 17.8.1983). Das wurde zT auch einfach daraus geschlossen, dass die Unternehmen durch das Gemeinschaftsunternehmen auf den Märkten präsent bleiben (25.7.1977, De Laval-Stork, ABl. L 215/11ff., vom 23.8.1977). 3

Neben dem Gesichtspunkt des Ausschlusses aktuellen oder potenziellen Wettbewerbs spielte in der Praxis der Kommission auch das Phänomen des **„Gruppeneffekts“** eine wichtige Rolle, nämlich der wettbewerbsdämpfenden Auswirkung des Gemeinschaftsunternehmens auf andere konkurrierende Tätigkeitsgebiete der Muttergesellschaften (vgl. etwa Entscheidungen GEC-Weir, aaO, S. 32; 20.10.1978, WANO-Schwarzpulver, ABl. L 322/26ff., 31 vom 16.11.1978; 4. Wettbewerbsbericht 1974, S. 29). Gründen Nicht-Wettbewerber mehrere Gemeinschaftsunternehmen mit unterschiedlichen Beteiligungsverhältnissen, so konnte sich die Anwendung des Art. 85 Abs. 1 EWGV daraus ergeben, dass der Wettbewerb zwischen diesen Gemeinschaftsunternehmen beschränkt wird (Entscheidung vom 14.7.1986, Lichtwellenleiter, ABl. L 236/30ff., 36ff. vom 22.8.1986). 4

Art. 85 Abs. 1 EWGV (101 Abs. 1 AEUV) wurde allerdings als nicht anwendbar angesehen, wenn die Bildung eines Gemeinschaftsunternehmens als rein **konzentrativer Vorgang** gewertet werden konnte. Das ist der Fall, wenn zwei Unternehmen „ihr gesamtes Geschäftsvermögen in ein gemeinsames Unternehmen einbringen und sich dabei selbst in Verwaltungs-Holdings umwandeln“. Ein solcher Vorgang, der einer „völligen Integration entspreche“, sei als Zusammenschluss, nicht als Kartell anzusehen (vgl. 4. Wettbewerbsbericht 1974, S. 29). Entsprechendes gilt, wenn die 5

Gründerunternehmen sich nicht in Holdings umwandeln, sondern wenn sie nur bestimmte (Teil-)Bereiche ihrer Tätigkeit zusammenlegen. Voraussetzung sei allerdings, „dass sich die Gründer aus dem Tätigkeitsgebiet des Gemeinschaftsunternehmens vollständig und endgültig zurückziehen. Ferner muss gewährleistet sein, dass die Zusammenlegung nicht mittelbar zu einer Abschwächung des Wettbewerbs in anderen, insbesondere in benachbarten Bereichen führt, wo die Gründer formal voneinander unabhängig bleiben" (so 6. Wettbewerbsbericht 1976, S. 43; vgl. auch Entscheidung 20.12.1974, Chevron, ABl. L 38/14f. vom 12.2.1975).

6 **c) Minderheitsbeteiligungen.** Im „Zigaretten"-Urteil vom 17.11.1987 (Rs. 142 und 156/84, Slg. 1987, 4487, BAT u. Reynolds) hat der Gerichtshof die Anwendbarkeit des **Art. 85 Abs. 1 EWGV** (101 Abs. 1 AEUV) auf **Zusammenschlüsse auch außerhalb von Gemeinschaftsunternehmen** begründet. Bei **Minderheitsbeteiligungen zwischen Wettbewerbern** komme es darauf an, ob die Vereinbarung sich auf die geschäftliche Zusammenarbeit zwischen den Unternehmen beziehe oder Strukturen schaffe, die eine solche Zusammenarbeit förderten. Daneben könne sich die Anwendbarkeit des Art. 85 EWGV auch daraus ergeben, dass die Beteiligung notwendigerweise zu der Verpflichtung der beteiligten Unternehmen führe, die Interessen des jeweils anderen bei der Entwicklung ihrer Geschäftspolitik zu berücksichtigen. Im konkreten Fall ist der Gerichtshof in Übereinstimmung mit der Kommission zum Ergebnis gekommen, dass die zu untersuchende Minderheitsbeteiligung nicht zu einer Änderung der Wettbewerbssituation auf dem Zigarettenmarkt geführt habe. Der Gerichtshof erkennt zwar keine Regel an, dass Minderheitsbeteiligungen zwischen Wettbewerbern wettbewerbsbeschränkende Auswirkungen hätten. Lassen sie sich aber feststellen, so soll offenbar Art. 85 Abs. 1 EWGV anwendbar sein. Unklar ist, ob das nur für Minderheitsbeteiligungen gilt, oder auch **Mehrheitsbeteiligungen** von dieser Doktrin erfasst werden können. Dem steht entgegen, dass nach allgemeiner Meinung Art. 85 EWGV (101 AEUV) den Fortbestand wirtschaftlich selbstständiger Unternehmen voraussetzte. Das ist zwar bei Minderheits-, regelmäßig aber nicht bei Mehrheitsbeteiligungen der Fall (dazu auch *Steindorff* ZHR 152, 57ff.; *Satzky* DB 1988, 379ff., 381; *Schödermeier* WuW 1988, 185ff.; *Riesenkampff* WuW 1988, 465ff).

3. Anwendung des Art. 102 AEUV auf Unternehmenszusammenschlüsse

7 **a) Entwicklung der Continental-Can-Doktrin.** Die Kommission hat schon sehr früh die Anwendung des Art. 86 EWGV (= 102 AEUV) auf Unternehmenszusammenschlüsse grundsätzlich bejaht (vgl. Kommissionsstudie über „Das Problem der Unternehmenskonzentration im gemeinsamen Markt", Reihe Wettbewerb Nr. 3, 1966). Nach der Continental-Can-Entscheidung (9.12.1971, ABl. 1972 L 7/25) ist ein Unternehmenszusammenschluss missbräuchlich, wenn er den **Wettbewerb „praktisch ausschaltet"** und geeignet ist, den zwischenstaatlichen Handel zu beeinträchtigen: „Wenn durch den Zusammenschluss eines beherrschenden Unternehmens mit einem anderen die beherrschende Stellung derartig verstärkt wird, dass der Wettbewerb, der trotz der anfänglichen beherrschenden Stellung tatsächlich oder potenziell fortbestanden hätte, für die betreffenden Unternehmen in einem wesentlichen Teil des gemeinsamen Marktes praktisch ausgeschaltet wird, so ist darin ein mit Art. 86 des Vertrages unvereinbares Verhalten zu erblicken" (aaO, Rn. 23). Der Gerichtshof (21.2.1973, Rs. 6/72, Slg. 1973, 215ff.) hat die Entscheidung der Kommission zwar wegen mangelhafter Sachverhaltsfeststellungen aufgehoben, der Grundthese aber zugestimmt. Ein missbräuchliches Verhalten könne vorliegen, wenn ein Unternehmen in beherrschender Stellung diese dergestalt verstärke, „dass der erreichte Beherrschungsgrad den Wettbewerb wesentlich behindert, dass also nur noch Unternehmen auf dem Markt bleiben, die in ihrem Marktverhalten von dem beherr-

schenden Unternehmen abhängen" (aaO, Rn. 26). Ein ursächlicher Zusammenhang zwischen beherrschender Stellung und missbräuchlicher Ausnutzung ist nicht erforderlich; auch auf ein Verschulden kommt es nicht an. Die Ausführungen des Gerichtshofes sind so umfassend, dass sie auch außerhalb von Zusammenschlüssen auf Fälle des **inneren Wachstums** anwendbar sein können.

b) Praxis der Kommission nach Continantal Can. Nach der (aufgehobenen) Continental-Can-Entscheidung (vom 9.12.1971) gab es keine weitere Verbotsentscheidung gegen einen Unternehmenszusammenschluss auf der Grundlage des Art. 86 EWGV (102 AEUV). Dennoch blieb die Continental-Can-Doktrin von **praktischer Bedeutung.** Im Allgemeinen konnte davon ausgegangen werden, dass die deutsche Fusionskontrolle strenger ist als die der Kommission nach Art. 86 EWGV (102 AEUV) zur Verfügung stehenden Instrumente. Das zeigt zB die Beurteilung des Fichtel & Sachs/GKN-Zusammenschlusses nach deutschem und EWG-Recht. Das BKartA untersagte ihn rechtskräftig (BGH 21.2.1978, WuW/E 1501ff.), während die Kommission ihn ausdrücklich auch unter dem Gesichtspunkt des Art. 86 EWGV akzeptierte (vgl. 6. Wettbewerbsbericht 1976, S. 74f.). Ähnlich wurde der beabsichtigte Zusammenschluss zwischen Coats und Gütermann beurteilt, den das BKartA untersagen (TB 1979/80, 77), die Kommission aber hinnehmen wollte (vgl. 9. Wettbewerbsbericht 1979, 95f.). 8

Im Hinblick auf den klaren Wortlaut des Art. 86 EWGV (102 AEUV) setzte die Continental-Can-Doktrin voraus, dass **schon vor dem Zusammenschluss eine marktbeherrschende** Stellung besteht, die in dem erforderlichen Ausmaß verstärkt wird. Sie war, entgegen mancher Literaturmeinungen (insbesondere *Mestmäcker,* Europäischen Wettbewerbsrecht, 1974, S. 416; *Fikentscher,* FS Böhm, 1975, S. 261ff., 275f.), nicht erweiterbar auf den Fall, dass die marktbeherrschende Stellung erst durch den Zusammenschluss entsteht. Dann kann schlechterdings nicht von Missbrauch einer marktbeherrschenden Stellung gesprochen werden. Nach dem Urteil reicht auch nicht „jegliche Verstärkung der beherrschenden Stellung, die mit Hilfe eines Zusammenschlusses erreicht wird" aus; es ist also nicht so, dass „grundsätzlich auch die Übernahme eines kleineren Konkurrenten durch den Marktbeherrscher" gegen Art. 86 verstoßen könnte. Auch die Kommission hat im 10. Wettbewerbsbericht 1980 (S. 112) extensive Formulierungen gebraucht, die aber mit dem Continental-Can-Urteil nicht vereinbar sind. Sie lassen sich auch nicht aus der späteren Rechtsprechung des EuGH rechtfertigen. Dieser interpretierte den Missbrauchsbegriff keineswegs allein von den Folgen eines bestimmten Verhaltens her, sondern verlangte zusätzlich die „Verwendung von Mitteln …, welche von den Mitteln eines normalen Produkt- oder Dienstleistungswettbewerbs auf der Grundlage der Leistungen der Unternehmen abweichen" (insbes. EuGH 9.11.1983, Rs. 322/81, Slg. 1983, 3461ff., 3514, Rn. 70 Michelin). Der Missbrauchsbegriff des Continental-Can-Urteils ging darüber hinaus; um so mehr bestand Anlass, die Doktrin auf Extremfälle zu beschränken (vgl. zu alldem auch *Bechtold* RIW 1985, 442ff., 445). 9

4. Entwürfe für eine EWG-Fusionskontrollverordnung

Nach dem Continental-Can-Urteil (21.2.1973, Rs. 6/72, Slg. 1973, 215ff.) hat die Kommission – gestützt auf Art. 87 und 235 EWGV – den „**Vorschlag einer Verordnung** (EWG) des Rates **über die Kontrolle von Unternehmenszusammenschlüssen**" vorgelegt (veröffentlicht in ABl. 1973 C 82/1ff.), durch die Unternehmenszusammenschlüsse einer „systematischen Kontrolle" unterworfen werden sollten. Der Entwurf ist mehrfach im Ministerrat behandelt worden. Auch nach Änderungen durch die Kommission (vgl. Änderungsvorschläge vom 12.2.1982, ABl. 1982 C 36/3ff.; 23.2.1984, ABl. 1984 C 51/8ff.; 2.12.1986, ABl. 1986 C 324/5f.) hat er nicht die Billigung des Ministerrates gefunden. Nach Erlass des Zigaretten-Ur- 10 teils vom 17.11.1987 (→ Rn. 6) ist in der Kommission zunächst erwogen worden, den Entwurf zurückzuziehen. Er wurde dann aber im April 1988 in grundlegend geänderter Fassung vorgelegt (veröffentlicht in ABl. 1988 C 130/4ff.).

5. VO 4064/89

11 **a) Ursprungsfassung von 1989.** Am 21.2.1989 verabschiedete der Ministerrat eine gegenüber den Entwürfen (→ Rn. 10) wesentlich geänderte, außer auf Art. 82 und 83 EWGV (= Art. 102 und 103 AEUV) auch auf Art. 235 EWGV (entspricht jetzt Art. 352 AEUV) gestützte Verordnung über die Kontrolle von Unternehmenszusammenschlüssen (VO 4064/89, ABl. 1990 L 395/1, berichtigte Fassung ABl. 1990 L 257). Sie ist am **21.9.1990** in Kraft getreten. Sie erfasste Zusammenschlüsse im Sinne von Fusionen oder des alleinigen oder gemeinsamen Erwerbs der Kontrolle über ein anderes Unternehmen (Art. 3),

- wenn die beteiligten Unternehmen zusammen einen weltweiten Gesamtumsatz von mehr als EUR 5 Mrd. und mindestens zwei beteiligte Unternehmen einen gemeinschaftsweiten Gesamtumsatz von jeweils mehr als EUR 250 Mio. haben (Art. 1 Abs. 2) und
- wenn die um Zusammenschluss beteiligten Unternehmen nicht jeweils mehr als 2/3 ihres gemeinschaftsweiten Gesamtumsatzes in ein und demselben Mitgliedstaat erzielen (Art. 1 Abs. 2 letzter Hs.).

12 Die Zusammenschlüsse waren von der Kommission als **mit dem Gemeinsamen Markt unvereinbar** zu untersagen, wenn sie unter Berücksichtung bestimmter materieller Kriterien „eine beherrschende Stellung begründen oder verstärken, durch die wirksamer Wettbewerb im Gemeinsamen Markt oder einem wesentlichen Teil desselben erheblich behindert würde" (Art. 2 Abs. 3). Auf die von der Verordnung erfassten Zusammenschlüsse ist nationales Fusionskontrollrecht nicht anwendbar (Art. 21 Abs. 2). Das bedeutet, dass Zusammenschlüsse, die die Voraussetzungen des Fusions- oder Kontrollbegriffes im Sinne von Art. 3 erfüllen, jeweils ausschließlich entweder der EU- oder der nationalen Fusionskontrolle unterliegen.

13 **b) Änderung von 1998.** Die VO 4064/89 ist durch die VO 1310/97 vom 30.6.1997 (ABl. 1997 L 180/1, berichtigt in ABl. 1998 L 3/16 und 40/17) geändert worden. Diese zum 1.3.1998 in Kraft getretene Änderung der Fusionskontrollverordnung hat den Anwendungsbereich der EG-Fusionskontrolle zweifach erweitert. Einmal ist neben die bisherige **Umsatzschwelle** (EUR 5 Mrd. Gesamtumsatz, gemeinschaftsweiter Umsatz von mindestens zwei beteiligten Unternehmen von je EUR 250 Mio.) eine weitere, kompliziertere Umsatzschwelle getreten, die schon bei einem Gesamtumsatz von EUR 2,5 Mrd. ansetzt (Art. 1 Abs. 3 VO 4064/89 nF). Zum anderen ist der Begriff des **Gemeinschaftsunternehmens,** der für den Zusammenschlusstatbestand in der Praxis eine überaus große Rolle spielte, in Art. 3 Abs. 2 VO 4064/89 nF erweitert worden auf – ggf. auch kooperative – Gemeinschaftsunternehmen mit Vollfunktionen. An die Stelle der häufig schwierigen Entscheidung zwischen kooperativen und konzentrativen Gemeinschaftsunternehmen, die in den ersten Jahren der EG-Fusionkontrolle auch einer tiefgreifenden Veränderung unterlag, ist die insgesamt wohl doch einfachere Unterscheidung zwischen Gemeinschaftsunternehmen mit Vollfunktion (Zuständigkeit der Kommission) und nur mit Teilfunktion (keine Zuständigkeit der Kommission) getreten. Allerdings hat sich dadurch das Abgrenzungsproblem auf die Frage verlagert, ob durch die Gründung eines Gemeinschaftsunternehmens mit Vollfunktion, das in Wahrheit kooperativer Natur ist, zusätzlich zu den fusionskontrollrechtlichen auch kartellrechtliche Kriterien zu berücksichtigen sind. Das hat dazu geführt, dass in der materiellen Fusionskontrolle nach Art. 2 Abs. 4 VO 4064/89 auch die kooperativen Aspekte eines Gemeinschaftsunternehmens zu prüfen sind, und zwar im Hinblick auf ihre Vereinbarkeit mit Art. 85 Abs. 1 EGV (Art. 101 Abs. 1 AEUV).

6. VO 139/2004

a) Änderung des materiellen Beurteilungsmaßstabs. Die VO 139/2004 ist am 20.1.2004 verabschiedet worden (ABl. 2004 L 24/1) und am 1.5.2004 in Kraft getreten. Sie hat die meisten Vorschriften der VO 4064/89 übernommen. Die wichtigste Änderung besteht in der Modifizierung des materiellen Beurteilungsmaßstabs in Art. 2. Bis zum 30.4.2004 entsprachen die materiellen Untersagungsvoraussetzungen der EG-Fusionskontrolle denen des deutschen Rechts, allerdings ohne Abwägungsklausel und ergänzt durch das zusätzliche Erfordernis der **„erheblichen Wettbewerbsbehinderung"** (Art. 2 Abs. 2 und 3 VO 4064/89). Mit der Neufassung der EG-Fusionskontrolle durch die VO 139/2004 ist das materielle Untersagungskriterium geändert worden. Nach dem neuen Art. 2 Abs. 2 und 3 VO 139/2004 kommt es nicht mehr auf die Begründung oder Verstärkung einer marktbeherrschenden Stellung an, sondern darauf, ob durch den Zusammenschluss **„wirksamer Wettbewerb** im Gemeinsamen Markt oder in einem wesentlichen Teil desselben **erheblich behindert** würde" (sog. SIEC-Test: significant impediment to effective competition). Die „Begründung oder Verstärkung einer beherrschenden Stellung" wird nur noch als Beispielsfall im Gesetz aufgeführt. Die Verordnung fordert ein strenges Entweder-Oder: Werden diese Voraussetzungen bejaht, so ist der Zusammenschluss „unvereinbar mit dem Gemeinsamen Markt" (Abs. 3); werden sie verneint, ist der Zusammenschluss „vereinbar mit dem Gemeinsamen Markt" (Abs. 2). 14

Erklärtes Ziel der Änderung vom früher allein geltenden Marktbeherrschungstest zur „erheblichen Behinderung wirksamen Wettbewerbs" ist das Schließen einer Kontrolllücke. Nach Meinung der Verfechter des neuen Beurteilungsmaßstabes hätte diese Kontrolllücke darin bestehen sollen, dass die Vorgänger-VO 464/89 die sog. **nicht koordinierten (unilateralen) Effekte** im Oligopol nicht erfasste oder doch zumindest, dass aus der VO 4064/89 nicht mit hinreichender Rechtssicherheit hervorging, dass diese erfasst werden. Im Erwägungsgrund 25 zur VO 139/2004 wird es für möglich gehalten, dass ein Unternehmen infolge eines Unternehmenszusammenschlusses die Fähigkeit erlangt, den **Wettbewerb spürbar und nachhaltig zu behindern, ohne marktbeherrschend zu sein.** Das ist der Fall, wenn die zusammenschlussbeteiligten Unternehmen durch den Zusammenschluss einen erheblichen, vom Wettbewerb nicht kontrollierten Verhaltensspielraum erlangen. Der Begriff der „erheblichen Behinderung wirksamen Wettbewerbs" sei dahin auszulegen, dass er sich über das Konzept der Marktbeherrschung hinaus ausschließlich auf diejenigen wettbewerbsschädigenden Auswirkungen eines Zusammenschlusses erstrecke, die sich aus nicht koordiniertem Verhalten von Unternehmen ergeben, die auf dem jeweiligen Markt keine beherrschende Stellung haben würden. 15

b) Umsatzschwellen der EU-Fusionskontrolle. Die EU-Fusionskontrolle greift nur ein, wenn der Zusammenschluss von **„gemeinschaftsweiter Bedeutung"** ist (Art. 1 Abs. 1 VO 139/2004). Das ist nach Abs. 2 der Fall, wenn kumulativ drei Schwellenwerte erreicht werden: 16

- Der weltweite Gesamtumsatz aller beteiligten Unternehmen muss mehr als EUR 5 Mrd. betragen, und
- der gemeinschaftsweite Umsatz von mindestens zwei der am Zusammenschluss beteiligten Unternehmen muss jeweils mehr als EUR 250 Mio. betragen, und
- die am Zusammenschluss beteiligten Unternehmen dürfen nicht jeweils mehr als 2/3 ihres gemeinschaftsweiten Gesamtumsatzes in ein und demselben Mitgliedstaat erzielen.

Seit dem 1.3.1998 gilt aufgrund des Abs. 3 **alternativ** dazu eine andere, noch kompliziertere Schwellenwert-Regelung. Dafür sind kumulativ fünf Voraussetzungen erforderlich:

- Der weltweite Gesamtumsatz aller beteiligten Unternehmen muss mehr als EUR 2,5 Mrd. betragen, und

- der Gesamtumsatz aller beteiligten Unternehmen muss in mindestens drei Mitgliedstaaten jeweils EUR 100 Mio. übersteigen, und

In jedem von mindestens drei von der vorgenannten Voraussetzung erfassten Mitgliedstaaten muss der Gesamtumsatz von mindestens zwei beteiligten Unternehmen jeweils mehr als EUR 25 Mio. betragen, und

- der gemeinschaftsweite Gesamtumsatz von mindestens zwei beteiligten Unternehmen muss jeweils EUR 100 Mio. übersteigen, und
- die am Zusammenschluss beteiligten Unternehmen dürfen nicht jeweils mehr als 2/3 ihres gemeinschaftsweiten Gesamtumsatzes in ein und demselben Mitgliedstaat erzielen.

17 In beiden Alternativen gilt die **2/3-Klausel,** die zur Unanwendbarkeit der EG-Fusionskontrolle führt, wenn – was gerade in Deutschland häufiger der Fall ist – die beteiligten Unternehmen jeweils 2/3 ihres gemeinschaftsweiten Umsatzes in Deutschland machen (vgl. dazu auch *Fuchs* WuW 2006, 355).

18 **c) Kontrollerwerb.** Art. 3 VO 139/2004 definiert die erfassten **Zusammenschlüsse.** Vom Fall des Gemeinschaftsunternehmens abgesehen, bezieht sich die VO 139/2004 ausschließlich auf Zusammenschlusstatbestände, die zum Verlust der wirtschaftlichen Selbstständigkeit (mindestens) eines der beteiligten Unternehmen führen. Als Zusammenschluss gilt zum einen die **Fusion** (Art. 3 Abs. 1 a), zum anderen die Erlangung der **Kontrolle** über ein Unternehmen (Art. 3 Abs. 1 b). Die **Minderheitsbeteiligung** erfüllt als solche **keinen Zusammenschlusstatbestand.** Ein fusionskontrollpflichtiger Zusammenschluss liegt nicht vor bei bestimmten Erwerbsvorgängen durch Banken oder Versicherungen (Art. 3 Abs. 5 a), öffentliche Mandatsträger wie insbesondere Konkursverwalter (lit. b) und Beteiligungsgesellschaften (lit. c).

19 Der erste Zusammenschlusstatbestand nach Art. 3 Abs. 1 lit. a ist der der **Fusion „bisher voneinander unabhängiger Unternehmen"**. Mit dem Begriff der Fusion sind die Fälle in Art. 3 und 4 der – durch das Verschmelzungsrichtliniengesetz vom 25. 10. 1982 (BGBl. I S. 1425) in nationales Recht transformierten – 3. Fusionsrichtlinie (78/855 EWG, ABl. L 1978, 295/37 ff.) gemeint, also die Verschmelzung durch Aufnahme und die Verschmelzung durch Gründung einer neuen Gesellschaft. Das Erfordernis „bisher voneinander unabhängig" bedeutet, dass die Fusion von Unternehmen, die schon ein und demselben Konzern angehören und deswegen im Verhältnis zueinander nicht mehr selbstständig sind, keinen Zusammenschlusstatbestand erfüllt.

20 Der zweite Zusammenschlusstatbestand ist in Art. 3 Abs. 2 lit. b definiert als der **Erwerb der „unmittelbaren oder mittelbaren Kontrolle** über die Gesamtheit oder Teile eines oder mehrerer anderer Unternehmen". Nach Art. 3 Abs. 2 ist unter „Kontrolle" die Möglichkeit zu verstehen, einen bestimmenden Einfluss auf die Tätigkeit eines anderen Unternehmens auszuüben. Dass das iSv Beherrschungsmöglichkeit zu verstehen ist, zeigt auch die Parallele zur früheren EGKS-Fusionskontrolle, die in Art. 66 § 1 EGKSV ebenfalls den Begriff der „Kontrolle" verwendet hat. In der Entscheidung der Hohen Behörde Nr. 24/54 (ABl. 1954, S. 345) wird er definiert durch die unter Berücksichtigung aller Umstände festzustellende Möglichkeit, „die Tätigkeit eines Unternehmens auf dem Gebiet der Erzeugung, der Preise, der Investitionen, der Versorgung, des Absatzes oder der Verwendung des Gewinnes zu bestimmen". Nach Art. 3 Abs. 1 b ist der Kontrollerwerb durch Erwerb von Anteilsrechten oder Vermögenswerten, durch Vertrag oder in sonstiger Weise möglich. Der Zusammenschlusstatbestand erfasst also in der Terminologie der deutschen Fusionskontrolle den **Vermögenserwerb** der § 37 Abs. 1 Nr. 1 GWB und den Erwerb der unmittelbaren oder mittelbaren Kontrolle iSd § 37 Abs. 1 Nr. 2 GWB, grundsätzlich aber **nicht** den Erwerb einer 50%igen oder **zwischen 25% und 50% liegenden Beteiligung** iSv § 37 Abs. 3 GWB und

nicht den Erwerb eines wettbewerblich erheblichen Einflusses iSv § 37 Abs. 1 Nr. 4 GWB.

Die VO 139/2004 enhält keine Definition des Gemeinschaftsunternehmens. Gemeint ist offenbar ein Unternehmen, über das **mehrere Unternehmen gemeinsam die Kontrolle** ausüben. Art. 3 Abs. 4 erfasst die „Gründung" eines solchen Gemeinschaftsunternehmens. Sie kann einmal darin bestehen, dass zwei oder mehr Unternehmen vereinbaren, ein Unternehmen gemeinsam zu gründen, ggf. unter Einbringung bestehender Unternehmen oder unternehmerischer Vermögenswerte. Daneben kann die „Gründung" auch darin bestehen, dass sich nachträglich ein Dritter an einem Unternehmen beteiligt, das bisher von einem anderen allein kontrolliert wurde. Der Zusammenschlusstatbestand des Art. 3 Abs. 1 lit. b erfasst also auch den **„Nacheinander-Erwerb"** von Beteiligungen, wenn sich daraus eine gemeinsame Kontrolle ergibt. 21

Während die VO 4064/89 in ihrer bis zum 28.2.1998 geltenden Fassung nur **„konzentrative"** Gemeinschaftsunternehmen erfasste, ist seither die EU-Fusionskontrolle generell auf alle Gemeinschaftsunternehmen anwendbar, die „auf Dauer alle Funktionen einer selbstständigen wirtschaftlichen Einheit" (Art. 3 Abs. 4) erfüllen, also auf alle **Vollfunktions-Gemeinschaftsunternehmen.** Das frühere Erfordernis, dass die Gründung des Gemeinschaftsunternehmens „keine Koordinierung des Wettbewerbsverhaltens der Gründerunternehmen mit sich bringt", gilt nicht mehr. Ein „Vollfunktions"-Unternehmen muss nicht unbedingt alle **Unternehmensfunktionen von der Entwicklung bis zum Vertrieb** erfüllen. Vielmehr kommt es darauf an, welche Funktionen die Unternehmen üblicherweise wahrnehmen, die als Wettbewerber des Gemeinschaftsunternehmens auf dem Markt tätig sind. Ein Handelsunternehmen kann deswegen ein Vollfunktions-Unternehmen sein, wenn es alle Funktionen wahrnimmt, die üblicherweise ein Unternehmen im Vertrieb von nicht selbst hergestellten Produkten durchführt. Wichtig ist, dass diese Funktionen **unabhängig von den Muttergesellschaften** wahrgenommen werden. 22

d) Grundzüge des Fusionskontrollverfahrens. Zusammenschlüsse, die von der Definition des Art. 3 erfasst werden und die Umsatzschwellen des Art. 1 erreichen, sind **vor ihrem Vollzug** bei der Europäischen Kommission **anzumelden** (Art. 4 Abs. 1 Unterabs. 1). Die Anmeldung ist streng formalisiert; es muss das Schema des „Formblatts CO" eingehalten werden. In der Praxis finden immer vor Einreichung der Anmeldung informelle Kontakte mit der Kommission statt, die einerseits das Ziel verfolgen, die Vollständigkeit der Anmeldung sicherzustellen, andererseits aber auch der Kommission erste Informationen zur materiellen Beurteilung des Zusammenschlusses liefern. Die Kommission hat binnen **25 Arbeitstagen** nach Einreichung der vollständigen Anmeldung eine Entscheidung zu treffen, für die es drei Alternativen gibt: Entweder stellt sie verbindlich fest, dass der angemeldete Zusammenschluss nicht der EU-Fusionskontrolle unterliegt, oder sie stellt fest, dass der angemeldete Zusammenschluss „keinen Anlass zu **ernsthaften Bedenken**" gibt. Dann ist der Zusammenschluss verbindlich freigegeben. Hat die Kommission „ernsthafte Bedenken", trifft sie die Entscheidung, das Verfahren einzuleiten (vgl. Art. 6 Abs. 1 und Art. 10 Abs. 1). Wird das Verfahren eingeleitet, hat die Kommission grundsätzlich innerhalb von **weiteren 90 Arbeitstagen** das Verfahren durch Entscheidung abzuschließen. Der Abschluss kann durch eine Vereinbarkeitsentscheidung erfolgen, die die gleiche Qualität hat wie die schon nach der ersten Phase ergehende Vereinbarkeitsentscheidung nach Art. 6 Abs. 1 lit. b, oder eine Unvereinbarkeitsentscheidung, also eine Entscheidung, durch die der Zusammenschluss untersagt wird (Art. 8 Abs. 2 und 3, Art. 10 Abs. 3). Die Vereinbarkeitsentscheidung sowohl in der ersten Phase als auch im eingeleiteten Verfahren kann mit **Auflagen und Bedingungen** versehen werden. Die Auflagen und Bedingungen haben den Zweck sicherzustellen, dass die beteiligten Unternehmen den Verpflichtungen nachkommen, die sie gegenüber der 23

Kommission zur Abwendung der Untersagung eingegangen sind. Bieten die Unternehmen solche Verpflichtungen an, führt das zu Verlängerungen der gesetzlichen Fristen.

24 Nach Art. 4 Abs. 4 und Art. 9 ist es in bestimmten Fällen möglich, dass die Kommission einen Fall, der an sich die Voraussetzungen der Art. 1 und 3 erfüllt, **an die zuständigen Behörden der Mitgliedstaaten** – in Deutschland an das BKartA – **verweist.** Die Verweisung nach Art. 4 Abs. 4 setzt einen begründeten Antrag der beteiligten Unternehmen auf Formblatt RS vor der Anmeldung voraus. Die Verweisung nach Art. 9 erfolgt auf Antrag eines Mitgliedstaats binnen 15 Arbeitstagen nach Erhalt der Kopie der Anmeldung. Die Kommission kann den Fall antragsgemäß verweisen, wenn erhebliche Wettbewerbsbehinderungen auf einem gesonderten Markt in einem Mitgliedstaat zu erwarten sind. Wird ein Zusammenschluss an die nationalen Kartellbehörden verwiesen, ist auf ihn nationales Recht anzuwenden. Umgekehrt können auch Mitgliedstaaten nach Art. 22 für einen bei ihnen angemeldeten Zusammenschluss den Antrag bei der Kommission stellen, dass sie die Prüfung des an sich in die Zuständigkeit der Mitgliedstaaten fallenden Zusammenschlusses übernimmt **(Verweisung der Mitgliedstaaten an die Kommission).** Unter besonderen Voraussetzungen können auch die beteiligten Unternehmen nach Art. 4 Abs. 5 einen entsprechenden Antrag stellen. Wenn die Kommission dem Antrag zustimmt, wendet sie auf diesen Zusammenschluss formell und materiell die VO 139/2004 an. Mitgliedstaaten sind auch dann berechtigt, einen solchen Verweisungsantrag zu stellen, wenn der Zusammenschluss bei ihnen nicht fusionskontrollpflichtig ist.

7. Fusionskontrolle im EWR

25 Die Fusionskontrolle nach der VO 139/2004 wird, wenn die Anwendungsvoraussetzungen nach Art. 1 und 3 vorliegen, für das **Gesamtgebiet des EWR** – also die EU- und die EFTA-Staaten Island, Liechtenstein und Norwegen, nicht der Schweiz – allein durch die Europäische Kommission ausgeübt. Dabei kommt es **nur auf die Umsätze in der EU** nach Art. 1 Abs. 2 und 3 an, nicht auf die Umsätze in den EFTA-Mitgliedstaaten. Für den Fall, dass der Zusammenschluss sich quantitativ erheblich in den EFTA-Staaten auswirkt (alternativ: gemeinsamer Umsatz in den EFTA-Staaten mindestens 25% des Umsatze in EU und EFTA; mindestens zwei beteiligte Unternehmen haben einen Umsatz von mehr als EUR 250 Mio. im Gebiet der EFTA-Staaten; erhebliche Wettbewerbsbehinderung in den Gebieten der EFTA-Staaten oder einem besonderen Markt innerhalb des EFTA-Gebiets, vgl. Art. 2 Abs. 1 und 2 des Protokolls 24 zum EWR-Abkommen, Anhang A 1B), findet eine im Einzelnen im Protokoll 24 definierte **Zusammenarbeit zwischen der Europäischen Kommission und der EFTA-Überwachungsbehörde** statt. Diese ändert aber nichts an der alleinigen Entscheidungszuständigkeit der Kommission, die auch die Entscheidungszuständigkeit der nationalen Kartellbehörden der EFTA-Staaten ausschließt.

8. Reformen und Reformprojekte

26 Die Kommission hat Ende 2013 die Bekanntmachung über das **vereinfachte Verfahren** (Anhang B 25) modifiziert. Ergebnis dieser Änderung soll sein, dass bis zu 70% aller angemeldeten Zusammenschlüsse im vereinfachten Verfahren behandelt werden können (bisher ca. 60%). Bei horizontalen Zusammenschlüssen gilt das vereinfachte Verfahren bis zu einer Marktanteilsaddition auf 20% (bisher 15%), bei vertikalen Zusammenschlüssen wurde die Marktanteilsschwelle auf 30% (bisher 25%) angehoben. Außerdem wurde die Möglichkeit vorgesehen, das vereinfachte Verfah-

ren auch dann anzuwenden, wenn zwei auf demselben Markt tätige Unternehmen gemeinsam zwar einen höheren Marktanteil von 20% bis unter 50% haben, die **Marktanteilssteigerung aber gering** ist (Erhöhung des HHI-Indexes unter 150). Schließlich ist eine Straffung der Anmeldeformulare erfolgt, wobei allerdings die Pflicht zur Vorlage von Dokumenten nach Ziff. 5.4 des Formblatts CO ausgeweitet wurde.

Die zweite Initiative betrifft die Ausweitung der EU-Fusionskontrolle auf nicht mit Kontrollrechten verbundene **Minderheitsbeteiligungen.** Dabei gibt es noch keine klaren Vorstellungen darüber, ab welcher Schwelle solche Minderheitsbeteiligungen der Kontrolle unterworfen werden sollen; insoweit wird allgemein von „structural links" gesprochen. Neben der Ausweitung des bestehenden Systems der Anmeldepflicht und des Vollzugsverbots wird auch die Möglichkeit diskutiert, dass es keine entsprechende Anmeldepflichten gibt, die Kommission aber Fälle aufgreifen kann, um sie nach den materiellen Regeln des Art. 2 zu prüfen. Diskutiert wird außerdem eine **Reform des Verweisungssystems** nach den Art. 4 und 22. Ein Vorschlag geht dahin, dass in den Fällen des Art. 4 Abs. 5 die Parteien berechtigt sind, den Zusammenschluss unmittelbar, ohne besonderes Verweisungsverfahren aufgrund des Formblatts RS, bei der Kommission anzumelden (→ Art. 4 Rn. 2). 27

Art. 1 Anwendungsbereich

(1) Unbeschadet des Artikels 4 Absatz 5 und des Artikels 22 gilt diese Verordnung für alle Zusammenschlüsse von gemeinschaftsweiter Bedeutung im Sinne dieses Artikels.

(2) Ein Zusammenschluss hat gemeinschaftsweite Bedeutung, wenn folgende Umsätze erzielt werden:
a) ein weltweiter Gesamtumsatz aller beteiligten Unternehmen zusammen von mehr als 5 Mrd. EUR und
b) ein gemeinschaftsweiter Gesamtumsatz von mindestens zwei beteiligten Unternehmen von jeweils mehr als 250 Mio. EUR;

dies gilt nicht, wenn die beteiligten Unternehmen jeweils mehr als zwei Drittel ihres gemeinschaftsweiten Gesamtumsatzes in ein und demselben Mitgliedstaat erzielen.

(3) Ein Zusammenschluss, der die in Absatz 2 vorgesehenen Schwellen nicht erreicht, hat gemeinschaftsweite Bedeutung, wenn
a) der weltweite Gesamtumsatz aller beteiligten Unternehmen zusammen mehr als 2,5 Mrd. EUR beträgt,
b) der Gesamtumsatz aller beteiligten Unternehmen in mindestens drei Mitgliedstaaten jeweils 100 Mio. EUR übersteigt,
c) in jedem von mindestens drei von Buchstabe b) erfassten Mitgliedstaaten der Gesamtumsatz von mindestens zwei beteiligten Unternehmen jeweils mehr als 25 Mio. EUR beträgt und
d) der gemeinschaftsweite Gesamtumsatz von mindestens zwei beteiligten Unternehmen jeweils 100 Mio. EUR übersteigt;

dies gilt nicht, wenn die beteiligten Unternehmen jeweils mehr als zwei Drittel ihres gemeinschaftsweiten Gesamtumsatzes in ein und demselben Mitgliedstaat erzielen.

(4) Vor dem 1. Juli 2009 erstattet die Kommission dem Rat auf der Grundlage statistischer Angaben, die die Mitgliedstaaten regelmäßig übermitteln können, über die Anwendung der in den Absätzen 2 und 3 vorgesehenen Schwellen und Kriterien Bericht, wobei sie Vorschläge gemäß Absatz 5 unterbreiten kann.

(5) **Der Rat kann im Anschluss an den in Absatz 4 genannten Bericht auf Vorschlag der Kommission mit qualifizierter Mehrheit die in Absatz 3 aufgeführten Schwellen und Kriterien ändern.**

Inhaltsübersicht

1. Überblick

1 **a) Gemeinschaftsweite Bedeutung.** Art. 1 enthält die Aussage, dass die VO 139/2004 nur für Zusammenschlüsse von gemeinschaftsweiter Bedeutung gilt. Er regelt, wann diese gemeinschaftsweite Bedeutung anzunehmen ist. Der Begriff des Zusammenschlusses wird nicht in Art. 1, sondern in Art. 3 definiert. Die gemeinschaftsweite Bedeutung hängt von der Erreichung bestimmter **Umsatzschwellen** ab, für die die Abs. 2 und 3 zwei Alternativen vorsehen. Wie die Umsätze zu berechnen sind, ergibt sich aus Art. 5. Es sind nur die Umsätze der **„beteiligten" Unternehmen** zu bewerten. Es muss also für jeden Zusammenschluss auch konkret festgestellt werden, welche Unternehmen beteiligt sind. Dafür gibt es keine gesetzliche Definition. Welche Unternehmen an einem **Zusammenschluss** beteiligt sind, hängt davon ab, in welcher Form der Zusammenschluss vollzogen wird; insoweit besteht ein innerer Zusammenhang zwischen Art. 1 und Art. 3.

2 Abs. 1 gilt **„unbeschadet des Art. 4 Abs. 5 und des Art. 22".** Damit wird Bezug genommen auf die zwei Fälle, in denen die EU-Fusionskontrolle auch auf Zusammenschlüsse Anwendung findet, die – **nach Umsätzen – nicht von gemeinschaftsweiter Bedeutung** sind. Die Zuständigkeit der Kommission für die Prüfung des Zusammenschlusses in Anwendung aller Vorschriften der VO 139/2004 besteht einmal, wenn die betroffenen Unternehmen einen Antrag auf Prüfung durch die Kommission stellen, und diesem Antrag stattgegeben wird (Art. 4 Abs. 5), zum anderen dann, wenn die Kommission auf Antrag von Mitgliedstaaten den Zusammenschluss zur Prüfung übernimmt (Art. 22).

3 **b) Auswirkung in der Union.** Im Regelfall kann davon ausgegangen werden, dass Zusammenschlüsse, die die Umsatzschwellen der Abs. 2 und 3 erfüllen, sich in der Union auswirken. Es gibt aber Fälle, in denen die Auswirkung zumindest zweifelhaft ist. Wenn es um ein **Gemeinschaftsunternehmen** von Unternehmen geht, die ihrerseits die Umsatzschwellen (auch soweit sie sich auf Europa beziehen) erreichen, wobei das Gemeinschaftsunternehmen aber nicht in der Union tätig ist, wirkt sich dieser Zusammenschluss nicht in der Union aus (Beispiel: zwei in der

Union ansässige Banken gründen eine Bank in Japan, die ausschließlich Bankgeschäfte in Japan betreiben soll). Im europäischen Kartellrecht einschließlich des Fusionskontrollrechts gilt das **Auswirkungsprinzip** (→ Einl. Rn. 17ff.; EuG Slg. 1999 II-753, Rn. 76ff., 89ff. Gencor/Lonrho). Die Überschreitung der Umsatzschwellen allein belegt also nicht die Auswirkung in der Union. Wenn es sie nicht gibt, ist der Vorgang nach der VO 139/2004 nicht fusionskontrollpflichtig. Die Praxis der Kommission geht allerdings dahin, bei Erfüllung der Umsatzschwellen keine gesonderte Prüfung der Auswirkungen in der Union vorzunehmen (vgl. dazu *Simon* in LMR Art. 1 FKVO Rn. 12: „Bei Vorliegen der Gemeinschaftsumsätze gem. Art. 1 (ist) dem völkerrechtlichen Auswirkungsprinzip Genüge getan"; die Praxis der Kommission wird auch gebilligt von *Koch* in MünchKomm Art. 1 FKVO Rn. 60 und *Baron* in LB Art. 1 FKVO Rn. 43ff.). Umgekehrt sollen die 2/3-Klauseln in Abs. 2 und 3, jeweils letzter Hs. dazu führen, dass „rein inländische Transaktionen von der Unionszuständigkeit ausgeschlossen werden (dazu konsolidierte Mitteilung, Anhang B 20, Rn. 125); dieser Zweck wird nur unzureichend erreicht (→ Rn. 12).

c) Maßgeblicher Zeitpunkt. Die VO 139/2004 enthält keine ausdrückliche Vorschrift darüber, in welchem Zeitpunkt die Voraussetzungen des Art. 1 vorliegen müssen. Die Kommission ist der Auffassung, dass **Stichtag** für die Feststellung der Zuständigkeit der Union das Datum des zuerst eintretenden der folgenden Ereignisse ist: Abschluss des rechtsverbindlichen Vertrags, Veröffentlichung des Übernahmeangebots, Erwerb einer Kontrollbeteiligung oder erste Anmeldung (konsolidierte Mitteilung, Anhang B 20 Rn. 156). Ist die Zuständigkeit der Union hiernach gegeben, bleibt sie auch dann bestehen, wenn sie vor Vollzug wegfällt. Schwieriger ist die Frage zu beantworten, ob das auch für die Zuständigkeit der nationalen Behörden gilt, wenn ihre Zuständigkeit im Zeitpunkt der Anmeldung und/oder der Entscheidung gegeben war (weil die Zuständigkeit der Union nicht gegeben war), aber im Zeitpunkt des Vollzugs nicht mehr vorlag. UE muss auch in diesem Fall der Grundsatz der **perpetuatio fori** gelten, es also bei der Zuständigkeit der nationalen Behörden bleiben. 4

d) Klärung von Zweifelsfällen. Im Einzelfall kann zweifelhaft sein, ob ein Zusammenschluss der EU-Fusionskontrolle unterliegt oder nicht, und zwar insbesondere im Hinblick auf Schwierigkeiten der Umsatzberechnung und der Umsatzverteilung auf die einzelnen Länder, der Feststellung, ob ein Kontrollerwerb vorliegt oder ob es sich um ein Vollfunktions-Gemeinschaftsunternehmen handelt. Wenn die Alternative darin besteht, dass bei Nichtanwendbarkeit der EU-Fusionskontrolle der Zusammenschluss dann den nationalen Fusionskontrollen unterliegt, muss verbindlich festgestellt werden, **ob die EU- oder die nationalen Fusionskontrollen eingreifen.** Insoweit ist von einem **Entscheidungsvorrang der Europäischen Kommission** auszugehen. Dafür ist keine förmliche Entscheidung der Kommission erforderlich. In der Praxis wird die Kommission schriftlich oder mündlich nach Prüfung der ihr unterbreiteten Unterlagen zu ihrer Zuständigkeit Stellung nehmen. Verneint sie sie, ist eine solche Äußerung im Allgemeinen eine ausreichende Basis dafür, dass dann die nationalen Behörden ihre Zuständigkeit bejahen. 5

2. Gemeinschaftsweite Bedeutung – Regelfall (Abs. 2)

Die weitaus meisten Zusammenschlüsse, die der EU-Fusionskontrolle unterliegen und deswegen bei der Kommission angemeldet werden, sind solche, in denen die Umsatzschwellen des Abs. 2 erreicht werden. Es müssen **zwei Schwellen** überschritten werden, nämlich 6

- der **weltweite Gesamtumsatz** – also die Summe der weltweiten Umsätze – aller beteiligten Unternehmen muss größer sein als **EUR 5,0 Mrd.** und

– mindestens **zwei** der beteiligten Unternehmen müssen jeweils einen **gemeinschaftsweiten Gesamtumsatz von mehr als EUR 250 Mio.** haben.

7 Der weltweite Gesamtumsatz ist materiell relevant, weil er eine bestimmte **Unternehmensgröße** indiziert. Die zweite Schwelle stellt sicher, dass der Zusammenschluss von Bedeutung ist für den **Binnenmarkt.** Das kann im Regelfall angenommen werden, wenn mindestens zwei der beteiligten Unternehmen in der Union jeweils einen Umsatz von mindestens EUR 250 Mio. haben. Zur Feststellung der beteiligten Unternehmen →Rn. 12ff., zur Umsatzberechnung und regionalen Verteilung →Rn. 18ff.. Zur **2/3-Klausel** des Hs. 2 →Rn. 11.

8 **3. Gemeinschaftsweite Bedeutung – Sonderfall (Abs. 3).** Abs. 3 enthält einen zusätzlichen, alternativen Zusammenschlusstatbestand. Er ist erst nachträglich in die Vorgänger-VO 4064/89 eingefügt worden, und zwar mit Wirkung vom 1.3.1998 durch die VO 1310/97 (ABl. 1997 L 180/1). Damit sollten, über Abs. 2 hinaus, **„Zusammenschlüsse mit erheblichen Auswirkungen in mehreren Mitgliedstaaten"**, die in den Zuständigkeitsbereich mehrerer nationaler Fusionskontrollregelungen fallen können, nach dem **„One-Stop-Shop"** in die europäische Fusionskontrolle einbezogen werden. Im Lauf des Gesetzgebungsverfahrens sind verschiedene Alternativen erwogen worden, insbesondere die, dass die europäische Fusionskontrolle unabhängig von einheitlichen Schwellenwerten dann Anwendung finden sollte, wenn der Zusammenschluss nach den jeweiligen nationalen Rechten in mindestens drei Mitgliedstaaten anmeldepflichtig wäre. Letztlich wurde davon aber abgesehen, weil eine derartige Regelung der gerade im Bereich der Anwendungsvoraussetzungen unverzichtbaren Rechtssicherheit nicht genügt hätte. Die Umsatzschwelle nach Abs. 3 hat in der Praxis bei weitem nicht die Bedeutung erlangt, die man seinerzeit vorhergesehen hatte.

9 Abs. 3 enthält (neben der 2/3-Klausel, →Rn. 11) vier Voraussetzungen, die kumulativ erfüllt sein müssen:

– Der weltweite Gesamtumsatz aller beteiligten Unternehmen muss **mehr als EUR 2,5 Mrd.** betragen, und
– der Gesamtumsatz aller beteiligten Unternehmen muss in mindestens drei Mitgliedstaaten jeweils **EUR 100 Mio.** übersteigen, und
– in jedem von mindestens drei von der vorgenannen Voraussetzung erfassten Mitgliedstaaten muss der Gesamtumsatz von mindestens zwei beteiligten Unternehmen jeweils mehr als **EUR 25 Mio.** betragen, und
– der gemeinschaftsweite Gesamtumsatz von mindestens zwei beteiligten Unternehmen muss jeweils **EUR 100 Mio.** übersteigen.

Diese Tatbestandsmerkmale werfen Verständnisprobleme auf, die nur durch **exakte, am Wortlaut orientierte Berechnung** gelöst werden können.

10 Abs. 3 hat praktische Bedeutung insbesondere in Fällen, in denen ein **Großunternehmen ein kleineres Unternehmen erwirbt,** das weniger als EUR 250 Mio., wohl aber mindestens EUR 100 Mio. gemeinschaftsweiten Umsatz hat. Für dieses Unternehmen ist zu prüfen, ob es in mindestens drei EU-Mitgliedstaaten einen Umsatz von mindestens je EUR 25 Mio. hat. In mindestens drei Ländern, in denen das der Fall ist, muss auch ein anderes Unternehmen einen Umsatz von EUR 25 Mio. erreichen und der Gesamtumsatz der beteiligten Unternehmen je mindestens EUR 100 Mio. betragen.

4. 2/3-Klausel (Abs. 2 und 3, jeweils letzter Hs.)

11 Beide Umsatzschwellen-Alternativen der Abs. 2 und 3 enthalten eine Ausnahme für den Fall, dass „die beteiligten Unternehmen **jeweils mehr als 2/3 ihres gemeinschaftsweiten Gesamtumsatzes in ein und demselben Mitgliedstaat" erzielen.** Diese sog. 2/3-Klausel ist auf Fälle gemünzt, in denen das Schwergewicht

der Tätigkeit aller beteiligten Unternehmen in ein und demselben Mitgliedstaat liegt. Da Deutschland das größte Mitgliedsland ist, sind die häufigsten Anwendungsfälle dieser Klausel „deutsche" Fälle. Allerdings sind die sich dabei ergebenden Differenzierungen sachlich häufig kaum nachvollziehbar. Das ergibt sich einmal daraus, dass die 2/3-Klausel unabhängig von der Größe der beteiligten Unternehmen gilt. Dann kann es zwar sein, dass die Umsatzverteilung innerhalb der Gemeinschaft zu mehr als 2/3 auf einen Mitgliedstaat konzentriert ist, dass aber andererseits die Auswirkungen auf andere Mitgliedstaaten nach Umsätzen sehr viel größer sein können als bei kleineren Zusammenschlüssen, die von der 2/3-Klausel nicht erfasst werden. Zum anderen hängen die Ergebnisse **häufig von Zufällen** ab: So ergab sich in den zeitgleich zur Fusionskontrolle angemeldeten Großzusammenschlüssen in der deutschen Energiewirtschaft, dass der Zusammenschluss zwischen VEBA und VIAG der europäischen Fusionskontrolle (dazu Entscheidung der Kommission vom 13.6.2000, COMP/M.1673), der sachlich nicht weniger bedeutende Zusammenschluss RWE/VEW hingegen der deutschen Fusionskontrolle unterlag (dazu Beschluss des BKartA vom 3.7.2000, B8–309/99; vgl. dazu auch *Körber* in IM Art. 1 FKVO Rn. 23f.; *Baron* in LB Art. 1 FKVO Rn. 37). Auf einem puren Zufall im Hinblick auf einen mehrjährigen Umsatzvergleich beruhte die Unzuständigkeit der Kommission und damit die Zuständigkeit des Bundeskartellamts für den Zusammenschluss zwischen E.ON und Ruhrgas (dazu Untersagungsverfügungen des BKartA vom 17.1. und 26.2.2002 und OLG Düsseldorf WuW/E DE-R 885ff. und 926ff.).

5. Beteiligte Unternehmen

a) Grundsatz. Die Fusionskontrolle greift nur ein, wenn an dem Zusammen- 12
schluss mehrere **Unternehmen oder Unternehmensteile** beteiligt sind. Der Erwerb eines Unternehmens durch ein Nicht-Unternehmen – durch eine Privatperson, der bisher keine unternehmerischen Aktivitäten zuzurechnen sind (dazu Art. 3 Abs. 1 lit. b, vgl. auch *Baron* in LB Art. 1 FKVO Rn. 21) – ist nicht fusionskontrollpflichtig. Wer an einem Zusammenschluss beteiligt ist, kann im Einzelfall schwierig feststellbar sein. Es gibt keine umfassende Definition des „beteiligten" Unternehmens. Insoweit können sich Unterschiede je nach Zusammenschlussformen ergeben. Für Abs. 2 und 3 kommt es nur auf die Unternehmen an, die am Zusammenschluss **materiell** beteiligt sind, nicht auf diejenigen, die **(nur) am Verfahren beteiligt** sind, wie zB der Veräußerer eines Unternehmens oder von Anteilen (dazu auch konsolidierte Mitteilung, Anhang B 20, Rn. 131). Obwohl in der Fusionskontrolle wesensmäßig eine wirtschaftliche Betrachtungsweise vorherrscht, ist bei der Anwendung des Art. 1 und der Frage, welche Umsätze welcher „beteiligter" Unternehmen zu berücksichtigen sind, von der **rechtlichen Ausgestaltung des Zusammenschlusses** auszugehen. Nur dann, wenn diese von dem wesentlich abweicht, was wirtschaftlich gewollt ist, kann sich die Notwendigkeit einer Korrektur ergeben. Dementsprechend sind Zusammenschlussvorgänge unter verschiedenen Beteiligten grundsätzlich getrennt zu betrachten. Sind Transaktionen zwischen denselben Beteiligten voneinander abhängig (vgl. Erwägungsgrund 20: „eng miteinander verknüpft"), liegt ein einheitlicher Zusammenschluss vor (vgl. konsolidierte Mitteilung Rn. 38ff.). Sind Zusammenschlüsse zwischen unterschiedlichen Beteiligten gegenseitig bedingt, liegen grundsätzlich getrennte Zusammenschlüsse vor. Anderes kann gelten, wenn mehrere „vertikal" miteinander verknüpfte Zusammenschlüsse zu einem von vornherein vereinbarten Kontrollverhältnis führen (dazu konsolidierte Mitteilung Rn. 46, 47). Wenn Unternehmen in einem Vorgang **Vermögenswerte tauschen,** ist dieser Vorgang rechtlich aufzuspalten in verschiedene Zusammenschlüsse, bei denen jeweils nur die Erwerber und die Erwerbsgegenstände beteiligt sind, nicht auch die Veräußerer (vgl. konsolidierte Mitteilung Rn. 150).

13 **b) Differenzierung nach Zusammenschlussformen.** Bei der **Fusion zwischen bisher unabhängigen Unternehmen** (Art. 3 Abs. 1 lit. a) sind am Zusammenschluss die fusionierenden Unternehmen beteiligt. Bei dem häufigsten Fall des **Erwerbs der Alleinkontrolle** an einem Unternehmen durch ein anderes (Regelfall des Kontrollerwerbs nach Art. 3 Abs. 1 lit. b) sind beteiligt der Erwerber und das erworbene Unternehmen. Handelt es sich bei dem erworbenen Unternehmen nur um den Teil einer wirtschaftlichen (und rechtlichen) Einheit, kommt es nur auf den **erworbenen Teil** an. In diesen Fällen ist der **Veräußerer nicht beteiligt.** Erwirbt ein Unternehmen in ein und demselben oder in mehreren Erwerbsvorgängen, die zusammenzurechnen sind (dazu Art. 5 Abs. 2 Unterabs. 2, → Art. 5 Rn. 11 ff.), die **Kontrolle über mehrere Unternehmen,** sind auf der Seite der erworbenen Unternehmen alle Unternehmen einzubeziehen, die Gegenstand des Erwerbsvorgangs sind. Ist **Erwerber** eine **Konzerngesellschaft,** ist diese – nicht auch andere Konzerngesellschaften, auch nicht ggf. die Muttergesellschaft, → Rn. 17 – beteiligt, auch wenn ihr über Art. 5 Abs. 4 die Umsätze aller anderen Konzerngesellschaften zuzurechnen sind; allerdings ist, wenn Erwerber eine Tochtergesellschaft ist, die Anmeldung auch durch die Mutter möglich (vgl. Konsolidierte Mitteilung, Anhang B 20 Rn. 135 aE). Etwas Anderes gilt, wenn die Erwerbsgesellschaft – konzernintern, daher fusionskontrollfrei – für den Zweck des Erwerbs gegründet wird; dann gilt nicht sie, sondern die Muttergesellschaft als beteiligt (vgl. konsolidierte Mitteilung, Anhang B 20 Rn. 135).

14 Besondere Probleme wirft der **Erwerb der gemeinsamen Kontrolle** und – damit zusammenhängend – die Gründung von Gemeinschaftsunternehmen auf. Alle Unternehmen, die künftig an der gemeinsamen Kontrolle beteiligt sind (unabhängig davon, ob sie am Gemeinschaftsunternehmen schon beteiligt waren oder nur beteiligt werden; → Art. 3 Rn. 21), sind an dem Erwerbsvorgang beteiligt, und zwar auch dann, wenn eine bisherige Alleinkontrolle in eine gemeinsame Kontrolle oder eine bisherige gemeinsame Kontrolle durch Einbeziehung weiterer kontrollierender Unternehmen ausgeweitet wird. Gründen mehrere Unternehmen ein **Gemeinschaftsunternehmen,** das gemeinsam kontrolliert wird, sind alle Erwerber „beteiligt". Das Gemeinschaftsunternehmen, das bei einer Neugründung noch keine Umsätze hat, wird daher nicht als beteiligt angesehen wird. Bringen an der gemeinsamen Kontrolle beteiligte Erwerber Tochtergesellschaften oder sonstige Vermögenswerte in das Gemeinschaftsunternehmen ein, werden diese nicht dem Gemeinschaftsunternehmen, sondern den einbringenden Unternehmen zugerechnet (konsolidierte Mitteilung, Anhang B 20 Rn. 139). Besteht das Unternehmen schon, an dem die gemeinsame Kontrolle begründet wird, ist es als erworbenes Unternehmen beteiligt. Bei einem **Erwerb zum Zwecke der Aufteilung** (→ Art. 3 Rn. 19) liegt rechtlich kein Erwerb der gemeinsamen Kontrolle durch mehrere vor, sondern verschiedene Zusammenschlüsse zwischen dem jeweiligen Erwerber und dem jeweils erworbenen Unternehmen oder Unternehmensteil (vgl. konsolidierte Mitteilung Rn. 30–32, 141). Wird ein bestehendes Gemeinschaftsunternehmen aufgeteilt, liegen verschiedene Zusammenschlüsse zwischen den jeweiligen Erwerbern und den jeweiligen Unternehmensteilen vor (konsolidierte Mitteilung Rn. 148). Zu den Beteiligungsverhältnissen bei dem Übergang von der gemeinsamen zur alleinigen und bei der Einengung der gemeinsamen Kontrolle → Art. 3 Rn. 20.

15 Ist das (bestehende oder künftige) **Gemeinschaftsunternehmen** nicht als Objekt eines Zusammenschlusses, sondern **als Erwerber beteiligt,** ist zu differenzieren: Wird das Gemeinschaftsunternehmen nur zu dem Zweck des Erwerbs eines anderen Unternehmens gegründet, liegen rechtliche Erwerbe durch die Muttergesellschaften an dem Zielobjekt vor, das dann selbst als Gemeinschaftsunternehmen auszusehen ist. Besteht das Erwerber-Gemeinschaftsunternehmen schon unabhängig von dem Erwerbsvorhaben und ist es am Markt schon tätig, ist nur es und nicht die Muttergesellschaft beteiligt (vgl. konsolidierte Mitteilung, Anhang B 20 Rn. 145 ff.).

c) Treuhandverhältnisse. Bei Treuhandverhältnissen kommt es für die fusionskontrollrechtliche Beurteilung und Zurechnung auf den Treugeber an, wenn er die mit der Tätigkeit und Stellung des Treuhänders verbundenen wirtschaftlichen Risiken trägt (zum deutschen Recht vgl. *Bechtold,* GWB, § 35 Rn. 30). Auf die Stimmrechtsverteilung im Verhältnis zwischen Treugeber und Treuhänder kommt es in der Regel nicht an. Entscheidend ist eine **Gesamtbetrachtung** aller rechtlichen und tatsächlichen Umstände. In diese Gesamtbetrachtung kann auch die tatsächliche Erfahrung einfließen, dass derjenige, der das wirtschaftliche Risiko einer Beteiligung trägt, auch die Entscheidung über die Ausübung der Stimmrechte hat (→ Art. 3 Rn. 26). 16

d) Verbundene Unternehmen. Wenn am Zusammenschluss Unternehmen beteiligt sind, die ihrerseits mit anderen Unternehmen (konzernrechtlich) verbunden sind, sind diese so verbundenen Unternehmen **nicht zusätzlich „beteiligt"**. Vielmehr sind sie nach Art. 5 Abs. 4 und 5 den unmittelbar beteiligten Unternehmen unmittelbar zuzurechnen. Etwas Anderes gilt bei Veräußerungsvorgängen, die dazu führen, dass die bisherige Unternehmensverbindung aufgelöst wird. Erwirbt ein drittes Unternehmen eine allein kontrollierende Beteiligung an einem derzeitigen Konzernunternehmen, werden auf Seiten des erworbenen Konzernunternehmens die mit ihm „nach oben" hin verbundenen Unternehmen nicht einbezogen, weil diese Unternehmensverbindung durch den Erwerb der Alleinkontrolle gerade aufgelöst wird. Weiterhin einbezogen werden die von dem erworbenen Unternehmen abhängigen Unternehmen, soweit dieses Abhängigkeitsverhältnis die Voraussetzungen des Art. 4 Abs. 4 oder 5 erfüllt. Erwirbt durch den Zusammenschluss der Erwerber nur die Mitkontrolle und bleibt das bisher „nach oben" hin verbundene Unternehmen an der Kontrolle durch die Mitkontrolle beteiligt, gilt es als am Zusammenschluss beteiligtes Unternehmen; seine Umsätze sind also einzubeziehen. 17

6. Umsatzberechnung und regionale Verteilung

Für die Berechnung des Umsatzes gilt Art. 5 (→ Art. 5 Rn. 3 ff.). In die Berechnung der Umsätze sind die Umsätze aus **allen Tätigkeitsbereichen,** völlig unabhängig davon, ob insoweit irgendein sachlicher Zusammenhang mit dem Zusammenschluss besteht, und die **Konzernumsätze** der beteiligten Unternehmen einzubeziehen. Neben den am Zusammenschluss direkt beteiligten Unternehmen sind die Tochterunternehmen, übergeordnete Unternehmen sowie die weiteren von den übergeordneten Unternehmen abhängigen Tochterunternehmen einzubeziehen (Art. 5 Abs. 4). Wenn ein beteiligtes Unternehmen gemeinsam mit einem Dritten ein anderes Unternehmen kontrolliert, findet keine Zusammenrechnung mit dem Dritten statt, wohl aber partiell mit dem (gemeinsam) kontrollierten Unternehmen (→ Art. 5 Rn. 23). Nicht einzubeziehen sind Innenumsätze, Erlösschmälerungen, Mehrwertsteuer und andere indirekte Steuern. (→ Art. 5) 18

Für die **regionale Aufteilung** der Umsätze auf die Gemeinschaft oder einzelne Mitgliedsländer („gemeinschaftsweiter" Umsatz, Umsatz in einzelnen Mitgliedsländern), die für die Umsatzverteilungsklausel in Art. 1 Abs. 2 und 3 erforderlich ist, kommt es darauf an, **wo die Abnehmer sitzen,** an die Waren geliefert oder Dienstleistungen erbracht werden (Art. 5 Abs. 1 Unterabs. 2). 19

Bei **Kredit- und sonstigen Finanzinstituten** treten grundsätzlich die Zins- und sonstigen banktypischen Erträge und bei Versicherungsunternehmen die Summe der Bruttoprämien an die Stelle der Umsätze (Art. 5 Abs. 3 lit. a und b). Die VO 139/2004 enthält anders als zB § 38 GWB keine Privilegierung der reinen Handelsumsätze und auch keinen besonderen Berechnungsschlüssel für Presse- und Rundfunkumsätze. 20

7. Berücksichtigung des EWR

21 Das Merkmal der „gemeinschaftsweiten Bedeutung" bezieht sich nur auf die Europäische Union, nicht auch auf die drei EFTA-Länder (Norwegen, Island, Liechtenstein), die zusammen mit den EU-Ländern den Europäischen Wirtschaftsraum (EWR) bilden. Der Umsatz in der **Schweiz** ist in jedem Falle irrelevant. Die Umsätze in den EFTA-Ländern sind nur relevant für die Frage, ob die Kommission bei der Durchführung des Verfahrens mit der EFTA-Überwachungsbehörde zusammenzuarbeiten hat. Unterliegt ein Zusammenschluss der EU-Fusionskontrolle, ist entsprechend Art. 21 Abs. 3 auch die **Zuständigkeit der Kartellbehörden der EFTA-Staaten ausgeschlossen** (vgl. Art. 57 Abs. 2 lit. a EWR-Abkommen, Anhang A 1A).

8. Revisionsklausel (Abs. 4 und 5)

22 Nach Abs. 4 hatte die Kommission vor dem 1.7.2009 einen Bericht über die Anwendung der in den Abs. 2 und 3 vorgesehenen Schwellen zu erstatten. Dieser Bericht ist am **18.6.2009** zusammen mit dem Bericht, der nach Art. 4 Abs. 6 zu erstatten war (→ Art. 4 Rn. 22), vorgelegt worden. Trotz einzelner kritischer Würdigungen hat die Kommission **keine Vorschläge zur Änderung der Schwellen** gemäß Abs. 5 unterbreitet. Somit ist von der nach dem Wortlaut des Abs. 4 und 5 gegebenen, auf die Zeit vor dem 1.7.2009 begrenzten Möglichkeit der Änderung mit qualifizierter Mehrheit kein Gebrauch gemacht worden. Das wirft – ebenso wie zu Art. 4 Abs. 6 die Frage auf, ob die Schwellenwerte der Abs. 2 und 3 auch unabhängig von dem in Abs. 4 genannten, vor dem 1.7.2009 zu erstattenden Bericht mit den in Abs. 5 vorgesehenen qualifizierten Mehrheit geändert werden können. Änderungen der Fusionskontrollverordnung sind, da sie auch auf der Grundlage des Art. 352 AEUV (= Art. 308 EG Amsterdam bzw. Art. 235 EGV Maastricht) erlassen wurde, grundsätzlich nur mit Einstimmigkeit im Rat möglich (vgl. dazu auch Art. 353 AEUV). In der Literatur herrscht die Auffassung vor, dass die in Abs. 5 vorgesehene qualifizierte Mehrheit auch unabhängig von dem Bericht des Abs. 4 für eine Änderung des Art. 1 Abs. 3 gilt (so *Hirsbrunner* in Vorauflage Art. 1 FKVO Rn. 25; offen gelassen bei *Körber* in IM Art. 1 FKVO Rn. 64ff.).

Art. 2 Beurteilung von Zusammenschlüssen

(1) [1]Zusammenschlüsse im Sinne dieser Verordnung sind nach Maßgabe der Ziele dieser Verordnung und der folgenden Bestimmungen auf ihre Vereinbarkeit mit dem Gemeinsamen Markt zu prüfen.

[2]Bei dieser Prüfung berücksichtigt die Kommission:

a) die Notwendigkeit, im Gemeinsamen Markt wirksamen Wettbewerb aufrechtzuerhalten und zu entwickeln, insbesondere im Hinblick auf die Struktur aller betroffenen Märkte und den tatsächlichen oder potenziellen Wettbewerb durch innerhalb oder außerhalb der Gemeinschaft ansässige Unternehmen;

b) die Marktstellung sowie die wirtschaftliche Macht und die Finanzkraft der beteiligten Unternehmen, die Wahlmöglichkeiten der Lieferanten und Abnehmer, ihren Zugang zu den Beschaffungs- und Absatzmärkten, rechtliche oder tatsächliche Marktzutrittsschranken, die Entwicklung des Angebots und der Nachfrage bei den jeweiligen Erzeugnissen und Dienstleistungen, die Interessen der Zwischen- und Endverbraucher sowie die Entwicklung des technischen und wirtschaftlichen Fortschritts, sofern diese dem Verbraucher dient und den Wettbewerb nicht behindert.

(2) **Zusammenschlüsse, durch die wirksamer Wettbewerb im Gemeinsamen Markt oder in einem wesentlichen Teil desselben nicht erheblich behindert würde, insbesondere durch Begründung oder Verstärkung einer beherrschenden Stellung, sind für mit dem Gemeinsamen Markt vereinbar zu erklären.**

(3) **Zusammenschlüsse, durch die wirksamer Wettbewerb im Gemeinsamen Markt oder in einem wesentlichen Teil desselben erheblich behindert würde, insbesondere durch Begründung oder Verstärkung einer beherrschenden Stellung, sind für mit dem Gemeinsamen Markt unvereinbar zu erklären.**

(4) **Soweit die Gründung eines Gemeinschaftsunternehmens, das einen Zusammenschluss gemäß Artikel 3 darstellt, die Koordinierung des Wettbewerbsverhaltens unabhängig bleibender Unternehmen bezweckt oder bewirkt, wird eine solche Koordinierung nach den Kriterien des Artikels 101 Absätze 1 und 3 des Vertrags beurteilt, um festzustellen, ob das Vorhaben mit dem Gemeinsamen Markt vereinbar ist.**

(5) **Bei dieser Beurteilung berücksichtigt die Kommission insbesondere, ob**

- **es auf dem Markt des Gemeinschaftsunternehmens oder auf einem diesem vor- oder nachgelagerten Markt oder auf einem benachbarten oder eng mit ihm verknüpften Markt eine nennenswerte und gleichzeitige Präsenz von zwei oder mehr Gründerunternehmen gibt;**
- **die unmittelbar aus der Gründung des Gemeinschaftsunternehmens erwachsende Koordinierung den beteiligten Unternehmen die Möglichkeit eröffnet, für einen wesentlichen Teil der betreffenden Waren und Dienstleistungen den Wettbewerb auszuschalten.**

Inhaltsübersicht

1. Vorbemerkungen (u. a. Abs. 1)

1 Art. 2 Abs. 1, 2 und 3 normieren den Prüfungsmaßstab der europäischen Fusionskontrolle. Während Art. 2 der Vorgängerverordnung VO 4064/89 für die Vereinbarkeit eines Zusammenschlusses mit dem Gemeinsamen Markt allein darauf abstellte, ob eine marktbeherrschende Stellung entsteht oder verstärkt wird, erweitert Art. 2 diesen Prüfungsmaßstab auf den sog. **„SIEC" –Test** *(„[s]ubstantial [i]mpediment to [e] ffective [c]ompetition")*: In Art. 2 Abs. 1 werden die Prüfkriterien beschrieben. Diese **Prüfkriterien** sind **nicht abschließend,** spielen in der Praxis aber im Einzelnen keine über die Abs. 2 und 3 hinausgehende Rolle: Abs. 1 lit. a formuliert das Regelungsziel der Fusionskontrolle, nämlich die Notwendigkeit, im Gemeinsamen Markt wirksamen Wettbewerb aufrechtzuerhalten und zu entwickeln, und nennt als Prüfungskriterien die Marktstruktur sowie den aktuellen und potentiellen Wettbewerb. Abs. 1 lit. b fächert diese Kriterien weiter auf: Zu berücksichtigen sind die Marktstellung sowie die wirtschaftliche Macht und Finanzkraft der beteiligten Unternehmen, die Wahlmöglichkeit den Lieferanten und Abnehmern, deren Zugang zu den Beschaffungs- und Absatzmärkten, Marktzutrittsschranken, die Entwicklung des Angebots und der Nachfrage, die Interessen der Verbraucher sowie die Entwicklung des technischen und wirtschaftlichen Fortschritts (Art. 2 Abs. 1 lit. b). Art. 2 Abs. 2 und Abs. 3 formulieren den **Prüfmaßstab,** dass der Zusammenschluss nicht zu einer erheblichen Behinderung des wirksamen Wettbewerbs im Gemeinsamen Markt oder in einem wesentlichen Teil desselben führen darf, insbesondere nicht durch Begründung oder Verstärkung einer marktbeherrschenden Stellung.

2 Zum Verständnis dieser Regelung ist ein Blick auf die **Genese** des Art. 2 erforderlich: Art. 2 VO 4064/89 hatte den **Marktbeherrschungstest** (Begründung oder Verstärkung einer marktbeherrschenden Stellung) ergänzt durch das zusätzliche Erfordernis, dass „wirksamer Wettbewerb im Gemeinsamen Markt oder in einem wesentlichen Teil desselben erheblich behindert würde" (vgl. dazu *Böge* WuW 2004, 138, 143ff.). Im von der Kommission im Dezember 2001 vorgelegten Grünbuch und dem Reformpaket aus dem Dezember 2002 wurde erwogen, das Prüfungskriterium der Begründung und Verstärkung einer marktbeherrschenden Stellung in Art. 2 Abs. 2 und 3 VO 4064/89 durch den **„SLC"-Test** *(„[s]ubstantial [l]essening of [c]ompetition")* nach US-amerikanischem Vorbild zu ersetzen. Resultat des weiteren Gesetzgebungsverfahrens war schließlich, dass der bisherige Wortlaut in Art. 2 Abs. 2 und 3 VO 4064/89 „umgedreht" wurde, also die Entstehung oder Verstärkung der marktbeherrschenden Stellung vom „Obersatz" in den „Untersatz" verlagert wurde. Die Befürworter der Einführung des SLC-Tests interpretierten diese Änderung als Übernahme desselben; die Gegner meinten, dass die „Umdrehung" des Wortlauts nicht notwendig mit einer sachlichen Änderung verbunden sei (*Bischke/Mäger* EWS 2003, 97, 99, 104f.; *von Hinten-Reed/Camesasca/Schedl* RIW 2003, 321; *Hoffmann/Terhechte* AG 2003, 450; *Staebe/Denzel* EWS 2004, 194, 199ff.; *Körber* in IM FKVO Art. 2 Rn. 3ff.).

3 Was mit dieser **Erweiterung des Prüfmaßstabs in Art. 2,** also von der an der Marktbeherrschung orientierten Prüfung auf die Prüfung wesentlicher Beschränkung wirksamen Wettbewerbs, zunächst bezweckt wurde, scheint sich aus Erwägungs-

grund 25 der VO 139/2004 zu ergeben: Der Prüfungsmaßstab der erheblichen Behinderung des Wettbewerbs sich außer auf die Entstehung und Verstärkung einer marktbeherrschenden Stellung auf *„diejenigen wettbewerbsschädigende Auswirkungen eines Zusammenschlusses erstreckt, die sich aus* ***nicht koordiniertem Verhalten von Unternehmen*** *ergeben, die auf dem jeweiligen Markt keine beherrschende Stellung haben würden."* Hintergrund für die Feststellung, dass eine Regelungslücke bestehen könnte, soll auch das *Airtours*-Urteil des EuG (Rs. T-342–99, Slg. 2002 II-2585) sein, was aber nicht einleuchtet: In diesem Urteil setzt sich das Gericht mit den Anforderungen an den Nachweis der Marktbeherrschung durch ein Oligopol auseinander – die Untersagung scheiterte vor Gericht an den Anforderungen an die Feststellung der gemeinsamen Marktbeherrschung durch mehrere Unternehmen.

Mithilfe der Neufassung soll vielmehr geprüft werden können, ob durch den Zusammenschluss beträchtlicher **Wettbewerbsdruck** zwischen den am Zusammenschluss beteiligten Unternehmen und damit auch auf die anderen Wettbewerber **beseitigt** wird und daraus eine Behinderung des Wettbewerbs resultiert. Diese Erweiterung wird damit begründet, dass gerade bei Marktbeherrschung durch mehrere Unternehmen nach der VO 4064/89 nur koordinierte Effekte im Oligopol geprüft werden konnten, nicht aber nicht-koordinierte Effekte. Damit sollte eine Regelungslücke, der *„oligopoly blindspot"*, geschlossen werden. Dabei geht es gerade nicht um Fälle der Verstärkung der Marktbeherrschung durch mehrere Unternehmen, sondern um **Verschlechterungen der Wettbewerbsstruktur im Oligopol,** ohne dass Marktbeherrschung durch mehrere Unternehmen festgestellt werden kann. Als „echter" Beispielsfall für nicht-koordinierte Effekte im Oligopol, die durch das Prüfkriterium der Entstehung oder Verstärkung einer marktbeherrschenden Stellung nicht erfasst werden können, wird der Heinz/Beechnut-Fall (FTC v HJ Heinz Co 246 F 3d 708 US Ct of Appeals (District of Columbia Circuit), 2001) angesehen, in dem sich der zweit- und der drittgrößte Babynahrungshersteller in den USA zusammenschließen wollten. Diese beiden Unternehmen lieferten sich vor dem Zusammenschluss erheblichen Preiswettbewerb, um im Lebensmitteleinzelhandel, der neben dem marktführenden Unternehmen Gerber meist nur einen weiteren Wettbewerber platzierte, möglichst weit verbreitet zu sein. Zusammen erreichten die Unternehmen Marktanteile von 30–40%. Der Zusammenschluss wurde wegen wesentlicher Verringerung des Wettbewerbs untersagt (s. dazu auch die Analyse bei *Niels/Jenkins/Kavanagh,* Economics for competition lawyers, 2011, S. 350/351). 4

Auch die Analyse der **Leitlinien der Kommission** zu horizontalen Zusammenschlüssen (Anhang B 21) und zu nicht-horizontalen Zusammenschlüssen (Anhang B 22) sowie die Prüfungsziele des Art. 2 Abs. 1 lit. a und lit. b belegen, dass die Erweiterung des materiellen Prüfmaßstabs gerade Fallgestaltungen wie zB der Erwerb kleiner aktiver Wettbewerber und die daraus folgende Wettbewerbsdämpfung außerhalb der Einzelmarktbeherrschung und außerhalb einer typischen Marktbeherrschungssituation erfasst. 5

Die Änderung des Prüfungsmaßstabs hat zunächst nicht zu einer erhöhten **Interventionsrate der Kommission** bei Zusammenschlüssen geführt. Setzt man Fälle mit negativem oder nicht uneingeschränkt positivem Ausgang für die Unternehmen (Untersagungen, Freigaben mit Zusagen, Rücknahmen in Phase 2) mit der jährlichen Gesamtzahl von Anmeldungen in Verhältnis, so lässt sich kein Anstieg ersehen (die jährliche Interventionsrate beträgt seit Inkrafttreten der VO 139/2004 zwischen 6 und 8%; sie lag in den Jahren vor der Änderung des Prüfungsmaßstabs teilweise deutlich höher). Aufgrund der Erweiterung des Prüfungsmaßstabs dürfte nur ein einziger Zusammenschluss – KOMM 30.1.2013 M.6570 UPS/TNT Express – von der Kommission untersagt worden sein. Die übrigen untersagten Fälle Ryanair/Aer Lingus I (KOMM 11.10.2007 M.4439), Olympic/Aegean Airlines (KOMM 26.01.2011 M.5830), Deutsche Börse/Nyse Euronext (KOMM 01.02.2012 M.6166) und Ryanair/Aer Lingus II (KOMM 27.2.2013 M.6663) be- 6 ruhen auf der Feststellung der Entstehung bzw. Verstärkung marktbeherrschender Stellungen. Das bedeutet aber nicht, dass die Erweiterung der Prüfkriterien praktisch bedeutungslos wäre. Im Zusammenschluss T-Mobile Austria/tele.ring (KOMM 26.4.2006 M.3916) hat die Kommission nicht-koordinierte Effekte aufgrund des Zusammenschlusses und damit eine wesentliche Behinderung wirksamen Wettbewerbs für möglich gehalten, weil tele.ring gerade ein sehr aktiver Wettbewerber der großen Mobilfunkanbieter in Österreich ist und der Zusammenschluss mit T-Mobile Austria deshalb zur Beseitigung von Wettbewerbsdruck führt (KOMM 26.04.2006 M.3916 Rn. 125f.). Durch den Zusammenschluss entstand nur der zweitgrößte Anbieter in Österreich. Durch Zusagen gelang es, die Wettbewerbsbehinderung zu kompensieren. Ein weiteres Beispiel, ebenfalls den österreichischen Mobilfunkmarkt betreffend, ist der Zusammenschluss Hutchinson 3G Austria/Orange (KOMM 12.12.2012 M.6497), der ebenfalls nur unter Zusagen freigegeben wurde. Hier schlossen sich zwei „nächste Wettbewerber" zusammen, die aber nicht den Marktanteil des Marktführers erreichten.

7 Der Fokus der Prüfung des Zusammenschlusses liegt damit weniger auf der Veränderung der Struktur der Marktverhältnisse als vielmehr auf den Effekten des Zusammenschlusses auf die Marktverhältnisse (*Körber* in IM FKVO Art. 2 Rn. 8). Dadurch können aber **Effizienzen,** die durch den Zusammenschluss entstehen, leichter zur Kompensation wettbewerbsbehindernder Effekte herangezogen werden. Nach Erwägungsgrund 29 der VO 139/2004 ist es möglich, dass „*... die durch den Zusammenschluss bewirkten Effizienzvorteile die Auswirkungen des Zusammenschlusses auf den Wettbewerb, insbesondere den möglichen Schaden für den Verbraucher, ausgleichen, sodass durch den Zusammenschluss wirksamer Wettbewerb im Gemeinsamen Markt oder in einem wesentlichen Teil desselben, insbesondere durch Begründung oder Verstärkung einer marktbeherrschenden Stellung, nicht erheblich begründet würde.*"

2. Der Markt als Prüfungsgegenstand

8 **a) Allgemeines.** Die **Auswirkungen eines Zusammenschlusses** auf den Wettbewerb werden für den betroffenen Markt oder die **betroffenen Märkte** geprüft. Daran hat auch die Neufassung des Art. 2 durch die VO 139/2004 nichts Entscheidendes geändert (s. *von Rosenberg* in Schulte/Just Art. 2 Rn. 4; ähnlich *Körber* in IM FKVO Art. 2 Rn. 21). Allerdings nimmt die Bedeutung der Marktabgrenzung aufgrund des SIEC-Tests ab. Je mehr ökonomische Methoden zur Prüfung der Auswirkungen des Zusammenschlusses und insbesondere die Analyse der Preiseffekte eines Zusammenschlusses untersucht werden, desto mehr rücken auch Ausweichbewegungen auf andere, außerhalb des Produktmarkts stehende Produkte mit einem möglicherweise preisregulierenden Effekt ins Blickfeld. Auch bei der räumlichen Marktabgrenzung zeichnet sich ab, dass die exakte Marktabgrenzung oft nicht mehr entscheidend ist, da ohnehin das „betroffene Gebiet" geprüft werden müsse (Kommission 19.09.2007 M.4525 Rn. 29, 30 Kronospan/Constantia).

9 **„Markt"** ist der (fiktive) Bereich, auf dem Unternehmen miteinander in Wettbewerb stehen. Für den „Markt" werden die Wettbewerbskräfte ermittelt, denen sich die beteiligten Unternehmen zu stellen haben. **Unterschieden** werden **der räumlich relevante** oder geographische **Markt** vom **sachlich relevanten** oder **Produktmarkt.** Für die so abgegrenzten Märkte werden die Marktstellungen der Unternehmen ermittelt und hierauf bezogen die Auswirkungen des Zusammenschlusses qualitativ und quantitativ beurteilt. Grundlage der Marktabgrenzung in der Entscheidungspraxis der Kommission ist die Bekanntmachung der Kommission über die Definition des relevanten Marktes im Sinne des Wettbewerbsrechts der Gemeinschaft (Anhang B 1). Der **sachlich relevante Markt** umfasst danach „sämtliche Erzeugnisse und/oder Dienstleistungen, die von den Verbrauchern hinsichtlich ihrer Eigenschaften, Preise und ihres vorgesehenen Verwendungszwecks als austauschbar oder substi-

tuierbar angesehen werden". Der **räumlich relevante Markt** beschreibt „das Gebiet, in dem die beteiligten Unternehmen die relevanten Produkte oder Dienstleistungen anbieten, in dem die Wettbewerbsbedingungen hinreichend homogen sind und das sich von benachbarten Gebieten durch spürbar unterschiedliche Wettbewerbsbedingungen unterscheidet".

b) Kriterien für die Marktabgrenzung. Für die Marktabgrenzung sind die folgenden Kriterien von zentraler Bedeutung: Die funktionelle Austauschbarkeit der Produkte aus Sicht der Nachfrager **(Nachfragesubstituierbarkeit),** die Umstellungsfähigkeit anderer Anbieter **(Angebotssubstituierbarkeit)** und möglicherweise der Einfluss des potentiellen Wettbewerbs. Die Kommission geht davon aus, dass die Nachfragesubstituierbarkeit die stärkste disziplinierende Wettbewerbskraft ist (Bekanntmachung über den relevanten Markt, Anhang B 1, Rn. 20; → AEUV Art. 102 Rn. 5ff.). 10

Um die wettbewerblichen Marktlimitierungen, die sich aus einer **Nachfragesubstituierbarkeit** ergeben, ermessen zu können, ist es zunächst einmal erforderlich, den Kreis derjenigen Produkte zu bestimmen, die von den Abnehmern als austauschbar angesehen werden. Hierzu wird der sogenannte **SSNIP-Test** (*„small but significant non-transitory increase of price"*-Test) herangezogen. Dieser beruht auf der Annahme, dass alle Produkte miteinander austauschbar sind, auf die Nachfrager bei einer kleinen, aber bleibenden Erhöhung des Preises im Bereich zwischen 5% und 10% ausweichen. Ist bei einer solchen kleinen, aber bleibenden Erhöhung des Preises ist zu beobachten, dass ein starker Absatzrückgang des preiserhöhten Produkts eintritt und dafür andere Produkte nachgefragt werden, so sind die in diesem Fall nachgefragten Produkte in den Markt einzubeziehen (Bekanntmachung über den relevanten Markt, Anhang B 1, Rn. 15–19). 11

Ganz ähnlich wird der SSNIP-Test zur Messung der **Angebotssubstituierbarkeit** eingesetzt. So wird geprüft, ob die Anbieter in **Reaktion auf kleine und dauerhafte Preisänderungen** eines Produkts in der Lage sind, ihre Produktion auf die primär nachgefragten Produkte umzustellen und sie kurzfristig auf den Markt zu bringen. Dazu ist aber erforderlich, dass die Umstellung des Angebots wirklich realistisch ist, also auch ohne großes unternehmerisches Risiko und gewinnbringend möglich ist (s. Schulte/Just/*v. Rosenberg,* Art. 2 FKVO, Rn. 29–31). Unter dem Gesichtspunkt einer solchen Angebotsumstellungsflexibilität wird der relevante Markt um die Produkte ergänzt, die so zum Deckungsbedarf in den Markt gebracht werden. Damit schließt der sachlich relevante Markt sämtliche Produkte ein, die sowohl von der Nachfrage als auch vom Angebot her mit dem primär nachgefragten Produkt substituierbar sind (Bekanntmachung über den relevanten Markt, Anhang B 1, Rn. 20–23). 12

Nach Ansicht der Kommission (Bekanntmachung über den relevanten Markt, Anhang B 1, Rn. 24) bleibt der Wettbewerbsdruck des **potentiellen Wettbewerbs** bei der Marktabgrenzung außer Betracht; allerdings kann bei der Prüfung der Auswirkung des Zusammenschlusses die disziplinierende Wirkung potentiellen Wettbewerbs berücksichtigt werden. 13

c) Ermittlung des sachlich relevanten Marktes. Auf der Grundlage der von den am Zusammenschluss beteiligten Unternehmen übermittelten Angaben entwickelt die Kommission ein grobes Raster für die Abgrenzung des **Produktmarktes** (→ AEUV Art. 102 Rn. 8ff.). Dabei misst die Kommission dem Verwendungszweck erhebliche Bedeutung zu (Bekanntmachung über den relevanten Markt, Anhang B 1, Rn. 21). Praktisch geht die Kommission bei der Marktabgrenzung so vor, dass zunächst auf der Basis der von den am Zusammenschluss beteiligten Unternehmen vorgebrachten Informationen eine grobe Marktabgrenzung vorgenommen wird, die auf der Grundlage der bei der Kommission vorhandenen Informationen auf ihre Plausibilität geprüft wird. Dabei wird zunächst das **Produkt** und der **Zweck,** zu 14 dem es verwendet wird, betrachtet. Teilweise kann dazu zur Einordnung auf Warenverzeichnisse oder Klassifizierungen wie zB im Arzneimittelbereich zurückgegriffen werden. Die „Arbeitshypothese" des betroffenen Marktes wird anhand der Untersuchung der **Nachfragemerkmale** (Bedeutung nationaler oder regionaler Präferenzen, gegenwärtiges Käuferverhalten, Produkt- und Markendifferenzierung usw.) gegengeprüft. Durch Befragungen der anderen Marktteilnehmer wird die Arbeitshypothese weiter geprüft. Diese Kriterien gelten sowohl für die Abgrenzung des Produktmarkts als auch für die Abgrenzung des **räumlich relevanten Marktes.** Dann wendet die Kommission die Kriterien der Nachfragesubstitution sowie Angebotssubstitution an und überprüft die Grobabgrenzung. Wichtig sind dabei vor allem tatsächlich beobachtete Nachfrage- und Angebotssubstitutionen bei Preisänderungen unter Berücksichtigung des **SSNIP-Tests.** Führt dies noch nicht zu einem klaren Ergebnis, werden qualitative Tests durchgeführt, wie zB die Prüfung der Preiselastizität (wie verändert sich die Nachfrage nach dem Produkt, wenn der Preis erhöht wird – können die Preise deutlich erhöht werden, ohne dass die Nachfrage deutlich nachlässt, spricht das dafür, dass das Produkt einem eigenen Produktmarkt angehört), die Prüfung der **Kreuzpreiselastizität** (die Auswirkungen einer Preiserhöhung des Primärprodukts auf die Nachfrage des vermuteten Austauschprodukts) und schließlich die Prüfung der Preiskorrelation (Prüfung der Preisentwicklung beim vermuteten Substitutionsprodukt ähnlich wie beim Primärprodukt). Marktbefragungen ergänzen das so gewonnene Bild. Nach Ansicht der Kommission können wegen Angebotssubstituierbarkeit Waren dem Produktmarkt auch dann zugerechnet werden, wenn gar keine Austauschbarkeit aus Nachfragesicht besteht (Bekanntmachung über den relevanten Markt, Anhang B 1, Rn. 20), nämlich dann, wenn andere Hersteller nach dem Ergebnis der SSNIP-Betrachtung ihrer Produktion auf das Primärprodukt umstellen. Beispielsfälle sind selten.

15 Bei der **Prüfung der Marktabgrenzung aus Sicht der anmeldenden Unternehmen** und zur Einschätzung der Freigabechancen bzw. Untersagungsrisiken eines Zusammenschlusses ist leicht auf die bisherige Marktabgrenzungspraxis der Kommission in Fusionskontrollfällen zurückzugreifen: Die Suchfunktion auf der Web-Seite der Generaldirektion Wettbewerb der Kommission (http://ec.europa.eu/competition/mergers) lässt eine Suche auf Entscheidungen nach Produkten zu. Zunächst muss für die betroffenen Produkte der am Zusammenschluss beteiligten Unternehmen der NACE-Warenverzeichnis-Code ermittelt werden, was die Suchmaske ermöglicht. Auf diese Art und Weise lässt sich der elektronisch erfasste Bestand der Fusionskontrollentscheidungen der Kommission durchsuchen. Auch wenn in vielen Fällen mangels Entscheidungsrelevanz die exakte Marktabgrenzung offen geblieben ist, ist dieses Vorgehen unverzichtbar, um mögliche wettbewerbliche Probleme vorab einschätzen zu können.

16 Typische **Beispiele** für die Vorgehensweise der Kommission geben die Verfahren im **Pharmabereich:** Die Kommission grenzt meist nach der **ATC** („Anatomical Therapeutic Chemical")-Kategorie ab, die von der European Pharmaceutical Marketing Research Association und der Intercontinental Medical Statistics **(„IMS")** verwendet wird. Bei der Abgrenzung der Märkte geht die Kommission normalerweise davon aus, dass auf Basis der dritten Stufe der ATC-Kategorisierung vorgegangen wird, die die Arzneimittel nach therapeutischen Anwendungsbereichen zusammenfasst. Die Kommission grenzt normalerweise auf Basis der ATC-Level 3 ab (KOMM 4.2.2009 M.5253 Rn. 13 Sanofi-Aventis/Zentiva). Wenn aber bestimmte Wirkstoffmoleküle fast ausschließlich für einen bestimmten zugelassenen Anwendungsfall verwendet werden, kann auch der ATC-Level 4 verwendet werden, der auf therapeutischen oder pharmakologischen Kriterien wie zB die Molekülklasse, die Formel oder die Wirkungsweise abstellt (KOMM 4.2.2009 M.5253 Rn. 16 Sanofi-Aventis/Zentiva). Die Kommission geht dabei davon aus, dass nur in wenigen Fällen Medikamente, die auf anderen aktiven Wirkstoffen basieren, als perfekte Substitute für andere Medikamente gelten (KOMM 4.2.2009 M.5253 Rn. 18 Sanofi-Aventis/Zentiva). Deshalb kann bereits eine erhebliche Wettbewerbsbeschränkung gegeben sein, auch wenn auf Basis ATC-Level 3 oder ATC-Level 4 relativ geringe Marktanteile addiert werden. Dies gilt insbesondere dann, wenn der Hersteller eines Originalarzneimittels einen Hersteller eines Generikums erwirbt und auf diese Weise seine Position hinsichtlich des bestimmten Wirkstoffes absichert (Rn. 20). Teilweise werden auch unterschiedliche sachlich relevante Märkte innerhalb der gleichen ATC 3 Kategorie je nach dem angenommen, ob die Medikamente mit Verschreibung oder ohne Verschreibung erhältlich sind (Rn. 21 mit weiteren Nachweisen). Dagegen sollen „Original"-Medikamente und Nachahmungsprodukte, also Generika, dem gleichen Produktmarkt zugeordnet werden, da das Generikum das „closest substitute" für das Originalmedikament darstellt (Rn. 26).

Bei **Computersoftware** werden unterschieden Betriebssystem, middleware and applications software. Die Kommission ist der Ansicht, dass es unterschiedliche Märkte für spezifische Softwareanwendungen gibt (KOMM 3.12.2009 M.5597 Towers Perrin/Watson Wyatt; KOMM 26.10.2004 M.3216 Oracle/Peoplesoft, KOMM 1.2.2012 M.6166 Deutsche Börse AG/NYSE Euronext Rn. 178). Hinsichtlich **IT-Services** hat die Kommission bisher offen gelassen, ob sämtliche IT-Services einem Markt zugeordnet werden können (KOMM 19.1.2010 M.5666 Xerox/Affiliated Computer Services; KOMM 13.10.2008 M.5301 Cap Gemini/BAS; KOMM 1.2.2012 M.6166 Rn. 172 Deutsche Börse AG/NYSE). 17

d) Die Ermittlung des räumlich relevanten Marktes. Die Ermittlung des räumlich relevanten Marktes erfolgt nach den gleichen Methoden wie die Abgrenzung des sachlich-relevanten Markts (Bekanntmachung über den relevanten Markt, Anhang B 1, Rn. 29ff.; vgl. auch Art. 102 AEUV Rn. 13ff.). Die Kommission betrachtet zunächst das Gebiet der Union und des EWR und prüft, ob es in den einzelnen Ländern erhebliche **Marktanteilsunterschiede** gibt, wie die **Preisunterschiede** sind und ob es **unterschiedliche Präferenzen der Nachfrage** gibt. Weichen Marktanteile oder Preise von Land zu Land stark ab, indiziert dies, dass der Markt kleiner als das gesamte Gebiet der Gemeinschaft ist. Dabei ist allerdings zu berücksichtigen, ob diese Beobachtung historisch stabil ist oder sich aber ein **historischer Trend zur Nivellierung** dieser Unterschiede zeigt, der dann wieder für einen größeren räumlich relevanten Markt sprechen könnte. Wie bei der Abgrenzung des Produktmarkts wird auf Annahme einer permanent geringfügigen, aber nicht unerheblichen Preiserhöhung geprüft, wie sich die Nachfrage verhält. 18

Entscheidend ist auch hier die **Analyse historischer Preisanstiege** sowie die in Marktbefragungen erhobenen Aussagen von Kunden und Wettbewerbern. Wichtige Erkenntnisse ergeben sich aus dem Nachfragerverhalten, ob Waren typischerweise lokal eingekauft werden oder die Nachfrager ihren Bedarf weltweit ausschreiben. Wichtig sind Lieferstrukturen, Transportkosten, Zollschranken, Sprachhemmnisse, nationale Genehmigungen und andere Handelsschranken. Unter dem Gesichtspunkt der Angebotssubstitution ist zu berücksichtigen, ob Importströme in einer SSNIP-Simulation zunehmen, ob es sich lohnt, Transportkosten für längere Transportdistanzen auf sich zu nehmen technische Zulassungen zu beantragen usw. 19

Typische **Beispiele** sind: IT-Services sind auf jeden Fall EEA-weiter Markt, möglicherweise aber ein weltweiter Markt (Rn. 176). Weltweite Märkte wurden auch angenommen bei Rückversicherungen (KOMM 14.1.1992 M.183 Rn. 9 Schweizer Rück/Elvia), Navigationssoftware (KOMM 14.5.2008 M.4854 Rn. 52f. TomTom/Tele Atlas). Kleinere Märkte wurden angenommen zB für Edelgase (KOMM 20.9.2006 M.4091 Rn. 30ff. Linde/Spektra). Nationale Märkte wurden angenommen beispielsweise für Arzneimittel oder Telekommunikationsdienstleistungen, insbesondere Mobilfunk (KOMM 12.12.2012 M.6497 Rn. 71f. Hutchinson 3G Austria/Orange Austria). 20

3. Vereinbarkeit und Unvereinbarkeit eines Zusammenschlusses mit dem Binnenmarkt (Abs. 2 und Abs. 3)

21 **a) Prüfungskriterien für die wesentliche Behinderung wirksamen Wettbewerbs.** Art. 1 Abs. 2 und Abs. 3 nennen für die Behinderung wirksamen Wettbewerbs „insbesondere" die Begründung oder Verstärkung einer marktbeherrschenden Stellung. Unter einer **marktbeherrschenden Stellung** wird „die wirtschaftliche Machtstellung eines oder mehrerer Unternehmen" verstanden, die dieses Unternehmen „in die Lage versetzt, die Aufrechterhaltung eines wirksamen Wettbewerbs auf dem relevanten Markt zu verhindern, indem sie ihnen die Möglichkeit verschafft, sich ihren Konkurrenten, ihren Kunden und letztlich den Verbrauchern gegenüber in nennenswertem Umfang unabhängig zu verhalten" (s. EuG 7.6.2013 T-405/08 SPAR Rn. 50; EuG 21.9.2005 T-87/05 SLG 2005, II-3745 Rn. 151 EDP; EuG 25.3.1999 T-102/96 Rn. 200 Gencor; Leitlinien horizontale Zusammenschlüsse, Anhang B 21, Rn. 2). Entsteht eine marktbeherrschende Stellung oder wird eine marktbeherrschende Stellung verstärkt, so ergibt sich die Behinderung des Wettbewerbs aus dem Wegfall eines Wettbewerbers und den dadurch verloren gehenden Wettbewerbsdruck.

22 Die **Begründung oder Verstärkung einer marktbeherrschenden Stellung eines einzelnen Unternehmens** ist der **„klassische" nicht-koordinierte Effekt** (Leitlinien Horizontale Zusammenschlüsse, Anhang B 21 Rn. 25). Klassisches Beispiel für **koordinierte Effekte** sind Verhaltenskoordinierungen, die aufgrund der **Entstehung oder der Verstärkung einer marktbeherrschenden Stellung durch mehrere Unternehmen** bewirkt werden (Leitlinien horizontale Zusammenschlüsse Rn. 22, 39). Daraus ergibt sich, dass die Prüfung des Zusammenschlusses in vielen Fällen auf den „klassischen" nicht-koordinierten Effekt, nämlich auf die Feststellung der Begründung oder Verstärkung einer marktbeherrschenden Stellung, gerichtet ist, und dann auf sonstige nicht-koordinierte Effekte – also insbesondere die Wettbewerbsminderung durch Fusion mit einem kleineren, aber hohen Wettbewerbsdruck ausübenden Wettbewerber ausgedehnt wird; danach werden koordinierte Effekte geprüft.

23 Dies sei exemplarisch an der Untersagungsentscheidung der Kommission in der Sache **Ryanair/Aer Lingus** dargestellt: Zunächst untersucht die Kommission die Marktanteile (KOMM 11.10.2007 M. 4439 Rn. 340ff. Ryanair/Aer Lingus) und folgert aus den **sehr hohen Marktanteilen** auf allen sich überschneidenden Strecken den Nachweis für eine marktbeherrschende Stellung (aaO Rn. 349). Sodann wird geprüft, ob die marktbeherrschende Stellung im vorliegenden Fall trotz der hohen Marktanteile auszuschließen ist. Die Kommission geht davon aus, dass dem nicht so ist, weil Ryanair und Aer Lingus auf allen betroffenen Strecken Wettbewerber sind (aaO Rn. 353ff.), beide Unternehmen über eine gleichstarke Position in Irland verfügen und sich nur sehr wenigen Konkurrenten gegenüber sehen (aaO Rn. 361ff.), die Geschäftsmodelle der beiden Unternehmen zunehmend ähnlich geworden sind und sich merklich von den Geschäftsmodellen der Mehrheit ihrer Wettbewerber unterscheiden (aaO Rn. 363ff.), die Kostenbasis vergleichbar ist (aaO Rn. 374ff.), beide Unternehmen über die ähnliche Infrastruktur verfügen (große Basen am Flughafen Dublin, aaO Rn. 380ff.), die fusionierenden Parteien auch tatsächlich miteinander im Wettbewerb stehen (aaO Rn. 432ff.) und durch die Fusion die direkte Konkurrenz zwischen den fusionierenden Parteien zum Nachteil der Kunden entfällt (aaO Rn. 491ff.). Nach dieser Prüfung der Marktstellung nach dem Zusammenschluss wird die **Nachfrageseite** untersucht und festgestellt, dass die fragmentierte Kundenstruktur den fusionierenden Parteien keine Einkaufsmacht entgegensetzen kann und nur begrenzt die Möglichkeit besteht, zu anderen Anbietern zu wechseln (aaO Rn. 541ff.). Weiter wird festgestellt, dass Marktzutritt Dritter unwahrscheinlich ist (aaO Rn. 545ff.). Schließlich werden mögliche Effizienzen geprüft, die die Wettbewerbsnachteile ausgleichen (Rn. 1100).

Letztlich zeigt die Fallpraxis der Kommission seit Inkrafttreten der VO 139/2004, dass **Marktbeherrschung** in den meisten Fällen das **entscheidende Kriterium** für die Freigabe oder die Untersagung eines Zusammenschlusses ist. Allerdings ist die Prüfung komplexer geworden, weil auch bei Indizien für die Entstehung oder Verstärkung einer marktbeherrschenden Stellung dazu noch intensiv geprüft wird, wie sich die Wettbewerbskräfte nach dem Zusammenschluss entwickeln, und ob nicht doch wirksamer Wettbewerb bestehen bleibt. 24

b) Prüfungsreihenfolge bei mehreren Zusammenschlüssen auf demselben Markt. Sind mehrere Zusammenschlüsse in demselben Markt angemeldet, so stellt sich die Frage, ob für die wettbewerbliche Prüfung auch die parallel angemeldeten Zusammenschlüsse berücksichtigt werden müssen. So wurde auf dem Markt der Festplattenlaufwerke der Zusammenschluss Seagate/Samsung ohne Auflagen genehmigt (KOMM 19.10.2011M.6214) und dabei die Auswirkungen des etwas später angemeldeten Zusammenschlussvorhabens Western Digital/Viviti (KOMM 23.11.2011 M.6203) nicht berücksichtigt; das Vorhaben Western Digital/Viviti wurde dagegen nur unter Auflagen freigegeben. Die Kommission führte dazu aus, dass **spätere Zusammenschlüsse** bei der wettbewerblichen Prüfung **nicht zu berücksichtigen** seien (s. KOMM 23.11.2011 M.6203 Rn. 14; kritisch dazu *Hirsbrunner* EuZW 2012, 646, 647). Damit sind also die zeitlich früher anmeldenden Unternehmen im Vorteil, weil ihnen Marktveränderungen durch später angemeldete Zusammenschlüsse nicht entgegengehalten werden können. 25

c) Bedeutung der Leitlinien der Kommission. Die Leitlinien der Kommission zur Beurteilung von Zusammenschlüssen (Leitlinien horizontale Zusammenschlüsse, Anhang B 21; Leitlinien nichthorizontale Zusammenschlüsse, Anhang B 22) sind für die Prüfung eines Zusammenschlusses schon allein deswegen von entscheidender Bedeutung, weil die Gerichte davon ausgehen, dass die Kommission durch ihre Mitteilungen im Bereich der Kontrolle von Zusammenschlüssen gebunden ist **(Selbstbindung),** soweit sie nicht von Vorschriften des AEUV und der VO 139/2004 abweichen (EuG 7.6.2013 T-405/08 Rn. 58 SPAR; EuG 9.7.2007 T-282/06 Slg. 2007 II-2149 Rn. 55 Sun Chemical Group). Da nach den Leitlinien horizontale Zusammenschlüsse (Rn. 17) nur sehr hohe Marktanteile von 50% oder mehr für sich allein ein Nachweis für das Vorhandensein einer beherrschenden Marktstellung sind, ist die Einschätzung der Kommission, dass ein Marktanteil von 35,5% „moderat" ist, kein Erkenntnisfehler: Die Schwellenwerte in den Rn. 19–21 der Leitlinien horizontale Zusammenschlüsse, des Herfindahl Hirschmann Indexes und die sich hieraus ergebenden Vermutungen für die Vereinbarkeit eines Zusammenschlusses mit dem Binnenmarkt reichen als Begründung aus (s. hierzu EuG 7.6.2013 T-405/08 Rn. 69 SPAR). 26

4. Horizontale Zusammenschlüsse.

a) Nicht-koordinierte (unilaterale) Effekte. Nicht-koordinierte Effekte können dann wirksamen Wettbewerb behindern, wenn sie dazu führen, dass ein Unternehmen durch den Zusammenschluss in die Lage versetzt wird, seine Preise zu erhöhen oder seinen Output zu verringern. 27

Beispiel dafür ist die **Marktbeherrschung durch ein Unternehmen.** Dabei reicht eine Bestandsaufnahme der Marktverhältnisse nicht aus. Es ist vielmehr eine vorausschauende Prüfung notwendig, wie sich der Wettbewerb durch die Transaktion verändert, etwa durch Wegfall von Wettbewerb zwischen den sich zusammenschließenden Unternehmen (Leitlinien Horizontale Zusammenschlüsse, Anhang B 21 Rn. 24.). Die Kommission vergleicht hierzu den Zustand, der sich wahrscheinlich ohne den Zusammenschluss einstellt, mit dem Zustand, der sich durch den Zusammenschluss ergibt (s. nur KOMM 12.11.2009M.5549 Rn. 66ff. EDF/Segebel; wei- 28 tere Beispiele bei Levy, A Guide to the Merger Control Regulation, 2012, § 11.02, 11–5). Für die Prüfung der Marktbeherrschung **sind die Marktstellung der Unternehmen,** insbesondere **Marktanteile,** und der **Konzentrationsgrad im Markt** von entscheidender Bedeutung.

29 Bei der **Berechnung von Marktanteilen** ist auf das Angebot im sachlich und räumlich relevanten Markt abzustellen. Die Marktanteilsentwicklung ist zu berücksichtigen (Leitlinien horizontale Zusammenschlüsse, Anhang B 21, Rn. 15); Marktanteilsschwankungen belegen nicht unbedingt Wettbewerb, zB bei Großaufträgen. Die eigene Fertigung der Abnehmer **(captive production)** wird nicht in die Berechnung des Umsatzvolumens zur Bestimmung der Marktanteile einbezogen (EuGH Slg. 1999 II-1299, 1337 Endemol/Kommission). **Marktanteile bei Gemeinschaftsunternehmen** werden von der Kommission nicht nach den Bestimmungen des Art. 5 über die Zurechnung von Umsätzen zugerechnet, sondern dem Unternehmen, das die **industrielle Führung** innehat. Haben mehrere Unternehmen die industrielle Führung über ein Unternehmen, werden die Marktanteile den Muttergesellschaften **anteilig** zugerechnet (EuGH Slg. 2005 II-5575 Rn. 145 General Electric). Marktanteile von selbstständigen Kooperationspartnern können dem die Kooperation führenden Unternehmen zugerechnet werden, soweit diese Kooperationspartner in die Vertriebsorganisation eingegliedert sind (KOMM 23.6.2008 M.5047 Rn. 43 REWE/ADEG).

30 **Marktanteile über 50%** können ein starkes Anzeichen für Marktbeherrschung sein (EuG 25.3.1999 T-102/96 Rn. 205 Gencor). Aber auch **Marktanteile zwischen 40% und 50%** und knapp unter 40% können Marktbeherrschung begründen (Leitlinien horizontale Zusammenschlüsse, Anhang B 21, Rn. 17). Allerdings kann die Kommission unter Berufung auf die Leitlinien einen Zusammenschluss mit einem addierten Marktanteil von unter 50% ohne weitere Begründung bezüglich der Abwesenheit von Wettbewerbsbehinderungen freigeben (EuG 7.6.2013 T 405/08 Rn. 69, 105 SPAR; s. auch unter Rn. 112). Ein gemeinsamer Marktanteil der am Zusammenschluss beteiligten Unternehmen von unter 25% spricht gegen Marktbeherrschung (Leitlinien horizontale Zusammenschlüsse, Anhang B 21, Rn. 18).

31 Die Kommission ermittelt den **Konzentrationsgrad** mithilfe des **Herfindahl-Hirschman-Indexes (HHI).** Der HHI ist die Summe der quadrierten Marktanteile der auf dem betroffenen Markt tätigen Unternehmen. Die Quadrierung der Marktanteile führt zu einem hohen Anstieg des HHI in Märkten, in denen wenige Unternehmen jeweils hohe Marktanteile aufweisen. Haben Unternehmen auf dem betroffenen Markt jeweils Marktanteile von nicht mehr als 1%, beträgt der HHI auf dem Markt höchstens 100. Ist ein Unternehmen Monopolist, ist der HHI $100 \times 100 = 10\,000$. Entscheidend für die Verschlechterung der Marktstruktur ist der Anstieg des – immer auf den gesamten Markt bezogenen – HHI durch den Zusammenschluss: Die Marktanteile der am Zusammenschluss beteiligten Unternehmen werden für den Zeitpunkt nach dem Zusammenschluss addiert und dann quadriert und sodann mit der Summe der Quadrate der Marktanteile vor dem Zusammenschluss verglichen. Der HHI-Unterschied vor und nach dem Zusammenschluss, also das Delta gibt Aufschluss über den Anstieg der Marktkonzentration und darüber, ob eine marktbeherrschende Stellung entsteht oder verstärkt wird. Liegt der HHI nach dem Zusammenschluss unter 1000, sieht die Kommission keinen Anlass zur Sorge (Leitlinien horizontale Zusammenschlüsse, Anhang B 21, Rn. 19). Zusammenschlüsse, bei denen der HHI zwischen 1 000 und 2 000 und das Delta unter 250, oder der HHI nach dem Zusammenschluss über 2 000 und das Delta aber unter 150 liegen, sollen keine Probleme aufwerfen, es sei denn, dass **weitere für den Wettbewerb schädliche Marktmerkmale** hinzu kommen. Als solche kommen in Betracht der Zusammenschluss mit aufstrebenden oder potentiellen Wettbewerbern, der Zusammenschluss mit einem besonders innovativen Unternehmen, wettbewerbsdämpfende Überkreuzbeteiligungen zwischen Marktteilnehmern, Übernahme eines besonders

wettbewerbsaktiven Unternehmens **(„Maverick")** oder bereits kollusive Marktstrukturen. Problematisch ist ebenfalls, wenn der Marktanteil eines der fusionierenden Unternehmen bereits vor dem Zusammenschluss einen Marktanteil von 50% oder mehr aufweist (Leitlinien horizontale Zusammenschlüsse, Anhang B 21, Rn. 20).

Unterhalb der Entstehung oder Verstärkung von Marktbeherrschung können sich **koordinierte wettbewerbsbeschränkende Effekte** daraus ergeben, dass die durch den Zusammenschluss verursachten Verminderungen des Wettbewerbsdrucks **in einen oligopolistischen Markt** führen, ohne dass koordinierte Effekte, also stillschweigende Verhaltensabstimmungen der Oligopolisten, eintreten; diese Effekte angreifen zu können ist letztlich der Grund für den Übergang von der reinen Marktbeherrschung als Untersagungskriterium zum Untersagungsgrund der wesentlichen Behinderung wirksamen Wettbewerbs (Leitlinien horizontale Zusammenschlüsse, Anhang B 21, Rn. 25 unter Hinweis auf Erwägungsgrund 25 VO 139/2004). 32

Wesentliche Faktoren, die – ohne alle gleichzeitig gegeben sein zu müssen (Leitlinien horizontale Zusammenschlüsse, Anhang B 21, Rn. 26) – für nicht koordinierte wettbewerbsbeschränkende Wirkungen horizontaler Zusammenschlüsse sprechen, sind: **Hohe Marktanteile der Unternehmen** als Konsequenz des Zusammenschlusses (Leitlinien Horizontale Zusammenschlüsse Rn. 27), und insbesondere **großer Marktanteilsabstand** zum nächsten Wettbewerber (KOMM 16.1.1996 IV/M.623 Kimberly-Clark/Scott; KOMM 18.1.2000 M. 1630 Air Liquide/BOC; KOMM 27.6.2007 M.4439 Ryanair/Aer Lingus), der Umstand, dass die am Zusammenschluss beteiligten Unternehmen **nächste Wettbewerber** (s. Musterbeispiele: Zusammenschluss der ***„closest competitors":*** KOMM 27.6.2007 M. 4439 Ryanair/Aer Lingus; KOMM 1.2.2012 M. 6166 Deutsche Börse/NYSE Euronext) sind und gerade dadurch schädliche Auswirkungen, insbesondere Preiserhöhungen drohen (Leitlinien horizontale Zusammenschlüsse Rn. 28). Bei Derivaten wurden Deutsche Börse und NYSE als „nächste Wettbewerber" qualifiziert (s. KOMM 1.2.2012 M.6166 Deutsche Börse AG/NYSE Euronext Rn. 543ff.). In der Untersagung des Zusammenschlusses UPS/TNT Express (KOMM 30.1.2013 M.6570) kam die Kommission zum Ergebnis, dass bei Expresspaketdiensten die Zahl der großen Anbieter durch die Übernahme auf drei oder sogar auf zwei geschrumpft wäre. Ein weiteres Beispiel, den österreichischen Mobilfunkmarkt betreffend, ist der Zusammenschluss Hutchinson/Orange (KOMM 12.12.2012 M.6497), der ebenfalls nur mit Nebenbestimmungen freigegeben wurde. Hier schlossen sich zwei **„nächste Wettbewerber"** zusammen, die aber nicht den Marktanteil des Marktführers erreichten. 33

Weiter können Zusammenschlüsse gerade deswegen wettbewerbsschädlich sein, weil dadurch kleine, aber **aktive Wettbewerber („Mavericks")** aus dem Markt genommen werden und dadurch regulierender Wettbewerbsdruck beseitigt wird. Dies gilt besonders in hochkonzentrierten Märkten, und insbesondere dann, wenn der durch innovative Unternehmen ausgeübte Wettbewerbsdruck durch den Zusammenschluss aus dem Markt genommen wird (Leitlinien Horizontale Zusammenschlüsse, Anhang B 21 Rn. 37, 38). Die Kommission hat im Verfahren T-Mobile Austria/tele.ring (KOMM 26.04.2006 M. 3916) eine mögliche erhebliche Behinderung wirksamen Wettbewerbs gerade darin gesehen, dass durch den Zusammenschluss zwischen T-Mobile Austria mit tele.ring ein Wettbewerber erworben würde, der als „maverick" für erheblichen Wettbewerbsdruck gesorgt hat (aaO Rn. 125). Der Zusammenschluss hat dabei lediglich den zweitgrößten Marktteilnehmer ergeben. 34

Wettbewerbsbehinderungen können sich auch aus der **Beseitigung von Wettbewerbsdruck** ergeben, s. KOMM 12.11.2009 M.5549 EDF/Segebel: Weder EDF noch der belgische Stromversorger waren Marktführer; Marktführer war GDF Suez mit ihrer Tochter Electrabel. Die Kommission kam zum Ergebnis, dass EDF nach 35 dem Zusammenschluss den Anreiz verlieren könnte, weitere Stromerzeugungskapazität in Belgien aufzubauen, und dadurch der Wettbewerbsdruck vermindert wird. Dieser mögliche „Wegfall von Wettbewerb" durch den Zusammenschluss, ohne dass Marktbeherrschung durch den Zusammenschluss zustande käme, könnte ein weiteres Beispiel dafür sein, dass mit dem SIEC-Test auch unilaterale Effekte außerhalb der Einzel- oder Oligopolmarktbeherrschung erfasst werden. EDF musste durch Veräußerung einer Projektgesellschaft, die ein Energieerzeugungsprojekt entwickeln sollte, die entsprechenden Bedenken der Kommission beseitigen (aaO Rn. 206ff.). Weitere für eine Wettbewerbsbehinderung sprechende Faktoren beziehen sich auf die **Möglichkeiten** der Kunden, den **Anbieter zu wechseln,** weil der Zusammenschluss die **Ausweichmöglichkeiten verringert** (Leitlinien horizontale Zusammenschlüsse, Anhang B 21, Rn. 31); der Umstand, dass die **Erhöhung des Angebots durch die Wettbewerber bei Preiserhöhungen unwahrscheinlich** wird (Leitlinien horizontale Zusammenschlüsse, Anhang B 21, Rn. 32: damit ist der Effekt gemeint, dass Wettbewerber entweder aufgrund der Marktverhältnisse kein Interesse oder mangels Kapazität keine Möglichkeiten haben, Preiserhöhungen zur Erhöhung des eigenen Angebots zu nutzen). Ein weiteres Kriterium für Wettbewerbsbehinderung ist, wenn die am Zusammenschluss beteiligen Unternehmen nach dem Zusammenschluss in der Lage sind, Wettbewerb durch andere Unternehmen zu verhindern, etwa durch **Zugriff auf Ressourcen oder Schutzrechte,** die die Wettbewerber benötigen (Leitlinien horizontale Zusammenschlüsse, Anhang B 21, Rn. 36; geprüft, aber im Ergebnis für den Fall verneinend KOMM 21.01.2010 M.5529 Rn. 620ff. Oracle/ Sun Microsystems).

36 **b) Koordinierte Effekte.** Die wesentliche Behinderung wesentlichen Wettbewerbs kann in der **Begründung oder Verstärkung einer marktbeherrschenden Stellung mehrerer Unternehmen** bestehen, weil dadurch das **Risiko erhöht** wird, dass die Unternehmen ihr Verhalten koordinieren können **(koordinierte Effekte)** und dadurch Preise erhöht werden. Diese Koordinierung kann sich vor allem aus der Ausrichtung am Verhalten anderer ergeben; eine Vereinbarung oder ein abgestimmtes Verhalten im Sinne von Art. 101 Abs. 1 AEUV ist dafür nicht erforderlich (Leitlinien horizontale Zusammenschlüsse, Anhang B 21, Rn. 39). Ob eine Marktstruktur vorliegt, die koordiniertes Verhalten wahrscheinlich macht, bestimmt sich nach den vom EuG bestätigten **Airtours-Kriterien** (EuG 6.6.2002 T-342/99, Slg. 2002, II-2585 Tz. 61f. Airtours/First Choice). Koordiniertes Verhalten sei wahrscheinlich, wenn zwischen den beteiligten Unternehmen eine enge Reaktionsverbundenheit bestehe **(„implizite Kollusion")**. Entscheidende Indizien dafür seien die **Markttransparenz** und die **Abschreckungs- und Sanktionsmittel bei abweichendem Marktverhalten.** Es müsse ein Anreiz bestehen, nicht von dem gemeinsamen Vorgehen abzuweichen. Davon sei dann auszugehen, wenn jedes beteiligte Unternehmen wisse, dass eine auf Vergrößerung seines Marktanteils gerichtete, wettbewerbsorientierte Maßnahme die gleiche Maßnahme seitens der anderen Unternehmen auslösen würde, sodass es keinerlei Vorteil aus seiner Initiative ziehen könnte. Dabei seien **die Symmetrie der beteiligten Unternehmen** hinsichtlich der Produktpalette, der verwendeten Technologie und der Kostenstruktur, etwaige **Marktzutrittsschranken,** die **Nachfragemacht** der Marktgegenseite, die **Preiselastizität der Nachfrage,** die **Homogenität des vertriebenen Produkts,** die Qualitätswettbewerb nur eingeschränkt oder gar nicht zulasse, **gesellschaftsrechtliche Verflechtungen** der möglichen Mitglieder eines Oligopols, das **tatsächliche Wettbewerbsverhalten** der beteiligten Unternehmen auf dem betreffenden Markt zu berücksichtigen, wobei eine geringe Kundenwechselquote ein Anzeichen für einen fehlenden Binnenwettbewerb sein könne.

37 Außerdem muss der **Markt ausreichend transparent** sein, sodass die sich möglicherweise koordinierenden Unternehmen ausreichend beobachten und damit be-

züglich ihres Wettbewerbsverhaltens überwachen können. Eine Koordination im Sinne einer wettbewerbsdämpfenden Reaktionsverbundenheit setzt voraus, dass das Verhalten der anderen Marktteilnehmer überwacht werden kann, um festzustellen, ob ein anderes Unternehmen die Preise senkt, um Marktanteile zu gewinnen (Leitlinien horizontale Zusammenschlüsse, Anhang B 21, Rn. 49–51). Eine Koordinierung ist nur möglich, wenn der Markt eine hohe Transparenz aufweist, also zB wenige Wettbewerber, ein nicht zu komplexes oder gar homogenes Produkt, stabile Angebots- und Nachfragebedingungen, ähnliche Größe und Marktbedeutung der Unternehmen (Symmetrie, s. Leitlinien Horizontale Zusammenschlüsse Rn. 44–48). Weiter müssen **ausreichende Abschreckungsmechanismen** vorhanden sein, d. h. abweichendes Verhalten würde zu Gegenreaktionen führen, die Wettbewerbsverstöße letztlich nicht durch höhere Gewinne belohnen würden; und schließlich muss die **Marktstruktur** so beschaffen sein, dass andere Wettbewerber oder die Marktgegenseite die mit der Koordinierung erwarteten Ereignisse nicht gefährden (Leitlinien Horizontale Zusammenschlüsse Rn. 41). Es wird nur dann auf Dauer zu einer Koordinierung kommen, wenn abweichendes Verhalten sanktioniert werden kann, also ein Abschreckungsmechanismus vorhanden ist, der solche Abweichungen gerade verhindert (Leitlinien Horizontale Zusammenschlüsse Rn. 52). Die drohende Reaktion muss zeitnah erfolgen. Gegen Koordinierung kann die Gefährdung koordinierten Verhaltens durch Wettbewerber oder nachfragemächtige Kunden sprechen (Leitlinien Horizontale Zusammenschlüsse Rn. 56, 57).

Hinweise für die Entstehung oder Verstärkung koordinierter Effekte sind der **Zusammenschluss großer Wettbewerber,** aber auch die **Übernahme eines Unternehmens, das durch eigengeständiges Verhalten bisher für Wettbewerbsdruck** sorgte (Leitlinien horizontale Zusammenschlüsse, Anhang B 21, Rn. 42). Beispiele aus jüngerer Zeit dafür, dass trotz entsprechender Marktstruktur eine Verringerung der Anzahl der großen Wettbewerber in einem Markt von vier auf drei die Gefahr koordinierten Verhaltens nicht erhöht, ist die Entscheidung der Kommission COMP/M.5907 – Votorantim/Fischer: Die Ermittlungen der Kommission ergaben unzureichende Preistransparenz und „störendes" Verhalten eines der verbleibenden Wettbewerber. Koordinierte Effekte wurden auch im Fall IPIC/MAN Ferrostahl AG (KOMM 13.3.2009 M.5406) gesehen. Dadurch, dass der Zusammenschluss die starke Marktposition von IPIC dadurch absicherte, dass über den Erwerb von MAN Ferrostahl AG Zugang zur Herstellungstechnologie für Melamin-Produktion eröffnet wurde, würden koordinierte Effekte zwischen IPIC und dem nächsten Wettbewerber wahrscheinlicher, da beide Unternehmen jeweils 20–30% am Produktmarkt hätten, der Markt sehr transparent ist, eine symmetrische Wettbewerbssituation vorliege und der Markteintritt Dritter durch Einfluss über die der Zugang zu Produktionstechnologie beschränkt würde (Rn. 54ff.). 38

Die **Ausschaltung potentiellen Wettbewerbs** durch Erwerb eines anderen Unternehmens kann Wettbewerb erheblich behindern. Wenn der potentielle Wettbewerber bereits von den anderen am Markt tätigen Unternehmen als regulierender Faktor wahrgenommen wird, kann der Zusammenschluss mit solch einem potentiellen Wettbewerber zu nicht koordinierten oder koordinierten Effekten führen (Leitlinien Horizontale Zusammenschlüsse, Anhang B 21, Rn. 59). Allerdings soll nach Ansicht der Kommission (Leitlinien Horizontale Zusammenschlüsse Rn. 60 unter Hinweis auf die bisherige Entscheidungspraxis) der Zusammenschluss mit einem potentiellen Wettbewerber nur dann spürbare beschränkende Wirkungen haben, wenn von dem potentiellen Wettbewerber bereits **spürbare, den Verhaltensspielraum begrenzende Wirkungen** ausgehen oder solche Auswirkungen wahrscheinlich sind. Außerdem dürfen keine weiteren potentiellen Wettbewerber vorhanden sein, die nach dem Zusammenschluss für hinreichenden Wettbewerbsdruck sorgen. 39

Wettbewerbsbeschränkende Wirkungen eines Zusammenschlusses können sich 40
auch daraus ergeben, dass die am Zusammenschluss beteiligten Unternehmen nach

dem Zusammenschluss die **Nachfragemacht in vorgelagerten Märkten** begründen oder verstärken; darüber hinaus können sich auf **nachgelagerten Märkten** Effekte aus vertikaler Integration ergeben. Nachteilige Effekte können dadurch entstehen, dass die am Zusammenschluss beteiligten Unternehmen versuchen, die Preise auf dem vorgelagerten Markt zu drücken und selbst ihre Produktion zu senken, um die Preise der Endprodukte zu erhöhen. Gleichzeitig könnte versucht werden, Vorprodukte Wettbewerbern vorzuenthalten (**Abschottung;** Leitlinien Horizontale Zusammenschlüsse Rn. 61, 62). Einen solchen Abschottungseffekt beanstandete die Kommission im Zusammenschluss Air Liquide/BOC wegen der Kombination der Leitungsnetze beider Unternehmen (KOMM 18.1.2000 M. 1630; weitere Beispiele bei Levy, A Guide to the Merger Control Regulation, 2012, § 11.05; zu den Anreizen für eine Abschottung KOMM 4.9.2012 M.6314 Rn. 251ff. Telefonica UK/Vodafone UK/Everything Everywhere; zur Blockademöglichkeit für Marktzutritte durch Schutzrechte: KOMM. 13.2.2012 M.6381 Rn. 78ff. Google/Motorola). Gegen solche Abschottungseffekte spricht, dass sich die am Zusammenschluss beteiligten Schutzrechtsinhaber zu ihrer Verpflichtung zur diskriminierungsfreien Gewährung des Zugangs zu standard-essentiellen Schutzrechten (FRAND) bekennen (KOMM 13.2.2012 M.6381 Rn. 135 Google/Motorola). Weitere Verstärkungseffekte können Zugang zu Technologie, Netzwerken im Telekommunikationsbereich oder größere **Finanzkraft** durch den Zusammenschluss sein (Levy aaO § 11.05).

5. Nicht-horizontale Zusammenschlüsse

41 **a) Allgemeines.** Nicht-horizontale Zusammenschlüsse, insbesondere Zusammenschlüsse zwischen Unternehmen auf verschiedenen Marktstufen **(vertikale Zusammenschlüsse)** oder **konglomerale Zusammenschlüsse,** können ebenfalls wettbewerbsbehindernde Wirkung haben – allerdings in weit geringerem Maße als Zusammenschlüsse zwischen Wettbewerbern.

42 Von nicht-horizontalen Zusammenschlüssen geht in der Regel eine geringere Gefahr für den Wettbewerb aus als von horizontalen Zusammenschlüssen (Leitlinien nicht-horizontale Zusammenschlüsse, Anhang B 22, Rn. 11). Grund ist, dass es zu keinen direkten Marktmachtballungen auf ein und demselben sachlich und räumlich relevanten Markt kommt und damit direkter Wettbewerb nicht ausgeschlossen wird (Leitlinien nicht-horizontale Zusammenschlüsse Rn. 12). Zudem soll es bei vertikalen und konglomeralen Fusionen auch Spielräume für die **Berücksichtigung von Effizienzgewinnen** geben, weil sich die Tätigkeiten oder Produkte der beteiligten Unternehmen ergänzen; hierdurch kann der Wettbewerb gefördert werden. So kann die Integration gesteigerte Nachfrage erzeugen oder durch eine gesteigerte Produktion das Angebot erhöhen (s. hierzu Leitlinien nicht-horizontale Zusammenschlüsse Rn. 13).

43 Denkbar sind bei nicht-horizontalen Zusammenschlüssen **sowohl nicht-koordinierte als auch koordinierte Wirkungen,** die den wirksamen Wettbewerb erheblich behindern können. **Nicht-koordinierte Wirkungen** sind dann zu befürchten, wenn nicht-horizontale Zusammenschlüsse **Abschottungswirkungen** entfalten, also der Zugang bestehender oder potentieller Wettbewerber zu den Lieferungen oder Märkten durch die Fusion behindert oder beseitigt und in der Folge die Wettbewerbsfähigkeit bzw. der Wettbewerbsanreiz der betreffenden Unternehmen geschwächt werden (wettbewerbswidrige Abschottung, Leitlinien nicht-horizontale Zusammenschlüsse, Anhang B 22, Rn. 18). Nicht-horizontale Zusammenschlüsse können dann zu **koordinierten Wirkungen** führen, die darin bestehen, dass Unternehmen, die zuvor ihr Verhalten nicht koordinierten, nunmehr **Preiserhöhungen koordinieren oder einen wirksamen Wettbewerb auf andere Art und Weise behindern** (Leitlinien nicht-horizontale Zusammenschlüsse Rn. 19).

44 Auch bei der Beurteilung von nicht-horizontalen, also vertikalen oder konglomeralen Zusammenschlüssen muss die Kommission eine **Prognoseentscheidung** hin-

sichtlich des künftigen Wettbewerbszustandes treffen und den Zustand, der sich aus mit der Fusion ergebenden Wettbewerbsbedingungen ergibt, mit dem Zustand vergleichen, wie er ohne die Fusion fortbestanden hätte. Dabei sind auch zukünftige Veränderungen im Markt zu berücksichtigen, die mit **einiger Sicherheit vorhersehbar** sind, einschließlich der Wahrscheinlichkeit eines Markteintritts oder –austritts für den Fall, dass die Fusion nicht stattfindet (s. dazu Leitlinien nicht-horizontale Zusammenschlüsse Rn. 20).

Bei nicht-horizontalen Zusammenschlüssen droht nur dann eine Gefährdung wirksamen Wettbewerbs, wenn die sich zusammenschließenden Unternehmen über **Marktmacht** auf einem betroffenen Markt verfügen. Dabei sind Marktanteile und Konzentrationshöhen nach dem Herfindahl-Hirschmann-Index wichtige Bezugsgrößen (Leitlinien nicht-horizontale Zusammenschlüsse Rn. 23, 23). **Wettbewerbsbedenken** bei nicht-horizontalen Fusionen werden sich dann nach Meinung der Kommission **kaum** stellen, wenn der **Marktanteil** der neuen Einheit nach der Fusion in jedem der betroffenen Märkte **unterhalb von 30%** und der **HH-Index** (→ Rn. 31) nach dem Zusammenschluss **unterhalb von 2 000** liegen; dabei sind sämtliche, vom Zusammenschluss betroffenen Märkte zu prüfen (Leitlinien nicht-horizontale Zusammenschlüsse Rn. 25). Allerdings können auch solche Zusammenschlüsse eingehend zu untersuchen sein, wenn sich an der Fusion ein Unternehmen beteiligt, das in naher Zukunft zB wegen Innovationen wahrscheinlich beträchtlich wachsen wird, zwischen den Marktteilnehmern beträchtliche Über-Kreuz-Beteiligungen oder wechselseitig besetzte Führungspositionen bestehen, bei einem der fusionierenden Unternehmen davon auszugehen ist, dass es koordiniertes Marktverhalten stören wird, also wettbewerbsaktiv oder ein „Maverick" ist, und es Indizien für eine vergangene oder andauernde Koordinierung gibt oder Praktiken, die eine Koordinierung erleichtern (Leitlinien nicht-horizontale Zusammenschlüsse Rn. 26). Die Kommission stellt in den Leitlinien nicht-horizontale Zusammenschlüsse (Rn 27) aber klar, dass das Unterschreiten der Marktanteilsschwellen bzw. des Marktkonzentrationsindexes von 2 000 auf den vom Zusammenschluss betroffenen Märkten keine Vermutung auslöst, dass keine Behinderung des Wettbewerbs aus dem Zusammenschluss resultiert. Allerdings ist das **Vorhandensein von Marktmacht in wenigstens einem der betroffenen Märkte eine notwendige Voraussetzung für die Schädigung des Wettbewerbs** (Leitlinien nicht-horizontale Zusammenschlüsse, Anhang B 22, Rn. 27). 45

b) Vertikale Zusammenschlüsse. Bei vertikalen Fusionen, also Fusionen zwischen Unternehmen, die auf verschiedenen Stufen der Lieferkette tätig sind, also Hersteller und Händler oder ähnliche Verhältnisse (Leitlinien nicht-horizontale Zusammenschlüsse, Anhang B 22, Rn. 4), drohen sowohl nicht koordinierte als auch koordinierte Effekte. Der typische **nicht-koordinierte Effekt** ist der **Abschottung,** nämlich wenn der Zugang tatsächlicher oder potentieller Wettbewerber zu Produktionsmitteln oder Märkten behindert oder unmöglich gemacht wird (Leitlinien nicht-horizontale Zusammenschlüsse Rn. 29). Dabei kommt die Abschottung im Hinblick auf Einsatzmittel in Betracht, wenn die Unternehmen nach dem Zusammenschluss in der Lage sind, den Zugang zu Produkten oder Dienstleistungen zu beschränken, die ohne den Zusammenschluss dem Markt zur Verfügung gestellt worden wären. Der nachteilige Effekt liegt darin, dass den anderen, auf dieses Einsatzmittel angewiesenen Unternehmen, höhere Kosten entstehen und so möglicherweise im Markt „an den Rand gedrängt oder zum Marktaustritt gezwungen werden" (Leitlinien nicht-horizontale Zusammenschlüsse Rn. 31). Allerdings erkennt die Kommission an, dass sich aus dem Zusammenschluss ergebende Effizienzgewinne bewirken können, sodass neue, durch den Zusammenschluss entstandene Einheiten den Preis sogar absenken und so die Auswirkungen für den Kunden möglicherweise sogar positiv wären. Wettbewerbswidrige Abschottung von Einsatzmitteln untersucht die 46

Kommission in zwei Stufen, nämlich, ob die zusammengeschlossenen Unternehmen die **Möglichkeit** hätten, den **Zugang** zu den Einsatzmitteln **abzuschotten,** im zweiten Schritt, ob es einen **Anreiz** dazu hätte, und in einem dritten Schritt, ob eine Abschottungsstrategie spürbare nachteilige Auswirkungen auf den nachgeordneten Wettbewerb hätte.

47 Die Abschottung bei den Einsatzmitteln führt dann zu wettbewerbsrechtlichen Bedenken, wenn im vorgelagerten Bereich nach der Fusion ein deutliches Maß an Marktmacht entsteht (Leitlinien nicht-horizontale Zusammenschlüsse Rn. 35) und das fusionierte **Unternehmen** in der Lage wäre, die **nachgeordneten Wettbewerber abzuschotten,** indem es deren Zugang zu vorgelagerten Produkten oder Dienstleistungen beschränken kann. Relevant können hier auch Alleinbezugsverträge zwischen den fusionierten Unternehmen und unabhängigen Lieferanten sein, die den Zugang zu Einsatzmitteln erschweren (Leitlinien nicht-horizontale Zusammenschlüsse Rn. 36). Weiter ist ein **Anreiz** zur Abschottung des Zugangs zu den Einsatzmitteln nötig; dieser besteht dann, wie sich die Einsatzmittellieferungen an die nachgeordneten Wettbewerber auf Gewinne der fusionierten Einheit ihrer vorgelagerten und nachgeordneten Geschäftsbereiche auswirken würden. Wenn also beispielsweise das zusammengeschlossene Unternehmen zwar durch die Abschottung einen Gewinnrückgang im vorgelagerten Markt erzielt, aber dadurch einen diesen Verlust kompensierenden Gewinnzuwachs im nachgeordneten Markt bewirken kann, kann ein Anreiz bestehen, den Zugang zu den Einsatzmitteln abzuschotten (Leitlinien nicht-horizontale Zusammenschlüsse Rn. 40, 41). Die Kommission muss bei ihrer Prüfung die Anreize für das Abschottungsverhalten prüfen, als auch die Faktoren, die zu einer Schwächung solcher Anreize führen können. Dabei muss auch berücksichtigt werden, dass möglicherweise die Abschottung unrechtmäßig ist, weil in der Abschottung der Missbrauch einer marktbeherrschenden Stellung iSv Art. 102 AEUV liegen kann und ob die Wahrscheinlichkeit eines unrechtmäßigen Verhaltens besteht (Leitlinien nicht-horizontale Zusammenschlüsse Rn. 46).

48 Weiter muss geprüft werden, ob die Abschottung bei den Einsatzmitteln und der hierzu bestehende Anreiz auch im nachgeordneten Markt zu Preissteigerungen führt und so **wirksamen Wettbewerb** spürbar behindert. Das macht aber zunächst erforderlich, dass der abgeschottete Wettbewerber auf dem nachgeordneten Markt auch tatsächlich eine wettbewerbliche Rolle spielt; dies ist insbesondere dann der Fall, wenn das abgeschottete Unternehmen entweder eine wichtige Rolle im Wettbewerb auf dem nachgeordneten Markt spielt, oder ein besonders naher oder besonders aggressiver Wettbewerber („Maverick“) auf dem nachgeordneten Markt ist (Leitlinien nicht-horizontale Zusammenschlüsse Rn. 48). Außerdem kann wirksamer Wettbewerb durch die **Erhöhung der Zutrittschancen für potentielle Wettbewerber** spürbar behindert werden, was aber voraussetzt, dass ein potentieller Marktzutritt wahrscheinlich ist (s. hierzu Leitlinien nicht – horizontale Zusammenschlüsse, Anhang B 22, Rn. 49).

49 Große Bedeutung kommt bei vertikalen Zusammenschlüssen die Kompensation von Abschottungseffekten durch positive Effekte **(Effizienzen)** des Zusammenschlusses zu, indem die vertikale Fusion „doppelte Aufschläge“ der Unternehmen vor der Fusion eliminiert und dadurch die Kostenbasis des fusionierten Unternehmens verringert; dadurch sind **niedrigere Preise auf dem nachgeordneten Markt** möglich (Leitlinien nicht-horizontale Zusammenschlüsse Rn. 55 und 56). Außerdem können aus vertikalen Fusionen Anreize für die Parteien hinsichtlich Investitionen in neue Produkte usw. resultieren, die in Nachteile des Zusammenschlusses resultieren.

50 Eine weitere nachteilige Abschottungswirkung aus einem vertikalen Zusammenschluss kann daraus resultieren, dass es zu einer **Kundenabschottung** kommt, wenn zB also der Lieferant eines Produkts mit einem wichtigen Kunden im nachgeordneten Markt fusioniert und dadurch den Zugang zu Kunden für ihre tatsächlichen und potentiellen Wettbewerber im vorgelagerten Markt, also dem Einsatzmittelmarkt ab-

schotten kann (Leitlinien nicht-horizontale Zusammenschlüsse, Anhang B 22 Rn. 58). Hierzu ist erforderlich, dass überhaupt der Zugang zu den nachgeordneten Märkten abgeschottet werden kann, dass ein Anreiz besteht, diesen Zugang abzuschotten und dass sich hieraus Auswirkungen auf den wirksamen Wettbewerb ergeben. Denkbar ist also die Situation, dass der Hersteller einer Ware einen großen Abnehmer übernimmt und auf diese Weise anderen Wettbewerbern einen großen Kunden blockiert und auf diese Weise den Wettbewerb behindert. Eine Kundenabschottung wird erst dann problematisch, wenn ein Unternehmen an der vertikalen Fusion beteiligt ist, das im nachgeordneten Markt ein wichtiger Abnehmer mit einem deutlichen Maß an **Marktmacht** ist (Leitlinien nicht-horizontale Zusammenschlüsse Rn. 61). Ein **Anreiz** dazu, den Zugang zu den Kunden abzuschotten, ergibt sich daraus, in welchem Maß die Abschottung gewinnbringend ist. Der Anreiz zur Kundenabschottung wird dann größer, wenn das fusionierte Unternehmen im nachgeordneten Geschäftsbereich aufgrund der Abschottungsstrategie auch in den Genuss höherer Preise im nachgeordneten Bereich gelangen kann (s. hierzu Leitlinien nicht-horizontale Zusammenschlüsse Rn. 70). Letztlich resultiert eine Wettbewerbsbehinderung daraus, dass die fusionierte Einheit in der Lage ist, Preise gewinnbringend zu erhöhen oder den Gesamtausstoß auf dem nachgeordneten Markt zu verringern (Leitlinien nicht-horizontale Zusammenschlüsse Rn. 72).

Andere nicht koordinierte Wirkungen vertikaler Zusammenschlüsse können 51 sich daraus ergeben, dass **Zugang zu vertraulichen Unternehmensdaten** über vorgelagerte oder nachgeordnete Tätigkeiten der Wettbewerber erlangt werden und so der Wettbewerb gedämpft wird (Leitlinien nicht-horizontale Zusammenschlüsse Rn. 78 mN).

Koordinierte Wirkungen vertikaler Zusammenschlüsse können sich daraus 52 ergeben, dass Unternehmen, die ihr Verhalten vorher nicht abgestimmt haben, nach dem Zusammenschluss deutlich eher zu einer Koordinierung neigen und die Preise erhöhen oder einem wirksamen Wettbewerb auf andere Weise schaden können. So könnte zB der Erwerb eines großen Händlers, der sich unabhängig im Markt verhalten hat, durch einen Lieferanten dazu führen, dass der Wettbewerb durch Herbeiführung einer größeren Transparenz zwischen Lieferanten des Produkts gedämpft wird und zu koordinierten Wirkungen im Sinne der **Airtours**-Kriterien führen. Eine vertikale Fusion kann durch Abschottung dazu führen, dass entweder im vorgelagerten oder im nachgeordneten Markt Wettbewerb abnimmt, sich hierdurch die Symmetrie möglicherweise in einem Markt erhöht und damit das Klima für höhere Transparenz und Wettbewerbsdämpfung entsteht (Leitlinien nicht-horizontale Zusammenschlüsse Rn. 82ff.).

c) Konglomerale Zusammenschlüsse. Konglomerale Zusammenschlüsse sind 53 Zusammenschlüsse zwischen Unternehmen, deren Beziehung weder reine Wettbewerbsverhältnisse (also horizontal) als auch rein vertikal (also Unternehmen auf verschiedener Marktstufe im Anbieter- bzw. Kundenverhältnis) sind. In der Zusammenschlusspraxis der Kommission stehen solche konglomerate Fusionen im Vordergrund, in denen Unternehmen auf verwandten Märkten tätig sind. Beispiel ist der Fall CRH/Addtek (KOMM 27.6.2001 M. 2322), in dem ein marktbeherrschender Zementhersteller und ein Hersteller von vorgefertigten Zementprodukten fusionierten, und die neue Einheit nach Meinung der Kommission in der Lage war, die Wettbewerber vorgefertigter Zementprodukte „zu disziplinieren". Ein weiteres Beispiel ist der Fall GE/Honeywell (KOMM 3.7.2001 M.2220). Bei konglomeralen Zusammenschlüssen können **nicht-koordinierte Wirkungen** durch **Abschottung** eintreten; dazu bedarf es der Fähigkeit zur Abschottung und eines Anreizes zur Abschottung. Abschottung resultierte bei konglomeralen Zusammenschlüssen in aller Regel durch Bindung und Kopplung, wobei **Kopplung** sich auf Preis und Form, in der die fusionierte Einheit ein Produkt anbietet, bezieht (Leitlinien nicht-horizontale Zusammenschlüsse, Anhang B 22 Rn. 56), und **Bindung** die Fälle beschreibt, in denen der Lieferant den Verkauf eines Produkts nur unter der Bedingung durchführt, dass ein anderes unterschiedliches Produkt ebenfalls beim Lieferanten oder bei einem von ihm bestimmten Unternehmen gekauft wird (Leitlinien nicht-horizontale Zusammenschlüsse Rn. 97). Erforderlich ist auch hier, dass die Abschottung marktwirksam ist. Dies wird in der Regel nur dann möglich sein, wenn die neue Einheit in einem der betroffenen Märkte ein deutliches Maß an **Marktmacht** ausübt; die **Beherrschungsschwelle** muss hierfür **nicht erreicht** werden (Leitlinien nicht-horizontale Zusammenschlüsse Rn. 99). Kopplung und Bindung sind nur dann problematisch, wenn ein gemeinsamer Kundenstamm besteht, der hinreichend groß ist, und der durch Kopplung und Bindung auch entsprechend in seinem Nachfrageverhalten gesteuert werden kann (Leitlinien nicht-horizontale Zusammenschlüsse Rn. 100). Der **Anreiz** zur Abschottung besteht wiederum nur dann, wenn aus der Abschottung Gewinnvorteile des fusionierten Unternehmens resultieren (Leitlinien nicht-horizontale Zusammenschlüsse Rn. 103ff.).

54 Weiter ist erforderlich, dass die **Gesamtauswirkungen** der Kopplung oder Bindung für die Wettbewerber zu einem **spürbaren Rückgang der Absatzaussichten** für andere führt. Dabei kommt es nicht allein auf den Marktanteil der abgeschotteten Wettbewerber an, sondern auch darauf, ob sie aktive Wettbewerber waren (s. KOMM 9.12.2004 M.3440 EDP/ENI/GDP). Im Zusammenschluss *IPIC/MAN Ferrostaal* sah die Kommission (KOMM 13.3.2009 M.5406) eine mögliche Wettbewerbsbeschränkung darin, dass IPIC als Hersteller von Melamin durch den Zusammenschluss mit MAN Ferrostaal die Möglichkeit bekommt, den Zugang zu Melaminherstellungskapazitäten zu beschränken, die MAN Ferrostahl anbietet (Rn. 47ff.). Zu Abschottungseffekten auch Deutsche Börse AG/NYSE Euronext (KOMM 1.2.2012 M.6166 Rn. 209ff.): Bei börsengehandelten Derivaten belief sich der gemeinsame Marktanteil von NYSE und DB auf ca. 90–100% bezogen auf Zinsderivate und 80–90% bezogen auf Aktienderivate. Ein weiteres Beispiel für mögliche **Kopplungseffekte** ist der Zusammenschluss Intel/McAfee (KOMM 26.1.2011 M.5984). Zwischen den am Zusammenschluss beteiligten Unternehmen kam es deshalb nach den Feststellungen der Kommission zu konglomeralen Effekten, weil sich zwischen den von Intel hergestellten Prozessoren und der von McAfee angeboten Sicherheitssoftware technische sowie wirtschaftliche Beziehungen ergeben, die sowohl eine technische Kopplung als auch eine wirtschaftliche Bündelung ermöglichen. Intel sagte deshalb zur Ermöglichung einer Freigabe des Zusammenschlusses zu, den Anbietern konkurrierender Sicherheitssoftware Zugang zu den Schnittstelleninformationen für Intel-Prozessoren zu geben, um entsprechende Marktabschottungswirkungen entgegen zu wirken. Bei der Gesamtwürdigung der Wirkungen sind wiederum **Effizienzen** zu berücksichtigen, die die Nachteile aufwiegen können (Leitlinien nicht-horizontale Zusammenschlüsse Rn. 118).

55 **Koordinierte Wirkungen** konglomeraler Fusionen können in ähnlicher Gestalt wie bei vertikalen Fusionen entstehen, indem durch die konglomerale Fusion auf einem der betroffenen Märkte die Anzahl der Wettbewerber verringert oder aus anderen Gründen die Struktur für stillschweigende Kollusionen steigt (Leitlinien nicht-horizontale Zusammenschlüsse Rn. 119–121).

7. Betroffenheit des Binnenmarkts oder eines wesentlichen Teil desselben – Erheblichkeit der Behinderung

56 Die Behinderung des Wettbewerbs muss sich im **Binnenmarkt** oder einem wesentlichen Teil desselben einstellen (s. dazu IM-*Körber* Art. 2 FKVO Rn. 202); der **„wesentliche Teil"** des Binnenmarktes ist nicht definiert. Dieser Begriff kommt aus Art. 102 AEUV (→ AEUV Art. 102 Rn. 13). Entscheidend ist die wirtschaftliche Bedeutung des Teils im Verhältnis zum Gesamtmarkt; ein – auch kleiner – Mitglied-

staat ist wohl immer ein „wesentlicher" Teil (vgl. dazu auch *Baron* in LB Art. 2 FKVO Rn. 137; *Bulst* in LB Art. 82 EG Rn. 84). Eine anwendungseinschränkende Bedeutung hat dieses Tatbestandsmerkmal wohl nicht (IM-*Körber* Art. 2 FKVO Rn. 202).

Die Behinderung wesentlichen Wettbewerbs muss **erheblich** sein. Die Kommission verlangte für eine Untersagung nach Art. 2 VO 4064/89, dass die durch den Zusammenschluss bewirkte Verstärkung einer marktbeherrschenden Stellung erheblich war. Nach den Leitlinien horizontale Zusammenschlüsse (Anhang B 21, Rn. 25) wird eine Verstärkung der marktbeherrschenden Stellung als eine nichtkoordinierte Wirkung mit erheblicher Behinderung wirksamen Wettbewerbs verstanden, wenn „hierdurch die beherrschende Stellung eines Unternehmens begründet oder verstärkt wird, welches typischerweise einen deutlich größeren Marktanteil als andere Wettbewerber nach dem Zusammenschluss hätte". Dementsprechend können **nur solche Fusionen untersagt werden,** die die **Marktmacht** der Unternehmen **spürbar** erhöhen (s. hierzu *Körber* in IM FKVO Art. 2 Rn. 205 unter Hinweis auf Leitlinien horizontale Zusammenschlüsse Rn. 8 und Leitlinien nicht-horizontale Zusammenschlüsse; Anhang 22, Rn. 10). Gleiches gilt für die wesentliche Behinderung wirksamen Wettbewerbs außer der Verstärkung oder Entstehung einer marktbeherrschenden Stellung; auch sie soll nur eine Untersagung begründen können, wenn der Wettbewerb dadurch ebenso beeinträchtigt wird wie durch die Begründung oder Verstärkung einer Marktbeherrschung durch eine oder mehrere Unternehmen (s. hierzu *Körber* in IM FKVO Art. 2 Rn. 205). 57

7. Argumente gegen nachteilige Wirkungen des Zusammenschlusses.

a) Wettbewerbsdruck. Wettbewerbsdruck kann wettbewerbsbeschränkende Effekte des Zusammenschlusses **relativieren.** Nach den Leitlinien horizontaler Zusammenschlüsse (Anhang B 21, Rn. 31) ist der Wettbewerbsdruck dann von entscheidender Bedeutung, wenn die Kunden tatsächlich in der Lage sind, zum Wettbewerber zu wechseln. Die Kommission hat deshalb auch in Fällen mit hohen Marktanteilen akzeptiert, dass wegen der Möglichkeit des Wechsels zu Wettbewerbern zwei Alternativen bestehen, sodass dies ein Anhaltspunkt dafür sein kann, dass keine besorgniserregende Marktsituation entsteht. Sind die Wettbewerber allerdings nicht **qualitativ gleichwertig,** wird der von ihnen ausgehende Wettbewerbsdruck die Marktmacht der sich zusammenschließenden Unternehmen kaum beschränken können (s. zB KOMM 07.91.2004 M. 2978 Lagardere/Natexis/VUP; weitere Beispiele bei Levy, aaO § 11.07 (1)). 58

b) Nachfragemacht. Ein entscheidender Faktor bei der Beurteilung eines Zusammenschlusses ist die **Struktur der Marktgegenseite** und dabei die Nachfragemacht der Kunden. Nach Ansicht der Kommission (Leitlinien horizontale Zusammenschlüsse, Anhang B 21, Rn. 64) kann es den am Zusammenschluss beteiligten Unternehmen trotz hoher Marktanteile unmöglich sein, den Wettbewerb spürbar zu behindern, wenn die Kunden über entsprechende Nachfragemacht verfügen. Dafür muss aber tatsächlich die Möglichkeit auf Seite der Kunden bestehen, den Anbieter zu wechseln oder Anbieter zum Markteintritt zu veranlassen (Leitlinien horizontale Zusammenschlüsse, Anhang B 21, Rn 65). Es soll aber nicht ausreichen, dass lediglich ein bestimmtes Kundensegment mit besonderer Verhandlungsstärke der fusionierten Einheit Paroli bieten kann (Leitlinien horizontale Zusammenschlüsse, Anhang B 21, Rn. 67). 59

c) Marktzutritte. Auch neue Marktzutritte können gegen eine erhebliche Behinderung wirksamen Wettbewerbs sprechen, wenn ein solcher Markteintritt **wahrscheinlich** ist, also hinreichende Gewinne zu erwarten sind, wenn weitere Produktionsmengen in den Markt gebracht werden. Führt dagegen zusätzliche Produk- 60 tionsmenge zu einem Preisverfall, wird ein Marktzutritt kaum profitabel und damit wenig wahrscheinlich sein (Leitlinien horizontale Zusammenschlüsse, Anhang B 21, Rn. 69). Allerdings hängt die Wahrscheinlichkeit des Marktzutritts auch von Zutrittsschranken ab, nämlich Schranken aufgrund von Gesetzgebung (Konzessionen oder Importzölle, technischer Vorsprung wie zB erleichterter Zugang zu wesentlichen Einrichtungen, natürlichen Ressourcen, geistigem Eigentum, eigene Vertriebs- und Absatznetze, aber auch Marktzutrittsschranken aufgrund enger Bindungen zu Lieferanten und Kunden) (Leitlinien horizontale Zusammenschlüsse Rn. 71). Letztlich muss der Marktzutritt so effektiv sein, dass er die wettbewerbswidrigen Auswirkungen des Zusammenschlusses verhindern kann (Leitlinien horizontale Zusammenschlüsse Rn. 75).

61 **d) Effizienzgewinne.** Die nachteiligen Folgen eines Zusammenschlusses können auch über Effizienzgewinne durch den Zusammenschluss kompensiert werden. Denkbar sind alle Verbesserungen, die die Wettbewerbsfähigkeit eines Wirtschaftszweigs erhöht, sich dadurch die wirtschaftlichen Wachstumsbedingungen verbessern und letztlich der Lebensstandard in der Gemeinschaft erhöht (Erwägungsgrund 4 VO 139/2004; Leitlinien horizontale Vereinbarungen, Anhang B 21, Rn. 76). Effizienzvorteile müssen so erheblich sein und sich so rechtzeitig einstellen, dass sie den **Verbrauchern** in den relevanten Märkten zugute kommen. Solche Effizienzen können **niedrigere Preise** oder **sonstige Vorteile für die Verbraucher** sein, indem Kosteneinsparungen bei der Produktion oder in sonstigen Bereichen nach dem Zusammenschluss sich in Preissenkungen für die Verbraucher niederschlagen. Allerdings sollen nach Ansicht der Kommission Rückgänge bei den variablen Kosten und den Grenzkosten stärker ins Gewicht fallen als Senkungen der Fixkosten, da Abgänge bei den variablen Kosten und den Grenzkosten grundsätzlich eher zu niedrigeren Preisen für die Verbraucher führen sollen (Leitlinien Horizontale Zusammenschlüsse Rn. 80). Sofern die **Kosteneinsparungen** allein **aus wettbewerbswidrigen Produktionseinschränkungen** herrühren, sind sie **keine zu berücksichtigenden Effizienzvorteile.** Die Effizienzen, die zur Verteidigung des Zusammenschlusses vorgebracht werden, müssen möglichst bald, also innerhalb eines überschaubaren Prognosezeitraums, eintreten (Leitlinien Horizontale Zusammenschlüsse Rn. 83). Außerdem muss eine Konstellation gegeben sein, dass die fusionierten Unternehmen auch dazu gezwungen sind, die Effizienzvorteile an die Verbraucher weitergeben, etwa durch Wettbewerbsdruck seitens anderer im Markt tätiger Unternehmen oder potentieller Markteintritte (Rn. 84). Die Effizienzvorteile müssen durch den Zusammenschluss herbeigeführt werden (Rn. 85); sie müssen entsprechend behauptet und dargelegt werden und nachprüfbar sein (Leitlinien Horizontale Zusammenschlüsse Rn. 86).

62 **Effizienzen** müssen auch zu **Verbrauchernutzen** führen. Gegen Verbrauchernutzen spricht, wenn es an Anreizen fehlt, erzielte Effizienzvorteile durch niedrigere Preise an die Marktgegenseite weiterzugeben (aaO Rn. 1150). Effizienzen müssen nach Ansicht der Kommission unter Beachtung der „Best Practices for the Submission of Economic Evidence and Data Collection in Cases Concerning the Application of Art. 101 and 102 TFEU auch in Merger Cases" vorgebracht werden (KOMM 1.2.2012 M.6166 Rn. 1151 Deutsche Börse/Nyse Euronext). Dabei reicht es aus, dass die Effizienzgewinne auch nur teilweise an die Marktgegenseite weitergereicht werden (KOMM aaO. Rn. 1182, 1183). Nur dem Kunden zu Gute kommende Effizienzvorteile sind zu berücksichtigen.

63 Weitere Voraussetzung der Berücksichtigung von Effizienzen ist die sogenannte **„merger specificity"** oder Fusionsspezifizität (KOMM 27.6.2007 M. 4439 Rn. 1143 Ryan Air/Aer Lingus). Die Kommission prüft, ob bereits ohne den Zusammenschluss Anreiz besteht, ein effizientes Unternehmen zu sein und Effizienzgewinne beim fusionierten Unternehmen zu erzielen. Um eine Transaktion, für die Auswirkungen auf den Wettbewerb festgestellt wurden, mit dem Gemeinsamen

Markt als vereinbar zu erklären, sollte die Kommission in der Lage sein, auf der Basis ausreichender Nachweise zu entscheiden: *„dass die mit der Fusion herbeigeführten Effizienzvorteile geeignet sind, die Fähigkeit und den Anreiz des fusionierten Unternehmens zu verstärken, den Wettbewerb zum Vorteil für die Verbraucher zu beleben, wodurch den nachteiligen Wirkungen dieser Fusion auf den Wettbewerb entgegengewirkt werden kann"* (KOMM 27.6.2007 M. 4439 Rn. 1102 Ryan Air/Aerlingus). Das Interesse, Effizienzvorteile an die Verbraucher weiterzugeben, hängt davon ab, ob weiterhin Wettbewerbsdruck besteht. Dies ist bei einer Marktstellung, die der Einzelmarktbeherrschung nahe kommt, eher unwahrscheinlich (KOMM aaO Rn. 1103). Im Zusammenschluss UPS/TNT Express (KOMM 30.1.2013 M.6570) haben nachgewiesene Effizenzen dazu geführt, dass Wettbewerbsbehinderungen für einige betroffene räumlich relevante Märkte kompensiert werden konnten (allerdings nicht auf allen, sodass der Zusammenschluss dennoch untersagt wurde).

e) Sanierungsfälle. Unter besonderen Voraussetzungen kann auch ein an sich zu einer Behinderung des Wettbewerbs führender Zusammenschluss unter dem Gesichtspunkt der **„Sanierungsfusion"** freigegeben werden. Voraussetzung ist dafür, dass ohne den Zusammenschluss eines der beteiligten Unternehmen aus dem Markt ausscheiden würde. Die Verschlechterung der Wettbewerbsstruktur darf nicht aus dem Zusammenschluss rühren, sondern würde sich ohnehin durch den Untergang eines der Unternehmen einstellen (s. dazu EuGH 31.3.1998 C-68/94 und C-30/95 Rn. 114 Kali+Salz; Leitlinien horizontale Zusammenschlüsse, Anhang B 21, Rn. 89). Die Kommission verlangt die Erfüllung von **drei Kriterien für eine Sanierungsfusion,** nämlich, (1) dass das **Unternehmen,** welches einen Sanierungsfall darstellen soll, aufgrund seiner finanziellen Schwierigkeiten gezwungen wäre, in naher Zukunft aus dem **Markt auszuscheiden,** falls es nicht durch ein anderes Unternehmen übernommen wird, (2) zu dem angemeldeten Zusammenschluss **keine weniger wettbewerbswidrige Verkaufsalternative** gegeben ist, und (3) die **Vermögenswerte des gescheiterten Unternehmens ohne den Zusammenschluss zwangsläufig aus dem Markt ausscheiden** würden (Leitlinien horizontale Zusammenschlüsse, Anhang B 21, Rn. 90). 64

f) „Counterfactual". Bei der Prüfung der Auswirkungen des Zusammenschlusses kann auch das **Alternativszenario** herangezogen werden, also die Situation, die sich einstellt, wenn der Zusammenschluss nicht vollzogen wird. Diese Betrachtung des „counterfactual" kann für oder gegen die Vereinbarkeit des Zusammenschlusses mit dem Gemeinsamen Markt sprechen. Dabei wird geprüft, **wie sich der Wettbewerb ohne den Zusammenschluss entwickeln würde,** und insbesondere welcher Zusammenschluss möglicherweise anstelle des angemeldeten Zusammenschlusses treten würde, und wie dessen Auswirkungen wären. In der Entscheidung Lufthansa/Austrian Airlines (KOMM 28.8.2009 M.5440 Rn. 85ff.) prüfte die Kommission in ihrer Entscheidung über die wettbewerblichen Auswirkungen, wie die Wettbewerbsbedingungen sich verändern würden, wenn Austrian Airlines nicht durch Lufthansa, sondern durch Air France/KLM übernommen würde. Dann wäre nach Einschätzung der Kommission, die bereits bestehende Kooperation zwischen Lufthansa und Austrian aufgelöst worden, was dazu geführt hätte, dass eine Intensivierung des Wettbewerbs zwischen Lufthansa und Austrian Airlines stattgefunden hätte. Wäre dieses Alternativszenario eingetreten, hätten sich die Wettbewerbsbedingungen nach Ansicht der Kommission verbessert. 65

8. Behauptungs- und Beweislast

Die Kommission soll die Darlegungs- und Beweislast sowohl **für die Untersagung als auch Freigabe** eines Zusammenschlusses haben (*Montag/von Bonin* in Münchener Kommentar Art. 2 FKVO Rn. 426). Es gibt also keine Regel, dass im 66

Zweifel für die Freigabe des Zusammenschlusses zu entscheiden ist. Die Kommission muss in einer in Art. 296 AEUV genügenden Weise die Entscheidung begründen (s. hierzu EuGH, Urteil vom 10.7.2008, C-413/06 P Rn. 166 Impala). Dies setzt voraus, dass die Kommission die Entscheidung so begründet, dass das Gericht die Entscheidung nachvollziehen kann; die Gründe müssen dafür die wichtigsten rechtlichen und tatsächlichen Erwägungen für die Entscheidung erkennen lassen (*Kotzur* in Geiger/Khan/Kotzur EUV/AEUV, 5. Aufl. 2010, Art. 296 Rn. 7). Die Begründung muss in der Entscheidung enthalten sein; ein Nachschieben von Gründen zur Heilung eines Begründungsmangels ist nicht möglich (*Kotzur* in Geiger/Khan/Kotzur EUV/AEUV, 5. Aufl. 2010, Art. 296 Rn. 8). Bei der Überprüfung der Entscheidung durch das Gericht wird ein **Beurteilungsspielraum** der Kommission anerkannt; das Gericht darf die wirtschaftliche Beurteilung der Kommission nicht ändern (EuGH 10.7.2008 C-413/06 P, Rn. 145 Impala; EuG 7.6.2013 T-405/08 SPAR Rn.). Die Kommission ist auch der Ansicht, dass sie grundsätzlich in der Entscheidung darüber frei ist, ob sie zur Absicherung der Marktdefinition oder der Auswirkungen des Zusammenschlusses auf ökonomische Untersuchungen zurückgreifen muss (KOMM 1.2.2012 M.6166 Rn. 246 Deutsche Börse/NYSE Euronext). Eine Prüfung der Beurteilungsgrundlage der Kommission, etwa danach, ob alle Tatsachen berücksichtigt wurden, ist aber dem Gericht nicht verwehrt. Dabei geht die Rechtsprechung davon aus, dass die Kommission bei der Prüfung der komplexen wirtschaftlichen Auswirkungen des Zusammenschlusses ein gewisses Ermessen hat, und sich deshalb die Gerichte auf die Prüfung beschränken, ob die Verfahrens- und Begründungsvorschriften eingehalten worden sind, ob der Sachverhalt zutreffend festgestellt ist und **ob kein offensichtlicher Beurteilungsfehler und kein Ermessensmissbrauch** vorliegt (bestätigt durch EuG 7.6.2013 T-405/08 SPAR Rn. – u.H.a. EuG 21.9.2005 T-87/05 SLG 2005, II-3745 Rn. 151 EDP mwN). Allerdings prüfen die Unionsrichter nicht nur die sachliche Richtigkeit der angeführten Beweise, ihre Zuverlässigkeit und ihre Kohärenz, sondern müssen auch kontrollieren, ob diese Beweise alles das umfassen, was bei der Beurteilung des Zusammenschlusses heranzuziehen war, und ob sie die aus ihnen gezogenen Schlüsse zu stützen vermögen (EuG 7.6.2013 T-405/08 Rn. – SPAR u.H.a. EuG 7.5.2009 T-151/05 SLG 2009 II-1219 Rn. 54 NVV).

9. Gemeinschaftsunternehmen (Abs. 4, Abs. 5)

67 Die Kommission hat nach Abs. 4 einen Zusammenschluss, der zur Gründung eines Gemeinschaftsunternehmens führt, auch dahingehend zu prüfen, ob es zu einer relevanten Koordinierung **des Wettbewerbsverhältnisses** im Sinne von Art. 101 Abs. 1 und Abs. 3 AEUV kommt. Dabei berücksichtigt die Kommission nach Abs. 5 insbesondere, ob die Gründerunternehmen des Gemeinschaftsunternehmens auf einem vor- oder nachgelagerten Markt oder auf einem benachbarten Markt oder eng damit verknüpften Markt über eine nennenswerte oder gleichwertige Präsenz verfügen und die Gründung des Gemeinschaftsunternehmens die Möglichkeit schafft, für einen wesentlichen Teil der betreffenden Waren und Dienstleistungen den Wettbewerb auszuschalten.

68 Ursprünglich unterschied die VO 4064/89 zwischen **konzentrativen** und **kooperativen Gemeinschaftsunternehmen.** Nur konzentrative Gemeinschaftsunternehmen waren „Zusammenschlüsse" und unterfielen der europäischen Fusionskontrolle; kooperative Gemeinschaftsunternehmen blieben dagegen den jeweiligen nationalen Fusionskontrollordnungen überlassen. Der Unterschied zwischen kooperativen und konzentrativen Gemeinschaftsunternehmen bestand darin, dass auf das Gemeinschaftsunternehmen alle Aktivitäten von Muttergesellschaften bezogen auf den betroffenen Geschäftsbereich verlagert wurden, sodass nach dem Zusammenschluss kein Wettbewerbsverhältnis mehr zwischen den Gemeinschaftsunternehmen

und dem Mutterunternehmen sowie auch nicht mehr zwischen den Mutterunternehmen bestand. Das Gemeinschaftsunternehmen nahm die Wettbewerbsaktivitäten auf, sodass hinterher Koordinierungen im selben Markt auf Ebene der Gründerunternehmen, aber auch im Verhältnis zum Gemeinschaftsunternehmen nicht mehr möglich waren (s. hierzu *Körber* in IM Art. 2 FKVO Rn. 608; *Zimmer* in IM Art. 101 Abs. 1 AEUV Rn. 307ff.). Dieses Erfordernis nicht mehr bestehenden Wettbewerbs zwischen den Gründern wurde durch die erste Revision der Fusionskontrollverordnung abgeschafft und dafür Art. 2 Abs. 4 eingefügt (s. dazu *Körber* in IM Art. 2 FKVO Rn. 609). Zugleich wurde Art. 3 Abs. 4 so geändert, dass die Gründung eines Gemeinschaftsunternehmens nur dann einen Zusammenschlusstatbestand erfüllt, wenn es „auf Dauer alle Funktionen einer selbstständigen wirtschaftlichen Einheit erfüllt" (→ Art. 3 Rn. 28f.).

Art. 2 Abs. 4 und Abs. 5 dienen dazu, der Kommission die Prüfung von koordinierenden Effekten zwischen den Gründerunternehmen bzw. dem Gründerunternehmen und dem Gemeinschaftsunternehmen zu ermöglichen. Dabei prüft die Kommission nicht nur, ob sich aus der Struktur wettbewerbsbeschränkende Vereinbarungen bzw. abgestimmtes Verhalten im Sinne des Art. 101 Abs. 1 AEUV ergibt; sie hat auch zu berücksichtigen, ob die Voraussetzungen für eine Freistellung nach Art. 101 Abs. 3 AEUV gegeben sind. Bei **Gemeinschaftsunternehmen** ist die lang diskutierte Frage der **„Doppelkontrolle"** durch Art. 101 Abs. 1 einerseits und Fusionskontrolle andererseits ein Scheinproblem. Weder verdrängt nach der heutigen Fassung der VO 139/2004 die Fusionskontrolle die Anwendbarkeit des Art. 101 Abs. 1 AEUV noch umgekehrt. Beschränkt sich die Transaktion auf die Einbringung der jeweiligen Aktivitäten in ein Gemeinschaftsunternehmen, dann ist hierauf bei Erreichung der jeweiligen Schwellenwerte Fusionskontrolle anwendbar. Eine wettbewerbsbeschränkende Vereinbarung liegt nicht vor, soweit die Strukturänderung geregelt wird. Alle über die Gründung des Gemeinschaftsunternehmens hinausgehenden Regelungen zwischen Mutterunternehmen und Gemeinschaftsunternehmen sowie zwischen den Mutterunternehmen sind an Art. 101 Abs. 1 AEUV zu prüfen. **Wettbewerbsverbote der Gründerunternehmen im Verhältnis zum Gemeinschaftsunternehmen** sind grundsätzlich als mit der Durchführung des Zusammenschlusses unmittelbar verbunden und notwendig einzustufen, wenn sich diese Verpflichtungen auf die Waren, Dienstleistungen und Gebiete beziehen, die in der betreffenden Gründungsvereinbarung oder in der Satzung vorgesehen sind (Bekanntmachung über Nebenabreden, Anhang B 23, Rn. 36). Der **räumliche Geltungsbereich** des Wettbewerbsverbots muss sich auf das Gebiet beschränken, in dem die Gründer die betreffenden Waren oder Dienstleistungen vor der Gründung des Gemeinschaftsunternehmens abgesetzt bzw. erbracht haben; der räumliche Geltungsbereich kann sich auch auf Gebiete erstrecken, in denen die Gründerunternehmen zum Zeitpunkt der Unternehmensgründung geschäftlich tätig zu werden planten, sofern sie bereits entsprechende Investitionen getätigt haben (Bekanntmachung Rn. 37). Entsprechendes gilt für Wettbewerbsverbote bezüglich der umfassten Waren und Dienstleistungen. 69

Wettbewerbsverbote zwischen den Gründerunternehmen können **so lange** als mit der Durchführung des Zusammenschlusses unmittelbar verbunden und für diese notwendig angesehen werden, **wie das Gemeinschaftsunternehmen besteht.** Lizenzvereinbarungen zwischen den Gründerunternehmen gelten nicht als mit der Gründung eines Gemeinschaftsunternehmens unmittelbar verbunden und für diese notwendig (Bekanntmachung über Nebenabreden, Anhang B 23, Rn. 43). Zwischen dem Gemeinschaftsunternehmen und den Gründerunternehmen sind auch **Bezugs- und Liefervereinbarungen** im gleichen Umfang möglich, wie dies im Zusammenhang mit Unternehmenskäufen der Fall ist. 70

Die Kommission kann das Gemeinschaftsunternehmen **nach Abs. 4 untersagen,** wenn das Gemeinschaftsunternehmen gegen Art. 101 Abs. 1 AEUV verstößt. Stellt die Kommission einen Verstoß gegen Art. 101 Abs. 1 AEUV fest, kommt sie aber 71 zum Ergebnis, dass die Freistellungsvoraussetzung nach Art. 101 Abs. 3 vorliegen, so hat die Freistellung des Zusammenschlusses die Wirkung einer – unbefristeten – Einzelfreistellung durch Entscheidung der Kommission, obwohl es nach der VO 1/2003 die Einzelfreistellung durch Entscheidungen für sonstige wettbewerbsbeschränkende Vereinbarungen nicht mehr gibt (s. hierzu *Körber* in IM Art. 2 FKVO Rn. 651).

Art. 3 Definition des Zusammenschlusses

(1) Ein Zusammenschluss wird dadurch bewirkt, dass eine dauerhafte Veränderung der Kontrolle in der Weise stattfindet, dass
a) zwei oder mehr bisher voneinander unabhängige Unternehmen oder Unternehmensteile fusionieren oder dass
b) eine oder mehrere Personen, die bereits mindestens ein Unternehmen kontrollieren, oder ein oder mehrere Unternehmen durch den Erwerb von Anteilsrechten oder Vermögenswerten, durch Vertrag oder in sonstiger Weise die unmittelbare oder mittelbare Kontrolle über die Gesamtheit oder über Teile eines oder mehrerer anderer Unternehmen erwerben.

(2) Die Kontrolle wird durch Rechte, Verträge oder andere Mittel begründet, die einzeln oder zusammen unter Berücksichtigung aller tatsächlichen oder rechtlichen Umstände die Möglichkeit gewähren, einen bestimmenden Einfluss auf die Tätigkeit eines Unternehmens auszuüben, insbesondere durch:
a) Eigentums- oder Nutzungsrechte an der Gesamtheit oder an Teilen des Vermögens des Unternehmens;
b) Rechte oder Verträge, die einen bestimmenden Einfluss auf die Zusammensetzung, die Beratungen oder Beschlüsse der Organe des Unternehmens gewähren.

(3) Die Kontrolle wird für die Personen oder Unternehmen begründet,
a) die aus diesen Rechten oder Verträgen selbst berechtigt sind, oder
b) die, obwohl sie aus diesen Rechten oder Verträgen nicht selbst berechtigt sind, die Befugnis haben, die sich daraus ergebenden Rechte auszuüben.

(4) Die Gründung eines Gemeinschaftsunternehmens, das auf Dauer alle Funktionen einer selbstständigen wirtschaftlichen Einheit erfüllt, stellt einen Zusammenschluss im Sinne von Absatz 1 Buchstabe b) dar.

(5) Ein Zusammenschluss wird nicht bewirkt,
a) wenn Kreditinstitute, sonstige Finanzinstitute oder Versicherungsgesellschaften, deren normale Tätigkeit Geschäfte und den Handel mit Wertpapieren für eigene oder fremde Rechnung einschließt, vorübergehend Anteile an einem Unternehmen zum Zweck der Veräußerung erwerben, sofern sie die mit den Anteilen verbundenen Stimmrechte nicht ausüben, um das Wettbewerbsverhalten des Unternehmens zu bestimmen, oder sofern sie die Stimmrechte nur ausüben, um die Veräußerung der Gesamtheit oder von Teilen des Unternehmens oder seiner Vermögenswerte oder die Veräußerung der Anteile vorzubereiten, und sofern die Veräußerung innerhalb eines Jahres nach dem Zeitpunkt des Erwerbs erfolgt; diese Frist kann von der Kommission auf Antrag verlängert werden, wenn die genannten Institute oder Gesellschaften nachweisen, dass die Veräußerung innerhalb der vorgeschriebenen Frist unzumutbar war;
b) wenn der Träger eines öffentlichen Mandats aufgrund der Gesetzgebung eines Mitgliedstaats über die Auflösung von Unternehmen, die Insolvenz, die Zahlungseinstellung, den Vergleich oder ähnliche Verfahren die Kontrolle erwirbt;

c) wenn die in Absatz 1 Buchstabe b) bezeichneten Handlungen von Beteiligungsgesellschaften im Sinne von Artikel 5 Absatz 3 der Vierten Richtlinie 78/660/EWG des Rates vom 25. Juli 1978 aufgrund von Artikel 54 Absatz 3 Buchstabe g) des Vertrages über den Jahresabschluss von Gesellschaften bestimmter Rechtsformen vorgenommen werden, jedoch mit der Einschränkung, dass die mit den erworbenen Anteilen verbundenen Stimmrechte, insbesondere wenn sie zur Ernennung der Mitglieder der geschäftsführenden oder aufsichtsführenden Organe der Unternehmen ausgeübt werden, an denen die Beteiligungsgesellschaften Anteile halten, nur zur Erhaltung des vollen Wertes der Investitionen und nicht dazu benutzt werden, unmittelbar oder mittelbar das Wettbewerbsverhalten dieser Unternehmen zu bestimmen.

Inhaltsübersicht

1. Überblick

1 **a) Zweck.** Art. 3 definiert den Begriff des Zusammenschlusses und damit eine von zwei wesentlichen Voraussetzungen der Anwendung der EU-Fusionskontrolle. Die andere Voraussetzung ergibt sich aus den Umsatzschwellen in Art. 1. Kernaussage des Art. 3 ist, dass durch den Vorgang, der als Zusammenschluss bezeichnet wird, eine **dauerhafte Strukturveränderung** im Verhältnis von Unternehmen stattfindet, und zwar entweder durch eine **volle Fusion** oder durch den **Erwerb der Kontrolle.** Mit dem Kontrollbegriff sind zwei Schwierigkeiten verbunden: Einmal kann im Einzelfall durchaus fraglich sein, ob eine neue Unternehmensverbindung im Hinblick auf ihre

Intensität und Dauerhaftigkeit die Voraussetzung der Kontrolle erfüllt. Zum anderen ergeben sich dann, wenn mehrere Unternehmen gemeinsam die Kontrolle erwerben und/oder Gegenstand der Kontrolle mehrere Unternehmen sind, besondere Anwendungs- und Auslegungsprobleme (vgl. zu all dem und zum Folgenden auch *Karl,* Der Zusammenschlussbegriff in der europäischen Fusionskontrollverordnung 1996).

2 **b) Gesetzgebungsgeschichte.** Art. 3 ist im Wesentlichen noch identisch mit der entsprechenden Bestimmung in der VO 4064/89. Die heutigen Abs. 1, 2, 3 und 5 entsprechen den Absätzen des Art. 3 Abs. 1, 3, 4 und 5 VO 4064/89. Umgestellt und sachlich geändert wurde der heutige Abs. 4, dem in der Ursprungsfassung in Abs. 2 eine Spezialvorschrift für **Gemeinschaftsunternehmen** voranging. Art. 3 Abs. 2 VO 4064/89 enthielt in Abs. 2 Unterabs. 1 die Klarstellung, dass eine Handlung, insbesondere die Gründung eines Gemeinschaftsunternehmens, die eine Koordinierung des Wettbewerbsverhaltens voneinander unabhängig bleibender Unternehmen bezweckt oder bewirkt, keinen Zusammenschluss darstelle; damit wurde der Fall des kooperativen Gemeinschaftsunternehmens voll der Anwendung des Kartellverbots des Art. 101 AEUV (damals Art. 85 EWGV) überlassen. In Unterabs. 2 hieß es demgegenüber, dass die Gründung eines Gemeinschaftsunternehmens, das „auf Dauer alle Funktionen einer selbstständigen wirtschaftlichen Einheit erfüllt und keine Koordinierung des Wettbewerbsverhaltens der Gründerunternehmen im Verhältnis zueinander oder im Verhältnis zu dem Gemeinschaftsunternehmen mit sich bringt", einen Zusammenschluss darstelle. Durch die Änderungsverordnung 1310/97 vom 30.6.1997 (ABl. 1997 L 180/1) wurden in Abs. 1 Unterabs. 2 die Worte „keine Koordinierung des Wettbewerbsverhaltens ..." gestrichen. Damit war der Grundstein für die heutige Regelung in Art. 3 Abs. 4 gelegt, wonach es für die Einbeziehung von Gemeinschaftsunternehmen nur darauf ankommt, ob es **„auf Dauer alle Funktionen einer selbstständigen wirtschaftlichen Einheit** erfüllt". Die Frage, ob eine Koordinierung des Verhaltens der Muttergesellschaften damit verbunden ist, ist seither nicht mehr relevant dafür, ob ein Zusammenschluss vorliegt. Vielmehr geht es insoweit nur darum, ob neben der Fusionskontrolle auch das Kartellverbot des Art. 101 AEUV Anwendung findet. Deswegen ist durch die Änderungs-VO 1310/97 Art. 2 Abs. 4 (heute auf Abs. 4 und 5 verteilt) eingeführt worden, der in das Fusionskontrollverfahren auch eine mögliche Prüfung nach Art. 101 AEUV integriert.

3 **c) Charakter der Zusammenschlusstatbestände.** Die beiden Zusammenschlusstatbestände in Abs. 1, die durch die Abs. 2–4 konkretisiert werden, sind **exakt umschriebene Einzeltatbestände,** die zwar einer Auslegung bedürfen, aber **nicht erweiterungs- oder gar analogiefähig** sind. Die Vereinbarung eines Zusammenschlusses löst noch keine zwingenden Rechtsfolgen aus. Zwar heißt es in Art. 4 Abs. 1, dass Zusammenschlüsse von gemeinschaftsweiter Bedeutung „nach Vertragsabschluss" bei der Kommission anzumelden sind. Aber der Bußgeldtatbestand des Art. 14 Abs. 2 lit. a macht deutlich, dass nicht die Unterlassung der Anmeldung rechtswidrig ist, sondern nur die Unterlassung der Anmeldung „vor Vollzug" des Zusammenschlusses; die Rechtswidrigkeit liegt dann nicht in der Unterlassung der Anmeldung, sondern im Vollzug des Zusammenschlusses, ohne dass angemeldet wurde. Damit überschneidet sich dieser Tatbestand mit dem viel wichtigeren in Art. 14 Abs. 2 lit. b, wonach der Vollzug eines Zusammenschlusses unter Verstoß gegen das Vollzugsverbot des Art. 7 Abs. 1 ordnungswidrig ist. Deswegen ist das **Verpflichtungsgeschäft** als solches fusionskontrollrechtlich irrelevant; es kommt auf den **„dinglichen" Akt** an, der die Kontrolle vermittelt.

4 Die **Verknüpfung mehrerer Zusammenschlüsse in einem schuldrechtlichen Vertrag** führt nicht ohne Weiteres zu einem einheitlichen Vorgang in der Fusionskontrolle, jedenfalls dann, wenn es jeweils unterschiedliche Beteiligte gibt oder die Beteiligten in unterschiedlichen Funktionen an den einzelnen Zusammenschlüssen beteiligt sind (vgl. dazu auch *Wessely/Wegner* in MünchKomm Art. 3 FKVO Rn. 69 ff.).

Deshalb führt der **Tausch von Anteilen oder Vermögensteilen** zu mehreren Zusammenschlüssen, für die uU auch die Zuständigkeit von Kommission und nationalen Kartellbehörden differieren (vgl. dazu konsolidierte Mitteilung, Anhang B 20, Rn. 149). Umgekehrt handelt es sich um einen Zusammenschluss auch dann, wenn er in verschiedenen Verträgen und/oder Vorgängen stattfindet, die **wirtschaftlich eine Einheit** darstellen. Schuldrechtliche Verträge können allerdings, dann meist in Verbindung mit anderen Vorgängen, schon unmittelbar zur Begründung der Kontrolle führen. Bei **bedingten Rechtsgeschäften** ist zu unterscheiden: Aufschiebend bedingte Geschäfte werden wirksam mit dem Eintritt der Bedingung. Auflösend bedingte Rechtsgeschäfte führen unmittelbare Rechtsfolgen herbei, die ggf. schon den Vollzug des Zusammenschlusses bedeuten können. Die Vereinbarung einer **Option** auf den Erwerb von Anteilen ist noch kein Vollzug des Anteils- bzw. Kontrollerwerbs. Vollzogen wird erst durch den Erwerb nach Ausübung der Option. Allerdings kann eine jederzeit ausübbare Option schon unmittelbare Einflussrechte vermitteln und damit iSv Abs. 2 kontrollbegründend sein (vgl. zur Beurteilung von Opitonen auch *Körber* in IM Art. 3 FKVO Rn. 46ff.; *Wessely/Wegner* in MünchKomm Art. 3 FKVO Rn. 44f.).

Für den Zusammenschluss nach Art. 3 kommt es nicht darauf an, in welcher **Rechtsform** der Zusammenschluss bewirkt wird. Insbesondere sind auch Zusammenschlüsse nach der VO 139/2004 fusionskontrollpflichtig, wenn sie durch Rechtsakte bewirkt werden, die nach dem insoweit maßgeblichen nationalen Recht als von öffentlich-rechtlicher Natur qualifiziert werden (vgl. zum deutschen Recht *Bechtold*, GVB § 35 Rn. 44ff. und § 37 Rn. 3). Deswegen kann auch ein Vorgang fusionskontrollpflichtig sein, der durch nationale Gesetze der Mitgliedstaaten bewirkt wird. Bisher haben sich daraus noch keine besonderen Probleme ergeben, zumal in fast allen Fällen, die insoweit vorstellbar sind, die gemeinschaftsweite Bedeutung des Zusammenschlusses an der 2/3-Klausel (→ Art. 1 Rn. 18ff) scheitert. 5

2. Zusammenschluss von bisher unabhängigen Unternehmen

a) Konzerninterne Umstrukturierungen. Ein Zusammenschluss iSv Art. 3 liegt nur vor, wenn die beteiligten Unternehmen **nicht schon vorher zusammengeschlossen** waren. Wer schon zusammengeschlossen ist, kann nicht noch einmal zusammengeschlossen werden. Das ist im Wortlaut des Art. 3 nur in Abs. 1 lit. a ausdrücklich erwähnt, wenn dort von der Fusion „bisher voneinander unabhängigen Unternehmen" gesprochen wird. Dieses Merkmal gilt sachlich auch für lit. b. 6

Die Fusion iSv lit. a setzt voraus, dass **erstmals** eine wirtschaftliche Einheit entsteht. **Konzerninterne Umstrukturierungen** erfüllen die Voraussetzungen des Art. 3 nicht; die Kommission spricht insoweit von **„interner Reorganisation"** (Konsolidierte Mitteilung, Anhang B 20 Rn. 51; *Körber* in IM Art. 3 FKVO Rn. 12). Wenn die an der Fusion beteiligten Unternehmen schon bisher so miteinander verbunden waren, dass **schon bisher eine wirtschaftliche Einheit** bestand, ist die Fusion nur ein Formalakt, der materiell unter fusionskontrollrechtlichen Gesichtspunkten irrelevant ist. Die an einer Fusion beteiligten Unternehmen waren bisher voneinander unabhängig, wenn die Unternehmen sich weder im Sinne einer hierarchischen Über- und Unterordnung kontrollierten noch im Sinne einer Gleichordnung schon bisher einer einheitlichen Kontrolle unterlagen. Die Unabhängigkeit fehlt auch, wenn bisher hierarchische Kontrollbeziehungen durch die Fusion in eine Gleichordnung überführt werden. Bei der Frage, ob die Unternehmen bisher voneinander unabhängig waren, gibt es keine Abstufungen. Entscheidend ist, ob sie über Kontrollbeziehungen schon miteinander verbunden waren. Wenn die bisher bestehenden Einflussmöglichkeiten die Schwelle der Kontrolle (→ Rn. 14ff.) nicht erreicht haben, waren sie voneinander unabhängig. Der Unabhängigkeit steht also nicht entgegen, dass zB schon bisher einseitige oder gegenseitige **Minderheitsbeteiligungen** bestanden. 7

8 **b) Beteiligung staatlicher Unternehmen.** Diese Grundsätze gelten auch für **staatliche Unternehmen.** Waren an einem Zusammenschluss beteiligte Unternehmen schon bisher über öffentlich-rechtliche Körperschaften untereinander zu einer Einheit verbunden, und ändert der Zusammenschluss nichts daran, liegt eine fusionkontrollfreie Umstrukturierung vor. Allerdings sind die verschiedenen öffentlich-rechtlichen Körperschaften (Staat, Land, kommunale Gebietskörperschaften, sonstige öffentlich-rechtliche Körperschaften oder Anstalten) nicht zu einer Einheit zusammenzufassen, sondern zu trennen. Aber auch dann, wenn mehrere Unternehmen vollständig oder mehrheitlich im Eigentum ein und derselben Körperschaft stehen, ist für die EU-Fusionskontrolle nicht ohne Weiteres von einer wirtschaftlichen Einheit auszugehen. Die Kommission stellt darauf ab, ob die Unternehmen im Verhältnis zu der Körperschaft und im Verhältnis zueinander **„autonome Entscheidungsbefugnis"** besitzen; dieser Aspekt wird im Erwägungsgrund 22 zur VO 139/2004 ausdrücklich erwähnt. Wenn sich durch die beabsichtigte Maßnahme daran etwas ändert, indem derartige Entscheidungsbefugnisse zusammengeführt werden, kann ein fusionskontrollpflichtiger Zusammenschluss vorliegen; anderenfalls ist eine bloße „interne Reorganisation" anzunehmen (vgl. konsolidierte Mitteilung, Anhang B 20 Rn. 52). Zur Umsatzberechnung bei staatlichen Unternehmen → Art. 5 Rn. 7, 22.

3. Fusion (Abs. 1 lit. a)

9 **a) Grundzüge.** Abs. 1 lit. a setzt voraus, dass zwei oder mehr bisher voneinander unabhängige Unternehmen „fusionieren" und zwar – das ergibt sich aus dem Obersatz in Abs. 1 – so, dass eine **„dauerhafte" Veränderung der Kontrolle** stattfindet. Eine Fusion ist dadurch gekennzeichnet, dass zwei oder mehr bisher voneinander unabhängige Unternehmen in einer **neuen Unternehmenseinheit** aufgehen. Die Veränderung der Kontrolle liegt dann nicht darin, dass ein fusionierendes Unternehmen das oder die anderen kontrolliert, sondern darin, dass alle Unternehmen, die an der Fusion teilnehmen, künftig entweder ein einheitliches Unternehmen sind und keinen verschiedenen Kontrollbeziehungen mehr unterliegen oder einer einheitlichen Kontrolle durch ein oder mehrere Unternehmen über dem fusionierten Unternehmen unterliegen. Wenn die fusionierten Unternehmen schon bisher in gleicher Weise der Kontrolle durch ein oder mehrere Unternehmen unterlagen, waren sie im Verhältnis zueinander nicht „voneinander unabhängig". Es muss also durch die Fusion eine **neue Zuordnung** zumindest eines der fusionierten Unternehmen stattfinden.

10 **b) Fusion.** Der Begriff ist im Gesetz nicht definiert. Gemeint ist zunächst ein Vorgang, der dazu führt, dass mehrere rechtlich bisher selbstständige Unternehmen in einer **neuen rechtlichen Einheit** zusammengefasst werden. Insoweit sind verschiedene rechtliche Gestaltungen denkbar, die von den nationalen Rechten vorgegeben werden, in Deutschland insbesondere die Verschmelzung oder Umwandlung. Vom Begriff der Fusion können daneben auch neue **wirtschaftliche Zusammenfassungen von zuvor getrennten Unternehmen** erfasst werden, zB in der Form, dass zwei oder mehr bisher getrennte wirtschaftliche Einheiten einer einheitlichen tatsächlichen Leitung unterstellt werden. Deswegen gehört zu der wirtschaftlichen Fusion auch die Bildung eines **Gleichordnungskonzerns** (vgl. Konsolidierte Mitteilung, Anhang B 20 Rn. 10 mit Fn. 10; dazu auch *Körber* in IM Art. 3 FKVO Rn. 21; *Lindemann* in LMR Art. 3 FKVO Rn. 15). Dieser kann als rechtlicher, aber auch als nur faktischer Gleichordnungskonzern ausgestaltet sein. Er ist wie alle anderen Fälle der Fusion dadurch gekennzeichnet, dass die am Gleichordnungskonzern beteiligten Unternehmen sich nicht gegenseitig kontrollieren, sondern dass sie ihrerseits einer einheitlichen Kontrolle (durch ein anderes Unternehmen oder durch ein bloßes Leitungsorgan) unterliegen (vgl. zur EU-rechtlichen Beurteilung eines Gleichordnungskonzerns schon Kommission, 7. Wettbewerbsbericht 1977 S. 31 ff.

(§ 7 Rn. 29–32); *Buntscheck* WuW 2004 374; zum deutschen Recht BGH WuW/E DE-R 243 Pirmasenser Zeitung).

c) Dauerhafte Veränderung. Die Fusion ist nur dann ein Zusammenschluss nach Abs. 1 lit. a, wenn sie zu einer „dauerhaften“ Veränderung führt. Die Prognose, ob eine strukturelle Veränderung „dauerhaft“ ist, hat **ex ante** zu erfolgen. Wenn zwei Unternehmen in der Weise zusammengefasst werden, dass der Begriff der Fusion erfüllt ist, wird die Dauerhaftigkeit dieser Fusion im praktischen Ergebnis ohne Weiteres zu prognostizieren sein; sie wird also praktisch vermutet. Der Dauerhaftigkeit widerspricht es nicht, wenn sich nachträglich herausstellt, dass die Fusion tatsächlich nicht von Dauer war, sondern aufgrund neuer Umstände nach kurzer Zeit wieder aufgelöst wurde. Die Dauerhaftigkeit ist nur ausgeschlossen, wenn diese **Auflösung schon im Zeitpunkt der Begründung der Fusion vorhersehbar** war. Wenn aufgrund von Options- oder anderen vertraglichen Regelungen die Wahrscheinlichkeit besteht, dass die Fusion nach einer bestimmten Zeit wieder aufgelöst wird, muss sie zumindest für einen Mindestzeitraum fest vereinbart sein. In der Praxis muss dieser Zeitraum mindestens ein Jahr betragen (→ Rn. 17); bei nur vorübergehenden „Fusionen“ können sich stattdessen Probleme aus dem Kartellverbot des Art. 101 AEUV ergeben. 11

4. Erwerb der Kontrolle (Abs. 1 lit. b, Abs. 2)

a) Struktur des Zusammenschlusstatbestands. Abs. 1 lit. b umschreibt den wichtigsten Zusammenschlusstatbestand der Fusionskontrolle, nämlich den Kontrollerwerb. Dies kommt in **zwei Alternativen** vor, nämlich einmal im Erwerb der Alleinkontrolle, zum anderen im Erwerb der gemeinsamen Kontrolle, also der Kontrolle durch mehrere Unternehmen. Erwerbsgegenstand sind die Gesamtheit oder Teile eines oder mehrerer anderer Unternehmen. Die Kontrollmittel sind in Abs. 2 denkbar weit umschrieben; entscheidend ist, dass mit diesen Mitteln die Möglichkeit verbunden ist, einen bestimmenden Einfluss auf die Tätigkeit eines Unternehmens auszuüben. Erfaßt wird nur der **Erwerb durch Unternehmen.** Dabei gilt nach dem Wortlaut des Abs. 1 lit. b als Unternehmen auch eine (Privat-)Person, wenn sie schon mindestens ein Unternehmen kontrolliert. Das bedeutet, dass im Ergebnis – ebenso wie im deutschen Recht (§ 36 Abs. 3 GWB) – die **Unternehmereigenschaft einer Privatperson (unwiderlegbar) vermutet** wird, wenn sie (schon) ein Unternehmen kontrolliert. Dasselbe kann auch für eine **Familie** gelten (vgl. dazu auch *Körber* in IM Art. 3 FKVO Rn. 9). Darüber hinaus kann eine Privatperson auch dann Unternehmen sein, wenn sie selbst „weitere wirtschaftliche Tätigkeiten“ ausübt (dazu konsolidierte Mitteilung, Anhang B 20 Rn. 151). Ein **Management Buy Out** erfüllt im Allgemeinen nicht die Voraussetzungen des Art. 3, weil die erwerbenden Manager (noch) nicht Unternehmen sind – ganz unabhängig davon, dass im Allgemeinen auch die Umsatzschwellen des Art. 1 nicht erfüllt sein werden. 12

Weitgehend ungeklärt ist die Frage, ob ein **„Erwerb“** auch vorliegt, wenn derjenige, der die Kontrolle erlangt, an diesem Vorgang gar **nicht mitwirkt.** Die Kommission (Konsolidierte Mitteilung, Anhang B 20 Rn. 21) spricht insoweit von dem Fall, dass „der Erwerber nur eine passive Rolle spielt“; dieser Fall werde durch die Worte „in sonstiger Weise“ in Abs. 1 lit. b erfasst. UE muss differenziert werden: Wenn die Beteiligung sich durch den Vorgang auch formal verändert, zB durch **Erbgang,** liegt ein Erwerb vor, der von Art. 3 erfasst wird; der Umstand, dass er nicht vor Vollzug, sondern erst nachträglich angemeldet werden kann, spricht nicht gegen die Anwendung der FKVO. Entsprechendes gilt, wenn eine Beteiligung durch **Anwachsung** aufgrund des Ausscheidens anderer Gesellschafter über die Kontrollschwelle gehoben wird. Kein Erwerb liegt uE aber vor, wenn nur **faktisch** eine nicht kontrollierende Beteiligung dadurch aufgewertet wird, dass entweder andere Gesellschafter ihre Beteiligungsrechte nicht ausüben oder bisherige kontrollierende Beteiligungen durch 13

Teilveräußerungen so aufgeteilt werden, dass die Restbeteiligung faktisch mit Mehrheitseinfluss verbunden ist. In einem solchen Fall kann nicht vom „Erwerb" der Kontrolle gesprochen werden; dann findet auch der Erwerbsgrund „in sonstiger Weise" keine Anwendung (offenbar aA *Körber* in IM Art. 3 FKVO Rn. 31; *Wessely/Wegner* MünchKomm Art. 3 FKVO Rn. 61).

14 **b) Alleinkontrolle.** Unter „Kontrolle" ist nach Abs. 2 die Möglichkeit zu verstehen, „einen bestimmenden Einfluss auf die Tätigkeit eines Unternehmens auszuüben". Der Einfluss kann eine rechtliche oder eine faktische Grundlage haben; häufig ist beides kombiniert. Der Sache nach stimmt das überein mit dem im deutschen Recht (§ 17 AktG) verwendeten Begriff der **Möglichkeit eines beherrschenden Einflusses.** Dafür sind in jedem Fall erforderlich beständige und umfassende Einwirkungsmöglichkeiten des beherrschenden Unternehmens auf ein anderes. Entscheidend sind alle Umstände des Einzelfalls, die in eine Gesamtbetrachtung einzubeziehen sind (vgl. Konsolidierte Mitteilung, Anhang B 20 Rn. 16: Berücksichtigung aller tatsächlichen oder rechtlichen Umstände; vgl. dazu auch *Wessely/Wegner* in MünchKomm Art. 3 FKVO Rn. 29f.). Die **tatsächliche Ausübung** des beherrschenden Einflusses ist nicht nötig. Es genügt die Möglichkeit dazu. Vom Fall der gemeinsamen Kontrolle abgesehen scheidet eine „mehrfache" Abhängigkeit eines Unternehmens von mehreren, voneinander unabhängig handelnden Unternehmen aus.

15 Der wichtigste Fall der Erlangung der Alleinkontrolle ist der **„Erwerb von Anteilsrechten oder Vermögensrechten".** Erwerbsgegenstand kann ein oder mehrere Unternehmen, aber auch ein Unternehmensteil und damit auch ein Vermögensteil sein. Eine eigentumsrechtliche, dingliche oder unmittelbar gesellschaftsrechtliche Verbindung zwischen kontrollierenden und kontrollierten Unternehmen ist nicht erforderlich. Deshalb kann in besonderen Fällen zB auch ein Lizenzerwerb ausreichen.

16 Die **Mehrheitsbeteiligung** vermittelt im Regelfall die Alleinkontrolle über das Unternehmen, an dem die Mehrheitsbeteiligung besteht. Das deutsche Aktienrecht verbindet dementsprechend in § 17 Abs. 2 AktG mit der Mehrheitsbeteiligung die Vermutung des beherrschenden Einflusses des sich beteiligenden Unternehmens und der Abhängigkeit des Unternehmens, an dem die Beteiligung besteht; diese Vermutung gilt, weil sie eine ausreichende faktische Grundlage hat, auch außerhalb des deutschen Rechts. Für die Kontrolle ist aber nicht unbedingt eine formale Mehrheitsbeteiligung erforderlich. Häufig ergibt sich die Kontrolle im Sinne der Kontrollmöglichkeit auch schon bei niedrigeren Beteiligungen, insbesondere in den Fällen der breiten Streuung der restlichen Beteiligung **(Streubesitz).** Deswegen kann auch die Erhöhung einer Beteiligung von zB 30% auf 40% neu einen Zusammenschlusstatbestand erfüllen, wenn die **gesicherte Hauptversammlungsmehrheit** mit zB 38% erreicht wird (vgl. dazu Konsolidierte Mitteilung, Anhang B 20 Rn. 59). Dabei kommt es nicht allein darauf an, wie die Präsenz in der Vergangenheit war; vielmehr muss die Vergangenheitsbetrachtung verbunden werden mit der Prognose, wie sich die Präsenz aufgrund der Neuverteilung der Anteile nach dem Zusammenschluss entwicklen wird. So ist es ohne Weiteres möglich, dass durch den Aufkauf bisher nicht in der Hauptversammlung vertretener Aktien sich in der Zukunft die Präsenz erhöhen wird, sodass im Vergleich zur Vergangenheit erst ein höherer Prozentsatz die Hauptversammlungsmehrheit sichert. Insoweit ist eine Prognose für die Zukunft erforderlich; nur dann kann iSd Obersatzes von Abs. 1 von einer „Dauerhaftigkeit" gesprochen werden. Dabei sind auch mögliche Besonderheiten des jeweils anwendbaren nationalen Gesellschaftsrechts zu berücksichtigen. Bloße **Vetorechte** reichen für die Kontrolle im Allgemeinen nicht aus, da sie die **Möglichkeit aktiver Gestaltung** voraussetzt; häufig sind sie aber ein Indiz für eine gemeinsame Kontrolle mit anderen Gesellschaftern (→ Rn. 18).

17 Die Kontrolle muss nicht unbedingt, obwohl das der Regelfall ist, **gesellschaftsrechtlich** verwurzelt sein. Sie kann sich aber auch aus einem Vertrag oder einem

Bündel von Verträgen und personellen Verbindungen ergeben. Beispiele dafür sind die **Begründung eines Treuhandverhältnisses,** aufgrund dessen der formale Gesellschafter die Beteiligung für Rechnung eines Dritten (des Erwerbers) hält (dazu auch *Körber* in IM Art. 3 FKVO Rn. 40) oder ein lang laufender **Managementvertrag** (vgl. Entscheidungen COMP/M.3858 Lehmann Brothers, COMP/M.2632 Deutsche Bahn). Auch die Fälle der **Betriebspacht** (dazu COMP/M.2060 Bosch/Rexroth) oder sonstigen **Betriebsüberlassung** oder **Gewinnabführungsverträge** gehören in diese Kategorie, zumal Gegenstand der Kontrolle nicht unbedingt ein Unternehmen sein muss, sondern auch „Teil" eines anderen Unternehmens sein kann. Handelt es sich nicht um gesellschaftsrechtliche Verbindungen, kommt allerdings dem Erfordernis besondere Bedeutung zu, dass die Kontrolle **auf Dauer** (→ Rn. 11) angelegt sein muss. Nur vorübergehende Kontrollmöglichkeiten, zB aufgrund einer nicht auf Dauer angelegten und auch ansonsten nicht abgesicherten Personenidentität in Unternehmensorganen oder aufgrund bestimmter Aufträge, die für die Zeit der Auftragsdurchführung das beauftragte Unternehmen soll in Abhängigkeit vom Auftraggeber bringen, reichen nicht aus. Ein **Franchisevertrag** vermittelt im Allgemeinen keine umfassenden Kontrollmöglichkeiten (dazu konsolidierte Mitteilung, Anhang B 20 Rn. 19), zumal der Franchisegeber im Allgemeinen am Risiko des Franchisenehmers nicht beteiligt ist. Wird ein Unternehmen von vornherein nur vorübergehend oder aufgrund einer mehr oder weniger zufälligen Addition mehrerer Umstände „kontrolliert", besteht auch schon aktuell keine Kontrolle, weil mit diesem Begriff auch die Möglichkeit verbunden ist, das Verhalten und die Strategie des kontrollierten Unternehmens langfristig zu beeinflussen. Die Kontrolle kann **unmittelbar oder mittelbar** am Objekt begründet werden. Der Fall einer mittelbaren Kontrolle liegt zB vor, wenn der Erwerber im Zusammenhang mit einer nicht kontrollierenden Minderheitsbeteiligung an einer Zwischengesellschaft dort so viele Rechte über deren Tochtergesellschaft eingeräumt erhält, dass er diese kontrolliert.

c) Gemeinsame Kontrolle. Abs. 1 lit. b erfasst auch die **Kontrolle durch mehrere Unternehmen,** also die gemeinsame Kontrolle. Die Gemeinsamkeit der Kontrolle eines Unternehmens durch mehrere ergibt sich nicht allein schon aus der Tatsache, dass die Einflussmöglichkeiten mehrerer Unternehmen in der Addition so viel bedeuten wie die Alleinkontrolle durch ein Unternehmen, insbesondere also auch nicht aus der nur gemeinsamen Beteiligung mehrerer Unternehmen mit der sich aus der Addition ergebenden Mehrheit. Die Gemeinsamkeit der Kontrolle muss sich vielmehr aus **zusätzlichen Umständen** ergeben, entweder aufgrund einer Vereinbarung (zB einer Konsortialvereinbarung, dazu konsolidierte Mitteilung, Anhang B 20 Rn. 75) oder aus tatsächlichen Umständen, die eine gesicherte gemeinsame Möglichkeit gewähren, einen bestimmenden Einfluss auszuüben (vgl. dazu konsolidierte Mitteilung Rn. 62ff.). Dabei kommt es darauf an, ob aufgrund von Stimmrechten und (ggf. qualifizierten) Mehrheitserfordernissen, von Gesetzes wegen und/oder Vetorechten mehrerer Gesellschafter ein gemeinsamer Einfluss auf das Wettbewerbspotential der abhängigen Unternehmens in dem Sinne besteht, dass die gemeinsamen (mit-)kontrollierenden Unternehmen die Möglichkeit haben, die eigenen Wettbewerbsinteressen im Verhältnis zueinander gegenüber dem abhängigen Unternehmen abzustimmen und durchzusetzen. Die tatsächlichen Umstände, die die Gemeinsamkeit begründen können, müssen die **Möglichkeit wechselnder Mehrheiten einschränken** (vgl. auch *Körber* Art. 3 FKVO Rn. 96; *Wessely/Wegner* Art. 3 FKVO Rn. 103). Gefordert wird ein aus besonderen Umständen abgeleiteter Zwang zur Einigung, der zu einer auf Dauer angelegten Interessengleichheit führt. Unterschiedliche Rollen und dementsprechende Aufgaben- und Zuständigkeitsverteilungen der Muttergesellschaften stehen der gemeinsamen Kontrolle nicht entgegen, wenn die Stimm- und Einflussgewichte im Gemeinschaftsunternehmen in etwa gleich sind, 18 keiner der Gesellschafter also immer das Ausschlag gebende Stimmgewicht hat (dazu konsolidierte Mitteilung Rn. 81, 82).

19 Es genügt nicht, wenn ein Unternehmen den Einfluss gemeinsam mit einer **Privatperson** ausübt. Nach dem Gesetzeswortlaut in lit. b ist eine Privatperson nur dann ein geeigneter Partner für die Mitkontrolle, wenn sie „bereits mindestens ein Unternehmen kontrolliert". Das bedeutet, dass im Ergebnis ebenso wie im deutschen Recht (§ 36 Abs. 3 GWB) die Unternehmenseigenschaft einer Privatperson (unwiderlegbar) vermutet wird, wenn sie ein Unternehmen kontrolliert. Die Gemeinsamkeit muss auf Dauer angelegt sein. Kein Erwerb der gemeinsamen Kontrolle wird angenommen, wenn ein Unternehmen durch mehrere **zum Zwecke der sofortigen Aufteilung** erworben wird; dann liegen verschiedene Zusammenschlüsse zwischen dem jeweiligen Erwerber und dem jeweils erworbenen Unternehmen oder Unternehmensteil vor (vgl. konsolidierte Mitteilung, Anhang B 20 Rn. 30–33, 141).

20 **d) Umwandlung von Alleinkontrolle in gemeinsame Kontrolle und umgekehrt; Ausweitung der gemeinsamen Kontrolle.** Abs. 1 lit. b erfasst auch die Umwandlung von alleiniger Kontrolle in gemeinsame Kontrolle und umgekehrt. Gleiches gilt, wenn zu dem Kreis schon gemeinsam kontrollierender Unternehmen ein weiteres Unternehmen hinzutritt, der Kreis der kontrollierenden Unternehmen also ausgeweitet wird. In allen Fällen **ändert sich die Struktur der Unternehmensverbindung,** die Gegenstand der Fusionskontrolle sein soll. Bei Umwandlung von Alleinkontrolle in gemeinsame Kontrolle oder Erweiterung der gemeinsamen Kontrolle liegt das neue Strukturmerkmal in der Einbeziehung eines weiteren mitkontrollierenden Unternehmens, also der neu entstehenden Verbindung zwischen diesem neu mitkontrollierenden Unternehmen und dem kontrollierten. Bei **Verengung** des Kreises der mitkontrollierenden Unternehmen und der Umwandlung von gemeinsamer Kontrolle in Alleinkontrolle liegt das neue in der Einengung und damit möglicherweise verbundenen Erhöhung der Einflussmöglichkeit der in der Kontrolle verbleibenden Unternehmen. In jedem Falle wird Abs. 1 lit. b verwirklicht, wenn eine bisherige gemeinsame Kontrolle in eine Alleinkontrolle (bei Ausscheiden des oder der anderen Gesellschafter oder Reduzierung des Einflusses unterhalb der Kontrollschwelle) umgewandelt wird (dazu konsolidierte Mitteilung, Anhang B 20, Rn. 83ff., 89f., 138ff.). Wenn eine Reduzierung der an der gemeinsamen Kontrolle teilnehmenden Unternehmen eintritt, also ein Unternehmen aus dem Kreis der kontrollierenden Unternehmen ausscheidet, aber weiterhin eine gemeinsame Kontrolle durch mehrere Unternehmen vorliegt, wird der Zusammenschlusstatbestand nicht verwirklicht (konsolidierte Mitteilung Ziff. 83ff., insbesondere auch 89). Es gilt also der Grundsatz, dass die Verengung nur dann relevant ist, wenn sie zur Umwandlung einer gemeinsamen in eine Alleinkontrolle führt.

21 **e) „Beteiligte" Unternehmen bei gemeinsamer Kontrolle.** In allen Fällen des Erwerbs einer gemeinsamen Kontrolle oder der Veränderung im Bestand der gemeinsam kontrollierenden Unternehmen sind **alle Unternehmen beteiligt, die an der Kontrolle teilnehmen** (dazu konsolidierte Mitteilung, Anhang B 20, Rn. 139ff.). Wenn A und B gemeinsam die Kontrolle an C erwerben, sind also A und B als gemeinsam kontrollierende Unternehmen, C als kontrolliertes Unternehmen beteiligt. Erwirbt aufgrund eines besonderen Vorgangs D zusätzlich zu der schon bestehenden gemeinsamen Kontrolle durch A und B die Mitkontrolle, sodass C künftig von A, B und D gemeinsam kontrolliert wird, sind auch diesem Zusammenschlussvorgang A und B als (schon) mitkontrollierende Unternehmen beteiligt. Ihr Umsatz ist also in die Umsatzberechnung nach Art. 1 Abs. 2 und 3 einzubeziehen. Wird die gemeinsame Kontrolle von A und B über C in eine Alleinkontrolle durch A umgewandelt, indem B die Beteiligung aufgibt, sind an diesem Vorgang nur A und C beteiligt, nicht aber B, der insoweit nur die Funktion eines (nicht beteiligten) Veräußerers hat. Häufig unterliegt die Begründung der gemeinsamen Kontrolle der

EU-Fusionskontrolle, während für die Umwandlung in die Alleinkontrolle die Umsatzschwellen des Art. 1 nicht erfüllt sind; dann finden ggf. die nationalen Fusionskontrollen Anwendung.

f) Kontrolle über Teile oder mehrere Unternehmen. Abs. 1 lit. b erfasst auch 22
den Erwerb der Kontrolle über „die Gesamtheit oder über Teile eines oder mehrerer anderer Unternehmen". Für den Begriff des **Unternehmensteils** gibt es keine Aussagen des Verordnungsgebers. Ausreichend, aber auch erforderlich ist, dass der Teil auch rechtlich verselbstständigt als eigenes Unternehmen tätig sein könnte, und dass mit diesem Unternehmensteil eine zumindest potentielle Marktstellung verbunden ist. Erforderlich ist ein **„Geschäftsbereich mit eigener Marktpräsenz"**, dem auch ein Umsatz zugeordnet werden kann (konsolidierte Mitteilung, Anhang B 20, Rn. 24 mit Verweis auf COMP/M.3867 Vattenfall/Elsam). Dafür kann die Übertragung eines Kundenstamms oder einer Gesamtheit von Marken und gewerblichen Schutzrechten ausreichen. Es ist nicht erforderlich, dass mit der Kontrolle auch irgendwelche Eigentumsrechte übergehen; bloße Übertragng von Verfügungs- oder Verwaltungsbefugnissen, Lizenzierungen oder Gebrauchsüberlassungen können ausreichen. Dieser Tatbestand kann insbesondere in den Fällen der **Betriebspacht oder -überlassung** erfüllt sein. Jedenfalls nach deutschem Recht kann sich die Betriebsüberlassung auch auf einen Betriebsteil beziehen, aber nur dann, wenn dieser wirtschaftlich selbstständig ist oder sein kann und dementsprechend auch überlassungsfähig ist. Erfasst werden können auch **Betriebsführungs- und Managementverträge,** auch wenn das Auftrag gebende Unternehmen selbst noch Einfluss auf die Geschäftsführung hat; uU liegt dann auch gemeinsame Kontrolle vor. Zu den Fällen des Kontrollerwerbs über Teile von Unternehmen gehören auch die **Oursourcing-Fälle,** wenn mit ihnen die Übertragung von Vermögenswerten verbunden ist, die auch für die Erbringung von Dienstleistungen gegenüber Dritten eingesetzt werden können und sollen (dazu konsolidierte Mitteilung, Anhang B 20 Rn. 25 ff.). Ist Zweck des Outsourcings nur die Erbringung der Dienstleistung an den Abgebenden, liegt keine Strukturveränderung, sondern ein bloßer Dienstleistungsvertrag vor. Liegt ein Zusammenschluss vor, ist dem erworbenen Vermögensteil der bisherige unternehmensinterne Umsatz, der durch den Zusammenschluss ein solcher zwischen Dritten wird, wie ein Außenumsatz zuzurechnen (→ Art. 5 Rn. 8).

Der Tatbestand des **Kontrollerwerbs über mehrere Unternehmen** setzt voraus, 23
dass die kontrollierten mehreren Unternehmen aufgrund besonderer Umstände zusammenzufassen sind. Die bloße Gleichzeitigkeit reicht dafür nicht aus. Erwirbt A zugleich von V1 das Unternehmen B und von V2 das Unternehmen C, handelt es sich grundsätzlich um zwei getrennte Zusammenschlussvorgänge A–B und A–C. Eine Zusammenfassung ist nur angezeigt, wenn die erworbenen Unternehmen (B und C) im Zeitpunkt des Erwerbsvorgangs schon eine rechtliche oder wirtschaftliche Einheit bilden, zB dadurch, dass in einem einheitlichen Lebensvorgang mehrere, wirtschaftlich zusammengehörende Tochtergesellschaften erworben werden. Entsteht die Verbindung zwischen den erworbenen Unternehmen erst durch die Zusammenfassung beim Erwerber, handelt es sich um getrennte Vorgänge. Erforderlich ist also, dass die **Verbindung zwischen den erworbenen Unternehmen schon vor dem Kontrollerwerb bestand.** Darüber hinaus wird nach Art. 5 Abs. 2 Unterabs. 2 (→ Art. 5 Rn. 11 ff.) eine Zusammenfassung fingiert, wenn „zwei oder mehr Erwerbsvorgänge innerhalb von zwei Jahren zwischen denselben Personen oder Unternehmen getätigt werden".

g) Verstärkung vorhandener Kontrolle. Wird eine schon vorhandene Kon- 24
trolle rechtlich oder faktisch verstärkt, begründet das **keinen neuen Kontrollerwerb** (so auch *Körber* in IM Art. 3 FKVO Rn. 113). Etwas Anderes gilt nur bei der Umwandlung gemeinsamer Kontrolle in Alleinkontrolle und der Ausweitung der Kontrolle auf zusätzliche Gesellschaften, nicht aber bei der bloßen Verengung einer – als solcher bestehen bleibender – gemeinsamer Kontrolle (→ Rn. 20).

25 **h) Dauerhafte Veränderung.** Abs. 1 verlangt ausdrücklich eine „dauerhafte" Veränderung der Kontrolle. Sie ist bei einer **Fusion** ohne Weiteres gegeben. Aber auch für den **Kontrollerwerb** ist das Erfordernis der Dauerhaftigkeit kein zusätzliches Merkmal; vielmehr liegt die von lit. b erfasste Kontrolle nur vor, wenn sie als solche dauerhaft ist. Die Dauerhaftigkeit liegt insbesondere nicht vor, wenn – wie im Falle des gemeinsamen Erwerbs zum Zwecke der Aufteilung (→ Rn. 19) – ein Unternehmen nur zu dem Zweck gemeinsam erworben und dann in einer Zwischenphase auch gemeinsam geführt wird, um es unter den Erwerbern aufzuteilen; die Dauerhaftigkeit der Kontrolle liegt dann nur im Verhältnis der anschließenden Einzelerwerbe der Unternehmensteile vor (vgl. dazu konsolidierte Mitteilung, Anhang B 20 Rn. 30). Entsprechendes kann gelten, wenn ein Unternehmen zunächst gemeinsam erworben wird, um es dann aber in die Alleinkontrolle eines der beteiligten Erwerber zu überführen. Erforderlich ist in diesen Fällen, dass die endgültige Struktur von vornherein feststeht und unverzüglich herbeigeführt wird. Wenn im Zeitpunkt des Ersterwerbes noch offen ist, ob die zweite Stufe überhaupt oder jedenfalls unverzüglich nach der ersten Stufe durchgeführt wird, ist **im Zweifel von der Dauerhaftigkeit** der durch den Ersterwerb herbeigeführten Kontrolle **auszugehen.** Um insoweit keine Lücke in der Fusionskontrolle entstehen zu lassen, kann der Kontrollerwerb unter dem Gesichtspunkt fehlender Dauerhaftigkeit nur verneint werden, wenn der kurzfristige Übergangscharakter des ersten Schrittes feststeht, dem der zweite, auf Dauer angelegte dann folgt. Den Rn. 28ff. der Konsolidierten Mitteilung (Anhang B 20) lässt sich – ungesichert – der Grundsatz entnehmen, dass Dauerhaftigkeit nur vorliegt, wenn aus der ex ante-Sicht die neue Struktur für mindestens ein Jahr Bestand haben soll.

5. Kontrolleur, Treuhandschaft (Abs. 3)

26 Abs. 3 regelt, wem die Kontrolle zugerechnet wird. Im Regelfall ist das nach lit. a die Person oder das Unternehmen, die aus Rechten (Beteiligung) oder Verträgen selbst berechtigt ist. Lit. b regelt den davon abweichenden Fall, dass diejenigen, die aus den Rechten oder Verträgen selbst berechtigt sind, in Wahrheit aufgrund einer Beziehung zu Dritten nicht die Befugnis haben, die sich daraus ergebenden Rechte eigenverantwortlich auszuüben. Damit ist die **Treuhandschaft** gemeint (→ Art. 1 Rn. 16). Das macht deutlich, dass hinsichtlich der Berechtigung aus Rechten oder Verträgen zwischen einem **Innen- und einem Außenverhältnis** zu unterscheiden ist. Der Anwendung von lit. b steht nicht entgegen, dass der nach außen hin Berechtigte (Treuhänder) uneingeschränkt die Rechte ausüben kann, und seine sich aus dem Innenverhältnis mit dem Wiesungsbefugten (Treugeber) ergebenen Beschränkungen nicht erkennbar sind. Typisch ist also das Auseinanderfallen von (uneingeschränkter) Berechtigung im Außenverhältnis und die Beschränkung dieser Berechtigung im Innenverhältnis. Wenn der nach außen hin tätige – der „vorgeschobene" (dazu Konsolidierte Mitteilung, Anhang B 20, Rn. 13) – Erwerber oder das nach außen hin kontrollierende Unternehmen in Wahrheit für Rechnung eines Dritten handelt, ist der Kontrollerwerb bzw. die Beteiligung dem Dritten zuzurechnen. Streitig ist, ob dafür **Weisungsbefugnisse** des dahinter stehenden Unternehmens erforderlich sind oder ob die **finanzielle Risikoverteilung** ausreicht. Eine rechtliche Absicherung der Weisungsbefugnis ist nicht erforderlich. Es kann aber eine tatsächliche Vermutung dafür geben, dass derjenige, der das volle wirtschaftliche Risiko der Beteiligung trägt, auch tatsächlich in der Lage ist, Einfluss auf die Ausübung der mit der Beteiligung verbundenen Stimmrechte zu nehmen. Zum Erwerb durch einen Investmentfonds vgl. konsolidierte Mitteilung Rn. 14f.

6. Gemeinschaftsunternehmen (Abs. 4)

Die VO 139/2004 enthält keine Definition des Gemeinschaftsunternehmens. Gemeint ist offenbar ein Unternehmen, über das mehrere Unternehmen gemeinsam die Kontrolle ausüben. Abs. 4 erfasst die **„Gründung"** eines solchen Gemeinschaftsunternehmens. Sie kann einmal darin bestehen, dass zwei oder mehr Unternehmen vereinbaren, ein Unternehmen gemeinsam zu gründen, ggf. unter Einbringung bestehender Unternehmen oder unternehmerischer Vermögenswerte. Daneben kann die „Gründung" auch darin bestehen, dass sich nachträglich ein Dritter an einem Unternehmen beteiligt, das bisher von einem anderen allein kontrolliert wurde. Der Zusammenschlusstatbestand des Abs. 1 lit. b erfasst also auch den **„Nacheinander-Erwerb"** von Beteiligungen, wenn sich daraus eine gemeinsame Kontrolle ergibt. Die **Erweiterung des Tätigkeitsgebiets** eines bestehenden Gemeinschaftsunternehmens erfüllt als solche keinen Zusammenschlusstatbestand. Etwas anderes gilt, wenn die Ausweitung der Tätigkeit den Erwerb der Gesamtheit oder eines Teils eines anderen Unternehmens von den Muttergesellschaften nach sich zieht, wenn das für sich genommen als Zusammenschluss gelten würde (so Konsolidierte Mitteilung, Anhang B 20, Rn. 106); dabei sind – das ist für die Umsatzschwellen des Art. 1 relevant – die Muttergesellschaften des schon bestehenden Gemeinschaftsunternehmens beteiligt (so ist wohl auch die Entscheidung der Kommission vom 30. 1. 2003 – COMP/M. 3039 Soprol/Cereol-Lesieur – zu verstehen, auf die die Konsolidierte Mitteilung Rn. 106 in Fn. 96 verweist). Erforderlich ist also, dass von den Muttergesellschaften zusätzliche Vermögenswerte, Verträge, zusätzliches Know-how oder weitere Rechte eingebracht werden. Ist das nicht der Fall, liegt kein Zusammenschluss vor (Konsolidierte Mitteilung Rn. 108). Ein Zusammenschluss liegt nach Auffassung der Kommission auch vor, wenn ein **Teilfunktions- in ein Vollfunktions-Gemeinschaftsunternehmen umgewandelt** wird (Rn. 109). Gegen diese Auffassung und ihre Praktikabilität bestehen Bedenken. Ein Teilfunktions-Gemeinschaftsunternehmen kann „schleichend" durch Ausweitung seiner Tätigkeit immer mehr zu einem Vollfunktions-Gemeinschaftsunternehmen werden, ohne dass dieser Prozess zu einem bestimmten Zeitpunkt als anmeldefähiger und damit auch anmeldepflichtiger Vorgang identifiziert werden kann. UE muss insoweit dasselbe gelten wie für die Erweiterung des Tätigkeitsgebiets eines Gemeinschaftsunternehmens, die nur dann der „Gründung" eines Gemeinschaftsunternehmens gleich kommt, wenn die Mütter Aktiva in das Unternehmen einbringen (so wohl auch *Wessely/Wegner* MünchKomm Art. 3 FKVO Rn. 107; *Lindemann* in LMR Art. 3 FKVO Rn. 56; aA *Körber* in IM Art. 3 FKVO Rn. 125, der den Zusammenschluss in der entsprechenden Beschlussfassung der Gesellschafter sieht, den die Kommission in Rn. 109 der Konsolidierten Mitteilung aber nicht als notwendige Voraussetzung formuliert: „meistens"). 27

Während die VO 4064/89 in ihrer bis zum 28. 2. 1998 geltenden Fassung nur **„konzentrative"** Gemeinschaftsunternehmen erfasste, ist seither die EU-Fusionskontrolle generell auf alle Gemeinschaftsunternehmen anwendbar, die „auf Dauer alle Funktionen einer **selbstständigen wirtschaftlichen Einheit**" (Abs. 4) erfüllen, also auf alle **Vollfunktions-Gemeinschaftsunternehmen.** Das frühere Erfordernis, dass die Gründung des Gemeinschaftsunternehmens „keine Koordinierung des Wettbewerbsverhaltens der Gründerunternehmen im Verhältnis zueinander oder im Verhältnis zu den Gemeinschaftsunternehmen mit sich bringt", gilt nicht mehr. Das Kriterium der Vollfunktion hat nichts damit zu tun, ob das Gemeinschaftsunternehmen im Verhältnis zu seinen Müttern selbstständig ist oder nicht; es bezieht sich vielmehr auf die **Art seiner Tätigkeit,** die **im Verhältnis zu der der Mütter eigenständig** sein muss, auch wenn das Gemeinschaftsunternehmen von ihnen abhängig ist (vgl. Konsolidierte Mitteilung, Anhang B 20 Rn. 93: „in operativer Hinsicht selbstständig"). Dafür sind entsprechende Ressourcen erforderlich. Das Gemeinschaftsunternehmen darf nicht darauf beschränkt sein, nur irgendwelche Hilfstätig- 28 keiten für die Mütter auszuüben. Dabei kommt es nicht auf die kürzeren Übergangsphasen an, in denen das Gemeinschaftsunternehmen noch voll auf die Kooperation mit den Müttern angewiesen sein kann, sondern auf die **Ausrichtung des Gemeinschaftsunternehmens nach einer solchen Übergangsphase.** Die Kommission spricht insoweit von höchstens drei Jahren (Konsolidierte Mitteilung Rn. 97). Danach muss aber das Gemeinschaftsunternehmen auf Dauer angelegt sein (vgl. dazu auch *Lindemann* in LMR Art. 3 FKVO Rn. 53).

29 Ein „Vollfunktions"-Unternehmen muss nicht unbedingt alle Unternehmensfunktionen von der Entwicklung bis zum Vertrieb erfüllen. Vielmehr kommt es darauf an, welche Funktionen die Unternehmen üblicherweise wahrnehmen, die als Wettbewerber des Gemeinschaftsunternehmens auf dem Markt tätig sind. Ein **Handelsunternehmen** kann deswegen ein Vollfunktions-Unternehmen sein, wenn es alle Funktionen wahrnimmt, die üblicherweise ein Unternehmen im Vertrieb von nicht selbst hergestellten Produkten durchführt (so auch *Körber* in IM Art. 3 FKVO Rn. 143; *Wessely/Wegner* in MünchKomm Art. 3 FKVO Rn. 130); das ist auch der Fall, wenn es primär die Produkte der Muttergesellschaften vertreibt, vorausgesetzt, es ist im Handel auch von Drittprodukten frei und nicht nur als Handelsvertreter der Mütter tätig. Wichtig ist, dass diese Funktionen **unabhängig von den Muttergesellschaften** wahrgenommen werden. Deswegen muss das Gemeinschaftsunternehmen in jedem Fall „über ein sich dem Tagesgeschäft widmendes Management und ausreichende Ressourcen wie finanzielle Mittel, Personal, materielle und immaterielle Vermögenswerte" verfügen, „um im Rahmen der dem Gemeinschaftsunternehmen zugrunde liegenden Vereinbarungen langfristig seine Tätigkeiten ausüben zu können" (Konsolidierte Mitteilung, Anhang B 20 Rn. 94). Wenn das Gemeinschaftsunternehmen auf Dauer mehr als die Hälfte seines Umsatzes mit den Müttern tätigt, spricht das gegen Vollfunktion. Die Kommission verlangt insoweit eine Gesamtbetrachtung, in der es für die Beziehungen zu den Müttern auch darauf ankommt, ob diese nach Marktbedingungen ausgestaltet sind (konsolidierte Mitteilung Rn. 98ff.).

7. Ausnahmen (Abs. 5)

30 **a) Überblick.** Art. 3 Abs. 5 definiert drei Fälle, in denen zwar die Voraussetzungen des Zusammenschlussbegriffes nach Abs. 1–4 erfüllt sind, aber dennoch **aus besonderen Gründen kein Zusammenschluss** angenommen werden soll. Lit. a betrifft den zeitlich befristeten (Zwischen-)Erwerb durch Banken (Bankenklausel), lit. b im Wesentlichen den Kontrollerwerb durch Insolvenzverwalter im Falle der Insolvenz (Insolvenzklausel) und lit. c einen besonderen Fall des Kontrollerwerbs durch Beteiligungsgesellschaften („Luxemburger Klausel"). Es handelt sich um Ausnahmeregelungen, die nach wohl herrschender Meinung eng auszulegen sind (vgl. Konsolidierte Mitteilung, Anhang B 20 Rn. 114: „sehr begrenzter Anwendungsbereich"). UE kann es nicht um eine enge oder weite Auslegung gehen, sondern nur darum, dass die drei Klauseln sachgerecht auszulegen sind; in keinem Fall sind sie über den Wortlaut hinaus erweiterungs- oder gar analogiefähig.

31 **b) Bankenklausel (lit. a).** Nach lit. a ist der **Anteilserwerb** durch Kreditinstitute, sonstige Finanzinstitute oder Versicherungsgesellschaften unter engen Voraussetzungen fusionskontrollfrei; es liegt dann kein Zusammenschluss vor. Die in lit. a erwähnten Institute „Kreditinstitute, sonstige Finanzinstitute oder Versicherungsgesellschaften" werden so gekennzeichnet, dass ihre „normale" Tätigkeit Geschäfte und den Handel mit Wertpapieren für eigene oder fremde Rechnung einschließt. Wesentlich ist also das **Wertpapiergeschäft,** und zwar, wie sich aus dem weiteren Wortlaut ergibt, das Geschäft mit unmittelbar oder mittelbar verbrieften Unternehmensanteilen. Der Begriff des **Kreditinstituts** ist definiert in Art. 4 Nr. 1 der Bankrechts-Koordinierungsrichtlinien 2006/48/EG (vom 14.6.2006, ABl. 2006 L 177/1)

als „Unternehmen, dessen Tätigkeit darin besteht, Einlagen oder andere rückzahlbare Gelder des Publikums entgegenzunehmen und Kredite für eigene Rechnung zu gewähren". Für den Begriff der **„sonstigen Finanzinstitute"** greift die Definition in Art. 4 Abs. 4 dieser Richtlinie ein. Es handelt sich um ein Unternehmen, „das kein Kreditinstitut ist und dessen Haupttätigkeit darin besteht, Beteiligungen zu erwerben" und andere, im Einzelnen defininierten Finanzgeschäfte zu tätigen. Für den Begriff der **Versicherungsgesellschaft** ist der der „Versicherungsunternehmen" iSd Richtlinien 73/239/EWG (vom 24.7.1973, ABl. 1973 L 228/3) und 79/267/EWG (vom 5.3.1979, ABl. 1979 L 63/1) maßgeblich; erforderlich ist, dass diesen Gesellschaften die behördliche Zulassung entsprechend diesen Richtlinien erteilt wurde. UE sind auch einzubeziehen zugelassene Rückversicherungsunternehmen iSv Art. 13 Nr. 4 der Richtlinie 2009/138/EWG (vom 25.11.2009, ABl. 2009 L 335/1) und Art. 2 Nr. 2 der Richtlinie 2002/92/EG (vom 9.12.2002, ABl. 2003 L 9/3). **Beteiligungsgesellschaften dieser Finanzinstitute** werden nur dann als solche behandelt, wenn sie ihrerseits den begrifflichen Voraussetzungen genügen; in der Regel ist das bei 100%-igen Beteiligungsgesellschaften, die die in lit. a beschriebene Tätigkeit ausüben, der Fall.

Die Bankenklausel gilt **nur für den Anteilserwerb** (vgl. Konsolidierte Mitteilung, Anhang B 20, Rn. 114), nicht für den Vermögenserwerb oder Fusionen und den Erwerb der Kontrolle, soweit die Kontrollschwelle nicht durch einen Anteilserwerb überschritten wird. Auf die Rechtsform des erworbenen Unternehmens kommt es nicht an; es muss sich aber um Kapital- oder sonstige Handelsgesellschaften handeln, in denen die Stimmrechte mit den Anteilen verbunden sind. Gesellschaftsrechtlich muss also die Ausübung der Stimmrechte in der Entscheidungsgewalt des Anteilsinhabers liegen. Die Bankenklausel ist auch anwendbar, wenn die beteiligten Unternehmen bzw. Unternehmensteile vor dem Erwerb so umstrukturiert werden, dass nunmehr Anteile erworben werden können. Da die Beschränkung auf den Anteilserwerb rechtstechnisch bedingt ist, liegt in einen solchen Fall keine unzulässige Umgehung vor. 32

Der Anteilserwerb muss im Zusammenhang mit der üblichen Tätigkeit des Erwerbers (Geschäfte und Handel mit Wertpapieren für eigene und fremde Rechnung) stehen. Der Erwerb muss **„zum Zweck der Veräußerung"** erfolgen. Schon bei Erwerb muss die **feste Absicht** bestehen, die Anteile wieder zu veräußern. Für die Anwendung der Bankenklausel ist es unschädlich, wenn schon im Zeitpunkt des Erwerbes feststeht, an wen die Weiterveräußerung erfolgen wird; es ist also nicht erforderlich, so wie das früher in einer entsprechenden Regelung des deutschen Rechts gefordert wurde, dass die Weiterveräußerung „auf dem Markt" erfolgt. Die Bankenklausel gilt also auch, wenn der Zwischenerwerb im Hinblick auf die **Veräußerung an einen bestimmten Dritten** erfolgt. Geschieht dies aber voll auf dessen Risiko, kann ein **treuhänderischer Erwerb** für diesen Dritten vorliegen, der fusionskontrollrechtlich von vornherein als Erwerb dieses Dritten zu behandeln ist; dann hilft die Bankenklausel nicht. 33

Der Zwischenerwerber darf das **Stimmrecht** aus den erworbenen Anteilen grundsätzlich **nicht ausüben.** Die Stimmrechtsausübung ist nur gestattet, um die Veräußerung vorzubereiten. Es muss also ein **Zusammenhang zwischen dem Gegenstand der Abstimmung und der Veräußerung** bestehen; die Stimmrechte dürfen nur ausgeübt werden, soweit sie die Veräußerung befördern. An Beschlüssen, die nur den normalen Fortgang der Geschäfte oder die Vergangenheit betreffen, darf der Zwischenerwerber nicht teilnehmen. Übt der Zwischenerwerber dennoch sein Stimmrecht aus, beseitigt er eine der Bedingungen dafür, dass der vorangegangene Erwerb nicht als Zusammenschluss gilt. Er gilt dann auch nachträglich noch als Zusammenschluss, sodass die verbotene Stimmrechtsausübung ein **Verstoß gegen das Vollzugsverbot** des Art. 7 Abs. 1 ist. Entsprechendes gilt, wenn die Veräußerung der zuvor erworbenen Anteile nicht **innerhalb eines Jahres** nach dem Zeitpunkt 34 des Erwerbes erfolgt. Dann gilt (der Erst-)Erwerb als Zusammenschluss ex nunc. In diesem Fall liegt aber uE kein Verstoß gegen das Vollzugsverbot des Art. 7 Abs. 1 vor, da diese Bestimmung ein aktives Tun voraussetzt, das bei der Nichtveräußerung gerade nicht vorliegt.

35 **Kann die einjährige Veräußerungsfrist nicht eingehalten werden,** gibt es zwei Alternativen: Der Zwischenerwerber kann, wenn sich die Weiterveräußerung als nicht möglich oder sinnvoll erweist und er deswegen die Entscheidung darüber, dass er nur vorrübergehend erwerben wolle, revidiert, vor Ablauf der Jahresfrist den Zusammenschluss bei der Kommission anmelden. Dem Vollzugsverbot des Art. 7 Abs. 1 unterliegt er dann nicht, wenn er bis zur fusionskontrollrechtlichen Freigabe das Stimmrecht nicht ausübt. Die andere Alternative besteht darin, dass der Zwischenerwerber bei der Kommission **beantragt, die Jahresfrist zu verlängern.** Erforderlich ist ein Antrag, in dem „nachzuweisen" ist, dass die Veräußerung innerhalb der Frist unzumutbar war. Die Formulierung „war" deutet darauf hin, dass der Antrag auf Fristverlängerung auch nach Ablauf der Frist gestellt werden kann (so auch *Körber* in IM Art. 3 FKVO Rn. 180). Für den Nachweis, dass die Einhaltung der Frist unzumutbar war, müssen die bisherigen oder geplanten Veräußerungsbemühungen und die dabei aufgetretenen oder zu erwartenden Schwierigkeiten geschildert und ggf. durch die vorliegende Korrespondenz nachgewiesen werden. Die Kommission entscheidet durch anfechtbaren Beschluss. Die Klage dagegen hat keine aufschiebende Wirkung. Wird die Verlängerung gewährt, wird – ggf. rückwirkend – die Überschreitung der Jahresfrist geheilt.

36 **c) „Insolvenzklausel".** Nach lit. b liegt ein Zusammenschluss nicht vor, wenn der **„Träger eines öffentlichen Mandats"** die Kontrolle erwirbt. Diese Bestimmung zielt auf den Fall der Insolvenz ab, die nach den jeweiligen nationalen Rechten dazu führt, dass die Kontrolle über das Unternehmen durch einen Insolvenzverwalter übernommen wird. Es muss sich dabei um die Kontrollübernahme aufgrund eines **gesetzlich vorgeschriebenen Verfahrens** handeln. Die im Rahmen eines privatrechtlich durchgeführten Restrukturierungsverfahrens erfolgende Kontrollübernahme durch einen nicht durch einen öffentlich-rechtlichen Akt eingesetzten Verwalter wird von der Insolvenzklausel nicht erfasst. Sachlich rechtfertigt sich die Ausnahme von der Fusionskontrolle einmal durch die Beschränkung der Kontrollbefugnis des Verwalters durch das „öffentliche" Mandat, das im Regelfall auch befristet ist. Deswegen kann im Einzelfall durchaus zweifelhaft sein, ob zur Begründung der Fusionskontrollfreiheit überhaupt auf lit. b zurückgegriffen werden muss, weil der in lit. b geregelte Fall keine „dauerhafte" Veränderung der Kontrolle iSv Art. 3 Abs. 1 bewirkt. Auch wird häufig keine gemeinschaftsweite Bedeutung vorliegen, weil der öffentliche Mandatsträger entweder keine oder nur geringe hinzurechenbare Umsätze aufweist. Lit. b greift, wenn anderenfalls ein Zusammenschluss vorläge, auch in den Fällen ein, in denen **im Rahmen von Auflagen oder Bedingungen in EU-Fusionskontrollverfahren Treuhänder** eingesetzt werden.

37 **d) „Luxemburgische Klausel".** Abs. 5 lit. c wird als „Luxemburgische Klausel" bezeichnet, weil sie 1989 auf Drängen Luxemburgs in die FKVO aufgenommen wurde. Sie hat keine größere praktische Bedeutung erlangt. Begünstigt sind **Beteiligungsgesellschaften** im Sinne der 4. Gesellschaftsrechtlichen Richtlinie 78/660/EWG (vom 25.7.1978, ABl. 1978 L 222/11). Auch hier ergibt sich die Privilegierung aus dem im Allgemeinen **nur vorübergehenden Zweck der Beteiligung,** sodass zweifelhaft ist, ob der Erwerb eine dauerhafte Veränderung „bewirkt". Lit. c enthält allerdings keine Befristung. Nicht aus dem Wortlaut von lit. c, wohl aber aus der Definition der Beteiligungsgesellschaft in Art. 5 Abs. 3 der 4. Gesellschaftsrechtlichen Richtlinie ergibt sich, dass die Tätigkeitsbeschränkungen, denen die Beteiligungsgesellschaft unterliegt, **„durch ein Gericht oder eine Ver-**

waltungsbehörde" überwacht werden müssen. Ebenso wie lit. a setzt lit. c voraus, dass die Kontrolle durch einen **Anteilserwerb** bewirkt wird. Die mit den Anteilen erworbenen Stimmrechte dürfen „nur zur Erhaltung des vollen Wertes der Investitionen" genutzt werden; es darf durch die Ausübungen der Stimmrechte weder unmittelbar noch mittelbar auf das Wettbewerbsverhalten des erworbenen Unternehmens Einfluss genommen werden. Anders als nach lit. a ergibt sich daraus **keine Einschränkung bei den Beschlussgegenständen,** im Hinblick auf die das Stimmrecht ausgeübt wird. Es findet vielmehr von Gesetzes wegen eine inhaltliche Beschränkung in dem Sinne statt, dass das Stimmrecht nur zur Erhaltung des vollen Wertes der Investitionen und nicht zur Beeinflussung des Wettbewerbsverhaltens ausgeübt werden darf. Daraus kann sich für zahlreiche Abstimmungsgegenstände die Notwendigkeit ergeben, sich der Stimmausübung zu enthalten. Wird sachlich gegen lit. c verstoßen, liegt – bei aktivem Tun – ein Verstoß gegen das Vollzugsverbot des Art. 7 Abs. 1 vor.

Art. 4 Vorherige Anmeldung von Zusammenschlüssen und Verweisung vor der Anmeldung auf Antrag der Anmelder

(1) **Zusammenschlüsse von gemeinschaftsweiter Bedeutung im Sinne dieser Verordnung sind nach Vertragsabschluss, Veröffentlichung des Übernahmeangebots oder Erwerb einer die Kontrolle begründenden Beteiligung und vor ihrem Vollzug bei der Kommission anzumelden.**

Eine Anmeldung ist auch dann möglich, wenn die beteiligten Unternehmen der Kommission gegenüber glaubhaft machen, dass sie gewillt sind, einen Vertrag zu schließen, oder im Fall eines Übernahmeangebots öffentlich ihre Absicht zur Abgabe eines solchen Angebots bekundet haben, sofern der beabsichtigte Vertrag oder das beabsichtigte Angebot zu einem Zusammenschluss von gemeinschaftsweiter Bedeutung führen würde.

Im Sinne dieser Verordnung bezeichnet der Ausdruck „angemeldeter Zusammenschluss" auch beabsichtigte Zusammenschlüsse, die nach Unterabsatz 2 angemeldet werden. Für die Zwecke der Absätze 4 und 5 bezeichnet der Ausdruck „Zusammenschluss" auch beabsichtigte Zusammenschlüsse im Sinne von Unterabsatz 2.

(2) **Zusammenschlüsse in Form einer Fusion im Sinne des Artikels 3 Absatz 1 Buchstabe a) oder in Form der Begründung einer gemeinsamen Kontrolle im Sinne des Artikels 3 Absatz 1 Buchstabe b) sind von den an der Fusion oder der Begründung der gemeinsamen Kontrolle Beteiligten gemeinsam anzumelden. In allen anderen Fällen ist die Anmeldung von der Person oder dem Unternehmen vorzunehmen, die oder das die Kontrolle über die Gesamtheit oder über Teile eines oder mehrerer Unternehmen erwirbt.**

(3) **Stellt die Kommission fest, dass ein Zusammenschluss unter diese Verordnung fällt, so veröffentlicht sie die Tatsache der Anmeldung unter Angabe der Namen der beteiligten Unternehmen, ihres Herkunftslands, der Art des Zusammenschlusses sowie der betroffenen Wirtschaftszweige. Die Kommission trägt den berechtigten Interessen der Unternehmen an der Wahrung ihrer Geschäftsgeheimnisse Rechnung.**

(4) **Vor der Anmeldung eines Zusammenschlusses gemäß Absatz 1 können die Personen oder Unternehmen im Sinne des Absatzes 2 der Kommission in einem begründeten Antrag mitteilen, dass der Zusammenschluss den Wettbewerb in einem Markt innerhalb eines Mitgliedstaats, der alle Merkmale eines gesonderten Marktes aufweist, erheblich beeinträchtigen**

könnte und deshalb ganz oder teilweise von diesem Mitgliedstaat geprüft werden sollte.

Die Kommission leitet diesen Antrag unverzüglich an alle Mitgliedstaaten weiter. Der in dem begründeten Antrag genannte Mitgliedstaat teilt innerhalb von 15 Arbeitstagen nach Erhalt dieses Antrags mit, ob er der Verweisung des Falles zustimmt oder nicht. Trifft der betreffende Mitgliedstaat eine Entscheidung nicht innerhalb dieser Frist, so gilt dies als Zustimmung.

Soweit dieser Mitgliedstaat der Verweisung nicht widerspricht, kann die Kommission, wenn sie der Auffassung ist, dass ein gesonderter Markt besteht und der Wettbewerb in diesem Markt durch den Zusammenschluss erheblich beeinträchtigt werden könnte, den gesamten Fall oder einen Teil des Falles an die zuständigen Behörden des betreffenden Mitgliedstaats verweisen, damit das Wettbewerbsrecht dieses Mitgliedstaats angewandt wird.

Die Entscheidung über die Verweisung oder Nichtverweisung des Falls gemäß Unterabsatz 3 ergeht innerhalb von 25 Arbeitstagen nach Eingang des begründeten Antrags bei der Kommission. Die Kommission teilt ihre Entscheidung den übrigen Mitgliedstaaten und den beteiligten Personen oder Unternehmen mit. Trifft die Kommission innerhalb dieser Frist keine Entscheidung, so gilt der Fall entsprechend dem von den beteiligten Personen oder Unternehmen gestellten Antrag als verwiesen.

Beschließt die Kommission die Verweisung des gesamten Falles oder gilt der Fall gemäß den Unterabsätzen 3 und 4 als verwiesen, erfolgt keine Anmeldung gemäß Absatz 1, und das Wettbewerbsrecht des betreffenden Mitgliedstaats findet Anwendung. Artikel 9 Absätze 6 bis 9 finden entsprechend Anwendung.

(5) **Im Fall eines Zusammenschlusses im Sinne des Artikels 3, der keine gemeinschaftsweite Bedeutung im Sinne von Artikel 1 hat und nach dem Wettbewerbsrecht mindestens dreier Mitgliedstaaten geprüft werden könnte, können die in Absatz 2 genannten Personen oder Unternehmen vor einer Anmeldung bei den zuständigen Behörden der Kommission in einem begründeten Antrag mitteilen, dass der Zusammenschluss von der Kommission geprüft werden sollte.**

Die Kommission leitet diesen Antrag unverzüglich an alle Mitgliedstaaten weiter.

Jeder Mitgliedstaat, der nach seinem Wettbewerbsrecht für die Prüfung des Zusammenschlusses zuständig ist, kann innerhalb von 15 Arbeitstagen nach Erhalt dieses Antrags die beantragte Verweisung ablehnen.

Lehnt mindestens ein Mitgliedstaat gemäß Unterabsatz 3 innerhalb der Frist von 15 Arbeitstagen die beantragte Verweisung ab, so wird der Fall nicht verwiesen. Die Kommission unterrichtet unverzüglich alle Mitgliedstaaten und die beteiligten Personen oder Unternehmen von einer solchen Ablehnung.

Hat kein Mitgliedstaat gemäß Unterabsatz 3 innerhalb von 15 Arbeitstagen die beantragte Verweisung abgelehnt, so wird die gemeinschaftsweite Bedeutung des Zusammenschlusses vermutet und er ist bei der Kommission gemäß den Absätzen 1 und 2 anzumelden. In diesem Fall wendet kein Mitgliedstaat sein innerstaatliches Wettbewerbsrecht auf den Zusammenschluss an.

(6) **Die Kommission erstattet dem Rat spätestens bis 1. Juli 2009 Bericht über das Funktionieren der Absätze 4 und 5. Der Rat kann im Anschluss an**

diesen Bericht auf Vorschlag der Kommission die Absätze 4 und 5 mit qualifizierter Mehrheit ändern.

Inhaltsübersicht

1. Einführung

Im Kern begründet Art. 4 Abs. 1 zunächst das **Prinzip der präventiven Fusionskontrolle** (vgl. auch *Körber* in IM Art. 4 FKVO Rn. 1). Dieses besagt, dass ein Zusammenschlussvorhaben vor seinem Vollzug bei der Kommission anzumelden ist. Diese Verpflichtung besteht grundsätzlich nach Abschluss der das Vorhaben regelnden Verträge, der Veröffentlichung eines Übernahmeangebotes oder nach dem Erwerb einer Kontrollbeteiligung. Unter bestimmten Voraussetzungen reicht es für die Anmeldung aber aus, wenn eine hinreichend **plausibel zu machende Absicht** besteht, einen solchen Vertrag zu schließen, ein Übernahmeangebot zu veröffentlichen, etc. Ergänzend sieht Art. 4 vor, welche Unternehmen die Anmeldeverpflichtung trifft und unter welchen Umständen die Kommission die Tatsache der Anmeldung unter bestimmten Angaben zu veröffentlichen hat. Konkretisiert werden diese vergleichsweise knappen Regeln durch die **Durchführungsverordnung der Kommission, VO 802/2004** (zuletzt geändert durch die VO 1269/2013 vom 5.12.2013, Anhang A 3), die die Einzelheiten der Anmeldung sowie das Verfahren regelt und Formblätter enthält, die bei der Anmeldung eines Vorhabens zu verwenden sind. 1

Der Regelungsgehalt des Art. 4 geht jedoch über diese Bestimmungen hinaus, indem er den an einem Zusammenschlussvorhaben beteiligten Unternehmen die Möglichkeit einräumt, einen Antrag auf vollständige oder teilweise Verweisung eines Zusammenschlussvorhabens mit gemeinschaftsweiter Bedeutung an einen Mitgliedstaat zu stellen. Dies setzt die Existenz eines regionalen Marktes voraus, der alle **Merkmale eines gesonderten Marktes** aufweist und der durch das Zusammenschlussvorhaben **erheblich beeinträchtigt** werden könnte (Abs. 4). Abs. 5 ergänzt diese Vorschrift dahin, dass für Zusammenschlussvorhaben, die keine gemeinschaftsweite Bedeutung haben, aber mindestens nach drei mitgliedstaatlichen Fusionskontrollregimen geprüft werden können, ein **Antrag auf Verweisung zur Prüfung des Vorhabens an die Kommission** zu stellen ist. Damit sind erstmals auch für die Unternehmen Antragsrechte geschaffen worden, die bis zum Inkrafttreten der VO 139/2004 nur den **Mitgliedstaaten nach Art. 9 bzw. nach Art. 22** zustanden. Grundsätzlich ist damit eine Möglichkeit geschaffen worden, die Zuständigkeitsverteilung der VO 139/2004 im Einzelfall auf Initiative der Zusammenschlussbeteiligten zu ändern. Von dieser 2

Möglichkeit wird nicht nur gelegentlich Gebrauch gemacht (vgl. dazu die Statistik der Kommission unter http://ec.europa.eu/competition/mergers/statistics.pdf). Die tatsächlichen Hürden hierfür sind insbesondere im Hinblick auf die erheblichen zeitlichen Verzögerungen, die mit einer entsprechenden Antragstellung verbunden sind, jedoch sehr hoch, was auch die Verweisungsmitteilung der Kommission nicht abzumildern vermag (Anhang B 26). Die Kommission hat deshalb am 20.6.2013 ein **Konsultationsverfahren** unter dem Titel **„Towards more effective EU merger control“** eingeleitet (IP/13/584; vgl. dazu das Commission Staff Working Document SWD(2013) 239 final). Neben der Diskussion über die Einbeziehung des Erwerbs von Minderheitsbeteiligungen in die EU-Fusionskontrolle geht es dort auch um die **Verbesserung und die Effizienzsteigerung des Verweisungsregimes** in der VO 139/2004 (→Einf. Rn. 27).

2. Anmeldepflicht und Anmeldefähigkeit (Abs. 1)

3 **a) Anmeldepflicht.** Anders als das Fusionskontrollregime in § 35ff. GWB sieht Art. 4 Abs. 1 eine **ausdrückliche Anmeldeverpflichtung** vor. Zwar ist mit dem Inkrafttreten der VO 139/2004 die Wochenfrist abgeschafft und ersatzlos gestrichen worden, die die Zusammenschlussbeteiligten dazu verpflichtete, innerhalb einer Woche nach Abschluss der relevanten Verträge bzw. nach Veröffentlichung des öffentlichen Übernahmeangebotes eine Anmeldung bei der Kommission einzureichen. Nunmehr ist lediglich vorgesehen, dass eine Anmeldung bei der Kommission zu erfolgen hat, **bevor das Zusammenschlussvorhaben vollzogen wird.** Vollzugshandlungen sind nach Art. 7 unzulässig, solange das Zusammenschlussvorhaben nicht bei der Kommission angemeldet, von dieser geprüft und genehmigt worden ist. Eine Ausnahme von der Anmeldepflicht besteht dann, wenn die Zusammenschlussbeteiligten einen Antrag auf Verweisung an einen Mitgliedstaat nach Art. 4 Abs. 4 gestellt haben. Dann richten sie jedoch einen Antrag nach dem Formblatt RS an die Kommission, der quasi an die Stelle der Anmeldung nach Art. 4 Abs. 1 tritt (vgl. dazu Rn. 13ff.).

4 Art. 4 nennt drei Varianten, zu welchem Zeitpunkt eine Anmeldung bei der Kommission eingereicht werden kann. Grundsätzlich kommt es auf den **Zeitpunkt des Vertragsabschlusses** zwischen den Zusammenschlussbeteiligten an. Im Falle eines **öffentlichen Übernahmeangebotes** kommt es auf dessen **Veröffentlichung** an. Art. 4 Abs. 1 sieht daneben auch noch die Fallgruppe des **Erwerbs einer Kontrollbeteiligung** vor, der jedoch in aller Regel ebenfalls auf der Grundlage eines Vertrages erfolgen dürfte. Insoweit handelt es sich um einen Unterfall des Vertragsschlusses. Von einem Beteiligungserwerb im Sinne der VO 139/2004 ist aber nur auszugehen, wenn damit der Erwerb von Kontrolle einhergeht.

5 **b) Anmeldefähigkeit.** Nicht nur tatsächlich geschlossene Verträge bzw. tatsächliche Veröffentlichungen von öffentlichen Übernahmeangeboten sind anmeldefähig. Art. 4 Abs. 1 erweitert den Kreis der anmeldefähigen Vorhaben dahin, dass **auch beabsichtigte Vorhaben anmeldefähig** sind, sofern sie ausreichend konkret und mit hinreichender Wahrscheinlichkeit in absehbarer Zukunft tatsächlich realisiert werden. Diese Absicht muss der Kommission plausibel dargelegt und glaubhaft gemacht werden. Dies geschieht in aller Regel durch eine Veröffentlichung der entsprechenden Absicht. Der wohl wichtigste Beispielsfall ist ein von den verantwortlichen Verhandlungsführern der Zusammenschlussbeteiligten **initialisiertes Vertragsdokument,** uU auch ein ausführliches **Memorandum of Understanding** oder ein entsprechend detaillierter **Letter of Intent** (Erwägungsgrund 34), das bzw. der noch der **Bestätigung durch die Gesellschaftsgremien** bedarf.

6 **c) Informelles Vorverfahren.** Die Regelung in Art. 4 lässt nicht hinreichend deutlich werden, dass die tatsächliche Praxis der Kommission nicht unerheblich von

dem zuvor Geschilderten abweicht. In praktisch allen Fällen kontaktieren die Zusammenschlussbeteiligten die Kommission in einem recht frühen Stadium des betreffenden Projektes (→ Art. 6 Rn. 2). Dies geschieht nicht nur im Interesse einer frühzeitigen Absicherung der beteiligten Unternehmen. Vielmehr schlägt die Kommission im Rahmen ihrer **Best Practice Notice** (abrufbar auf der Website der Kommission unter http://ec.europa.eu/competition/mergers/legislation.html) selbst vor, dass die Kommission rechtzeitig vor Einreichung einer Anmeldung kontaktiert, ein Case Team zusammengestellt und neben einem eventuell einzureichendem Briefing Paper ein Anmeldungsentwurf zur Vorprüfung durch die Kommission eingereicht wird (Rn. 5 ff. der Best Practice Notice). In der Praxis können solche **informellen Vorverfahren (Pre-Notification)** erhebliche Zeit in Anspruch nehmen. Die Kommission nutzt diese Phase häufig dazu, wichtige Vorfragen zu klären, ohne dass das enge Fristenregime der VO 139/2004 bereits gilt. So erhalten die Zusammenschlussbeteiligten bereits auf der Grundlage eines eingereichten Entwurfes häufig mehrere Auskunftsverlangen, z. T. mit umfangreichen Fragenkatalogen (Rn. 16 ff. der Best Practice Notice). Die informelle Vorklärung führt dazu, dass die Kommission unter dem strengen Fristenregime der VO 139/2004 zahlreiche Vorfragen nicht mehr abzuklären braucht.

3. Anmeldebefugnis (Abs. 2)

Im Falle einer Fusion sind nach Art. 3 Abs. 2 alle an der Fusion beteiligten Unternehmen verpflichtet, das Vorhaben **gemeinsam bei der Kommission anzumelden.** Entsprechend verhält es sich bei der Gründung eines Gemeinschaftsunternehmens, bei dem Unternehmen die gemeinsame Kontrolle über das Gemeinschaftsunternehmen erwerben. Sämtliche Unternehmen, die an der gemeinsamen Kontrolle beteiligt sind, sind zur gemeinsamen Anmeldung verpflichtet. Handelt es sich dagegen um den Erwerb alleiniger Kontrolle, ist allein das Unternehmen zur Anmeldung verpflichtet, das die Kontrolle erwirbt. 7

In der Regel nehmen die Unternehmen die Anmeldung nicht selbst vor, sondern ernennen einen **(häufig gemeinsamen) Vertreter,** der die Anmeldung im Namen und im Auftrag der beteiligten Unternehmen einreicht. Dieser muss seine Befugnis durch eine Original-Vollmacht belegen (vgl. Art 2 VO 802/2004). 8

4. Formalitäten der Anmeldung

Die VO 139/2004 enthält selbst keine Vorgaben und Regelungen über Art, Form und Inhalt der Anmeldung. Zu diesem Zweck hat die Kommission die **Durchführungs-VO 802/2004 (Anhang A 3)** erlassen, die durch die Best Practice Notice der Kommission ergänzt und weiter konkretisiert wird. Diese Verordnung enthält wesentliche Informationen, die den Inhalt und die Form der Anmeldung selbst sowie das nach eingehender Anmeldung folgende Verfahren betreffen. Von großer Wichtigkeit sind die Anhänge (ebenfalls abgedruckt in Anhang A 3), die der Verordnung beigefügt sind. Diese enthalten nämlich Formblätter für die Anmeldung (vgl. Art. 3 VO 802/2004). Der Normalfall ist das sog. **Formblatt CO,** das genaue Vorgaben macht, welche Informationen, Daten und Unterlagen die am Zusammenschluss beteiligten Unternehmen bei der Kommission im Rahmen der Anmeldung einzureichen haben. Unter bestimmten Voraussetzungen kann ein **vereinfachtes Verfahren** in Anspruch genommen werden, dem ein vereinfachtes Formblatt zugrunde liegt. Schließlich finden sich auch **Formblätter für Verweisungsanträge** nach Art. 4 Abs. 4 und Abs. 5 **(Formblatt RS).** Schließlich findet sich ein weiteres Formblatt, das verwendet werden muss, wenn die Zusammenschlussbeteiligten zur Überwindung wettbewerblicher Bedenken gegen das Vorhaben Zusagen anbieten **(Formblatt RM).** Für das Format, die Übermittlung und die Zahl der Exemplare gilt die Mitteilung der Kommission von Januar 2014 (ABl 2014 C 25/4), die auf der Grund- 9 lage des Art. 3 Abs. 2, Art. 6 Abs. 2, Art. 13 Abs. 2 und Art. 20 Abs. 1 und 1a VO 802/2004 (Anhang A 3) ergangen ist: ein Original auf Papier, drei Papierkopien und zwei Kopien in CD- oder DVD-ROM-Format.

5. Wirksamkeit der Anmeldung

10 Die Anmeldung wird am Tag des Eingangs der vollständigen Anmeldung bei der Kommission wirksam (Art. 5 Abs. 1 VO 802/2004). Dies setzt voraus, dass die **Kommission die Anmeldung als vollständig bestätigt** hat. Dies wird sich lediglich auf der Grundlage eines informellen Vorverfahrens entsprechend den Vorgaben der Best Practice Notice sicherstellen lassen (vgl. Rn. 20ff. der Best Practice Notice). Ist eine **Anmeldung unvollständig, weist die Kommission diese umgehend zurück** (Art. 5 Abs. 2 VO 802/2004). Es besteht dann nicht die Möglichkeit, die Anmeldung zu vervollständigen, während die Frist lediglich gehemmt ist (vgl. *Körber* in IM Art. 4 FKVO Rn. 41). Tatsächlich beginnt die Frist erst dann wieder zu laufen, wenn aus Sicht der Kommission eine vollständige Anmeldung vorliegt (Art. 5 Abs. 2 VO 802/2004). Unrichtige und irreführende Angaben oder Unterlagen führen ebenfalls zur Annahme der Unvollständigkeit (Art. 5 Abs. 4 VO 802/2004).

11 Im Falle einer unvollständigen Anmeldung kann die Kommission **keine Bußgelder** nach Art. 14 verhängen. Auch die **Verhängung von Zwangsgeldern kommt nicht in Betracht,** da die Kommission die Zusammenschlussbeteiligten zu einer Anmeldung nicht zwingen kann. Sie kann lediglich darauf hinwirken, dass die Zusammenschlussbeteiligten von einem Vollzug des Vorhabens absehen. Wenn die Unternehmen unrichtige oder irreführende Angaben gemacht haben oder gar die Anmeldung ganz unterlassen haben, kann die Kommission jedoch Sanktionen ergreifen und Bußgelder verhängen (vgl. hierzu die Kommentierung zu Art. 14 und Art. 15).

6. Veröffentlichung (Abs. 3)

12 Um potenziell betroffene Dritte und interessierten Parteien **Kenntnis von der Tatsache einer Anmeldung** zu verschaffen, veröffentlicht die Kommission die Tatsache der Anmeldung im **Amtsblatt der Europäischen Union.** Dabei gibt sie die Namen der Zusammenschlussbeteiligten, ihr Herkunftsland, die Art des Zusammenschlusses sowie die betroffenen Wirtschaftszweige an. Von der Veröffentlichung von Geschäftsgeheimnissen hat die Kommission abzusehen.

7. Antrag auf Verweisung an einen Mitgliedstaat (Abs. 4) bzw. an die Kommission (Abs. 5)

13 **a) Einführung.** Bis zum Inkrafttreten der VO 139/2004 konnten lediglich die Mitgliedstaaten gemäß Art. 9 bzw. nach Art. 22 eine Verweisung entweder an eine mitgliedstaatliche Behörde oder an die Kommission beantragen. Mit der Einführung der Art. 4 Abs. 4 und Abs. 5 wurde auch den **Zusammenschlussbeteiligten die Möglichkeit eröffnet,** vor Einreichung einer Anmeldung einen entsprechenden **Verweisungsantrag zu stellen** (vgl. hierzu die Verweisungsmitteilung in Anhang B 26).

14 Hintergrund dieser Regelungen ist, dass die Unternehmen, die wegen der fehlenden gemeinschaftsweiten Bedeutung eines Zusammenschlussvorhabens unter die Fusionskontrollregime der Mitgliedstaaten fallen und in drei oder mehr Mitgliedstaaten nationale Fusionskontrollanträge einzureichen haben, die **Möglichkeit eines One-Stop-Shop** für sich in Anspruch nehmen können sollen. Aufwändige Vielfachanmeldungen nach unterschiedlichen Verfahrensregimen in unterschiedlichen Sprachen mit dem Risiko unterschiedlicher, möglicherweise sogar widersprüchlicher Verfahrensergebnisse sollen auf diese Weise vermieden werden. Aus Sicht der Unternehmen ist ein solches, ebenfalls aufwändiges Vorgehen häufig vorzugswürdig, um

Verfahrenseffizienzen erzielen zu können und die Kommission als die den europäischen Markt insgesamt am besten überblickende Behörde zuständig werden zu lassen. Voraussetzung ist, dass das Vorhaben **zwar keine gemeinschaftsweite Bedeutung** hat, **aber in mindestens drei Mitgliedstaaten angemeldet** werden muss.

Alternativ ist es auch denkbar, dass in erster Linie ein bestimmter Mitgliedstaat ganz oder teilweise von einem Zusammenschlussvorhaben betroffen ist. Dann besteht das **Risiko eines Verweisungsantrages nach Art. 9,** was in aller Regel zu einer erheblichen zeitlichen Verzögerung der Behandlung einer Anmeldung zur Folge hat. Daher soll den **Zusammenschlussbeteiligten** selbst die Möglichkeit eröffnet sein, einen **Verweisungsantrag zu stellen,** um die betreffende mitgliedstaatliche Wettbewerbsbehörde zuständig werden zu lassen, die aller Voraussicht nach in besonderem Maße geeignet ist, ein Zusammenschlussvorhaben von regionaler Bedeutung zu behandeln. 15

b) Antrag auf Verweisung an einen Mitgliedstaat (Abs. 4). Damit die Zusammenschlussbeteiligten einen Antrag auf Verweisung an einen Mitgliedstaat nach Art. 4 Abs. 4 stellen können, müssen verschiedene Voraussetzungen erfüllt sein. Die zentrale Voraussetzung ist, dass das Zusammenschlussvorhaben den Wettbewerb in einem **Markt** innerhalb eines Mitgliedstaates betrifft, **der alle Merkmale eines gesonderten Marktes** aufweist. Außerdem muss dargelegt werden, dass das Zusammenschlussvorhaben **diesen Markt erheblich beeinträchtigen könnte** (vgl. hierzu die Verweisungsmitteilung in Anhang B 26 Rn. 16ff.). In diesem Fall kann das Vorhaben ganz oder teilweise von diesem Mitgliedstaat geprüft werden, wenn die Zusammenschlussbeteiligten einen entsprechenden Antrag gestellt, die Kommission diesen geprüft und der betreffende Mitgliedstaat der Verweisung nicht widersprochen hat. Es handelt sich also grundsätzlich um ein Zusammenschlussvorhaben von gemeinschaftsweiter Bedeutung, das sich aber unter den gegebenen Umständen allein oder zumindest schwerpunktmäßig in einzelnen Bereichen in erster Linie im Gebiet eines Mitgliedstaates auswirkt, das als eigenständiger Markt anzusehen ist. Allerdings ist es erforderlich, dass das betreffende Vorhaben auch **nach dem Recht des betreffenden Mitgliedstaates anmeldepflichtig** ist. Ist dies nicht der Fall (in der EU gibt es lediglich in Luxemburg keine Fusionskontrolle), kommt eine Verweisung nicht in Betracht, da andernfalls das Risiko besteht, dass das Vorhaben fusionskontrollrechtlich gar nicht geprüft würde (so EuG Slg. 2003 II-1433 Royal Philips Electronics, bezogen auf Art. 9). 16

Die Zusammenschlussbeteiligten müssen einen **begründeten Antrag** bei der Kommission einreichen. Dabei haben sie das **Formblatt RS** zu verwenden, das der VO 802/2004 als Anhang (Anhang A 3 III, vgl. dazu auch Art. 6 VO 802/2004, Anhang A 3) beigefügt ist. Darin muss zunächst dargelegt werden, dass ein Markt möglicherweise betroffen ist, der von nationaler oder regionaler Bedeutung ist, sich jedenfalls auf das **Gebiet eines Mitgliedstaates** bezieht. Darüber hinaus muss dargelegt werden, dass die **Möglichkeit einer erheblichen Wettbewerbsbeeinträchtigung** gegeben ist. Allein dieser Umstand wird die Zusammenschlussbeteiligten häufig davon abschrecken lassen, einen entsprechenden Antrag zu stellen. 17

Einen solchen Antrag leitet die Kommission unverzüglich an alle Mitgliedstaaten weiter. Diese müssen innerhalb von 15 Arbeitstagen nach Erhalt des Antrages mitteilen, ob sie der Verweisung des Falles zustimmen oder nicht. Sofern ein Mitgliedstaat sich nicht innerhalb der Frist äußert, wird dies als Zustimmung fingiert. In diesem Fall kann die Kommission innerhalb von 25 Arbeitstagen die Entscheidung treffen, den Fall ganz oder teilweise an den Mitgliedstaat zu verweisen. Die Kommission, die grundsätzlich ein **Entscheidungsermessen** in Anspruch nehmen kann, ist an den Antrag gebunden und kann diesen nicht ändern oder modifizieren. Im Falle der Verweisung, die auch erfolgt, wenn die Kommission die 25-Tages-Frist versäumt, wird der Fall ganz oder teilweise an den Mitgliedstaat verwiesen, der das **nationale Fusionskontrollrecht zur Anwendung** bringt (vgl. dazu *Körber* in IM Art. 4 FKVO Rn. 93). Im Falle einer **Teilverweisung** prüft die Kommission den nicht verwiesenen Teil nach den Regeln der VO 139/2004. 18

19 Umstritten ist die Frage, wie im Falle eines **unrichtigen oder unvollständigen Antrages** zu verfahren ist. Während die Kommission der Auffassung ist, dass sie in einem solchen Fall eine vollständige Anmeldung nach dem Formblatt CO verlangen kann, wird dies in der Literatur zum Teil bestritten (vgl. die Übersicht über den Meinungsstreit bei *Körber* in IM Art. 4 FKVO Rn. 95).

20 **c) Antrag auf Verweisung an die Kommission (Abs. 5).** Sofern ein Zusammenschlussvorhaben keine gemeinschaftsweite Bedeutung hat, jedoch in mindestens drei Mitgliedstaaten geprüft werden könnte, können die Zusammenschlussbeteiligten einen Antrag auf Verweisung an die Kommission stellen (vgl. hierzu die Verweisungsmitteilung in Anhang B 26 Rn. 24ff.). Wie im Falle eines Antrages nach Abs. 4 müssen die Zusammenschlussbeteiligten dazu das **Formblatt RS** verwenden und einen **begründeten Antrag** bei der Kommission stellen. Diese leitet den Antrag unverzüglich an alle Mitgliedstaaten weiter, die sich innerhalb von 15 Arbeitstagen dazu äußern sollen, ob sie die beantragte Verweisung ablehnen oder nicht. **Lehnt nur ein Mitgliedstaat die Verweisung ab, ist der Verweisungsantrag gescheitert.** Sofern alle Mitgliedstaaten zustimmen, wird der Fall an die Kommission verwiesen und von dieser nach den Regeln der VO 139/2004 geprüft.

21 **d) Verweisungen nach dem EWR-Abkommen.** Art. 6 Abs. 4 des Protokolls 24 zum EWR-Abkommen (Anhang B 2B, ABl. 1994 L 1/188) hat in der Praxis keine Bedeutung erlangt (vgl. hierzu die Kommentierung der Vorauflage zu Art. 4 Rn. 34).

8. Revisionsklausel (Abs. 6)

22 Nach Abs. 6 hatte die Kommission vor dem 1.7.2009 einen Bericht über das „Funktionieren der Absätze 4 und 5" zu erstatten. Dieser Bericht ist am **18.6.2009** zusammen mit dem Bericht, der nach Art. 1 Abs. 4 zu erstatten war (→ Art. 1 Rn. 22), vorgelegt worden. Trotz einzelner kritischer Würdigungen hat die Kommission **keine Vorschläge zur Änderung der Abs. 4 und 5** unterbreitet. Somit ist von der nach dem Wortlaut des Abs. 6 gegeben, auf die Zeit vor dem 1.7.2009 begrenzten Möglichkeit der Änderung mit qualifizierter Mehrheit kein Gebrauch gemacht worden. Das wirft die Frage auf, ob die Absätze 4 und 5 auch unabhängig von dem in Abs. 6 genannten, vor dem 1.7.2009 zu erstattenden Bericht mit den in Abs. 6 S. 2 vorgesehenen qulifizierten Mehrheit geändert werden können (→ Art. 1 Rn. 22).

Art. 5 Berechnung des Umsatzes

(1) [1]**Für die Berechnung des Gesamtumsatzes im Sinne dieser Verordnung sind die Umsätze zusammenzuzählen, welche die beteiligten Unternehmen im letzten Geschäftsjahr mit Waren und Dienstleistungen erzielt haben und die dem normalen geschäftlichen Tätigkeitsbereich der Unternehmen zuzuordnen sind, unter Abzug von Erlösschmälerungen, der Mehrwertsteuer und anderer unmittelbar auf den Umsatz bezogener Steuern.** [2]**Bei der Berechnung des Gesamtumsatzes eines beteiligten Unternehmens werden Umsätze zwischen den in Absatz 4 genannten Unternehmen nicht berücksichtigt.**

[3]**Der in der Gemeinschaft oder in einem Mitgliedstaat erzielte Umsatz umfasst den Umsatz, der mit Waren und Dienstleistungen für Unternehmen oder Verbraucher in der Gemeinschaft oder in diesem Mitgliedstaat erzielt wird.**

(2) [1]**Wird der Zusammenschluss durch den Erwerb von Teilen eines oder mehrerer Unternehmen bewirkt, so ist unabhängig davon, ob diese Teile ei-**

gene Rechtspersönlichkeit besitzen, abweichend von Absatz 1 aufseiten des Veräußerers nur der Umsatz zu berücksichtigen, der auf die veräußerten Teile entfällt.

[2]Zwei oder mehr Erwerbsvorgänge im Sinne von Unterabsatz 1, die innerhalb von zwei Jahren zwischen denselben Personen oder Unternehmen getätigt werden, werden hingegen als ein einziger Zusammenschluss behandelt, der zum Zeitpunkt des letzten Erwerbsvorgangs stattfindet.

(3) **[1]An die Stelle des Umsatzes tritt**

a) bei Kredit- und sonstigen Finanzinstituten die Summe der folgenden in der Richtlinie 86/635/EWG des Rates definierten Ertragsposten gegebenenfalls nach Abzug der Mehrwertsteuer und sonstiger direkt auf diese Erträge erhobener Steuern:
   i) Zinserträge und ähnliche Erträge,
   ii) Erträge aus Wertpapieren:
      – Erträge aus Aktien, anderen Anteilsrechten und nicht festverzinslichen Wertpapieren,
      – Erträge aus Beteiligungen,
      – Erträge aus Anteilen an verbundenen Unternehmen,
   iii) Provisionserträge,
   iv) Nettoerträge aus Finanzgeschäften,
   v) sonstige betriebliche Erträge.

   Der Umsatz eines Kredit- oder Finanzinstituts in der Gemeinschaft oder in einem Mitgliedstaat besteht aus den vorerwähnten Ertragsposten, die die in der Gemeinschaft oder dem betreffenden Mitgliedstaat errichtete Zweig- oder Geschäftsstelle des Instituts verbucht;

b) bei Versicherungsunternehmen die Summe der Bruttoprämien; diese Summe umfasst alle vereinnahmten sowie alle noch zu vereinnahmenden Prämien aufgrund von Versicherungsverträgen, die von diesen Unternehmen oder für ihre Rechnung abgeschlossen worden sind, einschließlich etwaiger Rückversicherungsprämien und abzüglich der aufgrund des Betrags der Prämie oder des gesamten Prämienvolumens berechneten Steuern und sonstigen Abgaben. [2]Bei der Anwendung von Artikel 1 Absatz 2 Buchstabe b) und Absatz 3 Buchstabe b), c) und d) sowie den letzten Satzteilen der genannten beiden Absätze ist auf die Bruttoprämien abzustellen, die von in der Gemeinschaft bzw. in einem Mitgliedstaat ansässigen Personen gezahlt werden.

(4) **Der Umsatz eines beteiligten Unternehmens im Sinne dieser Verordnung setzt sich unbeschadet des Absatzes 2 zusammen aus den Umsätzen**

a) des beteiligten Unternehmens;

b) der Unternehmen, in denen das beteiligte Unternehmen unmittelbar oder mittelbar entweder
   i) mehr als die Hälfte des Kapitals oder des Betriebsvermögens besitzt oder
   ii) über mehr als die Hälfte der Stimmrechte verfügt oder
   iii) mehr als die Hälfte der Mitglieder des Aufsichtsrats, des Verwaltungsrats oder der zur gesetzlichen Vertretung berufenen Organe bestellen kann oder
   iv) das Recht hat, die Geschäfte des Unternehmens zu führen;

c) der Unternehmen, die in dem beteiligten Unternehmen die unter Buchstabe b) bezeichneten Rechte oder Einflussmöglichkeiten haben;

d) der Unternehmen, in denen ein unter Buchstabe c) genanntes Unternehmen die unter Buchstabe b) bezeichneten Rechte oder Einflussmöglichkeiten hat;

e) der Unternehmen, in denen mehrere der unter den Buchstaben a) bis d) genannten Unternehmen jeweils gemeinsam die in Buchstabe b) bezeichneten Rechte oder Einflussmöglichkeiten haben.

(5) [1]**Haben an dem Zusammenschluss beteiligte Unternehmen gemeinsam die in Absatz 4 Buchstabe b) bezeichneten Rechte oder Einflussmöglichkeiten, so gilt für die Berechnung des Umsatzes der beteiligten Unternehmen im Sinne dieser Verordnung folgende Regelung:**

a) [2]Nicht zu berücksichtigen sind die Umsätze mit Waren und Dienstleistungen zwischen dem Gemeinschaftsunternehmen und jedem der beteiligten Unternehmen oder mit einem Unternehmen, das mit diesen im Sinne von Absatz 4 Buchstaben b) bis e) verbunden ist.

b) [3]Zu berücksichtigen sind die Umsätze mit Waren und Dienstleistungen zwischen dem Gemeinschaftsunternehmen und jedem dritten Unternehmen. [4]Diese Umsätze sind den beteiligten Unternehmen zu gleichen Teilen zuzurechnen.

Inhaltsübersicht

1. Vorbemerkungen

1 Art. 5 enthält detaillierte Vorschriften darüber, wie die Umsätze, die der Umsatzberechnung für die **beteiligten Unternehmen** (→ Art. 1 Rn. 12ff.; Konsolidierte Mitteilung, Anhang B 20 Rn. 129ff.) nach Art. 1 Abs. 2 und 3 zugrunde zu legen sind, im Einzelnen zu berechnen sind. Das Bedürfnis für klare Regelungen ergibt sich einmal im Hinblick darauf, dass die Methoden der Umsatzberechnungen im internationalen Vergleich voneinander abweichen können. Das ist zwar innerhalb der EU aufgrund der entsprechenden Richtlinien im Wesentlichen nicht mehr der Fall. Für die Schwellenwerte nach Art. 1 sind aber auch **Umsätze außerhalb der Union von Bedeutung.** Sie müssen ggf. an die Berechnungsgrundlagen des Art. 5 angepasst oder umgerechnet werden. Häufig wird es allerdings auf eine ganz exakte Angleichung nicht ankommen, wenn aufgrund der Größenordnungen von vornherein sicher ist, dass die maßgeblichen Schwellenwerte nach Art. 1 Abs. 2 und 3 überschritten oder nicht überschritten sind. Die Notwendigkeit besonderer Vorschriften ergibt sich auch aus der durch die Struktur des Art. 1 Abs. 2 und 3 vorgegebenen Notwendigkeit, **Umsätze regional auf Mitgliedstaaten und die Union aufzuteilen.** Schließlich müssen für Branchen, in denen Umsatzberechnungen nicht üblich oder möglich sind, Leitlinien für eine **Umrechnung in Umsatz-Äquivalente** gegeben werden; diese Notwen-

digkeit ergibt sich bei Banken und Versicherungen. Art. 5 enthält anders als im deutschen Recht **keine branchenspezifischen Veränderungen der Umsatzschwellen,** also weder für Handelsumsätze (sie sind voll anzusetzen) noch zB für Rundfunk- oder Presse-Umsätze (es gibt keinen Multiplikator – auch für die Fusionskontrolle über Rundfunk- oder Presseunternehmen gelten die allgemeinen Umsatzschwellen). Relevant sind immer **alle (Konzern-)Umsätze** der beteiligten Unternehmen **auf allen sachlichen Tätigkeitsgebieten,** ohne Rücksicht darauf, ob die jeweiligen Tätigkeiten irgendeinen Bezug zu dem Zusammenschluss haben.

Bei **(strukturellen) Änderungen im Umfang** der Tätigkeit oder der einzubeziehenden Unternehmen im relevanten Geschäftsjahr ist auf den **Bestand am maßgeblichen Stichtag** (→ Art. 1 Rn. 4) abzustellen. Dabei ist nach der Praxis der Kommission (vgl. dazu Konsolidierte Mitteilung, Anhang B 20 Rn. 169ff.) nicht zu differenzieren zwischen rechtlich unselbstständigen und selbstständigen Geschäftseinheiten. Hat ein Unternehmen vor dem Stichtag einen Geschäftsbereich geschlossen oder eine Tochtergesellschaft veräußert, kommt es auf deren Umsätze nicht an, auch wenn diese noch im letzten (Konzern-)Jahresabschluss ausgewiesen sind. Im umgekehrten Fall des Erwerbes sind die Jahresumsätze der erworbenen Bereiche (nicht aber ohne externe Erwerbe vorgenommene Erweiterungen der Geschäftstätigkeit) mit dem vollen Jahresumsatz einzubeziehen, auch wenn sie erst kurz vor dem Stichtag erworben wurden (vgl. dazu auch *Körber* in IM Art. 5 FKVO Rn. 27ff.). Dabei kommt es jeweils auf den Zeitpunkt des Vollzuges an; nur bevorstehende, noch nicht vollzogene Strukturveränderungen können (noch) nicht berücksichtigt werden (vgl. dazu auch *Wessely* in MünchKomm Art. 5 FKVO Rn. 25). 2

2. Gesamtumsatz (Abs. 1 Unterabs. 1)

a) Grundsatz. Abs. 1 spricht von der Berechnung des „Gesamtumsatzes". Damit wird Bezug genommen auf die Verwendung dieses Begriffes in Art. 1 Abs. 2 und 3. Gemeint ist sowohl der **Gesamtumsatz jedes beteiligten Unternehmens,** als auch die **addierten Gesamtumsätze** aller beteiligten Unternehmen. Der Begriff des Umsatzes entspricht den Definitionen in Art. 28 der 4. Gesellschaftsrechtlichen Richtlinie 78/660/EWG vom 25.7.1978 (Bilanz-Richtlinie ABl. 1978 L 222/11). Grundsätzlich ist **von den geprüften Jahresabschlüssen der Unternehmen auszugehen,** die unter Beachtung der dafür geltenden nationalen – in der EU weitgehend vereinheitlichten – Vorschriften aufgestellt wurden. Anpassungen an die besonderen Regelungen des Art. 5 sind nur in Einzelfällen erforderlich. Es sind die Umsätze zugrunde zu legen, die nach den EU-Richtlinien in den nationalen Rechten der Mitgliedstaaten für die Gewinn- und Verlustrechnung vorgegeben sind. Dabei wird nicht nach Rechtsformen oder Unternehmensgrößen unterschieden; es kommt also nicht darauf an, ob im Einzelfall die beteiligten Unternehmen den einheitlichen europäischen Vorschriften unterliegen. Zu berücksichtigen sind nach Abs. 1 S. 1 stets nur die **Nettoumsätze,** also ohne Erlösschmälerungen, Mehrwertsteuer und „andere unmittelbar auf den Umsatz bezogenen Steuern" (vgl. dazu auch Konsolidierte Mitteilung, Anhang B 20 Rn. 165f.), also insbesondere alle Verbrauchsteuern. Keine Erlösschmälerung sind Kosten der Gewährleistung oder „diesbezügliche Rückstellungen" (aA *Baron* in LB Art. 5 FKVO Rn. 119 und im Anschluss an ihn *Körber* in IM Art. 5 FKVO). Der Berücksichtigung solcher oder anderer **Rückstellungen** steht schon der Ermessensspielraum, den die Unternehmen in der Höhe haben, sowie die Tatsache entgegen, dass sie nicht wie die von der Regelung erfassten Erlösschmälerungen und Steuern „unmittelbar auf den Umsatz bezogen" sind. 3

Sachlich kommt es nach S. 1 auf die Umsätze an, die „der normalen Tätigkeit der Unternehmen" zuzuordnen sind. Art. 28 der Bilanzrichtlinie (Rn. 3) spricht in Übereinstimmung damit und in Präzisierung dazu von den Erlösen „aus dem Verkauf von für die **normale Geschäftstätigkeit** der Gesellschaft typischen Erzeugnissen und der 4

Erbringung von für die Tätigkeit der Gesellschaft typischen Dienstleistungen". Auszugehen ist also von der tatsächlichen typischen Tätigkeit des Unternehmens. Bei **Waren** geht es um die Handelsumsätze, also um die Erlöse, die aus Handelsgeschäften erzielt werden, die zu Eigentumsübertragungen führen. Bei **Dienstleistungen** besteht der Umsatz des betroffenen Unternehmens aus dem Erlös, der damit erzielt wird; bei Vermittlungsdienstleistungen, insbesondere solchen der **Handelsvertreter,** ist der Umsatz die Vermittlungsprovision, nicht der vermittelte Umsatz (beim Handelsvertreter: des Geschäftsherrn, vgl. dazu Konsolidierte Mitteilung, Anhang B 20 Rn. 158/159). Das kann zu unternehmensspezifischen Differenzierungen führen, zB für Einkünfte aus Vermietung und Verpachtung, für Hilfs- und Nebenbetriebe sowie Veräußerungs- und Lizenzverträge über gewerbliche Schutzrechte. Umsätze von Franchiseunternehmen sind diesen, nicht dem Franchisegeber zuzurechnen (dazu COMP/M.940 UBS/MisterMinit). **Beteiligungserträge sind in keinem Falle Umsätze;** sie sind keine Erlöse aus Verkäufen oder verkaufsähnlichen Geschäften. Das Gleiche gilt für Erlöse aus Veräußerungen von Unternehmen oder Vermögenswerten und grundsätzliche andere als „außerordentliche Erlöse" im Jahresabschluss ausgewiesene Erträge. Nach Abs. 4 kommt es immer auf den **Konzernumsatz** an (→ Rn. 21).

5 Zeitlich kommt es auf das **„letzte Geschäftsjahr"** an. Es muss sich also nicht um das letzte Kalenderjahr handeln. Relevant sind vielmehr die jeweiligen satzungsmäßigen Geschäftsjahre. Wenn die Geschäftsjahre unterschiedlich sind, sind jeweils die letzten Geschäftsjahre zu addieren. Umfasst das letzte Geschäftsjahr zB wegen der Umstellung des Geschäftsjahres **nicht volle zwölf Monate,** ist der für das Geschäftsjahr ermittelte Umsatz durch die Zahl der Monate zu teilen und mit 12 zu multplizieren; anderenfalls würde die Anwendbarkeit der Umsatzschwellen von Zufällen abhängen und manipuliert werden können. Auch dann, wenn im relevanten Zeitpunkt (→ Art. 1 Rn. 4) noch keine endgültigen Zahlen vorliegen, und deswegen zunächst zweifelhaft ist, ob der Zusammenschluss gemeinschaftsweite Bedeutung iSv Art. 1 hat, kommt es auf die endgültigen Zahlen an. Ggf. sind Vorausberechnungen oder verlässliche Schätzungen unvermeidlich. Die Kommission legt allerdings dann, wenn im Zeitpunkt des Zusammenschlusses (der Anmeldung?) noch keine geprüften Abschlüsse vorliegen, die Zahlen „für das Jahr davor" zugrunde (Konsolidierte Mitteilung, Anhang B 20 Rn. 170; Bedenken insoweit auch bei *Schröder* MünchKomm Art. 5 FKVO Rn. 22; vgl. auch *Ablasser-Neuhuber* in LMR Art. 5 FKVO Rn. 7f.).

6 Umsätze in **Fremdwährungen** – unabhängig davon, ob es sich um Währungen von EU-Mitgliedstaaten handelt oder um solche aus Drittstaaten – sind zum Durchschnittskurs der jeweiligen zwölf Monate **in Euro umzurechnen.** Maßgeblich sind die in den Monatsberichten der Europäischen Zentralbank ausgewiesenen Kurse, die auch auf der Website der Generaldirektion Wettbewerb veröffentlicht werden (dazu auch konsolidierte Mitteilung Rn. 204f.).

7 **b) Sonderfälle.** In Einzelfällen kann zweifelhaft sein, welche Zahlen in die Umsatzberechnung einzubeziehen sind. EU-rechtlich kann es nicht darauf ankommen, in welcher Rechtsform ein beteiligtes Unternehmen tätig ist und ob es nach nationalem Recht nicht privatwirtschaftliche, sondern öffentlich-rechtliche Entgelte erhebt. **Öffentlich-rechtliche Entgelte** sind EU-rechtlich als Umsätze zu bewerten, wenn sie wirtschaftlich Entgelte für Waren oder Dienstleistungen sind und diesen Waren oder Dienstleistungen zugeordnet werden können. Das kann uU am besten durch internationale Vergleiche beurteilt werden. Wenn das, was im einen Mitgliedstaat öffentlich-rechtlich abgerechnet wird, in einem anderen Mitgliedstaat als normales privatwirtschaftliches Entgelt behandelt wird, sind dessen Methoden Indikatoren dafür, wie die öffentlich-rechtlichen Gebühren zu behandeln sind. Auch Beihilfen können Umsatz sein (dazu Konsolidierte Mitteilung, Anhang B 20 Rn. 162). Insbesondere in der Bauwirtschaft stellt sich die Frage, wie **Erträge aus Arbeitsgemeinschaften** zu behan-

deln sind. Sie sind grundsätzlich nicht einzubeziehen; Anderes gilt, soweit das beteiligte Unternehmen selbst Leistungen für die Gemeinschaft erbracht und dadurch Umsätze erzielt hat. Die in der Bauwirtschaft übliche Kategorie der **Bauleistung** schließt die anteiligen Arbeitsgemeinschafts-Umsätze ein und ist daher nicht mit dem handelsüblichen Umsatz gleichzusetzen. Bei **Handelsvertretern** und Kommissionären kommt es nicht auf den mit den vertriebenen Waren erzielten Umsatz an, sondern auf die eingenommenen Provisionen.

c) Innenumsätze. Nach S. 2 sind Innenumsätze zwischen **verbundenen Unternehmen** nicht zu berücksichtigen; für den Begriff der verbundenen Unternehmen wird auf Abs. 4 verwiesen (dort Rn. 21 f.). Nicht ausdrücklich geregelt und deswegen nicht voll geklärt ist, wie mit Umsätzen **zwischen den am Zusammenschluss beteiligten Unternehmen** umzugehen ist. Da der Zusammenschluss nach Art. 3 entweder eine Fusion bewirkt oder die beteiligten Unternehmen durch neu eingerichtete Kontrollen miteinander verbindet, sind uE auch insoweit die Innenumsätze zwischen den beteiligten Unternehmen abzuziehen; der Begriff der Gesamtumsätze in Art. 1 Abs. 2 und 3 umfasst also nicht die Umsätze zwischen den beteiligten Unternehmen. Das gilt uE auch für den Fall, dass ein bisher gemeinsam kontrolliertes Unternehmen in die Alleinkontrolle übergeht. Davon zu unterscheiden ist die fälschlicherweise meist unter dem Gesichtspunkt des Innenumsatzes behandelte Frage, wie die Konzernbeziehungen zwischen dem bisherigen Gemeinschaftsunternehmen und dem Erwerber der Alleinkontrolle zu behandeln sind; sie können, um Doppelberechnungen zu vermeiden, nicht berücksichtigt werden (dazu Konsolidierte Mitteilung, Anhang B 20 Rn. 188; *Baron* in LB Art. 5 FKVO Rn. 22, 67; *Körber* in IM Art. 5 FKVO Rn. 22). Wenn durch den Zusammenschluss – wie in **Outsourcing-Fällen** – bisheriger Innenumsatz externer, marktrelevanter Umsatz wird, ist er als solcher zu berücksichtigen (dazu Konsolidierte Mitteilung Rn. 163; *Körber* in IM Art. 5 FKVO Rn. 15; vgl auch Art. 3 Rn. 22). 8

3. Räumliche Zuordnung des Umsatzes (Abs. 1 Unterabs. 2)

Die nach Art. 1 Abs. 2 und 3 relevanten Umsätzen müssen, soweit es nicht um weltweite Gesamtumsätze geht, räumlich zugeordnet werden. Das ist einmal für den Begriff des **„gemeinschaftsweiten" Gesamtumsatzes** in Art. 1 Abs. 2 lit. b und Abs. 3 lit. d sowie für die sog. **2/3-Klauseln** in Art. 1 Abs. 2 und 3 letzter Hs. relevant, zum anderen für die **Umsätze in einzelnen Mitgliedstaaten** nach Art. 1 Abs. 3 lit. b und c. Grundsätzlich sind Importe (in die jeweils maßgebliche geografische Einheit) zu berücksichtigen, Exporte abzuziehen. Nach Unterabs. 2 kommt es für die räumliche Abgrenzung auf den Umsatz an, der mit Waren und Dienstleistungen „für Unternehmen oder Verbraucher in der Gemeinschaft oder in diesem Mitgliedstaat" erzielt wird. Danach ist der Umsatz dem **Standort des Kunden** zuzurechnen; die räumliche Trennung hängt also nicht davon ab, wo die Ware verkauft wird oder wo eine Dienstleistung erbracht wird, sondern an wen sie verkauft oder erbracht wird (vgl. dazu Konsolidierte Mitteilung Anhang B 20, Rn. 195 ff.); die davon unabhängige Rechnungsadresse ist unerheblich. Bei Unterschieden zwischen Kundenadressen der Rechnung und der tatsächlichen Lieferung von **Waren** kommt es auf die physische Lieferung an (so auch für das deutsche Recht OLG Düsseldorf NZKart 2013, 299 Inlandsumsatz). Schließt ein Unternehmen Zentralvereinbarungen über den Bezug von Tochtergesellschaften oder Abteilungen in verschiedenen Ländern, ist entsprechend zu differenzieren. Wird die Zentrale für den Gesamtbedarf an einem Zentrallager beliefert, kommt es auf dessen Sitz an. Wird dezentral geliefert, ist der Umsatz des Lieferanten entsprechend den Lieferadressen aufzuteilen. Bei **Dienstleistungen** kommt es auch dann, wenn sie tatsächlich am Sitz des Dienstleisters erbracht wird, auf den Sitz des Kunden an. Nur dann, wenn der Kunde für die 9

Dienstleistung „seinen Ort verändert", weil er sie beim Dienstleister erhält, kommt es auf den Erbringungsort, also den Sitz des Dienstleisters an (konsolidierte Mitteilung Rn. 199f.). Bei Beförderungsdienstleistungen soll es auf den Sitz des Kunden ankommen, und zwar offenbar unabhängig davon, von wo nach wo die Beförderung erfolgt (dazu Konsolidierte Mitteilung, Anhang B 20 Rn. 201; vgl. auch *Körber* in IM Art. 5 FKVO Rn. 37). Unklarheiten bestehen bei der räumlichen Zuordnung von Telekommunikationsdienstleistungen und Flügen (dazu *Körber* → Rn. 38ff.; *Schröder* in MünchKomm Art. 5 FKVO Rn. 18f.; *Baron* in LB Art. 5 FKVO Rn..38ff.).

4. Umsatz beim Erwerb von Unternehmensteilen (Abs. 2 Unterabs. 1)

10 Beim Erwerb einer kontrollierenden Beteiligung an einem Unternehmen sind beteiligt der Erwerber und das erworbene Unternehmen; nur deren Umsätze sind in die Berechnung des „Gesamtumsatzes" einzubeziehen. **Nicht relevant ist der Umsatz des Veräußerers.** Dieses Prinzip gilt auch dann, wenn nicht eine juristische Person, eine Gesellschaft oder ein Unternehmen insgesamt erworben wird, sondern nur Teile davon. Dann kommt es nur auf die Umsätze an, die diesen Teilen zuzurechnen sind, nicht auf die Umsätze der auf der Veräußererseite betroffenen, aber nicht in den Zusammenschluss einbezogenen Unternehmensteile. In diesem Fall ist der **veräußerte Vermögensteil** gedanklich **wie ein selbstständiges Unternehmen** zu bewerten. Da der veräußerte Vermögensteil als solcher nicht handlungsfähig ist, treffen die verfahrensrechtlichen Pflichten, die mit der materiell-rechtlichen Beteiligung verbunden sind, den Veräußerer als solchen. Unterabs. 1 führt dazu, dass der Vermögenserwerb genauso zu behandeln ist wie der Anteilserwerb; auch bei diesem ist der Veräußerer am Zusammenschluss nicht beteiligt. Etwas Anderes gilt, wenn der Veräußerer mitkontrollierend beteiligt bleibt; dann wird sein Umsatz aufgrund der Umwandlung seiner Alleinkontrolle in die Mitkontrolle (mit dem Veräußerer) berücksichtigt (→ Art. 3 Rn. 20). Bleibt der Veräußerer minderheitlich, aber ohne (mit-) kontrollierenden Einfluss beteiligt, ist das nicht relevant (dazu auch *Baron* in LB Art. 5 FKVO Rn. 43).

5. Zusammenrechnung mehrerer Erwerbsvorgänge (Abs. 2 Unterabs. 2)

11 Wenn mehrere Zusammenschlüsse zeitlich und/oder wirtschaftlich in irgendeiner Weise verbunden sind, stellt sich die Frage, ob sie zu einer Einheit zusammenzufassen sind. Das kann erhebliche Auswirkungen haben auf die Frage, ob die Umsatzschwellen des Art. 1 Abs. 2 und/oder 3 erreicht sind; auch für die materielle Beurteilung kann das eine wesentliche Rolle spielen. Art. 3 Abs. 1 lit. b geht für den Fall, dass mehrere Unternehmen unmittelbar oder mittelbar die Kontrolle über eine Gesamtheit mehrerer Unternehmen erwerben, von einem einheitlichen Zusammenschluss aus; das kann aber nur dann gelten, wenn dieser Zusammenschluss durch einen zumindest **wirtschaftlich einheitlichen Vorgang** bewirkt wird (→ Art. 3 Rn. 4). Art. 5 Abs. 2 Unterabs. 2 geht darüber hinaus. Er fasst Zusammenschlüsse, die unabhängig voneinander vereinbart und vollzogen werden, zu einem „einzigen" Zusammenschluss zusammen, wenn und soweit sie **innerhalb von zwei Jahren zwischen denselben Personen oder Unternehmen getätigt** (jeweils bezogen auf den Konzern) werden. Allerdings soll das nach dem Wortlaut nur für „zwei oder mehr Erwerbsvorgänge iSv Unterabs. 1" gelten. Das setzt voraus, dass es jeweils um den Erwerb „von Teilen eines oder mehrerer Unternehmen" geht. Dem kommt keine selbstständige Bedeutung zu (vgl. dazu auch Konsolidierte Mitteilung, Anhang B 20 Rn. 50). Vielmehr findet die Zusammenrechnung nach Unterabs. 2 immer dann statt, wenn **Identität sowohl auf der Erwerberseite als auch auf der Veräußererseite** besteht; die Erwerbsgegenstände, für die nacheinan-

der ein im Hinblick auf die Beteiligten identischer Kontrollwechsel stattfindet, sind dann iSv Unterabs. 1 „Teile eines oder mehrerer Unternehmen". Die Zweijahresfrist beginnt mit dem Vollzug des ersten Zusammenschlusses; sie bezieht alle Zusammenschlüsse ein, die während der Frist von zwei Jahren entweder vollzogen oder bei der Kommission angemeldet werden. Für den letzten Zusammenschluss kann es, wenn er noch nicht vollzogen ist, nicht auf das (künftige) Vollzugsdatum ankommen, sondern nur darauf, wann nach Anmeldung die fusionskontrollrechtliche Prüfung beginnt.

Die Zusammenrechnung nach Unterabs. 2 führt dazu, dass **nachträglich ein einheitlicher Zusammenschluss** anzunehmen ist, auf den sowohl die formellen als auch die materiellen Fusionskontrollvorschriften Anwendung finden. Die Zusammenrechnung kann dazu führen, dass Zusammenschlussteile, die als solche nicht der EU-Fusionskontrolle unterlagen, aufgrund der Zusammenrechnung in den Anwendungsbereich der VO 139/2004 kommen, weil erstmals die Umsatzschwellen des Art. 1 Abs. 2 oder 3 überschritten werden. Die Zusammenrechnung kann aber auch – was selten der Fall sein wird – dazu führen, dass nachträglich die EU-Fusionskontrolle keine Anwendung findet, weil erst durch die Zusammenrechnung die Voraussetzungen der 2/3-Klausel in Art. 1 Abs. 2 oder 3 erfüllt sind. Unterlagen auch schon die ersten Zusammenschlussteile der EU-Fusionskontrolle, unterliegt der letzte Teil des als Einheit fingierten Zusammenschlusses auch dann der EU-Fusionskontrolle, wenn er selbstständig nicht von gemeinschaftsweiter Bedeutung iSv Art. 1 Abs. 2 oder 3 ist (von der Möglichkeit der erstmaligen Anwendbarkeit der 2/3-Klausel abgesehen). 12

Die Zusammenrechnung führt dazu, dass **frühere Entscheidungen** der Kommission oder von Kartellbehörden der Mitgliedstaaten, unabhängig davon, ob es sich um Untersagungen oder Freigaben handelt, wirkungslos werden. Sowohl für die EU- als auch die nationalen Fusionskontrollen ergibt sich durch die Zusammenrechnung nachträglich, dass die zuvor geprüften Zusammenschlussteile nicht selbstständig der Fusionskontrolle unterlagen. Ist zuvor von der Unanwendbarkeit der EU-Fusionskontrolle und der Anwendbarkeit nationaler Fusionskontrollregime ausgegangen worden, ergibt sich nachträglich, dass eine Kompetenz der nationalen Behörden nicht vorlag. War auch schon für die früheren Zusammenschlussteile die Kommission zuständig, ist nachträglich davon auszugehen, dass die zuvor geprüften Teile nicht selbstständig der Fusionskontrolle unterlagen, und dass sie auch in der materiellen Prüfung in das durch den letzten Zusammenschlussteil ausgelöste einheitliche Fusionskontrollverfahren einzubeziehen sind. Ungeklärt ist die Frage, wie sich diese nachträgliche Veränderung des rechtlich relevanten Sachverhalts und der Zuständigkeit der Behörden formal auf die **Wirksamkeit früherer, bestandskräftig gewordener Entscheidungen** der Kommission oder nationaler Behörden auswirkt. Im Hinblick auf die Entscheidungen der nationalen Behörden ist aufgrund des Vorrangs des Unionsrechts davon auszugehen, dass diese Entscheidungen als nicht existent zu betrachten sind. Im Hinblick auf frühere Entscheidungen der Kommission muss letztlich auch von einem automatischen Wegfall ausgegangen werden, weil anderenfalls der Regelung in Unterabs. 2 keine Geltung verschafft werden kann (vgl. zu der entsprechenden Regelung in § 38 Abs. 5 S. 3 GWB *Bechtold,* GWB § 38 Rn. 16ff.). 13

6. Umsatz von Kreditinstituten (Abs. 3 lit. a)

Abs. 3 lit. a und b tragen der Tatsache Rechnung, dass **Banken und Versicherungen typischerweise keine „Umsätze"** tätigen. Deswegen bedarf es anderer Kennzahlen, die ähnlich wie die Umsätze bei anderen Unternehmen charakteristisch sind für die Größe und das wettbewerbliche Potential von Banken und Versicherungen. 14

a) Kredit- und sonstige Finanzinstitute (lit. a). Für die Begriffe der Kredit- und sonstigen Finanzinstitute vgl. Art. 3 Abs. 5 → Art. 3 Rn. 31. Es handelt sich um 15

Unternehmen, die **Bankgeschäfte** betreiben oder Finanzdienstleistungen – einschließlich Finanzierungsleasing, nicht aber Operating-Leasing (dazu Konsolidierte Mitteilung, Anhang B 20 Rn. 211ff.) – erbringen. In diesem Sinne sind auch **Bausparkassen** Kreditinstitute. Kapitalanlagegesellschaften sind Finanzinstitute. Bei diesen Instituten sind anzusetzen Ertragsposten, die in der Richtlinie 86/635/EWG über den Jahresabschluss und den konsolidierten Abschluss von Banken und anderen Finanzinstituten (vom 8.12.1986, ABl. 1986 L 372/1) definiert sind, dort in Art. 28. Es sind aber nicht alle Erträge zugrunde zu legen, sondern nur

- **Zinserträge** und ähnliche Erträge (Art. 28 B 1 RL 86/635/EWG),
- **Erträge aus Wertpapieren,** nämlich aus Aktien, anderen Anteilsrechten und nicht festverzinslichen Wertpapieren, aus Beteiligungen und aus Anteilen an verbundenen Unternehmen (Art. 28 B 2),
- **Provisionserträge** (Art. 28 B 3),
- Nettoerträge aus Finanzgeschäften (Art. 28 B 4) und
- sonstige betriebliche Erträge (Art. 28 B 7).

Beim Finanzierungsleasing sind alle Zahlungen mit Ausnahme des Tilgungsteils als Umsatz anzusetzen (vgl. konsolidierte Mitteilung Rn. 212).

16 **Nicht einbezogen** werden Erträge aus der Auflösung von Wertberichtigungen auf Forderungen und aus Rückstellungen für Eventualverbindlichkeiten und für Kreditrisiken (Art. 28 B 5), Erträge aus Wertberichtigungen auf Wertpapiere, die wie Finanzanlagen bewertet werden, sowie auf Beteiligungen und Anteile an verbundenen Unternehmen (Art. 28 B 6), das Ergebnis der normalen Geschäftstätigkeit nach Steuern (Art. 28 B 8), außerordentliche Erträge (Art. 28 B 9), außerordentliches Ergebnis nach Steuern (Art. 28 B 10) und Verluste des Geschäftsjahres (Art. 28 B 11).

17 Obwohl die Leistungen der Kredit- und Finanzinstitute in der Regel **umsatzsteuerfrei** sind, besteht doch Veranlassung, den Abzug der Mehrwertsteuer und sonstiger direkt auf die Erträge erhobenen Steuern vorzusehen, weil die Kreditinstitute eine Optionsmöglichkeit auf die Umsatzsteuerpflicht haben. Auch andere direkt auf diese Beträge erhobenen Steuern sind abzusetzen. Ist ein Unternehmen oder eine Unternehmensgruppe nur teilweise als Kreditinstitut oder Finanzinstitut tätig, teilweise aber **auch in anderen Wirtschaftsbereichen,** sind die Umsatzberechnungen nach Abs. 1 und Abs. 3 für die jeweiligen Tätigkeitsgebiete miteinander zu verbinden; es gelten insoweit die handelsrechtlichen Grundsätze für entsprechende Fälle.

18 Für die **räumliche Zuordnung** der Umsatzsurrogate auf die Gemeinschaft oder einen Mitgliedstaat kommt es nach dem letzten S. von Abs. 3 lit. a darauf an, wo bzw. in welcher Zweig- oder Geschäftsstelle die Erträge verbucht werden. Der Sache nach entspricht diese Regelung Art. 5 Abs. 1 Unterabs. 2, wo darauf abgestellt wird, in welchem Land der jeweilige Umsatz „erzielt" wird.

19 **b) Versicherungen (lit. b).** Für den Begriff des Versicherungsunternehmens bzw. der Versicherungsgesellschaft vgl. Art. 3 Abs. 5 lit. a (→ Art. 3 Rn. 31). Versicherungsunternehmen sind **private und öffentlich-rechtliche Versicherungsunternehmen,** einschließlich Rückversicherungsunternehmen. Als Umsatzerlöse ist die **Summe der Bruttoprämien** anzusetzen. Dabei kommt es auf die Summe der in dem relevanten Geschäftsjahr vereinnahmten Bruttoprämien an, und zwar unabhängig davon, wann die entsprechenden Versicherungsverträge abgeschlossen wurden. Soweit in dem betreffenden Geschäftsjahr aus Versicherungsverträgen Prämien bezahlt wurden, sind die Bruttoprämien in die Berechnung einzubeziehen. Der Begriff „Brutto"-Prämie ist insoweit irreführend, als auch hier ebenso wie bei den Umsätzen die auf diese Prämien gezahlten Steuern abzusetzen sind. Irreführend ist auch die gesetzliche Formulierung, dass einzubeziehen sind „alle noch zu vereinnahmenden Prämien". Der englische („all amounts received and receivable in respect of insurance contracts") und französische Wortlaut („tous les montants reçus et à recevoir au titre de contrats d'assurances") machen deutlich, dass es nicht um die Alternative „verein-

nahmt“ und „noch zu vereinnahmen“ geht, sondern darum, dass **nur die vereinnahmten Prämien** zu berücksichtigen sind, **die aufgrund der Versicherungsverträge auch zu vereinnahmen waren.**

Für die **räumliche Zuordnung** der Prämien stellt der letzte S. entsprechend Abs. 1 Unterabs. 2 und Abs. 3 lit. a, letzter S., darauf ab, wo die Prämien vereinnahmen worden sind. Das hängt davon ab, wo die Prämienzahler ansässig sind. 20

8. Konzernumsatz (Abs. 4)

a) Allgemein. Nach Abs. 4 sind dem Umsatz eines beteiligten Unternehmens **alle Umsätze der mit ihm verbundenen Unternehmen zuzurechnen.** Die Unternehmensverbindung wird in den lit. b–e genauer definiert. **Lit. b** sieht vor, dass dem beteiligten Unternehmen die von ihm **abhängigen Unternehmen zuzurechnen** sind. Das sind diejenigen, in denen das beteiligte Unternehmen über mehr als die Hälfte des Kapitals oder der Stimmrechte verfügt. Diese Regelung hat nicht den Charakter einer Vermutung, sondern gilt auch dann, wenn aufgrund besonderer Umstände trotz der Kapital- und/oder Stimmmehrheit das beteiligte Unternehmen keine Kontrolle ausüben kann. Der Kapital- und Stimmmehrheit ist gleichgestellt die Möglichkeit, dass das beteiligte Unternehmen mehr als die Hälfte der Mitglieder des Aufsichtsrats, des Verwaltungsrats oder der zur gesetzlichen Vertretung berufenen Organe bestellen kann. Dabei kommt es nur auf die Bestellungsbefugnis an, nicht darauf, ob von dieser **Befugnis** auch tatsächlich Gebrauch gemacht wurde. Soweit sich die Befugnis aus der Kapital- oder Stimmenmehrheit ergibt, hat sie keine selbstständige Bedeutung. Sie kann sich auch für einen Gesellschafter mit bloßer Minderheitsbeteiligung aus gesellschaftsvertraglichen Regelungen oder aus Konsortialvereinbarungen ergeben. Schließlich wird dem beteiligten Unternehmen auch ein Unternehmen zugerechnet, das der Geschäftsführungsbefugnis des beteiligten Unternehmens unterliegt. Auch insoweit kommt es nur auf die Befugnis an; es braucht nicht gesondert geprüft zu werden, ob von dieser Befugnis auch tatsächlich in dem Sinne Gebrauch gemacht wurde oder wird, dass das potenziell abhängige Unternehmen keine eigenständige Geschäftsführung unterhält. Während lit. b die „nach unten“ abhängigen Unternehmen einbezieht, bezieht **lit. c** die „nach oben“ das das beteiligte Unternehmen **beherrschende oder kontrollierende Unternehmen** und – über lit. d – die von dem beherrschenden oder kontrollierenden Unternehmen abhängigen anderen Unternehmen ein. Auch insoweit kommt es jeweils nur auf die formalen unter b) beschriebenen Kriterien an, nicht darauf, ob sich aus diesen formalen Kriterien die Kontrolle ergibt oder ob die Kontrolle tatsächlich ausgeübt wurde. Lit. e betrifft einen besonderen Fall eines Gemeinschaftsunternehmens (→ Rn. 23). 21

b) Konzernbetrachtung bei öffentlichen Unternehmen. Umsätze von mehreren Unternehmen, die öffentlich-rechtlichen Körperschaften gehören oder an denen solche Körperschaften mehrheitlich beteiligt sind, sind von vornherein nicht zusammenzufassen, wenn es sich um verschiedene Körperschaften handelt (Staat, Land, kommunale Gebietskörperschaften, sonstige öffentlich-rechtliche Körperschaften oder Anstalten). Aber auch dann, wenn sie ein und derselben Körperschaft zuzuordnen sind, ist für die Umsatzzurechnung erforderlich, dass die Unternehmen eine mit einer „**autonomen Entscheidungsbefugnis** ausgestattete **wirtschaftliche Einheit** bilden“ (Erwägungsgrund 22 zur VO 139/2004). Damit soll erreicht werden, dass der **öffentliche und der private Sektor gleichbehandelt** werden. Diese Gleichbehandlung wird allerdings nicht erreicht, wenn man im privaten Sektor – zB aufgrund der Konzernvorschrift des § 18 des deutschen Aktiengesetzes – im Regelfall bei Mehrheitsbeteiligungen von einem Konzern ausgeht, für den öffentlichen Sektor aber auf die tatsächliche **Koordinierung** abstellt. Nach Auffassung der Kommission (Konsolidierte Mitteilung, Anhang B 20 Rn. 194) kommt es darauf an, ob eine 22

„Koordinierung mit anderen vom Staat kontrollierten Holdings" vorliegt. Eine Zusammenfassung mehrerer Geschäftsbereiche zu einem Konzern sei geboten, wenn „für mehrere staatliche Unternehmen Geschäftsentscheidungen von derselben unabhängigen Stelle getroffen" würden (vgl. dazu auch *Körber* in IM Art. 5 FKVO Rn. 78f.; *Hirsbrunner* EuZW 2012, 646f.).

9. Umsatzzurechnung bei Gemeinschaftsunternehmen (Abs. 4 lit. e und Abs. 5)

23 Abs. 4 lit. e und Abs. 5 regeln jeweils besondere Fälle von Gemeinschaftsunternehmen. In **Abs. 4** ist der Fall angesprochen, dass ein beteiligtes Unternehmen zusammen mit mit ihm verbundenen Unternehmen oder ausschließlich **verbundene Unternehmen** eines beteiligten Unternehmens **ein anderes gemeinsam kontrollieren. Abs. 5** regelt den Fall, dass **mehrere beteiligte Unternehmen** gemeinsam ein und dasselbe Unternehmen kontrollieren. Der viel wichtigere Fall, dass ein beteiligtes Unternehmen **zusammen mit einem oder mehreren Dritten** ein anderes Unternehmen gemeinsam kontrollieren, ist nicht ausdrücklich geregelt. Die Kommission wendet allerdings die Regelungen in Abs. 4 lit. e und Abs. 5 auch auf diesen Fall an. Gemeinschaftsunternehmen, bei denen alle mitkontrollierenden Unternehmen mit ein und demselben beteiligten Unternehmen verbunden sind, sind diesem beteiligten Unternehmen voll zuzurechnen (Abs. 4 lit. e). Sind mehrere beteiligte Unternehmen mitkontrollierend an einem Gemeinschaftsunternehmen beteiligt, sind die Innenumsätze zwischen den jeweils beteiligten Unternehmen und dem Gemeinschaftsunternehmen nicht zu berücksichtigen (Abs. 5 lit. a). Die Außenumsätze des Gemeinschaftsunternehmens mit Dritten sind den dieses Gemeinschaftsunternehmen gemeinsam kontrollierenden Unternehmen zu gleichen Teilen zuzurechnen. Es kommt also nicht auf die Höhe der Beteiligung an. Wenn ein Gemeinschaftsunternehmen von vier Unternehmen mit unterschiedlicher Beteiligung gemeinsam kontrolliert wird, sind jeweils 25% des Außenumsatzes des Gemeinschaftsunternehmens jedem der beteiligten Unternehmen zuzurechnen. Ein Gemeinschaftsunternehmen, an dem ein beteiligtes Unternehmen zusammen mit einem oder mehreren Dritten gemeinsam kontrollierend beteiligt ist, ist mit seinem Umsatz den beteiligten Unternehmen nicht etwa voll zuzurechnen, sondern **nur mit dem Anteil,** der sich aus der Zahl der mitkontrollierenden Gesellschafter ergibt (dazu Konsolidierte Mitteilung, Anhang B 20 Rn. 187).

Art. 6 Prüfung der Anmeldung und Einleitung des Verfahrens

(1) [1]**Die Kommission beginnt unmittelbar nach dem Eingang der Anmeldung mit deren Prüfung.**

a) [2]**Gelangt sie zu dem Schluss, dass der angemeldete Zusammenschluss nicht unter diese Verordnung fällt, so stellt sie dies durch Entscheidung fest.**

b) [3]**Stellt sie fest, dass der angemeldete Zusammenschluss zwar unter diese Verordnung fällt, jedoch keinen Anlass zu ernsthaften Bedenken hinsichtlich seiner Vereinbarkeit mit dem Gemeinsamen Markt gibt, so trifft sie die Entscheidung, keine Einwände zu erheben und erklärt den Zusammenschluss für vereinbar mit dem Gemeinsamen Markt.**
[4]**Durch eine Entscheidung, mit der ein Zusammenschluss für vereinbar erklärt wird, gelten auch die mit seiner Durchführung unmittelbar verbundenen und für sie notwendigen Einschränkungen als genehmigt.**

c) [5]**Stellt die Kommission unbeschadet des Absatzes 2 fest, dass der angemeldete Zusammenschluss unter diese Verordnung fällt und Anlass zu**

ernsthaften Bedenken hinsichtlich seiner Vereinbarkeit mit dem Gemeinsamen Markt gibt, so trifft sie die Entscheidung, das Verfahren einzuleiten. [6]Diese Verfahren werden unbeschadet des Artikels 9 durch eine Entscheidung nach Artikel 8 Absätze 1 bis 4 abgeschlossen, es sei denn, die beteiligten Unternehmen haben der Kommission gegenüber glaubhaft gemacht, dass sie den Zusammenschluss aufgegeben haben.

(2) **[1]Stellt die Kommission fest, dass der angemeldete Zusammenschluss nach Änderungen durch die beteiligten Unternehmen keinen Anlass mehr zu ernsthaften Bedenken im Sinne des Absatzes 1 Buchstabe c) gibt, so erklärt sie gemäß Absatz 1 Buchstabe b) den Zusammenschluss für vereinbar mit dem Gemeinsamen Markt.**

[2]Die Kommission kann ihre Entscheidung gemäß Absatz 1 Buchstabe b) mit Bedingungen und Auflagen verbinden, um sicherzustellen, dass die beteiligten Unternehmen den Verpflichtungen nachkommen, die sie gegenüber der Kommission hinsichtlich einer mit dem Gemeinsamen Markt zu vereinbarenden Gestaltung des Zusammenschlusses eingegangen sind.

(3) **Die Kommission kann eine Entscheidung gemäß Absatz 1 Buchstabe a) oder b) widerrufen, wenn**
a) die Entscheidung auf unrichtigen Angaben, die von einem beteiligten Unternehmen zu vertreten sind, beruht oder arglistig herbeigeführt worden ist
oder
b) die beteiligten Unternehmen einer in der Entscheidung vorgesehenen Auflage zuwiderhandeln.

(4) **In den in Absatz 3 genannten Fällen kann die Kommission eine Entscheidung gemäß Absatz 1 treffen, ohne an die in Artikel 10 Absatz 1 genannten Fristen gebunden zu sein.**

(5) **Die Kommission teilt ihre Entscheidung den beteiligten Unternehmen und den zuständigen Behörden der Mitgliedstaaten unverzüglich mit.**

Inhaltsübersicht

1. Vorbemerkungen

1 Art. 6 regelt die verschiedenen **Entscheidungsalternativen der Kommission** nach Einreichung der Anmeldung (Unanwendbarkeitsentscheidung nach Abs. 1 lit. a, Vereinbarkeitsentscheidung ohne Verfahrenseröffnung nach Abs. 1 lit. b und Eröffnungsentscheidung nach Abs. 1 lit. c. Die Entscheidungen nach lit. a und b schließen die Prüfung insgesamt in der sog. **Phase 1** ab (Vorverfahren), während die Entscheidung nach lit. c die **Phase 2** (Hauptverfahren) einleitet. Hinzu kommt als vierte Alternative die **Verweisungsentscheidung** nach Art. 9. Die Entscheidung über die Verweisung nach Art. 9 kann sowohl in der Phase 1 als auch in der Phase 2 ergehen (vgl. dazu Art. 9 Abs. 4). Verweist die Kommission den Zusammenschluss unter den Voraussetzungen des Art. 9 ganz oder teilweise an einen oder mehrere Mitgliedstaaten, hat sie im Umfang der Verweisung nicht mehr die Entscheidungsbefugnis nach Art. 6. Die Entscheidungen sind solche der Kommission, die die Zuständigkeit dafür in ihrer Geschäftsordnung auf den Wettbewerbskommissar delegiert hat (dazu *v. Koppenfels* in MünchKomm Art. 6 FKVO Rn. 11ff.). Die Regelungen des Art. 6 werden ergänzt durch einzelne Bestimmungen der Durchführungsverordnung 802/2004 (insbesondere Art. 19ff. zum Angebot von Verpflichtungen nach Art. 6 Abs. 2 und dem dafür zu verwendenden Formblatt RM, vgl. Anhang A 3), die Mitteilung über Abhilfemaßnahmen (Anhang B 24) und die Bekanntmachung über ein vereinfachtes Verfahren (Anhang B 25). Die Kommission kann grundsätzlich auch ohne Anmeldung tätig werden (dazu auch *Baron* in LB Art. 6 FKVO Rn. 13). In der Praxis wird sie Entscheidungen nach Art. 6 aber nur nach Anmeldung treffen; ggf. kann sie gegen Verstöße gegen das Vollzugsverbot nach Art. 7 FKVO vorgehen und auf diese Weise auch die Vorlage einer Anmeldung erzwingen.

2. Notwendigkeit informeller Vorklärungen

2 Den förmlichen Verfahrensschritten, die in Art. 6 geregelt sind, gehen im Allgemeinen informelle Kontakte mit der Kommission vor Einreichung der Anmeldung voraus (**pre-notification contacts;** kritisch dazu *Hirsbrunner* EuZW 2012, 646). In ihren „Best practices on the conduct of EC merger control proceedings" von 2004 empfiehlt die Kommission in jedem Falle derartige Kontakte vor Einreichung der Anmeldung. Sie werden im Allgemeinen eingeleitet durch den Antrag, für das näher beschriebene Zusammenschlussvorhaben ein **Case Team** zu bilden, das Bearbeiter und Ansprechpartner für die informelle Vorklärung (und ggf. das spätere formelle Verfahren) ist. Für diesen Antrag hat die Kommission 2008 ein besonderes, auf ihrer Website veröffentlichtes Formular **„Case Team Allocation Request"** entwickelt. In den „Best practices" bekundet die Kommission ihr Interesse an den pre-notification contacts auch in offensichtlich einfach gelagerten Fällen. Sie können sich ggf. zunächst auf die Frage beziehen, ob überhaupt ein bei der Kommission anmeldepflichtiger Vorgang vorliegt; ist das nicht der Fall, kann das auf Bitte der beteiligten Unternehmen in einem Verwaltungsschreiben der Kommission bestätigt werden (zur Anfechtung einer die Fusionskontrollfreiheit bestätigenden Presseerklärung vgl. *Körber* in IM Art. 6 FKVO Rn. 9). Wenn die Fusionskontrollpflichtigkeit nach der VO 139/2004 feststeht, sollen in diesen Kontakten rechtliche und tatsächliche Fragen diskutiert werden können mit dem Ziel, das Verfahren nach Einreichung der Anmeldung zügig und fokussiert auf mögliche Probleme führen zu können. Wesentlich ist insbesondere die **Übersendung des Entwurfs einer Anmeldung** zu dem Zweck,

die Vollständigkeit der Anmeldung und damit den Fristenlauf zu sichern. Deswegen ist im Normalfall der Anmeldeentwurf die Basis der Kontakte mit der Kommission; diese können in einer Besprechung, schriftlich oder telefonisch stattfinden. Insbesondere in Fällen, in denen es um eine tatsächlich und rechtlich klar zu umschreibende Vorfrage eines noch nicht vereinbarten und noch nicht anmeldefähigen Zusammenschlussvorhabens geht, ist auch in einem viel früheren Stadium eine entsprechende vertrauliche Anfrage an die Kommission möglich.

3. Unanwendbarkeitsentscheidung (Abs. 1 lit. a)

Abs. 1 lit. a regelt einen Fall, der heute **keine praktische Bedeutung mehr** hat. 3
Die letzte Entscheidung auf dieser Grundlage ist im Jahre 2002 ergangen (23.12.2002, M.3003 Electrabel/Energia Italiana/Interpower; zu früheren Entscheidungen vgl. auch *Baron* in LB Art. 6 FKVO Rn. 18ff.). Das ergibt sich daraus, dass im Allgemeinen Fälle, für die die Kommission wegen fehlender gemeinschaftsweiter Bedeutung nach Art. 1 oder Nichterfüllung eines Zusammenschlusstatbestandes nach Art. 3 nicht zuständig ist, schon im informellen Verfahren geklärt werden. Dann kommt es nicht zu einer Anmeldung, aufgrund derer die Entscheidung nach Abs. 1 lit. a ergeht. Das ändert nichts daran, dass häufig die Frage nicht ohne Weiteres zu beantworten ist, ob die Voraussetzungen der Art. 1 und 3 erfüllt sind, oder ob ein Zusammenschluss den nationalen Fusionskontrollen unterliegt. Insoweit gilt ein **Entscheidungs- und Beurteilungsvorrang der Kommission** (→ Art. 1 Rn. 5). Verneint die Kommission nach Vorlage der dafür erforderlichen Unterlagen ihre Zuständigkeit, ist eine entsprechende Äußerung im Allgemeinen eine ausreichende Basis dafür, dass die nationalen Behörden – in Deutschland das Bundeskartellamt – unter dem Gesichtspunkt des Art. 21 Abs. 3 (§ 35 Abs. 3 GWB) ihre Zuständigkeit bejahen. Ist der Vorgang schon beim Bundeskartellamt angemeldet, und bestehen Zweifel an dessen Zuständigkeit, veranlasst das Bundeskartellamt entweder die Unternehmen, eine Stellungnahme der Kommission herbeizuführen, oder führt diese selbst herbei. Im Allgemeinen genügt eine entsprechende formlose Beurteilung durch die Kommission. Verneint sie ihre Zuständigkeit, geht das Bundeskartellamt unter dem Gesichtspunkt des Art. 21 Abs. 3, § 35 Abs. 3 GWB von seiner Zuständigkeit aus.

Die Entscheidung nach Art. 6 Abs. 1 lit. a ergeht **innerhalb der Fristen des** 4
Art. 10 Abs. 1; es gelten auch die Hemmungsvorschriften des Art. 10 Abs. 4 (→ Art. 10 Rn. 10). Weder die VO 139/2004 noch die VO 802/2004 sehen vor, dass vor Erlass der Entscheidung die am Zusammenschlussvorhaben Beteiligten gesondert **angehört** werden; diese Vorschriften gehen offenbar davon aus, dass die Entscheidung über die Unzuständigkeit der Kommission die beteiligten Unternehmen nicht belastet. Eine solche Belastung kann sich allerdings daraus ergeben, dass die Unternehmen ggf. gehalten sind, nationale Fusionskontrollverfahren durchzuführen; dieser Aspekt ist aber verfahrensrechtlich keine Grundlage für einen Anspruch auf rechtliches Gehör gegenüber der Kommission. Auch der Beratende Ausschuss für die Kontrolle von Unternehmenszusammenschlüssen muss nicht angehört werden. Es kann allerdings davon ausgegangen werden, dass die Kommission eine Unanwendbarkeitsentscheidung nicht trifft, ohne zuvor mit den anmeldenden Unternehmen entsprechende Kontakte gehabt zu haben, sodass Überraschungsentscheidungen in der Praxis nicht stattfinden. Dennoch wäre wohl eine Nichtigkeitsklage der anmeldenden Unternehmen nach Art. 263 Abs. 4 AEUV zulässig; die anmeldenden Unternehmen können jedenfalls bei einer dann bestehenden Zuständigkeit nationaler Kartellbehörden die hiernach erforderliche unmittelbare und individuelle Betroffenheit dartun.

Auch **außerhalb des Art. 6 Abs. 1 lit. a** ist es möglich, dass auf Initiative oder 5
Beschwerden Dritter die Kommission durch **Entscheidung** feststellt, dass ein bestimmter Zusammenschluss nicht der FKVO unterliegt. Das ist im Falle Gas Natural GAS/Endesa (Entscheidung vom 15.11.2005, COMP/M.3986) geschehen. Die

Klage dagegen hatte keinen Erfolg; der Antrag auf Aussetzung des Vollzugs der durch Schreiben der Kommission ergangenen Entscheidung wurde vom Präsidenten des Gerichtes zurückgewiesen (Beschluss vom 1.2.2006, Rs. T-417/05 R).

4. Vereinbarkeitsentscheidung ohne Verfahrenseinleitung (Abs. 1 lit. b, Abs. 2)

6 **a) Allgemeines.** Die weitaus meisten (über 95%) Fusionskontrollverfahren werden mit Entscheidungen nach Art. 6 Abs. 1 lit. b abgeschlossen. Meist erfassen die Entscheidungen den Zusammenschluss, wie er **in der Anmeldung definiert** ist. Abs. 2 sieht **zwei Möglichkeiten für Modifikationen** vor. Nach Abs. 2 Unterabs. 1 kann es sein, dass die Unternehmen dann, wenn die Kommission materielle Bedenken äußert, das Zusammenschlussvorhaben nach Anmeldung so ändern, dass diese Bedenken ausgeräumt sind. Nach Abs. 2 Unterabs. 2 findet ein besonderes Regime Anwendung, wenn die Ausräumung der Bedenken nicht durch eine solche Änderung möglich ist, sondern nur durch Verpflichtungen der beteiligten Unternehmen, deren Erfüllung durch Bedingungen und Auflagen sichergestellt werden (→ Rn. 10ff.). Die Entscheidung nach Abs. 1 lit. b wird so tenoriert, dass der Zusammenschluss für **mit dem Binnenmarkt** (früher: Gemeinsamen Markt) vereinbar erklärt wird. Sie umfasst nicht nur die Kriterien des Art. 2 Abs. 2, sondern auch – in den Fällen **kooperativer Gemeinschaftsunternehmen** – die nach Art. 2 Abs. 4. Das ist in Art. 6 Abs. 1 lit. b und Abs. 2 im Unterschied zu Art. 8 Abs. 1 und Abs. 2 nicht ausdrücklich vorgesehen; Gründe für unterschiedliche Behandlungen sind aber nicht ersichtlich (vgl. dazu auch *Körber* in IM Art. 2 FKVO Rn. 617 mit Fn. 2285).

7 Die Kommission hat aufgrund der Erfahrung, dass die meisten angemeldeten Zusammenschlüsse keine materiellen Probleme aufwerfen, zwei Instrumente entwickelt, die der Verfahrenserleichterung und Verfahrensbeschleunigung dienen. Die Unternehmen haben die Möglichkeit, die Anmeldung auf einem **vereinfachten Formblatt** vorzunehmen (Anhang II zur VO 802/2004, vgl. Anhang A 3). Dessen Voraussetzungen sind in Ziff. 1.1 umschrieben. Die Kommission kann aber auch dann, wenn diese Voraussetzungen vorliegen, „eine vollständige oder ggf. eine teilweise Anmeldung mittels des CO-Formblatts verlangen" (Ziff. 1.2 des vereinfachten Formblatts). Die andere Verfahrensvereinfachung ergibt sich unter grundsätzlich denselben Voraussetzungen aus der **Möglichkeit eines vereinfachten Verfahrens** (dazu Bekanntmachung über vereinfachtes Verfahren, Anhang B 25); in mehr als der Hälfte der Fälle erfolgt die Freigabe in diesem vereinfachten Verfahren. Auch insoweit behält sich die Kommission vor, ein „normales" Verfahren durchzuführen. Im vereinfachten Verfahren ergeht eine „Kurzformentscheidung". Das vereinfachte Verfahren führt aber nicht notwendig zu einer Verkürzung der in Art. 10 Abs. 1 Unterabs. 1 festgelegten Verfahrensdauer von höchstens 25 Arbeitstagen.

8 **b) Freigabe ohne Änderungen und ohne Bedingungen und Auflagen.** In den **weitaus meisten Fällen** werden die Zusammenschlussvorhaben, die in der Anmeldung im Einzelnen beschrieben sind, ohne Einschränkungen freigegeben. Die Kommission wertet die auch in einfachen Fällen umfangreichen Informationen in der Anmeldung (deren Umfang häufig in den informellen Vorkontakten noch über das vorgeschriebene Minimum hinaus erweitert wird) und ggf. informelle oder förmlich eingeholte Auskünfte von Marktbeteiligten aus. Im Allgemeinen werden die in Betracht kommenden sachlich und geografisch relevanten Märkte identifiziert. Im Regelfall lässt die Kommission aber nach Darstellung der Marktalternativen offen, wie die Märkte exakt abzugrenzen sind, wenn auf allen in Betracht kommenden Märkten erhebliche Wettbewerbsbehinderungen von vornherein nicht in Betracht kommen. Es ist aber auch möglich, dass einzelne Probleme ausführlicher und mit Festlegungen insbesondere hinsichtlich der sachlichen und/oder geografischen

Marktabgrenzung behandelt werden. Die Begründungen der Entscheidungen nach Art. 6 Abs. 1 lit. b lassen manchmal nicht erkennen, dass ihnen umfangreichere Ermittlungen und intensive Diskussionen mit den beteiligten Unternehmen und möglicherweise auch Dritten vorausgingen. Sie beziehen sich nicht nur auf die Kriterien des Art. 2 Abs. 2, sondern auch – bei kooperativen Gemeinschaftsunternehmen – auf die nach Art. 2 Abs. 4 (→ Rn. 6); das gilt, obwohl in Abs. 2 anders als in Art. 8 Abs. 1 Unterabs. 1 nicht auch ausdrücklich auf Art. 2 Abs. 4 verwiesen wird (→ Art. 8 Rn. 3). Die Vereinbarkeitsentscheidung **schließt das Verfahren ab;** sie bewirkt, dass das **Vollzugsverbot** des Art. 7 Abs. 1 **nicht mehr gilt,** sodass der Zusammenschluss vollzogen werden kann. Das gilt auch, wenn die Vereinbarkeitsentscheidung von Dritten angefochten wird. Wird sie vom Gericht oder Gerichtshof rechtskräftig für nichtig erklärt, so wird der Zusammenschluss in einem neuen Verfahren von der Kommission geprüft; wird der Zusammenschluss dann als mit dem Binnenmarkt für unvereinbar erklärt, kann die Kommission nach Art. 8 Abs. 4 die Rückgängigmachung des Zusammenschlusses bewirken (→ Art. 8 Rn. 22ff.).

c) Entscheidung nach Änderungen (Abs. 2 Unterabs. 1). Abs. 2 Unterabs. 1 9
geht von der Möglichkeit aus, dass ein angemeldeter Zusammenschluss auf materielle Bedenken stößt, die durch Änderungen des Zusammenschlussvorhabens ausgeräumt werden können. Insoweit kann es nur um die **Reduzierung eines umfassenderen Vorhabens** gehen, deren Realisierung dadurch gewährleistet ist, dass nur das reduzierte Vorhaben freigegeben wird. Das setzt Teilbarkeit des Vorhabens voraus, indem zB der Erwerb zweier Unternehmen in einem einheitlichen Vorgang angemeldet ist, und das Vorhaben dann auf den Erwerb nur eines dieser Unternehmen reduziert wird. In einem solchen Fall sind besondere Verpflichtungen der Unternehmen, die mit Bedingungen und Auflagen abgesichert werden müssten (→ Rn. 10ff.), nicht erforderlich. Freigegeben ist nur das reduzierte Zusammenschlussvorhaben; würde mehr erworben, würde insoweit gegen das Vollzugsverbot verstoßen (→ Art. 8 Rn. 6).

d) Entscheidung mit Bedingungen und Auflagen (Abs. 2 Unterabs. 2). In 10
Abs. 2 Unterabs. 2 ist ausdrücklich vorgesehen, dass die Entscheidung nach Abs. 1 lit. b, die das Verfahren in der ersten Phase abschließt, mit Bedingungen und Auflagen verbunden sein kann. Diese Bedingungen und Auflagen sind ausschließlich zu dem Zweck zulässig **sicherzustellen,** dass die beteiligten Unternehmen **den Verpflichtungen nachkommen,** die sie gegenüber der Kommission „hinsichtlich einer mit dem Gemeinsamen Markt (Binnenmarkt) zu vereinbarenden Gestaltung des Zusammenschlusses eingegangen sind". Diese Verpflichtungen werden nicht einseitig durch die Kommission festgelegt, sondern setzen Maßnahmen um, die die am Zusammenschluss beteiligten Unternehmen anbieten, um wettbewerbliche Probleme des Zusammenschlusses zu beseitigen. Wenn die Unternehmen entsprechende Verpflichtungen anbieten, verlängert sich nach Art. 10 Abs. 1 Unterabs. 2 die Frist, innerhalb derer die Entscheidung zu ergehen hat, von 25 auf 35 Arbeitstage (→ Art. 10 Rn. 6). Für das Angebot ist nach Art. 20 Abs. 1a VO 802/2004 das **Formblatt RM** (vgl. Anhang A 3, dort Anhang IV) zu verwenden, das binnen einer Frist von 20 Arbeitstagen nach der Anmeldung einzureichen ist (Art. 19 Abs. 1 VO 802/2004).

Die Verpflichtungen müssen geeignet sein, die ernsthaften Bedenken der Kommis- 11
sion gegen die Vereinbarkeit des Zusammenschlusses mit dem Binnenmarkt auszuräumen; sie müssen „in angemessenem Verhältnis zu dem Wettbewerbsproblem stehen und dieses vollständig beseitigen" (Erwägungsgrund 30). Die Kommission hat in der **Mitteilung über Abhilfemaßnahmen** (Anhang B 24) im Einzelnen festgelegt, welche Arten von Verpflichtungen geeignet sein können, materielle Bedenken gegen die Zulässigkeit eines Zusammenschlusses auszuräumen, und wie deren Einhaltung durch Auflagen und Bedingungen sichergestellt werden (→ Art. 8 Rn. 7ff.). Da sichergestellt werden soll, dass wettbewerbsfähige Marktstrukturen erhalten bzw. gewährleistet werden, sollen die Abhilfemaßnahmen in erster Linie **struktureller Art** sein, also ins-

besondere in erster Linie in der Veräußerung eines Unternehmens oder eines Geschäfts bestehen. Als strukturelle Abhilfemaßnahmen kommen auch in Betracht die Zerschlagung von Bindungen zu Mitbewerbern, wie zum Beispiel die **Veräußerung von Minderheitsbeteiligungen** an einem Gemeinschaftsunternehmen oder an einem Mitbewerber (Mitteilung über Abhilfemaßnahmen, Rn. 58), die Gewährung **diskriminierungsfreien Zugangs zu Infrastrukturen und Netzen** (Mitteilung über Abhilfemaßnahmen, Rn. 62), die **Lizenzgewährung** (Mitteilung über Abhilfemaßnahmen, Rn. 65; s. dazu auch KOMM 19.5.2006 M.3998 Rn. 82 Axalto/ Gemplus) oder die Beseitigung von Abschottungswirkungen durch Verpflichtung zur Aufhebung oder Kündigung von Ausschließlichkeitsbindungen (Mitteilung über Abhilfemaßnahmen, Rn. 67). **Verpflichtungen,** die das **künftige Verhalten** der am Zusammenschluss beteiligten Unternehmen regeln, also etwa Preise nicht anzuheben, sind nur ganz ausnahmsweise zulässig (Mitteilung über Abhilfemaßnahmen, Rn. 17). Bei derartigen nicht-strukturellen Abhilfemaßnahmen muss gewährleistet sein, dass sie sicher und wirksam umgesetzt werden. Abhilfemaßnahmen, die eine zeitlich nicht befristete laufende Verhaltenskontrolle erfordern, sind grundsätzlich nicht zulässig (vgl. zu Einzelfragen auch *Körber* in IM Art. 8 FKVO Rn. 129ff.; *v. Koppenfels* in MünchKomm Art. 8 FKVO Rn. 56ff.; *Baron* in LB Art. 8 FKVO Rn. 32ff., 40ff.).

12 Die **Anforderungen** an den Inhalt der Verpflichtungen können **in der Phase 1** – also wenn das Fusionskontrollverfahren durch eine Entscheidung nach Abs. 1 lit. b abgeschlossen werden soll – **strenger** sein als in der Phase 2. Die in der Phase 1 angebotenen Verpflichtungen müssen ausreichen, um alle „ernsthafte Bedenken" iSd Art. 6 Abs. 1 lit. c auszuräumen; schon aus Zeitgründen können sich die beteiligten Unternehmen nicht darauf berufen, dass diese Bedenken sich bei weiteren Nachprüfungen als unbegründet erweisen werden (vgl. Mitteilung über Abhilfemaßnahmen, Anhang B 24, Rn. 18). Das bedeutet für die angebotenen Abhilfemaßnahmen, dass sie in besonderem Maße geeignet sein müssen, alle möglichen wettbewerblichen Probleme abzustellen. Das wettbewerbliche Problem muss klar umrissen sein und leicht gelöst werden können, um in Phase I mit Verpflichtungsangeboten Erfolg zu haben. Auch muss die Abhilfemaßnahme so klar sein, dass sie nicht näher geprüft werden muss (Mitteilung über Abhilfemaßnahmen, Anhang B 24, Rn. 81). Meist kommt in diesem Stadium nur eine Veräußerungsverpflichtung in Frage, möglicherweise sogar nur mit einem vorab zu genehmigenden **(up-front buyer)** oder schon im Verfahren benannten Käufer, der nach Einschätzung der Kommission sicherstellt, dass die wettbewerbliche Position des veräußerten Unternehmens erhalten bleibt (**„fix it first"**, Mitteilung über Abhilfemaßnahmen, Rn. 53). UU ist eine Kombination mit der Verpflichtung erforderlich, bei Scheitern einer in erster Linie angebotenen Lösung eine sichere alternative Abhilfemaßnahme, etwa die Veräußerung einer **„Kronjuwele"** (Mitteilung über Abhilfemaßnahmen, Anhang B 24, Rn. 44), durchzuführen. Die Kommission kann verlangen, dass der Zusammenschluss erst vollzogen wird, wenn diese Maßnahme durchgeführt ist. Demgegenüber haben in der Phase 2 angebotene Verpflichtungen – ggf. schon in Beschwerdepunkten verdichtete und konkretisierte – „Einwände" der Kommission (vgl. Art. 13 VO 802/2004) auszuräumen (→ Art. 8 Rn. 8). Die Kommission trägt innerhalb eines weiten Beurteilungsspielraums die **Beweislast** dafür, dass die angebotenen Verpflichtungen nicht geeignet sind, die Wettbewerbsprobleme auszuräumen (EuG 21.9.2005 Rs. T-87/05 Slg. 2005 II-3745 Rn. 71 EDP).

13 Die Kommission unterteilt **Nebenbestimmungen** in **Auflagen** und **Bedingungen.** Als **Bedingung** gelten die **Verpflichtung zur Veräußerung** eines Geschäfts oder eine andere Maßnahme zur Veränderung der Wettbewerbsstruktur. Die **Auflage** ist dagegen eine Nebenbestimmung, die die eine **Verpflichtung zur Absicherung der Bedingung,** also insbesondere eine Umsetzungsmaßnahme bezeichnet (Mitteilung über Abhilfemaßnahmen, Anhang B 24, Rn. 19). Im Allgemeinen praktiziert die Kommission eine **Kombination von Bedingungen und Auflagen.** Ver-

äußerungsverpflichtungen werden regelmäßig in die Form einer Bedingung gekleidet; die dafür einzuhaltenden Umsetzungsmaßnahmen (zB die Bestellung eines Treuhänders) werden durch Auflagen sichergestellt. Die Unterscheidung der Nebenbestimmungen setzt sich in der **Rechtsfolge** fort: Der Nichteintritt einer Bedingung führt dazu, dass die Freigabeentscheidung ihre Wirkung verliert und die Kommission Auflösungsmaßnahmen nach – dem entsprechend anwendbaren – Art. 8 Abs. 4 lit. b und Art. 8 Abs. 5 lit. b beschließen kann. Damit ist die Bedingung nach Art. 6 Abs. 2 immer eine **„auflösende"**, keine „aufschiebende". Bei der Nichterfüllung von Auflagen kann die Kommission dagegen „nur" Geldbußen oder Zwangsgelder verhängen (Art. 14 Abs. 2 lit. d, Art. 15 Abs. 1 lit. c) oder die Genehmigungsentscheidung nach Art. 6 Abs. 3 widerrufen. Die Wirkung einer **„aufschiebenden"** Bedingung iS des deutschen Rechts kann durch die Auflage erreicht werden, den Zusammenschluss erst zu vollziehen, wenn die durch eine Bedingung gesicherte Verpflichtung erfüllt ist; in diesem Fall kann die Bedingung ihre Wirkung als auflösende dann entfalten, wenn der Zusammenschluss vollzogen wird, ohne dann die Verpflichtungen erfüllt sind.

e) Genehmigung von Nebenstimmungen (Abs. 1 lit. b Unterabs. 2). Nach Unterabs. 2 gelten durch die Vereinbarkeitsentscheidungen auch die mit der Durchführung des Zusammenschlusses „unmittelbar verbundenen und für sie notwendigen Einschränkungen als genehmigt". Das bezieht sich auf Nebenbestimmungen in den **Vereinbarungen, die den Zusammenschluss bewirken,** insbesondere auf Wettbewerbsverbote, Lizenzvereinbarungen oder die Vereinbarung von Bezugs- und Lieferverpflichtungen. Die Kommission hat in ihrer **Bekanntmachung über Nebenabreden** (Anhang B 23) im Einzelnen die Kriterien niedergelegt, die für die Beurteilung solcher Nebenabreden gelten. Sie können gegen Art. 101 AEUV verstoßen, soweit sie eine Beschränkung des Wettbewerbs bezwecken oder bewirken und nicht für die Durchführung des Zusammenschlusses erforderlich sind (→ AEUV Art. 101 Rn. 128 ff.). 14

Die Kommission ist **nicht gehalten,** die ihr vorgelegten **Vereinbarungen** daraufhin **zu überprüfen,** ob sie dieses Erforderlichkeitskriterium erfüllen. Dementsprechend heißt es im Erwägungsgrund 21 zur VO 139/2004, dass die Vereinbarkeitsentscheidung „automatisch" alle Einschränkungen abdeckt, die mit der Durchführung des Zusammenschlusses unmittelbar verbunden und dafür notwendig sind, „ohne dass die Kommission diese im Einzelfall zu prüfen hätte". Die Unternehmen können aber nach diesem Erwägungsgrund beantragen, dass die Kommissin im Rahmen der Vereinbarkeitsentscheidung auch eine Aussage zur Zulässigkeit solcher Nebenabreden trifft, und zwar „im **Fall neuer oder ungelöster Fragen,** die zu ernsthafter Rechtsunsicherheit führen können". Das sei dann der Fall, wenn die Frage noch nicht „durch die entsprechende Bekanntmachung der Kommssion oder eine veröffentlichte Entscheidung der Kommission geregelt ist". Wenn die Kommission nicht ausdrücklich zu derartigen Nebenbestimmungen Stellung nimmt, kann aus der Nichtbeanstandung von Regelungen in den vorgelegten Vertragswerken nicht geschlossen werden, dass sie unter kartellrechtlichen Gesichtspunkten zulässig sind. Vielmehr bezieht sich die **Genehmigungsfiktion** nur auf die mit der Durchführung des Zusammenschlusses „**unmittelbar verbundenen** und für sie **notwendigen** Einschränkungen". Ob diese Voraussetzungen erfüllt sind, bedarf gesonderter, eigenverantwortlicher Nachprüfung durch die Parteien (vgl. dazu auch *Körber* in IM Art. 8 FKVO Rn. 18 ff.). Sie entsprechen denen des Art. 101 Abs. 1 und 3 AEUV. Materiell ist auf diesem Hintergrund Unterabs. 2 nur eine generelle, nicht auf den Einzelfall bezogene Bestätigung dafür, dass mit der Durchführung eines Zusammenschlusses unmittelbar verbundene und für sie notwendige Einschränkungen kartellrechtlich zulässig sind, aber eben **nur im Umfang der unmittelbaren Verbundenheit und der Notwendigkeit** (→ Art. 8 Rn. 12 f.). 15

16 **f) Verfahren, Fristen.** Die Entscheidungen nach Art. 6 Abs. 1 lit. b und Abs. 2 können – über die Anmeldung und mögliche Kontakte vor und nach der Anmeldung sowie die Abgabe von Verpflichtungserklärungen nach Abs. 2 Unterabs. 2 hinaus – ohne vorherige Anhörung der Beteiligten ergehen (vgl. Art. 18 Abs. 1: Hier ist nur die Entscheidung nach Art. 6 Abs. 3 aufgeführt) und ohne Anhörung des Beratenden Ausschusses für die Kontrolle von Unternehmenszusammenschlüssen (vgl. Art. 19 Abs. 3). Die Frist dafür beträgt höchstens **25 Arbeitstage** (vgl. Art. 10 Abs. 1 Unterabs. 1); sie verlängert sich auf höchstens **35 Arbeitstage**, wenn die Unternehmen Verpflichtungszusagen im Hinblick auf eine Entscheidung nach Abs. 2 Unterabs. 2 anbieten. Die Frist beginnt mit dem Arbeitstag, der auf den Tag der vollständigen Anmeldung folgt (Art. 10 Abs. 1 Unterabs. 1 S. 2); sie endet mit Ablauf des letzten Arbeitstages dieser Frist (Art. 8 Unterabs. 1 VO 802/2004). Die Frist wird **gehemmt,** wenn die Kommission aufgrund von Umständen, die von einem an dem Zusammenschluss beteiligten Unternehmen zu vertreten sind, im Wege einer Entscheidung eine Auskunft nach Art. 11 anfordern oder nach Art. 13 eine Nachprüfung anordnen musste (Art. 10 Abs. 4, Art. 9 Abs. 1 VO 802/2004). Die Hemmung der Frist beginnt mit dem Arbeitstag, der auf den Tag der Entstehung des Hemmnisses folgt. Sie endet mit dem Ablauf des Tages der Beseitigung des Hemmnisses (Art. 9 Abs. 4 VO 802/2004). Die Unanwendbarkeitsentscheidung kann zwar – mangels Beschwer – nicht von den anmeldenden Unternehmen durch Nichtigkeitsklage **angefochten** werden, wohl aber von Dritten, wenn die für Klagen Dritter nach Art. 263 Abs. 4 AEUV geltenden Voraussetzungen erfüllt sind.

5. Einleitungsentscheidung (Art. 1 lit. c)

17 **a) Allgemeines.** Die Einleitungsentscheidung ist eine **Zwischenentscheidung.** Sie hat lediglich zur Folge, dass die **2. Phase** des Fusionskontrollverfahrens **(Hauptverfahren)** eröffnet wird und die Kommission damit eine **zusätzliche Prüfungsfrist von 90 Arbeitstagen** hat (Art. 10 Abs. 3). Das Ergebnis des Fusionskontrollverfahrens ist damit nicht präjudiziert. Obwohl die Einleitungsentscheidung „ernsthafte Bedenken" hinsichtlich der Vereinbarkeit des Zusammenschlussvorhabens mit dem Binnenmarkt voraussetzt, ergehen in der Praxis nach Einleitung des Verfahrens sehr viel mehr Vereinbarkeitsentscheidungen nach Art. 8 Abs. 2 als Untersagungsentscheidungen nach Art. 8 Abs. 3; allerdings ist der prozentuale Anteil der Vereinbarkeitsentscheidungen nach Art. 8 Abs. 2 mit Auflagen und Bedingungen sehr viel höher als bei den Vereinbarkeitsentscheidungen nach Art. 6 Abs. 1 lit. b. Die Funktion der Einleitungsentscheidung besteht einerseits darin, der Kommission eine umfassendere Prüfung des Zusammenschlussvorhabens zu ermöglichen, andererseits aber auch darin, den beteiligten Unternehmen rechtliches Gehör zu gewähren. Die Einleitungsentscheidung ergeht nach Abs. 1 lit. c S. 2 nicht (mit der Folge, dass das Verfahren nach Anmeldung ohne Entscheidung abgeschlossen wird), wenn die beteiligten Unternehmen das Zusammenschlussvorhaben **aufgegeben** haben. Die Aufgabe muss gegenüber der Kommission „glaubhaft" gemacht werden. Das Erfordernis der Glaubhaftmachung ergibt sich daraus, dass bei Zweifeln an der Aufgabe die Möglichkeit bestünde, dass die beteiligten Unternehmen sich auf die Freigabefiktion durch Fristablauf nach Art. 10 Abs. 6 berufen könnten. Bestehen Zweifel an der Aufgabe des Vorhabens, wird die Kommission das Verfahren mit den durch Art. 6 und 8 vorgegebenen Entscheidungsalternativen abschließen (vgl. dazu auch *v. Koppenfels* in MünchKomm Art. 6 FKVO Rn. 49ff.).

18 **b) Ernsthafte Bedenken hinsichtlich der Vereinbarkeit des Zusammenschlusses mit dem Binnenmarkt.** Materielle Voraussetzungen der Einleituungsentscheidung sind „ernsthafte Bedenken". Die Kommission hat diese Bedenken in der Entscheidung darzulegen und zu begründen. Bedenken hinsichtlich der Verein-

barkeit setzen voraus, dass eine **Untersagung nicht auszuschließen** ist. Weitergehende Anforderungen an das Ausmaß der Bedenken sind nicht möglich. Die Tatsache, dass die Unternehmen über Abs. 2 auch in der 1. Phase schon die Möglichkeit haben, Bedenken gegen den Zusammenschluss durch Änderungen oder durch das Angebot von Verpflichtungszusagen auszuräumen, zeigt, dass die Unternehmen in kritischen Fällen schon vor Erlass der Einleitungsentscheidung über die Bedenken informiert sind, sodass insoweit Überraschungen jedenfalls in der Praxis nicht stattfinden. Die in der Entscheidung aufgeführten Bedenken entfalten **keine Bindungswirkung** für den Umfang der Prüfung im weiteren Verfahren; es können auch andere Bedenken geprüft werden und ggf. zur Untersagung nach Art. 8 Abs. 3 führen, die nicht in der Einleitungsentscheidung genannt waren (dazu auch *Baron* in LB Art. 6 FKVO Rn. 50).

c) Rechtsfolgen. Die Einleitungsentscheidung führt dazu, dass die Kommission **19**
eine **zusätzliche Prüfungsfrist von 90 Arbeitstagen** hat; diese Frist beginnt am Tage nach der Einleitungsentscheidung (vgl. Art. 7 VO 802/2004) und endet – unter Einbeziehung der 25-Tage-Frist der 1. Phase – am 115. Tag nach Einreichung der Anmeldung. Die Kommission hat während des durch die Entscheidung eingeleiteten Verfahrens alle Prüfungsbefugnisse, die die VO 139/2004 bereitstellt. Die Prüfung wird entweder durch eine **Vereinbarkeitsentscheidung nach Art. 8 Abs. 2** beendet, die uU mit Auflagen und Bedingungen versehen ist, oder durch eine **Unvereinbarkeitsentscheidung nach Art. 8 Abs. 3.** Die Kommission hat außerdem auch in der Phase 2 die Möglichkeit, das Zusammenschlussvorhaben nach **Art. 9** ganz oder teilweise an die Behörden der Mitgliedstaaten zu **verweisen.** Für eine Abs. 1 lit. a entsprechende Unanwendbarkeitsentscheidung ist nach der Einleitungsentscheidung kein Raum mehr; mit der Einleitungsentscheidung hat die Kommission ihre Zuständigkeit verbindlich bestätigt (vgl. dazu *Körber* in IM, Art. 6 FKVO Rn. 82). Lit. c schließt als mögliche Abschlussentscheidungen durch **Verweis auch auf Art. 8 Abs. 4** die Möglichkeit ein, dass die Kommission durch Entscheidung gegen Verstöße gegen das Vollzugsverbot und gegen eine in einer Vereinbarkeitsentscheidung festgesetzten Bedingung vorgehen kann. Insoweit gibt es keine Ausschließlichkeit in dem Sinne, dass die Maßnahmen nach Art. 8 Abs. 4 nur in dem durch eine Einleitungsentscheidung eingeleiteten Verfahren ergriffen werden können; vielmehr sind insoweit auch selbstständige Verfahren möglich (→ Art. 8 Rn. 22ff.).

d) Verfahren und Fristen. Die Einleitungsentscheidung hat ebenso wie die Ver- **20**
einbarkeitsentscheidung nach Abs. 1 lit. b innerhalb von **25 Arbeitstagen** nach Eingang der vollständigen Anmeldung zu erfolgen (Art. 10 Abs. 1). Diese Frist verlängert sich auf 35 Arbeitstage, wenn ein Verweisungsantrag eines Mitgliedstaats nach Art. 9 Abs. 2 gestellt wird oder wenn die beteiligten Unternehmen Verpflichtungen anbieten, die Gegenstand von Bedingungen oder Auflagen iSv Art. 6 Abs. 2 Unterabs. 2 sein können. Diese Fristverlängerung um zusätzliche zehn Arbeitstage gilt auch dann, wenn die Kommission die Verpflichtungen nicht akzeptiert. Die Frist wird unter den Voraussetzungen des Art. 9 Abs. 1 VO 802/2004 (u. a. von den Beteiligten zu vertretende nicht ordnungsgemäße Auskunftserteilung) gehemmt. Trotz ihrer formalen Ausgestaltung als Entscheidung handelt es sich bei der Einleitungsentscheidung nicht um eine nach Art. 263 Abs. 4 AEUV durch Klage anfechtbare „Maßnahme“. Die Einleitungsentscheidung hat ebenso wie die Beschwerdepunkte im Kartellverfahren keinen (auch nur teil-)verfahrensbeendenden Charakter; es handelt sich um eine nur **vorbereitende Verfahrenshandlung** (vgl. *Körber* in IM Art. 6 FKVO Rn. 24; *Baron* in LB Art. 6 FKVO Rn. 65; *v. Koppenfels* in MünchKomm Art. 6 FKVO Rn. 61; vgl. dazu auch Art. 27 VO 1/2003, Rn. 9).

6. Widerrufsentscheidung (Abs. 3, 4)

21 Abs. 3 regelt den Widerruf der Unanwendbarkeitsentscheidung (Abs. 1 lit. a) und der Vereinbarkeitsentscheidung (Abs. 1 lit. b), nicht aber der Einleitungsentscheidung (Abs. 1 lit. c). Bei Letzterer gibt es keinen Bedarf für den Widerruf, zumal es sich nicht wie die beiden anderen Entscheidungen um eine zugunsten der anmeldenden Unternehmen wirkende Entscheidung handelt.

22 **a) Widerruf wegen unrichtiger Angaben oder arglistiger Herbeiführung (lit. a).** Die Kommission kann die beiden verfahrensabschließenden Entscheidungen nach Abs. 1 widerrufen, wenn die Entscheidung „auf unrichtigen Angaben beruht". Das setzt eine **Kausalität zwischen der Unrichtigkeit und dem Tenor der Entscheidung** voraus. Es reicht nicht aus, wenn die Unrichtigkeit nur zu unrichtigen Elementen der Begründung geführt hat, die aber für das Ergebnis, also die Entscheidung als solcher, nicht relevant sind. Hätte die Kommission auch bei richtigen Angaben den Zusammenschluss freigegeben, macht ein Widerruf keinen Sinn. Widerruf bedeutet **Aufhebung der Entscheidung mit Wirkung ex nunc.** Sie hat also nicht zur Folge, dass etwa rückwirkend gegen das Vollzugsverbot des Art. 7 Abs. 1 verstoßen worden wäre. Vielmehr ist der Vollzug auch nachträglich als zulässig und wirksam anzusehen.

23 Keine Rolle spielt, ob die unrichtigen Angaben **in der Anmeldung** selbst **oder außerhalb der Anmeldung** gegenüber der Kommission gemacht worden sind; es ist auch möglich, dass unrichtige Angaben im informellen Vorverfahren vor Einreichung der Anmeldung kausal sind für die von den Unternehmen angestrebte positive Entscheidung. Die Unrichtigkeit der Angabe muss „von einem beteiligten Unternehmen zu vertreten" sein. Offen ist, ob in diesem Sinne „beteiligt" nur die Unternehmen sind, die materiell an dem Zusammenschluss beteiligt sind, also im Regelfall Erwerber und zu erwerbendes Unternehmen (→ Art. 1 Rn. 13), oder auch diejenigen, die in irgendeiner Form darüber hinaus Beteiligte an dem Zusammenschlussvorgang sind, wie insbesondere der Veräußerer (vgl. zu den Unklarheiten des Beteiligtenbegriffs auch Art. 11 lit. a und b VO 802/2004). Angesichts der klaren Begrifflichkeit in Art. 1 und Art. 5 liegt es nahe, dass bei einer Einbeziehung zB auch des Veräußerers eine ausdrückliche Klarstellung im Gesetz hätte erfolgen müssen. Dann sind „beteiligte" Unternehmen nur diejenigen, auf deren Umsätze es nach Art. 1 und 5 ankommt. Mit dem **„zu vertreten sein"** ist schuldhaftes Handeln gemeint, mindestens also Fahrlässigkeit. Nach Praxis der Kommission zu Art. 23 VO 1/2003 (→ VO 1/2003 Art. 23 Rn. 29) ist davon auszugehen, dass den Unternehmen alles **zuzurechnen** ist, was einzelne Mitarbeiter schuldhaft getan haben, insbesondere also auch die auf Fahrlässigkeit eines Mitarbeiters beruhende Unrichtigkeit. Angesichts der Tatsache, dass diese Unrichtigkeit für die Entscheidungen nach Abs. 1 lit. a und b kausal gewesen sein muss, ist die umfassende Einbeziehung aller aus der Sphäre der beteiligten Unternehmen kommenden Unrichtigkeiten wohl hinnehmbar. Nach Art. 14 Abs. 1 ist die Erteilung unrichtiger Angaben nur ordnungswidrig, wenn sie in der Anmeldung oder auf formalisierte Anfragen der Kommission erfolgt.

24 Die in lit. a gesondert erwähnte **„arglistige Herbeiführung" der Entscheidung** hat neben der Unrichtigkeit von Angaben nur einen kleinen potenziellen Anwendungsbereich, insbesondere beim Verschweigen bestimmter Informationen. Auch insoweit ist erforderlich, dass die Arglist kausal war für den Tenor der Entscheidung. Arglist setzt Vorsatz voraus; fahrlässige Arglist gibt es nicht.

25 **b) Zuwiderhandlung gegen eine Auflage (lit. b).** Ein Widerruf ist auch möglich, wenn die beteiligten Unternehmen einer mit der Vereinbarkeitsentscheidung nach Abs. 1 lit. b verbundenen Auflage zuwider handeln. Eine Zuwiderhandlung gegen die Auflage liegt vor, wenn sie innerhalb der dafür in der Entscheidung gesetzten – und von der Kommission nicht ggf. verlängerten – Frist ganz oder teilweise

nicht erfüllt wird. Die Kommission hat in diesem Fall neben der Möglichkeit des Widerrufs nach Abs. 3 auch die Möglichkeit, die **Erfüllung der Auflage zu erzwingen.** Der Widerruf der Vereinbarkeitsentscheidung wegen Nichterfüllung einer mit ihr verbundenen Auflage ist die ultima ratio. Nach dem **Verhältnismäßigkeitsgrundsatz** kommt bei Nichterfüllung einer Auflage der Widerruf der Vereinbarkeitsentscheidung nur in Betracht, wenn die Erfüllung der Auflage aus tatsächlichen Gründen nicht erzwingbar ist und die Freigabe ohne die Auflage unter keinem Gesichtspunkt zu rechtfertigen wäre. Lit. b sieht nicht vor, dass die Zuwiderhandlung gegen die Auflage schuldhaft sein muss. Fehlendes Verschulden kann ein Gesichtspunkt sein, der in der Verhältnismäßigkeitsprüfung zu berücksichtigen ist. Lit. b bezieht sich nur auf Auflagen, nicht auch auf Bedingungen. Das ergibt sich daraus, dass bei Nichterfüllung einer Bedingung aus Rechtsgründen kein Bedürfnis für einen Widerruf der Vereinbarkeitsentscheidung besteht. Wird eine aufschiebende Bedingung nicht erfüllt, wird die Vereinbarkeitsentscheidung nicht wirksam. Wird eine auflösende Bedingung nicht erfüllt, wird die Vereinbarkeitsentscheidung unter den in der Entscheidung über die Bedingung festgesetzten Voraussetzungen wirkungslos.

c) Widerrufsverfahren (Abs. 4). Die Entscheidung über den Widerruf der Unanwendbarkeitsentscheidung nach Abs. 1 lit. a und der Vereinbarkeitsentscheidung nach Abs. 1 lit. b ist eine **Ermessensentscheidung;** die Kommission ist also trotz Vorliegens der Voraussetzungen nach Abs. 3 nicht verpflichtet, den Widerruf vorzunehmen. Der Widerruf führt dazu, dass das Verfahren in den Stand zurückversetzt wird, in dem es sich vor Erlass der widerrufenen Entscheidung befand. Darauf beruht die Regelung in Abs. 4, wonach die Kommission nicht an die an sich für Entscheidungen nach Abs. 1 geltenden Fristen nach Art. 10 Abs. 1 gebunden ist. Die Kommission kann ohne Fristbindung also wiederum positive Entscheidungen nach Abs. 1 lit. a und b treffen, aber auch die Einleitungsentscheidung nach Abs. 1 lit. c. Wenn die Kommission das Verfahren nach Abs. 1 lit. c einleitet, gelten dann aber für das eingeleitete Verfahren die Fristen des Art. 10 Abs. 3. Vor Erlass der Widerrufsentscheidung hat die Kommission nach Art. 18 Abs. 1 den betroffenen Personen, Unternehmen und Unternehmensvereinigungen **rechtliches Gehör** zu gewähren. Das geschieht nach Art. 13 VO 802/2004 durch Mitteilung von Beschwerdepunkten und – auf Antrag – eine mündliche Anhörung. Die Anhörung des Beratenden Ausschusses für die Kontrolle von Unternehmenszusammenschlüssen ist in Art. 19 nicht vorgesehen, wird aber in Art. 13 Abs. 1 VO 802/2004 vorausgesetzt. 26

7. Mitteilung der Entscheidungen (Abs. 5)

Nach Abs. 5 teilt die Kommission ihre Entscheidung (nach Art. 1 und 3) „den beteiligten Unternehmen und den zuständigen Behörden der Mitgliedstaaten" unverzüglich mit. Diese Bestimmung geht davon aus, dass die Wirksamkeit der Entscheidung und ihre Rechtzeitigkeit innerhalb der Fristen des Art. 10 nicht von der Mitteilung abhängt. Die Mitteilung an die betroffenen Personen und Unternehmen hat **„unverzüglich"**, aber **nicht unbedingt noch innerhalb der Frist** zu erfolgen (so auch *Körber* in IM Art. 6 FKVO Rn. 99). Im Allgemeinen erfolgt allerdings nicht nur der Erlass, sondern auch die Bekanntgabe der Entscheidung an die betroffenen Personen und Unternehmen noch innerhalb der gesetzlichen Frist. Die Entscheidung wird, obwohl insoweit keine Verpflichtung besteht, in einer um Geschäftsgeheimnisse bereinigten Form auf der Internetseite der Generaldirektion Wettbewerb **veröffentlicht.** 27

Art. 7 Aufschub des Vollzugs von Zusammenschlüssen

(1) Ein Zusammenschluss von gemeinschaftsweiter Bedeutung im Sinne des Artikels 1 oder ein Zusammenschluss, der von der Kommission gemäß Artikel 4 Absatz 5 geprüft werden soll, darf weder vor der Anmeldung noch so lange vollzogen werden, bis er aufgrund einer Entscheidung gemäß Artikel 6 Absatz 1 Buchstabe b) oder Artikel 8 Absätze 1 oder 2 oder einer Vermutung gemäß Artikel 10 Absatz 6 für vereinbar mit dem Gemeinsamen Markt erklärt worden ist.

(2) Absatz 1 steht der Verwirklichung von Vorgängen nicht entgegen, bei denen die Kontrolle im Sinne von Artikel 3 von mehreren Veräußerern entweder im Wege eines öffentlichen Übernahmeangebots oder im Wege einer Reihe von Rechtsgeschäften mit Wertpapieren, einschließlich solchen, die in andere zum Handel an einer Börse oder an einem ähnlichen Markt zugelassene Wertpapiere konvertierbar sind, erworben wird, sofern
a) der Zusammenschluss gemäß Artikel 4 unverzüglich bei der Kommission angemeldet wird und
b) der Erwerber die mit den Anteilen verbundenen Stimmrechte nicht ausübt oder nur zur Erhaltung des vollen Wertes seiner Investition aufgrund einer von der Kommission nach Absatz 3 erteilten Freistellung ausübt.

(3) Die Kommission kann auf Antrag eine Freistellung von den in Absatz 1 oder Absatz 2 bezeichneten Pflichten erteilen. Der Antrag auf Freistellung muss mit Gründen versehen sein. Die Kommission beschließt über den Antrag unter besonderer Berücksichtigung der möglichen Auswirkungen des Aufschubs des Vollzugs auf ein oder mehrere an dem Zusammenschluss beteiligte Unternehmen oder auf Dritte sowie der möglichen Gefährdung des Wettbewerbs durch den Zusammenschluss. Die Freistellung kann mit Bedingungen und Auflagen verbunden werden, um die Voraussetzungen für einen wirksamen Wettbewerb zu sichern. Sie kann jederzeit, auch vor der Anmeldung oder nach Abschluss des Rechtsgeschäfts, beantragt und erteilt werden.

(4) Die Wirksamkeit eines unter Missachtung des Absatzes 1 abgeschlossenen Rechtsgeschäfts ist von einer nach Artikel 6 Absatz 1 Buchstabe b) oder nach Artikel 8 Absätze 1, 2 oder 3 erlassenen Entscheidung oder von dem Eintritt der in Artikel 10 Absatz 6 vorgesehenen Vermutung abhängig.

Dieser Artikel berührt jedoch nicht die Wirksamkeit von Rechtsgeschäften mit Wertpapieren, einschließlich solcher, die in andere Wertpapiere konvertierbar sind, wenn diese Wertpapiere zum Handel an einer Börse oder an einem ähnlichen Markt zugelassen sind, es sei denn, dass die Käufer und die Verkäufer wussten oder hätten wissen müssen, dass das betreffende Rechtsgeschäft unter Missachtung des Absatzes 1 geschlossen wurde.

1. Vorbemerkungen

1 Art. 7 sichert die Beachtung und Durchführung der Fusionskontrolle durch ein **Vollzugsverbot** ab. Die am Zusammenschluss beteiligten Unternehmen haben sich sämtlicher Vollzugshandlungen bis zur Freigabeentscheidung nach Art. 6 Abs. 1 lit. b oder Art. 8 Abs. 1 oder 2 bzw. Ablauf der Prüfungsfristen zu enthalten. Dabei regelt Abs. 1 das Vollzugsverbot vor Anmeldung und bis zum Erlass einer Entscheidung über den Zusammenschluss, die das Vollzugsverbot aufhebt. Abs. 2 enthält eine Ausnahme vom Vollzugerbot für öffentliche Übernahmen. Abs. 3 legt die Voraussetzungen fest, unter denen ausnahmsweise eine Freistellung vom Vollzugsverbot gewährt

werden kann. Abs. 4 regelt die Frage der Wirksamkeit von Geschäften, die unter Verstoß gegen Abs. 1 abgeschlossen wurden.

2. Inhalt des Vollzugsverbots (Abs. 1)

a) Vollzug und Zusammenschluss. Abs. 1 verbietet den Vollzug bei Zusammenschlüssen mit gemeinschaftsweiter Bedeutung vor der Anmeldung bis zur Freigabe des Zusammenschlusses durch Entscheidung oder Entscheidungsfiktion durch Fristablauf. Da ein Verstoß gegen das Vollzugsverbot **sanktionsbewehrt** ist, müssen die Voraussetzungen für einen Verstoß hinreichend bestimmt sein. Der Umfang des Vollzugsverbotes lässt sich durch einen Rückgriff auf den Begriff des Zusammenschlusses in Art. 3 bestimmen. 2

Bei der **Fusion** iSv Art. 3 Abs. 1 lit. a besteht der Vollzug in der Durchführung der dafür getroffenen oder beabsichtigten Zusammenschlussvereinbarung. Dem steht unter dem Gesichtspunkt des Vollzugsverbots gleich jedes Verhalten, das wirtschaftlich schon eine Zusammenführung der beteiligten Unternehmen bedeutet und – bei Dauerhaftigkeit – seinerseits die Voraussetzungen des Zusammenschlusstatbestands erfüllen würde. Sind Wettbewerber beteiligt, kann das Verhalten auch gegen Art. 101 AEUV verstoßen. Soweit der Zusammenschlusstatbestand der **Erwerb der Kontrolle** iSv Art. 3 Abs. 1 lit. b anwendbar ist, verstößt jede Maßnahme gegen das Vollzugsverbot, die Kontrolle über das zu erwerbende Unternehmen verschafft. Gegen das Vollzugsverbot kann also nicht nur dadurch verstoßen werden, dass in der im Kaufvertrag oder anderen Transaktionsdokumenten festgelegten Weise oder auf andere Weise im Sinne des Art. 3 Kontrolle verschafft und damit die Transaktion „vollzogen" wird. Gegen das Vollzugsverbot wird auch dann verstoßen, wenn in anderer als der vertraglich vorgesehenen Weise Kontrolle erworben wird. Allerdings kann **nur die Verwirklichung eines Zusammenschlusses** einen **Verstoß gegen das Vollzugsverbot** darstellen. Die Sichtweise der US-amerikanischen Kartellbehörden ist insoweit teilweise eine andere (dazu *Gottschalk* RIW 2005, 905, 906 mit Fn. 20). Der entsprechende Begriff des „to acquire" nach dem Hart-Scott-Rodino Act („HSR") ist gesetzlich nicht definiert. Die Federal Trade Commission geht davon aus, dass er nicht mit dem Zusammenschlussbegriff gleichgesetzt werden kann; vielmehr weist die Federal Trade Commission auf eine eigenständige Auslegung des Begriffs im Rahmen des HSR hin, welche notwendig ist, um tatsächliche Vollzugshandlungen, wie beispielsweise die Einweisung in Kundenbeziehungen zu erfassen. 3

b) Vollzugshandlungen beim Kontrollerwerb. Kontrolle wird nach Art. 3 Abs. 2 durch **Rechte, Verträge oder andere Mittel** begründet, die einzeln oder zusammen unter Berücksichtigung aller tatsächlichen oder rechtlichen Umstände die Möglichkeit gewähren, einen bestimmenden Einfluss auf die Tätigkeit eines Unternehmens auszuüben, insbesondere durch (a) Eigentums- und Nutzungsrechte an der Gesamtheit oder an Teilen des Vermögens des Unternehmens, oder durch (b) Rechte oder Verträge, die einen bestimmenden Einfluss auf die Zusammensetzung, die Beratung oder Beschlüsse der Organe des Unternehmens gewähren. Dies wird in der Regel der Fall sein, wenn – beim Share Deal – der Erwerber die Mehrheit der Anteils- und Stimmrechte erhält. Dies kann aber auch der Fall sein, wenn der Erwerber sogenannte „negative Kontrolle" in Form von Vetorechten hinsichtlich strategischer Unternehmensentscheidungen erhält (Konsolidierte Mitteilung, Anhang B 20, Rn. 54, 65ff.). Zu den strategischen geschäftspolitischen Entscheidungen zählen insbesondere solche betreffend (i) der Besetzung der Unternehmensleitung, (ii) den Finanzplan, (iii) den Geschäftsplan, (iv) größerer Investitionen, sowie (v) marktspezifische Rechte (Konsolidierte Mitteilung Rn. 67–72). Schließlich ist zum Kontrollerwerb auch der Erwerb der rein faktischen Kontrolle ausreichend (Konsolidierte Mitteilung, Anhang 20, Rn. 16, 55, 59ff., 63). Die Schwelle zum Kontrollerwerb durch 4

Erwerb von Aktien wird dann überschritten, wenn eine entsprechend abgesicherte Kontrollposition erworben wird (s. dazu im Einzelnen KOMM 10.06.2009 M.4994 Rn. 40ff. Electrabel/Compagnie National du Rhône; bestätigt durch EuG 12.12.2012 T-332/09 Electrabel). Entscheidend soll dabei sein, dass der Aktionär „so gut wie sicher sein" kann, in der Hauptversammlung faktisch die Mehrheit zu bekommen, weil sich die übrigen Aktien oder ein Großteil davon im Streubesitz befinden. Nur dann, wenn sich der Aktionär „nicht so gut wie sicher sein konnte", auf künftigen Hauptversammlungen die Kontrolle zu erlangen, soll kein Verstoß gegen das Vollzugsverbot vorliegen (EuG 12.12.2012 T-332/09 Rn. 42ff. Electrabel).

5 **Typische Vollzugshandlungen** sind: Vollzug des Kontrollerwerbs wie in den Transaktionsdokumenten vereinbart, die **vorzeitige Einwirkung auf die Unternehmensführung** des Zielunternehmens sowie faktische Vollzugsmaßnahmen durch die organisatorische Zusammenführung der einzelnen Unternehmen, die Aufnahme gemeinsamer Geschäftsaktivitäten, die Befolgung interner Weisungen des Erwerbers bzw. der zukünftigen Geschäftsführung/Anteilseigner, die Abstimmung und Anpassung von Produkten, die Abstimmung der beiderseitigen Marketing- und Absatzbemühungen, die Umbenennung und eine entsprechende Marketing-Kampagne sowie gemeinsamer Vertrieb, die Anwendung gleicher Preise oder Aufteilung von Kunden verstanden, aber immer nur dann, wenn diese Handlungen „im Vorgriff" auf die vereinbarte Integration geschehen. So deutet der dingliche Erwerb von Vermögensgegenständen beispielsweise bei einem „Asset Deal" auf eine Vollzugshandlung hin, die gegen das Vollzugsverbot verstoßen kann. Außerdem können alle strukturellen Maßnahmen gegen das Vollzugsverbot verstoßen, die zu einer Vermischung der Vermögensgegenstände der am Zusammenschluss beteiligten Unternehmen führen (*Wessely* in MünchKomm Art. 7 FKVO Rn. 44; *Maas* in Schulte/Just Art. 7 FKVO Rn. 5).

6 Ein Verstoß gegen das Vollzugsverbot kann auch dadurch begangen werden, dass **vor dem dinglichen Vollzug bereits vertraglich Kontrolle** über das andere Unternehmen begründet wird. Regelungen in Unternehmenskaufverträgen, die die Führung des zu erwerbenden Unternehmens vor dinglichen Vollzug der Transaktion (Closing) regeln, können Kontrolle verschaffen. Beispiel sind umfangreiche Zustimmungsvorbehalte, die die für die Kontrolle maßgeblichen Einflussparameter erfassen und das zu erwerbende Unternehmen in seinem Verhalten bereits dem erwerbenden Unternehmen unterwerfen. **Unproblematisch sind Zustimmungsvorbehalte,** die **für die Zwischenzeit** zwischen Abschluss der Vereinbarung und dinglichem Vollzug allein dem Schutz des Vermögens des zu erwerbenden Unternehmens dienen (s. dazu *Linsmeier/Balssen* BB 2008, 741, 747). Ist es dem Erwerber bereits möglich, Weisungen bezüglich des Betriebs auszusprechen, spricht vieles dafür, dass bereits gegen das Vollzugsverbot des Art. 7 Abs. 1 verstoßen wird. Auch die vorbereitende Gründung von Gemeinschaftsunternehmen auf die später das zu veräußernde Geschäft verlagert werden soll, kann eine Vollzugshandlung darstellen (s. *Wessely* in MünchKomm Art. 7 FKVO Rn. 38). Keine Vollzugshandlung ist die **Zahlung des Kaufpreises** an sich (zweifelnd *Maas* in Schulte/Just Art. 7 FKVO Rn. 7).

7 **c) Abgrenzung des Vollzugs zur Vorbereitungshandlung.** Von den Durchführungsmaßnahmen, die gegen das Vollzugsverbot verstoßen, sind **Vorbereitungshandlungen** zu unterscheiden, die nicht gegen das Vollzugsverbot verstoßen (s. etwa *Linsmeier/Balssen* BB 2008, 741, 747; *Wessely* in MünchKomm Art. 7 FKVO Rn. 61ff, mit Beispielen für Vorbereitungshandlungen). Vorbereitungshandlungen sind für den Abschluss des Unternehmenskaufvertrages notwendige Handlungen, so etwa der Abschluss obligatorischer Vereinbarungen (insbesondere Kaufvertrag, aber auch Darlehens- und Optionsverträge), bestimmte Pflichten zwischen Signing und Closing (wie etwa „ordinary conduct of business"-Verpflichtungen sowie die Vereinbarung, bis zur Vollendung des Zusammenschlusses keine wesentlichen Änderungen

am Geschäft vorzunehmen (Mitteilung über Nebenabreden, Anhang B 23, Rn. 14 mit Fn. 7); Gleiches gilt für Maßnahmen, die den eigentlichen Vollzug und die zukünftige Unternehmensstruktur vorbereiten, wie die Planung der Integration, die Personalplanung und Nominierungen (sofern die Posten nicht tatsächlich übernommen werden), die Erarbeitung der neuen Reporting- und Organisationsstrukturen (sofern diese noch nicht umgesetzt werden), die Erarbeitung eines Geschäftsplanes oder einer zukünftigen Strategie, die Vorbereitung eines gemeinsamen Marktauftritts, Informationsveranstaltungen mit den betroffenen Mitarbeitern sowie entsprechende Newsletter mit Informationen über die zukünftige interne Personalstruktur/-ernennungen und Mitarbeiterschulungen.

d) Kooperation vor Freigabe des Zusammenschlusses als Vollzug? Kooperationen und Informationsaustausche, die zwischen den beteiligten Unternehmen vereinbart oder abgestimmt wurden, sind noch kein Kontrollerwerb. Dieser Fall ist allein nach Art. 101 AEUV zu beurteilen. Insoweit kommt es wesentlich darauf an, ob die beteiligten Unternehmen Wettbewerber sind; ggf. ist eine Freistellung nach Art. 101 Abs. 3 AEUV möglich. 8

3. Ausnahme für börsennahe Geschäfte (Abs. 2)

Das Vollzugsverbot wird für solche Transaktionen eingeschränkt, die entweder auf einen Kontrollerwerb im Wege **eines öffentlichen Übernahmeangebots** oder durch schleichenden **Kauf von Wertpapieren** an der Börse durchgeführt werden sollen. Dabei wird der Erwerb von Optionen und ähnlichen Instrumenten, die den Erwerb von Aktien ermöglichen sollen, dem direkten Erwerb von Aktien gleichgestellt. Erforderlich für die Nichtanwendung des Vollzugsverbots gemäß Abs. 2 ist allerdings, dass der Zusammenschluss unverzüglich angemeldet wird und der Erwerber die **Stimmrechte aus den Anteilen nicht ausübt;** eine Gegenausnahme besteht nach Abs. 2b dann, wenn zusätzlich eine Freistellung nach Abs. 3 (→ Rn. 10) erteilt wurde. Zulässig sind im Rahmen einer solchen Freistellung nach Abs. 3 aber nur Ausübungen der Stimmrechte zur Erhaltung des vollen Werts der Investition, also wohl die üblichen Hauptversammlungsbeschlüsse wie Entlastungen oder Zustimmungen zu Ausschüttungen, nicht dagegen aber Eingriffe in die Unternehmensstruktur (s. dazu *Körber* in IM FKVO Art. 7 Rn. 19). Tatsächlich wird man je nach Gesellschafts- und Hauptversammlungsform unterscheiden müssen. Bei einer Hauptversammlung einer deutschen Publikums-AG wird die Zustimmung zu Vorschlägen der Verwaltung kaum etwas anderes als die Ausübung der Stimmrechte zur Erhaltung des vollen Werts der Investitionen sein. Unverzüglich ist die Anmeldung des Kontrollerwerbs nur, wenn unmittelbar zusammen mit dem Erwerb der Beteiligung, die bei Ausübung der Stimmrechte Kontrolle verschaffen würde, die Anmeldung bei der Kommission eingereicht wird. 9

4. Befreiung vom Vollzugsverbot durch Entscheidung (Abs. 3)

Nach Abs. 3 kann die Kommission sowohl vom Vollzugsverbot nach Abs. 1 als auch vom **Verbot, die Stimmrechte auszuüben** nach Abs. 2, Freistellung erteilen. Dazu ist nach S. 2 ein begründeter **Antrag** erforderlich. Die Kommission beschließt über den Antrag unter besonderer Berücksichtigung der Auswirkungen des Aufschubs des Vollzugs sowie der möglichen Gefährdung des Wettbewerbs durch den Zusammenschluss. Diese Abwägungsentscheidung ermöglicht einen **großen Beurteilungsspielraum** der Kommission. Für den Vollzug sprechen Umstände, die einen Schaden befürchten lassen, wenn der Zusammenschluss nicht umgehend vollzogen werden kann, sondern die Freigabeentscheidung abgewartet werden muss. Solche Gefahren liegen meistens nur vor, wenn das zu erwerbende Unternehmen ohne den sofortigen Vollzug insolvent würde, in der Insolvenz ansonsten zerschlagen werden müsste oder sonstige Schäden eintreten würden. Im Falle der Entscheidung der Kom- 10 mission KOMM 15.4.2011 M.6215 Sun Capital/Polestar UK Print Limited drohte ein Schaden, weil das zu erwerbende Unternehmen die Tochtergesellschaft eines zwangsverwalteten Unternehmens war und Kundenaufträge sowie Lieferantenauslieferungen in Gefahr waren. Im Falle KOMM 1.2.2011 M.6137 City Group/Maltby Acquisitions Limited ging es um die Erhaltung eines Unternehmensteils und Vermeidung der Abwicklung und des daraus resultierenden Schadens für das Geschäft. Die Entscheidung KOMM 8.2.2010 M.5760 Lotte Group/Artenius UK betraf ebenfalls die Vermeidung von Nachteilen aus einem Zwangsverwaltungsverfahren bezogen auf das Kaufobjekt. Gegen die Befreiung vom Vollzugsverbot spricht, wenn die Kommission den Zusammenschluss voraussichtlich nicht nach Art. 2 Abs. 2 freigeben kann. Dies kann die Kommission im Freigabeverfahren aber nur aufgrund einer kursorischen Prüfung feststellen.

11 Die Kommission entscheidet über die Befreiung vom Vollzugsverbot **im beschleunigten Verfahren nach Art. 18 Abs. 2** (→ Art. 18 Rn. 6). Die Befreiung kann auch mit Nebenbestimmungen (Bedingungen und Auflagen) verbunden werden sowie sich nur auf einzelne Vollzugsakte erstrecken.

5. Rechtsfolgen des Verstoßes gegen das Vollzugsverbot (Abs. 4)

12 Art. 7 Abs. 1 konstituiert ein gesetzliches Verbot für Vollzugsverhandlungen gemäß § 134 BGB. Vollzugshandlungen sind **unwirksam.** Fraglich ist, ob eine **schwebende Unwirksamkeit** vorliegt, die durch Freigabe des Zusammenschlusses wirksam wird; dies hängt vom aus die Transaktion anwendbaren nationalen Recht ab (s. dazu *Körber* in IM Art. 7 FKVO Rn. 2). Der Wortlaut des Abs. 4 indiziert jedoch schwebende Unwirksamkeit. Wirksam sind dagegen Rechtshandlungen, die entweder nach Art. 7 Abs. 2 oder Abs. 3 zugelassen waren.

13 Verstöße gegen das Vollzugsverbot können mit einer **Geldbuße** nach Art. 14 Abs. 2 lit. b belegt werden. Der Verstoß gegen das Vollzugsverbot soll für die Zumessung einer Geldbuße auch dann als schwerwiegend eingestuft werden können, wenn er nicht vorsätzlich begangen wurde. Bei der Zumessung soll es auf das Verhältnis zwischen der Höhe der Geldbuße, den Merkmalen der Zuwiderhandlung und dem Schutz des Systems der Anmeldung und der vorherigen Genehmigung von Zusammenschlüssen ankommen. Das Fehlen der Auswirkungen des vollzogenen Zusammenschlusses auf den Markt, also die Frage, ob der Zusammenschluss wettbewerblichen Bedenken ausgesetzt sein könnte, soll für die Bemessung der Geldbuße nicht relevant sein (EuG 12.12.2012 T-332/09 Rn. 253 Electrabel).

14 Der Verstoß gegen das Vollzugsverbot wird **nicht als Verstoß gegen Form- und Verfahrensvorschriften** nach der (Verjährungs-)VO 2988/74 – entspricht jetzt Art. 25 und 26 VO 1/2003 – eingeordnet, sodass Verfolgungsverjährung nicht nach drei, sondern erst nach fünf Jahren eintritt (EuG 12.12.2012 T-332/09 Rn. 206ff. Electrabel). Das EuG scheint in dieser Entscheidung davon auszugehen, dass die Verjährung beim Erlangen des bestimmenden Einflusses, also beim faktischen Kontrollerweb beginnt, also kein Dauerdelikt vorliegt, bei dem die Verjährung erst bei Aufgabe der Kontrolle beginnen würde (inzident EuG 12.12.2012 T-332/09 Rn. 212 Electrabel).

Art. 8 Entscheidungsbefugnisse der Kommission

(1) [1]**Stellt die Kommission fest, dass ein angemeldeter Zusammenschluss dem in Artikel 2 Absatz 2 festgelegten Kriterium und – in den in Artikel 2 Absatz 4 genannten Fällen – den Kriterien des Artikels 81 Absatz 3 des Vertrags entspricht, so erlässt sie eine Entscheidung, mit der der Zusammenschluss für vereinbar mit dem Gemeinsamen Markt erklärt wird.**

[2]Durch eine Entscheidung, mit der ein Zusammenschluss für vereinbar erklärt wird, gelten auch die mit seiner Durchführung unmittelbar verbundenen und für sie notwendigen Einschränkungen als genehmigt.

(2) **[1]Stellt die Kommission fest, dass ein angemeldeter Zusammenschluss nach entsprechenden Änderungen durch die beteiligten Unternehmen dem in Artikel 2 Absatz 2 festgelegten Kriterium und – in den in Artikel 2 Absatz 4 genannten Fällen – den Kriterien des Artikels 81 Absatz 3 des Vertrags entspricht, so erlässt sie eine Entscheidung, mit der der Zusammenschluss für vereinbar mit dem Gemeinsamen Markt erklärt wird.**

[2]Die Kommission kann ihre Entscheidung mit Bedingungen und Auflagen verbinden, um sicherzustellen, dass die beteiligten Unternehmen den Verpflichtungen nachkommen, die sie gegenüber der Kommission hinsichtlich einer mit dem Gemeinsamen Markt zu vereinbarenden Gestaltung des Zusammenschlusses eingegangen sind.

[3]Durch eine Entscheidung, mit der ein Zusammenschluss für vereinbar erklärt wird, gelten auch die mit seiner Durchführung unmittelbar verbundenen und für sie notwendigen Einschränkungen als genehmigt.

(3) **Stellt die Kommission fest, dass ein Zusammenschluss dem in Artikel 2 Absatz 3 festgelegten Kriterium entspricht oder – in den in Artikel 2 Absatz 4 genannten Fällen – den Kriterien des Artikels 81 Absatz 3 des Vertrags nicht entspricht, so erlässt sie eine Entscheidung, mit der der Zusammenschluss für unvereinbar mit dem Gemeinsamen Markt erklärt wird.**

(4) **[1]Stellt die Kommission fest, dass ein Zusammenschluss**

a) bereits vollzogen wurde und dieser Zusammenschluss für unvereinbar mit dem Gemeinsamen Markt erklärt worden ist oder
b) unter Verstoß gegen eine Bedingung vollzogen wurde, unter der eine Entscheidung gemäß Absatz 2 ergangen ist, in der festgestellt wird, dass der Zusammenschluss bei Nichteinhaltung der Bedingung das Kriterium des Artikels 2 Absatz 3 erfüllen würde oder – in den in Artikel 2 Absatz 4 genannten Fällen – die Kriterien des Artikels 81 Absatz 3 des Vertrags nicht erfüllen würde,

kann sie die folgenden Maßnahmen ergreifen:

- **[2]Sie kann den beteiligten Unternehmen aufgeben, den Zusammenschluss rückgängig zu machen, insbesondere durch die Auflösung der Fusion oder die Veräußerung aller erworbenen Anteile oder Vermögensgegenstände, um den Zustand vor dem Vollzug des Zusammenschlusses wiederherzustellen. [3]Ist es nicht möglich, den Zustand vor dem Vollzug des Zusammenschlusses dadurch wiederherzustellen, dass der Zusammenschluss rückgängig gemacht wird, so kann die Kommission jede andere geeignete Maßnahme treffen, um diesen Zustand soweit wie möglich wiederherzustellen.**
- **[4]Sie kann jede andere geeignete Maßnahme anordnen, um sicherzustellen, dass die beteiligten Unternehmen den Zusammenschluss rückgängig machen oder andere Maßnahmen zur Wiederherstellung des früheren Zustands nach Maßgabe ihrer Entscheidung ergreifen.**

[5]In den in Unterabsatz 1 Buchstabe a) genannten Fällen können die dort genannten Maßnahmen entweder durch eine Entscheidung nach Absatz 3 oder durch eine gesonderte Entscheidung auferlegt werden.

(5) **Die Kommission kann geeignete einstweilige Maßnahmen anordnen, um wirksamen Wettbewerb wiederherzustellen oder aufrecht zu erhalten, wenn ein Zusammenschluss**

a) unter Verstoß gegen Artikel 7 vollzogen wurde und noch keine Entscheidung über die Vereinbarkeit des Zusammenschlusses mit dem Gemeinsamen Markt ergangen ist;

b) unter Verstoß gegen eine Bedingung vollzogen wurde, unter der eine Entscheidung gemäß Artikel 6 Absatz 1 Buchstabe b) oder Absatz 2 des vorliegenden Artikels ergangen ist;

c) bereits vollzogen wurde und für mit dem Gemeinsamen Markt unvereinbar erklärt wird.

(6) **Die Kommission kann eine Entscheidung gemäß Absatz 1 oder Absatz 2 widerrufen, wenn**

a) die Vereinbarkeitserklärung auf unrichtigen Angaben beruht, die von einem der beteiligten Unternehmen zu vertreten sind, oder arglistig herbeigeführt worden ist oder

b) die beteiligten Unternehmen einer in der Entscheidung vorgesehenen Auflage zuwiderhandeln.

(7) **Die Kommission kann eine Entscheidung gemäß den Absätzen 1 bis 3 treffen, ohne an die in Artikel 10 Absatz 3 genannten Fristen gebunden zu sein, wenn**

a) sie feststellt, dass ein Zusammenschluss vollzogen wurde

i. unter Verstoß gegen eine Bedingung, unter der eine Entscheidung gemäß Artikel 6 Absatz 1 Buchstabe b) ergangen ist oder

ii. unter Verstoß gegen eine Bedingung, unter der eine Entscheidung gemäß Absatz 2 ergangen ist, mit der in Einklang mit Artikel 10 Absatz 2 festgestellt wird, dass der Zusammenschluss bei Nichterfüllung der Bedingung Anlass zu ernsthaften Bedenken hinsichtlich seiner Vereinbarkeit mit dem Gemeinsamen Markt geben würde oder

b) eine Entscheidung gemäß Absatz 6 widerrufen wurde.

(8) **Die Kommission teilt ihre Entscheidung den beteiligten Unternehmen und den zuständigen Behörden der Mitgliedstaaten unverzüglich mit.**

Inhaltsübersicht

1. Vorbemerkungen

Art. 8 regelt die **Entscheidungsalternativen** der Kommission in den Fällen, in denen sie eine Einleitungsentscheidung nach Art. 6 Abs. 1 lit. c getroffen hat. Die wichtigsten Entscheidungstypen sind die Vereinbarkeitsentscheidung mit und ohne Bedingungen und Auflagen (Abs. 1, 2) und die Unvereinbarkeitsentscheidung (Abs. 3). Die Vereinbarkeitsentscheidung bedeutet Freigabe des Zusammenschlusses, ggf. aufschiebend oder auflösend bedingt oder mit Auflagen; die Unvereinbarkeitsentscheidung bedeutet Verbot des Zusammenschlusses mit der sich aus Art. 7 Abs. 1 ergebenden Folge, dass er nicht vollzogen werden darf. Die Abs. 4–7 betreffen Entscheidungen gegen Zusammenschlüsse, die nicht vollzogen werden durften oder die sich nachträglich als mit dem Binnenmarkt unvereinbar erweisen; Abs. 5 ermächtigt die Kommission insoweit auch zu einstweiligen Maßnahmen. Die Entscheidungen in der Hauptsache nach Art. 8 werden – anders als die nach Art. 6 (→ Art. 6 Rn. 1) – von der Kommission als Kollegialorgan getroffen; eine Delegation auf den Wettbewerbskommissar hat nicht stattgefunden (dazu *v. Koppenfels* in MünchKomm Art. 8 Rn. 16 ff.). 1

2. Vereinbarkeitsentscheidung nach Verfahrenseinleitung (Abs. 1, 2)

a) Allgemeines. Vereinbarkeitsentscheidungen nach Art. 8 Abs. 1 und 2 setzen die Verfahrenseinleitung nach Art. 6 Abs. 1 lit. c voraus, die nach dieser Bestimmung nur ergehen darf, wenn der Zusammenschluss „**Anlass zu ernsthaften Bedenken** hinsichtlich seiner Vereinbarkeit" mit dem Binnenmarkt gibt (→ Art. 6 Rn. 17 ff.). Das bedeutet, dass es um Fälle geht, die jedenfalls im Zeitpunkt der Verfahrenseinleitung materielle Probleme aufwerfen, die in einem längeren Verfahren geklärt werden müssen. Im langfristigen statistischen Durchschnitt werden die meisten Fälle, in denen das Verfahren eröffnet wurde, durch Vereinbarkeitsentscheidungen nach Art. 8 Abs. 1 oder 2 abgeschlossen, ganz selten durch Unvereinbarkeitsentscheidungen (Verbotsentscheidungen) nach Abs. 3. 2

Art. 8 unterscheidet in Abs. 1 und 2 ebenso wie Art. 6 in Art. 1 Abs. 1 lit. b und Abs. 2 **zwei Alternativen der Vereinbarkeitsentscheidung:** Die Vereinbarkeitsentscheidung nach Abs. 1 erklärt den Zusammenschluss so, wie er angemeldet wurde, uneingeschränkt für mit dem Binnenmarkt vereinbar, die Vereinbarkeitsentscheidung nach Abs. 2 betrifft den nach Erkenntnissen im Verfahren gewonnenen geänderten Zusammenschluss. Dabei wird unterschieden nach solchen Änderungen, die nicht durch Bedingungen oder Auflagen abgesichert werden müssen (zB Reduzierung des Erwerbsgegenstandes durch Herausnahme einer von mehreren Gesellschaften) und solchen, bei denen die Änderung auf Zusagen der Parteien beruhen, deren Einhaltung durch Bedingungen oder Auflagen gesichert werden müssen (zB Veräußerung einer Tochtergesellschaft des Erwerbsobjektes). Anders als nach Art. 6 Abs. 1 lit. b und Abs. 2 beziehen sich die Entscheidungsbefugnisse der Kommission nach dem Wortlaut der Bestimmungen nicht nur auf die **Kriterien des Art. 2 Abs. 2,** sondern 3 ausdrücklich auch – bei kooperativen Gemeinschaftsunternehmen – auf die **Kriterien des Art. 2 Abs. 4.** Sachlich ist damit ein Unterschied nicht verbunden, denn Unanwendbarkeitsentscheidungen nach Art. 6 umfassen in den Gemeinschaftsunternehmens-Fällen auch die Kriterien des Art. 2 Abs. 4 (→ Art. 6 Rn. 8; *Koerber* in IM Art. 2 FKVO Rn. 617 mwN.). Die Vereinbarkeitsentscheidung kann in jedem Zeitpunkt nach Erlass der Einleitungsentscheidung ergehen. Die Kommission soll sie erlassen, sobald ihre weiteren Nachprüfungen im eingeleiteten Verfahren zum Ergebnis kommen, dass die Untersagungsvoraussetzungen nicht vorliegen.

4 **b) Freigabe ohne Bedingungen und Auflagen (Abs. 1 Unterabs. 1).** Abs. 1 erfasst nur die Fälle, in denen nach Einleitung des Verfahrens festgestellt wird, dass der Zusammenschluss nach den Kriterien des Art. 2 Abs. 2 und 4 mit dem Binnenmarkt vereinbar ist. Da die Kommission in der Einleitungsentscheidung nach Art. 6 Abs. 1 lit. c (→ Art. 6 Rn. 18) festgestellt hat, dass der Zusammenschluss „Anlass zu ernsthaften Bedenken“ gibt, ist der Anteil der uneingeschränkten Vereinbarkeitsentscheidungen nach Art. 8 sehr viel geringer als in den Fällen des Art. 6 Abs. 1, die in der Mehrzahl mit uneingeschränkten Vereinbarkeitsentscheidungen abgeschlossen werden können. In der Mehrzahl der Fälle, in denen Verfahren eingeleitet werden, ergehen Entscheidungen auf der Basis des Art. 8 Abs. 2. Die Vereinbarkeitsentscheidung **schließt das Verfahren ab;** sie bewirkt, dass das **Vollzugsverbot** des Art. 7 Abs. 1 **nicht mehr gilt,** sodass der Zusammenschluss vollzogen werden kann. Das gilt auch, wenn die Vereinbarkeitsentscheidung von Dritten angefochten wird. Wird sie vom Gericht oder Gerichtshof rechtskräftig für nichtig erklärt, wird der Zusammenschluss in einem neuen Verfahren von der Kommission geprüft; wird der Zusammenschluss dann als mit dem Binnenmarkt für unvereinbar erklärt, kann die Kommission nach Abs. 4 die Rückgängigmachung des Zusammenschlusses bewirken (→ Rn. 22 ff.).

5 Mit dem Verweis auf die in Art. 2 Abs. 4 genannten Fälle ist die Gründung eines **Gemeinschaftsunternehmens** gemeint, das zwar den Voraussetzungen des Art. 3 Abs. 4 genügt – Vollfunktionsgemeinschaftsunternehmen: Erfüllung aller Funktionen einer selbstständigen wirtschaftlichen Einheit (→ Art. 3 Rn. 28) –, aber doch wegen koordinierender Effekte auf das Verhältnis der Muttergesellschaften in den potenziellen Anwendungsbereich des Art. 101 Abs. 1 AEUV fällt (→ Art. 2 Rn. 67 ff.). In diesen Fällen begründet die Vereinbarkeitsentscheidung auch, weshalb entweder Art. 101 Abs. 1 AEUV nicht anwendbar ist oder jedenfalls die Voraussetzungen des Art. 101 Abs. 3 AEUV erfüllt sind. Anders als nach der VO 1/2003 hat die Vereinbarkeitsentscheidung bei Anwendung des Art. 101 Abs. 3 AEUV den **Charakter einer unbefristeten Freistellungsentscheidung.** Die Beseitigung dieser Freistellung ist – im Verfahren nach der VO 1/2003 – nur möglich, wenn die tatsächlichen Voraussetzungen im Vergleich zu denen im Zeitpunkt der Vereinbarkeitsentscheidung sich aufgrund eines den beteiligten Unternehmen vorwerfbaren Verhaltens so geändert haben, dass eindeutig die Voraussetzungen des Art. 101 Abs. 3 AEUV nicht (mehr) vorliegen.

6 **c) Freigabe nach Änderungen (Abs. 2 Unterabs. 1).** Abs. 2 Unterabs. 1 geht ebenso wie Art. 6 Abs. 2 Unterabs. 1 (→ Art. 6 Rn. 9) von der Möglichkeit aus, dass ein angemeldeter Zusammenschluss auf materielle Bedenken stößt, die durch Änderungen des Zusammenschlussvorhabens ausgeräumt werden können. Insoweit kann es nur um **eine Reduzierung eines umfassenderen Vorhabens** gehen, deren Realisierung dadurch gewährleistet ist, dass nur das reduzierte Vorhaben freigegeben wird. Das setzt Teilbarkeit des Vorhabens voraus, indem zB der Erwerb zweier Unternehmen in einem einheitlichen Vorgang angemeldet ist, und das Vorhaben dann auf den Erwerb nur eines dieser Unternehmen reduziert wird. In einem solchen Fall sind besondere Verpflichtungen der Unternehmen, die mit Bedingungen und Auflagen abgesichert werden müssen (→ Rn. 7 ff.), nicht erforderlich. Freigegeben ist nur das

reduzierte Zusammenschlussvorhaben; würde mehr erworben, würde insoweit gegen das Vollzugsverbot verstoßen. Ein „Vollzug“ der Änderung vor Freigabe ist im Regelfall nicht erforderlich (aA *Körber* in IM Art. 8 FKVO Rn. 95). Die Freigabe bezieht sich nur auf den geänderten Zusammenschluss; die Änderung als solche bedarf idR. keines Vollzuges.

d) Freigabe mit Bedingungen und Auflagen (Abs. 2 Unterabs. 2). In Abs. 2 Unterabs. 2 ist – ebenso wie in Art. 6 Abs. 2 Unterabs. 2 – ausdrücklich vorgesehen, dass die Vereinbarkeitsentscheidung mit Bedingungen und Auflagen verbunden sein kann. Die Bedingungen und Auflagen sind ausschließlich zu dem Zweck zulässig **sicherzustellen,** dass die beteiligten Unternehmen **den Verpflichtungen nachkommen,** die sie gegenüber der Kommission „hinsichtlich einer mit dem Gemeinsamen Markt (Binnenmarkt) zu vereinbarenden Gestaltung des Zusammenschlusses eingegangen sind“. Diese Verpflichtungen müssen geeignet sein, die Bedenken der Kommission gegen die Vereinbarkeit des Zusammenschlusses vollständig auszuräumen. Wenn die Unternehmen entsprechende Verpflichtungen nach dem 54. Arbeitstag nach Einleitung des Verfahrens anbieten, verlängert sich nach Art. 10 Abs. 3 S. 2 die grundsätzlich 90-tägige Untersagungsfrist auf 105 Arbeitstage; in jedem Fall müssen sie spätestens am 65. Arbeitstag eingereicht werden (Art. 19 Abs. 2 VO 802/2004, Anhang A 3). 7

Die Kommission hat in Art. 19ff. VO 802/2004 (Anhang A 3) der **Mitteilung über Abhilfemaßnahmen** (Anhang B 24) im Einzelnen festgelegt, welche Arten von Verpflichtungen geeignet sein können, materielle Bedenken gegen die Zulässigkeit eines Zusammenschlusses auszuräumen, und wie deren Einhaltung durch Auflagen und Bedingungen sichergestellt werden. Die in der Phase 2 angebotenen Verpflichtungen müssen alle – ggf. schon in Beschwerdepunkten verdichtete und konkretisierte – „Einwände“ der Kommission ausräumen. Unterabs. 2 setzt voraus, dass die beteiligten Unternehmen der Kommission förmlich Verpflichtungen **anbieten,** die geeignet sind, die in dem jeweiligen Stand des Verfahrens angenommenen Voraussetzungen der Unvereinbarkeit mit dem Binnenmarkt nach Art. 2 Abs. 3 und 4 auszuräumen. Dafür ist nach Art. 20 Abs. 1a VO 802/1004 das **Formblatt RM** (Anhang IV zur VO 802/2004, Anhang A 3) zu verwenden. Die Kommission kann nicht von sich aus Bedingungen und Auflagen anordnen, denen kein entsprechendes Angebot der Unternehmen vorausging. 8

Die Verpflichtungen müssen geeignet sein, die ernsthaften Bedenken der Kommission gegen die Vereinbarkeit des Zusammenschlusses mit dem Binnenmarkt auszuräumen; sie müssen „in angemessenem Verhältnis zu dem Wettbewerbsproblem stehen und dieses vollständig beseitigen“ (Erwägungsgrund 30). Die Kommission hat in der **Mitteilung über Abhilfemaßnahmen** (Anhang B 24) im Einzelnen festgelegt, welche Arten von Verpflichtungen geeignet sein können, materielle Bedenken gegen die Zulässigkeit eines Zusammenschlusses auszuräumen, und wie deren Einhaltung durch Auflagen und Bedingungen sichergestellt werden (→ Art. 6 Rn. 10ff.). Da sichergestellt werden soll, dass wettbewerbsfähige Marktstrukturen erhalten bzw. gewährleistet werden, sollen die Abhilfemaßnahmen in erster Linie **struktureller Art** sein, also insbesondere in erster Linie in der Veräußerung eines Unternehmens oder eines Geschäfts bestehen. Als strukturelle Abhilfemaßnahmen kommen auch in Betracht: die Zerschlagung von Bindungen zu Mitbewerbern, wie zum Beispiel die **Veräußerung von Minderheitsbeteiligungen** an einem Gemeinschaftsunternehmen oder an einem Mitbewerber (Mitteilung über Abhilfemaßnahmen, Anhang B 24, Rn. 58), die Gewährung **diskriminierungsfreien Zugangs zu Infrastrukturen und Netzen** (Mitteilung über Abhilfemaßnahmen, Anhang B 24, Rn. 62), die **Lizenzgewährung** (Mitteilung über Abhilfemaßnahmen, Anhang B 24, Rn. 65; s. dazu auch KOMM 19.5.2006 M.3998 Rn. 82 Axalto/Gemplus) oder die Beseitigung von Abschottungswirkungen durch Verpflichtung zur Aufhebung oder Kündigung von Aus- 9 schließlichkeitsbindungen (Mitteilung über Abhilfemaßnahmen, Anhang B 24, Rn. 67). **Verpflichtungen,** die das **künftige Verhalten** der am Zusammenschluss beteiligten Unternehmen regeln, also etwa Preise nicht anzuheben, sind nur ganz ausnahmsweise zulässig (Mitteilung über Abhilfemaßnahmen, Anhang B 24, Rn. 17). Bei derartigen nicht-strukturellen Abhilfemaßnahmen muss gewährleistet sein, dass sie sicher und wirksam umgesetzt werden. Abhilfemaßnahmen, die eine zeitlich nicht befristete laufende Verhaltenskontrolle erfordern, sind grundsätzlich nicht zulässig (vgl. zu Einzelfragen auch *Körber* in IM Art. 8 FKVO Rn. 129ff.; *v. Koppenfels* in MünchKomm Art. 8 FKVO Rn. 56ff.; *Baron* in LB Art. 8 FKVO Rn. 32ff., 40ff.).

10 Je nach Falllage kann es die Kommission für erforderlich halten, dass eine **alternative Veräußerungsverpflichtung** für eine **„Kronjuwele",** also eines lebensfähigen Geschäfts für den Fall, dass die erstrangige Veräußerungsverpflichtung scheitert, eingegangen wird (Mitteilung über Abhilfemaßnahmen, Anhang B 24 Rn. 44). Zur Beseitigung des wettbewerblichen Problems kann die Kommission auch verlangen, dass mit einer Auflage festgelegt wird, dass der Zusammenschluss erst vollzogen werden darf, wenn ein bindender Vertrag mit einem von der Kommission vorab genehmigten Erwerber abgeschlossen ist (**up-front buyer**-Verpflichtung, Mitteilung über Abhilfemaßnahmen, Anhang B 24 Rn. 53) oder sogar der Erwerber während des laufenden Verfahrens benannt und geprüft werden muss (**fix-it-first**-Verpflichtung, Mitteilung über Abhilfemaßnahmen, Anhang B 24 Rn. 56).

11 Die Kommission unterteilt **Nebenbestimmungen** in **Auflagen** und **Bedingungen.** Als **Bedingung** gelten die **Verpflichtung zur Veräußerung** eines Geschäfts oder eine andere Maßnahme zur Veränderung der Wettbewerbsstruktur. Die **Auflage** ist dagegen eine Nebenbestimmung, die die eine **Verpflichtung zur Absicherung der Bedingung,** also insbesondere eine Umsetzungsmaßnahme bezeichnet (Mitteilung über Abhilfemaßnahmen, Anhang B 24 Rn. 19). Im Allgemeinen praktiziert die Kommission eine **Kombination von Bedingungen und Auflagen.** Veräußerungsverpflichtungen werden regelmäßig in die Form einer Bedingung gekleidet; die dafür einzuhaltenden Umsetzungsmaßnahmen (zB die Bestellung eines Treuhänders) werden durch Auflagen sichergestellt. Die Unterscheidung der Nebenbestimmungen setzt sich in der **Rechtsfolge** fort: Der Nichteintritt einer Bedingung führt dazu, dass die Freigabeentscheidung ihre Wirkung verliert und die Kommission Auflösungsmaßnahmen nach – dem entsprechend anwendbaren – Art. 8 Abs. 4 lit. b und Art. 8 Abs. 5 lit. b beschließen kann. Damit ist die Bedingung nach Art. 6 Abs. 2 immer eine **„auflösende",** keine „aufschiebende". Bei der Nichterfüllung von Auflagen kann die Kommission dagegen „nur" Geldbußen oder Zwangsgelder verhängen (Art. 14 Abs. 2 lit. d), Art. 15 Abs. 1 lit. c oder die Genehmigungsentscheidung nach Art. 6 Abs. 3 widerrufen. Die Wirkung einer **„aufschiebenden"** Bedingung iS. des deutschen Rechts kann durch die Auflage erreicht werden, den Zusammenschluss erst zu vollziehen, wenn die durch eine Bedingung gesicherte Verpflichtung erfüllt ist; in diesem Fall kann die Bedingung ihre Wirkung als auflösende dann entfalten, wenn der Zusammenschluss vollzogen wird, ohne dann die Verpflichtungen erfüllt sind.

12 **e) Genehmigung von Nebenbestimmungen (Abs. 1 Unterabs. 2, Abs. 2 Unterabs. 3).** Nach den gleichlautenden Regelungen in Abs. 1 Unterabs. 2 und Abs. 2 Unterabs. 3 gelten die mit der Durchführung des Zusammenschlusses **„unmittelbar verbundenen und für sie notwendigen Einschränkungen"** mit der Vereinbarkeitsentscheidung als genehmigt. Diese Regelung entspricht der in Art. 6 Abs. 1 lit. b Unterabs. 2 (→ Art. 6 Rn. 14f.; zu ihrer Vorgeschichte vgl. *Körber* in IM Art. 8 FKVO Rn. 19ff.). Sie bezieht sich auf Nebenbestimmungen in den Vereinbarungen, die den Zusammenschluss bewirken, insbesondere auf Wettbewerbsverbote, Lizenzvereinbarungen oder die Vereinbarung von Bezugs- und Lieferverpflichtungen; von besonderer Bedeutung können insoweit Nebenabreden der Muttergesellschaften bei der Gründung von **Gemeinschaftsunternehmen** sein. Die Kommission hat in ihrer Bekanntmachung über Nebenabreden (Anhang B 23) im Einzelnen die Kriterien niedergelegt, die für die Beurteilung solcher Nebenabreden gelten. Sie können gegen Art. 101 AEUV verstoßen, soweit sie eine Beschränkung des Wettbewerbs bezwecken oder bewirken und nicht für die Durchführung des Zusammenschlusses erforderlich sind (→ AEUV Art. 101 Rn. 128ff.; FKVO Art. 6 Rn. 14f.; ausführlich auch *Körber* in IM Art. 8 FKVO Rn. 26ff.).

Die Kommission ist **nicht gehalten,** die ihr vorgelegten **Vereinbarungen** daraufhin zu **überprüfen,** ob sie dieses Erforderlichkeitskriterium erfüllen. Dementsprechend heißt es im Erwägungsgrund 21 zur VO 139/2004, dass die Vereinbarkeitsentscheidung „automatisch" alle Einschränkungen abdeckt, die mit der Durchführung des Zusammenschlusses unmittelbar verbunden und dafür notwendig sind, „ohne dass die Kommission dies im Einzelfall zu prüfen hätte". Die Unternehmen können aber nach dem Erwägungsgrund beantragen, dass die Kommission im Rahmen der Vereinbarkeitsentscheidung auch eine Aussage zur Zulässigkeit solcher Nebenabreden trifft, und zwar „im Falle **neuer oder ungelöster Fragen,** die zu ernsthafter Rechtsunsicherheit führen können". Das sei dann der Fall, wenn die Fragen noch nicht „durch die entsprechende Bekanntmachung der Kommission oder eine veröffentlichte Entscheidung der Kommission geregelt ist". Wenn die Kommission nicht ausdrücklich zu derartigen Nebenbestimmungen Stellung nimmt, kann aus der Nichtbeanstandung von Regelungen in den vorgelegten Vertragswerken nicht geschlossen werden, dass sie unter kartellrechtlichen Gesichtspunkten zulässig sind. Ob die „Einschränkungen" mit der Durchführung des Zusammenschlusses unmittelbar verbunden und für sie notwendig sind, bedarf trotz der Genehmigungsfiktion gesonderter Nachprüfung und zwar auf der Grundlage des Art. 101 Abs. 1 und 3 AEUV. Materiell sind auf diesem Hintergrund Abs. 1 Unterabs. 2 und Abs. 2 Unterabs. 3 nur eine generelle, nicht auf den Einzelfall bezogene Bestätigung dafür, dass mit der Durchführung eines Zusammenschlusses unmittelbar verbundene und für sie notwendige Einschränkungen kartellrechtlich zulässig sind, aber eben **nur im Umfang der unmittelbaren Verbundenheit und der Notwendigkeit** (→ Art. 6 Rn. 15). Soweit die Nebenabreden teilbar und nur in einem Teil zulässig, in einem anderen (überschiessenden) Teil unzulässig sind, kommt eine **geltungserhaltende Reduktion** in Betracht (dazu auch *Körber* in IM Art. 8 FKVO Rn. 34). 13

f) Verfahren, Fristen. Die Entscheidung nach **Art. 8 Abs. 1** kann ohne vorherige Anhörung der Beteiligten (zur Anhörung des Beratenden Ausschusses → Art. 19 Rn. 7ff.) ergehen; sie entspricht dem in der Anmeldung implizit enthaltenen Antrag der Beteiligten, den Zusammenschluss für mit dem Binnenmarkt für vereinbar zu erklären. Für die Entscheidung nach **Art. 8 Abs. 2,** also die Vereinbarkeitsentscheidung für einen reduzierten Zusammenschluss nach Unterabs. 1 und die Vereinbarkeitsentscheidung mit Bedingungen oder Auflagen nach Unterabs. 2 – anders als bei den entsprechenden Entscheidungen nach Art. 6 (→ Art. 6 Rn. 16) – ist eine **besondere Anhörung** erforderlich. Das ergibt sich aus Art. 18 Abs. 1 (und auf seiner Grundlage aus Art. 13 VO 802/2004), in dem ausdrücklich geregelt ist, dass vor einer Entscheidung u. a. nach Art. 8 Abs. 2 den betroffenen Personen und Unternehmen Gelegenheit zu geben ist, sich „zu den ihnen gegenüber geltend gemachten Einwänden in allen Abschnitten des Verfahrens bis zur Anhörung des Beratenden Ausschusses zu äußern". Entsprechendes gilt für die in Art. 19 Abs. 3 geregelte Anhörung des Beratenden Ausschusses. Er ist vor jeder Entscheidung nach Art. 8 Abs. 1–6 anzuhören, nicht aber vor Entscheidungen nach Art. 6. Das lässt sich einerseits durch die engen Fristen der Verfahren nach Art. 6 rechtfertigen, andererseits auch damit, dass es in den Fällen des Art. 8 immerhin um Entscheidungen geht, denen eine Einleitungsentscheidung voranging, in der festgestellt wird, dass der Zusammenschluss „Anlass zu ernsthaften Bedenken" hinsichtlich seiner Vereinbarkeit mit dem Binnenmarkt gibt. 14

In den Fällen der Auflagen und Bedingungen schließt sich für deren Erfüllung uU ein besonderes Verfahren an, dessen Einzelheiten in Art. 20a VO 802/2004 (Anhang A 3) und in der Mitteilung über Abhilfemaßnahmen (Anhang B 24, dort Rn. 95ff.) geregelt sind. Von besonderer Bedeutung sind die Funktionen des **Überwachungs- und Veräußerungstreuhänders** (dazu auch *v. Koppenfels* in MünchKomm Art. 8 FKVO Rn. 75ff.).

15 Die Entscheidungen nach Abs. 1 und 2 müssen grundsätzlich innerhalb einer **Frist von höchstens 90 Arbeitstagen** nach der Einleitung des Verfahrens erlassen werden (Art. 10 Abs. 3 Unterabs. 1 S. 1). In den Fällen des Abs. 2 erhöht sich diese Frist auf **105 Arbeitstage,** wenn die Verpflichtungen, die durch Bedingungen und Auflagen gesichert werden, später als am 54. Arbeitstag nach Einleitung des Verfahrens unterbreitet worden sind; maßgeblich ist dafür die Einreichung des Formblattes RM. Die Frist wird **gehemmt,** wenn die Kommission aufgrund von Umständen, die von einem an dem Zusammenschluss beteiligten Unternehmen zu vertreten sind, im Wege einer Entscheidung eine Auskunft nach Art. 11 anfordern oder nach Art. 13 eine Nachprüfung anordnen musste (Art. 10 Abs. 4, Art. 9 Abs. 1 VO 802/2004). Die Hemmung der Frist beginnt mit dem Arbeitstag, der auf den Tag der Entstehung des Hemmnisses folgt. Sie endet mit dem Ablauf des Tages der Beseitigung des Hemmnisses (Art. 9 Abs. 4 VO 802/2004).

16 Die Unanwendbarkeitsentscheidung nach Art. 8 Abs. 1 und Abs. 2 Unterabs. 1 hat zur Folge, dass der Zusammenschluss vollzogen werden darf, selbst wenn sie noch nicht rechtskräftig ist. Die Entscheidung nach Abs. 2 Unterabs. 2 hat zur Folge, dass der Zusammenschluss nach Maßgabe der Nebenbestimmungen vollzogen werden darf. Die Unanwendbarkeitsentscheidung nach Abs. 1 kann zwar – mangels Beschwer – nicht von den anmeldenden Unternehmen **durch Nichtigkeitsklage angefochten** werden, wohl aber von Dritten, wenn die für Klagen Dritter nach Art. 263 Abs. 4 AEUV geltenden Voraussetzungen erfüllt. Die Anfechtbarkeit einer Unanwendbarkeitsentscheidung nach Abs. 2 durch eines der beteiligten Unternehmen hängt davon ab, ob die erforderliche unmittelbare Betroffenheit iSv Art. 263 Abs. 4 AEUV vorliegt. Das setzt zumindest die Behauptung voraus, dass die Änderungen, die zur eingeschränkten Freigabe des Zusammenschlusses im Falle des Abs. 2 Unterabs. 1 geführt haben, oder die Verpflichtungen, die nach Abs. 2 Unterabs. 2 eingegangen wurden, mit dem Vorbehalt erfolgten, dass die Kommission verpflichtet sei, den Zusammenschluss uneingeschränkt freizugeben, und dass die Änderungen bzw. Verpflichtungen nur vorgeschlagen wurden, um eine (uneingeschränkte) Unvereinbarkeitsentscheidung zu vermeiden und zumindest eine eingeschränkte Vereinbarkeitsentscheidung zu erreichen. Theoretisch ist denkbar, dass unter diesen Voraussetzungen eine Auflage (nicht auch eine Bedingung) getrennt angefochten wird, also ohne die Freigabeentscheidung einzubeziehen; richtigerweise muss sich die Klage auf die Entscheidung insgesamt beziehen, ggf. mit dem Antrag, nur die Auflage für nichtig zu erklären (dazu auch *Körber* in IM Art. 8 FKVO Rn. 189; *Baron* in LB Art. 8 FKVO Rn. 28).

3. Unvereinbarkeitsentscheidung (Abs. 3)

17 **a) Allgemeines.** Die Unvereinbarkeitsentscheidung des Abs. 3 untersagt den Zusammenschluss. Sie hat zur Folge, dass das **Vollzugsverbot des Art. 7** Abs. 1 unbefristet **weitergilt.** Das ändert sich auch dann nicht, wenn die Unvereinbarkeitsentscheidung nach einer Klage vom Gericht/Gerichtshof für nichtig erklärt wird; dann findet nach Art. 10 Abs. 5 ein neues Fusionskontrollverfahren statt, das bei entsprechender Entscheidung der Kommission zur Aufhebung des Vollzugsverbotes führt.

18 **b) Unvereinbarkeit nach Art. 2 Abs. 3.** Nach Art. 2 Abs. 3 ist ein Zusammenschluss für mit dem Binnenmarkt unvereinbar zu erklären, wenn durch ihn wirksamer Wettbewerb im Gemeinsamen Markt oder in einem wesentlichen Teil desselben er-

heblich behindert würde, insbesondere durch Begründung oder Verstärkung einer beherrschenden Stellung (→ Art. 2 Rn. 21 ff.). Die Kommission hat in der Entscheidung im Einzelnen zu begründen, weshalb der Zusammenschluss wirksamen Wettbewerb erheblich behindert. Sie trägt dafür die volle **Beweislast.** Nach der Rechtsprechung des EuGH (10.7.2008 C-413/06 P Rn. 48 *Bertelsmann und Sony (Impala)*) ist unklar, was zu geschehen hat, wenn die Prüfung des Zusammenschlusses zu keinem eindeutigen Ergebnis führt, also weder zur Vereinbarkeit noch zur Unvereinbarkeit mit dem Binnenmarkt; uE muss aber im Falle des non liquet ggf. mit Bedingungen und Auflagen freigegeben werden (so auch *Körber* in IM Art. 8 FKVO Rn. 6; *v. Koppenfels* in MünchKomm Art. 8 FKVO Rn. 7 ff). Der EuGH geht davon aus, dass auch eine Freigabe nur dann erfolgen kann, wenn die Freigabevoraussetzungen von der Kommission nachgewiesen sind. Die Unvereinbarkeitsentscheidung setzt weiter voraus, dass eine Freigabe nach Abs. 2 nicht möglich war, also weder durch Reduktion des Zusammenschlusses iSv Abs. 2 Unterabs. 1 noch durch Verpflichtungszusagen, deren Einhaltung durch Bedingungen und Auflagen sichergestellt wird.

c) Unvereinbarkeit mit Art. 2 Abs. 4. Abs. 3 stellt neben die Unvereinbarkeit 19
nach Art. 2 Abs. 3 die Unvereinbarkeit nach Art. 2 Abs. 4. Sie betrifft die Gründung eines **Gemeinschaftsunternehmens,** die den Zusammenschlusstatbestand nach Art. 3 Abs. 4 erfüllt. Die Kommission hat auch dann eine Unvereinbarkeitsentscheidung zu erlassen, wenn zwar nicht die Voraussetzungen des Art. 2 Abs. 3 vorliegen, wohl aber die des Abs. 4. Das ist der Fall, wenn die Gründung des (voll funktionsfähigen) Gemeinschaftsunternehmens wegen der Koordinierungseffekte zwischen den Muttergesellschaften mit Art. 101 AEUV nicht vereinbar ist. Das setzt voraus, dass sowohl die Anwendbarkeit des Art. 101 Abs. 1 AEUV als auch die Unanwendbarkeit des Art. 101 Abs. 3 AEUV begründet wird. Angesichts der Tatsache, dass insoweit Art. 2 VO 1/2003 klare Beweislastregeln enthält, gibt es keinen Grund, die Grundsätze der Impala-Entscheidung (→ Rn. 18 und → Art. 2 Rn. 66) auch auf Art. 2 Abs. 4 zu übertragen. Wenn zweifelhaft bleibt, ob die Voraussetzungen des Art. 101 Abs. 1 AEUV vorliegen, ist von deren Nicht-Vorliegen auszugehen. Liegen sie vor, bleibt aber zweifelhaft, ob die Freistellungsvoraussetzungen des Art. 101 Abs. 3 AEUV gegeben sind, ist von deren Nichtvorliegen auszugehen, also davon, dass der Verstoß gegen Abs. 1 nicht freigestellt ist.

d) Verfahren, Fristen. Die Unvereinbarkeitsentscheidung nach Abs. 3 kann nur 20
nach **vorheriger Anhörung** der betroffenen Personen und Unternehmen ergehen (Art. 18 Abs. 1). Die Kommission teilt dazu förmlich ihre **Beschwerdepunkte** mit. Art. 18 Abs. 1 spricht insoweit von den den Unternehmen gegenüber „geltend gemachten Einwänden", Art. 13 Abs. 2 VO 802/2004 von den „Einwänden, die die Kommission den Anmeldern schriftlich mitteilt". Diese Anhörung hat zu erfolgen, bevor auf der Grundlage des Art. 19 Abs. 3 der Beratende Ausschuss für die Kontrolle von Unternehmenszusammenschlüssen informiert und angehört wird.

Die Unvereinbarkeitsentscheidung kann nur innerhalb der Fristen des Art. 10 21
Abs. 3 ergehen, also innerhalb einer Frist von höchstens **90 Arbeitstagen** nach der Einleitung des Verfahrens (Art. 10 Abs. 3 Unterabs. 1 S. 1). Wenn – auch ohne Ergebnis – die beteiligten Unternehmen gemäß Art. 8 Abs. 2 Unterabs. 2 anbieten, Verpflichtungen einzugehen, die die Untersagungsvoraussetzungen nach ihrer Auffassung auszuräumen geeignet sind und diese Angebote später als am 54. Arbeitstag unterbreitet worden sind, verlängert sich die Frist auf insgesamt **105 Arbeitstage.** Versäumt die Kommission diese Frist, gilt nach Art. 10 Abs. 6 der Zusammenschluss als genehmigt, es sei denn, es hätte vorher gemäß Art. 9 eine Verweisung an einen Mitgliedstaat stattgefunden. Die verspätet ergehende Unvereinbarkeitsentscheidung ist rechtswidrig und muss auf Klage für nichtig erklärt werden. Sind insoweit die Voraussetzungen streitig, handeln die Unternehmen, die wegen Fristablaufs vollziehen, wegen der möglichen Verletzung des Vollzugsverbots auf eigenes Risiko.

4. Auflösungsverfahren (Abs. 4)

22 **a) Allgemeines.** Abs. 4 regelt die Befugnisse der Kommission zur Auflösung bzw. **Entflechtung** von Zusammenschlüssen, die – rechtmäßig oder rechtswidrig – vollzogen und danach untersagt wurden. Abs. 4 ist im Vergleich zu Art. 8 Abs. 4 der Vorgängerverordnung 4064/89 sehr viel ausführlicher. Die alte Fassung erschöpfte sich in der Regelung, dass bei einem schon vollzogenen Zusammenschluss in der Unvereinbarkeitsentscheidung oder in einer gesonderten Entscheidung **die Auflösung des Zusammenschlusses** oder **andere Maßnahmen** angeordnet werden konnten, die geeignet sind, **wirksamen Wettbewerb wiederherzustellen.** Die jetzige Fassung hat nicht zu sachlichen Änderungen geführt, differenziert aber deutlicher zwischen den möglichen Alternativen. Dabei werden unter a) und b) die Alternativen unterschieden, in denen Auflösungsmaßnahmen möglich sind, nämlich einmal bei einem nachträglich untersagten Zusammenschluss und zum anderen bei einem Zusammenschluss, der unter einer Bedingung freigegeben wurde, die aber dann nicht eingetreten ist. Als Maßnahmen der Kommission, die die Auflösung herbeiführen, werden in den beiden Spiegelstrichen alle Maßnahmen erwähnt, die zur Wiederherstellung des früheren Zustandes geeignet und erforderlich sind.

23 **b) Auflösung eines bereits vollzogenen, nachträglich untersagten Zusammenschlusses (Unterabs. 1 lit. a und Unterabs. 2).** Obwohl Zusammenschlüsse, die die Voraussetzungen von Art. 1 und 3 erfüllen, also von gemeinschaftsweiter Bedeutung sind, nicht ohne vorherige Durchführung eines Fusionskontrollverfahrens vollzogen werden dürfen, kommt es vor, dass sie erst nach Vollzug untersagt werden. Das kann einmal der Fall sein, wenn bewusst oder unbewusst gegen die Anmeldepflicht und das **Vollzugsverbot verstoßen** wurde, zum anderen aber auch in Fällen, in denen der Vollzug vor Abschluss eines Fusionskontrollverfahrens **ausnahmsweise zulässig** ist. Das kann der Fall sein bei einem öffentlichen Kauf- oder Tauschangebot, das die Voraussetzungen des Art. 7 Abs. 2 erfüllt oder dann, wenn die Kommission nach Art. 7 Abs. 3 eine Befreiung vom Vollzugsverbot erteilt. Außerdem kann sich nach Art. 5 Abs. 2 Unterabs. 2 aufgrund der Zusammenrechnung mehrerer Erwerbsvorgänge nachträglich ergeben, dass ein zulässigerweise schon vollzogener erster Erwerbsvorgang nachträglich die Untersagungsvoraussetzungen des Art. 8 Abs. 3 erfüllt. Schließlich kann in Fällen, in denen Mitgliedstaaten die Prüfung von Zusammenschlüssen an die Kommission verweisen, der Vollzug schon stattgefunden haben, weil das Vollzugsverbot des Art. 7 Abs. 1 (noch) nicht galt und der Zusammenschluss nach den insoweit (noch) maßgeblichen nationalen Rechten schon vor Abschluss der Fusionskontrollverfahren vollzogen werden durfte.

24 Nach Abs. 4 lit. a kann der Zusammenschluss unter den Voraussetzungen des Art. 8 Abs. 3 untersagt werden. Mit dieser Untersagung können die in lit. b genannten **Maßnahmen verbunden** werden (→ Rn. 26). Ist untersagt worden, ohne dass derartige Maßnahmen verfügt worden sind (zB weil im Zeitpunkt der Untersagung davon ausgegangen werden konnte, dass der Zusammenschluss ohne Weiteres wieder aufgelöst wird, und diese Erwartung sich nicht erfüllte), können die Maßnahmen gesondert angeordnet werden.

25 **c) Auflösung eines bedingt freigegebenen Zusammenschlusses (Abs. 4 Unterabs. 1 lit. b).** Nach lit. b hat die Kommission die nachstehend aufgeführten Befugnisse auch dann, wenn der Zusammenschluss unter Verstoß gegen eine Bedingung vollzogen wurde, unter der eine Vereinbarkeitsentscheidung nach Abs. 2 Unterabs. 2 erlassen worden ist. Voraussetzung dafür ist aber, dass in der Unvereinbarkeitsentscheidung von vornherein festgestellt wird, dass der Zusammenschluss bei Nichteinhaltung der Bedingung die Voraussetzungen des Abs. 2 Unterabs. 1 erfüllt. Auch in diesem Fall kommt es nicht darauf an, ob der Vollzug zulässig war oder nicht; bei einer auflösenden Bedingung war er zulässig, bei einer aufschiebenden

Bedingung nicht. Es muss aber feststehen, dass der **Bedingungseintritt nicht mehr möglich** ist.

d) Auflösungsmaßnahmen (Unterabs. 1, Spiegelstriche). Die Maßnahmen, die die Kommission in den Fällen des Unterabs. 1 lit. a und b zur Auflösung eines Zusammenschlusses ergreifen kann, sind darauf gerichtet, den Zusammenschluss **rückgängig** zu machen und den **früheren Zustand so weit die möglich wiederherzustellen.** Diese Intention der Auflösung ist uE zu eng. Entscheidend kommt es darauf an, dass die Voraussetzungen der Unvereinbarkeit nach Art. 2 Abs. 3 (und/oder Abs. 4) beseitigt werden. Dafür können auch andere Maßnahmen geeignet sein, zB Teilveräußerungen, die ausreichen, um die untersagungsbegründende Wettbewerbsbehinderung auf ein Maß zu reduzieren, das die Unvereinbarkeitsvoraussetzungen nicht mehr erfüllt. In Betracht kommt auch, dass nicht das Erwerbsobjekt veräußert wird, sondern Unternehmen oder Vermögenswerte auf der Erwerberseite mit dem Ergebnis, dass auch dann keine unzulässige Wettbewerbsbehinderung mehr besteht. Obwohl der Wortlaut in den beiden Spiegelstrichen des Unterabs. 1 darauf hindeutet, dass uU mehr zu erfolgen hat als die bloße Beseitigung der Untersagungsvoraussetzungen (Veräußerung **aller** erworbenen Anteile, Wiederherstellung des früheren Zustandes), ist unter dem Gesichtspunkt der **Verhältnismäßigkeit** eine einschränkende Interpretation erforderlich. Eine Maßnahme der Kommission zur Auflösung des Zusammenschlusses ist nicht erforderlich und damit unzulässig, wenn die Unternehmen durch Veräußerungen oder sonstige Veränderungen einen Zustand herbeigeführt haben, der mit den ggf. noch bestehenden Unternehmensverbindungen nicht mehr in den Anwendungsbereich der Art. 1, 3 fällt oder jedenfalls nicht mehr die Untersagungsvoraussetzungen des Art. 2 Abs. 3 erfüllt. Ein Beispiel dafür ist die **Reduktion einer untersagten Mehrheitsbeteiligung** auf eine nicht untersagungsfähige Minderheitsbeteiligung (dazu auch *Körber* in IM Art. 8 FKVO Rn. 204; *Baron* in LB Art. 8 FKVO Rn. 126); uU führt dies aber zur Anwendung nationaler Fusionskontrollrechte – die wie in Deutschland – auch Minderheitsbeteiligungen erfassen. Eine solche einschränkende Auslegung des Abs. 4 wird bestätigt durch Abs. 5, der ausdrücklich für die im Rahmen des Auflösungsverfahrens vorgesehenen einstweiligen Maßnahmen das Ziel formuliert, dass „wirksamer Wettbewerb" wiederhergestellt wird oder aufrecht erhalten bleibt, und zwar nicht unbedingt durch Wiederherstellung des früheren Zustandes. Die Kommission ist bei Auflösung an die verwaltungsrechtlichen Grundsätze der Geeignetheit des Mittels für den angestrebten Zweck, der Erforderlich und Verhältnismäßigkeit gebunden. Auch wenn sie notwendigerweise dabei einen weiten Ermessens- und Gestaltungsspielraum hat, muss den Unternehmen die Möglichkeit gegeben werden, **„Austauschmittel"** anzubieten, um die Untersagungsvoraussetzungen auf andere Weise zu beseitigen. 26

e) Verfahren. Die Kommission ordnet die nach Unterabs. 1 möglichen Maßnahmen durch Entscheidung an. Fristen für den Erlass der Entscheidung sind nicht vorgesehen. Auch das spricht dafür, dass die Auflösung eines Zusammenschlusses vor einer Entscheidung der Kommission Gegenstand von Verhandlungen sein sollte, die zu einer einvernehmlichen Auflösung führen. Adressaten der Entscheidung nach Abs. 4 sind die **„beteiligten" Unternehmen.** Dieser Begriff der beteiligten Unternehmen geht über den der materiell am Zusammenschluss beteiligten Unternehmen hinaus (→ Art. 1 Rn. 12). Insbesondere kann er auch den **Veräußerer** umfassen. Das ergibt sich aus der im Gesetzeswortlaut ausdrücklich vorgesehenen Möglichkeit, dass der Zusammenschluss rückgängig gemacht und der frühere Zustand wiederhergestellt wird. Das ist in den Fällen, in denen es einen Veräußerer gibt, nicht ohne Mitwirkung des Veräußerers möglich; er kann dementsprechend auch ein Adressat der Entscheidungen nach Art. 8 Abs. 4 sein. Allerdings sind auch Auflösungsmaßnahmen möglich, die den Veräußerer nicht berühren; dann muss er am Auflösungsverfahren nicht beteiligt werden. 27

5. Einstweilige Anordnung im Auflösungsverfahren (Art. 5)

28 Nach Abs. 5 kann die Kommission vor Erlass einer Entscheidung im Auflösungsverfahren nach Abs. 4 einstweilige Maßnahmen anordnen. Diese Bestimmung ist **in die VO 139/2004 neu** aufgenommen worden; in der VO 4064/89 war sie noch nicht vorgesehen. Allerdings hätte die Kommission auch zur Zeit der Geltung der VO 4064/89 entsprechende einstweilige Befugnisse gehabt; das ergibt sich aus der Camera Care-Entscheidung des EuGH im Anwendungsbereich der früheren VO 17/62 (EuGH Slg. 1980 119 Rn. 18 – *Camera Care;* → VO 1/2003 Art. 8 Rn. 2). Die Befugnis für einstweilige Maßnahmen setzt nicht voraus, dass schon eine Unvereinbarkeitsentscheidung erlassen worden ist oder feststeht, dass iSv Abs. 4 Unterabs. 1 lit. b schon gegen die Bedingung, unter der eine Vereinbarkeitsentscheidung erging, verstoßen wurde. Es reicht aus, wenn eine **überwiegende Wahrscheinlichkeit** dafür besteht, dass ein Zusammenschluss für mit dem Binnenmarkt unvereinbar erklärt wird und Vollzugsmaßnahmen bevorstehen.

29 **Im Einzelnen** unterscheidet Abs. 5 folgende Fälle: Im Falle der **lit. a** liegt schon eine **Verletzung des Vollzugsverbots** nach Art. 7 vor; bisher ist aber noch keine Entscheidung über die Vereinbarkeit des Zusammenschlusses ergangen. Für eine einstweilige Maßnahme ist dann Raum, wenn mit überwiegender Wahrscheinlichkeit eine Unvereinbarkeitsentscheidung ergehen wird, aber aus besonderen Gründen noch nicht ergehen kann, und die Aufrechterhaltung der Vollzugsmaßnahme für die Zeit bis zum Erlass der Unvereinbarkeitsentscheidung mit erheblichen wettbewerblichen Nachteilen verbunden ist. Liegen die einengenden Voraussetzungen der Wahrscheinlichkeit und der Nachteile nicht vor, besteht im Allgemeinen kein Bedürfnis, gegen Vollzugshandlungen im Wege einstweiliger Maßnahmen vorzugehen. **Lit. b** betrifft den Fall, dass in der Phase 1 ein Zusammenschluss unter einer Bedingung freigegeben und unter **Verstoß gegen diese Bedingung** vollzogen wurde. Lit. b nimmt insoweit Bezug einmal auf Art. 6 Abs. 1 lit. b; der Sache nach wird damit zugleich aber auch auf Art. 6 Abs. 2 Unterabs. 2 verwiesen. Zum anderen wird Bezug genommen auf Art. 8 Abs. 2 der für Entscheidungen der 2. Phase dem Art. 6 Abs. 1 lit. b einschließlich des Art. 6 Abs. 2 Unterabs. 2 entspricht. Die Kommission kann einstweilen anordnen, dass ein Zustand hergestellt wird, der der durch die Bedingung abgesicherten Verpflichtung entspricht. **Lit. c** betrifft den Fall, dass schon eine **Unvereinbarkeitsentscheidung gegen einen vollzogenen Zusammenschluss** erlassen wurde. Durch einstweilige Maßnahmen kann die Kommission den Unternehmen alles aufgeben, was geeignet ist, in der Zwischenzeit bis zur endgültigen Entscheidung wirksamen Wettbewerb wiederherzustellen. Die Anordnung muss **zeitlich befristet** sein; anderenfalls ist sie nicht „einstweilig".

6. Widerrufsentscheidung (Abs. 6)

30 Abs. 6 regelt den Widerruf der Vereinbarkeitsentscheidung nach Abs. 1 oder 2. Er entspricht Art. 6 Abs. 3 und 4, der sich auf die Vereinbarkeitsentscheidung in der 1. Phase bezieht, darüber hinaus auch auf die Unanwendbarkeitsentscheidung (→ Art. 6 Rn. 21 ff.).

31 **a) Widerruf wegen unrichtiger Angaben oder arglistiger Herbeiführung.** Die Kommission kann die Vereinbarkeitsentscheidung nach Abs. 1 oder 2 widerrufen, wenn die Entscheidung „auf unrichtigen Angaben beruht". Das setzt eine Kausalität zwischen der Unrichtigkeit und des Tenors der Entscheidung voraus. Es reicht nicht aus, wenn die Unrichtigkeit nur zu unrichtigen Elementen der Begründung geführt hat, die aber für das Ergebnis, also die Entscheidung als solcher, nicht relevant sind. Hätte die Kommission auch bei richtigen Angaben den Zusammenschluss freigegeben, macht ein Widerruf keinen Sinn. Widerruf bedeutet **Aufhebung der Entscheidung mit Wirkung ex nunc** (unklar insoweit *Körber* in IM Art. 8 FKVO

Rn. 220). Sie hat also nicht zur Folge, dass etwa rückwirkend gegen das Vollzugsverbot des Art. 7 Abs. 1 verstoßen worden wäre. Vielmehr ist der Vollzug auch nachträglich als zulässig und wirksam anzusehen.

Keine Rolle spielt, ob die unrichtigen Angaben **in der Anmeldung** selbst oder **außerhalb der Anmeldung** gegenüber der Kommission gemacht worden sind; es ist auch möglich, dass unrichtige Angaben im informellen Vorverfahren vor Einreichung der Anmeldung kausal sind für die von den Unternehmen angestrebte positive Entscheidung. Die Unrichtigkeit der Angabe muss „von einem der beteiligten Unternehmen zu vertreten" sein. Offen ist, ob in diesem Sinne „beteiligt" nur die Unternehmen sind, die materiell an dem Zusammenschluss beteiligt sind, also im Regelfall Erwerber und zu erwerbendes Unternehmen (→ Art. 1 Rn. 12ff.), oder auch diejenigen, die in irgendeiner Form darüber hinaus Beteiligte an dem Zusammenschlussvorgang sind, wie insbesondere der Veräußerer (vgl. zu den Unklarheiten des Beteiligtenbegriffs auch Art. 11 lit. a und b VO 802/2004). Angesichts der klaren Begrifflichkeit in Art. 1 und Art. 5 liegt es nahe, dass bei einer Einbeziehung zB auch des Veräußerers eine ausdrückliche Klarstellung im Gesetz hätte erfolgen müssen. Dann sind „beteiligte" Unternehmen nur diejenigen, auf deren Umsätze es nach Art. 1 und 5 ankommt. Mit dem **„zu vertreten sein"** ist schuldhaftes Handeln gemeint, mindestens also Fahrlässigkeit. Nach der Praxis der Kommission zu Art. 23 VO 1/2003 (→ VO 1/2003 Art. 23 Rn. 29) ist davon auszugehen, dass den Unternehmen alles zuzurechnen ist, was einzelne Mitarbeiter getan haben; dennoch wird für das Verschulden nicht auf den einzelnen Mitarbeiter, sondern auf das „Unternehmen" abgestellt. Angesichts der Tatsache, dass diese Unrichtigkeit für die Entscheidung nach Abs. 1 und 2 kausal gewesen sein muss, ist die umfassende Einbeziehung aller aus der Sphäre der beteiligten Unternehmen kommenden Unrichtigkeiten wohl hinnehmbar. Nach Art. 14 Abs. 1 ist die Erteilung unrichtiger Angaben nur ordnungswidrig, wenn sie in der Anmeldung oder auf formalisierte Anfragen der Kommission erfolgt. 32

Für die in lit. a gesondert erwähnte **„arglistige Herbeiführung" der Entscheidung** neben der Unrichtigkeit von Angaben bleibt nur ein geringer Anwendungsbereich, insbesondere beim Verschweigen von Informationen, deren Kenntnis die Kommission veranlasst hätte, keine Unvereinbarkeitsentscheidung zu erlassen. Auch insoweit ist erforderlich, dass die Arglist kausal war für den Tenor der Entscheidung. Arglist setzt Vorsatz voraus; fahrlässige Arglist gibt es nicht. 33

b) Zuwiderhandlung gegen eine Auflage (lit. b). Ein Widerruf ist auch möglich, wenn die beteiligten Unternehmen einer mit der Vereinbarkeitsentscheidung nach Abs. 1 oder Abs. 2 verbundenen Auflage zuwider handeln. Eine Zuwiderhandlung gegen die Auflage liegt vor, wenn sie ganz oder teilweise **nicht erfüllt** wird. Die Kommission hat in diesem Fall neben der Möglichkeit des Widerrufs nach Abs. 6 auch die Möglichkeit, die **Erfüllung der Auflage zu erzwingen.** Der Widerruf der Vereinbarkeitsentscheidung wegen Nichterfüllung einer mit ihr verbundenen Auflage ist die ultima ratio. Nach dem **Verhältnismäßigkeitsgrundsatz** kommt bei Nichterfüllung einer Auflage der Widerruf der Vereinbarkeitsentscheidung nur in Betracht, wenn die Erfüllung der Auflage aus tatsächlichen Gründen nicht erzwingbar ist und die Freigabe ohne die Auflage unter keinem Gesichtspunkt zu rechtfertigen wäre. Lit. b sieht nicht vor, dass die Zuwiderhandlung gegen die Auflage schuldhaft sein muss. Fehlendes Verschulden kann ein Gesichtspunkt sein, der in der Verhältnismäßigkeitsprüfung zu berücksichtigen ist. Lit. b bezieht sich nur auf Auflagen, nicht auf Bedingungen. Das ergibt sich daraus, dass bei Nichterfüllung einer Bedingung aus Rechtsgründen kein Bedürfnis für einen Widerruf der Vereinbarkeitsentscheidung besteht. Wird eine aufschiebende Bedingung nicht erfüllt, wird die Vereinbarkeitsentscheidung nicht wirksam. Wird eine auflösende Bedingung nicht erfüllt, wird die Vereinbarkeitsentscheidung unter den in der Entscheidung über die Bedingung festgesetzten Voraussetzungen wirkungslos. 34

35 **c) Widerrufsverfahren.** Die Entscheidung über den Widerruf der Unanwendbarkeitsentscheidung nach Abs. 1 oder 2 ist eine **Ermessenentscheidung;** die Kommission ist also trotz Vorliegens der Voraussetzungen nach Abs. 6 nicht verpflichtet, den Widerruf vorzunehmen. Der Widerruf führt dazu, dass das Verfahren in den Stand zurückversetzt wird, in dem es sich vor Erlass der widerrufenen Entscheidung befand. Darauf beruht die Regelung in Abs. 7 lit. b, wonach die Kommission nicht an die an sich für die Entscheidungen nach Abs. 1 und 2 geltenden Fristen nach Art. 10 Abs. 3 gebunden ist. Die Kommission kann ohne Fristbindung also wiederum positive Entscheidungen nach Abs. 1 oder 2 treffen. Vor Erlass der Widerrufsentscheidung hat die Kommission nach Art. 18 Abs. 1 den betroffenen Personen, Unternehmen und Unternehmensvereinigungen **rechtliches Gehör** zu gewähren. Das geschieht nach Art. 13 VO 802/2004 durch Mitteilung von Beschwerdepunkten und – auf Antrag – eine mündliche Anhörung. Nach Art. 19 Abs. 3 ist vor der Entscheidung der Beratende Ausschuss für die Kontrolle Unternehmenszusammenschlüssen anzuhören.

7. Mitteilung der Entscheidungen (Abs. 8)

36 Nach Abs. 8 teilt die Kommission ihre Entscheidungen nach den Abs. 1–6 den „beteiligten Unternehmen und den zuständigen Behörden der Mitgliedstaaten" unverzüglich mit. Diese Bestimmung geht davon aus, dass die Wirksamkeit der Entscheidung und ihre Rechtzeitigkeit innerhalb der Fristen des Art. 10 nicht von der Mitteilung abhängig sind. Die Mitteilung an die betroffenen Personen und Unternehmen hat **„unverzüglich"**, aber **nicht unbedingt noch innerhalb der Frist** zu erfolgen. Im Allgemeinen erfolgt allerdings nicht nur der Erlass, sondern auch die Bekanntgabe der Entscheidung an die betroffenen Personen und Unternehmen noch innerhalb der gesetzlichen Frist. Die Entscheidung wird, obwohl insoweit keine Verpflichtung besteht, in einer um Geschäftsgeheimnisse bereinigten Form auf der Internetseite der Generaldirektion Wettbewerb **veröffentlicht.**

Art. 9 Verweisung an die zuständigen Behörden der Mitgliedstaaten

(1) **Die Kommission kann einen angemeldeten Zusammenschluss durch Entscheidung unter den folgenden Voraussetzungen an die zuständigen Behörden des betreffenden Mitgliedstaats verweisen; sie unterrichtet die beteiligten Unternehmen und die zuständigen Behörden der übrigen Mitgliedstaaten unverzüglich von dieser Entscheidung.**

(2) **Ein Mitgliedstaat kann der Kommission, die die beteiligten Unternehmen entsprechend unterrichtet, von Amts wegen oder auf Aufforderung durch die Kommission binnen 15 Arbeitstagen nach Erhalt der Kopie der Anmeldung mitteilen, dass**

a) ein Zusammenschluss den Wettbewerb auf einem Markt in diesem Mitgliedstaat, der alle Merkmale eines gesonderten Marktes aufweist, erheblich zu beeinträchtigen droht oder

b) ein Zusammenschluss den Wettbewerb auf einem Markt in diesem Mitgliedstaat beeinträchtigen würde, der alle Merkmale eines gesonderten Marktes aufweist und keinen wesentlichen Teil des Gemeinsamen Marktes darstellt.

(3) **Ist die Kommission der Auffassung, dass unter Berücksichtigung des Marktes der betreffenden Waren oder Dienstleistungen und des räumlichen Referenzmarktes im Sinne des Absatzes 7 ein solcher gesonderter Markt und eine solche Gefahr bestehen,**

a) so behandelt sie entweder den Fall nach Maßgabe dieser Verordnung selbst oder
b) verweist die Gesamtheit oder einen Teil des Falls an die zuständigen Behörden des betreffenden Mitgliedstaats, damit das Wettbewerbsrecht dieses Mitgliedstaats angewandt wird.

Ist die Kommission dagegen der Auffassung, dass ein solcher gesonderter Markt oder eine solche Gefahr nicht besteht, so stellt sie dies durch Entscheidung fest, die sie an den betreffenden Mitgliedstaat richtet, und behandelt den Fall nach Maßgabe dieser Verordnung selbst.

In Fällen, in denen ein Mitgliedstaat der Kommission gemäß Absatz 2 Buchstabe b) mitteilt, dass ein Zusammenschluss in seinem Gebiet einen gesonderten Markt beeinträchtigt, der keinen wesentlichen Teil des Gemeinsamen Marktes darstellt, verweist die Kommission den gesamten Fall oder den Teil des Falls, der den gesonderten Markt betrifft, an die zuständigen Behörden des betreffenden Mitgliedstaats, wenn sie der Auffassung ist, dass ein gesonderter Markt betroffen ist.

(4) **Die Entscheidung über die Verweisung oder Nichtverweisung nach Absatz 3 ergeht**
a) in der Regel innerhalb der in Artikel 10 Absatz 1 Unterabsatz 2 genannten Frist, falls die Kommission das Verfahren nach Artikel 6 Absatz 1 Buchstabe b) nicht eingeleitet hat; oder
b) spätestens 65 Arbeitstage nach der Anmeldung des Zusammenschlusses, wenn die Kommission das Verfahren nach Artikel 6 Absatz 1 Buchstabe c) eingeleitet, aber keine vorbereitenden Schritte zum Erlass der nach Artikel 8 Absätze 2, 3 oder 4 erforderlichen Maßnahmen unternommen hat, um wirksamen Wettbewerb auf dem betroffenen Markt aufrechtzuerhalten oder wiederherzustellen.

(5) **Hat die Kommission trotz Erinnerung durch den betreffenden Mitgliedstaat innerhalb der in Absatz 4 Buchstabe b) bezeichneten Frist von 65 Arbeitstagen weder eine Entscheidung gemäß Absatz 3 über die Verweisung oder Nichtverweisung erlassen noch die in Absatz 4 Buchstabe b) bezeichneten vorbereitenden Schritte unternommen, so gilt die unwiderlegbare Vermutung, dass sie den Fall nach Absatz 3 Buchstabe b) an den betreffenden Mitgliedstaat verwiesen hat.**

(6) **Die zuständigen Behörden des betreffenden Mitgliedstaats entscheiden ohne unangemessene Verzögerung über den Fall.**

Innerhalb von 45 Arbeitstagen nach der Verweisung von der Kommission teilt die zuständige Behörde des betreffenden Mitgliedstaats den beteiligten Unternehmen das Ergebnis einer vorläufigen wettbewerbsrechtlichen Prüfung sowie die gegebenenfalls von ihr beabsichtigten Maßnahmen mit. Der betreffende Mitgliedstaat kann diese Frist ausnahmsweise hemmen, wenn die beteiligten Unternehmen die nach seinem innerstaatlichen Wettbewerbsrecht zu übermittelnden erforderlichen Angaben nicht gemacht haben.

Schreibt das einzelstaatliche Recht eine Anmeldung vor, so beginnt die Frist von 45 Arbeitstagen an dem Arbeitstag, der auf den Eingang der vollständigen Anmeldung bei der zuständigen Behörde des betreffenden Mitgliedstaats folgt.

(7) **Der räumliche Referenzmarkt besteht aus einem Gebiet, auf dem die beteiligten Unternehmen als Anbieter oder Nachfrager von Waren oder Dienstleistungen auftreten, in dem die Wettbewerbsbedingungen hinreichend homogen sind und das sich von den benachbarten Gebieten unter-**

scheidet; dies trifft insbesondere dann zu, wenn die in ihm herrschenden Wettbewerbsbedingungen sich von denen in den letztgenannten Gebieten deutlich unterscheiden. Bei dieser Beurteilung ist insbesondere auf die Art und die Eigenschaften der betreffenden Waren oder Dienstleistungen abzustellen, ferner auf das Vorhandensein von Zutrittsschranken, auf Verbrauchergewohnheiten sowie auf das Bestehen erheblicher Unterschiede bei den Marktanteilen der Unternehmen oder auf nennenswerte Preisunterschiede zwischen dem betreffenden Gebiet und den benachbarten Gebieten.

(8) **In Anwendung dieses Artikels kann der betreffende Mitgliedstaat nur die Maßnahmen ergreifen, die zur Aufrechterhaltung oder Wiederherstellung wirksamen Wettbewerbs auf dem betreffenden Markt unbedingt erforderlich sind.**

(9) **Zwecks Anwendung seines innerstaatlichen Wettbewerbsrechts kann jeder Mitgliedstaat nach Maßgabe der einschlägigen Vorschriften des Vertrags beim Gerichtshof Klage erheben und insbesondere die Anwendung des Artikels 243 des Vertrags beantragen.**

1. Einführung

1 Das strikte **Zuständigkeitsregime der VO 139/2004,** so wie es sich insbesondere aus Art. 4 ergibt und das die ausschließliche Zuständigkeit der Europäischen Kommission für die Prüfung und Bescheidung von Genehmigungsanträgen für Zusammenschlussvorhaben von gemeinschaftsweiter Bedeutung begründet, erfährt vor allem durch Art. 9 eine nicht unerhebliche Durchbrechung. Grundsätzlich kann die Kommission, wenn die Voraussetzungen der Art. 1 und 3 erfüllt sind, die ausschließliche Zuständigkeit für Zusammenschlussvorhaben für sich reklamieren. Jedoch kann es im Einzelfall Situationen geben, in denen nicht die Kommission, sondern eine **nationale Wettbewerbsbehörde besser geeignet** ist, ein Zusammenschlussvorhaben zu prüfen und zu bescheiden. Das ist insbesondere der Fall, wenn es im konkreten Einzelfall um **kleinere, regionale Märkte** geht, die ausschließlich im **Hoheitsgebiet eines Mitgliedstaates belegen** sind. In diesen Fällen kann die mitgliedstaatliche Wettbewerbsbehörde die Wettbewerbsverhältnisse und die Auswirkungen eines Zusammenschlussvorhabens auf diesen Regionalmarkt besser und effizienter ermitteln. Auch besteht nicht, wie bei Zusammenschlussvorhaben, die den europäischen Markt insgesamt bzw. zumindest wesentliche Teile davon betreffen, dieselbe Legitimität für die Zuweisung der ausschließlichen Zuständigkeit für die Prüfung von Zusammenschlussvorhaben an die Kommission. Die Aufweichung der – im Rahmen der Art. 1 und 3 – ausschließlichen Zuständigkeit der Kommission wurde insbesondere durch die deutsche Bundesregierung betrieben, die grundsätzlich Bedenken hatte, der Kommission für die Fusionskontrolle eine (zu) weite Zuständigkeit einzuräumen. Deshalb spricht man noch heute, fast 25 Jahre nach Inkrafttreten der Fusionskontroll-VO, von der **„deutschen Klausel"** (vgl. statt vieler *Körber* in IM Art. 9 FKVO Rn. 1).

2 Die Regelung des Art. 9 formuliert die **Voraussetzungen,** unter denen die Kommission auf Antrag eines Mitgliedstaates die Verweisung eines Zusammenschlussvorhabens entscheiden kann. Hinzu kommen Vorschriften über den **Zeitrahmen,** die für die Antragstellung durch einen Mitgliedstaat sowie für die Entscheidung durch die Kommission zu beachten sind. Abgerundet wird die Regelung durch einen Hinweis auf die **Rechtsschutzmöglichkeiten** nach dem AEUV. Ergänzt wird die Vorschrift durch Ausführungen in der Verweisungsmitteilung der Kommission (Anhang B 26), insbesondere durch die Darlegungen in den Rn. 33ff.

3 Grundsätzlich ist die Entscheidung der Kommission über die Verweisung eines Zusammenschlussvorhabens an eine mitgliedstaatliche Wettbewerbsbehörde entweder insgesamt oder hinsichtlich einzelner Bestandteile in das **Ermessen der Kom-**

mission gestellt. Dies wird insbesondere aus **Abs. 3 Unterabs. 1** deutlich, wonach die Kommission entweder nach lit. a ein Zusammenschlussvorhaben selbst behandeln kann oder nach lit. b diesen in seiner Gesamtheit oder hinsichtlich eines Teils an die zuständige Behörde eines Mitgliedstaates verweisen kann. Die Ermessensentscheidung verdichtet sich zu einer **Verpflichtung** im Falle von Zusammenschlussvorhaben nach Abs. 2 lit. b. Falls ein solcher Zusammenschluss vorliegt, ist die Kommission grundsätzlich verpflichtet, den Fall zur Prüfung insgesamt oder hinsichtlich eines bestimmten Teils an die zuständige Behörde des Mitgliedstaates zu verweisen. Diese Modifikation des Entscheidungsermessens der Kommission ist durch die erste Revision der Fusionskontroll-VO, nämlich durch die VO 1310/97 des Rates, ergänzt worden.

2. Antrag auf Verweisung durch einen Mitgliedstaat (Abs. 2)

Nach Abs. 2 kann ein Mitgliedstaat auf eigene Initiative oder auf Aufforderung der Kommission innerhalb von 15 Arbeitstagen nach Erhalt einer Kopie einer bei der Kommission eingegangenen Anmeldung der Kommission „mitteilen", dass ein Zusammenschlussvorhaben den Wettbewerb auf einem Markt in dem betreffenden Mitgliedstaat, der **alle Merkmale eines gesonderten Marktes** aufweist, **erheblich zu beeinträchtigen droht** (lit. a) oder ein Zusammenschluss den Wettbewerb auf einem Markt in dem betreffenden Mitgliedstaat beeinträchtigen würde, der alle Merkmale eines gesonderten Marktes aufweist und **keinen wesentlichen Teil des Gemeinsamen Marktes** (dh seit dem Inkrafttreten des Lissabonner Vertrages des Binnenmarktes) darstellt (lit. b). Der Sache nach geht es nach Abs. 2 nicht allein um eine **„Mitteilung"** durch den betreffenden Mitgliedstaat an die Kommission, auch wenn die Wortwahl insoweit wenig Zweifel zulässt. Der Sache nach handelt es sich um einen **Antrag des betreffenden Mitgliedstaates auf Verweisung des Zusammenschlussvorhabens.** Eine Mitteilung allein würde wenig Sinn machen, insbesondere im Hinblick auf die Handlungsverpflichtungen der Kommission, die sich insbesondere aus Abs. 3 ergeben (ebenso *Körber* in IM Art. 9 FKVO Rn. 15). 4

Die Mitteilung bzw. der Antrag ist unter zwei Voraussetzungen möglich: Zum einen geht es um einen **Markt in einem Mitgliedstaat, der alle Merkmale eines gesonderten Marktes aufweist.** Sofern dieses Merkmal erfüllt ist, kann der Mitgliedstaat den Antrag an die Kommission richten, sofern der Mitgliedstaat davon ausgehen kann, dass dieser Markt durch das Zusammenschlussvorhaben **erheblich beeinträchtigt werden könnte.** Alternativ besteht ein Antragsrecht dann, wenn dieselben Voraussetzungen erfüllt sind, also ein Markt vorliegt, der alle Merkmale eines gesonderten Marktes aufweist, und das Zusammenschlussvorhaben den Wettbewerb auf diesem Markt beeinträchtigen könnte. Hinzukommen muss nach lit. b aber, dass es sich bei dem betreffenden Markt **nicht um einen wesentlichen Teil des Binnenmarktes** (Gemeinsamen Marktes) handelt. In diesem Fall ist die Kommission nämlich nach Art. 2 Abs. 3 nicht befugt, eine Untersagung auszusprechen, selbst wenn das Zusammenschlussvorhaben den wirksamen Wettbewerb behindern würde (dazu Art. 2 Rn. 56). Eine Untersagung kommt nach Art. 2 Abs. 3 nur in Betracht, wenn wirksamer Wettbewerb behindert würde, und zwar im Binnenmarkt oder in einem wesentlichen Teil desselben. Wenn diese Voraussetzung nicht erfüllt ist, fehlt es an der Untersagungsbefugnis der Kommission. In diesem Fall kann ein Mitgliedstaat die Verweisung nach Art. 9 Abs. 2 lit. b beantragen. 5

Die Mitgliedstaaten sind nach Art. 9 Abs. 2 darauf angewiesen, dass eine **Anmeldung** nach dem Formblatt CO bei der Kommission förmlich **eingereicht** wurde, dh dass ein Verfahren der Kommission eröffnet und der Fristenlauf nach der VO 139/2004 in Gang gesetzt wurde. Dagegen können die Mitgliedstaaten nicht, anders als die am Zusammenschlussvorhaben beteiligten Unternehmen nach Art. 4 Abs. 4, bereits vorsorglich und im Vorhinein einen solchen Antrag stellen. Sie müssen den Erhalt der Kopie der Anmeldung abwarten, die ihnen die Kommission übermittelt. 6

7 Der Antrag muss **innerhalb von 15 Arbeitstagen** nach Erhalt der Kopie der Anmeldung gestellt werden. Dabei handelt es sich um eine **Ausschlussfrist,** die nicht verlängert werden kann. Sofern die Frist verstrichen ist, kann ein Mitgliedstaat den Antrag nicht mehr stellen. Ist die Frist noch nicht abgelaufen, kann der Mitgliedstaat den Antrag **schriftlich bei der Kommission einreichen.** Dabei muss er darlegen und begründen, aus welchen Gründen die Voraussetzungen nach Art. 9 Abs. 2 erfüllt sind. Insbesondere muss der Mitgliedstaat darlegen, ob sich dieser auf die Fallvariante in lit. a beruft oder auf eine solche nach lit. b. Dies ist im Hinblick auf die Frage von zentraler Bedeutung, ob die Kommission bei ihrer Entscheidung **Ermessen in Anspruch nehmen kann** oder eine gebundene Entscheidung treffen muss.

8 Art. 9 Abs. 2 spricht von einem **„Mitgliedstaat",** der den Antrag bei der Kommission einreichen kann. In der Bundesrepublik Deutschland ist grundsätzlich die Bundesregierung zuständig, dh im konkreten Fall also das Bundeswirtschaftsministerium. Dieses hat die Befugnis zur Stellung eines Antrags nach Art. 9 Abs. 2 an das Bundeskartellamt delegiert (vgl. *Körber* in IM Art. 9 FKVO Rn. 21). Beabsichtigt das Bundeskartellamt einen Verweisungsantrag zu stellen, muss es gleichwohl die Zustimmung des Bundeswirtschaftsministeriums im Vorfeld des Antrags einholen.

9 Hinsichtlich des Tatbestandsmerkmals des „Marktes, der alle Merkmale eines gesonderten Marktes aufweist" ist auf die **allgemeinen Regeln der Marktabgrenzung** zurückzugreifen (vgl. hierzu Art. 102 AEUV Rn. 5 ff.). Ergänzend ist Abs. 7 zu berücksichtigen, der die Grundsätze der Marktabgrenzung gerade im Hinblick auf den Referenzmarkt in Art. 9 spezifiziert und näher erläutert. Von besonderer Bedeutung ist im vorliegenden Kontext die geographische Marktabgrenzung, da es sich nicht nur um einen **„gesonderten Markt"** handeln muss, sondern um einen solchen in einem bestimmten Mitgliedstaat. Handelt es sich also um einen nationalen Markt, der das Hoheitsgebiet des gesamten Mitgliedstaates ausfüllt, ist diese Voraussetzung erfüllt. Auch wenn es sich lediglich um einzelne Teile des Hoheitsgebietes handelt, ist die Voraussetzung erfüllt, sofern dieser Regionalmarkt nach den allgemeinen Regeln der Marktabgrenzung als gesonderter Markt abzugrenzen ist.

10 Wenn ein solcher **Regionalmarkt** als **wesentlicher Teil des Binnenmarktes** anzusehen ist, entscheidet die Kommission nach lit. a. Sie muss also im Rahmen ihres pflichtgemäßen Ermessens entscheiden, ob sie selbst über das Vorhaben entscheidet oder ob sie den Fall an den Mitgliedstaat verweist (vgl. Art. 9 Abs. 3 **Unterabs. 1**). Handelt es sich dagegen um einen Regionalmarkt, der **nicht als wesentlicher Teil des Binnenmarktes** anzusehen ist, ist die Kommission verpflichtet, das Zusammenschlussvorhaben an den Mitgliedstaat zu verweisen (vgl. Art. 9 Abs. 3 **Unterabs. 2**). Beispiele für das Vorliegen von regionalen bzw. lokalen Märkten sind Seehäfen und Flughäfen. Bei diesen handelt es sich in geographischer Hinsicht in der Regel um recht kleine Gebiete, die aufgrund ihrer Verkehrsverbindungen mit anderen Mitgliedstaaten der Europäischen Union in aller Regel als wesentliche Bestandteile des Binnenmarktes anzusehen sind (→ AEUV Art. 102 Rn. 13). Handelt es sich dagegen zB im Bereich der Entsorgungsmärkte um regionale bzw. lokale Märkte, handelt es sich im Regelfall nicht um wesentliche Teile des Binnenmarktes.

11 Darüber hinaus müssen die Mitgliedstaaten dartun, dass das Zusammenschlussvorhaben potenziell zu einer **erheblichen Beeinträchtigung der Wettbewerbsverhältnisse** auf dem bzw. den betreffenden Märkten führen kann. Dabei ist es nicht erforderlich, dass der Mitgliedstaat darlegt, dass es tatsächlich oder mit größter Wahrscheinlichkeit zu einer „Behinderung" wirksamen Wettbewerbs im Binnenmarkt oder in einem wesentlichen Teil desselben kommen wird, so wie dies Art. 2 Abs. 3 vorsieht. Vielmehr reicht es aus, wenn der Mitgliedstaat darlegt, dass es zu einer Beeinträchtigung der Wettbewerbsverhältnisse kommen kann, dh der Qualität nach also eine Einflussnahme auch unterhalb der Behinderungsschwelle (in diesem Sinne auch *Wagemann* in Wiedemann, Handbuch Kartellrecht, § 17 Rn. 153 ff.).

Nicht nur theoretisch, sondern in der Praxis durchaus regelmäßig kommt es dazu, dass **mehrere Mitgliedstaaten gleichzeitig** einen Antrag auf Verweisung hinsichtlich desselben Zusammenschlussvorhabens stellen. Dies ist in der Systematik in Art. 9 durchaus so angelegt (vgl. dazu *Körber* in IM Art. 9 FKVO Rn. 16). Es gibt **kein Ausschlussprinzip,** dass zB der erste Mitgliedstaat, der einen Verweisungsantrag nach Art. 9 Abs. 2 stellt, einen Vorrang vor dem nächsten Mitgliedstaat hat. Vielmehr muss die Kommission sämtliche Anträge prüfen und bescheiden, die ihr hinsichtlich desselben Zusammenschlussvorhabens nach Art. 9 Abs. 2 vorliegen. Ggf. kann es durchaus sein, dass **mehrere regionale Märkte in mehreren Mitgliedstaaten** potenziell von einem Zusammenschlussvorhaben betroffen sind. Die Kommission muss dann erwägen, ob sie jeweils Teile des Zusammenschlussvorhabens an mehrere mitgliedstaatliche Wettbewerbsbehörden zur Prüfung und Bescheidung verweist. 12

3. Entscheidung der Kommission über die Verweisung (Abs. 3)

Art. 9 Abs. 3 sieht in **Unterabs. 1 und 2** die Möglichkeit einer Ermessensentscheidung durch die Kommission vor, während **Unterabs. 3** eine gebundene Entscheidung der Kommission normiert. Handelt es sich um einen gesonderten Markt, der **kein wesentlicher Teil des Binnenmarktes** ist, muss die Kommission dem Antrag stattgeben und den Fall ganz oder teilweise an den entsprechenden Mitgliedstaat verweisen (→ Rn. 5 und 10). Insoweit handelt es sich um eine **gebundene Entscheidung ohne Ermessen.** Sofern es sich dagegen bei dem Markt, der vom Zusammenschlussvorhaben betroffen ist, um einen Markt mit allen Merkmalen eines gesonderten Marktes in einem **wesentlichen Teil des Binnenmarktes** handelt und die Gefahr einer Beeinträchtigung der Wettbewerbsverhältnisse auf diesem Markt besteht, kann die Kommission nach ihrem pflichtgemäßen **Ermessen** entscheiden, den Fall entweder selbst zu behandeln oder in seiner Gesamtheit oder hinsichtlich eines Teils an die zuständige Behörde des antragstellenden Mitgliedstaates zu verweisen. Die Kommission ist also nicht verpflichtet, im Rahmen ihrer Ermessensausübung oder einer gebundenen Entscheidung ein Zusammenschlussvorhaben selbst in vollem Umfang zu entscheiden oder vollständig an die antragstellende mitgliedstaatliche Wettbewerbsbehörde zu verweisen. Vielmehr kann sie, häufig entsprechend dem Antrag der mitgliedstaatlichen Wettbewerbsbehörde, das Zusammenschlussvorhaben lediglich **hinsichtlich einzelner Bestandteile** verweisen, zB im Hinblick auf die Auswirkungen in bestimmten regionalen Märkten, die alle Merkmale eines gesonderten Marktes aufweisen und im Hoheitsgebiet des antragstellenden Mitgliedstaates belegen sind. Dann ist eine vollständige Verweisung des Zusammenschlussvorhabens an die mitgliedstaatliche Wettbewerbsbehörde nicht gerechtfertigt. Es ist angemessener, dass die Kommission nur einen Teil verweist und den (häufig überwiegenden) Teil des Verfahrens weiterhin selbst auf der Grundlage von VO 139/2004 prüft und bescheidet (kritisch aber *Körber* in IM Art. 9 FKVO Rn. 46f.). 13

Die Kommission kann in diesem Kontext ein weites Ermessen reklamieren. Dieses ist durch Sacherwägungen zu unterlegen, die sich zB in der **Verweisungsmitteilung der Kommission** (vgl. Anhang B 26, dort Rn. 38ff. sowie Rn. 50 erster Spiegelstrich) finden. Außerdem verweisen Rn. 53ff. der Verweisungsmitteilung auf das **Netzwerk der europäischen Wettbewerbsbehörden.** Dieses enthält, ähnlich wie das Regime der VO 1/2003 und die ECN-Bekanntmachung (vgl. Anhang B 28), das **Prinzip des One-Stop-Shop** und die Entscheidung durch die Behörde, die am besten geeignet ist, um über ein konkretes Vorhaben zu entscheiden. Ganz grundsätzlich ist davon auszugehen, dass Art. 9 eine **Ausnahme von der Regel der exklusiven Zuständigkeit** der Kommission ist. Entsprechend der **Protokollerklärung von Rat und Kommission zu Art. 9** vom 19.12.1989 sollen **Rückverweisungen** an die mitgliedstaatlichen Wettbewerbsbehörden **nur in Ausnahmefällen** erfolgen und auf solche Situationen beschränkt sein, in denen die 14

Wettbewerbsinteressen des antragstellenden Mitgliedstaates nicht auf andere Weise geschützt werden kann (WuW 1990, 242; vgl. *Körber* in IM Art. 9 FKVO Rn. 51 f.). Die Kommission muss eine **Abwägungsentscheidung** treffen, in die sie alle relevanten Aspekte des Falles und der Fallbehandlung einstellen muss. Dieses Ermessen ist nur eingeschränkt durch den Gerichtshof überprüfbar (vgl. EuG Slg. 2003 II-1433 Royal Philips Electronics).

15 Entscheidet sich die Kommission gegen eine Verweisung des Falles an die antragstellende Wettbewerbsbehörde, beurteilt sie das Zusammenschlussvorhaben in vollem Umfang selbst innerhalb des Rahmens, der ihr durch die VO 139/2004 gesetzt ist. Im Hinblick auf die Antragstellung verlängert sich die **Prüfungsfrist** in der ersten Phase von 25 auf **35 Arbeitstage.** Entscheidet sich die Kommission dagegen, dem Verweisungsantrag des Mitgliedstaates zu entsprechen, kann sie den Fall **insgesamt oder hinsichtlich einzelner Teile** an die mitgliedstaatliche Wettbewerbsbehörde verweisen.

4. Fristen (Abs. 4 und Abs. 5)

16 Grundsätzlich muss die Kommission nach Art. 9 Abs. 4 lit. a innerhalb der verlängerten Frist nach Art. 10 Abs. 1 Unterabs. 2 entscheiden, dh innerhalb von **35 Arbeitstagen,** sofern sie ein Verfahren nach Art. 6 Abs. 1 lit. b, dh kein Hauptverfahren, einleitet.

17 Hat sie dagegen ein **Hauptverfahren** nach Art. 6 Abs. 1 lit. c eingeleitet, verlängert sich die Entscheidungsfrist auf **65 Arbeitstage,** gerechnet ab dem Tag der Anmeldung des Zusammenschlussvorhabens. Sofern die Kommission in diesem Fall nicht innerhalb der 65 Arbeitstage entschieden hat, tritt die **Verweisungsfiktion nach Art. 9 Abs. 5** ein, wonach unwiderleglich vermutet wird, dass sie das Zusammenschlussvorhaben nach Abs. 3 lit. b an den betreffenden Mitgliedstaat verwiesen hat.

5. Weiteres Verfahren der mitgliedstaatlichen Behörde nach erfolgter Verweisung (Abs. 6, 7 und 8)

18 Nach einer erfolgten Verweisung durch die Kommission müssen die zuständigen Wettbewerbsbehörden der Mitgliedstaaten den Fall unverzüglich aufgreifen und **„ohne unangemessene Verzögerung“** entscheiden. Grundsätzlich müssen die mitgliedstaatlichen Wettbewerbsbehörden den Unternehmen innerhalb von **45 Arbeitstagen,** gerechnet ab dem Zeitpunkt der Verweisung durch die Kommission, mitteilen, zu welchem Ergebnis sie bei ihrer vorläufigen wettbewerbsrechtlichen Prüfung gelangt sind und wie sie zu entscheiden gedenken. Diese Frist kann **ausnahmsweise gehemmt** werden, sofern die beteiligten Unternehmen die nach dem mitgliedstaatlichen Wettbewerbsrecht erforderlichen Angaben nicht übermittelt hat. Sofern nach nationalem Recht eine Anmeldung erforderlich ist, beginnt die Frist von 45 Arbeitstagen an dem Arbeitstag zu laufen, der auf den Eingang der vollständigen Anmeldung bei der zuständigen Behörde folgt.

19 Die in der Literatur vertretene Auffassung, dass eine erneute Anmeldung beim Bundeskartellamt nicht erforderlich ist, entspricht zwar der Rechtslage, verkennt aber die tatsächliche Praxis. Tatsächlich müssen die Zusammenschlussbeteiligten nämlich zumindest die Informationen vorlegen, die sich aus § 39 GWB ergeben. Da eine Anmeldung bei der Kommission nach dem Formblatt CO die nach § 39 Abs. 3 erforderlichen Angaben häufig nicht enthalten wird, werden die Unternehmen diese Informationen nachreichen müssen. In diesem Fall empfiehlt sich häufig die **Einreichung einer neuen, die erforderlichen Informationen** enthaltenden Anmeldung. Ungeachtet der 45-Tages-Frist, die Art. 9 Abs. 6 Unterabs. 2 vorsieht, ist das Fristenregime des GWB im deutschen Hoheitsgebiet maßgeblich. Das Bundeskartellamt prüft das verwiesene Vorhaben deshalb im Rahmen der Vorschriften, die sich nach nationalem Recht ergeben. Die vermeintliche Einschränkung, die sich aus Art. 9 Abs. 8 ergibt, stellt in der Praxis regelmäßig keine wirkliche Einschränkung dar. Eine Ministererlaubnis nach § 42 GWB kommt im Falle eines verwiesenen Zusammenschlussvorhabens nicht in Betracht (vgl. *Bechtold* GWB, § 35 Rn. 18; *Körber* in IM Art. 10 FKVO Rn. 84). Jedoch bleibt es bei den üblichen Entscheidungsbefugnissen des Bundeskartellamtes, die sich aus § 36 GWB ergeben (dazu auch *Bechtold* aaO. Rn. 18).

6. Rechtsschutz (Abs. 9)

Grundsätzlich kann jeder Mitgliedstaat beim Gerichtshof **Nichtigkeitsklage** 20 **nach Art. 263 AEUV** erheben, sofern die Kommission einem Antrag auf Verweisung nicht stattgegeben hat. Mangels Suspensivwirkung einer solchen Klage wird in der Regel der Erlass einer einstweiligen Anordnung gemäß Art. 279 AEUV parallel beantragt werden (müssen). Der Gerichtshof prüft, ob die Voraussetzungen für eine Verweisung nach Art. 9 gegeben sind. Vorbehaltlich der gebundenen Entscheidung nach Art. 9 Abs. 3 Unterabs. 2 steht der Kommission ein weites Ermessen zu. Da der Gerichtshof seine Prüfung in diesem Falle grundsätzlich begrenzt, und zwar auf das **Vorliegen offensichtlicher Beurteilungsfehler,** wird die Prüfung in der Regel auf die Frage Marktabgrenzung und die Ermessensausübung begrenzt (EuG Slg. 2003 II-1433 Rn. 344 Royal Philips Electronics).

Art. 10 Fristen für die Einleitung des Verfahrens und für Entscheidungen

(1) **Unbeschadet von Artikel 6 Absatz 4 ergehen die Entscheidungen nach Artikel 6 Absatz 1 innerhalb von höchstens 25 Arbeitstagen. Die Frist beginnt mit dem Arbeitstag, der auf den Tag des Eingangs der Anmeldung folgt, oder, wenn die bei der Anmeldung zu erteilenden Auskünfte unvollständig sind, mit dem Arbeitstag, der auf den Tag des Eingangs der vollständigen Auskünfte folgt.**

Diese Frist beträgt 35 Arbeitstage, wenn der Kommission ein Antrag eines Mitgliedstaats gemäß Artikel 9 Absatz 2 zugeht oder wenn die beteiligten Unternehmen gemäß Artikel 6 Absatz 2 anbieten, Verpflichtungen einzugehen, um den Zusammenschluss in einer mit dem Gemeinsamen Markt zu vereinbarenden Weise zu gestalten.

(2) **Entscheidungen nach Artikel 8 Absatz 1 oder 2 über angemeldete Zusammenschlüsse sind zu erlassen, sobald offenkundig ist, dass die ernsthaften Bedenken im Sinne des Artikels 6 Absatz 1 Buchstabe c) – insbesondere durch von den beteiligten Unternehmen vorgenommene Änderungen – ausgeräumt sind, spätestens jedoch vor Ablauf der nach Absatz 3 festgesetzten Frist.**

(3) **Unbeschadet des Artikels 8 Absatz 7 müssen die in Artikel 8 Absätze 1 bis 3 bezeichneten Entscheidungen über angemeldete Zusammenschlüsse innerhalb einer Frist von höchstens 90 Arbeitstagen nach der Einleitung des Verfahrens erlassen werden. Diese Frist erhöht sich auf 105 Arbeitstage, wenn die beteiligten Unternehmen gemäß Artikel 8 Absatz 2 Unterabsatz 2 anbieten, Verpflichtungen einzugehen, um den Zusammenschluss in einer mit dem Gemeinsamen Markt zu vereinbarenden Weise zu gestalten, es sei denn, dieses Angebot wurde weniger als 55 Arbeitstage nach Einleitung des Verfahrens unterbreitet.**

Die Fristen gemäß Unterabsatz 1 werden ebenfalls verlängert, wenn die Anmelder dies spätestens 15 Arbeitstage nach Einleitung des Verfahrens gemäß Artikel 6 Absatz 1 Buchstabe c) beantragen. Die Anmelder dürfen eine solche Fristverlängerung nur einmal beantragen. Ebenso kann die Kommission die Fristen gemäß Unterabsatz 1 jederzeit nach Einleitung des Verfah-

rens mit Zustimmung der Anmelder verlängern. Die Gesamtdauer aller etwaigen Fristverlängerungen nach diesem Unterabsatz darf 20 Arbeitstage nicht übersteigen.

(4) **Die in den Absätzen 1 und 3 genannten Fristen werden ausnahmsweise gehemmt, wenn die Kommission durch Umstände, die von einem an dem Zusammenschluss beteiligten Unternehmen zu vertreten sind, eine Auskunft im Wege einer Entscheidung nach Artikel 11 anfordern oder im Wege einer Entscheidung nach Artikel 13 eine Nachprüfung anordnen musste.**

Unterabsatz 1 findet auch auf die Frist gemäß Artikel 9 Absatz 4 Buchstabe b) Anwendung.

(5) **Wird eine Entscheidung der Kommission, die einer in diesem Artikel festgesetzten Frist unterliegt, durch Urteil des Gerichtshofs ganz oder teilweise für nichtig erklärt, so wird der Zusammenschluss erneut von der Kommission geprüft; die Prüfung wird mit einer Entscheidung nach Artikel 6 Absatz 1 abgeschlossen.**

Der Zusammenschluss wird unter Berücksichtigung der aktuellen Marktverhältnisse erneut geprüft.

Ist die ursprüngliche Anmeldung nicht mehr vollständig, weil sich die Marktverhältnisse oder die in der Anmeldung enthaltenen Angaben geändert haben, so legen die Anmelder unverzüglich eine neue Anmeldung vor oder ergänzen ihre ursprüngliche Anmeldung. Sind keine Änderungen eingetreten, so bestätigen die Anmelder dies unverzüglich.

Die in Absatz 1 festgelegten Fristen beginnen mit dem Arbeitstag, der auf den Tag des Eingangs der vollständigen neuen Anmeldung, der Anmeldungsergänzung oder der Bestätigung im Sinne von Unterabsatz 3 folgt.

Die Unterabsätze 2 und 3 finden auch in den in Artikel 6 Absatz 4 und Artikel 8 Absatz 7 bezeichneten Fällen Anwendung.

(6) **Hat die Kommission innerhalb der in Absatz 1 beziehungsweise Absatz 3 genannten Fristen keine Entscheidung nach Artikel 6 Absatz 1 Buchstabe b) oder c) oder nach Artikel 8 Absätze 1, 2 oder 3 erlassen, so gilt der Zusammenschluss unbeschadet des Artikels 9 als für mit dem Gemeinsamen Markt vereinbar erklärt.**

1. Einführung

1 Art. 10 enthält das **Fristenregime der VO 139/2004.** Die Bestimmung steht in unmittelbarem Zusammenhang mit den Vorschriften in Art. 6 und in Art. 8. Dort sind die Entscheidungen und Maßnahmen genannt, die die Kommission ergreifen kann, sofern sie vom Vorliegen oder Nicht-Vorliegen einer erheblichen Behinderung wirksamen Wettbewerbs iSv Art. 2 Abs. 2 ausgeht. Je nach Entscheidung oder Maßnahme, die die Kommission entsprechend den Vorgaben der Art. 6 und Art. 8 zu ergreifen gedenkt, hat dies innerhalb bestimmter Fristen zu erfolgen.

2 Ergänzend zu den Bestimmungen in der VO 139/2004 sind die Bestimmungen in der **Durchführungs-VO 802/2004** (Anhang B 3) heranzuziehen, und zwar diejenigen in Kapitel III. Die Art. 7–10 Durchführungs-VO ergänzen das Fristenregime in Art. 10 dahin, dass bestimmte technische Fragen, wie zB der Beginn des Fristenlaufes, das Ende von Fristen, die Hemmung des Fristenlaufes sowie die Wahrung der Fristen betroffen sind.

3 Das Fristenregime der VO 139/2004 unterscheidet sich maßgeblich von den Regeln der **VO 1/2003,** die solch enge Fristen nicht kennt. Hintergrund ist, dass die Kommission bei der Ausgestaltung von Kartellermittlungsverfahren größere Freiräume beanspruchen kann als im Rahmen von Fusionskontrollverfahren. Die wirt-

schaftlichen und finanziellen Interessen der Unternehmen bei Unternehmenstransaktionen sind in erster Linie darauf gerichtet, innerhalb eines **überschaubaren, kalkulierbaren Zeitrahmens** die erforderlichen Genehmigungen einholen zu können. Dies wäre gefährdet, wenn die Kommission ähnlich wie im Zusammenhang mit der VO 1/2003 weitgehend frei wäre, die Prüfung und damit auch die Prüfungsdauer von Fusionskontrollanmeldungen frei zu gestalten. Dies wäre offensichtlich unbillig und für die Zusammenschlussbeteiligten inakzeptabel. Daher hat der Rat der Kommission enge Grenzen gesetzt, innerhalb deren sie die Prüfung der wettbewerblichen Auswirkungen eines Zusammenschlussvorhabens prüfen und bescheiden muss.

2. Regelfrist für Phase I-Verfahren (Abs. 1)

Die Kommission muss Entscheidungen nach Art. 6 Abs. 1 innerhalb von höchstens **25 Arbeitstagen** treffen (→Art. 6 Rn. 20). Anders als zB nach dem GWB gibt es keine Monatsfrist. Vielmehr stellt der Verordnungsgeber auf Arbeitstage ab, die die relevante Einheit für die Fristenberechnung sind. Für Prüfungsverfahren der Phase I kann die Kommission maximal 25 Arbeitstage in Anspruch nehmen. Die Frist beginnt mit dem Arbeitstag, der auf den Tag des Eingangs der Anmeldung folgt. Sollte die Anmeldung unvollständig sein, beginnt die Frist mit dem Arbeitstag zu laufen, der auf den Tag des Eingangs der vollständigen Auskünfte folgt. 4

Es entspricht der üblichen Praxis, dass Anmeldungen nicht ohne vorherige Kontakte mit der Kommission und ohne ein **informelles Vorverfahren (Pre-Notification Contact,** →Art. 6 Rn. 2) erfolgen. Nach ihren **Best Practice Leitlinien** hält die Kommission es für erforderlich, dass die Zusammenschlussbeteiligten sich rechtzeitig vor der Einreichung einer Anmeldung mit der Kommission in Verbindung setzen, dieser den Entwurf einer Anmeldung zukommen lassen, die von der Kommission benötigten Informationen zur Verfügung stellen und die Bestätigung der Vollständigkeit der Anmeldung abwarten (Rn. 10ff., 16ff. und 20ff. der Best Practice Notice). Das enge Fristenkorsett von Art. 10 relativiert sich vor diesem Hintergrund nicht nur unerheblich. Vielmehr versucht die Kommission in aller Regel, einen Großteil der erforderlichen Prüfungen in die Phase der Pre-Notification Contacts zu verlegen. Auf diese Weise entlastet sie das eigentliche Prüfungsverfahren der Phase I erheblich. 5

Im Falle eines **Verweisungsantrages nach Art. 9 Abs. 2** verlängert sich die Frist von 25 auf **35 Arbeitstage.** Dieselbe Rechtsfolge tritt ein, falls die Zusammenschlussbeteiligten der Kommission **Verpflichtungszusagen nach Art. 6 Abs. 2 anbieten,** um das Zusammenschlussvorhaben in einer mit dem Binnenmarkt zu vereinbarenden Weise zu gestalten. Die Kommission erhält auf diese Weise also zehn Arbeitstage zusätzlich, um zu prüfen, ob dem Verweisungsantrag eines Mitgliedstaates entsprochen werden soll oder ob im Falle von wettbewerblichen Bedenken die in Phase I angebotenen Verpflichtungszusagen ausreichen, um die vorläufigen Bedenken, zu denen die Kommission im Rahmen ihrer bisherigen Prüfung gelangt ist, auszuräumen. In diesem Zusammenhang ist auf die Bestimmungen in **Art. 19 und Art. 20 der Durchführungs-VO 802/2004** (Anhang A 3) hinzuweisen. Nach Art. 19 Abs. 1 müssen Verpflichtungsangebote in Phase I innerhalb von 20 Arbeitstagen ab dem Datum des Eingangs der Anmeldung bei der Kommission eingegangen sein. Andernfalls ist sie berechtigt, diese Angebote zurückzuweisen. 6

3. Fristenregime für Hauptverfahren (Abs. 2 und Abs. 3)

Die Kommission ist nach Abs. 2 verpflichtet, Entscheidungen nach Art. 8 Abs. 1 oder Abs. 2 zu erlassen, sobald offenkundig ist, dass die ernsthaften wettbewerblichen Bedenken iSv Art. 6 Abs. 1 lit. c ausgeräumt sind. Dieser Grundsatz wird durch einen Hinweis auf Abs. 3 konkretisiert, wonach Entscheidungen im Hauptverfahren spätestens **nach 90 Arbeitstagen nach der Einleitung des Verfahrens** erlassen werden. 7

Es kommt also nicht auf den Eingang der Anmeldung an, sondern auf den Zeitpunkt der Einleitung des Verfahrens durch die Kommission, dh die **Einleitung des Hauptverfahrens.** Die Frist erhöht sich auf **105 Arbeitstage,** sofern die Zusammenschlussbeteiligten gemäß Art. 8 Abs. 2 Unterabs. 2 Verpflichtungszusagen anbieten, um wettbewerbliche Bedenken auszuräumen. Die Verlängerung der Frist tritt allerdings nicht ein, wenn das Angebot weniger als 55 Arbeitstage nach Einleitung des Verfahrens unterbreitet wird. Ist dies der Fall, bleibt es bei der ursprünglichen Frist von 90 Arbeitstagen. Dies soll den Zusammenschlussbeteiligten einen Anreiz geben, ihre Verpflichtungszusagen frühzeitig anzubieten. Nach **Art. 19 Abs. 2 der Durchführungs-VO 802/2004** sind solche Angebote in jedem Fall binnen 65 Arbeitstagen ab der Einleitung des Verfahrens zu übermitteln.

8 Die Fristen können unabhängig von dieser Grundregel durch die Kommission **im Einvernehmen mit den anmeldenden Parteien verlängert** werden. Allerdings ist eine Höchstgrenze für die Fristverlängerungen auf 20 Tage festgesetzt (Abs. 3 Unterabs. 2). Die Parteien können selbst spätestens 15 Arbeitstage nach Verfahrenseinleitung eine Fristverlängerung beantragen. Dies bezieht sich sowohl auf den Prüfungszeitraum von Abs. 3 Unterabs. 1 als auch für den Zeitpunkt der Einreichung von Verpflichtungszusagen an die Kommission. Verlängert sich die Frist nach Art. 10 Abs. 3 Unterabs. 2, verlängert sich auch die Vorlagefrist von 65 Arbeitstagen um die gleiche Anzahl von Arbeitstagen, um die auch die verlängerte Frist verlängert wurde.

9 Werden **Verpflichtungszusagen nach Ablauf der Vorlagefrist** angeboten, ist die Kommission nicht in jedem Fall verpflichtet, diese zurückzuweisen. Vielmehr ist sie nach Art. 19 Abs. 2 Unterabs. 3 berechtigt, diese auch nach Ablauf der Vorlagefrist zu akzeptieren, sofern außergewöhnliche Umstände vorliegen.

4. Hemmung des Fristenlaufs (Abs. 4)

10 Unter bestimmten Umständen, die von einem der Zusammenschlussbeteiligten zu vertreten sind, kann die Kommission eine Auskunft im Wege einer Entscheidung nach Art. 11 anfordern oder nach Art. 13 eine Nachprüfung anordnen. In diesem Fall wird der **Lauf der Fristen,** die in Abs. 1 bis Abs. 3 von Art. 10 geregelt sind, **gehemmt.** Diese Regelung wird ergänzt durch **Art. 9 der Durchführungs-VO 802/2004** (Anhang A 3). Nach Abs. 1 dieser Vorschrift tritt die Hemmungswirkung ein, wenn eine Auskunft innerhalb der von der Kommission festgesetzten Frist nicht oder nicht vollständig erteilt wurde (lit. a), eine Auskunft, die von einem Dritten verlangt wurde, innerhalb der von der Kommission festgesetzten Frist nicht oder nicht vollständig erteilt wurde und diese auf Umstände zurückzuführen ist, für die einer der Zusammenschlussbeteiligten verantwortlich ist (lit. b), einer der Zusammenschlussbeteiligten oder ein anderer Beteiligter sich weigert, eine Nachprüfung der Kommission zu dulden bzw. bei ihrer Durchführung ordnungsgemäß mitzuwirken (lit. c) oder die anmeldenden Zusammenschlussbeteiligten es unterlassen haben, der Kommission Änderungen an den in der Anmeldung enthaltenen Tatsachen oder neue Informationen mitzuteilen (lit. d). Der Fristenlauf wird **nach Abs. 3 gehemmt (Stop-the-Clock)** bis zum Eingang der vollständigen und richtigen Auskunft gemäß Abs. 1 lit. a und lit. b (lit. a), nach Abs. 1 lit. c bis zur Beendigung der angeordneten Nachprüfung (lit. b), bis zum Eingang der vollständigen und richtigen Auskunft bzw. der Mitteilung der Änderung der bezeichneten Tatsachen nach Abs. 1 lit. d (lit. c) oder bis zum Eingang der vollständigen und richtigen durch Entscheidung angeforderten Auskünfte iSv Abs. 2 (lit. d). Abs. 4 bestimmt allgemein, dass die Hemmung der Fristen mit dem Arbeitstag beginnt, der auf den Tag der Entstehung des Hemmnisses folgt. Sie endet mit dem Ablauf des Tages der Beseitigung des Hemmnisses.

5. Neues Kommissionsverfahren nach Urteil des Gerichtshofes (Abs. 5)

Entscheidungen der Kommission nach Art. 6 und Art. 8 können mit der **Nichtigkeitsklage nach Art. 263 AEUV** angegriffen werden. Sofern der Gerichtshof die Entscheidung der Kommission ganz oder teilweise für nichtig erklärt, muss die Kommission erneut das Zusammenschlussvorhaben prüfen. Es handelt sich dabei um eine völlig neue Prüfung unter Berücksichtigung der dann geltenden Sach- und Rechtslage. Die Prüfung wird erneut mit einer Entscheidung nach Art. 6 Abs. 1 abgeschlossen. Da die Prüfung unter Berücksichtigung der im Zeitpunkt des neuen Verfahrens aktuellen Marktverhältnisse geprüft werden muss, müssen die Zusammenschlussbeteiligten ihre Anmeldung ergänzen oder eine neue Anmeldung vorlegen, sofern die ursprüngliche Anmeldung nicht mehr vollständig ist bzw. nicht mehr die aktuellen Marktverhältnisse angemessen widerspiegelt. Mit dem neuen Verfahren beginnt auch eine neue Frist zu laufen, die sich nach den Regeln von Art. 10 Abs. 1 richtet. 11

6. Genehmigungsfiktion im Falle eines Fristablaufes (Abs. 6)

Sofern die Kommission innerhalb der genannten Fristen keine Entscheidung trifft, gilt der Zusammenschluss als mit dem Binnenmarkt vereinbar. Diese Rechtsfolge tritt natürlich nicht ein, sofern die Kommission ein Zusammenschlussvorhaben nach Art. 9 ganz oder teilweise an einen Mitgliedstaat verwiesen hat **(„unbeschadet des Artikels 9“)**. Diese Konstellation hat praktisch keine Relevanz, da die Kommission die Fristen genau prüft und auch einhält. 12

7. Sonstige Fristen

Die Durchführungs-**VO 802/2004** (Anhang A 8) enthält in Art. 22 eine weitere Regelung, die die Festsetzung von Fristen durch die Kommission betrifft. Es handelt sich also nicht um Fristen, die durch die VO 139/2004 selbst festgesetzt sind. Vielmehr handelt es sich um Fristen, die die Kommission den Zusammenschlussbeteiligten, sonstigen Beteiligten oder Dritten auferlegt, zB wenn sie Auskunftsverlangen an diese richtet. Bei der Festsetzung dieser Fristen trägt die Kommission dem für die betreffende Äußerung erforderlichen Zeitaufwand und der Dringlichkeit des Falles Rechnung. Ihr steht in diesem Zusammenhang ein erhebliches Ermessen zu, das gerichtlich nur eingeschränkt überprüfbar ist. 13

Art. 11 Auskunftsverlangen

(1) **Die Kommission kann zur Erfüllung der ihr durch diese Verordnung übertragenen Aufgaben von den in Artikel 3 Absatz 1 Buchstabe b) bezeichneten Personen sowie von Unternehmen und Unternehmensvereinigungen durch einfaches Auskunftsverlangen oder durch Entscheidung verlangen, dass sie alle erforderlichen Auskünfte erteilen.**

(2) **Richtet die Kommission ein einfaches Auskunftsverlangen an eine Person, ein Unternehmen oder eine Unternehmensvereinigung, so gibt sie darin die Rechtsgrundlagen und den Zweck des Auskunftsverlangens, die Art der benötigten Auskünfte und die Frist für die Erteilung der Auskünfte an und weist auf die in Artikel 14 für den Fall der Erteilung einer unrichtigen oder irreführenden Auskunft vorgesehenen Sanktionen hin.**

(3) **Verpflichtet die Kommission eine Person, ein Unternehmen oder eine Unternehmensvereinigung durch Entscheidung zur Erteilung von Auskünften, so gibt sie darin die Rechtsgrundlage, den Zweck des Auskunftsverlan-**

gens, die Art der benötigten Auskünfte und die Frist für die Erteilung der Auskünfte an. In der Entscheidung ist ferner auf die in Artikel 14 beziehungsweise Artikel 15 vorgesehenen Sanktionen hinzuweisen; gegebenenfalls kann auch ein Zwangsgeld gemäß Artikel 15 festgesetzt werden. Außerdem enthält die Entscheidung einen Hinweis auf das Recht, vor dem Gerichtshof gegen die Entscheidung Klage zu erheben.

(4) **Zur Erteilung der Auskünfte sind die Inhaber der Unternehmen oder deren Vertreter, bei juristischen Personen, Gesellschaften und nicht rechtsfähigen Vereinen die nach Gesetz oder Satzung zur Vertretung berufenen Personen verpflichtet. Ordnungsgemäß bevollmächtigte Personen können die Auskünfte im Namen ihrer Mandanten erteilen. Letztere bleiben in vollem Umfang dafür verantwortlich, dass die erteilten Auskünfte vollständig, sachlich richtig und nicht irreführend sind.**

(5) **Die Kommission übermittelt den zuständigen Behörden des Mitgliedstaats, in dessen Hoheitsgebiet sich der Wohnsitz der Person oder der Sitz des Unternehmens oder der Unternehmensvereinigung befindet, sowie der zuständigen Behörde des Mitgliedstaats, dessen Hoheitsgebiet betroffen ist, unverzüglich eine Kopie der nach Absatz 3 erlassenen Entscheidung. Die Kommission übermittelt der zuständigen Behörde eines Mitgliedstaats auch die Kopien einfacher Auskunftsverlangen in Bezug auf einen angemeldeten Zusammenschluss, wenn die betreffende Behörde diese ausdrücklich anfordert.**

(6) **Die Regierungen und zuständigen Behörden der Mitgliedstaaten erteilen der Kommission auf Verlangen alle Auskünfte, die sie zur Erfüllung der ihr durch diese Verordnung übertragenen Aufgaben benötigt.**

(7) **Zur Erfüllung der ihr durch diese Verordnung übertragenen Aufgaben kann die Kommission alle natürlichen und juristischen Personen befragen, die dieser Befragung zum Zweck der Einholung von Informationen über einen Untersuchungsgegenstand zustimmen. Zu Beginn der Befragung, die telefonisch oder mit anderen elektronischen Mitteln erfolgen kann, gibt die Kommission die Rechtsgrundlage und den Zweck der Befragung an.**

Findet eine Befragung weder in den Räumen der Kommission noch telefonisch oder mit anderen elektronischen Mitteln statt, so informiert die Kommission zuvor die zuständige Behörde des Mitgliedstaats, in dessen Hoheitsgebiet die Befragung erfolgt. Auf Verlangen der zuständigen Behörde dieses Mitgliedstaats können deren Bedienstete die Bediensteten der Kommission und die anderen von der Kommission zur Durchführung der Befragung ermächtigten Personen unterstützen.

Inhaltsübersicht

1. Einführung

1 Besteht ein Verdacht, dass ein Unternehmen oder eine Unternehmensvereinigung gegen die Vorschriften in **Art. 101 oder 102 AEUV** verstoßen hat, ist die Kommission nach Maßgabe der **VO 1/2003** berechtigt und verpflichtet, den vermeintlichen Verstoß zu untersuchen. Dabei stehen ihr mehrere Möglichkeiten zur Verfügung. Sie kann sich auf allgemein verfügbare Informationen stützen, daneben auf Informationen, die ihr durch Beschwerdeführer oder im Rahmen von Kronzeugenanträgen übermittelt werden. Dies allein reicht jedoch nicht aus, um die erforderlichen Informationen, Daten und Unterlagen zu erhalten, die als Beweismittel für den Nachweis eines Verstoßes gegen die Vorschriften des europäischen Kartellrechts erforderlich sind. Art. 18 VO 1/2003 räumt der Kommission die Befugnis ein, von den betroffenen Unternehmen und Unternehmensvereinigungen **Auskünfte zu verlangen.** Dabei handelt es sich neben der Unternehmen und Unternehmensvereinigungen deutlich belastenderen Befugnis der Kommission, in den Räumen der Unternehmen Nachprüfungen durchzuführen (Art. 20 VO 1/2003), um die wichtigste Befugnis, über die die Kommission im Rahmen ihrer Ermittlungstätigkeiten verfügt.

2 Im Rahmen von **Fusionskontrollverfahren** stehen der Kommission praktisch **dieselben Ermittlungsbefugnisse** zu. Art. 11 ermächtigt die Kommission ebenso wie im Rahmen von Art. 18 VO 1/2003 dazu, einfache Auskunftsverlangen oder förmliche Entscheidungen an Unternehmen und Unternehmensvereinigungen zu richten. Ergänzt wird diese Berechtigung durch einen ausdrücklichen Hinweis auf den erweiterten Adressatenkreis des Auskunftsrechtes. Dieses bezieht sich nämlich explizit auch auf die in Art. 3 Abs. 1 lit. b bezeichneten Personen, also die Zusammenschlussbeteiligten. Im Übrigen ist nicht nur der Regelungsgehalt von Art. 11 mit derjenigen in Art. 18 VO 1/2003 weitgehend deckungsgleich. Auch die Formulierungen sind von wenigen Unterschieden und Besonderheiten abgesehen weitgehend identisch. Daher kann zur Auslegung der Vorschriften in Art. 11 auf die Erläuterungen zu Art. 18 VO 1/2003 zurückgegriffen werden (in diesem Sinne ebenso *Körber* in IM Art. 11 FKVO Rn. 2).

3 Die Befugnis der Kommission nach Art. 11 ist wie in Art. 18 VO 1/2003 **zweistufig ausgestaltet.** Einerseits kann die Kommission Auskunftsersuchen an die Adressaten richten **(einfache Auskunftsverlangen).** Die Adressaten des Verlangens sind nicht verpflichtet, auf diese zu antworten. Die Kommission hat dann jedoch die Möglichkeit, durch einen **verbindlichen Beschluss iSv Art. 288 Abs. 4 AEUV** ein **förmliches Auskunftsverlangen** an die Adressaten zu richten. Diese trifft dann eine **umfassende Mitwirkungspflicht.** Sie können die Beantwortung des förmlichen Auskunftsverlangens nur unter sehr eingeschränkten Voraussetzungen verweigern.

4 Ein Unterschied zu Art. 18 VO 1/2003 ergibt sich bei Art. 11 jedoch insoweit, als dieser einen weiteren, siebten Absatz hat. Dieser findet sich in Art. 18 VO 1/2003 nicht. Jedoch ist insoweit auf **Art. 19 VO 1/2003** zurückzugreifen. Art. 11 Abs. 7 greift die beiden Absätze quasi wortgleich auf, die sich in dieser Norm der VO 1/2003 finden. Nach Art. 11 Abs. 7 Unterabs. 1 S. 1 kann die Kommission alle **natürlichen und juristischen Personen befragen,** die dieser Befragung zum Zweck der Einholung von Informationen über einen Untersuchungsgegenstand zustimmen. Anders als in Art. 19 Abs. 1 VO 1/2003 wird Unterabs. 1 dahin ergänzt, als die Kommission zu Beginn der Befragung die Rechtsgrundlage und den Zweck der Befragung angeben muss. Art. 11 Abs. 7 Unterabs. 2 spiegelt schließlich die Regelung in Art. 19 Abs. 2 VO 1/2003. Danach muss die Kommission die zuständige Behörde des Mitgliedstaates informieren, sofern die Befragung in dessen Hoheitsgebiet stattfindet. Wie auch im Rahmen der VO 1/2003 kann die nationale Wettbewerbsbehörde verlangen, dass ihre Bediensteten die Bediensteten der Kommission bei der Befragung unterstützen. Für die Auslegung dieser Bestimmungen in Art. 11 Abs. 7 kann auf die Erläuterungen zu Art. 19 VO 1/2003 zurückgegriffen werden.

2. Rechtliche Voraussetzungen von Auskunftsverlangen (Abs. 1)

5 Die Kommission kann nach Art. 11 Abs. 1 **„zur Erfüllung der ihr durch diese Verordnung übertragenen Aufgaben"** einfache oder förmliche Auskunftsverlangen an die Adressaten richten. Bereits aus dem Wortlaut wird deutlich, dass die Befugnisse der Kommission sehr weit sind. Es müssen hinreichende Anhaltspunkte erkennbar sein, dass die Kommission die Hinweise oder Informationen benötigt, um die wettbewerblichen Auswirkungen eines Zusammenschlussvorhabens sachgerecht und angemessen prüfen und beurteilen zu können. Die Kommission kann in diesem Zusammenhang Fakten, konkrete Informationen, Daten und Erläuterungen verlangen, die der Kommission schriftlich darzulegen sind. Ebenfalls verlangen kann die Kommission die **Vorlage und Übermittlung von Dokumenten und Unterlagen,** die Aufschluss über die wettbewerblichen Auswirkungen eines Zusammenschlussvorhabens haben können (*Körber* in IM Art. 11 FKVO Rn. 4; für den Anwendungsbereich der VO 1/2003 EuGH Slg. 1989, 3283 Orkem). Allerdings darf die Kommission das Instrument der Auskunftsverlangen **nicht** dazu einsetzen, um die **Unternehmen auszuforschen** (EuG 14.11.2012 T-135/09 Rn. 38ff. Nexans, NZKart 2013, 119; EuG Slg. 2001 II-729 Rn. 77 Mannesmann Röhrenwerke; vgl. zu Art. 18 VO 1/2003 auch *Burrichter/Hennig* in IM Art. 18 VO 1/2003 Rn. 35). Vielmehr müssen **konkrete Fragen zu konkreten Vorwürfen, Abläufen oder Sachverhalten gestellt** werden. Häufig stellt die Kommission zahlreiche und äußerst umfangreiche Fragen, die in der Regel innerhalb kurzer Fristen zu beantworten sind. Das Ermessen, das die Kommission im Rahmen des Grundsatzes der Verhältnismäßigkeit in Anspruch nehmen kann, ist sehr weit. Auch werden die Zusammenschlussbeteiligten, an die die Fragen in aller Regel gerichtet werden, häufig ein Interesse daran haben, diese ungeachtet des damit verbundenen, häufig äußerst erheblichen Aufwands innerhalb der gesetzten Frist zu beantworten. Ggf. muss eine kurze Fristverlängerung beantragt werden, die im Hinblick auf den strengen Fristenlauf der VO 139/2004 von der Kommission jedoch nur selten und dann auch nur in geringem Umfang gewährt werden kann (in diesem Sinne auch *Körber* in IM Art. 11 FKVO Rn. 5 unter Berufung auf EuG Slg. 2009 II-145 Omya).

6 Das Auskunftsverlangen muss nach Abs. 3 die **Rechtsgrundlage,** den **Zweck** des Auskunftsverlangens, die **Art der benötigten Auskünfte** und die **Frist** für die Erteilung der Auskünfte enthalten. Außerdem muss die Kommission auf die **Sanktionsmöglichkeiten** nach Art. 14 und Art. 15 hinweisen. Auch muss nach Abs. 3 S. 3 ein ausdrücklicher Hinweis enthalten sein, dass die Entscheidung durch eine Nichtigkeitsklage vor dem Gerichtshof mit einem Rechtsmittel angegriffen werden kann. Die Unternehmen sollen prüfen und beurteilen können, ob sie beim EuG Klage nach Art. 263 AEUV erheben wollen (so auch Schlussanträge *GA Jacobs* Slg. 1994 I-1911 SEP). Hieraus wird deutlich, dass es sich nicht bei einem einfachen Auskunftsverlangen, jedoch beim verbindlichen Auskunftsbeschluss um einen **Beschluss iSv Art. 288 Abs. 4 AEUV** handelt. Auf die bestehenden Rechtsschutzmöglichkeiten muss die Kommission im Rahmen des Beschlusses hinweisen.

3. Adressaten der Auskunftsverlangen (Abs. 4–6)

7 Art. 11 Abs. 1 richtet sich gegen Unternehmen und Unternehmensvereinigungen. Da nur Unternehmen und Unternehmensvereinigungen Adressat der Norm des europäischen Kartellrechts sein können, richten sich die Ermittlungsbefugnisse der Kommission auch ausschließlich gegen diese. Art. 11 Abs. 1 nennt ausdrücklich die **in Art. 3 Abs. 1 lit. b bezeichneten Personen,** also die an einem Zusammenschlussvorhaben förmlich Beteiligten. Dadurch wird deutlich, dass die Kommission Auskunftsverlangen in der Regel und zunächst an diese richten wird. Nur im Rahmen der Überprüfung der von den Zusammenschlussbeteiligten übermittelten Informatio-

nen, Daten und Auskünften sowie im Rahmen von Markttests werden auch Drittunternehmen und -vereinigungen angeschrieben. Diese müssen die Auskunftsverlangen ebenfalls im Rahmen der Vorgaben von Art. 11 beantworten.

Allerdings macht Art. 11 Abs. 4 VO 1/2003 deutlich, dass im Falle juristischer Personen, Gesellschaften oder Vereinigungen ohne Rechtspersönlichkeit die nach Gesetz oder Satzung **zur Vertretung berufenen Personen** die verlangten Auskünften im Namen des Unternehmens oder der Unternehmensvereinigung erteilen müssen. Diese Aufgabe wird üblicherweise von **verantwortlichen Mitarbeitern** von Unternehmen und Unternehmensvereinigungen übernommen, also Vorständen, Geschäftsführern oder leitenden Angestellten. Art. 11 Abs. 4 lässt es zu, dass auch ordnungsgemäß **mandatierte Personen, zumeist Rechtsanwälte** die Auskünfte im Namen ihrer Mandanten erteilen können. 8

Etwas überraschend ist in Art. 11 Abs. 6 geregelt, dass auch **Regierungen** und Wettbewerbsbehörden der Mitgliedstaaten verpflichtet sind, der Kommission zur Erfüllung der ihr durch die VO 1/2003 übertragenen Aufgaben Auskünfte zu erteilen. Diese Norm findet ihre Grundlage im Primärrecht, nämlich in **Art. 337 AEUV.** Da die eigentlichen Adressaten der Vorschriften des europäischen Wettbewerbsrechts Unternehmen und Unternehmensvereinigungen sind, tritt die Befugnis der Kommission nach Art. 11 Abs. 6 in den Hintergrund. Diese spielt in der Praxis auch eine untergeordnete Rolle. 9

4. Einfache Auskunftsverlangen (Abs. 2)

Die Kommission kann einfache, dh **nicht-verbindliche und nicht bindende, Auskunftsverlangen** an die Zusammenschlussbeteiligten, an Unternehmen und Unternehmensvereinigungen richten, um einen Sachverhalt aufzuklären. Inhaltlich ist sie dabei, ebenso wie bei einem förmlichen Auskunftsbeschluss, verpflichtet, den Hintergrund ihrer Ermittlungen transparent zu machen. Die Kommission muss zeigen, um welche Sachverhalte es konkret geht. Die im Auskunftsverlangen gestellten Fragen müssen sich darauf beziehen. 10

Auf **einfache Auskunftsverlangen** brauchen die angeschriebenen Zusammenschlussbeteiligten, Unternehmen und Unternehmensvereinigungen nicht zu antworten. Es besteht insoweit keine Verpflichtung, auch **keine allgemeine Mitwirkungsverpflichtung.** Allerdings ist die Kommission ohne Weiteres in der Lage, im Falle einer Verweigerung einen förmlichen Auskunftsbeschluss zu erlassen, zu dessen Beantwortung die Unternehmen verpflichtet sind. Die beteiligten Unternehmen riskieren allerdings, wenn sie auf ein Auskunftsverlangen nicht reagieren, und die Kommission dadurch veranlassen, die Auskunft durch Entscheidung einzufordern, die Hemmung der Entscheidungsfristen nach Art. 10 (→ Art. 10 Rn. 10). Wenn der Adressat freiwillig auf das Auskunftsverlangen antwortet, müssen die Auskünfte wahrheitsgemäß, richtig und umfassend erteilt werden. Auch wenn es den adressierten Unternehmen grundsätzlich freisteht, einfache Auskunftsverlangen zu beantworten oder nicht zu beantworten, besteht eine **Pflicht zur Richtigkeit und Vollständigkeit der Antwort.** Andernfalls besteht selbst im Falle der freiwilligen, jedoch unrichtigen, irreführenden oder unvollständigen Antwort das Risiko, dass die Kommission dieses Verhalten nach Art. 14 mit der Festsetzung einer Geldbuße sanktioniert (→ Art. 14 Rn. 7, 8). 11

5. Verbindliche Auskunftsbeschlüsse (Abs. 3)

Die Kommission ist nicht darauf beschränkt, allein informelle Auskunftsverlangen auf freiwilliger Basis versenden zu dürfen. Vielmehr kann sie den angeschriebenen Unternehmen auch die Verpflichtung auferlegen, auf einen förmlichen Auskunftsbeschluss hin die verlangten Auskünfte verbindlich zu erteilen. Das Gebot der Verhältnismäßigkeit gebietet **nicht,** dass die Kommission **zuerst ein einfaches Auskunfts-** 12

verlangen erlässt, bevor sie einen verbindlichen Auskunftsbeschluss treffen darf. Vielmehr darf sie gleich einen verbindlichen Beschluss erlassen, wenn ihr dies unter den gegebenen Umständen opportun erscheint.

13 Es besteht eine **Mitwirkungsverpflichtung** der befragten Unternehmen und Unternehmensvereinigungen (*Bechtold,* EuR 1992, 41, 43ff.). Ein allgemeines Auskunftsverweigerungsrecht besteht ungeachtet der in der Literatur geäußerten Kritik (vgl. hierzu die Vorauflage Art. 11 Rn. 15ff.) nach der insoweit eindeutigen Rechtsprechung der europäischen Gerichte nicht (EuGH Slg. 1989, 3283 Orkem; EuG Slg. 2001 II-729 Mannesmann Röhren-Werke; *Brinker* in Schwarze (Hrsg.), Wirtschaftsverfassungsrechtliche Garantien, 2001, 177, 186ff.; in diesem Sinne auch *Körber* in IM Art. 11 FKVO Rn. 6f.).

14 Die Unternehmen sind verpflichtet, innerhalb der gesetzten Frist **richtig, fristgerecht und vollständig Auskunft** zu erteilen. Die der Kommission übermittelten Antworten dürfen insbesondere nicht irreführend sein. Hat die Kommission Grund zur Annahme, dass ein Unternehmen unrichtige oder irreführende Informationen übermittelt hat, kann sie diesem Unternehmen eine Geldbuße auf der Grundlage von Art. 14 Abs. 1 lit. b auferlegen (vgl. die Pressemitteilung der Kommission vom 27.1.2012, mit der die Kommission die Einstellung eines Ermittlungsverfahrens nach der VO 1/2003 mitteilt, IP/12/43).

15 Jedoch gibt es Einschränkungen durch das **sog. Anwaltsprivileg (legal privilege).** In der Rechtsprechung des EuGH ist anerkannt, dass die Korrespondenz zwischen einem externen Anwalt und einem Unternehmen vertraulich und den Ermittlungsbehörden nicht offen zu legen ist. Dieses Privileg erstreckt sich nur auf **externe Anwälte, die in einem Mitgliedstaat der Europäischen Union zugelassen** sind. Das Privileg erstreckt sich dagegen nicht auf Unternehmensjuristen und externe Anwälte, die in Jurisdiktionen außerhalb der Europäischen Union zugelassen sind (EuGH Slg. 1982, 1575 AM & S; EuGH Slg. 2010 I-8301 **Akzo**). Diese restriktive Praxis der europäischen Gerichte wird in der Literatur äußerst kritisch gesehen (vgl. nur *Moosmayer,* NJW 2010, 3548).

6. Befragung von Personen (Abs. 7)

16 **a) Allgemeines.** Art. 19 VO 1/2003, der der Regelung in Art. 11 Abs. 7 weitgehend entspricht, ist 2004 **neu** in das EU-Verfahrensrecht eingeführt worden; die Bestimmung hatte keinen Vorgänger in der VO 17/62. Die **mündliche Befragung von Personen,** die nicht Gegenstand von Auskunftsverlangen (Art. 18 VO 1/2003) und Nachprüfungen (Art. 20 VO 1/2003) sind, wird im **Erwägungsgrund 25 der VO 1/2003** damit gerechtfertigt, dass die Ermittlungsbefugnisse der Kommission ergänzt werden müssten, weil es zunehmend schwieriger werde, Verstöße gegen die Wettbewerbsregeln aufzudecken: „Die Kommission sollte insbesondere alle Personen, die evtl. über sachdienliche Informationen verfügen, befragen und deren Aussagen zu Protokoll nehmen können.“. Die Ergänzung der Ermittlungsbefugnisse, die insbesondere auch im Hinblick auf die unklare Rechtsprechung des Gerichtshofs erforderlich war (EuGH Slg. 1980, 2033 National Panasonic), liegt darin, dass überhaupt die Befugnis zur Befragung begründet wird. Entsprechend ist auch in die VO 139/2004 mit **Art. 11 Abs. 7** eine Regelung aufgenommen worden, die ein **ausdrückliches Befragungsrecht** vorsieht. Da die Formulierungen in Art. 19 VO 1/2003 und in Art. 11 Abs. 7 weitgehend identisch sind, kann im Zweifelsfalle auf die Erläuterungen zu Art. 19 VO 1/2003 zurückgegriffen werden.

17 Das Recht der Kommission zur Befragung von natürlichen und juristischen Personen ist jedoch unvollkommen, weil mit Art. 11 Abs. 7 **keine Zwangsbefugnisse** verbunden sind; vielmehr kann die Kommission die Befragung nur durchführen, wenn die in Betracht kommenden natürlichen und juristischen Personen zustimmen. Die **Weigerung ist sanktionslos,** ebenso wie die **Erteilung unvollständiger oder**

unrichtiger Auskünfte (ebenso *Körber* in IM Art. 11 FKVO Rn. 28; für den Anwendungsbereich der VO 1/2003 vgl. *Burrichter/Hennig* in IM Art. 19 VO 1/2003 Rn. 4). Die Kataloge der geldbußenpflichtigen Tatbestände in Art. 14 und der zu Zwangsgeldern berechtigenden Zuwiderhandlungen in Art. 15 enthalten keine Bezugnahme auf Art. 11. Diese Vorschrift führt deswegen auch **nicht** dazu, dass die auf ihrer Grundlage eingeholten Informationen gegenüber sonstigen Auskünften oder Mitteilungen allein wegen der Formalisierung im Rahmen des Art. 11 **von erhöhtem Beweiswert** sind. Allerdings können diese Informationen in der **freien Beweiswürdigung** durch die Kommission deswegen von besonderer Bedeutung sein, weil sie unter Umständen Ausfluss einer besonders qualifizierten Befragung sind. Soweit eine befragte natürliche Person **Mitarbeiter eines beteiligten Unternehmers** ist, ist die Weigerung nicht automatisch mit einem Nachteil für das Unternehmen verbunden, auch nicht durch Hemmung der Fristen nach Art. 10 entsprechend Art. 19 Abs. 4.

b) Stellung der befragten Personen, keine Sanktionen (Unterabs. 1). Abs. 1 begründet die Befugnis der Kommission, **natürliche und juristische Personen** zu befragen. Die Tatsache, dass Abs. 2 davon ausgeht, dass die Befragung in bestimmten Räumen stattfindet, deutet darauf hin, dass Art. 11 nur die **mündliche** Befragung regelt, nicht die schriftliche, für die ausschließlich Art. 18 gilt. Eine mündliche Befragung ist nur bei natürlichen Personen möglich. Dennoch erfasst Abs. 1 auch juristische Personen. Dabei ist offenbar gedacht an Fälle, in denen ein **Unternehmen** gebeten wird, die **geeigneten Mitarbeiter** für eine mündliche Befragung zur Verfügung zu stellen. In diesem Fall kommt es der Kommission weniger auf die Aussage einer von ihr bestimmten natürlichen Person an, sondern vielmehr darauf, was von ihr nicht von vornherein benannte Unternehmensangehörige auf bestimmte Fragen antworten. 18

Voraussetzung für die Befragung ist, dass sie der **Erfüllung der Aufgaben** dient, die der Kommission durch die VO 139/2004 übertragen sind. Insoweit wird der gleiche Wortlaut wie in Art. 11 Abs. 1 (Auskunftsverlangen) und Art. 13 Abs. 1 (Nachprüfungen) verwendet. Das bedeutet, dass die Kommission immer dann, wenn sie auf der Grundlage des Art. 11 Auskünfte einholen oder auf der Grundlage des Art. 13 Nachprüfungen durchführen kann, auch Befragungen vornehmen kann. Ein **Rangverhältnis** zwischen den Ermittlungsbefugnissen der Kommission nach Art. 18–20 **besteht nicht** (für den Anwendungsbereich der VO 1/2003 *Burrichter/Hennig* in Art. 19 IM VO 1/2003 Rn. 6). Die Kommission kann also, wenn sie Auskünfte nach Art. 11 einholt, nicht darauf verwiesen werden, dass sie auch eine Befragung hätte durchführen können, und umgekehrt. Die Kommission ist im Hinblick auf das Tatbestandsmerkmal „zum Zweck der Einholung von Informationen, die sich auf den Gegenstand einer Untersuchung bezieht" verpflichtet, den **Gegenstand der Untersuchung offen** zu legen. Die Befragung setzt also voraus, dass die befragte Person weiß, in welchem Rahmen die Kommission tätig wird und was Gegenstand der Untersuchung ist, in die sich die Befragung einfügt. 19

Die Befragung der natürlichen oder juristischen Person ist nur zulässig, wenn diese ihr **zustimmen** (*Körber* in IM Art. 11 FKVO Rn. 28). Für die Zustimmung gibt es keine Formvorschriften; sie kann auch darin liegen, dass die Person sich nach Belehrung über die Freiwilligkeit der Befragung stellt. Die Zustimmung kann während der Befragung widerrufen werden; dann ist ihre Fortsetzung nicht zulässig. Der **Widerruf ist nicht für die Vergangenheit möglich;** was die Kommission bei einer – zulässigen – Befragung erfahren hat, kann sie für die weitere Erfüllung ihrer Aufgaben verwerten. Bei **juristischen Personen** wirkt die Zustimmung für die Mitarbeiter. Sind die Mitarbeiter nicht bereit, trotz Zustimmung der juristischen Person die Fragen zu beantworten, ist das wie die Versagung oder der Widerruf der Zustimmung der juristischen Person zu bewerten. Die juristische Person hat zwar möglicherweise das Recht, ihre Mitarbeiter zur Beantwortung der Fragen zu verpflichten; die Kommission kann sich aber auf diese zivilrechtliche Pflicht nicht berufen. 20

21 **c) Mitwirkung der nationalen Wettbewerbsbehörden (Unterabs. 2).** Nach Abs. 2 hat die Kommission, wenn sie die **Befragung in Räumen eines Unternehmens** durchführt, die **Wettbewerbsbehörde des Mitgliedsstaats zu informieren.** Die Wettbewerbsbehörde dieses Mitgliedstaats kann verlangen, dass sie an der Befragung teilnimmt, aber nur zum Zwecke der Unterstützung der Bediensteten der Kommission, nicht etwa, um die Befragung zu behindern. Im Sinne dieser Vorschrift liegt eine Befragung „in den Räumen eines Unternehmens" nur vor, soweit es sich um die Räume desjenigen Unternehmens handelt, dem die befragten Personen angehören. Führt die Kommission die Befragung zB in einem Hotel oder ansonsten gemieteten Räumen durch, findet diese Vorschrift keine Anwendung. Wenn die Kommission die Befragung in ihren Räumen in Brüssel oder anderswo durchführt, gelten die Informationspflicht und die Teilnahmeberechtigung nach Abs. 2 nicht in Bezug auf die belgische Wettbewerbsbehörde.

Art. 12 Nachprüfungen durch Behörden der Mitgliedstaaten

(1) **Auf Ersuchen der Kommission nehmen die zuständigen Behörden der Mitgliedstaaten diejenigen Nachprüfungen vor, die die Kommission gemäß Artikel 13 Absatz 1 für angezeigt hält oder die sie in einer Entscheidung gemäß Artikel 13 Absatz 4 angeordnet hat. Die mit der Durchführung der Nachprüfungen beauftragten Bediensteten der zuständigen Behörden der Mitgliedstaaten sowie die von ihnen ermächtigten oder benannten Personen üben ihre Befugnisse nach Maßgabe ihres innerstaatlichen Rechts aus.**

(2) **Die Bediensteten der Kommission und andere von ihr ermächtigte Begleitpersonen können auf Anweisung der Kommission oder auf Ersuchen der zuständigen Behörde des Mitgliedstaats, in dessen Hoheitsgebiet die Nachprüfung vorgenommen werden soll, die Bediensteten dieser Behörde unterstützen.**

1 Die Kommission kann die Wettbewerbsbehörden der Mitgliedstaaten darum bitten, eine Nachprüfung durchzuführen. Dies kann sie entweder durch eine einfache Bitte tun, sofern die Kommission eine Nachprüfung nach Art. 13 Abs. 1 für erforderlich hält. Alternativ kann sie auch eine förmliche Entscheidung gemäß Art. 13 Abs. 4 treffen, die dann von der mitgliedstaatlichen Wettbewerbsbehörde durchzuführen ist. Diese Befugnis tritt neben die Befugnisse nach Art. 13, wonach die Kommission grundsätzlich selbst Nachprüfungen durchführen kann und sich dabei der Unterstützung durch Beamte der jeweils zuständigen mitgliedstaatlichen Wettbewerbsbehörde versichern kann. Art. 12 regelt den **Sonderfall,** dass die **Kommission selbst nicht an der Nachprüfung beteiligt** ist. Dies ist in der Praxis aber **kaum vorstellbar.**

2 Die Befugnisse der mitgliedstaatlichen Wettbewerbsbehörde unterliegen den Bestimmungen des **nationalen Kartellverfahrensrechts.** Im Hoheitsgebiet der Bundesrepublik Deutschland bestimmen sich die Befugnisse des insoweit zuständigen Bundeskartellamtes (§§ 50a und b GWB) also nach den entsprechenden Bestimmungen des GWB. Das Bundeskartellamt kann von seinen Ermittlungsbefugnissen Gebrauch machen, die ihm nach dem GWB zugewiesen sind.

Art. 13 Nachprüfungsbefugnisse der Kommission

(1) **Die Kommission kann zur Erfüllung der ihr durch diese Verordnung übertragenen Aufgaben bei Unternehmen und Unternehmensvereinigungen alle erforderlichen Nachprüfungen vornehmen.**

(2) **Die mit den Nachprüfungen beauftragten Bediensteten der Kommission und die anderen von ihr ermächtigten Begleitpersonen sind befugt,**

a) alle Räumlichkeiten, Grundstücke und Transportmittel der Unternehmen und Unternehmensvereinigungen zu betreten,

b) die Bücher und sonstigen Geschäftsunterlagen, unabhängig davon, in welcher Form sie vorliegen, zu prüfen,

c) Kopien oder Auszüge gleich in welcher Form aus diesen Büchern und Geschäftsunterlagen anzufertigen oder zu verlangen,

d) alle Geschäftsräume und Bücher oder Unterlagen für die Dauer der Nachprüfung in dem hierfür erforderlichen Ausmaß zu versiegeln,

e) von allen Vertretern oder Beschäftigten des Unternehmens oder der Unternehmensvereinigung Erläuterungen zu Sachverhalten oder Unterlagen zu verlangen, die mit Gegenstand und Zweck der Nachprüfung in Zusammenhang stehen, und ihre Antworten aufzuzeichnen.

(3) **Die mit der Nachprüfung beauftragten Bediensteten der Kommission und die anderen von ihr ermächtigten Begleitpersonen üben ihre Befugnisse unter Vorlage eines schriftlichen Auftrags aus, in dem der Gegenstand und der Zweck der Nachprüfung bezeichnet sind und in dem auf die in Artikel 14 vorgesehenen Sanktionen für den Fall hingewiesen wird, dass die angeforderten Bücher oder sonstigen Geschäftsunterlagen nicht vollständig vorgelegt werden oder die Antworten auf die nach Absatz 2 gestellten Fragen unrichtig oder irreführend sind. Die Kommission unterrichtet die zuständige Behörde des Mitgliedstaats, in dessen Hoheitsgebiet die Nachprüfung vorgenommen werden soll, rechtzeitig vor deren Beginn über den Prüfungsauftrag.**

(4) **Unternehmen und Unternehmensvereinigungen sind verpflichtet, die Nachprüfungen zu dulden, die die Kommission durch Entscheidung angeordnet hat. Die Entscheidung bezeichnet den Gegenstand und den Zweck der Nachprüfung, bestimmt den Zeitpunkt des Beginns der Nachprüfung und weist auf die in Artikel 14 und Artikel 15 vorgesehenen Sanktionen sowie auf das Recht hin, vor dem Gerichtshof Klage gegen die Entscheidung zu erheben. Die Kommission erlässt diese Entscheidung nach Anhörung der zuständigen Behörde des Mitgliedstaats, in dessen Hoheitsgebiet die Nachprüfung vorgenommen werden soll.**

(5) **Die Bediensteten der zuständigen Behörde des Mitgliedstaats, in dessen Hoheitsgebiet die Nachprüfung vorgenommen werden soll, sowie die von dieser Behörde ermächtigten oder benannten Personen unterstützen auf Anweisung dieser Behörde oder auf Ersuchen der Kommission die Bediensteten der Kommission und die anderen von ihr ermächtigten Begleitpersonen aktiv. Sie verfügen hierzu über die in Absatz 2 genannten Befugnisse.**

(6) **Stellen die Bediensteten der Kommission oder die anderen von ihr ermächtigten Begleitpersonen fest, dass sich ein Unternehmen einer aufgrund dieses Artikels angeordneten Nachprüfung, einschließlich der Versiegelung der Geschäftsräume, Bücher oder Geschäftsunterlagen, widersetzt, so leistet der betreffende Mitgliedstaat die erforderliche Amtshilfe, gegebenenfalls unter Einsatz der Polizei oder anderer gleichwertiger Vollzugsorgane, damit die Bediensteten der Kommission und die anderen von ihr ermächtigten Begleitpersonen ihren Nachprüfungsauftrag erfüllen können.**

(7) **Setzt die Amtshilfe nach Absatz 6 nach einzelstaatlichem Recht eine gerichtliche Genehmigung voraus, so ist diese zu beantragen. Die Genehmigung kann auch vorsorglich beantragt werden**

(8) **Wurde eine gerichtliche Genehmigung gemäß Absatz 7 beantragt, prüft das einzelstaatliche Gericht die Echtheit der Kommissionsentschei-**

dung und vergewissert sich, dass die beabsichtigten Zwangsmaßnahmen weder willkürlich noch – gemessen am Gegenstand der Nachprüfung – unverhältnismäßig sind. Bei der Prüfung der Verhältnismäßigkeit der Zwangsmaßnahmen kann das einzelstaatliche Gericht die Kommission unmittelbar oder über die zuständige Behörde des betreffenden Mitgliedstaats um ausführliche Erläuterungen zum Gegenstand der Nachprüfung ersuchen. Das einzelstaatliche Gericht darf jedoch weder die Notwendigkeit der Nachprüfung in Frage stellen noch Auskünfte aus den Akten der Kommission verlangen. Die Prüfung der Rechtmäßigkeit der Kommissionsentscheidung ist dem Gerichtshof vorbehalten.

1. Einführung

1 Neben die Befugnis, Auskunftsverlangen an Unternehmen und Unternehmensvereinigungen zu richten (Art. 11), tritt die Befugnis der Kommission zur Durchführung von Nachprüfungen. Art. 13 räumt der Kommission das Recht ein, zum Zwecke der Erfüllung der ihr durch die VO 139/2004 übertragenen Aufgaben **Nachprüfungen vorzunehmen** (Art. 13 Abs. 1). Art. 13 Abs. 2 konkretisiert die Befugnis dahin, welche Befugnisse der Kommission und ihren Bediensteten im Einzelnen zukommen. Nach dieser Vorschrift können die Kommissionsbeamten insbesondere die Räumlichkeiten, Grundstücke und Transportmittel von Unternehmen und Unternehmensvereinigungen betreten (lit. a), Bücher und Geschäftsunterlagen prüfen (lit. b), Kopien und Auszüge aus diesen Büchern und Unterlagen anfertigen (lit. c), betriebliche Räumlichkeiten und Bücher oder Unterlagen jeder Art für die Dauer der Nachprüfung versiegeln (lit. d) sowie von Vertretern des Unternehmens oder der Unternehmensvereinigung Erläuterungen zu Tatsachen oder Unterlagen verlangen, die mit der Nachprüfung im Zusammenhang stehen (lit. e). In der VO 1/2003 wird die praktisch identische Ermächtigungsnorm in Art. 20 VO 1/2003 mit der **Befugnis zum Betreten von Unternehmensräumlichkeiten, -grundstücken und -transportmitteln** erweitert durch die Befugnisse, die die Kommission nach **Art. 21 VO 1/2003** in Anspruch nehmen kann, nämlich die Durchführung von Nachprüfungen in anderen, insbesondere **privaten Räumlichkeiten.** Die VO 139/2004 sieht eine Art. 21 VO 1/2003 entsprechende Regelung nicht vor (*Körber* in IM Art. 13 FKVO Rn. 2).

2 Das **Ziel der Nachprüfungen** ist darin zu sehen, dass die Kommission in den Geschäftsräumen der Unternehmen **Beweismittel sicherstellen** kann, auf die sie andernfalls keinen Zugriff hätte. Insoweit bedarf es ebenso wie bei einer Nachprüfung nach der VO 1/2003 eines **Anfangsverdachts** (→ VO 1/2003 Art. 17 Rn. 5 und → Art. 21 Rn. 2) Anders als im Rahmen der Ermittlungstätigkeit der Kommission auf der Grundlage der VO 1/2003 hat die Nachprüfungsbefugnis der Kommission nach Art. 13 bisher **kaum praktische Relevanz** erlangt (*Körber* in IM Art. 13 FKVO Rn. 1; auch *Linsmeier/Balssen* BB 2008, 741). Dies kann nicht überraschen, da die Zusammenschlussbeteiligten im Rahmen von Fusionskontrollverfahren ein großes Interesse daran haben, der Kommission rechtzeitig alle Informationen zukommen zu lassen, die diese für eine zeitnahe Bescheidung von Anmeldungen nach Art. 4 benötigt. Deshalb kommt auch das **Überraschungsmoment** kaum zum Tragen, das die Kommission im Rahmen ihrer Ermittlungstätigkeit nach der VO 1/2003, in jüngster Zeit häufig auf der Grundlage von Kronzeugenanträgen, benötigt, um in den Besitz inkriminierter Dokumente, Unterlagen und Informationen zu gelangen. In Fusionskontrollverfahren setzt die Kommission eher auf die **uneingeschränkte Kooperation und Mitwirkung** der Zusammenschlussbeteiligten als auf Zwangsmaßnahmen im Rahmen ihrer restriktiven Ermittlungstätigkeit nach der VO 1/2003.

2. Vereinbarkeit mit grundrechtlichen Gewährleistungen

3 In einem Rechtsstreit zwischen der Deutsche Bahn AG und der Kommission wegen der Durchführung von zwei Nachprüfungen im Rahmen eines Ermittlungsverfahrens nach der VO 1/2003 hatte das Gericht der Europäischen Union die Gelegenheit zu prüfen, ob die Befugnisse der Kommission zur Durchführung von Nachprüfungen nach Art. 20 VO 1/2003 mit den **grundrechtlichen Gewährleistungen der EMRK und der Grundrechtecharta** übereinstimmen (EuG 6.9.2013 T-289/11 u. a. Deutsche Bahn, NZKart 2013, 407). In diesem Urteil, das ungeachtet der geringeren praktischen Relevanz von Nachprüfungen grundsätzlich auch für Fusionskontrollverfahren nach der VO 139/2004 von Bedeutung ist und auf älterer Rechtsprechung des EuGH aufbaut (EuGH Slg. 1989, 2859 Hoechst), bestätigte das Gericht zunächst die Auffassung der Klägerin, dass die Durchführung einer Nachprüfung einen offensichtlichen Eingriff in die Rechte auf Achtung der Privatsphäre, der Räumlichkeiten und der Korrespondenz des Unternehmens darstellt. Insoweit stellte sich die Frage, ob ein rechtswidriger Eingriff in den Schutzbereich von Art. 8 EMRK anzunehmen sei und ob ein solcher Eingriff einer vorherigen richterlichen Ermächtigung bedarf. Die Durchführung einer Nachprüfung bedarf weder nach Art. 20 Abs. 4 VO 1/2003 noch nach Art. 13 Abs. 4 grundsätzlich **keiner vorherigen richterlichen Ermächtigung.** Erforderlich ist ausschließlich eine „Entscheidung" (nach Inkrafttreten des Lissaboner Vertrages „ein Beschluss" iSv Art. 288 Abs. 4 AEUV) der Kommission. In dieser Entscheidung müssen Gegenstand und Zweck der Nachprüfung klar bezeichnet sein, ebenso der Zeitpunkt des Beginns der Nachprüfung und ein Hinweis auf die nach Art. 23 und Art. 24 VO 1/2003 bzw. nach Art. 14 und Art. 15 vorgesehenen Sanktionen, die für den Fall verhängt werden können, wenn sich das Unternehmen weigert, die Nachprüfung zu dulden. Anders als zB im Falle einer Durchsuchung nach § 59 GWB iVm den Bestimmungen der StPO, die das Bundeskartellamt von engen Ausnahmen abgesehen nur auf der Grundlage einer richterlichen Anordnung durchführen darf, bedarf es eines solchen richterlichen Beschlusses nach Art. 20 VO 1/2003 bzw. nach Art. 13 nicht.

4 Unter Beachtung der maßgeblichen Rechtsprechung des EGMR entschied das EuG, dass **Art. 8 EMRK** durch eine Nachprüfung auf der Grundlage einer förmlichen Entscheidung der Kommission, dh **ohne vorherige Ermächtigung durch einen Richter,** nicht verletzt sei. Dafür führt das Gericht fünf Gründe an, nämlich (1) das nach Art. 20 VO 1/2003 bestehende Erfordernis einer Begründung des Nachprüfungsbeschlusses, (2) die der Kommission für den Ablauf der Nachprüfung gesetzten, engen Grenzen, (3) die fehlende Möglichkeit der Kommissionsbeamten, die Nachprüfung selbst gewaltsam durchzusetzen, (4) das Erfordernis des Eingreifens nationaler Stellen im Falle der Weigerung und die dafür ggf. erforderliche Einholung einer richterlichen Ermächtigung sowie, ganz zentral, (5) die Möglichkeit nachträglichen Rechtsschutzes nach dem System der VO 1/2003 und des AEUV (EuG aaO. Rn. 74ff.). Durch das Erfordernis der Begründung des Nachprüfungsbeschlusses ist sichergestellt, dass das Unternehmen die Möglichkeit hat, von seinem **Widerspruchsrecht nach Art. 20 Abs. 6 VO 1/2003** Gebrauch zu machen. Sofern das Unternehmen das Widerspruchsverfahren in Anspruch nimmt, muss nämlich die zuständige nationale Stelle prüfen, ob ggf. Zwangsmaßnahmen ergriffen werden müssen. Sofern, wie im deutschen Recht, der nationale Richter hierzu eine Ermächtigung aussprechen muss, muss diese entsprechend eingeholt werden. Diese Grundsätze können ohne Weiteres auf Art. 13 übertragen werden.

5 Von zentraler Bedeutung ist für das Gericht schließlich die Möglichkeit, dass das betroffene Unternehmen nach europäischem Recht **nachträglich Rechtsschutz in Anspruch nehmen** kann. Das Gericht verweist darauf, dass ein Nachprüfungsbeschluss mit der Nichtigkeitsklage nach Art. 263 AEUV angegriffen werden kann. Sofern das Gericht die Argumente der Klägerin teilt, kann es den Nachprüfungsbe-

schluss nachträglich aufheben. Dass nur ein nachträglicher Rechtsschutz möglich ist, wird vom Gericht als unproblematisch erachtet, da in diesem Falle die Kommission die im Zuge der Nachprüfung erlangten Informationen für Beweiszwecke nicht verwenden darf (EuG aaO Rn. 113 unter Verweis auf EuGH Slg. 2002 I-9011 Rn. 45 Roquette Frères). Im Ergebnis hält das Gericht die Befugnisse der Kommission in Art. 20 VO 1/2003 daher für grundrechtskonform (kritisch hierzu *Bischke* NZKart 2013, 397, 400ff.).

3. Inhalt des Nachprüfungsbeschlusses (Abs. 4)

6 Art. 13 Abs. 4 macht deutlich, dass es einer **bindenden Entscheidung** der Kommission bedarf (seit Inkrafttreten der Lissaboner Vertrages eines solchen **„Beschlusses"** iSv Art. 288 Abs. 4 AEUV). Abs. 4 S. 2 verlangt, dass der **konkrete Gegenstand und der Zweck der Nachprüfung klar und deutlich bezeichnet** sind, der Zeitpunkt des Beginns der Nachprüfung genannt wird und ein Hinweis auf eventuelle Sanktionsmöglichkeiten durch die Kommission ebenso zu finden ist wie ein Hinweis auf das Recht des betroffenen Unternehmens, vor dem Gerichtshof nach Art. 263 AEUV Klage gegen den Beschluss erheben zu können. Die Angaben im Beschluss müssen so hinreichend konkretisiert sein, dass das betroffene Unternehmen im Zeitpunkt der Eröffnung des Beschlusses, dh also zu Beginn der Durchführung der Nachprüfung, konkret nachvollziehen kann, **welche Vorwürfe die Kommission erhebt,** welche Verdachtsmomente bestehen und nach welchen Informationen, Daten und Unterlagen die Kommissionsbeamten konkret suchen (EuG 14.11.2012 T-135/09 Rn. 38ff. Nexans, NZKart 2013, 119). Die Entscheidung bedarf nicht der vorherigen Anhörung oder gar Zustimmung des Beratenden Ausschusses. Allerdings muss die Kommission vor der Beschlussfassung die Wettbewerbsbehörde des Mitgliedstaates anhören, in dessen Hoheitsgebiet die Nachprüfung vorgenommen wird. Die genaue **Bezeichnung des Gegenstandes der Nachprüfung** ist erforderlich, damit das Unternehmen ggf. von der Möglichkeit Gebrauch machen kann, nach Art. 263 AEUV Klage zum EuG zu erheben.

4. Durchführung der Nachprüfung (Abs. 2, 3)

7 Der **Ablauf einer Nachprüfung** folgt einer klaren Struktur. Üblicherweise finden sich die beauftragten Kommissionsbeamten, die zumeist von Bediensteten der Wettbewerbsbehörde des Mitgliedstaates, in dessen Hoheitsgebiet die Nachprüfung vorgenommen wird, nach Art. 20 Abs. 5 begleitet werden, zu Beginn der üblichen Bürozeiten auf dem Gelände des Unternehmens ein. Der Nachprüfungsbeschluss ist den **Vertretern des Unternehmens zu eröffnen,** damit diese nachvollziehen können, ob eine ausreichende Rechtsgrundlage für die Durchführung der Nachprüfung besteht. Liegt eine ausreichende Grundlage vor und haben sich die Kommissionsbeamten wie auch die Angehörigen der nationalen Wettbewerbsbehörde ausweisen können, muss ihnen **unverzüglich Zugang zum Grundstück und zu den Räumlichkeiten des Unternehmens** gewährt werden. Das Unternehmen ist berechtigt, **anwaltlichen Beistand hinzuzuziehen** (*Körber* in IM Art. 13 FKVO Rn. 12). Zwar ist die Kommission nicht verpflichtet, das Eintreffen der anwaltlichen Berater abzuwarten. In den meisten Fällen gewähren die Kommissionsbeamten jedoch eine angemessene Karenzzeit, damit das Unternehmen seine anwaltlichen Berater informieren und hinzuziehen kann.

8 Auf der Grundlage des Nachprüfungsbeschlusses können die Kommissionsbeamten Zugang zu allen Räumlichkeiten des Unternehmens verlangen und sich alle Geschäftsbücher und sonstigen Unterlagen vorlegen lassen. In der heutigen Zeit betreffen die Nachprüfungsmaßnahmen häufig nicht in erster Linie Geschäftsakten oÄ. Vielmehr begehren die Kommissionsbeamten unmittelbar **Zugriff auf die IT-Sys-**

teme des Unternehmens. Diese sind unverzüglich zu gewähren. In der Praxis geschieht dies in der Regel so, dass der Kommission ein Zugriff ermöglicht wird, der zumeist durch die IT-Verantwortlichen des Unternehmens vermittelt wird. Sofern ein Unternehmen die Organisation und den Betrieb der IT-Systeme ausgelagert hat (Outsourcing), wird sich eine gewisse Verzögerung des Zugangs häufig nicht vermeiden lassen. Hält sich die Verzögerung in einem angemessenen zeitlichen Rahmen, werden die Kommissionsbeamten dies nicht beanstanden und auch nicht als Verstoß gegen die Duldungspflicht nach Art. 13 Abs. 4 S. 1 interpretieren. Verstößt das Unternehmen gegen seine Duldungspflicht, kann die Kommission eine Geldbuße nach Art. 14 verhängen (so zB im Anwendungsbereich der VO 1/2003 geschehen im Fall KOMM ABl. 2012 C 316/8 EPH u. a.).

Die Kommission kann von Geschäftsbüchern und sonstigen Unterlagen **Kopien** 9 anfertigen oder anfertigen lassen. Wichtiger ist in der heutigen Zeit der Zugriff auf bestimmte **IT-Daten**, wie zB E-Mails, Outlook-Daten, etc. Dies wird in der Regel so sichergestellt, dass die Kommission einen Ausdruck des fraglichen Dokumentes erhält sowie die fraglichen Dokumente, E-Mails, etc. auch in elektronischer Form auf einem Datenträger zur Verfügung gestellt bekommt (vgl. dazu *Körber* in IM Art. 13 FKVO Rn. 11; für den Anwendungsbereich der VO 1/2003 *Burrichter/Hennig* in IM Art. 20 VO 1/2003 Rn. 65). Eventuelle Erläuterungen der Mitarbeiter (Art. 20 Abs. 2 lit. e) sind zu protokollieren. Das Unternehmen erhält nach Abstimmung des genauen Inhalts eine Kopie (vgl. hierzu für den Anwendungsbereich der VO 1/2003 *Burrichter/Hennig* in IM Art. 20 VO 1/2003 Rn. 78f.).

Kann wie häufig eine Nachprüfung nicht innerhalb eines Tages abgeschlossen 10 werden, wird die Kommission die Räume, die sie weiter untersuchen möchte, in denen sie Geschäftsbücher und sonstige Unterlagen aufbewahrt oder in denen sie den Zugang zum IT-System erhält, **über Nacht versiegeln** (*Körber* in IM Art. 13 FKVO Rn. 11). Diese Befugnis steht der Kommission ausdrücklich nach Art. 13 Abs. 2 lit. d zu. Wird das Siegel beschädigt oder gar vollständig beseitigt **(Siegelbruch),** kann die Kommission dies durch die Verhängung einer Geldbuße nach Art. 14 Abs. 1 lit. f sanktionieren. Dies ist, soweit ersichtlich, bisher in zwei Fällen im Anwendungsbereich der VO 1/2003 geschehen (KOMM ABl. 2008 C 240/6 E.ON, bestätigt durch EuGH 22.11.2012 C-89/11 P E.ON, NZKart 2013, 69; KOMM K(2011) 3640 endg. 24.5.2011 COMP/39.796 Suez Environnement u. a.).

5. Ausnahmen von der Pflicht zur Überlassung von Dokumenten und Beweisstücken

Grundsätzlich sind die Unternehmen nach Art. 13 Abs. 4 S. 1 verpflichtet, der 11 Kommission Geschäftsbücher und Unterlagen zu überlassen, damit sie Kopien und Abschriften hiervon anfertigen kann. Dasselbe gilt in ähnlicher Weise für elektronische Daten. Eine Ausnahme von der Pflicht besteht insoweit, als das **Anwaltsprivileg (legal privilege)** betroffen ist. Nach der Rechtsprechung des Gerichtshofes genießt die Korrespondenz zwischen einem Unternehmen und seinem externen anwaltlichen Berater einen besonderen Schutz. Diese Korrespondenz unterliegt dem Anwaltsprivileg und braucht der Kommission nicht vorgelegt bzw. überlassen zu werden (EuGH Slg. 1982 1575 AM & S; EuGH Slg. 2010 I-8301 Akzo). Das Anwaltsprivileg erstreckt sich dabei auf Anwälte, die in einem Mitgliedstaat der Europäischen Union zur Anwaltschaft zugelassen sind, nicht aber auf Unternehmensjuristen oder Anwälte mit einer Zulassung in einer Jurisdiktion außerhalb der Europäischen Union (EuGH aaO Akzo).

Besteht Streit zwischen der Kommission und dem Unternehmen, ob ein Dokument 12 oder bestimmte Unterlagen herauszugeben sind, muss das fragliche Dokument von den übrigen, unstrittigen Dokumenten und Unterlagen separiert und in einen verschlossenen Umschlag gelegt werden. Ist die Kommission nicht der Auffassung, dass das fragliche Dokument vom Anwaltsprivileg erfasst ist, muss sie einen **eigenständigen Beschluss nach Art. 288 Abs. 4 AEUV** treffen, den das betroffene Unternehmen mit der Nichtigkeitsklage nach Art. 263 AEUV bzw. im Rahmen des vorläufigen Rechtsschutzes nach Art. 278 und Art. 279 AEUV einer **richterlichen Kontrolle zuführen** kann. Solange die richterliche Entscheidung aussteht, darf die Kommission keinen Zugriff auf das fragliche Dokument nehmen. Um Manipulationsrisiken zu vermeiden, muss das fragliche Dokument in einem versiegelten Umschlag bleiben, bis das Gericht der Europäischen Union bzw. der Gerichtshof über die Schutzwürdigkeit des Dokumentes befunden hat (hierzu aus der Kommissionspraxis KOMM K(2010) 544 endg. 23.7.2010 COMP/E-1/39.612 Perindopril (Servier)). Ein solches Vorgehen darf dem Unternehmen **nicht** als Verweigerungshaltung und damit nicht als **Verstoß gegen die Duldungspflicht** nach Art. 13 Abs. 4 S. 1 ausgelegt werden.

13 Sofern die Kommission Dokumente oder Unterlagen sicherstellt, die vom Gegenstand der fraglichen Nachprüfungsentscheidung nicht gedeckt sind, handelt es sich um einen **sog. Zufallsfund.** Solche Zufallsfunde dürfen zu keinem anderen als den im Nachprüfungsbeschluss angegebenen Zwecken verwendet werden. Die Verteidigungsrechte des Unternehmens würden, so das EuG, nämlich in schwerwiegender Weise beeinträchtigt, wenn die Kommission gegenüber den Unternehmen bei einer Nachprüfung erlangte Beweise anführen könnte, die in keinem Zusammenhang mit Gegenstand und Zweck der Nachprüfung stehen (EuGH Slg. 1989, 3137 Rn. 18 Dow Benelux; ebenso EuG 6.9.2013 T-289/11 u. a. Rn. 124 Deutsche Bahn, NZKart 2013, 407). Allerdings ist die Kommission nicht daran gehindert, die fraglichen Dokumente zum **Anlass für eine weitere, separat durchzuführende Nachprüfung** zu verwenden. Die Kommission ist nach der Auffassung des EuG befugt, ein weiteres, zusätzliches Untersuchungsverfahren einzuleiten, um Informationen, die sie bei einer früheren Nachprüfung zufällig erlangt hat, auf deren Richtigkeit hin zu überprüfen (EuG aaO Rn. 168ff.; kritisch hierzu *Bischke,* NZKart 2013, 397, 400ff.).

6. Unterstützung durch die Mitgliedstaaten (Abs. 5–8)

14 Nach Art. 13 Abs. 5 unterstützen die Bediensteten der Wettbewerbsbehörde des Mitgliedstaates, in dessen Hoheitsgebiet die Nachprüfung vorgenommen werden soll, die Bediensteten der Kommission bei der Durchführung der Nachprüfung. In der Praxis werden die Kommissionsbeamten im Hoheitsgebiet der Bundesrepublik Deutschland in aller Regel durch Beamte des Bundeskartellamtes unterstützt. Diese sind nach Art. 13 Abs. 6 und Abs. 7 dazu aufgerufen, im Falle der verweigerten Mitwirkung des Unternehmens für die erforderliche Unterstützung der Kommissionsbeamten zu sorgen. Ggf. können die Beamten des Bundeskartellamtes um den **Einsatz von Polizeikräften oder anderen Vollzugsbehörden** ersuchen. Sofern eine gerichtliche Ermächtigung erforderlich ist, soll diese nach Art. 13 Abs. 7 beantragt werden. Die Befugnisse des Gerichts zur Prüfung der Nachprüfungsentscheidung der Kommission sind nach Art. 13 Abs. 8 eingeschränkt. In der Praxis werden im Falle der verweigerten Duldung durch ein Unternehmen die Beamten des Bundeskartellamtes ein eigenes Ermittlungsverfahren nach deutschem Recht einleiten. Hierzu haben sie häufig bereits einen entsprechenden richterlichen Beschluss erwirkt oder erwirken diesen kurzfristig im Laufe der Nachprüfung.

Art. 14 Geldbußen

(1) **Die Kommission kann gegen die in Artikel 3 Absatz 1 Buchstabe b) bezeichneten Personen, gegen Unternehmen und Unternehmensvereinigungen durch Entscheidung Geldbußen bis zu einem Höchstbetrag von 1% des von dem beteiligten Unternehmen oder der beteiligten Unternehmens-**

vereinigung erzielten Gesamtumsatzes im Sinne von Artikel 5 festsetzen, wenn sie vorsätzlich oder fahrlässig

a) in einem Antrag, einer Bestätigung, einer Anmeldung oder Anmeldungsergänzung nach Artikel 4, Artikel 10 Absatz 5 oder Artikel 22 Absatz 3 unrichtige oder irreführende Angaben machen,

b) bei der Erteilung einer nach Artikel 11 Absatz 2 verlangten Auskunft unrichtige oder irreführende Angaben machen,

c) bei der Erteilung einer durch Entscheidung gemäß Artikel 11 Absatz 3 verlangten Auskunft unrichtige, unvollständige oder irreführende Angaben machen oder die Auskunft nicht innerhalb der gesetzten Frist erteilen,

d) bei Nachprüfungen nach Artikel 13 die angeforderten Bücher oder sonstigen Geschäftsunterlagen nicht vollständig vorlegen oder die in einer Entscheidung nach Artikel 13 Absatz 4 angeordneten Nachprüfungen nicht dulden,

e) in Beantwortung einer nach Artikel 13 Absatz 2 Buchstabe e) gestellten Frage

- **eine unrichtige oder irreführende Antwort erteilen,**
- **eine von einem Beschäftigten erteilte unrichtige, unvollständige oder irreführende Antwort nicht innerhalb einer von der Kommission gesetzten Frist berichtigen oder**
- **in Bezug auf Fakten im Zusammenhang mit dem Gegenstand und dem Zweck einer durch Entscheidung nach Artikel 13 Absatz 4 angeordneten Nachprüfung keine vollständige Antwort erteilen oder eine vollständige Antwort verweigern,**

f) die von den Bediensteten der Kommission oder den anderen von ihr ermächtigten Begleitpersonen nach Artikel 13 Absatz 2 Buchstabe d) angebrachten Siegel gebrochen haben.

(2) **Die Kommission kann gegen die in Artikel 3 Absatz 1 Buchstabe b) bezeichneten Personen oder die beteiligten Unternehmen durch Entscheidung Geldbußen in Höhe von bis zu 10% des von den beteiligten Unternehmen erzielten Gesamtumsatzes im Sinne von Artikel 5 festsetzen, wenn sie vorsätzlich oder fahrlässig**

a) einen Zusammenschluss vor seinem Vollzug nicht gemäß Artikel 4 oder gemäß Artikel 22 Absatz 3 anmelden, es sei denn, dies ist ausdrücklich gemäß Artikel 7 Absatz 2 oder aufgrund einer Entscheidung gemäß Artikel 7 Absatz 3 zulässig,

b) einen Zusammenschluss unter Verstoß gegen Artikel 7 vollziehen,

c) einen durch Entscheidung nach Artikel 8 Absatz 3 für unvereinbar mit dem Gemeinsamen Markt erklärten Zusammenschluss vollziehen oder den in einer Entscheidung nach Artikel 8 Absatz 4 oder 5 angeordneten Maßnahmen nicht nachkommen,

d) einer durch Entscheidung nach Artikel 6 Absatz 1 Buchstabe b), Artikel 7 Absatz 3 oder Artikel 8 Absatz 2 Unterabsatz 2 auferlegten Bedingung oder Auflage zuwiderhandeln.

(3) **Bei der Festsetzung der Höhe der Geldbuße ist die Art, die Schwere und die Dauer der Zuwiderhandlung zu berücksichtigen.**

(4) **Die Entscheidungen aufgrund der Absätze 1, 2 und 3 sind nicht strafrechtlicher Art.**

1. Einführung

1 Art. 14 enthält eine **Ermächtigung der Kommission** zum Erlass von Bußgeldentscheidungen für Verstöße im Rahmen von Ermittlungen der Kommission (Abs. 1)

sowie für Zuwiderhandlungen gegen zwingende Vorgaben der FKVO (Abs. 2). **Verfahrensverstöße** liegen etwa vor, wenn im Fusionskontrollverfahren gegenüber der Kommission unrichtige, unvollständige oder irreführende Angaben gemacht werden, wenn Auskünfte nicht oder verspätet erfolgen oder bei Nachprüfungen die vollständige Einsicht in die angeforderten Geschäftsunterlagen vereitelt wird. In diesen Fällen können **Geldbußen von bis zu 1%** des im vorangegangenen Geschäftsjahr erzielten Umsatzes verhängt werden. **Zuwiderhandlungen** gegen zwingende Vorgaben der FKVO sind Verstöße gegen das Vollzugsverbot, die vorherige Anmeldepflicht oder gegen angeordnete Maßnahmen, auferlegte Bedingungen oder Auflagen. Sie können **Geldbußen von bis zu 10%** des im vorangegangenen Geschäftsjahr erzielten Gesamtumsatzes nach sich ziehen.

2 Die **Höhe des Bußgeldes im Einzelfall** hängt von der **Schwere und Dauer** der Zuwiderhandlung ab (Abs. 3). Bußgeldentscheidungen setzen eine vorsätzliche oder fahrlässige Tatbestandsverwirklichung voraus. Sie können sich nur an **Unternehmen und Unternehmensvereinigungen** richten. Obwohl die Bußgeldentscheidung uU schon aufgrund der Höhe des Bußgeldes erhebliche Konsequenzen für ihre Adressaten haben kann, hat sie **keinen strafrechtlichen Charakter** (Abs. 4).

3 Die Bußgeldvorschriften in der FKVO haben bei Weitem **nicht die praktische Bedeutung** wie die entsprechenden Vorschriften in Art. 23 VO 1/2003. Die Kommission hat bisher nur in wenigen Fällen Bußgelder verhängt. Ihr geht es im Rahmen der FKVO nicht wie auf der Grundlage der VO 1/2003 um die konsequente Umsetzung der Vorschriften in Art. 101 und 102 AEUV, also um den Vollzug von Verbotsnormen. Im Rahmen der Fusionskontrolle geht es vielmehr um die Prüfung und Genehmigung von Zusammenschlussvorhaben, die auf die Initiative von Unternehmen zurückgehen. Diese sind an einer möglichst konsensualen, zeitnahen und positiven Bescheidung durch die Kommission interessiert. Deshalb wirken sie aktiv und kooperativ mit der Kommission zusammen und werden alle Schritte unterlassen, die auf eine Gefährdung der Wirksamkeit ihres Vorhabens und des Vertrauensverhältnisses gerichtet sein könnten. Entsprechend wenig Anlass hat die Kommission auch, Geldbußen nach Art. 14 oder Zwangsgelder nach Art. 15 zu verhängen. Ausweislich der von der Kommission selbst geführten Statistik sind im Zeitraum zwischen September 1990 und Ende April 2014 auf der Grundlage von Art. 14 lediglich neun Bußgeldentscheidungen ergangen, die letzte im Jahr 2009 (vgl. hierzu die Website der Europäischen Kommission http://ec.europa.eu/competition/mergers/statistics.pdf).

2. Bußgeldverfahren

4 **a) Zuständigkeit und Verfahrenseinleitung.** Für die Durchführung des Bußgeldverfahrens nach Art. 14 besteht eine **ausschließliche Zuständigkeit der Kommission.** Soweit in der VO 139/2004 keine anderweitigen Regelungen getroffen werden, gelten für die Durchführung des Verfahrens die allgemeinen Vorschriften des Unionsrechts. Ob ein Bußgeldverfahren eingeleitet wird, entscheidet die Kommission **von Amts wegen** nach dem **Opportunitätsprinzip.** Sie hat ein Entschließungs- und Auswahlermessen darüber, ob sie in einem Fall einschreiten will oder nicht (*Koerber* in IM Art. 14 FKVO Rn. 2). Es steht ihr frei, auch dann nichts zu unternehmen, wenn alle Voraussetzungen eines Bußgeldtatbestands vorliegen (KOMM ABl. 1998 L 230/10 AFS/ADP).

5 **b) Verfahrensabschluss.** Die Festsetzung der Geldbuße erfolgt durch einen **Beschluss iSd Art. 288 Abs. 4 AEUV.** Sie wird mit ihrer Bekanntgabe gemäß Art. 297 Abs. 3 AEUV wirksam und stellt einen vollstreckbaren Titel iSd Art. 299 Abs. 1 AEUV dar. Sie wird in Euro festgesetzt. Zahlungen fließen unmittelbar in den Haushalt der Gemeinschaft. Obwohl die Geldbuße eine unmittelbare Zahlungsverpflichtung ge-

genüber der Kommission begründet, findet regelmäßig die **Vollstreckung erst nach Eintritt der Bestandskraft** statt. Die Kommission kann einen **Fälligkeitstermin** bestimmen und **Verzugszinsen** für die Überschreitung dieses Termins anordnen. Hierbei muss sie zwar auf die finanzielle Lage des Adressaten keine Rücksicht nehmen. Bei der Vollstreckung besteht aber eine gewisse Flexibilität. Insbesondere kann die Vollstreckung durch eine **Bankbürgschaft** zunächst abgewendet werden. In der Regel gewährt die Kommission eine **Zahlungsfrist von drei Monaten** ab Bekanntgabe der Entscheidung. Im Falle einer Aufhebung der Bußgeldentscheidung durch das EuG muss die Kommission nicht nur das gezahlte Bußgeld zurückerstatten, sondern diesen Betrag auch verzinsen (EuG Slg. 2004 II-2325 Rn. 223 Corus).

Ob die Bestandskraft mit der Bekanntgabe eintritt oder nicht, hängt davon ab, welche **Rechtsmittel** gegen die Entscheidung eingelegt werden. Die **Nichtigkeitsklage,** die jede natürliche oder juristische Person nach Art. 263 Abs. 4 zum EuG erheben kann, hat nach Art. 278 S. 1 AEUV grundsätzlich **keine aufschiebende Wirkung.** Die Bestandskraft einer Entscheidung wird nur gehemmt, wenn das EuG die Durchführung der Entscheidung im Wege der **einstweiligen Anordnung** nach Art. 278 S. 2 iVm Art. 279 AEUV aussetzt. Die Voraussetzungen hierfür sind sehr streng (st. Rspr. seit EuGH Slg. 1982 1549 Rn. 6). Darüber hinaus kann das EuG nach Art. 299 Abs. 4 AEUV auch die **Aussetzung der Zwangsvollstreckung** aus einer Entscheidung anordnen. Die Zuständigkeit für diese Entscheidungen liegt nach Art. 104ff. VerfO EuG grundsätzlich beim Präsidenten des EuG. 6

3. Einzelne Bußgeldtatbestände (Abs. 1 und 2)

a) Verfahrensverstöße in Anträgen und Anmeldungen sowie bei Auskunftsverlangen (Abs. 1 lit. a–c). Entsprechend dem früheren Art. 15 Abs. 1 lit. a VO 17/62 sieht auch Art. 14 Abs. 1 lit. a für fehlerhafte Angaben in einem Antrag, einer Bestätigung, einer Anmeldung oder Anmeldungsergänzung nach Art. 4, Art. 10 Abs. 5 oder Art. 22 Abs. 3 die Möglichkeit der Kommission vor, gegen die betreffenden Unternehmen ein Bußgeld festzusetzen. Dies steht im Widerspruch zur Regelung in Art. 23 VO 1/2003, in deren Rahmen eine entsprechende Sanktionierung nicht mehr möglich ist, nachdem das System der Freistellung in ein System der Legalausnahme umgewandelt wurde. Ähnlich wie Art. 23 Abs. 1 lit. a–e sieht auch Art. 14 Abs. 1 lit. b–f Bußgeldtatbestände für Verfahrensverstöße auf Auskunftsverlangen und Nachprüfungen vor. Die Kommission kann Geldbußen verhängen, um unrichtige, irreführende, unvollständige oder verspätete Angaben bei der **Erteilung von Auskünften** zu sanktionieren (vgl. hierzu KOMM, Pressemitteilung IP/12/43 Servier). **Unrichtig** ist eine Auskunft, wenn sie objektiv falsch ist. **Irreführend** bedeutet, dass die Auskunft bei isolierter Betrachtung zutreffend ist, aber in einem Zusammenhang erteilt wird, der ihr eine andere als die richtige Bedeutung gibt. **Verspätet** ist die Auskunft, wenn sie nicht innerhalb einer bestimmten Frist erteilt wurde. Die Grenzen zwischen der irreführenden und der verspäteten Auskunft zur **unvollständigen Auskunft** dürften fließend sein. 7

Ob und wofür Geldbußen verhängt werden dürfen, hängt davon ab, wodurch die Kommission die Unternehmen oder Unternehmensvereinigungen zur Auskunftserteilung aufgefordert hat. Beruht die Auskunft auf einer **Auskunftsentscheidung** nach Art. 11 Abs. 3, „haftet" dessen Adressat nicht nur für die **unrichtige oder irreführende,** sondern auch für die **unvollständige oder verspätete** Auskunftserteilung (Abs. 1 lit. c). Liegt der Auskunft lediglich ein **formloses (einfaches) Auskunftsersuchen** nach Art. 11 Abs. 1 und 2 zugrunde, kann eine Geldbuße nur für **unrichtige oder irreführende** Angaben verhängt werden (Abs. 1 lit. b). Die Nichtbeantwortung eines einfachen Auskunftsverlangens nach Art. 11 Abs. 1 und 2 zieht daher (wie bisher) keine Bußgeldsanktion nach sich. 8

9 **Rechtsfolge** für einen Verfahrensverstoß im Zusammenhang mit einem Auskunftsverlangen ist eine **Geldbuße bis zu einem Höchstbetrag von 1%** des im vorausgegangenen Geschäftsjahr erzielten Gesamtumsatzes.

10 **b) Verfahrensverstöße bei Nachprüfungen (Abs. 1 lit. d–f).** Geldbußen können ferner verhängt werden, wenn Nachprüfungen nach Art. 13 **nicht geduldet,** bei Nachprüfungen **Geschäftsunterlagen nicht vollständig vorgelegt, Fragen fehlerhaft oder unvollständig beantwortet** oder angebrachte **Siegel erbrochen** werden. Die Möglichkeiten zur Verhängung von Geldbußen unterscheiden sich danach, ob die Kommission aufgrund einer förmlichen Nachprüfungsentscheidung oder eines formlosen Nachprüfungsauftrages tätig geworden ist.

11 Wenn die Nachprüfung **aufgrund einer förmlichen Nachprüfungsentscheidung** (dazu Art. 13 Rn. 6) erfolgt, besteht die bußgeldbewehrte Pflicht, die Nachprüfung zu dulden und Fragen Art. 13 Abs. 2 lit. e vollständig zu beantworten. Werden von dem Unternehmen oder einem Mitarbeiter **Antworten auf Fragen** gegeben, müssen diese **richtig und vollständig** sein. Da sich das Bußgeld nicht gegen den einzelnen Mitarbeiter, sondern gegen das Unternehmen richtet, hat das Unternehmen die **Möglichkeit zur Vervollständigung oder Korrektur** unrichtiger, unvollständiger oder irreführender Antwort von Mitarbeitern, ggf. innerhalb einer von der Kommission gesetzten Frist. Andernfalls steht das Unternehmen für die Vollständigkeit und Richtigkeit der Antwort ein.

12 Wenn **im Zusammenhang mit einer Nachprüfung** Betriebsräume, Bücher oder sonstige Unterlagen von Kommissionsbediensteten oder ihre Beauftragten im Rahmen ihrer Befugnisse nach Art. 13 Abs. 2 lit. d mit einem Siegel versehen worden sind, führt der **Siegelbruch** zu einem Bußgeld (als bisher aufsehenerregendster Fall KOMM ABl. 2008 C 240/6 E.ON Energie AG, bestätigt durch EuGH 22.11.2012 C-89/11 P E.ON, NZKart 2013, 69; auch KOMM K(2011) 3640 endg. 24.5.2011 COMP/39.796 Suez Environnement u. a.). Als ebenfalls verschärfte **Rechtsfolge** für einen Verfahrensverstoß im Zusammenhang mit Nachprüfungen wird eine **Geldbuße bis zu einem Höchstbetrag von 1%** des im vorausgegangenen Geschäftsjahr erzielten Gesamtumsatzes angedroht.

13 **c) Zuwiderhandlungen gegen zwingende Vorgaben der FKVO.** Während Art. 23 Abs. 2 VO 1/2003 in erster Linie auf gravierende Verstöße gegen das primäre Wettbewerbsrecht der EU gerichtet ist, richten sich die Bußgeldtatbestände von Art. 14 Abs. 2 GWB **enumerativ** gegen bestimmte Verstöße gegen Verpflichtungen, die sich unmittelbar aus der FKVO ergeben. Die Tatbestände sind abschließend, ebenso wie diejenigen in Abs. 1 (*Körber* in IM Art. 14 FKVO Rn. 6). Es handelt sich insbesondere um Verletzungen der Anmeldeverpflichtung nach Art. 4 bzw. Art. 22 Abs. 3 sowie gegen Verstöße gegen das Vollzugsverbot in Art. 7 und Art. 8. Auch Verletzungen von nach Art. 8 Abs. 4 oder Abs. 5 angeordneten Maßnahmen sowie Verstöße gegen auferlegte Bedingungen und Auflagen sind sanktionsfähig. Die oben (Rn. 3) zitierte, von der Kommission selbst geführte Statistik verdeutlicht, dass es jedoch nur vergleichsweise wenige Fälle gibt, in denen die Kommission Verstöße iSv Abs. 1 oder Abs. 2 festgestellt hat. Die **Rechtsfolgen** für eine materiell-rechtliche Zuwiderhandlung sind in der VO 1/2003 modernisiert worden. Es ist ein **Bußgeldrahmen bis zu 10% des erzielten Gesamtumsatzes** eines Unternehmens vorgesehen. Der frühere Art. 15 Abs. 2 VO 17/62 enthielt darüber hinaus noch ein Basisbußgeld von 1000 bis 1 Mio. Euro.

4. Verschuldensmaßstab

14 Die Verwirklichung der Bußgeldtatbestände der Abs. 1 und 2 kann **vorsätzlich oder fahrlässig** erfolgen. Vorsatz ist bereits dann anzunehmen, wenn die beteiligten Unternehmen „sich der widerrechtlichen Natur ihrer Handlungen bewusst" waren;

eine Zurechnung zu bestimmten natürlichen Personen findet nicht statt. Das Unternehmen braucht dabei nicht zu wissen, gegen welche Rechtsvorschriften im Einzelnen verstoßen wird (EuG Slg. 1994 II-531 Rn. 45 Herlitz; EuGH Slg. 2010 I-9555 Rn. 124ff. Deutsche Telekom). Eine persönliche Zuordnung des Verschuldens wird nicht verlangt; vielmehr liegt der Regelung die Annahme zugrunde, dass das Unternehmen selbst schuldhaft handelt. Bei weniger eindeutigen Verstößen trifft die Kommission ausdrückliche Feststellungen zur Kenntnis des Unternehmens vom Gemeinschaftsrecht (KOMM ABl. 2002 L 69/1 Rn. 134 JCB), offenbar um einen Verbotsirrtum zu verneinen (die Berufung auf das Institut des Verbotsirrtums aber generell ablehnend EuGH 18.6.2013 C-681/11 Schenker, NZKart 2013, 332).

5. Grundlagen der Bußgeldbemessung (Abs. 3)

a) Allgemeines. Nach dem Wortlaut des Art. 14 Abs. 3 muss die Kommission bei der Festsetzung einer Geldbuße nach Abs. 2 sowohl die **Schwere** der Zuwiderhandlung als auch deren **Dauer** berücksichtigen. Auch andere Umstände können für die Höhe der Geldbuße eine Rolle spielen. Abs. 3 läuft also auf eine **Berücksichtigung sämtlicher Umstände des Einzelfalles** hinaus. 15

Abs. 3 gilt sowohl für die Bemessung der Geldbußen für Verfahrensverstöße als auch für materiell rechtliche Zuwiderhandlungen. Anders als im Anwendungsbereich der VO 1/2003 hat die Kommission **keinen Leitfaden für die Berechnung von Bußgeldern** nach Art. 14 entwickelt. Dies kann im Hinblick auf die geringe Zahl von Bußgeldentscheidungen auf der Grundlage dieser Norm nicht überraschen. Entsprechend am Einzelfall orientiert ist die Bemessung von Bußgeldern. Dabei spielen u. a. eine Rolle, in welchem Umfang die Zusammenschlussbeteiligten unrichtige oder unvollständige Angaben in der Anmeldung nach dem Formblatt bzw. bei der Beantwortung von Auskunftsverlangen erteilt haben, ob es sich um einen einmaligen bzw. wiederholte Verstöße handelt, ob das Unternehmen mit der Kommission kooperiert hat, um zB die Auswirkungen des Verstoßes möglichst gering zu halten, oÄ (vgl. hierzu *Körber* in IM Art. 14 FKVO Rn. 9). Anders als auf der Grundlage von Art. 23 VO 1/2003 hat die Kommission auf der Grundlage von Art. 14 bisher lediglich vergleichsweise niedrige Bußgelder verhängt. 16

b) Bußgeldobergrenze. Die Höchstgrenze einer Geldbuße für materiell-rechtliche Zuwiderhandlungen liegt nach Art. 23 Abs. 2 bei **10% des Gesamtumsatzes des beteiligten Unternehmens.** Der Gesamtumsatz unterliegt keiner räumlichen Grenze, sodass insbesondere eine Beschränkung auf den EU-weiten Umsatz nicht vorgenommen werden muss (EuG Slg. 2000 II-491 Rn. 5022 CBR u. a.). Haften mehrere Adressaten einer Entscheidung gesamtschuldnerisch, folgt daraus für die Obergrenze nicht etwa, dass die Geldbuße für die gesamtschuldnerisch haftenden Unternehmen auf 10% ihres jeweiligen Umsatzes beschränkt wäre. Die in der Bestimmung festgelegte Obergrenze von 10% des Umsatzes ist anhand des gesamten Umsatzes aller Gesellschaften zu ermitteln, aus denen die als „Unternehmen" im Sinne von Art. 101 AEUV auftretende wirtschaftliche Einheit besteht (EuG Slg. 2002 II-1487 Rn. 528 HFB). Für die Berechnung der Bußgeldobergrenze ist nach Abs. 2 Unterabs. 2 das vorausgegangene Geschäftsjahr maßgebend. Darunter ist das **letzte Geschäftsjahr vor Erlass der Entscheidung** zu verstehen (EuGH Slg. 2002 I-8375 Rn. 593 Limburgse Vinyl Maatschappij). 17

6. Kein Strafcharakter (Abs. 4)

Art. 14 stellt ebenso wie Art. 23 VO 1/2003 in Übereinstimmung mit der Rechtsprechung (EuG Slg. 1994 II-755 Rn. 235; EuGH Slg. 2008 I-81 Rn. 38 Evonik Degussa; in diesem Sinne auch *GA Kokott* in ihren Schlussanträgen im Verfahren C-501/11 P (Schindler), NZKart 2013, 206, 207, Rn. 25f.; kritisch u. a. *Bechtold/Bosch,* 18

ZWeR 2011, 160, 161 ff.) klar, dass Geldbußen lediglich „Verwaltungsunrecht" ahnden sollen und **keinen strafrechtlichen Charakter** haben (Abs. 4). So soll verhindert werden, dass besondere Folgen einer strafrechtlichen Verurteilung eintreten, die im Recht einiger Mitgliedstaaten vorgesehen.

Art. 15 Zwangsgelder

(1) **Die Kommission kann gegen die in Artikel 3 Absatz 1 Buchstabe b) bezeichneten Personen, gegen Unternehmen oder Unternehmensvereinigungen durch Entscheidung ein Zwangsgeld bis zu einem Höchstbetrag von 5% des durchschnittlichen täglichen Gesamtumsatzes des beteiligten Unternehmens oder der beteiligten Unternehmensvereinigung im Sinne von Artikel 5 für jeden Arbeitstag des Verzugs von dem in ihrer Entscheidung bestimmten Zeitpunkt an festsetzen, um sie zu zwingen,**

a) eine Auskunft, die sie in einer Entscheidung nach Artikel 11 Absatz 3 angefordert hat, vollständig und sachlich richtig zu erteilen,

b) eine Nachprüfung zu dulden, die sie in einer Entscheidung nach Artikel 13 Absatz 4 angeordnet hat,

c) einer durch Entscheidung nach Artikel 6 Absatz 1 Buchstabe b), Artikel 7 Absatz 3 oder Artikel 8 Absatz 2 Unterabsatz 2 auferlegten Auflage nachzukommen oder

d) den in einer Entscheidung nach Artikel 8 Absatz 4 oder 5 angeordneten Maßnahmen nachzukommen.

(2) **Sind die in Artikel 3 Absatz 1 Buchstabe b) bezeichneten Personen, Unternehmen oder Unternehmensvereinigungen der Verpflichtung nachgekommen, zu deren Erfüllung das Zwangsgeld festgesetzt worden war, so kann die Kommission die endgültige Höhe des Zwangsgeldes auf einen Betrag festsetzen, der unter dem Betrag liegt, der sich aus der ursprünglichen Entscheidung ergeben würde.**

1. Einführung

1 Art. 15 ermächtigt die Kommission, Zwangsgelder festzusetzen, um die **Beachtung bestimmter Handlungs-, Duldungs- oder Unterlassungspflichten** sicherzustellen und durchzusetzen, die die Kommission aufgrund der VO 139/2004 begründet.

2 Die Vorschrift beruht auf der vertraglichen **Ermächtigungsgrundlage des Art. 103 Abs. 2 lit. a AEUV,** die dem Rat den ausdrücklichen Auftrag erteilt, die Durchsetzung der EU-Wettbewerbsvorschriften „durch die Einführung von Geldbußen und Zwangsgeldern zu gewährleisten". Der Rat war diesem Rechtssetzungsauftrag für das allgemeine Wettbewerbsverfahrensrecht bereits mit Art. 15 und 16 VO 17/62 und Art. 24 VO 1/2003 nachgekommen. Diese Normen entsprechen im Wesentlichen der Parallelvorschrift des Art. 15. Allerdings betrug das Zwangsgeld, das nach Art. 16 VO 17/62 für die Nichterteilung einer Auskunft, die fehlende Duldung einer Nachprüfung oder den Verstoß gegen eine Verhaltensverfügung festgesetzt werden konnte, **nur 50–1000 Euro pro Tag.** Art. 24 VO 1/2003 und Art. 15 ordnen demgegenüber zur Durchsetzung von Kommissionsentscheidungen (zB Auskunftserteilung, Durchführung von Nachprüfungen, Einhaltung von Verpflichtungszusagen und einstweiligen Verfügungen) **für jeden Tag der Zuwiderhandlung 5%** des im vorausgegangenen Geschäftsjahr erzielten durchschnittlichen Tagesumsatzes an.

3 Anders als das Bußgeld nach Art. 14 ist das Zwangsgeld nicht eine Sanktion für vollendete schuldhafte Zuwiderhandlungen, sondern ein **Mittel zur Vollstreckung und Durchsetzung von Entscheidungen,** die Handlungs-, Duldungs- oder Un-

terlassungspflichten begründen. Diesen Entscheidungen gegenüber ist das **Zwangsgeld akzessorisch** (*Dannecker/Biermann* in IM VO 1/2003 Art. 24 Rn. 10; vgl. auch *Körber* in IM Art. 15 FKVO Rn. 2). Ist eine Entscheidung rechtmäßig, gilt dies zumindest dem Grunde nach auch für das festgesetzte Zwangsgeld. Mit dem Zwangsgeld soll **gegenwärtiges oder künftiges Verhalten erzwungen** werden. Es soll verhindern, dass Rechtsverletzungen überhaupt eintreten und hat insofern präventiven Charakter (*Dannecker/Biermann* in IM VO 1/2003 Art. 24 Rn. 8). Zwischen den Bußgeldtatbeständen des Art. 14 und dem Zwangsgeld nach Art. 15 besteht **keine Gesetzeskonkurrenz.** Daher können Zwangsgelder und Geldbußen auch nebeneinander in derselben Entscheidung festgesetzt werden (in diesem Sinne EuG 27.6.2012 T-167/08 Rn. 94 Microsoft).

2. Einzelne Zwangsgeldtatbestände

Das Zwangsgeld steht der Kommission nicht beliebig zur Verfügung, sondern darf nur festgesetzt werden, wenn einer der in Abs. 1 genannten **vier Tatbestände** erfüllt ist. Ihnen ist gemeinsam, dass der Adressat des Zwangsgeldes Pflichten nicht erfüllt, die ihm die Kommission **durch Entscheidung** auferlegt: Zwangsgeldbewehrt ist die Nichtbeachtung einer durch Entscheidung **nach Art. 6 Abs. 1 lit. b, Art. 7 Abs. 3** und **Art. 8 Abs. 2 Unterabs. 2** auferlegten Auflage bzw. die in einer Entscheidung nach **Art. 8 Abs. 4 oder 5** angeordneten Maßnahmen sowie die fehlerhafte Erteilung einer durch Entscheidung **nach Art. 11** angeforderten Auskunft und die fehlende Duldung einer durch Entscheidung **nach Art. 13** angeordneten Nachprüfung. Fehlt es an einer dieser Entscheidungen, ist die Festsetzung eines Zwangsgeldes nicht zulässig. Insbesondere kann die Kommission **kein Zwangsgeld** verhängen, um **unmittelbar gegen materiell-rechtliche Zuwiderhandlungen** vorzugehen oder **unmittelbar Auskünfte oder Nachprüfungen** zu erzwingen. 4

Besondere praktische Bedeutung kommt der Zwangsgeldfestsetzung im Zusammenhang mit Auskunftsverlangen und Nachprüfungen zu (vgl. KOMM ABl. 1991 L 97/16 Baccarat; ABl. 1992 L 305/16 CSM/Zucker). Anders als bei der Verwirklichung der Bußgeldtatbestände ist für die Zwangsgeldfestsetzung **Verschulden nicht erforderlich** (*Körber* in IM Art 15 FKVO Rn. 2). Nur für die Höhe des Zwangsgeldes kann es eine Rolle spielen, ob die Missachtung von Handlungs-, Duldungs- oder Unterlassungspflichten vorsätzlich oder fahrlässig erfolgte. 5

Problematisch ist, dass Abs. 1 hinsichtlich der Höhe Zwangsgeldes lediglich vorsieht, dass **für jeden Tag der Zuwiderhandlung 5%** des im vorausgegangenen Geschäftsjahr erzielten durchschnittlichen Tagesumsatzes festgesetzt werden können. Der Tagesumsatz ergibt sich aus einer Verteilung des Gesamtumsatzes im letzten Geschäftsjahr auf die einzelnen Tage (EuG Slg. 1998 II-1439 Rn. 85f. Sarrió; Slg. 2000 II-491 Rn. 5022 Cimenteries CBR). Für das letztlich zu zahlende Zwangsgeld sind **keinerlei numerische Zwangsgeldhöchstgrenzen** vorgesehen. Hier kann selbst die im Hinblick auf das **Bestimmtheitsgebot** zweifelhafte Grenze von 10% des Gesamtumsatzes überschritten werden, die in Art. 14 Abs. 2 als Höchstgrenze für Geldbußen vorgesehen ist. Auch hier gilt selbstverständlich das Verhältnismäßigkeitsgebot (KOMM 27.2.2008 Fall COMP/37 792 Rn. 294ff. Microsoft = WuW/E EU-V 1275). 6

3. Zwangsgeldverfahren

a) Opportunitätsprinzip. Ebenso wie das Bußgeldverfahren wird auch das Zwangsgeldverfahren vom Opportunitätsprinzip beherrscht. Es steht im (Entschließungs-) Ermessen der Kommission, ob ein Zwangsgeld festgesetzt wird. Wenn zB damit zu rechnen ist, dass das Unternehmen seinen Pflichten auch ohne Zwangsgeld nachkommt, kann **von einer Zwangsgeldfestsetzung abgesehen** werden. Üblicherweise setzt die Kommission nur dann ein Zwangsgeld fest, wenn tatsächlich das 7

Risiko besteht, dass der Adressat einer Entscheidung trotz nochmaliger Aufforderung (Abmahnung) den ihm auferlegten Handlungs-, Duldungs- oder Unterlassungspflichten nicht nachkommt (*Körber* in IM Art. 15 FKVO Rn. 3).

8 **b) Zwangsgeldfestsetzung.** Das Zwangsgeldverfahren ist **zweistufig** (*Körber* in IM Art. 15 FKVO Rn. 5). Zunächst bedarf es der **„Auferlegung", „Verhängung" bzw. „Androhung"** eines Zwangsgeldes, die in Abs. 1 als „Festsetzung" bezeichnet wird. Diese Festsetzung erfolgt durch Beschluss iSd Art. 288 Abs. 4 AEUV. Erlässt die Kommission Entscheidungen iS der lit. c und d, kann das Zwangsgeld in dieser Entscheidung unmittelbar festgesetzt werden. Dies ist aber nicht zwingend. Gerade in komplexen Fällen neigt die Kommission dazu, **getrennte Entscheidungen** zu erlassen. So erließ die Kommission auf der Grundlage der Entscheidung vom 24.3.2004 im Rahmen der VO 1/2003, in der Microsoft eine Verpflichtung zur Offenlegung von Schnittstelleninformationen auferlegt worden war, am 10.11.2005 eine weitere Entscheidung, in der Microsoft für den Fall der Nichtbefolgung ein Zwangsgeld von 2 Mio. Euro pro Tag angedroht wurde. In einer weiteren Entscheidung vom 12.7.2006 stellte die Kommission fest, dass Microsoft seiner Verpflichtung nicht nachgekommen war und setzte die (vorläufig) endgültige Höhe des Zwangsgeldes fest. Gleichzeitig wurde das Zwangsgeld für den Fall der weiteren Nichtbefolgung auf 3 Mio. Euro pro Tag erhöht. Nachdem die Kommission die weitere Nichtbefolgung konstatiert hatte, setzte sie die endgültige Höhe des Zwangsgeldes in einer weiteren Entscheidung vom 27.2.2008 fest (dazu KOMM 27.2.2008 Fall COMP/37 792 = WuW/E EU-V 1275).

9 Die Zwangsgeldfestsetzung umfasst neben der Ankündigung, dass überhaupt ein Zwangsgeld verhängt wird, die Festlegung des **Tagessatzes** sowie des **frühesten Zeitpunktes,** zu dem der festgelegte Tagessatz als Zwangsgeld anfallen kann (so zB in KOMM 10.11.2005 COMP/37 792 Microsoft). Als frühestmöglicher Zeitpunkt kommt der Tag in Betracht, an dem der Adressat der Entscheidung mit einer ihm auferlegten Handlungs-, Duldungs- oder Unterlassungspflicht in Verzug gerät. In der Entscheidung ist konkret anzugeben, für welche Pflichtverletzung das Zwangsgeld angedroht wird, damit für das betroffene Unternehmen kein Zweifel am Umfang der ihm auferlegten Pflichten und der ggf. fällig werdenden Zwangsgelder ausgelöst wird. Vor der Entscheidung über die Zwangsgeldfestsetzung finden **keine Anhörungen** von Verfahrensbeteiligen statt (EuGH Slg. 1989 2859 Rn. 56 Hoechst). Lediglich im Falle von Auskunftsentscheidungen, die nicht schon eine Zwangsgeldfestsetzung enthalten, und bei Nachprüfungsentscheidungen müssen die Unternehmen auf die Möglichkeit des Zwangsgelds hingewiesen worden sein. Im Übrigen gelten lediglich **allgemeine verfahrensrechtliche Schutzvorkehrungen** (vgl. EuGH Slg. 1989 3283 Rn. 26 Orkem). So darf etwa ein Zwangsgeld nicht auf eine unmögliche Leistung gerichtet sein.

10 Die Zwangsgeldfestsetzung kann weder **isoliert vollzogen** werden noch ist sie **isoliert anfechtbar** (EuGH Slg. 1989 2859 Rn. 56 Hoechst; EuG Slg. 1998 II-2383 Dalmine). Wenn der Adressat gegen die Zwangsgeldfestsetzung vorgehen will, muss er die zugrunde liegende Entscheidung angreifen. Ist diese bestandskräftig, kann das Zwangsgeld nur vermieden werden, wenn die in der Entscheidung auferlegten Handlungs-, Duldungs- oder Unterlassungspflichten erfüllt werden (*Körber* in IM Art. 15 FKVO Rn. 8).

11 **c) Zwangsgeldfeststellung.** Von der Zwangsgeldfestsetzung zu unterscheiden ist die tatsächliche Bezifferung der verwirkten Summe und ihre Vollstreckung. Wenn ein Unternehmen seiner zwangsgeldbewehrten Verpflichtung nicht nachkommt, kann die Kommission nach Abs. 2 die endgültige Höhe des Zwangsgelds wiederum „festsetzen" (so zB in KOMM 27.2.2008 COMP/37 792 Microsoft = WuW/E EU-V 1275). Auch diese Festsetzung ist ein **Beschluss iSd Art. 288 Abs. 4 AEUV,** der nach Art. 263 AEUV mit der Nichtigkeitsklage gesondert angefochten werden

kann (vgl. EuG 27.6.2012 T-167/08 Rn. 82ff. Microsoft). Sie stellt einen **vollstreckbaren Titel** iSd Art. 299 Abs. 1 AEUV dar. Um eine Verwechselung mit der „Feststellung" eines Zwangsgeldes iS der Androhung nach Abs. 1 zu vermeiden, sollte auf der zweiten Stufe von der „Zwangsgeldfeststellung" gesprochen werden. Sie erfolgt, indem das in der Zwangsgeldfestsetzung vorgesehene Zwangsgeld pro Tag **mit der Zahl der Tage der Zuwiderhandlung multipliziert** wird. Da Art. 15 keinen absoluten Höchstbetrag vorsieht, kann das tatsächlich zu zahlende Zwangsgeld durchaus oberhalb der Grenze von 10% des Gesamtumsatzes des betroffenen Unternehmens liegen. Die Kommission hat hier allerdings einen **Ermessensspielraum.** Abs. 2 sieht vor, dass die Kommission den Gesamtbetrag des Zwangsgeldes auf einen Betrag **herabsetzen** kann, der unter dem Betrag liegt, der sich aus der Festsetzungsentscheidung ergibt (EuG 27.6.2012 T-167/08 Rn. 207 Microsoft). Das EuG ist auf der Grundlage von Art. 16 zur unbeschränkten Nachprüfung befugt (EuG 27.6.2012 T-167/08 Rn. 222 Microsoft). Sie ist dazu nicht verpflichtet (vgl. Kommission, ABl. 1991 L 97/16 Baccarat).

Art. 16 Kontrolle durch den Gerichtshof

Bei Klagen gegen Entscheidungen der Kommission, in denen eine Geldbuße oder ein Zwangsgeld festgesetzt ist, hat der Gerichtshof die Befugnis zu unbeschränkter Ermessensnachprüfung der Entscheidung im Sinne von Artikel 229 des Vertrags; er kann die Geldbuße oder das Zwangsgeld aufheben, herabsetzen oder erhöhen.

1 Art. 16 entspricht **Art. 31 VO 1/2003.** Er beruht auf Art. 261 AEUV (ex-Art. 229 EG), der den Rat ausdrücklich ermächtigt, in Ratsverordnungen „dem Gerichtshof eine Zuständigkeit (zu) übertragen, welche die Befugnis zu **unbeschränkter Ermessensnachprüfung** und zur Änderung oder Verhängung solcher Maßnahmen umfasst". Einer solchen Regelung bedurfte es, weil das Klageverfahren nach Art. 263 AEUV ein Kassationsverfahren ist. Ist die angefochtene Entscheidung rechtswidrig, ist sie für nichtig zu erklären; das gilt auch, wenn die Entscheidung auf unrichtiger Ausübung des Ermessens beruht. Weder das Gericht noch der Gerichtshof ist normalerweise befugt, sein Ermessen an die Stelle desjenigen der Kommission zu setzen. Gäbe es Art. 16 nicht, wären Gericht und Gerichtshof verpflichtet, die Entscheidung insgesamt für nichtig zu erklären, wenn sie der Auffassung wären, dass die Höhe der Geldbuße nach Art. 14 oder eines Zwangsgeldes nach Art. 15 nicht gerechtfertigt ist. Die Kommission hätte dann die Möglichkeit, ein neues Verfahren unter Beachtung der Entscheidungsgründe des Gerichts durchzuführen. Der Gerichtshof kann eine von der Kommission festgesetzte Geldbuße – was er häufig getan hat – oder ein Zwangsgeld herabsetzen (EuG 27.6.2012 T-167/08 Rn. 222 Microsoft). Er ist aber auch berechtigt, die Geldbuße zu erhöhen; es gibt also im Gerichtsverfahren **kein Verbot der reformatio in pejus** (*Körber* in IM Art. 17 FKVO Rn. 11). Allerdings ist das EuG nicht verpflichtet, in jedem Fall seine eigene Beurteilung an diejenige der Kommission zu stellen (EuGH 24.10.2013 C-510/11 P Rn. 27f. Kone, NZKart 2013, 503).

2 Art. 16 differenziert nicht nach **Gericht** und **Gerichtshof.** Das entspricht der Terminologie des AEUV. Dessen Abschnitt 4 ist mit „der Gerichtshof" überschrieben. Die Aufgabenverteilung in zwei instanzlichen Verfahren zwischen Gericht und Gerichtshof bringt es mit sich, dass „die Befugnis zu unbeschränkter Nachprüfung der Entscheidung" beim Gericht liegt. Der Gerichtshof wird nur aufgrund eines „auf Rechtsfragen beschränkten Rechtsmittels" tätig (Art. 256 Abs. 1 Unterabs. 2 AEUV). Die Neufestsetzung der Geldbuße, die nach Art. 16 dem Gerichtshof möglich ist, setzt tatsächliche Würdigungen voraus, die dem Gerichtshof als zweiter Instanz ver-

wehrt sind. Hält er die Geldbuße aus Rechtsgründen nicht für zulässig, muss er deswegen das Verfahren an das Gericht zurückverweisen.

Art. 17 Berufsgeheimnis

(1) **Die bei Anwendung dieser Verordnung erlangten Kenntnisse dürfen nur zu dem mit der Auskunft, Ermittlung oder Anhörung verfolgten Zweck verwertet werden.**

(2) **Unbeschadet des Artikels 4 Absatz 3 sowie der Artikel 18 und 20 sind die Kommission und die zuständigen Behörden der Mitgliedstaaten sowie ihre Beamten und sonstigen Bediensteten, alle sonstigen, unter Aufsicht dieser Behörden handelnden Personen und die Beamten und Bediensteten anderer Behörden der Mitgliedstaaten verpflichtet, Kenntnisse nicht preiszugeben, die sie bei Anwendung dieser Verordnung erlangt haben und die ihrem Wesen nach unter das Berufsgeheimnis fallen.**

(3) **Die Absätze 1 und 2 stehen der Veröffentlichung von Übersichten oder Zusammenfassungen, die keine Angaben über einzelne Unternehmen oder Unternehmensvereinigungen enthalten, nicht entgegen.**

1. Einführung

1 **a) Grundsatz.** Die Kommission erhält im Rahmen der von ihr angestrebten Ermittlungen regelmäßig Kenntnis von Informationen, Dokumenten, u. ä., die **sensible Bereiche des Wirtschaftslebens** betreffen. Die wenigsten Informationen sind in der Öffentlichkeit bekannt und allgemein verfügbar. Informationen, die die Kommission entweder auf der **Grundlage von ihr angestellter Ermittlungen** (Auskunftsersuchen, Nachprüfungen, etc.) erhält oder die ihr im Zuge der Kooperation mit Unternehmen übermittelt werden, sind vertraulich und betreffen geheimhaltungsbedürftige Unternehmensdaten. Entsprechend können die Kommission und ihre Bediensteten nicht befugt sein, mit diesen Daten beliebig zu verfahren, sie insbesondere beliebig an Dritte weiterzugeben. Dabei kann es keinen Unterschied machen, ob es sich um Privatpersonen, Unternehmen, Vertreter der Presse oder nationale Behörden und Instanzen handelt, die in die Anwendung und Durchsetzung der Kartellrechtsbestimmungen nicht einbezogen sind.

2 Diese Beschränkung kann nicht allein für die Kommission gelten. Die **mitgliedstaatlichen Wettbewerbsbehörden und ihre Bediensteten** kommen ähnlich wie die Kommission und ihre Bediensteten in Kontakt mit zahlreichen vertraulichen Informationen. Dies geschieht entweder im Rahmen nationaler Verfahren oder im Rahmen der Einbeziehung in Kommissionsverfahren. Der **Beratende Ausschuss** setzt sich aus Vertretern der nationalen Wettbewerbsbehörden zusammen. Diese erhalten ebenfalls häufig äußerst sensible und vertrauliche Informationen und Daten, die die Kommission im Zuge einer Entscheidung zu verwenden gedenkt. Die Pflicht, die die Kommission und ihre Bediensteten nach Art. 17 trifft, muss deshalb den mitgliedstaatlichen Wettbewerbsbehörden und ihre Bedienstete in gleichem Maße treffen.

3 **b) Regelungsumfang.** Art. 17, der mit der Überschrift „Berufsgeheimnis" überschrieben ist, regelt tatsächlich **zwei unterschiedliche Themen.** Zum einen enthält Art. 17 Abs. 1 eine **Verwendungs- und Verwertungsbeschränkung.** Informationen, die auf der Grundlage von Ermittlungen erlangt wurden, dürfen unbeschadet der Möglichkeit, nach Maßgabe der Art. 4 Abs. 3 und Art. 18 und 20 Informationen und Unterlagen an mitgliedstaatliche Wettbewerbsbehörden und mitgliedstaatliche Gerichte weiterzugeben, **nur zu dem Zweck verwertet** werden, **zu dem sie ein-**

geholt worden sind. Der erste Absatz von Art. 17 regelt somit, in welchem Umfang im Rahmen von Ermittlungsverfahren erlangte Daten und Informationen verwendet und für die Zwecke von Maßnahmen verwertet werden dürfen, die die Kommission oder mitgliedstaatliche Wettbewerbsbehörden zu erlassen gedenken. Daneben verpflichtet Art. 17 Abs. 2 die Kommission und die mitgliedstaatlichen Wettbewerbsbehörden sowie deren Beamte und Bedienstete, keine Informationen an wen auch immer preiszugeben, die sie bei der Anwendung der VO 139/2004 erlangt oder ausgetauscht haben und die ihrem Wesen nach unter das **Berufsgeheimnis** fallen.

2. Verwertungsbeschränkung und -verbot

Ein in der Praxis häufig vorkommendes Problem stellt sich für Unternehmen, wenn sie von der Kommission auf der Grundlage von Art. 11 zur Übermittlung umfangreicher Unterlagen und Informationen bzw. zur schriftlichen Erläuterung von Vorgängen aufgefordert werden. Nicht selten befinden sich dieselben Unternehmen **in weiteren Verfahren der Kommission oder der mitgliedstaatlichen Wettbewerbsbehörden,** zB in einem **Kartellverfahren** nach europäischem oder nationalen Recht, in einem **Beihilfeverfahren** nach Art. 107 ff. AEUV oÄ Informationen, die die Unternehmen im Zuge eines Ermittlungsverfahrens der Kommission nach der VO 139/2004 übermittelt haben, dürfen ausschließlich für die Zwecke dieses Verfahrens nach der VO 139/2004 verwendet werden, nicht aber für andere Zwecke. Das bedeutet zB, dass die Kommission, selbst wenn sich **unterschiedliche Abteilungen der Generaldirektion Wettbewerb** einerseits mit einem Kartellverfahren nach der VO 1/2003, andererseits einem Fusionskontrollantrag nach der VO 139/2004 befassen, nicht beliebig auf Daten, Informationen und Unterlagen zurückgreifen dürfen, die allein für die Zwecke des Verfahrens nach der VO 139/2004 übermittelt wurden. Art. 17 Abs. 1 macht deutlich, dass die Informationen, Daten und Unterlagen **nur zu diesem spezifischen Zweck verwertet** werden dürfen. Das bedeutet aber auch, dass die Kommission und die mitgliedstaatlichen Wettbewerbsbehörden, die Informationen austauschen und für ihre spezifischen Zwecke auch verwenden dürfen, diese Informationen nicht für andere, mit dem Verfahren, in dem die fraglichen Informationen, Daten und Unterlagen ermittelt wurden, nicht identische Verfahren nicht einfach verwenden und verwerten werden dürfen. Insoweit besteht ein **eindeutiges Verwertungsverbot.** Informationen und Erkenntnisse dürfen also in einem anderen **Verfahren, das einen anderen Untersuchungsgegenstand hat,** nicht verwertet werden. 4

Dieses weitreichende Prinzip kann dadurch ausgehöhlt werden, dass sowohl die Kommission als auch die mitgliedstaatlichen Wettbewerbsbehörden berechtigt sein könnten, die aufgrund eines bestimmten Verfahrens erhaltenen Informationen, Daten und Unterlagen **zum Anlass zu nehmen, in einem anderen Verfahren neue Ermittlungen aufzunehmen.** In diesem neuen Verfahren können dann auf der Grundlage der Verdachtsmomente, die sich aus den übermittelten Informationen, Daten und Unterlagen ergeben, **neue Ermittlungen** gestützt werden, insbesondere auch neue Auskunftsersuchen oder Nachprüfungen nach Art. 17 ff. VO 1/2003 durchgeführt werden (so ausdrücklich *de Bronett,* aaO, Rn. 2). Diese Auffassung begegnet gravierenden Bedenken. Das **Verwendungs- und Verwertungsverbot kann vollständig ausgehöhlt werden,** wenn die Kommission oder die mitgliedstaatlichen Wettbewerbsbehörden die übermittelten Erkenntnisse und Informationen letztlich doch dazu verwenden dürfen, neue Ermittlungen aufzunehmen. Wenn sie die betroffenen Unternehmen nämlich mit weiteren Auskunftsersuchen konfrontieren, werden diese in aller Regel ihr Einverständnis erklären, dass die bereits erhobenen Informationen verwendet werden dürfen. Von einer Freiwilligkeit des Einverständnisses kann vor diesem Hintergrund keine Rede sein. Vielmehr wird der **faktische Zwang** stets dazu führen, dass die Unternehmen der Verwendung und 5 schließlich auch der Verwertung der Informationen und Erkenntnisse zustimmen werden. Es steht deshalb zu befürchten, dass Art. 17 Abs. 1 weitgehend leer zu laufen droht. Aus diesem Grunde kann dieser Auffassung nicht zugestimmt werden. Vielmehr muss es bei dem weitgehenden Verwendungs- und Verwertungsverbot, das Art. 17 Abs. 1 eindeutig formuliert, bleiben.

3. Berufsgeheimnis

6 **a) Grundsatz.** Art. 17 Abs. 2 erweitert die Verwendungs- und Verwertungsbeschränkung des Art. 17 Abs. 1 um eine **persönliche Dimension,** die sich auf die **Beamten und Bediensteten der Kommission** und der **mitgliedstaatlichen Wettbewerbsbehörden** bezieht. Diese trifft nämlich die persönliche Verpflichtung, alle Informationen, Daten, Erkenntnisse, Unterlagen, etc., von denen sie in Ausübung ihrer Tätigkeit Kenntnis erlangt haben, gegenüber **jedermann** vertraulich zu behandeln. Die Informationen dürfen allein für die Zwecke des Verfahrens verwendet werden, in denen die betroffenen Beamten, Bediensteten u. Ä. tätig sind. Eine **Weitergabe an Dritte,** die an dem Verfahren nicht beteiligt sind, ist **ausdrücklich verboten.** Das betrifft nicht nur offensichtliche Fälle, wie die Weitergabe solcher Informationen und Erkenntnisse an Vertreter der Presse, am Verfahren nicht beteiligte Unternehmen oÄ. Das betrifft auch die Weitergabe an andere Beamte und Bedienstete entweder der Kommission oder der Mitgliedstaaten, die in die Behandlung des betreffenden Falles nicht involviert sind. Verstöße gegen die aus Art. 17 Abs. 2 erwachsene Verpflichtung können sowohl mit **Disziplinarmaßnahmen** der Kommission bzw. der Mitgliedstaaten geahndet werden als auch durch **Schadenersatzansprüche,** die von den geschädigten Unternehmen oder auch natürlichen Personen geltend gemacht werden können (EuGH Slg. 1985, 3539 Adams).

7 Allerdings hat das Gericht entschieden, dass ein Verstoß gegen das Berufsgeheimnis keine Auswirkungen auf die Rechtmäßigkeit einer getroffenen Bußgeldentscheidung hat, sofern keine Anhaltspunkte dafür vorliegen, dass die Verletzung des Berufsgeheimnisses Auswirkungen auf die Entscheidungsfindung der Kommission hatte. Etwas anderes kann nach der Auffassung des EuG nur gelten, wenn durch die Verletzung des Berufsgeheimnisses ein **faktischer Zwang** begründet wird, der eine unabhängige Entscheidungsfindung durch das Kollegium der Kommissare nicht mehr möglich macht. Dies wird **in aller Regel zu verneinen** sein (EuG Slg. 2011 II-477 Rn. 402 Siemens). Diese Auffassung des EuG ist uE zu restriktiv. In der Praxis kommt es häufig vor, dass ein oder zwei Tage vor der förmlichen Entscheidung des Kommissarkollegiums Informationen an die Öffentlichkeit gelangen, die eine völlig unabhängige Entscheidungsfindung zumindest beeinträchtigen. Die restriktive Haltung des EuG lässt Verstöße gegen das Berufsgeheimnis damit praktisch unsanktioniert, da sowohl Disziplinarmaßnahmen als auch Schadenersatzansprüche nur äußerst selten vorkommen.

8 **b) Anspruch der Öffentlichkeit auf Zugang zu Dokumenten.** Eine besondere Dimension hat Art. 17 durch jüngst veröffentliche Entscheidungen des Gerichts und des Gerichtshofs zur Reichweite der **VO 1049/2001** über den **Zugang der Öffentlichkeit zu Dokumenten des Europäischen Parlaments, des Rates und der Kommission** erhalten (ABl. 2001 L 145/43; grundsätzlich dazu *Kellerbauer,* WuW 2011, 688ff.). Einer Entscheidung des Gerichts lag ein Begehren des Österreichischen Vereins für Konsumenteninformation zugrunde, der die Kommission um Einsicht in die Verwaltungsakten bat, die die Entscheidung der Kommission hinsichtlich eines von der Kommission aufgedeckten stattgefundenen Kartells zwischen acht österreichischen Banken (sog. Lombard-Club) aufgedeckt hatte. Der Verein betrieb mehrere Zivilprozesse vor österreichischen Gerichten und versprach sich durch die Akteneinsicht zusätzliche Erkenntnisse, die in dem Gerichtsverfahren verwendet wer-

den könnten. Die Kommission lehnte den Antrag ab, ohne vorher die in der Akte enthaltenen Dokumente konkret geprüft zu haben. Das Gericht schloss zwar nicht aus, dass ein wesentlicher Teil der Akte dem Verein nicht zugänglich sein würde. Allerdings hätte die Kommission den Verein zumindest Einsichtnahme zu einem Teil der Akte gewähren müssen (EuG Slg. 2005 II-1121 Rn. 47 Verein für Konsumenteninformation). Die Entscheidung ist insoweit von Bedeutung, als Dritte auf der Grundlage der genannten Verordnung und **entgegen der Bestimmung in Art. 28 Abs. 1 VO 1/2003 bzw. Art. 18** unter bestimmten Voraussetzungen **Zugang zu Dokumenten der Kommission** verlangen können (EuG 22.5.2012 T-344/08 EnBW; einschränkend dagegen Schlussanträge von *GA Villalon* 3.10.2013 C-365/12 P, NZKart 2014, 112; der EuGH hat sich dem GA angeschlossen und das Urteil des EuG aufgehoben, EuGH 27.2.2014 C-365/12 P EnBW, NZKart 2014, 112; **für den Bereich der Fusionskontrolle** EuGH 28.6.2012 C-404/10 P Odile Jacob sowie EuGH 28.6.2012 C-477/10 P Agrofert). Das soll selbst dann gelten, wenn es sich um ein Verfahren handelt, an dem die Einsicht begehrende Partei nicht beteiligt war. Dies ist eine bedenkliche Entwicklung, die mit der Zielrichtung von Art. 17 Abs. 1 VO 1/2003 nicht vereinbar ist.

4. Behandlung von Geschäftsgeheimnissen

Ein besonderes Problem stellt sich, wenn es nicht nur um die Verwertung einfacher, 9
der Kommission im Rahmen eines Ermittlungsverfahrens überlassener Informationen und Unterlagen geht, sondern um vertrauliche Informationen. Informationen, Unterlagen und Daten, die Geschäftsgeheimnisse der betroffenen Unternehmen enthalten, dürfen auch am Verfahren beteiligten Drittunternehmen nicht zugänglich gemacht werden. Der **Schutz von Geschäftsgeheimnissen** geht über das hinaus, was Art. 17 ohnehin regelt. Insoweit besteht ein Sachzusammenhang mit der Regelung in Art. 18 VO 802/2004. Geschäftsgeheimnisse unterliegen einem umfassenden Schutz.

Die eigentliche Problematik liegt darin, unter welchen Voraussetzungen ein 10
schutzwürdiges Geschäftsgeheimnis vorliegt. Dies kann nur im Einzelfall beantwortet werden (EuGH Slg. 1994 I-667 Hilti). Grundsätzlich ist es Aufgabe der Kommission, den vertraulichen Charakter eines Dokumentes oder einer Unterlage als Geschäftsgeheimnis zu identifizieren. Dabei muss den betroffenen Unternehmen **umfassendes rechtliches Gehör** gewährt werden. Die Kommission ist nicht berechtigt, das Verlangen des betroffenen Unternehmens nach vertraulicher Behandlung eines Geschäftsgeheimnisses einfach abzuweisen. Vielmehr muss die Kommission einen **förmlichen Beschluss nach Art. 288 Abs. 4 AEUV** treffen. Diese kann von den betroffenen Unternehmen im Wege der Nichtigkeitsklage von den europäischen Gerichten überprüft werden (so bereits EuGH Slg. 1986 1965 Rn. 29 Akzo; für die Auseinandersetzung über den Schutzbereich des sog. **Legal Professional Privilege** EuGH Slg. 2010 I-8301 Akzo).

Art. 18 Anhörung Beteiligter und Dritter

(1) **Vor Entscheidungen nach Artikel 6 Absatz 3, Artikel 7 Absatz 3, Artikel 8 Absätze 2 bis 6, Artikel 14 und Artikel 15 gibt die Kommission den betroffenen Personen, Unternehmen und Unternehmensvereinigungen Gelegenheit, sich zu den ihnen gegenüber geltend gemachten Einwänden in allen Abschnitten des Verfahrens bis zur Anhörung des Beratenden Ausschusses zu äußern.**

(2) **Abweichend von Absatz 1 können Entscheidungen nach Artikel 7 Absatz 3 und Artikel 8 Absatz 5 vorläufig erlassen werden, ohne den betroffenen Personen, Unternehmen oder Unternehmensvereinigungen zuvor Ge-**

legenheit zur Äußerung zu geben, sofern die Kommission dies unverzüglich nach dem Erlass ihrer Entscheidung nachholt.

(3) **Die Kommission stützt ihre Entscheidungen nur auf die Einwände, zu denen die Betroffenen Stellung nehmen konnten. Das Recht der Betroffenen auf Verteidigung während des Verfahrens wird in vollem Umfang gewährleistet. Zumindest die unmittelbar Betroffenen haben das Recht der Akteneinsicht, wobei die berechtigten Interessen der Unternehmen an der Wahrung ihrer Geschäftsgeheimnisse zu berücksichtigen sind.**

(4) **Sofern die Kommission oder die zuständigen Behörden der Mitgliedstaaten es für erforderlich halten, können sie auch andere natürliche oder juristische Personen anhören. Wenn natürliche oder juristische Personen, die ein hinreichendes Interesse darlegen, und insbesondere Mitglieder der Leitungsorgane der beteiligten Unternehmen oder rechtlich anerkannte Vertreter der Arbeitnehmer dieser Unternehmen einen Antrag auf Anhörung stellen, so ist ihrem Antrag stattzugeben.**

1. Einführung

1 Das Regime der europäischen Fusionskontrolle unterscheidet sich von den Bestimmungen der Kartellverfahrens-VO 1/2003 in erster Linie dadurch, dass es nicht um die repressive Durchsetzung der Verbotsbestimmungen in den Art. 101 und 102 AEUV geht, die für die betroffenen Unternehmen belastend sind, zB durch Untersagungsverfügungen oder auferlegte Sanktionen. Im Rahmen der VO 139/2004 wird den betroffenen Unternehmen die Verpflichtung auferlegt, Zusammenschlussvorhaben von gemeinschaftsweiter Bedeutung im Wege präventiver Fusionskontrollanmeldungen der Kommission zur Kenntnis zu bringen, damit sie diese prüfen und entsprechend bescheiden kann. Letztlich ist also das Bemühen der betroffenen Unternehmen auf einen **begünstigenden Rechtsakt der Kommission** gerichtet. In den meisten Fällen kann die Kommission eine entsprechende Genehmigungsentscheidung aussprechen, die die gewünschte Begünstigung für die Zusammenschlussbeteiligten zum Gegenstand hat. In einigen Fällen geben die Zusammenschlussvorhaben jedoch Anlass zu Bedenken unter Berücksichtigung der materiellen Prüfungskriterien in Art. 2 und sind nicht ohne Weiteres genehmigungsfähig. Dies führt häufig dazu, dass eine Genehmigungsentscheidung von Zusagen abhängig gemacht wird. In Einzelfällen kommt es auch zu Untersagungen.

2 Vor diesem Hintergrund wird deutlich, dass nicht nur im Falle von Kartellermittlungsverfahren **rechtsstaatliche Grundsätze** beachtet werden müssen. Auch in Fusionskontrollverfahren dürfen rechtsstaatliche Grundsätze nicht außer Betracht bleiben, selbst wenn der Grad der Betroffenheit im Falle von Fusionskontrollverfahren ein anderer ist als im Kontext der Kartellverfolgung. In der **VO 1/2003** findet sich die Grundnorm zum **Schutz der Verteidigungsrechte in Art. 27,** der durch die Durchführungs-VO 773/2004 (Anhang A 2) ergänzt und näher ausgeführt wird. Ähnlich verhält es sich mit der VO 139/2004. Diese regelt in Art. 18 die Grundnorm für die Anhörung Beteiligter und Dritter. Diese Norm bedarf ebenfalls der Detaillierung und näheren Ausführung, was durch die Durchführungs-VO der Kommission 802/2004 (Anhang A 3) geschehen ist. Hinzu kommen weitere Rechtsakte und Äußerungen der Kommission, insbesondere die **Mitteilung über Akteneinsicht** (Anhang B 17), das **Mandat des Anhörungsbeauftragten** der Kommission (ABl. 2011 L 275/29, Anhang A 5) sowie die sog. **Best Practices Notice** on the Conduct of EC Merger Control Proceedings (verfügbar auf der Website der Kommission http://ec.europa.eu/competition/mergers/legislation/proceedings.pdf).

3 Art. 18 regelt unterschiedliche Aspekte des **rechtlichen Gehörs** und der **Verteidigungsrechte.** Nach Abs. 1 muss die Kommission vor dem Erlass bestimmter, in

Abs. 1 genannter Entscheidungen den betroffenen Personen, Unternehmen und Unternehmensvereinigungen Gelegenheit geben, sich zu den ihnen gegenüber geltend gemachten Einwänden äußern zu können. Abs. 2 sieht hiervon für einige Sonderfälle eine Ausnahme vor. Danach kann die Anhörung der Adressaten unter bestimmten Voraussetzungen nachgeholt werden. Von zentraler Bedeutung ist die Bestimmung in Abs. 3. Danach darf die Kommission ihre Entscheidung nur auf Einwände stützen, zu denen die Betroffenen haben Stellung nehmen können. Die Norm gewährleistet das uneingeschränkte Recht der Betroffenen auf Verteidigung während des gesamten Verfahrens. Dieses umfasst das Recht der **Akteneinsicht** (Abs. 3) sowie der **Anhörung** (Abs. 4).

2. Allgemeines Anhörungsrecht

Nach Abs. 1 muss die Kommission betroffenen Personen, Unternehmen und Unternehmensvereinigungen vor Erlass einer Entscheidung, die sie auf der Grundlage von Art. 6 Abs. 3, von Art. 7 Abs. 3, von Art. 8 Abs. 2–6, auf der Grundlage von Art. 14 sowie von Art. 15 erlassen will, **Gelegenheit zur Äußerung** geben. Dies muss, wie Abs. 1 ausdrücklich klarstellt, **während aller Abschnitte des Verfahrens** bis zum Zeitpunkt der Anhörung des Beratenden Ausschusses möglich sein. Berechtigt werden dadurch „betroffene Personen, Unternehmen und Unternehmensvereinigungen". Dabei handelt es sich um die Zusammenschlussbeteiligten iSv Art. 3 Abs. 1 sowie die sonstigen Beteiligten, zB also solche Unternehmen, die keine Kontrollrechte erwerben, aber beispielsweise als Zielunternehmen oder durch den Erwerb einer Minderheitsbeteiligung anderweitig in das Fusionskontrollverfahren involviert sind. Darüber hinaus gewährt die Kommission während der Ermittlungen auch **Dritten** die Möglichkeit, sich zu den Auswirkungen des Zusammenschlussvorhabens zu äußern (vgl. Art. 11 und Art. 14 VO 802/2004, Anhang A 3). 4

Die Anhörung erfolgt, entsprechend den Grundsätzen der Best Practices Notice, in der Regel durch **schriftliche und telefonische Kontakte** (vgl. Art. 12 VO 802/2004). Während des Verfahrens werden darüber hinaus **sog. State of Play-Meetings** angeboten. Dies geschieht zwar in der Mehrzahl der Fälle nicht, da die meisten Zusammenschlussvorhaben keine gravierenden wettbewerblichen Bedenken aufwerfen. In den anderen Fällen, die nicht ohne eine vertiefte Prüfung abgeschlossen werden können, sind jedoch nach der Best Practices Notice bis zu fünf State of Play-Meetings vorgesehen (Rn. 30ff. Best Practices Notice). An diesen nehmen üblicherweise die Zusammenschlussbeteiligten sowie die sonstigen Beteiligten einerseits teil, andererseits die Beamten der Kommission. Nur in Ausnahmefällen werden Dritte zu den Besprechungen hinzugezogen. Der über die State of Play-Meetings hinausgehende telefonische oder schriftliche Kontakt ist nicht auf das eigentliche Prüfungsverfahren beschränkt. Bereits im **Stadium der Pre-Notification Contacts** (Rn. 5ff der Best Practices Notice, dazu auch Art. 6 Rn. 2) finden zahlreiche solcher Kontakte statt. Dies ist sinnvoll und erforderlich, damit sich die Kommission und die Zusammenschlussbeteiligten frühzeitig über die zentralen Themen austauschen können. 5

Grundsätzlich müssen die betroffenen Personen, Unternehmen und Unternehmensvereinigungen vorab gehört werden. Abs. 2 lässt hiervon eine Ausnahme zu, nämlich für Entscheidungen nach Art. 7 Abs. 3 **(Befreiung vom Vollzugsverbot)** und nach Art. 8 Abs. 5 **(Erlass einstweiliger Maßnahmen).** In diesem Fall ist den Betroffenen nach dem Erlass der Entscheidung nachträglich Gelegenheit zur Stellungnahme zu geben. 6

3. Stellungnahme zu Beschwerdepunkten

Beabsichtigt die Kommission Entscheidungen nach Art. 8 Abs. 2–6 zu erlassen, darf sie in diesen nur solche Einwände verwenden, zu denen die Betroffenen Stellung 7 nehmen konnten. Dies geschieht durch die **Mitteilung von Beschwerdepunkten.** Dies wird in **Art. 13 der Durchführungs-VO 802/2004** (Anhang A 3) näher geregelt. Die Beschwerdepunkte werden an die Betroffenen versandt, also an die Zusammenschlussbeteiligten sowie die sonstigen Beteiligten. Dritte haben grundsätzlich keinen Zugang zu den Beschwerdepunkten. Allerdings können solche Dritte, die eine Beteiligung an der Anhörung beantragt haben und ein hinreichendes Interesse darlegen, eine **redigierte Fassung der Beschwerdepunkte** erhalten, die um die Geschäftsgeheimnisse bereinigt ist.

8 Die Beschwerdepunkte müssen sämtliche Aspekte und Einwände enthalten, die die Kommission in ihrer endgültigen Entscheidung zu verwenden gedenkt. Da es sich bei den Beschwerdepunkten um ein **vorläufiges Dokument** handelt, das in erster Linie darauf gerichtet ist, den Betroffenen rechtliches Gehör zu gewähren, damit sie von ihren Verteidigungsrechten Gebrauch machen können, binden sie die Kommission nicht. Diese kann im weiteren Verlauf des Verfahrens ihre Beurteilung des Vorhabens und die Einschätzung bestimmter Sachverhaltskomponenten ändern. Eine Bindungswirkung tritt weder gegenüber den Betroffenen noch gegenüber Dritten ein (so ausdrücklich EuGH Slg. 2008 I-4951 Impala). Sofern die Kommission zugunsten der Beteiligten von ihren Beschwerdepunkten abweicht, indem sie zB formulierte Einwände aufgibt, bedarf dies keiner ausdrücklichen, schriftlichen Bestätigung. Wenn dagegen die Beschwerdepunkte durch weitere Einwände ergänzt werden sollen, bedarf es eines ergänzenden Schreibens **(Letter of Facts),** so wie dies auch im Rahmen von Kartellermittlungsverfahren nach der VO 1/2003 üblich ist.

9 Die Beteiligten können sich ebenso wie Dritte schriftlich zu den Beschwerdepunkten äußern. Hierzu setzt ihnen die Kommission eine Frist, die im Hinblick auf das enge Fristenregime der VO 139/2004 nur in Ausnahmefällen verlängert werden kann. In der **schriftlichen Erwiderung** sollten die Betroffenen alle Argumente und Gesichtspunkte vortragen, die sie gegen die erhobenen Einwände vorbringen können. Nur auf diese Weise lässt sich gewährleisten, dass die Kommission den vollständigen Sachverhaltsvortrag und die Rechtsargumente der Betroffenen zur Kenntnis nimmt und ggf. ihre bisherige Einschätzung aufgibt oder modifiziert. In der Erwiderung muss auch eine **mündliche Anhörung beantragt** werden, sofern die Betroffenen ein hinreichendes Interesse daran geltend machen können (Art. 13 Abs. 3 VO 802/2004).

4. Akteneinsicht

10 Im Zuge der Übermittlung der Beschwerdepunkte erhalten die Betroffenen nach Maßgabe der Art. 17f. VO 802/2004 **Einsicht in die Verfahrensakte der Kommission.** Die Einzelheiten sind in **Art. 17f. VO 802/2004** sowie in der **Mitteilung Akteneinsicht** (Anhang B 17) geregelt. Dritte erhalten grundsätzlich keine Akteneinsicht, auch nicht auf der Grundlage der sog. Transparenz-VO 1049/2001 (EuGH 28.6.2012 C-404/10 P Odile Jacob sowie EuGH 28.6.2012 C-477/10 P Agrofert). Das Verfahren der Akteneinsicht in Fusionskontrollverfahren orientiert sich stark an den Standards, die im Zusammenhang mit Kartellermittlungsverfahren nach der VO 1/2003 entwickelt wurden (vgl. hierzu die Erläuterungen zu Art. 27 VO 1/2003).

5. Anhörung

11 Haben die Betroffenen im Rahmen ihrer Erwiderung auf die Beschwerdepunkte eine Anhörung beantragt (Art. 5 Beschluss zum Anhörungsbeauftragten, Anhang A 5), wird diese nach Maßgabe der **Art. 5f. der Durchführungs-VO 802/2004** (Anhang A 3) vom Anhörungsbeauftragten einberufen, organisiert und durchgeführt. An der Anhörung können teilnehmen die Zusammenschlussbeteiligten sowie die sonstigen am Zusammenschlussvorhaben Beteiligten, ebenso die Beamten der Kommission

sowie die Vertreter weiterer Generaldirektionen. Auch die Mitgliedstaaten haben ein Teilnahmerecht. Dritte, die ein berechtigtes Interesse nachweisen können, können vom Anhörungsbeauftragten auf Antrag ebenfalls zugelassen werden (Art. 16 VO 802/2004 und Art. 6 Beschluss zum Anhörungsbeauftragten, Anhang A 5). In diese Gruppe fallen zB Wettbewerber, Zulieferer, aber auch Kunden und Verbraucherverbände. Im Rahmen der Anhörung erhalten sämtliche Verfahrensbeteiligte Gelegenheit zur mündlichen Äußerung. Dem Anhörungsbeauftragten muss im Vorhinein mitgeteilt werden, wie viel Zeit für eine Präsentation in Anspruch genommen werden soll. Der Anhörungsbeauftragte organisiert und leitet die Anhörung. Er fertigt einen Bericht, der allen Verfahrensbeteiligten zur Verfügung gestellt wird.

Art. 19 Verbindung mit den Behörden der Mitgliedstaaten

(1) [1]**Die Kommission übermittelt den zuständigen Behörden der Mitgliedstaaten binnen dreier Arbeitstage eine Kopie der Anmeldungen und sobald wie möglich die wichtigsten Schriftstücke, die in Anwendung dieser Verordnung bei ihr eingereicht oder von ihr erstellt werden.** [2]**Zu diesen Schriftstücken gehören auch die Verpflichtungszusagen, die die beteiligten Unternehmen der Kommission angeboten haben, um den Zusammenschluss gemäß Artikel 6 Absatz 2 oder Artikel 8 Absatz 2 Unterabsatz 2 in einer mit dem Gemeinsamen Markt zu vereinbarenden Weise zu gestalten.**

(2) [1]**Die Kommission führt die in dieser Verordnung vorgesehenen Verfahren in enger und stetiger Verbindung mit den zuständigen Behörden der Mitgliedstaaten durch; diese sind berechtigt, zu diesen Verfahren Stellung zu nehmen.** [2]**Im Hinblick auf die Anwendung des Artikels 9 nimmt sie die in Artikel 9 Absatz 2 bezeichneten Mitteilungen der zuständigen Behörden der Mitgliedstaaten entgegen; sie gibt ihnen Gelegenheit, sich in allen Abschnitten des Verfahrens bis zum Erlass einer Entscheidung nach Artikel 9 Absatz 3 zu äußern und gewährt ihnen zu diesem Zweck Akteneinsicht.**

(3) **Ein Beratender Ausschuss für die Kontrolle von Unternehmenszusammenschlüssen ist vor jeder Entscheidung nach Artikel 8 Absätze 1 bis 6 und Artikel 14 oder 15, ausgenommen vorläufige Entscheidungen nach Artikel 18 Absatz 2, zu hören.**

(4) [1]**Der Beratende Ausschuss setzt sich aus Vertretern der zuständigen Behörden der Mitgliedstaaten zusammen.** [2]**Jeder Mitgliedstaat bestimmt einen oder zwei Vertreter, die im Fall der Verhinderung durch jeweils einen anderen Vertreter ersetzt werden können.** [3]**Mindestens einer dieser Vertreter muss für Kartell- und Monopolfragen zuständig sein.**

(5) [1]**Die Anhörung erfolgt in einer gemeinsamen Sitzung, die die Kommission anberaumt und in der sie den Vorsitz führt.** [2]**Der Einladung zur Sitzung sind eine Darstellung des Sachverhalts unter Angabe der wichtigsten Schriftstücke sowie ein Entscheidungsentwurf für jeden zu behandelnden Fall beizufügen.** [3]**Die Sitzung findet frühestens zehn Arbeitstage nach Versendung der Einladung statt.** [4]**Die Kommission kann diese Frist in Ausnahmefällen entsprechend verkürzen, um schweren Schaden von einem oder mehreren an dem Zusammenschluss beteiligten Unternehmen abzuwenden.**

(6) [1]**Der Beratende Ausschuss gibt seine Stellungnahme zu dem Entscheidungsentwurf der Kommission – erforderlichenfalls durch Abstimmung – ab.** [2]**Der Beratende Ausschuss kann seine Stellungnahme abgeben, auch wenn Mitglieder des Ausschusses und ihre Vertreter nicht anwesend sind.** [3]**Diese Stellungnahme ist schriftlich niederzulegen und dem Entscheidungs-**

entwurf beizufügen. [4]Die Kommission berücksichtigt soweit wie möglich die Stellungnahme des Ausschusses. [5]Sie unterrichtet den Ausschuss darüber, inwieweit sie seine Stellungnahme berücksichtigt hat.

(7) **[1]Die Kommission übermittelt den Adressaten der Entscheidung die Stellungnahme des Beratenden Ausschusses zusammen mit der Entscheidung. [2]Sie veröffentlicht die Stellungnahme zusammen mit der Entscheidung unter Berücksichtigung der berechtigten Interessen der Unternehmen an der Wahrung ihrer Geschäftsgeheimnisse.**

1. Überblick

1 Art. 19 regelt die Zusammenarbeit zwischen der Kommission und den Behörden der Mitgliedstaaten. Diese werden über die anhängigen Fusionskontrollverfahren regelmäßig informiert. Art. 19 ist die **Basis informeller und formeller Kontakte** in einzelnen Verfahren und gibt den Mitgliedstaaten die Möglichkeit, auf die Entscheidungsbildung in der Kommission Einfluss zu nehmen. Entscheidungsbefugnisse haben die Mitgliedstaaten in den Fusionskontrollverfahren auch dann nicht, wenn ein besonderes Interesse einzelner Mitgliedstaaten besteht, zB im Hinblick auf die Betroffenheit bestimmter Unternehmen oder bestimmter nationaler Märkte. Das gilt auch für den Beratenden Ausschuss, in dem alle Mitgliedstaaten vertreten sind. Außer mit den EU-Mitgliedstaaten ist die Kommission auch in den vom EWR-Abkommen erfassten Fusionskontrollfällen (Art. 57 EWR-Abkommen, Art. 2 Protokoll 24 dazu, vgl. Anhang A 1A und B) auch zur Zusammenarbeit mit der **EFTA-Überwachungsbehörde** (nicht den einzelnen EFTA-Mitgliedstaaten) verpflichtet (vgl. dazu auch *Ohlhoff/Fleischmann* in MünchKomm Art. 19 FKVO Rn. 29ff.).

2. Zusammenarbeit im Einzelnen (Abs. 1, 2)

2 Nach Abs. 1 ist die Kommission verpflichtet, den Mitgliedstaaten **Kopien aller Anmeldungen** zu überlassen. Inzwischen ist das technisch dadurch erleichtert, dass die Anmeldungen auch elektronisch einzureichen sind. Abs. 1 sieht für die Überlassung an die Mitgliedstaaten eine Frist von drei Tagen vor. Für die Übersendung der **anderen „wichtigsten" Schriftstücke** ist keine genaue Frist vorgesehen; sie hat vielmehr „so bald wie möglich" zu erfolgen. Dabei handelt es sich nicht nur um Schriftstücke, die die anmeldenden Unternehmen selbst einreichen, sondern auch wesentliche Schriftstücke der Kommission, die insbesondere während der 2. Phase des Fusionskontrollverfahrens entstehen (insbesondere Einleitungsentscheidung, Beschwerdepunkte). Ein darüber hinausgehendes Akteneinsichtsrecht steht den Mitgliedstaaten nicht zu (so auch *Baron* in LB Art. 19 FKVO Rn. 12; *Körber* in IM Art. 19 Rn. 7; *Ohlhoff/Fleischmann* in MünchKomm Art. 19 Rn. 14).

3 Gesondert ist vorgesehen, dass die Mitgliedstaaten auch über alle **Verpflichtungszusagen** informiert werden, die die beteiligten Unternehmen abgeben, um auf der Grundlage der Art. 6 Abs. 2 und 8 Abs. 2 Unterabs. 2 eine Vereinbarkeitsentscheidung mit Bedingungen oder Auflagen zu erreichen. Die Mitgliedstaaten sollen informiert sein, wenn die Kommission problematische Fälle auf diese Weise löst, zumal der Beratende Ausschuss bei Entscheidungen nach Art. 6 Abs. 2 (im Gegensatz zu Entscheidungen nach Art. 8 Abs. 2 Unterabs. 2) nicht konsultiert wird. Auch diese Informationsverpflichtungen sind unabhängig davon, ob und in welcher Weise die Mitgliedstaaten an dem einzelnen Fusionskontrollfall interessiert sind. Das ändert nichts daran, dass besonders „betroffene" Mitgliedstaaten vorab und intensiver als andere auf informeller Basis informiert werden können.

4 Abs. 2 S. 1 enthält den Grundsatz, dass die Kommission die Verfahren nach der VO 139/2004 „in **enger und stetiger Verbindung mit den zuständigen Behörden der Mitgliedstaaten**" durchführt. Die Verpflichtung nach S. 1 bezieht sich nicht

nur auf die durch Anmeldung eingeleiteten Fusionskontrollverfahren, sondern auch auf die anderen in der VO 139/2004 geregelten Verfahren wie insbesondere Verfahren zum Widerruf einer Vereinbarkeitsentscheidung und Bußgeldverfahren. Der Begriff der „zuständigen“ Behörden der Mitgliedstaaten bezieht sich auf die jeweilige innerstaatliche Zuständigkeit, nicht etwa darauf, dass in den jeweiligen Verfahren eine Selektion der Mitgliedstaaten nach dem Grad ihrer Betroffenheit durch das jeweilige Verfahren erfolgen könnte. Dennoch kann die Kooperationsverpflichtung nach Abs. 2 S. 1 dazu führen, dass in einzelnen Verfahren die besondere „Betroffenheit“ eines Mitgliedstaates Anlass ist, mit diesem besonders eng zusammenzuarbeiten, insbesondere auch im Hinblick darauf, dass der Mitgliedstaat der Kommission zusätzliche Informationen zur Verfügung stellen kann. In Deutschland ist nach § 50 Abs. 5 GWB das **Bundeskartellamt** die „zuständige“ Behörde (dazu *Bechtold* GWB, § 50 Rn. 11). Die Mitgliedstaaten sind berechtigt, in jedem Verfahren schriftlich oder mündlich Stellung zu nehmen und dadurch auf die Entscheidung der Kommission Einfluss zu nehmen. Die Kommission ist aber an Stellungnahmen und Wünsche der Mitgliedstaaten nicht gebunden.

Abs. 2 S. 2 sieht eine besondere Kooperationsverpflichtung der Kommission im Hinblick auf die **Möglichkeit der Verweisung** eines bei der Kommission angemeldeten Zusammenschlusses an ein oder mehrere Mitgliedstaaten vor. Die Kommission ist hiernach gehalten, Mitteilungen der Mitgliedstaaten auf der Grundlage des Art. 9 Abs. 2, die der Sache nach Verweisungsanträge sind, „entgegen zu nehmen“. Nach Eingang einer entsprechenden Mitteilung ist die Kommission auf der Grundlage des Art. 9 Abs. 3 zu deren Prüfung verpflichtet und zu entscheiden, ob sie den Fall selbst weiterbehandelt oder ihn ganz oder teilweise an den Mitgliedstaat verweist, der die Mitteilung nach Art. 9 Abs. 2 erstattet hat. Abs. 2 S. 2 trägt dem besonderen Bedürfnis nach Zusammenarbeit in diesen Fällen Rechnung. Diese Zusammenarbeit bezieht sich dann aber nur auf den oder die Mitgliedstaaten, die die Mitteilung erstattet haben. Wenn die Kommission hiernach gehalten ist, den betroffenen Mitgliedstaaten Gelegenheit zu geben, „sich in allen Abschnitten des Verfahrens bis zum Erlass einer Entscheidung nach Art. 9 Abs. 3 zu äußern“, bedeutet das insbesondere, dass die betroffenen Mitgliedstaaten vor einer Entscheidung nach Art. 9 Abs. 3 informiert werden und auf diese Weise rechtliches Gehör erhalten. Dieses rechtliche Gehör wird auch dadurch abgesichert, dass die betroffenen Mitgliedstaaten ausdrücklich „Akteneinsicht“ erhalten, also Einsicht in alle Unterlagen, die für die Entscheidung über die Verweisung oder Nicht-Verweisung relevant sein können. 5

Art. 19 Abs. 1 und 2 enthält **keine Sprachenregelung.** Die Kommission kann alle Unterlagen in ihrer Originalsprache an die Mitgliedstaaten senden; sie ist nicht verpflichtet, irgendwelche Übersetzungen zur Verfügung zu stellen. Die Mitgliedstaaten können ihrerseits in ihrer Amtssprache reagieren, und es ist Angelegenheit der Kommission sicherzustellen, dass die von den Mitgliedstaaten eingereichten Schriftsätze und Unterlagen in die Arbeitssprache des Case Teams übertragen werden. 6

3. Beratender Ausschuss (Abs. 3–7)

a) Einrichtung eines Beratenden Ausschusses. Ebenso wie für Verfahren nach der VO 1/2003 (vgl. insoweit Art. 14 VO 1/2003, →VO 1/2013 Art. 14 Rn. 4ff.) sind die Mitgliedstaaten formalisiert in die Entscheidungsfindung der Kommission durch einen „Beratenden Ausschuss“ eingebunden. Der „Beratende Ausschuss für die Kontrolle von Unternehmenszusammenschlüssen“ entspricht im Wesentlichen dem „Beratenden Ausschuss für Kartell- und Monopolfragen“, der im Anwendungsbereich der VO 2/2003 nach deren Art. 14 Abs. 1 gebildet wird. Er besteht aus ein oder zwei **Vertretern der Mitgliedstaaten.** Mindestens einer dieser Vertreter muss für Kartell- und Monopolfragen zuständig sein. Damit wird der Möglichkeit Rechnung getragen, dass in einzelnen Mitgliedstaaten unterschiedliche Zu- 7 ständigkeiten für Fusionskontrollverfahren und Kartellverfahren bestehen. Obwohl in Deutschland im Hinblick auf die Möglichkeit einer Ministererlaubnis nach § 42 GWB auch eine Zuständigkeit des Bundeswirtschaftsministeriums als Kartellbehörde für Fusionskontrollfragen in Betracht kommt, kann uE das Bundeswirtschaftsministerium keinen Vertreter in den Beratenden Ausschuss entsenden. Nach § 50 Abs. 5 GWB ist insoweit zuständige Behörde **ausschließlich das Bundeskartellamt** (anders in der Rechtslage vor 2005, vgl. zur Vertretung des Bundeswirtschaftsministeriums im Beratenden Ausschuss im Fall Mercedes-Benz/Kässbohrer *Löffler* WuW 1995, 385, 387). Bei der Mitgliedschaft im Beratenden Ausschuss handelt es sich nicht um persönliche Mitgliedschaften; vielmehr sind die jeweiligen Behörden Mitglieder, die autonom darüber bestimmen, welche ein oder zwei Vertreter sie in den Beratenden Ausschuss entsenden. Da das Bundeskartellamt sowohl für die Fusionskontrolle als auch für Kartell- und Monopolfragen zuständig ist, gilt diese Zuständigkeit auch für jeden Vertreter des Bundeskartellamts. Anders als nach Art. 14 Abs. 2 VO 1/2003 wird für die Teilnahme an Sitzungen des Beratenden Ausschusses nicht differenziert zwischen Einzelfragen (kritisch zu dieser Zuständigkeit *Baron* in LB Art. 19 FKVO Rn. 21) und generellen Fragen der Fusionskontrolle. Dennoch besteht auch für derartige Fragen eine Zuständigkeit des Beratenden Ausschusses (vgl. Art. 23 Abs. 2).

8 **b) Zuständigkeit des Beratenden Ausschusses (Abs. 3).** Nach Abs. 3 ist der Beratende Ausschuss **nur vor bestimmten Entscheidungen zu hören,** nämlich allen Entscheidungen, die **nach Art. 8** nach Verfahrenseinleitung (in der Phase 2) ergehen, außerdem vor allen Entscheidungen, durch die **Geldbußen** oder Zwangsgelder nach Art. 14 oder 15 festgesetzt werden. Keine Anhörung des Beratenden Ausschusses ist vorgesehen bei vorläufigen Entscheidungen nach Art. 18 Abs. 2; das ergibt sich schon daraus, dass bei diesen Verfahren die für die Anhörung erforderliche Zeit nicht zur Verfügung steht. Der Beratende Ausschuss hat **keine Funktion bei den Entscheidungen nach Art. 6** und bei Entscheidungen über die Verweisung von Fällen an die Mitgliedstaaten nach Art. 9. Abgesehen davon, dass auch dafür die Fristen nicht ausreichen, entstünde damit – insbesondere im Hinblick auf die Vereinbarkeitsentscheidungen nach Art. 6 Abs. 1 lit. b – ein nicht zu bewältigendes „Massenproblem". In den Fällen der Verweisung an einzelne Mitgliedstaaten nach Art. 9 ist dem Kooperationsbedürfnis mit den Mitgliedstaaten dadurch Rechnung getragen, dass nach Abs. 2 S. 2 in diesen Fällen eine enge Verbindung mit dem oder den betroffenen Mitgliedstaat(en) besteht. Der Beratende Ausschuss hat keine darüber hinausgehende Anhörungsrechte und **kein Initiativrecht.**

9 **c) Verfahren der Anhörung (Abs. 5–7).** Die Kommission lädt zu den Sitzungen des Beratenden Ausschusses ein; sie führt den Vorsitz. Die Verordnung geht davon aus, dass ein physisches Zusammentreffen stattfindet; Sitzungen in Telefon- oder Video-Konferenzen sind nicht ausdrücklich vorgesehen, aber wohl auch nicht ausgeschlossen. Der Einladung zu den Sitzungen sind Entscheidungsentwürfe beizufügen, außerdem jeweils (soweit zusätzlich zum Entscheidungsentwurf erforderlich) Darstellungen des Sachverhalts. Die darüber hinaus entstandenen „wichtigsten Schriftstücke" sind nicht unbedingt beizufügen, aber aufzulisten. Der Verordnungsgeber geht offenbar davon aus, dass diese Schriftstücke den Mitgliedstaaten schon auf der Grundlage des Abs. 1 zur Verfügung gestellt wurden. Zwischen der Einladung und der Sitzung ist grundsätzlich eine Frist von zehn Arbeitstagen einzuhalten. Diese Frist kann aber in Ausnahmefällen verkürzt werden. Da die Entscheidungen durchweg in eingeleiteten Verfahren (der 2. Phase) ergehen, steht im Allgemeinen im Rahmen der dafür zur Verfügung stehenden Frist von 90 Tagen diese Vorbereitungszeit auch tatsächlich zur Verfügung. Der Beratende Ausschuss gibt zu den Entscheidungsentwürfen **Stellungnahmen** ab. Sie werden im Allgemeinen nur als Zustimmung oder Ablehnung protokolliert. Diese Stellungnahme des Beratenden Ausschusses ist den anmeldenden Unternehmen als Adressaten der

Entscheidung zusammen mit dieser zu übermitteln und, soweit nicht Geschäftsgeheimnisse betroffen sind, zu veröffentlichen.

Die Kommission hat nach Abs. 6 S. 3 die Stellungnahme des Ausschusses **„soweit wie möglich" zu berücksichtigen.** Daraus ergibt sich aber keine Bindung der Kommission, insbesondere auch nicht hinsichtlich des Tenors der Entscheidung. 10

Art. 20 Veröffentlichung von Entscheidungen

(1) **Die Kommission veröffentlicht die nach Artikel 8 Absätze 1 bis 6 sowie Artikel 14 und 15 erlassenen Entscheidungen, ausgenommen vorläufige Entscheidungen nach Artikel 18 Absatz 2, zusammen mit der Stellungnahme des Beratenden Ausschusses im** ***Amtsblatt der Europäischen Union.***

(2) **Die Veröffentlichung erfolgt unter Angabe der Beteiligten und des wesentlichen Inhalts der Entscheidung; sie muss den berechtigten Interessen der Unternehmen an der Wahrung ihrer Geschäftsgeheimnisse Rechnung tragen.**

Art. 20 entspricht Art. 30 VO 1/2003. Er enthält nicht nur eine **Veröffentlichungspflicht,** sondern auch ein **Veröffentlichungsrecht,** das eine Beeinträchtigung von Interessen der dadurch betroffenen Unternehmen und Personen impliziert. Abs. 2 sieht vor, dass „den berechtigten Interessen der Unternehmen an der Wahrung ihrer **Geschäftsgeheimnisse** Rechnung" getragen werden muss. Das bezieht sich aber nur auf bestimmte Inhalte der Entscheidung, nicht auf die – in jedem Falle veröffentlichungspflichtige Entscheidung als solche und ihren wesentlichen Inhalt einschließlich der verhängten Sanktionen. 1

Abs. 1 zählt die **zu veröffentlichenden Entscheidungen** auf, nämlich 2
- Vereinbarkeitsentscheidungen nach Art. 8 Abs. 1 und 2,
- Unvereinbarkeitsentscheidungen nach Art. 8 Abs. 3,
- Auflösungsentscheidung nach Art. 8 Abs. 4,
- Einstweilige Anordnung nach Art. 8 Abs. 5,
- Widerrufsentscheidung nach Art. 8 Abs. 6,
- Bußgeldentscheidung nach Art. 14 und
- Zwangsgeldentscheidung nach Art. 15.

An **anderen Stellen der FKVO** sind noch drei weitere Veröffentlichungen vorgesehen, nämlich die der Tatsache der Anmeldung (Art. 4 Abs. 3 S. 1) und der Stellungnahmen des Beratenden Ausschusses (Art. 19 Abs. 7 S. 2); außerdem ist in Art. 17 Abs. 3 die Veröffentlichung von „Übersichten oder Zusammenfassungen" geregelt, „die keine Angaben über einzelne Unternehmen oder Unternehmensvereinigungen enthalten". 3

Von der Veröffentlichung **ausgenommen** sind **vorläufige Entscheidungen** nach Art. 18 Abs. 2, d. h. solche, die ergehen, ohne den betroffenen Personen, Unternehmen oder Unternehmensvereinigungen zuvor Gelegenheit zur Äußerung gegeben zu haben. Die einstweilige Anordnung nach Art. 8 Abs. 5 ist von dieser Ausnahme nur erfasst, wenn sie ohne die vorherige Anhörung erlassen worden ist. Die in Art. 18 Abs. 2 auch erwähnte Freistellung vom Vollzugsverbot wird nicht veröffentlicht; auch für die **Entscheidungen nach Art. 6** ist eine Veröffentlichung nicht ausdrücklich geregelt. Der Umstand, dass alle Entscheidungen nach Art. 6 nicht in das Veröffentlichungsrecht und die Veröffentlichungspflicht des Abs. 1 einbezogen sind, bedeutet nicht, dass sie von der Kommission nicht bekannt gemacht werden dürfen. Die Kommission ist vielmehr berechtigt, auch diese Entscheidungen auf ihrer Internetseite und auf andere Weise (Amtsblatt Teil C) bekannt zu machen. Allerdings ergibt sich aus Abs. 2, dass im Einzelfall eine stärkere Berücksichtigung der Interessen der betroffenen Unternehmen geboten sein kann. 4

Abs. 2 sieht **nicht** die Veröffentlichung **des vollen Wortlauts** vor; veröffentlichungspflichtig sind nur die Beteiligten (mit Namen und sonstigen Identifizierungs- 5 merkmalen) und der **„wesentliche Inhalt"** der Entscheidung einschließlich der verhängten Sanktionen. Bis 2004 hat die Kommission jeweils den vollen Wortlaut der Entscheidung, bereinigt um Geschäftsgeheimnisse und andere vertrauliche Informationen, im Amtsblatt der Europäischen Union veröffentlicht. Diese Praxis hat sie inzwischen geändert. Sie veröffentlicht im Amtsblatt nur noch Zusammenfassungen der Entscheidungen. Anders als in Art. 30 VO 1/2003 ist ausdrücklich vorgesehen, dass die Veröffentlichung im Amtsblatt der Europäischen Union zu erfolgen hat, also dort wo nach Art. 297 AEUV die Gesetzgebungsakte der Europäischen Union zu veröffentlichen sind; die Veröffentlichungen erfolgen in Teil L (nicht Teil C).

6 Soweit die Kommission außerhalb des Regelungsbereiches des Art. 20 Entscheidungen veröffentlicht, erfolgen diese grundsätzlich in der Verfahrenssprache und zusätzlich in den Arbeitssprachen der Kommission, also in deutscher, englischer und französischer Sprache. Die Veröffentlichungen im Amtsblatt erfolgen **in allen Amtssprachen.**

Art. 21 Anwendung dieser Verordnung und Zuständigkeit

(1) **Diese Verordnung gilt allein für Zusammenschlüsse im Sinne des Artikels 3; die Verordnungen (EG) Nr. 1/2003, (EWG) Nr. 1017/68, (EWG) Nr. 4056/86 und (EWG) Nr. 3975/87 des Rates gelten nicht, außer für Gemeinschaftsunternehmen, die keine gemeinschaftsweite Bedeutung haben und die Koordinierung des Wettbewerbsverhaltens unabhängig bleibender Unternehmen bezwecken oder bewirken.**

(2) **Vorbehaltlich der Nachprüfung durch den Gerichtshof ist die Kommission ausschließlich dafür zuständig, die in dieser Verordnung vorgesehenen Entscheidungen zu erlassen.**

(3) **Die Mitgliedstaaten wenden ihr innerstaatliches Wettbewerbsrecht nicht auf Zusammenschlüsse von gemeinschaftsweiter Bedeutung an.**

Unterabsatz 1 berührt nicht die Befugnis der Mitgliedstaaten, die zur Anwendung des Artikels 4 Absatz 4 oder des Artikels 9 Absatz 2 erforderlichen Ermittlungen vorzunehmen und nach einer Verweisung gemäß Artikel 9 Absatz 3 Unterabsatz 1 Buchstabe b) oder Artikel 9 Absatz 5 die in Anwendung des Artikels 9 Absatz 8 unbedingt erforderlichen Maßnahmen zu ergreifen.

(4) **Unbeschadet der Absätze 2 und 3 können die Mitgliedstaaten geeignete Maßnahmen zum Schutz anderer berechtigter Interessen als derjenigen treffen, welche in dieser Verordnung berücksichtigt werden, sofern diese Interessen mit den allgemeinen Grundsätzen und den übrigen Bestimmungen des Gemeinschaftsrechts vereinbar sind.**

Im Sinne des Unterabsatz 1 gelten als berechtigte Interessen die öffentliche Sicherheit, die Medienvielfalt und die Aufsichtsregeln.

Jedes andere öffentliche Interesse muss der betreffende Mitgliedstaat der Kommission mitteilen; diese muss es nach Prüfung seiner Vereinbarkeit mit den allgemeinen Grundsätzen und den sonstigen Bestimmungen des Gemeinschaftsrechts vor Anwendung der genannten Maßnahmen anerkennen. Die Kommission gibt dem betreffenden Mitgliedstaat ihre Entscheidung binnen 25 Arbeitstagen nach der entsprechenden Mitteilung bekannt.

1. Einführung

1 Art. 21 umfasst zwei **unterschiedliche Regelungsinhalte.** Einerseits begründet die Vorschrift die **ausschließliche Zuständigkeit der Kommission** für die Prü-

fung und Bescheidung von Zusammenschlussvorhaben von gemeinschaftsweiter Bedeutung. Andererseits regelt er das **Verhältnis** der Vorschriften der **VO 139/2004** zu den **anderen, materiell-rechtlichen Bestimmungen des europäischen Wettbewerbsrechts** sowie zu den **innerstaatlichen Wettbewerbsvorschriften.** Vorbehaltlich der in Abs. 3 und Abs. 4 vorgesehenen Ausnahmen gilt ausschließlich europäisches Recht. Das innerstaatliche Wettbewerbsrecht muss dahinter zurücktreten.

Art. 21 entspricht seiner Funktion nach den Regelungen in **Art. 3 VO 1/2003** 2
sowie den Bestimmungen über die Befugnis zur Anwendung des europäischen Wettbewerbsrechts durch einerseits die Kommission und andererseits die nationalen Wettbewerbsbehörden in der VO 1/2003. Der zentrale systematische Unterschied zwischen den beiden Verordnungen besteht darin, dass nach dem Wechsel zum System der Legalausnahme in der VO 1/2003 sowohl die Kommission als auch die mitgliedstaatlichen Wettbewerbsbehörden und -gerichte parallel zur Anwendung der Art. 101 und Art. 102 AEUV aufgerufen sind, während nach Art. 21 Abs. 2 allein die Kommission für die Prüfung und Bescheidung von Zusammenschlussvorhaben mit gemeinschaftsweiter Bedeutung zuständig ist. Anders als nach der Kartellverfahrens-VO gibt es in der VO 139/2004 **keine parallele Zuständigkeit.** Vorbehaltlich der Sondervorschriften in Art. 4 Abs. 4 und Abs. 5 sowie derjenigen in Art. 9 und Art. 22 ist ausschließlich die Kommission für die Prüfung von Zusammenschlussvorhaben von gemeinschaftsweiter Bedeutung iSd Art. 1 und 3 zuständig.

Ähnlich klar geregelt ist die Anwendbarkeit der VO 139/2004. Während nach 3
Art. 3 VO 1/2003 das europäische Wettbewerbsrecht sowie die mitgliedstaatlichen Wettbewerbsrechtsordnungen grundsätzlich parallel anwendbar sind, verdeutlicht Art. 21 Abs. 3, dass für Zusammenschlussvorhaben von gemeinschaftsweiter Bedeutung ausschließlich die Vorschriften der VO 139/2004 gelten sollen. Eine **parallele Anwendung** der europäischen und der mitgliedstaatlichen Fusionskontrollregime ist daher **ausgeschlossen.** Der in Art. 3 VO 1/2003 niedergelegte Grundsatz des Vorrangs des Unionsrechts spielt im Rahmen der Fusionskontrollvorschriften keine Rolle.

2. Ausschließliche Anwendbarkeit der VO 139/2004 (Abs. 1 und Abs. 3)

Rechtstechnisch ist die ausschließliche Anwendbarkeit der Bestimmungen in der 4
VO 139/2004 nicht einfach zu normieren. Bei der VO 139/2004 handelt es sich offensichtlich um eine Verordnung iSv Art. 288 Abs. 2 AEUV und damit um einen **Rechtsakt des sekundären Unionsrechtes.** Als solcher kann er die **Anwendbarkeit des Primärrechts nicht einschränken.** Art. 103 Abs. 2 AEUV, auf den der Erlass der VO 139/2004 u. a. gestützt wurde, lässt dies ebenfalls nicht zu. Der Gerichtshof hat in zwei Entscheidungen deutlich gemacht, unter welchen Voraussetzungen ggf. Art. 101 oder Art. 102 AEUV auf Strukturänderungen, dh auf Zusammenschlussvorhaben anwendbar sein kann (sog. **Continental-Can-Doktrin;** vgl. EuGH Slg. 1973 215 Continental Can; EuGH Slg. 1987 4566 Philip Morris; vgl. dazu Einf. Rn. 6, 7 ff.). Auch wenn diese Doktrin insbesondere nach der Verabschiedung der VO 4064/89 bzw. ihrer Nachfolger-VO 139/2004 in der Praxis keine Rolle gespielt hat, ist doch von der grundsätzlichen Anwendbarkeit dieser Vorschriften des Primärrechtes auszugehen.

Art. 21. Abs. 1 kann und will dies nicht ändern. Deshalb ist dort auch nicht das 5
Verhältnis zwischen den Bestimmungen der VO 139/2004 und den Art. 101 und 102 AEUV geregelt, sondern das Verhältnis zwischen der VO 139/2004 und den Verordnungen VO 1/2003, VO 1017/68, VO 4056/86 (aufgehoben durch die VO 1419/2006, ABl. L 269/1) und VO 3975/87 (aufgehoben durch die VO 411/2004, ABl. L 68/1). Nachdem die **Verordnungen im Verkehrssektor aufgehoben** wurden, hat sich der Bezug auf die VO 4056/86 und auf die VO 3975/87 erübrigt. Die

VO 1017/68 wurde durch die **VO 169/2009** (ABl. L 61/1) ersetzt, ohne dass dies jedoch im Wortlaut in Art. 21 Abs. 1 bisher berücksichtig worden wäre. Es geht also in erster Linie um die **Anwendung der Verfahrensvorschriften,** die sich in den Verordnungen VO 1/2003 und VO 169/2009 finden, nicht jedoch um die Anwendbarkeit der Grundsätze, die sich aus den Art. 101 und 102 AEUV ergeben. Diese bleiben grundsätzlich auch neben den Vorschriften der VO 139/2004, insbesondere neben deren Art. 2 anwendbar.

6 Wenn also ein Zusammenschlussvorhaben von gemeinschaftsweiter Bedeutung iSv Art. 1 und Art. 3 vorliegt, gelten die materiell-rechtlichen wie die Verfahrensregeln der VO 139/2004. Die Kommission muss bei der Prüfung und Bescheidung von Anträgen nach Art. 4 Abs. 1 die materiellen wie die verfahrensrechtlichen Grundsätze anwenden, die sich aus der **VO 139/2004** sowie der **Durchführungs-VO 802/2004** (Anhang A 3) ergeben. Die verfahrensrechtlichen Vorschriften der VO 1/2003 sowie der (nunmehr) VO 169/2009 müssen unberücksichtigt bleiben.

7 Dass damit die Anwendbarkeit der Art. 101 und 102 AEUV nicht berührt ist, ergibt sich unmittelbar aus **Art. 2 Abs. 4 und Abs. 5.** Danach werden **eventuelle Koordinierungsaspekte bei der Gründung eines Gemeinschaftsunternehmens,** das in den Anwendungsbereich der VO 139/2004 fällt, also als sog. **Vollfunktions-GU** (→ Art. 3 Rn. 27ff.) anzusehen ist und die Umsatzschwellen des Art. 1 erfüllt, nach den Kriterien von Art. 101 AEUV beurteilt. Die Prüfung dieser Kriterien erfolgt mit Blick auf die verfahrensrechtlichen Vorgaben der VO 139/2004, nicht jedoch diejenigen der VO 1/2003. Entsprechend ist im **Formblatt CO** in dessen **Abschnitt 10** vorgesehen, dass die an einem Vollfunktions-GU beteiligten Unternehmen Fragen zu den wettbewerbsrechtlichen Aspekten der Koordinierung beantworten und entsprechende Daten und Informationen vorlegen müssen. Es gilt dann insbesondere auch das Fristenregime der VO 139/2004 bzw. der Durchführungs-VO 802/2004.

8 Nicht erfasst davon sind **Teilfunktions-GU,** die nicht unter den Zusammenschlussbegriff des Art. 3 subsumiert werden können, sowie **Vollfunktions-GU, die die Schwellenwerte des Art. 1 nicht erreichen.** Für diese Gemeinschaftsunternehmen gelten die Vorschriften der VO 139/2004 nicht. Sie fallen vielmehr in den **Anwendungsbereich der mitgliedstaatlichen Fusionskontrollregime,** sofern deren Anwendungsvoraussetzungen erfüllt sind. Parallel zu den nationalen Fusionskontrollvorschriften müssen dann ggf. Art. 101 und Art. 102 AEUV berücksichtigt und angewandt werden (*Körber* in IM Art. 21 FKVO Rn. 6f.). Dies erfolgt entweder durch die mitgliedstaatlichen Wettbewerbsbehörden, in Einzelfällen aber auch durch die Europäische Kommission nach Maßgabe der Aufgabenverteilung im Rahmen des europäischen Netzwerkes (ECN, dazu Netzwerksbekanntmachung, Anhang B 28).

9 Art. 21 Abs. 3 Unterabs. 1 stellt klar, dass die Mitgliedstaaten ihr **innerstaatliches Wettbewerbsrecht nicht auf Zusammenschlüsse von gemeinschaftsweiter Bedeutung anwenden.** Dies ist die logische Konsequenz aus der ausschließlichen Anwendung der Regelungen in der VO 139/2004 auf Zusammenschlussvorhaben von gemeinschaftsweiter Bedeutung. Für solche Vorhaben sind die **mitgliedstaatlichen Behörden ohnehin nicht zuständig.** Jedoch könnten sie uU Zusammenschlussvorhaben von gemeinschaftsweiter Bedeutung im Rahmen von Kartellermittlungsverfahren aufgreifen und der Anwendung der mitgliedstaatlichen Rechtsordnungen unterwerfen. Genau dies verbietet jedoch Art. 21 Abs. 3 Unterabs. 1. Die Anwendung des nationalen Kartellrechts ist auf solche Fälle vollumfänglich ausgeschlossen (so überzeugend *Körber* in IM Art. 21 FKVO Rn. 20).

3. Ausschließliche Zuständigkeit der Kommission (Abs. 2)

10 Abs. 2 macht deutlich, dass allein die Europäische Kommission zur Prüfung und Bescheidung von Anmeldungen nach Art. 4 Abs. 1 zuständig ist. **Nationale Wettbe-**

werbsbehörden sind **nicht zuständig** und von der Anwendung der VO 139/2004 ausgeschlossen. Eine Einschränkung der ausschließlichen Zuständigkeit der Kommission erfolgt insoweit, als Entscheidungen der Kommission nach Art. 263 AEUV der Kontrolle durch den Gerichtshof unterliegen.

Eine Ausnahme gilt auch, wenn ein Zusammenschlussvorhaben von gemeinschaftsweiter Bedeutung ganz oder teilweise von **Art. 4 Abs. 4 bzw. nach Art. 9 an die Behörde eines Mitgliedstaates verwiesen** wurde. Dann wird diese Behörde zuständig, und zwar hinsichtlich des verwiesenen Teils des Zusammenschlussvorhabens ausschließlich. Diese Behörde wendet dann auch die nationalen Vorschriften über die Fusionskontrolle an, nicht jedoch die Vorschriften der VO 139/2004 (vgl. dazu *Körber* in IM Art. 9 FKVO Rn. 80). 11

4. Schutzinteressen (Abs. 4)

Eine Ausnahme von der ausschließlichen Anwendbarkeit der VO 139/2004 wie auch der ausschließlichen Zuständigkeit der Kommission ergibt sich unter den **restriktiven Voraussetzungen von Art. 21 Abs. 4 FKVO.** Danach können die Mitgliedstaaten geeignete **Maßnahmen zum Schutz anderer berechtigter Interessen als denjenigen in der VO 139/2004** treffen, sofern diese mit den allgemeinen Grundsätzen und den Bestimmungen des Unionsrechtes vereinbar sind. Unterabs. 2 zählt enumerativ die **öffentliche Sicherheit,** die **Medienvielfalt** und **Aufsichtsregeln** als berechtigte Interessen im Sinne dieser Vorschrift auf. Soweit andere als die genannten öffentlichen Interessen geschützt werden sollen, muss der betreffende Mitgliedstaat der Kommission dies nach Maßgabe von Unterabs. 3 mitteilen, die die Schutzwürdigkeit solcher Interessen nach einer intensiven Prüfung vor der Anwendung der genannten Maßnahmen konstitutiv anerkennen muss. Diese **Entscheidung** (seit dem Inkrafttreten des Lissabonner Vertrages „Beschluss") **iSv Art. 288 Abs. 4 AEUV** muss dem betreffenden Mitgliedstaat binnen 25 Arbeitstagen nach Eingang des Antrages bekannt gegeben werden. 12

In der bisherigen Entwicklung der europäischen Fusionskontrolle haben solche Maßnahmen zum Schutz berechtigter Interessen eine untergeordnete Rolle gespielt. Die Statistik der Kommission (http://ec.europa.eu/competition/mergers/statistics.pdf) weist für den Zeitraum September 1990 bis Ende April 2014 acht Fälle auf, die unter Art. 21 Abs. 4 behandelt wurden. Unter den Begriff „öffentliche Sicherheit" fallen **Militär- und Verteidigungsinteressen** eines Mitgliedstaates iSv Art. 346 AEUV, Aspekte des Gesundheitsschutzes, nationale Konzepte der Energieversorgung und der nuklearen Sicherheit (vgl. hierzu *Körber* in IM Art. 21 FKVO Rn. 28). Unter den Begriff der Medienvielfalt fallen die mitgliedstaatlichen Regime, wie zB in der Bundesrepublik Deutschland sowie in der Republik Österreich, die Zusammenschlussvorhaben im Medienbereich einer eigenständigen, auf die Meinungsvielfalt gerichteten **Konzentrationskontrolle,** in Deutschland zB auf der Grundlage des **Rundfunkstaatsvertrages,** unterwerfen. Unter den Begriff der Aufsichtsregeln fallen insbesondere Regelungen hinsichtlich der Beaufsichtigung von **Banken, Versicherungen** und anderen **Finanzdienstleistern.** 13

Art. 22 Verweisung an die Kommission

(1) **Auf Antrag eines oder mehrerer Mitgliedstaaten kann die Kommission jeden Zusammenschluss im Sinne von Artikel 3 prüfen, der keine gemeinschaftsweite Bedeutung im Sinne von Artikel 1 hat, aber den Handel zwischen Mitgliedstaaten beeinträchtigt und den Wettbewerb im Hoheitsgebiet des beziehungsweise der antragstellenden Mitgliedstaaten erheblich zu beeinträchtigen droht.**

Der Antrag muss innerhalb von 15 Arbeitstagen, nachdem der Zusammenschluss bei dem betreffenden Mitgliedstaat angemeldet oder, falls eine Anmeldung nicht erforderlich ist, ihm anderweitig zur Kenntnis gebracht worden ist, gestellt werden.

(2) **Die Kommission unterrichtet die zuständigen Behörden der Mitgliedstaaten und die beteiligten Unternehmen unverzüglich von einem nach Absatz 1 gestellten Antrag.**

Jeder andere Mitgliedstaat kann sich dem ersten Antrag innerhalb von 15 Arbeitstagen, nachdem er von der Kommission über diesen informiert wurde, anschließen.

Alle einzelstaatlichen Fristen, die den Zusammenschluss betreffen, werden gehemmt, bis nach dem Verfahren dieses Artikels entschieden worden ist, durch wen der Zusammenschluss geprüft wird. Die Hemmung der einzelstaatlichen Fristen endet, sobald der betreffende Mitgliedstaat der Kommission und den beteiligten Unternehmen mitteilt, dass er sich dem Antrag nicht anschließt.

(3) **Die Kommission kann spätestens zehn Arbeitstage nach Ablauf der Frist gemäß Absatz 2 beschließen, den Zusammenschluss zu prüfen, wenn dieser ihrer Ansicht nach den Handel zwischen Mitgliedstaaten beeinträchtigt und den Wettbewerb im Hoheitsgebiet des bzw. der Antrag stellenden Mitgliedstaaten erheblich zu beeinträchtigen droht. Trifft die Kommission innerhalb der genannten Frist keine Entscheidung, so gilt dies als Entscheidung, den Zusammenschluss gemäß dem Antrag zu prüfen.**

Die Kommission unterrichtet alle Mitgliedstaaten und die beteiligten Unternehmen von ihrer Entscheidung. Sie kann eine Anmeldung gemäß Artikel 4 verlangen.

Das innerstaatliche Wettbewerbsrecht des bzw. der Mitgliedstaaten, die den Antrag gestellt haben, findet auf den Zusammenschluss nicht mehr Anwendung.

(4) **Wenn die Kommission einen Zusammenschluss gemäß Absatz 3 prüft, finden Artikel 2, Artikel 4 Absätze 2 und 3, die Artikel 5 und 6 sowie die Artikel 8 bis 21 Anwendung. Artikel 7 findet Anwendung, soweit der Zusammenschluss zu dem Zeitpunkt, zu dem die Kommission den beteiligten Unternehmen mitteilt, dass ein Antrag eingegangen ist, noch nicht vollzogen worden ist.**

Ist eine Anmeldung nach Artikel 4 nicht erforderlich, beginnt die Frist für die Einleitung des Verfahrens nach Artikel 10 Absatz 1 an dem Arbeitstag, der auf den Arbeitstag folgt, an dem die Kommission den beteiligten Unternehmen ihre Entscheidung mitteilt, den Zusammenschluss gemäß Absatz 3 zu prüfen.

(5) **Die Kommission kann einem oder mehreren Mitgliedstaaten mitteilen, dass ein Zusammenschluss nach ihrem Dafürhalten die Kriterien des Absatzes 1 erfüllt. In diesem Fall kann die Kommission diesen Mitgliedstaat beziehungsweise diese Mitgliedstaaten auffordern, einen Antrag nach Absatz 1 zu stellen.**

1. Einführung

1 Nach Art. 22 kann die Kommission **auf Antrag eines oder mehrerer Mitgliedstaaten** jeden Zusammenschluss iSv Art. 3 prüfen, der **keine gemeinschaftsweite Bedeutung** hat, aber den Handel zwischen den Mitgliedstaaten beeinträchtigt und den Wettbewerb im Hoheitsgebiet des betreffenden Mitgliedstaates zu beeinträchti-

gen droht. Gleichzeitig kann die Kommission nach der 2004 novellierten Fusionskontrollverordnung einen Mitgliedstaat auffordern, einen Verweisungsantrag nach Art. 22 Abs. 1 zu stellen (vgl. Art. 22 Abs. 5). Vor allem **Deutschland und Großbritannien** haben Anträge nach Art. 22 gestellt oder sich solchen Anträgen angeschlossen. In den letzten Jahren hat Spanien häufiger von Art. 22 Gebrauch gemacht. So ist **Spanien** der einzige Mitgliedstaat, der an sämtlichen der vier letzten Verweisungsfälle beteiligt war (vgl. etwa Komm., COMP/M.5153 – Arsenal/DSP; COMP/M.5675 – Syngenta/Negocio Semillas Girasol Monsanto; COMP/M.5828 – Procter & Gamble/ Sara Lee Air Care; COMP/M.5969 – SC Johnson/Sara Lee).

Typischerweise hat sich in der Vergangenheit mindestens ein anderer Mitgliedstaat einem Verweisungsantrag angeschlossen, oder der Verweisungsantrag wurde von Anfang an durch mehrere Mitgliedstaaten gestellt. Auf **Antrag eines einzelnen Mitgliedstaats** ist die Kommission bisher erst in wenigen Fällen tätig geworden. Diese Fälle betrafen in der Frühphase der Anwendung von Art. 22 ausnahmslos Verweisungsanträge aus Staaten, die zum Zeitpunkt der Antragstellung noch keine eigene Fusionskontrolle vorweisen konnten (vgl. etwa Komm., IV/M.278 – British Airways/Dan Air; IV/M.553 – RTL/Veronica/Endemol; IV/M.784 – Kesko/Tuko; IV/M.890 – Blokker/Toys „R" Us). Drei Anträge aus Großbritannien hat die Kommission allerdings später ebenfalls angenommen, obwohl sich dem jeweiligen Antrag kein anderer Mitgliedstaat angeschlossen hat (vgl. Komm., COMP/M.4465 – Thrane&Thrane/ Nera; COMP/M.4709 – Apax Partners/Telenor Satellite Services; COMP/M.5020 – Lesaffre/GBI). 2

2. Antragsvoraussetzungen

Ein Antrag auf Verweisung durch einen oder mehrere Mitgliedstaaten muss **vier Voraussetzungen** erfüllen (vgl. Verweisungsmitteilung der Kommission (Anhang B 26), Rn. 42ff.): Der Zusammenschluss muss ein **Zusammenschluss iSv Art. 3,** dh entweder als Fusion oder als Erwerb alleiniger oder gemeinsamer Kontrolle anzusehen sein. Folglich ist der bloße Erwerb von 25% der Anteile oder der Erwerb eines wettbewerblich erheblichen Einflusses (vgl. § 37 Abs. 1 Nr. 3 lit. b und Nr. 4 GWB) kein Zusammenschlusstatbestand, der an die Kommission verwiesen werden kann. Der Zusammenschluss darf außerdem nicht ohnehin nach den Vorgaben der VO 139/2004 bei der Kommission anzumelden sein. Diese Voraussetzung ist an sich selbstverständlich; die Kommission könnte eine originäre Zuständigkeit für sich in Anspruch nehmen, wenn der Fall ohnehin von gemeinschaftsweiter Bedeutung wäre. Bevor eine mitgliedstaatliche Behörde daher einen Verweisungsantrag stellt, wird sie sich in der Regel durch die Prüfung der länderspezifischen Umsätze versichern, dass das Zusammenschlussvorhaben bei der jeweiligen nationalen Kartellbehörde, nicht jedoch bei der Kommission anzumelden ist. Der Zusammenschluss muss darüber hinaus den **Handel zwischen den Mitgliedstaaten beeinträchtigen.** Dabei können die allgemeinen Grundsätze zur Zwischenstaatlichkeit iSv Art. 101 (→ AEUV Art. 101 Rn. 110ff.) und Art. 102 AEUV (→ AEUV Art.102 Rn. 63ff.) herangezogen werden: Der Zusammenschluss muss geeignet sein, den Handel zwischen Mitgliedstaaten aktuell oder potentiell, unmittelbar oder mittelbar zu beeinträchtigen (vgl. dazu EuG, Urteil vom 15.12.1999, Slg. 1999, II-3775 – Kesko Oy/Kommission; vgl. auch Verweisungsmitteilung in Anhang B 26 Rn. 43 und Fn. 35; vgl. außerdem *Körber* in IM Art. 22 FKVO Rn. 31). Die Kommission hat ihre wenigen ablehnenden Entscheidungen (vgl. Komm., COMP/M.3986 – Gas Natural/Endesa; COMP/M.4124 – Coca Cola Hellenic Bottling Company/Lanitis Bros.; offenbar auch COMP/M.5969 – SC Johnson/Sara Lee (in Bezug auf Ungarn)) bislang nie auf dieses Kriterium gestützt. Keine Bedeutung hat bislang gespielt, dass die Kommission erklärt hat, Zusammenschlüsse unterhalb bestimmter Umsatzschwellen (weltweiter Gesamtumsatz der beteiligten Unternehmen von weniger als 2 Mrd. Euro oder gemeinschaftsweiter Umsatz 3 von weniger als 100 Mio. Euro) nicht aufgreifen zu wollen, vgl. Protokollerklärung der Kommission zu Artikel 22 Ziff. a, abgedruckt in WuW 1990, 240, 243).

4 Schließlich muss der Zusammenschluss den **Wettbewerb im Hoheitsgebiet des betreffenden Mitgliedstaats erheblich zu beeinträchtigen** drohen. Folge dieses Kriteriums ist, dass Verweisungsanträge nach Art. 22 häufig in wettbewerblich problematischen Fällen gestellt werden. Entsprechend sind viele Zusammenschlüsse, die von der Kommission untersagt wurden, über Art. 22 an die Kommission verwiesen worden, nämlich drei der insgesamt 20 Untersagungsfälle seit Inkrafttreten der Fusionskontrollverordnung im Jahr 1990 (vgl. Komm., IV/M.553 – RTL/Veronica/Endemol; IV/M.784 – Kesko/Tuko; IV/M.890 – Blokker/Toys „R" Us sowie Übersicht der Kommission mit Stand zum 30.4.2014, http://ec.europa.eu/competition/mergers/statistics.pdf.).

5 Sind die genannten Voraussetzungen für eine Verweisung erfüllt, trifft die Kommission eine **Ermessensentscheidung** darüber, ob sie den Fall an sich ziehen soll. Maßgebliches Entscheidungskriterium ist dabei, dass der Fall „unter Beachtung des Subsidiaritätsprinzips von der für ihn am besten geeigneten Behörde behandelt wird" (vgl. Erwägungsgrund 14 der VO 139/2004). Daran scheiterten die zwei Anträge auf Verweisung, die von der Kommission abgelehnt wurden, nämlich die Fälle „Gas Natural/Endesa" (vgl. Komm., COMP/M.3986) und „Coca Cola Hellenic Bottling Company/Lanitis Bros." (vgl. Komm., COMP/M.4124).

3. Fristen

6 Nach Art. 22 Abs. 1 S. 2 muss der Antrag innerhalb von **15 Arbeitstagen, nachdem der Zusammenschluss bei dem betreffenden Mitgliedstaat angemeldet** oder, falls eine Anmeldung nicht erforderlich ist, ihm anderweitig zur Kenntnis gebracht worden ist, gestellt werden. Die Praxis hat allerdings gezeigt, dass diese Norm von den Mitgliedstaaten anders als zu erwarten ausgelegt wird.

7 Die spanische Kartellbehörde hat im Fall Syngenta/Monsanto (vgl. Komm., COMP/M.5675 – Syngenta/Negocio Semillas Girasol Monsanto) beispielsweise die Frist von 15 Arbeitstagen nicht ab dem Zeitpunkt der Einreichung der nationalen Anmeldung berechnet, sondern **erst ab dem Zeitpunkt,** zu dem ihrer Ansicht nach für sie **alle Informationen vorlagen, die für die Beurteilung der Verweisung erforderlich** waren. Der Lauf der 15-Tage-Frist nach Art. 22 soll dadurch gehemmt worden sein, dass die Fristen im nationalen spanischen Fusionskontrollverfahren wegen zu beantwortender Auskunftsverlangen zweimal gehemmt waren. Nach dieser Berechnung kamen die spanische Kartellbehörde und die Kommission zu dem Ergebnis, dass der Antrag aus Spanien am 13. Arbeitstag nach Anmeldung und damit noch rechtzeitig iSv Art. 22 Abs. 1 Unterabs. 2 erfolgt sei.

8 Das Vorgehen von Spanien und die Entscheidung der Kommission widersprechen klar dem Wortlaut von Art. 22 Abs. 1 S. 2 (*Brinker/Linsmeier* KSzW 2011, 64, 66; *Brinker* FS Canenbley 2012, 77, 81; ebenso *Körber* in IM Art. 22 FKVO Rn. 20ff.). Für anmeldepflichtige Transaktionen gilt eine **Frist von 15 Tagen ab „Anmeldung"** und nicht etwa ab dem Zeitpunkt, in dem der Behörde alle wesentlichen Fakten für einen Verweisungsantrag vorlagen. Nur für den Fall, dass „eine Anmeldung nicht erforderlich ist", soll die 15-Tage-Frist erst laufen, wenn der betreffende Zusammenschluss der Behörde „anderweitig zu Kenntnis gebracht worden ist". Nur für den letzten Fall kommt es folglich für den Beginn des Fristlaufs auf die Kenntnis der Behörde an. Für Fälle, in denen ein angemeldeter Zusammenschluss an die Kommission verwiesen werden soll, gilt dagegen ausschließlich der Tag der Anmeldung als fristauslösendes Ereignis und nicht ein späterer Zeitpunkt (vgl. dazu *Wagemann* in Wiedemann, Handbuch des Kartellrechts § 17 Rn. 165).

9 Die Fristen sind allein **nach der Fusionskontrollverordnung und insbesondere nach Art. 7ff. VO 802/2004** (Anhang A 3) zu berechnen. Art. 22 ist eine

Norm der europäischen Fusionskontrolle und kann nicht nach Belieben der Mitgliedstaaten ausgelegt werden (*Brinker/Linsmeier* aaO). Es sind beispielsweise auch nationale Feiertage unstreitig bei der Berechnung nicht zu berücksichtigen. Deshalb darf es eine nationale Kartellbehörde nicht selbst in der Hand haben, durch immer neue Fragen den Lauf der Frist zu verzögern. Auch Sinn und Zweck der Fristenregelung der Fusionskontrollverordnung sprechen gegen die Auslegung. Bestehende Unsicherheiten über Verweisungsanträge dauern länger als vom Verordnungsgeber vorgesehen. Ziel der Änderung des Fristenregimes im Rahmen von Art. 22 war jedoch gerade, den Beginn des Fristlaufs klar zu gestalten (vgl. etwa *Rosenthal*, EuzW 2004, 327, 328). Dieser Zweck wird konterkariert, wenn die Fristen jeweils nach den nationalen Fusionskontrollregimen berechnet werden und der Beginn der Frist auch für die Fälle, in denen eine Anmeldung bereits vorliegt, daran geknüpft wird, ob die Behörde aus ihrer Sicht über ausreichend Informationen verfügt, um einen Verweisungsantrag stellen zu können (vgl. aber auch III.2.b) des Commission Staff Working Document „Towards more effective EU merger control" vom 25.6.2013 SWD (2013) 239 final im ebenso genannten Konsultationsverfahren).

4. Antragsberechtigung

Es ist nicht abschließend geklärt, wer einen Verweisungsantrag nach Art. 22 stellen darf. Ein solches Antragsrecht steht uE nur **Mitgliedstaaten** zu, **in denen tatsächlich eine Anmeldepflicht besteht** oder – im Falle von Jurisdiktionen wie Großbritannien, die nur eine freiwillige Anmeldung vorsehen – **zumindest eine Anmeldung möglich** ist. Nicht zulässig ist dagegen ein Antrag auf Verweisung eines Mitgliedstaats, in dem die Voraussetzungen für eine nationale Anmeldung nicht gegeben sind (*Brinker/Linsmeier* KSzW 2011, 64, 67 f.). Sowohl die Entstehungsgeschichte als auch Sinn und Zweck der Norm sprechen dagegen, solchen Mitgliedstaaten ein Antragsrecht einzuräumen (so auch *Wagemann* in Wiedemann, Handbuch des Kartellrechts, 2008, § 17, Rn. 163 und 166; *Körber* in IM Art. 22 FKVO Rn. 8). 10

Art. 22 trifft zu der Frage der Antragsberechtigung keine Aussage. In Art. 22 Abs. 1 S. 2 heißt es nur im Zusammenhang mit der Fristberechnung, dass die 15-Tage-Frist entweder ab Anmeldetag gilt oder „falls eine Anmeldung nicht erforderlich ist, [ab dem Zeitpunkt, in dem der Zusammenschluss dem Mitgliedstaat] anderweitig zu Kenntnis gebracht worden ist". Danach können unstreitig die Mitgliedstaaten einen Verweisungsantrag stellen, in denen eine Anmeldung eingereicht wurde oder eingereicht werden muss. Auch unstreitig ist, dass eine Jurisdiktion wie Großbritannien einen Verweisungsantrag stellen darf, wenn die dortigen Schwellenwerte zwar erfüllt sind, aber nicht freiwillig angemeldet wurde. Dagegen kann eine Jurisdiktion wie Deutschland mit einer umsatzabhängigen Anmeldepflicht keinen Verweisungsantrag stellen, wenn die **relevanten nationalen Schwellenwerte nicht erreicht** werden. Über die Verweisung würde die Kommission die Auswirkungen des Zusammenschlusses in diesem Mitgliedstaat prüfen, dh ihr würde für die **betreffende Jurisdiktion eine Prüfungsbefugnis eingeräumt,** die die nationale Behörde nach ihren eigenen Fusionskontrollvorschriften nicht hat. Das ist abzulehnen (so bereits *Brinker/Linsmeier* aaO). Dies zeigt auch Art. 22 Abs. 3 Unterabs. 3, der das nationale Wettbewerbsrecht im Falle einer Verweisung ausdrücklich für unanwendbar erklärt, also implizit von der Anwendbarkeit einer nationalen Fusionskontrolle vor der Verweisung ausgeht (so auch überzeugend *Wagemann* in Wiedemann, Handbuch des Kartellrechts, § 17 Rn. 163; in diesem Sinne scheinbar auch das Working Staff Document aaO, oben Rn. 9; Questions zu III.2.). 11

Sinn und Zweck von Art. 22 sprechen ebenfalls dagegen, Mitgliedstaaten auch dann ein Verweisungsrecht zuzugestehen, wenn die Voraussetzungen ihrer nationalen Fusionskontrollvorschriften für eine Anmeldepflicht nicht erfüllt sind: **Art. 22** soll (wie alle anderen Verweisungsregelungen) die Feinsteuerung der Zuständigkeitsver- 12 teilung zwischen Kommission und Mitgliedstaaten erlauben, **setzt** also gerade **voraus, dass die nationale Fusionskontrolle anwendbar** ist. Die Kommission hat in ihrer Verweisungsmitteilung (Anhang B 26) festgestellt, die Fusionskontrollverordnung begründe keine Zuständigkeit der Kommission, wenn der Mitgliedstaat nach seinen eigenen Normen diese Zuständigkeit nicht habe (vgl. Erwägungsgrund 2 der Verweisungsmitteilung). Anders war dies nur in den Fällen, in denen Jurisdiktionen selbst nicht über eine Fusionskontrolle verfügten (wie etwa Belgien, Finnland oder die Niederlande bei Erlass der Fusionskontrollverordnung im Jahr 1990). Nur für diesen Fall sollte die Kommission eine Zuständigkeit erlangen, um so **Kontrolllücken zu schließen.** Da heute in allen Mitgliedstaaten mit Ausnahme von Luxemburg Fusionskontrollregime existieren, gibt es eine solche generelle Kontrolllücke nicht mehr. Vielmehr haben die Mitgliedstaaten selbst durch die Normierung ihrer nationalen Schwellenwerte entschieden, dass Zusammenschlüsse unterhalb dieser Schwellenwerte fusionskontrollfrei bleiben sollen. Durch eine Verweisung an die Kommission im Rahmen von Art. 22 darf diese grundsätzliche Entscheidung des jeweiligen nationalen Gesetzgebers nicht umgangen werden.

13 In der Praxis befasst sich die Kommission nicht ausdrücklich in ihren Verweisungsentscheidungen mit der Frage, ob der Zusammenschluss in der betreffenden Jurisdiktion anmeldepflichtig war oder nicht. Jedenfalls geht dies nicht aus ihren Entscheidungen hervor. Auch dürfte diese Frage allerdings häufig nicht entscheidungserheblich werden (vgl. aber Working Staff Document aaO, oben Rn. 9). Es ist anzunehmen, dass Mitgliedstaaten wettbewerblich wenig Interesse daran haben, Verweisungsanträge in Fällen zu stellen, in denen sie selbst nicht zuständig sind. Regelmäßig haben derartige Fälle keine erheblichen Auswirkungen auf ihr Hoheitsgebiet. Anders ist dies in der Regel nur, wenn es sich um einen Zusammenschluss handelt, der **kleine Märkte mit einem sehr niedrigen Gesamtmarktvolumen** berührt, auf dem die **Marktanteile der Parteien sehr hoch** sind. In derartigen Fällen ist der Zusammenschluss in den meisten Mitgliedstaaten nicht anmeldepflichtig, da die meisten Fusionskontrollregime allein an die Umsätze und nicht an die Marktanteile der Parteien anknüpfen. Wegen der hohen Marktanteile kann in diesen Fällen ein Zusammenschluss aber durchaus erhebliche Auswirkungen haben.

5. Anschluss an einen Verweisungsantrag

14 Nach Art. 22 Abs. 2 S. 2 kann sich „jeder andere Mitgliedstaat" dem Antrag anschließen, nachdem er von der Kommission über den Verweisungsantrag eines anderen Mitgliedstaates informiert worden ist. Die Literatur legt Art. 22 Abs. 2 S. 2 häufig so aus, dass sich tatsächlich auch Mitgliedstaaten, in denen keine Anmeldepflicht besteht, einem Antrag anschließen können; eine Auseinandersetzung mit der gegenteiligen Auffassung findet allerdings zumeist nicht statt (vgl. etwa *Westermann* in LMR Art. 22 FKVO Rn. 4; *Körber* in IM Art. 22 FKVO Rn. 24f.; gegen das Recht, sich anzuschließen, wenn die nationalen Aufgreifkriterien nicht erfüllt sind, *Wagemann* in Wiedemann, Handbuch des Kartellrechts, 2008, § 17 Rn. 168). Die besseren Argumente sprechen dafür, in Fällen, in denen **keine Anmeldepflicht nach den jeweils geltenden Fusionskontrollregimen** besteht, den betreffenden Mitgliedstaaten nicht das Recht einzuräumen, sich dem Verweisungsantrag anzuschließen (vgl. *Brinker/Linsmeier* KSzW 2011, 64, 68; zweifelnd insoweit auch Working Staff Document aaO, oben Rn. 9). Der betreffende Mitgliedstaat würde nämlich der Kommission eine Prüfungskompetenz verschaffen können, über die er selbst nicht verfügt. Obwohl ohne Verweisung die Auswirkungen des betreffenden Zusammenschlusses nicht für den konkreten Mitgliedstaat geprüft werden könnten, würde die Kommission eine solche Prüfungskompetenz in Anspruch nehmen. Dies widerspricht Sinn und Zweck der Verweisungsregelung, wonach sich immer die Wettbewerbsbehörde um das Verfahren kümmern soll, die dafür am besten geeignet ist. In die Auswahl der möglichen

Wettbewerbsbehörden können nur die Behörden kommen, die für ein Verfahren zuständig sind. Eine nach nationalen Normen für einen Zusammenschluss unzuständige Behörde scheidet per se als Behörde aus, die für die Prüfung des Zusammenschlusses geeignet ist.

6. Entscheidungskompetenz der Kommission im Falle einer Verweisung

Eng mit der Frage, welcher Mitgliedstaat einen Antrag auf Verweisung stellen oder sich einem Antrag auf Verweisung anschließen darf, hängt die Frage zusammen, wie weit die **Prüfungs- und Entscheidungskompetenz der Kommission im Falle einer Verweisung** reicht. Auch insoweit fehlt eine klare Regelung in der aktuellen Fusionskontrollverordnung. Die alte Fassung von Art. 22 Abs. 5 lautete: „Die Kommission trifft in Anwendung von Abs. 3 nur die Maßnahmen, die unbedingt erforderlich sind, um wirksamen Wettbewerb im Gebiet des Mitgliedstaats zu wahren oder wiederherzustellen, auf dessen Antrag sie tätig geworden ist." Unter der früheren Fusionskontrollverordnung war damit klar geregelt, dass die Kommission nur in Bezug auf den oder die verweisenden Mitgliedstaaten tätig wird. Eine vergleichbare Regelung fehlt jedoch in der aktuell geltenden Fassung von Art. 22. Allerdings hat der ursprüngliche Vorschlag der Kommission, einem Zusammenschluss gemeinschaftsweite Bedeutung beizumessen, wenn alle zuständigen oder zumindest drei Mitgliedstaaten den Fall an sie verwiesen haben, keinen Eingang in die novellierte Fusionskontrollverordnung gefunden. Die Kommission ist also im Falle einer Verweisung nicht automatisch befugt, die Auswirkungen des Zusammenschlusses in allen Mitgliedstaaten zu prüfen. 15

Die Kommission darf die Folgen eines Zusammenschlusses grundsätzlich nur für das Hoheitsgebiet des oder der Mitgliedstaaten prüfen, die den Fall verwiesen haben (dazu *Brinker/Linsmeier* KSzW 2011, 64, 69f.). So heißt es in **Rn. 50 der Verweisungsmitteilung der Kommission** (Anhang B 26) ausdrücklich: „Akzeptiert die Kommission die Zuständigkeit für ein Vorhaben, enden die innerstaatlichen Verfahren in den verweisenden Mitgliedstaaten, und die Kommission prüft den Zusammenschluss nach Artikel 22 Absatz 4 Fusionskontrollverordnung für die antragstellenden Mitgliedstaaten.". Vor dem Hintergrund, dass sich nicht zwangsläufig alle Mitgliedstaaten einem Verweisungsantrag anschließen müssen, ist diese beschränkte Prüfungskompetenz der Kommission konsequent. 16

7. Rechtsschutz gegen Verweisungsentscheidungen

Rechtsschutzmöglichkeiten gegen eine Verweisung, die nach Ansicht der anmeldenden Parteien unzulässig ist, bestehen nach **Art. 263 AEUV,** auch wenn dies – anders als in Art. 9 Abs. 9 – nicht ausdrücklich in der Verordnung angesprochen wird. Allerdings hat diese Klage grundsätzlich **keine aufschiebende Wirkung (vgl. Art. 278 S. 1 AEUV),** sodass das Verfahren vor der Kommission ungeachtet des beim EuG anhängigen Rechtsschutzverfahrens weiterzuführen ist. 17

Art. 23 Durchführungsbestimmungen

(1) **Die Kommission ist ermächtigt, nach dem Verfahren des Absatzes 2 Folgendes festzulegen:**

a) Durchführungsbestimmungen über Form, Inhalt und andere Einzelheiten der Anmeldungen und Anträge nach Artikel 4,

b) Durchführungsbestimmungen zu den in Artikel 4 Absätze 4 und 5 und den Artikeln 7, 9, 10 und 22 bezeichneten Fristen,

c) das Verfahren und die Fristen für das Angebot und die Umsetzung von Verpflichtungszusagen gemäß Artikel 6 Absatz 2 und Artikel 8 Absatz 2,
d) Durchführungsbestimmungen für Anhörungen nach Artikel 18.

(2) [1]**Die Kommission wird von einem Beratenden Ausschuss unterstützt, der sich aus Vertretern der Mitgliedstaaten zusammensetzt.**
a) [2]**Die Kommission hört den Beratenden Ausschuss, bevor sie einen Entwurf von Durchführungsvorschriften veröffentlicht oder solche Vorschriften erlässt.**
b) [3]**Die Anhörung erfolgt in einer Sitzung, die die Kommission anberaumt und in der sie den Vorsitz führt.** [4]**Der Einladung zur Sitzung ist ein Entwurf der Durchführungsbestimmungen beizufügen.** [5]**Die Sitzung findet frühestens zehn Arbeitstage nach Versendung der Einladung statt.**
c) [6]**Der Beratende Ausschuss gibt seine Stellungnahme zu dem Entwurf der Durchführungsbestimmungen – erforderlichenfalls durch Abstimmung – ab.** [7]**Die Kommission berücksichtigt die Stellungnahme des Ausschusses in größtmöglichem Umfang.**

1 Art. 23 entspricht Art. 33 VO 1/2003, gibt aber der Kommission anders als Art. 33 keine generelle Befugnis, „alle sachdienlichen Vorschriften zur Durchführung dieser Verordnung zu erlassen", sondern nur die in Abs. 1 lit. a–d im **Einzelnen bezeichneten Durchführungsbestimmungen.** Dieser Ermächtigung ist die Kommission durch Erlass der **VO 802/2004** „zur Durchführung der VO 139/2004 über die Kontrolle von Unternehmenszusammenschlüssen" nachgekommen (Anhang A 3). Deren Kapitel II (Art. 2–6) regelt entsprechend Art. 23 Abs. 1 lit. a „Form, Inhalt und andere Einzelheiten der Anmeldungen und Anträge nach Art. 4". Kapitel III der VO 802/2004 (Art. 7–10) enthält die in Art. 23 Abs. 1 lit. b vorgesehenen Durchführungsbestimmungen über die Fristen. Kapitel IV (Art. 11–16) regelt entsprechend Art. 23 Abs. 1 lit. d die Anhörungen nach Art. 18. Kapitel VI (Art. 19–20a) betrifft entsprechend Art. 23 Abs. 1 lit. c das Verfahren und die Fristen für das Angebot und die Umsetzung von Verpflichtungszusagen. Nicht eindeutig den einzelnen Kategorien der in Art. 23 Abs. 1 vorgesehenen Durchführungsbestimmungen zuzuordnen sind die Kapitel V und VII VO 802/2004, nämlich die Regelungen über die Akteneinsicht und Behandlung vertraulicher Angaben (Art. 17 und 18) sowie die Regelungen über die Übermittlung von Schriftstücken, Festsetzung von Fristen, Eingang von Schriftstücken bei der Kommission und die Definition der Arbeitstage in Art. 21–24 VO 802/2004. Im Detail lässt sich aber für jede Vorschrift eine Verbindung zum Gegenstand der in Abs. 1 vorgesehenen Durchführungsbestimmungen herstellen. Deswegen bestehen auch angesichts der Sinnhaftigkeit dieser Regelungen keine Bedenken gegen die Befugnisse der Kommission zur Einbeziehung dieser Artikel in die Durchführungsverordnung 802/2004.

2 Außer der VO 802/2004 gibt es **keine weiteren Durchführungsverordnungen.** Die VO 802/2004 ist dreimal geändert worden. Die VO 1792/2006 vom 23.10.2006 (ABl. L 362/1) hat in Art. 3 Abs. 2 VO 802/2004 die Zahl der bei der Kommission einzureichenden Ausfertigungen (Kopien) der Anmeldung von zunächst 35 auf 37 erhöht. Die VO 1033/2008 vom 20.10.2008 (ABl. L 379/3) hat in Art. 18 Abs. 4 eingefügt, außerdem den Art. 20 Abs. 1a und den gesamten Art. 20a (Treuhänder). Die VO 1269/2013 (ABl L 336/1) hat das Anmeldeverfahren und die Formblätter reformiert und modernisiert.

3 Für den Erlass der Durchführungsbestimmungen und ihrer Änderungen sieht Abs. 2 vor, dass die Kommission „von einem **Beratenden Ausschuss** unterstützt" wird. Damit ist der Beratende Ausschuss für die Kontrolle von Unternehmenszusammenschlüssen gemeint, dessen Funktion in Einzelfällen Art. 18 Abs. 3–7 detailliert regelt. Die „Unterstützungs"-Funktion des Beratenden Ausschusses geht über das bloße Anhörungsrecht nach Art. 33 Abs. 2 VO 1/2003 hinaus. Nach Abs. 2 lit. a ist

der Beratende Ausschuss anzuhören, bevor der Entwurf einer Durchführungsverordnung oder einer Änderung veröffentlicht wird. Der Beratende Ausschuss berät darüber in einer Sitzung, die die Kommission anberaumt und in der sie den Vorsitz führt (lit. b). Er hat eine Stellungnahme abzugeben, die die Kommission **„in größmöglichem Umfang" zu berücksichtigen** hat. Diese Berücksichtigungspflicht spielt nur eine Rolle, wenn der Beratende Ausschuss mehrheitlich Entwürfe der Kommission ablehnt. Aber auch dann kann sich die Kommission darüber hinwegsetzen, muss dafür aber überzeugende Gründe haben, die sinnvollerweise auch in den Erwägungsgründen des endgültigen Verordnungstextes zum Ausdruck kommen. Praktische Probleme sind insoweit nicht bekannt geworden.

Art. 23 bezieht sich nicht auf die – auch in der Fusionskontrolle außerordentlich wichtigen – **Bekanntmachungen, Leitlinien und Mitteilungen** der Kommission. Erwägungsgrund 28 zur VO 139/2004 fordert die Kommission ausdrücklich auf, Leitlinien zu veröffentlichen, „um deutlich zu machen und zu erläutern, wie die Kommission Zusammenschlüsse nach dieser Verordnung beurteilt"; diese Leitlinien sollten „einen soliden wirtschaftlichen Rahmen für die Beurteilung der Vereinbarkeit von Zusammenschlüssen mit dem gemeinsamen Markt" (Binnenmarkt) bieten. Von erheblicher Bedeutung sind die Konsolidierte Mitteilung zu Zuständigkeitsfragen (Anhang B 20), die Leitlinien über horizontale (Anhang B 21) und nicht horizontale Zusammenschlüsse (Anhang B 22), die Bekanntmachung über Nebenabreden (Anhang B 23), die Mitteilung über Abhilfemaßnahmen (Anhang B 24), die Mitteilung über vereinfachtes Verfahren (Anhang B 25) und die Verweisungsmitteilung (Anhang B 26). 4

Diese Leitlinien haben keinen Rechtssatzcharakter. Unstreitig ist, dass die Kommission in ihren Entscheidungen über Einzelfälle an diese Leitlinien gebunden ist (**Selbstbindung,** dazu EuGH C 313/90 Slg. 1993 I-1125, Rn. 34 und 36 CIRES; C 439/11P NZKart 2013, 364 Rn. 59 Ziegler). Soweit sie nicht nur Aussagen darüber enthalten, wie die Kommission bei ihr angemeldete Zusammenschlüsse beurteilen wird, sondern auch darüber, wie Verhaltensweisen der Unternehmen zu beurteilen sind (zB ob ein Zusammenschluss anmeldepflichtig ist oder nicht, wie Nebenabreden zu beurteilen sind usw.), können sie ihre Funktion nur erfüllen, wenn sich die Unternehmen auf die darin enthaltenen Aussagen (sofern sie eindeutig sind) verlassen können. Den Unternehmen kann kein Vorwurf gemacht werden, wenn sie sich an diesen Leitlinien ausgerichtet haben. UE haben sie insoweit **materiellen Rechtssatzcharakter** (dazu *Bechtold,* FS Hirsch, 2008, S. 223). Die VO 139/2004 enthält keine Vorschriften darüber, dass Entwürfe der Leitlinien vor ihrem Erlass auch dem Beratenden Ausschuss vorzulegen sind; in der Praxis geschieht das aber. 5

Art. 24 Beziehungen zu Drittländern

(1) **Die Mitgliedstaaten unterrichten die Kommission über die allgemeinen Schwierigkeiten, auf die ihre Unternehmen bei Zusammenschlüssen gemäß Artikel 3 in einem Drittland stoßen.**

(2) [1]**Die Kommission erstellt erstmals spätestens ein Jahr nach Inkrafttreten dieser Verordnung und in der Folge regelmäßig einen Bericht, in dem die Behandlung von Unternehmen, die ihren Sitz oder ihr Hauptgeschäft in der Gemeinschaft haben, im Sinne der Absätze 3 und 4 bei Zusammenschlüssen in Drittländern untersucht wird.** [2]**Die Kommission übermittelt diese Berichte dem Rat und fügt ihnen gegebenenfalls Empfehlungen bei.**

(3) **Stellt die Kommission anhand der in Absatz 2 genannten Berichte oder aufgrund anderer Informationen fest, dass ein Drittland Unternehmen, die ihren Sitz oder ihr Hauptgeschäft in der Gemeinschaft haben, nicht eine Behandlung zugesteht, die derjenigen vergleichbar ist, die die Gemeinschaft**

den Unternehmen dieses Drittlands zugesteht, so kann sie dem Rat Vorschläge unterbreiten, um ein geeignetes Mandat für Verhandlungen mit dem Ziel zu erhalten, für Unternehmen, die ihren Sitz oder ihr Hauptgeschäft in der Gemeinschaft haben, eine vergleichbare Behandlung zu erreichen.

(4) **Die nach diesem Artikel getroffenen Maßnahmen müssen mit den Verpflichtungen der Gemeinschaft oder der Mitgliedstaaten vereinbar sein, die sich – unbeschadet des Artikels 307 des Vertrags – aus internationalen bilateralen oder multilateralen Vereinbarungen ergeben.**

1 Art. 24 war wortgleich schon in der Vorgänger-Verordnung 4064/89 enthalten. Das gilt auch für die darauf bezogene Begründungserwägung (Nr. 44 VO 139/2004, Nr. 30 VO 4064/89). Dennoch hat diese Bestimmung bisher **keine praktische Bedeutung** erlangt. Die in Abs. 2 vorgesehenen Berichte der Kommission sind niemals erstattet worden.

2 Art. 24 wird im Hinblick auf die entsprechende Initiative Frankreichs auch als **„französische Klausel"** bezeichnet. Diese Klausel trägt der Sorge Rechnung, dass Zusammenschlüsse, an denen Unternehmen aus der Europäischen Union beteiligt sind, außerhalb der Union im Vergleich zu den materiellen Maßstäben der EU-Fusionskontrolle diskriminierend behandelt werden. Diese Sorge hat sich bisher als unbegründet erwiesen. Fälle, in denen europäische Unternehmen in Fusionskontrollregimen von Drittländern zB wegen des Sitzes in Europa aus angeblich wettbewerblichen Gründen schlechter behandelt wurden als Unternehmen mit Sitz in dem entsprechenden Drittstaat, sind nicht bekannt geworden. Entsprechendes gilt auch für den umgekehrten – nicht unmittelbar von Art. 24 erfassten – Fall der Anwendung der europäischen Fusionskontrolle auf Unternehmen in Drittländern; die EU-Fusionskontrolle steht nicht im Ruf, Unternehmen aus Drittländern „strenger" zu behandeln als die „eigenen" Unternehmen.

3 Abs. 4 verweist auf die Verpflichtungen, die sich für die Union oder die Mitgliedstaaten aus **„internationalen Vereinbarungen"** ergeben können. Vereinbarungen einzelner Mitgliedstaaten können die Anwendung der europäischen Fusionskontrolle weder einschränken noch ausweiten und auch die Kommission ansonsten nicht verpflichten. Die Mitgliedstaaten haben insoweit allenfalls die Befugnis, Vereinbarungen über die Anwendung ihres eigenen Fusionskontrollrechts und das entsprechende Verfahren zu treffen. Zu den Abkommen der Union mit Drittstaaten → Einl. Rn. 22ff. Unterhalb der Ebene der die Gemeinschaft verpflichtenden Kooperationsabkommen ist die Tätigkeit der Kommission als Mitglied im International Competition Network und der Zusammenarbeit mit den Wettbewerbsbehörden anderer OECD-Mitgliedstaaten angesiedelt.

Art. 25 Aufhebung

(1) **Die Verordnungen (EWG) Nr. 4064/89 und (EG) Nr. 1310/97 werden unbeschadet des Artikels 26 Absatz 2 mit Wirkung vom 1. Mai 2004 aufgehoben.**

(2) **Bezugnahmen auf die aufgehobenen Verordnungen gelten als Bezugnahmen auf die vorliegende Verordnung und sind nach Maßgabe der Entsprechungstabelle im Anhang zu lesen.**

1 Art. 25 sah die Aufhebung der **Vorgänger-Verordnung** 4064/89 mit Wirkung vom 1.5.2004 vor. Nach Abs. 2 gelten Bezugnahmen auf die VO 4064/89 fort, und zwar auf den jeweils entsprechenden Artikel der VO 139/2004; Zuordnungsprobleme sind durch eine Entsprechungstabelle im Anhang zur VO 139/2004 ausgeschlossen (vom Abdruck wurde abgesehen).

Art. 26 Inkrafttreten und Übergangsbestimmungen

(1) **Diese Verordnung tritt am zwanzigsten Tag nach ihrer Veröffentlichung im *Amtsblatt der Europäischen Union* in Kraft.**

Sie gilt ab dem 1. Mai 2004.

(2) **Die Verordnung (EWG) Nr. 4064/89 findet vorbehaltlich insbesondere der Vorschriften über ihre Anwendbarkeit gemäß ihrem Artikel 25 Absätze 2 und 3 sowie vorbehaltlich des Artikels 2 der Verordnung (EWG) Nr. 1310/97 weiterhin Anwendung auf Zusammenschlüsse, die vor dem Zeitpunkt der Anwendbarkeit der vorliegenden Verordnung Gegenstand eines Vertragsabschlusses oder einer Veröffentlichung im Sinne von Artikel 4 Absatz 1 der Verordnung (EWG) Nr. 4064/89 gewesen oder durch einen Kontrollerwerb im Sinne derselben Vorschrift zustande gekommen sind.**

(3) **Für Zusammenschlüsse, auf die diese Verordnung infolge des Beitritts eines neuen Mitgliedstaats anwendbar ist, wird das Datum der Geltung dieser Verordnung durch das Beitrittsdatum ersetzt.**

Nach Abs. 1 ist die VO 139/2004 am 1.5.2004 in Kraft getreten; davor galt die VO 4064/89. Die Übergangsregelung in Abs. 2 hat heute keine praktische Bedeutung mehr. 1

Abs. 3 regelt abstrakt die Anwendung der VO 139/2004 auf Zusammenschlüsse, auf die in Folge des **Beitritts eines neuen Mitgliedstaates** die Verordnung anwendbar ist. Das setzt voraus, dass die Umsatzschwellen des Art. 1 Abs. 2 und 3 vor dem Beitritt des neuen Mitgliedstaats nicht erfüllt waren, wohl aber danach. Fälle, die in Folge des Beitritts von Rumänien und Bulgarien neu in die Zuständigkeit der Kommission gefallen sind, sind nicht bekannt geworden. Auch bei dem Beitritt Kroatiens zur Union zum 1.7.2013 waren diese Voraussetzungen in keinem Einzelfall erfüllt. Sollte das künftig dennoch der Fall sein, ist das Beitrittsdatum das Datum, ab dem die VO 139/2004 gilt. Zusammenschlüsse, die zu diesem Tag noch nicht vollzogen sind, unterliegen also dem Vollzugsverbot des Art. 7 Abs. 1 und dürfen erst nach Abschluss des Fusionskontrollverfahrens vollzogen werden. Zusammenschlüsse, die schon vorher vereinbart, aber erst nach dem Beitrittsdatum vollzogen werden, können im Hinblick auf den bevorstehenden Beitritt schon bei der Kommission angemeldet werden. Nur wenn diese Möglichkeit der vorherigen Anmeldung besteht, ist eine Ungleichbehandlung der neu in den Anwendungsbereich der VO 139/2004 kommenden Zusammenschlüsse ausgeschlossen. 2

VI. Anhang

Übersicht

A. EWR-Abkommen
Verordnungen und Beschlüsse

Anhang 1. A. Abkommen über den Europäischen Wirtschaftsraum (EWR-Abkommen)

(Auszug)

Vom 2. Mai 1992

(ABl. 1994 L 1/1 idF. der Beitrittsübereinkommen v. 14.10.2003, ABl. L 130/11 und v. 25.7.2007, ABl. L 221/15)

– Auszug –

(Die Artikel-Überschriften sind nicht Teil des amtlichen Textes)

Teil IV. Wettbewerbs- und sonstige gemeinsame Regeln

Kapitel 1. Vorschriften für Unternehmen

Art. 53 [Kartellverbot]

(1) Mit diesem Abkommen unvereinbar und verboten sind alle Vereinbarungen zwischen Unternehmen, Beschlüsse von Unternehmensvereinigungen und aufeinander abgestimmte Verhaltensweisen, welche den Handel zwischen den Vertragsparteien zu beeinträchtigen geeignet sind und eine Verhinderung, Einschränkung oder Verfälschung des Wettbewerbs im räumlichen Geltungsbereich dieses Abkommens bezwecken oder bewirken, insbesondere

a) die unmittelbare oder mittelbare Festsetzung der An- oder Verkaufspreise oder sonstiger Geschäftsbedingungen;
b) die Einschränkung oder Kontrolle der Erzeugung, des Absatzes, der technischen Entwicklung oder der Investitionen;
c) die Aufteilung der Märkte oder Versorgungsquellen;
d) die Anwendung unterschiedlicher Bedingungen bei gleichwertigen Leistungen gegenüber Handelspartnern, wodurch diese im Wettbewerb benachteiligt werden;
e) die an den Abschluß von Verträgen geknüpfte Bedingung, daß die Vertragsparteien zusätzliche Leistungen annehmen, die weder sachlich noch nach Handelsbrauch in Beziehung zum Vertragsgegenstand stehen.

(2) Die nach diesem Artikel verbotenen Vereinbarungen oder Beschlüsse sind nichtig.

(3) Die Bestimmungen des Absatzes 1 können für nicht anwendbar erklärt werden auf

– Vereinbarungen oder Gruppen von Vereinbarungen zwischen Unternehmen,
– Beschlüsse oder Gruppen von Beschlüssen von Unternehmensvereinigungen, aufeinander abgestimmte Verhaltensweisen oder Gruppen von solchen,

die unter angemessener Beteiligung der Verbraucher an dem entstehenden Gewinn zur Verbesserung der Warenerzeugung oder -verteilung oder zur Förderung des technischen oder wirtschaftlichen Fortschritts beitragen, ohne daß den beteiligten Unternehmen

a) Beschränkungen auferlegt werden, die für die Verwirklichung dieser Ziele nicht unerläßlich sind, oder
b) Möglichkeiten eröffnet werden, für einen wesentlichen Teil der betreffenden Waren den Wettbewerb auszuschalten.

Art. 54 [Mißbrauchsverbot]

Mit diesem Abkommen unvereinbar und verboten ist die mißbräuchliche Ausnutzung einer beherrschenden Stellung im räumlichen Geltungsbereich dieses Abkommens oder in einem wesentlichen Teil desselben durch ein oder mehrere Unternehmen, soweit dies dazu führen kann, den Handel zwischen den Vertragsparteien zu beeinträchtigen.

Dieser Mißbrauch kann insbesondere in folgendem bestehen:

a) der unmittelbaren oder mittelbaren Erzwingung von unangemessenen Einkaufs- oder Verkaufspreisen oder sonstigen Geschäftsbedingungen;
b) der Einschränkung der Erzeugung, des Absatzes oder der technischen Entwicklung zum Schaden der Verbraucher;
c) der Anwendung unterschiedlicher Bedingungen bei gleichwertigen Leistungen gegenüber Handelspartnern, wodurch diese im Wettbewerb benachteiligt werden;
d) der an den Abschluß von Verträgen geknüpften Bedingung, daß die Vertragspartner zusätzliche Leistungen annehmen, die weder sachlich noch nach Handelsbrauch in Beziehung zum Vertragsgegenstand stehen.

Art. 55 [Überwachungsorgane]

(1) Unbeschadet der Bestimmungen des Protokolls 21 und des Anhangs XIV zur Durchführung der Artikel 53 und 54 achten die EG-Kommission und die in Artikel 108 Absatz 1 genannte EFTA-Überwachungsbehörde auf die Verwirklichung der in den Artikeln 53 und 54 niedergelegten Grundsätze.

Das gemäß Artikel 56 zuständige Überwachungsorgan untersucht von Amts wegen, auf Antrag eines Staates in dem jeweiligen Zuständigkeitsbereich oder auf Antrag des anderen Überwachungsorgans die Fälle, in denen Zuwiderhandlungen gegen diese Grundsätze vermutet werden. Das zuständige Überwachungsorgan führt diese Untersuchungen in Zusammenarbeit mit den zuständigen einzelstaatlichen Behörden in dem jeweiligen Zuständigkeitsbereich und dem anderen Überwachungsorgan durch, das ihm nach Maßgabe seiner Geschäftsordnung Amtshilfe leistet.

Stellt es eine Zuwiderhandlung fest, so schlägt es geeignete Mittel vor, um diese abzustellen.

(2) Wird die Zuwiderhandlung nicht abgestellt, so trifft das zuständige Überwachungsorgan in einer mit Gründen versehenen Entscheidung die Feststellung, daß eine derartige Zuwiderhandlung vorliegt.

Das zuständige Überwachungsorgan kann die Entscheidung veröffentlichen und die Staaten seines Zuständigkeitsbereichs ermächtigen, die erforderlichen Abhilfemaßnahmen zu treffen, deren Bedingungen und Einzelheiten es festlegt. Es kann auch das andere Überwachungsorgan ersuchen, die Staaten in dem jeweiligen Zuständigkeitsbereich zu ermächtigen, solche Maßnahmen zu treffen.

Art. 56 [Einzelfälle]

(1) Einzelfälle, die in den Anwendungsbereich des Artikels 53 fallen, werden von den Überwachungsorganen wie folgt entschieden:

a) Einzelfälle, die nur den Handel zwischen EFTA-Staaten beeinträchtigen, werden von der EFTA-Überwachungsbehörde entschieden.
b) Unbeschadet des Buchstabens c entscheidet die EFTA-Überwachungsbehörde nach Maßgabe des Artikels 58, des Protokolls 21 und der diesbezüglichen Durchführungsbestimmungen, des Protokolls 23 und des Anhangs XIV in Fällen, in denen der Umsatz der betreffenden Unternehmen im Hoheitsgebiet der EFTA-Staaten 33% oder mehr ihres Umsatzes im räumlichen Geltungsbereich dieses Abkommens ausmacht.
c) In allen sonstigen Fällen sowie in Fällen gemäß Buchstabe b, die den Handel zwischen EG-Mitgliedstaaten beeinträchtigen, entscheidet die EG-Kommission unter Berücksichtigung der Bestimmungen des Artikels 58, des Protokolls 21, des Protokolls 23 und des Anhangs XIV.

(2) Einzelfälle, die in den Anwendungsbereich des Artikels 54 fallen, werden von dem Überwachungsorgan entschieden, in dessen Zuständigkeitsbereich die beherrschende Stellung festgestellt wird. Besteht die beherrschende Stellung in den Zuständigkeitsbereichen beider Überwachungsorgane, so gilt Absatz 1 Buchstaben b und c.

(3) Einzelfälle, die in den Anwendungsbereich des Absatzes 1 Buchstabe c fallen und die keine spürbaren Auswirkungen auf den Handel zwischen EG-Mitgliedstaaten oder auf den Wettbewerb innerhalb der Gemeinschaft haben, werden von der EFTA-Überwachungsbehörde entschieden.

(4) Die Begriffe „Unternehmen" und „Umsatz" im Sinne dieses Artikels werden in Protokoll 22 bestimmt.

Art. 57 [Fusionskontrolle]

(1) Zusammenschlüsse, deren Kontrolle in Absatz 2 vorgesehen ist und die eine beherrschende Stellung begründen oder verstärken, durch die wirksamer Wettbewerb im räumlichen Geltungsbereich dieses Abkommens oder in einem wesentlichen Teil desselben erheblich behindert wird, werden für mit diesem Abkommen unvereinbar erklärt.

(2) Die Kontrolle der Zusammenschlüsse im Sinne des Absatzes 1 wird durchgeführt von:

a) der EG-Kommission in den unter die Verordnung (EWG) Nr. 4064/89 fallenden Fällen im Einklang mit jener Verordnung und den Protokollen 21 und 24 sowie dem Anhang XIV dieses Abkommens. Vorbehaltlich einer Überprüfung durch den Gerichtshof der Europäischen Gemeinschaften hat die EG-Kommission in diesen Fällen die alleinige Entscheidungsbefugnis;
b) der EFTA-Überwachungsbehörde in den nicht unter Buchstabe a genannten Fällen, sofern die einschlägigen Schwellen des Anhangs XIV im Hoheitsgebiet der EFTA-Staaten erreicht werden, im Einklang mit den Protokollen 21 und 24 sowie dem Anhang XIV und unbeschadet der Zuständigkeiten der EG-Mitgliedstaaten.

Art. 58 [Vereinheitlichung der Wettbewerbskontrolle]

Die zuständigen Organe der Vertragsparteien arbeiten nach Maßgabe der Protokolle 23 und 24 zusammen, um im gesamten Europäischen Wirtschaftsraum eine einheitliche Überwachung für den Wettbewerbsbereich zu entwickeln und aufrechtzuerhalten und um eine homogene Durchführung, Anwendung und Auslegung der einschlägigen Bestimmungen dieses Abkommens zu fördern.

Art. 59 [Öffentliche Unternehmen; Monopolbetriebe]

(1) Die Vertragsparteien sorgen dafür, daß in bezug auf öffentliche Unternehmen und auf Unternehmen, denen EG-Mitgliedstaaten oder EFTA-Staaten besondere

oder ausschließliche Rechte gewähren, keine Maßnahmen getroffen oder beibehalten werden, die diesem Abkommen, insbesondere Artikel 4 und den Artikeln 53 bis 63, widersprechen.

(2) Für Unternehmen, die mit Dienstleistungen von allgemeinem wirtschaftlichen Interesse betraut sind oder den Charakter eines Finanzmonopols haben, gelten die Vorschriften dieses Abkommens, insbesondere die Wettbewerbsregeln, soweit die Anwendung dieser Vorschriften nicht die Erfüllung der ihnen übertragenen besonderen Aufgabe rechtlich oder tatsächlich verhindert. Die Entwicklung des Handelsverkehrs darf nicht in einem Ausmaß beeinträchtigt werden, das dem Interesse der Vertragsparteien zuwiderläuft.

(3) Die EG-Kommission und die EFTA-Überwachungsbehörde achten im Rahmen ihrer jeweiligen Zuständigkeit auf die Anwendung dieses Artikels und treffen erforderlichenfalls die geeigneten Maßnahmen gegenüber den Staaten in ihrem jeweiligen Zuständigkeitsbereich.

Art. 60 [Durchführungsbestimmungen]

Die besonderen Bestimmungen zur Durchführung der Grundsätze der Artikel 53, 54, 57 und 59 sind in Anhang XIV enthalten.

Anhang 1. B. Protokoll 24 zum EWR-Abkommen über die Zusammenarbeit im Bereich der Kontrolle von Unternehmenszusammenschlüssen

Allgemeine Grundsätze

Art. 1

(1) Zwischen der EFTA-Überwachungsbehörde und der EG-Kommission findet ein Informationsaustausch und eine Konsultation über allgemeine politische Fragen statt, falls eine der beiden Überwachungsbehörden darum ersucht.

(2) In den von Artikel 57 Absatz 2 Buchstabe a erfassten Fällen arbeiten die EG-Kommission und die EFTA-Überwachungsbehörde bei der Behandlung von Zusammenschlüssen gemäß den nachstehend genannten Bestimmungen zusammen.

(3) Für die Zwecke dieses Protokolls ist das „Gebiet eines Überwachungsorgans" für die EG-Kommission das Hoheitsgebiet der EG-Mitgliedstaaten, auf das der Vertrag zur Gründung der Europäischen Wirtschaftsgemeinschaft bzw. der Vertrag über die Gründung der Europäischen Gemeinschaft für Kohle und Stahl nach Maßgabe jener Verträge angewendet wird; für die EFTA-Überwachungsbehörde sind darunter die unter das Abkommen fallenden Hoheitsgebiete der EFTA Staaten zu verstehen.

Art. 2

(1) Zusammenarbeit findet im Einklang mit den in diesem Protokoll niedergelegten Bestimmungen statt,

a) wenn der gemeinsame Umsatz der beteiligten Unternehmen im Gebiet der EFTA-Staaten 25% oder mehr ihres Gesamtumsatzes in dem unter dieses Abkommen fallenden Gebiet ausmacht, oder
b) wenn mindestens zwei beteiligte Unternehmen einen Umsatz von mehr als 250 Millionen ECU im Gebiet der EFTA-Staaten erzielen, oder
c) wenn Zusammenschlüsse eine beherrschende Stellung begründen oder verstärken könnten und dadurch der wirksame Wettbewerb in den Gebieten der EFTA-Staaten oder in einem wesentlichen Teil derselbigen erheblich behindert würde.

(2) Zusammenarbeit findet auch statt,

a) wenn der Zusammenschluss eine beherrschende Stellung zu begründen oder zu verstärken droht, durch die wirksamer Wettbewerb auf einem Markt in einem EFTA-Staat, der alle Merkmale eines gesonderten Marktes aufweist, erheblich behindert würde, unabhängig davon, ob dieser einen wesentlichen Teil des unter dieses Abkommen fallenden Gebietes ausmacht oder nicht, oder
b) wenn ein EFTA-Staat wünscht, gemäß Artikel 7 dieses Protokolls Maßnahmen zum Schutz berechtigter Interessen zu treffen.

Erste Phase der Verfahren

Art. 3

(1) Die EG-Kommission übermittelt der EFTA-Überwachungsbehörde binnen dreier Arbeitstage eine Kopie der Anmeldungen der in Artikel 2 Absatz 1 und Ab-

satz 2 Buchstabe a genannten Fälle und so bald wie möglich Kopien der wichtigsten Schriftstücke, die bei ihr eingereicht bzw. von ihr erstellt werden.

(2) Die EG-Kommission führt die für die Durchführung des Artikels 57 des Abkommens vorgesehenen Verfahren in enger und stetiger Verbindung mit der EFTA-Überwachungsbehörde durch. Die EFTA-Überwachungsbehörde und die EFTA-Staaten sind berechtigt, zu diesen Verfahren Stellung zu nehmen. Im Hinblick auf die Anwendung des Artikels 6 dieses Protokolls nimmt die EG-Kommission die Mitteilungen der zuständigen Behörde des betreffenden EFTA-Staates entgegen; sie gibt dieser Behörde Gelegenheit, sich in allen Abschnitten des Verfahrens bis zum Erlass einer Entscheidung nach diesem Artikel zu äußern. Zu diesem Zwecke gewährt sie ihr Akteneinsicht.

Anhörungen

Art. 4

In den in Artikel 2 Absatz 1 und Absatz 2 Buchstabe a genannten Fällen fordert die EG-Kommission die EFTA-Überwachungsbehörde auf, bei den Anhörungen der betreffenden Unternehmen vertreten zu sein. Die EFTA-Staaten können ebenfalls bei diesen Anhörungen vertreten sein.

Der beratende EG-Ausschuss für die Kontrolle von Unternehmenszusammenschlüssen

Art. 5

(1) In den in Artikel 2 Absatz 1 und Absatz 2 Buchstabe a genannten Fällen teilt die EG-Kommission der EFTA-Überwachungsbehörde rechtzeitig den Zeitpunkt der Sitzung des Beratenden EG-Ausschusses für die Kontrolle von Unternehmenszusammenschlüssen mit und übermittelt die einschlägigen Unterlagen.

(2) Alle von der EFTA Überwachungsbehörde zu diesem Zwecke beigebrachten Unterlagen, einschließlich Unterlagen von EFTA-Staaten, werden dem Beratenden EG-Ausschuss für die Kontrolle von Unternehmenszusammenschlüssen zusammen mit weiteren einschlägigen Unterlagen der EG-Kommission vorgelegt.

(3) Die EFTA-Überwachungsbehörde und die EFTA-Staaten sind berechtigt, in dem Beratenden EG-Ausschuss für die Kontrolle von Unternehmenszusammenschlüssen anwesend zu sein und Stellung zu beziehen; sie haben jedoch kein Stimmrecht.

Rechte der einzelnen Staaten

Art. 6

(1) Die EG-Kommission kann einen angemeldeten Zusammenschluss durch eine Entscheidung, die sie den beteiligten Unternehmen, den zuständigen Behörden der EG-Mitgliedstaaten und der EFTA-Überwachungsbehörde unverzüglich mitteilt, an einen EFTA-Staat verweisen, in welchem ein Zusammenschluss eine beherrschende Stellung zu begründen oder zu verstärken droht, durch die wirksamer Wettbewerb auf einem Markt in diesem Staat, der alle Merkmale eines gesonderten Marktes aufweist, erheblich behindert würde, unabhängig davon, ob dieser einen wesentlichen Teil des unter dieses Abkommen fallenden Gebietes ausmacht oder nicht.

(2) In den in Absatz 1 genannten Fällen kann jeder EFTA-Staat zwecks Anwendung seiner innerstaatlichen Wettbewerbsvorschriften beim Europäischen Gerichtshof aus denselben Gründen und unter denselben Voraussetzungen Klage erheben, wie dies ein EG-Mitgliedstaat gemäß Artikel 173 des Vertrages zur Gründung der Europäischen Wirtschaftsgemeinschaft tun kann, und insbesondere den Erlass einstweiliger Anordnungen beantragen.

Art. 7

(1) Unbeschadet der ausschließlichen Zuständigkeit der EG-Kommission, gemäß der Verordnung (EWG) Nr. 4064/89 des Rates vom 21. Dezember 1989 über die Kontrolle von Unternehmenszusammenschlüssen (ABl. Nr. L 395 vom 30.12.1989, S. 1; berichtigte Textfassung: ABl. Nr. L 257 vom 21.9.1990, S. 13), gemeinschaftsweite Zusammenschlüsse zu behandeln, können die EFTA-Staaten geeignete Maßnahmen zum Schutz anderer berechtigter Interessen als derjenigen treffen, welche gemäß der genannten Verordnung berücksichtigt werden, sofern diese Interessen mit den allgemeinen Grundsätzen und den übrigen Bestimmungen vereinbar sind, die gemäß diesem Abkommen direkt bzw. indirekt vorgesehen sind.

(2) Im Sinne des Absatzes 1 gelten als berechtigte Interessen die öffentliche Sicherheit, die Medienvielfalt und die Aufsichtsregeln.

(3) Jedes andere öffentliche Interesse muss der EG-Kommission mitgeteilt werden; diese muss es nach Prüfung seiner Vereinbarkeit mit den allgemeinen Grundsätzen und den sonstigen Bestimmungen, die gemäß diesem Abkommen direkt bzw. indirekt vorgesehen sind, vor Anwendung der genannten Maßnahmen anerkennen. Die EG-Kommission gibt der EFTA-Überwachungsbehörde und dem betreffenden EFTA-Staat ihre Entscheidung binnen eines Monats nach der entsprechenden Mitteilung bekannt.

Gegenseitige Amtshilfe

Art. 8

(1) Die EG-Kommission kann zur Erfüllung der ihr für die Durchführung des Artikels 57 übertragenen Aufgaben alle erforderlichen Auskünfte bei der EFTA-Überwachungsbehörde und den EFTA-Staaten einholen.

(2) Richtet die EG-Kommission ein Auskunftsverlangen an Personen, Unternehmen oder Unternehmensvereinigungen, die ihren Wohnsitz bzw. Sitz im Gebiet der EFTA-Überwachungsbehörde haben, so übermittelt sie der EFTA-Überwachungsbehörde gleichzeitig eine Kopie davon.

(3) Wird eine von Personen, Unternehmen oder Unternehmensvereinigungen verlangte Auskunft innerhalb einer von der EG-Kommission festgesetzten Frist nicht oder nicht vollständig erteilt, so fordert die EG-Kommission die Auskunft durch Entscheidung an; sie übermittelt der EFTA-Überwachungsbehörde eine Kopie dieser Entscheidung.

(4) Auf Ersuchen der EG-Kommission nimmt die EFTA-Überwachungsbehörde Nachprüfungen in ihrem Gebiet vor.

(5) Die EG-Kommission ist berechtigt, bei den in Absatz 4 genannten Nachprüfungen vertreten zu sein und aktiv daran teilzunehmen.

(6) Die Auskünfte, die bei den auf Ersuchen vorgenommenen Nachprüfungen erteilt werden, werden der EG-Kommission übermittelt, sobald die Nachprüfungen abgeschlossen sind.

(7) Nimmt die EG-Kommission Nachforschungen im Gemeinschaftsgebiet vor und handelt es sich um Fälle gemäß Artikel 2 Absatz 1 und Absatz 2 Buchstabe a, so unterrichtet sie die EFTA-Überwachungsbehörde darüber, dass solche Nachforschungen stattgefunden haben; auf Ersuchen übermittelt sie die einschlägigen Ergebnisse der Nachforschungen.

Berufsgeheimnis

Art. 9

(1) Die bei der Anwendung dieses Protokolls erlangten Kenntnisse dürfen nur für die Verfahren gemäß Artikel 57 des Abkommens verwertet werden.

(2) Die EG-Kommission, die EFTA-Überwachungsbehörde, die zuständigen Behörden der Mitgliedstaaten der Europäischen Gemeinschaften und der EFTA-Staaten sowie ihre Beamten und sonstigen Bediensteten sind verpflichtet, Kenntnisse nicht preiszugeben, die sie bei der Anwendung dieses Protokolls erlangt haben und die ihrem Wesen nach unter das Berufsgeheimnis fallen.

(3) Vorschriften über das Berufsgeheimnis und die eingeschränkte Verwertung von Kenntnissen, die in dem Abkommen bzw. in den Rechtsvorschriften der Vertragsparteien vorgesehen sind, stehen dem Austausch und der Verwertung von Kenntnissen nach Maßgabe dieses Protokolls nicht entgegen.

Anmeldungen

Art. 10

(1) Unternehmen richten ihre Anmeldungen an das zuständige Überwachungsorgan im Einklang mit Artikel 57 Absatz 2 des Abkommens.

(2) Anmeldungen bzw. Beschwerden, die an das Organ gerichtet werden, das gemäß Artikel 57 keine Entscheidungsbefugnis über einen bestimmten Fall hat, werden unverzüglich an das zuständige Überwachungsorgan weitergeleitet.

Art. 11

Als Zeitpunkt der Vorlage der Anmeldung gilt der Tag, an dem diese bei dem zuständigen Überwachungsorgan eingeht.

In Fällen, die gemäß den Durchführungsvorschriften nach Artikel 57 angemeldet werden, jedoch unter Artikel 53 fallen, gilt als Zeitpunkt der Vorlage der Anmeldung der Tag, an dem diese bei dem zuständigen Überwachungsorgan eingeht.

Sprachenregelung

Art. 12

(1) Die Unternehmen sind berechtigt, im Zusammenhang mit Anmeldungen für den Schriftverkehr mit der EFTA-Überwachungsbehörde und der EG-Kommission eine Amtssprache eines EFTA-Staates oder der Gemeinschaft zu wählen. Dies gilt für alle Verfahrensarten.

(2) Wählt ein Unternehmen für den Schriftverkehr mit einem Überwachungsorgan eine Sprache, die weder Amtssprache der in den Zuständigkeitsbereich dieses Organs fallenden Staaten noch Arbeitssprache dieses Organs ist, so hat es dafür zu sorgen,

dass für alle Unterlagen eine in einer Amtssprache dieses Organs übersetzte Fassung vorliegt.

(3) Unternehmen, die nicht in der Anmeldung aufgeführt sind, sind ebenfalls berechtigt, den Schriftverkehr mit der EFTA-Überwachungsbehörde und der EG-Kommission in einer Amtssprache eines EFTA-Staates oder der Gemeinschaft oder in einer Arbeitssprache eines der beiden Organe zu führen. Wählen diese Unternehmen für den Schriftverkehr mit einem Überwachungsorgan eine Sprache, die weder Amtssprache der in den Zuständigkeitsbereich dieser Behörde fallenden Staaten noch Arbeitssprache dieses Organ ist, so gilt Absatz 2.

(4) Für den Schriftverkehr mit den Unternehmen benutzt das zuständige Organ die für die Übersetzung gewählte Sprache.

Fristen und weitere Verfahrensfragen

Art. 13

Im Zusammenhang mit Fristen und anderen Verfahrensbestimmungen gelten die Vorschriften zur Durchführung des Artikels 57 auch für die Zusammenarbeit zwischen der EG-Kommission und der EFTA-Überwachungsbehörde sowie den EFTA-Staaten, sofern in diesem Protokoll nichts anderes festgelegt ist.

Übergangsvorschriften

Art. 14

Artikel 57 findet keine Anwendung auf Zusammenschlüsse, die vor dem Zeitpunkt des Inkrafttretens des Abkommens Gegenstand eines Vertragsabschlusses oder einer Veröffentlichung gewesen oder durch einen Erwerb zustande gekommen sind; auf keinen Fall findet er Anwendung auf Zusammenschlüsse, hinsichtlich deren eine für den Wettbewerb zuständige nationale Behörde vor dem genannten Zeitpunkt ein Verfahren eröffnet hat.

Anhang A 2. VO 773/2004 über die Durchführung von Verfahren auf der Grundlage der Art. 81 und 82 EG

Verordnung (EG) Nr. 773/2004 der Kommission vom 7. April 2004 über die Durchführung von Verfahren auf der Grundlage der Artikel 81 und 82 EG-Vertrag durch die Kommission

(ABl. 2004 L 123/18, geändert durch VO 1792/2006, ABl. 2006 L 362/1, VO 622/2008, ABl. 2008 L 171/3 und VO 519/2013, ABl. 2013 L 158/74)

(Die Artikel-Überschriften sind Teil des amtlichen Textes)

Erwägungsgründe

(1) Nach der Verordnung (EG) Nr. 1/2003 ist die Kommission ermächtigt, bestimmte Aspekte der Verfahren zur Anwendung der Artikel 81 und 82 EG-Vertrag zu regeln. Es ist notwendig, Vorschriften zu erlassen, um die Einleitung von Verfahren durch die Kommission, die Bearbeitung von Beschwerden sowie die Anhörung der Parteien zu regeln.

(2) Gemäß der Verordnung (EG) Nr. 1/2003 müssen die einzelstaatlichen Gerichte es vermeiden, Entscheidungen zu erlassen, die einer Entscheidung zuwiderlaufen, die die Kommission in derselben Sache zu erlassen beabsichtigt. Nach Artikel 11 Absatz 6 der genannten Verordnung entfällt die Zuständigkeit der einzelstaatlichen Wettbewerbsbehörden, wenn die Kommission ein Verfahren zum Erlass einer Entscheidung nach Kapitel III der Verordnung (EG) Nr. 1/2003 eingeleitet hat. Es ist daher wichtig, dass die Gerichte und Wettbewerbbehörden der Mitgliedsstaaten von der Einleitung eines Verfahrens durch die Kommission Kenntnis erhalten. Die Kommission sollte deshalb ihre verfahrenseinleitenden Beschlüsse bekannt machen können.

(3) Befragt die Kommission natürliche oder juristische Personen mit deren Zustimmung, so sollte sie diese Personen zuvor über die Rechtsgrundlage und die Freiwilligkeit dieser Befragung belehren. Auch sollte ihnen der Zweck der Befragung sowie die etwaige Aufzeichnung dieser Befragung mitgeteilt werden. Im Interesse der Richtigkeit der Aussagen sollte den Befragten Gelegenheit gegeben werden, die aufgezeichneten Aussagen zu berichtigen. Sanktionen gegen natürliche Personen dürfen nur dann auf aus Aussagen gewonnene und nach Artikel 12 der Verordnung (EG) Nr. 1/2003 ausgetauschte Informationen gestützt werden, wenn die Voraussetzungen dieses Artikels erfüllt sind.

(4) Nach Artikel 23 Absatz 1 Buchstabe d) der Verordnung (EG) Nr. 1/2003 können Unternehmen und Unternehmensvereinigungen mit einer Geldbuße belegt werden, wenn sie es versäumen, innerhalb der von der Kommission gesetzten Frist eine unrichtige, unvollständige oder irreführende Antwort zu berichtigen, die ein Mitglied ihrer Belegschaft im Rahmen einer Nachprüfung erteilt hat. Es ist daher notwendig, die über die Befragung angefertigten Aufzeichnungen dem betreffenden Unternehmen zu übermitteln, und ein Verfahren vorzusehen, um dem Unternehmen Gelegenheit zu geben, die Erläuterungen von Mitgliedern seiner Belegschaft, die nicht zur Erteilung von Auskünften im Namen des Unternehmens befugt sind

oder waren, durch Berichtigungen, Änderungen oder Zusätze zu ergänzen. Die Aussagen von Mitgliedern der Belegschaft sollten so, wie sie bei der Nachprüfung aufgezeichnet worden sind, in der bei der Kommission geführten Akte verbleiben.

(5) Beschwerden stellen eine wesentliche Informationsquelle zur Aufdeckung von Zuwiderhandlungen gegen das Wettbewerbsrecht dar. Es ist wichtig, klare und effiziente Verfahren zur Behandlung der bei der Kommission erhobenen Beschwerden festzulegen.

(6) Beschwerden im Sinne von Artikel 7 der Verordnung (EG) Nr. 1/2003 sind nur dann zulässig, wenn sie bestimmte festgelegte Angaben enthalten.

(7) Um den Beschwerdeführern bei der Vorlage der notwendigen Sachverhaltsangaben behilflich zu sein, sollte ein Formblatt erstellt werden. Eine Eingabe sollte nur dann als Beschwerde im Sinne von Artikel 7 der Verordnung (EG) Nr. 1/2003 behandelt werden, wenn die in dem Formblatt aufgeführten Angaben vorgelegt werden.

(8) Natürliche oder juristische Personen, die sich für eine Beschwerde entschieden haben, sollten Gelegenheit erhalten, an dem von der Kommission zwecks Feststellung einer Zuwiderhandlung eingeleiteten Verfahren mitzuwirken. Der Zugang zu Geschäftsgeheimnissen und anderen vertraulichen Informationen der anderen Verfahrensbeteiligten sollte ihnen jedoch verwehrt werden.

(9) Den Beschwerdeführern sollte Gelegenheit zur Äußerung gegeben werden, wenn nach Auffassung der Kommission keine ausreichenden Gründe vorliegen, um der Beschwerde stattzugeben. Weist die Kommission eine Beschwerde ab, weil der Fall bereits von einer einzelstaatlichen Wettbewerbsbehörde behandelt wird oder behandelt worden ist, sollte sie dem Beschwerdeführer die betreffende Behörde nennen.

(10) Um die Verteidigungsrechte der Unternehmen zu wahren, sollte die Kommission den Parteien rechtliches Gehör gewähren, bevor sie eine Entscheidung trifft.

(11) Geregelt werden sollte auch die Anhörung von Personen, die weder Beschwerdeführer im Sinne von Artikel 7 der Verordnung (EG) Nr. 1/2003 sind noch Parteien, an die eine Mitteilung der Beschwerdepunkte gerichtet worden ist, die aber ein ausreichendes Interesse geltend machen können. Bei Verbraucherverbänden, die beantragen gehört zu werden, sollte allgemein ein ausreichendes Interesse unterstellt werden, wenn das Verfahren Produkte oder Dienstleistungen für Endverbraucher oder Produkte oder Dienstleistungen betrifft, die direkt in diese Produkte oder Dienstleistungen einfließen. Die Kommission sollte darüber hinaus andere Personen auffordern können, sich schriftlich zu äußern und an der Anhörung der Parteien, an die eine Mitteilung der Beschwerdepunkte gerichtet worden ist, teilzunehmen, wenn sie dies als dem Verfahren förderlich erachtet. Sie sollte diese Personen gegebenenfalls auch zur Äußerung in dieser Anhörung auffordern können.

(12) Um Anhörungen effizienter zu gestalten, sollte der Anhörungsbeauftragte den Parteien, Beschwerdeführern, anderen geladenen Personen, den Dienststellen der Kommission und den Behörden der Mitgliedstaaten gestatten können, während der Anhörung Fragen zu stellen.

(13) Bei der Gewährung von Akteneinsicht sollte die Kommission den Schutz von Geschäftsgeheimnissen und anderen vertraulichen Informationen sicherstellen. Die Kategorie „andere vertrauliche Informationen" umfasst Informationen, die keine Geschäftsgeheimnisse sind, aber insoweit als vertraulich angesehen werden können, als ein Unternehmen oder eine Person durch ihre Offenlegung erheblich geschädigt werden können. Die Kommission sollte von den Unternehmen oder Unternehmensvereinigungen, die Unterlagen oder Erklärungen vorlegen oder vorgelegt haben, die Kenntlichmachung vertraulicher Informationen verlangen können.

(14) Sind Geschäftsgeheimnisse oder vertrauliche Informationen zum Nachweis einer Zuwiderhandlung erforderlich, sollte die Kommission bei jedem einzelnen

Schriftstück prüfen, ob das Bedürfnis, es offen zu legen, größer ist als der Schaden, der aus dieser Offenlegung entstehen könnte.

(15) Im Interesse der Rechtssicherheit sollte für die Vorlage der in dieser Verordnung vorgesehenen Mitteilungen und Ausführungen eine Mindestfrist festgesetzt werden.

(16) Diese Verordnung ersetzt die Verordnung (EG) Nr. 2842/98 der Kommission vom 22. Dezember 1998 über die Anhörung in bestimmten Verfahren nach Artikel 85 und 86 EG-Vertrag[1], die aufgehoben werden sollte.

(17) Die Verfahrensvorschriften im Verkehrssektor werden durch diese Verordnung den allgemeinen für alle Wirtschaftszweige geltenden Verfahrensvorschriften angepasst. Die Verordnung (EG) Nr. 2843/98 der Kommission vom 22. Dezember 1998 über die Form, den Inhalt und die anderen Einzelheiten der Anträge und Anmeldungen nach den Verordnungen (EWG) Nr. 1017/68, (EWG) Nr. 4056/86 und (EWG) Nr. 3975/87 des Rates über die Anwendung der Wettbewerbsregeln auf den Bereich Verkehr[2] sollten daher aufgehoben werden.

(18) Mit der Verordnung (EG) Nr. 1/2003 wird das Anmelde- und Genehmigungssystem abgeschafft. Die Verordnung (EG) Nr. 3385/94 der Kommission vom 21. Dezember 1994 über die Form, den Inhalt und die anderen Einzelheiten der Anträge und Anmeldungen nach der Verordnung Nr. 17 des Rates[3] sollte dementsprechend aufgehoben werden.

Kapitel I. Anwendungsbereich

Art. 1 Gegenstand und Anwendungsbereich

Diese Verordnung gilt für Verfahren, die von der Kommission zur Anwendung der Artikel 81 und 82 EG-Vertrag durchgeführt werden.

Kapitel II. Einleitung eines Verfahrens

Art. 2 Einleitung eines Verfahrens

(1) Die Kommission kann jederzeit die Einleitung eines Verfahrens zum Erlass einer Entscheidung gemäß Kapitel III der Verordnung (EG) Nr. 1/2003 beschließen; dieser Beschluss muss jedoch vor der Versendung einer vorläufigen Beurteilung gemäß Artikel 9 Absatz 1 der Verordnung (EG) Nr. 1/2003, vor der Übersendung der Mitteilung der Beschwerdepunkte, vor der Aufforderung an die Parteien, ihr Interesse an der Aufnahme von Vergleichsgesprächen zu bekunden, oder vor dem Datum der Veröffentlichung einer Mitteilung gemäß Artikel 27 Absatz 4 der genannten Verordnung ergehen, je nachdem, welche Handlung früher stattfindet.

(2) Die Kommission kann die Einleitung des Verfahrens in geeigneter Weise bekannt machen. Sie setzt zuvor die Parteien davon in Kenntnis.

(3) Die Kommission kann von ihren Ermittlungsbefugnissen gemäß Kapitel V der Verordnung (EG) Nr. 1/2003 Gebrauch machen, bevor sie ein Verfahren einleitet.

(4) Die Kommission kann eine Beschwerde gemäß Artikel 7 der Verordnung (EG) Nr. 1/2003 abweisen, ohne ein Verfahren einzuleiten.

---

[1] ABl. L 354 vom 30. 12. 1998, S. 18.

[2] ABl. L 354 vom 30. 12. 1998, S. 22.

[3] ABl. L 377 vom 31. 12. 1994, S. 28.

Kapitel III. Ermittlungen der Kommission

Art. 3 Befugnis zur Befragung

(1) Befragt die Kommission eine Person mit deren Zustimmung nach Maßgabe von Artikel 19 der Verordnung (EG) Nr. 1/2003, teilt sie ihr zu Beginn der Befragung die Rechtsgrundlage sowie den Zweck der Befragung mit und verweist auf den freiwilligen Charakter der Befragung. Sie teilt dem Befragten ferner ihre Absicht mit, die Befragung aufzuzeichnen.

(2) Die Befragung kann auf jedem Wege einschließlich per Telefon oder elektronisch erfolgen.

(3) Die Kommission kann die Aussagen des Befragten auf einen beliebigen Träger aufzeichnen. Dem Befragten wird eine Kopie der Aufzeichnung zur Genehmigung überlassen. Die Kommission setzt erforderlichenfalls eine Frist, innerhalb deren der Befragte seine Aussage berichtigen kann.

Art. 4 Befragung während einer Nachprüfung

(1) Wenn Bedienstete der Kommission oder andere von ihr ermächtigte Begleitpersonen gemäß Artikel 20 Absatz 2 Buchstabe e) der Verordnung (EG) Nr. 1/2003 von Vertretern oder Mitgliedern der Belegschaft eines Unternehmens oder einer Unternehmensvereinigung Erläuterungen verlangen, können diese auf einen beliebigen Träger aufgezeichnet werden.

(2) Dem Unternehmen oder der Unternehmensvereinigung wird nach der Nachprüfung eine Kopie der gemäß Absatz 1 angefertigten Aufzeichnung überlassen.

(3) Wurde ein Mitglied der Belegschaft eines Unternehmens oder einer Unternehmensvereinigung um Erläuterungen gebeten, das seitens des Unternehmens oder der Unternehmensvereinigung nicht ermächtigt ist oder war, Erläuterungen in seinem oder ihrem Namen abzugeben, setzt die Kommission eine Frist, innerhalb deren das Unternehmen oder die Unternehmensvereinigung der Kommission Richtigstellungen, Änderungen oder Zusätze zu den Erläuterungen dieses Belegschaftsmitglieds übermitteln kann. Die Richtigstellungen, Änderungen oder Zusätze werden den gemäß Absatz 1 aufgezeichneten Erläuterungen beigefügt.

Kapitel IV. Behandlung von Beschwerden

Art. 5 Zulässigkeit von Beschwerden

(1) Natürliche und juristische Personen müssen ein berechtigtes Interesse darlegen, um zur Einreichung einer Beschwerde für Zwecke von Artikel 7 der Verordnung (EG) Nr. 1/2003 befugt zu sein.

Beschwerden müssen die Angaben enthalten, die in dem im Anhang zu dieser Verordnung beigefügten Formblatt C gefordert werden. Die Kommission kann von der Vorlage eines Teils der im Formblatt C geforderten Angaben und Unterlagen absehen.

(2) Die Beschwerde ist bei der Kommission in dreifacher Ausfertigung auf Papier sowie nach Möglichkeit in elektronischer Form einzureichen. Der Beschwerdeführer hat zudem eine nicht vertrauliche Fassung der Beschwerde vorzulegen, wenn für einen Teil der Beschwerde Vertraulichkeitsschutz geltend gemacht wird.

(3) Die Beschwerde ist in einer Amtssprache der Gemeinschaft einzureichen.

Art. 6 Teilnahme des Beschwerdeführers am Verfahren

(1) Ergeht in einem Fall eine Mitteilung von Beschwerdepunkten in Bezug auf eine Angelegenheit, die Gegenstand einer Beschwerde ist, übermittelt die Kommission dem Beschwerdeführer eine nicht vertrauliche Fassung der Mitteilung der Beschwerdepunkte, außer in Fällen von Vergleichsverfahren, in denen die Kommission den Beschwerdeführer schriftlich über die Art und den Gegenstand des Verfahrens unterrichtet. Die Kommission setzt ferner eine Frist, innerhalb deren der Beschwerdeführer schriftlich Stellung nehmen kann.

(2) Die Kommission kann gegebenenfalls dem Beschwerdeführer Gelegenheit geben, seine Argumente anlässlich der Anhörung der Parteien, an die eine Mitteilung der Beschwerdepunkte gerichtet worden ist, vorzubringen, wenn der Beschwerdeführer dies in seinen schriftlichen Ausführungen beantragt.

Art. 7 Abweisung von Beschwerden

(1) Ist die Kommission der Auffassung, dass die ihr vorliegenden Angaben es nicht rechtfertigen, einer Beschwerde nachzugehen, so teilt sie dem Beschwerdeführer die Gründe hierfür mit und setzt ihm eine Frist zur schriftlichen Stellungnahme. Die Kommission ist nicht verpflichtet, nach Ablauf dieser Frist eingegangenen schriftlichen Ausführungen Rechnung zu tragen.

(2) Äußert sich der Beschwerdeführer innerhalb der von der Kommission gesetzten Frist und führen seine schriftlichen Ausführungen nicht zu einer anderen Würdigung der Beschwerde, weist die Kommission die Beschwerde durch Entscheidung ab.

(3) Äußert sich der Beschwerdeführer nicht innerhalb der von der Kommission gesetzten Frist, gilt die Beschwerde als zurückgezogen.

Art. 8 Recht auf Einsichtnahme

(1) Hat die Kommission den Beschwerdeführer von ihrer Absicht unterrichtet, seine Beschwerde gemäß Artikel 7 Absatz 1 abzuweisen, so kann der Beschwerdeführer Einsicht in die Unterlagen verlangen, die der vorläufigen Beurteilung der Kommission zugrunde liegen. Dies gilt nicht für Geschäftsgeheimnisse und sonstige vertrauliche Informationen anderer Verfahrensbeteiligten.

(2) Die Unterlagen, in die der Beschwerdeführer in einem von der Kommission nach den Artikeln 81 und 82 EG-Vertrag geführten Verfahren Einsicht genommen hat, dürfen vom Beschwerdeführer nur für Gerichts- oder Verwaltungsverfahren zur Anwendung dieser Bestimmungen des EG-Vertrags verwendet werden.

Art. 9 Abweisung einer Beschwerde gemäß Artikel 13 der Verordnung (EG) Nr. 1/2003

Weist die Kommission eine Beschwerde gemäß Artikel 13 der Verordnung (EG) Nr. 1/2003 ab, so teilt sie dem Beschwerdeführer unverzüglich mit, welche einzelstaatliche Wettbewerbsbehörde den Fall behandelt oder bereits behandelt hat.

Kapitel V. Wahrnehmung des Anspruchs auf rechtliches Gehör

Art. 10 Mitteilung der Beschwerdepunkte und Erwiderung

(1) Die Kommission teilt den Parteien die gegen sie erhobenen Beschwerdepunkte mit. Die Mitteilung der Beschwerdepunkte wird jeder Partei, gegen die Beschwerdepunkte erhoben werden, schriftlich zugestellt.

(2) Bei Zustellung der Mitteilung der Beschwerdepunkte setzt die Kommission den Parteien eine Frist zur schriftlichen Stellungnahme. Die Kommission ist nicht verpflichtet, nach Ablauf dieser Frist eingegangenen schriftlichen Ausführungen Rechnung zu tragen.

(3) Die Parteien können in ihren schriftlichen Ausführungen alle ihnen bekannten Tatsachen vortragen, die für ihre Verteidigung gegen die von der Kommission angeführten Beschwerdepunkte relevant sind. Als Nachweis für die in ihren Ausführungen vorgetragenen Tatsachen fügen sie alle zweckdienlichen Unterlagen bei. Ihre Ausführungen und die beigefügten Unterlagen sind im Original auf Papier und in elektronischer Form oder, falls sie nicht in elektronischer Form beigebracht werden, in 31-facher Ausfertigung auf Papier vorzulegen. Sie können der Kommission die Anhörung von Personen vorschlagen, die die in ihren Ausführungen vorgetragenen Tatsachen bestätigen können.

Art. 10a Vergleichsverfahren in Kartellfällen

(1) Nach Einleitung des Verfahrens gemäß Artikel 11 Absatz 6 der Verordnung (EG) Nr. 1/2003 kann die Kommission eine Frist setzen, innerhalb der die Parteien schriftlich ihre Bereitschaft signalisieren können, Vergleichsgespräche im Hinblick auf die mögliche Vorlage von Vergleichsausführungen aufzunehmen. Die Kommission ist nicht verpflichtet, nach Ablauf dieser Frist eingegangene Antworten zu berücksichtigen.

Wenn sich zwei oder mehr Parteien innerhalb eines Unternehmens nach Unterabsatz 1 zur Aufnahme von Vergleichsgesprächen bereit erklären, benennen sie einen gemeinsamen Vertreter, der die Gespräche mit der Kommission in ihrem Namen führt. Bei der Festsetzung der in Unterabsatz 1 genannten Frist teilt die Kommission den betreffenden Parteien mit, dass sie als zum selben Unternehmen gehörend gelten, um es ihnen zu ermöglichen, diese Bestimmung einzuhalten.

(2) Die Kommission kann den Parteien, die an Vergleichsgesprächen teilnehmen, Folgendes offen legen:

a) die gegen sie erwogenen Beschwerdepunkte;
b) die Beweise, anhand derer die erwogenen Beschwerdepunkte festgestellt wurden;
c) nicht vertrauliche Fassungen sämtlicher in der Akte des Falles aufgeführter Unterlagen, sofern die Partei dies beantragt, damit sie ihre Position bezüglich eines Zeitraums oder anderer Gesichtspunkte des Kartells ermitteln kann, und
d) die Höhe etwaiger Geldbußen.

Diese Informationen sind gegenüber Dritten vertraulich, es sei denn, die Kommission hat eine Offenlegung vorher ausdrücklich genehmigt.

Bei Fortschritten in den Vergleichsgesprächen kann die Kommission eine Frist setzen, innerhalb der sich die Parteien verpflichten können, das Vergleichsverfahren durch die Vorlage von Vergleichsausführungen anzunehmen, in denen die Ergebnisse der Vergleichsgespräche wiedergegeben und ihre Teilnahme an einer Zuwiderhandlung gegen Artikel 81 EGV einschließlich ihrer Haftbarkeit anerkannt wird. Die betreffenden Parteien haben Anspruch darauf, dass ihnen die in Artikel 10a Absatz 2 Unterabsatz 1 genannten Informationen auf Antrag rechtzeitig, bevor die Kommission eine Frist für die Vorlage der Vergleichsausführungen setzt, offen gelegt werden. Die Kommission ist nicht verpflichtet, nach Ablauf dieser Frist eingegangene Vergleichausführungen zu berücksichtigen.

(3) Wurde der Inhalt der Vergleichsausführungen in der den Parteien zugestellten Mitteilung der Beschwerdepunkte wiedergegeben, haben die Parteien in ihrer schriftlichen Erwiderung auf die Mitteilung der Beschwerdepunkte innerhalb einer von der Kommission gesetzten Frist zu bestätigen, dass die ihnen zugestellte Mitteilung der Beschwerdepunkte den Inhalt ihrer Vergleichsausführungen wiedergibt. Da-

raufhin kann die Kommission nach Konsultationen im Beratenden Ausschuss für Kartell- und Monopolfragen gemäß Artikel 14 der Verordnung (EG) Nr. 1/2003 eine Entscheidung gemäß Artikel 7 und Artikel 23 der genannten Verordnung erlassen.

(4) Die Kommission kann während des Verfahrens jederzeit beschließen, die Vergleichsgespräche in einem bestimmten Fall insgesamt oder mit einer oder mehreren Parteien zu beenden, wenn sie zu der Auffassung gelangt, dass eine Rationalisierung des Verfahrens voraussichtlich nicht erzielt werden kann.

Art. 11 Anspruch auf rechtliches Gehör

(1) Die Kommission gibt den Parteien, an die sie eine Mitteilung der Beschwerdepunkte richtet, Gelegenheit zur Äußerung, bevor sie den Beratenden Ausschuss nach Artikel 14 Absatz 1 der Verordnung (EG) Nr. 1/2003 hört.

(2) Die Kommission zieht in ihren Entscheidungen nur Beschwerdepunkte in Betracht, zu denen sich die in Absatz 1 genannten Parteien äußern konnten.

Art. 12 Recht auf Anhörung

(1) Die Kommission gibt den Parteien, an die sie eine Mitteilung der Beschwerdepunkte richtet, Gelegenheit, ihre Argumente in einer Anhörung vorzutragen, wenn sie dies in ihren schriftlichen Ausführungen beantragen.

(2) Bei der Vorlage ihrer Vergleichsausführungen bestätigen die Parteien der Kommission, dass sie nur dann beantragen würden, ihre Argumente in einer Anhörung vorzutragen, wenn der Inhalt ihrer Vergleichsausführungen nicht in der Mitteilung der Beschwerdepunkte wiedergegeben wurde.

Art. 13 Anhörung anderer Personen

(1) Wenn andere als die in den Artikeln 5 und 11 genannten natürlichen oder juristischen Personen beantragen, gehört zu werden und ein ausreichendes Interesse darlegen, so unterrichtet die Kommission sie schriftlich über Art und Gegenstand des Verfahrens und setzt ihnen eine Frist zur schriftlichen Stellungnahme.

(2) Die Kommission kann die in Absatz 1 genannten Personen gegebenenfalls auffordern, ihre Argumente anlässlich der Anhörung der Parteien, an die sie eine Mitteilung der Beschwerdepunkte gerichtet hat, vorzubringen, wenn sie dies in ihren schriftlichen Ausführungen beantragen.

(3) Die Kommission kann jede andere Person auffordern, sich schriftlich zu äußern und an der Anhörung der Parteien, an die sie eine Mitteilung der Beschwerdepunkte gerichtet hat, teilzunehmen. Die Kommission kann diese Personen auch auffordern, sich in der Anhörung zu äußern.

Art. 14 Durchführung der Anhörung

(1) Der Anhörungsbeauftragte führt die Anhörung in voller Unabhängigkeit durch.

(2) Die Kommission lädt die zu hörenden Personen an einem von ihr festgesetzten Termin zu der Anhörung.

(3) Die Wettbewerbsbehörden der Mitgliedstaaten werden von der Kommission zu der Anhörung eingeladen. Die Kommission kann auch Beamte und Bedienstete anderer Behörden der Mitgliedstaaten einladen.

(4) Die geladenen Personen erscheinen persönlich oder werden durch ihre gesetzlichen oder satzungsgemäßen Vertreter vertreten. Unternehmen und Unternehmensvereinigungen können sich auch durch einen mit ausreichender Vollmacht ver-

sehenen Vertreter vertreten lassen, der ständig im Dienst des Unternehmens oder der Unternehmensvereinigung steht.

(5) Die von der Kommission anzuhörenden Personen können ihre Rechtsanwälte oder andere vom Anhörungsbeauftragten zugelassene qualifizierte Personen hinzuziehen.

(6) Die Anhörungen sind nicht öffentlich. Jede Person kann allein oder in Anwesenheit anderer geladener Personen gehört werden; dabei ist den berechtigten Interessen der Unternehmen an der Wahrung ihrer Geschäftsgeheimnisse und anderer vertraulicher Informationen Rechnung zu tragen.

(7) Der Anhörungsbeauftragte kann den Parteien, an die eine Mitteilung der Beschwerdepunkte gerichtet worden ist, den Beschwerdeführern, den anderen geladenen Personen, den Kommissionsdienststellen und den Behörden der Mitgliedstaaten gestatten, während der Anhörung Fragen zu stellen.

(8) Die Aussagen jeder gehörten Person werden aufgezeichnet. Die Aufzeichnung der Anhörung wird den Personen, die an der Anhörung teilgenommen haben, auf Antrag zur Verfügung gestellt. Dabei ist den berechtigten Interessen der Verfahrensbeteiligten an der Wahrung ihrer Geschäftsgeheimnisse und anderer vertraulicher Informationen Rechnung zu tragen.

Kapitel VI. Akteneinsicht und Behandlung vertraulicher Informationen

Art. 15 Akteneinsicht und Verwendung der Unterlagen

(1) Auf Antrag gewährt die Kommission den Parteien, an die sie eine Mitteilung der Beschwerdepunkte gerichtet hat, Akteneinsicht. Die Akteneinsicht wird nach Zustellung der Mitteilung der Beschwerdepunkte gewährt.

(1a) Nachdem das Verfahren gemäß Artikel 11 Absatz 6 der Verordnung (EG) Nr. 1/2003 eingeleitet wurde und um den Parteien, die Vergleichsausführungen vorlegen möchten, dies zu ermöglichen, legt die Kommission den Parteien auf Antrag und zu den in den jeweiligen Unterabsätzen festgelegten Bedingungen die in Artikel 10a Absatz 2 genannten Beweise und Unterlagen offen. Hierzu bestätigen die Parteien bei der Vorlage ihrer Vergleichsausführungen der Kommission, dass sie nach Erhalt der Mitteilung der Beschwerdepunkte nur dann Antrag auf Akteneinsicht stellen, wenn der Inhalt ihrer Vergleichsausführungen nicht in der Mitteilung der Beschwerdepunkte wiedergegeben wurde.

(2) Von der Akteneinsicht ausgenommen sind Geschäftsgeheimnisse, andere vertrauliche Informationen sowie interne Unterlagen der Kommission und der Wettbewerbsbehörden der Mitgliedstaaten. Ebenfalls von der Akteneinsicht ausgenommen ist die in der Akte der Kommission enthaltene Korrespondenz zwischen der Kommission und den Wettbewerbsbehörden der Mitgliedstaaten sowie zwischen den letztgenannten.

(3) Diese Verordnung hindert die Kommission nicht daran, von Informationen Gebrauch zu machen und diese offen zu legen, wenn sie zum Nachweis einer Zuwiderhandlung gegen Artikel 81 oder 82 EG-Vertrag erforderlich sind.

(4) Unterlagen, die aufgrund des Rechts auf Akteneinsicht nach dem vorliegenden Artikel erlangt wurden, dürfen nur für Gerichts- oder Verwaltungsverfahren zur Anwendung der Artikel 81 und 82 EG-Vertrag verwendet werden.

Art. 16 Kenntlichmachung und Schutz vertraulicher Informationen

(1) Informationen einschließlich Unterlagen werden von der Kommission nicht mitgeteilt oder zugänglich gemacht, soweit sie Geschäftsgeheimnisse oder sonstige vertrauliche Informationen von Personen enthalten.

(2) Jede Person, die sich nach Maßgabe von Artikel 6 Absatz 1, Artikel 7 Absatz 1, Artikel 10 Absatz 2 und Artikel 13 Absätze 1 und 3 äußert oder anschließend der Kommission in demselben Verfahren weitere Informationen vorlegt, macht innerhalb der von der Kommission gesetzten Äußerungsfrist die ihrer Ansicht nach vertraulichen Informationen unter Angabe von Gründen kenntlich und legt eine nicht vertrauliche Fassung vor.

(3) Unbeschadet des Absatzes 2 des vorliegenden Artikels kann die Kommission von Unternehmen und Unternehmensvereinigungen, die Unterlagen oder Erklärungen nach Maßgabe der Verordnung (EG) Nr. 1/2003 vorlegen, verlangen, dass sie die Unterlagen oder Teile von Unterlagen, die ihrer Ansicht nach Geschäftsgeheimnisse oder andere sie betreffende vertrauliche Informationen enthalten, kenntlich machen und die Unternehmen nennen, denen gegenüber diese Unterlagen als vertraulich anzusehen sind. Ebenso kann die Kommission von den Unternehmen oder Unternehmensvereinigungen verlangen, dass sie die Teile einer Mitteilung von Beschwerdepunkten, einer Zusammenfassung im Sinne von Artikel 27 Absatz 4 der Verordnung (EG) Nr. 1/2003 oder einer Entscheidung bzw. eines Beschlusses der Kommission angeben, die ihrer Ansicht nach Geschäftsgeheimnisse enthalten.

Die Kommission kann eine Frist setzen, innerhalb deren die Unternehmen und Unternehmensvereinigungen

a) ihren Anspruch auf vertrauliche Behandlung in Bezug auf jede einzelne Unterlage oder Erklärung oder Teile davon begründen;
b) der Kommission eine nicht vertrauliche Fassung der Unterlagen oder Erklärungen zukommen lassen, aus denen die vertraulichen Passagen entfernt worden sind;
c) eine knappe Beschreibung jeder Angabe, die entfernt worden ist, übermitteln.

(4) Kommen die Unternehmen oder Unternehmensvereinigungen den Absätzen 2 und 3 nicht nach, kann die Kommission davon ausgehen, dass die betreffenden Unterlagen oder Erklärungen keine vertraulichen Informationen enthalten.

Kapitel VII. Allgemeine und Schlussbestimmungen

Art. 17 Fristen

(1) Bei der Festlegung der in Artikel 3 Absatz 3, Artikel 4 Absatz 3, Artikel 6 Absatz 1, Artikel 7 Absatz 1, Artikel 10 Absatz 2, Artikel 10a Absätze 1, 2 und 3 und Artikel 16 Absatz 3 genannten Fristen trägt die Kommission dem für die Ausarbeitung der Ausführungen erforderlichen Zeitaufwand und der Dringlichkeit des Falls Rechnung.

(2) Die in Artikel 6 Absatz 1, Artikel 7 Absatz 1 und Artikel 10 Absatz 2 genannte Frist beträgt mindestens vier Wochen. In Verfahren zwecks Anordnung einstweiliger Maßnahmen gemäß Artikel 8 der Verordnung (EG) Nr. 1/2003 kann die Frist auf eine Woche begrenzt werden.

(3) Die in Artikel 4 Absatz 3, Artikel 10a Absätze 1 und 2 und Artikel 16 Absatz 3 genannten Fristen betragen mindestens zwei Wochen. Die in Artikel 3 Absatz 3 genannte Frist beträgt mindestens zwei Wochen, außer für Vergleichsausführungen, die innerhalb einer Woche zu berichtigen sind. Die in Artikel 10a Absatz 3 genannte Frist beträgt mindestens zwei Wochen.

(4) Die Fristen können auf begründeten Antrag vor Ablauf der ursprünglich festgelegten Frist gegebenenfalls verlängert werden.

Art. 18 Aufhebungen

Die Verordnungen (EG) Nr. 2842/98, (EG) Nr. 2843/98 und (EG) Nr. 3385/94 werden aufgehoben.

Bezugnahmen auf die aufgehobenen Verordnungen gelten als Bezugnahmen auf die vorliegende Verordnung.

Art. 19 Übergangsbestimmungen

Die Wirksamkeit von nach Maßgabe der Verordnung (EG) Nr. 2842/98 und der Verordnung (EG) Nr. 2843/98 vorgenommenen Verfahrensschritten bleibt für die Anwendung der vorliegenden Verordnung unberührt.

Art. 20 Inkrafttreten

Diese Verordnung tritt am 1. Juli 2008 in Kraft.

Anhang

Das Formblatt C zu Beschwerden gem. Art. 7 VO 1/2003 ist im Anschluss an den Anhang B 19 auf S. 1406 abgedruckt.

Anhang A 3. VO 802/2004 zur Durchführung der VO 139/2004 (mit Formblättern CO, RS und RM)

Verordnung (EG) Nr. 802/2004 der Kommission vom 7. April 2004 zur Durchführung der Verordnung (EG) Nr. 139/2004 des Rates über die Kontrolle von Unternehmenszusammenschlüssen

(ABl. 2004 L 133/1, geändert durch die VO 1033/2008, ABl. 2008 L 279/3, VO 519/2013, ABl. L 158/74 und zuletzt durch die VO 1269/2013, ABl. 2013 L 336/1)

(Die Artikel-Überschriften sind Teil des amtlichen Textes)

Erwägungsgründe der VO 802/2004

(1) Bei der Neufassung der Verordnung (EWG) Nr. 4064/89 des Rates vom 21. Dezember 1989 über die Kontrolle von Unternehmenszusammenschlüssen wurden verschiedene Bestimmungen dieser Verordnung erheblich geändert.

(2) Um diesen Änderungen Rechnung zu tragen, muss auch die Verordnung (EG) Nr. 447/98 der Kommission über die Anmeldungen, über die Fristen sowie über die Anhörung nach der Verordnung (EWG) Nr. 4064/89 des Rates über die Kontrolle von Unternehmenszusammenschlüssen[1] geändert werden. Deshalb sollte sie aus Gründen der Klarheit aufgehoben und durch eine neue Verordnung ersetzt werden.

(3) Die Kommission hat Maßnahmen zum Mandat von Anhörungsbeauftragten in bestimmten Wettbewerbsverfahren erlassen.

(4) Die Verordnung (EG) Nr. 139/2004 geht von dem Grundsatz aus, dass Zusammenschlüsse anzumelden sind, bevor sie vollzogen werden. Von einer ordnungsgemäßen Anmeldung hängen einerseits wichtige, für die an dem Zusammenschlussvorhaben Beteiligten vorteilhafte Rechtsfolgen ab. Andererseits stellt die Verletzung der Anmeldepflicht eine mit Geldbußen bedrohte Handlung dar; sie kann für die Anmelder auch nachteilige Rechtsfolgen zivilrechtlicher Art mit sich bringen. Im Interesse der Rechtssicherheit ist es deshalb geboten, den Gegenstand und Inhalt der bei der Anmeldung vorzulegenden Angaben genau zu umschreiben.

(5) Es obliegt den Anmeldern, die Kommission wahrheitsgemäß und vollständig über die Tatsachen und Umstände zu unterrichten, die für die Entscheidung über den angemeldeten Zusammenschluss von Bedeutung sind.

(6) Ferner gewährt die Verordnung (EG) Nr. 139/2004 den betroffenen Unternehmen das Recht, vor der Anmeldung mit begründetem Antrag um eine Verweisung der Sache von einem oder mehreren Mitgliedstaaten an die Kommission oder umgekehrt zu ersuchen, wenn der Zusammenschluss die Voraussetzungen der genannten Verordnung erfüllt. Es ist wichtig, dass die Kommission und die zuständigen Behörden der betroffenen Mitgliedstaaten über ausreichende Informationen verfügen, um binnen einer kurzen Frist darüber zu entscheiden, ob eine Verweisung erfol-

---

[1] ABl. L 61 vom 2.3.1998, S. 1; Verordnung geändert durch die Akte über den Beitritt 2003.

gen sollte. Deswegen sollte der begründete Antrag auf Verweisung genaue Angaben zu diesem Punkt enthalten.

(7) Um die Bearbeitung von Anmeldungen zu vereinfachen und zu beschleunigen, empfiehlt es sich, die Verwendung von Formblättern vorzuschreiben.

(8) Da die Anmeldung gesetzliche Fristen in Gang setzt, die in der Verordnung (EG) Nr. 139/2004 vorgesehen sind, sind außerdem die Bedingungen, unter denen diese Fristen zu laufen beginnen, und der Zeitpunkt des Fristbeginns festzulegen.

(9) Im Interesse der Rechtssicherheit müssen Regeln für die Berechnung der in der Verordnung (EG) Nr. 139/2004 vorgesehenen Fristen festgelegt werden. Dabei sind insbesondere der Beginn und das Ende der Fristen sowie die ihren Lauf hemmenden Umstände unter Berücksichtigung der Erfordernisse zu bestimmen, die sich aus dem außergewöhnlich engen Zeitrahmen für die Fusionskontrollverfahren ergeben.

(10) Die Vorschriften über das Verfahren bei der Kommission sind in einer Weise zu gestalten, die das rechtliche Gehör und das Recht auf Verteidigung in vollem Umfang gewährleistet. Zu diesem Zweck unterscheidet die Kommission zwischen den Anmeldern, den anderen an dem Zusammenschlussvorhaben Beteiligten, Dritten und den Beteiligten, in Bezug auf die von der Kommission die Festsetzung einer Geldbuße oder von Zwangsgeldern beabsichtigt wird.

(11) Die Kommission sollte den Anmeldern und anderen an dem Zusammenschlussvorhaben Beteiligten auf deren Wunsch bereits vor der Anmeldung Gelegenheit zu informellen und vertraulichen Gesprächen über den beabsichtigten Zusammenschluss geben. Außerdem sollte die Kommission nach der Anmeldung enge Verbindung zu diesen Beteiligten aufrechterhalten, soweit dies erforderlich ist, um etwaige tatsächliche oder rechtliche Probleme, die sie bei der ersten Prüfung des Falles entdeckt hat, mit ihnen zu erörtern und wenn möglich im gegenseitigen Einvernehmen zu lösen.

(12) Entsprechend dem Grundsatz der Wahrung des Rechts auf Verteidigung müssen die Anmelder Gelegenheit haben, sich zu allen Einwänden zu äußern, welche die Kommission in ihren Entscheidungen in Betracht ziehen will. Den anderen am Zusammenschlussvorhaben Beteiligten sollten die Einwände der Kommission auch mitgeteilt werden, und sie sollten Gelegenheit zur Äußerung erhalten.

(13) Auch Dritte, die ein hinreichendes Interesse nachweisen, müssen Gelegenheit zur Äußerung erhalten, falls sie einen entsprechenden schriftlichen Antrag stellen.

(14) Alle zur Stellungnahme berechtigten Personen sollten sich sowohl in ihrem eigenen als auch im Interesse eines ordentlichen Verfahrens schriftlich äußern, unbeschadet ihres Rechts, gegebenenfalls eine förmliche mündliche Anhörung zu beantragen, die das schriftliche Verfahren ergänzt. In Eilfällen muss die Kommission jedoch die Möglichkeit haben, sofort eine förmliche mündliche Anhörung der Anmelder, anderer Beteiligter oder Dritter durchzuführen.

(15) Es ist festzulegen, welche Rechte den Personen zustehen, die angehört werden sollen, inwieweit ihnen Akteneinsicht zu gewähren ist und unter welchen Voraussetzungen Vertretung und Beistand zulässig sind.

(16) Gewährt die Kommission Akteneinsicht, sollte sie den Schutz von Geschäftsgeheimnissen und anderen vertraulichen Angaben sicherstellen. Die Kommission sollte von den Unternehmen, die Schriftstücke oder Erklärungen vorgelegt haben, die Kenntlichmachung vertraulicher Angaben verlangen können.

(17) Damit die Kommission Verpflichtungen, die von den Anmeldern angeboten werden und dazu bestimmt sind, den Zusammenschluss mit dem Gemeinsamen Markt vereinbar zu machen, ordnungsgemäß würdigen und die erforderliche Konsultierung mit den anderen Beteiligten, Dritten und den Behörden der Mitgliedstaaten

nach Maßgabe der Verordnung (EG) Nr. 139/2004 und insbesondere deren Artikel 18 Absätze 1 und 4 sowie Artikel 19 Absätze 1, 2, 3 und 5 gewährleisten kann, sind das Verfahren und die Fristen für die Vorlage der Verpflichtungen gemäß Artikel 6 Absatz 2 und Artikel 8 Absatz 2 der Verordnung (EG) Nr. 139/2004 festzulegen.

(18) Außerdem sind die Regeln für bestimmte von der Kommission festzusetzende Fristen festzulegen.

(19) Der Beratende Ausschuss für die Kontrolle von Unternehmenszusammenschlüssen nimmt auf der Grundlage eines vorläufigen Entscheidungsentwurfs Stellung. Er ist daher stets nach Abschluss der Ermittlung des Falles anzuhören. Diese Anhörung hindert die Kommission jedoch nicht daran, ihre Ermittlungen nötigenfalls später wieder aufzunehmen.

Erwägungsgründe der VO 1269/2013:

(1) In der Verordnung (EG) Nr. 802/2004 der Kommission ist für die Anmeldung eines Zusammenschlusses nach Artikel 4 Absatz 1 der Verordnung (EG) Nr. 139/2004 und den begründeten Antrag auf Verweisung eines Zusammenschlusses an einen Mitgliedstaat oder die Kommission nach Artikel 4 Absatz 4 bzw. 5 der Verordnung (EG) Nr. 139/2004 die Verwendung von Formblättern vorgeschrieben. Diese Formblätter sind der Verordnung (EG) Nr. 802/2004 als Anhänge beigefügt.

(2) Zur Vereinfachung und Beschleunigung der Prüfung von Anmeldungen und begründeten Anträgen und angesichts der mit den Standardformblättern für die Anmeldung eines Zusammenschlusses und für die Einreichung eines begründeten Antrags gesammelten Erfahrung sollten die in diesen Formblättern festgelegten Informationsanforderungen aktualisiert, gestrafft und verringert werden. Gleichzeitig sollte mit den Formblättern sichergestellt werden, dass ausreichende Angaben über die Struktur des Zusammenschlusses gemacht und die wichtigsten internen Unterlagen der beteiligten Unternehmen, in denen der Zusammenschluss erörtert wird, vorgelegt werden.

(3) Zur Vereinfachung und Beschleunigung der Prüfung von Zusammenschlüssen, bei denen wettbewerbsrechtliche Bedenken unwahrscheinlich sind, wäre es wünschenswert, wenn mehr Zusammenschlüsse mit dem vereinfachten Formblatt in Anhang II der Verordnung (EG) Nr. 802/2004 angemeldet werden könnten.

(4) Die Kommission sollte in Anbetracht der neuesten Entwicklungen in der Informations- und Kommunikationstechnologie und der Notwendigkeit, den Mitgliedstaaten Kopien bestimmter Unterlagen zu übermitteln, das Format und die Zahl der verlangten Kopien der Schriftsätze von Anmeldern, anderen Beteiligten und Dritten festlegen und nach Bedarf ändern können. Dies gilt insbesondere für Anmeldungen, begründete Anträge, Stellungnahmen zu Beschwerdepunkten, die die Kommission den Anmeldern mitgeteilt hat, sowie Verpflichtungsangebote, die die beteiligten Unternehmen nach Artikel 6 Absatz 2 oder Artikel 8 Absatz 2 der Verordnung (EG) Nr. 139/2004 unterbreiten. Einzelheiten zur Zahl und dem Format der Informationen und der zu übermittelnden Unterlagen sollten im Amtsblatt der Europäischen Union veröffentlicht werden.

(5) Damit die Kommission einen freien, vertraulichen Meinungsaustausch mit Wettbewerbsbehörden außerhalb des Europäischen Wirtschaftsraums über die Prüfung angemeldeter Zusammenschlüsse führen kann, sollte sich das Recht auf Einsicht in die Akte der Kommission nicht auf den Schriftwechsel zwischen der Kommission und diesen Wettbewerbsbehörden erstrecken.

(6) Es sollte klargestellt werden, dass ein schriftlicher Nachweis der Vertretungsbefugnis erforderlich ist, wenn die Anmeldung von einem bevollmächtigten externen

Vertreter von Personen oder Unternehmen unterzeichnet wird. Ferner sollte klargestellt werden, dass die Anmeldungen die Angaben enthalten müssen, die in den einschlägigen Formblättern der Anhänge I und II der Verordnung (EG) Nr. 802/2004 verlangt werden. Artikel 12 der Verordnung (EG) Nr. 802/2004 sollte dahin gehend geändert werden, dass die vorläufige Entscheidung aufgehoben und nicht für nichtig erklärt wird. Es sollte schließlich klargestellt werden, dass die in Artikel 10 Absatz 3 Satz 2 der Verordnung (EG) Nr. 139/2004 vorgesehene Verlängerung der Frist für den Erlass eines Beschlusses nach Artikel 8 Absatz 1, 2 oder 3 der genannten Verordnung auch dann gilt, wenn die beteiligten Unternehmen zwar innerhalb von weniger als 55 Arbeitstagen ab Einleitung des Verfahrens Verpflichtungsangebote nach Artikel 8 Absatz 2 Unterabsatz 2 unterbreiten, aber 55 oder mehr Arbeitstage nach Einleitung des Verfahrens eine geänderte Fassung der Verpflichtungsangebote vorlegen.

(7) Die Verordnung (EG) Nr. 802/2004 sollte daher entsprechend geändert werden.

Kapitel I. Anwendungsbereich

Art. 1 Anwendungsbereich

Diese Verordnung gilt für die Kontrolle von Unternehmenszusammenschlüssen, die gemäß der Verordnung (EG) Nr. 139/2004 durchgeführt wird.

Kapitel II. Anmeldungen und andere Vorlagen

Art. 2 Anmeldungsbefugnis

(1) Anmeldungen sind von den in Artikel 4 Absatz 2 der Verordnung (EG) Nr. 139/2004 bezeichneten Personen oder Unternehmen einzureichen.

(2) Wenn bevollmächtigte externe Vertreter von Personen oder Unternehmen die Anmeldung unterzeichnen, müssen sie ihre Vertretungsbefugnis schriftlich nachweisen.

(3) Gemeinsame Anmeldungen müssen von einem gemeinsamen Vertreter eingereicht werden, der ermächtigt ist, im Namen aller Anmelder Schriftstücke zu übermitteln und zu empfangen.

Art. 3 Vorlage der Anmeldungen

(1) Für Anmeldungen ist das im Anhang I abgedruckte Formblatt CO in der darin beschriebenen Art und Weise zu verwenden. Unter den in Anhang II aufgeführten Voraussetzungen können Anmeldungen in der dort beschriebenen Kurzfassung eingereicht werden. Bei gemeinsamen Anmeldungen ist ein einziges Formblatt zu verwenden.

(2) Das Formblatt CO und seine Anlagen sind der Kommission in dem Format und mit der Zahl von Kopien zu übermitteln, die die Kommission im Amtsblatt der Europäischen Union festgelegt hat; die Kommission kann diese Festlegung nach Bedarf ändern. Die Anmeldung ist an die in Artikel 23 Absatz 1 bezeichnete Anschrift zu übermitteln.

(3) Als Anlagen beigefügte Schriftstücke sind im Original oder in Abschrift einzureichen. Die Vollständigkeit der Abschrift und ihre Übereinstimmung mit dem Original sind von den Anmeldern zu bestätigen.

(4) Die Anmeldungen sind in einer der Amtssprachen der Gemeinschaft abzufassen, die für die Anmelder zugleich die Verfahrenssprache – auch für spätere Verfahren

im Zusammenhang mit dem selben Zusammenschluss – ist. Beigefügte Schriftstücke sind in der Originalsprache einzureichen. Ist die Originalsprache keine der Amtssprachen der Gemeinschaft, so ist eine Übersetzung in die Verfahrenssprache beizufügen.

(5) Anmeldungen gemäß Artikel 57 des Abkommens über den Europäischen Wirtschaftsraum können in einer der Amtssprachen der EFTA-Staaten oder der Arbeitssprache der EFTA-Überwachungsbehörde vorgelegt werden. Handelt es sich hierbei nicht um eine Amtssprache der Gemeinschaft, haben die Anmelder sämtlichen Unterlagen eine Übersetzung in eine der Amtssprachen der Gemeinschaft beizufügen. Die für die Übersetzung gewählte Sprache wird von der Kommission als Verfahrenssprache gegenüber den Anmeldern verwendet.

Art. 4 Angaben und Unterlagen

(1) Die Anmeldungen müssen alle Angaben und Unterlagen enthalten, die in den einschlägigen Formblättern der Anhänge I und II verlangt werden. Die Angaben müssen richtig und vollständig sein.

(2) Die Kommission kann von der Pflicht zur Vorlage einzelner verlangter Angaben einschließlich aller Unterlagen oder von anderen in den Anhängen I und II festgelegten Anforderungen befreien, wenn sie der Ansicht ist, dass die Einhaltung dieser Pflichten oder Anforderungen für die Prüfung des Falles nicht notwendig sind.

(3) Die Kommission bestätigt den Anmeldern oder ihren Vertretern unverzüglich schriftlich den Eingang der Anmeldung und einer Antwort auf ein Schreiben der Kommission gemäß Artikel 5 Absätze 2 und 3.

Art. 5 Wirksamwerden der Anmeldung

(1) Vorbehaltlich der Absätze 2, 3 und 4 werden Anmeldungen am Tag ihres Eingangs bei der Kommission wirksam.

(2) Sind die in der Anmeldung enthaltenen Angaben oder Unterlagen in einem wesentlichen Punkt unvollständig, so teilt die Kommission dies den Anmeldern oder ihren Vertretern umgehend schriftlich mit. In diesem Fall wird die Anmeldung am Tag des Eingangs der vollständigen Angaben oder Unterlagen bei der Kommission wirksam.

(3) Ergeben sich nach der Anmeldung Änderungen an den dort angegebenen Tatsachen oder werden neue Informationen bekannt, welche die Anmelder kennen oder kennen müssen und die anmeldepflichtig gewesen wären, wenn sie zum Anmeldezeitpunkt bekannt gewesen wären, so sind diese Änderungen und neuen Informationen der Kommission unverzüglich mitzuteilen. Wenn diese Änderungen oder neuen Informationen erhebliche Auswirkungen auf die Beurteilung des Zusammenschlusses haben könnten, kann die Kommission die Anmeldung als am Tage des Eingangs der entsprechenden Mitteilung wirksam geworden ansehen; die Kommission setzt die Anmelder oder ihre Vertreter hiervon umgehend schriftlich in Kenntnis.

(4) Unrichtige oder irreführende Angaben oder Unterlagen werden als unvollständige Angaben oder Unterlagen angesehen.

(5) Wenn die Kommission die erfolgte Anmeldung gemäß Artikel 4 Absatz 3 der Verordnung (EG) Nr. 139/2004 veröffentlicht, gibt sie den Zeitpunkt des Eingangs der Anmeldung an. Ist die Anmeldung gemäß den Absätzen 2, 3 und 4 des vorliegenden Artikels später als zu dem in der Veröffentlichung genannten Zeitpunkt wirksam erfolgt, so gibt die Kommission den Zeitpunkt der wirksam erfolgten Anmeldung in einer weiteren Veröffentlichung bekannt.

Art. 6 Besondere Bestimmungen über begründete Anträge, Ergänzungen und Bestätigungen

(1) Begründete Anträge im Sinne von Artikel 4 Absätze 4 und 5 der Verordnung (EG) Nr. 139/2004 enthalten die in Anhang III der vorliegenden Verordnung aufgeführten Angaben und Unterlagen.

(2) Artikel 2, Artikel 3 Absatz 1 Satz 3 und Absätze 2 bis 5, Artikel 4, Artikel 5 Absätze 1 bis 4 sowie Artikel 21 und 23 dieser Verordnung gelten entsprechend für begründete Anträge im Sinne des Artikels 4 Absätze 4 und 5 der Verordnung (EG) Nr. 139/2004.

Artikel 2, Artikel 3 Absatz 1 Satz 3 und Absätze 2 bis 5, Artikel 4, Artikel 5 Absätze 1 bis 4 sowie Artikel 21 und 23 der vorliegenden Verordnung gelten entsprechend für Ergänzungen von Anmeldungen und Bestätigungen im Sinne von Artikel 10 Absatz 5 der Verordnung (EG) Nr. 139/2004.

Kapitel III. Fristen

Art. 7 Beginn der Fristen

Fristen beginnen am ersten Arbeitstag im Sinne von Artikel 24 der vorliegenden Verordnung, der auf den Vorgang folgt, auf den sich die einschlägige Bestimmung der Verordnung (EG) Nr. 139/2004 bezieht.

Art. 8 Ende der Fristen

Eine in Arbeitstagen bemessene Frist endet mit Ablauf des letzten Arbeitstages dieser Frist.

Eine von der Kommission auf einen bestimmten Kalendertag festgesetzte Frist endet mit Ablauf dieses Kalendertages.

Art. 9 Fristhemmung

(1) Die in Artikel 9 Absatz 4 und Artikel 10 Absätze 1 und 3 der Verordnung (EG) Nr. 139/2004 bezeichneten Fristen werden gehemmt, wenn die Kommission eine Entscheidung nach Artikel 11 Absatz 3 oder Artikel 13 Absatz 4 der genannten Verordnung zu erlassen hat, weil

a) eine Auskunft, welche die Kommission nach Artikel 11 Absatz 2 der Verordnung (EG) Nr. 139/2004 von einem der Anmelder oder einem anderen Beteiligten im Sinne von Artikel 11 der vorliegenden Verordnung verlangt hat, innerhalb der von der Kommission festgesetzten Frist nicht oder nicht vollständig erteilt worden ist;

b) eine Auskunft, welche die Kommission nach Artikel 11 Absatz 2 der Verordnung (EG) Nr. 139/2004 von einem Dritten gemäß der Definition in Artikel 11 der vorliegenden Verordnung verlangt hat, innerhalb der von der Kommission festgesetzten Frist nicht oder nicht vollständig erteilt worden ist und dies auf Umstände zurückzuführen ist, für die einer der Anmelder oder der anderen Beteiligten im Sinne von Artikel 11 der vorliegenden Verordnung verantwortlich ist;

c) einer der Anmelder oder ein anderer Beteiligter im Sinne von Artikel 11 der vorliegenden Verordnung sich weigert, eine von der Kommission aufgrund von Artikel 13 Absatz 1 der Verordnung (EG) Nr. 139/2004 für erforderlich gehaltene Nachprüfung zu dulden oder bei ihrer Durchführung nach Maßgabe von Artikel 13 Absatz 2 der genannten Verordnung mitzuwirken;

d) die Anmelder es unterlassen haben, Änderungen an den in der Anmeldung enthaltenen Tatsachen oder neue Informationen der in Artikel 5 Absatz 3 der vorliegenden Verordnung bezeichneten Art der Kommission mitzuteilen.

(2) Die in Artikel 9 Absatz 4 und Artikel 10 Absätze 1 und 3 der Verordnung (EG) Nr. 139/2004 bezeichneten Fristen werden gehemmt, wenn die Kommission eine Entscheidung nach Artikel 11 Absatz 3 der genannten Verordnung zu erlassen hat, ohne zuvor auf ein einfaches Auskunftsverlangen zurückzugreifen, sofern sie dazu durch Umstände veranlasst wird, für die ein an dem Zusammenschluss beteiligtes Unternehmen verantwortlich ist.

(3) Die in Artikel 9 Absatz 4 und Artikel 10 Absätze 1 und 3 der Verordnung (EG) Nr. 139/2004 bezeichneten Fristen werden gehemmt:

a) in den Fällen des Absatzes 1 Buchstaben a) und b) während des Zeitraums zwischen dem Ende der im einfachen Auskunftsverlangen festgesetzten Frist und dem Eingang der vollständigen und richtigen durch Entscheidung angeforderten Auskunft;
b) in den Fällen des Absatzes 1 Buchstabe c) während des Zeitraums zwischen dem gescheiterten Nachprüfungsversuch und der Beendigung der durch Entscheidung angeordneten Nachprüfung;
c) in den Fällen des Absatzes 1 Buchstabe d) während des Zeitraums zwischen dem Eintritt der Änderung der dort bezeichneten Tatsachen und dem Eingang der vollständigen und richtigen Auskunft.
d) in den Fällen des Absatzes 2 während des Zeitraums zwischen dem Ende der in der Entscheidung festgesetzten Frist und dem Eingang der vollständigen und richtigen durch Entscheidung angeforderten Auskunft.

(4) Die Hemmung der Frist beginnt mit dem Arbeitstag, der auf den Tag der Entstehung des Hemmnisses folgt. Sie endet mit dem Ablauf des Tages der Beseitigung des Hemmnisses. Ist dieser Tag kein Arbeitstag, so endet die Hemmung der Frist mit dem Ablauf des folgenden Arbeitstages.

Art. 10 Wahrung der Fristen

(1) Die in Artikel 4 Absatz 4 Unterabsatz 4, Artikel 9 Absatz 4, Artikel 10 Absätze 1 und 3 und Artikel 22 Absatz 3 der Verordnung (EG) Nr. 139/2004 bezeichneten Fristen sind gewahrt, wenn die Kommission vor Fristablauf die jeweilige Entscheidung erlassen hat.

(2) Die in Artikel 4 Absatz 4 Unterabsatz 2 und Absatz 5 Unterabsatz 3, Artikel 9 Absatz 2, Artikel 22 Absatz 1 Unterabsatz 2 und Absatz 2 Unterabsatz 2 der Verordnung (EG) Nr. 139/2004 bezeichneten Fristen gelten als vom Mitgliedstaat gewahrt, wenn dieser vor Fristablauf die Kommission schriftlich unterrichtet bzw. den schriftlichen Antrag einreicht oder sich diesem anschließt.

(3) Die in Artikel 9 Absatz 6 der Verordnung (EG) Nr. 139/2004 bezeichnete Frist ist gewahrt, wenn die zuständige Behörde des betreffenden Mitgliedstaats vor Fristablauf die betroffenen Unternehmen gemäß den dort festgelegten Bestimmungen unterrichtet.

Kapitel IV. Wahrnehmung des Anspruchs auf rechtliches Gehör; Anhörungen

Art. 11 Anzuhörende

In Hinblick auf das Recht auf Anhörung gemäß Artikel 18 der Verordnung (EG) Nr. 139/2004 wird unterschieden zwischen

a) Anmeldern: die Personen oder Unternehmen, die eine Anmeldung gemäß Artikel 4 Absatz 2 der Verordnung (EG) Nr. 139/2004 unterbreiten;
b) anderen Beteiligten: die an dem Zusammenschlussvorhaben Beteiligten, die keine Anmelder sind, wie der Veräußerer und das Unternehmen, das übernommen werden soll;
c) Dritten: natürliche oder juristische Personen einschließlich Kunden, Lieferanten und Wettbewerber, sofern diese ein hinreichendes Interesse im Sinne von Artikel 18 Absatz 4 Satz 2 der Verordnung (EG) Nr. 139/2004 darlegen können; ein derartiges Interesse können insbesondere darlegen
   – die Mitglieder der Aufsichts- oder Leitungsorgane der beteiligten Unternehmen oder die anerkannten Vertreter ihrer Arbeitnehmer,
   – Verbraucherverbände, wenn das Zusammenschlussvorhaben von Endverbrauchern genutzte Waren oder Dienstleistungen betrifft;
d) den Beteiligten, bezüglich derer die Kommission den Erlass einer Entscheidung nach Artikel 14 oder Artikel 15 der Verordnung (EG) Nr. 139/2004 beabsichtigt.

Art. 12 Entscheidungen über den Aufschub des Vollzugs von Zusammenschlüssen

(1) Beabsichtigt die Kommission, eine einen oder mehrere Beteiligte beschwerende Entscheidung nach Artikel 7 Absatz 3 der Verordnung (EG) Nr. 139/2004 zu erlassen, so teilt sie nach Artikel 18 Absatz 1 der genannten Verordnung den Anmeldern und anderen Beteiligten ihre Einwände schriftlich mit und setzt ihnen eine Frist zur schriftlichen Äußerung.

(2) Hat die Kommission eine der in Absatz 1 des vorliegenden Artikels bezeichneten Entscheidungen nach Artikel 18 Absatz 2 der Verordnung (EG) Nr. 139/2004 vorläufig erlassen, ohne den Anmeldern und anderen Beteiligten zuvor Gelegenheit zur Äußerung gegeben zu haben, so übermittelt sie diesen unverzüglich den vollen Wortlaut der vorläufigen Entscheidung und setzt ihnen eine Frist zur schriftlichen Äußerung.

Im Anschluss an die Äußerung der Anmelder und anderen Beteiligten erlässt die Kommission eine endgültige Entscheidung, mit der sie die vorläufige Entscheidung aufhebt, ändert oder bestätigt. Haben diese sich innerhalb der ihnen gesetzten Frist nicht schriftlich geäußert, so wird die vorläufige Entscheidung der Kommission mit dem Ablauf dieser Frist zu einer endgültigen.

Art. 13 Entscheidungen in der Hauptsache

(1) Beabsichtigt die Kommission, eine Entscheidung nach Artikel 6 Absatz 3 oder Artikel 8 Absätze 2 bis 6 der Verordnung (EWG) Nr. 139/2004 zu erlassen, so führt sie, bevor sie den Beratenden Ausschuss für die Kontrolle von Unternehmenszusammenschlüssen konsultiert, eine Anhörung der Beteiligten nach Artikel 18 Absätze 1 und 3 der genannten Verordnung durch.

Artikel 12 Absatz 2 der vorliegenden Verordnung gilt entsprechend, wenn die Kommission in Anwendung von Artikel 18 Absatz 2 der Verordnung (EG) Nr. 139/2004 eine vorläufige Entscheidung gemäß Artikel 8 Absatz 5 der genannten Verordnung erlassen hat.

(2) Die Kommission teilt ihre Einwände den Anmeldern schriftlich mit.

In der Mitteilung der Einwände setzt die Kommission den Anmeldern eine Frist zur schriftlichen Stellungnahme.

Die Kommission teilt ihre Einwände anderen Beteiligten schriftlich mit.

Die Kommission setzt eine Frist, innerhalb derer die anderen Beteiligten schriftlich Stellung nehmen können.

Die Kommission ist nicht verpflichtet, nach Ablauf der von ihr gesetzten Frist erhaltene Stellungnahmen zu berücksichtigen.

(3) Die Anmelder und die anderen Beteiligten, denen die Einwände der Kommission mitgeteilt oder die davon in Kenntnis gesetzt wurden, können zu den Einwänden der Kommission Stellung nehmen. Die Stellungnahmen werden schriftlich und innerhalb der gesetzten Fristen eingereicht. In ihren schriftlichen Stellungnahmen können sie alles zu ihrer Verteidigung Zweckdienliche vortragen; zum Nachweis der vorgetragenen Tatsachen fügen sie alle zweckdienlichen Unterlagen bei. Sie können der Kommission auch die Anhörung von Personen vorschlagen, die die vorgetragenen Tatsachen bestätigen können. Sie übermitteln der Kommission ihre Stellungnahmen an die in Artikel 23 Absatz 1 bezeichnete Anschrift. Das Format, in dem die Stellungnahmen zu übermitteln sind, und die Zahl der verlangten Kopien werden von der Kommission im Amtsblatt der Europäischen Union festgelegt; die Kommission kann diese Festlegung nach Bedarf ändern. Die Kommission leitet Kopien dieser schriftlichen Stellungnahmen unverzüglich an die zuständigen Behörden der Mitgliedstaaten weiter.

(4) Beabsichtigt die Kommission, eine Entscheidung nach Artikel 14 oder Artikel 15 der Verordnung (EG) Nr. 139/2004 zu erlassen, so hört sie nach Artikel 18 Absätze 1 und 3 der genannten Verordnung vor der Konsultierung des Beratenden Ausschusses für Unternehmenszusammenschlüsse diejenigen Beteiligten an, in Bezug auf die eine Entscheidung erlassen werden soll.

Das Verfahren nach Absatz 2 Unterabsätze 1 und 2 sowie Absatz 3 gilt entsprechend.

Art. 14 Mündliche Anhörungen

(1) Vor Erlass einer Entscheidung gemäß Artikel 6 Absatz 3 oder Artikel 8 Absätze 2 bis 6 der Verordnung (EG) Nr. 139/2004 gibt sie den Anmeldern, die dies in ihren schriftlichen Stellungnahmen beantragt haben, die Gelegenheit, ihre Argumente in einer förmlichen mündlichen Anhörung vorzutragen. Sie kann ihnen auch in anderen Verfahrensstadien die Gelegenheit geben, ihre Argumente mündlich vorzubringen.

(2) Vor Erlass einer Entscheidung gemäß Artikel 6 Absatz 3 oder Artikel 8 Absätze 2 bis 6 der Verordnung (EG) Nr. 139/2004 gibt sie den anderen Beteiligten, die dies in ihren schriftlichen Stellungnahmen beantragt haben, die Gelegenheit, ihre Argumente in einer förmlichen mündlichen Anhörung vorzutragen. Sie kann ihnen auch in anderen Verfahrensstadien die Gelegenheit geben, ihre Argumente mündlich vorzubringen.

(3) Vor Erlass einer Entscheidung gemäß Artikel 14 oder 15 der Verordnung (EG) Nr. 139/2004 gibt die Kommission Beteiligten, gegen die sie Geldbußen oder Zwangsgelder festzusetzen beabsichtigt, Gelegenheit, ihre Argumente in einer förmlichen mündlichen Anhörung vorzutragen, wenn sie dies in ihren schriftlichen Stellungnahmen beantragt haben. Sie kann ihnen ebenfalls in anderen Verfahrensstadien die Gelegenheit geben, ihre Argumente mündlich vorzubringen.

Art. 15 Durchführung der förmlichen mündlichen Anhörungen

(1) Der Anhörungsbeauftragte führt die förmliche Anhörung in voller Unabhängigkeit durch.

(2) Die Kommission lädt die anzuhörenden Personen an einem von ihr festgesetzten Termin zu der förmlichen Anhörung.

(3) Die Kommission lädt die zuständigen Behörden der Mitgliedstaaten zur Teilnahme an allen förmlichen mündlichen Anhörungen ein.

(4) Die geladenen Personen erscheinen persönlich oder werden gegebenenfalls durch ihre gesetzlichen oder satzungsgemäßen Vertreter vertreten. Unternehmen und Unternehmensvereinigungen können sich auch durch einen mit ordnungsgemäßer Vollmacht versehenen Vertreter vertreten lassen, der ständig im Dienst des Unternehmens oder der Unternehmensvereinigung steht.

(5) Die von der Kommission anzuhörenden Personen können ihre Rechtsberater oder andere vom Anhörungsbeauftragten zugelassene qualifizierte und mit ordnungsgemäßer Vollmacht versehene Personen hinzuziehen.

(6) Förmliche mündliche Anhörungen sind nicht öffentlich. Jede Person kann allein oder in Anwesenheit anderer geladener Personen gehört werden; dabei ist den berechtigten Interessen der Unternehmen am Schutz ihrer Geschäftsgeheimnisse und anderer vertraulicher Angaben Rechnung zu tragen.

(7) Der Anhörungsbeauftragte kann allen Anzuhörenden im Sinne von Artikel 11, den Dienststellen der Kommission und den zuständigen Behörden der Mitgliedstaaten gestatten, während der förmlichen Anhörung Fragen zu stellen.

Der Anhörungsbeauftragte kann eine vorbereitende Sitzung mit den Anzuhörenden und den Dienststellen der Kommission abhalten, um den Ablauf der förmlichen mündlichen Anhörung zu erleichtern.

(8) Die Aussagen jeder angehörten Person werden aufgezeichnet. Die Aufzeichnung der Anhörung wird den Personen, die an der Anhörung teilgenommen haben, auf Antrag zur Verfügung gestellt. Dabei ist den berechtigten Interessen der Unternehmen am Schutz ihrer Geschäftsgeheimnisse und anderer vertraulicher Angaben Rechnung zu tragen.

Art. 16 Anhörung Dritter

(1) Beantragen Dritte nach Artikel 18 Absatz 4 Satz 2 der Verordnung (EG) Nr. 139/2004 schriftlich ihre Anhörung, so unterrichtet die Kommission sie schriftlich über Art und Gegenstand des Verfahrens und setzt ihnen eine Frist zur Äußerung.

(2) Die in Absatz 1 bezeichneten Dritten legen ihre schriftlichen Äußerungen innerhalb der festgesetzten Frist vor. Die Kommission kann gegebenenfalls Dritten, die dies in ihrer schriftlichen Äußerung beantragt haben, Gelegenheit zur Teilnahme an einer förmlichen mündlichen Anhörung geben. Sie kann Dritten auch in anderen Fällen die Gelegenheit geben, ihre Argumente mündlich vorzubringen.

(3) Die Kommission kann ferner jede andere natürliche oder juristische Person auffordern, ihre Argumente schriftlich und mündlich, auch in einer förmlichen mündlichen Anhörung, vorzutragen.

Kapitel V. Akteneinsicht und Behandlung vertraulicher Angaben

Art. 17 Akteneinsicht und Verwendung der Schriftstücke

(1) Die Kommission gewährt den Beteiligten, an die sie eine Mitteilung ihrer Einwände gerichtet hat, auf Antrag Einsicht in die Verfahrensakte, um ihre Verteidigungsrechte zu gewährleisten. Die Akteneinsicht wird nach Zustellung der Mitteilung der Einwände gewährt.

(2) Die Kommission gewährt auch den anderen Beteiligten, denen die Einwände mitgeteilt wurden, auf Antrag Einsicht in die Verfahrensakte, soweit dies zur Vorbereitung ihrer Stellungnahmen erforderlich ist.

(3) Von der Akteneinsicht ausgenommen sind vertrauliche Informationen sowie interne Unterlagen der Kommission und der zuständigen Behörden der Mitgliedstaa-

ten. Ebenfalls von der Akteneinsicht ausgenommen ist die Korrespondenz zwischen der Kommission und den zuständigen Behörden der Mitgliedstaaten, zwischen den zuständigen Behörden der Mitgliedstaaten unter einander sowie zwischen der Kommission und anderen Wettbewerbsbehörden.

(4) Die durch Akteneinsicht gemäß der vorliegenden Verordnung erhaltenen Unterlagen dürfen nur für die Zwecke des Verfahrens gemäß der Verordnung (EG) Nr. 139/2004 verwendet werden.

Art. 18 Vertrauliche Informationen

(1) Angaben einschließlich von Unterlagen werden von der Kommission nicht mitgeteilt oder zugänglich gemacht, soweit sie Geschäftsgeheimnisse oder sonstige vertrauliche Angaben enthalten, deren Preisgabe für die Zwecke des Verfahrens von der Kommission nicht für erforderlich gehalten wird.

(2) Jede Person, die sich gemäß der Artikel 12, 13 und 16 der vorliegenden Verordnung schriftlich äußert oder gemäß Artikel 11 der Verordnung (EG) Nr. 139/2004 oder anschließend im Zuge des gleichen Verfahrens der Kommission Angaben vorlegt, hat Informationen, die sie für vertraulich hält, unter Angabe der Gründe klar zu kennzeichnen und innerhalb der von der Kommission festgesetzten Frist eine gesonderte nicht vertrauliche Fassung vorzulegen.

(3) Unbeschadet von Absatz 2 kann die Kommission die in Artikel 3 der Verordnung (EG) Nr. 139/2004 bezeichneten Personen sowie die Unternehmen und Unternehmensvereinigungen, die gemäß Verordnung (EG) Nr. 139/2004 Unterlagen oder Erklärungen vorlegen oder vorgelegt haben, auffordern, die Unterlagen oder Teile davon zu kennzeichnen, die sie als in ihrem Eigentum befindliche Geschäftsgeheimnisse oder sonstige vertrauliche Angaben betrachten, und jene Unternehmen zu benennen, denen gegenüber sie die Vertraulichkeit dieser Informationen gewahrt sehen möchten.

Die Kommission kann die in Artikel 3 der Verordnung (EG) Nr. 139/2004 bezeichneten Personen sowie Unternehmen und Unternehmensvereinigungen auffordern, alle Auszüge einer Mitteilung der Einwände, einer Zusammenfassung der Sache oder einer von der Kommission erlassenen Entscheidungen zu kennzeichnen, die ihrer Auffassung nach Geschäftsgeheimnisse enthalten.

Werden bestimmte Angaben als Geschäftsgeheimnis oder vertraulich gekennzeichnet, so begründen die betreffenden Personen, Unternehmen oder Unternehmensvereinigungen diese Kennzeichnung und übermitteln der Kommission innerhalb der von dieser festgesetzten Frist eine gesonderte, nicht vertrauliche Fassung.

(4) Halten Personen, Unternehmen oder Unternehmensvereinigungen die Absätze 2 und 3 nicht ein, so kann die Kommission davon ausgehen, dass die betreffenden Unterlagen bzw. Erklärungen keine vertraulichen Informationen enthalten.

Kapitel VI. Angebot von Verpflichtungen durch die beteiligten Unternehmen

Art. 19 Frist für die Vorlage von Verpflichtungsangeboten

(1) Die von den beteiligten Unternehmen gemäß Artikel 6 Absatz 2 der Verordnung (EG) Nr. 139/2004 vorgeschlagenen Verpflichtungen sind der Kommission binnen 20 Arbeitstagen ab dem Datum des Eingangs der Anmeldung zu übermitteln.

(2) Die von den beteiligten Unternehmen gemäß Artikel 8 Absatz 2 der Verordnung (EG) Nr. 139/2004 vorgeschlagenen Verpflichtungen sind der Kommission in-

nerhalb von 65 Arbeitstagen ab dem Tag der Einleitung des Verfahrens zu übermitteln.

Wenn die Unternehmen zunächst innerhalb von weniger als 55 Arbeitstagen ab dem Tag der Einleitung des Verfahrens Verpflichtungen vorschlagen, dann aber 55 oder mehr Arbeitstage nach diesem Tag eine geänderte Fassung der Verpflichtungen vorlegen, gelten die geänderten Verpflichtungen für die Zwecke des Artikels 10 Absatz 3 Satz 2 der Verordnung (EG) Nr. 139/2004 als neue Verpflichtungen.

Verlängert sich gemäß Artikel 10 Absatz 3 Unterabsatz 2 der Verordnung (EG) Nr. 139/2004 die Frist für eine Entscheidung nach Artikel 8 Absätze 1, 2 und 3, so verlängert sich die Äußerungsfrist von 65 Arbeitstagen um die gleiche Anzahl von Arbeitstagen.

Unter außergewöhnlichen Umständen kann die Kommission Verpflichtungsvorschläge auch nach Ablauf der Vorlagefrist im Sinne dieses Absatzes akzeptieren, sofern das Verfahren nach Artikel 19 Absatz 5 der Verordnung (EG) Nr. 139/2004 eingehalten wird.

(3) Die Artikel 7, 8 und 9 gelten entsprechend.

Art. 20 Verfahren für die Vorlage von Verpflichtungsangeboten

(1) Die von den beteiligten Unternehmen gemäß Artikel 6 Absatz 2 oder Artikel 8 Absatz 2 der Verordnung (EG) Nr. 139/2004 vorgeschlagenen Verpflichtungen, sind der Kommission in dem Format und mit der Zahl von Kopien, die die Kommission im *Amtsblatt der Europäischen Union* festgelegt hat, an die in Artikel 23 Absatz 1 bezeichnete Anschrift zu übermitteln; die Kommission kann die Festlegung des Formats und der Zahl der Kopien nach Bedarf ändern. Die Kommission leitet Kopien dieser Verpflichtungsangebote unverzüglich an die zuständigen Behörden der Mitgliedstaaten weiter.

(1a) Zusätzlich zu den in Absatz 1 festgelegten Anforderungen müssen die beteiligten Unternehmen gleichzeitig mit den Verpflichtungsangeboten nach Artikel 6 Absatz 2 oder Artikel 8 Absatz 2 der Verordnung (EG) Nr. 139/2004 ein Original der durch das Formblatt RM über Abhilfen (Formblatt RM) – im Anhang IV dieser Verordnung festgelegt – verlangten Angaben und Unterlagen sowie die Zahl von Kopien, die die Kommission im Amtsblatt der Europäischen Union festlegt, übermitteln; die Kommission kann die Festlegung der Zahl der Kopien nach Bedarf ändern. Die übermittelten Angaben müssen richtig und vollständig sein.

(2) Beim Vorschlag von Verpflichtungen gemäß Artikel 6 Absatz 2 oder Artikel 8 Absatz 2 der Verordnung (EG) Nr. 139/2004 machen die beteiligten Unternehmen Informationen, die sie für vertraulich halten, unter Angabe der Gründe eindeutig kenntlich und legen gleichzeitig eine gesonderte, nicht vertrauliche Fassung vor.

Art. 20a Treuhänder

(1) Die Verpflichtungen, die von den beteiligten Unternehmen nach Artikel 6 Absatz 2 oder Artikel 8 Absatz 2 der Verordnung (EG) Nr. 139/2004 angeboten werden, können die Bestellung eines unabhängigen Treuhänders auf Kosten der beteiligten Unternehmen umfassen, der der Kommission hilft, die Einhaltung der Verpflichtungen durch die beteiligten Unternehmen zu überwachen, oder der das Mandat hat, die Verpflichtungen umzusetzen; es können auch mehrere Treuhänder bestellt werden. Der Treuhänder kann nach Genehmigung durch die Kommission von den beteiligten Unternehmen oder von der Kommission bestellt werden. Der Treuhänder erfüllt seine Aufgaben unter der Aufsicht der Kommission.

(2) Die Kommission kann die den Treuhänder betreffenden Bestimmungen der Verpflichtungen nach Artikel 6 Absatz 2 oder Artikel 8 Absatz 2 der Verordnung

(EG) Nr. 139/2004 als Bedingungen oder Auflagen mit ihrer Entscheidung verbinden.

Kapitel VII. Sonstige Bestimmungen

Art. 21 Übermittlung von Schriftstücken

(1) Schriftstücke und Ladungen kann die Kommission den Empfängern auf einem der folgenden Wege übermittelt:
a) durch Übergabe gegen Empfangsbekenntnis,
b) durch Einschreiben mit Rückschein,
c) durch Telefax mit Aufforderung zur Bestätigung des Eingangs,
d) durch elektronische Post mit Aufforderung zur Bestätigung des Eingangs.

(2) Soweit in dieser Verordnung nicht anders bestimmt, gilt Absatz 1 auch für die Übermittlung von Schriftstücken der Anmelder, der anderen Beteiligten oder von Dritten an die Kommission.

(3) Im Falle der Übermittlung durch Telefax oder elektronische Post wird vermutet, dass das Schriftstück am Tag seiner Absendung beim Empfänger eingegangen ist.

Art. 22 Festsetzung von Fristen

Bei der Festsetzung der in Artikel 12 Absätze 1 und 2, Artikel 13 Absatz 2 und Artikel 16 Absatz 1 bezeichneten Fristen trägt die Kommission dem für die Äußerung erforderlichen Zeitaufwand und der Dringlichkeit des Falles Rechnung. Sie berücksichtigt außerdem die Arbeitstage und die gesetzlichen Feiertage des Landes, in dem die Mitteilung der Kommission empfangen wird.

Die Fristen sind auf einen bestimmten Kalendertag festzusetzen.

Art. 23 Eingang von Schriftstücken bei der Kommission

(1) Im Einklang mit Artikel 5 Absatz 1 der vorliegenden Verordnung sind Anmeldungen an die im *Amtsblatt der Europäischen Union* veröffentlichte Anschrift der Generaldirektion Wettbewerb der Kommission zu richten.

(2) Für die Vollständigkeit der Anmeldung erforderliche ergänzende Angaben sind an die in Absatz 1 genannte Anschrift zu richten.

(3) Schriftliche Äußerungen zu Mitteilungen der Kommission nach Artikel 12 Absätze 1 und 2, Artikel 13 Absatz 2 und Artikel 16 Absatz 1 müssen vor Ablauf der jeweils festgesetzten Frist bei der in Absatz 1 genannten Anschrift der Kommission eingegangen sein.

(4) Wenn die Kommission festlegt, dass ihr Schriftstücke oder zusätzliche Kopien davon auf elektronischem Wege zu übermitteln sind, bestimmt sie das Format im Amtsblatt der Europäischen Union fest; sie kann diese Bestimmung nach Bedarf ändern. Schriftsätze, die durch elektronische Post übermittelt werden, sind an die E-Mail-Adresse zu senden, die von der Kommission im Amtsblatt der Europäischen Union veröffentlicht wird; die Bestimmung der E-Mail-Adresse kann nach Bedarf geändert werden.

Art. 24 Definition der Arbeitstage

„Arbeitstage" im Sinne der Verordnung (EG) Nr. 139/2004 und der vorliegenden Verordnung sind alle Tage mit Ausnahme der Samstage, der Sonntage und der Feiertage der Kommission, welche vor Beginn jeden Jahres im Amtsblatt der Europäischen Union bekannt gegeben werden.

Art. 25 Aufhebungen und Übergangsbestimmungen

(1) Die Verordnung (EG) Nr. 447/98 wird unbeschadet der Absätze 2 und 3 mit Wirkung vom 1. Mai 2004 aufgehoben.

Bezugnahmen auf die aufgehobene Verordnung gelten als Bezugnahmen auf diese Verordnung.

(2) Die Verordnung (EG) Nr. 447/98 gilt weiterhin für Zusammenschlüsse, die unter die Verordnung (EWG) Nr. 4064/89 fallen.

(3) Für Zwecke des Absatzes 2 gelangen anstelle der Abschnitte 1 bis 12 des Anhangs der Verordnung (EG) Nr. 447/98 die Abschnitte 1 bis 11 des Anhangs I der vorliegenden Verordnung zur Anwendung. Die in diesen Abschnitten enthaltenen Verweise auf die „EG-Fusionskontrollverordnung" und die „Durchführungsverordnung" sind als Verweise auf die entsprechenden Bestimmungen der Verordnungen (EWG) Nr. 4064/89 und (EG) Nr. 447/98 zu lesen.

Art. 26 Inkrafttreten

Diese Verordnung tritt am 1. Januar 2014 in Kraft.

Diese Verordnung ist in allen ihren Teilen verbindlich und gilt unmittelbar in jedem Mitgliedstaat.

Anhang I. Formblatt CO zur Anmeldung eines Zusammenschlusses gemäß Verordnung (EG) Nr. 139/2004

(idF der VO 1269/2013)

Einleitung

1.1. Zweck dieses Formblatts CO

Dieses Formblatt erläutert im Einzelnen, welche Angaben die Anmelder bei der Anmeldung einer Fusion, einer Übernahme oder eines sonstigen Zusammenschlusses der Europäischen Kommission zu übermitteln haben. Die Fusionskontrolle der Europäischen Union ist in der Verordnung (EG) Nr. 139/2004 des Rates vom 20. Januar 2004 über die Kontrolle von Unternehmenszusammenschlüssen[1] (im Folgenden „Fusionskontrollverordnung") und in der Verordnung (EG) Nr. 802/2004 der Kommission[2] (im Folgenden „Durchführungsverordnung"), der dieses Formblatt CO beigefügt ist, geregelt. Diese Verordnungen sowie alle anderen einschlägigen Unterlagen können auf den Internetseiten der Generaldirektion Wettbewerb auf dem Server „Europa" der Kommission abgerufen werden. Zu beachten sind auch die entsprechenden Bestimmungen des Abkommens über den Europäischen Wirtschaftsraum[3] (im Folgenden „EWR-Abkommen").

Um den Zeit- und Kostenaufwand zu verringern, der entsteht, wenn verschiedene Fusionskontrollverfahren in mehreren Ländern eingehalten werden müssen, hat die Europäische Union ein System der Fusionskontrolle eingeführt, bei dem Zusammenschlüsse von unionsweiter Bedeutung[4] (die in der Regel dann gegeben ist, wenn die an dem Zusammenschluss beteiligten Unternehmen bestimmte Umsatzschwellen erreichen)[5] von der Europäischen Kommission in einem einzigen Verfahren geprüft werden (Prinzip der einzigen Anlaufstelle). Die Prüfung von Zusammenschlüssen, bei denen die Umsatzschwellen nicht erreicht sind, kann in die Kompetenz der für

---

[1] ABl. L 24 vom 29.1.2004, S. 1.

[2] ABl. L 133 vom 30.4.2004, S. 1

[3] Siehe insbesondere Artikel 57 des EWR-Abkommens, Ziffer 1 des Anhangs XIV des EWR-Abkommens, die Protokolle 21 und 24 zum EWR-Abkommen sowie Protokoll 4 zum Abkommen zwischen den EFTA-Staaten zur Errichtung einer Überwachungsbehörde und eines Gerichtshofs (im Folgenden „Überwachungsbehörde- und Gerichtshof-Abkommen"). Unter EFTA-Staaten sind die EFTA-Staaten zu verstehen, die Vertragsparteien des EWR-Abkommens sind. Am 1. Mai 2004 waren dies Island, Liechtenstein und Norwegen.

[4] Mit Wirkung vom 1. Dezember 2009 wurden mit dem Vertrag über die Arbeitsweise der Europäischen Union („AEUV") einige Begriffe geändert. So wurde zum Beispiel „Gemeinschaft" durch „Union" und „Gemeinsamer Markt" durch „Binnenmarkt" ersetzt. Im Formblatt CO wird durchgängig die Terminologie des AEUV verwendet.

[5] Die Begriffe „Zusammenschluss" und „unionsweite Bedeutung" sind in Artikel 3 bzw. Artikel 1 der Fusionskontrollverordnung definiert. Unter bestimmten Umständen können die Anmelder, selbst wenn die Umsatzschwellen nicht erreicht sind, nach Artikel 4 Absatz 5 beantragen, dass die Kommission den geplanten Zusammenschluss als Zusammenschluss von unionsweiter Bedeutung behandelt.

die Fusionskontrolle zuständigen Behörden der Mitgliedstaaten und/oder EFTA-Staaten fallen.

Die Fusionskontrollverordnung schreibt die Einhaltung bestimmter Fristen für die von der Kommission zu erlassenden Beschlüsse vor. In einer ersten Phase hat die Kommission in der Regel 25 Arbeitstage Zeit, um zu entscheiden, ob sie den Zusammenschluss freigibt oder das mit umfangreichen Untersuchungen einhergehende Prüfverfahren einleitet[1]. Beschließt die Kommission die Einleitung des Verfahrens, so muss sie in der Regel innerhalb von höchstens 90 Arbeitstagen ab dem Tag der Einleitung einen abschließenden Beschluss erlassen[2].

Damit diese Fristen eingehalten werden können und das Prinzip der einzigen Anlaufstelle funktioniert, ist es unerlässlich, dass der Kommission rechtzeitig die Informationen übermittelt werden, die sie benötigt, um die erforderlichen Nachforschungen anstellen und die Auswirkungen des Zusammenschlusses auf die betroffenen Märkte bewerten zu können. Deshalb benötigt sie zum Zeitpunkt der Anmeldung eine bestimmte Menge an Informationen.

1.2. Vorabkontakte

Die in diesem Formblatt CO verlangten Angaben sind relativ umfangreich. Die Erfahrung hat jedoch gezeigt, dass je nach den Besonderheiten des Falles nicht immer alle Angaben für eine angemessene Prüfung des geplanten Zusammenschlusses nötig sind. Wenn bestimmte in diesem Formblatt CO verlangte Angaben Ihres Erachtens für die Prüfung des Falles nicht erforderlich sind, empfehlen wir Ihnen, bei der Kommission zu beantragen, Sie von der Verpflichtung zur Übermittlung bestimmter Angaben zu befreien. Näheres entnehmen Sie bitte Abschnitt 1.4 Buchstabe g dieser Einleitung.

Die Kommission bietet Anmeldern die Möglichkeit, das förmliche Fusionskontrollverfahren im Rahmen freiwilliger Vorabkontakte vorzubereiten. Vorabkontakte sind nicht vorgeschrieben, können aber sowohl für die Anmelder als auch für die Kommission äußerst nützlich sein, um unter anderem den genauen Informationsbedarf für die Anmeldung zu bestimmen; in den meisten Fällen kann dadurch die Menge der verlangten Angaben spürbar verringert werden.

Die Entscheidung über eine mögliche Aufnahme von Vorabkontakten und den genauen Zeitpunkt der Anmeldung liegt zwar allein bei den beteiligten Unternehmen, diesen wird jedoch angeraten, sich auf freiwilliger Grundlage bei der Kommission nach der Angemessenheit von Umfang und Art der Angaben zu erkundigen, die sie ihrer Anmeldung zugrunde zu legen gedenken.

Zu beachten ist ferner, dass bestimmte Zusammenschlüsse, bei denen wettbewerbsrechtliche Bedenken unwahrscheinlich sind, unter Verwendung des vereinfachten Formblatts CO, das der Durchführungsverordnung als Anhang **II** beigefügt ist, angemeldet werden können.

Die Anmelder können den Leitfaden „*Best Practices on the conduct of EC merger control proceedings*" der Generaldirektion Wettbewerb der Kommission („GD Wettbewerb") zu Rate ziehen, der auf der Website der GD Wettbewerb veröffentlicht ist und nach Bedarf aktualisiert wird. Er enthält auch Orientierungshilfen für die Vorabkontakte mit der Kommission und die Vorbereitung der Anmeldung.

1.3. Wer muss die Anmeldung vornehmen?

Im Falle einer Fusion im Sinne von Artikel 3 Absatz 1 Buchstabe a der Fusionskontrollverordnung oder des Erwerbs der gemeinsamen Kontrolle über ein Unternehmen im Sinne von Artikel 3 Absatz 1 Buchstabe b der Fusionskontrollverordnung muss die

---

[1] Siehe Artikel 10 Absatz 1 der Fusionskontrollverordnung.

[2] Siehe Artikel 10 Absatz 3 der Fusionskontrollverordnung.

Anmeldung von den an der Fusion beteiligten Unternehmen bzw. von den die gemeinsame Kontrolle erwerbenden Unternehmen gemeinsam vorgenommen werden[1].

Beim Erwerb einer die Kontrolle über ein anderes Unternehmen begründenden Beteiligung muss der Erwerber die Anmeldung vornehmen.

Bei einem öffentlichen Übernahmeangebot muss die Anmeldung vom Bieter vorgenommen werden.

Jeder Anmelder ist für die Richtigkeit der von ihm in der Anmeldung gemachten Angaben verantwortlich.

1.4. Richtigkeit und Vollständigkeit der Anmeldung

Alle Angaben in diesem Formblatt CO müssen richtig und vollständig sein. Sie sind in die einschlägigen Abschnitte dieses Formblatts CO einzutragen.

Insbesondere ist Folgendes zu beachten:

a) Gemäß Artikel 10 Absatz 1 der Fusionskontrollverordnung und Artikel 5 Absätze 2 und 4 der Durchführungsverordnung laufen die mit der Anmeldung verknüpften Fristen der Fusionskontrollverordnung erst ab Eingang aller verlangten Angaben bei der Kommission. Damit soll sichergestellt werden, dass die Kommission den angemeldeten Zusammenschluss innerhalb der in der Fusionskontrollverordnung vorgesehenen strengen Fristen prüfen kann.

b) Die Anmelder müssen bei der Erstellung der Anmeldung darauf achten, dass Namen und andere Kontaktdaten, insbesondere Faxnummern und E-Mail-Adressen, richtig, zutreffend und auf dem neuesten Stand sind[2].

c) Unrichtige oder irreführende Angaben in der Anmeldung werden als unvollständige Angaben angesehen (Artikel 5 Absatz 4 der Durchführungsverordnung).

d) Wenn eine Anmeldung unvollständig ist, setzt die Kommission die Anmelder oder ihre Vertreter hiervon unverzüglich schriftlich in Kenntnis. Die Anmeldung wird erst an dem Tag wirksam, an dem die vollständigen und genauen Angaben bei der Kommission eingegangen sind (Artikel 10 Absatz 1 der Fusionskontrollverordnung, Artikel 5 Absätze 2 und 4 der Durchführungsverordnung).

e) Gemäß Artikel 14 Absatz 1 Buchstabe a der Fusionskontrollverordnung kann die Kommission gegen Anmelder, die vorsätzlich oder fahrlässig unrichtige oder irreführende Angaben machen, Geldbußen in Höhe von bis zu 1% des Gesamtumsatzes des beteiligten Unternehmens verhängen. Gemäß Artikel 6 Absatz 3 Buchstabe a und Artikel 8 Absatz 6 Buchstabe a der Fusionskontrollverordnung kann sie außerdem ihren Beschluss über die Vereinbarkeit eines angemeldeten Zusammenschlusses mit dem Binnenmarkt widerrufen, wenn er auf unrichtigen Angaben beruht, die von einem der beteiligten Unternehmen zu vertreten sind.

f) Sie können schriftlich beantragen, dass die Kommission die Anmeldung als vollständig anerkennt, obwohl einige in diesem Formblatt CO verlangte Angaben fehlen, wenn für Sie diese Angaben ganz oder teilweise nicht mit zumutbarem Aufwand zugänglich sind (z. B. Angaben zum Zielunternehmen im Falle einer feindlichen Übernahme).

   Die Kommission wird einen solchen Antrag prüfen, sofern Gründe für das Fehlen der besagten Angaben angeführt werden, und die fehlenden Daten durch möglichst genaue Schätzungen unter Angabe der Quellen ersetzt werden. Außerdem

---

[1] Siehe Artikel 4 Absatz 2 der Fusionskontrollverordnung.

[2] Mit diesem Formblatt CO übermittelte personenbezogene Daten werden im Einklang mit der Verordnung (EG) Nr. 45/2001 des Europäischen Parlaments und des Rates vom 18. Dezember 2000 zum Schutz natürlicher Personen bei der Verarbeitung personenbezogener Daten durch die Organe und Einrichtungen der Gemeinschaft und zum freien Datenverkehr (ABl. L 8 vom 12.1.2001, S. 1) verarbeitet.

ist nach Möglichkeit anzugeben, wo die Kommission die fehlenden Informationen einholen könnte.

g) Im Einklang mit Artikel 4 Absatz 2 der Durchführungsverordnung kann die Kommission Anmelder von der Pflicht zur Übermittlung bestimmter Angaben in der Anmeldung (einschließlich Unterlagen) oder von anderen in diesem Formblatt CO festgelegten Pflichten befreien, wenn sie der Auffassung ist, dass die Erfüllung dieser Pflichten für die Prüfung des Falles nicht erforderlich ist. Sie können daher im Rahmen der Vorabkonakte schriftlich bei der Kommission beantragen, von der Pflicht zur Übermittlung solcher Angaben befreit zu werden, wenn diese Ihres Erachtens für die Prüfung des Falles durch die Kommission nicht erforderlich sind.

Die Erfahrung der Kommission zeigt, dass bestimmte Arten von Angaben, die im Formblatt CO verlangt werden, zwar für die Prüfung bestimmter Fälle durch die Kommission erforderlich, für eine beträchtliche Zahl anderer Fälle jedoch möglicherweise nicht, erforderlich sind. Diese Arten von Angaben sind im Formblatt CO besonders gekennzeichnet (siehe die Fußnoten 15, 16, 18, 20, 23, 27, 28, 30 und 31). Sie werden insbesondere aufgefordert zu prüfen, ob Sie eine Befreiung für eine dieser Arten von Angaben beantragen wollen.

Anträge auf Befreiung sollten bei der Übermittlung des Entwurfs des Formblatts CO gestellt werden, damit die Kommission entscheiden kann, ob die Angaben, für die die Befreiung beantragt wird, für die Prüfung des Falles erforderlich sind. Anträge auf Befreiung sollten entweder im Text des Entwurfs des Formblatts CO oder in Form einer E-Mail oder eines Schreibens an den zuständigen Case Manager und/oder Referatsleiter gestellt werden.

Die Kommission wird Anträge auf Befreiung prüfen, wenn hinreichend begründet wird, warum die betreffenden Angaben für die Prüfung des Falles durch die Kommission nicht erforderlich sind. Über Anträge auf Befreiung wird im Rahmen der Prüfung des Entwurfs dieses Formblatts CO entschieden. Im Einklang mit ihren *Best Practices on the conduct of EC merger control proceedings* benötigt die GD Wettbewerb daher in der Regel fünf Arbeitstage, um auf Anträge auf Befreiung zu antworten.

Zur Vermeidung von Missverständnissen sei auf Folgendes hingewiesen: Wenn die Kommission anerkannt hat, dass eine bestimmte im Formblatt CO verlangte Information für die vollständige Anmeldung eines Zusammenschlusses (unter Verwendung des Formblatts CO) nicht erforderlich ist, hindert dies die Kommission in keiner Weise daran, diese Information dennoch jederzeit, insbesondere im Wege eines Auskunftsverlangens nach Artikel 11 der Fusionskontrollverordnung, zu verlangen.

1.5. Das Anmeldeverfahren

Die Anmeldung ist in einer der Amtssprachen der Europäischen Union vorzunehmen. Diese Sprache wird dann für alle Anmelder zur Verfahrenssprache. Erfolgt die Anmeldung im Einklang mit Artikel 12 des Protokolls 24 zum EWR-Abkommen in einer Amtssprache eines EFTA-Staates, die keine Amtssprache der Union ist, so ist der Anmeldung eine Übersetzung in einer der Amtssprachen der Union beizufügen.

Die in diesem Formblatt CO verlangten Angaben sind nach den Abschnitt- und Randnummern dieses Formblatts CO zu gliedern; außerdem ist die in Abschnitt 11 verlangte Erklärung zu unterzeichnen und es sind die Anlagen beizufügen. Das Original des Formblatts CO muss für jeden Anmelder von den Personen, die gesetzlich befugt sind, in seinem Namen zu handeln, oder von einem oder mehreren bevollmächtigten externen Vertretern der Anmelder unterzeichnet werden. Beim Ausfüllen der Abschnitte 7 bis 9 dieses Formblatts CO wird e zu erwägen, ob der Klarheit halber die numerische Reihenfolge eingehalten wird oder ob sich für jeden betroffenen Markt (oder jede Gruppe betroffener Märkte) eine gesonderte Darstellung anbietet.

Bestimmte Angaben können im Interesse der Übersichtlichkeit als Anlage übermittelt werden. Allerdings müssen sich die Kerninformationen und insbesondere die

Angaben zu den Marktanteilen der beteiligten Unternehmen und ihren größten Wettbewerbern, im Hauptteil des Formblatts CO befinden. Anlagen zum Formblatt CO dürfen nur als Ergänzung zu den im Formblatt CO selbst gemachten Angaben verwendet werden.

Die Kontaktdaten müssen in dem von der GD Wettbewerb auf ihrer Website vorgeschriebenen Format angegeben werden. Für den ordnungsgemäßen Ablauf des Prüfverfahrens ist es unerlässlich, dass die Kontaktdaten richtig sind. Wenn die Kontaktdaten mehrere unrichtige Angaben enthalten, kann dies dazu führen, dass die Anmeldung für unvollständig erklärt wird.

Anlagen sind in der Originalsprache einzureichen. Handelt es sich hierbei nicht um eine Amtssprache der Union, so sind sie in die Sprache des Verfahrens zu übersetzen (Artikel 3 Absatz 4 der Durchführungsverordnung).

Die Anlagen können Originale oder Kopien der Originale sein. In letzterem Fall hat der Anmelder deren Richtigkeit und Vollständigkeit zu bestätigen.

Ein Original und die geforderte Zahl von Kopien des Formblatts CO und der Anlagen sind der GD Wettbewerb zu übermitteln. Die geforderte Zahl und das geforderte Format (Papierform und/oder elektronische Form) der Kopien werden im *Amtsblatt der Europäischen Union* und auf der Website der GD Wettbewerb veröffentlicht und können nach Bedarf geändert werden.

Die Anmeldung muss an die in Artikel 23 Absatz 1 der Durchführungsverordnung genannte Anschrift übermittelt werden. Diese Anschrift wird im *Amtsblatt der Europäischen Union* veröffentlicht und ist auch auf der Website der GD Wettbewerb zu finden. Die Anmeldung muss der Kommission an einem Arbeitstag im Sinne von Artikel 24 der Durchführungsverordnung während der auf der Website der GD Wettbewerb angegebenen Bürozeiten zugehen. Den Sicherheitsanweisungen auf der Website der GD Wettbewerb ist Folge zu leisten.

Alle elektronischen Kopien des Formblatts CO und der Anlagen müssen in dem auf der Website der GD Wettbewerb angegebenen nutzbaren und suchfähigen Format übermittelt werden.

1.6. Geheimhaltungspflicht

Gemäß Artikel 17 Absatz 2 der Fusionskontrollverordnung sowie den entsprechenden Bestimmungen des EWR-Abkommens[1] ist es der Kommission, den Mitgliedstaaten, der EFTA-Überwachungsbehörde und den EFTA-Staaten, die Vertragsparteien des EWR-Abkommens sind, sowie ihren Beamten und sonstigen Bediensteten untersagt, Kenntnisse preiszugeben, die sie bei Anwendung der Verordnung erlangt haben und die ihrem Wesen nach unter das Berufsgeheimnis fallen. Dieser Grundsatz gilt auch für den Schutz der Vertraulichkeit unter den Anmeldern.

Sollten Sie der Auffassung sein, dass Ihre Interessen beeinträchtigt würden, wenn die von Ihnen verlangten Angaben veröffentlicht oder an andere weitergegeben würden, so übermitteln Sie die betreffenden Angaben in einer gesonderten Anlage mit dem deutlichen Vermerk „Geschäftsgeheimnis" auf jeder Seite. Begründen Sie außerdem, warum diese Angaben nicht weitergegeben oder veröffentlicht werden sollen.

Bei einer Fusion oder einer gemeinsamen Übernahme oder in anderen Fällen, in denen die Anmeldung von mehr als einem beteiligten Unternehmen vorgenommen wird, können Unterlagen, die Geschäftsgeheimnisse enthalten, gesondert als Anlage mit entsprechendem Vermerk in der Anmeldung eingereicht werden. Damit die Anmeldung vollständig ist, müssen ihr alle diese Anlagen beigefügt sein.

---

[1] Siehe insbesondere Artikel 122 des EWR-Abkommens, Artikel 9 des Protokolls 24 zum EWR-Abkommen und Artikel 17 Absatz 2 in Kapitel XIII des Protokolls 4 zum Überwachungsbehörde- und Gerichtshof-Abkommen.

1.7. Begriffsbestimmungen und Hinweise für die Zwecke des Formblatts CO

Anmelder: Wenn eine Anmeldung nur von einem der an einem Zusammenschluss beteiligten Unternehmen vorgenommen wird, bezieht sich der Begriff „Anmelder" nur auf das Unternehmen, das die Anmeldung tatsächlich vornimmt.

An dem Zusammenschluss beteiligtes Unternehmen oder beteiligte Unternehmen: Dieser Begriff bezieht sich sowohl auf die erwerbenden als auch die zu erwerbenden Unternehmen bzw. auf die sich zusammenschließenden Unternehmen, einschließlich der Unternehmen, an denen eine die Kontrolle begründende Beteiligung erworben oder für die ein öffentliches Übernahmeangebot abgegeben wird.

Sofern nicht anders angegeben, schließen die Begriffe „Anmelder" bzw. „an dem Zusammenschluss beteiligte Unternehmen" auch alle Unternehmen ein, die demselben Konzern wie diese angehören.

Betroffene Märkte: Nach Abschnitt 6 dieses Formblatts CO müssen die Anmelder die sachlich relevanten Märkte definieren und angeben, welche dieser relevanten Märkte von dem angemeldeten Zusammenschluss voraussichtlich betroffen sein werden. Diese Definition der betroffenen Märkte dient als Grundlage für eine Reihe weiterer Fragen in diesem Formblatt CO. Hierbei kann es sich sowohl um Produkt- als auch um Dienstleistungsmärkte handeln.

Jahr: In diesem Formblatt CO ist „Jahr", sofern nicht anders angegeben, gleichbedeutend mit Kalenderjahr. Alle in diesem Formblatt CO verlangten Angaben beziehen sich, sofern nicht anders angegeben, auf das dem Jahr der Anmeldung vorausgehende Jahr.

Die in Abschnitt 4 verlangten Finanzdaten sind in Euro zum durchschnittlichen Wechselkurs in den betreffenden Jahren oder Zeiträumen anzugeben.

Alle Verweise auf Rechtsvorschriften in diesem Formblatt CO beziehen sich, sofern nicht anders angegeben, auf die einschlägigen Artikel und Absätze der Fusionskontrollverordnung.

1.8. Beschreibung der von den beteiligten Unternehmen erfassten quantitativen Wirtschaftsdaten

Wenn eine quantitative ökonomische Analyse für die betroffenen Märkte nützlich sein könnte, beschreiben Sie kurz die Daten, die jedes der beteiligten Unternehmen im normalen Geschäftsgang erfasst und speichert und die für eine solche Analyse nützlich sein könnten.

Drei Beispiele für geeignete Fälle und Daten, die für eine quantitative ökonomische Analyse nützlich sein könnten: ein Zusammenschluss zwischen zwei Anbietern von Dienstleistungen, die von Geschäftskunden auf der Grundlage strukturierter Auftragsvergaben erworben werden, in denen die als Lieferanten in Frage kommenden Anbieter konkurrierende Angebote abgeben und Lieferanten oder Kunden Ausschreibungsdaten sammeln, d. h. Daten über Teilnehmer, Angebote und Ergebnisse früherer Auftragsvergaben; ein Zusammenschluss zwischen Herstellern von Produkten, die an Endverbraucher verkauft werden, für den über einen längeren Zeitraum Scanningdaten in Bezug auf die von den Verbrauchern in Geschäften gekauften Produkte gesammelt werden; ein Zusammenschluss zwischen Anbietern von Mobiltelefondiensten für Endkunden, wobei die Regulierungsbehörden für Telekommunikation Daten in Bezug auf den Anbieterwechsel bei Mobiltelefondiensten sammeln.

Die Beschreibung der Daten sollte insbesondere Informationen über die Art der Daten (Informationen über Verkäufe oder Angebote, Gewinnspannen, Einzelheiten der Auftragsvergaben usw.), die Disaggregationsebene (Aufschlüsselung nach Ländern, Produkten, Kunden, Verträgen usw.), den Zeitraum, für den die Daten verfügbar sind, und das Format umfassen.

Die in Abschnitt 1.8 dieser Einleitung verlangten Angaben sind keine Voraussetzung dafür, dass das Formblatt CO als vollständig angesehen wird. Angesichts der für die Fusionskontrolle auf Unionsebene geltenden verbindlichen Fristen sollten die Anmelder jedoch in den Fällen und für die Märkte, für die eine quantitative Analyse nützlich sein könnte, die Datenbeschreibungen so früh wie möglich bereitstellen.

Weitere Orientierungshilfen finden die beteiligten Unternehmen im Leitfaden *„Best Practices for the submission of economic evidence and data collection in cases concerning the application of articles 101 and 102 TFEU and in merger cases"* der GD Wettbewerb, der auf der Website der GD Wettbewerb veröffentlicht ist und von Zeit zu Zeit aktualisiert wird.

1.9. Internationale Zusammenarbeit zwischen der Kommission und anderen Wettbewerbsbehörden

Die Kommission bittet die beteiligten Unternehmen, die internationale Zusammenarbeit zwischen der Kommission und anderen Wettbewerbsbehörden, die denselben Zusammenschluss prüfen, zu erleichtern. Eine gute Zusammenarbeit zwischen der Kommission und Wettbewerbsbehörden in Hoheitsgebieten außerhalb des EWR bringt erfahrungsgemäß erhebliche Vorteile für die beteiligten Unternehmen mit sich. Deshalb fordert die Kommission die Anmelder auf, zusammen mit diesem Formblatt CO eine Liste der Hoheitsgebiete außerhalb des EWR vorzulegen, in denen der Zusammenschluss vor oder nach seinem Vollzug einer fusionskontrollrechtlichen Genehmigung bedarf.

Ferner ermutigt die Kommission die beteiligten Unternehmen auf den Vertraulichkeitsanspruch zu verzichten, damit die Kommission Informationen mit anderen Wettbewerbsbehörden außerhalb des EWR, die denselben Zusammenschluss prüfen, austauschen kann. Jeder Verzicht erleichtert die gemeinsame Erörterung und Analyse eines Zusammenschlusses, da er die Kommission in die Lage versetzt, sachdienliche Informationen, einschließlich vertraulicher Geschäftsinformationen der beteiligten Unternehmen, mit einer anderen Wettbewerbsbehörde, die denselben Zusammenschluss prüft, auszutauschen. Auf der Website der GD Wettbewerb befindet sich eine Musterverzichtserklärung, die von Zeit zu Zeit aktualisiert wird.

1.10. Unterrichtung der Belegschaft und ihrer Vertreter

Die Kommission weist darauf hin, dass die beteiligten Unternehmen bei Transaktionen, die einen Zusammenschluss darstellen, nach Unions- und/oder mitgliedstaatlichem Recht verpflichtet sein können, die Belegschaft und/oder ihre Vertreter zu unterrichten und anzuhören.

Abschnitt 1
Beschreibung des Zusammenschlusses

1.1. Geben Sie eine Kurzübersicht über den Zusammenschluss unter Angabe der an dem Zusammenschluss beteiligten Unternehmen, der Art des Zusammenschlusses (z. B. Fusion, Übernahme oder Gemeinschaftsunternehmen), der Tätigkeitsbereiche der beteiligten Unternehmen, der von dem Zusammenschluss generell und schwerpunktmäßig betroffenen Märkte[1] sowie der strategischen und wirtschaftlichen Beweggründe für den Zusammenschluss.

1.2. Erstellen Sie eine nichtvertrauliche Zusammenfassung der Angaben in Abschnitt 1.1 (höchstens 500 Wörter). Diese Zusammenfassung wird nach der Anmel-

[1] Zur Definition der betroffenen Märkte siehe Abschnitt 6.3.

dung auf der Website der GD Wettbewerb veröffentlicht. Die Zusammenfassung muss so formuliert werden, dass sie keine vertraulichen Informationen oder Geschäftsgeheimnisse enthält.

Abschnitt 2
Angaben zu den beteiligten Unternehmen

2.1. Angaben zu den Anmeldern und zu anderen an dem Zusammenschluss beteiligten Unternehmen[1]

Geben Sie für jeden Anmelder und für jedes andere an dem Zusammenschluss beteiligte Unternehmen Folgendes an:

2.1.1. Name des Unternehmens;

2.1.2. Name, Anschrift, Telefonnummer, Faxnummer und E-Mail-Adresse sowie Stellung der Kontaktperson; bei der angegebenen Anschrift muss es sich um eine Zustellungsanschrift handeln, unter der Schriftstücke, insbesondere Beschlüsse der Kommission und andere Verfahrensurkunden, bekanntgegeben werden können; die angegebene Kontaktperson muss befugt sein, Zustellungen entgegenzunehmen;

2.1.3. bei einem oder mehreren bevollmächtigten externen Vertretern des Unternehmens den Vertreter oder die Vertreter, dem bzw. denen Schriftstücke, insbesondere Beschlüsse der Kommission und andere Verfahrensurkunden, bekanntgegeben werden können:

2.1.3.1. Name, Anschrift, Telefonnummer, Faxnummer und E-Mail-Adresse sowie Stellung jedes Vertreters;

2.1.3.2. Original des schriftlichen Nachweises für die Vertretungsbefugnis jedes Vertreters (auf der Grundlage der Mustervollmacht auf der Website der GD Wettbewerb).

2.2. Art der Geschäftstätigkeit der beteiligten Unternehmen

Beschreiben Sie für jeden Anmelder und die anderen an dem Zusammenschluss beteiligten Unternehmen die Art ihrer Geschäftstätigkeit.

Abschnitt 3
Einzelheiten des Zusammenschlusses, der Eigentumsverhältnisse und der Kontrolle[2]

Die in diesem Abschnitt verlangten Angaben können anhand von Organisationstabellen oder Organigrammen veranschaulicht werden, die die Eigentumsstruktur und die Ausgestaltung der Kontrolle bei den betreffenden Unternehmen vor und nach Vollendung des Zusammenschlusses zeigen.

3.1. Beschreiben Sie die Art des angemeldeten Zusammenschlusses unter Bezugnahme auf die einschlägigen Kriterien der Fusionskontrollverordnung und der Konsolidierten Mitteilung der Kommission zu Zuständigkeitsfragen[3].

3.1.1. Nennen Sie die Unternehmen oder Personen, die allein oder gemeinsam jedes der beteiligten Unternehmen direkt oder indirekt kontrollieren, und beschrei-

---

[1] Bei einer feindlichen Übernahme sind auch Angaben zum Zielunternehmen zu machen, soweit dies möglich ist.

[2] Siehe Artikel 3 Absätze 3, 4 und 5 sowie Artikel 5 Absatz 4 der Fusionskontrollverordnung.

[3] Konsolidierte Mitteilung der Kommission zu Zuständigkeitsfragen gemäß der Verordnung (EG) Nr. 139/2004 des Rates über die Kontrolle von Unternehmenszusammenschlüssen (ABl. C 95 vom 16.4.2008, S. 1).

ben Sie die Eigentumsstruktur und die Ausgestaltung der Kontrolle bei jedem der beteiligten Unternehmen vor Vollzug des Zusammenschlusses.

3.1.2. Erläutern Sie, in welcher Form der geplante Zusammenschluss erfolgt:

i) Fusion,
ii) Erwerb der alleinigen oder gemeinsamen Kontrolle oder
iii) Vertrag oder anderes Mittel, das die direkte oder indirekte Kontrolle im Sinne des Artikels 3 Absatz 2 der Fusionskontrollverordnung verleiht;
iv) falls es sich um den Erwerb der gemeinsamen Kontrolle über ein Vollfunktionsgemeinschaftsunternehmen im Sinne des Artikels 3 Absatz 4 der Fusionskontrollverordnung handelt, begründen Sie, warum das Gemeinschaftsunternehmen das Vollfunktionskriterium erfüllt[1].

3.1.3. Erläutern Sie, wie der Zusammenschluss vollzogen werden soll (zum Beispiel durch Abschluss eines Vertrags, Unterbreitung eines öffentlichen Übernahmeangebots usw.).

3.1.4. Erläutern Sie unter Bezugnahme auf Artikel 4 Absatz 1 der Fusionskontrollverordnung, welche der folgenden Schritte bis zum Zeitpunkt der Anmeldung unternommen worden sind:

i) es wurde ein Vertrag geschlossen,
ii) es wurde eine die Kontrolle begründende Beteiligung erworben,
iii) es wurde ein öffentliches Übernahmeangebot unterbreitet (bzw. angekündigt), oder
iv) die beteiligten Unternehmen haben die Absicht glaubhaft gemacht, einen Vertrag zu schließen.

3.1.5. Geben Sie die geplanten Termine für die wichtigsten Schritte bis zum Vollzug des Zusammenschlusses an.

3.1.6. Erläutern Sie die Eigentumsstruktur und die Ausgestaltung der Kontrolle bei jedem der beteiligten Unternehmen nach Vollzug des Zusammenschlusses.

3.2. Beschreiben Sie die wirtschaftlichen Beweggründe für den Zusammenschluss.

3.3. Geben Sie den Wert der Transaktion an (je nach Fall Kaufpreis oder Wert aller betroffenen Vermögenswerte). Geben Sie an, ob es sich um Eigenkapital, Barmittel oder sonstige Vermögenswerte handelt.

3.4. Beschreiben Sie Art und Umfang einer etwaigen finanziellen oder sonstigen Unterstützung, die die beteiligten Unternehmen von der öffentlichen Hand erhalten haben.

3.5. Erstellen Sie in Bezug auf die an dem Zusammenschluss beteiligten Unternehmen (mit Ausnahme des Verkäufers) eine Liste aller anderen Unternehmen, die auf den betroffenen Märkten tätig sind und an denen die Unternehmen oder Personen des Konzerns einzeln oder gemeinsam mindestens 10% der Stimmrechte, des Gesellschaftskapitals oder sonstiger Anteile halten, und nennen Sie die Inhaber und die Höhe ihrer Beteiligung[2].

---

[1] Siehe Abschnitt B.IV der Konsolidierten Mitteilung der Kommission zu Zuständigkeitsfragen.

[2] Wie in Abschnitt 1.2 und Abschnitt 1.4 Buchstabe g der Einleitung ausgeführt, besteht im Vorfeld der Anmeldung die Möglichkeit, mit der Kommission zu erörtern, inwieweit auf einige der verlangten Angaben (in diesem Zusammenhang Daten zu Beteiligungen an anderen Unternehmen) verzichtet werden könnte. Andererseits kann die Kommission bei bestimmten Zusammenschlüssen Folgendes verlangen, damit die Anmeldung auf der Grundlage dieses Formblatts CO vollständig ist; in Bezug auf die an dem Zusammenschluss beteiligten Unternehmen und die in den Antworten in Abschnitt 3.1.1 oder 3.1.6 genannten Unternehmen und Personen für jedes Unternehmen eine Liste derjenigen Mitglieder ihres Leitungsorgans, die gleichzeitig Mitglieder des Leitungs- oder Aufsichtsorgans eines anderen Unternehmens sind, das ebenfalls auf den betroffenen Märkten tätig ist, und gegebenenfalls für jedes Unternehmen

3.6. Führen Sie die auf den betroffenen Märkten tätigen Unternehmen auf, die in den letzten drei Jahren von den in Abschnitt 2.1 genannten Konzernen erworben wurden[1].

Abschnitt 4
Umsatz

Übermitteln Sie für jedes der beteiligten Unternehmen die folgenden Daten für das letzte Geschäftsjahr[2]:

4.1. Weltweiter Umsatz;

4.2. EU-weiter Umsatz;

4.3. EWR-weiter Umsatz (EU und EFTA);

4.4. Umsatz in jedem Mitgliedstaat (gegebenenfalls Nennung des Mitgliedstaats, in dem mehr als zwei Drittel des EU-weiten Umsatzes erwirtschaftet werden);

4.5. EFTA-weiter Umsatz;

4.6. Umsatz in jedem EFTA-Staat (gegebenenfalls Nennung des EFTA-Staats, in dem mehr als zwei Drittel des EFTA-weiten Umsatzes erwirtschaftet werden, und Angabe, ob sich der Gesamtumsatz der beteiligten Unternehmen im Gebiet der EFTA-Staaten auf 25% oder mehr ihres EWR-weiten Gesamtumsatzes beläuft).

Die Umsatzdaten sind unter Verwendung der Mustertabelle der Kommission zu übermitteln, die sich auf der Website der GD Wettbewerb befindet.

Abschnitt 5
Unterlagen

Die Anmelder müssen Folgendes übermitteln:

5.1. Kopien der endgültigen oder jüngsten Fassung aller Schriftstücke, mit denen der Zusammenschluss – sei es durch Vertrag zwischen den an dem Zusammenschluss beteiligten Unternehmen, Erwerb einer die Kontrolle begründenden Beteiligung oder öffentliches Übernahmeangebot – herbeigeführt wird;

5.2. im Falle eines öffentlichen Übernahmeangebots eine Kopie der Angebotsunterlagen; falls diese Unterlagen zum Zeitpunkt der Anmeldung nicht verfügbar sind, ist eine Kopie des jüngsten Schriftstücks, das die Absicht eines öffentlichen Übernahmeangebots belegt, zu übermitteln und es ist eine Kopie der Angebotsunterlagen so bald wie möglich, spätestens jedoch zu dem Zeitpunkt, zu dem sie den Anteilseignern zugesandt werden, nachzureichen;

5.3. gegebenenfalls die Internetadresse, unter der die jüngsten Geschäftsberichte und Jahresabschlüsse der an dem Zusammenschluss beteiligten Unternehmen abgeru-

---

eine Liste derjenigen Mitglieder ihres Aufsichtsorgans, die gleichzeitig dem Leitungsorgan eines anderen Unternehmens angehören, das ebenfalls auf den betroffenen Märkten tätig ist. Geben Sie jeweils den Namen des Unternehmens und die Stellung an, die das Mitglied des Leitungs- oder Aufsichtsorgans dort innehat.

[1] Wie In Abschnitt 1.2 und Abschnitt 1.4 Buchstabe g der Einleitung ausgeführt, besteht im Vorfeld der Anmeldung die Möglichkeit, mit der Kommission zu erörtern, inwieweit auf einige der verlangten Angaben (in diesem Zusammenhang zu früheren Übernahmen von Unternehmen) verzichtet werden könnte.

[2] Zum Begriff „beteiligte Unternehmen" und zur Berechnung des Umsatzes siehe die Konsolidierte Mitteilung der Kommission zu Zuständigkeitsfragen gemäß der Verordnung (EG) Nr. 139/2004 des Rates über die Kontrolle von Unternehmenszusammenschlüssen (ABl. C 95 vom 16.4.2008, S. 1).

fen werden können, oder, falls eine solche Internetadresse nicht besteht, Kopien der jüngsten Geschäftsberichte und Jahresabschlüsse der an dem Zusammenschluss beteiligten Unternehmen;

5.4. Kopien folgender Unterlagen, die von Mitgliedern der Leitungs- oder Aufsichtsorgane (je nach Corporate-Governance-Struktur) oder anderen Personen, die eine ähnliche Funktion ausüben (oder denen eine solche Funktion übertragen oder anvertraut wurde), oder von der Anteilseignerversammlung bzw. für die Vorgenannten erstellt worden oder bei ihnen eingegangen sind:

i) Protokolle der Sitzungen der Leitungs- und Aufsichtsorgane und der Anteilseignerversammlung, in denen die Transaktion erörtert wurde, oder Auszüge aus diesen Protokollen über die Erörterung der Transaktion;

ii) Analysen, Berichte, Studien, Erhebungen, Präsentationen und vergleichbare Unterlagen, in denen der Zusammenschluss mit Blick auf die Beweggründe (einschließlich Unterlagen, in denen die Transaktion unter dem Gesichtspunkt möglicher alternativer Übernahmen erörtert wird), die Marktanteile, die Wettbewerbsbedingungen, die (vorhandenen und potenziellen) Wettbewerber, die Möglichkeiten für Umsatzwachstum oder Expansion in andere sachlich oder räumlich relevante Märkte und/oder die allgemeinen Marktbedingungen bewertet oder analysiert werden[1];

iii) Analysen, Berichte, Studien, Erhebungen und vergleichbare Unterlagen der letzten zwei Jahre, die dazu dienen, betroffene Märkte[2] mit Blick auf die Marktanteile, Wettbewerbsbedingungen, (vorhandene und potenzielle) Wettbewerber und/oder Möglichkeiten für Umsatzwachstum oder Expansion in andere sachlich oder räumlich relevante Märkte zu bewerten[3].

Erstellen Sie eine Liste der in diesem Abschnitt 5.4 genannten Unterlagen und geben Sie jeweils Erstellungsdatum sowie Name und Titel der Adressaten an.

Abschnitt 6
Marktabgrenzung

Der sachlich und der räumlich relevante Markt dienen dazu, den Rahmen abzustecken, innerhalb dessen die Marktmacht des neuen, aus dem Zusammenschluss hervorgehenden Unternehmens bewertet werden muss[4]. Bei der Darstellung des sachlich und des räumlich relevanten Marktes müssen die Anmelder neben der von ihnen für sachdienlich erachteten Abgrenzung auch alle plausiblen alternativen sachlich und räumlich relevanten Märkte nennen. Plausible alternative sachlich und räumlich relevante Märkte können anhand früherer Beschlüsse der Kommission und Entscheidungen der Unionsgerichte und (insbesondere wenn es in der Beschlusspraxis der Kommission oder in der Rechtsprechung keine Präzedenzfälle gibt) mithilfe von Branchenberichten, Marktstudien und internen Unterlagen der Anmelder ermittelt werden.

Für Angaben, die in diesem Formblatt CO von den Anmeldern verlangt werden, gelten die folgenden Begriffsbestimmungen:

---

[1] Wie in Abschnitt 1.2 und Abschnitt 1.4 Buchstabe g der Einleitung ausgeführt, besteht im Vorfeld der Anmeldung die Möglichkeit, mit der Kommission zu erörtern, inwieweit auf einige der verlangten Angaben (in diesem Zusammenhang Unterlagen) verzichtet werden könnte.

[2] Zur Definition der betroffenen Märkte siehe Abschnitt 6.3.

[3] Wie in Abschnitt 1.2 und Abschnitt 1.4 Buchstabe g der Einleitung ausgeführt, besteht im Vorfeld der Anmeldung die Möglichkeit, mit der Kommission zu erörtern, inwieweit auf einige der verlangten Angaben (in diesem Zusammenhang Unterlagen) verzichtet werden könnte.

[4] Siehe die Bekanntmachung der Kommission über die Definition des relevanten Marktes im Sinne des Wettbewerbsrechts der Gemeinschaft (ABl. C 372 vom 9.12.1997, S. 5).

6.1. Sachlich relevanter Markt

Der sachlich relevante Markt umfasst alle Waren und/oder Dienstleistungen, die vom Verbraucher aufgrund ihrer Eigenschaften, ihrer Preise und ihres Verwendungszwecks als austauschbar oder substituierbar angesehen werden. Der sachlich relevante Markt kann in einigen Fällen aus einer Reihe von Waren und/oder Dienstleistungen bestehen, die weitgehend die gleichen physischen oder technischen Merkmale aufweisen und austauschbar sind.

Zur Bestimmung des sachlich relevanten Marktes wird unter anderem anhand der Definition geprüft, warum bestimmte Waren oder Dienstleistungen einzubeziehen und andere auszuschließen sind; dabei werden die Substituierbarkeit der Waren und Dienstleistungen, die Preise, die Kreuzpreiselastizität der Nachfrage und sonstige für die Definition des sachlich relevanten Markts einschlägige Faktoren (z. B. in geeigneten Fällen die angebotsseitige Substituierbarkeit) berücksichtigt.

6.2. Räumlich relevanter Markt

Der räumlich relevante Markt ist das Gebiet, in dem die beteiligten Unternehmen relevante Waren oder Dienstleistungen anbieten und nachfragen, in dem die Wettbewerbsbedingungen hinreichend homogen sind und das sich von benachbarten geografischen Gebieten insbesondere durch deutlich andere Wettbewerbsbedingungen unterscheidet.

Maßgebliche Faktoren für die Bestimmung des räumlich relevanten Marktes sind unter anderem Art und Eigenschaften der betroffenen Waren oder Dienstleistungen, Marktzutrittsschranken, Verbraucherpräferenzen, deutlich unterschiedliche Marktanteile der Unternehmen in benachbarten geografischen Gebieten und erhebliche Preisunterschiede.

6.3. Betroffene Märkte

Für die Zwecke der in diesem Formblatt CO verlangten Angaben gehören zu den betroffenen Märkten alle sachlich und räumlich relevanten Märkte sowie plausible alternative sachlich und räumlich relevante Märkte, auf denen im EWR

a) zwei oder mehrere der an dem Zusammenschluss beteiligten Unternehmen auf demselben relevanten Markt tätig sind und der Zusammenschluss zu einem gemeinsamen Marktanteil von 20% oder mehr führt (horizontale Beziehungen);

b) eines oder mehrere der an dem Zusammenschluss beteiligten Unternehmen auf einem relevanten Markt tätig sind, der einem anderen relevanten Markt, auf dem ein anderes an dem Zusammenschluss beteiligtes Unternehmen tätig ist, vor- oder nachgelagert ist, und ihr Anteil an einem dieser Märkte einzeln oder gemeinsam 30 % oder mehr beträgt, und zwar unabhängig davon, ob zwischen den an dem Zusammenschluss beteiligten Unternehmen Lieferanten-Kunden-Beziehungen bestehen oder nicht (vertikale Beziehungen)[1].

Ermitteln Sie anhand der in Abschnitt 6 genannten Definitionen und Marktanteilsschwellen die betroffenen Märkte[2].

---

[1] Wenn beispielsweise ein an dem Zusammenschluss beteiligtes Unternehmen einen Anteil von mehr als 30% an einem Markt hat, der einem Markt vorgelagert ist, auf dem das andere beteiligte Unternehmen tätig ist, sind der vorgelagerte und der nachgelagerte Markt betroffene Märkte. Der vorgelagerte und der nachgelagerte Markt sind ebenfalls betroffene Märkte, wenn ein vertikal integriertes Unternehmen mit einem auf einem nachgelagerten Markt tätigen Unternehmen fusioniert und dieser Zusammenschluss auf dem nachgelagerten Markt zu einem gemeinsamen Marktanteil von mindestens 30% führt.

[2] Im Einklang mit den *Best Practices on the conduct of EC merger control proceedings* der GD Wettbewerb wird den Anmeldern empfohlen, im Rahmen der Vorabkontakte Informationen über alle möglicherweise betroffenen Märkte offenzulegen, auch wenn sie ihres Erachtens letztendlich nicht betroffen sind, und ungeachtet der Tatsache, dass sie in der Frage der Marktabgrenzung eine eigene Auffassung vertreten können. Wie in Abschnitt 1.2 und Abschnitt 1.4

6.4. Andere Märkte, auf denen der angemeldete Zusammenschluss erhebliche Auswirkungen haben könnte

Beschreiben Sie anhand der Definitionen in Abschnitt 6 unter Berücksichtigung aller plausiblen alternativen Marktabgrenzungen den sachlichen und räumlichen Umfang von Märkten (wenn diese Märkte den gesamten EWR oder einen Teil davon umfassen), die zwar nicht zu den nach Abschnitt 6.1 ermittelten betroffenen Märkten gehören, auf denen der angemeldete Zusammenschluss aber erhebliche Auswirkungen haben könnte, weil zum Beispiel

a) ein an dem Zusammenschluss beteiligtes Unternehmen einen Marktanteil von über 30% hat und ein anderes an dem Zusammenschluss beteiligtes Unternehmen ein potenzieller Wettbewerber auf diesem Markt ist; ein beteiligtes Unternehmen kann insbesondere dann als potenzieller Wettbewerber angesehen werden, wenn es einen Markteintritt plant oder in den letzten drei Jahren solche Pläne entwickelt oder verfolgt hat;

b) ein an dem Zusammenschluss beteiligtes Unternehmen einen Marktanteil von über 30 % hat und ein anderes an dem Zusammenschluss beteiligtes Unternehmen für diesen Markt wichtige Rechte des geistigen Eigentums besitzt;

c) ein an dem Zusammenschluss beteiligtes Unternehmen auf einem sachlich relevanten Markt tätig ist, bei dem es sich um einen benachbarten Markt handelt, der eng mit einem sachlich relevanten Markt verbunden ist, auf dem ein anderes an dem Zusammenschluss beteiligtes Unternehmen tätig ist, und der Marktanteil der beteiligten Unternehmen auf einem dieser Märkte einzeln oder gemeinsam 30 % oder mehr beträgt; sachlich relevante Märkte sind als eng verbundene benachbarte Märkte anzusehen, wenn sich die Produkte ergänzen[1] oder wenn sie zu einer Palette von Produkte gehören, die im Allgemeinen von der gleichen Kundengruppe für den gleichen Verwendungszweck erworben werden[2].

Damit sich die Kommission von vornherein ein Bild von den Auswirkungen des angemeldeten Zusammenschlusses auf den Wettbewerb auf den nach Abschnitt 6.4 ermittelten Märkten machen kann, werden die Anmelder gebeten, die in den Abschnitten 7 und 8 dieses Formblatts CO verlangten Informationen auch für diese Märkte zu übermitteln.

Abschnitt 7
Informationen über die betroffenen Märkte

Geben Sie für jeden horizontal betroffenen Markt, jeden vertikal betroffenen Markt und jeden anderen Markt, auf dem der angemeldete Zusammenschluss erhebliche Auswirkungen haben könnte, für jedes der letzten drei Jahre Folgendes an[3]:

7.1. für jedes der an dem Zusammenschluss beteiligten Unternehmen die Art seiner Geschäftstätigkeit, die wichtigsten auf jedem dieser Märkte tätigen Tochtergesell-

Buchstabe g der Einleitung ausgeführt, besteht im Vorfeld der Anmeldung die Möglichkeit, mit der Kommission zu erörtern, inwieweit auf einige der verlangten Angaben (in diesem Zusammenhang zu bestimmten betroffenen Märkten oder zu bestimmten anderen Märkten im Sinne des Abschnitts 6.4) verzichtet werden könnte.

[1] Waren (oder Dienstleistungen) ergänzen sich, wenn das eine Produkt nicht ohne das andere verwendet (bzw. in Anspruch genommen) werden kann, zum Beispiel Hefter und Heftklammern oder Drucker und Druckpatronen.

[2] Waren, die zu derselben Produktpalette gehören, wären Whisky und Gin, die an Bars und Restaurants verkauft werden, oder verschiedene Verpackungsmaterialien für eine bestimmte Warenkategorie, die an die Hersteller dieser Waren verkauft werden.

[3] Unbeschadet des Artikels 4 Absatz 2 der Durchführungsverordnung.

schaften und/oder die wichtigsten dort verwendeten Marken und/oder Produktnamen;

7.2. die geschätzte Gesamtgröße des Marktes nach Absatzwert (in Euro) und Absatzvolumen (Stückzahlen)[1]; geben Sie die Grundlage und die Quellen für Ihre Berechnungen an und fügen Sie, sofern vorhanden, Unterlagen bei, die diese Berechnungen bestätigen;

7.3. den Absatzwert und das Absatzvolumen sowie den geschätzten Marktanteil jedes der an dem Zusammenschluss beteiligten Unternehmen;

7.4. die geschätzten Marktanteile nach Wert (und gegebenenfalls Volumen) aller Wettbewerber (einschließlich Einführer) mit einem Anteil von mindestens 5% an dem betreffenden relevanten Markt; geben Sie die bei der Berechnung dieser Marktanteile verwendeten Quellen an und fügen Sie, sofern vorhanden, Unterlagen bei, die diese Berechnung bestätigen;

7.5. die geschätzten Gesamtkapazitäten in der Union und im EWR; geben Sie an, welcher Anteil an dieser Kapazität in den letzten drei Jahren auf die an dem Zusammenschluss beteiligten Unternehmen jeweils entfiel und wie hoch ihre jeweilige Kapazitätsauslastung war; geben Sie gegebenenfalls Standort und Kapazitäten der Produktionsanlagen jedes der an dem Zusammenschluss beteiligten Unternehmen auf den betroffenen Märkten an[2].

Abschnitt 8
Angebotsstruktur auf den betroffenen Märkten

8.1. Erläutern Sie kurz die Angebotsstruktur auf jedem der betroffenen Märkte, insbesondere

a) wie die an dem Zusammenschluss beteiligten Unternehmen die Waren und/oder Dienstleistungen herstellen, ihren Preis festsetzen und sie verkaufen, z. B. ob sie vor Ort produzieren, vor Ort die Preise festsetzen und vor Ort verkaufen;
b) Art und Umfang der vertikalen Integration jedes der an dem Zusammenschluss beteiligten Unternehmen im Vergleich zu ihren größten Wettbewerbern;
c) die auf dem Markt vorherrschenden Vertriebssysteme und ihre Bedeutung, den Umfang des Vertriebs durch Dritte und/oder Unternehmen, die demselben Konzern wie die beteiligten Unternehmen angehören, sowie die Bedeutung von Alleinvertriebsverträgen und anderen Formen langfristiger Verträge;
d) die auf diesen Märkten vorherrschenden Kundendienststrukturen (z. B. für Wartung und Reparatur) und deren Bedeutung. In welchem Umfang werden diese Dienstleistungen von Dritten und/oder Unternehmen erbracht, die demselben Konzern wie die beteiligten Unternehmen angehören?

Erläutern Sie gegebenenfalls sonstige Faktoren auf der Angebotsseite, die Ihnen wichtig erscheinen.

---

[1] Bei Wert und Volumen des Marktes ist die Produktion abzüglich der Ausfuhren zuzüglich der Einfuhren für die betreffenden geografischen Gebiete anzugeben. Wie in Abschnitt 1.2 und Abschnitt 1.4 Buchstabe g der Einleitung ausgefühe, besteht im Vorfeld der Anmeldung die Möglichkeit, mit der Kommission zu erörtern, inwieweit auf einige der verlangten Angaben (in diesem Zusammenhang wert- oder volumengestützte Daten zu Marktgröße und -anteilen) verzichtet werden könnte.

[2] Wie in Abschnitt 1.2 und Abschnitt 1.4 Buchstabe g der Einleitung ausgeführt, besteht im Vorfeld der Anmeldung die Möglichkeit, mit der Kommission zu erörtern. Inwieweit auf einige der verlangten Angaben (in diesem Zusammenhang Kapazitätsdaten) verzichtet werden könnte. Ein Grund für einen Verzicht könnte sein, dass die Kapazität für den Wettbewerb auf dem betreffenden Markt nicht von Belang ist.

Nachfragestruktur auf den betroffenen Märkten

8.2. Erläutern Sie kurz die Nachfragestruktur auf jedem der betroffenen Märkte, insbesondere

a) die Entwicklungsphasen der Märkte, beispielsweise Anlauf-, Wachstums-, Reife- oder Rückgangsphase, und prognostizieren Sie den Nachfragezuwachs;
b) die Bedeutung von Kundenpräferenzen, beispielsweise im Hinblick auf Markentreue, Kundendienstleistungen vor und nach Verkauf des Produkts, das Vorhandensein einer vollständigen Produktpalette oder Netzeffekte;
c) den zeitlichen und finanziellen Aufwand bei einem Wechsel des Kunden zu einem anderen Anbieter
   i) bei bestehenden Produkten und
   ii) bei neuen Produkten, die bestehende Produkte ersetzen (einschließlich der üblichen Laufzeit von Kundenverträgen);
d) den Grad der Konzentration bzw. Streuung der Kunden;
e) wie die Kunden die betreffenden Waren oder Dienstleistungen erwerben, insbesondere, ob sie Vergabemethoden wie Aufforderungen zur Einreichung von Angeboten und Bietverfahren nutzen.

Produktdifferenzierung und Wettbewerbsintensität

8.3. Erläutern Sie kurz den Grad der Produktdifferenzierung auf jedem der betroffenen Märkte, insbesondere

a) die Rolle und Bedeutung der Produktdifferenzierung in Bezug auf Qualität („vertikale Differenzierung") und andere Produktmerkmale („horizontale" und „räumliche Differenzierung");
b) die Unterteilung der Kunden in einzelne Segmente mit einer Beschreibung des „typischen Kunden" für jedes Segment und
c) die Konkurrenz zwischen den an dem Zusammenschluss beteiligten Unternehmen im Allgemeinen sowie den Grad der Substituierbarkeit ihrer Produkte, unter anderem für die in den Antworten unter Buchstabe b genannten Kundengruppen und für „typische Kunden".

Markteintritt und Marktaustritt

8.4. Ist in den letzten fünf Jahren ein nennenswerter Eintritt in einen betroffenen Markt erfolgt?

Falls ja, nennen Sie diese neuen Marktteilnehmer und schätzen Sie ihren jeweiligen derzeitigen Marktanteil.

8.5. Gibt es nach Auffassung der Anmelder Unternehmen (einschließlich solcher, die derzeit nur auf Märkten außerhalb der EU oder des EWR tätig sind), von denen ein Eintritt in einen der betroffenen Märkte zu erwarten ist?

Falls ja, erläutern Sie, warum ein solcher Markteintritt wahrscheinlich ist, und geben Sie an, wann mit diesem Markteintritt zu rechnen ist.

8.6. Beschreiben sie kurz die wichtigsten Faktoren, die unter räumlichen und sachlichen Gesichtspunkten den Eintritt in jeden der betroffenen Märkte beeinflussen, und berücksichtigen Sie dabei gegebenenfalls

a) die Gesamtkosten des Markteintritts (FuE, Produktion, Errichtung von Vertriebssystemen, Absatzförderung, Werbung, Kundendienst usw.) gemessen an einem rentabel arbeitenden Wettbewerber unter Angabe von dessen Marktanteil;
b) rechtliche oder aufsichtsbehördliche Eintrittsschranken, z. B. Zulassungen, Genehmigungen oder Normen jeder Art;
c) Schranken für den Zugang zu den Kunden aufgrund von Produktzertifizierungsverfahren oder Bedeutung des Unternehmensrufs oder des Nachweises langjähriger Erfahrung;

d) die Notwendigkeit und Möglichkeit, auf diesen Märkten Zugang zu Patenten, Know-how und sonstigen Rechten des geistigen Eigentums zu erhalten;
e) inwieweit die an dem Zusammenschluss beteiligten Unternehmen Inhaber, Lizenznehmer oder Lizenzgeber von Patenten, Know-how und sonstigen Schutzrechten auf den relevanten Märkten sind;
f) die Bedeutung von Größenvorteilen, Diversifikationsvorteilen und Netzeffekten für die Herstellung oder den Vertrieb der Waren und/oder Dienstleistungen auf den betroffenen Märkten und
g) den Zugang zu Bezugsquellen, beispielsweise zu Rohstoffen oder der erforderlichen Infrastruktur.

8.7. Geben Sic an, ob an dem Zusammenschluss beteiligte Unternehmen oder Wettbewerber an Produkten arbeiten, die kurz- oder mittelfristig auf den Markt kommen dürften, oder eine Ausweitung der Produktions- oder Verkaufskapazitäten auf betroffenen Märkten planen. Falls ja, schätzen Sie die voraussichtlichen Verkaufs- und Marktanteile der an dem Zusammenschluss beteiligten Unternehmen für die kommenden drei bis fünf Jahre.

8.8. Ist in den letzten fünf Jahren ein nennenswerter Austritt aus einem betroffenen Markt erfolgt?

Falls ja, nennen Sie das Unternehmen, das den Markt verlassen hat, und schätzen Sie seinen Marktanteil im Jahr vor dem Marktaustritt.

Forschung und Entwicklung

8.9. Welche Bedeutung kommt der Forschung und Entwicklung für die langfristige Wettbewerbsfähigkeit der Unternehmen auf den betroffenen Märkten zu? Schildern Sie, welche Art der Forschung und Entwicklung die an dem Zusammenschluss beteiligten Unternehmen auf den betroffenen Märkten betreiben.

Berücksichtigen Sie dabei gegebenenfalls

a) Forschungs- und Entwicklungstrends und -intensität[1] auf diesen Märkten und bei den an dem Zusammenschluss beteiligten Unternehmen;
b) den Verlauf der technischen Entwicklung auf diesen Märkten innerhalb eines aussagekräftigen Zeitraums (einschließlich der Häufigkeit der Einführung neuer Waren und/oder Dienstleistungen, Weiterentwicklungen bei Waren und/oder Dienstleistungen, Produktionsverfahren, Vertriebssystemen usw.) und
c) die Forschungspläne und -prioritäten der beteiligten Unternehmen für die nächsten drei Jahre.

Kooperationsvereinbarungen

8.10. In welchem Umfang bestehen auf den betroffenen Märkten (horizontale, vertikale oder sonstige) Kooperationsvereinbarungen?

8.11. Falls relevant, machen Sie Angaben zu den wichtigsten Kooperationsvereinbarungen, die von den an dem Zusammenschluss beteiligten Unternehmen auf den betroffenen Märkten geschlossen wurden, z. B. Vereinbarungen über Forschung und Entwicklung, Lizenzen, gemeinsame Produktion, Spezialisierung, Vertrieb, langfristige Belieferung und Informationsaustausch, und fügen Sie gegebenenfalls eine Kopie dieser Vereinbarungen bei[2].

---

[1] Die Forschungs- und Entwicklungsintensität kann beispielsweise anhand des Anteils der Ausgaben für Forschung und Entwicklung am Umsatz veranschaulicht werden.

[2] Wie in Abschnitt 1.2 und Abschnitt 1.4 Buchstabe g der Einleitung ausgeführt, besteht im Vorfeld der Anmeldung die Möglichkeit, mit der Kommission zu erörtern, inwieweit auf einige der verlangten Angaben verzichtet werden könnte.

Handel zwischen Mitgliedstaaten und Einfuhren von außerhalb des EWR

8.12. Geben Sie an, in welchem Umfang sich Transport- und sonstige Kosten auf den Handel mit den betroffenen Produkten im Gebiet des EWR auswirken.

8.13. Schätzen Sie für die betroffenen Märkte den Gesamtwert und -umfang sowie die Herkunft der Einfuhren von außerhalb des EWR unter Angabe

a) des Anteils der Einfuhren, die von den Konzernen stammen, denen die an dem Zusammenschluss beteiligten Unternehmen angehören;
b) der voraussichtlichen Auswirkungen von Kontingenten, Zöllen oder nichttarifären Handelshemmnissen auf diese Einfuhren und
c) der voraussichtlichen Auswirkungen von Transport- und sonstige Kosten auf diese Einfuhren.

Verbände

8.14. Nennen Sie für die betroffenen Märkte

a) die Verbände, bei denen die an dem Zusammenschluss beteiligten Unternehmen Mitglied sind;
b) die wichtigsten Verbände, denen die Kunden der an dem Zusammenschluss beteiligten Unternehmen angehören, und
c) Name, Anschrift, Telefonnummer, Faxnummer und E-Mail-Adresse der jeweiligen Kontaktperson in allen in diesem Abschnitt aufgeführten Verbänden[2].

Kontaktdaten

8.15. Nennen Sie Name, Anschrift, Telefonnummer, Faxnummer und E-Mail-Adresse des Leiters der Rechtsabteilung (oder einer anderen Person in ähnlicher Funktion, andernfalls des Geschäftsführers)[1]

a) der in Abschnitt 7.4 genannten Wettbewerber;
b) der fünf größten Kunden jedes der beteiligten Unternehmen auf jedem der betroffenen Märkte;
c) der in Abschnitt 8.4 genannten neuen Marktteilnehmer und
d) der in Abschnitt 8.5 genannten potenziellen neuen Marktteilnehmer.

Die Kontaktdaten sind unter Verwendung des Musters der Kommission zu übermitteln, das sich auf der Website der GD Wettbewerb befindet.

Abschnitt 9
Effizienzvorteile

Wenn Sie möchten, dass die Kommission von vornherein[2] prüft, ob die mit dem Zusammenschluss erzielten Effizienzvorteile die Fähigkeit und den Anreiz für das neue Unternehmen verbessern, sich zum Wohle der Verbraucher wettbewerbsför-

---

[1] Die Kommission kann jederzeit, unter anderem im Hinblick auf eine vollständige Anmeldung eines Zusammenschlusses auf der Grundlage des Formblatts CO, mehr Kontaktdaten für jede der in diesem Formblatt CO genannten Kategorien von Marktteilnehmern und Konaktdaten für andere Kategorien von Marktteilnehmern, z. B. Lieferanten, verlangen.

[2] Die Übermittlung von Informationen In Abschnitt 9 ist für eine vollständige Anmeldung nicht erforderlich und daher freiwillig. Wenn dieser Abschnitt nicht ausgefüllt wird, braucht dies nicht begründet zu werden. Aus dem Fehlen von Angaben zu Effizienzvorteilen wird nicht geschlossen, dass der geplante Zusammenschluss keine Effizienzvorteile mit sich bringt oder dass der Beweggrund für den Zusammenschluss der Ausbau der Marktmacht ist. Ein Verzicht auf Angaben zu Effizienzvorteilen in der Anmeldephase schließt nicht aus, dass sie zu einem späte-

dernd zu verhalten, müssen die erwarteten Effizienzvorteile (z. B. Kosteneinsparungen, Einführung neuer Produkte oder Verbesserung von Waren oder Dienstleistungen) für jedes relevante Produkt beschrieben und durch entsprechende Unterlagen belegt werden[1].

Für jeden geltend gemachten Effizienzvorteil sind folgende Informationen zu übermitteln:

i) eine ausführliche Erläuterung, wie das neue Unternehmen mit dem Zusammenschluss den Effizienzvorteil erzielen kann; führen Sie aus, welche Schritte die beteiligten Unternehmen zu diesem Zweck zu unternehmen gedenken, welche Risiken damit verbunden sind und in welchem Zeit- und Kostenrahmen dieses Ziel erreicht werden soll;

ii) sofern mit zumutbarem Aufwand möglich, eine Quantifizierung des Effizienzvorteils und eine ausführliche Erläuterung der Berechnungsmethode; schätzen Sie gegebenenfalls auch die Höhe der mit der Einführung neuer Produkte oder Qualitätsverbesserungen erzielten Effizienzvorteile; bei Effizienzvorteilen in Form von Kosteneinsparungen sind die Einsparungen aufgeschlüsselt nach einmaligen Fixkosten, laufenden Fixkosten und variablen Kosten auszuweisen (in Euro pro Stück und Euro pro Jahr);

iii) Angaben zum voraussichtlichen Umfang des Nutzens für die Kunden und eine ausführliche Erläuterung, worauf sich diese Annahme stützt;

iv) eine Begründung, weshalb die an dem Zusammenschluss beteiligten Unternehmen Effizienzvorteile ähnlichen Umfangs nicht auf andere Weise als durch den geplanten Zusammenschluss, die keinen Anlass zu wettbewerbsrechtlichen Bedenken gibt, erzielen könnten.

Abschnitt 10
Kooperative Wirkungen eines Gemeinschaftsunternehmens

10. Beantworten Sie im Falle eines Gemeinschaftsunternehmens für die Zwecke des Artikels 2 Absatz 4 der Fusionskontrollverordnung folgende Fragen:

a) Sind zwei oder mehrere der Muttergesellschaften in nennenswertem Umfang weiter auf demselben Markt wie das Gemeinschaftsunternehmen, auf einem diesem vor- oder nachgelagerten Markt oder auf einem eng verbundenen benachbarten Markt tätig[2]?
   Falls Sie die Frage bejahen, geben Sie für jeden dieser Märkte Folgendes an:
   - den Umsatz der einzelnen Muttergesellschaften im letzten Geschäftsjahr,
   - die wirtschaftliche Bedeutung der Tätigkeiten des Gemeinschaftsunternehmens im Verhältnis zu diesem Umsatz,
   - den Marktanteil der einzelnen Muttergesellschaften.

b) Falls Sie die Frage unter Buchstabe a bejahen, begründen Sie, warum Ihres Erachtens die Gründung des Gemeinschaftsunternehmens nicht zu einer Abstimmung des Wettbewerbsverhaltens unabhängiger Unternehmen führt, die den Wettbewerb im Sinne von Artikel 101 Absatz 1 AEUV und gegebenenfalls der entsprechenden Bestimmungen des EWR-Abkommens[3] einschränken würde.

---

ren Zeitpunkt nachgereicht werden können. Je früher jedoch diese Informationen übermittelt werden, desto besser kann die Kommission die geltend gemachten Effizienzvorteile prüfen.

[1] Zur Bewertung von Effizienzvorteilen siehe auch die Leitlinien der Kommission zur Bewertung horizontaler Zusammenschlüsse gemäß der Ratsverordnung über die Kontrolle von Unternehmenszusammenschlüssen (ABl. C 31 vom 5.2.2004, S. 5).

[2] Zur Marktdefinition siehe Abschnitt 6.

[3] Siehe Artikel 53 Absatz 1 des EWR-Abkommens.

c) Wenn Sie – unabhängig davon, wie Sie die Fragen unter den Buchstaben a und b beantwortet haben – der Auffassung sind, dass die Kriterien des Artikels 101 Absatz 3 AEUV und gegebenenfalls der entsprechenden Bestimmungen des EWR-Abkommens[1] Anwendung finden, begründen Sie dies, um der Kommission eine vollständige Prüfung des Falles zu ermöglichen. Nach Artikel 101 Absatz 3 AEUV kann Artikel 101 Absatz 1 AEUV für nicht anwendbar erklärt werden, sofern der Zusammenschluss
   i) dazu beiträgt, die Warenerzeugung oder -verteilung zu verbessern oder den technischen oder wirtschaftlichen Fortschritt zu fördern,
   ii) die Verbraucher angemessen an dem entstehenden Gewinn beteiligt,
   iii) den beteiligten Unternehmen keine Beschränkungen auferlegt, die für die Verwirklichung dieser Ziele nicht unerlässlich sind, und
   iv) keine Möglichkeiten eröffnet, für einen wesentlichen Teil der betreffenden Waren den Wettbewerb auszuschalten.

Abschnitt 11
Erklärung

Die Anmeldung muss mit der folgenden Erklärung abschließen, die von allen Anmeldern oder im Namen aller Anmelder zu unterzeichnen ist:

„Die Anmelder erklären nach bestem Wissen und Gewissen, dass die Angaben in dieser Anmeldung wahr, richtig und vollständig sind, dass originalgetreue, vollständige Kopien der im Formblatt CO verlangten Unterlagen beigefügt wurden, dass alle Schätzungen als solche kenntlich gemacht und möglichst genau anhand der zugrunde liegenden Tatsachen vorgenommen wurden und dass alle geäußerten Ansichten ihrer aufrichtigen Überzeugung entsprechen.

Den Unterzeichnern sind die Bestimmungen des Artikels 14 Absatz 1 Buchstabe a der Fusionskontrollverordnung bekannt."

Anhang II. Vereinfachtes Formblatt CO zur Anmeldung eines Zusammenschlusses gemäß Verordnung (EG) Nr. 139/2004

(idF der VO 1269/2013)

Einleitung

1.1. Zweck des vereinfachten Formblatts CO

Im vereinfachten Formblatt CO sind die Angaben aufgeführt, die die Anmelder im Rahmen der Anmeldung von Fusionen, Übernahmen oder sonstigen Zusammenschlüssen der Europäischen Kommission übermitteln müssen, bei denen wettbewerbsrechtliche Bedenken unwahrscheinlich sind.

Beim Ausfüllen dieses vereinfachten Formblatts CO sind die Verordnung (EG) Nr. 139/2004 des Rates vom 20. Januar 2004 über die Kontrolle von Unternehmenszusammenschlüssen[1] (im Folgenden „Fusionskontrollverordnung") sowie die Verord-

---

[1] Siehe Artikel 53 Absatz 3 des EWR-Abkommens.

[1] ABl. L 24 vom 29.1.2004, S. 1.

nung (EG) Nr. 802/2004 der Kommission[2] (im Folgenden „Durchführungsverordnung"), der das vereinfachte Formblatt CO beigefügt ist, zu beachten. Diese Verordnungen und alle anderen einschlägigen Unterlagen können auf den Internetseiten der Generaldirektion Wettbewerb auf dem Server „Europa" der Kommission abgerufen werden. Zu beachten sind auch die entsprechenden Bestimmungen des Abkommens über den Europäischen Wirtschaftsraum[3] (im Folgenden „EWR-Abkommen"). In diesem Zusammenhang wird ebenfalls auf die Bekanntmachung der Kommission über ein vereinfachtes Verfahren für bestimmte Zusammenschlüsse[4] hingewiesen.

In der Regel kann für die Anmeldung eines Zusammenschlusses das vereinfachte Formblatt CO verwendet werden, wenn eine der folgenden Voraussetzungen erfüllt ist:

1. Es handelt sich um ein Gemeinschaftsunternehmen, das keine oder geringe gegenwärtige oder zukünftige Tätigkeiten im Gebiet des Europäischen Wirtschaftsraums (EWR) aufweist; dies ist der Fall, wenn
   a) der Umsatz des Gemeinschaftsunternehmens und/oder der Umsatz der in das Gemeinschaftsunternehmen eingebrachten Tätigkeiten im Gebiet des EWR zum Zeitpunkt der Anmeldung weniger als 100 Mio. EUR beträgt; und
   b) der Gesamtwert der in das Gemeinschaftsunternehmen eingebrachten Vermögenswerte im Gebiet des EWR zum Zeitpunkt der Anmeldung weniger als 100 Mio. EUR beträgt.
2. Zwei oder mehrere Unternehmen fusionieren oder ein oder mehrere Unternehmen erwerben die alleinige oder gemeinsame Kontrolle über ein anderes Unternehmen, sofern keines der an dem Zusammenschluss beteiligten Unternehmen auf demselben sachlich und räumlich relevanten Markt[5] oder auf einem sachlich relevanten Markt tätig ist, der einem sachlich relevanten Markt, auf dem ein anderes an dem Zusammenschluss beteiligtes Unternehmen tätig ist, vor- oder nachgelagert ist[6, 7].

---

[2] ABl. L 133 vom 30.4.2004, S. 1.

[3] Siehe insbesondere Artikel 57 des EWR-Abkommens, Ziffer 1 des Anhangs XIV des EWR-Abkommens, die Protokolle 21 und 24 zum EWR-Abkommen sowie Protokoll 4 zum Abkommen zwischen den EFTA-Staaten zur Errichtung einer Überwachungsbehörde und eines Gerichtshofs (im Folgenden „Überwachungsbehörde- und Geriehtshof-Abkommenl"). Unter EFTA-Staaten sind die EFTA-Staaten zu verstehen, die Vertragsparteien des EWR-Abkommens sind. Am 1. Mai 2004 waren dies Island, Liechtenstein und Norwegen.

[4] Bekanntmachung der Kommission über ein vereinfachtes Verfahren für bestimmte Zusammenschlüsse gemäß der Verordnung (EG) Nr. 139/2004 des Rates (ABl. C 366 vom 14.12.2013, S. 1).

[5] Wenn in diesem vereinfachien Formblatt CO auf die Tätigkeit von Unternehmen auf Märkten Bezug genommen wird, ist darunter die Tätigkeit auf Märkten im Gebiet des EWR oder auf Märkten zu verstehen, die das Gebiet des EWR umfassen, aber möglicherweise weiter sind als das Gebiet des EWR.

[6] Eine vertikale Beziehung setzt In der Regel voraus, dass die Ware oder Dienstleistung des auf dem betreffenden vorgelagerten Markt tätigen Unternehmens eine wichtige Vorleistung für die Ware oder Dienstleistung des auf dem nachgelagerten Markt tätigen Unternehmens darstellt Näheres entnehmen Sie bitte den Leitlinien der Kommission zur Bewertung nichthorizontaler Zusammenschlüsse gemäß der Ratsverordnung über die Kontrolle von Unternehmenszusammenschlüssen (ABl. C 265 vom 18.10.2008, S, 6), Randnr. 34.

[7] Bei einem Erwerb der gemeinsamen Kontrolle werden Beziehungen, die nur zwischen den die gemeinsame Kontrolle erwerbenden Unternehmen entstehen, für die Zwecke des vereinfachten Formblatts CO weder als horizoinale noch als vertikale Beziehungen angesehen. Sie können jedoch als Zusammenschluss behandelt werden, bei dem sich die Frage einer Koordinierung des Wettbewerbsverhaltens stellt.

3. Zwei oder mehrere Unternehmen fusionieren oder ein oder mehrere Unternehmen erwerben die alleinige oder gemeinsame Kontrolle über ein anderes Unternehmen, wobei
   a) der gemeinsame Marktanteil aller an dem Zusammenschluss beteiligten Unternehmen, die auf demselben sachlich und räumlich relevanten Markt tätig sind (horizontale Beziehungen), weniger als 20%[8] beträgt; und
   b) der Marktanteil keines der an dem Zusammenschluss beteiligten Unternehmen, die auf einem sachlich relevanten Markt tätig sind, der einem sachlich relevanten Markt, auf dem ein anderes an dem Zusammenschluss beteiligtes Unternehmen tätig ist, vor- oder nachgelagert ist (vertikale Beziehungen), einzeln oder gemeinsam 30% oder mehr beträgt[9];

   zu der Voraussetzung in Nummer 3 Buchstaben a und b ist anzumerken, dass bei einem Erwerb der gemeinsamen Kontrolle Beziehungen, die nur zwischen den die gemeinsame Kontrolle erwerbenden Unternehmen außerhalb der Tätigkeitsbereiche des Gemeinschaftsunternehmens entstehen, für die Zwecke dieses vereinfachten Formblatts CO weder als horizontale noch als vertikale Beziehungen angesehen werden. Sie können jedoch als Zusammenschluss behandelt werden, bei dem sich die Frage einer Koordinierung des Wettbewerbsverhaltens stellt.
4. Ein beteiligtes Unternehmen erwirbt die alleinige Kontrolle über ein Unternehmen, über das es bereits eine Mitkontrolle ausübt.

Die Kommission kann auch dann ein vereinfachtes Formblatt CO annehmen, wenn zwischen zwei oder mehreren der an dem Zusammenschluss beteiligten Unternehmen eine horizontale Beziehung besteht[10], sofern der sich aus dem Zusammenschluss ergebende Zuwachs (das „Delta") des Herfindahl-Hirschman-Index („HHI")[11] unter 150 liegt und der gemeinsame Marktanteil der beteiligten Unter-

---

[8] Die für horizontale und vertikale Beziehungen genannten Schwellenwerte gelten für alle plausiblen alternativen sachlich und räumlich relevanten Märkte, die im Einzelfall möglicherweise zu berücksichtigen sind. Wichtig ist in diesem Zusammenhang. dass die in der Anmeldung zugrunde gelegte Abgrenzung genau genug ist, um eine Beurteilung der Einhaltung dieser Schwellen zu ermöglichen, und dass alle plausiblen alternativen Märkte, die möglicherweise zu berücksichtigen sind, aufgeführt werden (einschließlich räumlich relevanter Märkte, die enger als nationale Märkte sind).

[9] Siehe die Fußnoten 5 und 7.

[10] Bei einem Erwerb der gemeinsamen Kontrolle werden Beziehungen, die nur zwischen den die gemeinsame Kontrolle erwerbenden Unternehmen entstehen, für die Zwecke des vereinfachten Formblatts CO weder als horizontale noch als vertikale Beziehungen angesehen. Sie können jedoch als Zusammenschluss behandelt werden, bei dem sich die Frage einer Koordinierung des Wettbewerbsverhaltens stellt.

[11] Der HH1 wird durch Addition der Quadrate der einzelnen Marktanteile aller auf dem betreffenden Markt tätigen Unternehmen berechnet. Die sich aus einem Zusammenschluss ergebende Veränderung des HHI kann unabhängig vom Konzentrationsgrad des Gesamtmarkts allein anhand der Marktanteile der an dem Zusammenschluss beteiligten Unternehmen berechnet werden. Siehe die Leitlinien der Kommission zur Bewertung horizontaler Zusammenschlüsse gemäß der Ratsverordnung über die Kontrolle von Unternehmenszusammenschlüssen (ABl. C 31 vom 5.2.2004, S. 5), Randnr. 16 und Fußnote 19. Für die Berechnung des sich aus dem Zusammenschluss ergebenden HHI-Deltas reicht es jedoch aus, vom Quadrat der Summe der Marktanteile der an dem Zusammenschluss beteiligten Unternehmen (mit anderen Worten, vom Quadrat des Marktanteils des neu formierten Unternehmens nach dem Zusammenschluss) die Summe der Quadrate der einzelnen Marktanteile der beteiligten Unternehmen abzuziehen (da die Marktanteile aller übrigen Wettbewerber auf dem Markt unverändert bleiben und daher keinen Einfluss auf das Ergebnis der Gleichung haben). Das HHI-Delta kann also allein auf der Grundlage der Marktanteile der an dem Zusammenschluss

nehmen weniger als 50%[12] beträgt. Die Kommission entscheidet aufgrund der besonderen Umstände des Einzelfalls, ob angesichts der mit dem HHI-Delta angegebenen Zunahme der Marktkonzentration ein vereinfachtes Formblatts CO angenommen werden kann. Es ist weniger wahrscheinlich, dass die Kommission ein vereinfachtes Formblatt CO annimmt, wenn einer der besonderen Umstände, die in den Leitlinien der Kommission zur Bewertung horizontaler Zusammenschlüsse[13] aufgeführt sind, vorliegt, zum Beispiel, jedoch nicht ausschließlich, wenn es sich um einen bereits konzentrierten Markt handelt, wenn durch den Zusammenschluss eine wichtige Wettbewerbskraft beseitigt wird, wenn sich zwei wichtige Innovatoren zusammenschließen oder wenn erfolgversprechende Produkte eines der beteiligten Unternehmen kurz vor der Einführung stehen.

Die Kommission kann jederzeit ein Formblatt CO verlangen, wenn sich entweder herausstellt, dass die Voraussetzungen für die Verwendung des vereinfachten Formblatts CO nicht erfüllt sind, oder, wenn die Kommission – auch wenn die Voraussetzungen erfüllt sind – dennoch ausnahmsweise entscheidet, dass eine Anmeldung auf der Grundlage des Formblatts CO erforderlich ist, um möglichen wettbewerbsrechtlichen Bedenken angemessen nachgehen zu können.

Die Anmeldung eines Zusammenschlusses auf der Grundlage des Formblatts CO kann beispielsweise erforderlich sein, wenn die Abgrenzung der relevanten Märkte schwierig ist (z. B. bei neuen Märkten oder Märkten, für die noch keine gefestigte Beschlusspraxis besteht), wenn es sich bei einem der beteiligten Unternehmen um einen neuen oder potenziellen Marktteilnehmer oder um den Inhaber wichtiger Patente handelt, wenn die Marktanteile der beteiligten Unternehmen nicht ohne weiteres ermittelt werden können, wenn die Märkte durch hohe Zutrittsschranken, einen hohen Konzentrationsgrad oder bekannte Wettbewerbsprobleme geprägt sind, wenn mindestens zwei beteiligte Unternehmen auf eng verbundenen benachbarten Märkten[14] tätig sind oder wenn sich die Frage einer Koordinierung des Wettbewerbsverhaltens im Sinne des Artikels 2 Absatz 4 der Fusionskontrollverordnung stellt. Ein Formblatt CO kann auch verlangt werden, wenn ein beteiligtes Unternehmen die alleinige Kontrolle über ein Gemeinschaftsunternehmen erwirbt, über das es bereits eine Mitkontrolle ausübt, sofern das erwerbende Unternehmen und das Gemeinschaftsunternehmen zusammen eine starke Marktstellung haben oder jeweils auf vertikal verbundenen Märkten stark positioniert sind[15].

---

beteiligten Unternehmen berechnet werden, ohne dass die Marktanteile anderer Wettbewerber auf dem Markt bekannt sein müssen.

[12] Siehe Fußnote 7.

[13] Siehe die Leitlinien der Kommission zur Bewertung horizontaler Zusammenschlüsse gemäß der Ratsverordnung über die Kontrolle von Unternehmenszusammenschlüssen, insbesondere Randnr. 20.

[14] Produktmärkte sind als eng verbundene benachbarte Märkte anzusehen, wenn sich die Produkte ergänzen oder wenn sie zu einer Palette von Produkten gehören, die im Allgemeinen von der gleichen Kundengruppe für den gleichen Verwendungszweck erworben werden; siehe die Leitlinien der Kommission zur Bewertung nichthorizontaler Zusammenschlüsse gemäß der Ratsverordnung über die Kontrolle von Unternehmenszusammenschlüssen (ABl. C 265 vom 18. 10. 2008, S. 6), Randnr. 91.

[15] Siehe Bekanntmachung der Kommission über ein vereinfachtes Verfahren für bestimmte Zusammenschlüsse gemäß der Verordnung (EG) Nr. 139/2004 des Rates, Randnrn. 8 bis 19.

1.2. Übergang zum normalen Verfahren und Anmeldung auf der Grundlage des Formblatts CO

Bei der Prüfung, ob ein Zusammenschluss auf der Grundlage des vereinfachten Formblatts CO angemeldet werden kann, stellt die Kommission sicher, dass alle relevanten Umstände hinreichend geklärt sind. In diesem Zusammenhang sind die Anmelder für die Richtigkeit und Vollständigkeit der übermittelten Angaben verantwortlich.

Gelangt die Kommission nach Anmeldung des Zusammenschlusses zu der Auffassung, dass der Fall nicht für eine Anmeldung auf der Grundlage dieses vereinfachten Formblatts CO in Frage kommt, so kann sie eine vollständige oder gegebenenfalls eine teilweise Anmeldung auf der Grundlage des Formblatts CO verlangen. Dies kann dann der Fall sein, wenn

a) sich herausstellt, dass die Voraussetzungen für die Verwendung des vereinfachten Formblatts CO nicht erfüllt sind;
b) die Voraussetzungen für die Verwendung des vereinfachten Formblatts CO zwar erfüllt sind, eine vollständige oder teilweise Anmeldung auf der Grundlage des Formblatts CO aber erforderlich erscheint, um möglichen wettbewerbsrechtlichen Bedenken angemessen nachgehen oder nachweisen zu können, dass die Transaktion einen Zusammenschluss im Sinne von Artikel 3 der Fusionskontrollverordnung darstellt;
c) das vereinfachte Formblatt CO unrichtige oder irreführende Angaben enthält,
d) ein Mitgliedstaat oder ein EFTA-Staat innerhalb von 15 Arbeitstagen nach Erhalt einer Kopie der Anmeldung begründete wettbewerbsrechtliche Bedenken gegen den angemeldeten Zusammenschluss äußert; oder
d) ein Dritter innerhalb der ihm von der Kommission zur Stellungnahme gesetzten Frist begründete wettbewerbsrechtliche Bedenken äußert.

In diesen Fällen kann die Anmeldung als in einem wesentlichen Punkt unvollständig im Sinne von Artikel 5 Absatz 2 der Durchführungsverordnung behandelt werden. Die Kommission teilt dies den Anmeldern oder ihren Vertretern umgehend schriftlich mit. Die Anmeldung wird erst wirksam, wenn alle verlangten Informationen eingegangen sind.

1.3. Vorabkontakte

Die in diesem vereinfachten Formblatt CO verlangten Angaben können relativ umfangreich sein. Die Erfahrung hat jedoch gezeigt, dass je nach den Besonderheiten des Falles nicht immer alle Angaben für eine angemessene Prüfung des geplanten Zusammenschlusses nötig sind. Wenn bestimmte in diesem vereinfachten Formblatt CO verlangte Angaben Ihres Erachtens für die Prüfung des Falles nicht erforderlich sind, empfehlen wir Ihnen, bei der Kommission zu beantragen. Sie von der Verpflichtung zur Übermittlung bestimmter Angaben zu befreien. Näheres entnehmen Sie bitte Abschnitt 1.6 Buchstabe g dieser Einleitung.

Nach der Fusionskontrollverordnung können die Anmelder den Zusammenschluss jederzeit anmelden, vorausgesetzt, die Anmeldung ist vollständig. Die Kommission bietet Anmeldern die Möglichkeit, das förmliche Fusionskontrollverfahren im Rahmen freiwilliger Vorabkontakte vorzubereiten. Vorabkontakte sind nicht vorgeschrieben, können aber sowohl für die Anmelder als auch für die Kommission äußerst nützlich sein, um unter anderem den genauen Informationsbedarf für die Anmeldung zu bestimmen; in den meisten Fällen kann dadurch die Menge der verlangten Angaben spürbar verringert werden.

Die Entscheidung über eine mögliche Aufnahme von Vorabkontakten und den genauen Zeitpunkt der Anmeldung liegt zwar allein bei den beteiligten Unternehmen, diesen wird jedoch empfohlen, sich bei der Kommission nach der Angemessenheit von Umfang und Art der Angaben zu erkundigen, die sie ihrer Anmeldung zugrunde zu legen gedenken. Wenn die beteiligten Unternehmen ein vereinfachtes Formblatt CO übermitteln wollen, sollten sie im Rahmen von Vorabkontakten mit der Kommission erörtern, ob der Fall für eine Anmeldung auf der Grundlage des vereinfachten Formblatts CO in Frage kommt.

Wenn zwischen zwei oder mehreren der an dem Zusammenschluss beteiligten Unternehmen eine horizontale Beziehung besteht und das sich aus dem Zusammenschluss ergebende HHI-Delta unter 150 liegt, wird Anmeldern, die ein vereinfachtes Formblatt CO übermitteln wollen, ebenfalls empfohlen, Vorabkontakte mit der Kommission aufnehmen.

Bei Zusammenschlüssen, die unter Randnummer 5 Buchstabe b der Bekanntmachung der Kommission über ein vereinfachtes Verfahren für bestimmte Zusammenschlüsse fallen, sind Vorabkontakte und insbesondere die Übermittlung eines Entwurfs der Anmeldung möglicherweise weniger sinnvoll. Dies gilt für Fälle, in denen die beteiligten Unternehmen nicht auf demselben sachlich und räumlich relevanten Markt oder auf einem sachlich relevanten Markt tätig sind, der einem sachlich relevanten Markt, auf dem ein anderes an dem Zusammenschluss beteiligtes Unternehmen tätig ist, vor- oder nachgelagert ist. Unter diesen Umständen könnten es die Anmelder vorziehen, den Zusammenschluss sofort anzumelden, ohne zuvor einen Entwurf der Anmeldung zu übermitteln[16].

Die Anmelder können den Leitfaden „*Best Practices on the conduct of EC merger control proceedings*" der Generaldirektion Wettbewerb der Kommission („GD Wettbewerb") zu Rate ziehen, der auf der Website der GD Wettbewerb veröffentlicht ist und nach Bedarf aktualisiert wird. Er enthält auch Orientierungshilfen für die Vorabkontakte mit der Kommission und die Vorbereitung der Anmeldung.

1.4. Wer muss die Anmeldung vornehmen?

Im Falle einer Fusion im Sinne von Artikel 3 Absatz 1 Buchstabe a der Fusionskontrollverordnung oder des Erwerbs der gemeinsamen Kontrolle über ein Unternehmen im Sinne von Artikel 3 Absatz 1 Buchstabe b der Fusionskontrollverordnung muss die Anmeldung von den an der Fusion beteiligten Unternehmen bzw. von den die gemeinsame Kontrolle erwerbenden Unternehmen gemeinsam vorgenommen werden[17].

Im Falle des Erwerbs einer die Kontrolle über ein anderes Unternehmen begründenden Beteiligung muss der Erwerber die Anmeldung vornehmen.

Im Falle eines öffentlichen Übernahmeangebots muss die Anmeldung vom Bieter vorgenommen werden.

Jeder Anmelder ist für die Richtigkeit der von ihm übermittelten Informationen verantwortlich.

1.5. Die zu übermittelnden Angaben

Je nachdem, aus welchen Gründen[18] der Zusammenschluss für das vereinfachte Verfahren und die Anmeldung auf der Grundlage dieses vereinfachten Formblatts

[16] Vor dem Hintergrund der *Best Practices on the conduct of EC merger control proceedings* der GD Wettbewerb möchte die Kommission die Anmelder jedoch bitten, vorher einen Antrag auf Zuweisung eines Case Teams der GD Wettbewerb zu stellen.

[17] Siehe Artikel 4 Absatz 2 der Fusionskontrollverordnung.

[18] Siehe die Voraussetzungen unter den Randnrn. 5 und 6 der Bekanntmachung der Kommission über ein vereinfachtes Verfahren für bestimmte Zusammenschlüsse gemäß der Verordnung (EG) Nr. 139/2004 des Rates (ABl. C 366 vom 14.12.2013, S. 1).

CO in Frage kommt, müssen unterschiedliche Abschnitte des vereinfachten Formblatts CO ausgefüllt werden:

a) Die Abschnitte 1, 2, 3, 4, 5 und 10 müssen immer ausgefüllt werden, Abschnitt 9 nur im Falle eines Gemeinschaftsunternehmens.
b) Falls es bei dem Zusammenschluss einen oder mehrere betroffene Märkte[19] gibt, müssen die Abschnitte 6 und 7 ausgefüllt werden.
c) Falls es bei dem Zusammenschluss nicht einen oder mehrere betroffene Märkte[20] gibt, muss Abschnitt 8 ausgefüllt werden. Die Abschnitte 6 und 7 müssen nicht ausgefüllt werden.

1.6. Richtigkeit und Vollständigkeit der Anmeldung

Alle Angaben in diesem vereinfachten Formblatt CO müssen richtig und vollständig sein. Sie sind in die einschlägigen Abschnitte dieses vereinfachten Formblatts CO einzutragen.

Insbesondere ist Folgendes zu beachten:

a) Nach Artikel 10 Absatz 1 der Fusionskontrollverordnung und Artikel 5 Absätze 2 und 4 der Durchführungsverordnung laufen die mit der Anmeldung verknüpften Fristen der Fusionskontrollverordnung erst ab Eingang aller verlangten Angaben bei der Kommission. Damit soll sichergestellt werden, dass die Kommission den angemeldeten Zusammenschluss innerhalb der in der Fusionskontrollverordnung vorgesehenen strengen Fristen prüfen kann.
b) Die Anmelder müssen bei der Erstellung der Anmeldung darauf achten, dass Namen und andere Kontaktdaten, insbesondere Faxnummern und E-Mail-Adressen, richtig, zutreffend und auf dem neuesten Stand sind[21].
c) Unrichtige oder irreführende Angaben in der Anmeldung werden als unvollständige Angaben angesehen (Artikel 5 Absatz 4 der Durchführungsverordnung).
d) Wenn eine Anmeldung unvollständig ist, setzt die Kommission die Anmelder oder ihre Vertreter hiervon unverzüglich schriftlich in Kenntnis. Die Anmeldung wird erst an dem Tag wirksam, an dem die vollständigen und genauen Angaben bei der Kommission eingegangen sind (Artikel 10 Absatz 1 der Fusionskontrollverordnung, Artikel 5 Absätze 2 und 4 der Durchführungsverordnung).
e) Nach Artikel 14 Absatz 1 Buchstabe a der Fusionskontrollverordnung kann die Kommission gegen Anmelder, die vorsätzlich oder fahrlässig unrichtige oder irreführende Angaben machen, Geldbußen von bis zu 1% des Gesamtumsatzes des beteiligten Unternehmens verhängen. Nach Artikel 6 Absatz 3 Buchstabe a und Artikel 8 Absatz 6 Buchstabe a der Fusionskontrollverordnung kann sie außerdem ihren Beschluss über die Vereinbarkeit eines angemeldeten Zusammenschlusses mit dem Binnenmarkt widerrufen, wenn er auf unrichtigen Angaben beruht, die von einem der beteiligten Unternehmen zu vertreten sind.
f) Sie können schriftlich beantragen, dass die Kommission die Anmeldung als vollständig anerkennt, obwohl einige in diesem Formblatt CO verlangte Angaben fehlen, wenn für Sie diese Angaben ganz oder teilweise nicht mit zumutbarem Aufwand zugänglich sind (z. B. Angaben zum Zielunternehmen im Falle einer feindlichen Übernahme).

---

[19] Betroffene Märkte im Sinne des Abschnitts 6 dieses vereinfachten Formblatts CO.

[20] Betroffene Märkte im Sinne des Abschnitts 6 dieses vereinfachten Formblatts CO.

[21] Mit diesem vereinfachten Formblatt CO übermittelte personenbezogene Daten werden im Einklang mit der Verordnung (EG) Nr. 45/2001 des Europäischen Parlaments und des Rates vom 18. Dezember 2000 zum Schutz natürlicher Personen bei der Verarbeitung personenbezogener Daten durch die Organe und Einrichtungen der Gemeinschaft und zum freien Datenverkehr (ABl. L 8 vom 12. 1. 2001. S. 1) verarbeitet.

Die Kommission wird einen solchen Antrag prüfen, sofern Gründe für das Fehlen der besagten Angaben angeführt werden, und die fehlenden Daten durch möglichst genaue Schätzungen unter Angabe der Quellen ersetzt werden. Außerdem ist nach Möglichkeit anzugeben, wo die Kommission die fehlenden Informationen einholen könnte.

g) Im Einklang mit Artikel 4 Absatz 2 der Durchführungsverordnung kann die Kommission Anmelder von der Pflicht zur Übermittlung bestimmter Angaben in der Anmeldung (einschließlich Unterlagen) oder von anderen in diesem vereinfachten Formblatt CO festgelegten Pflichten befreien, wenn sie der Auffassung ist, dass die Erfüllung dieser Pflichten für die Prüfung des Falles nicht erforderlich ist. Sie können daher im Rahmen der Vorabkontakte schriftlich bei der Kommission beantragen, von der Pflicht zur Übermittlung solcher Angaben befreit zu werden, wenn diese Ihres Erachtens für die Prüfung des Falles durch die Kommission nicht erforderlich sind.

Anträge auf Befreiung sollten bei der Übermittlung des Entwurfs des vereinfachten Formblatts CO gestellt werden, damit die Kommission entscheiden kann, ob die Angaben, für die die Befreiung beantragt wird, für die Prüfung des Falles erforderlich sind. Anträge auf Befreiung sollten entweder im Text des Entwurfs des vereinfachten Formblatts CO oder in Form einer E-Mail oder eines Schreibens an den zuständigen Case Manager und/oder Referatsleiter gestellt werden.

Die Kommission wird Anträge auf Befreiung prüfen, wenn hinreichend begründet ist, warum die betreffenden Angaben für die Prüfung des Falles durch die Kommission nicht erforderlich sind. Über Anträge auf Befreiung wird im Rahmen der Prüfung des Entwurfs dieses vereinfachten Formblatts CO entschieden. Im Einklang mit ihren *Best Practices on the conduct of EC merger control proceedings* benötigt die GD Wettbewerb daher in der Regel fünf Arbeitstage, um auf Anträge auf Befreiung zu antworten.

Zur Vermeidung von Missverständnissen sei auf Folgendes hingewiesen: Wenn ein bestimmter Abschnitt in Abschnitt 1.5 dieser Einleitung nicht genannt ist oder die Kommission nach Abschnitt 1.6 dieser Einleitung anerkannt hat, dass eine bestimmte im vereinfachten Formblatt CO verlangte Information für die vollständige Anmeldung eines Zusammenschlusses (unter Verwendung des vereinfachten Formblatts CO) nicht erforderlich ist, hindert dies die Kommission in keiner Weise daran, diese Information dennoch jederzeit, insbesondere im Wege eines Auskunftsverlangens nach Artikel 11 der Fusionskontrollverordnung, zu verlangen.

1.7. Das Anmeldeverfahren

Die Anmeldung ist in einer der Amtssprachen der Europäischen Union vorzunehmen. Diese Sprache wird dann für alle Anmelder zur Verfahrenssprache. Erfolgt die Anmeldung im Einklang mit Artikel 12 des Protokolls 24 zum EWR-Abkommen in einer Amtssprache eines EFTA-Staates, die keine Amtssprache der Union ist, so ist der Anmeldung eine Übersetzung in einer der Amtssprachen der Union beizufügen.

Die in diesem vereinfachten Formblatt CO verlangten Angaben sind nach den Abschnitt- und Randnummern dieses vereinfachten Formblatts CO zu gliedern; außerdem ist die in Abschnitt 10 verlangte Erklärung zu unterzeichnen und es sind die Anlagen beizufügen. Das Original des vereinfachten Formblatts CO muss für jeden Anmelder von den Personen, die gesetzlich befugt sind, in seinem Namen zu handeln, oder von einem oder mehreren bevollmächtigten externen Vertretern der Anmelder unterzeichnet werden. Beim Ausfüllen des Abschnitts 7 dieses vereinfachten Formblatts CO wird empfohlen zu erwägen, ob der Klarheit halber die numerische Reihenfolge eingehalten wird oder ob sich für jeden betroffenen Markt (oder jede Gruppe betroffener Märkte) eine gesonderte Darstellung anbietet.

Bestimmte Angaben können im Interesse der Übersichtlichkeit als Anlage übermittelt werden. Allerdings müssen sich die Kerninformationen, insbesondere die Angaben zu den Marktanteilen der beteiligten Unternehmen und ihren größten Wettbewerbern, im Hauptteil des vereinfachten Formblatts CO befinden. Anlagen zum vereinfachten Formblatt CO dürfen nur als Ergänzung zu den im vereinfachten Formblatt CO selbst gemachten Angaben verwendet werden.

Die Kontaktdaten müssen in dem von der GD Wettbewerb auf ihrer Website vorgeschriebenen Format angegeben werden. Für den ordnungsgemäßen Ablauf des Prüfverfahrens ist es unerlässlich, dass die Kontaktdaten richtig sind. Wenn die Kontaktdaten mehrere unrichtige Angaben enthalten, kann dies dazu führen, dass die Anmeldung für unvollständig erklärt wird.

Anlagen sind in der Originalsprache einzureichen. Handelt es sich hierbei nicht um eine Amtssprache der Union, so sind sie in die Sprache des Verfahrens zu übersetzen (Artikel 3 Absatz 4 der Durchführungsverordnung).

Die Anlagen können Originale oder Kopien der Originale sein. In letzterem Fall hat der Anmelder deren Richtigkeit und Vollständigkeit zu bestätigen.

Ein Original und die verlangte Zahl von Kopien des vereinfachten Formblatts CO und der beigefügten Unterlagen sind der GD Wettbewerb zu übermitteln. Die Kommission hat die verlangte Zahl und das verlangte Format (Papierform und/oder elektronische Form) der Kopien im *Amtsblatt der Europäischen Union* und auf der Website der GD Wettbewerb veröffentlicht.

Die Anmeldung muss an die in Artikel 23 Absatz 1 der Durchführungsverordnung genannte Anschrift übermittelt werden. Diese Anschrift wird im *Amtsblatt der Europäischen Union* veröffentlicht und ist auch auf der Website der GD Wettbewerb zu finden. Die Anmeldung muss der Kommission an einem Arbeitstag im Sinne von Artikel 24 der Durchführungsverordnung während der auf der Website der GD Wettbewerb angegebenen Bürozeiten zugehen. Den Sicherheitsanweisungen auf der Website der GD Wettbewerb ist Folge zu leisten.

Alle elektronischen Kopien des vereinfachten Formblatts CO und der Anlagen müssen in dem auf der Website der GD Wettbewerb angegebenen nutzbaren und suchfähigen Format übermittelt werden.

1.8. Geheimhaltungspflicht

Gemäß Artikel 339 des Vertrags über die Arbeitsweise der Europäischen Union („AEUV") und Artikel 17 Absatz 2 der Fusionskontrollverordnung sowie den entsprechenden Bestimmungen des EWR-Abkommens[22] ist es der Kommission, den Mitgliedstaaten, der EFTA-Überwachungsbehörde und den EFTA-Staaten sowie ihren Beamten und sonstigen Bediensteten untersagt, Kenntnisse preiszugeben, die sie bei Anwendung der Verordnung erlangt haben und die ihrem Wesen nach unter das Berufsgeheimnis fallen. Dieser Grundsatz gilt auch für den Schutz der Vertraulichkeit unter den Anmeldern.

Sollten Sie der Auffassung sein, dass Ihre Interessen beeinträchtigt würden, wenn die von Ihnen verlangten Angaben veröffentlicht oder an andere weitergegeben würden, so übermitteln Sie die betreffenden Angaben in einer gesonderten Anlage mit dem deutlichen Vermerk „Geschäftsgeheimnis" auf jeder Seite. Begründen Sie außerdem, warum diese Angaben nicht weitergegeben oder veröffentlicht werden sollen.

Bei einer Fusion oder einer gemeinsamen Übernahme oder in anderen Fällen, in denen die Anmeldung von mehr als einem beteiligten Unternehmen vorgenommen wird, können Unterlagen, die Geschäftsgeheimnisse enthalten, gesondert als Anlage

[22] Siehe insbesondere Artikel 122 des EWR-Abkommens, Artikel 9 des Protokolls 24 zum EWR-Abkommen und Artikel 17 Absatz 2 in Kapitel XIII des Protokolls 4 zum Überwachungsbehörde- und Gerichtshof-Abkommen.

mit entsprechendem Vermerk in der Anmeldung eingereicht werden. Damit die Anmeldung vollständig ist, müssen ihr alle diese Anlagen beigefügt sein.

1.9. Begriffsbestimmungen und Hinweise für die Zwecke des vereinfachten Formblatts CO

Anmelder: Wenn eine Anmeldung nur von einem der an einem Zusammenschluss beteiligten Unternehmen vorgenommen wird, bezieht sich der Begriff „Anmelder" nur auf das Unternehmen, das die Anmeldung tatsächlich vornimmt.

An dem Zusammenschluss beteiligtes Unternehmen oder beteiligte Unternehmen: Dieser Begriff bezieht sich sowohl auf die erwerbenden als auch die zu erwerbenden Unternehmen bzw. auf die sich zusammenschließenden Unternehmen, einschließlich der Unternehmen, an denen eine die Kontrolle begründende Beteiligung erworben oder für die ein öffentliches Übernahmeangebot abgegeben wird.

Sofern nicht anders angegeben, schließen die Begriffe „Anmelder" bzw. „an dem Zusammenschluss beteiligte Unternehmen" auch alle Unternehmen ein, die demselben Konzern wie diese angehören.

Jahr: In diesem vereinfachten Formblatt CO ist „Jahr", sofern nicht anders angegeben, gleichbedeutend mit Kalenderjahr. Alle in diesem vereinfachten Formblatt CO verlangten Angaben beziehen sich, sofern nicht anders angegeben, auf das dem Jahr der Anmeldung vorausgehende Jahr.

Die in den Abschnitten 4 verlangten Finanzdaten sind in Euro zum durchschnittlichen Wechselkurs in den betreffenden Jahren oder Zeiträumen anzugeben.

Alle Verweise auf Rechtsvorschriften in diesem vereinfachten Formblatt CO beziehen sich, sofern nicht anders angegeben, auf die einschlägigen Artikel und Absätze der Fusionskontrollverordnung.

1.10. Internationale Zusammenarbeit zwischen der Kommission und anderen Wettbewerbsbehörden

Die Kommission bittet die beteiligten Unternehmen, die internationale Zusammenarbeit zwischen der Kommission und anderen Wettbewerbsbehörden, die denselben Zusammenschluss prüfen, zu erleichtern. Eine gute Zusammenarbeit zwischen der Kommission und Wettbewerbsbehörden in Hoheitsgebieten außerhalb des EWR bringt erfahrungsgemäß erhebliche Vorteile für die beteiligten Unternehmen mit sich. Deshalb fordert die Kommission die Anmelder auf, zusammen mit diesem vereinfachten Formblatt CO eine Liste der Hoheitsgebiete außerhalb des EWR vorzulegen, in denen der Zusammenschluss vor oder nach seinem Vollzug einer fusionskontrollrechtlichen Genehmigung bedarf.

1.11. Unterrichtung der Belegschaft und ihrer Vertreter

Die Kommission weist darauf hin, dass die beteiligten Unternehmen bei Transaktionen, die einen Zusammenschluss darstellen, nach Unions- und/oder mitgliedstaatlichem Recht verpflichtet sein können, die Belegschaft und/oder ihre Vertreter zu unterrichten und anzuhören.

Abschnitt 1
Beschreibung des Zusammenschlusses

1.1. Geben Sie eine Kurzübersicht über den Zusammenschluss unter Angabe der an dem Zusammenschluss beteiligten Unternehmen, der Art des Zusammenschlusses (z. B. Fusion, Übernahme oder Gemeinschaftsunternehmen), der Tätigkeitsbereiche der beteiligten Unternehmen, der von dem Zusammenschluss generell und schwerpunktmäßig betroffenen Märkte[23] sowie der strategischen und wirtschaftlichen Beweggründe für den Zusammenschluss.

1.2. Erstellen Sie eine nichtvertrauliche Zusammenfassung der Angaben in Abschnitt 1.1 (höchstens 500 Wörter). Diese Zusammenfassung wird am Tag der Anmeldung auf der Website der GD Wettbewerb veröffentlicht. Die Zusammenfassung muss so formuliert sein, dass sie keine vertraulichen Informationen oder Geschäftsgeheimnisse enthält.

1.3. Begründen Sie unter Bezugnahme auf die einschlägigen Bestimmungen der Bekanntmachung der Kommission über ein vereinfachtes Verfahren für bestimmte Zusammenschlüsse gemäß der Verordnung (EG) Nr. 139/2004 des Rates, warum der Zusammenschluss für das vereinfachte Verfahren in Frage kommt.

Abschnitt 2
Angaben zu den beteiligten Unternehmen

Geben Sie für jeden Anmelder und für jedes andere an dem Zusammenschluss beteiligte Unternehmen[24] Folgendes an:

2.1.1. Name des Unternehmens;

2.1.2. Name, Anschrift, Telefonnummer, Faxnummer und E-Mail-Adresse sowie Stellung der Kontaktperson; bei der angegebenen Anschrift muss es sich um eine Zustellungsanschrift handeln, unter der Schriftstücke, insbesondere Beschlüsse der Kommission und andere Verfahrensurkunden, bekanntgegeben werden können; die angegebene Kontaktperson muss befugt sein, Zustellungen entgegenzunehmen;

2.1.3. bei einem oder mehreren bevollmächtigten externen Vertretern des Unternehmens den Vertreter oder die Vertreter, dem bzw. denen Schriftstücke, insbesondere Beschlüsse der Kommission und andere Verfahrensurkunden, bekanntgegeben werden können:

2.1.3.1. Name, eine Zustellungsanschrift, Telefonnummer, Faxnummer und E-Mail-Adresse sowie Stellung jedes Vertreters und

2.1.3.2. Original des schriftlichen Nachweises für die Vertretungsbefugnis jedes bevollmächtigten externen Vertreters (auf der Grundlage der Mustervollmacht auf der Website der GD Wettbewerb).

Abschnitt 3
Einzelheiten des Zusammenschlusses, der Eigentumsverhältnisse und der Kontrolle[25]

Die in diesem Abschnitt verlangten Angaben können anhand von Organisationstabellen oder Organigrammen veranschaulicht werden, die die Eigentumsstruktur und die Ausgestaltung der Kontrolle bei den betreffenden Unternehmen vor und nach Vollendung des Zusammenschlusses zeigen.

3.1. Beschreiben Sie die Art des angemeldeten Zusammenschlusses unter Bezugnahme auf die einschlägigen Kriterien der Fusionskontrollverordnung und der Konsolidierten Mitteilung der Kommission zu Zuständigkeitsfragen[26].

---

23 Betroffene Märkte im Sinne des Abschnitts 6 dieses vereinfachten Formblatts CO.

24 Bei einer feindlichen Übernahme gehört hierzu auch das Zielunternehmen, zu dem Angaben zu machen sind, soweit dies möglich ist.

25 Siehe Artikel 3 Absätze 3, 4 und 5 sowie Artikel 5 Absatz 4 der Fusionskontrollverordnung.

26 Konsolidierte Mitteilung der Kommission zu Zuständigkeitsfragen gemäß der Verordnung (EG) Nr. 139/2004 des Rates über die Kontrolle von Unternehmenszusammenschlüssen (ABl. C 95 vom 16.4.2008, S. 1).

3.1.1. Nennen Sie die Unternehmen oder Personen, die allein oder gemeinsam jedes der beteiligten Unternehmen direkt oder indirekt kontrollieren, und beschreiben Sie die Eigentumsstruktur und die Ausgestaltung der Kontrolle bei jedem der beteiligten Unternehmen vor Vollzug des Zusammenschlusses.

3.1.2. Erläutern Sie, in welcher Form der geplante Zusammenschluss erfolgt:

i) Fusion,
ii) Erwerb der alleinigen oder gemeinsamen Kontrolle oder
iii) Vertrag oder anderes Mittel, das die direkte oder indirekte Kontrolle im Sinne des Artikels 3 Absatz 2 der Fusionskontrollverordnung verleiht, oder
iv) falls es sich um den Erwerb der gemeinsamen Kontrolle über ein Vollfunktionsgemeinschaftsunternehmen im Sinne des Artikels 3 Absatz 4 der Fusionskontrollverordnung handelt, begründen Sie, warum das Gemeinschaftsunternehmen das Vollfunktionskriterium erfüllt[27].

3.1.3. Erläutern Sie, wie der Zusammenschluss vollzogen werden soll (zum Beispiel durch Abschluss eines Vertrags, Unterbreitung eines öffentlichen Übernahmeangebots usw.).

3.1.4. Erläutern Sie unter Bezugnahme auf Artikel 4 Absatz 1 der Fusionskontrollverordnung, welche der folgenden Schritte bis zum Zeitpunkt der Anmeldung unternommen worden sind:

i) es wurde ein Vertrag geschlossen,
ii) es wurde eine die Kontrolle begründende Beteiligung erworben,
iii) es wurde ein öffentliches Übernahmeangebot unterbreitet (bzw. angekündigt), oder
iv) die beteiligten Unternehmen haben die Absicht glaubhaft gemacht, einen Vertrag zu schließen.

3.1.5. Geben Sie die geplanten Termine für die wichtigsten Schritte bis zum Vollzug des Zusammenschlusses an.

3.1.6. Erläutern Sie die Eigentumsstruktur und die Ausgestaltung der Kontrolle bei jedem der beteiligten Unternehmen nach Vollzug des Zusammenschlusses.

3.2. Beschreiben Sie die wirtschaftlichen Beweggründe für den Zusammenschluss.

3.3. Beziffern Sie den Wert der Transaktion (je nach Fall Kaufpreis oder Wert aller betroffenen Vermögenswerte). Geben Sie an, ob es sich um Eigenkapital, Barmittel oder sonstige Vermögenswerte handelt.

3.4. Beschreiben Sie Art und Umfang einer etwaigen finanziellen oder sonstigen Unterstützung, die die beteiligten Unternehmen von der öffentlichen Hand erhalten haben.

Abschnitt 4
Umsatz

Übermitteln Sie für jedes beteiligte Unternehmen die folgenden Daten für das letzte Geschäftsjahr[28]:

4.1. Weltweiter Umsatz;
4.2. EU-weiter Umsatz;
4.3. EWR-weiter Umsatz (EU und EFTA);

---

[27] Siehe Abschnitt B.IV der Konsolidierten Mitteilung der Kommission zu Zuständigkeitsfragen.

[28] Zum Begriff „beteiligte Unternehmen" und zur Berechnung des Umsatzes siehe die Konsolidierte Mitteilung der Kommission zu Zuständigkeitsfragen gemäß der Verordnung (EG) Nr. 139/2004 des Rates über die Kontrolle von Unternehmenszusammenschlüssen (ABl. C 95 vom 16.4.2008, S. 1).

4.4. Umsatz in jedem Mitgliedstaat (gegebenenfalls Nennung des Mitgliedstaats, in dem mehr als zwei Drittel des EU-weiten Umsatzes erzielt werden);

4.5. EFTA-weiter Umsatz;

4.6. Umsatz in jedem EFTA-Staat (gegebenenfalls Nennung des EFTA-Staats, in dem mehr als zwei Drittel des EFTA-weiten Umsatzes erzielt werden, und Angabe, ob sich der Gesamtumsatz der beteiligten Unternehmen im Gebiet der EFTA-Staaten auf 25% oder mehr ihres EWR-weiten Gesamtumsatzes beläuft).

Die Umsatzdaten sind unter Verwendung der Mustertabelle der Kommission zu übermitteln, die sich auf der Website der GD Wettbewerb befindet.

Abschnitt 5
Unterlagen

Die Anmelder müssen Folgendes übermitteln:

5.1. Kopien der endgültigen oder jüngsten Fassung aller Schriftstücke, mit denen der Zusammenschluss – sei es durch Vertrag zwischen den an dem Zusammenschluss beteiligten Unternehmen, Erwerb einer die Kontrolle begründenden Beteiligung oder öffentliches Übernahmeangebot – herbeigeführt wird, und

5.2. gegebenenfalls die Internetadresse, unter der die jüngsten Geschäftsberichte und Jahresabschlüsse aller an dem Zusammenschluss beteiligten Unternehmen abgerufen werden können, oder, falls eine solche Internetadresse nicht besteht, Kopien der jüngsten Geschäftsberichte und Jahresabschlüsse der an dem Zusammenschluss beteiligten Unternehmen.

5.3. Die folgenden Informationen müssen nur übermittelt werden, wenn es bei dem Zusammenschluss einen oder mehrere betroffene Märkte im EWR gibt: Kopien aller Präsentationen zur Analyse des angemeldeten Zusammenschlusses, die von Mitgliedern der Leitungs- oder Aufsichtsorgane (je nach Corporate-Governance-Struktur) oder anderen Personen, die eine ähnliche Funktion ausüben (oder denen eine solche Funktion übertragen oder anvertraut wurde), oder von der Anteilseignerversammlung bzw. für die Vorgenannten erstellt worden oder bei ihnen eingegangen sind.

Erstellen Sie eine Liste der in diesem Abschnitt 5.3 genannten Unterlagen und geben Sie jeweils Erstellungsdatum sowie Name und Titel der Adressaten an.

Abschnitt 6
Marktabgrenzung

Dieser Abschnitt muss für Zusammenschlüsse ausgefüllt werden, bei denen es einen oder mehrere anzeigepflichtige Märkte[29] gibt.

6.1. Marktabgrenzung

Der sachlich und der räumlich relevante Markt dienen dazu, den Rahmen abzustecken, innerhalb dessen die Marktmacht des neuen, aus dem Zusammenschluss hervorgehenden Unternehmens bewertet werden muss[30].

Für Angaben, die in diesem vereinfachten Formblatt CO von den Anmeldern verlangt werden, gelten die folgenden Begriffsbestimmungen:

6.1.1. Sachlich relevanter Markt

---

[29] Anzeigepflichtige Märkte im Sinne des Abschnitts 6 dieses vereinfachten Formblatts CO.

[30] Siehe die Bekanntmachung der Kommission über die Definition des relevanten Marktes im Sinne des Wettbewerbsrechts der Union (ABl. C 372 vom 9.12.1997, S. 5).

Der sachlich relevante Markt umfasst alle Waren und/oder Dienstleistungen, die vom Verbraucher aufgrund ihrer Eigenschaften, ihrer Preise und ihres Verwendungszwecks als austauschbar oder substituierbar angesehen werden. Der sachlich relevante Markt kann in einigen Fällen aus einer Reihe von Waren und/oder Dienstleistungen bestehen, die weitgehend die gleichen physischen oder technischen Merkmale aufweisen und austauschbar sind.

Zur Bestimmung des sachlich relevanten Marktes wird unter anderem anhand der Definition geprüft, warum bestimmte Waren oder Dienstleistungen einzubeziehen und andere auszuschließen sind; dabei werden die Substituierbarkeit, die Preise, die Kreuzpreiselastizität der Nachfrage und sonstige relevante Faktoren (z. B. in geeigneten Fällen die angebotsseitige Substituierbarkeit) berücksichtigt.

6.1.2. Räumlich relevanter Markt

Der räumlich relevante Markt Ist das Gebiet, in dem die beteiligten Unternehmen relevante Waren oder Dienstleistungen anbieten und nachfragen, in dem die Wettbewerbsbedingungen hinreichend homogen sind und das sich von benachbarten geografischen Gebieten insbesondere durch deutlich andere Wettbewerbsbedingungen unterscheidet.

Maßgebliche Faktoren für die Bestimmung des räumlich relevanten Marktes sind unter anderem Art und Eigenschaften der betroffenen Waren oder Dienstleistungen, Marktzutrittsschranken, Verbraucherpräferenzen, deutlich unterschiedliche Marktanteile der Unternehmen in benachbarten geografischen Gebieten und erhebliche Preisunterschiede.

6.2. Anzeigepflichtige Märkte

Für die Zwecke der in diesem vereinfachten Formblatt CO verlangten Angaben gehören zu den anzeigepflichtigen Märkten alle sachlich und räumlich relevanten Märkte sowie plausible alternative sachlich und räumlich relevante Märkte[31], auf denen im EWR

a) zwei oder mehrere der an dem Zusammenschluss beteiligten Unternehmen (im Falle des Erwerbs der gemeinsamen Kontrolle über ein Gemeinschaftsunternehmen das Gemeinschaftsunternehmen und mindestens eines der erwerbenden Unternehmen) auf demselben relevanten Markt tätig sind (horizontale Beziehungen);
b) eines oder mehrere der an dem Zusammenschluss beteiligten Unternehmen (im Falle des Erwerbs der gemeinsamen Kontrolle über ein Gemeinschaftsunternehmen das Gemeinschaftsunternehmen und mindestens eines der erwerbenden Unternehmen) auf einem Produktmarkt tätig sind, der einem Markt, auf dem ein anderes an dem Zusammenschluss beteiligtes Unternehmen tätig ist, vor- oder nachgelagert ist, und zwar unabhängig davon, ob zwischen den an dem Zusammenschluss beteiligten Unternehmen Lieferanten-Kunden-Beziehungen bestehen oder nicht (vertikale Beziehungen).

Ermitteln Sie anhand der in Abschnitt 6 genannten Definitionen alle anzeigepflichtigen Märkte.

Falls der Zusammenschluss unter Randnummer 5 Buchstabe c der Bekanntmachung der Kommission über ein vereinfachtes Verfahren für bestimmte Zusammenschlüsse gemäß der Verordnung (EG) Nr. 139/2004 des Rates fällt, müssen Sie bestätigen, dass es nach keiner plausiblen Abgrenzung von sachlich und räumlich relevanten Märkten einen betroffenen Markt im Sinne des Abschnitts 6.3 des Formblatts CO gibt.

---

[31] Plausible alternative sachlich und räumlich relevante Märkte können anhand früherer Beschlüsse der Kommission und Entscheidungen der Uniongerichte und (insbesondere wenn es in der Beschlusspraxis der Kommission oder in der Rechtsprechung keine Präzedenzfälle gibt) mithilfe von Branchenberichten, Marktstudien und internen Unterlagen der Anmelder ermittelt werden.

Abschnitt 7
Informationen über die Märkte

Dieser Abschnitt muss für Zusammenschlüsse ausgefüllt werden, bei denen es einen oder mehrere anzeigepflichtige Märkte gibt.

7.1. Geben Sie für jeden betroffenen Markt im Sinne des Abschnitts 6 für das dem Zusammenschluss vorausgehende Jahr Folgendes an:

7.1.1. für jedes der an dem Zusammenschluss beteiligten Unternehmen die Art seiner Geschäftstätigkeit, die wichtigsten auf jedem dieser Märkte tätigen Tochtergesellschaften und/oder die wichtigsten dort verwendeten Marken und/oder Produktnamen;

7.1.2. die geschätzte Gesamtgröße des Marktes nach Absatzwert (in Euro) und Absatzvolumen (Stückzahlen)[32]; geben Sie die Grundlage und die Quellen für Ihre Berechnungen an und fügen Sie, sofern vorhanden, Unterlagen bei, die diese Berechnungen bestätigen;

7.1.3. den Absatzwert und das Absatzvolumen sowie den geschätzten Marktanteil jedes der an dem Zusammenschluss beteiligten Unternehmen; geben Sie an, ob es in den letzten drei Geschäftsjahren wesentliche Änderungen bei Umsätzen und Marktanteilen gegeben hat;

7.1.4. bei horizontalen und vertikalen Beziehungen die geschätzten Marktanteile nach Wert (und gegebenenfalls Volumen) der drei größten Wettbewerber (sowie die Berechnungsgrundlage); nennen Sie Name, Anschrift, Telefonnummer, Faxnummer und E-Mail-Adresse des Leiters der Rechtsabteilung (oder einer anderen Person in ähnlicher Funktion, andernfalls des Geschäftsführers) dieser Wettbewerber.

7.2. Falls der Zusammenschluss unter Randnummer 6 der Bekanntmachung der Kommission über ein vereinfachtes Verfahren für bestimmte Zusammenschlüsse gemäß der Verordnung (EG) Nr. 139/2004 des Rates fällt, erläutern Sie für jeden betroffenen Markt, auf dem der gemeinsame horizontale Marktanteil der beteiligten Unternehmen 20% oder mehr beträgt, Folgendes:

7.2.1. Geben Sie an, ob einer der besonderen Umstände, die unter Randnummer 20 der Leitlinien der Kommission zur Bewertung horizontaler Zusammenschlüsse[33] aufgeführt sind, vorliegt. Gehen Sie insbesondere darauf ein, wie hoch die Marktkonzentration ist, ob sich bei dem geplanten Zusammenschluss wichtige Innovatoren zusammenschließen würden, ob durch den geplanten Zusammenschluss eine wichtige Wettbewerbskraft beseitigt würde und ob erfolgversprechende Produkte eines der an dem geplanten Zusammenschluss beteiligten Unternehmen kurz vor der Einführung stehen.

7.2.2. Geben Sie den Absatzwert und das Absatzvolumen sowie den geschätzten Marktanteil jedes der an dem Zusammenschluss beteiligten Unternehmen für jedes der letzten 3 Jahre an.

7.2.3. Beschreiben sie kurz für jedes an dem Zusammenschluss beteiligte Unternehmen:

7.2.3.1. die Forschungs- und Entwicklungsintensität[34],

7.2.3.2. die wichtigsten Waren- und/oder Dienstleistungsinnovationen, die in den letzten 3 Jahren auf den Markt gebracht wurden, die Produkte, an denen gearbeitet

[32] Bei Wert und Volumen des Marktes ist die Produktion abzüglich der Ausfuhren zuzüglich der Einfuhren für die betreffenden geografischen Gebiete anzugeben.

[33] Leitlinien zur Bewertung horizontaler Zusammenschlüsse gemäß der Ratsverordnung über die Kontrolle von Unternehmenszusammenschlüssen (ABl, C 31 vom 5.2.2004, S. 5).

[34] Die Forschungs- und Entwicklungsintensität kann beispielsweise anhand des Anteils der Ausgaben für Forschung und Entwicklung am Umsatz veranschaulicht werden.

wird, um sie in nächsten 3 Jahren auf den Markt zu bringen, sowie wichtige Rechte des geistigen Eigentums, die in seinem Eigentum oder unter seiner Kontrolle stehen.

Abschnitt 8
Tätigkeit des Zielunternehmens, falls es keine betroffenen Märkte gibt

Dieser Abschnitt muss für Zusammenschlüsse ausgefüllt werden, bei denen es keine anzeigepflichtigen Märkte gibt.

8.1. Geschäftstätigkeit der beteiligten Unternehmen, die die Kontrolle über das Zielunternehmen erwerben

Beschreiben Sie für jedes der beteiligten Unternehmen, die die Kontrolle erwerben, die Art seiner Geschäftstätigkeit.

8.2. Geschäftstätigkeit des Zielunternehmens

8.2.1. Erläutern sie die derzeitige und künftige Geschäftstätigkeit der Unternehmen, über die die Kontrolle erworben wird.

8.2.2. Im Falle eines Gemeinschaftsunternehmens, das im Sinne der Randnummer 5 Buchstabe a der Bekanntmachung der Kommission über ein vereinfachtes Verfahren für bestimmte Zusammenschlüsse gemäß der Verordnung (EG) Nr. 139/2004 des Rates keine oder geringe gegenwärtige oder zukünftige Tätigkeiten im Gebiet des EWR aufweist, genügt es zu erläutern,

8.2.2.1. welche Waren oder Dienstleistungen das Gemeinschaftsunternehmen derzeit und künftig anbietet und

8.2.2.2. warum das Gemeinschaftsunternehmen weder direkte noch indirekte Auswirkungen auf Märkte im EWR hätte.

8.3. Fehlen anzeigepflichtiger Märkte

Erläutern Sie bitte, warum es Ihres Erachtens bei dem geplanten Zusammenschluss keine anzeigepflichtigen Märkte gibt.

Abschnitt 9
Kooperative Wirkungen eines Gemeinschaftsunternehmens

Beantworten Sie im Falle eines Gemeinschaftsunternehmens für die Zwecke des Artikels 2 Absatz 4 der Fusionskontrollverordnung folgende Fragen:

a) Sind zwei oder mehrere der Muttergesellschaften in nennenswertem Umfang weiter auf demselben Markt wie das Gemeinschaftsunternehmen, auf einem diesem vor- oder nachgelagerten Markt oder auf einem eng verbundenen benachbarten Markt tätig[35]?
   Falls Sie die Frage bejahen, geben Sie für jeden dieser Märkte Folgendes an:
   i) den Umsatz der einzelnen Muttergesellschaften im letzten Geschäftsjahr,
   ii) die wirtschaftliche Bedeutung der Tätigkeiten des Gemeinschaftsunternehmens im Verhältnis zum vorgenannten Umsatz,
   iii) den Marktanteil der einzelnen Muttergesellschaften.
b) Falls Sie die Frage unter Buchstabe a bejahen und die Kriterien des Artikels 101 Absatz 1 AEUV und gegebenenfalls der entsprechenden Bestimmungen des EWR-Abkommens[36] Ihres Erachtens nicht erfüllt sind, begründen Sie dies.
c) Wenn Sie – unabhängig davon, wie Sie die Fragen unter den Buchstaben a und b beantwortet haben – der Auffassung sind, dass die Kriterien des Artikels 101 Ab-

[35] Zur Marktabgrenzung siehe Abschnitt 6.
[36] Siehe Artikel 53 Absatz 1 des EWR-Abkommens.

satz 3 AEUV und gegebenenfalls der entsprechenden Bestimmungen des EWR-Abkommens[37] Anwendung finden, begründen Sie dies, um der Kommission eine vollständige Prüfung des Falles zu ermöglichen. Nach Artikel 101 Absatz 3 AEUV kann Artikel 101 Absatz 1 AEUV für nicht anwendbar erklärt werden, sofern der Zusammenschluss

i) dazu beiträgt, die Warenerzeugung oder -verteilung zu verbessern oder den technischen oder wirtschaftlichen Fortschritt zu fördern,
ii) die Verbraucher angemessen an dem entstehenden Gewinn beteiligt,
iii) den beteiligten Unternehmen keine Beschränkungen auferlegt, die für die Verwirklichung dieser Ziele nicht unerlässlich sind, und
iv) keine Möglichkeiten eröffnet, für einen wesentlichen Teil der betreffenden Waren den Wettbewerb auszuschalten.

Abschnitt 10
Erklärung

Die Anmeldung muss mit der folgenden Erklärung abschließen, die von allen Anmeldern oder im Namen aller Anmelder zu unterzeichnen ist:

„Die Anmelder erklären nach bestem Wissen und Gewissen, dass die Angaben in dieser Anmeldung wahr, richtig und vollständig sind, dass originalgetreue, vollständige Kopien der im vereinfachten Formblatt CO verlangten Unterlagen beigefügt wurden, dass alle Schätzungen als solche kenntlich gemacht und möglichst genau anhand der zugrunde liegenden Tatsachen vorgenommen wurden und dass alle geäußerten Ansichten ihrer aufrichtigen Überzeugung entsprechen.

Den Unterzeichnern sind die Bestimmungen des Artikels 14 Absatz 1 Buchstabe a der Fusionskontrollverordnung bekannt.“

Anhang III. Formblatt RS

(RS *(reasoned submission)* = begründeter Antrag im Sinne von Artikel 4 Absätze 4 und 5 der Verordnung (EG) Nr. 139/2004)

Formblatt RS für begründete Anträge nach Artikel 4 Absätze 4 und 5 der Verordnung (EG) Nr. 139/2004

(idF der VO 1269/2013)

Einleitung

1.1. Zweck dieses Formblatts RS

In diesem Formblatt RS sind die Angaben aufgeführt, die von den Antragstellern einem begründeten Antrag für eine Verweisung eines noch nicht angemeldeten Zusammenschlusses gemäß Artikel 4 Absatz 4 oder 5 der Verordnung (EG) Nr. 139/

[37] Siehe Artikel 53 Absatz 3 des EWR-Abkommens.

2004 des Rates vom 20. Januar 2004 über die Kontrolle von Unternehmenszusammenschlüssen[1] (im Folgenden „Fusionskontrollverordnung") beizufügen sind.

Zu beachten sind die Fusionskontrollverordnung sowie die Verordnung (EG) Nr. 802/2004 der Kommission[2] (im Folgenden „Durchführungsverordnung"), der dieses Formblatt RS beigefügt ist. Diese Verordnungen und andere einschlägige Unterlagen können auf den Internetseiten der Generaldirektion Wettbewerb auf dem Server „Europa" der Kommission abgerufen werden. Zu beachten sind auch die entsprechenden Bestimmungen des Abkommens über den Europäischen Wirtschaftsraum[3] (im Folgenden „EWR-Abkommen").

Die in Formblatt RS verlangten Angaben können relativ umfangreich sein. Die Erfahrung hat jedoch gezeigt, dass je nach den Besonderheiten des Falles nicht immer alle Angaben für einen angemessen begründeten Antrag nötig sind. Wenn bestimmte in diesem Formblatt RS verlangte Angaben Ihres Erachtens für den begründeten Antrag in Ihrem Fall nicht erforderlich sind, empfehlen wir Ihnen, bei der Kommission zu beantragen, Sie von der Verpflichtung zur Übermittlung bestimmter Angaben zu befreien. Näheres entnehmen Sie bitte Abschnitt 1.3 Buchstabe e dieser Einleitung.

Die Kommission bietet Antragsstellern die Möglichkeit, die förmliche Übermittlung des Formblatts RS im Rahmen freiwilliger Vorabkontakte vorzubereiten. Vorabkontakte sind sowohl für die Antragssteller als auch für die Kommission äußerst nützlich, um den genauen Informationsbedarf für den begründeten Antrag zu bestimmen, und verringern in den meisten Fällen spürbar die Menge der verlangten Informationen. Deshalb wird den beteiligten Unternehmen empfohlen, sich auf freiwilliger Basis bei der Kommission und den zuständigen Mitgliedstaaten oder EFTA-Staaten nach der Angemessenheit von Umfang und Art der Informationen zu erkundigen, die sie ihrem begründeten Antrag zugrunde zu legen gedenken.

Die beteiligten Unternehmen können den Leitfaden „*Best Practices on the conduct of EC merger control proceedings*" der Generaldirektion Wettbewerb der Kommission („GD Wettbewerb") zu Rate ziehen, der auf der Website der GD Wettbewerb veröffentlicht ist und nach Bedarf aktualisiert wird. Er enthält auch Orientierungshilfen für die Vorabkontakte mit der Kommission und die Erstellung von Anmeldungen und begründeten Anträgen.

1.2. Antragsbefugnis

Im Falle einer Fusion im Sinne von Artikel 3 Absatz 1 Buchstabe a der Fusionskontrollverordnung oder des Erwerbs der gemeinsamen Kontrolle über ein Unternehmen im Sinne von Artikel 3 Absatz 1 Buchstabe b der Fusionskontrollverordnung muss der begründete Antrag von den an der Fusion beteiligten Unternehmen bzw. von den die gemeinsame Kontrolle erwerbenden Unternehmen gemeinsam gestellt werden.

Im Falle des Erwerbs einer die Kontrolle über ein anderes Unternehmen begründenden Beteiligung muss der Erwerber den begründeten Antrag stellen.

Im Falle eines öffentlichen Übernahmeangebots muss der begründete Antrag vom Bieter gestellt werden.

---

[1] ABl. L 24 vom 29. 1. 2004, S. 1.

[2] ABl. L 133 vom 30. 4. 2004, S. 1.

[3] Siehe insbesondere Artikel 57 des EWR-Abkommens. Ziffer 1 des Anhangs XIV des EWR-Abkommens, die Protokolle 21 und 24 zum EWR-Abkommen sowie Protokoll 4 zum Abkommen zwischen den EFTA-Staaten zur Errichtung einer Überwachungsbehörde und eines Gerichtshofs (im Folgenden „Überwachungsbehörde- und Gerichtshof-Abkommen"). Unter EFTA-Staaten sind die EFTA-Staaten zu verstehen, die Vertragsparteien des EWR-Abkommens sind. Am 1. Mai 2004 waren dies Island, Liechtenstein und Norwegen.

Jeder Antragsteller ist für die Richtigkeit der von ihm übermittelten Angaben verantwortlich.

1.3. Richtigkeit und Vollständigkeit des begründeten Antrags

Alle Angaben in diesem Formblatt RS müssen richtig und vollständig sein. Sie sind in die einschlägigen Abschnitte dieses Formblatts RS einzutragen.

Unrichtige oder irreführende Angaben im begründeten Antrag werden als unvollständige Angaben angesehen (Artikel 5 Absatz 4 der Durchführungsverordnung).

Insbesondere ist Folgendes zu beachten:

a) Gemäß Artikel 4 Absätze 4 und 5 der Fusionskontrollverordnung ist die Kommission verpflichtet, begründete Anträge unverzüglich an die Mitgliedstaaten und die EFTA-Staaten weiterzuleiten. Die Frist für die Prüfung eines begründeten Antrags beginnt mit Eingang des Antrags bei den zuständigen Mitgliedstaaten oder EFTA-Staaten. Über den begründeten Antrag wird in der Regel auf der Grundlage der darin enthaltenen Angaben ohne weitere Nachforschungen seitens der Behörden entschieden.

b) Die Antragsteller müssen sich daher bei der Ausarbeitung ihres begründeten Antrags vergewissern, dass alle zugrunde gelegten Informationen und Argumente hinreichend durch unabhängige Quellen belegt sind.

c) Gemäß Artikel 14 Absatz 1 Buchstabe a der Fusionskontrollverordnung kann die Kommission gegen Antragsteller, die vorsätzlich oder fahrlässig unrichtige oder irreführende Angaben machen, Geldbußen in Höhe von bis zu 1% des Gesamtumsatzes des beteiligten Unternehmens verhängen.

d) Im Einklang mit der Durchführungsverordnung kann die Kommission Antragsteller von der Pflicht zur Übermittlung bestimmter Angaben in dem begründeten Antrag oder von anderen im Formblatt RS festgelegten Pflichten befreien. Sie können daher schriftlich bei der Kommission beantragen, von der Pflicht zur Übermittlung solcher Angaben befreit zu werden, wenn für Sie diese Angaben ganz oder teilweise nicht mit zumutbarem Aufwand zugänglich sind (z. B. Angaben zum Zielunternehmen im Falle einer feindlichen Übernahme).

   Anträge auf Befreiung sollten zeitgleich mit der Übermittlung des Entwurfs des Formblatts RS gestellt werden. Anträge auf Befreiung sollten entweder im Text des Entwurfs des Formblatts RS oder in Form einer E-Mail oder eines Schreibens an den zuständigen Case Manager und/oder Referatsleiter gestellt werden.

   Die Kommission wird solche Anträge auf Befreiung prüfen, wenn begründet wird, warum die betreffenden Informationen nicht zugänglich sind, und die fehlenden Daten durch möglichst genaue Schätzungen unter Angabe der Quellen ersetzt werden. Außerdem ist nach Möglichkeit anzugeben, wo die Kommission oder die zuständigen Mitgliedstaaten und EFTA-Staaten die fehlenden Angaben einholen könnten.

   Anträge auf Befreiung werden im Einklang mit den Best *Practices on the conduct of EC merger* control *proceedings* der GD Wettbewerb bearbeitet, die in der Regel fünf Arbeitstage benötigt, um auf einen Antrag auf Befreiung zu antworten.

e) Im Einklang mit der Durchführungsverordnung kann die Kommission Antragsteller von der Pflicht zur Übermittlung bestimmter Angaben in dem begründeten Antrag oder von anderen in diesem Formblatt RS festgelegten Pflichten befreien, wenn sie der Auffassung ist, dass die Erfüllung dieser Pflichten für die Prüfung des Antrags auf Verweisung vor der Anmeldung nicht erforderlich ist. Sie können daher schriftlich bei der Kommission beantragen, von der Pflicht zur Übermittlung solcher Angaben befreit zu werden, wenn bestimmte in diesem Formblatt RS verlangte Angaben Ihres Erachtens für die Prüfung des Antrags auf Verweisung vor der Anmeldung durch die Kommission oder die zuständigen Mitgliedstaaten oder EFTA-Staaten nicht erforderlich sind.

Anträge auf Befreiung sollten bei der Übermittlung des Entwurfs des Formblatts RS gestellt werden, damit die Kommission entscheiden kann, ob die Angaben, für die die Befreiung beantragt wird, für die Prüfung des Antrags auf Verweisung vor der Anmeldung erforderlich sind. Anträge auf Befreiung sollten entweder im Text des Entwurfs des Formblatts RS oder in Form einer E-Mail oder eines Schreibens an den zuständigen Sachbearbeiter und/oder Referatsleiter gestellt werden.

Die Kommission wird solche Anträge auf Befreiung prüfen, wenn hinreichend begründet wird, warum die betreffenden Informationen für die Prüfung des Antrags auf Verweisung vor der Anmeldung nicht erforderlich sind. Die Kommission kann sich mit den Behörden der zuständigen Mitgliedstaaten oder EFTA-Staaten abstimmen, bevor sie über einen solchen Antrag befindet.

Anträge auf Befreiung werden im Einklang mit den Best *Practices on the conduct of EC merger control proceedings* der GD Wettbewerb bearbeitet, die in der Regel fünf Arbeitstage benötigt, um auf einen Antrag auf Befreiung zu antworten.

Zur Vermeidung von Missverständnissen sei auf Folgendes hingewiesen: Wenn die Kommission anerkannt hat, dass eine bestimmte im Formblatt RS verlangte Information für den vollständigen begründeten Antrag nicht erforderlich ist, hindert dies die Kommission in keiner Weise daran, diese Information dennoch jederzeit, insbesondere im Wege eines Auskunftsverlangens nach Artikel 11 der Fusionskontrollverordnung, zu verlangen.

1.4. Antragstellung

Der begründete Antrag ist in einer der Amtssprachen der Europäischen Union zu stellen. Diese Sprache wird dann für alle Antragsteller zur Verfahrenssprache.

Um die Bearbeitung des Formblatts RS durch die Behörden der Mitgliedstaaten und der EFTA-Staaten zu erleichtern, wird den beteiligten Unternehmen nachdrücklich empfohlen, dem begründeten Antrag eine Übersetzung in eine oder mehrere Sprachen beizufügen, die von allen Adressaten der Informationen verstanden werden. Bei Anträgen auf Verweisung an einen oder mehrere Mitgliedstaaten oder EFTA-Staaten wird den Antragstellern nachdrücklich empfohlen, eine Kopie des Antrags in den Sprachen der Mitgliedstaaten oder EFTA-Staaten, an die die Sache verwiesen werden soll, beizufügen.

Die in diesem Formblatt RS verlangten Angaben sind nach den Abschnitt- und Randnummern dieses Formblatts RS zu gliedern; außerdem ist die Erklärung am Ende zu unterzeichnen und es sind Unterlagen beizufügen. Das Original des Formblatts RS muss für jeden Antragsteller von den Personen, die gesetzlich befugt sind, in seinem Namen zu handeln, oder von einem oder mehreren bevollmächtigten externen Vertretern der Antragsteller unterzeichnet werden.

Bestimmte Angaben können im Interesse der Übersichtlichkeit als Anlage übermittelt werden. Allerdings müssen sich die Kerninformationen im Hauptteil des Formblatts RS befinden. Anlagen zum Formblatt RS dürfen nur als Ergänzung zu den im Formblatt RS selbst gemachten Angaben verwendet werden. Anlagen sind in der Originalsprache einzureichen. Handelt es sich hierbei nicht um eine Amtssprache der Union, so sind sie in die Sprache des Verfahrens zu übersetzen.

Die Anlagen können Originale oder Kopien der Originale sein. In letzterem Fall muss der Antragsteller deren Richtigkeit und Vollständigkeit bestätigen.

Ein Original und die verlangte Zahl von Kopien des Formblatts RS und der Anlagen sind der Kommission zu übermitteln. Die verlangte Zahl und das verlangte Format (Papierform oder elektronische Form) der Kopien werden im *Amtsblatt der Europäischen Union* und auf der Website der GD Wettbewerb veröffentlicht und können nach Bedarf geändert werden.

Der Antrag muss an die in Artikel 23 Absatz 1 der Durchführungsverordnung bezeichnete Anschrift übermittelt werden. Diese Anschrift wird im *Amtsblatt der Europä-*

ischen Union veröffentlicht und ist auch auf der Website der GD Wettbewerb zu finden. Der Antrag muss der Kommission an einem Arbeitstag im Sinne von Artikel 24 der Durchführungsverordnung während der auf der Website der GD Wettbewerb angegebenen Bürozeiten zugehen. Den Sicherheitsanweisungen auf der Website der GD Wettbewerb ist Folge zu leisten.

Alle elektronischen Kopien des Formblatts RS und der Anlagen müssen in dem auf der Website der GD Wettbewerb angegebenen nutzbaren und suchfähigen Format übermittelt werden.

1.5. Geheimhaltungspflicht

Gemäß Artikel 287 EG-Vertrag und Artikel 17 Absatz 2 der Fusionskontrollverordnung sowie den entsprechenden Bestimmungen des EWR-Abkommens[1] ist es der Kommission, den Mitgliedstaaten, der EFTA-Überwachungsbehörde und den EFTA-Staaten sowie ihren Beamten und sonstigen Bediensteten untersagt, Kenntnisse preiszugeben, die sie bei Anwendung der Verordnung erlangt haben und die ihrem Wesen nach unter das Berufsgeheimnis fallen. Dieser Grundsatz gilt auch für den Schutz der Vertraulichkeit unter den Antragstellern.

Sollten Sie der Auffassung sein, dass Ihre Interessen beeinträchtigt würden, wenn die von Ihnen übermittelten Angaben veröffentlicht oder an andere weitergegeben würden, so übermitteln Sie die betreffenden Angaben in einer gesonderten Anlage mit dem deutlichen Vermerk „Geschäftsgeheimnis" auf jeder Seite. Begründen Sie außerdem, warum diese Angaben nicht weitergegeben oder veröffentlicht werden sollen.

Bei einer Fusion oder einer gemeinsamen Übernahme oder in anderen Fällen, in denen der begründete Antrag von mehr als einem beteiligten Unternehmen gestellt wird, können Unterlagen, die Geschäftsgeheimnisse enthalten, gesondert als Anlage mit entsprechendem Vermerk im Antrag eingereicht werden. Alle Anlagen müssen dem begründeten Antrag beigefügt sein.

1.6. Begriffsbestimmungen und Hinweise für die Zwecke des Formblatts RS

Antragsteller: Wenn ein begründeter Antrag nur von einem der an einem Zusammenschluss beteiligten Unternehmen vorgenommen wird, bezieht sich der Begriff „Antragsteller" nur auf das Unternehmen, das den Antrag tatsächlich stellt.

An dem Zusammenschluss beteiligtes Unternehmen oder beteiligte Unternehmen: Dieser Begriff bezieht sich sowohl auf die erwerbenden als auch die zu erwerbenden Unternehmen bzw. auf die sich zusammenschließenden Unternehmen, einschließlich der Unternehmen, an denen eine die Kontrolle begründende Beteiligung erworben oder für die ein öffentliches Übernahmeangebot abgegeben wird.

Sofern nicht anders angegeben, schließen die Begriffe „Antragsteller" bzw. „an dem Zusammenschluss beteiligte Unternehmen" auch alle Unternehmen ein, die demselben Konzern wie diese angehören.

Betroffene Märkte: Nach Abschnitt 4 dieses Formblatts RS müssen die Antragsteller die sachlich relevanten Märkte definieren und angeben, welche dieser relevanten Märkte von dem angemeldeten Zusammenschluss voraussichtlich betroffen sein werden. Diese Definition der betroffenen Märkte dient als Grundlage für eine Reihe weiterer Fragen in diesem Formblatt RS. Betroffene Märkte im Sinne dieses Form-

[1] Siehe insbesondere Artikel 122 des EWR-Abkommens, Artikel 9 des Protokolls 24 zum EWR-Abkommen und Artikel 17 Absatz 2 in Kapitel XIII des Protokolls 4 zum Überwachungsbehörde- und Gerichtshof-Abkommen.

blatts RS sind die von den Antragstellern abgegrenzten Märkte. Hierbei kann es sich sowohl um Produkt- als auch um Dienstleistungsmärkte handeln.

Jahr: In diesem Formblatt RS ist „Jahr", sofern nicht anders angegeben, gleichbedeutend mit Kalenderjahr. Alle in diesem Formblatt RS verlangten Angaben beziehen sich, sofern nicht anders angegeben, auf das dem Jahr des begründeten Antrags vorausgehende Jahr.

Die in diesem Formblatt RS verlangten Finanzdaten sind in Euro zum durchschnittlichen Wechselkurs in den betreffenden Jahren oder Zeiträumen anzugeben.

Alle Verweise auf Rechtsvorschriften in diesem Formblatt RS beziehen sich, sofern nicht anders angegeben, auf die einschlägigen Artikel und Absätze der Fusionskontrollverordnung.

1.7. Internationale Zusammenarbeit zwischen der Kommission und anderen Wettbewerbsbehörden

Die Kommission bittet die beteiligten Unternehmen, die internationale Zusammenarbeit zwischen der Kommission und anderen Wettbewerbsbehörden, die denselben Zusammenschluss prüfen, zu erleichtern. Eine gute Zusammenarbeit zwischen der Kommission und Wettbewerbsbehörden in Hoheitsgebieten außerhalb des EWR bringt erfahrungsgemäß erhebliche Vorteile für die beteiligten Unternehmen mit sich. Deshalb fordert die Kommission die Antragsteller auf, zusammen mit diesem Formblatt RS eine Liste der Hoheitsgebiete außerhalb des EWR vorzulegen, in denen der Zusammenschluss vor oder nach seiner Vollendung einer fusionskontrollrechtlichen Genehmigung bedarf.

Abschnitt 1

1.1. Hintergrundinformationen

1.1.1. Geben Sie eine Übersicht über den Zusammenschluss unter Angabe der an dem Zusammenschluss beteiligten Unternehmen, der Art des Zusammenschlusses (z. B. Fusion, Übernahme oder Gemeinschaftsunternehmen), der Tätigkeitsbereiche der an dem Zusammenschluss beteiligten Unternehmen, der von dem Zusammenschluss generell und schwerpunktmäßig betroffenen Märkte sowie der strategischen und wirtschaftlichen Beweggründe für den Zusammenschluss.

1.1.2. Geben Sie an, ob der begründete Antrag nach Artikel 4 Absatz 4 oder Absatz 5 der Fusionskontrollverordnung und/oder nach den Bestimmungen des EWR-Abkommens gestellt wird.

- Artikel 4 Absatz 4: Verweisung an einen oder mehrere Mitgliedstaaten und/oder Verweisung an einen oder mehrere EFTA-Staaten,
- Artikel 4 Absatz 5: Verweisung an die Kommission.

1.2. Angaben zu den Antragstellern und zu anderen an dem Zusammenschluss beteiligten Unternehmen[1]

Geben Sie für jeden Antragsteller und für jedes andere an dem Zusammenschluss beteiligte Unternehmen Folgendes an:

1.2.1. Name des Unternehmens;

1.2.2. Name, Anschrift, Telefonnummer, Faxnummer und E-Mail-Adresse sowie Stellung der Kontaktperson; bei der angegebenen Anschrift muss es sich um eine Zustellungsanschrift handeln, unter der Schriftstücke, insbesondere Beschlüsse der Kommission und andere Verfahrensurkunden, bekanntgegeben werden können; die angegebene Kontaktperson muss befugt sein, Zustellungen entgegenzunehmen;

---

[1] Bei einer feindlichen Übernahme sind auch Angaben zum Zielunternehmen zu machen, soweit dies möglich ist.

1.2.3. bei einem oder mehreren bevollmächtigten externen Vertretern des Unternehmens den Vertreter oder die Vertreter, dem bzw. denen Schriftstücke, insbesondere Beschlüsse der Kommission und andere Verfahrensurkunden, bekanntgegeben werden können:

1.2.3.1 Name, Anschrift, Telefonnummer, Faxnummer und E-Mail-Adresse sowie Stellung jedes Vertreters und

1.2.3.2. Original des schriftlichen Nachweises für die Vertretungsbefugnis jedes Vertreters (auf der Grundlage der Mustervollmacht auf der Website der GD Wettbewerb).

Abschnitt 2
Allgemeiner Hintergrund und Einzelheiten des Zusammenschlusses

Die in diesem Abschnitt verlangten Angaben können anhand von Organisationstabellen oder Organigrammen veranschaulicht werden, die die Eigentumsstruktur und die Ausgestaltung der Kontrolle bei den betreffenden Unternehmen zeigen.

2.1. Beschreiben Sie die Art des angemeldeten Zusammenschlusses unter Bezugnahme auf die einschlägigen Kriterien der Fusionskontrollverordnung und der Konsolidierten Mitteilung der Kommission zu Zuständigkeitsfragen[1]

2.1.1. Nennen Sie die Unternehmen oder Personen, die allein oder gemeinsam jedes der beteiligten Unternehmen direkt oder indirekt kontrollieren, und beschreiben Sie die Eigentumsstruktur und die Ausgestaltung der Kontrolle bei jedem der beteiligten Unternehmen vor Vollzug des Zusammenschlusses.

2.1.2. Erläutern Sie, in welcher Form der geplante Zusammenschluss erfolgt:

i) Fusion,
ii) Erwerb der alleinigen oder gemeinsamen Kontrolle oder
iii) Vertrag oder anderes Mittel, das die direkte oder indirekte Kontrolle im Sinne des Artikels 3 Absatz 2 der Fusionskontrollverordnung verleiht;
iv) falls es sich um den Erwerb der gemeinsamen Kontrolle über ein Vollfunktionsgemeinschaftsunternehmen im Sinne des Artikels 3 Absatz 4 der Fusionskontrollverordnung handelt, begründen Sie, warum das Gemeinschaftsunternehmen das Vollfunktionskriterium erfüllt[2].

2.1.3. Erläutern Sie, wie der Zusammenschluss vollzogen werden soll (zum Beispiel durch Abschluss eines Vertrags, Unterbreitung eines öffentlichen Übernahmeangebots usw.).

2.1.4. Geben Sie unter Bezugnahme auf Artikel 4 Absatz 1 der Fusionskontrollverordnung an, ob zum Zeitpunkt der Anmeldung im Hinblick auf die Herbeiführung des Zusammenschlusses folgende Schritte unternommen worden sind:

i) es wurde ein Vertrag geschlossen,
ii) es wurde eine die Kontrolle begründende Beteiligung erworben,
iii) es wurde ein öffentliches Übernahmeangebot unterbreitet (bzw. angekündigt), oder
iv) die beteiligten Unternehmen haben die Absicht glaubhaft gemacht, einen Vertrag zu schließen.

2.1.5. Geben Sie die geplanten Termine für die wichtigsten Schritte bis zum Vollzug des Zusammenschlusses an.

---

[1] Konsolidierte Mitteilung der Kommission zu Zuständigkeitsfragen gemäß der Verordnung (EG) Nr. 139/2004 des Rates über die Kontrolle von Unternehmenszusammenschlüssen (ABl. C 95 vom 16.4.2008, S. 1).

[2] Siehe Abschnitt B.IV der Konsolidierten Mitteilung der Kommission zu Zuständigkeitsfragen.

2.1.6. Erläutern Sie die Eigentumsstruktur und die Ausgestaltung der Kontrolle bei jedem der beteiligten Unternehmen nach Vollendung des Zusammenschlusses.

2.2. Beschreiben Sie die wirtschaftlichen Beweggründe für den Zusammenschluss.

2.3. Beziffern Sie den Wert des Zusammenschlusses (je nach Fall Kaufpreis oder Wert aller betroffenen Vermögenswerte). Geben Sie an, ob es sich um Eigenkapital, Barmittel oder sonstige Vermögenswerte handelt.

2.4. Beschreiben Sie Art und Umfang einer etwaigen finanziellen oder sonstigen Unterstützung, die die beteiligten Unternehmen von der öffentlichen Hand erhalten haben.

2.5. Belegen Sie mit ausreichenden Finanz- oder sonstigen Daten, dass die Umsatzschwellen für die Zuständigkeit gemäß Artikel 1 der Fusionskontrollverordnung hinsichtlich des Zusammenschlusses erreicht ODER nicht erreicht sind, und übermitteln Sie zu diesem Zweck für jedes der beteiligten Unternehmen[1] die folgenden Informationen für das letzte Geschäftsjahr:

2.5.1. Weltweiter Umsatz;

2.5.2. EU-weiter Umsatz;

2.5.3. EWR-weiter Umsatz (EU und EFTA);

2.5.4. Umsatz in jedem Mitgliedstaat (gegebenenfalls Nennung des Mitgliedstaats, in dem mehr als zwei Drittel des EU-weiten Umsatzes erwirtschaftet werden);

2.5.5. EFTA-weiter Umsatz;

2.5.6. Umsatz in jedem EFTA-Staat (gegebenenfalls Nennung des EFTA-Staats, in dem mehr als zwei Drittel des EFTA-weiten Umsatzes erwirtschaftet werden, und Angabe, ob sich der Gesamtumsatz der beteiligten Unternehmen im Gebiet der EFTA-Staaten auf 25% oder mehr ihres EWR-weiten Gesamtumsatzes beläuft).

Die Umsatzdaten sind unter Verwendung der Mustertabelle der Kommission zu übermitteln, die sich auf der Website der GD Wettbewerb befindet.

Abschnitt 3
Marktabgrenzung

Der sachlich und der räumlich relevante Markt dienen dazu, den Rahmen abzustecken, innerhalb dessen die Marktmacht des neuen, aus dem Zusammenschluss hervorgehenden Unternehmens bewertet werden muss[2]. Bei der Darstellung des sachlich und des räumlich relevanten Marktes müssen die Antragsteller neben der von ihnen für sachdienlich erachteten Abgrenzung auch alle plausiblen alternativen sachlich und räumlich relevanten Märkte nennen. Plausible alternative sachlich und räumlich relevante Märkte können anhand früherer Beschlüsse der Kommission und Entscheidungen der Uniongerichte und (insbesondere wenn es in der Beschlusspraxis der Kommission oder in der Rechtsprechung keine Präzedenzfälle gibt) mithilfe von Branchenberichten, Marktstudien und internen Unterlagen der Antragsteller ermittelt werden.

Für Informationen, die in diesem Formblatt RS von den Antragstellern verlangt werden, gelten die folgenden Begriffsbestimmungen:

---

[1] Zum Begriff „beteiligtes Unternehmen" und zur Berechnung des Umsatzes siehe die Konsolidierte Mitteilung der Kommission zu Zuständigkeitsfragen gemäß der Verordnung (EG) Nr. 139/2004 des Rates über die Kontrolle von Unternehmenszusammenschlüssen (ABl. C 95 vom 16.4.2008, S. 1).

[2] Siehe die Bekanntmachung der Kommission über die Definition des relevanten Marktes im Sinne des Wettbewerbsrechts der Gemeinschaft (ABl. C 372 vom 9.12.1997, S. 5).

3.1. Sachlich relevanter Markt

Der sachlich relevante Markt umfasst alle Waren und/oder Dienstleistungen, die vom Verbraucher aufgrund ihrer Eigenschaften, ihrer Preise und ihres Verwendungszwecks als austauschbar oder substituierbar angesehen werden. Der sachlich relevante Markt kann in einigen Fällen aus einer Reihe von Waren und/oder Dienstleistungen bestehen, die weitgehend die gleichen physischen oder technischen Merkmale aufweisen und austauschbar sind.

Zur Bestimmung des sachlich relevanten Marktes wird unter anderem anhand der Definition geprüft, warum bestimmte Waren oder Dienstleistungen einzubeziehen und andere auszuschließen sind; dabei werden die Substituierbarkeit der Waren und Dienstleistungen, die Preise, die Kreuzpreiselastizität der Nachfrage und sonstige relevante Faktoren (z. B. in geeigneten Fällen die angebotsseitige Substituierbarkeit) berücksichtigt.

3.2. Räumlich relevanter Markt

Der räumlich relevante Markt ist das Gebiet, in dem die beteiligten Unternehmen relevante Waren oder Dienstleistungen anbieten und nachfragen, in dem die Wettbewerbsbedingungen hinreichend homogen sind und das sich von benachbarten geografischen Gebieten insbesondere durch deutlich andere Wettbewerbsbedingungen unterscheidet.

Maßgebliche Faktoren für die Bestimmung des räumlich relevanten Marktes sind unter anderem Art und Eigenschaften der betroffenen Waren oder Dienstleistungen, Marktzutrittsschranken, Verbraucherpräferenzen, deutlich unterschiedliche Marktanteile der Unternehmen in benachbarten geografischen Gebieten und erhebliche Preisunterschiede.

3.3. Betroffene Märkte

Für die Zwecke der in diesem Formblatt RS verlangten Angaben gehören zu den betroffenen Märkten alle sachlich und räumlich relevanten Märkte sowie plausible alternative sachlich und räumlich relevante Märkte, auf denen im EWR

a) zwei oder mehrere der an dem Zusammenschluss beteiligten Unternehmen auf demselben relevanten Markt tätig sind und der Zusammenschluss zu einem gemeinsamen Marktanteil von 20% oder mehr führt (horizontale Beziehungen);

b) eines oder mehrere der an dem Zusammenschluss beteiligten Unternehmen auf einem relevanten Markt tätig sind, der einem anderen relevanten Markt, auf dem ein anderes an dem Zusammenschluss beteiligtes Unternehmen tätig ist, vor- oder nachgelagert ist, und ihr Anteil an einem dieser Märkte einzeln oder gemeinsam 30 % oder mehr beträgt, und zwar unabhängig davon, ob zwischen den an dem Zusammenschluss beteiligten Unternehmen Lieferanten-Kunden-Beziehungen bestehen oder nicht (vertikale Beziehungen)[1].

Ermitteln Sie anhand der in Abschnitt 3 genannten Definitionen (unter Berücksichtigung aller plausiblen alternativen Marktabgrenzungen) und Marktanteilsschwellen die einzelnen betroffenen Märkte[2].

---

[1] Wenn beispielsweise ein an dem Zusammenschluss beteiligtes Unternehmen einen Anteil von mehr als 30% an einem Markt hat, der einem Markt vorgelagert ist, auf dem das andere beteiligte Unternehmen tätig ist, sind der vorgelagerte und der nachgelagerte Markt betroffene Märkte. Der vorgelagerte und der nachgelagerte Markt sind ebenfalls betroffene Märkte, wenn ein vertikal integriertes Unternehmen mit einem auf einem nachgelagerten Markt tätigen Unternehmen fusioniert und dieser Zusammenschluss auf dem nachgelagerten Markt zu einem gemeinsamen Marktanteil von mindestens 30% führt.

[2] Im Einklang mit den *Best Practices on the conduct of EC merger control proceedings* der GD Wettbewerb wird den Antragstellern empfohlen, Informationen über alle möglicherweise betroffenen Märkte offenzulegen, auch wenn sie ihres Erachtens letztendlich nicht betroffen sind, und un-

Abschnitt 4
Informationen über die betroffenen Märkte

Übermitteln Sie für jeden betroffenen Markt die folgenden Informationen für das letzte Geschäftsjahr:

4.1. für jedes der an dem Zusammenschluss beteiligten Unternehmen die Art seiner Geschäftstätigkeit, die wichtigsten auf jedem dieser Märkte tätigen Tochtergesellschaften und/oder die wichtigsten dort verwendeten Marken und/oder Produktnamen:

4.2. die geschätzte Gesamtgröße des Marktes nach Absatzwert (in Euro) und Absatzvolumen (Stückzahlen)[1]; geben Sie die Grundlage und die Quellen für Ihre Berechnungen an und fügen Sie, sofern vorhanden, Unterlagen bei, die diese Berechnungen bestätigen;

4.3. den Absatzwert und das Absatzvolumen sowie den geschätzten Marktanteil jedes der an dem Zusammenschluss beteiligten Unternehmen; falls Sie in Beantwortung dieser Frage die Marktanteile nicht auf der Ebene der Mitgliedstaaten angeben, nennen Sie für jedes der an dem Zusammenschluss beteiligten Unternehmen den geografischen Standort der fünf größten Kunden:

4.4. die geschätzten Marktanteile nach Wert (und gegebenenfalls Volumen) der drei größten Wettbewerber (sowie die Berechnungsgrundlage);

4.5. im Falle eines Gemeinschaftsunternehmens, ob zwei oder mehrere der Muttergesellschaften in nennenswertem Umfang weiter auf demselben Markt wie das Gemeinschaftsunternehmen oder auf einem diesem vor- oder nachgelagerten Markt tätig sind[2];

4.6. die voraussichtlichen Auswirkungen des geplanten Zusammenschlusses auf den Wettbewerb auf den betroffenen Märkten und auf die Interessen der Zwischen- und Endverbraucher.

Abschnitt 5
Einzelheiten des Verweisungsantrags und Gründe für die Verweisung

5.1. Geben Sie an, ob Sie einen begründeten Antrag nach Artikel 4 Absatz 4 oder Absatz 5 der Fusionskontrollverordnung und/oder nach den Bestimmungen des EWR-Abkommens stellen, und füllen Sie nur den entsprechenden Unterabschnitt aus:

- Artikel 4 Absatz 4: Verweisung an einen oder mehrere Mitgliedstaaten und/oder Verweisung an einen oder mehrere EFTA-Staaten,
- Artikel 4 Absatz 5: Verweisung an die Kommission.

5.2. (Verweisung nach Artikel 4 Absatz 4 und/oder Verweisung nach den Bestimmungen des EWR-Abkommens)

---

geachtet der Tatsache, dass sie in der Frage der Marktabgrenzung eventuell eine eigene Auffassung vertreten.

[1] Bei Wert und Volumen des Marktes ist die Produktion abzüglich der Ausfuhren zuzüglich der Einfuhren für die betreffenden geografischen Gebiete anzugeben. Wie in Abschnitt 1.1 und Abschnitt 1.3 Buchstabe e der Einleitung ausgeführt, besteht im Vorfeld der Anmeldung die Möglichkeit, mit der Kommission zu erörtern, inwieweit auf einige der verlangten Angaben (in diesem Zusammenhang wert- oder volumengestützte Daten zu Marktgröße und -anteilen) verzichtet werden könnte.

[2] Zur Marktabgrenzung siehe Abschnitt 3.

5.2.1. Geben Sie an, welche Mitgliedstaaten und EFTA-Staaten nach Artikel 4 Absatz 4 der Fusionskontrollverordnung den Zusammenschluss prüfen sollten und ob Sie mit den betreffenden Staaten bereits informell Kontakt aufgenommen haben.

5.2.2. Geben Sie an, ob die Sache ganz oder teilweise verwiesen werden soll.

Bei einem Antrag auf Verweisung von Teilen der Sache ist genau anzugeben, welche Teile verwiesen werden sollen.

Bei einem Antrag auf Verweisung der gesamten Sache ist zu bestätigen, dass keine Märkte außerhalb des Zuständigkeitsgebiets der Mitgliedstaaten und EFTA-Staaten, an die verwiesen werden soll, betroffen sind.

5.2.3. Erläutern Sie, inwiefern jeder der betroffenen Märkte in den Mitgliedstaaten und EFTA-Staaten, an die verwiesen werden soll, alle Merkmale eines gesonderten Marktes im Sinne des Artikels 4 Absatz 4 der Fusionskontrollverordnung aufweist.

5.2.4. Erläutern Sie, inwiefern der Wettbewerb auf jedem der genannten gesonderten Märkte im Sinne des Artikels 4 Absatz 4 der Fusionskontrollverordnung erheblich beeinträchtigt werden könnte[1].

5.2.5. Sind Sie für den Fall, dass Mitgliedstaaten und/oder EFTA-Staaten aufgrund einer Verweisung nach Artikel 4 Absatz 4 der Fusionskontrollverordnung für die Prüfung einer Sache oder eines Teils einer Sache zuständig werden, damit einverstanden, dass sich die betreffenden Mitgliedstaaten und/oder EFTA-Staaten in den entsprechenden einzelstaatlichen Verfahren auf die im Formblatt RS enthaltenen Informationen stützen? JA/NEIN

5.3. (Verweisung nach Artikel 4 Absatz 5 und/oder Verweisung nach den Bestimmungen des EWR-Abkommens)

5.3.1. Geben Sie für jeden Mitgliedstaat und/oder EFTA-Staat an, ob der Zusammenschluss nach dessen einzelstaatlichem Wettbewerbsrecht geprüft werden kann oder nicht. Diese Information ist unter Verwendung der Mustertabelle der Kommission zu übermitteln, die sich auf der Website der GD Wettbewerb befindet. Für jeden Mitgliedstaat und/oder EFTA-Staat ist eines der Felder anzukreuzen[2].

5.3.2. Belegen Sie für jeden Mitgliedstaat und/oder EFTA-Staat mit ausreichenden Finanz- oder sonstigen Daten, dass der Zusammenschluss die einschlägigen Zuständigkeitskriterien nach dem anwendbaren einzelstaatlichen Recht erfüllt oder nicht erfüllt.

5.3.3. Führen Sie aus, warum die Sache von der Kommission geprüft werden sollte. Erläutern Sie dabei insbesondere, ob der Zusammenschluss den Wettbewerb über das Hoheitsgebiet eines Mitgliedstaats und/oder EFTA-Staates hinaus beeinträchtigen könnte[3].

---

[1] Zu Leitsätzen für Verweisungen siehe die Mitteilung der Kommission über die Verweisung von Fusionssachen („Verweisungsmitteilung") (ABl. C 56 vom 5.3.2005, S, 2). In der Praxis werden die Voraussetzungen des Artikels 4 Absatz 4 der Fusionskontrollverordnung in der Regel als erfüllt angesehen, wenn „betroffene Märkte" im Sinne des Formblatts RS bestehen. Das Bestehen „betroffener Märkte" im Sinne des Formblatts RS ist jedoch keine notwendige Bedingung für die Erfüllung dieser Voraussetzungen. Siehe Randnr. 17 und Fußnote 21 der Verweisungsmitteilung.

[2] Wenn Sie für einen Mitgliedstaat und/oder EFTA-Staat weder JA noch NEIN ankreuzen, gilt dies in Bezug auf diesen einen Mitgliedstaat und/oder EFTA-Staat als JA.

[3] Zu den Leitsätzen für Verweisungen siehe die Mitteilung der Kommission über die Verweisung von Fusionssachen („Verweisungsmitteilung") (ABl. C 56 vom 5.3.2005, S. 2). Für eine Verweisung an die Kommission kommen am ehesten Sachen in Frage, in denen die Märkte, auf denen Auswirkungen auf den Wettbewerb möglich erscheinen, oder einige der möglicherweise betroffenen Märkte größer als die nationalen Märkte sind und die wichtigsten wirtschaftlichen Auswirkungen des Zusammenschlusses mit diesen Märkten im Zusammenhang stehen. Siehe Randnr. 28 der Verweisungsmitteilung.

Abschnitt 6
Erklärung

Der begründete Antrag muss mit der folgenden Erklärung abschließen, die von allen oder im Namen aller Antragsteller zu unterzeichnen ist:

„Nach sorgfältiger Prüfung erklären die Antragsteller nach bestem Wissen und Gewissen, dass die Angaben in diesem begründeten Antrag wahr, richtig und vollständig sind, dass originalgetreue, vollständige Kopien der im Formblatt RS verlangten Unterlagen beigefügt wurden, dass alle Schätzungen als solche kenntlich gemacht und möglichst genau anhand der zugrunde liegenden Tatsachen vorgenommen wurden und dass alle geäußerten Ansichten ihrer aufrichtigen Überzeugung entsprechen.

Den Unterzeichnern sind die Bestimmungen des Artikels 14 Absatz 1 Buchstabe a der Fusionskontrollverordnung bekannt.

Anhang IV. Formblatt RM

Informationen zu nach Artikel 6 Absatz 2 und Artikel 8 Absatz 2 der Verordnung (EG) Nr. 139/2004 angebotenen Verpflichtungen

(durch VO 1269/2013 nicht geändert)

Formblatt RM über Abhilfen

Einleitung

In diesem Formblatt ist festgelegt, welche Informationen und Unterlagen die beteiligten Unternehmen gleichzeitig mit einem Verpflichtungsangebot nach Artikel 6 Absatz 2 oder Artikel 8 Absatz 2 der Verordnung (EG) Nr. 139/2004 zu übermitteln haben. Die Kommission benötigt die verlangten Informationen, um prüfen zu können, ob die Verpflichtungen geeignet sind, den Zusammenschluss mit dem Gemeinsamen Markt vereinbar zu machen, und damit eine erhebliche Behinderung wirksamen Wettbewerbs verhindern. Die Kommission kann die beteiligten Unternehmen von der Pflicht zur Übermittlung bestimmter Informationen oder Unterlagen zu den angebotenen Verpflichtungen oder von anderen in diesem Formblatt festgelegten Pflichten befreien, wenn die Erfüllung dieser Pflichten ihres Erachtens für die Prüfung der angebotenen Verpflichtungen nicht notwendig ist. Der Umfang der verlangten Informationen hängt von Art und Struktur der vorgeschlagenen Abhilfemaßnahme ab. Beispielsweise sind für die Ausgliederung eines Geschäfts *(Carve-out)* ausführlichere Angaben erforderlich als für die Veräußerung eines selbständigen Geschäfts. Die Kommission ist bereit, mit den beteiligten Unternehmen vorher zu erörtern, welche Informationen genau erforderlich sind. Sind bestimmte in diesem Formblatt verlangte Informationen Ihres Erachtens für die Prüfung der Verpflichtungen nicht notwendig, so können Sie sich an die Kommission wenden und unter Angabe von Gründen für die fehlende Relevanz dieser Informationen beantragen, Sie von der Pflicht zu ihrer Übermittlung zu befreien.

Abschnitt 1
Beschreibung der Verpflichtungen

1.1 Machen Sie ausführliche Angabe
i) zum Zweck der angebotenen Verpflichtungen und
ii) zu den Bedingungen für ihre Umsetzung.

1.2 Falls Gegenstand der angebotenen Verpflichtungen die Veräußerung eines Geschäfts ist, sind die in Abschnitt 5 vorgesehenen spezifischen Angaben zu machen.

Abschnitt 2
Geeignetheit zur Beseitigung der wettbewerbsrechtlichen Bedenken

2. Legen Sie dar, warum die angebotenen Verpflichtungen geeignet sind, die von der Kommission festgestellte erhebliche Behinderung wirksamen Wettbewerbs zu beseitigen.

Abschnitt 3
Abweichung von den Mustertexten

3. Geben sie an, inwieweit die angebotenen Verpflichtungen von den von den Dienststellen der Kommission veröffentlichten einschlägigen Mustertexten für Verpflichtungen, die von Zeit zu Zeit überarbeitet werden, abweichen, und erläutern Sie die Gründe dafür.

Abschnitt 4
Zusammenfassung der Verpflichtungen

4. Legen Sie eine nicht vertrauliche Zusammenfassung von Art und Umfang der angebotenen Verpflichtungen vor und erläutern Sie, warum sie Ihres Erachtens geeignet sind, die erhebliche Behinderung wirksamen Wettbewerbs zu beseitigen. Die Kommission kann diese Zusammenfassung für den Markttest der angebotenen Verpflichtungen mit Dritten verwenden.

Abschnitt 5
Informationen über das zu veräußernde Geschäft

5. Falls Gegenstand der angebotenen Verpflichtungen die Veräußerung eines Geschäfts ist, übermitteln Sie die folgenden Informationen und Unterlagen.

Allgemeine Informationen über das zu veräußernde Geschäft
Die folgenden Angaben sind in Bezug auf den laufenden Betrieb des zu veräußernden Geschäfts und auf bereits für die Zukunft geplante Änderungen zu machen:

5.1 Beschreiben Sie das zu veräußernde Geschäft in allgemeiner Form, einschließlich der dazu gehörenden Unternehmen, ihres Gesellschaftssitzes und Verwaltungssitzes, weiterer Standorte für die Produktion bzw. für die Erbringung von Dienstleistungen, der allgemeinen Organisationsstruktur und jeder anderen relevanten Information über die Verwaltungsstruktur des zu veräußernden Geschäfts.

5.2 Geben Sie an, ob rechtliche Hindernisse für die Übertragung des zu veräußernden Geschäfts oder der Vermögenswerte, einschließlich der Rechte Dritter und der erforderlichen verwaltungsrechtlichen Genehmigungen, bestehen, und beschreiben Sie sie.

5.3 Führen Sie die hergestellten Produkte bzw. die erbrachten Dienstleistungen auf, insbesondere ihre technischen und sonstigen Merkmale, die entsprechenden Marken, den mit jedem dieser Produkte bzw. jeder dieser Dienstleistungen erzielten Umsatz und die geplanten Innovationen oder neuen Produkte bzw. Dienstleistungen, und beschreiben Sie sie.

5.4 Geben Sie an, auf welcher Ebene die wesentlichen Aufgaben des zu veräußernden Geschäfts erfüllt werden, falls sie nicht auf der Ebene des zu veräußernden Geschäfts selbst angesiedelt sind, z. B. Forschung und Entwicklung, Produktion, Marketing und Verkauf, Logistik, Beziehungen zu den Kunden, Beziehungen zu den Lieferanten, IT-Systeme usw. Beschreiben Sie die Rolle dieser anderen Ebenen, die Beziehungen zu dem zu veräußernden Geschäft und die für die Erfüllung der Aufgabe eingesetzten Mittel (Personal, Vermögenswerte, finanzielle Mittel usw.).

5.5 Beschreiben Sie ausführlich die Verbindungen zwischen dem zu veräußernden Geschäft und anderen von den Anmeldern kontrollierten Unternehmen (unabhängig von der Richtung der Verbindung ...), zum Beispiel:

- Liefer-, Produktions-, Vertriebs-, Dienstleistungs- und sonstige Verträge,
- gemeinsame materielle oder immaterielle Vermögenswerte,
- gemeinsames oder abgestelltes Personal,
- gemeinsame IT-Systeme oder sonstige Systeme und
- gemeinsame Kunden.

5.6 Führen Sie in allgemeiner Form alle materiellen und immateriellen Vermögenswerte auf, die von dem zu veräußernden Geschäft genutzt werden bzw. ihm gehören, und auf jeden Fall die Rechte an geistigem Eigentum und die Marken.

5.7 Legen Sie ein Organigramm vor, aus dem ersichtlich ist, wie viele Beschäftigte derzeit mit jeder Aufgabe des zu veräußernden Geschäfts befasst sind, sowie eine Liste der Beschäftigten, die für den Betrieb des zu veräußernden Geschäfts unverzichtbar sind, und ihrer Aufgaben.

5.8 Beschreiben Sie die Kunden des zu veräußernden Geschäfts, einschließlich einer Kundenliste, einer Beschreibung der verfügbaren entsprechenden Aufzeichnungen und geben Sie dem gesamten Umsatz an, der durch das zu veräußernde Geschäft mit jedem dieser Kunden erzielt wird (in EUR und als Prozentsatz des gesamten Umsatz des zu veräußernden Geschäfts).

5.9 Legen Sie finanzielle Daten für das zu veräußernde Geschäft vor, einschließlich Umsatz und EBITDA der letzten zwei Jahre, und die Prognose für die nächsten zwei Jahre.

5.10 Geben Sie die in den letzten zwei Jahren eingetretenen Änderungen in der Organisation des zu veräußernden Geschäfts oder in den Verbindungen zu anderen von den Anmeldern kontrollierten Unternehmen an und beschreiben Sie sie.

5.11 Geben Sie die für die nächsten zwei Jahre geplanten Änderungen in der Organisation des zu veräußernden Geschäfts oder in den Verbindungen zu anderen von den Anmeldern kontrollierten Unternehmen an und beschreiben Sie sie.

Allgemeine Informationen über das in den Verpflichtungen beschriebene zu veräußernde Geschäft

5.12 Beschreiben Sie die Bereiche, in denen sich das zu veräußernde Geschäft, wie es in den Verpflichtungen beschrieben ist, von Art und Tätigkeitsbereich des Geschäfts, wie es derzeit betrieben wird, unterscheidet.

Übernahme durch einen geeigneten Erwerber

5.13 Erläutern Sie, warum das zu veräußernde Geschäft Ihres Erachtens innerhalb der in den angebotenen Verpflichtungen vorgeschlagenen Frist von einem geeigneten Erwerber übernommen werden wird.

Anhang A 4. Anwendbarkeit der Wettbewerbsregeln im Bereich der Landwirtschaft

Anhang A 4 A. Anhang I zum AEUV

Liste zu Artikel 38 des Vertrags über die Arbeitsweise der Europäischen Union

– 1 – Nummer des Brüsseler Zolltarifschemas	– 2 – Warenbezeichnung
Kapitel 1	Lebende Tiere
Kapitel 2	Fleisch und genießbarer Schlachtabfall
Kapitel 3	Fische, Krebstiere und Weichtiere
Kapitel 4	Milch und Milcherzeugnisse, Vogeleier; natürlicher Honig
Kapitel 5	
05.04	Därme, Blasen und Mägen von anderen Tieren als Fischen, ganz oder geteilt
05.15	Waren tierischen Ursprungs, anderweit weder genannt noch inbegriffen; nicht lebende Tiere des Kapitels 1 oder 3, ungenießbar
Kapitel 6	Lebende Pflanzen und Waren des Blumenhandels
Kapitel 7	Gemüse, Pflanzen, Wurzeln und Knollen, die zu Ernährungszwecken verwendet werden
Kapitel 8	Genießbare Früchte, Schalen von Zitrusfrüchten oder von Melonen
Kapitel 9	Kaffee, Tee und Gewürze, ausgenommen Mate (Position 09.03)
Kapitel 10	Getreide
Kapitel 11	Müllereierzeugnisse, Malz; Stärke; Kleber, Inulin
Kapitel 12	Ölsaaten und ölhaltige Früchte; verschiedene Samen und Früchte; Pflanzen zum Gewerbe- oder Heilgebrauch, Stroh und Futter
Kapitel 13	
ex 13.03	Pektin
Kapitel 15	
15.01	Schweineschmalz; Geflügelfett, ausgepresst oder ausgeschmolzen
15.02	Talg von Rindern, Schafen oder Ziegen, roh oder ausgeschmolzen, einschließlich Premier Jus
15.03	Schmalzstearin; Oleostearin; Schmalzöl, Oleomargarine und Talgöl, wederemulgiert, vermischt noch anders verarbeitet
15.04	Fette und Öle von Fischen oder Meeressäugetieren, auch raffiniert

– 1 – Nummer des Brüsseler Zolltarifschemas	– 2 – Warenbezeichnung
15.07	Fette pflanzliche Öle, flüssig oder fest, roh, gereinigt oder raffiniert
15.12	Tierische und pflanzliche Fette und Öle, gehärtet, auch raffiniert, jedoch nicht weiter verarbeitet
15.13	Margarine, Kunstspeisefett und andere genießbare verarbeitete Fette
15.17	Rückstände aus der Verarbeitung von Fettstoffen oder von tierischen oder pflanzlichen Wachsen
Kapitel 16	Zubereitungen von Fleisch, Fischen, Krebstieren und Weichtieren
Kapitel 17	
17.01	Rüben- und Rohrzucker, fest
17.02	Andere Zucker; Sirupe; Kunsthonig, auch mit natürlichem Honig vermischt; Zucker und Melassen, karamellisiert
17.03	Melassen, auch entfärbt
17.05	Zucker, Sirupe und Melassen, aromatisiert oder gefärbt (einschließlich Vanille- und Vanillinzucker), ausgenommen Fruchtsäfte mit beliebigem Zusatz von Zucker
Kapitel 18	
18.01	Kakaobohnen, auch Bruch, roh oder geröstet
18.02	Kakaoschalen, Kakaohäutchen und anderer Kakaoabfall
Kapitel 20	Zubereitungen von Gemüse, Küchenkräutern, Früchten und anderen Pflanzen oder Pflanzenteilen
Kapitel 22	
22.04	Traubenmost, teilweise vergoren, auch ohne Alkohol stummgemacht
22.05	Wein aus frischen Weintrauben; mit Alkohol stummgemachter Most aus frischen Weintrauben
22.07	Apfelwein, Birnenwein, Met und andere gegorene Getränke
ex 22.08 ex 22.09	Äthylalkohol und Sprit, vergällt und unvergällt, mit einem beliebigen Äthylalkoholgehalt, hergestellt aus landwirtschaftlichen Erzeugnissen, die in Anhang I aufgeführt sind (ausgenommen Branntwein, Likör und andere alkoholische Getränke, zusammengesetzte alkoholische Zubereitungen – Essenzen – zur Herstellung von Getränken)
22.10	Speiseessig
Kapitel 23	Rückstände und Abfälle der Lebensmittelindustrie; zubereitetes Futter
Kapitel 24	
24.01	Tabak, unverarbeitet; Tabakabfälle
Kapitel 45	
45.01	Naturkork, unbearbeitet, und Korkabfälle; Korkschrot, Korkmehl

– 1 – Nummer des Brüsseler Zolltarifschemas	– 2 – Warenbezeichnung
Kapitel 54	
54.01	Flachs, roh, geröstet, geschwungen, gehechelt oder anders bearbeitet, jedoch nicht versponnen; Werg und Abfälle (einschließlich Reißspinnstoff)
Kapitel 57	
57.01	Hanf *(Cannabis sativa),* roh, geröstet, geschwungen, gehechelt oder anders bearbeitet, jedoch nicht versponnen; Werg und Abfälle (einschließlich Reißspinnstoff)

Anhang A 4 B. VO 1184/2006 zur Anwendung der Wettbewerbsregeln auf landwirtschaftliche Erzeugnisse

Verordnung (EG) Nr. 1184/2006 des Rates vom 24. Juli 2006 zur Anwendung bestimmter Wettbewerbsregeln auf die Produktion bestimmter landwirtschaftlicher Erzeugnisse und den Handel mit diesen Erzeugnissen

(ABl. 2006 L 214/7), geändert durch VO v. 22.10.2007 (ABl. L 299/1)

Erwägungsgründe

(1) Die Verordnung Nr. 26 des Rates vom 4. April 1962 zur Anwendung bestimmter Wettbewerbsregeln auf die Produktion landwirtschaftlicher Erzeugnisse und den Handel mit diesen Erzeugnissen[1] wurde inhaltlich geändert[2]. Aus Gründen der Übersichtlichkeit und Klarheit empfiehlt es sich, die genannte Verordnung zu kodifizieren.

(2) Aus Artikel 36 des Vertrags folgt, dass die Anwendung der im Vertrag vorgesehenen Wettbewerbsregeln auf die Produktion landwirtschaftlicher Erzeugnisse und den Handel mit diesen zum Wesen der Gemeinsamen Agrarpolitik gehört. Die Vorschriften der vorliegenden Verordnung sollten daher unter Berücksichtigung der Entwicklung dieser Politik ergänzt werden.

(3) Die Wettbewerbsregeln betreffend die in Artikel 81 des Vertrags genannten Vereinbarungen, Beschlüsse und Verhaltensweisen sowie die missbräuchliche Ausnutzung einer beherrschenden Stellung sind auf die Produktion landwirtschaftlicher Erzeugnisse und den Handel mit diesen anzuwenden, soweit sie einzelstaatliche landwirtschaftliche Marktordnungen nicht beeinträchtigen und die Verwirklichung der Ziele der gemeinsamen Agrarpolitik nicht gefährden.

(4) Besondere Aufmerksamkeit verdienen die Vereinigungen von landwirtschaftlichen Erzeugerbetrieben, soweit sie insbesondere die gemeinschaftliche Produktion landwirtschaftlicher Erzeugnisse, den gemeinschaftlichen Handel mit diesen oder die Benutzung gemeinschaftlicher Einrichtungen zum Gegenstand haben, es sei denn, dass ein solches gemeinschaftliches Handeln den Wettbewerb ausschließt oder die Verwirklichung der Ziele des Artikels 33 des Vertrags gefährdet.

(5) Sollen sowohl eine Fehlentwicklung der Gemeinsamen Agrarpolitik verhindert als auch die Rechtssicherheit und eine Diskriminierungen ausschließende Behandlung der beteiligten Unternehmen gewährleistet werden, so muss die Kommission vorbehaltlich der Nachprüfung durch den Gerichtshof ausschließlich zuständig sein, festzustellen, ob die Voraussetzungen der beiden vorhergehenden Erwägungsgründe bei den in Artikel 81 des Vertrags genannten Vereinbarungen, Beschlüssen und Verhaltensweisen erfüllt sind.

---

[1] ABl. 30 vom 20.4.1962, S. 993/62. Geändert durch die Verordnung Nr. 49 (ABl. 53 vom 1.7.1962, S. 1571/62).

[2] Siehe Anhang I.

(6) Sollen im Rahmen der Entwicklung der Gemeinsamen Agrarpolitik Vorschriften über die Beihilfen für die Produktion landwirtschaftlicher Erzeugnisse und den Handel mit diesen getroffen werden, so muss die Kommission die Möglichkeit erhalten, ein Inventar über die bestehenden, die neuen oder die geplanten Beihilfen aufzustellen, den Mitgliedstaaten geeignete Hinweise zu geben und ihnen zweckdienliche Maßnahmen vorzuschlagen.

Art. 1

Diese Verordnung enthält Vorschriften über die Anwendbarkeit der Artikel 81 bis 86 sowie bestimmter Bestimmungen von Artikel 88 des Vertrags auf die Produktion der in Anhang I des Vertrags aufgeführten Erzeugnisse und den Handel mit diesen, ausgenommen die in Artikel 1 Absatz 1 Buchstaben a bis h, k sowie m bis u und in Artikel 1 Absatz 3 der Verordnung (EG) Nr. 1234/2007 des Rates[1] genannten Erzeugnisse.

Art. 1a

Die Artikel 81 bis 86 des Vertrags sowie die zu ihrer Anwendung ergangenen Bestimmungen finden vorbehaltlich des Artikels 2 dieser Verordnung auf alle in Artikel 81 Absatz 1 und Artikel 82 des Vertrags genannten Vereinbarungen, Beschlüsse und Verhaltensweisen bezüglich der Produktion der in Artikel 1 genannten Erzeugnisse und den Handel mit diesen Anwendung.

Art. 2

(1) Artikel 81 Absatz 1 des Vertrags gilt nicht für die in Artikel 1a dieser Verordnung genannten Vereinbarungen und Verhaltensweisen, die wesentlicher Bestandteil einer einzelstaatlichen Marktordnung oder zur Verwirklichung der Ziele des Artikels 33 des Vertrags notwendig sind.

Er gilt insbesondere nicht für Vereinbarungen, Beschlüsse und Verhaltensweisen von landwirtschaftlichen Erzeugerbetrieben, Vereinigungen von landwirtschaftlichen Erzeugerbetrieben oder Vereinigungen von solchen Erzeugervereinigungen aus einem Mitgliedstaat, soweit sie ohne Preisbindung die Erzeugung oder den Absatz landwirtschaftlicher Erzeugnisse oder die Benutzung gemeinschaftlicher Einrichtungen für die Lagerung, Beoder Verarbeitung landwirtschaftlicher Erzeugnisse betreffen, es sei denn, die Kommission stellt fest, dass dadurch der Wettbewerb ausgeschlossen wird oder die Ziele des Artikels 33 des Vertrags gefährdet werden.

(2) Vorbehaltlich der Nachprüfung durch den Gerichtshof ist die Kommission ausschließlich zuständig, nach Anhörung der Mitgliedstaaten und der beteiligten Unternehmen oder Unternehmensvereinigungen sowie jeder anderen natürlichen oder juristischen Person, deren Anhörung sie für erforderlich hält, durch Entscheidung, die veröffentlicht wird, festzustellen, welche Beschlüsse, Vereinbarungen und Verhaltensweisen die Voraussetzungen des Absatzes 1 erfüllen.

Die Kommission trifft diese Feststellung entweder von Amts wegen oder auf Antrag einer zuständigen Behörde eines Mitgliedstaates, eines beteiligten Unternehmens oder einer beteiligten Unternehmensvereinigung.

(3) Die Veröffentlichung erfolgt unter Angabe der Beteiligten und des wesentlichen Inhalts der Entscheidung. Sie muss den berechtigten Interessen der Unternehmen an der Wahrung ihrer Geschäftsgeheimnisse Rechnung tragen.

---

[1] ABl. L 299 vom 16. 11. 2007, S. 1. Zuletzt geändert durch die Verordnung (EG) Nr. 361/2008 (ABl. L 121 vom 7. 5. 2008, S. 1).

Er gilt insbesondere nicht für Vereinbarungen, Beschlüsse und Verhaltensweisen von landwirtschaftlichen Erzeugerbetrieben, Vereinigungen von landwirtschaftlichen Erzeugerbetrieben oder Vereinigungen von solchen Erzeugervereinigungen aus einem Mitgliedstaat, soweit sie ohne Preisbindung die Erzeugung oder den Absatz landwirtschaftlicher Erzeugnisse oder die Benutzung gemeinschaftlicher Einrichtungen für die Lagerung, Be- oder Verarbeitung landwirtschaftlicher Erzeugnisse betreffen, es sei denn, die Kommission stellt fest, dass dadurch der Wettbewerb ausgeschlossen wird oder die Ziele des Artikels 33 des Vertrags gefährdet werden.

(2) Vorbehaltlich der Nachprüfung durch den Gerichtshof ist die Kommission ausschließlich zuständig, nach Anhörung der Mitgliedstaaten und der beteiligten Unternehmen oder Unternehmensvereinigungen sowie jeder anderen natürlichen oder juristischen Person, deren Anhörung sie für erforderlich hält, durch Entscheidung, die veröffentlicht wird, festzustellen, welche Beschlüsse, Vereinbarungen und Verhaltensweisen die Voraussetzungen des Absatzes 1 erfüllen. Die Kommission trifft diese Feststellung entweder von Amts wegen oder auf Antrag einer zuständigen Behörde eines Mitgliedstaates, eines beteiligten Unternehmens oder einer beteiligten Unternehmensvereinigung.

(3) Die Veröffentlichung erfolgt unter Angabe der Beteiligten und des wesentlichen Inhalts der Entscheidung. Sie muss den berechtigten Interessen der Unternehmen an der Wahrung ihrer Geschäftsgeheimnisse Rechnung tragen.

Art. 3

Artikel 88 Absatz 1 und Absatz 3 Satz 1 des Vertrags ist auf die Beihilfen anzuwenden, die für die Produktion der in Artikel 1 dieser Verordnung genannten Erzeugnisse oder den Handel mit diesen gewährt werden.

Art. 4

Die Verordnung Nr. 26 wird aufgehoben.

Verweisungen auf die aufgehobene Verordnung gelten als Verweisungen auf die vorliegende Verordnung und sind nach der Entsprechungstabelle in Anhang II zu lesen.

Art. 5

Diese Verordnung tritt am zwanzigsten Tag nach ihrer Veröffentlichung im Amtsblatt der Europäischen Union in Kraft.

Anhang I
Aufgehobene Verordnung mit ihrer nachfolgenden Änderung

Verordnung Nr. 26 des Rates	ABl. 30 vom 20.4.1962, S. 993/62)
Verordnung Nr. 49 des Rates	(ABl. 53 vom 1.7.1962, S. 1571/62) nur betreffend Artikel 1 Absatz 1 Buchstabe g

Anhang II
Entsprechungstabelle

Verordnung Nr. 26	Vorliegende Verordnung
Artikel 1	Artikel 1
Artikel 2 Absatz 1	Artikel 2 Absatz 1
Artikel 2 Absatz 2	Artikel 2 Absatz 2 Unterabsatz 1
Artikel 2 Absatz 3	Artikel 2 Absatz 2 Unterabsatz 2
Artikel 2 Absatz 4	Artikel 2 Absatz 3
Artikel 3	–
Artikel 4	Artikel 3
–	Artikel 4
Artikel 5	Artikel 5
–	Anhang I

Anhang A 4 C. VO 1234/2007 über die einheitliche gemeinsame Organisation der Agrarmärkte

Verordnung (EG) Nr. 1234/2007 des Rates vom 22. Oktober 2007 über eine gemeinsame Organisation der Agrarmärkte und mit Sondervorschriften für bestimmte landwirtschaftliche Erzeugnisse (Verordnung über die einheitliche GMO)

(ABl. 2007 L 299/1)

(Auszug)

(Die Artikelüberschriften sind Teil des amtlichen Textes)

Teil I. Einleitende Bestimmungen

Art. 1 Anwendungsbereich

(1) Mit dieser Verordnung wird eine gemeinsame Marktorganisation für die Erzeugnisse der folgenden Sektoren errichtet, die in Anhang I eingehender aufgeführt sind:

a) Getreide, Anhang I Teil I;
b) Reis, Anhang I Teil II;
c) Zucker, Anhang I Teil III;
d) Trockenfutter, Anhang I Teil IV;
e) Saatgut, Anhang I Teil V;
f) Hopfen, Anhang I Teil VI;
g) Olivenöl und Tafeloliven, Anhang I Teil VII;
h) Flachs und Hanf, Anhang I Teil VIII;
i) Obst und Gemüse, Anhang I Teil IX;
j) Verarbeitungserzeugnisse aus Obst und Gemüse, Anhang I Teil X;
k) Bananen, Anhang I Teil XI;
l) Wein, Anhang I Teil XII;
m) lebende Pflanzen und Waren des Blumenhandels, Anhang I Teil XIII (im Folgenden „Sektor lebende Pflanzen" genannt);
n) Rohtabak, Anhang I Teil XIV;
o) Rindfleisch, Anhang I Teil XV;
p) Milch und Milcherzeugnisse, Anhang I Teil XVI;
q) Schweinefleisch, Anhang I Teil XVII;
r) Schaf- und Ziegenfleisch, Anhang I Teil XVIII;
s) Eier, Anhang I Teil XIX;
t) Geflügelfleisch, Anhang I Teil XX;
u) sonstige Erzeugnisse, Anhang I Teil XXI.

(2) *[aufgehoben]*

(3) Mit dieser Verordnung werden Sondermaßnahmen für die folgenden Sektoren festgelegt, die in Anhang II aufgeführt und erforderlichenfalls weiter definiert sind:

a) Ethylalkohol landwirtschaftlichen Ursprungs, Anhang II Teil I (im Folgenden „Sektor für landwirtschaftlichen Ethylalkohol" genannt);
b) Bienenzuchterzeugnisse, Anhang II Teil II (im Folgenden „Bienenzuchtsektor" genannt);
c) Seidenraupen, Anhang II Teil III.

Teil IV. Wettbewerbsvorschriften

Kapitel I. Vorschriften für Unternehmen

Art. 175 Anwendung der Artikel 81 bis 86 des Vertrags

Vorbehaltlich anders lautender Bestimmungen dieser Verordnung finden die Artikel 81 bis 86 EG-Vertrag sowie die zu ihrer Anwendung ergangenen Bestimmungen vorbehaltlich der Artikel 176 bis 177a dieser Verordnung auf alle in Artikel 81 Absatz 1 und Artikel 82 EG-Vertrag genannten Vereinbarungen, Beschlüsse und Verhaltensweisen bezüglich der Produktion der unter dieser Verordnung fallenden Erzeugnisse und den Handel mit diesen Erzeugnissen Anwendung.

Art. 176 Ausnahmen

(1) Artikel 81 Absatz 1 des Vertrags gilt nicht für die in Artikel 175 dieser Verordnung genannten Vereinbarungen, Beschlüsse und Verhaltensweisen, die wesentlicher Bestandteil einer einzelstaatlichen Marktordnung sind oder zur Verwirklichung der Ziele des Artikels 33 des Vertrags notwendig sind.

Artikel 81 Absatz 1 des Vertrags gilt insbesondere nicht für Vereinbarungen, Beschlüsse und Verhaltensweisen von landwirtschaftlichen Erzeugerbetrieben, Vereinigungen von landwirtschaftlichen Erzeugerbetrieben oder Vereinigungen von solchen Erzeugervereinigungen aus einem Mitgliedstaat, soweit sie ohne Preisbindung die Erzeugung oder den Absatz landwirtschaftlicher Erzeugnisse oder die Benutzung gemeinschaftlicher Einrichtungen für die Lagerung, Be- oder Verarbeitung landwirtschaftlicher Erzeugnisse betreffen, es sei denn, die Kommission stellt fest, dass dadurch der Wettbewerb ausgeschlossen wird oder die Ziele des Artikels 33 des Vertrags gefährdet werden.

(2) Vorbehaltlich der Nachprüfung durch den Gerichtshof ist die Kommission ausschließlich zuständig, nach Anhörung der Mitgliedstaaten und der beteiligten Unternehmen oder Unternehmensvereinigungen sowie jeder anderen natürlichen oder juristischen Person, deren Anhörung sie für erforderlich hält, durch Entscheidung, die veröffentlicht wird, festzustellen, welche Beschlüsse, Vereinbarungen und Verhaltensweisen die Voraussetzungen des Absatzes 1 erfüllen.

Die Kommission trifft diese Feststellung entweder von Amts wegen oder auf Antrag einer zuständigen Behörde eines Mitgliedstaats, eines beteiligten Unternehmens oder einer beteiligten Unternehmensvereinigung.

(3) Die Veröffentlichung der Entscheidung gemäß Absatz 2 Unterabsatz 1 erfolgt unter Angabe der Beteiligten und des wesentlichen Inhalts der Entscheidung. Sie muss den berechtigten Interessen der Unternehmen an der Wahrung ihrer Geschäftsgeheimnisse Rechnung tragen.

Art. 177 Vereinbarungen und aufeinander abgestimmte Verhaltensweisen im Tabaksektor

(1) Artikel 81 Absatz 1 des Vertrags gilt nicht für Vereinbarungen und aufeinander abgestimmte Verhaltensweisen eines anerkannten Branchenverbandes des Tabaksek-

tors, die für die Umsetzung der in Artikel 123 Buchstabe c dieser Verordnung aufgeführten Ziele angewendet werden, unter der Voraussetzung, dass

a) die Vereinbarungen und aufeinander abgestimmten Verhaltensweisen der Kommission mitgeteilt worden sind,
b) die Kommission binnen drei Monaten nach der Mitteilung aller zur Beurteilung notwendigen Informationen nicht festgestellt hat, dass diese Vereinbarungen oder aufeinander abgestimmten Verhaltensweisen mit den gemeinschaftlichen Wettbewerbsregeln unvereinbar sind.

Die Vereinbarungen und aufeinander abgestimmten Verhaltensweisen dürfen während des Dreimonatszeitraums nicht angewendet werden.

(2) Die Feststellung der Unvereinbarkeit mit den gemeinschaftlichen Wettbewerbsregeln erfolgt in jedem Fall, wenn die betreffenden Vereinbarungen und aufeinander abgestimmten Verhaltensweisen

a) eine Abschottung der Märkte innerhalb der Gemeinschaft bewirken können,
b) das ordnungsgemäße Funktionieren der gemeinsamen Marktorganisation gefährden können,
c) Wettbewerbsverzerrungen hervorrufen können, die zur Erreichung der von der Branchenmaßnahme verfolgten Ziele der gemeinsamen Agrarpolitik nicht unbedingt erforderlich sind,
d) die Festsetzung von Preisen und Quoten umfassen, unbeschadet der Maßnahmen, die die Branchenverbände in Anwendung spezifischer Gemeinschaftsvorschriften treffen,
e) zu Diskriminierungen führen oder den Wettbewerb für einen wesentlichen Teil der betreffenden Erzeugnisse ausschalten können.

(3) Stellt die Kommission nach Ablauf der in Absatz 1 Buchstabe b genannten Frist von drei Monaten fest, dass die Bedingungen für die Anwendung dieses Kapitels nicht erfüllt sind, so erklärt sie – ohne die Unterstützung des Ausschusses nach Artikel 195 Absatz 1 –, dass Artikel 81 Absatz 1 des Vertrags auf die betreffende Vereinbarung oder abgestimmte Verhaltensweise anwendbar ist.

Der Zeitpunkt für das Inkrafttreten der Entscheidung darf nicht vor dem Datum ihrer Mitteilung an den betreffenden Branchenverband liegen, außer wenn dieser falsche Angaben gemacht oder die Ausnahmeregelung nach Absatz 1 missbräuchlich in Anspruch genommen hat.

Art. 178 Verbindlichkeit von Vereinbarungen und aufeinander abgestimmten Verhaltensweisen für Nichtmitglieder von Branchenverbänden des Tabaksektors

(1) Die Branchenverbände des Tabaksektors können beantragen, dass von ihnen geschlossene Vereinbarungen oder aufeinander abgestimmte Verhaltensweisen innerhalb ihrer jeweiligen Tätigkeitsbereiche für die Einzelunternehmen und Zusammenschlüsse, die den im Branchenverband vertretenen Erwerbszweigen nicht angehören, in der betreffenden Fachbranche für eine begrenzte Zeit verbindlich gemacht werden.

Für die Ausdehnung der Regeln müssen auf die Branchenverbände mindestens zwei Drittel der Erzeugung und/oder des einschlägigen Handels entfallen. Wenn der Antrag auf Verbindlichkeit der Regelungen einen überregionalen Anwendungsbereich abdeckt, müssen die Branchenverbände eine Mindestrepräsentativität für jede der angeschlossenen Branchen in allen betroffenen Regionen nachweisen.

(2) Die Regeln, deren Ausdehnung beantragt wird, müssen seit mindestens einem Jahr gelten und eines der folgenden Ziele betreffen:

a) die Kenntnis der Erzeugung und des Marktes,
b) die Definition von Mindestqualitätsnormen,

c) die Anwendung von umweltverträglichen Anbauverfahren,
d) die Festlegung von Mindestanforderungen für Verpackung und Aufmachung,
e) die Verwendung von zertifiziertem Saatgut und die Förderung der Qualitätskontrolle.

(3) Die Ausdehnung der Regelung unterliegt der Genehmigung der Kommission.

Art. 179 Durchführungsbestimmungen zu Vereinbarungen und aufeinander abgestimmten Verhaltensweisen in den Sektoren Obst und Gemüse sowie Tabak

Die Kommission kann Durchführungsbestimmungen zu den Artikeln 176a, 177 und 178, einschließlich der Bestimmungen über die Mitteilungen und die Veröffentlichung erlassen.

Anhang A 5. Beschluss zum Anhörungsbeauftragten

Beschluss des Präsidenten der Europäischen Kommission

vom 13. Oktober 2011

über Funktion und Mandat des Anhörungsbeauftragten in bestimmten Wettbewerbsverfahren

(ABl. 2011 L 275/29)

Erwägungsgründe

(1) Im Rahmen des auf der Grundlage des Vertrags über die Arbeitsweise der Europäischen Union (AEUV) geschaffenen Systems zur Durchsetzung des Wettbewerbsrechts führt die Kommission Untersuchungen durch und entscheidet über Wettbewerbssachen in Form von administrativen Beschlüssen, die der gerichtlichen Kontrolle des Gerichtshofs der Europäischen Union („Gerichtshof") unterliegen.

(2) Die Kommission muss ihre Wettbewerbsverfahren fair, unparteiisch und objektiv durchführen und dafür sorgen, dass die Verfahrensrechte der Parteien gemäß der Verordnung (EG) Nr. 1/2003 des Rates vom 16. Dezember 2002 zur Durchführung der in den Artikeln 81 und 82 des Vertrags niedergelegten Wettbewerbsregeln[1], der Verordnung (EG) Nr. 139/2004 des Rates vom 20. Januar 2004 über die Kontrolle von Unternehmenszusammenschlüssen (EG-Fusionskontrollverordnung)[2], der Verordnung (EG) Nr. 773/2004 der Kommission vom 7. April 2004 über die Durchführung von Verfahren auf der Grundlage der Artikel 81 und 82 EG-Vertrag durch die Kommission[3], und die Verordnung (EG) Nr. 802/2004 der Kommission vom 7. April 2004 zur Durchführung der Verordnung (EG) Nr. 139/2004 des Rates über die Kontrolle von Unternehmenszusammenschlüssen[4], sowie im Einklang mit der einschlägigen Rechtsprechung des Gerichtshofs gewahrt werden. Das Recht der Parteien, vor dem Erlass eines für sie nachteiligen individuellen Beschlusses gehört zu werden, stellt im Rechtssystem der Europäischen Union ein Grundrecht dar, das in der Charta der Grundrechte[5] insbesondere in Artikel 41 verankert ist.

(3) Um zu gewährleisten, dass die Verfahrensrechte der Parteien, der anderen Beteiligten im Sinne von Artikel 11 Buchstabe b der Verordnung (EG) Nr. 802/2004 (im Folgenden „andere Beteiligte"), der Beschwerdeführer im Sinne von Artikel 7 Absatz 2 der Verordnung (EG) Nr. 1/2003 (im Folgenden „Beschwerdeführer") und der anderen Personen als die in Artikeln 5 und 11 der Verordnung (EG) Nr. 773/2004 genannten Personen sowie von Dritten im Sinne von Artikel 11 der Verordnung (EG) Nr. 802/2004 („Dritte") in Wettbewerbsverfahren effektiv gewahrt werden, sollte eine in Wettbewerbsfragen erfahrene unabhängige Person, die aufgrund ihrer Integri-

---

[1] ABl. L 1 vom 4.1.2003, S. 1.

[2] ABl. L 24 vom 29.1.2004, S. 1.

[3] ABl. L 123 vom 27.4.2004, S. 18.

[4] ABl. L 133 vom 30.4.2004, S. 1.

[5] ABl. C 303 vom 14.12.2007, S. 1.

tät geeignet ist, die Objektivität, Transparenz und Effizienz solcher Verfahren zu fördern, damit betraut werden, die Wahrung dieser Rechte sicherzustellen.

(4) Deshalb hat die Kommission 1982 die Funktion des Anhörungsbeauftragten geschaffen und diese durch den Beschluss 94/810/EGKS, EG der Kommission vom 12. Dezember 1994 über das Mandat des Anhörungsbeauftragten in Wettbewerbsverfahren vor der Kommission[1] und den Beschluss 2001/462/EG, EGKS der Kommission vom 23. Mai 2001 über das Mandat von Anhörungsbeauftragten in bestimmten Wettbewerbsverfahren[2] geändert. Nunmehr ist es notwendig, die Rolle des Anhörungsbeauftragten zu präzisieren und weiter zu stärken, und sein Mandat sollte in Anbetracht der Entwicklung des Wettbewerbsrechts der Union angepasst werden.

(5) Es ist allgemein anerkannt, dass der Anhörungsbeauftragte aufgrund seiner Unabhängigkeit und der Sachkenntnis, die er in die Verfahren einbringt, einen wichtigen Beitrag zu den Wettbewerbsverfahren der Kommission leistet. Um die Unabhängigkeit des Anhörungsbeauftragten von der Generaldirektion Wettbewerb weiterhin sicherzustellen, sollte er verwaltungstechnisch dem für Wettbewerb zuständigen Mitglied der Kommission unterstellt werden.

(6) Der Anhörungsbeauftragte sollte gemäß dem Statut der Beamten sowie den Beschäftigungsbedingungen für die sonstigen Bediensteten der Europäischen Union ernannt werden. Danach können auch Bewerber berücksichtigt werden, die nicht Beamte der Kommission sind. Es sollte für Transparenz im Zusammenhang mit der Ernennung, Abberufung und Versetzung von Anhörungsbeauftragten gesorgt werden.

(7) Die Kommission kann einen oder mehrere Anhörungsbeauftragte ernennen und sollte ihnen einen Mitarbeiterstab bereitstellen. Stellt ein Anhörungsbeauftragter fest, dass er sich bei der Erfüllung seiner Aufgaben in einem Interessenkonflikt befindet, so sollte er die Arbeit in der betreffenden Sache einstellen. Ist ein Anhörungsbeauftragter verhindert, so sollte ein anderer Anhörungsbeauftragter dessen Aufgaben übernehmen.

(8) Der Anhörungsbeauftragte sollte ein unabhängiger Schiedsmann sein, der Fragen und Probleme in Bezug auf die effektive Wahrung der Verfahrensrechte der Parteien, anderen Beteiligten, Beschwerdeführer oder betroffenen Dritten zu lösen versucht, wenn die Fragen bzw. Probleme nicht vorab im Kontakt mit den für das Wettbewerbsverfahren zuständigen Kommissionsdienststellen, die diese Verfahrensrechte wahren müssen, gelöst werden konnten.

(9) Das Mandat des Anhörungsbeauftragten in Wettbewerbsverfahren sollte so ausgestaltet sein, dass die effektive Wahrung der Verfahrensrechte in Kommissionsverfahren nach den Artikeln 101 und 102 AEUV und der Verordnung (EG) Nr. 139/2004 insbesondere bezüglich des Anspruchs auf rechtliches Gehör gewährleistet ist.

(10) Um diese Rolle zu stärken, sollte dem Anhörungsbeauftragten die Aufgabe erteilt werden, zu gewährleisten, dass die Verfahrensrechte von Unternehmen und Unternehmensvereinigungen im Zusammenhang mit den Ermittlungsbefugnissen der Kommission nach Kapitel V der Verordnung (EG) Nr. 1/2003 sowie nach Artikel 14 der Verordnung (EG) Nr. 139/2004, die vorsehen, dass die Kommission gegen Unternehmen und Unternehmensvereinigungen Geldbußen verhängen kann, effektiv gewahrt werden. Im Rahmen der Untersuchungsphase sollte der Anhörungsbeauftragte auch spezielle Aufgaben erhalten in Bezug auf den Schutz der Vertraulichkeit der Kommunikation zwischen Rechtsanwalt und Mandant, das Auskunftsverweigerungsrecht zur Vermeidung der Selbstbelastung, Fristen zur Antwort auf Auskunftsverlangen nach Artikel 18 Absatz 3 der Verordnung (EG) Nr. 1/2003 sowie das Recht von Unternehmen und Unternehmensvereinigungen, gegen die die Kommission Er-

[1] ABl. L 330 vom 21.12.1994, S. 67.
[2] ABl. L 162 vom 19.6.2001, S. 21.

mittlungsmaßnahmen nach Kapitel V der Verordnung (EG) Nr. 1/2003 durchführt, über ihre Stellung in dem betreffenden Verfahren insbesondere dahingehend unterrichtet zu werden, ob gegen sie ermittelt wird, und wenn ja, in welcher Sache und zu welchem Zweck. Bei der Prüfung der Berufung auf das Auskunftsverweigerungsrecht zur Vermeidung der Selbstbelastung kann der Anhörungsbeauftragte darüber befinden, ob das Schutzbegehren des Unternehmens offensichtlich unbegründet und lediglich als Teil einer Verzögerungstaktik anzusehen ist.

(11) Der Anhörungsbeauftragte sollte bei der Prüfung der Berufung auf den Schutz der Vertraulichkeit der Kommunikation zwischen Rechtsanwalt und Mandant Unterstützung leisten können. Zu diesem Zweck wird dem Anhörungsbeauftragten erlaubt sein, wenn das jeweilige Unternehmen bzw. die jeweilige Unternehmensvereinigung dem zustimmt, die betreffenden Unterlagen prüfen und unter Verweis auf die einschlägige Rechtsprechung des Gerichtshofs eine entsprechende Empfehlung aussprechen.

(12) Es sollte die Aufgabe des Anhörungsbeauftragten sein, darüber zu entscheiden, ob ein Dritter hinreichendes Interesse dargelegt hat, gehört zu werden. Bei Verbraucherverbänden, die beantragen, gehört zu werden, sollte allgemein ein hinreichendes Interesse unterstellt werden, wenn das Verfahren Produkte oder Dienstleistungen für Endverbraucher oder Produkte oder Dienstleistungen betrifft, die direkt in diese Produkte oder Dienstleistungen einfließen.

(13) Der Anhörungsbeauftragte sollte Beschlüsse über die Zulassung von Beschwerdeführern und betroffenen Dritten zur mündlichen Anhörung erlassen und dabei berücksichtigen, welchen Beitrag sie zur Klärung des Sachverhalts leisten können.

(14) Dem Recht der Parteien, vor dem Erlass eines für sie nachteiligen abschließenden Beschlusses gehört zu werden, wird dadurch Genüge getan, dass sie das Recht haben, zu dem mit der Mitteilung der Beschwerdepunkte übermittelten vorläufigen Standpunkt der Kommission schriftlich Stellung zu nehmen und auf Antrag in der mündlichen Anhörung ihre Sichtweise näher zu erläutern. Damit sie diese Rechte effektiv ausüben können, haben die Adressaten von Mitteilungen der Beschwerdepunkte das Recht, die Untersuchungsakte der Kommission einzusehen.

(15) Um die effektive Wahrung der Verteidigungsrechte der Adressaten von Mitteilungen der Beschwerdepunkte zu gewährleisten, sollte der Anhörungsbeauftragte dafür zuständig sein, dafür zu sorgen, dass Meinungsverschiedenheiten zwischen diesen Beteiligten und der Generaldirektion Wettbewerb der Kommission über die Akteneinsicht oder den Schutz von Geschäftsgeheimnissen und anderen vertraulichen Informationen beigelegt werden. In außergewöhnlichen Fällen kann der Anhörungsbeauftragte den Lauf der Antwortfrist des Adressaten einer Mitteilung der Beschwerdepunkte aussetzen, bis eine Meinungsverschiedenheit über die Akteneinsicht beigelegt ist, wenn der Adressat nicht in der Lage wäre, fristgerecht zu antworten, und eine Fristverlängerung zu diesem Zeitpunkt keine angemessene Lösung darstellen würde.

(16) Um die effektive Wahrung der Verfahrensrechte zu gewährleisten und gleichzeitig den berechtigten Interessen an einer vertraulichen Behandlung Rechnung zu tragen, sollte der Anhörungsbeauftragte gegebenenfalls spezifische Maßnahmen für die Einsicht in die Kommissionsakte anordnen können. So sollte der Anhörungsbeauftragte insbesondere befugt sein, dem Antragsteller Beschränkungen in Bezug auf die Einsicht in Teile der Akte aufzuerlegen, indem er beispielsweise die Zahl der einsichtnehmenden Personen, die Kategorie der zugelassenen Personen oder aber die Nutzung der eingesehenen Informationen beschränkt.

(17) Der Anhörungsbeauftragte sollte dafür zuständig sein, über Anträge auf Verlängerung von Fristen zur Antwort auf Mitteilungen der Beschwerdepunkte, ergänzende Mitteilungen der Beschwerdepunkte oder Tatbestandsschreiben sowie auf Verlängerung von Fristen zu entscheiden, innerhalb deren andere Beteiligte, Be-

schwerdeführer oder betroffene Dritte Stellungnahmen abgeben können, sofern solche Personen und die Generaldirektion Wettbewerb darüber keine Einigung erzielen konnten.

(18) Der Anhörungsbeauftragte sollte zur effizienten Gestaltung der mündlichen Anhörung beitragen, indem er beispielsweise alle geeigneten Vorbereitungsmaßnahmen trifft und etwa rechtzeitig vor der Anhörung eine vorläufige Teilnehmerliste und einen Tagesordnungsentwurf verbreitet.

(19) In der mündlichen Anhörung können die Beteiligten, an die die Kommission eine Mitteilung der Beschwerdepunkte gerichtet hat, sowie andere Beteiligte erneut von ihrem Anspruch auf rechtliches Gehör Gebrauch machen, indem sie der Kommission, die durch die Generaldirektion Wettbewerb sowie andere Dienststellen vertreten sein sollte, die an der Ausarbeitung des von der Kommission zu erlassenden Beschlusses beteiligt sind, ihre Standpunkte mündlich näher erläutern. Die mündliche Anhörung sollte eine zusätzliche Gelegenheit sein, um sicherzustellen, dass alle relevanten Sachverhalte – seien sie zum Vor- oder zum Nachteil der Parteien, einschließlich Anhaltspunkten in Bezug auf die Schwere und Dauer einer mutmaßlichen Zuwiderhandlung – so weit wie möglich geklärt werden. In der mündlichen Anhörung sollten die Beteiligten ferner die Möglichkeit haben, ihre Sichtweise in Bezug auf für die etwaige Verhängung von Geldbußen möglicherweise relevante Sachverhalte darzulegen.

(20) Um einen effizienten Ablauf der mündlichen Anhörung sicherzustellen, kann der Anhörungsbeauftragte den Beteiligten, an die die Kommission eine Mitteilung der Beschwerdepunkte gerichtet hat, anderen Beteiligten, Beschwerdeführern, anderen zur Anhörung geladenen Personen, den Kommissionsdienststellen und den Behörden der Mitgliedstaaten gestatten, während der Anhörung Fragen zu stellen. Die mündliche Anhörung sollte nicht öffentlich sein, um zu gewährleisten, dass sich alle Teilnehmer frei äußern können. Deshalb sollten in einer mündlichen Anhörung offengelegte Informationen nicht für andere Zwecke verwendet werden als Gerichts- und/oder Verwaltungsverfahren in Bezug auf die Anwendung der Artikel 101 und 102 AEUV. Sofern dies zum Schutz von Geschäftsgeheimnissen und anderen vertraulichen Informationen erforderlich erscheint, kann der Anhörungsbeauftragte Personen gesondert hören.

(21) Verfahrensbeteiligte, die Verpflichtungszusagen nach Artikel 9 der Verordnung (EG) Nr. 1/2003 anbieten, und solche, die sich nach Artikel 10a der Verordnung (EG) Nr. 773/2004 an Vergleichsverfahren in Kartellsachen beteiligen, sollten den Anhörungsbeauftragten in Bezug auf die effektive Wahrung ihrer Verfahrensrechte anrufen können.

(22) Der Anhörungsbeauftragte sollte einen Bericht über die effektive Wahrung der Verfahrensrechte im gesamten Wettbewerbsverfahren erstellen. Zudem sollte der Anhörungsbeauftragte – unabhängig von seiner Berichtspflicht – auch die Möglichkeit haben, zum Fortgang und zur Objektivität des Verfahrens Stellung zu nehmen und so dazu beizutragen, dass die Wettbewerbsverfahren auf der Grundlage einer ordnungsgemäßen Würdigung aller einschlägigen Sachverhalte abgeschlossen werden.

(23) Bei der Offenlegung von Informationen über natürliche Personen sollte der Anhörungsbeauftragte insbesondere die Verordnung (EG) Nr. 45/2001 des Europäischen Parlaments und des Rates vom 18. Dezember 2000 zum Schutz natürlicher Personen bei der Verarbeitung personenbezogener Daten durch die Organe und Einrichtungen der Gemeinschaft und zum freien Datenverkehr[1] beachten.

(24) Der Beschluss 2001/462/EG, EGKS sollte aufgehoben werden.

---

[1] ABl. L 8 vom 12.1.2001, S. 1.

Kapitel 1
Rolle, Ernennung und Aufgaben des Anhörungsbeauftragten

Art. 1 Der Anhörungsbeauftragte

(1) Es gibt einen oder mehrere Anhörungsbeauftragte für Wettbewerbsverfahren, deren Befugnisse und Aufgaben in diesem Beschluss dargelegt sind.

(2) Der Anhörungsbeauftragte gewährleistet die effektive Wahrung der Verfahrensrechte über den gesamten Verlauf von Wettbewerbsverfahren der Kommission zur Umsetzung der Artikel 101 und 102 AEUV und nach der Verordnung (EG) Nr. 139/2004 (im Folgenden „Wettbewerbsverfahren").

Art. 2 Ernennung, Abberufung und Vertretung

(1) Der Anhörungsbeauftragte wird von der Kommission ernannt. Die Ernennung wird im Amtsblatt der Europäischen Union veröffentlicht. Die Aussetzung des Mandats, die Abberufung oder Versetzung eines Anhörungsbeauftragten muss Gegenstand eines mit Gründen versehenen Beschlusses der Kommission sein. Dieser Beschluss wird im Amtsblatt der Europäischen Union veröffentlicht.

(2) Der Anhörungsbeauftragte ist verwaltungstechnisch dem für Wettbewerb zuständigen Mitglied der Kommission (im Folgenden „zuständiges Kommissionsmitglied") unterstellt.

(3) Ist ein Anhörungsbeauftragter verhindert, so übernimmt ein anderer Anhörungsbeauftragter dessen Aufgaben. Sind alle Anhörungsbeauftragten verhindert, so bestellt das zuständige Kommissionsmitglied, gegebenenfalls nach Rücksprache mit dem Anhörungsbeauftragten, einen anderen, nicht mit der betreffenden Sache befassten Kommissionsbeamten, der die Aufgaben des Anhörungsbeauftragten wahrnehmen soll.

(4) Befindet sich ein Anhörungsbeauftragter tatsächlich oder mutmaßlich in einem Interessenkonflikt, so stellt er die Arbeit in der betreffenden Sache ein. Absatz 3 findet Anwendung.

Art. 3 Arbeitsweise

(1) Der Anhörungsbeauftragte ist bei der Wahrnehmung seiner Aufgaben unabhängig.

(2) Der Anhörungsbeauftragte trägt bei der Wahrnehmung seiner Aufgaben dafür Sorge, dass die Wettbewerbsregeln effektiv im Einklang mit den Rechtsvorschriften der Union und den vom Gerichtshof entwickelten Grundsätzen angewendet werden.

(3) Der Anhörungsbeauftragte hat zur Wahrnehmung seiner Aufgaben in allen Verfahrensphasen Zugang zu allen Akten in Bezug auf Wettbewerbsverfahren der Kommission nach den Artikeln 101 und 102 AEUV und nach der Verordnung (EG) Nr. 139/2004.

(4) Der Anhörungsbeauftragte wird von dem für die jeweilige Untersuchung zuständigen Direktor der Generaldirektion Wettbewerb (im Folgenden „zuständiger Direktor") laufend über die Entwicklung des Verfahrens unterrichtet.

(5) Der Anhörungsbeauftragte kann Bemerkungen zu Fragen aller Art im Zusammenhang mit einem Wettbewerbsverfahren der Kommission an das zuständige Kommissionsmitglied richten.

(6) Richtet der Anhörungsbeauftragte mit Gründen versehene Empfehlungen an das zuständige Kommissionsmitglied oder fasst er Beschlüsse wie im vorliegenden Be-

schluss vorgesehen, so übermittelt er dem zuständigen Direktor und dem Juristischen Dienst der Kommission eine Kopie davon.

(7) Im Fall von Fragen oder Problemen bezüglich der effektiven Wahrung der Verfahrensrechte der Parteien, anderen Beteiligten im Sinne von Artikel 11 Buchstabe b der Verordnung (EG) Nr. 802/2004 (im Folgenden „andere Beteiligte"), Beschwerdeführer im Sinne von Artikel 7 Absatz 2 der Verordnung (EG) Nr. 1/2003 (im Folgenden „Beschwerdeführer") und der an solchen Verfahren teilnehmenden betroffenen Dritten im Sinne von Artikel 5 des vorliegenden Beschlusses haben sich diese Personen zunächst an die Generaldirektion Wettbewerb zu wenden. Können die Fragen bzw. Probleme nicht gelöst werden, so kann zu deren unabhängiger Prüfung der Anhörungsbeauftragte angerufen werden. Anträge in Bezug auf Maßnahmen, die mit einer Frist verbunden sind, müssen rechtzeitig innerhalb der ursprünglichen Frist gestellt werden.

Kapitel 2
Untersuchungsphase

Art. 4 Verfahrensrechte in der Untersuchungsphase

(1) Der Anhörungsbeauftragte gewährleistet die effektive Wahrung der Verfahrensrechte, die sich aus der Wahrnehmung der Ermittlungsbefugnisse der Kommission nach Kapitel V der Verordnung (EG) Nr. 1/2003 und in Verfahren ergeben, die zur Verhängung von Geldbußen auf der Grundlage von Artikel 14 der Verordnung (EG) Nr. 139/2004 führen können.

(2) Der Anhörungsbeauftragte hat, vorbehaltlich des Artikels 3 Absatz 7, insbesondere folgende Aufgaben:

a) Der Anhörungsbeauftragte kann von Unternehmen oder Unternehmensvereinigungen ersucht werden, Vorbringen zu prüfen, wonach ein Schriftstück, dessen Vorlage die Kommission auf der Grundlage der ihr durch Artikel 18, 20 oder 21 der Verordnung (EG) Nr. 1/2003 gegebenen Zuständigkeiten oder bei Nachprüfungen gemäß Artikel 13 der Verordnung (EG) Nr. 139/2004 oder im Rahmen von Ermittlungsmaßnahmen in einem Verfahren verlangt hat, das zur Verhängung von Geldbußen nach Artikel 14 der Verordnung (EG) Nr. 139/2004 führen kann, und das der Kommission vorenthalten wurde, im Sinne der Rechtsprechung des Gerichtshofs unter den Schutz der Vertraulichkeit der Kommunikation zwischen Rechtsanwalt und Mandant fällt. Der Anhörungsbeauftragte darf das Vorbringen nur prüfen, wenn das betreffende Unternehmen bzw. die betreffende Unternehmensvereinigung einwilligt, dass er die Informationen, die mutmaßlich unter den Schutz der Vertraulichkeit der Kommunikation zwischen Rechtsanwalt und Mandant fallen, sowie damit zusammenhängende Unterlagen, die er für die Prüfung notwendig erachtet, einsehen darf. Der Anhörungsbeauftragte teilt dem zuständigen Direktor und dem betreffenden Unternehmen bzw. der betreffenden Unternehmensvereinigung seinen vorläufigen Standpunkt mit, ohne dabei die mutmaßlich schützenswerten Informationen offenzulegen, und kann geeignete Maßnahmen treffen, um zu einer für beide Seiten annehmbaren Lösung zu gelangen. Wird keine Lösung erzielt, so kann der Anhörungsbeauftragte eine mit Gründen versehene Empfehlung an das zuständige Kommissionsmitglied richten, ohne dabei die mutmaßlich schützenswerten Inhalte des Schriftstücks offenzulegen. Dem betreffenden Beteiligten wird eine Kopie dieser Empfehlung übermittelt.

b) Weigert sich der Adressat eines Auskunftsverlangens nach Artikel 18 Absatz 2 der Verordnung (EG) Nr. 1/2003 unter Verweis auf das Auskunftsverweigerungsrecht zur Vermeidung der Selbstbelastung gemäß der Rechtsprechung des Gerichtshofs, auf eine darin enthaltene Frage zu antworten, so kann er in der Angelegenheit binnen einer angemessenen Frist nach Erhalt des Auskunftsverlangens den Anhörungsbeauftragten anrufen. Gegebenenfalls kann der Anhörungsbeauftragte, sofern dies keine übermäßigen Verfahrensverzögerungen mit sich bringt, eine mit Gründen versehene Empfehlung zu der Frage aussprechen, ob das Auskunftsverweigerungsrecht zur Vermeidung der Selbstbelastung anwendbar ist, und den zuständigen Direktor von den entsprechenden Schlussfolgerungen unterrichten, denen im Fall des späteren Erlasses eines Beschlusses nach Artikel 18 Absatz 3 der Verordnung (EG) Nr. 1/2003 Rechnung zu tragen ist. Dem Adressaten des Auskunftsverlangens wird eine Kopie der mit Gründen versehenen Empfehlung übermittelt.

c) Ist der Adressat eines Auskunftsverlangens-Beschlusses nach Artikel 18 Absatz 3 der Verordnung (EG) Nr. 1/2003 der Ansicht, dass die ihm gesetzte Antwortfrist zu kurz ist, so kann er in der Angelegenheit rechtzeitig vor Verstreichen der Frist den Anhörungsbeauftragten anrufen. Der Anhörungsbeauftragte entscheidet in Anbetracht der Länge und der Komplexität des Auskunftsverlangens sowie unter Berücksichtigung der Untersuchungserfordernisse, ob die Frist zu verlängern ist.

d) Unternehmen bzw. Unternehmensvereinigungen, die Gegenstand einer Ermittlungsmaßnahme der Kommission nach Kapitel V der Verordnung (EG) Nr. 1/2003 sind, haben das Recht, über ihre Stellung in dem betreffenden Verfahren insbesondere darüber unterrichtet zu werden, ob gegen sie ermittelt wird, und wenn ja, in welcher Sache und zu welchem Zweck. Vertreten Unternehmen bzw. Unternehmensvereinigungen die Auffassung, dass sie von der Generaldirektion Wettbewerb nicht ordnungsgemäß über ihre Stellung in dem betreffenden Verfahren unterrichtet worden sind, so können sie in der Angelegenheit den Anhörungsbeauftragten anrufen. Der Anhörungsbeauftragte erlässt einen Beschluss, mit dem die Generaldirektion Wettbewerb verpflichtet wird, das Unternehmen bzw. die Unternehmensvereinigung über dessen bzw. deren Verfahrensstellung zu unterrichten. Der Beschluss wird dem Unternehmen bzw. der Unternehmensvereinigung mitgeteilt.

Kapitel 3
Antrag auf Anhörung

Art. 5 Betroffene Dritte

(1) Andere Personen als die in Artikeln 5 und 11 1 der Verordnung (EG) Nr. 773/2004 genannten Personen sowie Dritte im Sinne von Artikel 11 der Verordnung (EG) Nr. 802/2004 („Dritte“) können nach Artikel 13 Absatz 1 der Verordnung (EG) Nr. 773/2004 und nach Artikel 16 der Verordnung (EG) Nr. 802/2004 einen Antrag auf Anhörung stellen. Der Antrag ist schriftlich einzureichen und muss die Gründe für das Interesse des Antragstellers am Verfahrensausgang darlegen.

(2) Der Anhörungsbeauftragte entscheidet nach Rücksprache mit dem zuständigen Direktor über die Anhörung von Dritten. Bei der Prüfung, ob Dritte ein hinreichendes Interesse darlegen, berücksichtigt der Anhörungsbeauftragte, ob und inwiefern der Antragsteller von dem Verhalten, das Gegenstand des Wettbewerbsverfahrens ist, hinreichend betroffen ist oder ob er die Anforderungen nach Artikel 18 Absatz 4 der Verordnung (EG) Nr. 139/2004 erfüllt.

(3) Hat ein Antragsteller nach Auffassung des Anhörungsbeauftragten kein hinreichendes Interesse an einer Anhörung dargelegt, teilt der Anhörungsbeauftragte ihm dies unter Angabe der Gründe schriftlich mit. Dem Antragsteller wird eine Frist gesetzt, bis zu deren Ablauf er schriftlich Stellung nehmen kann. Übermittelt der Antragsteller innerhalb der vom Anhörungsbeauftragten gesetzten Frist seine schriftliche Stellungnahme und lässt diese Stellungnahme die Beurteilung des Antrags unberührt,

wird dies in einem mit Gründen versehenen Beschluss niedergelegt, der dem Antragsteller zugestellt wird.

(4) Der Anhörungsbeauftragte setzt die Parteien des Wettbewerbsverfahrens ab der Einleitung eines Verfahrens nach Artikel 11 Absatz 6 der Verordnung (EG) Nr. 1/2003 bzw. Artikel 6 Absatz 1 Buchstabe c der Verordnung (EG) Nr. 139/2004 von der Identität anzuhörender Dritter in Kenntnis, sofern nicht durch die Offenlegung ein Unternehmen oder eine Person erheblich geschädigt würde.

Art. 6 Recht auf mündliche Anhörung; Teilnahme von Beschwerdeführern und Dritten an der mündlichen Anhörung

(1) Auf Antrag von Beteiligten, an die die Kommission eine Mitteilung der Beschwerdepunkte gerichtet hat, oder von anderen Beteiligten führt der Anhörungsbeauftragte eine mündliche Anhörung durch, damit diese Beteiligten ihre schriftlichen Äußerungen weiter ausführen können.

(2) Der Anhörungsbeauftragte kann nach Rücksprache mit dem zuständigen Direktor gegebenenfalls beschließen, Beschwerdeführern und betroffenen Dritten im Sinne von Artikel 5, die in ihren schriftlichen Äußerungen einen entsprechenden Antrag stellen, Gelegenheit zur Stellungnahme in der mündlichen Anhörung der Beteiligten, an die eine Mitteilung der Beschwerdepunkte gerichtet worden ist, zu geben. Ferner kann der Anhörungsbeauftragte im Einklang mit Übereinkommen zwischen der Union und Drittländern Vertreter der Wettbewerbsbehörden von Drittländern zur Teilnahme an der mündlichen Anhörung als Beobachter einladen.

Kapitel 4
Akteneinsicht, Vertraulichkeit und Geschäftsgeheimnisse

Art. 7 Akteneinsicht und Zugang zu Unterlagen und Informationen

(1) Hat ein Beteiligter, der sein Recht auf Einsicht in die Akte ausgeübt hat, Grund zu der Annahme, dass die Kommission über Unterlagen verfügt, die ihm nicht offengelegt wurden, und dass diese Unterlagen für die ordentliche Wahrnehmung des Rechts auf Anhörung erforderlich sind, so kann er beim Anhörungsbeauftragten – vorbehaltlich des Artikels 3 Absatz 7 – einen begründeten Antrag auf Zugang zu diesen Unterlagen stellen.

(2) Vorbehaltlich des Artikels 3 Absatz 7 können die folgenden anderen Beteiligten, Beschwerdeführer und betroffenen Dritten im Sinne von Artikel 5 beim Anhörungsbeauftragten einen begründeten Antrag stellen:

a) andere Beteiligte, die Anlass zu der Annahme haben, dass sie nicht nach Artikel 13 Absatz 2 der Verordnung (EG) Nr. 802/2004 über die den Anmeldern mitgeteilten Einwände unterrichtet wurden,

b) Beschwerdeführer, die die Kommission von ihrer Absicht unterrichtet hat, die Beschwerde nach Artikel 7 Absatz 1 der Verordnung (EG) Nr. 773/2004 abzuweisen, wenn sie Anlass zu der Annahme haben, dass die Kommission über Unterlagen verfügt, die ihnen nicht offengelegt wurden, und dass diese Unterlagen für die ordentliche Ausübung ihrer Rechte nach Artikel 8 Absatz 1 der Verordnung (EG) Nr. 773/2004 erforderlich sind,

c) Beschwerdeführer, die der Auffassung sind, dass ihnen nicht nach Artikel 6 Absatz 1 der Verordnung (EG) Nr. 773/2004 eine Kopie der nichtvertraulichen Fassung der Mitteilung der Beschwerdepunkte übermittelt wurde oder dass die nichtvertrauliche Fassung der Mitteilung der Beschwerdepunkte nicht in einer Weise erstellt wurde, die ihnen die wirksame Ausübung ihrer Rechte ermöglicht, mit Ausnahme von Wettbewerbssachen, die Gegenstand eines Vergleichsverfahrens sind,

d) Dritte im Sinne von Artikel 5 des vorliegenden Beschlusses, die Anlass zu der Annahme haben, dass sie nicht nach Artikel 13 Absatz 1 der Verordnung (EG) Nr. 773/2004 bzw. Artikel 16 Absatz 1 der Verordnung (EG) Nr. 802/2004 über Art und Gegenstand eines Verfahrens unterrichtet wurden. Gleiches gilt für Beschwerdeführer in einer Wettbewerbssache, die Gegenstand eines Vergleichsverfahrens ist, wenn sie Anlass zu der Annahme haben, dass sie nicht nach Artikel 6 Absatz 1 der Verordnung (EG) Nr. 773/2004 über Art und Gegenstand eines Verfahrens unterrichtet wurden.

(3) Der Anhörungsbeauftragte entscheidet in einem mit Gründen versehenen Beschluss über Anträge, die nach Absatz 1 oder 2 an ihn gerichtet werden, und setzt den Antragsteller und alle anderen von dem Verfahren betroffenen Personen von dem Beschluss in Kenntnis.

Art. 8 Geschäftsgeheimnisse und sonstige vertrauliche Informationen

(1) Beabsichtigt die Kommission, Informationen offenzulegen, die ein Geschäftsgeheimnis oder eine sonstige vertrauliche Information eines Unternehmens oder einer Person darstellen können, so setzt die Generaldirektion Wettbewerb das betreffende Unternehmen bzw. die betreffende Person davon unter Angabe der Gründe schriftlich in Kenntnis. Es wird eine Frist festgesetzt, innerhalb deren sich das Unternehmen bzw. die Person hierzu schriftlich äußern kann.

(2) Ist das betreffende Unternehmen bzw. die betreffende Person mit der Offenlegung der Informationen nicht einverstanden, so kann sie in der Angelegenheit den Anhörungsbeauftragten anrufen. Kommt der Anhörungsbeauftragte zu dem Ergebnis, dass die Informationen offengelegt werden dürfen, da es sich nicht um ein Geschäftsgeheimnis oder sonstige vertrauliche Informationen handelt oder da ein übergeordnetes Interesse an der Offenlegung besteht, so wird dies in einem mit Gründen versehenen Beschluss niedergelegt, der dem betreffenden Unternehmen bzw. der betreffenden Person zugestellt wird. Der Beschluss nennt den Tag, ab dem die Informationen offengelegt werden. Die Offenlegung darf frühestens eine Woche nach Zustellung des Beschlusses erfolgen.

(3) Absätze 1 und 2 gelten entsprechend für die Offenlegung von Informationen durch Veröffentlichung im *Amtsblatt der Europäischen Union.*

(4) Sofern erforderlich, um ein Gleichgewicht zwischen der wirksamen Ausübung der Verteidigungsrechte eines Beteiligten und berechtigten Interessen an vertraulicher Behandlung herzustellen, kann der Anhörungsbeauftragte entscheiden, dass Teile der Akte, die für die Ausübung der Verteidigungsrechte des Beteiligten unerlässlich sind, dem Einsicht beantragenden Beteiligten in eingeschränkter Weise zugänglich gemacht werden, und nähere Einzelheiten dazu festlegen.

Kapitel 5
Fristverlängerung

Art. 9 Antrag auf Fristverlängerung

(1) Ist ein Adressat einer Mitteilung der Beschwerdepunkte der Auffassung, die für seine Erwiderung auf die Mitteilung der Beschwerdepunkte gesetzte Frist sei zu kurz, so kann er in einem an den zuständigen Direktor zu richtenden begründeten Antrag um Fristverlängerung ersuchen. Ein solcher Antrag ist in Verfahren nach den Artikeln 101 und 102 AEUV rechtzeitig vor Ablauf der ursprünglich gesetzten Frist und in Verfahren nach der Verordnung (EG) Nr. 139/2004 mindestens fünf Arbeitstage vor Ablauf der ursprünglich gesetzten Frist zu stellen. Wird einem solchen Antrag nicht stattgegeben oder ist der antragstellende Adressat der Mitteilung der Beschwerdepunkte

mit der gewährten Fristverlängerung nicht einverstanden, so kann er vor Ablauf der ursprünglich gesetzten Frist den Anhörungsbeauftragten zur Überprüfung anrufen. Der Anhörungsbeauftragte entscheidet nach Anhörung des zuständigen Direktors darüber, ob eine Fristverlängerung erforderlich ist, um dem Adressaten der Mitteilung der Beschwerdepunkte die wirksame Ausübung seines Rechts auf Anhörung zu ermöglichen, und trägt dabei auch dem Erfordernis Rechnung, das Verfahren ohne unverhältnismäßige Verzögerung fortzuführen. In Verfahren nach den Artikeln 101 und 102 AEUV berücksichtigt der Anhörungsbeauftragte u. a. folgende Kriterien:

a) Umfang und Komplexität der Akte Anzahl der Zuwiderhandlungen, angebliche Dauer der Zuwiderhandlung(en), Umfang und Anzahl der Unterlagen und/oder Umfang und Komplexität von Fachstudien),
b) die Frage, ob der antragstellende Adressat der Mitteilung der Beschwerdepunkte bereits zuvor Zugang zu Informationen hatte,
c) alle anderen objektiven Hindernisse, denen sich der antragstellende Adressat der Mitteilung der Beschwerdepunkte bei der Übermittlung seiner Erwiderung gegenübersehen kann.

Zum Zwecke der Beurteilung von Unterabsatz 1 Buchstabe a können die Anzahl der Zuwiderhandlungen, die angebliche Dauer der Zuwiderhandlung(en), der Umfang und die Anzahl der Unterlagen und der Umfang und die Komplexität von Fachstudien berücksichtigt werden.

(2) Ist ein anderer Beteiligter, ein Beschwerdeführer oder ein betroffener Dritter im Sinne von Artikel 5 der Auffassung, dass die ihm zur Äußerung gesetzte Frist zu kurz ist, so kann er rechtzeitig vor Ablauf der ursprünglich gesetzten Frist in einem an den zuständigen Direktor zu richtenden begründeten Antrag um Fristverlängerung ersuchen. Wird einem solchen Antrag nicht stattgegeben oder ist der andere Beteiligte, Beschwerdeführer oder Dritte mit der Entscheidung nicht einverstanden, so kann er den Anhörungsbeauftragten zur Überprüfung anrufen. Der Anhörungsbeauftragte entscheidet nach Anhörung des zuständigen Direktors darüber, ob eine Fristverlängerung gewährt werden sollte.

Kapitel 6
Mündliche Anhörung

Art. 10 Organisation und Funktion

(1) Der Anhörungsbeauftragte organisiert die im Rahmen der Bestimmungen zur Durchführung der Artikel 101 und 102 AEUV und der Verordnung (EG) Nr. 139/2004 vorgesehenen Anhörungen und führt sie durch.

(2) Der Anhörungsbeauftragte führt die mündliche Anhörung in voller Unabhängigkeit durch.

(3) Der Anhörungsbeauftragte hat die Aufgabe, für eine ordnungsgemäße Durchführung der Anhörung zu sorgen und zur Objektivität sowohl der Anhörung als auch eines anschließend erlassenen Beschlusses beizutragen.

(4) Der Anhörungsbeauftragte gewährleistet, dass Adressaten der Mitteilung der Beschwerdepunkte, andere Beteiligte sowie zu der mündlichen Anhörung zugelassene Beschwerdeführer und betroffene Dritte im Sinne von Artikel 5 in der mündlichen Anhörung ausreichend Gelegenheit erhalten, sich zu den vorläufigen Feststellungen der Kommission zu äußern.

Art. 11 Vorbereitung der mündlichen Anhörung

(1) Der Anhörungsbeauftragte ist für die Vorbereitung der mündlichen Anhörung zuständig und ergreift diesbezüglich alle geeigneten Maßnahmen. Um die ordnungsgemäße Vorbereitung der mündlichen Anhörung zu gewährleisten, kann der Anhörungsbeauftragte nach Rücksprache mit dem zuständigen Direktor den zu der Anhörung geladenen Personen vorab eine Liste von Fragen übermitteln, zu denen eine Stellungnahme gewünscht wird. Der Anhörungsbeauftragte kann den zu der Anhörung geladenen Personen ferner die zu besprechenden Kernpunkte mitteilen und berücksichtigt dabei insbesondere die Sachverhalte und Fragen, die die Adressaten der Mitteilung der Beschwerdepunkte, die eine mündliche Anhörung beantragt haben, zur Sprache bringen möchten.

(2) Der Anhörungsbeauftragte kann nach Rücksprache mit dem zuständigen Direktor eine Sitzung zwecks Vorbereitung der Anhörung einberufen, an der die zu der Anhörung geladenen Personen und gegebenenfalls auch die Kommissionsdienststellen teilnehmen.

(3) Der Anhörungsbeauftragte kann außerdem verlangen, dass ihm der wesentliche Inhalt der beabsichtigten Äußerungen von zu der Anhörung geladenen Personen zuvor schriftlich übermittelt wird.

(4) Der Anhörungsbeauftragte kann eine Frist festsetzen, innerhalb deren alle zu der mündlichen Anhörung geladenen Personen ein Verzeichnis der Teilnehmer vorzulegen haben, die in ihrem Namen anwesend sein werden. Der Anhörungsbeauftragte stellt dieses Verzeichnis allen zu der mündlichen Anhörung geladenen Personen rechtzeitig vor dem für die Anhörung festgesetzten Tag zur Verfügung.

Art. 12 Zeitpunkt und Durchführung

(1) Der Anhörungsbeauftragte bestimmt nach Rücksprache mit dem zuständigen Direktor Tag, Dauer und Ort der Anhörung. Er entscheidet über Vertagungsanträge.

(2) Der Anhörungsbeauftragte entscheidet, ob während der Anhörung neue Unterlagen zugelassen und welche Personen im Namen eines Beteiligten gehört werden sollten.

(3) Der Anhörungsbeauftragte kann den Beteiligten, an die eine Mitteilung der Beschwerdepunkte gerichtet worden ist, anderen Beteiligten, Beschwerdeführern, anderen zu der mündlichen Anhörung geladenen Personen, den Kommissionsdienststellen und den Behörden der Mitgliedstaaten gestatten, während der Anhörung Fragen zu stellen. Kann ausnahmsweise eine Frage in der mündlichen Anhörung nur teilweise oder gar nicht beantwortet werden, so kann der Anhörungsbeauftragte gestatten, dass die Antwort schriftlich innerhalb einer gesetzten Frist gegeben wird. Diese schriftliche Antwort wird allen Teilnehmern an der mündlichen Anhörung übermittelt, sofern der Anhörungsbeauftragte zur Wahrung der Verteidigungsrechte eines Adressaten einer Mitteilung der Beschwerdepunkte oder zum Schutz von Geschäftsgeheimnissen bzw. sonstigen vertraulichen Informationen einer Person nichts anderes entscheidet.

(4) Sofern zur Wahrung des Rechts auf Anhörung erforderlich, kann der Anhörungsbeauftragte nach Rücksprache mit dem zuständigen Direktor den Parteien, anderen Beteiligten, Beschwerdeführern oder betroffenen Dritten im Sinne von Artikel 5 die Gelegenheit zur Vorlage weiterer schriftlicher Äußerungen nach der mündlichen Anhörung geben. Der Anhörungsbeauftragte setzt eine Frist für die Vorlage solcher Äußerungen. Die Kommission ist nicht verpflichtet, nach Ablauf dieser Frist eingehende schriftliche Äußerungen zu berücksichtigen.

Art. 13 Schutz von Geschäftsgeheimnissen und Vertraulichkeit in der mündlichen Anhörung

In der Regel werden alle Personen in Anwesenheit aller anderen zu der mündlichen Anhörung geladenen Personen gehört. Der Anhörungsbeauftragte kann auch entscheiden, Personen in einer nichtöffentlichen Anhörung gesondert anzuhören, um ihrem berechtigten Interesse am Schutz ihrer Geschäftsgeheimnisse und sonstiger vertraulicher Informationen Rechnung zu tragen.

Kapitel 7
Zwischenbericht und Recht auf Stellungnahme

Art. 14 Zwischenbericht und Stellungnahmen

(1) Der Anhörungsbeauftragte legt dem zuständigen Kommissionsmitglied einen Zwischenbericht über die Anhörung und über seine Schlussfolgerungen in der Frage vor, ob die Verfahrensrechte effektiv gewahrt worden sind. Dabei ist auf Verfahrensfragen einzugehen, einschließlich folgender Fragen:
a) die Offenlegung von Unterlagen und die Akteneinsicht;
b) Fristen für die Erwiderung auf die Mitteilung der Beschwerdepunkte;
c) die Wahrung des Rechts auf Anhörung;
d) die ordnungsgemäße Durchführung der Anhörung.

Der Generaldirektor für Wettbewerb, der zuständige Direktor und die anderen zuständigen Kommissionsdienststellen erhalten eine Kopie des Berichts.

(2) Neben dem in Absatz 1 genannten Bericht kann der Anhörungsbeauftragte auch gesondert zum weiteren Verlauf und zur Unparteilichkeit des Verfahrens Stellung nehmen. Dabei bemüht sich der Anhörungsbeauftragte insbesondere sicherzustellen, dass alle relevanten Sachverhalte, seien sie zum Vor- oder zum Nachteil der Parteien, einschließlich solcher, die über die Schwere und Dauer einer Zuwiderhandlung Aufschluss geben, bei der Ausarbeitung von Entwürfen für Beschlüsse der Kommission angemessen berücksichtigt werden. So kann er u. a. auf die Einholung weiterer Informationen, den Verzicht auf bestimmte Beschwerdepunkte, die Mitteilung weiterer Beschwerdepunkte oder auch weitere Ermittlungshandlungen nach Kapitel V der Verordnung (EG) Nr. 1/2003 eingehen.

Die Stellungnahmen werden dem Generaldirektor für Wettbewerb, dem zuständigen Direktor und dem Juristischen Dienst übermittelt.

Kapitel 8
Verpflichtungsangebote und Vergleiche

Art. 15 Verpflichtungsangebote und Vergleiche

(1) Verfahrensbeteiligte, die nach Artikel 9 der Verordnung (EG) Nr. 1/2003 Verpflichtungsangebote unterbreiten, um die ihnen von der Kommission in ihrer vorläufigen Beurteilung mitgeteilten Bedenken auszuräumen, können sich während des Verfahrens nach Artikel 9 jederzeit an den Anhörungsbeauftragten wenden, um sicherzustellen, dass sie ihre Verfahrensrechte wirksam ausüben können.

(2) Parteien eines Kartellverfahrens, die nach Artikel 10a der Verordnung (EG) Nr. 773/2004 Vergleichsgespräche führen, können sich während des Vergleichsverfahrens jederzeit an den Anhörungsbeauftragten wenden, um sicherzustellen, dass sie ihre Verfahrensrechte wirksam ausüben können.

Kapitel 9
Abschlussbericht

Art. 16 Inhalt und Übermittlung vor Erlass eines Beschlusses

(1) Der Anhörungsbeauftragte erstellt anhand des Beschlussentwurfs, der dem Beratenden Ausschuss in der fraglichen Sache vorzulegen ist, nach Artikel 14 Absatz 1 einen schriftlichen Abschlussbericht zu der Frage, ob die Verfahrensrechte in jeder Phase des Verfahrens effektiv gewahrt worden sind. In diesem Bericht wird auch berücksichtigt, ob den Beteiligten Gelegenheit gegeben wurde, sich zu allen in dem Beschlussentwurf behandelten Beschwerdepunkten zu äußern.

(2) Der Abschlussbericht wird dem zuständigen Kommissionsmitglied, dem Generaldirektor für Wettbewerb, dem zuständigen Direktor und den anderen zuständigen Kommissionsdienststellen vorgelegt. Er wird den zuständigen Behörden der Mitgliedstaaten und gemäß den Bestimmungen der Protokolle Nr. 23 und 24 zum EWR-Abkommen über die Zusammenarbeit der EFTA-Überwachungsbehörde übermittelt.

Art. 17 Vorlage bei der Kommission und Veröffentlichung

(1) Der Abschlussbericht des Anhörungsbeauftragten wird der Kommission zusammen mit dem Beschlussentwurf vorgelegt, um sicherzustellen, dass die Kommission ihren Beschluss in einer Wettbewerbssache in voller Kenntnis aller sachdienlichen Informationen über den Ablauf des Verfahrens treffen kann und dass die Verfahrensrechte über den gesamten Verfahrensverlauf hinweg effektiv gewahrt worden sind.

(2) Der Abschlussbericht kann vom Anhörungsbeauftragten im Lichte von Änderungen des Beschlussentwurfs bis zum Erlass des Beschlusses durch die Kommission geändert werden.

(3) Die Kommission übermittelt den Abschlussbericht des Anhörungsbeauftragten zusammen mit dem Beschluss an die Adressaten des Beschlusses. Sie veröffentlicht den Abschlussbericht des Anhörungsbeauftragten im *Amtsblatt der Europäischen Union* zusammen mit dem Beschluss und trägt dabei dem berechtigten Interesse von Unternehmen am Schutz ihrer Geschäftsgeheimnisse Rechnung.

Kapitel 10
Schlussbestimmungen

Art. 18 Aufhebung und Übergangsbestimmung

(1) Der Beschluss 2001/462/EG, EGKS wird aufgehoben.

(2) Verfahrensmaßnahmen, die bereits auf der Grundlage des Beschlusses 2001/462/EG, EGKS getroffen worden sind, bleiben wirksam. In Bezug auf Ermittlungsmaßnahmen, die vor Inkrafttreten des vorliegenden Beschlusses ergriffen wurden, kann der Anhörungsbeauftragte die Ausübung seiner Befugnisse nach Artikel 4 ablehnen. Ist die Einleitung des Verfahrens nach Artikel 11 Absatz 6 der Verordnung (EG) Nr. 1/2003 bzw. Artikel 6 Absatz 1 Buchstabe c der Verordnung (EG) Nr. 139/2004 vor Inkrafttreten des vorliegenden Beschlusses erfolgt, so behandelt weder der Zwischenbericht nach Artikel 14 des vorliegenden Beschlusses noch der Abschlussbericht nach Artikel 16 die Untersuchungsphase, sofern der Anhörungsbeauftragte nichts anderes entscheidet.

Art. 19 Inkrafttreten

Dieser Beschluss tritt am Tag nach seiner Veröffentlichung im Amtsblatt der Europäischen Union in Kraft.

Brüssel, den 13. Oktober 2011

Für die Kommission

Der Präsident

José Manuel BARROSO 20.10.2011 Amtsblatt der Europäischen Union L 275/37

Anhang A 6. Kfz-GVO 1400/2002

Verordnung (EG) Nr. 1400/2002 der Kommission vom 31. Juli 2002 über die Anwendung von Artikel 81 Absatz 3 des Vertrags auf Gruppen von vertikalen Vereinbarungen und aufeinander abgestimmten Verhaltensweisen im Kraftfahrzeugsektor

(nicht mehr in Kraft)

(ABl. 2002 L 203/30)

(vom Abdruck der Erwägungsgründe wurde abgesehen)

Art. 1 Begriffsbestimmungen

(1) Für die Anwendung dieser Verordnung gelten folgende Begriffsbestimmungen:

a) „Wettbewerber" sind tatsächliche oder potenzielle Anbieter im selben Produktmarkt; der Produktmarkt umfasst Waren oder Dienstleistungen, die vom Käufer aufgrund ihrer Eigenschaften, ihrer Preise und ihres Verwendungszwecks als mit den Vertragswaren oder –dienstleistungen austauschbar oder durch diese substituierbar angesehen werden.

b) „Wettbewerbsverbote" sind alle unmittelbaren oder mittelbaren Verpflichtungen, die den Käufer veranlassen, keine Waren oder Dienstleistungen herzustellen, zu beziehen, zu verkaufen oder weiterzuverkaufen, die mit den Vertragswaren oder -dienstleistungen im Wettbewerb stehen, sowie alle unmittelbaren oder mittelbaren Verpflichtungen des Käufers, mehr als 30% seiner auf der Grundlage des Einkaufswerts des vorherigen Kalenderjahres berechneten gesamten Einkäufe von Vertragswaren, ihnen entsprechenden Waren oder Vertragsdienstleistungen sowie ihrer Substitute auf dem relevanten Markt vom Lieferanten oder einem anderen vom Lieferanten bezeichneten Unternehmen zu beziehen. Eine Verpflichtung des Händlers, Kraftfahrzeuge anderer Lieferanten in gesonderten Bereichen des Ausstellungsraums zu verkaufen, um eine Verwechslung der Marken zu vermeiden, stellt kein Wettbewerbsverbot im Sinne dieser Verordnung dar. Die Verpflichtung des Händlers, für verschiedene Kraftfahrzeugmarken markenspezifisches Verkaufspersonal zu beschäftigen, stellt ein Wettbewerbsverbot im Sinne dieser Verordnung dar, es sei denn, der Händler entscheidet sich dafür, markenspezifisches Verkaufspersonal zu beschäftigen, und der Lieferant trägt alle dabei anfallenden zusätzlichen Kosten.

c) „Vertikale Vereinbarungen" sind Vereinbarungen oder aufeinander abgestimmte Verhaltensweisen zwischen zwei oder mehr Unternehmen, von denen jedes bei der Durchführung der Vereinbarung auf einer unterschiedlichen Stufe der Produktions- oder Vertriebskette tätig ist.

d) „Vertikale Beschränkungen" sind Wettbewerbsbeschränkungen im Sinne von Artikel 81 Absatz 1, sofern sie in einer vertikalen Vereinbarung enthalten sind.

e) „Alleinbelieferungsverpflichtung" ist jede unmittelbare oder mittelbare Verpflichtung, die den Lieferanten veranlasst, die Vertragswaren oder -dienstleistungen zum

Zweck einer spezifischen Verwendung oder des Weiterverkaufs nur an einen einzigen Käufer innerhalb des Gemeinsamen Marktes zu verkaufen.

f) „Selektive Vertriebssysteme" sind Vertriebssysteme, in denen sich der Lieferant verpflichtet, die Vertragswaren oder -dienstleistungen unmittelbar oder mittelbar nur an Händler oder Werkstätten zu verkaufen, die aufgrund festgelegter Merkmale ausgewählt werden, und in denen sich diese Händler oder Werkstätten verpflichten, die betreffenden Waren oder Dienstleistungen nicht an nicht zugelassene Händler oder unabhängige Werkstätten zu verkaufen, unbeschadet der Möglichkeit des Ersatzteilverkaufs an unabhängige Werkstätten und der Pflicht, unabhängigen Marktbeteiligten sämtliche für die Instandsetzung und Wartung der Kraftfahrzeuge und für Umweltschutzmaßnahmen erforderlichen technischen Informationen, Diagnoseausrüstung, Geräte und fachliche Unterweisung zur Verfügung zu stellen.

g) „Quantitative selektive Vertriebssysteme" sind selektive Vertriebssysteme, in denen der Lieferant Merkmale für die Auswahl der Händler und Werkstätten verwendet, durch die deren Zahl unmittelbar begrenzt wird.

h) „Qualitative selektive Vertriebssysteme" sind selektive Vertriebssysteme, in denen der Lieferant rein qualitative Merkmale für die Auswahl der Händler oder Werkstätten anwendet, die wegen der Beschaffenheit der Vertragswaren oder -dienstleistungen erforderlich sind, für alle sich um die Aufnahme in das Vertriebssystem bewerbenden Händler oder Werkstätten einheitlich gelten, in nicht diskriminierender Weise angewandt werden und nicht unmittelbar die Zahl der Händler oder Werkstätten begrenzen.

i) „Geistige Eigentumsrechte" umfassen unter anderem gewerbliche Schutzrechte, Urheberrechte sowie verwandte Schutzrechte.

j) „Know-how" ist eine Gesamtheit nicht patentgeschützter praktischer Kenntnisse, die der Lieferant durch Erfahrungen und Erprobung gewonnen hat und die geheim, wesentlich und identifiziert sind; hierbei bedeutet „geheim", dass das Know-how als Gesamtheit oder in der jeweiligen Gestalt und Zusammensetzung seiner Bestandteile nicht allgemein bekannt und nicht leicht zugänglich ist; „wesentlich" bedeutet, dass das Know-how auch Kenntnisse umfasst, die für den Käufer für die Verwendung, den Verkauf oder den Weiterverkauf der Vertragswaren oder -dienstleistungen unerlässlich sind; „identifiziert" bedeutet, dass das Know-how umfassend genug beschrieben ist, so dass überprüft werden kann, ob es die Merkmale „geheim" und „wesentlich" erfüllt.

k) „Käufer", gleich ob Händler oder Werkstatt, ist auch ein Unternehmen, das Waren oder Dienstleistungen für Rechnung eines anderen Unternehmens verkauft.

l) „Zugelassene Werkstatt" ist ein Erbringer von Instandsetzungs- und Wartungsdienstleistungen für Kraftfahrzeuge, der dem von einem Kraftfahrzeuglieferanten eingerichteten Vertriebssystem angehört.

m) „Unabhängige Werkstatt" ist ein Erbringer von Instandsetzungs- und Wartungsdienstleistungen für Kraftfahrzeuge, der nicht dem von einem Kraftfahrzeuglieferanten, dessen Kraftfahrzeuge er Instand setzt oder wartet, eingerichteten Vertriebssystem angehört. Eine zugelassene Werkstatt im Vertriebssystem eines Lieferanten wird hinsichtlich der Instandsetzungs- und Wartungsdienstleistungen für Kraftfahrzeuge, für die sie nicht Mitglied des Vertriebssystems des entsprechenden Lieferanten ist, als unabhängige Werkstatt im Sinne dieser Verordnung angesehen.

n) „Kraftfahrzeuge" sind Fahrzeuge mit Selbstantrieb und mindestens drei Rädern, die für den Verkehr auf öffentlichen Straßen bestimmt sind.

o) „Personenkraftwagen" sind Kraftfahrzeuge, die der Beförderung von Personen dienen und zusätzlich zum Fahrersitz nicht mehr als acht Sitze aufweisen.

p) „Leichte Nutzfahrzeuge" sind Kraftfahrzeuge, die der Beförderung von Waren oder Personen dienen und deren zulässige Gesamtmasse 3,5 Tonnen nicht überschreitet; werden von einem leichten Nutzfahrzeug auch Ausführungen mit einer zulässigen Gesamtmasse von mehr als 3,5 Tonnen verkauft, gelten sämtliche Ausführungen dieses Fahrzeugs als leichte Nutzfahrzeuge.

q) „Vertragsprogramm" sind sämtliche Kraftfahrzeugmodelle, die für einen Erwerb durch den Händler beim Lieferanten verfügbar sind.

r) „Kraftfahrzeug, das einem Modell des Vertragsprogramms entspricht", ist ein solches Kraftfahrzeug, das Gegenstand einer Vertriebsvereinbarung mit einem anderen Unternehmen innerhalb des vom Hersteller oder mit seiner Zustimmung errichteten Vertriebssystems ist und das
   - vom Hersteller in Serie gefertigt oder zusammengebaut wird und
   - dessen Karosserie die gleiche Form hat und welches das gleiche Trieb- und Fahrwerk sowie einen Motor des gleichen Typs hat wie ein Kraftfahrzeug des Vertragsprogramms.

s) „Ersatzteile" sind Waren, die in ein Kraftfahrzeug eingebaut oder an ihm angebracht werden und ein Bauteil dieses Fahrzeugs ersetzen, wozu auch Waren wie Schmieröle zählen, die für die Nutzung des Kraftfahrzeugs erforderlich sind, mit Ausnahme von Kraftstoffen.

t) „Originalersatzteile" sind Ersatzteile, die von gleicher Qualität sind wie die Bauteile, die für die Montage des Neufahrzeugs verwendet werden oder wurden, und die nach den Spezifizierungen und Produktionsanforderungen hergestellt werden, die vom Kraftfahrzeughersteller für die Herstellung der Bauteile oder Ersatzteile des fraglichen Kraftfahrzeugs vorgegeben wurden. Dies umfasst auch Ersatzteile, die auf der gleichen Produktionsanlage hergestellt werden wie diese Bauteile. Es wird bis zum Beweis des Gegenteils vermutet, dass Ersatzteile Originalersatzteile sind, sofern der Teilehersteller bescheinigt, dass diese Teile von gleicher Qualität sind wie die für die Herstellung des betreffenden Fahrzeugs verwendeten Bauteile und dass sie nach den Spezifizierungen und Produktionsanforderungen des Kraftfahrzeugherstellers hergestellt wurden.

u) „Qualitativ gleichwertige Ersatzteile" sind Ersatzteile, die von einem Unternehmen hergestellt werden, das jederzeit bescheinigen kann, dass die fraglichen Teile den Bauteilen, die bei der Montage der fraglichen Fahrzeuge verwendet werden oder wurden, qualitativ entsprechen.

v) „Unternehmen des Vertriebssystems" sind der Hersteller und die Unternehmen, die vom Hersteller selbst oder mit seiner Zustimmung mit dem Vertrieb oder der Instandsetzung oder Wartung von Vertragswaren oder ihnen entsprechenden Waren betraut werden.

w) „Endverbraucher" sind auch Leasingunternehmen, sofern die Leasingverträge weder eine Übertragung von Eigentum noch eine Kaufoption für das Fahrzeug vor Ablauf des Leasingvertrags enthalten.

(2) Die Begriffe „Unternehmen", „Lieferant", „Käufer", „Händler" und „Werkstatt" schließen die jeweils verbundenen Unternehmen ein. „Verbundene Unternehmen" sind:

a) Unternehmen, in denen ein an der Vereinbarung beteiligtes Unternehmen unmittelbar oder mittelbar
   i) über mehr als die Hälfte der Stimmrechte verfügt oder
   ii) mehr als die Hälfte der Mitglieder des Leitungs- oder Verwaltungsorgans oder der zur gesetzlichen Vertretung berufenen Organe bestellen kann oder
   iii) das Recht hat, die Geschäfte des Unternehmens zu führen;

b) Unternehmen, die in einem an der Vereinbarung beteiligten Unternehmen unmittelbar oder mittelbar die unter Buchstabe a) bezeichneten Rechte oder Einflussmöglichkeiten haben;

c) Unternehmen, in denen ein unter Buchstabe b) genanntes Unternehmen unmittelbar oder mittelbar die unter Buchstabe a) bezeichneten Rechte oder Einflussmöglichkeiten hat;

d) Unternehmen, in denen eine der Vertragsparteien gemeinsam mit einem oder mehreren der unter den Buchstaben a), b) oder c) genannten Unternehmen oder in denen zwei oder mehr als zwei der zuletzt genannten Unternehmen gemeinsam die in Buchstabe a) bezeichneten Rechte oder Einflussmöglichkeiten haben;
e) Unternehmen, in denen die unter Buchstabe a) genannten Rechte oder Einflussmöglichkeiten gemeinsam gehalten werden
   i) von Vertragsparteien oder von mit ihnen jeweils verbundenen Unternehmen im Sinne der Buchstaben a) bis d) oder
   ii) von einer oder mehreren der Vertragsparteien oder einem oder mehreren der mit ihnen im Sinne der Buchstaben a) bis d) verbundenen Unternehmen und von einem oder mehreren dritten Unternehmen.

Art. 2 Geltungsbereich

(1) Artikel 81 Absatz 1 des Vertrags wird gemäß Artikel 81 Absatz 3 unter den in dieser Verordnung geregelten Voraussetzungen für nicht anwendbar erklärt auf vertikale Vereinbarungen, welche die Bedingungen betreffen, zu denen die Parteien neue Kraftfahrzeuge, Kraftfahrzeugersatzteile oder Wartungs- und Instandsetzungsdienstleistungen für Kraftfahrzeuge beziehen, verkaufen oder weiterverkaufen können.

Unterabsatz 1 gilt, soweit in diesen vertikalen Vereinbarungen vertikale Beschränkungen enthalten sind.

Die Freistellung im Sinne dieses Absatzes wird in dieser Verordnung als „Freistellung" bezeichnet.

(2) Die Freistellung gilt auch für folgende Gruppen vertikaler Vereinbarungen:

a) vertikale Vereinbarungen zwischen einer Unternehmensvereinigung und ihren Mitgliedern oder zwischen einer solchen Vereinigung und ihren Lieferanten nur dann, wenn alle Mitglieder der Vereinigung Händler von Kraftfahrzeugen oder Kraftfahrzeugersatzteilen oder Werkstätten sind und wenn keines ihrer einzelnen Mitglieder zusammen mit seinen verbundenen Unternehmen einen jährlichen Gesamtumsatz von mehr als 50 Mio. EUR erzielt; die Freistellung der von solchen Vereinigungen geschlossenen vertikalen Vereinbarungen gilt unbeschadet der Anwendbarkeit von Artikel 81 auf horizontale Vereinbarungen zwischen den Mitgliedern der Vereinigung sowie auf Beschlüsse der Vereinigung;
b) vertikale Vereinbarungen, die Bestimmungen enthalten, welche die Übertragung von geistigen Eigentumsrechten auf den Käufer oder die Nutzung solcher Rechte durch den Käufer betreffen, sofern diese Bestimmungen nicht Hauptgegenstand der Vereinbarung sind und sie sich unmittelbar auf die Nutzung, den Verkauf oder den Weiterverkauf von Waren oder Dienstleistungen durch den Käufer oder seine Kunden beziehen. Die Freistellung gilt unter der Voraussetzung, dass diese Bestimmungen in Bezug auf Vertragswaren oder -dienstleistungen keine Wettbewerbsbeschränkungen mit demselben Zweck oder derselben Wirkung enthalten wie vertikale Beschränkungen, die durch diese Verordnung nicht freigestellt werden.

(3) Die Freistellung gilt nicht für vertikale Vereinbarungen zwischen Wettbewerbern.

Sie gilt jedoch, wenn Wettbewerber eine nicht wechselseitige vertikale Vereinbarung treffen und

a) der jährliche Gesamtumsatz des Käufers 100 Mio. EUR nicht überschreitet oder
b) der Lieferant zugleich Hersteller und Händler von Waren, der Käufer dagegen ein Händler ist, der keine mit den Vertragswaren im Wettbewerb stehenden Waren herstellt, oder
c) der Lieferant ein auf mehreren Wirtschaftsstufen tätiger Dienstleistungserbringer ist und der Käufer auf der Wirtschaftsstufe, auf der er die Vertragsdienstleistungen bezieht, keine mit diesen im Wettbewerb stehenden Dienstleistungen erbringt.

Art. 3 Allgemeine Voraussetzungen

(1) Unbeschadet derAbsätze 2, 3, 4, 5, 6 und 7 gilt die Freistellung nur, wenn der Anteil des Lieferanten an dem relevanten Markt, auf dem er Kraftfahrzeuge, Kraftfahrzeugersatzteile oder Instandsetzungs- oder Wartungsdienstleistungen verkauft, 30% nicht überschreitet.

Die Marktanteilsschwelle für die Anwendung der Freistellung beträgt jedoch 40% für Vereinbarungen über quantitative selektive Vertriebssysteme zum Verkauf neuer Kraftfahrzeuge.

Diese Marktanteilsschwellen gelten nicht für Vereinbarungen über qualitative selektive Vertriebssysteme.

(2) Im Fall von vertikalen Vereinbarungen, die Alleinbelieferungsverpflichtungen enthalten, gilt die Freistellung, wenn der Anteil des Käufers an dem relevanten Markt, auf dem er die Vertragswaren oder -dienstleistungen bezieht, 30% nicht überschreitet.

(3) Die Freistellung gilt unter der Voraussetzung, dass in der vertikalen Vereinbarung mit einem Händler oder einer Werkstatt vorgesehen ist, dass der Lieferant der Übertragung der aus der vertikalen Vereinbarung erwachsenden Rechte und Pflichten auf einen anderen Händler bzw. eine andere Werkstatt des Vertriebssystems, die vom vormaligen Händler bzw. von der vormaligen Werkstatt ausgewählt wurden, zustimmt.

(4) Die Freistellung gilt unter der Voraussetzung, dass in der vertikalen Vereinbarung mit einem Händler oder einer Werkstatt vorgesehen ist, dass der Lieferant eine Vereinbarung nur schriftlich kündigen kann und die Kündigung eine ausführliche Begründung enthalten muss, die objektiv und transparent ist, um einen Lieferanten daran zu hindern, eine vertikale Vereinbarung mit einem Händler oder einer Werkstatt wegen Verhaltensweisen zu beenden, die nach dieser Verordnung nicht eingeschränkt werden dürfen.

(5) Die Freistellung gilt unter der Voraussetzung, dass die vertikale Vereinbarung eines Herstellers von neuen Kraftfahrzeugen mit einem Händler oder einer zugelassenen Werkstatt

a) eine Laufzeit von mindestens fünf Jahren hat und sich die Vertragsparteien verpflichten, eine Nichtverlängerung mindestens sechs Monate im Voraus anzukündigen oder
b) unbefristet ist und die Vertragsparteien eine Kündigungsfrist von mindestens zwei Jahren vereinbaren; diese Frist verkürzt sich in folgenden Fällen auf mindestens ein Jahr:
   i) Der Lieferant hat aufgrund gesetzlicher Bestimmungen oder aufgrund besonderer Absprache bei Beendigung der Vereinbarung eine angemessene Entschädigung zu zahlen, oder
   ii) für den Lieferanten ergibt sich die Notwendigkeit, das Vertriebsnetz insgesamt oder zu einem wesentlichen Teil umzustrukturieren.

(6) Die Freistellung gilt unter der Voraussetzung, dass in der vertikalen Vereinbarung für jede der Vertragsparteien das Recht vorgesehen ist, bei Meinungsverschiedenheiten über die Erfüllung ihrer vertraglichen Verpflichtung einen unabhängigen Sachverständigen oder einen Schiedsrichter anzurufen. Die Meinungsverschiedenheiten können sich u. a. auf Folgendes beziehen:

a) Lieferverpflichtungen,
b) die Festsetzung oder das Erreichen von Absatzzielen,
c) Bevorratungspflichten,
d) die Verpflichtung zur Bereitstellung oder Nutzung von Fahrzeugen für Ausstellungszwecke und Probefahrten,
e) die Voraussetzungen für den Mehrmarkenvertrieb,

f) die Frage, ob das Verbot des Tätigwerdens von einem nicht zugelassenen Standort aus die Möglichkeiten der Ausweitung des Geschäfts des Händlers von anderen Kraftfahrzeugen als Personenkraftwagen oder leichten Nutzfahrzeugen beschränkt, oder
g) die Frage, ob die Kündigung einer Vereinbarung aufgrund der angegebenen Kündigungsgründe gerechtfertigt ist.

Von dem in Satz 1 genannten Recht unberührt bleibt das Recht der Vertragsparteien, ein nationales Gericht anzurufen.

(7) Bei der Anwendung dieses Artikels wird der Marktanteil der in Artikel 1 Absatz 2 Buchstabe e) bezeichneten Unternehmen jedem der Unternehmen, das die in Artikel 1 Absatz 2 Buchstabe a) bezeichneten Rechte oder Einflussmöglichkeiten hat, zu gleichen Teilen zugerechnet.

Art. 4 Kernbeschränkungen

(Kernbeschränkungen betreffend den Verkauf von neuen Kraftfahrzeugen, Instandsetzungs- und Wartungsdienstleistungen oder Ersatzteilen)

(1) Die Freistellung gilt nicht für vertikale Vereinbarungen, die unmittelbar oder mittelbar, für sich allein oder in Verbindung mit anderen Umständen unter der Kontrolle der Vertragsparteien Folgendes bezwecken:

a) die Beschränkung der Möglichkeiten des Händlers oder der Werkstatt, den Verkaufspreis selbst festzusetzen; dies gilt unbeschadet der Möglichkeit des Lieferanten, Höchstverkaufspreise festzusetzen oder Preisempfehlungen auszusprechen, sofern sich diese nicht infolge der Ausübung von Druck oder der Gewährung von Anreizen durch eine der Vertragsparteien tatsächlich wie Fest- oder Mindestverkaufspreise auswirken;
b) Beschränkungen des Gebiets oder Kundenkreises, in das oder an den der Händler oder die Werkstatt Vertragswaren oder -dienstleistungen verkaufen darf; jedoch gilt die Freistellung für:
   i) Beschränkungen des aktiven Verkaufs in Gebiete oder an Gruppen von Kunden, die der Lieferant sich selbst vorbehalten oder ausschließlich einem anderen Händler oder einer anderen Werkstatt zugewiesen hat, sofern dadurch Verkäufe seitens der Kunden des Händlers oder der Werkstatt nicht begrenzt werden;
   ii) Beschränkungen des Verkaufs an Endverbraucher durch Händler, die auf der Großhandelsstufe tätig sind;
   iii) Beschränkungen des Verkaufs neuer Kraftfahrzeuge und von Ersatzteilen an nicht zugelassene Händler, die Mitgliedern eines selektiven Vertriebssystems in Märkten mit selektivem Vertrieb auferlegt werden, vorbehaltlich der Bestimmungen unter Buchstabe i);
   iv) Beschränkungen der Möglichkeiten des Käufers, Bauteile, die zum Einbau in andere Erzeugnisse geliefert werden, an Kunden zu verkaufen, welche diese Bauteile für die Herstellung derselben Art von Erzeugnissen verwenden würden, wie sie der Lieferant herstellt;
c) die Beschränkung von Querlieferungen zwischen Händlern oder Werkstätten innerhalb eines selektiven Vertriebssystems, auch wenn diese auf unterschiedlichen Handelsstufen tätig sind;
d) Beschränkungen des aktiven oder passiven Verkaufs von neuen Personenkraftwagen oder leichten Nutzfahrzeugen, Ersatzteilen für sämtliche Kraftfahrzeuge oder Instandsetzungs- und Wartungsdienstleistungen an Endverbraucher in Märkten mit selektivem Vertrieb, soweit diese Beschränkungen Mitgliedern eines selektiven Vertriebssystems auferlegt werden, welche auf der Einzelhandelsstufe tätig sind. Die Freistellung gilt für Vereinbarungen, in denen Mitgliedern eines selektiven

Vertriebssystems verboten wird, Geschäfte von nicht zugelassenen Standorten aus zu betreiben. Die Anwendung der Freistellung auf ein solches Verbot gilt jedoch vorbehaltlich des Artikels 5 Absatz 2 Buchstabe b);

e) Beschränkungen des aktiven oder passiven Verkaufs von anderen neuen Kraftfahrzeugen als Personenkraftwagen oder leichte Nutzfahrzeuge an Endverbraucher, soweit diese Beschränkungen Mitgliedern eines selektiven Vertriebssystems auferlegt werden, welche auf der Einzelhandelsstufe tätig sind; dies gilt unbeschadet der Möglichkeit des Lieferanten, es Mitgliedern eines solchen Systems zu verbieten, Geschäfte von nicht zugelassenen Standorten aus zu betreiben;

(Kernbeschränkungen, die lediglich den Verkauf neuer Kraftfahrzeuge betreffen)

f) Beschränkungen der Möglichkeit des Händlers, neue Kraftfahrzeuge zu verkaufen, die einem Modell seines Vertragsprogramms entsprechen;

g) Beschränkungen der Möglichkeit des Händlers, die Erbringung von Instandsetzungs- und Wartungsdienstleistungen an zugelassene Werkstätten untervertraglich weiterzuvergeben; dies gilt unbeschadet der Möglichkeit des Lieferanten zu verlangen, dass der Händler dem Endverbraucher vor Abschluss des Kaufvertrags den Namen und die Anschrift der zugelassenen Werkstatt oder der zugelassenen Werkstätten mitteilt und, sollte sich eine der zugelassenen Werkstätten nicht in der Nähe der Verkaufsstelle befinden, den Endverbraucher über die Entfernung der fraglichen Werkstatt oder Werkstätten von der Verkaufsstelle zu unterrichten. Verpflichtungen dieser Art dürfen jedoch nur auferlegt werden, wenn Händlern, deren eigene Werkstatt sich nicht auf dem gleichen Gelände wie ihre Verkaufsstelle befindet, ähnliche Verpflichtungen auferlegt werden;

(Kernbeschränkungen, die lediglich den Verkauf von Instandsetzungs- und Wartungsdienstleistungen und Ersatzteilen betreffen)

h) Beschränkungen des Rechts einer zugelassenen Werkstatt, ihre Tätigkeit auf die Erbringung von Instandsetzungs- und Wartungsdienstleistungen und den Ersatzteilvertrieb zu begrenzen;

i) Beschränkungen des Verkaufs von Kraftfahrzeugersatzteilen durch Mitglieder eines selektiven Vertriebssystems an unabhängige Werkstätten, welche diese Teile für die Instandsetzung und Wartung eines Kraftfahrzeugs verwenden;

j) zwischen einem Lieferanten von Originalersatzteilen oder qualitativ gleichwertigen Ersatzteilen, Instandsetzungsgeräten, Diagnose- oder Ausrüstungsgegenständen und einem Kraftfahrzeughersteller vereinbarte Beschränkungen, welche die Möglichkeit des Lieferanten einschränken, diese Waren an zugelassene oder unabhängige Händler, zugelassene oder unabhängige Werkstätten oder an Endverbraucher zu verkaufen;

k) Beschränkungen der Möglichkeiten eines Händlers oder einer zugelassenen Werkstatt, Originalersatzteile oder qualitativ gleichwertige Ersatzteile von einem dritten Unternehmen ihrer Wahl zu erwerben und diese Teile für die Instandsetzung oder Wartung von Kraftfahrzeugen zu verwenden; davon unberührt bleibt das Recht der Lieferanten neuer Kraftfahrzeuge, für Arbeiten im Rahmen der Gewährleistung, des unentgeltlichen Kundendienstes oder von Rückrufaktionen die Verwendung von Originalersatzteilen vorzuschreiben, die vom Fahrzeughersteller bezogen wurden;

l) die zwischen einem Kraftfahrzeughersteller, der Bauteile für die Erstmontage von Kraftfahrzeugen verwendet, und dem Lieferanten dieser Bauteile getroffene Vereinbarung, die dessen Möglichkeiten beschränkt, sein Waren- oder Firmenzeichen auf diesen Teilen oder Ersatzteilen effektiv und gut sichtbar anzubringen.

(2) Die Freistellung gilt nicht, wenn der Kraftfahrzeuglieferant unabhängigen Marktbeteiligten den Zugang zu den für die Instandsetzung und Wartung seiner Kraftfahrzeuge oder für Umweltschutzmaßnahmen erforderlichen technischen Infor-

mationen, Diagnose- und anderen Geräten und Werkzeugen nebst einschlägiger Software oder die fachliche Unterweisung verweigert.

Dieser Zugang muss u. a. die uneingeschränkte Nutzung der elektronischen Kontroll- und Diagnosesysteme eines Kraftfahrzeugs, deren Programmierung gemäß den Standardverfahren des Lieferanten, die Instandsetzungs- und Wartungsanleitungen und die für die Nutzung von Diagnose- und Wartungsgeräten sowie sonstiger Ausrüstung erforderlichen Informationen einschließen.

Unabhängigen Marktbeteiligten ist dieser Zugang unverzüglich in nicht diskriminierender und verhältnismäßiger Form zu gewähren, und die Angaben müssen verwendungsfähig sein. Der Zugang zu Gegenständen, die durch geistige Eigentumsrechte geschützt sind oder Know-how darstellen, darf nicht missbräuchlich verweigert werden.

„Unabhängige Marktbeteiligte" im Sinne dieses Absatzes sind Unternehmen, die direkt oder indirekt an der Instandsetzung und Wartung von Kraftfahrzeugen beteiligt sind, insbesondere unabhängige Werkstätten, Hersteller von Instandsetzungsausrüstung und -geräten, unabhängige Ersatzteilhändler, Herausgeber von technischen Informationen, Automobilclubs, Pannendienste, Anbieter von Inspektions- und Testdienstleistungen sowie Einrichtungen der Aus- und Weiterbildung von Kraftfahrzeugmechanikern.

Art. 5 Besondere Voraussetzungen

(1) Mit Bezug auf den Verkauf von neuen Kraftfahrzeugen, Instandsetzungs- und Wartungsdienstleistungen oder Ersatzteilen gilt die Freistellung nicht für folgende in vertikalen Vereinbarungen enthaltene Verpflichtungen:

a) alle unmittelbaren oder mittelbaren Wettbewerbsverbote;
b) alle unmittelbaren oder mittelbaren Verpflichtungen, welche die Möglichkeiten von zugelassenen Werkstätten einschränken, Instandsetzungs- und Wartungsdienstleistungen für Fahrzeuge konkurrierender Lieferanten zu erbringen;
c) alle unmittelbaren oder mittelbaren Verpflichtungen, welche die Mitglieder eines Vertriebssystems veranlassen, Kraftfahrzeuge oder Ersatzteile bestimmter konkurrierender Lieferanten nicht zu verkaufen oder Instandsetzungs- und Wartungsdienstleistungen für Kraftfahrzeuge bestimmter konkurrierender Lieferanten nicht zu erbringen;
d) alle unmittelbaren oder mittelbaren Verpflichtungen, die den Händler oder die zugelassene Werkstatt veranlassen, nach Beendigung der Vereinbarung Kraftfahrzeuge nicht herzustellen, zu beziehen, zu verkaufen oder weiterzuverkaufen oder Instandsetzungs- oder Wartungsdienstleistungen nicht zu erbringen.

(2) Mit Bezug auf den Verkauf von neuen Kraftfahrzeugen gilt die Freistellung nicht für folgende in vertikalen Vereinbarungen enthaltene Verpflichtungen:

a) alle unmittelbaren oder mittelbaren Verpflichtungen, die den Einzelhändler veranlassen, keine Leasingdienstleistungen für Vertragswaren oder ihnen entsprechende Waren zu verkaufen;
b) alle unmittelbaren oder mittelbaren Verpflichtungen, welche die Möglichkeiten von Händlern von Personenkraftwagen oder leichten Nutzfahrzeugen in einem selektiven Vertriebssystem einschränken, zusätzliche Verkaufs- oder Auslieferungsstellen an anderen Standorten im Gemeinsamen Markt zu errichten, an denen selektiver Vertrieb verwendet wird;

(3) Mit Bezug auf Instandsetzungs- und Wartungsdienstleistungen und den Verkauf von Ersatzteilen gilt die Freistellung nicht für alle unmittelbaren oder mittelbaren Verpflichtungen betreffend den Standort einer zugelassenen Werkstatt in einem selektiven Vertriebssystem.

Art. 6 Entzug des Vorteils der Verordnung

(1) Die Kommission kann den mit dieser Verordnung verbundenen Rechtsvorteil nach Artikel 7 Absatz 1 der Verordnung Nr. 19/65/EWG im Einzelfall entziehen, wenn eine nach dieser Verordnung freigestellte vertikale Vereinbarung gleichwohl Wirkungen hat, welche mit den Voraussetzungen von Artikel 81 Absatz 3 des Vertrags unvereinbar sind; dies gilt insbesondere, wenn

a) der Zugang zum relevanten Markt oder der Wettbewerb auf diesem durch die kumulative Wirkung nebeneinander bestehender Netze gleichartiger vertikaler Beschränkungen, die von miteinander im Wettbewerb stehenden Lieferanten oder Käufern angewandt werden, in erheblichem Maß beschränkt wird,
b) der Wettbewerb auf einem Markt beschränkt wird, auf dem ein Lieferant nicht wirksamem Wettbewerb anderer Lieferanten ausgesetzt ist,
c) sich Preise oder Lieferbedingungen für Vertragswaren oder ihnen entsprechende Waren zwischen räumlichen Märkten erheblich voneinander unterscheiden oder
d) innerhalb eines räumlichen Marktes ohne sachliche Rechtfertigung unterschiedliche Preise oder Verkaufsbedingungen angewandt werden.

(2) Wenn eine unter die Freistellung fallende Vereinbarung im Gebiet eines Mitgliedstaats oder in einem Teil desselben, der alle Merkmale eines gesonderten räumlichen Marktes aufweist, im Einzelfall Wirkungen hat, die mit den Voraussetzungen von Artikel 81 Absatz 3 des Vertrags unvereinbar sind, so kann die zuständige Behörde dieses Mitgliedstaats den Vorteil der Anwendung dieser Verordnung mit Wirkung für das betroffene Gebiet unter den gleichen Voraussetzungen wie in Absatz 1 entziehen.

Art. 7 Nichtanwendbarkeit der Verordnung

(1) Gemäß Artikel 1a der Verordnung Nr. 19/65/EWG kann die Kommission durch Verordnung erklären, dass in Fällen, in denen mehr als 50% eines relevanten Marktes von nebeneinander bestehenden Netzen gleichartiger vertikaler Beschränkungen erfasst werden, die vorliegende Verordnung auf vertikale Vereinbarungen, die bestimmte Beschränkungen des Wettbewerbs auf diesem Markt vorsehen, keine Anwendung findet.

(2) Eine Verordnung im Sinne von Absatz 1 wird frühestens ein Jahr nach ihrem Erlass anwendbar.

Art. 8 Berechnung der Marktanteile

(1) Die in dieser Verordnung geregelten Marktanteile werden wie folgt berechnet:

a) bezüglich des Vertriebs von neuen Kraftfahrzeugen auf der Grundlage der Absatzmengen der vom Lieferanten verkauften Vertragswaren und ihnen entsprechenden Waren sowie der sonstigen von dem Lieferanten verkauften Waren die vom Käufer aufgrund ihrer Eigenschaften, ihrer Preise und ihres Verwendungszwecks als austauschbar oder substituierbar angesehen werden;
b) bezüglich des Vertriebs von Ersatzteilen auf der Grundlage des Absatzwerts der vom Lieferanten verkauften Vertragswaren und sonstigen Waren, die vom Käufer aufgrund ihrer Eigenschaften, ihrer Preise und ihres Verwendungszwecks als austauschbar oder substituierbar angesehen werden;
c) bezüglich der Erbringung von Instandsetzungs- und Wartungsdienstleistungen auf der Grundlage des Absatzwerts der von den Mitgliedern des Vertriebsnetzes des Lieferanten erbrachten Vertragsdienstleistungen und sonstigen von diesen Mitgliedern angebotenen Dienstleistungen, die vom Käufer aufgrund ihrer Eigenschaften, ihrer Preise und ihres Verwendungszwecks als austauschbar oder substituierbar angesehen werden.

Liegen keine Angaben über die Absatzmengen für diese Berechnungen vor, so können Absatzwerte zugrunde gelegt werden oder umgekehrt. Liegen keine derartigen Angaben vor, so können Schätzungen vorgenommen werden, die auf anderen verlässlichen Marktdaten beruhen. Bei der Anwendung von Artikel 3 Absatz 2 ist auf die Menge beziehungsweise den Wert der auf dem Markt getätigten Käufe oder Schätzungen hiervon für die Ermittlung des Marktanteils abzustellen.

(2) Für die Anwendung der in dieser Verordnung vorgesehenen Marktanteilsschwellen von 30% und 40% gelten folgende Regeln:

a) Der Marktanteil wird anhand der Angaben für das vorhergehende Kalenderjahr ermittelt.
b) Der Marktanteil schließt Waren oder Dienstleistungen ein, die zum Zweck des Verkaufs an integrierte Händler geliefert werden.
c) Beträgt der Marktanteil zunächst nicht mehr als 30% bzw. 40% und überschreitet er anschließend diese Schwelle, ohne jedoch 35% bzw. 45% zu übersteigen, so gilt die Freistellung im Anschluss an das Jahr, in welchem die Schwelle von 30% bzw. 40% erstmals überschritten wurde, noch für zwei weitere Kalenderjahre.
d) Beträgt der Marktanteil zunächst nicht mehr als 30% bzw. 40% und überschreitet er anschließend 35% bzw. 45%, so gilt die Freistellung noch für ein Kalenderjahr im Anschluss an das Jahr, in welchem die Schwelle von 30% bzw. 40% erstmals überschritten wurde.
e) Die Vorteile gemäß den Buchstaben c) und d) dürfen nicht in der Weise miteinander verbunden werden, dass ein Zeitraum von zwei Kalenderjahren überschritten wird.

Art. 9 Berechnung des Umsatzes

(1) Für die Berechnung des in Artikel 2 Absatz 2 Buchstabe a) und Absatz 3 Buchstabe a) genannten jährlichen Gesamtumsatzes sind die Umsätze zusammenzuzählen, welche die jeweilige an der vertikalen Vereinbarung beteiligte Vertragspartei und die mit ihr verbundenen Unternehmen im letzten Geschäftsjahrmit allen Waren und Dienstleistungen nach Abzug von Steuern und sonstigen Abgaben erzielt haben. Dabei werden Umsätze zwischen der an der Vereinbarung beteiligten Vertragspartei und den mit ihr verbundenen Unternehmen oder zwischen den mit ihr verbundenen Unternehmen nicht mitgezählt.

(2) Die Freistellung gilt auch, wenn der jährliche Gesamtumsatz in zwei aufeinanderfolgenden Geschäftsjahren den in dieser Verordnung genannten Schwellenwert um nicht mehr als ein Zehntel überschreitet.

Art. 10 Übergangszeitraum

(1) Das Verbot nach Artikel 81 Absatz 1 gilt vom 1. Oktober 2002 bis zum 30. September 2003 nicht für Vereinbarungen, die am 30. September 2002 bereits in Kraft waren und die die Voraussetzungen für eine Freistellung zwar nach der Verordnung (EG) Nr. 1475/95, nicht aber nach der vorliegenden Verordnung erfüllen.

(2) Das Verbot des Artikels 81 Absatz 1 gilt nicht für Vereinbarungen, die am Tag des Beitritts der Tschechischen Republik, Estlands, Zypern, Lettlands, Litauens, Ungarn, Maltas, Polens, Sloweniens und der Slowakei bestanden und infolge des Beitritts in den Anwendungsbereich des Artikels 81 Absatz 1 des Vertrags fallen, sofern sie innerhalb von sechs Monaten nach dem Tag des Beitritts so geändert werden, dass sie den in dieser Verordnung festgelegten Bestimmungen entsprechen.

Art. 11 Überwachung und Bewertungsbericht

(1) Die Kommission wird die Anwendung dieser Verordnung regelmäßig überwachen, insbesondere im Hinblick auf deren Auswirkungen auf

a) den Wettbewerb im Bereich des Kraftfahrzeugvertriebs und im Bereich der Instandsetzung und Wartung im Gemeinsamen Markt oder den relevanten Teilen dieses Marktes,

b) die Struktur und den Konzentrationsgrad im Bereich des Kraftfahrzeugvertriebs sowie die sich daraus ergebenden Folgen für den Wettbewerb.

(2) Die Kommission erstellt spätestens am 31. Mai 2008 einen Bericht über die Funktionsweise dieser Verordnung und berücksichtigt dabei insbesondere die Voraussetzungen des Artikels 81 Absatz 3.

Art. 12 Inkrafttreten und Geltungsdauer

(1) Diese Verordnung tritt am 1. Oktober 2002 in Kraft.

(2) Artikel 5 Absatz 2 Buchstabe b) gilt ab dem 1. Oktober 2005.

(3) Diese Verordnung gilt bis zum 31. Mai 2010.

B. Bekanntmachungen der Kommission

I. Materialien zu Art. 101/102 AEUV

Anhang B 1. Bekanntmachung über den relevanten Markt

Bekanntmachung der Kommission über die Definition des relevanten Marktes im Sinne des Wettbewerbsrechts der Gemeinschaft

(ABl. 1997 C 372/5)

I. Einleitung

1. Mit dieser Bekanntmachung soll erläutert werden, wie die Kommission die Begriffe des sachlich und räumlich relevanten Marktes bei der Durchsetzung des Wettbewerbsrechts der Gemeinschaft, insbesondere bei der Anwendung der Verordnungen Nr. 17 und (EWG) Nr. 4064/89 des Rates sowie deren sektoralen Entsprechungen auf Gebieten wie Verkehr, Kohle und Stahl und Landwirtschaft, aber auch bei den entsprechenden einschlägigen Vorschriften des EWR-Abkommens verwendet[1]. Wird im Rahmen dieser Bekanntmachung auf die Artikel 85 und 86 EG-Vertrag und die Fusionskontrollvorschriften Bezug genommen, so ist dies gleichzeitig auch als Bezugnahme auf die entsprechenden Bestimmungen des EWR-Abkommens und des EGKS-Vertrags zu verstehen.

2. Die Definition des Marktes dient der genauen Abgrenzung des Gebietes, auf dem Unternehmen mit einander in Wettbewerb stehen. Damit kann der Rahmen festgelegt werden, innerhalb dessen die Kommission das Wettbewerbsrecht anwendet. Hauptzweck der Marktdefinition ist die systematische Ermittlung der Wettbewerbskräfte, denen sich die beteiligten Unternehmen[2] zu stellen haben. Mit der Abgrenzung eines Marktes in sowohl seiner sachlichen als auch seiner räumlichen Dimension soll ermittelt werden, welche konkurrierenden Unternehmen tatsächlich in der Lage sind, dem Verhalten der beteiligten Unternehmen Schranken zu setzen und sie daran zu hindern, sich einem wirksamen Wettbewerbsdruck zu entziehen. Nach Abgrenzung des Marktes ist es unter anderem möglich, Marktanteile zu berechnen, die aus-

---

[1] Bei der Bewertung staatlicher Beihilfen stehen der Beihilfeempfänger und der betreffende Wirtschaftszweig im Vordergrund und nicht so sehr die Feststellung der Wettbewerbskräfte, denen der Beihilfeempfänger ausgesetzt ist. Ist aber die Beurteilung der Marktmacht und damit des relevanten Marktes in einem bestimmten Fall von Bedeutung, so könnte der in dieser Bekanntmachung entwickelte Ansatz für die Bewertung staatlicher Beihilfen herangezogen werden.

[2] Im Sinne dieser Bekanntmachung gelten als beteiligte Unternehmen: bei einem Zusammenschluss die anmeldenden Parteien, bei Untersuchungen nach Artikel 86 EG-Vertrag das Unternehmen, das Gegenstand der Ermittlungen ist, und die Beschwerdeführer, bei Untersuchungen nach Artikel 85 die Parteien der Vereinbarung.

sagekräftige Informationen für die wettbewerbliche Würdigung der Marktposition oder die Anwendung von Artikel 85 darstellen.

3. Aus Randnummer 2 folgt, daß sich der Begriff des relevanten Marktes von Marktbegriffen unterscheidet, wie sie oft in anderen Zusammenhängen gebraucht werden. So sprechen beispielsweise Unternehmen häufig vom Markt, wenn sie das Gebiet meinen, auf dem sie ihre Produkte verkaufen, oder allgemein die Branche, der sie angehören.

4. Die sachliche und räumliche Abgrenzung des relevanten Marktes ist bei der Würdigung eines Wettbewerbsfalls häufig ausschlaggebend. Indem sie bekanntgibt, wie sie bei der Definition eines Marktes vorgeht, und angibt, welche Kriterien und Nachweise sie ihrer Entscheidung zugrunde legt, möchte die Kommission ihre Politik und Entscheidungspraxis im Wettbewerbsbereich transparenter gestalten.

5. Mehr Transparenz wird auch Unternehmen und ihren Beratern dabei helfen, besser die Fälle vorauszusehen, in denen die Kommission Wettbewerbsbedenken erheben könnte. Dies könnten Unternehmen bei ihren Entscheidungen, beispielsweise über Beteiligungen, die Gründung von Joint-ventures und das Eingehen bestimmter Vereinbarungen berücksichtigen. Außerdem sollen Unternehmen besser Aufschluss darüber erhalten, welche Art von Informationen die Kommission für die Bestimmung des relevanten Marktes für erheblich hält.

6. Die Auslegung, die die Kommission dem Begriff des relevanten Marktes gibt, gilt unbeschadet einer Auslegung durch den Gerichtshof oder das Gericht erster Instanz der Europäischen Gemeinschaften.

II. Definition des relevanten Marktes

Sachlich und räumlich relevanter Markt

7. In den Durchführungsverordnungen zu den Artikeln 85 und 86 EG-Vertrag – insbesondere in Formblatt A/B zur Verordnung Nr. 17 und in Abschnitt V des Formblatts CO zur Verordnung (EWG) Nr. 4064/89 über die Kontrolle von Unternehmenszusammenschlüssen von gemeinschaftsweiter Bedeutung – wurden der sachlich und der räumlich relevante Markt definiert. Unter dem sachlich relevanten Markt ist folgendes zu verstehen:

„Der sachlich relevante Produktmarkt umfasst sämtliche Erzeugnisse und/oder Dienstleistungen, die von den Verbrauchern hinsichtlich ihrer Eigenschaften, Preise und ihres vorgesehenen Verwendungszwecks als austauschbar oder substituierbar angesehen werden."

8. Der räumlich relevante Markt ist wie folgt definiert:

„Der geographisch relevante Markt umfasst das Gebiet, in dem die beteiligten Unternehmen die relevanten Produkte oder Dienstleistungen anbieten, in dem die Wettbewerbsbedingungen hinreichend homogen sind und das sich von benachbarten Gebieten durch spürbar unterschiedliche Wettbewerbsbedingungen unterscheidet."

9. Der für die Würdigung einer Wettbewerbsfrage maßgebliche Markt wird somit durch eine Kombination des sachlich und des räumlich relevanten Marktes bestimmt. Die Kommission legt die Definitionen nach den Randnummern 7 und 8 (die die Rechtsprechung des Europäischen Gerichtshofes und des Gerichts erster Instanz sowie ihre eigene Entscheidungspraxis widerspiegeln) gemäß den Orientierungen dieser Bekanntmachung aus.

Der Begriff des relevanten Marktes und die wettbewerbspolitischen Ziele der Gemeinschaft

10. Der Begriff des relevanten Marktes ist eng mit den Zielen verbunden, die die Gemeinschaft mit ihrer Wettbewerbspolitik verfolgt. So hat z. B. bei der gemeinschaftlichen Fusionskontrolle die Überwachung struktureller Veränderungen bei dem Angebot einer Ware oder Dienstleistung das Ziel, die Begründung oder den Ausbau einer beherrschenden Stellung zu verhindern, falls wirksamer Wettbewerb in einem wesentlichen Teil des Gemeinsamen Marktes sonst spürbar behindert würde. Nach den Wettbewerbsvorschriften der Gemeinschaft versetzt eine beherrschende Stellung ein Unternehmen oder eine Gruppe von Unternehmen in die Lage, in erheblichem Maße unabhängig von Wettbewerbern, Kunden und letztlich auch Verbrauchern vorzugehen[3]. Auf eine solche Stellung ist in der Regel dann zu schließen, wenn ein Unternehmen oder eine Unternehmensgruppe einen großen Teil des Angebots auf einem gegebenen Markt auf sich vereint, sofern andere für die Bewertung maßgebliche Faktoren (wie Zutrittsschranken, Reaktionsfähigkeit der Kunden usw.) in dieselbe Richtung deuten.

11. Bei der Anwendung von Artikel 86 EG-Vertrag auf Unternehmen, die einzeln oder gemeinsam eine beherrschende Stellung besitzen, geht die Kommission auf die gleiche Weise vor. Gemäß der Verordnung Nr. 17 ist sie befugt, den Missbrauch einer beherrschenden Stellung zu untersuchen und abzustellen; hierbei ist ebenfalls der relevante Markt zugrunde zu legen. Auch bei der Anwendung von Artikel 85 EG-Vertrag und insbesondere der Entscheidung darüber, ob eine merkliche Beschränkung des Wettbewerbs vorliegt oder die Voraussetzungen für eine Freistellung nach Artikel 85 Absatz 3 Buchstabe b) gegeben sind, müssen die relevanten Märkte definiert werden.

12. Die Kriterien für die Definition des relevanten Marktes werden im allgemeinen bei der Analyse bestimmter Verhaltensweisen auf dem Markt und struktureller Änderungen beim Produktangebot angewandt. Allerdings kann dies zu unterschiedlichen Ergebnissen führen, je nachdem, was für eine Wettbewerbsfrage geprüft wird. So kann bespielsweise der Umfang des räumlichen Marktes bei der – im wesentlichen zukunftsbezogenen – Untersuchung eines Zusammenschlusses anders sein, als wenn es um ein zeitlich zurückliegendes Verhalten geht. Durch den jeweils unterschiedlichen Zeithorizont kann für das gleiche Produkt ein unterschiedlicher räumlicher Markt bestimmt werden, je nachdem, ob sich die Kommission mit einer Änderung in der Angebotsstruktur befasst, wie bei einem Zusammenschluss oder einem kooperativen Gemeinschaftsunternehmen, oder mit Fragen, die sich auf vergangenes Verhalten beziehen.

Grundsätze für die Definition des Marktes

Die Wettbewerbskräfte

13. Der Wettbewerbskräfte, denen die Unternehmen unterliegen, speisen sich hauptsächlich aus drei Quellen: Nachfragesubstituierbarkeit, Angebotssubstituierbarkeit und potentieller Wettbewerb. Aus wirtschaftlicher Sicht – im Hinblick auf die Definition des relevanten Marktes – stellt die Möglichkeit der Nachfragesubstitution die unmittelbarste und wirksamste disziplinierende Kraft dar, die auf die Anbieter eines gegebenen Produkts einwirkt, vor allem was ihre Preisentscheidungen anbetrifft. Ein Unternehmen oder eine Gruppe von Unternehmen kann die gegebenen

[3] Definition des Gerichtshofes im Urteil vom 13. Februar 1979, Rechtssache 85/76, Hoffmann-La Roche, Slg. 1979, S. 461; in nachfolgenden Urteilen bestätigt.

Verkaufsbedingungen – wie z. B. den Preis – nicht erheblich beeinflussen, wenn die Kunden in der Lage sind, ohne weiteres auf vor Ort verfügbare Substitute oder ortsfremde Anbieter auszuweichen. Die Abgrenzung des relevanten Marktes besteht im wesentlichen darin, das den Kunden tatsächlich zur Verfügung stehende Alternativangebot zu bestimmen, und zwar sowohl in bezug auf verfügbare Waren und Dienstleistungen als auch den Standort der Anbieter.

14. Die Wettbewerbskräfte, die durch die Angebotssubstituierbarkeit – außer was die unter den Randnummern 20 bis 23 genannten Fälle anbetrifft – und den potentiellen Wettbewerb gegeben sind, wirken im allgemeinen weniger unmittelbar und erfordern auf jeden Fall die Untersuchung weiterer Faktoren. Im Ergebnis werden diese Kräfte im Rahmen der wettbewerblichen Würdigung als Teil der wettbewerblichen Prüfung berücksichtigt.

Nachfragesubstituierbarkeit

15. Die Beurteilung der Substituierbarkeit der Nachfrage erfordert eine Bestimmung derjenigen Produkte, die von den Abnehmern als austauschbar angesehen werden. Eine Möglichkeit, diese Bestimmung vorzunehmen, lässt sich als ein gedankliches Experiment betrachten, bei dem von einer geringen, nicht vorübergehenden Änderung der relativen Preise ausgegangen und eine Bewertung der wahrscheinlichen Reaktion der Kunden vorgenommen wird. Aus verfahrensmäßigen und praktischen Erwägungen steht bei der Marktabgrenzung der Preis im Mittelpunkt, genauer gesagt die Nachfragesubstitution aufgrund kleiner, dauerhafter Änderungen bei den relativen Preisen. Hieraus lassen sich klare Hinweise in bezug auf die für die Definition von Märkten relevanten Informationen gewinnen.

16. Diese Vorgehensweise erfordert, dass, ausgehend von den verschiedenen Produkten, die von den beteiligten Unternehmen verkauft werden, und dem Gebiet, in dem diese Produkte verkauft werden, bestimmte Produkte und Gebiete in die Marktdefinition zusätzlich einbezogen oder davon ausgenommen werden, je nachdem, ob der von diesen Produkten und Gebieten ausgehende Wettbewerb das Preisgebaren der Parteien kurzfristig beeinflusst oder beschränkt.

17. Die zu beantwortende Frage lautet, ob die Kunden der Parteien als Reaktion auf eine angenommene kleine, bleibende Erhöhung der relativen Preise (im Bereich zwischen 5 und 10%) für die betreffenden Produkte und Gebiete auf leicht verfügbare Substitute ausweichen würden. Ist die Substitution so groß, dass durch den damit einhergehenden Absatzrückgang eine Preiserhöhung nicht mehr einträglich wäre, so werden in den sachlich und räumlich relevanten Markt so lange weitere Produkte und Gebiete einbezogen, bis kleine, dauerhafte Erhöhungen der relativen Preise einen Gewinn einbrächten. Der gleiche Grundsatz wird bei der Ermittlung der Nachfragemacht angewandt: hierbei wird vom Anbieter ausgegangen, und mit Hilfe des Preistests lässt sich dann ermitteln, welche alternativen Vertriebswege und Verkaufsstellen es für die Produkte des Anbieters gibt. Bei Anwendung dieser Prinzipien sind bestimmte Konstellationen, wie sie unter den Randnummern 56 bis 58 beschrieben werden, sorgfältig zu berücksichtigen.

18. Zur Veranschaulichung soll dieser Test auf den Zusammenschluss von Unternehmen, die Erfrischungsgetränke abfüllen, angewandt werden: Hierbei wäre unter anderem zu ermitteln, ob unterschiedliche Geschmacksrichtungen der Erfrischungsgetränke zu ein und demselben Markt gehören. Konkret muss also die Frage untersucht werden, ob Konsumenten des Produktes A zu Produkten mit anderem Geschmack übergehen würden, wenn der Preis für A dauerhaft um 5 bis 10% erhöht wird. Wechseln die Verbraucher in einem so starken Maß zu beispielsweise B über, dass die Preiserhöhung für A wegen der Absatzeinbußen keinen Zusatzgewinn erbringt, so umfasst der Markt mindestens die Produkte A und B. Der Vorgang wäre außerdem auf andere verfügbare Produkte anzuwenden, bis eine Reihe von Produk-

ten ermittelt ist, bei denen eine Preiserhöhung keine ausreichende Substitution bei der Nachfrage zur Folge hat.

19. Im allgemeinen – und gerade auch bei der Untersuchung von Zusammenschlüssen – wird als Preis der geltende Marktpreis zugrunde gelegt. Dies ist jedoch nicht unbedingt der Fall, wenn der geltende Preis bei fehlendem ausreichenden Wettbewerb zustande gekommen ist. Vor allem bei Untersuchungen des Missbrauchs marktbeherrschender Stellungen wird bereits berücksichtigt, dass der geltende Preis möglicherweise bereits erheblich heraufgesetzt wurde.

Angebotssubstituierbarkeit

20. Der Substituierbarkeit auf der Angebotsseite kann bei der Definition der Märkte dann ebenfalls Rechnung getragen werden, wenn sie sich genauso wirksam und unmittelbar auswirkt wie die Nachfragesubstituierbarkeit. Dies setzt jedoch voraus, dass die Anbieter in Reaktion auf kleine, dauerhafte Änderungen bei den relativen Preisen in der Lage sind, ihre Produktion auf die relevanten Erzeugnisse umzustellen und sie kurzfristig[4] auf den Markt zu bringen, ohne spürbare Zusatzkosten oder Risiken zu gewärtigen. Sind diese Voraussetzungen erfüllt, so üben die zusätzlich auf den Markt gelangenden Produkte auf das Wettbewerbsgebaren der beteiligten Unternehmen eine disziplinierende Wirkung aus. Dieses Ergebnis ist hinsichtlich Wirksamkeit und Unmittelbarkeit dem Nachfrage-Substitutionseffekt gleichwertig.

21. Zu einer solchen Konstellation kommt es gewöhnlich dann, wenn Unternehmen verschiedenste Sorten oder Qualitäten eines Produktes absetzen; selbst wenn für einen bestimmten Endverbraucher oder bestimmte Verbrauchergruppen Produkte unterschiedlicher Güte nicht substituierbar sind, werden sie einem einzigen Produktmarkt zugeordnet, sofern die meisten Anbieter in der Lage sind, die verschiedenen Produkte unverzüglich und ohne die erwähnten erheblichen Zusatzkosten zu verkaufen. In diesen Fällen umfasst der sachlich relevante Markt sämtliche Produkte, die sowohl von der Nachfrage als auch vom Angebot her substituierbar sind, und es wird der derzeitige Gesamtabsatz dieser Produkte ermittelt, um den Gesamtwert oder den Gesamtumfang des Marktes zu bestimmen. Aus denselben Erwägungen kann es angezeigt sein, verschiedene räumliche Gebiete zusammenzulegen.

22. Wie der Aspekt der Angebotsumstellungsflexibilität bei der Produktmarktabgrenzung berücksichtigt wird, soll anhand der Papierbranche veranschaulicht werden. Gewöhnlich werden sehr unterschiedliche Papiersorten mit besonderen Eigenschaften angeboten, von normalem Schreibpapier bis hin zu hochwertigem Papier, beispielsweise für Kunstdrucke. Von der Nachfrageseite her sind nicht alle Papierqualitäten für einen gegebenen Verwendungszweck geeignet – ein Kunstband oder ein hochwertiges Buch lässt sich nicht auf qualitativ einfachem Papier drucken. Papierfabriken aber sind in der Lage, unterschiedliche Qualitäten herzustellen und die Produktion mit vernachlässigbar geringen Kosten und in kürzester Frist umzustellen. Treten beim Vertrieb keine besonderen Probleme auf, so können die Papierhersteller somit in Bezug auf Bestellungen verschiedener Güteklassen in Wettbewerb zueinander treten, vor allem wenn die Lieferfristen genügend Zeit für die Anpassung der Produktionspläne lassen. Unter diesen Umständen würde die Kommission nicht für Papier unterschiedlicher Beschaffenheit und unterschiedlichen Verwendungszwecks jeweils einen gesonderten Markt abgrenzen. Die verschiedenen Papierqualitäten gehören alle zu ein und demselben relevanten Markt, und die entsprechenden Umsatzzahlen gehen in die Schätzungen des Gesamtwerts des Marktes beziehungsweise des Marktumfangs ein.

[4] Das heißt innerhalb eines Zeitraums, in dem es zu keiner erheblichen Anpassung bei den vorhandenen Sachanlagen und immateriellen Aktiva kommen kann (siehe Randnummer 23).

23. Eine Angebotssubstituierbarkeit wird bei der Marktdefinition nicht berücksichtigt werden, wenn sie erhebliche Anpassungen bei den vorhandenen Sachanlagen und immateriellen Aktiva, zusätzliche Investitionen, strategische Entscheidungen oder zeitliche Verzögerungen mit sich brächte. Ein Beispiel für Umstände, in denen die Kommission nicht aus Gründen der Angebotsumstellungsflexibilität die Marktdefinition erweiterte, bietet der Bereich der Verbrauchsgüt.er, insbesondere für Markengetränke. Zwar können in Abfüllanlagen im Prinzip unterschiedliche Getränke abgefüllt werden, doch fallen Kosten und Vorlaufzeiten an (durch Werbung, Produkttests und Vertrieb), bis die Produkte tatsächlich verkauft werden können. Die Auswirkungen der Angebotssubstituierbarkeit wären in diesen Fällen, wie andere Formen potentiellen Wettbewerbs auch, in einem späteren Stadium zu prüfen.

Potentieller Wettbewerb

24. Der dritte Faktor, der Wettbewerbsdruck erzeugt, nämlich der potentielle Wettbewerb, wird bei der Marktdefinition nicht herangezogen, da die Voraussetzungen, unter denen potentieller Wettbewerb eine wirksame Wettbewerbskraft darstellt, von bestimmten Faktoren und Umständen im Zusammenhang mit den Markteintrittsbedingungen abhängt. Sofern erforderlich, wird diese Untersuchung in einer späteren Stufe vorgenommen, wenn die Stellung der beteiligten Unternehmen auf dem relevanten Markt bestimmt worden ist und diese Stellung zu Wettbewerbsbedenken Anlass gibt.

III. Kriterien und Nachweise für die Definition relevanter Märkte

Die konkrete Vorgehensweise

Sachlich relevante Märkte

25. Es gibt eine ganze Reihe von Nachweisen, anhand deren sich beurteilen lässt, in welchem Maß Substitution stattfinden würde. Je nach den Merkmalen und Besonderheiten der betreffenden Wirtschaftszweige und Erzeugnisse oder Dienstleistungen sind im Einzelfall bestimmte Informationen ausschlaggebend. Erkenntnisse über bestimmte Aspekte mögen in bestimmten Fällen wesentlich, in anderen bedeutungslos sein. Zumeist wird bei einer Entscheidung von unterschiedlichen Kriterien und Belegen ausgegangen werden müssen. Die Kommission ist allen Formen des empirischen Nachweises gegenüber offen; sie ist bestrebt, alle verfügbaren Angaben zu nutzen, die im Einzelfall von Bedeutung sein können. Sie folgt also keiner starren Rangordnung für die verschiedenen Informationsquellen und Nachweisformen.

26. Die Abgrenzung relevanter Märkte lässt sich wie folgt zusammenfassen: Auf der Grundlage bereits vorliegender Informationen oder von beteiligten Unternehmen übermittelter Angaben ist die Kommission gewöhnlich in der Lage, die Produktmärkte grob einzugrenzen, die beispielsweise für die Beurteilung eines Zusammenschlusses oder einer Wettbewerbsbeschränkung maßgeblich sind. Im konkreten Einzelfall ist dabei in der Regel über das Vorliegen einiger weniger möglicher relevanter Märkte zu befinden. So geht es oft darum, ob die Erzeugnisse A und B ein und demselben Produktmarkt angehören. Ist Erzeugnis B einzubeziehen, so reicht dies vielfach aus, um jegliche Wettbewerbsbedenken auszuräumen.

27. In einem solchen Fall ist es nicht erforderlich, der Frage nachzugehen, ob noch weitere Erzeugnisse in diesen Markt einbezogen sind, um zu einer endgültigen Bewertung des speziellen Marktes zu gelangen. Wirft der fragliche Vorgang im Rahmen der denkbaren alternativen Marktdefinitionen keine Wettbewerbsbedenken auf,

so wird die Frage der Marktdefinition offen gelassen; dies reduziert die Verpflichtung der Unternehmen zur Vorlage von Angaben.

Räumlich relevante Märkte

28. Die Vorgehensweise der Kommission bei der Bestimmung des räumlich relevanten Marktes lässt sich wie folgt zusammenfassen: Gestützt auf allgemeine Angaben zur Verteilung der Marktanteile der Parteien und ihrer Wettbewerber auf nationaler, Gemeinschafts- oder EWR-Ebene verschafft sie sich einen ersten Eindruck vom Umfang des räumlich relevanten Marktes. Dieser erste Eindruck dient der Kommission vor allem als Arbeitshypothese, mit der sich die Unternehmungen der Kommission, mit denen eine genaue Definition des räumlich relevanten Marktes ermöglicht werden soll, enger eingrenzen lassen.

29. Den Ursachen für die jeweilige Konstellation von Preisen und Marktanteilen muss nachgegangen werden. So können Unternehmen u. U. hohe Anteile auf ihren Inlandsmärkten allein aufgrund des Gewichts der Vergangenheit halten, und umgekehrt kann eine durchgängige Präsenz von Unternehmen im EWR mit nationalen oder regionalen räumlichen Märkten zu vereinbaren sein. Die anfängliche Arbeitshypothese muss deshalb anhand einer Untersuchung der Nachfragemerkmale (Bedeutung nationaler oder regionaler Präferenzen, gegenwärtiges Käuferverhalten, Produkt- und Markendifferenzierung usw.) gegengeprüft werden, um zu ermitteln, ob Unternehmen an unterschiedlichen Standorten für die Verbraucher tatsächlich eine alternative Lieferquelle darstellen. Auch hier beruht der theoretische Ansatz auf einer Substitution infolge von Änderungen bei den relativen Preisen und muss wiederum die Frage beantwortet werden, ob die Abnehmer der Parteien ihre Nachfrage kurzfristig und zu geringen Kosten auf Unternehmen mit anderem Standort umlenken würden.

30. Falls erforderlich werden die Angebotsfaktoren einer weiteren Nachprüfung unterzogen, um zu ermitteln, ob die Unternehmen in bestimmten Gebieten vor Hindernissen stehen, wenn sie ihren Absatz zu wettbewerbsfähigen Bedingungen innerhalb des gesamten räumlichen Marktes ausbauen wollen. Bei dieser Untersuchung wird auf folgende Gesichtspunkte eingegangen:

Erforderlichkeit einer Gebietspräsenz, um dort verkaufen zu können, Zugangsbedingungen zu den Vertriebswegen, Kosten der Errichtung eines Vertriebsnetzes, etwaige regulatorische Schranken im öffentlichen Auftragswesen, Preisvorschriften, den Handel oder die Produktion einschränkende Kontingente und Zölle, technische Normen, Monopole, Niederlassungsfreiheit, erforderliche behördliche Genehmigungen, Verpackungsvorschriften usw. Dies bedeutet, dass die Kommission Hindernisse und Schranken erfassen wird, mit denen die Unternehmen in einem bestimmten Gebiet gegen Wettbewerbsdruck abgeschirmt werden, der von außerhalb des Gebiets gelegenen Unternehmen ausgeht. Dadurch soll der genaue Grad der Marktverflechtung auf nationalem, europäischem und weltweitem Niveau bestimmt werden.

31. Die gegenwärtige Struktur und Entwicklung der Handelsströme liefert nützliche zusätzliche Hinweise darauf, welche wirtschaftliche Bedeutung diese Nachfrage- und Angebotsfaktoren jeweils besitzen und inwieweit sie wirksame Hemmnisse darstellen, durch die unterschiedliche räumliche Märkte entstehen. Untersucht werden in diesem Zusammenhang in der Regel auch die Transportkosten und das Ausmaß, zu dem diese den Handel zwischen verschiedenen räumlichen Gebieten behindern, unter Berücksichtigung von Produktionsstandort, Produktionskosten und relativem Preisniveau.

Marktintegration in der Gemeinschaft

32. Darüber hinaus berücksichtigt die Kommission bei der Abgrenzung räumlicher Märkte auch die sich weiterentwickelnde Marktintegration insbesondere in der Gemeinschaft, zumal im Hinblick auf Unternehmenskonzentrationen und strukturelle Gemeinschaftsunternehmen. Die bisher durchgeführten Maßnahmen des Binnenmarktprogramms zur Beseitigung von Handelshemmnissen und zur stärkeren Integration können nicht außer acht bleiben, wenn die Auswirkungen einer Fusion oder eines strukturellen Gemeinschaftsunternehmens auf den Wettbewerb untersucht werden. Sind rechtliche Schranken gefallen, die zuvor einzelne nationale Märkte künstlich voneinander abschotteten, so wird dies im allgemeinen dazu führen, dass in der Vergangenheit ermittelte Angaben über Preise, Marktanteile und Handelsstrukturen mit Vorsicht behandelt werden. Führt Marktintegration binnen kurzer Frist zu größeren räumlichen Märkten, so kann dieser Umstand berücksichtigt werden, wenn zwecks Beurteilung von Unternehmenskonzentrationen und Gemeinschaftsunternehmen der geographische Markt abgegrenzt wird.

Erhebung von Nachweisen

33. Hält die Kommission es für erforderlich, den Marktgenau zu definieren, so wird sie häufig an die wichtigsten Kunden und Unternehmen des betreffenden Wirtschaftszweigs herantreten, um deren Auffassung über die Eingrenzung sachlich und räumlich relevanter Märkte zu erfahren und die für die Entscheidung erforderlichen empirischen Nachweise zu erhalten. Auch mit den betreffenden Berufs- und Wirtschaftsverbänden tritt die Kommission unter Umständen in Verbindung. Ferner wird sie, wenn angebracht, Unternehmen, die in vorgelagerten Märkten tätig sind, kontaktieren, um, soweit dies notwendig ist, getrennte sachliche und räumliche Märkte für verschiedene Stufen der Produktion oder des Vertriebs des jeweiligen Produktes oder der jeweiligen Dienstleistungen definieren zu können. Sie kann auch bei den beteiligten Unternehmen zusätzliche Informationen anfordern.

34. Die Informationen werden gegebenenfalls bei den obengenannten Marktteilnehmern schriftlich angefordert. In der Regel fragen die Kommissionsdienststellen die Unternehmen, mit welchen Reaktionen sie bei hypothetischen Preiserhöhungen rechnen und wie ihrer Ansicht nach der relevante Markt abgegrenzt sei. In ihrem Schreiben erläutert die Kommission darüber hinaus, welche Sachangaben sie von ihnen benötigt, um den Umfang des relevanten Marktes bestimmen zu können. Mit den zuständigen Mitarbeitern der beteiligten Unternehmen kann die Kommission außerdem erörtern, wie Verhandlungen zwischen Anbietern und Kunden ablaufen und wie es sich mit bestimmten Fragen verhält, die für die Definition des relevanten Marktes bedeutsam sind. Falls erforderlich, kann die Kommission auch bei den beteiligten Unternehmen, ihren Kunden und Wettbewerbern Besuche vor Ort durchführen.

35. Nachstehend wird ein Überblick über die verschiedenen Arten von Nachweisen gegeben, die für die Beurteilung des Produktmarkts von Belang sind.

Für die Marktdefinition maßgebliche Nachweise – Produktmärkte

36. Durch die Untersuchung der Merkmale und des Verwendungszwecks des Produkts kann die Kommission in einem ersten Schritt den Umfang der Untersuchung möglicher Substitute eingrenzen. Produktmerkmale und Verwendungszweck reichen jedoch nicht aus, um zu entscheiden, ob zwei Produkte Nachfragesubstitute sind. Funktionale Austauschbarkeit oder ähnliche Merkmale sind als solche noch keine ausreichenden Kriterien, da die Kundenreaktion auf Änderungen bei den relativen Preisen auch von anderen Faktoren abhängen kann. So können auf dem Markt

für Original-Kfz-Ausrüstungen bei Erstausrüstung und Ersatzteilen unterschiedliche Wettbewerbskräfte am Wirken sein, so dass hier zwei relevante Märkte zu unterscheiden sind. Umgekehrt sind unterschiedliche Produktmerkmale noch nicht als solche ausreichend, um Nachfragesubstitutionen auszuschließen, da diese in hohem Maß davon abhängt, wie die Merkmalsunterschiede von den Kunden eingeschätzt werden.

37. Die Nachweise, anhand deren sich nach Ansicht der Kommission beurteilen lässt, ob zwei Produkte Nachfragesubstitute sind, lassen sich wie folgt einteilen:

38. Nachweis der *Substitution in jüngster Vergangenheit:* In bestimmten Fällen können Nachweise für Ereignisse oder Schocks geprüft werden, die den Markt vor kurzem betroffen haben, und bei denen es bereits zur Substitution zwischen zwei Produkten gekommen ist. Solche Informationen sind normalerweise grundlegend für die Definition des Marktes. Haben sich die relativen Preise in der Vergangenheit geändert (ceteris paribus), so ist für die Beurteilung der Substituierbarkeit ausschlaggebend, wie sich die nachgefragten Mengen in Reaktion hierauf entwickelt haben. Auch eine zeitlich zurückliegende Einführung neuer Produkte kann aufschlussreich sein, wenn sich ermitteln lässt, bei welchen Produkten der Absatz zugunsten des neuen Produkts zurückgegangen ist.

39. Zum Zweck der Marktabgrenzung wurden eine Reihe von quantitativen Tests ökonometrischer und statistischer Art entwickelt: Schätzung der Elastizitäten und Preiskreuzelastizitäten[5] der Nachfrage nach einem Produkt, Untersuchung der Gleichartigkeit der Preisentwicklung im Laufe der Zeit, Untersuchungen der Kausalität zwischen Preisreihen und Ähnlichkeit des Preisniveau bzw. ihrer Konvergenz. Zur Ermittlung des Substitutionsverhaltens in der Vergangenheit berücksichtigt die Kommission die verfügbaren quantitativen Nachweise, die strenger Nachprüfung standhalten.

40. *Standpunkt von Kunden und Wettbewerbern:* Häufig tritt die Kommission im Zuge ihrer Ermittlungen an die wichtigsten Kunden und Wettbewerber der beteiligten Unternehmen heran, um deren Auffassung über die Grenzen des Produktmarkts in Erfahrung zu bringen und dabei gleichzeitig den größten Teil der Sachinformation zu erhalten, die sie zur Bestimmung des Marktumfangs benötigt. Erläuterungen der Kunden und Wettbewerber auf die Frage, was geschehen würde, wenn die relativen Preise für die betreffenden Produkte in dem entsprechenden räumlichen Gebiet geringfügig stiegen (z. B. um 5 bis 10%), werden berücksichtigt, falls Nachweise über die tatsächliche Entwicklung dies hinreichend stützen.

41. *Verbraucherpräferenzen:* Handelt es sich um Verbrauchsgüter, so kann es für die Kommission schwierig sein, die Ansichten der Endverbraucher selbst über die Substituierbarkeit von Produkten zu ermitteln. Marketing-Studien die von Unternehmen in Auftrag gegeben wurden und deren Ergebnisse Preis- und Marketing-Entscheidungen der Unternehmen beeinflussen, können der Kommission wichtige Informationen für die Abgrenzung des relevanten Marktes liefern. Erhebungen über Verhalten und Einstellungen der Verbraucher, Angaben zum Käuferverhalten, von Handelsunternehmen geäußerte Meinungen und generell Marktforschungsstudien, die von den beteiligten Unternehmen und ihren Wettbewerbern vorgelegt werden, werden herangezogen, um zu ermitteln, ob die Verbraucher zwei Produkte als substituierbar ansehen, auch unter Berücksichtigung der Bedeutung von Marken für die fraglichen Produkte. Bei Verbraucherumfragen, die von beteiligten Unternehmen oder ihren Wettbewerbern speziell für die Zwecke eines Fusionsverfahrens oder eines Verfahrens nach der Verordnung Nr. 17 vorgenommen werden, wird die angewandte

[5] Die Preiselastizität der Nachfrage nach einem Produkt X ist ein Maßstab dafür, wie die Nachfrage nach X auf Änderungen des Preises von X reagiert. Die Kreuzpreiselastizität zwischen den Produkten X und Y ist ein Maßstab dafür, wie die Nachfrage nach X auf Änderungen des Preises von Y reagiert.

Methode in der Regel äußerst sorgfältig untersucht. Anders als bereits vorliegende Studien sind sie nicht im Rahmen des normalen Geschäftsgangs und zur Vorbereitung unternehmerischer Entscheidungen erstellt worden.

42. *Schranken und Kosten der Nachfragesubstitution:* Eine Reihe von Schranken und Kosten können die Kommission veranlassen, zwei auf den ersten Blick als Substitute erscheinende Produkte nicht als ein und demselben Produktmarkt zugehörig einzustufen. Es ist jedoch nicht möglich, sämtliche Substitutionsschranken und Faktoren aufzuzählen, die dazu führen, dass der Wechsel zu einem anderen Produkt Kosten verursacht. Diese Schranken oder Hindernisse können unterschiedlichste Ursachen haben. Bei ihren Entscheidungen wurde die Kommission bislang konfrontiert mit regulatorischen Hemmnissen und anderen Formen staatlichen Eingreifens, auf nachgelagerten Märkten wirksamen Kräften, dem Erfordernis der Umstellung auf alternative Einsatzmittel –abhängig von besonderen Investitionen oder von der Hinnahme von Verlusten bei der laufenden Produktion –, Fragen des Kundenstandorts, gezielten Investitionen im Herstellungsverfahren, Investitionen in Ausbildung und Humankapital, Umrüstungskosten oder sonstige Investitionen, Unsicherheiten hinsichtlich Qualität und Ansehen unbekannter Anbieter usw.

43. *Unterschiedliche Kundengruppen und Preisdiskriminierung:* Der Umfang des Produktmarkts kann dadurch eingeschränkt sein, dass gesonderte Gruppen von Kunden bestehen. Eine solche Kundengruppe kann einen engeren, eigenständigen Markt darstellen, wenn sie einer Preisdiskriminierung ausgesetzt werden kann. Dies ist in der Regel dann der Fall, wenn zwei Voraussetzungen erfüllt sind: a) Zum Zeitpunkt des Verkaufs des relevanten Produkts ist feststellbar, welcher Gruppe der jeweilige Kunde angehört, b): Handel zwischen Kunden oder Arbitrage durch Dritte ist nicht möglich.

Für die Marktdefinition maßgebliche Nachweise – Räumlich relevante Märkte

44. Die von der Kommission für die Bestimmung des räumlichen Marktes als relevant angesehenen Arten von Nachweisen lassen sich wie folgt unterteilen:

45. *Vorliegende Nachweise für eine Umlenkung von Aufträgen in andere Gebiete:* In manchen Fällen können bereits Preisänderungen in bestimmten Gebieten und entsprechende Kundenreaktionen nachgewiesen sein. Grundsätzlich können die für die Produktmarktdefinition angewandten quantitativen Tests auch für die Definition der räumlichen Märkte herangezogen werden. Zu berücksichtigen ist dabei, dass ein internationaler Preisvergleich wegen einer Reihe von Faktoren wie Währungsschwankungen, Besteuerung oder Produktdifferenzierung komplexer sein kann.

46. *Nachfragemerkmale:* Die Art der Nachfrage nach dem relevanten Erzeugnis kann an sich schon den Umfang des räumlichen Marktes bestimmen. Faktoren wie nationale Vorlieben oder Vorlieben für einheimische Marken, Sprache, Kultur und Lebensstil sowie das Erfordernis der Gebietspräsenz enthalten ein erhebliches Potential zur Eingrenzung des räumlichen Wettbewerbsgebiets.

47. *Standpunkt von Kunden und Wettbewerbern:* Gegebenenfalls tritt die Kommission im Zuge ihrer Untersuchungen an die wichtigsten Kunden und Wettbewerber der Parteien heran, um deren Auffassungen über die Grenzen des räumlichen Marktes kennenzulernen und die Sachinformation zu erhalten, die sie zur Bestimmung des Marktumfangs benötigt; berücksichtigt werden dabei nur Angaben, die durch Nachweise der tatsächlichen Entwicklung hinreichend gestützt werden.

48. *Käuferverhalten:* Aus der Untersuchung des Käuferverhaltens in räumlicher Hinsicht lässt sich ein nützlicher Nachweis der Ausdehnung des räumlichen Marktes erbringen. Kaufen Kunden bei Unternehmen überall in der Gemeinschaft zu ähnlichen Bedingungen ein oder beziehen sie ihre Lieferungen über Ausschreibungen, an denen Unternehmen aus der gesamten Gemeinschaft oder dem EWR teilneh-

men, so wird in der Regel die gesamte Gemeinschaft oder der EWR als räumlich relevanter Markt eingestuft.

49. *Handelsströme/Lieferstruktur:* Ist die Anzahl der Kunden so groß, dass es nicht möglich ist, sich über die Kunden ein eindeutiges Bild von dem räumlichen Käuferverhalten zu verschaffen, so können auch Informationen über die Handelsströme herangezogen werden, sofern für die relevanten Produkte hinreichend detaillierte statistische Angaben vorhanden sind. Handelsströme und insbesondere die ihnen zugrundeliegende Logik vermitteln nützliche Erkenntnisse und Informationen über die Ausdehnung des räumlichen Marktes, sind allein jedoch nicht beweiskräftig.

50. *Schranken und Kosten bei der Verlagerung von Aufträgen an Unternehmen in anderen räumlichen Gebieten:* Das Fehlen grenzüberschreitender Käufe oder Handelsströme muss nicht bedeuten, dass der Markt bestenfalls von nationaler Ausdehnung ist. Allerdings muss erst ermittelt werden, wodurch ein nationaler Markt abgeschirmt wird, bevor festgestellt werden kann, dass der räumlich relevante Markt der nationale Markt ist. Das wohl eindeutigste Hindernis dafür, bei Bestellungen in andere Gebiete auszuweichen, sind Transportkosten sowie Transporterschwernisse, die sich aus gesetzlichen Vorschriften oder der Beschaffenheit der relevanten Erzeugnisse ergeben. Die Transportkosten beschränken in der Regel die Ausdehnung des räumlichen Marktes für sperrige, geringerwertige Produkte, wobei Nachteile beim Transport allerdings durch relative Vorteile bei Arbeitskosten, Rohstoffen usw. ausgeglichen werden können. Weitere Schranken, die einen räumlichen Markt gegen den Wettbewerbsdruck von Unternehmen mit Standort außerhalb des betreffenden Gebiets abschirmen, können der Zugang zum Vertriebssystem, regulatorische Hemmnisse, wie es sie in bestimmten Bereichen noch gibt, Kontingente und Zölle sein. Zu nennen sind hier auch die unter Umständen erheblichen Umstellungskosten, die mit der Verlagerung von Lieferaufträgen auf Unternehmen in anderen Ländern der Gemeinschaft verbunden sein können.

51. Durch Auswertung der gesammelten Nachweise grenzt die Kommission den betreffenden räumlich relevanten Markt ab. Es kann sich dabei um lokale bis hin zu globalen Märkten handeln. Beispiele hierfür finden sich in bereits ergangenen Entscheidungen der Kommission.

52. In den bisherigen Randnummern werden die Faktoren beschrieben, die für die Abgrenzung von Märkten maßgeblich sein können. Das heißt aber nicht, dass in jedem einzelnen Fall eine Untersuchung und Beurteilung all dieser Faktoren erforderlich ist. Wie die Entscheidungspraxis der Kommission zeigt, reichen in der Praxis Nachweise über einige dieser Faktoren häufig aus, um zu einem Ergebnis kommen zu können.

IV. Berechnung von Marktanteilen

53. Ist der in sachlicher und räumlicher Hinsicht relevante Markt abgegrenzt, so kann festgestellt werden, welche Anbieter und welche Kunden/Verbraucher auf diesem Markt aktiv sind. Auf dieser Grundlage lassen sich die Marktgröße insgesamt und, unter Zugrundelegung der jeweiligen Verkäufe an relevanten Produkten in dem relevanten Gebiet, die Marktanteile der einzelnen Anbieter berechnen. In der Praxis werden Angaben über Marktgröße und Marktanteile häufig vom Markt selbst geliefert, nämlich mittels Schätzungen der Unternehmen und Studien, mit denen Wirtschaftsberater und Wirtschaftsverbände beauftragt sind. Ist dies nicht der Fall oder sind vorliegende Schätzwerte nicht zuverlässig, so fordert die Kommission gewöhnlich bei den betreffenden Anbietern jeweils deren eigene Verkaufszahlen an.

54. Zur Berechnung von Marktanteilen wird zwar üblicherweise auf die Verkaufszahlen Bezug genommen, doch gibt es auch Indikatoren – je nach Erzeugnis oder Wirtschaftszweig unterschiedlicher Art –, die nützliche Aufschlüsse bieten kön-

nen, wie insbesondere Kapazität, Anzahl der Wirtschaftsteilnehmer auf Ausschreibungsmärkten, Flotteneinheiten wie bei der Luftfahrt und Umfang der Reserven in Branchen wie dem Bergbau.

55. Im allgemeinen liefern sowohl Angaben über Mengenumsatz als auch über Umsatzwert nützliche Aufschlüsse. Bei differenzierten Produkten wird gewöhnlich davon ausgegangen, dass der Wert der Verkäufe und der entsprechende Marktanteil die relative Position und Stärke der einzelnen Anbieter besser widerspiegelt.

V. Weitere Überlegungen

56. In einigen Bereichen hat die Anwendung der erläuterten Grundsätze besonders sorgsam zu erfolgen, zum Beispiel bei primären und sekundären Märkten, insbesondere wenn das Verhalten von Unternehmen zu einem bestimmten Zeitpunkt gemäß Artikel 86 untersucht werden muss. Die Methode zur Abgrenzung der Märkte in diesen Fällen ist im wesentlichen dieselbe, d. h., es geht darum, zu beurteilen, wie sich Änderungen bei den relativen Preisen auf die Kaufentscheidungen der Kunden auswirken, allerdings auch unter Berücksichtigung von Substitutionsbeschränkungen,. die von Gegebenheiten auf den verbundenen Märkten bewirkt werden. So kann es zu einer engen Abgrenzung des Marktes für sekundäre Produkte wie Ersatzteile kommen, wenn die Kompatibilität mit dem Primärprodukt wichtig ist. Ist es schwierig, kompatible Sekundärprodukte zu finden, und sind die Primärprodukte teuer und lange haltbar, so kann es gewinnträchtig sein, die relativen Preise der Sekundärprodukte zu erhöhen. Sind die Sekundärprodukte dagegen leicht substituierbar oder sind die Primärprodukte so geartet, dass die Verbraucher rasch und direkt auf steigende relative Preise bei den Sekundärprodukten reagieren können, so ist der Markt unter Umständen anders abzugrenzen.

57. In bestimmten Fällen kann das Vorhandensein bestimmter Substitutionsketten zur Folge haben, dass ein relevanter Markt definiert wird, bei dem sich Produkte oder räumliche Gebiete, die in den Randzonen des Marktes gelegen sind, nicht zur Substitution eignen. Als Beispiel hierfür ist die räumliche Dimension eines Produkts mit erheblichen Transportkosten; Lieferungen ab einem bestimmten Werk sind hier auf einen bestimmten Umkreis beschränkt. Dieser Umkreis um das jeweilige Werk könnte im Prinzip den räumlich relevanten Markt bilden. Sind die einzelnen Herstellungsbetriebe jedoch so verteilt, dass sich ihre räumlichen Liefergebiete erheblich überschneiden, so wirkt auf die Preisbildung bei diesen Erzeugnissen ein Kettensubstitutionseffekt ein, aufgrund dessen ein breiterer räumlicher Markt entsteht. Das gleiche kann auch für den Fall zutreffen, dass Produkt B ein Nachfragesubstitut für die Produkte A und C ist. Zwar sind die Produkte A und C keine direkten Nachfragesubstitute, doch können sie als demselben relevanten Produktmarkt zugehörig aufgefasst werden, da die Preisbildung bei ihnen jeweils durch die Substitution mit B zwingend beeinflusst wird.

58. In der Praxis muss das Konzept der Kettensubstitution jedoch durch empirische Nachweise erhärtet werden, z. B. im Hinblick auf Preisinterdependenz zwischen Randbereichen der Substitutionsketten; nur so kann im Einzelfall der relevante Markt ausgeweitet werden. Das Preisniveau an beiden Enden der Kette müsste ebenfalls in etwa gleich hoch sein.

Anhang B 2. Bagatellbekanntmachung

Bekanntmachung der Kommission über Vereinbarungen von geringer Bedeutung, die den Wettbewerb gemäß Artikel 81 Absatz 1 des Vertrags zur Gründung der Europäischen Gemeinschaft nicht spürbar beschränken (de minimis)[1]

(ABl. 2001 C 368/13)

I.

1. Gemäß Artikel 81 Absatz 1 sind mit dem Gemeinsamen Markt unvereinbar und verboten alle Vereinbarungen zwischen Unternehmen, die den Handel zwischen Mitgliedstaaten zu beeinträchtigen geeignet sind und eine Verhinderung, Einschränkung oder Verfälschung des Wettbewerbs innerhalb des Gemeinsamen Marktes bezwecken oder bewirken. Der Gerichtshof der Europäischen Gemeinschaften hat präzisiert, dass diese Vorschrift nicht eingreift, wenn die Vereinbarung keine spürbaren Auswirkungen auf den innergemeinschaftlichen Handel hat oder keine spürbare Wettbewerbsbeschränkung vorliegt.

2. In der vorliegenden Bekanntmachung quantifiziert die Kommission anhand von Marktanteilsschwellen, wann keine spürbare Wettbewerbsbeschränkung gemäß Artikel 81 EG-Vertrag vorliegt. Diese negative Definition der Spürbarkeit bedeutet nicht, dass Vereinbarungen zwischen Unternehmen, deren Marktanteile über den in dieser Bekanntmachung festgelegten Schwellen liegen, den Wettbewerb spürbar beschränken. Solche Vereinbarungen können trotzdem nur geringfügige Auswirkungen auf den Wettbewerb haben und daher nicht dem Verbot des Artikels 81 Absatz 1[2] unterliegen.

3. Ferner können Vereinbarungen außerhalb des Anwendungsbereichs des Artikel 81 Absatz 1 liegen, wenn sie nicht geeignet sind, den Handel zwischen Mitgliedstaaten spürbar zu beeinträchtigen. Diese Frage wird von der vorliegenden Bekanntmachung nicht behandelt. Die Bekanntmachung macht somit keine Angaben dazu, wann keine spürbaren Auswirkungen auf den Handel vorliegen. Allerdings ist zu berücksichtigen, dass Vereinbarungen zwischen kleinen und mittleren Unternehmen, wie sie im Anhang zur Empfehlung 96/280/EG der Kommission[3] definiert sind, sel-

---

[1] Diese Bekanntmachung ersetzt die Bekanntmachung über Vereinbarungen von geringer Bedeutung, die im ABl. C 372 vom 9.12.1997 veröffentlicht wurde.

[2] Siehe z.B. Urteil des Gerichtshofs in den verbundenen Rechtssachen C-215/96 und C-216/96: Bagnasco (Carlos) geg. Banca Popolare di Novara und Casa di Risparmio di Genova e Imperia (1999), Slg. I-135, Rn. 34–35. Diese Bekanntmachung lässt die Grundsätze für die Bewertung gemäß Artikel 81 Absatz 1 unberührt, die dargelegt sind in der Bekanntmachung der Kommission „Leitlinien zur Anwendbarkeit von Artikel 81 EGV auf Vereinbarungen über horizontale Zusammenarbeit", ABl. C 3 vom 6.1 2001, S. 2, insbesondere Ziffern 17–31, sowie in der Bekanntmachung der Kommission „Leitlinien für vertikale Beschränkungen", ABl. C 291 vom 13.10 2000, S. 1, insbesondere Ziffern 5–20.

[3] ABl. L 107 vom 30.4.1996, S. 4. Diese Empfehlung wird angepasst werden. Es ist beabsichtigt, den Schwellenwert für den Jahresumsatz von 40 Mio. EUR auf 50 Mio. EUR und den Schwellenwert für die Bilanzsumme von 27 Mio. EUR auf 43 Mio. EUR anzuheben.

ten geeignet sind, den Handel zwischen Mitgliedstaaten spürbar zu beeinträchtigen. Als kleine und mittlere Unternehmen anzusehen sind nach der genannten Empfehlung derzeit Unternehmen, die weniger als 250 Mitarbeiter haben und deren Jahresumsatz 40 Mio. EUR oder deren Bilanzsumme 27 Mio. EUR nicht übersteigt.

4. In Fällen, die in den Anwendungsbereich dieser Bekanntmachung fallen, wird die Kommission weder auf Antrag noch von Amts wegen ein Verfahren eröffnen. Gehen Unternehmen gutgläubig davon aus, dass eine Vereinbarung in den Anwendungsbereich der Bekanntmachung fällt, wird die Kommission keine Geldbußen verhängen. Die Bekanntmachung soll auch den Gerichten und Behörden der Mitgliedstaaten bei der Anwendung von Artikel 81 als Leitfaden dienen, auch wenn sie für diese nicht verbindlich ist.

5. Die Bekanntmachung gilt auch für Beschlüsse von Unternehmensvereinigungen und aufeinander abgestimmte Verhaltensweisen.

6. Die Bekanntmachung greift der Auslegung von Artikel 81 durch den Gerichtshof und das Gericht erster Instanz der Europäischen Gemeinschaften nicht vor.

II.

7. Die Kommission ist der Auffassung, dass Vereinbarungen zwischen Unternehmen, die den Handel zwischen Mitgliedstaaten beeinträchtigen, den Wettbewerb im Sinne des Artikels 81 Absatz 1 nicht spürbar beschränken,

a) wenn der von den an der Vereinbarung beteiligten Unternehmen insgesamt gehaltene Marktanteil auf keinem der von der Vereinbarung betroffenen relevanten Märkte 10% überschreitet in Fällen, wo die Vereinbarung zwischen Unternehmen geschlossen wird, die tatsächliche oder potenzielle Wettbewerber auf einem dieser Märkte sind (Vereinbarung zwischen Wettbewerbern)[1], oder

b) wenn der von jedem der beteiligten Unternehmen gehaltene Marktanteil auf keinem der von der Vereinbarung betroffenen relevanten Märkte 15% überschreitet in Fällen, wo die Vereinbarung zwischen Unternehmen geschlossen wird, die keine tatsächlichen oder potenziellen Wettbewerber auf diesen Märkten sind (Vereinbarung zwischen Nichtwettbewerbern).

   Treten Schwierigkeiten bei der Einstufung einer Vereinbarung als Vereinbarung zwischen Wettbewerbern oder als Vereinbarung zwischen Nichtwettbewerbern auf, so gilt die 10%-Schwelle.

8. Wird in einem relevanten Markt der Wettbewerb durch die kumulative Wirkung von Vereinbarungen beschränkt, die verschiedene Lieferanten oder Händler für den Verkauf von Waren oder Dienstleistungen geschlossen haben (kumulativer Marktabschottungseffekt durch nebeneinander bestehende Netze von Vereinbarun-

---

[1] Zum Begriff des tatsächlichen oder potenziellen Wettbewerbers siehe die Leitlinien der Kommission zur Anwendbarkeit von Artikel 81 EG-Vertrag auf Vereinbarungen über horizontale Zusammenarbeit, ABl. C 3 vom 6.1.2001, Ziffer 9. Ein Unternehmen wird als tatsächlicher Wettbewerber angesehen, wenn es entweder auf demselben relevanten Markt tätig ist oder wenn es auch ohne Vereinbarung in der Lage wäre, in Erwiderung auf eine geringe aber dauerhafte Erhöhung der relativen Preise seine Produktion auf die relevanten Produkte umzustellen und sie kurzfristig auf den Markt zu bringen, ohne spürbare zusätzliche Kosten oder Risiken zu gewärtigen (sofortige Substituierbarkeit auf der Angebotsseite). Ein Unternehmen wird als potenzieller Wettbewerber angesehen, wenn es Anhaltspunkte dafür gibt, dass es ohne die Vereinbarung die notwendigen zusätzlichen Investitionen und andere erforderliche Umstellungskosten auf sich nehmen könnte und wahrscheinlich auch würde, um als Reaktion auf eine geringfügige, aber dauerhafte Heraufsetzung der relativen Preise gegebenenfalls in den Markt einzutreten.

gen, die ähnliche Wirkungen auf dem Markt haben), so werden die in Ziffer 7 genannten Marktanteilsschwellen auf 5% herabgesetzt, sowohl für Vereinbarungen zwischen Wettbewerbern als auch für Vereinbarungen zwischen Nichtwettbewerbern. Bei einzelnen Lieferanten oder Händlern mit einem Marktanteil, der 5% nicht überschreitet, ist in der Regel nicht davon auszugehen, dass sie wesentlich zu dem kumulativen Abschottungseffekt beitragen[1]. Es ist unwahrscheinlich, dass ein kumulativer Abschottungseffekt vorliegt, wenn weniger als 30% des relevanten Marktes von nebeneinander bestehenden (Netzen von) Vereinbarungen, die ähnliche Wirkungen auf dem Markt haben, abgedeckt werden.

9. Die Kommission ist weiter der Auffassung, dass Vereinbarungen auch dann nicht wettbewerbsbeschränkend sind, wenn die Marktanteile die in den Ziffern 7 und 8 angegebenen Schwellenwerte von 10%, 15% oder 5% während zwei aufeinander folgender Kalenderjahre um höchstens 2 Prozentpunkte überschreiten.

10. Zur Berechnung des Marktanteils muss der relevante Markt bestimmt werden, und zwar sowohl der relevante Produktmarkt als auch der räumlich relevante Markt. Bei der Definition dieses Marktes sollte auf die Bekanntmachung der Kommission über die Definition des relevanten Marktes im Sinne des Wettbewerbsrechts der Gemeinschaft zurückgegriffen werden[2]. Bei der Marktanteilsberechnung sollte grundsätzlich der Absatzwert, oder, wo es darauf ankommt, der Wert der auf dem Markt getätigten Käufe zugrunde gelegt werden. Sind keine Wertangaben vorhanden, dürfen auch begründete Schätzungen vorgenommen werden, die auf anderen verlässlichen Marktdaten, einschließlich Mengenangaben, beruhen.

11. Die Ziffern 7, 8 und 9 gelten nicht für Vereinbarungen, die eine der nachstehenden schwerwiegenden Beschränkungen (Kernbeschränkungen) enthalten:

1. bei Vereinbarungen zwischen Wettbewerbern, wie sie in Ziffer 7 definiert sind, Beschränkungen, die unmittelbar oder mittelbar, für sich allein oder in Verbindung mit anderen Umständen unter der Kontrolle der Vertragsparteien Folgendes bezwecken[3]:
   a) die Festsetzung der Preise beim Verkauf von Erzeugnissen an Dritte;
   b) die Beschränkung der Produktion oder des Absatzes;
   c) die Aufteilung von Märkten oder Kunden;
2. bei Vereinbarungen zwischen Nichtwettbewerbern wie sie in Ziffer 7 definiert sind, Beschränkungen, die unmittelbar oder mittelbar, für sich allein oder in Verbindung mit anderen Umständen unter der Kontrolle der Vertragsparteien Folgendes bezwecken:
   a) die Beschränkung der Möglichkeiten des Käufers, seinen Verkaufspreis selbst festzusetzen; dies gilt unbeschadet der Möglichkeit des Lieferanten, Höchstverkaufspreise festzusetzen oder Preisempfehlungen auszusprechen, sofern sich diese nicht infolge der Ausübung von Druck oder der Gewährung von Anreizen durch eine der Vertragsparteien tatsächlich wie Fest- oder Mindestverkaufspreise auswirken;

---

[1] Siehe auch die Leitlinien der Kommission für vertikale Beschränkungen, ABl. C 291 vom 13.10.2000, insbesondere die Ziffern 73, 142, 143 und 189. Während in den Leitlinien für vertikale Beschränkungen bei bestimmten Beschränkungen nicht nur auf den gesamten, sondern auch auf den gebundenen Marktanteil eines bestimmten Lieferanten oder Käufers abgestellt wird, beziehen sich alle Marktanteilsschwellen in der vorliegenden Bekanntmachung auf den gesamten Marktanteil.

[2] ABl. C 372 vom 19.12.1997, S. 5.

[3] Dies lässt Fälle einer gemeinsamen Produktion mit oder ohne gemeinsamen Vertrieb unberührt, wie sie in Artikel 5 Absatz 2 der Verordnung (EG) Nr. 2658/2000 der Kommission und Artikel 5 Absatz 2 der Verordnung (EG) Nr. 2659/2000 der Kommission, ABl. L 304 vom 5.12.2000, S. 3 bzw. 7, definiert sind.

b) Beschränkungen des Gebiets oder des Kundenkreises, in das oder an den der Käufer die Vertragswaren oder -dienstleistungen verkaufen darf, mit Ausnahme der nachstehenden Beschränkungen, die keine Kernbeschränkungen sind: Beschränkungen des aktiven Verkaufs in Gebiete oder an Gruppen von Kunden, die der Lieferant sich selbst vorbehalten oder ausschließlich einem anderen Käufer zugewiesen hat, sofern dadurch Verkäufe seitens der Kunden des Käufers nicht begrenzt werden;
   - Beschränkungen des Verkaufs an Endbenutzer durch Käufer, die auf der Großhandelsstufe tätig sind;
   - Beschränkungen des Verkaufs an nicht zugelassene Händler, die Mitgliedern eines selektiven Vertriebssystems auferlegt werden;
   - Beschränkungen der Möglichkeiten des Käufers, Bestandteile, die zwecks Einfügung in andere Erzeugnisse geliefert werden, an Kunden zu verkaufen, welche diese Bestandteile für die Herstellung derselben Art von Erzeugnissen verwenden würden, wie sie der Lieferant herstellt;

c) Beschränkungen des aktiven oder passiven Verkaufs an Endverbraucher, soweit diese Beschränkungen Mitgliedern eines selektiven Vertriebssystems auferlegt werden, welche auf der Einzelhandelsstufe tätig sind; dies gilt unbeschadet der Möglichkeit, Mitgliedern des Systems zu verbieten, Geschäfte von nicht zugelassenen Niederlassungen aus zu betreiben;

d) die Beschränkung von Querlieferungen zwischen Händlern innerhalb eines selektiven Vertriebssystems, auch wenn diese auf unterschiedlichen Handelsstufen tätig sind;

e) Beschränkungen, die zwischen dem Lieferanten und dem Käufer von Bestandteilen, welche dieser in andere Erzeugnisse einfügt, vereinbart werden und die den Lieferanten hindern, diese Bestandteile als Ersatzteile an Endverbraucher oder an Reparaturwerkstätten oder andere Dienstleistungserbringer zu verkaufen, die der Käufer nicht mit der Reparatur oder Wartung seiner eigenen Erzeugnisse betraut hat;

3. bei Vereinbarungen zwischen Wettbewerbern wie sie in Ziffer 7 definiert sind, wenn die Wettbewerber zwecks Durchführung der Vereinbarung auf unterschiedlichen Produktions- oder Vertriebsstufen tätig sind, jede der in den Absätzen 1 und 2 genannten Kernbeschränkungen.

12. 1. Die Begriffe des „Unternehmens", „beteiligten Unternehmens", des „Händlers", des „Lieferanten" und des „Käufers" im Sinne dieser Bekanntmachung schließen die mit diesen jeweils verbundenen Unternehmen ein.

2. Verbundene Unternehmen sind:

a) Unternehmen, in denen ein an der Vereinbarung beteiligtes Unternehmen unmittelbar oder mittelbar
   - über mehr als die Hälfte der Stimmrechte verfügt oder
   - mehr als die Hälfte der Mitglieder des Leitungs- oder Verwaltungsorgans oder der zur gesetzlichen Vertretung berufenen Organe bestellen kann oder
   - das Recht hat, die Geschäfte des Unternehmens zu führen;

b) Unternehmen, die in einem an der Vereinbarung beteiligten Unternehmen unmittelbar oder mittelbar die unter Buchstabe a) bezeichneten Rechte oder Einflussmöglichkeiten haben;

c) Unternehmen, in denen ein unter Buchstabe b) genanntes Unternehmen unmittelbar oder mittelbar die unter Buchstabe a) bezeichneten Rechte oder Einflussmöglichkeiten hat;

d) Unternehmen, in denen eine der Vertragsparteien gemeinsam mit einem oder mehreren der unter den Buchstaben a), b) oder c) genannten Unternehmen oder in denen zwei oder mehr als zwei der zuletzt genannten Unternehmen gemeinsam die in Buchstabe a) bezeichneten Rechte oder Einflussmöglichkeiten haben;

e) Unternehmen, in denen
   - Vertragsparteien oder mit ihnen jeweils verbundene Unternehmen im Sinne der Buchstaben a) bis d) oder
   - eine oder mehrere der Vertragsparteien oder eines oder mehrere der mit ihnen im Sinne der Buchstaben a) bis d) verbundenen Unternehmen und ein oder mehrere dritte Unternehmen.

   gemeinsam die unter Buchstabe a) bezeichneten Rechte oder Einflussmöglichkeiten haben.

3. Bei der Anwendung von Absatz 2 Buchstabe e) wird der Marktanteil des Unternehmens, an dem die gemeinsamen Rechte oder Einflussmöglichkeiten bestehen, jedem der Unternehmen, das die in Absatz 2 Buchstabe a) bezeichneten Rechte oder Einflussmöglichkeiten hat, zu gleichen Teilen zugerechnet.

Anhang B 3. Leitlinien zum zwischenstaatlichen Handel

Bekanntmachung der Kommission – Leitlinien über den Begriff der Beeinträchtigung des zwischenstaatlichen Handels in den Artikeln 81 und 82 des Vertrags

(ABl. 2004 C 101/81)

1. Einleitung

1. Artikel 81 und 82 des Vertrags sind auf horizontale und vertikale Vereinbarungen sowie Verhaltensweisen von Unternehmen anwendbar, „welche den Handel zwischen Mitgliedstaaten zu beeinträchtigen geeignet sind".

2. In ihrer Auslegung der Artikel 81 und 82 haben die Gemeinschaftsgerichte Inhalt und Reichweite des Begriffs „Beeinträchtigung des Handels zwischen Mitgliedstaaten" bereits in weitem Umfang geklärt.

3. In den vorliegenden Leitlinien werden die Grundsätze behandelt, die von den Gemeinschaftsgerichten zur Auslegung des in den Artikeln 81 und 82 enthaltenen Begriffs der Beeinträchtigung des zwischenstaatlichen Handels entwickelt wurden. Sie enthalten auch eine Regel, die angibt, wann Vereinbarungen normalerweise nicht geeignet sind, den Handel zwischen den Mitgliedstaaten spürbar zu beeinträchtigen (die „no appreciable affectation of trade" oder NAAT-Regel). Diese Leitlinien erheben keinen Anspruch auf Vollständigkeit. Ihr Ziel ist es, die Methodik zur Anwendung des Begriffs der Beeinträchtigung des zwischenstaatlichen Handels darzustellen und eine Anleitung für seine Anwendung in häufig wiederkehrenden Fällen zu bieten. Diese Leitlinien sind für die Gerichte und Behörden der Mitgliedstaaten zwar nicht verbindlich, sollen ihnen aber Orientierung bei der Anwendung des in Artikel 81 und 82 enthaltenen Begriffs der Beeinträchtigung des zwischenstaatlichen Handels bieten.

4. Diese Leitlinien behandeln nicht die Frage, was eine spürbare Beschränkung des Wettbewerbs im Sinne von Artikel 81 Absatz 1 darstellt. Diese Frage ist von derjenigen zu unterscheiden, ob Vereinbarungen den Handel zwischen Mitgliedstaaten spürbar zu beeinträchtigen geeignet sind, und wird in der Bekanntmachung der Kommission über Vereinbarungen von geringer Bedeutung, die den Wettbewerb gemäß Artikel 81 Absatz 1 des Vertrags nicht spürbar beschränken, behandelt (De-minimis-Regel)[1]. Ebenso wenig bieten die Leitlinien eine Anleitung bei der Interpretation des Begriffs der Beeinträchtigung des Handels gemäß Artikel 87 Absatz 1 des Vertrags über staatliche Beihilfen.

5. Die Leitlinien einschließlich der NAAT-Regel ergehen unbeschadet der Auslegung von Artikel 81 und Artikel 82 des Vertrags durch den Gerichtshof und das Gericht erster Instanz.

---

[1] ABl. C 368 vom 22.12.2001, S. 13.

2. Das Kriterium der Beeinträchtigung des Handelns

2.1 Allgemeine Grundsätze

6. Artikel 81 Absatz 1 regelt: „Mit dem Gemeinsamen Markt unvereinbar und verboten sind alle Vereinbarungen zwischen Unternehmen, Beschlüsse von Unternehmensvereinigungen und aufeinander abgestimmte Verhaltensweisen, welche den Handel zwischen Mitgliedstaaten zu beeinträchtigen geeignet sind und eine Verhinderung, Einschränkung oder Verfälschung des Wettbewerbs innerhalb des Gemeinsamen Markts bezwecken oder bewirken". Der Einfachheit halber werden die Begriffe „Vereinbarungen, Beschlüsse von Unternehmensvereinigungen und aufeinander abgestimmte Verhaltensweisen" nachstehend zusammenfassend als „Vereinbarungen" bezeichnet.

7. Artikel 82 regelt: „Mit dem Gemeinsamen Markt unvereinbar und verboten ist die missbräuchliche Ausnutzung einer beherrschenden Stellung auf dem Gemeinsamen Markt oder auf einem wesentlichen Teil desselben durch ein oder mehrere Unternehmen, soweit dies dazu führen kann, den Handel zwischen Mitgliedstaaten zu beeinträchtigen". Nachstehend wird für das Verhalten marktbeherrschender Unternehmen der Begriff „Verhaltensweisen" verwendet.

8. Das Kriterium der Beeinträchtigung des zwischenstaatlichen Handels bestimmt auch den Anwendungsbereich von Artikel 3 der Verordnung 1/2003 zur Durchführung der in Artikel 81 und 82 des Vertrags niedergelegten Wettbewerbsregeln[2].

9. Gemäß Artikel 3 Absatz 1 der Verordnung müssen die Wettbewerbsbehörden und Gerichte der Mitgliedstaaten Artikel 81 auf Vereinbarungen zwischen Unternehmen, Beschlüsse von Unternehmensvereinigungen und aufeinander abgestimmte Verhaltensweisen im Sinne des Artikels 81 Absatz 1 des Vertrags anwenden, welche den Handel zwischen Mitgliedstaaten im Sinne dieser Bestimmung zu beeinträchtigen geeignet sind, wenn sie das nationale Wettbewerbsrecht auf solche Vereinbarungen, Beschlüsse und aufeinander abgestimmte Verhaltensweisen anwenden. Wenden die Wettbewerbsbehörden und Gerichte der Mitgliedstaaten das einzelstaatliche Wettbewerbsrecht auf nach Artikel 82 des Vertrags verbotene Missbräuche an, müssen sie auch Artikel 82 des Vertrags anwenden. Artikel 3 Absatz 1 verpflichtet somit die Wettbewerbsbehörden und Gerichte der Mitgliedstaaten bei der Anwendung des nationalen Wettbewerbsrechts auf Vereinbarungen und missbräuchliche Verhaltensweisen, die den Handel zwischen Mitgliedstaaten zu beeinträchtigen geeignet sind, die Artikel 81 und 82 mit anzuwenden. Artikel 3 Absatz 1 verpflichtet hingegen die nationalen Wettbewerbsbehörden und Gerichte nicht, bei der Anwendung der Artikel 81 und 82 auf Vereinbarungen, Beschlüsse und aufeinander abgestimmte Verhaltensweisen und Missbräuche, die den Handel zwischen Mitgliedstaaten zu beeinträchtigen geeignet sind, auch ihr nationales Wettbewerbsrecht mit anzuwenden. Sie können in diesen Fällen allein die gemeinschaftlichen Wettbewerbsregeln anwenden.

10. Aus Artikel 3 Absatz 2 folgt, dass die Anwendung des nationalen Wettbewerbsrechts nicht zur Untersagung von Vereinbarungen, Beschlüssen von Unternehmensvereinigungen oder aufeinander abgestimmten Verhaltensweisen führen darf, die zwar den Handel zwischen Mitgliedstaaten zu beeinträchtigen geeignet sind, aber den Wettbewerb nicht im Sinne von Artikel 81 Absatz 1 des Vertrags beschränken, oder die Bedingungen von Artikel 81 Absatz 3 erfüllen oder von einer Verordnung zur Anwendung von Artikel 81 Absatz 3 erfasst werden. Den Mitgliedstaaten wird durch die Verordnung 1/2003 jedoch nicht verwehrt, in ihrem Gebiet strengere in-

[2] ABl. L 1 vom 4.1.2003, S. 1.

nerstaatliche Vorschriften zur Unterbindung oder Ahndung einseitiger Handlungen von Unternehmen zu erlassen oder anzuwenden.

11. Artikel 3 Absatz 3 bestimmt unbeschadet der allgemeinen Grundsätze und sonstigen Vorschriften des Gemeinschaftsrechts, dass die Absätze 1 und 2 des Artikel 3 nicht anwendbar sind, wenn die Wettbewerbsbehörden und Gerichte der Mitgliedstaaten einzelstaatliche Gesetze über die Kontrolle von Unternehmenszusammenschlüssen anwenden. Zudem stehen sie der Anwendung von Bestimmungen des einzelstaatlichen Rechts nicht entgegen, die überwiegend ein von den Artikeln 81 und 82 des Vertrags abweichendes Ziel verfolgen.

12. Das Kriterium der Beeinträchtigung des zwischenstaatlichen Handels ist ein eigenständiges Merkmal, das in jedem Fall gesondert zu beurteilen ist. Als Abgrenzungskriterium definiert es den Geltungsbereich des gemeinschaftlichen Wettbewerbsrechts[3]. Das gemeinschaftliche Wettbewerbsrecht ist nicht anwendbar auf Vereinbarungen und Verhaltensweisen, die nicht geeignet sind, den Handel zwischen Mitgliedstaaten spürbar zu beeinträchtigen.

13. Das Kriterium der Beeinträchtigung des zwischenstaatlichen Handels beschränkt den Anwendungsbereich der Artikel 81 und 82 auf Vereinbarungen und Verhaltensweisen, die geeignet sind, ein Mindestmaß an grenzüberschreitenden Auswirkungen innerhalb der Gemeinschaft zu entfalten. Nach der Rechtsprechung des Gerichtshofs müssen Vereinbarungen oder Verhaltensweisen geeignet sein, den Handel zwischen Mitgliedstaaten „spürbar"[4] zu beeinträchtigen.

14. Im Falle von Artikel 81 des Vertrags muss die Vereinbarung geeignet sein, den Handel zwischen Mitgliedstaaten zu beeinträchtigen. Es ist nicht erforderlich, dass jeder einzelne Teil der Vereinbarung, einschließlich jeglicher Wettbewerbsbeschränkung, die sich aus der Vereinbarung ergeben kann, geeignet ist, den Handel zu beeinträchtigen[5]. Ist die Vereinbarung als Ganzes geeignet, den Handel zwischen Mitgliedstaaten zu beeinträchtigen, ist das Gemeinschaftsrecht auf die gesamte Vereinbarung anwendbar, einschließlich jener Teile der Vereinbarung, die für sich genommen den Handel zwischen Mitgliedstaaten nicht beeinträchtigen. Erstrecken sich die vertraglichen Beziehungen zwischen den gleichen Parteien auf mehrere Tätigkeiten, müssen diese unmittelbar miteinander zusammenhängen und integraler Bestandteil der betreffenden Gesamtvereinbarung sein, um derselben Vereinbarung zugerechnet zu werden[6]. Anderenfalls ist für jede Geschäftstätigkeit von einer eigenständigen Vereinbarung auszugehen.

15. Es ist auch unerheblich, ob die Beteiligung eines bestimmten Unternehmens an der Vereinbarung den Handel zwischen Mitgliedstaaten spürbar beeinträchtigt[7]. Ein Unternehmen kann sich der Anwendung des Gemeinschaftsrechts nicht allein aufgrund der Tatsache entziehen, dass sein eigener Beitrag zu einer Vereinbarung, die an sich geeignet ist, den Handel zwischen Mitgliedstaaten zu beeinträchtigen, unbedeutend ist.

16. Für die Anwendbarkeit des Gemeinschaftsrechts ist es nicht erforderlich, eine Verbindung zwischen der mutmaßlichen Wettbewerbsbeschränkung und der Eig-

---

[3] Vgl. EuGH 13.7.1966, Consten und Grundig, Verbundene Rechtssachen 56/64 und 58/64, Slg. 1966, 429, und EuGH 16.3.1974, Commercial Solvents, Verbundene Rechtssachen 6/73 und 7/73, Slg. 1974, 223.

[4] Vgl. hierzu EuGH 25.11.1971, Rechtssache 22/71, Béguelin, Slg. 1971, 949, Rn. 16.

[5] Vgl. EuGH 25.2.1986, Windsurfing, Rechtssache 193/83, Slg. 1986, 611, Rn. 96, und EuGeI 14.5.1997, Vereniging van Groothandelaren in Bloemkwekerijproducten, Rechtssache T-77/94, Slg. 1997, II-759, Rn. 126.

[6] Vgl. Siehe Randnrn. 142–144 des in der vorstehenden Fußnote zitierten Urteils Vereniging van Groothandelaren in Bloemkwekerijproducten.

[7] Vgl. z. B. EuGeI 24.10.1991, Petrofina, Rechtssache T-2/89, Slg. 1991, II-1087, Rn. 226.

nung einer Vereinbarung, den Handel zwischen Mitgliedstaaten zu beeinträchtigen, festzustellen. Auch Vereinbarungen, die den Wettbewerb nicht beschränken, können den Handel zwischen Mitgliedstaaten beeinträchtigen. Beispielsweise können selektive Vertriebsvereinbarungen, die auf rein qualitativen, durch die Art der Ware begründeten Auswahlkriterien beruhen und den Wettbewerb im Sinne von Artikel 81 Absatz 1 nicht beschränken, dennoch den Handel zwischen Mitgliedstaaten beeinträchtigen. Die mutmaßlichen, aus einer Vereinbarung resultierenden Wettbewerbsbeschränkungen können jedoch einen deutlichen Hinweis darauf geben, dass die Vereinbarung geeignet ist, den Handel zwischen Mitgliedstaaten zu beeinträchtigen. Eine Vertriebsvereinbarung, die ein Ausfuhrverbot vorsieht, ist beispielsweise ihrem Wesen nach geeignet, den Handel zwischen Mitgliedstaaten zu beeinträchtigen, wenn auch nicht unbedingt in einem spürbaren Ausmaß[8].

17. Im Fall von Artikel 82 muss die missbräuchliche Verhaltensweise geeignet sein, den Handel zwischen Mitgliedstaaten zu beeinträchtigen. Dies bedeutet aber nicht, dass jeder einzelne Aspekt der Verhaltensweise getrennt zu beurteilen ist. Eine Verhaltensweise, die Teil einer von einem marktbeherrschenden Unternehmen verfolgten Gesamtstrategie ist, muss nach ihrer Gesamtwirkung bewertet werden. Setzt ein marktbeherrschendes Unternehmen bei der Verfolgung ein und desselben Ziels, beispielsweise der Ausschaltung oder des Marktausschlusses von Wettbewerbern, verschiedene Verhaltensweisen ein, ist Artikel 82 auf alle Verhaltensweisen anwendbar, die Teil dieser Gesamtstrategie sind, wenn mindestens eine dieser Verhaltensweisen geeignet ist, den Handel zwischen Mitgliedstaaten zu beeinträchtigen[9].

18. Aus dem Wortlaut der Artikel 81 und 82 sowie der Rechtsprechung der Gemeinschaftsgerichte folgt, dass bei der Anwendung des Merkmals der Beeinträchtigung des Handels insbesondere drei Elemente zu berücksichtigen sind:

a) der Begriff „Handel zwischen Mitgliedstaaten“,
b) die Formulierung „zu beeinträchtigen geeignet“, und
c) der Begriff der „Spürbarkeit“.

2.2 Der Begriff „Handel zwischen Mitgliedstaaten“

19. Der Begriff „Handel“ ist nicht auf den traditionellen grenzüberschreitenden Austausch von Waren und Dienstleistungen beschränkt[10]. Es geht hier um einen weiter gefassten Begriff, der alle grenzüberschreitenden wirtschaftlichen Tätigkeiten einschließlich der Niederlassung umfasst[11]. Diese Auslegung steht im Einklang mit dem grundlegenden Ziel des Vertrags, den freien Verkehr von Waren, Dienstleistungen, Personen und Kapital zu fördern.

20. Nach ständiger Rechtsprechung ist der Begriff „Handel“ auch erfüllt, wenn die Wettbewerbsstruktur des Markts durch Vereinbarungen und Verhaltensweisen beeinträchtigt wird. Vereinbarungen und Verhaltensweisen, welche die Wettbewerbsstruktur innerhalb der Gemeinschaft beeinträchtigen, indem sie einen in der Gemeinschaft tätigen Wettbewerber ausschalten oder auszuschalten drohen, können

---

[8] Der Spürbarkeitsbegriff wird nachstehend in Abschnitt 2.4 behandelt.

[9] Vgl. hierzu EuGH 13.2.1979, Hoffmann-La Roche, Rechtssache 85/76, Slg. 1979, 461, Rn. 126.

[10] In diesen Leitlinien umfasst der Begriff „Waren“ sowohl Waren als auch Dienstleistungen.

[11] Vgl. EuGH 14.7.1981, Züchner, Rechtssache 172/80, Slg. 1981, 2021, Rn. 18. Vgl. auch z. B. EuGH 19.2.2002, Wouters, Rechtssache C-309/99, Slg. 2002, I-1577, Rn. 95, EuGH 25.10.2001, Ambulanz Glöckner, Rechtssache C-475/99, Slg. 2001, I-8089, Rn. 49, EuGH 21.1.1999, Bagnasco, Verbundene Rechtssachen C-215/96 und 216/96, Slg. 1999, I-135, Rn. 51, EuGH 11.12.1997, Job Centre, Rechtssache C-55/96, Slg. 1997, I-7119, Rn. 37 und EuGH 23.4.1991, Höfner und Elser, Rechtssache C-41/90, Slg. 1991, I-1979, Rn. 33.

den Wettbewerbsvorschriften der Gemeinschaft unterliegen[12]. Wird ein Unternehmen ausgeschaltet oder droht ein Unternehmen ausgeschaltet zu werden, werden sowohl die Wettbewerbsstruktur innerhalb der Gemeinschaft als auch die wirtschaftlichen Tätigkeiten des Unternehmens beeinträchtigt.

21. Das Erfordernis der Beeinträchtigung des Handels „zwischen Mitgliedstaaten" setzt voraus, dass Auswirkungen auf grenzüberschreitende wirtschaftliche Tätigkeiten zwischen mindestens zwei Mitgliedstaaten vorliegen. Es ist nicht notwendig, dass die Vereinbarungen oder Verhaltensweisen den Handel zwischen dem gesamten Gebiet eines Mitgliedstaats und demjenigen eines anderen Mitgliedstaats beeinträchtigen. Artikel 81 und 82 können auch in Fällen anwendbar sein, in denen nur ein Teil eines Mitgliedstaats betroffen ist, sofern die Beeinträchtigung des Handels spürbar ist[13].

22. Die Anwendung des Kriteriums der Beeinträchtigung des Handels erfolgt unabhängig von der Abgrenzung der räumlich relevanten Märkte. Der Handel zwischen Mitgliedstaaten kann auch dann beeinträchtigt werden, wenn der relevante Markt das gesamte Gebiet oder einen Teil des Gebiets eines Mitgliedstaats umfasst[14].

2.3 Die Formulierung „zu beeinträchtigen geeignet"

23. Die Formulierung „zu beeinträchtigen geeignet" dient dazu, die Art und Weise der erforderlichen Beeinträchtigung des Handels zwischen Mitgliedstaaten zu beschreiben. Nach dem vom Gerichtshof entwickelten Beurteilungsmaßstab bedeutet die Formulierung „zu beeinträchtigen geeignet", dass sich anhand objektiver rechtlicher oder tatsächlicher Umstände mit hinreichender Wahrscheinlichkeit voraussehen lässt, dass die Vereinbarung oder Verhaltensweise den Warenverkehr zwischen Mitgliedstaaten unmittelbar oder mittelbar, tatsächlich oder potenziell beeinflussen kann[15, 16]. Wie in Ziffer 20 erwähnt, stellt der Gerichtshof darüber hinaus darauf ab, ob die Vereinbarung oder Verhaltensweise die Wettbewerbsstruktur beeinträchtigt. In Fällen, in denen die Vereinbarung oder Verhaltensweise geeignet ist, die Wettbewerbsstruktur in der Gemeinschaft zu beeinträchtigen, ist das Gemeinschaftsrecht anwendbar.

24. Der vom Gerichtshof entwickelte Maßstab für die Beurteilung der Beeinflussung des Warenverkehrs enthält folgende Hauptelemente, die in den nachstehenden Abschnitten behandelt werden:

a) „die hinreichende Wahrscheinlichkeit aufgrund objektiver rechtlicher oder tatsächlicher Umstände",

---

[12] Vgl. z. B. EuGeI 8.10.1996, Compagnie maritime belge, Verbundene Rechtssachen T-24/93 und andere, Slg. 1996, II-1201, Rn. 203, und Rn. 23 des in Fußnote 3 angeführten Urteils in der Rechtssache Commercial Solvents.

[13] Vgl. z. B. EuGeI 22.10.1997, SCK und FNK, Verbundene Rechtssachen T-213/95 und T-18/96, Slg. 1997, II-1739, sowie die nachstehenden Abschnitte 3.2.4 und 3.2.6.

[14] Vgl. Abschnitt 3.2.

[15] Vgl. z. B. hierzu das in Fußnote 11 angeführte Urteil in der Rechtssache Züchner, EuGH 14.12.1983, Kerpen und Kerpen, Rechtssache 319/82, Slg. 1983, 4173, EuGH 10.12.1985, Stichting Sigarettenindustrie, Verbundene Rechtssachen 240/82 und andere, Slg. 1985, 3831, Rn. 48 und EuGeI 15.3.2000, Cimenteries CBR, Verbundene Rechtssachen T-25/95 und andere, Slg. 2000, II-491, Rn. 3930.

[16] In einigen Urteilen, die vor allem vertikale Vereinbarungen betreffen, hat der Gerichtshof die Formulierung hinzugefügt, dass die Vereinbarung geeignet war, die Verwirklichung eines einheitlichen Marktes zwischen den Mitgliedstaaten zu behindern; vgl. EuGeI 6.7.2000, Volkswagen, Rechtssache T-62/98, Slg. 2000, II-2707, Rn. 179, sowie Rn. 47 des in Fußnote 11 angeführten Urteils in der Rechtssache Bagnasco und EuGH 30.6.1966, Société Technique Minière, Rechtssache 56/65, Slg. 1966, 337. Die Auswirkungen der Vereinbarung auf das Ziel eines einheitlichen Marktes sind somit ein Umstand, der berücksichtigt werden kann.

b) Beeinflussung des „Warenverkehrs zwischen Mitgliedstaaten“,
c) „unmittelbare oder mittelbare, tatsächliche oder potenzielle Beeinflussung“ des Warenverkehrs.

2.3.1 Hinreichende Wahrscheinlichkeit aufgrund objektiver rechtlicher oder tatsächlicher Umstände

25. Die Beeinträchtigung des Handels ist anhand objektiver Umstände zu bewerten. Ein subjektiver Wille der beteiligten Unternehmen ist nicht erforderlich. Liegen jedoch Anhaltspunkte dafür vor, dass Unternehmen beabsichtigt haben, den Handel zwischen Mitgliedstaaten zu beeinträchtigen, indem sie beispielsweise versucht haben, Ausfuhren in andere oder Einfuhren aus anderen Mitgliedstaaten zu behindern, ist dies ein relevanter Gesichtspunkt, dem Rechnung zu tragen ist.

26. Die Formulierung „zu beeinträchtigen geeignet“ und die Bezugnahme des Gerichtshofes auf eine „hinreichende Wahrscheinlichkeit“ bedeuten, dass es für die Anwendbarkeit des Gemeinschaftsrechts nicht erforderlich ist, dass die Vereinbarung oder Verhaltensweise den Handel zwischen Mitgliedstaaten tatsächlich beeinträchtigen wird oder beeinträchtigt hat. Es genügt, dass die Vereinbarung oder Verhaltensweise „geeignet“ ist, solche Auswirkungen hervorzurufen[17].

27. Es besteht keine Verpflichtung oder Notwendigkeit, das durch die Vereinbarung oder Verhaltensweise beeinträchtigte tatsächliche Volumen des Handels zwischen Mitgliedstaaten zu berechnen. So ist es beispielsweise nicht notwendig, bei Vereinbarungen, die Ausfuhren in andere Mitgliedstaaten verbieten, zu ermitteln, welchen Umfang der Parallelhandel zwischen den betroffenen Mitgliedstaaten ohne die Vereinbarung gehabt hätte. Diese Auslegung entspricht der Abgrenzungsfunktion des Begriffs der Beeinträchtigung des Handels. Der Anwendungsbereich des Gemeinschaftsrechts erstreckt sich auf Gruppen von Vereinbarungen und Verhaltensweisen, die geeignet sind, den grenzüberschreitenden Handel zu beeinträchtigen, unabhängig davon, ob die betreffende Vereinbarung oder Verhaltensweise diese Auswirkungen tatsächlich hat.

28. Die Beurteilung anhand des Kriteriums der Beeinträchtigung des zwischenstaatlichen Handels ist von einer Reihe von Umständen abhängig, die für sich allein genommen nicht ausschlaggebend sein mögen[18]. Zu den relevanten Umständen zählen die Art der Vereinbarung oder des Verhaltens, die Art der durch die Vereinbarung oder die Verhaltensweise erfassten Waren sowie die Stellung und Bedeutung der beteiligten Unternehmen[19].

29. Die Art der Vereinbarung oder des Verhaltens liefert einen qualitativen Hinweis darauf, ob die Vereinbarung oder Verhaltensweise geeignet ist, den Handel zwischen Mitgliedstaaten zu beeinträchtigen. Einige Vereinbarungen und Verhaltensweisen sind ihrem Wesen nach geeignet, den Handel zwischen Mitgliedstaaten zu beeinträchtigen, während andere diesbezüglich eine eingehendere Prüfung erfordern. Grenzüberschreitende Kartelle bieten ein Beispiel für erstere, auf das Gebiet eines einzelnen Mitgliedstaats begrenzte Gemeinschaftsunternehmen hingegen ein Beispiel für letztere. Dieser Aspekt wird in Abschnitt 3 genauer untersucht, in dem die verschiedenen Formen von Vereinbarungen und Verhaltensweisen behandelt werden.

30. Die Art der von den Vereinbarungen oder Verhaltensweisen erfassten Waren liefert ebenfalls einen Hinweis darauf, ob der Handel zwischen Mitgliedstaaten beein-

[17] Vgl. z. B. EuGeI 7.10.1999, Irish Sugar, Rechtssache T-228/97, Slg. 1999, II-2969, Rn. 170, und EuGH 1.2.1978, Miller, Rechtssache 19/77, Slg. 1978, 131, Rn. 15.

[18] Vgl. z. B. EuGH 15.12.1994, Gøttrup-Klim, Rechtssache C-250/92, Slg. 1994, II-5641, Rn. 54.

[19] Vgl. z. B. EuGH 28.4.1998, Javico, Rechtssache C-306/96, Slg. 1998, I-1983, Rn. 17 und Rn. 18 des in Fußnote 4 angeführten Urteils in der Rechtssache Béguelin.

trächtigt werden kann. Gelangen Waren ihrem Wesen nach problemlos in den grenzüberschreitenden Handel oder sind sie wichtig für Unternehmen, die in andere Mitgliedstaaten in den Markt eintreten oder dort ihr Geschäft erweitern möchten, ist die Anwendbarkeit des Gemeinschaftsrechts leichter zu begründen als in Fällen, in denen aufgrund ihrer Eigenheiten die Nachfrage nach Waren von Anbietern aus anderen Mitgliedstaaten beschränkt ist, oder die Waren von begrenzter Bedeutung für die Niederlassung in anderen Mitgliedstaaten oder die Ausweitung der von diesem Ort der Niederlassung betriebenen Wirtschaftstätigkeit sind[20]. Niederlassung bedeutet auch die Errichtung von Niederlassungen, Zweigstellen oder Tochtergesellschaften durch Unternehmen, die in einem Mitgliedstaat ansässig sind, in einem anderen Mitgliedstaat.

31. Die Marktstellung und der Umsatz der beteiligten Unternehmen geben quantitative Hinweise darauf, inwieweit die jeweilige Vereinbarung oder die Verhaltensweise geeignet sind, den Handel zwischen Mitgliedstaaten zu beeinträchtigen. Dieser Aspekt ist integraler Bestandteil der Bewertung der Spürbarkeit und wird in Abschnitt 2.4 behandelt.

32. Neben den bereits erwähnten Umständen ist auch das rechtliche und tatsächliche Umfeld zu berücksichtigen, in dem die Vereinbarung oder die Verhaltensweise durchgeführt werden. Der jeweilige wirtschaftliche und rechtliche Kontext liefert Anhaltspunkte für das Potenzial zur Beeinträchtigung des zwischenstaatlichen Handels. Existieren absolute Schranken für den grenzüberschreitenden Handel zwischen Mitgliedstaaten, die nicht mit der Vereinbarung oder Verhaltensweise in Zusammenhang stehen, kann der Handel nur dann beeinträchtigt werden, wenn diese Schranken mit großer Wahrscheinlichkeit in naher Zukunft beseitigt werden. Sind diese Schranken nicht absolut, sondern erschweren sie lediglich die grenzüberschreitenden Tätigkeiten, ist es von größter Wichtigkeit sicherzustellen, dass Vereinbarungen und Verhaltensweisen solche Tätigkeiten nicht weiter behindern. Vereinbarungen und Verhaltensweisen, die dies bewirken, sind geeignet, den Handel zwischen Mitgliedstaaten zu beeinträchtigen.

2.3.2 Beeinflussung des „Warenverkehrs zwischen Mitgliedstaaten"

33. Artikel 81 und 82 des Vertrags sind nur dann anwendbar, wenn der „Warenverkehr zwischen Mitgliedstaaten" beeinflusst wird.

34. Der Begriff „Warenverkehr" ist neutral. Es ist nicht erforderlich, dass der Handel beschränkt oder das Handelsvolumen verringert wird[21]. Der Warenverkehr kann auch beeinflusst werden, wenn eine Vereinbarung oder Verhaltensweise einen Anstieg des Handelsvolumens bewirkt. Das Gemeinschaftsrecht ist anwendbar, wenn sich der Handel zwischen Mitgliedstaaten aufgrund der Vereinbarung oder Verhaltensweise anders entwickelt als dies ohne diese Vereinbarung oder Verhaltensweise anzunehmen wäre[22].

35. Diese Auslegung trägt der Tatsache Rechnung, dass die Beeinträchtigung des Handels ein Abgrenzungskriterium ist. Es dient der Unterscheidung zwischen einerseits Vereinbarungen und Verhaltensweisen, die grenzüberschreitenden Auswirkungen

---

[20] Vgl. hierzu die in Fußnote 11 zitierten Urteile Bagnasco und Wouters.

[21] Vgl. hierzu EuGeI 6.4.1995, Tréfileurope, Rechtssache T-141/89, Slg. 1995, II-791, EuGeI 21.2.1995, Vereniging van Samenwerkende Prijsregelende Organisaties in de Bouwnijverheid (SPO), Rechtssache T-29/92, Slg. 1995, II-289, soweit Ausfuhren betroffen waren, und Entscheidung der Kommission in der Sache Volkswagen (II) (ABl. L 264 vom 2.10.2001, S. 14).

[22] Vgl. hierzu EuGH 15.5.1975, Frubo, Rechtssache 71/74, Slg. 1975, 563, Rn. 38, EuGH 29.10.1980, Van Landewyck, Verbundene Rechtssachen 209 und andere, Slg. 1980, 3125, Rn. 172, EuGeI 2.7.1992, Dansk Pelsdyravler Forening, Rechtssache T-61/89, Slg. 1992, II-1931, Rn. 143 und EuGeI 1.4.1993, BPB Industries und British Gypsum, Rechtssache T-65/89, Slg. 1993, II-389, Rn. 135.

haben, so dass eine Prüfung anhand der Wettbewerbsvorschriften der Gemeinschaft erforderlich wird, und andererseits solchen Vereinbarungen und Verhaltensweisen, bei denen dies nicht der Fall ist.

2.3.3 Eine „unmittelbare oder mittelbare, tatsächliche oder potenzielle" Beeinflussung des Warenverkehrs zwischen Mitgliedstaaten

36. Die Vereinbarungen oder Verhaltensweisen können den Warenverkehr zwischen Mitgliedstaaten „unmittelbar oder mittelbar, tatsächlich oder potenziell" beeinflussen.

37. Unmittelbare Auswirkungen auf den Handel zwischen Mitgliedstaaten sind in der Regel in Bezug auf die Waren gegeben, die von einer Vereinbarung oder Verhaltensweise erfasst werden. Einigen sich beispielsweise die Hersteller einer bestimmten Ware in verschiedenen Mitgliedstaaten auf eine Aufteilung der Märkte, ergeben sich in den betreffenden Produktmärkten unmittelbare Auswirkungen auf den Handel zwischen Mitgliedstaaten. Ein weiteres Beispiel für unmittelbare Auswirkungen ist, wenn ein Lieferant Vertriebshändlerrabatte auf den Verkauf von Waren in demjenigen Mitgliedstaat beschränkt, in dem die Vertriebshändler niedergelassen sind. Durch solche Verhaltensweisen wird der relative Preis von zur Ausfuhr bestimmten Waren erhöht und die Attraktivität und Wettbewerbsfähigkeit von Ausfuhrverkäufen verringert.

38. Mittelbare Auswirkungen entstehen häufig in Bezug auf Waren, die mit den von einer Vereinbarung oder Verhaltensweise erfassten Waren verwandt sind. Mittelbare Auswirkungen können sich beispielsweise ergeben, wenn eine Vereinbarung oder Verhaltensweise Einfluss auf grenzüberschreitende wirtschaftliche Tätigkeiten von Unternehmen hat, welche die von der Vereinbarung oder Verhaltensweise erfassten Waren nutzen oder anderweitig darauf zurückgreifen[23]. Solche Auswirkungen können beispielsweise entstehen, wenn eine Vereinbarung oder Verhaltensweise ein Zwischenerzeugnis betrifft, das zwar nicht gehandelt, aber bei der Lieferung eines gehandelten Endprodukts verwendet wird. In einem Fall betreffend die Festsetzung von Preisen für den bei der Herstellung von Cognac verwendeten Alkohol befand der Gerichtshof, dass die zugrunde liegende Vereinbarung geeignet war, den Handel zwischen Mitgliedstaaten zu beeinträchtigen, weil das Endprodukt – der Cognac –, hingegen nicht das Rohmaterial, ausgeführt wurde[24]. In solchen Fällen ist das Wettbewerbsrecht der Gemeinschaft anwendbar, wenn der Handel mit dem Endprodukt spürbar beeinträchtigt werden kann.

39. Mittelbare Auswirkungen auf den Handel zwischen Mitgliedstaaten können auch in Bezug auf die von einer Vereinbarung oder Verhaltensweise erfassten Waren entstehen. Beschränkt beispielsweise ein Hersteller in einer Vereinbarung die Gewährleistung auf diejenigen Waren, welche die Vertriebshändler in dem Mitgliedstaat ihrer Niederlassung vertreiben, werden die Verbraucher aus anderen Mitgliedstaaten davon abgehalten, diese Waren zu kaufen, weil sie die Gewährleistung nicht in Anspruch nehmen könnten[25]. Die Ausfuhren durch zugelassene Vertriebshändler und Parallelhändler werden dadurch erschwert, da die Waren aus Sicht der Verbraucher ohne die Gewährleistung weniger attraktiv sind[26].

40. Tatsächliche Auswirkungen auf den Handel zwischen Mitgliedstaaten sind solche, die bei der Durchführung der Vereinbarung oder Verhaltensweise entstehen.

---

[23] Vgl. hierzu EuGeI 28.2.2002, Compagnie générale maritime und andere, Rechtssache T-86/95, Slg. 2002, II-1011, Rn. 148 sowie Rn. 202 des in Fußnote 12 angeführten Urteils in der Rechtssache Compagnie maritime belge.

[24] Vgl. EuGH 31.1.1985, BNIC/Clair, Rechtssache 123/83, Slg. 1985, 391, Rn. 29.

[25] Vgl. Entscheidung Zanussi der Kommission, ABl. L 322 vom 16.11.1978, S. 36, Ziffer 11.

[26] Vgl. EuGH 10.12.1985, ETA Fabrique d'Ebauches, Rechtssache 81/85, Slg. 1985, 3933, Randnrn. 12 und 13.

Von einer Vereinbarung zwischen einem Lieferanten und einem Vertriebshändler in ein und demselben Mitgliedstaat, wonach beispielsweise die Ausfuhren in andere Mitgliedstaaten verboten sind, sind tatsächliche Auswirkungen auf den Handel zwischen Mitgliedstaaten zu erwarten. Ohne diese Vereinbarung hätte es dem Vertriebshändler freigestanden, Ausfuhrverkäufe zu tätigen. Wie schon hervorgehoben ist es nicht erforderlich, das Vorliegen tatsächlicher Auswirkungen nachzuweisen, vielmehr genügt es, dass die Vereinbarung oder Verhaltensweise geeignet ist, solche Auswirkungen zu haben.

41. Potenzielle Auswirkungen sind solche, die mit hinreichender Wahrscheinlichkeit in der Zukunft entstehen werden. Mit anderen Worten, die vorhersehbaren Marktentwicklungen müssen berücksichtigt werden[27]. Selbst wenn der Handel zum Zeitpunkt des Abschlusses der Vereinbarung bzw. der Durchführung der Verhaltensweise nicht beeinträchtigt wird, bleiben Artikel 81 und 82 anwendbar, wenn sich die Umstände, die zu dieser Folgerung geführt haben, wahrscheinlich in absehbarer Zeit ändern werden. In diesem Zusammenhang sind die Auswirkungen von Liberalisierungsmaßnahmen der Gemeinschaft oder der Mitgliedstaaten und von anderen absehbaren Maßnahmen zur Beseitigung rechtlicher Handelshemmnisse zu berücksichtigen.

42. Auch wenn die Marktbedingungen für den grenzüberschreitenden Handel zu einem bestimmten Zeitpunkt ungünstig sein mögen, beispielsweise weil in den betreffenden Mitgliedstaaten ähnliche Preise gelten, kann der Handel dennoch beeinträchtigt werden, wenn die Möglichkeit besteht, dass sich die Situation aufgrund sich wandelnder Marktbedingungen ändert[28]. Ausschlaggebend ist, ob die Vereinbarung oder Verhaltensweise geeignet ist, den Handel zwischen Mitgliedstaaten zu beeinträchtigen, nicht, ob der Handel zu einem bestimmten Zeitpunkt tatsächlich beeinträchtigt wird.

43. Die Einbeziehung mittelbarer oder potenzieller Auswirkungen in die Prüfung der Auswirkungen auf den Handel zwischen Mitgliedstaaten bedeutet nicht, dass die Prüfung auf fern liegende oder hypothetische Auswirkungen gestützt werden kann. Die Behörde oder Partei, die vorbringt, dass der Handel zwischen Mitgliedstaaten spürbar beeinträchtigt werden könnte, muss darlegen, warum eine bestimmte Vereinbarung wahrscheinlich mittelbare oder potenzielle Auswirkungen haben wird. Hypothetische oder spekulative Auswirkungen genügen nicht, um die Anwendbarkeit des Gemeinschaftsrechts zu begründen. Wenn durch eine Vereinbarung beispielsweise die Preise für eine nicht handelbare Ware angehoben werden, verringert sich das den Verbrauchern zur Verfügung stehende Einkommen. Da sie weniger Geld ausgeben können, kaufen sie eventuell weniger aus anderen Mitgliedstaaten stammende Waren. Der Zusammenhang zwischen diesen Einkommenseffekten und dem zwischenstaatlichen Handel ist für sich genommen jedoch generell zu fern liegend, um die Anwendbarkeit des Gemeinschaftsrechts zu begründen.

2.4 Begriff der „Spürbarkeit"

2.4.1 Allgemeiner Grundsatz

44. Das Kriterium der Beeinträchtigung des zwischenstaatlichen Handels umfasst ein quantitatives Element, das die Anwendbarkeit des Gemeinschaftsrechts auf Vereinbarungen und Verhaltensweisen beschränkt, die geeignet sind, Auswirkungen eines bestimmten Ausmaßes zu verursachen. Vereinbarungen und Verhaltensweisen fallen nicht unter die Artikel 81 und 82 des Vertrags, wenn sie aufgrund der schwa-

[27] Vgl. EuGH 6.4.1995, RTE (Magill), Verbundene Rechtssachen C-241/91 P und C-242/91 P, Slg. 1995, I-743, Rn. 70, sowie EuGH 25.10.1983, AEG, Rechtssache 107/82, Slg. 1983, 3151, Rn. 60.

[28] Vgl. Rn. 60 des in der vorangehenden Fußnote genannten Urteils in der Rechtssache AEG.

chen Marktstellung der beteiligten Unternehmen den fraglichen Produktmarkt nur geringfügig beeinträchtigen[29]. Die Spürbarkeit kann insbesondere unter Bezugnahme auf die Stellung und Bedeutung der betreffenden Unternehmen auf dem fraglichen Produktmarkt ermittelt werden[30].

45. Die Beurteilung der Spürbarkeit ist abhängig von den in jedem Einzelfall vorherrschenden Umständen, insbesondere von der Art der Vereinbarung und Verhaltensweise, der Art der erfassten Waren und der Marktstellung der beteiligten Unternehmen. Wenn eine Vereinbarung oder Verhaltensweise ihrem Wesen nach geeignet ist, den Handel zwischen Mitgliedstaaten zu beeinträchtigen, ist die Schwelle für die Spürbarkeit niedriger anzusetzen als bei Vereinbarungen und Verhaltensweisen, die ihrem Wesen nach nicht geeignet sind, den Handel zwischen Mitgliedstaaten zu beeinträchtigen. Je stärker die Marktstellung der beteiligten Unternehmen ist, umso größer ist die Wahrscheinlichkeit, dass eine Beeinträchtigung des Handels zwischen Mitgliedstaaten durch eine Vereinbarung oder Verhaltensweise als spürbar einzustufen ist[31].

46. In einer Reihe von Fällen betreffend Einfuhren und Ausfuhren hat der Gerichtshof befunden, dass die Voraussetzung der Spürbarkeit dann erfüllt ist, wenn der Umsatz der beteiligten Unternehmen einem Marktanteil von etwa 5% entsprach[32]. Der Marktanteil allein wurde jedoch nicht immer als der entscheidende Umstand betrachtet. Insbesondere der Umsatz, den die beteiligten Unternehmen mit den betreffenden Waren erzielen, muss ebenfalls berücksichtigt werden[33].

47. Die Spürbarkeit kann also sowohl in absoluten Zahlen (Umsatz) als auch in relativen Größen gemessen werden, indem die Stellung der beteiligten Unternehmen mit der Stellung der anderen Marktteilnehmer (Marktanteil) verglichen wird. Diese Hervorhebung der Stellung und Bedeutung der beteiligten Unternehmen entspricht der Formulierung „zu beeinträchtigen geeignet", wonach die Beurteilung darauf abzielt festzustellen, ob die Vereinbarung oder Verhaltensweise geeignet ist, den Handel zwischen Mitgliedstaaten zu beeinträchtigen, nicht jedoch auf deren Auswirkungen auf den tatsächlichen Umfang des grenzüberschreitenden Verkehrs von Waren und Dienstleistungen. Die Marktstellung der beteiligten Unternehmen und ihr Umsatz mit den betreffenden Waren ermöglichen Rückschlüsse darauf, ob eine Vereinbarung oder Verhaltensweise geeignet ist, den Handel zwischen Mitgliedstaaten zu beeinträchtigen. Diese beiden Gesichtspunkte kommen in den in Ziffern 52 und 53 behandelten Vermutungen zum Ausdruck.

48. Die Prüfung der Spürbarkeit erfordert nicht unbedingt eine Abgrenzung der relevanten Märkte und eine Errechnung der Marktanteile[34]. Der Umsatz eines Un-

---

[29] Vgl. EuGH 9.7.1969, Völk, Rechtssache 5/69, Slg. 1969, 295, Rn. 7.

[30] Vgl. z. B. Rn. 17 des in Fußnote 19 genannten Urteils in der Rechtssache Javico und Rn. 138 des in Fußnote 22 genannten Urteils in der Rechtssache BPB Industries and British Gypsum.

[31] Vgl. Rn. 138 des in Fußnote 22 genannten Urteils BPB Industries and British Gypsum.

[32] Vgl. z. B. Randnrn. 9 und 10 des in Fußnote 17 genannten Urteils in der Rechtssache Miller sowie Rn. 58 des in Fußnote 27 genannten Urteils in der Rechtssache AEG.

[33] Vgl. EuGH 7.6.1983, S. A. Musique Diffusion Française, Verbundene Rechtssachen 100 bis 103/80, Slg. 1983, 1825, Rn. 86. In dieser Rechtssache machten die betreffenden Waren nur knapp über 3% des Umsatzes auf dem relevanten nationalen Markt aus. Der Gerichtshof befand, dass Vereinbarungen, die den Parallelhandel behindern, geeignet sind, den Handel zwischen Mitgliedstaaten spürbar zu beeinträchtigen, und zwar wegen der hohen Umsätze der Parteien und der relativen Marktstellung der Waren im Vergleich zu den von Wettbewerbern hergestellten Waren.

[34] Vgl. hierzu Randnrn. 179 und 231 des in Fußnote 16 angeführten Urteils in der Rechtssache Volkswagen sowie EuGeI 19.3.2003, CMA CGM und andere, Rechtssache T-213/00, Slg. 2003, II-..., Rn. 219 und 220.

ternehmens in absoluten Zahlen kann für die Feststellung ausreichen, dass die Auswirkung auf den Handel spürbar ist. Dies gilt insbesondere für Vereinbarungen und Verhaltensweisen, die ihrem Wesen nach geeignet sind, den Handel zwischen Mitgliedstaaten zu beeinträchtigen, da sie beispielsweise Einfuhren oder Ausfuhren oder mehrere Mitgliedstaaten betreffen. Die Tatsache, dass unter diesen Umständen der Umsatz mit den von der Vereinbarung erfassten Waren für die Feststellung einer spürbaren Wirkung auf den Handel zwischen Mitgliedstaaten ausreichen kann, spiegelt sich in der Spürbarkeitsvermutung wider, die unter Ziffer 53 behandelt wird.

49. Vereinbarungen und Verhaltensweisen müssen immer in ihrem wirtschaftlichen und rechtlichen Kontext betrachtet werden. Im Falle vertikaler Vereinbarungen kann es notwendig sein, kumulative Wirkungen von parallelen Netzen vergleichbarer Vereinbarungen zu berücksichtigen[35]. Auch wenn eine einzige Vereinbarung oder ein Netz von Vereinbarungen nicht geeignet ist, den Handel zwischen Mitgliedstaaten spürbar zu beeinträchtigen, können die Auswirkungen paralleler Netze von Vereinbarungen hierzu insgesamt geeignet sein. Voraussetzung ist allerdings, dass die einzelne Vereinbarung oder das Netz von Vereinbarungen einen nennenswerten Beitrag zur Auswirkung auf den Handel insgesamt leisten[36].

2.4.2 Quantifizierung der Spürbarkeit

50. Es ist nicht möglich, allgemeine quantitative Regeln aufzustellen, die alle Arten von Vereinbarungen erfassen und angeben, wann der Handel zwischen Mitgliedstaaten spürbar beeinträchtigt werden kann. Es ist allerdings möglich anzugeben, wann der Handel normalerweise nicht spürbar eingeschränkt werden kann. In ihrer Mitteilung über Vereinbarungen von geringer Bedeutung, die den Wettbewerb gemäß Artikel 81 Absatz 1 des Vertrags nicht spürbar beeinträchtigen (De-minimis-Regel)[37] hat die Kommission festgestellt, dass Vereinbarungen zwischen kleinen und mittleren Unternehmen (KMU) gemäß der Definition im Anhang zur Empfehlung 96/280/EG der Kommission[38] den Handel zwischen Mitgliedstaaten normalerweise nicht zu beeinträchtigen geeignet sind, weil die Tätigkeiten der KMU in der Regel lokal oder regional ausgerichtet sind. KMU können jedoch insbesondere dann der Anwendung des Gemeinschaftsrechts unterliegen, wenn sie grenzüberschreitend tätig werden. Zweitens hält es die Kommission für angezeigt, einige allgemeine Regeln aufzustellen, die angeben, wann der Handel in der Regel nicht spürbar beeinträchtigt werden kann, d. h. eine Standard-Definition für das Fehlen einer spürbaren Beeinträchtigung des Handels zwischen Mitgliedstaaten (NAAT-Regel). Bei der Anwendung des Artikels 81 wird die Kommission diese Standard-Definition im Sinne einer widerlegbaren Negativvermutung auf alle Vereinbarungen im Sinne von Artikel 81 Absatz 1, unabhängig von der Art der darin enthaltenen Beschränkungen, einschließlich solcher, die in Gruppenfreistellungsverordnungen und Leitlinien der Kommission als Kernbeschränkungen identifiziert werden, anwenden. In Fällen, in denen diese Negativvermutung anwendbar ist, wird die Kommission in der Regel weder auf Antrag noch von Amts wegen ein Verfahren einleiten. Gehen Unternehmen im

---

[35] Vgl. z. B. EuGeI 8.6.1995, Langnese-Iglo, Rechtssache T-7/93, Slg. 1995, II-1533, Rn. 120.

[36] Vgl. Randnrn. 140f. des Urteils Vereniging van Groothandelaren in Bloemkwekerijproducten, Fußnote 5.

[37] Vgl. Mitteilung der Kommission über Vereinbarungen von geringer Bedeutung, die den Wettbewerb im Sinne von Artikel 81 Absatz 1 des Vertrags zur Gründung der Europäischen Gemeinschaft nicht spürbar beschränken (de minimis), ABl. C 368 vom 22.12.2001, S. 13, *(Anhang B 2)* Ziffer 3.

[38] ABl. L 107 vom 30.4.1996, S. 4; mit Wirkung vom 1.1.2003 wird diese Empfehlung durch die Empfehlung 2003/361/EG zur Definition von kleinsten, kleinen und mittleren Unternehmen ersetzt; ABl. L 124 vom 20.5.2003, S. 36.

guten Glauben davon aus, dass ihre Vereinbarung unter diese Negativvermutung fällt, wir die Kommission keine Geldbuße festsetzen.

51. Unbeschadet der Ziffer 53 bedeutet diese Negativdefinition der Spürbarkeit nicht, dass Vereinbarungen, die nicht unter die nachstehenden Kriterien fallen, den Handel zwischen Mitgliedstaaten automatisch zu beeinträchtigen geeignet sind. Es ist dann eine Einzelfallprüfung notwendig.

52. Die Kommission geht davon aus, dass Vereinbarungen grundsätzlich nicht geeignet sind, den Handel zwischen Mitgliedstaaten spürbar zu beeinträchtigen, wenn die folgenden Voraussetzungen kumulativ erfüllt sind:

a) der gemeinsame Marktanteil der Parteien überschreitet auf keinem von der Vereinbarung betroffenen relevanten Markt innerhalb der Gemeinschaft 5%, und
b) im Falle horizontaler Vereinbarungen überschreitet der gesamte Jahresumsatz der beteiligten Unternehmen[39] innerhalb der Gemeinschaft mit den von der Vereinbarung erfassten Waren nicht den Betrag von 40 Mio. EUR. Im Falle von Vereinbarungen betreffend den gemeinsamen Erwerb von Waren ergibt sich der relevante Umsatz aus den von der Vereinbarung erfassten gemeinsamen Käufen der Parteien dieser Waren.
   Im Falle vertikaler Vereinbarungen überschreitet der Jahresumsatz des Lieferanten mit den von der Vereinbarung erfassten Waren in der Gemeinschaft nicht den Betrag von 40 Mio. EUR. Bei Lizenzvereinbarungen werden als relevanter Umsatz der gesamte Umsatz der Lizenznehmer mit den Waren der lizenzierten Technik und der eigene Umsatz des Lizenzgebers mit diesen Waren zugrunde gelegt. Im Falle von Vereinbarungen zwischen einem Käufer und mehreren Lieferanten ergibt sich der relevante Umsatz aus der Gesamtheit der von der Vereinbarung erfassten Käufe des Abnehmers dieser Waren.

Die Kommission wird diese Vermutung auch anwenden, wenn während zwei aufeinander folgenden Kalenderjahren der genannte Schwellenwert für den Jahresumsatz um höchstens 10% und der Schwellenwert für den Marktanteil um höchstens 2%-Punkte überschritten werden. Betrifft die Vereinbarung einen in der Entstehung begriffenen, noch nicht existierenden Markt, auf dem die Parteien weder einen relevanten Umsatz erzielen noch relevante Marktanteile halten, wird die Kommission diese Vermutung nicht zugrunde legen. Die Spürbarkeit mag in diesen Fällen anhand der Stellung der Parteien auf benachbarten Produktmärkten oder ihrer Stärke in den von der Vereinbarung betroffenen Technologien zu beurteilen sein.

53. Wenn eine Vereinbarung ihrem Wesen nach geeignet ist, den Handel zwischen Mitgliedstaaten zu beeinträchtigen, da sie beispielsweise Einfuhren und Ausfuhren betrifft oder sich auf mehrere Mitgliedstaaten erstreckt, wird die Kommission davon ausgehen, dass eine widerlegbare positive Vermutung vorliegt, dass diese Beeinträchtigung des Handels spürbar ist, sofern der gemäß den Ziffern 52 und 54 errechnete Umsatz der Unternehmen mit den von der Vereinbarung erfassten Waren 40 Mio. EUR überschreitet. Im Falle von Vereinbarungen, die ihrem Wesen nach geeignet sind, den Handel zwischen Mitgliedstaaten zu beeinträchtigen, kann ferner häufig davon ausgegangen werden, dass die Auswirkungen spürbar sind, wenn der Marktanteil der Parteien den im vorangehenden Absatz erwähnten Schwellenwert von 5% übertrifft. Dies gilt jedoch nicht, wenn sich die Vereinbarung nur auf einen Teil des Mitgliedstaats erstreckt (siehe Ziffer 90).

---

[39] Der Begriff „beteiligte Unternehmen" umfasst verbundene Unternehmen, wie sie in Ziffer 12.2 der Bekanntmachung der Kommission über Vereinbarungen von geringer Bedeutung, die den Wettbewerb gemäß Artikel 81 Absatz 1 des Vertrags zur Gründung der Europäischen Gemeinschaft nicht spürbar beschränken (de minimis) (ABl. C 368 vom 22.12.2001, S. 13, *Anhang B 2*) definiert werden.

54. Im Hinblick auf den Schwellenwert von 40 Mio. EUR (siehe Ziffer 52) wird der Umsatz auf der Grundlage der gesamten von den betreffenden Unternehmen während des vorangehenden Geschäftsjahrs innerhalb der Gemeinschaft mit den von der Vereinbarung erfassten Waren (Vertragserzeugnisse) erzielten Umsätze vor Steuern ermittelt. Umsätze zwischen Gesellschaften, die Teil desselben Unternehmens sind, finden keine Berücksichtigung[40].

55. Zur Anwendung des Schwellenwerts für den Marktanteil muss der relevante Markt abgegrenzt werden, und zwar sowohl der relevante Produktmarkt als auch der räumlich relevante Markt[41]. Bei der Marktanteilsberechnung sollte grundsätzlich der Absatzwert, oder, wo angemessen, der Wert der getätigten Käufe zugrunde gelegt werden. Sind keine Wertangaben vorhanden, dürfen Schätzungen vorgenommen werden, die auf anderen verlässlichen Marktdaten, einschließlich Mengenangaben, beruhen.

56. Bei Netzen von Vereinbarungen, die von einem Lieferanten mit verschiedenen Vertriebshändlern geschlossen wurden, sind die Umsätze, die im gesamten Netz getätigt werden, zu berücksichtigen.

57. Verträge, die Bestandteil ein und desselben Geschäftsvorgangs sind, sind als eine einzige Vereinbarung im Sinne der NAAT-Regel[42] anzusehen. Unternehmen können nicht dafür sorgen, dass sie diese Obergrenzen nicht erreichen, indem sie eine Vereinbarung aufteilen, die unter wirtschaftlichen Gesichtspunkten eine Einheit bildet.

3. Die Anwendung der genannten Grundsätze auf verbreitete Formen von Vereinbarungen und missbräuchlichen Verhaltensweisen

58. Die Kommission wird die im vorstehenden Abschnitt behandelte Negativvermutung auch auf Vereinbarungen anwenden, die ihrem Wesen nach geeignet sind, den Handel zwischen Mitgliedstaaten zu beeinträchtigen, sowie auf Vereinbarungen, die den Handel mit Unternehmen in dritten Ländern betreffen (siehe unten Abschnitt 3.3).

59. Außerhalb des Anwendungsbereichs der Negativvermutung wird die Kommission qualitative Merkmale mit Blick auf die Eigenheiten der Vereinbarung oder der Verhaltensweise und der davon betroffenen Waren berücksichtigen (siehe dazu oben Ziffern 29 und 30). Die Bedeutung der Eigenheiten einer Vereinbarung spiegelt sich auch in der positiven Vermutung gemäß Ziffer 53 wider, wonach die Spürbarkeit bei Vereinbarungen gegeben ist, die ihrem Wesen nach geeignet sind, den zwischenstaatlichen Handel zu beeinträchtigen. Um zusätzliche Orientierung über die Anwendung des Begriffs der Beeinträchtigung des zwischenstaatlichen Handels zu geben, ist es daher hilfreich, auf verschiedene übliche Arten von Vereinbarungen und Verhaltensweisen einzugehen.

60. In den folgenden Abschnitten wird eine grundlegende Unterscheidung getroffen zwischen Vereinbarungen und Verhaltensweisen, die mehrere Mitgliedstaaten betreffen, und solchen, die auf einen einzigen Mitgliedstaat oder einen Teil eines Mitgliedstaats begrenzt sind. Diese beiden Hauptgruppen werden nach der Art der jeweiligen Vereinbarung oder Verhaltensweise in Untergruppen untergliedert. Zudem

---

[40] Vgl. hierzu die vorstehende Fußnote.

[41] Zur Definition des relevanten Marktes siehe Bekanntmachung der Kommission über die Definition des relevanten Marktes im Sinne des Wettbewerbsrechts der Gemeinschaft in (ABl. C 372 vom 9.12.1997, S. 5, *Anhang B 1*).

[42] Vgl. hierzu Ziffer 14.

werden Vereinbarungen und Verhaltensweisen behandelt, die Drittländer einbeziehen.

3.1 Vereinbarungen und missbräuchliche Verhaltensweisen, die mehrere Mitgliedstaaten betreffen oder in mehreren Mitgliedstaaten durchgeführt werden

61. Vereinbarungen und Verhaltensweisen, die mehrere Mitgliedstaaten betreffen oder in mehreren Mitgliedstaaten durchgeführt werden, sind fast immer ihrem Wesen nach geeignet, den Handel zwischen Mitgliedstaaten zu beeinträchtigen. Wenn der relevante Umsatz den in Ziffer 5 3 erwähnten Schwellenwert überschreitet, wird es in den meisten Fällen nicht erforderlich sein, eingehend zu untersuchen, ob der Handel zwischen Mitgliedstaaten beeinträchtigt werden kann. Um jedoch für die Beurteilung auch dieser Fälle Hilfestellung zu geben und die in Abschnitt 2 behandelten Grundsätze zu verdeutlichen, wird nachstehend erläutert, welche Umstände üblicherweise für die Begründung der Anwendbarkeit des Gemeinschaftsrechts heranzuziehen sind.

3.1.1 Vereinbarungen über Einfuhren und Ausfuhren

62. Vereinbarungen zwischen Unternehmen in zwei oder mehr Mitgliedstaaten, die Einfuhren und Ausfuhren betreffen, sind ihrem Wesen nach geeignet, den Handel zwischen Mitgliedstaaten zu beeinträchtigen. Solche Vereinbarungen haben unabhangig davon, ob sie den Wettbewerb beschränken oder nicht, unmittelbare Auswirkungen auf den Warenverkehr zwischen Mitgliedstaaten. In der Rechtssache Kerpen & Kerpen zum Beispiel, die eine Vereinbarung zwischen einem französischen Hersteller und einem deutschen Vertriebshändler betraf, welche mehr als 10% der sich auf jährlich 350 000 Tonnen belaufenden gesamten französischen Zementausfuhren in die Bundesrepublik Deutschland erfasste, sah es der Gerichtshof als ausgeschlossen an, dass diese Vereinbarung nicht geeignet sein sollte, den Handel zwischen Mitgliedstaaten (spürbar) zu beeinträchtigen[43].

63. Zu dieser Gruppe gehören auch Vereinbarungen, die eine Beschränkung von Einfuhren und Ausfuhren, einschließlich Beschränkungen des aktiven und passiven Verkaufs sowie des Weiterverkaufs durch Käufer an Abnehmer in anderen Mitgliedstaaten enthalten[44]. In diesen Fällen besteht ein enger Zusammenhang zwischen der mutmaßlichen Wettbewerbsbeschränkung und der Beeinträchtigung des Handels, da der Zweck der Beschränkung gerade darin besteht, einen Austausch von Waren und Dienstleistungen zwischen Mitgliedstaaten zu verhindern, der anderenfalls möglich wäre. Dabei ist es unerheblich, ob die an der Vereinbarung beteiligten Unternehmen in demselben Mitgliedstaat oder in verschiedenen Mitgliedstaaten niedergelassen sind.

3.1.2 Kartelle, die sich auf mehrere Mitgliedstaaten erstrecken

64. Kartellabsprachen z. B. über die Festsetzung der Preise und die Marktaufteilung, die sich auf mehrere Mitgliedstaaten erstrecken, sind ihrem Wesen nach geeignet, den Handel zwischen Mitgliedstaaten zu beeinträchtigen. Grenzüberschreitende

---

[43] Vgl. Rn. 8 des Urteils in der in Fußnote 15 angeführten Rechtssache Kerpen & Kerpen. Es gilt zu beachten, dass der Gerichtshof nicht auf den Marktanteil, sondern auf den Anteil der französischen Ausfuhren und die erfassten Warenmengen verweist.

[44] Vgl. z. B. das in Fußnote 16 genannte Urteil in der Rechtssache Volkswagen und EuGeI 19.5.1999, BASF Lacke + Farben, Rechtssache T-175/95, Slg. 1999, II 1581. Hinsichtlich horizontaler Vereinbarungen zur Verhinderung von Parallelhandel vgl. EuGH 8.11.1983, I. A.Z International, Verbundene Rechtssachen 96/82 und andere, Slg. 1983, 3369, Rn. 27.

Kartelle vereinheitlichen die Wettbewerbsbedingungen und beeinträchtigen die gegenseitige wirtschaftliche Durchdringung, indem sie die traditionellen Handelsströme verfestigen[45]. Weisen sich Unternehmen wechselseitig räumliche Gebiete zu, können Verkäufe aus anderen Gebieten in die zugewiesenen Gebiete vollständig unterbunden oder verringert werden. Sprechen Unternehmen die Preise ab, schalten sie den Wettbewerb und somit auch alle sich daraus ergebenden Preisunterschiede aus, die sowohl für Wettbewerber als auch für Abnehmer Anreize bieten würden, am grenzüberschreitenden Handel teilzunehmen. Einigen sich Unternehmen auf Absatzquoten, werden die traditionellen Handelsströme verfestigt. Die beteiligten Unternehmen sehen davon ab, ihre Produktion auszuweiten und potenzielle Kunden in anderen Mitgliedstaaten zu beliefern.

65. Die Beeinträchtigung des Handels durch grenzüberschreitende Kartelle ist in der Regel auch wegen der Marktstellung der am Kartell beteiligten Unternehmen spürbar. Kartelle werden normalerweise nur dann gebildet, wenn die am Kartell beteiligten Unternehmen gemeinsam einen großen Marktanteil halten, da sie dies in die Lage versetzt, die Preise anzuheben oder die Produktion zu senken.

3.1.3 Vereinbarungen über horizontale Zusammenarbeit, die sich auf mehrere Mitgliedstaaten erstrecken

66. In diesem Abschnitt werden verschiedene Arten von Vereinbarungen über horizontale Zusammenarbeit behandelt. Derartige Vereinbarungen können beispielsweise vorsehen, dass zwei oder mehr Unternehmen bei einer bestimmten wirtschaftlichen Tätigkeit wie der Produktion oder dem Vertrieb zusammenarbeiten[46]. Häufig werden solche Vereinbarungen als Gemeinschaftsunternehmen bezeichnet. Gemeinschaftsunternehmen, die auf Dauer alle Funktionen einer selbständigen wirtschaftlichen Einheit erfüllen, werden jedoch von der Fusionskontrollverordnung erfasst[47]. Außer in den Fällen, in denen Artikel 2 Absatz 4 der Fusionskontrollverordnung anwendbar ist, werden diese Vollfunktions-Gemeinschaftsunternehmen auf Gemeinschaftsebene nicht gemäß Artikel 81 und 82 des Vertrags behandelt[48]. Sie werden in diesem Abschnitt deshalb nicht erörtert. Bei Nichtvollfunktions-Gemeinschaftsunternehmen tritt die gemeinsame Einheit nicht als eigenständiger Anbieter (oder Abnehmer) am Markt auf. Es dient lediglich den Muttergesellschaften, die selbst auf dem Markt tätig sind[49].

67. Gemeinschaftsunternehmen, die wirtschaftliche Tätigkeiten in zwei oder mehr Mitgliedstaaten ausüben oder Waren herstellen, die durch die Muttergesellschaften in zwei oder mehr Mitgliedstaaten verkauft werden, beeinflussen die Handelstätigkeiten der beteiligten Unternehmen in diesen Gebieten der Gemeinschaft. Mit Blick

---

[45] Vgl. z. B. EuGeI 6.4.1995, Usines Gustave Boël, Rechtssache T-142/89, Slg. 1995 II-867, Rn. 102.

[46] Vereinbarungen über horizontale Zusammenarbeit werden in den Leitlinien der Kommission zur Anwendbarkeit von Artikel 81 EG-Vertrag auf Vereinbarungen über horizontale Zusammenarbeit behandelt, ABl. C 3 vom 6.1.2001, S. 2 *(Anhang B 5)*. Diese Leitlinien befassen sich mit der wettbewerbsrechtlichen Beurteilung verschiedener Arten von Vereinbarungen, aber nicht mit der Frage der Beeinträchtigung des Handels.

[47] Vgl. Verordnung (EG) Nr. 139/2004 des Rates über die Kontrolle von Unternehmenszusammenschlüssen (ABl. L 24 vom 29.1.2004, S. 1).

[48] Die Mitteilung der Kommission über den Begriff des Vollfunktionsgemeinschaftsunternehmens nach der Verordnung (EWG) Nr. 4064/89 des Rates über die Kontrolle von Unternehmenszusammenschlüssen enthält Hinweise für den Bedeutungsumfang dieses Konzepts (ABl. C 66 vom 2.3.1998, S. 1).

[49] Vgl. beispielsweise Entscheidung der Kommission in der Sache Ford/Volkswagen (ABl. L 20 vom 28.1.1993, S. 14).

auf die Gegebenheiten, die ohne die Vereinbarung vorherrschen würden, sind derartige Vereinbarungen in der Regel ihrem Wesen nach geeignet, den Handel zwischen Mitgliedstaaten zu beeinträchtigen[50]. Die Handelsströme werden beeinflusst, wenn Unternehmen ihre Tätigkeiten auf das Gemeinschaftsunternehmen übertragen oder es dazu nutzen, eine neue Versorgungsquelle in der Gemeinschaft zu schaffen.

68. Die Eignung zur Beeinträchtigung des Handels kann auch gegeben sein, wenn ein Gemeinschaftsunternehmen Vorleistungen für die Muttergesellschaften herstellt, die später von diesen weiterverarbeitet oder in eine Ware einbezogen werden. Dies ist nahe liegend, wenn die betreffenden Vorleistungen zuvor von Lieferanten aus anderen Mitgliedstaaten bezogen wurden, wenn die Muttergesellschaften die Zwischenprodukte zuvor in anderen Mitgliedstaaten hergestellt haben oder wenn das Endprodukt in mehr als einem Mitgliedstaat vertrieben wird.

69. Zur Ermittlung der Spürbarkeit ist es wichtig, neben dem Umsatz des durch die Vereinbarung gebildeten Gemeinschaftsunternehmens auch den Umsatz der Muttergesellschaften mit den von der Vereinbarung betroffenen Waren zu berücksichtigen, da das Gemeinschaftsunternehmen nicht als eigenständige Einheit am Markt auftritt.

3.1.4 Vertikale Vereinbarungen, die in mehreren Mitgliedstaaten durchgeführt werden

70. Vertikale Vereinbarungen und Netze ähnlicher vertikaler Vereinbarungen, die in mehreren Mitgliedstaaten durchgeführt werden, sind in der Regel geeignet, den Handel zwischen Mitgliedstaaten zu beeinträchtigen, wenn sie bewirken, dass die Handelsströme in eine bestimmte Richtung gelenkt werden. Beispielsweise lenken Netze selektiver Vertriebsvereinbarungen, die in zwei oder mehr Mitgliedstaaten durchgeführt werden, die Handelsströme in eine bestimmte Richtung, da sie den Handel auf die Mitglieder des Netzes beschränken und damit den Warenverkehr im Vergleich zu der Situation ohne die Vereinbarung beeinträchtigen[51].

71. Der Handel zwischen Mitgliedstaaten kann auch durch vertikale Vereinbarungen beeinträchtigt werden, welche die Märkte abschotten. Dies kann beispielsweise bei Vereinbarungen der Fall sein, bei denen sich Vertriebshändler in mehreren Mitgliedstaaten darauf einigen, nur bei einem bestimmten Anbieter zu kaufen oder keine konkurrierenden Waren zu verkaufen. Solche Vereinbarungen können den Handel zwischen denjenigen Mitgliedstaaten, in denen die Vereinbarungen durchgeführt werden, oder mit Mitgliedstaaten, die von den Vereinbarungen nicht erfasst sind, beeinträchtigen. Die Marktabschottung kann durch einzelne Vereinbarungen oder durch Netze von Vereinbarungen verursacht werden. Haben eine Vereinbarung oder ein Netz von Vereinbarungen, die mehrere Mitgliedstaaten betreffen, Marktabschottungswirkungen, sind die Vereinbarung oder die Vereinbarungen in der Regel ihrem Wesen nach geeignet, den Handel zwischen Mitgliedstaaten spürbar zu beeinträchtigen.

72. Vereinbarungen zwischen Lieferanten und Vertriebshändlern, die eine Preisbindung beim Wiederverkauf vorsehen und zwei oder mehr Mitgliedstaaten erfassen, sind in der Regel ihrem Wesen nach geeignet, den Handel zwischen Mitgliedstaaten zu beeinträchtigen[52]. Sie ändern das Preisniveau, das voraussichtlich ohne die Vereinbarungen bestanden hätte, und beeinträchtigen damit den Warenverkehr.

---

[50] Vgl. hierzu Rn. 146 des in Fußnote 23 angeführten Urteils in der Rechtssache Compagnie générale maritime.

[51] Vgl. hierzu EuGH 17.1.1984, VBVB und VBBB, Verbundene Rechtssachen 43/82 und 63/82, Slg. 1984, 19, Rn. 9.

[52] Vgl. hierzu EuGel 9.7.1992, Publishers Association, Rechtssache T-66/89, Slg. 1992, II-1995.

3.1.5 Missbräuchliche Ausnutzung marktbeherrschender Stellungen in mehreren Mitgliedstaaten

73. In Bezug auf den Missbrauch einer marktbeherrschenden Stellung ist es sinnvoll zu unterscheiden zwischen Fällen, in denen Marktzutrittsschranken errichtet oder Wettbewerber ausgeschaltet werden (Behinderungsmissbrauch) und Fällen, bei denen das marktbeherrschende Unternehmen seine Wirtschaftsmacht ausnutzt, indem es z. B. überhöhte oder diskriminierende Preise verlangt (Ausbeutungsmissbrauch). Beide Arten des Missbrauchs können entweder durch Vereinbarungen ausgeübt werden, die ihrerseits Artikel 81 Absatz 1 unterliegen, oder durch einseitiges Verhalten, das im Gemeinschaftsrecht nur Artikel 82 unterliegt.

74. Ein Ausbeutungsmissbrauch, wie z. B. diskriminierende Rabatte, wirkt sich auf die nachgeordneten Handelspartner aus, die entweder einen Vorteil oder Nachteil haben, wobei sich ihre Wettbewerbsstellung verändert und der Warenverkehr zwischen Mitgliedstaaten beeinträchtigt wird.

75. Praktiziert ein marktbeherrschendes Unternehmen einen Behinderungsmissbrauch in mehreren Mitgliedstaaten, ist der Missbrauch in der Regel seinem Wesen nach geeignet, den Handel zwischen Mitgliedstaaten zu beeinträchtigen. Dieses Verhalten beeinflusst nachteilig den Wettbewerb in einem Gebiet, das über den einzelnen Mitgliedstaat hinausreicht, und hat wahrscheinlich zur Folge, dass sich der Handelsstrom anders als im Fall ohne diesen Missbrauch entwickelt. Der Warenverkehr kann beispielsweise beeinträchtigt werden, wenn das marktbeherrschende Unternehmen Treuerabatte gewährt. Kunden, die in das Rabattsystem einbezogen sind, werden vermutlich bei den Wettbewerbern des marktbeherrschenden Unternehmens weniger kaufen als sie es normalerweise getan hätten. Missbräuchliches Verhalten, das durch Kampfpreise unmittelbar auf die Ausschaltung eines Wettbewerbers abzielt, ist auch deshalb geeignet, den Handel zwischen Mitgliedstaaten beeinträchtigen, weil es Auswirkungen auf die wettbewerbliche Marktstruktur innerhalb der Gemeinschaft hat[53]. Bei einer missbräuchlichen Verhaltensweise eines marktbeherrschenden Unternehmens, das auf die Ausschaltung eines Wettbewerbers abzielt, der in mehreren Mitgliedstaaten tätig ist, ist eine Beeinträchtigung des Handels auf verschiedene Weise möglich. Es besteht erstens die Gefahr, dass der Wettbewerber als Versorgungsquelle innerhalb der Gemeinschaft wegfällt. Selbst wenn das von der missbräuchlichen Verhaltensweise betroffene Unternehmen nicht ausgeschaltet wird, wird aller Wahrscheinlichkeit nach sein künftiges Wettbewerbsverhalten beeinträchtigt, was wiederum geeignet ist, den Handel zwischen Mitgliedstaaten zu beeinflussen. Zweitens kann die missbräuchliche Verhaltensweise Auswirkungen auf andere Wettbewerber haben. Durch seine missbräuchliche Verhaltensweise kann das marktbeherrschende Unternehmen seinen Wettbewerbern anzeigen, dass es Versuche ahnden wird, in echten Wettbewerb einzutreten. Drittens kann allein die Ausschaltung eines Wettbewerbers genügen, den Handel zwischen Mitgliedstaaten zu beeinträchtigen. Dies kann sogar dann der Fall sein, wenn ein Unternehmen, das Gefahr läuft, ausgeschaltet zu werden, hauptsächlich Ausfuhren in Drittländer tätigt[54]. Sobald die Gefahr besteht, dass die wirksame wettbewerbliche Marktstruktur innerhalb der Gemeinschaft beeinträchtigt wird, ist das Gemeinschaftsrecht anwendbar.

---

[53] Vgl. hierzu das in Fußnote 3 genannte Urteil in der Rechtssache Commercial Solvents, das in Fußnote 9 genannte Urteil in der Rechtssache Hoffmann-La Roche, Rn. 125, in Fußnote 27 genannte Urteil in der Rechtssache RTE and ITP, EuGH 21.2.1973, Continental Can, Rechtssache 6/72, Slg. 1973, 215, Rn. 16 und das EuGH 14.2.1978, United Brands, Rechtssache 27/76, Slg. 1978, 207, Rn. 197 bis 203.

[54] Vgl. Rn. 32 und 33 des in Fußnote 3 genannten Urteils in der Rechtssache Commercial Solvents.

76. Bei einem Ausbeutungs- oder Behinderungsmissbrauch eines marktbeherrschenden Unternehmens in mehr als einem Mitgliedstaat ist der Missbrauch in der Regel auch seinem Wesen nach geeignet, den Handel zwischen Mitgliedstaaten spürbar zu beeinträchtigen. Aufgrund der Stellung dieses marktbeherrschenden Unternehmens und der Tatsache, dass der Missbrauch in mehreren Mitgliedstaaten ausgeübt wird, sind das Ausmaß des Missbrauchs und sein voraussichtlicher Einfluss auf den Warenverkehr in der Regel geeignet, den Handel zwischen Mitgliedstaaten spürbar zu beeinträchtigen. Bei einem Ausbeutungsmissbrauch, wie z. B. einer Preisdiskriminierung, verändert der Missbrauch die Wettbewerbsstellung der Handelspartner in mehreren Mitgliedstaaten. Durch Behinderungsmissbräuche einschließlich solcher, die auf die Ausschaltung eines Wettbewerbers abzielen, wird die Wirtschaftstätigkeit der Wettbewerber in mehreren Mitgliedstaaten beeinträchtigt. Das Vorhandensein einer marktbeherrschenden Stellung in mehreren Mitgliedstaaten lässt darauf schließen, dass der Wettbewerb in einem wesentlichen Teil des Gemeinsamen Markts bereits geschwächt ist[55]. Wird der Wettbewerb durch eine missbräuchliche Verhaltensweise eines marktbeherrschenden Unternehmens, z. B. durch die Ausschaltung eines Wettbewerbers, weiter geschwächt, so ist der Missbrauch in der Regel geeignet, den Handel zwischen Mitgliedstaaten spürbar zu beeinträchtigen.

3.2 Vereinbarungen und missbräuchliches Verhalten, die einen einzigen Mitgliedstaat oder einen Teil eines Mitgliedstaats betreffen

77. Erfasst eine Vereinbarung oder eine missbräuchliche Verhaltensweise das Gebiet nur eines Mitgliedstaats, kann es notwendig sein, genauer zu untersuchen, ob die Vereinbarung oder die missbräuchliche Verhaltensweise geeignet ist, den Handel zwischen Mitgliedstaaten zu beeinträchtigen. Wie schon hervorgehoben, ist ein Rückgang des Handels nicht erforderlich, damit eine Beeinträchtigung des Handels zwischen Mitgliedstaaten vorliegt. Es genügt bereits, wenn eine spürbare Veränderung im Warenverkehr zwischen Mitgliedstaaten verursacht werden kann. Dennoch sind in vielen Fällen, die einen einzigen Mitgliedstaat betreffen, die Art der mutmaßlichen Zuwiderhandlung und ihre Eignung, den Inlandsmarkt abzuschotten, ein wertvoller Hinweis darauf, ob die Vereinbarung oder die Verhaltensweise geeignet sind, den Handel zwischen Mitgliedstaaten zu beeinträchtigen. Die nachstehenden Beispiele sind nicht erschöpfend. Sie zeigen lediglich Beispiele auf, in denen Vereinbarungen, die auf das Gebiet eines einzigen Mitgliedstaats beschränkt sind, geeignet sein können, den Handel zwischen Mitgliedstaaten zu beeinträchtigen.

3.2.1 Kartelle, die nur einen einzigen Mitgliedstaat betreffen

78. Horizontale Kartelle, die sich auf das gesamte Gebiet eines Mitgliedstaats erstrecken, sind in der Regel geeignet, den Handel zwischen Mitgliedstaaten zu beeinträchtigen. Derartige Vereinbarungen haben nach ständiger Rechtsprechung des Gerichtshofes ihrem Wesen nach die Wirkung, die Aufteilung der Märkte entlang nationaler Grenzen zu verfestigen, womit sie die mit dem Vertrag angestrebte wirtschaftliche Durchdringung behindern[56].

---

[55] Nach der Rechtsprechung ist eine marktbeherrschende Stellung die wirtschaftliche Machtstellung eines Unternehmens, die es in die Lage versetzt, die Aufrechterhaltung eines wirksamen Wettbewerbs auf dem relevanten Markt zu verhindern, indem sie ihm die Möglichkeit verschafft, sich seinen Wettbewerbern, seinen Abnehmern und den Verbrauchern gegenüber in einem nennenswerten Umfang unabhängig zu verhalten; Rn. 38 des in Fußnote 9 zitierten Urteils Hoffmann-La Roche.

[56] Für ein Beispiel jüngeren Datums siehe Rn. 95 des in Fußnote 11 angeführten Urteils in der Rechtssache Wouters.

79. Die Eignung solcher Vereinbarungen, eine Aufteilung des Binnenmarkts zu bewirken, ergibt sich aus der Tatsache, dass Unternehmen, die an Kartellen in einem einzigen Mitgliedstaat beteiligt sind, in der Regel aktiv tätig werden müssen, um Wettbewerber aus anderen Mitgliedstaaten auszuschließen[57]. Sonst liefe das Kartell Gefahr, vorausgesetzt die von der Vereinbarung erfasste Ware ist handelbar[58], durch den Wettbewerb von Unternehmen aus anderen Mitgliedstaaten geschwächt zu werden. Solche Vereinbarungen sind wegen der für die Wirksamkeit des Kartells erforderlichen Marktabdeckung in der Regel auch ihrem Wesen nach geeignet, den Handel zwischen Mitgliedstaaten spürbar zu beeinträchtigen.

80. Da der Begriff der Beeinträchtigung des Handels auch potenzielle Auswirkungen umfasst, ist es nicht entscheidend, ob zu einem bestimmten Zeitpunkt tatsächlich gegen die Wettbewerber aus anderen Mitgliedstaaten vorgegangen wird. Entspricht der Kartellpreis ungefähr dem in anderen Mitgliedstaaten geltenden Preis, ist es unter Umständen nicht erforderlich, dass die Kartellmitglieder umgehend gegen Wettbewerber aus anderen Mitgliedstaaten vorgehen. Ausschlaggebend ist, ob sie dies voraussichtlich tun werden, wenn sich die Marktbedingungen ändern. Die Wahrscheinlichkeit dafür hängt davon ab, ob natürliche Handelsschranken auf diesem Markt bestehen, und ob insbesondere die betreffende Ware handelbar ist oder nicht. In einem Fall betreffend Bankdienstleistungen im Privatkundengeschäft[59] befand der Gerichtshof beispielsweise, dass der Handel nicht spürbar beeinträchtigt werden konnte, da das Handelspotenzial der entsprechenden Waren sehr begrenzt war und diese keine ausschlaggebende Bedeutung für die Entscheidung der Unternehmen aus anderen Mitgliedstaaten hatten, in dem betreffenden Land tätig zu werden[60].

81. Das Ausmaß, in dem die Mitglieder eines Kartells die Preise und die Wettbewerber in anderen Mitgliedstaaten beobachten, kann Anhaltspunkte dafür liefern, in welchem Maße die vom Kartell erfassten Waren handelbar sind. Eine solche Beobachtung legt nahe, dass die Wettbewerber aus anderen Mitgliedstaaten als eine mögliche Bedrohung für das Kartell empfunden werden. Liegen ferner Beweise dafür vor, dass die Mitglieder des Kartells ihre Preise bewusst entsprechend dem Preisniveau in anderen Mitgliedstaaten festgelegt haben, ist dies ein Hinweis darauf, dass die betreffenden Waren handelbar sind, und der Handel zwischen Mitgliedstaaten beeinträchtigt werden kann.

82. Die Eignung zur Beeinträchtigung des zwischenstaatlichen Handels ist in der Regel auch gegeben, wenn die Mitglieder eines nationalen Kartells den von Wettbewerbern aus anderen Mitgliedstaaten ausgehenden Wettbewerbsdruck schwächen, indem sie diese dazu verleiten, sich an der wettbewerbsbeschränkenden Vereinbarung zu beteiligen, oder den Wettbewerbern durch den Ausschluss von der Vereinbarung Wettbewerbsnachteile erwachsen[61]. In solchen Fällen führt die Vereinbarung entweder dazu, dass die Wettbewerber die ihnen zur Verfügung stehenden Wettbewerbsvorteile nicht nutzen können, oder dass ihnen höhere Kosten entstehen, wodurch de-

---

[57] Vgl. z. B. EuGH 11.7.1989, Belasco, Rechtssache 246/86, Slg. 1989, 2117, Randnrn. 32–38.

[58] Vgl. Rn. 34 des in der vorangehenden Fußnote genannten Urteils in der Rechtssache Belasco und EuGeI 12.7.2001, British Sugar, Verbundene Rechtssachen T-202/98 und andere, Slg. 2001, II-2035, Rn. 79. Dies trifft aber nicht zu, wenn der Markt für Einfuhren zugänglich ist. Vgl. hierzu Rn. 51 des in Fußnote 11 genannten Urteils in der Rechtssache Bagnasco.

[59] Bürgschaften für Kontokorrentkredite.

[60] Vgl. hierzu das in Fußnote 11 angeführte Urteil in der Rechtssache Bagnasco.

[61] Vgl. hierzu EuGH 27.1.1987, Verband der Sachversicherer, Rechtssache 45/85, Slg. 1987, 405, Rn. 50, sowie EuGH 28.5.1998, John Deere, Rechtssache C-7/95, Slg. 1998, I-3111. Vgl. auch Rn. 172 des Urteils in der in Fußnote 22 genannten Rechtssache Van Landewyck, wo der Gerichtshof befand, dass durch die Vereinbarung der Anreiz zum Verkauf eingeführter Waren spürbar eingeschränkt wurde.

ren Wettbewerbsfähigkeit und Umsatz negativ beeinflusst werden. In beiden Fällen behindert die Vereinbarung die Tätigkeit von Wettbewerbern aus anderen Mitgliedstaaten auf dem betreffenden nationalen Markt. Gleiches gilt, wenn eine auf einen Mitgliedstaat beschränkte Kartellvereinbarung zwischen Unternehmen geschlossen wird, die aus anderen Mitgliedstaaten eingeführte Waren weiterverkaufen[62].

3.2.2 Vereinbarungen über horizontale Zusammenarbeit in einem einzigen Mitgliedstaat

83. Vereinbarungen über horizontale Zusammenarbeit und insbesondere Nichtvollfunktions-Gemeinschaftsunternehmen (vgl. Ziffer 66), die auf einen einzigen Mitgliedstaat begrenzt sind und nicht direkt Einfuhren und Ausfuhren betreffen, gehören nicht zu der Kategorie von Vereinbarungen, die ihrem Wesen nach geeignet sind, den Handel zwischen Mitgliedstaaten zu beeinträchtigen. Eine sorgfältige Prüfung, ob und inwieweit eine solche Vereinbarung geeignet ist, den Handel zwischen Mitgliedstaaten zu beeinträchtigen, kann daher erforderlich sein.

84. Vereinbarungen über horizontale Zusammenarbeit sind insbesondere dann geeignet, den Handel zwischen Mitgliedstaaten zu beeinträchtigen, wenn sie eine Marktabschottung bewirken. Dies kann bei Vereinbarungen über die branchenweite Normung und Zertifizierung der Fall sein, die entweder Unternehmen aus anderen Mitgliedstaaten ausschließen oder die von Unternehmen aus dem Inland leichter erfüllt werden können, da sie auf nationalen Regeln und Gepflogenheiten beruhen. Unter solchen Umständen erschweren die Vereinbarungen Unternehmen aus anderen Mitgliedstaaten den Zutritt zum nationalen Markt.

85. Der Handel kann ferner beeinträchtigt werden, wenn Unternehmen aus anderen Mitgliedstaaten durch ein Gemeinschaftsunternehmen von einem wichtigen Vertriebsweg oder Nachfragemarkt abgeschnitten werden. Wenn beispielsweise zwei oder mehr Vertriebshändler, die in demselben Mitgliedstaat tätig sind und auf die ein erheblicher Anteil der Einfuhren der betreffenden Waren entfällt, ein Gemeinschaftsunternehmen bilden, worin sie die Beschaffung dieser Ware zusammenlegen, wird durch die daraus resultierende Verringerung der Zahl der Vertriebswege die Möglichkeit für Lieferanten aus anderen Mitgliedstaaten beschränkt, Zugang zu diesem nationalen Markt zu erhalten. Der Handel kann daher beeinträchtigt werden[63]. Er kann ferner beeinträchtigt werden, wenn Unternehmen, die zuvor ein bestimmtes Produkt eingeführt haben, ein Gemeinschaftsunternehmen für die Erzeugung dieses Produktes bilden. In diesem Fall führt die Vereinbarung im Vergleich zur Ausgangslage zu einer Änderung des Warenverkehrs zwischen Mitgliedstaaten.

3.2.3 Vertikale Vereinbarungen, die nur einen Mitgliedstaat betreffen

86. Vertikale Vereinbarungen, die das gesamte Gebiet eines Mitgliedstaats erfassen, sind insbesondere geeignet, den Warenverkehr zwischen Mitgliedstaaten zu beeinträchtigen, wenn sie es Unternehmen aus anderen Mitgliedstaaten erschweren, entweder durch Ausfuhren oder durch die Errichtung von Niederlassungen Zutritt zu diesem nationalen Markt zu erlangen (Abschottungseffekt). Wenn vertikale Vereinbarungen derartige Wirkungen hervorrufen, tragen sie zur Aufteilung der Märkte entlang nationaler Grenzen bei, womit sie die im Vertrag angestrebte gegenseitige wirtschaftliche Durchdringung behindern[64].

---

[62] Vgl. z. B. Rn. 49 und 50 des in Fußnote 15 genannten Urteils in der Rechtssache Stichting Sigarettenindustrie.

[63] Vgl. hierzu EuGeI 15.12.1999, Kesko, Rechtssache T-22/97, Slg. 1999, II-3775, Rn. 109.

[64] Vgl. z. B. EuGeI 23.10.2003, Van den Bergh Foods, Rechtssache T-65/98, Slg. [2003] II-..., und Rn. 120 des in Fußnote 35 genannten Urteils in der Rechtssache Langnese-Iglo.

87. Ein Abschottungseffekt kann beispielsweise vorliegen, wenn Lieferanten den Abnehmern eine Alleinbezugsverpflichtung auferlegen[65]. In der Rechtssache Delimitis[66] betreffend Vereinbarungen zwischen einer Brauerei und Eigentümern von Schankstätten, mit denen sich letztere verpflichteten, Bier ausschließlich von dieser Brauerei zu beziehen, definierte der Gerichtshof die Abschottung als das durch Vereinbarungen bedingte Fehlen realer und konkreter Möglichkeiten, Zugang zum Markt zu erhalten. Vereinbarungen schaffen in der Regel nur dann spürbare Zutrittsschranken, wenn sie einen erheblichen Teil des Markts erfassen. Der Marktanteil und die Marktabdeckung können hier als Bezugsgrößen dienen. Bei der Beurteilung müssen nicht nur die jeweilige Vereinbarung bzw. das betreffende Netz von Vereinbarungen berücksichtigt werden, sondern auch andere, parallele Netze von Vereinbarungen, die ähnliche Wirkungen haben[67].

88. Vertikale Vereinbarungen, die das gesamte Gebiet eines Mitgliedstaats erfassen und handelbare Waren zum Gegenstand haben, können auch dann geeignet sein, den Handel zwischen Mitgliedstaaten zu beeinträchtigen, wenn sie keine direkten Handelshemmnisse schaffen. Vereinbarungen, bei denen sich Unternehmen auf eine Preisbindung der zweiten Hand oder vertikale Preisbindung einigen, können direkte Auswirkungen auf den Handel zwischen Mitgliedstaaten haben, indem sie zur Steigerung der Einfuhren aus anderen Mitgliedstaaten und zur Verringerung der Ausfuhren aus dem betreffenden Mitgliedstaat führen[68]. Vereinbarungen über vertikale Preisbindungen können ferner den Warenverkehr in derselben Weise beeinträchtigen wie horizontale Kartelle. Da der aus der vertikalen Preisbindung resultierende Preis höher ist als der in anderen Mitgliedstaaten geltende Preis, ist dieses Preisniveau nur dann auf Dauer haltbar, wenn die Einfuhren aus anderen Mitgliedstaaten gesteuert werden können.

3.2.4 Vereinbarungen, die nur einen Teil eines Mitgliedstaats erfassen

89. In qualitativer Hinsicht erfolgt die Beurteilung von Vereinbarungen, die nur einen Teil eines Mitgliedstaats erfassen, auf die gleiche Weise wie bei Vereinbarungen, die sich auf das gesamte Gebiet eines Mitgliedstaats erstrecken. Dies bedeutet, dass die Prüfung gemäß Abschnitt 2 durchzuführen ist. Bei der Beurteilung der Spürbarkeit muss jedoch zwischen diesen beiden Kategorien unterschieden werden, da zu berücksichtigen ist, dass nur ein Teil eines Mitgliedstaats von der Vereinbarung erfasst wird. Es muss ferner berücksichtigt werden, welcher Anteil des nationalen Hoheitsgebiets dem Handel offen steht. Wenn es beispielsweise aufgrund der Transportkosten oder des Aktionsradius der Transportmittel für Unternehmen aus anderen Mitgliedstaaten wirtschaftlich unrentabel ist, das gesamte Gebiet eines anderen Mitgliedstaats zu beliefern, kann der Handel beeinträchtigt werden, wenn die Vereinbarung den Teil des Gebiets eines Mitgliedstaats, der für den Handel offen ist, abschottet, sofern es sich nicht um einen unbedeutenden Teil dieses Gebiets handelt[69].

90. Sofern eine Vereinbarung einen regionalen Markt abschottet, wird der Handel spürbar beeinträchtigt, wenn der betreffende Umsatz einen erheblichen Anteil am Gesamtumsatz der fraglichen Ware innerhalb des betreffenden Mitgliedstaats ausmacht. Diese Beurteilung darf nicht allein die räumliche Abdeckung zugrunde legen. Auch dem Marktanteil der an der Vereinbarung beteiligten Unternehmen ist nur eine

---

[65] Vgl. z. B. EuGH 7.12.2000, Neste, Rechtssache C-214/99, Slg. 2000, I-11 121.

[66] Vgl. z. B. EuGH 28.2.1991, Delimitis, Rechtssache C-234/89, Slg. 1991, I-935.

[67] Vgl. hierzu das in Fußnote 35 angeführte Urteil in der Rechtssache Langnese-Iglo.

[68] Vgl. z. B. Entscheidung der Kommission in der in Fußnote 21 angeführten Sache Volkswagen (II), Rn. 81 ff.

[69] Vgl. hierzu Rn. 177 bis 181 des in Fußnote 13 genannten Urteils in der Rechtssache SCK and FNK.

begrenzte Bedeutung zuzumessen. Selbst wenn die beteiligten Unternehmen einen hohen Marktanteil an einem genau abgegrenzten Regionalmarkt haben, kann die mengenmäßige Größe dieses Markts im Vergleich zum Gesamtumsatz mit den Waren innerhalb dieses Mitgliedstaats unbedeutend sein. Der mengenmäßige Anteil an dem abgeschotteten Inlandsmarkt ist daher grundsätzlich der beste Indikator, um festzustellen, ob eine Vereinbarung geeignet ist, den Handel zwischen Mitgliedstaaten (spürbar) zu beeinträchtigen. Vereinbarungen, die Gebiete mit einer hohen Nachfragekonzentration abdecken, werden daher schwerer wiegen als solche, die Gebiete mit geringerer Nachfragekonzentration betreffen. Für die Anwendbarkeit des Gemeinschaftsrechts muss der Anteil an dem abgeschotteten nationalen Markt erheblich sein.

91. Vereinbarungen von rein lokaler Bedeutung können ihrem Wesen nach den Handel zwischen Mitgliedstaaten nicht spürbar beeinträchtigen, selbst wenn der örtliche Markt in einer Grenzregion liegt. Umgekehrt kann der Handel beeinträchtigt werden, wenn der Anteil am abgeschotteten nationalen Markt erheblich ist, auch dann wenn sich der betreffende Markt nicht in einer Grenzregion befindet.

92. In Fällen dieser Kategorie kann die Rechtsprechung zu dem in Artikel 82 enthaltenen Begriff des wesentlichen Teils des Gemeinsamen Markts Orientierungshilfe bieten[70]. Vereinbarungen, die beispielsweise Wettbewerber aus anderen Mitgliedstaaten daran hindern, Zugang zu einem Teil eines Mitgliedstaats zu erlangen, der einen wesentlichen Teil des Gemeinsamen Markts ausmacht, sollten als geeignet angesehen werden, eine spürbare Beeinträchtigung des Handels zwischen Mitgliedstaaten zu bewirken.

3.2.5 Missbräuchliche Ausnutzung einer marktbeherrschenden Stellung in einem Mitgliedstaat

93. Besitzt ein Unternehmen eine marktbeherrschende Stellung, die sich auf das gesamte Gebiet eines Mitgliedstaats erstreckt, und missbraucht es diese Stellung zum Zwecke der Behinderung, ist dies in der Regel geeignet, um den Handel zwischen Mitgliedstaaten zu beeinträchtigen. Die missbräuchliche Verhaltensweise wird es im Allgemeinen den Wettbewerbern aus anderen Mitgliedstaaten erschweren, den Markt zu durchdringen, so dass der Warenverkehr beeinträchtigt werden kann[71]. In der Rechtssache Michelin[72] befand der Gerichtshof beispielsweise, dass ein System von Treuerabatten Wettbewerber aus anderen Mitgliedstaaten ausgeschlossen und damit den Handel im Sinne von Artikel 82 beeinträchtigte. In der Rechtssache Rennet[73] stellte der Gerichtshof in ähnlicher Weise fest, dass ein Missbrauch in Form einer den Abnehmern auferlegten Alleinbezugsverpflichtung Waren aus anderen Mitgliedstaaten ausschloss.

94. Ein Behinderungsmissbrauch, der die wettbewerbliche Marktstruktur innerhalb eines Mitgliedstaats beeinträchtigt, indem er z. B. einen Wettbewerber ausschaltet oder auszuschalten droht, kann ebenfalls geeignet sein, den Handel zwischen Mitgliedstaaten zu beeinträchtigen. Erstrecken sich die wirtschaftlichen Aktivitäten des Unternehmens, das Gefahr läuft, ausgeschaltet zu werden, nur auf einen einzigen Mitgliedstaat, wird die missbräuchliche Verhaltensweise normalerweise nicht den

---

[70] Vgl. zu diesem Begriff die in Fußnote 11 genannte Rn. 38 des Urteils in der Ambulanz Glöckner, Rechtssache und EuGH 10.12.1991, Merci Convenzionali Porto di Genova, Rechtssache C-179/90, Slg. 1991, I-5889, und EuGH 17.7.1997, GT-Link, Rechtssache C-242/95, Slg. 1997, I-4449.

[71] Vgl. z. B. das in Fußnote 22 genannte Urteil BPB Industries and British Gypsum.

[72] Vgl. EuGH 9.11.1983, Nederlandsche Banden – Industrie – Michelin, Rechtssache 322/81, Slg. 1983, 3461.

[73] Vgl. EuGH 25.3.1981, Coöperative Stremsel- en Kleuselfabriek, Rechtssache 61/80, Slg. 1981, 851, Rn. 15.

Handel zwischen Mitgliedstaaten beeinträchtigen. Der Handel zwischen Mitgliedstaaten kann jedoch beeinträchtigt werden, wenn das von der missbräuchlichen Verhaltensweise betroffene Unternehmen Ausfuhren aus anderen oder Einfuhren in andere Mitgliedstaaten[74] tätigt und es auch in anderen Mitgliedstaaten tätig ist[75]. Eine Beeinträchtigung des Handels kann sich aus der abschreckenden Wirkung des Missbrauchs auf andere Wettbewerber ergeben. Hat das marktbeherrschende Unternehmen durch wiederholten Missbrauch den Ruf erlangt, Behinderungs-Praktiken gegenüber solchen Wettbewerbern anzuwenden, die versuchen, mit ihm in direkten Wettbewerb zu treten, werden die Wettbewerber aus anderen Mitgliedstaaten wahrscheinlich weniger aggressiv im Wettbewerb auftreten. In diesem Fall kann der Handel beeinträchtigt werden, selbst wenn das betreffende Opfer nicht aus einem anderen Mitgliedstaat stammt.

95. Im Falle des Ausbeutungsmissbrauchs, wie beispielsweise der Preisdiskriminierung und der Festsetzung überhöhter Preise, kann sich die Lage schwieriger gestalten. Eine Preisdiskriminierung zwischen heimischen Abnehmern beeinträchtigt den Handel zwischen Mitgliedstaaten normalerweise nicht. Sie kann den Handel zwischen Mitgliedstaaten jedoch beeinträchtigen, wenn die Käufer im Bereich der Ausfuhr tätig sind und durch die diskriminierenden Preise benachteiligt werden, oder wenn durch diese Verhaltensweise Einfuhren verhindert werden sollen[76]. Verhaltensweisen, die darin bestehen, denjenigen Abnehmern niedrigere Preise anzubieten, die am ehesten Waren aus anderen Mitgliedstaaten einführen werden, können den Marktzugang für Wettbewerber aus anderen Mitgliedstaaten erschweren. In solchen Fällen kann der Handel zwischen Mitgliedstaaten beeinträchtigt werden.

96. Solange ein Unternehmen eine marktbeherrschende Stellung einnimmt, die sich auf das gesamte Gebiet eines Mitgliedstaats erstreckt, ist es in der Regel ohne Bedeutung, wenn die missbräuchliche Verhaltensweise des marktbeherrschenden Unternehmens lediglich einen Teil dieses Gebiets erfasst oder bestimmte Käufer innerhalb des Gebiets des Mitgliedstaats beeinträchtigt. Ein marktbeherrschendes Unternehmen kann den Handel erheblich behindern, indem es sich missbräuchlicher Verhaltensweisen in den Gebieten oder gegenüber den Abnehmern bedient, auf die Wettbewerber aus anderen Mitgliedstaaten am ehesten abzielen würden. Es ist beispielsweise möglich, dass ein bestimmter Vertriebsweg ein besonders wichtiges Instrument für den Zugang zu breiten Verbrauchergruppen darstellt. Die Behinderung des Zugangs zu solchen Vertriebswegen kann erheblichen Einfluss auf den Handel zwischen Mitgliedstaaten haben. Bei der Ermittlung der Spürbarkeit muss auch berücksichtigt werden, dass bereits die Präsenz des marktbeherrschenden Unternehmens im gesamten Gebiet eines Mitgliedstaats geeignet ist, die Marktdurchdringung zu erschweren. Jeglicher Missbrauch, der den Eintritt in den betreffenden nationalen Markt erschwert, muss daher als geeignet erachtet werden, den Handel spürbar zu beeinträchtigen. Die Verknüpfung der Marktstellung des marktbeherrschenden Unternehmens mit dem wettbewerbsbeschränkenden Charakter seines Verhaltens hat zur Folge, dass derartige Missbräuche in der Regel ihrem Wesen nach spürbare Auswirkungen auf den Handel haben. Ist der Missbrauch jedoch von rein lokaler Bedeutung oder betrifft er lediglich einen unbedeutenden Anteil am Umsatz des marktbeherrschenden Unternehmens innerhalb des betreffenden Mitgliedstaats, kann der Handel unter Umständen nicht spürbar beeinträchtigt sein.

---

[74] Vgl. hierzu Rn. 169 des in Fußnote 17 genannten Urteils Irish Sugar.

[75] Vgl. hierzu Rn. 70 des in Fußnote 27 genannten Urteils RTE (Magill).

[76] Vgl. hierzu das in Fußnote 17 angeführte Urteil Irish Sugar.

3.2.6 Missbräuchliche Ausnutzung einer marktbeherrschenden Stellung nur in einem Teil eines Mitgliedstaats

97. Erfasst eine marktbeherrschende Stellung nur einen Teil eines Mitgliedstaats, kann wie im Falle von Vereinbarungen als Orientierungshilfe die in Artikel 82 enthaltene Bedingung herangezogen werden, dass die marktbeherrschende Stellung einen wesentlichen Teil des Gemeinsamen Markts erfassen muss. Wenn die marktbeherrschende Stellung einen Teil eines Mitgliedstaats erfasst, der einen wesentlichen Teil des Gemeinsamens Markts ausmacht, und durch den Missbrauch für Wettbewerber aus anderen Mitgliedstaaten der Zugang zu dem Markt erschwert wird, in dem das Unternehmen eine marktbeherrschende Stellung innehat, muss in der Regel davon ausgegangen werden, dass der Handel zwischen Mitgliedstaaten spürbar beeinträchtigt werden kann.

98. Bei der Anwendung dieses Merkmals muss vor allem der Umfang des betreffenden Markts berücksichtigt werden. Regionen oder sogar ein Hafen oder ein Flughafen in einem Mitgliedstaat können, je nach ihrer Bedeutung, einen wesentlichen Teil des Gemeinsamen Markts darstellen[77]. In diesen Fällen muss berücksichtigt werden, ob und gegebenenfalls in welchem Ausmaß die betreffende Infrastruktur genutzt wird, um grenzüberschreitende Dienstleistungen zu erbringen. Sind Infrastrukturen wie Flughäfen und Häfen wichtig für die Erbringung grenzüberschreitender Dienstleistungen, kann der Handel zwischen Mitgliedstaaten spürbar beeinträchtigt werden.

99. Wie im Falle von marktbeherrschenden Stellungen in einem gesamten Mitgliedstaat (siehe Ziffer 95) kann eine spürbare Beschränkung des Handels nicht vorliegen, wenn der Missbrauch örtlich beschränkt ist oder nur einen unbedeutenden Teil des Absatzes des marktbeherrschenden Unternehmens betrifft.

3.3 Vereinbarungen und missbräuchliche Verhaltensweisen betreffend Einfuhren und Ausfuhren mit Unternehmen in Drittländern und Vereinbarungen und Verhaltensweisen betreffend Unternehmen in Drittländern

3.3.1 Allgemeine Anmerkungen

100. Artikel 81 und 82 sind auf Vereinbarungen und Verhaltensweisen anwendbar, die geeignet sind, den Handel zwischen Mitgliedstaaten zu beeinträchtigen, selbst wenn eine oder mehrere Parteien außerhalb der Gemeinschaft angesiedelt sind[78]. Artikel 81 und 82 gelten unabhängig davon, wo die Unternehmen ansässig sind oder wo die Vereinbarung geschlossen wurde, wenn die Vereinbarungen und Verhaltensweisen entweder innerhalb der Gemeinschaft durchgeführt werden[79] oder dort Auswirkungen zeitigen[80]. Artikel 81 und 82 können auch auf Vereinbarungen und Verhaltensweisen angewendet werden, die Drittländer betreffen, sofern sie geeignet sind, den Handel zwischen Mitgliedstaaten zu beeinträchtigen. Der in Abschnitt 2 behandelte allgemeine Grundsatz, wonach eine Vereinbarung oder Verhaltensweise geeignet sein muss, den Warenverkehr zwischen Mitgliedstaaten unmittelbar oder mittelbar, tatsächlich oder potenziell zu beeinflussen, ist auch auf Vereinbarungen und

---

[77] Vgl. z. B. die in Fußnote 70 angeführte Rechtssache.

[78] Vgl. hierzu EuGH 20.6.1987, Tepea, Rechtssache 28/77, Slg. 1987, 1391, Rn. 48, sowie Rn. 16 des in Fußnote 53 genannten Urteils in der Rechtssache Continental Can.

[79] Vgl. EuGH 27.9.1988, Ahlström Osakeyhtiö (Zellstoff), Verbundene Rechtssachen C-89/85 und andere, Slg. 1988, 651, Rn. 16.

[80] Vgl. diesbezüglich EuGeI 25.3.1999, Gencor, Rechtssache T-102/96, Slg. 1999, II-753, wo die Auswirkungen in einer Fusionssache geprüft werden.

missbräuchliche Verhaltensweisen anwendbar, die Unternehmen in Drittländern einbeziehen oder Einfuhren und Ausfuhren mit Drittländern betreffen.

101. Für die Anwendbarkeit des Gemeinschaftsrechts genügt es, dass eine Vereinbarung oder Verhaltensweise, die Drittländer oder Unternehmen in Drittländern betrifft, geeignet ist, die grenzüberschreitende Wirtschaftstätigkeit innerhalb der Gemeinschaft zu beeinträchtigen. Die Einfuhr in einen Mitgliedstaat kann genügen, um Wirkungen dieser Art auszulösen. Einfuhren können die Wettbewerbsbedingungen im Einfuhrmitgliedstaat beeinträchtigen, was wiederum die Einfuhren und Ausfuhren von konkurrierenden Waren in andere und aus anderen Mitgliedstaaten beeinträchtigen kann. Mit anderen Worten, Einfuhren aus Drittländern, die auf der Vereinbarung oder Verhaltensweise beruhen, können eine Verlagerung des Handels zwischen Mitgliedstaaten verursachen und damit den Warenverkehr beeinträchtigen.

102. Bei der Anwendung des Kriteriums der Beeinträchtigung des Handels auf die erwähnten Vereinbarungen und Verhaltensweisen ist es unter anderem wichtig, anhand ihres Inhalts zu prüfen, welches Ziel mit der Vereinbarung oder der Verhaltensweise verfolgt wird bzw. welches die zugrunde liegende Absicht der beteiligten Unternehmen ist[81].

103. Besteht das Ziel der Vereinbarung in der Beschränkung des Wettbewerbs innerhalb der Gemeinschaft, ist die erforderliche Beeinträchtigung des Handels zwischen Mitgliedstaaten einfacher zu ermitteln, als wenn das Ziel vor allem darin besteht, den Wettbewerb außerhalb der Gemeinschaft zu regeln. Im ersteren Fall hat die Vereinbarung oder Verhaltensweise einen direkten Einfluss auf den Wettbewerb innerhalb der Gemeinschaft und auf den Handel zwischen Mitgliedstaaten. Vereinbarungen oder Verhaltensweisen, die sowohl Einfuhren als auch Ausfuhren betreffen, sind in der Regel ihrem Wesen nach geeignet, den Handel zwischen Mitgliedstaaten zu beeinträchtigen.

3.3.2 Vereinbarungen, die eine Beschränkung des Handels innerhalb der Gemeinschaft bezwecken

104. Im Bereich der Einfuhren gehören zu dieser Kategorie Vereinbarungen, die zu einer Isolierung des Binnenmarkts führen[82]. Dies ist beispielsweise bei Vereinbarungen der Fall, durch die Wettbewerber in der Gemeinschaft und in Drittländern Märkte aufteilen, indem sie z. B. vereinbaren, im jeweiligen Heimatmarkt des Anderen keine Verkäufe zu tätigen, oder gegenseitige (Allein-)Vertriebsvereinbarungen treffen[83].

105. Im Bereich der Ausfuhren umfasst diese Kategorie Fälle, in denen Unternehmen, die in zwei oder mehr Mitgliedstaaten im Wettbewerb stehen, vereinbaren, bestimmte (überschüssige) Mengen in Drittländer auszuführen, um ihr Marktverhalten innerhalb der Gemeinschaft abzustimmen. Solche Ausfuhrvereinbarungen dienen dazu, den Preiswettbewerb durch die Einschränkung der Erzeugung innerhalb der Gemeinschaft zu begrenzen, und beeinträchtigen damit den Handel zwischen Mitgliedstaaten. Ohne die Ausfuhrvereinbarung hätten diese Mengen innerhalb der Gemeinschaft verkauft werden können[84].

---

[81] Vgl. hierzu Rn. 19 des in Fußnote 19 angeführten Urteils in der Rechtssache Javico.

[82] Vgl. hierzu EuGH 15.6.1976, EMI/CBS, Rechtssache 51/75, Slg. 1976, 811, Randnrn. 28 und 29.

[83] Vgl. Entscheidung der Kommission betreffend Siemens/Fanux (ABl. L 376 vom 31.12.1985, S. 29).

[84] Vgl. hierzu EuGH 28.3.1984, CRAM und Rheinzink, Verbundene Rechtssachen 29/83 und 30/83, Slg. 1984, 1679, und EuGH 16.12.1975, Suiker Unie, Verbundene Rechtssachen 40/73 und andere, Slg. 1975, 1663, Rn. 564 und 580.

3.3.3 Sonstige Vereinbarungen

106. Bei Vereinbarungen und Verhaltensweisen, die keine Beschränkung des Wettbewerbs innerhalb der Gemeinschaft bezwecken, ist es in der Regel notwendig, eine eingehendere Prüfung vorzunehmen um festzustellen, ob die grenzüberschreitende Wirtschaftstätigkeit innerhalb der Gemeinschaft und damit der Warenverkehr zwischen Mitgliedstaaten beeinträchtigt werden können.

107. In dieser Hinsicht sind vor allem die Auswirkungen der Vereinbarung oder Verhaltensweise auf Abnehmer und andere Wirtschaftsteilnehmer innerhalb der Gemeinschaft zu prüfen, welche die Produkte der an der Vereinbarung oder Verhaltensweise beteiligten Unternehmen benötigen[85]. In der Rechtssache Compagnie maritime belge[86] betreffend Vereinbarungen zwischen Reedereien, die im Seeverkehr zwischen Häfen der Gemeinschaft und Westafrikas tätig sind, wurden die Vereinbarungen als geeignet befunden, den Handel zwischen Mitgliedstaaten mittelbar zu beeinträchtigen, da sie die Einzugsbereiche der von den Vereinbarungen erfassten Häfen der Gemeinschaft veränderten und die Tätigkeiten anderer Unternehmen innerhalb dieser Bereiche beeinträchtigten. Im einzelnen beeinträchtigten die Vereinbarungen die Tätigkeiten von Unternehmen, die auf die Transportleistungen der Parteien angewiesen waren, und zwar entweder, weil sie diese für den Transport von in Drittländern erworbenen oder dort verkauften Waren benötigten, oder weil diese Leistungen ein wichtiger Bestandteil für die von den Häfen selbst erbrachten Dienstleistungen waren.

108. Die Eignung zur Beeinträchtigung des zwischenstaatlichen Handels kann auch gegeben sein, wenn eine Vereinbarung Wiedereinfuhren in die Gemeinschaft verhindert. Dies kann beispielsweise bei vertikalen Vereinbarungen zwischen Lieferanten der Gemeinschaft und Vertriebshändlern aus Drittländern der Fall sein, die den Weiterverkauf außerhalb eines zugewiesenen Gebiets einschließlich der Gemeinschaft beschränken. Wäre ohne eine solche Vereinbarung der Weiterverkauf in die Gemeinschaft möglich und wahrscheinlich, können diese Einfuhren den Warenverkehr innerhalb der Gemeinschaft beeinträchtigen[87].

109. Solche Auswirkungen treten in der Regel jedoch nur dann auf, wenn ein spürbarer Unterschied zwischen den in der Gemeinschaft für die Waren erhobenen Preisen und den außerhalb der Gemeinschaft geltenden Preisen besteht und dieser Preisunterschied nicht durch Zölle und Transportkosten ausgeglichen wird. Darüber hinaus darf der Anteil des ausgeführten Warenvolumens im Vergleich zum Gesamtmarkt für diese Waren auf dem Gebiet des Gemeinsamen Markts nicht unbedeutend sein[88]. Sind diese Warenmengen verglichen mit den innerhalb der Gemeinschaft verkauften Mengen unbedeutend, ist der Einfluss möglicher Wiedereinfuhren auf den Handel zwischen Mitgliedstaaten als nicht spürbar anzusehen. Bei dieser Beurteilung sind nicht nur die einzelne Vereinbarung zwischen den daran beteiligten Unternehmen, sondern auch eventuelle kumulative Auswirkungen ähnlicher Vereinbarungen, die von den beteiligten Unternehmen und konkurrierenden Anbietern geschlossen wurden, zu berücksichtigen. Es kann z. B. sein dass die von einer einzigen Vereinbarung erfassten Warenmengen relativ gering, die von mehreren solchen Vereinbarungen erfassten Warenmengen jedoch erheblich sind. In diesem Fall können die Vereinbarungen insgesamt geeignet sein, den Handel zwischen Mitgliedstaaten zu beeinträchtigen. Wie unter Ziffer 49 erläutert, müssen die Einzelvereinbarung oder das Netz von Vereinbarungen jedoch in nennenswertem Ausmaß zu der Beeinträchtigung des Handels insgesamt beitragen.

---

85 Vgl. Rn. 22 des in Fußnote 19 angeführten Urteils in der Rechtssache Javico.

86 Vgl. das in Fußnote 12 angeführte Urteil in der Rechtssache Compagnie maritime belge, Rn. 203.

87 Vgl. das in Fußnote 19 angeführte Urteil in der Rechtssache Javico.

88 Vgl. hierzu Rn. 24 bis 26 des in Fußnote 19 angeführten Urteils in der Rechtssache Javico.

Anhang B 4. Leitlinien zu Art. 81 Abs. 3 EG (Art. 101 Abs. 3 AEUV)

Bekanntmachung der Kommission – Leitlinien zur Anwendung von Artikel 81 Absatz 3 EG-Vertrag

(ABl. 2004 C 101/97)

1. Einleitung

1. Artikel 81 Absatz 3 EG-Vertrag enthält eine Ausnahmeregel, die es Unternehmen bei einem festgestellten Verstoß gegen Artikel 81 Absatz 1 EG-Vertrag erlaubt sich zu rechtfertigen. Vereinbarungen, Beschlüsse und aufeinander abgestimmte Verhaltensweisen im Sinne von Artikel 81 Absatz 1[1], die die Voraussetzungen des Artikels 81 Absatz 3 erfüllen, sind wirksam und durchsetzbar, ohne dass dies einer vorherigen Entscheidung bedarf.

2. Artikel 81 Absatz 3 kann auf Einzelfälle oder, im Wege einer Gruppenfreistellungsverordnung, auf Gruppen von Vereinbarungen und aufeinander abgestimmte Verhaltensweisen angewendet werden. Die Verordnung (EG) Nr. 1/2003 zur Durchführung der in den Artikeln 81 und 82 EG-Vertrag niedergelegten Wettbewerbsregeln[2] (nachfolgend Verordnung (EG) Nr. 1/2003) berührt nicht die Wirksamkeit und Rechtsnatur von Gruppenfreistellungsverordnungen. Alle bestehenden Gruppenfreistellungsverordnungen behalten ihre Gültigkeit, und durch eine Gruppenfreistellungsverordnung erfasste Vereinbarungen sind wirksam und durchsetzbar, selbst wenn sie den Wettbewerb im Sinne von Artikel 81 Absatz 1 beschränken[3]. Diese Vereinbarungen können nur für die Zukunft und nur nach förmlichem Entzug der Gruppenfreistellung durch die Kommission oder eine nationale Wettbewerbsbehörde untersagt werden[4]. Von Gruppenfreistellungsverordnung erfasste Vereinbarungen können nicht durch nationale Gerichte in zivilrechtlichen Verfahren für nichtig erklärt werden.

3. Die bestehenden Leitlinien für vertikale Beschränkungen, Vereinbarungen über horizontale Zusammenarbeit und Vereinbarungen über den Technologietransfer[5] befassen sich mit der Anwendung von Artikel 81 auf verschiedene Arten von Vereinbarungen und aufeinander abgestimmten Verhaltensweisen. Ziel dieser Leitlinien ist es, die Auffassung der Kommission zu den sachlichen Bewertungskriterien darzulegen, die auf die verschiedenen Arten von Vereinbarungen und aufeinander abgestimmten Verhaltensweisen angewandt werden.

---

[1] Im Folgenden umfasst der Begriff „Vereinbarung“ auch abgestimmte Verhaltensweisen und Beschlüsse von Unternehmensvereinigungen.

[2] ABl. L 1 vom 4.1.2003, S. 1.

[3] Sämtliche Gruppenfreistellungsverordnungen und Mitteilungen der Kommission sind auf der Webseite http://www.europa.eu.int/comm/dgs/competition der GD Wettbewerb abrufbar.

[4] Vgl. Ziffer 36.

[5] Vgl. Leitlinien für vertikale Beschränkungen (ABl. C 291 vom 13.10.2000, S. 1), Leitlinien zur Anwendbarkeit von Artikel 81 EG-Vertrag auf Vereinbarungen über horizontale Zusammenarbeit (ABl. C 3 vom 6.1.2001, S. 2) und Leitlinien der Kommission zur Anwendung von Artikel 81 EGV auf Vereinbarungen über den Technologietransfer, noch nicht veröffentlicht.

4. Die vorliegenden Leitlinien erläutern, wie die Kommission die in Artikel 81 Absatz 3 EG-Vertrag enthaltenen Voraussetzungen auslegt. Die Kommission gibt hierdurch eine Anleitung, wie sie Artikel 81 in Einzelfällen anzuwenden gedenkt. Sie sollen auch den Gerichten und Behörden der Mitgliedstaaten Anleitung bei der Anwendung von Artikel 81 Absätze 1 und 3 EG-Vertrag geben, binden diese aber nicht.

5. Die Leitlinien schaffen ein analytisches Gerüst für die Anwendung von Artikel 81 Absatz 3. Sie verfolgen den Zweck, eine Methodik zur Anwendung die Vertragsvorschrift zu schaffen. Die Methodik beruht auf dem ökonomischen Ansatz, der bereits in den Leitlinien über vertikale Beschränkungen, Vereinbarungen über horizontale Zusammenarbeit und Vereinbarungen über Technologietransfer eingeführt und entwickelt wurde. Die Kommission wird die vorliegenden Leitlinien, die eine detaillierte Anleitung für die Anwendung der vier Voraussetzungen des Artikel 81 Absatz 3 enthält, als die Leitlinien über vertikale Beschränkungen, Vereinbarungen über horizontale Zusammenarbeit und Vereinbarungen über Technologietransfer, auch für die von diesen Leitlinien erfassten Vereinbarungen anwenden.

6. Bei der Anwendung der in den vorliegenden Leitlinien niedergelegten Kriterien ist auf die Umstände des Einzelfalls abzustellen. Dies schließt eine mechanische Anwendung aus. Jeder Fall ist nach dem jeweiligen Sachverhalt zu würdigen, und die Leitlinien sind angemessen und flexibel anzuwenden.

7. In Bezug auf eine Vielzahl von Fragen beschreiben die vorliegenden Leitlinien den gegenwärtigen Stand der Rechtsprechung des Europäischen Gerichtshofs. Die Kommission beabsichtigt jedoch darüber hinaus, ihre Politik im Hinblick auf Fragen zu erläutern, die noch nicht Gegenstand der Rechtsprechung waren oder die der Auslegung bedürfen. Die Ansicht der Kommission präjudiziert jedoch nicht die Rechtsprechung des Gerichts erster Instanz und des Gerichtshofs im Hinblick auf die Auslegung des Artikels 81 Absätze 1 und 3 und die zukünftige Auslegung dieser Vorschriften durch die Gemeinschaftsgerichte.

2. Der allgemeine Rahmen von Artikel 81 EG-Vertrag

2.1 Die Bestimmungen des EG-Vertrags

8. Artikel 81 Absatz 1 untersagt alle Vereinbarungen zwischen Unternehmen, Beschlüsse von Unternehmensvereinigungen und aufeinander abgestimmte Verhaltensweisen, welche den Handel zwischen Mitgliedstaaten zu beeinträchtigen geeignet sind[6] und eine Verhinderung, Einschränkung oder Verfälschung des Wettbewerbs bezwecken oder bewirken[7].

9. Als Ausnahme von dieser Regel sieht Artikel 81 Absatz 3 vor, dass das in Artikel 81 Absatz 1 enthaltene Verbot für nicht anwendbar erklärt werden kann auf Vereinbarungen, die unter angemessener Beteiligung der Verbraucher an dem entstehenden Gewinn zur Verbesserung der Warenerzeugung oder -verteilung oder zur Förderung des technischen oder wirtschaftlichen Fortschritts beitragen, ohne dass den beteiligten Unternehmen Beschränkungen auferlegt werden, die für die Verwirklichung dieser Ziele nicht unerlässlich sind, oder Möglichkeiten eröffnet werden, für einen wesentlichen Teil der betreffenden Waren den Wettbewerb auszuschalten.

10. Artikel 1 Absatz 1 der Verordnung (EG) Nr. 1/2003 untersagt Vereinbarungen im Sinne von Artikel 81 Absatz 1 EG-Vertrag, die nicht die Voraussetzungen seines

[6] Der Begriff der Beeinträchtigung des Handels wird in gesonderten Leitlinien behandelt.

[7] Im Folgenden schließt der Begriff „Beschränkung“ die Verhinderung oder Verfälschung des Wettbewerbs ein.

Absatzes 3 erfüllen, ohne dass es hierfür einer vorherigen Entscheidung bedarf[8]. Gemäß Artikel 1 Absatz 2 der genannten Verordnung sind Vereinbarungen im Sinne von Artikel 81 Absatz 1, die die Voraussetzungen von Absatz 3 erfüllen, nicht verboten, ohne dass es hierfür einer vorherigen Entscheidung bedarf. Solche Vereinbarungen sind wirksam und durchsetzbar, sobald und solange die Voraussetzungen von Absatz 3 erfüllt sind.

11. Die wettbewerbsrechtliche Beurteilung gemäß Artikel 81 erfolgt somit in zwei Stufen: In einem ersten Schritt wird geprüft, ob eine Vereinbarung zwischen Unternehmen, die den Handel zwischen Mitgliedstaaten beeinträchtigen kann, einen wettbewerbswidrigen Zweck verfolgt oder tatsächliche bzw. potenzielle[9] wettbewerbswidrige Auswirkungen hat. In einem zweiten Schritt, der nur zum Tragen kommt, nachdem festgestellt wurde, dass eine Vereinbarung den Wettbewerb einschränkt, werden die sich aus dieser Vereinbarung ergebenden wettbewerbsfördernden Wirkungen ermittelt, und es wird geprüft, ob diese wettbewerbsfördernden Wirkungen gegebenenfalls die wettbewerbswidrigen Auswirkungen aufwiegen. Diese Abwägung von wettbewerbsfördernden und wettbewerbswidrigen Auswirkungen wird ausschließlich im Rahmen von Artikel 81 Absatz 3 durchgeführt[10].

12. Die Beurteilung der die Wettbewerbsbeschränkung aufwiegenden Wirkungen gemäß Artikel 81 Absatz 3 erfordert notwendigerweise die vorherige Feststellung der wettbewerbsbeschränkenden Natur und Wirkung einer Vereinbarung. Zur Erläuterung des systematischen Zusammenhangs von Artikel 81 Absatz 3 werden nachstehend die Zielsetzung und der wesentliche Inhalt der Verbotsregel des Artikel 81 Absatz 1 zusammengefasst. Die Leitlinien der Kommission über vertikale Beschränkungen, horizontale Kooperationsvereinbarungen und Vereinbarungen über den Technologietransfer[11] geben eine detaillierte Anleitung für die Anwendung von Artikel 81 Absatz 1 auf verschiedene Arten von Vereinbarungen. Die vorliegenden Leitlinien beschränken sich deshalb darauf, das analytische Gerüst für die Anwendung von Artikel 81 Absatz 1 zu rekapitulieren.

2.2 Das Kartellverbot in Artikel 81 Absatz 1

2.2.1 Allgemeines

13. Artikel 81 soll den Wettbewerb im Markt schützen, um den Wohlstand der Verbraucher zu fördern und eine effiziente Ressourcenallokation zu gewährleisten. Wettbewerb und Marktintegration dienen diesen Zielen, da die Schaffung und Erhaltung eines offenen Binnenmarktes zu einer effizienten Ressourcenallokation in der gesamten Gemeinschaft zum Wohle der Verbraucher fördert.

14. Die Verbotsregel des Artikels 81 Absatz 1 gilt für Vereinbarungen zwischen Unternehmen und aufeinander abgestimmte Verhaltensweisen sowie für Beschlüsse von Unternehmensvereinigungen, sofern diese geeignet sind, den Handel zwischen Mitgliedstaaten zu beeinträchtigen. Gemäß der Rechtsprechung der Gemeinschaftsgerichte beinhaltet Artikel 81 Absatz 1 den allgemeinen Grundsatz, dass jeder Unternehmer selbständig bestimmen muss, wie er sich auf dem Gemeinsamen Markt zu

---

[8] Gemäß Artikel 81 Absatz 2 sind solche Vereinbarungen nichtig.

[9] Artikel 81 Absatz 1 untersagt sowohl konkrete als auch potenzielle wettbewerbswidrige Wirkungen, vgl. z. B. EuGH, Rs. C-7/95 – John Deere, Slg. 1998, S. I-3111, Rn. 77.

[10] Vgl. GeI, Rs. T-65/98 – Van den Bergh Foods, noch nicht veröffentlicht, Rn. 107 und GeI, Rs. T-112/99 – Métropole télévision (M6) und andere, Slg. 2001, S. II-2459, Rn. 74, in dem das GeI befand, dass nur im Rahmen von Artikel 81 Absatz 3 die wettbewerbsfördernden gegen die wettbewerbswidrigen Aspekte einer Beschränkung gewogen werden dürfen.

[11] Vgl. Fußnote 5.

verhalten gedenkt[12]. Deshalb haben die Gemeinschaftsgerichte „Vereinbarungen", „Beschlüsse" und „aufeinander abgestimmte Verhaltensweisen" als Begriffe des Gemeinschaftsrechts definiert, mittels derer eine Unterscheidung getroffen werden kann zwischen dem einseitigen Verhalten eines Unternehmens und der Abstimmung des Verhaltens oder dem kollusiven Zusammenspiel zwischen Unternehmen[13]. Nach europäischem Wettbewerbsrecht unterliegt einseitiges Verhalten nur Artikel 82 EG-Vertrag. Darüber hinaus ist die Konvergenzregel in Artikel 3 Absatz 2 der Verordnung (EG) Nr. 1/2003 nicht auf einseitiges Verhalten anwendbar. Diese Bestimmung gilt nur für Vereinbarungen, Beschlüsse und abgestimmte Verhaltensweisen, die den Handel zwischen Mitgliedstaaten beeinträchtigen können. Gemäß Artikel 3 Absatz 2 dürfen derartige Vereinbarungen, Beschlüsse und abgestimmte Verhaltensweisen, die nicht unter das Verbot von Artikel 81 fallen, nach dem nationalen Recht nicht untersagt werden. Artikel 3 gilt unbeschadet des Grundsatzes vom Vorrang des Gemeinschaftsrechts, wonach Vereinbarungen und missbräuchliche Praktiken, die gemäß Artikel 81 und Artikel 82 untersagt sind, nicht nach nationalem Recht genehmigt werden dürfen[14].

15. In den Anwendungsbereich des Artikel 81 Absatz 1 fällt die Art von abgestimmten Verhaltensweisen oder kollusivem Zusammenspiel zwischen Unternehmen, wenn mindestens ein Unternehmen sich gegenüber einem anderen Unternehmen zu einem bestimmten Marktverhalten verpflichtet, oder wenn infolge von Kontakten zwischen Unternehmen die Ungewissheit über ihr Marktverhalten beseitigt bzw. zumindest erheblich verringert wird[15]. Hieraus folgt, dass abgestimmte Verhaltensweisen sowohl die Form von Verpflichtungen annehmen können, die das Marktverhalten von mindestens einer Partei regeln, also auch die Form von Vereinbarungen, welche das Marktverhalten durch die Veränderung der Anreize von mindestens einer Partei beeinflussen. Es ist nicht notwendig, dass die Abstimmung im Interesse aller beteiligten Unternehmen liegt[16]. Die Abstimmung von Verhaltensweisen muss nicht ausdrücklich erfolgen. Sie kann auch stillschweigend stattfinden. Um davon ausgehen zu können, dass eine Vereinbarung durch stillschweigende Zustimmung geschlossen wurde, muss eine – ausdrückliche oder konkludente – Aufforderung an ein anderes Unternehmen vorliegen, ein Ziel gemeinsam zu verfolgen[17]. Unter bestimmten Umständen kann eine Vereinbarung der bestehenden Geschäftsbeziehung zwischen den Parteien entnommen und ihr zugeordnet werden[18]. Es reicht jedoch nicht aus, wenn eine Maßnahme eines Unternehmens lediglich im Kontext der bestehenden Geschäftsbeziehung erfolgt[19].

16. Vereinbarungen zwischen Unternehmen fallen unter das Verbot von Artikel 81 Absatz 1, wenn sie geeignet sind, spürbare negative Auswirkungen auf die Wettbewerbsparameter im Markt wie Preise, Produktionsmenge, Produktqualität, Produkt-

[12] Vgl. EuGH, Rs. C-49/92 – Anic Partecipazioni, Slg. 1999, S. I-4125, Rn. 116 und verb. Rs. 40/73 bis 48/73 und andere – Suiker Unie, Slg. 1975, S. 1663, Rn. 173.

[13] Vgl. hierzu Rn. 108 des in der vorangehenden Fußnote zitierten Urteils Anic Partecipazioni und EuGH, Rs. C-277/87 – Sandoz Prodotti, Slg. 1990, S. I-45.

[14] Vgl. EuGH, Rs. 14/68 – Walt Wilhelm, Slg. 1969, S. 1 und jüngst GeI, Rs. T-203/01, Michelin II, noch nicht veröffentlicht, Rn. 112.

[15] Vgl. GeI, verb. Rs. T-25/95 und andere – Cimenteries CBR, Slg. 2000, S. II-491, Rn. 1849 und 1852, GeI, verb. Rs. T-202/98 und andere – British Sugar, Slg. 2001, S. II-2035, Rn. 58 bis 60.

[16] Vgl. Rs. C-453/99 – Courage/Crehan, Slg. 1985, S. I-6297 und Rn. 3444 des in der vorangehenden Fußnote genannten Urteils Cimenteries CBR.

[17] Vgl. EuGH, verb. Rs. C-2/01 P und C 3/01 P – Bundesverband der Arzneimittelimporteure, noch nicht veröffentlicht, Rn. 102.

[18] Vgl. z. B. EuGH, verb. Rs. 25/84 und 26/84 – Ford, Slg. 1985, S. 2725.

[19] Vgl. Rn. 141 des in Fußnote 17 zitierten Urteils Bundesverband der Arzneimittelimporteure.

vielfalt und Innovation zu haben. Vereinbarungen können diese Auswirkungen haben, wenn der Wettbewerbsdruck zwischen den Parteien einer Vereinbarung oder zwischen ihnen und Dritten erheblich gemindert wird.

2.2.2 Grundlagen für die Bewertung von Vereinbarungen nach Artikel 81 Absatz 1

17. Ob eine Vereinbarung den Wettbewerb beschränkt, bestimmt sich nach den tatsächlichen Wettbewerbsgegebenheiten, die bestünden, wenn die Vereinbarung mit ihren vermuteten Beschränkungen nicht praktiziert würde[20]. Hierzu müssen die erwarteten Auswirkungen der Vereinbarung auf den markeninternen Wettbewerb (d. h. den Wettbewerb zwischen Anbietern konkurrierender Marken) und den Markenwettbewerb (d. h. den Wettbewerb zwischen den Vertriebshändlern einer Marke) berücksichtigt werden. Artikel 81 Absatz 1 verbietet Beschränkungen sowohl des markeninternen als auch des Markenwettbewerbs[21].

18. Um zu ermitteln, ob eine Vereinbarung oder ihre einzelnen Teile den markeninternen und/oder den Markenwettbewerb beschränken kann, muss erwogen werden, wie und in welchem Maße die Vereinbarung den Wettbewerb im Markt tatsächlich oder wahrscheinlich beeinträchtigt. Die beiden nachstehenden Fragen sind hierzu ein nützlicher Anhaltspunkt. Die erste Frage bezieht sich auf die Auswirkungen der Vereinbarungen auf den markeninternen Wettbewerb, die zweite Frage auf die Auswirkungen der Vereinbarung auf den Markenwettbewerb. Da die Beschränkungen gleichzeitig beide Formen des Wettbewerbs beeinträchtigen können, kann es erforderlich sein, eine Beschränkung im Lichte beider Fragen zu untersuchen, um zu der Schlussfolgerung zu gelangen, ob der Wettbewerb im Sinne von Artikel 81 Absatz 1 beschränkt wird:

1. Beschränkt die Vereinbarung den tatsächlichen oder potenziellen Wettbewerb, der ohne sie bestanden hätte? Wenn ja, kann die Vereinbarung von Artikel 81 Absatz 1 erfasst sein. Bei dieser Bewertung muss der Wettbewerb zwischen den Parteien und der von Dritten ausgehende Wettbewerb berücksichtigt werden. Wenn z. B. zwei in zwei verschiedenen Mitgliedstaaten niedergelassene Unternehmen vereinbaren, ihre Produkte jeweils nicht in dem Heimatmarkt des anderen Unternehmens zu verkaufen, wird der (potenzielle) Wettbewerb, der vor der Vereinbarung bestand, beschränkt. Ebenso wird der tatsächliche oder potenzielle Wettbewerb, der ohne die Vereinbarung bestehen würde, beschränkt, wenn ein Anbieter seinen Vertriebshändlern die Verpflichtung auferlegt, keine konkurrierenden Produkte zu verkaufen, und durch diese Auflage Dritte vom Markt abgeschottet werden. Um zu ermitteln, ob die Parteien einer Vereinbarung tatsächliche oder potenzielle Wettbewerber sind, muss das wirtschaftliche und rechtliche Umfeld berücksichtigt werden. Wenn z. B. wegen der bestehenden finanziellen Risiken und der technischen Fähigkeiten der Parteien es aufgrund objektiver Faktoren unwahrscheinlich ist, dass jede Partei in der Lage wäre, die von der Vereinbarung erfassten Tätigkeiten allein durchzuführen, sind die Parteien nicht als Wettbewerber in Bezug auf diese Tätigkeit anzusehen[22]. Es ist Sache der Parteien, entsprechende Nachweise zu unterbreiten.
2. Beschränkt die Vereinbarung einen tatsächlichen oder potenziellen Wettbewerb, der bestanden hätte, wenn es die vertraglichen Beschränkungen nicht gegeben hätte? Wenn ja, kann die Vereinbarung von Artikel 81 Absatz 1 erfasst werden. Wenn z. B. ein Anbieter seine Vertriebshändler am Wettbewerb untereinander hin-

[20] Vgl. EuGH, Rs. 56/65 – Société Technique Minière, Slg. 1966, S. 337 und Rn. 76 des in Fußnote 9 zitierten Urteils John Deere.

[21] Vgl. z. B. EuGH, verb. Rs. 56/64 und 58/66 – Consten und Grundig, Slg. 1966, S. 429.

[22] Vgl. hierzu Entscheidung der Kommission, Elopak/Metal Box – Odin (ABl. L 209 vom 8.8.1990, S. 15) und TPS (ABl. L 90 vom 2.4.1990, S. 6).

dert, wird der (potenzielle) Wettbewerb, der zwischen den Vertriebshändlern ohne diese Beschränkung bestanden haben könnte, eingeschränkt. Zu diesen Beschränkungen zählen u. a. die Preisbindungen und gebiets- oder kundenbezogene Absatzbeschränkungen zwischen den Vertriebshändlern. Allerdings werden bestimmte Beschränkungen, die für das Bestehen einer Vereinbarung dieser Art oder dieser Beschaffenheit objektiv notwendig sind, in einigen Fällen nicht von Artikel 81 Absatz 1 erfasst[23]. Eine solche Ausnahme von der Anwendung von Artikel 81 Absatz 1 kann jedoch nur auf der Grundlage objektiver, von den Parteien unabhängiger Faktoren erfolgen und nicht anhand der subjektiven Ansichten und besonderen Eigenschaften der Parteien. Die Frage ist nicht, ob die Parteien in ihrer besonderen Lage nicht bereit gewesen wären, eine weniger beschränkende Vereinbarung zu schließen, sondern ob angesichts der Art der Vereinbarung und der Merkmale des Marktes eine weniger beschränkende Vereinbarung von Unternehmen unter ähnlichen Gegebenheiten nicht geschlossen worden wäre. So können z. B. Gebietsbeschränkungen in einer Vereinbarung zwischen einem Anbieter und einem Vertriebshändler für einen bestimmten Zeitraum nicht von Artikel 81 Absatz 1 erfasst werden, wenn die Beschränkungen objektiv erforderlich sind, damit der Vertriebshändler in einen neuen Markt eintreten kann[24]. So kann ferner ein sämtlichen Vertriebshändlern auferlegtes Verbot, an bestimmte Gruppen von Endabnehmern zu verkaufen, nicht wettbewerbsbeschränkend sein, wenn diese Beschränkung aus Gründen der Sicherheit oder der Gesundheit angesichts der Gefährlichkeit des Produkts objektiv erforderlich ist. Das Argument, dass der Anbieter ohne die Beschränkung auf die vertikale Integration zurückgegriffen hätte, ist hier nicht ausreichend. Die Entscheidung, eine vertikale Integration vorzunehmen, hängt von einer Vielzahl komplexer ökonomischer teilweise unternehmensinterner Faktoren ab.

19. Bei der Anwendung des im vorstehenden Absatz dargelegten analytischen Gerüsts muss berücksichtigt werden, dass Artikel 81 Absatz 1 zwischen Vereinbarungen unterscheidet, die eine Beschränkung des Wettbewerbs bezwecken, und solchen, die eine Beschränkung des Wettbewerbs bewirken. Eine Vereinbarung oder vertragliche Beschränkung fällt nur unter das Verbot von Artikel 81 Absatz 1, wenn sie eine Beschränkung des Marken- oder des markeninternen Wettbewerbs bezweckt oder bewirkt.

20. Diese Unterscheidung ist wichtig. Wenn nachgewiesen ist, dass eine Vereinbarung eine Wettbewerbsbeschränkung bezweckt, müssen die konkreten Auswirkungen der Vereinbarung nicht berücksichtigt werden[25]. Somit müssen für die Anwendung von Artikel 81 Absatz 1 keine tatsächlichen wettbewerbswidrigen Wirkungen nachgewiesen werden, wenn die Vereinbarung eine Wettbewerbsbeschränkung bezweckt. Artikel 81 Absatz 3 hingegen unterscheidet nicht zwischen Vereinbarungen, die eine Wettbewerbsbeschränkung bezwecken und Vereinbarungen, die eine Wettbewerbsbeschränkung bewirken. Er gilt für sämtliche Vereinbarungen, welche die vier darin genannten Voraussetzungen erfüllen[26].

21. Eine bezweckte Wettbewerbsbeschränkung liegt vor, wenn die Beschränkung ihrem Wesen nach geeignet ist, den Wettbewerb zu beschränken. Hierbei handelt es

---

[23] Vgl. das in Fußnote 20 zitierte Urteil Société Technique Minière und EuGH, Rs. 258/78 – Nungesser, Slg. 1982, S. 2015.

[24] Vgl. Regel 10 in Ziffer 119 der in Fußnote 5 zitierten Leitlinien über vertikale Beschränkungen, wonach u. a. Beschränkungen bei passiven Verkäufen – eine Kernbeschränkung – für einen Zeitraum von zwei Jahren nicht von Artikel 81 Absatz 1 erfasst werden, wenn die Beschränkung mit der Erschließung eines neuen Produkts oder neuer räumlicher Märkte verbunden ist.

[25] Siehe z. B. Rn. 99 des in Fußnote 12 zitierten Urteils Anic Partecipazioni.

[26] Vgl. Ziffer 38 ff.

sich um Beschränkungen, die im Hinblick auf die mit den Wettbewerbsvorschriften der Gemeinschaft verfolgten Zielen ein derart großes Potenzial für negative Auswirkungen auf den Wettbewerb haben, dass es für die Anwendung von Artikel 81 Absatz 1 nicht notwendig ist, deren tatsächliche Auswirkungen im Markt nachzuweisen. Diese Annahme stützt sich auf die Schwere der Beschränkung und auf die bestehenden Erfahrungen, die gezeigt haben, dass diese gezielten Beschränkungen aller Wahrscheinlichkeit nach negative Auswirkungen im Markt haben und die mit den Wettbewerbsvorschriften der Gemeinschaft verfolgten Ziele gefährden. Derartige Beschränkungen wie Preisabsprachen und Marktaufteilung führen zu einem Rückgang der Produktion und einem Anstieg der Preise, was eine Fehlallokation der Ressourcen zur Folge hat, weil die von den Verbrauchern nachgefragten Waren und Dienstleistungen nicht produziert bzw. erbracht werden. Sie führen auch zu einem Rückgang des Wohlstands der Verbraucher, weil diese höhere Preise für die betreffenden Waren und Dienstleistungen bezahlen müssen.

22. Für die Beurteilung, ob eine Vereinbarung die Beschränkung des Wettbewerbs bezweckt, ist eine Reihe von Faktoren maßgeblich. Dazu zählen insbesondere der Inhalt der Vereinbarung und die damit verfolgten Ziele. Es kann auch erforderlich sein, den Zusammenhang zu prüfen, in dem die Vereinbarung angewendet wird (werden soll) und das tatsächliche Verhalten der Parteien im Markt[27]. Deshalb kann eine Prüfung des der Vereinbarung zugrunde liegenden Sachverhalts und der besonderen Umstände, unter denen sie wirksam wird, erforderlich werden, bevor man zu dem Schluss gelangt, ob eine Beschränkung des Wettbewerbs bezweckt wird. Die Art der Durchführung einer Vereinbarung kann eine bezweckte Beschränkung des Wettbewerbs enthüllen, selbst wenn die Vereinbarung keine ausdrückliche Bestimmung in diesem Sinne enthält. Der Nachweis einer Absicht der Parteien, den Wettbewerb zu beschränken, ist ein relevanter Faktor, jedoch keine notwendige Voraussetzung.

23. Eine nicht erschöpfende Orientierungshilfe zur Ermittlung bezweckter Wettbewerbsbeschränkungen kann den Gruppenfreistellungsverordnungen, den einschlägigen Leitlinien und den Bekanntmachungen der Kommission entnommen werden. Beschränkungen, die in den Gruppenfreistellungsverordnungen auf einer schwarzen Liste erscheinen oder in Leitlinien oder Bekanntmachungen als Kernbeschränkungen eingestuft sind, werden von der Kommission in der Regel als bezweckte Wettbewerbsbeschränkungen betrachtet. Im Falle horizontaler Vereinbarungen umfassen diese Wettbewerbsbeschränkungen Preisabsprachen, Begrenzungen der Produktionsmengen und die Aufteilung von Märkten oder Kunden[28]. Bei den vertikalen Vereinbarungen umfasst die Palette der bezweckten Beschränkungen die Preisbindung der zweiten Hand und die Festsetzung von Mindestpreisen und Beschränkungen, die einen absoluten Gebietsschutz gewähren, einschließlich Beschränkungen beim passiven Verkauf[29].

---

[27] Vgl. EuGH, Verb. Rs. 29/83 und 30/83 – CRAM und Rheinzink, Slg. 1984, S. 1679, Rn. 26, und EuGH, Verb. Rs. 96/82 und andere – ANSEAU-NAVEWA, Slg. 1983, S. 3369, Rn. 23–25.

[28] Vgl. die in Fußnote 5 erwähnten Leitlinien zu Vereinbarungen über horizontale Zusammenarbeit, Ziffer 25, und Artikel 5 der Verordnung 2658/2000 der Kommission über die Anwendung von Artikel 81 Absatz 3 des Vertrages auf Gruppen von Spezialisierungsvereinbarungen (ABl. L 304 vom 5. 12. 2000, S. 3).

[29] Vgl. Artikel 4 der Verordnung (EG) Nr. 2790/1999 der Kommission über die Anwendung von Artikel 81 Absatz 3 des Vertrages auf Gruppen von vertikalen Vereinbarungen und aufeinander abgestimmten Verhaltensweisen (ABl. L 336 vom 29. 12. 1999, S. 21, *Teil IV A*), und die in Fußnote 5 erwähnten Leitlinien für vertikale Beschränkungen, Ziffer 46 ff.; vgl. ferner EuGH, Rs. 279/87 – Tipp-Ex, Slg. 1990, S. I-261, und GeI, Rs. T-62/98 – Volkswagen AG/Kommission, Slg. 2000, S. II-2707, Rn. 178.

24. Wenn eine Vereinbarung keine Wettbewerbsbeschränkung bezweckt, ist zu prüfen, ob sie eine Wettbewerbsbeschränkung bewirkt. Dabei sind die tatsächlichen wie auch die potenziellen Auswirkungen zu berücksichtigen[30]. Mit anderen Worten, wettbewerbswidrige Wirkungen müssen zu erwarten sein. Bei bewirkten Wettbewerbsbeschränkungen werden wettbewerbswidrige Auswirkungen nicht vermutet. Vereinbarungen, die eine wettbewerbsbeschränkende Auswirkung haben, müssen den gegenwärtigen oder potenziellen Wettbewerb in einem solchen Ausmaß beeinträchtigen können, dass mit hinreichender Wahrscheinlichkeit negative Auswirkungen auf Preise, Produktionsmengen, Innovationen oder Vielfalt bzw. Qualität von Waren und Dienstleistungen erwartet werden können[31]. Diese negativen Auswirkungen müssen spürbar sein. Das Verbot von Artikel 81 Absatz 1 ist nicht anwendbar, wenn die festgestellten wettbewerbswidrigen Auswirkungen unbedeutend sind[32]. Hierin kommt der von der Kommission verfolgte wirtschaftliche Ansatz zum Ausdruck. Das Verbot von Artikel 81 Absatz 1 greift nur, wenn eine gründliche Marktuntersuchung den Schluss nahe legt, dass die Vereinbarung wahrscheinlich wettbewerbswidrige Auswirkungen auf den Markt hat[33]. Die Tatsache, dass die Marktanteile der Parteien die Schwellenwerte der De-minimis-Mitteilung der Kommission übersteigen, ist für diese Feststellung nicht hinreichend[34]. Selbst wenn Vereinbarungen von Gruppenfreistellungsverordnungen erfasst werden, können sie unter Umständen unter das Verbot von Artikel 81 Absatz 1 fallen. Wenn eine Vereinbarung wegen der Marktanteile der Parteien nicht mehr gruppenweise freigestellt ist, kann allein hieraus nicht geschlossen werden, dass sie von Artikel 81 Absatz 1 erfasst wird oder die Voraussetzungen von Absatz 3 nicht erfüllt. Die zu erwartenden Wirkungen der Vereinbarungen sind im Einzelnen zu untersuchen.

25. Negative Auswirkungen auf den Wettbewerb im relevanten Markt entstehen häufig, wenn die Parteien einzeln oder gemeinsam ein gewisses Maß an Marktmacht haben oder erlangen und die Vereinbarung zur Begründung, Erhaltung oder Stärkung dieser Marktmacht beiträgt, oder es den Parteien ermöglicht, diese Marktmacht auszunutzen. Marktmacht ist definiert als die Fähigkeit, Preise über einen erheblichen Zeitraum auf einer Höhe oberhalb des freien Marktpreises oder die Produktionsmenge, Produktqualität, Produktvielfalt oder Innovation für einen erheblichen Zeitraum unterhalb des Wettbewerbsniveaus aufrecht zu erhalten. In Märkten mit hohen Fixkosten müssen die Preise erheblich oberhalb der Produktionsgrenzkosten liegen, um eine ausreichende Investitionsrendite zu erzielen. Wenn die Preise oberhalb der Grenzkosten liegen, kann allein hieraus nicht geschlossen werden, dass der Wettbewerb nicht gut funktioniert und dass Unternehmen ihre Marktmacht nutzen, um die Preise oberhalb der Wettbewerbshöhe festzusetzen. Eine Marktmacht im Sinne von Artikel 81 Absatz 1 läge hingegen vor, wenn der Wettbewerbsdruck unzureichend wäre, um die Preise und die Produktionsmengen auf einem wettbewerblichen Niveau zu halten.

---

30 Vgl. Rn. 77 des in Fußnote 9 zitierten Urteils John Deere.

31 Es genügt nicht, dass die Vereinbarung die Handlungsfreiheit der Parteien beschränkt; vgl. Rn. 76 und 77 des in Fußnote 10 zitierten Urteils Métropole télévision (M6). Dies ergibt sich daraus, dass Artikel 81 den Wettbewerb zum Vorteil der Verbraucher schützen soll.

32 Vgl. EuGH, Rs. 5/69 – Völk, Slg. 1969, S. 295, Rn. 7. Eine Orientierungshilfe zur Frage der Anwendbarkeit enthält die Bekanntmachung der Kommission über Vereinbarungen von geringer Bedeutung, die den Wettbewerb gemäß Artikel 81 Absatz 1 EG-Vertrag nicht spürbar beschränken (ABl. C 368 vom 22. 12. 2001, S. 13). In der Bekanntmachung wird Spürbarkeit negativ definiert. Vereinbarungen, die nicht in den Anwendungsbereich der De-minimis-Bekanntmachung fallen, haben nicht unbedingt spürbare beschränkende Wirkungen. In solchen Fällen ist eine Einzelfallprüfung erforderlich.

33 Vgl. GeI, verb. Rs. T-374/94 u. a. – European Night Services, Slg. 1998, S. II-3141.

34 Vgl. Fußnote 32.

26. Die Begründung, Erhaltung oder Stärkung von Marktmacht kann sich aus einer Beschränkung des Wettbewerbs zwischen den Vertragsparteien ergeben. Sie kann auch die Folge einer Beschränkung des Wettbewerbs zwischen einer Partei und Dritten sein, weil die Vereinbarung z. B. zum Ausschluss von Wettbewerbern führt oder die Kosten der Wettbewerber erhöht und damit ihre Fähigkeit begrenzt, mit den Vertragspartnern wirksam in den Wettbewerb zu treten. Marktmacht ist eine graduelle Frage. Das Maß an erforderlicher Marktmacht für die Anwendung von Artikel 81 Absatz 1 auf Vereinbarungen, die eine Beschränkung des Wettbewerbs auswirken, liegt unter dem für die Feststellung einer beherrschenden Stellung gemäß Artikel 82 erforderlichen Maß an Marktmacht.

27. Um die Auswirkungen einer Vereinbarung zu untersuchen, ist es in der Regel notwendig, den relevanten Markt zu definieren[35]. Normalerweise erfordert dies auch, die Beschaffenheit der Produkte, die Marktstellung der Parteien, der Wettbewerber, der Abnehmer, das Vorhandensein potenzieller Wettbewerber und das Ausmaß von Marktzutrittsschranken zu prüfen und zu bewerten. In einigen Fällen kann es unter Umständen möglich sein, wettbewerbswidrige Auswirkungen unmittelbar durch eine Analyse des Verhaltens der Vertragsparteien im Markt nachzuweisen. Dabei lässt sich z. B. feststellen, dass eine Vereinbarung zu Preiserhöhungen geführt hat. Die Leitlinien für Vereinbarungen über horizontale Zusammenarbeit und über vertikale Beschränkungen enthalten ein detailliertes Gerüst für die Analyse der Auswirkungen verschiedener Formen horizontaler und vertikaler Vereinbarungen auf den Wettbewerb gemäß Artikel 81 Absatz 1[36].

2.2.3 Nebenabreden

28. Ziffer 18 enthält ein Gerüst für die Untersuchung der Auswirkungen einer Vereinbarung und ihrer einzelnen Beschränkungen auf den markeninternen und den Markenwettbewerb. Wenn man anhand dieser Grundsätze zu der Schlussfolgerung gelangt, dass der Hauptgegenstand der Vereinbarung den Wettbewerb nicht beschränkt, ist zu ermitteln, ob einzelne in der Vereinbarung enthaltene Beschränkungen ebenfalls mit Artikel 81 Absatz 1 zu vereinbaren sind, weil sie Nebenabreden zum nicht wettbewerbsbeschränkenden Hauptgegenstand der Vereinbarung sind.

29. Im Wettbewerbsrecht der Gemeinschaft umfasst der Begriff der Nebenabreden vermutete Wettbewerbsbeschränkungen, die mit der Durchführung der den Wettbewerb nicht beschränkenden Hauptvereinbarung unmittelbar verbunden, dafür notwendig und angemessen sind[37]. Wenn der Hauptgegenstand einer Vereinbarung, z. B. einer Vertriebsvereinbarung oder eines Vertrages zur Gründung eines Gemeinschaftsunternehmens (GU), keine Wettbewerbsbeschränkungen bezweckt oder bewirkt, fallen auch Beschränkungen, die unmittelbar im Zusammenhang mit der Durchführung des Hauptgegenstands stehen und hierfür erforderlich sind, nicht unter Artikel 81 Absatz 1[38]. Diese Wettbewerbsbeschränkungen werden als Nebenabreden bezeichnet. Eine Beschränkung ist unmittelbar mit dem Hauptgegenstand der Vereinbarung verbunden, wenn sie dessen Durchführung untergeordnet und untrennbar mit ihm verbunden ist. Das Notwendigkeitserfordernis bedeutet, dass die Beschränkung für die Durchführung der Hauptvereinbarung objektiv erforderlich ist und dazu in einem angemessenen Verhältnis steht. Hieraus folgt, dass die Prüfung der Nebenabreden der in Ziffer 18 Absatz 2 beschriebenen Prüfung ähnelt. Jedoch ist die Prüfung der Nebenabreden nur anwendbar, wenn der Hauptgegenstand der Verein-

---

[35] Vgl. Bekanntmachung der Kommission über die Definition des relevanten Marktes im Sinne des Wettbewerbsrechts der Gemeinschaft (ABl. C 372 vom 9.12.1997, S. 1.

[36] Angaben zum ABl. vgl. Fußnote 5.

[37] Vgl. Rn. 104 des in Fußnote 10 zitierten Urteils Métropole télévision (M6).

[38] Vgl. EuGH, Rs. C-399/93 – Luttikhuis, Slg. 1995, S. I-4515, Rdnrn. 12 bis 14.

barung den Wettbewerb nicht beschränkt[39]. Die Prüfung darf sich nicht auf die Ermittlung der Auswirkungen der Vereinbarung auf den markeninternen Wettbewerb beschränken.

30. Die Anwendung des Konzepts der Nebenabreden ist von dem Nachweis gemäß Artikel 81 Absatz 3 zu unterscheiden, der sich auf bestimmte wirtschaftliche Vorteile aufgrund der den Wettbewerb beschränkenden Vereinbarungen bezieht, die gegen die beschränkenden Auswirkungen der Vereinbarungen abzuwägen sind. Die Anwendung des Konzepts der Nebenabreden erfordert keine Abwägung der wettbewerbsfördernden mit den wettbewerbswidrigen Auswirkungen einer Vereinbarung. Eine solche Abwägung ist Artikel 81 Absatz 3 vorbehalten[40].

31. Bei der Beurteilung der Nebenabreden ist lediglich zu ermitteln, ob für die Durchführung der den Wettbewerb nicht beschränkenden Hauptvereinbarung oder -tätigkeit eine bestimmte Beschränkung erforderlich und angemessen ist. Wenn objektive Faktoren darauf schließen lassen, dass ohne die Nebenabrede die nichtbeschränkende Hauptvereinbarung nur schwer oder nicht durchführbar wäre, kann die Beschränkung als für deren Durchführung objektiv notwendig und angemessen angesehen werden[41]. Wenn z. B. der Hauptzweck einer Franchisevereinbarung den Wettbewerb nicht beschränkt, dann werden die für eine funktionierende Vertragsanwendung erforderlichen Beschränkungen wie z. B. Auflagen zur Gewährleistung der Einheitlichkeit und des Ansehens des Franchisesystems nicht von Artikel 81 Absatz 1 erfasst[42]. Ebenso werden Beschränkungen, die für die Funktionsfähigkeit eines den Wettbewerb nicht beschränkenden Gemeinschaftsunternehmens erforderlich sind, als Nebenabreden angesehen und damit von Artikel 81 Absatz 1 nicht erfasst. So entschied die Kommission z. B. in dem Fall TPS[43], dass die den Parteien auferlegte Verpflichtung, nicht an Unternehmen beteiligt zu sein, die mit der Verteilung und dem Vertrieb von Fernsehsatellitenprogrammen beschäftigt sind, eine Nebenabrede für den Aufbau des GU in der Anfangsphase war. Dabei wurde davon ausgegangen, dass die Beschränkung für einen Zeitraum von drei Jahren nicht in den Anwendungsbereich des Artikels 81 Absatz 1 fiel. Bei dieser Entscheidung berücksichtigte die Kommission die mit dem Eintritt in den Markt des Bezahlfernsehens verbundenen hohen Investitionen und Risiken.

2.3 Die Ausnahmeregelung in Artikel 81 Absatz 3

32. Die Beurteilung von bezweckten Wettbewerbsbeschränkungen und Beschränkungen mit wettbewerbswidrigen Auswirkungen gemäß Artikel 81 Absatz 1 ist lediglich ein Aspekt der Untersuchung. Der andere Gesichtspunkt ist die Beurteilung der positiven wirtschaftlichen Auswirkungen von wettbewerbsbeschränkenden Vereinbarungen gemäß Artikel 81 Absatz 3.

33. Mit den Wettbewerbsregeln der Gemeinschaft soll durch den Schutz des Wettbewerbs der Wohlstand der Verbraucher gefördert und eine effiziente Ressourcenallokation gewährleistet werden. Vereinbarungen, die den Wettbewerb beschränken, können durch ihre Effizienzgewinne gleichwohl wettbewerbsfördernde Wirkungen haben[44]. Diese Gewinne können einen Mehrwert schaffen, indem die

---

[39] Vgl. Rn. 118ff. des in Fußnote 10 zitierten Urteils Métropole télévision (M6).

[40] Vgl. Rn. 107 des in Fußnote 10 erwähnten Urteils Métropole télévision (M6).

[41] Vgl. die in Fußnote 22 zitierte Entscheidung der Kommission, Elopak/Metal Box – Odin.

[42] Vgl. EuGH, Rs. 161/84 – Pronuptia, Slg. 1986, S. 353.

[43] Vgl. Fußnote 22. Die Entscheidung wurde vom Gericht erster Instanz in dem in Fußnote 10 zitierten Urteil Métropole télévision (M6) aufrechterhalten.

[44] Kosteneinsparungen und sonstige Gewinne für die Parteien, die aus der Ausübung von Marktmacht entstehen, begründen keine objektiven Vorteile und können nicht berücksichtigt werden, vgl. Ziffer 49.

Produktionskosten gesenkt werden, die Produktqualität verbessert oder ein neues Produkt entwickelt wird. Wenn die wettbewerbsfördernden Wirkungen einer Vereinbarung schwerer wiegen als ihre wettbewerbswidrigen Auswirkungen, ist sie für den Wettbewerb insgesamt förderlich und mit den Zielen der Wettbewerbsregeln der Gemeinschaft zu vereinbaren. Die Nettowirkung solcher Vereinbarungen dient der Förderung des Wettbewerbsprozesses, nämlich Kunden durch bessere Produkte und niedrigere Preise im Vergleich zu den Wettbewerbern hinzuzugewinnen. Dieses analytische Gerüst findet sich auf Artikel 81 Absätze 1 und 3. In Absatz 3 von Artikel 81 wird ausdrücklich anerkannt, dass beschränkende Vereinbarungen wirtschaftliche Vorteile erzeugen können, die die negativen Auswirkungen der Wettbewerbsbeschränkungen aufwiegen[45].

34. Die Ausnahmeregelung von Artikel 81 Absatz 3 gilt nur, wenn zwei positive und zwei negative Voraussetzungen kumulativ erfüllt sind:

a) Die Vereinbarung muss zur Verbesserung der Warenerzeugung oder -verteilung oder zur Förderung des technischen oder wirtschaftlichen Fortschritts beitragen;
b) die Verbraucher müssen eine angemessene Beteiligung an dem entstehenden Gewinn erhalten;
c) die Beschränkungen müssen für die Verwirklichung dieser Ziele unerlässlich sein, und schließlich
d) darf die Vereinbarung den Parteien nicht die Möglichkeit eröffnen, für einen wesentlichen Teil der betreffenden Waren den Wettbewerb auszuschalten.

Sind diese vier Voraussetzungen erfüllt, stärkt die Vereinbarung den Wettbewerb auf dem relevanten Markt, weil es die beteiligten Unternehmen veranlasst, den Verbrauchern billigere oder bessere Produkte anzubieten und damit zugunsten des Verbrauchers die nachteiligen Auswirkungen der Wettbewerbsbeschränkung auszugleichen.

35. Artikel 81 Absatz 3 kann auf einzelne Vereinbarungen oder, durch eine Gruppenfreistellungsverordnung, auf bestimmte Kategorien von Vereinbarungen angewendet werden. Ist eine Vereinbarung durch eine Gruppenfreistellungsverordnung freigestellt, sind die Parteien einer wettbewerbsbeschränkenden Vereinbarung von ihrer Verpflichtung gemäß Artikel 2 der Verordnung (EG) Nr. 1/2003 entbunden nachzuweisen, dass ihre individuelle Vereinbarung sämtliche Voraussetzungen von Artikel 81 Absatz 3 erfüllt. Sie müssen lediglich beweisen, dass ihre Vereinbarung unter die Gruppenfreistellungsverordnung fällt. Der Anwendung von Artikel 81 Absatz 3 liegt hierbei die Annahme zugrunde, dass von einer Gruppenfreistellungsverordnung erfasste Vereinbarungen[46] alle vier Voraussetzungen von Artikel 81 Absatz 3 erfüllen.

36. Wenn im Einzelfall die Vereinbarung von Artikel 81 Absatz 1 erfasst wird und die Voraussetzungen von Artikel 81 Absatz 3 nicht erfüllt sind, kann der Vorteil der Anwendung der Gruppenfreistellungsverordnung entzogen werden. Gemäß Artikel 29 Absatz 1 der Verordnung (EG) Nr. 1/2003 kann die Kommission den Vorteil einer Gruppenfreistellung entziehen, wenn sie in einem Fall feststellt, dass eine Vereinbarung, für die eine Gruppenfreistellungsverordnung gilt, mit Artikel 81 Absatz 3 EG-Vertrag nicht zu vereinbarende Wirkungen hat. Gemäß Artikel 29 Absatz 2 der Verordnung (EG) Nr. 1/2003 kann auch die Wettbewerbsbehörde eines Mitgliedstaats den Vorteil einer Gruppenfreistellungsverordnung für das Gebiet (oder Teile des Gebiets) dieses Mitgliedstaats entziehen, wenn dieses Gebiet alle Merkmale eines gesonderten räumlichen Marktes aufweist. Im Falle eines Entzugs haben die betreffenden Wettbewerbsbehörden nachzuweisen, dass die Vereinbarung gegen Artikel 81 Absatz 1 verstößt und die Voraussetzungen von Artikel 81 Absatz 3 nicht erfüllt.

---

[45] Vgl. das in Fußnote 21 zitierte Urteil Consten und Grundig.

[46] Die Tatsache, dass eine Vereinbarung durch eine Gruppenfreistellungsverordnung freigestellt ist, muss nicht bedeuten, dass sie unter Artikel 81 Absatz 1 fällt.

37. Die Gerichte der Mitgliedstaaten sind nicht befugt, den Vorteil von Gruppenfreistellungsverordnungen zu entziehen. Darüber hinaus dürfen sie den Geltungsbereich der Gruppenfreistellungsverordnungen nicht verändern, und diese nicht auf Vereinbarungen anwenden, die nicht unter die Gruppenfreistellungsverordnung fallen[47]. Abgesehen von den Gruppenfreistellungsverordnungen haben die Gerichte der Mitgliedstaaten das Recht, Artikel 81 vollständig anzuwenden (vgl. Artikel 6 der Verordnung (EG) Nr. 1/2003).

3. Anwendung der vier Voraussetzungen von Artikel 81 Absatz 3

38. Im Folgenden wird jede der vier in Artikel 81 Absatz 3[48] genannten Voraussetzungen untersucht. Diese vier Voraussetzungen müssen gleichzeitig vorliegen[49], weshalb es sich erübrigt, die anderen Voraussetzungen zu prüfen, sobald feststeht, dass eine der Voraussetzungen von Artikel 81 Absatz 3 nicht erfüllt ist. Im Einzelfall kann es daher geboten sein, die vier Voraussetzungen in einer anderen Reihenfolge zu prüfen.

39. In diesen Leitlinien wird die Reihenfolge der zweiten und der dritten Voraussetzung umgekehrt, um die Frage der Unerlässlichkeit vor der Frage der Weitergabe von Vorteilen an die Verbraucher zu behandeln. Die Untersuchung der Weitergabe der Vorteile erfordert eine Abwägung der negativen und der positiven Auswirkungen einer Vereinbarung auf die Verbraucher. Diese Untersuchung sollte Wirkungen von Wettbewerbsbeschränkungen nicht einbeziehen, die nicht als unerlässlich eingestuft wurden und somit gemäß Artikel 81 verboten sind.

3.1 Allgemeine Grundsätze

40. Artikel 81 Absatz 3 EG-Vertrag wird erst anwendbar, wenn eine Vereinbarung zwischen Unternehmen den Wettbewerb im Sinne von Artikel 81 Absatz 1 beschränkt. Bei Vereinbarungen, die den Wettbewerb nicht beschränken, muss auch nicht ermittelt werden, ob sie Vorteile bewirken.

41. Wird im Einzelfall eine Beschränkung des Wettbewerbs im Sinne von Artikel 81 Absatz 1 nachgewiesen, kann sich das betroffene Unternehmen zur Rechtfertigung auf Artikel 81 Absatz 3 berufen. Gemäß Artikel 2 der Verordnung (EG) Nr. 1/2003 obliegt die Beweislast den Unternehmen, die den Rechtsvorteil der Ausnahmeregelung von Artikel 81 Absatz 3 beanspruchen. Wenn die Voraussetzungen von Artikel 81 Absatz 3 nicht erfüllt sind, ist die Vereinbarung gemäß Absatz 2 nichtig. Die automatische Nichtigkeitsfolge gilt jedoch nur für diejenigen Teile der Vereinbarung, die mit Artikel 81 unvereinbar sind und von der Gesamtvereinbarung trennbar sind[50]. Wenn nur ein Teil der Vereinbarung nichtig ist, sind nach dem anwendbaren nationalen Recht die Konsequenzen für den übrigen Teil der Vereinbarung zu ziehen[51].

---

[47] Vgl. EuGH, Rs. C-234/89 – Delimitis, Slg. 1992, S. I-935, Rn. 46.

[48] Mit Artikel 36 Absatz 4 der Verordnung (EG) Nr. 1/2003 wurde u. a. Artikel 5 der Verordnung (EWG) Nr. 1017/68 über die Anwendung von Wettbewerbsregeln auf dem Gebiet des Eisenbahn-, Straßen- und Binnenschiffsverkehrs aufgehoben. Die Entscheidungspraxis der Kommission gemäß der Verordnung (EWG) 1017/68 ist jedoch weiterhin für die Anwendung von Artikel 81 Absatz 3 auf den Landverkehr maßgeblich.

[49] Vgl. Ziffer 12.

[50] Vgl. das in Fußnote 19 zitierte Urteil Société Technique Minière.

[51] Vgl. EuGH, Rs. 319/82 – Kerpen & Kerpen, Slg. 1983, S. 4173, Rn. 11 und 12.

42. Gemäß der ständigen Rechtsprechung müssen alle vier Voraussetzungen von Artikel 81 Absatz 3 kumulativ erfüllt sein[52], damit die Ausnahmeregelung anwendbar wird. Ist dies nicht der Fall, kann die Ausnahmeregelung von Artikel 81 Absatz 3 nicht angewendet werden[53]. Die vier Voraussetzungen von Artikel 81 Absatz 3 sind abschließend. Wenn sie erfüllt sind, ist die Ausnahmeregelung anwendbar und darf nicht von weiteren Voraussetzungen abhängig gemacht werden. Den mit anderen Bestimmungen des EG-Vertrags angestrebten Zielen kann Rechnung getragen werden, sofern sie den vier Voraussetzungen von Artikel 81 Absatz 3 zugeordnet werden können[54].

43. Die Bewertung der sich aus beschränkenden Vereinbarungen ergebenden Vorteile nach Artikel 81 Absatz 3 erfolgt grundsätzlich innerhalb des relevanten Marktes, auf den sich die Vereinbarung bezieht. Die Wettbewerbsregeln der Gemeinschaft verfolgen das Ziel, den Wettbewerb im Markt zu schützen, und können von diesem Ziel nicht gelöst werden. Die Voraussetzung, dass die Verbraucher[55] eine angemessene Beteiligung an dem Gewinn erhalten, bedingt im Allgemeinen, dass die Effizienzgewinne infolge der wettbewerbsbeschränkenden Vereinbarung auf einem relevanten Markt die wettbewerbswidrigen Auswirkungen der Vereinbarung auf diesem Markt aufwiegen müssen[56]. Negative Auswirkungen für die Verbraucher auf einem räumlich oder sachlich relevanten Markt können normalerweise nicht von den positiven Auswirkungen auf einem anderen, gesonderten räumlichen oder sachlichen Markt aufgewogen und kompensiert werden. Wenn jedoch zwei Märkte miteinander verknüpft sind, können auf verschiedenen Märkten erzielte Effizienzgewinne berücksichtigt werden, sofern im Wesentlichen die gleiche Verbrauchergruppe von der Einschränkung betroffen ist wie die, die von den Effizienzgewinnen profitiert[57]. In einigen Fäl-

---

[52] Vgl. GeI, verb. Rs. T-185/00 und andere – Métropole Télévision (M6), Slg. 2002, S. II-3805, Rn. 86, GeI, Rs. T-17/93 – Matra, Slg. 1994, S. II-595, Rn. 85, EuGH, verb. Rs. 43/82 und 63/82 – VBVB und VBBB, Slg. 1984, S. 19, Rn. 61.

[53] Vgl. GeI, Rs. T-213/00 – CMA CGM und andere, noch nicht veröffentlicht, Rn. 226.

[54] Vgl. in diesem Zusammenhang Rn. 139 des in Fußnote 52 zitierten Urteils Matra und EuGH, Rs. 26/76 – Metro (I), Slg. 1977, S. 1875, Rn. 43.

[55] Zum Begriff des Verbrauchers s. Ziffer 84, wonach die Verbraucher die Kunden der Parteien und anschließenden Käufer sind. Die Parteien sind keine „Verbraucher" im Sinne von Artikel 81 Absatz 3.

[56] Die Prüfung bezieht sich auf den jeweiligen Markt; vgl. in diesem Zusammenhang GeI, Rs. T-131/99 – Shaw, Slg. 2002, S. II-2023, Rn. 163, in dem das GeI befand, dass die Beurteilung gemäß Artikel 81 Absatz 3 innerhalb des gleichen analytischen Rahmens wie die Bewertung der beschränkenden Wirkungen zu erfolgen hat; vgl. auch EuGH, Rs. C-360/92 P – Publishers Association, Slg. 1995, S. I-23, Rn. 29, wo der Gerichtshof in einem Fall, bei dem der relevante Markt größer war als der Inlandsmarkt, befand, dass es bei der Anwendung von Artikel 81 Absatz 3 nicht korrekt ist, nur die Wirkungen im Inlandsmarkt zu bedenken.

[57] In der Rs. T-86/95 – Compagnie générale maritime und andere, Slg. 2002, S. II-1011, Rn. 343 bis 345 entschied das GeI, dass Artikel 81 Absatz 3 nicht voraussetzt, dass die Vorteile mit einem bestimmten Markt verbunden sein müssen und dass soweit angemessen auch Vorteile berücksichtigt werden müssen „für jeden anderen Markt, auf den sich die betreffende Vereinbarung vorteilhaft auswirken könnte, und allgemeiner für jede Dienstleistung (…), deren Qualität oder Effizienz durch die Vereinbarung verbessert werden könnte". Es ist jedoch wichtig festzuhalten, dass im konkreten Fall dieselbe Gruppe von Verbrauchern betroffen war. Gegenstand dieser Rechtssache war der multimodale Transport, der eine Reihe von u. a. Land- und Seetransportdiensten für Reedereien in der gesamten Gemeinschaft umfasste. Die Wettbewerbsbeschränkungen bezogen sich auf die Landtransportdienste, die als ein gesonderter Markt eingestuft wurden, während Vorteile im Bereich der Seetransportdienste geltend gemacht wurden. Beide Dienste wurden von Verbrauchern nachgefragt, die multimodalen

len sind nur die Verbraucher in nachgeordneten Märkten von der Vereinbarung betroffen, so dass die Auswirkungen der Vereinbarung auf diese Verbraucher zu bewerten sind. Dies ist z. B. bei Bezugsvereinbarungen der Fall[58].

44. Die Bewertung beschränkender Vereinbarungen gemäß Artikel 81 Absatz 3 erfolgt im Rahmen des jeweiligen tatsächlichen Umfelds der Verträge und auf der Grundlage der zum jeweiligen Zeitpunkt vorliegenden Fakten[59]. Wesentliche Änderungen bei den Fakten fließen in die Beurteilung ein. Die Ausnahmeregelung von Artikel 81 Absatz 3 gilt so lange, wie die vier Voraussetzungen erfüllt sind, und findet keine Anwendung mehr, sobald dies nicht mehr der Fall ist[60]. Bei der Anwendung von Artikel 81 Absatz 3 gemäß diesen Grundsätzen müssen die verlorenen Erstinvestitionen (sunk investment) der Parteien berücksichtigt werden, sowie der Zeitraum und die Wettbewerbsbeschränkungen, die erforderlich sind, um eine leistungssteigernde Investition vorzunehmen und ihre Kosten zu amortisieren. Bei der Anwendung von Artikel 81 darf von der ex ante-Natur der Investitionsentscheidung nicht abstrahiert werden. Das Risiko, vor dem die Parteien stehen, und die verlorenen Investitionen (sunk investment), die zur Durchführung der Vereinbarung vorgenommen werden müssen, können somit bewirken, dass die Vereinbarung nicht unter Artikel 81 Absatz 1 fällt bzw. die Voraussetzungen von Absatz 3 für den Zeitraum erfüllt, der erforderlich ist, um die Investitionskosten zu amortisieren.

45. In einigen Fällen ist die wettbewerbsbeschränkende Vereinbarung ein irreversibles Ereignis. Wenn die Vereinbarung einmal durchgeführt ist, kann die Ausgangslage nicht wiederhergestellt werden. In diesen Fällen muss die Bewertung allein anhand des zum Zeitpunkt der Durchführung gegebenen Sachverhalts erfolgen. So kann es z. B. im Falle einer Forschungs- und Entwicklungsvereinbarung, in deren Rahmen die Parteien übereinkommen, ihre jeweiligen Forschungsarbeiten einzustellen und ihre Kapazitäten zusammenzulegen, technisch und wirtschaftlich unmöglich sein, ein einmal aufgegebenes Projekt wieder aufzunehmen. Die Beurteilung der wettbewerbswidrigen und der wettbewerbsfördernden Auswirkungen einer Vereinbarung, die individuellen Forschungsprojekte einzustellen, muss daher zu dem Zeitpunkt erfolgen, an dem die Umsetzung abgeschlossen wird. Wenn die Vereinbarung zu diesem Zeitpunkt mit Artikel 81 vereinbar ist, z. B. weil eine ausreichende Anzahl konkurrierender Forschungs- und Entwicklungsvorhaben von Dritten betrieben wird, bleibt die Übereinkunft der Parteien, ihre eigenen Projekte aufzugeben, mit Artikel 81 vereinbar, selbst wenn zu einem späteren Zeitpunkt die Drittprojekte nicht erfolgreich sind. Artikel 81 kann jedoch auf andere Teile der Vereinbarung anwendbar sein, für die sich die Frage der Irreversibilität nicht stellt. Wenn eine Vereinbarung z. B. neben der gemeinsamen Forschung und Entwicklung auch die gemeinsame Ver-

---

Transport zwischen Nordeuropa und Südostasien und Ostasien benötigten. Das in Fußnote 52 zitierte Urteil CMA CGM betraf ebenso eine Vereinbarung, die – obwohl sie unterschiedliche Dienstleistungen betraf – Auswirkungen auf dieselbe Verbrauchergruppe hatte, nämlich die Seeschifffahrtsunternehmen von Containercargos zwischen Nordeuropa und Fernost. Gemäß dieser Vereinbarung legten die Parteien die Tarife und Zuschläge für Landtransporte, Hafendienstleistungen und Seetransportdienste fest. Das GeI entschied (vgl. Rn. 226 bis 228), dass im konkreten Fall kein Bedarf für die Definition des relevanten Marktes zur Anwendung des Artikel 81 Absatz 3 bestand. Die Vereinbarung bezweckte eine Wettbewerbsbeschränkung und Vorteile für die Verbraucher waren nicht gegeben.

[58] Vgl. Ziffern 126 und 132 der in Ziffer 5 zitierten Leitlinien für horizontale Kooperationsvereinbarungen.

[59] Vgl. das in Fußnote 19 erwähnte Urteil in der Rechtssache Ford.

[60] Vgl. in diesem Zusammenhang die in Fußnote 22 zitierte Entscheidung der Kommission in der Sache TPS. Entsprechend gilt das Verbot von Artikel 81 Absatz 1 auch nur, solange die Vereinbarung eine Einschränkung des Wettbewerbs bezweckt oder bewirkt.

wertung umfasst, kann Artikel 81 auf diesen Teil der Vereinbarung anwendbar sein, sofern sie aufgrund der zwischenzeitlich erfolgten Marktentwicklungen wettbewerbsbeschränkend wird und die Voraussetzungen von Absatz 3 nicht (mehr) erfüllt, wobei gemäß Ziffer 44 die verlorenen ex ante-Inventionen (sunk investment) angemessen zu berücksichtigen sind.

46. Artikel 81 Absatz 3 schließt nicht a priori bestimmte Arten von Vereinbarungen aus seinem Anwendungsbereich aus. Grundsätzlich fallen alle beschränkenden Vereinbarungen, die die vier in Absatz 3 genannten Voraussetzungen erfüllen, unter die Ausnahmeregelung[61]. Jedoch ist es bei schwerwiegenden Wettbewerbsbeschränkungen unwahrscheinlich, dass die Voraussetzungen von Artikel 81 Absatz 3 zu erfüllen sind. Solche Einschränkungen erscheinen normalerweise auf der schwarzen Liste von Gruppenfreistellungsverordnungen oder werden in den Leitlinien und Bekanntmachungen der Kommission als Kernbeschränkungen eingestuft. Vereinbarungen dieser Art erfüllen in der Regel (mindestens) die ersten beiden Voraussetzungen von Artikel 81 Absatz 3 nicht. Sie schaffen weder objektive wirtschaftliche Vorteile[62], noch bringen sie den Verbrauchern Vorteile[63]. Beispielsweise begrenzt eine horizontale Vereinbarung zur Festlegung der Preise die Produktion und führt zu einer Fehlleitung von Ressourcen. Außerdem führt sie zu Transferzahlungen von den Verbrauchern zu den Produzenten, denn die Vereinbarung verursacht höhere Preise, ohne für die Verbraucher auf dem relevanten Markt einen entsprechenden Gegenwert zu erzeugen. Darüber hinaus scheitern diese Arten von Vereinbarungen in der Regel auch an der Prüfung der Unerlässlichkeit, die in der dritten Voraussetzung niedergelegt ist[64].

47. Behauptungen, dass beschränkende Vereinbarungen gerechtfertigt seien, da sie darauf abzielen, gerechte Wettbewerbsbedingungen im Markt zu gewährleisten, sind ihrem Wesen nach unbegründet und zurückzuweisen[65]. Mit Artikel 81 soll der Wettbewerb gewahrt werden, indem sichergestellt wird, dass die Märkte offen und wettbewerblich geprägt bleiben. Die Wahrung gerechter Wettbewerbsbedingungen durch die Einhaltung der Bestimmungen des Gemeinschaftsrechts ist Sache des Gesetzgebers[66], eine Eigenregulierung durch die Unternehmen ist nicht vorgesehen.

3.2 Erste Voraussetzung des Artikels 81 Absatz 3: Effizienzgewinne

3.2.1 Allgemeine Bemerkungen

48. Gemäß der ersten Voraussetzung von Artikel 81 Absatz 3 muss die beschränkende Vereinbarung zur Verbesserung der Warenerzeugung oder -verteilung und zur Förderung des technischen oder wirtschaftlichen Fortschritts beitragen. Die Bestimmung bezieht sich ausdrücklich nur auf Waren, gilt jedoch analog auch für Dienstleistungen.

49. Gemäß der Rechtsprechung des Gerichtshofes können lediglich objektive Vorteile Berücksichtigung finden[67]. Dies bedeutet, dass die Effizienzgewinne nicht vom subjektiven Standpunkt der Parteien aus beurteilt werden dürfen[68]. Kostenein-

---

[61] Vgl. Rn. 85 des in Fußnote 52 zitierten Urteils Matra.

[62] Was diese Bedingungen angeht, vgl. Ziffer 49.

[63] Vgl. z. B. GeI, Rs. T-29/92 – Vereniging van Samenwerkende Prijsregelende Organisaties in de Bouwnijverheid (SPO), Slg. 1995, S. II-289.

[64] Vgl. zum absoluten Gebietsschutz z. B. Rn. 77 des in Fußnote 23 zitierten Urteils Nungesser.

[65] Vgl. in diesem Zusammenhang das in Fußnote 63 erwähnte Urteil SPO.

[66] Die Maßnahmen der Mitgliedstaaten müssen u. a. den Bestimmungen des Vertrags über den freien Verkehr von Waren, Dienstleistungen, Personen und Kapital entsprechen.

[67] Vgl. z. B. das in Fußnote 29 erwähnte Urteil Consten und Grundig.

[68] Vgl. in diesem Zusammenhang die Entscheidung der Kommission Van den Bergh Foods Limited (ABl. L 246 vom 4.9.1998, S. 1).

sparungen infolge der bloßen Ausübung von Marktmacht der Parteien können keine Berücksichtigung finden. Wenn Unternehmen z. B. Preise absprechen oder Märkte aufteilen, verringern sie die Produktion und damit die Produktionskosten. Ein eingeschränkter Wettbewerb kann auch zu niedrigeren Ausgaben im Bereich von Verkauf und Marketing führen. Solche Kostensenkungen sind eine unmittelbare Folge des Rückgangs von Produktionsmenge und dessen Werts. Sie haben im Markt keinerlei wettbewerbsfördernden Wirkungen. Insbesondere führen sie nicht zur Wertschöpfung durch die Integration von Vermögenswerten und Unternehmenstätigkeiten. Sie ermöglichen es den beteiligten Unternehmen lediglich, ihre Gewinne zu steigern, und sind daher für die Anwendung von Artikel 81 Absatz 3 unerheblich.

50. Zweck der ersten Voraussetzung von Artikel 81 Absatz 3 ist die Festlegung der Arten von Effizienzgewinnen, die berücksichtigt werden können und den Anforderungen der zweiten und der dritten Voraussetzung dieses Artikels unterworfen werden können. Es sollen die durch die Vereinbarung geschaffenen objektiven Vorteile und die wirtschaftliche Bedeutung der Effizienzgewinne ermittelt werden. Da für die Anwendung von Artikel 81 Absatz 3 die wettbewerbsfördernden Wirkungen einer Vereinbarung die wettbewerbswidrigen Wirkungen aufwiegen müssen, muss die Verknüpfung zwischen der Vereinbarung und den behaupteten Effizienzgewinnen sowie deren Wert überprüft werden.

51. Sämtliche geltend gemachten Effizienzgewinne müssen daher substantiiert werden, um Folgendes nachprüfen zu können:

a) die Art der geltend gemachten Effizienzgewinne;
b) die Verknüpfung zwischen der Vereinbarung und den Effizienzgewinnen;
c) die Wahrscheinlichkeit und das Ausmaß jedes geltend gemachten Effizienzgewinns;
d) wie und wann jeder geltend gemachte Effizienzgewinn erreicht wird.

52. Gemäß Buchstabe a) ist zu überprüfen, ob die geltend gemachten Effizienzgewinne objektiver Art sind (siehe Ziffer 49).

53. Gemäß Buchstabe b) ist zu überprüfen, ob es einen hinreichenden Kausalzusammenhang zwischen der wettbewerbsbeschränkenden Vereinbarung und den behaupteten Effizienzgewinnen gibt. Dies setzt in der Regel voraus, dass sich die Effizienzgewinne aus der Wirtschaftstätigkeit ergeben, die Gegenstand der Vereinbarung ist. Bei diesen Tätigkeiten handelt es sich z. B. um den Vertrieb, die Lizenzierung bestimmter Technologien, die gemeinsame Produktion oder gemeinsame Forschung und Entwicklung. Soweit eine Vereinbarung über die Vertragsparteien hinaus zu Effizienzgewinnen innerhalb des relevanten Marktes führt, weil sie z. B. eine Senkung der Kosten des betreffenden Wirtschaftszweiges bewirkt, werden diese zusätzlichen Vorteile ebenfalls berücksichtigt.

54. Bei dem Kausalzusammenhang zwischen der Vereinbarung und den behaupteten Effizienzgewinnen muss es sich in der Regel um einen direkten Zusammenhang handeln[69]. Wenn hierzu indirekte Wirkungen geltend gemacht werden, sind diese in der Regel zu ungewiss und zu fern liegend, um berücksichtigt werden zu können. Ein direkter Kausalzusammenhang besteht z. B., wenn eine Vereinbarung über den Technologietransfer den Lizenznehmer in die Lage versetzt, neue oder verbesserte Produkte herzustellen, oder eine Vertriebsvereinbarung zu niedrigeren Vertriebskosten oder zur Erbringung einer wertvollen Dienstleistung führt. Eine indirekte Wirkung würde dann vorliegen, wenn ein Unternehmen geltend macht, dass eine wettbewerbsbeschränkende Vereinbarung es in die Lage versetzt, seine Gewinne zu erhöhen, und dadurch mehr in Forschung und Entwicklung zu investieren, was letztendlich dem Verbraucher dient. Der Zusammenhang zwischen Rentabilität und

[69] Vgl. Entscheidung der Kommission Glaxo Wellcome, ABl. L 302 vom 17.11.2001, S. 1.

Forschung und Entwicklung ist jedoch in der Regel nicht hinreichend direkt, um ihn für die Anwendung von Artikel 81 Absatz 3 heranziehen zu können.

55. Gemäß den Buchstaben c) und d) ist der Wert der behaupteten Effizienzgewinne zu ermitteln, die bei der Anwendung der dritten Voraussetzung von Artikel 81 Absatz 3 die wettbewerbswidrigen Wirkungen der Vereinbarung aufwiegen müssen (siehe Ziffer 101). Da Artikel 81 Absatz 1 nur auf Vereinbarungen anwendbar ist, die nachteilige Wirkungen auf den Wettbewerb und die Verbraucher haben (bei Kernbeschränkungen ist von solchen Wirkungen auszugehen), müssen Effizienzgewinne substantiiert werden, damit sie überprüft werden können. Unsubstantiierte Behauptungen werden zurückgewiesen.

56. Wenn Kosteneinsparungen geltend gemacht werden, muss zur Anwendung von Artikel 81 Absatz 3 der Wert der Einsparungen so genau wie möglich berechnet oder geschätzt und eingehend beschrieben werden, wie der Betrag berechnet wurde. Ferner ist anzugeben, nach welchen Verfahren die Effizienzgewinne erzielt wurden oder erzielt werden sollen. Die vorgelegten Daten müssen nachprüfbar sein, damit in hinreichendem Maße gewährleistet ist, dass die Effizienzgewinne tatsächlich erzielt wurden oder wahrscheinlich erzielt werden.

57. Werden Effizienzgewinne in Form neuer oder verbesserter Produkte oder auf einer anderen Grundlage als der Kosten geltend gemacht, müssen die Unternehmen, die sich auf Artikel 81 Absatz 3 berufen, die Art der Effizienzgewinne beschreiben und eingehend erläutern, wie und warum diese Effizienzgewinne einen objektiven wirtschaftlichen Vorteil darstellen.

58. Im Falle von Vereinbarungen, die noch nicht vollständig umgesetzt sind, müssen die Parteien substantiieren, ab welchem Datum sie Effizienzgewinne erwarten, die spürbare positive Auswirkungen auf den Markt haben.

3.2.2 Die verschiedenen Arten von Effizienzgewinnen

59. Die in Artikel 81 Absatz 3 aufgezählten Arten von Effizienzgewinnen sind umfassende Kategorien, mit denen alle objektiven wirtschaftlichen Effizienzgewinne erfasst werden sollen, die sich erheblich überschneiden. Da eine Vereinbarung verschiedene Arten von Effizienzgewinnen bewirken kann, ist es nicht zweckdienlich, eindeutige Unterscheidungen zwischen den verschiedenen Kategorien zu treffen. In diesen Leitlinien wird eine Unterscheidung zwischen Kosteneinsparungen und qualitativen Effizienzgewinnen getroffen, die einen Mehrwert in Form neuer oder verbesserter Produkte, größerer Produktvielfalt usw. erbringen.

60. Im Allgemeinen werden Effizienzgewinne durch eine Integration der wirtschaftlichen Tätigkeiten erzielt, indem Unternehmen ihre Vermögenswerte zusammenlegen, um zu erreichen, was sie alleine nicht ebenso effizient verwirklichen könnten, oder indem sie einem anderen Unternehmen Aufgaben übertragen, die von diesem effizienter erbracht werden kann.

61. Forschung, Entwicklung, Produktion und Vertrieb kann als eine Wertschöpfungskette angesehen werden, die in mehrere Stufen unterteilt werden kann. Auf jeder Stufe dieser Kette muss ein Unternehmen entscheiden, ob es die Tätigkeiten selbst oder in Zusammenarbeit mit einem oder mehreren anderen Unternehmen durchführt bzw. die Tätigkeit vollständig ausgliedert und einem oder mehreren anderen Unternehmen überträgt.

62. Wenn die getroffene Entscheidung die Zusammenarbeit im Markt mit einem anderen Unternehmen bedeutet, muss in der Regel eine Vereinbarung im Sinne von Artikel 81 Absatz 1 geschlossen werden. Hierbei kann es sich um vertikale Vereinbarungen handeln, wie dies bei Parteien der Fall ist, die auf verschiedenen Stufen der Wertschöpfungskette tätig sind, oder um horizontale Vereinbarungen, die von Unternehmen getroffen werden, die auf derselben Stufe der Wertschöpfungskette tätig sind. Beide Arten von Vereinbarungen können zu einem Effizienzgewinn führen, indem

sie es den beteiligten Unternehmen ermöglichen, eine bestimmte Leistung zu niedrigeren Kosten oder mit einem höheren Mehrwert für die Verbraucher zu erbringen. Solche Vereinbarungen können jedoch auch Wettbewerbsbeschränkungen enthalten oder zu solchen führen; in diesem Fall können die Verbotsregeln von Artikel 81 Absatz 1 und die Ausnahmeregelung von Artikel 81 Absatz 3 zum Tragen kommen.

63. Die nachfolgenden Arten von Effizienzgewinnen sind lediglich Beispiele und keine erschöpfende Aufzählung.

3.2.2.1 Kosteneinsparungen

64. Kosteneinsparungen, die sich aus Vereinbarungen zwischen Unternehmen ergeben, können verschiedenen Quellen entstammen. Eine sehr wichtige Quelle von Kosteneinsparungen ist die Entwicklung neuer Produktionstechniken und -verfahren. Allgemein sind es Technologiesprünge, die das größte Einsparungspotenzial haben. So führte z. B. die Einführung des Fließbandes zu einer erheblichen Kostensenkung bei der Herstellung von Kraftfahrzeugen.

65. Eine weitere wichtige Quelle für Effizienzgewinne sind Synergieeffekte infolge der Zusammenlegung bestehender Vermögenswerte. Wenn die Vertragspartner ihre jeweiligen Vermögenswerte zusammenlegen, kann es ihnen gelingen, eine Kosten-/Produktionsstruktur zu verwirklichen, die andernfalls nicht erzielbar wäre. Die Verbindung zweier sich ergänzender Technologien kann zu einer Senkung der Produktionskosten oder zur Herstellung eines qualitativ höherwertigen Produkts führen. Es ist z. B. möglich, dass das Unternehmen A mit seinen Produktionsanlagen ein hohes Produktionsvolumen pro Stunde erzielt, aber relativ viel Rohstoffe je hergestellter Einheit benötigen, während die Firma B mit ihrem Produktionsbereich einen geringeren Ausstoß pro Stunde erreicht, dabei aber einen niedrigeren Einsatz an Rohstoffen je Produktionseinheit ausweist. Synergien entstehen, wenn durch die Gründung eines Produktions-GU, in das die Produktionsbereiche von A und B zusammengelegt werden, ein hoher (bzw. höherer) Ausstoß je Arbeitsstunde und ein niedriger (bzw. niedrigerer) Einsatz an Rohstoffen für eine Produktionseinheit erzielt werden kann. Ebenso kann die Zusammenlegung der Geschäftsaktivitäten zweier Unternehmen, die jeweils einen anderen Teil der Wertschöpfungskette optimiert haben, zu einer Kostensenkung führen. So kann ein Unternehmen A beispielsweise mit seiner hochautomatisierten Produktionsanlage niedrige Produktionskosten je Einheit erzielen, während die Firma B ein effizientes Auftragsbearbeitungssystem entwickelt hat. Mit diesem System kann die Produktion an die Nachfrage angepasst werden, was termingerechte Auslieferung, einen Abbau des Lageraufwands und eine Senkung der Verwaltungskosten ermöglicht. Die Zusammenlegung der Anlagen von A und B kann zu Kostensenkungen führen.

66. Kosteneinsparungen können sich auch aus Skalenvorteilen (economies of scale) ergeben, d. h. abnehmende Stückkosten bei steigender Produktion. Ein Beispiel: Investitionen in Ausrüstungen und andere Vermögenswerte müssen oftmals in unteilbaren Blöcken vorgenommen werden. Kann ein Unternehmen einen solchen Block nicht in vollem Umfang nutzen, entstehen ihm höhere Durchschnittskosten als bei voller Auslastung. So sind die Kosten für den Betrieb eines Lastkraftwagens praktisch dieselben unabhängig davon, ob dieser nahezu leer, zur Hälfte beladen oder voll beladen fährt. Vereinbarungen, mit denen Unternehmen ihre Betriebslogistik zusammenlegen, können es ihnen ermöglichen, den Ladefaktor zu erhöhen und die Anzahl der eingesetzten Fahrzeuge zu senken. Größere Einheiten können ferner eine bessere Arbeitsteilung ermöglichen, die niedrigere Stückkosten zur Folge hat. Unternehmen können auf allen Stufen der Wertschöpfungskette Größenvorteile erzielen, einschließlich Forschung und Entwicklung, Produktion, Vertrieb und Marketing. Einsparungen aufgrund von Lernprozessen (learning economies) sind eine ähnliche Kategorie von Effizienzgewinnen. Mit den durch den Einsatz eines bestimmten

Produktionsprozesses oder die Erledigung bestimmter Aufgaben gewonnenen Erfahrungen kann der Prozess effizienter gestaltet oder die Aufgabe zügiger erledigt und damit die Produktivität gesteigert werden.

67. Verbundvorteile (economies of scope) sind eine weitere Quelle von Kosteneinsparungen, die sich ergeben, wenn Unternehmen mit den gleichen Einsatzfaktoren unterschiedliche Produkte herstellen. Effizienzgewinne können dabei entstehen, wenn dieselben Komponenten und Anlagen mit demselben Personal zur Herstellung einer Vielzahl von Produkten eingesetzt werden. Ebenso können beim Vertrieb Verbundvorteile entstehen, wenn verschiedene Arten von Waren mit denselben Fahrzeugen befördert werden. So können Verbundvorteile erzielt werden, wenn ein Hersteller von Tiefkühlpizza und ein Hersteller von Tiefkühlgemüse ihre Produkte gemeinsam vertreiben. Beide Produktgruppen müssen in Kühlfahrzeugen befördert werden, und es besteht die Wahrscheinlichkeit, dass es erhebliche Überschneidungen bei den Kunden gibt. Durch die Zusammenlegung ihrer Aktivitäten können beide Hersteller ihre Vertriebskosten pro Einheit senken.

68. Effizienzgewinne in Form von Kostensenkungen können sich auch aus Vereinbarungen ergeben, die es ermöglichen, die Produktion besser zu planen, teure Lagerhaltung zu verringern und die Kapazitäten besser auszulasten. Effizienzgewinne dieser Art können z. B. durch „just in time"-Bezug erzielt werden, d. h. die Verpflichtung eines Teilelieferanten, seinen Abnehmer fortdauernd gemäß seinem Bedarf zu beliefern, der damit von dem Erfordernis entbunden wird, ein großes Teilelager zu unterhalten, das zu veralten droht. Kosteneinsparungen können ferner durch Vereinbarungen bewirkt werden, die es den Parteien ermöglichen, die Produktion in ihren verschiedenen Werken insgesamt zu rationalisieren.

3.2.2.2 Qualitative Effizienzgewinne

69. Vereinbarungen zwischen Unternehmen können Effizienzgewinne qualitativer Art bewirken, die für die Anwendung von Artikel 81 Absatz 3 von Bedeutung sind. In einer Reihe von Fällen besteht das hauptsächliche effizienzsteigernde Potenzial einer Vereinbarung nicht in der Kostensenkung, sondern in der Qualitätsverbesserung und anderen Effizienzgewinnen qualitativer Art. Je nach Fall können derartige Effizienzgewinne deshalb von gleicher oder größerer Bedeutung sein wie Kosteneinsparungen.

70. Technische und technologische Fortentwicklungen sind ein unverzichtbarer und dynamischer Bestandteil des Wirtschaftsgeschehens und erbringen bedeutende Vorteile in Form neuer oder verbesserter Waren und Dienstleistungen. Durch Zusammenarbeit können die Unternehmen möglicherweise Effizienzgewinne erzielen, die andernfalls entweder gar nicht oder nur mit erheblicher Verzögerung bzw. zu höheren Kosten entstanden wären. Solche Effizienzgewinne sind eine wichtige Quelle für wirtschaftliche Vorteile und fallen unter die erste Voraussetzung von Artikels 81 Absatz 3. Zu den Vereinbarungen, die Effizienzgewinne dieser Art bewirken können, zählen insbesondere Forschungs- und Entwicklungsvereinbarungen. Beispiel: Die Unternehmen A und B gründen ein Gemeinschaftsunternehmen für die Entwicklung und, falls erfolgreich, gemeinsame Herstellung eines Reifens mit verschiedenen Luftkammern. Bei dieser Art Reifen beeinträchtigt ein Loch in einer Kammer nicht die übrigen Reifenkammern, so dass bei einer Panne nicht das Risiko besteht, dass der gesamte Reifen ausfällt. Der Reifen ist somit sicherer als der herkömmliche Reifentyp. Außerdem muss der Reifen bei einer Panne nicht sofort gewechselt werden und somit muss auch kein Ersatzreifen mitgeführt werden. Beide Arten von Effizienzgewinnen sind objektive Vorteile im Sinne der ersten Bedingung von Artikel 81 Absatz 3.

71. Ebenso wie die Zusammenlegung komplementärer Vermögensgüter zu Kosteneinsparungen führen kann, kann sie Synergien bewirken, die zu qualitativen Effi-

zienzgewinnen führen. So kann die Zusammenlegung von Produktionsanlagen zur Herstellung höherwertiger Produkte oder Produkte mit neuen Merkmalen führen. Dies kann z. B. durch Lizenzvereinbarungen und Vereinbarungen über die gemeinsame Produktion neuer oder verbesserter Waren oder Dienstleistungen bewirkt werden. Lizenzvereinbarungen können insbesondere eine schnellere Verbreitung neuer Technologien in der Gemeinschaft bewirken und den Lizenznehmer in die Lage versetzen, neue Produkte bereitzustellen oder neue Produktionstechniken anzuwenden, die zu Qualitätsverbesserungen führen. Vereinbarungen über die gemeinsame Produktion können insbesondere die Markteinführung neuer oder verbesserter Waren oder Dienstleistungen in einer kürzeren Frist oder zu niedrigeren Kosten ermöglichen[70]. Im Telekommunikationssektor wurden beispielsweise Kooperationsvereinbarungen als effizienzsteigernd eingestuft, weil so neue weltweite Dienste zügiger angeboten werden konnten[71]. Im Bankensektor wurden z. B. Kooperationsvereinbarungen, mit denen verbesserte Einrichtungen für grenzüberschreitende Zahlungen zustande gekommen sind, als effizienzsteigernd im Sinn der ersten Voraussetzung des Artikel 81 Absatz 3 anerkannt[72].

72. Auch Vertriebsvereinbarungen können zu qualitativen Effizienzgewinnen führen. So können spezialisierte Vertriebshändler Dienstleistungen erbringen, die besser auf die Bedürfnisse der Kunden abgestellt sind, die Auslieferung beschleunigen oder eine bessere Qualitätssicherung in der gesamten Vertriebskette anbieten[73].

3.3 Dritte Voraussetzung von Artikel 81 Absatz 3: Unerlässlichkeit der Einschränkungen

73. Gemäß der dritten Voraussetzung des Artikels 81 Absatz 3 dürfen durch die Vereinbarung keine Wettbewerbsbeschränkungen auferlegt werden, die zur Erzielung der Effizienzgewinne durch die Vereinbarung nicht unerlässlich sind. Diese Voraussetzung verlangt eine zweistufige Prüfung. Erstens muss die Vereinbarung insgesamt vernünftigerweise notwendig sein, um die Effizienzgewinne zu erzielen. Zweitens müssen auch die einzelnen, sich aus der Vereinbarung ergebenden Wettbewerbsbeschränkungen hierfür vernünftigerweise notwendig sein.

74. Bei der dritten Voraussetzung des Artikels 81 Absatz 3 ist der entscheidende Faktor, ob die Vereinbarung und ihre einzelnen Beschränkungen es ermöglichen, die fraglichen Tätigkeiten effizienter durchzuführen, als dies ansonsten wahrscheinlich der Fall wäre. Die Frage ist nicht, ob die Vereinbarung ohne die Wettbewerbsbeschränkung nicht geschlossen worden wäre, sondern vielmehr, ob mehr Effizienzgewinne mit der Vereinbarung oder Beschränkung als ohne sie erzielt werden[74].

75. Die erste Prüfung gemäß der dritten Voraussetzung des Artikels 81 Absatz 3 erfordert, dass sich die Effizienzgewinne nur durch die Vereinbarung erzielen lassen, weil es keine andere wirtschaftlich machbare und weniger wettbewerbsbeschränkende Möglichkeit gibt, die Effizienzgewinne zu erzielen. Bei dieser Beurteilung sind die Marktverhältnisse und die unternehmerischen Gegebenheiten zu berück-

---

[70] Vgl. Entscheidungen der Kommission GEAE/P & W (ABl. L 58 vom 3.3.2000, S. 16); British Interactive Broadcasting/Open (ABl. L 312 vom 6.12.1999, S. 1) und Asahi/Saint-Gobain (ABl. L 354 vom 31.12.1994, S. 87).

[71] Vgl. z. B. Entscheidung der Kommission ATLAS (ABl. L 239 vom 19.9.1996, S. 23), und PHOENIX/GlobalOne (ABl. L 239 vom 19.9.1996, S. 57).

[72] Vgl. z. B. Entscheidung der Kommission Einheitliche Eurocheques (ABl. L 35 vom 7.2.1985, S. 43).

[73] Vgl. z. B. Entscheidung der Kommission Cégétel +4 (ABl. L 88 vom 31.3.1999, S. 26).

[74] Zur ersten Frage, die für die Anwendung von Artikel 81 Absatz 1 relevant sein kann, s. Ziffer 18.

sichtigen, denen sich die Vertragsparteien der Vereinbarung gegenübersehen. Von den Unternehmen, die sich auf Artikel 81 Absatz 3 berufen, wird nicht verlangt, dass sie hypothetische oder theoretische Alternativen erwägen. Die Kommission wird die wirtschaftliche Beurteilung nicht für die Unternehmen vornehmen. Sie wird nur in solchen Fällen einschreiten, in denen es hinreichend klar ist, dass es realistische und erreichbare Alternativen gibt. Die Parteien müssen lediglich erläutern und belegen, warum realistisch erscheinende und weniger wettbewerbsbeschränkende Alternativen für die Vereinbarung erheblich weniger effizient wären.

76. Es ist unter Berücksichtigung der Umstände des Einzelfalls besonders wichtig zu prüfen, ob die Parteien die Effizienzgewinne durch eine weniger wettbewerbsbeschränkende Art von Vereinbarung hätten erzielen können und, wenn ja, zu welchem Zeitpunkt sie wahrscheinlich die Effizienzvorteile erzielen würden. So kann es notwendig sein zu untersuchen, ob die Parteien die Effizienzgewinne alleine hätten erzielen können. In Fällen, in denen die geltend gemachten Effizienzgewinne durch Kostensenkungen infolge von Skalenvorteilen (economies of scale) oder Verbundvorteilen (economies of scope) erfolgen sollen, müssen die Unternehmen erklären und substantiieren, warum diese Gewinne nicht ebenso gut durch internes Wachstum und Preiswettbewerb verwirklicht werden könnten. Bei dieser Beurteilung ist u. a. zu erwägen, was die effiziente Mindestgröße in dem fraglichen Markt ist. Die effiziente Mindestgröße ist das für die Minimierung der Durchschnittskosten und die vollständige Ausschöpfung der Größenvorteile erforderliche Produktionsvolumen[75]. Je größer die effiziente Mindestgröße im Vergleich zu der gegenwärtigen Größe der beiden Vertragsparteien ist, um so wahrscheinlicher ist es, dass die Effizienzgewinne als spezifische Folge der Vereinbarung angesehen werden. Bei Vereinbarungen, die substanzielle Synergieeffekte durch die Verbindung komplementärer Vermögenswerte und Fähigkeiten erbringen, lässt die Art der Effizienzgewinne darauf schließen, dass die Vereinbarung zur Erzielung der Gewinne notwendig ist.

77. Diese Grundsätze lassen sich anhand folgendem Beispiel veranschaulichen:

Die Unternehmen A und B legen in einem Gemeinschaftsunternehmen ihre Produktionstechniken zusammen, um ein größeres Produktionsvolumen bei einem niedrigeren Rohstoffverbrauch zu erzielen. Das GU erhält eine ausschließliche Lizenz für die beiden Produktionstechniken, und die Parteien übertragen ihre bestehenden Anlagen auf das Gemeinschaftsunternehmen gemeinsam mit dem erforderlichen Personal, damit das vorhandene Wissen genutzt und fortentwickelt werden kann. Dadurch sollen die Produktionskosten um zusätzliche 5% gesenkt werden. Die Produktion wird von A und B unabhängig voneinander abgesetzt. Im Hinblick auf die Voraussetzung der Unerlässlichkeit ist zu ermitteln, ob die Leistungsgewinne auch über eine Lizenzvereinbarung hätten erzielt werden können, die wahrscheinlich den Wettbewerb weniger beschränkt hätte, da A und B ihre Produktion unabhängig voneinander fortgeführt hätten. Unter den beschriebenen Umständen ist dies aber unwahrscheinlich, da die Vertragsparteien mit einer Lizenzvereinbarung nicht auf eine ebenso nahtlose und kontinuierliche Weise ihre jeweiligen Erfahrungen beim Einsatz ihrer beiden Technologien nutzen und diese erheblichen Lernvorteile erschließen könnten.

78. Sobald feststeht, dass die Vereinbarung für die Verwirklichung der Effizienzgewinne notwendig ist, ist die Unerlässlichkeit jeder sich aus der Vereinbarung ergebenden Wettbewerbsbeschränkung zu beurteilen. Dabei ist zu ermitteln, ob die einzelnen Beschränkungen erforderlich sind, um die Effizienzgewinne zu erzielen. Die Vertragsparteien müssen die von ihnen behaupteten Effizienzgewinne hinsichtlich der Art und des Ausmaßes der Beschränkung substantiieren.

---

[75] Größenvorteile sind in der Regel an einem bestimmten Punkt vollständig ausgeschöpft. Ab diesem Punkt stabilisieren sich die Durchschnittskosten und steigen eventuell, z. B. aufgrund von Kapazitätsbeschränkungen oder -engpässen.

79. Eine Wettbewerbsbeschränkung ist unerlässlich, wenn ohne sie die sich aus der Vereinbarung ergebenden Effizienzgewinne beseitigt oder erheblich geschmälert würden oder die Wahrscheinlichkeit zurückgehen würde, dass sich diese Effizienzgewinne realisieren. Bei der Beurteilung alternativer Lösungen ist der tatsächlichen und potenziellen Verbesserung des Wettbewerbs durch die Beseitigung einer bestimmten Beschränkung oder die Wahl einer weniger wettbewerbsbeschränkenden Alternative Rechnung zu tragen. Je ausgeprägter die Wettbewerbsbeschränkungen, um so strenger fällt die Prüfung gemäß der dritten Voraussetzung aus[76]. Es ist unwahrscheinlich, dass Beschränkungen, die auf der schwarzen Liste in Gruppenfreistellungsverordnungen erscheinen oder als Kernbeschränkungen in Leitlinien oder Bekanntmachungen der Kommission eingestuft sind, als unerlässlich angesehen werden.

80. Die Beurteilung der Unerlässlichkeit erfolgt im Rahmen des tatsächlichen wirtschaftlichen Umfelds, in dem die Vereinbarung Anwendung findet, wobei insbesondere der Marktstruktur, den mit der Vereinbarung verbundenen wirtschaftlichen Risiken und den Anreizen für die Parteien Rechnung zu tragen ist. Je ungewisser der Erfolg eines Produkts, das Gegenstand der Vereinbarung ist, umso mehr könnte die Wettbewerbsbeschränkung notwendig sein, um zu gewährleisten, dass die Effizienzgewinne erzielt werden. Wettbewerbsbeschränkungen können ferner unerlässlich sein, um die Anreize für die Vertragsparteien anzugleichen und sicherzustellen, dass sie ihre Anstrengungen auf die Durchführung der Vereinbarung konzentrieren. Eine Beschränkung kann z. B. erforderlich sein, um ein mögliches „hold-up" Problem zu verhindern, wenn eine Partei eine größere nicht rückgängig machbare Investition (sunk investment) getätigt hat. Wenn z. B. ein Lieferant eine erhebliche kundenspezifische Investition getätigt hat, um einen Kunden mit einem Betriebsmittel zu beliefern, ist der Lieferant an den Kunden gebunden. Um zu verhindern, dass der Kunde daraufhin diese Abhängigkeit ausnützt, um günstigere Bedingungen zu erlangen, kann es erforderlich werden, die Bedingung aufzuerlegen, die vertragsgegenständlichen Teile nicht von Dritten zu beziehen oder Mindestmengen der Teile beim Lieferanten zu kaufen[77].

81. In manchen Fällen kann eine Wettbewerbsbeschränkung lediglich für einen befristeten Zeitraum unerlässlich sein; in diesem Fall gilt die Ausnahmeregelung von Artikel 81 Absatz 3 lediglich für diesen Zeitraum. Bei dieser Beurteilung ist es notwendig, dem Zeitraum Rechnung zu tragen, den die Parteien benötigen, um die Effizienzgewinne zu erzielen, die eine Anwendung der Ausnahmeregelung rechtfertigen[78]. Wenn Effizienzgewinne nicht ohne erhebliche Investitionen erzielt werden können, muss insbesondere der für die Gewährleistung einer angemessenen Kapitalrendite erforderliche Zeitraum berücksichtigt werden, vgl. Ziffer 44.

82. Diese Grundsätze lassen sich an folgenden Beispielen veranschaulichen:

Das Unternehmen P fertigt und vertreibt gefrorene Pizza und hält einen Marktanteil von 15% im Mitgliedstaat X. Die Produkte werden direkt an den Einzelhandel ausgeliefert. Da die Lagerkapazität der meisten Einzelhändler begrenzt ist, sind relativ häufige Anlieferungen erforderlich, was zu einer niedrigen Kapazitätsauslastung und dem Einsatz relativ kleiner Lieferfahrzeuge führt. Das Unternehmen T ist ein Großhändler für Tiefkühlpizza und andere Tiefkühlerzeugnisse und beliefert im Wesentlichen dieselben Kunden wie das Unternehmen P. Der Marktanteil der von dem Unternehmen T vertriebenen Pizzaerzeugnisse beträgt 30%. T hat größere Lieferfahrzeuge im Einsatz und überschüssige Lieferkapazitäten. P schließt eine Alleinvertriebsvereinbarung mit T für den Mitgliedstaat X und verpflichtet sich zu gewährleisten, dass die Vertriebshändler in anderen Mitgliedstaaten im Gebiet von T weder aktiv

---

76 Vgl. Rn. 392 bis 395 des in Fußnote 57 zitierten Urteils Compagnie Générale Maritime.

77 Weitere Einzelheiten sind Ziffer 116 der in Fußnote 5 erwähnten Leitlinien über vertikale Beschränkungen zu entnehmen.

78 Vgl. Rn. 230 des in Fußnote 33 zitierten Urteils European Night Services.

noch passiv verkaufen werden. T verpflichtet sich seinerseits, für die Produkte zu werben, Verbrauchervorlieben und -zufriedenheit zu ermitteln und die Belieferung der Einzelhändler mit sämtlichen Produkten binnen 24 Stunden zu gewährleisten. Die Vereinbarung führt zu einer Senkung der gesamten Vertriebskosten von 30%, da die Kapazitäten besser ausgelastet werden und Doppelfahrten wegfallen. Die Vereinbarung führt auch zur Erbringung zusätzlicher Leistungen an die Verbraucher. Beschränkungen beim Passivverkauf sind Kernbeschränkungen gemäß der Gruppenfreistellungsverordnung für vertikale Wettbewerbsbeschränkungen[79] und können nur unter außergewöhnlichen Umständen als unerlässlich angesehen werden. Die Marktstellung von T und die Art der ihm auferlegten Verpflichtungen lassen darauf schließen, dass dies kein außergewöhnlicher Fall ist. Das Verbot des aktiven Verkaufs muss hingegen wohl als unerlässlich angesehen werden. T wird weniger Anreize haben, die Marke P zu verkaufen und zu bewerben, wenn die Vertriebshändler in anderen Ländern aktiv im Mitgliedstaat X verkaufen und sich damit die Anstrengungen von T zunutze machen könnten (Trittbrettfahrereffekte). Dies um so mehr, als T ebenfalls Marken der Wettbewerber vertreibt und damit die Möglichkeit hat, die Marken bevorzugt auf den Markt zu bringen, die am wenigsten Nachahmern ausgesetzt sind.

S ist ein Hersteller von Kohlesäurelimonaden mit einem Marktanteil von 40%; sein nächster Wettbewerber hält einen Anteil von 20%. S hat Liefervereinbarungen mit Kunden geschlossen, auf die 25% der Nachfrage entfallen, womit sich die Kunden verpflichten, in einem Zeitraum von 5 Jahren ausschließlich von S zu beziehen. Mit anderen Kunden, auf die 15% der Nachfrage entfallen, hat S Vereinbarungen geschlossen, mit denen diesen vierteljährliche Zielrabatte eingeräumt werden, wenn ihre Bezüge bestimmte individuell festgesetzte Zielmengen übersteigen. S behauptet, dass ihn die Vereinbarungen in die Lage versetzen, die Nachfrage genauer abzuschätzen und damit die Produktion besser zu planen, wodurch die Lagerung von Rohstoffen und die Kosten für die Lagerhaltung verringert und Lieferengpässe vermieden werden könnten. Angesichts der Marktstellung von S und des gesamten Anwendungsbereichs der Wettbewerbsbeschränkungen wird man kaum von einer Unerlässlichkeit dieser Beschränkungen ausgehen können. Die Alleinbezugsverpflichtung geht über das hinaus, was zur Planung der Produktion erforderlich ist, und das Gleiche gilt für die Zielrabattregelung. Die Vorhersehbarkeit der Nachfrage kann auf weniger einschränkende Weise erzielt werden. Es könnte z. B. Anreize schaffen, damit die Abnehmer große Mengen gleichzeitig bestellen, indem er ihnen Mengenrabatte einräumt oder er einen Rabatt für diejenigen Kunden anbietet, die feste Bestellungen für eine Lieferung zu bestimmten Terminen abgeben.

3.4 Zweite Voraussetzung des Artikels 81 Absatz 3: Angemessene Beteiligung der Verbraucher

3.4.1 Allgemeine Bemerkungen

83. Gemäß der zweiten Voraussetzung des Artikels 81 Absatz 3 müssen die Verbraucher eine angemessene Beteiligung an den durch die beschränkende Vereinbarung entstehenden Effizienzgewinnen erhalten.

84. Der Begriff „Verbraucher" umfasst alle Nutzer der Produkte, auf die sich die Vereinbarung bezieht, einschließlich Produzenten, die die Ware als Vorprodukt benötigen, Großhändler, Einzelhändler und Endkunden, d. h. natürliche Personen, die außerhalb ihrer Geschäfts- oder Berufstätigkeit handeln. Verbraucher im Sinne von Artikel 81 Absatz 3 sind also Kunden der Vertragsparteien und die späteren Käufer der

[79] Vgl. Verordnung Nr. 2790/1999 der Kommission über die Anwendung von Artikel 81 Absatz 3 des Vertrages auf Gruppen von vertikalen Vereinbarungen und aufeinander abgestimmten Verhaltensweisen (ABl. L 336 vom 29.12.1999, S. 21.

Produkte. Diese Kunden können Unternehmen sein, wie beim Kauf von Maschinen oder Vorleistungen zur Weiterverarbeitung, oder Endkunden, wie z. B. im Fall der Käufer von Speiseeis zum sofortigen Verkehr oder von Fahrrädern.

85. Der Begriff „angemessene Beteiligung" bedeutet, dass die Weitergabe der Vorteile die tatsächlichen oder voraussichtlichen negativen Auswirkungen mindestens ausgleicht, die den Verbrauchern durch die Wettbewerbsbeschränkung gemäß Artikel 81 Absatz 1 entstehen. Gemäß dem allgemeinen Ziel von Artikel 81, wettbewerbswidrige Vereinbarungen zu verhindern, muss die Nettowirkung einer Vereinbarung aus Sicht der von den Vereinbarungen unmittelbar oder wahrscheinlich betroffenen Verbraucher mindestens neutral sein[80]. Wenn die Verbraucher nach der Vereinbarung schlechter gestellt sind, ist die zweite Voraussetzung von Artikel 81 Absatz 3 nicht erfüllt. Die positiven Auswirkungen einer Vereinbarung müssen durch die negativen Auswirkungen aufgewogen werden und diese Auswirkungen auf die betroffenen Verbraucher ausgleichen[81]. In diesem Fall werden die Verbraucher durch die Vereinbarung nicht geschädigt. Darüber hinaus gewinnt die Gesellschaft insgesamt, wenn die Effizienzgewinne bewirken, dass entweder weniger Ressourcen für die Produktion erforderlich sind oder höherwertige Produkte hergestellt werden und damit eine effizientere Ressourcenallokation erfolgt.

86. Es ist nicht erforderlich, dass die Verbraucher an jedem einzelnen Effizienzgewinn gemäß der ersten Voraussetzung beteiligt werden. Es müssen jedoch Vorteile in einem ausreichenden Umfang weitergegeben werden, der die negativen Auswirkungen der beschränkenden Vereinbarung ausgleicht, so dass die Verbraucher eine angemessene Beteiligung am Gesamtgewinn erhalten[82]. Besteht die Wahrscheinlichkeit, dass eine beschränkende Vereinbarung zu höheren Preisen führt, müssen die Verbraucher einen vollwertigen Ausgleich in Form besserer Qualität oder sonstiger Vorteile erhalten. Andernfalls ist die zweite Voraussetzung von Artikel 81 Absatz 3 nicht erfüllt.

87. Der entscheidende Faktor ist das Ausmaß der Auswirkungen auf die Käufer der Produkte in dem relevanten Markt und nicht die Auswirkung auf Einzelpersonen innerhalb dieser Verbrauchergruppe[83]. In einigen Fällen kann es erforderlich sein, dass ein gewisser Zeitraum verstreicht, bis die Effizienzgewinne erzielt werden. Bis dahin ist es möglich, dass die Vereinbarung ausschließlich negative Wirkungen hat. Die Tatsache, dass die Weitergabe von Vorteilen an den Verbraucher mit einer gewissen zeitlichen Verzögerung erfolgt, schließt die Anwendung von Artikel 81 Absatz 3 nicht aus. Je länger jedoch die zeitliche Verzögerung ist, umso größer müssen die Effizienzgewinne sein, damit die Verbraucher auch für den Verlust während des Zeitraums vor der Weitergabe der Vorteile entschädigt werden.

88. Bei dieser Beurteilung ist zu berücksichtigen, dass der Wert eines zukünftigen Gewinns für die Verbraucher nicht dem Wert eines gegenwärtigen Gewinns gleichsteht. Wer 100 EUR heute spart, erhält einen höheren Wert als derjenige, der das Geld ein Jahr später spart. Ein zukünftiger Gewinn für die Verbraucher gleicht deshalb einen gegenwärtigen Verlust für die Verbraucher in gleicher Höhe nicht voll aus. Um einen gegenwärtigen Verlust einem zukünftigen Gewinn gegenüberzustellen, muss der Wert der zukünftigen Gewinne diskontiert werden. Dabei muss der Diskontsatz

[80] Vgl. in diesem Zusammenhang das in Fußnote 21 zitierte Urteil Consten und Grundig, in dem der Gerichtshof entschied, dass Verbesserungen im Sinn des Artikel 81 Absatz 3 spürbare objektive Vorteile in einer Art und Weise aufzeigen muss, damit die Nachteile, die dem Wettbewerb zugefügt werden, ausgeglichen werden.

[81] Es ist darauf hinzuweisen, dass die positiven und negativen Auswirkungen auf den Verbraucher grundsätzlich innerhalb des jeweils relevanten Marktes ausgeglichen werden müssen (vgl. oben Ziffer 13).

[82] Vgl. Rn. 48 des in Fußnote 54 zitierten Urteils Metro (I).

[83] Vgl. Rn. 163 des in Fußnote 56 zitierten Urteils Shaw.

der Inflation und den entgangenen Zinsen als Messgrößen für den niedrigeren Wert der zukünftigen Gewinne entsprechen.

89. In anderen Fällen kann die Vereinbarung die Parteien in die Lage versetzen, die Effizienzgewinne früher zu erzielen, als es andernfalls möglich gewesen wäre. Unter solchen Bedingungen sind die voraussichtlichen negativen Auswirkungen auf die Verbraucher im relevanten Markt zu ermitteln, nachdem dieser Zeitgewinn verstrichen ist. Wenn die Vertragsparteien durch die Vereinbarung eine starke Marktstellung erlangen, sind sie unter Umständen in der Lage, einen erheblich höheren Preis durchzusetzen als dies andernfalls möglich wäre. Damit die zweite Bedingung von Artikel 81 Absatz 3 erfüllt ist, muss der Vorteil für die Verbraucher in Form des früheren Zugangs zu den Produkten ebenso erheblich sein. Dies kann z. B. gegeben sein, wenn eine Vereinbarung zwei Reifenhersteller in die Lage versetzt, einen neuen, wesentlich sichereren Reifen drei Jahre früher auf den Markt zu bringen, wobei sich jedoch ihre Marktmacht erhöht und sie die Preise um 5% erhöhen können. In einem solchen Fall ist davon auszugehen, dass der frühere Zugang zu einem wesentlich verbesserten Produkt schwerer wiegt als die Preiserhöhung.

90. Die zweite Voraussetzung des Artikels 81 Absatz 3 enthält eine variable Skala. Je größer die nach Artikel 81 Absatz 1 festgestellte Wettbewerbsbeschränkung, umso bedeutender müssen die Effizienzgewinne und deren Weitergabe an die Verbraucher sein. Dieses abgestufte Konzept beinhaltet, dass es bei relativ begrenzten wettbewerbsbeschränkenden Wirkungen einer Vereinbarung und erheblichen Effizienzgewinnen wahrscheinlich ist, dass ein angemessener Anteil der Kosteneinsparungen an die Verbraucher weitergegeben wird. In solchen Fällen ist es daher für gewöhnlich nicht erforderlich, eine vertiefte Analyse der zweiten Voraussetzung von Artikel 81 Absatz 3 durchzuführen, sofern die anderen drei Voraussetzungen für die Anwendung dieser Vorschrift erfüllt sind.

91. Wenn jedoch die wettbewerbsbeschränkenden Auswirkungen der Vereinbarung erheblich und die Kosteneinsparungen relativ unbedeutend sind, ist es sehr unwahrscheinlich, dass die zweite Voraussetzung des Artikels 81 Absatz 3 erfüllt wird. Die Auswirkungen der Wettbewerbsbeschränkung hängen von dem Ausmaß der Einschränkung und dem nach Abschluss der Vereinbarung verbleibenden Grad an Wettbewerb ab.

92. Hat eine Vereinbarung sowohl erhebliche wettbewerbswidrige als auch erhebliche wettbewerbsfördernde Auswirkungen, ist eine sorgfältige Untersuchung erforderlich. Bei der Abwägungsprüfung ist in solchen Fällen zu berücksichtigen, dass der Wettbewerb langfristig ein wichtiger Motor für die Verwirklichung von Effizienzsteigerungen und Innovationen ist. Beherrschende Unternehmen, die keinem wirksamen Wettbewerbsdruck unterliegen, haben z. B. weniger Anreiz, Effizienzgewinne zu sichern oder auszubauen. Je umfangreicher die Auswirkungen der Vereinbarungen auf den Wettbewerb sind, umso wahrscheinlicher werden die Verbraucher langfristig Nachteile davontragen.

93. In den beiden folgenden Abschnitten wird der analytische Rahmen für die Beurteilung der Weitergabe von Effizienzgewinnen eingehender beschrieben. Im ersten Abschnitt werden die Kosteneinsparungen behandelt, der zweite Abschnitt befasst sich mit anderen Arten von Effizienzgewinnen wie z. B. neuen oder verbesserten Produkten (qualitative Effizienzgewinne). Der Rahmen, der in diesen beiden Abschnitten gesteckt wird, ist vor allem für Fälle von Bedeutung, in denen nicht unmittelbar erkennbar ist, ob die Wettbewerbsnachteile für die Verbraucher schwerer wiegen als die Vorteile oder umgekehrt[84].

---

[84] Nachstehend wird der Schaden für den Wettbewerb den Preiserhöhungen gleichgesetzt; er kann auch geringere Qualität, geringere Auswahl oder weniger Innovation bedeuten.

94. Bei der Anwendung der nachstehenden Grundsätze berücksichtigt die Kommission, dass es in vielen Fällen schwierig ist, den Anteil der Weitergabe von Vorteilen an die Verbraucher und andere Formen der Beteiligung der Verbraucher genau zu berechnen. Die Unternehmen müssen aber ihre Behauptungen substantiieren, indem sie verfügbare Angaben und Schätzungen vorlegen, die den Gegebenheiten ihres Falles Rechnung tragen.

3.4.2 Weitergabe und Ausgleich von Kosteneinsparungen

95. Wenn wie gewöhnlich in den Märkten kein vollständiger Wettbewerb herrscht, können die Unternehmen durch eine Änderung des Produktionsvolumens den Marktpreis in stärkerem oder geringerem Maße beeinflussen[85]. Sie sind unter Umständen auch in der Lage, von den Kunden unterschiedliche Preise zu verlangen.

96. Kosteneinsparungen können unter bestimmten Umständen zu einer Steigerung der Produktion und niedrigeren Preisen für die Verbraucher führen. Wenn ein Unternehmen aufgrund von Kosteneinsparungen und der Ausweitung der Produktion seinen Gewinn steigern kann, kann es durchaus zu einer Weitergabe der Vorteile an die Verbraucher kommen. Bei der Beurteilung des Ausmaßes, in dem diese Kosteneinsparungen voraussichtlich an die Verbraucher weitergegeben werden, und des Ergebnisses der für Artikel 81 Absatz 3 erforderlichen Abwägung werden insbesondere die folgenden Faktoren berücksichtigt:

a) Merkmale und Struktur des Marktes,
b) Art und Ausmaß der Effizienzgewinne,
c) Elastizität der Nachfrage und
d) Ausmaß der Wettbewerbsbeschränkung.

In der Regel müssen alle Faktoren berücksichtigt werden. Da Artikel 81 Absatz 3 lediglich Anwendung findet, wenn der Wettbewerb spürbar eingeschränkt wird (vgl. Ziffer 24), kann nicht davon ausgegangen werden, dass der noch verbleibende Wettbewerb bewirkt, dass die Verbraucher eine angemessene Beteiligung am Vorteil erhalten.

Jedoch hat das Ausmaß des verbleibenden Wettbewerbs im Markt und die Art des Wettbewerbs Auswirkungen auf die Wahrscheinlichkeit der angemessenen Beteiligung.

97. Das Ausmaß und die Art des verbleibenden Wettbewerbs beeinflussen die Wahrscheinlichkeit der Weitergabe von Vorteilen. Je größer das verbleibende Ausmaß des Wettbewerbs, umso wahrscheinlicher ist es, dass die einzelnen Unternehmen versuchen werden, ihre Umsätze zu steigern, indem sie ihre Kosteneinsparungen weitergeben. Wenn Unternehmen hauptsächlich über den Preis konkurrieren und keinen spürbaren Kapazitätsbeschränkungen unterliegen, kann die Weitergabe von Vorteilen relativ zügig erfolgen. Findet der Wettbewerb hauptsächlich über die Kapazitäten statt und erfolgen die Kapazitätsanpassungen mit einer gewissen zeitlichen Verzögerung, wird die Weitergabe von Vorteilen längere Zeit in Anspruch nehmen. Die Weitergabe ist wahrscheinlich auch langsamer, wenn die Marktstruktur stillschweigende Kollusionen begünstigt[86]. Wenn die Wahrscheinlichkeit besteht, dass Wettbewerber auf eine Produktionssteigerung einer oder mehrerer Vertragsparteien der Vereinbarung mit einer Vergeltungsmaßnahme reagieren, kann der Anreiz zur Erhöhung der Produktion zurückgehen, es sei denn, der Wettbewerbsvorteil infolge der Effizienz-

---

85 In Märkten, auf denen vollständiger Wettbewerb herrscht, passen die Unternehmen den Preis an den Markt an (price takers). Sie verkaufen ihre Produkte zum Marktpreis, der sich aus Gesamtnachfrage und -angebot ergibt. Die Produktion des einzelnen Unternehmens ist so gering, dass einzelne Produktionssteigerungen keine Auswirkungen auf den Marktpreis haben.

86 Diese findet statt, wenn die Unternehmen in einem oligopolistischen Markt ihr Vorgehen abstimmen können, ohne auf ausdrückliche Kartellvereinbarungen zurückgreifen zu müssen.

gewinne stellt für die Unternehmen einen Anreiz dar, von der gemeinsam beschlossenen Marktpolitik der Mitglieder des Oligopols abzuweichen. Mit anderen Worten, die Effizienzgewinne infolge der Vereinbarung können die betreffenden Unternehmen zu „Einzelgängern" (mavericks) machen[87].

98. Die Art der Effizienzgewinne spielt ebenfalls eine wichtige Rolle. Theoretisch betrachtet erhöhen die Unternehmen ihre Gewinne durch den Verkauf ihrer Produkte so lange, bis der Grenzerlös den Grenzkosten entspricht. Die Grenzerlöse entsprechen der Änderung der Gesamterlöse durch den Verkauf einer zusätzlichen Produktionseinheit, die Grenzkosten entsprechen der Änderung der Gesamtkosten aufgrund der Herstellung dieser zusätzlichen Produktionseinheit. Hieraus folgt, dass Produktions- und Preisentscheidungen eines auf Gewinnmaximierung ausgerichteten Unternehmens nicht von seinen Fixkosten (d. h. den Kosten, die sich nicht mit der Produktionsrate verändern), sondern von seinen variablen Kosten (d. h. den Kosten, die sich mit der Produktionsquote verändern) abhängen. Nachdem die Fixkosten angefallen und die Kapazitäten festgelegt sind, ergeben sich die Preis- und Produktionsentscheidungen aus den variablen Kosten und den Bedingungen der Nachfrage. Wenn z. B. zwei Unternehmen zwei Produkte auf zwei Fertigungsstraßen mit nur halber Auslastung herstellen, können sie durch eine Spezialisierungsvereinbarung die Produktion auf eine Strecke konzentrieren und die Fertigung auf der zweiten Strecke aufgeben. Gleichzeitig erlaubt es die Spezialisierungsvereinbarung den Unternehmen, ihre variablen Produktions- und Lagerkosten zu senken. Nur letztere Einsparungen werden direkte Auswirkungen auf die Preis- und Produktionsentscheidungen haben, indem sie die Grenzkosten bei der Produktion beeinflussen. Die Aufgabe jeweils einer Fertigungsstrecke durch beide Unternehmen wird nicht die variablen Kosten verringern und keine Auswirkungen auf die Produktionskosten haben. Hieraus folgt, dass die Unternehmen einen direkten Anreiz haben können, Effizienzgewinne in Form einer höheren Produktion und niedrigerer Preise, mit denen die Grenzkosten zurückgehen, an die Verbraucher weiterzugeben, während sie keinerlei direkte Anreize haben, Effizienzgewinne durch die Senkung der Fixkosten weiterzugeben. Die Wahrscheinlichkeit, dass Verbraucher angemessen an den Vorteilen beteiligt werden, ist daher bei einer Senkung der variablen Kosten wesentlich höher als bei einer Senkung der Fixkosten.

99. Aus der Tatsache, dass für Unternehmen Anreize bestehen, bestimmte Arten von Kosteneinsparungen weiterzugeben, folgt nicht zwingend, dass die Vorteile zu 100% weitergegeben werden. Die tatsächliche Quote der Weitergabe hängt davon ab, in welchem Maße die Verbraucher auf Preisänderungen reagieren, d. h. von der Elastizität der Nachfrage. Je größer der Anstieg der Nachfrage infolge einer Preissenkung, umso größer ist auch die Quote der Weitergabe. Dies folgt aus der Tatsache, dass mit den zusätzlichen Umsätzen infolge der Preissenkung aufgrund einer Produktionssteigerung die Wahrscheinlichkeit zunimmt, dass diese Umsätze die durch den niedrigeren Preis infolge der Produktionssteigerung verursachten Einnahmeverluste ausgleichen werden. Wenn keine Preisdiskriminierung erfolgt, wirkt sich eine Senkung der Preise auf alle von einem Unternehmen verkauften Einheiten aus, und in diesem Fall liegen die Grenzerlöse unter dem Preis, der für das Grenzprodukt erzielt wurde. Sind die Unternehmen in der Lage, von verschiedenen Kunden unterschiedliche Preise zu verlangen, d. h. bei den Preisen zu differenzieren, werden in der Regel nur preisbewusste Verbraucher von der Weitergabe profitieren[88].

---

[87] Dieser Begriff bezeichnet Unternehmen, die das Preisverhalten anderer Unternehmen begrenzen, die ansonsten möglicherweise stillschweigend kolludiert hätten.

[88] Die beschränkende Vereinbarung kann es den Unternehmen sogar ermöglichen, die Preise für die Kunden mit einer geringen Nachfrageelastizität zu erhöhen.

100. Zu berücksichtigen ist ferner, dass sich Effizienzgewinne oftmals nicht auf die gesamte Kostenstruktur des Unternehmens auswirken. In diesem Fall werden die Auswirkungen auf den Verbraucherpreis geringer sein. Wenn eine Vereinbarung den Vertragsparteien ermöglicht, die Produktionskosten um 6% zu senken, die Produktionskosten jedoch nur ein Drittel der Kosten ausmachen, auf deren Grundlage die Preise ermittelt werden, sinkt der Produktpreis um 2%, sofern der volle Betrag weitergegeben wird.

101. Schließlich – und dies ist ein sehr wichtiger Punkt – ist es notwendig, die beiden gegensätzlichen Kräfte abzuwägen, die sich aus der Wettbewerbsbeschränkung und den Kosteneinsparungen ergeben. Auf der einen Seite schafft die Stärkung der Marktmacht infolge der beschränkenden Vereinbarung für die Unternehmen einen Anreiz, die Preise zu erhöhen. Auf der anderen Seite können die berücksichtigten Kosteneinsparungen die Unternehmen zu einer Preissenkung animieren (s. Ziffer 98). Die Auswirkungen dieser beiden Gegenkräfte müssen gegeneinander abgewogen werden. In diesem Zusammenhang sei daran erinnert, dass die Voraussetzung der Weitergabe der Vorteile an die Verbraucher eine variable Skala vorsieht. Führt eine Vereinbarung zur erheblichen Senkung des Wettbewerbsdrucks auf die Parteien, sind in der Regel außerordentlich hohe Kosteneinsparungen erforderlich, damit eine Weitergabe der Vorteile in ausreichendem Maße erfolgt.

3.4.3 Weitergabe und Ausgleich anderer Arten von Effizienzgewinnen

102. Die Weitergabe der Vorteile an die Verbraucher kann auch in Form qualitativer Verbesserung wie etwa neuer oder verbesserter Produkte erfolgen, mit denen ein hinreichender Mehrwert für die Verbraucher entsteht, der die wettbewerbswidrigen Auswirkungen der Vereinbarung, einschließlich Preiserhöhungen, ausgleicht.

103. Jegliche Bewertung solcher Effizienzvorteile erfordert ein Werturteil. Es ist schwierig, dynamischen Effizienzgewinnen dieser Art einen exakten Mehrwert zuzuordnen. Das grundlegende Ziel der Beurteilung bleibt jedoch unverändert, nämlich die Feststellung der Gesamtauswirkungen auf die von der Vereinbarung betroffenen Verbraucher im betroffenen Markt. Unternehmen, die sich auf Artikel 81 Absatz 3 berufen, müssen substantiieren, dass die Verbraucher an dem Vorteil angemessen beteiligt sind (vgl. in diesem Sinn Ziffer 57 und 86).

104. Die Verfügbarkeit neuer oder verbesserter Produkte ist eine wichtige Quelle für den Wohlstand der Verbraucher. Solange die sich aus diesen Verbesserungen ergebende Steigerung des Mehrwerts schwerer wiegt als die durch die wettbewerbsbeschränkende Vereinbarung bewirkten Preisstabilisierung bzw. -erhöhung, sind die Verbraucher besser gestellt als ohne die Vereinbarung und ist die Voraussetzung der Weitergabe der Vorteile nach Artikel 81 Absatz 3 in der Regel erfüllt. Wenn die zu erwartenden Auswirkungen der Vereinbarung aus Preiserhöhung für die Verbraucher auf dem relevanten Markt besteht, muss genau ermittelt werden, ob die behaupteten Effizienzgewinne einen echten Mehrwert für die Verbraucher in diesem Markt erbringen, der die nachteiligen Auswirkungen der Wettbewerbsbeschränkung ausgleicht.

3.5 Vierte Voraussetzung des Artikels 81 Absatz 3: Keine Ausschaltung des Wettbewerbs

105. Gemäß der vierten Voraussetzung des Artikels 81 Absatz 3 darf die Vereinbarung den beteiligten Unternehmen nicht die Möglichkeit eröffnen, für einen wesentlichen Teil der betreffenden Waren den Wettbewerb auszuschalten. Letzten Endes wird dem Schutz des Wettstreits und dem Wettbewerbsprozess Vorrang eingeräumt vor potenziellen wettbewerbsfördernden Effizienzgewinnen, die sich aus wettbewerbsbeschränkenden Vereinbarungen ergeben könnten. In der letzten Vorausset-

zung des Artikels 81 Absatz 3 wird die Tatsache anerkannt, dass die Rivalität zwischen Unternehmen eine wesentliche Antriebskraft für die wirtschaftliche Effizienz, einschließlich langfristiger dynamischer Effizienzsteigerungen in Form von Innovationen, ist. Mit anderen Worten, der Schutz des Wettbewerbsprozesses bleibt das eigentliche Ziel von Artikel 81 und zwar nicht nur auf kurze, sondern auch auf lange Sicht. Wenn der Wettbewerb ausgeschaltet wird, kommt der Wettbewerbsprozess zum Stillstand, und die kurzfristigen Effizienzgewinne werden von langfristigen Verlusten überlagert, die u. a. durch Ausgaben zur Erhaltung der Marktposition etablierter Unternehmen, durch die Fehlallokation von Ressourcen, durch Rückgang von Innovationen und durch höhere Preise verursacht werden.

106. Der in Artikel 81 Absatz 3 enthaltene Begriff der Ausschaltung des Wettbewerbs für einen wesentlichen Teil der betreffenden Waren ist ein autonomes Konzept des Gemeinschaftsrechts, das spezifisch für Artikel 81 Absatz 3 ist[89]. Bei der Anwendung dieses Konzepts muss jedoch das Verhältnis zwischen den Artikeln 81 und 82 berücksichtigt werden. Gemäß der ständigen Rechtsprechung kann jedoch die Anwendung von Artikel 81 Absatz 3 nicht die Anwendung von Artikel 82[90] verhindern. Da sowohl Artikel 81 als auch Artikel 82 das Ziel der Wahrung eines wirksamen Wettbewerbs verfolgen, erfordert der Grundsatz der Kohärenz, Artikel 81 Absatz 3 dahingehend auszulegen, dass eine Anwendung dieser Bestimmung auf wettbewerbsbeschränkende Vereinbarungen ausgeschlossen ist, die den Missbrauch einer marktbeherrschenden Stellung darstellen[91, 92]. Doch nicht alle wettbewerbsbeschränkenden Vereinbarungen, die von einem marktbeherrschenden Unternehmen geschlossen werden, stellen einen Missbrauch einer marktbeherrschenden Stellung dar. Dies gilt z. B., wenn ein marktbeherrschendes Unternehmen an einem Nicht-Vollfunktions-Gemeinschaftsunternehmen beteiligt ist[93], das zwar als wettbewerbsbeschränkend eingestuft wird, aber gleichzeitig die Zusammenlegung erheblicher Vermögenswerte mit sich bringt.

107. Die Feststellung einer Ausschaltung des Wettbewerbs im Sinne der letzten Voraussetzung des Artikels 81 Absatz 3 ist abhängig vom Grad des Wettbewerbs vor Abschluss der Vereinbarung und von den Auswirkungen der beschränkenden Vereinbarung auf den Wettbewerb, d. h. der durch die Vereinbarung verursachten Wettbewerbsbeschränkung. Je stärker der Wettbewerb auf dem betreffenden Markt bereits geschwächt ist, umso geringer brauchen die Wettbewerbsbeschränkungen zu sein,

---

[89] Vgl. GeI, verb. Rs. T-191/98, T-212/98 und T-214/98 – Atlantic Container Line (TACA), noch nicht veröffentlicht, Rn. 939, und GeI, Rs. T-395/94 – Atlantic Container Line, Slg. 2002, S. II-875, Rn. 330.

[90] Vgl. Verbundene Rechtssachen C-395/96 P und C-396/96 P – Compagnie Maritime Belge, Slg. 2000, S. I-1365, Rn. 130. Ebenso wenig hindert die Anwendung von Artikel 81 Absatz 3 die Anwendung der Bestimmungen des EG-Vertrags über die Freizügigkeit von Waren, Dienstleistungen, Personen und Kapital. Diese Vorschriften sind unter bestimmten Umständen auf Vereinbarungen, Beschlüsse und Verhaltensweisen im Sinne von Artikel 81 Absatz 1 anwendbar; vgl. in diesem Sinn EuGH, Rs. C-309/99 – Wouters, Slg. 2002, S. I-1577, Rn. 120.

[91] Vgl. in diesem Zusammenhang GeI, Rs. T-51/89 – Tetra Pak (I), Slg. 1990, S. II-309 und Rn. 1456 des in Fußnote 89 zitierten Urteils TACA.

[92] In diesem Sinne sind Ziffer 135 der Leitlinien über vertikale Beschränkungen und die Ziffern 36, 71, 105, 134 und 155 der in Fußnote 5 erwähnten Leitlinien über horizontale Kooperationsvereinbarungen zu verstehen, wonach beschränkende Vereinbarungen, die von beherrschenden Unternehmen geschlossen wurden, grundsätzlich nicht freigestellt werden können.

[93] Vollfunktions-GU, die dauerhaft alle Funktionen einer eigenständigen Wirtschaftseinheit ausüben, werden von der Verordnung (EWG) Nr. 4064/89 über die Kontrolle von Unternehmenszusammenschlüssen erfasst (ABl. L 395 vom 30.12.1989, S. 1).

die bereits zu einer Ausschaltung des Wettbewerbs im Sinne von Artikel 81 Absatz 3 führen. Darüber hinaus gilt, dass mit der Zunahme der durch die Vereinbarung verursachten Wettbewerbsbeschränkung auch die Wahrscheinlichkeit wächst, dass der Wettbewerb für einen wesentlichen Teil der betreffenden Waren ausgeschaltet wird.

108. Die Anwendung der letzten Voraussetzung von Artikel 81 Absatz 3 erfordert eine realistische Untersuchung der verschiedenen Wettbewerbsquellen auf dem Markt, des Ausmaßes des Wettbewerbsdrucks, der von diesen Quellen auf die Vertragsparteien ausgeht und der Auswirkungen der Vereinbarung auf den Wettbewerbsdruck. Sowohl der tatsächliche als auch der potenzielle Wettbewerb sind dabei zu berücksichtigen.

109. Marktanteile sind zwar von Bedeutung, doch kann das Ausmaß der verbleibenden Quellen tatsächlichen Wettbewerbs nicht allein anhand von Marktanteilen beurteilt werden. In der Regel sind hierfür umfangreichere qualitative und quantitative Untersuchungen erforderlich. Dabei müssen die Fähigkeit zu wettbewerblichen Reaktionen der vorhandenen Wettbewerber und bestehende Anreize, diese auch zu nutzen, geprüft werden. Wenn Wettbewerber beispielsweise vor Kapazitätsengpässen stehen oder relativ höhere Produktionskosten haben, wird ihre wettbewerbliche Reaktion entsprechend schwächer ausfallen.

110. Bei der Beurteilung der Auswirkungen der Vereinbarung auf den Wettbewerb ist auch deren Einfluss auf die verschiedenen Parameter des Wettbewerbs zu prüfen. Die letzte Voraussetzung des Artikels 81 Absatz 3 zur Anwendung der Ausnahmeregelung ist nicht erfüllt, wenn durch die Vereinbarung eine der wichtigsten Formen des Wettbewerbs ausgeschaltet wird. Dies ist insbesondere der Fall, wenn eine Vereinbarung die Ausschaltung des Preiswettbewerbs[94] oder des Wettbewerbs bei Innovationen oder der Entwicklung neuer Produkte zur Folge hat.

111. Das tatsächliche Marktverhalten der Parteien kann Rückschlüsse auf die Auswirkungen der Vereinbarungen ermöglichen. Wenn nach Abschluss der Vereinbarung die Parteien erhebliche Preiserhöhungen vorgenommen und beibehalten haben oder in einer anderen Form tätig geworden sind, die auf ein beträchtliches Maß an Marktmacht schließen lässt, liegen Anhaltspunkte dafür vor, dass sie keinem echten Wettbewerbsdruck ausgesetzt sind und der Wettbewerb für einen wesentlichen Teil der betreffenden Waren ausgeschaltet wurde.

112. Auch das vergangene Wettbewerbsverhalten kann Anhaltspunkte für die Auswirkungen der Vereinbarung auf das künftige Wettbewerbsverhalten liefern. So kann ein Unternehmen unter Umständen den Wettbewerb im Sinne von Artikel 81 Absatz 3 ausschalten, indem es eine Vereinbarung mit einem Wettbewerber schließt, der in der Vergangenheit ein „Störenfried"[95] (maverick) war. Eine solche Vereinbarung kann die Wettbewerbsanreize und -fähigkeiten des Wettbewerbers verändern und damit eine wichtige Wettbewerbsquelle vom Markt nehmen.

113. Wenn es um differenzierte Produkte geht, d. h. Produkte, die sich in den Augen der Verbraucher unterscheiden, können die Auswirkungen der Vereinbarung von dem Wettbewerbsverhältnis zwischen den von den Vertragsparteien verkauften Produkten abhängen. Der von verschiedenen Produkten ausgehende Wettbewerbsdruck unterscheidet sich je nach Grad der gegenseitigen Substituierbarkeit. Es muss deshalb das Maß an Substituierbarkeit zwischen den von den Parteien angebotenen Produkten und damit das Maß des gegenseitigen Wettbewerbsdrucks ermittelt werden. Je mehr die Produkte, die Gegenstand der Vereinbarung der Vertragsparteien sind, nahe Substitute sind, umso größer sind die voraussichtlichen wettbewerbsbeschränkenden Auswirkungen der Vereinbarung. Mit anderen Worten, je stärker substituierbar die Produkte sind, umso größer ist die Wahrscheinlichkeit, dass die Verein-

---

[94] Vgl. Rn. 21 des in Fußnote 54 erwähnten Urteils in der Rechtssache Metro (I).

[95] Vgl. Ziffer 97.

barung eine Wettbewerbsbeschränkung im Markt verursacht, und umso wahrscheinlicher ist die Gefahr, dass der Wettbewerb für einen wesentlichen Teil der betreffenden Waren ausgeschaltet wird.

114. Zwar sind die Antriebskräfte des tatsächlichen Wettbewerbs die wichtigsten, da sie am leichtesten zu überprüfen sind, jedoch ist den Quellen des potenziellen Wettbewerbs ebenfalls zu berücksichtigen. Die Beurteilung des potenziellen Wettbewerbs erfordert eine Untersuchung der Zutrittsschranken, denen sich die Unternehmen gegenübersehen, die nicht bereits auf dem relevanten Markt tätig sind. Behauptungen der Parteien, dass die Marktzutrittsschranken niedrig seien, müssen durch Angaben belegt werden, die die Quellen des potenziellen Wettbewerbs offen legen, wobei die Parteien auch substantiieren müssen, warum von diesen Quellen ein tatsächlicher Wettbewerbsdruck auf die Parteien ausgeht.

115. Bei der Beurteilung der Zutrittsschranken und der tatsächlichen Möglichkeiten für einen umfangreichen Markteintritt neuer Wettbewerber ist u. a. folgendes zu prüfen:

i) Der Rechtsrahmen und seine Auswirkungen auf den Eintritt eines neuen Wettbewerbers.
ii) Die Marktzutrittskosten einschließlich nicht rückholbarer Kosten (sunk cost), die nicht hereingeholt werden können, wenn der neue Anbieter wieder aus dem Markt ausscheidet. Mit der Höhe dieser Kosten nimmt das Geschäftsrisiko für potenzielle Neuzugänger zu.
iii) Die effiziente Mindestgröße in der Branche, d. h. das Produktionsvolumen, bei dem die Durchschnittskosten minimiert werden. Wenn diese Größe im Vergleich zur Marktgröße erheblich ist, wird ein wirksamer Markteintritt wahrscheinlich kostspieliger und risikoreicher.
iv) Die Wettbewerbsstärke potenzieller Neuzugänger. Ein effektiver Markteintritt ist insbesondere dann wahrscheinlich, wenn potenzielle neue Anbieter Zugang zu mindestens ebenso kosteneffizienten Technologien haben wie die im Markt etablierten Unternehmen oder wenn sie über andere Wettbewerbsvorteile verfügen, die ihnen einen wirksamen Wettbewerb ermöglichen. Wenn potenzielle Neuzugänger über dieselbe oder über eine geringerwertige technologische Ausstattung wie die im Markt etablierten Unternehmen und über keine weiteren signifikanten Wettbewerbsvorteile verfügen, ist ein Markteintritt mit einem größeren Risiko behaftet und weniger effizient.
v) Die Stellung der Käufer und ihre Fähigkeit, neuen Wettbewerbsquellen im Markt Raum zu schaffen. Es ist unerheblich, wenn bestimmte Käufer mit einer starken Stellung unter Umständen in der Lage sind, mit den Vertragsparteien günstigere Bedingungen auszuhandeln als schwächere Wettbewerber[96]. Das Vorhandensein mächtiger Abnehmer kann nur dann als Argument gegen die Vermutung einer Ausschaltung des Wettbewerbs dienen, wenn es wahrscheinlich ist, dass die Käufer den Weg für den Eintritt neuer Wettbewerber ebnen werden.
vi) Die wahrscheinliche Reaktion der im Markt etablierten Unternehmen auf versuchte Markteintritte. Wenn diese z. B. aufgrund ihres bisherigen Marktverhaltens einen aggressiven Ruf haben, kann sich dies auf zukünftige Marktzugänge auswirken.
vii) Die wirtschaftlichen Aussichten einer Branche können ein Indikator für ihre langfristige Attraktivität sein. Stagnierende oder rückläufige Wirtschaftszweige sind für Markteintritte weniger interessant als Wachstumsbranchen.
viii) Umfangreiche Markteintritte in der Vergangenheit oder deren Fehlen.

---

[96] Vgl. in diesem Zusammenhang GeI, Rs. T-228/97 – Irish Sugar, Slg. 1999, S. II-2969, Rn. 101.

116. Diese Grundsätze lassen sich anhand der folgenden Beispiele veranschaulichen, mit denen aber keine Schwellenwerte eingeführt werden sollen:

Das Unternehmen A ist eine Brauerei mit einem Anteil von 70% an dem relevanten Markt, der den Verkauf von Bier in Schank- und sonstigen Verkaufsstätten umfasst. In den vergangenen fünf Jahren hat A seinen Marktanteil von 60% ausgehend erhöhen können. Es gibt vier weitere Wettbewerber B, C, D und E mit Marktanteilen von 10, 10, 5 und 5%. In der jüngsten Vergangenheit sind keine Markteintritte erfolgt und die von A durchgeführten Preiserhöhungen wurden in der Regel von den Wettbewerbern nachvollzogen. A schließt Vereinbarungen mit 20% der Verkaufs- und Schankstätten, auf die 40% des Mengenabsatzes entfällt, wobei sich die Abnehmer verpflichten, das Bier für einen Zeitraum von 5 Jahren ausschließlich von A zu beziehen. Die Vereinbarungen erhöhen die Kosten der Mitbewerber und verringern deren Einkünfte, die keinen Zugang zu den umsatzträchtigsten Verkaufsstätten haben. Angesichts der Marktstellung von A, die in den vergangenen Jahren gestärkt wurde, dem Fehlen von Marktzutritten und der bereits schwachen Stellung der Wettbewerber ist es wahrscheinlich, dass der Wettbewerb in diesem Markt im Sinne von Artikel 81 Absatz 3 beseitigt wird.

Die Reedereien A, B, C und D, deren Anteil an dem relevanten Markt zusammen mehr als 70% beträgt, schließen eine Vereinbarung über die Koordinierung ihrer Fahrpläne und Tarife. Im Zuge der Vereinbarung erhöhen sich die Preise um zwischen 30 und 100%. Es gibt vier weitere Anbieter, von denen der größte einen Anteil von rund 14% an dem relevanten Markt hält. In den vergangenen Jahren ist kein Marktzutritt erfolgt und die Parteien haben nach den Preiserhöhungen nicht in spürbarer Weise Marktanteile verloren. Die vorhandenen Wettbewerber haben keine neuen Kapazitäten in spürbarem Umfang hinzugefügt, und es ist kein Marktzutritt erfolgt. In Anbetracht der Marktstellung der Parteien und des Fehlens einer wettbewerblichen Erwiderung auf ihr gemeinsames Verhalten kann man davon ausgehen, dass die Parteien keinem wirklichen Wettbewerbsdruck ausgesetzt sind, und dass die Vereinbarung ihnen die Möglichkeit eröffnet, den Wettbewerb im Sinne von Artikel 81 Absatz 3 zu beseitigen.

A ist ein Hersteller elektrischer Geräte für gewerbliche Anwender mit einem Anteil von 65% an dem relevanten nationalen Markt. B ist ein Wettbewerber mit einem Marktanteil von 5%, der einen neuen Motorentyp entwickelt hat, der stärker ist und gleichzeitig weniger Strom verbraucht. A und B schließen eine Vereinbarung, mit der sie ein Produktions-GU für die Herstellung des neuen Motors gründen. B verpflichtet sich, dem GU eine ausschließliche Lizenz zu erteilen. In dem Gemeinschaftsunternehmen werden die neue Technik von B mit der effizienten Herstellung und Qualitätskontrolle von A zusammengelegt. Es gibt einen anderen großen Wettbewerber mit einem Marktanteil von 15%. Ein weiterer Wettbewerber mit einem Marktanteil von 5% wurde jüngst von C übernommen, einem großen internationalen Hersteller von Elektrogeräten, der im Besitz leistungsfähiger Techniken ist und der bisher in dem Markt noch nicht tätig war, vor allem weil die Kunden eine Präsenz und Dienstleistungen an Ort und Stelle verlangen. Durch die Übernahme erlangt C Zugang zu der für den Eintritt in den Markt erforderlichen Dienstleistungsstruktur. Der Eintritt von C wird wohl gewährleisten, dass der Wettbewerb nicht beseitigt wird.

Anhang B 5. Horizontalleitlinien

Mitteilung der Kommission – Leitlinien zur Anwendbarkeit von Artikel 101 des Vertrags über die Arbeitsweise der Europäischen Union auf Vereinbarungen über horizontale Zusammenarbeit

(ABl. 2011 C 11/1)

1. Einleitung

1.1. Zweck und Anwendungsbereich

1. Diese Leitlinien enthalten die Grundsätze für die Prüfung von Vereinbarungen zwischen Unternehmen, Beschlüssen von Unternehmensvereinigungen und aufeinander abgestimmten Verhaltensweisen über horizontale Zusammenarbeit („horizontale Vereinbarungen") nach Artikel 101 des Vertrags über die Arbeitsweise der Europäischen Union* („Artikel 101"). Eine horizontale Zusammenarbeit liegt vor, wenn tatsächliche oder potenzielle Wettbewerber eine Vereinbarung schließen. Diese Leitlinien gelten auch für horizontale Vereinbarungen zwischen Nichtwettbewerbern, also zum Beispiel zwischen zwei Unternehmen, die auf demselben Produktmarkt, aber verschiedenen räumlichen Märkten tätig sind, ohne potenzielle Wettbewerber zu sein.

2. Horizontale Vereinbarungen können erheblichen wirtschaftlichen Nutzen bringen, vor allem wenn sie komplementäre Tätigkeiten, Fähigkeiten oder Vermögenswerte zusammenführen. Horizontale Zusammenarbeit kann ein Mittel sein, Risiken zu teilen, Kosten zu sparen, Investitionen zu steigern, Know-how zu bündeln, die Produktqualität und -vielfalt zu verbessern und Innovation zu beschleunigen.

3. Horizontale Vereinbarungen können aber auch zu Wettbewerbsproblemen führen. Dies ist zum Beispiel der Fall, wenn die Parteien vereinbaren, Preise oder Produktionsmengen festzulegen oder Märkte aufzuteilen, oder wenn die Zusammenarbeit die Parteien in die Lage versetzt, Marktmacht zu behalten, zu erlangen oder auszubauen, und sie sich dadurch wahrscheinlich in Bezug auf Preise, Produktionsmenge, Innovation oder Produktvielfalt und -qualität negativ auf den Markt auswirken wird.

4. Während die Kommission anerkennt, dass horizontale Vereinbarungen Nutzen bringen können, muss sie doch dafür sorgen, dass der wirksame Wettbewerb aufrechterhalten bleibt. Artikel 101 ist der rechtliche Rahmen für eine ausgewogene Prüfung, bei der sowohl die wettbewerbsbeschränkenden als auch die wettbewerbsfördernden Auswirkungen berücksichtigt werden.

---

* Mit Wirkung vom 1. Dezember 2009 ist an die Stelle des Artikel 81 EG-Vertrag der Artikel 101 des Vertrages über die Arbeitsweise der Europäischen Union (AEUV) getreten. Artikel 81 EG-Vertrag und Artikel 101 AEUV sind im Wesentlichen identisch. Im Rahmen dieser Verordnung sind Bezugnahmen auf Artikel 101 AEUV als Bezugnahmen auf Artikel 81 EG-Vertrag zu verstehen, wo dies angebracht ist. Der AEUV hat auch bestimmte terminologische Änderungen wie zum Beispiel die Ersetzung von „Gemeinschaft" durch „Union" und von „Gemeinsamer Markt" durch „Binnenmarkt" mit sich gebracht. Die Terminologie des AEUV wird in dieser Verordnung durchgängig verwendet.

5. In diesen Leitlinien wird ein analytische Rahmen für die üblichsten Formen von horizontalen Vereinbarungen abgesteckt; behandelt werden Forschungs- und Entwicklungsvereinbarungen, Produktionsvereinbarungen einschließlich Zulieferund Spezialisierungsvereinbarungen, Einkaufsvereinbarungen, Vermarktungsvereinbarungen, Normenvereinbarungen einschließlich Standardbedingungen und Informationsaustausch. Dieser Rahmen stützt sich in erster Linie auf rechtliche und wirtschaftliche Kriterien, anhand deren eine horizontale Vereinbarung und das Umfeld, in dem sie geschlossen wird, untersucht werden können. Wirtschaftliche Kriterien wie die Marktmacht der Parteien und andere Merkmale der Marktstruktur sind zentrale Elemente in der Ermittlung der voraussichtlichen Auswirkungen einer horizontalen Vereinbarung und damit für die Prüfung nach Artikel 101.

6. Diese Leitlinien gelten für die üblichsten Formen von horizontalen Vereinbarungen ungeachtet des durch sie bewirkten Integrationsgrads; sie gelten nicht für Vorgänge, die einen Zusammenschluss im Sinne von Artikel 3 der Verordnung (EG) Nr. 139/2004 des Rates vom 20. Januar 2004 über die Kontrolle von Unternehmenszusammenschlüssen[1] („Fusionskontrollverordnung“) darstellen, wie zum Beispiel ein Gemeinschaftsunternehmen, das auf Dauer alle Funktionen einer selbstständigen wirtschaftlichen Einheit erfüllt („Vollfunktionsgemeinschaftsunternehmen“)[2].

7. Horizontale Zusammenarbeit kann in unterschiedlichen Arten und Formen vorkommen – angesichts einer solchen Vielfalt und der jeweiligen Marktbedingungen kann in diesen Leitlinien nicht auf jedes mögliche Szenario eingegangen werden. Dennoch werden diese Leitlinien Unternehmen als Hilfestellung dienen, wenn sie ihre jeweiligen horizontalen Vereinbarungen auf Vereinbarkeit mit Artikel 101 prüfen. Diese Kriterien sind jedoch nicht als „Checkliste“ zu verstehen, die systematisch in jedem Fall anwendbar ist. Vielmehr muss jeder Fall anhand des jeweiligen Sachverhalts geprüft werden, was eine flexible Anwendung dieser Leitlinien erforderlich macht.

8. Die in diesen Leitlinien dargelegten Kriterien gelten für horizontale Vereinbarungen für Waren und Dienstleistungen (nachstehend gemeinsam „Produkte“ genannt). Diese Leitlinien ergänzen die Verordnung (EG) Nr. [...] der Kommission vom [...] über die Anwendung von Artikel 101 Absatz 3 des Vertrags über die Arbeitsweise der Europäischen Union auf Gruppen von Vereinbarungen über Forschung und Entwicklung[3] („FuE Gruppenfreistellungsverordnung“) und die Verordnung (EG) Nr. [...] der Kommission vom [...] über die Anwendung von Artikel 101 Absatz 3 des Vertrags über die Arbeitsweise der Europäischen Union auf Gruppen von Spezialisierungsvereinbarungen die Gruppenfreistellungsverordnung für Spezialisierungsvereinbarungen[4] („Gruppenfreistellungsverordnung für Spezialisierungsvereinbarungen“).

---

[1] ABl. L 24 vom 29. 1. 2004, S. 1.

[2] Siehe Artikel 3 Absatz 4 der Fusionskontrollverordnung Bei der Beurteilung, ob es sich um ein Vollfunktionsgemeinschaftsunternehmen handelt, prüft die Kommission, ob das Gemeinschaftsunternehmen in operativer Hinsicht selbstständig ist. Das bedeutet nicht, dass es unabhängig von seinen Muttergesellschaften strategische Entscheidungen treffen könnte (siehe Konsolidierte Mitteilung der Kommission zu Zuständigkeitsfragen gemäß der Verordnung (EG) Nr. 139/2004 des Rates über die Kontrolle von Unternehmenszusammenschlüssen, ABl. C 95 vom 16. 4. 2008, S. 1, Nummern 91–109; „Konsolidierte Mitteilung zu Zuständigkeitsfragen“). Hinweis: Wenn die Gründung eines Gemeinschaftsunternehmens, die einen Zusammenschluss im Sinne von Artikel 3 der Fusionskontrollverordnung darstellt, eine Abstimmung des Wettbewerbsverhaltens von weiterhin unabhängigen Unternehmen bezweckt oder bewirkt, so wird diese Abstimmung nach Artikel 101 AEUV (siehe Artikel 2 Abs 4 der Fusionskontrollverordnung) geprüft.

[3] ABl. L [...] vom [...], S. [...].

[4] ABl. L [...] vom [...], S. [...].

9. Obwohl in diesen Leitlinien auf Kartelle Bezug genommen wird, sind sie nicht als Orientierungshilfe dafür gedacht, was nach der Beschlusspraxis der Kommission und nach Rechtsprechung des Gerichtshofs der Europäischen Union ein Kartell darstellt und was nicht.

10. Der Begriff „Wettbewerber" bezeichnet in diesen Leitlinien sowohl tatsächliche als auch potentielle Wettbewerber. Zwei Unternehmen gelten als tatsächliche Wettbewerber, wenn sie auf demselben relevanten Markt tätig sind. Ein Unternehmen gilt als potenzieller Wettbewerber eines anderen Unternehmens, wenn wahrscheinlich ist, dass es ohne die Vereinbarung im Falle eines geringen aber anhaltenden Anstiegs der relativen Preise innerhalb kurzer Zeit[1] die zusätzlichen Investitionen tätigen oder sonstigen Umstellungskosten auf sich nehmen würde, die erforderlich wären, um in den relevanten Markt einzutreten, auf dem das andere Unternehmen tätig ist. Diese Prüfung muss auf einer realistischen Grundlage erfolgen, die rein theoretische Möglichkeit eines Marktzutritts reicht nicht aus (siehe Bekanntmachung der Kommission über die Definition des relevanten Marktes im Sinne des Wettbewerbsrechts der Gemeinschaft)[2] („Bekanntmachung über die Marktabgrenzung").

11. Unternehmen, die Teil ein und desselben „Unternehmens" im Sinne von Artikel 101 Absatz 1 sind, werden in diesen Leitlinien nicht als Wettbewerber angesehen. Artikel 101 gilt nur für Vereinbarungen zwischen unabhängigen Unternehmen. Übt ein Unternehmen bestimmenden Einfluss auf ein anderes Unternehmen aus, so bilden beide eine einzige wirtschaftliche Einheit und sind folglich Teil desselben Unternehmens[3]. Dasselbe gilt für Schwesterunternehmen, d. h. Unternehmen, über die dieselbe Muttergesellschaft bestimmenden Einfluss ausübt. Sie werden folglich nicht als Wettbewerber angesehen, selbst wenn beide auf demselben relevanten sachlichen und räumlichen Markt tätig sind.

12. Vereinbarungen zwischen Unternehmen, die auf unterschiedlichen Ebenen der Produktions- oder Vertriebskette tätig sind, d. h. vertikale Vereinbarungen, werden grundsätzlich in der Verordnung (EU) Nr. 330/2010 der Kommission über die Anwendung von Artikel 101 Absatz 3 des Vertrags über die Arbeitsweise der Europäischen Union auf Gruppen von vertikalen Vereinbarungen und abgestimmten Verhaltensweisen[4] („Gruppenfreistellungsverordnung über vertikale Beschränkungen") und

---

[1] Was unter „kurzer Zeit" zu verstehen ist, hängt von der Sachlage im konkreten Fall, dem rechtlichen und ökonomischen Kontext und insbesondere davon ab, ob das betreffende Unternehmen Partei der Vereinbarung ist oder ob es sich um ein drittes Unternehmen handelt. Im ersten Fall, d. h., wenn geprüft wird, ob die Partei einer Vereinbarung als potenzieller Wettbewerber oder als Dritter anzusehen ist, würde die Kommission normalerweise unter „kurzer Zeit" einen längeren Zeitraum fassen als im zweiten Fall, d. h., wenn geprüft wird, inwieweit ein Dritter Wettbewerbsdruck auf die Parteien einer Vereinbarung ausüben kann. Damit ein Dritter als potenzieller Wettbewerber gelten kann, müsste der Marktzutritt so rasch geschehen, dass die Aussicht auf einen potenziellen Marktzutritt das Verhalten der Parteien der Vereinbarung und anderer Marktteilnehmer beeinflusst. Aus diesen Gründen gilt nach der FuE-Gruppenfreistellungsverordnung und der Gruppenfreistellungsverordnung für Spezialisierungsvereinbarungen (siehe Fußnoten und) ein Zeitraum von höchstens drei Jahren als „kurze Zeit".

[2] ABl. C 372 vom 9.12.1997, S. 5, Rdnr. 24; siehe auch Dreizehnter Bericht über die Wettbewerbspolitik, Nummer 55 und Entscheidung der Kommission in der Sache IV/32.009, Elopak/Metal Box-Odin (ABl. L 209 vom 8.8.1990, S. 15).

[3] Siehe z. B. Rs. C-73/95, Viho, Slg. 1996, I-5457, Rdnr. 51. Im Falle 100%iger Tochtergesellschaften kann von bestimmendem Einfluss der Muttergesellschaft auf die Tochtergesellschaft ausgegangen werden; siehe z. B. Rs. 107/82, AEG, Slg. 1983, S. 3151, Rdnr. 50; Rs. C-286/98 P, Stora, Slg. 2000, I-9925, Rdnr. 29; Rs. C-97/08 P, Akzo, Slg. 2009, I- 8237, Rdnrn. 60ff.

[4] ABl. L 102 vom 23.4.2010, S. 1.

den Leitlinien für vertikale Beschränkungen[1] behandelt. Vertikale Vereinbarungen zwischen Wettbewerbern, zum Beispiel Vertriebsvereinbarungen, können jedoch ähnliche Auswirkungen auf den Markt haben und ähnliche Wettbewerbsprobleme aufwerfen wie horizontale Vereinbarungen. Sie fallen deshalb unter diese Leitlinien[2]. Sollte es notwendig sein, solche Vereinbarungen auch nach der Gruppenfreistellungsverordnung über vertikale Beschränkungen und den Leitlinien für vertikale Vereinbarungen zu prüfen, wird dies im jeweiligen Kapitel dieser Leitlinien ausdrücklich festgelegt. Andernfalls sind nur diese Leitlinien auf vertikale Vereinbarungen zwischen Wettbewerbern anwendbar.

13. Horizontale Vereinbarungen können verschiedene Stufen der Zusammenarbeit betreffen, so zum Beispiel Forschung und Entwicklung („FuE") und die Produktion und/oder die Vermarktung von Ergebnissen. Auch solche Vereinbarungen fallen in der Regel unter diese Leitlinien. Wenn diese Leitlinien zur Prüfung einer solchen integrierten Zusammenarbeit herangezogen werden, sind in der Regel alle Kapitel zu den verschiedenen Aspekten der Zusammenarbeit für die Prüfung relevant. Wird in den einschlägigen Kapiteln dieser Leitlinien jedoch differenziert, zum Beispiel bei geschützten Bereichen („Safe Harbours") oder bei der Frage, ob bei einem bestimmten Verhalten normalerweise von einer bezweckten oder bewirkten Wettbewerbsbeschränkung ausgegangen wird, so ist für die gesamte Zusammenarbeit der Teil des Kapitels heranzuziehen, der den eigentlichen Schwerpunkt der integrierten Zusammenarbeit behandelt[3].

14. Zwei Faktoren sind besonders wichtig, wenn der Schwerpunkt einer integrierten Zusammenarbeit bestimmt werden soll: erstens der Ausgangspunkt der Zusammenarbeit und zweitens der Grad der Integration der verschiedenen miteinander kombinierten Funktionen. Der Schwerpunkt einer horizontalen Vereinbarung, die sowohl eine gemeinsame FuE als auch die gemeinsame Erstellung von Ergebnissen umfasst, wäre somit normalerweise die gemeinsame FuE, da es zu der gemeinsamen Produktion nur dann kommt, wenn die gemeinsame FuE erfolgreich verläuft. Dies setzt voraus, dass die Ergebnisse der gemeinsamen FuE für die spätere gemeinsame Produktion maßgeblich sind. Der Schwerpunkt wäre ein anderer, wenn sich die Parteien ohnehin, d. h. unabhängig von der gemeinsamen FuE, an einer gemeinsamen Produktion beteiligt hätten oder wenn die Vereinbarung zwar eine vollständige Integration im Bereich der Produktion, aber nur eine Teilintegration einiger FuE-Tätigkeiten vorsähe. In diesem Fall wäre die gemeinsame Produktion der Schwerpunkt der Zusammenarbeit.

15. Artikel 101 gilt nur für horizontale Vereinbarungen, die den Handel zwischen den Mitgliedstaaten beeinträchtigen können. Den in diesen Leitlinien ausgeführten Grundsätzen über die Anwendbarkeit von Artikel 101 liegt deshalb die Annahme zu-

---

[1] ABl. C 130 vom 19.5.2010, S. 1.

[2] Dies gilt nicht, wenn Wettbewerber eine nicht gegenseitige vertikale Vereinbarung treffen und i) der Anbieter zugleich Hersteller und Händler von Waren ist, der Abnehmer dagegen Händler, jedoch kein Wettbewerber auf der Herstellungsebene, oder ii) der Anbieter ein auf mehreren Handelsstufen tätiger Dienstleister ist, der Abnehmer dagegen Waren oder Dienstleistungen auf der Einzelhandelsstufe anbietet und auf der Handelsstufe, auf der er die Vertragsdienstleistungen bezieht, keine mit diesen im Wettbewerb stehenden Dienstleistungen erbringt. Solche Vereinbarungen werden ausschließlich auf der Grundlage der Gruppenfreistellungsverordnung und der Leitlinien für vertikale Vereinbarungen geprüft; siehe Artikel 2 Absatz 4 der Gruppenfreistellungsverordnung für vertikale Vereinbarungen.

[3] Dieser Test gilt nur für die Beziehung zwischen den unterschiedlichen Kapiteln dieser Leitlinien, nicht aber für die Beziehung zwischen den verschiedenen Gruppenfreistellungsverordnungen. Der Anwendungsbereich einer Gruppenfreistellungsverordnung ergibt sich aus deren eigenen Bestimmungen.

grunde, dass der Handel zwischen Mitgliedstaaten durch eine horizontale Vereinbarung erheblich beeinträchtigt werden kann.

16. Die in diesen Leitlinien erläuterte Prüfung nach Artikel 101 erfolgt unbeschadet einer etwaigen parallelen Anwendung des Artikels 102 auf horizontale Vereinbarungen[1].

17. Diese Leitlinien lassen die Rechtsprechung des Gerichtshofs der Europäischen Union zur Anwendung von Artikel 101 auf horizontale Vereinbarungen unberührt.

18. Diese Leitlinien ersetzen die Leitlinien der Kommission zur Anwendbarkeit von Artikel 81 EG-Vertrag auf Vereinbarungen über horizontale Zusammenarbeit[2] von 2001 und gelten nicht, wenn wie im Falle bestimmter Vereinbarungen in den Bereichen Landwirtschaft[3], Verkehr[4] und Versicherungen[5] sektorspezifische Regeln anwendbar sind. Die Kommission wird die Anwendung der FuE-Gruppenfreistellungsverordnung und der Gruppenfreistellungsverordnung für Spezialisierungsvereinbarungen sowie die Anwendung dieser Leitlinien anhand der Informationen, die sie von Marktteilnehmern und nationalen Wettbewerbsbehörden erhält, aufmerksam verfolgen und diese Leitlinien gegebenenfalls im Lichte künftiger Entwicklungen und neuer Erfahrungen anpassen.

19. Die Leitlinien zur Anwendung von Artikel 81 Absatz 3 EG-Vertrag[6] („Allgemeine Leitlinien") enthalten allgemeine Erläuterungen zur Auslegung von Artikel 101. Die vorliegenden Leitlinien sind deshalb in Verbindung mit den Allgemeinen Leitlinien zu lesen.

---

[1] Siehe Rs. T-51/89, Tetra Pak I, Slg. 1990, II-309, Rdnrn. 25ff. und Mitteilung der Kommission – Erläuterungen zu den Prioritäten der Kommission bei der Anwendung von Artikel 82 des EG-Vertrags auf Fälle von Behinderungsmissbrauch durch marktbeherrschende Unternehmen (ABl. C 45 vom 24.2.2009, S. 7, nachstehend „Erläuterungen zu Artikel 102" genannt).

[2] ABl. C 3 vom 6.1.2001, S. 2. Diese Leitlinien enthalten im Gegensatz zu den Horizontalen Leitlinien von 2001 kein eigenes Kapitel über „Umweltschutzvereinbarungen". Die schwerpunktmäßig im früheren Kapitel über Umweltschutzvereinbarungen thematisierte Normensetzung im Umweltbereich wird in diesen Leitlinien in angemessenerer Form im Kapitel über Normsetzung behandelt. Je nach den wettbewerbsrechtlichen Fragen, die „Umweltschutzvereinbarungen" aufwerfen, sind sie nach dem jeweils einschlägigen Kapitel dieser Leitlinien (d. h. Vereinbarungen über FuE, Produktion, Einkauf oder Normung) zu prüfen.

[3] Verordnung (EG) Nr. 1184/2006 des Rates vom 24. Juli 2006 zur Anwendung bestimmter Wettbewerbsregeln auf die Produktion landwirtschaftlicher Erzeugnisse und den Handel mit diesen Erzeugnissen (ABl. L 214 vom 4.8.2006, S. 7).

[4] Verordnung (EG) Nr. 169/2009 des Rates vom 26. Februar 2009 über die Anwendung von Wettbewerbsregeln auf dem Gebiet des Eisenbahn-, Straßen- und Binnenschiffsverkehrs (ABl. L 61 vom 5.3.2009, S. 1); Verordnung (EG) Nr. 246/2009 des Rates vom 26. Februar 2009 über die Anwendung von Artikel 81 Absatz 3 EG-Vertrag auf bestimmte Gruppen von Vereinbarungen, Beschlüssen und aufeinander abgestimmten Verhaltensweisen zwischen Seeschifffahrtsunternehmen (Konsortien) (ABl. L 79 vom 25.3.2009, S. 1); Verordnung (EG) Nr. 823/2000 der Kommission vom 19. April 2009 zur Anwendung von Artikel 81 Absatz 3 EG-Vertrag auf bestimmte Gruppen von Vereinbarungen, Beschlüssen und aufeinander abgestimmten Verhaltensweisen zwischen Seeschifffahrtsunternehmen (Konsortien) (ABl. L 100 vom 20.4.2000, S. 24); Leitlinien für die Anwendung von Artikel 81 des EG-Vertrags auf Seeverkehrsdienstleistungen (ABl. C 245 vom 26.9.2008, S. 2).

[5] Verordnung (EU) Nr. 267/2010 der Kommission über die Anwendung von Artikel 101 Absatz 3 des Vertrags über die Arbeitsweise der Europäischen Union auf Gruppen von Vereinbarungen, Beschlüssen und aufeinander abgestimmten Verhaltensweisen im Versicherungssektor (ABl. L 83 vom 31.3.2010, S. 1).

[6] ABl. C 101 vom 27.4.2004, S. 97.

1.2. Allgemeine Grundsätze für die Prüfung nach Artikel 101

20. Die Prüfung nach Artikel 101 erfolgt in zwei Schritten. Im ersten Schritt wird nach Artikel 101 Absatz 1 geprüft, ob eine Vereinbarung zwischen Unternehmen, die geeignet ist, den Handel zwischen Mitgliedstaaten zu beeinträchtigen, einen wettbewerbswidrigen Zweck verfolgt oder tatsächliche bzw. potenzielle[1] wettbewerbsbeschränkende Auswirkungen hat. Nach Artikel 101 Absatz 3 werden dann in einem zweiten Schritt, der nur erfolgt, wenn festgestellt wurde, dass eine Vereinbarung im Sinne von Artikel 101 Absatz 1 wettbewerbsbeschränkend ist, die wettbewerbsfördernden Auswirkungen dieser Vereinbarung ermittelt, die zudem darauf geprüft werden, ob sie gegebenenfalls die wettbewerbsbeschränkenden Auswirkungen überwiegen[2]. Diese Abwägungsprüfung erfolgt ausschließlich in dem von Artikel 101 Absatz 3 gesteckten Rahmen[3]. Wenn die wettbewerbsfördernden Auswirkungen die wettbewerbsbeschränkenden nicht überwiegen, ist die betreffende Vereinbarung nach Artikel 101 Absatz 2 automatisch nichtig.

21. Die Prüfung horizontaler Vereinbarungen und die Prüfung horizontaler Zusammenschlüsse haben bei der Prüfung der potenziellen wettbewerbsbeschränkenden Auswirkungen gewisse Gemeinsamkeiten, insbesondere wenn es um Gemeinschaftsunternehmen geht. Häufig ist die Trennungslinie zwischen Vollfunktionsgemeinschaftsunternehmen, die unter die Fusionskontrollverordnung fallen, und Nichtvollfunktionsgemeinschaftsunternehmen, die nach Artikel 101 geprüft werden, haarfein. Deshalb können ihre Auswirkungen recht ähnlich sein.

22. In bestimmten Fällen werden Unternehmen von staatlicher Seite ermutigt, horizontale Vereinbarungen zu schließen, um im Wege der Selbstregulierung ein staatspolitisches Ziel zu erreichen. Jedoch bleiben diese Unternehmen weiterhin Artikel 101 unterworfen, wenn ein nationales Gesetz sich darauf beschränkt, selbständige wettbewerbswidrige Verhaltensweisen der Unternehmen zu veranlassen oder zu erleichtern[4]. Mit anderen Worten: Der Umstand, dass Behörden eine horizontale Vereinbarung gutheißen, bedeutet nicht, dass sie nach Artikel 101 zulässig ist[5]. Nur wenn den Unternehmen ein wettbewerbswidriges Verhalten durch nationale Rechtsvorschriften vorgeschrieben wird oder diese einen rechtlichen Rahmen bilden, der selbst jede Möglichkeit für ein Wettbewerbsverhalten seitens der Parteien ausschließt ist Artikel 101 nicht anwendbar[6]. In einem solchen Fall findet nämlich die Wettbewerbsbeschränkung nicht, wie diese Vorschriften voraussetzen, ihre Ursache in selbständigen

---

[1] Nach Artikel 101 Absatz 1 sind sowohl tatsächliche als auch potenzielle wettbewerbswidrige Auswirkungen verboten, siehe z. B. Rs. C-7/95, John Deere, Slg. 1998, I-3111, Rdnr. 77; Rs. C-238/05, Asnef-Equifax, Slg. 2006, I-11125, Rdnr. 50.

[2] Siehe verbundene Rs. C-501/06 P u. a., GlaxoSmithKline, Slg. 2009, I-9291, Rdnr. 95.

[3] Rs. T-65/98, Van den Bergh Foods, Slg. 2003, II-4653, Rdnr. 107; Rs. T-112/99, Métropole télévision (M6) et al., Slg. 2001, II-2459, Rdnr. 74. In der Rs. T-328/03, O2, Slg. 2006, II-1231, Rdnrn. 69ff. befand das Gericht, dass die wettbewerbsfördernden und die wettbewerbswidrigen Aspekte einer Beschränkung nur im Rahmen von Artikel 101 Absatz 3 gegeneinander abgewogen werden dürfen.

[4] Urteil vom 14. Oktober 2010 in der Rs. C-280/08 P, Deutsche Telekom, noch nicht im Slg. veröffentlicht, Rdnr. 82 und die darin zitierte Rechtsprechung.

[5] Siehe Rs. C-198/01, CIF, Slg. 2003, I-8055, Rdnrn. 56–58; verbundene Rs. T-217/03 und T-245/03, FNCBV, Slg. 2006, II-4987, Rdnr. 92; Rs. T-7/92, Asia Motor France II, Slg. 1993, II-669, Rdnr. 71 und Rs. T-148/89, Tréfilunion, Slg. 1995, II-1063, Rdnr. 118.

[6] Siehe Rs. C-280/08 P, Deutsche Telekom, Rndnrn. 80–81. Diese Möglichkeit wurde eng ausgelegt; siehe z. B. die verbundene Rs. 209/78 et al., Van Landewyck, Slg. 1980, S. 3125, Rdnrn. 130–134, verbundene Rs. 240/82 et al., Stichting Sigarettenindustrie, Slg. 1985, S. 3831, Rdnrn. 27–29; verbundene Rs. C-359/95 P und C-379/95 P, Ladbroke Racing, Slg. 1997, I-6265, Rdnrn. 33ff.

Verhaltensweisen der Unternehmen und diese sind vor jeglichen Konsequenzen eines Verstoßes gegen den genannten Artikel geschützt[1]. Jeder Fall muss nach Faktenlage und anhand der in den vorliegenden Leitlinien dargelegten Grundsätze geprüft werden.

1.2.1. Artikel 101 Absatz 1

23. Artikel 101 Absatz 1 verbietet alle Vereinbarungen, die eine Wettbewerbsbeschränkung[2] bezwecken oder bewirken.

i) Bezweckte Wettbewerbsbeschränkungen

24. Eine bezweckte Wettbewerbsbeschränkung liegt vor, wenn die Beschränkung ihrem Wesen nach geeignet ist, den Wettbewerb im Sinne von Artikel 101 Absatz 1 zu beschränken[3]. Sobald der wettbewerbswidrige Zweck einer Vereinbarung festgestellt worden ist, müssen deren tatsächliche oder potenzielle Auswirkungen auf den Markt nicht mehr geprüft werden[4].

25. Nach ständiger Rechtsprechung des Gerichtshofs der Europäischen Union ist bei der Prüfung des wettbewerbswidrigen Zwecks einer Vereinbarung insbesondere auf deren Inhalt und die mit ihr verfolgten Ziele sowie auf den rechtlichen und wirtschaftlichen Zusammenhang, in dem sie steht, abzustellen. Ferner kann die Kommission die Absicht der Parteien in ihrer Prüfung berücksichtigen, selbst wenn dieser Aspekt für die Entscheidung, ob eine Vereinbarung einen wettbewerbswidrigen Zweck verfolgt, nicht ausschlaggebend ist[5]. Weitere Erläuterungen zum Begriff der bezweckten Wettbewerbsbeschränkung befinden sich in den Allgemeinen Leitlinien.

ii) Wettbewerbsbeschränkende Auswirkungen

26. Wenn eine horizontale Vereinbarung keine Wettbewerbsbeschränkung bezweckt, ist zu prüfen, ob sie spürbare wettbewerbsbeschränkende Auswirkungen hat. Dabei sind die tatsächlichen wie auch die potenziellen Auswirkungen zu berücksichtigen. Es muss also zumindest wahrscheinlich sein, dass eine Vereinbarung wettbewerbsbeschränkende Auswirkungen hat.

27. Eine Vereinbarung hat dann wettbewerbsbeschränkende Auswirkungen im Sinne von Artikel 101 Absatz 1, wenn sie eine tatsächliche oder wahrscheinliche spürbare negative Auswirkung auf mindestens einen Wettbewerbsparameter des Marktes (zum Beispiel Preis, Produktionsmenge, Produktqualität, Produktvielfalt, Innovation) hat. Vereinbarungen können solche Auswirkungen haben, wenn sie den Wettbewerb zwischen den Parteien der Vereinbarung oder zwischen einer der Parteien und Dritten spürbar verringern. Die Vereinbarung muss die Parteien – entweder durch in der Vereinbarung festgelegte Pflichten, die das Marktverhalten von mindestens einer Partei regeln, oder durch Einflussnahme auf das Marktverhalten mindestens einer Partei durch Veränderung ihrer Anreize – in ihrer Entscheidungsfreiheit einschränken[6].

---

[1] Zumindest solange kein Beschluss über die Aufhebung der mitgliedstaatlichen Vorschrift ergangen und rechtskräftig geworden ist; siehe C-198/01, CIF, Rdnrn. 54ff.

[2] Für die Zwecke dieser Leitlinien ist unter „Wettbewerbsbeschränkung" auch die Verhinderung und Verfälschung des Wettbewerbs zu verstehen.

[3] Siehe z. B. Rs. C-209/07, BIDS, Slg. 2008, I-8637, Rdnr. 17.

[4] Siehe z. B. verbundene Rs. C-501/06 P et al., GlaxoSmithKline, Rdnr. 55; Rs. C-209/07, BIDS, Rdnr. 16; Rs. C-8/08 P, T-Mobile Netherlands, Slg. 2009, I-4529, Rdnrn. 29ff; Rs. C-7/95 P, John Deere, Rdnr. 77.

[5] Siehe verbundene Rs. C-501/06 P u. a., GlaxoSmithKline, Rdnr. 58; Rs. C-209/07, BIDS, Rdnrn. 15ff.

[6] Siehe Rs. C-7/95 P, John Deere, Rdnr. 88; Rs. C-238/05, Asnef-Equifax, Rdnr. 51.

28. Wettbewerbsbeschränkende Auswirkungen auf dem relevanten Markt sind dann wahrscheinlich, wenn in hinreichendem Maße davon auszugehen ist, dass die Parteien aufgrund der Vereinbarung in der Lage wären, gewinnbringend den Preis zu erhöhen oder Produktionsmenge, Produktqualität, Produktvielfalt oder Innovation zu reduzieren. Dies wird von mehreren Faktoren abhängen, so zum Beispiel von Art und Inhalt der Vereinbarung, inwieweit die Parteien einzeln oder gemeinsam einen gewissen Grad an Marktmacht haben oder erlangen und die Vereinbarung zur Begründung, Erhaltung oder Stärkung dieser Marktmacht beiträgt oder es den Parteien ermöglicht, ihre Marktmacht auszunutzen.

29. Ob eine horizontale Vereinbarung wettbewerbsbeschränkende Auswirkungen im Sinne von Artikel 101 Absatz 1 hat, ist vor dem Hintergrund des tatsächlichen rechtlichen und wirtschaftlichen Umfelds zu prüfen, in dem der Wettbewerb ohne die Vereinbarung und sämtliche damit mutmaßlich verbundenen Beschränkungen stattfindet, d. h. ohne die zum Zeitpunkt der Prüfung bestehende Vereinbarung (falls diese bereits umgesetzt wird) bzw. ohne die geplante Vereinbarung (wenn sie noch nicht umgesetzt ist). Zum Nachweis tatsächlicher oder potenzieller wettbewerbsbeschränkender Auswirkungen muss also der Wettbewerb zwischen den Parteien und der Wettbewerb seitens Dritter berücksichtigt werden, insbesondere der tatsächliche oder potenzielle Wettbewerb, der ohne die Vereinbarung stattgefunden hätte. Nicht berücksichtigt werden bei diesem Vergleich etwaige durch die Vereinbarung erzeugte potenzielle Effizienzgewinne, da diese nur bei der Prüfung nach Artikel 101 Absatz 3 untersucht werden.

30. Folglich werden horizontale Vereinbarungen zwischen Wettbewerbern, die das Projekt oder die Tätigkeit, das/die Gegenstand der Vereinbarung ist, nach objektiven Kriterien nicht unabhängig voneinander durchführen könnten (zum Beispiel aufgrund begrenzter technischer Möglichkeiten der Parteien), normalerweise keine wettbewerbsbeschränkenden Auswirkungen im Sinne von Artikel 101 Absatz 1 haben, es sei denn, die Parteien hätten das Projekt mit weniger spürbaren Wettbewerbsbeschränkungen durchführen können.[1]

31. Allgemeine Erläuterungen zum Begriff der bewirkten Wettbewerbsbeschränkung befinden sich in den Allgemeinen Leitlinien. Die vorliegenden Leitlinien enthalten weitere Ausführungen zur wettbewerbsrechtlichen Prüfung horizontaler Vereinbarungen.

Art und Inhalt der Vereinbarung

32. Art und Inhalt einer Vereinbarung ergeben sich unter anderem aus dem Gebiet und Zweck der Zusammenarbeit, der Wettbewerbsbeziehung zwischen den Parteien und dem Umfang, in dem sie ihre Tätigkeiten zusammenlegen. Diese Faktoren bestimmen, in welcher Hinsicht eine horizontale Vereinbarung wettbewerbsrechtlich bedenklich sein könnte.

33. Horizontale Vereinbarungen können den Wettbewerb in unterschiedlicher Weise beschränken. Die Vereinbarung kann

- exklusiv sein, weil sie die Möglichkeiten der Parteien einschränkt, als unabhängige Wirtschaftsbeteiligte oder als Partei bei konkurrierenden Vereinbarungen miteinander oder mit Dritten zu konkurrieren;
- die Parteien verpflichten, Vermögenswerte in einem solchen Umfang einzubringen, dass ihre Entscheidungsfreiheit spürbar beeinträchtigt wird, oder
- die finanziellen Interessen der Parteien in einer Weise berühren, dass ihre Entscheidungsfreiheit spürbar beeinträchtigt wird. Sowohl die Finanzbeteiligungen im Rahmen der Vereinbarung als auch die Finanzbeteiligungen an anderen Parteien der Vereinbarung sind für die Prüfung von Belang.

[1] Siehe auch Rdnr. 18 der Allgemeinen Leitlinien.

34. Eine mögliche Folge solcher Vereinbarungen ist, dass der Wettbewerb zwischen den Parteien der Vereinbarung zurückgeht. Die Wettbewerber können sich zudem die Tatsache, dass der Wettbewerbsdruck aufgrund der Vereinbarung abnimmt, zunutze machen und möglicherweise gewinnbringend ihre Preise erhöhen. Der Rückgang dieses Wettbewerbsdrucks kann zu Preissteigerungen auf dem relevanten Markt führen. Für die wettbewerbsrechtliche Würdigung der Vereinbarung ist es wichtig, ob die Parteien der Vereinbarung hohe Marktanteile haben, ob sie in engem Wettbewerb stehen, ob die Möglichkeiten der Kunden, den Anbieter zu wechseln, begrenzt sind, wie hoch die Wahrscheinlichkeit ist, dass Wettbewerber ihr Angebot erhöhen, sollten die Preise steigen, und ob eine der Parteien der Vereinbarung ein wichtiger Wettbewerber ist.

35. Eine horizontale Vereinbarung kann auch
- zur Offenlegung strategischer Informationen führen und damit die Wahrscheinlichkeit einer Koordinierung zwischen den Parteien innerhalb oder außerhalb des Bereichs der Zusammenarbeit erhöhen und/oder
- zu einer erhebliche Angleichung der Kosten (d. h. des Anteils der für alle Parteien anfallenden variablen Kosten) führen, so dass die Beteiligten die Marktpreise und ihre Produktion einfacher koordinieren können.

36. Eine erhebliche Angleichung der Kosten die durch eine horizontale Vereinbarung herbeigeführt wird, kann den Parteien nur erlauben die Marktpreise und ihre Produktion einfacher zu koordinieren wenn sie eine entsprechende Marktmacht haben und bestimmte für diese Koordinierung förderliche Marktmerkmale vorliegen, wenn auf den Bereich der Zusammenarbeit ein hoher Anteil der variablen Kosten der Beteiligten in einem bestimmten Markt entfallen und wenn die Parteien ihre Tätigkeiten in dem Bereich der Zusammenarbeit in einem erheblichen Umfang zusammenlegen. Dies wäre zum Beispiel der Fall, wenn sie ein wichtiges Zwischenprodukt gemeinsam herstellen oder einkaufen oder einen Großteil ihres Gesamtoutputs eines Endprodukts gemeinsam herstellen oder vertreiben.

37. Eine horizontale Vereinbarung kann also die Entscheidungsfreiheit der Parteien einschränken und folglich die Wahrscheinlichkeit erhöhen, dass sie ihr Verhalten koordinieren, um ein Kollusionsergebnis zu erzielen; sie kann aber auch Parteien, die sich schon vorher untereinander abstimmten, die Koordinierung erleichtern und Stabilität und Wirksamkeit der Koordinierung erhöhen, indem sie die Koordinierung entweder festigt oder es den Parteien ermöglicht, noch höhere Preise zu verlangen.

38. Einige horizontale Vereinbarungen, zum Beispiel Produktionsvereinbarungen oder Normenvereinbarungen, können auch Anlass zu Bedenken wegen möglicher wettbewerbswidriger Marktverschließung gegenüber Wettbewerbern geben.

Marktmacht und andere Markteigenschaften

39. Marktmacht ist die Fähigkeit, die Preise über einen gewissen Zeitraum hinweg gewinnbringend oberhalb des Wettbewerbsniveaus oder die Produktionsmenge, Produktqualität, Produktvielfalt bzw. Innovation für einen gewissen Zeitraum gewinnbringend unterhalb des Wettbewerbsniveaus zu halten.

40. Auf Märkten mit Fixkosten müssen die Unternehmen ihre Preise oberhalb der variablen Produktionskosten festsetzen, um eine wettbewerbsfähige Investitionsrendite zu erzielen. Die Tatsache an sich, dass Unternehmen ihre Preise oberhalb der variablen Kosten festsetzen, ist daher noch kein Hinweis darauf, dass der Wettbewerb auf dem jeweiligen Markt nicht gut funktioniert und Unternehmen über genügend Marktmacht verfügen, um die Preise oberhalb des Wettbewerbsniveaus festzusetzen. Marktmacht im Rahmen von Artikel 101 Absatz 1 liegt dann vor, wenn der Wettbewerbsdruck nicht ausreicht, um Preise, Produktionsmenge, Produktqualität und -vielfalt sowie Innovation auf Wettbewerbsniveau zu halten.

41. Die Begründung, Erhaltung oder Stärkung von Marktmacht kann aus überragenden Fertigkeiten, Weitblick oder Innovation erwachsen. Sie kann auch die Folge reduzierten Wettbewerbs zwischen den Parteien untereinander oder zwischen einer der Parteien und Dritten sein, zum Beispiel weil die Vereinbarung zu einer wettbewerbswidrigen Marktverschließung gegenüber Wettbewerbern führt, weil die Kosten der Wettbewerber erhöht und damit ihre Möglichkeiten begrenzt werden, mit den Vertragsparteien wirksam in den Wettbewerb zu treten.

42. Marktmacht ist ein graduelles Phänomen. Das Maß an Marktmacht, ab dem Vereinbarungen, die eine Wettbewerbsbeschränkung bewirken, gegen Artikel 101 Absatz 1 verstoßen, ist geringer als das – beträchtliche – Maß an Marktmacht, ab dem eine beherrschende Stellung im Sinne von Artikel 102 festgestellt werden kann.

43. Ausgangspunkt für die Untersuchung der Marktmacht ist die Stellung der Parteien in den von der Zusammenarbeit betroffenen Märkten. Hierzu müssen die relevanten Märkte anhand der in der Bekanntmachung der Kommission über die Definition des relevanten Marktes verwendeten Methode abgegrenzt werden. Für bestimmte Arten von Märkten (zum Beispiel Einkaufs- oder Technologiemärkte) enthalten diese Leitlinien zusätzliche Regeln.

44. Ist der gemeinsame Marktanteil der Parteien niedrig, ist es unwahrscheinlich, dass die horizontale Vereinbarung wettbewerbsbeschränkende Auswirkungen im Sinne von Artikel 101 Absatz 1 haben wird, und ist eine weitere Untersuchung in der Regel nicht erforderlich. Wann ein „gemeinsamer Marktanteil" als „niedrig" anzusehen ist, richtet sich nach der Art der untersuchten Vereinbarung; die jeweils anzuwendenden Schwellen sind den jeweiligen Kapiteln dieser Leitlinien zu entnehmen und generell der Bekanntmachung der Kommission über Vereinbarungen von geringer Bedeutung, die den Wettbewerb gemäß Artikel 81 Absatz 1 EG-Vertrag nicht spürbar beschränken[1] („De-Minimis-Bekanntmachung"). Wenn eine von nur zwei Parteien einen unbedeutenden Marktanteil hält und nicht über bedeutende Ressourcen verfügt, dann ist in der Regel auch ein hoher gemeinsamer Marktanteil nicht als Anzeichen für eine wettbewerbsbeschränkende Wirkung am Markt zu werten[2]. Angesichts der Vielzahl unterschiedlicher horizontaler Vereinbarungen und der von ihnen je nach Marktverhältnissen verursachten Wirkungen ist es nicht möglich, eine allgemein verbindliche Marktanteilsschwelle zu nennen, oberhalb derer davon ausgegangen werden kann, dass die Marktmacht ausreicht, um wettbewerbsbeschränkende Auswirkungen zu verursachen.

45. Je nach Marktstellung der Parteien und Konzentration des Marktes sind auch andere Faktoren wie die langfristige Stabilität der Marktanteile, Marktzutrittsschranken, die Wahrscheinlichkeit eines Marktzutritts sowie die Nachfragemacht der Abnehmer/Anbieter zu berücksichtigen.

46. Normalerweise legt die Kommission bei ihrer wettbewerbsrechtlichen Prüfung die aktuellen Marktanteile zugrunde[3]. Vor dem Hintergrund eines Austritts, Zutritts oder der Expansion auf dem relevanten Markt können jedoch auch hinreichend gesicherte künftige Entwicklungen berücksichtigt werden. Die Verwendung historischer Daten bietet sich an, wenn die Marktanteile in der Vergangenheit stark schwankten, zum Beispiel wenn der Markt durch seltene Großaufträge gekennzeichnet ist. Die bisherige Entwicklung der Marktanteile kann nützliche Informationen über den Wettbewerbsprozess und die voraussichtliche künftige Bedeutung der einzelnen Wettbewerber liefern, weil sie beispielsweise Auskunft darüber gibt, ob Unter-

---

[1] ABl. C 368 vom 22.12.2001, S. 13.

[2] Sind mehr als zwei Parteien beteiligt, muss der gemeinsame Marktanteil aller kooperierenden Wettbewerber beträchtlich höher sein als der Marktanteil des größten unter ihnen.

[3] Zur Berechnung der Marktanteile siehe die Bekanntmachung über die Marktabgrenzung, Rdnrn. 54–55.

nehmen Marktanteile gewonnen oder verloren haben. Die Kommission bewertet die Marktanteile grundsätzlich im Kontext der wahrscheinlichen Marktbedingungen, berücksichtigt also zum Beispiel, ob der Markt sehr dynamisch oder die Marktstruktur aufgrund von Innovation oder Wachstum instabil ist.

47. Ist ein Marktzutritt relativ leicht möglich, ist normalerweise nicht zu erwarten, dass eine horizontale Vereinbarung wettbewerbsbeschränkende Auswirkungen hat. Damit ein Marktzutritt genügend Wettbewerbsdruck auf die Parteien einer horizontalen Vereinbarung ausübt, muss er nachweislich wahrscheinlich sein, sowie zeitnah und in ausreichendem Maße erfolgen können, um potenzielle wettbewerbsbeschränkende Auswirkungen der horizontalen Vereinbarungen zu verhindern oder aufzuheben. Die Analyse des Marktzutritts kann durch bestehende horizontale Vereinbarungen beeinflusst werden. Die wahrscheinliche oder mögliche Beendigung einer horizontalen Vereinbarung kann sich auf die Wahrscheinlichkeit eines Marktzutritts auswirken.

1.2.2. Artikel 101 Absatz 3

48. Die Prüfung bezweckter oder bewirkter Wettbewerbsbeschränkungen nach Artikel 101 Absatz 1 ist lediglich eine Seite der Untersuchung. Die andere Seite ist die Prüfung der wettbewerbsfördernden Auswirkungen wettbewerbsbeschränkender Vereinbarungen nach Artikel 101 Absatz 3. Der allgemeine Ansatz für die Anwendung von Artikel 101 Absatz 3 wird in den Allgemeinen Leitlinien vorgestellt. Wird im Einzelfall eine Wettbewerbsbeschränkung im Sinne von Artikel 101 Absatz 1 nachgewiesen, kann Artikel 101 Absatz 3 geltend gemacht werden. Nach Artikel 2 der Verordnung (EG) Nr. 1/2003 des Rates vom 16. Dezember 2002 zur Durchführung der in den Artikeln 81 und 82 des Vertrags niedergelegten Wettbewerbsregeln[1] obliegt die Beweislast den Unternehmen, die sich auf die Ausnahmeregelung nach Artikel 101 Absatz 3 berufen. Die von den Unternehmen vorgetragenen Sachargumente und vorgelegten Beweise müssen es deshalb der Kommission ermöglichen, zu der Überzeugung zu gelangen, dass das Eintreten eines objektiven Vorteils für den Wettbewerb hinreichend wahrscheinlich ist oder nicht[2].

49. Die Ausnahmeregelung von Artikel 101 Absatz 3 gilt nur, wenn zwei positive und zwei negative Voraussetzungen kumulativ erfüllt sind:

- Die Vereinbarung trägt zur Verbesserung der Produktion bzw. des Vertriebs oder zur Förderung des technischen oder wirtschaftlichen Fortschritts bei, d. h., sie führt zu Effizienzgewinnen.
- Die Beschränkungen sind unerlässlich, um diese Ziele, d. h. die Effizienzgewinne, zu erreichen.
- Verbraucher müssen in angemessener Weise an den erwachsenden Vorteilen beteiligt werden, d. h., die durch die unerlässlichen Beschränkungen erreichten Effizienzgewinne einschließlich der qualitativen Effizienzgewinne müssen in ausreichendem Maße an die Verbraucher weitergegeben werden, damit diese zumindest für die beschränkenden Wirkungen der Vereinbarung entschädigt werden. Es genügt folglich nicht, wenn nur den Parteien der Vereinbarung Effizienzgewinne entstehen. Für die Zwecke dieser Leitlinien bezeichnet der Begriff „Verbraucher" alle potenziellen bzw. tatsächlichen Kunden der Parteien der Vereinbarung[3].
- Die Vereinbarung eröffnet den Parteien nicht die Möglichkeit, für einen wesentlichen Teil der betroffenen Produkte den Wettbewerb auszuschalten.

50. Im Bereich der horizontalen Vereinbarungen gibt es Gruppenfreistellungsverordnungen nach Artikel 101 Absatz 3 für Forschungs- und Entwicklungsvereinba-

---

[1] ABl. L 1 vom 4.1.2003, S. 1.

[2] Siehe verbundene Rs. C-501/06 P u. a., GlaxoSmithKline, Rdnrn. 93–95.

[3] Rdnr. 84 der Allgemeinen Leitlinien enthält Näheres zum Begriff des Verbrauchers.

rungen[1] und für Spezialisierungsvereinbarungen (einschließlich gemeinsamer Produktion)[2]. Diese Gruppenfreistellungsverordnungen basieren auf der Annahme, dass aus der Zusammenlegung komplementärer Fähigkeiten oder Vermögenswerte im Rahmen von Forschungs- und Entwicklungsvereinbarungen oder Spezialisierungsvereinbarungen erhebliche Effizienzgewinne erzielt werden können. Dies kann auch bei anderen Arten horizontaler Vereinbarungen der Fall sein. Bei der Analyse der Effizienzgewinne einer Vereinbarung nach Artikel 101 Absatz 3 geht es folglich vor allem darum festzustellen, welche komplementären Fähigkeiten und Vermögenswerte jede Partei in die Vereinbarung einbringt, und zu prüfen, ob die entstehenden Effizienzgewinne die Voraussetzungen von Artikel 101 Absatz 3 erfüllen.

51. Aus horizontalen Vereinbarungen können sich in verschiedener Weise Komplementaritäten ergeben. Im Rahmen einer Forschungs- und Entwicklungsvereinbarung können verschiedene Forschungskapazitäten zusammengelegt werden, so dass die Parteien bessere Produkte billiger produzieren und die Zeit bis zur Marktreife verkürzen können. Eine Produktionsvereinbarung kann den Parteien Größen- oder Verbundvorteile ermöglichen, die sie einzeln nicht erreichen könnten.

52. Sehen horizontale Vereinbarungen keine Zusammenlegung komplementärer Fähigkeiten oder Vermögenswerte vor, sind Effizienzgewinne zugunsten der Verbraucher weniger wahrscheinlich. Derartige Vereinbarungen können die Duplizierung bestimmter Kosten mindern, zum Beispiel indem bestimmte Fixkosten vermieden werden. Allerdings ist es generell weniger wahrscheinlich, dass bei den Fixkosten Einsparungen an die Verbraucher weitergegeben werden als bei den variablen oder den Grenzkosten.

53. Weitere Erläuterungen zur Anwendung der Kriterien von Artikel 101 Absatz 3 durch die Kommission enthalten die Allgemeinen Leitlinien.

1.3. Aufbau dieser Leitlinien

54. In Kapitel 2 werden zunächst einige allgemeine Grundsätze für die wettbewerbsrechtliche Würdigung des Informationsaustauschs dargelegt, die für alle Arten von horizontalen Vereinbarungen gelten, die einen Informationsaustausch beinhalten. Die danach folgenden Kapitel sind jeweils einer Art von horizontaler Vereinbarung gewidmet. In jedem dieser Kapitel werden der in Abschnitt 1.2 dargelegte analytische Rahmen sowie die für den Informationsaustausch dargelegten allgemeinen Grundsätze auf die jeweilige Art von Zusammenarbeit angewandt.

2. Allgemeine Grundsätze für die wettbewerbsrechtliche Würdigung des Informationsaustauschs

2.1. Definition und Geltungsbereich

55. Dieses Kapitel dient als Anleitung für die wettbewerbsrechtliche Prüfung des Informationsaustauschs. Es gibt unterschiedliche Formen des Informationsaustauschs: erstens den direkten Datenaustausch zwischen Wettbewerbern, zweitens den indirekten Austausch über eine gemeinsame Einrichtung (zum Beispiel Wirtschaftsverband) oder über einen Dritten, wie zum Beispiel ein Marktforschungsinstitut oder über die Lieferanten oder Einzelhändler der Unternehmen.

56. Informationen werden in verschiedensten Zusammenhängen ausgetauscht. So gibt es Vereinbarungen, Beschlüsse von Unternehmensvereinigungen und abgestimmte Verhaltensweisen bezüglich des Informationsaustauschs, deren wichtigste

[1] FuE-Gruppenfreistellungsverordnung.

[2] Gruppenfreistellungsverordnung für Spezialisierungsvereinbarungen.

wirtschaftliche Funktion im Informationsaustausch selbst liegt. Ein Informationsaustausch kann aber auch Teil einer anderen Art der horizontalen Vereinbarung sein (zum Beispiel Austausch bestimmter Kosteninformationen zwischen den Parteien einer Produktionsvereinbarung). Die letztgenannte Art des Informationsaustauschs sollte deshalb mit der Prüfung der jeweiligen horizontalen Vereinbarung einhergehen.

57. Der Informationsaustausch ist ein gemeinsames Merkmal vieler Wettbewerbsmärkte und bringt verschiedene Arten von Effizienzgewinnen hervor. Durch ihn können Informationsasymmetrien[1] behoben werden, was die Märkte effizienter macht. Unternehmen können häufig ihre interne Effizienz durch Benchmarking verbessern, anhand der bewährten Praxis anderer Unternehmen. Die gemeinsame Nutzung von Informationen kann Unternehmen u. a. dabei helfen, durch Lagerreduzierung Kosten zu sparen, verderbliche Waren schneller an den Verbraucher zu liefern oder auf Nachfrageschwankungen besser zu reagieren. Der Informationsaustausch kann auch dem Verbraucher unmittelbar zugute kommen, weil sich die Suchkosten verringern und die Auswahl sich vergrößert.

58. Aber insbesondere in Situationen, in denen der Austausch von Marktinformationen Unternehmen Aufschluss über die Marktstrategien ihrer Wettbewerber geben kann, sind auch wettbewerbsbeschränkende Auswirkungen zu befürchten[2]. Das Wettbewerbsergebnis des Informationsaustauschs richtet sich nach den Eigenschaften des Marktes (zum Beispiel Konzentration, Transparenz, Stabilität, Symmetrie, Komplexität), auf dem er stattfindet, und nach der Art der ausgetauschten Informationen, da sich dadurch das Umfeld des relevanten Marktes so verändern kann, dass er koordinierungsanfällig wird.

59. Zudem kann die Verbreitung von Informationen unter den Wettbewerbern eine Vereinbarung, eine abgestimmte Verhaltensweise oder einen Beschluss einer Unternehmensvereinigung insbesondere mit dem Zweck der Preis- oder Mengenfestsetzung darstellen. Diese Arten des Informationsaustauschs werden normalerweise als Kartelle angesehen und mit Geldbußen geahndet. Ein Informationsaustausch kann zudem die Durchführung eines Kartells erleichtern, indem er die Unternehmen in die Lage versetzt zu beobachten, ob die Kartellmitglieder sich an die vereinbarten Modalitäten halten. Diese Arten des Informationsaustauschs werden in Verbindung mit dem Kartell geprüft.

Abgestimmte Verhaltensweisen

60. Ein Informationsaustausch kann nur dann nach Artikel 101 geprüft werden, wenn er eine Vereinbarung, eine abgestimmte Verhaltensweise oder einen Beschluss einer Unternehmensvereinigung begründet oder Teil davon ist. Das Vorliegen einer Vereinbarung, einer abgestimmten Verhaltensweise oder eines Beschlusses einer Unternehmensvereinigung sagt nichts darüber aus, ob die Vereinbarung, die abgestimmte Verhaltensweise oder der Beschluss einer Unternehmensvereinigung eine Einschränkung des Wettbewerbs im Sinne des Artikels 101 Absatz 1 darstellt. Nach Rechtsprechung des Gerichtshofs der Europäischen Union bezeichnet der Begriff der abgestimmten Verhaltensweise eine Form der Koordinierung zwischen Unternehmen, die zwar noch nicht bis zum Abschluss eines Vertrags im eigentlichen Sinn gediehen ist, jedoch bewusst eine praktische Zusammenarbeit an die Stelle des mit Risiken verbundenen Wettbewerbs treten lässt[3]. Die Kriterien der Koordinierung

[1] Die Wirtschaftstheorie über Informationsasymmetrien beschäftigt sich mit der Studie von Transaktionen in denen eine Partei über mehr Informationen verfügt als die andere Partei.

[2] Siehe Rs. C-7/95 P, John Deere, Rdnr. 88.

[3] Siehe z. B. Rs. C-8/08 P, T-Mobile Netherlands, Rdnr. 26 verbundene Rs. C-89/85 u. a., Wood Pulp, Slg. 1993, 1307, Rdnr. 63.

und der Zusammenarbeit, die zur Feststellung von aufeinander abgestimmten Verhaltensweisen herangezogen werden, verlangen nicht die Ausarbeitung eines konkreten Plans; sie sind vielmehr im Sinne des Grundgedankens des AEUV zu verstehen, wonach jeder Unternehmer selbständig zu bestimmen hat, welche Politik er auf dem Binnenmarkt betreiben und welche Konditionen er seiner Kundschaft anbieten will[1].

61. Dies entzieht den Unternehmen nicht das Recht, sich dem festgestellten oder erwarteten Verhalten ihrer Konkurrenten mit wachem Sinn anzupassen. Es schließt jedoch jede unmittelbare oder mittelbare Fühlungnahme zwischen Wettbewerbern aus, die bezweckt oder bewirkt, dass Wettbewerbsbedingungen entstehen, die im Hinblick auf die Art der Waren oder erbrachten Dienstleistungen, die Bedeutung und Zahl der beteiligten Unternehmen sowie den Umfang des in Betracht kommenden Marktes nicht den normalen Bedingungen dieses Marktes entsprechen[2]. Es schließt ferner jede unmittelbare oder mittelbare Fühlungnahme zwischen Wettbewerbern aus, die bezweckt oder bewirkt, entweder das Marktverhalten eines gegenwärtigen oder potenziellen Wettbewerbers zu beeinflussen oder einen solchen Wettbewerber über das Marktverhalten ins Bild zu setzen, das man selbst an den Tag zu legen entschlossen ist oder in Erwägung zieht, wodurch leichter ein Kollusionsergebnis auf dem Markt herbeigeführt werden könnte[3]. Der Informationsaustausch kann somit eine abgestimmte Verhaltensweise darstellen, wenn er die strategische Ungewissheit[4] auf dem Markt verringert und – wenn die ausgetauschten Daten strategisch relevant sind – damit die Kollusion erleichtert. Der Austausch strategischer Daten zwischen Wettbewerbern kommt folglich einer Abstimmung gleich, weil er die Unabhängigkeit des Verhaltens der Wettbewerber auf dem Markt verringert und Wettbewerbsanreize mindert.

62. Eine abgestimmte Verhaltensweise kann auch vorliegen, wenn nur ein Unternehmen gegenüber einem oder mehr Wettbewerbern strategische Informationen offenlegt und dieser/diese dies akzeptiert/akzeptieren[5]. Die Offenlegung könnte zum Beispiel in Form von Schriftverkehr, E-Mails, Telefongesprächen oder Treffen erfolgen. Dabei ist es unerheblich, ob nur ein Unternehmen seine Wettbewerber einseitig über das beabsichtigte Marktverhalten informiert oder ob alle beteiligten Unternehmen sich gegenseitig von ihren jeweiligen Erwägungen und Absichten unterrichten. Wenn nur ein einziges Unternehmen seinen Wettbewerbern strategische Informationen über seine künftige Geschäftspolitik preisgibt, verringert sich dadurch für alle Beteiligten die Ungewissheit über das künftige Marktgeschehen, und es entsteht die Gefahr einer Verringerung des Wettbewerbs und eines kollusiven Verhaltens unter ihnen[6]. So ist es wahrscheinlich, dass die bloße Anwesenheit bei einer Sitzung[7], in der ein Unternehmen seine Preispläne gegenüber seinen Wirtschaftsbeteiligten of-

---

[1] Siehe Rs. C-7/95 P, John Deere, Rdnr. 86.

[2] (2) Siehe Rs. C-7/95 P, John Deere, Rdnr. 87.

[3] Rs. 40/73 et al., Suiker Unie, Slg. 1975, 1663, Rdnrn. 173ff.

[4] Strategische Ungewissheit auf dem Markt entsteht, weil diverse Kollusionsergebnisse möglich sind und weil Unternehmen vergangene und aktuelle Handlungen von Wettbewerbern und Marktneulingen nicht vollumfänglich beobachten können.

[5] Siehe z. B. verbundene Rs. T-25/95 u. a., Cimenteries CBR/Kommission, Slg. 2000, II-491, Rdnr. 1849: „Der Begriff der abgestimmten Verhaltensweise setzt die Existenz gegenseitiger Kontakte voraus. Diese Voraussetzung der Gegenseitigkeit ist erfüllt, wenn ein Konkurrent seine Absichten oder sein künftiges Verhalten auf dem Markt einem anderen auf dessen Wunsch mitteilt oder dieser die Mitteilung zumindest akzeptiert."

[6] Schlussanträge der Generalanwältin Kokott, Rs. C-8/08 P, T-Mobile Netherlands, Slg. 2009, I-4529 Rdnr. 54.

[7] Siehe Rs. C 8/08, T Mobile Netherlands, Rdnr.: 59: „Es ist jedoch nicht ausgeschlossen, dass eine einzige Kontaktaufnahme wie diejenige, um die es im Ausgangsverfahren geht, je nach Struktur des Marktes grundsätzlich ausreichen kann, um es den beteiligten Unternehmen zu

fenlegt, auch dann unter Artikel 101 fällt, wenn nicht ausdrücklich eine Preiserhöhung vereinbart wird[1]. Erhält ein Unternehmen strategische Daten von einem Wettbewerber (in einer Sitzung, per Post oder elektronisch), wird davon ausgegangen, dass es die Informationen akzeptiert und sein Markverhalten entsprechend angepasst hat, es sei denn, es erklärt ausdrücklich, dass es die Daten nicht bekommen will[2].

63. Handelt es sich um eine einseitige Bekanntmachung eines Unternehmens, die auch echt öffentlich ist, zum Beispiel in einer Zeitung, liegt im Allgemeinen keine abgestimmte Verhaltensweise im Sinne des Artikels 101 Absatz 1 vor[3]. Je nach Sachlage kann allerdings im Einzelfall die Möglichkeit des Vorliegens einer abgestimmten Verhaltensweise nicht ausgeschlossen werden; so zum Beispiel in Fällen, in denen auf eine solche Bekanntmachung Bekanntmachungen anderer Wettbewerber folgen, nicht zuletzt weil sich strategische Reaktionen von Wettbewerbern auf öffentliche Bekanntmachungen anderer Wettbewerber, die zum Beispiel eine Anpassung eigener früherer Bekanntmachungen an diejenigen der Wettbewerber mit einbeziehen könnten, als Strategie zur Verständigung über die Koordinierungsmodalitäten erweisen könnten.

2.2. Kartellrechtliche Würdigung nach Artikel 101 Absatz 1

2.2.1. Grundlegende kartellrechtliche Bedenken[4]

64. Wenn festgestellt wurde, dass eine Vereinbarung, eine abgestimmte Verhaltensweise oder ein Beschluss einer Unternehmensvereinigung besteht, ist es notwendig, die wichtigsten wettbewerbsrechtlichen Bedenken im Zusammenhang mit dem Informationsaustausch zu untersuchen.

Kollusionsergebnis

65. Indem der Austausch strategischer Informationen die Transparenz auf dem Markt künstlich erhöht, kann er koordiniertes (d. h. abgestimmtes) Wettbewerbsverhalten der Unternehmen erleichtern und letztlich wettbewerbsbeschränkende Auswirkungen haben. Dies kann auf unterschiedliche Weise geschehen:

66. Denkbar ist erstens, dass Unternehmen sich durch den Austausch von Informationen auf Koordinierungsmodalitäten verständigen, was auf dem Markt zu einem Kollusionsergebnis führen kann. Der Informationsaustausch kann dazu beitragen, dass Unternehmen ähnliche Erwartungen hinsichtlich der Unsicherheiten auf dem Markt entwickeln. Auf dieser Grundlage können die Unternehmen sich dann auf die Modalitäten der Koordinierung ihres Wettbewerbsverhaltens verständigen, ohne die Koordinierung ausdrücklich vereinbaren zu müssen. Vor allem der Austausch von Informationen über geplantes künftiges Verhalten dürfte Unternehmen eine solche Verständigung ermöglichen.

67. Zweitens kann der Informationsaustausch aber auch dadurch wettbewerbsbeschränkende Auswirkungen zur Folge haben, dass er die innere Stabilität eines Kollusionsergebnisses auf dem Markt erhöht. Dies kann insbesondere dadurch geschehen, dass er den beteiligten Unternehmen die Überwachung von Abweichungen erleichtert. Der Informationsaustausch kann nämlich die Markttransparenz so weit erhöhen,

---

ermöglichen, ihr Marktverhalten abzustimmen und so eine praktische Zusammenarbeit zu erreichen, die an die Stelle des Wettbewerbs und die mit ihm verbundenen Risiken tritt."

[1] Siehe verbundene Rs. T-202/98 u. a., Tate & Lyle/Kommission, Slg. 2001, II-2035, Rdnr. 54.

[2] Rs. C-199/92 P, Hüls, Slg. 1999, I-4287, Rdnr. 162; Rs. C-49/92 P, AnicPartezipazioni, Slg. 1999, I-4125, Rdnr. 121.

[3] Dies gilt nicht für Fälle, in denen in einer Bekanntmachung zur Kollusion aufgefordert wird.

[4] Mit der Formulierung „Grundlegende kartellrechtliche Bedenken" soll verdeutlicht werden, dass die nachfolgende Beschreibung der wettbewerbsrechtlichen Bedenken weder abschließend noch erschöpfend ist.

dass die kolludierenden Unternehmen ausreichend überwachen können, ob andere Unternehmen vom Kollusionsergebnis abweichen, und folglich wissen, wann sie Vergeltungsmaßnahmen ergreifen müssen. Sowohl beim Austausch aktueller als auch beim Austausch historischer Daten kann es sich um einen solchen Überwachungsmechanismus handeln. Dies kann entweder die Unternehmen in die Lage versetzen, ein Kollusionsergebnis auf Märkten zu erreichen, auf denen ihnen dies andernfalls nicht möglich gewesen wäre, oder es kann die Stabilität eines bereits bestehenden Kollusionsergebnisses auf dem Markt weiter ausbauen (siehe Beispiel 3, Rdnr. 107).

68. Drittens kann ein Informationsaustausch auch dadurch zu wettbewerbsbeschränkenden Auswirkungen führen, dass er die äußere Stabilität eines Kollusionsergebnisses auf dem Markt erhöht. Ein Informationsaustausch, der den Markt hinreichend transparent macht, kann es kolludierenden Unternehmen erleichtern zu überwachen, wo und wann andere Unternehmen in den Markt einzutreten versuchen, und die kolludierenden Unternehmen so in die Lage versetzen, gezielt gegen den neuen Marktteilnehmer vorzugehen. Dies mündet logisch in die in Randnummern 69 bis 71 dargelegten Bedenken wegen wettbewerbswidriger Marktverschließung. Sowohl beim Austausch aktueller als auch beim Austausch historischer Daten kann es sich um einen solchen Überwachungsmechanismus handeln.

Wettbewerbswidrige Marktverschließung

69. Informationsaustausch erleichtert nicht nur die Kollusion, sondern kann auch zu wettbewerbswidriger Marktverschließung führen[1].

70. Ein exklusiver Informationsaustausch könnte zu einer wettbewerbswidrigen Verschließung des Marktes führen, auf dem der Informationsaustausch stattfindet. Dies kann dann der Fall sein, wenn der Austausch sensibler Geschäftsinformationen die nicht am Informationsaustausch beteiligten Wettbewerber wettbewerblich deutlich schlechter stellt als die beteiligten Unternehmen. Diese Art der Marktverschließung ist nur dann möglich, wenn die betreffenden Informationen für den Wettbewerb von großer strategischer Bedeutung sind und einen beträchtlichen Teil des relevanten Marktes betreffen.

71. Es ist nicht auszuschließen, dass ein Informationsaustausch auch Dritte auf einem verbundenen Markt vom Markt ausschließen kann. Indem zum Beispiel die an einem Informationsaustausch beteiligten Parteien (zum Beispiel vertikal integrierte Unternehmen) auf einem vorgelagerten Markt durch den Informationsaustausch genügend Marktmacht erlangen, können sie den Preis eines wesentlichen Inputs für einen nachgelagerten Markt erhöhen. Dadurch können sie die Kosten ihrer nachgelagerten Konkurrenten in die Höhe treiben, was letztlich zu einer wettbewerbswidrigen Marktverschließung auf dem nachgelagerten Markt führen kann.

2.2.2. Bezweckte Wettbewerbsbeschränkung

72. Ein Informationsaustausch, der Wettbewerbsbeschränkungen auf dem Markt zum Ziel hat wird als eine bezweckte Wettbewerbsbeschränkung angesehen. Bei der Prüfung des wettbewerbsbeschränkenden Zwecks eines Informationsaustauschs stellt die Kommission insbesondere ab auf den rechtlichen und wirtschaftlichen Zusammenhang, in dem er stattfindet[2]. Sie wird deshalb prüfen, ob der Informationsaustausch seinem Wesen nach geeignet ist, den Wettbewerb zu beschränken[3].

---

[1] Zu den wettbewerbsrechtlichen Bedenken im Zusammenhang mit Marktabschottung, die vertikale Vereinbarungen aufwerfen können, siehe Rdnrn. 100ff. der Leitlinien für vertikale Beschränkungen.

[2] Siehe z. B. verbundene Rs. C-506/06 P u. a., GlaxoSmithKline, Rdnr. 58 Rs. C-209/07, BIDS, Rdnrn. 15ff.).

[3] Siehe auch Allgemeine Leitlinien, Rdnr. 22.

73. Im Falle des Austauschs von Informationen über die individuellen Absichten eines Unternehmens in Bezug auf sein künftiges Preis- oder Mengenverhalten[1] ist die Wahrscheinlichkeit besonders groß, dass es zu einem Kollusionsergebnis kommt. Wenn Wettbewerber sich über ihre diesbezüglichen Absichten informieren, könnten sie ein gemeinsames höheres Preisniveau erreichen, ohne Gefahr zu laufen, Marktanteile einzubüßen oder während des Zeitraums der Anpassung an die neuen Preise einen Preiskrieg zu riskieren (siehe Beispiel 1 Randnummer 105). Es ist zudem weniger wahrscheinlich, dass Informationsaustausch über zukünftige Absichten, zum Zwecke der Wettbewerbsförderung erfolgt, als dies für den Austausch von aktuellen Informationen der Fall ist.

74. Der Austausch unternehmensspezifischer Daten über geplantes künftiges Preis- oder Mengenverhalten unter Wettbewerbern sollte deshalb als bezweckte Wettbewerbsbeschränkung betrachtet werden[2, 3]. Ferner würde der private Austausch von Informationen über individuelle Absichten oder künftige Preise zwischen Wettbewerbern normalerweise als Kartell angesehen und mit Geldbußen geahndet, weil Kartelle im Allgemeinen Preis- oder Mengenfestsetzungen bezwecken. Ein Informationsaustausch, der ein Kartell darstellt, verstößt nicht nur gegen Artikel 101 Absatz 1, sondern erfüllt höchstwahrscheinlich auch nicht die Voraussetzungen von Artikel 101 Absatz 3.

2.2.3. Wettbewerbsbeschränkende Auswirkungen

75. Die voraussichtlichen Auswirkungen eines Informationsaustauschs auf den Wettbewerb müssen in jedem Einzelfall geprüft werden, da das Ergebnis der Prüfung von einer Reihe fallspezifischer Faktoren abhängt. Bei der Prüfung der wettbewerbsbeschränkenden Wirkungen sind die voraussichtlichen Auswirkungen des Informationsaustauschs der Wettbewerbssituation gegenüberzustellen, die ohne den fraglichen Informationsaustausch bestanden hätte[4]. Ein Informationsaustausch hat dann wettbewerbsbeschränkende Auswirkungen im Sinne von Artikel 101 Absatz 1, wenn es wahrscheinlich ist, dass er spürbare negative Auswirkungen auf mindestens einen Wettbewerbsparameter wie Preis, Produktionsmenge, Produktqualität, Produktvielfalt oder Innovation haben wird. Ob ein Informationsaustausch wettbewerbsbe-

---

[1] Informationen betreffend geplantes Mengenverhalten wären z. B. Angaben zu Verkaufs- und Marktanteilszielen, künftigen Geschäftsgebieten oder Verkäufen an bestimmte Kundenkreise.

[2] Zum Begriff „geplantes künftiges Preisverhalten" siehe Beispiel 1. In besonderen Fällen, wenn Unternehmen sich verpflichten, ihr Angebot künftig zu Preisen zu verkaufen, die sie vorab öffentlich bekanntgemacht haben (und folglich nicht mehr ändern können), würden solche öffentlichen Bekanntmachungen künftiger individueller Preise oder Mengen nicht als Absichten und somit normalerweise nicht als geeignet angesehen werden, Wettbewerbsbeschränkungen zu bezwecken. Dies wäre z. B. der Fall bei häufiger Interaktion und besonderen Beziehungen zwischen Unternehmen und Kunden, weil es z. B. wichtig sein kann, dass die Kunden zukünftige Preise im Voraus erfahren oder weil sie bereits zu diesen Preisen vorab Bestellungen aufgeben können. Der Grund dafür ist, dass der Informationsaustausch in diesen Situationen ein aufwendigeres Mittel zur Erreichung eines Kollusionsergebnisses auf dem Markt darstellt als der Austausch von Informationen über Absichten und wahrscheinlich eher aus wettbewerbsfördernden Beweggründen geschieht. Dies bedeutet jedoch nicht, dass eine allgemeine Preisverpflichtung gegenüber Kunden notwendigerweise wettbewerbsfördernd ist. Sie könnte im Gegenteil weniger Möglichkeiten einer Abweichung von einem Kollusionsergebnis bieten und dieses dadurch stabiler machen.

[3] Die Tatsache, dass die öffentliche Bekanntmachung von beabsichtigten individuellen Preisen möglicherweise Effizienzgewinne erzeugt und die an einem solchen Austausch beteiligten Unternehmen sich auf Artikel 101 Absatz 3 berufen könnten, bleibt davon unberührt.

[4] Siehe Rs. C-7/95 P, John Deere/Kommission, Rdnr. 76.

schränkende Auswirkungen hat oder nicht, hängt sowohl von den wirtschaftlichen Bedingungen auf den relevanten Märkten als auch von den Eigenschaften der ausgetauschten Informationen ab.

76. Bestimmte Marktbedingungen erleichtern die Koordinierung und erhöhen die innere oder die äußere Stabilität[1]. Ein Informationsaustausch kann auf solchen Märkten mehr wettbewerbsbeschränkende Auswirkungen haben als auf Märkten, auf denen andere Bedingungen herrschen. Aber auch wenn die Marktbedingungen so beschaffen sind, dass eine Koordinierung vor dem Informationsaustausch nur schwer aufrechtzuerhalten wäre, kann der Informationsaustausch die Marktbedingungen so verändern, dass eine Koordinierung nach dem Austausch möglich wird, weil sich zum Beispiel die Transparenz des Marktes erhöht, seine Komplexität sich verringert und Instabilitäten aufgefangen bzw. Asymmetrien ausgeglichen werden. Deshalb ist es wichtig, die wettbewerbsbeschränkenden Auswirkungen des Informationsaustauschs sowohl vor dem Hintergrund der ursprünglichen Marktbedingungen zu prüfen als auch im Hinblick auf die Frage, wie der Informationsaustausch diese Bedingungen ändert. Hierzu gehört auch die Prüfung der charakteristischen Eigenschaften des betreffenden Systems, insbesondere seines Zwecks, der Zugangsvoraussetzungen und der Bedingungen der Teilnahme am Informationsaustausch. Es ist auch notwendig, die Häufigkeit des Informationsaustausches, die Art der ausgetauschten Informationen (zum Beispiel, ob es öffentliche oder vertrauliche, zusammengefasste oder detaillierte, historische oder aktuelle Angaben sind) und die Bedeutung der Information für die Preisfestsetzung sowie den Umfang oder die Bedingungen der Leistung[2]. Die folgenden Faktoren sind für diese Prüfung von Bedeutung.

i) Marktmerkmale

77. Auf hinreichend transparenten, konzentrierten, nicht-komplexen, stabilen und symmetrischen Märkten ist es eher wahrscheinlich, dass Unternehmen ein Kollusionsergebnis erzielen. Auf solchen Märkten können sich die Unternehmen auf Modalitäten der Koordinierung verständigen und Verstöße erfolgreich überwachen und ahnden. Durch einen Informationsaustausch könnten Unternehmen jedoch auch in anderen Marktsituationen Kollusionsergebnisse erzielen, in denen dies ohne Informationsaustausch nicht möglich wäre. Der Informationsaustausch kann also ein Kollusionsergebnis befördern, indem er die Transparenz des Marktes erhöht, seine Komplexität reduziert, Instabilitäten auffängt und Asymmetrien ausgleicht. In diesem Zusammenhang hängt das Wettbewerbsergebnis eines Informationsaustauschs nicht nur von den ursprünglichen Eigenschaften des Marktes (zum Beispiel Konzentration, Transparenz, Stabilität, Komplexität) ab, auf dem dieser Austausch erfolgt, sondern auch davon, wie die Art der ausgetauschten Informationen diese Eigenschaften verändern kann[3].

78. Kollusionsergebnisse sind auf transparenten Märkten wahrscheinlicher als auf intransparenten. Transparenz kann eine Kollusion erleichtern, denn sie ermöglicht es den Unternehmen, sich über die Koordinierungsmodalitäten zu verständigen, und/ oder die innere und äußere Stabilität der Kollusion zu erhöhen. Der Informationsaus-

---

[1] Ein Informationsaustausch kann den Wettbewerb in ähnlicher Weise wie ein Zusammenschluss beschränken, wenn er eine Koordinierung auf dem Markt wirksamer, stetiger und wahrscheinlicher macht; Rs. C-413/06 P, Sony, Slg. 2008, I-4951, Rdnr. 123, in der der Gerichtshof die vom Gericht in der Rs. T-342/99, Airtours, Slg. 2002, II-2585, Rdnr. 62, entwickelten Kriterien bestätigt.

[2] Rs. C-238/05, Asnef-Equifax, Rdnr. 54.

[3] In Rdnr. 78 bis 85 werden nicht alle relevanten Eigenschaften genannt. Es kann durchaus noch andere Markteigenschaften geben, die für bestimmte Formen des Informationsaustauschs von Bedeutung sind.

tausch ist der Transparenz zuträglich und kann damit Unsicherheiten in Bezug auf die strategischen Wettbewerbsvariablen (zum Beispiel Preise, Produktionsmenge, Nachfrage, Kosten) begrenzen. Je geringer die Markttransparenz vor dem Informationsaustausch ist, desto größer kann der Beitrag sein, den der Informationsaustausch zur Erzielung eines Kollusionsergebnisses leistet. Die Wahrscheinlichkeit von wettbewerbsbeschränkenden Auswirkungen ist bei einem Informationsaustausch, der wenig zur Transparenz auf dem Markt beiträgt, geringer als bei einem Informationsaustausch, der die Transparenz deutlich erhöht. Ausschlaggebend für die Feststellung der Wahrscheinlichkeit von wettbewerbsbeschränkenden Auswirkungen ist also sowohl der Transparenzgrad vor dem Informationsaustausch als auch die Veränderung der Transparenz durch den Informationsaustausch. Der Transparenzgrad vor dem Informationsaustausch hängt unter anderem von der Anzahl der Marktteilnehmer und der Art der Transaktionen ab, die von öffentlichen Transaktionen bis zu vertraulichen bilateralen Verhandlungen zwischen Käufern und Verkäufern alles umfassen können. Um die Veränderung des Transparenzgrads auf dem Markt bewerten zu können, muss vor allem festgestellt werden, inwieweit die verfügbaren Informationen es den Unternehmen gestatten, Rückschlüsse auf die Handlungen ihrer Wettbewerber zu ziehen.

79. Enge Oligopole können ein Kollusionsergebnis auf dem Markt begünstigen, denn wenige Unternehmen können sich leichter auf Koordinierungsmodalitäten verständigen und Abweichungen überwachen. Außerdem dürfte ein Kollusionsergebnis zwischen wenigen Unternehmen auch stabiler sein. Sind mehr Unternehmen an einer Koordinierung beteiligt, kann aus einer Abweichung größerer Nutzen gezogen werden, weil durch Preisunterbietung ein größerer Marktanteil gewonnen werden kann. Gleichzeitig ist der Nutzen eines Kollusionsergebnisses geringer, denn wenn mehr Unternehmen beteiligt sind, sinkt der Anteil am Ertrag des Kollusionsergebnisses. Im Rahmen enger Oligopole wirkt sich der Informationsaustausch deutlich wettbewerbsbeschränkender aus als in weniger engen Oligopolen; auf stark fragmentierten Märkten hat er wahrscheinlich noch geringere wettbewerbsbeschränkende Auswirkungen. Durch mehr Transparenz oder andere koordinationsbegünstigende Veränderungen des Marktumfelds kann der Informationsaustausch jedoch die Koordinierung und Überwachung von mehr Unternehmen untereinander erleichtern, als dies ansonsten möglich wäre.

80. Auf einem komplexen Markt könnte es sich für Unternehmen als schwierig erweisen, ein Kollusionsergebnis zu erzielen. Der Informationsaustausch kann ein solches komplexes Umfeld jedoch in gewissem Maße vereinfachen. In einem komplexen Marktumfeld ist normalerweise ein umfassenderer Informationsaustausch notwendig, um sich auf die Koordinierungsmodalitäten zu verständigen und Abweichungen zu überwachen. So ist es zum Beispiel leichter, für den Preis eines einzigen homogenen Produkts ein Kollusionsergebnis zu erzielen, als für viele Preise auf einem Markt mit einer Vielzahl von differenzierten Produkten. Es ist jedoch denkbar, dass Unternehmen, die die mit der Herbeiführung eines Kollusionsergebnisses für eine Vielzahl von Preisen zu bewältigenden Schwierigkeiten umgehen wollen, Informationen austauschen, um einfache Preisregeln (zum Beispiel Preispunkte) einzuführen.

81. Kollusionsergebnisse sind wahrscheinlicher, wenn die Angebots- und Nachfragebedingungen relativ stabil sind[1]. In einem instabilen Umfeld kann ein Unternehmen möglicherweise nur schwer erkennen, ob seine Verkaufseinbußen auf eine generell niedrige Nachfrage zurückzuführen sind oder auf einen Wettbewerber, der besonders niedrige Preise anbietet. Deshalb ist es schwer, auf Dauer ein Kollusionsergebnis zu erzielen. In diesem Kontext können eine stark schwankende Nachfrage, starkes inneres Wachstum einiger Unternehmen am Markt oder häufiger Marktzutritt

[1] Rs. T-35/92, John Deere/Kommission, Slg. 1994, II-957, Rdnr. 78.

neuer Unternehmen ein Anhaltspunkt dafür sein, dass die gegenwärtige Lage nicht so stabil ist, dass eine Koordinierung wahrscheinlich ist[1]. In bestimmten Situationen kann der Informationsaustausch zur Stabilisierung des Marktes beitragen und auf diese Weise ein Kollusionsergebnis auf dem Markt ermöglichen. Außerdem könnte auf Märkten, auf denen Innovation von Bedeutung ist, eine Koordinierung schwieriger zu erreichen sein, weil besonders wichtige Innovationen einem Unternehmen erhebliche Vorteile gegenüber seinen Konkurrenten verschaffen könnten. Damit ein Kollusionsergebnis Bestand haben kann, sollten ausgeschlossen sein, dass die Reaktionen von Außenstehenden (zum Beispiel derzeitigen und künftigen, nicht an der Koordinierung beteiligten Wettbewerbern und Kunden) das erwartete Kollusionsergebnis gefährden können. Bestehen Marktzutrittsschranken, ist es in diesem Zusammenhang wahrscheinlicher, dass auf dem Markt dauerhaft ein Kollusionsergebnis erzielt werden kann.

82. Ein Kollusionsergebnis ist in symmetrischen Marktstrukturen eher wahrscheinlich. Wenn Unternehmen in Bezug auf Kosten, Nachfrage, Marktanteile, Produktpalette, Kapazitäten usw. homogen sind, ist es eher wahrscheinlich, dass sie sich auf Koordinierungsmodalitäten verständigen, weil ihre Anreize stärker aufeinander abgestimmt sind. Durch Informationsaustausch kann jedoch in manchen Fällen auch in heterogeneren Marktstrukturen ein Kollusionsergebnis möglich werden. Der Informationsaustausch könnte Unternehmen bewusst machen, wo Unterschiede zwischen ihnen bestehen, und ihnen helfen, Mittel zu finden, um ihrer Heterogenität im Rahmen der Koordinierung gerecht zu werden.

83. Die Stabilität eines Kollusionsergebnisses hängt auch davon ab, welchen Stellenwert die Unternehmen künftigen Gewinnen beimessen. Je höher die Unternehmen die kurzfristigen durch Unterbietung erzielbaren Gewinne gegenüber allen künftigen mit dem Kollusionsergebnis erzielbaren Gewinnen bewerten, desto unwahrscheinlicher ist es, dass sie in der Lage sein werden, sich überhaupt auf ein Kollusionsergebnis zu einigen.

84. Aus diesem Grund ist ein Kollusionsergebnis unter Unternehmen, die langfristig auf demselben Markt tätig sind, wahrscheinlicher, weil sie ein größeres Interesse an einer Koordinierung haben. Wenn ein Unternehmen weiß, dass es mit anderen auf lange Sicht interagieren wird, bestehen für dieses Unternehmen mehr Anreize, das Kollusionsergebnis zu erzielen, da die künftigen Gewinne aus dem Kollusionsergebnis mehr wert sein werden als die kurzfristigen Gewinne, die es erzielen könnte, wenn es abwiche, d. h., bevor die anderen Unternehmen die Abweichung bemerken und Vergeltungsmaßnahmen ergreifen.

85. Damit ein Kollusionsergebnis Bestand haben kann, müssen die Beteiligten wissen, dass bei Abweichung ernstzunehmende, rasche Vergeltungsmaßnahmen drohen. Kollusionsergebnisse haben keinen Bestand auf Märkten, auf denen die Folgen einer Abweichung nicht schwerwiegend genug sind, um die an einer Koordinierung beteiligten Unternehmen davon zu überzeugen, dass es in ihrem eigenen Interesse liegt, sich an die Modalitäten des Kollusionsergebnisses zu halten. So kann es auf Märkten, die sich durch potenzielle Großaufträge auszeichnen, schwierig sein, einen hinreichend wirksamen Abschreckungsmechanismus zu schaffen, weil der Nutzen einer zeitlich günstigen Abweichung groß, sicher und unmittelbar ausfallen mag, während die Nachteile aufgrund einer Bestrafung nur gering und ungewiss sein mögen und erst zeitlich versetzt eintreten. Die Glaubwürdigkeit des Abschreckungsmechanismus hängt auch davon ab, ob die anderen an der Koordinierung beteiligten

[1] Siehe Entscheidung der Kommission in den Sachen IV/31.370 und 31 446, UK Agricultural Tractor Registration Exchange (ABl. L 68 vom 13.3.1992, S. 19), Rdnr. 51, und Rs. T-35/92, John Deere/Kommission, Rdnr. 78 Absolute Stabilität der Marktanteile und Abwesenheit ausgeprägten Wettbewerbs sind aber keine notwendigen Voraussetzungen.

Unternehmen ein Interesse an Vergeltungsmaßnahmen haben, d. h. ausgehend von ihren kurzfristigen Verlusten aufgrund eines Preiskriegs gegenüber ihrem potenziellen langfristigen Gewinn, wenn sie eine Rückkehr zum Kollusionsergebnis bewirken können. So haben Unternehmen möglicherweise mehr Möglichkeiten, Vergeltungsmaßnahmen zu ergreifen, wenn sie auch über vertikale Geschäftsbeziehungen verbunden sind, die sie sich für Strafandrohungen zunutze machen können.

ii) Merkmale des Informationsaustauschs

Strategische Informationen

86. Tauschen Wettbewerber strategische Daten aus, d. h. Daten, die die strategische Ungewissheit auf dem Markt verringern, fällt dies wahrscheinlich eher unter den Artikel 101 als der Austausch anderer Datenarten. Die Weitergabe strategischer Daten kann wettbewerbsbeschränkende Auswirkungen haben, weil sie die Entscheidungsfreiheit der Parteien einschränkt, indem sie deren Wettbewerbsanreize reduziert. Strategische Informationen können sich beziehen auf Preise (zum Beispiel aktuelle Preise, Preisnachlässe, -erhöhungen, -senkungen und Rabatte), Kundenlisten, Produktionskosten, Mengen, Umsätze, Verkaufszahlen, Kapazitäten, Qualität, Marketingpläne, Risiken, Investitionen, Technologien sowie FuE-Programme und deren Ergebnisse. Strategisch am wichtigsten sind im allgemeinen Preis- und Mengeninformationen, gefolgt von Informationen über die Kosten und die Nachfrage. Wenn Unternehmen jedoch im FuE-Bereich miteinander konkurrieren, sind es die Technologiedaten, die für den Wettbewerb von größter strategischer Relevanz sind. Ob die Daten strategisch brauchbar sind, hängt auch von ihrer Aggregation, ihrem Alter, dem Marktkontext und der Häufigkeit des Austauschs ab.

Marktabdeckung

87. Ein Informationsaustausch wird dann wahrscheinlich wettbewerbsbeschränkende Auswirkungen haben, wenn die an dem Austausch beteiligten Unternehmen einen hinreichend großen Teil des relevanten Marktes abdecken. Andernfalls könnten die nicht am Informationsaustausch beteiligten Unternehmen die beteiligten in ihrem wettbewerbswidrigen Verhalten disziplinieren. So könnten die nicht am Informationsaustauschsystem beteiligten Unternehmen beispielsweise die äußere Stabilität eines Kollusionsergebnisses erschüttern, indem sie ihre Preise unterhalb des koordinierten Preisniveaus festsetzen.

88. Was ein „hinreichend großer Teil des relevanten Markts" ist, lässt sich nicht theoretisch festlegen, sondern hängt von den konkreten Fakten jedes Einzelfalls und der Art des jeweiligen Informationsaustauschs ab. Erfolgt hingegen der Informationsaustausch im Rahmen einer anderen Art von horizontaler Vereinbarung und geht er nicht über das Maß hinaus, das zu deren Umsetzung erforderlich ist, ist eine Marktabdeckung, die unterhalb der in dem einschlägigen Kapitel dieser Leitlinien, der betreffenden Gruppenfreistellungsverordnung[1] oder der De-Minimis-Bekanntmachung für die fragliche Art von Vereinbarung festgelegten Marktanteilsschwellen liegt, in der Regel nicht so groß, als dass der Informationsaustausch wettbewerbsbeschränkende Auswirkungen haben könnte.

[1] Für den Informationsaustausch im Kontext von FuE-Vereinbarungen gilt nach der FuE-Gruppenfreistellungsverordnung ein geschützter Bereich von 25%, wenn er nicht das für die Durchführung der Vereinbarung erforderliche Maß überschreitet. Für die Gruppenfreistellungsverordnung für Spezialisierungsvereinbarungen gilt ein geschützter Bereich von 20%.

Aggregierte/unternehmensspezifische Daten

89. Im Falle des Austauschs echter aggregierter Daten, d. h. von Daten, die nur mit hinreichender Schwierigkeit Rückschlüsse auf individuelle unternehmensspezifische Daten zulassen, sind wettbewerbsbeschränkende Auswirkungen viel weniger wahrscheinlich als beim Austausch unternehmensspezifischer Daten. Die Sammlung und Veröffentlichung von aggregierten Marktdaten (wie Verkaufsdaten, Daten über Mengen oder über Kosten der Vorleistungen und Komponenten) durch Berufsverbände und Unternehmen, die Marktdaten liefern kann sowohl Anbietern als auch Kunden zu Gute kommen, da sie ihnen erlaubt, sich ein deutlicheres Bild der Wirtschaftslage in einem Bereich zu machen. Diese Datensammlung und Veröffentlichung kann Marktteilnehmern ermöglichen, in bessere Kenntnis individuelle Entscheidungen zu treffen, um ihre Strategie in effizienter Weise den Marktbedingungen anzupassen. Im Allgemeinen ist es wenig wahrscheinlich, dass der Austausch aggregierter Daten zu wettbewerbsbeschränkenden Auswirkungen führt, außer im Falle eines solchen Austauschs in einem engen Oligopol. Dagegen erleichtert der Austausch individueller Daten die Verständigung auf dem Markt und Bestrafungsstrategien, denn er ermöglicht es den koordinierenden Unternehmen, abweichende Unternehmen und neue Marktteilnehmer zu identifizieren. Dennoch kann nicht ausgeschlossen werden, dass auch der Austausch aggregierter Daten auf Märkten mit besonderen Merkmalen ein Kollusionsergebnis begünstigen können. So können Mitglieder eines sehr engen, stabilen Oligopols, die aggregierte Daten austauschen, und feststellen, dass der Marktpreis unter ein bestimmtes Niveau fällt, automatisch davon ausgehen, dass ein Unternehmen vom Kollusionsergebnis abgewichen ist und können auf dem gesamten Markt Vergeltungsmaßnahmen auslösen. Mit anderen Worten: Um eine Kollusion stabil zu halten, müssen Unternehmen nicht immer wissen, wer abgewichen ist; es mag ausreichen, zu wissen, dass jemand abgewichen ist.

Alter der Daten

90. Der Austausch historischer Daten wird kaum zu einem Kollusionsergebnis führen, da diese Daten wahrscheinlich keinen Aufschluss über das künftige Verhalten der Wettbewerber geben und nicht zu einem gemeinsamen Verständnis des Marktes führen[1]. Außerdem ist es unwahrscheinlich, dass der Austausch historischer Daten die Überwachung von Abweichungen erleichtert, denn je älter die Daten sind, desto weniger nützlich sind sie, um Abweichungen rasch zu entdecken, so dass kein ernstzunehmendes Risiko prompter Vergeltungsmaßnahmen besteht[2]. Es gibt keine festgelegte Schwelle, ab der Daten zu historischen Daten werden, d. h., alt genug sind, um kein Wettbewerbsrisiko mehr darzustellen. Ob es sich bei Daten wirklich um historische Daten handelt, hängt von den besonderen Merkmalen des relevanten Marktes und insbesondere davon ab, wie häufig in der betreffenden Branche Neuverhandlungen über Preise stattfinden. So können Daten als historisch gelten, wenn sie um ein Mehrfaches älter sind als die durchschnittliche branchenübliche Laufzeit von Verträgen, sofern letztere Aufschluss über Preisneuverhandlungen geben. Der Punkt, an dem Daten zu historischen Daten werden, hängt ferner vom Datentyp, der Aggrega-

---

1 Die Erhebung historischer Daten kann auch für den Beitrag eines Branchenverbands zur Überprüfung der staatlichen Politik bestimmt sein.

2 So vertrat die Kommission in der Vergangenheit die Auffassung, dass der Austausch individueller Daten, die älter sind als ein Jahr, als Austausch historischer Daten und somit als nicht wettbewerbsbeschränkend im Sinne von Artikel 101 Absatz 1 anzusehen ist, während Informationen, die weniger als ein Jahr alt sind, als „jung" erachtet wurden; Entscheidung der Kommission in der Sache IV/31.370, UK Agricultural Tractor Registration Exchange, Rdnr. 50; Entscheidung der Kommission in der Sache IV/36.069, Wirtschaftsvereinigung Stahl (ABl. L 1 vom 3.1.1998, S. 10, Rdnr. 17).

tion, der Häufigkeit des Datenaustauschs und den Merkmalen des relevanten Marktes (zum Beispiel dessen Stabilität oder Transparenz) ab.

Häufigkeit des Informationsaustauschs

91. Häufiger Informationsaustausch, der sowohl eine bessere Kenntnis des Marktes als auch die Überwachung von Abweichungen ermöglicht, erhöht die Gefahr eines Kollusionsergebnisses. Auf weniger stabilen Märkten kann ein häufigerer Informationsaustausch als auf stabilen Märkten nötig sein, damit ein Kollusionsergebnis begünstigt wird. Auf Märkten mit langen Vertragslaufzeiten (die ein Anhaltspunkt dafür sind, dass nur selten Preisneuverhandlungen stattfinden) könnte deshalb schon ein weniger häufiger Informationsaustausch für ein Kollusionsergebnis ausreichen. Dagegen würde ein weniger häufiger Informationsaustausch auf Märkten, auf denen die Verträge kurze Laufzeiten haben und auf häufige Preisverhandlungen schließen lassen, nicht für ein Kollusionsergebnis ausreichen[1]. Die Häufigkeit mit der Informationen ausgetauscht werden müssen, um ein Kollusionsergebnis zu begünstigen, hängt jedoch von Art, Alter und Aggregation der Daten ab[2].

Öffentliche/nicht öffentliche Informationen

92. Der Austausch echter öffentlicher Informationen dürfte kaum einen Verstoß gegen Artikel 101 darstellen[3]. Echte öffentliche Informationen sind Informationen, zu denen alle Wettbewerber und Kunden (im Hinblick auf die Zugangskosten) gleichermaßen leicht Zugang haben. Informationen sind nur dann echte öffentliche Informationen, wenn es für Kunden und nicht am Austauschsystem beteiligte Unternehmen nicht teurer ist, sich diese Informationen zu beschaffen, als für die am Informationsaustausch beteiligten Unternehmen. Folglich würden Wettbewerber Daten, die sie ebenso leicht vom Markt beziehen könnten, normalerweise nicht untereinander austauschen, so dass in der Praxis der Austausch echter öffentlicher Daten unwahrscheinlich ist. Dagegen handelt es sich, auch wenn der Datenaustausch unter Wettbewerbern im sogenannten „öffentlichen Bereich" stattfindet, nicht um echte öffentliche Daten, wenn die mit der Beschaffung der Daten verbundenen Kosten so hoch sind, dass sie Unternehmen und Kunden davon abhalten, sich diese Informationen zu beschaffen[4]. Auch wenn es möglich ist, die Informationen auf dem Markt, zum Beispiel von Kunden, zu erhalten, bedeutet dies nicht zwangsläufig, dass es sich um Marktdaten handelt, die für Wettbewerber ohne weiteres zugänglich sind[5].

93. Selbst wenn die Informationen öffentlich zugänglich sind (zum Beispiel von Regulierungsbehörden veröffentlichte Informationen), könnte ein zusätzlicher Informationsaustausch zwischen den Wettbewerbern den Wettbewerb beschränken, wenn

---

[1] Allerdings könnten sporadische Verträge die Wahrscheinlichkeit einer ausreichend schnellen Vergeltungsmaßnahme verringern.

[2] Je nach Struktur des Marktes und Gesamtkontext des Austauschs kann jedoch nicht ausgeschlossen werden, dass schon ein einziger Informationsaustausch grundsätzlich ausreicht, um den beteiligten Unternehmen eine Abstimmung ihres Marktverhaltens zu ermöglichen (d. h. sich auf Koordinierungsmodalitäten zu verständigen) und so eine praktische Zusammenarbeit zu erreichen, die an die Stelle des Wettbewerbs und die mit ihm verbundenen Risiken. Siehe Rs. C-8/08 P, T-Mobile Netherlands, Rdnr. 59.

[3] Verbundene Rs. T-191/98 u. a., Atlantic Container Line (TACA), Slg. 2003. II-3275, Rdnr. 1154. Dies trifft nicht zu, wenn der Informationsaustausch einem Kartell dient.

[4] Die Tatsache, dass die an dem Austausch beteiligten Unternehmen die Daten vorab öffentlich bekanntgegeben haben (z. B. in einer Tageszeitung oder auf ihrer Website), bedeutet im Übrigen nicht unbedingt, dass ein anschließender nicht öffentlicher Datenaustausch nicht gegen Artikel 101 verstoßen würde.

[5] Siehe verbundene Rs. T-202/98 u. a., Tate & Lyle/Kommission, Rdnr. 60.

dadurch die Ungewissheit auf dem Markt verringert wird. In diesem Fall könnte es die über den Informationsaustausch erhaltene marginale Zusatzinformation sein, die auf dem Markt den Ausschlag dafür gibt, dass es zu einem Kollusionsergebnis kommt.

Öffentlicher/nicht öffentlicher Informationsaustausch

94. Ein Informationsaustausch ist dann wirklich öffentlich, wenn die ausgetauschten Daten (im Hinblick auf die Zugangskosten) allen Wettbewerbern und Abnehmern gleichermaßen zugänglich gemacht werden[1]. Die Tatsache, dass Informationen öffentlich ausgetauscht werden, kann die Wahrscheinlichkeit eines Kollusionsergebnisses auf dem Markt allerdings so weit reduzieren, dass nicht am Informationsaustausch beteiligte Unternehmen, potenzielle Wettbewerber und Kunden in der Lage sind, die potenziellen wettbewerbsbeschränkenden Auswirkungen in Grenzen zu halten[2]. Es kann aber nicht vollkommen ausgeschlossen werden, dass selbst der Austausch echter öffentlicher Informationen Kollusionsergebnisse auf dem Markt begünstigen kann.

2.3. Kartellrechtliche Würdigung nach Artikel 101 Absatz 3

2.3.1. Effizienzgewinne[3]

95. Informationsaustausch kann zu Effizienzgewinnen führen. So können Unternehmen aufgrund von Informationen über die Kosten der Wettbewerber effizienter arbeiten, wenn sie ihre eigene Leistung an der besten Praxis in der Branche messen und entsprechende interne Anreizsysteme entwickeln.

96. In bestimmten Situationen kann der Informationsaustausch den Unternehmen außerdem helfen, ihre Produktion auf nachfragestarke Märkte auszurichten (aufgrund von Nachfrageinformationen) oder Low-Cost-Unternehmen zuzuweisen (aufgrund von Kosteninformation). Die Wahrscheinlichkeit dieser Effizienzgewinne hängt von den Markteigenschaften ab, zum Beispiel davon, ob Firmen um Preise oder Mengen konkurrieren oder welche Ungewissheit auf dem Markt besteht. Manche Formen des Informationsaustauschs können in diesem Kontext beträchtliche Kosteneinsparungen ermöglichen, wenn sie zum Beispiel helfen, unnötige Lagerbestände abzubauen oder eine schnelle Auslieferung verderblicher Ware in Gebieten mit hoher Nachfrage bzw. deren Reduzierung in Gebieten mit niedriger Nachfrage ermöglichen (Beispiel 6, Rdnr. 110).

97. Auch der Austausch von Verbraucherdaten zwischen Unternehmen auf Märkten mit asymmetrischen Informationen über Verbraucher kann Effizienzgewinne erzeugen. So ist die Aufzeichnung vergangenen Verbraucherverhaltens bei Unfällen oder Kreditausfällen für Verbraucher ein Anreiz, ihre Risikoexposition in Grenzen zu halten. Zudem ermöglicht ein solcher Austausch den Unternehmen festzustellen, welche Verbraucher geringere Risiken tragen und in den Genuss niedrige-

---

[1] Dabei ist nicht ausgeschlossen, dass Kunden eine kostengünstige Datenbank angeboten wird, wobei diese selbst Daten beigesteuert haben und ihnen dadurch Kosten entstanden sein dürften.

[2] Um feststellen zu können, ob nicht am Informationsaustausch Beteiligte die aufgrund der Abstimmung erwarteten Ergebnisse gefährden könnten, ist es wichtig, etwaige Marktzutrittsschranken und die ausgleichende „Nachfragemacht" auf dem Markt zu untersuchen. Erhöhte Transparenz gegenüber den Kunden kann die Wahrscheinlichkeit eines Kollusionsergebnisses entweder verringern oder erhöhen, weil sich Abweichungen angesichts einer höheren Preiselastizität der Nachfrage zwar eher lohnen, die Vergeltungsmaßnahmen aber auch härter ausfallen.

[3] Die Erörterung potenzieller Effizienzgewinne durch den Informationsaustausch ist weder abschließend noch erschöpfend.

rer Preise kommen sollten. In diesem Zusammenhang kann ein Informationsaustausch auch ein Kunden-Lock-In lockern und damit den Wettbewerb fördern. Schließlich ist zu bedenken, dass die Informationen grundsätzlich je nach vertraglicher Beziehung variieren und die Verbraucher im Falle eines Wechsels zu einem anderen Wettbewerber die mit diesen Informationen verbundenen Vorteile verlieren würden. Beispiele für derartige Effizienzgewinne finden sich im Banken- und Versicherungssektor, in dem häufig Informationen über Kundenverzug und Risikomerkmale ausgetauscht werden.

98. In manchen Fällen kann der Austausch von Daten über frühere und aktuelle Marktanteile sowohl den Unternehmen als auch den Verbrauchern Vorteile bringen, denn die Unternehmen können diese Informationen gegenüber den Verbrauchern als Qualitätsbeweis ihrer Produkte verwenden. In Fällen unvollständiger Informationen über die Produktqualität verschaffen sich die Verbraucher häufig auf indirektem Wege Informationen über die relativen Produkteigenschaften wie Preise und Marktanteile (so verwenden sie zum Beispiel Bestsellerlisten vor dem Bücherkauf).

99. Ein echter öffentlicher Informationsaustausch kann für die Verbraucher auch dadurch von Vorteil sein, dass er ihnen hilft, eine fundierte Entscheidung zu treffen (und die Suchkosten senkt). Dadurch profitieren die Verbraucher am ehesten von dem öffentlichen Austausch aktueller Daten, weil diese für ihre Kaufentscheidungen am wichtigsten sind. Ein öffentlicher Austausch von Informationen über aktuelle Inputpreise kann die Suchkosten von Unternehmen verringern, ein Umstand, der Verbrauchern normalerweise in Form niedrigerer Endpreise zugutekommt. Dass ein solcher unmittelbarer Verbrauchernutzen durch den Austausch von Informationen über künftige Preisentscheidungen entsteht, ist weniger wahrscheinlich, weil Unternehmen, die ihre Preisfestsetzungsabsichten ankündigen, ihre Preise wahrscheinlich noch einmal ändern, bevor die Verbraucher auf der Grundlage dieser Informationen tatsächlich kaufen. Die Verbraucher können sich im Allgemeinen nicht auf die Absichten von Unternehmen verlassen, wenn sie ihre Ausgaben planen. Unternehmen können allerdings, zum Beispiel wenn sie wiederholt mit Verbrauchern in Kontakt stehen und diese sich auf die Preisankündigungen verlassen oder wenn Kunden Vorbestellungen aufgeben können, in gewissem Maße so diszipliniert werden, dass sie sich an ihre Preisankündigungen halten. In solchen Fällen kann der Austausch von zukunftsbezogenen Informationen die Ausgabenplanung von Verbrauchern erleichtern.

100. Der Austausch aktueller und historischer Daten führt mit größerer Wahrscheinlichkeit zu Effizienzgewinnen als der Austausch von Informationen über Absichten. Dennoch kann unter bestimmten Umständen die Ankündigung von Absichten auch Effizienzgewinne erzeugen. So können Unternehmen überflüssigen, kostspieligen Aufwand und Ressourcenverschwendung vermeiden, wenn sie zum Beispiel schon früh wissen, wer einen Forschungswettlauf gewinnt[1].

2.3.2. Unerlässlichkeit

101. Wettbewerbsbeschränkungen, die über das Maß hinaus gehen, das zur Verwirklichung der Effizienzgewinne durch einen Informationsaustausch notwendig ist, erfüllen nicht die Voraussetzungen des Artikels 101 Absatz 3. Um die Voraussetzung der Unerlässlichkeit zu erfüllen, müssen die Parteien nachweisen, dass die Daten in Bezug auf Gegenstand, Aggregation, Alter und Vertraulichkeit sowie die Häufigkeit und Tragweite des Austauschs so beschaffen sind, dass sie nur mit den Risiken verbunden sind, die im Hinblick auf die Verwirklichung der geltend gemachten Effizienzge-

---

[1] Solche Effizienzgewinne müssten gegenüber den potenziellen negativen Auswirkungen (z. B. eine die Innovation begünstigende Einschränkung des Wettbewerbs auf dem Markt) abgewogen werden.

winne unerlässlich sind. Außerdem sollte der Austausch keine anderen Informationen betreffen als die Variablen, die für die Erzielung der Effizienzgewinne relevant sind. So wäre für Benchmarking-Zwecke ein Austausch unternehmensspezifischer Daten normalerweise nicht unerlässlich, weil zum Beispiel aggregierte Informationen in Form eines Unternehmensrankings die geltend gemachten Effizienzgewinne genauso gut und mit geringerem Risiko eines Kollusionsergebnisses hervorbringen können (Beispiel 4). Schließlich ist es grundsätzlich unwahrscheinlich, dass der Austausch von unternehmensspezifischen zukunftsbezogenen Daten unerlässlich ist, vor allem, wenn er Preise und Mengen betrifft.

102. Gleichermaßen wird ein Informationsaustausch im Rahmen horizontaler Vereinbarungen die Voraussetzungen des Artikels 101 Absatz 3 wahrscheinlich eher erfüllen, wenn er nicht über das zur Verwirklichung des wirtschaftlichen Zwecks der Vereinbarung erforderliche Maß hinausgeht (zum Beispiel die gemeinsame Nutzung der für eine FuE-Vereinbarung erforderlichen Technologie oder der Austausch von Kostendaten im Rahmen einer Produktionsvereinbarung).

2.3.3. Weitergabe an die Verbraucher

103. Durch unerlässliche Beschränkungen erzielte Effizienzgewinne müssen in dem Maße an die Verbraucher weitergegeben werden, dass sie die wettbewerbsbeschränkenden Auswirkungen eines Informationsaustauschs überwiegen. Je weniger Marktmacht die an dem Informationsaustausch beteiligten Parteien haben, desto wahrscheinlicher ist es, dass die Effizienzgewinne an die Verbraucher in einem Maße weitergegeben werden, dass sie die wettbewerbsbeschränkenden Auswirkungen überwiegen.

2.3.4. Keine Ausschaltung des Wettbewerbs

104. Die Kriterien des Artikels 101 Absatz 3 sind nicht erfüllt, wenn die am Informationsaustausch beteiligten Unternehmen die Möglichkeit haben, den Wettbewerb für einen beträchtlichen Teil der betroffenen Produkte auszuschalten.

2.4. Beispiele

105. Austausch der geplanten Preise als bezweckte Wettbewerbsbeschränkung

Beispiel 1

Sachverhalt: Ein Verband von Busunternehmen in Land X verbreitet unternehmensspezifische Informationen über die für die Zukunft geplanten Preise ausschließlich an die Mitgliedsunternehmen. Die Information betreffen u. a. den geplanten Fahrpreis und die Strecke, für die der Preis gilt, und mögliche Beschränkungen, die in Verbindung mit diesem Preis gelten, zum Beispiel Verbrauchergruppen, die eine Fahrkarte zu diesem Preis kaufen können, Notwendigkeit einer Anzahlung oder eines Mindestaufenthalts, zulässiger Verkaufszeitraum (Anfangs- und Enddatum) und zulässiger Verwendungszeitraum (erster und letzter Geltungstag) für Fahrkarten mit diesem Preis.

Analyse: Dieser Informationsaustausch, der auf Beschluss einer Unternehmensvereinigung erfolgt, betrifft Preisabsichten von Wettbewerbern. Er ist ein sehr effizientes Mittel, wenn ein Kollusionsergebnis erzielt werden soll, und stellt somit eine bezweckte Wettbewerbsbeschränkung dar, da es den Unternehmen freisteht, die im Verband selbst angekündigten Preise zu ändern, sobald sie erfahren, dass ihre Wettbewerber beabsichtigen, höhere Preise zu verlangen. Auf diese Weise können die Unternehmen gemeinsam ein höheres Preisniveau erreichen, ohne Marktanteileinbußen zu riskieren. So kann Busunternehmen A heute für Reisen ab dem nächsten Monat höhere Preise für die Strecke von Stadt 1 zu Stadt 2 ankündigen. Da diese Information allen anderen Busunternehmen zugänglich ist, kann A dann abwarten, wie seine Wettbewerber auf diese Preisankündigung reagieren. Wenn ein Wettbewerber, zum Beispiel Unternehmen B, auf derselben Strecke die Preise an dasselbe Niveau anpasst, würde die Ankündigung von A unverändert bestehen bleiben und später wahrscheinlich auch umgesetzt werden. Sollte hingegen Unternehmen B seine Preise nicht auf dasselbe Niveau anheben, könnte Unternehmen A seine Fahrpreise immer noch korrigieren. Die Anpassung würde so lange fortgesetzt, bis alle Unternehmen auf einem gemeinsamen höheren, aber wettbewerbswidrigen Preisniveau konvergieren. Dieser Informationsaustausch dürfte kaum die Voraussetzungen des Artikels 101 Absatz 3 erfüllen. Der Informationsaustausch ist auf Wettbewerber beschränkt, d. h., die Kunden der Busunternehmen haben keinen direkten Nutzen.

106. Austausch aktueller Preise mit ausreichenden Effizienzgewinnen für die Verbraucher

Beispiel 2
Sachverhalt: Ein nationales Fremdenverkehrsamt und ein Busunternehmen in einem kleinen Land X vereinbaren, Informationen über die aktuellen Preise von Busfahrkarten über eine frei zugängliche Website auszutauschen (anders als in Beispiel 1, Rdnr. 105, können die Verbraucher bereits Fahrkarten zu den ausgetauschten Preisen und Konditionen kaufen; es handelt sich also nicht um für die Zukunft geplante Preise, sondern um die aktuellen Preise jetziger und künftiger Dienstleistungen). Die Informationen betreffen u. a. den geplanten Fahrpreis und die Strecke, für die der Preis gilt, und mögliche Beschränkungen, die in Verbindung mit diesem Preis gelten, zum Beispiel Verbrauchergruppen, die eine Fahrkarte zu diesem Preis kaufen können, Notwendigkeit einer Anzahlung oder eines Mindestaufenthalts, zulässiger Verwendungszeitraum (erster und letzter Geltungstag) für Fahrkarten mit diesem Preis. Busreisen in Land X gehören nicht zu demselben relevanten Markt wie Zug- und Flugreisen. Es wird unterstellt, dass es sich bei dem relevanten Markt um einen konzentrierten, stabilen und vergleichsweise wenig komplexen Markt handelt und die Preisbildung durch den Informationsaustausch transparent wird.
Analyse: Bei diesem Informationsaustausch handelt es sich nicht um eine bezweckte Wettbewerbsbeschränkung. Die Unternehmen tauschen sich über die aktuellen, nicht über die künftigen Preise aus, denn sie verkaufen effektiv bereits Fahrkarten zu diesen Preisen (anders als in Beispiel 1, Rdnr. 105). Deshalb ist dieser Informationsaustausch wahrscheinlich ein weniger geeignetes Instrument, um einen Orientierungspunkt für die Koordinierung zu bestimmen. Angesichts der Marktstruktur und der strategischen Relevanz der Daten wird dieser Informationsaustausch aber wahrscheinlich ein wirksamer Mechanismus sein, um bei dieser Marktkonstellation zu erwartende Abweichungen von einem Kollusionsergebnis zu überwachen. Deshalb könnte dieser Informationsaustausch wettbewerbsbeschränkende Auswirkungen im Sinne von Artikel 101 Absatz 1 haben. Auch wenn die Möglichkeit, Abweichungen zu überwachen, gewisse wettbewerbswidrige Auswirkungen haben könnte, ist dennoch wahrscheinlich, dass die durch den Informationsaustausch erzielten Effizienzgewinne in einem Maße an die Verbraucher weitergegeben werden, dass wettbewerbsbeschränkende Auswirkungen im Hinblick auf Wahrscheinlichkeit und Ausmaß weniger schwer wiegen. Anders als in Beispiel 1, Rdnr. 105, ist der Informationsaustausch öffentlich, und die Verbraucher können wirklich Fahrkarten zu den ausgetauschten Preisen und Konditionen kaufen. Es ist deshalb wahrscheinlich, dass dieser Informationsaustausch für die Verbraucher von unmittelbarem Nutzen ist, indem er ihre Suchkosten verringert und ihre Auswahlmöglichkeiten verbessert und damit letztlich auch den Preiswettbewerb stimuliert. Aus diesen Gründen ist davon auszugehen, dass die Voraussetzungen des Artikels 101 Absatz 3 erfüllt sind.

107. Aktuelle aus den ausgetauschten Informationen ableitbare Preise

Beispiel 3
Sachverhalt: Die Luxushotels in der Hauptstadt des Landes A arbeiten in einem engen, nicht komplexen, stabilen Oligopol mit weitgehend homogenen Kostenstrukturen und bilden somit einen von anderen Hotels getrennten relevanten Markt. Sie tauschen direkt unternehmensspezifische Informationen über aktuelle Belegungsquoten und Einnahmen aus. In diesem Fall können die Parteien aus den ausgetauschten Informationen die aktuellen Preise direkt ableiten.
Analyse: Solange dieser Informationsaustausch kein verdecktes Mittel ist um Informationen über künftige Absichten auszutauschen handelt es sich nicht um eine bezweckte Wettbewerbsbeschrän-

kung, weil die Hotels lediglich Gegenwartsdaten austauschen und keine Informationen über für die Zukunft geplante Preise oder Mengen. Der Informationsaustausch könnte jedoch wettbewerbsbeschränkende Auswirkungen im Sinne von Artikel 101 Absatz 1 haben, weil das Wissen um die tatsächlich praktizierten Preise es für die Unternehmen wahrscheinlich leichter machen würde, ihr Wettbewerbsverhalten zu koordinieren (Abstimmung). Er würde aller Wahrscheinlichkeit nach dazu verwendet werden, Abweichungen vom Kollusionsergebnis zu überwachen. Der Informationsaustausch erhöht die Transparenz auf dem Markt, denn obwohl die Hotels normalerweise ihre Preislisten veröffentlichen, bieten sie doch nach Preisverhandlungen oder für Frühbucher und Gruppen eine Reihe von Nachlässen vom Listenpreis an. Deshalb handelt es sich bei der marginalen Zusatzinformation, die zwischen den Hotels nichtöffentlich ausgetauscht wird, um sensible Geschäftsinformationen, d. h. um Informationen von strategischem Nutzen. Dieser Austausch wird ein Kollusionsergebnis auf dem Markt wahrscheinlich begünstigen, weil die beteiligten Parteien ein enges, nichtkomplexes und stabiles Oligopol bilden und langfristig in einer Wettbewerbsbeziehung stehen (wiederholte Interaktion). Außerdem sind die Kostenstrukturen der Hotels weitgehend homogen. Und schließlich können weder die Verbraucher noch der Marktzutritt eines neuen Marktteilnehmers das wettbewerbswidrige Verhalten der etablierten Unternehmen begrenzen, da die Verbraucher geringe Nachfragemacht haben und die Marktzutrittsschranken hoch sind. In diesem Fall könnten die Parteien wahrscheinlich nicht nachweisen, dass der Informationsaustausch Effizienzgewinne erzeugt, die in einem solchen Maße an die Verbraucher weitergegeben werden, dass sie die wettbewerbswidrigen Auswirkungen überwiegen. Infolgedessen ist es unwahrscheinlich, dass die Voraussetzungen des Artikels 101 Absatz 3 erfüllt sind.

108. Benchmarking-Vorteile – Die Kriterien des Artikels 101 Absatz 3 sind nicht erfüllt

Beispiel 4
Sachverhalt: Drei große Unternehmen mit einem Marktanteil von insgesamt 80% auf einem stabilen, nicht komplexen, konzentrierten Markt mit hohen Zutrittsschranken tauschen häufig und direkt in nicht öffentlicher Weise untereinander Informationen über einen wesentlichen Teil ihrer individuellen Kosten aus, um nach eigenen Angaben ihre Leistungsfähigkeit mit der ihrer Wettbewerber zu vergleichen und auf diese Weise effizienter zu werden.
Analyse: Bei diesem Informationsaustausch handelt es sich grundsätzlich nicht um eine bezweckte Wettbewerbsbeschränkung. Deshalb müssen seine Auswirkungen auf den Markt geprüft werden. Wegen der Marktstruktur, der Tatsache, dass die ausgetauschten Informationen einen großen Anteil der variablen Kosten der Unternehmen betreffen, der individualisierten Präsentation der Daten und der weitreichenden Abdeckung des relevanten Marktes wird dieser Informationsaustausch ein Kollusionsergebnis wahrscheinlich begünstigen und damit auch wettbewerbswidrige Auswirkungen im Sinne von Artikel 101 Absatz 1 haben. Es ist unwahrscheinlich, dass die Kriterien des Artikels 101 Absatz 3 erfüllt sind, denn die geltend gemachten Effizienzgewinne könnten mit weniger wettbewerbsbeschränkenden Mitteln erreicht werden, zum Beispiel durch Erhebung, Anonymisierung und Aggregation der Daten durch einen Dritten in einer Art Unternehmensranking. Da die Parteien in diesem Fall außerdem ein sehr enges, nichtkomplexes und stabiles Oligopol bilden, könnte schließlich sogar der Austausch aggregierter Daten ein Kollusionsergebnis auf dem Markt begünstigen. Dies wäre allerdings sehr unwahrscheinlich, wenn dieser Informationsaustausch auf einem nichttransparenten, fragmentierten, instabilen und komplexen Markt stattfände.

109. Echte öffentliche Informationen

Beispiel 5
Sachverhalt: Vier Unternehmen, denen sämtliche Tankstellen in einem großen Land A gehören, tauschen per Telefon ihre aktuellen Benzinpreise aus. Sie behaupten, dieser Informationsaustausch könne keine wettbewerbsbeschränkenden Auswirkungen haben, weil die Informationen öffentlich seien und an jeder Tankstelle auf großen Schildern bekanntgegeben würden.
Analyse: Bei den per Telefon ausgetauschten Preisdaten handelt es sich nicht um echte öffentliche Informationen, weil beträchtliche Zeit- und Transportkosten aufgebracht werden müssten, um

dieselben Informationen auf andere Weise zu erhalten. Es müssten weite Strecken zurückgelegt werden, um Preisangaben von den Preistafeln der Tankstellen im ganzen Land zu sammeln. Die Kosten hierfür können theoretisch jedoch hoch sein, so dass die Information im Grunde nur durch den Informationsaustausch beschafft werden können. Außerdem ist der Austausch systematisch und deckt den gesamten relevanten Markt ab, bei dem es sich um ein enges, nichtkomplexes, stabiles Oligopol handelt. Deshalb wird er wahrscheinlich ein Klima gegenseitiger Sicherheit über die Preispolitik der Wettbewerber schaffen und auf diese Weise ein Kollusionsergebnis wahrscheinlich begünstigen. Infolgedessen könnte dieser Informationsaustausch wettbewerbsbeschränkende Auswirkungen im Sinne von Artikel 101 Absatz 1 haben.

110. Effizienzgewinn in Form einer besseren Bedienung der Nachfrage

Beispiel 6
Sachverhalt: Es gibt fünf Hersteller von frischem Karottensaft in Flaschen auf dem relevanten Markt. Die Nachfrage nach diesem Produkt schwankt stark und ist von Ort zu Ort und zu unterschiedlichen Zeitpunkten unterschiedlich. Der Saft muss nach der Produktion innerhalb eines Tages verkauft und verbraucht werden. Die Hersteller vereinbaren die Gründung eines unabhängigen Marktforschungsunternehmens, das täglich aktuelle Informationen über die nicht verkauften Saftmengen in jeder Verkaufsstelle erhebt und diese dann in der nächsten Woche in aggregierter Form (je Verkaufsstelle) auf seiner Website veröffentlicht. Die veröffentlichten Statistiken ermöglichen es den Herstellern und den Einzelhändlern, die Nachfrage besser vorherzusehen und das Produkt besser zu positionieren. Vor Aufnahme des Informationsaustauschs meldeten die Einzelhändler große Mengen verdorbener Säfte und reduzierten deshalb ihre Safteinkäufe bei den Herstellern, d. h., der Markt funktionierte nicht effizient. Dies hatte zur Folge, dass die Nachfrage in bestimmten Zeiträumen und Gebieten häufiger nicht gedeckt wurde. Dank des Informationsaustauschsystems, das eine bessere Vorhersage von Über- und Unterangebot ermöglicht, nehmen die Fälle ungedeckter Verbrauchernachfrage stark ab und die auf dem Markt verkaufte Saftmenge zu.
Analyse: Obwohl der Markt relativ konzentriert und die ausgetauschten Daten aktuell und strategisch relevant sind, ist es nicht sehr wahrscheinlich, dass dieser Austausch ein Kollusionsergebnis begünstigen würde, weil ein solches Ergebnis auf einem derart instabilen Markt ohnehin unwahrscheinlich wäre. Selbst wenn durch den Austausch eine gewisse Gefahr wettbewerbsbeschränkender Auswirkungen besteht, werden diese potenziellen wettbewerbsbeschränkenden Auswirkungen wahrscheinlich durch die Effizienzgewinne infolge des erhöhten Angebots an Orten mit hoher Nachfrage und des geringeren Angebots an Orten mit geringer Nachfrage aufgewogen. Die Informationen werden öffentlich und in aggregierter Form ausgetauscht, was weniger Risiken für den Wettbewerb birgt, als ein nicht öffentlicher Austausch individueller Daten. Der Informationsaustausch geht deshalb nicht über das für die Behebung des Marktversagens erforderliche Maß hinaus. Daher ist anzunehmen, dass dieser Informationsaustausch die Kriterien des Artikels 101 Absatz 3 erfüllt.

3. Vereinbarungen über Forschung und Entwicklung

3.1. Definition

111. Form und Geltungsbereich von Vereinbarungen über Forschung und Entwicklung (FuE-Vereinbarungen) sind sehr unterschiedlich. Sie reichen vom Outsourcing bestimmter FuE-Anstrengungen über die gemeinsame Verbesserung bestehender Technologien bis zur Zusammenarbeit bei Forschung, Entwicklung und Marketing völlig neuer Produkte. Mögliche Formen sind die Vereinbarung einer Zusammenarbeit oder ein gemeinsam kontrolliertes Unternehmen. Dieses Kapitel gilt für sämtliche Formen von FuE-Vereinbarungen, einschließlich miteinander verbundener Vereinbarungen über die Produktion oder die Vermarktung der FuE-Ergebnisse.

3.2. Relevante Märkte

112. Bei der Abgrenzung der relevanten Märkte für die Würdigung der Auswirkungen einer FuE-Vereinbarung müssen zunächst die Produkte, Technologien oder FuE-Anstrengungen ermittelt werden, von denen der größte Wettbewerbsdruck auf die Parteien ausgehen wird. Am einen Ende des Spektrums möglicher Fälle kann die Innovation zu Produkten oder Technologien führen, die auf einem bestehenden Produkt- oder Technologiemarkt mit anderen im Wettbewerb stehen. Dies ist unter anderem bei Forschung und Entwicklung, die kleine Verbesserungen oder Abwandlungen, zum Beispiel neue Modelle bestimmter Produkte zum Ziel hat, der Fall. Hier betreffen mögliche Auswirkungen den Markt für bestehende Produkte. Am anderen Ende des Spektrums kann die Innovation zu einem völlig neuen Produkt führen, für das ein eigener neuer Produktmarkt entsteht (zum Beispiel ein neuer Impfstoff für eine vorher unheilbare Krankheit). Viele Fälle liegen jedoch zwischen diesen beiden Extremen, d. h. aus den Innovationsanstrengungen gehen Produkte oder Technologien hervor, die im Laufe der Zeit bestehende Produkte oder Technologien ersetzen (wie zum Beispiel die CD die Schallplatte ersetzt hat). Bei einer sorgfältigen Prüfung dieser Fälle sind sowohl die bestehenden Märkte als auch die Auswirkungen der Vereinbarung auf die Innovation zu berücksichtigen.

Bestehende Produktmärkte

113. Geht es bei der Zusammenarbeit um Forschung und Entwicklung zur Verbesserung bestehender Produkte, so bilden die bestehenden Produkte und ihre nahen Substitute den von der Zusammenarbeit betroffenen relevanten Markt[1].

114. Zielen die FuE-Anstrengungen auf eine wesentliche Änderung bestehender Produkte oder gar auf neue Produkte, die bestehende Produkte ersetzen, ab, so kann die Substitution der bestehenden Produkte unvollkommen sein oder erst langfristig erfolgen. Es kann daher der Schluss gezogen werden, dass die alten und die möglicherweise neu entstehenden Produkte nicht demselben relevanten Markt angehören[2]. Der Markt für bestehende Produkte kann jedoch betroffen sein, wenn es wahrscheinlich ist, dass die Bündelung der FuE-Anstrengungen zum Beispiel wegen des Austauschs wettbewerbsrelevanter Informationen über den Markt für bestehende Produkte dazu führt, dass die Parteien als Anbieter bestehender Produkte ihr Verhalten koordinieren.

115. Betrifft die Forschung und Entwicklung eine wichtige Komponente eines Endprodukts, so kann nicht nur der Markt für diese Komponente, sondern auch der bestehende Markt für das Endprodukt für die Prüfung von Bedeutung sein. Wenn zum Beispiel Automobilhersteller bei der Forschung und Entwicklung für einen neuen Motorentyp zusammenarbeiten, kann der Automobilmarkt von dieser Zusammenarbeit betroffen sein. Der Markt für die Endprodukte ist für die Prüfung jedoch nur von Belang, wenn es sich bei der Komponente, die Gegenstand der Forschung und Entwicklung ist, um einen technisch oder wirtschaftlich wesentlichen Bestandteil dieser Endprodukte handelt und wenn die Parteien der FuE-Vereinbarung hinsichtlich der Endprodukte über Marktmacht verfügen.

Bestehende Technologiemärkte

116. Die FuE-Zusammenarbeit kann sich über die Produkte hinaus auch auf die entsprechende Technologie erstrecken. Werden die Rechte des geistigen Eigentums

---

[1] Siehe die Bekanntmachung über die Definition des relevanten Marktes.

[2] Siehe auch die Leitlinien der Kommission zur Anwendung von Artikel 81 EG-Vertrag auf Technologietransfer-Vereinbarungen („Leitlinien für den Technologietransfer"), Rdnr. 33 (ABl. C 101 vom 27.4.2004, S. 2).

getrennt von den Produkten vermarktet, auf die sie sich beziehen, so muss auch der relevante Technologiemarkt abgegrenzt werden. Technologiemärkte bestehen aus dem geistigen Eigentum, für das Lizenzen erteilt werden, und seinen nahen Substituten, d. h. anderen Technologien, die die Kunden stattdessen nutzen könnten.

117. Für die Abgrenzung von Technologiemärkten gelten die gleichen Grundsätze wie für die Abgrenzung von Produktmärkten[1]. Ausgehend von der Technologie, die von den Parteien vermarktet wird, sind die anderen Technologien zu ermitteln, zu denen die Kunden als Reaktion auf eine geringe, nicht nur vorübergehende Erhöhung der relativen Preise überwechseln könnten. Sobald diese Technologien ermittelt sind, können die Marktanteile berechnet werden, indem man die Lizenzeinnahmen der Parteien durch die Gesamtheit der Lizenzeinnahmen aller Lizenzgeber dividiert.

118. Die Stellung der Parteien auf dem Markt für die bestehende Technologie ist als Prüfungskriterium von Bedeutung, wenn die FuE-Zusammenarbeit auf eine erhebliche Verbesserung einer bestehenden Technologie oder auf eine neue Technologie abzielt, die die bestehende Technologie wahrscheinlich ablösen wird. Der Marktanteil der Parteien kann bei dieser Prüfung jedoch nur als Ausgangspunkt dienen. Auf Technologiemärkten muss dem potenziellen Wettbewerb besondere Bedeutung beigemessen werden. Wenn Unternehmen, die derzeit keine Lizenzen für ihre Technologie erteilen, potenzielle neue Anbieter auf dem Technologiemarkt sind, könnten sie die Möglichkeiten der Parteien beschränken, die Preise für ihre Technologie gewinnbringend zu erhöhen. Dieser Aspekt kann auch unmittelbar bei der Berechnung der Marktanteile berücksichtigt werden, indem diese anhand der Umsätze ermittelt werden, die mit den Produkten, die die lizenzierte Technologie enthalten, auf nachgelagerten Produktmärkten erzielt werden (siehe Randnummern 123 bis 126).

Wettbewerb im Bereich der Innovation (FuE-Anstrengungen)

119. Die FuE-Zusammenarbeit kann nicht nur den Wettbewerb auf bestehenden Märkten, sondern auch den Wettbewerb im Bereich der Innovation und auf neuen Produktmärkten beeinträchtigen. Dies ist der Fall, wenn die FuE-Zusammenarbeit auf die Entwicklung neuer Produkte oder Technologien abzielt, die eines Tages bestehende Produkte bzw. Technologien ersetzen könnten oder die für einen neuen Verwendungszweck entwickelt werden und deshalb nicht bestehende Produkte ersetzen, sondern eine völlig neue Nachfrage schaffen sollen. Die Auswirkungen auf den Wettbewerb im Bereich der Innovation sind erheblich, können aber in einigen Fällen durch die Analyse des tatsächlichen oder potenziellen Wettbewerbs auf bestehenden Produkt- bzw. Technologiemärkten nicht hinreichend gewürdigt werden. Hier sind je nach Art des in einer Branche stattfindenden Innovationsprozesses zwei Szenarien zu unterscheiden.

120. Im ersten Szenario, das zum Beispiel in der pharmazeutischen Industrie anzutreffen ist, ist der Innovationsprozess so strukturiert, dass bereits in der Anfangsphase konkurrierende FuE-Pole ausgemacht werden können. Konkurrierende FuE-Pole sind FuE-Anstrengungen, die auf ein neues Produkt oder eine neue Technologie gerichtet ist, und die Substitute für diese Forschung und Entwicklung, d. h. FuE-Anstrengungen mit ähnlichem Zeitplan, die auf die Entwicklung von Substituten für die im Rahmen der Zusammenarbeit entwickelten Produkte oder Technologien abzielen. In diesem Fall kann geprüft werden, ob nach Abschluss der Vereinbarung eine ausreichende Anzahl von FuE-Polen übrigbleibt. Ausgangspunkt ist die Forschung und Entwicklung der Parteien. Anschließend sind ernstzunehmende konkurrierende FuE-Pole zu ermitteln. Bei der Prüfung, ob es sich um ernstzunehmende Wettbewer-

[1] Siehe die Bekanntmachung über die Definition des relevanten Marktes; siehe auch die Leitlinien für den Technologietransfer, Rdnrn. 19ff.

ber handelt, sind die folgenden Gesichtspunkte zu berücksichtigen: Art, Bereich und Umfang anderer FuE-Anstrengungen, Zugang zu Finanz- und Humanressourcen, Know-how/Patenten oder anderen spezifischen Vermögenswerten sowie Zeitplan und Fähigkeit zur Verwertung der Ergebnisse. Ein FuE-Pol ist kein ernstzunehmender Wettbewerber, wenn er zum Beispiel hinsichtlich des Zugangs zu Ressourcen oder des Zeitplans nicht als nahes Substitut für die FuE-Anstrengungen der Parteien angesehen werden kann.

121. Die Zusammenarbeit kann nicht nur unmittelbare Auswirkungen auf die Innovation selbst haben, sondern auch einen neuen Produktmarkt beeinträchtigen. Es wird häufig schwierig sein, die Auswirkungen auf einen solchen Markt direkt zu prüfen, der ja per definitionem noch nicht besteht. Die Analyse solcher Märkte wird daher häufig indirekt im Rahmen der Analyse des Wettbewerbs im Bereich der Innovation vorgenommen werden. Es kann jedoch notwendig sein, die Auswirkungen bestimmter Aspekte der Vereinbarung, die über die FuE-Phase hinausgehen, auf einen solchen Markt direkt zu prüfen. Eine FuE-Vereinbarung, die die gemeinsame Produktion und Vermarktung auf dem neuen Produktmarkt umfasst, kann zum Beispiel anders geprüft werden als eine reine FuE-Vereinbarung.

122. Im zweiten Szenario sind die Innovationsarbeiten einer Branche nicht so klar strukturiert, dass FuE- Pole ausgemacht werden können. Sofern keine außergewöhnlichen Umstände vorliegen, versucht die Kommission in diesem Fall nicht, die Auswirkungen einer FuE-Zusammenarbeit auf die Innovation zu ermitteln, sondern beschränkt ihre Prüfung vielmehr auf die bestehenden Produkt- und/oder Technologiemärkte, die mit der betreffenden FuE-Zusammenarbeit verbunden sind.

Berechnung der Marktanteile

123. Bei der Berechnung der Marktanteile für die Zwecke der FuE-Gruppenfreistellungsverordnung und dieser Leitlinien ist zwischen bestehenden Märkten und dem Wettbewerb im Bereich der Innovation zu unterscheiden. Ausgangspunkt zu Beginn einer FuE-Zusammenarbeit ist der bestehende Markt für die Produkte, die durch die zu entwickelnden Produkte verbessert, ausgetauscht oder ersetzt werden können. Zielt die FuE-Vereinbarung nur auf die Verbesserung oder Verfeinerung bestehender Produkte ab, so umfasst dieser Markt die unmittelbar von der Forschung und Entwicklung betroffenen Produkte. Die Marktanteile können somit anhand des Absatzwerts der bestehenden Produkte berechnet werden.

124. Zielt die Forschung und Entwicklung jedoch auf die Ersetzung eines bestehenden Produkts ab, so wird das neue Produkt im Erfolgsfall zum Substitut des bestehenden Produkts. Um die Wettbewerbsstellung der Parteien zu ermitteln, können die Marktanteile auch hier anhand des Absatzwerts der bestehenden Produkte berechnet werden. Deshalb wird in der FuE-Gruppenfreistellungsverordnung für die Freistellung in diesen Fällen der Anteil am relevanten Markt für die Produkte, die durch die Vertragsprodukte verbessert, ausgetauscht oder ersetzt werden können[1], zugrunde gelegt. Eine Vereinbarung fällt nur unter die FuE-Gruppenfreistellungsverordnung, wenn dieser Marktanteil höchstens 25% beträgt[2].

125. Bei den Technologiemärkten besteht eine mögliche Vorgehensweise darin, die Marktanteile auf der Grundlage des Anteils jeder Technologie an der Gesamtheit der Lizenzeinnahmen zu berechnen, womit der Anteil der Technologie an dem Markt dargestellt wird, auf dem konkurrierende Technologien lizenziert werden. Dies dürfte häufig jedoch eine eher theoretische, nicht sehr praktische Möglichkeit sein, weil genaue Angaben über Lizenzgebühren fehlen, Lizenzen gebührenfrei ausgetauscht werden usw. Ein alternativer Ansatz besteht darin, die Marktanteile auf dem

---

[1] Artikel 1 Absatz 1 Buchstabe u der FuE-Gruppenfreistellungsverordnung.

[2] Artikel 4 Absatz 2 der FuE-Gruppenfreistellungsverordnung.

Technologiemarkt anhand der Umsätze mit den Waren oder Dienstleistungen zu berechnen, die auf den nachgelagerten Produktmärkten die lizenzierte Technologie enthalten. Dabei werden sämtliche Umsätze auf dem relevanten Produktmarkt berücksichtigt, unabhängig davon, ob das Produkt eine lizenzierte Technologie enthält oder nicht[1]. Auch auf diesem Markt darf der Anteil (unabhängig von der Berechnungsmethode) höchstens 25% betragen, wenn die Rechtsvorteile der FuE-Gruppenfreistellungsverordnung gelten sollen.

126. Zielt die Forschung und Entwicklung auf die Entwicklung eines Produkts ab, das eine völlig neue Nachfrage schaffen soll, so können die Marktanteile nicht anhand der Umsätze berechnet werden. Es können lediglich die Auswirkungen der Vereinbarung auf den Wettbewerb im Bereich der Innovation analysiert werden. Deshalb werden diese Vereinbarungen in der FuE-Gruppenfreistellungsverordnung als Vereinbarungen zwischen Nichtwettbewerbern behandelt und unabhängig vom Marktanteil für die Dauer der gemeinsamen Forschung und Entwicklung und einen zusätzlichen Zeitraum von sieben Jahren ab dem Tag des ersten Inverkehrbringens des Produkts freigestellt[2]. Der Rechtsvorteil der Gruppenfreistellung kann jedoch entzogen werden, wenn die Vereinbarung den Wettbewerb im Bereich der Innovation ausschaltet[3]. Nach Ablauf der sieben Jahre können die Marktanteile anhand des Absatzwerts berechnet werden, wobei die 25%-Schwelle anwendbar wird[4].

3.3. Kartellrechtliche Würdigung nach Artikel 101 Absatz 1

3.3.1. Grundlegende kartellrechtliche Bedenken

127. Die FuE-Zusammenarbeit kann den Wettbewerb auf verschiedene Weise beschränken. Erstens kann sie zu geringerer oder langsamerer Innovation führen, so dass weniger oder schlechtere Produkte später auf den Markt kommen, als dies ohne sie der Fall wäre. Zweitens kann die FuE-Zusammenarbeit auf Waren- oder Technologiemärkten den Wettbewerb zwischen den Parteien außerhalb des Geltungsbereichs der Vereinbarung erheblich schwächen oder eine wettbewerbswidrige Koordinierung auf diesen Märkten wahrscheinlich machen und damit höhere Preise zur Folge haben. Das Problem der Marktverschließung kann nur im Falle einer Zusammenarbeit auftreten, an der wenigstens ein Unternehmen mit einem erheblichen Grad an Marktmacht bei einer Schlüsseltechnologie (der nicht auf Marktbeherrschung hinauslaufen muss) beteiligt ist, sofern die ausschließliche Verwertung der Ergebnisse vereinbart wurde.

3.3.2. Bezweckte Wettbewerbsbeschränkungen

128. Bei einer FuE-Vereinbarung handelt es sich um eine bezweckte Wettbewerbsbeschränkung, wenn sie nicht wirklich gemeinsame Forschung und Entwicklung betrifft, sondern als Mittel zur Bildung eines verschleierten Kartells für verbotene Praktiken wie Preisfestsetzung, Produktionsbeschränkung oder Marktaufteilung genutzt wird. Eine FuE-Vereinbarung, die die gemeinsame Verwertung möglicher künftiger Ergebnisse umfasst, beschränkt allerdings nicht notwendigerweise den Wettbewerb.

---

[1] Siehe auch die Leitlinien für den Technologietransfer, Rdnr. 23.

[2] Artikel 4 Absatz 1 der FuE-Gruppenfreistellungsverordnung.

[3] Siehe die Erwägungsgründe 19, 20 und 21 in der Präambel der FuE-Gruppenfreistellungsverordnung.

[4] Artikel 4 Absatz 3 der FuE-Gruppenfreistellungsverordnung.

3.3.3. Wettbewerbsbeschränkende Auswirkungen

129. Die meisten FuE-Vereinbarungen fallen nicht unter Artikel 101 Absatz 1. Dies gilt vor allem für Vereinbarungen über die FuE-Zusammenarbeit in einem eher frühen Stadium, weit entfernt von der Verwertung möglicher Ergebnisse.

130. Zudem hat die FuE-Zusammenarbeit zwischen nicht konkurrierenden Unternehmen im Allgemeinen keine wettbewerbsbeschränkenden Auswirkungen[1]. Die Wettbewerbsbeziehungen zwischen den Parteien müssen im Rahmen der betroffenen bestehenden Märkte und/oder der betroffenen Innovation untersucht werden. Wenn die Parteien aufgrund objektiver Faktoren, zum Beispiel wegen ihrer begrenzten technischen Möglichkeiten, alleine nicht in der Lage wären, die notwendige Forschung und Entwicklung durchzuführen, hat die FuE-Vereinbarung in der Regel keine wettbewerbsbeschränkenden Auswirkungen. Dies gilt zum Beispiel für Unternehmen, die Fähigkeiten, Technologien und sonstige Ressourcen in die Zusammenarbeit einbringen, die einander ergänzen. Die Frage des potenziellen Wettbewerbs muss auf einer realistischen Grundlage geprüft werden. So können Parteien nicht nur deshalb als potenzielle Wettbewerber eingestuft werden, weil die Zusammenarbeit sie in die Lage versetzt, die FuE-Tätigkeiten durchzuführen. Entscheidend ist vielmehr, ob jede Partei für sich über die erforderlichen Mittel (Vermögenswerte, Know-how und sonstige Ressourcen) verfügt.

131. Das Outsourcing von zuvor selbst durchgeführter Forschung und Entwicklung ist eine besondere Form der FuE-Zusammenarbeit. Bei dieser Fallgestaltung wird die Forschung und Entwicklung häufig von spezialisierten Unternehmen, Forschungsinstituten oder Hochschulen durchgeführt, die an der Verwertung der Ergebnisse nicht beteiligt sind. Solche Vereinbarungen umfassen in der Regel einen Transfer von Know-how und/oder eine die möglichen Ergebnisse betreffende Alleinbelieferungsklausel, was aber wegen der Komplementarität der zusammenarbeitenden Parteien keine wettbewerbsbeschränkenden Auswirkungen im Sinne von Artikel 101 Absatz 1 hat.

132. Eine FuE-Zusammenarbeit, die nicht die gemeinsame Verwertung möglicher Ergebnisse im Wege der Lizenzerteilung, der Produktion und/oder des Marketings umfasst, hat selten wettbewerbsbeschränkende Auswirkungen im Sinne von Artikel 101 Absatz 1. Reine FuE-Vereinbarungen können nur dann Wettbewerbsprobleme verursachen, wenn sich der Innovationswettbewerb spürbar verringert, so dass nur eine begrenzte Zahl von ernstzunehmenden konkurrierenden FuE-Polen übrigbleibt.

133. Wettbewerbsbeschränkende Auswirkungen von FuE-Vereinbarungen sind nur wahrscheinlich, wenn die an der Zusammenarbeit beteiligten Parteien über Marktmacht auf den bestehenden Märkten verfügen und/oder wenn sich der Wettbewerb im Bereich der Innovation spürbar verringert.

134. Es gibt keine absolute Schwelle, bei deren Überschreiten davon ausgegangen werden kann, dass eine FuE-Vereinbarung Marktmacht begründet oder aufrechterhält und damit wahrscheinlich wettbewerbsbeschränkende Auswirkungen im Sinne von Artikel 101 Absatz 1 hat. FuE-Vereinbarungen zwischen Wettbewerbern fallen jedoch unter die FuE-Gruppenfreistellungsverordnung, sofern deren gemeinsamer Marktanteil höchstens 25% beträgt und die übrigen Voraussetzungen für die Anwendung der FuE-Gruppenfreistellungsverordnung erfüllt sind.

---

[1] Eine FuE-Zusammenarbeit zwischen Nichtwettbewerbern kann jedoch im Sinne von Artikel 101 Absatz 1 marktverschließend wirken, wenn sie die ausschließliche Verwertung der Ergebnisse betrifft und zwischen Unternehmen vereinbart wird, von denen eines bei einer Schlüsseltechnologie über einen erheblichen Grad an Marktmacht verfügt (der nicht auf Marktbeherrschung hinauslaufen muss).

135. Vereinbarungen, die nicht unter die FuE-Gruppenfreistellungsverordnung fallen, weil der gemeinsame Marktanteil der Parteien 25% überschreitet, müssen keine wettbewerbsbeschränkenden Auswirkungen haben. Je stärker jedoch die gemeinsame Stellung der Parteien auf den bestehenden Märkten ist und/oder je mehr der Wettbewerb im Bereich der Innovation beschränkt wird, desto wahrscheinlicher sind wettbewerbsbeschränkende Auswirkungen der FuE-Vereinbarung[1].

136. Ist die Forschung und Entwicklung auf die Verbesserung oder Verfeinerung bestehender Produkte oder Technologien gerichtet, so sind Auswirkungen auf die relevanten Märkte für diese bestehenden Produkte bzw. Technologien möglich. Auswirkungen auf Preise, Produktionsmenge, Produktqualität, Produktvielfalt oder Innovation auf den bestehenden Märkten sind jedoch nur wahrscheinlich, wenn die Parteien gemeinsam eine starke Stellung innehaben, der Marktzutritt schwierig ist und nur wenige andere Innovationsanstrengungen zu erkennen sind. Außerdem sind Auswirkungen auf den Wettbewerb bei Endprodukten – wenn überhaupt – nur in sehr begrenztem Umfang zu erwarten, wenn die Forschung und Entwicklung ausschließlich eine relativ unbedeutende Vorleistung für das Endprodukt betrifft.

137. Grundsätzlich ist zu unterscheiden zwischen reinen FuE-Vereinbarungen und Vereinbarungen über eine umfassendere Zusammenarbeit, die verschiedene Stufen der Verwertung der Ergebnisse (zum Beispiel Lizenzerteilung, Produktion, Marketing) umfasst. Wie in Randnummer 132 erwähnt, haben reine FuE-Vereinbarungen nur selten wettbewerbsbeschränkende Auswirkungen im Sinne von Artikel 101 Absatz 1. Dies gilt insbesondere für Forschung und Entwicklung, die eine begrenzte Verbesserung bestehender Produkte oder Technologien zum Ziel hat. Umfasst in einem solchen Fall die FuE-Zusammenarbeit lediglich die gemeinsame Verwertung im Wege der Erteilung von Lizenzen an Dritte, so sind beschränkende Auswirkungen wie zum Beispiel eine Marktverschließung unwahrscheinlich. Sind jedoch die gemeinsame Produktion der geringfügig verbesserten Produkte oder Technologien und/oder das Marketing in die Zusammenarbeit einbezogen, so müssen deren Auswirkungen auf den Wettbewerb genauer untersucht werden. Wettbewerbsbeschränkende Auswirkungen in Form von höheren Preisen oder geringerem Output auf bestehenden Märkten sind eher wahrscheinlich, wenn starke Wettbewerber beteiligt sind.

138. Ist die Forschung und Entwicklung auf völlig neue Produkte oder Technologien gerichtet, für die ein eigener neuer Markt entsteht, so sind Auswirkungen auf Preise und Output auf bestehenden Märkten eher unwahrscheinlich. Die Prüfung muss sich dann auf Innovationsbeschränkungen zum Beispiel bei der Qualität und Vielfalt möglicher künftiger Produkte bzw. Technologien oder der Geschwindigkeit der Innovation konzentrieren. Derartige beschränkende Auswirkungen können entstehen, wenn zwei oder mehr der wenigen an der Entwicklung des neuen Produkts beteiligten Unternehmen ihre Zusammenarbeit in einer Phase aufnehmen, in der sie einzeln jeweils kurz vor der Einführung des neuen Produkts stehen. Solche Auswirkungen sind in der Regel eine unmittelbare Folge der Vereinbarung zwischen den Parteien. Die Innovation kann sogar durch eine reine FuE-Vereinbarung beschränkt werden. Im Allgemeinen ist es jedoch unwahrscheinlich, dass eine FuE-Zusammenarbeit bei völlig neuen Produkten wettbewerbsbeschränkende Auswirkungen hat, es sei denn, es besteht nur eine begrenzte Zahl ernstzunehmender alternativer FuE-Pole. Diese Grundannahme ändert sich nicht wesentlich, wenn auch die gemeinsame Verwertung der Ergebnisse oder sogar gemeinsames Marketing vereinbart wird. In diesen Fällen kann die gemeinsame Verwertung nur dann wettbewerbsbeschränkende Auswirkungen haben, wenn Marktverschließung bei Schlüsseltechnologien eine Rolle

[1] Dies gilt unbeschadet der Analyse potenzieller Effizienzgewinne, einschließlich derjenigen, die in der Regel bei öffentlich kofinanzierter Forschung und Entwicklung entstehen.

spielt. Derartige Probleme treten allerdings nicht auf, wenn die Parteien Lizenzen an Dritte erteilen, die diese in die Lage versetzen, wirksam mit ihnen zu konkurrieren.

139. Viele FuE-Vereinbarungen werden zwischen den beiden in Randnummern 137 und 138 geschilderten Sachlagen angesiedelt sein. Sie können sich also auf die Innovation und auf bestehende Märkte auswirken. Somit können sowohl die bestehenden Märkte als auch die Wirkung auf die Innovation für die Bewertung der gemeinsamen Stellung der Parteien, des Konzentrationsgrads, der Zahl der Anbieter/innovativen Unternehmen und der Marktzutrittsbedingungen von Bedeutung sein. In einigen Fällen können wettbewerbsbeschränkende Auswirkungen in Form von höheren Preisen oder geringerer Produktionsmenge, Produktqualität, Produktvielfalt oder Innovation auf bestehenden Märkten und in Form von negativen Folgen für die Innovation durch Verlangsamung der Entwicklung auftreten. Wenn zum Beispiel wichtige Wettbewerber auf einem bestehenden Technologiemarkt zusammenarbeiten, um eine neue Technologie zu entwickeln, mit der eines Tages bestehende Produkte ersetzt werden könnten, kann diese Zusammenarbeit die Entwicklung der neuen Technologie verlangsamen, sofern die Parteien auf dem bestehenden Markt über Marktmacht verfügen und auch in Forschung und Entwicklung eine starke Stellung innehaben. Eine ähnliche Wirkung ist möglich, wenn der größte Anbieter auf einem bestehenden Markt mit einem viel kleineren oder sogar nur potenziellen Wettbewerber zusammenarbeitet, der kurz vor der Einführung eines neuen Produkts/einer neuen Technologie steht, die die Stellung des etablierten Anbieters gefährden könnte.

140. Vereinbarungen können auch unabhängig von der Marktmacht der Parteien nicht unter die FuE-Gruppenfreistellungsverordnung fallen. Dies gilt beispielsweise für Vereinbarungen, die den Zugang zu den Ergebnissen der FuE-Zusammenarbeit für eine Partei unverhältnismäßig stark beschränken[1]. Die FuE-Gruppenfreistellungsverordnung enthält eine Ausnahme von dieser Regel für Hochschulen, Forschungsinstitute und spezialisierte Unternehmen, die Forschung und Entwicklung als Dienstleistung erbringen und sich nicht mit der gewerblichen Verwertung der Ergebnisse der Forschung und Entwicklung befassen[2]. Dennoch können Vereinbarungen, die nicht unter die FuE-Gruppenfreistellungsverordnung fallen, die ausschließliche Zugangsrechte für die Zwecke der Verwertung vorsehen und unter Artikel 101 Absatz 1 fallen, die Voraussetzungen von Artikel 101 Absatz 3 erfüllen, vor allem, wenn diese Rechte angesichts des Marktes, der Risiken und des Umfangs der für die Verwertung der Ergebnisse der Forschung und Entwicklung erforderlichen Investitionen wirtschaftlich unerlässlich sind.

3.4. Kartellrechtliche Würdigung nach Artikel 101 Absatz 3

3.4.1. Effizienzgewinne

141. Viele FuE-Vereinbarungen führen – mit oder ohne gemeinsame Verwertung möglicher Ergebnisse – durch Bündelung komplementärer Fähigkeiten und Vermögenswerte zu Effizienzgewinnen und damit zu einer schnelleren Entwicklung und Vermarktung verbesserter oder neuer Produkte und Technologien, als dies ohne Vereinbarung der Fall wäre. FuE-Vereinbarungen können auch eine größere Verbreitung von Wissen zur Folge haben, was wiederum Innovationen befördern kann. Zudem können FuE-Vereinbarungen Kostensenkungen ermöglichen.

---

[1] Siehe Artikel 3 Absatz 2 der FuE-Gruppenfreistellungsverordnung.

[2] Siehe Artikel 3 Absatz 2 der FuE-Gruppenfreistellungsverordnung.

3.4.2. Unerlässlichkeit

142. Wettbewerbsbeschränkungen, die weiter gehen, als zur Erzielung der mit einer FuE-Vereinbarung angestrebten Effizienzgewinne notwendig ist, erfüllen nicht die Voraussetzungen von Artikel 101 Absatz 3. Bei Vorliegen der in Artikel 5 der FuE-Gruppenfreistellungsverordnung aufgeführten Beschränkungen kann es weniger wahrscheinlich sein, dass nach einer Einzelfallprüfung festgestellt wird, dass die Voraussetzungen von Artikel 101 Absatz 3 erfüllt sind. Die Parteien einer FuE-Vereinbarung werden daher im Allgemeinen nachweisen müssen, dass diese Beschränkungen für die Zusammenarbeit unerlässlich sind.

3.4.3. Weitergabe an die Verbraucher

143. Durch unerlässliche Beschränkungen erzielte Effizienzgewinne müssen in einem Maße an die Verbraucher weitergegeben werden, dass sie die wettbewerbsbeschränkenden Auswirkungen der FuE-Vereinbarung überwiegen. Zum Beispiel müssen die Vorteile der Markteinführung neuer oder verbesserter Produkte die Nachteile in Form von Preiserhöhungen oder anderen wettbewerbsbeschränkenden Auswirkungen überwiegen. Im Allgemeinen ist es eher wahrscheinlich, dass eine FuE-Vereinbarung Effizienzgewinne erzeugt, die den Verbrauchern Vorteile bringen, wenn die FuE-Vereinbarung zur Bündelung komplementärer Fähigkeiten und Vermögenswerte führt. Die Parteien einer Vereinbarung können zum Beispiel über unterschiedliche Forschungskapazitäten verfügen. Wenn dagegen die Fähigkeiten und Vermögenswerte der Parteien sehr ähnlich sind, dürfte die FuE-Vereinbarung vor allem zur Folge haben, dass eine oder mehrere der Parteien Forschung und Entwicklung ganz oder teilweise einstellen. Für die Parteien der Vereinbarung würden dadurch zwar (feste) Kosten wegfallen, es ist aber unwahrscheinlich, dass sich daraus Vorteile ergeben, die an die Verbraucher weitergegeben werden könnten. Und je mehr Marktmacht die Parteien haben, desto weniger wahrscheinlicher ist es, dass sie die Effizienzgewinne in einem Maße an die Verbraucher weitergeben, dass sie die wettbewerbsbeschränkenden Auswirkungen überwiegen.

3.4.4. Keine Ausschaltung des Wettbewerbs

144. Die Voraussetzungen von Artikel 101 Absatz 3 können nicht erfüllt sein, wenn die Vereinbarung den Parteien die Möglichkeit eröffnet, für einen beträchtlichen Teil der betreffenden Produkte oder Technologien den Wettbewerb auszuschalten.

3.4.5. Zeitpunkt der Prüfung

145. Die Prüfung nach Artikel 101 Absatz 3 erfolgt in dem konkreten Zusammenhang der wettbewerbsbeschränkenden Vereinbarungen und auf der Grundlage des zu einem bestimmten Zeitpunkt gegebenen Sachverhalts. Wesentliche Änderungen des Sachverhalts werden bei der Prüfung berücksichtigt. Die Ausnahmeregelung des Artikels 101 Absatz 3 findet Anwendung, solange die vier Voraussetzungen von Artikel 101 Absatz 3 erfüllt sind, und findet keine Anwendung mehr, wenn dies nicht mehr der Fall ist. Bei der Anwendung von Artikel 101 Absatz 3 nach diesen Grundsätzen müssen die verlorenen Erstinvestitionen (sunk investment) der Parteien berücksichtigt werden sowie der Zeitraum und die Wettbewerbsbeschränkungen, die erforderlich sind, um eine leistungssteigernde Investition vorzunehmen und ihre Kosten zu amortisieren. Eine Anwendung von Artikel 101 ohne angemessene Berücksichtigung der vorausgegangenen Investitionen ist nicht möglich. Das Risiko, vor dem die Parteien stehen, und die verlorenen Investitionen, die zur Umsetzung der Vereinbarung vorgenommen werden müssen, können somit bewirken, dass die Vereinbarung nicht unter Artikel 101 Absatz 1 fällt bzw. die Voraussetzungen von Arti-

kel 101 Absatz 3 für den Zeitraum erfüllt, der erforderlich ist, um die Investitionskosten zu amortisieren. Sollte für die sich aus der Investition ergebende Erfindung irgendeine Form von Exklusivität gelten, die den Parteien nach Vorschriften zum Schutz der Rechte des geistigen Eigentums gewährt wird, so wird der Amortisierungszeitraum für diese Investition im Allgemeinen nicht über den Exklusivitätszeitraum nach diesen Vorschriften hinausgehen.

146. In einigen Fällen ist die wettbewerbsbeschränkende Vereinbarung ein irreversibles Ereignis. Wenn die Vereinbarung einmal umgesetzt ist, kann die Ausgangslage nicht wiederhergestellt werden. In diesen Fällen muss die Prüfung allein anhand des zum Zeitpunkt der Umsetzung gegebenen Sachverhalts erfolgen. So kann es zum Beispiel im Falle einer FuE-Vereinbarung, in deren Rahmen die Parteien übereinkommen, ihre jeweiligen Forschungsarbeiten einzustellen und ihre Kapazitäten zusammenzulegen, technisch und wirtschaftlich objektiv unmöglich sein, ein einmal aufgegebenes Projekt wieder aufzunehmen. Die Prüfung der wettbewerbswidrigen und der wettbewerbsfördernden Auswirkungen der Vereinbarung, die individuellen Forschungsprojekte einzustellen, muss daher zu dem Zeitpunkt erfolgen, an dem die Umsetzung abgeschlossen ist. Wenn die Vereinbarung zu diesem Zeitpunkt mit Artikel 101 vereinbar ist, zum Beispiel. weil eine ausreichende Zahl konkurrierender FuE-Projekte von Dritten betrieben wird, bleibt die Übereinkunft der Parteien, ihre eigenen Projekte aufzugeben, mit Artikel 101 vereinbar, selbst wenn zu einem späteren Zeitpunkt die Drittprojekte nicht erfolgreich sind. Artikel 101 kann jedoch auf andere Teile der Vereinbarung anwendbar sein, für die sich die Frage der Irreversibilität nicht stellt. Wenn eine Vereinbarung zum Beispiel neben der gemeinsamen Forschung und Entwicklung auch die gemeinsame Verwertung umfasst, kann Artikel 101 auf diesen Teil der Vereinbarung anwendbar sein, sofern sie aufgrund der zwischenzeitlich erfolgten Marktentwicklungen wettbewerbsbeschränkende Auswirkungen hat und die Voraussetzungen von Artikel 101 Absatz 3 nicht (mehr) erfüllt, wobei die verlorenen Ex-ante-Investitionen angemessen zu berücksichtigen sind.

3.5. Beispiele

147. Auswirkungen gemeinsamer Forschung und Entwicklung auf Innovationsmärkte/neue Produktmärkte

Beispiel 1

Sachverhalt: A und B sind die führenden Unternehmen auf dem unionsweiten Markt für die Herstellung bestehender elektronischer Bauelemente. Beide haben einen Marktanteil von 30%. Sie haben beide erhebliche FuE-Investitionen zur Entwicklung elektronischer Miniaturkomponenten vorgenommen und erste Prototypen entwickelt. Nunmehr beschließen sie, ihre FuE-Arbeiten zu bündeln und ein Joint Venture für die Vervollständigung von Forschung und Entwicklung und die Herstellung der Komponenten zu gründen, die an die Muttergesellschaften verkauft werden, von denen sie wiederum getrennt auf den Markt gebracht werden. Der übrige Markt verteilt sich auf kleine Unternehmen, die nicht über ausreichende Ressourcen für die notwendigen Investitionen verfügen.

Analyse: Elektronische Miniaturkomponenten mögen zwar auf einigen Gebieten mit den bestehenden Komponenten im Wettbewerb stehen, sind im Wesentlichen jedoch eine neue Technologie, weshalb die diesem künftigen Markt gewidmeten Forschungspole untersucht werden müssen. Ist das Joint Venture erfolgreich, so wird es nur einen Weg zu der entsprechenden Herstellungstechnologie geben, während A und B getrennt mit eigenen Produkten wahrscheinlich die Marktreife erreichen könnten. Die Vereinbarung beschränkt somit die Produktvielfalt. Die gemeinsame Produktion dürfte auch den Wettbewerb zwischen den Parteien der Vereinbarung unmittelbar beschränken und sie dazu verleiten, sich über Output, Qualität oder andere wettbewerbsrelevante Parameter zu verständigen. Dadurch würde der Wettbewerb beschränkt, auch wenn jede Partei die Produkte selbst vermarktet. Die Parteien könnten zum Beispiel die Produktion des Joint Ventures beschränken, so dass eine geringere Menge von Waren auf den Markt kommt, als wenn jede Partei selbst über ihren Output entschieden hätte. Das Joint Venture könnte den Parteien auch einen hohen Verrechnungspreis in Rechnung stellen, so dass die Inputkosten der Parteien steigen, was höhere Preise auf nachgelagerten Märkten zur Folge haben könnte. Die Parteien haben auf dem bestehenden nachgelagerten Markt einen großen gemeinsamen Marktanteil, der übrige Markt verteilt sich auf eine Vielzahl kleiner Anbieter. Dieses Verhältnis dürfte auf dem neuen nachgelagerten Produktmarkt noch ausgeprägter sein, da die kleineren Wettbewerber nicht in neue Komponenten investieren können. Es ist daher ziemlich wahrscheinlich, dass die gemeinsame Produktion den Wettbewerb beschränkt. Darüber hinaus dürfte sich der Markt für elektronische Miniaturkomponenten in Zukunft zu einem Duopolmarkt entwickeln, auf dem in hohem Maße eine Angleichung der Kosten stattfindet und sensible Geschäftsinformationen zwischen den Parteien ausgetauscht werden. Daher könnte auch eine ernste Gefahr wettbewerbswidriger Koordinierung bestehen, die zu einem Kollusionsergebnis auf diesem Markt führt. Dass die FuE-Vereinbarung wettbewerbsbeschränkende Auswirkungen im Sinne von Artikel 101 Absatz 1 hat, ist daher wahrscheinlich. Mit der Vereinbarung könnten zwar Effizienzgewinne in Form einer schnelleren Einführung der neuen Technologie erzielt werden, die Parteien wären jedoch auf der FuE-Ebene keinem Wettbewerb ausgesetzt, so dass sich für sie der Anreiz erheblich verringert, die Einführung der neuen Technologie zu beschleunigen. Wenn auch einige dieser Bedenken dadurch ausgeräumt werden könnten, dass sich die Parteien verpflichten, Dritten zu zumutbaren Bedingungen Lizenzen für das wesentliche Know-how zur Herstellung von Miniaturkomponenten zu erteilen, erscheint es unwahrscheinlich, dass auf diese Weise sämtliche Bedenken ausgeräumt und die Voraussetzungen von Artikel 101 Absatz 3 erfüllt werden können.

Beispiel 2

Sachverhalt: Das kleine Forschungsunternehmen A, das keine eigene Marketingorganisation unterhält, hat mit einer neuen Technologie eine pharmazeutische Substanz entdeckt und patentieren lassen, mit der neue Wege zur Behandlung einer bestimmten Krankheit beschritten werden können. A geht eine FuE-Vereinbarung mit dem großen Arzneimittelhersteller B ein, dessen Produkte bisher für die Behandlung dieser Krankheit verwendet worden sind. B verfügt über kein vergleichbares Fachwissen und FuE-Programm und wäre auch nicht in der Lage, entsprechendes Fachwissen innerhalb einer angemessenen Frist aufzubauen. Bei den bestehenden Produkten hält B einen Marktanteil von rund 75% in sämtlichen Mitgliedstaaten, seine Patente laufen jedoch in den nächsten fünf Jahren aus. Es gibt zwei weitere Forschungspole bei anderen Unternehmen, die sich ungefähr in der gleichen Entwicklungsphase befinden und die gleiche neue Grundlagentechnologie anwenden. B wird umfangreiche Geldmittel und Know-how für die Produktentwicklung bereitstellen und den künftigen Zugang zum Markt ermöglichen. Für die Laufzeit des Patents erhält B eine Lizenz als Alleinhersteller und Alleinvertriebshändler für das neue Produkt. Es wird erwartet, dass das Produkt in fünf bis sieben Jahren auf den Markt gebracht werden kann.

Analyse: Das Produkt gehört voraussichtlich einem neuen relevanten Markt an. Die Partner bringen komplementäre Ressourcen und Fähigkeiten in die Zusammenarbeit ein, und die Wahrscheinlichkeit, dass das Produkt auf den Markt kommt, nimmt erheblich zu. Zwar dürfte B auf dem bestehenden Markt eine erhebliche Marktmacht haben, die aber in Kürze abnehmen wird. Die Vereinbarung wird nicht zu einem Verlust von Forschung und Entwicklung bei B führen, da das Unternehmen auf diesem Forschungsgebiet nicht über Fachwissen verfügt, und wegen des Vorhandenseins weiterer Forschungspole besteht kein Anreiz, die FuE-Anstrengungen zu verringern. B wird die Verwertungsrechte während der verbleibenden Patentlaufzeit benötigen, um die erforderlichen umfangreichen Investitionen tätigen zu können, außerdem hat A keine eigenen Marketingressourcen. Es ist daher unwahrscheinlich, dass die Vereinbarung wettbewerbsbeschränkende Auswirkungen im Sinne von Artikel 101 Absatz 1 haben wird. Und selbst wenn solche Auswirkungen festgestellt würden, wären wahrscheinlich die Voraussetzungen von Artikel 101 Absatz 3 erfüllt.

148. Gefahr der Marktverschließung

Beispiel 3

Sachverhalt: Das kleine Forschungsunternehmen A, das keine eigene Marketingorganisation unterhält, hat eine neue Technologie entdeckt und patentieren lassen, die den Markt für ein bestimmtes Produkt tiefgreifend verändern wird, auf dem der Hersteller B ein weltweites Monopol besitzt, da kein Wettbewerber mit seiner derzeitigen Technologie konkurrieren kann. Es gibt zwei weitere Forschungspole bei anderen Unternehmen, die sich ungefähr in der gleichen Entwicklungsphase befinden und die gleiche neue Grundlagentechnologie anwenden. B wird umfangreiche Geldmittel und Know-how für die Produktentwicklung bereitstellen und den künftigen Zugang zum Markt ermöglichen. Für die Laufzeit des Patents erhält B eine ausschließliche Lizenz für die Nutzung der Technologie und verpflichtet sich im Gegenzug, nur die Entwicklung der Technologie von A zu finanzieren.

Analyse: Das Produkt gehört voraussichtlich einem neuen relevanten Markt an. Die Partner bringen komplementäre Ressourcen und Fähigkeiten in die Zusammenarbeit ein, und die Wahrscheinlichkeit, dass das Produkt auf den Markt kommt, nimmt erheblich zu. Die Tatsache, dass B eine Verpflichtung in Bezug auf die Technologie von A eingeht, könnte es jedoch wahrscheinlich machen, dass die beiden konkurrierenden Forschungspole ihre Projekte aufgeben, da die weitere Finanzierung schwierig sein könnte, nachdem sie den wahrscheinlichsten potenziellen Abnehmer für ihre Technologie verloren haben. In einem solchen Fall sind potenzielle Wettbewerber künftig nicht in der Lage, die Monopolstellung von B anzugreifen. Die marktverschließende Wirkung der Vereinbarung würde dann wahrscheinlich als wettbewerbsbeschränkende Auswirkung im Sinne von Artikel 101 Absatz 1 angesehen. Um für die Anwendung von Artikel 101 Absatz 3 in Betracht zu kommen, müssten die Parteien nachweisen, dass die gewährte Ausschließlichkeit unerlasslich ist, um die neue Technologie auf den Markt zu bringen.

Beispiel 4

Sachverhalt: Unternehmen A verfügt auf dem Markt, dem ein von ihm hergestelltes verkaufsstarkes Arzneimittel („Blockbuster") angehört, über Marktmacht. Das kleine Unternehmen B, das pharmazeutische Forschung und Entwicklung betreibt und pharmazeutische Wirkstoffe herstellt, hat ein neues Verfahren entdeckt und zum Patent angemeldet, mit dem der Wirkstoff des Blockbuster- Arzneimittels von A wirtschaftlicher hergestellt werden könnte, und versucht, dieses Verfahren für die industrielle Produktion weiterzuentwickeln. Das Stoffpatent für den Wirkstoff des Blockbuster- Arzneimittels läuft in weniger als drei Jahren aus, mehrere Verfahrenspatente für das Arzneimittel werden dann noch weitergelten. B ist der Auffassung, dass das von ihm entwickelte Verfahren die bestehenden Verfahrenspatente von A nicht verletzt und die Produktion einer generischen Version des Blockbuster-Arzneimittels möglich ist, sobald das Stoffpatent erloschen ist. B könnte das Produkt selbst herstellen und/oder interessierten Dritten, zum Beispiel Generikaherstellern oder A, Lizenzen für das Verfahren erteilen. Vor Abschluss seiner Forschung und Entwicklung auf diesem Gebiet schließt B jedoch eine Vereinbarung mit A, nach der A einen finanziellen Beitrag zu dem von B durchgeführten FuE-Projekt leistet und im Gegenzug eine ausschließliche Lizenz für die Patente erwirbt, die B im Zusammenhang mit dem FuE-Projekt erlangt. Auch zwei unabhängige Forschungspole entwickeln ein nicht patentverletzendes Verfahren für die Herstellung des Blockbuster-Arzneimittels, es ist aber noch nicht abzusehen, ob sie die Phase der industriellen Produktion erreichen werden.

Analyse: Das von B zum Patent angemeldete Verfahren ermöglicht nicht die Herstellung eines neuen Produkts, sondern verbessert lediglich ein bestehendes Herstellungsverfahren. Unternehmen A verfügt auf dem bestehenden Markt, dem sein Blockbuster-Arzneimittel angehört, über Marktmacht. Diese würde zwar erheblich geschwächt, wenn tatsächlich Generikahersteller als konkurrierende Anbieter in den Markt einträten, die ausschließliche Lizenz schließt aber Dritte vom Zugang zu dem von Unternehmen B entwickelten Verfahren aus, verzögert möglicherweise die Markteinführung von Generika (nicht zuletzt, weil das Produkt noch durch Verfahrenspatente geschützt ist) und beschränkt somit den Wettbewerb im Sinne von Artikel 101 Absatz 1. Da Unternehmen A und B potenzielle Wettbewerber sind und der Anteil von Unternehmen B an dem Markt, dem das Blockbuster-Arzneimittel angehört, mehr als 25% beträgt, findet die

FuE-Gruppenfreistellungsverordnung keine Anwendung. Die mit dem neuen Herstellungsverfahren erzielten Kosteneinsparungen bei A überwiegen die Wettbewerbsbeschränkung allerdings nicht. Außerdem ist die ausschließliche Lizenz für die Einsparungen im Produktionsprozess nicht unerlässlich. Es ist daher unwahrscheinlich, dass die Vereinbarung die Voraussetzungen von Artikel 101 Absatz 3 erfüllt.

149. Auswirkungen der FuE-Zusammenarbeit auf dynamische Produkt- und Technologiemärkte und die Umwelt

Beispiel 5

Sachverhalt: Zwei Mechanik-Unternehmen, die Fahrzeugteile herstellen, vereinbaren die Bündelung ihrer FuE-Arbeiten in einem Joint Venture, um die Produktion und Leistung einer bestehenden Komponente zu verbessern. Die Produktion dieser Komponente hätte auch positive Auswirkungen auf die Umwelt, denn die damit ausgerüsteten Fahrzeuge würden weniger Kraftstoff verbrauchen und dementsprechend weniger CO 2 ausstoßen. Die Unternehmen legen ihr bestehendes Technologie-Lizenzgeschäft in diesem Bereich zusammen, werden jedoch die Komponenten weiter getrennt herstellen und verkaufen. Der Marktanteil der beiden Unternehmen auf dem Erstausrüstermarkt der Union beträgt 15% bzw. 20%. Es gibt zwei weitere wichtige Wettbewerber sowie mehrere interne Forschungsprogramme großer Fahrzeughersteller. Auf dem Weltmarkt für die Erteilung von Lizenzen für die entsprechende Technologie halten die Parteien, gemessen an den erzielten Einnahmen, einen Anteil von 20% bzw. 25%; es gibt noch zwei andere wichtige Technologien für dieses Produkt. Der Produktzyklus der Komponente beträgt in der Regel zwei bis drei Jahre. In jedem der vergangenen fünf Jahre wurde von einem der führenden Unternehmen eine neue oder verbesserte Version eingeführt.

Analyse: Da die FuE-Arbeiten beider Unternehmen nicht auf ein völlig neues Produkt abzielen, sind sowohl der Markt für die bestehenden Komponenten als auch der Markt für die Erteilung von Lizenzen für die entsprechende Technologie heranzuziehen. Der gemeinsame Anteil der Parteien am Erstausrüstermarkt (35%) und vor allem am Technologiemarkt (45%) ist relativ hoch. Die Parteien werden die Komponenten jedoch weiter getrennt herstellen und verkaufen. Ferner gibt es mehrere konkurrierende Technologien, die regelmäßig verbessert werden. Außerdem sind auch die Fahrzeughersteller, die derzeit keine Lizenzen für ihre Technologien erteilen, potenzielle neue Anbieter auf dem Technologiemarkt und schränken somit die Möglichkeiten der Parteien ein, die Preise gewinnbringend zu erhöhen. Wenn das Joint Venture den Wettbewerb im Sinne von Artikel 101 Absatz 1 beschränken würde, wären wahrscheinlich auch die Voraussetzungen von Artikel 101 Absatz 3 erfüllt. Bei der Würdigung nach Artikel 101 Absatz 3 wäre zu berücksichtigen, dass den Verbrauchern der niedrigere Kraftstoffverbrauch zugutekommt.

4. Vereinbarungen über die gemeinsame Produktion

4.1. Definition und Geltungsbereich

150. Form und Geltungsbereich von Produktionsvereinbarungen sind sehr unterschiedlich. Die Produktion kann von nur einer Partei oder von zwei oder mehr Parteien übernommen werden. Die Unternehmen können gemeinsam in einem Joint Venture produzieren, also einem gemeinsam kontrollierten Unternehmen, das eine oder mehrere Produktionsanlagen betreibt, oder in einer lockereren Form der Zusammenarbeit bei der Produktion wie Zuliefervereinbarungen, mit denen eine Partei (der „Auftraggeber") eine andere Partei (den „Zulieferer") mit der Herstellung einer Ware betraut.

151. Es gibt verschiedene Arten von Zuliefervereinbarungen. Horizontale Zuliefervereinbarungen werden zwischen Unternehmen geschlossen, die auf demselben Produktmarkt tätig sind, unabhängig davon, ob es sich um tatsächliche oder um potenzielle Wettbewerber handelt. Vertikale Zuliefervereinbarungen werden zwischen Unternehmen geschlossen, die auf verschiedenen Stufen des Marktes tätig sind.

152. Zu den horizontalen Zuliefervereinbarungen gehören Vereinbarungen über die einseitige und die gegenseitige Spezialisierung sowie Zuliefervereinbarungen zur Produktionsausweitung. Vereinbarungen über die einseitige Spezialisierung sind Vereinbarungen zwischen zwei auf demselben sachlich relevanten Markt bzw. denselben sachlich relevanten Märkten tätigen Parteien, mit denen sich die eine Vertragspartei verpflichtet, die Produktion bestimmter Produkte ganz oder teilweise einzustellen oder von deren Produktion abzusehen und diese Produkte von der anderen Partei zu beziehen, die sich ihrerseits verpflichtet, diese Produkte zu produzieren und zu liefern. Vereinbarungen über die gegenseitige Spezialisierung sind Vereinbarungen zwischen zwei oder mehr auf demselben sachlich relevanten Markt bzw. denselben sachlich relevanten Märkten tätigen Parteien, mit denen sich zwei oder mehr Parteien auf der Grundlage der Gegenseitigkeit verpflichten, die Produktion bestimmter, aber unterschiedlicher Produkte ganz oder teilweise einzustellen oder von deren Produktion abzusehen und diese Produkte von den anderen Parteien zu beziehen, die sich ihrerseits verpflichten, diese Produkte zu produzieren und zu liefern. Im Falle von Zuliefervereinbarungen zur Produktionsausweitung betraut der Auftraggeber den Zulieferer mit der Produktion einer Ware, stellt jedoch gleichzeitig weder seine eigene Produktion der Ware ein noch begrenzt er sie.

153. Diese Leitlinien gelten für alle Formen von Vereinbarungen über die gemeinsame Produktion und von horizontalen Zuliefervereinbarungen. Unter bestimmten Voraussetzungen können Vereinbarungen über die gemeinsame Produktion sowie Vereinbarungen über die einseitige und die gegenseitige Spezialisierung unter die Gruppenfreistellungsverordnung für Spezialisierungsvereinbarungen fallen.

154. Vertikale Zuliefervereinbarungen sind nicht Gegenstand dieser Leitlinien. Sie können unter die Leitlinien für vertikale Beschränkungen und unter bestimmten Voraussetzungen unter die Gruppenfreistellungsverordnung für vertikale Beschränkungen fallen. Zudem kann auf sie die Bekanntmachung der Kommission vom 18. Dezember 1978 über die Beurteilung von Zulieferverträgen nach Artikel 85 Absatz 1 des Vertrages[1] („Bekanntmachung über die Beurteilung von Zulieferverträgen") Anwendung finden.

4.2. Relevante Märkte

155. Um die Wettbewerbsbeziehungen zwischen den zusammenarbeitenden Parteien untersuchen zu können, müssen zunächst die von der Zusammenarbeit in der Produktion unmittelbar betroffenen Märkte abgegrenzt werden, d. h. die Märkte, denen die gemäß der Produktionsvereinbarung hergestellten Produkte angehören.

156. Eine Produktionsvereinbarung kann auch Spillover-Effekte auf Märkten haben, die Nachbarn des von der Zusammenarbeit unmittelbar betroffenen Marktes sind, zum Beispiel auf vor- oder nachgelagerten Märkten (den „Spillover-Märkten")[2]. Die Spillover-Märkte dürften relevant sein, wenn die Märkte voneinander abhängig sind und die Parteien auf dem Spillover-Markt eine starke Stellung innehaben.

4.3. Kartellrechtliche Würdigung nach Artikel 101 Absatz 1

4.3.1. Grundlegende kartellrechtliche Bedenken

157. Produktionsvereinbarungen können zu einer unmittelbaren Beschränkung des Wettbewerbs zwischen den Parteien führen. Produktionsvereinbarungen und insbesondere Produktions-Joint-Ventures können die Parteien dazu verleiten, Produktionsmengen und Qualität, die Preise, zu denen das Joint Venture seine Produkte verkauft, oder andere wettbewerbsrelevante Parameter direkt anzugleichen. Dadurch

[1] ABl. C 1 vom 3.1.1979, S. 2.

[2] Siehe auch Artikel 2 Absatz 4 der Fusionskontrollverordnung.

kann der Wettbewerb beschränkt werden, auch wenn die Parteien die Produkte unabhängig voneinander vermarkten.

158. Produktionsvereinbarungen können auch zu einer Koordinierung des Wettbewerbsverhaltens der Parteien als Anbieter führen und höhere Preise oder geringere Produktionsmenge, Produktqualität, Produktvielfalt oder Innovation, also ein Kollusionsergebnis zur Folge haben. Sofern die Parteien über Marktmacht verfügen und die Marktmerkmale eine solche Koordinierung begünstigen, kann dies insbesondere dann der Fall sein, wenn die Angleichung der Kosten der Parteien (d. h. der Anteil der variablen Kosten, die den Parteien gemein sind) aufgrund der Produktionsvereinbarung einen Grad erreicht, der ihnen ein Kollusionsergebnis ermöglicht, oder wenn die Vereinbarung einen Austausch sensibler Geschäftsinformationen vorsieht, der zu einem Kollusionsergebnis führen kann.

159. Produktionsvereinbarungen können darüber hinaus zu einer wettbewerbswidrigen Verschließung eines verbundenen Marktes gegenüber Dritten führen (zum Beispiel eines nachgelagerten Marktes, der von Vorleistungen des Marktes, für den die Produktionsvereinbarung geschlossen wird, abhängig ist). Wenn zum Beispiel gemeinsam produzierende Parteien genügend Marktmacht auf einem vorgelagerten Markt erlangen, können sie den Preis einer wesentlichen Komponente für einen nachgelagerten Markt erhöhen. Auf diese Weise können sie die gemeinsame Produktion nutzen, um die Kosten ihrer Konkurrenten auf nachgelagerten Märkten in die Höhe zu treiben und sie letztlich vom Markt zu verdrängen. Dies wiederum würde die Marktmacht der Parteien auf den nachgelagerten Märkten stärken und sie möglicherweise in die Lage versetzen, die Preise oberhalb des Wettbewerbsniveaus zu halten oder den Verbrauchern auf andere Weise zu schaden. Derartige Wettbewerbsprobleme können unabhängig davon auftreten, ob die Parteien der Vereinbarung auf dem Markt, auf dem die Zusammenarbeit stattfindet, Wettbewerber sind. Damit diese Form der Marktverschließung wettbewerbswidrige Auswirkungen hat, muss jedoch mindestens eine der Parteien auf dem Markt, für den die Gefahr der Verschließung festgestellt wird, eine starke Stellung innehaben.

4.3.2. Bezweckte Wettbewerbsbeschränkungen

160. Vereinbarungen, mit denen Preise festgesetzt, die Produktion beschränkt oder Märkte oder Kunden aufgeteilt werden, sind im Allgemeinen bezweckte Wettbewerbsbeschränkung. Für Produktionsvereinbarungen gilt dies jedoch nicht, sofern

- die Parteien den unmittelbar unter die Produktionsvereinbarung fallenden Output vereinbaren (zum Beispiel die Kapazität oder das Produktionsvolumen eines Joint Ventures oder die Menge der Outsourcing-Produkte), vorausgesetzt, dass die übrigen Wettbewerbsparameter nicht ausgeschaltet werden, oder
- in einer Produktionsvereinbarung, die auch den gemeinsamen Vertrieb der gemeinsam hergestellten Produkte umfasst, die gemeinsame Festsetzung der Verkaufspreise für diese Produkte, aber auch nur für diese Produkte vorgesehen ist, vorausgesetzt, dass diese Beschränkung für die gemeinsame Produktion erforderlich ist, dass also andernfalls kein Anreiz für die Parteien bestünde, die Produktionsvereinbarung überhaupt zu schließen.

161. In diesen beiden Fällen sind die wahrscheinlichen wettbewerbsbeschränkenden Auswirkungen im Sinne von Artikel 101 Absatz 1 zu prüfen. Dabei wird die Vereinbarung über den Output oder die Preise nicht getrennt gewürdigt, sondern unter Berücksichtigung aller Auswirkungen, die die Produktionsvereinbarung insgesamt auf den Markt hat.

4.3.3. Wettbewerbsbeschränkende Auswirkungen

162. Ob die Wettbewerbsprobleme, die Produktionsvereinbarungen aufwerfen können, tatsächlich auftreten, hängt von den Merkmalen des Marktes ab, für den die

Produktionsvereinbarung geschlossen wird, sowie von der Art und der Marktabdeckung der Zusammenarbeit und des Produkts, die sie betrifft. Diese Variablen bestimmen die wahrscheinlichen Auswirkungen einer Produktionsvereinbarung auf den Wettbewerb und damit die Anwendbarkeit von Artikel 101 Absatz 1.

163. Ob es wahrscheinlich ist, dass eine Produktionsvereinbarung wettbewerbsbeschränkende Auswirkungen hat, hängt von der Situation ab, die ohne die Vereinbarung und alle damit mutmaßlich verbundenen Beschränkungen bestehen würde. Bei Produktionsvereinbarungen zwischen Unternehmen, die auf den Märkten, auf denen die Zusammenarbeit stattfindet, miteinander im Wettbewerb stehen, sind wettbewerbsbeschränkende Auswirkungen daher nicht wahrscheinlich, wenn infolge der Zusammenarbeit ein neuer Markt entsteht, d. h. wenn die Vereinbarung die Parteien in die Lage versetzt, eine neue Ware oder Dienstleistung einzuführen, was den Parteien aufgrund objektiver Faktoren, zum Beispiel wegen ihrer technischen Möglichkeiten, andernfalls nicht möglich gewesen wäre.

164. In einigen Branchen, in denen die Produktion den Schwerpunkt der wirtschaftlichen Tätigkeit bildet, kann selbst eine reine Produktionsvereinbarung wesentliche Elemente des Wettbewerbs ausschalten und dadurch den Wettbewerb zwischen den Parteien der Vereinbarung unmittelbar beschränken.

165. Eine Produktionsvereinbarung kann aber auch zu einem Kollusionsergebnis führen oder eine wettbewerbswidrige Marktverschließung zur Folge haben, indem die Marktmacht der Unternehmen zunimmt, ihre Kosten sich stärker angleichen oder sensible Geschäftsinformationen ausgetauscht werden. Dagegen ist eine unmittelbare Beschränkung des Wettbewerbs zwischen den Parteien, ein Kollusionsergebnis oder eine wettbewerbswidrige Marktverschließung unwahrscheinlich, wenn die Parteien der Vereinbarung auf dem Markt, für den die wettbewerbsrechtlichen Bedenken geprüft werden, keine Marktmacht haben. Nur mit Marktmacht können sie die Preise gewinnbringend oberhalb des Wettbewerbsniveaus halten oder die Produktmenge, -qualität oder -vielfalt gewinnbringend unterhalb des Niveaus halten, das der Wettbewerb bestimmen würde.

166. In Fällen, in denen ein Unternehmen mit Marktmacht auf einem Markt mit einem potenziellen neuen Wettbewerber, zum Beispiel einem Anbieter desselben Produkts auf einem benachbarten geografischen Markt oder Produktmarkt zusammenarbeitet, kann die Vereinbarung die Marktmacht des etablierten Unternehmens stärken. Dies kann wettbewerbsbeschränkende Auswirkungen haben, wenn auf dem Markt des etablierten Unternehmens kaum Wettbewerb besteht und der drohende Marktzutritt eine wichtige Quelle von Wettbewerbsdruck ist.

167. Bei Produktionsvereinbarungen, die Vermarktungsfunktionen wie gemeinsamen Vertrieb oder gemeinsames Marketing umfassen, ist die Gefahr wettbewerbsbeschränkender Auswirkungen größer als bei Vereinbarungen, die lediglich die gemeinsame Produktion betreffen. Im Falle gemeinsamer Vermarktung liegt die Zusammenarbeit näher am Verbraucher und umfasst in der Regel die gemeinsame Festsetzung von Preisen und Verkaufszahlen, also die Praktiken mit den höchsten Risiken für den Wettbewerb. Bei Vereinbarungen über den gemeinsamen Vertrieb gemeinsam hergestellter Produkten ist jedoch die Wahrscheinlichkeit einer Wettbewerbsbeschränkung geringer als bei eigenständigen Vereinbarungen über den gemeinsamen Vertrieb. Außerdem ist bei einer Vereinbarung über den gemeinsamen Vertrieb, die die Vereinbarung über die gemeinsame Produktion erst ermöglicht, eine Wettbewerbsbeschränkung weniger wahrscheinlich, als wenn sie nicht für die gemeinsame Produktion erforderlich wäre.

Marktmacht

168. Wettbewerbsbeschränkende Auswirkungen einer Produktionsvereinbarung sind unwahrscheinlich, wenn die Parteien der Vereinbarung auf dem Markt, für den

eine Wettbewerbsbeschränkung geprüft wird, keine Marktmacht haben. Ausgangspunkt der Prüfung, ob Marktmacht vorliegt, ist der Marktanteil der Parteien. Anschließend werden in der Regel der Konzentrationsgrad und die Zahl der Anbieter auf dem Markt sowie andere dynamische Faktoren wie potenzielle Marktzutritte und Veränderungen bei den Marktanteilen geprüft.

169. Unterhalb eines bestimmten Marktanteils ist es unwahrscheinlich, dass ein Unternehmen Marktmacht besitzt. Deshalb fallen Vereinbarungen über die einseitige oder die gegenseitige Spezialisierung sowie Vereinbarungen über die gemeinsame Produktion mit bestimmten integrierten Vermarktungsfunktionen (zum Beispiel gemeinsamer Vertrieb) unter die Gruppenfreistellungsverordnung für Spezialisierungsvereinbarungen, sofern sie zwischen Parteien mit einem gemeinsamen Anteil an den relevanten Märkten von nicht mehr als 20% geschlossen werden und die übrigen Voraussetzungen für die Anwendung der Gruppenfreistellungsverordnung für Spezialisierungsvereinbarungen erfüllt sind. Auch bei horizontalen Zuliefervereinbarungen zur Produktionsausweitung ist es in den meisten Fällen unwahrscheinlich, dass Marktmacht besteht, wenn die Parteien der Vereinbarung einen gemeinsamen Marktanteil von nicht mehr als 20% haben. Liegt der gemeinsame Marktanteil der Parteien nicht über 20%, so ist es ohnehin wahrscheinlich, dass die Voraussetzungen von Artikel 101 Absatz 3 erfüllt sind.

170. Liegt der gemeinsame Marktanteil der Parteien jedoch über 20%, so müssen die wettbewerbsbeschränkenden Auswirkungen geprüft werden, da die Vereinbarung dann nicht unter die Gruppenfreistellungsverordnung für Spezialisierungsvereinbarungen bzw. in den unter Randnummer 169, Sätze 3 und 4 genannten geschützten Bereich („safe harbour") für horizontale Zulieferverträge zur Ausweitung der Produktion fällt. Ein geringfügig höherer Marktanteil als nach der Gruppenfreistellungsverordnung für Spezialisierungsvereinbarungen oder für den in Randnummer 169, Sätze 3 und 4 genannten geschützten Bereich zulässig lässt jedoch nicht automatisch auf einen stark konzentrierten Markt schließen, der ein wichtiges Prüfungselement darstellt. Ein gemeinsamer Marktanteil der Parteien von etwas mehr als 20% kann auf einem mäßig konzentrierten Markt auftreten. Dass eine Produktionsvereinbarung wettbewerbsbeschränkende Auswirkungen hat, ist im Allgemeinen auf einem konzentrierten Markt wahrscheinlicher als auf einem nicht konzentrierten Markt. Desgleichen kann eine Produktionsvereinbarung auf einem konzentrierten Markt die Gefahr eines Kollusionsergebnisses erhöhen, selbst wenn die Parteien nur einen mäßigen gemeinsamen Marktanteil haben.

171. Auch bei hohem Marktanteil der Parteien der Vereinbarung und starker Marktkonzentration kann die Gefahr wettbewerbsbeschränkender Auswirkungen gering sein, wenn der Markt dynamisch ist, d. h. wenn es Marktzutritte gibt und sich die Marktstellung häufig verändert.

172. Für die Prüfung, ob die Parteien einer Produktionsvereinbarung Marktmacht haben, sind auch die Zahl und die Intensität der Verbindungen (zum Beispiel weitere Vereinbarungen über Zusammenarbeit) zwischen den Wettbewerbern auf dem Markt von Bedeutung.

173. Für die wettbewerbsrechtliche Würdigung der Vereinbarung ist es wichtig, ob die Parteien der Vereinbarung hohe Marktanteile haben, ob sie in engem Wettbewerb miteinander stehen, ob die Möglichkeiten der Kunden für einen Anbieterwechsel begrenzt sind, ob es unwahrscheinlich ist, dass Wettbewerber im Falle einer Preissteigerung ihr Angebot erweitern, und ob eine der Parteien der Vereinbarung ein wichtiger Wettbewerber ist.

Unmittelbare Beschränkung des Wettbewerbs zwischen den Parteien

174. Der Wettbewerb zwischen den Parteien einer Produktionsvereinbarung kann auf verschiedene Weise unmittelbar beschränkt sein. Die an einem Produk-

tions-Joint-Venture beteiligten Parteien könnten zum Beispiel die Produktion des Joint Ventures beschränken, so dass eine geringere Menge von Waren auf den Markt kommt, als wenn jede Partei selbst über ihren Output entschieden hätte. Wenn die wichtigsten Merkmale in der Produktionsvereinbarung festgelegt werden, können dadurch die wesentlichen Elemente des Wettbewerbs zwischen den Parteien ausgeschaltet und letztlich wettbewerbsbeschränkende Auswirkungen verursacht werden. Ein anderes Beispiel wäre, dass das Joint Venture den Parteien einen hohen Verrechnungspreis in Rechnung stellt, so dass die Inputkosten der Parteien steigen, was höhere Preise auf nachgelagerten Märkten zur Folge haben könnte. Für die Wettbewerber könnte es gewinnbringend erscheinen, ihre Preise ebenfalls zu erhöhen, so dass auch sie zu höheren Preisen auf dem relevanten Markt beitragen.

Kollusionsergebnis

175. Die Wahrscheinlichkeit eines Kollusionsergebnisses hängt von der Marktmacht der Parteien und den Merkmalen des relevanten Marktes ab. Ein Kollusionsergebnis kann insbesondere (aber nicht nur) dann entstehen, wenn die Produktionsvereinbarung eine Kostenangleichung oder einen Informationsaustausch zur Folge hat.

176. Eine Produktionsvereinbarung zwischen Parteien mit Marktmacht kann wettbewerbsbeschränkende Auswirkungen haben, wenn die Angleichung ihrer Kosten (d. h. der Anteil der variablen Kosten, die den Parteien gemein sind) ein Niveau erreicht, das ihnen eine Kollusion ermöglicht. Maßgebend sind die variablen Kosten des Produkts, mit dem die Parteien der Produktionsvereinbarung miteinander im Wettbewerb stehen.

177. Ein Kollusionsergebnis infolge einer Produktionsvereinbarung ist eher wahrscheinlich, wenn den Parteien bereits vor Abschluss der Vereinbarung ein hoher Anteil der variablen Kosten gemein ist, so dass der weitere Zuwachs (d. h. die Produktionskosten für das der Vereinbarung unterliegende Produkt) den Ausschlag für das Vorliegen eines Kollusionsergebnisses geben kann. Bei hohem Zuwachs kann die Gefahr eines Kollusionsergebnisses auch bei ursprünglich geringer Kostenangleichung groß sein.

178. Die Angleichung der Kosten erhöht die Gefahr eines Kollusionsergebnisses nur, wenn auf die Produktionskosten ein großer Teil der betreffenden variablen Kosten entfällt. Dies ist beispielsweise nicht der Fall, wenn die Zusammenarbeit Produkte mit hohen Vermarktungskosten betrifft. Ein Beispiel wären neue oder heterogene Produkte, die ein aufwändiges Marketing erfordern oder hohe Transportkosten mit sich bringen.

179. Ein anderer Fall, in dem die Angleichung der Kosten zu einem Kollusionsergebnis führen kann, wäre, dass die Parteien die gemeinsame Produktion eines Zwischenprodukts vereinbaren, auf das ein großer Teil der variablen Kosten des Endprodukts entfallen, mit dem die Parteien auf dem nachgelagerten Markt miteinander im Wettbewerb stehen. Die Parteien könnten die Produktionsvereinbarung nutzen, um den Preis für diese gemeinsame wichtige Vorleistung für ihre Produkte auf dem nachgelagerten Markt zu erhöhen. Dies würde den Wettbewerb auf dem nachgelagerten Markt schwächen und wahrscheinlich zu höheren Endpreisen führen. Der Gewinn würde vom nachgelagerten auf den vorgelagerten Markt verschoben und dann von den Parteien im Rahmen des Joint Ventures geteilt.

180. Ebenso erhöht die Angleichung der Kosten die von einer horizontalen Zuliefervereinbarung ausgehenden Gefahren für den Wettbewerb, wenn auf die Vorleistung, die der Auftraggeber vom Zulieferer bezieht, ein großer Teil der variablen Kosten des Endprodukts entfällt, mit dem die Parteien miteinander im Wettbewerb stehen.

181. Negative Auswirkungen des Informationsaustauschs werden nicht getrennt gewürdigt, sondern unter Berücksichtigung der Gesamtauswirkungen der Vereinba-

rung. Eine Produktionsvereinbarung kann wettbewerbsbeschränkende Auswirkungen haben, wenn sie einen Austausch strategisch wichtiger Geschäftsinformationen umfasst, der zu einem Kollusionsergebnis oder einer wettbewerbswidrigen Marktverschließung führen kann. Ob es wahrscheinlich ist, dass der Informationsaustausch im Rahmen einer Produktionsvereinbarung wettbewerbsbeschränkende Auswirkungen hat, sollte nach Maßgabe des Kapitels 2 geprüft werden.

182. Wenn der Informationsaustausch nicht über den Austausch der Daten hinausgeht, die für die gemeinsame Produktion der unter die Produktionsvereinbarung fallenden Waren erforderlich sind, dürfte der Informationsaustausch, selbst wenn er wettbewerbsbeschränkende Auswirkungen im Sinne von Artikel 101 Absatz 1 hat, eher die Voraussetzungen von Artikel 101 Absatz 3 erfüllen, als wenn er über das für die gemeinsame Produktion erforderliche Maß hinausgeht. In diesem Fall ist es wahrscheinlich, dass die sich aus der gemeinsamen Produktion ergebenden Effizienzgewinne die wettbewerbsbeschränkenden Auswirkungen der Koordinierung des Verhaltens der Parteien überwiegen. Dagegen ist es weniger wahrscheinlich, dass die Voraussetzungen von Artikel 101 Absatz 3 erfüllt sind, wenn im Rahmen einer Produktionsvereinbarung Daten ausgetauscht werden, die für die gemeinsame Produktion nicht erforderlich sind, zum Beispiel Informationen über Preise und Verkaufszahlen.

4.4. Kartellrechtliche Würdigung nach Artikel 101 Absatz 3

4.4.1. Effizienzgewinne

183. Produktionsvereinbarungen können den Wettbewerb fördern, wenn sie zu Effizienzgewinnen in Form von Kosteneinsparungen oder besseren Produktionstechnologien führen. Indem sie gemeinsam produzieren, können Unternehmen Kosten einsparen, die sie anderenfalls vervielfachen würden. Ferner können sie zu niedrigeren Kosten produzieren, wenn die Zusammenarbeit sie in die Lage versetzt, die Produktion dann zu erhöhen, wenn die Grenzkosten bei steigendem Output, d. h. aufgrund von Größenvorteilen sinken. Die gemeinsame Produktion kann den Unternehmen auch bei der Verbesserung der Produktqualität helfen, wenn sie Fähigkeiten und Know-how in die Zusammenarbeit einbringen, die einander ergänzen. Außerdem kann die Zusammenarbeit die Unternehmen in die Lage versetzen, eine größere Vielfalt an Produkten anzubieten, die sie sich andernfalls nicht leisten oder nicht herstellen könnten. Wenn die gemeinsame Produktion es den Parteien ermöglicht, die Zahl der Produkttypen zu erhöhen, kann sie durch Verbundvorteile auch Kosteneinsparungen mit sich bringen.

4.4.2. Unerlässlichkeit

184. Wettbewerbsbeschränkungen, die weiter gehen, als zur Erzielung der mit einer Produktionsvereinbarung angestrebten Effizienzgewinne notwendig ist, erfüllen nicht die Voraussetzungen von Artikel 101 Absatz 3. So werden zum Beispiel Beschränkungen, die den Parteien in einer Produktionsvereinbarung für ihr Wettbewerbsverhalten hinsichtlich des Outputs außerhalb der Zusammenarbeit auferlegt werden, in der Regel nicht als unerlässlich angesehen. Ebenso können gemeinsam festgesetzte Preise nicht als unerlässlich gelten, wenn die Produktionsvereinbarung keine gemeinsame Vermarktung umfasst.

4.4.3. Weitergabe an die Verbraucher

185. Durch unerlässliche Beschränkungen erzielte Effizienzgewinne müssen in Form von niedrigeren Preisen, höherer Produktqualität oder größerer Produktvielfalt in einem Maße an die Verbraucher weitergegeben werden, dass sie die wettbewerbsbeschränkenden Auswirkungen überwiegen. Effizienzgewinne, die nur den Parteien zugutekommen, oder Kosteneinsparungen, die auf einer Verringerung des Outputs

oder einer Aufteilung des Marktes beruhen, sind keine ausreichende Grundlage für die Erfüllung der Voraussetzungen von Artikel 101 Absatz 3. Wenn die Parteien der Produktionsvereinbarung Einsparungen bei ihren variablen Kosten erzielen, ist die Wahrscheinlichkeit, dass sie sie an die Verbraucher weitergeben, größer, als wenn sie ihre Fixkosten verringern. Und je mehr Marktmacht die Parteien haben, desto weniger wahrscheinlicher ist es, dass sie die Effizienzgewinne in einem Maße an die Verbraucher weitergeben, dass sie die wettbewerbsbeschränkenden Auswirkungen überwiegen.

4.4.4. Keine Ausschaltung des Wettbewerbs

186. Die Voraussetzungen von Artikel 101 Absatz 3 können nicht erfüllt sein, wenn die Vereinbarung den Parteien die Möglichkeit eröffnet, für einen beträchtlichen Teil der betreffenden Produkte den Wettbewerb auszuschalten. Dies ist auf dem relevanten Markt, dem die unter die Zusammenarbeit fallenden Produkte angehören, und auf den möglichen Spill-over-Märkten zu prüfen.

4.5. Beispiele

187. Angleichung der Kosten und Kollusionsergebnisse

Beispiel 1

Sachverhalt: Die Unternehmen A und B, die das Produkt X anbieten, beschließen, ihre bestehenden, veralteten Produktionsanlagen zu schließen und eine größere, moderne und effizientere Produktionsanlage zu errichten, die von einem Joint Venture betrieben werden soll und über eine höhere Kapazität verfügen wird als die alten Anlagen von A und B zusammen. Die Wettbewerber, deren Anlagen voll ausgelastet sind, planen keine solchen Investitionen. A und B haben einen Marktanteil von 20% bzw. 25%. Ihre Produkte sind in einem bestimmten Segment des konzentrierten Marktes die nächsten Substitute. Der Markt ist transparent und befindet sich in Stagnation, es gibt keine Marktzutritte, und die Marktanteile sind über längere Zeit stabil geblieben. Die Produktionskosten stellen bei A und B einen großen Teil der variablen Kosten für X dar. Die Kosten und die strategische Bedeutung der Vermarktung sind im Vergleich zur Produktion gering: Die Kosten für Marketing sind niedrig, da es sich um eine homogene, eingeführte Ware handelt, und der Transport ist kein ausschlaggebender Wettbewerbsfaktor.

Analyse: Wenn die Unternehmen A und B alle oder den größten Teil ihrer variablen Kosten teilen, könnte diese Produktionsvereinbarung zu einer unmittelbaren Beschränkung des Wettbewerbs zwischen den Parteien führen. Sie könnte die Parteien dazu verleiten, die Produktion des Joint Ventures zu beschränken, so dass eine geringere Menge von Waren auf den Markt kommt, als wenn jede Partei selbst über ihren Output entschieden hätte. Angesichts der Kapazitätsengpässe bei den Wettbewerbern könnte diese Beschränkung höhere Preise zur Folge haben. Selbst wenn die Unternehmen A und B nicht den größten, sondern nur einen erheblichen Teil ihrer variablen Kosten teilen würden, könnte diese Produktionsvereinbarung zu einem Kollusionsergebnis zwischen A und B führen und dadurch mittelbar den Wettbewerb zwischen den beiden Parteien ausschalten. Wie wahrscheinlich dies ist, hängt nicht nur von der Angleichung der (in diesem Fall hohen) Kosten, sondern auch von den Merkmalen des relevanten Marktes wie Transparenz, Stabilität und Konzentrationsgrad ab.

In beiden oben genannten Fällen ist es bei der Marktkonstellation in diesem Beispiel wahrscheinlich, dass das Produktions-Joint-Venture der Unternehmen A und B wettbewerbsbeschränkende Auswirkungen im Sinne von Artikel 101 Absatz 1 auf dem Markt für X hätte.

Die Ersetzung zweier kleinerer, alter Produktionsanlagen durch eine größere, moderne und effizientere Anlage kann dazu führen, dass das Joint Venture zum Vorteil der Verbraucher größere Mengen zu niedrigeren Preisen produziert. Die Produktionsvereinbarung kann die Voraussetzungen von Artikel 101 Absatz 3 aber nur erfüllen, wenn die Parteien durch substantiierten Vortrag den Nachweis erbringen, dass die Effizienzgewinne in einem Maße an die Verbraucher weitergegeben werden, dass sie die wettbewerbsbeschränkenden Auswirkungen überwiegen.

188. Verbindungen zwischen Wettbewerbern und Kollusionsergebnisse

Beispiel 2
Sachverhalt: Die Unternehmen A und B gründen ein Joint Venture für die Produktion des Pro dukts Y. Der Anteil der Unternehmen A und B am Markt für Y beträgt jeweils 15%. Es gibt drei weitere Anbieter auf diesem Markt, nämlich die Unternehmen C, D und E mit einem Marktanteil von 30%, 25% bzw. 15%. Unternehmen B betreibt bereits mit Unternehmen D eine gemeinsame Produktionsanlage.
Analyse: Der Markt ist durch sehr wenige Anbieter und eher symmetrische Strukturen gekennzeichnet. Mit der Zusammenarbeit zwischen Unternehmen A und B würde eine zusätzliche Verbindung auf dem Markt geschaffen und damit die Konzentration verstärkt, da auch Unternehmen D mit A und B verbunden würde. Diese Zusammenarbeit würde wahrscheinlich die Gefahr eines Kollusionsergebnisses erhöhen und damit wahrscheinlich wettbewerbsbeschränkende Auswirkungen im Sinne von Artikel 101 Absatz 1 haben. Die Voraussetzungen von Artikel 101 Absatz 3 könnten nur im Falle erheblicher Effizienzgewinne, die in einem Maße an die Verbraucher weitergegeben werden, dass sie die wettbewerbsbeschränkenden Auswirkungen überwiegen, erfüllt sein.

189. Wettbewerbswidrige Verschließung eines nachgelagerten Marktes

Beispiel 3
Sachverhalt: Unternehmen A und B gründen ein Joint Venture, das ihre gesamte Produktion des Zwischenprodukts X übernimmt. Die Produktionskosten für X machen 70% der variablen Kosten des Endprodukts Y aus, mit dem A und B auf dem nachgelagerten Markt miteinander im Wettbewerb stehen. Der Anteil von A und B am Markt für Y beträgt jeweils 20%, es gibt nur wenige Marktzutritte, und die Marktanteile sind über längere Zeit stabil geblieben. Unternehmen A und B decken nicht nur ihren eigenen Bedarf an X, sondern verkaufen X auch auf dem Handelsmarkt, an dem sie einen Anteil von jeweils 40% haben. Auf dem Markt für X bestehen hohe Zutrittsschranken, und die vorhandenen Hersteller sind fast voll ausgelastet. Auf dem Markt für Y gibt es zwei weitere wichtige Anbieter mit einem Marktanteil von jeweils 15% und mehrere kleinere Wettbewerber. Mit der Vereinbarung werden Größenvorteile erzielt.
Analyse: Über das Produktions-Joint-Venture könnten die Unternehmen A und B die Lieferungen der wesentlichen Vorleistung X an ihre Wettbewerber auf dem Markt für Y weitgehend kontrollieren. Dies würde den Unternehmen A und B die Möglichkeit eröffnen, die Kosten ihrer Konkurrenten durch künstliche Erhöhung der Preise für X oder durch Verringerung des Outputs in die Höhe zu treiben. Dies könnte zu einer Verschließung des Marktes für Y gegenüber den Wettbewerbern von A und B führen. Wegen der wahrscheinlichen wettbewerbswidrigen Verschließung des nachgelagerten Marktes ist es wahrscheinlich, dass die Vereinbarung wettbewerbsbeschränkende Auswirkungen im Sinne von Artikel 101 Absatz 1 hat. Dass die mit dem Produktions-Joint-Venture erzielten Größenvorteile die wettbewerbsbeschränkenden Auswirkungen überwiegen, ist unwahrscheinlich, so dass die Vereinbarung aller Wahrscheinlichkeit nach nicht die Voraussetzungen von Artikel 101 Absatz 3 erfüllt.

190. Spezialisierungsvereinbarung als Marktaufteilung

Beispiel 4
Sachverhalt: die Unternehmen A und B stellen beide die Produkte X und Y her. Der Anteil von Unternehmen A am Markt für X beträgt 30%, sein Anteil am Markt für Y 10%. Der Anteil von Unternehmen B am Markt für X beträgt 10%, sein Anteil am Markt für Y 30%. Zur Erzielung von Größenvorteilen schließen sie eine Vereinbarung über die gegenseitige Spezialisierung, nach der Unternehmen A nur noch X und Unternehmen B nur noch Y produziert. Sie beliefern sich nicht gegenseitig mit der Ware, so dass Unternehmen A nur X und Unternehmen B nur Y verkauft. Die Parteien behaupten, sie würden durch diese Spezialisierung dank der Größenvorteile Kosten einsparen und durch die Konzentration auf ein einziges Produkt ihre Produktionstechnologien verbessern, was zu qualitativ besseren Produkten führen werde.
Analyse: Hinsichtlich ihrer Auswirkungen auf den Wettbewerb auf dem Markt kommt diese Spezialisierungsvereinbarung einem Hardcore-Kartell nahe, bei dem die Parteien den Markt unter

sich aufteilen. Daher bezweckt die Vereinbarung eine Wettbewerbsbeschränkung. Da die geltend gemachten Effizienzgewinne in Form von Größenvorteilen und verbesserten Produktionstechnologien einzig und allein mit der Marktaufteilung zusammenhängen, ist es unwahrscheinlich, dass sie die wettbewerbsbeschränkenden Auswirkungen überwiegen, so dass die Vereinbarung nicht die Voraussetzungen von Artikel 101 Absatz 3 erfüllen würde. Wenn das Unternehmen A oder das Unternehmen B glaubt, dass es effizienter wäre, sich auf ein einziges Produkt zu konzentrieren, kann es einseitig beschließen, nur noch X oder nur noch Y zu produzieren, ohne gleichzeitig mit dem anderen Unternehmen zu vereinbaren, dass dieses sich auf die Produktion des anderen Produkts konzentriert.

Die Analyse würde anders ausfallen, wenn die Unternehmen A und B einander mit dem Produkt belieferten, auf das sie sich konzentrieren, so dass beide X und Y verkaufen. In diesem Falle könnten A und B noch auf beiden Märkten preislich konkurrieren, vor allem wenn auf die Produktionskosten (die durch die Produktionsvereinbarung zu gemeinsamen Kosten werden) kein wesentlicher Teil der variablen Kosten ihrer Produkte entfiele. Maßgebend sind in diesem Zusammenhang die Vermarktungskosten. Eine Beschränkung des Wettbewerbs durch die Spezialisierungsvereinbarung wäre somit unwahrscheinlich, wenn es sich bei X und Y um weitgehend heterogene Produkte mit einem sehr hohen Anteil an Marketing- und Vertriebskosten (zum Beispiel 65–70% der Gesamtkosten) handelte. In diesem Szenario wäre die Gefahr eines Kollusionsergebnisses nicht hoch, und die Voraussetzungen von Artikel 101 Absatz 3 wären möglicherweise erfüllt, sofern die Effizienzgewinne in einem Maße an die Verbraucher weitergegeben würden, dass sie die wettbewerbsbeschränkenden Auswirkungen überwiegen.

191. Potenzielle Wettbewerber

Beispiel 5

Sachverhalt: Unternehmen A produziert das Endprodukt X, Unternehmen B produziert das Endprodukt Y. X und Y stellen zwei getrennte Produktmärkte dar, auf denen A bzw. B über große Marktmacht verfügt. Beide Unternehmen verwenden Z als Vorleistung für die Produktion von X bzw. Y, und beide produzieren Z ausschließlich für den Eigenbedarf. X ist ein Produkt mit niedriger Wertschöpfung, für das Z eine wesentliche Vorleistung ist (X ist eine recht einfache Verarbeitung von Z). Y ist ein Produkt mit hoher Wertschöpfung, für das Z eine von vielen Vorleistungen ist (auf Z entfällt nur ein geringer Teil der variablen Kosten für Y). Die Unternehmen A und B vereinbaren, Z gemeinsam zu produzieren, und erzielen dadurch bescheidene Größenvorteile.

Analyse: Die Unternehmen A und B sind hinsichtlich X, Y und Z keine tatsächlichen Wettbewerber. Da es sich bei X aber um eine einfache Verarbeitung der Vorleistung Z handelt, könnte Unternehmen B wahrscheinlich leicht in den Markt für X eintreten und damit die Stellung von Unternehmen A auf diesem Markt angreifen. Der Anreiz für Unternehmen B, dies zu tun, könnte durch die Vereinbarung über die gemeinsame Produktion von Z gemindert werden, da die gemeinsame Produktion Anlass für „Prämienzahlungen" sein könnte, die die Wahrscheinlichkeit verringern, dass Unternehmen B das Produkt X verkauft (da A wahrscheinlich die Kontrolle über die Menge von Z hat, die B von dem Joint Venture bezieht). Die Wahrscheinlichkeit, dass Unternehmen B ohne die Vereinbarung in den Markt für X eingetreten wäre, hängt jedoch von der erwarteten Rentabilität des Markteintritts ab. Da X ein Produkt mit niedriger Wertschöpfung ist, wäre ein Markteintritt möglicherweise nicht rentabel und damit für Unternehmen B ohne die Vereinbarung unwahrscheinlich. Da die Unternehmen A und B bereits über Marktmacht verfügen, ist es wahrscheinlich, dass die Vereinbarung wettbewerbsbeschränkende Auswirkungen im Sinne von Artikel 101 Absatz 1 hat, sofern die Vereinbarung tatsächlich die Wahrscheinlichkeit verringert, dass Unternehmen B in den Markt von Unternehmen A, also den Markt für X eintritt. Die mit der Vereinbarung erzielten Effizienzgewinne in Form von Größenvorteilen sind bescheiden, so dass es unwahrscheinlich ist, dass sie die wettbewerbsbeschränkenden Auswirkungen überwiegen.

192. Informationsaustausch im Rahmen einer Produktionsvereinbarung

Beispiel 6

Sachverhalt: Die Unternehmen A und B, die ein hohes Maß an Marktmacht besitzen, beschließen, gemeinsam zu produzieren, um effizienter zu werden. Im Rahmen ihrer Vereinbarung tau-

schen sie heimlich Informationen über ihre künftigen Preise aus. Die Vereinbarung umfasst nicht den gemeinsamen Vertrieb.
Analyse: Dieser Informationsaustausch macht ein Kollusionsergebnis wahrscheinlich und dürfte eine Wettbewerbsbeschränkung im Sinne von Artikel 101 Absatz 1 bezwecken. Dass er die Voraussetzungen von Artikel 101 Absatz 3 erfüllt, ist unwahrscheinlich, da der Austausch der Informationen über die künftigen Preise der Parteien für die gemeinsame Produktion und die Erzielung der entsprechenden Kosteneinsparungen nicht unerlässlich ist.

193. Swaps und Informationsaustausch

Beispiel 7
Sachverhalt: Die Unternehmen A und B produzieren beide Z, einen chemischen Grundstoff. Z ist ein homogenes Produkt, das nach einer europäischen Norm hergestellt wird, die keine Produktvarianten zulässt. Die Produktionskosten sind ein erheblicher Kostenfaktor für Z. Der Anteil der Unternehmen A und B am Unionsmarkt für Z beträgt 20% bzw. 25%. Auf dem Markt für Z gibt es vier weitere Hersteller mit Marktanteilen von 20%, 15%, 10% und 10%. Die Produktionsanlage von Unternehmen A befindet sich im Mitgliedstaat X in Nordeuropa, die Produktionsanlage von Unternehmen B im Mitgliedstaat Y in Südeuropa. Obwohl die Kunden von Unternehmen A zum größten Teil in Nordeuropa ansässig sind, hat A auch einige Kunden in Südeuropa. Das gleiche gilt für Unternehmen B, der einige Kunden in Nordeuropa hat. Derzeit beliefert Unternehmen A seine südeuropäischen Kunden mit Z, das in seiner Produktionsanlage in X hergestellt und dann per Lkw nach Südeuropa transportiert wird. Entsprechend beliefert Unternehmen B seine nordeuropäischen Kunden mit Z, das in Y hergestellt und dann ebenfalls per Lkw nach Nordeuropa transportiert wird. Die Transportkosten sind recht hoch, aber nicht so hoch, dass die Lieferungen von Unternehmen A nach Südeuropa und die Lieferungen von Unternehmen B nach Nordeuropa unrentabel wären. Die Kosten für den Transport von X nach Südeuropa sind niedriger als die Kosten für den Transport von Y nach Nordeuropa.
Die Unternehmen A und B kommen zu dem Schluss, dass es effizienter wäre, wenn das Unternehmen A Z nicht mehr von Mitgliedstaat X nach Südeuropa und das Unternehmen B Z nicht mehr von Mitgliedstaat Y nach Nordeuropa transportieren würde, wollen aber gleichzeitig ihre jeweiligen Kunden auf jeden Fall behalten. Zu diesem Zweck beabsichtigen die Unternehmen A und B, eine Swap-Vereinbarung zu treffen, nach der sie eine vereinbarte Jahresmenge Z bei der Anlage der anderen Partei kaufen können, um das erworbene Z an diejenigen ihrer Kunden zu verkaufen, deren Standort näher an der Anlage der anderen Partei liegt. Um einen Kaufpreis ermitteln zu können, bei dem keine Partei gegenüber der anderen bevorzugt wird und der den unterschiedlichen Produktionskosten der Parteien und ihren unterschiedlichen Einsparungen bei den Transportkosten Rechnung trägt, und um beiden Parteien eine angemessene Marge zu sichern, vereinbaren sie, einander ihre wichtigsten Kosten in Bezug auf Z (d. h. die Produktions- und die Transportkosten) offenzulegen.
Analyse: Die Tatsache, dass die Wettbewerber A und B für einen Teil ihrer Produktion einen Swap vornehmen, ist an sich noch kein Anlass für wettbewerbsrechtliche Bedenken. In der geplanten Swap-Vereinbarung zwischen den Unternehmen A und B ist jedoch der Austausch der Produktions- und der Transportkosten beider Parteien in Bezug auf Z vorgesehen. Zudem haben die Unternehmen A und B zusammen eine starke Stellung auf einem relativ konzentrierten Markt für einen homogenen Grundstoff inne. Daher ist es wegen des umfassenden Informationsaustauschs über einen wesentlichen Wettbewerbsparameter in Bezug auf Z wahrscheinlich, dass die Swap-Vereinbarung zwischen den Unternehmen A und B wettbewerbsbeschränkende Auswirkungen im Sinne von Artikel 101 Absatz 1 haben wird, da sie zu einem Kollusionsergebnis führen kann. Mit der Vereinbarung werden zwar erhebliche Effizienzgewinne in Form von Kosteneinsparungen für die Parteien erzielt, jedoch sind die sich aus der Vereinbarung ergebenden Wettbewerbsbeschränkungen dafür nicht unerlässlich. Die Parteien könnten ähnliche Kosteneinsparungen erzielen, indem sie sich auf eine Preisformel einigen, die nicht die Offenlegung ihrer Produktions- und Transportkosten erfordert. In ihrer derzeitigen Form erfüllt die Swap-Vereinbarung daher nicht die Voraussetzungen von Artikel 101 Absatz 3.

5. Einkaufsvereinbarungen

5.1. Definition

194. Gegenstand dieses Kapitels sind Vereinbarungen über den gemeinsamen Einkauf von Produkten. Der gemeinsame Einkauf kann über ein gemeinsam kontrolliertes Unternehmen oder ein Unternehmen erfolgen, an dem viele andere Unternehmen Minderheitsbeteiligungen halten, oder im Rahmen einer vertraglichen Regelung oder lockererer Formen der Zusammenarbeit („gemeinsame Einkaufsregelungen"). Ziel gemeinsamer Einkaufsregelungen ist in der Regel, Nachfragemacht zu schaffen, die zu niedrigeren Preisen oder qualitativ besseren Produkten oder Dienstleistungen für die Verbraucher führen kann. Nachfragemacht kann jedoch unter bestimmten Umständen auch Anlass zu wettbewerbsrechtlichen Bedenken geben.

195. Gemeinsame Einkaufsregelungen können sowohl horizontale als auch vertikale Vereinbarungen enthalten. In diesen Fällen ist eine Analyse in zwei Stufen erforderlich. Zunächst müssen die horizontalen Vereinbarungen zwischen den gemeinsam einkaufenden Unternehmen anhand der in diesen Leitlinien beschriebenen Grundsätze gewürdigt werden. Ergibt diese Würdigung, dass die gemeinsame Einkaufsregelung keinen Anlass zu wettbewerbsrechtlichen Bedenken gibt, müssen auch die anschließend geschlossenen vertikalen Vereinbarungen geprüft werden. Diese Prüfung wird nach den Vorschriften der Gruppenfreistellungsverordnung für vertikale Beschränkungen und der Leitlinien für vertikale Beschränkungen erfolgen.

196. Eine übliche Form der gemeinsamen Einkaufsregelung ist die „Allianz", eine Unternehmensvereinigung, die von einer Gruppe von Einzelhändlern für den gemeinsamen Einkauf von Produkten gegründet wird. Die horizontalen Vereinbarungen zwischen den Mitgliedern der Allianz oder die Beschlüsse der Allianz müssen zunächst als Vereinbarung über horizontale Zusammenarbeit nach diesen Leitlinien geprüft werden. Nur wenn nach dieser Prüfung keine wettbewerbsrechtlichen Bedenken bestehen, müssen die relevanten vertikalen Vereinbarungen zwischen der Allianz und einzelnen Mitgliedern sowie zwischen der Allianz und den Anbietern gewürdigt werden. Diese Vereinbarungen fallen unter bestimmten Voraussetzungen unter die Gruppenfreistellungsverordnung für vertikale Beschränkungen. Bei vertikalen Vereinbarungen, die nicht unter diese Gruppenfreistellungsverordnung fallen, wird nicht davon ausgegangen, dass sie rechtswidrig sind; sie sind jedoch einer Einzelprüfung zu unterziehen.

5.2. Relevante Märkte

197. Zwei Märkte können von gemeinsamen Einkaufsregelungen betroffen sein: erstens die unmittelbar von der gemeinsamen Einkaufsregelung betroffenen Märkte, d. h. die relevanten Einkaufsmärkte, und zweitens die Verkaufsmärkte, d. h. die nachgelagerten Märkte, auf denen die Parteien der gemeinsamen Einkaufsregelung als Verkäufer tätig sind.

198. Die Definition der relevanten Einkaufsmärkte stützt sich auf die in der Bekanntmachung über die Definition des relevanten Marktes beschriebenen Grundsätze und den Begriff der Substituierbarkeit zur Ermittlung des Wettbewerbsdrucks. Der einzige Unterschied zur Definition der „Verkaufsmärkte" besteht darin, dass die Substituierbarkeit aus der Sicht des Angebots und nicht der Sicht der Nachfrage zu definieren ist. Mit anderen Worten: Bei der Ermittlung des Wettbewerbsdrucks auf die Einkäufer sind die Alternativen der Anbieter ausschlaggebend. Diese Alternativen könnten zum Beispiel durch die Untersuchung der Reaktion der Anbieter auf eine geringe, nicht nur vorübergehende Preissenkung ermittelt werden. Sobald der Markt abgegrenzt ist, kann der Marktanteil als Prozentsatz der Einkäufe der Parteien am Ge-

samtabsatz des eingekauften Produkts oder der eingekauften Produkte auf dem relevanten Markt berechnet werden.

199. Sind die Parteien darüber hinaus Wettbewerber auf einem oder mehreren Verkaufsmärkten, so sind diese Märkte ebenfalls für die Prüfung relevant. Die Verkaufsmärkte sind nach der in der Bekanntmachung über die Definition des relevanten Marktes beschriebenen Methode abzugrenzen.

5.3. Kartellrechtliche Würdigung nach Artikel 101 Absatz 1

5.3.1. Grundlegende kartellrechtliche Bedenken

200. Gemeinsame Einkaufsregelungen können wettbewerbsbeschränkende Auswirkungen auf den Einkaufsmärkten und/oder auf nachgelagerten Verkaufsmärkten haben, zum Beispiel höhere Preise, geringere Produktionsmenge, Produktqualität oder -vielfalt, oder Innovation, Marktaufteilung oder wettbewerbswidrige Verschließung des Marktes für andere mögliche Einkäufer.

201. Wenn Wettbewerber auf nachgelagerten Märkten einen erheblichen Teil ihrer Produkte zusammen einkaufen, kann sich für sie der Anreiz für einen Preiswettbewerb auf den Verkaufsmärkten erheblich verringern. Falls die Parteien dort über einen erheblichen Grad an Marktmacht verfügen (der nicht auf Marktbeherrschung hinauslaufen muss), ist es wahrscheinlich, dass die mit der gemeinsamen Einkaufsregelung erzielten niedrigeren Einkaufspreise nicht an die Verbraucher weitergegeben werden.

202. Verfügen die Parteien über einen erheblichen Grad an Marktmacht auf dem Einkaufsmarkt (Nachfragemacht), so besteht die Gefahr, dass sie Anbieter zwingen, die Palette oder die Qualität der angebotenen Produkte zu verringern, was wettbewerbsbeschränkende Auswirkungen haben könnte, zum Beispiel Qualitätsrückgang, Nachlassen von Innovationsanstrengungen oder letzten Endes ein suboptimales Angebot.

203. Die Nachfragemacht der Parteien der gemeinsamen Einkaufsregelung könnte genutzt werden, um den Markt für konkurrierende Einkäufer zu verschließen, indem ihr Zugang zu effizienten Anbietern beschränkt wird. Dies ist am wahrscheinlichsten, wenn die Zahl der Anbieter begrenzt ist und auf der Angebotsseite des vorgelagerten Marktes Zutrittsschranken bestehen.

204. Im Allgemeinen ist es jedoch weniger wahrscheinlich, dass gemeinsame Einkaufsregelungen Anlass zu wettbewerbsrechtlichen Bedenken geben, wenn die Parteien auf den Verkaufsmärkten nicht über Marktmacht verfügen.

5.3.2. Bezweckte Wettbewerbsbeschränkungen

205. Bei einer gemeinsamen Einkaufsregelung handelt es sich um eine bezweckte Wettbewerbsbeschränkung, wenn sie nicht wirklich den gemeinsamen Einkauf betrifft, sondern als Mittel zur Bildung eines verschleierten Kartells für verbotene Praktiken wie Preisfestsetzung, Produktionsbeschränkung oder Marktaufteilung genutzt wird.

206. Vereinbarungen, mit denen unter anderem Einkaufspreise festgesetzt werden, können eine Wettbewerbsbeschränkung im Sinne von Artikel 101 Absatz 1 bezwecken[1]. Dies gilt jedoch nicht, wenn die Parteien einer gemeinsamen Einkaufsregelung sich über die Einkaufspreise einigen, die den Anbietern auf der Grundlage der gemeinsamen Einkaufsregelung für unter den Liefervertrag fallende Produkte gezahlt werden können. In diesem Fall sind die wahrscheinlichen wettbewerbsbeschränkenden Auswirkungen im Sinne von Artikel 101 Absatz 1 zu prüfen. Dabei wird die Ver-

[1] Siehe Artikel 101 Absatz 1 Buchstabe a, verbundene Rs. T-217/03 und T-245/03, French Beef, Rdnrn. 83ff. und Rs. C-8/08, T-Mobile Netherlands, Rdnr. 37.

einbarung über die Einkaufpreise nicht getrennt gewürdigt, sondern unter Berücksichtigung aller Auswirkungen, die die Einkaufsvereinbarung auf den Markt hat.

5.3.3. Wettbewerbsbeschränkende Auswirkungen

207. Gemeinsame Einkaufsregelungen, die keine Beschränkung des Wettbewerbs bezwecken, müssen in ihrem rechtlichen und wirtschaftlichen Zusammenhang auf ihre tatsächlichen und wahrscheinlichen Auswirkungen auf den Wettbewerb geprüft werden. Die Analyse der wettbewerbsbeschränkenden Auswirkungen einer gemeinsamen Einkaufsregelung muss die negativen Auswirkungen auf den Einkaufs- und auf den Verkaufsmärkten umfassen.

Marktmacht

208. Es gibt keine absolute Schwelle, bei deren Überschreiten davon ausgegangen werden kann, dass eine gemeinsame Einkaufsregelung Marktmacht begründet, so dass sie wahrscheinlich wettbewerbsbeschränkende Auswirkungen im Sinne von Artikel 101 Absatz 1 hat. In den meisten Fällen ist es jedoch unwahrscheinlich, dass Marktmacht besteht, wenn die Parteien der gemeinsamen Einkaufsregelung sowohl auf den Einkaufsmärkten als auch auf den Verkaufsmärkten einen gemeinsamen Marktanteil von nicht mehr als 15% haben. Liegt der gemeinsame Anteil der Parteien an beiden Märkten nicht über 15%, so ist es ohnehin wahrscheinlich, dass die Voraussetzungen von Artikel 101 Absatz 3 erfüllt sind.

209. Überschreitet ein Marktanteil diese Schwelle auf einem oder beiden Märkten, so heißt dies nicht automatisch, dass die gemeinsame Einkaufsregelung wahrscheinlich wettbewerbsbeschränkende Auswirkungen hat. Eine gemeinsame Einkaufsregelung, die nicht in diesen geschützten Bereich fällt, muss eingehend auf ihre Auswirkungen auf den Markt geprüft werden, unter anderem unter Berücksichtigung von Faktoren wie Marktkonzentration und mögliche Gegenmacht starker Anbieter.

210. Nachfragemacht kann unter bestimmten Umständen wettbewerbsbeschränkende Auswirkungen haben. Wettbewerbswidrige Nachfragemacht ist wahrscheinlich, wenn eine gemeinsame Einkaufsregelung einen hinreichend großen Teil des Gesamtvolumens eines Einkaufsmarkts betrifft, so dass der Zugang zu dem Markt für konkurrierende Einkäufer verschlossen werden könnte. Ein hohes Maß an Nachfragemacht könnte mittelbar die Produktmenge, -qualität und -vielfalt auf dem Verkaufsmarkt beeinflussen.

211. Für die Prüfung, ob die Parteien einer gemeinsamen Einkaufsregelung Marktmacht haben, sind auch die Zahl und die Intensität der Verbindungen (zum Beispiel weitere Einkaufsvereinbarungen) zwischen den Wettbewerbern auf dem Markt von Bedeutung.

212. Wenn jedoch konkurrierende Einkäufer zusammenarbeiten, die nicht auf demselben relevanten Verkaufsmarkt tätig sind (zum Beispiel Einzelhändler, die auf verschiedenen räumlichen Märkten verkaufen und nicht als potenzielle Wettbewerber angesehen werden können), sind wettbewerbsbeschränkende Auswirkungen der gemeinsamen Einkaufsregelung unwahrscheinlich, es sei denn, es besteht die Wahrscheinlichkeit, dass die Parteien ihre Stellung auf den Einkaufsmärkten nutzen könnten, um die Wettbewerbsstellung anderer Unternehmen auf ihren jeweiligen Verkaufsmärkten zu beeinträchtigen.

Kollusionsergebnis

213. Gemeinsame Einkaufsregelungen können zu einem Kollusionsergebnis führen, sofern sie die Koordinierung des Verhaltens der Parteien auf dem Verkaufsmarkt erleichtern. Dies kann der Fall sein, wenn sie durch den gemeinsamen Einkauf ein

hohes Maß an Kostenangleichung erzielen, vorausgesetzt, die Parteien verfügen über Marktmacht und die Marktmerkmale begünstigen eine Koordinierung.

214. Wettbewerbsbeschränkende Auswirkungen sind eher wahrscheinlich, wenn ein erheblicher Teil der variablen Kosten der Parteien der gemeinsamen Einkaufsregelung auf dem relevanten nachgelagerten Markt gemeinsame Kosten sind. Dies gilt zum Beispiel, wenn Einzelhändler, die auf denselben relevanten Einzelhandelsmärkten tätig sind, einen erheblichen Teil der Produkte, die sie weiterverkaufen, gemeinsam einkaufen. Ferner kann dies der Fall sein, wenn konkurrierende Hersteller und Verkäufer eines Endprodukts einen großen Teil ihrer Vorleistungen gemeinsam einkaufen.

215. Für die Umsetzung einer gemeinsamen Einkaufsregelung kann der Austausch sensibler Geschäftsinformationen zum Beispiel über Einkaufspreise und -mengen erforderlich sein. Der Austausch dieser Informationen kann die Koordinierung hinsichtlich der Verkaufspreise und des Outputs erleichtern und damit zu einem Kollusionsergebnis auf den Verkaufsmärkten führen. Die Spillover-Effekte des Austauschs sensibler Geschäftsinformationen können zum Beispiel minimiert werden, wenn die Daten im Rahmen einer gemeinsamen Einkaufsregelung zusammengestellt, aber nicht an die Parteien weitergegeben werden.

216. Negative Auswirkungen des Informationsaustauschs werden nicht getrennt gewürdigt, sondern unter Berücksichtigung der Gesamtauswirkungen der Vereinbarung. Ob es wahrscheinlich ist, dass der Informationsaustausch im Rahmen einer gemeinsamen Einkaufsregelung wettbewerbsbeschränkende Auswirkungen hat, sollte nach Maßgabe des Kapitels 2 geprüft werden. Wenn der Informationsaustausch nicht über den Austausch der Daten hinausgeht, die für den gemeinsamen Einkauf der unter die gemeinsame Einkaufsregelung fallenden Produkte erforderlich sind, dürfte der Informationsaustausch, selbst wenn er wettbewerbsbeschränkende Auswirkungen im Sinne von Artikel 101 Absatz 1 hat, eher die Voraussetzungen von Artikel 101 Absatz 3 erfüllen, als wenn er über das für den gemeinsamen Einkauf erforderliche Maß hinausgeht.

5.4. Kartellrechtliche Würdigung nach Artikel 101 Absatz 3

5.4.1. Effizienzgewinne

217. Mit gemeinsamen Einkaufsregelungen können erhebliche Effizienzgewinne erzielt werden. Insbesondere können sie zu Kosteneinsparungen, zum Beispiel niedrigeren Einkaufspreisen oder geringeren Transaktions-, Transport- und Lagerkosten führen und dadurch Größenvorteile erleichtern. Ferner können gemeinsame Einkaufsregelungen qualitative Effizienzgewinne mit sich bringen, indem sie Anbieter zu Innovationen und zur Markteinführung neuer oder verbesserter Produkte veranlassen.

5.4.2. Unerlässlichkeit

218. Wettbewerbsbeschränkungen, die weiter gehen, als zur Erzielung der mit einer Einkaufsvereinbarung angestrebten Effizienzgewinne notwendig ist, erfüllen nicht die Voraussetzungen von Artikel 101 Absatz 3. Die Verpflichtung, ausschließlich im Rahmen der Zusammenarbeit einzukaufen, kann in bestimmten Fällen unerlässlich sein, um das für die Erzielung von Größenvorteilen erforderliche Volumen zu erreichen. Eine solche Verpflichtung muss jedoch im Einzelfall geprüft werden.

5.4.3. Weitergabe an die Verbraucher

219. Durch unerlässliche Beschränkungen erzielte Effizienzgewinne, zum Beispiel Kosteneinsparungen oder qualitative Verbesserungen in Form der Markteinführung neuer oder verbesserter Produkte, müssen in einem Maße an die Verbraucher

weitergegeben werden, dass sie die wettbewerbsbeschränkenden Auswirkungen der gemeinsamen Einkaufsregelung überwiegen. Kosteneinsparungen oder andere Effizienzgewinne, die nur den Parteien der gemeinsamen Einkaufsregelung zugutekommen, reichen folglich nicht aus. Die Kosteneinsparungen müssen an die Verbraucher, also die Kunden der Parteien weitergegeben werden. Um ein besonderes Beispiel zu nehmen, kann diese Weitergabe in Form von niedrigeren Preisen auf den Verkaufsmärkten erfolgen. Wenn die Einkäufer zusammen über Marktmacht auf den Verkaufsmärkten verfügen, ist es nicht wahrscheinlich, dass niedrigere Einkaufspreise, die mit der bloßen Ausübung von Nachfragemacht erzielt wurden, an die Verbraucher weitergegeben werden, so dass die Voraussetzungen von Artikel 101 Absatz 3 nicht erfüllt sind. Und je mehr Marktmacht die Parteien auf den Verkaufsmärkten haben, desto weniger wahrscheinlicher ist es, dass sie die Effizienzgewinne in einem Maße an die Verbraucher weitergeben, dass sie die wettbewerbsbeschränkenden Auswirkungen überwiegen.

5.4.4. Keine Ausschaltung des Wettbewerbs

220. Die Voraussetzungen von Artikel 101 Absatz 3 können nicht erfüllt sein, wenn die Vereinbarung den Parteien die Möglichkeit eröffnet, für einen beträchtlichen Teil der betreffenden Produkte den Wettbewerb auszuschalten. Dies muss sowohl für die Einkaufs- als auch für die Verkaufsmärkte geprüft werden.

5.5. Beispiele

221. Gemeinsamer Einkauf kleiner Unternehmen mit bescheidenen gemeinsamen Marktanteilen

Beispiel 1

Sachverhalt: 150 kleine Einzelhändler schließen eine Vereinbarung zur Gründung einer gemeinsamen Einkaufsorganisation. Sie verpflichten sich, ein Mindestvolumen über die Organisation einzukaufen, auf das rund 50% der Gesamtkosten jedes Einzelhändlers entfallen. Die Einzelhändler können über die Organisation mehr als das Mindestvolumen einkaufen und dürfen auch außerhalb ihrer Zusammenarbeit einkaufen. Sie haben einen gemeinsamen Anteil von 23% am Einkaufs- wie am Verkaufsmarkt. Die Unternehmen A und B sind ihre zwei großen Wettbewerber. Unternehmen A hat am Einkaufs- wie am Verkaufsmarkt einen Anteil von 25%, Unternehmen B einen Anteil von 35%. Es bestehen keine Schranken, die die übrigen kleineren Wettbewerber daran hindern würden, ebenfalls eine Einkaufsgruppe zu bilden. Die 150 Einzelhändler erzielen durch den gemeinsamen Einkauf über die Einkaufsorganisation erhebliche Kosteneinsparungen.
Analyse: Die Einzelhändler haben eine bescheidene Stellung auf dem Einkaufs- und dem Verkaufsmarkt. Ferner führt die Zusammenarbeit zu gewissen Größenvorteilen. Obwohl die Einzelhändler ein hohes Maß an Kostenangleichung erzielen, ist es unwahrscheinlich, dass sie Marktmacht auf dem Verkaufsmarkt besitzen, da dort die Wettbewerber A und B präsent sind, von denen jeder einzelne größer ist als die gemeinsame Einkaufsorganisation. Eine Koordinierung des Verhaltens der Einzelhändler und ein sich daraus ergebendes Kollusionsergebnis sind daher unwahrscheinlich. Damit ist auch unwahrscheinlich, dass die Gründung der gemeinsamen Einkaufsorganisation wettbewerbsbeschränkende Auswirkungen im Sinne von Artikel 101 Absatz 1 hat.

222. Kostenangleichung und Marktmacht auf dem Verkaufsmarkt

Beispiel 2

Sachverhalt: Zwei Supermarktketten schließen eine Vereinbarung über den gemeinsamen Einkauf von Produkten, auf die rund 80% ihrer variablen Kosten entfallen. Auf den relevanten Märkten für die verschiedenen Produktgruppen liegt der gemeinsame Marktanteil der Parteien zwischen 25% und 40%. An dem relevanten Verkaufsmarkt haben sie einen gemeinsamen Anteil

von 60%. Es gibt vier weitere bedeutende Einzelhändler mit einem Marktanteil von je 10%. Mit einem Marktzutritt ist nicht zu rechnen.
Analyse: Es ist wahrscheinlich, dass diese Einkaufsvereinbarung den Parteien die Möglichkeit eröffnet, ihr Verhalten auf dem Verkaufsmarkt zu koordinieren, was ein Kollusionsergebnis zur Folge hätte. Die Parteien haben Marktmacht auf dem Verkaufsmarkt, und die Einkaufsvereinbarung führt zu einer erheblichen Kostenangleichung. Zudem ist ein Marktzutritt unwahrscheinlich. Der Anreiz für die Parteien, ihr Verhalten zu koordinieren, wäre noch stärker, wenn sie bereits vor Abschluss der Vereinbarung ähnliche Kostenstrukturen gehabt hätten. Auch ähnliche Margen der Parteien würden die Gefahr eines Kollusionsergebnisses weiter erhöhen. Durch die Vereinbarung entsteht ferner das Risiko, dass durch zurückhaltende Nachfrage der Parteien und damit infolge geringerer Mengen die Verkaufspreise auf dem nachgelagerten Markt steigen. Aus diesen Gründen ist es wahrscheinlich, dass die Einkaufsvereinbarung wettbewerbsbeschränkende Auswirkungen im Sinne von Artikel 101 Absatz 1 hat. Auch wenn mit der Vereinbarung mit großer Wahrscheinlichkeit Effizienzgewinne in Form von Kosteneinsparungen erzielt werden, ist es wegen der erheblichen Marktmacht der Parteien auf dem Verkaufsmarkt unwahrscheinlich, dass sie in einem Maße an die Verbraucher weitergegeben werden, dass sie die wettbewerbsbeschränkenden Auswirkungen überwiegen. Es ist daher unwahrscheinlich, dass die Einkaufsvereinbarung die Voraussetzungen von Artikel 101 Absatz 3 erfüllt.

223. Parteien, die auf verschiedenen räumlichen Märkten tätig sind

Beispiel 3
Sachverhalt: Sechs große Einzelhändler aus verschiedenen Mitgliedstaaten gründen eine Einkaufsgemeinschaft, um gemeinsam mehrere Markenprodukte aus Hartweizenmehl einzukaufen. Die Parteien dürfen andere, ähnliche Markenprodukte auch außerhalb ihrer Zusammenarbeit einkaufen. Fünf von ihnen bieten zusätzlich ähnliche Eigenmarkenprodukte an. Die Mitglieder der Einkaufsgemeinschaft haben einen gemeinsamen Anteil von rund 22% am relevanten unionsweiten Einkaufsmarkt. Auf dem Einkaufsmarkt gibt es drei weitere ähnlich große Unternehmen. Der Anteil der Parteien der Einkaufsgemeinschaft an den nationalen Verkaufsmärkten, auf denen sie tätig sind, beträgt jeweils zwischen 20% und 30%. Keine von ihnen ist in einem Mitgliedstaat präsent, auf dem ein anderes Mitglied der Gemeinschaft tätig ist. Die Parteien sind keine potenziellen neuen Anbieter auf den Märkten der anderen Parteien.
Analyse: Die Einkaufsgemeinschaft wird in der Lage sein, auf dem Einkaufsmarkt mit den anderen bestehenden großen Unternehmen zu konkurrieren. Die Verkaufsmärkte sind (nach Umsatz und räumlicher Ausdehnung) erheblich kleiner als der unionsweite Einkaufsmarkt, und auf diesen Märkten könnten einige Mitglieder der Gemeinschaft über Marktmacht verfügen. Auch wenn die Mitglieder der Einkaufsgemeinschaft einen gemeinsamen Anteil von mehr als 20% am Einkaufsmarkt haben, ist eine Koordinierung des Verhaltens oder eine Kollusion der Parteien auf den Verkaufsmärkten unwahrscheinlich, da sie auf den nachgelagerten Märkten weder tatsächliche noch potenzielle Wettbewerber sind. Es ist daher unwahrscheinlich, dass die Einkaufsgemeinschaft wettbewerbsbeschränkende Auswirkungen im Sinne von Artikel 101 Absatz 3 erfüllt.

224. Informationsaustausch

Beispiel 4
Sachverhalt: Die drei konkurrierenden Hersteller A, B und C betrauen eine unabhängige gemeinsame Einkaufsorganisation mit dem Einkauf des Produkts Z, bei dem es sich um ein Zwischenprodukt handelt, das die drei Parteien bei der Herstellung des Endprodukts X verwenden. Die Kosten für Z sind kein wesentlicher Kostenfaktor bei der Herstellung von X. Auf dem Verkaufsmarkt für X steht die gemeinsame Einkaufsorganisation mit den Parteien nicht im Wettbewerb. Alle für den Einkauf erforderlichen Informationen (zum Beispiel Qualitätsvorgaben, Mengen, Liefertermine, Höchsteinkaufspreise) werden nur der gemeinsamen Einkaufsorganisation, nicht aber den anderen Parteien offengelegt. Die gemeinsame Einkaufsorganisation handelt die Einkaufspreise mit den Anbietern aus. Der gemeinsame Anteil von A, B und C am Einkaufs- wie am Verkaufsmarkt beträgt 30%. Auf diesen Märkten gibt es sechs Wettbewerber, von denen zwei einen Marktanteil von 20% haben.

Analyse: Da zwischen den Parteien kein direkter Informationsaustausch stattfindet, ist es unwahrscheinlich, dass die Übermittlung der für den Einkauf erforderlichen Angaben an die gemeinsame Einkaufsorganisation zu einem Kollusionsergebnis führt. Es ist daher unwahrscheinlich, dass der Informationsaustausch wettbewerbsbeschränkende Auswirkungen im Sinne von Artikel 101 Absatz 1 hat.

6. Vermarktungsvereinbarungen

6.1. Definition

225. Vermarktungsvereinbarungen regeln die Zusammenarbeit zwischen Wettbewerbern in Bezug auf den Verkauf, den Vertrieb oder die Verkaufsförderung ihrer untereinander austauschbaren Produkte. Der Geltungsbereich dieser Vereinbarungen kann je nach den von ihnen erfassten Vermarktungsfunktionen stark variieren. Am einen Ende des Spektrums steht die gemeinsame Verkaufsvereinbarung, die zur gemeinsamen Festlegung sämtlicher mit dem Verkauf eines Produkts verbundenen geschäftlichen Gesichtspunkte einschließlich des Preises führt. Am anderen Ende stehen Vereinbarungen, die nur ganz bestimmte Vermarktungsfunktionen wie Vertrieb, Kundendienst oder Werbung regeln.

226. Zu diesen auf bestimmte Aspekte beschränkten Vereinbarungen zählen insbesondere Vertriebsvereinbarungen. Diese fallen in der Regel unter die Gruppenfreistellungsverordnung für vertikale Beschränkungen und die dazugehörigen Leitlinien für vertikale Beschränkungen, es sei denn, die Parteien sind tatsächliche oder potenzielle Wettbewerber. Sind die Parteien Wettbewerber, so gilt die Gruppenfreistellungsverordnung über vertikale Beschränkungen nur dann für nicht gegenseitige vertikale Vereinbarungen zwischen Wettbewerbern, wenn a) der Anbieter zugleich Hersteller und Händler von Waren ist, der Abnehmer dagegen Händler, jedoch kein Wettbewerber auf der Herstellungsebene, oder b) der Anbieter ein auf mehreren Handelsstufen tätiger Dienstleister ist, der Abnehmer dagegen Waren oder Dienstleistungen auf der Einzelhandelsstufe anbietet und auf der Handelsstufe, auf der er die Vertragsdienstleistungen bezieht, kein Wettbewerber ist[1].

227. Vereinbaren die Wettbewerber, ihre untereinander austauschbaren Produkte auf gegenseitiger Grundlage (insbesondere auf unterschiedlichen räumlichen Märkten) zu vertreiben, so besteht in bestimmten Fällen die Möglichkeit, dass die Vereinbarungen eine Aufteilung der Märkte bezwecken oder bewirken oder dass sie zu einem Kollusionsergebnis führen. Das Gleiche kann auf nicht gegenseitige Vereinbarungen zwischen Wettbewerbern zutreffen. Gegenseitige Vereinbarungen und nicht gegenseitige Vereinbarungen zwischen Wettbewerbern müssen deshalb zunächst nach den weiter in diesem Kapitel ausgeführten Grundsätzen geprüft werden. Führt diese Prüfung zu der Schlussfolgerung, dass die in Rede stehende Zusammenarbeit zwischen Wettbewerbern des Vertriebssektors grundsätzlich akzeptiert werden kann, so müssen in einer weiteren Prüfung die in derartigen Vereinbarungen enthaltenen vertikalen Beschränkungen untersucht werden. Diese Würdigung sollte anhand der in den Leitlinien für vertikale Beschränkungen niedergelegten Grundsätze erfolgen.

228. Vereinbarungen, bei denen sich die gemeinsame Vermarktung auf eine andere, ihr vorgelagerte Art der Zusammenarbeit (zum Beispiel gemeinsame Herstellung oder gemeinsamer Einkauf) bezieht, sind von reinen Vermarktungsvereinbarungen zu unterscheiden. Für die Analyse von Vermarktungsvereinbarungen, die sich auf verschiedene Stufen der Zusammenarbeit beziehen, ist es notwendig, den Schwerpunkt der Zusammenarbeit festzustellen, gemäß Randnummern 13 und 14.

---

[1] Artikel 2 Absatz 4 der Gruppenfreistellungsverordnung für vertikale Beschränkungen.

6.2. Relevante Märkte

229. Für die Prüfung des Wettbewerbsverhältnisses zwischen den Parteien müssen zunächst die von der Zusammenarbeit unmittelbar betroffenen sachlich und räumlich relevanten Märkte (d. h. die Märkte, denen die von der Vereinbarung betroffenen Produkte angehören) definiert werden. Da sich eine Vermarktungsvereinbarung auf einem Markt auch auf das Wettbewerbsverhalten der Parteien auf einem benachbarten Markt auswirken kann, der eng mit dem direkt von der Zusammenarbeit betroffenen Markt verbunden ist, muss gegebenenfalls der benachbarte Markt ebenfalls definiert werden. Dieser kann horizontal oder vertikal mit dem von der Zusammenarbeit betroffenen Markt verbunden sein.

6.3. Kartellrechtliche Würdigung nach Artikel 101 Absatz 1

6.3.1. Grundlegende kartellrechtliche Bedenken

230. Vermarktungsvereinbarungen können den Wettbewerb in mehrerer Hinsicht beeinträchtigen. Erstens und dies ist das offensichtlichste, können Vermarktungsvereinbarung zu Preisfestsetzung führen.

231. Zweitens können Vermarktungsvereinbarungen mit Beschränkungen der Produktionsmengen einhergehen, da die Parteien vereinbaren können, in welchen Mengen sie das Produkt auf den Markt bringen, wodurch sie das Angebot einschränken.

232. Drittens können Vermarktungsvereinbarungen von den Parteien für eine Marktaufteilung oder Zuweisung von Aufträgen oder Kunden missbraucht werden, zum Beispiel wenn sich die Produktionsstätten der Parteien in unterschiedlichen räumlichen Märkten befinden oder wenn es sich um gegenseitige Vereinbarungen handelt.

233. Ferner können Vermarktungsvereinbarungen den Austausch von Informationen über innerhalb oder außerhalb der Zusammenarbeit angesiedelte Aspekte oder über die Angleichung der Kosten (insbesondere bei Vereinbarungen ohne Preisfestsetzung) begünstigen, was wiederum zu einem Kollusionsergebnis führen könnte.

6.3.2. Bezweckte Wettbewerbsbeschränkungen

234. Bei Vermarktungsvereinbarungen zwischen Wettbewerbern ist wettbewerbsrechtlich die Festsetzung von Preisen besonders kritisch. Mit Vereinbarungen, die auf den gemeinsamen Verkauf beschränkt sind, sollen in der Regel die Preise konkurrierender Hersteller oder Dienstleister aufeinander abgestimmt werden. In diesem Falle wird nicht nur der Preiswettbewerb zwischen den Parteien in Bezug auf untereinander austauschbare Produkte ausgeschaltet, sondern auch die Produktmenge, die insgesamt von den Parteien im Rahmen des Systems der Zuteilung von Bestellungen zu liefern ist, wird möglicherweise beschränkt. Der Zweck derartiger Vereinbarungen besteht deshalb eher in einer Wettbewerbsbeschränkung im Sinne von Artikel 101 Absatz 1.

235. Diese Einschätzung gilt auch für Vereinbarungen nicht ausschließlicher Art, nach denen die Parteien die Produkte grundsätzlich auch selbst verkaufen dürfen, solange davon ausgegangen werden kann, dass die Vereinbarung insgesamt zu einer Abstimmung der von den Parteien verlangten Preise führt.

236. Des Weiteren besteht aus kartellrechtlicher Sicht die Gefahr, dass Vertriebsvereinbarungen zwischen Parteien, die auf verschiedenen räumlichen Märkten tätig sind, als Mittel zur Marktaufteilung missbraucht werden könnten. Nutzen die Parteien eine gegenseitige Vertriebsvereinbarung, um tatsächlichen oder potenziellen Wettbewerb untereinander durch gezielte Zuteilung von Märkten oder Kunden auszuschalten, ist es wahrscheinlich, dass mit der Vereinbarung eine Wettbewerbsbe-

schränkung bezweckt wird. Bei Vereinbarungen ohne Bestimmungen über Gegenseitigkeit besteht ein geringeres Risiko der Marktaufteilung. Bei derartigen Vereinbarungen muss allerdings geprüft werden, ob sie die Grundlage für ein beiderseitiges Einvernehmen bilden, nicht in den Markt der jeweils anderen Partei einzutreten.

6.3.3. Wettbewerbsbeschränkende Auswirkungen

237. Eine Vermarktungsvereinbarung ist in der Regel wettbewerbsrechtlich unbedenklich, wenn sie objektiv erforderlich ist, um einer Partei den Eintritt in einen Markt zu ermöglichen, auf dem sie sich alleine oder in einer Gruppe, die kleiner als die an der Zusammenarbeit beteiligte ist, nicht hätte behaupten können (zum Beispiel aufgrund der mit dem Markteintritt verbundenen Kosten). Eine spezifische Anwendung dieses Grundsatzes wären Konsortialvereinbarungen, die es den beteiligten Unternehmen erlauben, sich an Vorhaben zu beteiligen, die sie alleine nicht bewältigen könnten. Da es sich bei den Vertragspartnern einer Konsortialvereinbarung folglich nicht um potenzielle Wettbewerber für die Projektdurchführung handelt, liegt keine Wettbewerbsbeschränkung im Sinne von Artikel 101 Absatz 1 vor.

238. Desgleichen bezwecken nicht alle gegenseitigen Vertriebsvereinbarungen eine Wettbewerbsbeschränkung. Je nach Sachlage können sich bestimmte gegenseitige Vertriebsvereinbarungen dennoch nachteilig auf den Wettbewerb auswirken. Bei der Prüfung dieser Art von Vereinbarung ist vor allem die Frage zu stellen, ob sie für die Parteien tatsächlich erforderlich ist, um in den Markt der jeweils anderen Partei(en) eintreten zu können. Nur in diesem Fall verursacht die Vereinbarung keine horizontalen Wettbewerbsprobleme. Schränkt die Vereinbarung allerdings die Entscheidungsfreiheit einer der Parteien in Bezug auf den Eintritt in den Markt der anderen Partei(en) ein, weil der betreffenden Partei der Anreiz an einem Markteintritt genommen wird, so sind wettbewerbsbeschränkende Auswirkungen wahrscheinlich. Gleiches gilt für nicht gegenseitige Vereinbarungen, bei denen allerdings das Risiko wettbewerbsbeschränkender Auswirkungen weniger ausgeprägt ist.

239. Außerdem kann eine Vertriebsvereinbarung, die vertikale Beschränkungen enthält (zum Beispiel Beschränkungen des passiven Verkaufs, Preisbindung bei Weiterverkauf usw.), wettbewerbsbeschränkende Auswirkungen haben.

Marktmacht

240. Vermarktungsvereinbarungen zwischen Wettbewerbern können nur dann wettbewerbsbeschränkende Auswirkungen haben, wenn die Parteien über ein gewisses Maß an Marktmacht verfügen. In den meisten Fällen ist es unwahrscheinlich, dass Marktmacht besteht, wenn die Parteien gemeinsam einen Marktanteil von nicht mehr als 15% halten. Liegt der gemeinsame Marktanteil der Parteien nicht über 15%, ist es wahrscheinlich, dass die Voraussetzungen von Artikel 101 Absatz 3 erfüllt sind.

241. Beträgt der gemeinsame Marktanteil der Parteien mehr als 15%, so fällt die Vermarktungsvereinbarung nicht mehr unter die Gruppenfreistellung von Randnummer 240 und muss sie auf ihre voraussichtlichen Auswirkungen auf den Wettbewerb geprüft werden.

Kollusionsergebnis

242. Eine Vermarktungsvereinbarung, die keine Preisfestsetzung beinhaltet, kann wettbewerbsbeschränkende Auswirkungen haben, wenn sie den Parteien eine Angleichung der variablen Kosten auf einem Niveau ermöglicht, das zu einem Kollusionsergebnis führen könnte. Dies wäre bei einer Vermarktungsvereinbarung dann der Fall, wenn bereits vor Abschluss der Vereinbarung ein hoher Anteil der variablen Kosten der Parteien gemeinsam ist, so dass der weitere Zuwachs (d. h. die Vermark-

tungskosten für das Produkt, das Gegenstand der Vereinbarung ist) den Ausschlag für ein Kollusionsergebnis geben kann. Bei hohem Zuwachs kann das Risiko eines Kollusionsergebnisses sogar bei einem ursprünglich niedrigen Angleichungsniveau hoch sein.

243. Die Wahrscheinlichkeit eines Kollusionsergebnisses hängt von der Marktmacht der Parteien und den Merkmalen des relevanten Marktes ab. Eine Angleichung der Kosten kann das Risiko eines Kollusionsergebnisses nur dann erhöhen, wenn die Parteien über Marktmacht verfügen und wenn die Vermarktungskosten einen hohen Teil der variablen Kosten für das betreffende Produkt ausmachen. Dies ist beispielsweise bei homogenen Produkten nicht der Fall, da für sie die Produktion der größte Kostenfaktor ist. Eine Angleichung der Vermarktungskosten erhöht jedoch das Risiko eines Kollusionsergebnisses, wenn sich die Vermarktungsvereinbarung auf Produkte bezieht, deren Vermarktung aufgrund hoher Vertriebs- oder Marketingkosten sehr teuer ist. Folglich können gemeinsame Werbungs- und Verkaufsförderungsvereinbarungen wettbewerbsbeschränkende Auswirkungen haben, wenn diese Kosten einen wichtigen Kostenfaktor ausmachen.

244. Eine gemeinsame Vermarktung beinhaltet in der Regel den Austausch sensibler Geschäftsdaten, insbesondere Angaben zur Marketingstrategie und zu den Preisen. In den meisten Vermarktungsvereinbarungen ist für die Umsetzung der Vereinbarung ein gewisser Informationsaustausch erforderlich. Deshalb muss geprüft werden, ob der Informationsaustausch zu einem Kollusionsergebnis in Bezug auf die Geschäftstätigkeiten der Parteien innerhalb und außerhalb der Kooperation führen könnte. Negative Auswirkungen des Informationsaustauschs werden nicht getrennt gewürdigt, sondern unter Berücksichtigung der Gesamtauswirkungen der Vereinbarung.

245. Wenn die Parteien zum Beispiel im Rahmen einer gemeinsamen Werbungsvereinbarung Preisinformationen untereinander austauschen, kann dies hinsichtlich des Verkaufs der gemeinsam beworbenen Produkte zu einem Kollusionsergebnis führen. Ein Austausch derartiger Informationen, der im Rahmen einer Vereinbarung über gemeinsame Werbung erfolgt, geht ohnehin über das für die Umsetzung einer solchen Vereinbarung erforderliche Maß hinaus. Die voraussichtlichen wettbewerbsbeschränkenden Auswirkungen eines Informationsaustausches im Rahmen von Vermarktungsvereinbarungen hängen von den Merkmalen des Marktes und der Art der ausgetauschten Daten ab und sollten auf der Grundlage der Ausführungen in Kapitel 2 geprüft werden.

6.4. Kartellrechtliche Würdigung nach Artikel 101 Absatz 3

6.4.1. Effizienzgewinne

246. Mit Vermarktungsvereinbarungen können erhebliche Effizienzgewinne erzielt werden. Welche Effizienzgewinne bei der Prüfung, ob eine Vermarktungsvereinbarung die Voraussetzungen von Artikel 101 Absatz 3 erfüllt, zu berücksichtigen sind, hängt von der Art der Geschäftstätigkeit und von den Kooperationsparteien ab. Eine Festsetzung von Preisen ist nur dann zu rechtfertigen, wenn sie für die Integration anderer Marketingfunktionen erforderlich ist und durch diese Integration erhebliche Effizienzgewinne entstehen. Durch den gemeinsamen Vertrieb können – insbesondere für kleinere Hersteller – erhebliche Effizienzgewinne erzielt werden, die aus Größen- oder Verbundvorteilen erwachsen.

247. Bei den Effizienzgewinnen muss es sich nicht um Einsparungen handeln, die sich aus dem Wegfall der unmittelbar mit dem Wettbewerb verbundenen Kosten ergeben, sondern um Effizienzgewinne, die aus der Zusammenlegung wirtschaftlicher Tätigkeiten hervorgehen. Eine Senkung der Transportkosten, die lediglich das Ergebnis einer Kundenzuteilung ist, aber keine Integration des logistischen Systems be-

inhaltet, kann deshalb nicht als Effizienzgewinn im Sinne von Artikel 101 Absatz 3 angesehen werden.

248. Effizienzgewinne müssen von den Parteien der Vereinbarung nachgewiesen werden. Ein wichtiger Faktor ist dabei, dass die Vertragsparteien in erheblichem Umfang Kapital, Technologie oder sonstige Vermögenswerte einbringen. Kosteneinsparungen aufgrund niedrigerer Doppelaufwendungen im Bereich der Ressourcen und Anlagen wären ebenfalls zulässig. Besteht die gemeinsame Vermarktung jedoch nur in einer Verkaufsstelle und werden keine Investitionen vorgenommen, so handelt es sich wahrscheinlich um ein verschleiertes Kartell, das als solches kaum die Voraussetzungen von Artikel 101 Absatz 3 erfüllen dürfte.

6.4.2. Unerlässlichkeit

249. Wettbewerbsbeschränkungen, die weiter gehen, als es für die Erzielung der mit einer Vermarktungsvereinbarung angestrebten Effizienzgewinne notwendig ist, erfüllen nicht die Voraussetzungen von Artikel 101 Absatz 3. Die Frage der Unerlässlichkeit ist insbesondere bei jenen Vereinbarungen wichtig, die eine Festlegung von Preisen und eine Marktaufteilung beinhalten, was nur unter außergewöhnlichen Umständen als unerlässlich angesehen werden kann.

6.4.3. Weitergabe an die Verbraucher

250. Durch unerlässliche Beschränkungen erzielte Effizienzgewinne müssen in dem Maße an die Verbraucher weitergegeben werden, dass sie die wettbewerbsbeschränkenden Auswirkungen der Vermarktungsvereinbarung überwiegen. Dies kann über niedrigere Preise, höhere Produktqualität oder ein breiteres Angebot geschehen. Je mehr Marktmacht die an dem Informationsaustausch beteiligten Parteien haben, desto unwahrscheinlicher ist es, dass die Effizienzgewinne an die Verbraucher in einem Maße weitergegeben werden, das sie die wettbewerbsbeschränkenden Auswirkungen überwiegen. Liegt der gemeinsame Marktanteil der Parteien unter 15%, so ist es wahrscheinlich, dass etwaige nachgewiesene Effizienzgewinne, die durch die Vereinbarung erzielt werden, in ausreichendem Maße an die Verbraucher weitergegeben werden.

6.4.4. Keine Ausschaltung des Wettbewerbs

251. Die Voraussetzungen von Artikel 101 Absatz 3 können nicht als erfüllt gelten, wenn die Vereinbarung den Parteien die Möglichkeit eröffnet, für einen beträchtlichen Teil der betreffenden Produkte den Wettbewerb auszuschalten. Dies ist auf dem relevanten Markt, dem die unter die Zusammenarbeit fallenden Produkte angehören, und auf möglichen Spill-over-Märkten zu prüfen.

6.5. Beispiele

252. Gemeinsame Vermarktungsvereinbarungen, die für den Marktzutritt erforderlich sind

Beispiel 1

Sachverhalt: Vier gewerbliche Wäschereien in einer großen Stadt nahe der Grenze zu einem anderen Mitgliedstaat mit einem Anteil von jeweils 3% am gesamten Wäschereimarkt dieser Stadt kommen überein, eine gemeinsame Marketingfirma zu gründen, die ihre Dienstleistungen bei institutionellen Kunden (zum Beispiel Hotels, Krankenhäuser und Büros) anbieten soll. Ansonsten konkurrieren sie weiterhin alleine und unabhängig um Einzelkunden vor Ort. Da institutionelle Kunden ein neues Nachfragesegment bilden, entwickeln sie einen gemeinsamen Markennamen, vereinbaren einen gemeinsamen Preis und gemeinsame Standardbedingungen (u. a. Reinigung und Auslieferung binnen höchstens 24 Stunden) und Lieferpläne. Sie richten eine ge-

meinsame Anrufzentrale ein, bei der die institutionellen Kunden die Abholung und/oder Auslieferung der Wäsche vereinbaren. Sie stellen eine Empfangsperson (für die Anrufzentrale) und mehrere Fahrer ein. Des Weiteren investieren sie in Lieferwagen sowie in Markenwerbung, um ihre Sichtbarkeit zu verbessern. Die Vereinbarung senkt zwar nicht komplett ihre eigenen Infrastrukturkosten (da sie ihre eigenen Geschäfte behalten und nach wie vor um Einzelkunden vor Ort konkurrieren), bringt ihnen jedoch Größenvorteile und ermöglicht es ihnen, anderen Kundengruppen umfassendere Dienstleistungen anzubieten (u. a. längere Geschäftszeiten und einen größeren Lieferradius). Das Vorhaben kann nur dann rentabel durchgeführt werden, wenn alle vier der Vereinbarung beitreten. Der Markt ist hoch fragmentiert, und kein Wettbewerber hat mehr als 15% des Marktes.
Analyse: Obwohl der gemeinsame Marktanteil der Parteien unter 15% liegt, könnte Artikel 101 Absatz 1 in diesem Fall Anwendung finden, da die Vereinbarung eine Preisfestsetzung beinhaltet. Allerdings wäre den Parteien, ob als einzelner Wettbewerber oder in Zusammenarbeit mit weniger als vier Parteien, so wie es derzeit für die Vereinbarung vorgesehen ist, der Zutritt zum Markt für Wäschereidienste für institutionelle Kunden verwehrt. Deshalb wäre die Vereinbarung als solche – ungeachtet der in diesem Fall für die Verkaufsförderung der gemeinsamen Marke und den Erfolg als unerlässlich betrachtete Preisfestsetzung – wettbewerbsrechtlich unbedenklich.

253. Vermarktungsvereinbarung mit mehr als für den Marktzutritt eigentlich erforderlichen Parteien

Beispiel 2
Sachverhalt: Es liegt derselbe Sachverhalt wie in Beispiel 1 Rdnr. 252, vor, wobei ein wichtiger Unterschied besteht: Das Vorhaben hätte auch mit nur drei, anstatt der vier tatsächlich an dem Kooperationsvorhaben beteiligten Parteien rentabel durchgeführt werden können.
Analyse: Obwohl der gemeinsame Marktanteil der Parteien unter 15% liegt, findet Artikel 101 Absatz 1 in diesem Fall Anwendung, da die Vereinbarung eine Preisfestsetzung beinhaltet und von weniger als vier Parteien hätte durchgeführt werden können. Die Vereinbarung muss deshalb nach Artikel 101 Absatz 3 geprüft werden. Die Vereinbarung eröffnet Effizienzgewinne, da die Parteien fortan für ein neues Kundensegment bessere Dienstleistungen in größerem Umfang anbieten können (was die Parteien alleine, ohne die Vereinbarung nicht hätten leisten können). Da der gemeinsame Marktanteil der Parteien weniger als 15% beträgt, ist es wahrscheinlich, dass sie etwaige Effizienzgewinne in ausreichendem Maße an die Verbraucher weitergeben. Des Weiteren muss geprüft werden, ob die mit der Vereinbarung verbundenen Beschränkungen für die Erzielung von Effizienzgewinnen unerlässlich sind und ob die Vereinbarung den Wettbewerb ausschalten könnte. Da das Ziel der Vereinbarung in einer umfassenderen Dienstleistungspalette (einschließlich der bislang nicht angebotenen Auslieferung) für ein neues Kundensegment besteht und unter einer gemeinsamen Marke und zu gemeinsamen Standardbedingungen angeboten werden soll, kann die Preisfestsetzung als unerlässlich für die Verkaufsförderung der gemeinsamen Marke und folglich für den Erfolg des Vorhabens und für die angestrebten Effizienzgewinne betrachtet werden. Außerdem kann angesichts der Marktfragmentierung eine Ausschaltung des Wettbewerbs aufgrund der Vereinbarung ausgeschlossen werden. Die Tatsache, dass sich vier Parteien an der Vereinbarung beteiligen (obwohl streng genommen drei Parteien ausreichen würden), verspricht Kapazitätssteigerungen und trägt gleichzeitig dazu bei, dass im Falle mehrerer institutioneller Kunden deren Nachfrage im Einklang mit den Standardbedingungen (zum Beispiel Einhaltung der Auslieferfristen) nachgekommen werden kann. Die Effizienzgewinne als solche dürften somit die wettbewerbsbeschränkenden Auswirkungen aufgrund einer Verringerung des Wettbewerbs zwischen den Parteien überwiegen, so dass die Vereinbarung die Voraussetzungen von Artikel 101 Absatz 3 wahrscheinlich erfüllt.

254. Gemeinsame Internet-Plattform

Beispiel 3
Sachverhalt: Einige kleine Fachgeschäfte eines Mitgliedstaates schließen sich einer Internetplattform an, über die Obst-Geschenkkörbe angeboten, verkauft und ausgeliefert werden. Es gibt mehrere Konkurrenten, die ebenfalls Internetplattformen betreiben. Die Finanzierung der lau-

fenden Kosten für die Plattform und der gemeinsamen Markenwerbung erfolgt über einen monatlich zu entrichtenden Betrag. Die Kunden bestellen und bezahlen über die Website, auf der eine große Auswahl an Geschenkkörben abgebildet ist. Anschließend wird die Bestellung an das Fachgeschäft weitergeleitet, das sich am nächsten zu der Auslieferungsadresse befindet. Dieses Fachgeschäft trägt die Kosten für die Zusammenstellung des Geschenkkorbs und die Auslieferung an den Kunden. Es erhält 90% des auf der Internetplattform angegebenen und für alle beteiligten Fachgeschäfte geltenden Verkaufspreises. Die restlichen 10% fließen in die gemeinsame Verkaufsförderung und die laufenden Kosten der Internetplattform. Außer dem monatlichen Beitrag gibt es für ein Fachgeschäft, das sich der Plattform anschließen möchte, innerhalb eines jeweiligen nationalen Hoheitsgebiets keine weiteren Auflagen. Zudem können Fachgeschäfte, die eine eigene Website betreiben, Obst-Geschenkkörbe auch unter eigenem Namen über das Internet vertreiben (was sie auch tun), so dass sie außerhalb der Zusammenarbeit weiterhin als Einzelanbieter miteinander im Wettbewerb stehen. Kunden, die über die Plattform bestellen, wird die Lieferung des Geschenkkorbs am selben Tag zugesichert und die Möglichkeit gegeben, die von ihnen gewünschte Lieferzeit auszuwählen.

Analyse: Obwohl sich die Vereinbarung nur auf den gemeinsamen und zudem über einen ganz bestimmten Vertriebskanal (in diesem Fall eine Internetplattform) erfolgenden Verkauf einer bestimmten Produktart bezieht und sie somit in ihrer Anwendung begrenzt ist, ist es wahrscheinlich, dass sie aufgrund der in der Vereinbarung vorgesehenen Preisfestsetzung zu einer bezweckten Wettbewerbsbeschränkung führt. Deshalb muss die Vereinbarung nach Artikel 101 Absatz 3 geprüft werden. Die Vereinbarung ermöglicht Effizienzgewinne, zum Beispiel ein größeres Angebot und einen besseren Service sowie geringere Suchkosten, was den Verbrauchern zugutekommt und die wettbewerbsbeschränkenden Auswirkungen der Vereinbarung aufwiegen dürfte. Da die an der Zusammenarbeit beteiligten Fachgeschäfte nach wie vor die Möglichkeit haben, als eigenständige Unternehmen ihre Produkte sowohl über ihre Geschäfte als auch über das Internet anzubieten und somit miteinander in Wettbewerb zu treten, könnte die Preisfestsetzung als unerlässlich für die Verkaufsförderung des Produkts (Verbraucher, die das Produkt über die Internetplattform erwerben, wissen nicht, bei wem sie den Obst-Geschenkkorb kaufen, und möchten nicht mit vielen unterschiedlichen Preisen konfrontiert werden) und folglich auch für die Erzielung der Effizienzgewinne betrachtet werden. Da keine anderen Beschränkungen vorliegen, erfüllt die Vereinbarung die Voraussetzungen von Artikel 101 Absatz 3. Da außerdem die anderen Internetplattformen existieren und die Beteiligten auch weiterhin entweder über ihre Geschäfte oder über das Internet miteinander konkurrieren, wird der Wettbewerb nicht ausgeschaltet.

255. Vertriebs-Jointventures

Beispiel 4

Sachverhalt: Unternehmen A und B sind in zwei unterschiedlichen Mitgliedstaaten ansässig und stellen Fahrradreifen her. Ihr Anteil am Unionsmarkt für Fahrradreifen beträgt zusammengenommen 14%. Sie beschließen, ein Jointventure (mit eingeschränkten Funktionen einer selbständigen wirtschaftlichen Einheit) zu gründen, über das sie ihre Reifen Fahrradherstellern anbieten wollen; außerdem vereinbaren sie, ihre gesamte Produktion über dieses Gemeinschaftsunternehmen zu verkaufen. Die Produktions- und Transportinfrastrukturen der beiden Parteien bleiben getrennt. Die Parteien versprechen sich aus der Vereinbarung erhebliche Effizienzgewinne, die im Wesentlichen auf Größenvorteilen beruhen, da die Parteien in der Lage sein werden, der Nachfrage ihrer bestehenden und ihrer potenziellen neuen Kunden nachzukommen und besser mit aus Drittländern eingeführten Reifen zu konkurrieren. Das Jointventure handelt die Preise aus und weist die Bestellung dem am nächsten gelegenen Werk zu; auf diese Weise können bei der Auslieferung an die Kunden Transportkosten eingespart werden.

Analyse: Obwohl der Marktanteil der beiden Parteien insgesamt unter 15% liegt, fällt die Vereinbarung unter Artikel 101 Absatz 1. Es handelt sich hier um eine bezweckte Wettbewerbsbeschränkung, da die Vereinbarung eine Kundenzuweisung und eine Preisfestsetzung durch das Jointventure beinhaltet. Die geltend gemachten Effizienzgewinne erwachsen weder aus der Integration wirtschaftlicher Tätigkeiten noch aus gemeinsamen Investitionen. Das Jointventure hätte einen sehr begrenzten Wirkungskreis und würde nur als Schnittstelle für die Weiterleitung von Bestellungen an die jeweiligen Produktionsstätten dienen. Deshalb ist es unwahrscheinlich, dass etwaige Effizienzgewinne in einem Maße an die Verbraucher weitergegeben werden, dass sie die wettbewerbsbeschränkenden Auswirkungen der Vereinbarung überwiegen. Die Voraussetzungen von Artikel 101 Absatz 3 wären somit nicht erfüllt.

256. Abwerbeverbot in Vereinbarungen über die Auslagerung (Outsourcing) von Dienstleistungen

Beispiel 5

Sachverhalt: Die Unternehmen A und B sind Wettbewerber in der Branche für gewerbliche Gebäudereinigung. Beide haben einen Marktanteil von 15%. Es gibt weitere Wettbewerber mit Marktanteilen zwischen 10% und 15%. Unternehmen A hat beschlossen, sich fortan ausschließlich auf Großkunden zu konzentrieren, da die Bedienung von Groß- und Kleinkunden eine unterschiedliche Arbeitsorganisation erfordert. Deshalb wird das Unternehmen keine Verträge mehr mit Kleinkunden schließen. Zudem haben A und B eine Outsourcing-Vereinbarung unterzeichnet, der zufolge Unternehmen B direkt die Reinigungsdienste für die Kleinkunden von A (ein Drittel der Kundenbasis von A) übernimmt. Da A jedoch seine vertraglichen Beziehungen mit diesen Kleinkunden auf keinen Fall verlieren will, wird es seine vertraglichen Beziehungen zu den Kleinkunden aufrechterhalten, auch wenn die Reinigungsdienste von B erbracht werden. Damit B die Outsourcing-Vereinbarung erfüllen kann, muss A die Namen der Kleinkunden, die Gegenstand der Vereinbarung sind, an B weitergeben. Da A befürchtet, B könnte diese Kunden durch kostengünstigere Angebote abwerben (und somit Unternehmen A umgehen), besteht A darauf, eine Klausel in die Vereinbarung aufzunehmen, die das Abwerben von Kunden verbietet („Abwerbeverbot"). Nach dieser Klausel darf B nicht mit eigenen Angeboten für die direkte Erbringung von Dienstleistungen an die Kleinkunden, die Gegenstand der Outsourcing-Vereinbarung sind, herantreten. Darüber hinaus vereinbaren A und B, dass B selbst dann, wenn sich diese Kleinkunden von sich aus an B wenden, keine Dienstleistungen direkt für diese erbringen darf. Ohne das Abwerbeverbot hätte A die Outsourcing-Vereinbarung mit B oder einem anderen Unternehmen nicht unterzeichnet.

Analyse: Die Outsourcing-Vereinbarung schaltet Unternehmen B als unabhängigen Anbieter von Gebäudereinigungsdiensten für die Kleinkunden von Unternehmen A aus, da es für diese Kunden nicht mehr möglich ist, in ein direktes Vertragsverhältnis mit Unternehmen B einzutreten. Diese Kunden machen allerdings nur ein Drittel der Kundenbasis des Unternehmens A, d. h. 5% des Marktes, aus. Sie können sich nach wie vor an die Wettbewerber der Unternehmen A und B wenden, auf die 70% des Marktes entfällt. Für Unternehmen A wird es folglich nicht möglich sein, seinen Kunden, die Gegenstand der Outsourcing-Vereinbarung sind, höhere Preise in Rechnung zu stellen. Des Weiteren ist es unwahrscheinlich, dass die Outsourcing-Vereinbarung zu einem Kollusionsergebnis führt, da die Unternehmen A und B gemeinsam nur über einen Marktanteil von 30% verfügen und mit mehreren anderen Unternehmen im Wettbewerb stehen, die über ähnlich große Marktanteile verfügen wie sie. Angesichts der Tatsache, dass sich die Dienstleistungserbringung für Groß- und für Kleinkunden in gewisser Hinsicht unterscheidet, ist die Gefahr von Spill-over-Effekten der Outsourcing-Vereinbarung auf das Verhalten der Unternehmen A und B im Wettbewerb um Großkunden sehr gering. Infolgedessen ist es unwahrscheinlich, dass die Outsourcing-Vereinbarung wettbewerbsbeschränkende Auswirkungen im Sinne von Artikel 101 Absatz 1 haben wird.

7. Vereinbarungen über Normen

7.1. Definition

Vereinbarungen über Normen

257. Vereinbarungen über Normen bezwecken im Wesentlichen die Festlegung technischer oder qualitätsbezogener Anforderungen an bestehende oder zukünftige

Produkte, Herstellungsverfahren, Dienstleistungen und Methoden[1]. Vereinbarungen über Normen erstrecken sich über unterschiedliche Bereiche wie die Normierung unterschiedlicher Ausführungen oder Größen eines Produkts oder technische Spezifikationen in Produkt- oder Dienstleistungsmärkten, bei denen die Kompatibilität und Interoperabilität mit anderen Produkten oder Systemen unerlässlich ist. Auch die Bedingungen des Zugangs zu einem bestimmten Gütezeichen oder der Genehmigung durch eine Regulierungsbehörde kann als Norm angesehen werden. Vereinbarungen, in denen Normen für die Umweltleistung von Produkten oder Herstellungsverfahren festgelegt sind, sind ebenfalls Gegenstand dieses Kapitels.

258. Die Vorbereitung und Ausarbeitung technischer Normen als Teil der Ausübung hoheitlicher Befugnisse fallen nicht unter diese Leitlinien[2]. Die nach der Richtlinie 98/34/EG des Europäischen Parlaments und des Rates vom 22. Juni 1998 über ein Informationsverfahren auf dem Gebiet der Normen und technischen Vorschriften[3] anerkannten europäischen Normenorganisationen unterliegen insoweit dem Wettbewerbsrecht, als sie als Unternehmen oder Unternehmensvereinigung im Sinne der Artikel 101 und 102 AEUV betrachtet werden können[4]. Normen, die sich auf die Berufsausübung beziehen (zum Beispiel Vorschriften über den Zugang zu einem freien Beruf) sind nicht Gegenstand dieser Leitlinien.

Standardbedingungen

259. In einigen Branchen verwenden Unternehmen Standardverkaufsbedingungen, die entweder von einem Wirtschaftsverband oder aber direkt von den Wettbewerbern ausgearbeitet worden sind (nachstehend „Standardbedingungen" genannt)[5]. Derartige Standardbedingungen fallen dann unter diese Leitlinien, wenn es sich um Standardbedingungen für den Kauf oder Verkauf von Waren und Dienstleistungen handelt, die zwischen Wettbewerbern und Verbrauchern (und nicht zwischen Wettbewerbern) für untereinander austauschbare Produkte vereinbart wurden. Ist in einer Branche die Verwendung von Standardbedingungen gängig, kann dies de facto eine Angleichung der Kauf- bzw. Verkaufsbedingungen in der Branche zur Folge haben[6]. Branchen, in denen Standardbedingungen eine wichtige Rolle spielen, sind der Bankensektor (zum Beispiel Kontobedingungen) und die Versicherungsbranche.

260. Bei Standardbedingungen, die von einem einzelnen Unternehmen ausschließlich für eigene Zwecke für Verträge mit Zulieferern oder Kunden ausgearbeitet wurden, handelt es sich nicht um horizontale Vereinbarungen; sie sind folglich nicht Gegenstand dieser Leitlinien.

---

[1] Die Normierung kann unterschiedliche Formen annehmen, von der einvernehmlichen nationalen Festlegung von Normen durch die anerkannten europäischen oder nationalen Normenorganisationen, über Konsortien oder Foren bis hin zu Vereinbarungen zwischen einzelnen Unternehmen.

[2] Siehe Rs. C-113/07, SELEX Sistemi Integrati SpA/Kommission, Slg. 2009, I-2207, Rdnr. 92.

[3] ABl. L 204 vom 21.7.1998, S. 37.

[4] Siehe Urteil vom 12. Mai 2010 in der Rs. T-432/05, EMC Development AB/Kommission, noch nicht in der amtlichen Sammlung veröffentlicht.

[5] Solche Standardbedingungen können nur einen sehr kleinen Teil der Klauseln oder aber einen Großteil des endgültigen Vertrags ausmachen.

[6] Gemeint ist eine Situation, in der eine (nicht rechtsverbindliche) Norm oder (nicht rechtsverbindliche) Standardbedingungen in der Praxis vom Großteil der Branche und/oder für den Großteil der Aspekte des Produkts/der Dienstleistung verwendet werden.

7.2. Relevante Märkte

261. Vereinbarungen über Normen können sich auf vier möglichen Märkten auswirken, die in Übereinstimmung mit der Bekanntmachung der Kommission über die Definition des relevanten Marktes im Sinne des Wettbewerbsrechts der Gemeinschaft abgegrenzt werden können. Die Normung kann sich erstens auf die Produkt- und Dienstleistungsmärkte auswirken, auf die sich die Normen beziehen. Zweitens beinhaltet die Normung die Technologiewahl und werden die Rechte des geistigen Eigentums getrennt von den Produkten vermarktet, auf die sie sich beziehen, so kann sich die Norm auf den entsprechenden Technologiemarkt auswirken[1]. Drittens kann der Markt für die Festsetzung von Normen betroffen sein, wenn mehrere Normenorganisationen oder Vereinbarungen bestehen. Viertens kann sich eine Normung gegebenenfalls auf einen eigenständigen Markt für die Prüfung und Zertifizierung auswirken.

262. Bei Standardbedingungen zeigen sich die Auswirkungen in der Regel auf den nachgelagerten Märkten, auf denen Unternehmen, die mit Standardbedingungen arbeiten, über den Verkauf ihres Produkts an ihre Kunden miteinander konkurrieren.

7.3. Kartellrechtliche Würdigung nach Artikel 101 Absatz 1

7.3.1. Grundlegende kartellrechtliche Bedenken

Vereinbarungen über Normen

263. Vereinbarungen über Normen wirken sich in der Regel sehr positiv auf die Wirtschaft aus[2], indem sie unter anderem die wirtschaftliche Durchdringung im Binnenmarkt fördern und zur Entwicklung neuer, besserer Produkte/Märkte und besserer Lieferbedingungen beitragen. Folglich bewirken Normen in der Regel einen stärkeren Wettbewerb und niedrigere Output- und Verkaufskosten, was den Volkswirtschaften insgesamt zugutekommt. Normen leisten einen Beitrag zur Aufrechterhaltung und Verbesserung von Qualität, sind eine Informationsquelle und gewährleisten Interoperabilität und Kompatibilität (und wirken somit wertsteigernd für die Verbraucher).

264. Normung kann unter bestimmten Umständen jedoch auch wettbewerbsbeschränkende Auswirkungen haben, da sie potenziell den Preiswettbewerb beeinträchtigen und Produktionsmengen, Märkte, Innovation und technische Entwicklung einschränken oder kontrollieren kann. Dies geschieht im Wesentlichen über drei Wege, und zwar durch eine Verringerung des Preiswettbewerbs, die Marktverschließung gegenüber innovativen Technologien und den Ausschluss oder die Diskriminierung bestimmter Unternehmen, indem ihnen effektiv der Zugang zu der Norm verwehrt wird.

265. Wenn Unternehmen sich im Rahmen der Normung in wettbewerbswidriger Weise absprechen, kann dies erstens den Preiswettbewerb auf den betreffenden Märkten verringern oder ausschließen und ein Kollusionsergebnis auf dem Markt begünstigen[3].

266. Zweitens können Normen, mit denen detaillierte technische Spezifikationen für eine Ware oder Dienstleistung festgelegt werden, die technische Entwicklung und Innovation behindern. In der Entwicklungsphase einer Norm können auch andere Technologien für die Aufnahme in die Norm in Frage kommen. Sobald aber

---

[1] Siehe Kapitel 3 über Vereinbarungen über Forschung und Entwicklung.

[2] Siehe auch Rdnr. 308.

[3] Je nachdem, wer an der Normung beteiligt ist, kommt es entweder auf der Anbieter- oder auf der Abnehmerseite des Marktes für das genormte Produkt zu Wettbewerbsbeschränkungen.

eine bestimmte Technologie ausgewählt und die Norm festgelegt worden ist, kann für konkurrierende Technologien und Unternehmen eine Zutrittsschranke bestehen, so dass sie potenziell vom Markt ausgeschlossen sind. Außerdem können Normen, die vorschreiben, dass für die betreffende Norm ausschließlich eine bestimmte Technologie zu verwenden ist, oder die die Entwicklung anderer Technologien hemmen, weil die Mitglieder der Normenorganisation ausschließlich eine bestimmte Norm verwenden dürfen, dieselbe Wirkung haben. Die Gefahr der Einschränkung von Innovation steigt, wenn ein oder mehr Unternehmen in ungerechtfertigter Weise vom Normungsprozess ausgeschlossen werden.

267. Im Zusammenhang mit Normen, die Rechte des geistigen Eigentums[1] betreffen, können theoretisch drei Hauptgruppen von Unternehmen mit unterschiedlichen Interessen an der Normung ausgemacht werden[2]: erstens gibt es ausschließlich auf vorgelagerten Märkten angesiedelte Unternehmen, die nur in der Entwicklung und Vermarktung von Technologien tätig sind. Lizenzeinnahmen sind ihre einzige Einnahmequelle und ihr Anreiz besteht darin, die Lizenzgebühren zu maximieren; zweitens gibt es auf nachgelagerten Märkten angesiedelte Unternehmen, deren Waren und Dienstleistungen ausschließlich auf Technologien beruhen, die von anderen Unternehmen entwickelt wurden. Sie selbst sind nicht Inhaber der entsprechenden Rechte des geistigen Eigentums. Lizenzgebühren sind für sie ein Kostenfaktor und keine Einnahmequelle und ihr Anreiz besteht für sie darin, Lizenzgebühren zu verringern oder zu vermeiden. Ferner gibt es vertikal integrierte Unternehmen, die sowohl Technologien entwickeln als auch Produkte verkaufen. Ihre Interessenlage ist vielfältig. Einerseits können diese Unternehmen Lizenzeinnahmen aus ihren Rechten des geistigen Eigentums erzielen. Andererseits müssen sie eventuell an andere Unternehmen Lizenzgebühren für Rechte des geistigen Eigentums zahlen, die für die betreffende Norm wesentlich sind. Sie könnten deshalb Lizenzen für ihre eigenen wesentlichen Rechte des geistigen Eigentums gegen Lizenzen anderer Unternehmen tauschen (sogenanntes „cross- licensing“).

268. Drittens kann Normung wettbewerbswidrige Folgen haben, wenn bestimmte Unternehmen am effektiven Zugang zu den Ergebnissen des Normungsprozesses (zum Beispiel der Spezifikation und/oder den für die Einführung der Norm wesentlichen Rechten des geistigen Eigentums) gehindert werden. Wenn einem Unternehmen der Zugang zum Normungsergebnis entweder gänzlich verwehrt oder nur zu prohibitiven oder diskriminierenden Bedingungen gewährt wird, besteht die Gefahr wettbewerbswidriger Auswirkungen. In einem System, in dem potenziell relevante Rechte des geistigen Eigentums vorab offengelegt werden, wird die Gewährung des Zugangs zu der Norm wahrscheinlicher, weil die Beteiligten erfahren können, welche Technologien durch Rechte des geistigen Eigentums geschützt sind. So können die Beteiligten sowohl die potenziellen Auswirkungen auf den Endpreis des Normungsergebnisses berücksichtigen (eine nicht durch Rechte des geistigen Eigentums geschützte Technologie dürfte zum Beispiel positive Auswirkungen auf den Endpreis haben) als auch die Bereitschaft des Rechteinhabers zur Lizenzierung der Technologie ausloten, falls diese in die Norm aufgenommen würde.

269. Mit Gesetzen zum Schutz der Rechte des geistigen Eigentums und mit dem Wettbewerbsrecht werden dieselben Ziele[3] – Innovationsförderung und Förderung des Verbraucherwohls – verfolgt. Rechte des geistigen Eigentums beleben den Wett-

---

[1] In diesem Kapitel werden mit dem Ausdruck „Rechte des geistigen Eigentums“ insbesondere Patente (mit Ausnahme nicht veröffentlichter Patentanträge) bezeichnet. Gibt jedoch ein anderes Recht des geistigen Eigentums dem Inhaber in der Praxis die Kontrolle über die Verwendung der Norm, so ist derselbe Grundsatz anzuwenden.

[2] In der Praxis handelt es sich häufig um Mischformen.

[3] Siehe Leitlinien für den Technologietransfer, Rdnr. 7.

bewerb, weil sie Unternehmen dazu bewegen, in neue und verbesserte Produkte und Verfahren zu investieren. Rechte des geistigen Eigentums sind deshalb im Allgemeinen wettbewerbsfördernd. Allerdings könnte ein Teilnehmer, der Inhaber von Rechten des geistigen Eigentums ist, die für die Einführung einer Norm benötigt werden, im Normungskontext auch die Kontrolle über die Nutzung einer Norm erlangen. Wenn eine Norm eine Marktzutrittsschranke darstellt, könnte ein Unternehmen den Produkt- oder Dienstleistungsmarkt, auf den sich die betreffende Norm bezieht, kontrollieren. Dies würde es Unternehmen wiederum ermöglichen, sich wettbewerbswidrig zu verhalten, zum Beispiel durch Hold-ups nach Annahme der Norm, entweder indem sie sich der Lizenzierung der benötigten Rechte des geistigen Eigentums verweigern oder übermäßige Erträge erzielen, weil sie von den Anwendern überhöhte[1] Lizenzgebühren verlangen und dadurch den effektiven Zugang zu der Norm verhindern. Selbst wenn die Festlegung einer Norm die Marktmacht von Inhabern von Rechten des geistigen Eigentums, die für eine Normen benötigt werden, begründen oder vergrößern kann, wird nicht unterstellt, dass die Inhaberschaft oder die Ausübung dieser Rechte dem Besitz oder der Ausübung von Marktmacht gleichkommt. Die Frage der Marktmacht kann nur im Einzelfall geprüft werden.

Standardbedingungen

270. Standardbedingungen können zu wettbewerbsbeschränkenden Auswirkungen führen, indem sie Produktangebot und Innovation einschränken. Wenn ein großer Teil der Branche Standardbedingungen verwendet und auch in einzelnen Fällen nicht von diesen abweicht (oder nur in Ausnahmefällen besonders hoher Nachfragemacht von diesen abweicht), haben die Kunden keine andere Wahl, als die Standardbedingungen zu akzeptieren. Das Risiko einer Einschränkung der Auswahlmöglichkeiten und Innovation würde allerdings nur dann bestehen, wenn in den Standardbedingungen der Anwendungsbereich des Endprodukts festgelegt ist. Bei typischen Verbrauchsgütern schränken die allgemeinen Verkaufsbedingungen weder die Innovation des tatsächlichen Produkts noch die Qualität und Vielfalt des Produkts ein.

271. Je nach inhaltlicher Ausgestaltung könnten Standardbedingungen das Risiko bergen, dass sie sich auf die kommerziellen Bedingungen für das Endprodukt auswirken. So besteht durchaus eine große Gefahr, dass Standardbedingungen, die sich auf Preise beziehen, den Preiswettbewerb beeinträchtigen.

272. Wenn zudem Standardbedingungen branchenübliche Praxis werden, könnte sich der Zugang zu diesen Bedingungen für den Marktzutritt als entscheidend erweisen. Wird der Zugang zu den Standardbedingungen verweigert, bestünde die Gefahr einer wettbewerbswidrigen Marktverschließung. Solange allen, die Zugang zu den Standardbedingungen wünschen, dieser Zugang nicht verwehrt wird, ist eine wettbewerbswidrige Marktverschließung unwahrscheinlich.

7.3.2. Bezweckte Wettbewerbsbeschränkungen

Vereinbarungen über Normen

273. Vereinbarungen, die eine Norm als Teil einer umfassenderen restriktiven Vereinbarung verwenden, wodurch der tatsächliche oder potenzielle Wettbewerb ausgeschlossen werden soll, bezwecken eine Wettbewerbsbeschränkung. Zu dieser Gruppe gehören zum Beispiel Vereinbarungen, mit der ein nationaler Herstellerverband eine Norm setzt und Druck auf Dritte ausübt, keine Produkte auf den Markt zu

[1] Hohe Lizenzgebühren können nur als überhöht eingestuft werden, wenn die Voraussetzungen für den Missbrauch einer beherrschenden Stellung im Sinne des Artikels 102 AEUV und der Rechtsprechung des Gerichtshofs der Europäischen Union erfüllt sind; siehe z. B. Rs. 27/76, United Brands, Slg. 1978, S. 207.

bringen, die mit dieser Norm nicht übereinstimmen, oder solche, bei denen die Hersteller des etablierten Produkts kollusiv handeln, um neue Technologien von einer bestehenden Norm[1] auszuschließen.

274. Vereinbarungen, die den Wettbewerb beschränken sollen, indem vor Annahme einer Norm wesentliche Rechte des geistigen Eigentums oder die restriktivsten Lizenzregelungen offengelegt werden, um letztendlich gemeinsame Preise entweder für nachgelagerte Produkte oder für substituierbare Technologien oder substituierbares geistiges Eigentum festzulegen, werden als bezweckte Wettbewerbsbeschränkung betrachtet[2].

Standardbedingungen

275. Vereinbarungen, die Standardbedingungen als Teil einer breiteren restriktiven Vereinbarung verwenden, mit der der tatsächliche oder potenzielle Wettbewerb ausgeschlossen werden soll, bezwecken eine Wettbewerbsbeschränkung So würde es sich beispielsweise im Falle eines Wirtschaftsverbands, der einem neuen Marktteilnehmer den Zugang zu seinen Standardbedingungen verweigert, obwohl die Anwendung dieser Bedingungen für den Marktzutritt entscheidend sind, um eine solche bezweckte Wettbewerbsbeschränkung handeln.

276. Bei Standardbedingungen mit Bestimmungen, die sich direkt auf Kundenpreise auswirken (zum Beispiel Preisempfehlungen oder Rabatte), handelt es sich ebenfalls um eine bezweckte Wettbewerbsbeschränkung.

7.3.3. Wettbewerbsbeschränkende Auswirkungen

Vereinbarungen über Normen

Den Wettbewerb normalerweise nicht beschränkende Vereinbarungen

277. Vereinbarungen über Normen, die keine Beschränkung des Wettbewerbs bezwecken, müssen in ihrem rechtlichen und wirtschaftlichen Zusammenhang auf ihre tatsächlichen und wahrscheinlichen Auswirkungen auf den Wettbewerb geprüft werden. Wenn keine Marktmacht besteht[3], können Normenvereinbarungen keine wettbewerbsbeschränkenden Auswirkungen haben. Solche Auswirkungen sind deshalb in Fällen, in denen wirksamer Wettbewerb zwischen mehreren freiwillig vereinbarten Normen herrscht, sehr unwahrscheinlich.

278. Für Normenvereinbarungen, bei denen die Gefahr besteht, dass sie Marktmacht entstehen lassen, zeigen die Randnummern 280 bis 286 auf, unter welchen Voraussetzungen sie normalerweise in den Anwendungsbereich von Artikel 101 Absatz 1 fallen.

279. Die Nichteinhaltung der in diesem Abschnitt dargelegten Grundsätze führt nicht zu der Annahme, dass eine Einschränkung des Wettbewerbs im Sinne von Artikel 101 Absatz 1 vorliegt. Dennoch müssen die Beteiligten selbst prüfen, ob die Vereinbarung unter Artikel 101 Absatz 1 fällt und ob die Voraussetzungen des Artikels

---

[1] Siehe z. B. Entscheidung der Kommission in der Sache IV/35.691/E-4: – Fernwärmetechnik-Kartell, ABl. L 24 vom 30.1.1999, S. 1, in der der Verstoß gegen Artikel 101 zum Teil in der „Nutzung von Normen und Standards, um die Einführung einer neuen Technik, die eine Verringerung der Preise zur Folge hätte, zu verhindern oder zu verzögern" bestand (Rndr. 147).

[2] Diese Randnummer steht unilateralen und vorab offengelegten Angaben zu den restriktivsten Lizenzbedingungen, wie sie in Rdnr. 299 beschrieben sind, nicht entgegen. Ebenso wenig steht sie Patentpools, die nach den Grundsätzen der Leitlinien für den Technologietransfer gebildet werden, oder Beschlüssen entgegen, die die Nutzung von Rechten des geistigen Eigentums, die für eine Norm notwendig sind, lizenzgebührenfrei zuzulassen wie in diesem Kapitel ausgeführt.

[3] Siehe entsprechend Rdnrn. 39ff. Zu Marktanteilen siehe auch Rdnr. 296.

101 Absatz 3 gegebenenfalls erfüllt sind. In diesem Zusammenhang wird anerkannt, dass es verschiedene Normungsmodelle gibt und dass ein Wettbewerb innerhalb dieser Modelle sowie der Modelle untereinander zu den positiven Aspekten einer Marktwirtschaft gehören. Deshalb steht es Normenorganisationen nach wie vor frei, andere als die in den Randnummern 280 bis 286 beschriebenen Regeln und Verfahren festzulegen, sofern sie nicht gegen die Wettbewerbsvorschriften verstoßen.

280. Ist die Möglichkeit der **uneingeschränkten** Mitwirkung am Normungsprozess gegeben und das Verfahren für die Annahme der betreffenden Norm transparent, liegt bei Normenvereinbarungen, die **keine Verpflichtung zur Einhaltung**[1] der Norm enthalten und Dritten den **Zugang zu der Norm zu fairen, zumutbaren und diskriminierungsfreien Bedingungen** gewähren, keine Beschränkung des Wettbewerbs im Sinne von Artikel 101 Absatz 1 vor.

281. Damit eine **uneingeschränkte Beteiligung** gewährleistet ist, müsste durch die Regeln der Normenorganisationen sichergestellt sein, dass sich alle Wettbewerber auf den von der Norm betroffenen Märkten am Normungsprozess beteiligen können. Die Normenorganisationen sollten die Stimmrechte in einem objektiven und diskriminierungsfreien Verfahren zuweisen sowie gegebenenfalls objektive Kriterien für die Auswahl der für den Standard relevanten Technik anwenden.

282. Die einschlägigen Normenorganisationen sollten durch Verfahren, die es den Akteuren ermöglichen, sich über die anstehende, laufende oder abgeschlossene Normungsarbeit zu informieren, Transparenz gewährleisten.

283. Des Weiteren müssen die Regeln der Normenorganisationen den effektiven **Zugang zu der Norm zu fairen, zumutbaren und diskriminierungsfreien Bedingungen gewährleisten**[2].

284. Bei einer Norm, die Rechte des geistigen Eigentums betrifft, erhöht sich durch **ein klares, ausgewogenes und auf Rechte des geistigen Eigentums ausgelegtes Konzept**[3], **das auf die betreffende Branche** und den Bedarf der jeweiligen Normenorganisation **zugeschnitten ist,** die Wahrscheinlichkeit, dass die Umsetzer der Norm auch tatsächlich Zugang zu der Norm erhalten.

285. Zur Gewährleistung eines tatsächlichen Zugangs zu der Norm müsste das Konzept für Rechte des geistigen Eigentums auch vorsehen, dass die Beteiligten (wenn ihre Rechte des geistigen Eigentums Bestandteil der Norm werden sollen) eine unwiderrufliche schriftliche Verpflichtung abgeben müssen, Dritten zu fairen, zumutbaren und diskriminierungsfreien Bedingungen Lizenzen für diese Rechte zu erteilen **(„FRAND-Selbstverpflichtung")**[4]. Diese Selbstverpflichtung sollte vor Annahme der Norm abgegeben werden. Gleichzeitig sollte das Konzept für Rechte des geistigen Eigentums den Inhabern der entsprechenden Rechte ermöglichen, gewisse Technologien von dem Normungsprozess und damit von der Lizenzangebotspflicht auszuschließen, vorausgesetzt, dieser Ausschluss erfolgt zu einem frühen Zeitpunkt der Normentwicklung. Um die Wirksamkeit einer FRAND-Selbstverpflichtung zu gewährleisten, sollten alle teilnehmenden Inhaber von Rechten des geistigen Eigentums, die eine solche Verpflichtung eingegangen sind, sicherstellen müssen, dass auch Unternehmen, an die sie ihre Rechte des geistigen Eigentums (einschließlich des Rechts zur Lizenzerteilung) übertragen, an diese Verpflichtung gebunden sind. Dies könnte beispielsweise mittels einer entsprechenden Klausel zwischen Käufer und Verkäufer geregelt werden.

286. Das Konzept für Rechte des geistigen Eigentums müsste Mitglieder zur **gutgläubigen Offenlegung** derjenigen Rechte des geistigen Eigentums verpflichten, die für die Anwendung einer in Ausarbeitung befindlichen Norm erforderlich sein

---

[1] Siehe auch Rdnr. 293.

[2] So sollte z. B. effektiv Zugang zu der Normspezifikation gewährt werden.

[3] Wie in den Randnummern 285 und 286 dargelegt.

[4] FRAND kann auch gebührenfreie Lizenzen umfassen.

könnten. Dadurch könnte die Branche fundierte Entscheidungen hinsichtlich der Wahl der Technologie treffen und so zu dem Ziel des Normzugangs beitragen. Die Verpflichtung zur Offenlegung könnte in einer laufenden Offenlegung während der Entwicklung der Norm sowie in angemessenen Bemühungen bestehen, darüber zu informieren, welche ihrer bestehenden oder beantragten Rechte des geistigen Eigentums für die anvisierte Norm in Betracht kämen[1]. Es reicht auch aus, wenn Beteiligte erklären, dass sie bei einer bestimmten Technologie wahrscheinlich Rechte des geistigen Eigentums geltend machen werden (dies kann ohne Nennung der Ansprüche oder des Verwertungszwecks geschehen). Da die Gefahr einer Beschränkung des Zugangs nicht besteht, wenn es sich um eine Normenorganisation handelt, die mit gebührenfreien Lizenzen arbeitet, ist die Offenlegung von Rechten des geistigen Eigentums in diesem Zusammenhang nicht von Bedeutung.

FRAND-Selbstverpflichtung

287. Die FRAND-Selbstverpflichtung soll sicherstellen, dass die für eine Norm wesentliche patentierte Technologie den Anwendern dieser Norm zu fairen, zumutbaren und diskriminierungsfreien Bedingungen zugänglich ist. So können die Inhaber dieser Rechte durch die FRAND-Selbstverpflichtungen insbesondere davon abgehalten werden, dass sie die Anwendung einer Norm erschweren, indem sie die Lizenzerteilung ablehnen oder unfaire bzw. unangemessene (d. h. überhöhte) Gebühren verlangen, nachdem sich die Branche der Norm angeschlossen hat, und/oder indem sie diskriminierende Lizenzgebühren verlangen.

288. Zur Einhaltung von Artikel 101 durch eine Normenorganisation ist es nicht erforderlich, dass diese selbst überprüft, ob die Lizenzierung nach dem FRAND-Grundsatz erfolgt. Die Beteiligten müssen selbst prüfen, ob die Lizenzbedingungen und insbesondere die erhobenen Gebühren die FRAND- Voraussetzungen erfüllen. Deshalb müssen sich die Beteiligten bei den betreffenden Rechten des geistigen Eigentums vorab über die Bedeutung einer FRAND-Selbstverpflichtung im Klaren sein, und zwar insbesondere hinsichtlich ihrer Möglichkeit, die Gebühren frei festzulegen.

289. Im Falle eines Rechtsstreits wird bei der wettbewerbsrechtlichen Prüfung, ob im Rahmen der Normung unfaire oder unzumutbare Gebühren für den Zugang zu Rechten des geistigen Eigentums verlangt wurden, untersucht, ob die Gebühren in einem angemessenen Verhältnis zu dem wirtschaftlichen Wert der Rechte des geistigen Eigentums stehen[2]. Grundsätzlich gibt es dafür mehrere Prüfmethoden. Prinzipiell eignen sich kostenbezogene Methoden in diesem Kontext eher weniger, da es schwierig ist, die Kosten einzuschätzen, die mit der Entwicklung eines bestimmten Patents oder von Patentbündeln verbunden sind. Stattdessen könnten die Lizenzgebühren, die das betreffende Unternehmen in einem Wettbewerbsumfeld für die einschlägigen Patente in Rechnung stellt, bevor die Branche an die Norm gebunden ist (ex ante), mit jenen verglichen werden, die der Branche in Rechnung gestellt werden, nachdem die Norm für sie bindend geworden ist (ex post). Dies setzt voraus, dass der Vergleich in kohärenter und verlässlicher Weise vorgenommen werden kann[3].

---

[1] Um das gewünschte Ergebnis zu erzielen, muss die gutgläubige Offenlegung nicht so weit gehen, dass von den Beteiligten verlangt wird, ihre Rechte des geistigen Eigentums mit der potenziellen Norm zu vergleichen und dann zusätzlich zu bestätigen, dass ihre Rechte des geistigen Eigentums für die geplante Norm nicht in Betracht kommen.

[2] Siehe Rs. 27/76, United Brands, Rdnr. 250; siehe auch Rs. C-385/07 P, Der Grüne Punkt – Duales System Deutschland GmbH, Slg. 2009, I-6155, Rdnr. 142.

[3] Siehe Rs. 395/87, Ministère public/Jean-Louis Tournier, Slg. 1989, 2521, Rdnr. 38; verbundene Rs. 110/88, 241/88 und 242/88, Francois Lucazeau/SACEM, Slg. 1989, 2811, Rdnr. 33.

290. Eine weitere Methode wäre die Einholung eines unabhängigen Expertengutachtens, in dem der objektive Stellenwert der Rechte des geistigen Eigentums und deren Notwendigkeit für die betreffende Norm untersucht werden. In einem geeigneten Fall könnten auch vorab im Rahmen eines bestimmten Normungsprozesses offengelegte Angaben zu den r Lizenzbedingungen herangezogen werden. Dies setzt wiederum voraus, dass der Vergleich in kohärenter und verlässlicher Weise vorgenommen werden kann. Auch die bei vergleichbaren Normen für dasselbe Recht des geistigen Eigentums geltenden Gebührensätze können als Orientierung für die FRAND-Gebührensätze dienen. Diese Leitlinien enthalten keine vollständige Liste aller in Frage kommenden Methoden für die Prüfung, ob überhöhte Lizenzgebühren verlangt werden.

291. Von diesen Leitlinien unberührt bleibt die Möglichkeit der Beteiligten, die zuständigen Zivil- und Handelsgerichte zur Beilegung von Streitfällen betreffend die Höhe der FRAND-Gebührensätze anzurufen.

Prüfung der Wirkung von Normenvereinbarungen

292. Bei der kartellrechtlichen Prüfung einer Vereinbarung über Normen muss die anzunehmende Auswirkung der Norm auf die betreffenden Märkte betrachtet werden. Die folgenden Erwägungen gelten für alle Normenvereinbarungen, die auf den Grundsätzen der Randnummern 280 bis 286 basieren.

293. Ob Normenvereinbarungen wettbewerbsbeschränkende Auswirkungen haben, kann davon abhängen, ob die Beteiligten weiterhin **die Freiheit haben, andere Normen oder Produkte** zu entwickeln, die nicht der vereinbarten Norm entsprechen[1]. Wenn die Normenvereinbarung die Beteiligten zum Beispiel dazu verpflichtet, nur Waren herzustellen, die die Norm erfüllen, erhöht sich die Wahrscheinlichkeit wettbewerbswidriger Auswirkungen erheblich und kann unter bestimmten Umständen zu einer bezweckten Wettbewerbsbeschränkung führen[2]. Zugleich werfen Normen, die lediglich untergeordnete Aspekte oder Bestandteile des Endprodukts betreffen, wahrscheinlich geringere wettbewerbsrechtliche Bedenken auf als umfassendere Normen.

294. Zu den zentralen Punkten der Prüfung, ob eine bestimmte Vereinbarung wettbewerbsbeschränkend ist, gehört ferner der Aspekt des **Zugangs zu der Norm.** Ist das Ergebnis einer Norm (d. h. die Spezifikation zur Einhaltung der Norm und gegebenenfalls die für die Einführung der Norm wesentlichen Rechte des geistigen Eigentums) gar nicht oder nur unter diskriminierenden Bedingungen für Mitglieder oder Dritte (d. h. Unternehmen, die nicht Mitglied der jeweiligen Normenorganisation sind) zugänglich, kann dies zu einer Diskriminierung, Abschottung oder Segmentierung von Märkten nach ihrem räumlichen Anwendungsbereich führen und damit den Wettbewerb beschränken. Bei mehreren konkurrierenden Normen oder in Fällen, in denen wirksamer Wettbewerb zwischen den genormten und den nicht genormten Lösungen herrscht, hat eine Zugangsbeschränkung dagegen nicht notwendigerweise wettbewerbsbeschränkende Auswirkungen.

---

1 Siehe Entscheidung der Kommission in der Sache IV/29.151 – Philips Video-Cassetterecorders, ABl. L 47 vom 18.2.1978, S. 42, Rdnr. 23: „Da es sich hierbei um Normen für die Herstellung von Geräten und Kassetten des VCR-Systems handelt, ergibt sich daraus die Verpflichtung der beteiligten Unternehmen, nur Kassetten und Geräte nach diesem von Philips lizenzierten System herzustellen und zu vertreiben. Diese Unternehmen waren danach gehindert, (…) zur Herstellung oder dem Vertrieb von anderen Video-Kassettensystemen (…) überzugehen (…). Darin lag eine Wettbewerbsbeschränkung im Sinne des Artikels 85 Absatz 1 Buchstabe b (…)“.

2 Siehe Entscheidung der in der Sache IV/29.151 – Philips Video-Cassetterecorders, Rndr. 23.

295. Ist die **Mitwirkung am Normungsprozess** insofern offen, als sich alle von der Norm betroffenen Wettbewerber (und/oder Akteure) auf dem Markt an der Wahl und Ausarbeitung der Norm beteiligen können, werden wettbewerbsbeschränkende Auswirkungen unwahrscheinlicher, weil den Unternehmen die Möglichkeit der Einflussnahme bei der Wahl und Ausarbeitung der Norm nicht genommen wird[1]. Je größer die Wahrscheinlichkeit ist, dass eine Norm sich auf den Markt auswirkt, und je größer ihr potenzieller Anwendungsbereich desto wichtiger ist es, gleichen Zugang zum Normungsprozess zu ermöglichen. Wenn sich aus dem jeweiligen Tatbestand jedoch ergibt, dass zwischen mehreren Normen und Normenorganisationen Wettbewerb herrscht (wobei die Norm nicht unbedingt branchenweit angewandt werden muss), liegen möglicherweise keine spürbaren wettbewerbsbeschränkenden Auswirkungen vor. Auch hat die Vereinbarung wahrscheinlich keine wettbewerbsbeschränkenden Auswirkungen im Sinne von Artikel 101 Absatz 1 zur Folge, wenn die Annahme der Norm wegen des Fehlens einer Begrenzung der Anzahl der Beteiligten nicht möglich wäre[2]. Unter bestimmten Umständen können potenziell negative Auswirkungen einer eingeschränkten Mitwirkung beseitigt oder zumindest begrenzt werden, und zwar wenn die Akteure über den Stand der Arbeiten **informiert** und dazu **konsultiert** werden[3]. Je transparenter das Annahmeverfahren für eine Norm ist, desto wahrscheinlicher ist es auch, dass bei der endgültigen Norm die Interessen aller Akteure berücksichtigt sind.

296. Um die Auswirkungen einer Normenvereinbarung prüfen zu können, sollten die **Marktanteile der auf der betreffenden Norm basierenden Waren und Dienstleistungen** berücksichtigt werden. Möglicherweise ist es nicht immer möglich, frühzeitig mit Bestimmtheit festzustellen, ob eine Norm in der Praxis von einem großen Teil der Branche angenommen werden wird oder ob sie nur von einem geringen Teil der Branche verwendet wird. In vielen Fällen bieten sich die Marktanteile der Unternehmen, die sich an der Entwicklung der Norm beteiligen, als Richtwert an, um den voraussichtlichen Marktanteil der Norm zu schätzen (diese Unternehmen dürften in der Regel ein Interesse an der Einführung der Norm haben)[4]. Da sich die Wirksamkeit von Normenvereinbarung jedoch häufig proportional zum Anteil der an der Festlegung und/oder Anwendung der Norm beteiligten Branche verhält, lassen hohe Anteile der Parteien an den von der Norm betroffenen Märkten nicht unbedingt den Schluss zu, dass die Norm wahrscheinlich wettbewerbsbeschränkende Auswirkungen hat.

297. Normenvereinbarungen, die eindeutig tatsächliche oder potenzielle Mitglieder **diskriminieren,** könnten zu Wettbewerbsbeschränkungen führen. Werden

---

[1] In ihrer Entscheidung in der Sache IV/31.458 – X/Open Group, ABl. L 35 vom 6.2.1987, S. 36, vertrat die Kommission den Standpunkt, dass die wettbewerbsbeschränkende Mitgliedschaftspraxis selbst bei einer Veröffentlichung der angenommenen Normen dazu führte, dass Nichtmitglieder keinen Einfluss auf die Ergebnisse der Arbeit der Gruppe nehmen konnten und auch nicht das mit der Norm verbundene Know-how und technische Wissen erhielten, das die Mitglieder wahrscheinlich erwarben. Außerdem konnten Nichtmitglieder im Gegensatz zu den Mitgliedern die Norm nicht übernehmen, solange sie nicht angenommen war (siehe Rdnr. 32). Die Vereinbarung wurde deshalb unter den gegebenen Umständen als wettbewerbsbeschränkend im Sinne des Artikels 101 Absatz 1 angesehen.

[2] Auch in dem Fall, dass die Annahme der Norm durch einen ineffizienten Normungsprozess erheblich verzögert würde, könnten etwaige Effizienzgewinne anfängliche Beschränkungen nach Artikel 101 Absatz 3 überwiegen.

[3] Siehe auch die Entscheidung der Kommission vom 14. Oktober 2009 in der Sache 39 416, Schiffsklassifikation. Die Entscheidung ist abrufbar unter: http://ec.europa.eu/competition/antitrust/cases/index/by_nr_78.html#i39_416.

[4] Siehe Rdnr. 261.

durch eine Normenvereinbarung zum Beispiel ausdrücklich nur Unternehmen des vorgelagerten Marktes (also Unternehmen, die nicht auf dem nachgelagerten Markt tätig sind) ausgeschlossen, könnte dies zu einem Ausschluss potenziell besserer Technologien führen.

298. Was Normenvereinbarungen mit **anderen Arten der Offenlegung von Rechten des geistigen Eigentums** als den in Randnummer 286 genannten betrifft, müsste im Einzelfall geprüft werden, ob das betreffende Offenlegungsmodell (zum Beispiel eines, das die Offenlegung von Rechten des geistigen Eigentums nicht vorschreibt, sondern nur dazu anregt) effektiv Zugang zu der Norm gewährt. Es muss mit anderen Worten geprüft werden, ob bei der Wahl einer Technologie und der damit verbundenen Rechte des geistigen Eigentums in einem bestimmten Kontext eine fundierte Entscheidung in der Praxis nicht durch das Offenlegungsmodell verhindert wird.

299. Normenvereinbarungen, die **eine vorherige Offenlegung der restriktivsten Lizenzbedingungen** verlangen, stellen grundsätzlich keine Wettbewerbsbeschränkung im Sinne von Artikel 101 Absatz 1 dar. Deshalb ist es wichtig, dass Parteien, die an der Wahl einer Norm beteiligt sind, umfassend informiert werden, und zwar nicht nur über die zur Auswahl stehenden technischen Optionen und die damit verbundenen Rechte des geistigen Eigentums, sondern auch über die voraussichtlichen Kosten dieser Rechte. Sieht das von einer Normenorganisation entworfene Konzept zum Schutz von Rechten des geistigen Eigentums also vor, dass Rechteinhaber ihre restriktivsten Lizenzbedingungen (einschließlich der höchsten Lizenzgebühren, die sie verlangen würden) vor Annahme der Norm offenlegen, würde dies keine wettbewerbsbeschränkenden Auswirkungen im Sinne von Artikel 101 Absatz 1 haben[1]. Eine solche unilaterale vorherige Offenlegung der restriktivsten Lizenzbedingungen böte den Normenorganisationen die Möglichkeit, eine fundierte Entscheidung zu treffen, bei der sie nicht nur aus technischer Sicht, sondern auch in preislicher Hinsicht die Vor- und Nachteile der verschiedenen in Rede stehenden Technologien berücksichtigen könnten.

Standardbedingungen

300. Die Vereinbarung und Anwendung von Standardbedingungen müssen in einem geeigneten wirtschaftlichen Kontext und unter Berücksichtigung der Lage auf dem relevanten Markt untersucht werden, wenn geprüft werden soll, ob die Standardbedingungen wettbewerbsbeschränkende Auswirkungen haben könnten.

301. Solange (über einen Wirtschaftsverband oder direkt) eine **uneingeschränkte** Beteiligung der Wettbewerber auf dem relevanten Markt an der tatsächlichen Festlegung von Standardbedingungen gewährleistet ist und es sich um **nicht verbindliche** und **uneingeschränkt** zugängliche Standardbedingungen handelt, ist (unter dem in den Randnummern 303, 304, 305 und 307 erläuterten Vorbehalt) nicht damit zu rechnen, dass derartige Vereinbarungen wettbewerbsbeschränkende Auswirkungen haben.

302. Zugängliche und nicht verbindliche Standardbedingungen für den Verkauf von Verbrauchsgütern oder Dienstleistungen haben somit (in der Annahme, dass sie sich nicht auf den Preis auswirken) in der Regel keine wettbewerbsbeschränkenden Auswirkungen, da es unwahrscheinlich ist, dass sie sich negativ auf Produktqualität, Produktvielfalt oder Innovation auswirken. Es gibt jedoch zwei allgemeine Ausnahmen, bei denen eine eingehendere Prüfung angezeigt ist.

---

[1] Eine einseitige vorherige Offenlegung der restriktivsten Lizenzbedingungen sollte nicht als Deckmantel für eine gemeinsame Preisfestsetzung von nachgelagerten Produkten oder Ersatzrechten des geistigen Eigentums/Ersatztechnologien dienen, die wie in Randnummer 274 unterstrichen eine bezweckte Wettbewerbsbeschränkung darstellen.

303. Erstens könnten Standardbedingungen für den Verkauf von Verbrauchsgütern oder Dienstleistungen, in denen der Anwendungsbereich des verkauften Produkts festgelegt ist, so dass ein höheres Risiko einer Einschränkung des Produktangebots besteht, zu wettbewerbsbeschränkenden Auswirkungen im Sinne von Artikel 101 Absatz 1 führen, wenn ihre allgemeine Anwendung de facto wahrscheinlich zu einer Abstimmung führen würde. Dies könnte der Fall sein, wenn Standardbedingungen aufgrund ihrer allgemein gängigen Anwendung de facto zu einer Einschränkung von Innovation und Produktvielfalt führen. Ein solcher Fall könnte vorliegen, wenn die Standardbedingungen in Versicherungsverträgen den Kunden in seiner praktischen Wahl zentraler Vertragselemente (zum Beispiel abgedeckte Standardrisiken) einschränken würden. Selbst wenn die Verwendung von Standardbedingungen nicht vorgeschrieben ist, könnten sie den Wettbewerbern den Anreiz nehmen, auf der Grundlage von Produktvielfalt mit den anderen Wettbewerbern zu konkurrieren.

304. Bei der Prüfung, ob das Risiko besteht, dass die Standardbedingungen sich wahrscheinlich wettbewerbsbeschränkend auswirken, indem das Produktangebot eingeschränkt wird, sollten Faktoren wie der auf dem Markt bestehende Wettbewerb berücksichtigt werden. Gibt es beispielsweise eine große Zahl kleinerer Wettbewerber, scheint das Risiko einer Einschränkung des Produktangebots geringer, als wenn es nur einige große Wettbewerber gibt[1]. Die Marktanteile der bei der Festlegung der Standardbedingungen beteiligten Unternehmen könnten ebenfalls einen gewissen Aufschluss darüber geben, wie wahrscheinlich es ist, dass die Standardbedingungen positiv angenommen oder dass sie von einem Großteil des Markts angewandt werden. In diesem Zusammenhang ist jedoch nicht nur zu prüfen, ob die Standardbedingungen wahrscheinlich von einem Großteil des Markts angewandt werden, sondern auch, ob die Standardbedingungen nur einen Teil des Produkts oder aber das gesamte Produkt abdecken (je kleiner der Anwendungsbereich der Standardbedingungen ist, desto unwahrscheinlicher ist es, dass sie insgesamt zu einer Beschränkung des Produktangebots führen). In Fällen, in denen es ohne Standardbedingungen nicht möglich wäre, ein bestimmtes Produkt anzubieten, wären wettbewerbsbeschränkende Auswirkungen im Sinne von Artikel 101 Absatz 1 sehr unwahrscheinlich. Das Produktangebot würde in einem solchen Fall durch das Festlegen von Standardbedingungen eher ausgeweitet und nicht eingeschränkt.

305. Zweitens können sich die Standardbedingungen, selbst wenn in ihnen nicht der tatsächliche Anwendungsbereich des Endprodukts festgelegt ist, aus anderen Gründen als entscheidender Teil des Geschäfts mit dem Kunden erweisen. Ein Beispiel wäre das Online-Shopping, bei dem das Kundenvertrauen eine maßgebliche Rolle spielt (Vertrauen in die Sicherheit der verwendeten Zahlungssysteme, die Verlässlichkeit der Beschreibung der angebotenen Produkte, die Klarheit und Transparenz der Preisbildungsregeln, das Rückgaberecht usw.). Dass es für Kunden schwierig ist, all diese Elemente getrennt zu prüfen, entscheiden sie sich für die gängigsten Verfahren; Standardbedingungen, die die vorgenannten Aspekte abdecken, könnten deshalb sehr schnell eine De-facto-Norm werden, die Unternehmen erfüllen müssten, um auf dem Markt erfolgreich zu sein. Auch wenn diese Standardbedingungen nicht verbindlich sind, würden sie sich zu einer De-facto-Norm entwickeln, die in ihren Auswirkungen einer verbindlichen Norm sehr nahe käme und entsprechend untersucht werden müsste.

306. Ist die Verwendung von Standardbedingungen zwingend, müssen sie auf ihre Auswirkungen auf Produktqualität, Produktvielfalt und Innovation geprüft werden

---

[1] Sollten bisherige Erfahrungen mit Standardbedingungen auf dem relevanten Markt zeigen, dass die Standardbedingungen nicht zu weniger Wettbewerb bei der Produktvielfalt geführt haben, könnte dies auch ein Hinweis darauf sein, dass dieselbe Art Standardbedingungen für ein verwandtes Produkt auch keine wettbewerbsbeschränkenden Auswirkungen hat.

(insbesondere, wenn die Standardbedingungen für den gesamten Markt verbindlich sind).

307. Sollten die (verbindlichen oder nicht verbindlichen) Standardbedingungen zudem Bestimmungen enthalten, bei denen es wahrscheinlich ist, dass sie sich in Bezug auf Preise negativ auf den Wettbewerb auswirken (zum Beispiel Bestimmungen über Rabattarten), würden sie wahrscheinlich wettbewerbsbeschränkende Auswirkungen im Sinne von Artikel 101 Absatz 1 haben.

7.4. Kartellrechtliche Würdigung nach Artikel 101 Absatz 3

7.4.1. Effizienzgewinne

Vereinbarungen über Normen

308. Mit Normenvereinbarungen werden oft erhebliche Effizienzgewinne erzielt. So kann durch unionsweite Normen die Marktintegration erleichtert und den Unternehmen die Möglichkeit gegeben werden, ihre Waren und Dienstleistungen in allen Mitgliedstaaten anzubieten, was für die Verbraucher ein größeres Produktangebot und niedrigere Preise bedeutet. Normen, durch die technische Interoperabilität und Kompatibilität geschaffen werden, erweisen sich häufig als wettbewerbsfördernd, weil sie die Technologien verschiedener Unternehmen zusammenführen und verhindern helfen, dass Abnehmer an einen bestimmten Anbieter gebunden sind. Darüber hinaus tragen Normen zu niedrigeren Transaktionskosten für Verkäufer und Käufer bei. Außerdem können Qualitäts-, Sicherheits- und Umweltnormen für Produkte den Verbrauchern ihre Wahl erleichtern und einen Beitrag zu mehr Produktqualität leisten. Auch für die Innovation spielen Normen eine wichtige Rolle. So verkürzen sie die Zeit bis zur Markteinführung einer neuen Technologie und fördern die Innovationstätigkeit, indem sie den Unternehmen die Möglichkeit geben, auf bereits vereinbarten Lösungen aufzubauen.

309. Um im Falle von Normenvereinbarungen Nutzen aus diesen Effizienzgewinnen zu ziehen, müssen potenziellen neuen Marktteilnehmern die für die Normanwendung erforderlichen Informationen zur Verfügung stehen[1].

310. Die Verbreitung einer Norm kann durch die Verwendung von Gütesiegeln und Logos verbessert werden, die die Normerfüllung belegen und den Kunden dadurch Sicherheit geben. Prüfungs- und Zertifizierungsvereinbarungen gehen über das Hauptziel der Normierung hinaus und stellen normalerweise eine eigene Vereinbarung und einen eigenen Markt dar.

311. Während die Auswirkungen auf die Innovationstätigkeit in jedem Einzelfall untersucht werden müssen, ist es bei Normen, die auf horizontaler Ebene die Kompatibilität zwischen verschiedenen Technologieplattformen sicherstellen, allerdings wahrscheinlich, dass durch sie Effizienzgewinne entstehen.

Standardbedingungen

312. Aus der Anwendung von Standardbedingungen können wirtschaftliche Vorteile erwachsen, unter anderem für die Verbraucher, für die der Vergleich der gebotenen Konditionen und die Entscheidung, gegebenenfalls zu einem anderen Anbieter zu wechseln, einfacher werden. Standardbedingungen ermöglichen Effizienzgewinne (zum Beispiel in Form geringerer Transaktionskosten) und können in bestimmten Branchen (insbesondere in jenen mit komplexen Verträgen) den Marktzutritt erleichtern. Standardbedingungen können auch die Rechtssicherheit für die Vertragsparteien erhöhen.

---

[1] Siehe Entscheidung der Kommission in der Sache IV/31.458, X/Open Group, Rdnr. 42 „Die Kommission erachtet die Bereitschaft der Gruppe, die Arbeitsergebnisse so schnell als möglich zugänglich zu machen, als einen wesentlichen Bestandteil ihrer Freistellungsentscheidung."

313. Je mehr Wettbewerber es auf einem Markt gibt, desto größer sind die Effizienzgewinne, die in Bezug auf einen erleichterten Vergleich der angebotenen Bedingungen erzielt werden.

7.4.2. Unerlässlichkeit

314. Wettbewerbsbeschränkungen, die weiter gehen, als es für die Erzielung der durch eine Normenvereinbarung oder Standardbedingungen möglichen Effizienzgewinne notwendig ist, erfüllen nicht die Voraussetzungen von Artikel 101 Absatz 3.

Vereinbarungen über Normen

315. Bei der Bewertung von Normenvereinbarungen müssen einerseits ihre anzunehmende Auswirkung auf die betreffenden Märkte und andererseits der Umfang der Beschränkungen, die möglicherweise über das Ziel hinausgehen, Effizienzgewinne zu erzeugen, berücksichtigt werden[1].

316. Die Beteiligung an der Normierung sollte normalerweise allen Wettbewerbern auf dem Markt/den Märkten, für den/die die Norm gilt, offenstehen, es sei denn, die Parteien weisen nach, dass dies ineffizient wäre, oder es sind anerkannte Verfahren für die kollektive Interessenvertretung vorgesehen[2].

317. Vereinbarungen über Normen sollten sich in der Regel nur auf das erstrecken, was zur Erfüllung ihres Zwecks – sei es technische Interoperabilität und Kompatibilität oder ein bestimmtes Qualitätsniveau – erforderlich ist. Liegt in bestimmten Fällen nur eine technologische Lösung im Interesse der Verbraucher oder der Wirtschaft insgesamt, so sollte die Normsetzung diskriminierungsfrei erfolgen. Technologieneutrale Normen können unter bestimmten Umständen größere Effizienzgewinne ermöglichen. Werden substituierbare Rechte des geistigen Eigentums[3] als wesentlicher Bestandteil einer Norm einbezogen und die Nutzer der Norm gleichzeitig gezwungen, mehr für diese Rechte des geistigen Eigentums zu zahlen, als tech-

---

[1] In der Sache IV/29/151, Philips Video-Cassetterecorders führte die Einhaltung der VCR-Normen zu einem Ausschluss anderer, möglicherweise besserer Systeme. Bei der herausragenden Marktstellung von Philips war dieser Ausschluss besonders gravierend „[…] damit [wurden] den beteiligten Unternehmen Beschränkungen auferlegt, die nicht unerläßlich waren, um die obengenannten Verbesserungen zu erreichen. Die Verwendbarkeit der Video-Kassetten des VCR-Systems für die von anderen Herstellern stammenden Geräte wäre auch dann gesichert gewesen, wenn diese sich lediglich hätten verpflichten müssen, bei der Herstellung nach dem VCR-System die VCR-Normen einzuhalten." (Rdnr. 31).

[2] Siehe Entscheidung der Kommission in der Sache IV/31.458, X/Open Group, Rdnr. 45 „Die Zielsetzungen der Gruppe könnten nicht erreicht werden, wenn Unternehmen, die sich für diese engagieren wollen, ein Anrecht darauf hätten, Mitglied zu werden. Dies würde praktische und logistische Schwierigkeiten für die Organisation der Arbeit mit sich bringen und möglicherweise bewirken, daß geeignete Vorschläge nicht berücksichtigt werden." Siehe auch die Entscheidung der Kommission vom 14. Oktober 2009 in der Sache 39 416, Schiffsklassifikation, Rdnr. 36: „[…] die Verpflichtungszusagen [schaffen] ein angemessenes Verhältnis zwischen der Aufrechterhaltung anspruchsvoller Kriterien für eine IACS-Mitgliedschaft einerseits sowie der Beseitigung unnötiger Hindernisse für eine IACS-Mitgliedschaft andererseits. Die neuen Kriterien gewährleisten, dass nur technisch geeignete KGs für eine IACS-Mitgliedschaft infrage kommen, wodurch verhindert wird, dass die Wirksamkeit und Qualität der IACS-Tätigkeiten durch zu milde Anforderungen für eine Mitwirkung bei IACS unzulässig beeinträchtigt wird. Gleichzeitig hindern die neuen Kriterien KGs, die technisch kompetent und hierzu bereit sind, nicht am Beitritt zur IACS."

[3] Technologien, die von den Nutzern/Lizenznehmern aufgrund der spezifischen Merkmale der Technologie und in Bezug auf ihren Zweck als untereinander austauschbar oder als Ersatz für eine andere Technologie betrachtet werden.

nisch notwendig wäre, so geht dies über das Maß hinaus, das für die Erzielung der angestrebten Effizienzgewinne notwendig wäre. Ebenso würde die Einbeziehung substituierbarer Rechte des geistigen Eigentums als wesentlicher Bestandteil einer Norm und die gleichzeitige Beschränkung der Nutzung der betreffenden Technologie auf diese bestimmte Norm (d. h. eine ausschließliche Nutzung) den Wettbewerb zwischen Technologien einschränken und wäre zudem nicht notwendig, um die angestrebten Effizienzgewinne zu erzielen.

318. Beschränkungen in Normenvereinbarungen, die eine Norm für eine Branche verbindlich machen und ihre Verwendung verpflichtend vorschreiben, sind im Prinzip nicht unerlässlich.

319. Ebenso gehen Normenvereinbarungen, die bestimmten Einrichtungen das ausschließliche Recht übertragen, die Normkonformität zu prüfen, über das primäre Ziel der Normierung hinaus und könnten den Wettbewerb ebenfalls beschränken. Die Ausschließlichkeit kann jedoch für einen bestimmten Zeitraum gerechtfertigt sein, um zum Beispiel die Anlaufkosten zu amortisieren[1]. Die Normenvereinbarung sollte in diesem Fall angemessene Schutzklauseln vorsehen, um mögliche sich aus der Ausschließlichkeit ergebende Wettbewerbsrisiken zu minimieren. Dies betrifft unter anderem die Zertifizierungsgebühr, die zumutbar sein und in einem angemessenen Verhältnis zu den Kosten der Konformitätsprüfung stehen muss.

Standardbedingungen

320. In der Regel ist es nicht vertretbar, Standardbedingungen als für die Branche oder für die Mitglieder eines Wirtschaftsverbands, der diese Standardbedingungen festgelegt hat, für verbindlich und obligatorisch zu erklären. Es kann allerdings nicht ausgeschlossen werden, dass in bestimmten Fällen für verbindlich erklärte Standardbedingungen für die Erzielung der mit ihnen angestrebten Effizienzgewinne unerlässlich sind.

7.4.3. Weitergabe an die Verbraucher

Vereinbarungen über Normen

321. Effizienzgewinne, die durch unerlässliche Beschränkungen erzielt wurden, müssen in einem solchen Maße an die Verbraucher weitergegeben werden, dass die wettbewerbsbeschränkenden Auswirkungen der Normenvereinbarung oder der Standardbedingungen überwogen werden. Bei der Prüfung, ob die Effizienzgewinne auch tatsächlich an die Verbraucher weitergegeben werden, wird insbesondere darauf geachtet, mit welchen Verfahren gewährleistet wird, dass die Interessen der Normenanwender und der Endkunden geschützt sind. Fördern Normen die technische Interoperabilität und Kompatibilität und/oder den Wettbewerb zwischen neuen und

---

[1] Siehe in diesem Zusammenhang die Entscheidung der Kommission in der Sache IV/34.179, 34 202, 216, Stichting Certificatie Kraanverhuurbedrijf und Federatie van Nederlandse Kraanverhuurbedrijven, ABl. L 312 vom 23.12.1995, S. 79, Rdnr. 23: „Das Verbot, Firmen ohne SCK-Zertifikat als Subunternehmer einzuschalten, schränkt die Handlungsfreiheit der zertifizierten Unternehmen ein. Die Frage, ob dieses Verbot als Verhinderung, Einschränkung oder Verfälschung des Wettbewerbs im Sinne von Artikel 85 Absatz 1 zu beanstanden ist, muß unter den rechtlichen und wirtschaftlichen Rahmenbedingungen gesehen werden. Ginge das Verbot mit einem allen offenstehenden, unabhängigen und transparenten Zertifizierungssystem einher, das auch die Anerkennung gleichwertiger Garantien anderer Systeme beinhaltet, ließe sich argumentieren, daß es keine Wettbewerbsbeschränkungen bewirkt, sondern ausschließlich darauf ausgerichtet ist, die Qualität der zertifizierten Gegenstände oder Dienstleistungen vollständig zu gewährleisten."

bereits eingeführten Produkten, Dienstleistungen und Verfahren, so kann davon ausgegangen werden, dass die betreffende Norm den Verbrauchern zugutekommt.

Standardbedingungen

322. Das Risiko wettbewerbsbeschränkender Auswirkungen wie auch die Wahrscheinlichkeit sich ergebender Effizienzgewinne steigen mit wachsenden Marktanteilen der Unternehmen und mit dem Umfang, in dem Standardbedingungen angewendet werden. Deshalb gibt es keinen allgemeinen geschützten Bereich („safe harbour"), für den erklärt werden kann, dass kein Risiko wettbewerbsbeschränkender Auswirkungen besteht, oder für den grundsätzlich die Annahme zulässig wäre, dass Effizienzgewinne in einem Maße an die Verbraucher weitergegeben werden, dass sie die wettbewerbsbeschränkenden Auswirkungen überwiegen.

323. Bestimmte, durch die Verwendung von Standardbedingungen entstehende Effizienzgewinne sind zwangsläufig zum Vorteil der Verbraucher, zum Beispiel bessere Vergleichsmöglichkeiten auf einem Markt, der erleichterte Wechsel zu einem anderen Anbieter und die Rechtssicherheit der Klauseln in den Standardbedingungen. Bei anderen möglichen Effizienzgewinnen (zum Beispiel niedrigere Transaktionskosten) ist im Einzelfall und unter Berücksichtigung der jeweiligen wirtschaftlichen Bedingungen zu prüfen, ob eine Weitergabe dieser Effizienzgewinne an die Verbraucher wahrscheinlich ist.

7.4.4. Keine Ausschaltung des Wettbewerbs

324. Ob eine Normenvereinbarung den Parteien möglicherweise die Ausschaltung des Wettbewerbs ermöglicht, hängt davon ab, welche Quellen des Wettbewerbs auf dem Markt bestehen, wie viel Wettbewerbsdruck diese auf die Parteien ausüben und wie sich wiederum die Vereinbarung auf diesen Wettbewerbsdruck auswirkt. Während Marktanteile ein wichtiger Anhaltspunkt bei einer solchen Prüfung sind, kann das Ausmaß der verbleibenden Quellen tatsächlichen Wettbewerbs nicht allein anhand der Marktanteile ermessen werden, es sei denn, eine Norm hat sich in der betreffenden Branche als De-facto-Norm durchgesetzt[1]. In letzterem Fall könnte der Wettbewerb ausgeschaltet werden, wenn Dritten effektiv der Zugang zu dieser Norm verwehrt ist. Verwendet ein Großteil einer Branche Standardbedingungen, könnte dies dazu führen, dass mit diesen Bedingungen eine De-facto- Norm geschaffen wird, so dass die vorgenannten wettbewerbsrechtlichen Bedenken auch hier bestehen würden. Betreffen die Norm oder die Standardbedingungen jedoch nur einen begrenzten Teil des Produkts oder der Dienstleistung, ist es unwahrscheinlich, dass der Wettbewerb ausgeschaltet wird.

7.5. Beispiele

325. Festsetzung von Normen, die Wettbewerber nicht erfüllen können

Beispiel 1

Sachverhalt: Eine Normenorganisation vereinbart und veröffentlicht Sicherheitsstandards, die in der betreffenden Branche weitverbreitet sind. Die Branche ist umfassend in die Festlegung der Norm eingebunden. Vor der Annahme der Norm entwickelt ein neuer Marktteilnehmer ein Produkt, das in Bezug auf Leistung und funktionale Anforderungen technisch gleichwertig ist, und von dem technischen Ausschuss der Normenorganisation anerkannt wird. Die technischen Spezifikationen der Sicherheitsnorm sind allerdings ohne objektive Begründung so formuliert, dass weder dieses spezifische Produkt noch andere neue Produkte die Norm erfüllen.

---

[1] Mit De-facto-Norm wird eine Situation bezeichnet, in der eine (nicht rechtsverbindliche) Norm in der Praxis vom Großteil einer Branche verwendet wird.

Analyse: Bei dieser Normenvereinbarung sind wettbewerbsbeschränkende Auswirkungen im Sinne von Artikel 101 Absatz 1 wahrscheinlich, aber es ist unwahrscheinlich, dass sie die Voraussetzungen von Artikel 101 Absatz 3 erfüllt. Die Mitglieder der Normenorganisation haben die Norm ohne objektive Begründung so formuliert, dass die Produkte von Wettbewerbern, die sich auf dieselben technologischen Lösungen stützen und eine gleichwertige Leistung erbringen können, die Norm nicht erfüllen. Eine solche Vereinbarung, die nicht auf diskriminierungsfreier Grundlage festgelegt wurde, begrenzt bzw. verhindert Innovation und Produktvielfalt. Es ist unwahrscheinlich, dass die Art und Weise, in der die Norm aufgesetzt ist, höhere Effizienzgewinne erzielt als eine neutral formulierte Norm.

326. Nicht verbindliche und transparente Normen, die für einen großen Teil des Marktes gelten

Beispiel 2
Sachverhalt: Mehrere Unterhaltungselektronikhersteller mit erheblichen Marktanteilen vereinbaren, eine neue Norm für ein DVD-Nachfolgeprodukt zu entwickeln.
Analyse: Vorausgesetzt, dass a) es den Herstellern weiterhin freisteht, andere neue Produkte herzustellen, die nicht der neuen Norm entsprechen, b) eine uneingeschränkte und transparente Beteiligung an der Normsetzung gewährleistet ist und c) die Normenvereinbarung den Wettbewerb ansonsten nicht einschränkt, liegt wahrscheinlich kein Verstoß gegen Artikel 101 Absatz 1 vor. Vereinbaren die Parteien, nur noch Produkte nach der neuen Norm herzustellen, dann würde die Vereinbarung die technische Entwicklung einschränken, innovationshemmend wirken und die Parteien am Verkauf anderer Produkte hindern und somit zu wettbewerbsbeschränkenden Auswirkungen im Sinne von Artikel 101 Absatz 1 führen.

327. Normenvereinbarung ohne Offenlegung der Rechte des geistigen Eigentums

Beispiel 3
Sachverhalt: Eine private Normenorganisation für die Normierung im Informations- und Kommunikationstechnologiesektor vertritt im Bereich Rechte des geistigen Eigentums einen Ansatz, der die Offenlegung von Rechten des geistigen Eigentums, die für die künftige Norm erforderlich sein könnten, weder notwendig macht noch fördert. Die Normenorganisation hat insbesondere deswegen bewusst entschieden, eine solche Verpflichtung nicht aufzunehmen, da in der Regel alle für die künftige Norm möglicherweise relevanten Technologien bereits durch zahlreiche Rechte des geistigen Eigentums geschützt sind. Daher kam die Normenorganisation zu dem Schluss, dass eine Verpflichtung zur Offenlegung der Rechte des geistigen Eigentums zum Einen nicht den Vorteil mit sich bringen würde, dass die Beteiligten eine Lösung wählen könnten, die keine oder nur wenige Rechte des geistigen Eigentums umfassen würde, und zum Anderen zu zusätzlichen Kosten bei der Prüfung der Frage führen würde, ob die Rechte des geistigen Eigentums entscheidend für die künftige Norm sein könnten. Dieser von der Normenorganisation vertretene Ansatz zum Schutz der Rechte des geistigen Eigentums erfordert jedoch von allen Beteiligten, sich zu FRAND-Bedingungen zur Lizenzierung aller Rechte des geistigen Eigentums zu verpflichten, die in die künftige Norm einfließen müssten. Dieses Konzept zum Schutz der Rechte des geistigen Eigentums sieht jedoch eine Freistellungsmöglichkeit vor, wenn Inhaber eines bestimmten Rechts dieses von der pauschalen Lizenzierungsverpflichtung ausnehmen wollen. In der betreffenden Branche gibt es mehrere im Wettbewerb stehende Normenorganisationen. Die Mitwirkung in der Normenorganisation steht allen Akteuren der Branche frei.
Analyse: In vielen Fällen würde sich eine Verpflichtung zur Offenlegung von Rechten des geistigen Eigentums wettbewerbsfördernd auswirken, indem der Wettbewerb zwischen Technologien vorab verstärkt wird. Grundsätzlich ermöglicht es eine solche Verpflichtung den Mitgliedern einer Normenorganisation, den Umfang der einfließenden Rechte des geistigen Eigentums an einer bestimmten Technologie zu berücksichtigen, wenn sie zwischen im Wettbewerb stehenden Technologien entscheiden (oder, wenn möglich, eine Technologie zu wählen, die nicht durch Rechte des geistigen Eigentums geschützt ist). Der Umfang der zu berücksichtigenden Rechte des geistigen Eigentums, die für eine Technologie gelten, hat oft direkte Auswirkungen auf die

Zugangskosten zu der Norm. In diesem speziellen Zusammenhang scheinen jedoch alle verfügbaren Technologien durch (zahlreiche) Rechte des geistigen Eigentums geschützt zu sein. Daher hätte eine Offenlegung der Rechte des geistigen Eigentums nicht die positive Wirkung, dass die Mitglieder den Umfang der einzubeziehenden Rechte des geistigen Eigentums berücksichtigen können, wenn sie sich für eine Technologie entscheiden, da unabhängig davon, welche Technologie ausgewählt wird, sie wahrscheinlich durch Rechte des geistigen Eigentums geschützt ist. Die Offenlegung der Rechte des geistigen Eigentums würde wahrscheinlich nicht dazu beitragen, einen wirksamen Zugang zu der Norm zu gewahrleisten; dieser wird in diesem Szenario ausreichend durch die Pauschalverpflichtung sichergestellt, alle Rechte des geistigen Eigentums, die für die künftige Norm erforderlich sein könnten, zu FRAND-Bedingungen in Lizenz zu vergeben. Eine Verpflichtung zur Offenlegung der Rechte des geistigen Eigentums könnte in diesem Kontext sogar zu Mehrkosten für die Beteiligten führen. Die nicht erfolgende Offenlegung von Rechten des geistigen Eigentums könnte unter diesen Umständen sogar zu einer schnelleren Annahme einer Norm führen, was im Fall mehrerer im Wettbewerb stehender Normenorganisationen wichtig sein könnte. Daraus folgt, dass die Vereinbarung wahrscheinlich keine wettbewerbsschädigenden Auswirkungen hat.

328. Normen in der Versicherungsbranche

Beispiel 4
Sachverhalt: Eine Gruppe von Versicherungsgesellschaften einigt sich auf nicht verbindliche Normen für die Installation bestimmter Sicherheitsvorkehrungen (d. h. Bestandteile und Anlagen, die zur Verhinderung oder Verringerung von Verlusten konzipiert wurden, und aus diesen Elementen gebildete Systeme). Die nicht verbindlichen Normen der Versicherungsgesellschaften wurden a) vereinbart, um eine bestimmte Lücke zu schließen und die Versicherer beim Risikomanagement zu unterstützen und ihnen dabei zu helfen, risikoadäquate Versicherungsprämien anzubieten, b) mit den Montageunternehmen (oder deren Stellvertretern), die in den betroffenen Mitgliedstaaten solche Sicherheitsvorkehrungen installieren, erörtert, um deren Meinung vor der endgültigen Formulierung der Norm zu hören und c) von den einschlägigen Dachverbänden der Versicherungsgesellschaften in einem eigenen Bereich ihrer Websites veröffentlicht, damit sie für alle Unternehmen, die die betroffenen Sicherheitsvorkehrungen einbauen, und interessierten Dritte leicht zugänglich sind.
Analyse: Der Normierungsprozess ist transparent, und interessierte Dritte können an der Normsetzung teilnehmen. Das Ergebnis ist leicht zugänglich, da es auf zumutbarer und diskriminierungsfreier Grundlage allen, die dies wünschen, zugänglich gemacht wird. Wenn die Norm keine negativen Auswirkungen auf den nachgelagerten Markt hat (indem bestimmte Montageunternehmen durch sehr spezifische oder ungerechtfertigte Anforderungen an die Installation ausgeschlossen würden), ist es unwahrscheinlich, dass sie zu wettbewerbsbeschränkenden Auswirkungen führt. Aber selbst wenn die Normen wettbewerbsbeschränkende Auswirkungen hätten, schienen die Voraussetzungen von Artikel 101 Absatz 3 erfüllt. Die Normen würden den Versicherern helfen festzustellen, inwieweit solche Installationen das einschlägige Risiko mindern und Verluste verhindern würden; entsprechend könnten sie dann das Risikomanagement vornehmen und risikoadäquate Versicherungsprämien anbieten. Außerdem würden die Normen, solange der Vorbehalt bezüglich des nachgelagerten Marktes berücksichtigt ist, den Montageunternehmen Effizienzgewinne bringen, da alle Versicherungsgesellschaften von dem Unternehmen die Einhaltung ein und derselben Normen verlangen würden. Derartige Normen würden den Verbrauchern den Wechsel zu einem anderen Versicherer erleichtern. Darüber hinaus könnten sich diese Normen für kleinere Versicherungsunternehmen, die nicht über die Kapazitäten für separate Überprüfungen verfügen, als vorteilhaft erweisen. In Bezug auf die anderen Voraussetzungen von Artikel 101 Absatz 3 besteht der Eindruck, dass die nicht verbindlichen Normen nicht über das hinausgehen, was für die Erzielung der fraglichen Effizienzgewinne erforderlich ist, dass die sich daraus ergebenden Vorteile an die Verbraucher weitergegeben werden (einige der Normen würden den Verbrauchern sogar direkt zugutekommen) und dass die Beschränkungen nicht zu einer Ausschaltung des Wettbewerbs führen würden.

329. Umweltnormen

Beispiel 5

Sachverhalt: Fast alle Waschmaschinenhersteller vereinbaren mit Unterstützung einer öffentlichen Einrichtung, keine Waschmaschinen mehr herzustellen, die bestimmte Umweltnormen (zum Beispiel für Energieeffizienz) nicht erfüllen. Die Parteien versorgen 90% des Marktes. Auf die Produkte, die mit dieser Vereinbarung vom Markt genommen werden, entfällt ein großer Anteil des Gesamtabsatzes. Sie werden durch umweltfreundlichere, jedoch teurere Produkte ersetzt. Außerdem führt die Vereinbarung indirekt zu Outputeinbußen bei Dritten (zum Beispiel bei Stromversorgern und Anbietern von Bauteilen, die in die auslaufenden Produkte eingebaut wurden). Ohne die Vereinbarung hätten die Parteien ihre Produktion nicht umgestellt und keine Anstrengungen unternommen, um die umweltfreundlicheren Produkte zu vermarkten.

Analyse: Die Vereinbarung verschafft den Parteien die Kontrolle über die Produktion; sie betrifft einen maßgeblichen Anteil ihres Absatzes und der Gesamtproduktionsmengen, während sie gleichzeitig den Output Dritter verringert. Zum einen wird die Produktvielfalt, die zum Teil auf die Umweltschutzmerkmale des Produkts ausgerichtet ist, eingeschränkt und zum anderen werden die Preise wahrscheinlich steigen. Aus diesen Gründen ist es wahrscheinlich, dass die Vereinbarung wettbewerbsbeschränkende Auswirkungen im Sinne von Artikel 101 Absatz 1 haben wird. Die Einbeziehung der Behörde ist für die Bewertung der Vereinbarung unerheblich. Neuere und umweltfreundlichere Produkte sind allerdings technisch anspruchsvoller; so bieten sie qualitative Verbesserungen, zum Beispiel in Form von mehr Waschprogrammen. Darüber hinaus ergeben sich für den Käufer dieser Waschmaschinen Kosteneinsparungen aufgrund niedrigerer Betriebskosten (geringerer Verbrauch an Wasser, Strom und Waschmittel). Diese Kosteneinsparungen werden auf Märkten erzielt, die nicht zum relevanten Markt der Vereinbarung gehören. Dennoch können diese Einsparungen berücksichtigt werden, da die Märkte, auf denen die wettbewerbsbeschränkenden Auswirkungen und die Effizienzgewinne entstehen, miteinander verbunden sind und die Gruppe der Verbraucher, die von den Wettbewerbsbeschränkungen betroffen wären und von den Effizienzgewinnen profitieren würden, im Wesentlichen dieselben sind. Die Effizienzgewinne überwiegen die wettbewerbsbeschränkenden Auswirkungen (höherer Preis). Alternativen zu der Vereinbarung erweisen sich als ungewisser und weniger kosteneffizient, wenn es um die Erbringung der gleichen Nettovorteile geht. Für die Parteien kommen in wirtschaftlicher Hinsicht für die Herstellung von Waschmaschinen, die den vereinbarten Umweltschutzmerkmalen entsprechen, verschiedene technische Mittel in Frage, wobei es weiterhin auch Wettbewerb bei den anderen Produktmerkmalen gibt. Daher dürften die Voraussetzungen von Artikel 101 Absatz 3 erfüllt sein.

330. Normen, die von staatlicher Seite befürwortet werden

Beispiel 6

Sachverhalt: Aufgrund der neuesten Erkenntnisse einer staatlich finanzierten Forschungsgruppe, die sich in einem Mitgliedstaat mit dem für bestimmte verarbeitete Nahrungsmittel empfohlenen Fettgehalt befasste, vereinbaren mehrere große nahrungsmittelverarbeitende Unternehmen desselben Landes im Rahmen offizieller Gespräche, die bei einem Verband der Branche stattfinden, Richtwerte für den Fettgehalt dieser Erzeugnisse festzulegen. In diesem Mitgliedstaat werden 70% aller verarbeiteten Nahrungsmittel von den an der Vereinbarung beteiligten Parteien verkauft. Die Initiative der Parteien wird durch eine nationale Informationskampagne unterstützt, die von der Forschungsgruppe finanziert wird und die über die Gefahren eines zu hohen Fettgehalts in verarbeiteten Nahrungsmitteln aufklärt.

Analyse: Obwohl es sich um empfohlene Richtwerte handelt, deren Einhaltung freiwillig ist, dürften sie aufgrund der großen Verbreitung im Zuge der nationalen Informationskampagne von allen nahrungsmittelverarbeitenden Unternehmen des betreffenden Mitgliedstaats zugrunde gelegt werden, so dass sie sich de facto für die verarbeitende Nahrungsmittelindustrie als allgemein akzeptierter Höchstwert für Fett durchsetzen werden. Dadurch könnte die den Verbrauchern auf dem Produktmarkt zur Verfügung stehende Produktpalette eingeschränkt werden. Die Parteien werden jedoch weiterhin in der Lage sein, mit einer Reihe anderer Produktmerkmale (zum Beispiel Preis, Produktgröße, Qualität, Geschmack, andere Ernährungswerte, Salzgehalt, Ausgewogenheit der Zutaten und Markenname) mit ihren Produkten auf dem Markt zu konkurrieren. Außerdem könnte sich der Wettbewerb bezüglich des Fettgehalts in dem Produktangebot verschärfen, wenn sich die Wettbewerber darum bemühen, Produkte mit dem niedrigsten Fettgehalt anzubieten. Es ist daher unwahrscheinlich, dass die Vereinbarung wettbewerbsbeschränkende Auswirkungen im Sinne von Artikel 101 Absatz 1 haben wird.

331. Offener Prozess zur Normierung von Produktverpackungen

Beispiel 7
Sachverhalt: Die wichtigsten Hersteller eines sich schnell wandelnden Konsumguts auf einem wettbewerbsbestimmten Markt eines Mitgliedstaats – sowie die Hersteller und Vertreiber in anderen Mitgliedstaaten, die das Produkt in dem betreffenden Mitgliedstaat verkaufen („Importeure") – vereinbaren mit den wichtigsten Verpackungslieferanten, eine freiwillige Initiative ins Leben zu rufen, um die Größe und Form der in diesem Mitgliedstaat verkauften Produktverpackung zu normieren. Derzeit gibt es zahlreiche Verpackungsgrößen und -materialen, die sich innerhalb der einzelnen Mitgliedstaaten und von Mitgliedstaat zu Mitgliedstaat unterscheiden, da Verpackungskosten keinen hohen Anteil an den Gesamtproduktionskosten ausmachen und die Umstellungskosten für Verpackungshersteller keine Rolle spielen. Eine europäische Norm für diese Verpackungen gibt es nicht, noch ist eine beantragt. Die Vereinbarung wurde von den Beteiligten freiwillig eingegangen, um auf den Druck der mitgliedstaatlichen Regierungen zu reagieren, dass Umweltschutzziele zu erfüllen sind. Die betreffenden Hersteller und Importeure erzielen 85% des Produktabsatzes in diesem Mitgliedstaat. Durch die freiwillige Initiative könnte ein Verkaufsprodukt mit einheitlicher Größe für diesen Mitgliedstaat geschaffen werden, für das weniger Verpackungsmaterial benötigt wird, das in der Verkaufsauslage weniger Platz einnimmt, mit niedrigeren Transport- und Verpackungskosten verbunden ist und durch den reduzierten Verpackungsabfall umweltfreundlicher ist. Außerdem entstehen den Herstellern niedrigere Recyclingkosten. Die Norm schreibt nicht vor, welche Verpackungsmaterialien zu verwenden sind. Die Normenspezifikationen wurden von den Herstellern und Importeuren offen und transparent vereinbart; der Entwurf für die Normenspezifikationen wurde mit genügend Vorlauf vor der Annahme auf eine bracheninterne Website zur öffentlichen Diskussion gestellt. Die endgültigen Spezifikationen wurden ebenfalls auf der Website eines Branchenhandelsverbands veröffentlicht, die für alle potenziellen neuen Marktteilnehmern zugänglich ist, auch wenn sie kein Verbandsmitglied sind.
Analyse: Auch wenn die Einhaltung der Vereinbarung freiwillig ist, so wird die Norm de facto wahrscheinlich eine branchenübliche Praxis werden, da alle Beteiligten zusammen in diesem Mitgliedstaat einen hohen Marktanteil an dem Produkt haben und auch Einzelhändler von den Regierungen bestärkt werden, Verpackungsmüll zu reduzieren. Theoretisch könnte die Vereinbarung zu Marktzutrittsschranken und möglicherweise zu einer wettbewerbswidrigen Marktverschließung in dem Mitgliedstaat führen. Dies wäre insbesondere für die Importeure des betreffenden Produkts ein Risiko, da sie das Produkt gegebenenfalls umpacken müssten, um die De-facto-Norm zu erfüllen und das Produkt in dem Mitgliedstaat verkaufen zu können, wenn die in anderen Mitgliedstaaten verwendete Verpackungsgröße die Norm nicht erfüllt. In der Praxis ist es jedoch unwahrscheinlich, dass es zu hohen Marktzutrittsschranken und einer Marktverschließung kommt, da a) die Einhaltung der Vereinbarung freiwillig ist, b) die Norm gemeinsam mit wichtigen Importeuren offen und transparent vereinbart wurde, c) die Umstellungskosten niedrig sind und d) neue Marktteilnehmer, Importeure und alle Verpackungslieferanten zu den technischen Einzelheiten der Norm Zugang haben. So werden die Importeure schon in der frühen Entwicklungsphase über die möglichen Verpackungsänderungen unterrichtet und im Rahmen der offenen Konsultation über den Normentwurf die Möglichkeit zur Stellungnahme haben, bevor die Norm angenommen wird. Die Vereinbarung dürfte daher keine spürbaren wettbewerbsbeschränkenden Auswirkungen im Sinne von Artikel 101 Absatz 1 haben.
In diesem Fall dürften allerdings die Voraussetzungen von Artikel 101 Absatz 3 erfüllt sein: i) Die Vereinbarung wird durch die geringeren Transport- und Verpackungskosten zu quantitativen Effizienzgewinnen führen, ii) durch die auf dem Markt bestehenden Wettbewerbsbedingungen

werden diese Kosteneinsparungen wahrscheinlich an die Kunden weitergegeben, iii) die Vereinbarung umfasst nur minimale Beschränkungen, die notwendig sind, um die Verpackungsnorm zu erzielen, und wird wahrscheinlich nicht zu einer spürbaren Marktverschließung führen, und iv) für einen wesentlichen Teil des betreffenden Produkts wird der Wettbewerb nicht ausgeschaltet.

332. Geschlossener Prozess zur Normierung von Produktverpackungen

Beispiel 8
Sachverhalt: Die Situation ist dieselbe wie in Beispiel 7 Randnummer 331, mit dem Unterschied, dass die Norm nur zwischen den Herstellern des sich schnell wandelnden Konsumguts mit Sitz in dem betreffenden Mitgliedstaat, die einen Anteil von 65% am Produktabsatz in dem Mitgliedstaat haben, vereinbart wird, es keine offene Konsultation zu den angenommenen Spezifikationen mit detaillierten Normen zu den zu verwendenden Verpackungsmaterialen gab und die Spezifikationen der freiwilligen Norm nicht veröffentlicht wurden. Dadurch hatten Hersteller in anderen Mitgliedstaaten höhere Umstellungskosten als die heimischen Hersteller.
Analyse: Ebenso wie in Beispiel 7 Randnummer 331 wird die Norm, auch wenn die Vereinbarung freiwillig ist, de facto wahrscheinlich eine branchenübliche Praxis werden, da auch die Einzelhändler von den Regierungen dazu angehalten werden, Verpackungsmüll zu reduzieren, und die einheimischen Hersteller einen Anteil von 65% am Produktabsatz im betreffenden Mitgliedstaat haben. Da die betroffenen Hersteller in den anderen Mitgliedstaaten nicht konsultiert wurden, haben sie gegenüber den heimischen Herstellern höhere Umstellungskosten. Die Vereinbarung könnte daher zu Marktzutrittsschranken führen und für Verpackungslieferanten, neue Marktteilnehmer und Importeure – die nicht am Normierungsprozess beteiligt waren – möglicherweise zu einer wettbewerbswidrigen Marktverschließung führen, da sie das Produkt gegebenenfalls umpacken müssten, um die De-facto-Norm zu erfüllen und das Produkt in dem Mitgliedstaat verkaufen zu können, weil die in anderen Mitgliedstaaten verwendete Verpackungsgröße die Norm nicht erfüllt.
Im Gegensatz zu Beispiel 7 Randnummer 331 war der Normierungsprozess in diesem Fall nicht offen und transparent. Insbesondere hatten neue Marktteilnehmer, Importeure und Verpackungslieferanten nicht die Möglichkeit, zu der vorgeschlagenen Norm Stellung zu nehmen, und hatten bis zu einem späten Zeitpunkt möglicherweise nicht einmal Kenntnis davon, so dass sie vielleicht nicht einmal die Möglichkeit haben, ihr Produktionsverfahren zu ändern oder den Zulieferer schnell zu wechseln. Des Weiteren können neue Marktteilnehmer, Importeure und Verpackungslieferanten vielleicht nicht in Wettbewerb treten, wenn die Norm nicht bekannt oder schwer zu erfüllen ist. Hierbei ist insbesondere von Bedeutung, dass die Norm detaillierte Spezifikationen zu den zu verwendenden Verpackungsmaterialien umfasst, die neue Marktteilnehmer, Importeure und Verpackungszulieferer nur unter Schwierigkeiten erfüllen können, da die Konsultation und der Normierungsprozess nicht erfolgt offen sind. Daher könnte die Vereinbarung eine Wettbewerbsbeschränkung im Sinne von Artikel 101 Absatz 1 bezwecken. Diese Schlussfolgerung gilt unbeschadet der Tatsache, dass die Vereinbarung eingegangen wurde, um mit dem Mitgliedstaat vereinbarte Umweltschutzziele zu erzielen.
Es ist unwahrscheinlich, dass die Voraussetzungen von Artikel 101 Absatz 3 in diesem Fall erfüllt wären. Auch wenn die Vereinbarung durch geringere Transport- und Verpackungskosten zu ähnlichen quantitativen Effizienzgewinnen wie in Beispiel 7 Randnummer 331 führen würde, so ist nicht zu erwarten, dass die geschlossene und private Natur der Normenvereinbarung und die Nichtveröffentlichung der detaillierten Spezifikationen zu den zu verwendenden Verpackungsmaterialen unerlässlich sind, um die mit der Vereinbarung angestrebten Effizienzgewinne zu erzielen.

333. Nicht verbindliche, offene Standardbedingungen, die in Verträgen mit Endkunden verwendet werden

Beispiel 9
Sachverhalt: Ein Stromversorgerverband legt nicht verbindliche Standardbedingungen für Stromlieferungen an Endkunden fest. Die Ausarbeitung dieser Standardbedingungen erfolgte in transparenter und diskriminierungsfreier Weise. Sie enthalten unter anderem Angaben zum Einspeise-

punkt, zum Standort der Anschlussstelle und zur Anschlussspannung, Bestimmungen zur Versorgungszuverlässigkeit sowie die Verfahren für die Abrechnung zwischen den Vertragsparteien (zum Beispiel was geschieht, wenn der Kunde den Stromzähler nicht abliest und dem Stromanbieter keine Angaben über seinen Verbrauch übermittelt?). Die Standardbedingungen enthalten keine Angaben zu Preisen, d. h. sie enthalten keine empfohlenen Preise oder anderen Preisklauseln. Jedes in dieser Branche tätige Unternehmen kann selbst entscheiden, ob es die Standardbedingungen verwendet oder nicht. Rund 80% der Verträge mit Endkunden auf dem relevanten Markt stützen sich auf diese Standardbedingungen.
Analyse: Es ist nicht wahrscheinlich, dass die Standardbedingungen wettbewerbsbeschränkende Auswirkungen im Sinne von Artikel 101 Absatz 1 haben. Selbst wenn sie in der Branche üblich sind, scheinen sie keine spürbaren negativen Auswirkungen auf Preise, Produktqualität oder Produktvielfalt zu haben.

334. Standardbedingungen für Verträge zwischen Unternehmen

Beispiel 10
Sachverhalt: Bauunternehmen eines bestimmten Mitgliedstaats haben nicht verbindliche, offene Standardbedingungen vereinbart, die ein Auftragnehmer seinen Kostenvoranschlägen beifügen kann. Vorgesehen ist ein Formblatt für den Kostenvorschlag, dem auf die Baubranche zugeschnittene Standardbedingungen beigefügt sind. Gemeinsam bilden diese Unterlagen den Bauvertrag. Abgedeckt sind Aspekte wie Vertragsabschluss, allgemeine Pflichten des Auftragnehmers und des Kunden sowie preisunabhängige Zahlungsbedingungen (zum Beispiel eine Klausel, der zufolge der Auftragnehmer das Recht hat, die Arbeiten aufgrund ausbleibender Zahlungen auszusetzen), Versicherungen, Dauer, Übergabe und Mängel, Haftungsbeschränkungen und Kündigung. Im Gegensatz zu Beispiel 9 Randnummer 333 würden diese Standardbedingungen häufig für Verträge zwischen Unternehmen Anwendung finden, von denen eines auf dem vorgelagerten und das andere auf dem nachgelagerten Markt tätig wären.
Analyse: Es ist nicht wahrscheinlich, dass die Standardbedingungen wettbewerbsbeschränkende Auswirkungen im Sinne von Artikel 101 Absatz 1 haben. Normalerweise würde der Kunde in der Wahl des Endprodukts, in diesem Fall der Bauarbeiten, nicht eingeschränkt werden. Andere wettbewerbsbeschränkende Auswirkungen sind unwahrscheinlich. Einige der genannten Klauseln (Übergabe und Mängel, Vertragskündigung usw.) sind häufig gesetzlich geregelt.

335. Standardbedingungen, die den Produktvergleich erleichtern

Beispiel 11
Sachverhalt: Ein nationaler Verband der Versicherungsbranche verbreitet nicht verbindliche, standardisierte Bedingungen für Versicherungen für Wohngebäude. Die Bedingungen enthalten weder Angaben zu den vom Versicherungsnehmer zu zahlenden Versicherungsprämien noch Hinweise dazu, bis zu welcher Höhe das Risiko abgedeckt ist oder wie hoch die Selbstbeteiligung ist. Sie schreiben keine globale Deckung eingeschlossen für Risiken vor, denen eine große Anzahl von Versicherungsnehmern nicht gleichzeitig ausgesetzt ist, und verpflichten den Versicherungsnehmer nicht, unterschiedliche Risiken bei demselben Versicherer zu versichern. Während der größte Teil der Versicherungsgesellschaften standardisierte Versicherungsbedingungen verwendet, enthalten die Verträge nicht immer dieselben Konditionen, da diese an die Bedürfnisse des einzelnen Versicherungsnehmers angepasst werden; es gibt folglich keine De-facto-Norm für Versicherungsprodukte. Die standardisierten Versicherungsbedingungen ermöglichen es den Verbrauchern und den Verbraucherverbänden, die Versicherungen der verschiedenen Versicherungsgesellschaften miteinander zu vergleichen. Ein Verbraucherverband war an der Ausarbeitung der standardisierten Versicherungsbedingungen beteiligt. Sie sind für alle neuen Marktteilnehmer gleichermaßen zugänglich.
Analyse: Diese standardisierten Versicherungsbedingungen betreffen die Zusammensetzung des endgültigen Versicherungsprodukts. Sollten die Marktbedingungen und andere Faktoren erkennen lassen, dass das Risiko einer Einschränkung der Produktvielfalt bestehen könnte, die darauf zurückzuführen ist, dass Versicherungsgesellschaften solche standardisierten Versicherungsbedingungen verwenden, ist es dennoch wahrscheinlich, dass eine solche mögliche Einschränkung

durch gleichzeitig erwachsende Effizienzgewinne überwogen würde (so kann der Kunde etwa die von den Versicherungsgesellschaften gebotenen Bedingungen besser miteinander vergleichen). Solche Vergleiche wiederum erleichtern den Wechsel zwischen Versicherungsgesellschaften und beleben somit den Wettbewerb. Der Wechsel zwischen Anbietern sowie der Markteintritt von Wettbewerbern stellen einen Vorteil für die Verbraucher da. Die Tatsache, dass eine Verbraucherorganisation an dem Prozess beteiligt war, erhöht in bestimmten Fällen die Wahrscheinlichkeit, dass derartige Effizienzgewinne, die nicht automatisch den Verbrauchern zugutekommen, an diese weitergegeben werden. Außerdem ist es wahrscheinlich, dass die standardisierten Versicherungsbedingungen die Transaktionskosten senken und den Versicherungsgesellschaften den Eintritt in einen anderen räumlichen Markt und/oder einen anderen Produktmarkt erleichtern. Da die Beschränkungen zudem nicht über das zur Erzielung der angestrebten Effizienzgewinne erforderliche Maß hinauszugehen scheinen und der Wettbewerb nicht ausgeschaltet werden würde, ist es wahrscheinlich, dass die Voraussetzungen von Artikel 101 Absatz 3 erfüllt sind.

Anhang B 6. Vertikalleitlinien

Leitlinien für vertikale Beschränkungen

(ABl. 2010 C 130/1)

I. Einleitung

1. Zweck der Leitlinien

(1) In diesen Leitlinien sind die Grundsätze dargelegt, die bei der Beurteilung vertikaler Vereinbarungen im Sinne von Artikel 101 des Vertrags über die Arbeitsweise der Europäischen Union* (nachstehend „AEUV" genannt) befolgt werden[1]. Artikel 1 Absatz 1 Buchstabe a der Verordnung (EU) Nr. 330/2010 der Kommission vom 20. April 2010 über die Anwendung von Artikel 101 Absatz 3 des Vertrages über die Arbeitsweise der Europäischen Union auf Gruppen von vertikalen Vereinbarungen und abgestimmten Verhaltensweisen[2] (nachstehend „Gruppenfreistellungsverordnung" oder „GVO" genannt) definiert den Begriff „vertikale Vereinbarungen" (Randnummern 24 bis 46). Die Leitlinien gelten unbeschadet der gleichzeitig möglichen Anwendung von Artikel 102 des Vertrages über die Arbeitsweise der Europäischen Union auf vertikale Vereinbarungen. Die Leitlinien sind folgendermaßen gegliedert:

- In Abschnitt II (Randnummern 8 bis 22) werden vertikale Vereinbarungen beschrieben, die im Allgemeinen nicht unter Artikel 101 AEUV fallen.
- In Abschnitt III (Randnummern 23 bis 73) wird die Anwendung der GVO erläutert.
- In Abschnitt IV (Randnummern 74 bis 85) werden die Grundsätze für den Entzug der Gruppenfreistellung und für die Nichtanwendung der GVO erläutert.
- In Abschnitt V (Randnummern 86 bis 95) werden die Marktabgrenzung und die Berechnung der Marktanteile behandelt.
- In Abschnitt VI (Randnummern 96 bis 229) werden die allgemeinen Grundlagen der Prüfung vertikaler Vereinbarungen sowie die Durchsetzung des Wettbewerbsrechts im Einzelfall erläutert.

(2) Die hier dargestellten Leitlinien werden zur Würdigung vertikaler Vereinbarungen herangezogen, die sowohl Waren als auch Dienstleistungen betreffen können,

---

* Mit Wirkung vom 1. Dezember 2009 sind an die Stelle der Artikel 81 und 82 EG-Vertrag die Artikel 101 und 102 des Vertrages über die Arbeitsweise der Europäischen Union (AEUV) getreten. Die Artikel 81 und 82 EG-Vertrag und die Artikel 101 und 102 AEUV sind im Wesentlichen identisch. Im Rahmen dieser Leitlinien sind Bezugnahmen auf die Artikel 101 und 102 AEUV als Bezugnahmen auf die Artikel 81 und 82 EG-Vertrag zu verstehen, wo dies angebracht ist. Der AEUV hat auch bestimmte terminologische Änderungen wie zum Beispiel die Ersetzung von „Gemeinschaft" durch „Union" und von „Gemeinsamer Markt" durch „Binnenmarkt" mit sich gebracht. Die Terminologie des AEUV wird in diesen Leitlinien durchgängig verwendet.

[1] Diese Leitlinien ersetzen die Mitteilung der Kommission über Leitlinien für vertikale Beschränkungen, ABl. C 291 vom 13.10.2000, S. 1.

[2] ABl. L 102 vom 23.04.2010, S. 1.

wobei bestimmte vertikale Wettbewerbsbeschränkungen überwiegend im Warenhandel zur Anwendung kommen. Vertikale Vereinbarungen können auch für Zwischen- und Endprodukte (Waren und Dienstleistungen) geschlossen werden. Sofern nicht anders angegeben, beziehen sich die Analysen und Aussagen in diese Leitlinien auf sämtliche Arten von Waren und Dienstleistungen und auf alle Handelsstufen. In diesem Sinne umfasst der Begriff „Produkt" folglich sowohl Waren als auch Dienstleistungen. Die Begriffe „Anbieter" und „Abnehmer" werden für sämtliche Handelsstufen verwendet. Vereinbarungen mit Endverbrauchern, die nicht als Unternehmen tätig sind, sind vom Geltungsbereich der GVO und der Leitlinien ausgenommen, da Artikel 101 AEUV nur auf Vereinbarungen zwischen Unternehmen anwendbar ist.

(3) Diese Leitlinien sollen den Unternehmen Orientierungshilfen für die Selbstprüfung von vertikalen Vereinbarungen nach Maßgabe der EU-Wettbewerbsvorschriften an die Hand geben. Die hier erläuterten Grundsätze haben den Umständen des Einzelfalls gebührend Rechnung zu tragen und sind nicht schematisch anzuwenden. So wird jeder Fall unter Berücksichtigung des jeweiligen Sachverhalts gewürdigt.

(4) Die Leitlinien berühren nicht die Rechtsprechung des Gerichts und des Gerichtshofs der Europäischen Union zur Anwendung von Artikel 101 AEUV auf vertikale Vereinbarungen. Die Kommission wird die Anwendung der GVO und der Leitlinien auf der Grundlage von Marktinformationen von Wirtschaftsbeteiligten und von nationalen Wettbewerbsbehörden weiterhin beobachten und kann die Leitlinien von Zeit zu Zeit überprüfen und bei Bedarf an neue Entwicklungen anpassen.

2. Anwendbarkeit von Artikel 101 AEUV auf vertikale Vereinbarungen

(5) Artikel 101 AEUV findet Anwendung auf vertikale Vereinbarungen, die geeignet sind, den Handel zwischen Mitgliedstaaten zu beeinträchtigen und eine Verhinderung, Einschränkung oder Verfälschung des Wettbewerbs bezwecken oder bewirken (nachstehend „vertikale Beschränkungen" genannt)[1]. Artikel 101 AEUV schafft einen Rechtsrahmen für die Würdigung vertikaler Beschränkungen, weil er die Unterscheidung zwischen wettbewerbswidrigen und wettbewerbsfördernden Auswirkungen ermöglicht. Während Artikel 101 Absatz 1 AEUV Vereinbarungen verbietet, die den Wettbewerb spürbar einschränken oder verfälschen, können nach Artikel 101 Absatz 3 AEUV Vereinbarungen, bei denen die positiven Auswirkungen die wettbewerbswidrigen überwiegen, von diesem Verbot freigestellt werden[2].

(6) Bei den meisten vertikalen Beschränkungen ergeben sich wettbewerbsrechtliche Bedenken ausschließlich bei unzureichendem Wettbewerb auf mindestens einer Handelsstufe, d. h., wenn der Anbieter oder der Abnehmer oder beide über eine gewisse Marktmacht verfügen. Vertikale Beschränkungen sind in der Regel mit weniger Nachteilen verbunden als horizontale Beschränkungen und ermöglichen zudem erhebliche Effizienzgewinne.

(7) Artikel 101 AEUV soll sicherstellen, dass Unternehmen bestimmte Vereinbarungen, im konkreten Fall vertikale Vereinbarungen, nicht zur Einschränkung des Wettbewerbs und damit zum Nachteil der Verbraucher einsetzen. Der Würdigung ver-

---

[1] Siehe u. a. Urteile des Gerichtshofs vom 13. Juli 1966 in den verbundenen Rs. 56/64 und 58/64, Kommission/Grundig-Consten, S. 450, und vom 30. Juni 1966 in der Rs. 56/65, Technique Minière/Maschinenbau Ulm, S. 282 sowie Urteil des Gerichts vom 14. Juli 1994 in der Rs. T-77/92, Parker Pen/Kommission, S. II-549.

[2] Siehe Bekanntmachung der Kommission über Leitlinien zur Anwendung von Artikel 81 Absatz 3 EG-Vertrag, ABl. C 101 vom 27.4.2004, S. 97, mit einer Darstellung der allgemeinen Methoden und der Auslegung der Bedingungen für die Anwendung von Artikel 101 Absatz 1 AEUV und Artikel 101 Absatz 3 AEUV.

tikaler Beschränkungen kommt ferner vor dem Hintergrund des globalen Ziels der Schaffung eines integrierten Binnenmarkts eine besondere Bedeutung zu. Der Wettbewerb in der Union erhält durch die zunehmende Marktintegration wertvolle Impulse. Daher sollten Unternehmen daran gehindert werden, neue Schranken zwischen Mitgliedstaaten zu errichten, wo staatliche Barrieren erfolgreich abgebaut worden sind.

II. Grundsätzlich nicht unter Artikel 101 Absatz 1 AEUV fallende vertikale Vereinbarungen

1. De-minimis-Vereinbarungen und Vereinbarungen zwischen KMU

(8) Vereinbarungen, die nicht geeignet sind, den Handel zwischen Mitgliedstaaten spürbar zu beeinträchtigen, oder die keine spürbare Einschränkung des Wettbewerbs bezwecken oder bewirken, fallen nicht unter Artikel 101 Absatz 1 AEUV. Die GVO ist allerdings nur auf Vereinbarungen anwendbar, die unter Artikel 101 Absatz 1 AEUV fallen. Die Anwendung der Bekanntmachung der Kommission über Vereinbarungen von geringer Bedeutung, die den Wettbewerb gemäß Artikel 81 Absatz 1 des Vertrags zur Gründung der Europäischen Gemeinschaft nicht spürbar beschränken (de minimis)[1] oder künftiger Bekanntmachungen über De-minimis-Vereinbarungen wird von den Leitlinien nicht berührt.

(9) Vorbehaltlich der in der De-minimis-Bekanntmachung genannten Voraussetzungen, die Kernbeschränkungen und die Problematik der kumulativen Wirkung betreffen, fallen vertikale Vereinbarungen zwischen Unternehmen, die nicht im Wettbewerb miteinander stehen und deren jeweiliger Anteil am relevanten Markt weniger als 15% beträgt, grundsätzlich nicht unter das Verbot von Artikel 101 Absatz 1 AEUV[2]. Dies impliziert jedoch nicht die Vermutung, dass vertikale Vereinbarungen zwischen Unternehmen mit einem höheren Marktanteil automatisch gegen Artikel 101 Absatz 1 AEUV verstoßen. Auch Vereinbarungen zwischen Unternehmen, die die Marktanteilsschwelle von 15% überschreiten, haben möglicherweise keine merklichen Auswirkungen auf den Handel zwischen Mitgliedstaaten oder stellen keine spürbare Wettbewerbsbeschränkung dar[3]. Derartige Vereinbarungen sind in ihrem rechtlichen und wirtschaftlichen Zusammenhang zu prüfen. Die Kriterien für die Würdigung von Vereinbarungen im Einzelfall werden unter den Randnummern 96 bis 229 beschrieben.

(10) Bei Vorliegen von Kernbeschränkungen im Sinne der De- minimis-Bekanntmachung gilt das Verbot des Artikels 101 Absatz 1 AEUV Vertrag gegebenenfalls auch für Vereinbarungen zwischen Unternehmen mit einem Marktanteil unterhalb der 15%-Schwelle, sofern der Handel zwischen Mitgliedstaaten und der Wettbewerb spürbar beeinträchtigt bzw. eingeschränkt werden. In diesem Zusammenhang ist die ständige Rechtsprechung des Gerichtshofs und des Gerichts maßgebend[4]. Ferner

---

[1] ABl. C 368 vom 22.12.2001, S. 13.

[2] Für Vereinbarungen zwischen Wettbewerbern gilt beim Marktanteil eine Bagatellschwelle von 10% bezogen auf den gemeinsamen Anteil der Unternehmen an den betreffenden relevanten Märkten.

[3] Siehe Urteil des Gerichts vom 8. Juni 1995 in der Rs. T-7/93, Langnese-Iglo GmbH/Kommission, S. II-1533, Randnr. 98.

[4] Siehe Urteil des Gerichtshofs vom 9. Juli 1969 in der Rs. 5/69, Völk/Vervaecke, S. 295; Urteil des Gerichtshofs vom 6. Mai 1971 in der Rs. 1/71, Cadillon/Höss, S. 351, und Urteil des Gerichtshofs vom 28. April 1998 in der Rs. C-306/96, Javico/Yves Saint Laurent, S. I- 1983, Randnrn. 16 und 17.

wird auf die Notwendigkeit verwiesen, gegebenenfalls die positiven und negativen Auswirkungen von Kernbeschränkungen (siehe Randnummer 47) zu würdigen.

(11) Mit Ausnahme der Fälle, in denen eine kumulative Wirkung gegeben ist und Kernbeschränkungen vorliegen, sind vertikale Vereinbarungen zwischen kleinen und mittleren Unternehmen (KMU) nach der Definition im Anhang zur Empfehlung der Kommission vom 6. Mai 2003 betreffend die Definition der Kleinstunternehmen sowie der kleinen und mittleren Unternehmen[1] nach Auffassung der Kommission selten geeignet, den Handel zwischen Mitgliedstaaten oder den Wettbewerb im Sinne des Artikels 101 Absatz 1 AEUV spürbar zu beeinträchtigen bzw. einzuschränken, so dass sie grundsätzlich nicht unter Artikel 101 Absatz 1 AEUV fallen. In Fällen, in denen solche Vereinbarungen dennoch den Verbotstatbestand des Artikels 101 Absatz 1 AEUV erfüllen, wird die Kommission in der Regel wegen des mangelnden Interesses für die Europäische Union kein Prüfverfahren einleiten, sofern die betreffenden Unternehmen nicht in einem wesentlichen Teil des Binnenmarktes kollektiv oder allein eine marktbeherrschende Stellung innehaben.

2. Handelsvertreterverträge

2.1. Definition von Handelsvertreterverträgen

(12) Ein Handelsvertreter ist eine juristische oder natürliche Person, die mit der Vollmacht ausgestattet ist, im Auftrag einer anderen Person (des Auftraggebers) entweder im eigenen Namen oder im Namen des Auftraggebers Verträge auszuhandeln und/oder zu schließen, die Folgendes zum Gegenstand haben:

- den Ankauf von Waren oder Dienstleistungen durch den Auftraggeber, oder
- den Verkauf von Waren oder Dienstleistungen des Auftraggebers.

(13) Entscheidend für die Frage, ob Artikel 101 Absatz 1 AEUV anwendbar ist, ist das finanzielle oder geschäftliche Risiko, das der Handelsvertreter bezüglich der ihm vom Auftraggeber übertragenen Tätigkeiten trägt[2]. Dabei ist es unerheblich, ob der Vertreter für einen oder für mehrere Auftraggeber handelt. Auch die Einstufung des Handelsvertretervertrags durch die Unterzeichner oder die einzelstaatlichen Gesetze ist für die wettbewerbsrechtliche Würdigung belanglos.

(14) Im Hinblick auf die Anwendung des Artikels 101 Absatz 1 AEUV sind drei Arten finanzieller oder geschäftlicher Risiken für die Einstufung als Handelsvertreterverträge von Bedeutung. Erstens gibt es Risiken, die – wie die Finanzierung von Lagerbeständen – unmittelbar mit den Verträgen zusammenhängen, die der Vertreter für den Auftraggeber geschlossen und/oder ausgehandelt hat. Zweitens sind Risiken zu nennen, die mit marktspezifischen Investitionen verbunden sind, also mit Investitionen, die für die Art der vom Vertreter auszuführenden Tätigkeit erforderlich sind und die dieser benötigt, um den betreffenden Vertrag schließen und/oder aushandeln zu können. Solche Investitionen stellen normalerweise versunkene Kosten dar, weil sie nach Aufgabe des betreffenden Geschäftsfelds nicht für andere Geschäfte genutzt oder nur mit erheblichem Verlust veräußert werden können. Drittens existieren insofern Risiken in Verbindung mit anderen Tätigkeiten auf demselben sachlich relevanten Markt, als der Auftraggeber vom Handelsvertreter verlangt, diese durchzuführen, allerdings nicht im Namen des Auftraggebers, sondern auf eigenes Risiko.

---

[1] ABL. L 124 vom 20.5.2003, S. 36.

[2] Siehe Urteil des Gerichts vom 15. September 2005 in der Rs. T- 325/01, Daimler Chrysler/Kommission, S. II-3319, Urteil des Gerichtshofs vom 14. Dezember 2006 in der Rs. C-217/05, Confederación Espanola de Empresarios de Estaciones de Servicio/CEPSA, S. I-11987, und Urteil des Gerichtshofs vom 11. September 2008 in der Rs. C- 279/06, CEPSA Estaciones de Servicio SA/LV Tobar e Hijos SL, S. I- 6681.

(15) Für die Anwendung von Artikel 101 Absatz 1 AEUV gilt eine Vereinbarung als Handelsvertretervertrag, wenn der Handelsvertreter bezüglich der Verträge, die er im Namen des Auftraggebers schließt und/oder aushandelt, bezüglich marktspezifischer Investitionen für diesen Tätigkeitsbereich und bezüglich anderer Tätigkeiten, die der Auftraggeber für denselben sachlich relevanten Markt als erforderlich erachtet, keine oder nur unbedeutende Risiken trägt. Risiken, die mit der Erbringung von Handelsvertreterleistungen generell zusammenhängen, wie z. B. die Abhängigkeit des Einkommens des Handelsvertreters von seinem Erfolg als Vertreter oder von allgemeinen Investitionen in Geschäftsräume oder Personal, sind für die Würdigung irrelevant.

(16) Eine Vereinbarung wird für die Anwendung von Artikel 101 Absatz 1 AEUV im Allgemeinen als Handelsvertretervertrag betrachtet, wenn das Eigentum an erworbenen oder verkauften Vertragswaren nicht auf den Handelsvertreter übergeht, wenn der Handelsvertreter die Vertragsdienstleistungen nicht selbst erbringt und wenn der Vertreter

a) sich nicht an den Kosten, einschließlich Beförderungskosten, beteiligt, die mit der Lieferung/Erbringung bzw. dem Erwerb der Vertragswaren oder -dienstleistungen verbunden sind. Dies schließt nicht aus, dass der Handelsvertreter Beförderungsleistungen erbringt, sofern die Kosten vom Auftraggeber übernommen werden;
b) nicht auf eigene Kosten oder eigenes Risiko Vertragswaren lagert, was die Kosten für die Finanzierung der Lagerbestände und für den Verlust von Lagerbeständen einschließt, und unverkaufte Waren unentgeltlich an den Auftraggeber zurückgeben kann, sofern der Handelsvertreter nicht für Verschulden haftet, (wenn er es z. B. versäumt, zumutbare Sicherheitsmaßnahmen zu treffen, um den Verlust von Lagerbeständen zu vermeiden);
c) gegenüber Dritten keine Haftung für Schäden übernimmt, die durch das verkaufte Produkt verursacht wurden (Produkthaftung), es sei denn, er ist als Handelsvertreter dafür verantwortlich;
d) keine Haftung dafür übernimmt, dass die Kunden ihre Vertragspflichten erfüllen, mit Ausnahme des Verlustes der Provision des Handelsvertreters, sofern dieser nicht für Verschulden haftet (wenn er es z. B. versäumt, zumutbare Sicherheitsmaßnahmen oder Diebstahlsicherungen vorzusehen oder zumutbare Maßnahmen zu treffen, um Diebstähle dem Auftraggeber oder der Polizei zu melden, oder es unterlässt, dem Auftraggeber alle ihm bekannten Informationen hinsichtlich der Zahlungsverlässlichkeit seiner Kunden zu übermitteln);
e) weder unmittelbar noch mittelbar verpflichtet ist, in verkaufsfördernde Maßnahmen zu investieren und sich z. B. an den Werbeaufwendungen des Auftraggebers zu beteiligen;
f) nicht in marktspezifische Ausrüstungen, Räumlichkeiten oder Mitarbeiterschulungen investiert, wie z. B. einen Kraftstofftank im Fall des Kraftstoffeinzelhandels oder spezielle Software für den Verkauf von Policen im Fall von Versicherungsvermittlern, es sei denn, der Auftraggeber übernimmt diese Kosten in vollem Umfang;
g) keine anderen Tätigkeiten auf Verlangen des Auftraggebers auf demselben sachlich relevanten Markt wahrnehmen muss, es sei denn, der Auftraggeber übernimmt die Kosten hierfür in vollem Umfang.

(17) Diese Aufstellung ist nicht erschöpfend. Sofern der Handelsvertreter jedoch eines oder mehrere der in Randnummern 14, 15 und 16 genannten Risiken oder Kosten zu tragen hat, kann die Vereinbarung zwischen Vertreter und Auftraggeber nicht als Handelsvertretervertrag gewertet werden. Die Frage des Risikos muss im Einzelfall beantwortet werden, wobei vorzugsweise auf die tatsächlichen wirtschaftlichen Gegebenheiten und weniger auf die Rechtsform abzustellen ist. Aus praktischen Erwägungen sollten bei der Beurteilung der Risiken zuerst die vertragsspezifi-

schen Risiken geprüft werden. Hat der Vertreter die vertragsspezifischen Risiken zu tragen, so lässt sich daraus schließen, dass er ein unabhängiger Händler ist. Gehen die vertragsspezifischen Risiken nicht zu Lasten des Handelsvertreters, so ist zu prüfen, wer die Risiken trägt, die mit marktspezifischen Investitionen verbunden sind. Sofern der Handelsvertreter weder vertragsspezifische Risiken noch mit marktspezifischen Investitionen verbundene Risiken zu tragen hat, sind die Risiken in Verbindung mit anderen auf demselben sachlich relevanten Markt erforderlichen Tätigkeiten zu prüfen.

2.2. Anwendung von Artikel 101 Absatz 1 AEUV auf Handelsvertreterverträge

(18) Bei Handelsvertreterverträgen, die der Definition in Abschnitt 2.1. entsprechen, sind die Ankaufs- und die Verkaufsfunktionen des Vertreters Teil der Tätigkeiten des Auftraggebers. Da der Auftraggeber die geschäftlichen und finanziellen Risiken trägt, die mit dem Verkauf und Ankauf der Vertragswaren und -dienstleistungen verbunden sind, fallen sämtliche dem Vertreter auferlegten Verpflichtungen bezüglich der im Namen des Auftraggebers geschlossenen und/oder ausgehandelten Verträge nicht unter Artikel 101 Absatz 1 AEUV. Folgende Verpflichtungen des Handelsvertreters werden grundsätzlich als untrennbarer Bestandteil eines Handelsvertretervertrags angesehen, da jede für sich die Befugnis des Auftraggebers betrifft, die Tätigkeiten des Vertreters in Bezug auf die Vertragswaren bzw. Vertragsdienstleistungen festzulegen, was unerlässlich ist, wenn der Auftraggeber die Risiken übernehmen und in der Lage sein soll, die Geschäftsstrategie festzulegen:

a) Beschränkungen hinsichtlich des Gebiets, in dem der Vertreter die fraglichen Waren oder Dienstleistungen verkaufen darf;
b) Beschränkungen hinsichtlich der Kunden, an die der Vertreter die fraglichen Waren oder Dienstleistungen verkaufen darf;
c) die Preise und die Bedingungen, zu denen der Vertreter die fraglichen Waren oder Dienstleistungen verkaufen oder ankaufen muss.

(19) Handelsvertreterverträge regeln nicht nur die Bedingungen, zu denen der Vertreter die Vertragswaren oder -dienstleistungen für den Auftraggeber verkauft oder ankauft, sondern enthalten oftmals auch Bestimmungen, die das Verhältnis zwischen dem Vertreter und dem Auftraggeber betreffen. Dies gilt insbesondere für Klauseln, die den Auftraggeber daran hindern, andere Vertreter für eine bestimmte Art von Geschäft, Kunden oder Gebiet zu ernennen (Alleinvertreterklauseln) und/oder Bestimmungen, die den Vertreter daran hindern, als Vertreter oder Händler für Unternehmen tätig zu werden, die mit dem Auftraggeber im Wettbewerb stehen (Markenzwangklauseln). Da Handelsvertreter und Auftraggeber verschiedene Unternehmen sind, können Bestimmungen, die das Verhältnis zwischen ihnen regeln, gegen Artikel 101 Absatz 1 AEUV verstoßen. Alleinvertreterklauseln dürften in der Regel keine wettbewerbsschädigenden Auswirkungen entfalten. Markenzwangklauseln und Wettbewerbsverbote, einschließlich derjenigen für die Zeit nach Vertragsablauf, betreffen den Wettbewerb zwischen verschiedenen Marken und können unter Artikel 101 Absatz 1 AEUV fallen, wenn sie zur (kumulativen) Abschottung des relevanten Marktes führen, auf dem die Vertragswaren oder -dienstleistungen verkauft oder gekauft werden (siehe insbesondere Abschnitt VI.2.1). Auf derartige Bestimmungen ist möglicherweise die GVO anwendbar, sofern die Voraussetzungen in Artikel 5 GVO erfüllt sind. Ferner können im Einzelfall Effizienzgewinne im Sinne von Artikel 101 Absatz 3 AEUV geltend gemacht werden (siehe beispielsweise Randnummern 144–148).

(20) Ein Handelsvertretervertrag kann aber auch in Fällen, in denen der Auftraggeber alle damit verbundenen finanziellen und geschäftlichen Risiken übernimmt, unter Artikel 101 Absatz 1 AEUV fallen, wenn er kollusive Verhaltensweisen fördert.

Dies dürfte u. a. dann der Fall sein, wenn mehrere Auftraggeber die Dienste derselben Handelsvertreter in Anspruch nehmen und gemeinsam andere davon abhalten, diese ebenfalls in Anspruch zu nehmen, oder wenn sie die Handelsvertreter zur Kollusion bei der Marketingstrategie oder zum Austausch vertraulicher Marktdaten untereinander benutzen.

(21) In Fällen, in denen der Handelsvertreter ein oder mehrere der unter Randnummer 16 beschriebenen Risiken trägt, gilt die Vereinbarung zwischen dem Vertreter und dem Auftraggeber für die Zwecke des Artikels 101 Absatz 1 AEUV nicht als Handelsvertretervertrag. Der Vertreter wird folglich als unabhängiges Unternehmen betrachtet, und die Vereinbarung zwischen dem Vertreter und dem Auftraggeber fällt somit wie jede andere vertikale Vereinbarung unter Artikel 101 Absatz 1 AEUV.

3. Zuliefervereinbarungen

(22) Zuliefervereinbarungen werden zwischen Auftragnehmer und Zulieferer geschlossen. Der Auftragnehmer liefert technologisches Wissen oder Ausrüstungen an den Zulieferer, der auf dieser Grundlage bestimmte Produkte für den Auftragnehmer herstellt. Zulieferverträge werden in der Bekanntmachung der Kommission vom 18. Dezember 1978 über die Beurteilung von Zulieferverträgen nach Artikel 85 Absatz 1 des Vertrages zur Gründung der Europäischen Wirtschaftsgemeinschaft[1] (nachstehend Bekanntmachung über Zulieferverträge) behandelt. Dieser weiterhin anwendbaren Bekanntmachung zufolge fallen Zulieferverträge, in denen sich der Zulieferer verpflichtet, bestimmte Produkte ausschließlich für den Auftraggeber bereitzustellen, grundsätzlich nicht unter Artikel 101 Absatz 1 AEUV, sofern die technologischen Kenntnisse oder die Ausrüstungen für den Zulieferer unerlässlich sind, um die Produkte bereitstellen zu können. Andere dem Zulieferer auferlegte Beschränkungen, wie der Verzicht auf eigene Forschungs- und Entwicklung oder die Nutzung ihrer Ergebnisse oder die Verpflichtung, grundsätzlich nicht für Dritte tätig zu werden, können allerdings von Artikel 101 AEUV erfasst werden[2].

III. Anwendung der GVO

1. Durch die GVO geschaffene Rechtssicherheit

(23) Die meisten vertikalen Beschränkungen sind nur dann wettbewerbsrechtlich bedenklich, wenn auf einer oder mehreren Handelsstufen kein ausreichender Wettbewerb besteht, d. h. wenn der Anbieter oder der Abnehmer oder beide ein gewisses Maß an Marktmacht besitzen. Vorausgesetzt, diese Beschränkungen beinhalten keine Kernbeschränkungen, d. h. keine bezweckten Beschränkungen, so begründet die GVO für vertikale Vereinbarungen eine Vermutung der Rechtmäßigkeit, die allerdings vom Marktanteil des Anbieters und des Abnehmers abhängt. Entscheidendes Kriterium für die Anwendbarkeit der GVO ist nach Artikel 3 GVO der Anteil des Anbieters an dem Markt, auf dem die Vertragswaren oder -dienstleistungen angeboten werden, sowie der Anteil des Abnehmers an dem Markt, auf dem er die Vertragswaren oder -dienstleistungen bezieht, die die Anwendbarkeit der Gruppenfreistellung begründen. Die GVO ist nur anwendbar, wenn der Marktanteil des Anbieters und jener des Abnehmers 30% nicht übersteigen. Abschnitt V dieser Leitlinien enthält entsprechende Erläuterungen, wie der relevante Markt zu definieren ist und die Marktanteile zu berechnen sind. Liegt der Marktanteil über 30%, wird nicht vermutet, dass vertikale Vereinbarungen unter Artikel 101 Absatz 1 AEUV fallen oder die

[1] ABl. C 1 vom 3.1.1979, S. 2.

[2] Siehe Nummer 3 der Bekanntmachung über Zulieferverträge.

Voraussetzungen des Artikels 101 Absatz 3 AEUV nicht erfüllen; allerdings wird auch nicht vermutet, dass vertikale Vereinbarungen, die unter Artikel 101 Absatz 1 AEUV fallen, in der Regel die Voraussetzungen des Artikels 101 Absatz 3 erfüllen.

2. Geltungsbereich der GVO

2.1. Definition vertikaler Vereinbarungen

(24) Artikel 1 Absatz 1 Buchstabe a GVO definiert vertikale Vereinbarungen als „eine Vereinbarung oder abgestimmte Verhaltensweise, die zwischen zwei oder mehr Unternehmen, von denen jedes für die Zwecke der Vereinbarung oder der abgestimmten Verhaltensweise auf einer anderen Ebene der Produktions- oder Vertriebskette tätig ist, geschlossen wird und die die Bedingungen betrifft, zu denen die beteiligten Unternehmen bestimmte Waren oder Dienstleistungen beziehen, verkaufen oder weiterverkaufen können".

(25) Die Definition vertikaler Vereinbarungen in Randnummer 24 beruht auf vier zentralen Elementen:

a) Die GVO ist auf Vereinbarungen zwischen Unternehmen und auf abgestimmte Verhaltensweisen anwendbar. Einseitige Handlungen beteiligter Unternehmen fallen nicht unter die GVO. Sie können aber unter Artikel 102 AEUV fallen, der die missbräuchliche Ausnutzung einer marktbeherrschenden Stellung verbietet. Eine Vereinbarung im Sinne von Artikel 101 AEUV liegt bereits dann vor, wenn die Beteiligten ihrer gemeinsamen Absicht Ausdruck verliehen haben, sich auf dem Markt in einer bestimmten Weise zu verhalten. Hierbei ist die Ausdrucksform unerheblich, sofern sie den Willen der beteiligten Unternehmen getreu wiedergibt. Ist keine explizite Vereinbarung über eine Willensübereinstimmung auffindbar, obliegt es der Kommission nachzuweisen, dass das einseitige Handeln eines Unternehmens mit Zustimmung der übrigen beteiligten Unternehmen erfolgte. Bei vertikalen Vereinbarungen kann die Zustimmung zu einem bestimmten einseitigen Handeln auf zwei Wegen erklärt werden: Im ersten Fall leitet sich die Zustimmung aus den Befugnissen ab, die den beteiligten Unternehmen im Rahmen einer vorab getroffenen Vereinbarung übertragen werden. Wenn die vorab getroffene Vereinbarung vorsieht oder einem beteiligten Unternehmen die Möglichkeit einräumt, nachfolgend ein bestimmtes einseitiges Verhalten zu verfolgen, das für ein anderes Unternehmen bindend ist, so kann hieraus die Zustimmung dieses Unternehmens zu dem Verhalten abgeleitet werden[1]. Wurde, zweitens, eine derart explizite Zustimmung nicht erteilt, so kann die Kommission das Vorliegen einer stillschweigenden Zustimmung nachweisen. Zu diesem Zweck ist zuerst darzulegen, dass ein beteiligtes Unternehmen die Mitwirkung des anderen Unternehmens bei der Verwirklichung seines einseitigen Handelns ausdrücklich oder stillschweigend verlangt, und zweitens ist nachzuweisen, dass das andere beteiligte Unternehmen dieser Forderung nachgekommen ist, indem es dieses einseitige Verhalten in die Praxis umgesetzt hat[2]. Beispielsweise ist von einer stillschweigenden Zustimmung zum einseitigen Handeln eines Anbieters auszugehen, wenn dieser einseitig eine Lieferverringerung ankündigt, um parallelen Handel auszuschließen, und die Händler ihre Aufträge unverzüglich verringern und sich aus dem parallelen Handel zurückziehen. Dieser Schluss kann allerdings nicht gezogen werden, wenn die Händler weiterhin parallelen Handel betreiben oder nach neuen Möglichkeiten für parallelen Handel suchen. Bei vertikalen Vereinbarun-

---

[1] Urteil des Gerichtshofs vom 13. Juli 2006 in der Rs. C-74/04, Kommission/Volkswagen, S. I-6585.

[2] Urteil des Gerichts vom 26. Oktober 2000 in der Rs. T-41/96, Bayer AG/Kommission, S. II-3383.

gen kann eine stillschweigende Zustimmung gleichermaßen aus dem Grad des Zwangs abgeleitet werden, den ein beteiligtes Unternehmen ausübt, um sein einseitiges Handeln bei dem oder den anderen an der Vereinbarung beteiligten Unternehmen durchzusetzen, in Kombination mit der Anzahl an Händlern, die das einseitige Handeln des Anbieters praktisch umsetzen. So weist beispielsweise ein System von Überwachung und Bestrafung, das ein Anbieter einführt, um jene Händler abzustrafen, die sein einseitiges Handeln nicht unterstützen, auf eine stillschweigende Zustimmung zum einseitigen Handeln des Anbieters hin, weil es dem Anbieter durch dieses System möglich ist, seine Strategie umzusetzen. Beide in dieser Randnummer genannten Möglichkeiten, eine stillschweigende Zustimmung zu erhalten, können gemeinsam Anwendung finden.

b) Eine Vereinbarung oder eine abgestimmte Verhaltensweise betrifft zwei oder mehr Unternehmen. Vertikale Vereinbarungen mit Endverbrauchern, die nicht als Unternehmen auftreten, fallen nicht unter die GVO. In der Regel fallen Vereinbarungen mit Endverbrauchern auch nicht unter Artikel 101 Absatz 1 AEUV, weil dieser nur für Vereinbarungen zwischen Unternehmen, für Beschlüsse von Unternehmensvereinigungen und für aufeinander abgestimmte Verhaltensweisen von Unternehmen gilt. Dies gilt unbeschadet der möglichen gleichzeitigen Anwendung des Artikels 102 AEUV.

c) Die Vereinbarung oder abgestimmte Verhaltensweise besteht zwischen Unternehmen, die für die Zwecke der Vereinbarung auf unterschiedlichen Stufen der Produktions- oder Vertriebskette tätig sind. Dies bedeutet z. B., dass ein Unternehmen einen Rohstoff herstellt, den ein anderes als Vorleistung verwendet, oder dass es sich bei dem ersten Unternehmen um einen Hersteller, dem zweiten um einen Großhändler und dem dritten um einen Einzelhändler handelt. Dabei ist nicht ausgeschlossen, dass ein Unternehmen auf mehr als einer Stufe der Produktions- oder Vertriebskette tätig ist.

d) Die Vereinbarungen oder abgestimmten Verhaltensweisen regeln die Bedingungen, zu denen die beteiligten Unternehmen – der Anbieter und der Abnehmer – bestimmte Waren oder Dienstleistungen beziehen, verkaufen oder weiterverkaufen können. Hierin spiegelt sich der Zweck der GVO wider, nämlich Bezugs- und Vertriebsvereinbarungen zu erfassen. Derartige Vereinbarungen regeln die Bedingungen für den Bezug, Verkauf oder Weiterverkauf der vom Anbieter bereitgestellten Waren oder Dienstleistungen und/oder die Bedingungen für den Verkauf von Waren oder Dienstleistungen, die diese Waren oder Dienstleistungen enthalten, durch den Abnehmer. Sowohl die vom Anbieter bereitgestellten Waren oder Dienstleistungen als auch die daraus resultierenden Waren oder Dienstleistungen werden als Vertragswaren bzw. -dienstleistungen im Sinne der GVO angesehen. Damit sind alle vertikalen Vereinbarungen erfasst, die sich auf sämtliche Waren und Dienstleistungen, Zwischen- und Endprodukte, beziehen. Die einzige Ausnahme bildet die Kfz-Industrie, solange für diesen Wirtschaftszweig eine eigene Gruppenfreistellung wie Verordnung (EG) Nr. 1400/2002 der Kommission vom 31. Juli 2002 über die Anwendung von Artikel 81 Absatz 3 des Vertrags auf Gruppen von vertikalen Vereinbarungen und aufeinander abgestimmten Verhaltensweisen im Kraftfahrzeugsektor[1] oder eine Nachfolgeregelung gilt. Die vom Anbieter bereitgestellten Waren oder Dienstleistungen können vom Abnehmer weiterverkauft oder zur Herstellung eigener Waren oder Dienstleistungen eingesetzt werden.

(26) Die GVO gilt auch für Waren, die zum Zwecke der Vermietung an Dritte verkauft und angekauft werden. Miet- und Leasingvereinbarungen als solche fallen jedoch nicht unter die GVO, da der Anbieter keine Waren oder Dienstleistungen an

[1] ABl. L 203 vom 31.7.2002, S. 30.

den Abnehmer verkauft. Generell erfasst die GVO keine Beschränkungen oder Verpflichtungen, die nicht die Bedingungen für den Bezug, Verkauf oder Weiterverkauf betreffen und die die beteiligten Unternehmen gegebenenfalls in eine ansonsten vertikale Vereinbarung aufgenommen haben, wie z.B. die Einschränkung des Rechts beteiligter Unternehmen, eigenständige Forschungs- und Entwicklungsarbeiten durchzuführen. Nach Artikel 2 Absätze 2 bis 5 GVO sind bestimmte andere vertikale Vereinbarungen direkt oder indirekt von der Gruppenfreistellung nach der GVO ausgenommen.

2.2. Vertikale Vereinbarungen zwischen Wettbewerbern

(27) „Vertikale Vereinbarungen zwischen Wettbewerbern" sind nach Artikel 2 Absatz 4 GVO ausdrücklich von der Freistellung ausgeschlossen. Sie sind, was mögliche Kollusionswirkungen betrifft, Gegenstand der Leitlinien der Kommission zur Anwendbarkeit von Artikel 81 EG-Vertrag auf Vereinbarungen über horizontale Zusammenarbeit[1]. Die vertikalen Elemente solcher Vereinbarungen sind jedoch nach den vorliegenden Leitlinien zu beurteilen. Ein Wettbewerber ist laut der Definition in Artikel 1 Absatz 1 Buchstabe c der GVO „ein tatsächlicher oder potenzieller Wettbewerber". Zwei Unternehmen gelten als tatsächliche Wettbewerber, wenn sie auf demselben relevanten Markt tätig sind. Ein Unternehmen gilt als potenzieller Wettbewerber eines anderen Unternehmens, wenn wahrscheinlich ist, dass es, wenn keine Vereinbarung geschlossen wird, im Falle eines geringfügigen aber dauerhaften Anstiegs der relativen Preise innerhalb kurzer Zeit und in der Regel binnen höchstens eines Jahres die notwendigen Zusatzinvestitionen durchführen bzw. die notwendigen Umstellungskosten auf sich nehmen würde, um in den relevanten Markt, auf dem das andere Unternehmen tätig ist, einzutreten. Diese Einschätzung muss auf realistischen Annahmen beruhen; die rein theoretische Möglichkeit eines Marktzutritts reicht nicht aus[2]. Ein Händler, der einem Hersteller Spezifikationen erteilt, damit dieser bestimmte Waren unter dem Markennamen des Händlers herstellt, ist nicht als Hersteller dieser Eigenmarkenwaren anzusehen.

(28) Nach Artikel 2 Absatz 4 der GVO gilt der grundsätzliche Ausschluss vertikaler Vereinbarungen zwischen Wettbewerbern von der Anwendung der GVO in zwei Fällen nicht. Diese Ausnahmen betreffen nichtwechselseitige Vereinbarungen. Solche Vereinbarungen zwischen Wettbewerbern sind nach der GVO freistellungsfähig, wenn a) der Anbieter zugleich Hersteller und Händler von Waren ist, der Abnehmer dagegen Händler, jedoch kein Wettbewerber auf der Herstellungsstufe ist, oder b) der Anbieter ein auf mehreren Handelsstufen tätiger Dienstleister ist, während der Abnehmer auf der Einzelhandelsstufe tätig ist, jedoch kein Wettbewerber auf der Handelsstufe ist, auf der er die Vertragsdienstleistungen bezieht. Die erste Ausnahme erfasst somit auch den zweigleisigen Vertrieb, d. h. Fälle, in denen der Hersteller seine Waren im Wettbewerb mit unabhängigen Händlern zugleich selbst vertreibt. Im Falle eines zweigleisigen Vertriebs wird die Auffassung vertreten, dass etwaige Auswirkungen auf das Wettbewerbsverhältnis zwischen Hersteller und Einzelhändler auf Einzelhandelsebene im Allgemeinen weniger bedeutsam sind als die potenziellen Auswirkungen der vertikalen Liefervereinbarung auf den Wettbewerb auf Hersteller- oder Einzelhandelsebene. Die zweite Ausnahme gilt Fälle, die mit dem zweigleisigen Ver-

[1] ABl. C 3 vom 6.1.2001, S. 2. Eine Überarbeitung dieser Leitlinien steht bevor.

[2] Siehe Bekanntmachung der Kommission über die Definition des relevanten Marktes im Sinne des Wettbewerbsrechts der Gemeinschaft, ABl. C 372 vom 9.12.1997, S. 5, Randnrn. 20 bis 24; Dreizehnter Bericht der Kommission über die Wettbewerbspolitik, Ziffer 55, und Entscheidung 90/410/EWG der Kommission vom 13. Juli 1990 betreffend ein Verfahren nach Artikel 85 EWG-Vertrag in der Sache IV 32 009 – Elopak/Metal Box–Odin, ABl. L 209 vom 8.8.1990, S. 15.

trieb vergleichbar sind, und zwar wenn ein Anbieter zugleich als Anbieter von Waren und Dienstleistungen auf der Ebene des Abnehmers tätig ist.

2.3. Vereinigungen von Einzelhändlern

(29) Nach Artikel 2 Absatz 2 GVO gilt die Freistellung auch für vertikale Vereinbarungen von Unternehmensvereinigungen, die bestimmte Voraussetzungen erfüllen, womit alle übrigen Vereinbarungen von Unternehmensvereinigungen vom Geltungsbereich der GVO ausgeschlossen sind. Vertikale Vereinbarungen zwischen einer Unternehmensvereinigung und ihren Mitgliedern oder zwischen einer solchen Vereinigung und Anbietern fallen nur dann unter die GVO, wenn alle Mitglieder der Vereinigung Einzelhändler (für Waren, nicht für Dienstleistungen) sind und kein Mitglied mehr als 50 Mio. EUR Umsatz erzielt. Einzelhändler sind Händler, die Waren an den Endverbraucher weiterverkaufen. Die kartellrechtliche Würdigung nach Artikel 101 AEUV dürfte in der Regel auch nicht anders ausfallen, wenn der Umsatz einiger Mitglieder einer solchen Unternehmensvereinigung über der genannten Umsatzschwelle von 50 Mio. EUR liegt und wenn auf diese Mitglieder insgesamt weniger als 15% des Gesamtumsatzes aller Mitglieder der Vereinigung entfällt.

(30) Unternehmensvereinigungen können sowohl horizontale als auch vertikale Vereinbarungen schließen. Horizontale Vereinbarungen sind nach den Grundsätzen der Leitlinien zur Anwendbarkeit von Artikel 81 EG-Vertrag auf Vereinbarungen über horizontale Zusammenarbeit[1] zu würdigen. Ergibt diese Würdigung, dass eine Zusammenarbeit zwischen Unternehmen beim Bezug oder beim Vertrieb zulässig ist, dann sind weiterhin die vertikalen Vereinbarungen zu untersuchen, die die Vereinigung mit den Anbietern oder mit ihren Mitgliedern geschlossen hat. Die letztgenannte Würdigung erfolgt nach Maßgabe der GVO und der vorliegenden Leitlinien. So sind horizontale Vereinbarungen, die zwischen den Mitgliedern einer Vereinigung geschlossen wurden, oder Entscheidungen der Vereinigung, wie z. B. jene, die Mitglieder zum Einkauf bei der Vereinigung verpflichten, oder Beschlüsse, mit denen den Mitgliedern Gebiete mit Ausschließlichkeitsbindung zugewiesen werden, zunächst als horizontale Vereinbarungen zu würdigen. Nur wenn diese Prüfung zu dem Ergebnis führt, dass eine horizontale Vereinbarung zulässig ist, wird es notwendig, die vertikalen Vereinbarungen zwischen der Vereinigung und den einzelnen Mitgliedern oder zwischen der Vereinigung und den Anbietern zu untersuchen.

2.4. Vertikale Vereinbarungen über Rechte des geistigen Eigentums

(31) Die GVO gilt gemäß ihrem Artikel 2 Absatz 3 auch für vertikale Vereinbarungen, die Bestimmungen enthalten, die die Übertragung von Rechten des geistigen Eigentums auf den Abnehmer oder die Nutzung solcher Rechte durch den Abnehmer betreffen, womit alle sonstigen vertikalen Vereinbarungen mit Bestimmungen über solche Rechte nicht unter die GVO fallen. Die Freistellung gilt nur dann für vertikale Vereinbarungen mit Bestimmungen über Rechte des geistigen Eigentums, wenn die folgenden fünf Voraussetzungen erfüllt sind, d. h. wenn diese Bestimmungen

a) Bestandteil einer vertikalen Vereinbarung sind, die die Bedingungen, zu denen die beteiligten Unternehmen bestimmte Waren oder Dienstleistungen beziehen, verkaufen oder weiterverkaufen dürfen, enthält;
b) die Übertragung solcher Rechte auf den Abnehmer oder die Lizenzierung zu deren Nutzung durch den Abnehmer betreffen;
c) nicht den Hauptgegenstand der Vereinbarung bilden;
d) unmittelbar die Nutzung, den Verkauf oder den Weiterverkauf von Waren oder Dienstleistungen durch den Abnehmer oder dessen Kunden betreffen (bei Fran

[1] Siehe Randnr. 27.

chiseverträgen, bei denen der Zweck der Nutzung der Rechte des geistigen Eigentums in der Vermarktung liegt, werden die Waren oder Dienstleistungen vom Hauptfranchisenehmer bzw. von den Franchisenehmern angeboten);

e) im Verhältnis zu den Vertragswaren oder -dienstleistungen keine Wettbewerbsbeschränkungen enthalten, die denselben Zweck wie vertikale Beschränkungen haben, die nicht unter die GVO fallen.

(32) Durch solche Bedingungen ist sichergestellt, dass die Freistellung nach der GVO nur für vertikale Vereinbarungen gilt, mit denen sich die Nutzung, der Verkauf oder der Weiterverkauf von Waren oder Dienstleistungen durch die Übertragung oder Lizenzierung von Rechten des geistigen Eigentums für den Abnehmer effizienter gestalten lässt. Beschränkungen hinsichtlich der Übertragung oder Nutzung von Rechten des geistigen Eigentums können freigestellt sein, wenn die betreffende Vereinbarung den Bezug oder den Vertrieb von Waren oder Dienstleistungen zum Hauptgegenstand hat.

(33) Die erste Voraussetzung stellt klar, dass die fraglichen Rechte des geistigen Eigentums im Rahmen einer Vereinbarung über den Bezug oder Vertrieb von Waren bzw. Dienstleistungen gewährt werden müssen, nicht jedoch im Rahmen einer Vereinbarung über die Übertragung oder Lizenzierung von Rechten des geistigen Eigentums für die Herstellung von Waren und auch nicht im Rahmen reiner Lizenzvereinbarungen. Die Freistellung nach der GVO gilt somit u. a. nicht für

a) Vereinbarungen, in denen ein beteiligtes Unternehmen einem anderen ein Rezept überlässt und eine Lizenz für die Herstellung eines Getränks anhand dieses Rezepts erteilt;
b) Vereinbarungen, in denen ein beteiligtes Unternehmen einem anderen eine Schablone oder eine Mutterkopie überlässt und eine Lizenz zur Herstellung und zum Vertrieb von Kopien erteilt;
c) reine Lizenzverträge für die Nutzung eines Marken- oder sonstigen Zeichens zu Merchandising-Zwecken;
d) Sponsorenverträge über das Recht, sich selbst als offiziellen Sponsor einer Veranstaltung zu nennen;
e) Urheberrechtslizenzen im Rundfunkbereich im Zusammenhang mit dem Recht, Veranstaltungen aufzunehmen und/oder zu übertragen.

(34) Die zweite Voraussetzung stellt klar, dass die Freistellung nicht gilt, wenn der Abnehmer dem Anbieter die Rechte des geistigen Eigentums überlässt, und zwar unabhängig davon, ob die Rechte die Art der Herstellung oder des Vertriebs betreffen. Vereinbarungen über die Übertragung von Rechten des geistigen Eigentums auf den Anbieter, die gegebenenfalls Einschränkungen im Hinblick auf den Absatz des Anbieters enthalten, fallen nicht unter die GVO. Insbesondere Zulieferverträge, die den Transfer von Know-how auf einen Zulieferer beinhalten[1], fallen nicht unter die GVO (siehe Randnummer 22). Vertikale Vereinbarungen dagegen, mit denen der Abnehmer dem Anbieter lediglich Spezifikationen zur Verfügung stellt, mit denen die bereitzustellenden Waren oder Dienstleistungen beschrieben werden, sind nach der GVO vom Verbot ausgenommen.

(35) Die dritte Voraussetzung legt fest, dass die Freistellung nach der GVO nur für Vereinbarungen gilt, die die Übertragung oder Lizenzierung von Rechten des geistigen Eigentums nicht zum Hauptgegenstand haben. Eigentlicher Gegenstand der Vereinbarung muss der Bezug, der Vertrieb oder der Weiterverkauf von Waren oder Dienstleistungen sein, und etwaige Bestimmungen über Rechte des geistigen Eigentums dürfen lediglich der Durchführung der vertikalen Vereinbarung dienen.

(36) Die vierte Voraussetzung erfordert, dass die Bestimmungen über die Rechte des geistigen Eigentums die Nutzung, bzw. den Verkauf oder Weiterverkauf von

---

[1] Siehe Bekanntmachung über Zulieferverträge (oben Randnr. 22).

Waren oder Dienstleistungen für den Abnehmer oder dessen Kunden erleichtern. Die Waren oder Dienstleistungen für die Nutzung oder den Weiterverkauf werden gewöhnlicherweise vom Lizenzgeber geliefert, können aber auch vom Lizenznehmer bei einem dritten Anbieter gekauft werden. Die Bestimmungen über die Rechte des geistigen Eigentums betreffen üblicherweise die Vermarktung von Waren oder Dienstleistungen. Das ist beispielsweise der Fall bei Franchisevereinbarungen, bei denen der Franchisegeber dem Franchisenehmer Waren zum Weiterverkauf verkauft und darüber hinaus für die Vermarktung der Waren eine Lizenz zur Nutzung seines Markenzeichens und Know-hows erteilt. Auch erfasst ist der Fall, in dem der Anbieter eines Konzentrats dem Abnehmer eine Lizenz zur Verdünnung des Konzentrats und zur Abfüllung der daraus hergestellten Flüssigkeit zum Verkauf als Getränk erteilt.

(37) Die fünfte Voraussetzung verdeutlicht insbesondere, dass die Bestimmungen über die Rechte des geistigen Eigentums nicht denselben Zweck haben dürfen, wie die Kernbeschränkungen, die in Artikel 4 GVO aufgeführt sind, bzw. wie Beschränkungen, die nach Artikel 5 GVO nicht freistellungsfähig sind (Randnummern 47 bis 69 dieser Leitlinien).

(38) Rechte des geistigen Eigentums, bei denen anzunehmen ist, dass sie der Durchführung vertikaler Vereinbarungen im Sinne des Artikels 2 Absatz 3 GVO dienen, betreffen hauptsächlich drei Bereiche: Markenzeichen, Urheberrechte und Know-how.

Markenzeichen

(39) Markenzeichenlizenzen werden Händlern u. a. für den Vertrieb von Produkten des Lizenzgebers in einem bestimmten Gebiet erteilt. Handelt es sich um eine ausschließliche Lizenz, so stellt der betreffende Vertrag eine Alleinvertriebsvereinbarung dar.

Urheberrechte

(40) Wiederverkäufer von Waren, für die ein Urheberrecht besteht (Bücher, Software usw.), können vom Inhaber des Rechts dazu verpflichtet werden, nur unter der Voraussetzung weiterzuverkaufen, dass der Abnehmer – sei es ein anderer Wiederverkäufer oder der Endnutzer – das Urheberrecht nicht verletzt. Soweit derartige Verpflichtungen für den Wiederverkäufer überhaupt unter Artikel 101 Absatz 1 AEUV fallen, sind sie nach der GVO freigestellt.

(41) Vereinbarungen über die Lieferung von Kopien einer Software auf einem materiellen Träger zum Zweck des Weiterverkaufs, mit denen der Wiederverkäufer keine Lizenz für Rechte an der Software erwirbt, sondern lediglich das Recht, die Kopien weiterzuverkaufen, sind im Hinblick auf die Anwendung der GVO als Vereinbarungen über die Lieferung von Waren zum Weiterverkauf anzusehen. Bei dieser Art des Vertriebs wird die die Software betreffende Lizenzvereinbarung nur zwischen dem Inhaber der Urheberrechte und dem Nutzer der Software geschlossen, wobei die rechtliche Vermutung geschaffen wird, dass der Nutzer durch die Entsiegelung des Softwareprodukts die Bestimmungen der Vereinbarung annimmt.

(42) Abnehmer von Hardware, die mit urheberrechtlich geschützter Software geliefert wird, können vom Urheberrechtsinhaber dazu verpflichtet werden, nicht gegen das Urheberrecht zu verstoßen, und daher die Software nicht zu kopieren oder weiterzuverkaufen oder in Verbindung mit einer anderen Hardware zu verwenden. Derartige Beschränkungen sind, soweit sie unter Artikel 101 Absatz 1 AEUV fallen, nach der GVO freigestellt.

Know-how

(43) Franchisevereinbarungen sind mit Ausnahme von Herstellungsfranchisen das deutlichste Beispiel für die Weitergabe von Know-how an den Abnehmer zu Marke-

tingzwecken[1]. Sie enthalten Lizenzen zur Nutzung von Rechten des geistigen Eigentums an Marken- oder sonstigen Zeichen und von Know-how zum Zwecke der Nutzung und des Vertriebs von Waren bzw. der Erbringung von Dienstleistungen. Neben der Lizenz für die Nutzung dieser Rechte des geistigen Eigentums gewährt der Franchisegeber dem Franchisenehmer während der Laufzeit der Vereinbarung fortlaufend kommerzielle oder technische Unterstützung in Form von Beschaffungsleistungen, Schulungsmaßnahmen, Immobilienberatung, Finanzplanung usw. Die Lizenz und die Unterstützung sind Bestandteile der Geschäftsmethode, für die die Franchise erteilt wird.

(44) Lizenzbestimmungen in Franchisevereinbarungen fallen unter die GVO, wenn alle fünf unter Randnummer 31 genannten Voraussetzungen erfüllt sind. Diese Voraussetzungen sind in der Regel erfüllt, da bei den die meisten Franchisevereinbarungen (einschließlich Verträgen mit Hauptfranchisenehmern) der Franchisegeber dem Franchisenehmer Waren und/oder Dienstleistungen bereitstellt und insbesondere kommerzielle und technische Unterstützung gewährt. Die überlassenen Rechte des geistigen Eigentums helfen dem Franchisenehmer, die Produkte, die ihm entweder der Franchisegeber selbst oder ein von diesem beauftragtes Unternehmen liefert, weiterzuverkaufen oder zu nutzen und die daraus resultierenden Waren oder Dienstleistungen weiterzuverkaufen. Franchisevereinbarungen, die ausschließlich oder in erster Linie die Vergabe von Lizenzen für die Nutzung von Rechten des geistigen Eigentums betreffen, fallen nicht unter die GVO. In der Regel wird die Kommission aber auch auf diese Vereinbarungen die in der GVO und in den Leitlinien dargelegten Grundsätze anwenden.

(45) Die folgenden Verpflichtungen des Franchisenehmers in Bezug auf Rechte des geistigen Eigentums werden grundsätzlich als zum Schutz des geistigen Eigentums des Franchisegebers notwendig angesehen und sind durch die GVO freigestellt, soweit sie unter Artikel 101 Absatz 1 AEUV fallen:

a) die Verpflichtung, weder unmittelbar noch mittelbar in einem ähnlichen Geschäftsbereich tätig zu werden;
b) die Verpflichtung, keine Anteile am Kapital eines Wettbewerbers zu erwerben, sofern dies dem Franchisenehmer ermöglichen würde, das geschäftliche Verhalten des Unternehmens zu beeinflussen;
c) die Verpflichtung, das vom Franchisegeber mitgeteilte Know-how nicht an Dritte weiterzugeben, solange dieses Know-how nicht öffentlich zugänglich ist;
d) die Verpflichtung, dem Franchisegeber alle bei der Nutzung der Franchise gewonnenen Erfahrungen mitzuteilen und ihm sowie anderen Franchisenehmern die nichtausschließliche Nutzung des auf diesen Erfahrungen beruhenden Know-hows zu gestatten;
e) die Verpflichtung, dem Franchisegeber Verletzungen seiner Rechte des geistigen Eigentums mitzuteilen, für die er Lizenzen gewährt hat, gegen Rechtsverletzer selbst rechtliche Schritte einzuleiten oder den Franchisegeber in einem Rechtsstreit gegen Verletzer zu unterstützen;
f) die Verpflichtung, das vom Franchisegeber mitgeteilte Know-how nicht für andere Zwecke als die Nutzung der Franchise zu verwenden;
g) die Verpflichtung, Rechte und Pflichten aus der Franchisevereinbarung nur mit Erlaubnis des Franchisegebers auf Dritte zu übertragen.

2.5. Verhältnis zu anderen Gruppenfreistellungsverordnungen

(46) Nach Artikel 2 Absatz 5 gilt die GVO „nicht für vertikale Vereinbarungen, deren Gegenstand in den Geltungsbereich einer anderen Gruppenfreistellungsverord-

[1] Randnrn. 43 bis 45 gelten analog für andere Arten von Vertriebsvereinbarungen, die die Weitergabe von wesentlichem Know-how vom Anbieter an den Abnehmer beinhalten.

nung fällt, es sei denn, dies ist in einer solchen GVO vorgesehen." Die GVO gilt somit nicht für vertikale Vereinbarungen, die unter die Verordnung (EG) Nr. 772/2004 der Kommission vom 7. April 2004 über die Anwendung von Artikel 81 Absatz 3 EG-Vertrag auf Gruppen von Technologietransfer-Vereinbarungen[1], unter die Verordnung (EG) Nr. 1400/2002[2] über die Anwendung von Artikel 81 Absatz 3 des Vertrags auf Gruppen von vertikalen Vereinbarungen und aufeinander abgestimmten Verhaltensweisen im Kraftfahrzeugsektor oder unter die Verordnung (EG) Nr. 2658/2000 der Kommission vom 29. November 2000 über die Anwendung von Artikel 81 Absatz 3 des Vertrages auf Spezialisierungsvereinbarungen[3] oder Verordnung (EG) Nr. 2659/2000 der Kommission vom 29. November 2000 über die Anwendung von Artikel 81 Absatz 3 des Vertrages auf Gruppen von Vereinbarungen über Forschung und Entwicklung[4] oder künftig anwendbare Gruppenfreistellungsverordnungen fallen, es sei denn, dies ist in einer solchen Verordnung vorgesehen.

3. Kernbeschränkungen nach der GVO

(47) In Artikel 4 GVO sind Kernbeschränkungen aufgeführt, die bewirken, dass jede vertikale Vereinbarung, die eine solche Beschränkung enthält, als Ganzes vom Geltungsbereich der GVO ausgeschlossen ist[5]. Ist eine Kernbeschränkung in eine Vereinbarung aufgenommen worden, so wird vermutet, dass die Vereinbarung unter Artikel 101 Absatz 1 AEUV fällt. Da ferner vermutet wird, dass die Vereinbarung die Voraussetzungen des Artikels 101 Absatz 3 AEUV wahrscheinlich nicht erfüllt, findet die GVO keine Anwendung. Unternehmen haben jedoch die Möglichkeit, im Einzelfall nach Artikel 101 Absatz 3 AEUV wettbewerbsfördernde Wirkungen nachzuweisen[6]. Wenn die Unternehmen substantiiert vortragen, dass sich die zu erwartenden Effizienzgewinne aus der Aufnahme der Kernbeschränkung in die Vereinbarung ergeben und dass grundsätzlich alle Voraussetzungen des Artikels 101 Absatz 3 AEUV erfüllt sind, muss die Kommission die wahrscheinlichen negativen Auswirkungen auf den Wettbewerb würdigen, bevor sie abschließend prüft, ob die Voraussetzungen des Artikels 101 Absatz 3 AEUV erfüllt sind[7].

(48) Die in Artikel 4 Buchstabe a GVO beschriebene Kernbeschränkung betrifft die Preisbindung der zweiten Hand oder vertikale Preisbindung, d. h. Vereinbarun-

---

1 ABl. L 123 vom 27.4.2004, S. 11.

2 Siehe oben Randnr. 25.

3 ABl. L 304 vom 5.12.2000, S. 3.

4 ABl. L 304 vom 5.12.2000, S. 7.

5 Diese Liste von Kernbeschränkungen gilt für vertikale Vereinbarungen, die den Handel innerhalb der Union betreffen; zu vertikalen Vereinbarungen in Bezug auf Ausfuhren außerhalb der Union oder Einfuhren/Wiedereinfuhren von außerhalb der Union siehe Urteil des Gerichtshofs vom 28. April 1998 in der Rs. C-306/96, Javico/Yves Saint Laurent, I-1983. In diesem Urteil heißt es in Randnr. 20: „Folglich kann eine Vereinbarung, durch die sich der Händler gegenüber dem Hersteller verpflichtet, die Vertragserzeugnisse auf einem außerhalb der Gemeinschaft gelegenen Markt zu verkaufen, nicht als eine Vereinbarung angesehen werden, die eine spürbare Einschränkung des Wettbewerbs innerhalb des Gemeinsamen Marktes bezweckt und geeignet ist, den Handel zwischen Mitgliedstaaten zu beeinträchtigen".

6 Siehe insbesondere die Randnrn. 106 bis 109, in denen die mit vertikalen Beschränkungen zu erzielenden Effizienzgewinne allgemein beschrieben werden, und Abschnitt VI.2.10 zu Beschränkungen für den Weiterverkaufspreis. Siehe hierzu Bekanntmachung der Kommission über Leitlinien zur Anwendung von Artikel 81 Absatz 3 EG-Vertrag, ABl. C 101 vom 27.4.2004, S. 97.

7 Auch wenn es sich aus rechtlicher Sicht um zwei getrennte Schritte handelt, können sie in der Praxis ein iterativer Prozess sein, in dem die beteiligten Unternehmen und die Kommission ihre Argumente in mehreren Schritten ausführen und verbessern.

gen oder abgestimmte Verhaltensweisen, die unmittelbar oder mittelbar die Festsetzung von Fest- oder Mindestweiterverkaufspreisen oder Fest- oder Mindestpreisniveaus bezwecken, die die Abnehmer einzuhalten haben. Die Beschränkung ist eindeutig, wenn der Weiterverkaufspreis durch Vertragsbestimmungen oder abgestimmte Verhaltensweisen direkt festgesetzt wird. Eine vertikale Preisbindung kann jedoch auch auf indirektem Wege durchgesetzt werden. Beispiele hierfür sind Abmachungen über Absatzspannen oder über Nachlässe, die der Händler auf ein vorgegebenes Preisniveau höchstens gewähren darf, Bestimmungen, nach denen die Gewährung von Nachlässen oder die Erstattung von Werbeaufwendungen durch den Anbieter von der Einhaltung eines vorgegebenen Preisniveaus abhängig gemacht wird oder der vorgeschriebene Weiterverkaufspreis an die Weiterverkaufspreise von Wettbewerbern gebunden wird, sowie Drohungen, Einschüchterung, Warnungen, Strafen, Verzögerung oder Aussetzung von Lieferungen und Vertragskündigung bei Nichteinhaltung eines bestimmten Preisniveaus. Direkte oder indirekte Maßnahmen zur Preisfestsetzung sind noch wirksamer, wenn sie mit Maßnahmen zur Ermittlung von Händlern kombiniert werden, die die Preise unterbieten, z. B. Preisüberwachungssysteme oder die Verpflichtung für Einzelhändler, andere Mitglieder des Vertriebsnetzes zu melden, die vom Standardpreisniveau abweichen. Ähnlich lässt sich die unmittelbare oder mittelbare Festsetzung von Preisen in Verbindung mit Maßnahmen effektiver gestalten, die dem Abnehmer weniger Anreiz zur Senkung des Weiterverkaufspreises geben, wenn also z. B. der Anbieter auf das Produkt einen empfohlenen Abgabepreis aufdruckt oder den Abnehmer zur Anwendung einer Meistbegünstigungsklausel gegenüber Kunden verpflichtet. Die gleichen indirekten „unterstützenden" Maßnahmen können so angewandt werden, dass auch die Vorgabe von Preisobergrenzen oder das Aussprechen von Preisempfehlungen auf eine vertikale Preisbindung hinausläuft. Allerdings wird der Umstand, dass der Anbieter eine bestimmte unterstützende Maßnahme anwendet oder dem Abnehmer eine Liste mit Preisempfehlungen oder Preisobergrenzen übergibt, für sich genommen nicht als Tatbestand gesehen, der eine vertikale Preisbindung bewirkt.

(49) Bei Handelsvertreterverträgen legt üblicherweise der Auftraggeber den Verkaufspreis fest, da die Ware nicht in das Eigentum des Handelsvertreters übergeht. Dagegen ist eine Bestimmung, die es dem Vertreter untersagt oder nur mit Einschränkungen gestattet, seine – feste oder veränderliche – Provision mit dem Kunden zu teilen, in einer Vereinbarung, die nicht für die Zwecke der Anwendung des Artikels 101 Absatz 1 AEUV als Handelsvertretervertrag angesehen werden kann (siehe Randnummern 12 bis 21), eine Kernbeschränkung im Sinne des Artikels 4 Buchstabe a GVO. Um zu vermeiden, dass diese Kernbeschränkung in die Vereinbarung aufgenommen wird, sollte der Handelsvertreter also die Freiheit haben, den vom Kunden tatsächlich zu zahlenden Preis zu senken, ohne dass dadurch das Einkommen des Auftraggebers geschmälert wird[1].

(50) Die in Artikel 4 Buchstabe b GVO beschriebene Kernbeschränkung betrifft Vereinbarungen und abgestimmte Verhaltensweisen, die unmittelbar oder mittelbar eine Beschränkung des Verkaufs durch einen an der Vereinbarung beteiligten Abnehmer oder seine Kunden bezwecken, indem das Gebiet oder die Kundengruppe beschränkt wird, in das oder an die der Abnehmer oder seine Kunden die Vertragswaren oder -dienstleistungen verkaufen dürfen. Hier geht es um die Aufteilung von Märkten nach Gebieten oder Kundengruppen. Eine solche Marktaufteilung kann durch direkte Verpflichtungen bewirkt werden, z. B. die Verpflichtung, nicht an bestimmte Kundengruppen oder an Kunden in bestimmten Gebieten zu verkaufen, oder die Verpflichtung, Bestellungen solcher Kunden an andere Händler weiterzuleiten. Sie

[1] Siehe z. B. Entscheidung 91/562/EWG der Kommission in der Sache IV/32.737 – Eirpage, ABl. L 306 vom 7.11.1991, S. 22, insbesondere Randnr. 6.

lässt sich aber auch durch indirekte Maßnahmen erreichen, mit denen der Händler dazu gebracht werden soll, nicht an die betreffenden Kunden zu verkaufen, z. B. durch Verweigerung oder Reduzierung von Prämien oder Nachlässen, Beendigung der Belieferung, Verringerung der Liefermenge oder Beschränkung der Liefermenge auf die Nachfrage innerhalb der zugewiesenen Gebiete bzw. Kundengruppen, Androhung der Vertragskündigung, höhere Preise für auszuführende Produkte, Beschränkung des Anteils von Produkten, die ausgeführt werden dürfen, oder Gewinnausgleichsverpflichtungen. Ähnliches wird auch bewirkt, wenn der Anbieter keine unionsweiten Garantieleistungen vorsieht, zu denen in der Regel alle Händler – auch bei Produkten, die von anderen Händlern in ihr Gebiet verkauft wurden – verpflichtet sind und wofür sie vom Anbieter eine Vergütung bekommen[1]. Diese Praktiken werden um so eher als Beschränkung des Verkaufsdurch den Abnehmer einzustufen sein, wenn der Anbieter gleichzeitig ein Überwachungssystem – z. B. durch Verwendung unterschiedlicher Etiketten oder von Seriennummern – handhabt, mit dem der tatsächliche Bestimmungsort der gelieferten Waren überprüft werden soll. Jedoch sind Verpflichtungen des Wiederverkäufers in Bezug auf die Anzeige des Markennamens des Anbieters nicht als Kernbeschränkung zu betrachten. Da Artikel 4 Buchstabe b GVO nur die Beschränkung des Verkaufs durch den Abnehmer oder seine Kunden betrifft, gilt in gleicher Weise, dass die Beschränkung des Verkaufs durch den Anbieter vorbehaltlich der Ausführungen in Randnummer 59 zum Verkauf von Ersatzteilen im Zusammenhang mit Artikel 4 Buchstabe e GVO auch keine Kernbeschränkung ist. Artikel 4 Buchstabe b gilt unbeschadet der Beschränkung bezüglich des Orts der Niederlassung des Abnehmers. Der Rechtsvorteil der Gruppenfreistellung geht somit nicht verloren, wenn vereinbart wurde, dass der Abnehmer seine Vertriebsstelle(n) und Lager auf eine bestimmte Anschrift, einen bestimmten Ort bzw. ein bestimmtes Gebiet beschränkt.

(51) Zu der in Artikel 4 Buchstabe b GVO beschriebenen Kernbeschränkung gibt es vier Ausnahmebestimmungen. Nach der ersten Ausnahme in Artikel 4 Buchstabe b Ziffer i kann der Anbieter den aktiven Verkauf durch einen an der Vereinbarung beteiligten Abnehmer in Gebiete oder an Kundengruppen beschränken, die er ausschließlich einem anderen Abnehmer zugewiesen oder sich selbst vorbehalten hat. Ein Gebiet oder eine Kundengruppe ist ausschließlich zugewiesen, wenn sich der Anbieter verpflichtet, sein Produkt nur an einen Händler zum Vertrieb in einem bestimmten Gebiet oder an eine bestimmte Kundengruppe zu verkaufen, und der Alleinvertriebshändler, unabhängig von den Verkäufen des Anbieters, vor aktivem Verkauf in sein Gebiet oder an seine Kundengruppe durch alle anderen Abnehmer des Anbieters innerhalb der Union geschützt wird. Der Anbieter darf die mit einem Ausschließlichkeitsrecht verbundene Zuweisung eines Gebietes und einer Kundengruppe beispielsweise dadurch miteinander verknüpfen, dass er einem Händler den Alleinvertrieb an eine bestimmte Kundengruppe in einem bestimmten Gebiet überlässt. Der Schutz des Alleinvertriebs in zugewiesenen Gebieten oder an zugewiesene Kundengruppen darf jedoch den passiven Verkauf in diesen Gebieten oder an diese Kunden nicht verhindern. Für die Anwendung des Artikels 4 Buchstabe b GVO definiert die Kommission den „aktiven" und den „passiven" Verkauf wie folgt:

---

[1] Entscheidet der Anbieter, seinen Händlern keine Vergütung für Dienstleistungen zu zahlen, die sie im Rahmen unionsweiter Garantieleistungen erbringen, kann mit diesen Händlern vereinbart werden, dass ein Händler, der außerhalb des ihm zugewiesenen Gebiets Verkäufe tätigt, dem Händler, dem das betreffende Gebiet zugewiesen ist, eine Gebühr zahlt, die sich nach den Kosten der erbrachten (oder zu erbringenden) Dienstleistungen richtet und zusätzlich eine angemessene Gewinnmarge enthält. Ein solches System stellt nicht unbedingt eine Beschränkung des Verkaufs eines Händlers außerhalb seines Gebiets dar (siehe Urteil des Gerichts vom 13. Januar 2004 in der Rs. T-67/01, JCB Service/Kommission, II-49, Randnrn. 136–145).

- „Aktiver" Verkauf bedeutet die aktive Ansprache einzelner Kunden, z. B. mittels Direktwerbung einschließlich Massen-E-Mails oder persönlichen Besuchs, oder die aktive Ansprache einer bestimmten Kundengruppe oder von Kunden in einem bestimmten Gebiet mittels Werbung in den Medien, über das Internet oder mittels anderer verkaufsfördernder Maßnahmen, die sich gezielt an die betreffende Kundengruppe oder gezielt an die Kunden in dem betreffenden Gebiet richten. Werbung oder verkaufsfördernde Maßnahmen, die für den Abnehmer nur interessant sind, wenn sie (auch) eine bestimmte Kundengruppe oder Kunden in einem bestimmten Gebiet erreichen, gelten als „aktiver" Verkauf an diese Kundengruppe oder an die Kunden in diesem bestimmten Gebiet.
- „Passiver" Verkauf bedeutet die Erledigung unaufgeforderter Bestellungen einzelner Kunden, d. h. das Liefern von Waren an bzw. das Erbringen von Dienstleistungen für solche Kunden. Allgemeine Werbe- oder Verkaufsförderungsmaßnahmen, die Kunden in Gebieten oder Kundengruppen, die anderen Händlern (ausschließlich) zugewiesen sind, erreichen, die aber eine vernünftige Alternative zur Ansprache von Kunden außerhalb dieser Gebiete oder Kundengruppen, z. B. im eigenen Gebiet, darstellen, sind passive Verkäufe. Allgemeine Werbe- oder Verkaufsförderungsmaßnahmen werden als vernünftige Alternative zur Ansprache dieser Kunden angesehen, wenn es für den Abnehmer auch dann attraktiv wäre, die entsprechenden Investitionen zu tätigen, wenn Kunden in den Gebieten oder Kundengruppen, die anderen Händlern (ausschließlich) zugewiesen sind, nicht erreicht würden.

(52) Da im Vergleich zu den bisherigen Verkaufsmethoden über das Internet mehr oder andere Kunden schnell und effektiv angesprochen werden können, werden bestimmte Beschränkungen über die Nutzung des Internets als (Weiter-)Verkaufsbeschränkungen behandelt. Prinzipiell muss es jedem Händler erlaubt sein, das Internet für den Verkauf von Produkten zu nutzen. Eine eigene Website wird in der Regel als Form des passiven Verkaufs angesehen, da damit den Kunden ein angemessenes Mittel zur Verfügung gestellt wird, den Händler zu erreichen Der Umstand, dass eine Website Wirkungen auch über das eigene Gebiet oder die eigene Kundengruppe des Händlers hinaus haben kann, ist eine Folge der technischen Entwicklung, d. h. des einfachen Internetzugangs von jedem beliebigen Ort aus. Das Aufrufen der Website eines Händlers und die Kontaktaufnahme mit diesem durch einen Kunden, aus der sich der Verkauf einschließlich Bereitstellung eines Produkts ergibt, gelten als passiver Verkauf. Gleiches gilt, wenn ein Kunde sich (automatisch) vom Händler informieren lässt und dies zu einem Verkauf führt. Für sich genommen ändern die auf der Website oder in der Korrespondenz wählbaren Sprachen nichts am passiven Charakter des Verkaufs. Da in den folgenden Beispielen Händler daran gehindert werden können, mehr und andere Kunden zu erreichen, liegt nach Auffassung der Kommission eine Kernbeschränkung des passiven Verkaufs beispielsweise vor

a) wenn vereinbart wird, dass der Händler/Alleinvertriebshändler verhindert, dass Kunden aus einem anderen Gebiet/Alleinvertriebsgebiet seine Website einsehen können, oder dass er auf seiner Website eine automatische Umleitung auf die Website des Herstellers oder anderer Händler/Alleinvertriebshändler einrichtet; dies schließt nicht aus, dass vereinbart wird, dass die Website des Händlers zusätzlich Links zu Websites anderer Händler und/oder Anbieter enthält;
b) wenn vereinbart wird, dass der Händler/Alleinvertriebshändler Internet-Transaktionen von Verbrauchern unterbricht, sobald ihre Kreditkarte eine Adresse erkennen lässt, die nicht im Gebiet/Alleinvertriebsgebiet des Händlers liegt;
c) wenn vereinbart wird, dass der Händler den über das Internet getätigten Teil der Gesamtverkäufe begrenzt; dies hindert den Anbieter weder, vom Abnehmer zu verlangen (ohne die Online-Verkäufe des Händlers zu beschränken), dass er das Produkt mindestens in einem nach Wert oder Menge bestimmten absoluten Um-

fang offline verkauft, um einen effizienten Betrieb seines physischen Verkaufspunkts zu gewährleisten, noch sicherzustellen, dass das Online-Geschäft des Händlers mit dem Vertriebsmodell des Anbieters im Einklang steht (siehe die Randnummern 54 und 56); der absolute Umfang der geforderten Offline-Verkäufe kann für alle Abnehmer identisch sein oder anhand objektiver Kriterien, beispielsweise der Größe des Abnehmers im Vertriebsnetz oder seiner geografischen Lage, im Einzelfall festgelegt sein;

d) wenn vereinbart wird, dass der Händler für Produkte, die er online weiterverkaufen will, einen höheren Preis zahlt als für Produkte, die offline verkauft werden sollen. Dies schließt nicht aus, dass der Anbieter mit dem Abnehmer eine feste Gebühr vereinbart (d. h. keine variable Gebühr, die mit erzieltem Offline-Umsatz steigen würde, da dies indirekt zu einem Doppelpreissystem führen würde), um dessen Offline- oder Online-Verkaufsanstrengungen zu unterstützen.

(53) Eine Beschränkung der Internetnutzung für die Händler, die Partei der Vereinbarung sind, ist insoweit mit der GVO vereinbar, als Werbung im Internet oder die Nutzung des Internets zu einem aktiven Verkauf unter anderem in Alleinvertriebsgebiete oder an bestimmte Kunden führen kann. Nach Auffassung der Kommission ist gezielt an bestimmte Kunden gerichtete Online-Werbung eine Form des aktiven Verkaufs an diese Kunden. So sind gebietsspezifische Banner auf Websites Dritter eine Form des aktiven Verkaufs in das Gebiet, in dem diese Banner erscheinen. Bemühungen, die sich gezielt an ein bestimmtes Gebiet oder eine bestimmte Kundengruppe richten, werden generell als aktiver Verkauf in dieses Gebiet oder an diese Kundengruppe betrachtet. Zahlungen für eine Suchmaschine oder an einen Online-Werbeanbieter, damit Werbung gezielt an Nutzer in einem bestimmten Gebiet erscheinen, gelten als aktiver Verkauf in dieses Gebiet.

(54) Jedoch kann der Anbieter nach der GVO Qualitätsanforderungen an die Verwendung des Internets zum Weiterverkauf seiner Waren stellen, genauso wie er Qualitätsanforderungen an Geschäfte, den Versandhandel oder Werbe- und Verkaufsförderungsmaßnahmen im Allgemeinen stellen kann. Dies kann insbesondere für den selektiven Vertrieb von Bedeutung sein. Nach der GVO kann der Anbieter zum Beispiel von seinen Händlern verlangen, dass sie über einen oder mehrere physische Verkaufspunkte oder Ausstellungsräume verfügen, wenn sie Mitglied des Vertriebssystems werden wollen. Spätere Änderungen einer solchen Bedingung sind nach der GVO ebenfalls möglich, es sei denn, es soll durch sie bezweckt werden, den Online-Verkauf der Händler direkt oder indirekt zu beschränken. Ebenso darf ein Anbieter verlangen, dass seine Händler für den Online-Vertrieb der Vertragsprodukte nur im Einklang mit den Normen und Voraussetzungen, die zwischen dem Anbieter und seinen Händlern für deren Nutzung des Internets vereinbart wurden, Plattformen Dritter nutzen. Befindet sich die Website des Händlers zum Beispiel auf der Plattform eines Dritten, könnte der Anbieter verlangen, dass Kunden die Website des Händlers nicht über eine Website aufrufen, die den Namen oder das Logo dieser Plattform tragen.

(55) Zu der in Artikel 4 Buchstabe b GVO beschriebenen Kernbeschränkung gibt es drei weitere Ausnahmebestimmungen. Alle drei lassen die Beschränkung des aktiven wie des passiven Verkaufs zu. Nach der ersten Ausnahmebestimmung ist es zulässig, den Verkauf an Endverbraucher durch einen Großhändler zu beschränken, damit der Anbieter die Großhandels- und die Einzelhandelsstufe getrennt halten kann. Diese Ausnahmebestimmung schließt es jedoch nicht aus, dass der Großhändler an bestimmte, z. B. größere, Endverbraucher verkauft, während ihm gleichzeitig der Verkauf an andere (alle anderen) Endverbraucher untersagt wird. Nach der zweiten Ausnahmebestimmung kann ein Anbieter auf Märkten mit selektivem Vertriebssystem einem Vertragshändler auf allen Handelsstufen den Verkauf an nicht zugelassene Händler untersagen, die in einem Gebiet angesiedelt sind, in dem das System betrieben wird oder in dem der Anbieter die Vertragsprodukte noch nicht verkauft (Artikel 4 Buchstabe b Ziffer iii spricht von einem „vom Anbieter für den Betrieb dieses

Systems festgelegten Gebiet"). Nach der dritten Ausnahmebestimmung kann ein Anbieter den Weiterverkauf von Teilen an Wettbewerber des Anbieters durch einen Abnehmer, dem diese Teile zur Weiterverwendung geliefert werden, beschränken. Der Begriff „Teile" schließt alle Zwischenprodukte ein; der Begriff „Weiterverwendung" bezieht sich auf alle Vorleistungen für die Herstellung von Waren.

(56) Die unter Artikel 4 Buchstabe c GVO beschriebene Kernbeschränkung schließt die Beschränkung des aktiven oder passiven Verkaufs an gewerbliche oder sonstige Endverbraucher durch Mitglieder eines selektiven Vertriebsnetzes aus; dies gilt unbeschadet der Möglichkeit, einem Mitglied des Netzes den Verkauf von einer nicht zugelassenen Niederlassung aus zu untersagen. Dies bedeutet, dass Händlern in einem selektiven Vertriebssystem im Sinne des Artikels 1 Absatz 1 Buchstabe e GVO nur dann Beschränkungen in Bezug auf den Verkauf an Verbraucher bzw. deren Vertreter auferlegt werden dürfen, wenn es dem Schutz eines andernorts betriebenen Alleinvertriebsystems dient (siehe Randnummer 51). Innerhalb eines selektiven Vertriebssystems sollte es den Händlern freistehen, sowohl aktiv als auch passiv und auch mit Hilfe des Internets an alle Endverbraucher zu verkaufen. Die Kommission sieht daher jede Verpflichtung als Kernbeschränkung an, die die Vertragshändler davon abhält, das Internet zu benutzen, um mehr und andere Kunden zu erreichen, indem ihnen Kriterien für Online-Verkäufe auferlegt werden, die insgesamt den Kriterien für Verkäufe im physischen Verkaufspunkt nicht gleichwertig sind. Dies bedeutet nicht, dass die Kriterien für Online- und Offline-Verkäufe identisch sein müssen, sondern dass mit ihnen dieselben Ziele verfolgt und vergleichbare Ergebnisse erzielt werden sollten und dass die unterschiedlichen Kriterien im unterschiedlichen Wesen dieser beiden Vertriebswege begründet sein müssen. Dies lässt sich mit folgenden Beispielen veranschaulichen: Um Verkäufe an nicht zugelassene Händler zu verhindern, kann ein Anbieter seinen Vertragshändlern untersagen, mehr als eine bestimmte Menge Vertragsprodukte an einen einzelnen Endverbraucher zu verkaufen. Diese Untersagung kann eventuell für Online-Verkäufe strenger sein, wenn es für einen nicht zugelassenen Händler leichter ist, diese Produkte über das Internet zu erlangen. Entsprechend kann sie aber auch strenger sein, wenn es leichter ist, sie über ein Geschäft zu beziehen. Um die rechtzeitige Bereitstellung von Vertragsprodukten zu gewährleisten, kann ein Anbieter für Offline-Verkäufe die sofortige Bereitstellung der Produkte verlangen. Auch wenn dies für Online-Verkäufe nicht in ähnlicher Weise auferlegt werden kann, hat der Anbieter die Möglichkeit, für diese Verkäufe realistische Bereitstellungsfristen anzugeben. Für Online-Verkäufe müssen gegebenenfalls spezifische Auflagen formuliert werden, die sich auf die Einrichtung einer Online-Kundendienststelle, die Übernahme der Kosten bei Rückgabe eines Produkts oder auch die Anwendung sicherer Zahlungssysteme beziehen.

(57) In einem Gebiet, in dem der Anbieter einen selektiven Vertrieb betreibt, darf dieses System nicht mit Alleinvertrieb kombiniert werden, da dies zu einer Beschränkung des aktiven oder passiven Verkaufs durch die Händler nach Artikel 4 Buchstabe c GVO führen würde, wobei für die Standortwahl für das Geschäft bestimmte Auflagen gemacht werden dürfen. Vertragshändler können daran gehindert werden, ihre Geschäftstätigkeit von anderen Räumlichkeiten aus auszuüben oder eine neue Verkaufsstätte an einem anderen Standort zu eröffnen. In diesem Zusammenhang kann der Umstand, dass der Händler eine eigene Website nutzt, nicht der Eröffnung einer neuen Verkaufsstätte an einem anderen Standort gleichgestellt werden. Handelt es sich um eine mobile Verkaufsstätte, so kann ein Gebiet festgelegt werden, außerhalb dessen die mobile Verkaufsstätte nicht betrieben werden darf. Außerdem kann sich der Anbieter verpflichten, nur einen Händler oder eine begrenzte Zahl von Händlern in einem bestimmten Teil des Gebiets zu beliefern, in dem das selektive Vertriebssystem betrieben wird.

(58) Bei der in Artikel 4 Buchstabe d GVO beschriebenen Kernbeschränkung geht es um die Beschränkung von Querlieferungen zwischen Vertragshändlern eines

selektiven Vertriebssystems. Dies bedeutet, dass eine Vereinbarung oder abgestimmte Verhaltensweise weder unmittelbar noch mittelbar die Verhinderung oder Beschränkung des aktiven oder passiven Verkaufs von Vertragsprodukten unter den Vertragshändlern bezwecken darf. Es muss den Vertragshändlern freistehen, die Vertragsprodukte von anderen Vertragshändlern innerhalb des Netzes zu beziehen, die auf derselben oder auf einer anderen Handelsstufe tätig sind. Der selektive Vertrieb darf also nicht mit vertikalen Beschränkungen einhergehen, mit denen die Händler gezwungen werden sollen, die Vertragsprodukte ausschließlich aus einer bestimmten Quelle zu beziehen. Ebenso wenig darf innerhalb eines selektiven Vertriebsnetzes der Verkauf des Produkts an Vertragseinzelhändler durch Vertragsgroßhändler beschränkt werden.

(59) Die in Artikel 4 Buchstabe e GVO beschriebene Kernbeschränkung betrifft Vereinbarungen, die es Endverbrauchern, unabhängigen Reparaturbetrieben und Dienstleistern untersagen oder nur mit Einschränkungen gestatten, Ersatzteile unmittelbar vom Hersteller zu beziehen. Eine Vereinbarung zwischen einem Ersatzteilehersteller und einem Abnehmer, der die Teile in seine eigenen Produkte einbaut (Erstausrüster), darf den Verkauf dieser Ersatzteile durch den Hersteller an Endverbraucher, unabhängige Reparaturbetriebe oder Dienstleister weder unmittelbar noch mittelbar verhindern oder beschränken. Indirekte Beschränkungen können insbesondere dann vorliegen, wenn der Anbieter der Ersatzteile in seiner Freiheit beschränkt wird, technische Angaben und Spezialausrüstungen bereitzustellen, die für die Verwendung von Ersatzteilen durch Endverbraucher, unabhängige Reparaturbetriebe oder Dienstleister notwendig sind. Die Vereinbarung darf jedoch bezüglich der Lieferung der Ersatzteile an Reparaturbetriebe und Dienstleister, die der Erstausrüster mit der Reparatur oder Wartung seiner eigenen Waren betraut hat, Beschränkungen enthalten. Das heißt, dass der Erstausrüster von den Mitgliedern seines eigenen Reparatur- und Kundendienstnetzes verlangen kann, die Ersatzteile von ihm zu beziehen.

4. Einzelne Kernbeschränkungen, die gegebenenfalls nicht unter das Verbot von Artikel 101 Absatz 1 AEUV fallen oder die Voraussetzungen des Artikels 101 Absatz 3 AEUV erfüllen

(60) In Ausnahmefällen können Kernbeschränkungen für eine Vereinbarung einer bestimmten Art oder Beschaffenheit[1] als objektiv notwendig und angemessen angesehen werden, so dass sie nicht unter Artikel 101 Absatz 1 AEUV fallen. Dies ist zum Beispiel der Fall, wenn sie erforderlich sind, um zum Beispiel einem aus Sicherheits- oder Gesundheitsgründen bestehenden öffentlichen Verbot, gefährliche Stoffe an bestimmte Kunden abzugeben, nachzukommen. Darüber hinaus haben Unternehmen die Möglichkeit, im Einzelfall die Einrede der Effizienz nach Artikel 101 Absatz 3 AEUV zu erheben. In diesem Abschnitt wird anhand von Beispielen auf (Weiter-)Verkaufsbeschränkungen eingegangen; Preisbindungen zweiter Hand sind Gegenstand von Abschnitt VI.2.10.

(61) Ein Händler, der als Erster eine neue Marke verkauft oder als Erster eine bestehende Marke auf einem neuen Markt verkauft, so dass von einem echten Eintritt in den relevanten Markt gesprochen werden kann, muss möglicherweise beträchtliche Mittel aufwenden, wenn für das betreffende Produkt im Allgemeinen oder für das betreffende Produkt von diesem Hersteller vorher keine Nachfrage bestand. Diese Aufwendungen gehen häufig verloren, so dass es durchaus möglich ist, dass ein Händler die Vertriebsvereinbarung nicht schließen würde, wenn er nicht für einen bestimmten Zeitraum vor (aktiven und) passiven Verkäufen durch andere Händler in sein Ge-

[1] Siehe Randnr. 18 der Bekanntmachung der Kommission – Leitlinien zur Anwendung von Artikel 81 Absatz 3 EG-Vertrag, ABl. C 101 vom 27.4.2004, S. 97.

biet oder an seine Kundengruppe geschützt wird. Dies ist zum Beispiel der Fall, wenn ein auf einem nationalen Markt etablierter Hersteller in einen anderen nationalen Markt eintritt und seine Produkte mit Hilfe eines Alleinvertriebshändlers einführt und dieser Händler für die Markteinführung und die Positionierung der Marke auf dem neuen Markt Investitionen tätigen muss. Wenn der Händler beträchtliche Mittel aufwenden muss, um den neuen Markt zu erschließen bzw. aufzubauen, fallen die für die Wiedereinholung dieser Investitionen erforderlichen Beschränkungen passiver Verkäufe durch andere Händler in dieses Gebiet oder an diese Kundengruppe, in den ersten zwei Jahren, in denen der Händler die Vertragswaren oder -dienstleistungen in diesem Gebiet oder an diese Kundengruppe verkauft, im Allgemeinen nicht unter Artikel 101 Absatz 1 AEUV, selbst wenn in der Regel gilt, dass solche Kernbeschränkungen unter Artikel 101 Absatz 1 AEUV fallen.

(62) Bei echten Markteinführungstests, mit denen ermittelt werden soll, wie ein neues Produkt in einem kleineren Gebiet oder bei einer kleineren Kundengruppe ankommt, und bei gestaffelter Einführung eines neuen Produkts, können den Vertragshändlern, denen der Vertrieb des neuen Produkts auf dem Testmarkt übertragen wurde oder die an der/den ersten Runde(n) der gestaffelten Einführung teilnehmen, für den für die Markterprobung bzw. die gestaffelte Einführung erforderlichen Zeitraum Beschränkungen in Bezug auf den aktiven Verkauf außerhalb des Testmarkts auferlegt werden, ohne dass diese unter Artikel 101 Absatz 1 AEUV fallen.

(63) Innerhalb eines selektiven Vertriebssystems müssen Querlieferungen von Vertragswaren von anderen Vertragshändlern an andere Vertragshändler innerhalb des Netzes möglich sein. (siehe Randnummer 58). Wenn jedoch Vertragsgroßhändler, die in verschiedenen Gebieten angesiedelt sind, in „ihren" Gebieten in verkaufsfördernde Maßnahmen investieren müssen, um den Verkauf von Vertragseinzelhändlern zu unterstützen, und es sich als unpraktisch erwiesen hat, konkrete Anforderungen an verkaufsfördernde Maßnahmen vertraglich festzulegen, könnten im Einzelfall Beschränkungen von aktiven Verkäufen des Großhändlers an Vertragseinzelhändler in Gebieten anderer Großhändler, mit denen mögliches Trittbrettfahren unterbunden werden soll, die Voraussetzungen des Artikels 101 Absatz 3 AEUV erfüllen.

(64) Die Vereinbarung, dass ein Händler für Produkte, die er online weiterverkaufen will, einen höheren Preis zahlen soll als für Produkte, die offline verkauft werden sollen („Doppelpreissystem"), ist eine Kernbeschränkung (siehe Randnummer 52). Dennoch kann eine solche Vereinbarung unter bestimmten Umständen die Voraussetzungen des Artikel 101 Absatz 3 erfüllen. Solche bestimmten Umstände können vorliegen, wenn ein Hersteller mit seinen Händlern ein solches Doppelpreissystem vereinbart und deshalb für Produkte, die online verkauft werden sollen, einen höheren Preis verlangt, weil Online-Verkäufe für den Hersteller mit erheblich höheren Kosten verbunden sind als offline verkaufte Produkte. Dies kann z. B. der Fall sein, wenn Offline-Verkäufe bereits die Installation vor Ort durch den Händler beinhalten, was bei online verkauften Produkten nicht der Fall ist, so dass im Falle von Online-Verkäufen beim Hersteller mehr Kundenbeschwerden anfallen und Haftungsansprüche geltend gemacht werden. In diesem Zusammenhang berücksichtigt die Kommission ebenfalls, inwieweit die Beschränkung den Internetverkauf einschränken und den Händler daran hindern könnte, mehr und andere Kunden zu erreichen.

5. Nicht nach der GVO freigestellte Beschränkungen

(65) Mit Artikel 5 GVO werden bestimmte Verpflichtungen von der Freistellung durch die GVO auch dann ausgeschlossen, wenn die einschlägige Marktanteilsschwelle nicht überschritten ist. Die Freistellung gilt jedoch für den übrigen Teil der vertikalen Vereinbarung, wenn sich die betreffenden Verpflichtungen abtrennen lassen.

(66) Die erste Ausschlussbestimmung – Artikel 5 Absatz 1 Buchstabe a GVO – betrifft Wettbewerbsverbote. Dabei handelt es sich um wettbewerbswidrige Absprachen, die vorsehen, dass der Abnehmer, gemessen am Beschaffungswert des Vorjahres mehr als 80% der Vertragswaren und -dienstleistungen sowie deren Substitute vom Anbieter oder von einem anderen vom Anbieter bezeichneten Unternehmen bezieht (siehe Definition in Artikel 1 Absatz 1 Buchstabe d GVO). Dies bedeutet, dass der Abnehmer keine bzw. nur sehr begrenzte (für weniger als 20% seiner Gesamteinkäufe) Möglichkeiten hat, Waren oder Dienstleistungen von Wettbewerbern zu beziehen. Liegen im ersten Jahr nach Abschluss der Vereinbarung keine Einkaufsdaten des Abnehmers für das Jahr vor Abschluss der Vereinbarung vor, so kann der Gesamtjahresbedarf geschätzt werden. Solche Wettbewerbsverbote fallen, wenn sie für eine unbestimmte Dauer oder für mehr als fünf Jahre vereinbart werden, nicht unter die GVO. Dasselbe gilt für Wettbewerbsverbote, die über einen Zeitraum von fünf Jahren hinaus stillschweigend verlängert werden können (siehe Artikel 5 Absatz 1 Unterabsatz 2). Im Allgemeinen gilt die Freistellung für Wettbewerbsverbote, die für fünf Jahre oder einen kürzeren Zeitraum vereinbart werden, wenn nichts vorliegt, was den Abnehmer daran hindert, das Wettbewerbsverbot nach Ablauf des Fünfjahreszeitraums tatsächlich zu beenden. Wenn z. B. eine Vereinbarung ein fünfjähriges Wettbewerbsverbot vorsieht und der Anbieter dem Abnehmer ein Darlehen gewährt, sollte die Tilgung des Darlehens den Abnehmer nicht daran hindern, das Wettbewerbsverbot nach Ablauf der Frist effektiv zu beenden. Ebenso sollte ein Abnehmer die Möglichkeit haben, Ausrüstungen, die er vom Anbieter erhalten hat und die nicht vertragsspezifisch sind, nach dem Ende des Wettbewerbsverbots zum Marktwert zu übernehmen.

(67) Die Fünfjahresfrist gilt nicht, wenn die Waren oder Dienstleistungen vom Abnehmer „in Räumlichkeiten und auf Grundstücken verkauft werden, die im Eigentum des Anbieters stehen oder von diesem von nicht mit dem Abnehmer verbundenen Dritten gemietet oder gepachtet worden sind“. In diesen Fällen kann das Wettbewerbsverbot solange gelten, wie der Abnehmer die Verkaufsstätte nutzt (Artikel 5 Absatz 2 GVO). Der Grund für diese Ausnahmebestimmung liegt darin, dass von einem Anbieter normalerweise nicht erwartet werden kann, dass er den Verkauf konkurrierender Produkte in den Räumlichkeiten und auf den Grundstücken, die in seinem Eigentum stehen, ohne seine Erlaubnis zulässt. Analog gelten dieselben Grundsätze, wenn der Abnehmer seine Produkte über eine mobile Verkaufsstelle („Laden auf Rädern“) verkauft, die im Eigentum des Anbieters steht und die der Anbieter von nicht mit dem Abnehmer verbundenen Dritten gemietet oder gepachtet hat. Künstliche Konstruktionen wie die zeitlich begrenzte Übertragung von Eigentumsrechten an Räumlichkeiten und Grundstücken des Händlers an den Anbieter, mit der die Fünfjahresfrist umgangen werden soll, fallen nicht unter diese Ausnahmebestimmung.

(68) Die zweite Ausschlussbestimmung – Artikel 5 Absatz 1 Buchstabe b GVO – betrifft Wettbewerbsverbote für den Abnehmer nach Ablauf der Vereinbarung. Solche Verpflichtungen sind in der Regel nicht nach der GVO vom Kartellverbot freigestellt, es sei denn, sie sind für den Schutz des Know-hows unerlässlich, das der Anbieter dem Abnehmer übertragen hat, sie beschränken sich auf die Verkaufsstätte, von der aus der Abnehmer während der Vertragslaufzeit seine Geschäfte betrieben hat, und sie sind auf höchstens ein Jahr begrenzt (siehe Artikel 5 Absatz 3 GVO). Nach der Definition in Artikel 1 Absatz 1 Buchstabe g GVO muss das Know-how „wesentlich“ sein, d. h. Kenntnisse umfassen, die „für den Abnehmer bei der Verwendung, dem Verkauf oder dem Weiterverkauf der Vertragswaren oder -dienstleistungen bedeutsam und nützlich“ sind.

(69) Die dritte Ausschlussbestimmung – Artikel 5 Absatz 1 Buchstabe c GVO – betrifft den Verkauf konkurrierender Waren in einem selektiven Vertriebssystem. Die GVO gestattet die Verknüpfung von selektivem Vertrieb mit einem Wettbe-

werbsverbot, das es den Händlern grundsätzlich untersagt, Produkte konkurrierender Marken zu verkaufen. Eine Vertragsbestimmung hingegen, mit der der Anbieter seine Vertragshändler unmittelbar oder mittelbar daran hindert, Produkte zum Zwecke des Weiterverkaufs von bestimmten konkurrierenden Anbietern zu beziehen, fällt nicht unter die GVO. Mit dem Ausschluss dieser Verpflichtung von der Freistellung soll verhindert werden, dass mehrere Anbieter, die dieselben Verkaufsstätten eines selektiven Vertriebsnetzes nutzen, einen bestimmten Wettbewerber oder bestimmte Wettbewerber davon abhalten, beim Vertrieb ihrer Produkte auf diese Verkaufsstätten zurückzugreifen (Marktausschluss eines konkurrierenden Anbieters in Form eines kollektiven Boykotts)[1].

6. Abtrennbarkeit von Vertragsbestimmungen

(70) Mit der GVO werden vertikale Vereinbarungen unter der Voraussetzung vom Kartellverbot freigestellt, dass sie keine Kernbeschränkungen im Sinne des Artikels 4 GVO enthalten bzw. dass in ihrem Rahmen keine Kernbeschränkungen praktiziert werden. Enthält eine vertikale Vereinbarung eine oder mehrere solcher Kernbeschränkungen, so fällt die gesamte Vereinbarung nicht unter die GVO, da Kernbeschränkungen nicht abtrennbar sind.

(71) Die nach Artikel 5 GVO nicht freigestellten Beschränkungen sind dagegen abtrennbar. Das heißt, dass der Rechtsvorteil der Gruppenfreistellung nur in Bezug auf den Teil der vertikalen Vereinbarung verlorengeht, der die Voraussetzungen des Artikels 5 GVO nicht erfüllt.

7. Produktportfolios, die über dasselbe Vertriebssystem verkauft werden

(72) Vertreibt ein Anbieter mehrere Waren oder Dienstleistungen über ein und dieselbe Vertriebsvereinbarung, so kann es angesichts der Marktanteilsschwelle vorkommen, dass die Vereinbarung nicht in Bezug auf alle, sondern nur auf einige Produkte aufgrund der GVO vom Kartellverbot freigestellt ist. In diesem Fall gilt die GVO nur in Bezug auf die Waren und Dienstleistungen, bei denen die Voraussetzungen für die Anwendung der GVO erfüllt sind.

(73) In Bezug auf die übrigen Waren und Dienstleistungen gelten die normalen Wettbewerbsregeln, d. h.,

a) es besteht keine Gruppenfreistellung, aber auch keine Vermutung der Rechtswidrigkeit;
b) wenn eine Zuwiderhandlung gegen Artikel 101 Absatz 1 AEUV vorliegt, eine Freistellung aber ausgeschlossen ist, kann geprüft werden, ob geeignete Abhilfemaßnahmen möglich sind, die die Wettbewerbsprobleme im Zusammenhang mit dem bestehenden Vertriebssystem lösen können;
c) ist keine Abhilfe möglich, so muss der Anbieter andere Vertriebsregelungen treffen.

Diese Sachlage kann auch entstehen, wenn Artikel 102 AEUV in Bezug auf bestimmte Produkte Anwendung findet, auf andere dagegen nicht.

---

[1] Zur Veranschaulichung indirekter Maßnahmen, die eine solche Ausschlusswirkung haben, siehe die Entscheidung 92/428/EWG der Kommission in der Sache IV/33.542 – Parfum Givenchy, ABl. L 236 vom 19.8.1992, S. 11.

IV. Entzug der Gruppenfreistellung und Nichtanwendung der GVO

1. Entzug der Gruppenfreistellung

(74) Die mit der GVO begründete Vermutung der Rechtmäßigkeit kann entzogen werden, wenn eine vertikale Vereinbarung alleine oder in Verbindung mit vergleichbaren Vereinbarungen konkurrierender Anbieter oder Abnehmer unter das Verbot des Artikels 101 Absatz 1 AEUV fällt und nicht alle Voraussetzungen für eine Freistellung nach Artikel 101 Absatz 3 AEUV erfüllt.

(75) Die Voraussetzungen des Artikels 101 Absatz 3 AEUV können insbesondere dann nicht erfüllt sein, wenn der Zugang zu dem relevanten Markt oder der Wettbewerb auf diesem Markt durch die kumulative Wirkung paralleler Netze von gleichartigen vertikalen Vereinbarungen konkurrierender Anbieter oder Abnehmer in erheblichem Maße beschränkt wird. Parallele Netze vertikaler Vereinbarungen sind als gleichartig anzusehen, wenn sie Beschränkungen enthalten, die ähnliche Auswirkungen auf den Markt haben. Eine solche Situation ist z. B. gegeben, wenn auf einem bestimmten Markt einige Anbieter einen rein qualitativen, andere dagegen einen rein quantitativen Selektivvertrieb betreiben. Dies kann auch eintreten, wenn auf einem bestimmten Markt durch die kumulative Anwendung qualitativer Kriterien leistungsfähigere Händler vom Markt ausgeschlossen werden. In diesem Fall sind bei der Würdigung die wettbewerbswidrigen Auswirkungen zu berücksichtigen, die sich aus jedem einzelnen Netz von Vereinbarungen ergeben. Gegebenenfalls gilt der Entzug nur für ein bestimmtes qualitatives Kriterium oder nur für die quantitative Begrenzung der Anzahl der Vertragshändler.

(76) Die Verantwortung für eine kumulative wettbewerbswidrige Wirkung kann nur denjenigen Unternehmen angelastet werden, die einen spürbaren Beitrag hierzu leisten. Vereinbarungen zwischen Unternehmen, deren Beitrag zur kumulativen Wirkung unerheblich ist, fallen nicht unter das Verbot des Artikels 101 Absatz 1 AEUV[1] und unterliegen damit nicht dem Entzugsmechanismus. Die Würdigung eines solchen Beitrags erfolgt nach den unter den Randnummern 128 bis 229 dargelegten Kriterien.

(77) Bei Entzug der Freistellung liegt die Beweislast bei der Kommission, die nachweisen muss, dass die Vereinbarung gegen Artikel 101 Absatz 1 AEUV verstößt und eine oder mehrere der Voraussetzungen des Artikels 101 Absatz 3 AEUV nicht erfüllt. Eine Entzugsentscheidung bewirkt, dass die Freistellung für die betreffenden Vereinbarungen erst dann entfällt, wenn der Entzug wirksam wird (ex nunc).

(78) Wie in Erwägungsgrund 14 der GVO dargelegt, kann der Rechtsvorteil der GVO in Fällen, in denen vertikale Vereinbarungen wettbewerbswidrige Auswirkungen im Gebiet eines Mitgliedstaats oder in einem Teilgebiet dieses Mitgliedstaats, das alle Merkmale eines gesonderten räumlichen Marktes aufweist, von der Wettbewerbsbehörde des betreffenden Mitgliedstaats entzogen werden. Für den Entzug der Freistellung vertikaler Vereinbarungen, die den Wettbewerb auf räumlich relevanten Märkten beschränken, die größer sind als das Gebiet eines Mitgliedstaats, ist ausschließlich die Kommission zuständig. Handelt es sich bei dem räumlich relevanten Markt um das Gebiet oder ein Teilgebiet eines einzelnen Mitgliedstaats, so haben die Kommission und der betreffende Mitgliedstaat die konkurrierende Zuständigkeit für den Entzug.

---

[1] Urteil vom 28. Februar 1991 in der Rs. C-234/89, Stergios Delimitis/Henninger Bräu AG, I-935.

2. Nichtanwendung der GVO

(79) Nach Artikel 6 GVO kann die Kommission parallele Netze gleichartiger vertikaler Beschränkungen, die mehr als 50% des relevanten Marktes abdecken, durch Verordnung vom Geltungsbereich der GVO ausschließen. Eine solche Maßnahme richtet sich nicht an einzelne Unternehmen, sondern betrifft alle Unternehmen, deren Vereinbarungen in der Verordnung über die Nichtanwendung der GVO aufgeführt sind.

(80) Während der Entzug des Rechtsvorteils der GVO nach Artikel 6 GVO den Erlass einer Entscheidung erfordert, mit der eine Zuwiderhandlung gegen Artikel 101 AEUV durch ein einzelnes Unternehmen festgestellt wird, bewirkt eine Verordnung nach Artikel 6 GVO lediglich, dass die Anwendung der GVO und der damit verbundene Rechtsvorteil in Bezug auf die betreffenden Beschränkungen und Märkte aufgehoben und die volle Anwendbarkeit von Artikel 101 Absätze 1 und 3 AEUV wiederhergestellt werden. Nach dem Erlass einer Verordnung über die Nichtanwendung der GVO auf bestimmte vertikale Beschränkungen auf einem konkreten Markt sind für die Anwendung von Artikel 101 AEUV auf einzelne Vereinbarungen die durch die einschlägige Rechtsprechung des Gerichtshofs und des Gerichts entwickelten Kriterien sowie die Bekanntmachungen bzw. Mitteilungen und die bisherige Entscheidungspraxis der Kommission maßgebend. In geeigneten Fällen wird die Kommission eine Entscheidung in einem Einzelfall erlassen, die als Orientierungshilfe für sämtliche Unternehmen auf dem betreffenden Markt dienen kann.

(81) Zum Zwecke der Berechnung der 50%-Marktabdeckungsquote muss jedes einzelne Netz vertikaler Vereinbarungen berücksichtigt werden, das Beschränkungen oder Kombinationen von Beschränkungen mit ähnlichen Auswirkungen auf den Markt enthält. Artikel 6 GVO bestimmt nicht, dass die Kommission eingreifen muss, wenn die Quote von 50% überschritten wird. Die Nichtanwendung ist grundsätzlich angemessen, wenn zu erwarten ist, dass der Zugang zu oder der Wettbewerb auf dem relevanten Markt spürbar beschränkt wird. Dies trifft insbesondere zu, wenn parallele selektive Vertriebsnetze mehr als 50% eines Marktes abdecken und eine Marktabschottung wahrscheinlich machen, da Auswahlkriterien angewandt werden, die aufgrund der Beschaffenheit der betreffenden Waren nicht erforderlich sind oder die bestimmte Formen des Vertriebs dieser Waren diskriminieren.

(82) Hinsichtlich der Notwendigkeit einer Verordnung nach Artikel 6 der GVO wird die Kommission erwägen, ob ein Entzug der Freistellung im Einzelfall nicht die bessere Lösung ist. Dies kann konkret von der Anzahl der konkurrierenden Unternehmen abhängen, deren Vereinbarungen zu einer kumulativen Wirkung auf einem bestimmten Markt beitragen, oder von der Zahl der betroffenen räumlichen Märkte innerhalb der Union.

(83) In einer in Artikel 6 GVO genannten Verordnung muss deren Geltungsbereich eindeutig festgelegt sein. Dies bedeutet, dass die Kommission zum einen den sachlich und räumlich relevanten Markt und zum anderen die Art der vertikalen Beschränkung definieren muss, auf die die GVO keine Anwendung mehr findet. Im letztgenannten Fall kann sie den Geltungsbereich der GVO auf das Wettbewerbsproblem abstimmen, das sie damit lösen möchte. Während z. B. im Hinblick auf die 50%-Quote alle parallelen Netze von Markenzwangregelungen zu berücksichtigen sind, kann die Kommission den Geltungsbereich der Verordnung über die Nichtanwendung der GVO auf die Wettbewerbsverbote beschränken, die eine bestimmte Dauer überschreiten. Damit könnten Vereinbarungen mit kürzerer Dauer bzw. Beschränkungen, die den Markt weniger stark abschotten, unberührt bleiben. Ebenso kann die Verordnung über die Nichtanwendung der GVO auf zusätzliche Beschränkungen begrenzt werden, die auf einem bestimmten Markt in Kombination mit dem selektiven Vertrieb praktiziert werden, z. B. dem Abnehmer auferlegte Wettbewerbsverbote oder Mengenvorgaben. Gegebenenfalls kann die Kommission auch das

Marktanteilsniveau angeben, bis zu dem in einem konkreten Marktumfeld davon ausgegangen werden kann, dass ein einzelnes Unternehmen nicht erheblich zur kumulativen Wirkung beiträgt.

(84) Nach Verordnung Nr. 19/65/EWG des Rates vom 2. März 1965 über die Anwendung von Artikel 85 Absatz 3 des Vertrages auf Gruppen von Vereinbarungen und aufeinander abgestimmten Verhaltensweisen[1] muss die Kommission einen Übergangszeitraum von mindestens sechs Monaten festsetzen, bevor eine Verordnung zur Nichtanwendung einer Gruppenfreistellungsverordnung gilt. Dies sollte die betroffenen Unternehmen in die Lage versetzen, ihre Vereinbarungen nach Maßgabe der Verordnung über die Nichtanwendung zu ändern.

(85) Die Freistellung der betreffenden Vereinbarungen bleibt unberührt, solange die Verordnung über die Nichtanwendung der GVO nicht gilt.

V. Marktabgrenzung und Berechnung der Marktanteile

1. Bekanntmachung der Kommission über die Definition des relevanten Marktes

(86) Die Bekanntmachung der Kommission über die Definition des relevanten Marktes im Sinne des Wettbewerbsrechts der Gemeinschaft[2] enthält Orientierungshilfen zu den Regeln, Kriterien und Beweismitteln, die die Kommission bei der Abgrenzung des betroffenen Marktes anwendet. Die Bekanntmachung, auf die in diesen Leitlinien nicht weiter eingegangen wird, sollte als Grundlage für die Klärung von Fragen der Marktabgrenzung dienen. In den vorliegenden Leitlinien werden nur Fragen angesprochen, die sich im Zusammenhang mit vertikalen Beschränkungen ergeben und nicht in der Bekanntmachung behandelt sind.

2. Relevanter Markt für die Berechnung der 30%- Marktanteilsschwelle nach der GVO

(87) Nach Artikel 3 GVO ist für die Anwendung der Gruppenfreistellung der Marktanteil des Anbieters und des Abnehmers maßgebend. Die GVO findet nur Anwendung, wenn sowohl der Anteil des Anbieters an dem Markt, auf dem er die Vertragsprodukte an den Abnehmer verkauft, als auch der Anteil des Abnehmers an dem Markt, auf dem er die Vertragsprodukte bezieht, höchstens 30% beträgt. Für Vereinbarungen zwischen kleinen und mittleren Unternehmen ist es in der Regel nicht notwendig, Marktanteile zu berechnen (siehe Randnummer 11).

(88) Um den Marktanteil eines Unternehmens zu ermitteln, muss der relevante Markt festgelegt werden, auf dem das Unternehmen die Vertragsprodukte verkauft bzw. bezieht. Dazu müssen der sachlich und der räumlich relevante Markt abgegrenzt werden. Der sachlich relevante Markt umfasst alle Waren oder Dienstleistungen, die von den Abnehmern hinsichtlich ihrer Eigenschaften und Preise sowie des Verwendungszwecks als austauschbar angesehen werden. Der räumlich relevante Markt umfasst das Gebiet, in dem die beteiligten Unternehmen an der Nachfrage und Bereitstellung relevanter Waren oder Dienstleistungen teilnehmen, in dem die Wettbewerbsbedingungen hinreichend homogen sind und das sich von benachbarten Gebieten durch merklich andere Wettbewerbsbedingungen unterscheidet.

(89) Der sachlich relevante Markt hängt in erster Linie von der Substituierbarkeit aus Sicht der Abnehmer ab. Wird das bereitgestellte Produkt als Vorleistung für andere Produkte eingesetzt und ist es im Endprodukt im Allgemeinen nicht mehr wie-

[1] ABl. 36 vom 6.3.1965, S. 533.
[2] ABl. C 372 vom 9.12.1997, S. 5.

derzuerkennen, so richtet sich die Abgrenzung des sachlich relevanten Marktes in der Regel nach den Präferenzen der direkten Abnehmer. Die Kunden der Abnehmer haben normalerweise keine besondere Präferenz für bestimmte vom Abnehmer verwendete Vorleistungen. Vertikale Beschränkungen, die der Anbieter und der Abnehmer der Vorleistung miteinander vereinbaren, betreffen üblicherweise nur den Verkauf und den Bezug des Zwischenprodukts, nicht aber den Verkauf des daraus hervorgehenden Produkts. Beim Vertrieb von Endprodukten bestimmen in der Regel die Präferenzen der Endverbraucher, was die direkten Abnehmer als Substitute ansehen. Ein Händler, der als Wiederverkäufer agiert, kann beim Bezug von Endprodukten die Präferenzen der Endverbraucher nicht außer Acht lassen. Außerdem betreffen vertikale Beschränkungen auf der Ebene des Vertriebs zumeist nicht nur den Verkauf von Produkten durch den Anbieter an den Abnehmer, sondern auch den Weiterverkauf dieser Produkte. Da in der Regel unterschiedliche Vertriebsformen miteinander im Wettbewerb stehen, werden die Märkte im Allgemeinen nicht anhand der angewandten Vertriebsform abgegrenzt. In den Fällen, in denen Anbieter grundsätzlich ganze Produktpaletten verkaufen, kann die Palette den Markt bilden, wenn solche Paletten – und nicht die darin enthaltenen Einzelprodukte – von den Abnehmern als Substitute angesehen werden. Da Händler gewerbliche Abnehmer sind, ist der räumliche Großhandelsmarkt üblicherweise umfangreicher als der Einzelhandelsmarkt, auf dem das Produkt an die Endverbraucher weiterverkauft wird. Dies führt häufig zur Abgrenzung nationaler oder noch größerer Großhandelsmärkte. Bei homogenen Marktbedingungen und sich überschneidenden örtlichen bzw. regionalen Absatzgebieten können die Einzelhandelsmärkte jedoch auch größer als das Suchgebiet der Endverbraucher sein.

(90) Wird eine vertikale Vereinbarung zwischen drei Unternehmen geschlossen, die auf unterschiedlichen Handelsstufen tätig sind, so muss, damit die Vereinbarung nach der GVO vom Kartellverbot freigestellt ist, ihr jeweiliger Marktanteil 30% oder weniger betragen. Für den Fall, dass ein Unternehmen im Rahmen einer Mehrparteienvereinbarung die Vertragswaren oder -dienstleistungen von einer Vertragspartei bezieht und sie anschließend an eine andere Vertragspartei verkauft, gilt die Freistellung nach Artikel 3 Absatz 2 der GVO nur, wenn der Anteil des Unternehmens an dem relevanten Markt sowohl als Anbieter als auch als Abnehmer jeweils nicht mehr als 30% beträgt. Wenn z. B. zwischen einem Hersteller, einem Großhändler (oder einer Einzelhändlervereinigung) und einem Einzelhändler ein Wettbewerbsverbot vereinbart wird, dürfen die Marktanteile des Herstellers und des Großhändlers (bzw. der Einzelhändlervereinigung) auf ihren jeweiligen nachgelagerten Märkten den Schwellenwert von 30% nicht überschreiten und der Marktanteil des Großhändlers (oder der Einzelhändlervereinigung) und des Einzelhändlers darf auf ihren jeweiligen Bezugsmärkten nicht mehr als 30% betragen, damit die Freistellung nach der GVO gilt.

(91) Ein Hersteller, der sowohl Erstausrüstungen als auch die entsprechenden Reparatur- oder Ersatzteile produziert, dürfte auf dem Anschlussmarkt (Reparatur- und Ersatzteile für seine Ausrüstungen) oftmals auch der einzige oder wichtigste Anbieter sein. Dieselbe Situation kann entstehen, wenn der Anbieter (Erstausrüster) die Herstellung der Reparatur- oder Ersatzteile einem Zulieferer überlässt. Der relevante Markt im Sinne der GVO können hier entweder ein das Ersatzteilgeschäft einschließender Erstausrüstermarkt oder zwei getrennte Märkte – der Erstausrüster- und der Anschlussmarkt – sein; dies hängt vom jeweiligen Sachverhalt (z. B. den Auswirkungen der jeweiligen Beschränkung, der Lebensdauer der Ausrüstung oder der Höhe der Reparatur- bzw. Austauschkosten) ab[1]. In der Praxis gilt es festzustellen, ob ein

[1] Siehe z. B. die Entscheidung der Kommission in der Sache Pelikan/Kyocera, (1995), COM(96) 126 (nicht veröffentlicht), Ziffer 87, sowie die Entscheidung Nr. 91/595/EWG der Kommission in der Sache IV/M.12 – Varta/Bosch (ABl. L 320 vom 22.11.1991, S. 26), die Entschei-

erheblicher Teil der Abnehmer bei ihrer Wahl die über die Lebenszeit des Produkts anfallenden Kosten mit berücksichtigt. Sollte dies der Fall sein, deutet dies darauf hin, dass es einen gemeinsamen Markt für Originalausrüstungen und Ersatzteile gibt.

(92) Enthält die vertikale Vereinbarung über die Lieferung der Vertragswaren hinaus auch Bestimmungen in Bezug auf Rechte des geistigen Eigentums (z. B. über die Nutzung der Marke des Anbieters), die dem Abnehmer bei der Vermarktung der Vertragswaren helfen, so ist für die Anwendung der GVO der Anteil des Anbieters an dem Markt, auf dem er die Vertragswaren verkauft, von Bedeutung. Ein Franchisegeber, der keine weiterzuverkaufende Waren liefert, sondern ein Paket von Dienstleistungen und Waren in Verbindung mit Bestimmungen über Rechte des geistigen Eigentums bereitstellt, d. h. die Geschäftsmethode, für die die Franchise erteilt wird, muss den Marktanteil zugrunde legen, den er als Anbieter einer Geschäftsmethode hat. Dazu muss er seinen Anteil an dem Markt berechnen, auf dem die Geschäftsmethode eingesetzt wird, d. h. wo die Franchisenehmer die Methode anwenden, um Endverbrauchern Waren oder Dienstleistungen anzubieten. Der Franchisegeber muss seinen Marktanteil am Wert der Waren oder Dienstleistungen messen, die die Franchisenehmer auf diesem Markt bereitstellen. Wettbewerber auf Märkten dieser Art können Unternehmen sein, die andere Geschäftsmethoden aufgrund von Franchiseverträgen anbieten, aber auch Anbieter substituierbarer Waren oder Dienstleistungen, die kein Franchising praktizieren. So müsste ein Franchisegeber auf einem Markt für Schnellimbissdienste, sofern ein solcher existiert und unbeschadet der Abgrenzung eines solchen Marktes, seinen Marktanteil anhand der Absatzdaten der betreffenden Franchisenehmer auf diesem Markt ermitteln.

3. Berechnung der Marktanteile nach der GVO

(93) Bei der Berechnung von Marktanteilen ist grundsätzlich vom Wert auszugehen. Liegen keine Angaben zum Wert vor, so können auch solide Schätzungen vorgenommen werden. Diese Schätzungen können auf anderen verlässlichen Marktdaten wie z. B. Mengenangaben beruhen (siehe Artikel 7 Buchstabe a GVO).

(94) Die Herstellung eines Zwischenprodukts zur Verwendung im eigenen Unternehmen (Eigenproduktion) kann bei der wettbewerbsrechtlichen Untersuchung ein sehr wichtiger Anhaltspunkt für das Vorliegen von Wettbewerbsdruck oder die Stärkung der Marktstellung eines Unternehmens sein. Bei der Marktabgrenzung und der Berechnung des Marktanteils für Zwischenprodukte (Waren und Dienstleistungen) wird die Eigenproduktion jedoch nicht berücksichtigt.

(95) Ist jedoch der Hersteller eines Endprodukts zugleich auch als Händler auf dem Markt tätig (zweigleisiger Vertrieb), so müssen bei der Marktabgrenzung und der Berechnung des Marktanteils die Waren mit einbezogen werden, die der Hersteller über vertikal integrierte Händler und Handelsvertreter verkauft (siehe Artikel 7 Buchstabe c GVO). „Integrierte Händler" sind verbundene Unternehmen im Sinne des Artikels 1 Absatz 2 GVO[1].

---

dung der Kommission in der Sache IV/M.1094 – Caterpillar/Perkins Engines (ABl. C 94 vom 28.3.1998, S. 23) und die Entscheidung der Kommission in der Sache IV/M.768 – Lucas/Varity (ABl. C 266 vom 13.9.1996, S. 6). Siehe ferner die Bekanntmachung der Kommission über die Definition des relevanten Marktes (siehe Randnr. 86), Randnr. 56.

[1] Für die Abgrenzung des Marktes und die Berechnung der Marktanteile ist es in diesem Zusammenhang unerheblich, ob der integrierte Händler auch Produkte von Wettbewerbern verkauft.

VI. Durchsetzung des Wettbewerbsrechts im Einzelfall

1. Grundlagen der Prüfung

(96) Außerhalb des Geltungsbereichs der GVO muss geprüft werden, ob im Einzelfall die Vereinbarung unter Artikel 101 Absatz 1 AEUV fällt, und wenn ja, ob die Voraussetzungen des Artikels 101 Absatz 3 AEUV erfüllt sind. Sofern sie keine Wettbewerbsbeschränkungen bezwecken und insbesondere keine Kernbeschränkungen enthalten, besteht keine Vermutung, dass vertikale Vereinbarungen, die wegen Überschreitens der Marktanteilsschwelle nicht von der GVO erfasst sind, unter Artikel 101 Absatz 1 AEUV fallen oder die Voraussetzungen des Artikels 101 Absatz 3 AEUV nicht erfüllen. Die wahrscheinlichen Auswirkungen müssen für jede Vereinbarung einzeln geprüft werden. Die Unternehmen sollten diese Prüfung selbst vornehmen. Vereinbarungen, die entweder den Wettbewerb nicht im Sinne des Artikels 101 Absatz 1 AEUV beschränken oder die Voraussetzungen des Artikels 101 Absatz 3 AEUV erfüllen, sind zulässig und durchsetzbar. Nach Artikel 1 Absatz 2 der Verordnung (EG) Nr. 1/2003 des Rates vom 16. Dezember 2002 zur Durchführung der in den Artikeln 81 und 82 des Vertrags niedergelegten Wettbewerbsregeln[1] ist für eine Einzelfreistellung nach Artikel 101 Absatz 3 AEUV eine Anmeldung nicht erforderlich. Nimmt die Kommission eine Einzelprüfung vor, so trägt sie die Beweislast dafür, dass die betreffende Vereinbarung gegen Artikel 101 Absatz 1 AEUV verstößt. Die Unternehmen, die sich auf Artikel 101 Absatz 3 AEUV berufen, tragen die Beweislast dafür, dass die Voraussetzungen dieses Absatzes erfüllt sind. Wenn nachgewiesen ist, dass wettbewerbswidrige Auswirkungen wahrscheinlich sind, können die Unternehmen substantiiert vortragen, dass Effizienzgewinne zu erwarten sind, und erläutern, warum ein bestimmtes Vertriebssystem unerlässlich ist, um wahrscheinliche Vorteile für die Verbraucher hervorzubringen, ohne den Wettbewerb auszuschalten, bevor die Kommission feststellt, ob die Vereinbarung die Voraussetzungen des Artikels 101 Absatz 3 AEUV erfüllt.

(97) Um festzustellen, ob eine vertikale Vereinbarung eine Beschränkung des Wettbewerbs bewirkt, wird die Situation, die auf dem relevanten Markt mit den vertikalen Beschränkungen tatsächlich oder wahrscheinlich bestehen wird, mit der Situation verglichen, die ohne die in der Vereinbarung vorgesehenen vertikalen Beschränkungen bestehen würde. Bei der Prüfung im Einzelfall berücksichtigt die Kommission gegebenenfalls sowohl tatsächliche als auch wahrscheinliche Auswirkungen. Damit vertikale Vereinbarungen eine Beschränkung des Wettbewerbs bewirken, müssen sie den tatsächlichen oder potenziellen Wettbewerb in einem solchen Umfang beeinträchtigen, dass auf dem relevanten Markt mit hinreichender Wahrscheinlichkeit negative Auswirkungen auf Preise, Produktion, Innovation oder Bandbreite oder Qualität von Waren und Dienstleistungen zu erwarten sind. Die wahrscheinlichen negativen Auswirkungen auf den Wettbewerb müssen spürbar sein[2]. Spürbare wettbewerbswidrige Auswirkungen sind wahrscheinlich, wenn mindestens eines der beteiligten Unternehmen eine gewisse Marktmacht hat oder erlangt und die Vereinbarung zur Begründung, Erhaltung oder Verstärkung dieser Marktmacht beiträgt oder es den beteiligten Unternehmen ermöglicht, diese Marktmacht auszunutzen. Marktmacht ist die Fähigkeit, über einen nicht unbeträchtlichen Zeitraum die Preise oberhalb des Wettbewerbsniveaus bzw. die Produktion im Hinblick auf Produktmengen, Produktqualität und -bandbreite oder Innovation unterhalb des Wettbewerbsniveaus zu halten. Für die Feststellung einer Zuwiderhandlung gegen

---

[1] ABl. L 1 vom 4.1.2003, S. 1.

[2] Siehe Abschnitt II.1.

Artikel 101 Absatz 1 AEUV muss in der Regel ein geringeres Maß an Marktmacht vorliegen als für die Feststellung der Marktbeherrschung im Sinne des Artikels 102 AEUV.

(98) Vertikale Beschränkungen schaden dem Wettbewerb im Allgemeinen weniger als horizontale Beschränkungen. Dass vertikale Beschränkungen weniger Besorgnis erregen, liegt vor allem darin begründet, dass horizontale Beschränkungen Vereinbarungen zwischen Wettbewerbern betreffen können, die gleiche oder substituierbare Waren oder Dienstleistungen herstellen bzw. erbringen. Bei horizontalen Geschäftsbeziehungen kann die Ausübung von Marktmacht durch ein Unternehmen, das für sein Produkt einen höheren Preis durchsetzt, für die Wettbewerber Vorteile bringen. Dies ist möglicherweise ein Anreiz für konkurrierende Unternehmen, sich gegenseitig zu wettbewerbswidrigen Verhaltensweisen zu ermuntern. Bei vertikalen Geschäftsbeziehungen ist das Produkt des einen eine Vorleistung für den anderen, mit anderen Worten, die Tätigkeiten der an der Vereinbarung beteiligten Unternehmen ergänzen einander. Dies bedeutet, dass die Ausübung von Marktmacht durch das auf dem vorgelagerten oder das auf dem nachgelagerten Markt tätige Unternehmen in der Regel die Nachfrage nach dem Produkt des anderen beeinträchtigt. Die an einer Vereinbarung beteiligten Unternehmen haben somit gewöhnlich einen Anreiz, die Ausübung von Marktmacht durch die übrigen Beteiligten zu unterbinden.

(99) Diese selbstdisziplinierende Wirkung sollte jedoch nicht überschätzt werden. Hat ein Unternehmen keine Marktmacht, so kann es seine Gewinne nur dadurch erhöhen, dass es versucht, seine Herstellungs- und Vertriebsverfahren mit oder ohne Hilfe vertikaler Beschränkungen zu verbessern. Da die an einer vertikalen Vereinbarung beteiligten Unternehmen einander bei der Vermarktung eines Produkts ergänzen, ermöglichen vertikale Beschränkungen erhebliche Effizienzgewinne. Verfügt ein Unternehmen dagegen über Marktmacht, so kann es außerdem versuchen, seine Gewinne zu Lasten seiner direkten Wettbewerber zu steigern, indem es deren Kosten in die Höhe treibt und zum Nachteil seiner Abnehmer und letztlich der Verbraucher versucht, sich einen Teil ihres Zugewinns anzueignen. Dies ist möglich, wenn sich das auf dem vorgelagerten und das auf dem nachgelagerten Markt tätige Unternehmen den zusätzlichen Gewinn teilen oder wenn eines der beiden vertikale Beschränkungen nutzt, um sich den gesamten zusätzlichen Gewinn anzueignen.

1.1. Negative Auswirkungen vertikaler Beschränkungen

(100) Durch das Wettbewerbsrecht der Union sollen die folgenden negativen Auswirkungen vertikaler Beschränkungen auf den Markt verhindert werden:

a) wettbewerbswidriger Ausschluss anderer Anbieter oder anderer Abnehmer vom Markt durch Errichtung von Schranken für Marktzutritt oder Expansion;
b) Aufweichung des Wettbewerbs zwischen dem Anbieter und seinen Wettbewerbern und/oder Erleichterung der Kollusion[1] zwischen diesen Anbietern, häufig auch als Verringerung des Markenwettbewerbs bezeichnet;
c) Aufweichung des Wettbewerbs zwischen dem Abnehmer und seinen Wettbewerbern und/oder Erleichterung der Kollusion zwischen diesen Wettbewerbern, häufig auch als Verringerung des markeninternen Wettbewerbs bezeichnet, wenn sie den Wettbewerb zwischen Händlern auf der Grundlage der Marke oder des Produkts desselben Anbieters betrifft;
d) Behinderung der Marktintegration, vor allem Einschränkung der Möglichkeiten für die Verbraucher, Waren oder Dienstleistungen in einem Mitgliedstaat ihrer Wahl zu beziehen.

[1] Der Begriff umfasst sowohl die explizite Kollusion als auch die stillschweigende Kollusion (bewusstes Parallelverhalten).

(101) Marktabschottung, Aufweichung des Wettbewerbs und Kollusion auf Herstellerebene können den Verbrauchern insbesondere dadurch schaden, dass die Großhandelspreise der Produkte steigen, die Auswahl an Produkten schrumpft, die Qualität der Produkte sinkt oder die Produktinnovation zurückgeht. Marktabschottung, Aufweichung des Wettbewerbs und Kollusion auf Händlerebene können den Verbrauchern insbesondere dadurch schaden, dass die Einzelhandelspreise der Produkte steigen, die Auswahl an Preis-Dienstleistungskombinationen und Vertriebsformen geringer wird, Verfügbarkeit und Qualität der Einzelhandelsdienstleistungen sinken und die Vertriebsinnovation zurückgeht.

(102) Auf einem Markt, auf dem die einzelnen Händler nur die Marke(n) eines Anbieters vertreiben, führt eine Verringerung des Wettbewerbs zwischen den Händlern derselben Marke zu einer Verringerung des markeninternen Wettbewerbs, hat aber möglicherweise keine negativen Auswirkungen auf den Wettbewerb zwischen den Händlern im Allgemeinen. Wenn in einem solchen Fall starker Markenwettbewerb herrscht, ist es unwahrscheinlich, dass eine Verringerung des markeninternen Wettbewerbs negative Auswirkungen auf die Verbraucher hat.

(103) Ausschließlichkeitsvereinbarungen beeinträchtigen den Wettbewerb in der Regel mehr als nichtausschließliche Vereinbarungen. Alleinvertriebsvereinbarungen sehen ausdrücklich vor oder führen praktisch dazu, dass eine Partei ausschließlich oder fast ausschließlich mit einer anderen Partei Verträge abschließt. So verpflichtet ein Wettbewerbsverbot den Abnehmer, nur eine einzige Marke zu beziehen. Mengenvorgaben hingegen lassen dem Abnehmer einen gewissen Spielraum, auch konkurrierende Produkte zu beziehen. Mengenvorgaben wirken daher unter Umständen weniger abschottend als Wettbewerbsverbote.

(104) Für Nichtmarkenwaren und -dienstleistungen vereinbarte vertikale Beschränkungen sind in der Regel weniger schädlich als Beschränkungen, die den Vertrieb von Markenwaren und -dienstleistungen betreffen. Markenwaren sind durch stärkere Produktdifferenzierung und geringere Substituierbarkeit gekennzeichnet, was die Nachfrageelastizität reduziert und mehr Spielraum für Preiserhöhungen bietet. Die Unterscheidung zwischen Markenprodukten (Waren oder Dienstleistungen) und Nichtmarkenprodukten dürfte in vielen Fällen jener für Zwischen- und Endprodukte entsprechen.

(105) Eine Kombination mehrerer vertikaler Beschränkungen verstärkt in aller Regel deren negative Auswirkungen. Bestimmte Kombinationen können aber für den Wettbewerb günstiger sein, als wenn die betreffenden Beschränkungen einzeln zum Tragen kämen. So kann der Händler in einem Alleinvertriebssystem versucht sein, den Preis für seine Produkte anzuheben, wenn sich der markeninterne Wettbewerb verringert. Mengenvorgaben oder Obergrenzen für die Weiterverkaufspreise können solche Preiserhöhungen in Grenzen halten. Etwaige negative Auswirkungen vertikaler Beschränkungen werden noch verstärkt, wenn mehrere Anbieter und deren Abnehmer ihre Geschäfte in ähnlicher Weise organisieren, und führen zu sogenannten kumulativen Wirkungen.

1.2. Positive Auswirkungen vertikaler Beschränkungen

(106) Es sollte unbedingt darauf hingewiesen werden, dass vertikale Beschränkungen auch positive Auswirkungen haben können, und zwar insbesondere durch die Förderung eines nicht über den Preis ausgetragenen Wettbewerbs und durch die Verbesserung der Qualität von Dienstleistungen. Kann ein Unternehmen keine Marktmacht ausüben, so muss es versuchen, Gewinnsteigerungen durch die Verbesserung seiner Herstellungs- oder Vertriebsmethoden zu erzielen. Vertikale Beschränkungen können in dieser Hinsicht nützlich sein, da die marktüblichen Beziehungen zwischen unabhängigen Kontrahenten wie Anbieter und Abnehmer, bei denen lediglich der Preis und die Menge für ein bestimmtes Geschäft vereinbart werden, oft zu einem suboptimalen Investitions- und Absatzniveau führen können.

(107) Diese Leitlinien sollen einen allgemeinen Überblick darüber geben, wann vertikale Beschränkungen vertretbar sein können; sie erheben jedoch nicht den Anspruch auf Vollständigkeit. Der Rückgriff auf bestimmte vertikale Beschränkungen kann aus folgenden Gründen gerechtfertigt sein:

a) Lösung des „Trittbrettfahrer-Problems": Das Trittbrettfahren, bei dem ein Händler von den Verkaufsförderungsanstrengungen eines anderen Händlers profitiert, ist vor allem im Groß- und im Einzelhandel anzutreffen. Zur Vermeidung dieses Problems bieten sich Alleinvertriebsvereinbarungen oder ähnliche Beschränkungen an. Trittbrettfahrer gibt es auch unter Anbietern. Wenn z. B. ein Anbieter in verkaufsfördernde Maßnahmen in den Räumlichkeiten des Abnehmers (in der Regel auf der Einzelhandelsebene) investiert, werden auch Kunden angelockt, die Produkte konkurrierender Anbieter kaufen. In diesem Fall könnten Beschränkungen in Form eines Wettbewerbsverbots die Lösung sein[1].

Probleme treten aber nur dort auf, wo es tatsächlich um Trittbrettfahren geht. Trittbrettfahren unter Abnehmern ist lediglich bei der Kundenberatung vor dem Verkauf und bei verkaufsfördernden Maßnahmen möglich, nicht jedoch beim Kundendienst nach dem Verkauf, den der Händler seinen Kunden einzeln in Rechnung stellen kann. Das Produkt wird in der Regel relativ neu oder technisch komplex sein oder der Ruf des Produkts muss ein wichtiger Faktor für die Nachfrage sein, da die Kunden sonst von vorhergehenden Käufen sehr gut wissen dürften, was sie benötigen. Außerdem muss es ein relativ hochwertiges Produkt sein, da es sich für den Kunden sonst nicht lohnt, sich erst in einem Geschäft über das Produkt zu informieren, um es dann in einem anderen zu kaufen. Schließlich darf es für den Anbieter nicht praktisch sein, allen Abnehmern durch Vertrag tatsächliche Verpflichtungen in Bezug auf verkaufsfördernde Maßnahmen oder Service aufzuerlegen.

Trittbrettfahren unter Anbietern beschränkt sich ferner auf ganz bestimmte Situationen, d. h. vor allem auf Fälle, in denen die verkaufsfördernden Maßnahmen in den Räumlichkeiten des Abnehmers stattfinden und allgemein (nicht markenspezifisch) sind.

b) „Erschließung neuer Märkte" bzw. „Einstieg in neue Märkte": Will ein Hersteller in einen neuen räumlichen Markt eintreten, also z. B. seine Produkte zum ersten Mal in ein anderes Land ausführen, so muss der Händler unter Umständen besondere Anlaufinvestitionen tätigen, um die betreffende Marke auf dem Markt einzuführen. Um einen Händler vor Ort von diesen Investitionen zu überzeugen, muss ihm der Hersteller gegebenenfalls einen Gebietsschutz gewähren, damit die Investitionen durch vorübergehend höhere Preise wieder hereingeholt werden können. Händler auf anderen Märkten sollten dann für einen begrenzten Zeitraum am Absatz auf dem neuen Markt gehindert werden (siehe auch Randnummer 61 in Abschnitt III.4). Hierbei handelt es sich um einen Sonderfall des unter Buchstabe a beschriebenen Trittbrettfahrer-Problems.

c) Lösung des „Problems der Gütesiegel-Trittbrettfahrer": In einigen Branchen haben bestimmte Einzelhändler den Ruf, nur Qualitätsprodukte zu führen. In bestimmten Fällen kann der Absatz über solche Einzelhändler für die Einführung eines neuen Produkts von entscheidender Bedeutung sein. Wenn der Hersteller seinen Absatz in der Anfangsphase nicht auf derartige Vorzeigegeschäfte beschränken kann, läuft er Gefahr, von der Beschaffungsliste gestrichen zu werden und mit der Produkteinführung zu scheitern. Deshalb kann es gerechtfertigt sein, vorüber-

[1] Ob die Verbraucher insgesamt tatsächlich von den zusätzlichen Verkaufsförderungsanstrengungen profitieren, hängt davon ab, ob die zusätzlichen verkaufsfördernden Maßnahmen informieren und überzeugen und damit vielen neuen Kunden zugutekommen oder ob sie hauptsächlich Kunden erreichen, die bereits wissen, was sie kaufen wollen, und für die die zusätzlichen verkaufsfördernden Maßnahmen nur eine Preiserhöhung bedeuten.

gehend eine Beschränkung in Form des Alleinvertriebs oder des selektiven Vertriebs für einen Zeitraum zuzulassen, der ausreicht, um die Einführung des neuen Produkts auf dem Markt zu gewährleisten, jedoch nicht so lang ist, dass eine weite Verbreitung verhindert würde. Derartige Vorteile lassen sich vorzugsweise mit sogenannten Erfahrungsgütern oder komplexen Produkten erreichen, für deren Kauf der Endverbraucher verhältnismäßig viel Geld ausgeben muss.

d) Lösung des sogenannten „,Hold-up'-Problems": In einigen Fällen muss der Anbieter oder der Abnehmer in kundenspezifische Maßnahmen wie Spezialausrüstungen oder Schulungen investieren. Dies gilt z. B. für einen Teilehersteller, der neue Maschinen und Werkzeuge bauen muss, um eine besondere Anforderung eines seiner Kunden zu erfüllen. Dabei werden die erforderlichen Investitionen gegebenenfalls erst zugesagt, wenn besondere Lieferregelungen getroffen worden sind.

Wie in den anderen Beispielen für Trittbrettfahrerei muss jedoch auch hier eine Reihe von Voraussetzungen erfüllt sein, damit die Gefahr einer unzureichenden Investition konkret oder erheblich ist. Erstens müssen die Investitionen vertragsspezifisch sein („relationship-specific investments"). Eine Anlage des Anbieters gilt nur dann als vertragsspezifisch, wenn der Anbieter sie nach Vertragsablauf nicht zur Belieferung anderer Kunden nutzen und nur mit hohem Verlust verkaufen kann. Eine Anlage des Abnehmers gilt nur dann als vertragsspezifisch, wenn der Abnehmer sie nach Vertragsablauf nicht zum Bezug und/oder zur Verwendung von Produkten anderer Anbieter nutzen und nur mit hohem Verlust verkaufen kann. Eine Investition ist somit vertragsspezifisch, wenn sie z. B. nur zur Herstellung eines markenspezifischen Teils oder zur Lagerung einer bestimmten Marke, nicht aber zur Herstellung oder zum Weiterverkauf alternativer Produkte gewinnbringend genutzt werden kann. Zweitens muss es sich um eine langfristige Investition handeln, die nicht kurzfristig wieder hereingeholt werden kann. Drittens muss die Investition asymmetrisch sein, d. h. die beteiligten Unternehmen investieren unterschiedlich hohe Beträge. Sind diese Voraussetzungen erfüllt, so gibt es in der Regel einen triftigen Grund für eine vertikale Beschränkung während des Zeitraums, der nötig ist, um die Investition abzuschreiben. Die angemessene vertikale Beschränkung wird ein Wettbewerbsverbot oder eine Mengenvorgabe sein, wenn die Investition vom Anbieter vorgenommen wird, bzw. ein Alleinvertriebsvereinbarung, eine mit Ausschließlichkeitsrechten verbundene Zuweisung von Kundengruppen oder eine Alleinbelieferungsvereinbarung, wenn die Investition vom Abnehmer getätigt wird.

e) Lösung des „,Hold-up'-Problems bei der Übertragung von wesentlichem Know-how": Einmal übertragenes Know-how kann nicht zurückgenommen werden; dennoch möchte der Übertragende verhindern, dass es zugunsten seiner Wettbewerber oder von seinen Wettbewerbern genutzt wird. Die Übertragung von Know-how, das dem Abnehmer nicht einfach zugänglich war sowie wesentlich und für die Durchführung der betreffenden Vereinbarung unerlässlich ist, kann eine Beschränkung in Form eines Wettbewerbsverbots rechtfertigen, die unter normalen Umständen nicht unter das Verbot des Artikels 101 Absatz 1 AEUV fallen würde.

f) Lösung des Problems der „vertikalen externen Auswirkungen": Möglicherweise kann ein Einzelhändler den Gewinn, den er mit seiner verkaufsfördernden Maßnahme erwirtschaftet, nicht ganz behalten, sondern muss ihn zum Teil an den Hersteller weitergeben. Von jedem Stück Ware, das ein Einzelhändler durch Senkung seines Weiterverkaufspreises oder durch verstärkte Verkaufsanstrengungen zusätzlich verkauft, profitiert der Hersteller, wenn sein Großhandelspreis über seinen Produktionsgrenzkosten liegt. Solche Maßnahmen des Einzelhändlers können somit positive externe Auswirkungen zugunsten des Herstellers haben, aus dessen Sicht der Einzelhändler möglicherweise zu hohe Preise verlangt und/oder zu geringe Verkaufsanstrengungen unternimmt. Die negativen externen Auswirkungen zu hoher Einzelhändlerpreise – auch als „Problem der doppelten Gewinnmaximierung" bekannt – können dadurch vermieden werden, dass dem Einzelhändler eine Obergrenze für den Weiterverkaufspreis vorgegeben wird. Zur Steigerung der Verkaufsanstrengungen des Einzelhändlers bieten sich der selektive Vertrieb, der Alleinvertrieb oder ähnliche Beschränkungen an[1].

g) „Größenvorteile beim Vertrieb": Ein Hersteller, der Größenvorteile erzielen und auf diese Weise den Einzelhandelspreis für sein Produkt senken möchte, wird möglicherweise versuchen, den Weiterverkauf seiner Produkte auf eine begrenzte Anzahl von Händlern zu beschränken. Dies könnte er über Vertragsklauseln erreichen, die einen Alleinvertrieb, Mengenvorgaben in Form von Mindestbezugsmengen, einen selektiven Vertrieb mit Mengenvorgaben oder einen Alleinbezug vorsehen.

h) „Unzulänglichkeiten der Kapitalmärkte": Die Bereitstellung von Kapital durch die üblichen Anbieter – Banken oder Aktienmärkte – kann unzulänglich sein, wenn deren Kenntnisse über die Bonität des Darlehensnehmers oder die Grundlagen zur Sicherung des Darlehens unzureichend sind. Der Abnehmer oder der Anbieter verfügt gegebenenfalls über bessere Informationen und – dank einer Geschäftsbeziehung mit Ausschließlichkeitsbindung – über zusätzliche Sicherheiten für seine Investitionen. Gewährt der Anbieter dem Abnehmer ein Darlehen, so kann es vorkommen, dass er ihm auch ein Wettbewerbsverbot oder eine Mengenvorgabe auferlegt. Umgekehrt kann der Abnehmer dem Anbieter ein Darlehen gewähren und dieses mit einer Alleinbelieferungspflicht oder Mengenvorgabe verbinden.

i) „Einheitlichkeit und Qualität": Vertikale Beschränkungen können auch zur Schaffung eines Markenimages beitragen, indem den Händlern bestimmte Standards zur Sicherung der Produkteinheitlichkeit und -qualität auferlegt werden, und damit die Attraktivität des Produkts für den Endverbraucher erhöhen und seinen Absatz steigern. Dies ist z. B. bei selektivem Vertrieb und Franchising der Fall.

(108) Die unter Randnummer 107 beschriebenen neun Situationen machen deutlich, dass vertikale Vereinbarungen unter bestimmten Voraussetzungen geeignet sind, einen Beitrag zur Erzielung von Effizienzgewinnen und zur Erschließung neuer Märkte zu leisten, der etwaige negative Auswirkungen aufwiegen kann. Dies gilt insbesondere für vertikale Beschränkungen von begrenzter Dauer, die die Einführung neuer komplexer Produkte erleichtern oder bestimmte vertragsspezifische Investitionen schützen helfen. Eine vertikale Beschränkung muss manchmal so lange aufrechterhalten werden, wie der Anbieter den Abnehmer mit seinem Produkt beliefert (siehe insbesondere die unter Randnummer 107 unter den Buchstaben a, e, f, g und i beschriebenen Situationen).

(109) Die verschiedenen Formen vertikaler Beschränkungen sind in hohem Maße austauschbar, so dass ein und dasselbe Effizienzproblem durch verschiedene vertikale Beschränkungen gelöst werden kann. So lassen sich z. B. Größenvorteile im Vertrieb erreichen, indem man auf den Alleinvertrieb, den selektiven Vertrieb, Mengenvorgaben oder den Alleinbezug zurückgreift. Jedoch können die negativen Auswirkungen auf den Wettbewerb je nach gewählter vertikaler Beschränkung unterschiedlich sein, was bei der Klärung der Frage eine Rolle spielt, ob eine Beschränkung im Sinne des Artikels 101 Absatz 3 AEUV unerlässlich ist.

1.3. Prüfungsmethoden

(110) Die Prüfung vertikaler Beschränkungen umfasst grundsätzlich die folgenden vier Schritte[2]:

---

[1] Siehe jedoch vorige Fußnote.

[2] Diese Schritte sind allerdings nicht als rechtliche Argumentation gedacht, der die Kommission in dieser Reihenfolge folgen muss, um zu einer Entscheidung zu gelangen.

a) Zunächst müssen die beteiligten Unternehmen die Anteile des Anbieters und des Abnehmers auf den Märkten, auf denen sie die Vertragsprodukte (weiter)verkaufen bzw. beziehen, ermitteln.
b) Liegt weder der Anteil des Anbieters noch der Anteil des Abnehmers am relevanten Markt über der 30%- Schwelle, so fällt die betreffende vertikale Vereinbarung unter die GVO, sofern sie keine der in der GVO aufgeführten Kernbeschränkungen oder nicht freigestellten Beschränkungen enthält.
c) Beträgt der Anteil des Anbieters und/oder des Abnehmers am relevanten Markt mehr als 30%, so ist zu prüfen, ob die vertikale Vereinbarung unter Artikel 101 Absatz 1 AEUV fällt.
d) Ist dies der Fall, so muss untersucht werden, ob die vertikale Vereinbarung die Voraussetzungen für eine Freistellung nach Artikel 101 Absatz 3 AEUV erfüllt.

1.3.1. Faktoren, die für die Prüfung nach Artikel 101 Absatz 1 AEUV relevant sind

(111) In Fällen, in denen die Marktanteilsschwelle von 30% überschritten wird, führt die Kommission eine vollständige wettbewerbsrechtliche Untersuchung durch. Für die Klärung der Frage, ob eine vertikale Vereinbarung zu einer spürbaren Beschränkung des Wettbewerbs im Sinne des Artikels 101 Absatz 1 AEUV führt, sind insbesondere die nachstehenden Faktoren maßgebend:

a) Art der Vereinbarung;
b) Marktstellung der beteiligten Unternehmen;
c) Marktstellung der Wettbewerber;
d) Marktstellung der Abnehmer der Vertragsprodukte;
e) Marktzutrittsschranken;
f) Marktreife;
g) Handelsstufe;
h) Beschaffenheit des Produkts;
i) sonstige Faktoren.

(112) Das Gewicht der einzelnen Faktoren kann von Fall zu Fall schwanken und hängt von allen übrigen Faktoren ab. Während z. B. ein hoher Marktanteil der beteiligten Unternehmen in der Regel ein guter Indikator für Marktmacht ist, muss ein hoher Anteil an Märkten mit niedrigen Zutrittsschranken nicht unbedingt auf Marktmacht hindeuten. Deshalb ist es nicht möglich, feste Regeln für die Gewichtung der einzelnen Faktoren aufzustellen.

(113) Da vertikale Vereinbarungen sehr unterschiedlich gestaltet sein können, muss die Art der Vereinbarung anhand der in ihr enthaltenen Beschränkungen, ihrer Laufzeit und des Prozentsatzes der von den Beschränkungen betroffenen Gesamtverkäufe auf dem Markt geprüft werden. Dabei darf die Prüfung nicht auf den Wortlaut der Vereinbarung beschränkt bleiben. Das Vorliegen impliziter Beschränkungen kann z. B. daraus abgeleitet werden, wie die Vereinbarung von den beteiligten Unternehmen umgesetzt wird und welche Anreize sie ihnen bietet.

(114) Die Marktstellung der beteiligten Unternehmen ist ein Anhaltspunkt dafür, in welchem Maße der Anbieter, der Abnehmer oder beide über Marktmacht verfügen. Je größer ihr Marktanteil, desto ausgeprägter wird auch ihre Marktmacht sein. Dies gilt insbesondere, wenn sich im Marktanteil Kostenvorteile oder andere Wettbewerbsvorteile gegenüber Wettbewerbern niederschlagen. Solche Wettbewerbsvorteile können sich beispielsweise aus einer Vorreiterrolle auf dem Markt (z. B. Erstanbieter mit Standortvorteil), wichtigen Patenten, überlegener Technologie, Markenführerschaft oder einer überlegenen Produktpalette ergeben.

(115) Dieselben Indikatoren – Marktanteil und mögliche Wettbewerbsvorteile – werden auch zur Ermittlung der Marktstellung konkurrierender Unternehmen herangezogen. Je stärker und je zahlreicher die Wettbewerber, desto geringer die Ge-

fahr, dass die an der Vereinbarung beteiligten Unternehmen einzeln Marktmacht ausüben und den Markt abschotten oder den Wettbewerb aufweichen können. Es ist auch zu prüfen, ob die Wettbewerber über wirksame und zeitnahe Gegenstrategien verfügen, auf die sie bei Bedarf zurückgreifen würden. Dagegen kann ein Markt, in dem die Konkurrenz aus verhältnismäßig wenigen Unternehmen besteht, die in Bezug auf Größe, Kosten, FuE-Potenzial usw. etwa gleich stark sind, ein höheres Kollusionsrisiko mit sich bringen. Schwankende Marktanteile oder Marktanteile, die sich abrupt ändern, deuten im Allgemeinen auf intensiven Wettbewerb hin.

(116) Die Marktstellung der Kunden der an der Vereinbarung beteiligten Unternehmen lässt darauf schließen, ob einer oder mehrere dieser Kunden über Nachfragemacht verfügen. Auch hier ist die erste Messgröße der Marktanteil des Kunden auf dem Beschaffungsmarkt. Dieser Anteil spiegelt die Bedeutung seiner Nachfrage für in Frage kommende Anbieter wider. Andere Bezugsgrößen betreffen die Stellung des Kunden auf seinem Weiterverkaufsmarkt und schließen Merkmale wie eine weite räumliche Verbreitung seiner Verkaufsstätten, Eigenmarken einschließlich Händlermarken und sein Markenimage bei den Endverbrauchern mit ein. Unter bestimmten Umständen kann die Nachfragemacht die beteiligten Unternehmen daran hindern, Marktmacht auszuüben, und damit ein anderenfalls bestehendes Wettbewerbsproblem lösen. Dies gilt insbesondere, wenn starke Kunden die Möglichkeit und den Anreiz haben, im Falle einer geringen, aber stetigen Erhöhung der relativen Preise neue Bezugsquellen auf den Markt zu bringen. Wenn die nachfragestarken Kunden lediglich günstige Bedingungen für sich selbst aushandeln oder Preissteigerungen an ihre Kunden weitergeben, verhindert ihre Stellung nicht die Ausübung von Marktmacht durch die an der Vereinbarung beteiligten Unternehmen.

(117) Marktzutrittsschranken werden daran gemessen, inwieweit etablierte Unternehmen ihren Preis über das Niveau des Marktpreises anheben können, ohne den Einstieg neuer Anbieter in den Markt zu provozieren. Ohne Marktzutrittsschranken würden solche Preissteigerungen und die damit verbundenen Gewinne durch den leicht und rasch möglichen Marktzutritt anderer Unternehmen zunichtegemacht. Die Zutrittsschranken können in der Regel als niedrig eingestuft werden, wenn innerhalb von ein bis zwei Jahren mit einem erfolgreichen Markteinstieg zu rechnen ist, der die Ausübung von Marktmacht verhindert oder erschwert. Marktzutrittsschranken können sich aus einer Vielzahl von Faktoren ergeben, z. B. aus Größen- und Verbundvorteilen, staatlichen Vorschriften (vor allem in Bezug auf die Festlegung ausschließlicher Rechte), staatlichen Beihilfen, Einfuhrzöllen, Rechten des geistigen Eigentums, Eigentum an Ressourcen, bei denen das Angebot aufgrund natürlicher Gegebenheiten knapp ist[1], wesentlichen Einrichtungen, Erstanbietervorteilen oder durch eine durch langfristige massive Werbung erwirkte Markentreue der Verbraucher. Vertikale Beschränkungen und die Einbindung in einen Vertikalkonzern können ebenfalls wie eine Schranke wirken, die den Marktzutritt erschwert und (potenzielle) Wettbewerber ausschließt. Marktzutrittsschranken kann es auf der Anbieter- oder auf der Abnehmerebene oder auf beiden Ebenen gleichzeitig geben. Die Antwort auf die Frage, ob der eine oder andere Faktor als Zutrittsschranke einzustufen ist, hängt vor allem davon ab, ob damit versunkene Kosten („sunk costs") verbunden sind. Hierbei handelt es sich um Kosten, die ein Unternehmen zu tragen hat, das in einen Markt eintritt oder auf einem Markt tätig ist, die aber unwiederbringlich sind, wenn das Unternehmen aus dem Markt austritt. Zu diesen Kosten zählen Werbeaufwendungen zur Bindung der Verbraucher an eine bestimmte Marke, es sei denn, das aus dem Markt ausscheidende Unternehmen kann seinen Markennamen ohne Verlust verkaufen oder anderweitig verwenden. Je höher die versunkenen Kosten, desto

[1] Siehe Entscheidung 97/26/EG der Kommission in der Sache IV/M.619 – Gencor/Lonrho, ABl. L 11 vom 14.1.1997, S. 30.

sorgfältiger müssen potenzielle neue Anbieter die mit dem Marktzutritt verbundenen Risiken erwägen und umso plausibler können die auf dem Markt etablierten Unternehmen behaupten, es mit den neuen Konkurrenten aufnehmen zu können, da ein Marktaustritt der neuen Wettbewerber aufgrund dieser Kosten sehr teuer würde. Sind z. B. Händler durch ein Wettbewerbsverbot an einen Hersteller gebunden, so kommt die Abschottung stärker zum Tragen, wenn der potenzielle Konkurrent für den Aufbau eines eigenen Vertriebsnetzes versunkene Kosten zu tragen hat. Grundsätzlich ist jeder Marktzutritt mit versunkenen Kosten verbunden, die jedoch unterschiedlich hoch ausfallen können. Deshalb wird bei der wettbewerbsrechtlichen Prüfung ein bestehender Wettbewerb in der Regel als wirksamer und gewichtiger eingestuft als potenzieller Wettbewerb.

(118) Ein reifer Markt ist ein Markt, der schon seit Längerem besteht, auf dem die angewandten Techniken bekannt und weitverbreitet sind und im Wesentlichen unverändert bleiben, auf dem keine wichtigen Markenneuerungen stattfinden und die Nachfrage relativ stabil ist oder zurückgeht. Auf solchen Märkten sind negative Auswirkungen wahrscheinlicher als auf dynamischeren Märkten.

(119) Bei der Handelsstufe ist zu unterscheiden, ob es sich um Zwischen- oder Endprodukte (Waren und Dienstleistungen) handelt. Zwischenprodukte werden an Unternehmen verkauft, die sie als Vorleistung für andere Waren oder Dienstleistungen einsetzen. Sie sind im Endprodukt in der Regel nicht wiederzuerkennen. Die Abnehmer von Zwischenprodukten sind üblicherweise gut informierte Kunden, die die Qualität eines Produkts beurteilen können und deshalb weniger auf Marke oder Image achten. Endprodukte dagegen werden direkt oder indirekt an Endverbraucher verkauft, für die Marken oder Imagefragen oft wichtiger sind. Da Händler (Groß- oder Einzelhändler) den Bedarf der Endverbraucher befriedigen müssen, kann der Wettbewerb stärker beeinträchtigt werden, wenn sie vom Verkauf einer oder mehrerer Marken ausgeschlossen werden, als wenn Abnehmer von Zwischenprodukten daran gehindert werden, konkurrierende Produkte von bestimmten Anbietern zu kaufen.

(120) Insbesondere auf der Ebene der Endprodukte spielt die Beschaffenheit des Produkts bei der Würdigung der zu erwartenden negativen und positiven Auswirkungen eine wichtige Rolle. Bei der Ermittlung der wahrscheinlichen negativen Auswirkungen auf den Wettbewerb ist von Bedeutung, ob die Produkte auf dem betreffenden Markt eher gleichartig oder verschiedenartig sind, ob sie teuer sind und das Budget des Verbrauchers stark belasten oder ob sie billig sind und ob es sich um Produkte handelt, die nur einmal oder wiederholt bezogen werden. Vertikale Beschränkungen dürften eher negative Auswirkungen haben, wenn das Produkt heterogen und billig ist und nur einmal gekauft wird.

(121) Bei der Würdigung einzelner Beschränkungen müssen aber auch noch andere Faktoren berücksichtigt werden. So ist u. a. zu prüfen, ob die Vereinbarung in Verbindung mit anderen gleichartigen Vereinbarungen den Markt abschottet (kumulative Wirkung), ob sie „erzwungen" (im Wesentlichen unterliegt nur ein Unternehmen den Beschränkungen oder Verpflichtungen) oder „vereinbart" wurde (beide Unternehmen stimmen Beschränkungen oder Verpflichtungen zu), welche gesetzlichen Bestimmungen gelten und ob ein Verhalten vorliegt, das auf Kollusion in Form einer Preisführerschaft, einer Vorankündigung von Preisänderungen und einer Diskussion über den „richtigen" Preis hindeutet oder diese erleichtern könnte, ob die Preise infolge überschüssiger Kapazitäten starr sind, ob Preisdiskriminierung betrieben wird und ob es in der Vergangenheit zu Kollusion kam.

1.3.2. Faktoren, die für die Prüfung nach Artikel 101 Absatz 3 AEUV relevant sind

(122) Wettbewerbsbeschränkende vertikale Vereinbarungen können auch in Form von Effizienzgewinnen wettbewerbsfördernde Auswirkungen haben, die die wettbewerbswidrigen Auswirkungen überwiegen. Diese Prüfung wird im Rahmen des Artikels 101 Absatz 3 AEUV vorgenommen, der eine Ausnahmeregelung zum Verbot des Artikels 101 Absatz 1 AEUV darstellt. Damit diese Ausnahmeregelung zur Anwendung kommt, müssen aus der vertikalen Vereinbarung objektive wirtschaftliche Vorteile hervorgehen, müssen die Wettbewerbsbeschränkungen für das Erzielen von Effizienzgewinnen unerlässlich sein, müssen die Verbraucher angemessen an den Effizienzgewinnen beteiligt sein und darf die Vereinbarung den beteiligten Unternehmen nicht die Möglichkeit eröffnen, für einen wesentlichen Teil der betreffenden Waren den Wettbewerb auszuschalten[1].

(123) Die Prüfung nach Artikel 101 Absatz 3 AEUV erfolgt in dem konkreten Zusammenhang der wettbewerbsbeschränkenden Vereinbarungen[2] und auf der Grundlage des zu einem bestimmten Zeitpunkt gegebenen Sachverhalts. Wesentliche Änderungen des Sachverhalts werden bei der Prüfung berücksichtigt. Die Ausnahmeregelung des Artikels 101 Absatz 3 AEUV findet Anwendung, solange die vier Voraussetzungen erfüllt sind, und findet keine Anwendung mehr, wenn dies nicht mehr der Fall ist[3]. Bei der Anwendung des Artikels 101 Absatz 3 AEUV im Einklang mit diesen Grundsätzen sind auch die Investitionen der beteiligten Unternehmen zu berücksichtigen sowie der Zeitaufwand und die Beschränkungen, die für eine effizienzsteigernde Investition und deren Amortisierung erforderlich sind.

(124) Die erste Voraussetzung des Artikels 101 Absatz 3 AEUV erfordert eine Prüfung der durch die Vereinbarung entstehenden objektiven Effizienzgewinne. Wie in Abschnitt 1.2 erläutert, können vertikale Vereinbarungen häufig zur Erzielung von Effizienzgewinnen beitragen, indem sie die Art und Weise verbessern, wie die beteiligten Unternehmen ihre einander ergänzenden Tätigkeiten ausüben.

(125) Bei der Prüfung der Unerlässlichkeit im Sinne des Artikels 101 Absatz 3 AEUV wird die Kommission insbesondere untersuchen, ob einzelne Beschränkungen es möglich machen, die Herstellung, den Bezug und/oder den (Weiter-)Verkauf der Vertragsprodukte effizienter zu gestalten, als dies ohne die betreffende Beschränkung der Fall wäre. Dabei ist den Marktverhältnissen und den Umständen, mit denen die beteiligten Unternehmen konfrontiert sind, Rechnung zu tragen. Unternehmen, die sich auf Artikel 101 Absatz 3 AEUV berufen, brauchen nicht auf hypothetische oder theoretische Alternativen einzugehen. Sie müssen jedoch darlegen und nachweisen, warum offensichtlich realistische und deutlich weniger restriktiv erscheinende Alternativen erheblich weniger effizient wären. Würde eine Alternative, die wirtschaftlich realistisch und weniger restriktiv erscheint, zu erheblichen Effizienzeinbußen führen, so wird die fragliche Beschränkung als unerlässlich betrachtet.

(126) Die Voraussetzung, dass die Verbraucher angemessen an den Effizienzgewinnen beteiligt sein müssen, impliziert, dass die Verbraucher der Produkte, die im Rahmen der vertikalen Vereinbarung bezogen und/oder (weiter)verkauft werden, zumindest einen Ausgleich für die negativen Auswirkungen der Vereinbarung erhal-

---

[1] Siehe die Bekanntmachung der Kommission – Leitlinien zur Anwendung von Artikel 81 Absatz 3 EG-Vertrag, ABl. C 101 vom 27.4.2004, S. 97.

[2] Siehe Urteil des Gerichtshofs vom 17. September 1985 in den verbundenen Rs. 25/84 und 26/84, Ford, 2725.

[3] Siehe hierzu beispielsweise die Entscheidung 1999/242/EG der Kommission in der Sache (Sache Nr. IV/36.237 – TPS), ABl. L 90 vom 2.4.1999, S. 6. Ebenso gilt das Verbot des Artikels 101 Absatz 1 AEUV nur so lange, wie die Vereinbarung eine Wettbewerbsbeschränkung bezweckt oder bewirkt.

ten müssen[1]. Dies bedeutet, dass die Effizienzgewinne etwaige negative Auswirkungen der Vereinbarung auf Preise, Produktion und andere relevante Faktoren in vollem Umfang ausgleichen müssen.

(127) Die letzte Voraussetzung des Artikels 101 Absatz 3 AEUV, nach der die Vereinbarung den beteiligten Unternehmen keine Möglichkeiten eröffnen darf, für einen wesentlichen Teil der betreffenden Waren den Wettbewerb auszuschalten, setzt eine Untersuchung des noch vorhandenen Wettbewerbsdrucks auf den Markt und der Auswirkungen der Vereinbarung auf solche Wettbewerbsquellen voraus. Bei der Prüfung der letzten Voraussetzung des Artikels 101 Absatz 3 AEUV muss der Zusammenhang zwischen Artikel 101 Absatz 3 AEUV und Artikel 102 AEUV berücksichtigt werden. Nach ständiger Rechtsprechung darf die Anwendung von Artikel 101 Absatz 3 AEUV der Anwendung von Artikel 102 AEUV nicht entgegenstehen[2]. Da sowohl Artikel 101 als auch Artikel 102 AEUV das Ziel verfolgen, einen wirksamen Wettbewerb auf dem Markt aufrechtzuerhalten, ist Artikel 101 Absatz 3 AEUV im Interesse der Kohärenz so auszulegen, dass jede Anwendung der Ausnahmeregelung auf wettbewerbsbeschränkende Vereinbarungen, die als Missbrauch einer marktbeherrschenden Stellung anzusehen sind, ausgeschlossen wird[3]. Die vertikale Vereinbarung darf den wirksamen Wettbewerb nicht ausschalten, indem alle bzw. fast alle bestehenden Quellen tatsächlichen oder potenziellen Wettbewerbs ausgeschlossen werden. Die Konkurrenz zwischen Unternehmen ist ein wichtiger Faktor wirtschaftlicher Effizienz, u. a. auch für dynamische Effizienzgewinne in Form von Innovationen. Ohne sie hätte das marktbeherrschende Unternehmen keinen Anreiz, sich um Effizienzgewinne zu bemühen und diese weiterzugeben. Gibt es keinen Restwettbewerb und droht in absehbarer Zeit kein Markteintritt, wird dem Schutz der Konkurrenz und des Wettbewerbsprozesses Vorrang vor möglichen Effizienzgewinnen eingeräumt. Eine wettbewerbsbeschränkende Vereinbarung, die eine marktbeherrschende, monopolähnliche Stellung aufrechterhält, schafft oder verstärkt, kann normalerweise nicht mit damit einhergehenden Effizienzgewinnen gerechtfertigt werden.

2. Prüfung bestimmter vertikaler Beschränkungen

(128) Die häufigsten vertikalen Beschränkungen und Kombinationen aus vertikalen Beschränkungen werden nachstehend mit Hilfe der in den Randnummern 96 bis 127 dargelegten Kriterien erläutert. Es gibt andere Beschränkungen und Kombinationen, auf die in diesen Leitlinien nicht weiter eingegangen wird. Sie werden jedoch nach denselben Grundsätzen behandelt und auf ihre Auswirkungen auf den Markt hin geprüft.

---

[1] Siehe Bekanntmachung der Kommission – Leitlinien zur Anwendung von Artikel 81 Absatz 3 EG Vertrag, ABl. C 101 vom 27.4.2004, S. 97, Randnr. 85.

[2] Siehe Urteil des Gerichtshofs vom 16. März 2000 in den verbundenen Rs. C-395/96 P und C-396/96 P, Compagnie Maritime Belge, I- 1365, Randnr. 130. Ebenso wenig verhindert die Anwendung von Artikel 101 Absatz 3 AEUV die Anwendung der Vertragsbestimmungen des AEUV über den freien Waren-, Dienstleistungs-, Personen- und Kapitalverkehr. Diese Bestimmungen lassen sich unter bestimmten Umständen auf Vereinbarungen, Beschlüsse und abgestimmte Verhaltensweisen im Sinne des Artikels 101 Absatz 1 AEUV anwenden. Siehe hierzu Urteil des Gerichtshofs vom 19. Februar 2002 in der Rs. C-309/99, Wouters, I-1577, Randnr. 120.

[3] Siehe hierzu Urteil des Gerichts vom 10. Juli 1990 in der Rs. T- 51/89, Tetra Pak (I), II-309. Siehe auch Bekanntmachung der Kommission – Leitlinien zur Anwendung von Artikel 81 Absatz 3 EG- Vertrag, ABl. C 101 vom 27.4.2004, S. 97.

2.1. Markenzwang

(129) Unter die Bezeichnung „Markenzwang" fallen Vereinbarungen, deren zentrales Element darin besteht, dass der Abnehmer verpflichtet ist oder veranlasst wird, seine Bestellungen für ein bestimmtes Produkt auf einen Anbieter zu konzentrieren. Dieses Element findet sich u. a. in Wettbewerbsverboten und Mengenvorgaben für den Abnehmer wieder. Einer Abmachung mit Wettbewerbsverbot liegt die Verpflichtung bzw. eine Anreizregelung zugrunde, die den Abnehmer veranlasst, mehr als 80% seines Bedarfs auf einem bestimmten Markt bei einem einzigen Anbieter zu decken. Dies bedeutet nicht, dass der Abnehmer nur direkt von dem betreffenden Anbieter beziehen kann, sondern vielmehr, dass er keine konkurrierenden Waren oder Dienstleistungen kaufen, weiterverkaufen oder in eigene Produkte einbauen darf. Mengenvorgaben sind eine schwächere Form des Wettbewerbsverbots; sie bewirken, dass der Abnehmer seinen Bedarf aufgrund von Anreizen oder Verpflichtungen, die er mit dem Anbieter vereinbart hat, weitgehend bei einem Anbieter deckt. Erscheinungsformen sind u. a. Mindestbezugsanforderungen, Auflagen für die Lagerhaltung oder eine nichtlineare Preisfestsetzung wie bedingte Rabatte oder zweiteilige Tarife (Grundgebühr und variable Preiskomponente). Die sogenannte „englische Klausel", die den Abnehmer verpflichtet, ein günstigeres Angebot zu melden und darauf nur einzugehen, wenn der bindende Anbieter nicht in das günstigere Angebot des Dritten eintritt, dürfte die gleiche Wirkung wie ein Markenzwang haben, und zwar vor allem dann, wenn der Abnehmer den Namen des günstigeren Anbieters preisgeben muss.

(130) Markenzwang kann zur Abschottung des Marktes gegenüber konkurrierenden oder potenziellen Abnehmern führen, den Wettbewerb aufweichen und Kollusion unter Anbietern, die gleichartige Vereinbarungen handhaben (kumulative Wirkung) erleichtern und, sollte es sich beim Anbieter um einen Wiederverkäufer handeln, der die Endverbraucher bedient, zu einem Verlust an Markenwettbewerb führen. Alle diese wettbewerbsbeschränkenden Szenarien wirken sich unmittelbar auf den Markenwettbewerb aus.

(131) Markenzwang ist nach der GVO freigestellt, wenn sowohl der Marktanteil des Anbieters als auch der Marktanteil des Abnehmers nicht mehr als 30% beträgt und das Wettbewerbsverbot auf fünf Jahre befristet ist. Jenseits der genannten Marktanteilsschwelle und Wettbewerbsverbotsdauer gelten für die Würdigung individueller Fälle die Erwägungen im nachstehenden Teil dieses Abschnitts.

(132) Vereinbarungen mit Markenzwang für einen bestimmten Anbieter können insbesondere dann zu einer wettbewerbswidrigen Marktabschottung führen, wenn ohne diese Bindung erheblicher Wettbewerbsdruck von Wettbewerbern ausgeht, die zum Zeitpunkt der Vereinbarung der Bezugsbindung entweder noch nicht auf dem Markt vertreten sind oder aber den Kunden noch nicht das gesamte benötigte Angebot bieten können. So ist denkbar, dass Wettbewerber nicht den gesamten Bedarf eines Kunden decken können, weil der betreffende Anbieter zumindest für einen Teil der Nachfrage am Markt ein unvermeidlicher Handelspartner ist, weil etwa seine Marke bei vielen Endverbrauchern besonders beliebt ist („Must Stock Item") oder weil die Kapazitäten der anderen Anbieter so knapp sind, dass ein Teil der Nachfrage nur von dem betreffenden Anbieter gedeckt werden kann[1]. Die „Marktstellung des Anbieters" ist somit für die Würdigung wettbewerbswidriger Auswirkungen, die von Vereinbarungen mit Markenzwang ausgehen, von zentraler Bedeutung.

(133) Können hingegen die Wettbewerber unter gleichen Bedingungen um die gesamte Nachfrage jedes einzelnen Kunden konkurrieren, wird der wirksame Wettbewerb in der Regel durch Vereinbarungen mit Markenzwang nicht beeinträchtigt,

---

[1] Urteil des Gerichts vom 23. Oktober 2003 in der Rs. T-65/98, Van den Bergh Foods/Kommission, II 4653, Randnrn. 104 und 156.

es sei denn, den Abnehmern wird der Anbieterwechsel durch die Marktabdeckung und die Dauer dieser Vereinbarungen mit Markenzwang erschwert. Je höher die Bindungsquote (der Marktanteil der Produkte, die aufgrund eines Markenzwangs abgesetzt werden) ist, desto ausgeprägter dürfte die Marktabschottung ausfallen. Das gleiche gilt für die Laufzeit der Vereinbarungen mit Markenzwang. Bei Vereinbarungen mit Markenzwang von einer Dauer von weniger als einem Jahr, die von Unternehmen in nicht marktbeherrschender Stellung gehandhabt werden, wird grundsätzlich angenommen, dass diese unter dem Strich keine spürbaren wettbewerbswidrigen Auswirkungen haben. Bei Vereinbarungen mit Markenzwang von einer Dauer von ein bis fünf Jahren, die Unternehmen in nicht marktbeherrschender Stellung anwenden, ist gewöhnlich eine sorgfältige Gegenüberstellung der wettbewerbsfördernden und -widrigen Auswirkungen erforderlich. Beträgt die Dauer mehr als fünf Jahre, ist davon auszugehen, dass die Verbote bei den meisten Investitionsarten nicht als für die Erzielung der behaupteten Effizienzgewinne erforderlich betrachtet werden bzw. dass diese Gewinne nicht ausreichen, um die Abschottungswirkung zu kompensieren. Die Wahrscheinlichkeit einer wettbewerbswidrigen Marktabschottung aufgrund von Vereinbarungen mit Markenzwang steigt, wenn marktbeherrschende Unternehmen beteiligt sind.

(134) Bei der Würdigung der Marktmacht des Anbieters muss die „Marktstellung der Wettbewerber" in Betracht gezogen werden. Bei hinreichend zahlreichen und starken Wettbewerbern ist nicht mit spürbaren wettbewerbswidrigen Wirkungen zu rechnen. Ein Marktausschluss von Wettbewerbern, die eine vergleichbare Marktstellung einnehmen und die ähnlich attraktive Produkte anbieten können, ist eher unwahrscheinlich. In einem solchen Fall könnte es allerdings zum Ausschluss potenzieller neuer Anbieter kommen, wenn nämlich mehrere große Anbieter mit ihren Abnehmern Verträge schließen, die einen Markenzwang enthalten (kumulative Wirkung). Unter diesen Bedingungen könnten Vereinbarungen mit Markenzwang auch die Kollusion unter konkurrierenden Anbietern erleichtern. Fallen die Vereinbarungen dieser Anbieter jeweils für sich genommen unter die Gruppenfreistellung, so kann es erforderlich sein, die Freistellung zu entziehen, um die nachteilige kumulative Wirkung zu beseitigen. Sind weniger als 5% des Marktes durch die betreffende Vereinbarung gebunden, ist im Allgemeinen nicht von einem spürbaren Beitrag zur kumulativen Abschottungswirkung auszugehen.

(135) Beträgt der Marktanteil des größten Anbieters weniger als 30% und decken die fünf größten Anbieter zusammen weniger als 50% des Marktes ab, ist eine einfache oder kumulative wettbewerbswidrige Wirkung unwahrscheinlich. Gelingt es einem potenziellen Wettbewerber nicht, in den Markt einzusteigen und rentabel zu wirtschaften, dürfte dies auf andere Faktoren als Markenzwang (z. B. Präferenzen der Verbraucher) zurückzuführen sein.

(136) „Marktzutrittsschranken" sind ein wichtiger Aspekt bei der Prüfung, ob ein Markt tatsächlich abgeschottet wird. Wenn es für konkurrierende Anbieter relativ einfach ist, neue oder andere Abnehmer für ihr Produkt zu finden, ist eine Marktabschottung eher unwahrscheinlich. Häufig bestehen aber sowohl auf der Produktions- als auch auf der Vertriebsebene erhebliche Marktzutrittsschranken.

(137) „Gegengewichtige Marktmacht" ist insofern von Belang, als einflussreiche Abnehmer sich nicht ohne weiteres von Bezugsquellen für konkurrierende Waren oder Dienstleistungen abschneiden lassen. Um die Kunden zu überzeugen, einem Markenzwang zuzustimmen, muss der Anbieter sie unter Umständen ganz oder teilweise für den Wettbewerbsnachteil entschädigen, der ihnen durch die Ausschließlichkeitsbindung entsteht. Wird ein solcher Ausgleich gewährt, kann es für den einzelnen Kunden von Interesse sein, mit dem Anbieter einen solchen Markenzwang einzugehen. Dies bedeutet jedoch keineswegs, dass alle Vereinbarungen mit Markenzwang allen Kunden auf dem betreffenden Markt und den Endverbrauchern zum Vorteil gereichen. Dies wird vor allem dann unwahrscheinlich Fall sein,

wenn es viele Kunden gibt und alle Vereinbarungen mit Markenzwang zusammengenommen den Markteintritt bzw. die Expansion konkurrierender Unternehmen verhindern.

(138) Schließlich ist die „Handelsstufe“ von Belang. Bei Zwischenprodukten ist eine Marktabschottung weniger wahrscheinlich. Handelt es sich bei dem Anbieter eines Zwischenprodukts nicht um ein Unternehmen in marktbeherrschender Stellung, so bleibt den Wettbewerbern ein erheblicher Teil „ungebundener“ Nachfrage. Bei einer kumulativen Wirkung kann auch dann eine wettbewerbswidrige Abschottungswirkung entstehen, wenn keine marktbeherrschende Stellung gegeben ist. Eine kumulative Wirkung ist unwahrscheinlich, solange weniger als 50% des Marktes gebunden sind.

(139) Betrifft eine Vereinbarung die Lieferung eines Endprodukts auf der Großhandelsstufe, so hängt die Wahrscheinlichkeit eines Wettbewerbsproblems weitgehend von der Art des Großhandels und den Marktzutrittsschranken im Großhandel ab. Es besteht keine konkrete Abschottungsgefahr, wenn konkurrierende Hersteller problemlos einen eigenen Großhandelsbetrieb aufbauen können. Die Höhe der Zutrittsschranken hängt teilweise von der Art des Großhandels ab, d. h. von der Frage, ob Großhändler allein mit dem Produkt, das Gegenstand der Vereinbarung ist (z. B. Speiseeis), rentabel wirtschaften können, oder ob es für sie einträglicher wäre, eine ganze Palette von Produkten (z. B. Tiefkühlprodukte generell) zu anzubieten. Im letzteren Fall ist es der Aufbau einer eigenen Großhandelsorganisation für einen Hersteller, der nur ein Produkt anbietet, unwirtschaftlich. Unter solchen Umständen kann es durchaus zu wettbewerbswidrigen Auswirkungen kommen. Zusätzlich können kumulative Wirkungen auftreten, wenn mehrere Anbieter die Mehrheit der verfügbaren Großhändler binden.

(140) Bei Endprodukten ist eine Abschottung im Allgemeinen eher auf der Einzelhandelsstufe wahrscheinlich, da Hersteller, die Verkaufsstätten ausschließlich zum Absatz ihrer eigenen Produkte einrichten wollen, erhebliche Marktzutrittsschranken zu überwinden haben. Außerdem können Vereinbarungen mit Markenzwang im Einzelhandel einen Rückgang beim Markenwettbewerb in den Verkaufsstätten bewirken. Aus diesen Gründen können sich für Endprodukte auf der Einzelhandelsebene spürbare wettbewerbswidrige Auswirkungen ergeben, wenn unter Berücksichtigung aller übrigen maßgeblichen Faktoren ein nicht marktbeherrschender Anbieter 30% des relevanten Marktes oder mehr durch entsprechende Vereinbarungen an sich bindet. Bei einem marktbeherrschenden Unternehmen kann bereits die Bindung eines bescheidenen Teils des Marktes erhebliche wettbewerbswidrige Wirkungen nach sich ziehen.

(141) Auch auf der Einzelhandelsstufe kann es zu einer kumulativen Abschottung kommen. Liegt der Marktanteil eines jeden Anbieters unter 30%, ist eine kumulative wettbewerbswidrige Wirkung unwahrscheinlich, wenn insgesamt weniger als 40% des Marktes durch die Vereinbarungen gebunden sind; in einem solchen Fall ist ein Entzug des Rechtsvorteils der GVO unwahrscheinlich. Der genannte Wert kann auch höher ausfallen, wenn noch andere Faktoren wie die Anzahl der Wettbewerber, Marktzutrittsschranken usw. berücksichtigt werden. Liegt der Marktanteil einzelner Unternehmen über der in der GVO festgelegten Schwelle und nimmt kein Unternehmen eine beherrschende Stellung ein, so ist eine kumulative wettbewerbswidrige Abschottungswirkung unwahrscheinlich, wenn insgesamt weniger als 30% des gesamten Marktes gebunden sind.

(142) Betreibt der Abnehmer seine Geschäfte in Räumlichkeiten und auf Grundstücken, die dem Anbieter gehören oder die dieser von einem Dritten gemietet hat, der mit dem Abnehmer nicht in Verbindung steht, dürften die Möglichkeiten, wirksame Maßnahmen zur Beseitigung einer etwaigen Abschottungswirkung zu treffen, begrenzt sein. In diesem Fall ist ein Vorgehen der Kommission unwahrscheinlich, solange keine Marktbeherrschung vorliegt.

(143) In Branchen, in denen der Verkauf von mehr als einer Marke an ein und derselben Verkaufsstätte schwer möglich ist, lässt sich ein gegebenenfalls auftretendes Abschottungsproblem besser durch die Begrenzung der Vertragsdauer lösen.

(144) Werden spürbare wettbewerbswidrige Wirkungen festgestellt, so ist zu klären, ob eine Freistellung nach Artikel 101 Absatz 3 AEUV in Betracht kommt. Bei Wettbewerbsverboten können insbesondere die Effizienzgewinne von Bedeutung sein, die unter Randnummer 107 Buchstabe a (Trittbrettfahrerei unter Anbietern), Buchstaben d und e („Hold-up"-Probleme) sowie Buchstabe h (Unzulänglichkeiten der Kapitalmärkte) beschrieben wurden.

(145) Im Falle eines Effizienzgewinns im Sinne von Randnummer 107 Buchstaben a, d und h könnte eine dem Abnehmer auferlegte Mengenvorgabe möglicherweise eine Alternative sein, die den Wettbewerb weniger stark einschränkt. Ein Wettbewerbsverbot wiederum kann sich als der einzig mögliche Weg erweisen, um einen Effizienzgewinn im Sinne von Randnummer 107 Buchstabe e (Lösung des „Hold-up"-Problems in Verbindung mit der Übertragung von Know-how) zu erzielen.

(146) Bei vertragsspezifischen Investitionen des Anbieters (Randnummer 107 Buchstabe d) erfüllen Vereinbarungen mit Wettbewerbsverbot oder Mengenvorgaben während des Abschreibungszeitraums grundsätzlich die Voraussetzungen für eine Freistellung nach Artikel 101 Absatz 3 AEUV. Handelt es sich dabei um sehr umfangreiche Investitionen, kann ein Wettbewerbsverbot begründet sein, das länger als fünf Jahre dauert. Eine vertragsspezifische Investition liegt beispielsweise vor, wenn der Anbieter eine Anlage errichtet oder umstellt, mit der nur Bauteile für einen bestimmten Abnehmer gefertigt werden können. Allgemeine oder marktspezifische Investitionen in (zusätzliche) Kapazitäten sind normalerweise nicht vertragsspezifisch. Wenn aber ein Anbieter speziell in Verbindung mit der Tätigkeit eines bestimmten Abnehmers neue Anlagen installiert (z. B. ein Blechdosenhersteller, der in oder neben den Räumlichkeiten, in denen ein Lebensmittelhersteller seine Produkte abfüllt, eine neue Dosenmaschine aufstellt), können diese nur insofern rentabel betrieben werden, als sie für den betreffenden Kunden produzieren; in diesem Fall wäre die Investition vertragsspezifisch.

(147) Allein die Tatsache, dass ein Anbieter dem Abnehmer ein Darlehen gewährt oder Ausrüstungen überlässt, die nicht vertragsspezifisch sind, reicht in der Regel nicht aus, um die Freistellung einer wettbewerbswidrigen Marktabschottungsmaßnahme vom Kartellverbot zu rechtfertigen. Im Falle von Unzulänglichkeiten der Kapitalmärkte kann es vorteilhafter sein, ein Darlehen beim Anbieter des betreffenden Produkts aufzunehmen als bei einer Bank (siehe Randnummer 107 Buchstabe h). Doch selbst wenn der Anbieter des Produkts der effizientere Kapitalgeber wäre, sollte das Darlehen mit möglichst wenigen Einschränkungen gewährt werden, und der Abnehmer sollte folglich nicht daran gehindert werden, jederzeit und ohne Sanktionen befürchten zu müssen, das Wettbewerbsverbot aufzuheben und das Restdarlehen zu tilgen.

(148) Der Effizienzgewinn im Zusammenhang mit der Übertragung von wesentlichem Know-how (Randnummer 107 Buchstabe e) rechtfertigt in der Regel ein Wettbewerbsverbot für die gesamte Dauer der Liefervereinbarung, so z. B. beim Franchising.

(149) Beispiel für die Wirkung von Wettbewerbsverboten

Ein marktführendes Unternehmen hält auf einem nationalen Markt bei einem Impulskonsum-Produkt einen Marktanteil von 40% und verkauft 90% seiner Produkte über gebundene Einzelhändler (damit sind 36% des Marktes gebunden). Die Einzelhändler sind aufgrund der mit dem Unternehmen geschlossenen Vereinbarungen verpflichtet, ihren Bedarf vier Jahre lang ausschließlich beim Marktführer zu decken. Der Marktführer ist in den dicht besiedelten Gebieten wie der Hauptstadt besonders stark vertreten. Auf seine zehn Wettbewerber, von denen einige nur in bestimmten Regionen vertreten sind, entfallen jeweils sehr viel kleinere Marktanteile, im Höchstfall 12%. Diese zehn Wettbewerber setzen weitere 10% der Produktmenge über gebundene Verkaufsstätten ab. Der Markt zeichnet sich durch ausgeprägte Marken- und Produktdifferenzierung aus. Der Marktführer vertreibt die stärksten Marken. Er führt als einziger regelmäßige landesweite Werbekampagnen durch. Er stellt den gebundenen Einzelhändlern spezielles Mobiliar zur Ausstellung seines Produkts zur Verfügung.

Diese Situation führt dazu, dass insgesamt 46% des Marktes (36% + 10%) für potenzielle neue Anbieter und für auf dem Markt etablierte Unternehmen ohne gebundene Verkaufsstätten unzugänglich, also abgeschottet, sind. Noch schwieriger gestaltet sich der Markteinstieg für potenzielle neue Anbieter in den von ihnen möglicherweise bevorzugten dicht besiedelten Gebieten, weil dort die Marktabschottung noch ausgeprägter ist. Außerdem führt das Fehlen von Markenwettbewerb in den Verkaufsstätten angesichts der ausgeprägten Marken- und Produktdifferenzierung und der hohen Kosten der Beschaffung von Informationen in Bezug auf den Produktpreis zu einem zusätzlichen Wohlfahrtsverlust für die Verbraucher. Aufgrund der Ausschließlichkeitsbindung der Verkaufsstätte sind mögliche Effizienzgewinne, die der Marktführer auf verringerte Transportkosten und eventuell ein „Hold-up“-Problem beim speziellen Mobiliar zurückführt, begrenzt und wiegen die negativen Auswirkungen auf den Wettbewerb nicht auf. Die Effizienzgewinne sind beschränkt, weil die Transportkosten nicht mit der Ausschließlichkeitsbindung, sondern mit der Liefermenge zusammenhängen und weil das Mobiliar weder besonderes Know-how beinhaltet noch markenspezifisch ist. Aus diesen Gründen ist es unwahrscheinlich, dass die Voraussetzungen des Artikels 101 Absatz 3 AEUV erfüllt sind.

(150) Beispiel für die Wirkung von Mengenvorgaben

Hersteller X (Marktanteil: 40%) setzt 80% seiner Produktion aufgrund von Verträgen ab, die die Wiederverkäufer verpflichten, mindestens 75% ihres Bedarfs an dem betreffenden Produkttyp bei ihm zu decken. Als Gegenleistung stellt der Hersteller Kredite und Ausrüstungen zu günstigen Bedingungen bereit. Die Verträge haben eine Laufzeit von fünf Jahren, in denen die Kredite in gleichen Raten abzuzahlen sind. Nach Ablauf von zwei Jahren können die Abnehmer den Vertrag mit einer Frist von sechs Monaten kündigen, wenn sie den Kredit vollständig tilgen und die Ausrüstungen zum Marktwert übernehmen. Am Ende der fünfjährigen Laufzeit gehen die Ausrüstungen ins Eigentum des Abnehmers über. Die Wettbewerber – zwölf an der Zahl und zumeist kleinere Hersteller (der größte hält einen Marktanteil von 20%) – schließen ähnliche Verträge mit unterschiedlichen Laufzeiten. Die Verträge der Hersteller, die weniger als 10% Marktanteil halten, haben eine längere Laufzeit und weniger großzügige Kündigungsbedingungen. Die Abnehmer können nach den Verträgen, die sie mit Hersteller X geschlossen haben, 25% ihres Bedarfs bei Wettbewerbern decken. In den letzten drei Jahren erfolgte der Marktzutritt zweier neuer Hersteller, die zusammen einen Marktanteil von rund 8% erobert haben, indem sie u. a. eine Reihe von Wiederverkäufern aus ihren Kreditbindungen befreiten und selbst vertraglich an sich banden.

24% des Marktes sind durch die Vereinbarungen von Hersteller X (0,75 × 0,8 × 40%), weitere 25% durch die Vereinbarungen der übrigen Hersteller gebunden. Damit sind sowohl potentielle Wettbewerber als auch etablierte Anbieter, die keine Verkaufsstätten an sich gebunden haben, zumindest in den ersten zwei Jahren der Laufzeit der Lieferverträge von 49% des Marktes ausgeschlossen. Die Erfahrung zeigt, dass die Wiederverkäufer häufig auf Schwierigkeiten stoßen, wenn sie einen Kredit bei einer Bank aufnehmen wollen, und zumeist zu klein sind, um sich Kapital auf anderen Wegen, etwa durch die Emission von Aktien, zu beschaffen. Außerdem kann Hersteller X nachweisen, dass er seinen Absatz besser planen und Transportkosten einsparen kann, wenn er den Verkauf auf eine kleine Zahl von Wiederverkäufern begrenzt. In Anbetracht der Effizienzgewinne und des Umstands, dass die Abnehmer von Hersteller X laut Vertrag 25% ihres Bedarfs anderweitig decken können, der realen Möglichkeit einer vorzeitigen Vertragskündigung, des unlängst erfolgten Markteintritts neuer Hersteller und der Tatsache, dass rund die Hälfte der Wiederverkäufer nicht gebunden sind, dürfte die vom Hersteller X gehandhabte Mengenvorgabe (75%) die Voraussetzungen des Artikels 101 Absatz 3 AEUV erfüllen.

2.2. Alleinvertrieb

(151) Bei einer Alleinvertriebsvereinbarung verpflichtet sich der Anbieter, seine Produkte zum Zwecke des Weiterverkaufs in einem bestimmten Gebiet nur an einen Händler zu verkaufen. Gleichzeitig schränkt die Vereinbarung üblicherweise die Möglichkeiten des Händlers ein, die Produkte aktiv in anderen Gebieten mit Ausschließlichkeitsbindungen zu verkaufen. Die Gefahren für den Wettbewerb liegen hauptsächlich darin, dass der markeninterne Wettbewerb verringert und der Markt aufgeteilt wird, was vor allem der Preisdiskriminierung Vorschub leisten kann. Verfahren die meisten oder alle Anbieter nach dem Prinzip des Alleinvertriebs, kann es leichter zu einer Aufweichung des Wettbewerbs und zu Kollusion kommen, und zwar sowohl zwischen Anbietern als auch zwischen Händlern. Außerdem kann der Alleinvertrieb zum Ausschluss anderer Händler und somit zu einem Wettbewerbsverlust auf dieser Ebene führen.

(152) Alleinvertriebsvereinbarungen sind nach der GVO vom Kartellverbot freigestellt, wenn sowohl der Anbieter als auch der Abnehmer auf seinem Markt nicht mehr als 30% Marktanteil hält; dies gilt selbst dann, wenn eine Vereinbarung noch andere vertikale Beschränkungen wie ein auf fünf Jahre befristetes Wettbewerbsverbot, Mengenvorgaben oder Alleinbezugsverpflichtungen enthält. Vereinbarungen, in denen Alleinvertrieb mit selektivem Vertrieb verknüpft wird, sind nur dann freistellungsfähig, wenn der aktive Verkauf in anderen Gebieten keinen Beschränkungen unterliegt. Für die Würdigung von Alleinvertriebsverträgen in Einzelfällen, in denen die Marktanteilsschwelle der GVO (30%) überschritten wird, werden im nachstehenden Teil dieses Abschnitts einige Anhaltspunkte gegeben.

(153) Die Marktstellung des Anbieters und seiner Wettbewerber ist von größter Bedeutung, weil ein Verlust an markeninternem Wettbewerb nur dann Probleme aufwirft, wenn der Markenwettbewerb eingeschränkt ist. Je stärker die „Marktstellung des Anbieters" ist, desto gravierender wiegt der Verlust an markeninternem Wettbewerb. Bei Überschreitung der 30%-Schwelle droht möglicherweise eine erhebliche Verringerung des markeninternen Wettbewerbs. Damit die Voraussetzungen des Artikels 101 Absatz 3 AEUV erfüllt sind, müssen bei einer Einschränkung des markeninternen Wettbewerbs gegebenenfalls konkrete Effizienzgewinne nachgewiesen werden.

(154) Die „Marktposition der Wettbewerber" kann in zweifacher Hinsicht von Belang sein. Eine starke Konkurrenz bedeutet grundsätzlich, dass die Einschränkung des markeninternen Wettbewerbs durch ausreichenden Markenwettbewerb kompensiert wird. Sind am Markt jedoch nur wenige Wettbewerber tätig, die – gemessen an den Faktoren Marktanteil, Kapazität und Vertriebsnetz – auch noch eine ähnliche Position haben, besteht die Gefahr der Kollusion und/oder einer Aufweichung des Wettbewerbs. Diese Gefahr kann durch den Verlust an markeninternem Wettbewerb noch größer werden, und zwar insbesondere dann, wenn mehrere Anbieter gleichartige Vertriebssysteme betreiben. Alleinvertrieb mehrerer Marken – verschiedene Anbieter überlassen ein und demselben Händler den Alleinvertrieb in einem bestimmten Gebiet – kann die Kollusionsgefahr und die Gefahr einer Aufweichung des Wettbewerbs weiter erhöhen. Erhält ein Händler das ausschließliche Recht zum Vertrieb von zwei oder mehr konkurrierenden und starken Produkten im selben Gebiet, könnte dadurch der Wettbewerb zwischen den betreffenden Marken erheblich eingeschränkt werden. Je größer der kumulative Marktanteil der Marken, die von ein und demselben Alleinvertriebshändler vertrieben werden, desto größer ist die Gefahr der Kollu-

sion und/oder der Aufweichung des Wettbewerbs und desto stärker ist die Einschränkung des Markenwettbewerbs. Liegt der Alleinvertrieb mehrerer Marken bei einem Einzelhändler, besteht die Gefahr, dass dieser nicht unbedingt die Preissenkungen, die ein Hersteller bei seinem Markenprodukt vornimmt, an den Endverbraucher weitergibt, da dies seinen Absatz und Gewinn in Bezug auf die übrigen Markenprodukte schmälern würde. Im Vergleich zu einer Situation, in der keine Vereinbarungen über den Alleinvertrieb mehrerer Marken bestehen, ist den Herstellern somit wenig an einem Preiswettbewerb untereinander gelegen. Eine kumulative Wirkung wie in den beschriebenen Fällen kann ein Grund für den Entzug des Rechtsvorteils der GVO sein, auch wenn der Marktanteil der Anbieter und Abnehmer unter dem einschlägigen Schwellenwert der GVO liegt.

(155) „Marktzutrittsschranken", die Anbieter unter Umständen daran hindern, neue Vertriebseinheiten zu gründen oder alternative Händler einzuschalten, sind für die Würdigung etwaiger wettbewerbswidriger Auswirkungen von Alleinvertriebsvereinbarungen weniger wichtig. Ein Ausschluss anderer Anbieter vom Markt ist nicht gegeben, solange der Alleinvertrieb nicht mit einem Markenzwang verknüpft wird.

(156) Der Marktausschluss anderer Händler ist unproblematisch, wenn der das Alleinvertriebssystem betreibende Anbieter in ein und demselben Markt viele Alleinvertriebshändler einschaltet und diesen keine Beschränkungen im Hinblick auf den Verkauf an andere, nicht gebundene Händler auferlegt. Der Ausschluss anderer Händler kann jedoch zum Problem werden, wenn die Abnehmer auf dem nachgelagerten Markt „Nachfragemacht" und Marktmacht haben, wie dies insbesondere bei sehr großen Gebieten der Fall ist, in denen der Alleinvertriebshändler der einzige Abnehmer auf dem gesamten Markt ist. Ein Beispiel hierfür wäre eine Supermarktkette, die im Lebensmitteleinzelhandel eines Landes als einziger Händler für eine führende Marke übrig bleibt. Der Marktausschluss anderer Händler vom Markt kann sich im Falle des Alleinvertriebs mehrerer Marken verschärfen.

(157) „Nachfragemacht" kann auch die Gefahr einer Kollusion unter den Abnehmern erhöhen, wenn nämlich wichtige Abnehmer, die gegebenenfalls in verschiedenen Gebieten operieren, einem oder mehreren Anbietern Alleinvertriebsklauseln aufdrängen.

(158) Die „Reife des Marktes" ist von Belang, denn ein Verlust an markeninternem Wettbewerb sowie Preisdiskriminierungen können auf einem reifen Markt ein schwerwiegendes Problem sein, während sie sich auf einem Markt mit wachsender Nachfrage, immer neuen Techniken und schwankenden Marktanteilen der Unternehmen weniger stark auswirken.

(159) Die „Handelsstufe" ist bedeutsam, da es bei den möglichen negativen Auswirkungen Unterschiede zwischen der Großhandels- und der Einzelhandelsstufe geben kann. Alleinvertrieb wird hauptsächlich beim Absatz von Endprodukten (Waren und Dienstleistungen) angewandt. Ein Verlust an markeninternem Wettbewerb ist im Einzelhandel besonders wahrscheinlich, wenn es um große Gebiete geht, da die Endverbraucher dann kaum die Möglichkeit haben dürften, beim Erwerb des Produkts einer namhaften Marke zwischen einem Händler, der zu hohem Preis hochwertigen Service bietet, und einem Händler, der bei einem niedrigen Preis wenig Service bietet, zu wählen.

(160) Ein Hersteller, der einem Großhändler den Alleinvertrieb überlässt, wird dies normalerweise für ein größeres Gebiet tun, z. B. für einen ganzen Mitgliedstaat. Solange der Großhändler das Produkt ohne Einschränkungen an Einzelhändler auf dem nachgelagerten Markt verkaufen kann, sind keine spürbaren wettbewerbswidrigen Auswirkungen zu erwarten. Etwaige Verluste an markeninternem Wettbewerb auf der Großhandelsstufe können leicht durch Effizienzgewinne bei Logistik, Verkaufsförderung usw. aufgewogen werden, vor allem wenn der Hersteller aus einem anderen Land stammt. Die Gefahren des gleichzeitigen Alleinvertriebs mehrerer Marken für den Markenwettbewerb sind jedoch auf der Großhandelsstufe größer als auf

der Einzelhandelsstufe. Wird ein Einzelhändler der Alleinvertriebshändler für eine große Zahl von Anbietern, kann dies nicht nur zu einer Einschränkung des Wettbewerbs zwischen diesen Marken, sondern auch zu einem Marktausschluss auf Großhandelsebene führen.

(161) Wie in Randnummer 155 dargelegt, ist ein Ausschluss anderer Anbieter vom Markt nicht gegeben, solange der Alleinvertrieb nicht mit einem Markenzwang verknüpft wird. Aber selbst wenn der Alleinvertrieb mit Markenzwang verbunden wäre, ist ein wettbewerbswidriger Ausschluss anderer Anbieter vom Markt unwahrscheinlich; ein Ausschluss könnte eventuell auftreten, wenn der Markenzwang für ein dichtes Netz von Alleinvertriebshändlern gilt, die jeweils nur ein kleines Gebiet abdecken, oder eine kumulative Wirkung besteht. Dies kann dazu führen, dass die Grundsätze über Markenzwang in Abschnitt 2.1. angewandt werden müssen. Hat die Kombination aus Alleinvertrieb und Markenzwang dagegen keine nennenswerte Abschottungswirkung, kann sie sogar wettbewerbsfördernd wirken, weil der Anreiz für den Alleinvertriebshändler, seine Bemühungen auf die betreffende Marke zu konzentrieren, größer wird. Ist eine solche Abschottungswirkung nicht gegeben, kann die Kombination aus Alleinvertrieb und Wettbewerbsverbot demnach für die gesamte Laufzeit der betreffenden Vereinbarung durchaus die Voraussetzungen des Artikels 101 Absatz 3 AEUV erfüllen; dies gilt insbesondere für die Großhandelsstufe.

(162) Eine Verknüpfung von Alleinvertrieb und Alleinbezug erhöht die Gefahr des Verlustes an markeninternem Wettbewerb und einer Aufteilung von Märkten, was insbesondere der Preisdiskriminierung Vorschub leisten kann. Alleinvertrieb als solcher engt schon die Möglichkeiten der Kunden ein, Preisunterschiede auszunutzen, weil er die Zahl der Vertriebshändler begrenzt und gewöhnlich auch deren Freiheit in Bezug auf aktive Verkäufe einschränkt. Der Alleinbezug wiederum, der die Händler zwingt, die Produkte der betreffenden Marke direkt beim Hersteller zu beziehen, nimmt darüber hinaus den Alleinvertriebshändlern etwaige Möglichkeiten, Preisunterschiede auszunutzen, da er sie am Bezug der Produkte bei anderen dem System angeschlossenen Händlern hindert. Damit erhält der Anbieter mehr Möglichkeiten, den markeninternen Wettbewerb zu begrenzen und gleichzeitig unterschiedliche Verkaufsbedingungen anzuwenden, es sei denn, die Kombination aus Alleinvertrieb und Alleinbezug ermöglicht Effizienzgewinne, die sich in niedrigeren Preisen für die Endverbraucher niederschlagen.

(163) Für die Würdigung etwaiger wettbewerbswidriger Auswirkungen von Alleinvertriebsvereinbarungen ist die „Beschaffenheit des Produktes" nicht besonders relevant. Sie ist jedoch von Bedeutung, wenn es um die Beurteilung möglicher Effizienzgewinne geht, nachdem spürbare wettbewerbswidrige Auswirkungen festgestellt wurden.

(164) Alleinvertrieb kann vor allem dann mit Effizienzgewinnen einhergehen, wenn von den Händlern Investitionen zum Schutz oder Aufbau des Markenimages verlangt werden. Im Allgemeinen fallen Effizienzgewinne am ehesten bei neuen und bei komplexen Produkten an sowie bei Produkten, deren Qualitätseigenschaften vor dem Verbrauch (sogenannte Erfahrungsgüter) oder sogar nach dem Verbrauch (sogenannte Vertrauensgüter) schwierig zu beurteilen sind. Der Alleinvertrieb kann außerdem Einsparungen bei den Logistikkosten mit sich bringen, da bei Transport und Vertrieb Größenvorteile genutzt werden können.

(165) Beispiel für die Wirkung des Alleinvertriebs auf der Großhandelsstufe

Auf dem Markt für ein langlebiges Konsumgut ist Unternehmen A Marktführer. A verkauft sein Produkt über Großhändler mit Ausschließlichkeitsbindung. Bei kleineren Mitgliedstaaten entsprechen deren Gebiete dem gesamten Staatsgebiet und bei größeren Mitgliedstaaten einer Region. Diese Alleinvertriebshändler verkaufen an alle Einzelhändler in ihrem jeweiligen Gebiet, nicht aber an den Endverbraucher. Sie sind für die Verkaufsförderung in ihren jeweiligen Märkten zuständig, dazu gehören neben dem Sponsoring von örtlichen Veranstaltungen auch Maßnahmen, mit denen die neuen Produkte den Einzelhändlern in den jeweiligen Gebieten erläutert und ihnen der Erwerb nahegelegt werden. Auf dem betreffenden Markt entwickeln sich Technologie, Produktion und Innovation relativ rasch; ferner spielt die Betreuung von Einzelhändlern und Endverbrauchern vor dem Verkauf eine wichtige Rolle. Die Großhändler sind nicht gezwungen, ihren gesamten Bedarf an Produkten der Marke von Anbieter A beim Hersteller selbst zu beziehen; Groß- wie Einzelhändler haben die Wahl bei der Kaufentscheidung, da die Transportkosten im Verhältnis zum Wert des Produkts verhältnismäßig gering sind. Die Großhändler unterliegen keinem Wettbewerbsverbot. Die Einzelhändler verkaufen zugleich Produkte von Marken konkurrierender Anbieter, und auf der Einzelhandelsstufe bestehen keine Allein- oder Selektivvertriebsvereinbarungen. Unternehmen A deckt EU-weit rund 50% aller Verkäufe an Großhändler ab. Im Einzelhandel der einzelnen Länder kommt es auf Marktanteile zwischen 40% und 60%. A hat auf jedem nationalen Markt sechs bis zehn Wettbewerber; die größten von ihnen – Anbieter B, C und D – sind mit Marktanteilen zwischen 5% und 20% ebenfalls in jedem Mitgliedstaat vertreten. Die restlichen Anbieter sind jeweils inländische Hersteller mit kleineren Marktanteilen. Während B, C und D ein ähnliches Vertriebsnetz haben wie A, verkaufen die kleinen inländischen Hersteller ihre Produkte in der Regel direkt an die Einzelhändler.

Im in diesem Beispiel beschriebenen Großhandel ist die Gefahr eines Verlusts an markeninternem Wettbewerb und einer Preisdiskriminierung gering. Die Möglichkeit, Preisunterschiede auszunutzen, wird nicht eingeschränkt, und das Fehlen markeninternen Wettbewerbs ist auf der Großhandelsstufe nicht sehr bedeutsam. Auf der Einzelhandelsstufe wird weder der Wettbewerb innerhalb einer Marke noch der zwischen Marken behindert. Auch bleibt der Markenwettbewerb durch die Ausschließlichkeitsbindungen im Großhandel weitgehend unberührt. Selbst wenn wettbewerbswidrige Auswirkungen bestehen, ist es daher in diesem Fall wahrscheinlich, dass die Voraussetzungen des Artikels 101 Absatz 3 AEUV erfüllt sind.

(166) Beispiel für die Wirkung des Alleinvertriebs mehrerer Marken auf einem oligopolistischen Markt

Auf einem nationalen Markt für ein Endprodukt gibt es vier Marktführer mit einem Marktanteil von jeweils rund 20%. Alle vier verkaufen ihr Produkt über Alleinvertriebshändler auf der Einzelhandelsstufe. Die Einzelhändler erhalten für die Stadt (bzw. den Stadtteil im Falle großer Städte), in der ihre Verkaufsstätte liegt, Gebietsschutz. In den meisten Gebieten überlassen die vier Marktführer ein und demselben Einzelhändler den Alleinvertrieb („Alleinvertrieb mehrerer Marken"), der sich auf das Produkt spezialisiert hat und dessen Geschäfte sich häufig in zentraler Lage befinden. Die restlichen 20% des nationalen Marktes entfallen auf kleine inländische Hersteller, von denen der größte landesweit einen Marktanteil von 5% besitzt. Diese inländischen Produzenten setzen ihre Produkte in der Regel über andere Einzelhändler ab, weil die Alleinvertriebshändler der vier großen Anbieter im Allgemeinen kaum Interesse daran zeigen, billigere Produkte weniger bekannter Marken zu vertreiben. Auf dem Markt besteht eine starke Marken- und Produktdifferenzierung. Die vier Marktführer veranstalten große landesweite Werbekampagnen und verfügen jeweils über ein solides Markenimage, während die kleineren Hersteller für ihre Produkte nicht landesweit werben. Der Markt ist ziemlich reif und durch eine stabile Nachfrage sowie keine nennenswerte Produktinnovation und technische Entwicklung gekennzeichnet. Das Produkt ist verhältnismäßig einfach.

Auf einem solchen oligopolistischen Markt besteht die Gefahr der Kollusion unter den vier Marktführern, die durch den Alleinvertrieb mehrerer Marken erhöht wird. Der markeninterne Wettbewerb ist durch den Gebietsschutz begrenzt. Wettbewerb zwischen den vier führenden Marken findet auf der Einzelhandelsstufe nur in begrenztem Umfang statt, da in jedem Gebiet nur ein Einzelhändler den Preis für alle vier Marken festlegt. Der Alleinvertrieb mehrerer Marken bringt es mit sich, dass der

Einzelhändler nicht unbedingt daran interessiert sein wird, Preissenkungen, die ein Hersteller bei seinem Markenprodukt vornimmt, an den Endverbraucher weiterzugeben, da dies seinen Absatz und Gewinn in Bezug auf die übrigen Markenprodukte schmälern würde. Den Herstellern ist somit wenig an einem Preiswettbewerb untereinander gelegen. Preiswettbewerb zwischen Marken gibt es im Wesentlichen nur bei den Produkten der unbedeutenderen Hersteller, die kein so ausgeprägtes Markenimage haben. Die potenziellen Effizienzgewinne eines (gemeinsamen) Alleinvertriebs halten sich in Grenzen, da das Produkt relativ einfach ist, der Weiterverkauf keine besonderen Investitionen oder Schulungsmaßnahmen erfordert und Werbung in erster Linie auf der Herstellerebene getrieben wird.

Obwohl der Marktanteil von jedem der Marktführer unter dem zulässigen Wert liegt, sind die Voraussetzungen des Artikels 101 Absatz 3 AEUV möglicherweise nicht erfüllt, so dass gegebenenfalls bei Vereinbarungen mit Händlern, deren Anteil am Beschaffungsmarkt unter 30% liegt, der Rechtsvorteil der Gruppenfreistellung entzogen werden muss.

(167) Beispiel für die Wirkung einer Kombination aus Alleinvertrieb und Alleinbezug

Hersteller A ist europäischer Marktführer für ein sperriges langlebiges Konsumgut; sein Marktanteil liegt im Einzelhandel der meisten Mitgliedstaaten zwischen 40% und 60%. In Mitgliedstaaten, in denen Hersteller A einen hohen Marktanteil hat, gibt es weniger Wettbewerber mit kleineren Marktanteilen. Die Wettbewerber sind jeweils nur auf einem oder zwei nationalen Märkten vertreten. Die langfristige Strategie von Hersteller A ist es, sein Produkt über nationale Tochtergesellschaften an Alleinvertriebshändler auf der Einzelhandelsstufe zu verkaufen, die jedoch keine Befugnis haben, aktiv auf dem Gebiet des jeweils anderen Vertriebshändlers zu verkaufen. Der Anreiz für die Händler besteht somit darin, für das Produkt zu werben und Kundenberatung vor dem Verkauf anzubieten. Seit kurzem sind die Einzelhändler zudem verpflichtet, die Produkte von Hersteller A ausschließlich bei dessen jeweiliger nationaler Tochtergesellschaft, die sich im Land der Einzelhändler befindet, zu beziehen. Sie sind die wichtigsten Wiederverkäufer des fraglichen Produkts von Hersteller A in ihrem jeweiligen Gebiet. Sie führen konkurrierende Marken, aber mit unterschiedlich hohem Einsatz und wechselndem Erfolg. Seit Einführung des Alleinbezugs wendet Hersteller A auf Märkten mit geringerem Wettbewerbsdruck im Höchstpreissegment unterschiedliche Preise an, wobei der Preisunterschied 10% bis 15% betragen kann. Die Märkte sind nachfrage- wie auch angebotsseitig relativ stabil, und es gibt keine nennenswerten technischen Weiterentwicklungen.

Der Gebietsschutz auf der Einzelhandelsebene führt in den Hochpreissegmenten zu einem Verlust an markeninternem Wettbewerb, der durch die den Einzelhändlern auferlegte Alleinbezugsverpflichtung noch verschärft wird. Die Alleinbezugsverpflichtung hilft, Märkte und Gebiete voneinander zu trennen, weil sie den Alleinvertriebshändlern des Einzelhandels, den wichtigsten Wiederverkäufern dieser Art von Produkt, keine Möglichkeit lässt, Preisunterschiede auszunutzen. Die Einzelhändler können auch nicht aktiv auf dem Gebiet des jeweils anderen Vertriebshändlers verkaufen und neigen dazu, nicht in andere Gebiete zu liefern. Dies hat eine Preisdiskriminierung ermöglicht, ohne dass der Gesamtumsatz gestiegen ist. Die Möglichkeiten der Verbraucher oder unabhängigen Händler, Preisunterschiede auszunutzen, sind wegen der Sperrigkeit des Produkts begrenzt.

Während die für die Ernennung von Alleinvertriebshändlern geltend gemachten potenziellen Effizienzgewinne insbesondere auch im Hinblick auf die besonderen Anreize für Einzelhändler überzeugend sein mögen, dürften die geltend gemachten möglichen Effizienzgewinne bei der Verbindung von Alleinvertrieb und Alleinbezug und insbesondere bezüglich der möglichen Effizienzgewinne beim Alleinbezug, die sich im Wesentlichen auf Größenvorteile beim Transport beziehen, kaum die negativen Auswirkungen einer Preisdiskriminierung und des Verlusts an markeninternem

Wettbewerb aufwiegen. Aus diesen Gründen ist es unwahrscheinlich, dass die Voraussetzungen des Artikels 101 Absatz 3 AEUV erfüllt sind.

2.3. Kundenbeschränkung

(168) Bei Ausschließlichkeitsvereinbarungen, in denen der Kundenkreis durch Kundenbeschränkungsklauseln eingegrenzt wird, verpflichtet sich der Anbieter, seine Produkte zum Zwecke des Weiterverkaufs an eine bestimmte Gruppe von Kunden nur einem Händler anzubieten. Gleichzeitig schränkt die Vereinbarung in der Regel die Möglichkeiten für den Vertriebshändler ein, die Produkte aktiv an andere Kundengruppen (für die Ausschließlichkeitsbindungen bestehen) zu verkaufen. Die GVO enthält keine Vorgaben dazu, wie eine Kundengruppe, für die Ausschließlichkeitsbindungen bestehen, zu definieren ist; so kann es sich um eine bestimmte Art von Kunden handeln, die sich nach der beruflichen Tätigkeit richtet, oder aber um eine Liste bestimmter Kunden, die anhand einer oder mehrerer objektiver Kriterien zusammengestellt wurde. Die Gefahren für den Wettbewerb liegen hauptsächlich darin, dass der markeninterne Wettbewerb verringert und der Markt aufgeteilt wird, was vor allem der Preisdiskriminierung Vorschub leisten kann. Wenden die meisten oder alle Anbieter solche Kundenbeschränkungsklauseln an, kann es leichter zu einer Aufweichung des Wettbewerbs und zu Kollusion kommen, und zwar sowohl unter Anbietern als auch unter Händlern. Außerdem kann die Kundenbeschränkung zum Marktausschluss anderer Händler und somit zu einem Wettbewerbsverlust auf dieser Ebene führen.

(169) Vereinbarungen mit Kundenbeschränkungsklauseln sind nach der GVO freigestellt, wenn sowohl der Anbieter als auch der Abnehmer auf seinem Markt nicht mehr als 30% Marktanteil hält; dies gilt selbst dann, wenn die Vereinbarung noch andere vertikale Beschränkungen wie Wettbewerbsverbot, Mengenvorgaben oder Alleinbezugsverpflichtungen enthält. Eine Kombination aus Kundenbeschränkung und selektivem Vertrieb stellt in der Regel eine Kernbeschränkung dar, da der aktive Verkauf an Endverbraucher durch die Vertragshändler normalerweise nicht erlaubt wird. Für die Einschätzung von Kundenbeschränkungsklauseln in Fällen, in denen die Marktanteilsschwelle von 30% überschritten wird, gelten die Orientierungshilfen für die Würdigung von Alleinvertriebsvereinbarungen (Randnummern 151 bis 167), vorbehaltlich der Ausführungen im nachstehenden Teil dieses Abschnitts.

(170) Kundenbeschränkungsklauseln engen in der Regel die Möglichkeiten der Kunden ein, Preisunterschiede auszunutzen. Da jeder Vertragshändler nur eine bestimmte Kundengruppe bedient, kann sich für Nichtvertragshändler, die nicht zu dieser Gruppe gehören, die Beschaffung des Produkts und die Ausnutzung von Preisunterschieden als schwierig erweisen.

(171) Die Kundenbeschränkung wird hauptsächlich bei Zwischenprodukten und – im Falle von Endprodukten – auf der Großhandelsstufe praktiziert, wo sich Kundengruppen anhand ihrer unterschiedlichen Anforderungen an das Produkt abgrenzen lassen.

(172) Durch die Beschränkung des Kundenkreises können vor allem dann Effizienzgewinne erzielt werden, wenn die Händler verpflichtet werden, z. B. in besondere Ausrüstungen oder Fertigkeiten oder in spezielles Know-how zu investieren, um den Anforderungen ihres Kundenstammes gerecht zu werden. Die Abschreibungsdauer bei solchen Investitionen bietet einen Hinweis darauf, für welchen Zeitraum eine Kundenbeschränkung gerechtfertigt ist. Die Kundenbeschränkung ist grundsätzlich am ehesten dort angebracht, wo es sich um neue oder komplexe Produkte oder um Produkte handelt, die an die Bedürfnisse des einzelnen Kunden angepasst werden müssen. Erkennbare Unterschiede sind bei Zwischenprodukten wahrscheinlicher, das heißt bei Produkten, die an verschiedene Arten von gewerblichen Abnehmern verkauft werden. Die Bindung an eine bestimmte Gruppe von Endverbrauchern dürfte kaum zu Effizienzgewinnen führen.

(173) Beispiel für die Wirkung von Kundenbeschränkungsklauseln

Ein Unternehmen hat eine hochmoderne Sprinkleranlage entwickelt. Zurzeit hat die Firma auf dem Markt für Sprinkleranlagen einen Anteil von 40%. Als sie mit dem Verkauf der neuen Anlage begann, hielt sie mit einem älteren Produkt einen Marktanteil von 20%. Die Installation des neuen Anlagetyps hängt von der Art und dem Verwendungszweck des Gebäudes (Bürogebäude, Chemiefabrik, Krankenhaus usw.) ab. Die Firma verfügt über mehrere zugelassene Vertragshändler für den Verkauf und die Installation der Sprinkleranlage. Jeder Händler musste seine Beschäftigten im Hinblick auf die allgemeinen und besonderen Anforderungen an den Einbau der Sprinkleranlage in den Gebäuden einer bestimmten Kundengruppe von Kunden schulen. Um die Spezialisierung der Händler sicherzustellen, wies die Firma jedem Händler eine bestimmte Kundengruppe zu und untersagte ihm aktive Verkäufe an die zugewiesenen Kundengruppen anderer Händler. Nach fünf Jahren schließlich dürfen die Alleinvertriebshändler aktiv an sämtliche Kundengruppen verkaufen, d. h., die Kundenbeschränkung entfällt. Der Anbieter darf dann seinerseits auch an neue Händler verkaufen. Der Markt ist recht dynamisch: Zwei Unternehmen sind erst kürzlich in den Markt eingetreten, und es gibt verschiedene technische Neuerungen. Auch die Wettbewerber – mit Marktanteilen zwischen 5% und 25% – modernisieren ihre Produkte.

Da der Alleinvertrieb von begrenzter Dauer ist und den Händlern hilft, ihre Investitionen zu amortisieren und ihre Verkaufsbemühungen zunächst, um das Geschäft kennenzulernen, auf eine bestimmte Kundengruppe zu konzentrieren, und da mögliche wettbewerbswidrige Auswirkungen wegen der Dynamik des Marktes offensichtlich geringfügig sind, dürften die Voraussetzungen des Artikels 101 Absatz 3 AEUV in diesem Fall erfüllt sein.

2.4. Selektiver Vertrieb

(174) Durch Selektivvertriebsvereinbarungen werden, wie bei Alleinvertriebsvereinbarungen, einerseits die Anzahl der zugelassenen Händler (Vertragshändler) und andererseits die Weiterverkaufsmöglichkeiten beschränkt. Der Unterschied zum Alleinvertrieb besteht darin, dass die Beschränkung der Händlerzahl nicht von der Anzahl der Gebiete abhängt, sondern von Auswahlkriterien, die in erster Linie mit der Beschaffenheit des Produkts zusammenhängen. Anders als beim Alleinvertrieb schränkt die Weiterverkaufsbeschränkung nicht den aktiven Verkauf in einem bestimmten Gebiet ein, sondern jeglichen Verkauf an Nichtvertragshändler, so dass nur Vertragshändler sowie Endverbraucher als Kunden in Frage kommen. Selektiver Vertrieb kommt praktisch nur beim Absatz von Marken-Endprodukten zum Tragen.

(175) Die Gefahren für den Wettbewerb bestehen in einem Verlust an markeninternem Wettbewerb und – vor allem bei Vorliegen einer kumulativen Wirkung – im Ausschluss einer bestimmten Kategorie bzw. bestimmter Kategorien von Händlern sowie in einer Aufweichung des Wettbewerbs und der Erleichterung von Kollusion unter Anbietern oder Abnehmern. Um feststellen zu können, ob selektiver Vertrieb wettbewerbswidrige Auswirkungen haben könnte, die unter Artikel 101 Absatz 1 AEUV fallen, muss zwischen rein qualitativem Selektivvertrieb und quantitativem Selektivvertrieb unterschieden werden. Bei rein qualitativem Selektivvertrieb werden die Händler ausschließlich nach objektiven qualitativen Kriterien ausgewählt, die sich nach den Anforderungen des betreffenden Produkts – z. B. in Bezug auf die Verkäuferschulung, den in der Verkaufstätte gebotenen Service oder ein bestimmtes Spektrum der angebotenen Produkte – richten[1]. Durch die Anwendung solcher Kriterien

---

[1] Urteil des Gerichts vom 12. Dezember 1996 in der Rs. T-88/92, Groupement d'achat Édouard Leclerc/Kommission, II-1961.

wird die Zahl der Händler nicht unmittelbar begrenzt. Vereinbarungen, die einen rein qualitativen Selektivvertrieb zum Gegenstand haben, fallen mangels wettbewerbswidriger Auswirkungen grundsätzlich nicht unter das Verbot des Artikels 101 Absatz 1 AEUV, sofern sie drei Voraussetzungen erfüllen. Erstens muss die Beschaffenheit des fraglichen Produkts einen selektiven Vertrieb bedingen, d. h., ein solches Vertriebssystem muss ein rechtmäßiges Erfordernis zur Wahrung der Qualität und zur Gewährleistung des richtigen Gebrauchs des betreffenden Produkts sein. Zweitens müssen die Wiederverkäufer aufgrund objektiver Kriterien qualitativer Art ausgewählt werden, die einheitlich festzulegen, allen potenziellen Wiederverkäufern zur Verfügung zu stellen und unterschiedslos anzuwenden sind. Drittens dürfen die aufgestellten Kriterien nicht über das hinausgehen, was erforderlich ist[1]. Beim quantitativen Selektivvertrieb kommen noch Kriterien hinzu, die die Anzahl der in Frage kommenden Händler unmittelbarer beschränken, weil beispielsweise ein Mindest- oder Höchstumsatz vorgeschrieben oder die Händlerzahl ausdrücklich begrenzt wird.

(176) Vereinbarungen über qualitativen wie quantitativen Selektivvertrieb sind nach der GVO freigestellt, wenn sowohl der Anbieter als auch der Abnehmer auf seinem Markt nicht mehr als 30% Marktanteil hält; dies gilt selbst dann, wenn sie mit anderen vertikalen Beschränkungen wie z. B. Wettbewerbsverboten oder Alleinvertriebsverpflichtungen einhergehen, sofern die Möglichkeiten für die Vertragshändler, aktiv an andere Vertragshändler oder an Endverbraucher zu verkaufen, nicht eingeschränkt werden. Die Freistellung solcher Vereinbarungen nach der GVO gilt unabhängig von der Art des Produkts und der Art der Auswahlkriterien. Erfordert das betreffende Produkt aufgrund seiner Beschaffenheit[2] aber keinen selektiven Vertrieb oder nicht die Anwendung der gewählten Auswahlkriterien (wie z. B. der Bedingung, dass der Händler über einen oder mehrere physische Verkaufspunkte verfügen oder bestimmte Dienstleistungen erbringen muss), so hat ein solches Vertriebssystem in der Regel keine effizienzsteigernde Wirkung, die ausreichen würde, um einen erheblichen Verlust an markeninternem Wettbewerb aufzuwiegen. Treten spürbare wettbewerbswidrige Auswirkungen auf, wird der Rechtsvorteil der Gruppenfreistellung wahrscheinlich entzogen. Im nachstehenden Teil dieses Abschnitts werden Anhaltspunkte dafür gegeben, wie selektive Vertriebsbindungen in Fällen zu würdigen sind, in denen die GVO nicht greift oder mehrere, gleichzeitig angewandte, Systeme des selektiven Vertriebs eine kumulative Wirkung entfalten.

(177) Die Marktstellung des Anbieters und seiner Wettbewerber ist für die Würdigung möglicher wettbewerbswidriger Auswirkungen von größter Bedeutung, da der Verlust an markeninternem Wettbewerb nur dann zu einem Problem wird, wenn der Wettbewerb zwischen den Marken begrenzt ist. Je stärker die Marktstellung des Anbieters, desto problematischer der Verlust an markeninternem Wettbewerb. Ein weiterer wichtiger Faktor ist die Anzahl der selektiven Vertriebsnetze, die in ein und demselben Markt gehandhabt werden. Bedient sich nur ein Anbieter eines solchen Systems, hat der quantitative Selektivvertrieb gewöhnlich in der Gesamtbilanz keine negativen Auswirkungen, sofern die Vertragswaren aufgrund ihrer Beschaffenheit den

---

[1] Siehe Urteile des Gerichtshofes vom 11. Dezember 1980 in der Rs. 31/80, L'Oréal/PVBA, S. 3775, Randnrn. 15 und 16; vom 25. Oktober 1977 in der Rs. 26/76, Metro/Kommission (Metro I), S. 1875, Randnrn. 20 und 21; vom 25. Oktober 1983 in der Rs. 107/82, AEG/Kommission, S. 3151, Randnr. 35 und Urteil des Gerichts vom 27. Februar 1992 in der Rs. T-19/91, Vichy/Kommission, II-415, Randnr. 65.

[2] Siehe zum Beispiel Urteil des Gerichts vom 12. Dezember 1996 in der Rs. T-19/92, Groupement d'achat Edouard Leclerc/Kommission, II- 1851, Randnrn. 112 bis 123; Urteil des Gerichts vom 12. Dezember 1996 in der Rs. T-88/92, Groupement d'achat Édouard Leclerc/Kommission, II-1961, Randnrn. 106 bis 117 sowie die in der voranstehenden Fußnote zitierten Entscheidungen.

selektiven Vertrieb erfordern und die angewandten Auswahlkriterien notwendig sind, um den wirksamen Vertrieb der fraglichen Waren zu gewährleisten. In der Praxis wird diese Vertriebsmethode allerdings häufig gleichzeitig von mehreren Anbietern in ein und demselben Markt angewandt.

(178) Die Marktstellung der Wettbewerber kann in zweifacher Hinsicht von Belang sein und spielt vor allem dann eine Rolle, wenn es zu einer kumulativen Wirkung kommt. Ein starker Wettbewerb bedeutet grundsätzlich, dass die Einschränkung des markeninternen Wettbewerbs durch ausreichenden Markenwettbewerb problemlos kompensiert wird. Wenn jedoch die meisten großen Anbieter ihre Produkte selektiv vertreiben, sind ein erheblicher Verlust an markeninternem Wettbewerb, der mögliche Ausschluss bestimmter Kategorien von Händlern vom Markt und ein erhöhtes Risiko der Kollusion zwischen den größten Anbietern die Folge. Die Gefahr, dass leistungsfähigere Händler vom Markt ausgeschlossen werden, ist beim selektiven Vertrieb seit jeher größer als beim Alleinvertrieb, da bei ersterem der Verkauf an Nichtvertragshändler Beschränkungen unterliegt. Damit soll ein geschlossenes Vertriebssystem geschaffen werden, das Lieferungen an Nichtvertragshändler unmöglich macht. Deshalb ist der selektive Vertrieb ein besonders geeignetes Mittel, um dem Wettbewerbsdruck zu entgehen, den Discountbetriebe (ob Offline- oder Online-Händler) auf die Gewinnspannen des Herstellers und der Vertragshändler ausüben. Der Ausschluss solcher Vertriebsmethoden, ob aufgrund kumulativer Anwendung des selektiven Vertriebs oder aufgrund dessen Anwendung durch einen einzelnen Anbieter mit einem Marktanteil von über 30%, reduziert Möglichkeiten der Verbraucher, die mit diesen Vertriebsmethoden verbundenen Vorteile wie niedrigere Preise, mehr Transparenz und besserer Zugang in Anspruch zu nehmen.

(179) Ergeben sich aus selektiven Vertriebssystemen, die jedes für sich genommen nach der GVO freigestellt sind, kumulative Wirkungen, so kann der Entzug der Freistellung oder eine Erklärung der Nichtanwendung der GVO erwogen werden. Eine kumulative Wirkung ist jedoch unwahrscheinlich, wenn solche Systeme weniger als 50% eines Marktes abdecken. Doch selbst wenn diese Marktabdeckungsquote überschritten wird, dürften keine Probleme auftreten, solange die Summe der Marktanteile der fünf größten Anbieter (CR 5) unter 50% liegt. Werden beide Schwellen – 50% Marktabdeckung und 50% Marktanteil (CR5) – überschritten, richtet sich die Würdigung danach, ob alle fünf Anbieter selektiven Vertrieb handhaben. Je stärker die Wettbewerber sind, die sich nicht des selektiven Vertriebs bedienen, desto unwahrscheinlicher ist der Ausschluss anderer Vertriebshändler vom Markt. Setzen alle fünf Anbieter auf selektiven Vertrieb, können insbesondere Vereinbarungen, bei denen quantitative Kriterien zum Tragen kommen und die die Zahl der Vertragshändler unmittelbar begrenzen oder die qualitative Kriterien anlegen (z. B. die Bedingung, dass der Händler über einen oder mehrere physische Verkaufspunkte verfügen oder bestimmte Dienstleistungen erbringen muss), was den Ausschluss bestimmter Vertriebsmethoden bewirkt, Probleme für den Wettbewerb bereiten. Die Voraussetzungen für eine Freistellung nach Artikel 101 Absatz 3 AEUV gelten in der Regel als nicht erfüllt, wenn die fraglichen Selektivvertriebssysteme den Zugang neuer Vertriebshändler (insbesondere Discounter oder reine Internethändler, die den Verbrauchern niedrigere Preise anbieten), die in der Lage sind, die fraglichen Produkte angemessen zu verkaufen, zum Markt verwehren und dadurch den Vertrieb zugunsten bestimmter bestehender Kanäle und zum Schaden der Endverbraucher einschränken. Indirektere Formen des quantitativen Selektivvertriebs, die sich z. B. aus der Verknüpfung rein qualitativer Kriterien mit der Vorgabe eines Mindestwerts für das jährliche Einkaufsvolumen der Händler ergeben, dürften mit weniger negativen Auswirkungen verbunden sein, wenn der vorgegebene Wert keinen erheblichen Teil des vom Händler erzielten Umsatzes aus dem Verkauf des betreffenden Produkts ausmacht und nicht über das hinausgeht, was für den Anbieter notwendig ist, um seine vertragsspezifischen Investitionen zu amortisieren und/oder Größenvorteile im Ver-

trieb zu erzielen. Bei Anbietern mit einem Marktanteil von weniger als 5% wird grundsätzlich davon ausgegangen, dass sie keinen erheblichen Beitrag zu einer kumulativen Wirkung leisten.

(180) „Marktzutrittsschranken" sind hauptsächlich beim Marktausschluss von Nichtvertragshändlern von Interesse. Sie dürften in der Regel hoch sein, da selektiver Vertrieb üblicherweise von Markenproduktherstellern praktiziert wird. Es erfordert im Allgemeinen viel Zeit und erhebliche Investitionen seitens der ausgeschlossenen Händler, eigene Marken auf den Markt zu bringen oder ihren Bedarf bei alternativen Quellen zu decken.

(181) „Nachfragemacht" kann die Gefahr der Kollusion unter Händlern erhöhen, was bei der Würdigung möglicher wettbewerbswidriger Auswirkungen selektiver Vertriebsbindungen stark ins Gewicht fallen kann. Zu einem Ausschluss leistungsfähigerer Einzelhändler vom Markt kann es insbesondere dann kommen, wenn eine gut aufgestellte Händlerorganisation einem Anbieter Kriterien aufdrängt, um den Vertrieb zum Vorteil ihrer Mitglieder einzuschränken.

(182) Nach Artikel 5 Absatz 1 Buchstabe c der GVO darf der Anbieter den Vertragshändlern weder unmittelbar noch mittelbar untersagen, die Marken bestimmter konkurrierender Anbieter zu verkaufen. Mit dieser Bestimmung soll insbesondere eine Kollusion auf horizontaler Ebene verhindert werden, die bewirkt, dass führende Anbieter durch Schaffung eines exklusiven Clubs von Marken bestimmte Marken vom Markt ausschließen. Es ist unwahrscheinlich, dass eine solche Verpflichtung vom Kartellverbot freigestellt werden kann, wenn der Marktanteil der fünf größten Anbieter 50% oder mehr beträgt, es sei denn keiner der Anbieter, die eine Verpflichtung dieser Art vorsehen, gehört zu den fünf größten.

(183) Ein Ausschluss anderer Anbieter ist normalerweise unproblematisch, solange diese auf dieselben Händler zurückgreifen können, d. h., solange das Selektivvertriebssystem nicht mit Markenzwang einhergeht. Bei einem dichten Vertragshändlernetz oder im Falle einer kumulativen Wirkung kann eine Kombination aus selektivem Vertrieb und Wettbewerbsverbot den Ausschluss anderer Anbieter vom Markt bewirken. In diesem Fall finden die in Abschnitt 2.1. in Bezug auf den Markenzwang dargelegten Grundsätze Anwendung. Doch selbst wenn die Selektivvertriebsvereinbarung nicht mit einem Wettbewerbsverbot verknüpft ist, kann der Ausschluss konkurrierender Anbieter vom Markt noch Probleme verursachen, wenn nämlich die größten Anbieter nicht nur rein qualitative Auswahlkriterien verwenden, sondern den Händlern bestimmte zusätzliche Verpflichtungen – z. B. ihren Produkten ein Minimum an Regalfläche vorzubehalten oder zu gewährleisten, dass ein bestimmter Anteil am Gesamtumsatz des Händlers auf den Absatz ihrer Produkte entfällt – auferlegen. Das Problem dürfte sich nicht stellen, wenn weniger als 50% des Marktes durch selektive Vertriebssysteme abgedeckt sind oder – im Falle einer höheren Abdeckungsquote – die Summe der Marktanteile der fünf größten Anbieter weniger als 50% beträgt.

(184) Die Reife des Marktes ist ein wichtiger Faktor, denn ein Verlust an markeninternem Wettbewerb und ein möglicher Ausschluss von Anbietern oder Händlern können in einem reifen Markt ein schwerwiegendes Problem darstellen, während sie sich in einem Markt mit wachsender Nachfrage, kontinuierlich neuen Techniken und schwankenden Marktanteilen der Unternehmen weniger stark auswirken.

(185) Selektiver Vertrieb kann rationell sein, wenn aufgrund von Größenvorteilen beim Transport Logistikkosten eingespart werden können, und zwar unabhängig von der Beschaffenheit des Produkts (Randnummer 107 Buchstabe g). Dies stellt bei Selektivvertriebssystemen normalerweise jedoch nur einen geringfügigen Effizienzgewinn dar. Wenn es allerdings darum geht, das Trittbrettfahrerproblem zwischen Händlern zu lösen (Randnummer 107 Buchstabe a) oder ein Markenimage zu kreieren (Randnummer 107 Buchstabe i) ist vor allem die Beschaffenheit des Produkts von Bedeutung. Effizienzgewinne können am ehesten bei neuen und bei komplexen Pro-

dukten sowie bei Produkten, deren Qualitätseigenschaften vor oder auch nach dem Verbrauch schwierig zu beurteilen sind (Erfahrungs- bzw. Vertrauensgüter), geltend gemacht werden. Die Verknüpfung von selektivem Vertrieb mit einer Standortklausel, die einen Vertragshändler gegen andere Vertragshändler schützen soll, die ein Geschäft in ihrer Nähe eröffnen, dürfte besonders dann die Voraussetzungen des Artikels 101 Absatz 3 AEUV erfüllen, wenn sie zum Schutz umfangreicher vertragsspezifischer Investitionen der Vertragshändler erforderlich ist (Randnummer 107 Buchstabe d).

(186) Damit jeweils die Beschränkung gewählt wird, die den Wettbewerb am wenigsten beeinträchtigt, ist zu überlegen, ob sich dieselben Effizienzgewinne bei vergleichbarem Kostenaufwand nicht auch auf andere Weise – beispielsweise allein durch Service-Anforderungen – erzielen lassen.

(187) Beispiel für den quantitativen selektiven Vertrieb

Auf einem Markt für langlebige Konsumgüter verkauft der Marktführer, der einen Marktanteil von 35% besitzt, sein Produkt (Marke A) über ein selektives Vertriebsnetz an die Endverbraucher. Die Vertragshändler müssen mehrere Kriterien erfüllen: Sie müssen geschultes Personal beschäftigen und Kundenberatung vor dem Verkauf bieten; im Geschäft muss es einen besonderen Bereich für den Verkauf des Produkts und ähnlicher Spitzentechnologieprodukte geben, und es muss dort eine breite Palette von Modellen des Anbieters angeboten und auf ansprechende Weise aufgestellt werden. Die Anzahl der Händler, die zu dem Vertriebsnetz zugelassen werden können, ist insofern direkt beschränkt, als eine Höchstzahl von Händlern je Einwohnerzahl eines Bezirks oder eines Stadtgebiets festgelegt wurde. Hersteller A hat sechs Wettbewerber auf dem Markt. Die größten Hersteller (B, C und D) haben einen Marktanteil von 25%, 15% bzw. 10%. A ist der einzige Hersteller, der sich des selektiven Vertriebs bedient. Die Vertragshändler für Marke A bieten stets auch einige konkurrierende Marken an. Diese werden aber auch in sehr vielen Geschäften verkauft, die nicht dem selektiven Vertriebsnetz von A angeschlossen sind. Die Vertriebswege sind dabei unterschiedlich: Die Marken B und C werden beispielsweise hauptsächlich in den von A zugelassenen Läden verkauft, aber auch in anderen Geschäften, die hochwertigen Service bieten, sowie in Verbrauchergroßmärkten. Marke D wird hauptsächlich in Geschäften mit hochwertigem Service verkauft. Die Technologie entwickelt sich auf diesem Markt recht schnell, und die großen Anbieter sichern ihren Produkten durch Werbung ein wirksames Qualitätsimage.

Das selektive Vertriebssystem deckt hier 35% des Marktes ab. Der Markenwettbewerb wird durch das Vertriebssystem von A nicht unmittelbar beeinträchtigt. Der markeninterne Wettbewerb in Bezug auf Marke A ist möglicherweise reduziert; die Verbraucher haben aber Zugang zu Einzelhändlern mit wenig Service und niedrigen Preisen, die die Marken B und C anbieten, deren Qualitätsimage mit dem von Marke A vergleichbar ist. Auch ist anderen Marken der Zugang zu Einzelhändlern mit hoher Serviceleistung nicht verschlossen, da die Möglichkeiten für zugelassene Händler, konkurrierende Marken anzubieten, nicht eingeschränkt sind und die aufgrund quantitativer Kriterien vorgenommene Begrenzung der Anzahl der Einzelhändler für Marke A dazu führt, dass für konkurrierende Marken andere Einzelhändler mit hochwertigem Service zur Verfügung stehen. In Anbetracht der Service-Anforderungen und der Effizienzgewinne, die diese bieten dürften, sowie der begrenzten Auswirkungen auf den markeninternen Wettbewerb sind die Voraussetzungen des Artikels 101 Absatz 3 AEUV wahrscheinlich erfüllt.

(188) Beispiel für den selektiven Vertrieb mit kumulativer Wirkung

Beispiel: Auf einem Markt für einen bestimmten Sportartikel gibt es sieben Hersteller mit einem Marktanteil von 25%, 20%, 15%, 15%, 10%, 8% bzw. 7%. Während die fünf größten Anbieter ihre Produkte im Wege des quantitativen Selektivvertriebs absetzen, bedienen sich die beiden kleinsten anderer Vertriebssysteme; damit sind 85% des Marktes durch selektive Vertriebsbindungen abgedeckt. Die Kriterien für die Zulassung zu den Netzen des Selektivvertriebs der einzelnen Hersteller sind bemerkenswert einheitlich: Die Händler müssen über einen oder mehrere physische Verkaufspunkte verfügen, und diese Geschäfte müssen geschultes Personal beschäftigen und Kundenberatung vor dem Verkauf bieten, und es muss im Geschäft einen besonderen Bereich für den Verkauf des betreffenden Artikels geben, der eine bestimmte Mindestgröße haben muss. In dem Laden muss eine breite Palette von Produkten der fraglichen Marke angeboten und der Artikel auf ansprechende Weise aufgestellt werden, das Geschäft muss in einer Geschäftsstraße liegen, und diese Art von Artikel muss mindestens 30% des Gesamtumsatzes des Geschäfts ausmachen. Im Allgemeinen ist ein und derselbe Händler Vertragshändler für den selektiven Vertrieb aller fünf Marken. Die Marken der beiden Hersteller, die ohne Selektivvertrieb arbeiten, werden in der Regel von weniger spezialisierten Einzelhändlern mit wenig Service verkauft. Der Markt ist stabil, und zwar sowohl angebots- als auch nachfrageseitig; Markenimage und Produktdifferenzierung sind sehr ausgeprägt. Während die fünf Marktführer über ein gutes Markenimage verfügen, das durch Werbung und Sponsoring aufgebaut wurde, zielt die Absatzstrategie der beiden kleinen Hersteller auf preisgünstigere Produkte ohne besonderes Markenimage ab.

Auf diesem Markt ist allgemeinen Discountern und reinen Internethändlern der Zugang zu den fünf führenden Marken verwehrt. Die Vorgabe, dass dieser Typ Artikel mit mindestens 30% zum Umsatz der Händler beiträgt, und die Kriterien in Bezug auf Präsentation und verkaufsfördernden Kundendienst schließen nämlich die meisten Discounter vom Vertragshändlernetz aus. Die Bedingung, dass Händler über einen oder mehrere physische Verkaufspunkte verfügen müssen, schließt reine Internethändler vom Händlernetz aus. Die Verbraucher haben infolgedessen nur die Wahl, die fünf führenden Marken in Läden mit hoher Serviceleistung und hohen Preisen zu kaufen. Dies hat einen Verlust an Wettbewerb zwischen den fünf führenden Marken zur Folge. Der Umstand, dass die Marken der zwei kleinsten Hersteller in Läden mit wenig Service und niedrigen Preisen gekauft werden können, fängt den Verlust nicht auf, weil die Marken der fünf Marktführer ein viel besseres Image haben. Der Markenwettbewerb wird auch dadurch eingeschränkt, dass ein und derselbe Händler gleichzeitig mehrere Marken vertreibt. Obwohl markeninterner Wettbewerb bis zu einem gewissen Grad vorhanden und die Anzahl der Einzelhändler nicht direkt begrenzt ist, sind die Kriterien doch so streng, dass für den Vertrieb der fünf führenden Marken in jedem Gebiet nur eine kleine Anzahl von Einzelhändlern zur Verfügung steht.

Die mit diesen quantitativen Selektivvertriebssystemen verbundenen Effizienzgewinne sind gering: Das Produkt ist nicht sehr komplex und rechtfertigt keinen besonders hochwertigen Service. Sofern die Hersteller nicht nachweisen können, dass ihre Selektivvertriebssysteme mit eindeutigen Effizienzgewinnen einhergehen, ist es wahrscheinlich, dass in dem hier beschriebenen Fall der Rechtsvorteil der GVO entzogen werden muss, da die kumulative Wirkung geringere Wahlmöglichkeiten und höhere Preise für die Verbraucher bedeutet.

2.5. Franchising

(189) Franchisevereinbarungen beinhalten Lizenzen für Rechte des geistigen Eigentums, die sich insbesondere auf Marken oder sonstige Zeichen und Know-how beziehen, zum Zwecke der Nutzung und des Vertriebs von Waren oder Dienstleistungen. Üblicherweise gewährt der Franchisegeber dem Franchisenehmer neben der Lizenz für die Rechte des geistigen Eigentums auch kommerzielle und technische Unterstützung für die Vertragslaufzeit. Die Lizenzgabe und Gewährung kommerzieller bzw. technischer Unterstützung bilden feste Bestandteile des Franchising-Geschäftskonzepts. Der Franchisegeber erhält in der Regel eine Franchisegebühr vom Franchisenehmer für die Nutzung eines bestimmten Geschäftskonzepts. Franchisevereinbarungen können es dem Franchisegeber ermöglichen, mit einem begrenzten

Investitionsaufwand ein einheitliches Netz für den Vertrieb seiner Produkte aufzubauen. Neben den Bestimmungen zum Geschäftskonzept enthalten Franchisevereinbarungen in der Regel eine Kombination unterschiedlicher vertikaler Beschränkungen hinsichtlich der Produkte, die vertrieben werden, insbesondere Selektivvertrieb und/oder Wettbewerbsverbot und/oder Alleinvertrieb oder eine Kombination aus schwächeren Formen derselben.

(190) In Franchisevereinbarungen enthaltene Lizenzbestimmungen in Bezug auf Rechte des geistigen Eigentums fallen, wie in den Randnummern 24 bis 46 beschrieben, unter die GVO. Genau wie bei den einzelnen vertikalen Beschränkungen für den Bezug, Verkauf und Weiterverkauf von Waren und Dienstleistungen, die in einer Franchisevereinbarung enthalten sein können (d. h. Selektivvertrieb, Wettbewerbsverbot oder Alleinvertrieb), gilt die Freistellung vom Kartellverbot nach der GVO nur, wenn der Marktanteil nicht mehr als 30% beträgt[1]. Die Hinweise, die im Hinblick auf diese Art von Beschränkungen gegeben wurden, gelten auch für Franchisevereinbarungen mit folgenden zwei Besonderheiten:

a) Je weitreichender der Transfer von Know-how, desto wahrscheinlicher ist es, dass durch die Beschränkungen Effizienzgewinne geschaffen werden und/oder diese für den Schutz des Know-hows unerlässlich sind, so dass die Beschränkungen die Voraussetzungen des Artikels 101 Absatz 3 AEUV erfüllen.
b) Ein Wettbewerbsverbot in Bezug auf die vom Franchisenehmer erworbenen Waren oder Dienstleistungen fällt nicht unter das Verbot des Artikels 101 Absatz 1 AEUV, wenn diese Verpflichtung notwendig ist, um die Einheitlichkeit und den Ruf des Franchisesystems zu erhalten. In solchen Fällen ist auch die Dauer des Wettbewerbsverbots im Hinblick auf das Verbot des Artikels 101 Absatz 1 AEUV irrelevant, solange sie nicht über die Laufzeit der Franchisevereinbarung selbst hinausgeht.

(191) Beispiel für Franchisevereinbarungen

Ein Hersteller hat eine neue Form des Bonbonverkaufs in sogenannten „Fun Shops" entwickelt, in denen die Bonbons nach den Wünschen der Verbraucher gefärbt werden. Der Bonbonhersteller hat auch die Maschinen zum Bonbonfärben entwickelt und stellt selbst die nötigen Lebensmittelfarben her, deren Qualität und Frische für die Produktion guter Bonbons von entscheidender Bedeutung sind. Der Hersteller hat seine Bonbons erfolgreich vermarktet, indem er sie über eine Reihe von eigenen Einzelhandelsgeschäften absetzte, die alle unter demselben Markennamen firmierten und ein einheitliches „fun"-Image verbreiteten (Design der Läden, gemeinsame Werbung usw.). Zur Umsatzsteigerung lancierte der Hersteller ein Franchisesystem. Die Franchisenehmer sind verpflichtet, Bonbons, Lebensmittelfarben und Färbeanlage vom Hersteller zu kaufen, ihre Geschäfte mit identischer Aufmachung und unter demselben Markennamen zu betreiben, eine Franchisegebühr zu entrichten, zur gemeinsamen Werbung beizutragen und die Vertraulichkeit der vom Franchisegeber erstellten Betriebsanleitung zu gewährleisten. Außerdem dürfen sie nur in den anerkannten Räumlichkeiten und nur an Endverbraucher oder andere Franchisenehmer verkaufen; der Verkauf markenfremder Bonbons ist ihnen untersagt. Der Franchisegeber darf seinerseits in einem bestimmten Vertragsgebiet keine anderen Franchisenehmer zulassen oder selbst ein Einzelhandelsgeschäft betreiben. Er ist ferner verpflichtet, seine Produkte, die Geschäftsperspektiven und die Betriebsanleitung zu aktualisieren bzw. weiterzuentwickeln und diese Verbesserungen allen Franchisenehmern im Einzelhandel zur Verfügung zu stellen. Die Franchisevereinbarungen werden für zehn Jahre abgeschlossen.

Bonbon-Einzelhändler kaufen ihre Ware im Inland ein, und zwar entweder von inländischen Herstellern, die sich auf die Geschmackspräferenzen der Verbraucher

[1] Siehe auch Randnrn. 86 bis 95, insbesondere die Randnr. 92.

des betreffenden Landes eingestellt haben, oder von Großhändlern, die ihre Ware neben inländischen auch von ausländischen Produzenten beziehen. Auf diesem Markt konkurrieren die Erzeugnisse des Franchisegebers mit anderen Bonbonmarken. Auf den Franchisegeber entfallen 30% aller Bonbons, die an Einzelhändler verkauft werden. Wettbewerbsdruck entsteht durch eine Reihe nationaler und internationaler Marken, die teilweise von großen diversifizierten Nahrungsmittelkonzernen hergestellt werden. Es bestehen viele potenzielle Bonbonverkaufsstellen in Form von Tabakläden, Lebensmittelläden, Cafeterias und Süßwarengeschäften. Bei Maschinen zum Einfärben von Lebensmitteln hält der Franchisegeber einen Marktanteil von weniger als 10%.

Bei den meisten der in den Franchisevereinbarungen enthaltenen Verpflichtungen kann darauf geschlossen werden, dass sie notwendig sind, um geistiges Eigentum zu schützen bzw. die Einheitlichkeit und den Ruf des Franchisenetzes zu erhalten, so dass sie nicht unter das Verbot des Artikels 101 Absatz 1 AEUV fallen. Die Beschränkungen in Bezug auf den Verkauf (Gebietsschutz und selektiver Vertrieb) sind ein Anreiz für die Franchisenehmer, in die Färbemaschine und das Franchisekonzept zu investieren, und tragen, auch wenn sie zu diesem Zweck nicht unbedingt erforderlich sind, zumindest dazu bei, die Einheitlichkeit des Netzes zu bewahren und damit den Verlust an markeninternem Wettbewerb auszugleichen. Das Wettbewerbsverbot, durch das anderen Bonbonmarken der Zugang zu den Geschäften für die gesamte Vertragsdauer verwehrt wird, ermöglicht es dem Franchisegeber, die Läden einheitlich zu gestalten und zu vermeiden, dass Wettbewerber von seinem Markennamen profitieren. Es hat keine gravierende Marktabschottung zur Folge, da andere Bonbonhersteller auf eine sehr große Zahl potenzieller Verkaufsstätten zurückgreifen können. Soweit die in den Franchisevereinbarungen dieses Franchisegebers enthaltenen Verpflichtungen unter das Verbot des Artikels 101 Absatz 1 AEUV fallen, dürften sie die Voraussetzungen für eine Freistellung nach Artikel 101 Absatz 3 AEUV erfüllen.

2.6. Alleinbelieferung

(192) Unter die Bezeichnung „Alleinbelieferung" fallen Beschränkungen, deren zentrales Element darin besteht, dass der Anbieter verpflichtet ist oder dazu angehalten wird, die Vertragsprodukte ausschließlich oder hauptsächlich an einen Abnehmer oder für einen bestimmten Verwendungszweck zu verkaufen. Dies kann in Form einer Alleinbelieferungsklausel erfolgen, die den Anbieter dazu verpflichtet, für die Zwecke des Weiterverkaufs oder für einen bestimmten Verwendungszweck nur an einen Abnehmer zu verkaufen, aber auch die Form einer Mengenvorgabe für den Anbieter annehmen, in deren Rahmen der Anbieter und der Abnehmer Anreize vereinbaren, die den Anbieter dazu veranlassen, seine Verkäufe im Wesentlichen auf einen Abnehmer zu konzentrieren. Die Lieferung von Zwischenprodukten mit Ausschließlichkeitsbindung wird häufig auch als „industrial supply" bezeichnet.

(193) Alleinbelieferungsvereinbarungen sind nach der GVO vom Kartellverbot freigestellt, wenn sowohl der Anbieter als auch der Abnehmer auf seinem Markt nicht mehr als 30% Marktanteil hält; dies gilt selbst dann, wenn die Vereinbarung noch andere vertikale Beschränkungen wie z. B. ein Wettbewerbsverbot enthält. Im nachstehenden Teil dieses Abschnitts werden Anhaltspunkte gegeben, wie in einzelnen Fällen, in denen die Marktanteilsschwelle überschritten wird, bei der Würdigung von Alleinbelieferungsverpflichtungen vorzugehen ist.

(194) Die größte Gefahr für den Wettbewerb besteht bei der Alleinbelieferung in der wettbewerbswidrigen Abschottung des Marktes für andere Abnehmer. Mögliche Auswirkungen ähneln jenen von Alleinvertriebsvereinbarungen, insbesondere wenn der Alleinvertriebshändler der einzige Abnehmer auf dem gesamten Markt ist (siehe Abschnitt 2.2 und insbesondere Randnummer 156). Es ist somit wichtig, den Markt-

anteil des Abnehmers im vorgelagerten Beschaffungsmarkt zu kennen, um einschätzen zu können, ob dieser in der Lage wäre, dem Anbieter Alleinbelieferungsverpflichtungen aufzuerlegen, die anderen Abnehmern den Zugang zu einer bestimmten Lieferquelle verschließen würden. Ob ein wettbewerbsrechtliches Problem entstehen könnte, hängt jedoch vor allem von der Stellung des Abnehmers auf dem nachgelagerten Markt ab. Hat der Abnehmer dort keine Marktmacht, so ist nicht mit spürbaren negativen Auswirkungen auf die Verbraucher zu rechnen. Negative Auswirkungen sind jedoch möglich, wenn der Marktanteil des Abnehmers auf dem vorgelagerten Beschaffungs- oder nachgelagerten Vertriebsmarkt über 30% liegt. Doch auch wenn der Marktanteil des Abnehmers die 30%-Schwelle im vorgelagerten Markt nicht übersteigt, können insbesondere in Fällen, in denen diese Schwelle im nachgelagerten Markt überschritten wird und sich die Alleinvertriebsvereinbarung auf einen bestimmten Verwendungszweck für die Vertragsprodukte bezieht, erhebliche Abschottungswirkungen auftreten. Verpflichtungen, Produkte ausschließlich oder überwiegend an einen Abnehmer zu liefern, der im nachgelagerten Markt eine beherrschende Stellung innehat, können schnell erhebliche wettbewerbswidrige Auswirkungen zur Folge haben.

(195) Neben der „Stellung des Abnehmers" im vor- und im nachgelagerten Markt spielt aber auch die Frage eine Rolle, in welchem Umfang und wie lange der Abnehmer eine Alleinbelieferungsklausel anwendet. Je mehr Lieferungen gebunden sind und je länger die Bindung dauert, desto ausgeprägter dürfte die Abschottungswirkung sein. Bei Alleinbelieferungsvereinbarungen mit einer Dauer von weniger als fünf Jahren, die Unternehmen in nicht marktbeherrschender Stellung anwenden, ist gewöhnlich eine sorgfältige Gegenüberstellung der wettbewerbsfördernden und -schädigenden Auswirkungen erforderlich. Beträgt die Dauer mehr als fünf Jahre, ist davon auszugehen, dass die Vereinbarungen bei den meisten Investitionsarten nicht als für die Erzielung der behaupteten Effizienzgewinne erforderlich betrachtet werden bzw. dass diese Gewinne nicht ausreichen, um die Abschottungswirkung zu kompensieren.

(196) Die „Stellung der konkurrierenden Abnehmer im vorgelagerten Markt" ist von Bedeutung, da es nur wahrscheinlich ist, dass diese aus wettbewerbsfeindlichen Motiven (Kostentreiberei) aus dem Markt ausgeschlossen werden, wenn sie erheblich kleiner sind als der den Ausschluss bewirkende Abnehmer. Ein Marktausschluss konkurrierender Abnehmer ist dagegen unwahrscheinlich, wenn die Wettbewerber über vergleichbare Nachfragemacht verfügen und den Anbietern ähnliche Absatzmöglichkeiten bieten können. In einem solchen Fall wären gegebenenfalls nur potenzielle neue Anbieter vom Markt ausgeschlossen, denen es nicht gelingt, sich Lieferquellen zu sichern, weil mehrere große Abnehmer Alleinbelieferungsverträge mit den meisten Anbietern in dem betreffenden Markt geschlossen haben. Eine solche kumulative Wirkung kann den Entzug des Rechtsvorteils der Gruppenfreistellung nach sich ziehen.

(197) „Marktzutrittschranken" auf der Ebene der Anbieter sind ein wichtiger Aspekt für die Klärung der Frage, ob es tatsächlich zu einer Marktabschottung kommt. Ist es für konkurrierende Abnehmer rationell, die Ware oder Dienstleistung im Wege der vertikalen Integration über ein verbundenes Unternehmen im vorgelagerten Markt selbst zu beschaffen, dürfte der Ausschluss kein wirkliches Problem darstellen. Häufig aber bestehen beträchtliche Marktzutrittsschranken.

(198) „Gegenmacht von Anbietern" ist von Bedeutung, da wichtige Anbieter sich nicht leicht von anderen Abnehmern abschneiden lassen. Die Gefahr einer Marktabschottung besteht daher hauptsächlich dann, wenn die Anbieter schwach und die Abnehmer stark sind. Bei starken Anbietern kann Alleinbelieferung in Verbindung mit Wettbewerbsverboten auftreten. Bei dieser Kombination kommen die Regeln zum Tragen, die in Bezug auf den Markenzwang formuliert wurden. Haben beide Seiten vertragsspezifische Investitionen vornehmen müssen („Hold-up"-Problem), kann

eine Verbindung aus Alleinbelieferungspflicht und Wettbewerbsverbot (d. h. gegenseitige ausschließliche Bindung in Alleinbelieferungsvereinbarungen) oft gerechtfertigt sein, insbesondere dann, wenn keine marktbeherrschende Stellung vorliegt.

(199) Schließlich sind auch die „Handelsstufe" und die „Beschaffenheit des Produkts" wichtige Marktausschlussfaktoren. Eine wettbewerbswidrige Abschottung des Marktes ist bei Zwischenprodukten oder bei homogenen Produkten weniger wahrscheinlich. Im erstgenannten Fall kann ein vom Markt ausgeschlossener Hersteller, der eine bestimmte Vorleistung benötigt, in der Regel flexibler auf die Nachfrage seiner Kunden reagieren als der Groß- oder Einzelhändler, der die Nachfrage des Endverbrauchers zu befriedigen hat, für den Marken unter Umständen sehr wichtig sind. Bei homogenen Produkten ist der Verlust einer möglichen Lieferquelle für die ausgeschlossenen Abnehmer weniger bedeutsam als bei heterogenen Produkten, die unterschiedliche Merkmale und Qualitätseigenschaften aufweisen. Bei Marken-Endprodukten oder differenzierten Zwischenprodukten in Märkten mit Zutrittsschranken können Alleinbelieferungsverpflichtungen spürbare wettbewerbswidrige Auswirkungen haben, wenn die Wettbewerber des Abnehmers im Vergleich zu diesem klein sind; dies gilt selbst dann, wenn der Abnehmer im nachgelagerten Markt keine marktbeherrschende Stellung einnimmt.

(200) Effizienzgewinne sind bei „Hold-up"-Problemen (Randnummer 107 Buchstaben d und e) zu erwarten, und zwar mit größerer Wahrscheinlichkeit bei Zwischen- als bei Endprodukten. Effizienzgewinne anderer Art sind weniger wahrscheinlich. Etwaige Größenvorteile beim Vertrieb (Randnummer 107 Buchstabe g) dürften keine Rechtfertigung für Alleinbelieferungsverpflichtungen bieten.

(201) Zur Lösung von „Hold-up"-Problemen und mehr noch zur Erzielung von Größenvorteilen im Vertrieb gibt es durchaus weniger wettbewerbsbeschränkende Alternativen zur Alleinbelieferung, z. B. Mengenvorgaben für den Anbieter (Mindestliefermengen usw.).

(202) Beispiel für Alleinbelieferung

Auf einem Markt für einen bestimmten Komponententyp (Zwischenprodukte) kommt Anbieter A mit Abnehmer B überein, mit eigenem Know-how und erheblichen Investitionen in neue Maschinen sowie mit Hilfe der von Abnehmer B vorgegebenen Spezifikationen einen neuen Typ von Bauteilen zu entwickeln. B muss erhebliche Investitionen tätigen, um die neue Komponente in sein Produkt einzubauen. Es wird vereinbart, dass A das neue Produkt ab dessen Markteinführung fünf Jahre lang ausschließlich an B verkauft. B darf das Produkt während desselben Zeitraums nur von A beziehen. Frühere Generationen des Produkts dürfen A und B jedoch weiterhin an andere Kunden verkaufen bzw. bei anderen Anbietern beziehen. Der Marktanteil von Abnehmer B auf dem vorgelagerten Komponentenmarkt und auf dem nachgelagerten Endproduktmarkt beträgt jeweils 40%. Der Komponentenanbieter hat einen Marktanteil von 35%. Zwei weitere Komponentenanbieter halten rund 20% bis 25% Marktanteil; daneben gibt es noch eine Reihe kleinerer Anbieter.

Wegen der erheblichen Investitionen dürfte die Vereinbarung in Anbetracht der Effizienzgewinne und der geringen Marktabschottungswirkung die Voraussetzungen des Artikels 101 Absatz 3 AEUV erfüllen. Andere Abnehmer werden nur von dem Markt für eine bestimmte Version des Produkts eines Anbieters ausgeschlossen, der einen Marktanteil von 35% hat; außerdem gibt es noch andere Bauteileanbieter, die ähnliche neue Produkte entwickeln könnten. Desgleichen beschränkt sich der Ausschluss anderer Anbieter nur auf den Teil des Beschaffungsmarkts, den Abnehmer B besetzt, d. h. höchstens 40%.

2.7. Vorauszahlungen für den Zugang

(203) Bei Vorauszahlungen für den Zugang handelt es sich um feste Gebühren, die Anbieter im Rahmen einer vertikalen Beziehungen zu Beginn eines bestimmten

Zeitraums an Händler für den Zugang zu ihren Vertriebsnetzen und für Service-Leistungen, die Einzelhändler Anbietern erbringen, zahlen. Hierzu zählen unter anderem Listungsgebühren[1], die sogenannten „Pay-to-Stay"-Gebühren[2] oder auch Entgelte für den Zugang zu Werbekampagnen eines Händlers. Derartige Vorauszahlungen fallen unter die GVO, wenn sowohl der Anbieter als auch der Abnehmer auf seinem Markt nicht mehr als 30% Marktanteil hält. Im nachstehenden Teil dieses Abschnitts werden Anhaltspunkte gegeben, wie in einzelnen Fällen, in denen diese Marktanteilsschwelle überschritten wird, bei der Würdigung von Vorauszahlungen für den Zugang vorzugehen ist.

(204) Vorauszahlungen für den Zugang können manchmal, falls diese Zahlungen die Anbieter dazu anhalten, ihre Produkte nur über einen oder eine kleine Zahl von Händler zu vertreiben, manchmal zu einem wettbewerbswidrigen Marktausschluss anderer Händler führen. Eine hohe Gebühr kann dazu führen, dass ein Anbieter einen wesentlichen Teil seiner Verkäufe über seinen Händler abwickelt, um diese Kosten zu decken. In diesem Fall könnten diese Vorauszahlungen dieselbe Marktabschottungswirkung auf dem nachgelagerten Markt haben wie eine Art Alleinbelieferungsklausel. Etwaige negative Auswirkungen werden wie jene von Alleinbelieferungsverpflichtungen gewürdigt (siehe insbesondere Randnummern 194 bis 199).

(205) Außerdem können in Ausnahmefällen Vorauszahlungen für den Zugang zu einem wettbewerbswidrigen Marktausschluss anderer Anbieter führen, wenn die allgemeine Verwendung derartiger Zahlungen kleineren Marktteilnehmer den Markteintritt erschwert. Etwaige negative Auswirkungen werden wie jene von Markenzwang gewürdigt (siehe insbesondere Randnummern 132 bis 141).

(206) Zusätzlich zu einer möglichen Marktabschottung kann durch diese Vorauszahlungen eine Aufweichung des Wettbewerbs und Kollusion zwischen Händlern begünstigt werden. Diese Zahlungen veranlassen die Anbieter mit großer Wahrscheinlichkeit dazu, ihre Preise für die Vertragsprodukte zu erhöhen, da sie diese Kosten decken müssen. Höhere Lieferpreise könnten das Interesse der Einzelhändler, auf dem nachgelagerten Markt preislich zu konkurrieren, schmälern, während die Gewinne der Händler aufgrund der Vorauszahlungen steigen. Für eine solche Einschränkung des Wettbewerbs zwischen Händlern mittels kumulativer Verwendung von Vorauszahlungen für den Zugang bedarf es in der Regel eines stark konzentrierten Vertriebsmarkts.

(207) Gleichzeitig könnten Vorauszahlungen für den Zugang in vielen Fällen zu einer effizienten Regalflächenzuweisung für neue Produkte beitragen. Händler sind häufig nicht so gut über die Erfolgschancen eines neu einzuführenden Produkts informiert wie die Anbieter, so dass nicht immer eine richtige Anzahl von Produkten vorgesehen wird. Vorauszahlungen könnten genutzt werden, um die Informationsasymmetrie zwischen Anbietern und Händlern abzubauen, indem Anbietern ausdrücklich erlaubt wird, sich direkt um Regalfläche zu bemühen. Auf diese Weise erhält der Händler Hinweise darüber, welche Produkte den größten Erfolg versprechen könnten, da ein Anbieter nur dann eine Vorabgebühr für den Zugang zahlen wird, wenn die Produkteinführung mit einem geringen Misserfolgsrisiko verbunden ist.

(208) Aufgrund der in Randnummer 207 genannten Informationsasymmetrie könnten die Anbieter außerdem versuchen, von den Verkaufsförderungsbemühungen des Händlers zu profitieren, um suboptimale Produkte einzuführen. Kann sich das Produkt nicht durchsetzen, zahlen die Händler einen Teil der damit verbundenen Kosten. Die Verwendung von Vorabgebühren für den Zugang könnte Trittbrettfahrer vermei-

---

[1] Hierbei handelt es sich um feste Gebühren, die Hersteller an die Einzelhändler für Regalplatz zahlen.

[2] Pauschalbeträge, mit denen sichergestellt wird, dass ein bestehendes Produkt für einen weiteren Zeitraum im Regal verbleibt.

den, indem das Misserfolgsrisiko eines Produkts wieder auf die Anbieterseite verlagert und dadurch zu einer optimalen Produkteinführungsrate beigetragen wird.

2.8. Produktgruppenmanagement-Vereinbarungen

(209) Hierbei handelt es sich um Vereinbarungen, mit denen ein Händler in Verbindung mit einer Vertriebsvereinbarung dem Anbieter als „Category Captain" die Federführung über das Marketing einer bestimmten Gruppe von Produkten, zu denen im Allgemeinen nicht nur die Produkte des Anbieters, sondern auch die Produkte seiner Wettbewerber zählen, überträgt. Der „Category Captain" könnte folglich u. a. Einfluss nehmen auf die Produktplatzierung und die Verkaufsförderung für das Produkt im Geschäft sowie auf die Produktauswahl für das Geschäft. Produktgruppenmanagement-Vereinbarungen (Category Management Agreements) fallen unter die GVO, wenn sowohl der Anbieter als auch der Abnehmer auf seinem Markt nicht mehr als 30% Marktanteil hält. Im nachstehenden Teil dieses Abschnitts werden Anhaltspunkte gegeben, wie in einzelnen Fällen, in denen diese Marktanteilsschwelle überschritten wird, bei der Würdigung von solchen Vereinbarungen vorzugehen ist.

(210) Während Produktgruppenmanagement-Vereinbarungen in den meisten Fällen unproblematisch sind, können sie manchmal den Wettbewerb zwischen Anbietern verzerren und letztendlich zu einem wettbewerbswidrigen Marktausschluss anderer Anbieter führen, wenn der „Category Captain" aufgrund seiner möglichen Einflussnahme auf Marketingentscheidungen des Händlers in der Lage ist, den Vertrieb von Produkten konkurrierender Anbieter zu beschränken oder zu erschweren. Während der Händler in den meisten Fällen kein Interesse daran haben dürfte, seine Auswahl an Produkten einzuschränken, wenn er auch konkurrierende Produkte unter seiner eigenen Marke (Händlermarke) verkauft, könnten für ihn auch Anreize bestehen, bestimmte Anbieter (insbesondere für Produkte der mittleren Preisklasse) auszuschließen. Etwaige negative Auswirkungen dieser Abschottung des vorgelagerten Marktes werden wie jene von Vereinbarungen mit Markenzwang gewürdigt (siehe insbesondere Randnummern 132 bis 141), indem Aspekte wie Abdeckung des Marktes durch diese Vereinbarungen, Marktstellung der konkurrierenden Anbieter und etwaige kumulative Anwendung solcher Vereinbarungen geprüft werden.

(211) Darüber hinaus könnten Produktgruppenmanagement- Vereinbarungen Kollusion zwischen Händlern begünstigen, wenn derselbe Anbieter als „Category Captain" für alle oder fast alle konkurrierenden Händler eines Marktes fungiert und diesen Händlern einen einheitlichen Bezugsrahmen für ihre Marketingentscheidung geben würde.

(212) Außerdem könnte diese Art von Vereinbarungen eine Kollusion zwischen Anbietern befördern, indem ihnen mehr Gelegenheiten gegeben werden, über Einzelhändler wichtige Marktinformationen (z. B. Informationen über künftige Preisfestsetzung, geplante Verkaufsförderungsmaßnahmen und Werbekampagnen) auszutauschen[1].

(213) Produktgruppenmanagement-Vereinbarungen können jedoch durchaus auch Effizienzgewinne bringen, da sie den Händlern die Möglichkeit eröffnen, die Marketingkenntnisse der Anbieter in Bezug auf eine bestimmte Produktgruppe zu nutzen und Größenvorteile zu erzielen, während gleichzeitig sichergestellt wird, dass eine optimale Auswahl an Produkten zum gewünschten Zeitpunkt und direkt in den Regalen steht. Da sich das Produktgruppenmanagement an den Gewohnheiten der Kunden orientiert, könnten entsprechende Vereinbarungen zu einer hohen Kundenzufriedenheit führen, da sie es ermöglichen, der Nachfrageerwartung besser Rechnung zu tragen. Je stärker der Markenwettbewerb und je geringer die Umstellungs-

[1] Der direkte Informationsaustausch zwischen Wettbewerbern fällt nicht unter die GVO (siehe Artikel 2 Absatz 4 GVO und Randnrn. 27 und 28 dieser Leitlinien).

kosten der Verbraucher, desto größer sind in der Regel die wirtschaftlichen Vorteile, die durch das Produktgruppenmanagement erzielt werden können.

2.9. Kopplungsbindung

(214) Die Kopplungsbindung bezieht sich auf Situationen, in denen Kunden, die ein Produkt (Kopplungsprodukt) kaufen, auch ein ausgewähltes anderes Produkt (gekoppeltes Produkt) kaufen müssen, das entweder von dem Anbieter selbst oder aber von einem von ihm benannten Unternehmen angeboten wird. Eine Kopplungsbindung kann eine missbräuchliche Ausnutzung einer beherrschenden Stellung im Sinne von Artikel 102 AEUV darstellen[1]. Kopplung kann aber auch eine vertikale Beschränkung im Sinne des Artikels 101 AEUV darstellen, wenn sie in Bezug auf das gekoppelte Produkt eine Verpflichtung von der Art des Markenzwangs (siehe Randnummern 129 bis 150) bewirkt. Nur auf diesen letzten Fall wird in den vorliegenden Leitlinien eingegangen.

(215) Ob die Produkte als getrennte Produkte angesehen werden, hängt von der Verbrauchernachfrage ab. Zwei getrennte Produkte liegen dann vor, wenn ohne die Kopplung eine große Anzahl von Kunden das Kopplungsprodukt kaufen würden bzw. gekauft hätten, ohne auch das gekoppelte Produkt beim selben Anbieter zu erwerben, so dass jedes der beiden Produkte unabhängig vom anderen hergestellt werden kann[2]. Als direkter Beweis für die Existenz zweier getrennter Produkte kann der Umstand gelten, dass Verbraucher, wenn sie die Wahl haben, das Kopplungs- und das gekoppelte Produkt von unterschiedlichen Quellen beziehen; ein indirekter Beweis wäre u. a. die Marktpräsenz von Unternehmen, die auf die Fertigung oder den Verkauf des gekoppelten Produkts (ohne das Kopplungsprodukt) bzw. jedes einzelnen der vom marktbeherrschenden Unternehmen gebündelten Produkte spezialisiert sind[3], oder aber der Nachweis dafür, dass Unternehmen mit geringer Marktmacht vor allem auf funktionierenden Wettbewerbsmärkten diese Produkte tendenziell nicht koppeln bzw. bündeln. Ein Beispiel: Da Kunden Schuhe mit Schnürsenkeln kaufen wollen, es für Händler aber nicht möglich ist, neue Schuhe mit Schnürsenkeln ihrer Wahl zu versehen, ist es für Schuhhersteller zum Handelsbrauch geworden, Schuhe mit Senkeln zu liefern. Der Verkauf von Schuhen mit den dazugehörigen Schnürsenkeln ist somit kein Kopplungsgeschäft.

(216) Produktkopplung kann zu einer wettbewerbswidrigen Marktabschottung auf dem Markt für das Kopplungsprodukt, dem Markt für das gekoppelte Produkt oder auf beiden Märkten führen. Die Marktausschlusswirkung hängt davon ab, inwieweit der Absatz auf dem Markt für das gekoppelte Produkt durch entsprechende Bindungen abgedeckt wird. Bei der Klärung der Frage, ob spürbare Abschottungswirkungen im Sinne des Artikels 101 Absatz 1 AEUV vorliegen, sind die Kriterien für die wettbewerbsrechtliche Würdigung von Vereinbarungen mit Markenzwang heranzuziehen. Kopplungsvereinbarungen beinhalten zumindest eine Art von Mengenvorgabe für das gekoppelte Produkt, die dem Abnehmer auferlegt wird. Wenn in Bezug auf das gekoppelte Produkt außerdem ein Wettbewerbsverbot vereinbart wird, wird die mögliche Abschottungswirkung noch größer. Kopplungsbindung kann für Kunden, die das gekoppelte Produkt, aber nicht das Kopplungsprodukte kaufen

---

[1] Urteil des Gerichtshofes in der Rs. C-333/94 P, Tetra Pak/Kommission, I-5951, Randnr. 37. Siehe auch Mitteilung der Kommission – Erläuterungen zu den Prioritäten der Kommission bei der Anwendung von Artikel 82 des EG-Vertrags auf Fälle von Behinderungsmissbrauch durch marktbeherrschende Unternehmen, ABl. C 45 vom 24.2.2009, S. 7.

[2] Urteil des Gerichts vom 17. September 2007 in der Rs. T-201/04, Microsoft/Kommission, II-3601, Randnrn. 917, 921 und 922.

[3] Urteil des Gerichts vom 12. Dezember 1991 in der Rs. T-30/89, Hilti/Kommission, II-1439, Randnr. 67.

möchten, weniger Wettbewerb bedeuten. Gibt es für die Wettbewerber des Anbieters auf dem Markt für das gekoppelte Produkt nicht genügend Kunden, die nur das gekoppelte Produkt kaufen würden, kann die Kopplung für diese Kunden letztlich zu höheren Preisen führen. Handelt es sich bei dem gekoppelten Produkt um ein wichtiges Komplementärprodukt für die Kunden des Kopplungsprodukts, können eine Reduzierung anderer Anbieter des gekoppelten Produkts und die dadurch bewirkte geringere Verfügbarkeit dieses Produkts den Eintritt in den Kopplungsmarkt erschweren.

(217) Darüber hinaus können Kopplungsgeschäfte Preise zur Folge haben, die über dem freien Marktpreis liegen; dies gilt insbesondere für die drei folgenden Situationen: Wenn, erstens, das Kopplungs- und das gekoppelte Produkt in variablen Mengen als Vorleistung für einen Produktionsprozess verwendet werden, könnten die Kunden auf eine Erhöhung des Preises für das Kopplungsprodukt reagieren, indem sie verstärkt das gekoppelte Produkt nachfragen und gleichzeitig ihre Nachfrage nach dem Kopplungsprodukt reduzieren. Durch Kopplung der beiden Produkte kann der Anbieter versuchen, diese Substitution zu unterbinden, um im Endeffekt in der Lage zu sein, seine Preise zu erhöhen. Zweitens, die Kopplungsvereinbarung lässt zu, dass je nach Verwendung des Kopplungsprodukts durch den Kunden unterschiedliche Preise angewandt werden (z. B. Kopplung der Lieferung von Tintenpatronen an den Kauf von Fotokopiermaschinen). Drittens, bei Verträgen mit langer Laufzeit oder bei Anschlussmärkten, auf denen Erstausrüstungen erst nach langer Zeit ersetzt werden, können die Kunden die Folgen der Kopplung nur schwer kalkulieren.

(218) Die Kopplungsbindung ist nach der GVO vom Kartellverbot freigestellt, wenn der Anbieter weder für das gekoppelte Produkt noch für das Kopplungsprodukt einen Marktanteil von mehr als 30% hält und wenn der Marktanteil des Abnehmers auf dem entsprechenden vorgelagerten Markt nicht mehr als 30% beträgt. Sie kann mit anderen vertikalen Beschränkungen kombiniert werden, die keine Kernbeschränkungen nach der GVO darstellen, z. B. mit einem Wettbewerbsverbot oder mit Mengenvorgaben für das Kopplungsprodukt oder mit einer Alleinbezugsverpflichtung. Im nachstehenden Teil dieses Abschnitts wird dargestellt, wie Kopplungsvereinbarungen zu würdigen sind, wenn im Einzelfall die Marktanteilsschwelle überschritten wird.

(219) Bei der Würdigung etwaiger wettbewerbswidriger Wirkungen ist die „Marktstellung des Anbieters" auf dem Markt für das Kopplungsprodukt natürlich von größter Bedeutung. Im Allgemeinen wird diese Form der Vereinbarung vom Anbieter durchgesetzt. Eine starke Marktstellung des Anbieters bei dem Kopplungsprodukt ist der Hauptgrund dafür, dass sich der Abnehmer einer Kopplungsbindung kaum entziehen kann.

(220) Bei der Würdigung der Marktmacht des Anbieters ist die „Marktstellung seiner Wettbewerber" auf dem Markt für das Kopplungsprodukt von Belang. Ist die Konkurrenz hinreichend zahlreich und stark, sind keine wettbewerbswidrigen Auswirkungen zu erwarten, da die Abnehmer genügend Alternativen haben, um die betreffenden Produkte ohne das gekoppelte Produkt zu beziehen, sofern nicht andere Anbieter eine ähnliche Praxis verfolgen. Außerdem sind Marktzutrittsschranken bei dem Kopplungsprodukt für die Ermittlung der Marktstellung des Anbieters von Bedeutung. Wird die Kopplungsbindung mit einem Wettbewerbsverbot für das Kopplungsprodukt kombiniert, so ist eine erhebliche Stärkung der Marktstellung des Anbieters die Folge.

(221) Auch die „Nachfragemacht" spielt eine Rolle, da große Abnehmer sich nicht leicht zwingen lassen, eine Kopplungsbindung einzugehen, ohne sich selbst zumindest einen Teil der möglichen Effizienzgewinne zu sichern. Kopplungsvereinbarungen, die nicht effizienzsteigernd wirken, sind daher vor allem für Abnehmer mit geringer Nachfragemacht eine Gefahr.

(222) Werden spürbare wettbewerbswidrige Auswirkungen festgestellt, so ist zu klären, ob die Voraussetzungen des Artikels 101 Absatz 3 AEUV erfüllt sind. Kopp-

lungsbindungen können durch gemeinsame Herstellung oder gemeinsamen Vertrieb zu Effizienzgewinnen beitragen. Wird das gekoppelte Produkt nicht vom Anbieter hergestellt, so kann ein Effizienzgewinn auch dadurch entstehen, dass dieser das Produkt in großen Mengen bezieht. Um die Voraussetzungen des Artikels 101 Absatz 3 AEUV zu erfüllen, muss für eine Kopplungsbindung nachgewiesen werden, dass zumindest ein Teil der dabei erzielten Kosteneinsparungen an den Verbraucher weitergegeben werden, was normalerweise nicht der Fall ist, wenn sich der Einzelhändler regelmäßig Lieferungen identischer oder gleichwertiger Produkte zu besseren Konditionen sichern kann als sie der Anbieter, der die Kopplung praktiziert, bietet. Ein Effizienzgewinn ist auch in Fällen möglich, in denen Kopplungsbindungen zur Einhaltung bestimmter Produktstandards (Einheitlichkeit und Qualität; Randnummer 107 Buchstabe i) beitragen. Dabei muss jedoch nachgewiesen werden, dass die positiven Auswirkungen nicht ebenso effizient dadurch erzielt werden können, dass der Abnehmer ohne den obligatorischen Bezug bei dem Anbieter oder einem von diesem benannten Unternehmen verpflichtet wird, Produkte zu nutzen oder weiterzuverkaufen, die bestimmte Mindestqualitätsanforderungen erfüllen.

Bezug auf die Erfüllung bestimmter Qualitätsnormen würden in der Regel nicht unter Artikel 101 Absatz 1 AEUV fallen. Eine Klausel, mit der der Anbieter des Kopplungsprodukts dem Abnehmer vorschreibt, bei welchen Anbietern er das gekoppelte Produkt zu beziehen hat, weil z. B. keine Mindestqualitätsanforderungen formuliert werden können, wird möglicherweise auch nicht in Artikel 101 Absatz 1 AEUV erfasst; dies ist vor allem dann der Fall, wenn der Anbieter des Kopplungsprodukts aus der Benennung der Anbieter für den Bezug des gekoppelten Produkts keinen direkten (finanziellen) Vorteil zieht.

2.10. Beschränkungen für den Weiterverkaufspreis

(223) Wie in Abschnitt III.3 erläutert, wird die Preisbindung der zweiten Hand oder vertikale Preisbindung, d. h. Vereinbarungen oder abgestimmte Verhaltensweisen, die unmittelbar oder mittelbar die Festsetzung von Fest- oder Mindestweiterverkaufspreisen oder Fest- oder Mindestpreisniveaus bezwecken, die die Abnehmer einzuhalten haben, wie eine Kernbeschränkung behandelt. Ist eine Preisbindung zweiter Hand in eine Vereinbarung aufgenommen worden, so wird vermutet, dass die Vereinbarung den Wettbewerb einschränkt und somit unter Artikel 101 Absatz 1 AEUV fällt. Da ferner vermutet wird, dass die Vereinbarung die Voraussetzungen des Artikels 101 Absatz 3 AEUV wahrscheinlich nicht erfüllt, findet die GVO keine Anwendung. Im Einzelfall kann ein Unternehmen jedoch die Einrede der Effizienz nach Artikel 101 Absatz 3 AEUV erheben. Die Unternehmen müssen substantiiert vortragen, dass sich die zu erwartenden Effizienzgewinne aus der Aufnahme der Preisbindung zweiter Hand in die Vereinbarung ergeben, und nachweisen, dass grundsätzlich alle Voraussetzungen des Artikels 101 Absatz 3 AEUV erfüllt sind. Anschließend muss die Kommission die wahrscheinlichen negativen Auswirkungen auf den Wettbewerb konkret prüfen, bevor sie abschließend feststellt, ob die Voraussetzungen des Artikels 101 Absatz 3 AEUV erfüllt sind.

(224) Eine Preisbindung der zweiten Hand kann den Wettbewerb in mehrerer Hinsicht einschränken. Erstens kann sie zu Kollusion zwischen Anbietern führen, indem die Preistransparenz auf dem Markt verbessert wird und es somit einfacher ist festzustellen, ob ein Anbieter von dem abgesprochenen Gleichgewicht abweicht, indem er seine Preise senkt. Darüber hinaus kann sie Anbietern den Anreiz nehmen, ihre Preise für Händler zu senken, da sie in Anbetracht des festgelegten Weiterverkaufspreises keine weiteren Vorteile aus Verkaufssteigerungen ziehen. Eine solche negative Auswirkung ist besonders wahrscheinlich, wenn ein Markt besonders anfällig für Kollusion ist, was der Fall wäre, wenn die Hersteller ein enges Oligopol bilden, und für einen wesentlichen Teil des Marktes Preisbindungen zweiter Hand bestehen.

Zweitens, durch Ausschaltung des markeninternen Preiswettbewerbs kann die Preisbindung der zweiten Hand außerdem eine Kollusion zwischen den Abnehmern, d. h. auf Vertriebsebene, begünstigen. Starke und gut organisierte Händler könnten in der Lage sein, einen oder mehrere Anbieter dazu zu zwingen/zu überzeugen, ihren Weiterverkaufspreis oberhalb des Preises des freien Marktes festzulegen und ihnen auf diese Weise helfen, ihr abgesprochenes Gleichgewicht zu erreichen bzw. zu stabilisieren. Dieser Verlust an Preiswettbewerb erscheint besonders problematisch, wenn die Preisbindung der zweiten Hand vom Abnehmer ausgeht, da davon auszugehen ist, da sich deren kollektive horizontale Interessen negativ auf den Verbraucher auswirken. Drittens, ganz allgemein besteht die Gefahr, dass eine Preisbindung der zweiten Hand den Wettbewerb zwischen Herstellern und/oder zwischen Einzelhändlern aufweicht; dies gilt insbesondere dann, wenn die Hersteller ihre Produkte über dieselben Händler vertreiben und alle oder viele dieser Händler eine Preisbindung zweiter Hand anwenden. Viertens, durch eine Preisbindung der zweiten Hand werden alle oder bestimmte Händler unmittelbar darin gehindert, ihre Weiterverkaufspreise für die jeweilige Marke zu senken. Somit ist ein Preisanstieg eine direkte Folge einer Preisbindung der zweiten Hand. Fünftens, eine Preisbindung der zweiten Hand kann den Druck auf die Margen der Hersteller verringern, insbesondere wenn der Hersteller ein Problem hat, seine Zusagen einzuhalten, d. h., er hat ein Interesse daran, seine Preise für nachfolgende Händler zu senken. In einer solchen Situation könnte es ein Hersteller vorziehen, einer Preisbindung der zweiten Hand zuzustimmen, um so zusagen zu können, die Preise für nachfolgende Händler nicht zu senken, und gleichzeitig den Druck auf seine eigenen Margen zu nehmen. Sechstens, ein Hersteller mit Marktmacht könnte eine Preisbindung zweiter Hand einführen, um kleinere Konkurrenten vom Markt auszuschließen. Die durch eine Preisbindung zweiter Hand entstehende höhere Marge für die betreffende Marke kann Händler dazu veranlassen, bei der Beratung ihrer Kunden eher diese Marke zu empfehlen als eine Marke eines anderen Wettbewerbers, selbst wenn eine solche Empfehlung nicht im Interesse dieser Kunden wäre, oder die Marken anderer Wettbewerber überhaupt nicht zu verkaufen. Zudem kann eine Preisbindung der zweiten Hand auf Vertriebsebene Dynamik und Innovation hemmen. Indem der Preiswettbewerb zwischen Händlern verhindert wird, könnte die Preisbindung der zweiten Hand leistungsfähigere Einzelhändler daran hindern, mit niedrigen Preisen in den Markt einzutreten und/oder eine ausreichende Größe zu erreichen. Außerdem könnte durch eine solche Preisbindung der Markteintritt bzw. die Expansion von auf Niedrigpreisen basierenden Vertriebsformen (z. B. Discounter) verhindert oder erschwert werden.

(225) Während Preisbindungen der zweiten Hand einerseits den Wettbewerb einschränken können, ermöglichen sie doch auch und insbesondere dann, wenn sie vom Anbieter kommen, Effizienzgewinne, die nach Artikel 101 Absatz 3 AEUV zu würdigen sind. So kann eine Preisbindung der zweiten Hand für einen Hersteller, der ein neues Produkt auf den Markt bringen will, hilfreich sein, um in der Einführungsphase, in der die Nachfrage sich entwickelt, die Händler dafür zu gewinnen, ihm zu helfen, das betreffende Produkt gezielt anzubieten. Eine Preisbindung der zweiten Hand kann den Händlern die Mittel an die Hand geben, ihre Verkaufsbemühungen zu intensivieren; besteht für die Händler auf diesem Markt Wettbewerbsdruck, so könnten sie eher dazu geneigt sein, die allgemeine Nachfrage nach dem Produkt zu steigern und – auch im Interesse der Verbraucher – für eine erfolgreiche Markteinführung zu sorgen[1]. Entsprechend könnten feste Weiterverkaufspreise und nicht nur Preisobergrenzen erforderlich sein, um in einem Franchisesystem oder einem ähnlichen Vertriebssystem mit einheitlichen Vertriebsmethoden eine kurzfris-

[1] Dies setzt voraus, dass es für den Anbieter nicht sinnvoll ist, alle Abnehmer vertraglich zu verkaufsfördernden Maßnahmen zu verpflichten (siehe auch Randnr. 107 Buchstabe a).

tige Sonderangebotskampagne (in den meisten Fällen zwei bis sechs Wochen) zu koordinieren, die auch den Verbrauchern zugute kommt. Unter bestimmten Umständen könnte die durch die Preisbindung zweiter Hand gewonnene zusätzliche Marge die Einzelhändler in die Lage versetzen, eine (zusätzliche) Kundenberatung vor dem Verkauf anzubieten, insbesondere wenn es um Erfahrungsgüter oder komplizierte Produkte geht. Wenn genügend Kunden solche Beratungsdienste in Anspruch nehmen, bevor sie ihre Wahl treffen, allerdings dann das Produkt zu einem billigeren Preis bei Einzelhändlern kaufen, die eine derartige Beratung nicht anbieten (und denen also auch keine zusätzlichen Kosten entstehen), dann könnten Einzelhändler mit hoher Serviceleistung diese Beratungsdienste, die die Nachfrage nach den Produkt des Anbieters steigern, einschränken oder abstellen. Preisbindungen zweiter Hand könnten helfen, derartiges Trittbrettfahren auf der Vertriebsebene zu verhindern. Als Teil des Nachweises, dass die Voraussetzungen des Artikels 101 Absatz 3 AEUV erfüllt sind, müssen die Parteien deshalb überzeugend darlegen, dass die Vereinbarung mit Preisbindung zweiter Hand nicht nur ein Mittel, sondern auch einen Anreiz darstellt, um etwaiges Trittbrettfahren von Einzelhändlern in Bezug auf diese Dienstleistungen auszuschalten, und dass die angebotene Kundenberatung vor dem Verkauf den Kunden insgesamt zugute kommt.

(226) An den Wiederverkäufer gerichtete Preisempfehlungen oder die Verpflichtung des Wiederverkäufers, nicht über einen bestimmten Preis hinauszugehen, sind nach der GVO vom Kartellverbot freigestellt, wenn die Marktanteile einer jeden Vertragspartei jeweils nicht mehr als 30% betragen und sofern sich diese nicht infolge der Ausübung von Druck oder der Gewährung von Anreizen durch eine der beteiligten Parteien als Mindest- oder Festpreis auswirken. Für die Fälle, in denen dieser Schwellenwert überschritten wird, und die Fälle, in denen der Rechtsvorteil der Gruppenfreistellung entzogen wird, werden im nachstehenden Teil dieses Abschnitts Anhaltspunkte gegeben.

(227) Die von Preisobergrenzen oder -empfehlungen ausgehende Gefahr für den Wettbewerb besteht darin, dass der angegebene Wert als Orientierungspreis dient, an den sich die meisten oder alle Wiederverkäufer halten und/oder dass diese Preise den Wettbewerb aufweichen oder eine Kollusion zwischen Anbietern begünstigen.

(228) Ein wichtiger Faktor bei der Würdigung möglicher wettbewerbswidriger Auswirkungen von Obergrenzen und Empfehlungen in Bezug auf den Weiterverkaufspreis ist auch die Marktstellung des Anbieters. Je stärker dessen Position, desto größer ist die Gefahr, dass solche Angaben ein mehr oder weniger einheitliches Preisniveau unter den Wiederverkäufern bedingt, weil diese den jeweils angegebenen Wert als Orientierungspreis verwenden können. Den Wiederverkäufern fällt es unter Umständen schwer, von dem abzuweichen, was sie für den von einem namhaften Anbieter bevorzugten Wiederverkaufspreis halten.

(229) Werden in Verbindung mit Preisobergrenzen oder -empfehlungen spürbare wettbewerbswidrige Auswirkungen festgestellt, so ist zu klären, ob eine Freistellung nach Artikel 101 Absatz 3 AEUV in Betracht kommt. Bei Preisobergrenzen könnte sich der unter Randnummer 107 Buchstabe f beschriebene Effizienzgewinn (Vermeidung doppelter Gewinnmaximierung) von besonderer Bedeutung sein. Ein Höchstpreis könnte helfen sicherzustellen, dass sich die betreffende Marke besser gegen andere Marken (einschließlich der eigenen Markenprodukte), die von demselben Händler vertrieben werden, behaupten kann.

Anhang B 7. Ergänzende Kfz-Leitlinien

Bekanntmachung der Kommission – Ergänzende Leitlinien für vertikale Beschränkungen in Vereinbarungen über den Verkauf und die Instandsetzung von Kraftfahrzeugen und den Vertrieb von Kraftfahrzeugersatzteilen

(ABl. 2010 C 138/16)

I. Einführung

1. Zweck der Leitlinien

(1) Diese Leitlinien zeigen die Grundsätze auf, die für die Beurteilung spezifischer Fragen im Zusammenhang mit vertikalen Beschränkungen in Vereinbarungen über den Verkauf und die Instandsetzung von Kraftfahrzeugen und den Vertrieb von Ersatzteilen nach Artikel 101 des Vertrags über die Arbeitsweise der Europäischen Union[1] maßgeblich sind. Es handelt sich um begleitende Ausführungen zu der Verordnung (EU) Nr. 461/2010 der Kommission über die Anwendung von Artikel 101 Absatz 3 AEUV auf Gruppen von vertikalen Vereinbarungen und abgestimmten Verhaltensweisen im Kraftfahrzeugsektor[2] (nachstehend „Kfz-Gruppenfreistellungsverordnung" genannt); sie sollen den Unternehmen Orientierungshilfen für die Selbstprüfung solcher Vereinbarungen geben.

(2) Diese Leitlinien verschaffen Klarheit bei Fragen, die für den Kraftfahrzeugsektor von besonderer Bedeutung sind; dazu gehört die Auslegung einschlägiger Bestimmungen der Verordnung (EU) Nr. 330/2010 der Kommission vom 20. April 2010 über die Anwendung von Artikel 101 Absatz 3 AEUV auf Gruppen von vertikalen Vereinbarungen und abgestimmten Verhaltensweisen[3] (nachstehend „Allgemeine Vertikal-Gruppenfreistellungsverordnung" genannt). Sie berühren nicht die Anwendbarkeit der Leitlinien für vertikale Beschränkungen[4] (nachstehend „Allgemeine Vertikal-Leitlinien" genannt) und müssen daher in Verbindung mit und ergänzend zu den Allgemeinen Vertikal-Leitlinien gelesen werden.

(3) Die vorliegenden Leitlinien gelten sowohl für vertikale Vereinbarungen und abgestimmte Verhaltensweisen, die die Bedingungen betreffen, unter denen die beteiligten Unternehmen Kraftfahrzeugersatzteile beziehen, verkaufen oder weiterverkaufen oder Instandsetzungs- und Wartungsdienstleistungen für Kraftfahrzeuge er-

---

[1] Mit Wirkung vom 1. Dezember 2009 sind an die Stelle der Artikel 81 und 82 des EG-Vertrags die Artikel 101 und 102 des Vertrags über die Arbeitsweise der Europäischen Union (AEUV) getreten. Die Artikel 81 und 82 des EG-Vertrags und die Artikel 101 und 102 des AEUV sind im Wesentlichen identisch. Im Rahmen dieser Leitlinien sind Bezugnahmen auf die Artikel 101 und 102 des AEUV als Bezugnahmen auf die Artikel 81 und 82 des EG- Vertrags zu verstehen, wo dies angebracht ist. Mit dem AEUV wurden auch einige Begriffe geändert; so wurde zum Beispiel „Gemeinschaft" durch „Union" und „Gemeinsamer Markt" durch „Binnenmarkt" ersetzt. In diesen Leitlinien wird durchgehend die Terminologie des AEUV verwendet.

[2] ABl. L 129 vom 28.5.2010, S. 52.

[3] ABl. L 102 vom 23.4.2010, S. 1.

[4] ABl. C 130 vom 19.5.2010, S. 1.

bringen dürfen, als auch für vertikale Vereinbarungen und abgestimmte Verhaltensweisen, die die Bedingungen betreffen, unter denen die beteiligten Unternehmen neue Kraftfahrzeuge beziehen, verkaufen oder weiterverkaufen dürfen. Wie in Abschnitt II dargelegt, gelten für die letztgenannte Gruppe von Vereinbarungen und abgestimmten Verhaltensweisen bis zum 31. Mai 2013 weiterhin die einschlägigen Bestimmungen der Verordnung (EG) Nr. 1400/2002 der Kommission vom 31. Juli 2002 über die Anwendung von Artikel 81 Absatz 3 AEUV auf Gruppen von vertikalen Vereinbarungen und aufeinander abgestimmten Verhaltensweisen im Kraftfahrzeugsektor[1]. Für vertikale Vereinbarungen und abgestimmte Verhaltensweisen betreffend den Bezug, den Verkauf oder den Weiterverkauf neuer Kraftfahrzeuge gelten diese Leitlinien daher erst ab dem 1. Juni 2013. Diese Leitlinien gelten nicht für vertikale Vereinbarungen außerhalb des Kraftfahrzeugsektors und dementsprechend können die darin dargelegten Grundsätze nicht zwangsläufig für die Beurteilung von Vereinbarungen in anderen Sektoren herangezogen werden.

(4) Diese Leitlinien gelten unbeschadet der möglichen gleichzeitigen Anwendung von Artikel 102 AEUV auf vertikale Vereinbarungen im Kraftfahrzeugsektor und berühren nicht die Auslegungen des Gerichtshofs der Europäischen Union zur Anwendung von Artikel 101 AEUV auf vertikale Vereinbarungen.

(5) Sofern nicht anders angegeben, beziehen sich die Analysen und Aussagen in diesen Leitlinien auf alle Handelsstufen. Die Begriffe „Anbieter" und „Händler"[2] werden für alle Handelsstufen verwendet. Die Allgemeine Vertikal-Gruppenfreistellungsverordnung und die Kfz-Gruppenfreistellungsverordnung werden nachstehend zusammen die „Gruppenfreistellungsverordnungen" genannt.

(6) Bei der Anwendung der in diesen Leitlinien dargelegten Grundsätze ist auf die faktischen und rechtlichen Umstände des Einzelfalls abzustellen. Die Kommission wird die Leitlinien angemessen und flexibel anwenden[3] und die Erfahrungen berücksichtigen, die sie bei ihren Durchsetzungs- und Marktbeobachtungsmaßnahmen sammelt.

(7) Die bisherigen Erfahrungen bei der Durchsetzung der Wettbewerbsvorschriften im Kraftfahrzeugsektor zeigen, dass bestimmte Beschränkungen im Wege direkter vertraglicher Verpflichtungen oder durch indirekte Verpflichtungen oder indirekte Maßnahmen, die dieselbe Beeinträchtigung des Wettbewerbs bewirken, erzielt werden können.

So kann ein Anbieter, der das Wettbewerbsverhalten eines Händlers beeinflussen möchte, beispielsweise auf Drohungen, Einschüchterungen, Warnungen oder Strafen zurückgreifen. Er kann auch Lieferungen verzögern bzw. aussetzen oder drohen, Verträge mit Händlern zu kündigen, die an ausländische Verbraucher verkaufen oder ein bestimmtes Preisniveau nicht einhalten. Sind die Vertragsbeziehungen transparent, so dürften die Hersteller in der Regel weniger Gefahr laufen, wegen Ausübung mittelbaren Drucks zur Erlangung wettbewerbswidriger Ergebnisse zur Rechenschaft gezogen zu werden. Die Transparenz von Geschäftsbeziehungen kann beispielsweise durch die Einhaltung eines Verhaltenskodexes erhöht werden. In solchen Kodexen können unter anderem von den Vertragslaufzeiten abhängige Kündigungsfristen sowie Entschädigungszahlungen für ausstehende vertragsspezifische Investitionen des Kfz-Händlers bei vorzeitiger Vertragskündigung ohne rechtfertigenden Grund und

[1] ABl. L 203 vom 1.8.2002, S. 30.

[2] Händler auf der Einzelhandelsstufe werden im Kraftfahrzeugsektor gemeinhin als „Kfz-Händler" bezeichnet.

[3] Seit der Modernisierung der Wettbewerbsvorschriften der Union liegt die Verantwortung für solche Analysen in erster Linie bei den an den Vereinbarungen beteiligten Unternehmen. Die Kommission kann aber von sich aus oder auf eine Beschwerde hin untersuchen, ob die Vereinbarungen mit Artikel 101 AEUV vereinbar sind.

Schlichtungsverfahren als alternativer Streitbeilegungsmechanismus vereinbart werden. Wenn ein Anbieter einen solchen Verhaltenskodex in seinen Vereinbarungen mit Händlern und Werkstätten vorsieht, diesen Verhaltenskodex öffentlich zugänglich macht und dessen Bestimmungen einhält, wird dies bei der Beurteilung des Verhaltens des Anbieters im Einzelfall als relevanter Faktor betrachtet.

2. Aufbau der Leitlinien

(8) Diese Leitlinien sind wie folgt gegliedert:

a) Geltungsbereich der Kfz-Gruppenfreistellungsverordnung und Beziehung zur Allgemeinen Vertikal-Gruppenfreistellungsverordnung (Abschnitt II);
b) Anwendung der zusätzlichen Bestimmungen in der Kfz-Gruppenfreistellungsverordnung (Abschnitt III);
c) Beurteilung spezifischer Beschränkungen: Markenzwang und selektiver Vertrieb (Abschnitt IV).

II. Geltungsbereich der Kfz-Gruppenfreistellungs-Verordnung und Beziehung zur allgemeinen Vertikal-Gruppenfreistellungsverordnung

(9) Die Kfz-Gruppenfreistellungsverordnung gilt gemäß ihrem Artikel 4 für vertikale Vereinbarungen, die den Bezug, Verkauf oder Weiterverkauf von Kraftfahrzeugersatzteilen und die Erbringung von Instandsetzungs- und Wartungsdienstleistungen für Kraftfahrzeuge betreffen.

(10) Mit Artikel 2 der Kfz-Gruppenfreistellungsverordnung wird die Geltungsdauer der in der Verordnung (EG) Nr. 1400/2002 enthaltenen Bestimmungen betreffend vertikale Vereinbarungen über den Bezug, Verkauf oder Weiterverkauf neuer Kraftfahrzeuge bis zum 31. Mai 2013 verlängert. Gemäß Artikel 3 der Kfz-Gruppenfreistellungsverordnung fallen vertikale Vereinbarungen über den Bezug, Verkauf und Weiterverkauf neuer Kraftfahrzeuge ab dem 1. Juni 2013 unter die Allgemeine Vertikal-Gruppenfreistellungsverordnung[1].

(11) Die Unterscheidung dieses neuen Rahmens zwischen den Märkten für den Verkauf neuer Kraftfahrzeuge und den Kfz-Anschlussmärkten spiegelt die unterschiedlichen Wettbewerbsbedingungen auf diesen Märkten wider.

(12) Eine eingehende Marktanalyse, die aus dem Bericht zur Bewertung der Verordnung (EG) Nr. 1400/2002 der Kommission vom 28. Mai 2008[2] und der Mitteilung der Kommission – Der künftige wettbewerbsrechtliche Rahmen für den Kfz-Sektor – vom 22. Juli 2009[3] hervorgeht, zeigt, dass im Bereich des Vertriebs neuer Kraftfahrzeuge keine erheblichen Beeinträchtigungen des Wettbewerbs bestehen, die diesen Bereich von anderen Wirtschaftszweigen unterscheiden und die Anwendung anderer Regeln erforderlich machen würden, die strenger sind als die der Allgemeinen Vertikal-Gruppenfreistellungsverordnung. Somit stellen die Anwendung einer

---

[1] Die Tatsache, dass die Verordnung (EG) Nr. 1400/2002 außer Kraft tritt und durch den in diesen Leitlinien erläuterten neuen Rechtsrahmen ersetzt wird, bedeutet noch nicht, dass bestehende Verträge beendet werden müssen. Siehe beispielsweise Urteil des Gerichtshofes vom 7. September 2006 in der Rechtssache C-125/05, Vulcan Silkeborg A/S gegen Skandinavisk Motor Co. A/S, Slg. 2006, S. I-7637

[2] SEK(2008) 1946.

[3] KOM(2009) 388.

Marktanteilsschwelle von 30%[1], die Nichtfreistellung bestimmter vertikaler Beschränkungen und die in der Allgemeinen Vertikal-Gruppenfreistellungsverordnung festgelegten Voraussetzungen in der Regel sicher, dass vertikale Vereinbarungen über den Vertrieb neuer Kraftfahrzeuge die Voraussetzungen von Artikel 101 Absatz 3 AEUV erfüllen, so dass keine zusätzlichen Voraussetzungen erforderlich sind, die über die in anderen Sektoren geltenden Anforderungen hinausgehen.

(13) Um allen Marktteilnehmern genügend Zeit für die Anpassung an die allgemeine Regelung zu geben und insbesondere langfristigen vertragsspezifischen Investitionen Rechnung zu tragen, wird die Geltungsdauer der Verordnung (EG) Nr. 1400/2002 im Hinblick auf die Voraussetzungen, die sich auf vertikale Vereinbarungen über den Bezug, Verkauf oder Weiterverkauf neuer Kraftfahrzeuge beziehen, um drei Jahre bis zum 31. Mai 2013 verlängert. Vom 1. Juni 2010 bis zum 31. Mai 2013 werden die Bestimmungen der Verordnung (EG) Nr. 1400/2002, die sich sowohl auf Vereinbarungen über den Vertrieb neuer Kraftfahrzeuge als auch auf Vereinbarungen über den Bezug, Verkauf und Weiterverkauf von Kraftfahrzeugersatzteilen und/oder die Erbringung von Instandsetzungs- und Wartungsdienstleistungen beziehen, nur für erstere gelten. Während dieses Zeitraums sind die vorliegenden Leitlinien nicht für die Auslegung der Bestimmungen der Verordnung (EG) Nr. 1400/2002 anwendbar. Stattdessen ist auf den Leitfaden[2] zu der genannten Verordnung Bezug zu nehmen.

(14) Für vertikale Vereinbarungen, die die Bedingungen betreffen, unter denen die beteiligten Unternehmen Kraftfahrzeugersatzteile beziehen, verkaufen oder weiterverkaufen und/oder Instandsetzungs- und Wartungsdienstleistungen für Kraftfahrzeuge erbringen dürfen, gilt die Kfz-Gruppenfreistellungsverordnung ab dem 1. Juni 2010. Dies bedeutet, dass diese Vereinbarungen nur dann nach Artikel 4 der Kfz-Gruppenfreistellungsverordnung freigestellt sind, wenn sie die Voraussetzungen für eine Freistellung nach der Allgemeinen Vertikal-Gruppenfreistellungsverordnung erfüllen und darüber hinaus keine der in Artikel 5 der Kfz-Gruppenfreistellungsverordnung genannten schwerwiegenden Wettbewersbeschränkungen, sogenannte Kernbeschränkungen, enthalten.

(15) Da die Märkte für Instandsetzungs- und Wartungsdienstleistungen und für den Vertrieb von Ersatzteilen in der Regel markenspezifisch sind, ist der Wettbewerb auf diesen Märkten weniger intensiv als auf dem Markt für den Verkauf neuer Kraftfahrzeuge. Aufgrund technologischer Fortschritte war es zwar möglich, die Zuverlässigkeit zu verbessern und die Wartungsintervalle zu verlängern, aber diese Entwicklung wird durch den Aufwärtstrend der Preise für einzelne Instandsetzungs- und Wartungsarbeiten überholt. Auf den Ersatzteilmärkten stehen Teile, die das Markenzeichen des Kraftfahrzeugherstellers tragen, mit den Teilen der Originalteileanbieter (OES) und anderer Anbieter im Wettbewerb. So wird auf diesen Märkten und damit auch auf den Instandsetzungs- und Wartungsmärkten Preisdruck aufrechterhalten, da Ersatzteile einen großen Teil der durchschnittlichen Instandsetzungskosten ausmachen. Auf Instandsetzungs- und Wartungsdienstleistungen insgesamt entfällt außer-

[1] Gemäß Artikel 7 der Allgemeinen Vertikal-Gruppenfreistellungsverordnung wird der Marktanteil in diesem Zusammenhang in der Regel anhand des Absatzwertes berechnet bzw., wenn keine entsprechenden Angaben vorliegen, anhand anderer verlässlicher Marktdaten einschließlich der Absatzmengen. In diesem Zusammenhang nimmt die Kommission zur Kenntnis, dass die Industrie derzeit die Marktanteile beim Vertrieb neuer Kraftfahrzeuge anhand der Menge von Kraftfahrzeugen berechnet, die der Anbieter auf dem relevanten Markt verkauft, zu dem alle Fahrzeuge gehören, die vom Kunden aufgrund ihrer Produkteigenschaften, ihrer Preise und ihres Verwendungszwecks als austauschbar oder substituierbar angesehen werden.

[2] Leitfaden zur Verordnung (EG) Nr. 1400/2002 der Kommission vom 31. Juli 2002 – Kraftfahrzeugvertrieb und -Kundendienst in der Europäischen Union.

dem ein sehr großer Teil der gesamten Verbraucherausgaben für Kraftfahrzeuge, die ihrerseits einen erheblichen Posten im Budget eines durchschnittlichen Verbrauchers darstellen.

(16) Mit Blick auf besondere Wettbewerbsprobleme auf den Kfz-Anschlussmärkten wird die Allgemeine Vertikal-Gruppenfreistellungsverordnung in der Kfz-Gruppenfreistellungsverordnung um drei zusätzliche Kernbeschränkungen für Vereinbarungen über die Instandsetzung und Wartung von Kraftfahrzeugen und Vereinbarungen über die Lieferung von Ersatzteilen ergänzt. Weitere Erläuterungen zu diesen zusätzlichen Kernbeschränkungen enthält Abschnitt III dieser Leitlinien.

III. Die Anwendung der zusätzlichen Bestimmungen in der Kfz-Gruppenfreistellungsverordnung

(17) Vereinbarungen, die Kernbeschränkungen enthalten, fallen nicht unter die Gruppenfreistellung. Diese Beschränkungen sind in Artikel 4 der Allgemeinen Vertikal-Gruppenfreistellungsverordnung und Artikel 5 der Kfz-Gruppenfreistellungsverordnung aufgeführt. Wenn eine Vereinbarung eine solche Beschränkung enthält, wird vermutet, dass sie unter Artikel 101 Absatz 1 AEUV fällt. Da in diesem Fall auch vermutet wird, dass die Vereinbarung die Voraussetzungen von Artikel 101 Absatz 3 AEUV wahrscheinlich nicht erfüllt, findet die Gruppenfreistellungsverordnung keine Anwendung. Diese Vermutung kann jedoch widerlegt werden, so dass die Unternehmen im Einzelfall die Einrede der Effizienz nach Artikel 101 Absatz 3 AEUV erheben können.

(18) Die Wettbewerbspolitik der Kommission im Kraftfahrzeugsektor zielt unter anderem darauf ab, den Zugang von Ersatzteilherstellern zu den Kfz-Anschlussmärkten zu schützen und auf diese Weise sicherzustellen, dass konkurrierende Ersatzteilmarken sowohl unabhängigen und zugelassenen Werkstätten als auch Teilegroßhändlern zur Verfügung stehen. Die Verfügbarkeit solcher Teile bringt für die Verbraucher große Vorteile, da häufig erhebliche Preisunterschiede zwischen Teilen, die von Kraftfahrzeugherstellern verkauft oder weiterverkauft werden und anderweitigen Teilen mit anderen Markenzeichen bestehen. Anderweitige Teile für mit dem Markenzeichen der Kraftfahrzeughersteller versehene Originalteile (OEM-Teile) sind unter anderem von Originalteileanbietern hergestellte und vertriebene Originalteile (OES-Teile) sowie von Teileherstellern produzierte Teile, die den Originalteilen qualitativ gleichwertig sind.

(19) „Originalteil oder -ausrüstung" ist ein Teil oder eine Ausrüstung, das/die nach den Spezifikationen und Produktionsnormen gefertigt wird, die der Kraftfahrzeughersteller für die Fertigung von Teilen oder Ausrüstungen für den Bau des betreffenden Kraftfahrzeugs vorschreibt. Hierzu gehören Teile oder Ausrüstungen, die auf derselben Fertigungsstraße gefertigt wurden wie die Teile oder Ausrüstungen für den Bau des Kraftfahrzeugs. Bis zum Nachweis des Gegenteils ist davon auszugehen, dass Teile Originalteile sind, wenn der Hersteller bescheinigt, dass die Teile die gleiche Qualität aufweisen wie die für den Bau des betreffenden Fahrzeugs verwendeten Bauteile und nach den Spezifikationen und Produktionsnormen des Kraftfahrzeugherstellers gefertigt wurden (siehe Artikel 3 Nummer 26 der Richtlinie 2007/46/EG des Europäischen Parlaments und des Rates vom 5. September 2007 zur Schaffung eines Rahmens für die Genehmigung von Kraftfahrzeugen und Kraftfahrzeuganhängern sowie von Systemen, Bauteilen und selbstständigen technischen Einheiten für diese Fahrzeuge[1]).

---

[1] ABl. L 263 vom 9.10.2007, S. 1.

(20) Damit Teile als qualitativ gleichwertig angesehen werden können, müssen sie so hochwertig sein, dass ihre Verwendung das Ansehen des betreffenden Netzes zugelassener Werkstätten nicht gefährdet. Wie im Falle aller übrigen Auswahlkriterien kann der Kraftfahrzeughersteller den Nachweis erbringen, dass ein bestimmtes Ersatz teil diese Voraussetzung nicht erfüllt.

(21) Nach Artikel 4 Buchstabe e der Allgemeinen Vertikal- Gruppenfreistellungsverordnung liegt eine Kernbeschränkung vor, wenn eine Vereinbarung zwischen einem Anbieter von Teilen und einem Abnehmer, der diese Teile weiterverwendet, den Anbieter daran hindert oder seine Möglichkeit beschränkt, die Teile an Endverbraucher, unabhängige Werkstätten und andere Dienstleister zu verkaufen, die der Abnehmer nicht mit der Reparatur oder Wartung seiner Waren betraut hat. Artikel 5 Buchstaben a, b und c der Kfz-Gruppenfreistellungsverordnung enthält drei zusätzliche Kernbeschränkungen betreffend Vereinbarungen über die Lieferung von Ersatzteilen.

(22) Artikel 5 Buchstabe a der Kfz-Gruppenfreistellungsverordnung bezieht sich auf die Beschränkung des Verkaufs von Kraftfahrzeugersatzteilen durch Mitglieder eines selektiven Vertriebssystems an unabhängige Werkstätten. Diese Bestimmung ist für Originalteile, die nur über den Kraftfahrzeughersteller oder Mitglieder seines Netzes zugelassener Werkstätten zu beziehen sind, besonders relevant. Würden ein Anbieter und ein Händler vereinbaren, dass solche Teile nicht an unabhängige Werkstätten geliefert werden dürfen, so würde diese Vereinbarung wahrscheinlich zum Ausschluss dieser Werkstätten vom Markt für Instandsetzungs- und Wartungsdienstleistungen führen und unter das Verbot von Artikel 101 AEUV fallen.

(23) Artikel 5 Buchstabe b der Kfz-Gruppenfreistellungsverordnung betrifft die zwischen einem Anbieter von Ersatzteilen, Instandsetzungsgeräten, Diagnose- oder Ausrüstungsgegenständen und einem Kraftfahrzeughersteller vereinbarte unmittelbare oder mittelbare Beschränkung der Möglichkeiten des Anbieters, diese Waren an zugelassene oder unabhängige Händler bzw. Werkstätten zu verkaufen. Ein Beispiel für mögliche mittelbare Beschränkungen dieser Art sind die sogenannten „Veredelungsvereinbarungen" zwischen Teileanbietern und Kfz-Herstellern. In diesem Zusammenhang sei auf die Bekanntmachung der Kommission vom 18. Dezember 1978 über die Beurteilung von Zulieferverträgen nach Artikel 85 Absatz 1 des Vertrages zur Gründung der Europäischen Wirtschaftsgemeinschaft[1] hingewiesen. In der Regel gilt Artikel 101 Absatz 1 AEUV nicht für eine Vereinbarung, nach der ein Kraftfahrzeughersteller einem Teilehersteller ein für die Herstellung bestimmter Teile erforderliches Werkzeug zur Verfügung stellt, sich an den Produktentwicklungskosten beteiligt oder erforderliche[2] Rechte des geistigen Eigentums bzw. erforderliches Know-how beisteuert und nach der es nicht erlaubt ist, dass dieser Beitrag für die Herstellung von Teilen verwendet wird, die direkt auf dem Anschlussmarkt verkauft werden sollen. Wenn aber ein Kraftfahrzeughersteller einen Teileanbieter verpflichtet, das Eigentum an einem solchen Werkzeug, den Rechten des geistigen Eigentums oder dem Know-how zu übertragen, oder lediglich einen geringen Teil der Produktentwicklungskosten übernimmt oder keine erforderlichen Werkzeuge und Rechte des geistigen Eigentums bzw. kein erforderliches Know-how bereitstellt, gilt die betreffende Vereinbarung nicht als Zuliefervertrag. Daher fällt sie möglicherweise unter Artikel 101

---

[1] ABl. C 1, 3. 1. 1979, S. 2.

[2] Stellt der Kraftfahrzeughersteller einem Teileanbieter ein Werkzeug, Rechte des geistigen Eigentums und/oder Know-how zur Verfügung, so fällt die entsprechende Vereinbarung nicht unter die Bekanntmachung über die Beurteilung von Zulieferverträgen, wenn der Teileanbieter bereits über dieses Werkzeug, diese Rechte des geistigen Eigentums oder dieses Know-how verfügt oder wenn er sich es bzw. sie unter angemessenen Bedingungen verschaffen kann, denn der Beitrag ist in diesem Fall nicht erforderlich.

Absatz 1 AEUV und kann auf der Grundlage der Gruppenfreistellungsverordnungen geprüft werden.

(24) Artikel 5 Buchstabe c der Kfz-Gruppenfreistellungsverordnung bezieht sich auf die zwischen einem Kraftfahrzeughersteller, der Bauteile für die Erstmontage von Kraftfahrzeugen verwendet, und dem Anbieter dieser Bauteile vereinbarte Beschränkung der Möglichkeiten des Anbieters, sein Waren- oder Firmenzeichen auf diesen Bauteilen oder Ersatzteilen effektiv und gut sichtbar anzubringen. Im Interesse einer größeren Auswahl für die Verbraucher sollten Werkstätten und Verbraucher feststellen können, welche Ersatzteile anderer Anbieter für ein bestimmtes Kraftfahrzeug geeignet sind und anstelle der Marke des Kraftfahrzeugherstellers verwendet werden können. Kann das Waren- oder Firmenzeichen auf den Bauteilen und Ersatzteilen angebracht werden, so lässt sich leichter feststellen, welche Ersatzteile kompatibel sind und von Originalteileanbietern (OES) bezogen werden können. Wird dies verwehrt, so können die Kraftfahrzeughersteller die Vermarktung von OES-Teilen und die Auswahlmöglichkeiten der Verbraucher in einer Weise beschränken, die mit Artikel 101 AEUV nicht vereinbar ist.

IV. Die Beurteilung besonderer Beschränkungen

(25) Unternehmen, die vertikale Vereinbarungen im Kraftfahrzeugsektor schließen, sollten diese Leitlinien ergänzend zu und in Verbindung mit den Allgemeinen Vertikal-Leitlinien heranziehen, um die Vereinbarkeit besonderer Beschränkungen mit Artikel 101 AEUV zu beurteilen. Dieser Abschnitt enthält Erläuterungen zu den Bereichen Markenzwang und selektiver Vertrieb, die für die Beurteilung der in Abschnitt II dieser Leitlinien genannten Gruppe von Vereinbarungen besonders relevant sein können.

1. Markenzwang

i) Beurteilung von Vereinbarungen mit Markenzwang, die unter die Gruppenfreistellungsverordnungen fallen

(26) Nach Artikel 3 der Kfz-Gruppenfreistellungsverordnung in Verbindung mit Artikel 5 Absatz 1 Buchstabe a der Allgemeinen Vertikal-Gruppenfreistellungsverordnung können ein Kraftfahrzeuganbieter und ein Händler, die nicht mehr als 30% an dem relevanten Markt halten, eine Vereinbarung mit Markenzwang treffen, nach der der Händler verpflichtet ist, Kraftfahrzeuge nur von diesem Anbieter oder anderen von diesem Anbieter angegebenen Unternehmen zu beziehen, sofern diese Wettbewerbsverbote nicht länger als fünf Jahre gelten. Dieselben Grundsätze gelten für Vereinbarungen zwischen Anbietern und ihren zugelassenen Werkstätten und/oder Ersatzteilehändlern. Eine Verlängerung über diese fünf Jahre hinaus bedarf der ausdrücklichen Zustimmung beider Seiten, und nichts sollte den Händler daran hindern, das Wettbewerbsverbot nach Ablauf der fünf Jahre tatsächlich auslaufen zu lassen. Wettbewerbsverbote für einen unbestimmten Zeitraum oder für mehr als fünf Jahre fallen nicht unter die Gruppenfreistellungsverordnungen, auch wenn die Gruppenfreistellungsverordnungen in diesem Fall weiterhin für die übrigen Bestimmungen der vertikalen Vereinbarung gelten. Dasselbe gilt für Wettbewerbsverbote, die über einen Zeitraum von fünf Jahren hinaus stillschweigend verlängert werden können. Behinderungen, Kündigungsdrohungen oder die Androhung, dass der Markenzwang wieder eingeführt wird, bevor entweder der Händler oder der neue Anbieter genügend Zeit hatte, um seine unwiederbringlichen Investitionen zu amortisieren, würden einer stillschweigenden Verlängerung des betreffenden Markenzwangs gleichkommen.

(27) Gemäß Artikel 5 Absatz 1 Buchstabe c der Allgemeinen Vertikal-Gruppenfreistellungsverordnung sind unmittelbare oder mittelbare Verpflichtungen, die die

Mitglieder eines selektiven Vertriebssystems veranlassen, Marken bestimmter konkurrierender Anbieter nicht zu verkaufen, nicht freigestellt. Besonderes Augenmerk sollte darauf gelegt werden, wie der Markenzwang auf im Markt tätige Mehrmarkenhändler ausgeübt wird, um sicherzustellen, dass der betreffende Markenzwang nicht Teil einer Gesamtstrategie zur Ausschaltung des Wettbewerbs ist, der von einem oder mehreren Anbietern und insbesondere von neuen Anbietern oder schwächeren Konkurrenten ausgeübt wird. Entsprechendes ist insbesondere zu befürchten, wenn die unter Randnummer 34 dieser Leitlinien angegebenen Marktanteilsschwellen überschritten werden und der Anbieter, der eine solche Beschränkung anwendet, aufgrund seiner Stellung auf dem relevanten Markt in der Lage ist, wesentlich zum allgemeinen Abschottungseffekt beizutragen[1].

(28) Wettbewerbsverbote in vertikalen Vereinbarungen stellen keine Kernbeschränkungen dar, können aber, je nach Marktbedingungen, dennoch negative Auswirkungen haben, aufgrund deren die Vereinbarungen möglicherweise von Artikel 101 Absatz 1 AEUV erfasst werden[2]. Zu solchen schädlichen Effekten kann es kommen, wenn Marktzutritts- oder Expansionsschranken errichtet werden, die zu einer Abschottung des Marktes gegenüber konkurrierenden Anbietern führen und die den Verbrauchern insbesondere dadurch schaden, dass die Preise steigen, die Auswahl an Produkten schrumpft, die Qualität der Produkte sinkt oder die Produktinnovation zurückgeht.

(29) Wettbewerbsverbote können aber auch positive Auswirkungen haben, die die Anwendung von Artikel 101 Absatz 3 AEUV rechtfertigen können. Sie können insbesondere zur Lösung eines „Trittbrettfahrer-Problems“ beitragen, das auftritt, wenn ein Anbieter von den Investitionen eines anderen profitiert. Wenn ein Anbieter beispielsweise in die Räumlichkeiten eines Händlers investiert, kann es dazu kommen, dass er dadurch auch Kunden für eine konkurrierende Marke, die der Händler in denselben Räumlichkeiten verkauft, anzieht. Dasselbe gilt für andere Investitionen des Anbieters, die der Händler für den Verkauf von Kraftfahrzeugen konkurrierender Hersteller nutzen kann (z. B. Investitionen in Schulungsmaßnahmen).

(30) Eine andere positive Auswirkung von Wettbewerbsverboten im Kraftfahrzeugsektor besteht in der Förderung des Markenimages und des Ansehens des Vertriebsnetzes. Die Beschränkungen können zur Schaffung und Wahrung eines Markenimages beitragen, indem den Händlern bestimmte Standards zur Sicherung der Einheitlichkeit und Qualität auferlegt werden, so dass diese Marke für den Endverbraucher attraktiver wird und der entsprechende Absatz gesteigert wird.

(31) Artikel 1 Buchstabe d der Allgemeinen Vertikal-Gruppenfreistellungsverordnung definiert ein Wettbewerbsverbot wie folgt:

„a) eine unmittelbare oder mittelbare Verpflichtung, die den Abnehmer veranlasst, keine Waren oder Dienstleistungen herzustellen, zu beziehen, zu verkaufen oder weiterzuverkaufen, die mit den Vertragswaren oder -dienstleistungen im Wettbewerb stehen, oder

b) eine unmittelbare oder mittelbare Verpflichtung des Abnehmers, auf dem relevanten Markt mehr als 80% seines Gesamtbezugs an Vertragswaren oder -dienstleistungen und ihren Substituten vom Anbieter oder von einem anderen vom Anbieter benannten Unternehmen zu beziehen.“

---

[1] Siehe Bekanntmachung der Kommission über Vereinbarungen von geringer Bedeutung, die den Wettbewerb gemäß Artikel 81 Absatz 1 des Vertrags zur Gründung der Europäischen Gemeinschaft nicht spürbar beschränken (de minimis) (ABl. C 368 vom 22.12.2001, S. 13).

[2] Zu den Faktoren, die für die Beurteilung von Wettbewerbsverboten nach Maßgabe von Artikel 101 Absatz 1 AEUV heranzuziehen sind, siehe den diesbezüglichen Abschnitt der Allgemeinen Vertikal-Leitlinien, insbesondere Randnrn. 129–150.

(32) Ein Anbieter kann nicht nur auf direkte Maßnahmen zur Bindung des Händlers an seine eigene(n) Marke(n) zurückgreifen, sondern auch auf indirekte Maßnahmen, die dieselbe Wirkung haben. Im Kraftfahrzeugsektor können solche indirekten Maßnahmen Folgendes umfassen: Qualitätsanforderungen, die speziell darauf ausgerichtet sind, die Händler vom Verkauf konkurrierender Fahrzeugmarken abzuhalten[1], Prämien, die davon abhängig gemacht werden, dass der Händler bereit ist, ausschließlich eine Marke zu vertreiben, Zielrabatte oder bestimmte andere Anforderungen wie die Schaffung einer eigenen Rechtsperson für die konkurrierende Marke oder die Verpflichtung, zusätzliche konkurrierende Marken in einem getrennten Ausstellungsraum an einem Ort auszustellen, an dem die Erfüllung solcher Anforderungen nicht rentabel wäre (z. B. in gering bevölkerten Gebieten).

(33) Die Gruppenfreistellung nach der Allgemeinen Vertikal- Gruppenfreistellungsverordnung gilt für alle Formen unmittelbarer und mittelbarer Wettbewerbsverbote, sofern sowohl der Marktanteil des Anbieters als der seines Händlers nicht mehr als 30% betragen und das Wettbewerbsverbot nicht länger als fünf Jahre gilt. Doch sogar in Fällen, in denen einzelne Vereinbarungen diese Voraussetzungen erfüllen, kann die Anwendung von Wettbewerbsverboten wettbewerbswidrige Auswirkungen haben, die nicht durch die positiven Auswirkungen der Vereinbarungen aufgewogen werden. Im Kraftfahrzeugsektor könnten solche unter dem Strich verbleibenden wettbewerbswidrigen Auswirkungen insbesondere das Ergebnis kumulativer Effekte sein, die zur Abschottung des Marktes gegenüber konkurrierenden Marken führen.

(34) Beim Vertrieb von Kraftfahrzeugen auf Einzelhandelsebene ist eine solche Abschottung bei Märkten unwahrscheinlich, auf denen alle Anbieter Marktanteile unter 30% haben und auf denen der Gesamtanteil aller Kraftfahrzeugverkäufe, für die auf dem betreffenden Markt Markenzwang besteht (d. h. die Bindungsquote insgesamt) weniger als 40% beträgt[2]. Hält ein nichtbeherrschender Anbieter einen Marktanteil von über 30% des relevanten Marktes, während die Anteile aller anderen Anbieter unter 30% liegen, sind kumulative wettbewerbswidrige Effekte unwahrscheinlich, wenn insgesamt der Anteil des durch die Vereinbarungen gebundenen Marktes 30% nicht überschreitet.

(35) Sind der Zugang zum relevanten Markt für den Verkauf neuer Kraftfahrzeuge und der Wettbewerb auf diesem Markt durch die kumulative Wirkung paralleler Netze von gleichartigen vertikalen Vereinbarungen mit Markenzwang in erheblichem Maße beschränkt, so kann die Kommission den Rechtsvorteil der Gruppenfreistellung gemäß Artikel 29 der Verordnung (EG) Nr. 1/2003 des Rates vom 16. Dezember 2002 zur Durchführung der in den Artikeln 81 und 82 des Vertrags niedergelegten Wettbewerbsregeln[3] entziehen. Ein Beschluss zum Entzug des Rechtsvorteils der Gruppenfreistellung kann insbesondere für Anbieter erlassen werden, die wesentlich zu einem kumulativen Abschottungseffekt auf dem relevanten Markt beitragen. Tritt dieser Effekt auf einem nationalen Markt auf, so kann auch die Wettbewerbsbehörde des betreffenden Mitgliedstaats den Rechtsvorteil der Gruppenfreistellung im Gebiet des betreffenden Mitgliedstaats entziehen.

(36) Decken parallele Netze von Vereinbarungen mit gleichartigen vertikalen Beschränkungen mehr als 50% eines Marktes ab, so kann die Kommission in einer Verordnung die Gruppenfreistellung für den betreffenden Markt im Hinblick auf diese Beschränkungen für nicht anwendbar erklären. Dazu kann es insbesondere kommen, wenn sich kumulative Effekte infolge der weitverbreiteten Anwendung von Markenzwang auf dem betreffenden Markt zum Schaden der Verbraucher auswirken.

---

[1] Siehe Wettbewerbssachen BMW, IP/06/302 vom 13.3.2006 und Opel 2006, IP/06/303 vom 13.3.2006.

[2] Siehe Allgemeine Vertikal-Leitlinien, Randnr. 141.

[3] ABl. L 1 vom 4.1.2003, S. 1.

(37) Bezüglich der Beurteilung von Mindestabnahmeverpflichtungen, die auf der Grundlage des jährlichen Gesamtbezugs des Händlers berechnet werden, kann der Entzug des Rechtsvorteils der Gruppenfreistellung im Falle kumulativer wettbewerbswidriger Effekte sogar dann gerechtfertigt sein kann, wenn der Anbieter eine Mindestabnahmeverpflichtung festsetzt, die unter der in Artikel 1 Buchstabe d der Allgemeinen Vertikal-Gruppenfreistellungsverordnung festgelegten Schwelle von 80% liegt. Die beteiligten Unternehmen müssen unter Berücksichtigung der relevanten Sachlage prüfen, ob ein Händler, wenn er dazu verpflichtet wird sicherzustellen, dass ein bestimmter Prozentsatz aller von ihm bezogenen Kraftfahrzeuge die Marke des Anbieters trägt, daran gehindert wird, eine oder mehrere weitere konkurrierende Marken zu führen. So gesehen kommt selbst eine Mindestabnahmeverpflichtung, die unter der Schwelle von 80% des jährlichen Gesamtbezugs liegt, einem Markenzwang gleich, wenn ein Händler, der eine neue Marke seiner Wahl von einem konkurrierenden Hersteller führen will, dadurch gezwungen wird, so viele Fahrzeuge der derzeit von ihm vertriebenen Marke zu kaufen, dass die Geschäfte des Händlers nicht mehr rentabel sind[1]. Eine solche Mindestabnahmeverpflichtung kommt auch dann einem Markenzwang gleich, wenn ein konkurrierender Anbieter dadurch gezwungen wird, sein geplantes Verkaufsvolumen in einem bestimmten Gebiet auf mehrere Händler aufzuteilen, was Doppelinvestitionen und eine fragmentierte Verkaufspräsenz zur Folge hätte.

ii) Beurteilung von Vereinbarungen mit Markenzwang, die nicht unter die Gruppenfreistellungsverordnungen fallen

(38) Die beteiligten Unternehmen müssen unter Umständen auch prüfen, ob Vereinbarungen mit Markenzwang, die nicht für eine Gruppenfreistellung in Frage kommen, weil die Marktanteile der beteiligten Unternehmen über 30% liegen oder weil die Dauer der Vereinbarung fünf Jahre überschreitet, mit den Wettbewerbsvorschriften vereinbar sind. Solche Vereinbarungen sind daher einer Einzelfallprüfung zu unterziehen, um festzustellen, ob sie unter Artikel 101 Absatz 1 AEUV fallen und, wenn ja, ob Effizienzgewinne nachgewiesen werden können, die etwaige Beeinträchtigungen des Wettbewerbs aufwiegen. Wenn dies der Fall ist, können sie eine Ausnahme nach Artikel 101 Absatz 3 AEUV rechtfertigen. Für die Beurteilung eines Einzelfalls finden die in Abschnitt VI.2.1 der Allgemeinen Vertikal-Leitlinien dargelegten Grundsätze Anwendung.

(39) Insbesondere Vereinbarungen zwischen einem Kraftfahrzeughersteller bzw. dessen Einführer einerseits und Ersatzteilhändlern und/oder zugelassenen Werkstätten andererseits fallen nicht in den durch die Gruppenfreistellungsverordnungen geschaffenen geschützten Bereich, wenn die Marktanteile der beteiligten Unternehmen über der Schwelle von 30% liegen, was bei den meisten Vereinbarungen dieser Art der Fall sein dürfte. Die Fälle von Markenzwang, die unter diesen Bedingungen zu prüfen sind, betreffen alle Arten von Beschränkungen, die die Möglichkeit des zugelassenen Händlers bzw. der zugelassenen Werkstatt, Originalersatzteile oder qualitativ gleichwertige Ersatzteile von Dritten zu beziehen, unmittelbar oder mittelbar beschränken. Die einer zugelassenen Werkstatt auferlegte Verpflichtung, für Instandsetzungsarbeiten im Rahmen der Gewährleistung, des unentgeltlichen Kundendienstes

---

[1] Wenn beispielsweise ein Kfz-Händler zur Deckung der Nachfrage in einem Jahr 100 Fahrzeuge der Marke A bezieht und 100 Fahrzeuge der Marke B kaufen will, würde eine für die Marke A bestehende Mindestabnahmeverpflichtung in Höhe von 80% bedeuten, dass der Kfz-Händler im folgenden Jahr 160 Fahrzeuge der Marke A kaufen müsste. Da die Marktdurchdringungsraten relativ stabil sein dürften, dürfte der Kfz-Händler in diesem Fall auf vielen Fahrzeugen der Marke A sitzenbleiben. Um dies zu vermeiden, müsste er daher seinen Bezug von Fahrzeugen der Marke B drastisch einschränken. Je nach den Gegebenheiten des Einzelfalls könnte dies als Markenzwang gewertet werden.

und von Rückrufaktionen vom Kraftfahrzeughersteller gelieferte Originalersatzteile zu verwenden, wird dabei nicht als Markenzwang gewertet, sondern als objektiv gerechtfertigte Forderung.

(40) Vereinbarungen mit Markenzwang über den Vertrieb neuer Kraftfahrzeuge müssen ebenfalls einzeln geprüft werden, sofern sie eine Laufzeit von mehr als fünf Jahren haben und/oder der Marktanteil des Anbieters 30% übersteigt, was auf bestimmte Anbieter in einigen Mitgliedstaaten zutreffen kann. In diesem Fall sollten die beteiligten Unternehmen nicht nur den Marktanteil des Anbieters und des Abnehmers berücksichtigen, sondern auch den Gesamtanteil des Marktes, der durch Vereinbarungen gebunden ist, wobei den unter Randnummer 34 genannten Schwellenwerten Rechnung zu tragen ist. Werden diese Schwellenwerte im Einzelfall überschritten, so erfolgt die Beurteilung nach den in Abschnitt VI.2.1 der Allgemeinen Vertikal-Leitlinien dargelegten Grundsätzen.

(41) Bei der Beurteilung von nicht unter die Gruppenfreistellungsverordnungen fallenden Mindestabnahmeverpflichtungen, die auf der Grundlage des jährlichen Gesamtbezugs des Händlers berechnet werden, sind alle relevanten Fakten zu berücksichtigen. Eine Mindestabnahmeverpflichtung unterhalb des Schwellenwertes von 80% des jährlichen Gesamtbezugs kommt insbesondere dann einem Markenzwang gleich, wenn Händler dadurch daran gehindert werden, eine oder mehrere zusätzliche konkurrierende Marken zu führen.

2. Selektiver Vertrieb

(42) Der selektive Vertrieb ist im Kraftfahrzeugsektor derzeit das am weitesten verbreitete Vertriebssystem. Dies gilt für den Kraftfahrzeugvertrieb wie auch für Instandsetzungs- und Wartungsdienstleistungen sowie den Vertrieb von Ersatzteilen.

(43) Beim rein qualitativen Selektivvertrieb erfolgt die Auswahl der Händler und Werkstätten ausschließlich nach objektiven Kriterien, die durch die Beschaffenheit des Produkts oder der Art der Dienstleistung bedingt sind, so z. B. nach den technischen Fertigkeiten des Verkaufspersonals, der Gestaltung der Verkaufsräume, den Verkaufsmethoden und der Art der vom Händler zu erbringenden Verkaufsdienstleistung[1]. Die Anwendung derartiger Kriterien begrenzt die Zahl der zum Netz des Anbieters zugelassenen Händler oder Werkstätten nicht unmittelbar. Der rein qualitative Selektivvertrieb fällt mangels wettbewerbswidriger Auswirkungen in der Regel nicht unter Artikel 101 Absatz 1 AEUV, sofern drei Voraussetzungen erfüllt sind. Erstens muss die Beschaffenheit des fraglichen Produkts einen selektiven Vertrieb bedingen, d. h., ein solches Vertriebssystem muss ein rechtmäßiges Erfordernis zur Wahrung der Qualität und zur Gewährleistung des richtigen Gebrauchs des betreffenden Produkts sein. Zweitens müssen die Händler oder Werkstätten aufgrund objektiver Kriterien qualitativer Art ausgewählt werden, die für alle potenziellen Wiederverkäufer einheitlich festzulegen und unterschiedslos anzuwenden sind. Drittens dürfen die aufgestellten Kriterien nicht über das hinausgehen, was erforderlich ist.

(44) Während beim qualitativen Selektivvertrieb die Auswahl der Händler bzw. Werkstätten ausschließlich nach objektiven Kriterien erfolgt, die durch die Beschaf-

---

[1] Nach ständiger Rechtsprechung des Gerichtshofes der Europäischen Union können rein qualitativ ausgerichtete selektive Vertriebssysteme den Wettbewerb dennoch beschränken, wenn ihre Zahl keinen Raum mehr lässt für andere Vertriebsformen, die auf einer anderen Art des Wettbewerbs beruhen. Diese Situation tritt in der Regel weder auf den Märkten für den Verkauf neuer Kraftfahrzeuge ein, da Leasing und andere vergleichbare Vereinbarungen eine wirkliche Alternative zum direkten Fahrzeugerwerb darstellen, noch auf den Märkten für Instandsetzung und Wartung, wenn unabhängige Werkstätten den Verbrauchern eine Alternative für die Instandhaltung ihrer Fahrzeuge bieten. Siehe u. a. Rechtssache T-88/92, Groupement d'achat Édouard Leclerc/Kommission, Slg. 1996, II-1961.

fenheit des Produkts bzw. die Art der Dienstleistung bedingt sind, kommen beim quantitativen Selektivvertrieb Auswahlkriterien hinzu, die die Anzahl der in Frage kommenden Händler bzw. Werkstätten unmittelbarer begrenzen, indem entweder ihre Zahl ausdrücklich festgelegt wird oder beispielsweise Mindestverkaufszahlen vorgeschrieben werden. Netze, bei denen Kriterien quantitativer Art angelegt werden, fallen mit größerer Wahrscheinlichkeit unter Artikel 101 Absatz 1 AEUV, da sie in der Regel als stärker wettbewerbsbeschränkend angesehen werden als Netze, denen ausschließlich qualitative Auswahlkriterien zugrunde liegen.

(45) Werden Selektivvertriebsvereinbarungen von Artikel 101 Absatz 1 AEUV erfasst, müssen die beteiligten Unternehmen prüfen, ob die Gruppenfreistellungsverordnungen greifen oder im Einzelfall eine Freistellung nach Artikel 101 Absatz 3 AEUV möglich ist.

i) Beurteilung selektiver Vertriebssysteme, die unter die Gruppenfreistellungsverordnungen fallen

(46) Nach den Gruppenfreistellungsverordnungen gilt die Freistellung für Selektivvertriebsvereinbarungen unabhängig davon, ob Auswahlkriterien quantitativer oder rein qualitativer Art Anwendung finden, sofern der Marktanteil der beteiligten Unternehmen 30% nicht überschreitet. Die Vereinbarungen dürfen allerdings weder Kernbeschränkungen nach Artikel 4 der Allgemeinen Vertikal-Gruppenfreistellungsverordnung und Artikel 5 der Kfz-Gruppenfreistellungsverordnung noch nach Artikel 5 der Allgemeinen Vertikal-Gruppenfreistellungsverordnung nicht freigestellte Beschränkungen enthalten.

(47) Drei der in der Allgemeinen Vertikal-Gruppenfreistellungsverordnung genannten Kernbeschränkungen beziehen sich ausdrücklich auf selektive Vertriebssysteme. Nach Artikel 4 Buchstabe b gilt als Kernbeschränkung die Beschränkung des Gebiets oder der Kundengruppe, in das oder an die ein an der Vereinbarung beteiligter Abnehmer Vertragswaren oder -dienstleistungen verkaufen darf, mit Ausnahme der Beschränkung des Verkaufs an nicht zugelassene Händler durch die Mitglieder eines selektiven Vertriebssystems auf Märkten, auf denen ein solches System besteht. Nach Artikel 4 Buchstabe c gelten als Kernbeschränkungen Vereinbarungen, die den aktiven oder passiven Verkauf an Endverbraucher durch auf der Einzelhandelsstufe tätige Mitglieder eines selektiven Vertriebssystems beschränken, unbeschadet der Möglichkeit, Mitgliedern des Systems zu untersagen, Geschäfte von nicht zugelassenen Niederlassungen aus zu betreiben, und Artikel 4 Buchstabe d bezieht sich auf die Beschränkung von Querlieferungen zwischen Händlern innerhalb eines selektiven Vertriebssystems, auch wenn diese auf verschiedenen Handelsstufen tätig sind. Diese drei Kernbeschränkungen haben für den Kraftfahrzeugvertrieb besondere Bedeutung.

(48) Der Binnenmarkt hat die Verbraucher in die Lage versetzt, Kraftfahrzeuge in anderen Mitgliedstaaten zu kaufen und bestehende Preisunterschiede zwischen den Mitgliedstaaten zu ihrem Vorteil zu nutzen; die Kommission betrachtet den Schutz des Parallelhandels in diesem Sektor als wichtiges wettbewerbspolitisches Ziel. Die Möglichkeit der Verbraucher, Waren in anderen Mitgliedstaaten zu erwerben, ist bei Kraftfahrzeugen von besonderer Bedeutung, weil es sich um hochwertige Erzeugnisse handelt und niedrigere Preise den Verbrauchern, die die Kraftfahrzeuge anderswo in der Union erwerben, unmittelbar zugute kommen. Die Kommission ist daher darauf bedacht, dass Vertriebsvereinbarungen den Parallelhandel nicht beschränken, da andernfalls nicht davon ausgegangen werden kann, dass die Voraussetzungen von Artikel 101 Absatz 3 AEUV erfüllt sind[1].

---

[1] Die Auffassung, dass Beschränkungen des grenzüberschreitenden Handels den Verbrauchern schaden können, wurde vom Gerichtshof in folgenden Urteilen bestätigt: Rechtssache C-551/03 P, General Motors, Slg. 2006, I-3173, Randnrn. 67–68; Rechtssache C-338/00 P,

(49) Die Kommission ist wegen Beeinträchtigung des Parallelhandels mehrfach gegen Kraftfahrzeughersteller vorgegangen und ihre Entscheidungen sind vom Gerichtshof der Europäischen Union weitgehend bestätigt worden[1]. Die Erfahrungen zeigen, dass Beschränkungen des Parallelhandels in verschiedenen Formen auftreten. So kann ein Anbieter beispielsweise Druck auf Händler ausüben, ihnen mit Vertragskündigung drohen und Prämien nicht zahlen; er kann sich weigern, Gewährleistungen für Kraftfahrzeuge, die von einem Verbraucher eingeführt oder Gegenstand einer Querlieferung zwischen Händlern mit Sitz in verschiedenen Mitgliedstaaten waren, zu erbringen, oder er kann einen Händler wesentlich länger auf die Lieferung des gleichen Kraftfahrzeugs warten lassen, wenn der Verbraucher in einem anderen Mitgliedstaat ansässig ist.

(50) Zu mittelbaren Beschränkungen des Parallelhandels kommt es beispielsweise, wenn ein Händler sich neue Kraftfahrzeuge mit den für grenzüberschreitenden Handel erforderlichen Spezifikationen nicht beschaffen kann. In diesem Fall kann die Einräumung des Rechtsvorteils der Gruppenfreistellung davon abhängen, ob ein Anbieter seinen Händlern für den Verkauf an Verbraucher aus anderen Mitgliedstaaten Fahrzeuge mit den Spezifikationen zur Verfügung stellt, die dort verkaufte Fahrzeuge aufweisen (sogenannte „Verfügbarkeitsklausel")[2].

(51) Für die Zwecke der Gruppenfreistellungsverordnungen und insbesondere von Artikel 4 Buchstabe c der Allgemeinen Vertikal-Gruppenfreistellungsverordnung umfasst der Begriff „Endverbraucher" auch Leasingunternehmen. Das bedeutet insbesondere, dass Händler in selektiven Vertriebsnetzen nicht daran gehindert werden dürfen, neue Kraftfahrzeuge an Leasingunternehmen ihrer Wahl zu verkaufen. Ein Anbieter, der mit selektivem Vertrieb arbeitet, darf seine Händler jedoch am Verkauf neuer Kraftfahrzeuge an Leasingunternehmen hindern, wenn nachweisbar das Risiko besteht, dass die Leasingunternehmen die Fahrzeuge weiterverkaufen, solange sie neu sind. Ein Anbieter kann daher von einem Kfz-Händler verlangen, vor dem Verkauf an ein bestimmtes Unternehmen die zugrunde gelegten Leasingbedingungen zu überprüfen und sicherzustellen, dass es sich bei dem betreffenden Unternehmen tatsächlich um ein Leasingunternehmen und nicht um einen nicht zugelassenen Wiederverkäufer handelt. Wird jedoch ein Kfz-Händler verpflichtet, seinem Anbieter vor dem Verkauf von Kraftfahrzeugen an Leasingunternehmen Kopien von jeder Leasingvereinbarung vorzulegen, könnte dies einer mittelbaren Verkaufsbeschränkung gleichkommen.

(52) Der Begriff „Endverbraucher" umfasst ferner Verbraucher, die ihren Kauf über einen Vermittler tätigen. Vermittler sind Personen oder Unternehmen, die ein neues Kraftfahrzeug für einen bestimmten Verbraucher erwerben, ohne Mitglied des Vertriebsnetzes zu sein. Vermittler spielen im Kraftfahrzeugsektor insbesondere deshalb eine wichtige Rolle, weil sie den Verbrauchern den Erwerb von Kraftfahrzeugen in anderen Mitgliedstaaten erleichtern. Der Vermittlerstatus sollte generell durch einen vor Durchführung des Rechtsgeschäfts erteilten gültigen Auftrag mit Namen

Volkswagen/Kommission, Slg. 2003, I-9189, Randnrn. 44 und 49; Rechtssache T-450/05, Peugeot/Kommission, Urteil vom 9. Juli.2009, noch nicht veröffentlicht, Randnrn. 46–49.

[1] Entscheidung 98/273/EG der Kommission vom 28. Januar 1998 in der Sache IV/35.733 – VW, Entscheidung 2001/146/EG der Kommission vom 20. September 2000 in der Sache COMP/36.653 – Opel (ABl. L 59 vom 28.2.2001, S. 1), Entscheidung 2002/758/EG der Kommission vom 10. Oktober 2001 in der Sache COMP/36.264 – Mercedes-Benz (ABl. L 257 vom 25.9.2002, S. 1), Entscheidung 2006/431/EG der Kommission vom 5. Oktober 2005 in den Sachen F-2/36.623/36.820/37.275 – SEP und andere/Peugeot SA.

[2] Verbundene Rechtssachen 25 und 26/84, Ford-Werke AG und Ford of Europe Inc./Kommission der Europäischen Gemeinschaften, Slg. 1985, 2725.

und Adresse des Verbrauchers nachgewiesen werden. Die Nutzung des Internets, um Kunden für eine bestimmte Palette von Kraftfahrzeugen zu gewinnen und elektronisch erteilte Aufträge von diesen Kunden zu erhalten, berührt nicht den Vermittlerstatus. Vermittler unterscheiden sich von unabhängigen Wiederverkäufern, die ihrerseits Kraftfahrzeuge zum Weiterverkauf erwerben und nicht für einen bestimmten Verbraucher tätig werden. Unabhängige Wiederverkäufer sind für die Zwecke der Gruppenfreistellungsverordnungen nicht als Endverbraucher zu betrachten.

ii) Beurteilung selektiver Vertriebssysteme, die nicht unter die Gruppenfreistellungsverordnungen fallen

(53) Wie unter Randnummer 175 der Allgemeinen Vertikal- Leitlinien erläutert, bestehen die von selektiven Vertriebssystemen ausgehenden Gefahren für den Wettbewerb in einem Verlust an markeninternem Wettbewerb und – vor allem bei Vorliegen einer kumulativen Wirkung – im Ausschluss einer bestimmten Kategorie bzw. bestimmter Kategorien von Händlern sowie der Erleichterung der Kollusion unter Anbietern oder Abnehmern.

(54) Bei der Beurteilung etwaiger wettbewerbswidriger Auswirkungen eines selektiven Vertriebs nach Artikel 101 Absatz 1 AEUV ist zwischen rein qualitativem Selektivvertrieb und quantitativem Selektivvertrieb zu unterscheiden. Wie unter Randnummer 43 dargelegt, wird der qualitative Selektivvertrieb in der Regel nicht von Artikel 101 Absatz 1 AEUV erfasst.

(55) Fällt ein Netz von Vereinbarungen nicht unter die Gruppenfreistellung, weil der Marktanteil eines oder mehrerer der beteiligten Unternehmen die Schwelle von 30% überschreitet, impliziert dies nicht, dass diese Vereinbarungen rechtswidrig sind. Vielmehr müssen die beteiligten Unternehmen dann durch Prüfung des Einzelfalls feststellen, ob die Vereinbarungen unter Artikel 101 Absatz 1 AEUV fallen und, wenn ja, ob die Freistellung nach Artikel 101 Absatz 3 AEUV greifen kann.

(56) Was die Besonderheiten des Vertriebs neuer Kraftfahrzeuge angeht, erfüllt der quantitative Selektivvertrieb in der Regel die Voraussetzungen von Artikel 101 Absatz 3 AEUV, wenn die Marktanteile der beteiligten Unternehmen 40% nicht überschreiten. An solchen Vereinbarungen beteiligte Unternehmen sollten jedoch beachten, dass das Anlegen besonderer Auswahlkriterien einen Einfluss darauf haben könnte, ob ihre Vereinbarungen die Voraussetzungen von Artikel 101 Absatz 3 AEUV erfüllen. Zum Beispiel führen Standortklauseln in selektiven Vertriebsvereinbarungen für neue Kraftfahrzeuge, d. h. Vereinbarungen, in denen Mitgliedern eines selektiven Vertriebssystems untersagt wird, Geschäfte von nicht zugelassenen Niederlassungen aus zu betreiben, zwar in der Regel zu Effizienzgewinnen durch effizientere Logistik und planbare Netzabdeckung, doch können die Nachteile schwerer wiegen als diese Vorteile, wenn der Marktanteil des Anbieters sehr hoch ist; unter diesen Umständen könnte eine Freistellung nach Artikel 101 Absatz 3 AEUV ausgeschlossen sein.

(57) Die Einzelfallprüfung von Selektivvertriebsvereinbarungen für zugelassene Werkstätten wirft ebenfalls besondere Fragen auf. Soweit neben dem Markt für den Verkauf neuer Kraftfahrzeuge ein gesonderter Markt für Instandsetzungs- und Wartungsdienstleistungen vorhanden ist[1], wird er als markenspezifisch angesehen. Der

---

[1] Unter Berücksichtigung unter anderem der Lebensdauer der Kraftfahrzeuge sowie der Vorlieben und des Kaufverhaltens der Verbraucher kann unter Umständen ein Systemmarkt abgegrenzt werden, der sowohl Kraftfahrzeuge als auch Ersatzteile umfasst. Siehe Bekanntmachung der Kommission über die Definition des relevanten Marktes im Sinne des Wettbewerbsrechts der Europäischen Gemeinschaft, (ABl. C 372 vom 9.12.1997, S. 5, Randnr. 56). Ein entscheidender Faktor dabei ist, ob ein signifikanter Anteil der Abnehmer seine Wahl unter Berücksichtigung der über die gesamte Lebensdauer des Fahrzeugs anfallenden Kosten trifft oder

Wettbewerb auf diesem Markt resultiert vor allem aus der wettbewerblichen Interaktion zwischen unabhängigen Werkstätten und zugelassenen Werkstätten für die betreffende Marke.

(58) Unabhängige Werkstätten üben einen entscheidenden Wettbewerbsdruck aus, da sie sich in ihrem Geschäftsmodell und damit in ihren Betriebskosten von den zu Netzen zusammengeschlossenen zugelassenen Werkstätten unterscheiden. Anders als zugelassene Werkstätten, die in großem Umfang Teile mit Markenzeichen des Kraftfahrzeugherstellers verwenden, greifen unabhängige Werkstätten zudem in der Regel häufiger auf andere Marken zurück, so dass der Fahrzeughalter zwischen konkurrierenden Teilen wählen kann. Da außerdem der weitaus größte Teil von Instandsetzungsarbeiten für neuere Kraftfahrzeuge derzeit in zugelassenen Werkstätten durchgeführt wird, ist es wichtig, dass zwischen zugelassenen Werkstätten weiterhin wirksamer Wettbewerb herrscht, was voraussetzt, dass die Netze für neue Marktteilnehmer zugänglich bleiben.

(59) Der neue Rechtsrahmen erleichtert es der Kommission und den nationalen Wettbewerbsbehörden, den Wettbewerb zwischen unabhängigen Werkstätten und zugelassenen Werkstätten sowie zwischen den Mitgliedern jedes einzelnen Netzes von zugelassenen Werkstätten zu schützen. Insbesondere die Senkung der Marktanteilsschwelle von 100% auf 30% für die Freistellung eines qualitativen Selektivvertriebs erweitert den Handlungsspielraum der Wettbewerbsbehörden.

(60) Bei der Beurteilung der Auswirkungen vertikaler Vereinbarungen auf den Wettbewerb auf den Kfz-Anschlussmärkten sollten die beteiligten Unternehmen demnach der Entschlossenheit der Kommission Rechnung tragen, den Wettbewerb zwischen den Mitgliedern von Netzen zugelassener Werkstätten untereinander sowie zwischen diesen Mitgliedern und unabhängigen Werkstätten aufrechtzuerhalten. Besondere Aufmerksamkeit ist dabei auf drei spezifische Verhaltensweisen zu richten, die diesen Wettbewerb beschränken können, insbesondere indem unabhängigen Werkstätten kein Zugang zu technischen Informationen gewährt wird, die gesetzlichen und/oder erweiterten Gewährleistungen zum Ausschluss unabhängiger Werkstätten missbraucht werden oder der Zugang zu Netzen zugelassener Werkstätten von Kriterien nicht qualitativer Art abhängig gemacht wird.

(61) Die folgenden drei Unterabschnitte beziehen sich zwar speziell auf den Selektivvertrieb, doch ist zu berücksichtigen, dass sich die gleichen wettbewerbswidrigen Abschottungseffekte auch bei anderen Arten vertikaler Vereinbarungen ergeben können, die die Anzahl der Servicepartner, die vertragliche Beziehungen mit einem Kraftfahrzeughersteller unterhalten, unmittelbar oder mittelbar beschränken.

Zugang unabhängiger Marktteilnehmer zu technischen Informationen

(62) Obwohl bei einem rein qualitativen Selektivvertrieb im Allgemeinen die Auffassung vertreten wird, dass er sich nicht wettbewerbswidrig auswirkt und damit

nicht. Ein ganz unterschiedliches Kaufverhalten kann beispielsweise zwischen den Abnehmern einzelner Fahrzeuge und Abnehmern von Lastkraftwagen zu beobachten sein, die einen ganzen Fahrzeugpark erwerben und betreiben und beim Kauf den Wartungskosten Rechnung tragen. Ein weiterer wichtiger Faktor sind die Existenz und die relative Position von Teileanbietern, Werkstätten und/oder Teilehändlern, die auf dem Anschlussmarkt unabhängig von Kraftfahrzeugherstellern tätig sind. In den meisten Fällen dürfte der Kfz-Anschlussmarkt markenspezifisch sein, da es sich bei den Käufern mehrheitlich um Privatleute oder kleine und mittlere Unternehmen handelt, die Fahrzeuge und auf dem Anschlussmarkt angebotene Dienstleistungen separat kaufen und nicht systematisch Zugang zu Daten haben, anhand deren sie die Gesamtkosten der Fahrzeughaltung vorab veranschlagen können.

nicht von Artikel 101 Absatz 1 AEUV erfasst wird[1], können mit zugelassenen Werkstätten und/oder Teilehändlern geschlossene Vereinbarungen über qualitativen Selektivvertrieb unter Artikel 101 Absatz 1 AEUV fallen, wenn eines der beteiligten Unternehmen durch sein Verhalten im Rahmen derartiger Vereinbarungen bewirkt, dass unabhängige Marktteilnehmer vom Markt ausgeschlossen werden, zum Beispiel dadurch, dass ihnen die für die Instandsetzung und Wartung erforderlichen technischen Informationen vorenthalten werden. Als „unabhängige Marktteilnehmer" gelten in diesem Zusammenhang unabhängige Werkstätten, Ersatzteilehersteller und -händler, Hersteller von Werkstattausrüstung oder Werkzeugen, Herausgeber von technischen Informationen, Automobilclubs, Pannenhilfsdienste, Anbieter von Inspektions- und Prüfdienstleistungen und Einrichtungen der Aus- und Weiterbildung für Werkstattmitarbeiter.

(63) Die Anbieter stellen ihren zugelassenen Werkstätten die gesamten technischen Informationen zur Verfügung, die für die Instandsetzung und Wartung von Kraftfahrzeugen ihrer Marken erforderlich sind; häufig sind sie als einzige in der Lage, die Werkstätten mit den gesamten für die jeweiligen Marken benötigten technischen Informationen zu versorgen. Wenn der Anbieter vor diesem Hintergrund unabhängigen Marktteilnehmern keinen angemessenen Zugang zu seinen markenspezifischen, für die Instandsetzung und Wartung erforderlichen technischen Informationen gewährt, könnten die etwaigen negativen Auswirkungen seiner Vereinbarungen mit zugelassenen Werkstätten und/oder Teilehändlern verstärkt werden, so dass die Vereinbarungen unter Artikel 101 Absatz 1 AEUV fallen könnten.

(64) Ferner könnte ein fehlender Zugang zu den erforderlichen technischen Informationen zu einer Schwächung der Marktposition der unabhängigen Marktteilnehmer führen; dies wäre für die Verbraucher von Nachteil, da eine derartige Schwächung eine erhebliche Verringerung der Auswahl an Teilen, höhere Preise für Instandsetzungs- und Wartungsdienstleistungen, eine geringere Auswahl an Reparaturwerkstätten und möglicherweise auch Sicherheitsprobleme zur Folge hätte. In diesem Fall würden die Effizienzgewinne, die normalerweise aufgrund der mit zugelassenen Werkstätten und Teilehändlern geschlossenen Vereinbarungen erwartet werden können, nicht ausreichen, um die genannten wettbewerbswidrigen Auswirkungen aufzuwiegen, so dass die Vereinbarungen die Voraussetzungen von Artikel 101 Absatz 3 AEUV nicht erfüllen würden.

(65) Die Verordnung (EG) Nr. 715/2007 des Europäischen Parlaments und des Rates vom 20. Juni 2007 über die Typgenehmigung von Kraftfahrzeugen hinsichtlich der Emissionen von leichten Personenkraftwagen und Nutzfahrzeugen (Euro 5 und Euro 6) und über den Zugang zu Reparatur- und Wartungsinformationen für Fahrzeuge[2] und die Verordnung (EG) Nr. 692/2008 der Kommission vom 18. Juli 2008 zur Durchführung und Änderung der Verordnung (EG) Nr. 715/2007 des Europäischen Parlaments und des Rates über die Typgenehmigung von Kraftfahrzeugen hinsichtlich der Emissionen von leichten Personenkraftwagen und Nutzfahrzeugen (Euro 5 und Euro 6) und über den Zugang zu Reparatur- und Wartungsinformationen für Fahrzeuge[3] sehen ein System für die Gewährleistung des Zugangs zu Reparatur- und Wartungsinformationen für ab dem 1. September 2009 in Verkehr gebrachte Personenkraftwagen vor; in der Verordnung (EG) Nr. 595/2009 des Europäischen Parlaments und des Rates vom 18. Juni 2009 über die Typgenehmigung von Kraftfahrzeugen und Motoren hinsichtlich der Emissionen von schweren Nutzfahrzeugen

---

[1] Wie unter Randnummer 54 dargelegt, trifft dies in der Regel auf Märkte für Instandsetzungs- und Wartungsdienstleistungen zu, wenn unabhängige Werkstätten den Verbrauchern eine Alternative für die Instandhaltung ihrer Fahrzeuge bieten.

[2] ABl. L 171 vom 29. 6. 2007, S. 1.

[3] ABl. L 199 vom 28. 7. 2008, S. 1.

(Euro 6) und über den Zugang zu Fahrzeugreparatur- und -wartungsinformationen[1] und die einschlägigen Durchführungsmaßnahmen sehen ein derartiges System für ab dem 1. Januar 2013 in Verkehr gebrachte Nutzfahrzeuge vor. Die Kommission wird Fälle, in denen der Verdacht besteht, dass für die Instandsetzung und Reparatur erforderliche technische Informationen zu vor diesen Stichtagen in Verkehr gebrachten Kraftfahrzeugen vorenthalten werden, unter Berücksichtigung dieser Verordnungen würdigen. Bei der Prüfung der Frage, ob die Vorenthaltung einer bestimmten Information dazu führen könnte, dass die betreffenden Vereinbarungen von Artikel 101 Absatz 1 AEUV erfasst werden, sollten u. a. die folgenden Aspekte berücksichtigt werden:

a) Handelt es sich bei der entsprechenden Information um eine technische Information oder um eine Information anderer Art wie etwa eine kommerzielle Information[2], die rechtmäßig vorenthalten werden kann?
b) Wird sich die Vorenthaltung der entsprechenden technischen Informationen erheblich auf die Fähigkeit unabhängiger Marktteilnehmer auswirken, ihre Tätigkeiten durchzuführen und Wettbewerbsdruck auf dem Markt auszuüben?
c) Wird die entsprechende technische Information Mitgliedern des jeweiligen Netzes zugelassener Werkstätten zur Verfügung gestellt? Wird sie dem Netz zugelassener Werkstätten in irgendeiner Form zur Verfügung gestellt, so sollte sie auch den unabhängigen Marktteilnehmern in nicht diskriminierender Form zur Verfügung gestellt werden.
d) Wird die entsprechende technische Information letztlich[3] für die Instandsetzung und Wartung von Kraftfahrzeugen oder für einen anderen Zweck[4], so zum Beispiel für die Herstellung von Ersatzteilen oder Werkzeugen genutzt?

(66) Der Begriff „technische Information" ist angesichts des technologischen Fortschritts nicht fest umrissen. Derzeit umfasst der Begriff unter anderem Software, Fehlercodes und sonstige Parameter einschließlich entsprechender Updates, die erforderlich sind, um in elektronischen Steuergeräten vom Anbieter empfohlene Einstellungen vorzunehmen oder wiederherzustellen, Kraftfahrzeug-Identifizierungsnummern und andere Kraftfahrzeug-Identifizierungsmethoden, Teilekataloge, Instandsetzungs- und Wartungsverfahren, Arbeitslösungen, die sich aus praktischen Erfahrungen ergeben und sich auf typische Probleme bei einem bestimmten Modell oder einer bestimmten Serie beziehen, sowie Rückrufanzeigen und sonstige Mitteilungen über Reparaturarbeiten, die innerhalb des Netzes zugelassener Werkstätten kostenlos durchgeführt werden können. Bei der Ersatzteilnummer und anderen Informationen, die erforderlich sind, um das korrekte Ersatzteil mit Markenzeichen des Kraftfahrzeugherstellers für ein bestimmtes Kraftfahrzeug zu ermitteln (d. h. das Teil, das der Kraftfahrzeughersteller in der Regel den Mitgliedern seines Netzes zugelassener Werkstätten zur Instandsetzung des betreffenden Fahrzeugs liefern würde), handelt es sich ebenfalls um techni-

---

[1] ABl. L 188 vom 18.7.2009, S. 1.

[2] Unter kommerziellen Informationen können Informationen verstanden werden, die zur Erbringung von Instandsetzungs- und Wartungsdienstleistungen genutzt werden, die aber für die Instandsetzung bzw. Wartung der Kraftfahrzeuge nicht erforderlich sind, z. B. Abrechnungssoftware oder Informationen über die innerhalb des zugelassenen Netzes geltenden Stundensätze.

[3] Wie etwa Informationen, die Herausgebern zwecks Weiterleitung an Kfz-Werkstätten zur Verfügung gestellt werden.

[4] Informationen, die für den Einbau eines Ersatzteils in ein Kraftfahrzeug oder die Verwendung eines Werkzeugs an einem Kraftfahrzeug genutzt werden, sollten als für Instandsetzung oder Wartung genutzt angesehen werden, während Informationen über Design, Produktionsverfahren oder bei der Herstellung eines Ersatzteils verwendete Materialien nicht zu dieser Kategorie gezählt werden sollten und folglich vorenthalten werden dürfen.

sche Informationen[1]. Auch die Auflistung in Artikel 6 Absatz 2 der Verordnung (EG) Nr. 715/2007 und in der Verordnung (EG) Nr. 595/2009 sollten als Anhaltspunkt dafür verwendet werden, was die Kommission im Rahmen der Anwendung von Artikel 101 AEUV als technische Informationen betrachtet.

(67) Auch die Art und Weise, in der technische Informationen bereitgestellt werden, für die Beurteilung der Frage, ob Vereinbarungen mit zugelassenen Werkstätten mit Artikel 101 AEUV vereinbar sind, von Bedeutung. Der Zugang sollte auf Anfrage und ohne ungebührliche Verzögerung gewährt werden, die Angaben sollten verwendungsfähig sein, und der Preis sollte nicht dadurch vom Zugang abschrecken, dass das Ausmaß der Nutzung der Informationen durch den unabhängigen Marktteilnehmer unberücksichtigt bleibt. Ein Kraftfahrzeuganbieter sollte verpflichtet sein, unabhängigen Marktteilnehmern zu technischen Informationen über neue Kraftfahrzeuge zur selben Zeit Zugang zu geben wie seinen zugelassenen Werkstätten, und darf unabhängige Marktteilnehmer nicht zwingen, mehr als die für die jeweils auszuführende Arbeit erforderlichen Informationen zu kaufen. Artikel 101 AEUV verpflichtet einen Anbieter jedoch nicht, technische Informationen in einem standardisierten Format oder über ein bestimmtes technisches System, wie beispielsweise dem CEN/ISO-Format und dem OASIS-Format nach der Verordnung (EG) Nr. 715/2007 des Europäischen Parlaments und des Rates und der Verordnung (EG) Nr. 295/2009 der Kommission vom 18. März 2009 zur Einreihung von bestimmten Waren in die kombinierte Nomenklatur[2] zur Verfügung zu stellen.

(68) Die obenstehenden Erwägungen gelten auch für den Zugang unabhängiger Marktteilnehmer zu Werkzeugen und Schulungen. Der Begriff „Werkzeuge" umfasst in diesem Zusammenhang elektronische Diagnose- und andere Reparaturwerkzeuge, einschließlich der einschlägigen Software und regelmäßiger Updates, sowie Kundendienstleistungen für derartige Werkzeuge.

Missbrauch von Gewährleistungen

(69) Vereinbarungen über qualitativen Selektivvertrieb können auch dann von Artikel 101 Absatz 1 AEUV erfasst werden, wenn der Anbieter und die Mitglieder seines Netzes zugelassener Werkstätten Reparaturen an Kraftfahrzeugen bestimmter Kategorien explizit oder implizit den Mitgliedern des Netzes zugelassener Werkstätten vorbehalten. Dazu kann es beispielsweise kommen, wenn die gesetzliche oder erweiterte Gewährleistungspflicht des Herstellers gegenüber dem Abnehmer davon abhängig gemacht wird, dass der Endverbraucher nicht unter die Gewährleistung fallende Instandsetzungs- und Wartungsdienste nur innerhalb des Netzes zugelassener Werkstätten ausführen lässt. Dies gilt auch für Gewährleistungsauflagen, denen zufolge für nicht unter die Gewährleistung fallende Austauschmaßnahmen nur Ersatzteile mit Markenzeichen des Herstellers verwendet werden dürfen. Es erscheint auch fraglich, ob Vereinbarungen über Selektivvertrieb, die solche Vorgehensweisen vorsehen, den Verbrauchern Vorteile verschaffen könnten, aufgrund derer die fraglichen Vereinbarungen unter die Ausnahmeregelung nach Artikel 101 Absatz 3 AEUV fallen könnten. Lehnt ein Anbieter die Erfüllung einer Gewährleistungsforderung jedoch zu Recht aus dem Grund ab, dass die Situation, die zu dieser Forderung geführt hat, in kausalem Zusammenhang damit steht, dass eine Werkstatt einen bestimmten Instandsetzungs- oder Wartungsvorgang nicht korrekt ausgeführt oder minderwertige Ersatzteile verwendet hat, so hat dies keinen Einfluss darauf, ob seine mit Werkstätten geschlossenen Vereinbarungen mit den Wettbewerbsvorschriften vereinbar sind.

---

[1] Der unabhängige Marktteilnehmer sollte nicht gezwungen sein, das betreffende Ersatzteil zu erwerben, um Zugang zu diesen Informationen zu erhalten.

[2] ABl. L 95 vom 9.4.2009, S. 7.

Zugang zu den Netzen der zugelassenen Werkstätten

(70) Der Wettbewerb zwischen den zugelassenen und den unabhängigen Werkstätten ist nicht die einzige Form des Wettbewerbs, die bei der Prüfung der Vereinbarkeit der mit zugelassenen Werkstätten geschlossenen Vereinbarungen mit Artikel 101 AEUV zu berücksichtigen ist. Die beteiligten Unternehmen sollten auch prüfen, inwieweit die zugelassenen Werkstätten innerhalb des jeweiligen Netzes in der Lage sind, miteinander in Wettbewerb zu treten. Die Intensität eines derartigen Wettbewerbs wird ganz entscheidend durch die Bedingungen für den Zugang zu dem Netz bestimmt, die durch die mit den zugelassenen Werkstätten geschlossenen Standardvereinbarungen festgelegt werden. Angesichts der generell starken Marktposition von Netzen zugelassener Werkstätten, ihrer besonderen Bedeutung für die Halter neuerer Kraftfahrzeuge und der Tatsache, dass die Verbraucher nicht bereit sind, für Instandsetzungen lange Wege in Kauf zu nehmen, erachtet die Kommission es als wichtig, dass der Zugang zu den Netzen zugelassener Werkstätten im Allgemeinen allen Unternehmen offen steht, die bestimmte Qualitätskriterien erfüllen. Die Anwendung quantitativer Kriterien bei der Auswahl der Bewerber dürfte dazu führen, dass die Vereinbarung unter Artikel 101 Absatz 1 AEUV fällt.

(71) Ein Sonderfall liegt vor, wenn zugelassene Werkstätten mit der Vereinbarung auch zum Verkauf von Neuwagen verpflichtet werden. Derartige Vereinbarungen würden wahrscheinlich von Artikel 101 Absatz 1 AEUV erfasst, da die genannte Verpflichtung nicht durch die Art der Vertragsdienstleistungen bedingt ist. Ferner kämen Vereinbarungen, die eine derartige Verpflichtung enthalten, bei einer etablierten Marke in der Regel nicht für die Ausnahmeregelung nach Artikel 101 Absatz 3 AEUV in Betracht, da sie eine starke Beschränkung des Zugangs zum Netz der zugelassenen Werkstätten zur Folge hätten und damit den Wettbewerb einschränken würden, ohne dass die Verbraucher einen gleichwertigen Nutzen daraus zögen. In bestimmten Fällen könnte ein Anbieter, der eine Marke auf einem bestimmten geografischen Markt einführen möchte, jedoch zunächst Schwierigkeiten haben, Händler zu finden, die bereit sind, die erforderlichen Investitionen zu tätigen, es sei denn, sie könnten sicher sein, dass sie nicht zu „eigenständigen“ zugelassenen Werkstätten im Wettbewerb stehen, die versuchen, von diesen anfänglichen Investitionen zu profitieren. Unter diesen Umständen würde die vertragliche Verknüpfung der beiden Tätigkeiten für einen beschränkten Zeitraum den Wettbewerb auf dem Markt für den Verkauf von Kraftfahrzeugen fördern, da sie die Einführung einer neuen Marke ermöglicht; auf den potenziellen markenspezifischen Markt für Instandsetzung würde sich eine derartige Verknüpfung nicht negativ auswirken, da es ihn bei Nichtverkauf der Kraftfahrzeuge überhaupt nicht gäbe. Es wäre daher unwahrscheinlich, dass die fraglichen Vereinbarungen unter Artikel 101 Absatz 1 AEUV fallen würden.

Anhang B 8. Zulieferbekanntmachung

Bekanntmachung der Kommission vom 18. Dezember 1978 über die Beurteilung von Zulieferverträgen nach Artikel 85 Absatz 1 des Vertrages zur Gründung der Europäischen Wirtschaftsgemeinschaft (= Art. 101 Abs. 1 AEUV)

(ABl. 1979 C 1/2)

(1) In dieser Bekanntmachung legt die Kommission der Europäischen Gemeinschaften dar, wie sie Zulieferverträge im Hinblick auf Artikel 85 Absatz 1 des EWG-Vertrags beurteilt. Diese Verträge bilden eine moderne Form der Arbeitsteilung, die Unternehmen jeder Größenordnung offen steht, vor allem aber Entwicklungsmöglichkeiten für kleine und mittlere Unternehmen bietet.

Nach Auffassung der Kommission fallen Verträge, durch die ein Unternehmen, der „Auftraggeber" – gegebenenfalls nach Eingang einer Bestellung von dritter Seite –, ein anderes Unternehmen, den „Zulieferer", beauftragt, nach seinen Weisungen Erzeugnisse herzustellen, Dienstleistungen zu erbringen oder Arbeiten zu verrichten, die für den Auftraggeber bestimmt sind oder für seine Rechnung ausgeführt werden, als solche nicht unter das Verbot des Artikels 85 Absatz 1.

Die Erfüllung bestimmter Zulieferverträge gemäß den Weisungen des Auftraggebers kann die Verwendung besonderer Kenntnisse oder Betriebsmittel erfordern, die der Auftraggeber dem Zulieferer zur Verfügung zu stellen hat. Um den wirtschaftlichen Wert dieser Kenntnisse und Betriebsmittel zu erhalten, kann sich der Auftraggeber veranlasst sehen, ihre Benutzung durch den Zulieferer auf die Erfüllung des Vertrages zu beschränken. Es stellt sich daher die Frage, ob derartige Beschränkungen von Artikel 85 Absatz 1 erfasst werden. Bei der Würdigung dieser Beschränkungen ist der besondere Zweck der genannten Verträge zu berücksichtigen, der sie von gewöhnlichen Patent- und Know-how-Verträgen unterscheidet.

(2) Nach Auffassung der Kommission erfasst das Verbot des Artikels 85 Absatz 1 nicht Vertragsklauseln, wonach

- die vom Auftraggeber stammenden Kenntnisse oder Betriebsmittel nur zum Zweck der Vertragserfüllung benutzt werden dürfen,
- die vom Auftraggeber stammenden Kenntnisse oder Betriebsmittel Dritten nicht zur Verfügung gestellt werden dürfen,
- die mit ihrer Hilfe hergestellten Erzeugnisse, erbrachten Dienstleistungen oder verrichteten Arbeiten nur für den Auftraggeber bestimmt sind oder nur für seine Rechnung ausgeführt werden dürfen,

wenn und soweit diese Kenntnisse oder Betriebsmittel erforderlich sind, um den Zulieferer in die Lage zu versetzen, unter angemessenen Bedingungen die den Weisungen des Auftraggebers entsprechenden Erzeugnisse herzustellen, Dienstleistungen zu erbringen oder Arbeiten zu verrichten. Insofern übt der Zulieferer gewerbliche Tätigkeiten aus, ohne als selbstständiger Anbieter auf dem Markt in Erscheinung zu treten.

Dies trifft regelmäßig dann zu, wenn die Erfüllung des Zuliefervertrags davon abhängt, dass der Zulieferer

- gewerbliche Schutzrechte in Form von Patenten, Gebrauchsmustern, Geschmacksmustern oder ähnliche Rechte oder
- geheime technische Kenntnisse oder Herstellungsverfahren (Know-how)

benutzt, die der Auftraggeber besitzt oder über die er verfügt, aber auch dann, wenn der Zulieferer für die Erfüllung des Zuliefervertrags

- vom Auftraggeber oder für dessen Rechnung ausgearbeitete Entwürfe, Pläne oder sonstige Unterlagen oder
- dem Auftraggeber gehörende Stanzen, Formen oder Werkzeuge und deren Zubehör

benötigt, für die zwar kein gewerbliches Schutzrecht besteht oder die keinen geheimen Charakter tragen, mit deren Hilfe aber ein Erzeugnis hergestellt werden kann, das sich nach Form, Funktion oder Zusammensetzung von anderen hergestellten oder auf dem Markt befindlichen Erzeugnissen unterscheidet.

Die Anwendung der genannten Vertragsklauseln ist dagegen nicht gerechtfertigt, wenn der Zulieferer bereits über die erforderlichen Kenntnisse und Betriebsmittel verfügt, um die gewünschten Erzeugnisse herzustellen, Dienstleistungen zu erbringen oder Arbeiten zu verrichten, oder wenn er sie sich unter angemessenen Bedingungen verschaffen kann. Diese Voraussetzung liegt in aller Regel dann vor, wenn der Auftraggeber sich darauf beschränkt, allgemeine Angaben zu liefern, die nur der Beschreibung des Auftrags dienen. In solchen Fällen würde dem Zulieferer durch Beschränkungen der oben bezeichneten Art die Möglichkeit genommen, im Vertragsbereich eine selbstständige wirtschaftliche Tätigkeit zu entfalten.

(3) Im Zusammenhang mit der Weitergabe von technischen Kenntnissen durch den Auftraggeber können nach Auffassung der Kommission auch die folgenden Beschränkungen in Zulieferverträgen vereinbart werden, ohne zu Beanstandungen im Hinblick auf Artikel 85 Absatz 1 Anlass zu geben:

- die Verpflichtung jedes Vertragspartners, geheime technische Kenntnisse oder Herstellungsverfahren sowie von dem anderen Partner während der Vertragsverhandlungen oder bei der Durchführung des Vertrages mitgeteilte vertrauliche Informationen nicht zu offenbaren, solange sie nicht Allgemeingut geworden sind;
- die Verpflichtung des Zulieferers, geheime technische Kenntnisse oder Herstellungsverfahren, die ihm während der Laufzeit des Vertrages mitgeteilt werden, auch nach Vertragserfüllung nicht selbst zu verwerten, solange sie nicht Allgemeingut geworden sind;
- die Verpflichtung des Zulieferers, technische Verbesserungen, die er während der Laufzeit des Vertrages entwickelt hat, dem Auftraggeber auf nichtausschließlicher Grundlage bekannt zugeben oder bei patentfähigen Erfindungen des Zulieferers dem Auftraggeber für die Laufzeit seines Grundpatents nichtausschließliche Lizenzen auf das Verbesserungs- oder Anwendungspatent zu erteilen.

Falls die vom Zulieferer während der Laufzeit des Vertrages entwickelten Verbesserungen oder die von ihm gemachten Erfindungen ohne Benutzung der geheimen technischen Kenntnisse oder des Grundpatents des Auftraggebers nicht verwertbar sind, kann die Verpflichtung des Zulieferers zugunsten des Auftraggebers ausschließlichen Charakter tragen, zumal sie dann den Wettbewerb nicht spürbar einschränkt.

Dagegen ist jede Verpflichtung des Zulieferers, die dessen Verfügungsrecht über die künftigen, selbstständig verwertbaren Ergebnisse seiner eigenen Forschungs- oder Entwicklungsarbeiten betrifft, geeignet, den Wettbewerb einzuschränken. In diesen Fällen bietet der Zweck des Zuliefervertrags keine ausreichende Rechtfertigung, um von den allgemeinen Wettbewerbsregeln abzuweichen, die für die Verwertung gewerblicher Schutzrechte und geheimer technischer Kenntnisse gelten.

(4) Ist der Zulieferer im Rahmen des Zuliefervertrags zur Benutzung eines Warenzeichens, eines Handelsnamens oder einer bestimmten Aufmachung ermächtigt, so kann ihm untersagt werden, diese für Erzeugnisse, Dienstleistungen oder Arbeiten zu verwenden, welche nicht für den Auftraggeber bestimmt sind.

(5) Mit der vorliegenden Bekanntmachung wird in der Regel das Interesse der Unternehmen entfallen, eine Klärung der Rechtslage durch Einzelentscheidungen

der Kommission herbeizuführen. Die beteiligten Unternehmen haben gleichwohl die Möglichkeit, ein Negativattest im Sinne von Artikel 2 der Verordnung Nr. 17[1] zu beantragen oder die Vereinbarung gemäß ihrem Artikel 4 Absatz 1 bei der Kommission anzumelden.

Die Bekanntmachung von 1968 über die zwischenbetriebliche Zusammenarbeit[2], die eine Reihe von Vereinbarungen aufzählt, welche ihrem Wesen nach den Wettbewerb nicht einschränken, wird durch die vorliegende Bekanntmachung im Hinblick auf die Zulieferverträge ergänzt.

Die Kommission erinnert außerdem daran, dass sie zur Erleichterung der Zusammenarbeit zwischen kleinen und mittleren Unternehmen eine „Bekanntmachung über Vereinbarungen von geringer Bedeutung, die nicht unter Artikel 85 Absatz 1 des Vertrages zur Gründung der Europäischen Wirtschaftsgemeinschaft fallen"[3], veröffentlicht hat.

Die vorliegende Bekanntmachung greift einer etwaigen Beurteilung der betreffenden Verträge durch den Gerichtshof der Europäischen Gemeinschaften nicht vor.

---

[1] Erste Durchführungsverordnung zu den Artikeln 85 und 86 EWG-Vertrag, ABl. Nr. 13 vom 21.2.1962, S. 204/62 *(Vorgänger-VO zu VO 1/2003, Teil III)*.

[2] Bekanntmachung über Vereinbarungen, Beschlüsse und aufeinander abgestimmte Verhaltensweisen, die eine zwischenbetriebliche Zusammenarbeit betreffen, ABl. C 75 vom 29.7.1968, S. 3.

[3] ABl. C 313 vom 29.12.1977, S. 3.

Anhang B 9. Technologietransferleitlinien

Mitteilung der Kommission – Leitlinien zur Anwendung von Artikel 101 des Vertrags über die Arbeitsweise der Europäischen Union auf Technologietransfer-Vereinbarungen

(ABl. 2014 C 89/3)

1. Einleitung

(1) In diesen Leitlinien werden die Grundsätze für die Beurteilung von Technologietransfer-Vereinbarungen nach Maßgabe des Artikels 101 des Vertrags über die Arbeitsweise der Europäischen Union[1] (im Folgenden „Artikel 101") dargelegt. Technologietransfer-Vereinbarungen sind Vereinbarungen, auf deren Grundlage der Lizenzgeber dem Lizenznehmer eine Lizenz zur Nutzung von Technologierechten für die Produktion von Waren oder Dienstleistungen im Sinne des Artikels 1 Absatz 1 Buchstabe c der Verordnung (EU) Nr. [ ]/2014 der Kommission [vom Tag. Monat 2014] über die Anwendung von Artikel 101 Absatz 3 des Vertrags über die Arbeitsweise der Europäischen Union auf Gruppen von Technologietransfer-Vereinbarungen[2] (im Folgenden „TT-GVO") erteilt.

(2) Diese Leitlinien sollen Orientierungshilfen sowohl für die Anwendung der TT-GVO als auch für die Anwendung des Artikels 101 des Vertrags über die Arbeitsweise der Europäischen Union (im Folgenden „AEUV") auf Technologietransfer-Vereinbarungen geben, die nicht in den Anwendungsbereich der TT-GVO fallen. Die mögliche parallele Anwendung des Artikels 102 AEUV auf Technologietransfer-Vereinbarungen bleibt von der TT-GVO und den Leitlinien unberührt.[3]

(3) Die in diesen Leitlinien dargelegten Regeln müssen unter Berücksichtigung des jeweiligen Sachverhalts angewandt werden; das heißt, es verbietet sich eine rein mechanische Anwendung. Jeder Fall muss auf der Grundlage der jeweiligen Umstände beurteilt und die Leitlinien müssen sinnvoll und flexibel angewandt werden.

---

[1] Mit Wirkung vom 1. Dezember 2009 sind an die Stelle der Artikel 81 und 82 EG-Vertrag die Artikel 101 und 102 des Vertrags über die Arbeitsweise der Europäischen Union (AEUV) getreten. Die Artikel 81 und 82 EG-Vertrag und die Artikel 101 und 102 AEUV sind im Wesentlichen identisch. Im Rahmen dieser Leitlinien sind Bezugnahmen auf die Artikel 101 und 102 AEUV als Bezugnahmen auf die Artikel 81 und 82 EG-Vertrag zu verstehen, wo dies angebracht ist. Mit dem AEUV wurden auch einige Begriffe geändert; so wurde zum Beispiel „Gemeinschaft" durch „Union" und „Gemeinsamer Markt" durch „Binnenmarkt" ersetzt. In diesen Leitlinien wird durchgehend die Terminologie des AEUV verwendet.

[2] ABl. L []. Die TT-GVO ersetzt die Verordnung (EG) Nr. 772/2004 der Kommission vom 27. April 2004 über die Anwendung von Artikel 81 Absatz 3 EG-Vertrag auf Gruppen von Technologietransfer-Vereinbarungen (ABl. L 123 vom 27.4.2004, S. 11).

[3] Siehe Urteil des Gerichtshofs vom 16.3.2000, Compagnie Maritime Belge, verbundene Rechtssachen C-395/96 P und C-396/96 P, Slg. 2000, I-1365, Randnr. 130, und Bekanntmachung der Kommission – Leitlinien zur Anwendung von Artikel 81 Absatz 3 EG-Vertrag (ABl. C 101 vom 27.4.2004, S. 97), Randnr. 106.

Die hier angeführten Beispiele dienen nur der Veranschaulichung und erheben keinen Anspruch auf Vollständigkeit.

(4) Diese Leitlinien gelten vorbehaltlich der Auslegung des Artikels 101 AEUV und der TT-GVO durch den Gerichtshof und das Gericht der Europäischen Union.

2. Allgemeine Grundsätze

2.1. Artikel 101 AEUV und die Rechte des geistigen Eigentums

(5) Artikel 101 AEUV zielt insgesamt darauf ab, den Wettbewerb auf dem Markt zu schützen und damit das Wohl der Verbraucher und eine effiziente Ressourcenallokation zu fördern. Artikel 101 Absatz 1 AEUV untersagt alle Vereinbarungen und aufeinander abgestimmten Verhaltensweisen von Unternehmen und Beschlüsse von Unternehmensvereinigungen[4], die den Handel zwischen Mitgliedstaaten zu beeinträchtigen geeignet sind[5] und eine Verhinderung, Einschränkung oder Verfälschung des Wettbewerbs bezwecken oder bewirken[6]. Als Ausnahme zu dieser Vorschrift sieht Artikel 101 Absatz 3 AEUV vor, dass das Verbot nach Artikel 101 Absatz 1 für nicht anwendbar erklärt werden kann im Falle von Vereinbarungen zwischen Unternehmen, die unter angemessener Beteiligung der Verbraucher an dem entstehenden Gewinn zur Verbesserung der Warenerzeugung oder -verteilung oder zur Förderung des technischen oder wirtschaftlichen Fortschritts beitragen, ohne dass den beteiligten Unternehmen Beschränkungen auferlegt werden, die für die Verwirklichung dieser Ziele nicht unerlässlich sind, oder Möglichkeiten eröffnet werden, für einen wesentlichen Teil der betreffenden Waren den Wettbewerb auszuschalten.

(6) Die Rechtsvorschriften zum geistigen Eigentum räumen den Inhabern von Patenten, Urheberrechten, Geschmacksmusterrechten, Markenzeichen und anderen gesetzlich geschützten Rechten ausschließliche Rechte ein. Danach ist der Inhaber eines Rechts des geistigen Eigentums berechtigt, einerseits die unberechtigte Nutzung seines geistigen Eigentums zu unterbinden und andererseits dieses Recht beispielsweise durch die Vergabe von Lizenzen an Dritte zu verwerten. Sobald ein Produkt, in das ein Recht des geistigen Eigentums (mit Ausnahme von Aufführungsrechten[7]) eingegangen ist, vom Inhaber des Rechts oder mit seiner Zustimmung innerhalb des Europäischen Wirtschaftsraums (EWR) in Verkehr gebracht worden ist, ist dieses Recht des geistigen Eigentums in dem Sinne erschöpft, dass sein Inhaber sich nicht länger darauf berufen kann, um den Verkauf des Produkts zu kontrollieren (Grundsatz der unionsweiten Erschöpfung)[8]. Der Rechteinhaber ist nicht berechtigt, Verkäufe durch

---

[4] Im Folgenden schließt der Begriff „Vereinbarung" aufeinander abgestimmte Verhaltensweisen und Beschlüsse von Unternehmensvereinigungen ein.

[5] Siehe Bekanntmachung der Kommission – Leitlinien über den Begriff der Beeinträchtigung des zwischenstaatlichen Handels in den Artikeln 81 und 82 des Vertrags (ABl. C 101 vom 27.4.2004, S. 81).

[6] Im Folgenden schließt der Begriff „Einschränkung" bzw. „Beschränkung" die Verhinderung und Verfälschung des Wettbewerbs ein.

[7] Einschließlich Verleihrechten. Siehe hierzu Urteil des Gerichtshofs vom 17. Mai 1988, Warner Brothers und Metronome Video, 158/86, Slg. 1988, I-2605, und Urteil des Gerichtshofs vom 22. September 1998, Foreningen af danske videogramdistributører, C-61/97, Slg. 1998, I-5171.

[8] Dieser Grundsatz der unionsweiten Erschöpfung ist beispielsweise festgeschrieben in Artikel 7 Absatz 1 der Richtlinie 2008/95/EG des Europäischen Parlaments und des Rates vom 22. Oktober 2008 zur Angleichung der Rechtsvorschriften der Mitgliedstaaten über die Marken (ABl. L 299 vom 8.11.2008, S. 25), in dem es heißt, dass die Marke ihrem Inhaber nicht das Recht gewährt, einem Dritten zu verbieten, die Marke für Waren zu benutzen, die unter dieser Marke

die Lizenznehmer oder die Abnehmer von Produkten, die die lizenzierte Technologie enthalten, zu unterbinden. Der Grundsatz der unionsweiten Erschöpfung steht im Einklang mit der Hauptfunktion der Rechte des geistigen Eigentums, nämlich dem Inhaber das Recht einzuräumen, andere von der ohne seine Zustimmung erfolgenden Verwertung seines geistigen Eigentums auszuschließen.

(7) Die Tatsache, dass die Rechtsvorschriften über geistiges Eigentum ausschließliche Verwertungsrechte zulassen, bedeutet nicht, dass diese Rechte nicht dem Wettbewerbsrecht unterworfen wären. Artikel 101 AEUV gilt insbesondere für Vereinbarungen, mit denen der Inhaber von Rechten des geistigen Eigentums einem anderen Unternehmen eine Lizenz zur Nutzung seiner Rechte erteilt.[9] Die obengenannte Tatsache bedeutet auch nicht, dass es einen immanenten Konflikt zwischen den Rechten des geistigen Eigentums und den Wettbewerbsregeln der Union gibt. Hauptziel beider Rechtsbereiche ist die Förderung des Wohls der Verbraucher und eine effiziente Ressourcenallokation. Innovation ist ein wesentlicher und dynamischer Bestandteil einer offenen und wettbewerbsfähigen Marktwirtschaft. Die Rechte des geistigen Eigentums tragen zu einem dynamischen Wettbewerb bei, indem sie Unternehmen dazu motivieren, in die Entwicklung neuer oder verbesserter Produkte und Verfahren zu investieren. Dies gilt auch für den Wettbewerb, der Unternehmen ebenfalls zur Innovation veranlasst. Daher sind sowohl Rechte des geistigen Eigentums als auch Wettbewerb notwendig, um Innovationen zu fördern und deren wettbewerbsfähige Verwertung sicherzustellen.

(8) Bei der Prüfung von Lizenzvereinbarungen nach Artikel 101 AEUV muss auch bedacht werden, dass die Erlangung von Rechten des geistigen Eigentums häufig beträchtliche Investitionen erfordert und dies oftmals mit erheblichen Risiken verbunden ist. Wenn Wettbewerbsdynamik und Innovationsimpulse erhalten bleiben sollen, darf ein innovatives Unternehmen bei der Verwertung von Rechten des geistigen Eigentums, die sich als wertvoll erweisen, nicht unangemessen eingeschränkt werden. Einem innovativen Unternehmen sollte es deshalb freistehen, für erfolgreiche Projekte eine angemessene Vergütung zu erlangen, die unter Berücksichtigung fehlgeschlagener Vorhaben ausreicht, Investitionsanreize zu erhalten. Für einen Lizenznehmer kann die Technologierechtslizenz auch mit erheblichen verlorenen Investitionen in die lizenzierte Technologie und die zu ihrer Nutzung erforderlichen Produktionsanlagen verbunden sein (d. h., dass der Lizenznehmer die Investition bei Aufgabe des betreffenden Geschäftsfelds nicht bzw. nur mit erheblichem Verlust für andere Tätigkeiten nutzen oder veräußern kann). Bei der Anwendung des Artikels 101 müssen solche vorab getätigten Investitionen und die damit verbundenen Risiken berücksichtigt werden. Aufgrund des Risikos, dem die Parteien ausgesetzt sind, und der verlorenen Investitionen, die sie tätigen müssen, kann je nach Fall angenommen werden, dass die Vereinbarung für die Zeit bis zur vollständigen Amortisierung der Investition nicht unter Artikel 101 Absatz 1 fällt bzw. dass sie die Voraussetzungen des Artikels 101 Absatz 3 erfüllt.

---

von ihm oder mit seiner Zustimmung in der Union in den Verkehr gebracht worden sind, sowie in Artikel 4 Absatz 2 der Richtlinie 2009/24/EG des Europäischen Parlaments und des Rates vom 23. April 2009 über den Rechtsschutz von Computerprogrammen (ABl. L 111 vom 5.5.2009, S. 16), der besagt, dass mit dem Erstverkauf einer Programmkopie in der Union durch den Rechtsinhaber oder mit seiner Zustimmung sich in der Union das Recht auf die Verbreitung dieser Kopie erschöpft; ausgenommen hiervon ist jedoch das Recht auf Kontrolle der Weitervermietung des Programms oder einer Kopie davon. Siehe hierzu Urteil des Gerichtshofs vom 3. Juli 2012, UsedSoft GmbH/Oracle International Corp., C-128/11, Slg. 2012, noch nicht in der Sammlung veröffentlicht.

[9] Siehe z. B. Urteil des Gerichtshofs vom 13. Juli 1966, Consten und Grundig, verbundene Rechtssachen 56/64 und 58/64, Slg. 1966, 429.

(9) Der vorhandene analytische Rahmen ist für die Beurteilung von Lizenzvereinbarungen nach Artikel 101 AEUV ausreichend flexibel, um den dynamischen Aspekten der Lizenzierung von Technologierechten angemessen Rechnung zu tragen. Rechte des geistigen Eigentums und Lizenzvereinbarungen werden nicht per se als wettbewerbsrechtlich bedenklich eingestuft. Die meisten Lizenzvereinbarungen schränken den Wettbewerb nicht ein und bringen wettbewerbsfördernde Effizienzvorteile mit sich. Die Lizenzvergabe fördert schon an sich den Wettbewerb, da sie eine Verbreitung der Technologie bewirkt und Lizenzgeber wie Lizenznehmer zur Innovation anregt. Aber auch Lizenzvereinbarungen, die Wettbewerbsbeschränkungen enthalten, sind häufig mit Effizienzvorteilen verbunden, die im Rahmen des Artikels 101 Absatz 3 geprüft und gegen die negativen Auswirkungen auf den Wettbewerb abgewogen werden müssen.[10] Die weitaus meisten Lizenzvereinbarungen sind daher mit Artikel 101 vereinbar.

2.2. Der allgemeine Rahmen für die Anwendung des Artikels 101 AEUV

(10) Nach Artikel 101 Absatz 1 AEUV sind Vereinbarungen, die eine Beschränkung des Wettbewerbs bezwecken oder bewirken, verboten. Artikel 101 Absatz 1 gilt sowohl für Wettbewerbsbeschränkungen zwischen den Vertragsparteien als auch für Wettbewerbsbeschränkungen zwischen einer der Parteien und Dritten.

(11) Ob eine Lizenzvereinbarung den Wettbewerb beschränkt, muss in dem konkreten Zusammenhang beurteilt werden, in dem Wettbewerb stattfinden würde, wenn die Vereinbarung mit ihren mutmaßlichen Beschränkungen nicht bestünde.[11] Hierzu müssen die zu erwartenden Auswirkungen der Vereinbarung auf den Technologienwettbewerb (das heißt den Wettbewerb zwischen Unternehmen, die konkurrierende Technologien verwenden) sowie auf den technologieinternen Wettbewerb (das heißt den Wettbewerb zwischen Unternehmen, die dieselbe Technologie verwenden) untersucht werden.[12] Artikel 101 Absatz 1 verbietet die Beschränkung des Wettbewerbs sowohl zwischen verschiedenen Technologien als auch innerhalb derselben Technologie. Daher muss geprüft werden, inwieweit die Vereinbarung diese beiden Aspekte des Wettbewerbs auf dem Markt beeinträchtigt oder zu beeinträchtigen geeignet ist.

(12) Mit Blick auf diese Prüfung sollten die beiden nachstehenden Fragen betrachtet werden. Die erste Frage bezieht sich auf die Auswirkungen der Vereinbarung auf den Technologienwettbewerb, die zweite auf die Auswirkung der Vereinbarung auf den technologieinternen Wettbewerb. Da Beschränkungen gleichzeitig den Technologienwettbewerb und den technologieinternen Wettbewerb beeinträchtigen können, kann es erforderlich sein, eine Beschränkung im Hinblick auf die beiden nachstehend unter den Buchstaben a und b aufgeführten Fragen zu prüfen, bevor festgestellt werden kann, ob eine Wettbewerbsbeschränkung im Sinne des Artikels 101 Absatz 1 vorliegt oder nicht:

a) Schränkt die Lizenzvereinbarung den tatsächlichen oder potenziellen Wettbewerb ein, der ohne sie bestanden hätte? Wenn ja, fällt die Vereinbarung möglicherweise unter Artikel 101 Absatz 1. Bei dieser Bewertung muss auch der Wettbewerb zwi-

---

[10] Die Methoden für die Anwendung des Artikels 101 Absatz 3 sind in den Leitlinien der Kommission zur Anwendung von Artikel 81 Absatz 3 EG-Vertrag (Verweis in Fußnote 3) dargelegt.

[11] Siehe Urteil des Gerichtshofs vom 30. Juni 1966, Société Technique Minière, 56/65, Slg. 1966, 337, und Urteil des Gerichtshofs vom 28. Mai 1998, John Deere, C-7/95 P, Slg. 1998, I-3111, Randnr. 76.

[12] Siehe hierzu Urteil in der Rechtssache Consten und Grundig (Verweis in Fußnote 9).

schen den Parteien sowie der Wettbewerb durch Dritte berücksichtigt werden. Erteilen sich beispielsweise zwei in verschiedenen Mitgliedstaaten niedergelassene Unternehmen gegenseitig Lizenzen für konkurrierende Technologien (sogenanntes Cross-Licensing) und verpflichten sie sich, die Produkte nicht auf dem Heimatmarkt des Vertragspartners anzubieten, so wird der vor der Vereinbarung bestehende (potenzielle) Wettbewerb eingeschränkt. Ähnlich ist die Situation, wenn ein Lizenzgeber seinen Lizenznehmern zur Auflage macht, keine konkurrierenden Technologien zu nutzen, und dadurch Technologien Dritter vom Markt ausgeschlossen werden; auf diese Weise wird der tatsächliche oder potenzielle Wettbewerb, der ohne diese Vereinbarung bestanden hätte, beschränkt.

b) Schränkt die Lizenzvereinbarung den tatsächlichen oder potenziellen Wettbewerb ein, der ohne die vertraglich festgelegte(n) Beschränkung(en) bestanden hätte? Wenn ja, fällt die Vereinbarung möglicherweise unter Artikel 101 Absatz 1. Schränkt ein Lizenzgeber beispielsweise seine Lizenznehmer, die vor der Vereinbarung weder tatsächliche noch potenzielle Wettbewerber waren, im Wettbewerb miteinander ein, so wird der (potenzielle) Wettbewerb, der ohne die Beschränkungen zwischen den Lizenznehmern möglicherweise bestanden hätte, eingeschränkt. Zu solchen Beschränkungen zählen die vertikale Preisfestsetzung und gebiets- oder kundenbezogene Verkaufsbeschränkungen zwischen Lizenznehmern. Manche Beschränkungen fallen unter bestimmten Umständen jedoch nicht unter Artikel 101 Absatz 1, etwa wenn die Beschränkung für den Abschluss einer Vereinbarung dieser Art oder diesen Inhalts objektiv notwendig war.[13] Die Anwendbarkeit des Artikels 101 Absatz 1 kann nur anhand objektiver, von den Parteien unabhängiger Faktoren ausgeschlossen werden; subjektive Bewertungen und Eigenschaften der Parteien bleiben unberücksichtigt. Die Frage ist nicht, ob die Parteien in ihrer Lage eine weniger beschränkende Vereinbarung nicht akzeptiert hätten, sondern ob in Anbetracht der Art der Vereinbarung und der Beschaffenheit des Marktes Unternehmen unter ähnlichen Voraussetzungen keine weniger beschränkende Vereinbarung geschlossen hätten.[14] Behauptungen, dass der Anbieter ohne die Gebietsbeschränkung eine vertikale Integration bevorzugt hätte, reichen nicht aus. Entscheidungen über eine vertikale Integration hängen von zahlreichen komplexen Wirtschaftsfaktoren ab, die zum Teil durch die Unternehmen selbst bedingt sind.

(13) Nach Artikel 101 Absatz 1 AEUV ist zu unterscheiden zwischen Vereinbarungen, die eine Wettbewerbsbeschränkung bezwecken, und solchen, die eine Wettbewerbsbeschränkung bewirken; diesem Umstand sollte bei der Anwendung des analytischen Rahmens, der unter Randnummer (12) dieser Leitlinien dargelegt wird, Rechnung getragen werden. Eine Vereinbarung oder eine restriktive Vertragsklausel fällt nur dann unter Artikel 101 Absatz 1, wenn sie eine Beschränkung des Technologienwettbewerbs und/oder des technologieinternen Wettbewerbs bezweckt oder bewirkt.

(14) Eine Beschränkung des Wettbewerbs wird dann bezweckt, wenn eine Vereinbarung schon ihrem Wesen nach den Wettbewerb beschränkt. Hierbei handelt es sich um Beschränkungen, die im Hinblick auf die mit den Wettbewerbsvorschriften der Union verfolgten Ziele ein derart hohes Potenzial negativer Auswirkungen auf den Wettbewerb aufweisen, dass ihre Auswirkungen am Markt für die Anwendung des Artikels 101 Absatz 1 nicht nachgewiesen werden müssen.[15] Überdies dürften die Vor-

[13] Siehe hierzu Urteil des Gerichtshofs in der Rechtssache Société Technique Minière (Verweis in Fußnote 11) sowie Urteil des Gerichtshofs vom 8. Juni 1982, Nungesser, 258/78, Slg. 1982, 2015.

[14] Beispiele dazu unter den Randnummern (126) bis (127).

[15] Siehe hierzu z. B. Urteil des Gerichtshofs vom 8. Juli 1999, Anic Partecipazioni, C-49/92 P, Slg. 1999, I-4125, Randnr. 99.

aussetzungen des Artikels 101 Absatz 3 in diesem Fall in der Regel nicht erfüllt sein. Für die Beurteilung, ob eine Vereinbarung eine Beschränkung des Wettbewerbs bezweckt, ist eine Reihe von Faktoren maßgeblich. Dazu gehören insbesondere der Inhalt der Vereinbarung und die damit verfolgten Ziele. Außerdem kann es erforderlich sein, den Zusammenhang, in dem sie angewendet wird oder angewendet werden soll, oder das tatsächliche Verhalten der Parteien auf dem Markt zu würdigen.[16] Somit kann es notwendig sein, den zugrundeliegenden Sachverhalt und die besonderen Umstände zu untersuchen, unter denen eine Vereinbarung geschlossen worden ist, um feststellen zu können, ob eine bestimmte Beschränkung als bezweckte Beschränkung einzustufen ist. Die Art der Durchführung einer Vereinbarung kann eine bezweckte Beschränkung erkennen lassen, selbst wenn die förmliche Vereinbarung keine ausdrückliche Bestimmung in diesem Sinne enthält. Belege für die subjektive Absicht der Parteien, den Wettbewerb zu beschränken, sind ein relevanter Faktor, jedoch keine notwendige Voraussetzung. Eine Vereinbarung kann auch dann als bezweckte Wettbewerbsbeschränkung angesehen werden, wenn sie außer der Wettbewerbsbeschränkung noch anderen, legitimen Zielen dient.[17] Hinsichtlich Lizenzvereinbarungen ist die Kommission der Ansicht, dass die Beschränkungen, die den in Artikel 4 der TT-GVO aufgeführten Kernbeschränkungen entsprechen, als bezweckte Wettbewerbsbeschränkungen einzustufen sind.[18]

(15) Wird mit einer Vereinbarung keine Wettbewerbsbeschränkung bezweckt, so ist zu prüfen, ob sie eine Wettbewerbsbeschränkung bewirkt. Dabei ist sowohl den tatsächlichen als auch den potenziellen Wirkungen Rechnung zu tragen.[19] Die Vereinbarung muss mit anderen Worten mit hoher Wahrscheinlichkeit wettbewerbsschädigende Wirkungen entfalten. Wettbewerbsbeschränkungen bewirkende Lizenzvereinbarungen sind solche, die den Wettbewerb in einem Maße tatsächlich oder potenziell beeinträchtigen können, dass auf dem relevanten Markt mit einiger Wahrscheinlichkeit negative Auswirkungen auf Preise, Output, Innovationstätigkeit oder Vielfalt bzw. Qualität von Waren oder Dienstleistungen zu erwarten sind. Diese voraussichtlichen negativen Auswirkungen auf den Wettbewerb müssen spürbar sein.[20]

---

[16] Siehe Urteil des Gerichtshofs vom 28. März 1984, CRAM und Rheinzink, verbundene Rechtssachen 29/83 und 30/83, Slg. 1984, 1679, Randnr. 26, und Urteil des Gerichtshofs vom 8. November 1983, ANSEAU-NAVEWA, verbundene Rechtssachen 96/82 u. a., Slg. 1983, 3369, Randnrn. 23–25. Urteil des Gerichts vom 29. November 2012, Groupement des cartes bancaires/Kommission, T-491/07, Randnr. 146.

[17] Urteil des Gerichtshofs vom 20. November 2008, Beef Industry Development Society und Barry Brothers, C-209/07, Slg. 2008, I-8637, Randnr. 21.

[18] Weitere Erläuterungen zum Begriff der bezweckten Wettbewerbsbeschränkung sind den Leitlinien der Kommission zur Anwendung von Artikel 81 Absatz 3 EG-Vertrag (Verweis in Fußnote 3) zu entnehmen. Siehe auch Urteil des Gerichtshofs vom 6. Oktober 2009, GlaxoSmithKline Services u. a./Kommission u. a., verbundene Rechtssachen C-501/06 P, C-513/06 P, C-515/06 P und C-519/06 P, Slg. 2009, I-9291, Randnrn. 59 bis 64; Urteil des Gerichtshofs vom 20. November 2008, Beef Industry Development Society und Barry Brothers, C-209/07, Slg. 2008, I-8637, Randnrn. 21 bis 39. Urteil des Gerichtshofs vom 4. Juni 2009, T-Mobile Netherlands u. a., C-8/08, Slg. 2009, I- 4529, Randnrn. 31 und 36 bis 39, und Urteil des Gerichtshofs vom 14. März 2013, Allianz Hungária Biztosító u. a., C-32/11, Randnrn. 33 bis 38.

[19] Siehe Urteil in der Rechtssache John Deere, Slg. 1998 (Verweis in Fußnote 11).

[20] Erläuterungen zur Frage der Spürbarkeit enthält die Bekanntmachung der Kommission über Vereinbarungen von geringer Bedeutung, die den Wettbewerb gemäß Artikel 81 Absatz 1 des Vertrags zur Gründung der Europäischen Gemeinschaft nicht spürbar beschränken (ABl. C 368 vom 22.12.2001, S. 13). Diese Bekanntmachung enthält eine negative Definition von Spürbarkeit. Von Vereinbarungen, die nicht in den Anwendungsbereich dieser De-minimis-

Spürbare wettbewerbsschädigende Wirkungen sind wahrscheinlich, wenn mindestens eine der Vertragsparteien eine gewisse Marktmacht hat oder erlangt und die Vereinbarung zur Begründung, Erhaltung oder Verstärkung dieser Marktmacht beiträgt oder es den Parteien ermöglicht, diese Marktmacht auszunutzen. Marktmacht ist die Fähigkeit, während eines nicht unbeträchtlichen Zeitraums die Preise oberhalb des Wettbewerbsniveaus bzw. den Output im Hinblick auf Produktmengen, Produktqualität und -bandbreite oder Innovationstätigkeit unterhalb des Wettbewerbsniveaus zu halten.[21] Für die Feststellung einer Zuwiderhandlung gegen Artikel 101 Absatz 1 ist in der Regel ein geringeres Maß an Marktmacht erforderlich als für die Feststellung einer beherrschenden Stellung nach Artikel 102.[22]

(16) Um Wettbewerbsbeschränkungen bewirkende Vereinbarungen untersuchen zu können, ist es in der Regel erforderlich, den relevanten Markt abzugrenzen und insbesondere die Beschaffenheit der betroffenen Produkte und Technologien, die Marktstellung der Parteien, der sonstigen Wettbewerber und der Abnehmer, das Vorhandensein potenzieller Wettbewerber und die Höhe der Marktzutrittsschranken zu untersuchen und zu bewerten. In manchen Fällen können wettbewerbsschädigende Wirkungen allerdings auch direkt am Verhalten der Vertragsparteien am Markt sichtbar gemacht werden. Beispielsweise lässt sich mitunter feststellen, dass eine Vereinbarung zu Preiserhöhungen geführt hat.

(17) Lizenzvereinbarungen können aber auch beträchtliches Potenzial zur Förderung des Wettbewerbs haben, und die weitaus meisten Lizenzvereinbarungen sind in der Tat dem Wettbewerb förderlich. Lizenzvereinbarungen können Innovationen fördern, indem sie es innovativen Unternehmen ermöglichen, Einnahmen zu erwirtschaften, um zumindest einen Teil ihrer Forschungs- und Entwicklungskosten decken zu können. Lizenzvereinbarungen tragen ferner zur Verbreitung von Technologien bei, die durch die Senkung der Produktionskosten des Lizenznehmers oder seine Möglichkeit, neue oder verbesserte Produkte herzustellen, wertschöpfend wirken können. Effizienzvorteile auf der Ebene des Lizenznehmers sind häufig auf eine Kombination der Technologie des Lizenzgebers mit den Ressourcen und Technologien des Lizenznehmers zurückzuführen. Eine solche Zusammenführung ergänzender Betriebsvermögenswerte und Technologien kann ein Kosten-Output-Verhältnis schaffen, das anders nicht erzielt werden könnte. Beispielsweise können durch die verbesserte Technologie des Lizenzgebers in Verbindung mit effizienteren Produktions- oder Vertriebsressourcen des Lizenznehmers die Produktionskosten gesenkt oder hochwertigere Produkte hergestellt werden. Auch kann durch die Lizenzvergabe die Entwicklung und Nutzung der eigenen Technologie des Lizenznehmers und damit der Wettbewerb insgesamt gefördert werden. Besonders in Wirtschaftszweigen mit einer Vielzahl von Patenten kommt es häufig zu einer Lizenzvergabe, um die Gestaltungsfreiheit zu gewährleisten und Verletzungsklagen durch den Lizenzgeber auszuschließen. Ist der Lizenzgeber damit einverstanden, auf die Geltendmachung seiner Rechte des geistigen Eigentums zu verzichten und dem Lizenznehmer den Verkauf seiner Produkte zu gestatten, so wird mit der Vereinbarung ein Hemmnis für den Verkauf von Produkten des Lizenznehmers beseitigt und damit allgemein der Wettbewerb gefördert.

(18) Fällt eine Lizenzvereinbarung unter Artikel 101 Absatz 1 AEUV, so müssen die wettbewerbsfördernden und wettbewerbsbeschränkenden Auswirkungen der Li-

---

Bekanntmachung fallen, geht nicht zwangsläufig eine spürbar beschränkende Wirkung aus. Hier bedarf es einer individuellen Beurteilung.

[21] Urteil des Gerichts vom 1. Juli 2010, Astra Zeneca/Kommission, T-321/05, Slg. 2010, II-2805, Randnr. 267.

[22] Siehe Leitlinien der Kommission zur Anwendung von Artikel 81 Absatz 3 EG-Vertrag (Verweis in Fußnote 3), Randnr. 26.

zenzvereinbarungen nach Maßgabe des Artikels 101 Absatz 3 gegeneinander abgewogen werden. Sind alle vier Voraussetzungen des Artikels 101 Absatz 3 erfüllt, so ist die fragliche Lizenzvereinbarung gültig und durchsetzbar, ohne dass es dazu eines vorherigen Beschlusses bedarf.[23] Kernbeschränkungen erfüllen die Voraussetzungen des Artikels 101 Absatz 3 in der Regel nicht. Bei solchen Vereinbarungen liegt regelmäßig (mindestens) eine der ersten beiden Voraussetzungen des Artikels 101 Absatz 3 nicht vor. Sie bringen im Allgemeinen keinen objektiven wirtschaftlichen Nutzen oder keine Vorteile für die Verbraucher mit sich. Darüber hinaus erfüllen diese Arten von Vereinbarungen im Allgemeinen nicht die dritte Voraussetzung der Unerlässlichkeit. Setzen die Parteien beispielsweise einen Preis fest, zu dem die im Rahmen der Lizenz hergestellten Produkte verkauft werden müssen, führt dies in der Regel zu einem geringeren Output, zu einer ineffizienten Ressourcenallokation und zu höheren Preisen für die Verbraucher. Die Preisbeschränkung ist ferner nicht unerlässlich, um die möglichen Effizienzvorteile zu erzielen, die sich daraus ergeben, dass beide Wettbewerber über die beiden Technologien verfügen.

2.3. Abgrenzung des Marktes

(19) Wie die Kommission den relevanten Markt abgrenzt, geht aus ihrer Bekanntmachung über die Definition des relevanten Marktes im Sinne des Wettbewerbsrechts der Gemeinschaft[24] hervor. Die vorliegenden Leitlinien behandeln lediglich diejenigen Aspekte der Marktabgrenzung, die für die Lizenzierung von Technologierechten von besonderer Bedeutung sind.

(20) Eine Technologie ist ein Input, der entweder in ein Produkt oder einen Produktionsprozess eingeht. Die Lizenzierung von Technologierechten kann daher den Wettbewerb sowohl vorgelagert auf Input-Märkten als auch nachgelagert auf Output-Märkten beeinträchtigen. Eine Vereinbarung zwischen zwei Parteien, die konkurrierende Produkte nachgelagert verkaufen und einander zudem Technologierechtslizenzen erteilen, die für die vorgelagerte Herstellung dieser Produkte genutzt werden, kann beispielsweise den Wettbewerb auf dem betreffenden nachgelagerten Waren- oder Dienstleistungsmarkt beschränken. Die gegenseitige Gewährung von Lizenzen (Cross-Licensing) kann auch den Wettbewerb auf dem vorgelagerten Technologiemarkt und möglicherweise auch auf anderen vorgelagerten Input-Märkten beschränken. Um die Auswirkungen von Lizenzvereinbarungen auf den Wettbewerb beurteilen zu können, kann es daher notwendig sein, die relevanten Produktmärkte sowie die relevanten Technologiemärkte abzugrenzen.[25]

(21) Zum relevanten Produktmarkt gehören nicht nur die Vertragsprodukte (die die lizenzierte Technologie enthalten), sondern auch die Produkte, die von Abnehmern aufgrund ihrer Eigenschaften, ihrer Preise und ihres Verwendungszwecks als

---

23 Siehe Artikel 1 Absatz 2 der Verordnung (EG) Nr. 1/2003 des Rates vom 16. Dezember 2002 zur Durchführung der in den Artikeln 81 und 82 des Vertrags niedergelegten Wettbewerbsregeln (ABl. L 1 vom 4.1.2003, S. 1), zuletzt geändert durch die Verordnung (EG) Nr. 1419/2006 vom 25. September 2006 (ABl. L 269 vom 28.9.2006, S. 1).

24 ABl. C 372 vom 9.12.1997, S. 5.

25 Siehe z. B. Beschluss der Kommission in der Sache COMP/M.5675 – Syngenta/Monsanto, in dem die Kommission den Zusammenschluss zweier vertikal integrierter Anbieter von Sonnenblumensaatgut prüfte, wobei sie sowohl den vorgelagerten Markt für den Handel (vor allem Austausch und Lizenzierung) mit Sorten (Elternlinien und Hybride) als auch den nachgelagerten Markt für die Vermarktung von Hybriden untersuchte. In der Sache COMP/M.5406 – IPIC/MAN Ferrostaal AG grenzte die Kommission neben dem Markt für die Herstellung von hochreinem Melamin auch einen vorgelagerten Technologiemarkt für die Bereitstellung von Melaminproduktionstechnologie ab. Siehe auch die Sache COMP/M.269 – Shell/Montecatini.

mit den Vertragsprodukten austauschbar oder substituierbar angesehen werden. Vertragsprodukte können einem Endproduktmarkt und/oder einem Zwischenproduktmarkt zuzurechnen sein.

(22) Die relevanten Technologiemärkte bestehen aus den lizenzierten Technologierechten und ihren Substituten, das heißt anderen Technologien, die von Lizenznehmern aufgrund ihrer Eigenschaften, ihrer Lizenzgebühren und ihres Verwendungszwecks als mit den lizenzierten Technologierechten austauschbar oder substituierbar angesehen werden. Ausgehend von der Technologie, die vom Lizenzgeber vermarktet wird, müssen die anderen Technologien ermittelt werden, zu denen die Lizenznehmer im Falle einer geringfügigen, aber dauerhaften Erhöhung der relativen Preise, das heißt der Lizenzgebühren, überwechseln könnten. Alternativ dazu wäre der Markt für Produkte heranzuziehen, die die lizenzierten Technologierechte enthalten (vgl. Randnummer (25)).

(23) Der in Artikel 3 der TT-GVO verwendete und in Artikel 1 Absatz 1 Buchstabe m der TT-GVO definierte Begriff „relevanter Markt" bezieht sich auf den relevanten Produktmarkt und den relevanten Technologiemarkt, und zwar sowohl in sachlicher als auch in räumlicher Hinsicht.

(24) Der „räumlich relevante Markt" ist in Artikel 1 Absatz 1 Buchstabe l der TT-GVO definiert als das Gebiet, in dem die beteiligten Unternehmen die relevanten Produkte anbieten bzw. nachfragen oder Technologierechte lizenzieren, in dem die Wettbewerbsbedingungen hinreichend homogen sind und das sich von benachbarten Gebieten durch spürbar unterschiedliche Wettbewerbsbedingungen unterscheidet. Die räumliche Ausdehnung des bzw. der relevanten Technologiemärkte kann sich von der Ausdehnung des bzw. der relevanten Produktmärkte unterscheiden.

(25) Sobald die relevanten Märkte abgegrenzt sind, können den verschiedenen Wettbewerbsquellen Marktanteile zugeordnet werden und als Indikator für die relative Stärke der Marktteilnehmer dienen. Bei den Technologiemärkten besteht eine mögliche Vorgehensweise darin, die Marktanteile auf der Grundlage des Anteils jeder einzelnen Technologie an der Gesamtheit der Lizenzeinnahmen zu berechnen, womit der Anteil der einzelnen Technologien an dem Markt dargestellt wird, auf dem konkurrierende Technologien lizenziert werden. Dies dürfte jedoch häufig nur theoretisch, nicht aber praktisch möglich sein, weil genaue Angaben über Lizenzgebühren fehlen. Ein anderer Ansatz besteht darin, die Anteile am Technologiemarkt anhand der Verkäufe der Produkte, die die lizenzierte Technologie enthalten, auf den nachgelagerten Produktmärkten zu berechnen (nähere Angaben unter den Randnummern (86) ff). Dieser Ansatz wird nach Artikel 8 Buchstabe d der TT-GVO zur Prüfung der Freistellung herangezogen. In einzelnen Fällen außerhalb des Safe-Harbour-Bereichs im Sinne der TT-GVO kann es, soweit dies praktisch möglich ist, notwendig sein, die beiden beschriebenen Ansätze anzuwenden, um die Marktstärke des Lizenzgebers genauer beurteilen zu können und um anderen relevanten Faktoren Rechnung zu tragen, die stichhaltige Anhaltspunkte für die relative Stärke der vorhandenen Technologien bieten (weitere Faktoren sind den Randnummern (157) und (159) ff zu entnehmen).[26]

(26) Bestimmte Lizenzvereinbarungen können sich auf den Innovationswettbewerb auswirken. Bei der Untersuchung solcher Wirkungen beschränkt sich die Kommission jedoch in der Regel darauf, die Auswirkung der Vereinbarung auf den Wettbewerb innerhalb bestehender Produkt- und Technologiemärkte zu prüfen.[27] Der

[26] Siehe auch Beschlüsse der Kommission in der Sache COMP/M.5675 – Syngenta/Monsanto und in der Sache COMP/M.5406 – IPIC/MAN Ferrostaal AG.

[27] Siehe auch Leitlinien zur Anwendbarkeit von Artikel 101 des Vertrags über die Arbeitsweise der Europäischen Union auf Vereinbarungen über horizontale Zusammenarbeit („Horizontale Leitlinien") (ABl. C 11 vom 14.1.2011, S. 1), Randnrn. 119 bis 122.

Wettbewerb auf solchen Märkten kann durch Vereinbarungen beeinflusst werden, die die Einführung verbesserter oder neuer Produkte verzögern, die mit der Zeit die bestehenden Produkte ersetzen werden. In diesen Fällen sind Innovationen eine Quelle potenziellen Wettbewerbs, die berücksichtigt werden muss, wenn die Auswirkungen von Vereinbarungen auf Produkt- und Technologiemärkten beurteilt werden. In manchen Fällen kann es jedoch zweckmäßig und notwendig sein, die Auswirkungen auf den Innovationswettbewerb separat zu untersuchen. Dies gilt insbesondere in Fällen, in denen sich die Vereinbarung auf die Innovationstätigkeit auswirkt, mit der neue Produkte entwickelt werden sollen, und in Fällen, in denen es möglich ist, Forschungs- und Entwicklungspole bereits in einer frühen Phase auszumachen.[28] In solchen Fällen kann untersucht werden, ob nach der Vereinbarung eine ausreichende Anzahl an konkurrierenden Forschungs- und Entwicklungspolen übrig bleibt, um einen wirksamen Innovationswettbewerb aufrechtzuerhalten.

2.4. Die Unterscheidung zwischen Wettbewerbern und Nicht-Wettbewerbern

(27) Im Allgemeinen stellen Vereinbarungen zwischen Wettbewerbern eine größere Gefahr für den Wettbewerb dar als Vereinbarungen zwischen Nicht-Wettbewerbern. Der Wettbewerb zwischen Unternehmen, die dieselbe Technologie verwenden (technologieinterner Wettbewerb zwischen Lizenznehmern), stellt jedoch eine wichtige Ergänzung zum Wettbewerb zwischen Unternehmen dar, die konkurrierende Technologien nutzen (Technologienwettbewerb). Technologieinterner Wettbewerb kann beispielsweise zu niedrigeren Preisen bei den Produkten führen, die die betreffende Technologie enthalten, was nicht nur unmittelbare und sofortige Vorteile für die Verbraucher dieser Produkte mit sich bringen, sondern auch den Wettbewerb zwischen Unternehmen anregen kann, die konkurrierende Technologien verwenden. Bei der Lizenzvergabe muss auch berücksichtigt werden, dass die Lizenznehmer ihre eigenen Produkte verkaufen. Sie verkaufen nicht Produkte weiter, die von einem anderen Unternehmen geliefert werden. Daher besteht bei der Differenzierung der Produkte und einem qualitätsbasierten Wettbewerb zwischen Lizenznehmern möglicherweise ein größerer Spielraum als im Falle vertikaler Vereinbarungen über den Weiterverkauf von Produkten.

(28) Um das Wettbewerbsverhältnis zwischen den Vertragsparteien zu bestimmen, muss geprüft werden, ob die Parteien ohne die Vereinbarung tatsächliche oder potenzielle Wettbewerber gewesen wären. Wären die Parteien ohne die Vereinbarung keine tatsächlichen oder potenziellen Wettbewerber auf einem relevanten, von der Vereinbarung betroffenen Markt gewesen, so werden sie als Nicht-Wettbewerber betrachtet.

(29) Grundsätzlich gelten die Parteien einer Vereinbarung nicht als Wettbewerber, wenn sie sich in einer einseitigen oder zweiseitigen Sperrposition befinden. Eine einseitige Sperrposition liegt vor, wenn ein Technologierecht nicht verwertet werden kann, ohne ein anderes gültiges Technologierecht zu verletzen, oder wenn eine Partei am relevanten Markt nicht wirtschaftlich rentabel teilnehmen kann, ohne ein gültiges Technologierecht der anderen Partei zu verletzen. Dies ist beispielsweise der Fall, wenn ein Technologierecht für die Verbesserung eines anderen Technologierechts besteht und die Verbesserung ohne eine Lizenz für das ursprüngliche Technologierecht nicht rechtmäßig genutzt werden kann. Eine zweiseitige Sperrposition liegt vor, wenn keines der Technologierechte verwertet werden kann, ohne das andere gültige Technologierecht zu verletzen, oder wenn keine der Parteien am relevanten Markt wirtschaftlich rentabel teilnehmen kann, ohne ein gültiges Technologierecht der an-

[28] Siehe auch Randnr. (157).

deren Partei zu verletzen, so dass die Parteien einander eine Lizenz gewähren oder auf ihre Rechte verzichten müssten.[29] In der Praxis wird es jedoch Fälle geben, in denen nicht klar ist, ob ein bestimmtes Technologierecht gültig ist und verletzt wird.

(30) Die Parteien werden als tatsächliche Wettbewerber auf dem Produktmarkt angesehen, wenn sie bereits vor der Vereinbarung auf ein und demselben relevanten Produktmarkt tätig waren. Dass beide Parteien auf ein und demselben relevanten Produktmarkt tätig sind, ohne eine Lizenzvereinbarung geschlossen zu haben, ist ein starkes Indiz dafür, dass keine Sperrposition zwischen den Parteien vorliegt. In einer solchen Situation kann davon ausgegangen werden, dass die Parteien tatsächliche Wettbewerber sind, sofern bzw. solange nicht (insbesondere durch ein rechtskräftiges Gerichtsurteil) nachgewiesen ist, dass eine Sperrposition vorliegt.

(31) Der Lizenznehmer kann als potenzieller Wettbewerber auf dem Produktmarkt betrachtet werden, wenn er ohne die Vereinbarung im Falle einer geringfügigen, aber dauerhaften Erhöhung der Produktpreise wahrscheinlich die notwendigen zusätzlichen Investitionen tätigen würde, um in den relevanten Markt einzutreten. Die Wahrscheinlichkeit des Markteintritts sollte auf der Grundlage realistischer Annahmen, das heißt des Sachverhalts des jeweiligen Falls, bewertet werden. Die Wahrscheinlichkeit eines Markteintritts ist größer, wenn der Lizenznehmer Anlagen besitzt, die es ihm ohne weiteres ermöglichen, ohne erhebliche verlorene Kosten in den Markt einzutreten, oder wenn er bereits Pläne ausgearbeitet oder andere Investitionen im Hinblick auf einen Markteintritt getätigt hat. Dem Lizenznehmer müssen sich tatsächlich konkrete Möglichkeiten bieten, in den relevanten Markt einzutreten und den Wettbewerb mit den etablierten Unternehmen aufzunehmen.[30] Folglich kann ein Lizenznehmer nicht als potenzieller Wettbewerber eingestuft werden, wenn sein Markteintritt nicht mit einer wirtschaftlich tragfähigen Strategie einhergeht.[31]

(32) Im konkreten Kontext der Rechte des geistigen Eigentums ist bei der Beurteilung der Frage, ob die Parteien potenzielle Wettbewerber auf einem bestimmten Markt sind, außerdem zu berücksichtigen, ob ihre Rechte des geistigen Eigentums möglicherweise eine Sperrposition verursachen, d. h., ob der Lizenznehmer nicht in den jeweiligen Markt eintreten kann, ohne die Rechte des geistigen Eigentums der anderen Partei zu verletzen.

(33) Wenn in Ermangelung beispielsweise einer rechtkräftigen Gerichtsentscheidung keine Sicherheit in Bezug auf das Vorliegen einer Sperrposition besteht, müssen die Parteien bei der Beurteilung der Frage, ob sie potenzielle Wettbewerber voneinander sind, alle zum jeweiligen Zeitpunkt vorliegenden Umstände berücksichtigen, einschließlich der Möglichkeit, dass Rechte des geistigen Eigentums verletzt werden, sowie der Frage, ob es eine wirksame Möglichkeit gibt, bestehende Rechte des geistigen Eigentums zu umgehen. Wenn weit fortgeschrittene Pläne zum Eintritt in einen bestimmten Markt bestehen oder im Hinblick darauf bereits erhebliche Investitionen getätigt wurden, kann dies dafür sprechen, dass die Parteien zumindest potenzielle Wettbewerber sind, wenngleich eine Sperrposition nicht ausgeschlossen werden kann. Besonders hohe Beweisanforderungen für das Vorliegen einer Sperrposition können erforderlich sein, wenn die Parteien ein gemeinsames Interesse daran haben,

---

[29] Wenn sich die Unternehmen beispielsweise über eine Rechtelizenz oder nach dem FRAND-Grundsatz allgemein verpflichtet haben, für bestimmte Rechte des geistigen Eigentums Lizenzen zu vergeben, kann nicht die Ansicht vertreten werden, dass sich die Parteien aufgrund dieser Rechte des geistigen Eigentums in einer Sperrposition befinden.

[30] Urteil des Gerichts vom 15. September 1998, European Night Services u. a./Kommission, verbundene Rechtssachen T-374/94, T-375/94, T-384/94 und T-388/94, Slg. 1998, II-3141, Randnr. 137.

[31] Urteil des Gerichts vom 14. April 2011, Visa Europe Ltd und Visa International Service/Europäische Kommission, T-461/07, Slg. 2011, II-1729, Randnr. 167.

sich auf eine Sperrposition zu berufen, um als Nicht-Wettbewerber eingestuft zu werden, etwa wenn die mutmaßliche Sperrposition Technologien betrifft, bei denen es sich um technologische Substitute handelt (siehe Randnummer (22)), oder wenn der Lizenzgeber dem Lizenznehmer einen erheblichen finanziellen Anreiz bietet.

(34) Von einem Markteintritt geht nur dann ein realer Wettbewerbsdruck aus, wenn in absehbarer Zeit mit ihm zu rechnen ist.[32] In der Regel ist die Berücksichtigung eines Zeitraums von ein bis zwei Jahren angemessen. In Einzelfällen können jedoch auch längere Zeiträume berücksichtigt werden. Zur Ermittlung des jeweiligen Zeitraums können die Zeiträume herangezogen werden, die die bereits auf dem betreffenden Markt tätigen Unternehmen benötigen, um ihre Kapazitäten anzupassen. Die Parteien werden beispielsweise dann in der Regel als potenzielle Wettbewerber auf dem Produktmarkt betrachtet, wenn der Lizenznehmer mit seiner eigenen Technologie in einem bestimmten räumlichen Markt produziert und in einem anderen räumlichen Markt die Produktion mit einer lizenzierten konkurrierenden Technologie aufnimmt. Unter diesen Umständen ist davon auszugehen, dass der Lizenznehmer in der Lage gewesen wäre, mit seiner eigenen Technologie in den zweiten räumlichen Markt einzutreten, außer wenn objektive Faktoren wie das Bestehen entsprechender Rechte des geistigen Eigentums einem solchen Markteintritt entgegenstehen.

(35) Die Parteien sind tatsächliche Wettbewerber auf dem Technologiemarkt, wenn entweder bereits beide Lizenzen für substituierbare Technologierechte vergeben oder der Lizenznehmer bereits Lizenzen für seine eigenen Technologierechte vergibt und der Lizenzgeber in den betreffenden Technologiemarkt eintritt, indem er dem Lizenznehmer eine Lizenz für konkurrierende Technologierechte erteilt.

(36) Die Parteien werden als potenzielle Wettbewerber auf dem Technologiemarkt angesehen, wenn sie substituierbare Technologien besitzen und der Lizenznehmer keine Lizenzen für seine eigene Technologie vergibt, vorausgesetzt, dass er dies bei einer geringfügigen, aber dauerhaften Erhöhung der Technologiepreise voraussichtlich tun würde. Bei Technologiemärkten ist es in der Regel schwieriger zu beurteilen, ob die Parteien potenzielle Wettbewerber sind. Deshalb wird potenzieller Wettbewerb auf dem Technologiemarkt bei der Anwendung der TT-GVO nicht berücksichtigt (siehe Randnummer (83)) und die Parteien werden als Nicht-Wettbewerber angesehen.

(37) In bestimmten Fällen stellen Lizenzgeber und Lizenznehmer zwar konkurrierende Produkte her, sind aber keine Wettbewerber auf den relevanten Produkt- und Technologiemärkten, weil die lizenzierte Technologie eine derart grundlegende Innovation darstellt, dass die Technologie des Lizenznehmers überholt oder nicht mehr wettbewerbsfähig ist. In diesen Fällen wird durch die Technologie des Lizenzgebers entweder ein neuer Markt geschaffen oder die Technologie des Lizenznehmers vom bestehenden Markt verdrängt. Oftmals ist es jedoch nicht möglich, dies bereits beim Abschluss der Vereinbarung zu erkennen. In der Regel stellt sich erst, wenn die Technologie oder die Produkte, in denen sie enthalten ist, für den Verbraucher bereits seit einiger Zeit erhältlich sind, heraus, dass die ältere Technologie überholt oder nicht mehr wettbewerbsfähig ist. Als beispielsweise die CD-Technik entwickelt wurde und CD-Player und Compactdiscs auf den Markt kamen, war nicht abzusehen, dass diese neue Technologie die LP-Technik ersetzen würde. Dies zeigte sich erst einige Jahre später. Folglich werden die Parteien als Wettbewerber betrachtet, wenn bei Abschluss der Vereinbarung nicht ersichtlich ist, dass die Technologie des Lizenznehmers überholt oder nicht mehr wettbewerbsfähig ist. Da jedoch sowohl Artikel 101 Absatz 1 als auch Artikel 101 Absatz 3 AEUV mit Blick auf den konkreten Zusammenhang anzuwenden sind, in dem die Vereinbarung besteht, werden bei der

[32] Urteil des Gerichts vom 14. April 2011, Visa Europe Ltd und Visa International Service/Europäische Kommission, T-461/07, Slg. 2011, II-1729, Randnr. 189.

Prüfung wesentliche Veränderungen der Umstände berücksichtigt. Die Beurteilung des Verhältnisses zwischen den Parteien wird sich daher ändern; sie werden nicht mehr als Wettbewerber betrachtet, wenn sich zu einem späteren Zeitpunkt herausstellt, dass die Technologie des Lizenznehmers überholt oder auf dem Markt nicht mehr wettbewerbsfähig ist.

(38) In bestimmten Fällen werden die Parteien nach Abschluss der Vereinbarung zu Wettbewerbern, weil der Lizenznehmer eine konkurrierende Technologie entwickelt oder erwirbt und mit deren Verwertung beginnt. In diesen Fällen muss berücksichtigt werden, dass die Parteien bei Abschluss der Vereinbarung keine Wettbewerber waren und die Vereinbarung vor diesem Hintergrund geschlossen wurde. Die Kommission konzentriert sich daher in erster Linie auf die Auswirkungen der Vereinbarung auf die Fähigkeit des Lizenznehmers, seine eigene (konkurrierende) Technologie zu nutzen. Die Liste der Kernbeschränkungen, die für Vereinbarungen zwischen Wettbewerbern gilt, wird auf solche Vereinbarungen nicht angewandt, sofern die betreffenden Vereinbarungen nicht später, nachdem die Parteien zu Wettbewerbern geworden sind, wesentlich geändert werden (siehe Artikel 4 Absatz 3 der TT-GVO).

(39) Die Vertragsparteien können nach Abschluss der Vereinbarung auch dann zu Wettbewerbern werden, wenn der Lizenznehmer bereits vor der Lizenzvergabe auf dem relevanten Markt tätig war, auf dem die Vertragsprodukte verkauft werden, und der Lizenzgeber anschließend entweder mit den lizenzierten Technologierechten oder mit einer neuen Technologie in den relevanten Markt eintritt. Auch in diesem Fall ist weiterhin die Liste der Kernbeschränkungen für Vereinbarungen zwischen Nicht-Wettbewerbern anwendbar, sofern die Vereinbarung nicht später wesentlich geändert wird (siehe Artikel 4 Absatz 3 der TT-GVO). Eine wesentliche Änderung liegt beispielsweise vor, wenn die Parteien eine neue Technologietransfer-Vereinbarung in Bezug auf konkurrierende Technologierechte schließen, die für die Herstellung von Produkten genutzt werden können, die mit den Vertragsprodukten im Wettbewerb stehen.

3. Anwendung der TT-GVO

3.1. Die Auswirkungen der TT-GVO

(40) Gruppen von Technologietransfer-Vereinbarungen, die die Voraussetzungen der TT-GVO erfüllen, sind von der Verbotsregel nach Artikel 101 Absatz 1 AEUV freigestellt. Unter eine Gruppenfreistellung fallende Vereinbarungen sind rechtswirksam und durchsetzbar. Solche Vereinbarungen können lediglich für die Zukunft verboten werden und dies nur bei Entzug der Freistellung durch die Kommission und die Wettbewerbsbehörden der Mitgliedstaaten. Unter eine Gruppenfreistellung fallende Vereinbarungen können von nationalen Gerichten bei privatrechtlichen Streitigkeiten nicht auf der Grundlage des Artikels 101 Absatz 1 verboten werden.

(41) Die Gruppenfreistellung von Technologietransfer-Vereinbarungen beruht auf der Annahme, dass diese Vereinbarungen, soweit sie unter Artikel 101 Absatz 1 AEUV fallen, die vier Voraussetzungen des Artikels 101 Absatz 3 erfüllen. Es wird also davon ausgegangen, dass die Vereinbarungen zu wirtschaftlichen Effizienzvorteilen führen, dass die in den Vereinbarungen enthaltenen Beschränkungen für das Erreichen dieser Vorteile unerlässlich sind, dass die Verbraucher innerhalb des betroffenen Marktes angemessen an diesen Vorteilen beteiligt werden und dass die Vereinbarung den beteiligten Unternehmen nicht die Möglichkeit eröffnet, für einen wesentlichen Teil der betreffenden Waren den Wettbewerb auszuschalten. Die in der TT-GVO festgelegten Marktanteilsschwellen (Artikel 3), die Liste der Kernbeschränkungen (Artikel 4) und die nichtfreigestellten Beschränkungen (Artikel 5) sollen sicherstellen, dass nur wettbewerbsbeschränkende Vereinbarungen freigestellt werden,

bei denen mit hinreichender Sicherheit davon ausgegangen werden kann, dass sie die vier Voraussetzungen des Artikels 101 Absatz 3 erfüllen.

(42) Wie in Abschnitt 4 dieser Leitlinien ausgeführt wird, fallen viele Lizenzvereinbarungen nicht unter Artikel 101 Absatz 1 AEUV, weil sie den Wettbewerb entweder überhaupt nicht oder nicht in erheblichem Maße einschränken.[33] Soweit diese Vereinbarungen ohnehin unter die TT-GVO fallen würden, besteht kein Grund nachzuprüfen, ob sie von Artikel 101 Absatz 1 erfasst werden.[34]

(43) Bei nicht unter die Gruppenfreistellung fallenden Vereinbarungen ist zu prüfen, ob sie von Artikel 101 Absatz 1 AEUV erfasst werden und dann möglicherweise die Voraussetzungen des Artikels 101 Absatz 3 erfüllen. Es wird weder davon ausgegangen, dass nicht unter die Gruppenfreistellung fallende Technologietransfer-Vereinbarungen von Artikel 101 Absatz 1 erfasst werden, noch, dass sie die Voraussetzungen des Artikels 101 Absatz 3 nicht erfüllen. Insbesondere reicht der Umstand, dass die Marktanteile der Parteien die Marktanteilsschwellen in Artikel 3 der TT-GVO übersteigen, allein nicht aus für die Feststellung, dass die Vereinbarung unter Artikel 101 Absatz 1 fällt. Hierzu müssen die voraussichtlichen Wirkungen der betreffenden Vereinbarung geprüft werden. Nur wenn Vereinbarungen Kernbeschränkungen enthalten, kann in der Regel angenommen werden, dass sie unter das Verbot nach Artikel 101 AEUV fallen.

3.2. Anwendungsbereich und Geltungsdauer der TT-GVO

3.2.1. Der Begriff „Technologietransfer-Vereinbarung"

(44) Die TT-GVO und diese Leitlinien gelten für Technologietransfer-Vereinbarungen. Nach Artikel 1 Absatz 1 Buchstabe b der TT-GVO umfasst der Begriff „Technologierechte" Know-how sowie Patente, Gebrauchsmuster, Geschmacksmuster, Topografien von Halbleiterprodukten, ergänzende Schutzzertifikate für Arzneimittel oder andere Produkte, für die solche ergänzenden Schutzzertifikate vergeben werden können, Sortenschutzrechte und Software-Urheberrechte oder eine Kombination daraus einschließlich Anträgen auf Gewährung bzw. auf Registrierung dieser Rechte. Die lizenzierten Technologierechte sollten den Lizenznehmer in die Lage versetzen, die Vertragsprodukte – gegebenenfalls unter Verwendung weiterer Inputs – zu produzieren. Die TT-GVO gilt nur in Mitgliedstaaten, in denen der Lizenzgeber entsprechende Technologierechte innehat. Andernfalls liegen im Sinne der TT-GVO keine „Technologierechte" vor, die transferiert werden könnten.

(45) Know-how ist in Artikel 1 Absatz 1 Buchstabe i der TT-GVO als eine Gesamtheit praktischer Kenntnisse definiert, die durch Erfahrungen und Versuche gewonnen werden und die geheim, wesentlich und identifiziert sind:

a) „Geheim" bedeutet, dass das Know-how nicht allgemein bekannt und nicht leicht zugänglich ist.
b) „Wesentlich" bedeutet, dass das Know-how Kenntnisse umfasst, die für die Produktion der unter die Lizenzvereinbarung fallenden Produkte oder die Anwendung des unter die Lizenzvereinbarung fallenden Verfahrens von Bedeutung und nützlich sind. Die Kenntnisse müssen also wesentlich zur Produktion der Vertragsprodukte beitragen bzw. die Produktion wesentlich erleichtern. Bezieht sich das lizenzierte Know-how auf ein Produkt (und nicht auf ein Verfahren), so bedeutet dies, dass das Know-how für die Produktion des Vertragsprodukts nützlich ist. Diese Vorausset-

---

[33] Siehe hierzu Bekanntmachung über Vereinbarungen von geringer Bedeutung (Verweis in Fußnote 20).

[34] Nach Artikel 3 Absatz 2 der Verordnung (EG) Nr. 1/2003 können Vereinbarungen, die möglicherweise den Handel zwischen Mitgliedstaaten beeinträchtigen, aber nicht nach Artikel 101 verboten sind, auch nicht durch nationales Wettbewerbsrecht verboten werden.

zung ist nicht erfüllt, wenn das Vertragsprodukt mit frei zugänglicher Technologie hergestellt werden kann. Das Vertragsprodukt muss deshalb jedoch nicht hochwertiger sein als die mit frei zugänglicher Technologie hergestellten Produkte. Bezieht sich das lizenzierte Know-how hingegen auf eine Verfahrenstechnik, so bedeutet dies, dass das Know-how in dem Sinne nützlich ist, dass zum Zeitpunkt des Vertragsschlusses nach sorgfältiger Prüfung angenommen werden kann, dass es die Wettbewerbsposition des Lizenznehmers beispielsweise durch Verringerung seiner Produktionskosten erheblich zu verbessern geeignet ist.

c) „Identifiziert" bedeutet, dass überprüft werden kann, ob das lizenzierte Know-how die Merkmale „geheim" und „wesentlich" erfüllt. Diese Voraussetzung ist erfüllt, wenn das lizenzierte Know-how in Handbüchern oder in sonstiger schriftlicher Form beschrieben ist. In manchen Fällen ist das jedoch unmöglich. Das lizenzierte Know-how kann beispielsweise in praktischen Kenntnissen der Beschäftigten des Lizenzgebers bestehen. Die Beschäftigten des Lizenzgebers können geheime, wesentliche Kenntnisse über einen bestimmten Produktionsprozess besitzen, die sie durch Schulung von Personal an den Lizenznehmer weitergeben. In solchen Fällen reicht es aus, wenn das Know-how in der Vereinbarung allgemein beschrieben wird und die Beschäftigten aufgeführt werden, die an der Weitergabe des Know-hows an den Lizenznehmer mitwirken werden bzw. mitgewirkt haben.

(46) Bestimmungen in Technologietransfer-Vereinbarungen über den Erwerb von Produkten durch den Lizenznehmer fallen nur insoweit unter die TT-GVO, als sie sich unmittelbar auf die Produktion oder den Verkauf der Vertragsprodukte beziehen. Somit gilt die TT-GVO nicht für diejenigen Teile von Technologietransfer-Vereinbarungen, die sich auf Inputs und/oder Ausrüstung beziehen, die für andere Zwecke als die Produktion der Vertragsprodukte verwendet werden. Wird beispielsweise Milch zusammen mit einer Technologielizenz für die Produktion von Käse verkauft, so fällt nur derjenige Anteil der Milch unter die TT-GVO, der für die Herstellung von Käse mit der lizenzierten Technologie verwendet wird.

(47) Bestimmungen in Technologietransfer-Vereinbarungen über die Vergabe von Lizenzen für andere Arten von geistigem Eigentum wie Markenzeichen oder Urheberrechte (mit Ausnahme von Software-Urheberrechten – zu Software-Urheberrechten siehe die Randnummern (44) und (62)) fallen nur insoweit unter die TT-GVO, als sie sich unmittelbar auf die Produktion oder den Verkauf der Vertragsprodukte beziehen. Diese Voraussetzung gewährleistet, dass Bestimmungen über andere Arten von Rechten des geistigen Eigentums nur insoweit freigestellt werden, wie diese anderen Rechte den Lizenznehmer in die Lage versetzen, die lizenzierten Technologierechte besser zu verwerten. Erlaubt beispielsweise ein Lizenzgeber einem Lizenznehmer, sein Markenzeichen bei Produkten zu verwenden, die die lizenzierte Technologie enthalten, so kann diese Markenzeichenlizenz dem Lizenznehmer eine bessere Nutzung der lizenzierten Technologie ermöglichen, da der Verbraucher eine direkte Verbindung zwischen dem Produkt und den Eigenschaften herstellt, die es durch die lizenzierten Technologierechte erhält. Eine Verpflichtung des Lizenznehmers, das Markenzeichen des Lizenzgebers zu verwenden, kann auch die Verbreitung der Technologie fördern, indem der Lizenzgeber die Möglichkeit erhält, sich selbst als derjenige auszuweisen, von dem die zugrundeliegende Technologie stammt. Die TT-GVO ist in diesem Zusammenhang selbst dann auf Technologietransfer-Vereinbarungen anwendbar, wenn die Parteien mehr an der Nutzung des Markenzeichens als an der Nutzung der Technologie interessiert sind.[35]

---

[35] Nunmehr könnte die Technologietransfer-Vereinbarung, die Gegenstand der Entscheidung der Kommission in der Sache Moosehead/Whitbread (ABl. L 100 vom 20.4.1990, S. 32) war, unter die TT-GVO fallen; siehe insbesondere Erwägungsgrund 16 der Entscheidung in dieser Sache.

(48) Die TT-GVO gilt, mit Ausnahme von Software-Urheberrechten, nicht für die Lizenzierung von Urheberrechten (außer in der unter Randnummer (47) genannten Situation). Die Kommission wird jedoch bei der Prüfung der Lizenzierung von Urheberrechten für die Produktion von Vertragsprodukten nach Artikel 101 AEUV im Allgemeinen die in der TT-GVO und diesen Leitlinien aufgestellten Grundsätze anwenden.

(49) Bei der Lizenzierung von Verleihrechten und Rechten zur öffentlichen Wiedergabe im Zusammenhang mit dem Urheberrecht, insbesondere bei Filmen oder Musik, stellen sich hingegen ganz spezielle Fragen, so dass es in der Regel nicht angezeigt sein dürfte, solche Vorgänge nach den in diesen Leitlinien dargelegten Grundsätzen zu beurteilen. Bei der Anwendung des Artikels 101 müssen die Besonderheiten des Werks und die Art und Weise, in der es genutzt wird, berücksichtigt werden.[36] Die Kommission wird die TT-GVO und diese Leitlinien daher nicht analog auf die Lizenzierung dieser anderen Rechte anwenden.

(50) Die Kommission wird die in der TT-GVO und in diesen Leitlinien ausgeführten Grundsätze auch nicht auf die Lizenzierung von Markenzeichen ausweiten (außer in der unter Randnummer (47) genannten Situation). Markenzeichenlizenzen werden oft im Zusammenhang mit dem Vertrieb und dem Weiterverkauf von Waren und Dienstleistungen gewährt, so dass die Lizenzvereinbarung eher einer Vertriebsvereinbarung als einer Technologietransfer-Vereinbarung gleicht. Wenn eine Markenzeichenlizenz sich unmittelbar auf die Nutzung, den Verkauf oder den Weiterverkauf von Waren und Dienstleistungen bezieht und nicht den Hauptgegenstand der Vereinbarung darstellt, fällt die Lizenzvereinbarung unter die Verordnung (EU) Nr. 330/2010.[37]

3.2.2. Der Begriff „Transfer"

(51) Der Begriff „Transfer" bedeutet, dass eine Technologie von einem Unternehmen an ein anderes weitergegeben wird. Solche Transfers erfolgen in der Regel im Rahmen von Lizenzen, mit denen der Lizenzgeber dem Lizenznehmer das Recht einräumt, seine Technologierechte gegen Zahlung von Lizenzgebühren zu nutzen.

(52) Wie in Artikel 1 Absatz 1 Buchstabe c der TT-GVO ausgeführt, fällt auch die Übertragung von Technologierechten, bei der das mit der Verwertung der Technologierechte verbundene Risiko zum Teil beim Veräußerer verbleibt, unter den Begriff der Technologietransfer-Vereinbarung. Dies gilt insbesondere dann, wenn die für die Übertragung zu entrichtende Gebühr von dem Umsatz abhängt, den der neue Inhaber des Rechts mit den Produkten erzielt, die er mit der übertragenen Technologie produziert hat, oder aber von der Menge der produzierten Produkte oder der Zahl der unter Nutzung der Technologie durchgeführten Vorgänge.

(53) Auch eine Vereinbarung, mit der sich der Lizenzgeber verpflichtet, seine Technologierechte gegenüber dem Lizenznehmer nicht auszuüben, kann als Transfer von Technologierechten angesehen werden. Eine reine Patentlizenz beinhaltet nämlich im Wesentlichen das Recht, in dem vom ausschließlichen Patentrecht erfassten Bereich tätig zu werden. Hieraus folgt, dass die TT-GVO auch sogenannte Verzichtsvereinbarungen und Streitbeilegungsvereinbarungen umfasst, bei denen der Lizenzgeber dem Lizenznehmer die Produktion in dem vom Patent erfassten Bereich gestattet.[38]

---

[36] Siehe hierzu Urteil des Gerichtshofs vom 6. Oktober 1982, Coditel (II), 262/81, Slg. 1982, 3381.

[37] ABl. L 102 vom 23.4.2010, S. 1.

[38] Für die Zwecke dieser Leitlinien schließen die Begriffe „Lizenzierung" bzw. „lizenziert" auch Verzichts- und Streitbeilegungsvereinbarungen ein, sofern ein Transfer von Technologierechten gemäß den Ausführungen in diesem Abschnitt erfolgt. Nähere Informationen zu Streitbeilegungsvereinbarungen sind den Randnummern (234) ff zu entnehmen.

3.2.3. Vereinbarungen zwischen zwei Parteien

(54) Nach Artikel 1 Absatz 1 Buchstabe c der TT-GVO gilt die Verordnung ausschließlich für Technologietransfer-Vereinbarungen „zwischen zwei Unternehmen". Technologietransfer-Vereinbarungen zwischen mehr als zwei Unternehmen fallen nicht unter die TT-GVO.[39] Entscheidend für die Unterscheidung von Vereinbarungen zwischen zwei Unternehmen und Mehrparteien-Vereinbarungen ist, ob die betreffende Vereinbarung von mehr als zwei Unternehmen geschlossen worden ist.

(55) Vereinbarungen, die von zwei Unternehmen geschlossen werden, fallen in den Anwendungsbereich der TT-GVO, auch wenn sie Bedingungen für mehr als eine Handelsstufe enthalten. So gilt die TT-GVO beispielsweise für eine Lizenzvereinbarung, die sich nicht nur auf die Stufe der Herstellung, sondern auch auf die Stufe des Vertriebs bezieht und Verpflichtungen enthält, die der Lizenznehmer den Wiederverkäufern der in Lizenz hergestellten Produkte auferlegen muss oder kann.[40]

(56) Bei Vereinbarungen zur Gründung von Technologiepools und der Lizenzvergabe durch Technologiepools handelt es sich in der Regel um Mehrparteien-Vereinbarungen; daher fallen diese nicht unter die TT-GVO.[41] Der Begriff „Technologiepool" bezieht sich auf Vereinbarungen, in denen zwei oder mehr Parteien vereinbaren, ihre Technologien zusammenzulegen und sie als Paket in Lizenz zu vergeben. Ferner umfasst er Vereinbarungen, in denen zwei oder mehr Unternehmen vereinbaren, einer dritten Partei eine Lizenz zu gewähren und ihr zu gestatten, das Technologiepaket weiterzulizenzieren.

(57) Lizenzvereinbarungen zwischen mehr als zwei Unternehmen werfen oft die gleichen Fragen auf wie vergleichbare Lizenzvereinbarungen, an denen nur zwei Unternehmen beteiligt sind. Bei der Einzelprüfung von Lizenzvereinbarungen, die ihrem Gegenstand nach unter die Gruppenfreistellung fallenden Vereinbarungen entsprechen, aber von mehr als zwei Unternehmen geschlossen worden sind, wendet die Kommission die in der TT-GVO dargelegten Grundsätze analog an. Auf Technologiepools und die Lizenzvergabe durch Technologiepools hingegen wird in Abschnitt 4.4 gesondert eingegangen.

3.2.4. Vereinbarungen über die Produktion von Vertragsprodukten

(58) Aus Artikel 1 Absatz 1 Buchstabe c der TT-GVO folgt, dass Lizenzvereinbarungen nur dann unter die TT-GVO fallen, wenn sie „mit dem Ziel der Produktion von Vertragsprodukten" geschlossen werden, das heißt von Produkten, die die lizenzierte Technologie enthalten oder mit Hilfe der lizenzierten Technologierechte produziert werden. Die Lizenz muss demnach dem Lizenznehmer und/oder seinen Zulieferern erlauben, die lizenzierte Technologie zur Produktion von Waren oder Dienstleistungen zu nutzen (siehe auch Erwägungsgrund 7 der TT-GVO).

(59) Zielt die Vereinbarung hingegen nicht auf die Produktion von Vertragsprodukten, sondern beispielsweise nur darauf ab, die Entwicklung einer konkurrierenden Technologie zu verhindern, so fällt die Lizenzvereinbarung nicht unter die TT-GVO; in diesem Fall sind außerdem diese Leitlinien für die Bewertung der Vereinbarung möglicherweise nicht geeignet. Wenn, allgemeiner ausgedrückt, die Parteien die lizenzierten Technologierechte nicht verwerten, kommt es nicht zu einer Effizienzsteigerung, so dass kein Grund für eine Freistellung vorliegt. Die Verwertung muss al-

---

[39] Nach der Verordnung Nr. 19/65/EWG des Rates vom 2. März 1965 über die Anwendung von Artikel 85 Absatz 3 des Vertrages auf Gruppen von Vereinbarungen und aufeinander abgestimmten Verhaltensweisen (ABl. 36 vom 6.3.1965, S. 533) ist die Kommission nicht befugt, eine Gruppenfreistellung für Technologietransfer-Vereinbarungen vorzusehen, die von mehr als zwei Unternehmen geschlossen wurden.

[40] Siehe Erwägungsgrund 6 der TT-GVO sowie Abschnitt 3.2.6 unten.

[41] Nähere Erläuterungen dazu unter Randnummer (247).

lerdings nicht mit einer Zusammenführung von Vermögenswerten einhergehen. Eine Verwertung liegt auch dann vor, wenn die Lizenz dem Lizenznehmer Gestaltungsfreiheit verschafft und es ihm erlaubt, seine eigene Technologie zu verwerten, ohne Verletzungsklagen des Lizenzgebers fürchten zu müssen. Bei Lizenzvereinbarungen zwischen Wettbewerbern kann die Tatsache, dass die Parteien die lizenzierte Technologie nicht nutzen, ein Hinweis darauf sein, dass es sich bei der Vereinbarung um ein verschleiertes Kartell handelt. Die Kommission wird Fälle, in denen Technologierechte nicht verwertet werden, daher sehr genau prüfen.

(60) Die TT-GVO gilt für Lizenzvereinbarungen mit dem Ziel der Produktion von Vertragsprodukten durch den Lizenznehmer und/oder seine Zulieferer. Somit gilt die TT-GVO nicht für (diejenigen Teile von) Technologietransfer-Vereinbarungen, die die Vergabe von Unterlizenzen vorsehen. Die Kommission wird die Grundsätze der TT-GVO und dieser Leitlinien jedoch analog auf Masterlizenz-Vereinbarungen zwischen Lizenzgeber und Lizenznehmer (d. h. Vereinbarungen, mit denen der Lizenzgeber es dem Lizenznehmer gestattet, Unterlizenzen für die Technologie zu vergeben) anwenden. Vereinbarungen zwischen dem Lizenznehmer und Unterlizenznehmern mit dem Ziel der Produktion von Vertragsprodukten fallen unter die TT-GVO.

(61) Der Begriff „Vertragsprodukte" umfasst die mit den lizenzierten Technologierechten produzierten Waren und Dienstleistungen. Dies gilt sowohl, wenn die lizenzierte Technologie im Produktionsprozess genutzt wird, als auch, wenn sie in das Produkt selbst Eingang findet. In diesen Leitlinien schließt die Bezeichnung „Produkt, das die lizenzierte Technologie enthält" beide Fälle ein. Die TT-GVO gilt, sofern Technologierechte für die Produktion von Waren und Dienstleistungen lizenziert werden. Die TT-GVO und diese Leitlinien gehen davon aus, dass zwischen den lizenzierten Technologierechten und einem Vertragsprodukt eine unmittelbare Verbindung besteht. Andernfalls, also wenn die Vereinbarung nicht dazu dient, die Produktion eines Vertragsprodukts zu ermöglichen, ist der analytische Rahmen der TT-GVO und dieser Leitlinien möglicherweise nicht anwendbar.

(62) Die Lizenzierung von Software-Urheberrechten für die reine Vervielfältigung und den reinen Vertrieb eines geschützten Werks, das heißt die Erstellung von Kopien für den Weiterverkauf, wird nicht als „Produktion" im Sinne der TT-GVO angesehen und fällt daher weder unter die TT-GVO noch unter diese Leitlinien. Die Vervielfältigung zum Vertrieb fällt hingegen analog unter die Verordnung (EU) Nr. 330/2010 der Kommission[42] und die Leitlinien für vertikale Beschränkungen[43]. Vervielfältigung zum Vertrieb liegt vor, wenn unabhängig vom technischen Vertriebsverfahren eine Lizenz zur Vervielfältigung der Software auf einem Datenträger erteilt wird. So fällt beispielsweise die Lizenzierung von Software-Urheberrechten, bei der der Lizenznehmer eine Stammkopie der Software erhält, damit er die Software vervielfältigen und an Endkunden weiterverkaufen kann, weder unter die TT-GVO noch unter diese Leitlinien. Die TT-GVO und diese Leitlinien gelten auch weder für die Lizenzierung von Software-Urheberrechten und den Vertrieb von Software über sogenannte „Schutzhüllenlizenzen", bei denen davon ausgegangen wird, dass der Endkunde mit dem Öffnen der Verpackung eine Reihe von Bedingungen, die in der Verpackung eines physischen Datenträgers enthalten sind, automatisch akzeptiert, noch für die Lizenzierung von Software-Urheberrechten und den Vertrieb von Software durch Herunterladen aus dem Internet.

---

[42] Verordnung (EU) Nr. 330/2010 der Kommission vom 20. April 2010 über die Anwendung von Artikel 101 Absatz 3 des Vertrags über die Arbeitsweise der Europäischen Union auf Gruppen von vertikalen Vereinbarungen und abgestimmten Verhaltensweisen (ABl. L 102 vom 23.4.2010, S. 1).

[43] ABl. C 130 vom 19.5.2010, S. 1.

(63) Wenn der Lizenznehmer hingegen die lizenzierte Software in das Vertragsprodukt integriert, handelt es nicht um reine Vervielfältigung, sondern um Produktion. So gelten die TT-GVO und diese Leitlinien beispielsweise für die Lizenzierung von Software-Urheberrechten, bei der der Lizenznehmer das Recht hat, die Software durch Integration in ein Gerät zu vervielfältigen, mit dem die Software interagiert.

(64) Die TT-GVO gilt für Zulieferverträge, mit denen der Lizenzgeber seine Technologierechte an einen Lizenznehmer lizenziert, der sich im Gegenzug verpflichtet, ausschließlich für den Lizenzgeber bestimmte Produkte auf dieser Grundlage herzustellen. Als Zulieferung kann auch die Lieferung von Ausrüstungsgegenständen, die für die Produktion der unter die Vereinbarung fallenden Waren und Dienstleistungen verwendet werden, durch den Lizenzgeber gelten. Diese Art von Zulieferung im Rahmen einer Technologietransfer-Vereinbarung fällt nur dann unter die TT-GVO, wenn die gelieferte Ausrüstung unmittelbar mit der Produktion der Vertragsprodukte verbunden ist. Zulieferverträge sind auch Gegenstand der Bekanntmachung der Kommission über die Beurteilung von Zulieferverträgen.[44] Nach dieser Bekanntmachung, die weiterhin anwendbar ist, fallen Zulieferverträge, in denen sich der Zulieferer verpflichtet, bestimmte Produkte ausschließlich für den Auftraggeber herzustellen, grundsätzlich nicht unter Artikel 101 Absatz 1 AEUV. Auch Zulieferverträge, in denen der Auftraggeber den Transferpreis für das Vertragszwischenprodukt zwischen Zulieferern in einer Zulieferungs-Wertschöpfungskette festsetzt, fallen grundsätzlich nicht unter Artikel 101 Absatz 1, sofern die Vertragsprodukte ausschließlich für den Auftraggeber hergestellt werden. Andere dem Zulieferer auferlegte Beschränkungen wie die Auflage, keine eigene Forschung und Entwicklung zu betreiben, können hingegen unter Artikel 101 fallen.[45]

(65) Die TT-GVO gilt auch für Vereinbarungen, nach denen der Lizenznehmer Entwicklungsarbeiten durchführen muss, bevor er ein marktreifes Produkt oder Verfahren erhält, vorausgesetzt, es wurde ein Vertragsprodukt festgelegt. Gegenstand der Vereinbarung ist die Produktion eines bestimmten Vertragsprodukts (das heißt eines Produkts, das mit den lizenzierten Technologierechten hergestellt wird), auch wenn weitere Arbeiten und Investitionen erforderlich sind.

(66) Die TT-GVO und diese Leitlinien gelten nicht für Vereinbarungen, in denen Technologierechte zu dem Zweck lizenziert werden, dem Lizenznehmer die Durchführung weiterer Forschungs- und Entwicklungsarbeiten in verschiedenen Bereichen zu ermöglichen, einschließlich der Weiterentwicklung eines Produkts, das aus dieser Forschung und Entwicklung hervorgeht.[46] Die TT-GVO und diese Leitlinien erfassen beispielsweise nicht die Vergabe einer Lizenz für ein technologisches Forschungsinstrument, das für weitere Forschungsarbeiten eingesetzt werden soll. Ebenso wenig gelten sie für Zulieferverträge im Bereich Forschung und Entwicklung, in denen sich der Lizenznehmer verpflichtet, Forschungs- und Entwicklungsarbeiten im Bereich der lizenzierten Technologie durchzuführen und dem Lizenzgeber die Verbesserungen zu überlassen.[47] Hauptziel solcher Vereinbarungen ist die Erbringung von Forschungs- und Entwicklungsleistungen, mit denen die Technologie verbessert wird, im Gegensatz zur Produktion von Waren und Dienstleistungen auf der Grundlage der lizenzierten Technologie.

---

[44] Bekanntmachung der Kommission vom 18. Dezember 1978 über die Beurteilung von Zulieferverträgen nach Artikel 85 Absatz 1 des Vertrages zur Gründung der Europäischen Wirtschaftsgemeinschaft (ABl. C 1 vom 3.1.1979, S. 2).

[45] Siehe Abschnitt 3 der Bekanntmachung der Kommission über die Beurteilung von Zulieferverträgen (Verweis in Fußnote 44).

[46] Siehe auch Abschnitt 3.2.6.1.

[47] Das letztgenannte Beispiel fällt jedoch unter die Verordnung (EU) Nr. 1217/2010 (Verweis in Fußnote 49); siehe auch Abschnitt 3.2.6.1.

3.2.5. Geltungsdauer

(67) Die Gruppenfreistellung gilt im Rahmen der Geltungsdauer der TT-GVO, die am 30. April 2026 endet, solange das lizenzierte Eigentumsrecht nicht abgelaufen, erloschen oder für ungültig erklärt worden ist. Im Falle von Know-how gilt die Gruppenfreistellung, solange das lizenzierte Know-how geheim bleibt, es sei denn, das Know-how wird infolge des Verhaltens des Lizenznehmers offenkundig; in diesem Fall gilt die Freistellung für die Dauer der Vereinbarung (siehe Artikel 2 der TT-GVO).

(68) Die Gruppenfreistellung gilt für jedes einzelne im Rahmen der Vereinbarung in Lizenz vergebene Technologierecht; sie gilt nicht mehr, wenn das letzte Technologierecht im Sinne der TT-GVO abläuft bzw. ungültig oder gemeinfrei wird.

3.2.6. Verhältnis zu anderen Gruppenfreistellungsverord

(69) Die TT-GVO gilt für Vereinbarungen zwischen zwei Unternehmen über die Lizenzierung von Technologierechten mit dem Ziel der Produktion von Vertragsprodukten. Technologierechte können jedoch auch unter andere Arten von Vereinbarungen fallen. Zudem werden die Produkte, die lizenzierte Technologie enthalten, anschließend auf den Markt gebracht. Daher ist es notwendig, auf die Schnittstellen zwischen der TT-GVO und der Verordnung (EU) Nr. 1218/2010 der Kommission[48] über Spezialisierungsvereinbarungen, der Verordnung (EU) Nr. 1217/2010 der Kommission[49] über FuE-Vereinbarungen und der Verordnung (EU) Nr. 330/2010 der Kommission[50] über vertikale Vereinbarungen einzugehen.

3.2.6.1. Die Gruppenfreistellungsverordnungen für Spezialisierungsvereinbarungen und FuE-Vereinbarungen

(70) Die TT-GVO gilt weder für die Lizenzvergabe im Rahmen von Spezialisierungsvereinbarungen, die unter die Verordnung (EU) Nr. 1218/2010 fallen, noch für die Lizenzvergabe im Rahmen von FuE-Vereinbarungen, die von der Verordnung (EU) Nr. 1217/2010 erfasst werden (siehe Erwägungsgrund 7 und Artikel 9 der TT-GVO).

(71) Nach Artikel 1 Absatz 1 Buchstabe d der Verordnung (EU) Nr. 1218/2010 über Spezialisierungsvereinbarungen gilt diese Verordnung insbesondere für Vereinbarungen über eine gemeinsame Produktion, in denen sich zwei oder mehr Parteien dazu verpflichten, bestimmte Produkte gemeinsam zu produzieren. Die Verordnung gilt auch für Bestimmungen über die Übertragung oder Nutzung von Rechten des geistigen Eigentums, sofern diese nicht den eigentlichen Gegenstand der Vereinbarung bilden, aber mit deren Durchführung unmittelbar verbunden und für diese notwendig sind.

(72) Wenn Unternehmen ein gemeinsames Produktionsunternehmen gründen und diesem Gemeinschaftsunternehmen eine Lizenz zur Nutzung einer Technologie erteilen, die für die Produktion der vom Gemeinschaftsunternehmen hergestellten Produkte verwendet wird, fällt die Lizenzvereinbarung unter die Verordnung (EU) Nr. 1218/2010 über Spezialisierungsvereinbarungen und nicht unter die TT-GVO.

---

[48] Verordnung (EU) Nr. 1218/2010 der Kommission vom 14. Dezember 2010 über die Anwendung von Artikel 101 Absatz 3 des Vertrags über die Arbeitsweise der Europäischen Union auf bestimmte Gruppen von Spezialisierungsvereinbarungen (ABl. L 335 vom 18.12.2010, S. 43).

[49] Verordnung (EU) Nr. 1217/2010 der Kommission vom 14. Dezember 2010 über die Anwendung von Artikel 101 Absatz 3 des Vertrags über die Arbeitsweise der Europäischen Union auf bestimmte Gruppen von Vereinbarungen über Forschung und Entwicklung (ABl. L 335 vom 18.12.2010, S. 36).

[50] Verweis in Fußnote 42.

Dementsprechend wird die Lizenzvergabe im Zusammenhang mit einem gemeinsamen Produktionsunternehmen in der Regel nach der Verordnung (EU) Nr. 1218/2010 geprüft. Gewährt das Gemeinschaftsunternehmen jedoch Dritten eine Lizenz, so ist dies ein Vorgang, der nicht mit der Produktion des Gemeinschaftsunternehmens verbunden ist und daher nicht unter die genannte Verordnung fällt. Solche Lizenzvereinbarungen, die die Technologien der Parteien zusammenführen, stellen Technologiepools dar, auf die in Abschnitt 4.4 dieser Leitlinien eingegangen wird.

(73) Die Verordnung (EU) Nr. 1217/2010 über Forschungs- und Entwicklungsvereinbarungen gilt für Vereinbarungen, die zwei oder mehr Unternehmen treffen, um gemeinsam Forschungs- und Entwicklungsarbeiten durchzuführen und deren Ergebnisse gemeinsam zu nutzen. Nach Artikel 1 Absatz 1 Buchstabe m der Verordnung werden Forschung und Entwicklung sowie die Verwertung der Ergebnisse gemeinsam durchgeführt, wenn die betreffenden Tätigkeiten in einem gemeinsamen Team, einer gemeinsamen Organisation oder einem gemeinsamen Unternehmen, durch einen gemeinsam bestimmten Dritten oder durch die Parteien selbst ausgeübt werden, von denen jede bestimmte Aufgabenbereiche – Forschung, Entwicklung, Produktion oder Vertrieb, einschließlich Lizenzvergabe – übernimmt. Die Verordnung gilt auch für Auftragsforschungs- und -entwicklungsvereinbarungen, in deren Rahmen zwei oder mehr Unternehmen vereinbaren, dass eine Partei Forschungs- und Entwicklungsarbeiten ausführt und die andere die Finanzmittel dafür bereitstellt (mit gemeinsamer Verwertung der Ergebnisse oder ohne) (siehe Artikel 1 Absatz 1 Buchstabe a Ziffer vi der Verordnung (EU) Nr. 1217/2010).

(74) Daraus folgt, dass die Verordnung (EU) Nr. 1217/2010 über Forschungs- und Entwicklungsvereinbarungen auf die Gewährung von Lizenzen Anwendung findet, die die Parteien einer FuE-Vereinbarung einander oder einer gemeinsamen Einrichtung erteilen. Solche Lizenzvergaben fallen ausschließlich unter die Verordnung (EU) Nr. 1217/2010 und nicht unter die TT-GVO. Im Rahmen einer solchen Vereinbarung können die Parteien auch die Bedingungen für die Lizenzierung der Ergebnisse der FuE-Vereinbarung an Dritte festlegen. Da jedoch dritte Lizenznehmer nicht Vertragspartei der FuE-Vereinbarung sind, fällt eine mit Dritten geschlossene Lizenzvereinbarung nicht unter die Verordnung (EU) Nr. 1217/2010. Eine solche Lizenzvereinbarung fällt unter die Gruppenfreistellung der TT-GVO, wenn sie deren Voraussetzungen erfüllt.

3.2.6.2. Die Gruppenfreistellungsverordnung für vertikale Vereinbarungen

(75) Die Verordnung (EU) Nr. 330/2010 der Kommission über vertikale Vereinbarungen gilt für Vereinbarungen zwischen zwei oder mehr Unternehmen, von denen jedes zwecks Durchführung der Vereinbarung auf einer unterschiedlichen Produktions- oder Vertriebsstufe tätig ist, und in denen die Bedingungen geregelt sind, zu denen die Parteien bestimmte Waren oder Dienstleistungen beziehen, verkaufen oder weiterverkaufen können. Sie gilt damit auch für Liefer- und Vertriebsvereinbarungen.[51]

(76) Da die TT-GVO nur für Vereinbarungen zwischen zwei Parteien gilt und ein Lizenznehmer, der ein Produkt verkauft, das die lizenzierte Technologie enthält, ein Anbieter im Sinne der Verordnung (EU) Nr. 330/2010 ist, sind diese beiden Gruppenfreistellungsverordnungen eng miteinander verbunden. Die Vereinbarung zwischen Lizenzgeber und Lizenznehmer unterliegt der TT-GVO, während Vereinbarungen, die zwischen einem Lizenznehmer und Abnehmern der Vertragsprodukte

[51] Siehe auch die Broschüre „Wettbewerbspolitik in Europa – Wettbewerbsregeln für Liefer- und Vertriebsvereinbarungen", Europäische Kommission, Amt für amtliche Veröffentlichungen der Europäischen Union, 2012, Luxemburg.

geschlossen werden, unter die Verordnung (EU) Nr. 330/2010 und die Leitlinien für vertikale Beschränkungen fallen.[52]

(77) Nach der TT-GVO sind Vereinbarungen zwischen Lizenzgeber und Lizenznehmer auch dann freigestellt, wenn die Vereinbarung Verpflichtungen für den Lizenznehmer im Hinblick auf die Art und Weise vorsieht, in der er die Produkte, die die lizenzierte Technologie enthalten, verkaufen muss. Insbesondere kann der Lizenznehmer verpflichtet werden, eine bestimmte Art von Vertriebssystem – wie Alleinvertrieb oder selektiver Vertrieb – einzurichten. Vertriebsvereinbarungen, die zum Zweck der Umsetzung solcher Verpflichtungen geschlossen werden, können jedoch nur unter eine Gruppenfreistellung fallen, wenn sie mit der Verordnung (EU) Nr. 330/2010 vereinbar sind. Der Lizenzgeber kann den Lizenznehmer zum Beispiel zur Einrichtung eines Alleinvertriebssystems nach bestimmten Vorgaben verpflichten. Aus Artikel 4 Buchstabe b der Verordnung (EU) Nr. 330/2010 folgt jedoch, dass es dem Händler grundsätzlich freistehen muss, passive Verkäufe in den Gebieten anderer Alleinvertriebshändler des Lizenznehmers zu tätigen.

(78) Ferner muss es nach der Verordnung Nr. 330/2010 über vertikale Vereinbarungen dem Händler grundsätzlich freigestellt sein, aktive und passive Verkäufe in Gebieten zu tätigen, die durch die Vertriebssysteme anderer Anbieter, das heißt anderer Lizenznehmer abgedeckt sind, die ihre eigenen Produkte auf der Grundlage der lizenzierten Technologierechte herstellen. Im Sinne der Verordnung (EU) Nr. 330/2010 ist jeder Lizenznehmer nämlich ein eigenständiger Anbieter. Die in der genannten Verordnung enthaltenen Gründe für die Gruppenfreistellung von Beschränkungen des aktiven Verkaufs im Rahmen des Vertriebssystems eines Anbieters können jedoch auch gelten, wenn die Produkte, die die lizenzierte Technologie enthalten, von verschiedenen Lizenznehmern unter einer gemeinsamen Marke verkauft werden, die dem Lizenzgeber gehört. Werden die Produkte, die die lizenzierte Technologie enthalten, unter einer gemeinsamen Marke verkauft, so können die Beschränkungen zwischen den Vertriebssystemen der Lizenznehmer mit denselben Effizienzvorteilen begründet werden wie innerhalb eines einzelnen vertikalen Vertriebssystems. In diesen Fällen würde die Kommission Beschränkungen in der Regel nicht beanstanden, wenn die Erfordernisse der Verordnung (EU) Nr. 330/2010 sinngemäß erfüllt sind. Damit eine gemeinsame Markenidentität gegeben ist, müssen die Produkte unter einer gemeinsamen Marke verkauft und vertrieben werden, der im Hinblick auf die Vermittlung von Qualität und anderen relevanten Informationen an den Verbraucher eine herausragende Bedeutung zukommt. Es genügt nicht, dass das Produkt zusätzlich zu den Marken der Lizenznehmer die Marke des Lizenzgebers trägt, die ihn als Eigentümer der lizenzierten Technologie ausweist.

3.3. Die Marktanteilsschwellen des Safe-Harbour-Bereichs

(79) Nach Artikel 3 der TT-GVO ist die Freistellung wettbewerbsbeschränkender Vereinbarungen von Marktanteilsschwellen abhängig (sogenannter „Safe-Harbour-Bereich"); damit wird der Anwendungsbereich der Gruppenfreistellung auf Vereinbarungen beschränkt, von denen in der Regel angenommen werden kann, dass sie die Voraussetzungen des Artikels 101 Absatz 3 AEUV erfüllen, wenngleich sie möglicherweise den Wettbewerb beschränken. Außerhalb des durch die Marktanteilsschwellen begrenzten Safe-Harbour-Bereichs ist eine Einzelfallprüfung erforderlich. Auf den Umstand, dass die Marktanteile die Marktanteilsschwellen übersteigen, lässt sich weder die Vermutung stützen, dass die Vereinbarung unter Artikel 101 Absatz 1 fällt, noch, dass sie die Voraussetzungen des Artikels 101 Absatz 3 nicht erfüllt. Liegen keine Kernbeschränkungen nach Artikel 4 der TT-GVO vor, so ist eine Marktanalyse erforderlich.

---

[52] ABl. L 102 vom 23.4.2010, S. 1, bzw. ABl. C 130 vom 19.5.2010, S. 1.

Maßgebliche Marktanteilsschwellen

(80) Welche Marktanteilsschwelle für die Freistellung gemäß der TT-GVO anwendbar ist, hängt davon ab, ob die Vereinbarung zwischen Wettbewerbern oder zwischen Nicht-Wettbewerbern geschlossen worden ist.

(81) Die Marktanteilsschwellen gelten sowohl für die relevanten Märkte der lizenzierten Technologierechte als auch für die relevanten Märkte der Vertragsprodukte. Wird die anwendbare Marktanteilsschwelle auf einem oder mehreren Produkt- oder Technologiemärkten überschritten, so ist die Vereinbarung in Bezug auf diese relevanten Märkte nicht freigestellt. Bezieht sich die Lizenzvereinbarung beispielsweise auf zwei separate Produktmärkte, so kann die Freistellung durchaus nur für einen der Märkte gelten.

(82) Gemäß Artikel 3 Absatz 1 der TT-GVO gilt die Freistellung nach Artikel 2 für Vereinbarungen zwischen Wettbewerbern, sofern der gemeinsame Marktanteil der Parteien auf keinem der relevanten Märkte mehr als 20% beträgt. Die Marktanteilsschwelle nach Artikel 3 Absatz 1 der TT-GVO ist anwendbar, wenn es sich bei den Parteien um tatsächliche oder potenzielle Wettbewerber auf den Produktmärkten und/oder tatsächliche Wettbewerber auf dem Technologiemarkt handelt (Erläuterungen zur Unterscheidung zwischen Wettbewerbern und Nicht-Wettbewerbern sind den Randnummern (27) ff zu entnehmen).

(83) Der potenzielle Wettbewerb auf dem Technologiemarkt wird weder bei der Anwendung der Marktanteilsschwellen noch bei der Anwendung der Liste der Kernbeschränkungen in Bezug auf Vereinbarungen zwischen Wettbewerbern berücksichtigt. Außerhalb des Safe-Harbour-Bereichs der TT-GVO wird potenzieller Wettbewerb auf dem Technologiemarkt zwar berücksichtigt, führt aber nicht zur Anwendung der Liste der Kernbeschränkungen für Vereinbarungen zwischen Wettbewerbern.

(84) Wenn die Unternehmen, die die Lizenzvereinbarung geschlossen haben, keine Wettbewerber sind, ist die Marktanteilsschwelle nach Artikel 3 Absatz 2 der TT-GVO anwendbar. Vereinbarungen zwischen Nicht-Wettbewerbern fallen unter die Freistellung, wenn keine der Parteien auf den relevanten Technologie- und Produktmärkten einen Marktanteil von mehr als 30% innehat.

(85) Werden die Parteien jedoch zu einem späteren Zeitpunkt zu Wettbewerbern im Sinne des Artikels 3 Absatz 1 der TT-GVO, beispielsweise wenn der Lizenznehmer bereits vor der Lizenzerteilung auf dem relevanten Markt vertreten war, auf dem die Vertragsprodukte verkauft werden, und der Lizenzgeber anschließend zu einem tatsächlichen oder potenziellen Anbieter auf demselben relevanten Markt wird, so gilt ab dem Zeitpunkt, an dem sie zu Wettbewerbern werden, die Marktanteilsschwelle von 20%. In diesem Fall ist jedoch weiterhin die Liste der Kernbeschränkungen für Vereinbarungen zwischen Nicht-Wettbewerbern anwendbar, sofern die Vereinbarung nicht später wesentlich geändert wird (siehe Artikel 4 Absatz 3 der TT-GVO und Randnummer (39) dieser Leitlinien).

Berechnung der Marktanteile auf Technologiemärkten im Hinblick auf die Freistellung

(86) Nach der TT-GVO werden die Marktanteile auf den relevanten Märkten, auf denen Technologierechte lizenziert werden, aus den unter Randnummer (87) dieser Leitlinien dargelegten Gründen abweichend von der gängigen Praxis berechnet. Bei Technologiemärkten wird der Marktanteil des Lizenzgebers nach Artikel 8 Buchstabe d der TT-GVO sowohl für die sachliche auch für die räumliche Dimension des relevanten Marktes auf der Grundlage der vom Lizenzgeber und allen seinen Lizenznehmern abgesetzten Produkte ermittelt, die die lizenzierte Technologie enthalten. Dabei wird der mit Vertragsprodukten erzielte Gesamtabsatz des Lizenzgebers und seiner Lizenznehmer als Anteil am Gesamtabsatz mit konkurrierenden Produkten berechnet, unabhängig davon, ob diese konkurrierenden Produkte mit der lizenzierten Technologie hergestellt werden.

(87) Dieser Ansatz der Berechnung des Marktanteils des Lizenzgebers auf dem Technologiemarkt als „Fußabdruck" auf Produktebene wurde gewählt, weil die Berechnung des Marktanteils anhand der Lizenzeinnahmen praktische Schwierigkeiten mit sich bringt (siehe Randnummer (25)). Abgesehen davon, dass es generell schwierig ist, zuverlässige Angaben über Lizenzeinnahmen zu erhalten, kann die Marktstellung einer Technologie deutlich unterschätzt werden, wenn die Lizenzeinnahmen aufgrund von Cross-Licensing oder der Lieferung gekoppelter Produkte reduziert sind. Wird der Marktanteil des Lizenzgebers auf dem Technologiemarkt hingegen anhand der mit der Technologie hergestellten Produkte im Vergleich zu mit konkurrierenden Technologien gefertigten Produkten ermittelt, so besteht diese Gefahr nicht. Der Fußabdruck auf Produktebene spiegelt die Marktstellung einer Technologie in der Regel angemessen wider.

(88) Bei der Berechnung des Fußabdrucks sollten aber, sofern möglich, Produkte vom Produktmarkt ausgenommen werden, die anhand nur firmenintern genutzter Technologien hergestellt werden, für die keine Lizenz vergeben wurde, weil diese nur firmenintern genutzten Technologien nur eine indirekte Beschränkung für die lizenzierte Technologie darstellen. Da es sich jedoch für Lizenzgeber und Lizenznehmer in der Praxis als schwierig erweisen kann, in Erfahrung zu bringen, ob andere Produkte desselben Produktmarktes mit lizenzierten oder nur firmenintern genutzten Technologien hergestellt werden, wird der Anteil auf dem Technologiemarkt für die Zwecke der TT-GVO anhand des Anteils der mit der lizenzierten Technologie hergestellten Produkte an der Gesamtheit der Produkte des betreffenden Produktmarktes berechnet. Bei diesem Ansatz, der auf den Fußabdruck einer Technologie auf den gesamten Produktmärkten abstellt, ergeben sich in der Regel geringere Marktanteile, weil auch mit nur firmenintern genutzten Technologien hergestellte Produkte berücksichtigt werden; dennoch ermöglicht er im Allgemeinen eine angemessene Beurteilung der Stärke einer Technologie. Erstens wird dabei der potenzielle Wettbewerb von Unternehmen erfasst, die mit ihrer eigenen Technologie produzieren und die im Falle einer geringfügigen, aber dauerhaften Erhöhung der Lizenzgebühren voraussichtlich mit der Lizenzvergabe beginnen werden. Zweitens verfügen Lizenzgeber, selbst wenn andere Technologiebesitzer wahrscheinlich nicht mit einer Lizenzvergabe beginnen, nicht unbedingt über Marktmacht auf dem Technologiemarkt, auch wenn ihr Anteil an den Lizenzeinnahmen hoch ist. Wenn der Wettbewerb auf dem nachgelagerten Produktmarkt funktioniert, kann der Wettbewerb auf dieser Ebene die Lizenzgeber wirksam unter Druck setzen. Eine Erhöhung der Lizenzgebühren auf dem vorgelagerten Markt wirkt sich auf die Kosten des Lizenznehmers aus, so dass seine Wettbewerbsfähigkeit nachlässt und sein Absatz möglicherweise sinkt. Der Anteil einer Technologie am Produktmarkt spiegelt auch diesen Umstand wider und ist daher in der Regel ein guter Indikator für die Marktmacht des Lizenzgebers auf dem Technologiemarkt.

(89) Bei der Beurteilung der Stärke einer Technologie muss auch die räumliche Ausdehnung des Technologiemarktes berücksichtigt werden. Diese kann sich von der räumlichen Ausdehnung des betreffenden nachgelagerten Produktmarktes unterscheiden. Für die Zwecke der Anwendung der TT-GVO wird die räumliche Ausdehnung des relevanten Technologiemarktes auch von den Produktmärkten bestimmt. Außerhalb des Safe-Harbour-Bereichs der TT-GVO kann es jedoch angemessen sein, auch ein möglicherweise größeres räumliches Gebiet in Betracht zu ziehen, in dem Lizenzgeber und Lizenznehmer konkurrierender Technologien in der Lizenzierung dieser Technologien tätig sind, in dem die Wettbewerbsbedingungen hinreichend homogen sind und das sich von benachbarten Gebieten durch spürbar unterschiedliche Wettbewerbsbedingungen unterscheidet.

(90) Bei neuen Technologien, bei denen es im vorhergehenden Kalenderjahr noch keine Verkäufe gab, wird ein Marktanteil von Null zugrunde gelegt. Mit Beginn der Verkäufe werden den neuen Technologien dann die entsprechenden Markt-

anteile zugeordnet. Steigt der Marktanteil anschließend über die einschlägige Schwelle von 20% bzw. 30%, so gilt die Freistellung im Anschluss an das Jahr, in dem die Schwelle überschritten wurde, noch für zwei aufeinander folgende Kalenderjahre weiter (siehe Artikel 8 Buchstabe e der TT-GVO).

Berechnung der Marktanteile auf Produktmärkten im Hinblick auf die Freistellung

(91) Bei relevanten Märkten, auf denen die Vertragsprodukte verkauft werden, wird der Marktanteil des Lizenznehmers auf der Grundlage der Vertragsprodukte und der konkurrierende Produkte berechnet, die der Lizenznehmer verkauft, das heißt anhand der Gesamtverkäufe des Lizenznehmers auf dem betreffenden Produktmarkt. Bietet der Lizenzgeber ebenfalls Produkte auf dem relevanten Produktmarkt an, so sind auch die Verkäufe des Lizenzgebers auf diesem Markt zu berücksichtigen. Die Verkäufe weiterer Lizenznehmer werden hingegen bei der Berechnung der Marktanteile des Lizenznehmers und/oder des Lizenzgebers auf den Produktmärkten nicht berücksichtigt.

(92) Die Marktanteile sollten anhand des Umsatzes aus dem Vorjahr berechnet werden, sofern solche Daten vorliegen. Diese Daten liefern in der Regel ein genaueres Bild von der Marktstärke der Technologie als Absatzmengen. Liegen keine Angaben über den Umsatz vor, so können auch Schätzungen vorgenommen werden, die auf anderen verlässlichen Marktdaten unter Einschluss der Absatzmengen beruhen.

(93) Die in Abschnitt 3.3 dieser Leitlinien dargelegten Grundsätze können anhand der nachstehend dargelegten Beispiele veranschaulicht werden:

Lizenzvereinbarungen zwischen Nicht-Wettbewerbern

Beispiel 1

Das Unternehmen A ist auf die Entwicklung von Produkten und Verfahren in der Biotechnologie spezialisiert und hat ein neues Produkt mit der Bezeichnung „Xeran“ entwickelt. A stellt Xeran jedoch nicht her, da es weder über geeignete Produktions- noch über entsprechende Vertriebseinrichtungen verfügt. Das Unternehmen B produziert konkurrierende Produkte mit frei zugänglicher, nicht eigentumsrechtlich geschützter Technologie. Im Jahr 1 erzielt B mit diesen Produkten einen Umsatz von 25 Mio. EUR. Im Jahr 2 vergibt A an B eine Lizenz zur Produktion von Xeran. In diesem Jahr erzielt B einen Umsatz von 15 Mio. EUR mit den auf den frei erhältlichen Technologien beruhenden Produkten und einen Umsatz in gleicher Höhe mit Xeran. Im Jahr 3 und den Folgejahren erzeugt und vertreibt B lediglich Xeran und erzielt damit einen Jahresumsatz von 40 Mio. EUR. Im Jahr 2 vergibt A eine Lizenz an C. C war bis dahin auf diesem Produktmarkt nicht tätig. C produziert und verkauft ausschließlich Xeran und erzielt im Jahr 2 einen Umsatz von 10 Mio. EUR und in den Folgejahren von jeweils 15 Mio. EUR. Der Gesamtmarkt für Xeran und seine Substitute, auf dem B und C tätig sind, weist einen Jahresumsatz von 200 Mio. EUR auf.

Im Jahr 2, in dem die Lizenzvereinbarungen geschlossen werden, beträgt der Anteil von A am Technologiemarkt 0%, da sein Marktanteil anhand des Gesamtumsatzes mit Xeran im Vorjahr zu berechnen ist. Im Jahr 3 beträgt dieser Marktanteil aufgrund des Umsatzes, den B und C im Vorjahr mit Xeran erzielt haben, 12,5%. Im Jahr 4 und den Folgejahren beträgt der Anteil von A auf dem Technologiemarkt aufgrund des Umsatzes, den B und C im jeweiligen Vorjahr mit Xeran erzielt haben, 27,5%.

Im Jahr 2 beträgt der Marktanteil von B auf dem Produktmarkt aufgrund des Umsatzes von 25 Mio. EUR, den B im Jahr 1 erzielt hat, 12,5%. Im Jahr 3 beträgt der Anteil von B auf dem Produktmarkt 15%, da sein Umsatz im Jahr 2 auf 30 Mio. EUR gewachsen ist. Im Jahr 4 und danach beträgt der Marktanteil von B 20%, da sein Jahresumsatz 40 Mio. EUR erreicht hat. Der Marktanteil von C auf dem Produktmarkt liegt in den Jahren 1 und 2 bei 0%, im Jahr 3 bei 5% und danach bei 7,5%.

Da es sich bei den Lizenzvereinbarungen zwischen A und B und zwischen A und C um Vereinbarungen zwischen Nicht-Wettbewerbern handelt und der individuelle

Marktanteil von A, B und C jedes Jahr unter 30% liegt, fallen die Vereinbarungen in den Safe-Harbour-Bereich der TT-GVO.

Beispiel 2
Die Situation ist die gleiche wie in Beispiel 1, nur dass B und C jetzt auf unterschiedlichen räumlichen Märkten tätig sind. Der Gesamtmarkt für Xeran und seine Substitute weist in jedem der beiden räumlichen Märkte jedes Jahr einen Umsatz von insgesamt 100 Mio. EUR auf.

In diesem Fall ist der Anteil von A an den relevanten Technologiemärkten auf der Grundlage der Produktverkaufsdaten aus den beiden räumlichen Produktmärkten getrennt zu berechnen. Auf dem Markt, auf dem B aktiv ist, hängt der Marktanteil von A von den Xeran-Verkäufen von B ab. Auf diesem Markt mit einem Jahresumsatz von insgesamt 100 Mio. EUR (die Hälfte des Marktes in Beispiel 1) beträgt der Anteil von A im Jahr 2 0%, im Jahr 3 15% und danach 40%. Im Jahr 2 beträgt der Marktanteil von B 25%, im Jahr 3 30% und in den Folgejahren 40%. In den Jahren 2 und 3 übersteigt weder der Marktanteil von A noch der von B die Schwelle von 30%. Da die Marktanteilsschwelle jedoch ab dem Jahr 4 überschritten wird, fällt die Lizenzvereinbarung zwischen A und B nach dem Jahr 6 gemäß Artikel 8 Buchstabe e der TT-GVO nicht mehr in den Safe-Harbour-Bereich und muss einzeln geprüft werden.

Auf dem Markt, in dem C aktiv ist, hängt der Marktanteil von A davon ab, wie viel Xeran C verkauft. Der Marktanteil von A auf dem Technologiemarkt beträgt im Jahr 2 ausgehend von den Verkäufen von C im Vorjahr 0%, im Jahr 3 10% und danach 15%. Der Anteil von C am Produktmarkt ist der gleiche: 0% im Jahr 2, 10% im Jahr 3 und danach 15%. Die Lizenzvereinbarung zwischen A und C fällt daher im gesamten Zeitraum in den Safe-Harbour-Bereich der TT-GVO.

Lizenzvereinbarungen zwischen Wettbewerbern

Beispiel 3
Die Unternehmen A und B sind auf demselben sachlich und räumlich relevanten Markt für ein bestimmtes chemisches Produkt tätig. Beide sind Inhaber eines Patents für unterschiedliche Produktionstechnologien, mit denen dieses Produkt hergestellt werden kann. Im Jahr 1 schließen A und B eine Lizenzvereinbarung zur wechselseitigen Nutzung ihrer jeweiligen Technologien (Cross-Licensing). Im Jahr 1 produzieren A und B ausschließlich mit ihrer eigenen Technologie; A erzielt damit einen Umsatz von 15 Mio. EUR, B von 20 Mio. EUR. Ab dem Jahr 2 nutzen beide Unternehmen sowohl ihre eigene Technologie als auch die ihres Konkurrenten. Ab diesem Jahr erzielt A mit beiden Technologien jeweils einen Umsatz von 10 Mio. EUR. B erzielt ab dem Jahr 2 mit seiner eigenen Technologie einen Umsatz von 15 Mio. EUR und mit der Technologie von A einen Umsatz von 10 Mio. EUR. Der Gesamtmarkt für das Produkt und seine Substitute weist einen Jahresumsatz von 100 Mio. EUR auf.

Für die Beurteilung der Lizenzvereinbarung nach der TT-GVO sind die Marktanteile von A und B auf dem Technologie- und auf dem Produktmarkt zu berechnen. Der Anteil von A auf dem Technologiemarkt hängt von dem Umsatz ab, der von A und B mit dem Produkt, soweit es mit der Technologie von A produziert wurde, im jeweiligen Vorjahr erzielt wurde. Im Jahr 2 beträgt der Anteil von A am Technologiemarkt daher 15%, da A im Jahr 1 mit dem Verkauf seiner eigenen Produktion einen Umsatz von 15 Mio. EUR erzielt hat. Ab dem Jahr 3 beträgt der Anteil von A am Technologiemarkt 20%, da A und B gemeinsam mit dem mit der Technologie von A produzierten Produkt einen Umsatz von 20 Mio. EUR (jeweils 10 Mio. EUR) erzielt haben. Dementsprechend liegt der Anteil von B am Technologiemarkt im Jahr 2 bei 20% und danach bei 25%.

Die Marktanteile von A und B auf dem Produktmarkt hängen von ihrem Vorjahresumsatz mit dem Produkt ab, und zwar unabhängig davon, mit welcher Technologie es hergestellt wurde. Im Jahr 2 beträgt der Anteil von A auf dem Produktmarkt

15% und danach 20%. Der Anteil von B auf dem Produktmarkt beträgt im Jahr 2 20% und danach 25%.

Da es sich um eine Vereinbarung zwischen Wettbewerbern handelt, muss ihr gemeinsamer Marktanteil sowohl auf dem Technologie- als auch auf dem Produktmarkt unter der Schwelle von 20% liegen, damit die Vereinbarung in den Safe-Harbour-Bereich der TT-GVO fällt. Dies ist hier eindeutig nicht der Fall. Der gemeinsame Anteil auf dem Technologiemarkt und auf dem Produktmarkt liegt im Jahr 2 bei 35% und danach bei 45%. Diese Vereinbarung zwischen Wettbewerbern ist daher einzeln zu prüfen.

3.4. Kernbeschränkungen nach der Gruppenfreistellungsverordnung

3.4.1. Allgemeine Grundsätze

(94) In Artikel 4 der TT-GVO sind schwerwiegende Wettbewerbsbeschränkungen, die sogenannten Kernbeschränkungen, aufgelistet. Ausschlaggebend für die Einstufung einer Beschränkung als Kernbeschränkung sind das Wesen der Wettbewerbsbeschränkung sowie die Erfahrung, die zeigt, dass solche Beschränkungen fast immer wettbewerbsschädigend sind. Nach der Rechtsprechung des Gerichtshofs und des Gerichts der Europäischen Union[53] kann sich eine solche Beschränkung aus dem eindeutigen Ziel der Vereinbarung oder aus den Umständen des Einzelfalls ergeben (siehe Randnummer (14)). Wenn Kernbeschränkungen in Ausnahmefällen für eine Vereinbarung einer bestimmten Art oder Beschaffenheit objektiv notwendig sind[54], fallen sie nicht unter Artikel 101 Absatz 1 AEUV. Außerdem können Unternehmen in Einzelfällen stets nach Artikel 101 Absatz 3 AEUV Effizienzvorteile geltend machen.[55]

(95) Nach Artikel 4 Absätze 1 und 2 der TT-GVO sind Technologietransfer-Vereinbarungen, die eine Kernbeschränkung enthalten, als Ganzes von der Freistellung ausgeschlossen. Kernbeschränkungen können für die Zwecke der TT-GVO nicht vom Rest der Vereinbarung abgetrennt werden. Die Kommission ist überdies der Ansicht, dass bei einer Einzelprüfung in der Regel nicht davon auszugehen ist, dass Kernbeschränkungen die vier Voraussetzungen des Artikels 101 Absatz 3 AEUV erfüllen (siehe Randnummer (18)).

(96) In Artikel 4 der TT-GVO wird zwischen Vereinbarungen zwischen Wettbewerbern und Vereinbarungen zwischen Nicht-Wettbewerbern unterschieden.

3.4.2. Vereinbarungen zwischen Wettbewerbern

(97) In Artikel 4 Absatz 1 der TT-GVO sind die Kernbeschränkungen bei Lizenzvereinbarungen zwischen Wettbewerbern aufgeführt. Danach gilt die TT-GVO nicht für Vereinbarungen, die unmittelbar oder mittelbar, für sich allein oder in Verbindung mit anderen Umständen, die der Kontrolle der Vertragsparteien unterliegen, Folgendes bezwecken:

a) die Beschränkung der Möglichkeit einer Partei, den Preis, zu dem sie ihre Produkte an Dritte verkauft, selbst festzusetzen;
b) die Beschränkung des Outputs mit Ausnahme von Output-Beschränkungen, die dem Lizenznehmer in einer nicht wechselseitigen Vereinbarung oder nur einem Lizenznehmer in einer wechselseitigen Vereinbarung in Bezug auf die Vertragsprodukte auferlegt werden;

---

[53] Siehe z. B. die in Fußnote 16 angeführten Rechtssachen.

[54] Siehe Leitlinien der Kommission zur Anwendung von Artikel 81 Absatz 3 EG-Vertrag (Verweis in Fußnote 3), Randnr. 18.

[55] Urteil des Gerichtshofs vom 15. Juli 1994, Matra, T-17/93, Slg. 1994, II-595, Randnr. 85.

c) die Zuweisung von Märkten oder Kunden mit Ausnahme
   i) der dem Lizenzgeber und/oder dem Lizenznehmer in einer nicht wechselseitigen Vereinbarung auferlegten Verpflichtung, mit den lizenzierten Technologierechten in dem Exklusivgebiet, das der anderen Partei vorbehalten ist, nicht zu produzieren und/oder in das Exklusivgebiet oder an die der anderen Partei vorbehaltene Exklusivkundengruppe nicht aktiv und/oder passiv zu verkaufen;
   ii) der in einer nicht wechselseitigen Vereinbarung dem Lizenznehmer auferlegten Beschränkung des aktiven Verkaufs in das Exklusivgebiet oder an die Exklusivkundengruppe, das bzw. die vom Lizenzgeber einem anderen Lizenznehmer zugewiesen worden ist, sofern es sich bei Letzterem nicht um ein Unternehmen handelt, das zum Zeitpunkt seiner eigenen Lizenzerteilung in Konkurrenz zum Lizenzgeber stand;
   iii) der dem Lizenznehmer auferlegten Verpflichtung, die Vertragsprodukte nur für den Eigenbedarf zu produzieren, sofern er keiner Beschränkung in Bezug auf den aktiven und passiven Verkauf der Vertragsprodukte als Ersatzteile für seine eigenen Produkte unterliegt;
   iv) der dem Lizenznehmer in einer nicht wechselseitigen Vereinbarung auferlegten Verpflichtung, die Vertragsprodukte nur für einen bestimmten Kunden zu produzieren, wenn die Lizenz erteilt worden ist, um diesem Kunden eine alternative Bezugsquelle zu verschaffen;
d) die Beschränkung der Möglichkeit des Lizenznehmers, seine eigenen Technologierechte zu verwerten, oder die Beschränkung der Möglichkeit der Vertragsparteien, Forschungs- und Entwicklungsarbeiten durchzuführen, es sei denn, letztere Beschränkungen sind unerlässlich, um die Preisgabe des lizenzierten Know-hows an Dritte zu verhindern.

Unterscheidung zwischen wechselseitigen und nicht wechselseitigen Vereinbarungen zwischen Wettbewerbern

(98) Bei einer Reihe von Kernbeschränkungen unterscheidet die TT-GVO zwischen wechselseitigen und nicht wechselseitigen Vereinbarungen. An wechselseitige Vereinbarungen zwischen Wettbewerbern werden strengere Anforderungen gestellt als an nicht wechselseitige Vereinbarungen zwischen Wettbewerbern. Bei wechselseitigen Vereinbarungen über Technologielizenzen, die konkurrierende Technologien zum Gegenstand haben oder mit denen konkurrierende Produkte hergestellt werden können, findet ein Lizenzaustausch (Cross-Licensing) statt. Bei einer nicht wechselseitigen Vereinbarung erteilt nur eine Partei der anderen eine Lizenz für ihre Technologierechte. Eine nicht wechselseitige Vereinbarung liegt aber auch bei einem Lizenzaustausch vor, wenn die lizenzierten Technologierechte nicht miteinander konkurrieren und sie nicht zur Herstellung von konkurrierenden Produkten genutzt werden können. Eine Vereinbarung gilt für die Zwecke der TT-GVO nicht allein deshalb als wechselseitig, weil sie eine Rücklizenzverpflichtung enthält oder weil der Lizenznehmer dem Lizenzgeber eine Lizenz für seine eigenen Verbesserungen an der lizenzierten Technologie erteilt. Wird eine nicht wechselseitige Vereinbarung später durch die Erteilung einer zweiten Lizenz zu einer wechselseitigen Vereinbarung, so müssen die Parteien gegebenenfalls die Konditionen der ersten Lizenzvergabe abändern, um sicherzustellen, dass die Vereinbarung keine Kernbeschränkung enthält. Bei ihrer wettbewerbsrechtlichen Prüfung berücksichtigt die Kommission, wie viel Zeit zwischen der ersten und der zweiten Lizenzvergabe verstrichen ist.

Preisbeschränkungen zwischen Wettbewerbern

(99) Die in Artikel 4 Absatz 1 Buchstabe a der TT-GVO genannte Kernbeschränkung bezieht sich auf Vereinbarungen zwischen Wettbewerbern, die die Preisfestsetzung für an Dritte verkaufte Produkte einschließlich Produkten zum Gegenstand haben, die die lizenzierte Technologie enthalten. Die Preisfestsetzung zwischen Wett-

bewerbern stellt schon durch ihren Gegenstand selbst eine Beschränkung des Wettbewerbs dar. Die Preisfestsetzung kann in Form einer direkten Vereinbarung über den genauen Preis erfolgen, der zu erheben ist, oder in Form einer Preisliste mit bestimmten zulässigen Höchstrabatten. Es ist unerheblich, ob die Vereinbarung Festpreise, Mindestpreise, Höchstpreise oder Preisempfehlungen zum Gegenstand hat. Die Preisfestsetzung kann auch indirekt erfolgen, indem Anreize gesetzt werden, nicht von einem festgelegten Preisniveau abzuweichen. So kann zum Beispiel bestimmt werden, dass die Lizenzgebühren steigen, wenn die Produktpreise unter ein bestimmtes Niveau gesenkt werden. Die Verpflichtung des Lizenznehmers, eine Mindestlizenzgebühr zu zahlen, ist als solche allerdings nicht als Preisfestsetzung zu werten.

(100) Werden Lizenzgebühren auf der Grundlage einzelner Produktverkäufe berechnet, so wirkt sich die Höhe der Lizenzgebühr direkt auf die Grenzkosten des Produkts und damit auf die Produktpreise aus.[56] Die Wettbewerber können daher mit Hilfe des Cross-Licensing und wechselseitiger Lizenzgebühren die Preise auf nachgelagerten Produktmärkten abstimmen und/oder erhöhen.[57] Die Kommission betrachtet eine solche wechselseitige Lizenzvereinbarung nur dann als Preisfestsetzung, wenn die Vereinbarung keinerlei wettbewerbsfördernden Zweck hat und deshalb keine Bonafide-Lizenzvereinbarung darstellt. In solchen Fällen, in denen mit der Vereinbarung keinerlei Wertschöpfung verbunden ist, so dass für deren Abschluss kein triftiger wirtschaftlicher Grund besteht, liegt eine nur zum Schein geschlossene Vereinbarung vor, die auf ein Kartell hinausläuft.

(101) Eine Kernbeschränkung nach Artikel 4 Absatz 1 Buchstabe a der TT-GVO liegt auch bei Vereinbarungen vor, bei denen Lizenzgebühren auf der Grundlage aller Produktverkäufe berechnet werden, unabhängig davon, ob die lizenzierte Technologie genutzt wird. Solche Vereinbarungen fallen auch unter Artikel 4 Absatz 1 Buchstabe d, demzufolge der Lizenznehmer nicht in seiner Möglichkeit eingeschränkt werden darf, seine eigenen Technologierechte zu nutzen (siehe Randnummer (116) dieser Leitlinien). Eine solche Vereinbarung beschränkt in der Regel den Wettbewerb, da sie die für den Lizenznehmer aus der Nutzung seiner eigenen, konkurrierenden Technologierechte entstehenden Kosten erhöht und den Wettbewerb einschränkt, der ohne diese Vereinbarung stattgefunden hätte.[58] Dies gilt sowohl im Fall wechselseitiger als auch nicht wechselseitiger Vereinbarungen.

(102) In Ausnahmefällen kann jedoch eine Vereinbarung, bei der die Lizenzgebühren auf der Grundlage aller Produktverkäufe berechnet werden, die Voraussetzungen des Artikels 101 Absatz 3 AEUV im Einzelfall erfüllen, wenn anhand objektiver Umstände der Schluss gezogen werden kann, dass die Beschränkung für eine wettbe werbsfördernde Lizenzvergabe unerlässlich ist. So könnte es beispielsweise ohne die Beschränkung unmöglich oder unangemessen schwierig sein, die vom Lizenznehmer zu zahlende Lizenzgebühr zu berechnen und zu überwachen, beispielsweise weil die Technologie des Lizenzgebers keine sichtbaren Spuren auf dem Endprodukt hinterlässt und keine praktikablen alternativen Überwachungsmethoden verfügbar sind.

---

[56] Siehe hierzu Leitlinien zur Anwendung von Artikel 81 Absatz 3 EG-Vertrag (Verweis in Fußnote 3), Randnr. 98.

[57] Dies ist auch dann der Fall, wenn eine Partei der anderen Partei eine Lizenz erteilt und zusagt, ein materielles Input vom Lizenznehmer zu erwerben. Der Kaufpreis kann die gleiche Funktion wie eine Lizenzgebühr haben.

[58] Siehe hierzu Urteil des Gerichtshofs vom 25. Februar 1986, Windsurfing International, 193/83, Slg. 1986, 611, Randnr. 67.

Output-Beschränkungen zwischen Wettbewerbern

(103) Die in Artikel 4 Absatz 1 Buchstabe b der TT-GVO genannte Kernbeschränkung betrifft wechselseitige Output-Beschränkungen der Parteien. Mit einer solchen Beschränkung legen die Parteien fest, wie viel sie produzieren und verkaufen dürfen. Artikel 4 Absatz 1 Buchstabe b erstreckt sich weder auf Output-Beschränkungen, die einem Lizenznehmer in einer nicht wechselseitigen Lizenzvereinbarung auferlegt werden, noch auf Output-Beschränkungen für einen der Lizenznehmer in einer wechselseitigen Vereinbarung, sofern die Beschränkung nur für Vertragsprodukte gilt. Artikel 4 Absatz 1 Buchstabe b bezeichnet als Kernbeschränkung demnach Output-Beschränkungen, die die Parteien einander auferlegen, sowie Output-Beschränkungen, die dem Lizenzgeber in Bezug auf seine eigene Technologie auferlegt werden. Wenn Wettbewerber wechselseitige Output-Beschränkungen vereinbaren, wird mit der Vereinbarung eine Reduzierung des Outputs bezweckt und aller Wahrscheinlichkeit nach auch bewirkt. Dies ist auch bei Vereinbarungen der Fall, die den Anreiz der Parteien, den Output zu erhöhen, verringern, indem zum Beispiel wechselseitige Lizenzgebühren pro Einheit angewandt werden, die zusammen mit dem Output steigen, oder indem den Parteien Zahlungen an die jeweils andere Partei auferlegt werden, wenn eine bestimmte Output-Menge überschritten wird.

(104) Der günstigeren Behandlung nicht wechselseitiger Mengenbeschränkungen liegt die Überlegung zugrunde, dass eine einseitige Beschränkung nicht zwangsläufig zu einem niedrigeren Output auf dem Markt führen muss. Auch ist die Gefahr, dass es sich nicht um eine Bona-fide-Lizenzvereinbarung handelt, bei nicht wechselseitigen Beschränkungen geringer. Ist ein Lizenznehmer bereit, eine einseitige Beschränkung hinzunehmen, so wird die Vereinbarung wahrscheinlich eine tatsächliche Zusammenführung sich ergänzender Technologien oder einen Effizienzvorteil bewirken, der die Integration der überlegenen Technologie des Lizenzgebers in die Produktionsanlagen des Lizenznehmers fördert. Analog dazu ist eine Output-Beschränkung, die nur einem der Lizenznehmer in einer wechselseitigen Vereinbarung auferlegt wird, aller Wahrscheinlichkeit nach Ausdruck des höheren Werts der von einer der Parteien lizenzierten Technologie und kann dazu beitragen, eine dem Wettbewerb förderliche Lizenzvergabe zu unterstützen.

Zuweisung von Märkten und Kunden zwischen Wettbewerbern

(105) Die in Artikel 4 Absatz 1 Buchstabe c der TT-GVO genannte Kernbeschränkung betrifft die Zuweisung von Märkten und Kunden. Vereinbarungen, mit denen Wettbewerber Märkte und Kunden aufteilen, haben eine Beschränkung des Wettbewerbs zum Gegenstand. Eine Kernbeschränkung liegt vor, wenn sich Wettbewerber in einer wechselseitigen Vereinbarung darauf verständigen, nicht in bestimmten Gebieten zu produzieren oder in bestimmten Gebieten oder an bestimmte Kunden, die der anderen Partei vorbehalten sind, keine aktiven und/oder passiven Verkäufe zu tätigen. Erteilen beispielsweise Wettbewerber einander Exklusivlizenzen, so wird dies als Marktaufteilung eingestuft.

(106) Artikel 4 Absatz 1 Buchstabe c gilt unabhängig davon, ob der Lizenznehmer seine eigenen Technologierechte weiter uneingeschränkt nutzen kann. Denn sobald der Lizenznehmer über die maschinelle Ausrüstung verfügt, um die Technologie des Lizenzgebers für die Produktion eines bestimmten Produkts zu nutzen, kann es kostspielig sein, eine andere Technologie zu verwenden, um Kunden zu bedienen, die unter die Beschränkung fallen. Angesichts des wettbewerbsschädigenden Potenzials der Beschränkung gibt es für den Lizenznehmer überdies wenig Anreiz, mit seiner eigenen Technologie zu produzieren. Bei solchen Beschränkungen ist es sehr unwahrscheinlich, dass sie für eine wettbewerbsfördernde Lizenzvergabe unerlässlich sind.

(107) Nach Artikel 4 Absatz 1 Buchstabe c Ziffer i liegt keine Kernbeschränkung vor, wenn der Lizenzgeber dem Lizenznehmer in einer nicht wechselseitigen Vereinbarung eine Exklusivlizenz für die Herstellung von Produkten auf der Basis der li-

zenzierten Technologie in einem bestimmten Gebiet erteilt und damit zusagt, die Vertragsprodukte in diesem Gebiet weder selbst zu produzieren noch aus diesem Gebiet zu liefern. Solche Exklusivlizenzen fallen unabhängig von der Größe des Gebiets unter die Gruppenfreistellung. Gilt die Lizenz weltweit, bedeutet dies, dass der Lizenzgeber darauf verzichtet, in den Markt einzutreten bzw. auf dem Markt zu bleiben. Die Gruppenfreistellung gilt auch dann, wenn in einer nicht wechselseitigen Vereinbarung festgelegt ist, dass der Lizenznehmer in einem Exklusivgebiet, das dem Lizenzgeber vorbehalten ist, nicht produzieren darf. Der Zweck solcher Vereinbarungen kann darin bestehen, dem Lizenzgeber und/oder dem Lizenznehmer einen Anreiz zu bieten, in die lizenzierte Technologie zu investieren und sie weiterzuentwickeln. Zweck der Vereinbarung ist daher nicht unbedingt eine Aufteilung der Märkte.

(108) Aus demselben Grund gilt die Gruppenfreistellung nach Artikel 4 Absatz 1 Buchstabe c Ziffer i auch für nicht wechselseitige Vereinbarungen, in denen die Parteien übereinkommen, von aktiven oder passiven Verkäufen in das Exklusivgebiet oder an die Exklusivkundengruppe Abstand zu nehmen, das bzw. die der anderen Partei vorbehalten ist. Für die Zwecke der TT-GVO sind die Begriffe der „aktiven" und „passiven" Verkäufe gemäß der Definition in den Leitlinien für vertikale Beschränkungen zu verstehen.[59] Dem Lizenznehmer oder dem Lizenzgeber auferlegte Beschränkungen des aktiven und/oder passiven Verkaufs im Gebiet oder an die Kundengruppe der jeweiligen Gegenpartei sind nur dann freigestellt, wenn das Gebiet bzw. die Kundengruppe ausschließlich der anderen Partei vorbehalten ist. Unter bestimmten Umständen können Vereinbarungen, die solche Verkaufsbeschränkungen enthalten, in Einzelfällen jedoch die Voraussetzungen des Artikels 101 Absatz 3 AEUV auch dann erfüllen, wenn die Ausschließlichkeit ad hoc ausgeweitet wird, beispielsweise um vorübergehenden Produktionsengpässen des Lizenzgebers oder des Lizenznehmers zu begegnen, dem das Gebiet bzw. die Kundengruppe ausschließlich zugewiesen wurde. In solchen Fällen dürfte der Lizenzgeber oder der Lizenznehmer dennoch hinreichend vor aktiven und/oder passiven Verkäufen geschützt sein, um einen Anreiz zu haben, seine Technologie in Lizenz zu vergeben bzw. Investitionen für die Nutzung der lizenzierten Technologie zu tätigen. Solche Beschränkungen schränken also zwar möglicherweise den Wettbewerb ein, sie unterstützen aber auch die wettbewerbsfördernde Verbreitung der Technologie und ihre Integration in die Produktionsanlagen des Lizenznehmers.

(109) Folglich liegt auch keine Kernbeschränkung vor, wenn der Lizenzgeber den Lizenznehmer in einem bestimmten Gebiet zu seinem einzigen Lizenznehmer erklärt und mithin Dritten keine Produktionslizenz für die Technologie des Lizenzgebers in dem betreffenden Gebiet erteilt wird. Im Falle solcher Alleinlizenzen gilt die Gruppenfreistellung unabhängig davon, ob die Vereinbarung wechselseitig ist oder nicht, da die Vereinbarung die Möglichkeit der Parteien, ihre eigenen Technologierechte in den betreffenden Gebieten in vollem Umfang zu nutzen, nicht in Frage stellt.

(110) Nach Artikel 4 Absatz 1 Buchstabe c Ziffer ii ist von der Liste der Kernbeschränkungen die dem Lizenznehmer in einer nicht wechselseitigen Vereinbarung auferlegte Beschränkung des aktiven Verkaufs in ein Gebiet oder an eine Kundengruppe ausgenommen, das bzw. die vom Lizenzgeber einem anderen Lizenznehmer zugewiesen worden ist. Das gilt aber nur, wenn der geschützte Lizenznehmer zum Zeitpunkt des Abschlusses der Lizenzvereinbarung kein Wettbewerber des Lizenzgebers war. Es ist grundsätzlich nicht gerechtfertigt, solche Beschränkungen in dieser Situation als Kernbeschränkungen einzustufen. Sie dürften den Lizenznehmer dazu veranlassen, die lizenzierte Technologie effizienter zu nutzen, wenn dem Lizenzgeber erlaubt wird, einen Lizenznehmer, der auf dem Markt noch nicht vertreten war, vor

[59] ABl. C 130 vom 19.5.2010, S. 51.

aktiven Verkäufen von Lizenznehmern zu schützen, die als Wettbewerber des Lizenzgebers bereits auf dem Markt etabliert waren. Vereinbaren die Lizenznehmer hingegen untereinander, aktive oder passive Verkäufe in bestimmte Gebiete oder an bestimmte Kundengruppen zu unterlassen, so läuft die Vereinbarung auf ein Kartell unter Lizenznehmern hinaus. Da solch eine Vereinbarung keinerlei Technologietransfer beinhaltet, fällt sie zudem nicht unter die TT-GVO.

(111) Artikel 4 Absatz 1 Buchstabe c Ziffer iii enthält eine weitere Ausnahme von der Kernbeschränkung nach Artikel 4 Absatz 1 Buchstabe c, nämlich die Auflage, dass der Lizenznehmer die Vertragsprodukte nur für den Eigenbedarf produzieren darf. Ist das Vertragsprodukt ein Bauteil, so kann der Lizenznehmer daher verpflichtet werden, das Bauteil nur für den Einbau in seine eigenen Produkte herzustellen und nicht an andere Hersteller zu verkaufen. Der Lizenznehmer muss jedoch befugt sein, die Bauteile als Ersatzteile für seine eigenen Produkte zu verkaufen, und muss daher Dritte beliefern können, die Kundendienste für diese Produkte anbieten. Beschränkungen auf den Eigenbedarf können notwendig sein, um die Verbreitung der Technologie zu fördern, insbesondere zwischen Wettbewerbern, und fallen deshalb unter die Gruppenfreistellung. Auf diese Beschränkungen wird in Abschnitt 4.2.5 näher eingegangen.

(112) Nach Artikel 4 Absatz 1 Buchstabe c Ziffer iv ist schließlich von der Liste der Kernbeschränkungen die dem Lizenznehmer in einer nicht wechselseitigen Vereinbarung auferlegte Verpflichtung ausgenommen, die Vertragsprodukte nur für einen bestimmten Kunden zu produzieren, um diesem Kunden eine alternative Bezugsquelle zu verschaffen. Artikel 4 Absatz 1 Buchstabe c Ziffer iv ist demnach nur anwendbar, wenn sich die Lizenz darauf beschränkt, einem bestimmten Kunden eine alternative Bezugsquelle zu bieten. Dabei braucht es sich jedoch nicht um eine einzige Lizenz zu handeln. Es können durchaus mehrere Unternehmen eine Lizenz zur Belieferung desselben Kunden erhalten. Artikel 4 Absatz 1 Buchstabe c Ziffer iv gilt unabhängig von der Geltungsdauer der Lizenzvereinbarung. So fällt beispielsweise auch eine einmalige Lizenz zur Erfüllung der Anforderungen eines Projekts eines bestimmten Kunden unter die Ausnahmeregelung. Wird die Lizenz nur zur Belieferung eines bestimmten Kunden erteilt, so sind die Möglichkeiten, mit solchen Vereinbarungen den Markt aufzuteilen, begrenzt. Unter diesen Umständen kann insbesondere nicht davon ausgegangen werden, dass die Vereinbarung den Lizenznehmer dazu bringen wird, die Verwertung seiner eigenen Technologie einzustellen.

(113) Beschränkungen in Vereinbarungen zwischen Wettbewerbern, die die Lizenz auf einen oder mehrere Produktmärkte oder technische Anwendungsbereiche begrenzen[60], sind keine Kernbeschränkungen. Solche Beschränkungen sind unabhängig davon, ob es sich um eine wechselseitige Vereinbarung handelt oder nicht, bis in Höhe der Marktanteilsschwelle von 20% freigestellt. Bei solchen Beschränkungen wird nicht davon ausgegangen, dass sie eine Aufteilung von Märkten oder Kunden bezwecken. Die Gruppenfreistellung greift allerdings nur dann, wenn die Nutzungsbeschränkung nicht über den Einsatzbereich der lizenzierten Technologien hinausgeht. Werden die Lizenznehmer beispielsweise auch hinsichtlich der Einsatzgebiete der Nutzung ihrer eigenen Technologie eingeschränkt, so läuft die Vereinbarung auf eine Marktaufteilung hinaus.

(114) Die Gruppenfreistellung gilt unabhängig davon, ob die Nutzungsbeschränkung symmetrisch oder asymmetrisch ist. Eine Nutzungsbeschränkung in einer wechselseitigen Lizenzvereinbarung ist dann asymmetrisch, wenn die beiden Parteien die ihnen lizenzierten Technologien nicht in demselben Anwendungsbereich nutzen dürfen. Solange die Parteien ihre eigenen Technologien uneingeschränkt nutzen können, wird nicht angenommen, dass die Vereinbarung die Parteien dazu veranlasst, von der (weiteren) Erschließung des bzw. der Anwendungsbereiche abzusehen, die von der Li-

[60] Auf Nutzungsbeschränkungen wird unter den Randnummern (208) ff näher eingegangen.

zenz der anderen Partei erfasst sind. Auch wenn die Lizenznehmer über die maschinelle Ausrüstung verfügen, um die lizenzierte Technologie innerhalb des lizenzierten Anwendungsbereichs zu nutzen, ist nicht gesagt, dass dies Auswirkungen auf die Anlagen hat, die zur Produktion außerhalb der Lizenz eingesetzt werden. In diesem Zusammenhang ist es wichtig, dass die Beschränkung für verschiedene Produktmärkte, Wirtschaftszweige oder Anwendungsbereiche gilt und nicht für einem Gebiet oder einer Gruppe zugeordnete Kunden, die Produkte erwerben, die zum selben Produktmarkt oder technischen Anwendungsbereich gehören. Im letzteren Fall ist das Risiko, dass es zu einer Marktaufteilung kommt, erheblich höher (siehe Randnummer (106)). Nutzungsbeschränkungen können überdies notwendig sein, um eine dem Wettbewerb förderliche Lizenzvergabe zu unterstützen (siehe Randnummer (212)).

Beschränkung der Forschungs- und Entwicklungsarbeiten der Vertragsparteien

(115) Die in Artikel 4 Absatz 1 Buchstabe d genannte Kernbeschränkung gilt für Beschränkungen von Forschungs- und Entwicklungsarbeiten der Vertragsparteien. Beiden Parteien muss es freistehen, unabhängige Forschungs- und Entwicklungsarbeiten durchzuführen. Diese Bestimmung gilt unabhängig davon, ob die Beschränkung für einen Bereich gilt, der von der Vereinbarung erfasst ist, oder für andere Bereiche. Der Umstand, dass die Parteien sich verpflichten, einander künftige Verbesserungen ihrer jeweiligen Technologien zukommen zu lassen, läuft jedoch noch nicht auf eine Beschränkung der unabhängigen Forschung und Entwicklung hinaus. Die Auswirkungen solcher Vereinbarungen auf den Wettbewerb müssen von Fall zu Fall geprüft werden. Artikel 4 Absatz 1 Buchstabe d erstreckt sich ferner nicht auf Beschränkungen für eine Partei, Forschungs- und Entwicklungsarbeiten mit Dritten durchzuführen, wenn diese Beschränkung erforderlich ist, um das Know how des Lizenzgebers vor einer Preisgabe zu schützen. Um unter die Ausnahmeregelung zu fallen, müssen die zum Schutz des Know-hows des Lizenzgebers auferlegten Beschränkungen für diesen Schutz notwendig und verhältnismäßig sein. Sind in der Vereinbarung beispielsweise die Mitarbeiter des Lizenznehmers genannt, die im Bereich des lizenzierten Know-how geschult werden und anschließend für die Nutzung des Know-hows verantwortlich sein sollen, so kann es ausreichen, wenn der Lizenznehmer verpflichtet wird, diesen Mitarbeitern die Teilnahme an Forschungs- und Entwicklungsarbeiten mit Dritten zu untersagen. Andere Vorkehrungen können ebenfalls angemessen sein.

Beschränkung der Nutzung eigener Technologien durch den Lizenznehmer

(116) Nach Artikel 4 Absatz 1 Buchstabe d darf der Lizenznehmer auch nicht in der Nutzung seiner eigenen konkurrierenden Technologierechte eingeschränkt werden, sofern er dabei nicht die lizenzierten Technologierechte nutzt. In Bezug auf seine eigenen Technologierechte darf der Lizenznehmer nicht im Hinblick darauf beschränkt werden, wo er herstellt oder verkauft, innerhalb welcher technischen Anwendungsbereiche oder Produktmärkte er produziert, welche Mengen er herstellt oder verkauft und zu welchem Preis er verkauft. Er darf auch nicht verpflichtet werden, Lizenzgebühren für Produkte zu zahlen, die auf der Grundlage seiner eigenen Technologierechte hergestellt wurden (siehe Randnummer (101)). Überdies darf der Lizenznehmer nicht hinsichtlich der Lizenzierung seiner eigenen Technologierechte an Dritte eingeschränkt werden. Wird der Lizenznehmer in der Nutzung seiner eigenen Technologierechte oder in der Forschung und Entwicklung eingeschränkt, so verringert die Vereinbarung die Wettbewerbsfähigkeit der Technologie des Lizenznehmers. Dadurch wird der Wettbewerb auf bestehenden Produkt- und Technologiemärkten sowie der Anreiz des Lizenznehmers verringert, in die Entwicklung und Verbesserung seiner Technologie zu investieren. Artikel 4 Absatz 1 Buchstabe d erstreckt sich nicht auf Situationen, in denen der Lizenznehmer in der Nutzung von mit der lizenzierten Technologie konkurrierenden Technologien Dritter eingeschränkt wird. Wenngleich solche Wettbewerbsverbote den Ausschluss der Technolo-

gien Dritter bewirken können (siehe Abschnitt 4.2.7), führen sie in der Regel nicht zu einer Verringerung des Anreizes für den Lizenznehmer, in die Entwicklung und Verbesserung seiner eigenen Technologien zu investieren.

3.4.3. Vereinbarungen zwischen Nicht-Wettbewerbern

(117) In Artikel 4 Absatz 2 der TT-GVO sind die Kernbeschränkungen bei Lizenzvereinbarungen zwischen Nicht-Wettbewerbern aufgeführt. Danach gilt die TT-GVO nicht für Vereinbarungen, die unmittelbar oder mittelbar, für sich allein oder in Verbindung mit anderen Umständen, die der Kontrolle der Vertragsparteien unterliegen, Folgendes bezwecken:

a) die Beschränkung der Möglichkeit einer Partei, den Preis, zu dem sie ihre Produkte an Dritte verkauft, selbst festzusetzen; dies gilt unbeschadet der Möglichkeit, Höchstverkaufspreise festzusetzen oder Preisempfehlungen auszusprechen, sofern sich diese nicht infolge der Ausübung von Druck oder der Gewährung von Anreizen durch eine der Vertragsparteien tatsächlich wie Fest- oder Mindestverkaufspreise auswirken;
b) die Beschränkung des Gebiets oder des Kundenkreises, in das bzw. an den der Lizenznehmer Vertragsprodukte passiv verkaufen darf, mit Ausnahme
   i) der Beschränkung des passiven Verkaufs in ein Exklusivgebiet oder an eine Exklusivkundengruppe, das bzw. die dem Lizenzgeber vorbehalten ist;
   ii) der dem Lizenznehmer auferlegten Verpflichtung, die Vertragsprodukte nur für den Eigenbedarf zu produzieren, sofern er keiner Beschränkung in Bezug auf den aktiven und passiven Verkauf der Vertragsprodukte als Ersatzteile für seine eigenen Produkte unterliegt;
   iii) der Verpflichtung, die Vertragsprodukte nur für einen bestimmten Kunden zu produzieren, wenn die Lizenz erteilt worden ist, um diesem Kunden eine alternative Bezugsquelle zu verschaffen;
   iv) der Beschränkung des Verkaufs an Endverbraucher durch Lizenznehmer, die auf der Großhandelsebene tätig sind;
   v) der Mitgliedern eines selektiven Vertriebssystems auferlegten Beschränkung des Verkaufs an nichtzugelassene Händler;
c) die Beschränkung des aktiven oder passiven Verkaufs an Endverbraucher, sofern diese Beschränkung einem Lizenznehmer auferlegt wird, der einem selektiven Vertriebssystem angehört und auf der Einzelhandelsebene tätig ist; dies gilt unbeschadet der Möglichkeit, Mitgliedern des Systems zu verbieten, Geschäfte von nichtzugelassenen Niederlassungen aus zu betreiben.

Preisfestsetzung

(118) Die in Artikel 4 Absatz 2 Buchstabe a der TT-GVO genannte Kernbeschränkung betrifft die Festsetzung von Verkaufspreisen, die Dritten in Rechnung gestellt werden. Genauer gesagt gilt diese Bestimmung für Beschränkungen, deren unmittelbarer oder mittelbarer Zweck die Festsetzung eines Fest- oder Mindestverkaufspreises oder eines Fest- oder Mindestpreisniveaus ist, das der Lizenzgeber oder der Lizenznehmer beim Verkauf von Produkten an Dritte einhalten muss. Bei Vereinbarungen, in denen der Verkaufspreis unmittelbar festgelegt wird, ist die Beschränkung offensichtlich. Die Festsetzung von Verkaufspreisen kann jedoch auch auf indirektem Wege erreicht werden. Beispiele dafür sind Vereinbarungen, in denen Preisspannen oder Rabatthöchstgrenzen festgelegt werden oder der Verkaufspreis an die Verkaufspreise der Wettbewerber gekoppelt wird, ferner Drohungen, Einschüchterungen, Warnungen, Sanktionen oder Vertragskündigungen in Verbindung mit der Einhaltung eines vorgegebenen Preisniveaus. Direkte oder indirekte Mittel zur Preisfestsetzung sind noch effizienter, wenn sie mit Maßnahmen zur Ermittlung von Preisunterbietungen kombiniert werden, z. B. durch Einführung eines Preisüberwachungssystems oder die Ver-

pflichtung von Lizenznehmern, über Preisabweichungen zu berichten. Analog dazu lässt sich die unmittelbare oder mittelbare Festsetzung von Preisen in Verbindung mit Maßnahmen effektiver gestalten, die dem Lizenznehmer weniger Anreize zur Senkung des Weiterverkaufspreises geben, wenn er also z. B. zur Anwendung einer Meistbegünstigungsklausel gegenüber Kunden verpflichtet wird, so dass er günstigere Bedingungen, die er einem Kunden gewährt hat, auch den übrigen Kunden einräumen muss. Dieselben Mittel können eingesetzt werden, um aus Höchstpreisen oder Preisempfehlungen Fest- oder Mindestverkaufspreise zu machen. Übergibt der Lizenzgeber dem Lizenznehmer eine Liste mit Preisempfehlungen oder schreibt er ihm einen Höchstpreis vor, so ist hieraus allein nicht auf die Festsetzung eines Festpreises oder Mindestverkaufspreises zu schließen.

Beschränkung passiver Verkäufe des Lizenznehmers

(119) Die in Artikel 4 Absatz 2 Buchstabe b genannten Kernbeschränkungen betreffen Vereinbarungen oder aufeinander abgestimmte Verhaltensweisen, die unmittelbar oder mittelbar bezwecken, den passiven Verkauf[61] von Produkten, die die lizenzierte Technologie enthalten, durch Lizenznehmer einzuschränken.[62] Dem Lizenznehmer auferlegte Beschränkungen des passiven Verkaufs können das Ergebnis direkter Verpflichtungen sein, wie der Verpflichtung, nicht an einen bestimmten Kunden oder nicht an Kunden in bestimmten Gebieten zu verkaufen, oder der Verpflichtung, Bestellungen dieser Kunden an andere Lizenznehmer weiterzuleiten. Sie können auch das Ergebnis indirekter Maßnahmen sein, mit denen der Lizenznehmer dazu veranlasst werden soll, von solchen Verkäufen Abstand zu nehmen, wie etwa finanzielle Anreize oder die Einrichtung eines Überwachungssystems zur Überprüfung des tatsächlichen Bestimmungsortes der lizenzierten Produkte. Mit Mengenbeschränkungen können auf indirektem Wege ebenfalls passive Verkäufe eingeschränkt werden. Allerdings wird die Kommission nicht davon ausgehen, dass Mengenbeschränkungen bereits als solche diesem Zweck dienen. Wenn Mengenbeschränkungen allerdings genutzt werden, um eine zugrundeliegende Marktaufteilungsvereinbarung umzusetzen, wird die Kommission dies hingegen sehr wohl annehmen. Hinweise darauf sind die Anpassung der Mengen im Laufe der Zeit, um lediglich eine lokale Nachfrage zu decken, eine Kombination aus Mengenbeschränkung und der Auflage, im Vertragsgebiet eine bestimmte Mindestmenge abzusetzen, Mindestlizenzgebühren, die vom Absatz im betreffenden Gebiet abhängig sind, gestaffelte Lizenzgebühren entsprechend dem Bestimmungsort der Produkte und die Überwachung des Bestimmungsortes der Produkte, die von den einzelnen Lizenznehmern verkauft werden. Es gibt jedoch eine Reihe wichtiger Ausnahmen von dieser allgemeinen Kernbeschränkung der passiven Verkäufe von Lizenznehmern, auf die in den Randnummern (120) bis (125) eingegangen wird.

(120) Ausnahme 1: Artikel 4 Absatz 2 Buchstabe b gilt nicht für (aktive oder passive) Verkaufsbeschränkungen, die dem Lizenzgeber auferlegt werden. Solche Ver-

---

[61] Zur Bestimmung des Begriffs „passiver Verkauf“ siehe Randnummer (108) der vorliegenden Leitlinien sowie Leitlinien für vertikale Beschränkungen (Verweis in Fußnote 52), Randnr. 51.

[62] Diese Kernbeschränkung gilt für Technologietransfer-Vereinbarungen, die den Handel innerhalb der Union betreffen. Zu Technologietransfer-Vereinbarungen, die Exporte aus der Union oder Importe/Re-Importe aus Drittstaaten betreffen, siehe Urteil des Gerichtshofs vom 28. April 1998, Javico AG/Yves Saint Laurent, C-306/96, Slg. 1998, I-1983. In diesem Urteil heißt es unter Randnummer 20: „Folglich kann eine Vereinbarung, durch die sich der Händler gegenüber dem Hersteller verpflichtet, die Vertragsprodukte auf einem außerhalb der Gemeinschaft gelegenen Markt zu verkaufen, nicht als eine Vereinbarung angesehen werden, die eine spürbare Einschränkung des Wettbewerbs innerhalb des Gemeinsamen Marktes bezweckt und geeignet ist, den Handel zwischen Mitgliedstaaten zu beeinträchtigen.“

kaufsbeschränkungen fallen bis zur Marktanteilsschwelle von 30% unter die Gruppenfreistellung. Gleiches gilt für sämtliche Beschränkungen des aktiven Verkaufs der Lizenznehmer, mit Ausnahme der Ausführungen zum aktiven Verkauf unter Randnummer (125). Die Gruppenfreistellung für Beschränkungen des aktiven Verkaufs gründet auf der Annahme, dass solche Beschränkungen Investitionen sowie den nicht über den Preis ausgetragenen Wettbewerb fördern und die Qualität der Dienstleistungen verbessern, indem sie Trittbrettfahrer ausschließen und Sperrprobleme lösen. Bei Beschränkungen des aktiven Verkaufs zwischen den Gebieten und Kundengruppen der Lizenznehmer kommt es nicht darauf an, dass dem geschützten Lizenznehmer ein ausschließliches Gebiet oder eine ausschließliche Kundengruppe überlassen wurde. Die Gruppenfreistellung gilt auch für Beschränkungen des aktiven Verkaufs, wenn ein Gebiet oder eine Kundengruppe mehr als einem Lizenznehmer zugewiesen wurde. Effizienzsteigernde Investitionen sind dann zu erwarten, wenn der Lizenznehmer sicher sein kann, dass er dem Wettbewerb nur durch den aktiven Verkauf einer begrenzten Anzahl von Lizenznehmern innerhalb des Gebiets ausgesetzt ist und nicht dem Wettbewerb von Lizenznehmern außerhalb des Gebiets.

(121) Ausnahme 2: Beschränkungen des aktiven und passiven Verkaufs durch Lizenznehmer in ein Exklusivgebiet oder an eine Exklusivkundengruppe, das bzw. die dem Lizenzgeber vorbehalten ist, stellen keine Kernbeschränkungen dar (siehe Artikel 4 Absatz 2 Buchstabe b Ziffer i) und sind freigestellt. Es wird davon ausgegangen, dass solche Beschränkungen bis zur Marktanteilsschwelle zwar möglicherweise den Wettbewerb einschränken, aber die wettbewerbsfördernde Verbreitung der Technologie und die Integration dieser Technologie in die Produktionsanlagen des Lizenznehmers fördern. Der Lizenzgeber muss nicht mit der lizenzierten Technologie im Vertragsgebiet oder für die betreffende Kundengruppe produzieren, damit das Gebiet oder die Kundengruppe als dem Lizenzgeber vorbehalten angesehen werden kann. Der Lizenzgeber kann sich ein Gebiet oder eine Kundengruppe auch für eine spätere Nutzung vorbehalten.

(122) Ausnahme 3: Artikel 4 Absatz 2 Buchstabe b Ziffer ii stellt die Verpflichtung des Lizenznehmers frei, Produkte, die die lizenzierte Technologie enthalten, nur für den Eigenbedarf herzustellen. Ist das Vertragsprodukt ein Bauteil, so kann der Lizenznehmer daher verpflichtet werden, das Produkt nur für den Einbau in seine eigenen Produkte zu nutzen und nicht an andere Hersteller zu verkaufen. Der Lizenznehmer muss jedoch in der Lage sein, das Produkt als Ersatzteil für seine eigenen Produkte aktiv und passiv zu verkaufen und es an Dritte, die Kundendienste für diese Produkte anbieten, zu liefern. Auf Beschränkungen auf den Eigenbedarf wird in Abschnitt 4.2.5 näher eingegangen.

(123) Ausnahme 4: Ebenso wie bei Vereinbarungen zwischen Wettbewerbern (siehe Randnummer (112)) gilt die Gruppenfreistellung auch für Vereinbarungen, die den Lizenznehmer verpflichten, die Vertragsprodukte nur für einen bestimmten Kunden zu produzieren, um diesem Kunden eine alternative Bezugsquelle zu verschaffen, und zwar unabhängig von der Geltungsdauer der Lizenzvereinbarung (vgl. Artikel 4 Absatz 2 Buchstabe b Ziffer iii). Handelt es sich um eine Vereinbarung zwischen Nicht-Wettbewerbern, so ist es unwahrscheinlich, dass solche Beschränkungen unter Artikel 101 Absatz 1 AEUV fallen.

(124) Ausnahme 5: Artikel 4 Absatz 2 Buchstabe b Ziffer iv sieht vor, dass der Lizenzgeber einem auf der Großhandelsebene tätigen Lizenznehmer vorschreiben darf, nicht an Endverbraucher, sondern nur an Einzelhändler zu verkaufen. Mit dieser Auflage kann der Lizenzgeber dem Lizenznehmer eine Großhandelsvertriebsfunktion zuweisen; sie fällt in der Regel nicht in den Anwendungsbereich des Artikels 101 Absatz 1 AEUV.[63]

---

[63] Siehe hierzu Urteil des Gerichtshofs vom 25. Oktober 1977, Metro (I), 26/76, Slg. 1977, 1875.

(125) Ausnahme 6: Nach Artikel 4 Absatz 2 Buchstabe b Ziffer v darf dem Lizenznehmer außerdem untersagt werden, an nichtzugelassene Händler zu verkaufen. Damit kann der Lizenzgeber den Lizenznehmer verpflichten, sich einem selektiven Vertriebssystem anzuschließen. In diesem Fall müssen die Lizenznehmer allerdings gemäß Artikel 4 Absatz 2 Buchstabe c aktive und passive Verkäufe an Endverbraucher tätigen können, unbeschadet der Möglichkeit, einen Lizenznehmer nach Artikel 4 Absatz 2 Buchstabe b Ziffer iv auf eine Großhandelsfunktion zu beschränken (siehe Randnummer (124)). In einem Gebiet, in dem der Lizenzgeber ein selektives Vertriebssystem betreibt, darf dieses System nicht mit Exklusivgebieten oder Exklusivkundengruppen kombiniert werden, wenn dies eine Beschränkung des aktiven oder passiven Verkaufs an Endverbraucher bewirken würde, da dies zu einer Kernbeschränkung im Sinne des Artikels 4 Absatz 2 Buchstabe c führen würde; dies gilt unbeschadet der Möglichkeit, Lizenznehmern zu verbieten, Geschäfte von nichtzugelassenen Niederlassungen aus zu betreiben.

(126) Beschränkungen des passiven Verkaufs durch Lizenznehmer in einem Exklusivgebiet oder an eine Exklusivkundengruppe, das bzw. die einem anderen Lizenznehmer vorbehalten ist, stellen zwar in der Regel eine Kernbeschränkung dar, sie können aber für eine gewisse Zeit von Artikel 101 Absatz 1 AEUV ausgenommen werden, wenn die Beschränkungen objektiv notwendig sind, damit der geschützte Lizenznehmer in einen neuen Markt eintreten kann. Das kann der Fall sein, wenn Lizenznehmer umfangreiche Investitionen in Produktionsanlagen und Werbung auf sich nehmen müssen, um einen neuen Markt zu erschließen und zu entwickeln. Der neue Lizenznehmer trägt daher erhebliche Risiken, insbesondere weil Ausgaben für Werbung und Investitionen in die Anlagen, die erforderlich sind, um auf der Grundlage einer bestimmten Technologie zu produzieren, häufig verloren gehen; das bedeutet, dass der Lizenznehmer die investierten Mittel nicht für andere Tätigkeiten nutzen oder ohne bedeutende Verluste verkaufen kann, wenn er aus einem Tätigkeitsbereich ausscheidet. Der Lizenznehmer kann beispielsweise der erste sein, der eine neue Art von Produkt herstellt und verkauft oder eine neue Technologie einsetzt. Unter solchen Umständen würden Lizenznehmer die Lizenzvereinbarung ohne einen befristeten Schutz vor passiven (und aktiven) Verkäufen anderer Lizenznehmer in ihrem Vertragsgebiet oder an ihre Kundengruppen in vielen Fällen nicht schließen. Wenn der Lizenznehmer umfangreiche Investitionen tätigen muss, um einen neuen Markt zu erschließen und zu entwickeln, fallen Beschränkungen der passiven Verkäufe anderer Lizenznehmer in solch einem Gebiet bzw. an solch eine Kundengruppe so lange nicht unter Artikel 101 Absatz 1 AEUV, bis sich die Investitionen des Lizenznehmers amortisiert haben. In der Regel dürfte dies nach einem Zeitraum von bis zu zwei Jahren, gerechnet ab dem Zeitpunkt, zu dem das Vertragsprodukt von dem betreffenden Lizenznehmer im Exklusivgebiet zum ersten Mal in Verkehr gebracht bzw. an seine Exklusivkundengruppe verkauft wurde, der Fall sein. In Einzelfällen kann es jedoch angemessen sein, einen längeren Schutzzeitraum für die Amortisierung der dem Lizenznehmer angefallenen Kosten vorzusehen.

(127) Analog dazu ist ein Verbot für alle Lizenznehmer, bestimmte Endverbraucher zu beliefern, unter Umständen nicht als Wettbewerbsbeschränkung zu werten, wenn die Beschränkung aufgrund der Gefährlichkeit des betreffenden Produkts aus Gründen der Sicherheit oder Gesundheit objektiv notwendig ist.

3.5. Nichtfreigestellte Beschränkungen

(128) In Artikel 5 der TT-GVO sind drei Arten von Beschränkungen aufgeführt, die von der Gruppenfreistellung ausgenommen sind und deshalb eine Einzelprüfung hinsichtlich ihrer wettbewerbsschädigenden und wettbewerbsfördernden Auswirkungen erfordern. Artikel 5 zielt darauf ab, eine Gruppenfreistellung von Vereinbarungen zu verhindern, die Innovationsanreize verringern können. Aus Artikel 5 folgt,

dass die Aufnahme einer der dort genannten Beschränkungen in die Lizenzvereinbarung der Anwendung der TT-GVO auf den übrigen Teil der Vereinbarung nicht entgegensteht, wenn sich die Beschränkungen vom übrigen Teil der Vereinbarung trennen lassen. In diesen Fällen fällt lediglich die fragliche Beschränkung nicht unter die Gruppenfreistellung und erfordert somit eine Einzelbeurteilung.

Ausschließliche Rücklizenzen

(129) Artikel 5 Absatz 1 Buchstabe a der TT-GVO betrifft ausschließliche Rücklizenzen (durch die Verbesserungen des Lizenznehmers ausschließlich an den Lizenzgeber zurücklizenziert werden) bzw. die Verpflichtung, dem Lizenzgeber Verbesserungen der lizenzierten Technologie zu übertragen. Eine Verpflichtung, dem Lizenzgeber eine Exklusivlizenz für Verbesserungen der lizenzierten Technologie zu erteilen oder ihm diese Verbesserungen zu übertragen, wird aller Wahrscheinlichkeit nach die Anreize für den Lizenznehmer, Neuerungen einzuführen, verringern, da sie den Lizenznehmer daran hindert, die Verbesserungen, auch im Wege der Lizenzvergabe an Dritte, zu verwerten. Eine ausschließliche Rücklizenz hindert nämlich den Lizenznehmer (der die Innovation hervorgebracht hat und in diesem Fall der Lizenzgeber der Verbesserung ist) daran, die Verbesserung (entweder in seiner eigenen Produktion oder durch Lizenzvergabe an Dritte) zu verwerten. Dies ist sowohl der Fall, wenn die Verbesserung dieselbe Anwendung wie die lizenzierte Technologie betrifft, als auch, wenn der Lizenznehmer neue Anwendungen für die lizenzierte Technologie entwickelt. Solche Verpflichtungen fallen nach Artikel 5 Absatz 1 Buchstabe a nicht unter die Gruppenfreistellung.

(130) Die Anwendung des Artikels 5 Absatz 1 Buchstabe a der TT-GVO hängt nicht davon ab, ob der Lizenzgeber eine Vergütung als Gegenleistung für die Übertragung der Verbesserung oder für eine Exklusivlizenz zahlt. Der Umstand, dass solche Vergütungen geleistet wurden, sowie deren Höhe können allerdings bei einer Einzelbeurteilung nach Artikel 101 AEUV von Bedeutung sein. Werden Rücklizenzen gegen Entgelt gewährt, so ist es weniger wahrscheinlich, dass die Verpflichtung den Innovationsanreiz für den Lizenznehmer verringert. Bei der Beurteilung ausschließlicher Rücklizenzen außerhalb des Anwendungsbereichs der Gruppenfreistellung ist auch die Marktstellung des Lizenzgebers auf dem Technologiemarkt ein maßgeblicher Faktor. Je stärker die Stellung des Lizenzgebers ist, desto eher haben ausschließliche Rücklizenz-Verpflichtungen eine einschränkende Wirkung auf den Innovationswettbewerb. Je stärker die Stellung der Technologie des Lizenzgebers ist, desto wichtiger ist es, dass der Lizenznehmer eine wichtige Quelle für Innovation und künftigen Wettbewerb werden kann. Die negativen Auswirkungen von Rücklizenz-Verpflichtungen können sich auch im Falle paralleler Netze von Lizenzvereinbarungen verstärken, die solche Verpflichtungen enthalten. Werden verfügbare Technologien von einer kleinen Zahl von Lizenzgebern kontrolliert, die den Lizenznehmern ausschließliche Rücklizenz-Verpflichtungen auferlegen, so ist die Gefahr einer wettbewerbsschädigenden Wirkung größer, als wenn es eine Reihe von Technologien gibt, von denen nur einige mit der Auflage ausschließlicher Rücklizenzen lizenziert werden.

(131) Nichtausschließliche Rücklizenz-Verpflichtungen fallen in den Safe-Harbour-Bereich der TT-GVO. Dies gilt auch dann, wenn es sich um eine nicht wechselseitige Verpflichtung handelt, das heißt wenn sie nur für den Lizenznehmer gilt, und wenn der Lizenzgeber im Rahmen der Vereinbarung berechtigt ist, die Verbesserungen an andere Lizenznehmer weiterzugeben. Eine nicht wechselseitige Rücklizenz-Verpflichtung kann die Verbreitung neuer Technologien insofern fördern, als es dem Lizenzgeber überlassen bleibt, ob und in welchem Umfang er seine eigenen Verbesserungen an seine Lizenznehmer weitergibt. Auch eine „Feed-on"-Klausel kann die Verbreitung von Technologie fördern, insbesondere wenn jeder Lizenznehmer zum Zeitpunkt des Vertragsabschlusses weiß, dass er den anderen Lizenznehmern im Hinblick auf die Technologie, auf deren Grundlage er produziert, gleichgestellt sein wird.

(132) Nichtausschließliche Rücklizenz-Verpflichtungen können die Innovationstätigkeit insbesondere im Fall von Cross-Licensing zwischen Wettbewerbern beeinträchtigen, wenn eine Rücklizenz-Verpflichtung beider Parteien mit der beiden Parteien auferlegten Verpflichtung kombiniert ist, Verbesserungen ihrer eigenen Technologie mit der jeweils anderen Partei zu teilen. Das Teilen aller Verbesserungen kann beide Wettbewerber daran hindern, sich einen Wettbewerbsvorsprung gegenüber dem anderen zu verschaffen (siehe auch Randnummer (241)). Es ist allerdings unwahrscheinlich, dass die Parteien von einem Wettbewerbsvorsprung abgehalten werden, wenn die Lizenz darauf abzielt, ihnen die Entwicklung ihrer Technologien zu ermöglichen, und wenn sie die Parteien nicht dazu veranlasst, ihre Produkte auf derselben technologischen Grundlage zu gestalten. Dies ist dann der Fall, wenn das Ziel der Lizenz darin besteht, die Gestaltungsfreiheit zu gewährleisten, statt die technologische Grundlage des Lizenznehmers zu verbessern.

Nichtangriffs- und Kündigungsklauseln

(133) Die in Artikel 5 Absatz 1 Buchstabe b der TT-GVO genannte nichtfreigestellte Beschränkung betrifft Nichtangriffsklauseln, das heißt die unmittelbare oder mittelbare Verpflichtung, die Gültigkeit des geistigen Eigentums des Lizenzgebers nicht anzufechten, unbeschadet der Möglichkeit, bei einer Exklusivlizenz die Beendigung der Technologietransfer-Vereinbarung durch den Lizenzgeber für den Fall vorzusehen, dass der Lizenznehmer die Gültigkeit eines oder mehrerer der lizenzierten Technologierechte anficht.

(134) Für Nichtangriffsklauseln gilt die Gruppenfreistellung nicht, da die Lizenznehmer in der Regel am besten beurteilen können, ob ein Recht des geistigen Eigentums gültig ist oder nicht. Im Interesse eines unverfälschten Wettbewerbs und im Einklang mit den Grundsätzen, die dem Schutz des geistigen Eigentums zugrunde liegen, sollten ungültige Rechte des geistigen Eigentums aufgehoben werden. Ungültige Rechte des geistigen Eigentums verhindern eher die Innovationstätigkeit, anstatt sie zu fördern. Artikel 101 Absatz 1 AEUV gilt in der Regel für Nichtangriffsklauseln, wenn die lizenzierte Technologie wertvoll ist und somit ein Wettbewerbsnachteil für die Unternehmen entsteht, die an ihrer Nutzung gehindert werden oder die sie nur gegen Zahlung von Lizenzgebühren nutzen können. In diesen Fällen sind die Voraussetzungen des Artikels 101 Absatz 3 in der Regel nicht erfüllt. Bezieht sich die lizenzierte Technologie jedoch auf ein technisch überholtes Verfahren, von dem der Lizenznehmer keinen Gebrauch macht, oder wird die Lizenz kostenlos erteilt, so liegt keine Wettbewerbsbeschränkung vor.[64] Zu Nichtangriffsklauseln in Streitbeilegungsvereinbarungen siehe die Randnummern (242) und (243).

(135) Eine Bestimmung, die den Lizenznehmer verpflichtet, das Eigentum an Technologierechten nicht anzufechten, stellt in der Regel keine Wettbewerbsbeschränkung im Sinne des Artikels 101 Absatz 1 AEUV dar. Unabhängig davon, ob die Technologierechte im Eigentum des Lizenzgebers stehen, ist die Nutzung der Technologie durch den Lizenznehmer und andere Parteien an die Gewährung einer Lizenz gebunden, so dass der Wettbewerb dadurch in der Regel nicht berührt würde.[65]

(136) Nach Artikel 5 Absatz 1 Buchstabe b der TT-GVO fällt auch das Recht des Lizenzgebers, im Falle nichtausschließlicher Lizenzen die Vereinbarung zu kündigen, wenn der Lizenznehmer die Gültigkeit eines Rechts des geistigen Eigentums anficht, über das der Lizenzgeber in der Europäischen Union verfügt, nicht in den freigestellten Safe-Harbour-Bereich. Ein solches Kündigungsrecht kann dieselbe Wirkung wie

[64] Siehe hierzu Urteil des Gerichtshofs vom 27. September 1988, Bayer/Süllhöfer, 65/86, Slg. 1988, 5249.

[65] Zur Anfechtung der Inhaberrechte an einem Markenzeichen siehe Entscheidung der Kommission in der Sache Moosehead/Whitbread (ABl. L 100 vom 20.4.1990, S. 32).

eine Nichtangriffsklausel haben, insbesondere wenn die Abkehr von der Technologie des Lizenzgebers für den Lizenznehmer einen erheblichen Verlust bedeuten würde (beispielsweise wenn der Lizenznehmer bereits in bestimmte Maschinen oder Werkzeuge investiert hat, die nicht für die Produktion mit einer anderen Technologie verwendet werden können) oder wenn die Technologie des Lizenzgebers ein notwendiges Input für die Produktion des Lizenznehmers ist. Bei standardessenziellen Patenten etwa muss ein Lizenznehmer, der ein standardgerechtes Produkt herstellt, alle Patente nutzen, die im Standard enthalten sind. In einem solchen Fall kann die Anfechtung der Gültigkeit der betreffenden Patente zu erheblichen Verlusten führen, wenn die Technologietransfer-Vereinbarung beendet wird. Auch wenn die Technologie des Lizenzgebers nicht standardessenziell ist, aber eine herausragende Marktstellung innehat, wird der Lizenznehmer möglicherweise dadurch von einer Anfechtung abgehalten, dass es schwierig ist, eine geeignete Alternativtechnologie zu finden, für die er eine Lizenz erwerben könnte. In einer solchen Situation müsste von Fall zu Fall beurteilt werden, ob dem Lizenznehmer Gewinne in erheblicher Höhe entgehen würden, die einen wichtigen Grund bilden könnten, von einer Anfechtung abzusehen.

(137) In den unter Randnummer (136) beschriebenen Situationen wird der Lizenznehmer möglicherweise davon abgehalten, die Gültigkeit der Rechte des geistigen Eigentums anzufechten, da sonst die Gefahr bestünde, dass die Lizenzvereinbarung gekündigt wird, und er somit Risiken ausgesetzt ist, die seine Lizenzgebühren bei weitem übersteigen. In anderen Situationen stehen Kündigungsklauseln jedoch einer Anfechtung in vielen Fällen nicht erheblich entgegen und haben daher nicht die gleiche Wirkung wie Nichtangriffsklauseln.

(138) Das öffentliche Interesse, für den Lizenzgeber die Anreize zur Lizenzvergabe dadurch zu erhöhen, dass er nicht verpflichtet ist, mit einem Lizenznehmer, der den Kerngegenstand der Lizenzvereinbarung anficht, weiter Geschäfte zu tätigen, muss gegen das öffentliche Interesse abgewogen werden, dass Wirtschaftshindernisse beseitigt werden, die unter Umständen aus fälschlich erteilten Rechten des geistigen Eigentums erwachsen.[66] Bei dieser Abwägung sollte berücksichtigt werden, ob der Lizenznehmer all seine aus der Vereinbarung erwachsenden Verpflichtungen zum Zeitpunkt der Anfechtung erfüllt, insbesondere die Verpflichtung zur Entrichtung der vereinbarten Lizenzgebühren.

(139) Bei Exklusivlizenzen ist die Wahrscheinlichkeit in der Regel insgesamt geringer, dass Kündigungsklauseln wettbewerbsschädigende Wirkungen haben. Nach Erteilung der Lizenz kann sich der Lizenzgeber selbst in einem besonderen Abhängigkeitsverhältnis befinden, da der Lizenznehmer seine einzige Einnahmequelle in Bezug auf die lizenzierten Technologierechte ist, wenn die Lizenzgebühren von der Produktion mit den lizenzierten Technologierechten abhängen, was oftmals eine effiziente Möglichkeit zur Strukturierung der Lizenzgebühren ist. In diesem Szenario könnten die Anreize zur Innovation und zur Lizenzvergabe beispielsweise beeinträchtigt werden, wenn der Lizenzgeber an eine Vereinbarung mit einem ausschließlichen Lizenznehmer gebunden ist, der kaum noch Anstrengungen unternimmt, das Produkt, das mit den lizenzierten Technologierechten produziert wird bzw. werden soll, weiterzuentwickeln, zu produzieren oder zu vermarkten.[67] Deshalb stellt die TT-GVO Kündigungsklauseln in Exklusivlizenz-Vereinbarungen frei, sofern auch die anderen

[66] Urteil des Gerichtshofs vom 25. Februar 1986, Windsurfing International, 193/83, Slg. 1986, 611, Randnr. 92.

[67] Im Falle von Vereinbarungen, bei denen es sich nicht um Exklusivvereinbarungen im eigentlichen Sinne handelt, so dass die Kündigungsklausel nicht in den Safe-Harbour-Bereich der TT-GVO fällt, kann sich der Lizenzgeber im Einzelfall in einem ähnlichen Abhängigkeitsverhältnis gegenüber einem Lizenznehmer befinden, der über erhebliche Nachfragemacht verfügt. Diese Abhängigkeit wird bei der Einzelfallprüfung berücksichtigt.

Freistellungsvoraussetzungen wie die Einhaltung der Marktanteilsschwelle erfüllt sind. Außerhalb des freigestellten Bereichs muss eine Einzelfallprüfung durchgeführt werden, bei der die verschiedenen Interessen berücksichtigt werden (siehe Randnummer (138)).

(140) Ferner werden Nichtangriffs- und Kündigungsklauseln in Bezug auf Know-how von der Kommission weniger kritisch beurteilt, weil es unmöglich oder zumindest sehr schwierig sein dürfte, einmal preisgegebenes lizenziertes Know-how wieder zurückzuerlangen. Eine dem Lizenznehmer auferlegte Verpflichtung, das lizenzierte Know-how nicht anzufechten, fördert in diesem Fall die Verbreitung neuer Technologie insbesondere deshalb, weil schwächere Lizenzgeber auf diese Weise stärkeren Lizenznehmern eine Lizenz erteilen können, ohne fürchten zu müssen, dass ihr Know-how angefochten wird, sobald der Lizenznehmer es sich zu eigen gemacht hat. Deshalb sind Nichtangriffs- und Kündigungsklauseln, die sich ausschließlich auf Know-how beziehen, nicht vom Anwendungsbereich der TT-GVO ausgenommen.

Dem Lizenznehmer (durch einen Nicht-Wettbewerber) auferlegte Beschränkungen der Nutzung oder Entwicklung seiner eigenen Technologie

(141) Handelt es sich bei den Vertragsparteien nicht um konkurrierende Unternehmen, so gilt die Freistellung nach Artikel 5 Absatz 2 nicht für unmittelbare oder mittelbare Verpflichtungen, die die Möglichkeit des Lizenznehmers, seine eigenen Technologierechte zu verwerten, oder die Möglichkeit der Vertragsparteien, Forschungs- und Entwicklungsarbeiten durchzuführen, beschränken, es sei denn, eine derartige Beschränkung ist unerlässlich, um die Preisgabe des lizenzierten Know-hows an Dritte zu verhindern. Inhaltlich handelt es sich um die gleiche Beschränkung wie die als Kernbeschränkung eingestufte Beschränkung in Vereinbarungen zwischen Wettbewerbern nach Artikel 4 Absatz 1 Buchstabe d, die unter den Randnummern (115) und (116) dieser Leitlinien erläutert wird. Bei Vereinbarungen zwischen Nicht-Wettbewerbern kann jedoch nicht angenommen werden, dass sich solche Beschränkungen generell negativ auf den Wettbewerb auswirken oder dass die Voraussetzungen des Artikels 101 Absatz 3 AEUV in der Regel nicht erfüllt sind.[68] Hier bedarf es einer individuellen Prüfung.

(142) Bei Vereinbarungen zwischen Nicht-Wettbewerbern verfügt der Lizenznehmer normalerweise nicht über eine konkurrierende Technologie. Es kann jedoch vorkommen, dass die Parteien in Bezug auf die Gruppenfreistellung als Nicht-Wettbewerber betrachtet werden, obwohl der Lizenznehmer über eine konkurrierende Technologie verfügt. Das ist dann der Fall, wenn der Lizenznehmer seine Technologie nicht in Lizenz vergibt und der Lizenzgeber kein tatsächlicher oder potenzieller Wettbewerber auf dem Produktmarkt ist. Im Hinblick auf die Freistellung gelten die Parteien unter diesen Umständen nicht als Wettbewerber – weder auf dem Technologiemarkt noch auf dem nachgelagerten Produktmarkt.[69] In diesen Fällen muss sichergestellt werden, dass der Lizenznehmer nicht in seinen Möglichkeiten zur Verwertung und Weiterentwicklung seiner eigenen Technologie eingeschränkt wird, da von dieser Technologie ein Wettbewerbsdruck ausgeht, der erhalten werden sollte. Unter diesen Umständen werden Nutzungsbeschränkungen für die Technologierechte des Lizenznehmers oder Beschränkungen für Forschungs- und Entwicklungsarbeiten in der Regel als Wettbewerbsbeschränkung angesehen, die die Voraussetzungen des Artikels 101 Absatz 3 AEUV nicht erfüllt. Werden die Lizenzgebühren nicht nur auf Vertragsprodukte erhoben, sondern auch auf Produkte, die der Lizenznehmer mit seiner eigenen Technologie produziert, so wird der Lizenznehmer hierdurch in der

---

[68] Siehe Randnummer (14).

[69] Siehe Randnummer (36).

Regel in der Verwertung seiner eigenen Technologie eingeschränkt; solche Klauseln fallen daher nicht unter die Gruppenfreistellung.

(143) Besitzt oder entwickelt der Lizenznehmer keine konkurrierende Technologie, so kann eine Einschränkung der Möglichkeiten der Parteien, unabhängige Forschungs- und Entwicklungsarbeiten durchzuführen, wettbewerbsbeschränkend wirken, wenn nur wenige Technologien am Markt vorhanden sind. Die Parteien können in diesem Fall eine wichtige (potenzielle) Innovationsquelle darstellen. Dies gilt insbesondere dann, wenn sie über die notwendigen Einrichtungen und Fähigkeiten für weitere Forschungs- und Entwicklungsarbeiten verfügen. In diesem Fall sind die Voraussetzungen des Artikels 101 Absatz 3 AEUV in der Regel nicht erfüllt. In anderen Fällen, in denen mehrere Technologien vorhanden sind und die Parteien nicht über besondere Einrichtungen oder Fähigkeiten verfügen, ist anzunehmen, dass die FuE-Beschränkung entweder nicht unter Artikel 101 Absatz 1 AEUV fällt, weil sie den Wettbewerb nicht spürbar einschränkt, oder die Voraussetzungen des Artikels 101 Absatz 3 erfüllt. Durch die Beschränkung kann die Verbreitung neuer Technologien gefördert werden, weil der Lizenzgeber einerseits sicher sein kann, dass er sich mit seiner Lizenz keinen neuen Wettbewerber heranzieht, und der Lizenznehmer andererseits dazu angehalten wird, sich auf die Nutzung und Weiterentwicklung der lizenzierten Technologie zu konzentrieren. Artikel 101 Absatz 1 AEUV findet zudem nur dann Anwendung, wenn die Vereinbarung den Anreiz für den Lizenznehmer verringert, seine eigene Technologie zu verbessern und zu verwerten. Das ist in der Regel nicht der Fall, wenn der Lizenzgeber das Recht hat, die Lizenzvereinbarung zu kündigen, sobald der Lizenznehmer die Produktion auf der Grundlage seiner eigenen konkurrierenden Technologie aufnimmt. Ein solches Recht verringert nicht den Innovationsanreiz für den Lizenznehmer, da die Vereinbarung nur gekündigt werden kann, wenn eine wirtschaftlich rentable Technologie entwickelt worden ist und die auf dieser Grundlage hergestellten Produkte marktreif sind.

3.6. Entzug des Rechtsvorteils der Freistellung und Nichtanwendung der Gruppenfreistellungsverordnung

3.6.1. Entzug der Freistellung

(144) Nach Artikel 6 der TT-GVO können die Kommission und die Wettbewerbsbehörden der Mitgliedstaaten Einzelvereinbarungen, die (unter Berücksichtigung tatsächlicher wie potenzieller Wirkungen) wahrscheinlich wettbewerbsschädigende Wirkungen haben und die Voraussetzungen des Artikels 101 Absatz 3 AEUV nicht erfüllen, den Rechtsvorteil der Gruppenfreistellung entziehen. Die Befugnis der Wettbewerbsbehörden der Mitgliedstaaten, den Rechtsvorteil der Gruppenfreistellung zu entziehen, beschränkt sich auf Fälle, in denen der räumlich relevante Markt nicht größer ist als das Hoheitsgebiet des jeweiligen Mitgliedstaats.

(145) Die vier Voraussetzungen des Artikels 101 Absatz 3 gelten kumulativ und müssen alle erfüllt sein, damit eine Vereinbarung freigestellt werden kann.[70] Die Gruppenfreistellung kann daher entzogen werden, wenn eine Vereinbarung eine oder mehrere der vier Voraussetzungen nicht erfüllt.

(146) Wird das Entzugsverfahren angewandt, so liegt die Beweislast bei der entziehenden Behörde, die nachweisen muss, dass die Vereinbarung in den Anwendungsbereich des Artikels 101 Absatz 1 AEUV fällt und nicht allen vier Voraussetzungen des Artikels 101 Absatz 3 genügt. Da der Entzug bedeutet, dass die betreffende Vereinbarung den Wettbewerb im Sinne des Artikels 101 Absatz 1 beschränkt und

[70] Siehe hierzu die Leitlinien zur Anwendung von Artikel 81 Absatz 3 EG-Vertrag (Verweis in Fußnote 3), Randnr. 42.

Artikel 101 Absatz 3 nicht anwendbar ist, hat dies zwangsläufig einen Negativbeschluss nach Artikel 5, 7 oder 9 der Verordnung (EG) Nr. 1/2003 zur Folge.

(147) Nach Artikel 6 der TT-GVO kann ein Entzug insbesondere angezeigt sein, wenn

a) der Zugang von Technologien Dritter zum Markt beschränkt wird, beispielsweise durch die kumulative Wirkung paralleler Netze gleichartiger beschränkender Vereinbarungen, die den Lizenznehmern die Nutzung von Technologien Dritter untersagen;
b) der Zugang potenzieller Lizenznehmer zum Markt beschränkt wird, beispielsweise durch die kumulative Wirkung paralleler Netze gleichartiger beschränkender Vereinbarungen, die Lizenzgeber von der Erteilung von Lizenzen an andere Lizenznehmer abhalten, oder weil der einzige Eigentümer einer Technologie, der für relevante Technologierechte eine Lizenz vergibt, einem Lizenznehmer eine Exklusivlizenz erteilt, der bereits mit substituierbaren Technologierechten auf dem betreffenden Produktmarkt tätig ist. Die Technologierechte können nur dann als relevant eingestuft werden, wenn sie technisch und wirtschaftlich substituierbar sind, so dass der Lizenznehmer auf dem betreffenden Produktmarkt tätig sein kann.

(148) Die Artikel 4 und 5 der TT-GVO, in denen die Kernbeschränkungen und weitere nichtfreigestellte Beschränkungen aufgeführt sind, sollen sicherstellen, dass freigestellte Vereinbarungen den Innovationsanreiz nicht verringern, die Verbreitung von Technologien nicht verzögern und den Wettbewerb zwischen Lizenzgeber und Lizenznehmer bzw. zwischen Lizenznehmern nicht unangemessen einschränken. In der Liste der Kernbeschränkungen und der Liste der nichtfreigestellten Beschränkungen sind jedoch nicht alle möglichen Auswirkungen von Lizenzvereinbarungen berücksichtigt. Insbesondere trägt die Gruppenfreistellung nicht der kumulativen Wirkung gleichartiger Beschränkungen Rechnung, die in Netzen von Lizenzvereinbarungen enthalten sind. Lizenzvereinbarungen können zum Ausschluss Dritter führen, und zwar sowohl auf Ebene der Lizenzgeber als auch auf Ebene der Lizenznehmer. Der Ausschluss anderer Lizenzgeber kann auf die kumulative Wirkung von Netzen von Lizenzvereinbarungen zurückzuführen sein, die den Lizenznehmern die Nutzung konkurrierender Technologien untersagen, was zum Ausschluss anderer (potenzieller) Lizenzgeber führen kann. Mit einem Ausschluss von Lizenzgebern ist zu rechnen, wenn die überwiegende Mehrheit der Unternehmen auf dem Markt, die (effektiv) eine konkurrierende Lizenz erwerben könnten, dies infolge einschränkender Vereinbarungen nicht tun können, und wenn potenzielle Lizenznehmer relativ hohe Marktzutrittsschranken überwinden müssen. Der Ausschluss anderer Lizenznehmer kann durch die kumulative Wirkung von Lizenzvereinbarungen entstehen, die Lizenzgebern die Erteilung von Lizenzen an andere Lizenznehmer untersagen und die somit verhindern, dass potenzielle Lizenznehmer Zugang zur notwendigen Technologie erhalten. Auf die Frage des Ausschlusses wird in den Abschnitten 4.2.2 und 4.2.7 näher eingegangen. Darüber hinaus wird die Kommission in der Regel die Freistellung entziehen, wenn eine erhebliche Zahl von Lizenzgebern, die konkurrierende Technologien lizenzieren, ihre Lizenznehmer in Einzelvereinbarungen verpflichten, ihnen die anderen Lizenzgebern eingeräumten günstigeren Konditionen zu gewähren.

3.6.2. Nichtanwendung der Gruppenfreistellungsverordnung

(149) Auf der Grundlage des Artikels 7 der TT-GVO kann die Kommission parallele Netze gleichartiger Vereinbarungen im Wege einer Verordnung aus dem Anwendungsbereich der TT-GVO ausschließen, wenn diese mehr als 50% eines relevanten Marktes erfassen. Eine solche Maßnahme richtet sich nicht an einzelne Unternehmen, sondern betrifft sämtliche Unternehmen, deren Vereinbarungen in der Verordnung zur Erklärung der Nichtanwendbarkeit der TT-GVO definiert sind.

(150) Während der Entzug des Rechtsvorteils der TT-GVO durch die Kommission nach Artikel 6 den Erlass eines Beschlusses nach Artikel 7 oder 9 der Verordnung (EG) Nr. 1/2003 erfordert, bewirkt eine Kommissionsverordnung nach Artikel 7 der TT-GVO zur Erklärung der Nichtanwendbarkeit der TT-GVO lediglich, dass der Rechtsvorteil der TT-GVO in Bezug auf die betreffenden Beschränkungen und Märkte aufgehoben und die volle Anwendbarkeit des Artikels 101 Absätze 1 und 3 AEUV wiederhergestellt wird. Nach dem Erlass einer Verordnung zur Erklärung der Nichtanwendbarkeit der TT-GVO in einem konkreten Markt auf Vereinbarungen, die bestimmte Beschränkungen enthalten, sind für die Anwendung des Artikel 101 AEUV auf individuelle Vereinbarungen die durch die einschlägige Rechtsprechung der Unionsgerichte sowie durch die Bekanntmachungen bzw. Mitteilungen und bisherige Beschlusspraxis der Kommission entwickelten Kriterien maßgebend. Gegebenenfalls wird die Kommission einen Einzelfallbeschluss erlassen, der allen Unternehmen in dem betreffenden Markt als Orientierung dienen kann.

(151) Bei der Berechnung der Marktabdeckungsquote von 50% muss jedes einzelne Netz aus Lizenzvereinbarungen berücksichtigt werden, das Beschränkungen oder Kombinationen von Beschränkungen mit ähnlichen Wirkungen für den Markt enthält.

(152) Artikel 7 der TT-GVO bedeutet nicht, dass die Kommission eingreifen muss, wenn die Quote von 50% überschritten wird. Der Erlass einer Verordnung nach Artikel 7 ist grundsätzlich angemessen, wenn zu erwarten ist, dass der Zugang zu oder der Wettbewerb in dem relevanten Markt spürbar beschränkt wird. Bei der Beurteilung der Frage, ob die Anwendung des Artikels 7 notwendig ist, wird die Kommission abwägen, ob der Entzug der Freistellung im Einzelfall ein angemesseneres Mittel wäre. Dies kann insbesondere von der Anzahl der konkurrierenden Unternehmen abhängen, die zu einer kumulativen Wirkung in einem Markt beitragen, oder von der Anzahl der betroffenen räumlichen Märkte innerhalb der Union.

(153) Jede Verordnung nach Artikel 7, die erlassen wird, muss einen klaren Anwendungsbereich haben. Dies bedeutet erstens, dass die Kommission den sachlich und räumlich relevanten Markt (bzw. die Märkte) abgrenzen muss, und zweitens, dass sie die Art der Beschränkung bei der Lizenzvergabe ermitteln muss, auf welche die TT-GVO keine Anwendung mehr findet. In Bezug auf den zweiten Aspekt kann sie den Anwendungsbereich der Verordnung auf das Wettbewerbsproblem abstimmen, das sie damit beheben möchte. Beispielsweise werden, wenn es um die Ermittlung der 50%-Quote geht, zwar alle parallelen Netze von Vereinbarungen berücksichtigt, die Wettbewerbsverbote enthalten, doch kann die Kommission den Anwendungsbereich ihrer Verordnung auf Wettbewerbsverbote beschränken, die eine gewisse Geltungsdauer überschreiten. Damit könnten Vereinbarungen von kürzerer Dauer oder weniger beschränkende Vereinbarungen aufgrund der mit ihnen verbundenen geringeren Ausschlusswirkung unberücksichtigt bleiben. Gegebenenfalls kann die Kommission auch das Marktanteilsniveau angeben, bis zu dem in einem konkreten Marktumfeld davon ausgegangen werden kann, dass ein einzelnes Unternehmen nicht erheblich zur kumulativen Wirkung beiträgt. Liegt der Marktanteil der Produkte, die eine lizenzierte Technologie eines einzelnen Lizenzgebers enthalten, nicht über 5%, so ist in der Regel davon auszugehen, dass die Vereinbarung oder das Netz von Vereinbarungen, das diese Technologie zum Gegenstand hat, nicht wesentlich zu einer kumulativen Ausschlusswirkung beiträgt.[71]

(154) Der Übergangszeitraum von mindestens sechs Monaten, den die Kommission nach Artikel 7 Absatz 2 festlegen muss, dürfte es den betroffenen Unternehmen

---

[71] Siehe hierzu Bekanntmachung über Vereinbarungen von geringer Bedeutung (Verweis in Fußnote 20), Randnr. 8.

ermöglichen, ihre Vereinbarungen nach Maßgabe der Verordnung zur Erklärung der Nichtanwendbarkeit der TT-GVO anzupassen.

(155) Die Freistellung der betreffenden Vereinbarungen bleibt unberührt, solange die Verordnung zur Erklärung der Nichtanwendbarkeit der TT-GVO nicht in Kraft getreten ist.

4. Anwendung des Artikels 101 Absätze 1 und 3 EAUV außerhalb der TT-GVO

4.1. Der allgemeine Untersuchungsrahmen

(156) Vereinbarungen, die nicht unter die Gruppenfreistellungsverordnung fallen, etwa weil die Marktanteilsschwellen überschritten sind oder die Vereinbarung zwischen mehr als zwei Parteien geschlossen wurde, unterliegen einer Einzelprüfung. Vereinbarungen, die den Wettbewerb im Sinne des Artikels 101 Absatz 1 AEUV nicht beschränken oder die Voraussetzungen des Artikels 101 Absatz 3 erfüllen, sind gültig und durchsetzbar. Es sei daran erinnert, dass bei Vereinbarungen, die nicht unter die Gruppenfreistellungsverordnung fallen, keine Rechtswidrigkeit angenommen wird, solange sie keine Kernbeschränkungen enthalten. Insbesondere wird die Anwendbarkeit des Artikels 101 Absatz 1 nicht bereits deshalb unterstellt, weil die Marktanteilsschwellen überschritten sind. Hier bedarf es stets einer Einzelprüfung auf der Grundlage der in diesen Leitlinien aufgestellten Grundsätze.

Safe-Harbour-Bereich bei Vorliegen ausreichender von unabhängigen Dritten kontrollierter Technologien

(157) Zur Erhöhung der Rechtssicherheit über die Anwendung der TT-GVO hinaus und um eine eingehende Prüfung auf die Fälle zu beschränken, bei denen anzunehmen ist, dass sie konkrete Wettbewerbsprobleme aufwerfen, vertritt die Kommission den Standpunkt, dass ein Verstoß gegen Artikel 101 AEUV außerhalb der sogenannten Kernbeschränkungen unwahrscheinlich ist, wenn es neben den von den Vertragsparteien kontrollierten Technologien vier oder mehr von unabhängigen Dritten kontrollierte Technologien gibt, die zu für den Nutzer vergleichbaren Kosten anstelle der lizenzierten Technologie eingesetzt werden können. Bei der Beurteilung, ob die Technologien als ausreichende Substitute angesehen werden können, muss die relative Marktstärke der betreffenden Technologien berücksichtigt werden. Von einer Technologie geht ein nur geringer Wettbewerbsdruck aus, wenn sie keine wirtschaftliche Alternative zu der lizenzierten Technologie darstellt. Wenn beispielsweise infolge von Netzeffekten im Markt Verbraucher eine deutliche Präferenz für Produkte haben, die die lizenzierte Technologie enthalten, sind andere auf dem Markt verfügbare Technologien oder Technologien, mit deren Markteintritt in absehbarer Zeit zu rechnen ist, möglicherweise keine echte Alternative, so dass von ihnen nur ein geringer Wettbewerbsdruck ausgehen kann.

(158) Der Umstand, dass eine Vereinbarung nicht unter den unter Randnummer (157) beschriebenen Safe-Harbour-Bereich fällt, besagt noch nicht, dass sie unter Artikel 101 Absatz 1 AEUV fällt oder dass, falls sie unter Artikel 101 Absatz 1 fällt, die Freistellungsvoraussetzungen des Artikels 101 Absatz 3 nicht erfüllt sind. Was die Freistellung nach Maßgabe der Marktanteilsschwellen in der TT-GVO anbelangt, so begründet die Einhaltung dieser Schwellenwerte lediglich eine Vermutung, dass die Vereinbarung nicht nach Artikel 101 verboten ist. Oberhalb dieser Marktanteilsschwellen muss die Vereinbarung anhand der in diesen Leitlinien dargelegten Grundsätze geprüft werden

4.1.1. Die maßgeblichen Faktoren

(159) Bei der Anwendung des Artikels 101 AEUV auf einzelne Vereinbarungen muss genau geprüft werden, wie der Wettbewerb auf dem fraglichen Markt funktioniert. Hierfür sind vor allem folgende Faktoren von Bedeutung:

a) die Art der Vereinbarung,
b) die Marktstellung der Parteien,
c) die Marktstellung der Wettbewerber,
d) die Marktstellung der Abnehmer auf den relevanten Märkten,
e) Marktzutrittsschranken und
f) der Reifegrad des Marktes.

(160) Das Gewicht der einzelnen Faktoren kann von Fall zu Fall schwanken und hängt von allen übrigen Faktoren ab. Während beispielsweise ein hoher Marktanteil der Vertragsparteien in der Regel ein guter Indikator für Marktmacht ist, muss ein hoher Anteil bei Märkten mit niedrigen Zutrittsschranken nicht unbedingt auf Marktmacht hindeuten. Deshalb ist es nicht möglich, feste Regeln für das Gewicht der einzelnen Faktoren aufzustellen.

(161) Technologietransfer-Vereinbarungen können vielfältige Form und Gestalt annehmen. Deshalb ist es wichtig, die Art der Vereinbarung hinsichtlich der Wettbewerbsbeziehungen zwischen den Vertragsparteien und der enthaltenen Beschränkungen zu analysieren. Dabei darf die Prüfung nicht auf den Wortlaut der Vereinbarung beschränkt bleiben. Das Vorliegen impliziter Beschränkungen kann etwa daraus abgeleitet werden, wie die Vereinbarung von den Vertragsparteien umgesetzt wird und welche Anreize sie ihnen bietet.

(162) Die Marktstellung der Parteien, einschließlich aller Unternehmen, die de facto oder de jure von den Parteien kontrolliert werden, bietet einen Hinweis auf den Grad der Marktmacht des Lizenzgebers, des Lizenznehmers oder beider Parteien. Je höher der Marktanteil einer Partei ist, umso größer dürfte ihre Marktmacht sein. Dies ist insbesondere dann der Fall, wenn der Marktanteil Kostenvorteile oder sonstige Wettbewerbsvorteile gegenüber Wettbewerbern mit sich bringt. Solche Wettbewerbsvorteile können sich zum Beispiel für den Erstanbieter auf dem Markt ergeben, oder für den, der essenzielle Patente innehat oder überlegene Technologien besitzt. Die Marktanteile bilden jedoch nur einen der Parameter für die Bewertung der Marktstellungen. Insbesondere bei Technologiemärkten sind die Marktanteile unter Umständen nicht in allen Fällen ein guter Indikator für die relative Stärke der jeweiligen Technologie und die Marktanteilszahlen können bei Anwendung verschiedener Berechnungsmethoden sehr unterschiedlich ausfallen.

(163) Die Marktanteile und die möglichen Wettbewerbsvorteile und -nachteile werden auch für die Bewertung der Marktstellung der Wettbewerber herangezogen. Je stärker und zahlreicher die tatsächlichen Wettbewerber sind, umso geringer ist das Risiko, dass die Parteien in der Lage sind, einzeln Marktmacht auszuüben. Dagegen kann auf einem Markt, in dem die Konkurrenz aus verhältnismäßig wenigen Unternehmen besteht, die in Bezug auf Größe, Kostenaufwand, Fuge-Potenzial usw. etwa gleich stark sind, ein höheres Abspracherisiko bestehen.

(164) Die Marktstellung der Abnehmer bietet einen Hinweis darauf, ob ein oder mehrere Abnehmer über Nachfragemacht verfügen. Der erste Indikator für Nachfragemacht ist der Marktanteil des Abnehmers auf dem Beschaffungsmarkt. Dieser Anteil spiegelt die Bedeutung seiner Nachfrage für mögliche Anbieter wider. Andere Indikatoren beziehen sich insbesondere auf die Stellung des Abnehmers auf dem nachgelagerten Markt und auf Merkmale wie etwa eine breite geografische Streuung seiner Verkaufsstätten oder sein Markenimage bei den Endverbrauchern. Unter bestimmten Umständen kann die Nachfragemacht Lizenzgeber und/oder Lizenznehmer daran hindern, Marktmacht auszuüben, und damit einem Wettbewerbsproblem vorbeugen, das andernfalls aufgetreten wäre. Dies ist insbesondere dann der Fall,

wenn starke Abnehmer die Möglichkeit und den Anreiz haben, im Falle einer geringfügigen, aber dauerhaften Erhöhung der relativen Preise neue Versorgungsquellen auf dem Markt zu erschließen. Wenn ein nachfragestarker Abnehmer lediglich günstige Lieferbedingungen aushandelt oder Preissteigerungen an seine Kunden weitergibt, verhindert seine Position nicht die Ausübung der Marktmacht durch den Lizenzgeber oder Lizenznehmer auf dem Produktmarkt und trägt somit auch nicht zur Vermeidung des Wettbewerbsproblems auf diesem Markt bei.[72]

(165) Marktzutrittsschranken werden daran gemessen, inwieweit etablierte Unternehmen ihren Preis über das Marktpreisniveau hinaus anheben können, ohne den Einstieg neuer Anbieter in den Markt herbeizuführen. Ohne Marktzutrittsschranken würden solche Preissteigerungen und die damit verbundenen Gewinne durch den leicht und rasch möglichen Marktzutritt anderer Unternehmen zunichte gemacht. Die Zutrittsschranken können in der Regel als niedrig eingestuft werden, wenn innerhalb von ein bis zwei Jahren mit einem erfolgreichen Markteinstieg zu rechnen ist.

(166) Marktzutrittsschranken können sich aus einer Vielzahl von Faktoren ergeben, z. B. aus Größen- oder Verbundvorteilen, staatlichen Vorschriften (vor allem in Bezug auf die Festlegung ausschließlicher Rechte), staatlichen Beihilfen, Einfuhrzöllen, Rechten des geistigen Eigentums, Eigentum an Ressourcen, bei denen das Angebot aufgrund natürlicher Gegebenheiten knapp ist, wesentlichen Einrichtungen, Erstanbietervorteilen oder aus durch langfristige massive Werbung erwirkte Markentreue der Verbraucher. Beschränkende Vereinbarungen, die Unternehmen eingegangen sind, können insofern als Zutrittshindernis wirken, als sie den Marktzutritt erschweren und (potenzielle) Wettbewerber ausschließen. Zutrittsschranken kann es in allen Phasen der Forschung und Entwicklung, der Produktion und des Vertriebs geben. Die Frage, ob der eine oder andere Faktor als Zutrittsschranke einzustufen ist, hängt insbesondere davon ab, ob damit verlorene Kosten verbunden sind. Hierbei handelt es sich um Kosten, die ein Unternehmen tragen muss, um in einen Markt einzutreten oder dort tätig zu sein, die aber verloren sind, wenn das Unternehmen aus dem Markt austritt. Je höher diese Kosten sind, desto sorgfältiger müssen potenzielle neue Anbieter die mit dem Marktzutritt verbundenen Risiken abwägen und umso glaubwürdiger können die auf dem Markt etablierten Unternehmen damit drohen, dass sie mit den Konditionen neuer Wettbewerber gleichziehen werden, da für sie ein Marktaustritt wegen der verlorenen Kosten eine kostspielige Angelegenheit wäre. Ganz allgemein ist jeder Marktzutritt mit verlorenen Kosten verbunden, die jedoch unterschiedlich hoch ausfallen können. Deshalb wird bei der wettbewerbsrechtlichen Prüfung der tatsächliche Wettbewerb in der Regel als wirksamer und gewichtiger eingestuft als potenzieller Wettbewerb.

(167) Auf einem reifen Markt, das heißt einem Markt, der bereits seit einiger Zeit besteht, auf dem die verwendete Technologie bekannt und weit verbreitet ist und im Wesentlichen unverändert bleibt und auf dem die Nachfrage relativ stabil ist oder sinkt, sind negative Auswirkungen von Wettbewerbsbeschränkungen wahrscheinlicher als auf dynamischeren Märkten.

(168) Bei der Beurteilung einzelner Beschränkungen müssen gegebenenfalls noch andere Faktoren berücksichtigt werden. Dazu gehören etwa die kumulative Wirkung, das heißt die Marktabdeckung durch gleichartige Vereinbarungen, die Dauer der Vereinbarungen, das Regulierungsumfeld und Verhaltensweisen, die auf Absprachen hindeuten oder sie erleichtern, wie etwa Preisführerschaft, angekündigte Preisänderungen und Diskussionen über den „richtigen" Preis sowie Preisstarrheit infolge überschüssiger Kapazitäten, Preisdiskriminierungen und frühere Absprachen.

---

[72] Siehe hierzu Urteil des Gerichtshofs vom 7. Oktober 1999, Irish Sugar, T-228/97, Slg. 1999, II-2969, Randnr. 101.

4.1.2. Negative Wirkungen restriktiver Lizenzvereinbarungen

(169) Aus wettbewerbsbeschränkenden Technologietransfer-Vereinbarungen können sich insbesondere folgende negative Auswirkungen auf den Wettbewerb am Markt ergeben:

a) Verringerung des Technologienwettbewerbs zwischen Unternehmen, die auf einem Technologiemarkt oder auf einem Produktmarkt tätig sind, auf dem die betreffenden Technologien eingesetzt werden, einschließlich der Erleichterung ausdrücklicher oder stillschweigender Absprachen;
b) Ausschluss von Wettbewerbern durch Steigerung von deren Kosten, Beschränkung des Zugangs zu wesentlichen Inputs oder Errichtung sonstiger Zutrittsschranken und
c) Verringerung des technologieinternen Wettbewerbs zwischen Unternehmen, die Produkte auf der Grundlage derselben Technologie herstellen.

(170) Technologietransfer-Vereinbarungen können den Technologienwettbewerb verringern, das heißt den Wettbewerb zwischen Unternehmen, die auf der Grundlage substituierbarer Technologien produzieren oder Lizenzen vergeben. Dies gilt insbesondere für wechselseitige Verpflichtungen. Wenn beispielsweise Wettbewerber Lizenzen für konkurrierende Technologien miteinander austauschen und sich gegenseitig verpflichten, der anderen Partei auch die künftigen Verbesserungen ihrer Technologien zu überlassen, und wenn diese Vereinbarung die Parteien daran hindert, sich einen Wettbewerbsvorsprung gegenüber der anderen Partei zu verschaffen, wird der Innovationswettbewerb zwischen den Parteien eingeschränkt (siehe Randnummer (241)).

(171) Lizenzvereinbarungen zwischen Wettbewerbern können zudem Absprachen fördern. In konzentrierten Märkten ist das Risiko, dass es zu Absprachen kommt, besonders hoch. Absprachen setzen voraus, dass die betreffenden Unternehmen ähnliche Vorstellungen darüber haben, was in ihrem gemeinsamen Interesse liegt und wie die Zusammenarbeit erfolgen soll. Damit Absprachen funktionieren, müssen die Unternehmen in der Lage sein, das Marktverhalten der anderen Partei ständig zu beobachten. Außerdem müssen geeignete Sanktionen vorhanden sein, um einen Anreiz zu bieten, nicht von der gemeinsamen Marktstrategie abzuweichen. Nicht zuletzt müssen die Marktzutrittsschranken hoch genug sein, um einen Markteintritt oder eine Expansion Außenstehender zu begrenzen. Vereinbarungen können durch die Erhöhung der Markttransparenz, durch die Kontrolle des Marktverhaltens und durch Anhebung der Zutrittsschranken Absprachen fördern. Ferner können Absprachen in Ausnahmefällen auch durch Lizenzvereinbarungen erleichtert werden, die zu einer weitgehenden Angleichung der Kosten führen, denn Unternehmen, die vergleichbare Kostenstrukturen haben, dürften auch ähnliche Vorstellungen in Bezug auf ein abgestimmtes Verhalten entwickeln.[73]

(172) Lizenzvereinbarungen können den Technologienwettbewerb auch beeinträchtigen, indem sie Schranken für den Marktzutritt oder die Expansion von Wettbewerbern errichten. Solche Ausschlusseffekte können etwa aus Beschränkungen resultieren, die den Lizenznehmer daran hindern, Lizenzen von Dritten zu erwerben oder entsprechende Gegenanreize schaffen. Dritte können zum Beispiel ausgeschlossen werden, wenn die marktbeherrschenden Lizenzgeber den Lizenznehmern Wettbewerbsverbote in einem solchen Maß auferlegen, dass die Zahl der für Dritte zur Verfügung stehenden Lizenznehmer nicht ausreicht, und wenn zudem der Marktzutritt für neue Lizenznehmer erschwert ist. Anbieter substituierbarer Technologien können ausgeschlossen werden, wenn ein Lizenzgeber, der über hinreichende Marktmacht verfügt, verschiedene Teile einer Technologie zusammenfasst und sie als Paket

[73] Siehe hierzu Leitlinien für Vereinbarungen über horizontale Zusammenarbeit (Verweis in Fußnote 27), Randnr. 36.

in Lizenz vergibt, aber nur ein Teil dieses Pakets für die Produktion eines bestimmten Produkts unerlässlich ist.

(173) Lizenzvereinbarungen können auch den technologieinternen Wettbewerb beeinträchtigen, das heißt den Wettbewerb zwischen Unternehmen, die auf der Grundlage derselben Technologie produzieren. Eine Vereinbarung, die Lizenznehmern Gebietsbeschränkungen auferlegt, indem sie den Verkauf außerhalb des eigenen Vertragsgebiets verbietet, verringert den Wettbewerb zwischen ihnen. Lizenzvereinbarungen können den technologieinternen Wettbewerb ferner durch Erleichterung von Absprachen zwischen Lizenznehmern verringern. Darüber hinaus können Lizenzvereinbarungen, die den technologieinternen Wettbewerb verringern, Absprachen zwischen den Inhabern konkurrierender Technologien fördern oder durch Erhöhung der Marktzutrittsschranken den Technologienwettbewerb verringern.

4.1.3. Positive Wirkungen restriktiver Lizenzvereinbarungen und Analyseparameter

(174) Auch restriktive Lizenzvereinbarungen weisen in vielen Fällen wettbewerbsfördernde Wirkungen in Form von Effizienzvorteilen auf, die die wettbewerbsschädigenden Wirkungen aufwiegen können. Die Beurteilung der etwaigen wettbewerbsfördernden Wirkungen erfolgt im Rahmen des Artikels 101 Absatz 3 AEUV, der eine Ausnahme vom Verbot nach Artikel 101 Absatz 1 AEUV vorsieht. Damit diese Ausnahmeregelung greifen kann, muss die Lizenzvereinbarung objektive wirtschaftliche Vorteile bieten, die Beschränkung des Wettbewerbs muss für die Erzielung der Effizienzvorteile unerlässlich sein, die Verbraucher müssen angemessen an den Effizienzvorteilen beteiligt werden, und die Vereinbarung darf den Parteien keine Möglichkeiten eröffnen, hinsichtlich eines wesentlichen Teils der betreffenden Produkte den Wettbewerb auszuschalten. Ein Unternehmen, das sich auf Artikel 101 Absatz 3 AEUV beruft, muss mit stichhaltigen Argumenten und Beweisen nachweisen, dass die Voraussetzungen für eine Freistellung erfüllt sind.[74]

(175) Die Prüfung restriktiver Vereinbarungen nach Artikel 101 Absatz 3 AEUV erfolgt im konkreten Zusammenhang, in den sie eingebettet sind,[75] auf der Grundlage des zu einer bestimmten Zeit gegebenen Sachverhalts. Wesentliche Änderungen des Sachverhalts wirken sich daher auf die Beurteilung aus. Die Ausnahmeregelung des Artikels 101 Absatz 3 gilt, solange die vier Voraussetzungen gegeben sind. Ist dies nicht mehr der Fall, ist die Ausnahmeregelung nicht mehr anwendbar.[76] Bei der Anwendung des Artikels 101 Absatz 3 sind auch die verlorenen Erstinvestitionen der Parteien zu berücksichtigen sowie der Zeitaufwand und die Beschränkungen, die für eine effizienzsteigernde Investition und deren Amortisierung erforderlich sind. Eine Anwendung des Artikels 101 ist ohne Berücksichtigung der vorausgegangenen Investitionen und des damit verbundenen Risikos nicht möglich. Das Risiko der Parteien und die verlorenen Investitionen, die zur Durchführung der Vereinbarung erforderlich sind, können daher dazu führen, dass die Vereinbarung in der Zeit bis zur Amor-

---

74 Urteil des Gerichtshofs vom 6. Oktober 2009, GlaxoSmithKline Services u. a./Kommission u. a., verbundene Rechtssachen C-501/06 P, C-513/06 P, C-515/06 P und C-519/06 P, Slg. 2009, I-9291, Randnr. 82.

75 Urteil des Gerichtshofs vom 17. September 1985, Ford, verbundene Rechtssachen 25/84 und 26/84, Slg. 1985, 2725; Urteil des Gerichtshofs vom 6. Oktober 2009, GlaxoSmithKline Services u. a./Kommission u. a., verbundene Rechtssachen C-501/06 P, C-513/06 P, C-515/06 P und C-519/06 P, Slg. 2009, I-9291, Randnr. 103.

76 Siehe hierzu u. a. die Entscheidung der Kommission vom 3. März 1999 in der Sache TPS (ABl. L 90 vom 2.4.1999, S. 6). Das Verbot nach Artikel 101 Absatz 1 gilt ebenfalls nur so lange, wie die Vereinbarung eine Wettbewerbsbeschränkung bezweckt oder bewirkt.

tisierung der Investition nicht unter Artikel 101 Absatz 1 fällt oder die Voraussetzungen des Artikels 101 Absatz 3 erfüllt.

(176) Die erste Voraussetzung des Artikels 101 Absatz 3 AEUV erfordert eine Prüfung der objektiven Effizienzvorteile der Vereinbarung. Lizenzvereinbarungen bieten in dieser Hinsicht die Möglichkeit, einander ergänzende Technologien und sonstige Vermögenswerte zusammenzuführen, so dass neue oder verbesserte Produkte auf den Markt gebracht bzw. vorhandene Produkte kostengünstiger hergestellt werden können. Außerhalb des Bereichs der Hardcore-Kartelle erfolgt eine Lizenzvergabe häufig deshalb, weil es für den Lizenzgeber effizienter ist, seine Technologie in Lizenz zu vergeben, anstatt sie selbst zu nutzen. Dies kann insbesondere dann der Fall sein, wenn der Lizenznehmer bereits Zugang zu den erforderlichen Produktionsanlagen hat. Die Lizenzvereinbarung eröffnet dem Lizenznehmer dann den Zugang zu einer Technologie, die sich mit diesen Produktionsanlagen in der Weise kombinieren lässt, dass er neue oder verbesserte Technologien nutzen kann. Ein weiteres Beispiel für eine möglicherweise effizienzsteigernde Lizenzvergabe besteht darin, dass ein Lizenznehmer bereits über eine Technologie verfügt und durch Kombination dieser Technologie mit der Technologie des Lizenzgebers Synergieeffekte erzielen kann. Durch die Kombination beider Technologien kann der Lizenznehmer unter Umständen ein Kosten-Output-Verhältnis erzielen, das andernfalls nicht möglich wäre. Lizenzvereinbarungen können ebenso wie vertikale Vertriebsvereinbarungen auch auf der Vertriebsebene zu Effizienzvorteilen führen, entweder in Form von Kostenersparnissen oder in Form von nützlichen Dienstleistungen für die Verbraucher. Die positiven Wirkungen vertikaler Vereinbarungen sind in den Leitlinien für vertikale Beschränkungen[77] dargestellt. Ein weiteres Beispiel für mögliche Effizienzvorteile sind Vereinbarungen, mit denen mehrere Lizenzgeber ein Technologiepaket schnüren, für das sie Dritten Lizenzen erteilen. Solche Pool-Vereinbarungen können insbesondere die Transaktionskosten verringern, da die Lizenznehmer nicht mit jedem Lizenzgeber eine getrennte Vereinbarung schließen müssen. Lizenzvereinbarungen können auch dann dem Wettbewerb förderlich sein, wenn mit ihnen die Gestaltungsfreiheit gewährleistet werden soll. In Wirtschaftszweigen, in denen es eine Vielzahl von Rechten des geistigen Eigentums gibt und Produkte diverse bestehende und künftige Eigentumsrechte verletzen können, wirken sich Lizenzvereinbarungen, in denen die Parteien sich verpflichten, ihre Eigentumsrechte der anderen Partei gegenüber nicht durchzusetzen, häufig positiv auf den Wettbewerb aus, da sie den Parteien die Entwicklung ihrer eigenen Technologien erlauben, ohne dass die Parteien mit Verletzungsklagen rechnen müssen.

(177) Bei der Prüfung der Unerlässlichkeit im Sinne des Artikels 101 Absatz 3 AEUV wird die Kommission insbesondere untersuchen, ob einzelne Beschränkungen es möglich machen, die fraglichen Aktivitäten effizienter zu gestalten, als dies ohne die betreffende Beschränkung der Fall wäre. Dabei ist den Marktverhältnissen und den Sachumständen, mit denen die Parteien konfrontiert sind, Rechnung zu tragen. Unternehmen, die sich auf Artikel 101 Absatz 3 berufen, brauchen auf hypothetische und theoretische Alternativen nicht einzugehen. Sie müssen jedoch darlegen und nachweisen, warum realistisch und deutlich weniger restriktiv erscheinende Alternativen erheblich ineffizienter wären. Falls eine Alternative, die wirtschaftlich realistisch und weniger restriktiv erscheint, zu erheblichen Effizienzeinbußen führen würde, wird die fragliche Beschränkung als unerlässlich betrachtet. In bestimmten Fällen muss unter Umständen auch geprüft werden, ob die Vereinbarung als solche zur Erzielung der Effizienzvorteile unerlässlich ist. Dies kann etwa bei Technologiepools der Fall sein, die zwar einander ergänzende, aber nichtessenzielle Technologien[78] umfassen;

---

[77] Verweis in Fußnote 52. Siehe insbesondere die Randnrn. 106ff.

[78] Auf diese Begriffe wird in Abschnitt 4.4.1 näher eingegangen.

in diesem Fall muss geprüft werden, inwieweit die Einbeziehung derartiger Technologien zu besonderen Effizienzvorteilen führt oder ob der Pool ohne signifikanten Verlust an Effizienzvorteilen auf diejenigen Technologien beschränkt werden kann, für die es keine Substitute gibt. Bei einfachen Lizenzvergaben zwischen zwei Parteien ist es in der Regel nicht notwendig, über die Prüfung der Frage, ob die einzelnen Beschränkungen unerlässlich sind, hinauszugehen. Normalerweise gibt es zur Lizenzvereinbarung als solcher keine weniger restriktive Alternative.

(178) Die Voraussetzung, dass die Verbraucher angemessen an den Effizienzvorteilen beteiligt werden müssen, bedeutet, dass Verbraucher der im Rahmen der Lizenzvereinbarung hergestellten Produkte zumindest einen Ausgleich für die negativen Folgen der Vereinbarung erhalten müssen.[79] Das wiederum bedeutet, dass die Effizienzvorteile etwaige negative Auswirkungen der Vereinbarung auf Preise, Produktion und andere relevante Faktoren vollständig ausgleichen müssen. Dies kann etwa durch eine Änderung der Kostenstruktur der betreffenden Unternehmen erfolgen, so dass Anreize zu Preissenkungen entstehen, oder indem der Verbraucher Zugang zu neuen oder verbesserten Produkten erhält, die etwaige Preissteigerungen kompensieren.[80]

(179) Die letzte Voraussetzung des Artikels 101 Absatz 3 AEUV, wonach die Vereinbarung den Vertragsparteien nicht die Möglichkeit eröffnen darf, für einen wesentlichen Teil der betreffenden Produkte den Wettbewerb auszuschalten, setzt eine Analyse des sonstigen Wettbewerbsdrucks auf dem Markt und der Auswirkungen der Vereinbarung auf diese Wettbewerbsquellen voraus. Bei der Anwendung der letzten Voraussetzung des Artikels 101 Absatz 3 muss der Zusammenhang zwischen Artikel 101 Absatz 3 und Artikel 102 berücksichtigt werden. Nach ständiger Rechtsprechung darf die Anwendung des Artikels 101 Absatz 3 der Anwendung des Artikels 102 AEUV nicht entgegenstehen.[81] Da sowohl Artikel 101 als auch Artikel 102 das Ziel verfolgen, einen effektiven Wettbewerb auf dem Markt aufrechtzuerhalten, ist Artikel 101 Absatz 3 im Interesse der Kohärenz so auszulegen, dass jede Anwendung der Ausnahmeregelung auf wettbewerbsbeschränkende Vereinbarungen, die als Missbrauch einer marktbeherrschenden Stellung anzusehen sind, ausgeschlossen wird.[82]

(180) Die Tatsache, dass eine Vereinbarung eine Dimension des Wettbewerbs in wesentlicher Weise einschränkt, bedeutet nicht unbedingt, dass der Wettbewerb im Sinne des Artikels 101 Absatz 3 AEUV ausgeschaltet wird. So kann etwa ein Technologiepool zu einem Industriestandard führen, der wenig Wettbewerb hinsichtlich des technischen Formats zulässt. Sobald die wichtigsten Marktteilnehmer ein bestimmtes Format übernehmen, können Netzeffekte es für alternative Formate sehr schwierig machen fortzubestehen. Dies bedeutet aber nicht, dass die Schaffung eines faktischen

---

[79] Siehe Leitlinien zur Anwendung von Artikel 81 Absatz 3 EG-Vertrag (Verweis in Fußnote 3), Randnr. 85.

[80] Ebenda, Randnrn. 98 und 102.

[81] Vgl. analog das Urteil des Gerichtshofs vom 16. März 2000, Compagnie Maritime Belge, verbundene Rechtssachen C-395/96 P und C-396/96 P (Verweis in Fußnote 3), Randnummer 130. Ebenso wenig verhindert die Anwendung des Artikels 101 Absatz 3 die Anwendung der Bestimmungen des AEUV über den freien Waren-, Dienstleistungs-, Personen- und Kapitalverkehr. Diese Bestimmungen lassen sich unter bestimmten Umständen auf Vereinbarungen, Beschlüsse und abgestimmte Verhaltensweisen im Sinne des Artikels 101 anwenden. Siehe diesbezüglich Urteil des Gerichtshofs vom 19. Februar 2002, Wouters, C-309/99, Slg. 2002, I-1577, Randnr. 120.

[82] Siehe hierzu Urteil des Gerichts vom 10. Juli 1990, Tetra Pak (I), T 51/89, Slg. 1990, II 309. Siehe auch Leitlinien zur Anwendung von Artikel 81 Absatz 3 EG-Vertrag (Verweis in Fußnote 3), Randnr. 106.

Industriestandards den Wettbewerb im Sinne der letzten Voraussetzung des Artikels 101 Absatz 3 in jedem Fall ausschaltet. Unter den Anbietern der Standardtechnik kann es Wettbewerb bezüglich der Preise, der Qualität oder der Produkteigenschaften geben. Damit aber eine Vereinbarung die Voraussetzung des Artikels 101 Absatz 3 erfüllt, muss gewährleistet sein, dass sie diesen Wettbewerb nicht übermäßig einschränkt und künftige Innovationen nicht unangemessen behindert.

4.2. Anwendung des Artikels 101 auf verschiedene Arten von Lizenzbeschränkungen

(181) In diesem Abschnitt wird auf die verschiedenen Arten von Beschränkungen eingegangen, die in Lizenzvereinbarungen üblich sind. Aufgrund ihrer weiten Verbreitung sollen Orientierungshilfen gegeben werden, wie diese Beschränkungen außerhalb des Safe-Harbour-Bereichs der TT-GVO beurteilt werden. Auf die Beschränkungen, die bereits in diesen Leitlinien behandelt wurden, insbesondere in den Abschnitten 3.4 und 3.5, wird in diesem Abschnitt nur noch kurz eingegangen.

(182) In diesem Abschnitt werden sowohl Vereinbarungen zwischen Nicht-Wettbewerbern als auch Vereinbarungen zwischen Wettbewerbern behandelt. Bei Letzteren wird gegebenenfalls zwischen wechselseitigen und nicht wechselseitigen Vereinbarungen unterschieden. Bei Vereinbarungen zwischen Nicht-Wettbewerbern ist diese Unterscheidung nicht erforderlich. Wenn Unternehmen weder tatsächliche noch potenzielle Wettbewerber auf dem relevanten Technologie- oder Produktmarkt sind, ist eine wechselseitige Lizenz praktisch gesehen zwei separaten Lizenzen gleichzustellen. Anders verhält es sich bei Vereinbarungen, bei denen die Parteien ein Technologiepaket zusammenstellen, das sie an Dritte in Lizenz vergeben. Bei derartigen Vereinbarungen handelt es sich um Technologiepools, die in Abschnitt 4 behandelt werden.

(183) Nicht in diesem Abschnitt behandelt werden in Lizenzvereinbarungen enthaltene Verpflichtungen, die im Allgemeinen keine Wettbewerbsbeschränkung im Sinne des Artikels 101 Absatz 1 AEUV darstellen. Zu diesen Verpflichtungen gehören u. a.:

a) Wahrung der Vertraulichkeit
b) keine Vergabe von Unterlizenzen
c) Nutzungsverbot nach Ablauf der Vereinbarung, sofern die lizenzierten Technologierechte noch gültig und rechtswirksam sind
d) Unterstützung des Lizenzgebers bei der Durchsetzung seiner lizenzierten Rechte des geistigen Eigentums
e) Zahlung von Mindestgebühren oder Produktion einer Mindestmenge an Produkten, die die lizenzierte Technologie enthalten, und
f) Verwendung des Markenzeichens des Lizenzgebers oder Angabe des Namens des Lizenzgebers auf dem Produkt.

4.2.1. Lizenzgebühren

(184) Den Parteien einer Lizenzvereinbarung steht es in der Regel frei, die vom Lizenznehmer zu zahlenden Lizenzgebühren und die Zahlungsmodalitäten festzulegen; Artikel 101 Absatz 1 AEUV wird hiervon nicht berührt. Dieser Grundsatz gilt sowohl für Vereinbarungen zwischen Wettbewerbern als auch für Vereinbarungen zwischen Nicht-Wettbewerbern. Lizenzgebühren können in Form von Pauschalzahlungen, als Prozentsatz vom Verkaufspreis oder aber als fester Betrag für jedes Produkt erhoben werden, das die lizenzierte Technologie enthält. Kommt die lizenzierte Technologie einem Input gleich, das in das Endprodukt eingeht, ist es in der Regel nicht wettbewerbsschädigend, dass die Lizenzzahlung auf der Grundlage des Preises

des Endprodukts berechnet wird, sofern es die lizenzierte Technologie enthält.[83] Bei Software-Lizenzen gelten Lizenzgebühren, die sich nach der Anzahl der Nutzer und der Geräte bestimmen, allgemein als mit Artikel 101 Absatz 1 vereinbar.

(185) Bei Lizenzvereinbarungen zwischen Wettbewerbern ist zu berücksichtigen, dass Lizenzgebühren in seltenen Fällen auf eine Preisfestsetzung hinauslaufen können, die nach Artikel 4 Absatz 1 Buchstabe a als Kernbeschränkung betrachtet wird (siehe die Randnummern (100) bis 101) und (116) oben). Eine Kernbeschränkung nach Artikel 4 Absatz 1 Buchstabe a liegt vor, wenn Wettbewerber wechselseitige Lizenzgebühren in Fällen vorsehen, in denen die Lizenz nur zum Schein geschlossen wurde, da sie weder die Zusammenführung ergänzender Technologien ermöglicht noch den Wettbewerb in anderer Weise fördert. Als Kernbeschränkungen nach Artikel 4 Absatz 1 Buchstaben a und d gelten auch Vereinbarungen, bei denen sich die Lizenzgebühren auf Produkte erstrecken, die der Lizenznehmer ausschließlich mit seinen eigenen Technologierechten produziert.

(186) Andere Arten von Gebührenregelungen zwischen Wettbewerbern fallen bis zur Marktanteilsschwelle von 20% unter die Gruppenfreistellung, auch wenn sie wettbewerbsbeschränkend wirken. Außerhalb des Safe-Harbour-Bereichs der Gruppenfreistellung ist Artikel 101 Absatz 1 AEUV unter Umständen anwendbar, wenn Wettbewerber einander wechselseitig Lizenzen erteilen und Gebühren festlegen, die im Vergleich zum Marktwert der Lizenz eindeutig unverhältnismäßig sind und erheblichen Einfluss auf die Marktpreise haben. Bei der Beurteilung, ob Lizenzgebühren unverhältnismäßig sind, sind die Lizenzgebühren zu prüfen, die andere Lizenznehmer auf dem Produktmarkt für dieselbe oder für eine substituierbare Technologie entrichten. In diesen Fällen ist es unwahrscheinlich, dass die Voraussetzungen des Artikels 101 Absatz 3 erfüllt sind.

(187) Die Gruppenfreistellung gilt zwar nur so lange, wie die Technologierechte gültig und rechtswirksam sind, doch können die Vertragsparteien in der Regel ohne Verstoß gegen Artikel 101 Absatz 1 AEUV vereinbaren, die Lizenzgebührenpflicht über die Geltungsdauer der lizenzierten Rechte des geistigen Eigentums hinaus auszudehnen. Wenn diese Rechte erloschen sind, können Dritte die betreffende Technologie rechtmäßig nutzen und mit den Vertragsparteien konkurrieren. Ein solcher tatsächlicher oder potenzieller Wettbewerb genügt in der Regel, damit die betreffende Lizenzgebühr keine spürbaren wettbewerbsschädigenden Wirkungen hat.

(188) Bei Vereinbarungen zwischen Nicht-Wettbewerbern gilt die Gruppenfreistellung für Vereinbarungen, bei denen die Lizenzgebühren auf der Grundlage sämtlicher Produkte, das heißt der Vertragsprodukte und der mit Technologien Dritter produzierten Produkte, berechnet werden. Solche Vereinbarungen können zwar die Berechnung der Lizenzgebühren erleichtern, sie können aber auch zu Ausschlüssen führen, indem sie die Kosten für die Inputs Dritter erhöhen und somit ähnliche Wirkungen haben wie Wettbewerbsverbote. Fallen Lizenzgebühren nicht nur für Produkte an, die mit der lizenzierten Technologie hergestellt werden, sondern auch für Produkte, die mit Technologien Dritter hergestellt werden, so erhöhen sich durch die Lizenzgebühren auch die Kosten für die letzteren Produkte, so dass die Nachfrage nach Technologien Dritter zurückgeht. Außerhalb des Anwendungsbereichs der Gruppenfreistellung muss daher geprüft werden, ob mit der Beschränkung Ausschlusseffekte verbunden sind. Es empfiehlt sich demnach, bei einer Prüfung die in Abschnitt 4.2.7 dargelegten Kriterien heranzuziehen. Weisen die betreffenden Vereinbarungen spürbare Ausschlusseffekte auf, so fallen sie unter Artikel 101 Absatz 1 AEUV.

---

[83] Dies gilt unbeschadet der möglichen Anwendung des Artikels 102 AEUV auf die Festsetzung der Lizenzgebühren (siehe Urteil des Gerichtshofs vom 14. Februar 1978, United Brands, 27/76, Randnr. 250, sowie Urteil des Gerichtshofs vom 16. Juli 2009, Der Grüne Punkt – Duales System Deutschland GmbH, C-385/07 P, Slg. 2009, I-6155, Randnr. 142).

In diesem Fall dürften die Voraussetzungen des Artikels 101 Absatz 3 in der Regel nicht erfüllt sein, es sei denn, es gibt keine andere praktikable Möglichkeit zur Berechnung und Kontrolle der Lizenzgebühren.

4.2.2. Exklusivlizenzen und Verkaufsbeschränkungen

(189) Für die Zwecke dieser Leitlinien empfiehlt es sich zu unterscheiden zwischen Produktionsbeschränkungen innerhalb eines bestimmten Gebiets (Exklusiv- oder Alleinlizenz) und Beschränkungen des Verkaufs von Produkten, die die lizenzierte Technologie enthalten, in ein bestimmtes Gebiet oder an eine bestimmte Kundengruppe (Verkaufsbeschränkungen).

4.2.2.1. Exklusiv- und Alleinlizenzen

(190) Bei einer Exklusivlizenz ist der Lizenzgeber selbst weder befugt, auf der Grundlage der lizenzierten Technologierechte zu produzieren, noch ist er befugt, Dritten für die lizenzierten Technologierechte im Allgemeinen oder im Hinblick auf eine bestimmte Nutzung oder für ein bestimmtes Gebiet Lizenzen zu erteilen. Das bedeutet, dass der Lizenznehmer der Einzige ist, der auf der Grundlage der lizenzierten Technologierechte im Allgemeinen oder im Hinblick auf die jeweilige Nutzung oder das jeweilige Gebiet produzieren darf.

(191) Verpflichtet sich der Lizenzgeber, in einem bestimmten Gebiet auf eine eigene Produktion zu verzichten und Dritten keine Produktionslizenz zu erteilen, so kann dieses Gebiet die ganze Welt oder einen beliebigen Teil davon umfassen. Verpflichtet sich der Lizenzgeber lediglich, Dritten in einem bestimmten Gebiet keine Produktionslizenzen zu erteilen, handelt es sich um eine Alleinlizenz. Exklusiv- und Alleinlizenzen gehen häufig mit Verkaufsbeschränkungen einher, die die Parteien darin beschränken, wo sie die Produkte, die die lizenzierte Technologie enthalten, verkaufen dürfen.

(192) Wechselseitige Exklusivlizenzen zwischen Wettbewerbern fallen unter Artikel 4 Absatz 1 Buchstabe c der TT-GVO, wonach die Zuweisung von Märkten und Kunden zwischen Wettbewerbern als Kernbeschränkung einzustufen ist. Die wechselseitige Erteilung von Alleinlizenzen zwischen Wettbewerbern fällt jedoch bis zur Marktanteilsschwelle von 20% unter die Gruppenfreistellung. In einer solchen Vereinbarung verpflichten sich die Parteien, Dritten keine Lizenz für ihre konkurrierenden Technologien zu erteilen. Verfügen die Parteien über erhebliche Marktmacht, so können solche Vereinbarungen Absprachen erleichtern, da sie gewährleisten, dass die Parteien auf dem Markt die einzigen Anbieter sind, die mit den lizenzierten Technologien produzieren.

(193) Die nicht wechselseitige Erteilung von Exklusivlizenzen zwischen Wettbewerbern fällt bis zur Marktanteilsschwelle von 20% ebenfalls unter die Gruppenfreistellung. Oberhalb dieser Schwelle ist zu prüfen, welche wettbewerbsschädigenden Wirkungen von solchen Exklusivlizenzen zu erwarten sind. Gilt die Lizenz weltweit, so bedeutet dies, dass der Lizenzgeber aus dem Markt austritt. Beschränkt sich die Exklusivlizenz auf ein bestimmtes Gebiet, z. B. auf einen Mitgliedstaat, so verzichtet der Lizenzgeber auf die Produktion von Waren und Dienstleistungen in dem fraglichen Gebiet. Im Zusammenhang mit Artikel 101 Absatz 1 AEUV muss insbesondere geprüft werden, welche Bedeutung der Lizenzgeber für den Wettbewerb hat. Verfügt der Lizenzgeber auf dem Produktmarkt nur über eine relativ schwache Marktstellung oder ist er nicht in der Lage, die Technologie im Vertragsgebiet des Lizenznehmers effektiv zu nutzen, ist es unwahrscheinlich, dass die Vereinbarung unter Artikel 101 Absatz 1 fällt. Ein Sonderfall liegt vor, wenn der Lizenzgeber und der Lizenznehmer nur auf dem Technologiemarkt miteinander im Wettbewerb stehen und der Lizenzgeber nicht die Produktions- und Vertriebskapazitäten besitzt, um Produkte, die die lizenzierte Technologie enthalten, effektiv auf den Markt zu bringen (z. B. weil es sich

beim Lizenzgeber um ein Forschungsinstitut oder ein kleines Forschungsunternehmen handelt). In diesen Fällen ist ein Verstoß gegen Artikel 101 Absatz 1 unwahrscheinlich.

(194) Bei Exklusivlizenzen zwischen Nicht-Wettbewerbern ist in der Regel davon auszugehen, dass sie – soweit sie unter Artikel 101 Absatz 1 AEUV fallen[84] – die Voraussetzungen des Artikels 101 Absatz 3 erfüllen. Das Recht zur Vergabe einer Exklusivlizenz ist in der Regel notwendig, um den Lizenznehmer dazu zu veranlassen, in die lizenzierte Technologie zu investieren und die Produkte zügig auf den Markt zu bringen. Dies gilt insbesondere dann, wenn der Lizenznehmer zur Weiterentwicklung der lizenzierten Technologie umfangreiche Investitionen tätigen muss. Würde die Ausschließlichkeit aufgehoben, sobald der Lizenznehmer die lizenzierte Technologie erfolgreich nutzt, so würde er um die Früchte des Erfolgs gebracht, was dem Wettbewerb, der Verbreitung der Technologie und der Innovation abträglich wäre. Die Kommission wird deshalb unabhängig vom räumlichen Geltungsbereich der Lizenz nur in Ausnahmefällen gegen Exklusivlizenz-Vereinbarungen zwischen Nicht-Wettbewerbern vorgehen.

(195) Besitzt der Lizenznehmer bereits eine substituierbare Technologie, die firmenintern genutzt wird, so ist eine Exklusivlizenz möglicherweise nicht erforderlich, um dem Lizenznehmer einen Anreiz zu geben, ein Produkt auf den Markt zu bringen. In diesem Fall fallen Exklusivlizenzen möglicherweise unter Artikel 101 Absatz 1 AEUV; dies gilt insbesondere, wenn der Lizenznehmer auf dem Produktmarkt über Marktmacht verfügt. Ein Einschreiten der Kommission kann vor allem dann gerechtfertigt sein, wenn ein Lizenznehmer, der den Markt beherrscht, eine Exklusivlizenz für eine oder mehrere konkurrierende Technologien erwirbt. Solche Vereinbarungen dürften unter Artikel 101 Absatz 1 AEUV fallen und die Voraussetzungen des Artikels 101 Absatz 3 in der Regel nicht erfüllen. Voraussetzung für die Anwendbarkeit des Artikels 101 Absatz 1 ist allerdings, dass der Eintritt in den Technologiemarkt nicht ohne weiteres möglich ist und die lizenzierte Technologie eine echte Wettbewerbsquelle auf dem Markt darstellt. Unter diesen Umständen kann eine Exklusivlizenz Dritte ausschließen, die Marktzutrittsschranken erhöhen und dem Lizenznehmer den Erhalt seiner Marktmacht sichern.

(196) Wechselseitige Lizenzvereinbarungen zwischen zwei oder mehr Parteien, die sich verpflichten, Dritten keine Lizenzen zu erteilen, geben insbesondere dann Anlass zu Bedenken, wenn das so entstandene Technologiepaket de facto einen Industriestandard begründet, zu dem Dritte Zugang erhalten müssen, um effektiv auf dem Markt konkurrieren zu können. In diesen Fällen führt die Vereinbarung zu einem den Parteien vorbehaltenen Industriestandard. Die Kommission bewertet solche Vereinbarungen nach denselben Grundsätzen wie Technologiepools (siehe Abschnitt 4.4). In der Regel gilt die Voraussetzung, dass Technologien, die dem betreffenden Standard zugrunde liegen, zu gerechten, vernünftigen und diskriminierungsfreien Bedingungen an Dritte lizenziert werden.[85] Stehen die Vertragsparteien auf einem Produktmarkt mit Dritten im Wettbewerb und betrifft die Vereinbarung diesen Markt, so hat ein den Parteien vorbehaltener Industriestandard in der Regel erhebliche Ausschlusseffekte zur Folge. Diese wettbewerbsschädigenden Auswirkungen können nur vermieden werden, wenn auch Dritte Lizenzen erhalten.

---

[84] Siehe Urteil in der Rechtssache *Nungesser* (Verweis in Fußnote 13).

[85] Siehe hierzu die Mitteilung der Kommission betreffend die Sache Canon/Kodak (ABl. C 330 vom 1.11.1997, S. 10), sowie die Sache IGR Stereo Television im XI. Bericht über die Wettbewerbspolitik, Randnr. 94.

4.2.2.2. Verkaufsbeschränkungen

(197) Bei Verkaufsbeschränkungen gibt es eine wichtige Unterscheidung zwischen Lizenzvereinbarungen zwischen Wettbewerbern und Vereinbarungen zwischen Nicht-Wettbewerbern.

(198) Beschränkungen des aktiven und passiven Verkaufs, die einer oder beiden Parteien in einer wechselseitigen Vereinbarung zwischen Wettbewerbern auferlegt werden, sind nach Artikel 4 Absatz 1 Buchstabe c der TT-GVO als Kernbeschränkungen anzusehen. Solche Verkaufsbeschränkungen fallen unter Artikel 101 Absatz 1 AEUV und dürften die Voraussetzungen des Artikels 101 Absatz 3 in der Regel nicht erfüllen. Solche Beschränkungen werden in der Regel als Marktaufteilung gewertet, da sie die jeweilige Partei an aktiven und passiven Verkäufen in Gebiete oder an Kundengruppen hindern, die sie vor Abschluss der Vereinbarung beliefert hat oder hätte beliefern können, wenn die Vereinbarung nicht zustande gekommen wäre.

(199) Die Gruppenfreistellung gilt für die in einer nicht wechselseitigen Vereinbarung zwischen Wettbewerbern dem Lizenznehmer oder dem Lizenzgeber auferlegten Beschränkung des aktiven und/oder passiven Verkaufs in das Exklusivgebiet oder an die Exklusivkundengruppe, das bzw. die der anderen Partei vorbehalten ist (siehe Artikel 4 Absatz 1 Buchstabe c Ziffer i der TT-GVO). Oberhalb der Marktanteilsschwelle von 20% fallen Verkaufsbeschränkungen zwischen Lizenzgeber und Lizenznehmer unter Artikel 101 Absatz 1 AEUV, wenn eine Partei oder beide Parteien über erhebliche Marktmacht verfügen. Solche Beschränkungen können allerdings für die Verbreitung wertvoller Technologien unerlässlich sein und erfüllen dann möglicherweise die Voraussetzungen des Artikels 101 Absatz 3. Dies kann dann der Fall sein, wenn der Lizenzgeber in dem Gebiet, in dem er die Technologie selbst nutzt, eine relativ schwache Marktstellung innehat. Eine Beschränkung insbesondere des aktiven Verkaufs kann dann unerlässlich sein, um den Lizenzgeber zur Lizenzvergabe zu bewegen. Ohne diese Beschränkung würde sich der Lizenzgeber dem Risiko aktiven Wettbewerbs in seinem Haupttätigkeitsfeld aussetzen. Ebenso kann es sich als unabdingbar erweisen, den aktiven Verkauf des Lizenzgebers einzuschränken, insbesondere dann, wenn der Lizenznehmer in dem ihm zugewiesenen Vertragsgebiet eine relativ schwache Marktposition innehat und umfangreiche Investitionen auf sich nehmen muss, um die lizenzierte Technologie effizient nutzen zu können.

(200) Unter die Gruppenfreistellung fallen auch Beschränkungen des aktiven Verkaufs in das Gebiet oder an die Kundengruppe, das bzw. die einem anderen Lizenznehmer vorbehalten ist, der zu dem Zeitpunkt, als er die Lizenzvereinbarung mit dem Lizenzgeber geschlossen hat, kein Wettbewerber des Lizenzgebers war. Dies ist jedoch nur der Fall, wenn es sich um eine nicht wechselseitige Vereinbarung handelt (siehe Artikel 4 Absatz 1 Buchstabe c Ziffer ii der TT-GVO). Oberhalb der Marktanteilsschwelle fallen Beschränkungen des aktiven Verkaufs in der Regel unter Artikel 101 Absatz 1 AEUV, wenn die Parteien über erhebliche Marktmacht verfügen. Die Beschränkung dürfte allerdings für die Zeit, die der geschützte Lizenznehmer benötigt, um einen neuen Markt zu erschließen und in dem ihm zugewiesenen Vertragsgebiet Fuß zu fassen bzw. seine Marktposition bei der ihm zugewiesenen Kundengruppe zu festigen, als unerlässlich im Sinne des Artikels 101 Absatz 3 gelten. Der Schutz vor aktiven Verkäufen ermöglicht es dem Lizenznehmer, den Nachteil zu überwinden, der darin besteht, dass er es zum Teil mit anderen Lizenznehmern zu tun hat, die als konkurrierende Unternehmen bereits auf dem Markt etabliert sind. Die einem Lizenznehmer auferlegte Beschränkung, passive Verkäufe in das Gebiet bzw. an die Kundengruppe zu unterlassen, die einem anderen Lizenznehmer vorbehalten sind, ist nach Artikel 4 Absatz 1 Buchstabe c der TT-GVO als Kernbeschränkung einzustufen.

(201) Bei Vereinbarungen zwischen Nicht-Wettbewerbern fallen Verkaufsbeschränkungen zwischen dem Lizenzgeber und einem Lizenznehmer bis zur Marktan-

teilsschwelle von 30% unter die Gruppenfreistellung. Oberhalb der Marktanteilsschwelle können Beschränkungen des aktiven und passiven Verkaufs durch Lizenznehmer in ein Gebiet oder an einen Kundenkreis, das bzw. der ausschließlich dem Lizenzgeber vorbehalten ist, für die Verbreitung wertvoller Technologien unerlässlich sein und daher nicht unter Artikel 101 Absatz 1 AEUV fallen bzw. die Voraussetzungen des Artikels 101 Absatz 3 erfüllen. Dies kann dann der Fall sein, wenn der Lizenzgeber in dem Gebiet, in dem er die Technologie selbst nutzt, eine relativ schwache Marktstellung innehat. Eine Beschränkung insbesondere des aktiven Verkaufs kann dann unerlässlich sein, um den Lizenzgeber zur Lizenzvergabe zu bewegen. Ohne diese Beschränkung würde sich der Lizenzgeber dem Risiko aktiven Wettbewerbs in seinem Haupttätigkeitsfeld aussetzen. In anderen Fällen können für den Lizenznehmer geltende Verkaufsbeschränkungen unter Artikel 101 Absatz 1 fallen und erfüllen die Voraussetzungen des Artikels 101 Absatz 3 möglicherweise nicht. Dies dürfte der Fall sein, wenn der Lizenzgeber allein über erhebliche Marktmacht verfügt oder wenn eine Reihe vergleichbarer Lizenzvereinbarungen, an denen Lizenzgeber beteiligt sind, die gemeinsam eine starke Marktstellung innehaben, eine kumulative Wirkung hat.

(202) Verkaufsbeschränkungen für den Lizenzgeber dürften, sofern sie unter Artikel 101 Absatz 1 AEUV fallen, die Voraussetzungen des Artikels 101 Absatz 3 erfüllen, es sei denn, es gibt keine echten Alternativen zur Technologie des Lizenzgebers auf dem Markt oder der Lizenznehmer verfügt über eine von Dritten erhaltene Lizenz für diese alternativen Technologien. Solche Beschränkungen und insbesondere Beschränkungen des aktiven Verkaufs dürften unerlässlich im Sinne des Artikels 101 Absatz 3 sein, um den Lizenznehmer dazu zu veranlassen, in Herstellung, Vermarktung und Vertrieb der Produkte zu investieren, die die lizenzierte Technologie enthalten. Der Investitionsanreiz für den Lizenznehmer dürfte erheblich geringer ausfallen, wenn er unmittelbar mit dem Lizenzgeber konkurrieren müsste, dessen Produktionskosten nicht durch Lizenzgebühren belastet sind, was sich nachteilig auf das Investitionsniveau auswirken dürfte.

(203) Im Verhältnis zwischen Lizenznehmern stellt die TT-GVO Auflagen in Vereinbarungen zwischen Nicht-Wettbewerbern frei, die den aktiven Verkauf zwischen Verkaufsgebieten oder Kundengruppen beschränken. Oberhalb der Marktanteilsschwelle von 30% behindern solche Beschränkungen den technologieinternen Wettbewerb und dürften unter Artikel 101 Absatz 1 AEUV fallen, wenn der einzelne Lizenznehmer erhebliche Marktmacht besitzt. Sie können aber die Voraussetzungen des Artikels 101 Absatz 3 erfüllen, wenn sie erforderlich sind, um Trittbrettfahrer auszuschließen und den Lizenznehmer dazu zu veranlassen, in seinem Vertragsgebiet die für eine effiziente Nutzung der lizenzierten Technologie notwendigen Investitionen vorzunehmen und Verkaufsförderung für das lizenzierte Produkt zu betreiben. Beschränkungen des passiven Verkaufs gelten als Kernbeschränkungen nach Artikel 4 Absatz 2 Buchstabe b der TT-GVO (siehe die Randnummern (119) bis (127) oben).

4.2.3. Output-Beschränkungen

(204) Wechselseitige Output-Beschränkungen in Lizenzvereinbarungen zwischen Wettbewerbern sind nach Artikel 4 Absatz 1 Buchstabe b der TT-GVO als Kernbeschränkung einzustufen (siehe Randnummer (103) oben). Diese Bestimmung gilt allerdings nicht für Output-Beschränkungen in Bezug auf die Technologie des Lizenzgebers, die dem Lizenznehmer in einer nicht wechselseitigen Vereinbarung oder einem der Lizenznehmer in einer wechselseitigen Vereinbarung auferlegt werden. Solche Beschränkungen fallen bis zur Marktanteilsschwelle von 20% unter die Gruppenfreistellung. Oberhalb der Marktanteilsschwelle können Output-Beschränkungen für Lizenznehmer den Wettbewerb einschränken, wenn die Parteien über erhebliche Marktmacht verfügen. In Fällen, in denen die Technologie des Lizenzgebers der

Technologie des Lizenznehmers weit überlegen ist und die Output-Obergrenze deutlich über dem Output des Lizenznehmers vor Abschluss der Vereinbarung liegt, dürfte allerdings Artikel 101 Absatz 3 AEUV anwendbar sein, da sich eine solche Beschränkung auch auf Märkten mit wachsender Nachfrage nur begrenzt auswirkt. Bei der Anwendung des Artikels 101 Absatz 3 AEUV ist auch zu berücksichtigen, dass solche Beschränkungen erforderlich sein können, um den Lizenzgeber zu veranlassen, seine Technologie möglichst weit zu verbreiten. So kann etwa ein Lizenzgeber abgeneigt sein, seinen Wettbewerbern Lizenzen zu erteilen, wenn er diese nicht auf einen bestimmten Produktionsstandort mit einer bestimmten Kapazität beschränken darf (Standortlizenz). Führt eine Lizenzvereinbarung zu einer echten Zusammenführung ergänzender Betriebsanlagen, so können die dem Lizenznehmer auferlegten Output-Beschränkungen daher die Voraussetzungen des Artikels 101 Absatz 3 erfüllen. Dies ist allerdings unwahrscheinlich, wenn die Parteien über erhebliche Marktmacht verfügen.

(205) Für Output-Beschränkungen in Lizenzvereinbarungen zwischen Nicht-Wettbewerbern gilt die Gruppenfreistellung bis zu einem Marktanteil von 30%. Bei Output-Beschränkungen in Lizenzvereinbarungen zwischen Nicht-Wettbewerbern ergibt sich die größte Gefahr für den Wettbewerb aus einem verringerten technologieinternen Wettbewerb zwischen Lizenznehmern. Das Ausmaß dieser wettbewerbsschädigenden Wirkungen hängt von der Marktstellung des Lizenzgebers und der Lizenznehmer sowie davon ab, inwieweit der Lizenznehmer durch die Output-Beschränkung daran gehindert wird, die Nachfrage nach Produkten, die die lizenzierte Technologie enthalten, zu decken.

(206) Werden Output-Beschränkungen mit Exklusivgebieten oder Exklusivkundengruppen kombiniert, verstärken sich die beschränkenden Wirkungen. Die Kombination beider Arten von Beschränkungen lassen es als wahrscheinlicher erscheinen, dass eine Vereinbarung dazu dient, Märkte aufzuteilen.

(207) Output-Beschränkungen für Lizenznehmer in Vereinbarungen zwischen Nicht-Wettbewerbern können aber auch wettbewerbsfördernde Wirkungen haben, wenn sie die Verbreitung von Technologien fördern. Als Technologieanbieter sollte der Lizenzgeber generell die Möglichkeit haben zu bestimmen, welche Menge der Lizenznehmer mit der lizenzierten Technologie produziert. Wenn der Lizenzgeber den Output des Lizenznehmers nicht bestimmen könnte, würden viele Lizenzvereinbarungen gar nicht erst geschlossen, was negative Folgen für die Verbreitung neuer Technologien hätte. Dies dürfte vor allem dann der Fall sein, wenn der Lizenzgeber auch Hersteller ist, da der Output des Lizenznehmers zurück in das Hauptgebiet des Lizenzgebers gelangen könnte und somit unmittelbare Folgen für dessen Geschäft hätte. Andererseits ist es weniger wahrscheinlich, dass Output-Beschränkungen notwendig sind, um eine Verbreitung der Technologie des Lizenzgebers zu gewährleisten, wenn sie mit Verkaufsbeschränkungen für den Lizenznehmer verbunden sind, die es ihm verbieten, in Gebieten oder an Kundengruppen zu verkaufen, die dem Lizenzgeber vorbehalten sind.

4.2.4. Nutzungsbeschränkungen

(208) Bei einer Nutzungsbeschränkung wird eine Lizenz entweder auf einen oder mehrere technische Anwendungsbereiche oder auf einen oder mehrere Produktmärkte oder Wirtschaftszweige beschränkt. Ein Wirtschaftszweig kann mehrere Produktmärkte, aber nicht einen Teil eines Produktmarkts umfassen. Es gibt viele Fälle, in denen dieselbe Technologie für die Herstellung ganz unterschiedlicher Produkte verwendet wird oder in Produkte einfließen kann, die zu unterschiedlichen Produktmärkten gehören. Eine neue Gießtechnik kann beispielsweise zur Herstellung von Kunststoffflaschen und -bechern genutzt werden, die nicht demselben Produktmarkt zuzurechnen sind. Ein Produktmarkt kann allerdings auch mehrere technische An-

wendungsbereiche umfassen. Eine neue Motortechnik kann beispielsweise sowohl in Vier-Zylinder-Motoren als auch in Sechs-Zylinder-Motoren zum Einsatz kommen. Ebenso kann eine Technologie zur Herstellung von Chipsätzen für Chipsätze mit bis zu vier Hauptprozessoren und für Chipsätze mit mehr als vier Hauptprozessoren eingesetzt werden. Eine Lizenz, die die Verwendung der lizenzierten Technologie auf beispielsweise Vier-Zylinder-Motoren oder Chipsätze mit bis zu vier Hauptprozessoren beschränkt, ist als Nutzungsbeschränkung anzusehen.

(209) Da Nutzungsbeschränkungen unter die Gruppenfreistellung fallen und bestimmte Kundenkreisbeschränkungen Kernbeschränkungen nach Artikel 4 Absatz 1 Buchstabe c und Artikel 4 Absatz 2 Buchstabe b der TT-GVO sind, muss zwischen diesen beiden Kategorien unterschieden werden. Eine Beschränkung des Kundenkreises setzt voraus, dass die Kundengruppen, die von den Parteien nicht beliefert werden dürfen, genau bestimmt werden. Der Umstand, dass eine Nutzungsbeschränkung bestimmten Kundengruppen in einem Produktmarkt entsprechen kann, bedeutet nicht, dass die Beschränkung als Kundenkreisbeschränkung einzustufen ist. Dass bestimmte Kunden beispielsweise überwiegend oder ausschließlich Chipsätze mit mehr als vier Hauptprozessoren erwerben, bedeutet nicht, dass eine Lizenz, die auf Chipsätze mit bis zu vier Hauptprozessoren beschränkt ist, eine Kundenkreisbeschränkung enthält. Die Nutzungsbeschränkung muss allerdings objektiv unter Verweis auf genau bezeichnete, relevante technische Merkmale des Vertragsprodukts definiert sein.

(210) Da bestimmte Output-Beschränkungen Kernbeschränkungen nach Artikel 4 Absatz 1 Buchstabe b der TT-GVO sind, ist festzustellen, dass Nutzungsbeschränkungen nicht als Output-Beschränkungen betrachtet werden, weil eine Nutzungsbeschränkung nicht den Output beschränkt, den der Lizenznehmer innerhalb des lizenzierten Anwendungsbereichs produzieren darf.

(211) Eine Nutzungsbeschränkung schränkt die Verwendung der lizenzierten Technologie durch den Lizenznehmer auf einen oder mehrere Anwendungsbereiche ein, ohne die Möglichkeit des Lizenzgebers einzuschränken, die lizenzierte Technologie zu nutzen. Nutzungsbeschränkungen können wie Gebietsbeschränkungen in einer Exklusiv- oder Alleinlizenz enthalten sein. Nutzungsbeschränkungen in Kombination mit einer Exklusiv- oder Alleinlizenz schränken auch die Verwertungsmöglichkeiten des Lizenzgebers ein, da er seine eigene Technologie weder nutzen noch Dritten eine Lizenz erteilen darf. Bei einer Alleinlizenz ist nur die Lizenzierung an Dritte eingeschränkt. Nutzungsbeschränkungen in Kombination mit Exklusiv- und Alleinlizenzen werden ebenso behandelt wie die Exklusiv- und Alleinlizenzen unter Abschnitt 4.2.2 oben. Dies bedeutet, dass wechselseitige Exklusiv-Lizenzen, insbesondere im Verhältnis zwischen Wettbewerbern, nach Artikel 4 Absatz 1 Buchstabe c der TT-GVO Kernbeschränkungen sind.

(212) Nutzungsbeschränkungen können sich positiv auf den Wettbewerb auswirken, wenn sie den Lizenzgeber dazu veranlassen, Technologielizenzen für Anwendungen zu erteilen, die außerhalb seines Tätigkeitsschwerpunkts liegen. Wenn der Lizenzgeber nicht verhindern könnte, dass Lizenznehmer in Bereichen tätig sind, in denen er selbst die Technologie verwendet oder in denen sich die Technologie noch nicht hinreichend bewährt hat, würde ihn dies vermutlich daran hindern, Lizenzen zu vergeben, oder ihn dazu veranlassen, höhere Lizenzgebühren zu verlangen. Zu bedenken ist auch, dass es in bestimmten Wirtschaftszweigen häufig zu einer Lizenzvergabe kommt, um Verletzungsklagen zu vermeiden und so die Gestaltungsfreiheit zu gewährleisten. Der Lizenznehmer kann seine eigene Technologie im Rahmen der Lizenz entwickeln, ohne Verletzungsklagen des Lizenzgebers fürchten zu müssen.

(213) Nutzungsbeschränkungen für Lizenznehmer in Lizenzvereinbarungen zwischen tatsächlichen oder potenziellen Wettbewerbern fallen bis zu einem Marktanteil von 20% unter die Gruppenfreistellung. Der wichtigste wettbewerbsrechtliche Einwand gegen solche Beschränkungen liegt in der Gefahr, dass der Lizenznehmer außer-

halb des lizenzierten Anwendungsbereichs als Wettbewerber wegfällt. Diese Gefahr ist bei wechselseitigen Lizenzen zwischen Wettbewerbern noch größer, wenn die Vereinbarung asymmetrische Nutzungsbeschränkungen vorsieht. Eine Nutzungsbeschränkung ist asymmetrisch, wenn die eine lizenzierte Technologie von einer Partei in einem Wirtschaftszweig, Produktmarkt oder technischen Anwendungsbereich genutzt werden darf und die andere lizenzierte Technologie von der anderen Partei in einem anderen Wirtschaftszweig, Produktmarkt oder technischen Anwendungsbereich. Wettbewerbsbedenken können sich insbesondere dann einstellen, wenn mit den Produktionsanlagen des Lizenznehmers, die zur Verwendung der lizenzierten Technologie umgerüstet worden sind, auch Produkte außerhalb des lizenzierten Anwendungsbereichs auf der Grundlage der eigenen Technologie des Lizenznehmers hergestellt werden. Ist zu erwarten, dass die Vereinbarung den Lizenznehmer zur Verringerung seines Outputs außerhalb des lizenzierten Anwendungsbereichs veranlasst, so fällt die Vereinbarung in der Regel unter Artikel 101 Absatz 1 AEUV. Symmetrische Nutzungsbeschränkungen, das heißt Vereinbarungen, in denen die Parteien einander Lizenzen zur Nutzung ihrer Technologien in denselben Anwendungsbereichen erteilen, fallen in der Regel nicht unter Artikel 101 Absatz 1 AEUV. Es ist unwahrscheinlich, dass solche Vereinbarungen den Wettbewerb beschränken, der ohne die Vereinbarungen bestanden hätte. Ebenso unwahrscheinlich ist es, dass Artikel 101 Absatz 1 auf Vereinbarungen Anwendung findet, die es dem Lizenznehmer lediglich ermöglichen, seine eigene Technologie im Rahmen der Lizenz weiterzuentwickeln und zu verwerten, ohne Verletzungsklagen des Lizenzgebers befürchten zu müssen. In diesen Fällen wird der Wettbewerb, der vor Abschluss der Vereinbarung bestanden hat, durch die Nutzungsbeschränkungen allein nicht eingeschränkt. Vor Abschluss der Vereinbarung war der Lizenznehmer überdies der Gefahr von Verletzungsklagen in Bereichen außerhalb des lizenzierten Anwendungsbereichs ausgesetzt. Beendet oder reduziert der Lizenznehmer jedoch seine Aktivitäten außerhalb des lizenzierten Anwendungsbereichs ohne wirtschaftlichen Grund, kann dies ein Hinweis auf eine verdeckte Marktaufteilungsvereinbarung sein, die als Kernbeschränkung nach Artikel 4 Absatz 1 Buchstabe c der TT-GVO zu werten ist.

(214) Nutzungsbeschränkungen für Lizenznehmer und Lizenzgeber in Vereinbarungen zwischen Nicht-Wettbewerbern sind bis zur Marktanteilsschwelle von 30% freigestellt. Nutzungsbeschränkungen in Vereinbarungen zwischen Nicht-Wettbewerbern, bei denen sich der Lizenzgeber einen oder mehrere Produktmärkte oder technische Anwendungsbereiche vorbehält, sind im Allgemeinen entweder nicht wettbewerbsschädigend oder effizienzsteigernd. Sie fördern die Verbreitung neuer Technologien, indem sie dem Lizenzgeber einen Anreiz zur Vergabe von Lizenzen für die Nutzung der Technologie in Bereichen geben, in denen er die Technologie nicht selbst einsetzen will. Wenn der Lizenzgeber nicht verhindern könnte, dass Lizenznehmer in Bereichen tätig sind, in denen er selbst die Technologie verwendet, würde ihn dies vermutlich davon abhalten, Lizenzen zu vergeben.

(215) In Vereinbarungen zwischen Nicht-Wettbewerbern hat der Lizenzgeber in der Regel auch das Recht, verschiedenen Lizenznehmern Exklusiv- oder Alleinlizenzen zu erteilen, die jeweils auf einen oder mehrere Anwendungsbereiche beschränkt sind. Solche Beschränkungen begrenzen den technologieinternen Wettbewerb zwischen Lizenznehmern in derselben Weise wie Exklusivlizenzen und werden in derselben Weise geprüft (siehe Abschnitt 4.2.2.1 oben).

4.2.5. Beschränkung auf den Eigenbedarf

(216) Die Beschränkung auf den Eigenbedarf kann als Auflage für den Lizenznehmer definiert werden, seine Herstellung des lizenzierten Produkts auf die Menge zu beschränken, die für die Herstellung, Wartung und Reparatur seiner eigenen Produkte erforderlich ist. Das heißt, diese Art von Beschränkung erfolgt in Form einer

Verpflichtung für den Lizenznehmer, die Produkte, die die lizenzierte Technologie enthalten, lediglich als Input für seine eigene Produktion zu benutzen, sie aber nicht an andere Hersteller für deren Produktion zu verkaufen. Für Beschränkungen auf den Eigenbedarf gilt die Gruppenfreistellung bis zu einem Marktanteil von 20% bzw. 30%. Oberhalb dieser Schwelle muss geprüft werden, welche wettbewerbsfördernden und wettbewerbsschädigenden Wirkungen die Beschränkungen haben. Hier ist zwischen Vereinbarungen zwischen Wettbewerbern und Vereinbarungen zwischen Nicht-Wettbewerbern zu unterscheiden.

(217) Bei Lizenzvereinbarungen zwischen Wettbewerbern hindert eine Beschränkung, die dem Lizenznehmer lediglich gestattet, die Lizenz für die Verwendung in seinen eigenen Produkten zu nutzen, den Lizenznehmer daran, als Zulieferer für Dritte aufzutreten. Wenn der Lizenznehmer vor Abschluss der Vereinbarung kein tatsächlicher oder wahrscheinlicher potenzieller Zulieferer für andere Hersteller war, bedeutet die Beschränkung auf den Eigenbedarf keine Veränderung gegenüber der früheren Situation. In diesem Fall wird die Beschränkung in gleicher Weise geprüft wie bei Vereinbarungen zwischen Nicht-Wettbewerbern. Ist der Lizenznehmer hingegen ein tatsächlicher oder wahrscheinlicher Zulieferer, so muss geprüft werden, wie sich die Vereinbarung auf diese Tätigkeit auswirken wird. Wenn der Lizenznehmer auf die Technologie des Lizenzgebers umstellt und seine eigene Technologie und damit auch seine Zuliefertätigkeit aufgibt, schränkt die Vereinbarung den Wettbewerb ein, der vor Abschluss der Vereinbarung bestand. Verfügt der Lizenzgeber über erhebliche Marktmacht auf dem Zuliefermarkt, so können sich hieraus für den Markt schwerwiegende negative Folgen ergeben.

(218) Bei Lizenzvereinbarungen zwischen Nicht-Wettbewerbern können sich aus Beschränkungen auf den Eigenbedarf insbesondere zwei Gefahren für den Wettbewerb ergeben: eine Beschränkung des technologieinternen Wettbewerbs auf dem Markt für die Lieferung von Inputs und ein Ausschluss der Arbitrage zwischen Lizenznehmern, was dem Lizenzgeber mehr Möglichkeiten gibt, von den Lizenznehmern unterschiedliche Lizenzgebühren zu fordern.

(219) Beschränkungen auf den Eigenbedarf können aber auch eine den Wettbewerb steigernde Lizenzvergabe fördern. Wenn der Lizenzgeber Zulieferer ist, kann eine solche Beschränkung erforderlich sein, um eine Verbreitung der Technologie zwischen Nicht-Wettbewerbern zu ermöglichen. Bei Fehlen einer solchen Beschränkung würde der Lizenzgeber möglicherweise keine Lizenz vergeben oder nur gegen höhere Lizenzgebühren, weil er sich andernfalls damit auf dem Zuliefermarkt Konkurrenten schaffen würde. In diesen Fällen liegt in der Regel keine Wettbewerbsbeschränkung vor oder Artikel 101 Absatz 3 AEUV findet Anwendung. Der Lizenznehmer darf jedoch nicht daran gehindert werden, die lizenzierten Produkte als Ersatzteile für seine eigenen Erzeugnisse zu verkaufen. Der Lizenznehmer muss in der Lage sein, den Ersatzteilemarkt für seine eigenen Produkte zu bedienen und auch unabhängige Dienstleistungsunternehmen zu beliefern, die Erzeugnisse des Lizenznehmers warten und reparieren.

(220) Wenn der Lizenzgeber auf dem relevanten Produktmarkt nicht als Zulieferer tätig ist, gelten die vorgenannten Gründe für eine Beschränkung auf den Eigenbedarf nicht, weil in solchen Fällen eine Verbreitung der Technologie gefördert werden könnte, indem sichergestellt wird, dass die Lizenznehmer nicht an Hersteller weiterverkaufen, die mit dem Lizenzgeber auf anderen Märkten im Wettbewerb stehen. Die einschränkende Auflage für den Lizenznehmer, nicht an bestimmte Kundengruppen zu verkaufen, die dem Lizenzgeber vorbehalten sind, bildet jedoch in der Regel eine weniger beschränkende Alternative. Folglich ist in solchen Fällen eine Beschränkung auf den Eigenbedarf für die Verbreitung der Technologie normalerweise nicht erforderlich.

4.2.6. Kopplungs- und Paketvereinbarungen

(221) Kopplungsvereinbarungen liegen dann vor, wenn der Lizenzgeber dem Lizenznehmer bei der Vergabe einer Lizenz für eine Technologie (dem Kopplungsprodukt) zur Bedingung macht, auch die Lizenz für eine andere Technologie zu erwerben oder aber ein Produkt des Lizenzgebers oder ein anderes von ihm bezeichnetes Produkt (das gekoppelte Produkt) zu kaufen. In einer Paketvereinbarung werden demgegenüber zwei Technologien oder eine Technologie und ein Produkt zusammen als Paket angeboten. Voraussetzung ist in beiden Fällen allerdings, dass die betreffenden Produkte und Technologien unterschiedlich in dem Sinne sein müssen, dass für jedes Produkt bzw. jede Technologie, das bzw. die Bestandteil der Kopplung oder des Pakets ist, eine getrennte Nachfrage bestehen muss. Dies ist in der Regel dann nicht der Fall, wenn die Technologien oder Produkte in der Weise miteinander verbunden sind, dass die lizenzierte Technologie nicht ohne das gekoppelte Produkt bzw. ein Bestandteil des Pakets nicht ohne den anderen genutzt werden kann. Der Ausdruck „Kopplung" bezieht sich im Folgenden sowohl auf Kopplungs- als auch auf Paketvereinbarungen.

(222) Artikel 3 der TT-GVO, der die Anwendung der Gruppenfreistellung von der Höhe der Marktanteile abhängig macht, stellt sicher, dass Kopplungs- und Paketvereinbarungen oberhalb des Schwellenwerts von 20% (Vereinbarungen zwischen Wettbewerbern) bzw. 30% (Vereinbarungen zwischen Nicht-Wettbewerbern) von der Gruppenfreistellung ausgenommen sind. Die Marktanteilsschwellen gelten für jeden von der Lizenzvereinbarung betroffenen Technologie- oder Produktmarkt einschließlich der Märkte der gekoppelten Produkte. Oberhalb dieser Marktanteilsschwellen müssen die wettbewerbsschädigenden und wettbewerbsfördernden Wirkungen der Kopplung gegeneinander abgewogen werden.

(223) Die wichtigste beschränkende Wirkung der Kopplung ist der Ausschluss von Konkurrenzunternehmen. Kopplungsklauseln können es dem Lizenzgeber auch ermöglichen, seine Stellung auf dem Markt des Kopplungsprodukts zu erhalten, indem sie neue Anbieter unter Umständen dazu zwingen, in mehrere Märkte gleichzeitig einzutreten, und so Marktzutrittsschranken errichten. Sie können es dem Lizenzgeber darüber hinaus ermöglichen, die Lizenzgebühren zu erhöhen, und zwar insbesondere dann, wenn Kopplungsprodukt und gekoppeltes Produkt teilweise substituierbar sind und beide Produkte nicht in einem festen Verhältnis zueinander verwendet werden. Die Kopplung hindert den Lizenznehmer aufgrund der höheren Lizenzgebühren für das Kopplungsprodukt daran, zur Verwendung anderer Inputs überzugehen. Diese Wettbewerbsbedenken gelten unabhängig davon, ob die Vertragsparteien Wettbewerber sind oder nicht. Die Kopplung hat nur dann in der Regel wettbewerbsschädigende Wirkungen, wenn der Lizenzgeber auf dem Markt für das Kopplungsprodukt über erhebliche Marktmacht verfügt und somit den Wettbewerb bei dem gekoppelten Produkt einschränken kann. Bei mangelnder Marktmacht in Bezug auf das Kopplungsprodukt kann der Lizenzgeber seine Technologie nicht für das wettbewerbsschädigende Ziel einsetzen, Anbieter von gekoppelten Produkten vom Markt auszuschließen. Darüber hinaus muss die Kopplung wie im Falle eines Wettbewerbsverbots einen bestimmten Anteil auf dem Markt des gekoppelten Produkts betreffen, um spürbare Ausschlusswirkung zu entfalten. Wenn der Lizenzgeber eine starke Marktstellung auf dem Markt für das gekoppelte Produkt, aber nicht auf dem Markt für das Kopplungsprodukt innehat, wird die Beschränkung als Wettbewerbsverbotsklausel oder Mengenvorgabe eingestuft. Damit wird zum Ausdruck gebracht, dass etwaige Wettbewerbsprobleme ihren Ursprung auf dem Markt für das gekoppelte Produkt und nicht auf dem Markt für das Kopplungsprodukt haben.[86]

---

[86] Bezüglich des anwendbaren analytischen Rahmens siehe Abschnitt 4.2.7 sowie Leitlinien für vertikale Beschränkungen (Verweis in Fußnote 52), Randnrn. 129ff.

(224) Kopplungsvereinbarungen können auch zu Effizienzvorteilen führen. Dies ist beispielsweise dann der Fall, wenn das gekoppelte Produkt notwendig ist, um eine technisch befriedigende Anwendung der lizenzierten Technologie zu erzielen oder um zu gewährleisten, dass die Produktion auf der Grundlage der Lizenz den Qualitätsstandards entspricht, die vom Lizenzgeber und anderen Lizenznehmern eingehalten werden. In solchen Fällen liegt in der Regel entweder keine Wettbewerbsbeschränkung vor oder die Kopplungsklausel erfüllt die Voraussetzungen des Artikels 101 Absatz 3 AEUV. Wenn die Lizenznehmer das Markenzeichen oder die Marke des Lizenzgebers verwenden oder es für die Verbraucher offensichtlich ist, dass zwischen dem Produkt, das die lizenzierte Technologie enthält, und dem Lizenzgeber eine Verbindung besteht, hat der Lizenzgeber ein legitimes Interesse daran, dass die Qualität der Produkte so beschaffen ist, dass sie den Wert seiner Technologie und seine Reputation auf dem Markt nicht gefährdet. Ist den Verbrauchern bekannt, dass die Lizenznehmer (und der Lizenzgeber) auf der Grundlage derselben Technologie produzieren, dürften die Lizenznehmer nur dann bereit sein, eine Lizenz zu erwerben, wenn die Technologie von allen in einer technisch zufriedenstellenden Weise eingesetzt wird.

(225) Kopplungsvereinbarungen können auch wettbewerbsfördernd sein, wenn das gekoppelte Produkt es dem Lizenznehmer ermöglicht, die lizenzierte Technologie wesentlich effizienter zu nutzen. Wenn etwa der Lizenzgeber eine Lizenz für eine besondere Verfahrenstechnik vergibt, können die Vertragsparteien vereinbaren, dass der Lizenznehmer vom Lizenzgeber Katalysatoren erwirbt, die entwickelt wurden, um sie mit der lizenzierten Technologie zu verwenden und die es ermöglichen, diese Technologie effizienter zu nutzen als im Falle anderer Katalysatoren. Fällt die Beschränkung in solchen Fällen unter Artikel 101 Absatz 1, so dürften die Voraussetzungen des Artikels 101 Absatz 3 in der Regel auch oberhalb der Marktanteilsschwellen erfüllt sein.

4.2.7. Wettbewerbsverbote

(226) Wettbewerbsverbote im Zusammenhang mit Technologielizenzen stellen sich als Auflagen für den Lizenznehmer dar, keine Technologien Dritter zu verwenden, die mit der lizenzierten Technologie im Wettbewerb stehen. Sofern ein Wettbewerbsverbot ein Produkt oder eine Zusatztechnologie des Lizenzgebers betrifft, gilt dafür Abschnitt 4.2.6 über Kopplungsvereinbarungen.

(227) Die TT-GVO stellt Wettbewerbsverbote frei, wenn es sich um Vereinbarungen zwischen Wettbewerbern oder zwischen Nicht-Wettbewerbern mit Marktanteilen von nicht mehr als 20% bzw. 30% handelt.

(228) Die größte Gefahr für den Wettbewerb besteht bei Wettbewerbsverboten darin, dass Technologien Dritter vom Markt ausgeschlossen werden. Wettbewerbsverbote können auch Absprachen zwischen Lizenzgebern erleichtern, wenn mehrere Lizenzgeber sie in separaten Vereinbarungen anwenden (das heißt bei kumulativer Anwendung). Dadurch, dass konkurrierende Technologien vom Markt ausgeschlossen werden, verringert sich sowohl der Wettbewerbsdruck auf die Lizenzgebühren, die vom Lizenzgeber erhoben werden, als auch der Wettbewerb zwischen den marktbeherrschenden Technologien, weil die Möglichkeiten der Lizenznehmer beschnitten werden, auf andere Technologien umzusteigen. Da das Hauptproblem in beiden Fällen der Ausschluss ist, können Vereinbarungen zwischen Wettbewerbern und Nicht-Wettbewerbern in der Regel auf die gleiche Weise beurteilt werden. Bei Cross-Licensing zwischen Wettbewerbern, bei dem beide Parteien vereinbaren, keine Technologie von Dritten zu verwenden, kann die Vereinbarung Absprachen auf dem Produktmarkt erleichtern, weshalb eine niedrigere Marktanteilsschwelle von 20% zugrunde gelegt wird.

(229) Ein Ausschluss kann vorliegen, wenn ein erheblicher Anteil der potenziellen Lizenznehmer bereits an einen oder – im Falle kumulativer Wirkungen – an meh-

rere Technologieanbieter gebunden ist und daran gehindert wird, konkurrierende Technologien zu nutzen. Ausschlusseffekte können sich auch aus Vereinbarungen ergeben, die von einem Lizenzgeber geschlossen worden sind, der über erhebliche Marktmacht verfügt, oder aus der kumulativen Wirkung von Vereinbarungen, die verschiedene Lizenzgeber geschlossen haben. Dies gilt auch dann, wenn die TT-GVO für jede einzelne Vereinbarung oder das Netz von Vereinbarungen anwendbar ist. Im letzteren Fall dürfte sich ein schwerwiegender kumulativer Effekt aber in der Regel nicht ergeben, sofern weniger als 50% des Marktes gebunden sind. Oberhalb dieser Schwelle dürften erhebliche Ausschlusseffekte auftreten, wenn für neue Lizenznehmer relativ hohe Zutrittsschranken bestehen. Sind die Marktzutrittsschranken niedrig, können neue Lizenznehmer in den Markt eintreten und wirtschaftlich attraktive Technologien nutzen, die Dritte innehaben; damit besteht eine echte Alternative zu den etablierten Lizenznehmern. Um die tatsächlichen Möglichkeiten für den Markteintritt und die Expansion Dritter beurteilen zu können, muss auch beachtet werden, in welchem Umfang Vertriebshändler durch Wettbewerbsverbote an Lizenznehmer gebunden sind. Technologien Dritter haben nur dann eine reelle Chance, auf dem Markt Fuß zu fassen, wenn sie Zugang zu den notwendigen Produktions- und Vertriebseinrichtungen haben. Der Markteintritt hängt somit nicht nur von den vorhandenen Lizenznehmern ab, sondern auch davon, welche Vertriebsmöglichkeiten sie haben. Bei der Beurteilung der Ausschlusseffekte auf der Vertriebsebene wird die Kommission den analytischen Rahmen zugrunde legen, der in Abschnitt VI.2.1 der Leitlinien für vertikale Beschränkungen dargestellt ist.[87]

(230) Wenn ein Lizenzgeber über erhebliche Marktmacht verfügt, so kann die Auflage für Lizenznehmer, Technologie ausschließlich vom Lizenzgeber zu beziehen, zu spürbaren Ausschlusseffekten führen. Je stärker die Marktstellung des Lizenzgebers ist, desto größer ist die Gefahr, dass konkurrierende Technologien vom Markt ausgeschlossen werden. Spürbare Ausschlusseffekte können selbst dann eintreten, wenn Wettbewerbsverbote nicht für einen erheblichen Teil des Marktes gelten, etwa wenn sich Wettbewerbsverbote gegen Unternehmen richten, die am ehesten Lizenzen für konkurrierende Technologien vergeben würden. Die Gefahr des Ausschlusses ist besonders hoch, wenn es nur eine begrenzte Anzahl potenzieller Lizenznehmer gibt und die Lizenzvereinbarung eine Technologie betrifft, die von den Lizenznehmern zur Herstellung von Inputs für den Eigenbedarf genutzt wird. In diesen Fällen dürften die Marktzutrittsschranken für einen neuen Lizenzgeber hoch sein. Ausschlüsse sind weniger wahrscheinlich, wenn die Technologie zur Herstellung eines Produkts eingesetzt wird, das für Dritte bestimmt ist. Die Beschränkung bindet in diesem Fall zwar auch Produktionskapazitäten für den betreffenden Input, nicht aber die den Lizenznehmern nachgelagerte Nachfrage. Für den Markteintritt benötigen die Lizenzgeber in letzterem Fall lediglich Zugang zu Lizenznehmern mit geeigneten Produktionskapazitäten. Einem Lizenzgeber dürfte es in der Regel nicht möglich sein, Wettbewerber am Zugang zu leistungsfähigen Lizenznehmern zu hindern, indem er seinen Lizenznehmern Wettbewerbsverbote auferlegt, es sei denn, es gibt nur wenige Unternehmen, die über geeignete Anlagen verfügen oder in der Lage sind, solche Anlagen zu erwerben, die für den Erwerb einer Lizenz erforderlich sind.

(231) Wettbewerbsverbote können auch wettbewerbsfördernde Wirkungen haben. Erstens können solche Auflagen die Verbreitung der Technologie fördern, indem sie das Risiko einer unrechtmäßigen Nutzung der lizenzierten Technologie, insbesondere des Know-hows, senken. Wenn ein Lizenznehmer das Recht hat, von Dritten Lizenzen für konkurrierende Technologien zu erwerben, besteht das Risiko, dass gesondert lizenziertes Know-how beim Einsatz konkurrierender Technologien benutzt wird und somit den Wettbewerbern zugutekommt. Wenn ein Lizenznehmer

[87] Siehe Fußnote 52.

auch konkurrierende Technologien nutzt, macht dies in der Regel eine Überwachung der Lizenzgebühren schwieriger und kann als Hemmnis für die Lizenzvergabe wirken.

(232) Zweitens können Wettbewerbsverbote gegebenenfalls in Kombination mit einem Exklusivgebiet notwendig sein, um dem Lizenznehmer Anreize zu bieten, Investitionen in die lizenzierte Technologie zu tätigen und sie effektiv zu nutzen. Fällt die Vereinbarung unter Artikel 101 Absatz 1 AEUV, weil sie spürbare Ausschlusseffekte aufweist, kann es zur Inanspruchnahme des Artikels 101 Absatz 3 erforderlich sein, sich für eine weniger restriktive Alternative zu entscheiden und beispielsweise Mindestproduktionsvorgaben oder Mindestlizenzgebühren aufzuerlegen, die in der Regel weniger geeignet sind, konkurrierende Technologien auszuschließen.

(233) Drittens können in Fällen, in denen sich der Lizenzgeber zu erheblichen kundenspezifischen Investitionen verpflichtet, zum Beispiel in die Ausbildung sowie in die Anpassung der lizenzierten Technologie an die Bedürfnisse des Lizenznehmers, entweder Wettbewerbsverbote oder alternativ dazu Mindestproduktionsvorgaben oder Mindestlizenzgebühren notwendig sein, um den Lizenzgeber zu veranlassen, diese Investitionen zu tätigen, und Sperrprobleme zu vermeiden. In der Regel kann der Lizenzgeber jedoch für solche Investitionen direkt eine Pauschalsumme in Rechnung stellen, das heißt es gibt Alternativen, die weniger beschränkend sind als Wettbewerbsverbote.

4.3. Streitbeilegungsvereinbarungen

(234) Technologierecht-Lizenzvereinbarungen in Streitbeilegungsvereinbarungen können dazu beitragen, Streitigkeiten beizulegen oder zu vermeiden, dass eine Partei ihre Rechte des geistigen Eigentums dazu nutzt, die andere Partei an der Nutzung ihrer eigenen Technologierechte zu hindern.[88]

(235) Streitbeilegungsvereinbarungen im Zusammenhang mit Technologiestreitigkeiten sind, ebenso wie in vielen anderen Bereichen der Wirtschaftskonflikte, grundsätzlich eine legitime Möglichkeit, einen für beide Seiten akzeptablen Kompromiss in einer Bona-fide-Rechtsstreitigkeit zu finden. Die Parteien ziehen es möglicherweise vor, die Auseinandersetzung oder Streitigkeit einzustellen, da sie sich als zu kostspielig oder zu zeitaufwändig erweist und/oder zu ungewiss erscheint. Infolge von Streitbeilegungen brauchen Gerichte und/oder zuständige Verwaltungsorgane ferner möglicherweise nicht über die Sache zu entscheiden, was sich wohlstandsfördernd auswirkt. Es liegt jedoch im allgemeinen öffentlichen Interesse, alle Hindernisse für die Innovations- und Wirtschaftstätigkeit auszuräumen, die sich aus ungültigen Rechten des geistigen Eigentums ergeben können.[89]

(236) Eine Lizenzvergabe einschließlich Cross-Licensing im Rahmen von Streitbeilegungsvereinbarungen schränkt im Allgemeinen nicht schon an sich den Wettbewerb ein, da sie es den Parteien erlaubt, ihre Technologien nach Abschluss der Vereinbarung zu nutzen. In Fällen, in denen der Lizenznehmer ohne die Lizenz möglicherweise vom Markt ausgeschlossen würde, fällt der Zugang des Lizenznehmers zur betreffenden Technologie mittels einer Streitbeilegungsvereinbarung im Allgemeinen nicht unter Artikel 101 Absatz 1.

(237) Die einzelnen Bedingungen von Streitbeilegungsvereinbarungen können allerdings unter Artikel 101 Absatz 1 fallen. Lizenzvereinbarungen im Rahmen von Streitbeilegungsvereinbarungen werden genauso behandelt wie andere Lizenzverein-

---

[88] Die TT-GVO und die zugehörigen Leitlinien gelten unbeschadet der Anwendung des Artikels 101 auf Streitbelegungsvereinbarungen, die keine Lizenzvereinbarung enthalten.

[89] Urteil des Gerichtshofs vom 25. Februar 1986, Windsurfing/Kommission, 193/83, Slg. 1986, 611, Randnr. 92.

barungen.[90] In diesen Fällen ist es besonders wichtig zu bewerten, ob die Parteien potenzielle oder tatsächliche Wettbewerber sind.

Vergütete Beschränkung in Streitbeilegungsvereinbarungen

(238) Streitbeilegungsvereinbarungen mit vergüteten Beschränkungen oder Verzögerungen beinhalten in vielen Fällen keinen Transfer von Technologierechten, sondern basieren auf einem Vermögenstransfer einer Partei für eine Beschränkung des Markteintritts und/oder der Expansion auf dem Markt der anderen Partei; sie können unter Artikel 101 Absatz 1 fallen.[91]

(239) Beinhaltet eine derartige Streitbeilegungsvereinbarung jedoch auch die Gewährung einer Lizenz für die Technologierechte, die von der zugrundeliegenden Streitigkeit betroffen sind, und bewirkt sie eine Verzögerung oder sonstige Beschränkung der Möglichkeiten des Lizenznehmers, das Produkt auf den betroffenen Märkten einzuführen, so fällt sie unter Umständen unter Artikel 101 Absatz 1 und müsste dann insbesondere auf der Grundlage des Artikels 4 Absatz 1 Buchstaben c und d der TT-GVO geprüft werden (siehe Abschnitt 3.4.2 oben). Wenn die Parteien einer derartigen Streitbeilegungsvereinbarung tatsächliche oder potenzielle Wettbewerber sind und ein wesentlicher Vermögenstransfer vom Lizenzgeber an den Lizenznehmer stattgefunden hat, wird die Kommission die Gefahr einer Marktzuteilung/Marktaufteilung besonders sorgfältig prüfen.

Cross-Licensing in Streitbeilegungsvereinbarungen

(240) Streitbeilegungsvereinbarungen, bei denen die Parteien einander wechselseitig Lizenzen erteilen und Beschränkungen bezüglich der Verwendung ihrer Technologien, einschließlich der Lizenzvergabe an Dritte, auferlegen, können unter Artikel 101 Absatz 1 AEUV fallen. Verfügen die Parteien über erhebliche Marktmacht und enthält die Vereinbarung Beschränkungen, die eindeutig über das hinausgehen, was zur Auflösung einer Sperrposition erforderlich ist, so fällt die Vereinbarung vermutlich unter Artikel 101 Absatz 1, auch wenn wahrscheinlich ist, dass eine zweiseitige Sperrposition besteht. Artikel 101 Absatz 1 greift insbesondere dann, wenn die Parteien Märkte aufteilen oder wechselseitig Lizenzgebühren festsetzen, die sich spürbar auf die Marktpreise auswirken.

(241) Sind die Parteien gemäß der Streitbeilegungsvereinbarung zur Nutzung der Technologie der jeweils anderen Partei berechtigt und gilt dieses Recht auch für künftige Entwicklungen, so ist zu prüfen, wie sich die Vereinbarung auf die Innovationsanreize für die Parteien auswirkt. Verfügen die Parteien über erhebliche Marktmacht und werden sie durch die Vereinbarung daran gehindert, einen Wettbewerbsvorsprung gegenüber der anderen Partei zu erlangen, so fällt die Vereinbarung in der Regel unter Artikel 101 Absatz 1 AEUV. Vereinbarungen, die die Möglichkeit, dass eine Partei einen Wettbewerbsvorsprung erlangt, ausschalten oder erheblich reduzieren, verringern den Innovationsanreiz und wirken sich damit negativ auf einen wesentlichen Teil des Wettbewerbsprozesses aus. Solche Vereinbarungen dürften die Voraussetzungen des Artikels 101 Absatz 3 in der Regel nicht erfüllen. Insbesondere ist es unwahrscheinlich, dass die Beschränkung als unerlässlich im Sinne der dritten Voraussetzung des Artikels 101 Absatz 3 angesehen werden kann. Der Zweck der Vereinbarung, dass beide Parteien sich nicht gegenseitig an der weiteren Nutzung ihrer eigenen Technologie hindern, erfordert nicht, dass die Parteien auch die gemeinsame Nutzung künftiger Innovationen vereinbaren. Die Parteien dürften aber

---

[90] Siehe Urteil des Gerichtshofs vom 27. September 1988, Bayer/Süllhöfer, 65/86, Slg. 1988, 5259, Randnr. 15.

[91] Siehe zum Beispiel Beschluss der Kommission in der Sache Lundbeck (noch nicht veröffentlicht).

in der Regel nicht daran gehindert werden, einen Wettbewerbsvorsprung gegenüber der anderen Partei zu erlangen, wenn die Lizenz darauf abzielt, ihnen die Entwicklung ihrer jeweiligen Technologien zu ermöglichen, und wenn sie die Parteien nicht dazu veranlasst, dieselben technologischen Lösungen zu nutzen. Solche Vereinbarungen beugen künftigen Verletzungsklagen der anderen Partei vor und sorgen für Gestaltungsfreiheit.

Nichtangriffsklauseln in Streitbeilegungsvereinbarungen

(242) Nichtangriffsklauseln in Streitbeilegungsvereinbarungen fallen in der Regel nicht unter Artikel 101 Absatz 1 AEUV. Es ist charakteristisch für solche Vereinbarungen, dass sich die Parteien darauf einigen, die Rechte des geistigen Eigentums, die im Mittelpunkt der Streitigkeit standen, nicht im Nachhinein anzufechten. Es ist ja gerade der Sinn dieser Vereinbarung, bestehende Konflikte zu lösen und/oder künftige zu vermeiden.

(243) Nichtangriffsklauseln in Streitbeilegungsvereinbarungen können jedoch unter bestimmten Umständen wettbewerbsschädigend sein und unter Artikel 101 Absatz 1 AEUV fallen. Die Beschränkung der Möglichkeit, ein Recht des geistigen Eigentums anzufechten, gehört nicht zum spezifischen Gegenstand eines Rechts des geistigen Eigentums und kann den Wettbewerb beschränken. So könnte eine Nichtangriffsklausel gegen Artikel 101 Absatz 1 verstoßen, wenn ein Recht des geistigen Eigentums auf der Grundlage unrichtiger oder irreführender Auskünfte gewährt wurde.[92] Eine eingehende Prüfung derartiger Klauseln ist unter Umständen auch dann erforderlich, wenn der Lizenzgeber dem Lizenznehmer abgesehen von der Lizenz für die Technologierechte einen finanziellen oder sonstigen Anreiz bietet, sich damit einverstanden zu erklären, die Gültigkeit der Technologierechte nicht anzufechten oder wenn die Technologierechte ein notwendiger Input für die Produktion des Lizenznehmers sind (siehe auch Randnummer (136)).

4.4. Technologiepools

(244) Als Technologiepools gelten Vereinbarungen, bei denen zwei oder mehr Parteien ein Technologiepaket zusammenstellen, das nicht nur an die Mitglieder des Pools, sondern auch an Dritte in Lizenz vergeben wird. Hinsichtlich ihrer Struktur können Technologiepools in Form einfacher Vereinbarungen zwischen einer begrenzten Anzahl von Parteien errichtet werden oder aber als komplexe Organisation, in der eine separate Stelle mit der Lizenzierung des Technologiepakets betraut wird. In beiden Fällen kann der Pool den Lizenznehmern gestatten, auf der Grundlage einer einzigen Lizenz auf dem Markt zu operieren.

(245) Häufig unterstützen die im Pool zusammengeführten Technologien als Ganzes oder in Teilen einen de facto oder de jure bestehenden Industriestandard. Es besteht allerdings keine unmittelbare Verbindung zwischen einem Technologiepool und einem bestimmten Industriestandard.[93] Unterschiedliche Technologiepools können konkurrierende Standards unterstützen.[94] Technologiepools können wettbewerbsfördernde Wirkungen haben, zumal sie Transaktionskosten senken und der Kumulierung von Lizenzgebühren Grenzen setzen, so dass eine doppelte Gewinnmaxi-

[92] Urteil des Gerichtshofs vom 6. Dezember 2012, AstraZeneca/Kommission, C-457/10 P, Slg. 2012, noch nicht in der Sammlung veröffentlicht.

[93] Zur Behandlung von Standards und Standardisierungsvereinbarungen siehe die horizontalen Leitlinien (Verweis in Fußnote 27), Randnrn. 257 ff.

[94] Siehe hierzu die Pressemitteilung IP/02/1651 der Kommission zur Vergabe von Patenten für Mobilfunkdienste der dritten Generation. In diesem Fall ging es um fünf Technologiepools mit fünf verschiedenen Technologien, die allesamt zur Herstellung von Mobilfunkgeräten der dritten Generation eingesetzt werden können.

mierung vermieden wird. Sie ermöglichen eine zentrale Lizenzvergabe für die vom Pool gehaltenen Technologien. Dies ist vor allem in Wirtschaftszweigen wichtig, in denen Rechte des geistigen Eigentums von zentraler Bedeutung sind und es für die Marktpräsenz erforderlich ist, von einer erheblichen Anzahl von Lizenzgebern Lizenzen zu erhalten. Wenn Lizenznehmer ständige Betreuung bei der Anwendung der lizenzierten Technologie erhalten, kann eine gemeinsame Lizenzvergabe und Betreuung zu weiteren Kostensenkungen führen. Auch bei der Umsetzung wettbewerbsfördernder Standards können Patentpools eine positive Rolle spielen.

(246) Technologiepools können den Wettbewerb auch beschränken, denn ihre Gründung impliziert zwangsläufig den gemeinsamen Absatz der zusammengeführten Technologien, was bei Pools, die ausschließlich oder vorwiegend aus substituierbaren Technologien bestehen, zu einem Preiskartell führen kann. Darüber hinaus können Technologiepools nicht nur den Wettbewerb zwischen den Vertragsparteien verringern, insbesondere wenn sie einen Industriestandard unterstützen oder de facto begründen, sondern durch den Ausschluss alternativer Technologien auch den Innovationswettbewerb. Ein vorhandener Standard und ein entsprechender Technologiepool können den Marktzugang für neue und verbesserte Technologien erschweren.

(247) Vereinbarungen zur Gründung von Technologiepools und zur Festlegung ihrer Funktionsweise fallen – unabhängig von der Anzahl der Parteien – nicht unter die Gruppenfreistellung, da die Vereinbarung zur Gründung des Pools nicht einem bestimmten Lizenznehmer die Produktion der Vertragsprodukte erlaubt (siehe Abschnitt 3.2.4). Für sie gelten lediglich diese Leitlinien. Poolvereinbarungen werfen eine Reihe besonderer Fragen bezüglich der Auswahl der einbezogenen Technologien und der Funktionsweise auf, die bei anderen Arten der Lizenzvergabe nicht auftreten. Bei der Lizenzvergabe im Rahmen eines Pools handelt es sich im Allgemeinen um eine Mehrparteien-Vereinbarung, da die Mitglieder die Bedingungen für eine derartige Lizenzvergabe gemeinsam festlegen. Daher fällt sie nicht unter die Gruppenfreistellung. Die Lizenzvergabe im Rahmen eines Pools wird unter Randnummer (262) und in Abschnitt 4.4.2 behandelt.

4.4.1. Prüfung der Bildung und Verwaltung von Technologiepools

(248) Die Art und Weise, wie ein Technologiepool gebildet, organisiert und verwaltet wird, kann zum einen das Risiko verringern, dass er eine Wettbewerbsbeschränkung bezweckt oder bewirkt, und zum anderen Sicherheiten bieten, dass die Pool-Vereinbarung dem Wettbewerb förderlich ist. Bei der Bewertung von möglichen Gefahren für den Wettbewerb und Effizienzsteigerungen wird die Kommission unter anderem Folgendes berücksichtigen: die Transparenz der Poolgründung, Auswahl und Art der zusammengeführten Technologien einschließlich des Umfangs, in dem unabhängige Sachverständige an Gründung und Verwaltung des Pools beteiligt sind, sowie die Frage, ob Vorkehrungen getroffen wurden, um zu gewährleisten, dass sensible Informationen nicht ausgetauscht werden, und ob unabhängige Streitbeilegungsverfahren vorgesehen sind.

Offene Teilnahme

(249) Wenn die Beteiligung an einem Standard und die Gründung eines Pools allen interessierten Parteien offensteht, werden die für die Einbeziehung in den Pool in Frage kommenden Technologien eher auf der Grundlage von Preis-/Qualitätserwägungen ausgewählt werden, als wenn ein Pool lediglich von einer begrenzten Gruppe von Technologieinhabern gegründet wird.

Auswahl und Art der zusammengeführten Technologien

(250) Welche Gefahren für den Wettbewerb und welches effizienzsteigernde Potenzial Technologiepools aufweisen, hängt weitgehend von der Beziehung zwischen

den zusammengeführten Technologien und ihrem Verhältnis zu den Technologien außerhalb des Pools ab. Hierbei muss unterschieden werden zwischen

a) technologischen Ergänzungen und technologischen Substituten einerseits und
b) essenziellen und nichtessenziellen Technologien andererseits.

(251) Zwei Technologien ergänzen einander, wenn sie – im Gegensatz zu Substituten – beide erforderlich sind, um ein Produkt herzustellen oder das Verfahren anzuwenden, auf das sich die Technologien beziehen. Dagegen liegen zwei technologische Substitute vor, wenn jede der beiden Technologien es dem Inhaber ermöglicht, das Produkt herzustellen oder das Verfahren anzuwenden, auf das sich die Technologien beziehen.

(252) Eine Technologie kann für Folgendes wichtig sein: a) für die Herstellung eines bestimmten Produkts oder die Anwendung eines bestimmten Verfahrens, auf das sich die zusammengeführten Technologien beziehen oder b) für die Herstellung eines derartigen Produkts bzw. die Anwendung eines derartigen Verfahrens nach einem Standard, der die zusammengeführten Technologien umfasst. Im ersten Fall ist eine Technologie essenziell, wenn es zu ihr (anders als bei einer nichtessenziellen Technologie) innerhalb und außerhalb des Pools kein (in wirtschaftlicher und technischer Hinsicht) mögliches Substitut gibt und die betreffende Technologie notwendiger Bestandteil des Pakets an Technologien ist, die für die Herstellung der Produkte oder die Anwendung der Verfahren, auf die sich der Pool bezieht, unerlässlich sind. Im zweiten Fall ist eine Technologie essenziell, wenn sie einen notwendigen Bestandteil der zusammengeführten Technologien bildet (das heißt, es gibt keine tragfähigen Substitute), die für die Erfüllung des vom Pool unterstützten Standards (standardessenzielle Technologien) unerlässlich sind. Essenzielle Technologien sind per definitionem gleichzeitig einander ergänzende Technologien. Die einfache Erklärung des Inhabers einer Technologie, dass eine Technologie essenziell ist, bedeutet nicht, dass dies auch nach den in dieser Randnummer aufgeführten Kriterien zutrifft.

(253) Wenn die Technologien eines Pools Substitute sind, dürften die Lizenzgebühren höher ausfallen, da die Lizenznehmer nicht von der Konkurrenz zwischen den betreffenden Technologien profitieren können. Wenn sich hingegen die Technologien in einem Pool ergänzen, senkt der Technologiepool die Transaktionskosten und kann insgesamt zu niedrigeren Lizenzgebühren führen, da die Parteien in der Lage sind, eine gemeinsame Lizenzgebühr für das gesamte Paket festzulegen und nicht jede Partei eine Lizenzgebühr für ihre eigene Technologie festsetzt, ohne dabei zu berücksichtigen, dass eine höhere Lizenzgebühr für eine Technologie in der Regel zu einer geringeren Nachfrage nach ergänzenden Technologien führt. Werden Lizenzgebühren für einander ergänzende Technologien einzeln festgesetzt, so ist die Gesamtsumme dieser Lizenzgebühren in vielen Fällen höher als die von einem Pool für das Paket derselben einander ergänzenden Technologien festgesetzte Gebühr. Auf die Bewertung der Rolle von Substituten außerhalb des Pools wird unter Randnummer (262) eingegangen.

(254) Die Unterscheidung zwischen ergänzenden und Substitut-Technologien ist nicht in allen Fällen eindeutig, da Technologien teilweise substituierbar und teilweise ergänzend sein können. Wenn aufgrund von Effizienzvorteilen, die sich aus der Zusammenführung zweier lizenzierter Technologien ergeben, Lizenznehmer wahrscheinlich beide Technologien verlangen, werden diese als Ergänzungen behandelt, selbst wenn sie teilweise substituierbar sind. In solchen Fällen dürften bei Fehlen eines Technologiepools die Lizenznehmer Lizenzen für beide Technologien erwerben wollen, da sich aus der Nutzung beider Technologien größere wirtschaftliche Vorteile ergeben als bei der Nutzung nur einer von beiden. Wenn es keinen derartigen nachfragebasierten Nachweis gibt, dass die zusammengeführten Technologien einander ergänzen, deutet es auf die Komplementarität dieser Technologien hin, wenn i) die Parteien, die Technologie in einen Pool einbringen, weiterhin das Recht haben,

selbst Lizenzen für ihre Technologie zu gewähren, und ii) der Pool neben der Gewährung von Lizenzen für das Paket der Technologien aller Parteien bereit ist, für die Technologien der einzelnen Parteien auch separate Lizenzen zu vergeben, wobei iii) die Gesamtlizenzgebühren, die beim Erwerb separater Lizenzen für alle zusammengeführten Technologien anfallen, nicht höher sind als die Lizenzgebühren, die der Pool für das gesamte Technologiepaket erhebt.

(255) Die Aufnahme von Substitut-Technologien in den Pool schränkt den Technologienwettbewerb im Allgemeinen ein, da sie zu kollektiven Kopplungsgeschäften und zur Preisfestsetzung zwischen Wettbewerbern führen kann. Deshalb betrachtet die Kommission in der Regel die Einbeziehung erheblicher Substitut-Technologien in einen Pool als einen Verstoß gegen Artikel 101 Absatz 1 AEUV. Auch hält es die Kommission für unwahrscheinlich, dass die Voraussetzungen des Artikels 101 Absatz 3 erfüllt sind, wenn ein Pool in erheblichem Umfang Substitut-Technologien enthält. Da es sich bei diesen Technologien um Alternativen handelt, ergeben sich aus der Aufnahme beider Arten von Technologien in den Pool keine Einsparungen bei den Transaktionskosten. Wenn es keinen Pool gäbe, würden die Lizenznehmer nicht beide Technologien gleichzeitig nachfragen. Zur Ausräumung der wettbewerbsrechtlichen Bedenken ist es nicht ausreichend, den Parteien freizustellen, unabhängig voneinander Lizenzen zu vergeben. Dies ist darauf zurückzuführen, dass die Parteien wahrscheinlich wenig Anreiz haben dürften, unabhängig voneinander Lizenzen zu vergeben, weil sie die Lizenzvergabe des Pools, die ihnen die gemeinsame Ausübung von Marktmacht ermöglicht, nicht untergraben wollen.

Auswahl und Aufgabe unabhängiger Sachverständiger

(256) Bei der Bewertung der wettbewerbsspezifischen Gefahren und des Effizienzsteigerungspotenzials von Technologiepools ist ferner von Bedeutung, in welchem Umfang unabhängige Sachverständige bei Gründung und Verwaltung des Pools einbezogen werden. Beispielsweise ist die Beurteilung, ob eine Technologie für einen vom Pool gestützten Standard essenziell ist oder nicht, häufig ein komplexer Vorgang, der besonderes Fachwissen erfordert. Die Einschaltung unabhängiger Sachverständiger bei der Auswahl der Technologien kann entscheidend dazu beitragen zu gewährleisten, dass die Auflage, lediglich essenzielle Technologien aufzunehmen, in der Praxis erfüllt ist. Wird die Auswahl der Technologien, die zu einem Pool gehören sollen, von einem unabhängigen Sachverständigen vorgenommen, so kann auch dies den Wettbewerb zwischen verfügbaren technologischen Lösungen fördern.

(257) Die Kommission berücksichtigt, wie die Sachverständigen ausgewählt werden und welche Aufgaben sie haben. Die Sachverständigen sollten von den Unternehmen, die den Pool bilden, unabhängig sein. Falls sie mit den Lizenzgebern (oder der Lizenzvergabe des Pools) verbunden oder in anderer Weise von ihnen abhängig sind, wird ihrem Beitrag weniger Gewicht beigemessen. Die Sachverständigen müssen ferner über das notwendige Fachwissen verfügen, um die verschiedenen Aufgaben erfüllen zu können, mit denen sie betraut werden. Zu den Aufgaben unabhängiger Sachverständiger kann insbesondere die Beurteilung gehören, ob Technologien, die für eine Einbeziehung in den Pool vorgeschlagen werden, gültig und für den Pool essenziell sind.

(258) Schließlich sind alle Streitbeilegungsverfahren, die möglicherweise in den Gründungsurkunden vorgesehen sind, von Bedeutung und sollten berücksichtigt werden. Eine unabhängige Streitbeilegung ist wahrscheinlicher, je unabhängiger die mit der Streitbeilegung betrauten Gremien oder Personen vom Pool und seinen Mitgliedern sind.

Vorkehrungen zur Vermeidung des Austauschs sensibler Informationen

(259) Außerdem ist zu prüfen, welche Regelungen für den Austausch sensibler Informationen zwischen den Parteien gelten.[95] Auf Oligopolmärkten kann der Austausch sensibler Informationen – z. B. über Preisgestaltung und Umsätze – Absprachen erleichtern.[96] In solchen Fällen berücksichtigt die Kommission, inwieweit Vorkehrungen getroffen wurden, um zu gewährleisten, dass sensible Informationen nicht ausgetauscht werden. Ein unabhängiger Sachverständiger oder ein unabhängiges lizenzerteilendes Organ kann hier insofern eine wichtige Rolle spielen, als er/es sicherstellt, dass Produktions- und Absatzdaten, die für die Berechnung und Kontrolle der Lizenzgebühren notwendig sind, nicht gegenüber Unternehmen offengelegt werden, die auf den betroffenen Märkten konkurrieren.

(260) Bei der Einführung derartiger Vorkehrungen ist besondere Sorgfalt geboten, wenn die interessierten Parteien gleichzeitig an der Gründung von Pools konkurrierender Standards beteiligt sind und dies zum Austausch sensibler Informationen zwischen den konkurrierenden Pools führen könnte.

Safe-Harbour-Bereich

(261) Gründung und Verwaltung des Pools einschließlich der Lizenzvergabe fallen – unabhängig von der Marktstellung der Parteien – im Allgemeinen nicht unter Artikel 101 Absatz 1 AEUV, wenn alle folgenden Voraussetzungen erfüllt sind.

a) Die Beteiligung an der Gründung eines Pools steht allen interessierten Eigentümern von Technologierechten offen.
b) Es werden ausreichende Vorkehrungen geschaffen, um sicherzustellen, dass nur essenzielle Technologien (die damit per definitionem auch einander ergänzende Technologien sind) zusammengeführt werden.
c) Es werden ausreichende Vorkehrungen getroffen, um sicherzustellen, dass der Austausch sensibler Informationen (z. B. über Preisgestaltung und Produktion) auf das für die Gründung und Verwaltung des Pools erforderliche Maß beschränkt wird.
d) Lizenzen für die zusammengeführten Technologien werden nicht exklusiv an den Pool vergeben.
e) Lizenzen für die im Pool zusammengeführten Technologien werden in fairer, angemessener und diskriminierungsfreier Weise (FRAND-Grundsatz)[97] allen potenziellen Lizenznehmern erteilt.
f) Den Parteien, die Technologien in den Pool einbringen, und den Lizenznehmern steht es frei, die Gültigkeit und den essenziellen Charakter der zusammengeführten Technologien anzufechten.
g) Den Parteien, die Technologie in den Pool einbringen, und dem Lizenznehmer steht es frei, konkurrierende Produkte und Technologie zu entwickeln.

Außerhalb des Safe-Harbour-Bereichs

(262) Werden wichtige ergänzende, aber nichtessenzielle Patente in den Pool aufgenommen, so besteht die Gefahr des Ausschlusses von Technologien Dritter, denn sobald eine Technologie Bestandteil eines Pools ist und als Teil eines Pakets in Lizenz vergeben wird, dürfte es für die Lizenznehmer wenig Anreize geben, Lizenzen für konkurrierende Technologien zu erwerben, insbesondere wenn die für das Paket gezahlten Lizenzgebühren bereits eine Substitut-Technologie umfassen. Darüber hinaus

---

[95] Zum Informationsaustausch siehe die horizontalen Leitlinien (Verweis in Fußnote 27), Randnrn. 55 ff.

[96] Siehe hierzu das Urteil in der Rechtssache John Deere (Verweis in Fußnote 11)

[97] Nähe Erläuterungen zum FRAND-Grundsatz finden sich in den horizontalen Leitlinien (Verweis in Fußnote 27), Randnrn. 287 ff.

sind die Lizenznehmer bei Einbeziehung von Technologien, die für die Herstellung von Produkten oder die Anwendung von Verfahren, auf die sich der Technologiepool bezieht, oder für die Erfüllung des Standards, der die zusammengeführte Technologie umfasst, nicht notwendig sind, gezwungen, auch für Technologien zu zahlen, die sie möglicherweise nicht benötigen. Die Einbeziehung derartiger ergänzender Technologie führt somit zu einer kollektiven Kopplung. Umfasst ein Pool nichtessenzielle Technologien, so dürfte die Vereinbarung unter Artikel 101 Absatz 1 fallen, sofern der Pool auf einem relevanten Markt eine bedeutende Stellung innehat.

(263) Da substituierbare und ergänzende Technologien nach Gründung des Pools entwickelt werden können, muss der essenzielle Charakter möglicherweise auch noch nach der Gründung des Pools geprüft werden. Eine Technologie kann nach Gründung des Pools ihren essenziellen Charakter verlieren, wenn neue Technologien Dritter auf den Markt gelangen. Erfährt der Pool, dass eine derartige neue Technologie Dritter Lizenznehmern angeboten und von diesen nachgefragt wird, können Bedenken hinsichtlich eines Ausschlusses dadurch vermieden werden, dass neuen und bestehenden Lizenznehmern eine Lizenz ohne die nicht mehr essenzielle Technologie zu einer entsprechend geringeren Lizenzgebühr angeboten wird. Daneben bestehen unter Umständen weitere Möglichkeiten, um sicherzustellen, dass Technologien Dritter nicht vom Markt ausgeschlossen werden.

(264) Bei der Beurteilung von Technologiepools, die nicht essenzielle, aber einander ergänzende Technologien umfassen, berücksichtigt die Kommission u. a.,

a) ob die Einbeziehung der nichtessenziellen Technologien in den Pool dem Wettbewerb förderlich ist, zum Beispiel aufgrund der Kosten der Bewertung der Frage, ob alle Technologien angesichts der hohen Zahl an Technologien essenziell sind;
b) ob es den Lizenzgebern freigestellt bleibt, ihre jeweiligen Technologien unabhängig voneinander in Lizenz zu vergeben. Umfasst ein Pool eine begrenzte Anzahl von Technologien und gibt es außerhalb des Pools Substitut-Technologien, so wollen Lizenznehmer unter Umständen ihr eigenes Technologiepaket zusammenstellen, das teilweise aus Technologien des Pools und teilweise aus Technologien Dritter besteht;
c) ob der Pool in Fällen, in denen die zusammengeführten Technologien unterschiedliche Anwendungsbereiche abdecken, für die nicht sämtliche Technologien des Pools benötigt werden, die Technologien nur als Gesamtpaket anbietet oder ob er verschiedene Pakete für spezifische Anwendungen anbietet, die jeweils nur die für die jeweilige Anwendung relevanten Technologien umfassen. Im letzteren Fall werden Technologien, die für ein bestimmtes Produkt oder einen bestimmten Produktionsprozess nicht essenziell sind, nicht an essenzielle Technologien gekoppelt;
d) ob die zusammengeführten Technologien nur als Gesamtpaket erhältlich sind oder die Lizenznehmer auch die Möglichkeit haben, gegen entsprechend geringere Gebühren lediglich Teile des Pakets zu erhalten. Diese Möglichkeit kann das Risiko verringern, dass nicht zum Pool gehörende Technologien Dritter vom Markt ausgeschlossen werden, insbesondere wenn der Lizenznehmer einen entsprechenden Nachlass bei den Lizenzgebühren erhält. Dies setzt voraus, dass den einzelnen im Pool zusammengeführten Technologien jeweils ein bestimmter Anteil an den Lizenzgebühren zugeordnet wurde. Wenn die Lizenzvereinbarungen zwischen dem Pool und einzelnen Lizenznehmern relativ lange Geltungsdauern aufweisen und die Pooltechnologie einen De-facto-Industriestandard stützt, ist die Tatsache, dass der Pool neue Substitut-Technologien vom Markt ausschließen kann, ebenfalls zu berücksichtigen. Bei der Beurteilung dieses Ausschlussrisikos ist zu prüfen, ob die Lizenznehmer Teile der Lizenz mit einer angemessenen Kündigungsfrist kündigen können und anschließend geringere Lizenzgebühren zahlen müssen.

(265) Aber auch Technologiepoolvereinbarungen, die Wettbewerbsbeschränkungen enthalten, können mit Effizienzvorteilen verbunden sein (siehe Randnummer

(245)), die im Rahmen des Artikels 101 Absatz 3 geprüft und gegen die negativen Wettbewerbsauswirkungen abgewogen werden müssen. Wenn der Technologiepool zum Beispiel nichtessenzielle Patente enthält, aber alle anderen unter Randnummer (261) genannten Safe-Harbour-Kriterien erfüllt, dürften die Voraussetzungen des Artikels 101 Absatz 3 in der Regel erfüllt sein, sofern die Einbeziehung der nichtessenziellen Patente in den Pool dem Wettbewerb förderlich ist (siehe Randnummer (264)) und die Lizenznehmer die Möglichkeit haben, eine Lizenz für lediglich einen Teil des Pakets zu entsprechend geringeren Lizenzgebühren zu erhalten (siehe Randnummer (264)).

4.4.2. Beurteilung einzelner Beschränkungen in Vereinbarungen zwischen dem Pool und seinen Lizenznehmern

(266) Verstößt die Vereinbarung zur Gründung eines Technologiepools nicht gegen Artikel 101 AEUV, so wird anschließend geprüft, wie sich die Lizenzen, die der Pool seinen Lizenznehmern gewährt, auf den Wettbewerb auswirken. Die Konditionen dieser Lizenzen können unter Artikel 101 Absatz 1 fallen. In diesem Abschnitt werden bestimmte Beschränkungen behandelt, die oftmals in der einen oder anderen Form in Lizenzvereinbarungen von Technologiepools enthalten sind und die im Gesamtzusammenhang eines Pools zu bewerten sind. Im Allgemeinen gilt die TT-GVO nicht für Lizenzvereinbarungen, die zwischen einem Technologiepool als dem Lizenzgeber und Dritten als Lizenznehmern geschlossen werden (siehe Randnummer (247) oben). Dieser Abschnitt behandelt daher die Einzelprüfung von Fragen, die sich speziell im Zusammenhang mit der Lizenzvergabe im Rahmen von Technologiepools stellen.

(267) Bei der Beurteilung von Technologietransfer-Vereinbarungen zwischen dem Pool und seinen Lizenznehmern stützt sich die Kommission in erster Linie auf folgende Grundsätze:

a) Je stärker die Marktstellung eines Pools, desto größer ist die Gefahr wettbewerbsschädigender Wirkungen.
b) Je stärker die Marktstellung eines Pools, desto höher ist die Wahrscheinlichkeit, dass ein Verstoß gegen Artikel 101 vorliegt, wenn Lizenzen nicht an alle potenziellen Lizenznehmer oder aber zu diskriminierenden Bedingungen vergeben werden.
c) Pools dürfen Technologien Dritter nicht in ungerechtfertigter Weise ausschließen oder die Einrichtung alternativer Pools einschränken.
d) Technologietransfer-Vereinbarungen sollten keine der in Artikel 4 der TT-GVO aufgeführten Kernbeschränkungen enthalten (siehe Abschnitt 3.4).

(268) Unternehmen, die einen Technologiepool bilden, der mit Artikel 101 AEUV vereinbar ist, können die Lizenzgebühren für das Technologiepaket (in Abhängigkeit von unter Umständen eingegangenen Verpflichtungen, Lizenzen in fairer, angemessener und diskriminierungsfreier Weise zu vergeben) und den Anteil der einzelnen Technologien an den Lizenzgebühren in der Regel nach eigenem Gutdünken aushandeln und festlegen, und zwar entweder vor oder nach Festlegung des Standards. Solche Vereinbarungen sind untrennbar mit der Bildung eines Pools verbunden und können nicht für sich genommen als wettbewerbsbeschränkend angesehen werden. Unter bestimmten Voraussetzungen kann es effizienter sein, wenn die Lizenzgebühren des Pools vor der Festlegung des Standards vereinbart werden, um zu vermeiden, dass die Festlegung des Standards die Lizenzgebühren dadurch erhöht, dass einer oder mehreren essenziellen Technologien erhebliche Marktmacht verliehen wird. Die Lizenznehmer müssen jedoch die Möglichkeit haben, den Preis der Produkte, die sie auf der Grundlage der Lizenz produzieren, frei festzulegen.

(269) Verfügt ein Pool über eine marktbeherrschende Stellung, so sollten Lizenzgebühren und andere Lizenzbedingungen angemessen und diskriminierungsfrei sein;

Exklusivlizenzen sollten nicht vergeben werden.[98] Diese Voraussetzungen sind notwendig, um zu gewährleisten, dass der Pool offen ist und es nicht zu einem Ausschluss oder zu sonstigen wettbewerbsschädigenden Wirkungen auf den nachgelagerten Märkten kommt. Dies schließt allerdings unterschiedliche Gebühren für unterschiedliche Verwendungszwecke nicht aus. Im Allgemeinen wird die Erhebung unterschiedlicher Gebühren für verschiedene Produktmärkte nicht als wettbewerbsbeschränkend betrachtet, während innerhalb der Produktmärkte selbst keine unterschiedliche Behandlung stattfinden sollte. Insbesondere darf die Behandlung der Lizenznehmer des Pools nicht davon abhängen, ob sie auch Lizenzgeber sind oder nicht. Die Kommission berücksichtigt deshalb, ob Lizenzgeber und Lizenznehmer gleich hohe Lizenzgebühren zahlen müssen.

(270) Es sollte Lizenzgebern und Lizenznehmern freistehen, konkurrierende Produkte und Standards zu entwickeln. Ferner sollten sie außerhalb des Pools Lizenzen erteilen und erwerben dürfen. Diese Voraussetzungen sind notwendig, um das Risiko des Ausschlusses von Technologien Dritter zu begrenzen und sicherzustellen, dass der Pool Innovationen nicht behindert und konkurrierende technologische Lösungen nicht ausgrenzt. Wenn zusammengeführte Technologien in einem (De-facto-) Industriestandard enthalten sind und die Vertragsparteien Wettbewerbsverboten unterliegen, ist die Gefahr besonders groß, dass der Pool die Entwicklung neuer und verbesserter Technologien und Standards verhindert.

(271) Rücklizenz-Verpflichtungen sollten nichtausschließlich sein und sich auf solche Entwicklungen beschränken, die für die Verwendung der zusammengeführten Technologien essenziell oder wichtig sind. Dies ermöglicht es dem Pool, Vorteile aus den Verbesserungen der zusammengeführten Technologien zu ziehen und weiterzugeben. Die Vertragsparteien dürfen durch Rücklizenz-Verpflichtungen sicherstellen, dass die Verwertung der zusammengeführten Technologien nicht von Lizenznehmern – einschließlich Zulieferern, die im Rahmen einer vom Lizenznehmer erhaltenen Lizenz tätig sind – blockiert wird, die essenzielle Patente innehaben oder erwerben.

(272) Ein Problem im Zusammenhang mit Technologiepools ist die Gefahr, dass sie ungültige Patente schützen können. Die Zusammenführung kann die Kosten bzw. Risiken für eine erfolgreiche Anfechtung erhöhen, denn diese scheitert unter Umständen, wenn auch nur ein Patent im Pool noch gültig ist. Der Schutz ungültiger Patente im Pool kann Lizenznehmer zwingen, höhere Lizenzgebühren zu zahlen, und Innovationen in dem Bereich verhindern, der durch ein ungültiges Patent gedeckt wird. Vor diesem Hintergrund fallen Nichtangriffsklauseln einschließlich Kündigungsklauseln[99] in einer Technologietransfer-Vereinbarung zwischen einem Pool und Dritten in der Regel unter Artikel 101 Absatz 1 AEUV.

(273) Pools umfassen häufig sowohl Patente als auch Patentanmeldungen. Verwenden Patentanmelder, die ihre Patentanmeldungen bei Pools einreichen, nach Möglichkeit Patentantragsverfahren, die eine besonders zügige Gewährung erlauben, wird schneller Gewissheit über Gültigkeit und Geltungsbereich der jeweiligen Patente bestehen.

---

[98] Hat ein Technologiepool jedoch keine Marktmacht, so wird die Lizenzvergabe im Rahmen des Pools in der Regel nicht gegen Artikel 101 Absatz 1 verstoßen, selbst wenn diese Voraussetzungen nicht erfüllt sind.

[99] Siehe Abschnitt 3.5.

Anhang B 10. Mitteilung zum Versicherungssektor

Mitteilung der Kommission über die Anwendung von Artikel 101 Absatz 3 des Vertrags über die Arbeitsweise der Europäischen Union auf Gruppen von Vereinbarungen, Beschlüssen und abgestimmten Verhaltensweisen im Versicherungssektor

(ABl. 2010 C 82/02)

1. Einleitung und Hintergrund

1. Mit der Verordnung (EG) Nr. 358/2003 der Kommission[1], der vorherigen Versicherungs-Gruppenfreistellungsverordnung (nachstehend „GVO“ genannt), die am 31. März 2010 außer Kraft trat, wird Artikel 101 Absatz 3 des Vertrags über die Arbeitsweise der Europäischen Union[2] (nachstehend „AEUV“ abgekürzt) auf bestimmte Gruppen von Vereinbarungen, Beschlüssen und abgestimmten Verhaltensweisen im Versicherungssektor angewendet.

2. Nach einer ausführlichen Überprüfung (nachstehend „Überprüfung“ genannt) des Funktionierens der Verordnung (EG) Nr. 358/2003 veröffentlichte die Kommission am 24. März 2009 ihren Bericht an das Europäische Parlament und den Rat über das Funktionieren der genannten Verordnung[3] (nachstehend „der Bericht“ genannt) und ein dazugehörendes Arbeitspapier[4] (nachstehend „das Arbeitspapier“ genannt).

3. Infolge ihrer Feststellungen nach der Überprüfung hat die Kommission nun eine neue GVO für den Versicherungssektor erlassen, in der zwei der vier nach der vorherigen GVO freigestellten Gruppen von Vereinbarungen erneut freigestellt werden, und zwar: i) gemeinsame Erhebungen, Tabellen und Studien und ii) die gemeinsame Deckung bestimmter Arten von Risiken (Versicherungsgemeinschaften).

2. Grundsatzanalyse

4. Die ursprüngliche Zielsetzung der Kommission beim Erlass der Verordnung (EG) Nr. 358/2003, die darin bestand, die Zahl der bei ihr eingereichten Anmeldungen zu reduzieren, ist nicht mehr von Belang, weil die Unternehmen nach der Verordnung (EG) Nr. 1/2003 ihre Vereinbarungen nicht länger bei der Kommission an-

[1] ABl. L 53 vom 28.2.2003, S. 8.

[2] Mit Wirkung vom 1. Dezember 2009 ist an die Stelle des Artikels 81 EG-Vertrag der Artikel 101 des Vertrags über die Arbeitsweise der Europäischen Union (AEUV) getreten. Artikel 81 EG-Vertrag und Artikel 101 AEUV sind im Wesentlichen identisch. Im Rahmen dieser Verordnung sind Bezugnahmen auf Artikel 101 AEUV als Bezugnahmen auf Artikel 81 EG-Vertrag zu verstehen, wo dies angebracht ist.

[3] http://eur-lex.europa.eu/LexUriServ/LexUriServ.do?uri=CELEX: 52009DC0138:EN: NOT

[4] http://ec.europa.eu/competition/sectors/financial_services/insurance_ber_working_document.pdf

melden, sondern nun einer von ihnen selbst durchgeführten Bewertung unterziehen müssen. Vor diesem Hintergrund sollte ein spezifisches Rechtsinstrument wie eine GVO nur erlassen werden, wenn sich die Zusammenarbeit im Versicherungssektor von jener in anderen Sektoren, für die keine GVO gilt (derzeit die Mehrheit), durch spezifische Besonderheiten unterscheidet. Die Schlussfolgerungen der Kommission im Hinblick auf die neue GVO beruhen für jede der vier Gruppen von freigestellten Vereinbarungen auf drei wesentlichen Fragen, nämlich:

a) ob der Versicherungssektor infolge von Geschäftsrisiken oder anderen Sachverhalten sektorspezifische Besonderheiten und Abweichungen von anderen Sektoren aufweist, aus denen sich ein erhöhter Bedarf an Zusammenarbeit zwischen den Versicherern ableiten lässt;
b) wenn ja, ob der erhöhte Bedarf an Zusammenarbeit ein Rechtsinstrument wie die GVO erforderlich macht, um diese Zusammenarbeit zu schützen oder zu fördern;
c) wenn ja, welches Rechtsinstrument (z. B. die aktuelle GVO, ihre teilweise Verlängerung, ihre Verlängerung mit Abänderungen oder Leitlinien) am besten geeignet wäre.

3. Erneuerte Freistellungen

5. Die Kommission erließ die neue GVO [Verordnung (EU) Nr. 267/2010 der Kommission vom 24 März] auf der Basis ihrer Überprüfung und einer Konsultation der Wirtschaftsbeteiligten, die über einen Zeitraum von zwei Jahren durchgeführt worden war. In der neuen GVO werden zwei Formen der Zusammenarbeit, und zwar i) gemeinsame Erhebungen, Tabellen und Studien und ii) die gemeinsame Deckung bestimmter Arten von Risiken (Versicherungsgemeinschaften) erneut (mit Änderungen) freigestellt.

6. Wenn Vereinbarungen, die in diese Gruppen von Vereinbarungen fallen, nicht alle Voraussetzungen für die Gruppenfreistellung erfüllen, sind sie einer Selbstveranlagung nach Artikel 101 AEUV zu unterziehen. Der in den Leitlinien der Kommission zur Anwendbarkeit von Artikel 81 EG-Vertrag auf Vereinbarungen über horizontale Zusammenarbeit[1] (nachstehend „Horizontalleitlinien" genannt) festgelegte analytische Rahmen ist eine Orientierungshilfe für Unternehmen bei der Bewertung der Vereinbarkeit von Vereinbarungen mit Artikel 101 AEUV[2].

3.1 Gemeinsame Erhebungen, Tabellen und Studien

7. Nach der vorherigen GVO waren Vereinbarungen, die die gemeinsame Aufstellung und Verbreitung von i) Berechnungen der durchschnittlichen Kosten einer früheren Risikodeckung und ii) Sterbetafeln und Tafeln über die Häufigkeit von Krankheiten, Unfällen und Invalidität im Zusammenhang mit Versicherungen, die ein Kapitalisierungselement enthalten, unter bestimmten Voraussetzungen freigestellt. Freigestellt waren (unter bestimmten Voraussetzungen) auch die gemeinsame Durchführung und Verbreitung der Ergebnisse von Studien über die wahrscheinlichen Auswirkungen von außerhalb des Einflussbereichs der beteiligten Unternehmen liegenden allgemeinen Umständen auf die Häufigkeit oder das Ausmaß künftiger Schadensfälle mit Bezug auf ein bestimmtes Risiko oder eine bestimmte Risikosparte oder den Ertrag verschiedener Anlageformen.

---

[1] Siehe Randnummer 7 der Bekanntmachung der Kommission vom 6. Januar 2001: Leitlinien zur Anwendbarkeit von Artikel 81 EG-Vertrag auf Vereinbarungen über horizontale Zusammenarbeit, ABl. C 3 vom 6.1.2001, S. 2.

[2] Die Horizontalleitlinien werden derzeit überarbeitet.

8. Wie im Bericht zusammengefasst, sind die Kosten eines Versicherungsprodukts zu dem Zeitpunkt, zu dem der Preis vereinbart und das Risiko abgedeckt werden, nicht bekannt. Die Risikokalkulation stellt bei allen Versicherungsprodukten ein wesentliches Element der Preisfestsetzung dar und unterscheidet darüber hinaus den Versicherungssektor von anderen Branchen, einschließlich dem Bankensektor. Der Zugang zu empirischen statistischen Daten, die für die Kostenkalkulation von Risiken benötigt werden, ist damit von entscheidender Bedeutung. Nach Auffassung der Kommission ist eine Zusammenarbeit in diesem Bereich für die Versicherungswirtschaft sowohl spezifisch als auch notwendig, um die Kosten von Risiken kalkulieren zu können.

9. Die Kommission vertritt ferner die Auffassung, dass gute Gründe dafür sprechen, die Zusammenarbeit in diesem Bereich durch eine GVO zu schützen und zu fördern, und dass die GVO für diese Gruppe von Vereinbarungen verlängert werden sollte, damit diese wettbewerbsfördernde Zusammenarbeit nicht zurückgeht.

10. Die Kommission nahm bei der Erneuerung der Freistellung allerdings folgende wichtige Änderungen vor: i) an die Stelle des Begriffs „gemeinsame Berechnungen" ist der Begriff „gemeinsame Erhebungen" (die auch Berechnungen enthalten können) getreten; ii) es wurde präzisiert, dass der Austausch von Informationen nur dann zulässig ist, wenn er erforderlich ist; und iii) jetzt haben auch Verbraucher- und Kundenorganisationen (und nicht nur Einzelpersonen) Zugang zu gemeinsamen Daten, außer wenn Gründe der öffentlichen Sicherheit dagegen sprechen.

3.2 Gemeinsame Deckung bestimmter Arten von Risiken (Versicherungsgemeinschaften)

11. Unter bestimmten Voraussetzungen, darunter insbesondere die Einhaltung von Marktanteilsschwellen, war die Bildung und Tätigkeit von sowohl Mit-(Rück-) Versicherungsgemeinschaften mit dem Ziel der gemeinsamen Deckung neuartiger Risiken nach der vorherigen GVO[1] ebenso freigestellt wie die von Mit-(Rück-)Versicherungsgemeinschaften zur Deckung bekannter Risiken.

12. Aufgrund der Überprüfungsergebnisse vertritt die Kommission die Auffassung, dass bei bestimmten Risikoarten (Nuklear-, Terror- und Umweltrisiken), die einzelne Versicherungsgesellschaften nur ungern versichern oder zu deren Versicherung sie allein nicht in der Lage sind, die Risikoteilung von entscheidender Bedeutung ist, um die Deckung aller derartigen Risiken sicherzustellen. Dies stellt eine Besonderheit des Versicherungssektors dar und ist die Ursache für den höheren Bedarf an Zusammenarbeit in diesem Bereich[2]. Daher sind Versicherungsgemeinschaften auch nach der neuen GVO unter bestimmten Voraussetzungen freigestellt.

13. Die Kommission nahm im Hinblick auf die Freistellung allerdings folgende wichtige Änderungen vor: i) die Methode zur Berechnung des Marktanteils wurde angepasst, um sie mit anderen allgemeinen und sektorspezifischen Wettbewerbsvorschriften in Einklang zu bringen, damit nicht nur die innerhalb der Versicherungsgemeinschaft von den beteiligten Unternehmen eingenommenen Bruttoprämien, sondern auch die Bruttoprämieneinnahmen der beteiligten Unternehmen außerhalb der Versicherungsgemeinschaft berücksichtigt werden, und ii) eine Ergänzung und Erweiterung der Definition des Begriffs „neuartige Risiken".

---

[1] Die Freistellung ist auf die Dauer von drei Jahren ab dem Tag der Gründung der Versicherungsgemeinschaft ungeachtet ihres Marktanteils beschränkt.

[2] Eine alternative Methode zur Deckung der Risiken durch Mit-(Rück-) Versicherungen sind Ad-hoc-Mit-(Rück-)Versicherungen auf dem Zeichnungsmarkt, was je nach der Analyse auf Fallbasis weniger restriktiv sein kann.

14. Im Rahmen der Selbstveranlagung ist unbedingt zu berücksichtigen, dass es drei Arten von Versicherungsgemeinschaften gibt, und zu bestimmen, in welche Kategorie die jeweilige Versicherungsgemeinschaft fällt: i) Versicherungsgemeinschaften, für die der Schutz einer GVO nicht erforderlich ist, weil der Wettbewerb insofern nicht verfälscht wird, als es nur mit diesen Versicherungsgemeinschaften möglich ist, Versicherungen anzubieten, die die Versicherungsunternehmen alleine nicht decken könnten; ii) Versicherungsgemeinschaften, die unter Artikel 101 Absatz 1 AEUV fallen und die Voraussetzungen der neuen GVO nicht erfüllen, aber für eine individuelle Freistellung nach Artikel 101 Absatz 3 AEUV in Frage kommen, und iii) Versicherungsgemeinschaften, die unter Artikel 101 Absatz 1 AEUV fallen, aber dennoch den Voraussetzungen der neuen GVO entsprechen.

15. Für die Kategorien ii) und iii) ist eine genaue Definition des sachlich und des räumlich relevanten Marktes erforderlich, weil die Marktdefinition eine Grundvoraussetzung für die Feststellung ist, ob die Marktanteilsschwellen eingehalten werden[1]. Die Versicherungsgemeinschaften können die Bekanntmachung der Kommission über die Definition des relevanten Marktes im Sinne des Wettbewerbsrechts der Gemeinschaft[2] in Verbindung mit einschlägigen Entscheidungen der Kommission und mit Verwaltungsschreiben im Versicherungssektor als Orientierungshilfe heranziehen, um den relevanten Markt, auf dem sie tätig sind, abzugrenzen.

16. Die Überprüfung hat gezeigt, dass viele Versicherungsunternehmen die Freistellung von Versicherungsgemeinschaften fälschlicherweise als „Blanko"-Freistellung verstehen und im Einzelfall keine rechtliche Analyse durchführen, um zu prüfen, ob die Voraussetzungen der GVO erfüllt sind[3].

17. Ferner sei daran erinnert, dass Ad-hoc-Mit-(Rück-)Versicherungen auf dem Zeichnungsmarkt[4] noch nie unter die GVO gefallen sind und dies auch künftig nicht vorgesehen ist. Wie im Abschlussbericht der Kommission über die Untersuchung der Unternehmensversicherungen vom 25. September 2007[5] erwähnt, kann die Praxis der Anpassung der Prämien (zwischen Mit-(Rück-)Versicherern im Wege von Ad-hoc-Mit-(Rück-)Versicherungsvereinbarungen) unter Artikel 101 Absatz 1 AEUV fallen, sie kann aber auch auf der Grundlage von Artikel 101 Absatz 3 AEUV freigestellt werden.

18. Die Kommission wird die Tätigkeit von Versicherungsgemeinschaften in Zusammenarbeit mit den mitgliedstaatlichen Wettbewerbsbehörden im Rahmen des Europäischen Wettbewerbsnetzes genau überwachen, um sicherzustellen, dass es nicht zu einer undifferenzierten Anwendung der GVO bzw. von Artikel 101 Absatz 3 AEUV kommt. Diese genauere Überwachung erfolgt entsprechend der Vorgehensweise in Durchsetzungsfällen, in denen festgestellt wird, dass Versicherungsgemeinschaften gegen Artikel 101 Absatz 1 AEUV und/oder die GVO verstoßen.

---

[1] Es wurden auch Bedenken bezüglich der Definition des Begriffs „neuartige Risiken" geäußert.

[2] ABl. C 372 vom 9.12.1997, S. 5.

[3] Dies ist insbesondere hinsichtlich der Marktanteilschwellen der Fall. Wie in dem Bericht und dem Arbeitspapier dargelegt, ist es außerdem von entscheidender Bedeutung, dass Versicherungsgemeinschaften zur Deckung neuartiger Risiken, die sich auf die GVO berufen, sicherstellen, dass diese Risiken tatsächlich der präzisen Definition des Begriffs neuartige Risiken in Artikel 1 der GVO entsprechen.

[4] Bei denen ein Teil des jeweiligen Risikos von einem Hauptversicherer und der verbleibende Teil von Nebenversicherern gedeckt wird.

[5] KOM(2007) 556 endgültig: Mitteilung der Kommission an das Europäische Parlament, den Rat, den Europäischen Wirtschafts- und Sozialausschuss sowie den Ausschuss der Regionen – Untersuchung der Unternehmensversicherungen gemäß Artikel 17 der Verordnung (EG) Nr. 1/2003 (Abschlussbericht).

4. Nicht erneuerte Freistellungen

19. Ausgehend von der in dem Bericht und dem Arbeitspapier sowie in der Folgenabschätzung zur neuen GVO geschilderten Analyse der Kommission wurden zwei der vier Freistellungen der vorherigen GVO, nämlich für Vereinbarungen über allgemeine Versicherungsbedingungen (AVB) und für Vereinbarungen über Sicherheitsvorkehrungen, in der neuen GVO nicht beibehalten. Der Hauptgrund hierfür ist, dass diese Vereinbarungen keine Besonderheit des Versicherungssektors darstellen, so dass ihre Aufnahme in ein so spezielles Rechtsinstrument eine ungerechtfertigte Diskriminierung gegen andere, nicht den Schutz einer GVO genießende Sektoren bewirken könnte. Ferner ergab die Überprüfung, dass diese beiden Formen der Zusammenarbeit zwar nutzbringend für die Verbraucher sein, aber auch Anlass zu wettbewerbsrechtlichen Bedenken geben können. Deshalb ist es angemessener, dass sie der Selbstveranlagung unterliegen.

20. Dass die Freistellung dieser beiden Formen der Zusammenarbeit in der neuen GVO nicht aufrechterhalten wird, führt zwar unweigerlich zu Abstrichen bei der Rechtssicherheit, aber der Versicherungssektor wird zweifellos auch davon profitieren, dass das Niveau an Rechtssicherheit nun jenem in den anderen Sektoren, die nicht den Schutz einer GVO genießen. Außerdem plant die Kommission, wie nachstehend dargelegt, diese beiden Formen der Zusammenarbeit in ihren Horizontalleitlinien zu behandeln.

4.1 Allgemeine Versicherungsbedingungen

21. Nach der vorherigen GVO waren die gemeinsame Aufstellung und Verbreitung nichtverbindlicher allgemeiner Versicherungsbedingungen (AVB) für die Direktversicherung freigestellt[1].

22. Angesichts der Ergebnisse ihrer Überprüfung ist die Kommission nicht länger der Auffassung, dass diesbezüglich eine sektorspezifische GVO erforderlich ist, weil die Zusammenarbeit bei AVB keine Besonderheit des Versicherungssektors darstellt, sondern auch in vielen anderen Sektoren wie dem Bankensektor üblich ist, die nicht den Schutz einer GVO genießen. Da AVB keine Besonderheit des Versicherungssektors sind, ist es angemessen, dass jegliche diesbezügliche Orientierungshilfe unterschiedslos allen Sektoren in Form eines horizontalen Instruments an die Hand gegeben wird.

23. Nach Auffassung der Kommission können AVB in vielen Fällen positive Effekte für den Wettbewerb und für die Verbraucher haben. Beispielsweise können anhand der AVB die von verschiedenen Versicherern angebotenen Policen verglichen werden, so dass Versicherungsnehmer den Inhalt von Garantien leichter prüfen und besser zwischen Versicherern und Versicherungsprodukten wählen können. Verbraucher müssen zwar die Möglichkeit haben, zwischen Versicherungsprodukten zu vergleichen, aber eine zu starke Standardisierung kann den Verbrauchern auch schaden und mangelnden nichtpreislichen Wettbewerb zur Folge haben. Da AVB außerdem auch unausgewogen sein können, ist es angemessener, dass Unternehmen bei Anwendbarkeit von Artikel 101 Absatz 1 AEUV eine Selbstveranlagung nach Artikel 101 Absatz 3 AEUV vornehmen, um nachzuweisen, dass die Zusammenarbeit, an der sie sich beteiligen, Effizienzgewinne erzeugt, die zu einem angemessenen Teil auch den Verbrauchern zugute kommen.[2]

---

[1] Artikel 6 Absatz 1 Buchstaben a bis k der Verordnung (EG) Nr. 358/2003.

[2] Einige Bestimmungen des Artikels 6 Absatz 1 der vorherigen GVO, Verordnung (EG) Nr. 358/2003, wären weiterhin relevant für die Selbstveranlagung von Vereinbarungen nach Artikel 101

24. Die Kommission plant dementsprechend eine Ausweitung ihrer Horizontalleitlinien auf allgemeine Vertragsbedingungen aller anderen Sektoren. Die Horizontalleitlinien werden zurzeit überarbeitet. Im ersten Halbjahr 2010 soll ein Entwurf der Neufassung zur Konsultation interessierter Kreise veröffentlicht werden.

4.2 Sicherheitsvorkehrungen

25. Nach der vorherigen GVO freigestellt waren i) technische Spezifikationen, Regeln und Verhaltenskodizes für Sicherheitsvorkehrungen sowie Verfahren zur Prüfung und zur Erklärung ihrer Übereinstimmungen mit diesen Standards sowie ii) technische Spezifikationen, Regeln und Verhaltenskodizes für den Einbau und die Wartung von Sicherheitsvorkehrungen sowie Verfahren zur Prüfung der Einhaltung dieser Standards durch Installations- und Wartungsunternehmen und zur Erklärung, dass diese die genannten Standards einhalten.

26. Nach Auffassung der Kommission fallen Vereinbarungen über technische Spezifikationen für Sicherheitsvorkehrungen jedoch unter allgemeine Normungsbestrebungen und sind daher keine Besonderheit des Versicherungssektors. Da diese Art von Vereinbarungen keine Besonderheit des Versicherungssektors ist, ist es angemessen, dass jegliche diesbezügliche Orientierungshilfe unterschiedslos allen Sektoren insgesamt in Form eines horizontalen Instruments an die Hand gegeben wird. Dies ist bereits der Fall, da Nummer 6 der geltenden Horizontalleitlinien Orientierungshilfen für die Vereinbarkeit technischer Normen mit Artikel 101 AEUV gibt. Außerdem werden die Horizontalleitlinien zurzeit überarbeitet, und im ersten Halbjahr 2010 ein Entwurf der Neufassung zur Konsultation interessierter Kreise veröffentlicht werden.

27. Hinzu kommt, dass diese Vereinbarungen nur soweit unter die GVO fielen, als keine Harmonisierung auf Unionsebene existierte. Die Überprüfung der Kommission ergab, dass der Anwendungsbereich der GVO aufgrund der inzwischen weitgehenden Harmonisierung auf Unionsebene stark eingeengt ist. In dem kleinen Bereich, der noch nicht unionsweit harmonisiert ist, führen die detaillierten Vorschriften der Mitgliedstaaten zu einer Fragmentierung des Binnenmarktes, zu einer Schmälerung des Wettbewerbs zwischen den Herstellern von Sicherheitsvorkehrungen in allen Mitgliedstaaten und zu weniger Auswahl für die Verbraucher, da Verbraucher, deren Sicherheitsvorkehrungen nicht den von Versicherern allgemein eingeführten Standards entsprechen, nicht versichert werden.

28. Aus diesen Gründen hat die Kommission diese Gruppen von Vereinbarungen in der neuen GVO nicht erneut freigestellt.

5. Schlussfolgerungen

29. Unternehmen werden ihre Zusammenarbeit im Bereich gemeinsame Erhebungen, Tabellen und Studien sowie im Bereich Versicherungsgemeinschaften einer sorgfältigen Bewertung nach den in der GVO festgelegten Kriterien unterziehen müssen, damit es nicht zu einer undifferenzierten Anwendung der GVO kommt.

AEUV, insbesondere für diejenigen mit Auswirkungen auf Preise und Produktinnovationen. Von besonderer Relevanz sind z. B. die Bestimmungen, die i) die Höhe von Bruttoprämien betreffen; ii) den Deckungsbetrag oder die Selbstbeteiligung des Versicherungsnehmers betreffen; iii) einen umfassenden Versicherungsschutz vorschreiben auch für Risiken, denen eine erhebliche Anzahl von Versicherungsnehmern nicht gleichzeitig ausgesetzt sind, oder iv) dem Versicherungsnehmer vorschreiben, unterschiedliche Risiken vom selben Versicherer versichern zu lassen.

30. Was die Selbstveranlagung nach Artikel 101 Absatz 3 AEUV für die Zusammenarbeit in den Bereichen AVB und Sicherheitsvorkehrungen angeht, verfügen die Unternehmen über Rechtsinstrumente, nämlich die Horizontalleitlinien (derzeit in Überarbeitung) und die Leitlinien zur Anwendung von Artikel 81 Absatz 3 EG-Vertrag[1].

[1] ABl. C 101 vom 27.4.2004, S. 97.

Anhang B 11. Prioritäten-Mitteilung zu Art. 102 AEUV

Mitteilung der Kommission – Erläuterungen zu den Prioritäten der Kommission bei der Anwendung von Artikel 82 des EG-Vertrags auf Fälle von Behinderungsmissbrauch durch marktbeherrschende Unternehmen

(ABl. 2009 C 45/7)

I. Einleitung

1. Artikel 82 des Vertrags zur Gründung der Europäischen Gemeinschaft (nachstehend „Artikel 82" genannt) untersagt die missbräuchliche Ausnutzung einer marktbeherrschenden Stellung. Nach einschlägiger Rechtsprechung verstößt die marktbeherrschende Stellung eines Unternehmens nicht als solche gegen das Wettbewerbsrecht, so dass es durchaus zulässig ist, das ein marktbeherrschendes Unternehmen am Markt als Wettbewerber auftritt. Dieses Unternehmen trägt jedoch eine besondere Verantwortung dafür, dass es durch sein Verhalten den wirksamen unverfälschten Wettbewerb auf dem Gemeinsamen Markt nicht beeinträchtigt. Artikel 82 ist die Rechtsgrundlage für ein zentrales Element der Wettbewerbspolitik, und seine wirksame Durchsetzung ermöglicht ein besseres Funktionieren der Märkte, was letztlich den Unternehmen und Verbrauchern zugute kommt. Dies ist für die Verwirklichung eines integrierten Binnenmarkts von besonderer Bedeutung.

II. Zweck dieser Mitteilung

2. In dieser Mitteilung wird erläutert, welche Prioritäten die Kommission bei der Anwendung von Artikel 82 auf Fälle von Behinderungsmissbrauch durch Unternehmen in marktbeherrschender Stellung setzt. In Ergänzung zu den einschlägigen wettbewerbsrechtlichen Entscheidungen der Kommission soll dieses Dokument mehr Klarheit und Vorhersehbarkeit in Bezug auf den allgemeinen Prüfungsrahmen schaffen, anhand dessen die Kommission entscheidet, ob sie Fälle, in denen die ein oder andere Form eines Behinderungsmissbrauchs vorliegt, verfolgt. Zugleich soll es den Unternehmen als Hilfestellung dienen, damit diese besser einschätzen können, ob ein bestimmtes Verhalten ein Tätigwerden der Kommission nach Artikel 82 auslösen könnte.

3. Die vorliegende Mitteilung soll keine Aussage über die Rechtslage treffen und greift der Auslegung des Artikels 82 durch den Europäischen Gerichtshof oder das Gericht erster Instanz der Europäischen Gemeinschaften nicht vor. Die Kommission hat außerdem trotz des in diesem Dokument ausgeführten allgemeinen Rahmens die Möglichkeit, eine Beschwerde abzulehnen, wenn sie der Auffassung ist, dass der betreffende Fall aus anderen Gründen (z. B. fehlendes Gemeinschaftsinteresse) nicht prioritär zu behandeln ist.

4. Artikel 82 gilt für Unternehmen, die eine marktbeherrschende Stellung auf einem oder mehreren relevanten Märkten innehaben. Eine marktbeherrschende

Stellung kann entweder von einem einzigen Unternehmen (alleinige marktbeherrschende Stellung) oder aber von zwei oder mehreren Unternehmen (kollektive marktbeherrschende Stellung) eingenommen werden. Die vorliegende Mitteilung behandelt ausschließlich Missbräuche von Unternehmen, die eine alleinige marktbeherrschende Stellung innehaben.

5. Bei der Anwendung von Artikel 82 auf Behinderungsmissbräuche von Unternehmen in marktbeherrschender Stellung wird sich die Kommission auf diejenigen missbräuchlichen Verhaltensweisen konzentrieren, die den Verbrauchern am meisten schaden. Wettbewerb kommt den Verbrauchern in Form niedrigerer Preise, höherer Qualität und eines größeren Angebots an neuen oder verbesserten Waren und Dienstleistungen zugute. Deshalb wird die Kommission bei der Durchsetzung des Wettbewerbsrechts darauf achten, dass die Märkte reibungslos funktionieren und die Verbraucher von der Effizienz und Produktivität profitieren, die ein wirksamer Wettbewerb zwischen Unternehmen hervorbringt.

6. Mit ihrem Vorgehen im Falle von Behinderungsmissbrauch will die Kommission in erster Linie den Wettbewerbsprozess im Binnenmarkt schützen und sicherstellen, dass Unternehmen in marktbeherrschender Stellung ihre Wettbewerber nicht durch andere Mittel als die Wettbewerbsfähigkeit ihrer Produkte bzw. Dienstleistungen vom Markt ausschließen. Dabei geht es der Kommission vor allem darum, den Wettbewerbsprozess und nicht einfach die Wettbewerber zu schützen. Dies kann durchaus bedeuten, dass Wettbewerber, die den Verbrauchern in Bezug auf Preise, Auswahl, Qualität und Innovation weniger zu bieten haben, aus dem Markt ausscheiden.

7. Unmittelbar verbraucherschädigendes Verhalten (z. B. unverhältnismäßig hohe Preise oder Verhaltensweisen, die die Bemühungen um einen integrierten Binnenmarkt untergraben) verstößt ebenfalls gegen Artikel 82. Die Kommission kann entscheiden, im Falle eines solchen Verhaltens tätig zu werden, und zwar insbesondere dann, wenn der Schutz der Verbraucher und das reibungslose Funktionieren des Binnenmarktes ansonsten nicht angemessen gewährleistet werden können. In ihrem Bemühen um Vorlage von Erläuterungen zu ihren Durchsetzungsprioritäten beschränkt sich die Kommission in dieser Phase auf den Behinderungsmissbrauch und dabei insbesondere auf jene Praktiken, die erfahrungsgemäß auf häufigsten auftreten.

8. Bei der Anwendung der in dieser Mitteilung erläuterten allgemeinen Durchsetzungsgrundsätze berücksichtigt die Kommission die Tatsachen und Umstände des jeweiligen Einzelfalls. So trägt die Kommission zum Beispiel in Fällen, die regulierte Märkte betreffen, in ihrer wettbewerbsrechtlichen Würdigung dem jeweiligen Regulierungsumfeld Rechnung[1]. Die Kommission kann deshalb den in dieser Mitteilung erläuterten Ansatz in dem Maße anpassen, das im jeweiligen Fall vernünftig und zweckmäßig erscheint.

III. Allgemeiner Ansatz für das Vorgehen bei Behinderungsmissbrauch

A. Marktmacht

9. Ein erster Schritt bei der Anwendung von Artikel 82 ist die Prüfung der Frage, ob es sich im betreffenden Fall um ein Unternehmen in marktbeherrschender Stellung handelt und wie groß die Marktmacht dieses Unternehmens ist. Nach einschlägiger Rechtsprechung trägt ein Unternehmen aufgrund seiner marktbeherrschenden

[1] Siehe zum Beispiel Randnummer 82.

Stellung eine besondere Verantwortung, deren Reichweite in jedem einzelnen Fall unter Berücksichtigung der besonderen Umstände berücksichtigt werden muss[1].

10. Eine marktbeherrschende Stellung ist im Gemeinschaftsrecht definiert als die wirtschaftliche Machtstellung eines Unternehmens, die dieses in die Lage versetzt, die Aufrechterhaltung eines wirksamen Wettbewerbs auf dem relevanten Markt zu verhindern, indem sie ihm die Möglichkeit verschafft, sich seinen Wettbewerbern, seinen Abnehmern und letztendlich den Verbrauchern gegenüber in einem nennenswerten Umfang unabhängig zu verhalten[2]. Diese Unabhängigkeit steht in direktem Verhältnis zur Intensität des Wettbewerbsdrucks, der auf das marktbeherrschende Unternehmen ausgeübt wird. Marktbeherrschung ist ein Zeichen dafür, dass dieser Wettbewerbsdruck nicht ausreichend wirksam ist, so dass das marktbeherrschende Unternehmen über einen bestimmten Zeitraums über erhebliche Machtmacht verfügt. Dies bedeutet wiederum, dass das beherrschende Unternehmen bei seinen Entscheidungen keine Rücksicht auf Vorgehen und Reaktionen der Wettbewerber, Abnehmer und letztlich auch der Verbraucher nehmen muss. Selbst wenn ein gewisser tatsächlicher oder potenzieller Restwettbewerb verbleibt, kann die Kommission zu dem Ergebnis kommen, dass im Grunde kein Wettbewerbsdruck besteht[3]. Im Allgemeinen kann eine marktbeherrschende Stellung aus einer Kombination verschiedener Faktoren abgeleitet werden, die für sich alleine genommen nicht notwendigerweise ausschlaggebend sind[4].

11. Die Kommission ist der Auffassung, dass ein Unternehmen, das über einen längeren Zeitraum seine Preise gewinnbringend auf ein Niveau über dem Wettbewerbspreis erhöhen kann, keinem ausreichend wirksamen Wettbewerbsdruck ausgesetzt ist und somit im Allgemeinen als marktbeherrschend betrachtet werden kann[5]. In dieser Mitteilung beinhaltet die Formulierung „Preise erhöhen" auch die Fähigkeit, Preise auf einem Niveau über dem Wettbewerbspreis zu halten, und bezieht sich als Kürzel auf die verschiedenen Arten und Weisen, wie Wettbewerbsparameter (z. B. Preis, Output, Innovation oder Angebot und Qualität der Waren bzw. Dienstleistungen) zugunsten des marktbeherrschenden Unternehmens und zum Schaden der Verbraucher beeinflusst werden können[6].

---

[1] Rs. 322/81, Nederlandsche Banden Industrie Michelin/Kommission (Michelin I), Slg. 1983, S. 3461, Rdnrn. 57; Rs. T-83/91, Tetra Pak/Kommission (Tetra Pak II), Slg. 1993, II-755, Rdnr. 114; Rs. T-111/96, ITT Promedia/Kommission, Slg. 1998, II-2937, Rdnr. 139; Rs. T-228/97, Irish Sugar/Kommission, Slg. 1999, II-2969, Rdnr. 112, und Rs. T-203/01, Michelin/Kommission (Michelin II), Slg. 2003, II-4071, Rdnr. 97.

[2] Siehe Rs. 27/76, United Brands Company und United Brands Continentaal/Kommission, Slg. 1978, S. 207, Rdnr. 65 und Rs. 85/76, Hoffmann-La Roche & Co./Kommission, Slg. 1979, S. 461, Rdnr. 38.

[3] Siehe Rs. 27/76, United Brands Company und United Brands Continentaal/Kommission, Slg. 1978, S. 207, Rdnrn. 113–121; Rs. T-395/94, Atlantic Container Line und andere/Kommission, Slg. 2002, II-875, Rdnr. 330.

[4] Siehe Rs. 27/76, United Brands Company und United Brands Continentaal/Kommission, Slg. 1978, S. 207, Rdnrn. 65 und 66; Rs. C-250/92, Gøttrup-Klim e.a. Grovvareforeninger/Dansk Landbrugs Grovvareselskab, Slg. 1994, I-5641, Rdnr. 47 und Rs. T-30/89, Hilti/Kommission, Slg. 1991, II-1439, Rdnr. 90.

[5] Was letztendlich als längerer Zeitraum zu betrachten ist, hängt vom Produkt und von den Bedingungen auf dem betreffenden Markt ab; in der Regel werden zwei Jahre als ausreichend betrachtet.

[6] Rechnerische Gewinne sind kein zuverlässiger Anhaltspunkt für die Marktmacht. Siehe hierzu Rs. 27/76, United Brands Company und

12. Bei der Prüfung auf Vorliegen einer marktbeherrschenden Stellung wird der Wettbewerbsstruktur des Marktes Rechnung getragen, wobei insbesondere die folgenden Faktoren berücksichtigt werden:
- Wettbewerbsdruck aufgrund bereits bestehender Lieferungen von vorhandenen Wettbewerbern und deren Marktstellung (Markstellung des marktbeherrschenden Unternehmens und seiner Wettbewerber),
- Wettbewerbsdruck aufgrund der drohenden Expansion bereits vorhandener Wettbewerber oder des drohenden Markteintritts potenzieller Wettbewerber (Expansion und Markteintritt),
- Wettbewerbsdruck aufgrund der Verhandlungsstärke der Abnehmer (Nachfragemacht).

a) Marktstellung des marktbeherrschenden Unternehmens und seiner Wettbewerber

13. Ein erster aufschlussreicher Indikator für die Marktstruktur und die relative Bedeutung der auf dem Markt tätigen Unternehmen sind die Marktanteile[1], die die Kommission allerdings unter Berücksichtigung der jeweiligen Marktbedingungen und insbesondere der Dynamik auf dem betreffenden Markt und des Umfangs der Produktdifferenzierung interpretiert. Bei volatilen oder Ausschreibungsmärkten kann auch der längerfristige Trend bzw. die Entwicklung der Marktanteile berücksichtigt werden.

14. Geringe Marktanteile sind nach Auffassung der Kommission in der Regel ein zuverlässiger Indikator für die Abwesenheit erheblicher Marktmacht. Erfahrungsgemäß ist eine Marktbeherrschung unwahrscheinlich, wenn ein Unternehmen weniger als 40% des relevanten Marktes einnimmt. Dennoch kann unter bestimmten Umständen der Fall eintreten, dass Wettbewerber (z. B. aufgrund ihrer begrenzten Kapazitäten) nicht in der Lage sind, das Verhalten eines marktbeherrschenden Unternehmens wirksam einzuschränken, selbst wenn dessen Marktanteil weniger als 40% beträgt. Auch diese Fälle müssen unter Umständen von der Kommission untersucht werden.

15. Je höher der Marktanteil und je länger dieser Marktanteil gehalten wird, desto wahrscheinlicher ist dies erfahrungsgemäß ein erstes Anzeichen für das Vorliegen einer marktbeherrschenden Stellung und unter bestimmten Umständen für schwerwiegende Folgen eines missbräuchlichen Verhaltens, die ein Tätigwerden der Kommission nach Artikel 82 erfordern[2]. Generell gilt jedoch, dass die Kommission erst dann endgültig entscheidet, ob Anlass für ein Tätigwerden besteht, wenn sie alle Faktoren untersucht hat, die ausreichen könnten, um das Verhalten des Unternehmens einzuschränken.

b) Expansion oder Markteintritt

16. Wettbewerb ist ein dynamischer Prozess, so dass sich eine Beurteilung des auf ein Unternehmen ausgeübten Wettbewerbsdrucks nicht alleinig auf die bestehende Marktlage stützen kann. Die potenziellen Auswirkungen der tatsächlichen oder drohenden Expansion vorhandener Wettbewerber bzw. von tatsächlichen oder drohen-

---

[1] Rs. 85/76, Hoffmann-La Roche & Co./Kommission, Slg. 1979, S. 461, Rdnrn. 39–41; Rs. C-62/86, AKZO/Kommission, Slg. I-3359, Rdnr. 60; Rs. T-30/89 Hilti/Kommission, Slg. 1991, II-1439, Rdnrn. 90–92; Rs. T-340/03, France Télécom/Kommission, Slg. 2007, II-107, Rdnr. 100.

[2] Zum Verhältnis zwischen dem Grad der Marktbeherrschung und der Feststellung eines Missbrauchs siehe verbundene Rs. C-395/96 P und C-396/96 P, Compagnie Maritime Belge Transports, Compagnie Maritime Belge und Dafra-Lines/Kommission, Slg. 2000, I-1365, Rdnr. 119; Rs. T-228/97, Irish Sugar/Kommission, Slg. 1999, II-2969, Rdnr. 186.

den Markteintritten müssen ebenfalls in die Beurteilung einfließen. Ein Unternehmen kann davon abgehalten werden, seine Preise zu erhöhen, wenn die Expansion bzw. der Markteintritt eines Wettbewerbers wahrscheinlich, absehbar und ausreichend ist. Die Kommission betrachtet eine Expansion bzw. einen Markteintritt als wahrscheinlich, wenn ein solches Verhalten für den betreffenden Wettbewerber bzw. den neuen Marktteilnehmer hinreichende Gewinne verspricht. Dabei berücksichtigt sie Faktoren wie Expansions- und Markteintrittshindernisse, die voraussichtlichen Reaktionen des mutmaßlich marktbeherrschenden Unternehmens und anderer Wettbewerber sowie das Risiko eines Scheiterns und die damit verbundenen Kosten. Damit eine Expansion bzw. ein Markteintritt als absehbar betrachtet werden kann, muss dieser Schritt so zügig erfolgen, dass die Ausübung erheblicher Marktmacht uninteressant bzw. unmöglich gemacht wird. Expansion bzw. Markteintritt können als ausreichend betrachtet werden, wenn sie nicht nur in geringem Umfang, z. B. in einer Marktnische, erfolgen, sondern vielmehr in so großem Umfang stattfinden, dass jeglichen etwaigen Versuchen des vermeintlich marktbeherrschenden Unternehmens, die Preise auf dem relevanten Markt zu erhöhen, entgegengewirkt wird.

17. Expansions- bzw. Markteintrittshindernisse können verschiedenste Formen haben. Es kann sich um rechtliche Hindernisse wie Zölle und Kontingente handeln, aber auch um Vorteile, die besonders dem marktbeherrschenden Unternehmen zugute kommen (z. B. Größen- und Verbundvorteile, bevorzugter Zugang zu Inputs und Rohstoffen, wichtige Technologien[1] oder ein etabliertes Vertriebs- und Absatznetz)[2]. Auch Kosten und andere Hemmnisse (z. B. infolge von Netzeffekten), die Abnehmer in Kauf nehmen müssen, wenn sie zu einem neuen Lieferanten wechseln, stellen Expansions- bzw. Markteintrittshindernisse dar. Das Verhalten des marktbeherrschenden Unternehmens selbst kann ebenfalls ein Markteintrittshindernis darstellen, unter anderem dann, wenn das marktbeherrschende Unternehmen erhebliche Investitionen getätigt hat, mit denen neue Marktteilnehmer oder Wettbewerber mithalten müssten[3], oder wenn die vom marktbeherrschenden Unternehmen mit seinen Abnehmern geschlossenen langfristigen Verträge zu einer spürbaren Marktverschließung führen. Anhaltend hohe Marktanteile können auf die Existenz von Markteintritts- und Expansionshindernissen hindeuten.

c) Nachfragemacht der Abnehmer

18. Wettbewerbsdruck kann nicht nur von vorhandenen oder potenziellen Wettbewerbern, sondern auch von den Abnehmern ausgehen. Selbst Unternehmen mit hohen Marktanteilen können nicht weitgehend unabhängig von Abnehmern vorgehen, die über eine ausreichende Verhandlungsmacht verfügen[4]. Die Nachfragemacht von Abnehmern richtet sich nach ihrer Größe und ihrer wirtschaftlichen Bedeutung für das marktbeherrschende Unternehmen; ihre Fähigkeit, schnell zu konkurrierenden Lieferanten zu wechseln, Markteintritte zu fördern oder eine vertikale Integration vorzunehmen und glaubwürdig damit zu drohen. Bei ausreichender Nachfragemacht kann ein marktbeherrschendes Unternehmen davor abgeschreckt oder daran gehindert werden, Preise gewinnbringend zu erhöhen. Der Druck durch Nachfrage-

---

[1] Rs. T-30/89, Hilti/Kommission, Slg. 1991, II-1439, Rdnr. 19.

[2] Rs. 85/76, Hoffmann-La Roche/Kommission, Slg. 1979, S. 461, Rdnr. 48.

[3] Rs. 27/76, United Brands/Kommission, Slg. 1978, S. 207, Rdnr. 91.

[4] Siehe Rs. T-228/97, Irish Sugar/Kommission, Slg. 1999, II-2969, Rdnrn. 93–104, in der das Gericht erster Instanz prüfte, ob die geltend gemachte fehlende Unabhängigkeit des Unternehmens im Verhältnis zu seinen Kunden einen außergewöhnlichen Umstand begründete, der die Feststellung einer marktbeherrschenden Stellung ausschließt, obwohl ein sehr großer Teil der für den irischen Industriezuckermarkt erfassten Verkäufe auf dieses Unternehmen entfiel.

macht kann allerdings nicht als hinreichend betrachtet werden, wenn nur ein bestimmtes oder begrenztes Kundensegment vor der Marktmacht des marktbeherrschenden Unternehmens geschützt ist.

B. Marktverschließung zum Schaden des Verbrauchers („wettbewerbswidrige Marktverschließung")

19. Die Kommission will mit ihren Durchsetzungsmaßnahmen in Bezug auf Behinderungsmissbräuche sicherstellen, dass Unternehmen in marktbeherrschender Stellung den wirksamen Wettbewerb nicht beeinträchtigen, indem sie ihre Konkurrenten in wettbewerbswidriger Weise vom Markt ausschließen und auf diese Weise die Verbraucherwohlfahrt beeinträchtigen, sei es indem höhere Preise verlangt werden als ansonsten üblich gewesen wären oder indem die Qualität vermindert oder das Angebot für die Verbraucher eingeschränkt wird. In dieser Mitteilung bezeichnet der Begriff „wettbewerbswidrige Marktverschließung" einen Sachverhalt, in dem das marktbeherrschende Unternehmen durch sein Verhalten vorhandenen oder potenziellen Wettbewerbern den Zugang zu Lieferquellen oder Märkten erschwert oder unmöglich macht und als Folge das marktbeherrschende Unternehmen aller Wahrscheinlichkeit nach in der Lage ist, die Preise zum Nachteil der Verbraucher gewinnbringend zu erhöhen[1]. Die Feststellung eines voraussichtlichen Schadens für den Verbraucher kann auf der Grundlage qualitativer und, wann immer möglich und zweckmäßig, auch anhand quantitativer Beweismittel erfolgen. Dabei befasst sich die Kommission mit wettbewerbswidriger Marktverschließung entweder auf der Zwischenstufe oder auf der Stufe der Endverbraucher oder auf beiden Stufen[2].

20. In der Regel wird die Kommission nach Artikel 82 tätig, wenn aufgrund stichhaltiger und überzeugender Beweise der mutmaßliche Missbrauch aller Wahrscheinlichkeit nach zu einer wettbewerbswidrigen Marktverschließung führen wird. Bei der diesbezüglichen Prüfung müssen nach Auffassung der Kommission im Allgemeinen folgende Faktoren berücksichtigt werden:

– Stellung des marktbeherrschenden Unternehmens: Je stärker die marktbeherrschender Stellung eines Unternehmens, desto größer ist die Wahrscheinlichkeit, dass das Verhalten, welches das Unternehmen zum Schutz dieser Stellung wählt, zu einer wettbewerbswidrigen Marktverschließung führt,
– Bedingungen auf dem relevanten Markt: Hierzu zählen die Bedingungen für Markteintritt und Expansion (z. B. Größen- und/oder Verbundvorteile sowie Netzeffekte). Größenvorteile machen es wenig wahrscheinlich, dass Wettbewerber in den Markt eintreten oder sich auf dem betreffenden Markt behaupten können, wenn das marktbeherrschende Unternehmen sie von einem wesentlichen Teil des relevanten Marktes ausschließt. Gleichermaßen könnte sich das marktbeherrschende Unternehmen durch sein Verhalten die Möglichkeit schaffen, einen von Netzeffekten geprägten Markt zu seinen Gunsten zu „kippen" bzw. seine Stellung auf einem solchen Markt weiter zu festigen. Sollten zudem auf den vor- und/oder nachgelagerten Märkten erhebliche Markteintrittshindernisse bestehen, kann es

[1] Zur Bedeutung des Begriffs „Preise erhöhen" siehe Randnummer 11.

[2] Der Begriff „Verbraucher" bezieht sich auf alle direkten und indirekten Benutzer des Produkts, das Gegenstand des fraglichen Verhaltens ist, d. h. auch zwischengeschaltete Hersteller, die das Produkt als Input benötigen, sowie Vertriebsunternehmen und Endverbraucher sowohl des unmittelbaren Produkts als auch der Produkte von zwischengeschalteten Herstellern. Handelt es sich bei den zwischengeschalteten Benutzern um bestehende oder potenzielle Wettbewerber des marktbeherrschenden Unternehmens, konzentriert sich die Würdigung auf die Auswirkungen des Verhaltens auf nachgelagerte Benutzer.

für die Wettbewerber sehr teuer werden, einer möglichen Marktverschließung durch vertikale Integration zu begegnen,

- Stellung der Wettbewerber des marktbeherrschenden Unternehmens: Hierunter fällt die Bedeutung der Wettbewerber für die Aufrechterhaltung eines wirksamen Wettbewerbs. Selbst ein Wettbewerber, der im Vergleich zu anderen Wettbewerbern nur einen geringen Marktanteil besitzt, kann eine wichtige Rolle im Wettbewerbsprozess spielen, wenn es sich zum Beispiel um den engsten Wettbewerber des marktbeherrschenden Unternehmens oder einen besonders innovativen Wettbewerber handelt oder aber um einen Wettbewerber, der dafür bekannt ist, dass er Preise systematisch senkt. Bei ihrer wettbewerbsrechtlichen Prüfung kann die Kommission, falls angemessen, auf der Grundlage verfügbarer Informationen prüfen, ob die Wettbewerber über realistische, wirksame und zeitnahe Gegenstrategien verfügen, auf die sie bei Bedarf wahrscheinlich zurückgreifen würden,
- Stellung der Abnehmer bzw. der Anbieter von Inputs: Zu berücksichtigen ist in diesem Zusammenhang unter anderem eine etwaige Selektivität im betreffenden Verhalten des marktbeherrschenden Unternehmens. Das fragliche Verhalten des marktbeherrschenden Unternehmens kann sich nur an bestimmte Abnehmer oder Anbieter von Inputs richten, die für den Markteintritt oder eine Expansion von Wettbewerbern besonders wichtig sind, so dass die Wahrscheinlichkeit einer wettbewerbswidrigen Marktverschließung steigt[1]. Dies können im Fall von Abnehmern zum Beispiel diejenigen Abnehmer sein, die am ehesten auf Angebote anderer Lieferanten eingehen würden, die eventuell eine für einen neuen Marktteilnehmer besonders geeignete Form des Vertriebs für das betreffende Produkt bieten, die möglicherweise in einem für einen neuen Marktteilnehmer geografisch günstigen Gebiet angesiedelt sind oder die Einfluss auf das Verhalten anderer Abnehmer nehmen könnten. Bei den Anbietern von Inputs kann es sein, dass, das marktbeherrschende Unternehmen ausschließliche Lieferbindungen gerade mit denjenigen Anbietern ausgehandelt hat, die am ehesten auf Anfragen von Abnehmern reagieren, die auf dem nachgelagerten Markt mit dem marktbeherrschenden Unternehmen im Wettbewerb stehen oder die eine Klasse des betreffenden Produkts oder einen Standort bieten, die/der einem Neueintretenden besonders entgegenkommt. Alle Strategien, die den Abnehmern oder den Anbietern von Inputs zur Verfügung stehen und dazu beitragen können, dem Verhalten des marktbeherrschenden Unternehmens entgegenzuwirken, werden ebenfalls berücksichtigt,
- Ausmaß des mutmaßlichen missbräuchlichen Verhaltens: Je höher der Anteil der vom fraglichen Verhalten betroffenen Gesamtverkäufe auf dem relevanten Markt, je länger die Dauer des Verhaltens und je regelmäßiger es zum Einsatz kommt, desto größer ist normalerweise die Wahrscheinlichkeit einer Marktverschließungswirkung,
- Mögliche Beweise für eine tatsächliche Marktverschließung: Sollte das Verhalten über einen längeren Zeitraum angehalten haben, könnte die Marktleistung des marktbeherrschenden Unternehmens und seiner Wettbewerber direkten Aufschluss über eine etwaige wettbewerbswidrige Marktverschließung geben. Aufgrund des mutmaßlich missbräuchlichen Verhaltens kann der Marktanteil des marktbeherrschenden Unternehmens gestiegen sein oder der Rückgang des Marktanteils sich verlangsamt haben. Aus ähnlichen Gründen können vorhandene Wettbewerber an den Rand des Marktes oder vom Markt verdrängt worden sein bzw. potenzielle Wettbewerber sich vergebens um einen Markteintritt bemüht haben,
- Unmittelbare Beweise eine Behinderungsstrategie: Hierzu zählen interne Unterlagen, die direkte Hinweise auf eine Strategie zur Ausschließung von Wettbewer-

[1] Rs. T-228/97, Irish Sugar/Kommission, Slg. 1999, II-2969, Rdnr. 188.

bern enthalten (zum Beispiel genaue Pläne für bestimmte Vorgehensweisen, um Konkurrenten auszuschließen, den Markteintritt eines Wettbewerbers zu verhindern oder das Entstehen eines Marktes zu verhindern) oder Beweise für die konkrete Androhung behindernder Maßnahmen. Derartige direkte Beweise können helfen, das Verhalten des marktbeherrschenden Unternehmens nachzuvollziehen und zu bewerten.

21. Für jeden einzelnen Fall nimmt die Kommission eine Analyse der in Randnummer 20 genannten allgemeinen Faktoren vor und berücksichtigt dabei ebenfalls die besonderen Faktoren, die in den folgenden Abschnitten zu den verschiedenen Formen des Behinderungsmissbrauchs erläutert werden, sowie alle weiteren geeigneten Faktoren. Im Rahmen dieser Beurteilung wird die tatsächliche bzw. voraussichtliche künftige Situation auf dem relevanten Markt (mit dem fraglichen Verhaltens des marktbeherrschenden Unternehmen) unter Berücksichtigung einschlägiger Geschäftspraktiken mit einer geeigneten kontrafaktischen Fallkonstellation, in der das marktbeherrschende Unternehmen nicht auf die fragliche Verhaltensweise zurückgreift oder mit einem anderen realistischen Szenario verglichen.

22. In bestimmten Fällen kann die Kommission auf eine eingehende Untersuchung verzichten und dennoch zu dem Schluss kommen, dass das fragliche Verhalten wahrscheinlich den Verbrauchern schaden wird. Sollte es Anzeichen dafür geben, dass das Verhalten des marktbeherrschenden Unternehmens im Grunde nur den Wettbewerb behindern kann und keine Effizienzvorteile entstehen, kann die Kommission auf wettbewerbsbeschränkende Auswirkungen schließen. Dies wäre unter anderem dann der Fall, wenn das marktbeherrschende Unternehmen seine Abnehmer daran hindert, Produkte seiner Wettbewerber zu testen, oder ihnen finanzielle Vorteile dafür einräumt, dass sie diese Produkte nicht testen, oder wenn es einen Vertriebshändler oder Abnehmer dafür bezahlt, die Einführung eines Produkts eines Konkurrenten zu verzögern.

C. Preisbezogener Behinderungsmissbrauch

23. Die Erwägungen in Randnummern 23–27 beziehen sich auf preisbezogene Behinderungsmissbräuche. Ein intensiver Preiswettbewerb kommt im Allgemeinen den Verbrauchern zugute. Die Kommission wird nur dann tätig, um wettbewerbswidrige Marktverschließungen zu verhindern, wenn das fragliche Verhalten andere, genauso effiziente Wettbewerber wie das marktbeherrschende Unternehmen („as efficient competitors") daran hindert bzw. bereits gehindert hat, am Wettbewerb teilzunehmen[1].

24. Die Kommission ist sich der Tatsache bewusst, dass auch ein weniger leistungsfähiger Wettbewerber unter bestimmten Umständen einen gewissen Wettbewerbsdruck ausüben kann, dem bei der Prüfung, ob ein bestimmtes preisbezogenes Verhalten zu einer wettbewerbswidrigen Marktverschließung führen könnte, ebenfalls Rechnung getragen werden muss. Die Kommission bevorzugt eine dynamische Sichtweise dieses Wettbewerbsdrucks, da ohne missbräuchliches Verhalten einem solchen Wettbewerber nachfragebezogene Vorteile wie Netz- und Lerneffekte zugutekommen können, die seine Leistungsfähigkeit auf dem Markt stärken würden.

---

[1] Rs. 62/86, AKZO Chemie/Kommission, Slg. 1991, I-3359, Rdnr. 72: In Bezug auf Preise, die unter den durchschnittlichen Gesamtkosten (average total costs – ATC) liegen, äußert sich der Gerichtshof wie folgt: „Diese Preise können nämlich Unternehmen vom Markt verdrängen, die vielleicht ebenso leistungsfähig sind wie das beherrschende Unternehmen, wegen ihrer geringeren Finanzkraft jedoch nicht dem auf sie ausgeübten Konkurrenzdruck standhalten können." Siehe auch Urteil vom 10. April 2008 in der Rs. T-271/03, Deutsche Telekom/Kommission, Rdnr. 194, noch nicht veröffentlicht.

25. Um klären zu können, ob selbst ein hypothetischer, ebenso effizienter Wettbewerber durch das betreffende Verhalten vom Markt ausgeschlossen werden könnte, prüft die Kommission Wirtschaftsdaten zu den Kosten und Verkaufspreisen und insbesondere, ob das marktbeherrschende Unternehmen nicht kostendeckende Preise praktiziert. Dies setzt voraus, dass zuverlässige Daten zur Verfügung stehen. Wo vorhanden verwendet die Kommission Informationen über die Kosten des marktbeherrschenden Unternehmens selbst. In Ermangelung zuverlässiger Angaben zu den Kosten des marktbeherrschenden Unternehmens kann die Kommission entscheiden, die Kostendaten von Wettbewerbern oder aber andere vergleichbare und zuverlässige Daten zugrunde zu legen.

26. Als Bezugspunkte legt die Kommission normalerweise die durchschnittlichen vermeidbaren Kosten (average avoidable costs – AAC) und die langfristigen durchschnittlichen Grenzkosten (long-run average incremental cost – LRAIC) zugrunde[1]. Deckt ein marktbeherrschendes Unternehmen seine AAC nicht, deutet dies darauf hin, dass es kurzfristig bewusst Gewinneinbußen hinnimmt und dass ein ebenso effizienter Wettbewerber die Zielkunden nur verlustbringend bedienen kann. Die LRAIC liegen in der Regel über den AAC, da sie im Gegensatz zu den AAC (die fixe Kosten nur dann berücksichtigen, wenn sie im jeweils untersuchten Zeitraum angefallen sind) auch produktspezifische fixe Kosten beinhalten, die vor der Zeit, in der das mutmaßlich missbräuchliche Verhalten stattfand, angefallen sind. Wenn das marktbeherrschende Unternehmen seine LRAIC nicht deckt, deutet dies drauf hin, dass das Unternehmen nicht alle (zurechenbaren) fixen Kosten für die Herstellung der Ware bzw. die Erbringung der Dienstleistungen deckt und dass ein ebenso effizienter Wettbewerber vom Markt ausgeschlossen werden könnte[2].

27. Wenn aus den Daten eindeutig hervorgeht, dass ein ebenso effizienter Wettbewerber mit dem Preisverhalten des marktbeherrschenden Unternehmens konkurrieren kann, wird die Kommission in der Regel daraus schließen, dass das Preisverhal-

---

[1] Durchschnittliche vermeidbare Kosten (AAC) sind das Mittel aus den Kosten, die ein Unternehmen hätte vermeiden können, wenn es darauf verzichtet hätte, eine abgesonderte Menge an (zusätzlichem) Output zu produzieren; in diesem Falle wäre dies die Menge, die mutmaßlich Gegenstand missbräuchlichen Verhaltens ist. In den meisten Fällen stimmen die durchschnittlichen variablen Kosten (AVC) mit den AAC überein, weil oft nur die variablen Kosten vermieden werden können. Bei langfristigen durchschnittlichen Grenzkosten (LRAIC) handelt es sich um das Mittel aller (variablen und fixen) Kosten, die einem Unternehmen bei der Herstellung eines bestimmten Produkts entstehen. LRAIC und durchschnittliche Gesamtkosten (average total costs – ATC) sind gute Anhaltspunkte für einander und im Falle von Unternehmen, die nur ein Produkt herstellen, identisch. Im Falle von Mehrproduktunternehmen, die Verbundvorteile nutzen können, würden für jedes einzelne Produkt die LRAIC unter den ATC liegen, da echte Gemeinkosten nicht in den LRAIC berücksichtigt werden. Stellt ein Unternehmen verschiedene Produkte her, werden etwaige Kosten, die hätten vermieden werden können, wenn auf die Produktion einer bestimmten Ware verzichtet worden wäre, nicht als Gemeinkosten betrachtet. Im Falle bedeutender Gemeinkosten müssen diese eventuell bei der Prüfung, ob das betreffende Unternehmen in der Lage ist, genauso effiziente Wettbewerber vom Markt auszuschließen, berücksichtigt werden.

[2] Um diese Kosten-Benchmarks anwenden zu können, kann es gegebenenfalls angezeigt sein, die Erlöse und Kosten des marktbeherrschenden Unternehmens und seiner Wettbewerber in einem allgemeineren Rahmen zu betrachten. In gewissen Fällen reicht es nicht aus, nur zu prüfen, ob die Preise bzw. Erlöse die Kosten für das betreffende Produkt decken, sondern es sollten auch die Grenzerlöse betrachtet werden, wenn sich das fragliche Verhalten des marktbeherrschenden Unternehmens negativ auf dessen Erlöse auf anderen Märkten oder mit anderen Produkten auswirkt. In gleicher Weise kann es bei zweiseitigen Märkten nötig sein, gleichzeitig die Erlöse und Kosten beider Seiten zu betrachten.

ten des marktbeherrschenden Unternehmens den wirksamen Wettbewerb wahrscheinlich nicht beeinträchtigt und somit keine nachteiligen Auswirkungen für die Verbraucher hat, und wird folglich wahrscheinlich nicht tätig werden. Deuten die Daten allerdings eher darauf hin, dass der vom marktbeherrschenden Unternehmen verlangte Preis dazu führen könnte, dass ebenso effiziente Wettbewerber vom Markt ausgeschlossen werden, wird die Kommission dies in die allgemeine Beurteilung der wettbewerbswidrigen Marktverschließung (siehe oben Abschnitt B) unter gleichzeitiger Berücksichtigung anderer relevanter, quantitativer und/oder qualitativer Beweise einfließen lassen.

D. Objektive Notwendigkeit und Effizienzvorteile

28. Bei der Durchsetzung des Artikels 82 wird die Kommission auch die Argumente, mit denen das jeweilige marktbeherrschende Unternehmen sein Verhalten rechtfertigt[1], prüfen. Insoweit kann das marktbeherrschende Unternehmen entweder nachweisen, dass sein Verhalten objektiv notwendig ist oder dass dadurch erhebliche Effizienz-vorteile erzielt werden, die etwaige wettbewerbsbeschränkende Auswirkungen zulasten der Verbraucher aufwiegen. In diesem Zusammenhang prüft die Kommission, ob das fragliche Verhalten für das Erreichen des vom marktbeherrschenden Unternehmen verfolgten Ziels unverzichtbar und verhältnismäßig ist.

29. Ob das Verhalten objektiv notwendig und verhältnismäßig ist, muss anhand von Faktoren geprüft werden, die außerhalb des marktbeherrschenden Unternehmens liegen. So kann marktverschließendes Verhalten in Anbetracht von Produktmerkmalen aus Gründen der Gesundheit und Sicherheit als objektiv notwendig erachtet werden. In Bezug auf die Begründung für das Vorliegen einer objektiven Notwendigkeit ist allerdings zu bedenken, dass Festlegung und Durchsetzung von Gesundheitsschutz- und Sicherheitsstandards Aufgabe der zuständigen Behörden sind. Es kommt dem Unternehmen in marktbeherrschender Stellung nicht zu, von sich aus Maßnahmen zu ergreifen, um Produkte vom Markt auszuschließen, die es zu Recht oder zu Unrecht für gefährlich oder im Vergleich zu eigenen Produkte für minderwertig hält[2].

30. Die Kommission vertritt die Auffassung, dass ein marktbeherrschendes Unternehmen auch ein zur Ausschließung von Wettbewerbern führendes Verhalten mit Effizienzvorteilen begründen kann, die ausreichend sind, um zu gewährleisten, dass dadurch wahrscheinlich den Verbrauchern unter dem Strich kein Schaden entsteht. In diesem Fall muss wird das marktbeherrschende Unternehmen im Allgemeinen nachweisen müssen, dass mit hinreichender Wahrscheinlichkeit und auf der Grundlage nachprüfbarer Beweise die folgenden Voraussetzungen kumulativ erfüllt sind[3]:

– die Effizienzvorteile wurden bzw. werden wahrscheinlich als Ergebnis des fraglichen Verhaltens erzielt. Hierzu zählen unter anderem technische Verbesserungen zur Qualitätssteigerung und Kostensenkungen in Herstellung oder Vertrieb,

---

[1] Siehe Rs. 27/76, United Brands/Kommission, Slg. 1978, S. 207, Rdnr. 184; Rs. 311/84, Centre belge d'études de marché –Télémarketing (CBEM)/Compagnie luxembourgeoise de télédiffusion (CLT) und Information publicité Benelux (IPB), Slg. 1985, S. 3261, Rdnr. 27; Rs. T-30/89, Hilti/Kommission, Slg. 1991, II-1439, Rdnr. 102–119; Rs. T-83/91, Tetra Pak International/Kommission (Tetra Pak II), Slg. 1994, II-755, Rdnrn. 136 und 207; Rs. C-95/04 P, British Airways/Kommission, Slg. 2007, I-2331, Rdnrn. 69 und 86.

[2] Siehe z. B. Rs. T-30/89, Hilti/Kommission, Slg. 1991, II-1439, Rdnrn. 118–119; Rs. T-83/91, Tetra Pak International/Kommission (Tetra Pak II), Slg. 1994, II-755, Rdnrn. 83–84 und Rdnr. 138.

[3] Siehe, im unterschiedlichen Zusammenhang von Artikel 81 die Leitlinien der Kommission zur Anwendung von Artikel 81 Absatz 3 des EG-Vertrags (ABl. C 101 vom 27.4.2004, S. 97).

– das Verhalten ist für das Erreichen der Effizienzvorteile unverzichtbar. Es dürfen keine weniger wettbewerbsbeschränkenden Alternativen zu dem betreffenden Verhalten bestehen, mit denen dieselben Effizienzvorteile erzielt werden können,
– die durch das Verhalten herbeigeführten Effizienzvorteile wiegen etwaige negative Auswirkungen auf den Wettbewerb und das Verbraucherwohl auf den betroffenen Märkten auf,
– durch das Verhalten wird der wirksame Wettbewerb nicht ausgeschaltet, indem alle bzw. fast alle bestehenden Quellen tatsächlichen oder potenziellen Wettbewerbs zum Versiegen gebracht werden. Die Rivalität zwischen Unternehmen ist ein wichtiger Faktor wirtschaftlicher Effizienz, u. a. auch für dynamische Effizienzvorteile in Form von Innovationen. Ohne sie hätte das marktbeherrschende Unternehmen keinen Anreiz, sich um Effizienzvorteile zu bemühen und diese weiterzugeben. Gibt es keinen Restwettbewerb und droht in absehbarer Zeit kein Markteintritt, wird dem Schutz der Rivalität und des Wettbewerbsprozesses Vorrang vor möglichen Effizienzvorteilen eingeräumt. Marktverschließendes Verhalten, das eine marktbeherrschende, monopolähnliche Stellung aufrechterhält, schafft oder verstärkt, kann nach Auffassung der Kommission normalerweise nicht mit damit einhergehenden Effizienzvorteilen gerechtfertigt werden.

31. Es obliegt dem marktbeherrschenden Unternehmen, alle Beweise herbeizuschaffen, die notwendig sind, um nachzuweisen, dass sein Verhalten objektiv gerechtfertigt ist. Anschließend obliegt es der Kommission letztendlich zu prüfen, ob das betreffende Verhalten objektiv nicht gerechtfertigt ist und nach Abwägung der etwaigen offensichtlichen wettbewerbsbeschränkenden Auswirkungen und der vorgebrachten und substantiierten Effizienzvorteile wahrscheinlich zum Schaden der Verbraucher ist.

IV. Spezifische Formen des Missbrauchs

A. Ausschließlichkeitsbindungen

32. Ein marktbeherrschendes Unternehmen kann versuchen, seine Wettbewerber vom Markt auszuschließen, indem es mit seinen Abnehmern Ausschließlichkeitsbindungen[1] wie Alleinbezugsbindungen oder Rabatte vereinbart und die Wettbewerber so daran hindert, an diese Abnehmer zu verkaufen. In diesem Abschnitt wird dargelegt, unter welchen Umständen es am wahrscheinlichsten ist, dass die Kommission wegen Ausschließlichkeitsbindungen gegen ein marktbeherrschendes Unternehmen vorgehen wird.

a) Alleinbezugsbindung

33. Eine Alleinbezugsbindung verpflichtet einen Abnehmer auf einem bestimmten Markt, seinen Bedarf ausschließlich oder in erheblichem Umfang beim marktbeherrschenden Unternehmen zu decken. Bestimmte andere Verpflichtungen, z. B.

---

[1] Der Begriff „Ausschließlichkeitsbindung" umfasst auch ausschließliche Lieferverpflichtungen oder gleichwirkende Anreize, durch die das marktbeherrschende Unternehmen versucht, seine Wettbewerber vom Markt auszuschließen, indem es sie daran hindert, ihren Bedarf bei Anbietern zu decken. Nach Auffassung der Kommission ist eine solche Verweigerung des Zugangs zu benötigtem Input grundsätzlich als wettbewerbswidrig anzusehen, wenn die ausschließliche Lieferverpflichtung bzw. der betreffende Anreiz einen Großteil der effizienten Inputlieferanten bindet, so dass die Wettbewerber des marktbeherrschenden Unternehmens keine effizienten alternativen Bezugsquellen finden.

Auflagen in Bezug auf die Lagerung, die keine Alleinbezugsbindung im eigentlichen Sinne darzustellen scheinen, können in der Praxis dieselbe Wirkung haben[1].

34. Um die Abnehmer zu überzeugen, einer Alleinbezugsbindung zuzustimmen, muss das marktbeherrschende Unternehmen unter Umständen die Abnehmer ganz oder teilweise für den Wettbewerbsnachteil entschädigen, der ihnen durch die Ausschließlichkeitsbindung entsteht. Wird ein solcher Ausgleich gewährt, kann es für den einzelnen Abnehmer von Interesse sein, mit dem marktbeherrschenden Unternehmen eine solche Alleinbezugsvereinbarung einzugehen. Dies bedeutet jedoch keineswegs, dass alle Alleinbezugsbindungen zusammengenommen zum Vorteil der Gesamtheit der Abnehmer, also auch zum Vorteil derjenigen, die nicht beim marktbeherrschenden Unternehmen kaufen, und der Endverbraucher, sind. Die Kommission wird sich schwerpunktmäßig mit den Fällen befassen, in denen den Verbrauchern insgesamt wahrscheinlich kein Vorteil erwächst. Dies wird vor allem dann der Fall sein, wenn es viele Abnehmer gibt und alle Alleinbezugsbindungen des marktbeherrschenden Unternehmens zusammengenommen so wirken, dass sie den Markteintritt bzw. die Expansion konkurrierender Unternehmen verhindern.

35. Neben den bereits unter Randnummer 20 genannten Aspekten sind für die Kommission im Allgemeinen die nachstehend aufgeführten Faktoren relevant, um zu entscheiden, ob sie gegen Alleinbezugsvereinbarungen vorgeht.

36. Alleinbezugsbindungen können insbesondere dann zu einer wettbewerbswidrigen Marktverschließung führen, wenn ohne diese Bindung erheblicher Wettbewerbsdruck von Wettbewerbern ausgeht, die zum Zeitpunkt der Vereinbarung der Bezugsbindung entweder noch nicht auf dem Markt vertreten sind oder aber den Abnehmern noch nicht das gesamte benötigte Angebot bieten können. So ist denkbar, dass Wettbewerber nicht den gesamten Bedarf eines Abnehmers decken konnen, weil das marktbeherrschende Unternehmen zumindest für einen Teil der Nachfrage ein unvermeidlicher Handelspartner ist, etwa weil seine Marke bei vielen Endverbrauchern besonders beliebt ist („Must Stock Item") oder weil die Kapazitäten der anderen Anbieter so knapp sind, dass ein Teil der Nachfrage nur vom marktbeherrschenden Unternehmen gedeckt werden kann[2]. Können hingegen die Wettbewerber unter gleichen Bedingungen um die gesamte Nachfrage jedes einzelnen Abnehmers konkurrieren, wird der wirksame Wettbewerb in der Regel durch Alleinbezugsbindungen nicht beeinträchtigt, es sei denn, den Abnehmern wird der Lieferantenwechsel durch die Dauer der Alleinbezugsbindung erschwert. In der Regel gilt: Je länger die Bezugspflicht, desto stärker die marktverschließende Wirkung. Ist allerdings das marktbeherrschende Unternehmen für alle oder die meisten Abnehmer ein nicht zu umgehender Handelspartner, kann selbst eine Alleinbezugsbindung von kurzer Dauer zu einer wettbewerbswidrigen Marktverschließung führen.

b) Bedingte Rabatte

37. An Bedingungen geknüpfte Rabatte werden Abnehmern gewährt, um sie für ein bestimmtes Abnahmeverhalten zu belohnen. Am häufigsten werden solche Rabatte eingeräumt, wenn die Abnahmemenge in einem vorgegebenen Zeitraum eine bestimmte Schwelle übersteigt; dabei ist zu unterscheiden zwischen Rabatten für die gesamte Bezugsmenge (rückwirkende Rabatte) und Rabatten, die erst für die Mengen oberhalb der Rabattschwelle gewährt werden (stufenweise Rabatte). Die Praxis der bedingten Rabatte ist nicht unüblich. Unternehmen bieten solche Preisnachlässe an, um sich mehr Nachfrage zu sichern, und diese Rabatte können als solche nachfra-

---

[1] Rs. T-65/98, Van den Bergh Foods/Kommission, Slg. 2003, II-4653. In dieser Sache wurde entschieden, dass die Verpflichtung, Tiefkühltruhen ausschließlich zur Lagerung der Produkte des beherrschenden Unternehmens zu verwenden, wie eine Vertriebsbindung wirkt.

[2] Rs. T-65/98, Van den Bergh Foods/Kommission, Slg. 2003, II-4653, Rdnrn. 104 und 156.

gestimulierend wirken und für den Verbraucher von Vorteil sein. Werden sie jedoch von einem marktbeherrschenden Unternehmen praktiziert, ist mit ähnlichen potenziellen oder tatsächlichen Verschließungswirkungen zu rechnen wie bei Alleinbezugsbindungen. Bedingte Rabatte können diese Wirkung erzielen, ohne dass das marktbeherrschende Unternehmen Einbußen hinnehmen muss[1].

38. Die Kommission berücksichtigt zusätzlich zu den bereits in Randnummer 20 genannten Aspekten bei der Bewertung, ob ein bestimmtes System bedingter Rabatte zu einer wettbewerbswidrigen Marktverschließung führt, auch die nachstehend erläuterten Faktoren, die somit ebenfalls Teil der Durchsetzungsprioritäten der Kommission sein werden.

39. Wie bei Alleinbezugsverpflichtungen nimmt die Wahrscheinlichkeit, dass es durch bedingte Rabatte zu einer wettbewerbswidrigen Marktverschließung kommt, zu, wenn die Wettbewerber nicht zu gleichen Bedingungen um die gesamte Nachfrage der einzelnen Abnehmer konkurrieren können. Durch einen bedingten Rabatt kann ein marktbeherrschendes Unternehmen den „nicht-bestreitbaren" Teil der Nachfrage jedes Abnehmers (d. h. die Menge, die der Abnehmer ohnehin bei dem marktbeherrschenden Unternehmen kaufen würde) als Hebel einsetzen, um den Preis für den „bestreitbaren" Teil der Nachfrage (d. h. die Menge, die der Abnehmer eventuell bei anderen Quellen beziehen würde) zu senken[2].

40. Rückwirkende Rabatte können generell eine starke marktverschließende Wirkung haben, weil sie es für die Abnehmer weniger interessant machen, einen kleinen Teil ihres Bedarfs bei einem anderen Anbieter zu decken, da dies für sie den Verlust des rückwirkenden Rabatts bedeuten würde[3]. Die potenzielle marktverschließende Wirkung rückwirkender Rabatte ist grundsätzlich bei der letzten vor Überschreiten der Rabattschwelle gekauften Einheit am stärksten. Entscheidend für die Bewertung der Treuewirkung eines Rabatts ist jedoch nach Auffassung der Kommission nicht einfach die Auswirkung auf den Wettbewerb um die Lieferung der letzten Einheit, sondern die marktverschließende Wirkung des Rabattsystems für (bereits vorhandene oder potenzielle) Wettbewerber des marktbeherrschenden Anbieters. Je höher der prozentuale Preisnachlass auf den Gesamtpreis und je höher die Rabattschwelle, desto stärker ist die Sogwirkung unterhalb der Schwelle und infolgedessen auch die wahrscheinliche Marktverschließung für tatsächliche oder potenzielle Wettbewerber.

41. Soweit die Kommission über zuverlässige Daten verfügt, wird sie anhand der in den Randnummern 23 bis 27 dargelegten Methode prüfen, ob das Rabattsystem die Expansion oder den Markteintritt auch von ebenso effizienten Wettbewerbern verhindern kann, indem es diesen die Lieferung eines Teils des Bedarfs einzelner Abnehmer erschwert. In diesem Zusammenhang wird die Kommission ermitteln, welchen Preis ein Wettbewerber anbieten müsste, um den Abnehmer für den Verlust zu entschädigen, der ihm entsteht, wenn er einen Teil seiner Nachfrage („relevante Menge") statt bei dem marktbeherrschenden Unternehmen künftig bei diesem Wettbewerber deckt und dadurch den bedingten Rabatt verliert. Der effektive Preis, den der Wettbewerber für die relevante Menge und den relevanten Zeitraum anbieten muss, ist allerdings nicht der Durchschnittspreis des marktbeherrschenden Unternehmens, sondern der normale (Listen-)Preis abzüglich des Rabatts, der dem Abnehmer

---

1 Insofern sind bedingte Rabatte anders zu bewerten als Kampfpreise, die immer einen Verlust verursachen.

2 Rs. T-203/01, Michelin/Kommission (Michelin II), Slg. 2003, II-4071, Rdnrn. 162–163. Siehe auch Rs. T-219/99, British Airways/Kommission, Slg. 2003, II-5917, Rdnrn. 277 und 278.

3 Sache 322/81, Nederlandsche Banden Industrie Michelin/Kommission (Michelin I), Slg. 1983, S. 3461, Rdnrn 70–73.

bei einem Lieferantenwechsel entgeht. Mögliche Abweichungen infolge der Unsicherheiten bei derartigen Analysen werden von der Kommission berücksichtigt.

42. Die relevante Menge, für die der effektive Preis zu berechnen ist, richtet sich nach der Sachlage in jedem Einzelfall und hängt davon ab, ob es sich um einen stufenweisen oder einen rückwirkenden Rabatt handelt. Bei stufenweisen Rabatten entspricht die relevante Menge normalerweise der Menge der erwogenen zusätzlichen Käufe. Bei rückwirkenden Rabatten muss im Allgemeinen für den jeweiligen Markt untersucht werden, welchen Teil seiner Nachfrage der Abnehmer realistischerweise bei einem Wettbewerber decken könnte („bestreitbarer Teil"). Ist wahrscheinlich, dass die Abnehmer bereit und in der Lage sind, relativ rasch große Nachfragemengen bei einem anderen (potenziellen) Wettbewerber zu beziehen, wird die relevante Menge relativ groß sein. Ist hingegen davon auszugehen, dass die Abnehmer nach und nach nur kleine Mengen bei dem Wettbewerber beziehen wollen oder können, wird die relevante Menge relativ klein sein. Im Falle bereits bestehender Wettbewerber können auch deren Fähigkeit, ihren Absatz auszuweiten, und die Schwankungen ihrer Absatzmengen über einen bestimmten Zeitraum Aufschluss über die relevante Menge geben. Im Falle potenzieller Wettbewerber wäre, sofern möglich, zu prüfen, bei welchen Mengen ein Markteintritt realistisch wäre. Unter Umständen könnten Wachstumskennzahlen von Unternehmen, die zu einem früheren Zeitpunkt in den betroffenen oder einen vergleichbaren Markt eingetreten sind, als Anhaltspunkt für einen realistischen Marktanteil neuer Marktteilnehmer dienen[1].

43. Je niedriger der ermittelte effektive Preis für die relevante Menge gegenüber dem Durchschnittspreis des marktbeherrschenden Unternehmens, desto stärker ist die Sogwirkung. Solange jedoch der effektive Preis konstant über den LRAIC des marktbeherrschenden Unternehmens liegt, wäre ein ebenso effizienter Wettbewerber normalerweise trotz des Rabatts in der Lage, auf dem Markt gewinnbringend zu konkurrieren. Unter diesen Umständen kann der Rabatt in der Regel keine wettbewerbswidrige Marktverschließung bewirken.

44. Bei einem effektiven Preis, der unter den (AAC) liegt, ist in der Regel davon auszugehen, dass das Rabattsystem ebenso effiziente Wettbewerber vom Markt ausschließen kann. Liegt der effektive Preis zwischen den AAC und den LRAIC, wird die Kommission prüfen, ob noch andere Faktoren dafür sprechen, dass sogar ebenso effiziente Wettbewerber am Markteintritt bzw. an der Expansion gehindert werden könnten. In diesem Kontext wird die Kommission prüfen, ob und inwieweit die Wettbewerber über realistische und wirksame Gegenstrategien verfügen, d. h. ob sie z. B. in der Lage sind, einen „unumstrittenen" Teil der Nachfrage ihrer Abnehmer als Hebel einzusetzen, um den Preis für die relevante Menge zu senken. Stehen den Wettbewerbern keine derartigen Gegenstrategien zur Verfügung, wird die Kommission die Auffassung vertreten, dass das Rabattsystem ebenso effiziente Wettbewerber ausschließen kann.

45. Wie in Randnummer 27 dargelegt, wird diese Prüfung Teil einer Gesamtbewertung sein, bei der auch andere relevante quantitative und qualitative Beweise berücksichtigt werden. Normalerweise ist es auch wichtig zu prüfen, ob das Rabattsys-

---

[1] Die relevante Menge wird auf der Grundlage von Daten unterschiedlicher Präzision ermittelt. Die Kommission wird dies bei ihren Schlussfolgerungen zur Fähigkeit des marktbeherrschenden Unternehmens, ebenso effiziente Wettbewerber vom Markt auszuschließen, berücksichtigen. Es kann auch sinnvoll sein zu ermitteln, wie groß der von dem neuen Marktteilnehmer übernommene Teil der Nachfrage des Abnehmers im Durchschnitt mindestens sein sollte, damit der effektive Preis wenigstens so hoch ist wie die LRAIC des marktbeherrschenden Unternehmens. In einer Reihe von Fällen könnte ein Vergleich dieses Anteils mit den tatsächlichen Marktanteilen der Wettbewerber und ihren Anteilen an der Nachfrage der Abnehmer erkennen lassen, ob von dem Rabattsystem eine marktverschließende Wirkung ausgehen kann.

tem unternehmensspezifische oder allgemeine Schwellen vorsieht. Bei Anwendung einer unternehmensspezifischen Rabattschwelle in Form eines Prozentsatzes der Gesamtnachfrage des Abnehmers oder einer individuellen Zielmenge kann der marktbeherrschende Anbieter die Schwelle so festsetzen, dass der Abnehmer nur wenig Möglichkeiten hat, den Anbieter zu wechseln, und damit eine maximale Treuewirkung zu schaffen[1]. Eine allgemeine Mengenschwelle hingegen, die für alle Abnehmer bzw. für eine Gruppe von Abnehmern gleich ist, kann für einige kleinere Abnehmer zu hoch bzw. für größere Abnehmer zu niedrig sein, um eine Treuewirkung zu entfalten. Ist jedoch nachweisbar, dass eine allgemeine Mengenschwelle in etwa dem Bedarf eines nennenswerten Anteils der Abnehmer entspricht, wird die Kommission wahrscheinlich zu dem Ergebnis gelangen, dass ein solches allgemeines Rabattsystem eine wettbewerbswidrige Marktverschließung bewirken kann.

c) Effizienzvorteile

46. Sofern die Voraussetzungen des Abschnitts III D erfüllt sind, wird die Kommission etwaige Behauptungen von marktbeherrschenden Unternehmen prüfen, die Rabattsysteme ermöglichten Kostenvorteile und andere Vorteile, die an die Abnehmer weitergegeben würden[2]. Transaktionsbezogene Kostenvorteile dürften häufig eher durch allgemeine als durch unternehmensspezifische Zielmengen zu erreichen sein. Auch dürften stufenweise Rabattsysteme Weiterverkäufer in der Regel eher dazu veranlassen, größere Mengen zu produzieren und weiterzuverkaufen, als rückwirkende Rabattsystem[3]. Unter denselben Bedingungen wird die Kommission auch prüfen, ob die Ausschließlichkeitsvereinbarungen für bestimmte Abnehmer nachweislich von Vorteil sind, wenn das marktbeherrschende Unternehmen ohne diese Vereinbarungen bestimmte auf diese Geschäftsbeziehung bezogene Investitionen nicht durchführen könnte, die es benötigt, um diese Abnehmer zu beliefern.

B. Kopplung und Bündelung

47. Ein marktbeherrschendes Unternehmen kann versuchen, seine Wettbewerber durch Kopplung oder Bündelung vom Markt auszuschließen. In der Folge wird dargelegt, welche Faktoren die Kommission am ehesten dazu veranlassen, im Zuge der Prüfung der Kopplungs- und Bündelungspraktiken marktbeherrschender Unternehmen tätig zu werden.

48. Wenn Abnehmer, die ein Produkt beim marktbeherrschenden Unternehmen kaufen (das „Kopplungsprodukt"), verpflichtet sind, auch ein anderes Produkt („gekoppeltes Produkt") von ihm zu beziehen, wird dies in der Regel als „Kopplung" bezeichnet. Die Kopplung kann in technischer Hinsicht oder auf vertraglicher Basis erfolgen[4]. „Bündelung" bezieht sich in der Regel auf die Art und Weise, wie das

---

[1] (2) Rechtssache 85/76, Hoffmann-La Roche/Kommission, Slg. 1979, S. 461, Rdnrn. 89–90; Rs. T-288/97, Irish Sugar/Kommission, Slg. 1999, II-2969, Rdnr. 213; Rs. T-219/99, British Airways/Kommission, Slg. 2003, II-5917, Rdnrn. 7–11 und 270–273.

[2] In Bezug auf Rabatte siehe z. B. Rs. C-95/04 P, British Airways/Kommission, Slg. 2007, I-2331, Rdnr. 86.

[3] (1) Rs. T-203/01, Michelin/Kommission (Michelin II), Slg. 2003, S. II-4071, Rdnrn. 56–60 und 74–75.

[4] Kopplung auf technischer Basis liegt vor, wenn das Kopplungsprodukt so beschaffen ist, dass es nur zusammen mit dem gekoppelten Produkt (und nicht mit den von den Wettbewerbern angebotenen Alternativprodukten) ordnungsgemäß funktioniert. Eine vertragliche Kopplung liegt vor, wenn der Abnehmer, der das Kopplungsprodukt kauft, sich verpflichtet, auch das daran gekoppelte Produkt und nicht die von Wettbewerbern angebotenen Alternativprodukte zu beziehen.

marktbeherrschende Unternehmen seine Produkte anbietet und die Preise gestaltet. Bei reiner Bündelung sind die Produkte nur im Bündel bzw. im Paket in festgelegten Mengenverhältnissen erhältlich, bei gemischter Bündelung, oft auch als Bündel- oder Paketrabatt bezeichnet, werden die Produkte zwar auch separat angeboten, aber die Summe der Preise im Einzelverkauf ist höher als der Preis bei einer Produktbündelung.

49. Kopplung und Bündelung sind gängige Geschäftspraktiken, mit denen Abnehmern bessere Produkte bzw. Angebote zu günstigeren Konditionen geboten werden sollen. Allerdings kann ein Unternehmen, das auf einem oder mehreren Märkten für Kopplungs- oder Bündelungsprodukte („Kopplungsmarkt") eine beherrschende Stellung hat, den Verbrauchern durch Kopplung oder Bündelung schaden, indem es den Markt für die anderen Produkte des Kopplungs- bzw. Paketgeschäfts (gekoppelter Markt) und damit indirekt auch den Kopplungsmarkt verschließt.

50. In der Regel wird die Kommission auf der Grundlage von Artikel 82 des EG-Vertrags tätig, wenn ein Unternehmen eine beherrschende Stellung auf dem Kopplungsmarkt[1] hat und zudem die folgenden Voraussetzungen erfüllt sind: i) Kopplungsprodukt und gekoppeltes Produkt sind klar voneinander getrennte (separate) Produkte und ii) es besteht die Wahrscheinlichkeit, dass die Kopplung zu einer wettbewerbswidrigen Marktverschließung führt[2].

a) Separate Produkte

51. Ob die Produkte von der Kommission als separate Produkte angesehen werden, hängt von der Verbrauchernachfrage ab. Zwei separate Produkte liegen dann vor, wenn ohne die Kopplung bzw. Bündelung eine große Anzahl von Kunden das Kopplungsprodukt kaufen würden bzw. gekauft hätten, ohne auch das gekoppelte Produkt beim selben Anbieter zu erwerben, so dass jedes der beiden Produkte unabhängig vom anderen hergestellt werden kann[3]. Als direkter Beweis für die Existenz zweier separater Produkte kann der Umstand gelten, dass Verbraucher, wenn sie die Wahl haben, das Kopplungs- und das gekoppelte Produkt von unterschiedlichen Quellen beziehen; als indirekter Beweis u. a. die Marktpräsenz von Unternehmen, die auf die Fertigung oder den Verkauf des gekoppelten Produkts (ohne das Kopplungsprodukt)[4] bzw. jedes einzelnen der vom marktbeherrschenden Unternehmen gebündelten Produkte spezialisiert sind, oder aber der Beweis dafür, dass Unternehmen mit geringer Marktmacht vor allem auf funktionierenden Wettbewerbsmärkten diese Produkte tendenziell nicht koppeln bzw. bündeln.

b) Wettbewerbswidrige Marktverschließung auf dem gekoppelten und/oder dem Kopplungsmarkt

52. Kopplung und Bündelung können sowohl auf dem gekoppelten Markt als auch auf dem Kopplungsmarkt oder auf beiden gleichzeitig wettbewerbswidrige Wirkung haben. Selbst wenn die Kopplung oder Bündelung dazu dient, die Stellung des beherrschenden Unternehmens auf dem Kopplungsmarkt zu schützen, wird dies

---

[1] Das Unternehmen sollte in marktbeherrschender Stellung auf dem Koppelungsmarkt, nicht unbedingt aber auf dem gekoppelten Markt sein. In Fällen der Bündelung muss das Unternehmen eine beherrschende Stellung auf einem der von der Bündelung betroffenen Märkte haben. In Sonderfällen der Kopplung auf Sekundärmärkten muss das Unternehmen auf dem Koppelungs- und/oder dem gekoppelten Sekundärmarkt in marktbeherrschender Stellung sein.

[2] Rs. T-201/04, Microsoft/Kommission, Slg. 2007, II-3601, insbesondere Rdnrn. 842, 859–862, 867 und 869.

[3] Rs. T-201/04, Microsoft/Kommission, Slg. 2007, II-3601, Rdnrn. 917, 921 und 922.

[4] Rs. T-30/89, Hilti/Kommission, Slg. 1991, II-1439, Rdnr. 67.

indirekt durch Verschließung des gekoppelten Markts bewirkt. Neben den bereits in Randnummer 20 genannten Aspekten sind nach Ansicht der Kommission generell insbesondere die folgenden Faktoren für die Feststellung von Belang, dass eine wettbewerbswidrige Marktverschließung wahrscheinlich ist oder tatsächlich vorliegt.

53. Die Gefahr einer wettbewerbswidrigen Marktverschließung ist aller Wahrscheinlichkeit nach größer, wenn das marktbeherrschende Unternehmen dauerhaft eine Kopplungs- bzw. Bündelungsstrategie verfolgt, z. B. durch technische Kopplung, die nur mit hohen Kosten rückgängig gemacht werden kann. Technische Kopplung erschwert zudem den Weiterverkauf einzelner Komponenten.

54. Im Falle einer Bündelung kann das Unternehmen für mehr als eins der gebündelten Produkte eine marktbeherrschende Stellung haben. Je mehr Produkte zu einem Bündel zusammengefasst sind, desto stärker ist der zu erwartende wettbewerbswidrige Verschließungseffekt. Dies gilt insbesondere dann, wenn es für einen Wettbewerber schwer ist, dasselbe Bündel – entweder allein oder zusammen mit anderen – anzubieten.

55. Die Kopplung kann zu weniger Wettbewerb um Abnehmer führen, die das gekoppelte Produkt, nicht jedoch das Kopplungsprodukt kaufen wollen. Finden Wettbewerber des marktbeherrschenden Unternehmens nicht genügend Abnehmer für das gekoppelte Produkt allein, um auf dem gekoppelten Markt zu bestehen, kann die Kopplung für diese Abnehmer letztlich zu höheren Preisen führen.

56. Können das Kopplungs- und das gekoppelte Produkt in variablen Mengen als Input für einen Produktionsprozess verwendet werden, könnten die Abnehmer auf eine Erhöhung des Preises für das Kopplungsprodukt reagieren, indem sie verstärkt das gekoppelte Produkt nachfragen und gleichzeitig ihre Nachfrage nach dem Kopplungsprodukt reduzieren. Durch Kopplung der beiden Produkte kann das marktbeherrschende Unternehmen versuchen, diese Substitution zu unterbinden, um im Endeffekt in der Lage zu sein, seine Preise zu erhöhen.

57. Sind die Preise auf dem Kopplungsmarkt reguliert, könnte das marktbeherrschende Unternehmen durch Kopplung seine Preise auf dem gekoppelten Markt erhöhen, um so seine durch die Regulierung auf dem Kopplungsmarkt verursachten Mindereinnahmen zu kompensieren.

58. Handelt es sich bei dem gekoppelten Produkt um ein wichtiges Komplementärprodukt für die Abnehmer des Kopplungsprodukts, kann eine Reduzierung der Anbieter des gekoppelten Produkts und die dadurch bewirkte geringere Verfügbarkeit dieses Produkts den Eintritt in den Kopplungsmarkt erschweren.

c) Bündel- oder Paketrabatte

59. Ein Bündel- oder Paketrabatt kann auf dem gekoppelten oder dem Kopplungsmarkt wettbewerbswidrig sein, wenn er so hoch ist, dass genauso effiziente Wettbewerber, die nur eines der Produkte anbieten, nicht mit dem rabattierten Produktbündel konkurrieren können.

60. Im Idealfall müsste für die Ermittlung der Wirkung des Rabatts für jedes einzelne Produkt in dem vom marktbeherrschenden Unternehmen zusammengestellten Bündel geprüft werden können, ob der Grenzertrag die Grenzkosten deckt. In der Praxis lässt sich der Grenzertrag jedoch nicht ohne Weiteres ermitteln. Aus diesem Grund wird die Kommission in ihrer Durchsetzungspraxis in den meisten Fällen den Grenzpreis als Indikator verwenden. Bleibt der Grenzpreis jedes einzelnen Produkts im Bündel des marktbeherrschenden Unternehmens über den LRAIC, die dem marktbeherrschenden Unternehmen durch Aufnahme des Produkts in das Bündel entstehen, wird die Kommission normalerweise nicht tätig werden, da ein ebenso effizienter Wettbewerber mit nur einem Produkt im Prinzip in der Lage sein müsste, gewinnbringend mit dem Produktbündel zu konkurrieren. Ein Tätigwerden kann jedoch angezeigt sein, wenn der Grenzpreis unter den LRAIC liegt, da dann mög-

licherweise selbst ein ebenso effizienter Wettbewerber nicht expandieren bzw. in den Markt eintreten könnte[1].

61. Gibt es Beweise dafür, dass Wettbewerber des marktbeherrschenden Unternehmens identische Produktbündel verkaufen oder dies zeitnah ohne Abschreckung durch die damit verbundenen Zusatzkosten tun könnten, wird die Kommission dies im Allgemeinen als „Bündelwettbewerb" einstufen, so dass nicht ausschlaggebend ist, ob der Grenzertrag bei jedem Produkt innerhalb des Bündels die Grenzkosten deckt, sondern vielmehr festgestellt werden muss, ob es sich bei dem Gesamtpreis des Bündels um einen Kampfpreis handelt.

d) Effizienzvorteile

62. Sofern die Voraussetzungen des Abschnitts III D erfüllt sind, wird die Kommission Behauptungen der marktbeherrschenden Unternehmen prüfen, ihre Kopplungs- und Bündelungspraxis ermögliche Kosteneinsparungen in Produktion bzw. Vertrieb, die den Abnehmern zugute kommen. Die Kommission kann auch untersuchen, ob diese Praxis die Transaktionskosten der Abnehmer, die andernfalls die einzelnen Komponenten separat kaufen müssten, verringert und ob sie den Anbietern wesentliche Einsparungen bei den Verpackungs- und Vertriebskosten ermöglicht. Untersucht werden kann auch, ob die Zusammenstellung zweier separater Produkte zu einem neuen einzigen Produkt unter Umständen die Vermarktung eines solchen Produkts erleichtert und letztlich zum Vorteil der Verbraucher wäre. Zu prüfen wäre gegebenenfalls auch, ob die Kopplungs- und Bündelungspraktiken es dem Anbieter ermöglichen, bei der Produktion oder durch den Kauf großer Mengen des gekoppelten Produkts erzielte Effizienzvorteile weiterzugeben.

C. Kampfpreise

63. Entsprechend ihren Durchsetzungsprioritäten wird die Kommission im Allgemeinen dann tätig, wenn Beweise dafür vorliegen, dass ein marktbeherrschendes Unternehmen Kampfpreise praktiziert und bewusst kurzfristige Verluste oder Gewinneinbußen in Kauf nimmt (also ein „Opfer" – sacrifice – erbringt), so dass es einen oder mehrere seiner bereits vorhandenen oder potenziellen Wettbewerber vom Markt ausschließt bzw. ausschließen kann, um – zum Schaden der Verbraucher – seine Marktmacht zu halten oder auszubauen[2].

a) Sacrifice-Test

64. Nach Auffassung der Kommission erbringt ein marktbeherrschendes Unternehmen durch sein Verhalten dann ein „Opfer", wenn es während des relevanten Bezugszeitraums für seine gesamte oder einen Teil seiner Produktion die Preise senkt bzw. seine Produktion erhöht und zu vermeidende Verluste erzielt hat oder erzielt. Zur Beurteilung der Frage, ob das marktbeherrschende Unternehmen vermeidbare

---

[1] Der LRAIC-Benchmark ist grundsätzlich so lange maßgeblich, wie die Wettbewerber nicht in der Lage sind, ebenfalls Bündel anzubieten (siehe Randnummern 23 bis 27 und Randnummer 61).

[2] Die Kommission kann auch Kampfpreispraktiken marktbeherrschender Unternehmen auf Sekundärmärkten, auf denen sie noch keine beherrschende Stellung haben, verfolgen. Derartige Missbräuche dürfte die Kommission am ehesten in Sektoren feststellen, in denen ein gesetzliches Monopol besteht. Während das marktbeherrschende Unternehmen angesichts seiner gesetzlich geschützten Monopolstellung keine Kampfpreise anzuwenden braucht, um seine beherrschende Stellung aufrechtzuerhalten, kann es die auf dem Monopolmarkt erwirtschafteten Gewinne für eine Quersubventionierung seiner Tätigkeiten auf einem anderen Markt verwenden und so den wirksamen Wettbewerb auf diesem anderen Markt gefährden.

Verluste erleidet oder erlitten hat, wird die Kommission die durchschnittlichen vermeidbaren Kosten (AAC) heranziehen. Berechnet ein marktbeherrschendes Unternehmen für seine gesamte oder einen Teil seiner Produktion Preise unterhalb der AAC, decken diese Preise nicht die Kosten, die er hätte vermeiden können, wenn er die betreffende Menge nicht produziert hätte. Es entsteht ihm folglich ein vermeidbarer Verlust[1]. Preise unterhalb der AAC betrachtet die Kommission daher meistens als klaren Anhaltspunkt für ein „Opfer"[2].

65. Das sacrifice-Konzept bezieht sich jedoch nicht nur auf Preise unterhalb der AAC[3]. Um eine Kampfpreisstrategie nachzuweisen, kann die Kommission auch untersuchen, ob das mutmaßliche Kampfpreisverhalten kurzfristig zu einem niedrigeren Nettoertrag geführt hat, als er bei einem vernünftigen anderen Verhalten zu erwarten gewesen wäre, d. h., ob das marktbeherrschende Unternehmen einen vermeidbaren Verlust erlitten hat[4]. Die Kommission wird das tatsächliche Verhalten nicht mit hypothetischen oder theoretischen Konstellationen vergleichen, die vielleicht gewinnbringender gewesen wären. Berücksichtigt werden nur wirtschaftlich vernünftige und praktikable Alternativen, von denen angesichts der Marktbedingungen und des Geschäftsumfelds des marktbeherrschenden Unternehmens realistischerweise angenommen werden kann, dass sie gewinnbringender wären.

66. In manchen Fällen kann die Existenz einer Kampfpreisstrategie[5] anhand von direkten Beweisen wie Schriftstücken des marktbeherrschenden Unternehmens nachgewiesen werden (z. B. präziser Plan, Verluste hinzunehmen, um einen Wettbewerber vom Markt auszuschließen, einen Markteintritt zu verhindern oder dem Entstehen eines Marktes zuvorzukommen) oder es gibt konkrete Beweise für drohende Kampfpreishandlungen[6].

---

[1] In den meisten Fällen sind die durchschnittlichen variablen Kosten (AVC) und die durchschnittlichen vermeidbaren Kosten (AAC) deckungsgleich, weil oft nur die variablen Kosten vermieden werden können. Sind jedoch AVC und AAC nicht identisch, spiegeln letztere besser wider, welches Opfer erbracht wurde: Wenn z. B. ein marktbeherrschendes Unternehmen seine Kapazität ausweiten muss, um Kampfpreise anbieten zu können, sollten die versunkenen Kosten dieser Extrakapazität bei Ermittlung der Verluste dieses Unternehmens berücksichtigt werden. Diese Kosten wären in den AAC berücksichtigt, nicht jedoch in den AVC.

[2] In der Rs. 62/86, AKZO Chemie/Kommission, Slg. 1991, I-3359, Rdnr. 71, erklärte der Gerichtshof in Bezug auf Preise unterhalb der durchschnittlichen variablen Kosten (ACV): „Ein beherrschendes Unternehmen hat nämlich nur dann ein Interesse, derartige Preise zu praktizieren, wenn es seine Konkurrenten ausschalten will, um danach unter Ausnutzung seiner Monopolstellung seine Preise wieder anzuheben, denn jeder Verkauf bringt für das Unternehmen einen Verlust (...)".

[3] Werden bei der Veranschlagung der Kosten nur die unmittelbaren (im Unternehmensabschluss erfassten) Produktionskosten zugrunde gelegt, besteht die Gefahr, dass eventuell ein vermeidbarer Verlust (sacrifice) nicht erkennbar ist.

[4] Unternehmen sollten allerdings nicht dafür bestraft werden, dass sie ex post Verluste erleiden, wenn die Ex-ante-Entscheidung für das Verhalten guten Glaubens getroffen wurde, d. h. wenn sie schlüssig nachweisen können, dass es durchaus realistisch war, mit Gewinnen zu rechnen.

[5] Siehe Rs. T-83/91, Tetra Pak International/Kommission (Tetra Pak II), Slg. 1994, II-755, Rdnrn. 151 und 171 sowie Rs. T-340/03, France Télécom/Kommission, Slg. 2007, II-107, Rdnrn. 198 bis 215.

[6] In der Rs. 62/86, AKZO Chemie/Kommission, Slg. 1991, I-3359, akzeptierte der EuGH als eindeutige Beweise, dass AKZO in zwei Sitzungen ECS mit Preisen unter den Kosten gedroht hatte, sollte ECS sich nicht von dem Markt für organische Peroxide zurückziehen. Zudem gab es einen genauen Plan (mit Zahlen), in dem die Maßnahmen beschrieben waren, die AKZO ergreifen würde, sollte ECS sich nicht vom Markt zurückziehen (Rdnrn. 76–82, 115 und 131–140).

b) Wettbewerbswidrige Marktverschließung

67. Liegen genügend zuverlässige Daten vor, führt die Kommission den unter den Randnummern 25 bis 27 beschriebenen „equally-efficient-competitor"-Test durch, um festzustellen, ob das Kampfpreisverhalten den Verbrauchern schadet kann. Normalerweise werden ebenso effiziente Wettbewerber nur durch Preise unterhalb der LRAIC vom Markt ausgeschlossen.

68. Abgesehen von den bereits unter Randnummer 20 genannten Aspekten wird die Kommission grundsätzlich prüfen, ob und wie das mutmaßliche Verhalten die Wahrscheinlichkeit vermindert, dass Wettbewerber miteinander konkurrieren. Ist z. B. das marktbeherrschende Unternehmen besser über die Kosten oder andere Marktbedingungen informiert oder kann es die Marktsignale in Bezug auf die Gewinnaussichten verzerren, kann es Kampfpreise anwenden, um die Erwartungen potenzieller neuer Marktteilnehmer zu beeinflussen und sie auf diese Weise vom Markteintritt abzuhalten. Sind dieses Verhalten und seine voraussichtlichen Folgen auf mehreren Märkten bzw. mehrmals hintereinander zu Zeiten eines möglichen Markteintritts zu beobachten, lässt sich möglicherweise nachweisen, dass das marktbeherrschende Unternehmen sich einen Ruf als Kampfpreisanbieter erwerben will. Ist der betroffene Wettbewerber auf Fremdkapital angewiesen, können massive Preissenkungen oder andere Kampfpreispraktiken des marktbeherrschenden Unternehmens die Geschäftsergebnisse des Wettbewerbers so stark beeinträchtigen, dass seine weitere Finanzierung ernsthaft gefährdet sein kann.

69. Nach Auffassung der Kommission muss nicht nachgewiesen werden, dass tatsächlich Wettbewerber aus dem Markt ausgeschieden sind, um eine wettbewerbswidrige Marktverschließung festzustellen. Es ist nicht auszuschließen, dass das marktbeherrschende Unternehmen eher darauf abzielt, einen harten Wettbewerb mit dem Kontrahenten zu verhindern, und erreichen will, dass dieser seiner Preispolitik folgt, anstatt ihn vollständig vom Markt zu verdrängen. Eine solche „Disziplinierungsmaßnahme" birgt nämlich, anders als die vollständige Ausschaltung des Wettbewerbers, nicht die Gefahr, dass die Aktiva des Kontrahenten auf dem Markt verbleiben, günstig verkauft werden, und dass ein neuer Billiganbieter am Markt entsteht.

70. Generell ist immer dann mit einem Schaden für die Verbraucher zu rechnen, wenn das marktbeherrschende Unternehmen davon ausgehen kann, dass seine Marktmacht nach der Anwendung von Kampfpreisen größer sein wird als wenn es auf ein solches Verhalten verzichtet, d. h., wenn davon auszugehen ist, dass sich das erbrachte Opfer für ihn lohnt.

71. Dies bedeutet nicht, dass die Kommission nur eingreifen wird, wenn zu erwarten ist, dass das marktbeherrschende Unternehmen seine Preise über das Niveau hinaus erhöhen kann, das vor Anwendung der Kampfpreise auf dem Markt herrschte. Es reicht z. B. aus, wenn das Kampfpreisverhalten aller Wahrscheinlichkeit nach einen Preisrückgang verhindern oder verzögern würde, der andernfalls eingetreten wäre. Die Ermittlung des Schadens für die Verbraucher ist keine einfache Gewinn- und Verlustrechnung, und ein Nachweis über einen Gesamtgewinn ist nicht erforderlich. Der wahrscheinliche Schaden für die Verbraucher kann durch Bewertung der voraussichtlichen marktverschließenden Wirkung des Verhaltens unter Berücksichtigung anderer Faktoren wie z. B. den Markteintrittsschranken nachgewiesen werden[1]. In

---

[1] So entschieden in der Rs. T-83/91, Tetra Pak International/Kommission (Tetra Pak II), Slg. 1994, II-755 (bestätigt in der Berufung in der Rs. C-333/94 P, Tetra Pak International/Kommission, Slg. 1996, I-5951), in der das Gericht erster Instanz feststellte, dass ein Nachweis des Verlustausgleichs nicht notwendig ist (Rdnr. 150f.). Da sich die Anwendung von Kampfpreisen als schwieriger erweisen kann als zunächst angenommen, könnten die dem marktbeherrschenden Unternehmen insgesamt durch die Kampfpreise entstehenden Kosten höher sein als die späteren Gewinne, so dass er seine Anfangsverluste nicht ausgleichen kann; dennoch kann es

diesem Kontext wird die Kommission auch die Möglichkeiten eines Wiedereintritts prüfen.

72. Für das marktbeherrschende Unternehmen ist es möglicherweise leichter, Kampfpreise anzuwenden, wenn es mit den niedrigen Preisen selektiv auf bestimmte Abnehmer zugeht, da dies seine eigenen Verluste in Grenzen hält.

73. Eine Kampfpreisstrategie des marktbeherrschenden Unternehmens ist hingegen weniger wahrscheinlich, wenn ein niedriger Preis allgemein über lange Zeit angewandt wird.

c) Effizienzvorteile

74. Es gilt allgemein als unwahrscheinlich, dass ein Kampfpreisverhalten Effizienzvorteile bringt. Dennoch wird die Kommission, wenn die Voraussetzungen von Abschnitt III D erfüllt sind, Behauptungen eines marktbeherrschenden Unternehmens prüfen, denen zufolge die niedrigen Preise ihm Größen- bzw. Effizienzvorteile durch Marktexpansion ermöglichen.

D. Lieferverweigerung und Kosten-Preis-Schere

75. Bei der Festlegung ihrer Durchsetzungsprioritäten geht die Kommission davon aus, dass generell jedes Unternehmen, – ob marktbeherrschend oder nicht – das Recht haben sollte, seine Handelspartner frei zu wählen und frei über sein Eigentum zu entscheiden. Jedes Eingreifen aus wettbewerbsrechtlichen Gründen muss daher sorgfältig erwogen werden, wenn die Anwendung von Artikel 82 dazu führen würde, dass dem marktbeherrschenden Unternehmen eine Lieferpflicht auferlegt wird[1]. Die Existenz einer solchen Verpflichtung kann – selbst bei angemessener Vergütung – die Investitions- und Innovationsanreize für ein Unternehmen verringern und infolgedessen zum Schaden der Verbraucher sein. Das Wissen, dass sie verpflichtet sein könnten, gegen ihren Willen zu liefern, kann Unternehmen in marktbeherrschender Marktstellung – oder Unternehmen, die erwarten, eine marktbeherrschende Stellung einzunehmen – dazu veranlassen, nicht oder weniger in die fragliche Tätigkeit zu investieren. Auch könnten Wettbewerber versucht sein, sich die Investitionen des beherrschenden Unternehmens zunutze zu machen, anstatt selbst zu investieren. Keine dieser beiden Entwicklungen wäre langfristig im Interesse der Verbraucher.

76. Wettbewerbsprobleme treten typischerweise dann auf, wenn das marktbeherrschende Unternehmen auf dem „nachgelagerten" Markt mit dem Abnehmer konkurriert, dem es die Lieferung verweigert. Der Begriff „nachgelagerter Markt" bezeichnet den Markt, auf dem der verweigerte Input benötigt wird, um eine Ware zu produzieren bzw. eine Dienstleistung zu erbringen. Nur um diese Art von Lieferverweigerung geht es im vorliegenden Abschnitt.

77. Andere Formen möglicherweise rechtswidriger Lieferverweigerungen, bei denen die Lieferung nur unter der Bedingung erfolgt, dass der Abnehmer bestimmte Verhaltensbeschränkungen akzeptiert, werden in diesem Abschnitt nicht behandelt. So wird die Kommission Fälle, in denen die Lieferung eingestellt wird, um Abnehmer dafür zu bestrafen, dass sie mit Wettbewerbern Geschäftsbeziehungen unterhalten, sowie die Lieferverweigerung gegenüber Abnehmern, die Kopplungsgeschäfte nicht

---

für ihn vernünftig sein, eine bereits begonnene Kampfpreisstrategie fortzusetzen. Siehe hierzu Sache COMP/38.233, Wanadoo Interactive, Entscheidung der Kommission vom 16. Juli 2003, Erwägungsgründe 332–367.

[1] Verb. Rs. C-241/91 P und C-242/91 P, Radio Telefis Eireann (RTE) und Independent Television Publications (ITP)/Kommission (Magill), Slg. 1995, I-743, Rdnr. 50; Rs. C-418/01, IMS Health/NDC Health, Slg. 2004, I-5039, Rdnr 35; Rs. T-201/04, Microsoft/Kommission, Slg. 2007, II-3601, Rdnrn. 319, 330–332 und 336.

akzeptieren, nach den in den Abschnitten über Ausschließlichkeitsbindungen sowie Kopplung und Bündelung dargelegten Grundsätzen prüfen. Auch Lieferverweigerungen mit dem Ziel, den Abnehmer daran zu hindern, Parallelhandel zu betreiben[1] oder seine Weiterverkaufspreise zu senken, sind nicht Gegenstand dieses Abschnitts.

78. Das Konzept der Lieferverweigerung deckt eine große Bandbreite von Verhaltensweisen ab, so z. B. die Weigerung, Produkte an bereits vorhandene oder neue Abnehmer zu liefern[2], die Weigerung eine Lizenz für Rechte an geistigem Eigentum zu erteilen[3], auch wenn diese Lizenz notwendig ist, um Schnittstelleninformationen zu Verfügung zu stellen[4], oder die Weigerung, den Zugang zu einer wesentlichen Einrichtung (essential facility) oder einem Netz zu gewähren[5].

79. Dabei ist es nach Auffassung der Kommission nicht notwendig, dass das verweigerte Produkt bereits zuvor gehandelt wurde. Es reicht aus, dass eine Nachfrage potenzieller Abnehmer existiert und ein potenzieller Markt für den fraglichen Input bestimmt werden kann[6]. Ferner braucht keine ausdrückliche Weigerung des marktbeherrschenden Unternehmens vorzuliegen; eine „konstruktive" Verweigerung reicht aus. Eine konstruktive Verweigerung könnte z. B. in Form einer unangemessenen Verzögerung oder einer anderen Beeinträchtigung der Lieferung erfolgen, denkbar wäre auch, dass die Lieferung an unangemessene Bedingungen geknüpft ist.

80. Denkbar ist schließlich auch, dass ein marktbeherrschendes Unternehmen statt einer Lieferverweigerung für das betreffende Produkt den Preis auf dem vorgelagerten Markt gegenüber seinem Preis auf dem nachgelagerten Markt[7] so ansetzt, dass es sogar für einen ebenso effizienten Wettbewerber nicht mehr möglich ist, auf dem nachgelagerten Markt langfristig rentabel zu bleiben (sog. „Kosten-Preis-Schere"). Im Falle einer Kosten-Preis-Schere wird die Kommission bei Ermittlung der Kosten eines ebenso effizienten Wettbewerbers grundsätzlich die LRAIC der nachgelagerten Einheit des integrierten marktbeherrschenden Unternehmens zugrunde legen[8].

81. Die Kommission wird diese Praktiken vorrangig prüfen, wenn alle folgenden Voraussetzungen erfüllt sind:

- die Lieferverweigerung betrifft ein Produkt bzw. eine Dienstleistung, das bzw. die objektiv notwendig ist, um auf einem nachgelagerten Markt wirksam konkurrieren zu können,

---

[1] Siehe Urteil vom 16. September 2008 in den verb. Rs. C-468/06 bis C-478/06, Sot. Lélos kai Sia et al./GlaxoSmithKline, noch nicht veröffentlicht.

[2] Verbundene Rs. 6/73 und 7/73, Istituto Chemioterapico Italiano Spa und Commercial Solvents Corporation/Kommission, Slg. 1974, S. 223.

[3] Verb. Rs. C-241/91 P und C-242/91 P, Radio Telefis Eireann (RTE) und Independent Television Publications Ltd (ITP)/Kommission (Magill), Slg. 1995, S. 743; Rs. C-418/01, IMS Health/NDC Health, Slg. 2004, I-5039. Diese Urteile zeigen, dass die Weigerung, eine Lizenz für Rechte des geistigen Eigentums zu erteilen, unter außergewöhnlichen Umständen ein missbräuchliches Verhalten darstellen kann.

[4] Rs. T-201/04, Microsoft/Kommission, Slg. 2007, II-3601.

[5] Siehe Entscheidung 94/19/EG der Kommission vom 21. Dezember 1993 in der Sache IV/34.689 Sea Containers/Stena Sealink – Interim Measures (ABl. L 15 vom 18. 1. 1994, S. 8) und Entscheidung 92/213/EWG der Kommission vom 26. Februar 1992 in der Sache IV/33.544 British Midland/Aer Lingus (ABl. L 96 vom 10. 4. 1992, S. 34).

[6] Rs. C-418/01, IMS Health/NDC Health, Slg. 2004, I-5039, Rdnr. 44.

[7] Denkbar ist auch der Fall, dass ein integriertes Unternehmen, das ein „System" komplemetärer Produkte verkauft, sich weigert, eines dieser Produkte separat an einen Wettbewerber zu verkaufen, der das andere Komplementärprodukt herstellt.

[8] Manchmal werden auch die LRAIC eines nicht integrierten nachgelagerten Wettbewerbers zugrunde gelegt, z. B. wenn es nicht möglich ist, die Kosten des marktbeherrschenden Unternehmens den nach- bzw. vorgelagerten Tätigkeiten eindeutig zuzurechnen.

– die Lieferverweigerung wird wahrscheinlich den wirksamen Wettbewerb auf dem nachgelagerten Markt ausschalten, und
– die Lieferverweigerung wird wahrscheinlich den Verbrauchern schaden.

82. In manchen Fällen mag offenkundig sein, dass die Einführung einer Lieferpflicht für den Eigentümer des Inputs und/oder andere Marktteilnehmer weder ex ante noch ex post die Anreize für Investition und Innovation auf dem vorgelagerten Markt reduzieren kann. Dies ist nach Auffassung der Kommission besonders wahrscheinlich, wenn Rechts- und Verwaltungsvorschriften, die im Einklang mit dem Gemeinschaftsrecht stehen, dem marktbeherrschenden Unternehmen bereits eine Lieferverpflichtung auferlegen und es aufgrund der dieser Verpflichtung zugrunde liegenden Erwägungen klar ist, dass der betreffende Gesetzgeber bzw. die zuständige Behörde bei der Einführung dieser Lieferverpflichtung bereits die erforderliche Abwägung zwischen den Anreizen vorgenommen hat. Dies kann auch dann der Fall sein, wenn das marktbeherrschende Unternehmen seine Stellung auf dem vorgelagerten Markt im Schutze von Sonder- oder Exklusivrechten oder mit Hilfe staatlicher Mittel erworben hat. In diesen Fällen besteht für die Kommission kein Grund, von ihrer generellen Durchsetzungspraxis abzuweichen, nach der sie, ohne dass die in Randnummer 81 genannten drei Voraussetzungen erfüllt sind, feststellen kann, dass eine wettbewerbswidrige Marktverschließung wahrscheinlich ist.

a) Objektive Notwendigkeit des Inputs

83. Um festzustellen, ob eine Lieferverweigerung prioritär behandelt werden sollte, wird die Kommission prüfen, ob der verweigerte Input für ein Unternehmen objektiv notwendig ist, um auf dem Markt wirksam konkurrieren zu können. Dies bedeutet nicht, dass ohne den verweigerten Input kein Wettbewerber je in der Lage wäre, auf dem nachgelagerten Markt zu überleben oder in diesen einzutreten[1]. Ein Input ist vielmehr dann als notwendig anzusehen, wenn es auf dem nachgelagerten Markt kein tatsächliches oder potenzielles Substitut gibt, das die Wettbewerber verwenden könnten, um die negativen Folgen einer Lieferverweigerung wenigstens langfristig aufzufangen[2]. In diesem Zusammenhang prüft die Kommission normalerweise, ob die Wettbewerber den vom marktbeherrschenden Unternehmen produzierten Input in absehbarer Zukunft effektiv duplizieren könnten[3]. Duplikation bedeutet die Schaffung einer alternativen effizienten Bezugsquelle, die es den Wettbewerbern ermöglicht, auf dem nachgelagerten Markt Wettbewerbsdruck auf das marktbeherrschende Unternehmens auszuüben[4].

84. Die in Randnummer 81 dargelegten Kriterien gelten sowohl für die Einstellung von bisherigen Lieferungen als auch für die Weigerung, ein Produkt oder eine Dienstleistung zu liefern, das bzw. die das marktbeherrschende Unternehmen noch

---

[1] Rs. T-201/04, Microsoft/Kommission, Slg. 2007, II-3601, Rdnrn. 428 und 560–563.

[2] Verbundene Rs. C-241/91 P und C-242/91, Radio Telefis Eireann (RTE) und Independent Television Publications (ITP)/Kommission (Magill), Slg. 1995, S. 743, Rdnrn. 52 und 53; Rs. 7/97, Oscar Bronner/Mediaprint Zeitungs- und Zeitschriftenverlag, Mediaprint Zeitungsvertriebsgesellschaft und Mediaprint Anzeigengesellschaft, Slg. 1998, I-7791, Rdnrn. 44–45; Rs. T-201/04, Microsoft/Kommission, Slg. 2007, II-3601, Rdnr. 421.

[3] Dass ein Input dupliziert werden kann, ist immer dann unwahrscheinlich, wenn ein natürliches Monopol vorliegt (wegen der Größen- oder Verbundvorteile), wenn es erhebliche Netzwerkeffekte gibt oder wenn es um eine sogenannte „Single-Source-Information" handelt. Dennoch ist immer auch die Dynamik des Wirtschaftszweigs zu berücksichtigen und vor allem, ob die Marktmacht rasch aufgelöst werden kann.

[4] Rs. 7/97, Oscar Bronner/Mediaprint Zeitungs- und Zeitschriftenverlag, Mediaprint Zeitungsvertriebsgesellschaft und Mediaprint Anzeigengesellschaft, Slg. 1998, I-7791, Rdnr. 46; Rs. C-418/01, IMS Health/NDC Health, Slg. 2004, I-5039, Rdnr. 29.

nicht an andere geliefert hat (De novo-Lieferverweigerung). Es ist allerdings davon auszugehen, dass sich die Beendigung einer bestehenden Lieferbeziehung eher als missbräuchlich erweist als eine De novo-Lieferverweigerung. Wenn z. B. ein Unternehmen in marktbeherrschender Stellung früher das nachfragende Unternehmen beliefert hat und dieses Unternehmen vertragsspezifische Investitionen (relationship-specific investments) für den Einsatz des – später ausbleibenden – Inputs durchgeführt hat, steigt die Wahrscheinlichkeit, dass die Kommission den fraglichen Input als unerlässlich einstuft. Ebenso ist die Tatsache, dass der Eigentümer des notwendigen Inputs bisher ein Interesse an der Lieferung hatte, ein Anhaltspunkt dafür, dass bei Lieferung des Inputs nicht zu erwarten ist, dass seine ursprüngliche Investition nicht angemessen vergütet wird. Deshalb wäre es in dieser Situation Sache des marktbeherrschenden Unternehmens darzulegen, warum sich die Umstände so geändert haben, dass es bei Aufrechterhaltung der bestehenden Lieferbeziehung befürchtet, keine angemessene Vergütung seiner Investitionen zu erhalten.

b) Ausschaltung des wirksamen Wettbewerbs

85. Sind die in den Randnummern 83 und 84 aufgeführten Voraussetzungen erfüllt, ist nach Auffassung der Kommission die Lieferverweigerung eines marktbeherrschenden Unternehmens generell geeignet, den wirksamen Wettbewerb auf dem nachgelagerten Markt unmittelbar oder im Laufe der Zeit auszuschalten. Je höher der Marktanteil des marktbeherrschenden Unternehmens auf dem nachgelagerten Markt ist, je geringer der Kapazitätsdruck des marktbeherrschenden Unternehmens im Vergleich zu Wettbewerbern auf dem nachgelagerten Markt ausfällt, je enger die Substitutionsbeziehung zwischen dem Output des marktbeherrschenden Unternehmens und dem Output der Wettbewerber auf dem nachgelagerten Markt ist, je größer die Anzahl der betroffenen Wettbewerber auf dem nachgelagerten Markt ist und je höher die Wahrscheinlichkeit ist, dass die potenziell von den ausgeschlossenen Wettbewerbern gedeckte Nachfrage von ihnen abgezogen und zum marktbeherrschenden Unternehmen umgelenkt wird, desto größer ist im Allgemeinen die Wahrscheinlichkeit, dass der wirksame Wettbewerb ausgeschaltet wird.

c) Schaden für die Verbraucher

86. Um festzustellen, wie sich eine Lieferverweigerung wahrscheinlich auf die Verbraucherwohlfahrt auswirkt, untersucht die Kommission, ob für die Verbraucher die voraussichtlichen negativen Auswirkungen der Lieferverweigerung auf dem relevanten Markt langfristig größer sind als die zu erwartenden negativen Auswirkungen einer Lieferverpflichtung. Ist dies der Fall, wird die Kommission in der Regel tätig werden.

87. Die Kommission geht davon aus, dass dem Verbraucher unter anderem dann ein Schaden entstehen kann, wenn die Lieferverweigerung die Wettbewerber, die das marktbeherrschende Unternehmen von Markt auszuschließen versucht, daran hindert, innovative Produkte oder Dienstleistungen zu vermarkten, und/oder Anschlussinnovationen unterbinden könnte[1]. Dies kann vor allem dann der Fall sein, wenn sich das die Lieferung nachfragende Unternehmen nicht im Wesentlichen darauf beschränken will, Erzeugnisse oder Dienstleistungen zu duplizieren, die von dem marktbeherrschenden Unternehmen auf dem nachgelagerten Markt bereits angeboten werden, sondern beabsichtigt, neue oder verbesserte Erzeugnisse oder Dienstleistungen anzubieten, für die eine potenzielle Verbrauchernachfrage besteht, oder wahrscheinlich zur technischen Entwicklung beiträgt[2].

---

[1] Rs. T-201/04, Microsoft/Kommission, Slg. 2007, II-3601, Rdnrn. 643, 647–649, 652–653 und 656.

[2] Rs. C-418/01, IMS Health/NDC Health, Slg. 2004, I-5039, Rdnr. 49; Rs. T-201/04, Microsoft/Kommission, Slg. 2007, II-3601, Rdnr. 658.

88. Außerdem kann eine Lieferverweigerung im Ergebnis zum Schaden der Verbraucher sein, wenn der Preis auf dem vorgelagerten Markt, nicht jedoch auf dem nachgelagerten Markt, reguliert ist, und das marktbeherrschende Unternehmen dadurch, dass es die Wettbewerber durch Lieferverweigerung vom nachgelagerten Markt ausschließt, auf dem unregulierten nachgelagerten Markt höheren Gewinn erzielen kann.

d) Effizienzvorteile

89. Die Kommission wird Behauptungen des marktbeherrschenden Unternehmens prüfen, dass eine Lieferverweigerung notwendig ist, damit die Investitionen in den Ausbau seines Inputgeschäfts eine adäquate Rendite erzielen, und auf diese Weise einen Anreiz besteht, trotz des Risikos von Misserfolgen auch künftig zu investieren. Auch Einwände des marktbeherrschenden Unternehmens, seine eigenen Innovationen würden durch eine Lieferverpflichtung bzw. durch die damit bewirkte strukturelle Veränderung der Marktbedingungen (z. B. Entwicklung von Anschlussinnovationen von Wettbewerbern) beeinträchtigt, werden von der Kommission untersucht werden.

90. Bei der Bewertung dieser Behauptungen wird die Kommission jedoch sichergehen, dass die Voraussetzungen von Abschnitt III D erfüllt sind. Insbesondere ist es Sache des marktbeherrschenden Unternehmens, etwaige negative Auswirkungen einer Lieferverpflichtung auf seinen eigenen Innovationsgrad nachzuweisen[1]. Die Tatsache, dass es früher den fraglichen Input geliefert hat, kann für die Bewertung der Behauptung, die Lieferverweigerung sei aus Effizienzgründen gerechtfertigt, maßgeblich sein.

---

[1] Rs. T-201/04, Microsoft/Kommission, Slg. 2007, II-3601, Rdnr. 659.

II. Verfahren in Kartellsachen

Anhang B 12. Kronzeugenmitteilung (Leniency-Bekanntmachung) 2002

Mitteilung der Kommission über den Erlass und die Ermäßigung von Geldbußen in Kartellsachen

(ABl. 2002 C 45/3)

I. Einleitung

1. Gegenstand der vorliegenden Mitteilung sind geheime Absprachen zwischen zwei oder mehr Wettbewerbern zur Festsetzung von Preisen, Produktions- oder Absatzquoten, zur Aufteilung von Märkten, zur Einschränkung von Ein- oder Ausfuhren sowie Submissionsabsprachen. Diese Verhaltensweisen gehören zu den schwerwiegendsten Wettbewerbsbeschränkungen, über die die Kommission zu entscheiden hat. Sie führen letztlich zu höheren Preisen und einer verminderten Auswahl für den Verbraucher und schaden damit der europäischen Wirtschaft.

2. Indem Unternehmen den Wettbewerb, dem sie sich eigentlich stellen müssten, künstlich beschränken, entziehen sie sich dem Druck, der sie zu Innovationen im Bereich der Produktentwicklung oder zu wirksameren Produktionsverfahren veranlasst. Gleichzeitig führen diese Verhaltensweisen zu einer Verteuerung der von diesen Unternehmen gelieferten Rohstoffe und Produkte. Langfristig schwächen sie die Wettbewerbsfähigkeit und wirken sich negativ auf die Beschäftigung aus.

3. Der Kommission ist bekannt, dass manche Unternehmen, die sich an rechtswidrigen Absprachen beteiligen, ihre Beteiligung einstellen und sie von dem Bestehen des Kartells in Kenntnis setzen wollen, wegen der Gefahr hoher Geldbußen aber davor zurückschrecken. Um ihre Haltung in solchen Fällen deutlich zu machen, veröffentlichte die Kommission 1996 eine Mitteilung über die Nichtfestsetzung oder die niedrigere Festsetzung von Geldbußen in Kartellsachen (Mitteilung von 1996)[1].

4. Die Kommission ist der Auffassung, dass die Gemeinschaft ein Interesse daran hat, Unternehmen, die mit ihr zusammenarbeiten, Rechtsvorteile zu gewähren. Das Interesse der Verbraucher und Bürger an der Aufdeckung und Ahndung von Kartellen ist größer als das Interesse an der Verhängung von Geldbußen gegen Unternehmen, die es der Kommission ermöglichen, solche Verhaltensweisen aufzudecken und zu untersagen.

5. In der Mitteilung von 1996 hatte die Kommission angekündigt, dass sie, sobald sie ausreichende Erfahrungen mit der Anwendung dieser Mitteilung gesammelt habe, prüfen werde, ob die Mitteilung geändert werden soll. Nach fünf Jahren verfügt die Kommission nun über genügend Erfahrung, um ihre diesbezügliche Politik entsprechend anzupassen. Die der Mitteilung zugrunde liegenden Prinzipien haben sich zwar bewährt, doch haben die Erfahrungen der Kommission gezeigt, dass sich eine bessere Wirkung erzielen ließe, wenn die Bedingungen für einen Erlass oder eine Er-

[1] ABl. C 207 vom 18.7.1996, S. 4.

mäßigung der Geldbuße transparenter und berechenbarer wären. Ebenso könnte die Wirkung verbessert werden, wenn die Höhe des Geldbußenerlasses stärker davon abhängig gemacht würde, welchen Beitrag das Unternehmen zum Nachweis des Kartells geleistet hat. Die vorliegende Mitteilung setzt sich mit diesen Fragen auseinander.

6. Die Kommission ist der Auffassung, dass die Mithilfe eines Unternehmens bei der Aufdeckung eines Kartells einen Wert an sich darstellt. Ein entscheidender Beitrag zur Einleitung von Ermittlungen oder zum Nachweis eines Kartells kann den vollständigen Erlass der Geldbuße für das betreffende Unternehmen rechtfertigen, sofern bestimmte zusätzliche Voraussetzungen erfüllt sind.

7. Darüber hinaus kann bereits die Mitarbeit eines oder mehrerer Unternehmen eine Ermäßigung der Geldbuße rechtfertigen. Die Ermäßigung der Geldbuße muss der Qualität und dem Zeitpunkt des Beitrags, den das Unternehmen tatsächlich zum Nachweis des Kartells geleistet hat, entsprechen. Eine Geldbußenermäßigung kann nur den Unternehmen gewährt werden, die der Kommission Beweismittel liefern, die einen erheblichen Mehrwert gegenüber den Beweismitteln aufweisen, die bereits im Besitz der Kommission sind.

A. Erlass der Geldbuße

8. Die Kommission erlässt einem Unternehmen die Geldbuße, die andernfalls verhängt worden wäre, sofern

a) das Unternehmen als erstes Beweismittel vorlegt, die es der Kommission ihrer Ansicht nach ermöglichen, in einer Entscheidung eine Nachprüfung gemäß Artikel 14 Absatz 3 der Verordnung Nr. 17[1] anzuordnen, um gegen ein mutmaßliches, die Gemeinschaft betreffendes Kartell zu ermitteln,
oder

b) das Unternehmen als erstes Beweismittel vorlegt, die es der Kommission ihrer Ansicht nach ermöglichen, eine Zuwiderhandlung gegen Artikel 81 EG-Vertrag[2] in Form eines mutmaßlichen, die Gemeinschaft betreffenden Kartells festzustellen.

9. Ein Geldbußenerlass im Sinne von Randnummer 8 Buchstabe a) wird nur dann gewährt, wenn die Kommission zum Zeitpunkt der Vorlage der Beweismittel nicht bereits über ausreichende Mittel verfügte, um gemäß Artikel 14 Absatz 3 der Verordnung Nr. 17 eine Nachprüfung gegen das mutmaßliche Kartell anzuordnen.

10. Ein Geldbußenerlass im Sinne von Randnummer 8 Buchstabe b) wird nur unter den zusätzlichen Bedingungen gewährt, dass die Kommission zum Zeitpunkt der Beweisvorlage nicht über ausreichende Beweismittel verfügte, um eine Zuwiderhandlung gegen Artikel 81 EG-Vertrag bezüglich des mutmaßlichen Kartells feststellen zu können, und dass keinem Unternehmen in derselben Sache ein bedingter Geldbußenerlass nach Randnummer 8 Buchstabe a) gewährt worden ist.

11. Zusätzlich zu den unter den Randnummern 8 Buchstabe a) und 9 bzw. den Randnummern 8 Buchstabe b) und 10 genannten Bedingungen muss das Unternehmen, um einen Geldbußenerlass zu erhalten, die nachstehenden Bedingungen erfüllen:

a) Es muss während des Verwaltungsverfahrens in vollem Umfang kontinuierlich und zügig mit der Kommission zusammenarbeiten und der Kommission alle in seinem Besitz befindlichen oder anderweitig verfügbaren Beweismittel über das mutmaßliche Kartell vorlegen. Es muss sich der Kommission zur Verfügung halten, um

---

[1] ABl. 13 vom 21.2.1962, S. 204/62 (oder gleichwertige Verfahrensvorschriften wie Artikel 21 Absatz 3 der Verordnung (EWG) Nr. 1017/68, Artikel 18 Absatz 3 der Verordnung (EWG) Nr. 4056/86 und Artikel 11 Absatz 3 der Verordnung (EWG) Nr. 3975/87).

[2] Ein Verweis in diesem Text auf Artikel 81 EG-Vertrag gilt auch als Verweis auf Artikel 53 EWR-Abkommen, wenn die Kommission diesen Artikel nach Maßgabe von Artikel 56 EWR-Abkommen anwendet.

jede Anfrage, die zur Feststellung des Sachverhalts beitragen kann, zügig zu beantworten.

b) Es muss seine Teilnahme an der mutmaßlichen rechtswidrigen Handlung spätestens zu dem Zeitpunkt einstellen, zu dem es die Beweismittel gemäß Randnummer 8 Buchstabe a) bzw. Randnummer 8 Buchstabe b) vorlegt.

c) Es darf andere Unternehmen nicht zur Teilnahme an der rechtswidrigen Handlung gezwungen haben.

Verfahren

12. Ein Unternehmen kann einen Antrag auf Erlass der Geldbuße bei der Generaldirektion Wettbewerb der Kommission stellen. Sollte sich herausstellen, dass die unter den Randnummern 8 bis 10 genannten Bedingungen nicht erfüllt sind, wird das Unternehmen umgehend davon in Kenntnis gesetzt, dass ein Geldbußenerlass in dem betreffenden Fall nicht in Betracht kommt.

13. Ist ein Erlass der Geldbuße möglich, kann das Unternehmen, um die Bedingungen unter Randnummer 8 Buchstabe a) bzw. Randnummer 8 Buchstabe b) zu erfüllen, wie folgt vorgehen:

a) Es kann der Kommission sofort alle in seinem Besitz befindlichen Beweismittel, die das mutmaßliche Kartell betreffen, vorlegen

b) oder es kann diese Beweismittel zunächst in hypothetischer Form vorlegen; es muss in diesem Fall eine Aufstellung der Beweismittel erstellen, die das Unternehmen zu einem späteren vereinbarten Zeitpunkt vorzulegen beabsichtigt. Diese Aufstellung sollte Art und Inhalt der Beweismittel genau erkennen lassen, gleichzeitig aber in ihrer Aussage hypothetisch bleiben. Art und Inhalt der Beweismittel können mit Hilfe von Kopien verdeutlicht werden, in denen sensible Informationen unkenntlich gemacht worden sind.

14. Der Antrag des Unternehmens auf Erlass der Geldbuße wird von der Generaldirektion Wettbewerb schriftlich unter Angabe des Datums bestätigt, an dem das Unternehmen die Beweismittel im Sinne von Randnummer 13 Buchstabe a) bzw. die Aufstellung im Sinne von Randnummer 13 Buchstabe b) vorgelegt hat.

15. Sobald die Kommission die Beweismittel des Unternehmens im Sinne von Randnummer 13 Buchstabe a) erhalten und festgestellt hat, dass die unter Randnummer 8 Buchstabe a) bzw. unter Randnummer 8 Buchstabe b) genannten Bedingungen vorliegen, gewährt sie dem Unternehmen schriftlich einen bedingten Erlass der Geldbuße.

16. Anderenfalls prüft die Kommission, ob die in der Aufstellung gemäß Randnummer 13 Buchstabe b) beschriebenen Beweismittel ihrer Art und ihrem Inhalt nach die unter Randnummer 8 Buchstabe a) bzw. unter Randnummer 8 Buchstabe b) genannten Bedingungen erfüllen, und setzt das Unternehmen davon in Kenntnis. Nach Vorlage der Beweismittel spätestens zu dem mit der Kommission vereinbarten Zeitpunkt und der Feststellung, dass diese Beweismittel den Angaben in der Aufstellung entsprechen, gewährt die Kommission dem Unternehmen schriftlich einen bedingten Erlass der Geldbuße.

17. Ein Unternehmen, das die unter Randnummer 8 Buchstabe a) bzw. unter Randnummer 8 Buchstabe b) genannten Bedingungen nicht erfüllt, kann die Beweismittel, die es zur Begründung seines Antrags auf Geldbußenerlass vorgelegt hat, zurückziehen oder die Kommission ersuchen, diese Beweismittel im Rahmen von Abschnitt B dieser Mitteilung zu berücksichtigen. Dessen ungeachtet kann die Kommission von ihren Ermittlungsbefugnissen Gebrauch machen, um Informationen einzuholen.

18. Die Kommission wird andere Anträge auf Geldbußenerlass im Zusammenhang mit demselben mutmaßlichen Kartellverstoß erst dann prüfen, wenn sie einen ihr bereits vorliegenden Antrag beschieden hat.

19. Hat das Unternehmen am Ende des Verwaltungsverfahrens die unter Randnummer 11 genannten Voraussetzungen erfüllt, erlässt die Kommission in der endgültigen Entscheidung dem Unternehmen die Geldbuße.

B. Ermäßigung der Geldbuße

20. Unternehmen, die die Voraussetzungen in Abschnitt A nicht erfüllen, kann eine Ermäßigung der Geldbuße gewährt werden, die andernfalls verhängt worden wäre.

21. Um für eine Ermäßigung der Geldbuße in Betracht zu kommen, muss das Unternehmen der Kommission Beweismittel für die mutmaßliche Zuwiderhandlung vorlegen, die gegenüber den bereits im Besitz der Kommission befindlichen Beweismitteln einen erheblichen Mehrwert darstellen, und seine Beteiligung an der mutmaßlich rechtswidrigen Handlung spätestens zum Zeitpunkt der Beweisvorlage einstellen.

22. Der Begriff „Mehrwert" bezieht sich auf das Ausmaß, in dem die vorgelegten Beweismittel aufgrund ihrer Eigenschaft und/oder ihrer Ausführlichkeit der Kommission dazu verhelfen, den betreffenden Sachverhalt nachzuweisen. Bei ihrer Würdigung wird die Kommission im Allgemeinen schriftlichen Beweisen aus der Zeit des nachzuweisenden Sachverhalts einen größeren Wert beimessen als solchen, die zeitlich später einzuordnen sind. Ebenso werden Beweismittel, die den fraglichen Sachverhalt unmittelbar beweisen, höher eingestuft als jene, die nur einen mittelbaren Bezug aufweisen.

23. Die Kommission wird in ihrer am Ende des Verwaltungsverfahrens erlassenen endgültigen Entscheidung darüber befinden,

a) ob die von einem Unternehmen vorgelegten Beweismittel einen erheblichen Mehrwert gegenüber den Beweismitteln aufweisen, die sich zu diesem Zeitpunkt bereits im Besitz der Kommission befanden,
b) und in welchem Umfang die Geldbuße, die andernfalls verhängt worden wäre, ermäßigt wird:
   - für das **erste** Unternehmen, das die Voraussetzungen unter Randnummer 21 erfüllt, eine Ermäßigung zwischen 30% und 50%;
   - für das **zweite** Unternehmen, das die Voraussetzungen unter Randnummer 21 erfüllt, eine Ermäßigung zwischen 20% und 30%;
   - für **jedes weitere** Unternehmen, das die Voraussetzungen unter Randnummer 21 erfüllt, eine Ermäßigung bis zu 20%.

Um den Umfang der Ermäßigung der Geldbuße innerhalb dieser Bandbreiten zu bestimmen, wird die Kommission den Zeitpunkt berücksichtigen, zu dem das Beweismittel, das die Voraussetzungen unter Randnummer 21 erfüllt, vorgelegt wurde, sowie den Umfang des mit dem Beweismittel verbundenen Mehrwerts. Sie kann ebenfalls berücksichtigen, ob das Unternehmen seit der Vorlage des Beweismittels kontinuierlich mit ihr zusammengearbeitet hat.

Falls ein Unternehmen Beweismittel für einen Sachverhalt vorlegt, von denen die Kommission zuvor keine Kenntnis hatte und die die Schwere oder Dauer des mutmaßlichen Kartells unmittelbar beeinflussen, lässt die Kommission diese Faktoren bei der Festsetzung der Geldbuße gegen das Unternehmen, das diese Beweismittel geliefert hat, unberücksichtigt.

Verfahren

24. Ein Unternehmen, das eine Ermäßigung der Geldbuße anstrebt, hat der Kommission Beweismittel bezüglich des mutmaßlichen Kartells vorzulegen.

25. Das Unternehmen erhält von der Generaldirektion Wettbewerb eine Empfangsbestätigung, auf der das Datum vermerkt ist, an dem die betreffenden Beweis-

mittel vorgelegt wurden. Die Kommission wird Beweismittel, die ein Unternehmen zwecks Ermäßigung der Geldbuße vorgelegt hat, erst dann berücksichtigen, wenn sie einen ihr zu diesem Zeitpunkt bereits vorliegenden Antrag auf bedingten Erlass der Geldbuße im Zusammenhang mit demselben mutmaßlichen Kartellverstoß beschieden hat.

26. Gelangt die Kommission zu dem vorläufigen Ergebnis, dass die Beweismittel des Unternehmens einen Mehrwert im Sinne von Randnummer 22 darstellen, teilt sie dem Unternehmen spätestens zum Zeitpunkt der Zustellung der Mitteilung der Beschwerdepunkte schriftlich ihre Absicht mit, die Geldbuße innerhalb einer bestimmten Bandbreite gemäß Randnummer 23 Buchstabe b) zu ermäßigen.

27. Die Kommission bestimmt in ihrer Entscheidung am Ende des Verwaltungsverfahrens die Ermäßigungen, die den Unternehmen, die eine Ermäßigung der Geldbuße beantragt haben, endgültig gewährt werden.

Allgemeines

28. Ab dem 14. Februar 2002 ersetzt die vorliegende Mitteilung die Mitteilung von 1996 in allen Fällen, in denen sich noch kein Unternehmen mit der Kommission in Verbindung gesetzt hat, um die Vorteile der Mitteilung von 1996 in Anspruch zu nehmen. Sobald die Kommission ausreichende Erfahrungen mit der Anwendung der vorliegenden Mitteilung gewonnen hat, wird sie prüfen, ob Änderungen erforderlich sind.

29. Die Kommission ist sich der Tatsache bewusst, dass die Mitteilung berechtigte Erwartungen begründet, auf die sich die Unternehmen, die der Kommission das Bestehen eines Kartells darlegen, berufen können.

30. Sind die unter den Abschnitten A oder B genannten Voraussetzungen nicht während der gesamten Verfahrensdauer erfüllt, können die dort genannten Rechtsvorteile nicht gewährt werden.

31. In Übereinstimmung mit der Entscheidungspraxis der Kommission wird die Zusammenarbeit des Unternehmens mit der Kommission während des Verwaltungsverfahrens in der Entscheidung erwähnt, um den Erlass oder die Ermäßigung der Geldbuße zu begründen. Die Gewährung eines Geldbußenerlasses oder einer Geldbußenermäßigung lässt die zivilrechtlichen Folgen für ein Unternehmen wegen seiner Beteiligung an einer Zuwiderhandlung gegen Artikel 81 EG-Vertrag unberührt.

32. Nach Ansicht der Kommission steht die Offenlegung von Unterlagen, die die Kommission auf der Grundlage dieser Mitteilung erhalten hat, im Allgemeinen dem Schutz des Zwecks von Inspektions- und Untersuchungstätigkeiten im Sinne von Artikel 4 Absatz 2 der Verordnung (EG) Nr. 1049/2001 entgegen.

33. Ein an die Kommission gerichteter Schriftsatz im Zusammenhang mit dieser Mitteilung ist Bestandteil der bei der Kommission geführten Akte. Dieses Dokument darf zu keinem anderen Zweck als zur Anwendung von Artikel 81 EG-Vertrag verwendet oder offen gelegt werden.

Anhang B 13. Kronzeugenmitteilung (Leniency-Bekanntmachung) 2006

Mitteilung der Kommission über den Erlass und die Ermäßigung von Geldbußen in Kartellsachen

(ABl. 2006 C 298/17)

I. Einleitung

(1) Diese Mitteilung setzt den Regelungsrahmen für die Gegenleistungen fest, die Unternehmen, die an Kartellen, die die Gemeinschaft betreffen, beteiligt sind oder waren, für ihre Zusammenarbeit bei der Untersuchung der Kommission zugestanden werden. Kartelle sind Absprachen und/oder abgestimmte Verhaltensweisen zwischen zwei oder mehr Wettbewerbern zwecks Abstimmung ihres Wettbewerbsverhaltens auf dem Markt und/oder Beeinflussung der relevanten Wettbewerbsparameter durch Verhaltensweisen wie die Festsetzung der An- oder Verkaufspreise oder sonstiger Geschäftsbedingungen, die Aufteilung von Produktions- oder Absatzquoten, die Aufteilung von Märkten einschließlich Angebotsabsprachen, Ein- und Ausfuhrbeschränkungen und/oder gegen andere Wettbewerber gerichtete wettbewerbsschädigende Maßnahmen. Diese Praktiken zählen zu den schwersten Verstößen gegen Artikel 81 EG-Vertrag[1].

(2) Indem Unternehmen den Wettbewerb, dem sie sich eigentlich stellen müssten, künstlich beschränken, entziehen sie sich dem Druck, der sie zu Innovationen im Bereich der Produktentwicklung oder zu wirksameren Produktionsverfahren veranlasst. Gleichzeitig führen diese Verhaltensweisen zu einer Verteuerung der von diesen Unternehmen gelieferten Rohstoffe und Produkte. Sie führen letztendlich zu höheren Preisen und einer verminderten Auswahl für den Verbraucher. Langfristig schwächen sie die Wettbewerbsfähigkeit und wirken sich negativ auf die Beschäftigung aus.

(3) Da Kartelle geheim sind, ist ihre Aufdeckung und Untersuchung ohne die Mitwirkung von daran beteiligten Unternehmen oder Einzelpersonen häufig äußerst schwierig. Daher liegt es nach Auffassung der Kommission im Interesse der Gemeinschaft, an dieser Art von rechtswidrigen Verhaltensweisen beteiligten Unternehmen, die zur Beendigung ihrer Beteiligung und zur Mitwirkung an der Untersuchung bereit sind, unabhängig von den übrigen am Kartell beteiligten Unternehmen Gegenleistungen zu gewähren. Das Interesse der Verbraucher und Bürger an der Aufdeckung und Ahndung von Kartellen ist größer als das Interesse an der Verhängung von Geldbußen gegen Unternehmen, die es der Kommission ermöglichen, solche Verhaltensweisen aufzudecken und zu untersagen.

(4) Die Kommission ist der Auffassung, dass die Mithilfe eines Unternehmens bei der Aufdeckung eines Kartells einen Wert an sich darstellt. Ein entscheidender Beitrag zur Einleitung von Ermittlungen oder zum Nachweis eines Kartells kann den voll-

---

[1] Ein Verweis in diesem Text auf Artikel 81 EG-Vertrag gilt auch als Verweis auf Artikel 53 EWR-Abkommen, wenn die Kommission diesen Artikel nach Maßgabe von Artikel 56 EWR-Abkommen anwendet.

ständigen Erlass der Geldbuße für das betreffende Unternehmen rechtfertigen, sofern bestimmte zusätzliche Voraussetzungen erfüllt sind.

(5) Darüber hinaus kann die Mitarbeit eines oder mehrerer Unternehmen eine Ermäßigung der Geldbuße rechtfertigen. Die Ermäßigung der Geldbuße muss der Qualität und dem Zeitpunkt des Beitrags, den das Unternehmen tatsächlich zum Nachweis des Kartells geleistet hat, entsprechen. Eine Geldbußenermäßigung kann nur den Unternehmen gewährt werden, die der Kommission Beweismittel liefern, die einen erheblichen Mehrwert gegenüber den Beweismitteln aufweisen, die bereits im Besitz der Kommission sind.

(6) Zusätzlich zu dem bereits vorhandenen Beweismaterial können Unternehmen der Kommission speziell im Rahmen dieses Kronzeugenprogramms freiwillig ihr Wissen über ein Kartell und ihre Beteiligung daran darlegen. Diese freiwilligen Darlegungen haben sich für die wirksame Untersuchung und Beendigung von kartellrechtlichen Zuwiderhandlungen als sehr nützlich erwiesen und sollten nicht durch zivilrechtliche Offenlegungsanordnungen (so genannte „discovery orders") verhindert werden. Unternehmen, die für eine Kronzeugenbehandlung in Frage kämen, werden unter Umständen von einer auf dieser Mitteilung beruhenden Zusammenarbeit mit der Kommission abgehalten, wenn dies ihre Position in zivilrechtlichen Verfahren – im Vergleich zu nicht kooperierenden Unternehmen – beeinträchtigen würde. Eine solche unerwünschte Auswirkung wäre dem Interesse der Allgemeinheit an einer wirksamen öffentlichen Durchsetzung von Artikel 81 EG-Vertrag in Kartellsachen und somit auch der anschließenden oder parallelen wirksamen privaten Durchsetzung abträglich.

(7) Die der Kommission durch den EG-Vertrag in Wettbewerbsangelegenheiten übertragene Überwachungsaufgabe umfasst nicht nur die Pflicht, einzelne Zuwiderhandlungen zu ermitteln und zu ahnden, sondern auch den Auftrag, eine allgemeine Politik zu verfolgen. Der Schutz von Unternehmenserklärungen im öffentlichen Interesse steht einer Offenlegung gegenüber anderen Adressaten der Mitteilung der Beschwerdepunkte, damit diese in dem Verfahren vor der Kommission ihre Interessen verteidigen können, nicht entgegen, wenn es technisch möglich ist, das Interesse beider Seiten zu wahren, indem nur in den Räumlichkeiten der Kommission und in der Regel nur bei einer Gelegenheit nach der förmlichen Zustellung der Beschwerdepunkte Einsicht in die Unternehmenserklärungen genommen werden kann. Außerdem wird die Kommission personenbezogene Daten in Zusammenhang mit dieser Mitteilung in Übereinstimmung mit ihren Pflichten gemäß der Verordnung (EG) Nr. 45/2001[1] verarbeiten.

II. Erlass der Geldbuße

A. Voraussetzungen für einen Erlass der Geldbuße

(8) Die Kommission erlässt einem Unternehmen, das seine Beteiligung an einem mutmaßlichen, die Gemeinschaft betreffenden Kartell offenlegt, die Geldbuße, die andernfalls verhängt worden wäre, sofern das Unternehmen als erstes Informationen und Beweismittel vorlegt, die es der Kommission ihrer Auffassung nach ermöglichen,

(a) gezielte Nachprüfungen im Zusammenhang mit dem mutmaßlichen Kartell durchzuführen[2] oder

---

[1] ABl. L 8 vom 12.1.2001, S. 1.

[2] Die Informationen sind ex ante zu bewerten, d. h. unabhängig davon, ob die entsprechende Nachprüfung erfolgreich war oder nicht bzw. ob eine Nachprüfung vorgenommen wurde oder nicht. Die Bewertung erfolgt ausschließlich auf der Grundlage der Art und der Qualität der vom Antragsteller übermittelten Informationen.

(b) im Zusammenhang mit dem mutmaßlichen Kartell eine Zuwiderhandlung gegen Artikel 81 EG-Vertrag festzustellen.

(9) Um der Kommission die Durchführung gezielter Nachprüfungen im Sinne der Randnummer (8) Buchstabe a) zu ermöglichen, muss das Unternehmen der Kommission die unten aufgeführten Informationen und Beweismittel vorlegen, sofern dies nach Auffassung der Kommission die Nachprüfungen nicht gefährden würde:

(a) Eine Unternehmenserklärung[1], die, sofern das Unternehmen zum Zeitpunkt der Vorlage über die entsprechenden Informationen verfügt, Folgendes beinhaltet:
  - eine eingehende Beschreibung der Art des mutmaßlichen Kartells, einschließlich z. B. seiner Ziele, Aktivitäten und Funktionsweise; Angaben über das betroffene Produkt bzw. die betroffene Dienstleistung, die räumliche Ausdehnung und die Dauer sowie eine Schätzung des von dem mutmaßlichen Kartell betroffenen Marktvolumens; genaue Angaben über mutmaßliche Kartellkontakte (Daten, Orte, Inhalte und Teilnehmer) und alle relevanten Erläuterungen zu den im Rahmen des Antrags beigebrachten Beweismitteln;
  - Name und Anschrift der juristischen Person, die den Antrag auf Erlass der Geldbuße stellt, sowie Name und Anschrift aller anderen Unternehmen, die an dem mutmaßlichen Kartell beteiligt waren oder sind;
  - Name, Funktion, Büroanschrift und, soweit erforderlich, Privatanschrift aller Einzelpersonen, die nach Wissen des Antragstellers an dem mutmaßlichen Kartell beteiligt sind oder waren, einschließlich jener Einzelpersonen, die auf Seiten des Antragstellers beteiligt waren;
  - Angabe der anderen Wettbewerbsbehörden innerhalb und außerhalb der EU, mit denen sich der Antragsteller im Zusammenhang mit dem mutmaßlichen Kartell in Verbindung gesetzt hat oder zu setzen beabsichtigt, und

(b) weitere Beweismittel für das mutmaßliche Kartell, die sich im Besitz des Antragstellers befinden oder zu denen er zum Zeitpunkt der Vorlage Zugang hat, insbesondere Beweismittel, das aus dem Zeitraum der Zuwiderhandlung stammt.

(10) Ein Erlass der Geldbuße im Sinne von Randnummer (8) Buchstabe a) wird nur dann gewährt, wenn die Kommission zum Zeitpunkt der Vorlage nicht bereits über ausreichende Beweismittel verfügte, um eine Nachprüfung im Zusammenhang mit dem mutmaßlichen Kartell anzuordnen oder eine solche Nachprüfung bereits durchgeführt hatte.

(11) Ein Geldbußenerlass im Sinne von Randnummer (8) Buchstabe b) wird nur unter den kumulativen Bedingungen gewährt, dass die Kommission zum Zeitpunkt der Vorlage nicht über ausreichende Beweismittel verfügte, um eine Zuwiderhandlung gegen Artikel 81 EG-Vertrag bezüglich des mutmaßlichen Kartells feststellen zu können, und dass keinem Unternehmen in derselben Sache ein bedingter Geldbußenerlass nach Randnummer (8) Buchstabe a) gewährt worden ist. Um für einen Erlass der Geldbuße in Betracht zu kommen, muss das Unternehmen als erstes belastende Beweise für das mutmaßliche Kartell aus dem relevanten Zeitraum erbringen sowie eine Unternehmenserklärung vorlegen, die die unter Randnummer (9) Buchstabe a) aufgeführten Angaben enthält, die es der Kommission ermöglichen, eine Zuwiderhandlung gegen Artikel 81 EG-Vertrag festzustellen.

(12) Zusätzlich zu den unter den Randnummern (8) Buchstabe a), (9) und (10) bzw. den Randnummern (8) Buchstabe b) und (11) genannten Bedingungen muss das Unternehmen, um einen Geldbußenerlass zu erhalten, die nachstehenden Bedingungen erfüllen:

---

[1] Unternehmenserklärunge können schriftlich in Form von Dokumenten, die von dem oder im Namen des Unternehmens unterzeichnet sind, oder mündlich abgegeben werden.

(a) Das Unternehmen arbeitet ab dem Zeitpunkt der Antragstellung während des gesamten Verwaltungsverfahrens ernsthaft[1], in vollem Umfang, kontinuierlich und zügig mit der Kommission zusammen. Dies beinhaltet, dass das Unternehmen
- der Kommission unverzüglich alle relevanten Informationen über und Beweise für das mutmaßliche Kartell übermittelt, die in seinen Besitz gelangen oder zu denen es Zugang hat;
- sich der Kommission zur Verfügung hält, um unverzüglich jede Anfrage zu beantworten, die zur Feststellung des Sachverhalts beitragen kann;
- dafür sorgt, dass derzeitige und, soweit möglich, frühere Mitarbeiter einschließlich solcher in leitender Funktion wie z. B. Geschäftsführer oder Vorstandsmitglieder für Befragungen durch die Kommission zur Verfügung stehen;
- relevante Informationen über und Beweise für das mutmaßliche Kartell nicht vernichtet, verfälscht oder unterdrückt und
- solange nichts über die Stellung und den Inhalt des Antrags auf Geldbußenerlass offenlegt, bis die Kommission ihre Beschwerdepunkte in der Sache mitgeteilt hat, sofern nicht Anderes vereinbart wurde.

(b) Das Unternehmen hat seine Beteiligung an dem mutmaßlichen Kartell unmittelbar nach der Antragstellung beendet, außer jenen notwendigen Kartellaktivitäten, die nach Auffassung der Kommission im Interesse des Erfolgs der Nachprüfungen noch nicht beendet werden sollten.

(c) Wenn das Unternehmen die Stellung eines Antrags auf Geldbußenerlass bei der Kommission in Erwägung zieht, darf es Beweise für das mutmaßliche Kartell nicht vernichtet, verfälscht oder unterdrückt haben und außer gegenüber anderen Wettbewerbsbehörden nichts über die Stellung und den Inhalt des Antrags auf Geldbußenerlass offengelegt haben.

(13) Einem Unternehmen, das andere Unternehmen zur Aufnahme oder Weiterführung der Beteiligung an dem Kartell gezwungen hat, kann die Geldbuße nicht erlassen werden. Das Unternehmen kann aber für eine Ermäßigung der Geldbuße in Betracht kommen, wenn es alle entsprechenden Voraussetzungen und Bedingungen erfüllt.

B. Verfahren

(14) Ein Unternehmen, das einen Antrag auf Erlass der Geldbuße stellen möchte, sollte sich mit der Generaldirektion Wettbewerb der Kommission in Verbindung setzen. Das Unternehmen kann bei der Kommission entweder zunächst einen so genannten „Marker" beantragen oder aber sofort einen förmlichen Antrag auf Erlass der Geldbuße stellen, um die Bedingungen für Randnummer (8) Buchstabe a) bzw. Randnummer (8) Buchstabe b) zu erfüllen. Die Kommission kann Anträge auf Erlass der Geldbuße unberücksichtigt lassen, wenn sie gestellt worden sind, nachdem die Mitteilung der Beschwerdepunkte versendet wurde.

(15) Die Kommissionsdienststellen können einen Marker vergeben, der den Rang eines Antragstellers für einen je nach Einzelfall festzulegenden Zeitraum, während dessen er die erforderlichen Informationen und Beweismittel zusammentragen kann, schützt. Um für die Gewährung eines Markers in Betracht zu kommen, muss der Antragsteller der Kommission seinen Namen und seine Anschrift sowie die Namen der an dem mutmaßlichen Kartell beteiligten Parteien mitteilen und Informationen über

---

[1] Dies erfordert insbesondere, dass der Antragsteller genaue, nicht irreführende und vollständige Informationen beibringt. Siehe Urteil des Gerichtshofs vom 29. Juni 2006 in der Rechtssache C-301/04 P, *Kommission/SGL Carbon AG u. a.*, Randnummern 68 bis 70; Urteil des Gerichtshofs vom 28. Juni 2005 in den verbundenen Rechtssachen C-189/02 P, C-202/02 P, C-205/02 P, C-208/02 P und C-213/02 P, *Dansk Rørindustri A/S u. a./Kommission*, Slg. 2005, S. I-5425, Randnummern 395 bis 399.

die betroffenen Produkte und Gebiete sowie über die geschätzte Dauer und die Art des mutmaßlichen Kartells übermitteln. Der Antragsteller sollte die Kommission auch über bisherige oder etwaige künftige Anträge auf Kronzeugenbehandlung bei anderen Behörden im Zusammenhang mit dem mutmaßlichen Kartell informieren und seinen Antrag auf einen Marker begründen. Wird ein Marker gewährt, setzen die Kommissionsdienststellen die Frist fest, innerhalb der der Antragsteller ihn „vervollständigen" muss, indem er die zur Erfüllung der Mindestanforderungen für den Erlass der Geldbuße erforderlichen Informationen und Beweismittel vorlegt. Unternehmen, denen ein Marker gewährt wurde, können ihn nicht vervollständigen, indem sie einen förmlichen Antrag in hypothetischer Form stellen. Vervollständigt der Antragsteller den Antrag innerhalb der von den Kommissionsdienststellen gesetzten Frist, wird davon ausgegangen, dass die Informationen und Beweismittel an dem Tag vorgelegt wurden, an dem der Marker gewährt wurde.

(16) Ein Unternehmen, das bei der Kommission einen förmlichen Antrag auf Erlass der Geldbuße stellt,

(a) muss der Kommission alle unter den Randnummern (8) und (9) aufgeführten Informationen über und Beweismittel für das mutmaßliche Kartell, die ihm zur Verfügung stehen, eingeschlossen Unternehmenserklärungen übermitteln oder

(b) kann diese Informationen und Beweismittel zunächst in hypothetischer Form vorlegen; es muss in diesem Fall eine ausführliche Aufstellung der Beweismittel erstellen, die das Unternehmen zu einem späteren vereinbarten Zeitpunkt vorzulegen beabsichtigt. Diese Aufstellung sollte Art und Inhalt der Beweismittel genau erkennen lassen, gleichzeitig aber in ihrer Aussage hypothetisch bleiben. Art und Inhalt der Beweismittel können mit Hilfe von Kopien verdeutlicht werden, in denen sensible Informationen unkenntlich gemacht worden sind. Die Namen des antragstellenden Unternehmens und der anderen an dem mutmaßlichen Kartell beteiligten Unternehmen müssen erst dann offengelegt werden, wenn die im Antrag genannten Beweise vorgelegt werden. Die von dem mutmaßlichen Kartell betroffene Ware oder Dienstleistung, die räumliche Ausdehnung des mutmaßlichen Kartells und die geschätzte Dauer sind jedoch klar anzugeben.

(17) Auf Verlangen stellt die Generaldirektion Wettbewerb eine Empfangsbestätigung für den Antrag des Unternehmens auf Erlass der Geldbuße aus, auf der das Datum und gegebenenfalls die Uhrzeit der Antragstellung vermerkt sind.

(18) Sobald die Kommission die Informationen und Beweismittel des Unternehmens im Sinne von Randnummer (16) Buchstabe a) erhalten und festgestellt hat, dass die unter Randnummer (8) Buchstabe a) bzw. unter Randnummer (8) Buchstabe b) genannten Bedingungen erfüllt sind, gewährt sie dem Unternehmen schriftlich einen bedingten Erlass der Geldbuße.

(19) Hat das Unternehmen Informationen und Beweise in hypothetischer Form vorgelegt, prüft die Kommission, ob die in der ausführlichen Aufstellung gemäß Randnummer (16) Buchstabe b) beschriebenen Beweismittel ihrer Art und ihrem Inhalt nach die unter Randnummer (8) Buchstabe a) bzw. unter Randnummer (8) Buchstabe b) genannten Bedingungen erfüllen, und setzt das Unternehmen davon in Kenntnis. Nach Vorlage der Beweismittel spätestens zu dem mit der Kommission vereinbarten Zeitpunkt und Feststellung, dass diese Beweismittel den Angaben in der Aufstellung entsprechen, gewährt die Kommission dem Unternehmen schriftlich einen bedingten Erlass der Geldbuße.

(20) Sollte sich herausstellen, dass ein Erlass nicht möglich ist oder dass das Unternehmen die unter Randnummer (8) Buchstabe a) bzw. unter Randnummer (8) Buchstabe b) genannten Bedingungen nicht erfüllt, setzt die Kommission das Unternehmen hiervon schriftlich in Kenntnis. In diesem Fall kann das Unternehmen die Beweismittel, die es zur Begründung seines Antrags auf Geldbußenerlass offengelegt hat, zurückziehen oder die Kommission ersuchen, diese Beweismittel im Rahmen

von Abschnitt III dieser Mitteilung zu berücksichtigen. Dessen ungeachtet kann die Kommission weiter von ihren Ermittlungsbefugnissen Gebrauch machen, um Informationen einzuholen.

(21) Die Kommission wird andere Anträge auf Geldbußenerlass im Zusammenhang mit demselben mutmaßlichen Kartellverstoß unabhängig davon, ob der Antrag auf Geldbußenerlass förmlich gestellt oder ein Marker beantragt wurde, erst dann prüfen, wenn sie einen ihr bereits vorliegenden Antrag beschieden hat.

(22) Hat das Unternehmen am Ende des Verwaltungsverfahrens die unter Randnummer (12) genannten Voraussetzungen erfüllt, erlässt die Kommission in der entsprechenden Entscheidung dem Unternehmen die Geldbuße. Hat das Unternehmen am Ende des Verwaltungsverfahrens die unter Randnummer (12) genannten Voraussetzungen nicht erfüllt, wird ihm keine begünstigende Behandlung auf der Grundlage dieser Mitteilung gewährt. Stellt die Kommission nach Zusicherung eines bedingten Erlasses der Geldbuße abschließend fest, dass der Antragsteller andere Unternehmen zur Teilnahme an dem Kartell gezwungen hat, wird der Erlass der Geldbuße nicht gewährt.

III. Ermäßigung der Geldbuße

A. Voraussetzungen für eine Ermäßigung der Geldbuße

(23) Unternehmen, die ihre Beteiligung an einem mutmaßlichen, die Gemeinschaft betreffenden Kartell offenlegen und die die Voraussetzungen in Abschnitt II nicht erfüllen, kann eine Ermäßigung der Geldbuße gewährt werden, die andernfalls verhängt worden wäre.

(24) Um für eine Ermäßigung der Geldbuße in Betracht zu kommen, muss das Unternehmen der Kommission Beweismittel für die mutmaßliche Zuwiderhandlung vorlegen, die gegenüber den bereits im Besitz der Kommission befindlichen Beweismitteln einen erheblichen Mehrwert darstellen, und die unter Randnummer (12) Buchstaben a) bis c) genannten Bedingungen kumulativ erfüllen.

(25) Der Begriff „Mehrwert“ bezieht sich auf das Ausmaß, in dem die vorgelegten Beweismittel aufgrund ihrer Eigenschaft und/oder ihrer Ausführlichkeit der Kommission dazu verhelfen, das mutmaßliche Kartell nachzuweisen. Bei ihrer Würdigung wird die Kommission im Allgemeinen schriftlichen Beweisen aus der Zeit des nachzuweisenden Sachverhalts einen größeren Wert beimessen als solchen, die zeitlich später einzuordnen sind. Belastende Beweismittel, die den fraglichen Sachverhalt unmittelbar betreffen, werden höher eingestuft als jene, die nur einen mittelbaren Bezug aufweisen. Desgleichen ist der Wert der vorgelegten Beweismittel, die gegen andere, an dem Fall beteiligte Unternehmen verwendet werden sollen, auch davon abhängig, inwieweit andere Quellen zu deren Bestätigung herangezogen werden müssen, so dass zwingende Beweise als wertvoller angesehen werden als Beweise wie z. B. Erklärungen, die für den Fall ihrer Anfechtung einer Untermauerung bedürfen.

(26) Die Kommission wird in ihrer am Ende des Verwaltungsverfahrens erlassenen endgültigen Entscheidung darüber befinden, in welchem Umfang die Geldbuße, die andernfalls verhängt worden wäre, ermäßigt wird.

- Für das erste Unternehmen, das Beweismittel mit erheblichem Mehrwert vorlegt, wird eine Ermäßigung zwischen 30% und 50%,
- für das zweite Unternehmen, das Beweismittel mit erheblichem Mehrwert vorlegt, eine Ermäßigung zwischen 20% und 30% und
- für jedes weitere Unternehmen, das Beweismittel mit erheblichem Mehrwert vorlegt, eine Ermäßigung bis zu 20% gewährt.

Um den Umfang der Ermäßigung der Geldbuße innerhalb dieser Bandbreiten zu bestimmen, wird die Kommission den Zeitpunkt berücksichtigen, zu dem die Beweismittel, die die Voraussetzungen unter Randnummer (24) erfüllen, vorgelegt wurden, sowie den Umfang des mit den Beweismitteln verbundenen Mehrwerts.

Übermittelt das Unternehmen, das den Antrag auf Ermäßigung der Geldbuße stellt, als erstes zwingende Beweise im Sinne der Randnummer (25), die die Kommission zur Feststellung zusätzlicher, die Schwere oder Dauer der Zuwiderhandlung erhöhender Tatsachen heranzieht, wird die Kommission diese zusätzlichen Tatsachen bei der Festsetzung der Geldbuße für das Unternehmen, das diese Beweise vorlegte, nicht berücksichtigen.

B. Verfahren

(27) Ein Unternehmen, das in den Genuss einer Ermäßigung der Geldbuße kommen möchte, muss bei der Kommission einen förmlichen Antrag stellen und mit ausreichenden Beweisen für das mutmaßliche Kartell versehen, um für eine Ermäßigung der Geldbuße gemäß Randnummer (24) dieser Mitteilung in Betracht zu kommen. Alle der Kommission freiwillig vorgelegten Beweismittel, die das Unternehmen, das die Beweismittel zur Berücksichtigung im Hinblick auf eine begünstigende Behandlung nach Abschnitt III dieser Mitteilung vorlegt, müssen bei ihrer Vorlage klar als Bestandteil eines Antrags auf Ermäßigung einer Geldbuße gekennzeichnet sein.

(28) Auf Verlangen stellt die Generaldirektion Wettbewerb eine Empfangsbestätigung für den Antrag des Unternehmens auf Ermäßigung der Geldbuße und für jegliche spätere Vorlage von Beweismitteln aus, auf der jeweils das Datum und gegebenenfalls die Uhrzeit des Eingangs vermerkt sind. Die Kommission wird einen Antrag auf Ermäßigung der Geldbuße erst dann bescheiden, wenn sie ihr bereits vorliegende Anträge auf bedingten Erlass der Geldbuße im Zusammenhang mit demselben mutmaßlichen Kartellverstoß beschieden hat.

(29) Gelangt die Kommission zu dem vorläufigen Ergebnis, dass die Beweismittel des Unternehmens einen erheblichen Mehrwert im Sinne der Randnummern (24) und (25) darstellen und dass das Unternehmen die unter den Randnummern (12) und (27) festgelegten Voraussetzungen erfüllt hat, teilt sie dem Unternehmen spätestens zum Zeitpunkt der Zustellung der Mitteilung der Beschwerdepunkte schriftlich ihre Absicht mit, die Geldbuße innerhalb einer bestimmten Bandbreite gemäß Randnummer (26) zu ermäßigen. Die Kommission wird ferner innerhalb derselben Frist das Unternehmen schriftlich in Kenntnis setzen, wenn sie vorläufig feststellt, dass das Unternehmen für eine Ermäßigung der Geldbuße nicht in Betracht kommt. Die Kommission kann Anträge auf Ermäßigung der Geldbuße unberücksichtigt lassen, wenn sie gestellt worden sind, nachdem die Mitteilung der Beschwerdepunkte versendet wurde.

(30) Die Kommission bewertet in ihrer Entscheidung am Ende des Verwaltungsverfahrens die endgültige Stellung, die jedem Unternehmen, das einen Antrag auf Ermäßigung der Geldbuße gestellt hat, zukommt. Die Kommission bestimmt in ihrer endgültigen Entscheidung,

(a) ob die von einem Unternehmen vorgelegten Beweismittel einen erheblichen Mehrwert gegenüber den Beweismitteln aufweisen, die sich zu diesem Zeitpunkt bereits im Besitz der Kommission befanden,
(b) ob die unter der Randnummer (12) Buchstaben a) bis c) genannten Voraussetzungen erfüllt worden sind und
(c) den genauen Umfang der Ermäßigung, die dem Unternehmen innerhalb der unter Randnummer (26) genannten Bandbreiten gewährt wird.

Stellt die Kommission fest, dass das Unternehmen die unter Randnummer (12) genannten Voraussetzungen nicht erfüllt hat, wird ihm keine begünstigende Behandlung auf der Grundlage dieser Mitteilung gewährt.

IV. Unternehmenserklärungen im Rahmen von Anträgen auf der Grundlage dieser Mitteilung

(31) Eine Unternehmenserklärung ist eine freiwillige Darlegung seitens oder im Namen des Unternehmens gegenüber der Kommission bezüglich seines Wissens über ein Kartell und seine Beteiligung daran, die speziell für die Zwecke dieser Mitteilung erfolgt. Jede im Zusammenhang mit dieser Mitteilung an die Kommission gerichtete Erklärung ist Bestandteil der bei der Kommission geführten Akte und kann somit als Beweismittel verwendet werden.

(32) Auf Wunsch des Antragstellers kann die Kommission mündliche Unternehmenserklärungen zulassen, sofern der Antragsteller den Inhalt der Unternehmenserklärung nicht bereits Dritten gegenüber offengelegt hat. Mündliche Unternehmenserklärungen werden in den Räumlichkeiten der Kommission aufgezeichnet und niedergeschrieben. Gemäß Artikel 19 der Verordnung (EG) Nr. 1/2003 des Rates[1] und den Artikeln 3 und 17 der Verordnung (EG) Nr. 773/2004 der Kommission[2] wird den Unternehmen, die mündliche Erklärungen abgegeben haben, Gelegenheit gegeben, innerhalb einer bestimmten Frist die Aufzeichnung, die in den Räumlichkeiten der Kommission zur Verfügung gehalten wird, auf ihre technische Richtigkeit zu prüfen und ihre mündlichen Erklärungen inhaltlich zu berichtigen. Die Unternehmen können auf die Wahrnehmung dieser Rechte innerhalb der genannten Frist verzichten. In diesem Fall gilt die Aufzeichnung von jenem Zeitpunkt an als genehmigt. Nach der ausdrücklichen oder stillschweigenden Genehmigung der mündlichen Erklärung bzw. ihrer etwaigen Berichtigung hört das Unternehmen die Aufzeichnung innerhalb einer bestimmten Frist in den Räumlichkeiten der Kommission an und überprüft die Richtigkeit der Niederschrift. Die Nichteinhaltung der letzten Bestimmung kann zum Verlust der begünstigenden Behandlung nach dieser Mitteilung führen.

(33) Einsicht in Unternehmenserklärungen wird nur den Adressaten der Mitteilung der Beschwerdepunkte gewährt, sofern sie – und der Rechtsbeistand, dem in ihrem Namen Einsicht gewährt wird – sich verpflichten, Informationen aus der Unternehmenserklärung, in die ihnen Einsicht gewährt wird, nicht mit mechanischen oder elektronischen Mitteln zu kopieren und sicherzustellen, dass die Informationen aus der Unternehmenserklärung ausschließlich zu den nachstehend genannten Zwecken verwendet werden. Anderen Parteien wie z. B. Beschwerdeführern wird keine Einsicht in Unternehmenserklärungen gewährt. Die Kommission ist der Auffassung, dass dieser besondere Schutz einer Unternehmenserklärung nicht mehr gerechtfertigt ist, sobald der Antragsteller ihren Inhalt Dritten gegenüber offengelegt hat.

(34) Gemäß der Mitteilung der Kommission über die Regeln für die Einsicht in Kommissionsakten[3] wird nur den Adressaten einer Mitteilung der Beschwerdepunkte Einsicht in die Akte gewährt unter der Bedingung, dass die bei der Akteneinsicht erhaltenen Informationen nur für die Zwecke der Rechts- und Verwaltungsverfahren im Rahmen der Wettbewerbsregeln der Gemeinschaft verwendet werden, die dem Verwaltungsverfahren, in dessen Zuge Akteneinsicht gewährt wird, zugrunde liegen. Die Verwendung solcher Informationen zu einem anderen Zweck während des Verfahrens kann als Verstoß gegen die Zusammenarbeitspflicht gemäß den Randnummern (12) und (27) dieser Mitteilung angesehen werden. Falls solche Informationen verwendet werden, nachdem die Kommission eine Verbotsentscheidung in dem betreffenden Verfahren erlassen hat, kann die Kommission in etwaigen Verfahren vor

---

[1] ABl. L 1 vom 4. 1. 2003, S. 1.
[2] ABl. L 123 vom 27. 4. 2004, S. 18.
[3] ABl. C 325 vom 22. 12. 2005, S. 7.

den Gemeinschaftsgerichten beantragen, die Geldbuße für das verantwortliche Unternehmen zu erhöhen. Sollten die Informationen zu irgendeinem Zeitpunkt unter Beteiligung eines Rechtsbeistands zu einem anderen Zweck verwendet werden, kann die Kommission den Vorfall der Kammer des betreffenden Rechtsbeistands melden, damit Disziplinarmaßnahmen eingeleitet werden.

(35) Auf der Grundlage dieser Mitteilung abgegebene Unternehmenserklärungen werden den Wettbewerbsbehörden der Mitgliedstaaten nur dann gemäß Artikel 12 der Verordnung (EG) Nr. 1/2003 des Rates übermittelt, wenn die in der Bekanntmachung über die Zusammenarbeit im ECN[1] festgelegten Bedingungen erfüllt sind und das von der empfangenden Wettbewerbsbehörde gewährte Schutzniveau vor Offenlegung jenem der Kommission entspricht.

V. Allgemeines

(36) Die Kommission wird nicht entscheiden, ob ein bedingter Erlass der Geldbuße gewährt wird oder nicht bzw. ob sonst einem Antrag stattgegeben wird oder nicht, wenn sich herausstellt, dass der Antrag sich auf Zuwiderhandlungen bezieht, für die die in Artikel 25 Absatz 1 Buchstabe b) der Verordnung (EG) Nr. 1/2003 des Rates festgelegte Verfolgungsverjährungsfrist von fünf Jahren verstrichen ist, da solche Anträge gegenstandlos wären.

(37) Diese Mitteilung ersetzt ab dem Tag ihrer Veröffentlichung im Amtsblatt die Mitteilung der Kommission über den Erlass und die Ermäßigung von Geldbußen in Kartellsachen von 2002 in allen Fällen, in denen sich noch kein Unternehmen mit der Kommission in Verbindung gesetzt hat, um die Vorteile jener Mitteilung in Anspruch zu nehmen. Die Randnummern (31) bis (35) dieser Mitteilung werden jedoch ab dem Zeitpunkt ihrer Veröffentlichung für sämtliche anhängigen und neuen Anträge auf Erlass oder Ermäßigung der Geldbuße angewendet.

(38) Die Kommission ist sich der Tatsache bewusst, dass die Mitteilung berechtigte Erwartungen begründet, auf die sich die Unternehmen, die der Kommission das Bestehen eines Kartells darlegen, berufen können.

(39) In Übereinstimmung mit der Entscheidungspraxis der Kommission wird die Zusammenarbeit des Unternehmens mit der Kommission während des Verwaltungsverfahrens in der Entscheidung erwähnt, um den Erlass oder die Ermäßigung der Geldbuße zu begründen. Die Gewährung eines Geldbußenerlasses oder einer Geldbußenermäßigung lässt die zivilrechtlichen Folgen für ein Unternehmen wegen seiner Beteiligung an einer Zuwiderhandlung gegen Artikel 81 EG-Vertrag unberührt.

(40) Nach Ansicht der Kommission läuft die öffentliche Bekanntmachung von Unterlagen sowie schriftlichen und aufgezeichneten Erklärungen, die die Kommission auf der Grundlage dieser Mitteilung erhalten hat, im Allgemeinen gewissen öffentlichen und privaten Interessen (z. B. dem Schutz des Zwecks von Inspektions- und Untersuchungstätigkeiten) im Sinne von Artikel 4 der Verordnung (EG) Nr. 1049/2001[2] sogar nach Fällung der Entscheidung entgegen.

---

[1] Bekanntmachung der Kommission über die Zusammenarbeit innerhalb des Netzes der Wettbewerbsbehörden, ABl. C 101 vom 27.4.2004, S. 43.

[2] ABl. L 145 vom 31.5.2001, S. 43.

Anhang B 14. Geldbußenleitlinien 1998

Leitlinien für das Verfahren zur Festsetzung von Geldbußen, die gemäß Artikel 15 Absatz 2 der Verordnung Nr. 17 und gemäß Artikel 65 Absatz 5 EGKS-Vertrag festgesetzt werden

(ABl. 1998 C 9/3)

Die in diesen Leitlinien dargelegten Grundsätze sollen dazu beitragen, die Transparenz und Objektivität der Entscheidungen der Kommission sowohl gegenüber den Unternehmen als auch gegenüber dem Gerichtshof zu erhöhen, sowie den Ermessensspielraum bekräftigen, der vom Gesetzgeber der Kommission bei der Festsetzung der Geldbußen innerhalb der Obergrenze von 10% des Gesamtumsatzes der Unternehmen eingeräumt wurde. Dieser Ermessensspielraum muß jedoch nach zusammenhängenden, nicht diskriminierenden Leitlinien ausgefüllt werden, die im Einklang mit den bei der Ahndung der Verstöße gegen die Wettbewerbsregeln verfolgten Ziele stehen.

Das neue Verfahren für die Festsetzung des Betrags der Geldbuße beruht auf folgendem Schema, dem die Errechnung eines Grundbetrags zugrunde liegt, wobei Aufschläge zur Berücksichtigung erschwerender und Abzüge zur Berücksichtigung mildernder Umstände berechnet werden können.

1. Grundbetrag

Der Grundbetrag wird nach Maßgabe der Schwere und Dauer des Verstoßes als den einzigen Kriterien von Artikel 15 Absatz 2 der Verordnung Nr. 17 errechnet.

A. Schwere des Verstoßes

Bei der Ermittlung der Schwere eines Verstoßes sind seine Art und die konkreten Auswirkungen auf den Markt, sofern diese messbar sind, sowie der Umfang des betreffenden räumlichen Marktes zu berücksichtigen.

Die Verstöße werden in folgende drei Gruppen unterteilt: minder schwere, schwere und besonders schwere Verstöße:

– *minder schwere Verstöße:*
  Hierbei handelt es sich um in den häufigsten Fällen vertikale Beschränkungen des Handels mit begrenzten Auswirkungen auf den Markt, die zwar einen wesentlichen, jedoch relativ engen Teil des Gemeinschaftsmarkts betreffen.
  Voraussichtliche Beträge: von 1000 bis 1 Mio. ECU.
– *schwere Verstöße:*
  Es handelt sich in den meisten Fällen um horizontale oder vertikale Beschränkungen der gleichen Art wie in dem vorangehenden Fall, die jedoch entschlossener angewandt werden, deren Auswirkungen auf den Markt umfassender sind und die in einem größeren Teil des Gemeinsamen Marktes zum Tragen kommen können. Dabei kann es sich auch um den Missbrauch marktbeherrschender Stellungen (Verkaufsverweigerung, Diskriminierungen, Ausschließungen, Treuerabatte von einer beherrschenden Firma in der Absicht, Wettbewerber auszuschließen usw) handeln.
  Voraussichtliche Beträge: von 1 Mio. bis 20 Mio. ECU.

– *besonders schwere Verstöße:*
Es handelt sich im wesentlichen um horiziontale Beschränkungen wie z. B. Preiskartelle, Marktaufteilungsquoten und sonstige Beschränkungen der Funktionsweise des Binnenmarktes, wie z. B. die Abschottung der nationalen Märkte oder Mißbräuche marktbeherrschender Stellungen von Unternehmen in Quasi-Monopolstellung (siehe auch die Entscheidungen 91/297/EWG, 91/298/EWG, 91/299/EWG, 91/300/EWG und 91/301/EWG[1] – Soda Ash, 94/815/EG[2] – Zement, 94/601/EG[3] – Pappe, 92/163/EG[4] – Tetra Pak, 94/215/EGKS[5] – Träger).
Voraussichtliche Beträge: oberhalb von 20 Mio. ECU.

Innerhalb dieser einzelnen Kategorien und insbesondere bei den als schwer und besonders schwer eingestuften ermöglicht die Skala der festzusetzenden Geldbußen eine Differenzierung gemäß der Art des begangenen Verstoßes.

Es wird auch nötig sein, die tatsächliche wirtschaftliche Fähigkeit der Urheber der Verstöße, Wettbewerber und den Verbraucher wirtschaftlich in erheblichem Umfang zu schädigen, zu berücksichtigen und die Geldbuße auf einen Betrag festzusetzen, der eine hinreichend abschreckende Wirkung entfaltet.

Darüber hinaus könnte auch der Tatsache Rechnung getragen werden, dass Großunternehmen in den meisten Fällen über juristischen und wirtschaftlichen Sachverstand und Ressourcen verfügen, anhand deren sie besser erkennen können, in welchem Maß ihre Vorgehensweise einen Verstoß darstellt und welche Folgen aus wettbewerbsrechtlicher Sicht zu gewärtigen sind.

Bei Verstößen, an denen mehrere Unternehmen beteiligt sind (Kartelle), sollten in bestimmten Fällen die innerhalb der einzelnen vorstehend beschriebenen Gruppen festgesetzten Beträge gewichtet werden, um das jeweilige Gewicht und damit die tatsächliche Auswirkung des Verstoßes jedes einzelnen Unternehmens auf den Wettbewerb zu berücksichtigen, vor allem, wenn an einem Verstoß der selben Art Unternehmen von sehr unterschiedlicher Größe beteiligt waren.

Der Grundsatz der Strafgleichheit für die gleiche Verhaltensweise kann somit gegebenenfalls dazu führen, dass abgestufte Beträge gegenüber den beteiligten Unternehmen festgesetzt werden, wobei dieser Abstufung keine arithmetische Formel zugrunde liegt.

B. Dauer des Verstoßes

Bei der Berücksichtigung der Dauer eines Verstoßes ist wie folgt zu unterscheiden:
– Verstoß von kurzer Dauer (in der Regel weniger als ein Jahr): kein Aufschlag;
– Verstoß von mittlerer Dauer (in der Regel zwischen einem und fünf Jahren): bis zu 50% des für die Schwere des Verstoßes ermittelten Betrags und
– Verstoß von langer Dauer (in der Regel mehr als fünf Jahre): für jedes Jahr des Verstoßes bis zu 10% des für die Schwere des Verstoßes ermittelten Betrags.

Aus dieser Berechnung kann sich die Festsetzung eines Zuschlags zu der Geldbuße ergeben.

Grundsätzlich soll der Aufschlag bei Verstößen von langer Dauer gegenüber der bisherigen Praxis spürbar erhöht werden, um die Wettbewerbsbeschränkungen, die sich auf die Verbraucher dauerhaft schädlich ausgewirkt haben, wirksam zu ahnden. Dieses neue Vorgehen ist im Zusammenhang mit den Auswirkungen zu sehen, die von der Mitteilung vom 18. Juli 1996 über die Nichtfestsetzung oder die niedrigere

---

1 ABl. L 152 vom 15. 6. 1991, S. 54.
2 ABl. L 343 vom 30. 12. 1994, S. 1.
3 ABl. L 243 vom 19. 9. 1994, S. 1.
4 ABl. L 72 vom 18. 3. 1992, S. 1.
5 ABl. L 116 vom 6. 5. 1994, S. 1.

Festsetzung von Geldbußen in Kartellsachen[6] erwartet werden. Die Drohung eines spürbaren Aufschlags entsprechend der Dauer des Verstoßes wird den Anreiz erhöhen, diese anzuzeigen oder mit der Kommission zusammenzuarbeiten.

Der Grundbetrag ist das Ergebnis der beiden vorgenannten Größen:

x Schwere + y Dauer = Grundbetrag

2. Erschwerende Umstände

Erhöhung des Grundbetrags bei gewissen erschwerenden Umständen wie z. B.:

- erneuter, gleichartiger Verstoß des/derselben Unternehmen(s),
- Verweigerung der Zusammenarbeit oder sogar Behinderungsversuche während des Untersuchungsverlaufs,
- Rolle als Anführer oder Anstifter des Verstoßes,
- Vergeltungsmaßnahmen gegenüber anderen Unternehmen, um die „Einhaltung" der beschlossenen Verstöße durchzusetzen,
- Erfordernis, die Geldbuße zu erhöhen, um den Betrag der aufgrund der Verstöße unrechtmäßig erzielten Gewinne zu übertreffen, sofern dieser Betrag objektiv ermittelt werden kann,
- sonstige.

3. Mildernde Umstände

Verringerung des Grundbetrags bei mildernden Umständen wie z. B.:

- ausschließlich passive Mitwirkung oder reines Mitläufertum,
- tatsächliche Nichtanwendung der Vereinbarungen über Verstöße,
- Beendigung der Verstöße nach dem ersten Eingreifen der Kommission (insbesondere Nachprüfungen),
- Nachweis berechtigter Zweifel des Unternehmens an der Rechtswidrigkeit seines wettbewerbswidrigen Verhaltens,
- fahrlässige, unvorsätzlich begangene Verstöße,
- aktive Mitwirkung des Unternehmens an dem Verfahren außerhalb des Anwendungsbereichs der Mitteilung vom 18. Juli 1996 betreffend die Nichtfestsetzung oder niedrigere Festsetzung von Geldbußen,
- sonstige.

4. Anwendung der Mitteilung vom 18. Juli 1996 über die Nichtfestsetzung oder die niedrigere Festsetzung von Geldbußen[7]

5. Allgemeines

a) Gemäß Artikel 15 Absatz 2 der Verordnung Nr. 17 darf der Endbetrag der nach diesem Schema ermittelten Geldbuße (Grundbetrag einschließlich der durch die erschwerenden oder mildernden Umstände bedingten prozentualen Auf- oder

---

[6] ABl. C 207 vom 18. 7. 1996, S. 4.

[7] Siehe Fußnote 6.

Abschläge) in keinem Fall 10% des Gesamtumsatzes der betroffenen Unternehmen übersteigen. Für die nach dem EGKS-Vertrag rechtswidrigen Vereinbarungen beläuft sich die in Artikel 65 Absatz 5 festgesetzte Obergrenze auf den doppelten Betrag des Umsatzes, der mit den betreffenden Erzeugnissen erzielt worden ist und der in einigen Fällen 10% des EGKS-Umsatzes der betroffenen Unternehmen erreichen kann.

Das für den Gesamtumsatz zugrunde zu legende Geschäftsjahr sollte soweit möglich das dem Jahr des Erlasses der Entscheidung vorausgehende Geschäftsjahr oder, falls Angaben zu diesem Jahr nicht verfügbar sind, das unmittelbar vorausgehende Geschäftsjahr sein.

b) Nach Durchführung der vorstehenden Berechnungen kann es je nach Fall angezeigt sein, im Hinblick auf die entsprechende Anpassung der vorgesehenen Geldbußen einige objektive Faktoren zu berücksichtigen, wie z. B. ein besonderer wirtschaftlicher Zusammenhang, die von den Beteiligten an dem Verstoß eventuell erzielten wirtschaftlichen oder finanziellen Vorteile (siehe 21. Bericht über die Wettbewerbspolitik, Ziffer 139) und die besonderen Merkmale der betreffenden Unternehmen wie z. B. ihre tatsächliche Steuerkraft in einem gegebenen sozialen Umfeld.

c) Bei Vorgängen, an denen Unternehmensvereinigungen beteiligt sind, sollten soweit wie möglich die Entscheidungen an die Mitgliederunternehmen der Vereinigungen gerichtet und die Geldbußen gegen die beteiligten Unternehmen einzeln festgesetzt werden.

Sollte diese Vorgehensweise nicht möglich sein (z. B. bei mehreren Tausend Mitgliedsunternehmen) und mit Ausnahme von Verfahren gemäß EGKS-Vertrag, ist gegenüber der Vereinigung eine Gesamtgeldbuße festzusetzen, die nach den vorgenannten Grundsätzen ermittelt wurde und dem Gesamtbetrag der Einzelgeldbußen entspricht, die gegenüber jedem einzelnen Mitgliedsunternehmen hätten festgesetzt werden müssen.

d) Die Kommission muss sich auch die Möglichkeit vorbehalten, in bestimmten Fällen eine „symbolische" Geldbuße von 1000 ECU festzusetzen, die nicht anhand der Dauer oder der erschwerenden bzw. mildernden Umstände ermittelt worden ist. Die Begründung für eine symbolische Geldbuße sollte im Text der Entscheidung aufgeführt sein.

Anhang B 15. Geldbußenleitlinien 2006

Leitlinien für das Verfahren zur Festsetzung von Geldbußen gemäß Artikel 23 Absatz 2 Buchstabe a) der Verordnung (EG) Nr. 1/2003

(ABl. 2006 C 210/2)

Einleitung

1. Gemäß Artikel 23 Absatz 2 Buchstabe a) der Verordnung (EG) Nr. 1/2003[1] kann die Kommission gegen Unternehmen und Unternehmensvereinigungen durch Entscheidung Geldbußen verhängen, wenn sie vorsätzlich oder fahrlässig gegen Artikel 81 oder Artikel 82 des Vertrags verstoßen.

2. Bei der Ausübung dieser Befugnis verfügt die Kommission in dem durch die Verordnung (EG) Nr. 1/2003 gesetzten Rahmen über ein weites Ermessen bei der Bemessung der Geldbußen[2]. Zuvorderst muss die Kommission die Schwere und die Dauer der Zuwiderhandlung berücksichtigen. Darüber hinaus dürfen die in Artikel 23 Absatz 2 Unterabsätze 2 und 3 der Verordnung (EG) Nr. 1/2003 genannten Obergrenzen nicht überschritten werden.

3. Um die Transparenz und Objektivität ihrer Entscheidungen zu erhöhen, hat die Kommission am 14. Januar 1998 Leitlinien für das Verfahren zur Festsetzung von Geldbußen veröffentlicht[3]. In acht Jahren Anwendungspraxis hat die Kommission ausreichende Erfahrung gesammelt, um die Geldbußenpolitik weiter zu entwickeln und zu verfeinern.

4. Die Befugnis zur Verhängung von Geldbußen gegen Unternehmen und Unternehmensvereinigungen, die vorsätzlich oder fahrlässig gegen Artikel 81 oder 82 des EG-Vertrags verstoßen, zählt zu den Mitteln, mit denen die Kommission den ihr durch den EG-Vertrag anvertrauten Überwachungsaufgaben nachkommt. Dazu zählt nämlich nicht nur die Pflicht, einzelne Zuwiderhandlungen zu ermitteln und zu ahnden, sondern auch der Auftrag, eine allgemeine Politik mit dem Ziel zu verfolgen, die im Vertrag niedergelegten Grundsätze auf das Wettbewerbsrecht anzuwenden und das Verhalten der Unternehmen in diesem Sinne zu lenken[4]. Dazu muss sie sicherstellen, dass ihre Maßnahmen die notwendige Abschreckungswirkung entfalten[5]. Deswegen

---

[1] Verordnung (EG) Nr. 1/2003 des Rates vom 16. Dezember 2002 zur Durchführung der in den Artikeln 81 und 82 des Vertrags niedergelegten Wettbewerbsregeln, ABl. L 1 vom 4.1.2003, S. 1.

[2] Siehe beispielsweise Urteil des EuGH vom 28. Juni 2005, *Dansk Rørindustri A/S u. a./Kommission,* Rs. C-189/02 P, C-202/02 P, C- 205/02 P bis C-208/02 P und C-213/02 P, Slg. 2005, S. I-5425, Rdnr. 172.

[3] Leitlinien für das Verfahren zur Festsetzung von Geldbußen, die gemäß Artikel 15 Absatz 2 der Verordnung Nr. 17 und gemäß Artikel 65 Absatz 5 EGKS-Vertrag festgesetzt werden (ABl. C 9 vom 14. 1. 1998, S. 3).

[4] Siehe beispielsweise Rs. C-189/02P, *Dansk Rørindustri A/S u. a./Kommission,* a. a. O., Rdnr. 170.

[5] EuGH, Urteil vom 7. Juni 1983, Rs. 100/80 bis 103/80, *Musique Diffusion française u. a./Kommission,* Slg. 1983, S. 1825, Rdnr. 106.

kann – wenn die Kommission eine Zuwiderhandlung gegen Artikel 81 oder 82 des Vertrags feststellt – es sich als notwendig erweisen, gegen diejenigen eine Geldbuße zu verhängen, die gegen das geltende Recht verstoßen haben. Diese sollte so hoch festgesetzt werden, dass nicht nur die an der Zuwiderhandlung beteiligten Unternehmen sanktioniert werden (Spezialprävention), sondern auch andere Unternehmen von der Aufnahme oder Fortsetzung einer Zuwiderhandlung gegen die Artikel 81 oder 82 abgehalten werden (Generalprävention).

5. Zur Verwirklichung dieser Ziele sollten die Geldbußen auf der Grundlage des Wertes der verkauften Waren oder Dienstleistungen berechnet werden, mit denen der Verstoß in Zusammenhang steht. Auch die Dauer der Zuwiderhandlung sollte bei der Bestimmung des angemessenen Betrags der Geldbuße eine wichtige Rolle spielen, da sie zwangsläufig die potenziellen Auswirkungen dieser Zuwiderhandlung auf dem Markt beeinflusst. Die Anzahl der Jahre, während der das Unternehmen am Verstoß beteiligt war, muss sich deshalb in der Geldbuße widerspiegeln.

6. Die Verbindung des Umsatzes auf den vom Verstoß betroffenen Märkten mit der Dauer stellt eine Formel dar, die die wirtschaftliche Bedeutung der Zuwiderhandlung und das jeweilige Gewicht des einzelnen an der Zuwiderhandlung beteiligten Unternehmens angemessen wiedergibt. Sie vermittelt Aufschluss über die Größenordnung der Geldbuße und sollte nicht als Grundlage für eine automatische arithmetische Berechnungsmethode verstanden werden.

7. Ferner ist es sinnvoll, dass ein von der Dauer der Zuwiderhandlung unabhängiger Betrag in die Geldbuße Eingang findet, um die Unternehmen von der Aufnahme rechtswidriger Verhaltensweisen abzuschrecken.

8. Nachstehend werden die Grundsätze dargelegt, nach denen die Kommission die Geldbußen gemäß Artikel 23 Absatz 2 Buchstabe a) der Verordnung (EG) Nr. 1/2003 festsetzt.

Methode für die Festsetzung der Geldbußen

9. Unbeschadet Ziffer 37 wird die Kommission die Geldbuße gegen Unternehmen und Unternehmensvereinigungen nach folgender Methode in zwei Stufen berechnen:

10. Zuerst wird für jedes einzelne Unternehmen und jede einzelne Unternehmensvereinigung ein Grundbetrag festgesetzt (siehe nachstehenden Abschnitt 1).

11. Anschließend wird dieser Betrag nach oben oder unten angepasst (siehe nachstehenden Abschnitt 2).

1. Grundbetrag der Geldbuße

12. Der Grundbetrag richtet sich nach dem Wert der verkauften Waren oder Dienstleistungen und wird anhand der nachstehend beschriebenen Methode berechnet.

A. Bestimmung des Wertes der verkauften Waren oder Dienstleistungen

13. Zur Festsetzung des Grundbetrags der Geldbuße verwendet die Kommission den Wert der von dem betreffenden Unternehmen im relevanten räumlichen Markt innerhalb des EWR verkauften Waren oder Dienstleistungen, die mit dem Verstoß in einem unmittelbaren oder mittelbaren[1] Zusammenhang stehen. Im Regelfall ist der

---

[1] Dies ist beispielsweise der Fall bei horizontalen Preisabsprachen bei denen der Preis des Produkts als Referenzpreis für Produkte höherer oder geringerer Qualität genommen wird.

Umsatz im letzten vollständigen Geschäftsjahr zugrunde zu legen, in dem das Unternehmen an der Zuwiderhandlung beteiligt war (nachstehend „Umsatz").

14. Wenn die Zuwiderhandlung einer Unternehmensvereinigung die Tätigkeiten ihrer Mitglieder betrifft, entspricht der Umsatz im Allgemeinen der Summe der Umsätze ihrer Mitglieder.

15. Die Kommission bestimmt den Umsatz eines Unternehmens mittels der zuverlässigsten Daten, die von diesem Unternehmen verfügbar sind.

16. Sind die von einem Unternehmen zur Verfügung gestellten Daten unvollständig oder unzuverlässig, kann die Kommission den Umsatz mittels der erhaltenen Teildaten und/oder jeder anderen von ihr als einschlägig oder geeignet erachteten Information bestimmen.

17. Nicht im Umsatz inbegriffen sind die Mehrwertsteuer und die übrigen unmittelbar an den Verkauf gebundenen Steuern und Abgaben.

18. Soweit sich eine Zuwiderhandlung in einem Gebiet auswirkt, das über das Gebiet des Europäischen Wirtschaftsraums („EWR") hinausreicht (beispielsweise weltweite Kartelle), gibt der innerhalb des EWR erzielte Umsatz das Gewicht der einzelnen Unternehmen bei der Zuwiderhandlung möglicherweise nicht angemessen wieder. Das ist insbesondere der Fall, wenn eine Aufteilung der Märkte weltweit vereinbart wurde.

Um in solchen Fällen sowohl den aggregierten Umsatz im EWR als auch das jeweilige Gewicht der einzelnen Unternehmen bei der Zuwiderhandlung wiederzugeben, kann die Kommission den Gesamtwert des Umsatzes mit den betreffenden Waren oder Dienstleistungen, die mit dem Verstoß in Zusammenhang stehen, im gesamten (über den EWR hinausreichenden) relevanten räumlichen Markt schätzen, den Anteil der einzelnen beteiligten Unternehmen am Umsatz auf diesem Markt ermitteln und diesen Anteil auf den aggregierten Umsatz derselben Unternehmen innerhalb des EWR anwenden. Das Ergebnis wird als Umsatz bei der Bestimmung des Grundbetrags der Geldbuße verwendet.

B. Bestimmung des Grundbetrags der Geldbuße

19. Zur Bestimmung des Grundbetrags wird ein bestimmter Anteil am Umsatz, der sich nach der Schwere des Verstoßes richtet, mit der Anzahl der Jahre der Zuwiderhandlung multipliziert.

20. Die Schwere der Zuwiderhandlung wird in jedem Einzelfall unter Berücksichtigung aller relevanten Umstände beurteilt.

21. Grundsätzlich kann ein Betrag von bis zu 30% des Umsatzes festgesetzt werden.

22. Bei der Bestimmung der genauen Höhe innerhalb dieser Bandbreite berücksichtigt die Kommission mehrere Umstände, u. a. die Art der Zuwiderhandlung, den kumulierten Marktanteil sämtlicher beteiligten Unternehmen, den Umfang des von der Zuwiderhandlung betroffenen räumlichen Marktes und die etwaige Umsetzung der Zuwiderhandlung in der Praxis.

23. Horizontale, üblicherweise geheime Vereinbarungen[1] zur Festsetzung von Preisen, Aufteilung der Märkte oder Einschränkung der Erzeugung gehören ihrer Art nach zu den schwerwiegendsten Verstößen und müssen unter wettbewerbsrechtlichen Gesichtspunkten streng geahndet werden. Für solche Zuwiderhandlungen ist daher grundsätzlich ein Betrag am oberen Ende dieser Bandbreite anzusetzen.

24. Um der Dauer der Mitwirkung der einzelnen Unternehmen an der Zuwiderhandlung in voller Länge Rechnung zu tragen, wird der nach dem Umsatz ermittelte

---

[1] Dieser Begriff erstreckt sich auf alle Vereinbarungen, aufeinander abgestimmten Verhaltensweisen und Beschlüsse von Unternehmensvereinigungen im Sinne von Artikel 81 des EG-Vertrags.

Wert (siehe oben Ziffern 20 bis 23) mit der Anzahl der Jahre multipliziert, die das Unternehmen an der Zuwiderhandlung beteiligt war. Zeiträume bis zu sechs Monaten werden mit einem halben, Zeiträume von mehr als sechs Monaten bis zu einem Jahr mit einem ganzen Jahr angerechnet.

25. Zusätzlich, unabhängig von der Dauer der Beteiligung eines Unternehmens an der Zuwiderhandlung, fügt die Kommission einen Betrag zwischen 15% und 25% des Umsatzes im Sinne von Abschnitt A hinzu um die Unternehmen von vornherein an der Beteiligung an horizontalen Vereinbarungen zur Festsetzung von Preisen, Aufteilung von Märkten oder Mengeneinschränkungen abzuschrecken. Dieser Zusatzbetrag kann auch in Fällen anderer Zuwiderhandlungen erhoben werden. Bei der Entscheidung, welcher Anteil am Umsatz zugrunde zu legen ist, berücksichtigt die Kommission mehrere Umstände, u. a. die in Ziffer 22 genannten.

26. Wenn an einer Zuwiderhandlung beteiligte Unternehmen ähnlich, aber nicht gleich hohe Umsätze erzielt haben, kann die Kommission für diese Unternehmen den gleichen Grundbetrag festsetzen. Bei der Bestimmung des Grundbetrags der Geldbuße verwendet die Kommission gerundete Werte.

2. Anpassungen des Grundbetrags

27. Bei der Bestimmung der Höhe der Geldbuße kann die Kommission Umstände berücksichtigen, die zu einer Erhöhung oder Ermäßigung des gemäß Abschnitt 1 festgesetzten Grundbetrags führen. Dabei würdigt sie in einer Gesamtperspektive sämtliche einschlägigen Umstände.

A. Erschwerende Umstände

28. Der Grundbetrag der Geldbuße kann erhöht werden, wenn die Kommission erschwerende Umstände wie beispielsweise die nachstehend aufgeführten feststellt:

- Fortsetzung einer Zuwiderhandlung oder erneutes Begehen einer gleichartigen oder ähnlichen Zuwiderhandlung, nachdem die Kommission oder eine einzelstaatliche Wettbewerbsbehörde festgestellt hat, dass das Unternehmen gegen Artikel 81 oder 82 verstoßen hatte; in diesem Fall wird der Grundbetrag für jeden festgestellten Verstoß um bis zu 100% erhöht;
- Verweigerung der Zusammenarbeit mit oder Behinderung der Untersuchung durch die Kommission;
- Rolle als Anführer oder Anstifter des Verstoßes; die Kommission würdigt ferner insbesondere Maßnahmen, mit denen andere Unternehmen zur Beteiligung an der Zuwiderhandlung gezwungen werden sollten, und/oder Vergeltungsmaßnahmen gegenüber anderen Unternehmen, mit denen die Einhaltung des rechtswidrigen Verhaltens durchgesetzt werden sollte.

B. Mildernde Umstände

29. Der Grundbetrag der Geldbuße kann verringert werden, wenn die Kommission mildernde Umstände wie beispielsweise die nachstehend aufgeführten feststellt:

- vom Unternehmen nachgewiesene Beendigung des Verstoßes nach dem ersten Eingreifen der Kommission, außer im Falle geheimer Vereinbarungen oder Verhaltensweisen (insbesondere von Kartellen);
- vom Unternehmen beigebrachte Beweise, dass die Zuwiderhandlung aus Fahrlässigkeit begangen wurde;
- vom Unternehmen beigebrachte Beweise, dass die eigene Beteiligung sehr geringfügig war und sich das Unternehmen der Durchführung der gegen die Wettbewerbsregeln verstoßenden Vereinbarungen in dem Zeitraum, in dem sie ihnen beigetreten war, in Wirklichkeit durch eigenes Wettbewerbsverhalten auf dem Markt entzogen hat; der bloße Umstand einer kürzeren Beteiligung im Vergleich

zu den übrigen Unternehmen wird nicht als mildernder Umstand anerkannt, da er bereits im Grundbetrag zum Ausdruck kommt;
- aktive Zusammenarbeit des Unternehmens mit der Kommission außerhalb des Anwendungsbereichs der Mitteilung über den Erlass und die Ermäßigung von Geldbußen in Kartellsachen und über seine rechtliche Verpflichtung zur Zusammenarbeit hinaus;
- Genehmigung oder Ermutigung des wettbewerbswidrigen Verhaltens durch die Behörden oder geltende Vorschriften[1].

C. Aufschlag zur Gewährleistung einer abschreckenden Wirkung

30. Die Kommission wird besonders darauf achten, dass die Geldbußen eine ausreichend abschreckende Wirkung entfalten; zu diesem Zweck kann sie die Geldbuße gegen Unternehmen erhöhen, die besonders hohe Umsätze mit Waren oder Dienstleistungen, die nicht mit der Zuwiderhandlung in Zusammenhang stehen, erzielt haben.

31. Ferner kann die Kommission die Geldbuße erhöhen, damit ihr Betrag die aus der Zuwiderhandlung erzielten widerrechtlichen Gewinne übersteigt, sofern diese Gewinne geschätzt werden können.

D. Rechtliche Obergrenze

32. Die Geldbuße für jedes an der Zuwiderhandlung beteiligte Unternehmen oder jede beteiligte Unternehmensvereinigung darf gemäß Artikel 23 Absatz 2 der Verordnung (EG) Nr. 1/2003 10% seines bzw. ihres jeweiligen im vorausgegangenen Geschäftsjahr erzielten Gesamtumsatzes nicht übersteigen.

33. Steht die Zuwiderhandlung einer Unternehmensvereinigung mit der Tätigkeit ihrer Mitglieder im Zusammenhang, so darf die Geldbuße 10% der Summe der Gesamtumsätze derjenigen Mitglieder, die auf dem Markt tätig waren, auf dem sich die Zuwiderhandlung der Vereinigung auswirkte, nicht übersteigen.

E. Mitteilung über den Erlass und die Ermäßigung von Geldbußen in Kartellsachen

34. Die Kommission wendet die Bestimmungen über den Erlass und die Ermäßigung von Geldbußen gemäß der jeweils geltenden Mitteilung an.

F. Leistungsfähigkeit der Unternehmen

35. Unter außergewöhnlichen Umständen kann die Kommission auf Antrag die Leistungsfähigkeit eines Unternehmens in einem gegebenen sozialen und ökonomischen Umfeld berücksichtigen. Die Kommission wird jedoch keine Ermäßigung wegen der bloßen Tatsache einer nachteiligen oder defizitären Finanzlage gewähren. Eine Ermäßigung ist nur möglich, wenn eindeutig nachgewiesen wird, dass die Verhängung einer Geldbuße gemäß diesen Leitlinien die wirtschaftliche Überlebensfähigkeit des Unternehmens unwiderruflich gefährden und ihre Aktiva jeglichen Wertes berauben würde.

Abschließende Erwägungen

36. In bestimmten Fällen kann die Kommission eine symbolische Geldbuße verhängen. Die Gründe sind in der Entscheidung darzulegen.

---

[1] Dies schließt keine Handlung gegen den jeweiligen Mitgliedstaat aus.

37. In diesen Leitlinien wird die allgemeine Methode für die Berechnung der Geldbußen dargelegt; jedoch können die besonderen Umstände eines Falles oder die Notwendigkeit einer ausreichend hohen Abschreckungswirkung ein Abweichen von dieser Methode oder der in Ziffer 21 festgelegten Obergrenze rechtfertigen.

38. Diese Leitlinien finden in sämtlichen Verfahren Anwendung, in denen nach ihrer Veröffentlichung im Amtsblatt, eine Mitteilung der Beschwerdepunkte ergeht, ungeachtet der Frage, ob die Geldbuße gemäß Artikel 23 Absatz 2 der Verordnung (EG) Nr. 1/2003 oder gemäß Artikel 15 Absatz 2 der Verordnung Nr. 17 verhängt wird[1].

---

[1] Artikel 15 Absatz 2 der Verordnung Nr. 17 vom 6. Februar 1962, Erste Durchführungsverordnung zu den Artikeln 85 und 86 [inzwischen 81 und 82] des Vertrages (ABl. Nr. 13 vom 21.2.1962, S. 204/62).

Anhang B 16. Mitteilung über Vergleichsverfahren

Mitteilung der Kommission über die Durchführung von Vergleichsverfahren bei dem Erlass von Entscheidungen nach Artikel 7 und Artikel 23 der Verordnung (EG) Nr. 1/2003 des Rates in Kartellfällen

(ABl. 2008 C 167/1)

1. Einleitung

1. Diese Mitteilung enthält Rahmenbestimmungen für die Belohnung der Zusammenarbeit bei der Durchführung von Verfahren zur Anwendung von Artikel 81 des EG-Vertrags[1] in Kartellfällen[2]. Das Vergleichsverfahren soll die Kommission in die Lage versetzen, mit unveränderten Ressourcen mehr Fälle bearbeiten zu können, um dadurch dem Allgemeininteresse an einer wirksamen und rechtzeitigen Ahndung von Zuwiderhandlungen zu entsprechen und die Abschreckungswirkung insgesamt zu verbessern. Die in dieser Mitteilung beschriebene Form der Zusammenarbeit unterscheidet sich von der freiwilligen Vorlage von Beweisstücken, um eine Untersuchung der Kommission auszulösen oder zu beschleunigen, die von der Mitteilung der Kommission über den Erlass und die Ermäßigung von Geldbußen in Kartellsachen[3] (Kronzeugenregelung) erfasst wird. Kommt die Zusammenarbeit eines Unternehmens für die Anwendung beider Kommissionsmitteilungen in Betracht, kann es zweifach belohnt werden[4].

2. Sind Parteien eines Verfahrens bereit, ihre Teilnahme an einem gegen Artikel 81 des EG-Vertrags verstoßenden Kartell und ihre entsprechende Haftbarkeit einzugestehen, können sie zur Beschleunigung des Verfahrens, das zum Erlass der entsprechenden Entscheidung nach den Artikeln 7 und 23 der Verordnung (EG) Nr. 1/2003 des Rates vom 16. Dezember 2002 zur Durchführung der in den Artikeln 81 und 82 des EG-Vertrages niedergelegten Wettbewerbsregeln[5] führt, auch in der Art und Weise und mit den Absicherungen, die in dieser Mitteilung dargelegt sind, bei-

---

[1] Bezugnahmen auf Artikel 81 des EWR-Abkommens erstrecken sich auch auf Artikel 53 des EWR-Abkommens in seiner Anwendung gemäß den Vorschriften von Artikel 56 des EWR-Abkommens.

[2] Kartelle sind Absprachen und/oder abgestimmte Verhaltensweisen zwischen zwei oder mehr Wettbewerbern zwecks Koordinierung ihres Wettbewerbsverhaltens auf dem Markt und/oder Beeinflussung der relevanten Wettbewerbsparameter durch Praktiken wie Festsetzung von Preisen oder anderen Handelsbedingungen, die Aufteilung von Produktions- oder Absatzquoten, die Aufteilung von Märkten einschließlich Angebotsabsprachen, Ein- und Ausfuhrbeschränkungen und/oder gegen andere Wettbewerber gerichtete wettbewerbsschädigende Maßnahmen. Solche Praktiken zählen zu den schwerwiegendsten Verstößen gegen Artikel 81 des EG-Vertrags.

[3] ABl. C 298 vom 8.12.2006, S. 17.

[4] Siehe Nummer 33.

[5] ABl. L 1 vom 4.1.2003, S. 1. Verordnung zuletzt geändert durch Verordnung (EG) Nr. 1419/2006 (ABl. L 269 vom 28.9.2006, S. 1.

tragen. Die Kommission als untersuchende Behörde und Hüterin des Vertrages, die befugt ist, Entscheidungen zur Durchsetzung der Wettbewerbsregeln zu erlassen, die wiederum der Kontrolle durch die gemeinschaftlichen Gerichte unterliegen, verhandelt zwar nicht über die Frage des Vorliegens einer Zuwiderhandlung gegen das Gemeinschaftsrecht und deren angemessene Ahndung, kann jedoch die in dieser Mitteilung beschriebene Zusammenarbeit belohnen.

3. In der Verordnung (EG) Nr. 773/2004 der Kommission vom 7. April 2004 über die Durchführung von Verfahren auf der Grundlage der Artikel 81 und 82 des EG-Vertrags durch die Kommission[1] sind die Grundregeln für die Durchführung von Verfahren in Kartellfällen einschließlich der für den Vergleich geltenden Regeln festgelegt. Die Verordnung (EG) Nr. 773/2004 gibt der Kommission einen Ermessensspielraum, ob sie in Kartellfällen das Vergleichsverfahren ausloten will, gewährleistet jedoch, dass den Parteien nicht auferlegt werden kann, sich für dieses Verfahren zu entscheiden.

4. Die wirksame Durchsetzung des Wettbewerbsrechts der Gemeinschaft ist mit der vollständigen Gewährleistung des rechtlichen Gehörs der Parteien vereinbar. Dies ist ein allgemeiner Grundsatz des Gemeinschaftsrechts, der unter allen Umständen und insbesondere in Kartellverfahren, die Geldbußen nach sich ziehen können, zu beachten ist. Hieraus folgt, dass die Regeln für die Durchführung der Kommissionsverfahren zur Durchsetzung von Artikel 81 des EG-Vertrags gewährleisten müssen, dass die Unternehmen- und Unternehmensvereinigungen Gelegenheit erhalten, ihre Auffassungen zum Wahrheitsgehalt und zur Erheblichkeit der Tatsachen, Beschwerdepunkte und Umstände, die von der Kommission in dem Verwaltungsverfahren angeführt werden[2], wirksam vorzubringen.

2. Verfahren

5. Die Kommission hat einen weiten Ermessensspielraum bei der Auslotung der Fälle, in denen die Parteien an Vergleichsgesprächen interessiert sein könnten, und auch bei dem Entschluss, diese Gespräche zu führen, sie zu beenden oder sich zu vergleichen. Dabei kann die Wahrscheinlichkeit berücksichtigt werden, ob mit den Parteien innerhalb einer vertretbaren Frist Einvernehmen über die potenziellen Beschwerdepunkte hinsichtlich folgender Faktoren erzielt werden kann: a) Anzahl der Parteien, b) vorhersehbare Konflikte bei der Haftungszurechnung, c) Umfang der Anfechtung des Sachverhalts usw. Den Aussichten auf eine Rationalisierung des Verfahrens aufgrund des in dem Vergleichsverfahren insgesamt erlangten Fortschritts, einschließlich des Umfangs der Belastung durch die Bereitstellung nicht vertraulicher Fassungen von Unterlagen aus der Akte, wird Rechnung getragen. Andere Erwägungen, z. B. die Entstehung eines Präzedenzfalles, können von Bedeutung sein. Die Kommission kann sich auch für einen Abbruch der Vergleichsgespräche entscheiden, wenn die Parteien in koordinierter Weise relevantes Beweismaterial für die Feststellung der Zuwiderhandlung oder eines Teils der Zuwiderhandlung oder für die Ermittlung der passenden Geldbuße verfälschen oder zerstören. Die Verfälschung oder Zerstörung von Beweismitteln, die für die Feststellung der Zuwiderhandlung oder eines Teils der Zuwiderhandlung von Bedeutung ist, kann darüber hinaus einen erschwerenden Umstand im Sinne von Randnummer 28 der Richtlinien der Kommission über die Leitlinien über das Verfahren zur Festsetzung von Geldbußen gemäß Art. 23 Absatz 2 Buchstabe a der Verordnung (EG) Nr. 1/2003[3] (die Leitlinien für

---

1 ABl. L 123 vom 27.4.2004, S. 18. Verordnung zuletzt geändert durch Verordnung (EG) Nr. 622/2008 (ABl. L 171 vom 1.7.2008, S. 3).

2 Rs. Sache 85/76 Hoffmann-La Roche/Kommission (1979), Slg. 461, Rdnrn. 9 und 11.

3 ABl. C 210 vom 1.9.2006, S. 2.

Geldbußen) bilden, und kann als ein Mangel an Zusammenarbeit im Sinne von Randnummer 12 und 27 der Kronzeugenregelung angesehen werden. Die Kommission darf Vergleichsgespräche nur auf schriftlichen Antrag der Parteien hin aufnehmen.

6. Zwar haben die Parteien keinen Anspruch auf die Durchführung eines Vergleichsverfahrens, wenn die Kommission aber in einem geeigneten Fall auslotet, ob die Parteien ein Interesse an einem Vergleichsverfahren haben könnten, erkundet sie das Interesse sich zu vergleichen bei allen Parteien eines Verfahrens.

7. Die Parteien dürfen nur mit ausdrücklicher vorheriger Zustimmung der Kommission die Inhalte der Gespräche oder der Dokumente, zu denen sie in dem Verfahren Zugang hatten, Dritten offenlegen. Die Nichteinhaltung dieser Vorschrift kann die Kommission veranlassen, dem Antrag des Unternehmens auf Anwendung des Vergleichsverfahrens nicht stattzugeben. Eine solche Offenlegung kann auch einen erschwerenden Umstand im Sinne von Randnummer 28 der Leitlinien für Geldbußen bilden und kann als ein Mangel an Zusammenarbeit im Sinne von Randnummer 12 und 27 der Kronzeugenregelung angesehen werden.

2.1 Einleitung des Vergleichsverfahrens und Sondierungsschritte

8. Erwägt die Kommission den Erlass einer Entscheidung gemäß Artikel 7 und/oder Artikel 23 der Verordnung (EG) Nr. 1/2003, muss sie im Voraus die juristischen Personen als Parteien bestimmen und anerkennen, gegen die eine Geldbuße wegen Zuwiderhandlung gegen Artikel 81 des EG-Vertrags festgesetzt werden könnte.

9. Die Einleitung des Verfahrens nach Artikel 11 Absatz 6 der Verordnung (EG) Nr. 1/2003 im Hinblick auf den Erlass einer Entscheidung kann jederzeit erfolgen, jedoch nicht später als zu dem Datum, an dem die Kommission den Parteien eine Mitteilung der Beschwerdepunkte zustellt. Artikel 2 Absatz 1 der Verordnung (EG) Nr. 773/2004 fügt hinzu, dass die Kommission, wenn sie es für angezeigt hält, das Interesse der Parteien an der Aufnahme von Vergleichsgesprächen auszuloten, spätestens zu dem Zeitpunkt ein Verfahren einleitet, an dem sie entweder ihre Beschwerdepunkte mitteilt oder, wenn dies früher erfolgt, die Parteien auffordert, ihr Interesse an der Aufnahme von Vergleichsgesprächen schriftlich zu bekunden.

10. Nach der Einleitung eines Verfahrens gemäß Artikel 11 Absatz 6 der Verordnung (EG) Nr. 1/2003 ist die Kommission die einzige Wettbewerbsbehörde, die für die Anwendung von Artikel 81 des EG-Vertrags auf den betreffenden Fall zuständig ist.

11. Sollte es die Kommission für angezeigt halten, das Interesse der Parteien an der Aufnahme von Vergleichsgesprächen auszuloten, setzt sie eine Frist von mindestens zwei Wochen nach Artikel 10a Absatz 1 und Artikel 17 Absatz 3 der Verordnung (EG) Nr. 773/2004, innerhalb der die Parteien des Verfahrens schriftlich zu erklären haben, ob sie beabsichtigen, Vergleichsgespräche aufzunehmen, um zu einem späteren Zeitpunkt möglicherweise Vergleichsausführungen vorzulegen. Diese schriftliche Erklärung kommt nicht einem Geständnis der Parteien gleich, sich an der Zuwiderhandlung beteiligt zu haben oder dafür verantwortlich zu sein.

12. Bei Einleitung eines Verfahrens gegen zwei oder mehr Parteien desselben Unternehmens teilt die Kommission jeder Partei mit, welche weiteren juristischen Personen in dem Unternehmen von dem Verfahren betroffen sind. Wenn in einem solchen Fall die betreffenden Parteien die Aufnahme von Vergleichsgesprächen wünschen, müssen sie innerhalb der unter Randnummer 11 genannten Frist gemeinsame Vertreter beauftragen, in ihrem Namen zu handeln. Die Beauftragung gemeinsamer Vertreter dient lediglich der Erleichterung der Vergleichsgespräche und greift in keiner Weise der Zuweisung der Haftung unter den Parteien vor.

13. Die Kommission kann Anträge auf Erlass oder Ermäßigung von Geldbußen mit der Begründung ablehnen, dass sie nach Ablauf der unter Randnummer 11 genannten Frist gestellt wurden.

2.2 Beginn des Vergleichsverfahrens: Vergleichsgespräche

14. Sollten Parteien Vergleichsgespräche beantragen und die Voraussetzungen der Randnummern 11 und 12 erfüllen, kann die Kommission das Vergleichsverfahren durch bilaterale Kontakte zwischen der Generaldirektion Wettbewerb und den an einem Vergleich interessierten Parteien betreiben.

15. Die Kommission befindet nach eigenem Ermessen darüber, ob die bilateralen Vergleichsgespräche mit den einzelnen Unternehmen angemessen und zügig verlaufen. Dabei bestimmt sie nach Maßgabe der in dem Vergleichsverfahren erzielten Fortschritte gemäß Artikel 10a Absatz 2 der Verordnung (EG) Nr. 773/2004 die Abfolge der bilateralen Vergleichsgespräche und den Zeitpunkt der Offenlegung von Informationen einschließlich der Beweismittel in der Kommissionsakte, die zur Erstellung der vorgesehenen Beschwerdepunkte und Ermittlung einer möglichen Geldbuße herangezogen werden[1]. Die Informationen werden nach Maßgabe der Fortschritte der Vergleichsgespräche rechtzeitig offengelegt.

16. Durch die frühzeitige Offenlegung von Informationen im Rahmen der Vergleichsgespräche gemäß Artikel 10a Absatz 2 und Artikel 15 Absatz 1a der Verordnung (EG) Nr. 773/2004 werden die Parteien über die bis dahin in Betracht gezogenen wesentlichen Elemente wie die behaupteten Tatsachen, die Einstufung dieser Tatsachen, die Schwere und Dauer des behaupteten Kartells, die Zurechnung der Haftbarkeit, die ungefähre Höhe der in Betracht kommenden Geldbußen sowie die für die Erstellung der potenziellen Beschwerdepunkte herangezogenen Beweise in Kenntnis gesetzt. Dadurch können sie zu den gegen sie gerichteten potenziellen Beschwerdepunkten Stellung nehmen und ihren Beschluss zur Inanspruchnahme des Vergleichsverfahrens in Kenntnis des Sachverhalts fassen. Die Kommission gewährt einer Partei auf Antrag auch Einsicht in die nicht vertraulichen Fassungen sämtlicher zum betreffenden Zeitpunkt in der Akte des Falles aufgeführter Unterlagen, sofern dies erforderlich ist, um dieser Partei die Möglichkeit zu geben, ihre Position hinsichtlich eines Zeitraums oder anderer Gesichtspunkte des Kartells zu ermitteln[2].

17. Führt der während der Vergleichsgespräche erzielte Erfolg zu einem Einvernehmen über den Umfang der potenziellen Beschwerdepunkte und einer Veranschlagung der möglicherweise festzusetzenden Geldbußen und ist nach vorläufiger Auffassung der Kommission angesichts der insgesamt erzielten Fortschritte mit einer Rationalisierung des Verfahrens zu rechnen, kann die Kommission eine letzte Frist von mindestens 15 Arbeitstagen einräumen, damit die Unternehmen endgültige Vergleichsausführungen gemäß Artikel 10a Absatz 2 und Artikel 17 Absatz 3 der Verordnung (EG) Nr. 773/2004 vorlegen können. Diese Frist kann auf begründeten Antrag verlängert werden. Die Parteien haben Anspruch darauf, dass ihnen vor der Festsetzung dieser Frist auf Antrag die in Randnummer 16 genannten Informationen offengelegt werden.

18. Die Parteien können während des Vergleichsverfahrens den Anhörungsbeauftragten jederzeit betreffend Fragen anrufen, die sich in Bezug auf die ordnungsgemäße Verfahrensführung stellen könnten. Der Anhörungsbeauftragte hat zu gewährleisten, dass die wirksame Ausübung der Verteidigungsrechte gewahrt bleibt.

19. Sollten die Parteien keine Vergleichsausführungen vorbringen, findet das zu der endgültigen Kommissionsentscheidung führende Verfahren gemäß den allgemei-

---

[1] Die Bezugnahme auf „etwaige Geldbußen" in Artikel 10a Absatz 2 der Verordnung (EG) Nr. 773/2004 ermöglicht es den Kommissionsdienst stellen, den von Vergleichsgesprächen betroffenen Parteien vor dem Hintergrund der in den Leitlinien über Geldbußen enthaltenen Vorgaben bzw. der Bestimmungen dieser Mitteilung oder der Kronzeugenregelung einen Schätzwert ihrer etwaigen Geldbußen zu nennen.

[2] Den Parteien wird zu diesem Zweck eine Liste sämtlicher zu jenem Zeitpunkt in der Verfahrensakte befindlicher Unterlagen bereitgestellt.

nen Vorschriften, insbesondere Artikel 10 Absatz 2, Artikel 12 Absatz 1 und Artikel 15 Absatz 1 der Verordnung (EG) Nr. 773/2004, anstelle der Bestimmungen betreffend das Vergleichsverfahren Anwendung.

2.3 Vergleichsausführungen

20. Parteien, die das Vergleichsverfahren gewählt haben, müssen ein förmliches Ersuchen in Form von Vergleichsausführungen unterbreiten. Die Vergleichsausführungen nach Artikel 10a Absatz 2 der Verordnung (EG) Nr. 773/2004 sollten Folgendes enthalten:

a) ein eindeutiges Anerkenntnis der Haftbarkeit der Parteien für die zusammenfassend dargelegte Zuwiderhandlung hinsichtlich ihres Ziels, ihrer möglichen Durchführung, des hauptsächlichen Sachverhalts, dessen juristischer Bewertung, der Rolle der Partei und der Dauer ihrer Teilnahme an der Zuwiderhandlung gemäß den Ergebnissen der Vergleichsgespräche;
b) eine Angabe[1] zum Höchstbetrag der Geldbuße, die nach Auffassung der Parteien von der Kommission verhängt werden wird und der die Parteien im Rahmen des Vergleichsverfahrens zustimmen würden;
c) eine Erklärung der Parteien, dass sie über die Beschwerdepunkte hinreichend in Kenntnis gesetzt wurden, die die Kommission zu erheben beabsichtigt, und dass sie hinreichend Gelegenheit hatten, der Kommission ihre Auffassungen vorzutragen;
d) eine Erklärung der Parteien, dass sie nicht beabsichtigen, Akteneinsicht oder eine erneute mündliche Anhörung zu beantragen, es sei denn, die Kommission gibt ihre Vergleichsausführungen in der Mitteilung der Beschwerdepunkte und der Entscheidung nicht wieder;
e) die Zustimmung der Parteien, die Mitteilung der Beschwerdepunkte und die endgültige Entscheidung gemäß Artikel 7 und Artikel 23 der Verordnung (EG) Nr. 1/2003 in der vereinbarten Amtssprache der Europäischen Gemeinschaft entgegenzunehmen.

21. Die von den Parteien im Hinblick auf einen Vergleich erteilten Anerkenntnisse und Bestätigungen sind Ausdruck ihrer Verpflichtung, an der beschleunigten Bearbeitung des Falles gemäß dem Vergleichsverfahren mitzuarbeiten. Die Anerkenntnisse und Bestätigungen hängen jedoch davon ab, dass die Kommission dem Vergleichsersuchen einschließlich des veranschlagten Höchstbetrags der Geldbuße stattgibt.

22. Vergleichsersuchen können von den Parteien nicht einseitig widerrufen werden, es sei denn, die Kommission gibt den Vergleichsersuchen nicht statt, indem sie die Vergleichsausführungen nicht zunächst in einer Mitteilung der Beschwerdepunkte und schließlich in der endgültigen Entscheidung wiedergibt (siehe Randnummern 27 und 29). Die Vergleichsausführungen gelten als in der Mitteilung der Beschwerdepunkte wiedergegeben, wenn die unter Randnummer 20 Buchstabe a genannten inhaltlichen Punkte in der Mitteilung wiedergegeben sind. Außerdem sollte mit der endgültigen Entscheidung eine Geldbuße festgesetzt werden, die den angegebenen Höchstbetrag nicht überschreitet, um davon ausgehen zu können, dass die Vergleichsausführungen wiedergegeben worden sind.

2.4 Mitteilung der Beschwerdepunkte und Erwiderung

23. Gemäß Artikel 10 Absatz 1 der Verordnung (EG) Nr. 773/2004 ist die Zustellung einer schriftlichen Mitteilung der Beschwerdepunkte an alle Parteien, gegen die Beschwerdepunkte erhoben werden, ein verbindlicher vorbereitender Schritt vor

[1] Aufgrund der in den Randnummern 16 und 17 genannten Gespräche.

dem Erlass einer endgültigen Entscheidung. Deshalb versendet die Kommission auch in einem Vergleichsverfahren eine Mitteilung der Beschwerdepunkte[1].

24. Um die wirksame Ausübung der Verteidigungsrechte zu gewährleisten, sollte die Kommission vor dem Erlass einer endgültigen Entscheidung die Parteien zu den erhobenen Beschwerdepunkten und herangezogenen Beweismitteln anhören und deren Auffassungen berücksichtigen, indem sie gegebenenfalls ihre anfängliche Beurteilung ändert[2]. Die Kommission muss in der Lage sein, nicht nur die von den Parteien im Laufe des Verfahrens vorgebrachten Argumente anzunehmen oder zurückzuweisen, sondern auch ihre eigene Bewertung der von den Parteien angeführten Argumente vorzunehmen, um entweder die Beschwerdepunkte aufzugeben, weil sie sich als unbegründet erwiesen haben, oder ihre sachlichen oder rechtlichen Argumente zur Stützung der von ihr aufrecht erhaltenen Beschwerdepunkte zu ergänzen oder neu zu bewerten.

25. Indem die Parteien vor der Mitteilung der Beschwerdepunkte einen förmlichen Vergleichsantrag in Form von Vergleichsausführungen stellen, versetzen sie die Kommission in die Lage, ihre Auffassungen bereits bei der Erstellung der Mitteilung[3] und nicht erst vor der Konsultation des Beratenden Ausschusses für Kartell- und Monopolfragen (im Folgenden: „Beratender Ausschuss") oder vor dem Erlass der endgültigen Entscheidung zu berücksichtigen[4].

26. Gibt die Mitteilung der Beschwerdepunkte die Vergleichsausführungen wieder, bestätigen die Parteien innerhalb einer von der Kommission gemäß Artikel 10a Absatz 3 und Artikel 17 Absatz 3 der Verordnung (EG) Nr. 773/2004 gesetzten Frist von wenigstens zwei Wochen durch eine eindeutige Bekräftigung, dass die Mitteilung der Beschwerdepunkte dem Inhalt ihrer Vergleichsausführungen entspricht und dass sie sich verpflichten, das Vergleichsverfahren weiterhin zu befolgen. Sollte diese Erwiderung nicht eingehen, nimmt die Kommission zu Kenntnis, dass die Partei ihrer Verpflichtung nicht nachgekommen ist, und kann ferner das Ersuchen der Partei auf Befolgung des Vergleichsverfahrens zurückweisen.

27. Die Kommission behält sich vor, die Vergleichsausführungen der Parteien in der Mitteilung der Beschwerdepunkte nicht wiederzugeben. In einem solchen Fall gelten die allgemeinen Bestimmungen von Artikel 10 Absatz 2, Artikel 12 Absatz 1 und Artikel 15 Absatz 1 der Verordnung (EG) Nr. 773/2004. Dann würde das in den Vergleichsausführungen der Parteien enthaltene Anerkenntnis als zurückgezogen gelten und könnte nicht als Beweismittel gegen eine der Parteien verwendet werden. In der Folge wären die Parteien nicht länger durch ihre Vergleichsausführungen gebunden, und auf Antrag würde ihnen eine Frist eingeräumt, innerhalb der sie ihre Verteidigung erneut unterbreiten können, sowie die Möglichkeit, Einsicht in die Akte zu nehmen und eine Anhörung zu beantragen.

---

[1] Im Kontext von Vergleichsverfahren sollte die Mitteilung der Beschwerdepunkte Informationen enthalten, die es den Parteien ermöglichen nachzuvollziehen, dass ihre Vergleichsausführungen in der Mitteilung wiedergegeben sind.

[2] Gemäß ständiger Rechtsprechung soll die Kommission ihre Entscheidungen nur auf Beschwerdepunkte stützen, zu denen die Parteien ihre Bemerkungen abgeben konnten, weshalb diesen Zugang zu der Akte der Kommission vorbehaltlich der berechtigten Interessen der Unternehmen am Schutz ihrer Geschäftsgeheimnisse zu gewähren ist.

[3] Siehe hierzu Erwägungsgrund 2 der Verordnung (EG) Nr. 622/2008: „Diese frühzeitige Weitergabe sollte die Parteien in die Lage versetzen, ihre Meinung zu den Beschwerdepunkten, die die Kommission erheben möchte und zu ihrer potenziellen Haftbarkeit abzugeben (...)".

[4] Wie in Artikel 11 Absatz 1 der Verordnung (EG) Nr. 773/2004 bzw. Artikel 27 Absatz 1 der Verordnung (EG) Nr. 1/2003 festgelegt.

2.5 Kommissionsentscheidung und Belohnung

28. Nach Eingang der Erwiderungen der Parteien auf die Mitteilung der Beschwerdepunkte, mit der sie ihre Vergleichszusage bestätigen, kann die Kommission gemäß der Verordnung (EG) Nr. 773/2004 zum Erlass der endgültigen Entscheidung gemäß Artikel 7 und/oder Artikel 23 der Verordnung (EG) Nr. 1/2003 nach Konsultierung des Beratenden Ausschusses gemäß Artikel 14 der Verordnung (EG) Nr. 1/2003 ohne einen weiteren Verfahrensschritt übergehen. Dies bedeutet, dass die Parteien, nachdem ihre Vergleichsausführungen in der Mitteilung der Beschwerdepunkte wiedergegeben wurden, keinen Antrag auf Anhörung oder Zugang zu den Akten gemäß Artikel 12 Absatz 2 und Artikel 15 Absatz 1a der Verordnung (EG) Nr. 773/2004 stellen können.

29. Die Kommission behält sich vor, eine endgültige Haltung einzunehmen, die von ihrer in der Mitteilung der Beschwerdepunkte zur Übernahme der schriftlichen Vergleichsausführungen der Parteien ursprünglich dargelegten Haltung abweicht, entweder unter Berücksichtigung der vom Beratenden Ausschuss vorgelegten Auffassung oder aus anderen vertretbaren Erwägungen im Hinblick auf die diesbezügliche Entscheidungsfreiheit der Kommission. Sollte die Kommission diesen Weg wählen, setzt sie die Parteien davon in Kenntnis und kündigt ihnen eine neue Mitteilung der Beschwerdepunkte an, damit diese ihre Verteidigungsrechte gemäß den geltenden allgemeinen Verfahrensvorschriften ausüben können. Hieraus folgt, dass die Parteien dann berechtigt wären, Zugang zu der Akte zu erhalten, eine Anhörung zu beantragen und auf die Mitteilung der Beschwerdepunkte zu antworten. Damit würde das in ihren Vergleichsausführungen gemachte Anerkenntnis als zurückgezogen gelten und kann in dem Verfahren nicht länger als Beweismittel gegen die Parteien verwendet werden.

30. Der endgültige Betrag der Geldbuße wird von der Kommission in ihrer Entscheidung zur Feststellung einer Zuwiderhandlung gemäß Artikel 7 und Verhängung einer Geldbuße gemäß Artikel 23 der Verordnung (EG) Nr. 1/2003 festgesetzt.

31. Gemäß der Entscheidungspraxis der Kommission wird die Tatsache, dass ein Unternehmen im Rahmen dieser Mitteilung an dem Verfahren mitgearbeitet hat, bei der Begründung der Höhe der Geldbuße in der endgültigen Entscheidung berücksichtigt.

32. Sollte die Kommission beschließen, eine Partei für eine Vergleich auf der Grundlage dieser Mitteilung zu belohnen, wird der Betrag der zu verhängenden Geldbuße nach Anwendung der Obergrenze von 10% gemäß den Leitlinien für das Verfahren zur Festsetzung von Geldbußen nach Artikel 23 Absatz 2 Buchstabe a der Verordnung (EG) Nr. 1/2003[1] um 10% ermäßigt. Ein gegenüber den Parteien angewandter Abschreckungsaufschlag[2] darf nicht zu einer Erhöhung um einen Faktor von mehr als 2 führen.

33. In Fällen eines Vergleichs mit Parteien, die einen Antrag auf Kronzeugenbehandlung gestellt haben, werden die Geldbußenermäßigung für den Vergleich und die Geldbußenermäßigung im Rahmen der Kronzeugenbehandlung kumuliert.

3. Allgemeine Erwägungen

34. Diese Mitteilung gilt für alle von der Kommission während oder nach ihrer Veröffentlichung im Amtsblatt der Europäischen Union bearbeiteten Fälle.

35. Einsicht in Vergleichsausführungen wird nur den Adressaten der Mitteilung der Beschwerdepunkte gewährt, die keinen Vergleich beantragt haben, sofern sie –

---

[1] ABl. C 210 vom 1.9.2006, S. 2.

[2] Siehe Randnummer 30 der Leitlinien über Geldbußen.

und der Rechtsbeistand, dem in ihrem Namen Einsicht gewährt wird – sich verpflichten, Informationen aus den Vergleichsausführungen, in die ihnen Einsicht gewährt wird, nicht mit mechanischen oder elektronischen Mitteln zu kopieren und sicherzustellen, dass die Informationen aus den Vergleichsausführungen nur für die Zwecke der Rechtsund Verwaltungsverfahren im Rahmen der Wettbewerbsregeln der Gemeinschaft verwendet werden, die dem Verfahren, in dessen Zuge die Einsicht gewährt wird, zugrunde liegen. Anderen Parteien wie z. B. Beschwerdeführern wird keine Einsicht in Vergleichsausführungen gewährt.

36. Die Verwendung solcher Informationen zu einem anderen Zweck kann als Verstoß gegen die Zusammenarbeitspflicht gemäß den Randnummern 12 und 27 der Kronzeugenregelung angesehen werden. Falls solche Informationen verwendet werden, nachdem die Kommission eine Verbotsentscheidung in dem betreffenden Verfahren erlassen hat, kann die Kommission in etwaigen Verfahren vor den Gemeinschaftsgerichten beantragen, die Geldbuße für das verantwortliche Unternehmen zu erhöhen. Sollten die Informationen jemals unter Beteiligung eines Rechtsbeistands zu einem anderen Zweck verwendet werden, kann die Kommission den Vorfall der Kammer des betreffenden Rechtsbeistands melden, damit disziplinarische Maßnahmen eingeleitet werden.

37. Vergleichsausführungen auf der Grundlage dieser Mitteilung werden den Wettbewerbsbehörden der Mitgliedstaaten nur dann gemäß Artikel 12 der Verordnung (EG) Nr. 1/2003 übermittelt, wenn die in der Bekanntmachung über die Zusammenarbeit im ECN[1] festgelegten Bedingungen erfüllt sind und der von der empfangenden Wettbewerbsbehörde gewährte Schutz vor Offenlegung jenem der Kommission entspricht.

38. Auf Wunsch des Antragstellers kann die Kommission mündliche Vergleichsausführungen zulassen. Mündliche Vergleichsausführungen werden von der Kommission aufgezeichnet und niedergeschrieben. Gemäß Artikel 19 der Verordnung (EG) Nr. 1/2003 und Artikel 3 Absatz 3 sowie Artikel 17 Absatz 3 der Verordnung (EG) Nr. 773/2004 wird den Unternehmen, die mündliche Vergleichsausführungen abgegeben haben, Gelegenheit gegeben, die Aufzeichnung, die in den Räumlichkeiten der Kommission zur Verfügung gehalten wird, unverzüglich auf technische Mängel zu prüfen und inhaltlich zu berichtigen.

39. Gemäß der Bekanntmachung der Kommission über die Zusammenarbeit zwischen der Kommission und den Gerichten der EU-Mitgliedstaaten bei der Anwendung der Artikel 81 und 82 des EG-Vertrags[2] wird die Kommission Vergleichsausführungen ohne Einwilligung der betreffenden Antragsteller nicht an einzelstaatliche Gerichte weiterleiten.

40. Die Kommission ist der Auffassung, dass eine Offenlegung von Unterlagen und schriftlichen oder aufgezeichneten Ausführungen (einschließlich Vergleichsausführungen), die im Rahmen dieser Mitteilung eingehen, in der Regel bestimmte öffentliche oder private Interessen, z. B. den Schutz des Zweckes von Nachprüfungen und Untersuchungen, schädigen würde im Sinne des Artikels 4 der Verordnung (EG) Nr. 1049/2001 des Europäischen Parlaments und des Rates vom 30. Mai 2001 über den Zugang der Öffentlichkeit zu Dokumenten des Europäischen Parlaments, des Rates und der Kommission[3], auch nachdem eine Entscheidung ergangen ist.

41. Von der Kommission gemäß der Verordnung (EG) Nr. 1/2003 erlassene endgültige Entscheidungen unterliegen der richterlichen Überprüfung nach Artikel 230 des EG-Vertrags. Gemäß Artikel 229 des EG-Vertrags und Artikel 31 der Verordnung

---

[1] Bekanntmachung der Kommission über die Zusammenarbeit innerhalb des Netzes der Wettbewerbsbehörden (ABl. C 101 vom 27.4.2004, S. 43).

[2] ABl. C 101 vom 27.4.2004, S. 54; Randnummer 26.

[3] ABl. L 145 vom 31.5.2001, S. 43.

(EG) Nr. 1/2003 hat der Gerichtshof die Befugnis zur unbeschränkten Ermessensnachprüfung bei gemäß Artikel 23 der Verordnung (EG) Nr. 1/2003 erlassenen Bußgeldentscheidungen.

Überblick über das Verfahren zum Erlass einer (Vergleichs-)Entscheidung nach den Artikeln 7 und 23 der Verordnung (EG) Nr. 1/2003

I. Übliche Untersuchung

– Die Parteien können Interesse an einem hypothetischen Vergleich äußern.

II. Sondierungsschritte

– Schreiben an alle Unternehmen (und MS) zur Information über den Beschluss, ein Vergleichsverfahren einzuleiten (Artikel 11 Absatz 6) und zur Aufforderung, Interesse an einem Vergleich zu bekunden.

III. Bilaterale Vergleichsgespräche

– Offenlegung und Austausch von Argumenten über potenzielle Beschwerdepunkte, Haftung, Höhe der Geldbuße.
– Offenlegung von Beweismitteln für die Feststellung potenzieller Beschwerdepunkte, Haftung, Geldbuße.
– Offenlegung nicht vertraulicher Fassungen sonstiger Unterlagen in der Akte falls gerechtfertigt.

IV. Vergleich

– Bedingte und ggf. gemeinsame Vergleichsausführungen der Unternehmen.
– GD COMP übermittelt Empfangsbestätigung.

V. Mitteilung der Beschwerdepunkte im „Vergleichsfall"

– Zustellung der angepassten MB ggf. mit Wiedergabe der Vergleichsausführungen des Unternehmens.
– Erwiderung des Unternehmens auf die MB mit klarer Bestätigung, dass die MB seine Vergleichsausführungen wiedergibt.

VI. „Vergleichs-Entscheidung" nach den Artikeln 7 und 23 der Verordnung (EG) Nr. 1/2003

– Beratender Ausschuss zum Entwurf der angepassten endgültigen Entscheidung.
Im Falle der Genehmigung durch das Kommissionskollegium:
– Erlass der angepassten endgültigen Entscheidung.

Anhang B 17. Mitteilung über Akteneinsicht

Mitteilung der Kommission vom 15. Dezember 2005 über die Regeln für die Einsicht in Kommissionsakten in Fällen einer Anwendung der Artikel 81 und 82 EG-Vertrag (Art. 101 und 102 AEUV), Artikel 53, 54 und 57 des EWR-Abkommens und der Verordnung (EG) Nr. 139/2004

(ABl. 2005 C 325/7)

I. Einleitung und Gegenstand der Mitteilung

1. Die Einsicht in die Akten der Kommission ist eine der Verfahrensgarantien zur Wahrung der Grundsätze der Fairness und der Verteidigungsrechte. Die Akteneinsicht ist geregelt in Artikel 27 Absätze 1 und 2 der Verordnung (EG) Nr. 1/2003 des Rates[1], Artikel 15 Absatz 1 der Verordnung (EG) Nr. 773/2004 der Kommission („Durchführungsverordnung")[2], Artikel 18 Absätze 1 und 3 der Verordnung (EG) Nr. 139/2004 des Rates („Fusionskontrollverordnung")[3] und Artikel 17 Absatz 1 der Verordnung (EG) Nr. 802/2004 der Kommission („Durchführungsverordnung zur Fusionskontrollverordnung")[4]. Nach diesen Bestimmungen ist die Kommission verpflichtet, bevor sie eine Entscheidung aufgrund von Artikel 7, 8, 23 und 24 Absatz 2 der Verordnung Nr. 1/2003 und Artikel 6 Absatz 3, Artikel 7 Absatz 3, Artikel 8 Absätze 2 bis 6, Artikel 14 und Artikel 15 der Fusionskontrollverordnung erlässt, den jeweiligen Personen, Unternehmen bzw. Unternehmensvereinigungen Gelegenheit zu geben, zu den gegen sie vorgebrachten Beschwerdepunkten oder Einwänden (nachstehend: Beschwerdepunkte) Stellung zu nehmen und Einsicht in die Akten der Kommission zu nehmen, damit ihre Verteidigungsrechte während des Verfahrens vollständig gewahrt werden. Mit dieser Mitteilung wird der Rahmen für die Ausübung der in diesen Bestimmungen genannten Rechte festgelegt. Nicht behandelt wird in dieser Mitteilung die etwaige Vorlage von Schriftstücken im Zusammenhang mit anderen Verfahren. Die Mitteilung erfolgt vorbehaltlich der Auslegung dieser Bestimmungen durch die Gemeinschaftsgerichte. Die in dieser Mitteilung beschriebenen Grundsätze gelten auch in den Fällen, in denen die Kommission die Artikel 53, 54 und 57 des EWR-Abkommens anwendet.[5]

---

[1] Verordnung (EG) Nr. 1/2003 des Rates vom 16. Dezember 2002 zur Durchführung der in den Artikeln 81 und 82 des Vertrags niedergelegten Wettbewerbsregeln, ABl. L 1 vom 4.1.2003, S. 1.

[2] Verordnung (EG) Nr. 773/2004 der Kommission vom 7. April 2004 über die Durchführung von Verfahren auf der Grundlage der Artikel 81 und 82 EG-Vertrag durch die Kommission, ABl. L 123 vom 27.4.2004, S. 18.

[3] Verordnung (EG) Nr. 139/2004 des Rates vom 20. Januar 2004 über die Kontrolle von Unternehmenszusammenschlüssen, ABl. L 24 vom 29.1.2004, S. 1.

[4] Verordnung (EG) Nr. 802/2004 der Kommission vom 21. April 2004 zur Durchführung der Verordnung (EG) Nr. 139/2004 des Rates über die Kontrolle von Unternehmenszusammenschlüssen, ABl. L 133 vom 30.4.2004, S. 1. Berichtigung in ABl. L 172 vom 6.5.2004, S. 9.

[5] Verweise in dieser Mitteilung auf Artikel 81 und 82 beziehen sich daher auch auf Artikel 53, 54 und 57 des EWR-Abkommens.

2. Das oben genannte spezifische Recht unterscheidet sich vom allgemeinen Recht auf Zugang zu Dokumenten gemäß der Verordnung Nr. 1049/2001[1], das anderen Bedingungen und Ausnahmeregelungen unterliegt und einem anderen Zweck dient.

3. Unter Akteneinsicht im Sinne dieser Mitteilung ist ausschließlich die Einsichtnahme in die Verfahrensakte durch die Personen, Unternehmen oder Unternehmensvereinigungen zu verstehen, an die die Kommission eine Mitteilung der Beschwerdepunkte gerichtet hat. Die vorliegende Mitteilung erläutert, wer zu diesem Zweck Akteneinsicht nehmen kann.

4. Zwar wird in den oben genannten Verordnungen auch Beschwerdeführern und anderen Beteiligten ein Akteneinsichtsrecht bzw. ein Recht auf Einsicht in bestimmte Unterlagen eingeräumt. Dies ist aber nicht identisch mit dem Akteneinsichtsrecht der Adressaten einer Mitteilung der Beschwerdepunkte; nur auf letzteres erstreckt sich der Begriff der Akteneinsicht in dieser Mitteilung. Die Einsichtsrechte von Beschwerdeführern und sonstigen Beteiligten werden in einem separaten Abschnitt dieser Mitteilung behandelt.

5. In dieser Mitteilung wird auch ausgeführt, welche Informationen zugänglich gemacht werden, und wann und wie das Akteneinsichtsrecht ausgeübt wird.

6. Diese Mitteilung tritt ab ihrer Veröffentlichung an die Stelle der Mitteilung der Kommission von 1997[2]. Die neuen Regeln berücksichtigen die ab dem 1. Mai 2004 geltenden Vorschriften, d. h. die o. g. Verordnung Nr. 1/2003, die Fusionskontrollverordnung, die Durchführungsverordnung, die Durchführungsverordnung zur Fusionskontrollverordnung und den Beschluss der Kommission vom 23. Mai 2001 über das Mandat von Anhörungsbeauftragten in bestimmten Wettbewerbsverfahren[3]. Ebenso haben die jüngste Rechtsprechung der Gerichtshofs und des Gerichts erster Instanz[4] sowie die Fallpraxis der Kommission seit Annahme der Mitteilung von 1997 Eingang gefunden.

II. Umfang des Akteneinsichtsrecht

A. Wer hat Anspruch auf Akteneinsicht?

7. Die Akteneinsicht nach den in Ziffer 1 genannten Bestimmungen dient der wirksamen Ausübung der Verteidigungsrechte gegenüber den von der Kommission vorgebrachten Beschwerdepunkten. Zu diesem Zweck wird sowohl in Verfahren nach Artikel 81 und 82 EG-Vertrag als auch in Verfahren nach der Fusionskontrollverordnung den jeweiligen Personen, Unternehmen bzw. Unternehmensvereinigungen[5], an

---

[1] Verordnung (EG) Nr. 1049/2001 des Europäischen Parlaments und des Rates vom 30. Mai 2001 über den Zugang der Öffentlichkeit zu Dokumenten des Europäischen Parlaments, des Rates und der Kommission, ABl. L 145 vom 31.5.2001, S. 43. Vgl. etwa Urteil vom 13.4.2005, Rechtssache T-2/03, *Verein für Konsumenteninformation/Kommission,* noch nicht in der Slg. veröffentlicht.

[2] Mitteilung der Kommission über interne Verfahrensvorschriften für die Behandlung von Anträgen auf Akteneinsicht in Fällen einer Anwendung der Artikel 85 und 86 EG-Vertrag [jetzt Artikel 81 und 82], der Artikel 65 und 66 EGKS-Vertrag und der Verordnung (EWG) 4064/89 des Rates, ABl. C 23 vom 23.1.1997, S. 3.

[3] ABl. L 162 vom 19.6.2001, S. 21.

[4] Insbesondere die verbundenen Rechtssachen T-25/95 u. a., *Cimenteries CBR SA u. a./Kommission,* Slg. 2000, II-0491.

[5] Im verbleibenden Teil dieser Mitteilung schließt der Begriff „Unternehmen" sowohl Unternehmen als auch Unternehmensvereinigungen ein. Unter „Personen" sind sowohl natürliche als auch juristische Personen zu verstehen. Häufig sind Einrichtungen zugleich juristische Per-

die die Kommission ihre Beschwerdepunkte richtet (nachstehend „die Betroffenen"), auf Antrag Akteneinsicht gewährt[1].

B. Welche Dokumente dürfen eingesehen werden?

1. Inhalt der Kommissionsakte

8. Die „Akte der Kommission" in einem Wettbewerbsverfahren („die Akte") besteht aus sämtlichen Schriftstücken bzw. Dokumenten[2], die von der Generaldirektion Wettbewerb der Kommission während des Verfahrens erhalten, erstellt oder zusammengestellt wurden.

9. Bei Nachprüfungen nach Artikel 20, 21 und 22 Absatz 2 der Verordnung Nr. 1/2003 und nach Artikel 12 und 13 der Fusionskontrollverordnung kann die Kommission Schriftstücke erlangen, von denen sich einige nach einer genaueren Prüfung als dem Gegenstand der Sache fremd erweisen. Diese Schriftstücke können an die Unternehmen, bei denen sie erhalten wurden, zurückgegeben werden und gelten dann nicht länger als Teil der Akte.

2. Dokumente, in die Einsicht gewährt werden kann

10. Die Betroffenen müssen Gelegenheit erhalten, die in der Kommissionsakte enthaltenen Informationen zur Kenntnis zu nehmen, um auf dieser Grundlage zu den vorläufigen Schlussfolgerungen der Kommission, wie sie in den Beschwerdepunkten zum Ausdruck gebracht wurden, wirksam Stellung nehmen zu können. Zu diesem Zweck erhalten sie Einsicht in sämtliche Schriftstücke, die Teil der Kommissionsakte im Sinne von Ziffer 8 sind. Von der Akteneinsicht ausgenommen sind interne Schriftstücke, Geschäftsgeheimnisse anderer Unternehmen und sonstige vertrauliche Informationen[3].

11. Die Ergebnisse einer Studie, die im Zusammenhang mit einem Verfahren in Auftrag gegeben wurde, sind zusammen mit den Ausschreibungsunterlagen und dem methodischen Ansatz der Studie zugänglich. Allerdings kann der Schutz der Rechte an geistigem Eigentum Vorsichtsmaßnahmen erfordern.

---

sonen und Unternehmen, sie werden dann von beiden Begriffen erfasst. Dasselbe gilt für natürliche Personen, die ein Unternehmen im Sinne von Artikel 81 und 82 darstellen. In Fusionskontrollverfahren sind ebenso die Personen zu berücksichtigen, auf die in Artikel 3 Absatz 1 Buchstabe b) der Fusionskontrollverordnung Bezug genommen wird, selbst wenn es sich um natürliche Personen handelt. Sind Einrichtungen ohne Rechtspersönlichkeit, bei denen es sich aber auch nicht um Unternehmen handelt, an Wettbewerbsverfahren der Kommission beteiligt, werden die Grundsätze in dieser Mitteilung, soweit angemessen, entsprechend angewandt.

[1] Artikel 15 Absatz 1 der Durchführungsverordnung, Artikel 18 Absatz 3 der Fusionskontrollverordnung und Artikel 17 Absatz 1 der Durchführungsverordnung zur Fusionskontrollverordnung.

[2] In dieser Mitteilung bezeichnet der Begriff „Schriftstück" oder „Dokument" ausnahmslos sämtliche Formen der Informationsaufbereitung unabhängig vom verwendeten Medium. Er erstreckt sich auch auf sämtliche jetzt und künftig verfügbaren elektronischen Dateiformate.

[3] Artikel 27 Absatz 2 der Verordnung Nr. 1/2003, Artikel 15 Absatz 2 und 16 Absatz 1 der Durchführungsverordnung und Artikel 17 Absatz 3 der Durchführungsverordnung zur Fusionskontrollverordnung. Diese Ausnahmen werden auch erwähnt im Urteil des EuGeI, *Hercules Chemicals/Kommission,* Rechtssache T-7/89, Slg. 1991, S. II-1711, Randnummer 54. Nach Ansicht des Gerichts kann die Kommission nicht alleine entscheiden, welche Schriftstücke der Akte für die Zwecke der Verteidigung relevant sein können (Rechtssache T-30/91 *Solvay/Kommission,* Slg. [1995] II-1775, Rdnrn. 81–86, und Rechtssache T-36/91 *ICI/Kommission,* Slg. [1995] II-1847, Randnrn. 91–96).

3. Dokumente, in die keine Einsicht gewährt werden kann

3.1 Interne Schriftstücke

3.1.1 Allgemeine Grundsätze

12. Interne Schriftstücke haben weder be- noch entlastenden Charakter[1]. Sie gehören nicht zum Beweismaterial, auf das die Kommission ihre rechtliche Würdigung stützt. Die Betroffenen erhalten deswegen keine Einsicht in interne Schriftstücke in der Kommissionsakte[2]. Da diese internen Schriftstücke keine Beweiskraft haben, beeinträchtigt diese Einschränkung nicht die wirksame Ausübung des Verteidigungsrechts der Betroffenen[3].

13. Die Kommission ist nicht verpflichte[4], von Zusammenkünften mit Personen oder Unternehmen Protokolle anzufertigen. Fertigt die Kommission Protokolle an, so stellen sie eine Deutung des in den Zusammenkünften Gesagten durch die Kommission dar und sind daher als interne Schriftstücke zu betrachten. Werden die Protokolle indessen von den anwesenden Personen oder Unternehmen gebilligt, ist nach Entfernung etwaiger Geschäftsgeheimnisse und vertraulicher Angaben Einsicht zu gewähren. Solche gebilligten Protokolle gehören zum Beweismaterial, auf das die Kommission ihre rechtliche Würdigung stützen kann.[5]

14. Im Zusammenhang mit Studien, die im Rahmen des Verfahrens in Auftrag gegeben wurden, gilt der Schriftverkehr zwischen der Kommission und dem Auftragnehmer über die Bewertung der Arbeit des Auftragnehmers oder finanzielle Aspekte als interne Schriftstücke, in die keine Einsicht gewährt wird.

3.1.2 Schriftverkehr mit anderen Behörden

15. Als intern sind ebenfalls der Schriftverkehr zwischen der Kommission und anderen Behörden (der Mitgliedstaaten der EG („die Mitgliedstaaten“) oder von Drittländern) und von letzteren erhaltene interne Schriftstücke zu betrachten. Dazu zählen beispielsweise:

– der Schriftverkehr zwischen der Kommission und den Wettbewerbsbehörden der Mitgliedstaaten oder zwischen den letztgenannten[6];
– der Schriftverkehr zwischen der Kommission und anderen Behörden der Mitgliedstaaten[7];
– der Schriftverkehr zwischen der Kommission, der EFTA-Überwachungsbehörde und Dienststellen der EFTA-Staaten[8]

---

[1] Interne Schriftstücke sind beispielsweise Entwürfe, Stellungnahmen oder Vermerke der Kommissionsdienststellen oder anderer beteiligter Behörden.

[2] Artikel 27 Absatz 2 der Verordnung Nr. 1/2003, Artikel 15 Absatz 2 der Durchführungsverordnung und Artikel 17 Absatz 3 der Durchführungsverordnung zur Fusionskontrollverordnung.

[3] S. o. Ziffer 1.

[4] Urteil vom 30.9.2003 in den verbundenen Rechtssachen T-191/98 und T-212/98 bis T-214/98 *Atlantic Container Line u. a./Kommission (TACA),* Slg. [2003] II-3275, Randnrn. 349–359.

[5] Stellungnahmen, die gemäß Artikel 19 oder 20 Absatz 2 Buchstabe e der Verordnung Nr. 1/2003 oder Artikel 13 Absatz 2 Buchstabe e der Fusionskontrollverordnung aufgenommen wurden, gehören in der Regel zu den Dokumenten, in die Einsicht gewährt werden kann (s. o. Absatz 10).

[6] S. Artikel 27 Absatz 2 der Verordnung Nr. 1/2003, Artikel 15 Absatz 2 der Durchführungsverordnung, Artikel 17 Absatz 3 der Durchführungsverordnung zur Fusionskontrollverordnung.

[7] S. EuGeI, Rechtssachen T-134/94 u. a. *NMH Stahlwerke u. a./Kommission,* Slg. [1997] II-2293, Randnr. 36, und Rechtssache T-65/89, *BPB Industries and British Gypsum* Slg. [1993] II-389, Randnr. 33

[8] In dieser Mitteilung bezieht sich der Begriff „EFTA-Staaten“ auf solche EFTA-Staaten, die dem EWR angehören.

– der Schriftverkehr zwischen der Kommission und Behörden von Drittländern einschließlich der Wettbewerbsbehörden, vor allem wenn die Gemeinschaft und das Drittland ein Abkommen über die Vertraulichkeit des gegenseitigen Informationsaustauschs geschlossen haben[1].

16. Unter außergewöhnlichen Umständen wird nach Entfernung etwaiger Geschäftsgeheimnisse und anderer vertraulicher Angaben Einsicht in Schriftstücke gewährt, die von einem Mitgliedstaat, der EFTA-Überwachungsbehörde oder einem EFTA-Staat stammen. Vor der Gewährung von Einsicht in solche Schriftstücke konsultiert die Kommission die Stelle, die das Schriftstück übermittelt hat, um festzustellen, ob es Geschäftsgeheimnisse oder andere vertrauliche Angaben enthält. Dies ist der Fall, wenn Schriftstücke aus einem Mitgliedstaat Anschuldigungen gegen Verfahrensbeteiligte enthalten, die die Kommission prüfen muss oder wenn sie – ähnlich wie von privaten Beteiligten erlangte Schriftstücke – Teil des Beweismaterials im Rahmen der Ermittlungen sind. Dies gilt insbesondere im Hinblick auf:

– gemäß Artikel 12 der Verordnung Nr. 1/2003 ausgetauschte Schriftstücke und Informationen und der Kommission erteilte Auskünfte im Sinne von Artikel 18 Absatz 6 der Verordnung Nr. 1/2003;
– Beschwerden von Mitgliedstaaten nach Artikel 7 Absatz 2 der Verordnung Nr. 1/2003.

Es können ferner Schriftstücke, die von den Mitgliedstaaten oder der EFTA-Überwachungsbehörde stammen, eingesehen werden, soweit sie für die Verteidigung der Parteien im Hinblick auf die Ausübung der Zuständigkeit der Kommission relevant sind[2].

3.2. Vertrauliche Informationen

17. Die Kommissionsakte kann ferner Schriftstücke mit Geschäftsgeheimnissen oder anderen vertraulichen Informationen enthalten, die ganz oder teilweise vom Akteneinsichtsrecht ausgenommen werden können[3]. Dabei wird, soweit möglich, Einsicht in nicht vertrauliche Fassungen der ursprünglichen Informationen gewährt. Kann die Vertraulichkeit nur durch eine Zusammenfassung der relevanten Informationen gewährleistet werden, steht diese Zusammenfassung zur Einsichtnahme offen. Alle sonstigen Schriftstücke sind im Original einsehbar.

3.2.1 Geschäftsgeheimnisse

18. Könnte die Preisgabe einer Information über die Geschäftstätigkeit eines Unternehmens letzteres schwer beeinträchtigen, ist diese Information als Geschäftsgeheimnis zu betrachten[4]. Beispiele für Informationen, die als Geschäftsgeheimnisse

---

[1] Z. B. Artikel VIII Absatz 2 des Abkommens zwischen den Europäischen Gemeinschaften und der Regierung der Vereinigten Staaten von Amerika über die Anwendung ihrer Wettbewerbsregeln (ABl. L 95 vom 27.4.1995, S. 47), der bestimmt, dass die Vertragsparteien alles unternehmen („to the fullest extent possible"), um die Vertraulichkeit von Informationen zu wahren, die ihnen vom anderen Vertragspartner im Rahmen des Abkommens übermittelt wurden. Durch diesen Artikel ist die Kommission nach Völkerrecht gebunden.

[2] Im Fusionskontrollbereich kann dies insbesondere Eingaben der Mitgliedstaaten nach Artikel 9 Absatz 2 der Fusionskontrollverordnung im Hinblick auf die Verweisung eines Falles betreffen.

[3] Artikel 16 Absatz 1 der Durchführungsverordnung und Artikel 17 Absatz 3 der Durchführungsverordnung zur Fusionskontrollverordnung; Rechtssache T-7/89 *Hercules Chemicals NV/Kommission,* Slg. [1991] II-1711, Randnr. 54; Rechtssache T-23/99, LR AF 1998 *A/S/Kommission,* Slg. [2002] II-1705, Randnr. 170.

[4] Urteil vom 18.9.1996 in Rechtssache T-353/94 *Postbank NV/Kommission* Slg. [1996] II-921, Randnr. 87.

einzustufen sein können, sind etwa technische und/oder finanzielle Angaben in Bezug auf das Know-how eines Unternehmens, Kostenrechnungsmethoden, Produktionsgeheimnisse und -verfahren, Bezugsquellen, produzierte und verkaufte Mengen, Marktanteile, Kunden- und Händlerlisten, Vermarktungspläne, Kosten- und Preisstruktur oder Absatzstrategie.

3.2.2 Sonstige vertrauliche Informationen

19. Die Kategorie „sonstige vertrauliche Informationen" umfasst Informationen, die keine Geschäftsgeheimnisse sind, aber insoweit als vertraulich angesehen werden können, als eine Person oder ein Unternehmen durch ihre Offenlegung erheblich geschädigt werden können. Je nach Sachlage kann dies im Einzelfall für Angaben von Dritten zu Unternehmen gelten, die auf ihre Konkurrenten, Handelspartner, Abnehmer oder Lieferanten einen sehr starken wirtschaftlichen Druck ausüben können. Das Gericht erster Instanz und der Gerichtshof haben es als legitim betrachtet, diesen Unternehmen bestimmte Schreiben ihrer Abnehmer vorzuenthalten, weil deren Offenlegung die Verfasser leicht der Gefahr von Vergeltungsmaßnahmen aussetzen könnte[1]. Unter den Begriff der sonstigen vertraulichen Informationen können somit auch Angaben fallen, mittels derer die Betroffenen Beschwerdeführer oder sonstige Dritte identifizieren könnten, die den berechtigten Wunsch haben, anonym zu bleiben.

20. Auch Militärgeheimnisse können als sonstige vertrauliche Informationen gelten.

3.2.3 Kriterien für die Annahme eines Antrags auf vertrauliche Behandlung

21. Informationen werden als vertraulich eingestuft, wenn die betreffende Person oder das Unternehmen dies beantragt hat und dem Antrag von der Kommission stattgegeben wurde[2].

22. Vertraulichkeitsschutz kann nur für Informationen beantragt werden, die unter die obigen Beschreibungen von Geschäftsgeheimnissen oder sonstigen vertraulichen Informationen fallen. Der Antrag auf Schutz eines Geschäftsgeheimnisses oder einer vertraulichen Angabe ist zu begründen[3]. In der Regel kann Vertraulichkeitsschutz nur in Bezug auf die Informationen beantragt werden, die die Kommission vom Antragsteller selbst erhalten hat, nicht aber für Informationen aus einer anderen Quelle.

23. Informationen über ein Unternehmen, die bereits außerhalb des Unternehmens (oder im Falle einer Unternehmensgruppe außerhalb der Gruppe) oder außerhalb des Verbandes, an den sie von diesem Unternehmen übermittelt wurden, bekannt sind, können normalerweise nicht als vertraulich eingestuft werden[4]. Informationen, die ihren geschäftlichen Wert verloren haben, beispielsweise weil sie veraltet sind, kön-

[1] Die Gemeinschaftsgerichte haben sich zu dieser Frage sowohl in Verfahren, die den Missbrauch einer beherrschenden Stellung im Sinne von Artikel 82 betrafen (Rechtssache T-65/89, *BPB Industries and British Gypsum,* Slg. [1993] II-389 und Rechtssache C-310/93P, *BPB Industries and British Gypsum,* Slg. [1995] I-865), als auch in Fusionskontrollverfahren (Rechtssache T-221/95 *Endemol/Kommission,* Slg. [1999] II-1299, Randnr. 69, und Rechtssache T-5/02 *Laval/Kommission,* Slg. [2002] II-4381, Randnrn. 98ff.) geäußert.

[2] S. u. Ziffer 40.

[3] S. u. Ziffer 35.

[4] Geschäftsgeheimnisse oder sonstige vertrauliche Informationen allerdings, die einem Branchen- oder Berufsverband von seinen Mitgliedern anvertraut werden, verlieren gegenüber Dritten nicht ihren vertraulichen Charakter und können daher nicht an Beschwerdeführer weitergegeben werden. S. Verbundenen Rechtssachen. 209–215 und 218/78, *Fedetab,* Slg. [1980], 3125, Randnr. 46.

nen nicht länger als vertraulich betrachtet werden. Generell geht die Kommission davon aus, dass Informationen über Umsatz, Absatz, Marktanteile der Betroffenen und ähnliche Angaben, die älter als 5 Jahre sind, nicht länger vertraulich behandelt werden müssen[1].

24. In Verfahren nach Artikel 81 und 82 EG-Vertrag steht die Einstufung einer Information als vertraulich ihrer Offenlegung nicht entgegen, wenn sie zum Nachweis eines vorgeworfenen Verstoßes erforderlich ist („belastendes Schriftstück") oder zur Entlastung eines Betroffenen erforderlich sein könnte („entlastendes Schriftstück"). In einem solchen Fall überwiegt das Interesse am Schutz der Verteidigungsrechte der Betroffenen durch möglichst weit reichende Akteneinsicht das Interesse am Schutz vertraulicher Angaben anderer Beteiligter[2]. In einem solchen Fall befindet die Kommission über die Offenlegung. Hierzu berücksichtigt sie sämtliche relevanten Umstände, u. a.:

- die Bedeutung der Information für die Feststellung, ob eine Zuwiderhandlung vorliegt, und ihr Beweiswert;
- die etwaige Unerlässlichkeit der Information;
- ihr Sensibilitätsgrad (in welchem Maße könnte die Offenlegung der Informationen den Interessen der Person oder des Unternehmens schaden);
- das vorläufige Urteil über die Schwere der vorgeworfenen Zuwiderhandlung.

Ähnliche Erwägungen gelten in Fusionskontrollverfahren, wenn die Kommission die Preisgabe einer Information als für die Zwecke des Verfahrens notwendig betrachtet[3].

25. Beabsichtigt die Kommission die Offenlegung einer Information, gibt sie der betreffenden Person/dem betreffenden Unternehmen Gelegenheit, eine nicht vertrauliche Fassung des Schriftstücks, in dem diese Information enthalten ist, vorzulegen, die den gleichen Beweiswert hat wie die ursprünglichen Schriftstücke[4].

C. Wann wird Akteneinsicht gewährt?

26. Vor Übermittlung der Mitteilung der Beschwerdepunkte nach den in Ziffer 1 genannten Bestimmungen durch die Kommission haben die Betroffenen kein Anrecht auf Akteneinsicht.

1. Akteneinsicht in Verfahren nach Artikel 81 und 82 EG-Vertrag

27. Die Akteneinsicht wird auf Antrag und in der Regel einmalig nach Übermittlung der Mitteilung der Beschwerdepunkte gewährt, damit der Grundsatz der Fairness und die Verteidigungsrechte der Betroffenen gewahrt bleiben. In der Regel wird daher keine Einsicht in die Erwiderungen der übrigen Betroffenen auf die Beschwerdepunkte der Kommission gewährt.

Der Betroffene erhält dagegen Einsicht in Dokumente, die nach Übermittlung der Beschwerdepunkte in einem späteren Verfahrensstadium eingehen, sofern diese Dokumente neues be- oder entlastende Beweismaterial zu den gegen diesen Betroffenen in den Beschwerdepunkten erhobenen Vorwürfen darstellen können. Dies gilt insbesondere insofern, als sich die Kommission auf neue Beweise zu stützen beabsichtigt.

---

[1] S. u. Ziffern 35–38 über die Aufforderung an Unternehmen, vertrauliche Informationen kenntlich zu machen.

[2] Artikel 27 Absatz 2 der Verordnung Nr. 1/2003 und Artikel 15 Absatz 3 der Durchführungsverordnung.

[3] Artikel 18 Absatz 1 der Durchführungsverordnung zur Fusionskontrollverordnung.

[4] S. u. Ziffer 42.

2. Akteneinsicht in Fusionskontrollverfahren

28. Gemäß Artikel 18 Absätze 1 und 3 der Fusionskontrollverordnung und Artikel 17 Absatz 1 der Durchführungsverordnung zur Fusionskontrollverordnung erhalten die Anmelder auf Antrag Einsicht in die Kommissionsakte in jedem Stadium des Verfahrens zwischen dem Zeitpunkt der Zustellung der Beschwerdepunkte und der Anhörung des Beratenden Ausschusses. Nicht behandelt wird in dieser Mitteilung hingegen die etwaige Vorlage von Schriftstücken, bevor die Kommission auf der Grundlage der Fusionskontrollverordnung eine Mitteilung von Beschwerdepunkten an Unternehmen richtet[1].

III. Besondere Fragen betreffend Beschwerdeführer und andere Beteiligte

29. In diesem Abschnitt werden die Fälle behandelt, in denen die Kommission Beschwerdeführern in Verfahren nach Artikel 81 und 82 oder sonstigen Beteiligten in Fusionskontrollverfahren Einsicht in bestimmte in ihrer Akte enthaltene Schriftstücke gewähren kann oder muss. Unabhängig vom Wortlaut der einschlägigen Bestimmungen in der Durchführungsverordnung und der Durchführungsverordnung zur Fusionskontrollverordnung[2] handelt es sich um zwei – mit Blick auf Umfang, Zeitpunkt und Rechte der Beteiligten – Fälle der Einsichtnahme, die sich von der Akteneinsicht im Sinne des vorherigen Abschnitts unterscheiden.

A. Offenlegung von Schriftstücken gegenüber Beschwerdeführern in Wettbewerbsverfahren

30. Das Gericht erster Instanz hat festgestellt[3], dass Beschwerdeführer nicht über die gleichen Rechte und Garantien verfügen wie die Betroffenen, gegen die sich das Verfahren richtet. Beschwerdeführer können daher kein Recht auf Akteneinsicht geltend machen, wie es den Betroffenen zukommt.

31. Ein Beschwerdeführer, den die Kommission gemäß Artikel 7 Absatz 1 der Durchführungsverordnung von ihrer Absicht unterrichtet hat, seine Beschwerde zurückzuweisen[4], kann jedoch Einsicht in die Unterlagen beantragen, auf die die Kommission ihre vorläufige Beurteilung stützt[5]. Der Beschwerdeführer erhält eine einmalige Einsicht in diese Schriftstücke, nachdem das Schreiben versandt wurde, in dem die Kommission ihn von der geplanten Zurückweisung seiner Beschwerde unterrichtet.

---

[1] Diese Frage wird in der Anleitung der GD Wettbewerb „für eine sinnvolle Abwicklung von EG-Fusionskontrollverfahren" behandelt, die auf der Internetseite der Generaldirektion Wettbewerb abgerufen werden kann: http://europa.eu.int/comm/competition/index_de.html.

[2] In Artikel 8 Absatz 1 der Durchführungsverordnung ist von „Einsicht in Unterlagen" für Beschwerdeführer die Rede, in Artikel 17 Absatz 2 der Durchführungsverordnung zur Fusionskontrollverordnung von „Einsicht in die Verfahrensakte" für andere Beteiligte, soweit diese für die Ausarbeitung ihrer Stellungnahmen erforderlich ist.

[3] Rechtssache T-17/93, *Matra-Hachette SA/Kommission*, Slg. [1994] II-595, Randnr. 34. Das Gericht führte aus, dass die Rechte Dritter wie sie in Artikel 19 der Verordnung Nr. 17 vom 6.2.1962 (jetzt ersetzt durch Artikel 27 der Verordnung Nr. 1/2003) festgelegt sind, auf das Recht beschränkt sind, sich am Verwaltungsverfahren zu beteiligen.

[4] Mit Schreiben gemäß Artikel 7 Absatz 1 der Durchführungsverordnung *(Anhang A 1)*.

[5] Artikel 8 Absatz 1 der Durchführungsverordnung.

32. Beschwerdeführer haben kein Recht auf Einsicht in Geschäftsgeheimnisse oder sonstige vertrauliche Informationen, die die Kommission im Zuge ihrer Untersuchung erhalten hat[1].

B. Offenlegung von Schriftstücken gegenüber anderen Beteiligten in Fusionskontrollverfahren

33. Gemäß Artikel 17 Absatz 2 der Durchführungsverordnung zur Fusionskontrollverordnung kann auch anderen Beteiligten, denen die Beschwerdepunkte mitgeteilt wurden, auf Antrag Einsicht in die Verfahrensakte gewährt werden, soweit dies zur Vorbereitung ihrer Stellungnahmen erforderlich ist

34. Diese anderen Beteiligten sind die an dem Zusammenschlussvorhaben Beteiligten, die keine Anmelder sind, wie der Veräußerer und das Unternehmen, das übernommen werden soll[2].

IV. Verfahren zur Akteneinsicht

A. Vor der Akteneinsicht

35. Jede Person, die Informationen oder Stellungnahmen in einem der nachstehend aufgelisteten Fälle oder anschließend im Zuge des gleichen Verfahrens weitere Angaben vorgelegt hat, hat Informationen, die sie für vertraulich hält, unter Angabe der Gründe klar zu kennzeichnen und innerhalb der von der Kommission für die Äußerung festgesetzten Frist eine gesonderte, nicht vertrauliche Fassung vorzulegen[3]:

a) in Verfahren nach Artikel 81 und 82:
   - Adressaten der Beschwerdepunkte der Kommission, die sich zu diesen Beschwerdepunkten äußern[4];
   - ein Beschwerdeführer, der sich zu diesen Beschwerdepunkten äußert[5];
   - jede andere natürliche oder juristische Person, die beantragt, gehört zu werden und ausreichendes Interesse nachweist oder von der Kommission zur Äußerung aufgefordert wird, und die sich schriftlich oder in einer mündlichen Anhörung äußert[6];
   - ein Beschwerdeführer, der auf ein Schreiben antwortet, mit dem ihn die Kommission von ihrer Absicht unterrichtet, die Beschwerde zurückzuweisen[7];

b) in Fusionskontrollverfahren:
   - Anmelder oder andere Beteiligte, die sich zu Beschwerdepunkten der Kommission äußern, die die Kommission im Blick auf eine einen oder mehrere dieser Beteiligten beschwerende Entscheidung über einen Antrag auf Freistellung vom Aufschub des Vollzugs eines Zusammenschlusses angenommen hat, oder die sich zu einer vorläufigen Entscheidung in dieser Angelegenheit äußern[8];
   - Anmelder, an die die Kommission eine Mitteilung der Beschwerdepunkte gerichtet hat, andere Beteiligte, die von diesen Beschwerdepunkten unterrichtet wurden, oder Beteiligte, an die die Kommission Beschwerdepunkte zwecks

---

[1] Artikel 8 Absatz 1 der Durchführungsverordnung.

[2] Artikel 11 Buchstabe b) der Durchführungsverordnung zur Fusionskontrollverordnung.

[3] Artikel 16 Absatz 2 der Durchführungsverordnung und Artikel 18 Absatz 2 der Durchführungsverordnung zur Fusionskontrollverordnung.

[4] Gemäß Artikel 10 Absatz 2 der Durchführungsverordnung.

[5] Gemäß Artikel 6 Absatz 1 der Durchführungsverordnung.

[6] Gemäß Artikel 13 Absätze 1 und 3 der Durchführungsverordnung.

[7] Gemäß Artikel 7 Absatz 1 der Durchführungsverordnung.

[8] Artikel 12 der Durchführungsverordnung zur Fusionskontrollverordnung.

Verhängung einer Geldbuße oder eines Zwangsgeldes gerichtet hat, und die sich zu diesen Beschwerdepunkten äußern[1];
- Dritte, die eine Anhörung beantragen, und jede natürliche oder juristische Person, die von der Kommission zur Äußerung aufgefordert wurde, die sich schriftlich oder in einer mündlichen Anhörung äußern[2];
- jede Person, die Auskünfte nach Artikel 11 der Fusionskontrollverordnung vorlegt.

36. Ferner kann die Kommission Unternehmen[3], die Schriftstücke vorlegen oder vorgelegt haben, auffordern, die Schriftstücke oder Auszüge zu kennzeichnen, die sie als in ihrem Eigentum befindliche Geschäftsgeheimnisse oder sonstige vertrauliche Angaben betrachten, und jene Unternehmen zu benennen, denen gegenüber sie die Vertraulichkeit dieser Informationen gewahrt sehen möchten[4].

37. Zum Zweck einer raschen Bearbeitung der in Ziffer 36 genannten Anträge auf Vertraulichkeit kann die Kommission den Unternehmen eine Frist setzen, innerhalb derer sie a) ihren Anspruch auf vertrauliche Behandlung in Bezug auf jedes einzelne Schriftstück oder Teile davon begründen; b) der Kommission eine nicht vertrauliche Fassung der Unterlagen zukommen lassen, aus denen die vertraulichen Passagen entfernt worden sind[5]. In Kartellverfahren müssen die Unternehmen zudem eine knappe Beschreibung jeder Angabe, die entfernt worden ist, übermitteln[6].

38. Die nicht vertraulichen Fassungen und die Beschreibungen der entfernten Angaben müssen alle Beteiligten mit Akteneinsichtsrecht in die Lage versetzen, zu erkennen, ob die entfernten Angaben für ihre Verteidigung von Bedeutung sind und es ausreichende Gründe gibt, bei der Kommission Zugang zu diesen Angaben zu beantragen.

B. Behandlung vertraulicher Angaben

39. In Verfahren nach Artikel 81 und 82 gilt, dass die Kommission, wenn Unternehmen die oben unter Ziffern 35–37 genannten Bestimmungen nicht einhalten, annimmt, dass die einschlägigen Schriftstücke oder Erklärungen keine vertraulichen Angaben enthalten[7]. Die Kommission kann folglich davon ausgehen, dass diese Unternehmen keine Einwände gegen die Offenlegung dieser Schriftstücke und Erklärungen in ihrem vollen Umfang hegen.

40. In Verfahren nach Artikel 81 oder 82 und in Fusionskontrollverfahren wird die Kommission, wenn die Person oder das Unternehmen die jeweiligen in den Ziffern 35 bis 37 dargelegten Voraussetzungen – soweit anwendbar – erfüllt, entweder
- den gerechtfertigt erscheinenden Anträgen vorläufig stattgeben, oder
- die betreffende Person bzw. das betreffende Unternehmen davon unterrichten, dass sie mit seinem bzw. ihrem Antrag auf Vertraulichkeitsschutz ganz oder teil-

---

[1] Artikel 13 der Durchführungsverordnung zur Fusionskontrollverordnung.

[2] Gemäß Artikel 16 der Durchführungsverordnung zur Fusionskontrollverordnung.

[3] In Fusionskontrollverfahren gelten die in dieser und den nachstehenden Ziffern ausgeführten Grundsätze auch für die Personen im Sinne von Artikel 3 Absatz 1 Buchstabe b) der Fusionskontrollverordnung.

[4] Artikel 16 Absatz 3 der Durchführungsverordnung und Artikel 18 Absatz 3 der Durchführungsverordnung zur Fusionskontrollverordnung. Dies gilt auch für Schriftstücke, die während einer Nachprüfung gemäß Artikel 13 der Fusionskontrollverordnung sowie Artikel 20f. der Verordnung Nr. 1/2003 von der Kommission aufgefunden wurden.

[5] Artikel 16 Absatz 3 der Durchführungsverordnung und Artikel 18 Absatz 3 der Durchführungsverordnung zur Fusionskontrollverordnung.

[6] Artikel 16 Absatz 3 der Durchführungsverordnung.

[7] Artikel 16 der Durchführungsverordnung.

weise nicht einverstanden ist, wenn ersichtlich ist, dass der Antrag ungerechtfertigt ist.

41. Die Kommission kann ihre vorläufige Zustimmung zum Vertraulichkeitsantrag zu einem späteren Zeitpunkt ganz oder teilweise rückgängig machen.

42. Stimmt die Generaldirektion Wettbewerb dem Vertraulichkeitsantrag von Anfang an nicht zu oder will sie ihre vorläufige Zustimmung zu diesem Antrag entziehen, und beabsichtigt sie daher die Offenlegung der Information, gibt sie der betreffenden Person bzw. dem betreffenden Unternehmen Gelegenheit zur Äußerung. Hierzu unterrichtet die Generaldirektion Wettbewerb die Person bzw. das Unternehmen schriftlich und unter Angabe von Gründen von ihrer Offenlegungsabsicht und setzt ihr bzw. ihm eine Frist zur Äußerung. Bestehen nach dieser Äußerung noch unterschiedliche Auffassungen über die Preisgabe der Information fort, befasst sich der Anhörungsbeauftragte mit der Sache gemäß dem Mandat des Anhörungsbeauftragten[1].

43. Besteht die Gefahr, dass ein Unternehmen, das auf seine Konkurrenten, Handelspartner, Abnehmer oder Lieferanten einen sehr starken wirtschaftlichen Druck ausüben kann, Vergeltungsmaßnahmen gegen diese wegen ihrer Mitwirkung bei den Ermittlungen der Kommission ergreifen könnte[2], wird die Kommission die Anonymität der Informationsquelle durch Gewährung von Einsichtnahme in eine nicht vertrauliche Fassung oder eine Zusammenfassung der betreffenden Antworten schützen[3]. Anträge auf Wahrung der Anonymität in solchen Situationen und Anträge auf Wahrung der Anonymität entsprechend Ziffer 81 der Bekanntmachung der Kommission über die Behandlung von Beschwerden[4] werden entsprechend den Ziffern 40 bis 42 oben behandelt.

C. Gewährung der Akteneinsicht

44. Die Kommission kann Akteneinsicht in einem der nachfolgenden Wege gewähren, wobei sie die technischen Möglichkeiten der Beteiligten gebührend berücksichtigt:

- mittels CD-Rom oder anderen künftig verfügbaren elektronischen Datenspeichern;
- mittels Zusendung von Ablichtungen der einsehbaren Akte in Papierform auf dem Postweg;
- durch Einladung, die einsehbare Akte an Ort und Stelle in den Räumlichkeiten der Kommission einzusehen.

Die Kommission kann auch mehrere dieser Möglichkeiten miteinander verknüpfen.

45. Zur Erleichterung der Akteneinsicht erhalten die Betroffenen ein Inhaltsverzeichnis der Kommissionsakte im Sinne von Ziffer 8.

46. Die in der Kommissionsakte befindlichen Beweisunterlagen können in ihrer Originalversion eingesehen werden. Die Kommission ist nicht verpflichtet, eine Übersetzung von Schriftstücken der Akte zur Verfügung zu stellen[5].

47. Hält ein Betroffener nach erfolgter Akteneinsicht den Einblick in bestimmte nichteinsehbare Informationen für seine Verteidigung für erforderlich, kann er die

---

[1] Artikel 9 des Beschlusses der Kommission vom 23. Mai 2001 über das Mandat von Anhörungsbeauftragten in bestimmten Wettbewerbsverfahren, ABl. L 162 vom 19.6.2001, S. 21.

[2] S. o. Ziffer 19.

[3] Rechtssache T-5/02, *Tetra Laval/Kommission,* Slg. [2002] II-4381, Randnrn. 98, 104 und 105.

[4] Bekanntmachung der Kommission über die Behandlung von Beschwerden durch die Kommission gemäß Artikel 81 und 82 EG-Vertrag, ABl. C 101 vom 27.4.2004, S. 65.

[5] Rechtssache T-25/95 u. a. *Cimenteries,* Randnr. 635.

Kommission in einem mit Gründen versehenen Antrag darauf hinweisen. Sind die Dienststellen der Generaldirektion Wettbewerb nicht in der Lage, dem Antrag stattzugeben und stimmt der Betroffene ihrer Auffassung nicht zu, wird die Angelegenheit durch den Anhörungsbeauftragten gemäß dem Mandat von Anhörungsbeauftragten behandelt[1].

48. Die bei der Akteneinsicht im Einklang mit dieser Mitteilung erhaltenen Informationen dürfen nur für die Zwecke der Rechts- und Verwaltungsverfahren im Rahmen der Wettbewerbsregeln der Gemeinschaft verwendet werden, die dem Verwaltungsverfahren, in dessen Zuge Akteneinsicht gewährt wird, zugrunde liegen[2]. Sollten die Informationen jemals unter Beteiligung eines Rechtsbeistands zu einem anderen Zweck verwendet werden, kann die Kommission den Vorfall der Kammer des betreffenden Rechtsbeistands melden, damit disziplinarische Maßnahmen eingeleitet werden.

49. Mit Ausnahme der Ziffern 45 und 47 gilt der vorliegende Abschnitt C gleichermaßen für die Einsichtsrechte von Beschwerdeführern (in Verfahren nach Artikel 81 oder 82) und sonstigen Beteiligten (in Fusionskontrollverfahren).

---

[1] Artikel 8 des Beschlusses der Kommission vom 23. Mai 2001 über das Mandat von Anhörungsbeauftragten in bestimmten Wettbewerbsverfahren, ABl. L 162 vom 19.6.2001, S. 21.

[2] Artikel 15 Absatz 4 und Artikel 8 Absatz 2 der Durchführungsverordnung sowie Artikel 17 Absatz 4 der Durchführungsverordnung zur Fusionskontrollverordnung.

Anhang B 18. Bekanntmachung über Beratungsschreiben

Bekanntmachung der Kommission über informelle Beratung bei neuartigen Fragen zu den Artikeln 81 und 82 des Vertrages (Art. 101 und 102 AEUV), die in Einzelfällen auftreten (Beratungsschreiben)

(ABl. 2004 C 101/78)

I. Verordnung (EG) Nr. 1/2003

1. Mit der Verordnung (EG) Nr. 1/2003[1] ist ein neues System zur Anwendung der Artikel 81 und 82 des Vertrages eingeführt worden. Die Verordnung ist darauf ausgerichtet, das Hauptaugenmerk auf die wirksame Durchsetzung der Wettbewerbsregeln zu lenken, gleichzeitig schafft sie jedoch auch Rechtssicherheit, indem Vereinbarungen[2], die zwar unter Artikel 81 Absatz 1 des Vertrages fallen, aber die Voraussetzungen des Artikels 81 Absatz 3 des Vertrages erfüllen, rechtsgültig und vollstreckbar sind, ohne dass es hierzu der Entscheidung einer Wettbewerbsbehörde bedarf (Artikel 1 der Verordnung (EG) Nr. 1/2003).

2. Zwar sind im Rahmen der Verordnung (EG) Nr. 1/2003 neben der Kommission nun auch die Wettbewerbsbehörden der Mitgliedstaaten und die einzelstaatlichen Gerichte befugt, Artikel 81 und 82 des Vertrages in vollem Umfang anzuwenden. Die Verordnung enthält jedoch eine Reihe von Maßnahmen, die das Risiko ihrer uneinheitlichen Anwendung beschränken und dadurch den Unternehmen den in der Rechtsprechung des Gerichtshofes als vorrangig angesehenen Aspekt der Rechtssicherheit gewährleisten.

3. Unternehmen sind in der Regel gut in der Lage, die Rechtmäßigkeit ihres Verhaltens zu beurteilen und auf dieser Grundlage zu entscheiden, ob und in welcher Form sie eine Vereinbarung oder ein Verhalten aufnehmen oder fortsetzen wollen. Sie haben eine genaue Kenntnis des Sachverhalts und können sich auf die Gruppenfreistellungsverordnungen, die Rechtsprechung und Entscheidungspraxis sowie auf umfassende Ausführungen der Kommission in ihren Leitlinien und Bekanntmachungen stützen[3].

4. Parallel zur Reform der Durchführungsvorschriften zu den Artikeln 81 und 82 des Vertrages in Gestalt der Verordnung (EG) Nr. 1/2003 hat die Kommission ihre Gruppenfreistellungsverordnungen, Leitlinien und Bekanntmachungen überprüft,

---

[1] Verordnung (EG) Nr. 1/2003 des Rates vom 16. Dezember 2002 zur Durchführung der in den Artikel 81 und 82 des Vertrags niedergelegten Wettbewerbsregeln (ABl. L 1 vom 4.1.2003, S. 1–25.

[2] In dieser Bekanntmachung werden die Begriffe „Vereinbarungen, Beschlüsse von Unternehmensvereinigungen und aufeinander abgestimmte Verhaltensweisen" zusammenfassend als „Vereinbarungen" bezeichnet. Für das Verhalten marktbeherrschender Unternehmen wird der Ausdruck „Verhaltensweisen" verwendet. Der Ausdruck „Unternehmen" schließt Unternehmensvereinigungen ein.

[3] Alle einschlägigen Texte können im Internet unter folgender Adresse eingesehen werden: http://europa.eu.int/comm/competition/index_de.html

um den Unternehmen die Beurteilung ihres eigenen Falles weiter zu erleichtern. Darüber hinaus hat die Kommission Leitlinien zur Anwendung von Artikel 81 Absatz 3 des Vertrages ausgearbeitet[4]. Dies erlaubt es den Unternehmen in der weitaus überwiegenden Zahl der Fälle, die Vereinbarkeit ihrer Vereinbarungen mit Artikel 81 des Vertrages zuverlässig zu prüfen. Zudem verhängt die Kommission über symbolische Beträge[5] hinausgehende Geldbußen nur dann, wenn es sich aus allgemeinen Texten, der Rechtsprechung oder der Entscheidungspraxis ergibt, dass ein bestimmtes Verhalten eine Zuwiderhandlung darstellt.

5. In Fällen, in denen dennoch ernsthafte Rechtsunsicherheit entsteht, weil neue oder ungelöste Fragen in Bezug auf die Anwendung der Artikel 81 und 82 auftauchen, können einzelne Unternehmen den Wunsch haben, mit der Bitte um informelle Beratung an die Kommission heranzutreten[6]. Soweit sie dies für angebracht hält und es sich mit ihren Prioritäten bei der Durchsetzung des EG-Wettbewerbsrechts vereinbaren lässt, kann sich die Kommission zu neuartigen Fragen, die sich bei der Auslegung der Artikel 81 und/oder 82 des Vertrages stellen, schriftlich äußern (Beratungsschreiben). Die vorliegende Bekanntmachung behandelt Einzelheiten zu diesem Instrument.

II. Zur Einschätzung der Frage, ob ein Beratungsschreiben ergehen soll

6. Aufgrund der ihr durch die Verordnung (EG) Nr. 1/2003 übertragenen Befugnisse kann die Kommission Zuwiderhandlungen gegen Artikel 81 und 82 des Vertrages wirksam verfolgen und ahnden[7]. Ein wesentliches Ziel der Verordnung ist es, für eine wirksame Durchsetzung der EG-Wettbewerbsregeln zu sorgen, indem sie durch die Abschaffung des Anmeldesystems der Kommission ermöglicht, sich auf die Verfolgung der schwerwiegendsten Verstöße zu konzentrieren[8].

7. Zwar lässt die Verordnung (EG) Nr. 1/2003 das Recht der Kommission unberührt, einzelnen Unternehmen informelle Beratung zu leisten[9], wie in dieser Bekanntmachung ausgeführt, jedoch darf dadurch das Hauptziel der Verordnung, die wirksame Durchsetzung der Wettbewerbsregeln zu gewährleisten, nicht beeinträchtigt werden. Die Kommission darf daher einzelnen Unternehmen nur insoweit informelle Beratung leisten, wie dies mit ihren Prioritäten bei der Durchsetzung der Wettbewerbsregeln vereinbar ist.

8. Wenn die Kommission um ein Beratungsschreiben ersucht wird, erwägt sie unter Beachtung der unter Rdnr. 7 genannten Vorgaben, ob es angebracht ist, dem Ersuchen Folge zu leisten. Ein Beratungsschreiben kommt nur dann in Betracht, wenn alle folgenden Voraussetzungen zusammentreffen:

a) Die materiellrechtliche Beurteilung einer Vereinbarung oder einer Verhaltensweise auf der Grundlage von Artikel 81 und/oder 82 des Vertrages wirft eine Frage der Rechtsanwendung auf, die weder durch den bestehenden EG-Rechtsrahmen

---

[4] Bekanntmachung der Kommission – Leitlinien zur Anwendung von Artikel 81 Absatz 3 des Vertrages (S. 97).

[5] Symbolische Geldbußen betragen in der Regel 1 000 EUR; vgl. die Leitlinien der Kommission für das Verfahren zur Festsetzung von Geldbußen, die gemäß Artikel 15 Absatz 2 der Verordnung Nr. 17 und gemäß Artikel 65 Absatz 5 EGKS-Vertrag festgesetzt werden (ABl. C 9 vom 14. 1. 1998, S. 3).

[6] Rdnr. 38 der Verordnung (EG) Nr. 1/2003.

[7] Vgl. u. a. die Artikel 7 bis 9, 12, 17 bis 24 und 29 der Verordnung (EG) Nr. 1/2003.

[8] Vgl. insbesondere Erwägungsgrund 3 der Verordnung (EG) Nr. 1/2003.

[9] Vgl. Erwägungsgrund 38 der Verordnung (EG) Nr. 1/2003.

einschließlich der Rechtsprechung der Gemeinschaftsgerichte noch durch allgemein verfügbare Orientierungshilfen, die Entscheidungspraxis oder frühere Beratungsschreiben geklärt ist.

b) Eine prima facie Bewertung des Sachverhalts und der Hintergründe legt nahe, dass eine Klärung im Wege eines Beratungsschreibens zweckmäßig ist; dabei sind die nachstehenden Anhaltspunkte zu berücksichtigen:
   - die wirtschaftliche Bedeutung der von der Vereinbarung oder der Verhaltensweise betroffenen Waren oder Dienstleistungen aus der Sicht der Verbraucher und/oder
   - das Ausmaß, in dem die Vereinbarung oder Verhaltensweise einer im Markt verbreiteten Gepflogenheit entspricht oder dies vorherzusehen ist, und/oder
   - der Umfang der mit der Transaktion einhergehenden Investitionen im Verhältnis zur Größe der beteiligten Unternehmen und die Verbindung der Transaktion mit einem strukturellen Vorgang wie der Gründung eines Teilfunktions-Gemeinschaftsunternehmens.

c) Das Beratungsschreiben kann anhand der vorgelegten Angaben erstellt werden, d. h. eine weitere Tatsachenfeststellung ist nicht erforderlich.

9. In den folgenden Fällen wird die Kommission ein Beratungsschreiben nicht in Betracht ziehen:

- Im Ersuchen werden Fragen aufgeworfen, die in dieser oder ähnlicher Art bereits in anhängigen Verfahren vor dem Gericht erster Instanz oder dem Gerichtshof der Europäischen Gemeinschaften aufgeworfen worden sind.
- Die Vereinbarung oder Verhaltensweise, auf die sich das Ersuchen bezieht, ist bereits Gegenstand eines Verfahrens bei der Kommission oder bei einem Gericht oder einer Wettbewerbsbehörde eines Mitgliedstaats.

10. Hypothetische Fragen wird die Kommission nicht behandeln. Ebenso wird sie keine Beratungsschreiben erstellen zu Vereinbarungen oder Verhaltensweisen, die von den beteiligten Unternehmen nicht mehr praktiziert werden. Unternehmen können die Kommission allerdings um ein Beratungsschreiben zu Fragen ersuchen, die sich im Hinblick auf eine vorgesehene Vereinbarung oder Verhaltensweise stellen, bevor sie diese umsetzen. In diesem Fall muss die Transaktion ausreichend fortgeschritten sein, damit ein Beratungsschreiben in Betracht kommt.

11. Ein Ersuchen um ein Beratungsschreiben lässt die Befugnis der Kommission unberührt, in Bezug auf Sachverhaltsumstände, die im Ersuchen dargelegt werden, ein Verfahren nach der Verordnung (EG) Nr. 1/2003 einzuleiten.

III. Hinweise zum Ersuchen um ein Beratungsschreiben

12. Ein Ersuchen um informelle Beratung kann von einem oder mehreren Unternehmen eingereicht werden, die an einer Vereinbarung oder einer Verhaltensweise, die unter Artikel 81 und/oder Artikel 82 des Vertrages fallen könnte, beteiligt sind oder sich daran beteiligen wollen, in Bezug auf Auslegungsfragen, die durch die Vereinbarung oder Verhaltensweise aufgeworfen werden.

13. Ein Ersuchen ist an folgende Anschrift zu richten:

Europäische Kommission
GD Wettbewerb
B-1049 Brüssel.

14. Für ein solches Ersuchen gibt es keinen Vordruck. Ein Ersuchen sollte Angaben zu den nachfolgenden Punkten enthalten:

- Bezeichnung und Anschrift aller beteiligten Unternehmen sowie eine einzelne Adresse zur Abwicklung der Kontakte mit der Kommission;
- die spezifischen Fragen, zu denen eine informelle Beratung erbeten wird;

- vollständige und umfassende Angaben zu allen Aspekten, die für eine sachkundige Beurteilung der aufgeworfenen Fragen relevant sind einschließlich einschlägiger Unterlagen;
- eine ausführliche Begründung mit Bezug auf Rdnr. 8 Buchstabe a) dieser Bekanntmachung, inwiefern das Ersuchen eine oder mehrere neuartige Fragen betrifft;
- alle weiteren Informationen, die eine Einschätzung des Ersuchens im Hinblick auf die Rdnr. 8 bis 10 dieser Bekanntmachung ermöglichen, einschließlich einer Erklärung, dass die im Ersuchen bezeichnete Vereinbarung oder Verhaltensweise nicht Gegenstand eines Verfahrens vor einem Gericht oder einer Wettbewerbsbehörde eines Mitgliedstaats ist;
- falls das Ersuchen Angaben enthält, die als Geschäftsgeheimnisse angesehen werden, sind diese Angaben eindeutig zu kennzeichnen;
- alle sonstigen für den fraglichen Vorgang relevanten Angaben oder Unterlagen.

IV. Bearbeitung des Ersuchens

15. Die Kommission bewertet das Ersuchen im Prinzip anhand der vorgelegten Informationen. Sie kann ungeachtet der Rdnr. 8 c) zusätzliche Informationen heranziehen, die ihr aus öffentlichen Quellen, früheren Verfahren oder sonstigen Quellen zur Verfügung stehen, und das bzw. die um Beratung ersuchende(n) Unternehmen um zusätzliche Informationen bitten. Die von den Unternehmen vorgelegten Informationen unterliegen den üblichen Regeln über das Berufsgeheimnis.

16. Die Kommission kann die ihr vorgelegten Informationen den Wettbewerbsbehörden der Mitgliedstaaten zukommen lassen und von diesen Informationen entgegennehmen. Sie kann das Ersuchen inhaltlich mit den Wettbewerbsbehörden der Mitgliedstaaten erörtern, bevor sie ein Beratungsschreiben erteilt.

17. Wird kein Beratungsschreiben erstellt, teilt die Kommission dies den betroffenen Unternehmen mit.

18. Unternehmen können ein Ersuchen jederzeit zurückziehen. Die im Zusammenhang mit einem Beratungsersuchen vorgelegten Informationen verbleiben in jedem Fall bei der Kommission und können in späteren Verfahren auf der Grundlage der Verordnung (EG) Nr. 1/2003 verwendet werden (vgl. Rdnr. 11).

V. Beratungsschreiben

19. Ein Beratungsschreiben besteht aus folgenden Teilen:
- einer Zusammenfassung des dem Schreiben zugrunde liegenden Sachverhalts;
- den wichtigsten rechtlichen Argumenten, auf die die Kommission ihre Einschätzung der aufgeworfenen neuartigen Fragen zur Anwendung der Artikel 81 und/oder 82 des Vertrages stützt.

20. Ein Beratungsschreiben kann sich auf einen Teil der im Ersuchen aufgeworfenen Fragen beschränken. Es kann auch zusätzliche Aspekte aufgreifen.

21. Beratungsschreiben werden auf der Website der Kommission unter Beachtung der berechtigten Interessen der Unternehmen an der Wahrung ihrer Geschäftsgeheimnisse veröffentlicht. Bevor das Beratungsschreiben ergeht, verständigt sich die Kommission mit den betreffenden Unternehmen über die zur Veröffentlichung bestimmte Fassung.

VI. Wirkungen eines Beratungsschreibens

22. Beratungsschreiben der Kommission dienen in erster Linie dazu, den Unternehmen zu helfen, selbst eine sachkundige Beurteilung ihrer Vereinbarungen und Verhaltensweisen vorzunehmen.

23. Ein Beratungsschreiben kann der Würdigung derselben Frage durch die Gemeinschaftsgerichte nicht vorgreifen.

24. Ein Beratungsschreiben hindert die Kommission nicht daran, Vereinbarungen oder Verhaltensweisen, die die materielle Grundlage eines Beratungsschreibens bildeten, später in einem Verfahren nach der Verordnung (EG) Nr. 1/2003 zu prüfen, insbesondere als Folge einer Beschwerde. Die Kommission wird in diesem Fall einem früheren Beratungsschreiben Rechnung tragen, unter Berücksichtigung etwaiger Änderungen des zugrunde liegenden Sachverhalts, in einer Beschwerde vorgebrachter neuer Gesichtspunkte, neuer Entwicklungen in der Rechtsprechung der Gemeinschaftsgerichte sowie allgemeiner Änderungen in der Politik der Kommission.

25. Beratungsschreiben sind keine Entscheidungen der Kommission. Die Wettbewerbsbehörden und Gerichte der Mitgliedstaaten, die zur Anwendung der Artikel 81 und 82 des Vertrages befugt sind, sind nicht an die Beratungsschreiben der Kommission gebunden. Den Wettbewerbsbehörden und Gerichten der Mitgliedstaaten steht es allerdings frei, Beratungsschreiben der Kommission zu berücksichtigen, soweit sie dies in einem bestimmten Fall für zweckmäßig erachten.

Anhang B 19. Bekanntmachung über Behandlung von Beschwerden

Bekanntmachung der Kommission über die Behandlung von Beschwerden durch die Kommission gemäß Artikel 81 und 82 EG-Vertrag (Art. 101 und 102 AEUV) (mit Formblatt C)

(ABl. 2004 C 101/65)

I. Einleitung und Gegenstand der Bekanntmachung

1. Die Verordnung (EG) Nr. 1/2003[1] begründet parallele Zuständigkeiten der Kommission sowie der Wettbewerbsbehörden und Gerichte der Mitgliedstaaten bei der Anwendung von Artikel 81 und 82 des Vertrages. Sie anerkennt insbesondere die komplementären Funktionen der Kommission und der einzelstaatlichen Wettbewerbsbehörden einerseits, die die Durchsetzung der Wettbewerbsregeln im öffentlichen Interesse gewährleisten, und der einzelstaatlichen Gerichte andererseits, die in Rechtsstreitigkeiten zwischen Privaten die sich aus Artikel 81 und 82 ergebenden subjektiven Rechte wahren[2].

2. Auf der Grundlage der Verordnung (EG) Nr. 1/2003 können die im öffentlichen Interesse tätigen Wettbewerbsbehörden den Schwerpunkt ihrer Arbeit auf die Untersuchung schwerwiegender Zuwiderhandlungen gegen die Artikel 81 und 82 legen, die sich häufig nur schwer ermitteln lassen. Informationen aus dem Markt, von Unternehmen und Verbrauchern, sind ihnen dabei von Nutzen.

3. Daher ist es Anliegen der Kommission, Bürger und Unternehmen zu ermutigen, sich an die Wettbewerbsbehörden zu wenden, um sie über vermutete Verstöße gegen die Wettbewerbsregeln zu informieren. Hierzu gibt es auf Ebene der Kommission zwei Möglichkeiten: die eine Möglichkeit ist, eine Beschwerde gemäß Artikel 7 Absatz 2 der Verordnung (EG) Nr. 1/2003 einzulegen. Nach den Artikeln 5 bis 9 der Verordnung (EG) Nr. 773/2004[3] müssen diese Beschwerden bestimmten Anforderungen genügen.

4. Die andere Möglichkeit besteht darin, der Kommission Marktinformationen zukommen zu lassen, die die für Beschwerden nach Artikel 7 Absatz 2 der Verordnung (EG) Nr. 1/2003 geltenden Anforderungen nicht erfüllen müssen. Die Kommission hat hierzu eine eigene Internetseite für Bürger, Unternehmen und deren Verbände eingerichtet, die sie über mutmaßliche Zuwiderhandlungen gegen Artikel 81 und 82 des Vertrages informieren wollen. Solche Informationen können den Ausgangspunkt für eine von der Kommission eingeleitete Untersuchung bilden[4]. Infor-

---

[1] Verordnung (EG) Nr. 1/2003 des Rates vom 16. Dezember 2002 zur Durchführung der in den Artikeln 81 und 82 des Vertrages niedergelegten Wettbewerbsregeln (ABl. L 1 vom 4.1.2003, S. 1–25.

[2] Vgl. insbesondere Erwägungsgründe 3 bis 7 und 35 der Verordnung (EG) Nr. 1/2003.

[3] Verordnung (EG) Nr. 773/2004 der Kommission vom 7. April 2004 über Verfahren der Kommission nach den Artikeln 81 und 82 EG Vertrag (ABl. L 123 vom 27.4.2004.

[4] Bei der Behandlung derartiger Eingaben legt die Kommission die Prinzipien des Kodex für gute Verwaltungspraxis zugrunde.

mationen über mutmaßliche Zuwiderhandlungen können an folgende Anschrift gerichtet werden:

http://europa.eu.int/dgcomp/info-on-anti-competitive-practices
oder an die
Europäische Kommission
GD Wettbewerb
B-1049 Brüssel

5. Unbeschadet der Auslegung der Verordnung (EG) Nr. 1/2003 und der Verordnung (EG) Nr. 773/2004 der Kommission durch die Gemeinschaftsgerichte soll den Bürgern und Unternehmen, die Rechtsschutz im Zusammenhang mit mutmaßlichen Verstößen gegen die Wettbewerbsregeln suchen, mit der vorliegenden Bekanntmachung eine Orientierungshilfe an die Hand gegeben werden. Die Bekanntmachung besteht aus zwei Hauptteilen:

- Teil II gibt Anhaltspunkte für die Wahl zwischen einer Beschwerde bei der Kommission und einer Klage vor einem einzelstaatlichen Gericht. Er geht außerdem kurz auf die Grundsätze ein, die der Arbeitsteilung zwischen der Kommission und den einzelstaatlichen Wettbewerbsbehörden bei der Anwendung des Wettbewerbsrechts nach Maßgabe der Verordnung (EG) Nr. 1/2003 zugrunde liegen. Diese Grundsätze werden in der Bekanntmachung über die Zusammenarbeit innerhalb des Netzes der Wettbewerbsbehörden ausführlich behandelt[5].
- In Teil III werden die Verfahren zur Bearbeitung von Beschwerden gemäß Artikel 7 Absatz 2 der Verordnung (EG) Nr. 1/2003 durch die Kommission erläutert.

6. Nicht von dieser Bekanntmachung erfasst sind:

- Beschwerden von Mitgliedstaaten gemäß Artikel 7 Absatz 2 der Verordnung (EG) Nr. 1/2003,
- Beschwerden, die auf die Einleitung von Maßnahmen gegen einen Mitgliedstaat gemäß Artikel 86 Absatz 3 des Vertrages iVm den Artikeln 81 oder 82 des Vertrages durch die Kommission abzielen,
- Beschwerden im Zusammenhang mit Artikel 87 des Vertrages zu staatlichen Beihilfen,
- Beschwerden im Zusammenhang mit Verstößen der Mitgliedstaaten gegen das Gemeinschaftsrecht, die von der Kommission im Rahmen von Artikel 226 des Vertrages verfolgt werden können[6].

II. Verschiedene Möglichkeiten zur Einreichung von Beschwerden bei mutmaßlichen Zuwiderhandlungen gegen Artikel 81 oder 82 EG-Vertrag

A. Beschwerden im Rahmen des durch die Verordnung (EG) Nr. 1/2003 geschaffenen neuen Systems zur Durchsetzung der Artikel 81 und 82

7. Je nach Art seines Anliegens kann ein Beschwerdeführer entweder bei einem einzelstaatlichen Gericht oder bei einer Wettbewerbsbehörde, deren Aufgabe es ist, die Durchsetzung des Wettbewerbsrechts im öffentlichen Interesse zu gewährleisten, vorstellig werden. Dieser Teil der Bekanntmachung soll potenzielle Beschwerdeführer dabei unterstützen zu entscheiden, ob sie eine Beschwerde an die Kommission

---

[5] Bekanntmachung der Kommission über die Zusammenarbeit innerhalb des Netzes der Wettbewerbsbehörden (S. 43).

[6] Zur Behandlung derartiger Beschwerden siehe Mitteilung der Kommission KOM(2002) 141 vom 10. Oktober 2002.

oder an eine Wettbewerbsbehörde der Mitgliedstaaten richten oder vor einem einzelstaatlichen Gericht Klage erheben wollen.

8. Während die einzelstaatlichen Gerichte die Aufgabe haben, die Rechte des Einzelnen zu schützen, und daher verpflichtet sind, über alle bei ihnen anhängig gemachten Rechtsstreitigkeiten zu entscheiden, können die Wettbewerbsbehörden nicht allen Beschwerden nachgehen, sondern müssen bei der Bearbeitung von Fällen Prioritäten setzen. Nach der Rechtsprechung des Gerichtshofs hat die Kommission, der es nach Artikel 85 Absatz 1 des Vertrages obliegt, auf die Verwirklichung der in Artikel 81 und 82 niedergelegten Grundsätze zu achten, die Wettbewerbspolitik der Gemeinschaft festzulegen und gemäß ihrer Ausrichtung durchzuführen. Um der wirksamen Erledigung dieser Aufgabe willen darf sie den ihr vorliegenden Beschwerden unterschiedliche Priorität zuweisen[7].

9. Nach der Verordnung (EG) Nr. 1/2003 sind neben der Kommission auch die Gerichte und Wettbewerbsbehörden der Mitgliedstaaten befugt, Artikel 81 und 82 in ihrer Gesamtheit anzuwenden. Zu den wichtigsten Zielen der Verordnung (EG) Nr. 1/2003 gehört es, dass Gerichte und Wettbewerbsbehörden der Mitgliedstaaten an der Durchsetzung der Artikel 81 und 82 des Vertrages effektiv beteiligt werden[8].

10. Nach Artikel 3 der Verordnung (EG) Nr. 1/2003 haben die Gerichte und Wettbewerbsbehörden der Mitgliedstaaten, wenn sie ihr nationales Wettbewerbsrecht auf Vereinbarungen oder Verhaltensweisen anwenden, die geeignet sind, den Handel zwischen Mitgliedstaaten zu beeinträchtigen, auch die Artikel 81 und 82 des Vertrages anzuwenden. Zudem sehen die Artikel 11 und 15 der Verordnung eine Reihe von Möglichkeiten vor, wie die einzelstaatlichen Gerichte und Wettbewerbsbehörden mit der Kommission bei der Anwendung der Artikel 81 und 82 des Vertrages zusammenarbeiten.

11. Innerhalb dieses neuen Rechtsrahmens beabsichtigt die Kommission, den Einsatz ihrer Ressourcen zur Durchsetzung der Wettbewerbsregeln wie folgt neu auszurichten:

- Durchsetzung der EG-Wettbewerbsregeln in Fällen, zu deren Behandlung sie besonders gut geeignet ist[9], mit Schwerpunkt auf den schwerwiegendsten Zuwiderhandlungen[10];
- Behandlung von Fällen, in denen die Kommission tätig werden sollte, da sie für die Ausrichtung der Wettbewerbspolitik der Gemeinschaft und/oder für eine einheitliche Anwendung der Artikel 81 und 82 des Vertrages von Bedeutung sind.

B. Die sich ergänzenden Funktionen privat- und öffentlich-rechtlicher Verfahren bei der Anwendung des Wettbewerbsrechts

12. Nach ständiger Rechtsprechung der Gemeinschaftsgerichte obliegt es den einzelstaatlichen Gerichten, die durch die unmittelbare Wirkung von Artikel 81 Absatz 1 und Artikel 82 begründeten subjektiven Rechte zu sichern[11].

---

[7] Rs. C-344/98, Masterfoods/HB Ice Cream, Slg. 2000, I-11 369, Rdnr. 46; Rs. C-119/97 P, Union Française de l'express (Ufex) u. a./Kommission, Slg. 1999, I-1341, Rdnr. 88; Rs. T-24/90, Automec/Kommission, Slg. 1992, II-2223, Rdnrn. 73–77.

[8] Vgl. insbesondere Artikel 5, 6, 11, 12, 15, 22, 29, 35 und Erwägungsgründe 2 bis 4 und 6 bis 8 der Verordnung (EG) Nr. 1/2003.

[9] Vgl. Bekanntmachung über die Zusammenarbeit innerhalb des Netzes der Wettbewerbsbehörden, Ziff. 5 ff.

[10] Vgl. Erwägungsgrund 3 der Verordnung (EG) Nr. 1/2003.

[11] Ständige Rechtsprechung vgl. Rs. 127/73, Belgische Radio en Televisie/S V SABAM und NV Fonior, Slg. 1974, 51, Rdnr. 16; Rs. C-282/95 P, Guérin automobiles/Kommission, Slg. 1997, I-1503, Rdnr. 39; Rs. C-453/99, Courage, Slg. 2001, I-6297, Rdnr. 23.

13. Die einzelstaatlichen Gerichte können über die Gültigkeit oder Nichtigkeit von Verträgen entscheiden und nur sie können bei einer Zuwiderhandlung gegen die Artikel 81 und 82 des Vertrages Schadensersatz zusprechen. Um die volle Wirksamkeit der Wettbewerbsregeln der Gemeinschaft sicherzustellen, kann nach der Rechtsprechung des Gerichtshofes jedermann Ersatz des Schadens verlangen, der ihm durch einen Vertrag, der den Wettbewerb beschränken oder verfälschen kann, oder durch ein entsprechendes Verhalten entstanden ist. Die Geltendmachung solcher Schadensersatzansprüche vor den einzelstaatlichen Gerichten kann einen bedeutenden Beitrag zur Aufrechterhaltung wirksamen Wettbewerbs in der Gemeinschaft leisten, da sie geeignet ist, Unternehmen von Vereinbarungen und Verhaltensweisen abzuhalten, die den Wettbewerb beschränken oder verfälschen[12].

14. Die Verordnung (EG) Nr. 1/2003 anerkennt ausdrücklich die wichtige Rolle der einzelstaatlichen Gerichte bei der Anwendung der EG-Wettbewerbsregeln[13]. Indem sie die Befugnis zur Anwendung von Artikel 81 Absatz 3 des Vertrages auf die einzelstaatlichen Gerichte ausdehnt, wird den Unternehmen die Möglichkeit genommen, Gerichtsverfahren durch eine Anmeldung bei der Kommission zu verzögern; auf diese Weise wird eine Hürde, die unter der Verordnung Nr. 17[14] der Austragung von Rechtsstreitigkeiten zwischen Privatpersonen im Wege stand, ausgeräumt.

15. Unbeschadet des Rechts oder der Pflicht der einzelstaatlichen Gerichte zur Vorlage eines Vorabentscheidungsersuchens beim Gerichtshof gemäß Artikel 234 des Vertrages sieht Artikel 15 Absatz 1 der Verordnung (EG) Nr. 1/2003 ausdrücklich vor, dass die einzelstaatlichen Gerichte die Kommission um Stellungnahmen oder Informationen bitten können. Diese Bestimmung soll den einzelstaatlichen Gerichten die Anwendung der Artikel 81 und 82 EG-Vertrag erleichtern[15].

16. Aus der Sicht eines Beschwerdeführers hat eine Klage vor den einzelstaatlichen Gerichten folgende Vorteile:

– Einzelstaatliche Gerichte können Schadensersatz für infolge einer Zuwiderhandlung gegen Artikel 81 oder 82 entstandene Verluste zusprechen.
– Einzelstaatliche Gerichte können im Zusammenhang mit Vereinbarungen, die sie nach Maßgabe von Artikel 81 des Vertrages prüfen, über Zahlungsforderungen und andere Klagen auf Einhaltung vertraglicher Verpflichtungen entscheiden.
– Es ist Sache der einzelstaatlichen Gerichte, die zivilrechtliche Rechtsfolge der Nichtigkeit gemäß Artikel 81 Absatz 2 des Vertrages auf Vertragsverhältnisse zwischen Privaten zur Anwendung zu bringen[16]. Dabei können sie insbesondere auch anhand des einzelstaatlichen Rechts und unter Berücksichtigung alle sonstigen in der Vereinbarung geregelten Fragen den Umfang und die Folgen der Ungültigkeit bestimmter Vertragsbestimmungen nach Maßgabe von Artikel 81 Absatz 2 des Vertrages beurteilen[17].

---

[12] Rs. C-453/99, Courage/Bernhard Crehan, Slg. 2001, I-6297, Rdnrn. 26f.; ferner wird die Befugnis der einzelstaatlichen Gerichte zur Zuerkennung von Schadenersatz auch in Erwägungsgrund 7 der Verordnung (EG) Nr. 1/2003 unterstrichen.

[13] Vgl. Artikel 1, 6 und 15 sowie Erwägung 7 der Verordnung (EG) Nr. 1/2003.

[14] Verordnung Nr. 17 – Erste Durchführungsverordnung zu den Artikeln 85 und 86 des EWG-Vertrags; ABl. Nr. 13 vom 21. Februar 1962, S. 204–211; die Verordnung Nr. 17 wird durch Artikel 43 der Verordnung (EG) Nr. 1/2003 mit Wirkung vom 1. Mai 2004 aufgehoben.

[15] Siehe hierzu im Einzelnen die Bekanntmachung über die Zusammenarbeit zwischen der Kommission und den Gerichten der EU-Mitgliedstaaten bei der Anwendung der Artikel 81 und 82 EG-Vertrag …

[16] Rs. T-24/90, Automec/Kommission, Slg. 1992, II-2223, Rdnr. 93.

[17] Rs. C-230/96, Cabour SA und Nord Distribution Automobile SA gegen Arnor „SOCO" SARL, Slg. 1998, I-2055, Rdnr. 51; Verb. Rs. T-185/96, T-189/96 und T-190/96, Dalmasso u. a./Kommission, Slg. 1999, II-93, Rdnr. 50.

- In der Regel ist es für einzelstaatliche Gerichte leichter als für die Kommission, einstweilige Maßnahmen zu erlassen[18].
- In Klagen vor einzelstaatlichen Gerichten können Ansprüche, die sich auf das Wettbewerbsrecht der Gemeinschaft stützen, mit anderen auf das einzelstaatliche Recht gestützten Ansprüchen verbunden werden.
- Die Gerichte können in der Regel der obsiegenden Partei die Erstattung von Verfahrenskosten zusprechen. In Verwaltungsverfahren der Kommission ist dies ausgeschlossen.

17. Für die Kommission ist die Tatsache, dass ein Beschwerdeführer den Schutz seiner Rechte durch eine Klage vor einem einzelstaatlichen Gericht sichern kann, ein wichtiges Element, das sie bei ihrer Prüfung des Gemeinschaftsinteresses an der Verfolgung einer Beschwerde berücksichtigen kann[19].

18. Die Kommission ist der Auffassung, dass mit dem durch die Verordnung (EG) Nr. 1/2003 geschaffenen neuen System zur Anwendung der Artikel 81 und 82 die Möglichkeiten für Beschwerdeführer, wirksamen Rechtsschutz vor den einzelstaatlichen Gerichten zu suchen und zu erlangen, gestärkt werden.

C. Arbeitsteilung zwischen den Wettbewerbsbehörden in der Europäischen Gemeinschaft

19. Die Verordnung (EG) Nr. 1/2003 begründet parallele Zuständigkeiten für die Anwendung von Artikel 81 und 82 EG-Vertrag, indem sie die Wettbewerbsbehörden der Mitgliedstaaten zur Anwendung der Artikel 81 und 82 in ihrer Gesamtheit ermächtigt (Artikel 5). Durch die Möglichkeit des Informationsaustausches (Artikel 12) und der gegenseitigen Unterstützung bei Ermittlungen (Artikel 22) wird die dezentrale Anwendung der Wettbewerbsregeln durch die Wettbewerbsbehörden der Mitgliedstaaten weiter gefördert.

20. Die Arbeitsteilung zwischen der Kommission und den Wettbewerbsbehörden der Mitgliedstaaten ist nicht in der Verordnung festgelegt, ihre Ausgestaltung ist vielmehr der Kooperation innerhalb des Europäischen Wettbewerbsnetzes (ECN) vorbehalten. Ziel der Verordnung ist es, durch eine flexible Arbeitsteilung zwischen den Wettbewerbsbehörden innerhalb der Gemeinschaft die wirksame Durchsetzung der Artikel 81 und 82 des Vertrages zu gewährleisten.

21. Hinweise über die Arbeitsteilung zwischen der Kommission und den einzelstaatlichen Wettbewerbsbehörden sind in einer gesonderten Bekanntmachung festgehalten[20]. Die in dieser Bekanntmachung enthaltenen Orientierungslinien, die das Verhältnis zwischen den Wettbewerbsbehörden betreffen, sind auch für Beschwerdeführer von Interesse, da sie es ihnen ermöglichen, ihre Beschwerde an eine Behörde zu richten, die voraussichtlich gut geeignet sein wird, sich des Falls anzunehmen.

22. In der Bekanntmachung über die Zusammenarbeit innerhalb des Netzes der Wettbewerbsbehörden wird dazu insbesondere ausgeführt[21]:

„Bei einer Behörde kann dann davon ausgegangen werden, dass sie gut geeignet ist, sich eines Falls anzunehmen, wenn alle drei der folgenden Bedingungen erfüllt sind:

---

[18] Vgl. Artikel 8 der Verordnung (EG) Nr. 1/2003 und Ziffer 80. Je nach Lage des Sachverhalts können auch die Wettbewerbsbehörden der Mitgliedstaaten gut geeignet sein für den Erlass einstweiliger Maßnahmen.

[19] Vgl. Ziffern 41ff.

[20] Bekanntmachung über die Zusammenarbeit innerhalb des Netzes der Wettbewerbsbehörden (S. 43).

[21] Bekanntmachung über die Zusammenarbeit innerhalb des Netzes der Wettbewerbsbehörden, Ziffern 8 bis 15.

- die Vereinbarung oder Verhaltensweise hat beträchtliche unmittelbare tatsächliche oder absehbare Auswirkungen auf den Wettbewerb innerhalb des Hoheitsgebiets dieser Behörde, wird innerhalb von deren Hoheitsgebiet umgesetzt oder hat in deren Hoheitsgebiet ihren Ursprung;
- die Behörde kann die gesamte Zuwiderhandlung wirksam beenden, d. h. sie kann eine Unterlassungsanordnung erlassen, deren Wirksamkeit ausreicht, die Zuwiderhandlung zu beenden, und sie kann ggf. die Zuwiderhandlung angemessen ahnden;
- sie kann, ggf. mit Unterstützung anderer Behörden, die zum Nachweis der Zuwiderhandlung erforderlichen Beweise erheben.

Aus obigen Kriterien ergibt sich, dass zwischen der Zuwiderhandlung und dem Hoheitsgebiet eines Mitgliedstaats eine wesentliche Verknüpfung bestehen muss, damit die Wettbewerbsbehörde dieses Mitgliedstaats als gut geeignet angesehen werden kann, sich des Falls anzunehmen. Zumeist dürften die Behörden derjenigen Mitgliedstaaten, in denen der Wettbewerb durch eine Zuwiderhandlung wesentlich beeinträchtigt wird, gut geeignet sein, sich eines Falls anzunehmen, vorausgesetzt, dass sie die Zuwiderhandlung entweder durch alleiniges oder durch paralleles Vorgehen wirksam beenden können, es sei denn die Kommission ist besser geeignet, sich des Falls anzunehmen (vgl. [...]).

Hieraus folgt, dass eine einzelne nationale Wettbewerbsbehörde im Regelfall gut geeignet ist, Verfahren betreffend Vereinbarungen oder Verhaltensweisen durchzuführen, die den Wettbewerb hauptsächlich innerhalb ihres Hoheitsgebiets wesentlich beeinträchtigen [...]

Des Weiteren kann das alleinige Vorgehen einer nationalen Wettbewerbsbehörde dann angemessen sein, wenn dies – auch wenn mehr als eine nationale Wettbewerbsbehörde gut geeignet wäre, sich des Falls anzunehmen – ausreicht, um die gesamte Zuwiderhandlung zu beenden [...]

Ein paralleles Vorgehen durch zwei oder drei nationale Wettbewerbsbehörden kann dann angemessen sein, wenn eine Vereinbarung oder Verhaltensweise hauptsächlich in deren jeweiligen Hoheitsgebieten wesentliche Auswirkungen auf den Wettbewerb hat und das Vorgehen lediglich einer nationalen Wettbewerbsbehörde nicht ausreichen würde, die gesamte Zuwiderhandlung zu beenden bzw. sie angemessen zu ahnden [...]

Die mit einem Fall in parallelen Verfahren befassten Behörden werden sich darum bemühen, ihr Vorgehen soweit wie möglich untereinander abzustimmen. Dabei kann es zweckdienlich sein, eine von ihnen als federführende Behörde zu bestimmen und der federführenden Behörde bestimmte Aufgaben zu übertragen, beispielsweise die Koordinierung von Ermittlungsmaßnahmen, wobei aber jede Behörde für ihr eigenes Verfahren zuständig bleibt.

Die Kommission ist besonders gut geeignet, sich eines Falls anzunehmen, wenn eine oder mehrere Vereinbarungen oder Verhaltensweisen, darunter Netze ähnlicher Vereinbarungen oder Verhaltensweisen, in mehr als drei Mitgliedstaaten (grenzübergreifende Märkte, bei denen mehr als drei Mitgliedstaaten oder mehrere nationale Märkte betroffen sind) Auswirkungen auf den Wettbewerb haben [...]

Darüber hinaus ist die Kommission dann besonders gut geeignet, sich eines Falls anzunehmen, wenn dieser eng mit anderen Gemeinschaftsbestimmungen verknüpft ist, die ausschließlich oder effizienter von der Kommission angewandt werden können oder wenn das Gemeinschaftsinteresse eine Entscheidung der Kommission erfordert, um die gemeinschaftliche Wettbewerbspolitik weiter zu entwickeln, wenn neue Wettbewerbsfragen auftreten oder um eine wirksame Durchsetzung der Wettbewerbsregeln sicherzustellen."

23. Innerhalb des Europäischen Wettbewerbsnetzes (ECN) werden die anderen ECN-Mitglieder vor oder unverzüglich nach Einleitung der ersten förmlichen Ermittlungshandlung über Fälle informiert, in denen aufgrund einer Beschwerde Er-

mittlungen eingeleitet worden sind[22]. Wenn dieselbe Beschwerde bei mehreren Behörden vorliegt oder eine Beschwerde nicht bei einer Behörde, eingereicht wurde, die gut geeignet ist, sich des Falls anzunehmen, versuchen die ECN-Mitglieder, innerhalb einer Regelfrist von zwei Monaten die Behörde oder Behörden zu bestimmen, die den Fall weiterverfolgen sollen.

24. Die Beschwerdeführer können selbst einen wichtigen Beitrag zur Vermeidung einer möglichen Weitergabe ihres Falls leisten, indem sie die in diesem Kapitel enthaltenen Hinweise über die Arbeitsteilung innerhalb des ECN-Netzes heranziehen, bevor sie entscheiden, bei welcher Stelle sie eine Beschwerde einlegen. Wird dennoch eine andere Behörde innerhalb des Netzwerks mit dem Fall befasst, werden die beteiligten Unternehmen und die Beschwerdeführer so bald wie möglich von den betreffenden Wettbewerbsbehörden unterrichtet[23].

25. Die Kommission kann eine Beschwerde gemäß Artikel 13 der Verordnung (EG) Nr. 1/2003 abweisen, wenn der Fall von der Wettbewerbsbehörde eines Mitgliedstaats bearbeitet wird oder bearbeitet worden ist. Macht die Kommission von dieser Vorschrift Gebrauch, muss sie dem Beschwerdeführer nach Maßgabe von Artikel 9 der Verordnung (EG) Nr. 773/2004 unverzüglich mitteilen, welche einzelstaatliche Wettbewerbsbehörde den Fall behandelt oder bereits behandelt hat.

III. Behandlung von Beschwerden gemäß Artikel 7 Absatz 2 der Verordnung (EG) Nr. 1/2003 durch die Kommission

A. Allgemeines

26. Gemäß Artikel 7 Absatz 2 der Verordnung (EG) Nr. 1/2003 sind natürliche und juristische Personen, die ein berechtigtes Interesse[24] darlegen, befugt, bei der Kommission eine Beschwerde einzureichen, die darauf abzielt, dass die Kommission nach Maßgabe von Artikel 7 Absatz 1 der Verordnung (EG) Nr. 1/2003 eine Zuwiderhandlung gegen Artikel 81 und 82 des Vertrages feststellt und ihre Abstellung anordnet. In diesem Teil der Bekanntmachung werden die Anforderungen an Beschwerden, die sich auf Artikel 7 Absatz 2 der Verordnung (EG) Nr. 1/2003 stützen, ihre Bewertung und die Verfahrensweise der Kommission behandelt.

27. Anders als Zivilgerichte, deren Aufgabe im Schutz der individuellen Rechte von Privatpersonen besteht, ist die Kommission eine Verwaltungsbehörde, die im öffentlichen Interesse handeln muss. In der Natur dieser Aufgabe liegt es, dass die Kommission als Wettbewerbsbehörde, die im öffentlichen Interesse tätig ist, über einen Ermessensspielraum verfügt und bei ihrer Tätigkeit zur Durchsetzung der Wettbewerbsregeln Prioritäten setzen kann[25].

28. Die Kommission ist befugt, den ihr vorgetragenen Beschwerden unterschiedliche Priorität einzuräumen, wobei sie bei der Festlegung der Priorität einzelner Fälle auf das Gemeinschaftsinteresse abstellen kann[26]. Die Kommission kann mithin eine Beschwerde abweisen, wenn sie zu der Auffassung gelangt, dass kein ausreichendes

---

[22] Artikel 11 Absätze 2 und 3 der Verordnung (EG) Nr. 1/2003; Bekanntmachung über die Zusammenarbeit innerhalb des Netzes der Wettbewerbsbehörden, Ziff. 16f.

[23] Bekanntmachung über die Zusammenarbeit innerhalb des Netzes der Wettbewerbsbehörden, Ziffer 34.

[24] Vgl. hierzu unten Ziffern 33ff.

[25] Rs. C-119/97 P, Union française de l'express (Ufex) u. a./Kommission, Slg. 1999, I-1341, Rdnr. 88; Rs. T-24/90, Automec/Kommission, Slg. 1992, II-2223, Rdnrn. 73–77 und 85.

[26] Ständige Rechtsprechung seit Rs. T-24/90, Automec/Kommission, Slg. 1992, II-2223, Rdnr. 85.

Gemeinschaftsinteresse besteht, das eine Weiterverfolgung des Falls rechtfertigt. Weist die Kommission eine Beschwerde zurück, so hat der Beschwerdeführer Anspruch auf eine Entscheidung der Kommission[27] unbeschadet von Artikel 7 Absatz 3 der Verordnung (EG) Nr. 773/2004.

B. Einreichung einer Beschwerde gemäß Artikel 7 Absatz 2 der Verordnung (EG) Nr. 1/2003

a) Formblatt

29. Beschwerden gemäß Artikel 7 Absatz 2 der Verordnung (EG) Nr. 1/2003 können nur wegen einer mutmaßlichen Zuwiderhandlung gegen Artikel 81 oder 82 des Vertrages und mit dem Ziel eingereicht werden, dass die Kommission Maßnahmen nach Artikel 7 Absatz 1 der Verordnung (EG) Nr. 1/2003 ergreifen möge. Eine Beschwerde nach Artikel 7 Absatz 2 der Verordnung (EG) Nr. 1/2003 muss nach Artikel 5 Absatz 1 der Verordnung (EG) Nr. 773/2004 die Angaben enthalten, die im Formblatt C im Anhang zu dieser Verordnung aufgeführt sind.

30. Formblatt C ist dieser Bekanntmachung als Anhang beigefügt und kann im Internet unter http://europa.eu.int/dgcomp/complaints-form eingesehen werden. Die Beschwerde ist in dreifacher Ausfertigung auf Papier sowie nach Möglichkeit in elektronischer Form einzureichen. Darüber hinaus muss der Beschwerdeführer eine nicht vertrauliche Fassung der Beschwerde vorlegen (Artikel 5 Absatz 2 der Verordnung (EG) Nr. 773/2004). Eine elektronische Übermittlung an die Kommission ist von der angegebenen Website aus möglich; Ausfertigungen auf Papier sind an folgende Anschrift zu richten:

Europäische Kommission
GD Wettbewerb
B-1049 Brüssel

31. Formblatt C verpflichtet Beschwerdeführer, umfassende Angaben zu ihrer Beschwerde vorzulegen. Darüber hinaus sind sie gehalten, Kopien der ihnen mit zumutbarem Aufwand zugänglichen Dokumente zur Stützung ihrer Beschwerde zu unterbreiten und soweit wie möglich Hinweise zu geben, wo die Kommission einschlägige Informationen und Unterlagen, auf die sie keinen Zugriff haben, erhalten kann. In bestimmten Fällen kann die Kommission von der Vorlage von Teilen der in Formblatt C geforderten Angaben absehen (Artikel 5 Absatz 1 der Verordnung (EG) Nr. 773/2004). Nach Auffassung der Kommission kann diese Möglichkeit es insbesondere Verbraucherverbänden erleichtern, Beschwerden einzulegen, wenn sie, im Zusammenhang mit einer ansonsten substantiierten Beschwerde, keinen Zugang zu bestimmten Informationen haben, die sich in der Sphäre des Unternehmens befinden, gegen das die Beschwerde gerichtet ist.

32. Eingaben an die Kommission, die nicht den Anforderungen des Artikels 5 der Verordnung (EG) Nr. 773/2004 genügen und deshalb keine Beschwerde im Sinne von Artikel 7 Absatz 2 der Verordnung (EG) Nr. 1/2003 darstellen, werden von der Kommission als allgemeine Informationen angesehen, die gegebenenfalls zu Ermittlungen von Amts wegen führen können (vgl. Rdnr. 4).

b) Berechtigtes Interesse

33. Als förmlicher Beschwerdeführer im Sinne des Artikels 7 Absatz 2 der Verordnung (EG) Nr. 1/2003 können nur juristische und natürliche Personen auftreten, die ein berechtigtes Interesse darlegen können[28]. Bei von Mitgliedstaaten eingereichten Beschwerden wird das Vorliegen eines berechtigten Interesses vermutet.

---

[27] Rs. C-282/95 P, Guérin automobiles/Kommission, Slg. 1997, I-1503, Rdnr. 36.

[28] Vgl. Artikel 5 Absatz 1 der Verordnung (EG) Nr. 773/2004.

34. Die Voraussetzung des berechtigten Interesses gab in der Vergangenheit nur selten Anlass zu Zweifeln, da sich die meisten Beschwerdeführer in einer Position befanden, in der sie durch die mutmaßliche Zuwiderhandlung unmittelbar in ihren Interessen verletzt waren. Allerdings gibt es Situationen, in denen eingehender geprüft werden muss, ob das in Artikel 7 Absatz 2 der Verordnung (EG) Nr. 1/2003 geforderte berechtigte Interesse gegeben ist. Dies lässt sich am besten anhand einiger Beispiele erläutern.

35. Nach der Rechtsprechung des Gerichts erster Instanz hat ein Unternehmensverband ein berechtigtes Interesse an der Einreichung einer Beschwerde im Hinblick auf ein seine Mitglieder betreffendes Verhalten, wenn er zwar selbst durch das beanstandete Verhalten nicht unmittelbar als ein auf dem relevanten Markt tätiges Unternehmen betroffen ist, er aber erstens befugt ist, die Interessen seiner Mitglieder zu vertreten, und die beanstandete Verhaltensweise zweitens geeignet ist, die Interessen seiner Mitglieder zu verletzen[29]. Umgekehrt hat der Gerichtshof befunden, dass die Kommission die Beschwerde eines Unternehmensverbands nicht zu verfolgen brauchte, dessen Mitglieder die Art von Geschäften nicht ausübten, auf die sich die Beschwerde bezog[30].

36. Aus dieser Rechtsprechung lässt sich schließen, dass Unternehmen (selbst oder durch Verbände, die ihre Interessen wahrnehmen) ein berechtigtes Interesse geltend machen können, sofern sie auf dem relevanten Markt tätig sind oder das beanstandete Verhalten geeignet ist, sie in ihren Interessen unmittelbar zu verletzen. Dies bestätigt die Praxis der Kommission, wonach ein berechtigtes Interesse beispielsweise von Unternehmen geltend gemacht werden kann, die an der Vereinbarung oder Verhaltensweise, die Gegenstand der Beschwerde ist, beteiligt sind, ebenso von Wettbewerbern, deren Interessen durch das beanstandete Verhalten verletzt sein können, sowie auch von Unternehmen, die von einem Vertriebssystem ausgeschlossen werden.

37. Auch Verbraucherverbände können Beschwerden bei der Kommission erheben[31]. Zudem vertritt die Kommission die Ansicht, dass auch einzelne Verbraucher in der Lage sein können, ein berechtigtes Interesse darzulegen, wenn ihre wirtschaftlichen Interessen insofern unmittelbar verletzt werden, als sie Abnehmer der Produkte oder Dienstleistungen sind, die den Gegenstand der Zuwiderhandlung bilden[32].

38. Die Kommission sieht es hingegen nicht als ein berechtigtes Interesse im Sinne von Artikel 7 Absatz 2 der Verordnung (EG) Nr. 1/2003 an, wenn Personen oder Organisationen sich auf das Gemeinwohl berufen, ohne darzutun, dass die Zuwiderhandlung geeignet ist, sie oder ihre Mitglieder unmittelbar zu verletzen (pro bono publico).

39. Auch lokale oder regionale Behörden und Regierungsstellen können gegebenenfalls in ihrer Eigenschaft als Käufer oder Nutzer von Waren oder Dienstleistungen, die von dem beanstandeten Verhalten betroffen sind, ein berechtigtes Interesse darle-

---

[29] Rs. T-114/92, Bureau Européen des Médias de l'Industrie Musicale (BEMIM)/Kommission, Slg. 1995, II-147, Rdnr. 28. Auch in den Fällen, die den Rs. 298/83, Comité des industries cinématographiques des Communautés Européennes (CICCE)/Kommission, Slg. 1985, 1105, und T-319/99, Federación Nacional de Empresas de Instrumentación Científica, Médica, Técnica y Dental/Kommission, Slg. 2003 – noch nicht veröffentlicht, zugrunde liegen, waren die Beschwerdeführer Unternehmensverbände.

[30] Verb. Rs. T-133/95 und T-204/95, International Express Carriers Conference (IECC)/Kommission, Slg. 1998, II-3645, Rdnrn. 79–83.

[31] Rs. T-37/92, Bureau Européen des Unions des Comsommateurs (BEUC)/Kommission, Slg. 1994, II-285, Rdnr. 36.

[32] Diese Frage wird zur Zeit in einem beim Gericht erster Instanz anhängigen Verfahren untersucht (Verb. Rs. T-213 und 214/01). In ihrer Entscheidung vom 9. Dezember 1998 in der Sache IV/D-2/34.466, Griechische Fährlinien (ABl. L 109 vom 27.4.1999, S. 24, Rdnr. 1) hat die Kommission auch einen einzelnen Verbraucher als Beschwerdeführer anerkannt.

gen. Wenn sie jedoch der Kommission mutmaßliche Zuwiderhandlungen lediglich unter Berufung auf das Gemeinwohl zur Kenntnis bringen, kann dies nicht als berechtigtes Interesse im Sinne von Artikel 7 Absatz 2 der Verordnung (EG) Nr. 1/2003 angesehen werden.

40. Beschwerdeführer müssen ihr berechtigtes Interesse nachweisen. Ist eine natürliche oder juristische Person, die eine Beschwerde einreicht, nicht in der Lage, ein berechtigtes Interesse nachzuweisen, so ist die Kommission unbeschadet ihres Rechts auf Einleitung eines Verfahrens von Amts wegen berechtigt, die Beschwerde nicht weiterzuverfolgen. Die Kommission kann in jeder Phase der Ermittlungen feststellen, ob diese Voraussetzung gegeben ist[33].

C. Prüfung von Beschwerden

a) Gemeinschaftsinteresse

41. Nach ständiger Rechtsprechung der Gemeinschaftsgerichte ist die Kommission nicht verpflichtet, in jedem Fall eine Untersuchung durchzuführen[34], und erst recht nicht, eine Entscheidung im Sinne von Artikel 249 EG-Vertrag bezüglich des Vorliegens oder Nichtvorliegens einer Zuwiderhandlung gegen Artikel 81 oder 82 herbeizuführen[35]; vielmehr hat sie das Recht, den verschiedenen bei ihr eingehenden Beschwerden unter Bezugnahme auf das Gemeinschaftsinteresse unterschiedliche Prioritäten beizumessen[36]. Lediglich bei Beschwerden, die in die ausschließliche Zuständigkeit der Kommission fallen, gestaltet sich die Rechtslage anders[37].

42. Die Kommission ist jedoch gehalten, die ihr vom Beschwerdeführer zur Kenntnis gebrachten sachlichen und rechtlichen Informationen sorgfältig zu prüfen, um das Gemeinschaftsinteresse an einer weiteren Verfolgung des Falls beurteilen zu können[38].

43. Bei der Einschätzung des mit einer Beschwerde verbundenen Gemeinschaftsinteresses kommt es auf die Umstände des Einzelfalls an. Daher ist die Zahl der Beurteilungskriterien, die die Kommission heranziehen kann, nicht eingeschränkt, noch ist die Kommission verpflichtet, sich ausschließlich auf bestimmte Kriterien zu beziehen. Da die Sach- und Rechtslage von Fall zu Fall erhebliche Unterschiede aufweisen kann, ist es zulässig, neue bisher noch nicht berücksichtigte Kriterien anzuwenden[39]. Gegebenenfalls kann die Kommission bei der Bewertung des Gemeinschaftsinteresses einem einzelnen Kriterium Vorrang einräumen[40].

---

[33] Verb. Rs. T-133/95 und T-204/95, International Express Carriers Conference (IECC)/Kommission, Slg. 1998, II-3645, Rdnr. 79.

[34] Rs. T-24/90, Automec/Kommission, Slg. 1992, II-2223, Rdnr. 76; Rs. C-91/95 P, Roger Tremblay u. a./Kommission, Slg. 1996, I-5547, Rdnr. 30.

[35] Rs. 125/78, GEMA/Kommission, Slg. 1979, 3173, Rdnr. 17; Rs. C-119/97/P, Union française de l'express (Ufex) u. a./Kommission, Slg. 1999, I-1341, Rdnr. 87.

[36] Ständige Rechtsprechung seit Rs. T-24/90, Automec/Kommission, Slg. 1992, II-2223, Rdnrn. 77 und 85; in Erwägungsgrund 18 der Verordnung (EG) Nr. 1/2003 wird diese Möglichkeit ausdrücklich bestätigt.

[37] Ständige Rechtsprechung seit Rs. T-24/90, Automec/Kommission, Slg. 1992, II-2223, Rdnr. 75. Dies dürfte im Rahmen der Verordnung (EG) Nr. 1/2003 nur im Zusammenhang mit Artikel 29 dieser Verordnung relevant sein.

[38] Rs. 210/81, Oswald Schmidt, Demo-Studio Schmidt/Kommission, Slg. 1983, 3045, Rdnr. 19, Rs. C-119/97 P, Union française de l'express (Ufex) u. a./Kommission, Slg. 1999, I-1341, Rdnr. 86.

[39] Rs. C-119/97 P, Union française de l'express (Ufex) u. a./Kommission, Slg. 1999, I-1341, Rdnrn. 79f.

[40] Rs. C-450/98 P, International Express Carriers Conference (IECC)/Kommission, Slg. 2001, I-3947, Rdnrn. 57–59.

44. Die Rechtsprechung hat bisher insbesondere die folgenden Kriterien für die Einschätzung des Gemeinschaftsinteresses an der (weiteren) Untersuchung eines Falles für relevant erachtet:

- Die Kommission kann eine Beschwerde aus dem Grund zurückweisen, dass der Beschwerdeführer seine Rechte durch eine Klage vor den einzelstaatlichen Gerichten geltend machen kann[41].
- Die Kommission darf nicht bestimmte Situationen, die unter die ihr vom EG-Vertrag zugewiesene Aufgabe fallen, als von Vornherein aus ihrem Tätigkeitsbereich ausgeschlossen ansehen, sondern muss sich in diesem Zusammenhang in jedem Fall ein Urteil über die Schwere der geltend gemachten Beeinträchtigungen des Wettbewerbs und deren fortdauernde Wirkungen bilden. Diese Verpflichtung ist insbesondere darauf gerichtet, die Dauer und das Gewicht der beanstandeten Zuwiderhandlungen sowie deren Auswirkung auf die Wettbewerbsverhältnisse in der Gemeinschaft zu berücksichtigen[42].
- Die Kommission muss gegebenenfalls die Bedeutung der behaupteten Zuwiderhandlung für das Funktionieren des Gemeinsamen Marktes, die Wahrscheinlichkeit des Nachweises ihres Vorliegens sowie den Umfang der erforderlichen Ermittlungsmaßnahmen gegeneinander abwägen, um ihrer Aufgabe, die Einhaltung der Artikel 81 und 82 des Vertrages zu überwachen, gerecht zu werden[43].
- Wenngleich der Ermessensspielraum der Kommission nicht an das mehr oder weniger fortgeschrittene Untersuchungsstadium eines Falls gebunden ist, gehört dieser Aspekt doch zu den Umständen des Falls, die die Kommission gegebenenfalls berücksichtigen muss[44].
- Die Kommission kann die Behandlung einer Beschwerde als nicht angebracht ansehen, wenn die betreffenden Verhaltensweisen eingestellt worden sind. Hierzu muss die Kommission jedoch feststellen, ob die wettbewerbswidrigen Wirkungen fortdauern und ob die Schwere der Zuwiderhandlungen oder die Fortdauer ihrer Auswirkungen nicht ein Gemeinschaftsinteresse an der Verfolgung der Beschwerde begründen[45].
- Ferner kann die Kommission die Behandlung einer Beschwerde als nicht angebracht ansehen, wenn die betreffenden Unternehmen bereit sind, ihr Verhalten so zu ändern, dass die Kommission daraus schließen kann, dass kein ausreichendes Gemeinschaftsinteresse mehr besteht, in dieser Sache tätig zu werden[46].

---

41 Rs. T-24/90, Automec/Kommission, Slg. 1992, II-2223, Rdnrn. 88ff.; Rs. T-5/93, Roger Tremblay u. a./Kommission, Slg. 1995, II-185, Rdnrn. 65ff.; Rs. T-575/93, Casper Koelman/Kommission, Slg. 1996, II-1, Rdnrn. 75–80. Vgl. im Einzelnen hierzu auch Teil II.

42 Rs. C-119/97 P, Union française de l'express (Ufex) u. a./Kommission, Slg. 1999, I-1341, Rdnrn. 92f.

43 Ständige Rechtsprechung seit Rs. T-24/90, Automec/Kommission, Slg. 1992, II-2223, Rdnr. 86.

44 Rs. C-449/98 P, International Express Carriers Conference (IECC)/Kommission, Slg. 2001, I-3875, Rdnr. 37.

45 Rs. T-77/95, Syndicat français de l'Express International u. a./Kommission, Slg. 1997, II-1, Rdnr. 57; Rs. C-119/97 P, Union française de l'express (Ufex) u. a./Kommission, Slg. 1999, I-1341, Rdnr. 95. Siehe auch Rs. T-37/92, Bureau Européen des Unions des Comsommateurs (BEUC)/Kommission, Slg. 1994, II-285, Rdnr. 113, in dem eine nicht schriftlich fixierte Verpflichtung zwischen einem Mitgliedstaat und einem Drittland außerhalb der gemeinsamen Handelspolitik als unzureichend für die Feststellung der Beendigung des beanstandeten Verhaltens befunden wurde.

46 Rs. T 110/95, International Express Carriers Conference (IECC)/Kommission, Slg. 1998, II-3605, Rdnr. 57, bestätigt durch Rs. C-449/98 P, International Express Carriers Conference (IECC)/Kommission, Slg. 2001, I-3875, Rdnrn. 44–47.

45. Gelangt die Kommission zu der Auffassung, dass das mit einem Fall verbundene Gemeinschaftsinteresse nicht ausreicht, um eine (weitere) Untersuchung zu rechtfertigen, kann sie die Beschwerde aus diesem Grund zurückweisen. Eine solche Entscheidung kann entweder vor Beginn der Untersuchung oder nach Einleitung von Untersuchungsmaßnahmen getroffen werden[47]. Allerdings kann die Kommission nicht verpflichtet werden, von der Verfolgung einer Beschwerde aufgrund fehlenden Gemeinschaftsinteresses abzusehen[48].

b) Prüfung auf der Grundlage der Artikel 81 und 82

46. Die Prüfung einer Beschwerde nach Artikel 81 und 82 umfasst zwei Aspekte: einerseits die Feststellung des Sachverhalts im Hinblick auf den Nachweis einer Zuwiderhandlung gegen Artikel 81 oder 82, andererseits die rechtliche Würdigung des beanstandeten Verhaltens.

47. Eine Beschwerde kann zurückgewiesen werden, wenn sie zwar die Anforderungen des Artikels 5 der Verordnung (EG) Nr. 773/2004 und des Formblatts C erfüllt, die behauptete Zuwiderhandlung aber nicht hinreichend belegt wird[49]. Bei der Zurückweisung einer Beschwerde mit der Begründung, dass das beanstandete Verhalten keinen Verstoß gegen die Wettbewerbsregeln darstellt oder nicht in deren Anwendungsbereich fällt, ist die Kommission nicht verpflichtet, Umstände zu berücksichtigen, die ihr vom Beschwerdeführer nicht angezeigt wurden und die sie nur durch eine Untersuchung des Falls hätte herausfinden können[50].

48. Im Rahmen der vorliegenden Bekanntmachung ist es nicht möglich, die Kriterien für die rechtliche Würdigung von Vereinbarungen oder Verhaltensweisen nach Artikel 81 und 82 erschöpfend darzulegen. Potenzielle Beschwerdeführer sollten, neben anderen Quellen, wie insbesondere der Rechtsprechung der Gemeinschaftsgerichte und der Entscheidungspraxis der Kommission, die umfassenden Orientierungshilfen der Kommission in Anspruch nehmen[51]. Im Folgenden werden vier konkrete Fragen angesprochen und Hinweise gegeben, wo weiterführende Erläuterungen erhältlich sind.

49. In den Geltungsbereich von Artikel 81 und 82 des Vertrages fallen Vereinbarungen und Verhaltensweisen, die geeignet sind, den Handel zwischen Mitgliedstaaten zu beeinträchtigen. Erfüllt eine Vereinbarung oder Verhaltensweise diese Bedingung nicht, ist das EG-Wettbewerbsrecht nicht anwendbar, wohl aber kann einzelstaatliches Wettbewerbsrecht Anwendung finden. Umfassende Hinweise zu dieser Frage finden sich in der Bekanntmachung über den Begriff der Beeinträchtigung des Handels[52].

50. Unter den Vereinbarungen im Geltungsbereich von Artikel 81 des Vertrages befinden sich auch Vereinbarungen von geringer Bedeutung, bei denen davon ausge-

---

[47] Rs. C-449/98 P, International Express Carriers Conference (IECC)/Kommission, Slg. 2001, I-3875, Rdnr. 37.

[48] Vgl. auch Rs. T-77/92, Parker Pen/Kommission, Slg. 1994, II-549, Rdnrn. 64f.

[49] EuGH, Urteil vom 28. März 1995, Rs. 298/83, Comité des industries cinématographiques des Communautés Européennes (CICCE)/Kommission, Slg. 1995, 1105, Rdnrn. 21–24; Rs. T-198/98, Micro Leader Business/Kommission, Slg. 1999, II-3989, Rdnrn. 32–39.

[50] Rs. T-319/99, Federación Nacional de Empresas de Instrumentatión Científica, Médica, Técnica y Dental (FENIN)/Kommission, Slg. 2003 – noch nicht veröffentlicht, Rdnr. 43.

[51] Umfassende Hinweise dazu bietet die Internetseite der Kommission unter http://europa.eu.int/comm/competition/index_en.html.

[52] Bekanntmachung über den Begriff der Beeinträchtigung des Handels in den Artikeln 81 und 82 EG-Vertrag (S. 81).

gangen wird, dass sie den Wettbewerb nicht spürbar beschränken. Hinweise zu dieser Frage finden sich in der De-minimis-Bekanntmachung der Kommission[53].

51. Von Vereinbarungen, die die Voraussetzungen einer Gruppenfreistellungsverordnung erfüllen, wird vermutet, dass sie die Voraussetzungen des Artikels 81 Absatz 3 des Vertrages erfüllen[54]. Um den Rechtsvorteil einer Gruppenfreistellung nach Artikel 29 der Verordnung (EG) Nr. 1/2003 entziehen zu können, muss die Kommission feststellen, dass in dem betreffenden Fall eine Vereinbarung, für die die Gruppenfreistellungsverordnung gilt, Wirkungen hat, die mit Artikel 81 Absatz 3 des Vertrages unvereinbar sind.

52. Vereinbarungen, die den Wettbewerb im Sinne von Artikel 81 Absatz 1 des Vertrages beschränken, können möglicherweise die in Artikel 81 Absatz 3 des Vertrages festgelegten Voraussetzungen erfüllen. Nach Maßgabe von Artikel 1 Absatz 2 der Verordnung (EG) Nr. 1/2003 sind solche Vereinbarungen nicht verboten, ohne dass dies einer vorherigen behördlichen Entscheidung bedarf. Hinweise zu den Voraussetzungen, die eine Vereinbarung gemäß Artikel 81 Absatz 3 des Vertrages erfüllen muss, enthält die Bekanntmachung zu Artikel 81 Absatz 3[55].

D. Verfahren der Kommission zur Behandlung von Beschwerden

a) Überblick

53. Wie oben erwähnt, ist die Kommission nicht verpflichtet, zu jeder Beschwerde eine Untersuchung durchzuführen, um festzustellen, ob eine Zuwiderhandlung vorliegt. Sie hat allerdings die Pflicht, die ihr vom Beschwerdeführer zur Kenntnis gebrachten sachlichen und rechtlichen Gesichtspunkte aufmerksam zu prüfen, um festzustellen, ob sie ein Verhalten erkennen lassen, das einen Verstoß gegen Artikel 81 und 82 EG-Vertrag darstellt[56].

54. Im Verfahren der Kommission zur Behandlung von Beschwerden können mehrere Verfahrensschritte unterschieden werden[57].

55. In der ersten Phase, die sich an die Einreichung der Beschwerde anschließt, prüft die Kommission die Beschwerde und holt gegebenenfalls weitere Informationen ein, um zu entscheiden, wie mit der Beschwerde zu verfahren ist. In dieser Phase kann es zu einem informellen Meinungsaustausch zwischen der Kommission und dem Beschwerdeführer kommen, um die sachlichen und rechtlichen Fragen der Beschwerde abzuklären. Die Kommission kann dem Beschwerdeführer eine erste Reaktion zukommen lassen, um ihm die Möglichkeit einzuräumen, sein Vorbringen unter Berücksichtigung dieser Reaktion zu präzisieren.

56. In einer zweiten Phase kann die Kommission den Fall einer eingehenderen Prüfung unterziehen, um gegebenenfalls ein Verfahren nach Artikel 7 Absatz 1 der Verordnung (EG) Nr. 1/2003 gegen die betreffenden Unternehmen einzuleiten. Ist die Kommission der Ansicht, dass keine ausreichenden Gründe für die Verfolgung der Beschwerde gegeben sind, teilt sie dem Beschwerdeführer ihre Gründe hierfür

---

[53] Bekanntmachung der Kommission über Vereinbarungen von geringer Bedeutung, die den Wettbewerb gemäß Artikel 81 Absatz 1 des Vertrags zur Gründung der Europäischen Gemeinschaft nicht spürbar beeinträchtigen (de minimis), ABl. C 368 vom 22.12.2001, S. 13.

[54] Der Wortlaut aller Gruppenfreistellungsverordnungen ist auf der Internetseite der Kommission unter http://europa.eu.int/comm/competition/index_en.html veröffentlicht.

[55] Bekanntmachung – Leitlinien zur Anwendung von Artikel 81 Absatz 3 EG-Vertrag (S. 97).

[56] Rs. 210/81, Oswald Schmidt, Demo-Studio Schmidt/Kommission, Slg. 1983, 3045, Rdnr. 19; Rs. T-24/90, Automec/Kommission, Slg. 1992, II-2223, Rdnr. 79.

[57] Vgl. Rs. T-64/89, Automec/Kommission, Slg. 1990, II-367, Rdnrn. 45–47, und Rs. T-37/92, Bureau Européen des Unions des Comsommateurs (BEUC)/Kommission, Slg. 1994, II-285, Rdnr. 29.

mit, und gibt ihm Gelegenheit zu einer schriftlichen Stellungnahme innerhalb der von ihr gesetzten Frist (Artikel 7 Absatz 1 der Verordnung (EG) Nr. 773/2004).

57. Äußert sich der Beschwerdeführer innerhalb der von der Kommission vorgegebenen Frist nicht, so gilt die Beschwerde als zurückgezogen (Artikel 7 Absatz 3 der Verordnung (EG) Nr. 773/2004). In allen anderen Fällen nimmt die Kommission, in einer dritten Phase des Verfahrens, die vom Beschwerdeführer unterbreiteten Ausführungen zur Kenntnis und leitet entweder ein Verfahren gegen die Unternehmen ein, die zu der Beschwerde Anlass gegeben haben, oder weist die Beschwerde im Wege einer Entscheidung zurück[58].

58. Weist die Kommission eine Beschwerde gemäß Artikel 13 der Verordnung (EG) Nr. 1/2003 aus dem Grunde zurück, dass bereits eine andere Behörde mit dem Fall befasst ist, so verfährt sie nach Artikel 9 der Verordnung (EG) Nr. 773/2004.

59. Während des gesamten Verfahrens verfügen die Beschwerdeführer über bestimmte Rechte, die insbesondere in den Artikeln 6 bis 8 der Verordnung (EG) Nr. 773/2004 festgelegt sind. Bei dem Verfahren der Kommission in diesen Fällen handelt es sich jedoch nicht um ein kontradiktorisches Verfahren im Verhältnis zwischen dem Beschwerdeführer auf der einen Seite und den Unternehmen, die Gegenstand der Untersuchung sind, auf der anderen Seite. Die verfahrensmäßigen Rechte der Beschwerdeführer gehen dementsprechend weniger weit als der Anspruch auf rechtliches Gehör der Unternehmen, gegen die sich die Untersuchung der Kommission richtet[59].

b) Regelfrist für die Information des Beschwerdeführers über das beabsichtigte Vorgehen der Kommission

60. Die Kommission ist verpflichtet, innerhalb eines angemessenen Zeitraumes über eine Beschwerde zu befinden[60]. Was ein angemessener Zeitraum ist, hängt von den Umständen des Einzelfalls und insbesondere von dessen Kontext ab, den verschiedenen Verfahrensabschnitten, die die Kommission abgeschlossen hat, dem Verhalten der Beteiligten im Laufe des Verfahrens, der Komplexität der Angelegenheit sowie ihrer Bedeutung für die verschiedenen Beteiligten[61].

61. Die Kommission wird sich grundsätzlich bemühen, dem Beschwerdeführer innerhalb von vier Monaten nach Eingang der Beschwerde mitzuteilen, wie sie auf der Grundlage der Beschwerde weiter vorzugehen beabsichtigt. Die Kommission wird demnach dem Beschwerdeführer im Regelfall und soweit die Umstände des Einzelfalls, insbesondere die Notwendigkeit weitere Auskünfte von dem Beschwerdeführer oder Dritten anzufordern, nicht entgegenstehen, innerhalb von vier Monaten mitteilen, ob sie beabsichtigt, der Beschwerde weiter nachzugehen oder nicht. Diese Frist ist rechtlich nicht verbindlich.

62. Im Rahmen der genannten vier Monate kann die Kommission den Beschwerdeführer in Form einer ersten Reaktion im Rahmen der ersten Verfahrensphase informieren (vgl. Rdnr. 55), wie sie zu verfahren gedenkt. Ist ihre Prüfung entsprechend fortgeschritten, kann sie auch, als Teil der zweiten Verfahrensphase (vgl. Rdnr. 56), dem Beschwerdeführer direkt ihre vorläufige Würdigung gemäß Artikel 7 Absatz 1 der Verordnung (EG) Nr. 773/2004 übermitteln.

---

[58] Rs. C-282/95 P, Guérin automobiles/Kommission, Slg. 1997, I-1503, Rdnr. 36.

[59] Verb. Rs. 142 und 156/84, British American Tobacco Company und R. J. Reynolds Industries/Kommission, Slg. 1987, 249, Rdnrn. 19f.

[60] Rs. C-282/95 P, Guérin automobiles/Kommission, Slg. 1997, I-1503, Rdnr. 37.

[61] Rs. T-213/95 und T-18/96, Stichting Certificatie Kraanverhuurbedrijf (SCK) und Federatie van Nederlandse Kraanbedrijven (FNK)/Kommission, Slg. 1997, 1739, Rdnr. 57.

63. Damit eine Beschwerde so schnell wie möglich bearbeitet werden kann, ist der Beschwerdeführer gehalten, sorgfältig im Verfahren mitzuarbeiten[62], indem er die Kommission beispielsweise über neue Entwicklungen auf dem Laufenden hält.

c) Verfahrensrechte des Beschwerdeführers

64. Wenn die Kommission eine Mitteilung der Beschwerdepunkte gemäß Artikel 10 Absatz 1 der Verordnung (EG) Nr. 773/2004 an die Unternehmen richtet, die Gegenstand der Beschwerde waren, hat der Beschwerdeführer Anspruch auf eine Kopie dieser Mitteilung, in der die Geschäftsgeheimnisse und andere vertrauliche Angaben der betreffenden Unternehmen unkenntlich gemacht worden sind (nicht vertrauliche Fassung der Mitteilung der Beschwerdepunkte, vgl. Artikel 6 Absatz 1 der Verordnung (EG) Nr. 773/2004). Der Beschwerdeführer kann schriftlich zu der Mitteilung der Beschwerdepunkte Stellung nehmen. Für die Einreichung der schriftlichen Stellungnahme wird eine Frist gesetzt.

65. Zudem kann die Kommission dem Beschwerdeführer gegebenenfalls Gelegenheit geben, seine Argumente anlässlich der Anhörung der Beteiligten vorzubringen, wenn der Beschwerdeführer dies in seinen schriftlichen Ausführungen beantragt hat[63].

66. Der Beschwerdeführer kann von sich aus oder auf Verlangen der Kommission Unterlagen mit Geschäftsgeheimnissen oder sonstigen vertraulichen Informationen vorlegen. Vertrauliche Informationen werden von der Kommission geschützt[64]. Nach Artikel 16 der Verordnung (EG) Nr. 773/2004 ist der Beschwerdeführer gehalten, wenn er sich gemäß den Artikeln 6 und 7 der Verordnung (EG) Nr. 773/2004 äußert oder wenn er anschließend im selben Verfahren weitere Informationen vorlegt, vertrauliche Informationen kenntlich zu machen, die Vertraulichkeit der Informationen zu begründen und eine getrennte nicht vertrauliche Fassung vorzulegen. In allen anderen Fällen kann die Kommission den Beschwerdeführer auffordern, die von ihm vorgelegten Unterlagen oder Erklärungen oder Teile davon, die seiner Ansicht nach vertraulich sind, kenntlich zu machen. Insbesondere kann sie dem Beschwerdeführer eine Frist setzen, innerhalb deren er erklären muss, weshalb er eine bestimmte Information für vertraulich erachtet, und innerhalb deren er der Kommission eine nicht vertrauliche Fassung einschließlich einer knappen Beschreibung jeder Angabe, die entfernt worden ist, zukommen lassen muss.

67. Die Einstufung von Informationen als vertraulich hindert die Kommission nicht daran, von Informationen Gebrauch zu machen und diese offen zu legen, wenn dies zum Nachweis einer Zuwiderhandlung gegen Artikel 81 oder 82 des Vertrages erforderlich ist[65]. Sind Geschäftsgeheimnisse und vertrauliche Informationen zum Nachweis einer Zuwiderhandlung erforderlich, wird die Kommission bei jeder einzelnen Unterlage prüfen, ob das Bedürfnis sie offen zu legen größer ist als der Schaden, der aus dieser Offenlegung entstehen könnte.

68. Beabsichtigt die Kommission, eine Beschwerde mangels ausreichenden Gemeinschaftsinteresses an einer Weiterverfolgung des Falls oder aus anderen Gründen nicht weiter zu prüfen, so teilt sie dies dem Beschwerdeführer in einem Schreiben unter Angabe der entsprechenden Rechtsgrundlage (Artikel 7 Absatz 1 der Verordnung (EG) Nr. 773/2004) und der Gründe mit, die sie zu dieser vorläufigen Würdi-

---

[62] Der Begriff der „Sorgfalt" seitens des Beschwerdeführers wird vom Gericht erster Instanz verwendet in der Rs. T-77/94, Vereiniging van Groothandelaren in Bloemkwekerijprodukten u. a./Kommission, Slg. 1997, II-759, Rdnr. 75.

[63] Artikel 6 Absatz 2 der Verordnung der Kommission (EG) Nr. 773/2004.

[64] Artikel 287 EG-Vertrag, Artikel 28 der Verordnung (EG) Nr. 1/2003 und Artikel 15 und 16 der Verordnung (EG) Nr. 773/2004.

[65] Artikel 27 Absatz 2 der Verordnung (EG) Nr. 1/2003.

gung veranlasst haben. Sie gibt dem Beschwerdeführer Gelegenheit, innerhalb einer von ihr gesetzten Frist ergänzende Angaben oder Ausführungen vorzulegen. Die Kommission wird überdies auf die Folgen hinweisen, die sich aus einer Nichtbeantwortung des Schreibens gemäß Artikel 7 Absatz 3 der Verordnung (EG) Nr. 773/2004 ergeben (siehe unten).

69. Nach Artikel 8 Absatz 1 der Verordnung (EG) Nr. 773/2004 hat der Beschwerdeführer das Recht auf Einsichtnahme in die Unterlagen, die der vorläufigen Würdigung der Kommission zugrunde liegen. In der Regel erfolgt diese Einsichtnahme, indem dem Schreiben eine Kopie der relevanten Unterlagen als Anlage beigefügt wird.

70. Die Frist, innerhalb deren sich der Beschwerdeführer zu dem Schreiben gemäß Artikel 7 Absatz 1 der Verordnung (EG) Nr. 773/2004 äußern muss, wird entsprechend den Umständen des Falls festgelegt. Sie muss jedoch mindestens vier Wochen betragen (Artikel 17 Absatz 2 der Verordnung (EG) Nr. 773/2004). Äußert sich der Beschwerdeführer nicht innerhalb der gesetzten Frist, gilt die Beschwerde gemäß Artikel 7 Absatz 3 der Verordnung (EG) Nr. 773/2004 als zurückgezogen. Der Beschwerdeführer kann seine Beschwerde überdies jederzeit auf eigenen Wunsch zurückziehen.

71. Der Beschwerdeführer kann eine Fristverlängerung beantragen. Die Kommission kann die Frist je nach den Umständen des Falles verlängern.

72. Werden vom Beschwerdeführer ergänzende Ausführungen unterbreitet, so nimmt die Kommission diese zur Kenntnis. Sieht sich die Kommission aufgrund dieser Ausführungen zur Änderung ihres bisherigen Vorgehens veranlasst, kann sie ein Verfahren gegen die Unternehmen, gegen die die Beschwerde gerichtet ist, einleiten. In diesem Verfahren stehen dem Beschwerdeführer die vorstehend erläuterten Verfahrensrechte zu.

73. Veranlassen die Ausführungen des Beschwerdeführers die Kommission nicht zu einer Änderung ihres beabsichtigten Vorgehens, weist sie die Beschwerde durch Entscheidung zurück[66].

d) Entscheidung der Kommission zur Abweisung einer Beschwerde

74. Weist die Kommission gemäß Artikel 7 Absatz 2 der Verordnung (EG) Nr. 773/2004 eine Beschwerde durch Entscheidung ab, muss sie nach Maßgabe von Artikel 253 des Vertrages die Gründe dafür angeben, d. h. auf eine Weise, die dem betreffenden Rechtsakt entspricht und den Umständen des jeweiligen Falls Rechnung trägt.

75. Aus der Begründung muss die Argumentation der Kommission klar und eindeutig hervorgehen, so dass der Beschwerdeführer die Gründe für die Entscheidung nachvollziehen und das zuständige Gemeinschaftsgericht seiner Nachprüfungsfunktion nachkommen kann. Die Kommission ist allerdings nicht verpflichtet, auf alle Argumente des Beschwerdeführers einzugehen. Es genügt, wenn sie die sachlichen und rechtlichen Überlegungen darlegt, die für ihre Entscheidung maßgebend sind[67].

76. Weist die Kommission eine Beschwerde in einer Sache ab, in der darüber hinaus eine Entscheidung nach Artikel 10 der Verordnung (EG) Nr. 1/2003 (Feststellung der Nichtanwendbarkeit von Artikel 81 oder 82 EG-Vertrag) oder Artikel 9 der Verordnung (EG) Nr. 1/2003 (Verpflichtungszusagen) ergangen ist, kann die Entscheidung zur Abweisung einer Beschwerde auf diese andere Entscheidung, die auf der Grundlage der vorgenannten Bestimmungen erlassen worden ist, Bezug nehmen.

---

[66] Artikel 7 Absatz 2 der Verordnung (EG) Nr. 773/2004; Rs. C-282/95 P, Guérin automobiles/Kommission, Slg. 1997, I-1503, Rdnr. 36.

[67] Ständige Rechtsprechung, vgl. u. a. Rs. T-114/92, Bureau Européen des Médias et de l'Industrie Musicale(BEMIM)/Kommission, Slg. 1995, II-147, Rdnr. 41.

77. Gegen die Entscheidung zur Abweisung einer Beschwerde können Rechtsmittel bei den Gemeinschaftsgerichten eingelegt werden[68].

78. Ist eine Beschwerde abgewiesen worden, können die Beschwerdeführer nur dann eine erneute Prüfung verlangen, wenn sie neue wesentliche Beweise beibringen. Dementsprechend gelten weitere Eingaben früherer Beschwerdeführer in derselben Sache nur dann als neue Beschwerde, wenn der Kommission neue wesentliche Beweise zur Kenntnis gebracht werden. Die Kommission kann das Verfahren allerdings unter bestimmten Voraussetzungen wieder aufnehmen.

79. Eine Entscheidung zur Abweisung einer Beschwerde stellt auch dann, wenn die Kommission den Sachverhalt auf der Grundlage der Artikel 81 und 82 EG-Vertrag geprüft hat, keine endgültige Entscheidung darüber dar, ob eine Zuwiderhandlung gegen Artikel 81 oder 82 vorliegt. Somit hindern die Beurteilungen, die die Kommission in einer Entscheidung zur Abweisung einer Beschwerde vorgenommen hat, die Gerichte oder Wettbewerbsbehörden der Mitgliedstaaten nicht bei der Anwendung der Artikel 81 und 82 auf die ihnen zur Kenntnis gebrachten Vereinbarungen und Verhaltensweisen. Die Beurteilungen der Kommission in einer solchen Entscheidung stellen tatsächliche Gesichtspunkte dar, die die Gerichte oder Wettbewerbsbehörden der Mitgliedstaaten bei der Prüfung, ob die fraglichen Vereinbarungen oder Verhaltensweisen mit Artikel 81 oder 82 des Vertrages vereinbar sind, berücksichtigen können[69].

e) Besondere Situationen

80. Nach Artikel 8 der Verordnung (EG) Nr. 1/2003 kann die Kommission bei Gefahr eines ernsten, nicht wieder gutzumachenden Schadens für den Wettbewerb von Amts wegen einstweilige Maßnahmen anordnen. Aus Artikel 8 der Verordnung (EG) Nr. 1/2003 geht klar hervor, dass Beschwerdeführer keinen Antrag auf einstweilige Maßnahmen gemäß Artikel 7 Absatz 2 der Verordnung (EG) Nr. 1/2003 stellen können. Einstweiliger Rechtsschutz kann bei den Gerichten der Mitgliedstaaten beantragt werden, die für solche Entscheidungen die besseren Voraussetzungen mitbringen[70].

81. Manche Personen möchten die Kommission über mutmaßliche Verstöße gegen Artikel 81 oder 82 des Vertrages informieren, ohne dass ihre Identität den Unternehmen, gegen die sich die Hinweise richten, bekannt wird. Diese Personen können sich an die Kommission wenden. Die Kommission ist verpflichtet, Ersuchen um Anonymität zu respektieren[71], soweit der Antrag nicht offensichtlich unbegründet ist.

---

[68] Ständige Rechtsprechung seit Rs. 210/81, Oswald Schmidt, Demo-Studio Schmidt/Kommission, Slg. 1983, 3045.

[69] Rs. T-575/93, Casper Koelman/Kommission, Slg. 1996, II-1, Rdnrn. 41–43.

[70] Je nach Lage des Sachverhalts können auch die Wettbewerbsbehörden der Mitgliedstaaten gut geeignet sein für den Erlass einstweiliger Maßnahmen.

[71] Rs. 145/83, Stanley George Adams/Kommission, Slg. 1985, 3539.

Formblatt C

Beschwerde gemäß Artikel 7 der Verordnung (EG) Nr. 1/2003

I. Angaben zum Beschwerdeführer und zu dem/den Unternehmen oder Unternehmensvereinigungen, die den Anlass der Beschwerde bilden

1. Geben Sie die vollständigen Personalien der natürlichen Person bzw. die vollständige Bezeichnung und Anschrift der juristischen Person an, die die Beschwerde erhebt. Handelt es sich bei dem Beschwerdeführer um ein Unternehmen, geben Sie die Unternehmensgruppe an, zu der das Unternehmen gehört, und beschreiben Sie kurz Art und Umfang seiner Geschäftstätigkeiten. Geben Sie eine Kontaktperson an (Telefonnummer, E-Mail-Adresse und Postanschrift), die weitere Auskünfte erteilen kann.
2. Geben Sie das/die Unternehmen oder die Unternehmensvereinigung an, gegen dessen/deren Verhalten sich die Beschwerde richtet, einschließlich aller verfügbaren Informationen über die Unternehmensgruppe, zu der dieses/diese Unternehmen gehört/gehören, sowie Art und Umfang ihrer Geschäftstätigkeiten. Geben Sie an, in welchem Verhältnis der Beschwerdeführer zu dem/den Unternehmen oder der Unternehmensvereinigung steht, gegen das/die sich die Beschwerde richtet (z. B. Kunde, Wettbewerber).

II. Angaben zu der mutmaßlichen Zuwiderhandlung und Beweismittel

3. Geben Sie eine ausführliche Darstellung des Sachverhalts, aus dem sich Ihrer Meinung nach ergibt, dass eine Zuwiderhandlung gegen Artikel 81 oder 82 EG-Vertrag und/oder gegen Artikel 53 oder 54 EWR-Abkommen vorliegt. Geben Sie insbesondere an, welcher Art die Produkte sind (Waren oder Dienstleistungen), die von der mutmaßlichen Zuwiderhandlung betroffen sind, und erläutern Sie die diese Produkte betreffenden Handelsbeziehungen. Legen Sie alle verfügbaren Angaben über Vereinbarungen oder Verhaltensweisen von Unternehmen oder Unternehmensvereinigungen vor, auf die sich die Beschwerde bezieht. Geben Sie nach Möglichkeit die Marktstellung der von dieser Beschwerde betroffenen Unternehmen an.
4. Legen Sie alle Ihnen vorliegenden Unterlagen vor, die sich auf den in der Beschwerde dargestellten Sachverhalt beziehen oder mit ihm in Verbindung stehen (z. B. Texte von Vereinbarungen, Verhandlungs- oder Sitzungsprotokolle, Geschäftsbedingungen, Geschäftsunterlagen, Rundschreiben, Korrespondenz, Notizen von Telefongesprächen). Geben Sie Name und Anschrift der Personen an, die den in der Beschwerde dargestellten Sachverhalt bezeugen können, insbesondere auch der Personen, die von der behaupteten Zuwiderhandlung betroffen sind. Legen Sie Statistiken oder andere verfügbare Daten vor, die sich auf den dargestellten Sachverhalt beziehen, insbesondere wenn sie Aufschluss über Marktentwicklungen geben (z. B. Informationen über Preise und Preistendenzen, Marktzutrittsschranken für neue Anbieter usw.).
5. Geben Sie nach Ihrer Einschätzung den räumlichen Einzugsbereich der mutmaßlichen Zuwiderhandlung an und erläutern Sie, soweit dies nicht offensichtlich ist, in welchem Umfang der Handel zwischen den Mitgliedstaaten oder zwischen der Gemeinschaft und den EFTA-Mitgliedstaaten, die dem EWR-Abkommen beigetreten sind, durch das beanstandete Verhalten beeinträchtigt werden kann.

III. Ziel der Beschwerde und berechtigtes Interesse

6. Erläutern Sie, welche Ziele Sie mit Ihrer Beschwerde verfolgen bzw. was Sie von dem Vorgehen der Kommission erwarten.
7. Legen Sie dar, aus welchen Gründen Sie als Beschwerdeführer ein berechtigtes Interesse im Sinne von Artikel 7 der Verordnung (EG) Nr. 1/2003 geltend machen. Erläutern Sie insbesondere, in welcher Weise Sie von dem beanstandeten Verhalten betroffen sind und wie die Kommission durch ihr Tätigwerden Ihrer Ansicht nach den behaupteten Missstand beseitigen kann.

IV. Verfahren vor nationalen Wettbewerbsbehörden oder Gerichten

8. Geben Sie an, ob Sie sich in derselben Sache oder einer eng damit verbundenen anderen Sache bereits an eine andere Wettbewerbsbehörde gewandt und/oder ein Verfahren vor einem nationalen Gericht angestrengt haben. Wenn ja, geben Sie genau an, an welche Verwaltungs- oder Justizbehörde Sie sich gewandt haben und welche Eingaben Sie bei dieser Behörde gemacht haben.

Der Unterzeichnete erklärt, dass er die Angaben in dem Formblatt und in den beigefügten Anlagen nach bestem Wissen und Gewissen gemacht hat.

....

Datum und Unterschrift

III. Fusionskontrolle

Anhang B 20. Konsolidierte Mitteilung zu Zuständigkeitsfragen

Konsolidierte Mitteilung der Kommission zu Zuständigkeitsfragen gemäß der Verordnung (EG) Nr. 139/2004 des Rates über die Kontrolle von Unternehmenszusammenschlüssen

(ABl. 2008 C 95/1, berichtigt in Abl. 2009 C 43/10)

A. Einleitung

(1) Diese Mitteilung dient als Orientierungshilfe für Zuständigkeitsfragen in Fusionskontrollsachen gemäß der Verordnung (EG) Nr. 139/2004 des Rates (ABl. L 24 vom 29.1.2003, S. 1, nachstehend ‚Fusionskontrollverordnung' oder ‚FKVO')[1]. Anhand dieses verbindlichen Leitfadens können Unternehmen schneller feststellen, ob und inwieweit ihre Vorhaben unter die Fusionskontrollvorschriften der Gemeinschaft fallen, noch bevor sie Kontakt mit der Kommission aufnehmen.

(2) Diese Mitteilung ersetzt die Mitteilung über den Begriff des Zusammenschlusses[2], die Mitteilung über den Begriff des Vollfunktionsgemeinschaftsunternehmens[3], die Mitteilung über den Begriff der beteiligten Unternehmen[4] und die Mitteilung über die Berechnung des Umsatzes[5].

(3) Gegenstand dieser Mitteilung sind die Begriffe ‚Zusammenschluss', ‚Vollfunktionsgemeinschaftsunternehmen','beteiligte Unternehmen' und ‚Berechnung des Umsatzes', wie sie in den Artikeln 1, 3 und 5 FKVO verwendet werden. Die Frage der Verweisung wird in der Mitteilung über die Verweisung von Fusionssachen behandelt[6]. Die von der Kommission in dieser Mitteilung vorgenommene Auslegung der Artikel 1, 3 und 5 lässt etwaige Auslegungen des Gerichtshofs oder des Gerichts erster Instanz der Europäischen Gemeinschaften unberührt.

(4) Die in dieser Mitteilung dargelegten Leitlinien stützen sich auf die Erfahrungen, die die Kommission mit der Anwendung der alten und der neuen Fusionskon-

---

1 Wann immer in dieser Mitteilung zwischen der Verordnung (EG) Nr. 139/2004 des Rates und der Verordnung (EWG) Nr. 4064/89 des Rates (ABl. L 395 vom 30.12.1989, Berichtigung in ABl. L 257 vom 21.9.1990, S. 13, Verordnung zuletzt geändert durch die Verordnung (EG) Nr. 1310/97, ABl. L 180 vom 9.7.1997, S. 1, Berichtigung in ABl. L 40 vom 13.2.1998, S. 17) unterschieden werden muss, wird erstere als ‚neue Fusionskontrollverordnung' und letztere als ‚alte Fusionskontrollverordnung' bezeichnet. Artikelangaben ohne ausdrücklichen Verweis auf eine Verordnung beziehen sich auf die neue Fusionskontrollverordnung.

2 ABl. C 66 vom 2.3.1998, S. 5.

3 ABl. C 66 vom 2.3.1998, S. 1.

4 ABl. C 66 vom 2.3.1998, S. 14

5 ABl. C 66 vom 2.3.1998, S. 25.

6 ABl. C 56 vom 5.3.2005, S. 2.

trollverordnung gesammelt hat, seit erstere am 21. September 1990 in Kraft trat. Die allgemeinen Grundsätze für den Umgang mit den in dieser Mitteilung behandelten Fragen haben sich durch das Inkrafttreten der Verordnung (EG) Nr. 139/2004 nicht geändert; wo sich dennoch Änderungen ergeben haben, wird darauf ausdrücklich hingewiesen. Die in dieser Mitteilung dargelegten Grundsätze werden von der Kommission in den einzelnen Fusionsfällen angewandt und weiterentwickelt.

(5) Nach Artikel 1 gilt die Fusionskontrollverordnung nur für Transaktionen, die zwei Anforderungen erfüllen. Erstens muss ein Zusammenschluss von zwei oder mehr Unternehmen im Sinne des Artikels 3 FKVO vorliegen, und zweitens muss der nach Artikel 5 berechnete Umsatz der beteiligten Unternehmen die in Artikel 1 FKVO genannten Schwellenwerte erreichen bzw. übersteigen. Der Begriff des Zusammenschlusses (einschließlich der besonderen Anforderungen für Gemeinschaftsunternehmen) und damit die erste Anforderung wird in Teil B behandelt. Der Begriff der beteiligten Unternehmen und die Berechnung ihres Umsatzes – beides für die zweite Anforderung von Belang – sind Gegenstand von Teil C.

(6) Die Kommission beurteilt ihre Zuständigkeit für einen Zusammenschluss in Entscheidungen nach Artikel 6 FKVO[7].

B. Der Begriff des Zusammenschlusses

(7) Nach Artikel 3 Absatz 1 FKVO gelten ausschließlich solche Vorgänge als Zusammenschluss, die in den beteiligten Unternehmen eine dauerhafte Veränderung der Kontrolle bewirken. Erwägungsgrund 20 FKVO ergänzt in diesem Zusammenhang, dass der Begriff des Zusammenschlusses nur Vorgänge erfassen soll, die zu einer dauerhaften Veränderung der Marktstruktur führen. Da der zentrale Begriff in Artikel 3 der Begriff der Kontrolle ist, sind es eher qualitative als quantitative Kriterien, die den Ausschlag dafür geben, ob ein Zusammenschluss vorliegt oder nicht.

(8) Nach Artikel 3 Absatz 1 FKVO gibt es zwei Kategorien von Zusammenschlüssen:

– den Zusammenschluss durch Fusion zuvor unabhängiger Unternehmen (Buchstabe a) und
– den Zusammenschluss durch Erwerb der Kontrolle (Buchstabe b).

Diese werden in den Abschnitten I und II eingehender behandelt.

I. Fusion von zuvor unabhängigen Unternehmen

(9) Eine Fusion im Sinne von Artikel 3 Absatz 1 Buchstabe a FKVO liegt vor, wenn zwei oder mehr bisher voneinander unabhängige Unternehmen so miteinander verschmelzen, dass sie ihre Rechtspersönlichkeit verlieren. Eine Fusion kann auch dann vorliegen, wenn ein Unternehmen in einem anderen aufgeht, wobei letzteres seine Rechtspersönlichkeit behält, während ersteres als juristische Person untergeht[8].

---

[7] Vgl. auch Schlussantrag von Generalanwältin Kokott in der Rechtssache C-202/06 Cementbouw/Kommission vom 26. April 2007, Rn. 56 (noch nicht in der Sammlung veröffentlicht).

[8] Vgl. z. B. Sache COMP/M.1673, Veba/VIAG (13. Juni 2000); Sache COMP/M.1806, AstraZeneca/Novartis (26. Juli 2000); Sache COMP/M.2208, Chevron/Texaco (26. Januar 2001); Sache IV/M.1383, Exxon/Mobil (29. September 1999). Eine Fusion im Sinne von Artikel 3 Absatz 1 Buchstabe a liegt nicht vor, wenn ein Zielunternehmen mit einer Tochtergesellschaft des übernehmenden Unternehmens so fusioniert, dass die Muttergesellschaft die Kontrolle über das Zielunternehmen gemäß Artikel 3 Absatz 1 Buchstabe b erwirbt, vgl. Sache COMP/M.2510, Cendant/Galileo (24. September 2001).

(10) Eine Fusion im Sinne von Artikel 3 Absatz 1 Buchstabe a kann aber auch dann vorliegen, wenn zuvor unabhängige Unternehmen ihre Aktivitäten so zusammenlegen, dass eine wirtschaftliche Einheit entsteht, ohne dass rechtlich von einer Fusion gesprochen werden kann[9]. Dies kann insbesondere dann der Fall sein, wenn zwei oder mehr Unternehmen vertraglich vereinbaren, sich einer gemeinsamen wirtschaftlichen Leitung[10] zu unterstellen oder ein zweifach börsennotiertes Unternehmen[11] zu bilden, ohne ihre Rechtspersönlichkeit aufzugeben. Wenn dies faktisch dazu führt, dass die beteiligten Unternehmen zu einer einzigen wirtschaftlichen Einheit verschmelzen, ist die Transaktion als Fusion anzusehen. Eine Grundvoraussetzung für das Vorliegen einer solchen faktischen Fusion ist die Existenz einer dauerhaften gemeinsamen wirtschaftlichen Leitung. Weitere wichtige Kriterien können ein interner Gewinn- und Verlustausgleich oder eine Gewinnabführungsvereinbarung zwischen einzelnen Konzernunternehmen sein sowie ihre gesamtschuldnerische Haftung oder die Verteilung externer Risiken. Die faktische Verschmelzung kann lediglich vertraglich vereinbart[12] sein, sie kann aber auch durch eine Überkreuzbeteiligung der die wirtschaftliche Einheit bildenden Unternehmen untermauert werden.

II. Erwerb der Kontrolle

1. Begriff der Kontrolle

1.1. Kontrolle erlangende Person bzw. Kontrolle erlangendes Unternehmen

(11) Nach Artikel 3 Absatz 1 Buchstabe b liegt ein Zusammenschluss vor, wenn die Kontrolle über ein anderes Unternehmen erworben wird, wobei es keine Rolle spielt, ob die Kontrolle von einem Unternehmen allein oder von mehreren gemeinsam handelnden Unternehmen erworben wird.

Person, die ein anderes Unternehmen kontrolliert

(12) Die Kontrolle kann auch von Personen erworben werden, die (allein oder gemeinsam mit anderen) bereits mindestens ein anderes Unternehmen kontrollieren, oder aber von einer Kombination aus Personen (die ein anderes Unternehmen kontrollieren) und Unternehmen. Als ‚Person' gelten in diesem Zusammenhang nicht nur juristische Personen des privaten und öffentlichen Rechts[13], sondern auch natürliche Personen. Der Kontrollerwerb natürlicher Personen wird nur dann als ein Erwerb angesehen, der eine dauerhafte Änderung der Struktur der beteiligten Unternehmen bewirkt, wenn diese Personen weitere wirtschaftliche Tätigkeiten für eigene

[9] Für die Beantwortung der Frage, ob ein Unternehmen vorher unabhängig war, können die Kontrollverhältnisse wichtig sein, denn bei der Fusion könnte es sich auch einfach um eine konzerninterne Reorganisation handeln. In diesem spezifischen Kontext folgt die Bewertung der Kontrollverhältnisse – und zwar der rechtlichen wie der faktischen – ebenfalls dem weiter unten dargelegten allgemeinen Konzept.

[10] Nach deutschem Recht wäre dies z. B. bei einem Gleichordnungskonzern der Fall sowie bei bestimmten ‚Groupements d'Intérêt Economique' des französischen Rechts und der Verschmelzung von ‚partnerships' wie in der Sache IV/M.1016 – Price Waterhouse/Coopers&Lybrand (20. Mai 1998).

[11] Sache IV/M.660, RTZ/CRA (7. Dezember 1995); Sache COMP/M.3071, Carnival Corporation/P.O Princess II (24. Juli 2002).

[12] Vgl. Sache IV/M.1016, Price Waterhouse/Coopers&Lybrand (20. Mai 1998); Sache COMP/M.2824, Ernst & Young/Andersen Germany (27. August 2002).

[13] Einschließlich des Staates wie in der Sache IV/M.157, Air France/Sabena (5. Oktober 1992) der belgische Staat oder andere öffentlich-rechtliche Körperschaften wie z. B. die Treuhand in Sache IV/M.308, Kali und Salz/MDK/Treuhand (14. Dezember 1993). Vgl. aber auch Erwägungsgrund 22 FKVO.

Rechnung durchführen oder noch mindestens ein weiteres Unternehmen kontrollieren[14].

Erwerber der Kontrolle

(13) Die Kontrolle wird normalerweise von den Personen oder Unternehmen erworben, die aus den jeweiligen Rechten und Verträgen selbst berechtigt sind (Artikel 3 Absatz 3 Buchstabe a). Es kann jedoch auch vorkommen, dass der Inhaber der Kontrollbeteiligung nicht identisch ist mit der Person, die diese Rechte tatsächlich ausübt. Dies ist beispielsweise dann der Fall, wenn ein Unternehmen eine andere Person oder ein Unternehmen vorschiebt, um eine Kontrollbeteiligung zu erwerben, und dann über die vorgeschobene Person/das vorgeschobene Unternehmen selbst die Rechte ausüben kann, die die Kontrolle begründen. In diesem Fall ist die vorgeschobene Person/das vorgeschobene Unternehmen zwar formal der Rechteinhaber, faktisch erworben wird die Kontrolle über das Zielunternehmen aber von dem Unternehmen im Hintergrund (Artikel 3 Absatz 3 Buchstabe b). Das Gericht erster Instanz entschied auf der Grundlage dieser Bestimmung, dass im Falle von Handelsgesellschaften die Kontrolle dem Allein- oder Mehrheitsgesellschafter oder den Gesellschaftern, die eine Gesellschaft gemeinsam kontrollieren, zugeordnet werden kann, da solche Gesellschaften auf jeden Fall den Entscheidungen dieser Gesellschafter folgen[15]. Eine Kontrollbeteiligung, die von verschiedenen Gesellschaften eines Konzerns gehalten wird, wird normalerweise dem Unternehmen zugeordnet, das die einzelnen formalen Rechteinhaber kontrolliert. In anderen Fällen müssen entweder einzeln oder kombiniert weitere Faktoren wie Beteiligungen, Vertragsbeziehungen, Finanzierungsquellen oder Verwandtschaftsbeziehungen berücksichtigt und in jedem Einzelfall bewertet werden, um diese Art der indirekten Kontrolle nachzuweisen[16].

Erwerb der Kontrolle durch Investmentfonds

(14) Besondere Fragen können sich stellen, wenn Investmentfonds die Kontrolle erwerben. Auch wenn die Kommission Strukturen mit Investmentfonds in jedem Einzelfall prüfen wird, sind ihnen doch erfahrungsgemäß einige Eigenschaften gemein.

(15) Investmentfonds sind oft als Kommanditgesellschaften organisiert, an der die Investoren nur als Kommanditisten beteiligt sind und normalerweise weder einzeln noch zusammen eine Kontrolle ausüben. Gewöhnlich sind es die Investmentfonds, die die Anteile und Stimmrechte erwerben, die die Kontrolle über die Portfoliogesellschaften verleihen. Wie die Kontrolle ausgeübt wird, hängt von den jeweiligen Umständen ab. Normalerweise liegt die Kontrolle bei der Investmentgesellschaft, die den Fonds betreibt, und der Fonds selbst ist ein reines Anlageinstrument. Unter besonderen Umständen kann die Kontrolle auch von dem Fonds selbst ausgeübt werden. Die Investmentgesellschaft übt die Kontrolle normalerweise über die organisatorische Struktur aus, z. B. durch Kontrolle des Komplementärs im Falle von Fonds, die als Kommanditgesellschaften organisiert sind, durch vertragliche Vereinbarungen (z. B. Beraterverträge) oder durch eine Kombination von beidem. Dies kann auch dann der Fall sein, wenn die Investmentgesellschaft die als Komplementär fungierenden Unternehmen nicht selbst besitzt, sondern deren Anteile von natürlichen Personen

---

[14] Sache IV/M.82, Asko/Jakobs/Adia (16. Mai 1991), mit einer natürlichen Person als beteiligtem Unternehmen; Sache COMP/M.3762, Apax/Travelex (16. Juni 2005), in diesem Fall wurde eine natürliche Person, die die gemeinsame Kontrolle erwarb, nicht als beteiligtes Unternehmen angesehen.

[15] Urteil in der Rechtssache T-282/02 Cementbouw/Kommission, Randnr. 72, Slg. 2006, II-00319.

[16] Sache IV/M.754, Anglo American/Lonrho (23. April 1997).

(die mit der Investmentgesellschaft verbunden sein können) oder einer Treuhandgesellschaft gehalten werden. Vertragliche Vereinbarungen mit der Investmentgesellschaft, vor allem Beratungsverträge, spielen eine um so wichtigere Rolle, wenn der Komplementär nicht selbst über Finanz- und Humanressourcen für die Führung der Portfoliogesellschaften verfügt, sondern nur die gesellschaftsrechtliche Struktur darstellt, deren Handlungen von mit der Investmentgesellschaft verbundenen Personen ausgeführt werden. Unter diesen Umständen erwirbt gewöhnlich die Investmentgesellschaft die indirekte Kontrolle im Sinne von Artikel 3 Absatz 1 Buchstabe b und Artikel 3 Absatz 3 Buchstabe b FKVO und kann selbst die Rechte ausüben, die sich in Besitz des Investmentfonds befinden[17].

1.2. Mittel der Kontrolle

(16) In Artikel 3 Absatz 2 FKVO wird Kontrolle definiert als die Möglichkeit, einen bestimmenden Einfluss auf die Tätigkeit eines Unternehmens auszuüben. Es ist also nicht unbedingt notwendig nachzuweisen, dass ein bestimmender Einfluss tatsächlich ausgeübt wird oder in Zukunft ausgeübt werden wird. Die Möglichkeit, diesen Einfluss auszuüben, muss jedoch tatsächlich gegeben sein[18]. Artikel 3 Absatz 2 legt weiter fest, dass die Kontrolle begründet werden kann durch Rechte, Verträge oder andere Mittel, die einzeln oder zusammen unter Berücksichtigung aller tatsächlichen oder rechtlichen Umstände die Möglichkeit gewähren, einen bestimmenden Einfluss auf ein Unternehmen auszuüben. Ein Zusammenschluss kann also auf rechtlicher oder faktischer Grundlage basieren, durch den Erwerb alleiniger oder gemeinsamer Kontrolle erfolgen und die Gesamtheit oder Teile eines oder mehrerer Unternehmen betreffen (vgl. Artikel 3 Absatz 1 Buchstabe b).

Kontrolle durch den Erwerb von Anteilsrechten oder Vermögenswerten

(17) Ob eine Transaktion einen Kontrollerwerb bewirkt, hängt folglich von rechtlichen und/oder faktischen Elementen ab. In der Regel wird die Kontrolle übernommen durch einen Erwerb von Anteilsrechten, im Falle gemeinsamer Kontrolle eventuell in Kombination mit einer Aktionärsvereinbarung, oder durch den Erwerb von Vermögenswerten.

Kontrolle auf vertraglicher Grundlage

(18) Kontrolle kann auch auf vertraglicher Grundlage erlangt werden. Damit tatsächlich ein Kontrollerwerb vorliegt, muss der Vertrag eine ähnliche Kontrolle über Unternehmensleitung und Ressourcen des anderen Unternehmens bewirken wie der Erwerb von Anteilsrechten oder Vermögenswerten. Der Vertrag muss nicht nur die Kontrolle über Leitung und Ressourcen des anderen Unternehmens begründen, sondern auch sehr langfristig angelegt sein (in der Regel ohne die Möglichkeit der Kündigung durch die Partei, die die vertraglichen Rechte gewährt). Nur solche Verträge können eine strukturelle Veränderung auf dem Markt bewirken[19]. Ein Beispiel für solche Verträge sind Organisationsverträge nach nationalem Gesellschaftsrecht[20]

[17] Diese Struktur wirkt sich auch darauf aus, wie der Umsatz in Situationen berechnet wird, an denen Investmentfonds beteiligt sind, vgl. Nummer (189)ff.

[18] Urteil in der Rechtssache T-282/02 Cementbouw/Kommission, Randnr. 58, Slg. 2006, II-00319.

[19] Vgl. Sache COMP/M.3858, Lehman Brothers/SCG/Starwood/Le Meridien (20. Juli 2005). In diesem Fall liefen die Managementvereinbarungen 10–15 Jahre; in der Sache COMP/M.2632, Deutsche Bahn/ECT International/United Depots/JV (11. Februar 2002), betrug die Vertragslaufzeit 8 Jahre.

[20] Z. B. der deutsche ‚Beherrschungsvertrag' oder der portugiesische ‚Contrato de subordinação'. Solche Verträge gibt es nicht in allen Mitgliedstaaten.

oder andere Arten von Verträgen wie Betriebspachtverträge, die dem Erwerber die Kontrolle über Unternehmensleitung und Ressourcen übertragen, obwohl keine Eigentumsrechte oder Anteile übertragen werden. Diesbezüglich präzisiert Artikel 3 Absatz 2 Buchstabe a, dass die Kontrolle auch durch Nutzungsrechte am Vermögen eines Unternehmens begründet sein kann[21]. Solche Verträge können zu einer gemeinsamen Kontrolle führen, wenn sowohl der Eigentümer der Vermögenswerte als auch das Unternehmen, das die Unternehmensleitung kontrolliert, bei strategischen Unternehmensentscheidungen über ein Vetorecht verfügen[22].

Andere Mittel der Kontrolle

(19) Dementsprechend verleihen Franchiseverträge als solche dem Franchise-Geber normalerweise keine Kontrolle über das Unternehmen des Franchise-Nehmers. Der Franchise-Nehmer nutzt in der Regel die Unternehmensressourcen für eigene Rechnung, selbst wenn wesentliche Teile des Vermögens dem Franchise-Geber gehören[23]. Rein finanzielle Vereinbarungen wie der Verkauf mit gleichzeitiger Rückvermietung in Verbindung mit Vereinbarungen über den Rückkauf der Vermögenswerte nach Vertragsablauf erfüllen normalerweise nicht die Voraussetzungen eines Zusammenschlusses, da sie keine Änderung der Kontrolle über Unternehmensleitung und Ressourcen nach sich ziehen.

(20) Die Kontrolle kann aber auch auf andere Weise übernommen werden. So können rein wirtschaftliche Beziehungen den Ausschlag geben. Unter bestimmten Umständen kann auch eine wirtschaftliche Abhängigkeit zu einer faktischen Kontrolle führen, wenn beispielsweise langfristige große Lieferverträge oder Kredite von Lieferanten oder Kunden zusammen mit strukturellen Verflechtungen einen bestimmenden Einfluss gewähren[24]. In solchen Fällen wird die Kommission genau prüfen, ob diese wirtschaftlichen Beziehungen zusammen mit anderen Verflechtungen ausreichen, um die Kontrollstruktur dauerhaft zu verändern[25].

---

[21] Vgl. hierzu die Sachen COMP/M.2060, Bosch/Rexroth (12. Januar 2001), betreffend einen Beherrschungsvertrag in Verbindung mit einem Betriebspachtvertrag; COMP/M.3136, GE/Agfa NDT (5. Dezember 2003) betreffend einen Vertrag zur Übertragung der Kontrolle über Ressourcen, Leitung und Risiken des Unternehmens; COMP/M.2632, Deutsche Bahn/ECT International/United Depots/JV (11. Februar 2002) betreffend einen Betriebspachtvertrag.

[22] Sache COMP/M.3858, Lehman Brothers/SCG/Starwood/Le Meridien (20. Juli 2005); vgl. auch Sache IV/M.126, Accor/Wagon-Lits (28. April 1992) in Bezug auf Artikel 5 Absatz 4 Buchstabe b FKVO.

[23] Sache M.940, UBS/Mister Minit in Bezug auf Artikel 5 Absatz 4 Buchstabe b FKVO. Zur wettbewerbsrechtlichen Behandlung von Franchisingbeziehungen vgl. Sache COMP/M.4220, Food Service Project/Tele Pizza (6. Juni 2006). Der Sachverhalt in der Sache IV/M.126, Accor/Wagon-Lits (28. April 1992) ist von Franchiseverträgen zu unterscheiden. In diesem Fall (ebenfalls Artikel 5 Absatz 4 Buchstabe b) hatte die Hotelgesellschaft das Recht, auch Hotels zu verwalten, an denen sie nur eine Minderheitsbeteiligung hielt, weil sie langfristige Managementverträge abgeschlossen hatte, die ihr bestimmenden Einfluss über das Tagesgeschäft einschließlich der Entscheidung über die finanziellen Belange dieser Hotels verschafften.

[24] Vgl. Sache IV/M.794, Coca-Cola/Amalgamated Beverages GB (22. Januar 1997); Sache IV/ECSC.1031, US/Sollac/Bamesa (28. Juli 1993); Sache IV/M.625, Nordic Capital/Transpool (23. August 1995); zu den Kriterien vgl. auch Sache IV/M.697, Lockheed Martin Corporation/Loral Corporation (27. März 1996).

[25] Vgl. Sache IV/M.258, CCIE/GTE (25. September 1992). Hier stellte die Kommission wegen der kurzen Geltungsdauer der betreffenden Vereinbarungen keine Kontrolle fest.

(21) Ein Kontrollerwerb kann auch dann vorliegen, wenn dieser nicht das erklärte Ziel der Parteien ist oder der Erwerber nur eine passive Rolle spielt und der Erwerb der Kontrolle durch Handlungen Dritter ausgelöst wird. Dies ist z. B. der Fall, wenn die Änderung der Kontrolle – vor allem der Wechsel von gemeinsamer zu alleiniger Kontrolle – die Folge einer Erbschaft oder des Ausscheidens eines Gesellschafters ist[26]. Dieser Sachverhalt ist durch Artikel 3 Absatz 1 Buchstabe b mit der Formulierung abgedeckt, dass Kontrolle auch ‚in sonstiger Weise' erworben werden kann.

Kontrolle und Gesellschaftsrecht der Mitgliedstaaten

(22) Das innerstaatliche Recht eines Mitgliedstaats kann spezifische Vorschriften bezüglich der Struktur der Organe enthalten, die in einem Unternehmen die Entscheidungen treffen. Während der nationale Gesetzgeber auch Personen mit Kontrollbefugnissen ausstatten kann, die keine Anteilseigner sind, insbesondere die Arbeitnehmervertreter, bezieht sich der Begriff der Kontrolle in der Fusionskontrollverordnung nicht auf derartige Mittel der Einflussnahme, sondern auf die letztlich ausschlaggebende Einflussnahme auf der Grundlage von Rechten, Vermögenswerten oder vertraglichen Vereinbarungen oder faktisch gleich wirkenden Mitteln. Auch wenn die Gesellschaftssatzung oder die Rechtslage einschränkt, welche Personen Mitglied der Unternehmensleitung sein können, und beispielsweise vorsieht, dass die Mitglieder unabhänigig sein müssen bzw. keine Funktionen in der Muttergesellschaft ausüben dürfen, so schließt dies doch eine Kontrolle nicht aus, solange die Anteilseigner über die Zusammensetzung des Leitungsorgans entscheiden[27]. Ebenso liegt trotz etwaiger innerstaatlicher Vorschriften, dass in einem Unternehmen die Entscheidungen von dessen Organen im Interesse des Unternehmens zu treffen sind, die tatsächliche Entscheidungsbefugnis bei denjenigen Personen, die die Stimmrechte halten und somit die Möglichkeit haben, bestimmenden Einfluss auszuüben[28].

Der Kontrollbegriff in anderen Rechtsbereichen

(23) Der Kontrollbegriff der Fusionskontrollverordnung ist mit dem Kontrollbegriff in anderen Bereichen des einzelstaatlichen sowie des Gemeinschaftsrechts – z. B. Aufsichtsregeln, Steuerrecht, Luftverkehr, Medien usw. – nicht unbedingt identisch. Wie dieser Begriff in anderen Bereichen ausgelegt wird, ist für den Kontrollbegriff in der Fusionskontrollverordnung nicht unbedingt von Belang.

1.3. Gegenstand der Kontrolle

(24) Gemäß Artikel 3 Absatz 1 Buchstabe b FKVO kann sich die Kontrolle auf ein oder mehrere Unternehmen oder Teile von Unternehmen mit eigener Rechtspersönlichkeit erstrecken oder aber auf das Unternehmensvermögen oder Teile davon. Die Erlangung der Kontrolle über Vermögenswerte kann nur dann als Zusammenschluss angesehen werden, wenn diese die Gesamtheit oder einen Teil eines Unternehmens bilden, d. h. einen Geschäftsbereich mit eigener Marktpräsenz, dem eindeutig ein Marktumsatz zugeordnet werden kann[29]. Die Übertragung des Kundenstamms eines Geschäftsbereichs kann diese Kriterien erfüllen, wenn dadurch ein Geschäftsbereich mit Marktumsatz übertragen wird[30]. Eine Transaktion, die nur immaterielles

---

26 Vgl. Sache COMP/M.3330, RTL/M6 (12. März 2004); Sache COMP/M.452, Avesta II (29. Juni 1994).

27 Urteil in der Rechtssache T-282/02, Cementbouw/Kommission, Randnrn. 70, 73, 74, Slg. 2006, II-00319.

28 Urteil in der Rechtssache T-282/02, Cementbouw/Kommission, Randnr. 79, Slg. 2006, II-00319.

29 Vgl. z. B. Sache COMP/M.3867, Vattenfall/Elsam und E2 Assets (22. Dezember 2005).

30 Sache COMP/M.2857, ECS/IEH (23. Dezember 2002).

Vermögen wie Marken, Patente oder Urheberrechte betrifft, kann ebenfalls als Zusammenschluss eingestuft werden, wenn dieses Vermögen einen Geschäftsbereich mit Marktumsatz bildet. Die Übertragung von Lizenzen für Marken, Patente oder Urheberrechte ohne zusätzliche Vermögenswerte kann diese Kriterien allerdings nur erfüllen, wenn es sich um Exklusivlizenzen zumindest für ein bestimmtes Gebiet handelt und mit der Übertragung der Lizenzen eine Übertragung Umsatz generierender Tätigkeiten einhergeht[31]. Bei anderen Lizenzen ist auszuschließen, dass sie für sich genommen einen Geschäftsbereich bilden, dem ein Marktumsatz zugerechnet werden kann.

(25) Besondere Fragen stellen sich, wenn ein Unternehmen interne Tätigkeiten wie bestimmte Dienstleistungen oder Fertigungstätigkeiten an einen Dienstleister auslagert (Outsourcing). Ein typischer Fall ist das Outsourcing von IT-Dienstleistungen an spezialisierte IT-Gesellschaften. Outsourcing-Verträge können ganz unterschiedlich aussehen, gemeinsam ist ihnen jedoch allen, dass der Outsourcing-Dienstleister an den Kunden die Dienstleistungen erbringen soll, die dieser zuvor intern selbst ausführte. Bei einfachem Outsourcing werden keine Vermögenswerte auf den Outsourcing-Dienstleister übertragen, sondern die Vermögenswerte und Beschäftigten bleiben in aller Regel beim Kunden. Ein solcher Outsourcing-Vertrag ähnelt einem normalen Dienstleistungsvertrag, und selbst wenn der Outsourcing-Dienstleister befugt ist, über diese Vermögenswerte und die Beschäftigten zu bestimmen, liegt doch kein Zusammenschluss vor, solange Vermögenswerte und Beschäftigte ausschließlich für die Dienstleistung an den Kunden eingesetzt werden.

(26) Anders sieht es aus, wenn der Outsourcing-Dienstleister nicht nur eine bestimmte Tätigkeit übernimmt, die zuvor intern durchgeführt wurde, sondern auch die damit verbundenen Vermögenswerte und/oder Personal. Unter diesen Umständen liegt nur dann ein Zusammenschluss vor, wenn die übertragenen Vermögenswerte ein Unternehmen oder einen Teil eines Unternehmens, d. h. einen Geschäftsbereich mit eigener Marktpräsenz, bilden. Dies setzt voraus, dass die zuvor für die interne Tätigkeit des veräußernden Unternehmens verwendeten Vermögenswerte es dem Outsourcing-Dienstleister ermöglichen, Dienstleistungen entweder sofort oder innerhalb kurzer Zeit nach dem Transfer nicht nur an den Outsourcing-Kunden zu erbringen, sondern auch an Dritte. Dies ist dann der Fall, wenn eine interne Geschäftseinheit oder eine Tochtergesellschaft, die bereits zuvor Dienstleistungen an Dritte erbracht hat, übertragen wird. Wurden bisher keine Dienstleistungen an Dritte erbracht, müssten im Falle von Fertigungstätigkeiten Vermögenswerte übertragen werden wie Produktionsanlagen, Produkt-Know-how (es reicht aus, wenn die übertragenen Vermögenswerte es ermöglichen, solche Fähigkeiten zügig zu entwickeln) und – falls noch keine Marktpräsenz besteht – die Mittel, die der Käufer benötigt, um rasch in den Markt einzutreten (z. B. bestehende Verträge und Marken)[32]. Im Falle von Dienstleistungen sollten die übertragenen Vermögenswerte das notwendige Know-how (z. B. Personal und geistiges Eigentum) und die für den Markteintritt erforderlichen Strukturen (z. B. Marketingstrukturen) umfassen[33]. Die übertragenen Vermögenswerte müssen also mindestens die Kernelemente enthalten, die es einem

---

[31] Die Gewährung von Lizenzen und die Übertragung von Patentlizenzen ist nur dann als Zusammenschluss anzusehen, wenn sie auf Dauer angelegt ist. Diesbezüglich gelten dieselben Überlegungen wie unter Nummer (18) für den Kontrollerwerb durch (langfristige) Vereinbarungen dargelegt.

[32] Vgl. Sache COMP/M.1841, Celestica/IBM (25. Februar 2000); Sache COMP/M.1849, Solectron/Ericsson (29. Februar 2000); Sache COMP/M.2479, Flextronics/Alcatel (29. Juni 2001); Sache COMP/M.2479, Flextronics/Xerox (12. November 2001).

[33] Vgl. in Bezug auf Gemeinschaftsunternehmen die Sachen IV/M.560 EDS/Lufthansa (11. Mai 1995) und COMP/M.2478, IBM/Business Solutions/JV (29. Juni 2001).

Käufer ermöglichen, innerhalb eines Zeitrahmens, der in etwa der Anlaufphase für Gemeinschaftsunternehmen entspricht (vgl. Nummern (97) und (100)) eine Marktpräsenz aufzubauen. Wie im Falle von Gemeinschaftsunternehmen wird sich die Kommission auch bei der Bewertung derartiger Sachverhalte auf die Geschäftspläne stützen und die allgemeinen Marktmerkmale berücksichtigen.

(27) Ermöglichen die übertragenen Vermögenswerte es dem Käufer nicht wenigstens, eine Marktpräsenz zu entwickeln, werden sie wahrscheinlich nur dazu verwendet werden, für den Outsourcing-Kunden die gewünschten Dienstleistungen zu erbringen. Der Vorgang bewirkt keine dauerhafte Änderung der Marktstruktur, und der Outsourcing-Vertrag ist auch in diesem Fall einem Dienstleistungsvertrag gleichzusetzen. Es liegt kein Zusammenschluss vor. Unter welchen Bedingungen ein Gemeinschaftsunternehmen, das zur Erbringung von Outsourcing-Dienstleistungen gegründet wird, als Zusammenschluss anzusehen ist, wird in dem Abschnitt über Vollfunktionsgemeinschaftsunternehmen erörtert.

1.4. Dauerhafter Wechsel der Kontrolle

(28) In Artikel 3 Absatz 1 FKVO wird der Begriff des Zusammenschlusses so definiert, dass er nur Vorgänge erfasst, die zu einer dauerhaften Veränderung der Kontrolle der beteiligten Unternehmen und, wie Erwägungsgrund 20 der FKVO ergänzt, der Marktstruktur führen. Die Fusionskontrollverordnung gilt also nicht für Transaktionen, die lediglich eine vorübergehende Veränderung der Kontrolle bewirken. Dass die getroffenen Vereinbarungen nur für einen begrenzten Zeitraum gelten, bedeutet nicht automatisch, dass keine dauerhafte Veränderung der Kontrolle stattfindet, wenn die Vereinbarungen verlängert werden können. Ein Zusammenschluss kann selbst dann vorliegen, wenn die Geltungsdauer der Vereinbarungen ausdrücklich begrenzt ist, sofern diese ausreicht, um zu einer dauerhaften Veränderung der Kontrolle der beteiligten Unternehmen zu führen[34].

(29) Die Frage, ob ein Vorgang zu einer dauerhaften Veränderung der Marktstruktur führt, ist auch von Belang, wenn eine Abfolge von Transaktionen zu prüfen ist, deren erste nur Übergangscharakter hat. In einem solchen Fall sind mehrere Szenarios denkbar.

(30) Denkbar ist z. B., dass sich mehrere Unternehmen nur zusammentun, um ein anderes Unternehmen zu erwerben und die erworbenen Vermögenswerte unmittelbar nach Vollzug dieser ersten Transaktion nach einem im Voraus vereinbarten Plan untereinander aufzuteilen. In diesem Fall wird in einem ersten Schritt das gesamte Zielunternehmen durch ein oder mehrere Unternehmen übernommen. In einem zweiten Schritt werden die übernommenen Vermögenswerte zwischen mehreren Unternehmen aufgeteilt. Die Frage ist dann, ob die erste Transaktion als eigener Zusammenschluss zu werten ist, bei dem (im Falle eines einzigen Erwerbers) die alleinige Kontrolle oder (bei mehreren Erwerbern) die gemeinsame Kontrolle über das ge-

[34] Vgl. im Falle von Gemeinschaftsunternehmen: Sache COMP/M.2903, DaimlerChrysler/Deutsche Telekom/JV (30. April 2003), in diesem Fall wurde ein Zeitraum von 12 Jahren als ausreichend angesehen; Sache COMP/M.2632, Deutsche Bahn/ECT International/United Depots/JV (11. Februar 2002) – in diesem Fall betrug die Vertragslaufzeit 8 Jahre. In der Sache COMP/M.3858, Lehman Brothers/Starwood/Le Meridien (20. Juli 2005) erachtete die Kommission einen Zeitraum von mindestens 10–15 Jahren für ausreichend, nicht jedoch einen Zeitraum von drei Jahren. Für den Kontrollerwerb durch den Kauf von Aktien oder Vermögenswerten ist normalerweise kein solcher Zeitraum festgelegt, so dass in diesen Fällen von einer dauerhaften Änderung der Kontrolle ausgegangen wird. Nur in den in Nummer (29)ff beschriebenen Fällen wird ausnahmsweise davon ausgegangen, dass ein Kontrollerwerb durch den Erwerb von Aktien oder Vermögenswerten vorübergehend ist und folglich nicht zu einer dauerhaften Änderung der Kontrolle in den beteiligten Unternehmen führt.

samte Zielunternehmen erworben wird, oder ob nur die Transaktionen im zweiten Schritt Zusammenschlüsse darstellen, bei denen jedes der erwerbenden Unternehmen seinen Teil am Zielunternehmen erwirbt.

(31) Nach Ansicht der Kommission stellt die erste Transaktion keinen Zusammenschluss dar und sie prüft den Erwerb der Kontrolle durch den endgültigen Erwerber, wenn bestimmte Bedingungen erfüllt sind: So muss zum einen die spätere Aufteilung zwischen den Erwerbern rechtsverbindlich vereinbart sein und zum anderen darf kein Zweifel bestehen, dass der zweite Schritt – die Aufteilung des erworbenen Vermögens – innerhalb kurzer Zeit nach dem ersten Erwerbsvorgang folgen wird. Nach Auffassung der Kommission sollte die Vermögensaufteilung normalerweise spätestens nach einem Jahr abgeschlossen sein[35].

(32) Sind beide Bedingungen erfüllt, bewirkt der erste Erwerbsvorgang keine strukturelle Veränderung der Kontrolle. Es findet kein tatsächlicher Zusammenschluss wirtschaftlicher Macht zwischen dem/den erwerbenden Unternehmen und dem Zielunternehmen als Ganzes statt, da das erworbene Vermögen nicht dauerhaft in einer Hand ist, sondern nur für die Zeit, die erforderlich ist, um dieses Vermögen unverzüglich aufzuteilen. Unter diesen Umständen gelten nur die Erwerbe von Unternehmensteilen im zweiten Schritt als Zusammenschlüsse, wobei die einzelnen Erwerbe der verschiedenen Käufer jeweils einen Zusammenschluss darstellen. Dabei spielt es keine Rolle, ob der erste Erwerb nur von einem Unternehmen durchgeführt wurde[36] oder von den auch am zweiten Schritt beteiligten Unternehmen gemeinsam[37]. Auf jeden Fall aber wird die Übernahme des gesamten Zielunternehmens nur dann genehmigt werden, wenn dessen Aufteilung unverzüglich durchgeführt werden kann und die einzelnen Teile des Zielunternehmens unmittelbar an die eigentlichen Erwerber veräußert werden.

(33) Sind diese Bedingungen jedoch nicht erfüllt und ist insbesondere nicht sicher, ob der zweite Schritt kurze Zeit nach dem ersten folgt, wird die Kommission die erste Transaktion als separaten Zusammenschluss mit dem gesamten Zielunternehmen ansehen. Dies geschieht z. B. dann, wenn die erste Transaktion auch ohne die zweite vollzogen werden kann[38] oder die Spaltung des Zielunternehmens längere Zeit benötigt[39].

(34) Ein weiteres denkbares Szenario wäre ein Vorgang, der zunächst dazu führt, dass während einer Anlaufzeit gemeinsame Kontrolle vorliegt, wobei aber später auf der Grundlage rechtsverbindlicher Vereinbarungen ein Anteilseigner alleine die Kontrolle übernimmt. Da der Erwerb der gemeinsamen Kontrolle unter Umständen keine dauerhafte Veränderung der Kontrolle darstellt, kann der gesamte Vorgang als Erwerb der alleinigen Kontrolle angesehen werden. In der Vergangenheit akzeptierte die Kommission Anlaufzeiten von bis zu drei Jahren[40]. Dies erscheint jedoch zu lang,

---

[35] Vgl. z. B. Sachen COMP/M.3779, Pernod Ricard/Allied Domecq (24. Juni 2005) und COMP/M.3813, Fortune Brands/Allied Domecq (10. Juni 2005), wo vereinbart wurde, dass die Aufteilung des Vermögens innerhalb von sechs Monaten nach der Übernahme vollzogen wird.

[36] Erster Erwerb nur durch ein Unternehmen vgl. Sache COMP/M.3779, Pernod Ricard/Allied Domecq (24. Juni 2005) und Sache COMP/M.3813, Fortune Brands/Allied Domecq/Pernod Ricard (10. Juni 2005); Sache COMP/M.2060, Bosch/Rexroth (12. Januar 2001).

[37] Erster Erwerb durch mehrere Unternehmen vgl. Sache COMP/M.1630, Air Liquide/BOC (18. Januar 2000); Sache COMP/M.1922, Siemens/Bosch/Atecs (11. August 2000); Sache COMP/M.2059, Siemens/Dematic/VDO Sachs (29. August 2000).

[38] Vgl. Sache COMP/M.2498, UPM-Kymmene/Haindl (21. November 2001) und Sache COMP/M.2499, Norske Skog/Parenco/Walsum (21. November 2001).

[39] Sache COMP/M.3372, Carlsberg/Holsten (16. März 2004).

[40] Sache IV/M.425, British Telecom/Banco Santander (28. März 1994).

um zuverlässig ausschließen zu können, dass die gemeinsame Kontrolle Auswirkungen auf die Marktstruktur hat. Dieser Zeitraum sollte deshalb generell höchstens ein Jahr betragen, und die gemeinsame Kontrolle sollte nur vorübergehender Natur sein[41]. Nur bei einem solch relativ kurzen Zeitraum ist die Wahrscheinlichkeit gering, dass die Phase der gemeinsamen Kontrolle merkliche Auswirkungen auf die Marktstruktur hat und folglich als nicht dauerhafte Veränderung der Kontrolle angesehen werden kann.

(35) In einem dritten Szenario wird ein Unternehmen auf der Grundlage einer Vereinbarung über den künftigen Weiterverkauf an den endgültigen Erwerber vorübergehend bei einem Käufer, häufig einer Bank, ‚geparkt'. Der zwischengeschaltete Käufer erwirbt im Allgemeinen Aktien ‚im Namen' des endgültigen Erwerbers, der häufig den größten Teil des wirtschaftlichen Risikos trägt und auch spezifische Rechte erhalten kann. Unter solchen Umständen dient die erste Transaktion nur dazu, die zweite zu erleichtern, und der erste Käufer steht in einer direkten Beziehung zum endgültigen Erwerber. Im Gegensatz zu dem in den Nummern 30 bis 33 beschriebenen ersten Szenario ist kein anderer endgültiger Erwerber beteiligt, das Zielunternehmen bleibt unverändert bestehen und die Abfolge der Transaktionen wird alleine von dem einzigen endgültigen Erwerber eingeleitet. Nach Annahme dieser Mitteilung wird die Kommission den Kontrollerwerb durch den endgültigen Erwerber, wie er in den Vereinbarungen zwischen den Parteien vorgesehen ist, prüfen. Die Kommission wird die Transaktion, durch die der zwischengeschaltete Käufer unter solchen Umständen die Kontrolle erwirbt, als ersten Schritt eines einzigen Zusammenschlusses ansehen, zu dem auch der dauerhafte Erwerb der Kontrolle durch den endgültigen Käufer gehört.

1.5. Zusammenhängende Transaktionen

1.5.1. Beziehung zwischen Artikel 3 und Artikel 5 Absatz 2 Unterabsatz 2

(36) Nach der Fusionskontrollverordnung können mehrere Transaktionen entweder auf Grund der allgemeinen Regel in Artikel 3 – weil sie miteinander zusammenhängen – oder auf Grund der besonderen Bestimmung in Artikel 5 Absatz 2 Unterabsatz 2 als ein einziger Zusammenschluss behandelt werden.

(37) Artikel 5 Absatz 2 Unterabsatz 2 FKVO regelt einen anderen Aspekt als Artikel 3 FKVO. In Artikel 3 wird in allgemeiner und sachlicher Hinsicht definiert, wann ein ‚Zusammenschluss' vorliegt, aber nicht direkt die Frage der Zuständigkeit der Kommission berührt. Artikel 5 hingegen präzisiert den Anwendungsbereich der Fusionskontrollverordnung, vor allem durch Definition des Umsatzes, der bei Beurteilung der Frage, ob ein Zusammenschluss gemeinschaftsweite Bedeutung hat, zu berücksichtigen ist. Artikel 5 Absatz 2 Unterabsatz 2 ermöglicht es der Kommission, in diesem Zusammenhang zum Zwecke der Ermittlung des Umsatzes der beteiligten Unternehmen zwei oder mehr Erwerbsvorgänge als einen Zusammenschluss zu behandeln. Logischerweise muss also zunächst festgestellt werden, ob in Anwendung von Artikel 3 mehrere angemeldete Zusammenschlussvorhaben einen einzigen Zusammenschluss bewirken oder aber mehrere, bevor die in Artikel 5 Absatz 2 Unterabsatz 2 behandelte Frage zu beantworten ist[42].

---

41 Vgl. Sache M.2389, Shell/DEA (20. Dezember 2001) – in diesem Fall hatte der endgültige Erwerber der alleinigen Kontrolle bereits während der Phase der gemeinsamen Kontrolle erheblichen Einfluss auf das operative Management; Sache M.2854, RAG/Degussa (18. November 2002) – hier diente der Übergangszeitraum dazu, die interne Umstrukturierung nach dem Zusammenschluss zu erleichtern.

42 Urteil in der Rechtssache T-282/02, Cementbouw/Kommission, Randnrn. 113–119, Slg. 2006, II-00319.

1.5.2. Voneinander abhängige Transaktionen nach Artikel 3

(38) Die allgemeine ergebnisorientierte Definition des Zusammenschlusses – Ergebnis ist die Kontrolle eines oder mehrerer Unternehmen – bedeutet, dass es unerheblich ist, ob der unmittelbare oder mittelbare Erwerb der Kontrolle in einem, zwei oder mehr Schritten durch eine, zwei oder mehr Transaktionen erfolgt, sofern das Ergebnis ein einziger Zusammenschluss ist. Zwei oder mehr Transaktionen sind für die Zwecke des Artikels 3 als ein einziger Zusammenschluss anzusehen, wenn sie einheitlichen Charakter haben. Es sollte daher geprüft werden, ob im Ergebnis ein oder mehrere Unternehmen die unmittelbare oder mittelbare wirtschaftliche Kontrolle über die Tätigkeit eines oder mehrerer anderer Unternehmen übernehmen. Für die Würdigung ist die den Vorgängen zugrunde liegende wirtschaftliche Realität zu ermitteln und infolgedessen der von den Beteiligten verfolgte wirtschaftliche Zweck festzustellen. Oder anders ausgedrückt: Um festzustellen, ob die fraglichen Transaktionen einheitlichen Charakter haben, muss in jedem Einzelfall geprüft werden, ob diese Transaktionen so voneinander abhängig sind, dass die eine nicht ohne die andere durchgeführt worden wäre[43].

(39) In Erwägungsgrund 20 FKVO heißt es hierzu, dass Erwerbsvorgänge, die eng miteinander verknüpft sind, weil sie durch eine Bedingung miteinander verbunden sind, als ein einziger Zusammenschluss behandelt werden sollten. Die vom Gericht erster Instanz in seinem *Cementbouw*-Urteil[44] formulierte Anforderung, dass die Vorgänge voneinander abhängig sein müssen, entspricht somit der Erläuterung in Erwägungsgrund 20, dass sie durch eine Bedingung miteinander verbunden sind.

(40) Dieser allgemeine Grundsatz zeigt, dass einerseits nach der Fusionskontrollverordnung Transaktionen, die angesichts des von den Beteiligten verfolgten wirtschaftlichen Zwecks zusammengehören, auch in einem Verfahren geprüft werden sollten. In diesen Fällen wird die Änderung der Marktstruktur durch die Gesamtheit dieser Transaktionen bewirkt. Wenn jedoch andererseits mehrere Transaktionen nicht voneinander abhängig sind und die Beteiligten eine Transaktion auch ohne die anderen durchführen würden, sollten die Transaktionen jeweils einzeln auf der Grundlage der Fusionskontrollverordnung geprüft werden.

(41) Allerdings können mehrere voneinander abhängige Transaktionen nur dann als ein einziger Zusammenschluss behandelt werden, wenn letztlich die Kontrolle von dem- bzw. denselben Unternehmen übernommen wird. Nur in diesem Fall können zwei oder mehr Transaktionen von einheitlichem Charakter sein und infolgedessen für die Zwecke des Artikels 3 als ein einziger Zusammenschluss behandelt werden[45]. Dies schließt Spaltungen von Gemeinschaftsunternehmen, bei denen die einzelnen Teile eines Unternehmens zwischen den bisherigen Muttergesellschaften aufgeteilt werden, aus. Diese Vorgänge wird die Kommission als separate Zusammenschlüsse behandeln[46]. Dasselbe gilt auch für den Fall, dass zwei oder mehr Unternehmen bei Transaktionen zur Spaltung von Gemeinschaftsunternehmen oder zur Übertragung von Vermögenswerten durch Swapgeschäfte Vermögenswerte austauschen. Obwohl die Beteiligten in der Regel diese Transaktionen als voneinander abhängig ansehen, erfordert die Fusionskontrollverordnung eine separate Bewertung der Ergebnisse je-

---

[43] Urteil in der Rechtssache T-282/02, Cementbouw/Kommission, Randnrn. 104–109, Slg. 2006, II-00319.

[44] Urteil in der Rechtssache T-282/02, Cementbouw/Kommission, Randnrn. 106–109, Slg. 2006, II-00319.

[45] Dies umfasst auch Situationen, in denen ein Unternehmen einen Geschäftsbereich an einen Käufer veräußert und dann diesen zusammen mit dem verkauften Geschäftsbereich erwirbt, vgl. Sache COMP/M.4521, LGI/Telenet (26. Februar 2007).

[46] Vgl. Parallele Sachen COMP/M.3293, Shell/BEB und COMP/M.3294, ExxonMobil/BEB (20. November 2003); Sache IV/M.197, Solvay/Laporte (30. April 1992).

der einzelnen Transaktion: Mehrere Unternehmen erwerben die Kontrolle über unterschiedliche Vermögenswerte; bei jedem erwerbenden Unternehmen erfolgt eine separate Zusammenlegung von Ressourcen; und die Auswirkungen jedes einzelnen Erwerbsvorgangs auf den Markt muss anhand der Fusionskontrollverordnung separat untersucht werden.

(42) Der Erwerb unterschiedlicher Arten der Kontrolle (z. B. gemeinsame Kontrolle über einen Geschäftsbereich und alleinige Kontrolle über einen anderen) wirft bestimmte Fragen auf. Nach der Fusionskontrollverordnung werden grundsätzlich Vorgänge, bei denen die gemeinsame Kontrolle über einen Unternehmensteil und alleinige Kontrolle über einen anderen übernommen wird, als zwei separate Zusammenschlüsse angesehen[47]. Solche Transaktionen bewirken nur dann einen einzigen Zusammenschluss, wenn sie sich gegenseitig bedingen und das Unternehmen, das die alleinige Kontrolle erwirbt, identisch ist mit dem Unternehmen, das die gemeinsame Kontrolle erwirbt. Ein solcher Vorgang wird auf jeden Fall dann als ein einziger Zusammenschluss behandelt, wenn ein Unternehmen erworben wird, dem sowohl das allein kontrollierte als auch das gemeinsam kontrollierte Unternehmen gehört. Genauso ist nach der Auslegung in Erwägungsgrund 20 der Sachverhalt zu behandeln, dass dasselbe Unternehmen durch gegenseitig bedingte Vereinbarungen die alleinige und gemeinsame Kontrolle über andere Unternehmen erwirbt. Diese Transaktionen stellen also, wenn sie sich gegenseitig bedingen, einen einzigen Zusammenschluss dar.

Erfordernis der gegenseitigen Bedingtheit der Transaktionen

(43) Gegenseitige Abhängigkeit bedeutet, dass keine der Transaktionen ohne die anderen durchgeführt würde, so dass diese Transaktionen einen einzigen Vorgang bilden[48]. Eine solche gegenseitige Abhängigkeit gilt normalerweise dann als erwiesen, wenn die Transaktionen rechtlich miteinander verbunden sind, d. h. wenn die Vereinbarungen selbst sich gegenseitig bedingen. Auch wenn eine faktische Abhängigkeit hinreichend nachgewiesen werden kann, kann dies ausreichen, um mehrere Transaktionen als einen einzigen Zusammenschluss zu behandeln. Dies erfordert eine wirtschaftliche Würdigung der Frage, ob jede einzelne Transaktion notwendigerweise vom Abschluss der anderen abhängt[49]. Weitere Anhaltspunkte für die gegenseitige Abhängigkeit mehrerer Transaktionen können auch entsprechende Erklärungen der Beteiligten selbst sein oder die Gleichzeitigkeit ihres Abschlusses. Eine faktische gegenseitige Abhängigkeit mehrerer Transaktionen dürfte nur schwer festzustellen sein, wenn sie nicht gleichzeitig erfolgen. Ebenso stellt sich bei weitgehendem Fehlen von Gleichzeitigkeit rechtlich voneinander abhängiger Transaktionen die Frage, ob sie tatsächlich voneinander abhängig sind.

(44) Der Grundsatz, dass unter den genannten Umständen mehrere Transaktionen als ein einziger Zusammenschluss behandelt werden können, gilt nur, wenn dadurch bewirkt wird, dass dieselben Personen oder Unternehmen die Kontrolle über ein oder mehrere Unternehmen übernehmen. Dies kann erstens der Fall sein, wenn ein einziger Geschäftsbereich oder ein einziges Unternehmen im Wege mehrerer Transaktionen erworben wird. Zweitens können auch Transaktionen zum Erwerb der Kontrolle über mehrere Unternehmen so miteinander verbunden sein, dass ein

---

[47] Vgl. Sache IV/M.409, ABB/Renault Automation (9. März 1994).

[48] Urteil in der Rechtssache T-282/02, Cementbouw/Kommission, Randnr. 127ff., Slg. 2006, II-00319.

[49] Urteil in der Rechtssache T-282/02, Cementbouw/Kommission, Randnr. 131ff., Slg. 2006, II-00319. Vgl. Sache COMP/M.4521, LGI/Telenet (26. Februar 2007) – hier stützte sich die Feststellung der gegenseitigen Abhängigkeit auf die Tatsache, dass die beiden Transaktionen gleichzeitig beschlossen und durchgeführt wurden und dass angesichts der wirtschaftlichen Ziele der Parteien keine der Transaktionen ohne die andere durchgeführt worden wäre.

einziger Zusammenschluss vorliegt, wobei jeder Erwerbsvorgang einen Zusammenschluss darstellen könnte. Nach der Fusionskontrollverordnung ist es jedoch nicht zulässig, verschiedene Transaktionen, die nur zum Teil den Erwerb der Kontrolle betreffen, zum Teil aber auch den Erwerb von anderen Vermögenswerten, z. B. Minderheitsbeteiligungen ohne Kontrollbefugnisse an anderen Unternehmen, gemeinsam zu behandeln. Es würde nicht dem allgemeinen Rahmen und der Zielsetzung der Fusionskontrollverordnung entsprechen, wenn verschiedene einander bedingende Transaktionen gemäß der Fusionskontrollverordnung als Einheit behandelt würden, obwohl nur einige davon eine Änderung der Kontrolle bei einem bestimmten Zielunternehmen bewirken.

Erwerb eines einzigen Geschäftsbereichs

(45) Es kann sich also um einen einzigen Zusammenschluss handeln, wenn dieselbe Person/dieselben Personen die Kontrolle über einen einzigen Geschäftsbereich, d. h. eine einzige wirtschaftliche Einheit, im Wege mehrerer Transaktionen übernehmen, die sich gegenseitig bedingen. Dies gilt unabhängig davon, ob der Geschäftsbereich in einer Unternehmensstruktur erworben wird, die aus einem oder mehreren Unternehmen besteht, oder ob verschiedene Vermögenswerte erworben werden, die einen Geschäftsbereich bilden, d. h. eine wirtschaftliche Einheit mit einer Leitung und einem gemeinsamen wirtschaftlichen Zweck, für den sämtliche Vermögenswerte eingesetzt werden. Ein solcher Geschäftsbereich kann Mehrheits- und Minderheitsbeteiligungen an Unternehmen sowie materielle und immaterielle Vermögenswerte umfassen. Wenn für die Übernahme eines solchen Geschäftsbereichs mehrere voneinander abhängige Transaktionen erforderlich sind, stellen diese Transaktionen einen einzigen Zusammenschluss dar[50].

Parallele und aufeinander folgende Erwerbsvorgänge

(46) In den folgenden Fällen hat die Kommission in der Vergangenheit mehrere Erwerbsvorgänge als einen einzigen Zusammenschluss behandelt: Im Falle des parallelen Erwerbs der Kontrolle, d. h. Unternehmen A erwirbt parallel die Kontrolle über die Unternehmen B und C von unterschiedlichen Verkäufern unter der Bedingung, dass A nur kauft und die Verkäufer nur verkaufen, wenn beide Transaktionen tatsächlich vollzogen werden[51], und bei einer Abfolge von Erwerbsvorgängen wie im Kingfisher-Fall[52], d. h. Unternehmen A erwirbt die Kontrolle über Unternehmen B unter der Bedingung, dass B zuvor oder gleichzeitig Unternehmen C erwirbt.

---

[50] Vgl. Sache IV/M.470, Gencor/Shell (29. August 1994); COMP/M.3410, Total/Gaz de France (8. Oktober 2004); Sache IV/M.957, L'Oreal/Procasa/Cosmetique Iberica/Albesa (19. September 1997); Sache IV/M.861, Textron/Kautex (18. Dezember 1996) – in diesem Fall wurden alle Vermögenswerte auf demselben Produktmarkt verwendet. Dies gilt auch, wenn mehrere Unternehmen ein Gemeinschaftsunternehmen bilden, das einen einzigen Geschäftsbereich darstellt, vgl. Sache M.4048, Sonae Industria/Tarkett (12. Juni 2006), wo die gegenseitige Abhängigkeit der Transaktionen, durch die ein Produktions- und ein Vertriebsgemeinschaftsunternehmen gebildet wurden, notwendig war, um nachzuweisen, dass es sich um einen einzigen Zusammenschluss handelte, der zu einem Vollfunktionsgemeinschaftsunternehmen führen würde.

[51] Sache COMP/M.2926, EQT/H&R/Dragoco (16. September 2002); die gleichen Erwägungen gelten auch, wenn mehrere Fusionen einen Zusammenschluss im Sinne des Artikels 3 Absatz 1 Buchstabe a darstellen, vgl. Sache COMP/M.2824, Ernst & Young/Andersen Germany (27. August 2002).

[52] Sache IV/M.1188, Kingfisher/Wegert/ProMarkt (18. Juni 1998); Sache COMP/M.2650, Haniel/Cementbouw/JV (CVK) (26. Juni 2002).

Abfolge von Vorgängen zum Erwerb alleiniger/gemeinsamer Kontrolle

(47) Ähnlich wie beim Kingfisher-Szenario geht die Kommission in Fällen vor, in denen ein Unternehmen eine Reihe von Transaktionen vereinbart, wobei es zunächst die alleinige Kontrolle über ein Zielunternehmen erwirbt, um dann anschließend Teile der am Zielunternehmen erworbenen Beteiligung an ein anderes Unternehmen weiterzuverkaufen, wodurch letztlich die beiden erwerbenden Unternehmen die gemeinsame Kontrolle über das Zielunternehmen erlangen. Wenn die beiden Erwerbe voneinander abhängig sind, bewirken sie zusammen einen einzigen Zusammenschluss, und die Kommission wird nur den Erwerb der gemeinsamen Kontrolle – das Endresultat beider Transaktionen – prüfen[53].

1.5.3. Abfolge von Wertpapiergeschäften

(48) In Erwägungsgrund 20 der Fusionskontrollverordnung wird außerdem erläutert, dass auch in Fällen, in denen die Kontrolle über ein Unternehmen durch mehrere innerhalb eines gebührend kurzen Zeitraums getätigte Wertpapiergeschäfte erlangt wird, ein einziger Zusammenschluss vorliegt. Der Zusammenschluss ist in diesen Fällen nicht begrenzt auf den Erwerb der ‚einen entscheidenden Aktie', sondern umfasst alle Wertpapierkäufe innerhalb eines gebührend kurzen Zeitraums.

1.5.4. Artikel 5 Absatz 2 Unterabsatz 2

(49) Artikel 5 Absatz 2 Unterabsatz 2 enthält eine spezielle Regel, wonach die Kommission eine Abfolge von Transaktionen innerhalb eines bestimmten Zeitraums für Zwecke der Ermittlung des Umsatzes der beteiligten Unternehmen als einen Zusammenschluss behandeln kann. Diese Bestimmung soll sicherstellen, dass dieselben Personen eine Transaktion nicht in eine ganze Reihe von Vermögensveräußerungen über einen gewissen Zeitraum aufteilen, um die Zuständigkeit der Kommission nach der Fusionskontrollverordnung zu vermeiden[54].

(50) Wenn innerhalb von zwei Jahren zwischen denselben Personen oder Unternehmen zwei oder mehr Transaktionen stattfinden (von denen jede einen Kontrollerwerb zur Folge hat), sind diese als ein Zusammenschluss zu behandeln[55], und zwar unabhängig davon, ob diese Transaktionen Teile ein und desselben Geschäftsbereichs oder ein und denselben Sektor betreffen oder nicht. Dies gilt nicht, wenn dieselben Personen oder Unternehmen sich nur für einige der betreffenden Transaktionen mit anderen Personen/Unternehmen zusammentun. Die Transaktionen müssen nicht unbedingt zwischen denselben Unternehmen durchgeführt werden, vielmehr reicht es aus, wenn sie von Unternehmen durchgeführt werden, die jeweils denselben Konzernen angehören. Dies gilt auch für zwei oder mehr Transaktionen zwischen denselben Personen bzw. Unternehmen, wenn diese gleichzeitig durchgeführt werden. Wann immer sie im Ergebnis dazu führen, dass dasselbe Unternehmen Kontrolle erwirbt, bilden solche gleichzeitig durchgeführten Transaktionen derselben Parteien einen einzigen Zusammenschluss, selbst wenn sie nicht voneinander abhängig sind[56]. Gleichwohl scheint Artikel 5 Absatz 2 Unterabsatz 2 nicht auf verschiedene Transaktionen anwendbar zu sein, wenn neben denselben Verkäufern und Käufern an mindestens einer der Transaktionen ein weiteres Unternehmen beteiligt ist. Im Falle von

---

[53] Sache COMP/M.2420, Mitsui/CVRD/Caemi (30. Oktober 2001).

[54] Urteil in der Rechtssache T-282/02, Cementbouw/Kommission, Randnr. 118, Slg. 2006, II-00319.

[55] Vgl. Sache COMP/M.3173, E.ON/Fortum Burghausen/Smaland/Endenderry (13. Juni 2003). Dies gilt auch in Fällen, in denen die alleinige Kontrolle erworben wird, wenn das erwerbende Unternehmen zuvor nur die gemeinsame Kontrolle über Teile des Unternehmens hatte, Sache COMP/M.2679, EdF/TXU/Europe/24 Seven (20. Dezember 2001).

[56] Sache IV/M.1283, Volkswagen/RollsRoyce/Cosworth (24. August 1998).

zwei Transaktionen, von denen eine zu alleiniger und die andere zu gemeinsamer Kontrolle führt, ist Artikel 5 Absatz 2 Unterabsatz 2 folglich nicht anwendbar, es sei denn, dass die andere(n) gemeinschaftlich kontrollierende(n) Muttergesellschaft(en), die an der zweiten Transaktion beteiligt ist (sind), der (die) Verkäufer der alleinigen Kontrollbeteiligung aus der ersten Transaktion ist (sind).

1.6. Interne Reorganisation

(51) Ein Zusammenschluss im Sinne der Fusionskontrollverordnung liegt nur dann vor, wenn die Kontrolle in andere Hände übergeht. Eine interne Reorganisation in einer Unternehmensgruppe ist kein Zusammenschluss. Dies gilt beispielsweise für den Ausbau einer Beteiligung, der nicht zu einer Änderung der Kontrollverhältnisse führt, oder für Reorganisationsmaßnahmen wie die Fusion einer doppelt börsennotierten Gesellschaft zu einer einzigen juristischen Person oder die Fusion von Tochtergesellschaften. Ein Zusammenschluss könnte nur dann vorliegen, wenn die Transaktion zu einer Änderung der Art der Kontrolle in einem Unternehmen führt und infolgedessen nicht länger als intern anzusehen ist.

1.7. Zusammenschluss unter Beteiligung staatlicher Unternehmen

(52) Ein Sonderfall liegt vor, wenn beide Unternehmen, das übernehmende wie das übernommene, demselben Staat (oder derselben öffentlich-rechtlichen Körperschaft oder Gemeinde) gehören. In diesem Fall hängt die Entscheidung, ob der Vorgang als interne Reorganisation anzusehen ist, wiederum davon ab, ob beide Unternehmen zuvor Teil derselben wirtschaftlichen Einheit waren. Wenn die Unternehmen zuvor verschiedenen wirtschaftlichen Einheiten angehörten, die eine autonome Entscheidungsbefugnis besaßen, dann liegt ein Zusammenschluss vor und keine interne Reorganisation[57]. Wenn jedoch die einzelnen wirtschaftlichen Einheiten auch nach dem Vorgang weiterhin eine autonome Entscheidungsbefugnis besitzen, wird der Vorgang lediglich als interne Reorganisation angesehen, selbst wenn sich die Anteile der Unternehmen, die unterschiedliche wirtschaftliche Einheiten bilden, im Besitz eines einzigen Unternehmens wie z. B. einer reinen Holdinggesellschaft befinden[58].

(53) Schließlich liegt auch keine Kontrolle im Sinne der FKVO vor, wenn der Staat seine hoheitsrechtlichen Befugnisse zum Schutz des Gemeininteresses wahrnimmt (d. h. nicht als Gesellschafter auftritt), soweit mit diesen Befugnissen weder bezweckt noch bewirkt wird, dass der Staat einen bestimmenden Einfluss auf die Tätigkeit des Unternehmens ausübt[59].

2. Alleinige Kontrolle

(54) Die alleinige Kontrolle wird erworben, wenn ein Unternehmen alleine bestimmenden Einfluss auf ein Unternehmen ausüben kann. Es gibt zwei allgemeine Szenarios, in denen ein Unternehmen die alleinige Kontrolle hat. Im einen Fall kann das Unternehmen, das die alleinige Kontrolle hat, über das strategische Wirtschaftsverhalten des anderen Unternehmens bestimmen. Diese Befugnis wird typischerweise durch die Übernahme der Stimmrechtsmehrheit in einem Unternehmen erworben. Ein Erwerb der alleinigen Kontrolle liegt auch dann vor, wenn ein Gesellschafter allein

---

[57] Sache IV/M.097, Péchiney/Usinor (24. Juni 1991); Sache IV/M.216, CEA Industrie/France Telecom/Finmeccanica/SGS-Thomson (22. Februar 1993). Sache IV/M.931, Neste/IVO (2. Juni 1998). Vgl. auch Erwägungsgrund 22 FKVO.

[58] Spezifische Aspekte der Umsatzberechnung im Falle staatlicher Unternehmen werden in Nummer 192–194 behandelt.

[59] Sache IV/M.493, Tractebel/Distrigaz II (1. September 1994).

strategische Entscheidungen in einem Unternehmen durch Veto verhindern, nicht aber derartige Entscheidungen allein durchsetzen kann (so genannte negative alleinige Kontrolle). Unter diesen Umständen besitzt ein einzelner Gesellschafter genauso viel Einfluss wie normalerweise ein Gesellschafter, der gemeinsam mit anderen ein Unternehmen kontrolliert, d. h. er kann die Annahme strategischer Entscheidungen blockieren. Im Unterschied zu der Situation in einem gemeinsam kontrollierten Unternehmen gibt es keine anderen Gesellschafter mit derselben Möglichkeit der Einflussnahme und der Gesellschafter, der die negative alleinige Kontrolle ausübt, muss bei der Festlegung des strategischen Verhaltens des kontrollierten Unternehmens nicht unbedingt mit bestimmten anderen Gesellschaftern zusammenarbeiten. Da er aber Entscheidungen blockieren kann, erwirbt er bestimmenden Einfluss im Sinne des Artikels 3 Absatz 2 und somit die Kontrolle im Sinne der Fusionskontrollverordnung[60].

(55) Die alleinige Kontrolle kann auf rechtlicher und auf faktischer Grundlage erworben werden.

Alleinige Kontrolle auf rechtlicher Grundlage

(56) Rechtlich gesehen übernimmt ein Unternehmen die alleinige Kontrolle in der Regel dadurch, dass es die Stimmrechtsmehrheit in einem anderen Unternehmen erwirbt. Wenn nicht andere Faktoren hinzukommen, führt der Erwerb einer Beteiligung ohne Stimmrechtsmehrheit in der Regel nicht zur Übernahme der Kontrolle, selbst wenn die Anteilsmehrheit erworben wird. Wenn die Gesellschaftssatzung für strategische Entscheidungen Einstimmigkeit vorschreibt, reicht der Erwerb der einfachen Stimmrechtsmehrheit unter Umständen nicht aus, um strategische Entscheidungen zu beeinflussen; er kann aber genügen, um dem Erwerber die Möglichkeit zur Blockade strategischer Entscheidungen und damit zur negativen Kontrolle zu bieten.

(57) Selbst eine Minderheitsbeteiligung kann die alleinige Kontrolle begründen, wenn diese Beteiligung mit besonderen Rechten ausgestattet ist. Dabei kann es sich um Vorzugsaktien handeln, an die besondere Rechte geknüpft sind, die es dem Minderheitsgesellschafter ermöglichen, die Geschäftsstrategie des Zielunternehmens zu bestimmen, zum Beispiel das Recht, mehr als die Hälfte der Aufsichtsrats- oder Vorstandsmitglieder zu ernennen. Die alleinige Kontrolle kann auch ein Minderheitsgesellschafter haben, der aufgrund der Organisationsstruktur (z. B. als Komplementär einer Kommanditgesellschaft, der oft nichtmals an der Gesellschaft beteiligt ist) befugt ist, die Tätigkeit des Unternehmens zu leiten und die Geschäftspolitik zu bestimmen.

(58) Ein typischer Fall negativer alleiniger Kontrolle liegt vor, wenn ein Gesellschafter eine 50%-ige Beteiligung an einem Unternehmen hält, während die restlichen 50% auf mehrere andere Gesellschafter verteilt sind (vorausgesetzt, dass dies nicht faktisch zu einer alleinigen positiven Kontrolle führt), oder wenn für strategische Entscheidungen Einstimmigkeit vorgeschrieben ist, was in der Praxis dazu führt, dass ein Gesellschafter allein ungeachtet des Umfangs seiner Beteiligung ein Vetorecht ausüben kann[61].

---

[60] Da dieser Gesellschafter als einziger einen beherrschenden Einfluss erwirbt, ist nur er zur Anmeldung des Zusammenschlusses nach der Fusionskontrollverordnung verpflichtet.

[61] Vgl. die aufeinander folgenden Sachen COMP/M.3537, BBVA/BNL (20. August 2004) und M.3768, BBVA/BNL (27. April 2005), Sache M.3198, VW-Audi/VW-Audi Vertriebszentren (29. Juli 2003); Sache COMP/M.2777, Cinven Limited/Angel Street Holdings (8. Mai 2002); Sache IV/M.258, CCIE/GTE (25. September 1992). In der Sache COMP/M.3876, Diester Industrie/Bunge/JV (30. September 2005) hielt ein Gemeinschaftsunternehmen eine Beteiligung an einem anderen Unternehmen und erlangte damit eine negative alleinige Kontrolle über dieses Unternehmen.

Alleinige Kontrolle auf faktischer Grundlage

(59) Ein Minderheitsgesellschafter kann auch faktisch allein ein Unternehmen kontrollieren. Dies ist insbesondere dann der Fall, wenn es angesichts des Umfangs seiner Beteiligung und unter Berücksichtigung der Anzahl der Gesellschafter, die in früheren Jahren an Hauptversammlungen teilgenommen haben, sehr wahrscheinlich ist, dass er in den kommenden Hauptversammlungen eine Mehrheit bekommen wird[62]. Anhand des früheren Abstimmungsverhaltens wird die Kommission eine zukunftsgerichtete Analyse durchführen, bei der sie berücksichtigen wird, welche Änderungen bei der Präsenz der Gesellschafter nach der Transaktion zu erwarten sind[63]. Die Kommission wird auch die Standpunkte anderer Gesellschafter analysieren und ihre Rolle bewerten. Ausschlaggebend bei einer solchen Bewertung ist insbesondere, ob die verbleibenden Anteile weit gestreut sind, ob andere wichtige Gesellschafter strukturelle, wirtschaftliche oder familiäre Beziehungen zu dem großen Minderheitsgesellschafter haben und ob andere Gesellschafter ein strategisches oder rein finanzielles Interesse an dem Zielunternehmen haben. Diese Kriterien werden in jedem Einzelfall geprüft[64]. Wenn wahrscheinlich ist, dass der Minderheitsgesellschafter angesichts seiner Beteiligung, des früheren Stimmverhaltens und der Position anderer Gesellschafter in der Hauptversammlung über eine stabile Stimmenmehrheit verfügen wird, dann kann davon ausgegangen werden, dass er die alleinige Kontrolle über das Unternehmen besitzt[65].

(60) Eine Option, die zum Kauf oder zur Umwandlung von Aktien berechtigt, verleiht an sich noch keine Kontrolle, solange die Option nicht in naher Zukunft aufgrund einer rechtsverbindlichen Vereinbarung ausgeübt wird[66]. Unter besonderen Umständen jedoch kann eine Option zusammen mit anderen Elementen zu dem Schluss führen, dass faktisch eine alleinige Kontrolle vorliegt[67].

Alleinige Kontrolle durch andere Mittel als die Stimmrechte

(61) Abgesehen vom durch die Stimmrechte begründeten Erwerb der alleinigen Kontrolle gelten die Erwägungen in Abschnitt 1.2 zum Erwerb der alleinigen Kontrolle durch den Kauf von Vermögenswerten, Verträge oder andere Mittel.

3. Gemeinsame Kontrolle

(62) Gemeinsame Kontrolle ist dann gegeben, wenn zwei oder mehr Unternehmen oder Personen die Möglichkeit haben, in einem anderen Unternehmen bestimmenden Einfluss auszuüben. Bestimmender Einfluss bedeutet hier in der Regel die Möglichkeit, Aktionen zu blockieren, die das strategische Wirtschaftsverhalten eines Unternehmens bestimmen. Im Unterschied zur alleinigen Kontrolle, bei der ein ein-

---

62 Sache IV/M.343, Société Générale de Belgique/Générale de Banque (3. August 1993); Sache COMP/M.3330, RTL/M6 (12. März 2004); Sache IV/M.159, Mediobanca/Generali (19. Dezember 1991).

63 Vgl. Sache COMP/M.4336, MAN/Scania (20. Dezember 2007) zu der Frage, ob Volkswagen die Kontrolle bei MAN übernommen hatte.

64 Sache IV/M.754, Anglo American/Lonrho (23. April 1997); Sache IV/M.025, Arjomari/Wiggins Teape (10. Februar 1990).

65 Vgl. Sache COMP/M.2574, Pirelli/Edizione/Olivetti/Telecom Italia (20. September 2001), Sache IV/M.1519, Renault/Nissan (12. Mai 1999).

66 Rechtssache T-2/93, Air France/Kommission, Urteil vom 19. Mai 1994, EuGH Slg. 1994, II-323. Auch wenn eine Option an sich normalerweise keinen Zusammenschluss nach sich zieht, kann sie bei der materiellen Würdigung eines anderen Zusammenschlusses berücksichtigt werden, vgl. Sache COMP/M.3696, E.ON/MOL (21. Dezember 2005), Erwägungsgründe 12–14, 480, 762ff.

67 Sache IV/M.397, Ford/Hertz (7. März 1994).

zelner Gesellschafter die strategischen Entscheidungen des Unternehmens bestimmen kann, können bei einer gemeinsamen Kontrolle Pattsituationen entstehen, weil zwei oder mehr der Muttergesellschaften die Möglichkeit haben, strategische Entscheidungen zu blockieren. Diese Gesellschafter müssen folglich die Geschäftspolitik des Gemeinschaftsunternehmens einvernehmlich festlegen und zusammenarbeiten[68].

(63) Wie im Falle der alleinigen Kontrolle kann der Erwerb der gemeinsamen Kontrolle rechtlich oder faktisch begründet sein. Eine gemeinsame Kontrolle liegt dann vor, wenn die Gesellschafter (Muttergesellschaften) bei allen wichtigen Entscheidungen, die das beherrschte Unternehmen (Gemeinschaftsunternehmen) betreffen, Übereinstimmung erzielen müssen.

3.1. Gleiche Stimmrechte oder Besetzung der Entscheidungsgremien

(64) Am deutlichsten ist eine gemeinsame Kontrolle, wenn es nur zwei Muttergesellschaften mit gleichen Stimmrechten in dem Gemeinschaftsunternehmen gibt. In diesem Fall benötigen die beiden Unternehmen keine formelle Vereinbarung. Gibt es jedoch eine solche Vereinbarung, dann darf sie dem Prinzip der Gleichheit der beherrschenden Unternehmen nicht entgegenstehen, die zum Beispiel darin zum Ausdruck kommt, dass jedes Unternehmen die gleiche Zahl von Vertretern in die Unternehmensleitung entsendet und dass keines der Mitglieder mit seiner Stimme den Ausschlag geben kann[69]. Gleichheit lässt sich auch in der Weise erreichen, dass beide Muttergesellschaften das Recht erhalten, die gleiche Zahl von Mitgliedern in die Entscheidungsorgane des Gemeinschaftsunternehmens zu entsenden.

3.2. Vetorechte

(65) Gemeinsame Kontrolle kann auch vorliegen, wenn die beiden beherrschenden Unternehmen nicht die gleichen Stimmrechte haben oder gleich stark in den Entscheidungsgremien vertreten sind, oder wo es mehr als zwei Muttergesellschaften gibt. Dies ist dann der Fall, wenn Minderheitsgesellschafter zusätzliche Rechte haben, die es ihnen ermöglichen, gegen Entscheidungen, die für das strategische Wirtschaftsverhalten des Gemeinschaftsunternehmens wesentlich sind, ein Veto einzulegen[70]. Diese Vetorechte können in der Satzung des Gemeinschaftsunternehmens verankert sein oder auf einer Vereinbarung der Muttergesellschaften beruhen. Die Vetorechte selbst können darin bestehen, dass für Entscheidungen der Hauptversammlung oder der Unternehmensleitung, soweit die Muttergesellschaften darin vertreten sind, eine bestimmte Stimmenzahl erforderlich ist. Möglicherweise müssen strategische Entscheidungen aber auch von einem Gremium (z. B. Aufsichtsrat) genehmigt werden, in dem ohne die Stimmen der darin vertretenen Minderheitsaktionäre keine Entscheidung getroffen werden kann.

(66) Diese Vetorechte müssen sich auf strategische geschäftspolitische Entscheidungen in dem Gemeinschaftsunternehmen beziehen. Sie müssen über das hinausgehen, was in der Regel Minderheitsgesellschaftern an Vetorechten eingeräumt wird, um ihre finanziellen Interessen als Kapitalgeber des Gemeinschaftsunternehmens zu schützen. Dieser übliche Rechtsschutz für Minderheitsgesellschafter gilt für Entscheidungen, die das Wesen des Gemeinschaftsunternehmens berühren, wie Satzungsänderungen, Kapitalerhöhungen, Kapitalherabsetzungen oder Liquidation. Ein Vetorecht beispielsweise, mit dem ein Verkauf oder eine Abwicklung des Gemeinschaftsunter-

---

[68] Urteil in der Rechtssache T-282/02, Cementbouw/Kommission, Randnrn. 42, 52, 67, Slg. 2006, II-00319.

[69] Sache COMP/M.3097, Maersk Data/Eurogate IT/Global Transport Solutions JV (12. März 2003), Sache IV/M.272, Matra/CAP Gemini Sogeti (17. März 1993).

[70] Rechtssache T-2/93, Air France/Kommission, EuGH Slg. 1994, S. II-323. Sache IV/M.010, Conagra/Idea (3. Mai 1991).

nehmens verhindert werden kann, gibt dem Minderheitsgesellschafter noch keine gemeinsame Kontrolle[71].

(67) Vetorechte, die eine gemeinsame Kontrolle begründen, betreffen hingegen in der Regel Entscheidungen über Budget, Geschäftsplan, größere Investitionen und die Besetzung der Unternehmensleitung. Zur Erlangung gemeinsamer Kontrolle ist es jedoch nicht erforderlich, dass der Erwerber einen bestimmenden Einfluss auf das Tagesgeschäft des Unternehmens ausüben kann. Entscheidend ist, dass die Vetorechte der Muttergesellschaften ausreichen, um das strategische Wirtschaftsverhalten zu beeinflussen. Es ist auch nicht der Nachweis erforderlich, dass der Erwerber der gemeinsamen Kontrolle von seinem bestimmenden Einfluss tatsächlich Gebrauch macht. Die Möglichkeit, diesen Einfluss auszuüben, d. h. die bloße Existenz der Vetorechte, reicht aus.

(68) Um die gemeinsame Kontrolle zu erlangen, braucht ein Minderheitsgesellschafter nicht alle obengenannten Vetorechte zu haben. Es genügt möglicherweise, dass er nur einige oder nur ein einziges Recht besitzt. Ob dies der Fall ist oder nicht, hängt vom Inhalt des Vetorechts ab und auch von dessen Bedeutung für die geschäftlichen Aktivitäten des betreffenden Gemeinschaftsunternehmens.

Besetzung der Unternehmensleitung und Finanzplanung

(69) Von besonders großer Bedeutung sind die Vetorechte, die Entscheidungen über die Ernennung oder Entlassung von Mitgliedern der Unternehmensleitung und die Genehmigung der Finanzplanung betreffen. Das Recht, die Zusammensetzung der Unternehmensleitung (z. B. des Vorstands) mitzubestimmen, sichert normalerweise dessen Inhaber einen bestimmenden Einfluss auf die Geschäftspolitik des Unternehmens. Das gleiche gilt für Entscheidungen über die Finanzplanung, denn die Finanzplanung entscheidet über den Umfang der Tätigkeit des Gemeinschaftsunternehmens und vor allem über die Höhe der Investitionen.

Geschäftsplan

(70) Der Geschäftsplan zeigt normalerweise in allen Einzelheiten auf, welche Ziele das Unternehmen verfolgt und mit welchen Mitteln sie verwirklicht werden sollen. Ein Vetorecht für diese Art von Geschäftsplan reicht unter Umständen aus, um eine gemeinsame Kontrolle zu begründen, selbst wenn es sonst keine anderen Vetorechte gibt. Wenn hingegen der Geschäftsplan nur Grundsatzerklärungen zu den Geschäftszielen des Gemeinschaftsunternehmens enthält, ist das Vetorecht nur ein Punkt unter anderen bei der generellen Beurteilung der Frage, ob eine gemeinsame Kontrolle vorliegt, reicht aber für sich allein nicht aus, um eine gemeinsame Kontrolle zu begründen.

Investitionen

(71) Welche Bedeutung ein Vetorecht im Fall von Investitionen hat, hängt davon ab, ab welcher Höhe Investitionen der Genehmigung durch die Muttergesellschaften bedürfen, und dann davon, inwieweit Investitionen auf dem Markt, auf dem das Gemeinschaftsunternehmen tätig ist, von Bedeutung sind. Wenn die Muttergesellschaften nur ganz große Investitionen genehmigen müssen, läuft das Vetorecht auf einen üblichen Schutz der Interessen des Minderheitsgesellschafters hinaus und hat nur wenig mit einem Mitbestimmungsrecht an der Geschäftspolitik des Gemeinschaftsunternehmens zu tun. Die Investitionspolitik ist in der Regel ein wichtiges Kriterium für die Beurteilung, ob eine gemeinsame Kontrolle vorliegt. Es gibt allerdings auch Märkte, auf denen das Marktverhalten eines Unternehmens nicht wesentlich von den Investitionen bestimmt wird.

---

[71] Sache IV/M.062, Eridania/ISI (30. Juli 1991).

Marktspezifische Rechte

(72) Abgesehen von den typischen Vetorechten, die vorstehend behandelt wurden, gibt es eine Reihe anderer möglicher Vetorechte, die mit bestimmten Entscheidungen zu tun haben, die für den Markt, auf dem das Gemeinschaftsunternehmen tätig ist, wichtig sind. Ein Beispiel hierfür ist die Entscheidung darüber, mit welcher Technologie das Gemeinschaftsunternehmen arbeiten soll, wenn die Technologie eine Schlüsselrolle im Geschäft des Gemeinschaftsunternehmens spielt. Ein anderes Beispiel liefern Märkte, die durch Produktdifferenzierung und ein hohes Maß an Innovation gekennzeichnet sind. Auf solchen Märkten kann ein Vetorecht bei Entscheidungen über die Entwicklung neuer Produkte durch das Gemeinschaftsunternehmen ein wichtiges Indiz für das Vorliegen gemeinsamer Kontrolle sein.

Gesamtschau

(73) Sofern es mehrere Vetorechte gibt, sollten sie bei der Bewertung ihrer relativen Bedeutung nicht isoliert betrachtet werden. Ob eine gemeinsame Kontrolle vorliegt oder nicht, ist nur daran zu messen, wie diese Rechte als Ganzes wirken. Ein Vetorecht, das weder bei der Geschäftspolitik und -strategie, der Besetzung der Unternehmensleitung noch bei der Finanzplanung und dem Geschäftsplan zum Tragen kommt, verleiht dem Inhaber auch keine gemeinsame Kontrolle[72].

3.3. Gemeinsame Ausübung der Stimmrechte

(74) Selbst ohne besondere Vetorechte können zwei oder mehr Unternehmen, die eine Minderheitsbeteiligung an einem anderen Unternehmen erwerben, die gemeinsame Kontrolle erlangen. Dies ist dann der Fall, wenn die Minderheitsbeteiligungen zusammen die Grundlage für eine Kontrolle über das Zielunternehmen bilden. Dies bedeutet, dass die Minderheitsgesellschafter zusammen eine Stimmenmehrheit haben und bei der Ausübung der Stimmrechte gemeinsam handeln. Dies kann das Ergebnis einer rechtsverbindlichen Vereinbarung sein oder sich faktisch aus den Verhältnissen ergeben.

(75) Die gemeinsame Ausübung der Stimmrechte lässt sich rechtlich über eine (gemeinsam kontrollierte) Holdinggesellschaft absichern, der die Minderheitsgesellschafter ihre Rechte übertragen, oder durch eine Vereinbarung, in der sie sich verpflichten, in der gleichen Weise zu handeln (Pooling-Vereinbarung).

(76) Ganz selten ist die Möglichkeit eines gemeinsamen Handelns de facto dort gegeben, wo starke gemeinsame Interessen der Minderheitsgesellschafter bewirken, dass sie bei der Ausübung ihrer Stimmrechte in dem Gemeinschaftsunternehmen nicht gegeneinander handeln. Je größer die Zahl der Muttergesellschaften, um so geringer ist jedoch die Wahrscheinlichkeit, dass es hierzu kommt.

(77) Ein Anhaltspunkt für das Vorliegen solcher gemeinsamer Interessen ist ein hoher Grad gegenseitiger Abhängigkeit der Muttergesellschaften bei der Verwirklichung der strategischen Ziele des Gemeinschaftsunternehmens. Dies ist vor allem dann der Fall, wenn jede einzelne Muttergesellschaft einen lebenswichtigen Beitrag zu dem Gemeinschaftsunternehmen leistet (zum Beispiel Technologie, Kenntnis der örtlichen Marktverhältnisse oder Lieferverträge)[73]. Unter diesen Umständen können die Muttergesellschaften die strategischen Entscheidungen des Gemeinschaftsunternehmens blockieren, was bedeutet, dass sie dieses Unternehmen nur dann erfolgreich betreiben können, wenn Einvernehmen über die strategischen Entscheidungen besteht, auch wenn nicht ausdrücklich Vetorechte vorgesehen sind. Die Muttergesell-

---

[72] Sache IV/M.295, SITA-RPC/SCORI (19. März 1993).

[73] Sache COMP/JV.55, Hutchison/RCPM/ECT (3. Juli 2001); vgl. auch Sache IV/M.553, RTL/Veronica/Endemol (20. September 1995).

schaften werden deshalb zur Zusammenarbeit gezwungen sein[74]. Weitere Faktoren sind Entscheidungsverfahren, die so beschaffen sind, dass die Muttergesellschaften die gemeinsame Kontrolle auch dann ausüben können, wenn nicht ausdrücklich Vetorechte vereinbart wurden oder andere Beziehungen zwischen den Minderheitsgesellschaftern des Gemeinschaftsunternehmens bestehen[75].

(78) Ein solcher Fall kann nicht nur eintreten, wenn zwei oder mehr Minderheitsgesellschafter faktisch gemeinsam ein Unternehmen kontrollieren, sondern auch, wenn ein Mehrheitsgesellschafter in starkem Maße von einem Minderheitsgesellschafter abhängig ist. Dies kann der Fall sein, wenn das Gemeinschaftsunternehmen wirtschaftlich und finanziell vom Minderheitsgesellschafter abhängig ist oder wenn nur der Minderheitsgesellschafter das für den Betrieb des Gemeinschaftsunternehmens erforderliche Know-how erworben hat und dabei eine wichtige Rolle spielen wird, während der Mehrheitsgesellschafter ein reiner Kapitalgeber ist[76]. Unter diesen Umständen wird der Mehrheitsgesellschafter nicht in der Lage sein, sich durchzusetzen, der Partner im Gemeinschaftsunternehmen kann jedoch vielleicht strategische Entscheidungen blockieren, so dass die beiden Muttergesellschaften zu einer dauerhaften Zusammenarbeit gezwungen sind. Dies führt faktisch zu einer gemeinsamen Kontrolle, die Vorrang vor der rein rechtlich begründeten Feststellung einer alleinigen Kontrolle seitens des Mehrheitsgesellschafters hat.

(79) Diese Kriterien gelten bei der Bildung eines neuen Gemeinschaftsunternehmens genauso wie beim Erwerb von Minderheitsbeteiligungen, die zusammen die gemeinsame Kontrolle begründen. Beim Erwerb von Beteiligungen sind gemeinsame Interessen wahrscheinlicher, wenn die Beteiligungen in einem abgestimmten Vorgehen erworben werden. Der Erwerb durch abgestimmtes Vorgehen allein reicht jedoch als Nachweis für eine faktische gemeinsame Kontrolle nicht aus. Im Allgemeinen ist das gemeinsame Interesse der Kapitalgeber (oder Gläubiger) eines Unternehmens an einer Rendite nicht als gemeinsames Interesse anzusehen, das faktisch zu einer gemeinsamen Kontrolle führt.

(80) In Ermangelung einer starken Interessengemeinschaft wird in der Regel die Möglichkeit wechselnder Koalitionen unter den Minderheitsgesellschaftern die Entstehung einer gemeinsamen Kontrolle verhindern. Wenn es im Entscheidungsprozess keine feste Mehrheit gibt und die Mehrheit von Fall zu Fall unter den Minderheitsgesellschaftern verschieden ausfallen kann, ist nicht zu vermuten, dass die Minderheitsgesellschafter (oder eine Gruppe von Minderheitsgesellschaftern) das Unternehmen gemeinsam kontrollieren[77]. In diesem Zusammenhang reicht es nicht aus, wenn es Absprachen gibt unter zwei oder mehr Parteien mit einer gleich hohen Kapitalbeteiligung an dem Unternehmen, die identische Rechte und Machtbefugnisse unter den Parteien begründen, wenn diese keine strategischen Vetorechte haben. Wenn beispielsweise in einem Unternehmen drei Gesellschafter jeweils ein Drittel des Kapitals besitzen und jeder ein Drittel der Posten in der Unternehmensleitung besetzt, haben die Gesellschafter keine gemeinsame Kontrolle, da die Entscheidungen mit einfacher Mehrheit getroffen werden müssen.

---

[74] Urteil in der Rechtssache T-282/02 Cementbouw/Kommission, Randnrn. 42, 52, 67, Slg. 2006, II-00319.

[75] Sache COMP/JV.55, Hutchison/RCPM/ECT (3. Juli 2001); vgl. auch Sache IV/M.553, RTL/Veronica/Endemol (20. September 1995).

[76] Sache IV/M.967, KLM/Air UK (22. September 1997); Sache COMP/M.4085, Arcelor/Oyak/Erdemir (13. Februar 2006).

[77] Sache IV/JV.12, Ericsson/Nokia/Psion/Motorola (22. Dezember 1998).

3.4. Sonstige Überlegungen zur gemeinsamen Kontrolle

Unterschiedliche Rolle der Muttergesellschaften

(81) Gemeinsame Kontrolle heißt nicht, dass nicht eine der Muttergesellschaften ein spezifisches Know-how oder besondere Erfahrung in dem Geschäftsbereich des Gemeinschaftsunternehmens besitzen kann. In diesem Fall kann sich die andere Muttergesellschaft im Tagesgeschäft des Gemeinschaftsunternehmens mit einer bescheidenen Rolle begnügen oder überhaupt nicht in Aktion treten, wenn der Grund für ihre Präsenz in diesem Unternehmen eine langfristige Finanzstrategie, das Marken-Image oder Überlegungen grundsätzlicher Art sind. Sie muss jedoch immer die reale Möglichkeit haben, Entscheidungen der anderen Muttergesellschaft aufgrund gleicher Stimmrechte, gleicher Rechte bei der Besetzung der die Unternehmensentscheidungen treffenden Organe oder eines Vetorechts bei strategischen Fragen abzulehnen. Andernfalls handelt es sich um eine alleinige Kontrolle.

Ausschlaggebende Stimme

(82) Im Falle gemeinsamer Kontrolle sollte keine der Muttergesellschaften über eine ausschlaggebende Stimme verfügen, da ansonsten das Unternehmen mit der ausschlaggebenden Stimme die alleinige Kontrolle innehätte. Es kann jedoch von gemeinsamer Kontrolle ausgegangen werden, wenn diese ausschlaggebende Stimme in der Praxis von begrenzter Bedeutung und Wirkung ist. Dies könnte der Fall sein, wenn die ausschlaggebende Stimme nur nach einer Reihe von Schlichtungs- und Einigungsversuchen oder nur in einem sehr begrenzten Bereich eingesetzt werden darf oder wenn der Gebrauch dieser Stimme an eine Verkaufsoption geknüpft ist, die einen erheblichen finanziellen Nachteil bedeuten würde, oder wenn die gegenseitige Abhängigkeit der Muttergesellschaften einen Einsatz der ausschlaggebenden Stimme unwahrscheinlich erscheinen lässt[78].

III. Änderung der Art der Kontrolle

(83) Die Fusionskontrollverordnung erfasst Vorgänge, die zum Erwerb alleiniger oder gemeinsamer Kontrolle führen, darunter auch Vorgänge, die eine Änderung der Art der Kontrolle bewirken. Eine solche einen Zusammenschluss bewirkende Änderung der Art der Kontrolle liegt erstens dann vor, wenn ein Wechsel zwischen alleiniger und gemeinsamer Kontrolle stattfindet. Zweitens liegt eine solche Änderung in der Art der Kontrolle dann vor, wenn zwar vor und nach der Transaktion gemeinsame Kontrolle gegeben ist, sich durch die Transaktion aber die Anzahl der kontrollierenden Gesellschafter erhöht oder sich ihre Identität ändert. Bei einem Wechsel von negativer zu positiver alleiniger Kontrolle hingegen handelt es sich nicht um eine Änderung der Art der Kontrolle. Ein solcher Wechsel wirkt sich weder auf die Interessenlage des die negative Kontrolle ausübenden Gesellschafters noch auf die Art der Kontrollstruktur aus, da der kontrollierende Gesellschafter auch zuvor, als er die negative Kontrolle besaß, nicht unbedingt mit anderen Gesellschaftern zusammenarbeiten musste. Ändert sich lediglich der Umfang der Beteiligungen der kontrollierenden Gesellschafter, ohne dass sich dies auf ihre Befugnisse im Unternehmen und die Zusammensetzung der Kontrollstruktur auswirkt, liegt keine Änderung der Art der Kontrolle und folglich auch kein anmeldungspflichtiger Zusammenschluss vor.

(84) In den folgenden Ausführungen werden zwei Möglichkeiten der Änderung der Art der Kontrolle unterschieden: erstens der Eintritt eines oder mehrerer neuer

[78] Vgl. Sache COMP/M.2574, Pirelli/Edizione/Olivetti/Telecom Italia (20. September 2001), vgl. auch Sache IV/M.553, RTL/Veronica/Endemol (20. September 1995). Sache IV/M.425, British Telecom/Banco Santander (28. März 1994).

kontrollierender Gesellschafter unabhängig davon, ob sie bisherige kontrollierende Gesellschafter ablösen oder nicht, und zweitens eine Verringerung der Anzahl der kontrollierenden Gesellschafter.

1. Eintritt neuer kontrollierender Gesellschafter

(85) Der Eintritt neuer kontrollierender Gesellschafter und das daraus resultierende Szenario der gemeinsamen Kontrolle kann entweder einen Wechsel von alleiniger zu gemeinsamer Kontrolle bedeuten oder aber, dass in einem bereits gemeinsam kontrollierten Unternehmen ein neuer Gesellschafter hinzukommt oder einen früheren Gesellschafter ersetzt.

(86) Im Falle des Wechsels von alleiniger zu gemeinsamer Kontrolle liegt eine anmeldungspflichtige Transaktion vor, da sich die Art der Kontrolle des Gemeinschaftsunternehmens ändert. Erstens erwirbt ein Gesellschafter, der in das kontrollierte Unternehmen eintritt, neu die Kontrolle über das betreffende Unternehmen. Zweitens wird das kontrollierte Unternehmen erst durch diese Transaktion zu einem Gemeinschaftsunternehmen, was nach der Fusionskontrollverordnung auch die Sachlage für das verbleibende kontrollierende Unternehmen entscheidend verändert: In Zukunft muss es die Interessen von einem oder mehr anderen kontrollierenden Gesellschaftern mit berücksichtigen und muss mit diesen dauerhaft zusammenarbeiten. Vorher konnte es entweder das strategische Verhalten des kontrollierten Unternehmens allein bestimmen (alleinige Kontrolle) oder war jedenfalls nicht gezwungen, die Interessen bestimmter anderer Gesellschafter zu berücksichtigen und mit diesen dauerhaft zusammenzuarbeiten.

(87) Der Eintritt eines neuen Gesellschafters in ein gemeinsam kontrolliertes Unternehmen – wobei der neue Gesellschafter entweder zu den bereits kontrollierenden Gesellschaftern hinzukommt oder einen von ihnen ersetzt – ist ebenfalls ein anmeldungspflichtiger Zusammenschluss, auch wenn das Unternehmen schon vor und auch nach der Transaktion gemeinsam kontrolliert wird[79]. Erstens gibt es auch in diesem Szenario einen Gesellschafter, der neu Kontrolle in dem Gemeinschaftsunternehmen erwirbt. Zweitens wird die Art der Kontrolle des Gemeinschaftsunternehmens durch die Identität der kontrollierenden Gesellschafter bestimmt. Im Falle gemeinsamer Kontrolle liegt es in der Natur der Sache, dass die gemeinsam kontrollierenden Gesellschafter den Interessen der anderen Rechnung tragen müssen und mit diesen bei der Festlegung der strategischen Ausrichtung des Gemeinschaftsunternehmens zusammenarbeiten müssen, da jeder Gesellschafter alleine strategische Entscheidungen blockieren kann[80]. Die Art der gemeinsamen Kontrolle ist also nicht nur das Ergebnis einer rein rechnerischen Addition der Vetorechte mehrerer Gesellschafter, sondern richtet sich auch nach der Zusammensetzung der Gruppe der Gesellschafter, die das Unternehmen gemeinsam kontrollieren. Ganz besonders offenkundig ist die Veränderung der Art der Kontrollstruktur eines gemeinsam kontrollierten Unternehmens, wenn in einem Gemeinschaftsunternehmen, das von einem seiner Wettbewerber und einem Finanzinvestor gemeinsam kontrolliert wird, der Finanzinvestor durch einen anderen Wettbewerber ersetzt wird. Unter diesen Umständen können sich die Kontrollstruktur und die Anreize des Gemeinschaftsunternehmens völlig ändern, und zwar nicht nur wegen des Eintritts eines neuen kontrollierenden Gesellschafters, sondern auch, weil sich das Verhalten des verbleibenden Gesellschafters ändert. Es liegt also immer eine Änderung der Art der Kontrolle vor, wenn in

---

[79] Vgl. z. B. Sache COMP/M.3440, ENI/EDP/GdP (9. Dezember 2004).

[80] Urteil in der Rechtssache T-282/02, Cementbouw/Kommission, Randnr. 67, Slg. 2006, II-00319.

einem gemeinsam kontrollierten Unternehmen ein kontrollierender Gesellschafter ersetzt wird oder ein neuer hinzukommt[81].

(88) Der Eintritt neuer Gesellschafter bewirkt jedoch nur dann einen anmeldungspflichtigen Zusammenschluss, wenn einer bzw. mehrere Gesellschafter durch die Transaktion die alleinige bzw. gemeinsame Kontrolle erwerben. Der Eintritt neuer Gesellschafter kann jedoch auch zu einer Situation führen, in der eine gemeinsame Kontrolle weder rechtlich noch faktisch nachgewiesen werden kann, weil dieser Eintritt zur Folge hat, dass wechselnde Mehrheiten zwischen den Minderheitsgesellschaftern möglich werden[82].

2. Verringerung der Anzahl der Gesellschafter

(89) Eine Verringerung der Anzahl der kontrollierenden Gesellschafter verändert die Art der Kontrolle und ist infolgedessen als Zusammenschluss anzusehen, sofern das Ausscheiden eines oder mehrerer kontrollierender Gesellschafter zu einem Wechsel von gemeinsamer zu alleiniger Kontrolle führt. Es ist ein wesentlicher Unterschied, ob bestimmender Einfluss alleine oder gemeinsam ausgeübt wird, da im zweiten Falle die Gesellschafter, die gemeinsam die Kontrolle ausüben, die möglicherweise anders gelagerten Interessen der anderen beteiligten Parteien berücksichtigen müssen[83].

(90) Verringert sich durch die Transaktion die Anzahl der Gesellschafter, die gemeinsam die Kontrolle ausüben, ohne dass ein Wechsel von gemeinsamer zu alleiniger Kontrolle stattfindet, liegt normalerweise kein anmeldungspflichtiger Zusammenschluss vor.

IV. Gemeinschaftsunternehmen – Begriff der Vollfunktion

(91) Gemäß Artikel 3 Absatz 1 Buchstabe b wird ein Zusammenschluss bewirkt, wenn ein oder mehrere Unternehmen die Kontrolle über die Gesamtheit oder Teile eines anderen Unternehmens übernehmen. Der Erwerb eines anderen Unternehmens durch mehrere Unternehmen, die gemeinsam die Kontrolle ausüben, stellt daher einen Zusammenschluss im Sinne der Fusionskontrollverordnung dar. Wie auch beim Erwerb der alleinigen Kontrolle über ein Unternehmen wird ein solcher Erwerb gemeinsamer Kontrolle die Marktstruktur verändern, selbst wenn nach den Plänen der erwerbenden Unternehmen das übernommene Unternehmen nach der Transaktion nicht mehr als Vollfunktionsunternehmen anzusehen wäre (z. B. weil es künftig nur noch an die Muttergesellschaften verkaufen wird). Eine Transaktion, bei der mehrere beteiligte Unternehmen gemeinsam von Dritten die Kontrolle über ein anderes Unternehmen oder Teile eines anderen Unternehmens erwerben und die die unter Nummer (24) aufgeführten Kriterien erfüllt, wird einen Zusammenschluss im Sinne des Artikels 3 Absatz 1 darstellen, ohne dass das Vollfunktionskriterium geprüft werden müsste[84].

---

[81] Generell wird die Kommission in einem Szenario mit gemeinsamer Kontrolle nicht von einem separaten Zusammenschluss ausgehen, wenn ein kontrollierender Gesellschafter indirekt ersetzt wird, weil eine der Muttergesellschaften die Kontrolle erwirbt. Die Kommission prüft jede Veränderung der Wettbewerbssituation des Gemeinschaftsunternehmens vor dem Hintergrund des Gesamtkontrollerwerbs der Muttergesellschaft. Unter diesen Umständen gelten die anderen kontrollierenden Gesellschafter des Gemeinschaftsunternehmens bei dem Zusammenschluss, der ihre Muttergesellschaft betrifft, nicht als beteiligte Unternehmen.

[82] Sache IV/JV.12, Ericsson/Nokia/Psion/Motorola (22. Dezember 1998).

[83] Sache IV/M.023, ICI/Tioxide (28. November 1990) und Nummer 5 Buchstabe d der Mitteilung der Kommission über ein vereinfachtes Verfahren für bestimmte Zusammenschlüsse gemäß der Verordnung (EG) Nr. 139/2004 des Rates.

[84] Für Artikel 2 Absatz 4 gelten diese Überlegungen nicht in gleicher Weise. Während die Auslegung des Artikels 3 Absätze 1 und 4 die Anwendbarkeit der Fusionskontrollverordnung auf

(92) Artikel 3 Absatz 4 legt außerdem fest, dass die Bildung eines Gemeinschaftsunternehmens, das auf Dauer alle Funktionen einer selbstständigen wirtschaftlichen Einheit erfüllt (ein so genanntes Vollfunktionsgemeinschaftsunternehmen), einen Zusammenschluss im Sinne der Fusionskontrollverordnung darstellt. Das Kriterium der Vollfunktion ist also ausschlaggebend dafür, ob die Fusionskontrollverordnung anwendbar ist, wenn die Parteien ein Gemeinschaftsunternehmen bilden, unabhängig davon, ob es sich bei diesem Gemeinschaftsunternehmen um ein gänzlich neues Unternehmen handelt oder ob die Parteien Vermögenswerte in das Gemeinschaftsunternehmen einbringen, die sie zuvor alleine besaßen. Unter diesen Umständen muss das Gemeinschaftsunternehmen das Vollfunktionskriterium erfüllen, um einen Zusammenschluss darzustellen.

(93) Die Tatsache, dass es sich bei einem Gemeinschaftsunternehmen um ein Vollfunktionsunternehmen handelt hat und es infolgedessen in operativer Hinsicht wirtschaftlich völlig selbstständig ist, bedeutet nicht, dass es auch seine strategischen Entscheidungen selbstständig treffen kann. Andernfalls könnte ein gemeinsam kontrolliertes Unternehmen niemals als Vollfunktionsgemeinschaftsunternehmen angesehen werden und die Anforderung des Artikels 3 Absatz 4 wäre niemals erfüllt[85]. Um das Kriterium der Vollfunktion zu erfüllen, reicht es also aus, wenn das Gemeinschaftsunternehmen in operativer Hinsicht selbstständig ist.

1. Ausreichende Ressourcen für eine eigenständige Marktpräsenz

(94) Vollfunktion bedeutet im Wesentlichen, dass das Gemeinschaftsunternehmen auf einem Markt tätig sein und die Funktionen ausüben muss, die auch von den anderen Unternehmen in diesem Markt wahrgenommen werden. Deshalb muss das Gemeinschaftsunternehmen über ein sich dem Tagesgeschäft widmendes Management und ausreichende Ressourcen wie finanzielle Mittel, Personal sowie materielle und immaterielle Vermögenswerte verfügen, um im Rahmen der dem Gemeinschaftsunternehmen zugrunde liegenden Vereinbarung langfristig seine Tätigkeiten ausüben zu können[86]. Das Personal muss nicht notwendigerweise von dem Gemeinschaftsunternehmen selbst beschäftigt werden. Ist dies in dem Wirtschaftszweig, in dem das Gemeinschaftsunternehmen tätig ist, üblich, kann es ausreichen, wenn Dritte das Personal im Rahmen einer Betriebsvereinbarung bereitstellen oder wenn das Personal von einer Zeitarbeitsagentur vermittelt wird. Es kann auch ausreichen, wenn die Muttergesellschaften Personal abstellen, solange dies nur während der Anlaufphase geschieht oder das Gemeinschaftsunternehmen zu den Mutterunternehmen ähnliche Beziehungen unterhält wie zu Dritten. In letztgenanntem Fall muss das Gemeinschaftsun-

Gemeinschaftsunternehmen betrifft, betrifft Artikel 2 Absatz 4 die materielle Analyse von Gemeinschaftsunternehmen. Die ‚Gründung eines Gemeinschaftsunternehmens, das einen Zusammenschluss gemäß Artikel 3 darstellt' im Sinne des Artikels 2 Absatz 4 beinhaltet den Erwerb der gemeinsamen Kontrolle gemäß Artikel 3 Absätze 1 und 4.

[85] Urteil in der Rechtssache T-282/02, Cementbouw/Kommission, Randnr. 62, Slg. 2006, II-00319.

[86] Sache IV/M.527, Thomson CSF/Deutsche Aerospace (2. Dezember 1994) – Rechte an geistigem Eigentum; Sache IV/M.560, EDS/Lufthansa (11. Mai 1995) – Outsourcing; Sache IV/M.585, Voest Alpine Industrieanlagenbau GmbH/Davy International Ltd (7. September 1995) – Recht des Gemeinschaftsunternehmens, zusätzliches Know-how und Personal von den Muttergesellschaften zu verlangen; Sache IV/M.686, Nokia/Autoliv (5. Februar 1996) – Möglichkeit des Gemeinschaftsunternehmens, ‚Dienstleistungsverträge' mit der Muttergesellschaft aufzulösen und deren Betriebsstätte zu verlassen; Sache IV/M.791 – British Gas Trading Ltd/Group 4 Utility Services Ltd (7. Oktober 1996) – die zukünftigen Vermögensteile werden vom Gemeinschaftsunternehmen einem Leasingunternehmen übertragen und vom Gemeinschaftsunternehmen geleast.

ternehmen mit den Muttergesellschaften marktübliche Beziehungen auf der Grundlage der üblichen Geschäftsbedingungen unterhalten; außerdem muss es dem Gemeinschaftsunternehmen freistehen, eigenes Personal einzustellen oder Personal über Dritte zu erhalten.

2. Mehr als eine spezifische Funktion für die Muttergesellschaften

(95) Übernimmt ein Gemeinschaftsunternehmen nur eine bestimmte Funktion in der Geschäftstätigkeit der Muttergesellschaften und hat keinen eigenen Marktzugang bzw. keine eigene Marktpräsenz, handelt es sich nicht um ein Vollfunktionsgemeinschaftsunternehmen. Dies ist z. B. der Fall bei Gemeinschaftsunternehmen, die auf Forschung und Entwicklung oder Produktionstätigkeiten beschränkt sind. Derartige Gemeinschaftsunternehmen haben Hilfsfunktionen in der Geschäftstätigkeit ihrer Muttergesellschaften. Dies ist auch der Fall, wenn ein Gemeinschaftsunternehmen im Wesentlichen auf den Vertrieb bzw. den Verkauf der Erzeugnisse der Muttergesellschaften beschränkt und damit überwiegend als Verkaufsagentur tätig ist. Ein Gemeinschaftsunternehmen, das sich der Vertriebs- und Verteilungseinrichtungen einer oder mehrerer seiner Muttergesellschaften bedient, verliert jedoch nicht seinen Charakter als Vollfunktionsgemeinschaftsunternehmen, solange die Muttergesellschaften nur als Verkaufsvertreter des Gemeinschaftsunternehmens tätig sind[87].

(96) Ein häufiges Beispiel für diesen Sachverhalt sind Gemeinschaftsunternehmen mit Immobilienbeteiligungen, die in der Regel aus steuerlichen und anderen finanziellen Gründen gebildet werden. Solange das Gemeinschaftsunternehmen lediglich dem Zweck dient, mit Hilfe der finanziellen Ressourcen der Muttergesellschaften Immobilien für die Muttergesellschaften zu erwerben und/oder zu halten, wird es normalerweise nicht als Vollfunktionsgemeinschaftsunternehmen angesehen werden, da es keine eigene auf Dauer angelegte Geschäftstätigkeit auf dem Markt ausübt und typischerweise auch nicht über die notwendigen Ressourcen für eine unabhängige Tätigkeit verfügt. Hiervon zu unterscheiden sind Gemeinschaftsunternehmen, die aktiv ein Immobilienportfolio verwalten und in eigenem Namen auf dem Markt tätig sind, was in der Regel ein Anhaltspunkt für Vollfunktion ist[88].

3. Verkaufs-/Kaufbeziehungen zu den Muttergesellschaften

(97) Eine starke Präsenz der Muttergesellschaften in vorgelagerten oder nachgelagerten Märkten, die zu umfangreichen Käufen bzw. Verkäufen zwischen den Muttergesellschaften und dem Gemeinschaftsunternehmen führt, ist bei der Untersuchung der Frage, ob es sich um ein Vollfunktionsgemeinschaftsunternehmen handelt, zu berücksichtigen. Hängt das Gemeinschaftsunternehmen nur in der Anlaufphase fast vollständig von den Verkäufen an die bzw. den Käufen bei den Muttergesellschaften ab, wird dies in der Regel seinen Charakter als Vollfunktionsgemeinschaftsunternehmen nicht beeinträchtigen. Die Anlaufphase kann erforderlich sein, damit das Gemeinschaftsunternehmen auf dem Markt Fuß fassen kann. Sie wird allerdings normalerweise je nach den auf dem betreffenden Markt vorherrschenden Bedingungen einen Zeitraum von drei Jahren nicht überschreiten[89].

---

[87] Sache IV/M. 102, TNT/Canada Post etc. (2. Dezember 1991).

[88] Vgl. Sache IV/M.929, DIA/Veba Immobilien/Deutschbau (23. Juni 1997), Sache COMP/M.3325, Morgan Stanley/Glick/Canary Wharf (23. Januar 2004).

[89] Sache IV/M.560, EDS/Lufthansa (11. Mai 1995), Sache IV/M.686, Nokia/Autoliv (5. Februar 1996), im Gegensatz zur Sache IV/M.904, RSB/Tenex/Fuel Logistics (2. April 1997) und Sache IV/M.979, Preussag/Voest-Alpine (1. Oktober 1997). Ein besonderer Fall liegt vor, wenn Verkäufe des Gemeinschaftsunternehmens an seine Muttergesellschaft auf ein nachgelagertes, rechtlich begründetes Monopol des Gemeinschaftsunternehmens zurückzuführen sind (Sache IV/M.468, Siemens/Italtel vom 17. Februar 1995) oder wenn die Verkäufe an

Verkäufe an die Muttergesellschaften

(98) Sollen die Verkäufe des Gemeinschaftsunternehmens an die Muttergesellschaften auf dauerhafter Grundlage erfolgen, ist die entscheidende Frage, ob das Gemeinschaftsunternehmen trotz dieser Verkäufe dazu bestimmt ist, eine aktive Rolle im Markt zu spielen, und in operativer Hinsicht als wirtschaftlich selbstständig angesehen werden kann. Wichtig ist in diesem Zusammenhang, welchen Anteil die Verkäufe an die Muttergesellschaften an der Gesamtproduktion des Gemeinschaftsunternehmens ausmachen. Da jeder Einzelfall anders gelagert ist, lässt sich unmöglich eine spezifische Kennzahl für den Umsatz festlegen, um Vollfunktionsgemeinschaftsunternehmen von anderen Gemeinschaftsunternehmen abzugrenzen. Erzielt das Gemeinschaftsunternehmen mehr als die Hälfte seines Umsatzes mit Dritten, ist dies typischerweise ein Indiz für Vollfunktion. Unterhalb dieser Schwelle muss in jedem Einzelfall untersucht werden, ob die Beziehungen zwischen dem Gemeinschaftsunternehmen und seinen Muttergesellschaften echten geschäftlichen Charakter haben und das Gemeinschaftsunternehmen in operativer Hinsicht selbstständig ist. Zu diesem Zweck ist nachzuweisen, dass das Gemeinschaftsunternehmen seine Waren oder Dienstleistungen demjenigen verkauft, der sie am höchsten bewertet und am meisten dafür bezahlt, und dass es auch mit seinen Muttergesellschaften marktübliche Beziehungen auf der Grundlage der üblichen Geschäftsbedingungen unterhält[90]. Unter diesen Umständen, d. h., wenn das Gemeinschaftsunternehmen seine Muttergesellschaften geschäftlich genauso behandelt wie Dritte, kann es ausreichen, dass wenigstens 20% des voraussichtlichen Umsatzes des Gemeinschaftsunternehmens mit Dritten erzielt werden. Allerdings ist es um so wichtiger, den rein geschäftlichen Charakter der Beziehungen zu den Muttergesellschaften zu beweisen, je größer der Umsatzanteil ist, der auf die Muttergesellschaften entfällt.

(99) Bei der Ermittlung der Umsatzanteile, die auf die Muttergesellschaften und auf Dritte entfallen, stützt sich die Kommission auf alte Abschlüsse und auf die Geschäftspläne. Vor allem wenn umfangreiche Umsätze mit Dritten nicht ohne weiteres abzusehen sind, wird die Kommission ihre Feststellungen auch auf die allgemeine Marktstruktur stützen. Dies kann auch für die Beurteilung der Frage von Belang sein, ob das Gemeinschaftsunternehmen mit seinen Muttergesellschaften marktübliche Beziehungen unterhalten wird.

(100) Diese Fragen stellen sich häufig bei Outsourcing-Vereinbarungen, bei denen ein Unternehmen ein Gemeinschaftsunternehmen mit einem Dienstleister bildet[91], der Funktionen übernehmen wird, die bis dahin von dem Unternehmen selbst wahrgenommen wurden. In den folgenden Fällen kann ein Gemeinschaftsunternehmen typischerweise nicht als Vollfunktionsgemeinschaftsunternehmen angesehen werden: Es erbringt seine Dienstleistungen ausschließlich an das Kundenunternehmen und ist hierfür auf Input seitens des Dienstleisters angewiesen. Die Tatsache, dass der Geschäftsplan des Gemeinschaftsunternehmens häufig zumindest nicht ausschließt, dass das Gemeinschaftsunternehmen seine Dienstleistungen auch an Dritte erbringen kann, ändert nichts an dieser Bewertung, da bei typischen Outsourcing-Strukturen jeglicher Umsatz mit Dritten im Vergleich zu der Haupttätigkeit des Gemeinschaftsunternehmens für das Kundenunternehmen wahrscheinlich von untergeordneter Bedeutung sein wird. Diese allgemeine Regel schließt jedoch nicht aus, dass es Fälle von Outsourcing gibt, in denen die Partner, z. B. zur Erzielung von Größen-

---

eine Muttergesellschaft Nebenprodukte betreffen, die für das Gemeinschaftsunternehmen nicht sehr wichtig sind (Sache IV/M.550, Union Carbide/Enichem vom 13. März 1995).

90 Sache IV/M.556, Zeneca/Vanderhave (9. April 1996), Sache IV/M.751, Bayer/Hüls (3. Juli 1996).

91 Unter welchen Umständen eine Outsourcing-Vereinbarung einen Zusammenschluss bewirkt, wird in Nummer (25)ff. dieser Mitteilung erörtert.

vorteilen, ein Gemeinschaftsunternehmen gründen, das erhebliche Marktpräsenz erreichen soll. Dabei könnte es sich um ein Vollfunktionsgemeinschaftsunternehmen handeln, wenn erheblicher Umsatz mit Dritten angestrebt wird, die Beziehung zwischen dem Gemeinschaftsunternehmen und seinen Muttergesellschaften echten geschäftlichen Charakter hat und die Geschäfte auf der Grundlage normaler Marktbedingungen erfolgen.

Käufe bei den Muttergesellschaften

(101) Was die Käufe des Gemeinschaftsunternehmens bei den Muttergesellschaften angeht, so ist es um so unwahrscheinlicher, dass es sich um ein Vollfunktionsgemeinschaftsunternehmen handelt, je geringer die Wertschöpfung der von ihm hergestellten Waren oder erbrachten Dienstleistungen ist. Bei einer nur geringen Wertschöpfung wird das Gemeinschaftsunternehmen eher als eine gemeinsame Verkaufsagentur anzusehen sein.

Handelsmärkte

(102) Ist das Gemeinschaftsunternehmen dagegen in einem Handelsmarkt tätig und nimmt die üblichen Funktionen eines Handelsunternehmens in diesem Markt wahr, dürfte es sich in der Regel nicht um eine Verkaufsagentur, sondern vielmehr um ein Vollfunktionsgemeinschaftsunternehmen handeln. Ein Handelsmarkt ist dadurch gekennzeichnet, dass neben möglicherweise bestehenden vertikal integrierten Unternehmen auch Unternehmen vorhanden sind, die sich auf den Verkauf und den Vertrieb von Produkten beschränken und nicht vertikal integriert sind, und dass unterschiedliche Lieferquellen für die betreffenden Erzeugnisse zur Verfügung stehen. Außerdem erfordern viele Handelsmärkte besondere Investitionen für z. B. Verkaufsräume, Lagerbestände, Großhandelslager, Depots, Fuhrpark sowie Verkaufs- und Service-Personal. Ein Vollfunktionsgemeinschaftsunternehmen in einem Handelsmarkt muss über die nötigen Einrichtungen verfügen und einen wesentlichen Teil seiner Lieferungen nicht nur bei den Muttergesellschaften, sondern auch bei anderen Wettbewerbern beziehen können[92].

4. Auf Dauer angelegte Wirtschaftstätigkeit

(103) Die Tätigkeit des Gemeinschaftsunternehmens muss außerdem auf Dauer angelegt sein. Die Tatsache, dass die Muttergesellschaften die vorgenannten Ressourcen dem Gemeinschaftsunternehmen übertragen, gilt in der Regel als entsprechender Nachweis. Häufig enthalten die Vereinbarungen zur Gründung von Gemeinschaftsunternehmen Bestimmungen für Unvorhergesehenes, z. B. die Insolvenz des Gemeinschaftsunternehmens oder grundlegende Meinungsverschiedenheiten zwischen den Muttergesellschaften[93]. Dies können Bestimmungen sein über die mögliche Auflösung des Gemeinschaftsunternehmens oder den möglichen Rückzug der Muttergesellschaften aus dem Gemeinschaftsunternehmen. Derartige Bestimmungen berechtigen jedoch nicht zu der Annahme, das Gemeinschaftsunternehmen sei nicht auf Dauer angelegt. Dasselbe gilt, wenn in der Vereinbarung eine Frist für die Dauer des Gemeinschaftsunternehmens festgelegt ist, sofern diese Frist ausreicht, um eine dauerhafte Veränderung in der Struktur der betroffenen Unternehmen herbeizuführen[94], oder wenn die Vereinbarung vorsieht, dass das Gemeinschaftsunternehmen auch über diesen Zeitraum hinaus fortbestehen kann.

---

[92] Sache IV/M.788, AgrEVO/Marubeni (3. September 1996).

[93] Sache IV/M.891, Deutsche Bank/Commerzbank/J.M. Voith (23. April 1997).

[94] Vgl. Sache COMP/M.2903, DaimlerChrysler/Deutsche Telekom/JV (30. April 2003) – in diesem Fall wurde ein Zeitraum von 12 Jahren als ausreichend angesehen; Sache COMP/M.2632, Deutsche Bahn/ECT International/United Depots/JV (11. Februar 2002) – in die-

(104) Gemeinschaftsunternehmen, die lediglich für einen kurzen, begrenzten Zeitraum gegründet werden, sind hingegen nicht als auf Dauer angelegt anzusehen. Dies ist z. B. der Fall, wenn ein Gemeinschaftsunternehmen für ein bestimmtes Vorhaben wie etwa den Bau eines Kraftwerks gegründet, nach Abschluss des Baus jedoch nicht mehr am Betrieb dieses Kraftwerks beteiligt sein wird.

(105) Ein Gemeinschaftsunternehmen hat auch dann keine ausreichend dauerhafte operative Tätigkeit, wenn die Aufnahme dieser Tätigkeit wesentlich von noch ausstehenden Entscheidungen Dritter abhängt. Von Belang sind in einem solchen Szenario nur Entscheidungen, die über reine Formalitäten hinausgehen und deren Ausgang normalerweise unsicher ist. Sie betreffen beispielsweise die Auftragsvergabe (z. B. bei öffentlichen Ausschreibungen), die Lizenzerteilung (z. B. im Telekomsektor) oder die Gewährung des Zugangs zu Grundstücken (z. B. Rechte für die Exploration von Erdöl- und Erdgasvorkommen). Solange diese Entscheidungen noch nicht vorliegen, ist unklar, ob das Gemeinschaftsunternehmen seine Tätigkeit überhaupt aufnehmen können wird. Bei einer solchen Sachlage kann folglich nicht davon ausgegangen werden, dass das Gemeinschaftsunternehmen auf Dauer eine wirtschaftliche Funktion übernimmt, und es kann folglich auch nicht als Vollfunktionsgemeinschaftsunternehmen angesehen werden. Sobald jedoch eine Entscheidung zugunsten des Gemeinschaftsunternehmens gefallen ist, ist dieses Kriterium erfüllt und es liegt ein Zusammenschluss vor[95].

5. Änderung der Tätigkeit des Gemeinschaftsunternehmens

(106) Die Muttergesellschaften können beschließen, den Tätigkeitsbereich eines bereits bestehenden Gemeinschaftsunternehmens auszuweiten. Dies wird als weiterer Zusammenschluss angesehen und kann bedeuten, dass eine Anmeldung erforderlich ist, sofern diese Ausweitung den Erwerb der Gesamtheit oder eines Teils eines anderen Unternehmens von den Muttergesellschaften nach sich zieht, was für sich genommen als Zusammenschluss im Sinne von Nummer (24) dieser Mitteilung gelten würde[96].

(107) Ein Zusammenschluss kann auch dann vorliegen, wenn die Muttergesellschaften erhebliche zusätzliche Vermögenswerte, Verträge, zusätzliches Know-how oder andere Rechte auf das Gemeinschaftsunternehmen übertragen und wenn diese Vermögenswerte und Rechte die Grundlage oder den Kern für eine Ausdehnung der Geschäftstätigkeit auf andere sachliche oder räumliche Märkte bilden, die nicht Ziel des ursprünglichen Gemeinschaftsunternehmens waren, und wenn das Gemeinschaftsunternehmen solche Tätigkeiten als Vollfunktionsunternehmen durchführt. Da die Übertragung der Vermögenswerte oder Rechte zeigt, dass die Muttergesellschaften die eigentlichen Akteure bei der Ausweitung der Tätigkeiten des Gemeinschaftsunternehmens sind, kann diese Ausweitung genauso behandelt werden wie ein neues Gemeinschaftsunternehmen im Sinne von Artikel 3 Absatz 4[97].

(108) Wird der Tätigkeitsbereich eines Gemeinschaftsunternehmens ausgeweitet, ohne dass zusätzliche Vermögenswerte, Verträge, zusätzliches Know-how oder weitere Rechte übertragen werden, wird dieser Vorgang nicht als Zusammenschluss angesehen.

---

sem Fall betrug die Vertragslaufzeit 8 Jahre. In der Sache COMP/M.3858, Lehman Brothers/Starwood/Le Meridien (20. Juli 2005) erachtete die Kommission einen Zeitraum von mindestens 10–15 Jahren für ausreichend, nicht jedoch einen Zeitraum von drei Jahren.

[95] Sofern die anderen in diesem Abschnitt der Mitteilung genannten Kriterien erfüllt sind.

[96] Sache COMP/M.3039, Soprol/Céréol/Lesieur (30. Januar 2003).

[97] Ausgelöst wird die Anmeldepflicht in einem solchen Fall durch die Vereinbarung über die Übertragung der Vermögenswerte, der Verträge, des Know-hows oder anderer Rechte bzw. durch jeden anderen entsprechenden Rechtsakt.

(109) Ein Zusammenschluss liegt auch dann vor, wenn sich die Tätigkeit eines bestehenden Teilfunktionsgemeinschaftsunternehmens so ändert, dass es zu einem Vollfunktionsgemeinschaftsunternehmen im Sinne von Artikel 3 Absatz 4 wird. Die folgenden Beispiele können angeführt werden: Die Änderung der organisatorischen Struktur eines Gemeinschaftsunternehmens, so dass es das Vollfunktionskriterium erfüllt[98]; ein Gemeinschaftsunternehmen, das bisher nur die Muttergesellschaften belieferte, dann aber eine signifikante Tätigkeit auf dem Markt entwickelt, oder Fälle wie oben in Nummer 105 beschrieben, wo ein Gemeinschaftsunternehmen seine Tätigkeit auf dem Markt erst dann aufnehmen kann, wenn ein wichtiger Input (z. B. die Lizenz für ein Gemeinschaftsunternehmen im Telekomsektor) vorliegt. Voraussetzung für eine solche Änderung der Tätigkeit des Gemeinschaftsunternehmens ist meistens ein entsprechender Beschluss seiner Gesellschafter oder der Unternehmensleitung. Sobald der Beschluss gefasst ist, der dazu führt, dass das Gemeinschaftsunternehmen das Vollfunktionskriterium erfüllt, liegt ein Zusammenschluss vor.

V. Ausnahmen

(110) Artikel 3 Absatz 5 nennt drei Ausnahmen, in denen der Erwerb einer Kontrollbeteiligung keinen Zusammenschluss im Sinne der Fusionskontrollverordnung darstellt.

(111) Erstens ist der Erwerb von Wertpapieren durch Unternehmen, deren normale Tätigkeit Geschäfte und den Handel mit Wertpapieren für eigene oder fremde Rechnung einschließt, kein Zusammenschluss, wenn der Erwerb im Rahmen dieser Geschäfte erfolgt und die Wertpapiere nur vorübergehend erworben werden (Artikel 3 Absatz 5 Buchstabe a). Diese Ausnahme gilt unter folgenden Voraussetzungen:
- Der Erwerb muss von einem Kreditinstitut, einem sonstigen Finanzinstitut oder einer Versicherungsgesellschaft im Rahmen der oben beschriebenen Tätigkeit vorgenommen werden.
- Die Wertpapiere müssen zum Zwecke ihrer Weiterveräußerung erworben werden.
- Das erwerbende Unternehmen darf seine Stimmrechte nicht ausüben, um das strategische Marktverhalten des Zielunternehmens zu bestimmen, oder nur, um die Veräußerung der Gesamtheit oder von Teilen des Unternehmens oder seiner Vermögenswerte oder die Veräußerung der Anteile vorzubereiten.
- Das erwerbende Unternehmen muss seine Kontrollbeteiligung innerhalb eines Jahres nach dem Erwerb veräußern, d. h. es muss seine Beteiligung innerhalb Jahresfrist mindestens so weit verringern, dass keine Kontrolle mehr gegeben ist. Die Kommission kann die Frist jedoch verlängern, wenn das erwerbende Unternehmen nachweisen kann, dass die Veräußerung innerhalb der vorgeschriebenen Frist unzumutbar war.

(112) Zweitens ist keine Veränderung der Kontrolle und mithin auch kein Zusammenschluss im Sinne der Fusionskontrollverordnung gegeben, wenn ein Träger eines öffentlichen Mandats aufgrund der Gesetzgebung eines Mitgliedstaats über die Auflösung von Unternehmen, die Insolvenz, die Zahlungseinstellung, den Vergleich oder ähnliche Verfahren die Kontrolle erwirbt (Artikel 3 Absatz 5 Buchstabe b).

(113) Drittens liegt kein Zusammenschluss vor, wenn eine Beteiligungsgesellschaft im Sinne des Artikels 5 Absatz 3 der Richtlinie 78/660/EWG des Rates[99] die

---

[98] Sache COMP/M.2276, The Coca-Cola Company/Nestlé/JV (27. September 2001).

[99] Vierte Richtlinie 78/660/EWG des Rates vom 25. Juli 1978 aufgrund von Artikel 54 Absatz 3 Buchstabe g des Vertrages über den Jahresabschluss von Gesellschaften bestimmter Rechtsformen, ABl. L 222 vom 14.8.1978, S. 11, Richtlinie zuletzt geändert durch die Richtlinie 2003/51/EG vom 18. Juni 2003, ABl. L 178 vom 17.7.2003, S. 16. Artikel 5 Absatz 3 dieser Richt-

Kontrolle erlangt. Der Begriff ‚Beteiligungsgesellschaft' bezeichnet also nur solche Gesellschaften, deren einziger Zweck darin besteht, Beteiligungen an anderen Unternehmen zu erwerben, ohne unmittelbar oder mittelbar in die Verwaltung dieser Unternehmen einzugreifen, unbeschadet ihrer Rechte als Gesellschafter. Solche Investmentgesellschaften müssen außerdem so aufgebaut sein, dass die Einhaltung dieser Beschränkungen durch eine Verwaltungs- oder Justizbehörde überwacht werden kann. Laut Fusionskontrollverordnung muss noch eine weitere Voraussetzung erfüllt sein, damit diese Ausnahme gilt: Die fraglichen Gesellschaften üben ihre Stimmrechte in anderen Unternehmen nur zur Erhaltung des vollen Werts der Investitionen aus und benutzen sie nicht dazu, direkt oder indirekt das strategische Marktverhalten des kontrollierten Unternehmens zu bestimmen.

(114) Die Ausnahmen nach Artikel 3 Absatz 5 FKVO haben einen sehr begrenzten Anwendungsbereich. Sie sind zum einen nur anwendbar, wenn die Transaktion andernfalls ein eigenständiger Zusammenschluss wäre, nicht jedoch, wenn die Transaktion Teil eines umfassenderen einzigen Zusammenschlusses ist in Fällen, in denen der endgültige Erwerber der Kontrolle nicht unter Artikel 3 Absatz 5 fällt (vgl. z.B. Nummer 35). Zum anderen gelten die Ausnahmen nach Artikel 3 Absatz 5 Buchstabe a nur für Kontrollerwerbe durch den Kauf von Anteilen, nicht durch den Kauf von Vermögenswerten.

(115) Die Ausnahmen gelten nicht für typische Investmentfondsstrukturen. Entsprechend ihrer Zielsetzung beschränken sich diese Fonds in der Regel nicht in der Ausübung ihrer Stimmrechte, sondern entscheiden über die Zusammensetzung der Unternehmensleitung und der Aufsichtsorgane der Unternehmen oder sogar über die Umstrukturierung dieser Unternehmen. Dies wäre nicht mit der Anforderung nach Artikel 3 Absatz 5 Buchstaben a und c vereinbar, dass die erwerbenden Unternehmen ihre Stimmrechte nicht ausüben, um das Wettbewerbsverhalten des anderen Unternehmens zu bestimmen[100].

(116) Es kann sich die Frage stellen, ob eine Transaktion zur Rettung eines Unternehmens vor der Insolvenz einen Zusammenschluss im Sinne der Fusionskontrollverordnung darstellt. Bei einer solchen Rettungsaktion werden typischerweise die Altschulden in ein neues Unternehmen eingebracht, wodurch ein Bankenkonsortium die gemeinsame Kontrolle erlangen kann. Wenn die Transaktion nach den obengenannten Kriterien zu gemeinsamer Kontrolle führt, wird er in der Regel als Zusammenschluss angesehen[101]. Obgleich die Banken in erster Linie auf eine Umstrukturierung der Unternehmensfinanzen bedacht sind, um das Unternehmen anschließend verkaufen zu können, greift die Ausnahme nach Artikel 3 Absatz 5 Buchstabe a in einem solchen Fall normalerweise nicht. Ähnlich wie bei den Investmentfonds sieht das Umstrukturierungsprogramm in der Regel vor, dass die kontrollierenden Banken das strategische Wirtschaftsverhalten des geretteten Unternehmens bestimmen. Außerdem ist es in der Regel unrealistisch zu erwarten, dass sich ein Unternehmen innerhalb der zulässigen Jahresfrist wieder sanieren und verkaufen lässt. Wie viel Zeit hierfür gebraucht wird, ist oft so ungewiss, dass es schwierig wäre, eine Verlängerung der Veräußerungsfrist zu bewilligen.

---

linie definiert Beteiligungsgesellschaften als ‚Gesellschaften, deren einziger Zweck darin besteht, Beteiligungen an anderen Unternehmen zu erwerben sowie die Verwaltung und Verwertung dieser Beteiligungen wahrzunehmen, ohne dass diese Gesellschaften unmittelbar oder mittelbar in die Verwaltung dieser Unternehmen eingreifen, unbeschadet der Rechte, die den Beteiligungsgesellschaften in ihrer Eigenschaft als Aktionärin oder Gesellschafterin zustehen. Die Einhaltung der für die Tätigkeit dieser Gesellschaften bestehenden Beschränkungen muss durch ein Gericht oder eine Verwaltungsbehörde überwacht werden können.'

[100] Sache IV/M.669, Charterhouse/Porterbrook (11. Dezember 1995).

[101] Sache IV/M.116, Kelt/American Express (28. August 1991).

VI. Aufgabe von Zusammenschlüssen

(117) Es liegt kein Zusammenschluss mehr vor und die Fusionskontrollverordnung ist nicht mehr anwendbar, wenn die beteiligten Unternehmen den Zusammenschluss aufgeben.

(118) Diesbezüglich führt die neue Fusionskontrollverordnung Nr. 139/2004 eine neue Bestimmung ein, wonach Fusionskontrollverfahren, die die Kommission nach Artikel 6 Absatz 1 Buchstabe c Satz 2 eingeleitet hat, ohne Entscheidung eingestellt werden können. Dieser Satz hat folgenden Wortlaut: ‚Diese Verfahren werden unbeschadet des Artikels 9 durch eine Entscheidung nach Artikel 8 Absätze 1 bis 4 abgeschlossen, es sei denn, die beteiligten Unternehmen haben der Kommission gegenüber glaubhaft gemacht, dass sie den Zusammenschluss aufgegeben haben.' Vor Einleitung der Verfahren gelten keine derartigen Anforderungen.

(119) Grundsätzlich muss der Nachweis, dass der Zusammenschluss aufgegeben wurde, u. a. formal und inhaltlich dem ursprünglichen Akt entsprechen, der als hinreichend angesehen wurde, um die Anmeldungspflicht des Zusammenschlusses zu begründen. Sollten die Parteien im Laufe des Verfahrens ihre vertraglichen Beziehungen enger gestalten, indem sie beispielsweise eine rechtsverbindliche Vereinbarung schließen, nachdem sie den Zusammenschluss zunächst auf der Grundlage einer Absichtserklärung angemeldet hatten, muss der Nachweis für die Aufgabe des Zusammenschlusses von seiner Art her auch der letzten Rechtshandlung entsprechen.

(120) Im Einklang mit diesem Grundsatz muss auch nachgewiesen werden, dass die Situation vor dem Zusammenschluss wiederhergestellt wurde, falls der Zusammenschluss bereits vor einer Entscheidung der Kommission vollzogen wurde. Die bloße Rücknahme der Anmeldung reicht nicht als Beweis dafür aus, dass der Zusammenschluss im Sinne von Artikel 6 Absatz 1 Buchstabe c aufgegeben wurde. Ebenso können auch geringfügige Änderungen des Zusammenschlusses, die keine Änderung der Kontrolle an sich oder der Art dieser Kontrolle bewirken, nicht als Aufgabe des ursprünglichen Zusammenschlusses gewertet werden[102].

- Rechtsverbindliche Vereinbarung: In diesem Fall ist der Nachweis zu erbringen, dass die Vereinbarung in der in der ursprünglichen Vereinbarung vorgesehenen Weise (in der Regel durch ein von allen Parteien unterzeichnetes Dokument) rechtsverbindlich aufgehoben wurde. Die reine Erklärung der Absicht, die Vereinbarung aufzuheben oder den angemeldeten Zusammenschluss nicht zu vollziehen, sowie einseitige Erklärungen (einer) der Parteien werden nicht als ausreichend angesehen[103].
- Erklärung der Absicht, eine Vereinbarung zu schließen: Im Falle einer Absichtserklärung oder Übereinkunft, in der eine solche Absicht nach Treu und Glauben bekundet wird, müssen Dokumente vorgelegt werden, die beweisen, dass die Grundlage für die bekundete Absicht entfällt. Wird die Absicht nach Treu und Glauben in anderer Form bekundet, muss die Aufgabe des Zusammenschlusses diese Absichtsbekundung aufheben und formal und inhaltlich der ursprünglichen Absichtserklärung entsprechen.
- Bekanntmachung eines Übernahmeangebots oder der Absicht, ein Übernahmeangebot zu unterbreiten: In einem solchen Fall muss öffentlich bekannt gegeben werden, dass das Übernahmeverfahren beendet ist bzw. auf ein Übernahmeange-

---

[102] Dies greift der Frage, ob die Änderung es erforderlich macht, der Kommission zusätzliche Informationen nach Artikel 5 Absatz 3 der Verordnung (EG) Nr. 802/2004 vorzulegen, nicht vor.

[103] Vgl. die Sache COMP/M.4381 – JCI/VB/FIAMM vom 10. Mai 2007, Erwägungsgrund 15, wo nur eine Partei von der Vereinbarung Abstand nehmen wollte, während die andere Partei die Vereinbarung weiterhin als bindend und rechtswirksam betrachtete.

bot verzichtet wird. Diese Erklärung muss nach Form und Verbreitungsgrad mit der ursprünglichen Bekanntmachung vergleichbar sein.

– Vollzogene Zusammenschlüsse: Wurde der Zusammenschluss bereits vor einer Entscheidung der Kommission vollzogen, müssen die Parteien nachweisen, dass die Situation, die vor dem Zusammenschluss herrschte, wiederhergestellt wurde.

(121) Die Parteien müssen die zur Erfüllung dieser Anforderungen erforderlichen Unterlagen fristgerecht vorlegen.

VII. Änderungen von Zusammenschlüssen nach deren Genehmigung durch die Kommission

(122) In manchen Fällen wollen die Parteien u. U. den Zusammenschluss nicht in der von der Kommission genehmigten Form vollziehen. Dann stellt sich die Frage, ob die Genehmigung der Kommission auch die veränderte Transaktionsstruktur abdeckt.

(123) Generell lässt sich sagen, dass in Fällen, in denen die Transaktionsstruktur vor Vollzug des genehmigten Zusammenschlusses so verändert wird, dass kein Kontrollerwerb nach Artikel 3 Absatz 1 Buchstabe b mehr vorliegt, sondern eine Fusion nach Artikel 3 Absatz 1 Buchstabe a (oder umgekehrt), davon ausgegangen wird, dass ein neuer Zusammenschluss im Sinne der FKVO vorliegt und folglich eine neuerliche Anmeldung erforderlich ist[104]. Weniger einschneidende Änderungen der Transaktionsstruktur hingegen, z. B. geringfügige Änderungen des Umfangs der Beteiligungen ohne Auswirkungen auf die Kontrolle oder die Art der Kontrolle, Änderungen des angebotenen Preises bei Übernahmenangeboten oder Änderungen der Gesellschaftsstruktur, die dazu führen, dass der Vollzug der Transaktion keine Änderung der Kontrolle im Sinne der Fusionskontrollverordnung bewirkt, gelten als durch die Kommissionsentscheidung zur Genehmigung des Zusammenschlusses abgedeckt.

C. Gemeinschaftsweite Bedeutung

I. Schwellenwerte

(124) Die Zuständigkeit der Kommission im Rahmen der Fusionskontrollverordnung wird anhand von zwei Kriterien geprüft. Zum einen muss es sich bei der betreffenden Transaktion um einen Zusammenschluss im Sinne von Artikel 3 handeln. Zum anderen müssen die Umsatzschwellenwerte nach Artikel 1 überschritten sein, mit denen die Vorgänge ermittelt werden, die Auswirkungen auf die Gemeinschaft haben und von ‚gemeinschaftsweiter Bedeutung' sein können. Der Umsatz stellt die in einem Zusammenschluss kombinierten wirtschaftlichen Ressourcen dar und ist geographisch zugeordnet, um die geographische Verteilung dieser Ressourcen widerzuspiegeln.

(125) Artikel 1 sieht zwei Gruppen von Schwellenwerten vor, anhand derer zu prüfen ist, ob die Transaktion gemeinschaftsweite Bedeutung hat. Artikel 1 Absatz 2 stellt drei verschiedene Kriterien auf: Mit dem Schwellenwert für den weltweiten

---

[104] Sachen COMP/M.2706, Carnival Corporation/P&O Princess (11. April 2002) und COMP/M.3071, Carnival Corporation/P&O Princess (10. Februar 2003). Unter solchen Umständen ändert sich die Identität der anmeldenden Parteien, da beide Parteien einer Fusion diese anmelden müssen, während im Falle des Kontrollerwerbs die Anmeldung durch eine Person ausreicht. Erwerben hingegen die Parteien die Kontrolle über eine Zielgesellschaft und beschließen erst *später*, mit der neu erworbenen Tochtergesellschaft zu fusionieren, wäre dies eine interne Umstrukturierung, die keine Änderung der Kontrolle herbeiführt und infolgedessen nicht unter Artikel 3 FKVO fällt.

Umsatz soll die Gesamtgröße der beteiligten Unternehmen erfasst werden; die Schwellenwerte für den gemeinschaftsweiten Umsatz dienen der Feststellung, ob die Tätigkeiten der Unternehmen einen Mindestumfang in der Gemeinschaft erreichen; die Zwei-Drittel-Regel dient allein dazu, rein inländische Transaktionen von der Gemeinschaftszuständigkeit auszuschließen.

(126) Die zweite Gruppe von Schwellenwerten in Artikel 1 Absatz 3 zielt auf diejenigen Zusammenschlüsse ab, die die gemeinschaftsweite Bedeutung gemäß Artikel 1 Absatz 2 nicht erreichen, aber in mindestens drei Mitgliedstaaten erhebliche Auswirkungen hätten, so dass sie nach den Wettbewerbsregeln der jeweiligen Mitgliedstaaten mehrfach angemeldet werden müssten. Zu diesem Zweck sieht Artikel 1 Absatz 3 niedrigere weltweite und gemeinschaftsweite Umsatzschwellenwerte sowie ein Mindestgeschäftsvolumen der beteiligten Unternehmen – zusammen und einzeln – in mindestens drei Mitgliedstaaten vor. Artikel 1 Absatz 3 enthält gleichfalls eine Zwei-Drittel-Regel, die derjenigen in Artikel 1 Absatz 2 ähnlich ist und überwiegend innerstaatliche Transaktionen ausschließen soll[105].

(127) Die Schwellenwerte als solche dienen zur Feststellung der Zuständigkeit und nicht dazu, die Stellung, die die an dem Zusammenschluss beteiligten Unternehmen auf dem Markt innehaben, oder die Auswirkungen der Fusion zu bewerten. Dabei werden Umsätze aus allen Tätigkeitsbereichen der Beteiligten – und somit auch die hierauf verwendeten Ressourcen – herangezogen und nicht nur die Umsätze bzw. Ressourcen, die in unmittelbarer Beziehung zu dem Zusammenschluss stehen. Die Schwellenwerte sind rein quantitative Kriterien, denn sie beruhen ausschließlich auf einer Berechnung des Umsatzes und es fließen keine anderen Aspekte wie z. B. der Marktanteil ein. Sie sollen einen einfachen und objektiven Mechanismus bieten, den die an einem Zusammenschluss beteiligten Unternehmen leicht anwenden können, um festzustellen, ob ihre Transaktion gemeinschaftsweite Bedeutung hat und daher angemeldet werden muss.

(128) Während in Artikel 1 die zahlenmäßigen Schwellenwerte zur Feststellung der Zuständigkeit dargelegt sind, bestimmt Artikel 5, wie der Umsatz zu berechnen ist, damit gewährleistet ist, dass die sich ergebenden Zahlen ein getreues Abbild der wirtschaftlichen Realität darstellen.

II. Der Begriff der beteiligten Unternehmen

1. Allgemeines

(129) Im Hinblick auf die Feststellung der Zuständigkeit sind die beteiligten Unternehmen die Teilnehmer an einem Zusammenschluss, d. h. an einer Fusion oder einem Kontrollerwerb nach Artikel 3 Absatz 1. Der von diesen Unternehmen einzeln und gemeinsam erzielte Umsatz gibt den Ausschlag dafür, ob die Schwellenwerte erreicht werden.

(130) Sobald die an einem bestimmten Vorhaben beteiligten Unternehmen ermittelt worden sind, muss ihr Umsatz gemäß Artikel 5 FKVO berechnet werden, damit die Zuständigkeit festgestellt werden kann. Artikel 5 Absatz 4 enthält ausführliche Kriterien zur Ermittlung von Unternehmen, deren Umsatz dem beteiligten Unternehmen infolge direkter oder indirekter Verbindungen mit letzterem zugerechnet werden kann. Der Gesetzgeber wollte konkrete Regeln festlegen, die zusammen genommen verwendet werden können, um für die Anwendung der Umsatzschwellenwerte in der Fusionskontrollverordnung den Begriff ‚Konzern' zu definieren. Der Be-

[105] Darüber hinaus wird davon ausgegangen, dass ein Zusammenschluss von gemeinschaftsweiter Bedeutung ist, wenn er nach Artikel 4 Absatz 5 FKVO an die Kommission verwiesen wird. Diese Fälle werden in der Mitteilung der Kommission über die Verweisung von Fusionssachen behandelt (ABl. C 56 vom 5.3.2005, S. 2).

griff ‚Konzern' bezeichnet nachfolgend ausschließlich eine Gruppe von Unternehmen, deren Beziehungen zu einem beteiligten Unternehmen unter einen oder mehrere Teilabsätze von Artikel 5 Absatz 4 FKVO fallen.

(131) Es ist wichtig, bei der Bezugnahme auf die verschiedenen Unternehmen, die an einem Verfahren beteiligt sein können, den Begriff der ‚beteiligten Unternehmen' gemäß Artikel 1 und 5 klar zu unterscheiden von den Begriffen, die an anderer Stelle in der Fusionskontrollverordnung und in der Verordnung (EG) Nr. 802/2004 der Kommission vom 7. April 2004 zur Durchführung der Verordnung (EG) Nr. 139/2004 des Rates über die Kontrolle von Unternehmenszusammenschlüssen (nachfolgend ‚Durchführungsverordnung' genannt)[106] für die verschiedenen Unternehmen, die an einem Verfahren beteiligt sein können, verwendet werden. Diese Begriffe beziehen sich auf die Anmelder, andere Beteiligte, Dritte und Beteiligte, gegen die Geldbußen oder Zwangsgelder festgesetzt werden können und die in Kapitel IV der Durchführungsverordnung unter Nennung ihrer jeweiligen Rechte und Pflichten definiert werden.

2. Fusionen

(132) Bei einer Fusion sind die beteiligten Unternehmen die einzelnen fusionierenden Unternehmen.

3. Erwerb der Kontrolle

(133) In den anderen Fällen werden die beteiligten Unternehmen durch den Begriff des ‚Kontrollerwerbs' bestimmt. Auf der übernehmenden Seite können ein oder mehrere Unternehmen allein oder gemeinsam die Kontrolle erwerben. Die zu übernehmende Seite kann aus einem oder mehreren Unternehmen in ihrer Gesamtheit oder aus Teilen von Unternehmen bestehen. Grundsätzlich wird jedes dieser Unternehmen als beteiligtes Unternehmen im Sinne der Fusionskontrollverordnung angesehen.

Erwerb der alleinigen Kontrolle

(134) Der Erwerb der alleinigen Kontrolle über das gesamte Unternehmen ist die direkteste Form des Kontrollerwerbs. Die beteiligten Unternehmen sind das übernehmende Unternehmen und das Zielunternehmen.

(135) Wenn ein Konzern das Zielunternehmen über eine seiner Tochtergesellschaften erwirbt, sind die beteiligten Unternehmen das Zielunternehmen und die übernehmende Tochtergesellschaft, sofern letztere nicht nur zum Zwecke der Übernahme gegründet wurde. Wenngleich die Tochtergesellschaft zum Zweck der Umsatzberechnung normalerweise als beteiligtes Unternehmen betrachtet wird, wird der Umsatz aller Unternehmen, mit denen das beteiligte Unternehmen die in Artikel 5 Absatz 4 angegebenen Verbindungen hat, in die Schwellenwertberechnungen einbezogen. In dieser Hinsicht wird der Konzern als eine einzige wirtschaftliche Einheit betrachtet, und die demselben Konzern angehörenden Unternehmen können im Hinblick auf die Bestimmung der Zuständigkeit im Rahmen der Fusionskontrollverordnung nicht als verschiedene beteiligte Unternehmen betrachtet werden. Die Anmeldung kann von der betroffenen Tochtergesellschaft oder von ihrer Muttergesellschaft vorgenommen werden.

Erwerb von Teilen eines Unternehmens und Staffelung der Transaktionen – Artikel 5 Absatz 2

(136) Artikel 5 Absatz 2 Unterabsatz 1 FKVO sieht vor, dass auf Seiten des Veräußerers nur der Umsatz berücksichtigt wird, der auf die veräußerten Teile entfällt,

---

[106] ABl. L 133 vom 30.4.2004, S. 1.

wenn der Zusammenschluss durch den Erwerb von Teilen eines oder mehrerer Unternehmen bewirkt wird. Die möglichen Auswirkungen der Fusion auf den Markt werden allein von der Verbindung der betrieblichen und finanziellen Ressourcen, die Gegenstand der Transaktion sind, mit den Ressourcen des Käufers abhängen und nicht von den verbleibenden Geschäftsbereichen des Veräußerers. Die beteiligten Unternehmen sind in diesem Fall das/die übernehmende(n) Unternehmen und die übernommenen Teile des Zielunternehmens ohne die verbleibenden Geschäftsbereiche des Verkäufers.

(137) Artikel 5 Absatz 2 Unterabsatz 2 sieht eine besondere Regelung für aufeinander folgende Erwerbsvorgänge vor. Die (innerhalb von zwei Jahren) getätigten früheren Zusammenschlüsse, an denen dieselben Beteiligten mitwirkten, müssen zusammen mit der zuletzt getätigten Transaktion (erneut) angemeldet werden, sofern ein Zusammenschluss die Folge ist, wenn die Schwellenwerte bei einer oder mehreren der Transaktionen einzeln oder zusammen genommen erreicht werden. In diesem Fall sind die beteiligten Unternehmen die übernehmenden Unternehmen und die verschiedenen zu übernehmenden Teile des Zielunternehmens insgesamt.

Übergang von gemeinsamer zu alleiniger Kontrolle

(138) Erfolgt der Erwerb der Kontrolle durch einen Übergang von der gemeinsamen zur alleinigen Kontrolle, erwirbt in der Regel ein Anteilseigner den Anteil der anderen Anteilseigner. Die beteiligten Unternehmen sind in dieser Konstellation der übernehmende Anteilseigner und das Gemeinschaftsunternehmen. Wie jeder andere Veräußerer ist auch der ‚ausscheidende' Anteilseigner kein beteiligtes Unternehmen[107].

Erwerb der gemeinsamen Kontrolle

(139) Beteiligte Unternehmen beim Erwerb der gemeinsamen Kontrolle über ein neu gegründetes Unternehmen sind alle Unternehmen, die die Kontrolle über das neu zu gründende Gemeinschaftsunternehmen erwerben (das nicht als beteiligtes Unternehmen angesehen werden kann, da es noch nicht besteht und darüber hinaus noch keinen eigenen Umsatz erzielt). Dieselbe Regel gilt, wenn ein Unternehmen eine zuvor bestehende Tochtergesellschaft oder einen Geschäftsbereich (über den es zuvor die alleinige Kontrolle ausübte) in das neu gegründete Gemeinschaftsunternehmen einbringt. Unter diesen Umständen wird jedes der gemeinsam kontrollierenden Unternehmen als beteiligtes Unternehmen betrachtet, während die in das Gemeinschaftsunternehmen eingebrachten Unternehmen oder Geschäftsbereiche keine beteiligten Unternehmen sind und ihr Umsatz Teil des Umsatzes der anfänglichen Muttergesellschaft ist.

(140) Anders sieht es aus, wenn Unternehmen neu die gemeinsame Kontrolle über ein bereits bestehendes Unternehmen oder einen bereits vorhandenen Geschäftsbereich erwerben. Die beteiligten Unternehmen sind einerseits die Unternehmen, die die gemeinsame Kontrolle erwerben, und andererseits die zuvor vorhandenen übernommenen Unternehmen oder Geschäftsbereiche.

(141) Der Erwerb eines Unternehmens im Hinblick auf die sofortige Aufteilung der Vermögenswerte wird, wie unter Nummer (32) erläutert, meistens nicht als Übernahme der gemeinsamen Kontrolle über das gesamte Zielunternehmen betrachtet, sondern als Übernahme der alleinigen Kontrolle durch diejenigen Unternehmen, die letztlich die jeweiligen Teile des Zielunternehmens übernehmen. In Übereinstimmung mit den Überlegungen zum Erwerb der alleinigen Kontrolle sind die beteiligten Unternehmen die übernehmenden Unternehmen und die bei jeder der Transaktionen erworbenen Teile.

---

[107] Sache IV/M.023, ICI/Tioxide (28. November 1990).

Wechsel der kontrollierenden Anteilseigner bei der gemeinsamen Kontrolle über ein bestehendes Gemeinschaftsunternehmen

(142) Wie weiter oben erläutert, kann ein anmeldungspflichtiger Zusammenschluss vorliegen, wenn sich bei einer gemeinsamen Kontrollstruktur die Art der Kontrolle dadurch ändert, dass neue kontrollierende Anteilseigner hinzukommen, wobei es keine Rolle spielt, ob diese an die Stelle kontrollierender Anteilseigner treten oder nicht.

(143) Wenn ein oder mehrere Anteilseigner die Kontrolle erwerben, indem sie entweder neu in das Unternehmen eintreten oder einen oder mehrere Anteilseigner ersetzen, sind die beteiligten Unternehmen die (vorhandenen und neuen) Anteilseigner, die die gemeinsame Kontrolle ausüben, und das Gemeinschaftsunternehmen selbst, sofern sowohl vor als auch nach der Transaktion eine gemeinsame Kontrolle vorliegt[108]. Einerseits kann – ähnlich wie beim Erwerb der gemeinsamen Kontrolle über ein vorhandenes Unternehmen – das Gemeinschaftsunternehmen selbst als beteiligtes Unternehmen betrachtet werden, da es ein bereits zuvor bestehendes Unternehmen ist. Andererseits stellt der Eintritt eines neuen Anteilseigners nicht nur an sich einen neuen Kontrollerwerb dar, sondern führt für die verbleibenden kontrollierenden Anteilseigner auch zu einer Änderung der Art der Kontrolle, da die Art der Kontrolle des Gemeinschaftsunternehmens durch die Identität und Zusammensetzung der kontrollierenden Anteilseigner und damit auch durch das Verhältnis zwischen ihnen bestimmt wird. Darüber hinaus betrachtet die Fusionskontrollverordnung ein Gemeinschaftsunternehmen als Verbindung der wirtschaftlichen Ressourcen der Muttergesellschaften; dazu gehört auch das Gemeinschaftsunternehmen, wenn es auf dem Markt bereits Umsatz erzielt. Aus diesen Gründen stellen die neu hinzukommenden kontrollierenden Anteilseigner neben den verbleibenden kontrollierenden Anteilseignern beteiligte Unternehmen dar. Aufgrund der Änderung der Art der Kontrolle wird davon ausgegangen, dass sie alle einen Kontrollerwerb vornehmen.

(144) Da Artikel 4 Absatz 2 Satz 1 FKVO vorsieht, dass jeder Erwerb gemeinsamer Kontrolle von den die gemeinsame Kontrolle erwerbenden Unternehmen gemeinsam anzumelden ist, müssen die vorhandenen und neuen Anteilseigner Zusammenschlüsse, die sich aus derartigen Änderungen von Fällen der gemeinsamen Kontrolle ergeben, grundsätzlich gemeinsam anmelden.

Erwerb der Kontrolle durch ein Gemeinschaftsunternehmen

(145) Bei Transaktionen, bei denen ein Gemeinschaftsunternehmen die Kontrolle über ein anderes Unternehmen erwirbt, stellt sich die Frage, ob das Gemeinschaftsunternehmen als beteiligtes Unternehmen (dessen Umsatz den Umsatz seiner Muttergesellschaften umfassen würde) betrachtet werden sollte oder ob jede einzelne Muttergesellschaft als beteiligtes Unternehmen anzusehen ist. Diese Frage kann für die Bestimmung der Zuständigkeit entscheidend sein[109]. Während das am Kontrollerwerb unmittelbar beteiligte Gemeinschaftsunternehmen im Prinzip als beteiligtes

[108] Sache IV/M.376, Synthomer/Yule Catto (22. Oktober 1993).

[109] Gehen wir von folgendem Fall aus: Das Zielunternehmen hat einen Gemeinschaftsumsatz von insgesamt weniger als 250 Mio. EUR, während die übernehmenden Unternehmen zwei (oder mehr) Unternehmen mit einem Gemeinschaftsumsatz von jeweils über 250 Mio. EUR sind. Wird das Zielunternehmen von einer ‚Mantelgesellschaft' erworben, die die übernehmenden Unternehmen gegründet haben, so gäbe es nur ein Unternehmen (die ‚Mantelgesellschaft') mit einem Gemeinschaftsumsatz von über 250 Mio. EUR, und es wäre eine der Voraussetzungen für die Zuständigkeit der Gemeinschaft, dass nämlich mindestens zwei Unternehmen einen Gemeinschaftsumsatz von jeweils über 250 Mio. EUR erzielen, nicht erfüllt. Wenn hingegen die übernehmenden Unternehmen keine ‚Mantelgesellschaft' einsetzen, sondern das Zielunternehmen selbst erwerben, dann würde die Umsatzschwelle

Unternehmen anzusehen ist, kann es Umstände geben, unter denen Unternehmen ‚Mantelgesellschaften' gründen und die Muttergesellschaften einzeln als beteiligte Unternehmen betrachtet werden. In einem derartigen Fall wird die Kommission den wirtschaftlichen Sachverhalt des Vorhabens untersuchen, um die beteiligten Unternehmen zu ermitteln.

(146) Ist der Erwerber ein Vollfunktionsgemeinschaftsunternehmen mit den vorstehend aufgeführten Merkmalen, das bereits auf demselben Markt tätig ist, wird die Kommission normalerweise das Gemeinschaftsunternehmen selbst und das Zielunternehmen als beteiligte Unternehmen betrachten (und nicht die Muttergesellschaften des Gemeinschaftsunternehmens).

(147) Ist hingegen das Gemeinschaftsunternehmen als reines Instrument für die Erwerbszwecke der Muttergesellschaften einzuschätzen, wird die Kommission statt des Gemeinschaftsunternehmens jede der Muttergesellschaften und das Zielunternehmen als beteiligte Unternehmen ansehen. Dies ist insbesondere dann der Fall, wenn das Gemeinschaftsunternehmen speziell für den Erwerb des Zielunternehmens gegründet wird oder seine Geschäftstätigkeit noch nicht aufgenommen hat, wenn ein bestehendes Gemeinschaftsunternehmen kein wie oben beschriebenes Vollfunktionsgemeinschaftsunternehmen ist oder wenn das Gemeinschaftsunternehmen eine Vereinigung von Unternehmen darstellt. Dasselbe gilt, wenn anhand bestimmter Elemente nachgewiesen werden kann, dass die Muttergesellschaften die eigentlichen Akteure bei dem Vorhaben sind. Solche Elemente wären eine erhebliche Beteiligung der Muttergesellschaften an der Einleitung, Organisation und Finanzierung des Vorhabens. In diesen Fällen werden die Muttergesellschaften als die beteiligten Unternehmen angesehen.

Entflechtung von Gemeinschaftsunternehmen und Tausch von Vermögenswerten

(148) Wenn zwei (oder mehr) Unternehmen ein Gemeinschaftsunternehmen entflechten und die Vermögenswerte (die Geschäftsbereiche darstellen) unter sich aufteilen, so wird dies, wie in Nummer (41) erläutert, in der Regel als mehr als ein Kontrollerwerb betrachtet. Gesetzt den Fall, die Unternehmen A und B bilden ein Gemeinschaftsunternehmen und teilen es dann auf, wobei es insbesondere zu einer Neuverteilung der Vermögenswerte kommt. Die Entflechtung des Gemeinschaftsunternehmens umfasst einen Übergang von der gemeinsamen Kontrolle über die gesamten Vermögenswerte des Gemeinschaftsunternehmens zur alleinigen Kontrolle über die aufgeteilten Vermögenswerte durch jedes der übernehmenden Unternehmen[110].

(149) Bei jedem Entflechtungsvorgang sind die beteiligten Unternehmen – gemäß der Erwägung bezüglich des Erwerbs der alleinigen Kontrolle – einerseits das übernehmende Unternehmen und andererseits die von diesem übernommenen Vermögenswerte.

(150) Vergleichbar mit dem Entflechtungsfall ist die Situation, in der zwei (oder mehr) Unternehmen Vermögenswerte tauschen, die auf beiden Seiten einen Geschäftsbereich darstellen. In diesem Fall wird jeder Kontrollerwerb als unabhängiger Erwerb der alleinigen Kontrolle betrachtet. Die beteiligten Unternehmen sind daher bei jeder Transaktion die übernehmenden Unternehmen und das übernommene Unternehmen bzw. die übernommenen Vermögenswerte.

---

erreicht und das Vorhaben in den Anwendungsbereich der Fusionskontrollverordnung fallen. Ähnliche Überlegungen gelten für die nationalen Umsatzschwellen nach Artikel 1 Absatz 3.

110 Vgl. Parallele Sachen COMP/M.3293, Shell/BEB und COMP/M.3294, ExxonMobil/BEB (20. November 2003); Sache IV/M.197 – Solvay/Laporte (30. April 1992).

Kontrollerwerb durch natürliche Personen

(151) Die Kontrolle kann auch von natürlichen Personen im Sinne von Artikel 3 FKVO übernommen werden, wenn diese Personen selbst weitere wirtschaftliche Tätigkeiten ausüben (und daher als eigenständige Wirtschaftsunternehmen betrachtet werden) oder wenn sie ein oder mehrere andere Wirtschaftsunternehmen kontrollieren. In einem derartigen Fall sind die beteiligten Unternehmen das Zielunternehmen und der einzelne Erwerber (wobei der Umsatz der von dieser natürlichen Person kontrollierten Unternehmen in die Berechnung des Umsatzes der natürlichen Person einbezogen wird, sofern die Bedingungen nach Artikel 5 Absatz 4 erfüllt sind)[111].

(152) Wenn die Unternehmensleitung die Kontrolle über ein Unternehmen erwirbt, so ist dies auch ein Erwerb durch natürliche Personen, und die Ausführungen in Nummer 151 sind relevant. Die Mitglieder der Unternehmensleitung können aber ihre Beteiligungen mit Hilfe einer zwischengeschalteten Gesellschaft zusammenlegen, um geschlossen aufzutreten und die Entscheidungsfindung zu erleichtern. Eine solche Gesellschaft kann, muss aber nicht beteiligtes Unternehmen sein. Die weiter oben in Nummern 145–147 dargelegten allgemeinen Regeln für den Kontrollerwerb durch ein Gemeinschaftsunternehmen gelten auch hier.

Kontrollerwerb durch ein staatliches Unternehmen

(153) Wie vorstehend beschrieben kann eine Fusion oder ein Kontrollerwerb zwischen zwei demselben Staat (oder derselben öffentlich-rechtlichen Körperschaft) gehörenden Unternehmen einen Zusammenschluss darstellen, wenn die Unternehmen zuvor verschiedenen wirtschaftlichen Einheiten angehörten, die eine autonome Entscheidungsbefugnis besaßen. Dann gelten beide als beteiligte Unternehmen, auch wenn sie demselben Staat gehören[112].

III. Stichtag für die Feststellung der Zuständigkeit

(154) Die Rechtslage in Bezug auf die Feststellung der Zuständigkeit der Kommission hat sich unter der neuen Fusionskontrollverordnung geändert. Nach der alten Fusionskontrollverordnung war der Stichtag das die Anmeldung auslösende Ereignis nach Artikel 4 Absatz 1 der Verordnung – die Unterzeichnung eines Vertrags oder die Bekanntgabe eines öffentlichen Übernahmeangebots oder des Erwerbs einer Kontrollbeteiligung – oder spätestens der Zeitpunkt, zu dem die Beteiligten anmelden mussten (d. h. eine Woche nach dem die Anmeldung auslösenden Ereignis)[113].

(155) Nach der neuen Fusionskontrollverordnung sind die Beteiligten nicht länger zur Anmeldung innerhalb eines bestimmten zeitlichen Rahmens verpflichtet (sofern die Beteiligten den geplanten Zusammenschluss nicht vor der Anmeldung vollziehen). Eine Anmeldung ist nach Artikel 4 Absatz 1 Unterabsatz 2 auch dann möglich, wenn die beteiligten Unternehmen der Kommission gegenüber glaubhaft machen, dass sie gewillt sind, einen Vertrag zu schließen, oder wenn sie im Fall eines Übernahmeangebots öffentlich ihre Absicht zur Angabe eines solchen Angebots bekundet haben. Spätestens zum Zeitpunkt der Anmeldung muss die Kommission – ebenso wie die nationalen Wettbewerbsbehörden – in der Lage sein, über ihre Zuständigkeit zu befinden. Nach Artikel 4 Absatz 1 Unterabsatz 1 FKVO müssen Zusammenschlüsse nach Vertragsabschluss, Veröffentlichung des Übernahmeangebots oder Erwerb einer Kontrollbeteiligung grundsätzlich angemeldet werden. Die Daten

[111] Vgl. Sache IV/M.082 – Asko/Jacobs/Adia (16. Mai 1991), bei der eine Privatperson mit anderen wirtschaftlichen Tätigkeiten die gemeinsame Kontrolle über ein Unternehmen erwarb und als beteiligtes Unternehmen betrachtet wurde.

[112] Vgl. Erwägungsgrund 22 FKVO, der unmittelbar die Berechnung des Umsatzes beteiligter staatlicher Unternehmen nach Artikel 5 Absatz 4 betrifft.

[113] Vgl. Sache COMP/M.1741 – MCI Worldcom/Sprint (28. Juni 2000).

dieser Ereignisse sind daher auch nach der neuen Fusionskontrollverordnung noch entscheidend, um den Stichtag für die Festlegung der Zuständigkeit zu bestimmen, wenn eine Anmeldung nicht vorher auf der Grundlage einer Absichtserklärung erfolgt[114].

(156) Stichtag für die Feststellung der Zuständigkeit der Gemeinschaft für einen Zusammenschluss ist deshalb das Datum des zuerst eintretenden der folgenden Ereignisse: Abschluss des rechtsverbindlichen Vertrags, Veröffentlichung des Übernahmeangebots, Erwerb einer Kontrollbeteiligung oder erste Anmeldung[115]. Eine Anmeldung kann bei der Kommission oder bei der Behörde eines Mitgliedstaats erfolgen. Der Stichtag ist vor allem für die Frage von Belang, ob nach dem durch die jeweiligen Abschlüsse abgedeckten Zeitraum, aber vor dem Stichtag getätigte Erwerbe oder Verkäufe gemäß den in Nummer (172) und (173) dargelegten Grundsätzen Anpassungen dieser Abschlüsse erforderlich machen.

IV. Umsatz

1. Der Begriff des Umsatzes

(157) Der Begriff des Umsatzes im Sinne des Artikels 5 FKVO bezieht sich auf ‚die Umsätze [...] mit Waren und Dienstleistungen'. Diese Beträge erscheinen in den Jahresabschlüssen von Unternehmen im Allgemeinen unter der Überschrift ‚Umsatzerlöse'. Bei Waren bereitet die Bestimmung des Umsatzes keinerlei Probleme. Hier sind alle Handelsgeschäfte zu ermitteln, die eine Eigentumsübertragung implizieren.

(158) Grundsätzlich unterscheidet sich die Umsatzberechnungsmethode bei Dienstleistungen nicht von der bei Waren: Die Kommission berücksichtigt den Gesamtbetrag der Umsatzerlöse. Die Berechnung der mit Dienstleistungen erzielten Umsätze kann jedoch komplexer sein, da sie von der erbrachten Dienstleistung und den rechtlichen und wirtschaftlichen Gegebenheiten des jeweiligen Wirtschaftszweigs abhängt. Wird die gesamte Dienstleistung direkt von einem Unternehmen an seinen Kunden erbracht, so besteht der Umsatz des betreffenden Unternehmens aus dem Gesamtbetrag der Erlöse aus Dienstleistungsverkäufen im letzten Geschäftsjahr.

(159) In anderen Fällen muss dieser allgemeine Grundsatz an die besonderen Umstände der erbrachten Leistungen angepasst werden. In bestimmten Gewerbezweigen (wie Pauschalreisen und Werbung) können die Dienstleistungen über Vermittler erbracht werden[116]. Selbst wenn der Vermittler dem Endkunden den gesamten Betrag in Rechnung stellt, besteht der Umsatz des als Vermittler auftretenden Unternehmens einzig und allein aus der Höhe seiner Provision. Bei Pauschalreisen wird der gesamte vom Endkunden gezahlte Betrag dem Reiseveranstalter zugerechnet, der das Reisebüro als Vertriebsnetz einsetzt. Bei der Werbung werden nur die eingenommenen Beträge (ohne die Provision) als Umsatz des Fernsehsenders oder der Zeitschrift be-

---

[114] Die Alternative, dass der Umsatz am letzten Tag, an dem die Beteiligten zur Anmeldung verpflichtet sind (nach der alten Fusionskontrollverordnung sieben Tage nach dem die Anmeldung ‚auslösenden Ereignis'), festzulegen ist, kann im Rahmen der neuen Fusionskontrollverordnung nicht beibehalten werden, da es keine Anmeldungsfrist gibt.

[115] Vgl. Schlussantrag von Generalanwältin Kokott in der Sache C-202/06 Cementbouw/Kommission vom 26. April 2007, Randnr. 46 (noch nicht veröffentlicht). Lediglich die neue Fusionskontrollverordnung sieht die Möglichkeit vor, den Zeitpunkt der ersten Anmeldung mit in Betracht zu ziehen, wenn diese früher stattgefunden hat, als der Abschluss eines rechtsverbindlichen Vertrags, die Veröffentlichung eines Übernahmeangebots oder der Erwerb einer Kontrollbeteiligung, vgl. Fußnote 35 des Schlussantrags.

[116] Ein Unternehmen wird normalerweise nicht als Vermittler tätig, wenn es Waren im Wege von Handelsgeschäften verkauft, die eine Eigentumsübertragung implizieren, Urteil in der Rechtssache T-417/05, Endesa/Kommission, Randnr. 213, Slg. 2006, II-2533.

trachtet, da die als Vermittler auftretenden Medienagenturen nicht den Vertriebskanal der Verkäufer von Werbefläche darstellen, sondern von den Kunden, d. h. den Unternehmen, die die Werbung platzieren möchten, gewählt werden.

(160) Die angeführten Beispiele zeigen, dass sich in Anbetracht der Vielfalt der Dienstleistungen viele verschiedene Situationen ergeben können, so dass die zugrunde liegenden rechtlichen und wirtschaftlichen Beziehungen sorgfältig untersucht werden müssen. Desgleichen können im Kredit-, Finanzdienstleistungs- und Versicherungssektor in Bezug auf die Umsatzberechnung besondere Fälle auftreten. Diese Aspekte werden in Abschnitt VI. behandelt.

2. Der normale geschäftliche Tätigkeitsbereich

(161) Nach Artikel 5 Absatz 1 müssen die bei der Berechnung des Gesamtumsatzes zu berücksichtigenden Umsätze aus dem ‚normalen geschäftlichen Tätigkeitsbereich' der betreffenden Unternehmen stammen. Dies ist der Umsatz, der im Rahmen ihrer normalen Geschäftstätigkeit aus dem Verkauf von Waren oder der Erbringung von Dienstleistungen erzielt wird. Er umfasst im Allgemeinen nicht diejenigen Posten, die in den Jahresabschlüssen von Unternehmen unter der Überschrift ‚Finanzerträge' oder ‚außerordentliche Erträge' aufgeführt sind. Derartige außerordentliche Erträge können aus dem Verkauf von Geschäftsbereichen oder von Anlagevermögen stammen. In den Jahresabschlüssen werden die aus dem normalen geschäftlichen Tätigkeitsbereich stammenden Erträge jedoch nicht unbedingt in der Weise abgegrenzt, die für die Umsatzberechnung im Rahmen der Fusionskontrollverordnung erforderlich ist. In einigen Fällen muss die Bezeichnung der Posten in den Abschlüssen möglicherweise an die Anforderungen der Fusionskontrollverordnung angepasst werden[117].

(162) Die Erträge müssen nicht notwendigerweise vom Kunden der Produkte oder Dienstleistungen stammen. Bei Beihilfen, die Unternehmen seitens öffentlicher Stellen erhalten, verhält es sich so, dass alle Beihilfen in die Umsatzberechnung einbezogen werden müssen, wenn das Unternehmen die jeweilige Beihilfe selbst empfängt und die Beihilfe direkt an den Verkauf von Waren und die Erbringung von Dienstleistungen durch das Unternehmen geknüpft ist. Die Beihilfe ist daher ein Ertrag des Unternehmens aus dem Verkauf von Waren oder der Erbringung von Dienstleistungen, der zu dem vom Verbraucher gezahlten Preis hinzukommt[118].

(163) Bestimmte Fragen haben sich in Bezug auf die Umsatzberechnung einer Unternehmenseinheit ergeben, die bisher nur konzerninterne Erträge hatte. Dies mag insbesondere für Transaktionen gelten, in deren Rahmen Dienstleistungen durch Übertragung einer Unternehmenseinheit ausgelagert werden. Wenn eine derartige Transaktion einen Zusammenschluss im Sinne der unter Nummer (25) ff. dieser Mitteilung dargelegten Erwägungen darstellt, verfährt die Kommission so, dass der Umsatz in der Regel auf der Grundlage des vorherigen konzerninternen Umsatzes oder der öffentlich notierten Preise, sofern diese existieren (z. B. in der Ölindustrie), berechnet

[117] In der Sache IV/M.126 – Accor/Wagons-Lits vom 28. April 1992 beschloss die Kommission, bestimmte Erlöse aus dem Autovermietungsgeschäft als Erträge aus dem normalen geschäftlichen Tätigkeitsbereich zu betrachten, obwohl sie in der Gewinn- und Verlustrechnung von Wagon-Lits unter der Rubrik ‚sonstige Betriebsergebnisse' erschienen.

[118] Vgl. Sache IV/M.156 – Cereol/Continentale Italiana vom 27. November 1991. In diesem Fall hat die Kommission die gemeinschaftliche Beihilfe aus der Umsatzberechnung ausgenommen, da die Beihilfe nicht der Stützung des Verkaufs von Waren diente, die eines der an dem Zusammenschluss beteiligten Unternehmen herstellte, sondern für die Erzeuger der Grundstoffe (Getreide) bestimmt war, die dieses auf das Schroten von Getreide spezialisierte Unternehmen benutzte.

wird. Wenn der vorherige konzerninterne Umsatz nicht einer Marktbewertung der fraglichen Tätigkeiten (und damit dem erwarteten künftigen Umsatz auf dem Markt) zu entsprechen scheint, können die Erträge, die im Rahmen einer Vereinbarung mit der ehemaligen Muttergesellschaft voraussichtlich erzielt werden, einen geeigneten Ersatz darstellen.

3. Der ‚Nettoumsatz'

(164) Der zu berücksichtigende Umsatz ist ein ‚Nettoumsatz', da einige in der Verordnung genannte Elemente abgezogen werden. Das Ziel besteht darin, den Umsatz in der Weise zu bereinigen, dass er die reale wirtschaftliche Stärke des Unternehmens widerspiegelt.

3.1. Abzug von Rabatten, Steuern und Abgaben

(165) Nach Artikel 5 Absatz 1 erfolgt ein ‚Abzug der Erlösschmälerungen, der Mehrwertsteuer und anderer unmittelbar auf den Umsatz bezogener Steuern'. Der Ausdruck ‚Erlösschmälerungen' bezeichnet die Gesamtheit aller Abschläge, Rabatte und Vergütungen, die die Unternehmen ihren Kunden gewähren und die den Verkaufserlös direkt beeinflussen.

(166) Was den Abzug von Steuern und Abgaben betrifft, so nennt die Fusionskontrollverordnung die Mehrwertsteuer und ‚andere unmittelbar auf den Umsatz bezogene Steuern'. Der Begriff ‚andere unmittelbar auf den Umsatz bezogene Steuern' bezieht sich auf die auf den Umsatz bezogene indirekte Besteuerung, wie z. B. die Steuern auf alkoholische Getränke oder Zigaretten.

3.2. Die Behandlung des ‚konzerninternen' Umsatzes

(167) Nach Artikel 5 Absatz 1 Unterabsatz 1 ‚werden bei der Berechnung des Gesamtumsatzes eines beteiligten Unternehmens Umsätze zwischen den in Absatz 4 genannten Unternehmen [d. h. des Konzerns, dem das beteiligte Unternehmen angehört] nicht berücksichtigt'. Hierbei geht es darum, den Erlös aus Handelsbeziehungen innerhalb eines Konzerns auszunehmen, um dem tatsächlichen wirtschaftlichen Gewicht der einzelnen Einheiten in Form des Marktumsatzes Rechnung zu tragen. Das heißt, die von der Fusionskontrollverordnung berücksichtigten ‚Beträge' spiegeln lediglich die Geschäftsvorgänge zwischen den Konzernunternehmen einerseits und Dritten andererseits wider.

(168) Artikel 5 Absatz 5 Buchstabe a FKVO sieht vor, dass eine doppelte Verbuchung besonders dann vermieden werden soll, wenn zwei oder mehr an einem Zusammenschluss beteiligte Unternehmen gemeinsam in einem anderen Unternehmen die in Artikel 5 Absatz 4 Buchstabe b aufgeführten Rechte oder Einflussmöglichkeiten haben. Nach dieser Bestimmung sind die Umsätze aus Lieferungen und Leistungen zwischen dem Gemeinschaftsunternehmen und jedem der beteiligten Unternehmen (sowie jedem anderen mit einem von diesen im Sinne des Artikels 5 Absatz 4 verbundenen Unternehmen) nicht einzubeziehen. Was Gemeinschaftsunternehmen zwischen beteiligten Unternehmen und Dritten betrifft, wird – sofern ihr Umsatz wie unter Nummer (181) dargelegt nach Artikel 5 Absatz 4 Buchstabe b berücksichtigt wird – der durch Verkäufe zwischen dem Gemeinschaftsunternehmen und dem beteiligten Unternehmen (sowie den Unternehmen, die mit dem beteiligten Unternehmen gemäß Artikel 5 Absatz 4 verbunden sind) erzielte Umsatz nach Artikel 5 Absatz 1 nicht berücksichtigt.

4. Umsatzberechnung und Finanzabschlüsse

4.1. Allgemeine Regel

(169) Die Kommission ist bestrebt, sich auf die genauesten und zuverlässigsten Zahlen zu stützen, die verfügbar sind. Im Allgemeinen zieht die Kommission Abschlüsse heran, die sich auf das Geschäftsjahr beziehen, das dem Datum der Transaktion am nächsten liegt, und die nach dem Standard geprüft wurden, der auf das jeweilige Unternehmen anwendbar und für das jeweilige Steuerjahr vorgeschrieben ist[119]. Eine Bereinigung der geprüften Zahlen sollte nur erfolgen, wenn dies aufgrund der Bestimmungen der Fusionskontrollverordnung notwendig ist – unter anderem in den Fällen, die unter Nummer (172) näher erläutert sind.

(170) Von außergewöhnlichen Umständen abgesehen ist die Kommission nicht bereit, sich auf von der Geschäftsleitung erstellte oder sonstige vorläufige Abschlüsse zu stützen[120]. Findet ein Zusammenschluss in den ersten Monaten eines Kalenderjahres statt und liegen für das zurückliegende Geschäftsjahr daher noch keine geprüften Abschlüsse vor, so sind die Zahlen für das Jahr davor zu verwenden. Gibt es größere Abweichungen zwischen den Abschlüssen der beiden Jahre, die auf erhebliche, dauerhafte Veränderungen in dem betroffenen Unternehmen zurückzuführen sind, so kann die Kommission – vor allem, wenn die letzten vorläufigen Zahlen für das letztere Jahr vom Verwaltungsorgan des Unternehmens genehmigt worden sind – beschließen, diese vorläufigen Zahlen zu berücksichtigen.

(171) In Fällen, in denen größere Abweichungen zwischen den Grundsätzen der Rechnungslegung der Gemeinschaft und denen eines Drittlandes festzustellen sind, kann es die Kommission – ungeachtet der allgemeinen Regel – für erforderlich halten, die Abschlüsse gemäß den Grundsätzen der Gemeinschaft in Bezug auf den Umsatz neu festzustellen.

4.2. Anpassungen nach dem Datum der letzten Abschlussprüfung

(172) Ungeachtet der vorstehenden Ausführungen ist stets eine Anpassung vorzunehmen, um dauerhaften Änderungen der wirtschaftlichen Realität der beteiligten Unternehmen wie Übernahmen und Veräußerungen, die sich in den geprüften Abschlüssen nicht voll niederschlagen, Rechnung zu tragen. Derartige Änderungen müssen berücksichtigt werden, um die Ressourcen zu ermitteln, die tatsächlich Gegenstand des Zusammenschlusses sind, und die wirtschaftliche Lage der beteiligten Unternehmen besser widerzuspiegeln. Diese Anpassungen sind nur selektiver Art und stellen nicht den Grundsatz in Frage, dass es einen einfachen und objektiven Mechanismus für die Feststellung der Zuständigkeit der Kommission geben sollte, da sie keine vollständige Überarbeitung der geprüften Abschlüsse erfordern[121]. Dies gilt zunächst für Übernahmen, Veräußerungen oder Stilllegungen einzelner Geschäftsbereiche, die nach Prüfung des Abschlusses stattfanden. Dies ist relevant, wenn ein Unternehmen eine Veräußerung oder Stilllegung eines Teils seiner Geschäftsbereiche vor dem Stichtag für die Feststellung der Zuständigkeit (siehe Nummer (154)) abschließt, oder wenn eine derartige Veräußerung oder Stilllegung eines Geschäftsbereichs eine

[119] Vgl. Sache COMP/M.3986 – Gas Natural/Endesa (15. November 2005); bestätigt durch das Urteil in der Rechtssache T-417/05, Endesa/Kommission, Randnrn. 128, 131, Slg. 2006, II-2533.

[120] Vgl. Sache COMP/M.3986 – Gas Natural/Endesa (15. November 2005); bestätigt durch das Urteil in der Rechtssache T-417/05, Endesa/Kommission, Randnrn. 176, 179, Slg. 2006, II-2533.

[121] Urteil in der Rechtssache T-417/05 Endesa/Kommission, Randnr. 209, Slg. 2006, II-2533.

Voraussetzung für die Transaktion ist[122]. In diesem Fall muss der dem jeweiligen Geschäftsbereich zuzurechnende Umsatz vom Umsatz des Anmelders, der in dessen letzten geprüften Abschlüssen ausgewiesen ist, abgezogen werden. Wenn eine Vereinbarung über den Verkauf eines Teils seiner Geschäftsbereiche geschlossen wurde, der Abschluss des Verkaufs (das heißt seine rechtliche Umsetzung und die Übertragung des Eigentumsrechts an den erworbenen Aktien oder Vermögenswerten) aber noch nicht erfolgt ist, wird eine derartige Änderung nicht berücksichtigt[123], es sei denn, der Verkauf ist Vorbedingung für den angemeldeten Zusammenschluss. Umgekehrt ist der Umsatz derjenigen Geschäftsbereiche, deren Erwerb nach der Erstellung des letzen geprüften Abschlusses, aber vor dem Stichtag für die Ermittlung der Zuständigkeit vollzogen wurde, im Hinblick auf die Anmeldung dem Umsatz des Unternehmens hinzuzufügen.

(173) Zweitens kann eine Anpassung auch bei Übernahmen, Veräußerungen oder Stilllegung von Teilen von Geschäftsbereichen notwendig sein, die während des Geschäftsjahres erfolgt sind, für das die geprüften Abschlüsse erstellt wurden. Wenn es innerhalb dieses Zeitraums zur Übernahme, Veräußerung oder Stilllegung von Teilen des Geschäftsbereichs kommt, so ist es möglich, dass die Änderungen der wirtschaftlichen Ressourcen in den geprüften Abschlüssen des beteiligten Unternehmens nur teilweise zum Ausdruck kommen. Da der Umsatz der übernommenen Geschäftsbereiche unter Umständen erst ab dem Zeitpunkt ihrer Übernahme in die Abschlüsse einbezogen wird, wird der volle Jahresumsatz des übernommenen Geschäftsbereichs möglicherweise nicht wiedergegeben. Umgekehrt kann der Umsatz der veräußerten oder stillgelegten Geschäftsbereiche bis zum Zeitpunkt ihrer tatsächlichen Veräußerung oder Stilllegung noch in den geprüften Abschlüssen enthalten sein. In diesen Fällen müssen Anpassungen vorgenommen werden, um den Umsatz, den die veräußerten oder stillgelegten Geschäftsbereiche bis zur Entflechtung erzielt haben, aus den geprüften Abschlüssen zu entfernen, und den Umsatz, den die übernommenen Geschäftsbereiche in dem Jahr bis zu ihrer Konsolidierung erzielt haben, in den Abschlüssen hinzuzufügen. Folglich ist der Umsatz der veräußerten oder stillgelegten Geschäftsbereiche vollständig unberücksichtigt zu lassen, während der Jahresumsatz der übernommenen Geschäftsbereiche in vollem Umfang zu berücksichtigen ist.

(174) Andere Faktoren, die den Umsatz vorübergehend beeinflussen können, wie z. B. nachlassende Auftragseingänge oder eine Verlangsamung des Produktionsprozesses in der Zeit vor der Transaktion, werden bei der Berechnung des Umsatzes nicht berücksichtigt. Die maßgeblichen Jahresabschlüsse werden nicht im Hinblick auf diese Faktoren bereinigt.

5. Zurechnung des Umsatzes nach Artikel 5 Absatz 4

5.1. Feststellung der Unternehmen, deren Umsatz berücksichtigt wird

(175) Wenn ein an einem Zusammenschluss beteiligtes Unternehmen einem Konzern angehört, so wird nicht nur der Umsatz des beteiligten Unternehmens berücksichtigt, sondern nach der Fusionskontrollverordnung ist bei der Feststellung, ob die in Artikel 1 FKVO aufgeführten Schwellenwerte erreicht werden, auch der Umsatz derjenigen Unternehmen zu berücksichtigen, mit denen das beteiligte Unternehmen Verbindungen in Form der in Artikel 5 Absatz 4 genannten Rechte und Ein-

[122] Vgl. Urteil in der Rechtssache T-3/93, Air France/Kommission, [1994] Slg. II-121 Randnrn. 100ff in Bezug auf Sache IV/M.278 – British Airways/Dan Air; Sache IV/M.588 – Ingersoll-Rand/Clark Equipment.

[123] Sache IV/M.632 – Rhône Poulenc Rorer/Fisons (21. September 1995); Sache COMP/M.1741 – MCI Worldcom/Sprint (28. Juni 2000).

flussmöglichkeiten hat. Auch hier geht es darum, den Gesamtumfang der durch die Transaktion zusammengelegten wirtschaftlichen Ressourcen zu erfassen, unabhängig davon, ob die Wirtschaftstätigkeiten direkt von dem beteiligten Unternehmen durchgeführt werden oder ob sie indirekt über Unternehmen durchgeführt werden, mit denen das beteiligte Unternehmen in der in Artikel 5 Absatz 4 beschriebenen Weise verbunden ist.

(176) Die Fusionskontrollverordnung fasst den Begriff des Konzerns nicht in eine einzige abstrakte Definition, sondern nennt in Artikel 5 Absatz 4 Buchstabe b bestimmte Rechte und Einflussmöglichkeiten. Wenn ein beteiligtes Unternehmen unmittelbar oder mittelbar derartige Verbindungen mit anderen Unternehmen unterhält, sind diese zu Zwecken der Umsatzberechnung nach der Fusionskontrollverordnung als Teil seines Konzerns zu betrachten.

(177) Artikel 5 Absatz 4 FKVO lautet wie folgt:

‚Der Umsatz eines beteiligten Unternehmens im Sinne dieser Verordnung setzt sich unbeschadet des Absatzes 2 [Erwerb von Unternehmensteilen] zusammen aus den Umsätzen:

a) des beteiligten Unternehmens
b) der Unternehmen, in denen das beteiligte Unternehmen unmittelbar oder mittelbar entweder
    i) mehr als die Hälfte des Kapitals oder des Betriebsvermögens besitzt oder
    ii) über mehr als die Hälfte der Stimmrechte verfügt oder
    iii) mehr als die Hälfte der Mitglieder des Aufsichtsrats, des Verwaltungsrats oder der zur gesetzlichen Vertretung berufenen Organe bestellen kann oder
    iv) das Recht hat, die Geschäfte des Unternehmens zu führen;
c) der Unternehmen, die in einem beteiligten Unternehmen die unter Buchstabe b) bezeichneten Rechte oder Einflussmöglichkeiten haben;
d) der Unternehmen, in denen ein unter Buchstabe c genanntes Unternehmen die unter Buchstabe b bezeichneten Rechte oder Einflussmöglichkeiten hat;
e) der Unternehmen, in denen mehrere der unter den Buchstaben a bis d genannten Unternehmen jeweils gemeinsam die in Buchstabe b bezeichneten Rechte oder Einflussmöglichkeiten haben.‘

Ein Unternehmen, das in einem anderen Unternehmen die in Artikel 5 Absatz 4 Buchstabe b bezeichneten Rechte oder Einflussmöglichkeiten hat, wird in diesem Abschnitt dieser Mitteilung als ‚Muttergesellschaft‘ des letzteren bezeichnet, während das letztere ‚Tochtergesellschaft‘ des ersteren genannt wird. Kurz gesagt, Artikel 5 Absatz 4 sieht vor, dass der Umsatz des am Zusammenschluss beteiligten Unternehmens (Punkt a)) seine Tochtergesellschaften (Punkt b)), seine Muttergesellschaften (Punkt c)), die übrigen Tochtergesellschaften seiner Muttergesellschaften (Punkt d)) und alle anderen Tochtergesellschaften, die von zwei oder mehr der unter a)–d) erfassten Unternehmen gemeinsam gehalten werden (Punkt e)), umfasst.

(178) Als Beispiel hierzu folgendes Schaubild: Das beteiligte Unternehmen und sein Konzern:

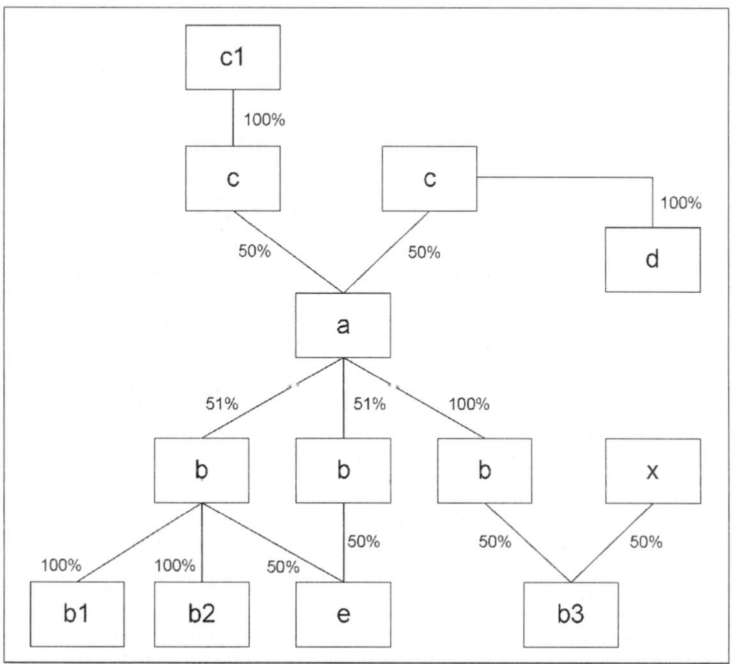

a: das beteiligte Unternehmen[124]
b: seine Tochtergesellschaften, mit Dritten gemeinsam gehaltene Unternehmen (b3) und deren eigenen Tochtergesellschaften (b1 und b2)
c: seine Muttergesellschaften und deren Muttergesellschaften (c1)
d: andere Tochtergesellschaften der Muttergesellschaften des beteiligten Unternehmens
e: von zwei oder mehr Konzernunternehmen gemeinsam gehaltene Unternehmen
x: Dritter

Hinweis: Die Buchstaben a–e entsprechen den jeweiligen Unterabsätzen von Artikel 5 Absatz 4. Die in der Grafik genannten Prozentsätze beziehen sich auf den Prozentsatz der von der jeweiligen Muttergesellschaft gehaltenen Stimmrechte.

(179) Die in Artikel 5 Absatz 4 Buchstabe b i)–iii) genannten Rechte und Befugnisse lassen sich recht direkt feststellen, da sie sich auf quantitative Schwellenwerte beziehen. Diese Schwellenwerte sind erreicht, wenn das beteiligte Unternehmen mehr als die Hälfte des Kapitals oder des Betriebsvermögens besitzt, über mehr als die Hälfte der Stimmrechte verfügt oder in anderen Unternehmen mehr als die Hälfte der Mitglieder der zur gesetzlichen Vertretung berufenen Organe bestellen kann.

---

[124] Für die Grafik wurde angenommen, dass das Gemeinschaftsunternehmen selbst gemäß den in Nummer (146) dargelegten Kriterien (Erwerb durch ein auf demselben Markt tätiges Vollfunktionsgemeinschaftsunternehmen) das beteiligte Unternehmen ist.

Die Schwellenwerte sind jedoch auch erreicht, wenn das beteiligte Unternehmen in anderen Unternehmen faktisch die Befugnis hat, mehr als die Hälfte der Stimmrechte in der Aktionärsversammlung wahrzunehmen oder über die Hälfte der Mitglieder der zur gesetzlichen Vertretung berufenen Organe einzusetzen[125].

(180) Die Bestimmung in Artikel 5 Absatz 4 Buchstabe b iv) bezieht sich auf das Recht, die Geschäfte des Unternehmens zu führen. Ein derartiges Geschäftsführungsrecht besteht nach dem Gesellschaftsrecht insbesondere auf der Grundlage von Organisationsverträgen wie dem Beherrschungsvertrag deutschen Rechts, auf der Grundlage von Betriebspachtverträgen oder auf der Grundlage der Organisationsstruktur für den Komplementär in einer GmbH[126]. Das ‚Geschäftsführungsrecht' kann auch auf dem Besitz von Stimmrechten beruhen (allein oder in Verbindung mit vertraglichen Vereinbarungen wie etwa einer Aktionärsvereinbarung), die eine stabile rechtliche Grundlage dafür bilden, das strategische Verhalten eines Unternehmens zu bestimmen.

(181) Das Geschäftsführungsrecht deckt auch Fälle ab, in denen das beteiligte Unternehmen die Befugnis hat, die Geschäfte eines Unternehmens zusammen mit Dritten zu führen[127]. Dem zugrunde liegt die Erwägung, dass die die gemeinsame Kontrolle ausübenden Unternehmen gemeinsam das Recht haben, die Geschäfte der kontrollierten Unternehmen zu führen, auch wenn jedes von ihnen allein diese Rechte nur in negativem Sinne, d. h. in Form von Vetorechten auszuüben vermag. In dem Beispiel wird das Unternehmen (b3), das gemeinsam von dem beteiligten Unternehmen (a) und einem Dritten (x) kontrolliert wird, berücksichtigt, da sowohl (a) als auch (x) angesichts ihrer gleich hohen Kapitalbeteiligung an (b3) über Vetorechte bei (b3) verfügen[128]. Nach Artikel 5 Absatz 4 Buchstabe b iv) berücksichtigt die Kommission nur diejenigen Gemeinschaftsunternehmen, bei denen das beteiligte Unternehmen und Dritte auf der Grundlage rechtlicher Befugnisse, die ein eindeutiges Geschäftsführungsrecht begründen, einen derartigen Einfluss haben. Die Einbeziehung von Gemeinschaftsunternehmen ist damit auf Fälle beschränkt, bei denen das beteiligte Unternehmen und Dritte ein gemeinsames Geschäftsführungsrecht auf der Grundlage einer Vereinbarung, z. B. einer Aktionärsvereinbarung haben, oder bei denen das beteiligte Unternehmen und ein Dritter die gleichen Stimmrechte haben, so dass sie dazu befugt sind, die gleiche Zahl von Mitgliedern der Entscheidungsgremien des Gemeinschaftsunternehmens zu ernennen.

(182) Üben zwei oder mehr Unternehmen gemeinsam die Kontrolle über das beteiligte Unternehmen aus, so dass jedes einzelne von ihnen der Geschäftsführung des Unternehmens zustimmen muss, ist der Umsatz all dieser Unternehmen miteinzubeziehen. In dem Beispiel werden die beiden Muttergesellschaften (c) des beteiligten Unternehmens (a) sowie deren Muttergesellschaften (c1) berücksichtigt. Diese Auslegung ergibt sich aus dem Verweis von Artikel 5 Absatz 4 Buchstabe c, der diesen Fall behandelt, zu Artikel 5 Absatz 4 Buchstabe b, der gemäß dem vorstehenden Absatz auf gemeinsam kontrollierte Unternehmen anwendbar ist.

(183) Wenn eines der auf der Grundlage von Artikel 5 Absatz 4 ermittelten Unternehmen auch im Sinne des Artikels 5 Absatz 4 Verbindungen mit anderen Unternehmen hat, so sind diese ebenfalls in die Berechnung einzubeziehen. In dem Beispiel hat eine der Tochtergesellschaften des beteiligten Unternehmens a (b genannt) wie-

---

125 Sache IV/M.187 – Ifint/Exor (2. März 1992); Sache IV/M.062 – Eridania/ISI (30. Juli 1991).

126 Sache IV/M.126 – Accor/WagonLits (28. April 1992).

127 Sache COMP/M.1741 – MCI Worldcom/Sprint; Sache IV/M.187 – Ifint/Exor; Sache IV/M.1046 – Ameritech/Tele Danmark.

128 Es wird jedoch nur die Hälfte des von b3 erzeugten Umsatzes berücksichtigt, vgl. Nummer (187).

derum ihre eigenen Tochtergesellschaften b1 und b2, und eine der Muttergesellschaften (c genannt) hat ihre eigene Tochtergesellschaft (d).

(184) Artikel 5 Absatz 4 enthält spezifische Kriterien für die Ermittlung von Unternehmen, deren Umsatz dem beteiligten Unternehmen zugerechnet werden kann. Diese Kriterien, einschließlich des Kriteriums des Rechts zur Führung der Geschäfte des Unternehmens, sind nicht völlig deckungsgleich mit dem Begriff der ‚Kontrolle' in Artikel 3 Absatz 2. Es gibt bedeutende Unterschiede zwischen Artikel 3 und Artikel 5, da diese Vorschriften verschiedene Funktionen erfüllen. Am deutlichsten zeigen sich die Unterschiede im Bereich der faktischen Kontrolle. Während nach Artikel 3 Absatz 2 sogar eine wirtschaftliche Abhängigkeit faktisch zur Erlangung der Kontrolle führen kann (siehe oben), wird eine allein kontrollierte Tochtergesellschaft nach Artikel 5 Absatz 4 Buchstabe b faktisch nur berücksichtigt, wenn eindeutig nachgewiesen wird, dass das beteiligte Unternehmen das Recht hat, über die Hälfte der Stimmrechte auszuüben oder mehr als die Hälfte der zur gesetzlichen Vertretung berufenen Organe einzusetzen. Was die Fälle der gemeinsamen Kontrolle betrifft, so deckt Artikel 5 Absatz 4 Buchstabe b iv) diese Fälle, wenn die kontrollierenden Unternehmen gemeinsam das Recht haben, die Geschäfte auf der Grundlage individueller Vetorechte zu führen. Artikel 5 Absatz 4 würde sich aber nicht auf Fälle erstrecken, bei denen wegen starker gemeinsamer Interessen zwischen verschiedenen Minderheitsanteilseignern des Gemeinschaftsunternehmens auf der Grundlage der Beteiligung der Anteilseigner faktisch eine gemeinsame Kontrolle erfolgt. Der Unterschied liegt in der Tatsache, dass Artikel 5 Absatz 4 Buchstabe b (iv) sich auf das *Recht,* die Geschäfte zu führen, und nicht auf eine *Einflussmöglichkeit* (wie Buchstabe b ii) und iii)) bezieht, und lässt sich durch den Bedarf an Präzisierung und Sicherheit bezüglich der Kriterien für die Ermittlung der Umsätze erklären, damit die Zuständigkeit leicht geprüft werden kann. Nach Artikel 3 Absatz 3 kann die Frage, ob ein Zusammenschluss entsteht, jedoch in viel umfassenderer Weise untersucht werden. Darüber hinaus ist eine negative Einzelkontrolle nur in Ausnahmefällen abgedeckt (wenn die Bedingungen nach Artikel 5 Absatz 4 Buchstabe b i) bis iii) in dem spezifischen Fall erfüllt sind); das ‚Recht, die Geschäfte zu führen' nach Artikel 5 Absatz 4 Buchstabe b iv) deckt Fälle einer negativen Kontrolle nicht ab. Schließlich deckt Artikel 5 Absatz 4 Buchstabe b i) beispielsweise Fälle ab, in denen eine Kontrolle im Sinne von Artikel 3 Absatz 2 möglicherweise nicht existiert.

5.2. Zurechnung des Umsatzes der ermittelten Unternehmen

(185) Solange das Kriterium nach Artikel 5 Absatz 4 Buchstabe b erfüllt ist, wird im Allgemeinen der gesamte Umsatz der jeweiligen Tochtergesellschaft berücksichtigt, und zwar unabhängig von den Anteilen, die das beteiligte Unternehmen an der Tochtergesellschaft hält. In dem Schaubild wird der gesamte Umsatz der b genannten Tochtergesellschaften des beteiligten Unternehmens a mit einbezogen.

(186) Die Fusionskontrollverordnung enthält jedoch spezielle Regeln für Gemeinschaftsunternehmen. Artikel 5 Absatz 5 Buchstabe b sieht für Gemeinschaftsunternehmen zwischen zwei oder mehr beteiligten Unternehmen vor, dass der Umsatz des Gemeinschaftsunternehmens (sofern der Umsatz aus Tätigkeiten mit Dritten nach Nummer (168) weiter oben erzielt wird) zwischen den beteiligten Unternehmen – unabhängig von ihrem Anteil am Kapital oder den Stimmrechten – gleich aufgeteilt werden soll.

(187) Das in Artikel 5 Absatz 5 Buchstabe b enthaltene Prinzip wird in Analogie für die Zuordnung des Umsatzes für Gemeinschaftsunternehmen zu den beteiligten Unternehmen und Dritten angewandt, wenn ihr Umsatz gemäß Artikel 5 Absatz 4 Buchstabe b nach den Ausführungen in Nummer (181) weiter oben einbezogen wird. Bisher hat die Kommission dem beteiligten Unternehmen den Umsatz des Gemeinschaftsunternehmens nach der Zahl der Unternehmen, die die gemeinsame

Kontrolle ausüben, pro Kopf zugerechnet. In dem Beispiel wird die Hälfte des Umsatzes von b3 einbezogen.

(188) Die Regeln von Artikel 5 Absatz 4 müssen auch beim Wechsel von gemeinsamer zu alleiniger Kontrolle angepasst werden, um die doppelte Verbuchung des Umsatzes des Gemeinschaftsunternehmens zu vermeiden. Selbst wenn das übernehmende Unternehmen Rechte oder Einflussmöglichkeiten in dem Gemeinschaftsunternehmen hat, die die Anforderungen des Artikels 5 Absatz 4 erfüllen, muss der Umsatz des übernehmenden Anteilseigners ohne den Umsatz des Gemeinschaftsunternehmens berechnet werden, und der Umsatz des Gemeinschaftsunternehmens ohne den Umsatz des übernehmenden Anteilseigners.

5.3. Zurechnung des Umsatzes im Falle von Investmentfonds

(189) Wie in Nummer (15) dargelegt, erwirbt normalerweise die Investmentgesellschaft die indirekte Kontrolle über Portfoliogesellschaften, die von einem Investmentfonds gehalten werden. Es lässt sich also die Auffassung vertreten, dass die Investmentgesellschaft indirekt über die in Artikel 5 Absatz 4 Buchstabe b genannten Rechte und Befugnisse verfügt, und zwar insbesondere über die Befugnis, die Stimmrechte auszuüben, die der Investmentfonds an den Portfoliogesellschaften hält.

(190) Die gleichen Überlegungen, wie oben im Rahmen von Artikel 3 dargelegt (Nummer 15), können auch zutreffen, wenn eine Investmentgesellschaft mehrere Investmentfonds mit möglicherweise unterschiedlichen Investoren auflegt. Typischerweise wird die Investmentgesellschaft aufgrund der Organisationsstruktur, d. h. vor allem aufgrund der Verbindungen zwischen der Investmentgesellschaft und dem Komplementär der einzelnen als Kommanditgesellschaften organisierten Fonds, oder aufgrund vertraglicher Vereinbarungen – insbesondere Beratungsverträge zwischen dem Komplementär bzw. dem Investmentfonds und der Investmentgesellschaft – indirekt die Befugnis haben, die Stimmrechte auszuüben, die der Investmentfonds an den Portfoliogesellschaften hält, oder indirekt über andere in Artikel 5 Absatz 4 Buchstabe b genannte Befugnisse oder Rechte verfügen. Unter diesen Umständen kann die Investmentgesellschaft eine gemeinsame Kontrollstruktur für die einzelnen von ihr unterhaltenen Fonds betreiben; ein Anhaltspunkt für einen solchen gemeinsamen ‚Betrieb' mehrerer Fonds ist häufig ein gemeinsamer Markenname der einzelnen Fonds.

(191) Eine solche Organisation mehrerer Fonds durch die Investmentgesellschaft kann dazu führen, dass der Umsatz aller von den Fonds gehaltenen Portfoliogesellschaften bei der Prüfung der Frage herangezogen wird, ob die Umsatzschwellen nach Artikel 1 erreicht werden, wenn die Investmentgesellschaft über einen der Fonds die indirekte Kontrolle über eine Portfoliogesellschaft erwirbt.

5.4. Zurechnung des Umsatzes im Falle staatlicher Unternehmen

(192) Was die Berechnung des Umsatzes staatlicher Unternehmen anbelangt, so sollte Artikel 5 Absatz 4 in Verbindung mit Erwägungsgrund 22 FKVO gesehen werden. In dem Erwägungsgrund heißt es, dass zur Vermeidung von Diskriminierung zwischen dem öffentlichen und privaten Sektor ‚im öffentlichen Sektor bei der Berechnung des Umsatzes eines am Zusammenschluss beteiligten Unternehmens unabhängig von den Eigentumsverhältnissen oder von den für sie geltenden Regeln der verwaltungsmäßigen Zuordnung die Unternehmen zu berücksichtigen [sind], die eine mit einer autonomen Entscheidungsbefugnis ausgestattete wirtschaftliche Einheit bilden'[129].

---

[129] Vgl. auch Sache IV/M.216, CEA Industrie/France Telecom/Finmeccanica/SGS-Thomson (22. Februar 1993).

(193) In diesem Erwägungsgrund wird klargestellt, dass die Mitgliedstaaten (oder andere öffentliche Stellen) im Sinne von Artikel 5 Absatz 4 nicht schon als ‚Unternehmen' betrachtet werden, bloß weil sie Beteiligungen an anderen Unternehmen haben, die den Bedingungen nach Artikel 5 Absatz 4 entsprechen. Bei der Berechnung des Umsatzes staatlicher Unternehmen werden nur diejenigen Unternehmen berücksichtigt, die zu derselben wirtschaftlichen Einheit gehören und dieselbe autonome Entscheidungsbefugnis besitzen.

(194) Unterliegt also ein staatliches Unternehmen keiner Koordinierung mit anderen vom Staat kontrollierten Holdings, so ist es im Sinne von Artikel 5 als unabhängig zu behandeln, und der Umsatz anderer Unternehmen, die sich im Besitz des betreffenden Staates befinden, ist nicht zu berücksichtigen. Werden hingegen für mehrere staatliche Unternehmen Geschäftsentscheidungen von derselben unabhängigen Stelle getroffen, dann gelten diese Geschäftsbereiche als dem Konzern des beteiligten Unternehmens im Sinne von Artikel 5 zugehörig.

V. Geographische Zurechnung des Umsatzes

(195) Durch die Schwellenwerte in Artikel 1 Absätze 2 und 3, die sich auf den gemeinschaftsweit und in dem jeweiligen Mitgliedstaat erzielten Umsatz beziehen, sollen diejenigen Fälle ermittelt werden, in denen ein ausreichend hoher Umsatz innerhalb der Gemeinschaft vorliegt, um ein gemeinschaftliches Interesse zu begründen, und in denen die Unternehmen im wesentlichen in mehreren Ländern tätig sind. Sie machen eine geographische Zuordnung des Umsatzes zur Gemeinschaft und einzelnen Mitgliedstaaten erforderlich. Da geprüfte Abschlüsse häufig keine geographische Aufschlusselung aufweisen, die den Anforderungen der Fusionskontrollverordnung entspricht, stützt sich die Kommission auf die am besten geeigneten Zahlen, die von den Unternehmen zur Verfügung gestellt werden. Nach Artikel 5 Absatz 1 Unterabsatz 2 richtet sich der Ort des Umsatzes danach, wo sich der Kunde zur Zeit der Transaktion befindet:

‚Der in der Gemeinschaft oder in einem Mitgliedstaat erzielte Umsatz umfasst den Umsatz, der mit Waren und Dienstleistungen für Unternehmen oder Verbraucher in der Gemeinschaft oder in diesem Mitgliedstaat erzielt wird.'

Allgemeines

(196) Die Fusionskontrollverordnung unterscheidet hinsichtlich der geographischen Zuordnung des Umsatzes nicht zwischen ‚verkauften Waren' und ‚erbrachten Dienstleistungen'. In beiden Fällen gilt die allgemeine Regel, dass der Umsatz dem Ort zuzurechnen ist, an dem sich der Kunde befindet. Dem liegt das Prinzip zu Grunde, dass der Umsatz dem Ort zuzurechnen ist, an dem der Wettbewerb mit alternativen Lieferanten stattfindet. Dieser Ort ist in der Regel auch der Ort, an dem die charakteristische Handlung im Rahmen des fraglichen Vertrags durchgeführt werden muss, d. h. an dem die Dienstleistungen tatsächlich erbracht und die Waren tatsächlich ausgeliefert werden. Im Falle von Internetgeschäften ist es für die Unternehmen unter Umständen schwierig, den Ort des Kunden zum Zeitpunkt des Vertragsabschlusses per Internet zu bestimmen. Wird die fragliche Ware oder Dienstleistung nicht über das Internet geliefert, sind solche Schwierigkeiten dadurch zu vermeiden, dass der Ort, an dem die charakteristische Handlung im Rahmen des fraglichen Vertrags durchgeführt wird, zu Grunde gelegt wird. Im Folgenden werden der Verkauf von Waren und die Erbringung von Dienstleistungen getrennt behandelt, da sie in Bezug auf die Zuordnung des Umsatzes einige unterschiedliche Merkmale aufweisen.

Verkauf von Waren

(197) Beim Verkauf von Waren können sich besondere Situationen ergeben, wenn sich der Ort, an dem sich der Kunde zur Zeit des Abschlusses des Kaufvertrags

befindet, von der Rechnungsanschrift und/oder dem Ort der Lieferung unterscheidet. In diesen Fällen sind der Ort, an dem der Verkaufsvertrag geschlossen wurde, und der Ort der Lieferung wichtiger als die Rechnungsanschrift. Da die Lieferung im Allgemeinen die charakteristische Handlung für den Verkauf von Waren ist, kann der Ort der Lieferung sogar über den Ort, an dem sich der Kunde zur Zeit des Abschlusses des Kaufvertrags befand, dominieren. Dies hängt davon ab, ob der Ort der Lieferung als der Ort zu betrachten ist, an dem der Wettbewerb beim Verkauf der Waren stattfindet, oder ob der Wettbewerb eher beim Sitz des Kunden stattfindet. Beim Verkauf mobiler Waren wie etwa Kraftfahrzeugen an einen Endverbraucher ist der Ort, an dem das Fahrzeug an den Kunden geliefert wird, entscheidend, auch wenn der Vertrag zuvor per Telefon oder Internet geschlossen wurde.

(198) Eine besondere Situation entsteht, wenn ein multinationales Unternehmen eine gemeinschaftsweite Einkaufsstrategie verfolgt und seinen gesamten Bedarf an einer Ware von einem Standort aus deckt. Da eine zentrale Einkaufsorganisation verschiedene Formen annehmen kann, muss ihre konkrete Form betrachtet werden, weil sie für die Zuordnung des Umsatzes den Ausschlag geben kann. Wenn Waren von einer zentralen Einkaufsorganisation erworben und an diese geliefert werden, um anschließend intern an verschiedene Standorte in mehreren Mitgliedstaaten geliefert zu werden, wird der Umsatz nur dem Mitgliedstaat zugerechnet, in dem sich die zentrale Einkaufsorganisation befindet. In diesem Fall findet der Wettbewerb am Ort der zentralen Einkaufsorganisation statt, und dies ist auch der Ort, an dem die charakteristische Handlung nach dem Verkaufsvertrag stattfindet. Anders sieht es aus bei direkten Verbindungen zwischen dem Verkäufer und den verschiedenen Tochtergesellschaften. Dies umfasst den Fall, dass die zentrale Einkaufsorganisation einen reinen Rahmenvertrag schließt, die einzelnen Aufträge aber von den Tochtergesellschaften in den einzelnen Mitgliedstaaten erteilt werden und die Waren direkt an die Tochtergesellschaften in den einzelnen Mitgliedstaaten geliefert werden, sowie den Fall, dass die einzelnen Aufträge über die zentrale Einkaufsorganisation erteilt werden, die Waren aber direkt an die Tochtergesellschaften geliefert werden. In beiden Fällen ist der Umsatz den verschiedenen Mitgliedstaaten zuzurechnen, in denen sich die Tochtergesellschaften befinden, und zwar unabhängig davon, ob die zentrale Einkaufsorganisation oder die Tochtergesellschaften die Rechnungen erhalten und die Zahlung ausführen. Der Grund besteht darin, dass in beiden Fällen ein Wettbewerb mit alternativen Lieferanten um die Lieferung der Waren an die verschiedenen Tochtergesellschaften stattfindet, auch wenn der Vertrag zentral geschlossen wird. Im ersten Fall entscheiden die Tochtergesellschaften darüber hinaus selbst über die zu liefernden Mengen und über ein für den Wettbewerb wesentliches Element.

Erbringung von Dienstleistungen

(199) In Bezug auf Dienstleistungen sieht die Fusionskontrollverordnung vor, dass der Ort ihrer Erbringung an den Kunden relevant ist. Dienstleistungen, die grenzüberschreitende Elemente aufweisen, lassen sich in drei allgemeine Kategorien einteilen. Die erste Kategorie umfasst Fälle, in denen der Dienstleister seinen Ort verändert, die zweite Kategorie Fälle, in denen der Kunde seinen Ort verändert. Die dritte Kategorie umfasst diejenigen Fälle, in denen eine Dienstleistung erbracht wird, ohne dass der Dienstleister oder der Kunde ihren Ort verändern müssen. Bei den ersten beiden Kategorien ist der erzielte Umsatz dem Bestimmungsort desjenigen zuzurechnen, der seinen Ort verändert, d. h. dem Ort, an dem die Dienstleistung tatsächlich an den Kunden erbracht wird. In der dritten Kategorie wird der Umsatz im Allgemeinen dem Ort des Kunden zugerechnet. Für die zentrale Beschaffung von Dienstleistungen gelten die vorstehend für den zentralen Erwerb von Waren dargelegten Grundsätze analog.

(200) Ein Beispiel für die erste Kategorie wäre der Fall, dass ein nichteuropäisches Unternehmen für ein Luftfahrtunternehmen in einem Mitgliedstaat spezielle Dienst-

leistungen im Bereich der Flugzeugwartung erbringt. In diesem Fall begibt sich der Dienstleister in die Gemeinschaft, in der die Dienstleistung erbracht wird und wo auch der Wettbewerb um die Dienstleistung stattfindet. Wenn ein europäischer Tourist ein Auto direkt in den Vereinigten Staaten mietet oder ein Hotel direkt in den Vereinigten Staaten bucht, so fällt dies in die zweite Kategorie, da die Dienstleistung außerhalb der Gemeinschaft erbracht wird, und auch der Wettbewerb zwischen den Hotels und den Mietwagengesellschaften am gewählten Ort stattfindet. Bei Pauschalreisen liegt der Fall jedoch anders. Bei dieser Art von Reisen beginnt die Dienstleistung mit dem Verkauf des Pakets durch ein Reisebüro am Ort des Kunden, und der Wettbewerb um den Verkauf von Reisen durch Reisebüros findet – wie beim Einzelhandel – lokal statt, obwohl Teile der Dienstleistung möglicherweise an weit entfernten Orten zu erbringen sind. Der Fall fällt daher in die dritte Kategorie, und der erzielte Umsatz ist dem Ort des Kunden zuzurechnen. Die dritte Kategorie umfasst auch Fälle wie die Lieferung von Software oder den Vertrieb von Filmen, die außerhalb der Gemeinschaft produziert, aber an Kunden in einem Mitgliedstaat geliefert werden, so dass die Dienstleistung in Wirklichkeit in der Gemeinschaft an den Kunden erbracht wird.

(201) Anders verhält es sich bei der Beförderung von Waren, da der Kunde, an den diese Dienstleistung erbracht wird, nicht reist und die Beförderungsleistung für ihn an seinem Standort erbracht wird. Diese Fälle fallen unter die dritte Kategorie und der Ort des Kunden ist das relevante Kriterium für die Zuordnung des Umsatzes.

(202) Im Bereich der Telekommunikation kann die Einordnung der Anrufzustellungsdienste Probleme bereiten. Obwohl die Anrufzustellung in die dritte Kategorie zu fallen scheint, gibt es Gründe, sie anders zu behandeln. Anrufzustellungsdienste werden z. B. in Fällen erbracht, in denen ein von einem europäischen Betreiber stammender Anruf in den Vereinigten Staaten zugestellt wird. Obwohl weder der europäische noch der US-amerikanische Betreiber seinen Standort verändert, bewegt sich das Signal, und die Dienstleistung wird vom Betreiber des US-Netzes an den europäischen Betreiber in den Vereinigten Staaten erbracht. Dies ist auch der Ort, an dem der Wettbewerb (sofern vorhanden) stattfindet. Der Umsatz ist daher als nicht in der Gemeinschaft erzielter Umsatz zu betrachten[130].

Besondere Wirtschaftszweige

(203) In bestimmten Wirtschaftszweigen stellen sich bei der geographischen Zurechnung des Umsatzes ganz besondere Probleme. Diese werden in Abschnitt VI behandelt.

VI. Umrechnung des Umsatzes in Euro

(204) Bei der Umrechnung der Umsatzzahlen in Euro ist beim verwendeten Umrechnungskurs größte Sorgfalt geboten. Der Jahresumsatz eines Unternehmens ist zum Durchschnittskurs der jeweiligen zwölf Monate umzurechnen, der der Website der GD Wettbewerb entnommen werden kann[131]. Die geprüften jährlichen Umsatzzahlen sind als solche umzurechnen und nicht in vierteljährliche oder monatliche Zahlen aufzuschlüsseln, die dann einzeln umgerechnet werden.

(205) Fallen beim Unternehmen Umsätze in verschiedenen Währungen an, so wird in derselben Weise vorgegangen. Der Gesamtumsatz, der im geprüften konsolidierten Abschluss in der Währung des Abschlusses des Unternehmens angegeben ist, wird zum jährlichen Durchschnittskurs in Euro umgerechnet. Die Umsätze in den

---

[130] Dies berührt nicht den Umsatz, den der europäische Betreiber durch diesen Anruf mit seinem eigenen Kunden erzielt.

[131] Vgl. http://europa.eu.int/comm/competition/mergers/others/exchange_rates.html#footnote_1. Diese Website verweist auf den Monatsbericht der Europäischen Zentralbank.

einzelnen Währungen sollten nicht direkt in Euro umgerechnet werden, da diese Zahlen nicht aus den geprüften konsolidierten Abschlüssen des Unternehmens stammen.

VII. Vorschriften für Kredit- und andere Finanzinstitute und Versicherungsunternehmen

1. Anwendungsbereich

(206) Angesichts der besonderen Art des Sektors enthält Artikel 5 Absatz 3 spezifische Regeln zur Berechnung des Umsatzes von Kredit- und anderen Finanzinstituten sowie von Versicherungsgesellschaften.

(207) Um die Begriffe ‚Kreditinstitute und andere Finanzinstitute' im Sinne der Fusionskontrollverordnung zu definieren, hat die Kommission bislang durchgängig die im einschlägigen Gemeinschaftsrecht aufgeführten Begriffsbestimmungen im Bankensektor angewendet. In der Richtlinie über die Aufnahme und Ausübung der Tätigkeit der Kreditinstitute sind folgende Definitionen zu finden[132]:

– ‚Kreditinstitut: ein Unternehmen, dessen Tätigkeit darin besteht, Einlagen oder andere rückzahlbare Gelder des Publikums entgegenzunehmen und Kredite für eigene Rechnung zu gewähren.'
– ‚Finanzinstitut: ein Unternehmen, das kein Kreditinstitut ist und dessen Haupttätigkeit darin besteht, Beteiligungen zu erwerben oder eines oder mehrere der Geschäfte zu betreiben, die unter den Nummern 2 bis 12 der in Anhang I enthaltenen Liste aufgeführt sind.'

(208) Finanzinstitute im Sinne des Artikels 5 Absatz 3 FKVO sind demnach einerseits Holdinggesellschaften und andererseits Unternehmen, deren regelmäßig ausgeübte Haupttätigkeit einer oder mehreren der im Anhang der Bankenrichtlinie unter den Nummern 2 bis 12 aufgeführten Tätigkeiten entspricht. Diese Tätigkeiten umfassen:

– Ausleihungen (einschließlich Tätigkeiten wie Konsumentenkredite, Hypothekendarlehen, Factoring),
– Finanzierungsleasing
– Dienstleistungen zur Durchführung des Zahlungsverkehrs
– Ausgabe und Verwaltung von Zahlungsmitteln (z. B. Kreditkarten, Reiseschecks und Bankschecks)
– Bürgschaften und Eingehung von Verpflichtungen
– Handel für eigene Rechnung oder im Auftrag der Kundschaft: Geldmarktinstrumente (Schecks, Wechsel, Depositenzertifikate usw.), Geldwechselgeschäfte, Termin-(‚Financial futures') und Optionsgeschäfte, Wechselkurs- und Zinssatzinstrumente, Wertpapiergeschäfte
– Teilnahme an der Wertpapieremission und den diesbezüglichen Dienstleistungen
– Geldmaklergeschäfte
– Portfolioverwaltung und -beratung und
– Wertpapieraufbewahrung und -verwaltung

2. Berechnung des Umsatzes

(209) Die Umsatzberechnungsverfahren für Kredit- und sonstige Finanzinstitute und für Versicherungsunternehmen sind in Artikel 5 Absatz 3 FKVO zu finden. Im

---

[132] Die Definitionen finden sich in Artikel 1 Absätze 1 und 5 der Richtlinie 2000/12/EG des Europäischen Parlaments und des Rates vom 20. März 2000 über die Aufnahme und Ausübung der Tätigkeit der Kreditinstitute, ABl. L 126 vom 26.5.2000, S. 1.

folgenden Abschnitt werden einige zusätzliche Fragen bezüglich der Umsatzberechnung für die genannten Unternehmensarten behandelt.

2.1. Berechnung des Umsatzes von Kredit- und sonstigen Finanzinstituten (mit Ausnahme von Finanzholdings)

2.1.1. Allgemeines

(210) Normalerweise treten bei der Anwendung des Kriteriums der Bankerträge für die Bestimmung des weltweiten Umsatzes von Kreditinstituten und anderen Finanzinstituten keine besonderen Probleme auf.

Für die geographische Zurechnung des Umsatzes zur Gemeinschaft und zu einzelnen Mitgliedstaaten findet die spezifische Bestimmung in Artikel 5 Absatz 1 Buchstabe a Unterabsatz 2 Anwendung. Danach ist der Umsatz der Zweig- oder Geschäftsstelle in der Gemeinschaft oder in dem Mitgliedstaat zuzuordnen, die diesen Ertrag verbucht.

2.1.2. Umsatz von Leasing-Unternehmen

(211) Es ist ein grundsätzlicher Unterschied zwischen Finanzierungsleasing und Operating-Leasing zu treffen. Finanzierungsleasing-Verträge haben normalerweise eine längere Laufzeit als Operating-Leasing-Verträge, und nach Ablauf der vereinbarten Mietzeit geht das Eigentum im Allgemeinen auf den Leasingnehmer über, der eine vertragliche Kaufoption besitzt. Beim Operating-Leasing dagegen geht das Eigentum nach Ablauf der Mietzeit nicht auf den Leasingnehmer über, und Wartungs-, Reparatur- und Versicherungskosten für die gemietete Anlage sind in den Leasingzahlungen enthalten. Das bedeutet, dass ein Finanzierungsleasing als Ausleihung fungiert, mit der der Leasinggeber den Leasingnehmer in die Lage versetzt, einen Anlagegegenstand zu erwerben.

(212) Wie bereits weiter oben erwähnt ist ein Unternehmen, dessen Haupttätigkeit das Finanzierungsleasing ist, ein Finanzinstitut im Sinne des Artikels 5 Absatz 3 Buchstabe a, und sein Umsatz ist nach den dort dargelegten besonderen Regeln zu berechnen. Alle Zahlungen im Rahmen von Finanzierungsleasing-Verträgen mit Ausnahme des Tilgungsteils sind einzubeziehen; ein zu Refinanzierungszwecken erfolgender Verkauf künftiger Leasingzahlungen zu Beginn des Vertrags ist nicht relevant.

(213) Operating-Leasing-Vorgänge werden jedoch nicht als von Finanzinstituten ausgeführt betrachtet, so dass die allgemeinen Umsatzberechnungsregeln nach Artikel 5 Absatz 1 greifen[133].

2.2. Versicherungsunternehmen

(214) Als Maßstab für den Umsatz von Versicherungsunternehmen sieht Artikel 5 Absatz 3 Buchstabe b FKVO die Bruttoprämien vor. Die Bruttoprämien sind der Gesamtbetrag aller vereinnahmten Prämien, zu denen die vereinnahmten Rückversicherungsprämien zählen, wenn das Unternehmen im Rückversicherungsbereich tätig ist. Ausgaben für Rückversicherungsprämien, d. h. alle Beträge, die das Unternehmen zum Zwecke der Rückversicherung gezahlt oder zu zahlen hat, sind nur Kosten für die Gewährung von Rückversicherungen und damit nicht von den Bruttoprämien abzuziehen.

(215) Die zu berücksichtigenden Prämien beziehen sich nicht nur auf während des Geschäftsjahres abgeschlossene neue Versicherungsverträge, sondern auch auf alle Prämien aufgrund von Verträgen, die in den zurückliegenden Jahren abgeschlossen wurden und in dem betreffenden Zeitraum noch laufen.

---

133 Siehe Sache IV/M.234, GECC/Avis Lease (15. Juli 1992).

(216) Um geeignete Rücklagen für Entschädigungsleistungen zu bilden, besitzen Versicherungsunternehmen normalerweise ein Portfolio an Aktien und festverzinslichen Wertpapieren, Grundstücken und anderen Vermögenswerten, die ein Jahreseinkommen erwirtschaften.

Die Jahreseinnahmen aus diesen Quellen werden nicht als Umsatz der Versicherungsunternehmen nach Artikel 5 Absatz 3 Buchstabe b angesehen. Es ist jedoch zu unterscheiden zwischen reinen Finanzinvestitionen, die dem Versicherungsunternehmen nicht die in Artikel 5 Absatz 4 genannten Rechte und Einflussmöglichkeiten in den Unternehmen, in die investiert wurde, gewähren, und denjenigen Investitionen, die zum Erwerb einer Beteiligung führen, die den in Artikel 5 Absatz 4 Buchstabe b festgelegten Kriterien entspricht. In letzterem Fall greift Artikel 5 Absatz 4 FKVO, so dass der Umsatz dieses Unternehmens bei der Feststellung, ob die Schwellenwerte der Fusionskontrollverordnung überschritten werden, zu dem Umsatz des Versicherungsunternehmens nach Artikel 5 Absatz 3 Buchstabe b zu addieren ist[134].

2.3. Finanzholdings

(217) Da es sich bei einer Finanzholding um ein ‚sonstiges Finanzinstitut' im Sinne des Artikels 5 Absatz 3 Buchstabe a FKVO handelt, ist ihr Umsatz nach den in dieser Bestimmung dargelegten spezifischen Regeln zu berechnen. Ebenso wie weiter oben für Versicherungsunternehmen dargelegt, gilt Artikel 5 Absatz 4 jedoch für Beteiligungen, die die in Artikel 5 Absatz 4 Buchstabe b genannten Kriterien erfüllen. Deshalb wird der Umsatz einer Finanzholding grundsätzlich gemäß Artikel 5 Absatz 3 berechnet, aber es kann sich als notwendig erweisen, den Umsatz von Unternehmen hinzuzufügen, die unter die in Artikel 5 Absatz 4 aufgeführten Kategorien fallen (‚Artikel 5-Absatz 4-Unternehmen')[135].

(218) In der Praxis muss zunächst der (nicht konsolidierte) Umsatz der Finanzholding berücksichtigt werden. Danach muss der Umsatz der Artikel 5-Absatz 4-Unternehmen hinzugefügt werden, wobei Dividenden und andere Erträge, die von diesen Unternehmen an die Finanzholding gezahlt wurden, abzuziehen sind. Nachfolgend ein Beispiel für diese Berechnungsweise:

	Mio. Euro
1. Umsatz aus Finanztätigkeiten (aus nicht konsolidiertem G&V)	3 000
2. Umsatz von Artikel-5-Absatz-4-Versicherungsunternehmen (Bruttoprämien)	300
3. Umsatz von Artikel-5-Absatz-4-Industrieunternehmen	2 000
4. Abzug von Dividenden und anderen Erträgen der Artikel-5-Absatz-4-Unternehmen 2 und 3	<200>
Gesamtumsatz Finanzholding und Konzern	5 100

(219) Bei derartigen Berechnungen sind möglicherweise unterschiedliche Rechnungslegungsregeln zu berücksichtigen. Während diese Erwägung für alle Formen von der Fusionskontrollverordnung unterliegenden Unternehmen gilt, ist sie ganz besonders wichtig für Finanzholdings[136], bei denen die Anzahl und Vielfalt der kontrollierten Unternehmen und das Ausmaß der Kontrolle der Holding über ihre Toch-

134 Siehe Sache IV/M.018, AG/AMEV (21. November 1990).

135 Die Grundsätze für Finanzholdings können in gewissem Ausmaß auf Investmentfonds angewendet werden.

136 Siehe beispielsweise Sache IV/M.166, Torras/Sarrió (24. Februar 1992).

tergesellschaften, über verbundene Unternehmen und über andere Unternehmen, an denen sie Beteiligungen hält, eine sorgfältige Prüfung erfordern.

(220) Diese Umsatzberechnung für Finanzholdings kann sich in der Praxis als kostspielig erweisen. Eine strenge und ausführliche Anwendung dieser Methode ist daher nur dann notwendig, wenn es als wahrscheinlich erscheint, dass der Umsatz einer Finanzholding in der Nähe der Schwellenwerte der Fusionskontrollverordnung liegt; in anderen Fällen mag leicht abzusehen sein, dass der Umsatz bei Weitem nicht an die Schwellenwerte der Fusionskontrollverordnung heranreicht, so dass die veröffentlichten Abschlüsse für die Feststellung der Zuständigkeit ausreichen."

Anhang B 21. Leitlinien horizontale Zusammenschlüsse

Leitlinien zur Bewertung horizontaler Zusammenschlüsse gemäß der Ratsverordnung über die Kontrolle von Unternehmenszusammenschlüssen

(ABl. 2004 C 31/5)

I. Hintergrund

1. Gemäß Artikel 2 der Verordnung Nr. 139/2004 des Rates vom 20. Januar 2004 über die Kontrolle von Unternehmenszusammenschlüssen[1] (nachstehend: „Fusionskontrollverordnung") hat die Kommission Zusammenschlüsse im Anwendungsbereich der Fusionskontrollverordnung daraufhin zu beurteilen, ob sie mit dem Gemeinsamen Markt zu vereinbaren sind. Hierzu muss sie gemäß Artikel 2 Absätze 2 und 3 ermitteln, ob ein Zusammenschluss einen wirksamen Wettbewerb spürbar behindern würde, insbesondere als Ergebnis der Begründung oder Verstärkung einer beherrschenden Stellung im Gemeinsamen Markt oder einem wesentlichen Teil davon.

2. Deshalb muss die Kommission jede erhebliche Behinderung eines wirksamen Wettbewerbs berücksichtigen, die als Folge des Zusammenschlusses zu erwarten ist. Die Begründung oder Verstärkung einer beherrschenden Stellung ist die wichtigste Form einer solchen Schädigung des Wettbewerbs. Der Begriff der beherrschenden Stellung wurde bei der Anwendung der Verordnung Nr. 4064/89 des Rates vom 21. Dezember 1989 über die Kontrolle von Unternehmenszusammenschlüssen (nachstehend „Verordnung Nr. 4064/89") wie folgt definiert:

„Die wirtschaftliche Machtstellung eines oder mehrerer Unternehmen, die diese in die Lage versetzt, die Aufrechterhaltung eines wirksamen Wettbewerbs auf dem relevanten Markt zu verhindern, indem sie ihnen die Möglichkeit verschafft, sich ihren Konkurrenten, ihren Kunden und letztlich den Verbrauchern gegenüber in nennenswertem Umfang unabhängig zu verhalten."[2].

3. Zur Auslegung des Begriffs der Marktbeherrschung im Rahmen der Verordnung Nr. 4064/89 hat der Gerichtshof darauf hingewiesen, dass „die Verordnung Nr. 4064/89 auf alle Zusammenschlüsse von gemeinschaftsweiter Bedeutung angewandt werden soll, sofern sich diese wegen ihrer Auswirkungen auf die Wettbewerbsstruktur in der Gemeinschaft als unvereinbar mit dem vom Vertrag geforderten System des unverfälschten Wettbewerbs erweisen könnte."[3].

4. Die Begründung oder Verstärkung einer beherrschenden Stellung eines einzelnen Unternehmens durch einen Zusammenschluss war die üblichste Grundlage für

---

[1] Verordnung Nr. 139/2004 des Rates vom 20. Januar 2004 (ABl. L 24 vom 29.1.2004, S. 1)

[2] Rs. T-102/96, Gencor/Kommission, Slg. 1999 II-753, Absatz 200; verbundene Rs. C-68/94 und C-30/95, Frankreich und andere/Kommission (nachstehend „Kali & Salz"), Slg. 1998 I-1375, Rdnr. 221. Unter Umständen kann ein Zusammenschluss zur Begründung oder Verstärkung einer beherrschenden Stellung eines Unternehmens führen, das nicht an der Fusion beteiligt ist (s. Sache IV M.1383 – Exxon/Mobil, Ziffern 225–229; Sache COMP/M.2434 – Grupo Villar MIR/EnBW/Hidroelectricadel Cantabrico, Ziffern 67–71).

[3] S. auch verbundene Rsn. C-68/94 und C-30/95, Kali & Salz, Absatz 170.

die Feststellung, dass ein Zusammenschluss zu einer erheblichen Behinderung wirksamen Wettbewerbs führen würde. Außerdem wurde dieser Begriff auch auf die gemeinsame Marktbeherrschung in einem Oligopol angewandt. Folglich ist zu erwarten, dass den meisten Fällen von Unvereinbarkeit eines Zusammenschlusses mit dem Gemeinsamen Markt weiterhin die Feststellung von Marktbeherrschung zugrunde liegen wird. Dieser Begriff ist somit ein wichtiger Anhalt dafür, welcher Maßstab der Wettbewerbsschädigung bei der Ermittlung der Frage anzuwenden ist, ob ein Zusammenschluss geeignet ist, einen wirksamen Wettbewerb spürbar zu behindern, und ob eingegriffen werden muss[4]. Deshalb sollen in dieser Mitteilung die Hinweise aus der bisherigen Entscheidungspraxis aufrechterhalten und die einschlägige Rechtsprechung der Gemeinschaftsgerichte in vollem Umfang berücksichtigt werden.

5. In dieser Bekanntmachung soll dargelegt werden, wie die Kommission Zusammenschlüsse bewertet[5], wenn die beteiligten Unternehmen tatsächliche oder potenzielle Wettbewerber auf demselben relevanten Markt sind[6]. Derartige Fusionen werden als „horizontale Zusammenschlüsse" bezeichnet. Es wird zwar der analytische Ansatz der Kommission bei ihrer Bewertung horizontaler Fusionen erläutert, jedoch nicht alle möglichen Ausprägungen dieses Ansatzes aufgezeigt. Die Kommission wendet den hierin beschriebenen Ansatz gemäß den Gegebenheiten des jeweiligen Einzelfalles an.

6. Mit dieser Bekanntmachung sollen Leitlinien aus der sich fortentwickelnden Erfahrungen der Kommission bei der Bewertung horizontaler Zusammenschlüsse in Anwendung der Verordnung Nr. 4064/89 seit ihrem Inkrafttreten am 21. September 1990 sowie mit der Rechtsprechung des Gerichtshofes und des Gerichtes erster Instanz der Europäischen Gemeinschaften herausgearbeitet werden. Die dargelegten Grundsätze werden von der Kommission bei der Behandlung von Einzelfällen angewandt, fortentwickelt und verfeinert. Abhängig von den zukünftigen Entwicklungen kann diese Bekanntmachung von Zeit zu Zeit überarbeitet werden.

7. Diese Darlegung der Fusionskontrollverordnung hinsichtlich der Bewertung horizontaler Fusionen durch die Kommission ergeht unbeschadet jeglicher Auslegung, die vom Gerichtshof oder dem Gericht erster Instanz der Europäischen Gemeinschaften vorgenommen werden.

II. Überblick

8. Ein wirksamer Wettbewerb erbringt den Verbrauchern Vorteile, zum Beispiel in Form niedriger Preise, hochwertiger Produkte, einer großen Auswahl an Waren und Dienstleistungen und Innovation. Mit der Fusionskontrolle verhindert die Kommission Zusammenschlüsse, die geeignet wären, den Verbrauchern diese Vorteile vorzuenthalten, indem die Marktmacht der Unternehmen spürbar erhöht würde. Erhöhte Marktmacht bezeichnet die Fähigkeit eines oder mehrerer Unternehmen, Gewinn bringend ihre Preise zu erhöhen, den Absatz, die Auswahl oder Qualität der Waren oder Dienstleistungen zu verringern, die Innovation einzuschränken oder die

---

[4] S. Erwägungsgründe 25 und 26 der Fusionskontrollverordnung.

[5] Der Begriff „Zusammenschluss" in der Fusionskontrollverordnung umfasst verschiedene Arten von Vorgängen wie Fusion, Erwerb, Übernahme und bestimmte Arten von Gemeinschaftsunternehmen. Nachstehend wird, wenn nicht anders angegeben, der Begriff „Fusion" gleichbedeutend mit Zusammenschluss verwendet, weshalb er sämtliche Arten der erwähnten Vorgänge umfasst.

[6] Diese Bekanntmachung erstreckt sich nicht auf die Bewertung der Auswirkungen einer Fusion auf den Wettbewerb in anderen Märkten, einschließlich seiner vertikalen oder konglomeralen Auswirkungen. Das Gleiche gilt für die Bewertung der Auswirkungen eines Gemeinschaftsunternehmens gemäß Artikel 2 Absatz 4 der Fusionskontrollverordnung.

Wettbewerbsparameter auf andere Weise zu beeinflussen. Im Folgenden ist der Ausdruck „erhöhte Preise" häufig eine Kurzform für die verschiedenen Arten der Schädigung des Wettbewerbs aufgrund eines Zusammenschlusses[7]. Sowohl Anbieter als auch Käufer können Marktmacht ausüben. Aus Gründen der Klarheit wird der Begriff hier überwiegend auf die Anbieter bezogen und bei den Kunden von „Nachfragemacht" gesprochen.

9. Bei der Bewertung der wettbewerblichen Auswirkungen eines Zusammenschlusses vergleicht die Kommission die Wettbewerbsbedingungen, die sich aus der angemeldeten Fusion ergeben, mit den Bedingungen, wie sie ohne den Zusammenschluss herrschen würden[8]. In den meisten Fällen sind die zum Zeitpunkt des Zusammenschlusses vorherrschenden Wettbewerbsbedingungen der Vergleichsmaßstab zur Bewertung der Auswirkungen einer Fusion. Unter besonderen Umständen kann die Kommission jedoch zukünftige Änderungen im Markt berücksichtigen, die mit einiger Sicherheit erwartet werden können[9]. Bei der Erwägung, welcher Vergleichsmaßstab heranzuziehen ist, kann sie insbesondere den zu erwartenden Marktzugang- oder -austritt von Unternehmen für den Fall berücksichtigen, dass der Zusammenschluss nicht erfolgt[10].

10. Die Bewertung von Zusammenschlüssen durch die Kommission schließt in der Regel ein:

a) eine Abgrenzung der sachlich und räumlich relevanten Märkte
b) die wettbewerbliche Würdigung des Zusammenschlusses.

Hauptzweck der Marktabgrenzung ist es, systematisch zu erfassen, welchem unmittelbaren Wettbewerbsdruck das fusionierte Unternehmen ausgesetzt ist. Ausführungen zu dieser Frage sind in der Bekanntmachung der Kommission über die Definition des relevanten Marktes im Sinne des Wettbewerbsrechts der Gemeinschaft enthalten[11]. Einige Erwägungen, die zur Abgrenzung der relevanten Märkte führen, können auch für die wettbewerbliche Würdigung eines Zusammenschlusses von Bedeutung sein.

11. Diese Bekanntmachung ist in folgende Bestandteile untergliedert:

a) Den Ansatz der Kommission in Bezug auf Marktanteils- und Konzentrationsschwellen (Abschnitt III).
b) Die Wahrscheinlichkeit, dass ein Zusammenschluss wettbewerbswidrige Wirkungen in den relevanten Märkten hätte, wenn keine Ausgleichsfaktoren vorhanden wären (Abschnitt IV).
c) Die Wahrscheinlichkeit, dass die Nachfragemacht als Ausgleichsfaktor wirken würde, wenn sich die Marktmacht aufgrund des Zusammenschlusses erhöhen würde (Abschnitt V).
d) Die Wahrscheinlichkeit, dass ein wirksamer Wettbewerb in den relevanten Märkten durch den Eintritt neuer Unternehmen aufrechterhalten würde (Abschnitt VI).

---

[7] Der Begriff beschreibt auch den Sachverhalt, wenn die Preise weniger zurückgehen oder zurückgehen würden als ohne den Zusammenschluss, und wenn sie stärker steigen oder steigen würden als ohne den Zusammenschluss.

[8] Im Falle einer Fusion, die ohne vorherige Anmeldung durchgeführt wurde, bewertet die Kommission den Zusammenschluss anhand der Wettbewerbsbedingungen, die ohne den Zusammenschluss geherrscht hätten.

[9] Siehe z. B. Entscheidung der Kommission 98/526 im Fall IV/M.950 – Hoffmann La Roche/Boehringer Mannhein; ABl. L 234 vom 21.8.1998, S. 14, Ziffer 13; Sache IV/M.1846 – Glaxo Wellcome Smith Kline Beecham, Ziffern 70–72; Sache KOM/M.2547 – Bayer/Aventis Crop Science, Ziffer 324ff.

[10] Siehe z. B. Rs. T-102/96, Gencor/Kommission, Slg. 1999 II-753, Rdnrn. 247–263.

[11] ABl. C 372 vom 9.12.1997, S. 5.

e) Die Wahrscheinlichkeit, dass Effizienzvorteile einen Faktor darstellen, der die schädlichen Wirkungen auf den Wettbewerb ausgleicht, die sich sonst aus dem Zusammenschluss ergeben würden (Abschnitt VII).
f) Die Voraussetzungen für eine Sanierungsfusion (Abschnitt VIII).

12. Bei der Ermittlung der vorhersehbaren Wirkungen[12] einer Fusion in den relevanten Märkten untersucht die Kommission deren wettbewerbswidrigen Folgen und die relevanten Ausgleichsfaktoren wie z. B. die Nachfragemacht, die Höhe der Zutrittsschranken und mögliche von den Parteien vorgebrachten Effizienzvorteile. In außergewöhnlichen Umständen prüft sie auch, ob die Voraussetzungen für eine Sanierungsfusion erfüllt sind.

13. Unter Berücksichtigung dieser Gesichtspunkte ermittelt die Kommission gemäß Artikel 2 der Fusionskontrollverordnung, ob der Zusammenschluss wirksamen Wettbewerb erheblich behindern würde, insbesondere durch die Begründung oder Verstärkung einer beherrschenden Stellung, so dass er für mit dem Gemeinsamen Markt unvereinbar erklärt werden müsste. Bei diesen Faktoren handelt es sich nicht um eine „Kontrollliste", die mechanisch in jedem Einzelfall anzuwenden ist. Vielmehr muss sich die wettbewerbliche Analyse des Einzelfalles auf eine Gesamtbewertung der vorhersehbaren Wirkungen der Fusion im Hinblick auf die relevanten Faktoren und Bedingungen stützen. Nicht alle Faktoren sind in jedem einzelnen horizontalen Zusammenschluss maßgeblich, und es ist auch nicht stets erforderlich, sämtliche Bestandteile eines Falles mit der gleichen Ausführlichkeit zu untersuchen.

III. Marktanteil und Konzentrationshöhe

14. Marktanteile und Konzentrationsgrad sind Anhaltspunkte für die Marktstruktur und die wettbewerbliche Bedeutung der Fusionspartner und ihrer Mitbewerber.

15. In der Regel legt die Kommission bei ihrer Wettbewerbsanalyse die gegenwärtigen Marktanteile zugrunde[13]. Die gegenwärtigen Marktanteile können jedoch angepasst werden, um zu erwartende zukünftige Entwicklungen zum Beispiel hinsichtlich Markteintritt oder -austritt sowie Wachstum[14] zu berücksichtigen. Die Marktanteile nach der Fusion werden unter der Annahme errechnet, dass der gemeinsame Marktanteil der Beteiligten die Summe ihrer Marktanteile vor dem Zusammenschluss ist[15]. Bei schwankenden Marktanteilen können zurückliegende Daten herangezogen werden, zum Beispiel wenn der Markt durch wenige Großaufträge gekennzeichnet ist. Änderungen bei den zurückliegenden Marktanteilen können nützliche Hinweise über den Wettbewerbsprozess und die zu erwartende zukünftige Bedeutung der verschiedenen Wettbewerber zum Beispiel dadurch liefern, dass sie aufzeigen, ob die Unternehmen Marktanteile hinzugewonnen oder verloren haben.

---

[12] Siehe Rs. T-102/96, Gencor/Kommission, Slg. 1999 II-753, Rdnr. 262; Rs. T-342/99, Airtours/Kommission, Slg. 2002 II-2585, Rdnr. 280.

[13] Zur Errechnung der Marktanteile siehe auch Mitteilung der Kommission zur Definition des relevanten Marktes für das Gemeinschaftliche Wettbewerbsrecht, ABl. C 372 vom 9.12.1997, S. 3, Ziffern 54–55.

[14] Siehe Sache COMP/M.1806 – Astra Zeneca/Novartis, Ziffern 150 und 415.

[15] Gegebenenfalls können die Marktanteile angepasst werden, um Kontrollbeteiligungen in anderen Unternehmen zu berücksichtigen (siehe z. B. Sache IV/M.1383 – Exxon/Mobil, Ziffern 446–458; Sache COMP/M.1879 – Boeing/Hughes, Ziffern 60–79; Sache COMP/GU 55 – Hutchison/RCPM/ECT, Ziffern 69–70) oder andere Vorkehrungen mit Dritten (siehe z. B. betreffend Zulieferer, Entscheidung der Kommission 2001/769/EG in der Sache COMP/M.1940 – Framatome/Siemens/Cogema, ABl. L 289 vom 6.11.2001, S. 8, Ziffer 142.

Auf jeden Fall beurteilt die Kommission die Marktanteile im Hinblick auf die voraussichtlichen Marktbedingungen, z. B. ob es sich um einen dynamischen Markt handelt oder aufgrund von Innovation oder Wachstum eine instabile Marktstruktur aufweist[16].

16. Der Konzentrationsgrad eines Marktes kann auch nützliche Hinweise zur Wettbewerbssituation liefern. Um den Konzentrationsgrad zu ermitteln, wendet die Kommission häufig den Herfindahl-Hirschman-Index (HHI) an[17]. Der HHI wird durch die Summe des Quadrates der jeweiligen Marktanteile sämtlicher Unternehmen in einem Markt errechnet[18]. Dieser Index räumt den Marktanteilen der größeren Unternehmen ein verhältnismäßig größeres Gewicht ein. Im Idealfall sollten zwar alle Unternehmen eines Marktes in die Berechnung einbezogen werden, das Fehlen von Angaben über sehr kleine Unternehmen hat jedoch nur geringe Auswirkungen, da sich diese nur geringfügig auf die Index-Berechnung auswirken. Während die absolute Höhe des HHI eine erste Aussage über den Wettbewerbsdruck in dem betreffenden Markt nach dem Zusammenschluss machen kann, ist die Veränderung im Index (als „Delta“ bezeichnet) ein nützlicher Hinweis für die durch den Zusammenschluss unmittelbar herbeigeführten Änderungen in der Konzentration[19].

Marktanteilshöhen

17. Nach der Rechtsprechung der Gemeinschaftsgerichte können sehr hohe Marktanteile von 50% oder mehr für sich allein ein Nachweis für das Vorhandensein einer beherrschenden Marktstellung sein[20]. Kleinere Wettbewerber können jedoch als wirksame Gegenkraft wirken, wenn sie z. B. die Fähigkeit und den Anreiz besitzen, ihre Lieferungen zu steigern. Auch wenn eine Fusion zu einem Unternehmen führt, dessen Marktanteil unterhalb von 50% bleibt, können Wettbewerbsbedenken hinsichtlich anderer Faktoren bestehen wie z. B. die Stärke und Anzahl der Wettbewerber, das Vorhandensein von Kapazitätsengpässen oder das Ausmaß, in dem die Produkte der fusionierenden Unternehmen nahe Substitute sind. Die Kommission hat deshalb in einigen Fällen, bei denen die Fusion der beteiligten Unternehmen zu

---

[16] Siehe Sache COMP/M.2256 – Philips/Agilent Health Care Technologies, Ziffern 31–32 und Sache COMP/M.2609 – HP/Compaq, Ziffer 39.

[17] Siehe z. B. Sache IV COMP/M.1365 – FCC/Vivendi“ Ziffer 40; Sache COMP/JV 55 – Hutchison/RCPM/ECT, Ziffer 50. Gegebenenfalls nimmt die Kommission auch andere Konzentrationsmessungen vor wie z. B. der Konzentrationskennziffern, mit denen der Gesamtmarktanteil einer kleinen Anzahl von in der Regel drei oder vier führenden Unternehmen gemessen wird.

[18] Z. B. hat ein Markt mit 5 Firmen und Marktanteilen von 40 bzw. 20 bzw. 15 bzw. 15 bzw. 10% einen HHI von 2550 (402 + 202 + 152 + 152 + 102 = 2550). Der HHI schwankt von beinahe 0 (in einem zersplitterten Markt) auf 10 000 (im Falle eines reinen Monopols).

[19] Die mit dem HHI errechnete Erhöhung des Konzentrationsgrades kann unabhängig von der Marktkonzentration durch die Verdopplung des Ergebnisses der Marktanteile der fusionierenden Unternehmen errechnet werden. So würde z. B. eine Fusion von zwei Unternehmen mit Marktanteilen von 30 bzw. 15% den HHI um 900 (30 × 15 × 2 = 900) erhöhen. Diese Methode erklärt sich wie folgt: Vor der Fusion haben die Marktanteile der fusionierenden Unternehmen zum HHI durch ihre Quadrate einzeln beigetragen: (a)2 + (b)2. Nach der Fusion ist ihr Beitrag das Quadrat der Summe ihrer Anteile: (a + b)2, was (a)2 + (b)2 + 2ab entspricht. Die Erhöhung des HHI wird somit durch 2ab dargestellt.

[20] Rs. T-221/95, Endemol/Kommission, Slg. 1999 II-1299, Rdnr. 134 und Rs. T-102/96, Gencor/Kommission, Slg. 1999 II-753, Rdnr. 205. Es ist eine andere Frage, ob eine beherrschende Marktstellung durch den Zusammenschluss begründet oder verstärkt wird.

Marktanteilen von zwischen 40 und 50%[21] und sogar von unter 40%[22] führt, die Begründung oder Verstärkung einer beherrschenden Stellung festgestellt.

18. Bei Zusammenschlüssen, die angesichts der beschränkten Marktanteile der beteiligten Unternehmen nicht geeignet sind, einen wirksamen Wettbewerb zu behindern, ist zu vermuten, dass sie mit dem Gemeinsamen Markt vereinbar sind. Unbeschadet der Artikel 81 und 82 EGV kann ein Marktanteil der beteiligten Unternehmen von nicht mehr als 25%[23], sei es im Gemeinsamen Markt oder einem wesentlichen Teil davon[24], als Anhaltspunkt hierzu dienen.

HHI-Höhen

19. Für die Kommission stellen sich in der Regel keine horizontalen Wettbewerbsbedenken in einem Markt, dessen HHI nach dem Zusammenschluss unterhalb von 1000 liegt. Derartige Märkte bedürfen in der Regel keiner genaueren Untersuchung.

20. Das Gleiche gilt für Vorhaben, bei denen der HHI nach dem Zusammenschluss zwischen 1000 und 2 000 und der Delta-Wert unterhalb von 250 liegt, oder wenn der HHI oberhalb von 2000 und der Deltawert unter 150 liegt, es sei denn, besondere Umstände wie z. B. einer oder mehrerer der folgenden Faktoren lägen vor:

a) an dem Zusammenschluss ist ein potenzieller Wettbewerber oder ein Unternehmen mit einem kleinen Marktanteil beteiligt, das vor kurzem in den Markt eingetreten ist;
b) an dem Zusammenschluss sind Unternehmen beteiligt, deren Innovationspotenzial sich nicht in den Marktanteilen niederschlägt;
c) zwischen den Marktteilnehmern bestehen Überkreuz-Beteiligungen in erheblichem Ausmaß[25];
d) bei einem der fusionierenden Unternehmen handelt es sich um einen Einzelgänger, der ein koordiniertes Verhalten mit hoher Wahrscheinlichkeit stören wird;
e) es liegen Anzeichen für Marktkoordinierung oder eine solche erleichternde Praktiken vor;
f) der Marktanteil einer der fusionierenden Parteien beträgt wenigstens 50%[26].

21. Jede dieser HHI-Höhen kann in Verbindung mit dem Deltawert als erster Hinweis für fehlende Wettbewerbsbedenken dienen, begründet jedoch für sich allein keine Vermutung für das Vorhandensein oder die Abwesenheit solcher Bedenken.

---

[21] Siehe z. B. Sache COMP/M.2337 – Nestlé/Ralston Purina, Rdnr. 48–50.

[22] Siehe z. B. Entscheidung der Kommission 1999/674/EG in der Sache IV/M.1221 – Rewe/Meinl, ABl. L 274, 23.10.1999, Seite 1, Ziffern 98–114; COMP/M.2337 – Nestlé/Ralston Purina, Ziffern 44–47.

[23] Die Errechnung der Marktanteile hängt insbesondere von der Marktabgrenzung ab. Es ist hervorzuheben, dass die Kommission die von den Parteien vorgeschlagene Marktabgrenzung nicht notwendiger Weise übernehmen muss.

[24] Erwägungsgrund 32 der Fusionskontrollverordnung; eine solche Annahme liegt jedoch nicht vor, wenn ein Zusammenschlussvorhaben eine gemeinsame marktbeherrschende Stellung begründet oder verstärkt, an der die „beteiligten Unternehmen" und Dritte beteiligt sind (siehe C-68/94 und C-30/95, Kali & Salz, Slg. 1998 I-1375, Rdnr. 171 ff. und Rs. T-102/96, Gencor/Kommission, Slg. 1999 II-753, Rdnr. 134 ff.).

[25] In Märkten mit Überkreuz-Beteiligungen oder bei Gemeinschaftsunternehmen wird von der Kommission u. U. ein geänderter HHI angewandt, der dies berücksichtigt (siehe z. B. Sache M.1383 Exxon Mobil, Ziffer 260).

[26] Vgl. Ziffer 17 oben.

IV. Mögliche wettbewerbswidrige Wirkungen horizontaler Zusammenschlüsse

22. Horizontale Zusammenschlüsse können in zweifacher Weise einen wirksamen Wettbewerb erheblich behindern, insbesondere indem sie eine beherrschende Stellung begründen oder verstärken:

a) durch die Beseitigung wichtigen Wettbewerbsdrucks für ein oder mehrere Unternehmen, die dadurch ihre Marktmacht erhöhen, ohne auf ein koordiniertes Verhalten zurückgreifen zu müssen (nicht koordinierte Wirkungen),
b) durch die Änderung der Wettbewerbsfaktoren in einer Weise, dass Unternehmen, die zuvor ihr Verhalten nicht koordiniert hatten, nunmehr eher geneigt sind, in einem koordinierten Vorgehen ihre Preise zu erhöhen oder auf andere Weise einen wirksamen Wettbewerb zu schädigen. Ein Zusammenschluss kann auch für Unternehmen, die bereits vor der Fusion ihr Verhalten koordiniert haben, die Koordinierung erleichtern, stabilisieren oder sie erfolgreicher machen (koordinierte Wirkungen).

23. Die Kommission ermittelt, ob diese durch die Fusion herbeigeführten Änderungen eine dieser Wirkungen haben würden. Beide beschriebenen Fälle können bei der Bewertung eines Vorhabens von Bedeutung sein.

Nicht koordinierte Wirkungen[27]

24. Ein Zusammenschluss kann den Wettbewerb in einem Markt spürbar behindern, indem wichtiger Wettbewerbsdruck für einen oder mehrere Anbieter beseitigt werden, welche dadurch erhöhte Marktmacht erlangen. Die unmittelbarste Wirkung der Fusion liegt im Verlust des Wettbewerbs zwischen den fusionierenden Unternehmen. Wenn z. B. eines dieser Unternehmen vor dem Zusammenschluss seine Preise erhöht hätte, hätte es einen Teil seines Absatzes an den anderen Fusionsteilnehmer verloren. Mit dem Zusammenschluss wird dieser Wettbewerbsdruck beseitigt. Auch den übrigen Unternehmen des betreffenden Marktes können Vorteile aus dem Rückgang des Wettbewerbsdrucks aufgrund der Fusion erwachsen, da sich durch die Preiserhöhung der fusionierenden Unternehmen ein Teil der Nachfrage zu den Wettbewerbern verlagern kann, die es wiederum einträglich finden könnten, ihre Preise zu erhöhen[28]. Der Rückgang dieses Wettbewerbsdrucks könnte zu spürbaren Preiserhöhungen in dem relevanten Markt führen.

25. Im Allgemeinen würde ein Zusammenschluss, welcher eine solche nicht koordinierte Wirkung zeigt, einen wirksamen Wettbewerb dadurch erheblich behindern, dass hierdurch die beherrschende Stellung eines Unternehmens begründet oder verstärkt wird, welches typischer Weise einen deutlich größeren Marktanteil als ein anderer Wettbewerber nach dem Zusammenschluss hätte. Darüber hinaus können Zusammenschlüsse in oligopolistischen Märkten[29], die zur Beseitigung wichtiger Wettbewerbszwänge, die von den fusionierenden Parteien vorher gegeneinander ausgeübt wurden, sowie zu einer Verringerung des Wettbewerbsdrucks auf die verbleibenden Wettbewerber führen, selbst bei geringer Wahrscheinlichkeit einer Abstim-

---

[27] Häufig als „einseitige" Wirkungen bezeichnet.

[28] Diese erwarteten Reaktionen der Wettbewerber können ein relevanter Faktor sein, der die Anreize der fusionierten Einheit beeinflusst, die Preise zu erhöhen.

[29] In einem oligopolistischen Markt gibt es nur eine begrenzte Anzahl von großen Unternehmen. Oligopolistische Unternehmen hängen voneinander ab, da das Verhalten eines Unternehmens spürbare Auswirkungen auf die Bedingungen des Gesamtmarktes hat und damit auch indirekt auf die Lage aller übrigen Unternehmen.

mung zwischen den Mitgliedern des Oligopols eine erhebliche Behinderung des Wettbewerbs darstellen. Die Fusionskontrollverordnung stellt klar, dass alle Zusammenschlüsse, welche zu solchen nicht koordinierten Wirkungen führen, ebenfalls für unvereinbar mit dem Gemeinsamen Markt zu erklären sind[30].

26. Eine Reihe von Faktoren, die für sich genommen nicht unbedingt Ausschlag gebend sind, können darüber entscheiden, ob spürbare nicht koordinierte Wirkungen von einem Zusammenschluss zu erwarten sind. Es müssen nicht alle Faktoren gegeben sein, damit diese Wirkungen angenommen werden können. Auch ist dies nicht als eine erschöpfende Aufzählung anzusehen.

Hohe Marktanteile der fusionierenden Unternehmen

27. Die Wahrscheinlichkeit, dass ein Unternehmen Marktmacht ausübt, nimmt mit seinem Marktanteil zu. Mit dem Umfang der Marktanteilsadditionen wächst auch die Wahrscheinlichkeit, dass ein Zusammenschluss zu einer spürbaren Erhöhung an Marktmacht führt. Mit der zunehmenden Größe der Absatzbasis, auf der höhere Gewinnspannen nach einer Preiserhöhung erzielt werden können, wird es auch wahrscheinlicher, dass die fusionierenden Unternehmen eine Preiserhöhung trotz der damit einhergehenden Verringerung des Absatzes als Gewinn bringend ansehen. Die Marktanteile und addierten Marktanteile sind zwar nur erste Anhaltspunkte für Marktmacht und hinzugewonnene Marktmacht, bleiben jedoch wichtige Bewertungsfaktoren[31].

Die fusionierenden Unternehmen sind nahe Wettbewerber

28. Die Produkte können in dem relevanten Markt so differenziert sein[32], dass bestimmte Produkte nähere Substitute als andere sind[33]. Mit dem zunehmenden Maß an Substituierbarkeit zwischen den Produkten der fusionierenden Unternehmen wird es wahrscheinlicher, dass diese ihre Preise spürbar erhöhen werden[34]. So könnte ein Zusammenschluss zwischen zwei Herstellern, deren Produkte für eine große Anzahl von Kunden die erste und die zweite Kaufwahl sind, zu spürbaren Preiserhöhungen führen. Ein zentraler Faktor für die Untersuchung kann somit die Tatsache sein, dass die Rivalität zwischen den Parteien eine wichtige Antriebskraft des Wettbewerbs im Markt war[35]. Auch hohe Gewinnspannen vor dem Zusammen-

---

30 Erwägungsgrund 25 der Fusionskontrollverordnung.

31 Siehe insbesondere Ziffern 17 und 18.

32 Produkte können auf verschiedene Weise differenziert sein. Eine Differenzierung ist z. B. nach der räumlichen Lage denkbar, je nach Standorten der Filialen oder der Verkaufsstellen; der Standort ist von Bedeutung für Einzelhandelsvertriebe, Banken, Reisebüros oder Tankstellen. Eine Differenzierung kann auch nach Markenbild, technischen Merkmalen, Qualität oder Ausmaß an Dienstleistungen vorgenommen werden. Der Umfang der Werbung in einem Markt kann ein Anzeichen für die Bemühungen der Unternehmen sein, sich in ihren Produkten zu unterscheiden. Es gibt Produkte, bei denen die Käufer Kosten für die Umstellung auf das Produkt des Wettbewerbers gewärtigen müssen.

33 Zur Abgrenzung des relevanten Marktes siehe die bereits zitierte Mitteilung der Kommission zur Definition des relevanten Marktes im Sinne des Wettbewerbsrechts der Gemeinschaften.

34 Siehe z. B. Sache COMP/M.2817 – Barilla/BPS/Kamps, Ziffer 34; Entscheidung der Kommission 2001/403/EG in der Sache COMP/M.1672 – Volvo/Scania, ABl. L 143 vom 29.5.2001, S. 74, Ziffern 107–148.

35 Siehe z. B. die Entscheidung der Kommission 94/893/EG in der Sache COMP/M.430, Procter & Gamble/VP Schickedanz (II), ABl. L 354 vom 21.6.1994, S. 32, Rs. T-290/94, Kaysersberg/Kommission, Slg. 1997 II-2137, Rdnr. 153; Entscheidung der Kommission 97/610/EG in der Sache IV/M.774 – Saint-Gobain/Wacker-Chemie/NOM, ABl. L 247 vom 10.9.1997, Seite 1, Ziffer 179; Entscheidung der Kommission 2002/156/EG in der Sache COMP/

schluss[36] können spürbare Preiserhöhungen wahrscheinlicher machen. Der Anreiz für die fusionierenden Unternehmen, die Preise zu erhöhen, wird stärker eingeschränkt, wenn konkurrierende Unternehmen nahe Substitute zu den Produkten der fusionierenden Unternehmen herstellen, als wenn sie weniger nahe Substitute anbieten[37]. Es besteht deshalb eine geringere Wahrscheinlichkeit, dass ein Zusammenschluss wirksamen Wettbewerb, vor allem durch die Begründung oder Verstärkung einer beherrschenden Stellung, erheblich behindert, wenn ein hohes Maß an Substituierbarkeit zwischen den Produkten der fusionierenden Unternehmen und den Produkten der Wettbewerber besteht.

29. Wenn Daten verfügbar sind, kann der Grad an Subsituierbarkeit durch Erhebungen der Kundenpräferenzen, Analysen des Kaufverhaltens, Schätzungen der Kreuzpreiselastizitäten der betreffenden Produkte[38] oder der Umlenkungskennziffern[39] bewertet werden. In Bietermärkten ist es möglich zu ermitteln, ob in der Vergangenheit die von einer der bietenden Parteien abgegebenen Gebote durch das Vorhandensein der anderen fusionierenden Partei beeinflusst wurden[40].

30. In einigen Märkten kann es für die aktiven Unternehmen relativ einfach und nicht zu kostspielig sein, ihre Produkte neu zu positionieren oder ihre Produktpalette zu erweitern. Insbesondere untersucht die Kommission, ob die Möglichkeit der Neupositionierung oder Erweiterung der Produktpalette durch die Wettbewerber oder die fusionierenden Parteien den Anreiz der fusionierten Einheit beeinflusst, ihre Preise zu erhöhen. Die Neupositionierung der Produkte oder Erweiterung der Produktpalette bedingt jedoch häufig Risiken und umfangreiche verlorene Kosten[41] und kann weniger rentabel als die bisherige Produktpalette sein.

Begrenzte Möglichkeiten der Kunden, zu einem anderen Anbieter überzuwechseln

31. Für die Kunden der fusionierenden Parteien kann es schwierig sein, zu anderen Anbietern überzuwechseln, wenn nur wenige alternative Anbieter[42] vorhanden sind oder erhebliche Umstellungskosten[43] entstehen würden. Die Kunden sind in

---

M.2097 – SCA/Metsä Tissue, ABl. L 57 vom 27.2.2002, S. 1, Ziffer 94–108; Sache T-310/01, Schneider/Kommission, Slg. 2002 II-4071, Rdnr. 418.

36 Üblicherweise ergibt sich die relevante Gewinnspanne (s) aus dem Unterschied zwischen dem Preis (p) und den Zusatzkosten (k) der Lieferung einer zusätzlichen Ausstoßmenge ausgedrückt als Prozentsatz des Preises: (s = (p – k)/p).

37 Siehe z. B. Sache IV/M.1980 – Volvo/Renault VI, Ziffer 34; Sache COMP/M.2256 – Philips Agilent/Health Care Solutions, Ziffern 33–35; Sache COMP/M.2537 – Philips/Marconi Medical Systems, Ziffern 31–34.

38 Mit der Kreuzpreiselastizität der Nachfrage wird gemessen, in welchem Maße sich die nachgefragte Menge eines Produktes in Erwiderung auf eine Änderung des Preises eines anderen Produkts verändert, wenn alle übrigen Bedingungen gleich bleiben. Mit der Eigenpreiselastizität wird gemessen, in welchem Maße sich die Nachfrage nach einem Produkt in Erwiderung auf die Änderung des Preises dieses Produktes ändert.

39 Mit der Kennziffer für die Umlenkung von Produkt A auf das Produkt B wird gemessen, welcher Anteil des Absatzes des Produkts A aufgrund einer Preiserhöhung von A verloren geht und durch das Produkt B aufgesogen wird.

40 Entscheidung der Kommission 97/816/EG in der Sache IV/M.877, Boeing/McDonnell Douglas, ABl. L 336 vom 8.12.1997, S. 16, Ziffer 58ff.; Sache COMP/M.3083, GE/Instrumentarium, Ziffer 125ff.

41 Kosten, die beim Marktaustritt verloren sind.

42 Siehe z. B. die Entscheidung der Kommission 2002/156/EG in der Sache IV/M.877 – Boeing/McDonnell Douglas, ABl. L 336 vom 8.12.1997, S. 16, Ziffer 70.

43 Siehe z. B. Sache IV/M.986 – Agfa Gevaert/DuPont, ABl. L 211 vom 29.7.1998, Ziffern 63–71.

einem solchen Fall Preiserhöhungen besonders ausgesetzt. Der Zusammenschluss kann die Fähigkeit der Kunden beeinträchtigen, sich vor Preiserhöhungen zu schützen. Dies kann insbesondere auf Kunden zutreffen, die sich bei beiden fusionierenden Unternehmen eingedeckt hatten, um einen günstigeren Preis zu erlangen. Angaben über das Umstellungsverhalten der Kunden in der Vergangenheit und ihre Reaktionen auf Preiserhöhungen können hierzu wichtige Auskünfte liefern.

Erhöhung des Angebots durch die Wettbewerber bei Preiserhöhungen unwahrscheinlich

32. Wenn es aufgrund der Marktbedingungen unwahrscheinlich ist, dass die Wettbewerber der fusionierenden Parteien ihr Angebot bei Preiserhöhungen spürbar steigern, können die fusionierenden Unternehmen einen Anreiz haben, ihren Absatz auf ein Niveau unterhalb ihres gemeinsamen Produktionsumfangs vor dem Zusammenschluss zu verringern, um dadurch die Marktpreise zu erhöhen[44]. Der Zusammenschluss erhöht den Anreiz zur Verringerung des Absatzes, indem er der fusionierten Einheit eine größere Absatzbasis verschafft, auf der höhere Gewinnspannen aufgrund einer durch die Absatzkürzung verursachten Preiserhöhung erzielt werden können.

33. Wenn umgekehrt Marktbedingungen vorherrschen, bei denen Wettbewerber über ausreichende Kapazitäten verfügen und eine entsprechende Absatzsteigerung für sie gewinnbringend ist, wird die Kommission kaum zu dem Ergebnis gelangen, dass der Zusammenschluss eine beherrschende Stellung begründet oder verstärkt bzw. in anderer Weise wirksamen Wettbewerb erheblich behindert.

34. Eine Erweiterung des Absatzes ist vor allem unwahrscheinlich, wenn die Wettbewerber Kapazitätsengpässen gegenüberstehen und die Erweiterung der Kapazität kostenaufwändig wäre[45], oder wenn es wesentlich kostenaufwändiger ist, die bestehenden überschüssigen Kapazitäten zu nutzen als die gegenwärtig genutzten Kapazitäten.

35. Es ist zwar wahrscheinlicher, dass Kapazitätsengpässe bei relativ homogenen Produkten wichtiger sind, sie können jedoch auch bedeutend sein, wenn von den Unternehmen differenzierte Produkte angeboten werden.

Fähigkeit des fusionierten Unternehmens, die Wettbewerber am Wachstum zu hindern

36. Einige Zusammenschlüsse könnten einen wirksamen Wettbewerb spürbar behindern, indem sie das fusionierte Unternehmen in eine Lage versetzen, in der es die Fähigkeit und den Anreiz hat, das Wachstum kleinerer Unternehmen und potenzieller Wettbewerber zu erschweren oder die Wettbewerbsfähigkeit anderer Unternehmen auf sonstige Weise einzuschränken. In einem solchen Fall wäre es möglich, dass die Wettbewerber einzeln oder insgesamt nicht in der Lage wären, den Verhaltensspielraum des fusionierten Unternehmens in einem Maße zu begrenzen, dass es seine Preise nicht erhöhen oder keine anderen wettbewerbsschädlichen Maßnahmen ergreifen würde. Zum Beispiel könnte das fusionierte Unternehmen ein solches Maß an Kontrolle über oder Einfluss auf den Bezug von Einsatzmitteln[46] oder die Vertriebsmöglichkeiten[47] erlangen, dass für die Wettbewerber eine Erweiterung oder ein Markteintritt kostenaufwändiger wäre. In ähnlicher Weise kann die Kontrolle des fusionierten Unternehmens über Patente[48] oder andere Formen des geistigen Eigen-

---

[44] Siehe z. B. Sache COMP/M.2187 – CVC/Lenzing, Ziffern 162–170.

[45] Bei der Untersuchung möglicher Kapazitätserweiterungen durch Mitbewerber erwägt die Kommission ähnliche Faktoren wie die im Abschnitt VI über den Markteintritt beschriebenen. Siehe z. B. Sache COMP/M.2187 – CVC/Lenzing, Ziffern 162–173.

[46] Siehe z. B. Rs. T-221/95, Endemol/Kommission, Slg. 1999 II-1299, Rdnr. 167.

[47] Siehe z. B. Rs. T-22/97, Kesko/Kommission, Slg. 1999 II-3775, Rdnr. 141 ff.

[48] Siehe z. B. Entscheidung der Kommission 2001/684/EG in der Sache M.1671 – Dow Chemical/Union Carbide, ABl. L 245 vom 14.9.2001, Rdnr. 107–114.

tums (z. B. Marken[49]) das Wachstum oder den Markteintritt von Mitbewerbern erschweren. In Märkten, wo das Zusammenwirken verschiedener Infrastrukturen oder Plattformen von Bedeutung ist[50], kann ein Zusammenschluss der fusionierten Einheit die Möglichkeit verschaffen und ihr den Anreiz geben, die Kosten zu erhöhen oder die Qualität der Dienstleistungen der Mitbewerber zu mindern[51]. Bei der Untersuchung dieser Gesichtspunkte berücksichtigt die Kommission u. a. die Finanzkraft des fusionierten Unternehmens verglichen mit der ihrer Wettbewerber[52].

Beseitigung einer wichtigen Wettbewerbskraft durch den Zusammenschluss

37. Einige Unternehmen haben auf den Wettbewerbsprozess einen größeren Einfluss, als anhand ihrer Marktanteile oder ähnlicher Messgrößen zu vermuten wäre. Ein Zusammenschluss unter Beteiligung eines solchen Unternehmens könnte die Wettbewerbsdynamik in einer spürbar wettbewerbswidrigen Weise verändern, insbesondere, wenn es sich um einen bereits konzentrierten Markt handelt[53]. So kann z. B. ein Unternehmen jüngst in den Markt eingetreten sein, von dem zu erwarten ist, dass es in Zukunft spürbaren Wettbewerbsdruck auf die übrigen im Markt tätigen Unternehmen ausübt.

38. In Märkten, wo Innovation einen wichtigen Wettbewerbsfaktor darstellt, kann ein Zusammenschluss die Fähigkeit und die Anreize für die Unternehmen erhöhen, Innovationen auf den Markt zu bringen, und damit den Wettbewerbsdruck für die Wettbewerber erhöhen, ihrerseits Innovationen auf diesen Markt zu bringen. Wirksamer Wettbewerb kann hingegen erheblich behindert werden, wenn sich zwei wichtige Innovatoren zusammenschließen, zum Beispiel zwei Unternehmen, deren Produkte für einen bestimmten Markt kurz vor der Einführung stehen. Auch ein Unternehmen mit einem relativ kleinen Marktanteil kann eine bedeutende Wettbewerbskraft werden, wenn Erfolg versprechende Produkte kurz vor der Einführung stehen[54].

Koordinierte Wirkungen

39. Einige Märkte haben eine Struktur, bei der die Unternehmen es als möglich, wirtschaftlich und somit vorzugswürdig erachten, eine dauerhafte Strategie zu verfolgen, ihre Produkte zu erhöhten Preisen abzusetzen. Ein Zusammenschluss in einem konzentrierten Markt kann wirksamen Wettbewerb erheblich durch die Begründung oder Verstärkung einer gemeinsamen marktbeherrschenden Stellung behindern, weil er die Wahrscheinlichkeit erhöht, dass die Unternehmen in der Lage sind, ihr Verhalten in dieser Weise zu koordinieren und die Preise zu erhöhen, ohne eine Vereinba-

---

[49] Siehe z. B. die Entscheidung der Kommission 96/435/EG in der Sache IV/M.623, Kimberly-Clark/Scott, ABl. L 183 vom 23.7.1996; Rs. T-114/02, Babyliss SA/Kommission („Seb/Moulinex"), Slg. 2003 II-000, Rdnrn. 343ff.

[50] Dies trifft z. B. auf Netzindustrien wie Energie, Telekommunikation und andere Kommunikationssysteme zu.

[51] Entscheidung der Kommission 99/287/EG in der Sache IV/M.1069 – Worldcom/MCI, ABl. L 116 vom 4.5.1999, S. 1, Ziffern 117ff.; Sache IV/M.1741 – MCI Worldcom/Sprint, Ziffern 145ff.; Sache IV/M.1795 – Vodafone Airtouch/Mannesmann, Ziffern 44ff.

[52] Rs. T-156/98 RJB Mining/Kommission, Slg. 2001 II-337.

[53] Entscheidung der Kommission 2002/156/EG in der Sache IV/M.877, Boeing/McDonnell Douglas, ABl. L 336 vom 8.12.1997, S. 16, Ziffern 58ff.; Sache COMP/M.2568 – Haniel/Ytong, Ziffer 126.

[54] Als Beispiel für den Wettbewerb zwischen vorhandenen oder vor der Markteinführung stehenden Produkten von fusionierenden Parteien siehe z. B. Sache IV/M.1846 – Glaxo Wellcome/SmithKline Beecham, Ziffer 188.

rung eingehen oder ihre Verhaltensweise im Sinne von Artikel 81 des Vertrages aufeinander abzustimmen zu müssen[55]. Ein Zusammenschluss kann auch die Abstimmung zwischen Unternehmen erleichtern, stabilisieren oder erfolgreicher machen, die ihr Verhalten bereits zuvor koordinierten, entweder indem sie ihre Abstimmung weiter verstärken oder ihre Preise abgestimmt noch weiter erhöhen.

40. Die Koordinierung kann unterschiedliche Formen annehmen. In den meisten Märkten führt die Koordinierung dazu, dass die Preise oberhalb der Höhe gehalten werden, die sich bei ungehindertem Wettbewerb ergeben würde. In anderen Märkten kann die Koordinierung auf die Beschränkung der Produktion oder des Umfangs der auf den Markt zu bringenden neuen Kapazitäten abzielen. Eine Koordinierung kann auch aus der Aufteilung des Marktes z. B. nach räumlichen Gebieten[56], nach sonstigen Kundenmerkmalen oder durch die Zuteilung der Aufträge in Bietermärkten bestehen.

41. Die Koordinierung wird in Märkten erleichtert, wo es relativ einfach ist, über die Bedingungen der Koordinierung zu einem Einvernehmen zu gelangen. Zusätzlich müssen drei Bedingungen erfüllt sein, damit die Koordinierung nachhaltig ist. Erstens müssen die koordinierenden Unternehmen in ausreichendem Maße überwachen können, ob die Koordinierungsmodalitäten befolgt werden. Zweitens erfordert die Koordinierungsdisziplin, dass glaubhafte Abschreckungsmechanismen greifen, wenn eine Abweichung zutage tritt. Drittens dürfen die Reaktionen von Außenstehenden wie z. B. derzeitige und zukünftige Wettbewerber, die an der Abstimmung nicht teilnehmen, sowie der Kunden die mit der Koordinierung erwarteten Ergebnisse nicht gefährden[57].

42. Die Kommission ermittelt, ob die Beteiligten in der Lage sind, Koordinierungsmodalitäten zu vereinbaren und eine tragfähige Koordinierung aufrecht zu erhalten. Hierzu untersucht sie, welche Änderungen durch den Zusammenschluss herbeigeführt werden. Die Verringerung der Anzahl der in einem Markt tätigen Unternehmen kann bereits ein Faktor sein, der eine Koordinierung erleichtert. Ein Zusammenschluss kann jedoch auch die Wahrscheinlichkeit oder Wirksamkeit koordinierter Wirkungen auf andere Weise erhöhen. So kann an einer Fusion ein Einzelgänger beteiligt sein, der in der Vergangenheit die Koordinierung verhindert oder gestört hat, indem er z. B. Preiserhöhungen seiner Wettbewerber nicht nachvollzogen hat, oder dessen besondere Merkmale ihm Anreize dafür geben, andere strategische Entscheidungen als seine sich koordinierenden Wettbewerber zu treffen. Sollte das fusionierte Unternehmen ähnliche Strategien aufgreifen wie andere Wettbewerber, wäre eine Koordinierung für die übrigen Unternehmen leichter, weshalb sich mit der Fusion die Wahrscheinlichkeit, Stabilität und Wirksamkeit einer Koordinierung erhöhen würde.

43. Bei der Ermittlung der Wahrscheinlichkeit koordinierter Wirkungen berücksichtigt die Kommission sämtliche verfügbaren Informationen über die Besonderheiten der betreffenden Märkte einschließlich ihrer Strukturmerkmale und das Verhalten der beteiligten Unternehmen in der Vergangenheit[58]. Nachweise für ein koordinierendes Verhalten in der Vergangenheit sind von Bedeutung, wenn sich die Merkmale des relevanten Marktes nicht spürbar verändert haben und sich in naher Zukunft auch

[55] Sache T-102/96, Gencor/Kommission, Slg. 1999 II-753, Rdnr. 277; Sache T-342/99, Airtours/Kommission, Slg. 2000 II-2585, Rdnr. 61.

[56] Dies kann der Fall sein, wenn Oligopolisten aus historischen Gründen ihren Absatz auf bestimmte Gebiete beschränkt haben.

[57] Rs. T-342/99, Airtours/Kommission, Slg. 2000 II-2585, Rdnr. 62.

[58] Siehe die Entscheidung der Kommission 92/553/EG in der Sache IV/M.190 – Nestlé/Perrier, ABl. L 356 vom 5. 12. 1992, Ziffern 117–118.

voraussichtlich nicht ändern werden. Nachweise für Koordinierung in ähnlichen Märkten können ebenfalls nützliche Hinweise liefern[59].

Erzielen von Übereinstimmung über Koordinierungsmodalitäten

44. Eine Koordinierung wird erleichtert, wenn die Wettbewerber ohne Mühe zu einer gemeinsamen Vorstellung über die Modalitäten ihres Funktionierens gelangen. Die Teilnehmer an der Koordinierung sollten ähnliche Vorstellungen darüber haben, welche Vorgehensweisen als im Einklang mit dem koordinierten Verhalten stehend bzw. als Abweichungen anzusehen wären.

45. In der Regel ist es für die Unternehmen umso einfacher, zu einer gemeinsamen Vorstellung über die Modalitäten ihrer Koordinierung zu gelangen, je weniger komplex und je stabiler das wirtschaftliche Umfeld ist, in dem sie tätig sind. So ist es z. B. einfacher, dass zwischen einigen wenigen Unternehmen eine Koordinierung erfolgt als zwischen einer Vielzahl von Marktteilnehmern. Auch ist es leichter, den Preis für ein einziges homogenes Produkt zu koordinieren als Hunderte von Preisen in einem Markt mit vielen differenzierten Erzeugnissen. Das Gleiche gilt für die Koordinierung in einem Markt mit stabilen Angebots- und Nachfragebedingungen[60]. So sind z. B. Nachfrageschwankungen, erhebliches internes Wachstum einiger Marktteilnehmer oder häufiger Eintritt neuer Unternehmen Anzeichen dafür, dass die Marktlage nicht ausreichend stabil ist, um eine Koordinierung wahrscheinlich zu machen[61]. In Märkten, bei denen die Innovation eine wichtige Rolle spielt, kann eine Koordinierung schwieriger sein, da wichtige Innovationen einem Unternehmen erhebliche Vorteile gegenüber seinen Wettbewerbern verschaffen können.

46. Die Koordinierung in Form der Marktaufteilung wird erleichtert, wenn die Kunden eindeutige Merkmale aufweisen, die ihre Zuteilung durch die koordinierenden Unternehmen erleichtern. Bei diesen Merkmalen kann es sich um räumliche Gegebenheiten, Kundentypen oder das Vorhandensein von Kunden, die in der Regel von nur einem bestimmten Unternehmen beziehen, handeln. Eine Koordinierung über die Aufteilung des Marktes erfolgt relativ umstandslos, wenn der Lieferant jedes Kunden einfach auszumachen ist und die Koordinierung aus der Zuteilung der bestehenden Kunden zu ihren angestammten Lieferanten besteht.

47. Den beteiligten Unternehmen kann es jedoch gelingen, auf anderen Wegen die Probleme aufgrund eines komplexen wirtschaftlichen Umfeldes zu überwinden, ohne bis zur Marktaufteilung zu gehen. Sie könnten z. B. einfache Preisfindungsregeln anwenden, was weniger kompliziert wäre, als sich über eine große Anzahl von Preisen abzustimmen. Ein Beispiel für ein solches Vorgehen ist es, einige wenige Preisfestsetzungsparameter anzuwenden und so die Koordinierungsprobleme zu verringern. Ein weiteres Beispiel ist die Einführung einer festen Beziehung zwischen bestimmten Basispreisen und einer Reihe anderer Preise, so dass sich die Preise grundsätzlich parallel bewegen. Öffentlich zugängliche Schlüsselinformationen, der Informationsaustausch durch Branchenverbände oder Überkreuzbeteiligungen oder Beteiligungen an Gemeinschaftsunternehmen können ebenfalls die Übereinstimmung über Koordinierungsmodalitäten erleichtern. Je komplexer die Marktlage ist, umso mehr Transparenz oder Kommunikation ist erforderlich, um zu einem gemeinsamen Verständnis der Koordinierungsmodalitäten zu kommen.

48. Es kann für Unternehmen einfacher sein, zu einem gemeinsamen Verständnis über die Koordinierungsmodalitäten zu gelangen, wenn sie hinsichtlich Kostenstrukturen, Marktanteilen, Kapazitätshöhen und Ausmaß an vertikaler Integration relativ

---

[59] Siehe Sache IV/M.580 – ABB/Daimler-Benz, Ziffer 95.

[60] Siehe z. B. Entscheidung der Kommission 2002/156/EG in der Sache COMP/M.2097 – SCA/Metsä Tissue, ABl. L 57 vom 27.2.2002, S. 1, Ziffer 148.

[61] Siehe z. B. Sache IV/M.1298 – Kodak/Imation, Ziffer 60.

symmetrisch[62] aufgebaut sind[63]. Strukturelle Verbindungen wie z. B. Überkreuzbeteiligungen oder Beteiligungen an einem Gemeinschaftsunternehmen können auch dazu beitragen, die Anreize zwischen den koordinierenden Unternehmen anzugleichen[64].

Überwachung der Abweichungen

49. Koordinierende Unternehmen sind häufig versucht, ihre Marktanteile in Abweichung von den Koordinierungsmodalitäten zu erhöhen, z. B. durch die Senkung ihrer Preise, das Anbieten verdeckter Rabatte, die Erhöhung der Produktqualität, die Steigerung der Kapazitäten oder die Hinzugewinnung neuer Kunden. Nur die glaubwürdige Androhung sofortiger und wirksamer Vergeltungsmaßnahmen hindert die Unternehmen an einem abweichenden Verhalten. Die Märkte müssen hinreichend transparent sein, damit die koordinierenden Unternehmen wirksam überwachen können, ob andere Unternehmen von den Modalitäten abweichen, und damit wissen, wann Vergeltungsmaßnahmen eingeleitet werden müssen[65].

50. Die Transparenz im Markt ist oft um so größer, je geringer die Zahl der Marktteilnehmer ist. Außerdem ist das Ausmaß an Transparenz häufig von der Art und Weise abhängig, wie die Transaktionen in einem bestimmten Markt durchgeführt werden. Eine hohe Transparenz findet sich z. B. in einem Markt, wo die Geschäfte an einem öffentlichen Ort wie z. B. bei einer Auktion getätigt werden[66]. Umgekehrt ist die Transparenz in einem Markt gering, wo die Geschäfte vertraulich zwischen Käufern und Verkäufern zweiseitig ausgehandelt werden[67]. Bei der Ermittlung des Ausmaßes an Transparenz in einem Markt muss vor allem festgestellt werden, was die Unternehmen den verfügbaren Informationen über das Vorgehen ihrer Wettbewerber entnehmen können[68]. Es sollte den koordinierenden Unternehmen möglich sein, aus einem unerwarteten Verhalten mit einiger Sicherheit abzulesen, ob es das Ergebnis einer Abweichung von den Koordinierungsmodalitäten ist. In einem instabilen Umfeld ist beispielsweise es für ein Unternehmen häufig schwer zu erkennen, ob sein Absatzrückgang auf eine allgemein schwache Nachfrage oder einen Wettbewerber zurückzuführen ist, der besonders niedrige Preise verlangt. Wenn die Gesamtnachfrage oder die Kostenbedingungen schwanken, kann es ebenfalls schwer sein zu erkennen, ob ein Wettbewerber seine Preise senkt, weil er erwartet, dass die koordinierten Preise fallen, oder weil er von den Koordinierungsmodalitäten abweicht.

51. In Märkten, wo aufgrund der allgemeinen Bedingungen die Überwachung von Abweichungen schwierig erscheinen mag, können die Unternehmen dennoch Verhaltensweisen praktizieren, die eine Erleichterung der Überwachung bewirken,

---

[62] Effizienzgewinne können wichtige Anhaltspunkte bei der Prüfung der Frage sein, ob sich die Symmetrie der in einem Markt tätigen Unternehmen durch den Zusammenschluss erhöht (siehe auch Ziffer 82 der Mitteilung).

[63] Rs. T-102/96, Gencor/Kommission, Slg. 1999 II-753, Ziffer 222; Entscheidung der Kommission in der Sache IV/M.190 – Nestlé/Perrier, ABl. L 356 vom 5.12.1992, Ziffern 63–123.

[64] Siehe z. B. Entscheidung der Kommission 2001/519/EG in der Sache COMP/M.1673 – VEBA/VIAG, ABl. L 188 vom 10.7.2001, S. 1, Ziffer 226; Sache COMP/M.2567 – Nordbanken/Postgiro, Ziffer 54.

[65] Siehe z. B. Sache COMP/M.2389 – Shell/DEA, Ziffern 112ff.; Sache COMP/M.2533 – BP/E. ON, Ziffern 102ff.

[66] Siehe auch Entscheidung der Kommission 2000/42/EG in der Sache COMP/M.1313 – Danish Crown/Vestjyske Slagterier, ABl. 20 vom 25.1.2000, S. 1, Ziffern 176–179.

[67] Siehe z. B. Sache COMP/M.2640 – Nestlé/Schöller, Ziffer 37; Entscheidung der Kommission 1999/641/EG in der Sache COMP/M.1225 – Enso/Stora, ABl. L 254 vom 29.9.1999, S. 9, Ziffern 67–68.

[68] Siehe z. B. Sache IV/M.1939 – Rexam (PLM)/American National Can, Ziffer 24.

selbst wenn diese Vorkehrungen nicht unbedingt zu diesem Zweck getroffen werden. Verhaltensweisen wie z. B. Meistbegünstigungsklauseln, die freiwillige Veröffentlichung von Informationen, Ankündigungen oder der Austausch von Informationen über Branchenverbände können die Transparenz erhöhen oder den Wettbewerbern helfen, eine getroffene Entscheidung zu interpretieren. Überkreuzmandate in Leitungsorganen, die Beteiligung an Gemeinschaftsunternehmen und ähnliche Arrangements können ebenfalls eine Überwachung erleichtern.

Abschreckungsmechanismen

52. Eine Koordinierung ist nur auf Dauer wirksam, wenn bei einem abweichenden Verhalten ernsthafte Konsequenzen drohen, um die koordinierenden Unternehmen davon zu überzeugen, dass es in ihrem eigenen Interesse liegt, die Koordinierungsmodalitäten zu befolgen. Die Dauerhaftigkeit der Koordinierung wird somit durch drohende Vergeltungsmaßnahmen gewährleistet[69]. Die Androhung ist jedoch nur glaubwürdig, wenn im Falle eines entdeckten Abweichens Abschreckungsmechanismen mit hinreichender Sicherheit greifen[70].

53. Vergeltungsmaßnahmen, die erst mit einer zeitlichen Verzögerung oder nicht mit Sicherheit ergriffen werden, werden mit geringerer Wahrscheinlichkeit als ausreichend empfunden werden, um die mit einem Abweichen verbundenen Vorteile auszugleichen. In einem Markt, der durch unregelmäßige Großbestellungen gekennzeichnet ist, kann es schwierig sein, einen ausreichend strengen Abschreckungsmechanismus zu finden, da der Vorteil eines Abweichens zur rechten Zeit groß, gewiss und unverzüglich sein kann, während die Verluste aufgrund einer Bestrafung klein und ungewiss sein und erst nach einer bestimmten Zeit zu Tage treten mögen. Die Geschwindigkeit, mit der Abschreckungsmechanismen durchgeführt werden, hängt mit der Frage der Transparenz zusammen. Wenn die Firmen die Vorgehensweisen ihrer Wettbewerber erst mit erheblicher Verzögerung erkennen können, wird auch eine Vergeltung mit entsprechender Verzögerung erfolgen, und dies wird die Erwägung beeinflussen, ob sie zur Abschreckung ausreichend ist.

54. Die Glaubwürdigkeit der Abschreckung hängt davon ab, ob die anderen koordinierenden Unternehmen einen Anreiz haben, Vergeltungsmaßnahmen anzuwenden. Einige Abschreckungsmechanismen wie z. B. die Bestrafung der Abweichler durch einen vorübergehenden Preiskrieg oder die spürbare Erhöhung der eigenen Produktion kann für das Vergeltung ausübende Unternehmen einen vorübergehenden wirtschaftlichen Verlust bewirken. Dies beseitigt nicht unbedingt den Vergeltungsanreiz, da der kurzfristige Verlust geringer sein mag als der langfristige Vorteil von Vergeltungsmaßnahmen, die zur Rückkehr des Koordinierungsmechanismus führen.

55. Die Vergeltung muss nicht unbedingt in demselben Markt erfolgen wie die Abweichung[71]. Wenn die koordinierenden Unternehmen auch in anderen Märkten tätig sind, können diese sich für verschiedene Arten der Vergeltung anbieten[72]. Die Vergeltung kann verschiedene Formen annehmen, wie z. B. die Aufkündigung von

---

[69] Siehe Sache COMP/M.2389 – Shell/DEA, Ziffer 121 und Sache COMP/M.2533 – BP/E.ON, Ziffer 111.

[70] Abschreckungsmechanismen werden zuweilen auch als „Bestrafung" bezeichnet, jedoch nicht in der strengen Bedeutung, dass damit ein abweichendes Unternehmen einzeln bestraft würde. Allein die Erwartung, dass die Koordinierung für einen bestimmten Zeitraum versagen könnte, falls eine Abweichung entdeckt wird, kann bereits ein wirksamer Abschreckungsmechanismus sein.

[71] Siehe z. B. Entscheidung der Kommission 2000/42/EG in der Sache IV/M.1313 – Danish Crown/Vestjyske Slagterier, ABl. L 20 vom 25. 1. 2000, Ziffer 177.

[72] Siehe Rs. T-102/96, Gencor/Kommission, Slg. 1999 II-753, Rdnr. 281.

Gemeinschaftsunternehmen oder anderer Formen der Zusammenarbeit oder der Verkauf von Kapitalanteilen an Unternehmen im gemeinsamen Besitz.

Reaktionen von Außenstehenden

56. Damit eine Koordinierung erfolgreich ist, darf das mit der Abstimmung erwartete Ergebnis durch das Vorgehen der nicht koordinierenden Unternehmen, von potenziellen Wettbewerbern oder von Kunden nicht gefährdet werden. Wenn z. B. die Koordinierung auf den Abbau der Gesamtkapazitäten in einem Markt abzielt, würde dies nur die Verbraucher schädigen, wenn die nicht koordinierenden Unternehmen nicht in der Lage wären oder keinen Anreiz hätten, im Gegenzug ihre eigenen Kapazitäten so zu erweitern, dass ein Nettokapazitätsabbau vermieden oder dass zumindest der koordinierte Kapazitätsabbau unwirtschaftlich gemacht wird[73].

57. Die Wirkungen eines Markteintritts und der Gegenmacht der Kunden werden in späteren Abschnitten erörtert. Die möglichen Auswirkungen dieser Elemente auf die Beständigkeit der Koordinierung werden dabei besonders gewürdigt. Wenn ein Großabnehmer z. B. einen großen Teil seines Bedarfs bei einem Lieferanten bezieht oder eine langfristige Abnahme anbietet, kann er die Koordinierung aufweichen, indem er eines der koordinierenden Unternehmen erfolgreich zu einem Abweichen bewegt, um eine wichtige neue Absatzquelle zu erringen.

Fusion mit einem potenziellen Wettbewerber

58. Zusammenschlüsse zwischen einem Unternehmen, das auf dem relevanten Markt bereits tätig ist, und einem potenziellen Wettbewerber in diesem Markt können ähnliche wettbewerbswidrige Wirkungen zeitigen wie Fusionen zwischen zwei Unternehmen, die auf demselben relevanten Markt bereits tätig sind. Insbesondere durch die Begründung oder Verstärkung einer beherrschenden Stellung können auch diese Zusammenschlüsse einen wirksamen Wettbewerb erheblich behindern.

59. Wenn der potenzielle Wettbewerber den Verhaltensspielraum der bereits in dem Markt tätigen Unternehmen spürbar eingrenzt, kann eine Fusion mit diesem Wettbewerber sowohl koordinierte als auch nicht koordinierte horizontale wettbewerbswidrige Wirkungen haben. Dies ist der Fall, wenn der potenzielle Wettbewerber Vermögenswerte besitzt, die sich dafür eignen, für einen Markteintritt verwendet zu werden, ohne spürbare verlorene Kosten (sunk costs) gewärtigen zu müssen. Wettbewerbswidrige Wirkungen können auch entstehen, wenn der fusionierende Partner mit hoher Wahrscheinlichkeit die für einen Markteintritt erforderlichen verlorenen Kosten innerhalb einer kurzen Zeit aufwenden würde, um danach den Verhaltensspielraum der schon in dem Markt tätigen Unternehmen zu begrenzen[74].

60. Damit ein Zusammenschluss mit einem potenziellen Wettbewerber spürbare wettbewerbswidrige Wirkungen zeitigt, müssen zwei Voraussetzungen erfüllt sein. Erstens müssen von dem potenziellen Wettbewerber bereits spürbare den Verhaltensspielraum begrenzende Wirkungen ausgehen, oder es müssen Anhaltspunkte dafür vorliegen, dass dieser sich zu einer wirksamen Wettbewerbskraft entwickelt. Nachweise für Pläne eines potenziellen Wettbewerbers, in den Markt in großem Umfang einzutreten, könnten es der Kommission erleichtern, zu einer solchen Schlussfolgerung zu gelangen[75]. Zweitens dürfen keine anderen potenziellen Wettbewerber vor-

---

[73] Diese Erwägungen sind in ähnlicher Weise wie bei nicht koordinierten Wirkungen zu untersuchen.

[74] Siehe z. B. Sache IV/M.1630 – Air Liquide/BOC, Ziffern 201 ff. Als Beispiel für einen kurzfristig wenig wahrscheinlichen Eintritt eines anderen fusionierenden Unternehmens siehe Rs. T-158/00, ARD/Kommission, Slg. 2003 II-000, Rdnrn. 115–127.

[75] Entscheidung der Kommission 2001/98/EG in der Sache IV/M.1439 – Telia/Telenor, ABl. L 40 vom 9.2.2001, S. 1, Ziffern 330–331; und in der Sache IV/M.1681 – Akzo Nobel/Hoechst Roussel Vet, Ziffer 64.

handen sein, die einen hinreichenden Wettbewerbsdruck nach dem Zusammenschluss aufrechterhalten können[76].

Zusammenschlüsse, die Nachfragemacht in vorgelagerten Märkten begründen oder verstärken

61. Die Kommission untersucht auch, in welchem Maße ein fusioniertes Unternehmen seine Kaufkraft in vorgelagerten Märkten verstärken kann. Einerseits kann eine Fusion einen wirksamen Wettbewerb insbesondere durch die Entstehung oder Verstärkung einer beherrschenden Stellung erheblich behindern, wenn sie die Marktmacht eines Käufers begründet oder verstärkt. Das fusionierte Unternehmen könnte nämlich in der Lage sein, durch die Kürzung ihrer Bezüge von Einsatzmitteln niedrigere Preise zu erzielen. Sie könnte sich dann veranlasst sehen, ihre Produktion im Markt der Endprodukte ihrerseits zu senken und dadurch dem Wohlergehen der Verbraucher zu schaden[77]. Derartige Wirkungen können insbesondere entstehen, wenn die vorgelagerten Anbieter relativ fragmentiert sind. Es könnte auch der Wettbewerb in den nachgeordneten Märkten beeinträchtigt werden, wenn die fusionierte Einheit ihre Nachfragemacht gegenüber ihren Lieferanten ausübt, um Mitbewerber abzuschotten[78].

62. Andererseits kann eine erhöhte Nachfragemacht für den Wettbewerb von Vorteil sein. Wenn die Kosten für die Einsatzmittel gesenkt werden, ohne den Wettbewerb auf den nachgelagerten Märkten oder den Gesamtabsatz einzuschränken, ist es wahrscheinlich, dass ein Teil dieser Kostensenkungen an die Verbraucher in Form niedriger Preise weitergegeben werden.

63. Um zu ermitteln, ob eine Fusion durch die Begründung oder Verstärkung von Nachfragemacht den wirksamen Wettbewerb spürbar behindert, ist eine Untersuchung der Wettbewerbsbedingungen in den vorgelagerten Märkten und eine Bewertung der vorstehend beschriebenen positiven und negativen Wirkungen erforderlich.

V. Nachfragemacht der Abnehmer

64. Druck auf die Lieferanten kann nicht nur von den Wettbewerbern, sondern auch von den Kunden ausgeübt werden. Sogar Unternehmen mit hohen Marktanteilen kann es nach einem Zusammenschluss unmöglich sein, einen wirksamen Wettbewerb spürbar zu behindern, und in spürbarem Maße unabhängig von ihren Kunden vorzugehen, wenn diese Nachfragemacht ausüben können[79]. Nachfragemacht ist hier als die Verhandlungsmacht anzusehen, die ein Käufer gegenüber seinem Lieferanten angesichts seiner Größe, seiner wirtschaftlichen Bedeutung für den Verkäufer und seiner Fähigkeit ausspielen kann, zu anderen Lieferanten überzuwechseln.

65. Die Kommission ermittelt gegebenenfalls, in welchem Maße die Kunden in der Lage wären, einer durch den Zusammenschluss entstehenden erhöhten Marktmacht entgegenzuwirken. Eine Form der Nachfragemacht bestünde darin, dass ein

[76] Sache IV/M.1630 – Air Liquide/BOC, Rdnr. 219; Entscheidung der Kommission 2002/164/EG in der Sache COMP/M.1853 – EDF/EnBW, ABl. L 59 vom 28.2.2002, S. 1, Rdnr. 54–64.

[77] Siehe Entscheidung der COMP 1999/674/EG in der Sache M.1221 – Rewe/Meinl, ABl. L 274 vom 23.10.1999, S. 1, Ziffern 71–74.

[78] Rs. T-22/97, Kesko/Kommission, Slg. 1999 II-3775, Rdnr. 157; Entscheidung der Kommission 2002/156/EG in der Sache M.877 – Boeing/MacDonnell Douglas, ABl. L 336 vom 8.12.1997, S. 16, Ziffern 105–108.

[79] Siehe z. B. Sache IV/M.1882 Pirelli/BICC, Ziff. 77–80.

Kunde glaubwürdig androhen könnte, innerhalb eines nicht zu langen Zeitraums zu einer anderen Lieferquelle überzuwechseln, falls sein Lieferant beschließen sollte, die Preise zu erhöhen[80] oder die Qualität oder die Bedingungen seiner Lieferungen zu verschlechtern. Dies wäre der Fall, wenn der Käufer unverzüglich zu anderen Anbietern überwechseln könnte[81], glaubwürdig androhen könnte, sich in den vorgelagerten Markt vertikal zu integrieren oder Wachstum bzw. einen Marktzutritt im vorgelagerten Markt zu fördern[82], indem er z. B. einen potenziellen Marktzugänger durch Großbestellungen bei diesem Unternehmen davon überzeugt, in den Markt einzutreten. Es ist eher anzunehmen, dass Großabnehmer eine solche Gegenmacht ausüben können, als kleine Unternehmen in einem fragmentierten Wirtschaftszweig[83]. Ein Kunde kann Gegenmacht auch ausüben, indem er sich weigert, andere von seinem Lieferanten hergestellte Produkte zu beziehen, oder, insbesondere bei langlebigen Gütern, seine Bezüge hinauszögert.

66. In einigen Fällen kann es von Bedeutung sein, die Anreize der Kunden zu untersuchen, ihre Nachfragemacht auszuüben[84]. So kann z. B. ein Unternehmen in einem nachgeordneten Markt keinen Vorteil darin sehen, Investitionen zur Förderung eines Marktzutritts vorzunehmen, wenn die Vorteile eines solchen Eintritts in Form niedrigerer Kosten für die Einsatzmittel auch seinen Wettbewerbern zugute kommen würden.

67. Es ist nicht davon auszugehen, dass Nachfragemacht in ausreichendem Maße potenzielle nachteilige Wirkungen eines Zusammenschlusses ausgleicht, wenn sie lediglich gewährleistet, dass ein bestimmtes Kundensegment[85] mit besonderer Verhandlungsstärke nach dem Zusammenschluss vor wesentlich höheren Preisen oder verschlechterten Konditionen abgeschirmt wird[86]. Außerdem reicht es nicht aus, wenn Nachfragemacht vor dem Zusammenschluss besteht, sie muss auch nach der Fusion fortbestehen und wirksam bleiben. Ein Zusammenschluss zwischen zwei Anbietern kann nämlich die Nachfragemacht schwächen, wenn dadurch eine glaubwürdige Alternative wegfällt.

VI. Marktzutritt

68. Wenn ein Marktzutritt hinreichend leicht ist, wird ein Zusammenschluss keine spürbaren wettbewerbswidrigen Risiken in sich tragen. Deshalb ist die Analyse des Marktzutritts ein wichtiger Bestandteil der wettbewerblichen Würdigung. Wenn

---

80 Siehe z. B. Sache IV/M.1245 – Valeo/ITT Industries, Ziffer 26.

81 Die Gegenmacht einer kleinen Anzahl Kunden mag unzureichend sein, wenn sie wegen der hohen Kosten eines Wechsels an den Lieferanten gebunden sind (Siehe Sache COMP/M.2187 – CVC/Lenzing, Ziffer 223).

82 Entscheidung der Kommission 1999/641/EG in der Sache IV/M.1225, Enso/Stora, ABl. L 254 vom 29.9.1999, S. 9, Ziffern 89–91.

83 Es kann auch angezeigt sein, die Konzentration auf der Kundenseite mit der auf der Angebotsseite zu vergleichen. Siehe hierzu Sache COMP/JV 55 – Hutchison/RCPM/ECT, Ziffer 119, und Sache COMP/M.1225, Enso/Stora, ABl. L 254 vom 29.9.1999, Ziffer 97.

84 Sache COMP/JV 55 – Hutchison/RCPM/ECT, Ziffer 129–130.

85 Entscheidung der Kommission 2002/156/EG in der Sache COMP/M.2097 – SCA/Metsä Tissue, ABl. 57 vom 27.2.2002, S. 1, Ziffer 88. Preisdiskriminierung zwischen unterschiedlichen Kategorien von Kunden kann in einigen Fällen für die Marktabgrenzung relevant sein. (Siehe hierzu die bereits zitierte Mitteilung der Kommission zur Definition des relevanten Marktes, Ziffer 43).

86 Hierzu ermittelt die Kommission, ob die verschiedenen Kunden Gegenmacht ausüben, z. B. Entscheidung der Kommission 1999/641/EG in der Sache COMP/M.1225, Enso/Stora, 1999, ABl. L 254 vom 29.9.1999, Ziffern 84–97.

ein Marktzutritt als ausreichender Wettbewerbsdruck zu den Zusammenschlussparteien angesehen werden soll, muss nachgewiesen werden, dass er geeignet ist, mit hinreichender Wahrscheinlichkeit und rechtzeitig die potenziellen wettbewerbswidrigen Wirkungen eines Zusammenschlusses zu verhindern oder aufzuheben.

Wahrscheinlichkeit eines Marktzutritts

69. Die Kommission untersucht, ob ein konkreter oder potenzieller Zutritt geeignet ist, den Verhaltensspielraum der angestammten Unternehmen nach dem Zusammenschluss einzuschränken. Ein Markteintritt ist wahrscheinlich, wenn er unter Berücksichtigung der Auswirkungen einer Hinzufügung zusätzlicher Produktionsmengen in den Markt auf die Preise und der potenziellen Reaktionen der angestammten Unternehmen hinreichend Gewinn bringend ist. Ein Marktzutritt ist daher weniger wahrscheinlich, wenn er nur in großem Umfang wirtschaftlich wäre und damit zu einem Preisrückgang führen würde. Er wäre wahrscheinlich schwieriger, wenn die angestammten Unternehmen in der Lage sind, ihre Marktanteile zu schützen, indem sie langfristige Verträge anbieten oder den Kunden, um die sich der Neuzugänger bemühen wird, langfristige Verträge oder gezielte vorwegnehmende Preissenkungen angeboten werden. Außerdem können die hohen Risiken und die durch einen fehlgeschlagenen Zutritt verursachten Kosten diesen weniger wahrscheinlich machen. Mit der Zunahme der mit einem Marktzutritt verbundenen verlorenen Kosten nehmen auch die Kosten eines fehlgeschlagenen Eintritts zu[87].

70. Die potenziellen Neuzugänger können auf Zutrittshindernisse stoßen, die über die Zutrittsrisiken und -kosten entscheiden und damit Auswirkungen auf dessen Rentabilität haben. Zutrittsschranken sind spezifische Marktmerkmale, die den angestammten Unternehmen Vorteile gegenüber ihren potenziellen Wettbewerbern verleihen. Bei niedrigen Zutrittsschranken wird der Verhaltensspielraum der fusionierenden Parteien eher durch einen Markteintritt eingeengt. Sind die Zutrittsschranken dagegen hoch, werden Preiserhöhungen der fusionierenden Unternehmen durch einen Marktzutritt kaum in spürbarem Maße verhindert. Beispiele für zurückliegende Marktein- und -austritte in dem betreffenden Wirtschaftszweig können nützliche Informationen über die Höhe der Zutrittsschranken liefern.

71. Die Zutrittsschranken können verschiedene Formen annehmen:

a) Rechtliche Vorteile, wenn durch regulatorische Schranken die Anzahl der Marktteilnehmer z. B. aufgrund von Beschränkungen der Anzahl zu vergebender Konzessionen begrenzt wird[88]. Hierzu zählen auch tarifäre und nichttarifäre Handelsschranken[89].
b) Ein technischer Vorsprung der angestammten Unternehmen wie z. B. der erleichterte Zugang zu wesentlichen Einrichtungen, natürlichen Ressourcen[90], Innovation und FuE[91] oder geistigen Eigentumsrechten[92], der ein erfolgreiches Vorgehen der Wettbewerber erschwert. So kann es in einigen Wirtschaftszweigen schwierig

[87] Entscheidung der Kommission 97/610/EG in der Sache IV/M.774 – Saint-Gobain/Wacker-Chemie/NOM, ABl. L 247 vom 10.9.1997, S. 1, Ziffer 184.

[88] Sache IV/M.1430 – Vodafone/Airtouch, Ziffer 27; Sache IV/M.2016 – France Télécom/Orange, Ziffer 33.

[89] Entscheidung der Kommission 2002/174/EG in der Sache COMP/M.1693 – Alcoa/Reynolds, ABl. L 58 vom 28.2.2002, Ziffer 87.

[90] Entscheidung der Kommission 95/335/EG in der Sache COMP/M.754 – Anglo American Corp./Lonrho, ABl. L 149 vom 20.5.1998, S. 21, Ziffern 118–119.

[91] Entscheidung der Kommission 97/610/EG in der Sache IV/M.774 – Saint-Gobain/Wacker-Chemie/NOM, ABl. L 247 vom 10.9.1997, S. 1, Ziffern 184–187.

[92] Entscheidung der Kommission 94/811/EG in der Sache IV/M.269 – Shell/Montecatini, ABl. L 332 vom 22.2.2002, S. 48, Ziff. 32.

sein, wesentliche Einsatzmittel zu erhalten, oder Produkte oder Verfahren sind durch Patente geschützt. Andere Faktoren wie Größen- und Umfangsvorteile, Vertriebs- und Absatznetze[93] und der Zugang zu wichtigen Technologien können ebenfalls Eintrittsschranken bilden.

c) Zutrittsschranken können sich auch aufgrund der Stellung der angestammten Unternehmen in einem Markt ergeben. Es kann z. B. schwierig sein, in einen Wirtschaftszweig einzutreten, wo Erfahrung und Ruf erforderliche Voraussetzungen für einen Erfolg sind, die von einem Neuzugänger nur schwer erlangt werden können. Faktoren wie Kundentreue zu einer bestimmten Marke[94], Enge des Verhältnisses zwischen Lieferanten und Kunden, die Bedeutung von Marktförderung und Werbung und aus einer Reputation sich ergebende Vorteile[95] sind in diesem Zusammenhang zu berücksichtigen. Zutrittsschranken können auch entstehen, wenn sich die angestammten Unternehmen auf den Aufbau von erheblichen Überschusskapazitäten[96] festgelegt haben oder wo die Kosten für die Umstellung zu einem neuen Lieferanten für die Kunden den Marktzutritt hemmen können.

72. Bei der Ermittlung der Frage, ob ein Marktzutritt rentabel wäre, sollte die zu erwartende Marktentwicklung berücksichtigt werden. Es ist wahrscheinlich rentabler, in einen Markt einzutreten, bei dem in Zukunft mit hohem Wachstum gerechnet wird[97], als in einen ausgereiften Markt, bei dem ein Rückgang anzunehmen ist[98]. Größenvorteile oder Netzwirkungen können einen Marktzutritt unrentabel machen, wenn nicht der Marktzugänger einen ausreichend großen Marktanteil erringen kann[99].

73. Ein Zugang ist besonders wahrscheinlich, wenn die Anbieter Produktionsanlagen bereits in anderen Märkten unterhalten, die für diesen Markteintritt genutzt werden können, wodurch die verlorenen Eintrittskosten verringert werden. Je kleiner der Unterschied in der Rentabilität zwischen einem Zutritt und einem Nichtzutritt vor dem Zusammenschluss ist, desto wahrscheinlicher ist eine solche Neuausrichtung der Produktionseinrichtungen.

Rechtzeitiger Zutritt

74. Die Kommission prüft, ob ein Marktzutritt ausreichend zügig und anhaltend möglich ist, um die Ausübung von Marktmacht zu verhindern. Der angemessene Zeitraum hängt von den Merkmalen und dynamischen Kräften des Marktes und den besonderen Fähigkeiten der potenziellen Neuzugänger ab[100]. Ein Eintritt ist in der Regel jedoch nur als rechtzeitig anzusehen, wenn er innerhalb von zwei Jahren erfolgt.

---

93 Entscheidung der Kommission 98/327/EG in der Sache IV/M.883 – The Coca Cola Company/Carlsberg A/S, ABl. L 145 vom 15.5.1998, S. 41, Ziffer 74.

94 Entscheidung der Kommission 98/327/EG in der Sache IV/M.883 – The Coca Cola Company/Carlsberg A/S, ABl. L 145 vom 15.5.1998, S. 41, Ziffern 72–73.

95 Entscheidung der Kommission 2002/156/EG in der Sache COMP/M.2097 – SCA/Metsä Tissue, ABl. L 57 vom 27.2.2002, S. 1, Ziffern 83–84.

96 Entscheidung der Kommission 2001/432/EG in der Sache COMP/M.1813 – Industri Kapital Nordkem/Dyno, ABl. L 154 vom 9.6.2001, S. 41, Ziffer 100.

97 Siehe z. B. Entscheidung der Kommission 98/475/EG in der Sache COMP/M.986 – Agfa-Gevaert/Dupont, ABl. L 211 vom 29.7.1998, S. 22, Ziffern 84–85.

98 Rs. T-102/96, Gencor/Kommission, Slg. 1999 II-753, Rdnr. 237.

99 Siehe z. B. Entscheidung der Kommission 2000/718/EG in der Sache COMP/M.1578 – Sanitec/Sphinx, ABl. L 294 vom 22.11.2000, S. 1, Ziffer 114

100 Siehe z. B. Entscheidung der Kommission 2002/174/EG in der Sache COMP/M.1693 – Alcoa/Reynolds, ABl. L 58 vom 28.2.2002, Ziffer 31–32, 38.

Umfang

75. Ein Eintritt muss in seinem Umfang hinreichend sein, um wettbewerbswidrige Wirkungen eines Zusammenschlusses zu verhindern[101]. Erfolgt ein Eintritt in einem geringen Umfang, z. B. in eine Marktnische, kann dies als nicht hinreichend angesehen werden.

VII. Effizienzgewinne

76. Durch Zusammenschlüsse herbeigeführte Restrukturierungen von Unternehmen kann den Erfordernissen eines dynamischen Wettbewerbs entsprechen und die Wettbewerbsfähigkeit eines Wirtschaftszweiges erhöhen, wodurch sich die Wachstumsbedingungen verbessern und der Lebensstandard in der Gemeinschaft erhöht[102]. Es ist möglich, dass die durch eine Fusion entstehenden Effizienzvorteile die Auswirkungen auf den Wettbewerb und insbesondere potenzielle Nachteile für Verbraucher ausgleichen, die die Fusion sonst haben könnte[103]. Um zu prüfen, ob die Fusion wirksamen Wettbewerb erheblich behindert, insbesondere durch Begründung oder Verstärkung einer beherrschenden Stellung im Sinne von Artikel 2 Absätze 2 und 3 der Fusionskontrollverordnung, unterzieht die Kommission den Zusammenschluss einer umfassenden wettbewerblichen Prüfung. Im Rahmen dieser Prüfung berücksichtigt die Kommission alle in Artikel 2 Absatz 1 genannten Faktoren, einschließlich der Entwicklung des technischen und wirtschaftlichen Fortschritts, sofern er den Verbrauchern zum Vorteil gereicht und keine Hindernisse für den Wettbewerb errichtet[104].

77. Die Kommission berücksichtigt bei ihrer Gesamtbewertung eines Zusammenschlusses alle nachgewiesenen Effizienzvorteile. Sie kann in Anbetracht der mit einem Zusammenschluss herbeigeführten Effizienzvorteile zu dem Ergebnis gelangen, dass keine Gründe bestehen, ein Vorhaben gemäß Artikel 2 Absatz 3 der Fusionskontrollverordnung für mit dem Gemeinsamen Markt unvereinbar zu erklären. Dies ist der Fall, wenn die Kommission auf der Grundlage ausreichender Beweismittel feststellen kann, dass die mit der Fusion herbeigeführten Effizienzvorteile geeignet sind, die Fähigkeit und den Anreiz des fusionierten Unternehmens zu verstärken, den Wettbewerb zum Vorteil für die Verbraucher zu beleben, wodurch den nachteiligen Wirkungen dieser Fusion auf den Wettbewerb entgegengewirkt werden kann.

78. Die Effizienzvorteile müssen den Verbrauchern zugute kommen, fusionsspezifisch und überprüfbar sein, damit die Kommission geltend gemachte Effizienzvorteile bei der Beurteilung eines Zusammenschlusses berücksichtigen und diesen aufgrund von Effizienzvorteilen für vereinbar mit dem Gemeinsamen Markt erklären kann. Diese Bedingungen müssen kumulativ vorliegen.

Vorteil für die Verbraucher

79. Behauptete Effizienzvorteile werden daran gemessen, dass die Verbraucher[105] durch den Zusammenschluss nicht benachteiligt werden. Deshalb sollten die Effizienzvorteile erheblich sein, sich rechtzeitig einstellen und den Verbrauchern in den

---

[101] Entscheidung der Kommission 91/535/EG in der Sache IV/M.68 – Tetra Pak/Alfa Laval, ABl. L 290 vom 22. 10. 1991, Ziffer 3.4.

[102] Erwägungsgrund 4 der Fusionskontrollverordnung.

[103] Erwägungsgrund 29 der Fusionskontrollverordnung.

[104] Artikel 2 Absatz 1 Buchstabe b) der Fusionskontrollverordnung.

[105] Gemäß Artikel 2 Absatz 1 Buchstabe b) umfasst der Begriff der Verbraucher Zwischen- und Endabnehmer, d. h. die Verbraucher der von dem Zusammenschluss erfassten Erzeugnisse. Hierzu zählen sowohl die gegenwärtigen als auch die potenziellen Kunden der Fusionsparteien.

relevanten Märkten zugute kommen, in denen ansonsten Wettbewerbsbedenken entstehen würden.

80. Zusammenschlüsse können verschiedene Arten von Effizienzvorteilen erbringen, die zu niedrigeren Preisen oder sonstigen Vorteilen für die Verbraucher führen können. So können z. B. Kosteneinsparungen bei der Produktion oder dem Vertrieb der fusionierten Einheit die Möglichkeit und den Anreiz verschaffen, nach dem Zusammenschluss niedrigere Preise zu verlangen. Bei der Ermittlung der Frage, ob Effizienzvorteile zu Nettovorteilen für die Verbraucher führen, fallen Rückgänge bei den variablen und den Grenzkosten[106] stärker ins Gewicht als eine Senkung der Fixkosten, da erstere grundsätzlich eher zu niedrigeren Preisen zugunsten der Verbraucher führen[107]. Kosteneinsparungen, die sich allein aus wettbewerbswidrigen Produktionseinschränkungen ergeben, können nicht als Effizienzvorteile für die Verbraucher angesehen werden.

81. Die Verbraucher können auch Vorteile aufgrund neuer oder verbesserter Waren oder Dienstleistungen haben, die sich z. B. aus Effizienzgewinnen in den Bereichen Forschung und Entwicklung und Innovation ergeben. Ein Gemeinschaftsunternehmen, das gegründet wurde, um ein neues Produkt zu entwickeln, kann die Art von Effizienzvorteilen erbringen, die von der Kommission berücksichtigt werden können.

82. Im Hinblick auf koordinierte Wirkungen können Effizienzvorteile den Anreiz für das fusionierte Unternehmen steigern, die Produktion zu erhöhen und die Preise zu senken, und damit ihr Interesse an einer Koordinierung des Marktverhaltens mit anderen Marktteilnehmern verringern. Effizienzvorteile können deshalb das Risiko koordinierter Wirkungen in dem relevanten Markt mindern.

83. Effizienzvorteilen kann von der Kommission um so weniger Gewicht eingeräumt werden, je weiter deren Erbringung in die Zukunft projiziert wird. Deshalb müssen sich die Effizienzvorteile innerhalb eines überschaubaren Zeitraumes einstellen, damit sie als ausgleichender Faktor gewürdigt werden können.

84. Das Interesse für das fusionierte Unternehmen, Effizienzvorteile an die Verbraucher weiterzugeben, hängt häufig davon ab, ob seitens der im Markt verbleibenden Unternehmen oder von einem potenziellen Markteintritt Wettbewerbsdruck ausgeht. Je größer die möglichen negativen Auswirkungen auf den Wettbewerb, um so mehr muss die Kommission sicherstellen, dass die behaupteten Effizienzgewinne erheblich sind, mit hinreichender Wahrscheinlichkeit zustande kommen und in ausreichendem Maße an die Verbraucher weitergegeben werden. Es ist höchst unwahrscheinlich, dass ein Zusammenschluss, der zu einer Marktstellung führt, die einem Monopol nahe kommt oder ein ähnliches Maß an Marktmacht erbringt, mit der Begründung für mit dem Gemeinsamen Markt vereinbar erklärt werden könnte, dass Effizienzvorteile ausreichen würden, den möglichen wettbewerbswidrigen Wirkungen entgegenzuwirken.

Fusionsspezifische Effizienzvorteile

85. Effizienzvorteile sind für die wettbewerbliche Würdigung erheblich, wenn sie eine unmittelbare Folge des angemeldeten Zusammenschlusses sind und nicht in ähnlichem Umfang durch weniger wettbewerbswidrige Alternativen erzielt werden können. Unter diesen Umständen wird davon ausgegangen, dass die Effizienzvorteile

[106] Diejenigen Kosten, die in dem relevanten Zeitraum gemäß der Höhe von Produktion und Absatz schwanken. Grenzkosten sind die Kosten, die mit einer Produktions- oder Verkaufsausweitung im Randbereich verbunden sind.

[107] Allgemein fallen Einsparungen bei den Fixkosten weniger ins Gewicht, da die Beziehung zwischen Fixkosten und Verbraucherpreisen normalerweise zumindest kurzfristig weniger direkt ist.

durch den Zusammenschluss bedingt und somit fusionsspezifisch sind[108]. Es liegt bei den Zusammenschlussparteien, rechtzeitig alle relevanten Auskünfte vorzulegen, um darzulegen, dass es keine weniger wettbewerbswidrigen, realistischen und erreichbaren Alternativen nicht konzentrativer Art (z. B. eine Lizenzvereinbarung oder ein kooperatives Gemeinschaftsunternehmen) oder konzentrativer Art (z. B. ein konzentratives Gemeinschaftsunternehmen oder ein anders strukturierter Zusammenschluss) als den angemeldeten Zusammenschluss gibt, die die behaupteten Effizienzvorteile aufrechterhalten. Die Kommission erwägt allein Alternativen, die in Anbetracht der in dem betroffenen Wirtschaftszweig üblichen Geschäftspraktiken nach vernünftigen Maßstäben in der wirtschaftlichen Situation, in der sich die Parteien befinden, praktikabel sind.

Nachprüfbarkeit

86. Die Effizienzvorteile müssen nachprüfbar sein, damit die Kommission davon ausgehen kann, dass sie sich einstellen werden, und so erheblich sein, dass sie einer möglichen Benachteiligung der Verbraucher durch den Zusammenschluss entgegenwirken. Je präziser und überzeugender die behaupteten Effizienzvorteile dargelegt werden, desto besser können sie von der Kommission angemessen gewürdigt werden. Die Effizienzvorteile und die daraus resultierenden Vorteile für die Verbraucher sollten nach Möglichkeit mit Zahlenangaben untermauert werden. Sind keine Daten vorhanden, um eine genaue Zahlenanalyse vorzunehmen, müssen klar identifizierbare und nicht lediglich marginale positive Wirkungen auf die Verbraucher vorhersehbar sein. Je weiter die Effizienzvorteile in die Zukunft projiziert werden, desto unwahrscheinlicher ist es, dass die Kommission in der Lage ist, ihr Eintreten festzustellen.

87. Die Informationen, anhand deren die Kommission bewerten kann, ob eine Fusion die Art Effizienzvorteile erbringt, die ihr die Freigabe des Zusammenschlusses ermöglicht, befinden sich ganz überwiegend im Besitz der Zusammenschlussparteien. Es ist deshalb Sache der Anmelder, rechtzeitig alle erforderlichen Angaben vorzulegen, die nachweisen, dass die behaupteten Effizienzvorteile fusionsspezifisch sind und sich wahrscheinlich einstellen werden. Auch haben die Anmelder darzulegen, in welchem Maße die Effizienzvorteile geeignet sind, den nachteiligen Wirkungen der Fusion auf den Wettbewerb entgegenzuwirken, und damit den Verbrauchern zugute kommen.

88. Zu den für die Bewertung der behaupteten Effizienzvorteile geeigneten Nachweisen zählen interne Unterlagen, die von der Unternehmensführung herangezogen wurden, um über den Zusammenschluss zu beschließen, Ausführungen der Unternehmensleitung an die Eigentümer und Finanzmärkte zu den erwarteten Effizienzvorteilen, Beispiele für zurückliegende Effizienzvorteile und Verbrauchervorteile und vor dem Zusammenschluss erstellte Studien außenstehender Sachverständiger über die Art und den Umfang der Effizienzgewinne und das Ausmaß der Vorteile für die Verbraucher.

VIII. Sanierungsfusion

89. Die Kommission kann zu dem Ergebnis gelangen, dass ein eigentlich problematisches Vorhaben dennoch mit dem Gemeinsamen Markt zu vereinbaren ist, wenn eines der beteiligten Unternehmen ohne den Zusammenschluss aus dem Markt ausscheiden würde. Grundvoraussetzung ist, dass die Verschlechterung der Wettbewerbsstruktur nach dem Zusammenschluss nicht auf diesen zurückgeführt werden

[108] Gemäß dem in Ziffer 9 dargelegten allgemeinen Grundsatz.

kann[109]. Dies wäre der Fall, wenn sich die Wettbewerbsstruktur des Marktes ohne den Zusammenschluss zumindest im gleichen Ausmaß verschlechtern würde[110].

90. Die Kommission hält die nachstehenden drei Kriterien für die Anwendung des Prinzips der Sanierungsfusion für besonders wichtig: 1. das Unternehmen, welches einen Sanierungsfall darstellen soll, wäre aufgrund seiner finanziellen Schwierigkeiten gezwungen, in naher Zukunft aus dem Markt auszuscheiden, falls es nicht durch ein anderes Unternehmen übernommen wird; 2. zu dem angemeldeten Zusammenschluss gibt es keine weniger wettbewerbwidrige Verkaufsalternative, und 3. die Vermögenswerte des gescheiterten Unternehmens würden ohne den Zusammenschluss zwangsläufig vom Markt genommen werden[111].

91. Die anmeldenden Parteien haben rechtzeitig alle zweckdienlichen Informationen vorzulegen, um nachzuweisen, dass eine Verschlechterung der Wettbewerbsstruktur, die nach dem Zusammenschluss auftritt, nicht durch diesen verursacht würde.

---

109 Verbundene Rsn. C-68/94 und C-30/95, Kali & Salz, Ziffer 110.

110 Verbundene Rsn. C-68/94 und C-30/95, Kali & Salz, Ziffer 114. Siehe auch die Entscheidung der Kommission 2002/365/EG in der Sache COMP/M.2314 – BASF/Pantochim/Eurodiol, ABl. L 132 vom 17.5.2002, S. 45, Ziffern 157–160. Dieses Erfordernis ist an den in Ziff. 9 dargelegten allgemeinen Grundsatz geknüpft.

111 Die Unvermeidbarkeit, dass die Vermögenswerte des einen Sanierungsfall darstellenden Unternehmens vom Markt genommen werden würden, kann, insbesondere im Falle eines Zusammenschlusses der zwei alleinigen Wettbewerber, darauf beruhen, dass der Marktanteil dieses Unternehmens in jedem Fall der anderen fusionierenden Partei zufiele. Siehe auch verbundene Rsn. C-68/94 und C-30/95, Kali & Salz, Rdnr. 116–117.

Anhang B 22. Leitlinien nicht-horizontale Zusammenschlüsse

Leitlinien zur Bewertung nicht-horizontaler Zusammenschlüsse gemäß der Ratsverordnung über die Kontrolle von Unternehmenszusammenschlüssen

(ABl. 2008 C 265/6)

I. Einleitung

1. Gemäß Artikel 2 der Verordnung (EG) Nr. 139/2004 des Rates vom 20. Januar 2004 über die Kontrolle von Unternehmenszusammenschlüssen[1] (nachstehend die „Fusionskontrollverordnung") hat die Kommission Zusammenschlüsse im Hinblick darauf zu bewerten, ob sie mit dem Gemeinsamen Markt zu vereinbaren sind. Hierzu muss die Kommission gemäß Artikel 2 Absätze 2 und 3 ermitteln, ob ein Zusammenschluss wirksamen Wettbewerb insbesondere durch Begründung oder Verstärkung einer beherrschenden Stellung im Gemeinsamen Markt oder einem wesentlichen Teil desselben erheblich behindern würde.

2. Diese Mitteilung enthält Leitlinien, wie die Kommission Zusammenschlüsse bewertet[2], wenn die betreffenden Unternehmen in unterschiedlichen relevanten Märkten tätig sind[3]. Derartige Zusammenschlüsse werden als „nicht-horizontale Fusionen" bezeichnet.

3. Grundsätzlich kann man nicht-horizontale Zusammenschlüsse in vertikale und in konglomerale Fusionen unterteilen.

4. An vertikalen Fusionen sind Unternehmen beteiligt, die auf verschiedenen Stufen der Lieferkette tätig sind. Wenn sich zum Beispiel der Hersteller eines bestimmten Produkts (das „vorgelagerte Unternehmen") mit einem Vertriebshändler seines Produkts (dem „nachgeordneten Unternehmen") zusammenschließt, wird dies als vertikale Fusion bezeichnet[4].

---

[1] Verordnung (EG) Nr. 139/2004 des Rates vom 20. Januar 2004, ABl. L 24 vom 29.1.2004, S. 1.

[2] In der Fusionskontrollverordnung umfasst der Begriff *Zusammenschluss* verschiedene Arten von Vorgängen wie zum Beispiel Fusionen, Erwerbe, Übernahmen und bestimmte Arten von Gemeinschaftsunternehmen. In dieser Mitteilung umfasst der Begriff „Fusion", wenn nicht anders vermerkt, gleichbedeutend mit Zusammenschluss die vorstehenden Arten von Transaktionen.

[3] Leitlinien zur Bewertung der Zusammenschlüsse von Unternehmen, die gegenwärtige oder potenzielle Wettbewerber auf demselben relevanten Markt sind („horizontale Zusammenschlüsse") sind in der Kommissionsmitteilung „Leitlinien zur Bewertung horizontaler Zusammenschlüsse gemäß der Ratsverordnung über die Kontrolle von Unternehmenszusammenschlüssen" enthalten; ABl. C 31 vom 5.2.2004, Seiten 5–18 („Mitteilung über horizontale Fusionen").

[4] In dieser Mitteilung bezeichnen die Begriffe „nachgeordnet" und „vorgelagert" die (potenzielle) Geschäftsbeziehung zwischen den fusionierenden Einheiten. Diese Geschäftsbeziehung ist in der Regel dadurch gekennzeichnet, dass das „nachgeordnete" Unternehmen die Produk-

5. Konglomerale Zusammenschlüsse sind Fusionen zwischen Unternehmen, deren Beziehung weder rein horizontal (Wettbewerber in demselben relevanten Markt) noch vertikal ist (als Lieferanten oder Kunden)[5]. Im Mittelpunkt dieser Leitlinien stehen jedoch Fusionen zwischen Unternehmen, die in nahe verwandten Märkten tätig sind (z. B. Fusionen, an denen Anbieter von Komplementärprodukten oder zur selben Produktpalette gehörenden Produkten beteiligt sind).

6. Die in der Mitteilung über horizontale Fusionen enthaltenen Leitlinien sind auch für nichthorizontale Fusionen von Belang. In dieser Mitteilung sollen die Wettbewerbsaspekte aufgezeigt werden, die für nichthorizontale Fusionen erheblich sind. Außerdem wird dargelegt, wie die Kommission Marktanteile und Konzentrationsschwellen in diesem Zusammenhang einschätzt.

7. Fusionen können horizontale wie auch nichthorizontale Wirkungen entfalten. Dies kann zum Beispiel der Fall sein, wenn die fusionierenden Unternehmen nicht nur in einer vertikalen oder konglomeralen Beziehung zueinander stehen, sondern auch bestehende oder potenzielle Wettbewerber in den relevanten Märkten sind[6] In einem solchen Fall bewertet die Kommission die horizontalen, vertikalen und/oder konglomeralen Wirkungen gemäß den in den entsprechenden Mitteilungen enthaltenen Leitlinien[7].

8. Die in dieser Mitteilung enthaltenen Leitlinien ergänzen und stützen sich auf die Erfahrungen der Kommission mit der Bewertung nichthorizontaler Fusionen gemäß der Verordnung Nr. 4064/89 seit ihrem Inkrafttreten am 21. September 1990, die geltende Fusionskontrollverordnung und die Rechtsprechung des Gerichtshofes und des Gerichtes erster Instanz der Europäischen Gemeinschaften. Die darin enthaltenen Grundsätze werden in der Einzelfallpraxis angewandt, fortentwickelt und verfeinert. Die Kommission wird die Mitteilung über nichthorizontale Fusionen im Lichte der zukünftigen Entwicklung und ihrer kontinuierlichen Erfahrungen von Zeit zu Zeit überarbeiten.

9. Die Auslegung der Fusionskontrollverordnung zur Bewertung nichthorizontaler Fusionen durch die Kommission ergeht unabhängig von der Auslegung, die der Gerichtshof und das Gericht erster Instanz vornehmen und greift dieser nicht vor.

II. Überblick

10. Ein wirksamer Wettbewerb ist für die Verbraucher von Nutzen, wenn er zu niedrigen Preisen, hochwertigen Produkten, einer breiten Auswahl an Waren und

---

tion des „vorgelagerten" Unternehmens erwirbt und diese als Vorstoff für seine eigene Produktion verwendet, die es daraufhin an seine Kunden verkauft. Der Markt, auf dem erstere Transaktionen stattfinden, wird als der vorgelagerte Markt, der Markt für letztere Transaktionen als der nachgeordnete Markt bezeichnet.

[5] Die Unterscheidung zwischen konglomeraten und horizontalen Fusionen kann schwierig sein, z. B. wenn eine konglomerate Fusion Produkte betrifft, die füreinander kaum als Substitute anzusehen sind. Das Gleiche gilt für die Unterscheidung zwischen konglomeraten und vertikalen Fusionen. So können zum Beispiel bei den Produkten einiger Lieferanten die Vorstoffe bereits einbezogen sein (vertikale Beziehung), während andere Anbieter es dem Kunden überlassen, die Vorstoffe selbst auszuwählen und zusammenzusetzen (konglomerate Beziehungen).

[6] So sind zum Beispiel in bestimmten Märkten vorgelagerte oder nachgeordnete Unternehmen häufig potenzielle Marktzugänger in einer guten Ausgangsposition; siehe z. B. für den Strom- und Gassektor, die Sache COMP/M.3440 – EDP/ENI/GDP (2004). Das Gleiche kann für Hersteller von sich ergänzenden Produkten gelten; siehe z. B. im Flüssigkeitsverpackungssektor Sache COMP/M.2416 – TetraLaval/Sidel (2001)

[7] Leitlinien zur Bewertung von Fusionen mit einem potenziellen Wettbewerber sind in der Mitteilung über horizontale Fusionen, insbesondere in den Absätzen 58 bis 60 enthalten.

Dienstleistungen und zu Innovationen führt. Durch die Fusionskontrolle verhindert die Kommission Zusammenschlüsse, die geeignet wären, den Kunden diese Vorteile aufgrund einer erhöhten Marktmacht der beteiligten Unternehmen zu entziehen. „Marktmacht" bezieht sich hier auf die Fähigkeit eines oder mehrerer Unternehmen, die Preise gewinnbringend zu erhöhen, den Ausstoß zu verringern, die Auswahl und Qualität von Waren und Dienstleistungen zu verringern, die Innovation einzuschränken oder die Gegebenheiten des Wettbewerbs auf andere Weise negativ zu beeinflussen[8].

11. Nichthorizontale Fusionen geben in der Regel weniger Anlass zu Wettbewerbsbedenken als horizontale Fusionen.

12. Erstens führen vertikale oder konglomerale Fusionen im Gegensatz zu horizontalen Zusammenschlüssen nicht zu einem Verlust an direktem Wettbewerb zwischen den fusionierenden Unternehmen in demselben relevanten Markt[9]. Somit ist die Hauptquelle wettbewerbswidriger Wirkungen in horizontalen Zusammenschlüssen bei vertikalen und konglomeralen Fusionen nicht vorhanden.

13. Zweitens bieten vertikale und konglomerale Fusionen erheblichen Spielraum für Effizienzgewinne. Ein Merkmal vertikaler und bestimmter konglomeraler Fusionen besteht darin, dass sich die Tätigkeiten und/oder Produkte der beteiligten Unternehmen gegenseitig *ergänzen*[10]. Die Integration komplementärer Tätigkeiten und Produkte in einem Unternehmen kann erhebliche Effizienzgewinne mit sich bringen und den Wettbewerb fördern. In vertikalen Beziehungen führt dieser ergänzende Charakter beispielsweise dazu, dass eine Verringerung der Handelsspannen auf der nachgeordneten Ebene eine gesteigerte Nachfrage auch auf der vorgelagerten Ebene zur Folge hat. Ein Teil des Gewinns dieser gestiegenen Nachfrage kommt den vorgelagerten Lieferanten zugute. Ein integriertes Unternehmen wird diesen Gewinn berücksichtigen. Vertikale Integration kann so einen gesteigerten Anreiz für Preissenkungen und Produktionssteigerungen bieten, da sich das integrierte Unternehmen einen größeren Teil des Gewinns sichern kann. Dies wird häufig als „Internalisierung doppelter Margen" bezeichnet. Entsprechend können sich andere Bemühungen zur Absatzsteigerung auf einer Ebene (z. B. durch eine Verbesserung der Dienstleistungen oder die Beschleunigung der Innovation) für ein integriertes Unternehmen, das die Gewinne berücksichtigt, die ihm auf anderen Ebenen entstehen, als noch lohnender erweisen.

14. Die Integration kann auch zur Senkung der Transaktionskosten führen und eine bessere Koordinierung hinsichtlich Produktgestaltung, Organisation des Herstellungsprozesses und der Art und Weise des Verkaufs bewirken. Entsprechend können Fusionen, die Produkte einer Produktpalette oder eines Produktportfolios betreffen, die in der Regel an die gleiche Kundengruppe verkauft werden (sowohl komplemen-

---

[8] In dieser Mitteilung wird der Ausdruck „erhöhte Preise" häufig als Kurzform für die verschiedenen Formen der Schädigung des Wettbewerbs aufgrund einer Fusion verwendet. Er umfasst auch Sachlagen, wenn z. B. die Preise (wahrscheinlich) weniger zurückgehen als dies ohne die Fusion der Fall wäre und sie (wahrscheinlich) stärker zunehmen, als dies ohne die Fusion erfolgt wäre.

[9] Ein Verlust an direktem Wettbewerb kann dennoch entstehen, wenn zum Beispiel eines der fusionierenden Unternehmen ein potenzieller Wettbewerber in dem relevanten Markt ist, in dem das andere fusionierende Unternehmen tätig ist; siehe Ziff. 7.

[10] Produkte oder Dienstleistungen werden in dieser Mitteilung als „ergänzend" (bzw. „wirtschaftlich ergänzend") bezeichnet, wenn sie für einen Kunden zusammengenutzt oder zusammenverbraucht wertvoller sind als getrennt genutzt oder verbraucht. Eine Fusion zwischen vorgelagerten und nachgeordneten Tätigkeiten kann auch als eine Zusammenführung von Ergänzungen sein, die in das Endprodukt eingehen. So erfüllen zum Beispiel die Produktion und der Vertrieb eine unerlässliche Rolle bei der Vermarktung eines Produkts.

täre als auch nicht-komplementäre Produkte), für den Kunden zum Beispiel wegen der einheitlichen Beschaffungsquelle von Vorteil sein.

15. Unter Umständen können nichthorizontale Fusionen wirksamen Wettbewerb erheblich behindern, insbesondere als Ergebnis der Schaffung oder Verstärkung einer beherrschenden Stellung. Dies ist im Wesentlichen darauf zurückzuführen, dass eine nichthorizontale Fusion die Wettbewerbsfähigkeit und den Wettbewerbsanreiz für die fusionierenden Unternehmen und ihre Wettbewerber auf eine Weise verändern kann, die für die Verbraucher von Nachteil ist.

16. Im Wettbewerbsrecht umfasst der Begriff der „Verbraucher" sowohl Zwischen- als auch Endverbraucher[11]. Sind die Zwischenverbraucher bestehende oder potenzielle Wettbewerber der fusionierenden Parteien, konzentriert sich die Kommission auf die Auswirkungen der Fusion auf die Endverbraucher, denen die fusionierende Einheit und deren Wettbewerber ihre Produkte verkaufen. Deshalb ist die Tatsache, dass eine Fusion Wettbewerber beeinträchtigt, an sich noch kein Problem. Ausschlaggebend sind die Auswirkungen auf einen wirksamen Wettbewerb und nicht allein die Auswirkungen auf die Wettbewerber auf einer bestimmten Ebene der Lieferkette[12]. Insbesondere die Tatsache, dass Wettbewerber geschädigt werden, weil ein Zusammenschluss Effizienzgewinne mit sich bringt, kann an sich keinen Anlass zu Wettbewerbsbedenken geben.

17. Nichthorizontale Fusionen können wirksamen Wettbewerb hauptsächlich durch nicht koordinierte und koordinierte Wirkungen erheblich behindern[13].

18. Nicht koordinierte Wirkungen entstehen im Wesentlichen, wenn nichthorizontale Fusionen zur *Abschottung* führen. In dieser Mitteilung bezeichnet der Begriff „Abschottung" die Fälle, in denen der Zugang bestehender oder potenzieller Wettbewerber zu den Lieferungen oder Märkten aufgrund der Fusion behindert oder beseitigt und in der Folge die Wettbewerbsfähigkeit bzw. der Wettbewerbsanreiz der betreffenden Unternehmen geschwächt wird. Die Abschottung bewirkt, dass die fusionierenden Unternehmen – und möglicherweise sogar einige ihrer Wettbewerber – den Preis gegenüber den Endverbrauchern gewinnbringend erhöhen können[14]. Diese Fälle werden nachfolgend als „wettbewerbswidrige Abschottung" bezeichnet.

19. Koordinierte Wirkungen entstehen, wenn die Fusion die Wettbewerbsstruktur dahingehend ändert, dass Unternehmen, die zuvor ihr Verhalten nicht koordinierten, nun deutlich eher geneigt sind, Preiserhöhungen zu koordinieren oder einen wirksamen Wettbewerb auf andere Weise zu behindern. Zudem kann eine Fusion Koordinierungen für die Unternehmen einfacher, stabiler und wirksamer machen, die sich bereits vor der Fusion koordinierten.

20. Bei der Bewertung der Auswirkungen einer Fusion auf den Wettbewerb vergleicht die Kommission die sich aus der Fusion ergebenden Wettbewerbsbedingun-

---

[11] Siehe Artikel 2 Absatz 1 Buchstabe b) der Fusionskontrollverordnung und Absatz 84 der Bekanntmachung der Kommission Leitlinien zur Anwendung von Artikel 81, Absatz 3 EG-Vertrag, Amtsblatt C 101 vom 27.4.2004, S. 97.

[12] Ein Beispiel für diesen Ansatz ist der Sache COMP/M.3653 Siemens/VA Tech (2005) zu entnehmen, worin die Kommission die Auswirkungen der Fusion auf die beiden ergänzenden Märkte für elektrische Schienenfahrzeuge und elektrische Traktionssysteme für Schienenfahrzeuge untersuchte, die in ein vollständiges Schienenfahrzeug eingehen. Obwohl durch die Fusion die Anzahl unabhängiger Anbieter von elektrischen Antriebssystemen zurückgehen musste, konnten viele integrierte Anbieter fortbestehen, die das Schienenfahrzeug liefern können. Die Kommission schloss hieraus, dass selbst wenn die Fusion nachteilige Folgen für die unabhängigen Anbieter von elektrischen Schienenfahrzeugen hätte, ein ausreichender Wettbewerb auf dem nachgeordneten Markt der Schienenfahrzeuge fortbestehen würde.

[13] Siehe Abschnitt II der Mitteilung über horizontale Fusionen.

[14] Zur Bedeutung des Begriffs „erhöhte Preise" siehe Fußnote 8.

gen mit dem Zustand, wie er ohne die Fusion fortbestanden hätte[15]. In den meisten Fällen bilden die zum Zeitpunkt der Fusion bestehenden Wettbewerbsbedingungen den Vergleichsmaßstab für die Bewertung der Auswirkungen der Fusion. Unter bestimmten Gegebenheiten wird die Kommission auch zukünftige Veränderungen im Markt berücksichtigen, die man mit einiger Sicherheit vorhersehen kann. Als Vergleichsmaßstab kann sie insbesondere die Wahrscheinlichkeit eines Markteintritts oder -austritts zugrunde legen, wenn die Fusion nicht stattfinden würde. Die Kommission kann auch zukünftige Marktentwicklungen berücksichtigen, die sich aus bevorstehenden aufsichtsrechtlichen Änderungen ergeben können[16].

21. Bei ihrer Bewertung prüft die Kommission sowohl mögliche wettbewerbswidrige Wirkungen der Fusion als auch mögliche wettbewerbsfördernde Wirkungen, die sich aus den von den Parteien nachgewiesenen Effizienzgewinnen ergeben[17]. Die Kommission untersucht die verschiedenen Kausalketten im Hinblick darauf, welche davon die wahrscheinlichste ist. Dabei werden umso eher Wettbewerbsbedenken aufgeworfen, je unmittelbarer die wettbewerbswidrigen Wirkungen einer Fusion erkennbar sind. Entsprechend gilt, dass je unmittelbarer die wettbewerbsfördernden Wirkungen einer Fusion sind, umso wahrscheinlicher findet die Kommission, dass sie wettbewerbswidrigen Wirkungen entgegenwirken.

22. In dieser Mitteilung werden die wichtigsten Szenarien der Schädigungen des Wettbewerbs und der Quellen für Effizienzgewinne im Zusammenhang mit vertikalen und damit auch konglomeralen Fusionen beschrieben.

III. Marktanteil und Konzentrationshöhe

23. Nichthorizontale Fusionen bedrohen einen wirksamen Wettbewerb nur, wenn das fusionierte Unternehmen über ein deutliches Maß an Marktmacht (die nicht unbedingt gleichbedeutend mit Beherrschung sein muss) in wenigstens einem der betroffenen Märkte verfügt. Die Kommission untersucht diesen Sachverhalt, bevor sie die Auswirkungen des Zusammenschlusses auf den Wettbewerb bewertet.

24. Marktanteile und Konzentrationshöhen sind erste nützliche Bezugsgrößen für die Marktmacht und die wettbewerbliche Bedeutung der fusionierenden Unternehmen und der übrigen Marktteilnehmer[18].

25. Wettbewerbsbedenken bei nichthorizontalen Fusionen, seien sie koordiniert oder nicht koordiniert, werden sich kaum stellen, wenn der Marktanteil der neuen Einheit nach der Fusion in jedem der betroffenen Märkte unterhalb von 30%[19] und der HH-Index unterhalb von 2000 liegt.

---

[15] Entsprechend bewertet die Kommission eine Fusion, die ohne vorherige Anmeldung durchgeführt worden ist, unter Zugrundelegung der Wettbewerbsbedingungen, die ohne die vollzogene Fusion fortbestanden hätten.

[16] Dies kann für die Fälle von Bedeutung sein, in denen ein wirksamer Wettbewerb in Zukunft aufgrund einer Marktöffnung zu erwarten ist; siehe z.B. Sache COMP/M.3696 – E.ON/MOL (2005), Ziffern 457 bis 463.

[17] Siehe Abschnitt VII zu Effizienzgewinnen in der Mitteilung über horizontale Fusionen.

[18] Siehe auch Abschnitt III der Mitteilung über horizontale Fusionen. Für die Ermittlung der Marktanteile ist die Definition des Marktes ausschlaggebend (siehe Bekanntmachung der Kommission über die Definition des relevanten Markts im Sinne des Wettbewerbsrechts der Gemeinschaft, ABl. C 372/5 vom 9. Dezember 1997). Besonders zu beachten sind dabei die Fälle, wenn vertikal integrierte Unternehmen Produkte intern liefern.

[19] Entsprechend den Bezugswerten in der Verordnung (EG) Nr. 2790/1999 der Kommission vom 22. Dezember 1999 über die Anwendung von Artikel 81 Absatz 3 EGV auf Gruppen von vertikalen Vereinbarungen und aufeinander abgestimmten Verhaltensweisen; ABl. L 336 vom 29.12.1999, Seiten 21–25. Insbesondere dort, wo eine neue Einheit einen Marktanteil

26. In der Praxis werden derartige Fusionen nur dann eingehend untersucht, wenn besondere Umstände vorliegen, die z. B. einige der nachstehenden Merkmale aufweisen:
(a) an der Fusion ist ein Unternehmen beteiligt, das in naher Zukunft z. B. wegen jüngst erfolgter Innovationen wahrscheinlich beträchtlich wachsen wird;
(b) zwischen den Marktteilnehmern bestehen beträchtliche Überkreuz-Beteiligungen oder wechselseitig besetzte Führungsposten;
(c) bei einem der fusionierenden Unternehmen ist davon auszugehen, dass es koordiniertes Marktverhalten stören wird und
(d) es gibt Anzeichen für eine vergangene oder andauernde Koordinierung oder Praktiken, die ein Koordinierung erleichtern.

27. Die Kommission legt als erste Anzeichen für das Fehlen von Wettbewerbsbedenken die vorstehende Markanteilsschwelle und den vorstehenden HHI-Wert zugrunde. Diese lösen jedoch noch keine Rechtsvermutung aus. Die Kommission hält es für weniger angebracht, oberhalb dieser Marktanteils- und Konzentrationswerte Größen zu nennen, die Wettbewerbsbedenken veranlassen können. Das Vorhandensein eines deutlichen Maßes an Marktmacht in wenigstens einem der betroffenen Märkte ist eine notwendige, doch keine hinreichende Voraussetzung für eine Schädigung des Wettbewerbs[20].

IV. Vertikale Fusionen

28. In diesem Abschnitt wird der analytische Rahmen der Kommission für die Beurteilung vertikaler Fusionen dargelegt. Bei ihrer Bewertung berücksichtigt die Kommission sowohl mögliche wettbewerbswidrige Wirkungen vertikaler Fusionen als auch deren mögliche wettbewerbsfördernde Wirkungen, die sich aus den von den Parteien nachgewiesenen Effizienzgewinnen ergeben.

A. Nichtkoordinierte Wirkungen: Abschottung

29. Einer Fusion werden Abschottungseffekte zugeschrieben, wenn sie den Zugang tatsächlicher oder potenzieller Wettbewerber zu Produktionsmitteln oder Märkten behindert oder unmöglich macht und dadurch die Konkurrenzfähigkeit dieser Unternehmen einschränkt. Abschottung kann die Wettbewerber vom Markteintritt oder Wachstum abhalten bzw. sie zum Marktaustritt veranlassen. Abschottung liegt somit selbst dann vor, wenn die Wettbewerber nicht zum Marktaustritt gezwungen werden: Es reicht bereits aus, dass die Wettbewerber benachteiligt werden und ihre Konkurrenzfähigkeit nachlässt. Eine derartige Abschottung wird als wettbewerbswidrig angesehen, wenn sie die fusionierenden Unternehmen – und möglicherweise einige ihrer Wettbewerber – in die Lage versetzt, gegenüber den Verbrauchern die Preise zu erhöhen[21].

30. Es lassen sich zwei Formen der Abschottung unterscheiden. Die erste Form liegt vor, wenn die Fusion bewirkt, dass die Kosten der nachgeordneten Wettbewerber erhöht werden, indem ihr Zugang zu wichtigen Einsatzmitteln beschränkt wird (Abschottung von den Einsatzmitteln). Die zweite Form liegt vor, wenn die Fusion geeignet ist, die vorgelagerten Wettbewerber durch die Beschränkung des Zugangs

---

knapp über der Schwelle von 30% auf einem Markt erzielen würde, aber einen bedeutend geringeren auf anderen, verwandten, Märkten hätte, werden Wettbewerbsbedenken weniger wahrscheinlich sein.

[20] Siehe Abschnitte IV und V.

[21] Zur Bedeutung des Ausdrucks „erhöhte Preise“ siehe Fußnote 8, zur Bedeutung des Begriffs „Verbraucher“, siehe Ziff. 16.

zu einem ausreichenden Kundenstamm abzuschotten (Abschottung von den Kunden)[22].

1. Abschottung von den Einsatzmitteln

31. Eine Abschottung bei den Einsatzmitteln wird dann angenommen, wenn das fusionierte Unternehmen nach der Fusion in der Lage ist, den Zugang zu solchen Produkten oder Dienstleistungen zu beschränken, die es ohne die Fusion geliefert hätte. Dies erhöht die Kosten der nachgeordneten Wettbewerber, indem es diesen erschwert wird, die Einsatzmittel zu ähnlichen Preisen und Bedingungen wie vor der Fusion zu beziehen. Dies kann es dem fusionierten Unternehmen ermöglichen, seine Preise gegenüber den nachgeordneten Kunden gewinnbringend zu erhöhen. Wie oben ausgeführt kann Abschottung bei den Einsatzmitteln somit eine Schädigung der Verbraucher zur Folge haben, ohne dass die Wettbewerber des fusionierten Unternehmens gezwungenermaßen an den Rand gedrängt oder zum Marktaustritt gezwungen werden. Entscheidend ist, ob die gestiegenen Einsatzmittelkosten höhere Verbraucherpreise zur Folge haben. Die sich aus der Fusion ergebenden Effizienzgewinne könnten jedoch bewirken, dass die neue Einheit den Preis senkt, so dass letztendlich die Auswirkungen auf die Verbraucher insgesamt neutral oder sogar positiv wären. Eine graphische Darstellung dieses Mechanismus ist in Schaubild 1 enthalten.

Schaubild 1 – Abschottung bei den Einsatzmitteln

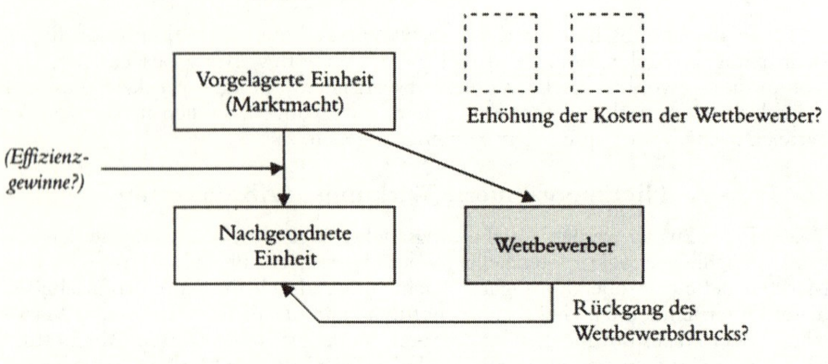

32. Bei der Ermittlung der Wahrscheinlichkeit einer wettbewerbswidrigen Abschottung bei den Einsatzmitteln untersucht die Kommission zuerst, ob das fusionierte Unternehmen die Möglichkeit hätte, den Zugang zu den Einsatzmitteln abzuschotten, zweitens, ob es den Anreiz dazu hätte und drittens, ob eine Abschottungsstrategie spürbare nachteilige Auswirkungen auf den nachgeordneten Wettbewerb hätte.[23] In der Praxis werden diese Faktoren häufig gemeinsam untersucht, da sie eng miteinander verflochten sind.

---

[22] Siehe Artikel 2 Absatz 1 Buchstabe b) der Fusionskontrollverordnung in Bezug auf *„Zugang zu den Lieferungen"* und *„Zugang zu den […] Märkten"*.

[23] Siehe z. B. Sachen COMP/M.4300 – Philips/Intermagnetics, COMP/M.4314 – Johnson & Johnson/Pfizer Consumer Healthcare, COMP/M.4389 – WLR/BST, COMP/M.4403 – Thales/Finmeccanica/Alcatel Alenia Space und Telespazio, COMP/M.4494 – Evraz/Highveld, und COMP/M.4561 – GE/Smiths Aerospace.

A. Fähigkeit, den Zugang zu den Einsatzmitteln abzuschotten[24]

33. Abschottung bei den Einsatzmitteln kann auf verschiedene Weise erfolgen. Die fusionierte Einheit kann beschließen, keine Geschäfte mit ihren bestehenden oder potenziellen Wettbewerbern auf dem vertikal verbundenen Markt zu machen. Das fusionierte Unternehmen kann auch beschließen die Lieferungen zu reduzieren und/oder seine Preise für Lieferungen an die Wettbewerber zu erhöhen bzw. die Lieferbedingungen ungünstiger zu gestalten, als sie ohne die Fusion wären[25]. Außerdem könnte sich die fusionierte Einheit auf eine bestimmte Technologie innerhalb des neuen Unternehmens festlegen, die mit den Technologien der Wettbewerber nicht kompatibel ist[26]. Die Abschottung kann auch weniger direkte Formen annehmen, wie zum Beispiel die Verschlechterung der Qualität der gelieferten Einsatzmittel.[27] Die Kommission kann bei ihrer Bewertung eine Reihe alternativer oder sich ergänzender möglicher Strategien berücksichtigen.

34. Die Abschottung bei den Einsatzmitteln kann nur dann Wettbewerbsprobleme aufwerfen, wenn sie ein für das nachgeordnete Produkt wichtiges Einsatzmittel betrifft.[28] Dies ist beispielsweise der Fall, wenn das betreffende Einsatzmittel einen für den Preis des nachgeordneten Produkts erheblichen Kostenfaktor ausmacht. Abgesehen von seinen Kosten kann das Einsatzmittel auch aus anderen Gründen von erheblicher Bedeutung sein. Es kann sich zum Beispiel um ein unerlässliches Bauteil handeln, ohne dass das nachgeordnete Produkt nicht hergestellt oder auf den Markt gebracht werden könnte[29], oder es kann ein wichtiges Differenzierungsmerkmal für das nachgeordnete Produkt darstellen[30]. Es kann auch vorkommen, dass die Kosten einer Umstellung auf alternative Einsatzmittel relativ hoch sind.

35. Die Abschottung bei den Einsatzmitteln gibt dann Anlass für Bedenken, wenn ein aus der Fusion entstehendes vertikal integriertes Unternehmen im vorgelagerten Bereich ein deutliches Maß an Marktmacht ausübt. Nur unter diesen Umständen kann man davon ausgehen, dass die fusionierte Einheit spürbaren Einfluss auf die Wettbewerbsbedingungen im vorgelagerten Markt und damit möglicherweise auch auf die Preise und Lieferbedingungen im nachgeordneten Markt ausübt.

36. Die fusionierte Einheit wäre nur dann in der Lage, die nachgeordneten Wettbewerber abzuschotten, wenn sie deren Zugang zu ihren eigenen vorgelagerten Produkten oder Dienstleistungen beschränken und hierdurch die Gesamtverfügbarkeit der Einsatzmitteln für den nachgeordneten Markt hinsichtlich Preisen oder Qualität negativ beeinflussen könnte. Dies kann der Fall sein, wenn die verbleibenden vorgelagerten Anbieter weniger effizient sind, weniger bevorzugte Alternativprodukte anbieten oder nicht in der Lage sind, ihren Ausstoß in Erwiderung auf die Lieferbeschränkungen zu erhöhen, zum Beispiel, weil sie vor Kapazitätsengpässen stehen

---

[24] „Vorstoffe" wird hier als Oberbegriff verwendet, der auch Dienstleistungen, Zugang zu Infrastruktur und Zugang zu geistigen Eigentumsrechten umfasst.

[25] Siehe z. B. Sache COMP/M.1693 – Alcoa/Reynolds (2000), Sache COMP/M.4403 – Thales/Finmeccanica/Alcatel Alenia Space/Telespazio, Ziffern 257–260.

[26] Siehe z. B. Sache COMP/M.2861 – Siemens/Drägerwerk/JV (2003), Sache COMP/M.3998 Axalto, Ziffer 75.

[27] Siehe z. B. Sache COMP/M.4314 – Johnson & Johnson/Pfizer Consumer Healthcare, Ziffern 127–130.

[28] Siehe z. B. Sache COMP/M.3868 Dong/Elsam/Energi E2, Sache COMP/M.4094 Ineos/BP Dormagen, Ziffern 183–184, Sache COMP/M.4561, GE/Smiths Aerospace, Ziffern 48–50.

[29] So kann zum Beispiel der Anlasser als unerlässliches Bauteil für einen Motor angesehen werden (Rs. T-210/01, General Electric/Kommission [2005], Slg. II-000); siehe auch z. B. Sache COMP/M 3410 – Total/GDF, Ziffern 53–54 und 60–61.

[30] Personalcomputer werden zum Beispiel häufig mit einer Bezugnahme auf den verwendeten Mikroprozessortyp verkauft.

oder, weil insgesamt ihre Skalenerträge zurückgehen[31]. Zudem kann das Bestehen von Alleinbezugsverträgen zwischen der fusionierten Einheit und unabhängigen Lieferanten von Einsatzmitteln die Fähigkeit der nachgeordneten Wettbewerber einschränken, sich einen angemessenen Zugang zu den Einsatzmitteln zu sichern.

37. Bei der Ermittlung des Umfangs einer möglichen Abschottung bei den Einsatzmitteln ist zu berücksichtigen, dass die Entscheidung der fusionierten Einheit, nur noch auf Lieferungen einer eigenen vorgelagerten Unternehmenseinheit zurückzugreifen, Kapazitäten bei den verbleibenden Anbietern von Einsatzmitteln freisetzen kann, bei denen der nachgeordnete Unternehmensbereich sich bisher eindeckte. Die Fusion hat dann möglicherweise lediglich eine Neuausrichtung der Einkaufsmuster unter den Wettbewerbern zur Folge.

38. Wenn der Wettbewerb auf dem Einsatzmittelmarkt oligopolistisch geprägt ist, verringert die Beschränkung des Zugangs zu den Einsatzmitteln der fusionierten Einheit den auf die verbleibenden Einsatzmittelanbieter ausgeübten Druck, was sie in die Lage versetzen kann, den Einsatzmittelpreis, den sie den nicht integrierten nachgeordneten Wettbewerbern berechnen, zu erhöhen. So kann eine Abschottung bei den Einsatzmitteln durch die fusionierte Einheit dazu führen, dass die nachgeordneten Wettbewerber nicht vertikal integrierten Anbietern mit erhöhter Marktmacht ausgesetzt sind[32]. Diese Zunahme der Marktmacht von Dritten wird umso größer sein, je niedriger das Maß an Produktdifferenzierung zwischen der fusionierten Einheit und anderen vorgelagerten Anbietern und je höher das Ausmaß an Konzentration im vorgelagerten Bereich ist. Der Versuch, die Einsatzmittelpreise zu erhöhen, kann jedoch fehlschlagen, wenn unabhängige Einsatzmittellieferanten auf einen Rückgang der Nachfrage nach ihren Produkten (seitens des nachgeordneten Bereichs der fusionierten Einheit oder seitens unabhängiger nachgeordneter Unternehmen) mit einer aggressiveren Preispolitik reagieren[33].

39. Bei ihrer Bewertung wird die Kommission auf der Grundlage der verfügbaren Informationen berücksichtigen, ob es wahrscheinlich ist, dass die Wettbewerber wirksame und rechtzeitige Gegenstrategien anwenden würden. Zu diesen Gegenstrategien zählt die Möglichkeit, den Produktionsprozess zu ändern, um von den betreffenden Einsatzmitteln weniger abzuhängen oder den Eintritt neuer Anbieter im vorgelagerten Bereich zu fördern.

B. Anreiz zur Abschottung des Zugangs zu den Einsatzmitteln

40. Der Abschottungsanreiz hängt davon ab, in welchem Maße eine Abschottung gewinnbringend wäre. Ein vertikal integriertes Unternehmen wird dabei berücksichtigen, wie seine Einsatzmittellieferungen an die nachgeordneten Wettbewerber sich auf die Gewinne ihrer vorgelagerten und nachgeordneten Geschäftsbereiche auswirken würden. Im Wesentlichen steht die fusionierte Einheit vor einer Abwägung zwischen dem Gewinnrückgang im vorgelagerten Markt, der auf den geringeren Einsatzmittelabsatz an (bestehende oder potenzielle) Wettbewerber zurückzuführen ist, und dem kurz- oder längerfristigen Gewinnzuwachs aufgrund des Absatzwachstums

---

[31] Siehe z. B. Sache COMP/M.4494 Evraz/Highveld, Ziffer 92 und Ziffern 97–112.

[32] Die Analyse der anzunehmenden Auswirkungen eines Wegfallens des Wettbewerbsdrucks entspricht der Analyse der nichtkoordinierten Auswirkungen bei horizontalen Zusammenschlüssen (Siehe Abschnitt IV der Mitteilung über horizontale Fusionen).

[33] In diesem Zusammenhang ist auch die Art der Lieferverträge zwischen vorgelagerten Lieferanten und nachgeordneten unabhängigen Unternehmen von Bedeutung. So kann zum Beispiel, wenn in diesen Verträgen ein Preissystem gewählt wird, das einen Festbetrag mit einem Stück-Lieferpreis kombiniert, die Auswirkung auf die Grenzkosten der nachgeordneten Wettbewerber weniger ausgeprägt sein als durch Verträge, die nur Stück-Lieferpreise vorsehen.

im nachgeordneten Bereich bzw. der Möglichkeit, die Preise gegenüber den Endverbrauchern in diesem Markt zu erhöhen.

41. Maßgeblich sind dabei die Gewinne, die von der fusionierten Einheit im vorgelagerten und nachgeordneten Bereich erzielt werden können.[34] Bei ansonsten unveränderten Gegebenheiten wird der Verlust aufgrund der Beschränkung des Einsatzmittelabsatzes umso kleiner sein, je geringer die Gewinnspannen im vorgelagerten Bereich sind. Entsprechend gilt, dass je höher die Gewinnspannen im nachgeordneten Bereich sind, umso höher werden die Gewinne durch die Erhöhung des Marktanteils in diesem Bereich zu Lasten der abgeschotteten Wettbewerber sein[35].

42. Der Anreiz für das integrierte Unternehmen, die Kosten für die Wettbewerber zu erhöhen, hängt außerdem davon ab, in welchem Maße die Nachfrage im nachgeordneten Bereich von den abgeschotteten Wettbewerbern weggeleitet werden kann und in welchem Maße der nachgeordnete Geschäftsbereich des integrierten Unternehmens diese Nachfrage für sich sichern kann[36]. Dieser Anteil wird in der Regel umso höher sein, je geringer die Kapazitätsbeschränkungen der neuen Einheit im Vergleich zu ihren nicht abgeschotteten nachgeordneten Wettbewerbern sind und je mehr die Produkte der fusionierten Einheit und der abgeschotteten Wettbewerber nahe Substitute sind. Die Auswirkung auf die Nachfrage im nachgeordneten Markt wird auch höher sein, wenn das betroffene Einsatzmittel einen bedeutenden Anteil der Kosten für die nachgeordneten Wettbewerber ausmacht oder ein unerlässlicher Bestandteil des nachgeordneten Produkts ist[37].

43. Der Anreiz zur Abschottung der bestehenden oder potenziellen Wettbewerber kann auch davon abhängen, in welchem Maße der nachgeordnete Geschäftsbereich des integrierten Unternehmens erwarten kann, von steigenden Preisen im nachgeordneten Markt zu profitieren, die sich aus der Strategie, die Kosten für die Wettbewerber hochzutreiben, ergeben könnten.[38] Mit der Zunahme der Marktanteile der fusionierten Einheit im nachgeordneten Bereich wächst die Absatzbasis des fusionierten Unternehmens, auf der erhöhte Gewinnspannen erwirtschaftet werden können[39].

---

[34] Siehe z. B. Sache COMP/M.4300 – Philips/Intermagnetics, Ziffern 56–62, Sache COMP/M.4576 – AVR/Gansewinkel, Ziffern 33–38.

[35] Es ist zu bedenken, dass sich die Gewinnspannen im vorgelagerten und nachgeordneten Bereich aufgrund der Fusion ändern können. Dies kann Auswirkungen auf den Anreiz der fusionierten Einheit haben, ihre Wettbewerber abzuschotten.

[36] Siehe z. B. Sache COMP/M.3943 – Saint-Gobain/BPB (2005), Ziff. 78. Die Kommission hielt es darin für sehr unwahrscheinlich, dass BPB, der Hauptlieferant von Gipsplatten im Vereinigten Königreich, seine Lieferungen an konkurrierende Vertriebshändler von Saint-Gobain zurückschrauben könnte, u. a. weil eine Ausweitung der Vertriebskapazitäten von Saint-Gobain schwierig gewesen wäre.

[37] Umgekehrt muss, falls der Vorstoff nur einen kleinen Kostenanteil des nachgeordneten Produkts ausmacht und kein unerlässlicher Bestandteil ist, auch ein hoher Anteil am vorgelagerten Markt für die fusionierte Einheit nicht unbedingt ein Anreiz sein, nachgeordnete Wettbewerber abzuschotten, da, wenn überhaupt, nur geringe Absatzmengen an die nachgeordnete Abteilung des integrierten Unternehmens weitergeleitet würden. Siehe z. B. Sache COMP/M.2738 GEES/Unison; Sache COMP/M.4561, GE/Smiths Aerospace, Ziffern 60–62.

[38] Siehe z. B. Sache COMP/M.4314 – Johnson & Johnson/Pfizer Consumer Healthcare, Ziffern 131–132.

[39] Je weniger es dem fusionierten Unternehmen gelingt, in einen bestimmten nachgeordneten Markt zu gehen, desto geringer wird seine Neigung sein, seine Preise für die von ihm gelieferten Vorstoffe zu erhöhen, da es Opportunitätskosten in anderen nachgeordneten Märkten gewärtigen müsste. Hierbei kann berücksichtigt werden, in welchem Ausmaß die fusionierte

44. Ein vorgelagerter Monopolist, der bereits in der Lage ist, auf alle verfügbaren Gewinne in vertikal verbundenen Märkten in vollem Umfang zuzugreifen, hat im Anschluss an einen vertikalen Zusammenschluss nicht unbedingt einen Anreiz, Wettbewerber abzuschotten. Die Fähigkeit, verfügbare Gewinne bei den Verbrauchern zu erzielen, ist keine notwendige Konsequenz eines sehr hohen Marktanteils.[40] Für eine solche Schlussfolgerung wäre eine gründlichere Analyse der bestehenden und zukünftigen Einschränkungen, mit denen der Monopolist bei seiner Tätigkeit konfrontiert wäre, notwendig. Wenn nicht alle verfügbaren Gewinne erzielt werden können, kann ein vertikaler Zusammenschluss – auch wenn ein vorgelagerter Monopolist beteiligt ist – der fusionierten Einheit den Anreiz geben, die Kosten für die nachgeordneten Wettbewerber zu erhöhen und dadurch den Wettbewerbsdruck, den sie auf die fusionierte Einheit im nachgeordneten Markt ausüben, zu senken.

45. Bei der Bewertung der möglichen Anreize für das fusionierte Unternehmen kann die Kommission verschiedene Faktoren berücksichtigen, wie z. B. die Eigentümerstruktur des neuen Unternehmens[41], die in der Vergangenheit auf dem Markt verfolgten Strategien[42] oder den Inhalt interner strategischer Dokumente wie z. B. Geschäftspläne.

46. Wenn die Festlegung auf eine bestimmte Vorgehensweise durch die fusionierte Einheit ein wesentlicher Schritt bei der Abschottung ist, untersucht die Kommission sowohl die Anreize für ein solches Verhalten als auch die Faktoren, die zu einer Schwächung oder sogar Beseitigung derartiger Anreize führen können, einschließlich der Möglichkeit, dass das Verhalten unrechtmäßig ist. Ein Verhalten kann u. a. *im Hinblick* auf die Wettbewerbsregeln oder sektorspezifischen Vorschriften auf nationaler oder EU-Ebene unrechtmäßig sein. Bei dieser Bewertung ist jedoch keine

---

Einheit bei der Belieferung mehrerer nachgeordneter Märkte und/oder Nebenmärkte (z. B. Ersatzteile) Preisdiskriminierungen ausspielen kann.

[40] Eine Situation, in der das nicht der Fall wäre, wäre gegeben, wenn der Monopolist ein sogenanntes Verbindlichkeitsproblem hat, das er nicht lösen kann. Ein nachgeordneter Käufer könnte z. B. bereit sein, einem vorgelagerten Monopolisten einen hohen Preis zu bezahlen, falls dieser anschließend vom Verkauf zusätzlicher Mengen an einen Wettbewerber absieht. Sobald die Lieferbedingungen mit einem nachgeordneten Unternehmen aber festgelegt sind, könnte der vorgelagerte Lieferant einen Anreiz haben, seine Lieferungen an andere nachgeordnete Unternehmen zu verstärken und so den ersten Kauf unrentabel machen. Da die nachgeordneten Unternehmen derartiges opportunistisches Verhalten aber vorhersehen, wird der vorgelagerte Lieferant nicht in der Lage sein, seine Marktmacht voll auszunutzen. Die vertikale Integration könnte es dem vorgelagerten Lieferanten wiederum ermöglichen, sich zu verpflichten, den Vorstoffeabsatz nicht zu erweitern, da dies seinen eigenen nachgeordneten Geschäftsbereich schädigen würde. Ein anderer Fall, in dem der Monopolist nicht alle verfügbaren Monopolgewinne erreichen kann, könnte entstehen, wenn das Unternehmen gegenüber den Kunden keine unterschiedlichen Preise erheben kann.

[41] Wenn z. B. zwei Unternehmen die gemeinsame Kontrolle über ein Unternehmen ausüben, das im vorgelagerten Markt tätig ist, und nur ein Unternehmen im nachgeordneten Bereich tätig ist, kann das Unternehmen ohne Tätigkeiten in diesem Bereich wenig Interesse an einem Verzicht auf Vorstoffeverkäufe haben. In solchen Fällen ist der Anreiz zur Abschottung geringer als in Fällen, wo das vorgelagerte Unternehmen vollständig von einem Unternehmen mit nachgeordneten Tätigkeiten kontrolliert wird; siehe z. B. Sache COMP/M.3440 – EDP/ENI/GDP (2004), Sache COMP/M.4403 – Thales/Finmeccanica/Alcatel Alenia Space/Telespazio, Ziffern 121 und 268.

[42] Die Tatsache, dass ein Wettbewerber in einer ähnlichen Marktstellung wie die fusionierte Einheit seine Lieferungen von Einsatzmitteln eingestellt hat, kann ein Nachweis dafür sein, dass eine solche Strategie geschäftlich sinnvoll wäre (siehe z. B. Alcan/Pechiney, M. 3225 (2004), Ziff. 40).

erschöpfende und eingehende Prüfung der Vorschriften der verschiedenen anwendbaren Rechtsordnungen und der darin vorherrschenden Durchsetzungssysteme erforderlich[43]. Die Unrechtmäßigkeit eines bestimmten Verhaltens dürfte nur unter bestimmten Gegebenheiten die fusionierte Einheit von ihrer Vorgehensweise abhalten. Die Kommission hat dabei zu ermitteln, ob (i) anhand einer ersten Analyse festgestellt werden kann, ob dieses Verhalten eindeutig oder höchstwahrscheinlich nach Gemeinschaftsrecht unrechtmäßig wäre[44], (ii) das unrechtmäßige Verhalten aufgedeckt werden könnte[45] und (iii) welche Strafen festgesetzt werden könnten.

C. Anzunehmende Gesamtauswirkung auf einen wirksamen Wettbewerb

47. Ein Zusammenschluss wirft im Allgemeinen dann Wettbewerbsbedenken aufgrund der Abschottung bei den Einsatzmitteln auf, wenn sie im nachgeordneten Markt zu Preissteigerungen führen und so einen wirksamen Wettbewerb spürbar behindern würde.

48. Zum einen wäre eine derartige Abschottung möglich, wenn eine vertikale Fusion die Beteiligten in die Lage versetzt, die Kosten für die Wettbewerber in den nachgeordneten Märkten zu erhöhen, was ihre Verkaufspreise in die Höhe treiben würde. Eine erhebliche Schädigung wirksamen Wettbewerbs setzt in der Regel voraus, dass die abgeschotteten Unternehmen eine wichtige Rolle im Wettbewerb auf dem nachgeordneten Markt spielen. Mit der Zunahme des Anteils der auf dem nachgeordneten Markt abgeschotteten Wettbewerber nimmt auch die Möglichkeit zu, dass die Fusion zu einer erheblichen Preiserhöhung auf diesem Markt führt und dadurch wirksamen Wettbewerb spürbar behindert.[46] Auch ein Unternehmen mit einem relativ kleinen Marktanteil kann gemessen an den übrigen Anbietern ein wichtiger Wettbewerber sein[47], zum Beispiel, weil es ein naher Wettbewerber des vertikal integrierten Unternehmens oder ein besonders aggressiver Wettbewerber ist.

49. Zweitens kann wirksamer Wettbewerb durch die Erhöhung der Zutrittsschranken für potenzielle Wettbewerber spürbar behindert werden.[48] Eine vertikale Fusion kann potenzielle Wettbewerber auf dem nachgeordneten Markt abschotten, wenn die fusionierte Einheit potenzielle Zugänger am nachgeordneten Markt wahrscheinlich nicht oder nur zu wesentlich ungünstigeren Bedingungen als ohne die Fusion beliefern würde. Allein die Wahrscheinlichkeit, dass die neue Einheit nach der Fusion eine Abschottungsstrategie verfolgen könnte, könnte sich auf potenzielle Marktzugänger bereits abschreckend auswirken[49]. Wirksamer Wettbewerb auf dem nachgeordneten Markt könnte auch durch die Erhöhung der Zutrittsschranken erheblich behindert werden, insbesondere, wenn die Abschottung bei den Einsatzmitteln die potenziellen Wettbewerber dazu zwingen würde, sowohl in den vorgelager-

---

[43] Rs. C-12/03 P, Kommission/Tetra Laval BV, Slg. I-000, Rdnr. 74–76. Rs. T-210/01, General Electric/Kommission [2005], Slg. II-000, Rdnr. 73.

[44] Rs. T-210/01, General Electric/Kommission [2005], Slg. II-000, insbesondere Rdnrn. 74–75 und 311–312.

[45] So hat z. B. in dem Fall M.3696 E. ON/MOL (2005), Ziff. 433 und 443–446 die Kommission der Tatsache Bedeutung beigemessen, dass die ungarische Aufsichtsbehörde für den Gassektor erklärt hatte, dass sie in einer Reihe von Sachverhalten zwar das Recht hat, die Marktteilnehmer zu kontrollieren und zu einem diskriminierungsfreien Verhalten zu zwingen, sie aber nicht in der Lage wäre, angemessene Informationen über das Geschäftsgebaren der Marktteilnehmer zu erlangen; siehe auch Rs. COMP/M.3440 – EDP/ENI/GDP (2004), Ziff. 424.

[46] Siehe z. B. Sache COMP/M.4494 Evraz/Highveld, Ziffern 97–112.

[47] Siehe z. B. Sache COMP/M.3440 – EDP/ENI/GDP (2004).

[48] Siehe z. B. Sache COMP/M.4180 Gaz de France/Suez, Ziffern 876–931, Sache COMP/M.4576 – AVR/Gansewinkel, Ziffern 33–38.

[49] Siehe Sache COMP/M.3696 – E. ON/MOL (2005), Ziff. 662ff.

ten als auch den nachgeordneten Markt einzutreten, um auf beiden Märkten wirksam den Wettbewerb zu bestehen. Die Bedenken hinsichtlich der Erhöhung der Zutrittsschranken sind vor allem in den Wirtschaftszweigen relevant, die sich dem Wettbewerb öffnen oder in naher Zukunft wahrscheinlich öffnen werden[50].

50. Wenn ausreichend glaubwürdige Wettbewerber im nachgeordneten Bereich verbleiben, für die sich die Kosten voraussichtlich nicht erhöhen werden, zum Beispiel, weil sie selbst vertikal integriert sind[51] oder sie zu gleichwertigen alternativen Einsatzmitteln überwechseln können, kann der von diesen Unternehmen ausgehende Wettbewerb eine ausreichende Gegenmacht zu der fusionierten Einheit bilden und damit verhindern, dass die Produktpreise das Niveau vor der Fusion überschreiten.

51. Die Auswirkungen auf den Wettbewerb im nachgeordneten Markt müssen auch unter Bezugnahme auf die Gegenkräfte bewertet werden, wie zum Beispiel das Vorhandensein von Nachfragemacht[52] oder die Wahrscheinlichkeit, dass durch Eintritte in den vorgelagerten Markt wirksamer Wettbewerb aufrechterhalten werden könnte[53].

52. Die Auswirkungen auf den Wettbewerb sind auch im Hinblick auf die von den fusionierenden Parteien nachgewiesenen Effizienzgewinne zu bewerten[54]. Die Kommission kann zu dem Ergebnis kommen, dass wegen der durch eine Fusion bewirkten Effizienzgewinne keine Veranlassung besteht, die Fusion gemäß Artikel 2 Absatz 3 der Fusionskontrollverordnung für mit dem Gemeinsamen Markt unvereinbar zu erklären. Dies kann der Fall sein, wenn es hinreichend Indizien dafür gibt, dass die mit der Fusion bewirkten Effizienzgewinne die Fähigkeit und den Anreiz für die fusionierte Einheit verstärken können, wettbewerbsfördernd zum Vorteil der Verbraucher zu handeln, wodurch den ansonsten nachteiligen Auswirkungen der Fusion auf den Wettbewerb entgegengewirkt würde.

53. Bei der Bewertung der Effizienzgewinne aufgrund nichthorizontaler Fusionen wendet die Kommission die Grundsätze an, die bereits in Abschnitt VII der Mitteilung über horizontale Zusammenschlüsse dargelegt sind. Damit behauptete Effizienzvorteile bei der Bewertung einer Fusion berücksichtigt werden können, müssen diese den Verbrauchern zugute kommen, fusionsspezifisch und nachprüfbar sein. Hierbei handelt es sich um kumulative Voraussetzungen[55].

54. Vertikale Fusionen können bestimmte Quellen für Effizienzgewinne erschließen, die hier nicht erschöpfend aufgezählt sind.

55. So kann eine vertikale Fusion die neue Einheit in die Lage versetzen, vorhandene doppelte Aufschläge, die auf die getrennte Preisfestsetzung vor der Fusion zurückzuführen sind, nunmehr zu internalisieren[56]. Abhängig von den Marktbedingungen kann eine Verringerung des kombinierten Aufschlags (bezogen auf eine Situation, in der die Preisbeschlüsse auf beiden Ebenen nicht in Einklang gebracht werden) das vertikal integrierte Unternehmen in die Lage versetzen, die Produktion auf dem nachgeordneten Markt gewinnbringend zu erweitern[57].

---

[50] Siehe Ziff. 20. Es ist wichtig, dass aufsichtsrechtliche Maßnahmen, die eine Marktöffnung bewirken sollen, nicht durch Zusammenschlüsse vertikal verbundener angestammter Unternehmen mit Marktmacht unwirksam gemacht werden, die so den Markt abschotten oder sich als potenzielle Marktzugänger gegenseitig ausschalten könnten.

[51] Siehe z. B. Sache COMP/M.3653 – Siemens/VA Tech (2005), Ziff. 164.

[52] Siehe Abschnitt V zu Nachfragemacht in der Mitteilung über horizontale Fusionen.

[53] Siehe Abschnitt VI zu Marktzutritt in der Mitteilung über horizontale Fusionen.

[54] Siehe Abschnitt VII zu Leistungsgewinnen in der Mitteilung über horizontale Fusionen.

[55] Siehe insbesondere Ziffern 79 bis 88 der Mitteilung über horizontale Fusionen.

[56] Siehe auch Ziff. 13.

[57] Es ist zu betonen, dass das Problem der doppelten Aufschläge vor einer Fusion nicht immer als erheblich erkannt wird, zum Beispiel, weil die fusionierenden Parteien in einer Liefervereinbarung

56. Eine vertikale Fusion kann außerdem die Parteien in die Lage versetzen, die Produktion und den Vertriebsprozess besser zu koordinieren und dadurch Lagerhaltungskosten einzusparen.

57. Ganz allgemein kann eine vertikale Fusion gemeinsame Anreize für die Parteien hinsichtlich Investitionen in neue Produkte, neue Herstellungsprozesse und Vermarktung des Produkts schaffen. Während zum Beispiel vor einer Fusion eine nachgeordnete Vertriebseinheit gezögert haben könnte, in Werbung und die Information der Verbraucher über die Qualität der Produkte der vorgelagerten Einheit zu investieren, weil derartige Investitionen auch dem Absatz von anderen nachgeordneten Unternehmen zugute gekommen wären, so könnten sich für die fusionierte Einheit derartige Anreizprobleme verringern.

2. Abschottung des Zugangs für die Kunden

58. Eine Kundenabschottung kann stattfinden, wenn ein Lieferant mit einem wichtigen Kunden im nachgeordneten Markt fusioniert[58]. Mit Hilfe ihrer Präsenz im nachgeordneten Bereich könnte die fusionierte Einheit den Zugang zu einer ausreichenden Anzahl von Kunden für ihre tatsächlichen oder potenziellen Wettbewerber im vorgelagerten Markt (dem Einsatzmittelmarkt) abschotten und damit deren Fähigkeit oder Anreiz verringern, in Wettbewerb mit der fusionierten Einheit zu treten. Dadurch könnten sich wiederum die Kosten der nachgeordneten Wettbewerber erhöhen, was es diesen erschweren würde, Lieferungen des Einsatzmittels zu ähnlichen Preisen und Bedingungen wie ohne die Fusion zu erhalten. Dies kann die neue Einheit in die Lage versetzen, höhere Preise im nachgeordneten Markt gewinnbringend durchzusetzen. Durch die Fusion entstehende Effizienzgewinne können jedoch die neue Einheit zur Senkung ihrer Preise veranlassen, so dass sich insgesamt keine nachteiligen Auswirkungen für die Verbraucher ergeben. Abschottung der Kunden kann also auch eine Schädigung der Verbraucher zur Folge haben, ohne dass die Wettbewerber des fusionierten Unternehmens gezwungenermaßen an den Rand gedrängt oder zum Marktaustritt gezwungen werden. Entscheidend ist, ob die gestiegenen Einsatzmittelkosten höhere Verbraucherpreise zur Folge haben. Dieser Mechanismus wird im Schaubild 2 dargestellt.

---

barung bereits einen Preismechanismus vereinbart hatten, der die Aufschläge beseitigende Mengenrabatte vorsieht. Die mit der Beseitigung von doppelten Aufschlägen verbundenen Effizienzgewinne müssen also nicht immer fusionsspezifisch sein, weil mit einer vertikalen Zusammenarbeit oder vertikalen Vereinbarungen ähnlich große Vorteile wie mit einer Fusion, jedoch mit geringeren wettbewerbswidrigen Auswirkungen, erzielt werden könnten. Außerdem könnte eine Fusion die doppelten Aufschläge nicht vollständig beseitigen, wenn die Lieferung des Vorstoffes durch Kapazitätsengpässe eingeschränkt ist und der Vorstoff auf andere Weise genauso rentabel verwendet werden kann. Unter diesen Umständen entstehen bei der internen Verwendung des Vorstoffes Opportunitätskosten für das vertikal integrierte Unternehmen, wenn durch die zunehmende interne Nutzung des Vorstoffes zur Erhöhung der nachgeordneten Produktion davon weniger auf dem alternativen Markt verkauft werden kann. Dies bewirkt, dass der Anreiz zur internen Nutzung des Vorstoffes und Erhöhung der nachgeordneten Produktion geringer ist als in dem Fall, dass keine Opportunitätskosten entstehen.

[58] Siehe Fußnote 4 zur Definition von „vorgelagert" und „nachgeordnet".

Schaubild 2 – Abschottung der Kunden

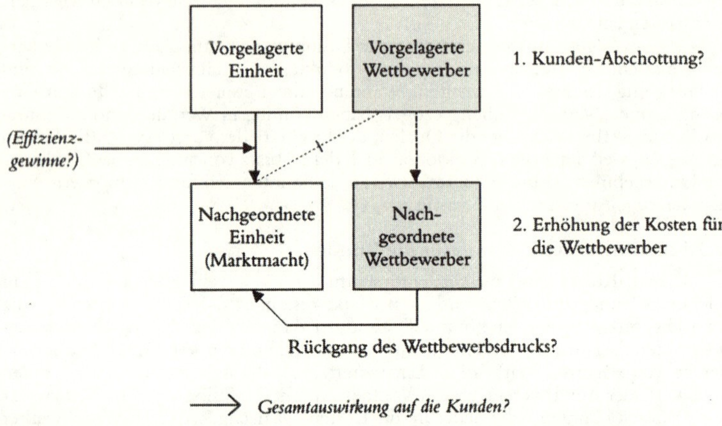

59. Bei der Bewertung der Wahrscheinlichkeit einer wettbewerbswidrigen Kundenabschottung untersucht die Kommission zuerst, ob die fusionierte Einheit in der Lage wäre, den Zugang zu den nachgeordneten Märkten durch die Verringerung ihrer Käufe bei den vorgelagerten Wettbewerbern abzuschotten, zweitens, ob sie den Anreiz hätte, ihre Bezüge auf der vorgelagerten Ebene zu verringern und drittens, ob eine Abschottungsstrategie spürbare nachteilige Auswirkungen auf die Kunden im nachgeordneten Markt hätte.[59]

A. Fähigkeit, den Zugang zu nachgeordneten Märkten abzuschotten

60. Ein vertikaler Zusammenschluss kann die vorgelagerten Wettbewerber beeinträchtigen, indem er für sie die Kosten des Zugangs zu den nachgeordneten Kunden erhöht oder den Zugang zu einem beträchtlichen Kundenstamm beschränkt. Die Kundenabschottung kann verschiedene Formen annehmen. So kann zum Beispiel die fusionierte Einheit beschließen, ihren gesamten Bedarf an Waren und Dienstleistungen bei ihrem vorgelagerten Unternehmensbereich zu decken und deshalb keine Waren mehr bei ihren vorgelagerten Wettbewerbern zu beziehen. Außerdem könnte sie ihre Einkäufe bei diesen Wettbewerbern verringern oder bei ihnen zu weniger günstigen Bedingungen als vor der Fusion einkaufen[60].

61. Um zu ermitteln, ob die fusionierte Einheit in der Lage wäre, den Zugang zu den nachgeordneten Märkten abzuschotten, prüft die Kommission, ob es im nachgeordneten Markt für die vorgelagerten Wettbewerber (tatsächliche oder potenzielle) ausreichende wirtschaftliche Alternativen für den Verkauf ihrer Produktion gibt[61].

---

59 Siehe z. B. Sache COMP/M.4389 – WLR/BST.

60 So kann die fusionierte Einheit im Vertriebsbereich weniger geneigt sein, Zugang zu ihren Verkaufsstätten zu den Bedingungen zu gewähren, wie sie ohne die Fusion vorherrschen würden.

61 Das Wegfallen des integrierten Unternehmens als Kunde ist in der Regel von geringerer Bedeutung, wenn die Einkäufe dieses Unternehmens bei nicht integrierten Unternehmen vor der Fusion nur einen kleinen Anteil an der diesen Unternehmen zur Verfügung stehenden Absatzbasis ausmachten. In einem solchen Fall ist es wahrscheinlicher, dass ausreichend alternative Kunden vorhanden sind. Das Bestehen von Ausschließlichkeitsverträgen zwischen der

Eine Kundenabschottung wird dann problematisch, wenn an der vertikalen Fusion ein Unternehmen beteiligt ist, das im nachgeordneten Markt ein wichtiger Abnehmer mit einem deutlichen Maß an Marktmacht ist[62]. Wenn hingegen ein ausreichend großer Kundenstamm gegenwärtig oder in Zukunft vorhanden ist, der sich wahrscheinlich an unabhängige Lieferanten wenden würde, wird die Kommission eher keine Wettbewerbsbedenken in dieser Hinsicht geltend machen[63].

62. Eine Kundenabschottung kann besonders dann zu höheren Einsatzmittelpreisen führen, wenn auf dem Einsatzmittelmarkt spürbare Skalen- oder Verbundvorteile vorhanden sind oder die Nachfrage durch Netzwirkungen gekennzeichnet ist[64]. Hauptsächlich unter diesen Voraussetzungen könnte die Wettbewerbsfähigkeit der bestehenden oder potenziellen vorgelagerten Wettbewerber eingeschränkt werden.

63. Die Kundenabschottung kann auch zu höheren Einsatzmittelpreisen führen, wenn bestehende vorgelagerte Wettbewerber mit oder nahe ihrer wettbewerbsfähigen Mindestgröße operieren. Wenn die Kundenabschottung und der damit einhergehende Produktionsrückgang die variablen Produktionskosten für die vorgelagerten Wettbewerber erhöhen, kann dies zu einem Aufwärtsdruck auf die Preise führen, die sie ihren Kunden im nachgeordneten Markt berechnen.

64. Sind Skalen- oder Verbundvorteile vorhanden, kann die Kundenabschottung einen Zutritt in den vorgelagerten Markt für potenzielle Zugänger unattraktiv machen, wenn sich deren Profitaussichten erheblich verringern würden. Wenn die Kundenabschottung tatsächlich potenzielle Wettbewerber von einem Marktzutritt abhält, können die Einsatzmittelpreise auf einem höheren Niveau bleiben, als es sich anderenfalls einstellen würde, wodurch sich die Kosten für die Belieferung der nachgeordneten Wettbewerber der fusionierten Einheit mit Einsatzmitteln erhöhen.

65. Wenn sich die Kundenabschottung vor allem auf die Einnahmen der vorgelagerten Wettbewerber auswirkt, kann sie deren Fähigkeit und Anreiz spürbar verringern, in Kostensenkung, Forschung, Entwicklung und Produktqualität zu investieren[65]. Dies macht es ihnen schwerer, langfristig im Wettbewerb zu bestehen, wodurch sie aus dem Markt gedrängt werden könnten.

66. Bei ihrer Bewertung kann die Kommission das Bestehen verschiedener Märkte entsprechend den verschiedenen Verwendungszwecken des Einsatzmittels berücksichtigen. Wenn ein wesentlicher Teil des nachgeordneten Marktes abgeschottet ist, kann der vorgelagerte Lieferant daran gehindert werden, eine wettbewerbsfähige Größe zu erlangen, und er könnte gezwungen sein, in anderen Märkten zu höheren Kosten zu operieren. Umgekehrt kann ein vorgelagerter Lieferant weiterhin

---

fusionierten Einheit und anderen nachgeordneten Unternehmen kann die vorgelagerten Unternehmen in ihrer Fähigkeit einschränken, ein ausreichendes Absatzvolumen zu erreichen.

[62] Siehe z. B. Sache COMP/M.2822 – ENBW/ENI/GVS (2002), Ziffern 54–57.

[63] Siehe z. B. Sache COMP/M.81 – VIAG/Continental Can (1991), Ziff. 51. Siehe z. B. Sache COMP/M.4389 – WLR/BST, Ziffern 33–35.

[64] Skalen- oder Verbundvorteile bestehen, wenn eine Erhöhung oder eine Erweiterung der Produktion zu einem Rückgang der durchschnittlichen Stückkosten führt. Netzwirkungen finden statt, wenn der Wert eines Produktes für einen Kunden mit der Anzahl der anderen Kunden, die das Produkt ebenfalls nutzen, steigt. Beispiele hierfür sind Kommunikationsgeräte, bestimmte Softwareprogramme, Produkte, die eine Normierung erfordern und Plattformen, auf denen Käufer und Verkäufer zusammengebracht werden.

[65] Ein von einem wichtigen Kunden abgeschotteter Vorstoffelieferant mag es vorziehen, dem Markt fernzubleiben, wenn es ihm nach der Investition nicht gelingt, eine mindestrentable Größe zu erreichen. Eine solche Größe kann jedoch erzielt werden, wenn ein potenzieller Marktzugänger Zugang zu einem größeren Kundenstamm auch in anderen relevanten Märkten erhält; siehe Sache Nr. COMP/M. 1879 – Boeing/Hughes (2000); Sache Nr. COMP/M.2978 – Lagardère/Natexis/VUP (2003).

wettbewerbsfähig bleiben, wenn er andere Verwendungszwecke oder Zweitmärkte für seine Einsatzmittel findet, ohne wesentlich höhere Kosten gewärtigen zu müssen.

67. Bei ihrer Bewertung wird die Kommission anhand der vorliegenden Informationen prüfen, ob die rechtzeitige Entwicklung und Umsetzung wirksamer und tragfähiger Gegenstrategien durch die Wettbewerber wahrscheinlich ist. Hierzu zählt die Möglichkeit, dass sich die vorgelagerten Wettbewerber für eine aggressivere Preisgestaltung entscheiden, um ihr Absatzvolumen im nachgeordneten Markt aufrechtzuerhalten, wodurch die Auswirkungen der Abschottung abgeschwächt würden[66].

B. Anreiz, den Zugang zu den nachgeordneten Märkten abzuschotten

68. Der Anreiz zur Abschottung hängt davon ab, in welchem Maße diese gewinnbringend wäre. Die fusionierte Einheit muss abwägen zwischen möglichen Kosten, die entstehen würden, wenn sie die Produkte nicht von vorgelagerten Wettbewerbern beziehen würde, und den möglichen Gewinnen aus einer solchen Entscheidung, zum Beispiel, weil sie es der fusionierten Einheit erlauben würde, die Preise in den vorgelagerten oder den nachgeordneten Märkten zu erhöhen.

69. Die mit der Kürzung der Käufe bei vorgelagerten konkurrierenden Lieferanten verbundenen Kosten sind höher, wenn der vorgelagerte Bereich des integrierten Unternehmens weniger effizient als die abgeschotteten Lieferanten ist. Sie sind auch höher, wenn der vorgelagerte Geschäftsbereich des fusionierten Unternehmens vor Kapazitätsengpässen steht oder die Produkte der Wettbewerber stärker differenziert und damit attraktiver sind.

70. Der Anreiz zur Kundenabschottung hängt außerdem davon ab, in welchem Maße der vorgelagerte Bereich des fusionierten Unternehmens in den Genuss höherer Preise auf dem vorgelagerten Markt gelangt, die sich aufgrund der Abschottung der vorgelagerten Wettbewerber ergeben können. Der Anreiz zur Kundenabschottung wird auch größer, wenn das fusionierte Unternehmen davon ausgehen kann, dass sein nachgeordneter Geschäftsbereich aufgrund der Abschottungsstrategie in den Genuss höherer Preise im nachgeordneten Bereich gelangen kann. Die Größe des Absatzmarktes, auf dem steigende Spannen erzielt werden können, nimmt dabei mit dem Umfang der Marktanteile der nachgeordneten Tätigkeitsbereiche der fusionierten Einheit zu[67].

71. Wenn die Festlegung einer bestimmten Vorgehensweise durch die fusionierte Einheit ein wichtiger Schritt bei der Abschottung ist, untersucht die Kommission sowohl die Anreize, ein solches Verhalten einzunehmen, als auch die Faktoren, die derartige Anreize verringern oder sogar beseitigen können, einschließlich der Möglichkeit, dass die Vorgehensweise unrechtmäßig sein könnte[68].

---

[66] So wurde zum Beispiel in der Sache COMP/M.1879 – Boeing/Hughes (2000) in Ziff. 100 unter anderem festgestellt, dass in Anbetracht hoher Fixkosten konkurrierende Bereitsteller von Satellitenstartfahrzeugen, die gegenüber der fusionierten Einheit an Wettbewerbsfähigkeit bei den Kosten verlieren würden, versuchen könnten, die Preise zu senken, um ihr Absatzvolumen aufrechtzuerhalten und zumindest einen Teil ihrer Fixkosten hereinzuholen, damit sie nicht Aufträge verlieren und höhere Verluste gewärtigen müssten. Die wahrscheinlichste Auswirkung wäre deshalb ein größerer Preiswettbewerb und nicht die Monopolisierung des Marktes.

[67] Wenn das vertikal integrierte Unternehmen die nachgeordneten Wettbewerber teilweise mit Einsatzmitteln beliefert, kann es in die Lage versetzt werden, seinen Absatz zu steigern oder gegebenenfalls die Vorstoffepreise zu erhöhen.

[68] Die Analyse dieser Anreize wird nach dem Verfahren in Ziff. 46 vorgenommen.

C. Anzunehmende Auswirkungen auf einen wirksamen Wettbewerb

72. Die Abschottung der Wettbewerber im vorgelagerten Markt kann nachteilige Auswirkungen auf dem nachgeordneten Markt haben und die Verbraucher schädigen. Wenn für die Produkte der abgeschotteten vorgelagerten Wettbewerber der freie Zugang zu einem großen Kundenstamm verweigert wird, könnte die Fusion bewirken, dass deren Wettbewerbsfähigkeit in absehbarer Zukunft geschwächt wird. Dies kann dazu führen, dass die nachgeordneten Wettbewerber benachteiligt werden, zum Beispiel in Form erhöhter Einsatzmittelkosten. Dadurch könnte wiederum die fusionierte Einheit in die Lage versetzt werden, die Preise gewinnbringend zu erhöhen oder den Gesamtausstoß auf dem nachgeordneten Markt zu verringern.

73. Es kann einige Zeit dauern, bis die nachteiligen Auswirkungen auf die Kunden zum Tragen kommen, wenn sich die Kundenabschottung hauptsächlich auf die Einnahmeströme der vorgelagerten Wettbewerber auswirkt und deren Anreize schwächt, Investitionen in Kostensenkungen, Produktqualität oder in andere wettbewerbsrelevante Faktoren vorzunehmen, um wettbewerbsfähig zu bleiben.

74. Nur wenn ein hinreichend großer Teil des vorgelagerten Ausstoßes infolge der vertikalen Fusion von den Einnahmerückgängen beeinträchtigt wird, kann die Fusion in spürbarem Maße wirksamen Wettbewerb auf dem vorgelagerten Markt behindern. Werden nicht alle vorgelagerten Wettbewerber davon beeinträchtigt, kann von diesen Unternehmen hinreichender Wettbewerb ausgehen, um Preiserhöhungen im vorgelagerten und damit auch im nachgeordneten Markt zu verhindern. Von den nicht abgeschotteten vorgelagerten Unternehmen kann jedoch nur ausreichender Wettbewerb ausgehen, wenn ihr Wachstum nicht z. B. aufgrund von Kapazitätsengpässen oder Produktdifferenzierung blockiert wird[69]. Wenn ein Rückgang des vorgelagerten Wettbewerbs einen erheblichen Teil des nachgeordneten Ausstoßes berührt, kann die Fusion ähnlich der Abschottung bei den Einsatzmitteln zu einer spürbaren Zunahme der Preise im nachgeordneten Markt führen und damit wirksamen Wettbewerb erheblich behindern[70].

75. Wirksamer Wettbewerb im vorgelagerten Markt kann auch spürbar behindert werden, wenn die Zutrittsschranken für potenzielle Wettbewerber erhöht werden. Dies kann insbesondere der Fall sein, wenn aufgrund der Kundenabschottung die potenziellen Wettbewerber gezwungen wären, sowohl in den vorgelagerten als auch in den nachgeordneten Markt einzutreten, um im Wettbewerb auf beiden Märkten bestehen zu können. In einem solchen Fall könnte die Abschottung bei den Kunden und bei den Vorstoffen Bestandteil derselben Strategie sein. Die Erhöhung der Zutrittsschranken wirft in den Industriezweigen besondere Bedenken auf, die sich dem Wettbewerb öffnen oder sich in absehbarer Zukunft öffnen werden[71].

76. Bei der Ermittlung der Auswirkungen auf den Wettbewerb sind mögliche Gegenkräfte zu bedenken, zum Beispiel das Vorhandensein einer Nachfragemacht der Abnehmer[72] oder die Wahrscheinlichkeit, dass durch einen Marktzutritt wirksamer Wettbewerb auf den vorgelagerten oder nachgeordneten Märkten aufrechterhalten würde[73].

---

[69] Die Analyse derartiger nichtkoordinierter Wirkungen ähnelt der Analyse nichtkoordinierter Wirkungen bei horizontalen Fusionen (Siehe Abschnitt IV der Mitteilung über horizontale Fusionen).

[70] Siehe Ziffern 47–50 dieser Mitteilung.

[71] Es besteht die Gefahr, dass aufsichtsrechtliche Maßnahmen zur Öffnung eines Marktes unwirksam gemacht werden, wenn vertikal verbundene angestammte Unternehmen sich zusammenschließen und damit den Markt abschotten oder als potenzielle Marktzugänger wegfallen.

[72] Siehe Abschnitt V zur Nachfragemacht der Abnehmer in der Mitteilung über horizontale Fusionen.

[73] Siehe Abschnitt VI über Marktzutritt in der Mitteilung über horizontale Fusionen.

77. Auch müssen die Auswirkungen auf den Wettbewerb gemäß den von den fusionierenden Parteien nachgewiesenen Effizienzgewinnen bewertet werden[74].

B. Andere nichtkoordinierte Wirkungen

78. Durch die vertikale Integration kann die fusionierte Einheit Zugang zu vertraulichen Unternehmensdaten über die vorgelagerten und nachgeordneten Tätigkeiten der Wettbewerber erlangen[75]. So kann zum Beispiel ein Unternehmen, das zum Lieferanten eines nachgeordneten Wettbewerbers wird, kritische Informationen erlangen, die es in die Lage versetzen, bei den Preisen im nachgeordneten Markt zum Nachteil der Verbraucher weniger aggressiv vorzugehen[76]. Auch könnte es die Wettbewerber benachteiligen und sie davon abhalten, in den Markt einzutreten bzw. dort zu expandieren.

C. Koordinierte Wirkungen

79. Wie in Abschnitt IV der Mitteilung über horizontale Zusammenschlüsse dargelegt, kann eine Fusion den bestehenden Wettbewerb auf eine Weise verändern, dass Unternehmen, die ihr Verhalten zuvor nicht abgestimmt hatten, nun deutlich eher zu einer Koordinierung neigen und die Preise erhöhen oder einem wirksamen Wettbewerb auf andere Weise schaden. Für Unternehmen, die sich vor einem Zusammenschluss koordinierten, kann die Fusion die Koordinierung einfacher, stabiler oder wirksamer machen[77].

80. Eine Marktkoordinierung kann sich ergeben, wenn Wettbewerber in der Lage sind, ohne eine Vereinbarung einzugehen oder ihre Verhaltensweisen im Sinne von Artikel 81 EGV abzustimmen, gemeinsame Ziele festzulegen und zu verfolgen, um durch ein kohärentes System unausgesprochener Androhungen den üblichen gegenseitigen Wettbewerbsdruck zu umgehen. Bei freiem Wettbewerb hat jedes Unternehmen einen beständigen Wettbewerbsanreiz. Dieser Anreiz ist der eigentliche Garant dafür, dass die Preise niedrig bleiben und die Unternehmen daran gehindert werden, gemeinsam ihre Gewinne hochzuschrauben. Die Koordinierung stellt eine Umgehung der Bedingungen des freien Wettbewerbs dar, aufgrund derer die Unternehmen ihre Preise über eine unabhängige, kurzfristige Gewinnmaximierung hinaus dauerhaft erhöhen können. Durch die Koordinierung verzichten die Unternehmen darauf, die hohen Preise ihrer Wettbewerber zu unterbieten, weil sie erwarten, dass ein solches Vorgehen ihre Koordinierung in Zukunft beeinträchtigen könnte. Damit koordinierte Wirkungen entstehen können, muss der Gewinn, den die Unternehmen durch einen aggressiven Wettbewerb kurzfristig erzielen könnten („abweichen"), geringer sein als der erwartete Einnahmerückgang, den ein solches Verhalten langfristig bewirken könnte, da zu erwarten wäre, dass es eine aggressive Erwiderung der Wettbewerber („eine Bestrafung") herausfordern würde.

81. Eine Koordinierung in Märkten ist dort wahrscheinlicher, wo es relativ einfach ist, ein Einverständnis über die Bedingungen der Koordinierung zu erzielen. Es sind drei Bedingungen erforderlich, um eine Koordinierung dauerhaft zu machen.

---

[74] Zur Bewertung der Effizienzgewinne im vertikalen Rahmen siehe Abschnitt V. A. 1.

[75] Siehe Sache COMP/M.1879 – Boeing/Hughes (2000); Sache COMP/M.2510 – Cendant/Galileo, Ziff. 37; Sache COMP/M.2738 – Gees/Unison, Ziff. 21; Sache COMP/M.2925 – Charterhouse/CDC/Telediffusion de France, Ziffern 37–38; Sache COMP/M.3440 – EDP/ENL/GDP (2004).

[76] Siehe z. B. Sache COMP/M.2822 – ENBW/ENI/GVS (2002) unter Ziff. 56; Sache COMP/M.3440 – EDP/ENI/GDP (2004), Ziffern 368–379; Sache COMP/M.3653 – Siemens/VA Tech (2005) Ziffern 159–164.

[77] Siehe Sache COMP/M.3101 – Accor/Hilton/Six Continents, Ziffern 23–28.

Erstens müssen die koordinierenden Unternehmen in der Lage sein, ausreichend zu überwachen, ob die Bedingungen der Koordinierung befolgt werden. Zweitens bedarf es zur Disziplinierung eines Abschreckungsmechanismus, der im Falle eines abweichenden Verhaltens zum Tragen kommt. Drittens sollen Außenstehende, wie zum Beispiel bestehende und zukünftige Wettbewerber, die an der Koordinierung nicht teilnehmen, oder auch die Kunden die mit der Koordinierung erwarteten Ergebnisse nicht gefährden können[78].

Vereinbarung der Bedingungen für die Koordinierung

82. Eine vertikale Fusion kann es für die Unternehmen im vorgelagerten und nachgeordneten Markt erleichtern, ein Einverständnis über die Bedingungen der Koordinierung zu erzielen.[79]

83. Wenn zum Beispiel eine vertikale Fusion zur Abschottung führt[80], bewirkt sie einen Rückgang der Anzahl der im Markt tätigen Wettbewerber. Ganz allgemein erleichtert ein Rückgang der Anzahl der Marktteilnehmer die Koordinierung zwischen den verbleibenden Anbietern.

84. Vertikale Fusionen können auch den Grad an Symmetrie zwischen den in einem Markt tätigen Unternehmen erhöhen[81]. Dadurch kann sich die Wahrscheinlichkeit einer Koordinierung erhöhen, indem es den Unternehmen erleichtert wird, zu einem Einvernehmen über die Bedingungen der Koordinierung zu gelangen. Außerdem kann die vertikale Integration das Ausmaß an Markttransparenz erhöhen, was eine Koordinierung unter den verbleibenden Marktanbietern ebenfalls erleichtert.

85. Darüber hinaus kann eine Fusion zur Beseitigung eines Einzelgängers im Markt führen. Ein Einzelgänger ist ein Lieferant, der aus bestimmten Gründen nicht bereit ist, ein Koordinierungsergebnis hinzunehmen, und deshalb ein aggressiver Wettbewerber bleibt. Die vertikale Integration eines Einzelgängers kann seine Interessenlage in einem solchen Maß verändern, dass eine Koordinierung nicht mehr verhindert wird.

Überwachung der Abweichungen

86. Die vertikale Integration kann die Koordinierung erleichtern, indem sie die Markttransparenz für die Firmen durch den Zugang zu sensiblen Informationen über Wettbewerber erhöht, oder die Überwachung des Preisgeschehens erleichtert. So können Bedenken entstehen, wenn zum Beispiel das Ausmaß an Preistransparenz im nachgeordneten Bereich größer als im vorgelagerten Bereich ist. Dies könnte der Fall sein, wenn die Preise an die Endverbraucher öffentlich bekannt sind, während die Geschäfte auf dem Zwischenmarkt vertraulich sind. Die vertikale Integration kann den vorgelagerten Herstellern Kontrolle über die Endpreise verschaffen und damit Abweichungen wirksamer überwachen.

87. Eine vertikale Fusion, die zur Abschottung führt, kann auch einen Rückgang der Anzahl der im Markt tätigen Wettbewerber bewirken. Ein Rückgang in der Anzahl der Marktteilnehmer kann die gegenseitige Überwachung des Marktverhaltens erleichtern.

Abschreckungsmechanismen

88. Vertikale Fusionen können sich auf die Anreize der koordinierenden Unternehmen auswirken, die Bedingungen der Koordinierung zu befolgen. So kann zum

---

78 Siehe Rs. T-342/99, Airtours/Kommission [2002], Slg. II-2585, Rdnr. 62.

79 Siehe z. B. Sache COMP/M.3314 – Air Liquide/Messer Targets, Ziffern 91–100.

80 Die Abschottung wäre von der Kommission gemäß den in Teil A dargelegten Grundzügen nachzuweisen.

81 Siehe Sache COMP/M.2389 – Shell/DEA; Sache COMP/M.2533 – BP/EON.

Beispiel ein vertikal integriertes Unternehmen in der Lage sein, solche Wettbewerber wirksamer zu bestrafen, die beschließen, von den Bedingungen der Koordinierung abzuweichen, beispielsweise um einem wichtigen Kunden bzw. Lieferanten entgegenzukommen[82].

Reaktionen von Außenstehenden

89. Vertikale Fusionen können den Spielraum für Außenstehende verringern, die Koordinierung durch die Erhöhung der Marktzutrittsschranken zu destabilisieren oder auf andere Weise die Wettbewerbsfähigkeit der an der Koordinierung nicht beteiligten Außenstehenden zu beschränken.

90. Eine vertikale Fusion kann auch zum Wegfallen eines störenden Käufers im Markt führen. Wenn die vorgelagerten Unternehmen den Absatz an einen bestimmten Kunden für hinreichend wichtig ansehen, können sie versucht sein, von den Bedingungen der Koordinierung abzuweichen, um sich ihr Geschäft zu sichern. Entsprechend kann ein Großabnehmer in die Lage geraten, die koordinierenden Unternehmen zur Abweichung von diesen Bedingungen zu bewegen, indem er einen großen Teil seines Bedarfs bei einem bestimmten Lieferanten einkauft oder langfristige Verträge anbietet. Die Übernahme eines solchen Käufers kann das Risiko der Koordinierung im Markt erhöhen.

V. Konglomerale Fusionen

91. Konglomerale Fusionen finden zwischen Unternehmen statt, deren Beziehung zueinander weder rein horizontal (als Wettbewerber in demselben relevanten Markt) noch rein vertikal (als Anbieter und Kunde) ist. In der Praxis liegt der Schwerpunkt auf Fusionen zwischen Unternehmen, die in eng verwandten Märkten tätig sind[83] (z. B. Fusionen, an denen Lieferanten von ergänzenden Produkten oder Produkten beteiligt sind, die einer Produktpalette angehören, die in der Regel von der gleichen Kundengruppe für dieselbe Endverwendung gekauft werden).

92. Grundsätzlich werfen konglomerale Fusionen in der Mehrzahl der Fälle keine Wettbewerbsprobleme auf, wenngleich sie unter bestimmten Umständen zur Schädigung des Wettbewerbs führen können. Bei ihrer Bewertung prüft die Kommission sowohl mögliche wettbewerbswidrige Wirkungen konglomeraler Fusionen, als auch mögliche wettbewerbsfördernde Wirkungen, die sich aus den von den Parteien nachgewiesenen Effizienzgewinnen ergeben.

A. Nichtkoordinierte Wirkungen: Abschottung

93. Die Hauptbedenken bei konglomeralen Fusionen betreffen die Abschottung. Durch die Zusammenführung von Produkten in verwandten Märkten erlangt die fusionierte Einheit die Fähigkeit und den Anreiz, unter Ausnutzung ihrer starken Marktstellung in einem Markt durch Binden oder Koppeln oder andere ausschlie-

[82] So betraf zum Beispiel in dem Fall COMP/M.2322 – CRH/Addtek (2001; Fall zurückgezogen) die Fusion einen vorgelagerten marktbeherrschenden Zementhersteller und einen nachgeordneten Hersteller von vorgefertigten Zementprodukten, beide in Finnland. Die Kommission befand, dass die neue Einheit in der Lage wäre, die nachgeordneten Wettbewerber dadurch zu disziplinieren, dass sie von den Zementlieferungen der fusionierten Einheit in hohem Maße abhängen würden. Im Ergebnis wäre die nachgeordnete Einheit in der Lage, den Preis für ihre vorgefertigten Zementprodukte zu erhöhen und gleichzeitig zu gewährleisten, dass die Wettbewerber diese Preiserhöhungen nachvollziehen würden, und nicht auf Zementeinfuhren aus den baltischen Staaten oder Russland zurückgreifen könnten.

[83] Siehe auch Formblatt CO, Abschnitt IV, 6.3 (c).

ßende Praktiken eine Hebelwirkung[84] in einem anderen Markt auszuüben[85]. Bindung und Kopplung sind weit verbreitete Praktiken, die sich häufig nicht nachteilig auf den Wettbewerb auswirken. Damit sollen den Kunden bessere Produkte oder Angebote in kostenwirksamer Weise angeboten werden. Unter bestimmten Umständen kann Binden und Koppeln jedoch die Wettbewerbsfähigkeit oder den Wettbewerbsanreiz für bestehende oder potenzielle Wettbewerber schwächen. Dadurch kann sich der Wettbewerbsdruck auf die fusionierte Einheit mindern, was ihr Preiserhöhungen ermöglichen kann.

94. Bei der Ermittlung der Wahrscheinlichkeit eines solchen Szenarios untersucht die Kommission zuerst, ob die fusionierte Einheit die Fähigkeit hätte, ihre Wettbewerber abzuschotten, zweitens, ob sie hierfür einen wirtschaftlichen Anreiz hätte und drittens, ob eine Abschottungsstrategie spürbare schädigende Auswirkungen auf den Wettbewerb hätte und damit den Verbrauchern Schaden zufügen würde[86]. In der Praxis werden diese Faktoren häufig gemeinsam untersucht, da sie eng miteinander verflochten sind.

A. Fähigkeit zur Abschottung

95. Die fusionierte Einheit kann am unmittelbarsten ihre Macht in einem Markt zur Abschottung der Wettbewerber in einem anderen Markt nutzen, indem sie die Produkte in getrennten Märkten für den Absatz miteinander verknüpft. Dies erfolgt am direktesten entweder durch Bindung oder durch Kopplung.

96. „Kopplung" bezieht sich auf den Preis und die Form, in der die fusionierte Einheit ein Produkt anbietet. Man kann zwischen reiner Kopplung und gemischter Kopplung unterscheiden. Im Falle der reinen Kopplung werden die Produkte ausschließlich gemeinsam in einem festgelegten Verhältnis zueinander verkauft. Im Falle der gemischten Kopplung werden die Produkte auch getrennt von einander angeboten, aber die Summe der Einzelpreise ist höher als der Paketpreis[87]. Rabatte, die für den Kauf weiterer Produkte angeboten werden, können als eine Form der gemischten Kopplung betrachtet werden.

97. „Bindung" bezieht sich in der Regel auf Fälle, in denen der Lieferant den Kauf eines Produkts (des bindenden Produktes) nur unter der Bedingung durchführt, dass ein anderes, unterschiedliches Produkt (das gebundene Produkt) ebenfalls beim Lieferanten oder bei einem von ihm bestimmten Unternehmen gekauft wird. Bindung kann auf vertraglichem oder technischem Wege herbeigeführt werden. So findet eine technische Bindung statt, wenn das bindende Produkt in einer Weise gestaltet ist, dass es nur gemeinsam mit dem gebundenen Produkt funktioniert (jedoch nicht mit den von den Wettbewerbern angebotenen Alternativerzeugnissen). Eine vertragliche Bindung bedeutet, dass sich Kunden vertraglich verpflichten, im Falle des Erwerbs des bindenden Produktes auch das gebundene Produkt von dem diesem Anbieter zu beziehen (und nicht etwa von anderen Wettbewerbern). Die gemischte Kopplung kann sich der reinen Kopplung annähern, wenn für die einzeln angebote-

---

84 Für „Hebelwirkung" gibt es keine verbindliche Definition, doch grundsätzlich beinhaltet der Begriff die Möglichkeit, den Absatz eines Produktes in einem Markt (dem „gebundenen" oder „gekoppelten" Markt) durch die starke Marktstellung des Produkts, an die es gebunden oder gekoppelt ist (der „bindende" oder „Hebelwirkung ausübende" Markt) zu erhöhen.

85 Diese Begriffe werden nachstehend definiert.

86 Siehe Rs. T-210/01, General Electric/Kommission, [2005], Slg. II-000, Ziffern 327, 362–363, 405; Sache COMP/M.3304 – GE/Amersham (2004), Ziff. 37.

87 Die Abgrenzung zwischen gemischter und reiner Kopplung ist nicht eindeutig. Die gemischte Kopplung kann sich der reinen Kopplung annähern, wenn für die einzeln angebotenen Produkte sehr hohe Preise verlangt werden.

nen Produkte unerschwingliche Preise verlangt werden; die Unterscheidung zwischen beiden ist daher nicht immer eindeutig.

98. Anhand der besonderen Merkmale der Produkte kann festgestellt werden, ob der fusionierten Einheit eine dieser Möglichkeiten der Verknüpfung von Verkäufen zwischen getrennten Märkten zur Verfügung steht. So ist zum Beispiel das reine Binden kaum möglich, wenn die Produkte nicht gleichzeitig oder von denselben Kunden gekauft werden[88]. Außerdem ist das technische Binden nur in bestimmten Wirtschaftszweigen eine realistische Option.

99. Um in der Lage zu sein, Wettbewerber abzuschotten, muss die neue Einheit in einem der betroffenen Märkte ein deutliches Maß an Marktmacht ausüben, das nicht unbedingt gleichbedeutend mit Beherrschung sein muss. Von einer Kopplung oder Bindung sind nur erhebliche Wirkungen zu erwarten, wenn zumindest eines der Produkte der fusionierten Einheit von vielen Kunden als besonders wichtig angesehen wird und für dieses Produkt nur wenige Alternativen in Frage kommen, z. B. wegen Produktdifferenzierung[89] oder Kapazitätsengpässen bei den Wettbewerbern.

100. Damit die Abschottung Anlass für Bedenken geben kann, muss für die einzelnen Produkte ein großer gemeinsamer Kundenstamm vorhanden sein. Je mehr Kunden geneigt sind, beide Produkte zu erwerben, desto mehr kann die Nachfrage nach den einzelnen Produkten durch Koppeln oder Binden beeinträchtigt werden. Dieser Zusammenhang beim Kaufverhalten wird umso wichtiger, wenn sich die betreffenden Produkte ergänzen.

101. Ganz grundsätzlich sind die Abschottungswirkungen von Kopplung und Bindung in Wirtschaftszweigen ausgeprägter, in denen Skalenvorteile entstehen und das Nachfragemuster jederzeit dynamische Auswirkungen auf die zukünftigen Lieferbedingungen des Marktes haben kann. Wenn zum Beispiel ein Lieferant komplementärer Produkte Marktmacht bei einem der Produkte ausübt (Produkt A), kann die Kopplung oder Bindung zu einem Absatzrückgang bei den nichtintegrierten Anbietern der ergänzenden Ware (Produkt B) haben. Wenn außerdem Netzwerkexternalitäten ins Spiel kommen[90], wird dadurch der Spielraum der Wettbewerber zur Ausweitung ihrer Verkäufe des Produktes B in der Zukunft erheblich eingeschränkt. Wenn umgekehrt potenzielle Marktzugänger das ergänzende Produkt auf den Markt bringen wollen, kann die fusionierte Einheit durch die Kopplung diese potenziellen Konkurrenten vom Markteintritt abhalten. Die begrenzte Verfügbarkeit von sich ergänzenden Produkten, die miteinander kombiniert werden können, kann ebenfalls von einem Eintritt in den Markt A abhalten.

102. Es ist hinzuzufügen, dass der Spielraum für die Abschottung kleiner wird, wenn sich die fusionierenden Parteien nicht darauf festlegen können, ihre Bindungs- oder Kopplungsstrategie dauerhaft zu gestalten, zum Beispiel beim technischen Binden oder Koppeln, das nur unter Kostenaufwand rückgängig gemacht werden kann.

103. Bei ihrer Bewertung untersucht die Kommission anhand der vorliegenden Informationen, ob die Wettbewerber wirksame Gegenstrategien rechtzeitig einsetzen könnten. Ein Beispiel wäre das Zunichtemachen einer Kopplungsstrategie durch Einproduktunternehmen, die ihre Produkte zusammenlegen, um ihr Angebot für die

---

88 Siehe z. B. Sache COMP/M.3304 – GE/Amersham (2004), Ziff. 35.

89 So werden zum Beispiel bei Markenerzeugnissen besonders wichtige Erzeugnisse als „Pflichtlagerprodukte" bezeichnet; siehe z. B. Sache COMP/M.3732 – Procter&Gamble/Gilette (2005), Ziff. 110.

90 Netzwerkexternalitäten eines Produktes bedeutet, dass die Kunden oder Hersteller Vorteile aus der Tatsache ziehen können, dass andere Kunden oder Hersteller die gleichen Produkte ebenfalls verwenden. Beispiele hierfür sind Kommunikationsgeräte, bestimmte Softwareprogramme, Produkte, die eine Normierung erfordern und Plattformen, auf denen Käufer und Verkäufer zusammengebracht werden.

Kunden attraktiver zu machen[91]. Eine Abschottung durch Kopplung ist unwahrscheinlicher, wenn ein Unternehmen gekoppelte Produkte kaufen und sie ungekoppelt weiterverkaufen könnte. Außerdem könnten die Wettbewerber durch ein aggressiveres Preisgebaren ihren Marktanteil aufrechterhalten und damit die Abschottungswirkung abmildern[92].

104. Die Kunden können einen starken Anreiz haben, die Palette der betreffenden Produkte bei einer einzigen Quelle und nicht bei mehreren Lieferanten zu beziehen, zum Beispiel, weil sie damit Transaktionskosten einsparen. Die Tatsache, dass die fusionierte Einheit eine breite Produktpalette oder ein breites Produktportfolio anbieten kann, wirft deshalb alleine noch keine Wettbewerbsbedenken auf.[93]

B. Fähigkeit zur Abschottung

105. Der Anreiz, die Wettbewerber durch Koppeln oder Binden abzuschotten, hängt davon ab, in welchem Maße eine solche Strategie gewinnbringend wäre. Die fusionierte Einheit steht vor einem Abwägen zwischen den Kosten, die mit einer Kopplung oder Bindung ihrer Produkte verbunden wären und den möglichen Gewinnen aus der Ausweitung der Anteile an den betreffenden Märkten bzw. der Möglichkeit, die Preise in diesen Märkten aufgrund ihrer Marktmacht zu erhöhen.

106. Die reine Kopplung oder Bindung kann für die fusionierte Einheit mit Verlusten verbunden sein. Wenn zum Beispiel eine beträchtliche Anzahl an Kunden daran interessiert ist, nicht die gekoppelten Produkte, sondern stattdessen nur ein Produkt zu kaufen (z. B. das für die Hebelwirkung verwendete Produkt), kann der Absatz dieses (gekoppelten) Produkts erheblich zurückgehen. Außerdem können Verluste bei dem für die Ausübung der Hebelwirkung verwendeten Produkt entstehen, wenn die Kunden, die vor der Fusion das entsprechende Produkt einer fusionierenden Partei mit dem Produkt eines anderen Unternehmens kombinierten, beschließen, entweder überhaupt keine Produkte mehr oder zumindest die von Wettbewerbern angebotenen Kopplungsprodukte nicht mehr zu erwerben[94].

107. In diesem Zusammenhang kann es hilfreich sein, den relativen Wert der verschiedenen Erzeugnisse zu ermitteln. So ist es zum Beispiel unwahrscheinlich, dass die fusionierte Einheit bereit wäre, auf den Absatz in einem hoch rentablen Markt zu verzichten, um Anteile an einem anderen Markt zu erlangen, in dem der Umsatz relativ klein und die Gewinne bescheiden sind.

108. Die Kopplung oder Bindung kann jedoch auch zu einer Gewinnsteigerung durch die Erlangung von Marktmacht auf den gebundenen Warenmärkten, den Schutz der Marktmacht in diesen Märkten oder eine Kombination von Beidem führen (siehe Abschnitt C).

109. Bei der Bewertung der möglichen Anreize für das fusionierte Unternehmen kann die Kommission andere Faktoren berücksichtigen, wie z. B. die Eigentümerstruktur des neuen Unternehmens[95], früher auf dem Markt verfolgte Strategien oder den Inhalt interner strategischer Dokumente wie z. B. Geschäftspläne.

---

[91] Siehe z. B. Sache COMP/M.3304 – GE/Amersham (2004), Ziff. 39.

[92] Siehe z. B. Sache COMP/M.1879 – Boeing/Hughes (2000), Ziff. 100; Sache COMP/M.3304 – GE/Amersham (2004), Ziff. 39. Der damit verbundene Einnahmerückgang könnte jedoch unter bestimmten Umständen Auswirkungen auf die Wettbewerbsfähigkeit der Konkurrenten haben; siehe Abschnitt C.

[93] Siehe z. B. Sache COMP/M.2608 – INA/FAG, Ziff. 34.

[94] Siehe z. B. Sache COMP/M.3304 – GE/Amersham (2004), Ziff. 59.

[95] Wenn z. B. zwei Unternehmen die gemeinsame Kontrolle über ein Unternehmen ausüben, das in einem Markt tätig ist, und nur eines von ihnen im benachbarten Markt tätig ist, kann das Unternehmen ohne Tätigkeiten in letzterem Bereich wenig Interesse an einem Verzicht auf Verkäufe im erstgenannten Markt haben. Siehe z. B. Rs. T-210/01, General Electric/

110. Wenn ein bestimmtes Vorgehen der fusionierten Einheit ein wesentlicher Schritt der Abstimmung ist, untersucht die Kommission sowohl die Anreize für eine solche Vorgehensweise als auch die Faktoren, die diese Anreize verringern oder sogar beseitigen können, einschließlich der Möglichkeit, dass die Verhaltensweise unrechtmäßig wäre[96].

C. Wahrscheinliche Gesamtauswirkung auf die Preise und die Auswahl

111. Die Kopplung oder Bindung kann für die Wettbewerber, die nur einen Bestandteil anbieten, zu einem spürbaren Rückgang der Absatzaussichten führen. Ein Absatzrückgang der Wettbewerber ist an sich noch kein Problem. In einigen Wirtschaftszweigen kann dieser Rückgang jedoch, wenn er einen bestimmten Umfang erreicht, zu einer Schwächung der Wettbewerbsfähigkeit oder des Wettbewerbsanreizes der Wettbewerber führen. Dies könnte die fusionierte Einheit in die Lage versetzen, in dem Markt der gebundenen oder gekoppelten Ware Macht zu erwerben und/oder in dem Markt der bindenden oder koppelnden Ware ihre Marktmacht aufrechtzuerhalten.

112. Abschottungspraktiken können potenzielle Wettbewerber daran hindern, in einen Markt einzutreten. Sie können dazu führen, dass die Absatzaussichten für potenzielle Marktzugänger unter den Mindestabsatz absinken. Im Falle von ergänzenden Produkten kann die Verhinderung des Markteintritts durch Koppeln oder Binden die fusionierte Einheit in die Lage versetzen, vom Eintritt in einen anderen Markt abzuhalten, wenn das Koppeln oder Binden potenzielle Wettbewerber zwingt, gleichzeitig in beide und nicht nur in einen oder in beide Produktmärkte nacheinander einzutreten. Dies kann spürbare Auswirkungen insbesondere in den Wirtschaftszweigen haben, in denen das Nachfragemuster jederzeit dynamische Wirkungen auf die zukünftigen Lieferbedingungen dieses Markts hat.

113. Nur wenn ein ausreichend großer Teil des Marktausstoßes von der Abschottung betroffen ist, kann die Fusion wirksamen Wettbewerb erheblich behindern. Wenn in beiden Märkten wirksame Einproduktanbieter verbleiben, ist es unwahrscheinlich, dass der Wettbewerb nach einer konglomeralen Fusion beeinträchtigt wird. Das Gleiche gilt, wenn nur wenige Einproduktwettbewerber fortbestehen, diese jedoch die Fähigkeit und den Anreiz haben, ihre Produktion zu erweitern.

114. Die Auswirkungen auf den Wettbewerb sind auch vor dem Hintergrund von Gegenkräften zu bewerten, wie zum Beispiel dem Vorhandensein einer Nachfragemacht der Abnehmer[97] oder der Wahrscheinlichkeit, dass durch einen Marktzutritt wirksamer Wettbewerb in den vorgelagerten oder nachgeordneten Märkten aufrechterhalten wird[98].

115. Außerdem sind die Auswirkungen auf den Wettbewerb im Lichte der von den fusionierenden Parteien nachgewiesenen Effizienzgewinne zu ermitteln.[99]

116. Viele der bei vertikalen Fusionen ausgemachten Effizienzgewinne gelten entsprechend auch für konglomerale Fusionen, die ergänzende Produkte betreffen.

117. Wenn die Hersteller sich ergänzender Waren ihre Preise unabhängig festsetzen, berücksichtigen sie nicht die positiven Auswirkungen eines Rückgangs des Preises für ihr Produkt auf den Absatz des anderen Produktes. Abhängig von den Markt-

---

Kommission, Slg. 2005, S. II-000, Ziff. 385 und Sache COMP/M.4561, GE/Smiths Aerospace, Ziff. 119.

[96] Die Analyse dieser Anreize wird gemäß den Darlegungen in Ziff. 46 vorgenommen.

[97] Siehe Abschnitt V zur Nachfragemacht der Abnehmer in der Miteilung über horizontale Fusionen.

[98] Siehe z. B. Sache COMP/M.3732 – Procter&Gamble/Gillette (2005), Ziff. 131; siehe auch Abschnitt VI über Marktzutritt in der Mitteilung über horizontale Fusionen.

[99] Siehe Abschnitt VII zu Effizienzgewinnen in der Mitteilung über horizontale Fusionen.

bedingungen kann das fusionierte Unternehmen diese Auswirkung vereinnahmen und einen gewissen Anreiz zur Senkung seiner Gewinnspannen haben, wenn dies insgesamt zu höheren Gewinnen führt (dieser Anreiz wird häufig als „Cournot-Effekt" bezeichnet). In den meisten Fällen kann sich das fusionierte Unternehmen diese Auswirkungen am besten durch ein gemischtes Koppeln zunutze machen, d. h., indem es den Preisrückgang davon abhängig macht, ob der Kunde beide Produkte von ihm bezieht.[100]

118. Es ist ein Merkmal der konglomeralen Fusionen, dass sie Kosteneinsparungen in Form von Verbundvorteilen (entweder im Produktions- oder im Verbrauchsbereich) bewirken können, die vorteilhaft sind, wenn man die Waren gemeinsam und nicht getrennt liefert[101]. So kann es zum Beispiel effizienter sein, bestimmte Teile gekoppelt und nicht getrennt auf den Markt zu bringen. Für den Kunden können sich Wertsteigerungen in Form einer besseren Kompatibilität und der Qualitätssicherung bei den sich ergänzenden Bestandteilen ergeben. Derartige Verbundvorteile sind notwendige, jedoch keine hinreichenden Voraussetzungen, um ein Koppeln oder Binden mit Effizienzgewinnen zu rechtfertigen. So kann ein Nutzen aufgrund von Verbundvorteilen häufig auch ohne technisches oder vertragliches Koppeln erzielt werden.

B. Koordinierte Wirkungen

119. Konglomerale Fusionen können unter bestimmten Umständen eine wettbewerbswidrige Koordinierung erleichtern, selbst wenn keine Vereinbarung oder aufeinander abgestimmte Verhaltensweisen im Sinne von Artikel 81 EGV vorliegen. Die Leitlinien in Abschnitt IV der Mitteilung über horizontale Fusionen gelten auch in diesem Zusammenhang. Eine Koordinierung ergibt sich leichter in den Märkten, in denen die Bedingungen für eine andauernde Koordinierung ohne große Umstände festgelegt werden können.

120. Eine konglomerale Fusion kann unter anderem dann zu einem abgestimmten Ergebnis in einem Markt führen, wenn die Anzahl der Wettbewerber so verringert wird, dass eine stillschweigende Koordinierung zur konkreten Möglichkeit wird. Wettbewerber, die nicht vom Markt ausgeschlossen werden, können sich in einer schwächeren Lage wiederfinden. Deshalb können es abgeschottete Wettbewerber vorziehen, nicht gegen die Koordinierung anzugehen, sondern den Schutz des erhöhten Preisniveaus in Anspruch zu nehmen.

121. Außerdem kann eine konglomerale Fusion das Ausmaß und die Bedeutung von Situationen erhöhen, in denen sich Unternehmen gleichzeitig in mehreren Märkten als Wettbewerber gegenüber stehen. Der gegenseitige Wettbewerb auf mehreren Märkten kann den Einflussbereich und die Wirksamkeit von Disziplinierungsmechanismen erhöhen, die gewährleisten, dass die Bedingungen der Koordinierung befolgt werden.

---

[100] Es ist jedoch zu bedenken, dass sich das Problem der doppelten Aufschläge vor der Fusion nicht immer stellt. Bei der gemischten Kopplung ist ferner zu bedenken, dass die fusionierte Einheit zwar den Anreiz haben mag, den Preis für die gekoppelten Produkte zu senken, wobei aber die Auswirkung auf die Preise der einzelnen Produkte weniger eindeutig ist. Der Anreiz für die fusionierte Einheit, die Preise für ihre einzeln verkauften Produkte zu erhöhen, kann daherrühren, dass es damit rechnet, an deren Stelle mehr gekoppelte Produkte zu verkaufen. Der Kopplungspreis der fusionierten Einheit und die Preise der eventuell einzeln verkauften Produkte hängen auch davon ab, wie die Wettbewerber mit ihren Preisen darauf reagieren.

[101] Siehe z. B. Sache COMP/M.3732 – Procter&Gamble/Gillette (2005), Ziff. 131.

Anhang B 23. Bekanntmachung über Nebenabreden

Bekanntmachung der Kommission über Einschränkungen des Wettbewerbs, die mit der Durchführung von Unternehmenszusammenschlüssen unmittelbar verbunden und für diese notwendig sind

(ABl. 2005 C 56/24)

I. Einleitung

1. Die Entscheidung, mit der ein Unternehmenszusammenschluss für mit dem Gemeinsamen Markt vereinbar erklärt wird, erstreckt sich nach Artikel 6 Absatz 1 Buchstabe b) Unterabsatz 2 und Artikel 8 Absatz 1 Unterabsatz 2 und Absatz 2 Unterabsatz 3 der Verordnung (EG) Nr. 139/2004 des Rates vom 20. Januar 2004 über die Kontrolle von Unternehmenszusammenschlüssen[1] („Fusionskontrollverordnung") auch auf *„die mit seiner Durchführung unmittelbar verbundenen und für sie notwendigen Einschränkungen"*.

2. Die neu gefassten Regeln für die Prüfung von Einschränkungen des Wettbewerbs, die mit der Durchführung von Unternehmenszusammenschlüssen unmittelbar verbunden und für diese notwendig sind (im Folgenden auch als Nebenabreden bezeichnet) sehen vor, dass Nebenabreden grundsätzlich von den beteiligten Unternehmen selbst zu prüfen. Diese Änderung spiegelt den Willen des Gesetzgebers wider, die Kommission nicht zu verpflichten, Nebenabreden einzeln zu prüfen und zu genehmigen. Weitere Hinweise für die Behandlung von Nebenabreden enthält Erwägungsgrund 21 der Fusionskontrollverordnung, in dem es heißt: *„Eine Entscheidung der Kommission, mit der ein Zusammenschluss in Anwendung dieser Verordnung für mit dem Gemeinsamen Markt vereinbar erklärt wird, sollte automatisch auch alle derartigen Einschränkungen abdecken, ohne dass die Kommission diese im Einzelfall zu prüfen hätte"*. Während demzufolge die Kommission nur bei neuen oder ungelösten Fragen, die zu ernsthafter Rechtsunsicherheit führen können, ihre auf Antrag prüfen, während in allen anderen Fällen die beteiligten Unternehmen selbst beurteilen müssen, ob und inwieweit eine Vereinbarung als Nebenabrede zu einem Zusammenschluss angesehen werden kann. Für die Beilegung von Streitigkeiten zwischen den an einem Zusammenschluss beteiligten Unternehmen darüber, ob bestimmte Einschränkungen mit der Durchführung des Zusammenschlusses unmittelbar verbunden und für diese notwendig sind und somit automatisch von der Genehmigungsentscheidung der Kommission erfasst werden, sind die einzelstaatlichen Gerichte zuständig.

3. Dem Erwägungsgrund 21 zufolge sollte die Kommission Nebenabreden auf Antrag der beteiligten Unternehmen nur dann gesondert prüfen, wenn der Fall eine *„neue oder ungelöste Frage auf[wirft], die zu ernsthafter Rechtsunsicherheit führen kann"*. Dies ist dem Erwägungsgrund nach dann gegeben, wenn die Frage *„nicht durch die entsprechende Bekanntmachung der Kommission oder eine veröffentlichte Entscheidung der Kommission geregelt ist"*.

---

[1] ABl. L 24 vom 29.1.2004, S. 1.

4. Die vorliegende Bekanntmachung enthält Kriterien für die Auslegung des Begriffs der „Nebenabreden“, um den beteiligten Unternehmen auf diese Weise Rechtssicherheit zu verschaffen. Die folgenden Ausführungen geben Aufschluss über die einschlägige Entscheidungspraxis der Kommission sowie über die Grundsätze, nach denen sich bestimmt, ob und inwieweit die am häufigsten vorkommenden Arten von Vereinbarungen als Nebenabreden anzusehen sind.

5. In außergewöhnlichen Fallkonstellationen, die von dieser Bekanntmachung nicht erfasst sind, kann jedoch von diesen Grundsätzen abgewichen werden. Veröffentlichte Kommissionsentscheidungen[2] können hier Aufschluss darüber geben, ob eine Vereinbarung als Nebenabrede einzustufen ist oder nicht. Soweit sich die Kommission in einer veröffentlichten Entscheidung[3] bereits mit einer außergewöhnlichen Fallkonstellation auseinander gesetzt hat, gilt diese nicht mehr als „neue oder ungelöste Frage“ im Sinne von Erwägungsgrund 21 der Fusionskontrollverordnung.

6. Ein Fall wirft somit dann eine „neue oder ungelöste Frage auf, die zu ernsthafter Rechtsunsicherheit führen kann“, wenn die betreffenden Einschränkungen von dieser Bekanntmachung nicht erfasst sind und noch nicht in einer veröffentlichten Entscheidung der Kommission behandelt wurden. In diesen Fällen wird die Kommission, wie in Erwägungsgrund 21 vorgesehen, die Einschränkungen auf Antrag der beteiligten Unternehmen gesondert prüfen. Soweit es die Vertraulichkeitsbestimmungen erlauben, wird die Kommission die Ergebnisse einer solchen Prüfung, mit der die in dieser Bekanntmachung enthaltenen Grundsätze weiter entwickelt werden, in angemessener Form bekannt geben.

7. Soweit die Einschränkungen mit der Durchführung des Zusammenschlusses unmittelbar verbunden und für diese notwendig sind, gilt nach Artikel 21 Absatz 1 der Fusionskontrollverordnung allein die Fusionskontrollverordnung; die Verordnungen (EG) Nr. 1/2003[4], (EWG) Nr. 1017/68[5] und (EWG) Nr. 4056/86[6] finden keine Anwendung. Bei Einschränkungen hingegen, die nicht als mit der Durchführung eines Zusammenschlusses unmittelbar verbunden und für diese notwendig angesehen werden können, bleiben die Artikel 81 und 82 EG-Vertrag grundsätzlich anwendbar. Der Umstand, dass eine Vereinbarung oder Abmachung nicht als Nebenabrede zu einem Zusammenschluss angesehen wird, sagt jedoch nicht schon an sich etwas über

---

[2] Im Sinne dieser Bekanntmachung gilt eine Entscheidung dann als veröffentlicht, wenn sie im Amtsblatt der Europäischen Union veröffentlicht oder über die Website der Kommission der Öffentlichkeit zugänglich ist.

[3] Siehe beispielsweise Entscheidung der Kommission vom 1. September 2000 (COMP/M.1980 – Volvo/Renault, Rdnr. 56) – *high degree of customer loyalty;* Entscheidung der Kommission vom 23. Oktober 1998 (IV/M.1298 – Kodak/Imation, Rdnr. 73) – *long product life cycle;* Entscheidung der Kommission vom 13. März 1995 (IV/M.550 – Union Carbide/Enichem, Rdnr. 99) – *limited number of alternative producers;* Entscheidung der Kommission vom 30. April 1992 (IV/M.197 – *Solvay-Laporte/Interox,* Rdnr. 50) – *longer protection of know-how required.*

[4] Verordnung des Rates vom 16. Dezember 2002 zur Durchführung der in den Artikeln 81 und 82 des Vertrags niedergelegten Wettbewerbsregeln, ABl. L 1 vom 4.1.2003, S. 1 *(Teil III);* zuletzt geändert durch die Verordnung 411/2004 des Rates vom 26. Februar 2004, ABl. L 68 vom 6.3.2004, S. 1.

[5] Verordnung des Rates vom 19. Juli 1968 über die Anwendung von Wettbewerbsregeln auf dem Gebiet des Eisenbahn-, Straßen- und Binnenschiffsverkehrs, ABl. L 175 vom 23.7.1968, S. 1; zuletzt geändert durch die Verordnung 1/2003 des Rates vom 16. Dezember 2002, ABl. L 1 vom 4.1.2003, S 1.

[6] Verordnung des Rates vom 22. Dezember 1986 über die Einzelheiten der Anwendung der Artikel 81 und 82 des Vertrages auf den Seeverkehr, ABl. L 378 vom 31.12.1986, S. 4; zuletzt geändert durch die Verordnung 1/2003 des Rates vom 16. Dezember 2002, ABl. L 1 vom 4.1.2003, S. 1.

deren Rechtsqualität aus. Solche Vereinbarungen oder Abmachungen müssen auf der Grundlage der Artikel 81 und 82 EG-Vertrag sowie der einschlägigen Rechtstexte und Bekanntmachungen geprüft werden[7]. Sie können auch unter nationale Wettbewerbsvorschriften fallen. Vereinbarungen, die den Wettbewerb einschränken, die aber nicht gemäß dieser Bekanntmachung als mit der Durchführung von Unternehmenszusammenschlüssen unmittelbar verbunden und für diese notwendig erachtet werden, können somit dennoch unter diese Bestimmungen fallen.

8. Die Auslegung von Artikel 6 Absatz 1 Buchstabe b) Unterabsatz 2 und Artikel 8 Absatz 1 Unterabsatz 2 sowie Absatz 2 Unterabsatz 3 der Fusionskontrollverordnung durch die Kommission greift der Rechtsauffassung des Gerichtshofs oder des Gerichts erster Instanz der Europäischen Gemeinschaften nicht vor.

9. Diese Bekanntmachung ersetzt die frühere Bekanntmachung der Kommission über Einschränkungen des Wettbewerbs, die mit der Durchführung von Unternehmenszusammenschlüssen unmittelbar verbunden und für diese notwendig sind[8].

II. Allgemeine Grundsätze

10. Zusammenschlüsse können in Form vertraglicher Abmachungen oder Vereinbarungen erfolgen, mit denen ein Kontrolltatbestand im Sinne von Artikel 3 Absatz 2 der Fusionskontrollverordnung bewirkt wird. Alle für die Verwirklichung des eigentlichen Zwecks des Zusammenschlusses[9] notwendigen Vereinbarungen wie Vereinbarungen über den Verkauf von Unternehmensanteilen oder sonstigen Vermögenswerten sind integrale Bestandteile des Zusammenschlusses. Zusätzlich zu diesen Abmachungen oder Vereinbarungen können die beteiligten Unternehmen weitere Vereinbarungen treffen, die nicht integrale Bestandteile des Zusammenschlusses sind, die aber ihre Handlungsfreiheit auf dem Markt begrenzen können. In derartigen Vereinbarungen enthaltene Nebenabreden werden automatisch von der Entscheidung erfasst, durch die der Zusammenschluss für mit dem Gemeinsamen Markt vereinbar erklärt wird.

11. Die Kriterien „unmittelbare Verbundenheit“ und „Notwendigkeit“ sind objektiver Natur. Für die Erfüllung dieser Kriterien reicht es nicht aus, dass lediglich die beteiligten Unternehmen Einschränkungen als mit der Durchführung des Zusammenschlusses unmittelbar verbunden und für diese notwendig erachten.

12. Einschränkungen können nur dann als „mit der Durchführung des Zusammenschlusses unmittelbar verbunden“ angesehen werden, wenn sie mit dem Zusammenschluss selbst eng verbunden sind. Es reicht nicht aus, dass eine Vereinbarung im gleichen Zusammenhang oder zum gleichen Zeitpunkt wie der Zusammenschluss

---

[7] Z. B. bei Lizenzvereinbarungen: Verordnung (EG) Nr. 772/2004 der Kommission vom 27. April 2004 über die Anwendung von Artikel 81 Absatz 3 EG-Vertrag auf Gruppen von Technologietransfer-Vereinbarungen, ABl. L 123 vom 27.4.2004, S. 11; bei Bezugs- und Liefervereinbarungen: Verordnung (EG) Nr. 2790/1999 der Kommission vom 22. Dezember 1999 über die Anwendung von Artikel 81 Absatz 3 des Vertrages auf Gruppen von vertikalen Vereinbarungen und aufeinander abgestimmten Verhaltensweisen, ABl. L 336 vom 29.12.1999, S. 21.

[8] Bekanntmachung der Kommission über Einschränkungen des Wettbewerbs, die mit der Durchführung von Unternehmenszusammenschlüssen unmittelbar verbunden und für diese notwendig sind, ABl. C 188 vom 4.7.2001, S. 5.

[9] Siehe beispielsweise Entscheidung der Kommission vom 10. August 1992 (IV/M.206 – *Rhône-Poulenc/SNIA,* Rdnr. 8.3); Entscheidung der Kommission vom 19. Dezember 1991 (IV/M.113 – *Courtaulds/SNIA,* Rdnr. 35); Entscheidung der Kommission vom 2. Dezember 1991 (IV/M.102 – *TNT/Canada Post/DBP Postdienst/La Poste/PTT Poste & Sweden Post,* Rdnr. 46).

zustande gekommen ist[10]. Einschränkungen, die mit der Durchführung des Zusammenschlusses unmittelbar verbunden sind, sind in wirtschaftlicher Hinsicht mit der Unternehmensgründung verbunden und sollen einen reibungslosen Übergang zur neuen Unternehmensstruktur nach dem Zusammenschluss gewährleisten.

13. Die Bestimmung, wonach Vereinbarungen „für die Durchführung des Zusammenschlusses notwendig[11]" sein müssen, bedeutet, dass ohne sie der Zusammenschluss entweder gar nicht oder nur unter deutlich ungewisseren Voraussetzungen, zu wesentlich höheren Kosten, über einen spürbar längeren Zeitraum oder mit erheblich geringeren Erfolgsaussichten durchgeführt werden könnte[12]. Für die Durchführung des Zusammenschlusses notwendige Vereinbarungen zielen in der Regel darauf ab, den übertragenen Vermögenswert zu erhalten[13], die Versorgungssicherheit nach Auflösung einer bestehenden wirtschaftlichen Einheit zu gewährleisten[14] oder den Start eines neuen Unternehmens zu ermöglichen[15]. Bei der Klärung der Frage, ob eine Einschränkung notwendig ist, muss nicht nur die Art der Einschränkung berücksichtigt werden, sondern zugleich sichergestellt werden, dass die Einschränkung hinsichtlich ihrer Geltungsdauer sowie ihres sachlichen und räumlichen Geltungsbereichs nicht über das hinausgeht, was für die Durchführung des Zusammenschlusses wirklich erforderlich ist. Gibt es Alternativen, mit denen sich das legitime Ziel genauso wirksam erreichen lässt, so sind die Unternehmen gehalten, sich für die Lösung zu entscheiden, die den Wettbewerb objektiv gesehen am wenigsten einschränkt.

14. Vertragliche Abmachungen im Rahmen stufenweise durchgeführter Zusammenschlüsse können, soweit sie sich auf Vorgänge vor Begründung des Kontrolltatbestands im Sinne von Artikel 3 Absätze 1 und 2 der Fusionskontrollverordnung beziehen, normalerweise nicht als mit der Durchführung des Zusammenschlusses unmittelbar verbundene und für diese notwendige Einschränkungen angesehen werden. Die Vereinbarung, bis zur Vollendung des Zusammenschlusses keine wesentlichen Änderungen am Geschäft vorzunehmen, gilt jedoch als mit der Durchführung des Zusammenschlusses unmittelbar verbunden und für diese notwendig[16]. Das gilt

[10] Wenn alle Voraussetzungen erfüllt sind, könnte eine Einschränkung ebenso „mit der Durchführung des Zusammenschlusses unmittelbar verbunden sein", auch wenn nicht zum gleichen Zeitpunkt auch eine Vereinbarung zur Verwirklichung des eigentlichen Zwecks des Zusammenschlusses zustande gekommen ist.

[11] Siehe Europäischer Gerichtshof, Rs. 42/84 *(Remia),* [1985] Slg. 2545, Rdnr. 20; Gericht erster Instanz, Rs. T-112/99 (*Métropole Télévision* – M6), [2001] Slg. II-2459, Rdnr. 106.

[12] Entscheidung der Kommission vom 18. Dezember 2000 (COMP/M.1863 – *Vodafone/BT/Airtel JV,* Rdnr. 20).

[13] Entscheidung der Kommission vom 30. Juli 1998 (IV/M.1245 – *VALEO/ITT Industries,* Rdnr. 59); Entscheidung der Kommission vom 3. März 1999 (IV/M.1442 – *MMP/AFP,* Rdnr. 17); Entscheidung der Kommission vom 9. März 2001 (COMP/M.2330 – *Cargill/Banks,* Rdnr. 30); Entscheidung der Kommission vom 20. März 2001 (COMP/M.2227 – *Goldman Sachs/Messer Griesheim,* Rdnr. 11).

[14] Entscheidung der Kommission vom 25. Februar 2000 (COMP/M.1841 – *Celestica/IBM,* Rdnr. 21).

[15] Entscheidung der Kommission vom 30. März 1999 (IV/JV.15 – *BT/AT&T,* Rdnr. 207–214); Entscheidung der Kommission vom 22. Dezember 2000 (COMP/M.2243 – *Stora Enso/Assidoman/BT,* Rdnr. 49, 56 und 57).

[16] Entscheidung der Kommission vom 27. Juli 1998 (IV/M.1226 – *GEC/GPTH,* Rdnr. 22); Entscheidung der Kommission vom 2. Oktober 1997 (IV/M.984 – *Dupont/ICI,* Rdnr. 55); Entscheidung der Kommission vom 19. Dezember 1997 (IV/M.1057 – *Terra Industries/ICI,* Rdnr. 16); Entscheidung der Kommission vom 18. Dezember 1996 (IV/M.861 – *Textron/Kautex,* Rdnr. 19 und 22); Entscheidung der Kommission vom 7. August 1996 (IV/M.727 – *BP/Mobil,* Rdnr. 50).

gleichermaßen für eine Vereinbarung, in der die Parteien, welche die gemeinsame Kontrolle über ein Unternehmen erlangen wollen, den Verzicht auf die Abgabe konkurrierender Angebote für ein und dasselbe Unternehmen oder auf eine anderweitige Form des Kontrollerwerbs erklären.

15. Auch Vereinbarungen, die den Erwerb der gemeinsamen Kontrolle erleichtern sollen, werden als mit der Durchführung des Zusammenschlusses unmittelbar verbunden und für diese notwendig angesehen. Hierzu zählen Abmachungen zwischen den Beteiligten über den gemeinsamen Erwerb der Kontrolle mit dem Ziel, die Produktionsanlagen oder Vertriebsnetze zusammen mit den vorhandenen Warenzeichen des gemeinsam übernommenen Unternehmens untereinander aufzuteilen.

16. Soweit die Aufteilung die Auflösung einer bestehenden wirtschaftlichen Einheit zur Folge hat, gelten Abmachungen, die diesen Vorgang unter zumutbaren Bedingungen ermöglichen, als mit der Durchführung des Zusammenschlusses unmittelbar verbunden und für diese notwendig.

III. Grundsätze für die Beurteilung gängiger Klauseln im Zusammenhang mit der Übernahme eines Unternehmens

17. Zwischen den Parteien im Zusammenhang mit der Übertragung eines Unternehmens vereinbarte Einschränkungen können entweder den Erwerber oder den Veräußerer begünstigen. Allgemein hat der Erwerber ein größeres Schutzinteresse als der Veräußerer, weil er die Sicherheit braucht, dass er den vollen Wert des übernommenen Geschäfts erwirbt. Es gilt daher grundsätzlich die Regel, dass Einschränkungen, welche den Veräußerer begünstigen, entweder nicht mit der Durchführung des Zusammenschlusses unmittelbar verbunden und für diese notwendig sind[17] oder von ihrem Geltungsbereich und/oder ihrer Geltungsdauer her stärker eingegrenzt werden müssen als den Erwerber begünstigende Klauseln[18].

A. Wettbewerbsverbote

18. Wettbewerbsverbote, die dem Veräußerer im Zusammenhang mit der Übertragung eines Unternehmens oder Unternehmensteils auferlegt werden, können mit der Durchführung des Zusammenschlusses unmittelbar verbunden und für diese notwendig sein. Damit der Erwerber den vollständigen Wert der übertragenen Vermögenswerte erhält, muss er in gewissem Umfang vor Wettbewerbshandlungen des Veräußerers geschützt werden, um das Vertrauen der Kunden zu gewinnen und sich das betreffende Know-how aneignen und nutzen zu können. Wettbewerbsverbote stellen sicher, dass der Erwerber den vollständigen Wert des übertragenen Vermögens erhält, zu dem in der Regel sowohl materielle als auch immaterielle Werte wie der Geschäftswert des Unternehmens oder das Know-how[19] des Veräußerers zählen. Derartige Verbote sind nicht nur mit dem Zusammenschluss unmittelbar verbunden, sondern auch für dessen Durchführung notwendig, da ohne sie damit zu rechnen wäre, dass die Veräußerung des Unternehmens bzw. Unternehmensteils nicht vollzogen werden kann.

---

[17] Entscheidung der Kommission vom 27. Juli 1998 (IV/M.1226 – *GEC/GPTH,* Rdnr. 24).

[18] Zu einer Klausel zum Schutz eines Geschäftsteils, den der Veräußerer behält, siehe beispielsweise: Entscheidung der Kommission vom 30. August 1993 (IV/M.319 – *BHF/CCF/Charterhouse,* Rdnr. 16).

[19] Im Sinne von Artikel 1 Absatz 1 Ziffer i der Verordnung (EG) Nr. 772/2004 der Kommission vom 27. April 2004 über die Anwendung von Artikel 81 Absatz 3 EG-Vertrag auf Gruppen von Technologietransfer-Vereinbarungen, ABl. L 123 vom 27.4.2004, S. 11.

19. Wettbewerbsverbote dieser Art sind jedoch nur dann durch das rechtmäßige Ziel, den Zusammenschluss durchzuführen, gerechtfertigt, wenn sie im Hinblick auf ihre Geltungsdauer, ihren räumlichen und sachlichen Geltungsbereich sowie die betroffenen Personen nicht über das zur Erreichung dieses Ziels erforderliche Maß hinausgehen[20].

20. Wird zusammen mit dem Unternehmen sowohl der Geschäftswert als auch das Know-how übertragen[21], sind Wettbewerbsverbote bis zu drei Jahren[22] gerechtfertigt. Wird nur der Geschäftswert übertragen, verkürzt sich dieser Zeitraum auf höchstens zwei Jahre[23].

21. Beschränkt sich hingegen die Übertragung de facto auf materielle Vermögenswerte wie Grundstücke, Gebäude oder Maschinen oder auf ausschließliche gewerbliche Schutzrechte (deren Inhaber gegen Rechtsverletzungen durch den Veräußerer sofort gerichtlich vorgehen kann), können Wettbewerbsverbote nicht als notwendig angesehen werden.

22. Der räumliche Geltungsbereich von Wettbewerbsverboten muss sich auf das Gebiet beschränken, in dem der Veräußerer die betreffenden Waren oder Dienstleistungen bereits vor der Unternehmensübertragung angeboten hat, da der Erwerber in Gebieten, in denen der Veräußerer zuvor nicht präsent war, nicht geschützt zu werden braucht[24]. Der räumliche Geltungsbereich kann auf Gebiete erstreckt werden, in denen der Veräußerer zum Zeitpunkt der Unternehmensübertragung geschäftlich tätig zu werden plante, sofern er bereits entsprechende Investitionen getätigt hat.

23. In gleicher Weise müssen sich Wettbewerbsverbote auf die Waren – einschließlich verbesserter oder aktualisierter Versionen sowie Nachfolgemodelle – und Dienstleistungen beschränken, die den Geschäftsgegenstand des übertragenen Unternehmens bilden. Hierzu können auch Waren und Dienstleistungen zählen, die sich zum Zeitpunkt der Übertragung in einem fortgeschrittenen Entwicklungsstadium befinden, oder fertig entwickelte Erzeugnisse, die noch nicht auf den Markt gebracht wurden. Der Schutz des Erwerbers vor dem Wettbewerb des Veräußerers in Produkt- oder Dienstleistungsmärkten, in denen das zu übertragende Unternehmen vor der Übertragung noch nicht tätig war, wird als unnötig erachtet[25].

---

[20] Siehe Europäischer Gerichtshof, Rs. 42/84 *(Remia),* [1985] Slg. 2545, Rdnr. 20; Gericht erster Instanz, Rs. T-112/99 (*Métropole Télévision* – M6), [2001] Slg. II-2459, Rdnr. 106.

[21] Entscheidung der Kommission vom 2. April 1998 (IV/M.1127 – *Nestlé/Dalgety,* Rdnr. 33); Entscheidung der Kommission vom 1. September 2000 (COMP/M.2077 – *Clayton Dubilier & Rice/Iteltel,* Rdnr. 15); Entscheidung der Kommission vom 2. März 2001 (COMP/M.2305 – *Vodafone Group PLC/EIRCELL,* Rdnr. 21 und 22).

[22] Beispiele für Ausnahmefälle, in denen längere Fristen gerechtfertigt sein könnten: Entscheidung der Kommission vom 1. September 2000 (COMP/M.1980 – *Volvo/Renault V. I.,* Rdnr. 56); Entscheidung der Kommission vom 27. Juli 1995 (IV/M.612 – *RWE-DEA/Enichem Augusta,* Rdnr. 37); Entscheidung der Kommission vom 23. Oktober 1998 (IV/M.1298 – *Kodak/Imation,* Rdnr. 74).

[23] Entscheidung der Kommission vom 12. April 1999 (IV/M.1482 – *KingFisher/Grosslabor,* Rdnr. 26); Entscheidung der Kommission vom 14. Dezember 1997 (IV/M.884 – *KNP BT/Bunzl/Wilhelm Seiler,* Rdnr. 17).

[24] Entscheidung der Kommission vom 14. Dezember 1997 (IV/M.884 – *KNP BT/Bunzl/Wilhelm Seiler,* Rdnr. 17); Entscheidung der Kommission vom 12. April 1999 (IV/M.1482 – *KingFisher/Grosslabor,* Rdnr. 27); Entscheidung der Kommission vom 6. April 2001 (COMP/M.2355 – *Dow/Enichem Polyurethane,* Rdnr. 28); Entscheidung der Kommission vom 4. August 2000 (COMP/M.1979 – *CDC/Banco Urquijo/JV,* Rdnr. 18).

[25] Entscheidung der Kommission vom 14. Dezember 1997 (IV/M.884 – *KNP BT/Bunzl/Wilhelm Seiler,* Rdnr. 17); Entscheidung der Kommission vom 2. März 2001 (COMP/M.2305 – *Vodafone Group PLC/EIRCELL,* Rdnr. 22); Entscheidung der Kommission vom 6. April

24. Der Veräußerer kann sich selbst, seine Tochtergesellschaften und Handelsvertreter zur Beachtung des Wettbewerbsverbots verpflichten. Die Verpflichtung allerdings, Dritten ähnliche Beschränkungen aufzuerlegen, würde nicht als mit der Durchführung des Zusammenschlusses unmittelbar verbunden und für diese notwendig angesehen werden. Dies gilt insbesondere für Klauseln, welche die Einfuhr- oder Ausfuhrmöglichkeiten für Wiederverkäufer oder Nutzungsberechtigte einschränken.

25. Klauseln, die das Recht des Veräußerers einschränken, Anteile an einem Unternehmen zu erwerben oder zu halten, das mit dem übertragenen Unternehmen im Wettbewerb steht, gelten unter denselben Bedingungen wie bei den oben genannten Wettbewerbsverboten als mit der Durchführung des Zusammenschlusses verbunden und für diese notwendig, es sei denn, sie hindern den Veräußerer daran, Anteile allein zu Investitionszwecken zu erwerben oder zu halten, ohne dass damit direkt oder indirekt Leitungsfunktionen oder ein materieller Einfluss im Konkurrenzunternehmen verbunden sind[26].

26. Abwerbeverbote und Vertraulichkeitsklauseln haben eine vergleichbare Wirkung und werden deshalb in gleicher Weise beurteilt wie Wettbewerbsverbote[27].

B. Lizenzvereinbarungen

27. Zusammen mit dem Unternehmen oder dem Unternehmensteil können auch Rechte an geistigem Eigentum oder Know-how übertragen werden, um dem Erwerber die volle Nutzung der übernommenen Vermögenswerte zu ermöglichen. Der Veräußerer kann aber auch das Eigentum an diesen Rechten für sich behalten wollen, um sie für andere als die übertragenen Geschäftstätigkeiten zu nutzen. In diesen Fällen schließen Erwerber und Veräußerer normalerweise eine Lizenzvereinbarung, damit der Erwerber die übertragenen Vermögenswerte in vollem Umfang nutzen kann. Hat der Veräußerer zusammen mit dem Geschäft Rechte an geistigem Eigentum übertragen, die er weiterhin teilweise oder vollständig für andere als die übertragenen Geschäftstätigkeiten nutzen will, so erteilt ihm der Erwerber eine entsprechende Lizenz zur Nutzung dieser Rechte.

28. Lizenzen für Patente[28] oder verwandte Rechte oder für Know-how[29] können

---

2001 (COMP/M.2355 – *Dow/Enichem Polyurethane,* Rdnr. 28); Entscheidung der Kommission vom 4. August 2000 (COMP/M.1979 – *CDC/Banco Urquijo/JV,* Rdnr. 18).

[26] Entscheidung der Kommission vom 4. Februar 1993 (IV/M.301 – *Tesco/Catteau,* Rdnr. 14); Entscheidung der Kommission vom 14. Dezember 1997 (IV/M.884 – *KNP BT/Bunzl/Wilhelm Seiler,* Rdnr. 19); Entscheidung der Kommission vom 12. April 1999 (IV/M.1482 – *Kingfisher/Grosslabor,* Rdnr. 27); Entscheidung der Kommission vom 6. April 2000 (COMP/M.1832 – *Ahold/ICA Förbundet/Canica,* Rdnr. 26).

[27] Daher ist eine Fristverlängerung bei Kundendaten, Preise und Mengen betreffenden Vertraulichkeitsklauseln nicht möglich. Demgegenüber kann die Fristverlängerung bei Vertraulichkeitsklauseln bezüglich technischer Kenntnisse in Ausnahmefällen gerechtfertigt sein, siehe Entscheidung der Kommission vom 29. April 1998 (IV/M.1167 – *ICI/Williams,* Rdnr. 22); Entscheidung der Kommission vom 30. April 1992 (IV/M.197 – *Solvay-Laporte/Interox,* Rdnr. 50).

[28] Hierunter fallen auch Patentanmeldungen, Gebrauchsmuster, Gebrauchsmusteranmeldungen, Muster, Topografien von Halbleitererzeugnissen, ergänzende Schutzzertifikate für Arzneimittel oder andere Erzeugnisse, für die solche Zertifikate erhältlich sind, und Sortenschutzrechte im Sinne von Artikel 1 Absatz 1 Buchstabe h der Verordnung (EG) Nr. 772/2004 der Kommission vom 27. April 2004 über die Anwendung von Artikel 81 Absatz 3 EG-Vertrag auf Gruppen von Technologietransfer-Vereinbarungen, ABl. L 123 vom 27.4.2004, S. 11.

[29] Im Sinne von Artikel 1 Absatz 1 Ziffer i der Verordnung (EG) Nr. 772/2004 der Kommission vom 27. April 2004 über die Anwendung von Artikel 81 Absatz 3 EG-Vertrag auf Gruppen von Technologietransfer-Vereinbarungen, ABl. L 123 vom 27.4.2004, S. 11.

als für die Durchführung des Zusammenschlusses notwendig angesehen werden. Sie können auch als integraler Bestandteil des Zusammenschlusses betrachtet werden und müssen in jedem Fall nicht befristet sein. Dabei kann es sich um einfache oder ausschließliche Lizenzen handeln, die gegebenenfalls auch auf bestimmte Anwendungsbereiche beschränkt sind, sofern diese mit den Tätigkeiten des übertragenen Unternehmens übereinstimmen.

29. Eine räumliche Beschränkung der Herstellung auf das Gebiet, in dem die übertragene Geschäftstätigkeit ausgeübt wird, ist dagegen für die Durchführung des Zusammenschlusses nicht notwendig. Erteilt der Veräußerer dem Erwerber eine Lizenz, kann dem Veräußerer in der Lizenzvereinbarung unter denselben Voraussetzungen wie bei einem Wettbewerbsverbot im Falle der Veräußerung eines Geschäfts eine Gebietsbeschränkung auferlegt werden.

30. Beschränkungen in Lizenzvereinbarungen, die über die vorstehend beschriebenen Bestimmungen hinausgehen (z. B. Beschränkungen, die eher den Lizenzgeber schützen als den Lizenznehmer), sind für die Durchführung des Zusammenschlusses nicht notwendig[30].

31. Es ist auch denkbar, dass der Veräußerer die Warenzeichen, Geschäftsbezeichnungen, Muster, Urheberrechte und verwandten Rechte, für die er eine Lizenz erteilt, zur Ausübung von nicht übertragenen Geschäftstätigkeiten selbst weiter nutzen möchte, während gleichzeitig der Erwerber diese Rechte braucht, um die von dem übertragenen Unternehmen oder Unternehmensteil produzierten Waren oder Dienstleistungen vermarkten zu können. In diesem Fall gelten dieselben Überlegungen wie oben[31].

C. Bezugs- und Lieferpflichten

32. In vielen Fällen führt die Übertragung eines Unternehmens oder Unternehmensteils zu einer Unterbrechung der traditionellen Bezugs- und Lieferbeziehungen, die sich infolge der Kombination von Geschäftstätigkeiten innerhalb der wirtschaftlichen Einheit des Veräußerers herausgebildet haben. Um die Auflösung der wirtschaftlichen Einheit des Veräußerers und die Übertragung der betreffenden Vermögensteile auf den Erwerber unter zumutbaren Bedingungen zu ermöglichen, ist es häufig erforderlich, entsprechende Bezugs- und Lieferverbindungen zwischen dem Veräußerer und dem Erwerber für eine Übergangszeit aufrechtzuerhalten. Dieses Ziel wird gewöhnlich dadurch erreicht, dass dem Veräußerer und/oder dem Erwerber des Unternehmens bzw. Unternehmensteils Bezugs- und Lieferpflichten auferlegt werden. Unter Berücksichtigung der besonderen Lage, die sich aus der Auflösung der wirtschaftlichen Einheit des Veräußerers ergibt, können derartige Verpflichtungen als mit der Durchführung des Zusammenschlusses unmittelbar verbunden und für diese notwendig angesehen werden. Sie können je nach den Sachumständen den Veräußerer oder den Erwerber begünstigen.

33. Solche Verpflichtungen können dem Ziel dienen, die Versorgung der einen oder anderen Partei mit Waren sicherzustellen, die zur Ausübung der beim Veräußerer verbliebenen bzw. der vom Erwerber übernommenen Geschäftstätigkeiten benötigt werden. Die Geltungsdauer von Liefer- und Bezugspflichten ist allerdings auf den Zeitraum zu begrenzen, der erforderlich ist, um das Abhängigkeitsverhältnis durch

---

30 Sofern sie unter Artikel 81 Absatz 1 EG-Vertrag fallen, sind auf solche Vereinbarungen möglicherweise dennoch die Verordnung (EG) Nr. 772/2004 der Kommission vom 27. April 2004 über die Anwendung von Artikel 81 Absatz 3 EG-Vertrag auf Gruppen von Technologietransfer-Vereinbarungen, ABl. L 123 vom 27.4.2004, S. 11, oder andere Rechtsvorschriften der Gemeinschaft anwendbar

31 Entscheidung der Kommission vom 1. September 2000 (COMP/M.1980 – *Volvo/Renault V. I.*, Rdnr. 54).

eine unabhängige Marktstellung zu ersetzen. Bezugs- und Lieferpflichten, mit denen sichergestellt werden soll, dass die zuvor bereitgestellten Mengen weiter geliefert werden, können für eine Übergangszeit bis zu fünf Jahren gerechtfertigt sein[32].

34. Die Verpflichtung zur Lieferung bzw. zum Bezug fester Mengen – gegebenenfalls verknüpft mit einer Anpassungsklausel – gilt als mit der Durchführung des Zusammenschlusses unmittelbar verbunden und für diese notwendig. Verpflichtungen hingegen, welche die Lieferung bzw. den Bezug unbegrenzter Mengen[33] oder Ausschließlichkeitsbindungen vorsehen oder den Status eines Vorzugslieferanten oder eines Vorzugsabnehmers[34] begründen, sind für die Durchführung des Zusammenschlusses nicht notwendig.

35. Dienstleistungs- und Vertriebsvereinbarungen sind ihrer Wirkung nach Liefervereinbarungen gleichzustellen; es gelten somit dieselben Erwägungen wie oben.

IV. Grundsätze für die Beurteilung gängiger Klauseln im Zusammenhang mit der Gründung eines Gemeinschaftsunternehmens im Sinne von Artikel 3 Absatz 4 der Fusionskontrollverordnung

A. Wettbewerbsverbote

36. Wettbewerbsverbote im Verhältnis der Gründerunternehmen zu einem Gemeinschaftsunternehmen können als mit der Durchführung des Zusammenschlusses unmittelbar verbunden und für diese notwendig angesehen werden, wenn sich diese Verpflichtungen auf die Waren, Dienstleistungen und Gebiete beziehen, die in der betreffenden Gründungsvereinbarung oder in der Satzung vorgesehen sind. Sie können unter anderem durch die Notwendigkeit begründet sein, den Gutglaubensschutz während der Verhandlungen zu gewährleisten, die Vermögenswerte des Gemeinschaftsunternehmens in vollem Umfang zu nutzen, dem Gemeinschaftsunternehmen die Aneignung des Know-hows und des Geschäftswerts der Gründer zu ermöglichen oder die Interessen der einzelnen Gründer am Gemeinschaftsunternehmen vor Wettbewerbshandlungen zu schützen, denen unter anderem durch den privilegierten Zugang der Gründungspartner zu dem Know-how oder dem Geschäftswert Vorschub geleistet wird, welches bzw. welcher auf das Gemeinschaftsunternehmen übertragen oder von diesem selbst aufgebaut wurde. Zwischen den Gründerunternehmen und einem Gemeinschaftsunternehmen bestehende Wettbewerbsverbote können so lange als mit der Durchführung des Zusammenschlusses unmittelbar verbunden und

---

[32] Entscheidung der Kommission vom 5. Februar 1996 (IV/M.651 – *AT&T/Philips, VII.*); Entscheidung der Kommission vom 30. März 1999 (IV/JV.15 – *BT/AT&T,* Rdnr. 209; Ausnahmefälle siehe Entscheidung der Kommission vom 13. März 1995 (IV/M.550 – *Union Carbide/Enichem,* Rdnr. 99), Entscheidung der Kommission vom 27. Juli 1995 (IV/M.612 – *RWE-DEA/Enichem Augusta,* Rdnr. 45).

[33] Nach dem Verhältnismäßigkeitsgrundsatz sind Verpflichtungen zur Lieferung bzw. zum Bezug fester Mengen mit einer Anpassungsklausel in diesen Fällen weniger wettbewerbsbeschränkend, siehe beispielsweise Entscheidung der Kommission vom 18. September 1998 (IV/M.1292 – *Continental/ITT,* Rdnr. 19).

[34] Entscheidung der Kommission vom 30. Juli 1998 (IV/M.1245 – *VALEO/ITT Industries,* Rdnr. 64); zu Ausnahmefällen (z. B. nicht vorhandener Markt) siehe Entscheidung der Kommission vom 13. März 1995 (IV/M.550 – *Union Carbide/Enichem,* Rdnr. 92 bis 96); Entscheidung der Kommission vom 27. Juli 1995 (IV/M.612 – *RWE-DEA/Enichem Augusta,* Rdnr. 38 ff.).

für diese notwendig angesehen werden, wie das Gemeinschaftsunternehmen besteht[35].

37. Der räumliche Geltungsbereich von Wettbewerbsverboten muss sich auf das Gebiet beschränken, in dem die Gründer die betreffenden Waren oder Dienstleistungen vor der Gründung des Gemeinschaftsunternehmens abgesetzt bzw. erbracht haben[36]. Der räumliche Geltungsbereich kann auf Gebiete erstreckt werden, in denen die Gründerunternehmen zum Zeitpunkt der Unternehmensgründung geschäftlich tätig zu werden planten, sofern sie bereits entsprechende Investitionen getätigt haben.

38. Ebenso sind Wettbewerbsverbote auf die Waren oder Dienstleistungen zu beschränken, die den Geschäftsgegenstand des Gemeinschaftsunternehmens bilden. Hierzu können auch Waren und Dienstleistungen zählen, die sich zum Zeitpunkt der Gründung in einem fortgeschrittenen Entwicklungsstadium befinden, oder fertig entwickelte Produkte, die noch nicht auf den Markt gebracht wurden.

39. Wird das Gemeinschaftsunternehmen gegründet, um einen neuen Markt zu erschließen, wird auf diejenigen Waren, Dienstleistungen und Gebiete Bezug genommen, auf denen das Gemeinschaftsunternehmen nach der betreffenden Gründungsvereinbarung oder Nebenvereinbarung aktiv sein soll. Dabei wird davon ausgegangen, dass die Interessen des einen Gründers am Gemeinschaftsunternehmen nicht auf anderen Märkten vor Wettbewerbshandlungen des anderen Gründers geschützt werden müssen als in denjenigen, in denen das Gemeinschaftsunternehmen am Anfang tätig ist.

40. Des Weiteren gelten Wettbewerbsverbote zwischen Gründern ohne Beherrschungsmacht und einem Gemeinschaftsunternehmen nicht als mit der Durchführung des Zusammenschlusses unmittelbar verbunden und für diese notwendig.

41. Die für Wettbewerbsverbote geltenden Grundsätze gelten auch für Abwerbeverbote und Vertraulichkeitsklauseln.

B. Lizenzvereinbarungen

42. Die Vergabe einer Lizenz durch die Gründer an das Gemeinschaftsunternehmen kann als mit der Durchführung des Zusammenschlusses unmittelbar verbunden und für diese notwendig angesehen werden. Dies gilt unabhängig davon, ob es sich um eine ausschließliche Lizenz handelt und ob die Lizenz befristet oder unbefristet ist. Die Lizenz kann auf einen bestimmten Anwendungsbereich begrenzt werden, welcher der Geschäftstätigkeit des Gemeinschaftsunternehmens entspricht.

43. Lizenzen, die das Gemeinschaftsunternehmen einem der Gründer gewährt, oder wechselseitige Lizenzen können unter denselben Bedingungen wie bei der Übernahme eines Unternehmens als mit der Durchführung des Zusammenschlusses unmittelbar verbunden und für diese notwendig angesehen werden. Lizenzvereinbarungen zwischen den Gründerunternehmen hingegen gelten nicht als mit der Gründung eines Gemeinschaftsunternehmens unmittelbar verbunden und für diese notwendig.

[35] Entscheidung der Kommission vom 15. Januar 1998 (IV/M.1042 – *Eastman Kodak/Sun Chemical,* Rdnr. 40); Entscheidung der Kommission vom 7. August 1996 (IV/M.727 – *BP/Mobil,* Rdnr. 51); Entscheidung der Kommission vom 3. Juli 1996 (IV/M.751 – *Bayer/Hüls,* Rdnr. 31); Entscheidung der Kommission vom 6. April 2000 (COMP/M.1832 – *Ahold/ICA Förbundet/Canica,* Rdnr. 26).

[36] Entscheidung der Kommission vom 29. August 2000 (COMP/M.1913 – *Lufthansa/Menzies/LGS/JV;* Rdnr. 18); Entscheidung der Kommission vom 22. Dezember 2000 (COMP/M.2243 – *Stora Enso/Assidoman/JV,* Rdnr. 49, letzter Satz).

C. Bezugs- und Lieferpflichten

44. Bleiben die Gründerunternehmen in einem dem Markt des Gemeinschaftsunternehmens vor- oder nachgelagerten Markt tätig, so gelten für alle zwischen ihnen bestehenden Bezugs- und Liefervereinbarungen einschließlich Dienstleistungs- und Vertriebsvereinbarungen die Grundsätze, die bei der Übertragung von Unternehmen Anwendung finden.

Anhang B 24. Mitteilung über Abhilfemaßnahmen

Mitteilung der Kommission über nach der Verordnung (EG) Nr. 139/2004 des Rates und der Verordnung (EG) Nr. 802/2004 der Kommission zulässige Abhilfemaßnahmen

(ABl. 2008 C 267/01)

I. Einleitung

1. Die Verordnung (EG) Nr. 139/2004 des Rates vom 20. Januar 2004 über die Kontrolle von Unternehmenszusammenschlüssen[1] (nachstehend „Fusionskontrollverordnung" genannt) sieht in Artikel 6 Absatz 2 und in Artikel 8 Absatz 2 ausdrücklich vor, dass die Kommission sowohl vor als auch nach Einleitung des Verfahrens einen Zusammenschluss nach Änderung durch die beteiligten Unternehmen[2] für mit dem Gemeinsamen Markt vereinbar erklären kann. Zu diesem Zweck kann die Kommission ihre Entscheidung mit Bedingungen und Auflagen verbinden, um sicherzustellen, dass die beteiligten Unternehmen den Verpflichtungen nachkommen, die sie gegenüber der Kommission hinsichtlich einer mit dem Gemeinsamen Markt zu vereinbarenden Gestaltung des Zusammenschlusses eingegangen sind[3]

2. Diese Mitteilung soll eine Orientierungshilfe für die Änderung von Zusammenschlüssen und insbesondere für entsprechende Verpflichtungen der beteiligten Unternehmen sein. Eine solche Änderung wird üblicherweise als Abhilfemaßnahme bezeichnet, da sie darauf abzielt, die wettbewerbsrechtlichen Bedenken[4] der Kommission zu beseitigen. Die Mitteilung ist Ausdruck der ständig wachsenden Erfahrung der Kommission mit der Würdigung, Genehmigung und Umsetzung von Abhilfemaßnahmen seit Inkrafttreten der Fusionskontrollverordnung am 21. September 1990. Anlass für die Überarbeitung der Mitteilung der Kommission von 2001 über Abhilfemaßnahmen[5] waren das Inkrafttreten der neugefassten Fusionskontrollverord-

---

[1] ABl. L 24 vom 29. 1. 2004, S. 1–22.

[2] Die Bezeichnungen „beteiligte Unternehmen" und „an dem Zusammenschluss beteiligte Unternehmen" gelten auch für Fälle mit nur einem Anmelder.

[3] Artikel 6 und 8, jeweils Absatz 2 Unterabsatz 2. Siehe auch Erwägungsgrund 30 der Fusionskontrollverordnung, in dem es heißt: „Ändern die beteiligten Unternehmen einen angemeldeten Zusammenschluss, indem sie insbesondere anbieten, Verpflichtungen einzugehen, die den Zusammenschluss mit dem Gemeinsamen Markt vereinbar machen, sollte die Kommission den Zusammenschluss in seiner geänderten Form für mit dem Gemeinsamen Markt vereinbar erklären können. Diese Verpflichtungen müssen in angemessenem Verhältnis zu dem Wettbewerbsproblem stehen und dieses vollständig beseitigen." Weiter heißt es in Erwägungsgrund 30: „Es ist ebenfalls zweckmäßig, Verpflichtungen vor der Einleitung des Verfahrens zu akzeptieren, wenn das Wettbewerbsproblem klar umrissen ist und leicht gelöst werden kann."

[4] Sofern nicht anderes angegeben ist, wird der Begriff „wettbewerbsrechtliche Bedenken" im Folgenden je nach der Phase des Verfahrens für ernsthafte Bedenken oder vorläufige Erkenntnisse verwendet, dass durch den Zusammenschluss wirksamer Wettbewerb im Gemeinsamen Markt oder in einem wesentlichen Teil desselben wahrscheinlich erheblich behindert wird, insbesondere durch Begründung oder Verstärkung einer beherrschenden Stellung.

[5] Mitteilung der Kommission über im Rahmen der Verordnung (EWG) Nr. 4064/89 des Rates

nung (EG) Nr. 139/2004[6] und der Verordnung (EG) Nr. 802/2004 der Kommission[7] („Durchführungsverordnung") am 1. Mai 2004, die Rechtsprechung des Gerichtshofs und des Gerichts erster Instanz, die Schlussfolgerungen aus der systematischen nachträglichen Überprüfung der bisherigen Abhilfemaßnahmen durch die Kommission[8] und ihre Entscheidungspraxis der letzten Jahre in Fällen, in denen Abhilfemaßnahmen vorgeschlagen wurden. Die beschriebenen Grundsätze werden von der Kommission in künftigen Fällen angewandt, weiterentwickelt und verfeinert werden. Diese Mitteilung greift der Auslegung durch den Gerichtshof und das Gericht erster Instanz der Europäischen Gemeinschaften nicht vor.

3. Diese Mitteilung informiert über die allgemeinen Grundsätze für Abhilfemaßnahmen, die für die Kommission annehmbar sind, die wichtigsten Arten von Verpflichtungen, die von der Kommission in Fusionskontrollsachen genehmigt werden können, die besonderen Voraussetzungen für Verpflichtungen in beiden Phasen des Verfahrens und die wichtigsten Bestimmungen über die Umsetzung der eingegangenen Verpflichtungen. In jedem Fall wird die Kommission die besonderen Umstände des Einzelfalls berücksichtigen.

II. Allgemeine Grundsätze

4. Nach der Fusionskontrollverordnung prüft die Kommission die Vereinbarkeit eines angemeldeten Zusammenschlusses mit dem Gemeinsamen Markt anhand seiner Auswirkungen auf die Wettbewerbsstruktur in der Gemeinschaft[9]. Bei der Prüfung der Vereinbarkeit nach Artikel 2 Absätze 2 und 3 der Fusionskontrollverordnung ist entscheidend, ob durch den Zusammenschluss wirksamer Wettbewerb im Gemeinsamen Markt oder in einem wesentlichen Teil desselben erheblich behindert würde, insbesondere durch Begründung oder Verstärkung einer beherrschenden Stellung. Ein Zusammenschluss, der in dieser Weise wirksamen Wettbewerb erheblich behindert, ist mit dem Gemeinsamen Markt unvereinbar und muss von der Kommission verboten werden. Im Falle der Gründung eines Gemeinschaftsunternehmens prüft die Kommission den Zusammenschluss auch nach Artikel 2 Absatz 4 der Fusionskontrollverordnung. Die in dieser Mitteilung beschriebenen Grundsätze gelten in der Regel auch für Abhilfemaßnahmen, die vorgeschlagen werden, um wettbewerbsrechtliche Bedenken nach Artikel 2 Absatz 4 zu beseitigen.

5. Gibt ein Zusammenschluss Anlass zu wettbewerbsrechtlichen Bedenken, weil er wirksamen Wettbewerb erheblich behindern könnte, insbesondere durch Begründung oder Verstärkung einer beherrschenden Stellung, so können die beteiligten Unternehmen versuchen, den Zusammenschluss zu ändern, um die wettbewerbsrechtlichen Bedenken auszuräumen und auf diese Weise die Genehmigung ihres Vorhabens zu erreichen. Eine solche Änderung kann bereits vor Erlass einer Genehmigungsentscheidung vollständig umgesetzt werden. Üblicher ist jedoch, dass die beteiligten Un-

---

und der Verordnung (EG) Nr. 447/98 der Kommission zulässige Abhilfemaßnahmen, ABl. C 68 vom 2.3.2001, S. 3.

[6] Ersetzt die Verordnung (EWG) Nr. 4064/89 des Rates (ABl. L 395 vom 30.12.1989, berichtigte Fassung ABl. L 257 vom 21.9.1990, S. 13).

[7] Verordnung (EG) Nr. 802/2004 der Kommission vom 7. April 2004 zur Durchführung der Verordnung (EG)Nr. 139/2004 des Rates über die Kontrolle von Unternehmenszusammenschlüssen, ABl. L 133 vom 30.4.2004, S. 1 *(Anhang B 2).* Diese Verordnung ersetzt die Verordnung (EG) Nr. 447/98 der Kommission zur Durchführung der Verordnung (EWG) Nr. 4064/89 des Rates über die Kontrolle von Unternehmenszusammenschlüssen, ABl. L 61 vom 2.3.1998, S. 1.

[8] Generaldirektion Wettbewerb, Merger Remedies Study, Oktober 2005.

[9] Erwägungsgrund 6 der Fusionskontrollverordnung.

ternehmen Verpflichtungen im Hinblick auf eine mit dem Gemeinsamen Markt vereinbare Gestaltung des Zusammenschlusses anbieten und dass diese Verpflichtungen nach Genehmigung des Zusammenschlusses umgesetzt werden.

6. Nach der Fusionskontrollverordnung muss die Kommission nachweisen, dass der Wettbewerb durch den Zusammenschluss erheblich behindert würde[10]. Die Kommission teilt ihre wettbewerbsrechtlichen Bedenken den beteiligten Unternehmen mit, damit diese entsprechende Vorschläge für geeignete Abhilfemaßnahmen formulieren können[11]. Es ist dann Sache der an dem Zusammenschluss beteiligten Unternehmen, Verpflichtungen vorzuschlagen; die Kommission kann eine Genehmigungsentscheidung nicht einseitig mit Bedingungen verbinden, sondern nur auf der Grundlage von Verpflichtungen der beteiligten Unternehmen[12]. Die Kommission unterrichtet die beteiligten Unternehmen über ihre vorläufige Bewertung der vorgeschlagenen Abhilfemaßnahmen. Schlagen die beteiligten Unternehmen jedoch keine Abhilfemaßnahmen vor, die geeignet sind, die wettbewerbsrechtlichen Bedenken zu beseitigen, so bleibt der Kommission nur die Möglichkeit, eine Verbotsentscheidung zu erlassen[13].

7. Die Kommission muss prüfen, ob die vorgeschlagenen Abhilfemaßnahmen, wenn sie umgesetzt sind, ihre wettbewerbsrechtlichen Bedenken beseitigen. Nur den beteiligten Unternehmen liegen alle einschlägigen Informationen vor, die für eine solche Prüfung erforderlich sind, insbesondere hinsichtlich der Erfüllbarkeit der vorgeschlagenen Verpflichtungen und der Lebens- und Wettbewerbsfähigkeit der zur Veräußerung vorgeschlagenen Vermögenswerte. Daher müssen die beteiligten Unternehmen alle verfügbaren Informationen übermitteln, die die Kommission für die Prüfung der vorgeschlagenen Abhilfemaßnahmen benötigt. Deshalb haben die Anmelder nach der Durchführungsverordnung (Anhang „Formblatt RM") zusammen mit den Verpflichtungsangeboten umfassende Informationen über den Inhalt der an-

---

[10] Dem entsprechen in Phase I und vor Versendung der Mitteilung der Beschwerdepunkte die *ernsthaften Bedenken* hinsichtlich der erheblichen Behinderung wirksamen Wettbewerbs.

[11] In der Fusionskontrollverordnung sind förmliche Maßnahmen vorgesehen, mit denen die beteiligten Unternehmen von den wettbewerbsrechtlichen Bedenken der Kommission in Kenntnis gesetzt werden (Entscheidung nach Artikel 6 Absatz 1 Buchstabe c, Mitteilung der Beschwerdepunkte). Darüber hinaus werden nach den Leitlinien der GD WETTBEWERB über bewährte Praktiken bei EG-Fusionskontrollverfahren an den wichtigsten Punkten des Verfahrens in der Regel Zusammenkünfte zum Stand des Verfahrens angeboten, bei denen die Kommission den beteiligten Unternehmen ihre Bedenken erläutert, damit sie mit Vorschlägen für Abhilfemaßnahmen reagieren können.

[12] Urteil des GeI in der Rechtssache T-210/01, General Electric gegen Kommission, Slg. 2005, II-5575, Rdnr. 52; siehe Urteil des GeI in der Rechtssache T-87/05, EDP gegen Kommission, Slg. 2005, II-3745, Rdnr. 105.

[13] Siehe Sache COMP/M.2220 – GE/Honeywell vom 3. Juli 2001, bestätigt durch das Urteil des GeI in der Rechtssache T-210/01, General Electric gegen Kommission, Slg. 2005, II-5575, Rdnrn. 555ff. und 612ff.; Sache COMP/M.3440 – EDP/ENI/GDP vom 9. Dezember 2004, bestätigt durch das Urteil des GeI in der Rechtssache T-87/05, EDP gegen Kommission, Slg. 2005, II-3745, Rdnrn. 63ff. und 75ff.; Sache COMP/IV/M.469 – MSG Media Service vom 9. November 1994; Sache COMP/IV/M.490 – Nordic Satellite Distribution vom 19. Juli 1995; Sache COMP/IV/M.553 – RTL/Veronica/Endemol vom 20. September 1995; Sache COMP/IV/M.993 – Bertelsmann/Kirch/Premiere vom 27. Mai 1998; Sache COMP/IV/M.1027 – Deutsche Telekom BetaResearch vom 27. Mai 1998; Sache COMP/IV/M.774 – St Gobain/Wacker Chemie vom 4. Dezember 1996; Sache COMP/IV/M.53 – Aerospatiale/Alenia/De Havilland vom 2. Oktober 1991; Sache COMP/IV/M.619 – Gencor/Lonrho vom 24. April 1996, bestätigt durch das Urteil des GeI in der Rechtssache T-102/96, Gencor gegen Kommission, Slg. 1999, II-753.

gebotenen Verpflichtungen, die Bedingungen für ihre Umsetzung und ihre Geeignetheit zur Beseitigung der erheblichen Behinderung wirksamen Wettbewerbs zu übermitteln. Wenn Gegenstand der Verpflichtung die Veräußerung eines Geschäfts ist, müssen die beteiligten Unternehmen ausführlich beschreiben, wie das zu veräußernde Geschäfts derzeit betrieben wird. Anhand dieser Information kann die Kommission die Lebensfähigkeit, Wettbewerbsfähigkeit und Verkäuflichkeit des Geschäfts beurteilen, indem sie den derzeitigen Betrieb mit dem in der Verpflichtung vorgeschlagenem Tätigkeitsbereich des Geschäfts vergleicht. Welche Informationen genau erforderlich sind, kann die Kommission im Einzelfall bestimmen und den Umfang der benötigten Informationen mit den beteiligten Unternehmen erörtern, bevor das Formblatt RM eingereicht wird.

8. Zwar haben die beteiligten Unternehmen zur Beseitigung der wettbewerbsrechtlichen Bedenken ausreichende Verpflichtungen vorzuschlagen und die für ihre Prüfung erforderlichen Informationen zu übermitteln, es ist jedoch Sache der Kommission festzustellen, ob der Zusammenschluss in der Form, die er durch die angebotenen Verpflichtungen erhalten hat, für mit dem Gemeinsamen Markt unvereinbar erklärt werden muss, da er trotz der Verpflichtungen zu einer erheblichen Beeinträchtigung wirksamen Wettbewerbs führt. Für das Verbot bzw. die Genehmigung eines durch Verpflichtungen geänderten Zusammenschlusses gelten also die gleichen Kriterien wie bei einem nicht geänderten Zusammenschluss[14].

Grundvoraussetzungen für zulässige Verpflichtungen

9. Nach der Fusionskontrollverordnung ist die Kommission nur befugt, Verpflichtungsangebote anzunehmen, die als geeignet angesehen werden, den Zusammenschluss mit dem Gemeinsamen Markt vereinbar zu machen, und damit eine erhebliche Behinderung wirksamen Wettbewerbs verhindern. Die Verpflichtungen müssen die wettbewerbsrechtlichen Bedenken vollständig beseitigen[15] und in jeder Hinsicht vollständig und wirksam sein[16]. Ferner müssen die Verpflichtungen innerhalb kurzer Zeit wirksam umgesetzt werden können, da die Wettbewerbsbedingungen auf dem Markt nicht bestehen bleiben, bis die Verpflichtungen erfüllt sind.

10. Von den beteiligten Unternehmen vorgeschlagene Verpflichtungen struktureller Art, insbesondere Veräußerungen, erfüllen diese Voraussetzungen nur, wenn die Kommission mit dem erforderlichen Grad an Sicherheit davon ausgehen kann, dass sie umgesetzt werden können und dass die entstehenden neuen Unternehmensstrukturen voraussichtlich so existenzfähig und beständig sind, dass die erhebliche Behinderung wirksamen Wettbewerbs verhindert wird[17].

11. Einfluss auf den erforderlichen Grad an Sicherheit hinsichtlich der Umsetzung der vorgeschlagenen Verpflichtungen können insbesondere Risiken im Zusammenhang mit der Übertragung eines zu veräußernden Geschäfts haben, z. B. die mit der Veräußerung verbundenen Bedingungen der beteiligten Unternehmen, Rechte Dritter an dem Geschäft oder das Finden eines geeigneten Erwerbers, und Risiken im Zusammenhang mit der Verschlechterung der Vermögenswerte in der Zeit bis zur Veräußerung. Es obliegt den beteiligten Unternehmen, solche Unsicherheiten

---

[14] Siehe Urteil des GeI in der Rechtssache T-87/05, EDP gegen Kommission, Slg. 2005, II-3745, Rdnrn. 62ff.

[15] Siehe Erwägungsgrund 30 der Fusionskontrollverordnung und Urteil des GeI in der Rechtssache T-282/02, Cementbouw gegen Kommission, Slg. 2005, II-319, Rdnr. 307.

[16] Urteil des GeI in der Rechtssache T-210/01, General Electric gegen Kommission, Slg. 2005, II-5575, Rdnr. 52; Urteil des GeI in der Rechtssache T-87/05, EDP gegen Kommission, Slg. 2005, II-3745, Rdnr. 105.

[17] Urteil des GeI in der Rechtssache T-210/01, General Electric gegen Kommission, Slg. 2005, II-5575, Rdnrn. 555, 612.

hinsichtlich der Umsetzung der Abhilfemaßnahme zu beseitigen, wenn sie sie der Kommission vorschlagen[18].

12. Bei der Prüfung der zweiten Voraussetzung, ob nämlich wahrscheinlich ist, dass die vorgeschlagene Verpflichtung die wettbewerbsrechtlichen Bedenken beseitigt, berücksichtigt die Kommission alle die vorgeschlagene Abhilfemaßnahme betreffenden relevanten Faktoren, unter anderem Art, Umfang und Tragweite der vorgeschlagenen Abhilfemaßnahme, die mit Blick auf die Struktur und die besonderen Merkmale des Marktes, auf dem Anlass zu Wettbewerbsbedenken besteht, beurteilt werden, einschließlich der Stellung der beteiligten Unternehmen und der anderen Marktteilnehmer.

13. Wenn die Verpflichtungen diese Voraussetzungen erfüllen sollen, müssen eine wirksame Umsetzung und die Möglichkeit gegeben sein, die Umsetzung zu kontrollieren[19]. Zwar muss eine Veräußerung, wenn sie vollzogen ist, nicht mehr kontrolliert werden, für andere Arten von Verpflichtungen sind aber wirksame Kontrollmechanismen erforderlich, damit gewährleistet ist, dass ihre Wirkung von den beteiligten Unternehmen nicht gemindert oder gar zunichte gemacht wird. Anderenfalls wären solche Verpflichtungen als bloße Absichtserklärungen der beteiligten Unternehmen und nicht als bindende Auflagen anzusehen, da eine Zuwiderhandlung mangels wirksamer Kontrollmechanismen nicht zum Widerruf der Entscheidung nach der Fusionskontrollverordnung führen könnte[20].

14. Wenn die beteiligten Unternehmen jedoch Abhilfemaßnahmen vorschlagen, die so umfangreich und komplex sind, dass die Kommission zum Zeitpunkt ihrer Entscheidung nicht mit dem erforderlichen Grad an Sicherheit feststellen kann, dass sie vollständig umgesetzt werden und dass die Aufrechterhaltung wirksamen Wettbewerbs im Markt wahrscheinlich ist, kann eine Genehmigungsentscheidung nicht erlassen werden[21]. Die Kommission kann solche Abhilfemaßnahmen insbesondere mit der Begründung ablehnen, dass ihre Umsetzung nicht wirksam kontrolliert werden kann und dass das Fehlen einer wirksamen Kontrolle die Wirkung der vorgeschlagenen Verpflichtungen mindert oder gar zunichte macht.

Geeignetheit der verschiedenen Arten von Abhilfemaßnahmen

15. Nach der Rechtsprechung des Gerichtshofs dienen die Verpflichtungen im Wesentlichen dazu, wettbewerbsfähige Marktstrukturen zu gewährleisten[22]. Daher verdienen Verpflichtungen struktureller Art, z. B. die Verpflichtung zur Veräußerung

---

[18] Je nach Art des Risikos können als Ausgleich spezifische Sicherheitsvorkehrungen getroffen werden. So kann das Risiko, das sich aus Rechten Dritter an den zu veräußernden Vermögenswerten ergibt, durch den Vorschlag einer alternativen Veräußerung ausgeglichen werden. Derartige Sicherheitsvorkehrungen werden unten ausführlicher behandelt.

[19] Urteil des GeI in der Rechtssache T-177/04, easyJet gegen Kommission, Slg. 2006, II-1931, Rdnr. 188.

[20] Urteil des GeI in der Rechtssache T-177/04, easyJet gegen Kommission, Slg. 2006, II-1931, Rdnrn. 186ff.; Urteil des GeI in der Rechtssache T-87/05, EDP gegen Kommission, Slg. 2005, II-3745, Rdnr. 72.

[21] Siehe als Beispiel für eine solche komplexe und ungeeignete Abhilfemaßnahme Sache COMP/M.3440 – EDP/ENI/GDP vom 9. Dezember 2004, bestätigt durch das Urteil des GeI in der Rechtssache T-87/05, EDP gegen Kommission, Slg. 2005, II-3745, Rdnr. 102; Sache COMP/M.1672 – Volvo/Scania vom 15. März 2000.

[22] Siehe Erwägungsgrund 8 der Fusionskontrollverordnung; Urteil des GeI in der Rechtssache T-102/96, Gencor gegen Kommission, Slg. 1999, II-753, Rdnr. 316; Urteil des EuGH in der Rechtssache C-12/03 P, Kommission gegen Tetra Laval, Slg. 2005, I-987, Rdnr. 86; Urteil des GeI in der Rechtssache T-158/00, ARD gegen Kommission, Slg. 2003, II-3825, Rdnrn. 192ff.

eines Geschäfts, angesichts des Ziels der Fusionskontrollverordnung in der Regel den Vorzug, da diese Verpflichtungen die wettbewerbsrechtlichen Bedenken, die durch den Zusammenschluss in der angemeldeten Form aufgeworfen würden, auf Dauer verhindern und auch keine mittel- oder langfristigen Kontrollmaßnahmen erfordern. Dennoch kann nicht von vornherein ausgeschlossen werden, dass andere Arten von Verpflichtungen ebenfalls eine erhebliche Behinderung wirksamen Wettbewerbs verhindern können[23].

16. Die Kommission weist mit Nachdruck darauf hin, dass im Einzelfall geprüft werden muss, ob eine Abhilfemaßnahme und insbesondere welche Art von Abhilfemaßnahme geeignet ist, die wettbewerbsrechtlichen Bedenken zu beseitigen.

17. Allgemein kann jedoch zwischen Veräußerungen, anderen Abhilfemaßnahmen struktureller Art, z. B. Gewährung des Zugangs zu wichtiger Infrastruktur oder wichtigen Vorleistungen zu diskriminierungsfreien Bedingungen, und Verpflichtungen hinsichtlich des künftigen Verhaltens des aus dem Zusammenschluss hervorgegangenen Unternehmens unterschieden werden. Veräußerungsverpflichtungen sind am besten geeignet, um wettbewerbsrechtliche Bedenken zu beseitigen, die auf horizontalen Überschneidungen beruhen, können aber auch das beste Mittel zur Lösung von Problemen sein, die sich aus vertikalen oder konglomeraten Effekten ergeben[24]. Andere Verpflichtungen struktureller Art können geeignet sein, alle Arten von Bedenken auszuräumen, sofern die Abhilfemaßnahmen in ihrer Wirkung einer Veräußerung gleichwertig sind, wie ausführlicher unter den Rdnrn. 61 ff. erläutert wird. Verpflichtungen hinsichtlich des künftigen Verhaltens des aus dem Zusammenschluss hervorgegangenen Unternehmens können nur ausnahmsweise unter ganz besonderen Umständen zulässig sein[25]. Vor allem Verpflichtungen, die Preise nicht anzuheben, die Produktpalette einzuschränken, Marken aufzugeben usw., beseitigen im Allgemeinen nicht die wettbewerbsrechtlichen Bedenken, die auf horizontalen Überschneidungen beruhen. In jedem Fall können diese Arten von Abhilfemaßnahmen nur ausnahmsweise zugelassen werden, wenn ihre Durchführbarkeit durch eine wirksame Umsetzung und Kontrollen im Einklang mit den Erwägungen unter den Rdnrn. 13 bis 14, 66 und 69 vollständig gewährleistet ist und wenn nicht die Gefahr besteht, dass sie eine Verfälschung des Wettbewerbs bewirken[26].

---

[23] Urteil des EuGH in der Rechtssache C-12/03 P, Kommission gegen Tetra Laval, Slg. 2005, I-987, Rdnr. 86; Urteil des GeI vom 25. März 1999 in der Rechtssache T-102/96, Gencor gegen Kommission, Slg. 1999, II-753, Rdnrn. 319ff.; Urteil des GeI vom 30. September 2003 in der Rechtssache T-158/00, ARD gegen Kommission, Slg. 2003, II-3825, Rdnr. 193; Urteil des GeI in der Rechtssache T-177/04, easyJet gegen Kommission, Slg. 2006, II-1931, Rdnr. 182; Urteil des GeI in der Rechtssache T-87/05, EDP gegen Kommission, Slg. 2005, II-3745, Rdnr. 101.

[24] Siehe zur Veräußerung von Speichereinrichtungen Entscheidung in der Sache COMP/M.3868 – DONG/Elsam/Energi E2 vom 14. März 2006, Rdnrn. 170ff.; Entscheidung in der Sache COMP/M.3696 – E. ON/MOL vom 21. Dezember 2005, Rdnrn. 735ff. als Beispiel für eine Eigentümerentflechtung mit dem Ziel, strukturelle Bindungen zwischen den beteiligten Unternehmen im Gasspeichersektor zu zerschlagen; Entscheidung in der Sache COMP/M.4314 – Johnson & Johnson/Pfizer vom 11. Dezember 2006; Entscheidung in der Sache COMP/M.4494 – Evraz/Highveld vom 20. Februar 2007.

[25] Zu den konglomeraten Effekten eines Zusammenschlusses siehe Urteil des EuGH vom 15. Februar 2005 in der Rechtssache C-12/03 P, Kommission gegen Tetra Laval, Slg. 2005, I-987, Rdnrn. 85 und 89.

[26] So besteht bei der Verpflichtung zu einem bestimmten Preisverhalten, zum Beispiel zur Einhaltung von Preisobergrenzen, die Gefahr einer wettbewerbswidrigen Preisangleichung unter den Wettbewerbern.

Verfahren

18. Die Kommission kann in jeder Phase des Verfahrens Verpflichtungsangebote annehmen[27]. Da aber eine eingehende Marktuntersuchung erst in Phase II durchgeführt wird, müssen die der Kommission in Phase I angebotenen Verpflichtungen ausreichen, um „ernsthafte Bedenken" im Sinne des Artikels 6 Absatz 1 Buchstabe c der Fusionskontrollverordnung auszuräumen[28]. Nach Artikel 10 Absatz 2 der Fusionskontrollverordnung hat die Kommission eine Genehmigungsentscheidung zu erlassen, sobald die ernsthaften Bedenken im Sinne des Artikels 6 Absatz 1 Buchstabe c der Fusionskontrollverordnung durch die von den beteiligten Unternehmen angebotenen Verpflichtungen ausgeräumt sind. Diese Bestimmung gilt insbesondere für Verpflichtungen, die in Phase II vorgeschlagen werden, bevor die Kommission eine Mitteilung der Beschwerdepunkte versendet[29]. Wenn die Kommission zu der vorläufigen Auffassung kommt, dass der Zusammenschluss zu einer erheblichen Behinderung wirksamen Wettbewerbs führt, und eine Mitteilung der Beschwerdepunkte versendet, müssen die Verpflichtungen ausreichen, um diese erhebliche Behinderung wirksamen Wettbewerbs zu beseitigen.

19. Die Verpflichtungen müssen zwar von den beteiligten Unternehmen angeboten werden, die Kommission gewährleistet jedoch ihre Durchsetzbarkeit, indem sie die Genehmigung des Zusammenschlusses von der Erfüllung der Verpflichtungen abhängig macht. Es ist zwischen Bedingungen und Auflagen zu unterscheiden. Wird eine Änderung der Marktstruktur verlangt, z. B. die Veräußerung eines Geschäfts, so liegt eine Bedingung vor. Die hierfür erforderlichen Umsetzungsmaßnahmen sind in der Regel Gegenstand von Auflagen, die den beteiligten Unternehmen erteilt werden, z. B. die Bestellung eines Treuhänders mit dem unwiderruflichen Mandat, das Geschäft zu veräußern.

20. Wenn die beteiligten Unternehmen einer Auflage zuwiderhandeln, kann die Kommission die nach Artikel 6 Absatz 2 oder Artikel 8 Absatz 2 der Fusionskontrollverordnung erlassene Genehmigungsentscheidung nach Artikel 6 Absatz 3 bzw. Artikel 8 Absatz 6 widerrufen. Im Falle der Zuwiderhandlung gegen eine Auflage können den beteiligten Unternehmen auch nach Artikel 14 Absatz 2 Buchstabe d bzw. Artikel 15 Absatz 1 Buchstabe c der Fusionskontrollverordnung Geldbußen und Zwangsgelder auferlegt werden. Wird dagegen eine Bedingung nicht erfüllt, wird ein Geschäft z. B. nicht innerhalb der in den Verpflichtungen vorgesehenen Frist veräußert oder später zurückerworben, so ist die Entscheidung über die Vereinbarkeit eines Zusammenschlusses mit dem Gemeinsamen Markt nicht mehr anwendbar. In diesem Fall kann die Kommission erstens nach Artikel 8 Absatz 5 Buchstabe b der Fusionskontrollverordnung geeignete einstweilige Maßnahmen anordnen, um wirksamen Wettbewerb aufrechtzuerhalten. Zweitens kann sie, wenn die Voraussetzungen des Artikels 8 Absatz 4 Buchstabe b erfüllt sind, jede geeignete Maßnahme anordnen, um sicherzustellen, dass die beteiligten Unternehmen den Zusammenschluss rückgängig machen oder andere Maßnahmen zur Wiederherstellung des früheren Zustands ergreifen, oder nach Artikel 8 Absatz 7 eine Entscheidung gemäß Artikel 8 Ab-

---

[27] Wie in Erwägungsgrund 30 der Fusionskontrollverordnung vorgesehen, sorgt die Kommission in beiden Phasen des Verfahrens für Transparenz und eine wirksame Konsultation der Mitgliedstaaten.

[28] In Phase I können Verpflichtungsangebote nur unter bestimmten Umständen angenommen werden; siehe unten Rdnr. 81.

[29] Siehe unter anderem Entscheidung in der Sache COMP/M.2972 – DSM/Roche Vitamins vom 23. Juli 2003; Entscheidung in der Sache COMP/M.2861 Siemens/Drägerwerk/JV vom 30. April 2003; Entscheidung in der Sache COMP/IV/JV.15 – BT/AT & T vom 30. März 1999; Entscheidung in der Sache COMP/IV/M.1532 – BP Amoco/Arco vom 29. September 1999.

sätze 1 bis 3 treffen. Außerdem können den beteiligten Unternehmen auch nach Artikel 14 Absatz 2 Buchstabe d Geldbußen auferlegt werden.

Mustertexte für Veräußerungsverpflichtungen

21. Die Dienststellen der Kommission haben praktische Leitlinien für Veräußerungsverpflichtungen herausgegeben, die aus einem Mustertext für Veräußerungsverpflichtungen und einem Mustertext für Treuhandmandate bestehen[30]. Diese Mustertexte sollen weder alle Fragen erschöpfend behandeln, die in einer Sache von Bedeutung sein könnten, noch sind sie für die Beteiligten eines Fusionskontrollverfahrens rechtlich bindend. Sie ergänzen diese Mitteilung und enthalten die typischen Vereinbarungen für Veräußerungsverpflichtungen in einem Format, das von den beteiligten Unternehmen verwendet werden kann. Gleichzeitig sind sie so flexibel, dass die beteiligten Unternehmen sie den Erfordernissen des Einzelfalls anpassen können.

III. Die einzelnen Arten von Abhilfemaßnahmen

1. Veräußerung eines Geschäfts an einen geeigneten Erwerber

22. Wenn ein geplanter Zusammenschluss wirksamen Wettbewerb erheblich zu behindern droht, kann es – abgesehen von einem Verbot – die effizienteste Möglichkeit zur Aufrechterhaltung wirksamen Wettbewerbs sein, im Wege der Veräußerung eines Geschäfts durch die an dem Zusammenschluss beteiligten Unternehmen die Voraussetzungen für die Schaffung einer neuen wettbewerbsfähigen Einheit oder für die Stärkung bestehender Wettbewerber zu schaffen.

1.1. Veräußerung eines lebens- und wettbewerbsfähigen Geschäfts

23. Bei den zu veräußernden Tätigkeiten muss es sich um ein lebensfähiges Geschäft handeln, das in den Händen eines geeigneten Erwerbers auf Dauer wirksam mit dem durch die Fusion entstandenen Unternehmen konkurrieren kann und das als arbeitendes Unternehmen veräußert wird[31]. Damit das Geschäft lebensfähig ist, kann es notwendig sein, auch Tätigkeiten im Zusammenhang mit Märkten zu veräußern, hinsichtlich deren die Kommission keine wettbewerbsrechtlichen Bedenken hat, wenn dies erforderlich ist, um einen ernstzunehmenden Mitbewerber auf den betroffenen Märkten zu schaffen[32].

24. Wenn die Veräußerung eines lebensfähigen Geschäfts vorgeschlagen wird, sind die Unsicherheiten und Risiken zu berücksichtigen, die mit der Übertragung eines Geschäfts an einen neuen Eigentümer verbunden sind. Diese Risken können die Auswirkungen der Veräußerung auf den Wettbewerb mindern und damit zu einer

---

[30] Siehe Website der GD COMP, Model Text for Divestiture Commitments und Model Text for Trustee Mandates, Mai 2003. http://ec.europa.eu/comm/competition/mergers/legislation/legislation.html. Die Mustertexte können kontinuierlich aktualisiert werden, und bei Bedarf könnten weitere praktische Leitlinien für Abhilfemaßnahmen herausgegeben werden.

[31] Dies können unter bestimmten Voraussetzungen auch Geschäfte sein, die aus einem der beteiligten Unternehmen ausgegliedert werden müssen, oder einzelne Vermögenswerte; siehe Rdnrn. 35ff.

[32] Entscheidung in der Sache COMP/IV/M.913 – Siemens/Elektrowatt vom 18. November 1997; Entscheidung in der Sache COMP/IV/M.1578 – Sanitec/Sphinx vom 1. Dezember 1999, Rdnr. 255; Entscheidung in der Sache COMP/M.1802 – Unilever/Amora-Maille vom 8. März 2000; Entscheidung in der Sache COMP/M.1990 – Unilever/Bestfoods vom 28. September 2000.

Marktsituation führen, in der die bestehenden wettbewerbsrechtlichen Bedenken nicht wirklich beseitigt sind.

Tätigkeitsbereich des zu veräußernden Geschäfts

25. Das Geschäft muss alle Vermögenswerte umfassen, die zum derzeitigen Betrieb gehören oder erforderlich sind, um seine Lebens- und Wettbewerbsfähigkeit sicherzustellen, und alle Mitarbeiter, die derzeit dort beschäftigt sind oder erforderlich sind, um die Lebens- und Wettbewerbsfähigkeit des Geschäfts sicherzustellen[33].

26. Die Mitarbeiter und Vermögenswerte, die derzeit von dem zu veräußernden Geschäft und anderen Geschäften der beteiligten Unternehmen gemeinsam genutzt werden, die aber zum Betrieb des Geschäfts gehören oder die erforderlich sind, um seine Lebens- und Wettbewerbsfähigkeit sicherzustellen, sind ebenfalls zu veräußern. Anderenfalls wäre die Lebens- und Wettbewerbsfähigkeit des zu veräußernden Geschäfts gefährdet. Daher muss das zu veräußernde Geschäft das Personal umfassen, das die wesentlichen Aufgaben des Geschäfts erfüllt, z. B. die für Forschung und Entwicklung und die Informationstechnologie zuständigen Mitarbeiter, auch wenn dieses Personal derzeit bei einem anderen Geschäftsbereich der beteiligten Unternehmen beschäftigt ist – zumindest einen für die Deckung des laufenden Bedarfs des zu veräußernden Geschäfts ausreichend großen Teil davon. In gleicher Weise sind gemeinsam genutzte Vermögenswerte mit zu veräußern, auch wenn sie einem anderen Geschäftsbereich gehören oder zugewiesen sind.

27. Damit die Kommission den Tätigkeitsbereich des zu veräußernden Geschäfts feststellen kann, müssen die beteiligten Unternehmen seinen Tätigkeitsbereich in der Verpflichtung genau festlegen („Beschreibung des Geschäfts"). Die Beschreibung des Geschäfts muss den Umständen des Einzelfalls angepasst werden und alle Elemente enthalten, die Teil des zu veräußernden Geschäfts sind: die materiellen (z. B. Forschung und Entwicklung, Produktion, Vertrieb, Verkauf und Marketing) und die immateriellen Vermögenswerte (z. B. Rechte an geistigem Eigentum, Know-how und Geschäfts- oder Firmenwert), die von staatlichen Stellen für das Geschäft erteilten Lizenzen, Erlaubnisse und Genehmigungen, die Verträge, Leasinggeschäfte und Verpflichtungen (z. B. Vereinbarungen mit Lieferanten und Kunden) zugunsten des zu veräußernden Geschäfts sowie die Kunden-, Kredit- und sonstigen Unterlagen. In der Beschreibung des Geschäfts haben die beteiligten Unternehmen das zu transferierende Personal in allgemeiner Form anzugeben, einschließlich der abgestellten Mitarbeiter und der Zeitarbeitnehmer, und eine Liste der Kompetenzträger beizufügen, d. h. der Mitarbeiter, die für die Lebens- und Wettbewerbsfähigkeit des Geschäfts von wesentlicher Bedeutung sind. Der Transfer dieser Arbeitnehmer berührt nicht die Anwendung der Richtlinien des Rates über Massenentlassungen[34], über die Wahrung von Ansprüchen der Arbeitnehmer beim Übergang von Unternehmen[35] und über

---

[33] Die Anmelder müssen in der Verpflichtung zusichern, dass das zu veräußernde Geschäft alle diese Vermögenswerte und Mitarbeiter umfasst. Sollte sich später herausstellen, dass die ausführliche Beschreibung des Geschäfts, die die beteiligten Unternehmen nach Rdnr. 27 vorzulegen haben, in dieser Hinsicht unvollständig ist und dass die beteiligten Unternehmen das Geschäft nicht mit den erforderlichen Vermögenswerten oder Mitarbeitern ausstatten, so kann die Kommission prüfen, ob sie die bedingte Genehmigungsentscheidung widerruft.

[34] Richtlinie 98/59/EG des Rates vom 20. Juli 1998 zur Angleichung der Rechtsvorschriften der Mitgliedstaaten über Massen Entlassungen (ABl. L 225 vom 12. 8. 1998, S. 16).

[35] Richtlinie 2001/23/EG des Rates vom 12. März 2001 zur Angleichung der Rechtsvorschriften der Mitgliedstaaten über die Wahrung von Ansprüchen der Arbeitnehmer beim Übergang von Unternehmen, Betrieben oder Unternehmens- oder Betriebsteilen (ABl. L 82 vom 22. 3. 2001, S. 16).

die Unterrichtung und Anhörung der Arbeitnehmer[36], die einzelstaatlichen Vorschriften zur Umsetzung dieser Richtlinien oder sonstige einzelstaatliche Rechtsvorschriften. Die Abhilfemaßnahme muss auch die Verpflichtung der beteiligten Unternehmen umfassen, die Kompetenzträger nicht abzuwerben.

28. In der Beschreibung des Geschäfts müssen die beteiligten Unternehmen auch die Vereinbarungen über die Waren und Dienstleistungen darlegen, die das zu veräußernde Geschäft von ihnen erhält und umgekehrt. Die Aufrechterhaltung derartiger Verbindungen kann vorübergehend notwendig sein, um die volle wirtschaftliche Lebensfähigkeit und Wettbewerbsfähigkeit des zu veräußernden Geschäfts zu erhalten. Die Kommission genehmigt solche Vereinbarungen nur, wenn sie die Unabhängigkeit des zu veräußernden Geschäfts von den beteiligten Unternehmen nicht gefährden.

29. Um Missverständnisse über das zu veräußernde Geschäft zu vermeiden, haben die beteiligten Unternehmen die Vermögenswerte und Mitarbeiter, die in dem Geschäft genutzt werden bzw. beschäftigt sind, aber bei der Veräußerung nicht mit transferiert werden sollen, im Text der Verpflichtung ausdrücklich davon auszuschließen. Die Kommission kann einen solchen Ausschluss von Vermögenswerten und Mitarbeitern nur genehmigen, wenn die beteiligten Unternehmen klar darlegen können, dass er die Lebens- und Wettbewerbsfähigkeit des Geschäfts nicht beeinträchtigt.

30. Das Geschäft muss als solches lebensfähig sein. Daher werden die Mittel eines möglichen oder sogar wahrscheinlichen künftigen Erwerbers von der Kommission bei der Prüfung der Abhilfemaßnahme nicht berücksichtigt. Anders liegt der Fall, wenn bereits während des Verfahrens ein Veräußerungsvertrag mit einem bestimmten Erwerber geschlossen wird, dessen Mittel dann bei der Prüfung der Verpflichtung berücksichtigt werden können. Dieser Fall wird unter den Rdnrn. 56ff. ausführlicher behandelt.

31. Wenn ein Erwerber nach Erlass der Genehmigungsentscheidung ermittelt ist, kann es sein, dass der vorgeschlagene Erwerber nicht alle zu dem zu veräußernden Geschäft gehörenden Vermögenswerte oder Mitarbeiter benötigt. Im Verfahren zur Genehmigung des Erwerbers kann die Kommission auf Antrag der beteiligten Unternehmen die Veräußerung des Geschäfts an den vorgeschlagenen Erwerber ohne bestimmte Vermögenswerte oder Mitarbeiter genehmigen, sofern dies unter Berücksichtigung der Mittel des vorgeschlagenen Erwerbers die Lebens- und Wettbewerbsfähigkeit des zu veräußernden Geschäfts nicht beeinträchtigt.

1.2. Selbständiges Geschäft und Voraussetzungen für die Zulässigkeit von Alternativen

32. Ein lebensfähiges Geschäft ist in der Regel ein Geschäft, das selbständig geführt werden kann, d. h. – abgesehen von einer Übergangszeit – unabhängig von den an dem Zusammenschluss beteiligten Unternehmen hinsichtlich der Versorgung mit Vorleistungen und anderen Formen der Zusammenarbeit.

33. Die Kommission gibt einem bestehenden selbständigen Geschäft eindeutig den Vorzug. Es kann sich dabei um ein bereits bestehendes Unternehmen, einen bereits bestehenden Konzern oder um einen Geschäftsbereich handeln, der als solcher bisher nicht rechtsfähig war.

---

[36] Richtlinie 94/45/EG des Rates vom 22. September 1994 über die Einsetzung eines Europäischen Betriebsrats oder die Schaffung eines Verfahrens zur Unterrichtung und Anhörung der Arbeitnehmer in gemeinschaftsweit operierenden Unternehmen und Unternehmensgruppen (ABl. L 254 vom 30.4.1994, S. 64), Richtlinie 2002/14/EG des Europäischen Parlaments und des Rates vom 11. März 2002 zur Festlegung eines allgemeinen Rahmens für die Unterrichtung und Anhörung der Arbeitnehmer in der Europäischen Gemeinschaft (ABl. L 80 vom 23.3.2002, S. 29).

34. Wenn die wettbewerbsrechtlichen Bedenken auf einer horizontalen Überschneidung beruhen, können die beteiligten Unternehmen möglicherweise zwischen zwei Geschäften wählen. Im Falle einer feindlichen Übernahme könnte eine Verpflichtung zur Veräußerung der Tätigkeiten des zu übernehmenden Unternehmens – da den Anmeldern nur wenige Informationen über das zu veräußernde Geschäft vorliegen – das Risiko erhöhen, dass sich aus diesem Geschäft nach der Veräußerung kein lebensfähiger Wettbewerber entwickelt, der auf Dauer wirksam am Markt konkurrieren kann. Es könnte daher zweckmäßiger sein, dass die beteiligten Unternehmen die Veräußerung der Tätigkeiten des übernehmenden Unternehmens vorschlagen.

Ausgliederung (Carve-out)

35. Zwar ist in der Regel ein bestehendes lebensfähiges und selbständiges Geschäft zu veräußern, jedoch kann die Kommission unter Berücksichtigung des Verhältnismäßigkeitsgrundsatzes auch die Veräußerung von Geschäften prüfen, die eng mit bei den beteiligten Unternehmen verbleibenden Geschäften verbunden oder teilweise in sie integriert sind und daher „ausgegliedert" werden müssen. Um die Risiken für die Lebens- und Wettbewerbsfähigkeit möglichst gering zu halten, können die beteiligten Unternehmen auch die Verpflichtung vorschlagen, Teile eines bestehenden Geschäfts auszugliedern, die nicht veräußert werden müssen. In diesen Fällen wird also ein bestehendes selbständiges Geschäft veräußert, wenn auch die beteiligten Unternehmen, im Wege einer „umgekehrten Ausgliederung", in begrenztem Umfang Teile ausgliedern können, die sie behalten können.

36. In jedem Fall kann die Kommission Verpflichtungsangebote, die die Ausgliederung eines Geschäfts erfordern, nur annehmen, wenn sie sicher sein kann, dass zumindest zum Zeitpunkt der Übertragung an den Erwerber – ein lebensfähiges, selbständig zu führendes Geschäft veräußert wird und dadurch die mit der Ausgliederung verbundenen Risiken für die Lebens- und Wettbewerbsfähigkeit möglichst gering gehalten werden. Die beteiligten Unternehmen haben daher, wie unter Rdnr. 113 ausführlich dargelegt, zu gewährleisten, dass mit der Ausgliederung in der Übergangszeit begonnen wird, d. h. im Zeitraum zwischen dem Erlass der Entscheidung der Kommission und dem Abschluss der Veräußerung (rechtliche und tatsächliche Übertragung des Geschäfts an den Erwerber). Am Ende dieses Zeitraums wird dann ein lebensfähiges Geschäft veräußert, das selbständig geführt werden kann. Sollte dies nicht möglich sein oder ist die Ausgliederung besonders schwierig, so können die beteiligten Unternehmen der Kommission den erforderlichen Grad an Sicherheit bieten, indem sie einen von ihr vorab genehmigten Erwerber vorschlagen (*Up-front-buyer*-Lösung, ausführlicher behandelt unter Rdnr. 55).

Veräußerung von Vermögenswerten, insbesondere Marken und Lizenzen

37. Die Veräußerung einer Kombination von Vermögenswerten, die in der Vergangenheit kein einheitliches und lebensfähiges Geschäft gebildet haben, bringt Risiken für die Lebens- und Wettbewerbsfähigkeit des neuen Unternehmens mit sich. Dies gilt vor allem, wenn es um Vermögenswerte von mehr als einem beteiligten Unternehmen geht. Ein solches Konzept kann von der Kommission nur genehmigt werden, wenn die Lebensfähigkeit des Geschäfts ungeachtet der Tatsache gewährleistet ist, dass die Vermögenswerte zuvor kein einheitliches Geschäft gebildet haben. Dies kann der Fall sein, wenn die einzelnen Vermögenswerte bereits als lebens- und wettbewerbsfähiges Geschäft angesehen werden können[37]. Desgleichen kann ein nur aus

---

[37] Entscheidung in der Sache COMP/M.1806 – AstraZeneca/Novartis vom 26. Juli 2000; Entscheidung in der Sache COMP/M.1628 – TotalFina/Elf vom 9. Februar 2000; Entscheidung in der Sache COMP/IV/M.603 – Crown Cork & Seal/CarnaudMetalbox vom 14. November 1995.

Marken und produktions- bzw. vertriebsnahen Vermögenswerten bestehendes Veräußerungspaket nur in Ausnahmefällen ausreichen, um die Voraussetzungen für die Entstehung wirksamen Wettbewerbs zu schaffen[38]. Unter diesen Umständen muss das Paket aus Marken und Vermögenswerten ausreichen, damit die Kommission zu dem Schluss gelangen kann, dass das neue Unternehmen in den Händen eines geeigneten Erwerbers ohne Weiteres lebensfähig sein wird.

38. Die Veräußerung eines Geschäfts dürfte im Allgemeinen der Erteilung von Lizenzen für Rechte an geistigem Eigentum vorzuziehen sein, da die Erteilung einer Lizenz mehr Unsicherheiten mit sich bringt, den Lizenznehmer nicht in die Lage versetzt, unmittelbar am Markt zu konkurrieren, die Aufrechterhaltung von Beziehungen zu den beteiligten Unternehmen erfordert, die dem Lizenzgeber die Beeinflussung des Lizenznehmers in seinem Wettbewerbsverhalten ermöglichen könnten, und zu Streitigkeiten zwischen Lizenzgeber und Lizenznehmer über Umfang und Bedingungen der Lizenz führen könnte. Die Erteilung einer Lizenz wird daher im Allgemeinen nicht als geeignet angesehen, wenn die Veräußerung eines Geschäfts praktisch möglich erscheint. Ist die Marktstellung bei der betreffenden Technologie oder den betreffenden Rechten an geistigem Eigentum Anlass für die wettbewerbsrechtlichen Bedenken, so ist die Veräußerung dieser Technologie oder dieser Rechte vorzuziehen, da sie nicht zu dauerhaften Beziehungen zwischen dem aus dem Zusammenschluss hervorgegangenen Unternehmen und seinen Mitbewerbern führt[39]. Die Kommission kann jedoch Lizenzvereinbarungen als Alternative zur Veräußerung genehmigen, wenn zum Beispiel eine Veräußerung effiziente laufende Forschung verhindern würde oder wenn eine Veräußerung wegen der Art des Geschäfts unmöglich wäre[40]. Diese Lizenzen müssen den Lizenznehmer ähnlich wie eine Veräußerung in die Lage versetzen, wirksam mit den beteiligten Unternehmen zu konkurrieren. In der Regel handelt es sich um ausschließliche Lizenzen, die dem Lizenznehmer ohne einen bestimmten Anwendungsbereich und ohne geografische Einschränkungen erteilt werden müssen. Besteht Unsicherheit über den Umfang der Lizenz oder die für sie geltenden Bedingungen, so müssen die beteiligten Unternehmen das zugrunde liegende Recht an geistigem Eigentum veräußern, können aber ihrerseits eine Lizenz erwerben. Ist unsicher, ob die Lizenz tatsächlich einem geeigneten Lizenznehmer erteilt wird, so können die beteiligten Unternehmen aufgrund der unter Rdnr. 56 dargelegten Erwägungen einen vorab genehmigten Lizenznehmer *(Up-front licensee)* oder eine *Fix-it-first*-Lösung vorschlagen, damit die Kommission mit dem erforderlichen Grad an Sicherheit davon ausgehen kann, dass die Abhilfemaßnahme umgesetzt wird[41].

---

[38] Entscheidung in der Sache COMP/M.2544 – Masterfoods/Royal Canin vom 15. Februar 2002; Entscheidung in der Sache COMP/M.2337 – Nestlé/Ralston Purina vom 27. Juli 2001; Entscheidung in der Sache COMP/IV/M.623 – Kimberly-Clark/Scott Paper vom 16. Januar 1996; Entscheidung in der Sache COMP/M.3779 – Pernod Ricard/Allied Domecq vom 24. Juni 2005.

[39] Siehe Entscheidung in der Sache COMP/M.2972 – DSM/Roche Vitamins vom 23. Juli 2003; Entscheidung in der Sache COMP/IV/M.1378 – Hoechst/Rhône-Poulenc vom 9. August 1999; Entscheidung in der Sache COMP/M.1601 – Allied Signal/Honeywell vom 1. Dezember 1999; Entscheidung in der Sache COMP/M.1672 – Volvo/Scania vom 3. Mai 2000.

[40] Entscheidung in der Sache COMP/M.2949 – Finmeccanica/Alenia Telespazio vom 30. Oktober 2002; Entscheidung in der Sache COMP/M.3593 – Apollo/Bakelite vom 11. April 2005, Verpflichtung in Bezug auf eine Lizenz für hitzebeständige Kohlenstoffbindungen; zu Fällen aus der Arzneimittelindustrie siehe Entscheidung in der Sache COMP/M.2972 – DSM/Roche Vitamins vom 23. Juli 2003 und Entscheidung in der Sache COMP/IV/M.555 – Glaxo/Wellcome vom 28. Februar 1995.

[41] Entscheidung in der Sache COMP/M.2972 – DSM/Roche Vitamins vom 23. Juli 2003.

Markenwechsel

39. In Ausnahmefällen hat die Kommission die Verpflichtung genehmigt, eine ausschließliche befristete Lizenz für eine Marke zu erteilen, um es dem Lizenznehmer zu ermöglichen, das Produkt innerhalb der vorgesehenen Frist mit einer neuen Marke zu versehen. Nach der ersten Lizenz-Phase dieser so genannten Markenwechselverpflichtungen verpflichten sich die beteiligten Unternehmen in einer zweiten Phase, die Marke nicht mehr zu verwenden (*Blackout*-Phase). Mit diesen Verpflichtungen soll es dem Lizenznehmer ermöglicht werden, die Kunden von der lizenzierten Marke auf seine eigene Marke zu übertragen, um einen lebensfähigen Wettbewerber zu schaffen, ohne dass die lizenzierte Marke auf Dauer veräußert wird.

40. Die Abhilfemaßnahme Markenwechsel bringt erheblich höhere Risiken für die Wiederherstellung wirksamen Wettbewerbs mit sich als eine Veräußerung, einschließlich der Veräußerung einer Marke, da erhebliche Unsicherheit darüber besteht, ob es dem Lizenznehmer gelingen wird, sich mit dem mit einer neuen Marke versehenen Produkt als aktiver Wettbewerber am Markt zu etablieren. Ein Markenwechsel kann zulässig sein, wenn die betreffende Marke weit verbreitet ist und ein großer Teil des Umsatzes auf anderen Märkten als denen erzielt wird, auf denen wettbewerbsrechtliche Bedenken bestehen[42]. Unter diesen Umständen muss die Abhilfemaßnahme gewährleisten, dass die Erteilung der Lizenz den Wettbewerb auf dem Markt auf Dauer wirksam aufrechterhält und dass der Lizenznehmer nach dem Markenwechsel ein wirksamer Wettbewerber ist.

41. Da der Erfolg der Abhilfemaßnahme Markenwechsel im Wesentlichen von der Lebensfähigkeit der lizenzierten Marke abhängt, muss eine Reihe von Voraussetzungen hinsichtlich der Gestaltung dieser Verpflichtungen erfüllt sein. Erstens muss die zu übertragende Marke bekannt und recht stark sein, damit sowohl die unmittelbare Lebensfähigkeit der lizenzierten Marke als auch ihr wirtschaftliches Überleben im Zeitraum des Markenwechsels gewährleistet ist. Zweitens ist möglicherweise ein Teil der Vermögenswerte, die mit der Produktion oder dem Vertrieb der unter der lizenzierten Marke vermarkteten Produkte zusammenhängen, oder die Weitergabe von Know-how erforderlich, um die Wirksamkeit der Abhilfemaßnahme zu gewährleisten[43]. Drittens muss es sich um eine ausschließliche und in der Regel umfassende Lizenz handeln, sie darf also nicht auf eine bestimmte Produktpalette auf einem bestimmten Markt beschränkt sein, und sie muss die einschlägigen Rechte an geistigem Eigentum einschließen, damit die Kunden das mit der neuen Marke versehene Produkt als vertraut erkennen. Die beteiligten Unternehmen dürfen keine ähnlichen Wörter oder Zeichen verwenden, da dies die Wirkung des Markenwechsels beeinträchtigen könnte[44]. Viertens muss sowohl die Lizenz- als auch die Blackout-Phase

---

[42] Jedoch kann es auch in diesen Fällen zweckmäßiger sein, die Marke zu veräußern, vor allem wenn die sich ergebende Aufspaltung des Eigentums an der Marke der üblichen Praxis in dem betreffenden Wirtschaftszweig entspricht; siehe für die Arzneimittelindustrie Entscheidung in der Sache COMP/M.3544 – Bayer Healthcare/Roche (OTC) vom 19. November 2004, Rdnr. 59, zur Veräußerung der Marke Desenex.

[43] Entscheidung in der Sache COMP/M.3149 – Procter&Gamble/Wella, Rdnr. 60; Entscheidung in der Sache COMP/IV/M.623 – Kimberly-Clark/Scott Paper vom 16. Januar 1996, Rdnr. 236 Ziffer i; Dies ist vor allem in der Lizenzphase wichtig, in der der Lizenznehmer die Einführung einer neuen wettbewerbsfähigen Marke vorbereiten muss. Die Einführung einer neuen Marke wäre kaum möglich, wenn der Erwerber erhebliche Mittel für das Produktionsverfahren, die Vermarktung und den Vertrieb des Produkts unter der lizenzierten Marke aufwenden müsste; Entscheidung in der Sache COMP/M.2337 – Nestlé/Ralston Purina vom 27. Juli 2001, Rdnrn. 67 ff.; Entscheidung in der Sache COMP/M.2621 – SEB/Moulinex vom 8. Januar 2002, Rdnr. 140.

[44] Entscheidung in der Sache COMP/M.3149 – Procter&Gamble/Wella vom 30. Juli 2003,

unter Berücksichtigung der Besonderheiten des Einzelfalls so lang sein, dass der Markenwechsel ähnliche Wirkungen entfaltet wie eine Veräußerung[45].

42. Wer der potenzielle Lizenznehmer ist, ist für den Erfolg der Verpflichtung von entscheidender Bedeutung. Ist unsicher, ob geeignete Lizenznehmer vorhanden sind, die über die Fähigkeit und ein starkes Interesse verfügen, den Markenwechsel durchzuführen, so können die beteiligten Unternehmen aufgrund der unter Rdnr. 53 dargelegten Erwägungen eine *Up-front-* oder eine *Fix-it-first-*Lösung vorschlagen.

1.3. Nichterwerbsklausel

43. Um die strukturellen Wirkungen einer Abhilfemaßnahme aufrechtzuerhalten, muss in den Verpflichtungen vorgesehen sein, dass das aus dem Zusammenschluss hervorgegangene Unternehmen nicht später Einfluss[46] auf das veräußerte Geschäft oder Teile davon erwirbt. In der Regel muss in den Verpflichtungen vorgesehen sein, dass für einen längeren Zeitraum, im Allgemeinen 10 Jahre, ein Rückerwerb von erheblichem Einfluss nicht möglich ist. Die Verpflichtungen können jedoch eine Verzichtklausel enthalten, nach der die Kommission die beteiligten Unternehmen von dieser Auflage entbinden kann, wenn sie später feststellt, dass sich die Struktur des Marktes so verändert hat, dass das Fehlen von Einfluss auf das veräußerte Geschäft nicht mehr notwendig ist, um den Zusammenschluss mit dem Gemeinsamen Markt vereinbar zu machen. Auch ohne ausdrückliche Bestimmung würden die beteiligten Unternehmen mit einem Rückerwerb des Geschäfts einer ihnen im Rahmen der Verpflichtungen stillschweigend erteilten Auflage zuwiderhandeln, da dies die Wirksamkeit der Abhilfemaßnahmen beeinträchtigen würde.

1.4. Alternative Veräußerungsverpflichtungen: „Kronjuwelen"

44. In bestimmten Situationen kann die Vollziehbarkeit der von den beteiligten Unternehmen bevorzugten Veräußerung (eines lebensfähigen Geschäfts zur Lösung der Wettbewerbsprobleme) zweifelhaft sein, z. B. wegen der Vorkaufsrechte Dritter, der Ungewissheit in Bezug auf die Übertragbarkeit von wichtigen Verträgen oder Rechten an geistigem Eigentum oder der Unsicherheit, ob ein geeigneter Erwerber gefunden wird. Dennoch können die beteiligten Unternehmen der Auffassung sein, dass sie in der Lage wären, das betreffende Geschäft innerhalb sehr kurzer Frist an einen geeigneten Erwerber zu veräußern.

45. In diesen Fällen kann die Kommission nicht das Risiko eingehen, dass letztendlich wirksamer Wettbewerb nicht aufrechterhalten wird. Daher genehmigt die Kommission diese Veräußerungsverpflichtungen nur unter den folgenden Voraussetzungen: a) ohne die Unsicherheit würde die erste in den Verpflichtungen vorgeschlagene Veräußerung ein lebensfähiges Geschäft betreffen, und b) die beteiligten Unternehmen müssen eine zweite alternative Veräußerung vorschlagen, die sie umsetzen müssen, falls sie nicht in der Lage sind, die erste Verpflichtung innerhalb der Frist für

---

Rdnr. 61; Entscheidung in der Sache COMP/M.2337 – Nestlé/Ralston Purina vom 27. Juli 2001, Rdnrn. 67ff.; Entscheidung in der Sache COMP/M.2621 – SEB/Moulinex vom 8. Januar 2002, Rdnr. 141; Entscheidung in der Sache COMP/IV/M.623 – Kimberly-Clark/ScottPaper vom 16. Januar 1996, Rdnr. 236 Ziffer ii.

[45] Zum Beispiel unter Berücksichtigung des Lebenszyklus der Produkte, vgl. Entscheidung in der Sache COMP/M.2621 – SEB/Moulinex vom 8. Januar 2002, Rdnr. 141, in der die Laufzeit der Verpflichtungen effektiv rund drei Produktlebenszyklen entsprach; bestätigt durch das Urteil des GeI in der Rechtssache T-119/02, Royal Philips Electronics gegen Kommission, Slg. 2003, II-1433, Rdnrn. 112ff.

[46] Einfluss des früheren Eigentümers des Geschäfts auf das Wettbewerbsverhalten des veräußerten Geschäfts, der die Verwirklichung des Ziels der Abhilfemaßnahme gefährdet.

die erste Veräußerung umzusetzen[47]. Eine solche alternative Verpflichtung muss in der Regel ein „Kronjuwel"[48] sein, d. h. sie sollte mindestens so gut wie die erste vorgeschlagene Veräußerung geeignet sein, einen lebensfähigen Wettbewerber zu schaffen, wenn sie umgesetzt ist, es sollte keine Unsicherheit hinsichtlich ihrer Umsetzung bestehen, und sie sollte schnell umgesetzt werden können, damit der Gesamtumsetzungszeitraum nicht länger ist, als unter den Bedingungen des betreffenden Marktes in der Regel als annehmbar angesehen würde. Um die Risiken in der Übergangszeit zu begrenzen, ist es unerlässlich, für alle in die beiden Veräußerungsalternativen einbezogenen Vermögenswerte Maßnahmen zur Erhaltung der Lebensfähigkeit des Geschäfts in der Übergangszeit und Maßnahmen zur getrennten Führung des Geschäfts (hold-separate) zu treffen. Ferner muss in der Verpflichtung in Form von klaren Kriterien und einem genauen Zeitplan festgelegt werden, wie und wann die alternative Veräußerungsauflage wirksam wird, und die Kommission wird kürzere Fristen für ihre Umsetzung verlangen.

46. Wenn die Umsetzung der Veräußerung wegen Rechten Dritter unsicher ist oder wenn Unsicherheit besteht, ob ein geeigneter Erwerber gefunden wird, beseitigen die Kronjuwelen-Verpflichtung und der unter Rdnr. 54 behandelte vorab genehmigte Erwerber *(Up-front buyer)* dieselben Bedenken, und die beteiligten Unternehmen können daher zwischen beiden Lösungen wählen.

1.5. Übertragung an einen geeigneten Erwerber

47. Die mit der Veräußerung beabsichtigte Wirkung wird nur erzielt, wenn das Geschäft an einen geeigneten Erwerber übertragen wird, in dessen Händen es sich zu einem aktiven Wettbewerber am Markt entwickelt. Ob das Geschäft für einen geeigneten Erwerber attraktiv sein kann, spielt bereits bei der Prüfung der Geeignetheit der vorgeschlagenen Verpflichtung durch die Kommission eine wichtige Rolle[49]. Wenn gewährleistet sein soll, dass das Geschäft an einen geeigneten Erwerber veräußert wird, müssen die Verpflichtungen Kriterien für die Geeignetheit enthalten, anhand deren die Kommission feststellen kann, ob es wahrscheinlich ist, dass die Veräußerung des Geschäfts an den betreffenden Erwerber ihre wettbewerbsrechtlichen Bedenken beseitigt.

a) Geeignetheit des Erwerbers

48. An den Erwerber werden die folgenden Standardanforderungen gestellt:

- der Erwerber muss von den beteiligten Unternehmen unabhängig sein und darf nicht mit ihnen verbunden sein,
- der Erwerber muss über die finanziellen Mittel, die ausgewiesenen Fachkenntnisse und das Interesse und die Fähigkeit verfügen, die notwendig sind, um das zu veräußernde Geschäft als lebensfähigen, aktiven Wettbewerber in Konkurrenz zu den beteiligten Unternehmen und den anderen Mitbewerbern weiterzuführen und auszubauen, und
- der Erwerb des Geschäfts durch den vorgeschlagenen Erwerber darf aller Wahrscheinlichkeit nach weder neue Wettbewerbsprobleme aufwerfen, noch das Risiko mit sich bringen, dass sich die Umsetzung der Verpflichtungen verzögert. Von dem

---

[47] Siehe Urteil des GeI in der Rechtssache T-210/01, General Electric gegen Kommission, Slg. 2005, II-5575, Rdnr. 617; Entscheidung in der Sache COMP/M.1453 – AXA/GRE vom8. April 1999.

[48] Die Alternative kann in einem völlig anderen Geschäft oder – im Falle der Unsicherheit, ob ein geeigneter Erwerber gefunden wird – zusätzlicher Geschäfte und Vermögenswerte bestehen, die dem ursprünglichen Paket beigefügt werden.

[49] Entscheidung in der Sache COMP/IV/M.913 – Siemens/Elektrowatt vom 18. November 1997.

vorgeschlagenen Erwerber kann daher erwartet werden, dass er alle für den Erwerb des zu veräußernden Geschäfts erforderlichen Genehmigungen der zuständigen Regulierungsbehörden einholt.

49. Die Standardanforderungen an den Erwerber müssen möglicherweise im Einzelfall ergänzt werden. So kann gegebenenfalls verlangt werden, dass es sich bei dem Erwerber nicht um einen Finanzinvestor, sondern um einen industriellen Erwerber handelt[50]. Die Verpflichtungen enthalten in der Regel eine solche Klausel, wenn angesichts der besonderen Umstände des Einzelfalls ein Finanzinvestor möglicher weise nicht in der Lage wäre oder kein Interesse daran hätte, das Geschäft zu einem lebensfähigen Wettbewerber am Markt auszubauen, auch wenn man berücksichtigt, dass er sich das notwendige Management-Know-how beschaffen könnte (z. B. durch Einstellung erfahrener Manager aus dem betreffenden Sektor), und wenn der Erwerb durch einen Finanzinvestor daher die wettbewerbsrechtlichen Bedenken nicht mit hinreichender Sicherheit beseitigen würde.

b) Ermittlung eines geeigneten Erwerbers

50. Im Allgemeinen gibt es drei Möglichkeiten zu gewährleisten, dass das Geschäft an einen geeigneten Erwerber übertragen wird. Erstens, das Geschäft wird innerhalb einer bestimmten Frist nach Erlass der Entscheidung an einen Erwerber übertragen, der von der Kommission anhand der an Erwerber gestellten Anforderungen genehmigt worden ist. Zweitens, in den Verpflichtungen ist zusätzlich zu den Voraussetzungen für die erste Möglichkeit vorgesehen, dass die beteiligten Unternehmen den angemeldeten Zusammenschluss erst vollziehen dürfen, wenn sie mit einem von der Kommission vorab genehmigten Erwerber *(Up-front buyer)* eine verbindliche Vereinbarung über die Veräußerung des Geschäfts geschlossen haben. Drittens, die beteiligten Unternehmen ermitteln einen Erwerber für das Geschäft und schließen bereits während des Verfahrens bei der Kommission eine verbindliche Vereinbarung mit ihm[51] (*Fix-it-first*[52]-Abhilfemaßnahme). Der wichtigste Unterschied zwischen den beiden zuletzt genannten Möglichkeiten ist, dass die Kommission im Falle des *Up-front buyers* vor Erlass der Genehmigungsentscheidung nicht weiß, wer der Erwerber ist.

51. Für welche Kategorie von Abhilfemaßnahmen man sich entscheidet, hängt von den im Einzelfall bestehenden Risiken und damit von den Maßnahmen ab, die es der Kommission ermöglichen, mit dem erforderlichen Grad an Sicherheit davon auszugehen, dass die Verpflichtung umgesetzt wird. Dies ist abhängig von Art und Tätigkeitsbereich des zu veräußernden Geschäfts, dem Risiko einer Verschlechterung des Geschäfts in der Übergangszeit bis zur Veräußerung und den mit der Übertragung des Geschäfts und der Umsetzung der Verpflichtung verbundenen Unsicherheiten, insbesondere den Risiken im Zusammenhang mit dem Finden eines geeigneten Erwerbers.

1. Verkauf des zu veräußernden Geschäfts innerhalb einer bestimmten Frist nach Erlass der Entscheidung

52. In der ersten Kategorie können die beteiligten Unternehmen den Verkauf des zu veräußernden Geschäfts auf der Grundlage der Anforderungen an den Erwerber innerhalb einer bestimmten Frist nach Erlass der Entscheidung vornehmen. Dieses

---

[50] Siehe die Verpflichtungen in der Entscheidung in der Sache COMP/M.2621 – SEB/Moulinex vom 8. Januar 2002, in denen vorgesehen ist, dass der Lizenznehmer eine eigene Marke besitzt, die in dem betreffenden Sektor verwendet wird. Auf bestimmten Märkten ist möglicherweise ein hinreichender Grad an Anerkennung durch die Kunden erforderlich, damit der Erwerber das zu veräußernde Geschäft als Wettbewerber am Markt etablieren kann.

[51] Die Übertragung des Geschäfts kann nach der Entscheidung der Kommission erfolgen.

[52] Dieser Begriff wird in anderen Rechtsordnungen möglicherweise anders verwendet.

Verfahren dürfte sich für die Mehrheit der Fälle eignen, sofern für ein lebensfähiges Geschäft eine Reihe von Erwerbern in Betracht kommt und sofern keine besonderen Probleme die Veräußerung komplizieren oder ihr entgegenstehen. Muss der Erwerber über besondere Fachkenntnisse verfügen, so kann dieses Verfahren geeignet sein, wenn genügend interessierte mögliche Erwerber vorhanden sind, die die besonderen Anforderungen an den Erwerber erfüllen, die in diesen Fällen in die Verpflichtungen einzubeziehen sind. Unter diesen Umständen kann die Kommission davon ausgehen, dass die Veräußerung umgesetzt wird und dass es keinen Grund gibt, den Vollzug des angemeldeten Zusammenschlusses nach Erlass der Entscheidung der Kommission auszusetzen.

2. Up-front buyer

53. Es gibt Fälle, in denen die Kommission nur dann mit dem erforderlichen Grad an Sicherheit davon ausgehen kann, dass das Geschäft auch tatsächlich an einen geeigneten Erwerber veräußert wird, wenn ein von ihr vorab genehmigter Erwerber vorgeschlagen wird. Die beteiligten Unternehmen müssen sich daher verpflichten, den angemeldeten Zusammenschluss erst zu vollziehen, wenn sie mit einem von der Kommission vorab genehmigten Erwerber eine verbindliche Vereinbarung über die Veräußerung des Geschäfts geschlossen haben[53].

54. Erstens betrifft dies Fälle, in denen erhebliche Hindernisse für eine Veräußerung bestehen, z. B. Rechte Dritter oder die Unsicherheit, ob ein geeigneter Erwerber gefunden wird[54]. In diesen Fällen ermöglicht es ein vorab genehmigter Erwerber der Kommission, mit dem erforderlichen Grad an Sicherheit davon auszugehen, dass die Verpflichtungen umgesetzt werden, da eine solche Verpflichtung einen stärkeren Anreiz für die beteiligten Unternehmen schafft, die Veräußerung abzuschließen, um den Zusammenschluss vollziehen zu können. Unter diesen Umständen können die beteiligten Unternehmen, wie unter Rdnr. 46 dargelegt, wählen, ob sie einen vorab genehmigten Erwerber oder eine alternative Veräußerungsverpflichtung vorschlagen.

55. Zweitens kann ein vorab genehmigter Erwerber in Fällen notwendig sein, in denen ein erhebliches Risiko hinsichtlich der Erhaltung der Wettbewerbs- und Marktfähigkeit des zu veräußernden Geschäfts in der Übergangszeit bis zur Veräußerung besteht. In dieser Kategorie geht es um Fälle, in denen das Risiko einer Verschlechterung des zu veräußernden Geschäfts hoch erscheint, insbesondere weil für das Geschäft wichtige Kompetenzträger abwandern könnten oder weil die Übergangsrisiken besonders hoch sind, da die beteiligten Unternehmen die Ausgliederung des Geschäfts nicht in der Übergangszeit, sondern erst nach Abschluss eines Veräußerungsvertrags mit dem Erwerber vornehmen können. Die *Up-front-buyer*-Lösung kann die Übertragung des zu veräußernden Geschäfts – wegen des stärkeren Anreizes für die beteiligten Unternehmen, die Veräußerung abzuschließen, um den Zusammenschluss vollziehen zu können – so weit beschleunigen, dass die Verpflichtungen es der Kommission ermöglichen, mit dem erforderlichen Grad an Sicherheit davon auszugehen, dass diese Risiken begrenzt sind und die Veräußerung auch tatsächlich umgesetzt wird[55].

---

[53] Entscheidung in der Sache COMP/M.3796 – Omya/Huber PCC vom 19. Juli 2006; Entscheidung in der Sache COMP/M.2972 – DSM/Roche Vitamins vom 23. Juli 2003; Entscheidung in der Sache COMP/M.2060 – Bosch/Rexroth vom 13. Dezember 2000; Entscheidung in der Sache COMP/M.2337 – Nestlé/Ralston Purina vom 27. Juli 2001; Entscheidung in der Sache COMP/M.2544 – Masterfoods/Royal Canin vom 15. Februar 2002; Entscheidung in der Sache COMP/M.2947 – Verbund/Energie Allianz vom 11. Juni 2003.

[54] Siehe Entscheidung in der Sache COMP/M.2060 – Bosch/Rexroth vom 13. Dezember 2000, Rdnr. 92.

[55] Siehe Entscheidung in der Sache COMP/M.2060 – Bosch/Rexroth vom 13. Dezember 2000, Rdnr. 95.

3. Fix-it-first-Abhilfemaßnahmen

56. Die dritte Kategorie umfasst Fälle, in denen die beteiligten Unternehmen während des Verfahrens bei der Kommission einen Erwerber ermitteln und eine rechtlich bindende Vereinbarung mit ihm schließen, in der die wesentlichen Punkte der Veräußerung festgelegt sind[56]. Die Kommission kann dann in der endgültigen Entscheidung feststellen, ob die Übertragung des zu veräußernden Geschäfts an den ermittelten Erwerber die wettbewerbsrechtlichen Bedenken beseitigt. Genehmigt die Kommission den angemeldeten Zusammenschluss, so ist eine weitere Entscheidung der Kommission zur Genehmigung des Erwerbers nicht erforderlich, und die Übertragung des zu veräußernden Geschäfts kann kurz danach stattfinden.

57. Die Kommission begrüßt *Fix-it-first*-Lösungen insbesondere in Fällen, in denen der Frage, wer der Erwerber ist, entscheidende Bedeutung für die Wirksamkeit der vorgeschlagenen Abhilfemaßnahme zukommt. Dies sind Fälle, in denen unter den gegebenen Umständen nur sehr wenige mögliche Erwerber als geeignet angesehen werden können, insbesondere da das zu veräußernde Geschäft als solches kein lebensfähiges Geschäft ist, sondern seine Lebensfähigkeit erst durch bestimmte Vermögenswerte des Erwerbers gewährleistet wird, oder da der Erwerber besondere Voraussetzungen erfüllen muss, damit die Abhilfemaßnahme die wettbewerbsrechtlichen Bedenken beseitigt[57]. Entscheiden sich die beteiligten Unternehmen, während des Verfahrens als *Fix-it-first*-Lösung eine verbindliche Vereinbarung mit einem geeigneten Erwerber zu schließen, so kann die Kommission unter diesen Umständen mit dem erforderlichen Grad an Sicherheit davon ausgehen, dass die Verpflichtungen durch Verkauf des Geschäfts an einen geeigneten Erwerber umgesetzt werden. In diesen Fällen wird eine *Up-front-buyer*-Lösung mit besonderen Anforderungen an die Geeignetheit des Erwerbers im Allgemeinen als gleichwertig und zulässig angesehen.

2. Zerschlagung von Bindungen zu Mitbewerbern

58. Veräußerungsverpflichtungen können auch dazu dienen, Bindungen zwischen den beteiligten Unternehmen und Mitbewerbern zu zerschlagen, wenn diese Bindungen zu den durch den Zusammenschluss aufgeworfenen wettbewerbsrechtlichen Bedenken beigetragen haben. Zur Lösung der strukturellen Bindung zu einem wichtigen Mitbewerber kann es notwendig sein, die Minderheitsbeteiligung an einem Gemeinschaftsunternehmen[58] oder die Minderheitsbeteiligung an einem Mitbewerber[59] zu veräußern.

---

[56] Diese Vereinbarungen sind in der Regel von der endgültigen Entscheidung der Kommission zur Genehmigung der betreffenden Abhilfemaßnahme abhängig.

[57] Siehe Entscheidung in der Sache COMP/M.3916 – T-Mobile Austria/tele.ring vom April 2006, in der bestimmte Standorte und Frequenzen für den Mobilfunk, die kein lebensfähiges Geschäft darstellten, nur an einen Wettbewerber veräußert werden konnten, der voraussichtlich eine ähnliche Rolle auf dem Markt spielen würde wie tele.ring; Entscheidung in der Sache COMP/M.4000 – Inco/Falconbridge vom 4. Juli 2006, in der das Nickelverarbeitungsgeschäft nur an einen Wettbewerber veräußert werden konnte, der vertikal in die Lieferung von Nickelerzeugnissen integriert war; Entscheidung in der Sache COMP/M.4187 – Metso/Aker Kvaerner vom 12. Dezember 2006, in der nur ein einziger Erwerber für den Erwerb der zu veräußernden Geschäfte geeignet war, da nur er über das notwendige Know-how und die notwendige Präsenz auf benachbarten Märkten verfügte; Entscheidung in der Sache COMP/M.3436 – Continental/Phoenix vom 26. Oktober 2004, in der nur der an dem Vertriebsgemeinschaftsunternehmen beteiligte Partner in der Lage war, das zu veräußernde Geschäft lebensfähig zu machen; Entscheidung in der Sache COMP/M.3136 – GE/Agfa vom 5. Dezember 2003.

[58] Entscheidung in der Sache COMP/IV/M.942 – VEBA/Degussa vom 3. Dezember 1997.

[59] Entscheidung in der Sache COMP/M.3653 – Siemens/VA Tech vom 13. Juli 2005, Rdnrn. 491 und 493ff.

59. Obwohl die Veräußerung dieser Beteiligungen den Vorzug verdient, kann die Kommission ausnahmsweise den Verzicht auf die mit der Minderheitsbeteiligung an einem Mitbewerber verbundenen Rechte genehmigen, wenn angesichts der besonderen Umstände des Einzelfalls ausgeschlossen werden kann, dass die mit der Minderheitsbeteiligung an dem Mitbewerber erzielten finanziellen Gewinne für sich genommen Anlass für wettbewerbsrechtliche Bedenken sind[60]. In diesen Fällen müssen die beteiligten Unternehmen auf alle mit einer solchen Beteiligung verbundenen Rechte verzichten, die für das wettbewerbsrelevante Verhalten von Belang sind, wie Vertretung im Geschäftsführungsorgan, Vetorecht und auch Informationsrechte[61]. Die Kommission kann eine solche Lösung der Bindung zu einem wichtigen Mitbewerber nur genehmigen, wenn auf diese Rechte auf Dauer vollständig verzichtet wird[62].

60. Wenn sich die wettbewerbsrechtlichen Bedenken aus Vereinbarungen mit Unternehmen ergeben, die die gleichen Waren liefern oder die gleichen Dienstleistungen erbringen, kommt als geeignete Abhilfemaßnahme die Kündigung der betreffenden Vereinbarung in Betracht, bei der es sich z. B. um eine Vertriebsvereinbarung mit Mitbewerbern[63] oder um ein Vereinbarung handeln kann, die zur Koordinierung des Geschäftsverhaltens[64] führt. Die Kündigung einer Vertriebsvereinbarung allein beseitigt die wettbewerbsrechtlichen Bedenken jedoch nur, wenn gewährleistet ist, dass die Waren eines Mitbewerbers auch in Zukunft vertrieben werden und wirksamen Wettbewerbsdruck auf die beteiligten Unternehmen ausüben.

3. Andere Abhilfemaßnahmen

61. Die Veräußerung eines Geschäfts und die Zerschlagung von Bindungen zu Mitbewerbern sind zwar die bevorzugten, aber nicht die einzigen Abhilfemaßnahmen zur Beseitigung wettbewerbsrechtlicher Bedenken. Die Veräußerung dient jedoch hinsichtlich Wirksamkeit und Effizienz als Benchmark für andere Abhilfemaßnahmen. Die Kommission kann daher andere Arten von Verpflichtungen genehmigen, aber nur, wenn die vorgeschlagene andere Abhilfemaßnahme in ihrer Wirkung einer Veräußerung zumindest gleichwertig ist[65].

Zugangserleichterungen

62. In einer Reihe von Fällen hat die Kommission Abhilfemaßnahmen genehmigt, in denen der Zugang zu wichtiger Infrastruktur, Netzen, Schlüsseltechnologie (einschließlich Patenten, Know-how und sonstigen Rechten an geistigem Eigentum) sowie Vorleistungen von wesentlicher Bedeutung vorgesehen war. In der Regel ge-

---

[60] Siehe Entscheidung in der Sache COMP/M.3653 – Siemens/VA Tech vom 13. Juli 2005, Rdnrn. 327ff., in der Auswirkungen der Minderheitsbeteiligung in finanzieller Hinsicht ausgeschlossen werden konnten, da eine Verkaufsoption für diese Beteiligung bereits ausgeübt worden war.

[61] Entscheidung in der Sache COMP/M.4153 – Toshiba/Westinghouse vom 19. September 2006.

[62] Siehe Entscheidung in der Sache COMP/M.3440 – ENI/EDP/GDP vom 9. Dezember 2004, Rdnrn. 648f. und 672.

[63] Siehe zur Kündigung von Vertriebsvereinbarungen Entscheidung in der Sache COMP/M.3779 – Pernod Ricard/Allied Domecq vom 24. Juni 2005; Entscheidung in der Sache COMP/M.3658 – Orkla/Chips vom 3. März 2005.

[64] Siehe insbesondere zum Seeverkehrssektor Entscheidung in der Sache COMP/M.3829 – Maersk/PONL vom 29. Juli 2005 und Entscheidung in der Sache COMP/M.3863 – TUI/CP Ships vom 12. Oktober 2005. In diesen Fällen verpflichteten sich die beteiligten Unternehmen, aus bestimmten Linienkonferenzen und Konsortien auszutreten.

[65] Entscheidung in der Sache COMP/M.3680 – Alcatel/Finmeccanica/Alcatel Alenia Space & Telespazio vom 28. April 2005, in der eine Veräußerung nicht möglich war.

währen die beteiligten Unternehmen Dritten diesen Zugang zu diskriminierungsfreien und transparenten Bedingungen.

63. Verpflichtungen zur Gewährung des Zugangs zu Infrastruktur und Netzen können angeboten werden, um Mitbewerbern den Markteintritt zu erleichtern. Sie können von der Kommission genehmigt werden, wenn hinreichend klar ist, dass tatsächlich neue Wettbewerber in den Markt eintreten und dadurch die erhebliche Behinderung wirksamen Wettbewerbs beseitigt wird[66]. Andere Beispiele für Zugangserleichterungen sind Verpflichtungen, durch die der Zugang zu Pay-TV-Plattformen[67] und zu Energie im Wege von Gasfreigabeprogrammen[68] gewährt wird. Oft wird eine ausreichende Senkung der Marktzutrittsschranken nicht durch Einzelmaßnahmen erreicht, sondern durch ein Paket, das eine Kombination von Veräußerungen und Verpflichtungen hinsichtlich des Marktzugangs umfasst, oder durch ein Verpflichtungspaket, mit dem Mitbewerbern der Markteintritt durch eine ganze Reihe unterschiedlicher Maßnahmen allgemein erleichtert werden soll. Wenn aufgrund dieser Verpflichtungen der rechtzeitige Markteintritt einer ausreichenden Zahl neuer Wettbewerber wirklich wahrscheinlich ist, kann davon ausgegangen werden, dass sie ähnliche Auswirkungen auf den Wettbewerb auf dem Markt haben wie eine Veräußerung. Kann dagegen nicht festgestellt werden, dass infolge der durch die vorgeschlagenen Verpflichtungen bewirkten Senkung der Marktzutrittsschranken der Eintritt neuer Wettbewerber in den Markt wahrscheinlich ist, so lehnt die Kommission das Verpflichtungspaket ab[69].

64. Auch Verpflichtungen zur Gewährung diskriminierungsfreien Zugangs zu Infrastruktur oder Netzen der an dem Zusammenschluss beteiligten Unternehmen können angeboten werden, um zu gewährleisten, dass der Wettbewerb nicht infolge der Abschottung des Marktes erheblich beeinträchtigt wird. In den bisherigen Entscheidungen der Kommission gab es Verpflichtungen zur Gewährung des Zugangs zu Rohrleitungen[70] und zu Telekommunikationsnetzen und ähnlichen Netzen[71].

---

[66] Siehe Urteil des GeI in der Rechtssache T-177/04, easyJet gegen Kommission, Slg. 2006, II1931, Rdnrn. 197ff.

[67] Siehe Entscheidung in der Sache COMP/M.2876 – Newscorp/Telepiù vom 2. April 2003, Rdnrn. 225ff., in der das Verpflichtungspaket den Zugang der Mitbewerber zu allen wesentlichen Bestandteilen eines Pay-TV-Netzes umfasste: 1) Zugang zum notwendigen Inhalt, 2) Zugang zur technischen Plattform und 3) Zugang zu den notwendigen technischen Diensten. Ebenso genehmigte die Kommission in der Entscheidung in der Sache COMP/JV.37 – BskyB/Kirch PayTV vom 21. März 2000, bestätigt durch das Urteil des GeI in der Rechtssache T-158/00, ARD gegen Kommission, Slg. 2003, II-3825, ein Verpflichtungspaket, das anderen Betreibern den umfassenden Zugang zum Pay-TV-Markt ermöglichte.

[68] Siehe Entscheidung in der Sache COMP/M.3696 – E.ON/MOL vom 21. Dezember 2005; Entscheidung in der Sache COMP/M.3868 –DONG/Elsam/EnergiE2 vom 14. März 2006.

[69] Bei Zusammenschlüssen im Luftfahrtbereich reicht die bloße Senkung der Marktzutrittsschranken durch eine Verpflichtung der beteiligten Unternehmen, Zeitnischen auf bestimmten Flughäfen anzubieten, möglicherweise nicht immer aus, um den Markteintritt neuer Wettbewerber auf den Strecken, auf denen Wettbewerbsprobleme bestehen, zu gewährleisten und um die Abhilfemaßnahme in ihrer Wirkung einer Veräußerung gleichwertig zu machen.

[70] Entscheidung in der Sache COMP/M.2533 – BP/E.ON vom 20. Dezember 2001, Zugang zu Rohrleitungen zusätzlich zur Veräußerung von Anteilen an einer Rohrleitungsgesellschaft; Entscheidung in der Sache COMP/M.2389 – Shell/DEA vom 20. Dezember 2001, Zugang zu einem Import-Terminal für Ethylen.

[71] Zum Zugang zu Telekommunikationsnetzen siehe Entscheidung in der Sache COMP/M.2803 – Telia/Sonera vom 10. Juli 2002; Entscheidung in der Sache COMP/IV/M.1439 – Telia/Telenor vom 13. Oktober 1999; Entscheidung in der Sache COMP/M.1795 – Vodafone/Mannesmann vom 12. April 2000. Siehe auch Entscheidung in der Sache COMP/

Die Kommission nimmt solche Verpflichtungsangebote nur an, wenn festgestellt werden kann, dass die Verpflichtungen wirksam sind und dass die Mitbewerber sie voraussichtlich nutzen werden, so dass Bedenken hinsichtlich einer Abschottung des Marktes beseitigt werden. In bestimmten Fällen kann es zweckmäßig sein, eine solche Verpflichtung mit einer *Up-front-buyer-* oder einer *Fix-it-first*-Lösung zu verbinden, damit die Kommission mit dem erforderlichen Grad an Sicherheit davon ausgehen kann, dass die Verpflichtung umgesetzt wird[72].

65. Die Kontrolle über Schlüsseltechnologie oder Rechte an geistigem Eigentum kann ebenfalls Anlass zu Bedenken hinsichtlich des Ausschlusses von Mitbewerbern geben, die von der Technologie oder den Rechten als wichtige Vorleistung für Tätigkeiten auf einem nachgelagerten Markt abhängig sind. Dies ist zum Beispiel der Fall, wenn Wettbewerbsprobleme auftreten, weil die beteiligten Unternehmen Informationen zurückhalten, die für die Kompatibilität unterschiedlicher Ausrüstung erforderlich sind. Unter diesen Umständen kann die Verpflichtung, Mitbewerbern Zugang zu den erforderlichen Informationen zu gewähren, die Wettbewerbsbedenken beseitigen[73]. In Sektoren, in denen die Marktteilnehmer in der Regel zusammenarbeiten müssen, indem sie einander Patentlizenzen erteilen, können Bedenken, dass das aus dem Zusammenschluss hervorgegangene Unternehmen kein Interesse mehr daran haben könnte, im gleichen Umfang und zu den gleichen Bedingungen wie bisher Lizenzen zu erteilen, durch die Verpflichtung beseitigt werden, Lizenzen auch in Zukunft auf derselben Grundlage zu erteilen[74]. In diesen Fällen sollten die Verpflichtungen vorsehen, dass nichtausschließliche Lizenzen erteilt oder die Informationen auf nichtausschließlicher Grundlage allen Dritten offengelegt werden, die in ihrer Tätigkeit von den Rechten an geistigem Eigentum oder den Informationen abhängig sind. Ferner muss gewährleistet sein, dass die Bedingungen, zu denen die Lizenzen erteilt werden, nicht die wirksame Umsetzung der Lizenz-Abhilfemaßnahme behindern. Wenn es auf dem betreffenden Markt keine eindeutig bestimmten Bedingungen für die Lizenzerteilung gibt, sollten die Bedingungen, einschließlich der Preisgestaltung, klar aus den Verpflichtungen ersichtlich sein (z. B. in Form von Preisformeln). Eine Alternativlösung könnten gebührenfreie Lizenzen sein. Allerdings erhalten die Lizenzgeber durch die Erteilung von Lizenzen je nach Fall möglicherweise auch sensible Informationen über das Wettbewerbsverhalten der Lizenznehmer, die als Wettbewerber auf dem nachgelagerten Markt tätig sind, z. B. indem sie Kenntnis von der Zahl der auf dem nachgelagerten Markt genutzten Lizenzen erhalten. Wenn die Abhilfemaßnahme in diesen Fällen geeignet sein soll, muss durch die Verpflichtungen ausgeschlossen sein, dass derartige Probleme im Zusammenhang mit der Vertraulichkeit auftreten. Wie unter Rdnr. 64 dargelegt, nimmt die Kommission solche Verpflichtungsangebote im Allgemeinen nur an, wenn festgestellt werden kann, dass die Verpflichtungen wirksam sind und dass die Mitbewerber sie voraussichtlich nutzen werden.

66. Verpflichtungen hinsichtlich des Marktzugangs sind oft komplex und legen die Bedingungen, zu denen der Zugang gewährt wird, notwendigerweise in allgemeiner Form fest. Wenn diese Verpflichtungen wirksam sein sollen, müssen sie die für die

---

M.2903 – DaimlerChrysler/Deutsche Telekom/JV vom 30. April 2003, in der die Kommission ein Verpflichtungspaket mit dem Ziel genehmigte, Dritten Zugang zu einem Telematiknetz zu gewähren und die Marktzutrittsschranken zu senken, indem ihnen gestattet wurde, Teile eines für die Mauterhebung bestimmten Telematikgeräts zu nutzen, das von den beteiligten Unternehmen bereitgestellt wurde.

[72] Siehe das „Qualitätsmoratorium" in der Entscheidung in der Sache COMP/M.2903 – DaimlerChrysler/Deutsche Telekom/JV vom 30. April 2003, Rdnr. 76.

[73] Entscheidung in der Sache COMP/M.3083 – GE/Instrumentarium vom 2. September 2003; Entscheidung in der Sache COMP/M.2861 – Siemens/Drägerwerk vom 30. April 2003.

[74] Siehe Entscheidung in der Sache COMP/M.3998 – Axalto/Gemplus vom 19. Mai 2006.

Kontrolle erforderlichen Verfahrensregeln, z. B. die Pflicht zur getrennten Buchführung für die Infrastruktur (damit eine Kostenprüfung möglich ist)[75] und geeignete Kontrollmaßnahmen enthalten. In der Regel ist die Kontrolle von den Marktteilnehmern selbst vorzunehmen, z. B. von den Unternehmen, die die Verpflichtungen nutzen wollen. Eine Maßnahme, die Dritten selbst die Durchsetzung der Verpflichtungen ermöglicht, ist insbesondere der Zugang zu einer schnellen Streitbeilegung, entweder über Schiedsverfahren (zusammen mit Treuhändern)[76] oder, sofern für die betreffenden Märkte vorhanden, über Schiedsverfahren unter Beteiligung der einzelstaatlichen Regulierungsbehörden[77]. Wenn die Kommission davon ausgehen kann, dass die in den Verpflichtungen vorgesehenen Mechanismen es den Marktteilnehmern selbst ermöglichen, die Verpflichtungen in einem angemessenen Zeitraum wirksam durchzusetzen, ist eine ständige Kontrolle durch die Kommission nicht notwendig. In diesen Fällen ist ein Eingreifen der Kommission nur erforderlich, wenn die beteiligten Unternehmen die im Streitbeilegungsverfahren gefundene Lösung nicht anwenden.[78] Die Kommission kann solche Verpflichtungen jedoch nur genehmigen, wenn nicht die Gefahr besteht, dass ihre Wirksamkeit von Anfang an durch ihre Komplexität beeinträchtigt wird, und wenn die vorgeschlagenen Kontrollmaßnahmen gewährleisten, dass die Verpflichtungen wirksam umgesetzt werden und der Durchsetzungsmechanismus in einem angemessenen Zeitraum zu Ergebnissen führt[79].

Änderung langfristiger Ausschließlichkeitsvereinbarungen

67. Veränderungen in der Marktstruktur infolge eines geplanten Zusammenschlusses können dazu führen, dass bestehende vertragliche Vereinbarungen wirksamem Wettbewerb im Wege stehen. Dies gilt vor allem für langfristige Liefervereinbarungen, wenn diese Vereinbarungen Mitbewerber entweder auf vorgelagerten Märkten von Vorleistungen oder auf nachgelagerten Märkten vom Zugang zu Kunden ausschließen. Wenn das aus dem Zusammenschluss hervorgegangene Unternehmen über die Fähigkeit und das Interesse verfügt, Mitbewerber in dieser Weise auszuschließen, kann die Abschottungswirkung bestehender Ausschließlichkeitsvereinbarungen dazu beitragen, wirksamen Wettbewerb erheblich zu behindern[80].

68. Unter diesen Umständen kann die Kündigung oder Änderung bestehender Ausschließlichkeitsvereinbarungen als geeignet angesehen werden, die wettbewerbsrechtlichen Bedenken zu beseitigen[81]. Die Kommission muss jedoch anhand der ver-

---

[75] Siehe z. B. Entscheidung in der Sache COMP/M.2803 – Telia/Sonera vom 10. Juli 2002; Entscheidung in der Sache COMP/M.2903 – DaimlerChrysler/Deutsche Telekom/JV vom 30. April 2003.

[76] Zur Wirkung von Schiedsklauseln siehe Urteil des GeI in der Rechtssache T-158/00, ARD gegen Kommission, Slg. 2003, II-3825, Rdnrn. 212, 295 und 352; Urteil des GeI in der Rechtssache T-177/04, easyJet gegen Kommission, Slg. 2006, II-1931, Rdnr. 186.

[77] Siehe Sache COMP/M.2876 – Newscorp/Telepiù; Sache COMP/M.3916 – T-Mobile Austria/tele.ring.

[78] Urteil des GeI in der Rechtssache T-158/00, ARD gegen Kommission, Slg. 2003, II-3825, Rdnrn. 212, 295 und 352.

[79] Siehe Urteil des GeI in der Rechtssache T-87/05, EDP gegen Kommission, Slg. 2005, II-3745, Rdnrn. 102ff., und Urteil des GeI in der Rechtssache T-177/04, easyJet gegen Kommission, Slg. 2006, II-1931, Rdnr. 188.

[80] Siehe Mitteilung der Kommission über nichthorizontale Zusammenschlüsse (...); Entscheidung in der Sache COMP/IV/M.986 – AGFA Gevaert/DuPont vom 11. Februar 1998.

[81] Entscheidung in der Sache COMP/M.2876 – Newscorp/Telepiù vom 2. April 2003, Rdnrn. 225ff., in der Anbietern von Fernsehinhalten ein einseitiges Kündigungsrecht gewährt, der Geltungsbereich von Ausschließlichkeitsklauseln einschränkt und die Laufzeit künftiger Ausschließlichkeitsvereinbarungen über die Bereitstellung von Inhalten begrenzt wurde; Ent-

fügbaren Beweismittel eindeutig feststellen können, dass die Ausschließlichkeit nicht de facto aufrechterhalten wird. Ferner reicht eine Änderung langfristiger Vereinbarungen in der Regel nur als Teil eines Paktes von Abhilfemaßnahmen aus, um die wettbewerbsrechtlichen Bedenken zu beseitigen.

Andere Abhilfemaßnahmen ohne Veräußerung eines Geschäfts

69. Wie unter Rdnr. 17 dargelegt, beseitigen nichtstrukturelle Arten von Abhilfemaßnahmen wie die Zusage der beteiligten Unternehmen, auf ein bestimmtes Geschäftsverhalten (z. B. den Verkauf von Produkten als Paket) zu verzichten, im Allgemeinen nicht die wettbewerbsrechtlichen Bedenken, die auf horizontalen Überschneidungen beruhen. Bei einer solchen Abhilfemaßnahme den erforderlichen Grad an Wirksamkeit zu erreichen, kann – wie bereits unter den Rdnrn. 13f. dargelegt – wegen des Fehlens einer wirksamen Kontrolle ihrer Umsetzung schwierig sein[82]. Es kann für die Kommission sogar unmöglich sein zu prüfen, ob der Verpflichtung nachgekommen wird, und auch andere Marktteilnehmer, z. B. Mitbewerber, können möglicherweise nicht oder nicht mit dem erforderlichen Grad an Sicherheit feststellen, ob die beteiligten Unternehmen die Bedingungen der Verpflichtung in der Praxis erfüllen. Außerdem besteht auch für die Mitbewerber kein Anreiz, die Kommission zu informieren, da sie keinen unmittelbaren Vorteil von den Verpflichtungen haben. Daher kann die Kommission andere Arten von Abhilfemaßnahmen, die nicht die Veräußerung eines Geschäfts zum Gegenstand haben, z. B. Verhaltenszusagen, nur ausnahmsweise unter besonderen Umständen prüfen, beispielsweise bei wettbewerbsrechtlichen Bedenken hinsichtlich Konglomeratsstrukturen[83].

Zeitliche Begrenzung von Abhilfemaßnahmen ohne Veräußerung eines Geschäfts

70. Die Kommission kann Abhilfemaßnahmen ohne Veräußerung eines Geschäfts genehmigen, deren Laufzeit begrenzt ist. Die Zulässigkeit einer zeitlichen Begrenzung und die Laufzeit der Maßnahme hängen von den besonderen Umständen des Einzelfalls ab und können in dieser Mitteilung nicht in allgemeiner Form festgelegt werden.

4. Überprüfungsklausel

71. Unabhängig von der Art der Abhilfemaßnahme enthalten Verpflichtungen in der Regel eine Überprüfungsklausel[84]. Die Kommission hat dadurch die Möglichkeit, auf hinreichend begründeten Antrag der beteiligten Unternehmen Fristen zu verlängern oder in Ausnahmefällen auf die Verpflichtungen zu verzichten, sie zu ändern oder sie zu ersetzen.

72. Die Änderung von Verpflichtungen durch Verlängerung der Fristen ist insbesondere für Veräußerungsverpflichtungen von Bedeutung. Die beteiligten Unternehmen müssen den Antrag auf Verlängerung innerhalb der betreffenden Frist stellen.

---

scheidung in der Sache COMP/M.2822 – ENI/EnBW/GVS vom 17. Dezember 2002, in der allen Gaseinzelhändlern das Recht auf vorzeitige Kündigung langfristiger Gaslieferverträge gewährt wurde; Entscheidung in der Sache COMP/IV/M.1571 – New Holland vom 28. Oktober 1999; Entscheidung in der Sache COMP/IV/M.1467 – Rohm and Haas/Morton vom 19. April 1999.

82 Siehe als Beispiel für solche Abhilfemaßnahmen Entscheidung in der Sache COMP/M.3440 – ENI/EDP/GDP vom 9. Dezember 2004, Rdnrn. 663 und 719.

83 Zu den konglomeraten Effekten eines Zusammenschlusses siehe Urteil des EuGH vom 15. Februar 2005 in der Rechtssache C-12/03 P, Kommission gegen Tetra Laval, Slg. 2005, I-987, Rdnrn. 85 und 89.

84 Von besonderer Bedeutung ist die Überprüfungsklausel jedoch für Zugangserleichterungen, die systematisch eine solche Klausel enthalten sollten; siehe unten Rdnr. 74.

Beantragen die beteiligten Unternehmen eine Verlängerung der ersten Veräußerungsfrist, so erkennt die Kommission die Begründung nur dann als hinreichend an, wenn die beteiligten Unternehmen die Frist aus Gründen nicht einhalten konnten, die sie nicht zu vertreten haben, und wenn zu erwarten ist, dass es den beteiligten Unternehmen später gelingen wird, das Geschäft kurzfristig zu veräußern. Anderenfalls ist möglicherweise ein Veräußerungstreuhänder besser in der Lage, die Veräußerung vorzunehmen und die Verpflichtungen für die beteiligten Unternehmen zu erfüllen.

73. Nur in Ausnahmefällen kann die Kommission auf eine Verpflichtung verzichten oder ihre Änderung oder Ersetzung genehmigen. Bei Veräußerungsverpflichtungen wird dies nur sehr selten der Fall sein. Da Veräußerungsverpflichtungen innerhalb einer kurzen Frist nach Erlass der Entscheidung umzusetzen sind, ist es sehr unwahrscheinlich, dass sich die Marktsituation in diesem kurzen Zeitraum ändert, und die Kommission genehmigt in der Regel keine Änderungen aufgrund der allgemeinen Überprüfungsklausel. Für besondere Fälle enthalten die Verpflichtungen in der Regel spezielle Überprüfungsklauseln[85].

74. Der Verzicht auf eine Verpflichtung oder ihre Änderung oder Ersetzung ist eher für Verpflichtungen ohne Veräußerung eines Geschäfts wie Zugangserleichterungen von Bedeutung, die mitunter eine Laufzeit von mehreren Jahren haben und für die zum Zeitpunkt des Erlasses der Entscheidung der Kommission nicht alle Entwicklungen vorhergesehen werden können. Das Vorliegen außergewöhnlicher Umstände, die einen Verzicht, eine Änderung oder eine Ersetzung rechtfertigen, kann erstens anerkannt werden, wenn die beteiligten Unternehmen nachweisen, dass sich die Marktsituation auf Dauer erheblich geändert hat. Für diesen Nachweis muss zwischen dem Erlass der Entscheidung der Kommission und dem Antrag der beteiligten Unternehmen eine hinreichend lange Zeitspanne liegen, in der Regel mindestens mehrere Jahre. Außergewöhnliche Umstände können zweitens vorliegen, wenn die beteiligten Unternehmen nachweisen können, dass die bei der Anwendung der Abhilfemaßnahme gesammelten Erfahrungen zeigen, dass das mit der Abhilfemaßnahme verfolgte Ziel besser verwirklicht wird, wenn die Modalitäten der Verpflichtung geändert werden. Wenn es darum geht, auf Verpflichtungen zu verzichten oder sie zu ändern oder zu ersetzen, berücksichtigt die Kommission auch die Stellungnahmen Dritter und die Auswirkungen der Änderung auf die Stellung Dritter und damit auf die Wirksamkeit der Abhilfemaßnahme insgesamt. Dabei prüft die Kommission auch, ob die Änderung die Rechte beeinträchtigt, die Dritte nach Umsetzung der Abhilfemaßnahme bereits erworben haben[86].

75. Kann die Kommission zum Zeitpunkt des Erlasses der Entscheidung aus bestimmten Gründen nicht alle Entwicklungen hinsichtlich der Umsetzung der Verpflichtungen vorhersehen, so kann es zweckmäßig sein, dass die beteiligten Unternehmen in die Verpflichtungen eine Klausel aufnehmen, die es der Kommission ermöglicht, eine begrenzte Änderung der Verpflichtungen zu veranlassen. Eine solche Änderung kann erforderlich sein, wenn die ursprünglichen Verpflichtungen nicht zu den in den Verpflichtungen festgelegten erwarteten Ergebnissen führen und daher die wettbewerbsrechtlichen Bedenken nicht wirksam beseitigen. Verfahrenstechnisch können die beteiligten Unternehmen in diesen Fällen gezwungen sein, eine Ände-

[85] Wie unter Rdnr. 30 erwähnt, kann die Kommission einen Erwerber auch ohne bestimmte Vermögenswerte oder Mitarbeiter genehmigen, wenn dies die Lebens- und Wettbewerbsfähigkeit des zu veräußernden Geschäfts nicht beeinträchtigt. Und die unter Rdnr. 43 erläuterte Nichtrückerwerbsklausel verbietet die Wiedererlangung der Kontrolle über die veräußerten Vermögenswerte nur, wenn nicht die Kommission zuvor festgestellt hat, dass sich die Struktur des Marktes so verändert hat, dass die Veräußerung nicht mehr notwendig ist.

[86] Siehe die Beispiele im Urteil des GeI in der Rechtssache T-119/02, Royal Philips Electronics gegen Kommission, Slg. 2003, II-1433, Rdnr. 184.

rung der Verpflichtungen zu beantragen, um das in den Verpflichtungen festgelegte Ergebnis zu erzielen, oder die Kommission kann zu diesem Zweck die Bedingungen und Auflagen nach Anhörung der beteiligten Unternehmen von sich aus ändern. Diese Art von Klausel wird typischerweise nur verwendet, wenn besondere Modalitäten die wirksame Umsetzung der Verpflichtungen gefährden könnten. Solche Klauseln sind zum Beispiel wegen der Modalitäten von Gasfreigabeprogrammen in Anspruch genommen worden[87].

76. Die Kommission kann auf Antrag eine förmliche Entscheidung zum Verzicht auf eine Verpflichtung oder zu ihrer Änderung oder Ersetzung erlassen oder einfach eine zufriedenstellende Änderung der Abhilfemaßnahme durch die beteiligten Unternehmen zur Kenntnis nehmen, wenn diese Änderung die Wirksamkeit der Abhilfemaßnahme erhöht und für die beteiligten Unternehmen rechtlich bindend ist, z. B. in Form einer vertraglichen Vereinbarung. Die Änderung einer Verpflichtung gilt in der Regel ex nunc. Eine Zuwiderhandlung gegen die Verpflichtung, die vor dem Zeitpunkt der Änderung begangen wurden, wird daher nicht rückwirkend geheilt. Die Kommission kann die Zuwiderhandlung deshalb weiter nach den Artikeln 14 und 15 der Fusionskontrollverordnung verfolgen.

IV. Verfahren für Verpflichtungsangebote

1. Phase I

77. Nach Artikel 6 Absatz 2 der Fusionskontrollverordnung kann die Kommission einen Zusammenschluss auch vor Einleitung eines Verfahrens für mit dem Gemeinsamen Markt vereinbar erklären, wenn sie davon überzeugt ist, dass der angemeldete Zusammenschluss nach Änderungen keinen Anlass mehr zu ernsthaften Bedenken im Sinne des Absatzes 1 Buchstabe c gibt.

78. Die beteiligten Unternehmen können der Kommission informell Verpflichtungen vorschlagen, sogar bereits vor der Anmeldung. Die beteiligten Unternehmen müssen die Verpflichtungsangebote innerhalb von 20 Arbeitstagen nach Eingang der Anmeldung übermitteln[88]. Die Kommission teilt den beteiligten Unternehmen ihre ernsthaften Zweifel rechtzeitig vor Ablauf dieser Frist mit[89]. Wenn die beteiligten Unternehmen Verpflichtungen anbieten, verlängert sich die Frist für die Entscheidung der Kommission nach Artikel 6 Absatz 1 der Fusionskontrollverordnung von 25 auf 35 Arbeitstage[90].

79. Verpflichtungsangebote, die die Grundlage für eine Entscheidung nach Artikel 6 Absatz 2 bilden sollen, müssen die folgenden Voraussetzungen erfüllen:

a) sie enthalten die vollständigen materiellen und verfahrenstechnischen Verpflichtungen, die die beteiligten Unternehmen eingehen;
b) sie sind von einer hierzu ordnungsgemäß bevollmächtigten Person unterzeichnet;
c) ihnen sind (wie unter Rdnr. 7 erläutert) die in der Durchführungsverordnung vorgesehenen Informationen über die angebotenen Verpflichtungen beigefügt; und
d) ihnen ist eine nicht vertrauliche Fassung der Verpflichtungen beigefügt[91], damit sie einem Markttest mit Dritten unterzogen werden können. Die nicht vertrauliche

---

[87] Siehe Entscheidung in der Sache COMP/M.3868 – DONG/Elsam/Energi E2 vom 14. März 2006, Anhang Rdnr. 24.

[88] Artikel 19 Absatz 1 der Durchführungsverordnung.

[89] In diesen Fällen wird den Anmeldern in der Regel angeboten, an einer Zusammenkunft zum Stand des Verfahrens teilzunehmen; siehe Nummer 33 der Leitlinien der GD WETTBEWERB über bewährte Praktiken bei EG-Fusionskontrollverfahren.

[90] Artikel 10 Absatz 1 Unterabsatz 2 der Fusionskontrollverordnung.

[91] Artikel 20 Absatz 2 der Durchführungsverordnung.

Fassung der Verpflichtungen muss es Dritten ermöglichen, die Umsetzbarkeit und Wirksamkeit der zur Beseitigung der wettbewerbsrechtlichen Bedenken vorgeschlagenen Abhilfemaßnahmen umfassend zu beurteilen.

80. Die von den beteiligten Unternehmen vorgelegten Vorschläge, die diese Voraussetzungen erfüllen, werden von der Kommission geprüft. Die Kommission hört zu den vorgeschlagenen Verpflichtungen die Behörden der Mitgliedstaaten und gegebenenfalls, in Form eines Markttests, auch Dritte, insbesondere die Dritten und die anerkannten Vertreter[92] der Arbeitnehmer, deren Stellung von den vorgeschlagenen Abhilfemaßnahmen unmittelbar betroffen ist. In Märkten mit einzelstaatlichen Regulierungsbehörden kann die Kommission gegebenenfalls auch die zuständigen einzelstaatlichen Regulierungsbehörden hören[93]. Wenn der geografisch relevante Markt größer ist als der Europäische Wirtschaftsraum („EWR") oder wenn der Tätigkeitsbereich des zu veräußernden Geschäfts aus Gründen der Lebensfähigkeit des Geschäfts größer ist als der EWR, kann die nicht vertrauliche Fassung der vorgeschlagenen Abhilfemaßnahmen zusätzlich im Rahmen der bilateralen Kooperationsabkommen der Gemeinschaft mit den betreffenden Ländern mit Wettbewerbsbehörden von außerhalb des EWR erörtert werden.

81. In Phase I können Verpflichtungsangebote nur angenommen werden, wenn das Wettbewerbsproblem klar umrissen ist und leicht gelöst werden kann[94]. Das Wettbewerbsproblem muss daher so einfach und die Abhilfemaßnahme so klar sein, dass die Einleitung einer eingehenden Untersuchung nicht erforderlich ist und die Verpflichtungen ausreichen, um „ernsthafte Bedenken" im Sinne des Artikels 6 Absatz 1 Buchstabe c der Fusionskontrollverordnung auszuräumen[95]. Bestätigt sich bei der Prüfung, dass die vorgeschlagenen Verpflichtungen die ernsthaften Bedenken auf dieser Grundlage beseitigen, so genehmigt die Kommission den Zusammenschluss in Phase I.

82. Wegen des Zeitdrucks in Phase I ist es besonders wichtig, dass die beteiligten Unternehmen der Kommission die in der Durchführungsverordnung verlangten Informationen rechtzeitig übermitteln, damit Inhalt und Umsetzbarkeit der Verpflichtungen und ihre Geeignetheit, wirksamen Wettbewerb im Gemeinsamen Markt auf Dauer aufrechtzuerhalten, ordnungsgemäß geprüft werden können. Erfüllen die beteiligten Unternehmen die Verpflichtung aus der Durchführungsverordnung nicht, so kann die Kommission möglicherweise nicht feststellen, dass die vorgeschlagenen Verpflichtungen die ernsthaften Bedenken beseitigen.

83. Ergibt die Prüfung, dass die angebotenen Verpflichtungen nicht ausreichen, um die durch den Zusammenschluss aufgeworfenen wettbewerbsrechtlichen Bedenken zu beseitigen, so wird dies den beteiligten Unternehmen mitgeteilt. Da mit Abhilfemaßnahmen in Phase I eine klare Antwort auf klar umrissene wettbewerbsrechtliche Bedenken gegeben werden sollen, kann nur eine begrenzte Änderung der angebotenen Verpflichtungen genehmigt werden. Eine solche Änderung, die als un-

---

[92] Vgl. Artikel 2 Absatz 1 Buchstabe c der Richtlinie 2001/23/EG des Rates vom 12. März 2001 zur Angleichung der Rechtsvorschriften der Mitgliedstaaten über die Wahrung von Ansprüchen der Arbeitnehmer beim Übergang von Unternehmen, Betrieben oder Unternehmens- oder Betriebsteilen (ABl. L 82 vom 22.3.2001, S. 16). Siehe auch Artikel 2 Absatz 1 Buchstabe g der Richtlinie 94/45/EG des Rates vom 22. September 1994 über die Einsetzung eines Europäischen Betriebsrats oder die Schaffung eines Verfahrens zur Unterrichtung und Anhörung der Arbeitnehmer in gemeinschaftsweit operierenden Unternehmen und Unternehmensgruppen (ABl. L 254 vom 30.9.1994, S. 64).

[93] Zur Rolle der einzelstaatlichen Regulierungsbehörden bei der Streitbeilegung siehe Rdnr. 66.

[94] Siehe Erwägungsgrund 30 der Fusionskontrollverordnung.

[95] Siehe Urteil des GeI in der Rechtssache T-119/02, Royal Philips Electronics gegen Kommission, Slg. 2003, II-1433, Rdnrn. 79ff.

mittelbare Reaktion auf das Ergebnis der Anhörung vorgeschlagen wird, kann in einer Klarstellung, einer Präzisierung bzw. einer sonstigen Verbesserung bestehen, mit der gewährleistet wird, dass die Verpflichtungen umsetzbar und wirksam sind. Eine solche Änderung kann jedoch nur genehmigt werden, wenn sichergestellt ist, dass die Kommission eine ordnungsgemäße Prüfung der betreffenden Verpflichtungen vornehmen kann[96].

84. Gelangt die Kommission in ihrer abschließenden Würdigung des Falles zu dem Ergebnis, dass auf einem Markt oder mehreren Märkte keine wettbewerbsrechtlichen Bedenken bestehen, so wird dies den beteiligten Unternehmen mitgeteilt; diese können dann die nicht erforderlichen Verpflichtungen für diese Märkte zurücknehmen. Wenn die beteiligten Unternehmen sie nicht zurücknehmen, werden sie bei der Entscheidung der Kommission in der Regel nicht berücksichtigt. In jedem Fall sind solche Verpflichtungsangebote nicht Voraussetzung für die Genehmigung.

85. Wenn den beteiligten Unternehmen mitgeteilt wird, dass die Kommission in ihrer endgültigen Entscheidung festzustellen beabsichtigt, dass der Zusammenschluss Anlass zu wettbewerbsrechtlichen Bedenken auf einem bestimmten Markt gibt, ist es Sache der beteiligten Unternehmen, Verpflichtungen vorzuschlagen. Die Kommission kann eine Genehmigungsentscheidung nicht einseitig mit Bedingungen verbinden, sondern nur auf der Grundlage von Verpflichtungen der beteiligten Unternehmen[97]. Die Kommission prüft jedoch, ob die von den beteiligten Unternehmen angebotenen Verpflichtungen dem Wettbewerbsproblem angemessen sind, wenn sie erwägt, sie als Bedingungen oder Auflagen mit ihrer endgültigen Entscheidung zu verbinden[98]. Es ist mit Nachdruck darauf hinzuweisen, dass in einem Verpflichtungsangebot alle Elemente, die die unter den Rdnrn. 9ff. aufgeführten Grundvoraussetzungen für zulässige Verpflichtungen erfüllen müssen, als notwendig angesehen werden. Diese und die vorige Randnummer gelten auch für Verpflichtungen in Phase II.

86. Kommt die Kommission zu dem Schluss, dass die von den beteiligten Unternehmen angebotenen Verpflichtungen die ernsthaften Bedenken nicht beseitigen, so erlässt sie eine Entscheidung nach Artikel 6 Absatz 1 Buchstabe c und leitet das Verfahren ein.

2. Phase II

87. Nach Artikel 8 Absatz 2 der Fusionskontrollverordnung muss die Kommission einen Zusammenschluss für mit dem Gemeinsamen Markt vereinbar erklären, wenn der angemeldete Zusammenschluss nach Änderungen wirksamen Wettbewerb nicht länger im Sinne des Artikels 2 Absatz 3 der Fusionskontrollverordnung erheblich behindert.

88. Die der Kommission nach Artikel 8 Absatz 2 angebotenen Verpflichtungen müssen der Kommission innerhalb von 65 Arbeitstagen nach Einleitung des Verfahrens vorgelegt werden. Ist die Frist für die endgültige Entscheidung nach Artikel 10 Absatz 3 der Fusionskontrollverordnung verlängert worden, so verlängert sich die Frist für Abhilfemaßnahmen automatisch um die gleiche Zahl von Arbeitstagen[99]. Nur in Ausnahmefällen kann die Kommission gestatten, dass Verpflichtungen erstmals nach Ablauf dieser Frist angeboten werden. Der Antrag der beteiligten Unternehmen auf Fristverlängerung muss innerhalb der Frist eingehen und die außerge-

---

[96] Siehe Erwägungsgrund 17 der Durchführungsverordnung und Urteil des GeI in der Rechtssache T-119/02, Royal Philips Electronics gegen Kommission, Slg. 2003, II-1433, Rdnrn. 237ff.

[97] Siehe oben Rdnr. 6.

[98] Siehe Urteil des EuGH vom 18. Dezember 2007 in der Rechtssache C-202/06 P, Cementbouw gegen Kommission, Slg. 2007, Rdnr. 54.

[99] Artikel 19 Absatz 2 Unterabsatz 2 der Durchführungsverordnung.

wöhnlichen Umstände darlegen, die nach Auffassung der beteiligten Unternehmen eine Verlängerung rechtfertigen. Eine Verlängerung ist nur möglich, wenn nicht nur außergewöhnliche Umstände vorliegen, sondern auch genügend Zeit für eine ordnungsgemäße Prüfung des Vorschlags durch die Kommission und eine angemessene Anhörung der Mitgliedstaaten und Dritter bleibt[100].

89. Ob die Vorlage von Abhilfemaßnahmen zur Verlängerung der Frist für die endgültige Entscheidung der Kommission führt, hängt vom Zeitpunkt im Verfahren ab, zu dem die Verpflichtungen angeboten werden. Wenn die beteiligten Unternehmen vor dem 55. Arbeitstag nach Einleitung des Verfahrens Verpflichtungen anbieten, muss die Kommission innerhalb von 90 Arbeitstagen nach Einleitung des Verfahrens eine endgültige Entscheidung erlassen[101]. Wenn die beteiligten Unternehmen am 55. Arbeitstag oder danach (sogar nach dem 65. Arbeitstag, wenn die Verpflichtungen wegen der unter Rdnr. 88 beschriebenen außergewöhnlichen Umstände zulässig sein sollten) Verpflichtungen anbieten, verlängert sich die Frist für die endgültige Entscheidung der Kommission nach Artikel 10 Absatz 3 Unterabsatz 2 auf 105 Arbeitstage. Auch wenn die beteiligten Unternehmen vor dem 55. Arbeitstag Verpflichtungen anbieten, aber am 55. Arbeitstag oder danach eine geänderte Fassung vorlegen, verlängert sich die Frist für die endgültige Entscheidung auf 105 Arbeitstage.

90. Die Kommission ist bereit, schon lange vor Ablauf der Frist von 65 Arbeitstagen über geeignete Verpflichtungen zu beraten. Die beteiligten Unternehmen sind aufgefordert, Entwürfe vorzulegen, in denen die materiellen und verfahrenstechnischen Regelungen behandelt werden, die notwendig sind, um zu gewährleisten, dass die Verpflichtungen voll und ganz umsetzbar sind. Wenn die beteiligten Unternehmen der Auffassung sind, dass sie für die Prüfung der wettbewerbsrechtlichen Bedenken und die Ausarbeitung geeigneter Verpflichtungen mehr Zeit benötigen, können sie der Kommission auch vorschlagen, die Frist nach Artikel 10 Absatz 3 Unterabsatz 1 zu verlängern. Ein solcher Antrag muss dann vor Ablauf der Frist von 65 Arbeitstagen gestellt werden. Denn die Kommission verlängert die Frist für den Erlass der endgültigen Entscheidung in der Regel nicht nach Artikel 10 Absatz 3 Unterabsatz 1, wenn der Verlängerungsantrag nach Ablauf der in der Durchführungsverordnung vorgesehenen Frist für die Vorlage von Abhilfemaßnahmen gestellt wird, also nach dem 65. Arbeitstag[102].

---

[100] Artikel 19 Absatz 2 Unterabsatz 3 der Durchführungsverordnung. Siehe Entscheidung in der Sache COMP/M.1439 – Telia/Telenor vom 13. Oktober 1999; Entscheidung in der Sache COMP/IV/M.754 – Anglo American Corporation/Lonrho vom 23. April 1997.

[101] Wenn die Frist für die endgültige Entscheidung nach Artikel 10 Absatz 3 Unterabsatz 2 der Fusionskontrollverordnung vor dem 55. Arbeitstag verlängert worden ist, verlängert sich auch diese Frist.

[102] Das Gericht erster Instanz hat bestätigt, dass die Kommission nach der Fusionskontrollverordnung und der Durchführungsverordnung nicht verpflichtet ist, Verpflichtungsangebote anzunehmen, die nach Ablauf der rechtsverbindlichen Frist vorgelegt werden (siehe Rdnr. 94), Rechtssache T-87/05, EDP gegen Kommission, Slg. 2005, II-3745, Rdnr. 161. Die Kommission muss daher keine Abhilfemaßnahmen prüfen, die von den beteiligten Unternehmen nach Ablauf der Frist für Abhilfemaßnahmen vorgelegt werden, selbst wenn die beteiligten Unternehmen sich auf eine Verlängerung der abschließenden Frist einigen sollten. Dies würde auch nicht dem in Erwägungsgrund 35 der Fusionskontrollverordnung erläuterten Zweck der Verlängerung nach Artikel 10 Absatz 3 entsprechen. Durch die Verlängerung nach Artikel 10 Absatz 3 Unterabsatz 1 soll genügend Zeit für die Prüfung der wettbewerbsrechtlichen Bedenken gewährt werden, während es Zweck der Verlängerung nach Artikel 10 Absatz 3 Unterabsatz 2 ist, genügend Zeit für die Analyse der Verpflichtungen und den Markttest zu gewähren.

91. Um die Voraussetzungen für eine Entscheidung nach Artikel 8 Absatz 2 zu erfüllen, müssen Verpflichtungsangebote die folgenden Voraussetzungen erfüllen:

a) sie behandeln alle wettbewerbsrechtlichen Bedenken, zu denen der Zusammenschluss Anlass gibt, und sie enthalten die vollständigen materiellen und verfahrenstechnischen Verpflichtungen, die die beteiligten Unternehmen eingehen;
b) sie sind von einer hierzu ordnungsgemäß bevollmächtigten Person unterzeichnet;
c) ihnen sind (wie unter Rdnr. 7 erläutert) die in der Durchführungsverordnung vorgesehenen Informationen über die angebotenen Verpflichtungen beigefügt; und
d) ihnen ist eine nicht vertrauliche Fassung der Verpflichtungen[103] beigefügt, die die unter Rdnr. 79 aufgeführten Voraussetzungen erfüllt, damit sie einem Markttest mit Dritten unterzogen werden können.

92. Die von den beteiligten Unternehmen vorgelegten Vorschläge, die diese Voraussetzungen erfüllen, werden von der Kommission geprüft. Bestätigt sich bei der Prüfung, dass die vorgeschlagenen Verpflichtungen die ernsthaften Bedenken (falls die Kommission noch keine Mitteilung der Beschwerdepunkte versandt hat) bzw. die in der Mitteilung der Beschwerdepunkte geäußerten wettbewerbsrechtlichen Bedenken beseitigen, so erlässt die Kommission nach der unter Rdnr. 80 beschriebenen Anhörung eine bedingte Genehmigungsentscheidung.

93. Stellt sich dagegen bei der Prüfung heraus, dass die vorgeschlagenen Verpflichtungen nicht ausreichen, um die durch den Zusammenschluss aufgeworfenen wettbewerbsrechtlichen Bedenken auszuräumen, so wird dies den beteiligten Unternehmen mitgeteilt[104].

94. Die Kommission ist nach der Fusionskontrollverordnung nicht verpflichtet, Verpflichtungsangebote anzunehmen, die nach Ablauf der rechtsverbindlichen Frist für Abhilfemaßnahmen vorgelegt werden, es sei denn, sie verpflichtet sich freiwillig, die Verpflichtungen unter besonderen Umständen zu prüfen[105]. Ändern die beteiligten Unternehmen die vorgeschlagenen Verpflichtungen nach Ablauf der Frist von 65 Arbeitstagen, so nimmt die Kommission die geänderten Verpflichtungsangebote daher nur an, wenn sie – auf der Grundlage ihrer Würdigung der im Laufe der Untersuchung erhaltenen Informationen, einschließlich der Ergebnisse früherer Markttests, und ohne dass es eines weiteren Markttests bedürfte – eindeutig feststellen kann, dass die festgestellten Wettbewerbsprobleme durch die Verpflichtungen, wenn sie umgesetzt sind, vollständig und ohne jeden Zweifel gelöst werden, und wenn genügend Zeit für eine ordnungsgemäße Prüfung durch die Kommission und eine angemessene Anhörung der Mitgliedstaaten bleibt[106, 107]. Geänderte Verpflichtungen, die diese

---

[103] Artikel 20 Absatz 2 der Durchführungsverordnung.

[104] Siehe Nummern 30ff. der Leitlinien der GD WETTBEWERB über bewährte Praktiken bei EG-Fusionskontrollverfahren, in denen im Laufe des Verfahrens mehrere Zusammenkünfte zum Stand des Verfahrens zwischen der Kommission und den beteiligten Unternehmen vorgesehen sind.

[105] Siehe Urteil des GeI in der Rechtssache T-87/05, EDP gegen Kommission, Slg. 2005, II-3745, Rdnrn. 161ff. Siehe auch Urteil des GeI in der Rechtssache T-290/94, Kaysersberg SA gegen Kommission, Slg. 1997, II-2137.

[106] Entscheidung in der Sache COMP/M.3440 – ENI/EDP/GDP vom 9. Dezember 2004, Rdnrn. 855f.; bestätigt durch das Urteil des GeI in der Rechtssache T-87/05, EDP gegen Kommission, Slg 2005, II- 3745, Rdnrn. 162ff.; Entscheidung in der Sache COMP/M.1628 – TotalFina/Elf vom 9. März 2000, Rdnr. 345.

[107] Für eine solche Anhörung ist in der Regel erforderlich, dass die Kommission den Mitgliedstaaten spätestens 10 Arbeitstage vor der Sitzung des Beratenden Ausschusses einen Entwurf der endgültigen Entscheidung übersenden kann, einschließlich einer Würdigung der geänderten Verpflichtungen. Diese Frist kann nur in Ausnahmefällen verkürzt werden (Artikel 19 Absatz 5 der Fusionskontrollverordnung).

Voraussetzungen nicht erfüllen, werden von der Kommission in der Regel abgelehnt[108].

V. Anforderungen an die Umsetzung von Verpflichtungen

95. Verpflichtungen werden angeboten, um eine Genehmigung zu erreichen, wobei ihre Umsetzung in der Regel nach der Entscheidung erfolgt. Daher sind Sicherheitsvorkehrungen erforderlich, um ihre wirksame und rechtzeitige Umsetzung zu gewährleisten. Die Durchführungsbestimmungen sind in der Regel Bestandteil der Verpflichtungen, die die beteiligten Unternehmen gegenüber der Kommission eingehen.

96. Im Folgenden werden ausführliche Leitlinien für die Umsetzung von Veräußerungsverpflichtungen gegeben, die die häufigsten Verpflichtungen sind. Anschließend werden einige Aspekte der Umsetzung anderer Arten von Verpflichtungen behandelt.

1. Verfahren für die Veräußerung

97. Die Veräußerung muss innerhalb einer zwischen den beteiligten Unternehmen und der Kommission vereinbarten Frist abgeschlossen sein. In der Praxis der Kommission wird die Gesamtfrist in eine Frist für den Abschluss einer endgültigen Vereinbarung und eine Frist für die Erfüllung des Rechtsgeschäfts, die förmliche Übertragung des Eigentums, unterteilt. Die Frist für den Abschluss einer verbindlichen Vereinbarung unterteilt sich in der Regel weiter in einen ersten Zeitraum, in dem die beteiligten Unternehmen einen geeigneten Erwerber suchen können („erste Veräußerungsfrist“), und, falls es den beteiligten Unternehmen nicht gelingt, das Geschäft zu veräußern, einen zweiten Zeitraum, in dem einem Veräußerungstreuhänder das Mandat erteilt wird, das Geschäft ohne Mindestpreis zu veräußern („Treuhänderveräußerungsfrist“).

98. Die Erfahrung der Kommission zeigt, dass kurze Veräußerungsfristen einen großen Anteil am Erfolg der Veräußerung haben, da das zu veräußernde Geschäft anderenfalls einem längeren Zeitraum der Unsicherheit ausgesetzt wird. Die Fristen sollten daher so kurz wie praktisch möglich sein. In der Regel setzt die Kommission für die erste Veräußerungsfrist etwa sechs Monate und für die Treuhänderveräußerungsfrist drei Monate an. Weitere drei Monate werden in der Regel für die Erfüllung des Rechtsgeschäfts veranschlagt. Diese Fristen können im Einzelfall geändert werden. Insbesondere müssen sie verkürzt werden, wenn das Risiko hoch ist, dass sich die Lebensfähigkeit des Geschäfts in der Übergangszeit verschlechtert.

99. Die Frist für die Veräußerung beginnt in der Regel an dem Tag, an dem die Kommission ihre Entscheidung erlässt. Eine Ausnahme könnte für ein öffentliches Übernahmeangebot gerechtfertigt sein, bei dem sich die beteiligten Unternehmen verpflichten, ein dem zu übernehmenden Unternehmen gehörendes Geschäft zu veräußern. Können die beteiligten Unternehmen die Veräußerung dieses Geschäfts unter diesen Umständen nicht vor dem Vollzug des angemeldeten Zusammenschlusses vorbereiten, so könnte die Kommission gestatten, dass die Fristen für diese Veräußerung erst zum Zeitpunkt der Erfüllung des angemeldeten Rechtsgeschäfts beginnen. Eine solche Lösung ist auch in Betracht zu ziehen, wenn die beteiligten Unternehmen keinen Einfluss darauf haben, an welchem Tag der Zusammenschluss

[108] Siehe Entscheidung in der Sache COMP/M.3440 – ENI/EDP/GDP vom 9. Dezember 2004, Rdnr. 912.

vollzogen wird, weil er z. B. einer staatlichen Genehmigung bedarf[109]. Andererseits kann es zweckmäßig sein, die Fristen zu verkürzen, um die Zeit der Unsicherheit für das zu veräußernde Geschäft zu verringern.

100. Dieses Verfahren gilt auch für *Up-front-buyer*-Lösungen, nicht jedoch für *Fix-it-first*-Lösungen. Im Allgemeinen wird eine bindende Vereinbarung mit einem Erwerber bereits während des Verfahrens geschlossen, so dass nach der Entscheidung nur noch eine Frist für die Erfüllung des Rechtsgeschäfts gesetzt werden muss. Ist vor der Entscheidung nur eine Rahmenvereinbarung mit dem Erwerber geschlossen worden, so sind die Fristen für den Abschluss der endgültigen Vereinbarung und die anschließende Erfüllung des Rechtsgeschäfts im Einzelfall zu bestimmen[110].

2. Genehmigung des Erwerbers und des Veräußerungsvertrags

101. Um die Wirksamkeit der Verpflichtung zu gewährleisten, muss der Verkauf an einen vorgeschlagenen Erwerber vorher von der Kommission genehmigt werden. Wenn sich die beteiligten Unternehmen (bzw. der Veräußerungstreuhänder) mit dem Erwerber auf eine endgültige Vereinbarung geeinigt haben, müssen sie der Kommission einen mit Gründen und Unterlagen versehenen Vorschlag vorlegen. Die beteiligten Unternehmen bzw. der Veräußerungstreuhänder müssen der Kommission nachweisen, dass der vorgeschlagene Erwerber die einschlägigen Anforderungen erfüllt und dass das Geschäft im Einklang mit der Entscheidung der Kommission und den Verpflichtungen veräußert wird. Ist es nach den Verpflichtungen möglich, für verschiedene Teile des Pakets verschiedene Erwerber vorzuschlagen, so prüft die Kommission, ob der einzelne vorgeschlagene Erwerber genehmigt werden kann und ob das Gesamtpaket die wettbewerbsrechtlichen Bedenken beseitigt.

102. Bei der Beurteilung eines vorgeschlagenen Erwerbers legt die Kommission die Anforderungen an den Erwerber unter Berücksichtigung des Zwecks der Verpflichtungen aus, unmittelbar wirksamen Wettbewerb auf dem Markt aufrechtzuerhalten, auf dem wettbewerbsrechtliche Bedenken bestehen, und unter Berücksichtigung der in der Entscheidung festgestellten Marktsituation[111]. Grundlage für die Beurteilung des Erwerbers durch die Kommission sind im Allgemeinen die Schriftsätze der beteiligten Unternehmen, die Beurteilung durch den Überwachungstreuhänder und vor allem die Gespräche mit dem vorgeschlagenen Erwerber und sein Geschäftsplan. Die Kommission prüft ferner, ob die von dem Erwerber zugrunde gelegten Annahmen angesichts der Marktsituation plausibel erscheinen.

103. Die Bestimmung, dass der Erwerber über die erforderlichen finanziellen Mittel verfügen muss, gilt insbesondere für die Finanzierung des Erwerbs durch den vorgeschlagenen Erwerber. Eine Finanzierung der Veräußerung durch den Veräußerer genehmigt die Kommission in der Regel nicht, vor allem dann nicht, wenn der Veräußerer dadurch künftig am Gewinn des veräußerten Geschäfts beteiligt wäre.

104. Zur Prüfung, ob der vorgeschlagene Erwerber Wettbewerbsprobleme zu verursachen droht, nimmt die Kommission unter Berücksichtigung der ihr im Verfahren zur Genehmigung des Erwerbers vorliegenden Informationen eine Prima-facie-Würdigung vor. Führt der Erwerb zu einem Zusammenschluss von gemeinschaftsweiter Bedeutung, so muss dieses neue Vorhaben nach der Fusionskontrollverordnung

---

[109] In diesem Fall sollten jedoch andere Bestimmungen der Verpflichtungen, insbesondere die Sicherheitsvorkehrungen für die Übergangszeit, ab Erlass der Entscheidung Anwendung finden.

[110] Siehe Entscheidung in der Sache COMP/M.3916 – T-Mobile Austria/tele.ring vom 20. April 2006.

[111] Siehe Urteil des GeI in der Rechtssache T-342/00, Petrolessence gegen Kommission, Slg. 2003, II-1161.

angemeldet und im normalen Verfahren genehmigt werden[112]. Ist dies nicht der Fall, so berührt die Genehmigung eines vorgeschlagenen Erwerbers durch die Kommission nicht die Zuständigkeit der einzelstaatlichen Behörden in Fusionskontrollsachen. Ferner ist von dem vorgeschlagenen Erwerber zu erwarten, dass er alle erforderlichen Genehmigungen der zuständigen Regulierungsbehörden einholt. Ist unter Berücksichtigung der der Kommission vorliegenden Informationen abzusehen, dass Schwierigkeiten bei der Einholung der fusionskontrollrechtlichen Genehmigung oder anderer Genehmigungen die rechtzeitige Umsetzung der Verpflichtung übermäßig verzögern könnten, so wird davon ausgegangen, dass der vorgeschlagene Erwerber die einschlägigen Anforderungen nicht erfüllt. Anderenfalls würden die wettbewerbsrechtlichen Bedenken der Kommission nicht innerhalb der festgesetzten Frist beseitigt.

105. Die Genehmigung der Kommission muss in der Regel nicht nur für den Erwerber gelten, sondern auch für den Veräußerungsvertrag und sonstige Vereinbarungen zwischen den beteiligten Unternehmen und dem vorgeschlagenen Erwerber, einschließlich Übergangsvereinbarungen. Die Kommission prüft, ob die Veräußerung nach den Vereinbarungen den Verpflichtungen entspricht[113].

106. Die Kommission teilt den beteiligten Unternehmen ihre Auffassung zur Geeignetheit des vorgeschlagenen Erwerbers mit. Kommt die Kommission zu dem Schluss, dass der vorgeschlagene Erwerber die einschlägigen Anforderungen nicht erfüllt, so erlässt sie die Entscheidung, dass der vorgeschlagene Erwerber kein Erwerber im Sinne der Verpflichtungen ist[114]. Kommt die Kommission zu dem Schluss, dass im Veräußerungsvertrag (oder in Nebenvereinbarungen) keine den Verpflichtungen entsprechende Veräußerung vorgesehen ist, so teilt sie dies den beteiligten Unternehmen mit, ohne notwendigerweise den Erwerber als solchen abzulehnen. Kommt die Kommission zu dem Schluss, dass der Erwerber nach den Verpflichtungen geeignet ist und dass im Vertrag eine den Verpflichtungen entsprechende Veräußerung vereinbart worden ist, so genehmigt die Kommission die Veräußerung an den vorgeschlagenen Erwerber[115]. Die Kommission erteilt die erforderlichen Genehmigungen so zügig wie möglich.

3. Pflichten der beteiligten Unternehmen in der Übergangszeit

107. In der Übergangszeit haben die beteiligten Unternehmen bestimmte Pflichten zu erfüllen (siehe Rdnr. 36). Die folgenden Pflichten sind in der Regel in die Verpflichtungen einzubeziehen: i) Sicherheitsvorkehrungen für die Erhaltung der Lebensfähigkeit des Geschäfts in der Übergangszeit, ii) gegebenenfalls die für die

---

[112] Entscheidung in der Sache COMP/IV/M.1383 – Exxon/Mobil vom 29. September 1999 und Entscheidungen in den Anschlusssachen COMP/M.1820 – BP/JV Dissolution und COMP/M.1822 – Mobil/JV Dissolution vom 2. Februar 2000.

[113] Wie oben erörtert, können die beteiligten Unternehmen beantragen, dass die Kommission die Veräußerung des Geschäftsan den vorgeschlagenen Erwerber ohne bestimmte Vermögenswerte oder Mitarbeiter genehmigt, sofern dies unter Berücksichtigung der Mittel des vorgeschlagenen Erwerbers die Lebens- und Wettbewerbsfähigkeit des zu veräußernden Geschäfts nach dem Verkauf nicht beeinträchtigt.

[114] Entscheidung in der Sache COMP/M.1628 – TotalFina/Elf vom 9. Februar 2000, Autobahntankstellen; bestätigt durch Urteil des GeI in der Rechtssache T-342/00, Petrolessence gegen Kommission, Slg. 2003, II-1161.

[115] Je nach den Umständen der Veräußerung müssen die beteiligten Unternehmen möglicherweise auch gewährleisten, z. B. durch geeignete Bestimmungen im Veräußerungsvertrag, dass der Erwerber das veräußerte Geschäft als Wettbewerber auf dem Markt weiterführt und es nicht nach kurzer Zeit weiterverkauft.

Ausgliederung des Geschäfts erforderlichen Schritte und iii) die für die Vorbereitung der Veräußerung des Geschäfts erforderlichen Schritte.

Erhaltung der Lebensfähigkeit des Geschäfts in der Übergangszeit

108. Es ist Sache der beteiligten Unternehmen, das Risiko, dass das zu veräußernde Geschäft wegen der mit der Übertragung eines Geschäfts verbundenen Unsicherheiten an Wettbewerbspotenzial verliert, so gering wie möglich zu halten. Die Kommission verlangt von den beteiligten Unternehmen, Verpflichtungen zur Erhaltung der Unabhängigkeit, der wirtschaftlichen Lebensfähigkeit, der Verkäuflichkeit und der Wettbewerbsfähigkeit des Geschäfts bis zu seiner Übertragung an den Erwerber anzubieten. Nur anhand dieser Verpflichtungen kann die Kommission mit dem erforderlichen Grad an Sicherheit davon ausgehen, dass die Veräußerung des Geschäfts so vollzogen wird, wie sie von den beteiligten Unternehmen in den Verpflichtungen vorgeschlagen wurde.

109. Damit die wirtschaftliche Lebensfähigkeit, die Verkäuflichkeit und die Wettbewerbsfähigkeit des Geschäfts und seine Unabhängigkeit von den bei den beteiligten Unternehmen verbleibenden Geschäften weiter gewährleistet sind, müssen diese Verpflichtungen im Allgemeinen so gestaltet sein, dass das Geschäft getrennt von dem bei den beteiligten Unternehmen verbleibenden Geschäft geführt wird und sein Betrieb als eigenes, veräußerbares Geschäft in dessen bestem Interesse sichergestellt ist.

110. Die beteiligten Unternehmen müssen dafür sorgen, dass alle Vermögenswerte des Geschäfts nach guter Geschäftspraxis und im normalen Geschäftsgang erhalten bleiben und dass keine Handlungen vorgenommen werden, aus denen dem Geschäft erhebliche Nachteile erwachsen könnten. Dies gilt insbesondere für die Erhaltung des Anlagevermögens, des Know-hows, der vertraulichen oder eigentumsrechtlich geschützten Geschäftsinformationen, des Kundenstamms und der technischen und geschäftlichen Qualifikation der Mitarbeiter. Ferner müssen die beteiligten Unternehmen das Geschäft in dem Zustand erhalten, in dem es sich vor dem Zusammenschluss befunden hat, und insbesondere auf der Grundlage und unter Fortführung der bestehenden Geschäftspläne ausreichende Mittel – z. B. Kapital oder eine Kreditlinie – die bisherigen Verwaltungs- und Führungsleistungen und die sonstigen Faktoren bereitstellen, die für die Aufrechterhaltung des Wettbewerbs in dem betreffenden Sektor von Belang sind. In den Verpflichtungen ist auch vorzusehen, dass die beteiligten Unternehmen alle zumutbaren Schritte unternehmen und unter anderem geeignete Anreize schaffen, damit die Kompetenzträger das Geschäft nicht verlassen, und dass die beteiligten Unternehmen keine Mitarbeiter für die bei ihnen verbleibenden Geschäfte abwerben oder dorthin versetzen.

111. Ferner sollten die beteiligten Unternehmen das Geschäft getrennt von dem bei ihnen verbleibenden Geschäft führen und dafür sorgen, dass die Kompetenzträger des zu veräußernden Geschäfts nicht an der Führung der bei ihnen verbleibenden Geschäfte beteiligt sind und umgekehrt. Wenn es sich bei dem zu veräußernden Geschäft um eine Kapitalgesellschaft handelt und eine strenge Trennung der Unternehmensstrukturen notwendig erscheint, sollten die Rechte der beteiligten Unternehmen als Anteilseigner vom Überwachungstreuhänder ausgeübt werden, der auch befugt sein sollte, die im Namen der beteiligten Unternehmen ernannten Mitglieder des Geschäftsführungsorgans zu ersetzen. Die beteiligten Unternehmen müssen den Informationsfluss von und zu dem zu veräußernden Unternehmen unterbinden und alle Maßnahmen treffen, die erforderlich sind, damit die beteiligten Unternehmen keine Geschäftsgeheimnisse oder sonstige vertrauliche Informationen erlangen. Vertrauliche Unterlagen oder Informationen des Geschäfts, die die beteiligten Unternehmen vor Erlass der Entscheidung erlangt haben, sind dem Geschäft zurückzugeben oder zu vernichten.

112. Ferner wird von den beteiligten Unternehmen im Allgemeinen verlangt, einen Hold-Separate-Manager mit den erforderlichen Fachkenntnissen zu ernennen,

der für die Leitung des Geschäfts und die Erfüllung der Hold-Separate-Verpflichtungen und zur Unterbindung des Informationsflusses verantwortlich ist. Der Hold-Separate-Manager sollte der Aufsicht durch den Überwachungstreuhänder unterstehen, der dem Hold-Separate-Manager Weisungen erteilen kann. In den Verpflichtungen ist vorzusehen, dass die Ernennung unmittelbar nach Erlass der Entscheidung erfolgt, noch bevor die beteiligten Unternehmen den Zusammenschluss vollziehen dürfen. Die beteiligten Unternehmen können den Hold-Separate-Manager zwar selbst ernennen, in den Verpflichtungen ist jedoch vorzusehen, dass der Überwachungstreuhänder den Hold-Separate-Manager abberufen kann, wenn er nicht im Einklang mit den Verpflichtungen handelt oder ihre rechtzeitige und ordnungsgemäße Umsetzung gefährdet. Die anschließende Ernennung eines neuen Hold-Separate-Managers muss vom Überwachungstreuhänder genehmigt werden.

Schritte zur Ausgliederung des Geschäfts

113. Wie unter Rdnr. 35 erläutert, kann die Kommission in geeigneten Fällen die Veräußerung eines Geschäfts, das aus den bei den beteiligten Unternehmen verbleibenden Geschäften ausgegliedert werden muss, als geeignete Abhilfemaßnahme ansehen. Allerdings werden die wettbewerbsrechtlichen Bedenken der Kommission auch in diesen Fällen nur durch die Übertragung eines lebensfähigen Geschäfts an einen Erwerber beseitigt, der das Geschäft als aktiven Wettbewerber am Markt weiterführen und ausbauen kann. Die beteiligten Unternehmen müssen daher die ergebnisorientierte Verpflichtung eingehen, in der Übergangszeit die Vermögenswerte auszugliedern, die zum zu veräußernden Geschäft gehören. Das Ergebnis muss sein, dass am Ende der Übergangszeit ein lebens- und wettbewerbsfähiges Geschäft, das selbständig und getrennt von den bei den beteiligten Unternehmen verbleibenden Geschäften zu führen ist, an einen geeigneten Erwerber übertragen werden kann. Die Kosten und Risiken, die mit einer solchen Ausgliederung in der Übergangszeit verbunden sind, haben die beteiligten Unternehmen zu tragen.

114. Die Ausgliederung ist von den beteiligten Unternehmen unter der Aufsicht des Treuhänders und in Zusammenarbeit mit dem Hold-Separate-Manager vorzunehmen. Erstens müssen die Vermögenswerte und Mitarbeiter, die von dem zu veräußernden Geschäft und den bei den beteiligten Unternehmen verbleibenden Geschäften gemeinsam genutzt werden, dem Geschäft zugewiesen werden, soweit dies in den Verpflichtungen nicht ausgeschlossen ist[116]. Die Zuweisung der Vermögenswerte und Mitarbeiter wird vom Überwachungstreuhänder überwacht und muss von ihm genehmigt werden. Zweitens müssen während der Ausgliederung möglicherweise Vermögenswerte und Leistungen, die zu anderen Teilen der Geschäfte der beteiligten Unternehmen gehören, dupliziert werden, falls dies erforderlich ist, um die Lebens- und Wettbewerbsfähigkeit des zu veräußernden Geschäfts zu gewährleisten. Ein Beispiel ist die Beendigung der Einbindung des Geschäfts in das zentrale IT-Netz und die Einrichtung eines eigenen IT-Systems für das Geschäft. Im Allgemeinen sollten die wichtigsten Schritte zur Ausgliederung und die zu duplizierenden Leistungen im Einzelfall festgelegt und in den Verpflichtungen beschrieben werden.

115. Gleichzeitig ist dafür zu sorgen, dass die Lebensfähigkeit des zu veräußernden Geschäfts durch diese Maßnahmen nicht beeinträchtigt wird. In der Übergangszeit müssen die beteiligten Unternehmen daher im gleichen Umfang wie bisher Vermögenswerte gemeinsam mit dem Geschäft nutzen und Leistungen für das Geschäft erbringen, solange es nicht lebensfähig und selbständig zu führen ist.

---

[116] Zur Frage, wie gemeinsam genutzte Vermögenswerte in den Verpflichtungen zu behandeln sind, siehe Rdnr. 26.

Besondere Pflichten der beteiligten Unternehmen im Veräußerungsverfahren

116. Für das Veräußerungsverfahren sollte in den Verpflichtungen vorgesehen sein, dass mögliche Erwerber eine Due-Diligence-Prüfung vornehmen können und je nach Stand des Verfahrens ausreichende Informationen über das zu veräußernde Geschäft erhalten, damit sie sich ein vollständiges Bild von Wert, Umfang und kommerziellem Potenzial des Geschäfts machen können, und direkten Zugang zu seinem Personal haben. Die beteiligten Unternehmen müssen ferner regelmäßig Berichte über mögliche Erwerber und Entwicklungen in den Verhandlungen vorlegen. Die Veräußerung wird erst mit Erfüllung des Rechtsgeschäfts vollzogen, d. h. wenn das Eigentum auf den genehmigten Erwerber übergegangen ist und die Vermögenswerte tatsächlich übertragen worden sind. Am Ende des Verfahrens müssen die beteiligten Unternehmen einen Abschlussbericht vorlegen, in dem sie die Erfüllung des Rechtsgeschäfts und die Übertragung der Vermögenswerte bestätigen.

4. Überwachungstreuhänder und Veräußerungstreuhänder

Rolle des Überwachungstreuhänders

117. Da die Kommission die Umsetzung der Verpflichtungen nicht ständig selbst überwachen kann, müssen die beteiligten Unternehmen die Bestellung eines Treuhänders vorschlagen, der die Erfüllung der Verpflichtungen durch die beteiligten Unternehmen überwacht, insbesondere die Erfüllung ihrer Verpflichtungen in der Übergangszeit und im Veräußerungsverfahren (Überwachungstreuhänder). Dadurch stellen die beteiligten Unternehmen die Wirksamkeit der von ihnen angebotenen Verpflichtungen sicher und ermöglichen es der Kommission zu gewährleisten, dass die von ihnen vorgeschlagene Änderung des angemeldeten Zusammenschlusses mit dem erforderlichen Grad an Sicherheit durchgeführt wird.

118. Der Überwachungstreuhänder erfüllt seine Aufgaben unter der Aufsicht der Kommission und ist als deren „Augen und Ohren" anzusehen. Er wacht darüber, dass das Geschäft in der Übergangszeit ordnungsgemäß selbständig und getrennt geführt wird. Die Kommission kann dem Überwachungstreuhänder daher Weisungen erteilen, um die Erfüllung der Verpflichtungen zu gewährleisten, und der Treuhänder kann den beteiligten Unternehmen Maßnahmen vorschlagen, die er als für die Erfüllung seiner Aufgaben erforderlich ansieht. Die beteiligten Unternehmen können jedoch dem Treuhänder ohne Zustimmung der Kommission keine Weisungen erteilen.

119. Die Aufgaben des Überwachungstreuhänders werden im Allgemeinen in den Verpflichtungen festgelegt. Seine Pflichten und Befugnisse werden in dem zwischen den beteiligten Unternehmen und dem Treuhänder vereinbarten Treuhandmandat im Einzelnen aufgeführt und seine Aufgaben in einem Arbeitsplan genauer beschrieben. Die Tätigkeit des Überwachungstreuhänders beginnt in der Regel unmittelbar nach Erlass der Entscheidung der Kommission und endet mit der rechtlichen und tatsächlichen Übertragung des Geschäfts an den genehmigten Erwerber. Als die fünf wichtigsten Aufgaben des Überwachungstreuhänders, die unter der Aufsicht der Kommission erfüllt werden sollten, können die folgenden genannt werden:

- erstens hat der Überwachungstreuhänder die Sicherheitsvorkehrungen für das zu veräußernde Geschäft in der Übergangszeit zu überwachen,
- zweitens hat der Überwachungstreuhänder in Ausgliederungsfällen die Aufteilung der Vermögenswerte und der Mitarbeiter zwischen dem zu veräußernden Geschäft und den bei den beteiligten Unternehmen verbleibenden Geschäften und die Duplizierung der Vermögenswerte und der bisher von den beteiligten Unternehmen erbrachten Leistungen für das Geschäft zu überwachen,
- drittens hat der Überwachungstreuhänder die Anstrengungen der beteiligten Unternehmen zu überwachen, einen Erwerber zu finden und ihm das Geschäft zu übertragen. Im Allgemeinen prüft er den Gang des Veräußerungsverfahrens und die an dem Verfahren beteiligten möglichen Erwerber. Er vergewissert sich, dass

mögliche Erwerber ausreichende Informationen über das Geschäft erhalten, insbesondere durch Überprüfung der Informationsbroschüre (falls vorhanden), des Datenraums oder der Due-Diligence-Prüfung. Wenn ein Erwerber vorgeschlagen worden ist, übermittelt der Überwachungstreuhänder der Kommission eine mit Gründen versehene Stellungnahme, in der er darlegt, ob der vorgeschlagene Erwerber die in den Verpflichtungen gestellten Anforderungen an den Erwerber erfüllt und ob das Geschäft im Einklang mit den Verpflichtungen veräußert wird. Am Ende des Verfahrens hat der Überwachungstreuhänder die rechtliche und tatsächliche Übertragung des Geschäfts an den Erwerber zu überwachen und einen Abschlussbericht vorzulegen, in dem er die Übertragung bestätigt,

– viertens fungiert der Überwachungstreuhänder als Kontaktstelle für die Verpflichtungen betreffende Fragen Dritter, insbesondere möglicher Erwerber. Die beteiligten Unternehmen teilen interessierten Unternehmen oder Personen, zu denen auch mögliche Erwerber gehören, mit, wer der Überwachungstreuhänder ist und welche Aufgaben er hat. Bei Meinungsverschiedenheiten zwischen den beteiligten Unternehmen und Dritten hinsichtlich in den Verpflichtungen behandelter Fragen erörtert der Überwachungstreuhänder die Fragen mit beiden Seiten und erstattet der Kommission Bericht. Um seine Aufgabe erfüllen zu können, behandelt der Überwachungstreuhänder Geschäftsgeheimnisse der beteiligten Unternehmen und der Dritten vertraulich,

– fünftens erstattet der Überwachungstreuhänder der Kommission regelmäßig Bericht über die Erfüllung der Verpflichtungen und legt ihr auf Verlangen zusätzliche Berichte vor.

120. In den Verpflichtungen wird auch ausführlich festgelegt, inwieweit der Überwachungstreuhänder der Unterstützung und Mitwirkung der beteiligten Unternehmen bedarf; die Kommission überwacht die Beziehungen zwischen den beteiligten Unternehmen und dem Überwachungstreuhänder auch in dieser Hinsicht. Um seine Aufgaben erfüllen zu können, hat der Treuhänder Zugang zu den Büchern und Aufzeichnungen der beteiligten Unternehmen und des zu veräußernden Geschäfts, soweit und solange dies für die Umsetzung der Verpflichtungen erforderlich ist, kann er die beteiligten Unternehmen um Unterstützung von Seiten der Geschäftsführung und Verwaltung bitten, wird er über mögliche Erwerber und alle Entwicklungen im Veräußerungsverfahren unterrichtet und erhält er die möglichen Erwerbern übermittelten Informationen. Außerdem zahlen die beteiligten Unternehmen dem Treuhänder eine Entschädigung und gestatten ihm, Berater zu ernennen, falls dies für die Erfüllung seiner Aufgaben nach den Verpflichtungen zweckmäßig ist. In den Verpflichtungen wird der Kommission auch gestattet, die Informationen der beteiligten Unternehmen an den Überwachungstreuhänder weiterzuleiten, damit dieser seine Aufgaben erfüllen kann. Der Überwachungstreuhänder ist verpflichtet, diese Informationen vertraulich zu behandeln.

Rolle des Veräußerungstreuhänders

121. Wie im Falle des Überwachungstreuhänders müssen die beteiligten Unternehmen die Bestellung eines Veräußerungstreuhänders vorschlagen, um die von ihnen angebotenen Verpflichtungen wirksam zu machen und es der Kommission zu ermöglichen, die Durchführung der von ihnen vorgeschlagene Änderung des angemeldeten Zusammenschlusses zu gewährleisten. Wenn es den beteiligten Unternehmen nicht gelingt, innerhalb der ersten Veräußerungsfrist einen geeigneten Erwerber zu finden, wird einem Veräußerungstreuhänder in der Treuhänderveräußerungsfrist das unwiderrufliche und ausschließliche Mandat erteilt, das Geschäft unter der Aufsicht der Kommission innerhalb einer bestimmten Frist ohne Mindestpreis an einen geeigneten Erwerber zu veräußern. Die Verpflichtungen müssen es dem Veräußerungstreuhänder ermöglichen, in den Veräußerungsvertrag die Bedingungen aufzunehmen, die er als für den Verkauf zweckmäßig ansieht, insbesondere die üblichen

Bestimmungen über Vertretung, Gewährleistung und Entschädigung. Der Verkauf des Geschäfts durch den Veräußerungstreuhänder muss ebenso vorher von der Kommission genehmigt werden wie der Verkauf durch die beteiligten Unternehmen.

122. In den Verpflichtungen ist festzulegen, dass die beteiligten Unternehmen in gleicher Weise den Veräußerungstreuhänder unterstützen und informieren und mit ihm zusammenzuarbeiten, wie dies für den Überwachungstreuhänder vorgesehen ist. Für die Veräußerung haben die beteiligten Unternehmen dem Veräußerungstreuhänder eine umfassende Vollmacht zu erteilen, die für alle Phasen der Veräußerung gilt.

Genehmigung des Treuhänders und des Treuhandmandats

123. Ob ein und dieselbe Person oder Einrichtung Überwachungstreuhänder und Veräußerungstreuhänder sein kann oder nicht, hängt von der Verpflichtung ab. Die beteiligten Unternehmen schlagen der Kommission mehrere mögliche Treuhänder vor, einschließlich der vollständigen Mandatsbedingungen und des Entwurfs eines Arbeitsplans. Es ist wichtig, dass der Überwachungstreuhänder unmittelbar nach Erlass der Entscheidung der Kommission bestellt wird. Die beteiligten Unternehmen sollten daher unmittelbar nach Erlass der Entscheidung der Kommission[117] einen geeigneten Treuhänder vorschlagen, und in den Verpflichtungen ist in der Regel vorzusehen, dass der angemeldete Zusammenschluss erst vollzogen werden kann, wenn der Überwachungstreuhänder nach Genehmigung durch die Kommission bestellt ist[118]. Der Veräußerungstreuhänder dagegen sollte lange vor Ablauf der ersten Veräußerungsfrist[119] bestellt werden, damit sein Mandat mit Beginn der Treuhänderveräußerungsfrist wirksam werden kann.

124. Beide Treuhänder werden von den beteiligten Unternehmen aufgrund eines Treuhandmandats bestellt, das von den beteiligten Unternehmen und dem Treuhänder vereinbart wird. Die Bestellung und das Mandat müssen von der Kommission genehmigt werden, die bei der Auswahl des Treuhänders über Ermessen verfügt und prüft, ob der vorgeschlagene Treuhänder für die im Einzelfall zu erfüllenden Aufgaben geeignet ist. Der Treuhänder muss von den beteiligten Unternehmen unabhängig sein, er muss über die für die Erfüllung seines Mandats erforderlichen Fachkenntnisse verfügen, und er darf sich zu keinem Zeitpunkt in einem Interessenkonflikt befinden.

125. Die Kommission prüft die erforderlichen Fachkenntnisse unter Berücksichtigung der Erfordernisse des Einzelfalls, einschließlich des geografischen Gebiets und des betroffenen Sektors. Wie die Erfahrung der Kommission zeigt, sind Wirtschaftsprüfungsgesellschaften und andere Beratungsunternehmen besonders gut in der Lage, die Aufgaben eines Überwachungstreuhänders zu erfüllen. Auch Einzelne, die in dem betreffenden Wirtschaftszweig tätig waren, können für diese Rolle geeignet sein, wenn sie über die für die Bewältigung dieser Aufgaben erforderlichen Mittel verfügen. Als Veräußerungstreuhänder kommen vor allem Investitionsbanken in Betracht. Unabhängigkeit des Treuhänders ist unerlässlich, damit er seine Aufgabe, für die Kommission die Erfüllung der Verpflichtungen durch die beteiligten Unternehmen zu überwachen, ordnungsgemäß erfüllen und Dritten gegenüber glaubwürdig sein

---

[117] In der Regel sollten die Verpflichtungen vorsehen, dass ein Überwachungstreuhänder innerhalb von zwei Wochen nach Erlass der Entscheidung vorgeschlagen wird.

[118] Siehe Entscheidung in der Sache COMP/M.4180 – GdF/Suez vom 14. November 2006; Entscheidung in der Sache COMP/M.4187 – Metso/Aker Kvaerner vom 12. Dezember 2006; Entscheidung in der Sache COMP/M.3916 – T-Mobile Austria/tele.ring vom 20. April 2006.

[119] Die Kommission verlangt in der Regel, dass er mindestens einen Monat vor Ende der ersten Veräußerungsfrist bestellt wird.

kann. Insbesondere genehmigt die Kommission keine Personen oder Einrichtungen als Treuhänder, die gleichzeitig Wirtschaftsprüfer der beteiligten Unternehmen oder ihre Anlageberater bei der Veräußerung sind. Beziehungen des Treuhänders zu den beteiligten Unternehmen führen jedoch nicht zu Interessenkonflikten, wenn sie die Objektivität und Unabhängigkeit des Treuhänders bei der Erledigung seiner Aufgaben nicht beeinträchtigen. Es ist Sache der beteiligten Unternehmen, der Kommission geeignete Informationen zu übermitteln, damit diese prüfen kann, ob der Treuhänder die Anforderungen erfüllt. Die Bestellung des Treuhänders durch die beteiligten Unternehmen nach Genehmigung ist unwiderruflich, es sei denn, der Treuhänder wird auf Verlangen der Kommission oder mit ihrer Genehmigung ersetzt.

126. Im Treuhandmandat werden die in den Verpflichtungen aufgeführten Aufgaben im Einzelnen festgelegt; es enthält alle Bestimmungen, die notwendig sind, damit der Treuhänder seine Aufgaben nach den von der Kommission genehmigten Verpflichtungen erfüllen kann. Es ist Sache der beteiligten Unternehmen, dem Treuhänder aufgrund des Mandats eine Vergütung zu zahlen, die so angelegt sein muss, dass seine Unabhängigkeit und die Effizienz, mit der er das Mandat erfüllt, nicht beeinträchtigt werden. Die Kommission genehmigt einen Treuhänder nur zusammen mit einem geeigneten Mandat. In geeigneten Fällen kann sie den Namen des Treuhänders und eine Zusammenfassung seiner Aufgaben veröffentlichen.

127. Wenn die Verpflichtungen, mit denen der Treuhänder betraut worden ist, umgesetzt sind – wenn also das Eigentum an dem zu veräußernden Geschäft übergegangen ist, die Vermögenswerte tatsächlich dem Erwerber übertragen worden sind und die besonderen Vereinbarungen, die nach der Veräußerung weiter gelten können, erfüllt sind, ersucht der Treuhänder, wie im Mandat vorgesehen, die Kommission um seine Entlastung. Auch nachdem die Entlastung erteilt worden ist, kann es notwendig sein, dass die Kommission den Treuhänder auf der Grundlage der Verpflichtungen erneut bestellt, wenn die einschlägigen Verpflichtungen ihres Erachtens nicht vollständig und ordnungsgemäß umgesetzt sind.

5. Pflichten der beteiligten Unternehmen nach Umsetzung der Veräußerung

128. In den Verpflichtungen ist auch vorzusehen, dass die Kommission in den 10 Jahren nach Erlass der Entscheidung zur Genehmigung der Verpflichtungen von den beteiligten Unternehmen Auskunft verlangen kann. Auf diese Weise kann die Kommission die wirksame Umsetzung der Abhilfemaßnahme überwachen.

6. Umsetzung anderer Verpflichtungen

129. Viele der oben behandelten Grundsätze für Veräußerungsverpflichtungen können auch auf andere Arten von Verpflichtungen angewandt werden, wenn die Verpflichtungen nach der Entscheidung der Kommission der Umsetzung bedürfen. Ist zum Beispiel vorgesehen, dass der Lizenznehmer von der Kommission genehmigt werden muss, so können die Erwägungen zur Genehmigung des Erwerbers angewandt werden. Angesichts des großen Spektrums von Verpflichtungen, die nicht die Veräußerung eines Geschäfts zum Gegenstand haben, ist es nicht möglich, allgemeine und umfassende Anforderungen an die Umsetzung dieser Verpflichtungen festzulegen.

130. Da diese Verpflichtungen jedoch eine lange Laufzeit haben und oft komplex sind, erfordern sie häufig einen hohen Überwachungsaufwand und besondere Überwachungsinstrumente, damit die Kommission davon ausgehen kann, dass sie wirksam umgesetzt werden. Daher verlangt die Kommission in vielen dieser Fälle die Einschaltung eines Treuhänders, der darüber wacht, dass die Verpflichtungen umgesetzt werden und ein beschleunigtes Schiedsverfahren eingerichtet wird, damit ein Streitbeile-

gungsverfahren vorhanden ist, mit dessen Hilfe die Marktteilnehmer selbst die Verpflichtungen durchsetzen können. Die Kommission hat bisher häufig sowohl die Bestellung eines Treuhänders als auch eine Schiedsklausel verlangt[120]. In diesen Fällen überwacht der Treuhänder die Umsetzung der Verpflichtungen, kann aber auch bei Schiedsverfahren helfen, damit diese so zügig wie möglich abgeschlossen werden können.

[120] Ein solches Konzept der kombinierten Überwachung im Schiedsverfahren und durch einen Überwachungstreuhänder wurde u. a. angewandt in der Entscheidung in der Sache COMP/M.2803 – Telia/Sonera vom 10. Juli 2002, der Entscheidung in der Sache COMP/M.3083 – GE/Instrumentarium vom 2. September 2003 und der Entscheidung in der Sache COMP/M.3225 – Alcan/Pechiney II vom 29. September 2003.

Anhang B 25. Bekanntmachung über vereinfachtes Verfahren

Bekanntmachung der Kommission über ein vereinfachtes Verfahren für bestimmte Zusammenschlüsse gemäß der Verordnung (EG) Nr. 139/2004 des Rates

(Abl. 2013 C 366/5)

I. Einleitung

1. In dieser Bekanntmachung erläutert die Kommission das vereinfachte Verfahren, das sie bei bestimmten Zusammenschlüssen gemäß der Verordnung (EG) Nr. 139/2004 des Rates[1] (im Folgenden „Fusionskontrollverordnung") anwenden wird, sofern diese Zusammenschlüsse keinen Anlass zu wettbewerbsrechtlichen Bedenken geben. Diese Bekanntmachung ersetzt die 2005 veröffentlichte Bekanntmachung über ein vereinfachtes Verfahren für bestimmte Zusammenschlüsse gemäß der Verordnung (EG) Nr. 139/2004 des Rates[2]. Die Erfahrungen, die die Kommission bei der Durchführung der Fusionskontrollverordnung, einschließlich der Verordnung (EWG) Nr. 4064/89 des Rates[3] (der Vorgängerin der jetzigen Fusionskontrollverordnung), gesammelt hat, haben gezeigt, dass bestimmte Kategorien von Zusammenschlüssen in der Regel genehmigt werden, wenn keine besonderen Umstände vorliegen und kein Anlass zu nennenswerten Bedenken besteht.

2. In dieser Bekanntmachung wird erläutert, unter welchen Voraussetzungen die Kommission im Regelfall einen Beschluss in Kurzform erlässt, um einen Zusammenschluss im vereinfachten Verfahren für mit dem Binnenmarkt vereinbar zu erklären, und wie das Verfahren selbst abläuft. Sind die Voraussetzungen unter Randnummer 5 oder 6 dieser Bekanntmachung erfüllt, wird die Kommission den Zusammenschluss im Normalfall innerhalb von 25 Arbeitstagen nach Anmeldung durch einen Beschluss in Kurzform nach Artikel 6 Absatz 1 Buchstabe b der Fusionskontrollverordnung genehmigen[4].

3. Die Kommission hat allerdings bei jedem geplanten Zusammenschluss die Möglichkeit, eine Prüfung einzuleiten und/oder einen ausführlichen Beschluss auf der Grundlage der Fusionskontrollverordnung zu erlassen, insbesondere wenn die unter den Randnummern 8 bis 19 dieser Bekanntmachung aufgeführten Schutzklauseln und Ausnahmeregelungen anwendbar sind.

4. Mit dem in den folgenden Abschnitten beschriebenen Verfahren will die Kommission eine gezieltere und effizientere Fusionskontrolle auf Unionsebene erreichen.

---

[1] Verordnung (EG) Nr. 139/2004 des Rates vom 20. Januar 2004 über die Kontrolle von Unternehmenszusammenschlüssen (ABl. L 24 vom 29.1.2004, S. 1).

[2] (ABl. C 56 vom 5.3.2005, S. 32).

[3] ABl. L 395 vom 30.12.1989, S. 1; Berichtigung im ABl. L 257 vom 21.9.1990, S. 13.

[4] Die Anforderungen an die Anmeldung sind in den Anhängen I und II der Verordnung (EG) Nr. 802/2004 der Kommission zur Durchführung der Verordnung (EG) Nr. 139/2004 des Rates über die Kontrolle von Unternehmenszusammenschlüssen (im Folgenden „Durchführungsverordnung") niedergelegt.

II. Zusammenschlüsse, die für das vereinfachte Verfahren in Frage kommen

Arten von Zusammenschlüsse

5. Die Kommission wird das vereinfachte Verfahren grundsätzlich bei den folgenden Arten von Zusammenschlüssen anwenden[5]:

a) Zusammenschlüsse, bei denen zwei oder mehrere Unternehmen die gemeinsame Kontrolle über ein Gemeinschaftsunternehmen erwerben, das keine oder keine nennenswerten gegenwärtigen oder geplanten Tätigkeiten im Gebiet des Europäischen Wirtschaftsraums (EWR) aufweist. Dies ist der Fall, wenn
   i) der Umsatz des Gemeinschaftsunternehmens und/oder der mit den eingebrachten Tätigkeiten erzielte Umsatz[6] im EWR-Gebiet zum Zeitpunkt der Anmeldung weniger als 100 Mio. EUR beträgt[7] und
   ii) der Gesamtwert der in das Gemeinschaftsunternehmen eingebrachten Vermögenswerte im EWR-Gebiet zum Zeitpunkt der Anmeldung weniger als 100 Mio. EUR beträgt[8];

b) Zusammenschlüsse von zwei oder mehreren Unternehmen oder Fälle, in denen ein (oder mehrere) Unternehmen die alleinige bzw. gemeinsame Kontrolle über ein anderes Unternehmen erwirbt (erwerben), wobei die beteiligten Unterneh-

---

[5] Die folgende Aufzählung gilt alternativ, nicht kumulativ; d. h., erfüllt ein angemeldeter Zusammenschluss alle Kriterien einer der unter Randnummer 5 Buchstaben a, b, c oder d oder in Randnummer 6 aufgeführten Arten, so kommt er grundsätzlich für das vereinfachte Verfahren in Betracht. Es ist möglich, dass ein Zusammenschluss die Kriterien von mehr als einer der in dieser Bekanntmachung beschriebenen Kategorien erfüllt. Deshalb können die Anmelder einen Zusammenschluss auf der Grundlage von mehr als einer der in dieser Bekanntmachung beschriebenen Kategorien anmelden.

[6] Mit der Formulierung „und/oder" soll der Vielzahl der möglichen Sachverhalte Rechnung getragen werden; so ist je nach Fall Folgendes zugrunde zu legen:
- beim gemeinsamen Erwerb eines Unternehmens der Umsatz des zu übernehmenden Unternehmens (des Gemeinschaftsunternehmens),
- bei der Gründung eines Gemeinschaftsunternehmens, in das die Muttergesellschaften ihre Tätigkeiten einbringen, der mit diesen Tätigkeiten erzielte Umsatz,
- beim Eintritt eines neuen Eigners mit Kontrollbeteiligung in ein bestehendes Gemeinschaftsunternehmen der Umsatz des Gemeinschaftsunternehmens und gegebenenfalls der mit den von der neuen Muttergesellschaft eingebrachten Tätigkeiten erzielte Umsatz.

[7] Der Umsatz des Gemeinschaftsunternehmens kann anhand der jüngsten geprüften Abschlüsse der Muttergesellschaften oder, sofern getrennte Abschlüsse für die in dem Gemeinschaftsunternehmen zusammengelegten Unternehmensteile verfügbar sind, des Gemeinschaftsunternehmens ermittelt werden.

[8] Der Gesamtbetrag der Vermögenswerte des Gemeinschaftsunternehmens kann anhand der letzten geprüften Bilanz jeder Muttergesellschaft bestimmt werden. „Vermögenswerte" sind: 1. alle materiellen und immateriellen Vermögenswerte, die in das Gemeinschaftsunternehmen eingebracht werden (zu den materiellen Vermögenswerten zählen Produktionsstätten, Groß- und Einzelhandelsgeschäfte sowie Lagerbestände, zu den immateriellen Vermögenswerten geistiges Eigentum, Geschäftswert u. ä.) und 2. sämtliche Kredite oder Verbindlichkeiten des Gemeinschaftsunternehmens, die von einer Muttergesellschaft gewährt bzw. durch Bürgschaft abgesichert werden. Falls mit den eingebrachten Vermögenswerten zum Zeitpunkt der Anmeldung Umsatz erzielt wird, darf weder der Wert der Vermögenswerte noch der Jahresumsatz 100 Mio. EUR übersteigen.

men weder auf ein und demselben sachlich und räumlich relevanten Markt[9] noch auf einem sachlich relevanten Markt tätig sind, der dem eines der anderen beteiligten Unternehmen vor- oder nachgelagert ist[10];

c) Zusammenschlüsse von zwei oder mehreren Unternehmen oder Fälle, in denen ein (oder mehrere) Unternehmen die alleinige bzw. gemeinsame Kontrolle über ein anderes Unternehmen erwirbt (erwerben), sofern beide folgenden Bedingungen erfüllt sind:
   i) der gemeinsame Marktanteil aller am Zusammenschluss beteiligten Unternehmen, die auf ein und demselben sachlich und räumlich relevanten Markt[11] tätig sind (horizontale Beziehungen), beträgt weniger als 20%[12] und
   ii) der unternehmensspezifische oder der gemeinsame Marktanteil aller am Zusammenschluss Beteiligten, die auf einem sachlich relevanten Markt tätig sind, der dem eines anderen am Zusammenschluss beteiligten Unternehmens vor- oder nachgelagert ist (vertikale Beziehungen)[13], beträgt weniger als 30%[14];

d) Fälle, in denen ein am Zusammenschluss beteiligtes Unternehmen die alleinige Kontrolle über ein bisher gemeinsam kontrolliertes Gemeinschaftsunternehmen erlangt.

6. Ferner kann die Kommission das vereinfachte Verfahren anwenden, wenn zwei oder mehrere Unternehmen sich zusammenschließen oder ein oder mehrere Unternehmen die alleinige bzw. gemeinsame Kontrolle über ein anderes Unternehmen übernehmen und die beiden folgenden Voraussetzungen erfüllt sind:

i) Der gemeinsame Marktanteil aller am Zusammenschluss beteiligten Unternehmen, die in einer horizontalen Beziehung zueinander stehen, beträgt weniger als 50% und

ii) der sich aus dem Zusammenschluss ergebende Zuwachs („Delta") des Herfindahl-Hirschman-Indexes („HHI") liegt unter 150[15],[16].

---

[9] Siehe die Bekanntmachung der Kommission über die Definition des relevanten Marktes im Sinne des Wettbewerbsrechts der Gemeinschaft (ABl. C 372 vom 9.12.1997, S. 5). Werden in dieser Bekanntmachung Tätigkeiten der Unternehmen auf bestimmten Märkten genannt, so bezieht sich dies auf Tätigkeiten auf Märkten im EWR-Gebiet oder auf Märkten, die über das EWR-Gebiet hinausgehen.

[10] Eine vertikale Beziehung setzt in der Regel voraus, dass das Produkt oder die Dienstleistung des auf dem fraglichen vorgelagerten Markt tätigen Unternehmens einen wichtigen Input für das Produkt oder die Dienstleistung des auf dem nachgelagerten Markt tätigen Unternehmens bildet; siehe hierzu die Leitlinien der Kommission zur Bewertung nichthorizontaler Zusammenschlüsse gemäß der Ratsverordnung über die Kontrolle von Unternehmenszusammenschlüssen, Randnr. 34 (ABl. C 265 vom 18.10.2008, S. 6).

[11] Vgl. Fußnote 9.

[12] Die Schwellenwerte für horizontale und vertikale Beziehungen gelten für jede plausible andere Definition des sachlich und räumlich relevanten Marktes, die im Einzelfall zu berücksichtigen sein könnte. Wichtig ist in diesem Zusammenhang, dass die in der Anmeldung zugrunde gelegten Definitionen präzise genug sind, um begründen zu können, dass diese Schwellen nicht überschritten wurden, und dass alle plausiblen anderen Marktdefinitionen, die u. U. zu berücksichtigt sind, aufgeführt sind (einschließlich räumlich relevante Märkte, die kleiner als die nationalen Märkte sind).

[13] Vgl. Fußnote 10.

[14] Vgl. Fußnote 12.

[15] Der HHI ergibt sich durch Addition der Quadrate der Marktanteile der einzelnen auf dem betreffenden Markt tätigen Unternehmen; siehe hierzu die Leitlinien der Kommission zur Bewertung horizontaler Zusammenschlüsse gemäß der Ratsverordnung über die Kontrolle von Unternehmenszusammenschlüssen, Randnr. 16 (ABl. C 31 vom 5.2.2004, S. 5). Für die Berechnung des sich aus dem Zusammenschluss ergebenden HHI-Deltas reicht es jedoch aus, die

7. Im Hinblick auf die Anwendung von Randnummer 5 Buchstaben b und c und Randnummer 6 im Falle des Erwerbs der gemeinsamen Kontrolle werden Beziehungen, die nur zwischen den Unternehmen, die die gemeinsame Kontrolle erwerben, außerhalb der Tätigkeitsbereiche des Gemeinschaftsunternehmens bestehen, für die Zwecke dieser Bekanntmachung nicht als horizontale oder vertikale Beziehungen betrachtet. Diese Beziehungen können jedoch eine Koordinierung im Sinne des Artikels 2 Absatz 4 der Fusionskontrollverordnung bewirken; derartige Fälle werden unter Randnummer 15 dieser Bekanntmachung behandelt.

Schutzklauseln und Ausschlussbestimmungen

8. Bei der Beurteilung der Frage, ob ein Zusammenschluss unter eine der Kategorien unter den Randnummern 5 und 6 fällt, stellt die Kommission sicher, dass alle relevanten Umstände hinreichend geklärt sind. Da Marktabgrenzungen in diesem Zusammenhang eine Schlüsselrolle spielen können, werden die beteiligten Unternehmen – im Allgemeinen im Vorfeld der Anmeldung – aufgefordert, Auskunft über alle plausiblen anderen Marktabgrenzungen zu erteilen (vgl. Randnummer 22). Es ist Sache der Anmelder, alle alternativen sachlich und räumlich relevanten Märkte, auf die sich der angemeldete Zusammenschluss auswirken könnte, darzulegen und die für die Definition dieser Märkte erforderlichen Daten und Informationen zu liefern[17]. Die Kommission behält sich die Entscheidung über die endgültige Marktdefinition nach entsprechender Prüfung der Sachlage vor. In Fällen, in denen sich die Abgrenzung der relevanten Märkte oder die Bestimmung der Marktanteile der beteiligten Unternehmen als schwierig erweist, wird die Kommission von einer Anwendung des vereinfachten Verfahrens absehen. Darüber hinaus wird die Kommission bei Zusammenschlüssen, die neue rechtliche Fragen von allgemeinem Interesse aufwerfen, normalerweise nicht auf Beschlüsse in Kurzform zurückgreifen, sondern das reguläre Fusionskontrollverfahren wählen.

9. Auch wenn in der Regel davon auszugehen ist, dass Zusammenschlüsse in den in Randnummern 5 und 6 genannten Konstellationen keinen Anlass zu ernsthaften Bedenken hinsichtlich ihrer Vereinbarkeit mit dem Binnenmarkt geben, kann es dennoch Situationen geben, in denen ausnahmsweise eine eingehendere Prüfung und/oder ein ausführlicher Beschluss erforderlich ist. In diesen Fällen kann die Kommission zum regulären Fusionskontrollverfahren zurückkehren.

10. Im Folgenden werden Anhaltspunkte für Fälle angegeben, die möglicherweise nicht für das vereinfachte Verfahren in Betracht kommen.

11. Es ist wenig wahrscheinlich, dass die Kommission einen geplanten Zusammenschluss im vereinfachten Verfahren genehmigt, wenn einer der besonderen Umstände gegeben ist, die in den Leitlinien der Kommission zur Bewertung horizontaler Zusammenschlüsse aufgeführt sind[18]. Hierzu gehören Fälle, in denen der Markt be-

---

Differenz aus dem Quadrat der Summe der Marktanteile der am Zusammenschluss beteiligten Unternehmen (mit anderen Worten aus dem Quadrat des Marktanteils der aus dem Zusammenschluss hervorgegangenen Einheit) und der Summe der Quadrate der Marktanteile der einzelnen beteiligten Unternehmen zu bilden, denn die Marktanteile aller anderen Wettbewerber auf dem Markt bleiben unverändert und beeinflussen daher das Ergebnis der Gleichung nicht. Das HHI-Delta lässt sich somit allein auf der Grundlage der Marktanteile der am Zusammenschluss beteiligten Unternehmen berechnen, ohne dass die Marktanteile anderer Wettbewerber auf dem Markt bekannt sein müssten.

[16] Vgl. Fußnote 12.

[17] Sollte sich erweisen, dass der Kommission bei der Prüfung unrichtige Angaben vorlagen, für die eines der beteiligten Unternehmen verantwortlich ist, kann sie ihren Beschluss in Kurzform widerrufen (Artikel 6 Absatz 3 Buchstabe a der Fusionskontrollverordnung).

[18] Vgl. die Leitlinien der Kommission zur Bewertung horizontaler Zusammenschlüsse gemäß

reits konzentriert ist, in denen der geplante Zusammenschluss einen wichtigen Wettbewerber beseitigen würde, in denen der geplante Zusammenschluss zwei wichtige Innovatoren zusammenführen würde, in denen ein Unternehmen am geplanten Zusammenschluss beteiligt ist, das Erfolg versprechende Produkte hat, die kurz vor der Einführung stehen, oder in denen es Anzeichen dafür gibt, dass der geplante Zusammenschluss die beteiligten Unternehmen in die Lage versetzen würde, die Expansion ihrer Wettbewerber zu behindern.

12. Dies könnte auch zutreffen, wenn es unter Umständen nicht möglich ist, den Marktanteil der beteiligten Unternehmen genau zu bestimmen. Dies ist häufig dann der Fall, wenn die beteiligten Unternehmen auf neuen oder kaum entwickelten Märkten tätig sind.

13. So können bestimmte Zusammenschlüsse durch die Bündelung technologischer, finanzieller oder sonstiger Ressourcen die Marktmacht der beteiligten Unternehmen stärken, auch wenn diese nicht auf ein und demselben Markt tätig sind. Auch Zusammenschlüsse, bei denen mindestens zwei der beteiligten Unternehmen auf eng verbundenen Nachbarmärkten tätig sind[19], dürften sich nicht für das vereinfachte Verfahren eignen; dies ist vor allem dann der Fall, wenn eines oder mehrere der beteiligten Unternehmen auf einem Produktmarkt, auf dem keine horizontalen oder vertikalen Beziehungen zwischen den beteiligten Unternehmen bestehen, bei dem es sich jedoch um einen Nachbarmarkt des Marktes handelt, auf dem ein anderes beteiligtes Unternehmen aktiv ist, allein über einen Marktanteil von 30% oder mehr verfügt bzw. verfügen[20].

14. Bei bestimmten Gemeinschaftsunternehmen, deren Umsatz im EWR zum Zeitpunkt der Anmeldung zwar unterhalb des unter Randnummer 5 Buchstabe a genannten Schwellenwerts liegt, diesen in den kommenden drei Jahren aber erheblich überschreiten dürfte, kann die Kommission es für sinnvoll erachten, eine vollständige Prüfung nach dem regulären Fusionskontrollverfahren durchzuführen. Ferner kann in Fällen, die unter Randnummer 5 Buchstabe a fallen, ein reguläres Verfahren als angemessen betrachtet werden, wenn zwischen den am Zusammenschluss beteiligten Unternehmen horizontale oder vertikale Beziehungen bestehen, so dass nicht ausgeschlossen werden kann, dass der Zusammenschluss Anlass zu ernsthaften Bedenken hinsichtlich seiner Vereinbarkeit mit dem Binnenmarkt geben wird, oder wenn eine der unter Randnummer 11 dargelegten Situationen vorliegt.

15. Auch bei einer Koordinierung im Sinne des Artikels 2 Absatz 4 der Fusionskontrollverordnung kann die Kommission zur vollständigen Prüfung nach dem regulären Fusionskontrollverfahren zurückkehren.

16. Wie die bisherigen Erfahrungen der Kommission gezeigt haben, kann im Falle des Übergangs von der gemeinsamen zu einer alleinigen Kontrolle in Ausnahmefällen eine eingehendere Prüfung und/oder ein ausführlicher Beschluss erforderlich sein. Wettbewerbsrechtliche Bedenken können sich unter anderem dann ergeben, wenn ein früheres Gemeinschaftsunternehmen in die Unternehmensgruppe oder in den Beteiligungsverbund des die alleinige Kontrolle ausübenden Unternehmens eingegliedert wird, so dass die disziplinierende Wirkung, die von den potenziell divergierenden Verhaltensanreizen der verschiedenen Anteilseigner mit einer Kon-

---

der Ratsverordnung über die Kontrolle von Unternehmenszusammenschlüssen, insbesondere Randnr. 20 (ABl. C 31 vom 5.2.2004, S. 5).

[19] Sachlich relevante Märkte sind dann eng verbundene Nachbarmärkte, wenn die Produkte einander ergänzen oder wenn sie zu einer Reihe von Produkten gehören, die im Allgemeinen von derselben Kundengruppe für denselben Verwendungszweck erworben werden.

[20] Siehe die Leitlinien zur Bewertung nichthorizontaler Zusammenschlüsse gemäß der Ratsverordnung über die Kontrolle von Unternehmenszusammenschlüssen, insbesondere Randnummer 25 und Abschnitt V (ABl. C 265 vom 18.10.2008, S. 6).

trollbeteiligung ausging, wegfällt und die strategische Marktposition des Unternehmens gestärkt wird. Ein Beispiel: Unternehmen A und Unternehmen B kontrollieren gemeinsam Gemeinschaftsunternehmen C. Erlangt A im Zuge eines Zusammenschlusses die alleinige Kontrolle über C, könnte sich dies als wettbewerbsrechtlich bedenklich erweisen, wenn C direkter Wettbewerber von A ist, C und A gemeinsam über eine starke Marktposition verfügen und C dadurch in gewissem Maße seine frühere Unabhängigkeit verliert[21]. In diesen Fällen, für die eine eingehendere Untersuchung erforderlich ist, kann die Kommission zum regulären Fusionskontrollverfahren zurückkehren[22].

17. Die Kommission kann auch dann zum regulären Fusionskontrollverfahren zurückkehren, wenn der Erwerb der gemeinsamen Kontrolle über das betreffende Gemeinschaftsunternehmen zuvor weder von der Kommission noch von den zuständigen Wettbewerbsbehörden der Mitgliedstaaten geprüft worden ist.

18. Im Falle von unter Randnummer 6 fallenden Zusammenschlüssen wird die Kommission im Einzelfall entscheiden, ob die Zunahme der Marktkonzentration, ausgedrückt durch das HHI-Delta, angesichts der besonderen Gegebenheiten des jeweiligen Falls so groß ist, dass der Fall nach dem regulären Fusionskontrollverfahren geprüft werden sollte.

19. Wenn ein Mitgliedstaat binnen 15 Arbeitstagen nach Erhalt einer Kopie der Anmeldung oder ein Dritter innerhalb der für ihn gesetzten Frist begründete Bedenken hinsichtlich des angemeldeten Zusammenschlusses anmeldet, wird die Kommission zum regulären Fusionskontrollverfahren zurückkehren.

Verweisungsanträge

20. Das vereinfachte Verfahren wird nicht angewandt, wenn ein Mitgliedstaat nach Artikel 9 der Fusionskontrollverordnung die Verweisung eines angemeldeten Zusammenschlusses beantragt oder wenn die Kommission nach Artikel 22 der Fusionskontrollverordnung dem Antrag eines oder mehrerer Mitgliedstaaten auf Verweisung eines angemeldeten Zusammenschlusses stattgibt.

Verweisungsantrag der Anmelder vor der Anmeldung

21. Vorbehaltlich der Schutz- und Ausschlussbestimmungen dieser Bekanntmachung kann das vereinfachte Verfahren auch in Fällen angewandt werden,

a) in denen die Kommission auf begründeten Antrag nach Artikel 4 Absatz 4 der Fusionskontrollverordnung beschließt, die Sache nicht an einen Mitgliedstaat zu verweisen, oder
b) in denen die Sache auf begründeten Antrag nach Artikel 4 Absatz 5 der Fusionskontrollverordnung an die Kommission verwiesen wird.

III. Verfahrensvorschriften

Vorabkontakte

22. Auch in unproblematisch erscheinenden Fällen hat es sich als hilfreich erwiesen, wenn die Anmelder sich auf freiwilliger Basis schon vor der eigentlichen Anmeldung mit der Kommission in Verbindung setzen[23]. Die Erfahrungen der Kommission

---

[21] Entscheidung vom 17.12.2008 in der Sache COMP/M.5141 – *KLM/Martinair,* Erwägungsgründe 14–22.

[22] Entscheidung vom 18.9.2002 in der Sache COMP/M.2908 – *Deutsche Post/DHL (II).*

[23] Siehe den Leitfaden der GD Wettbewerb „Best Practices on the conduct of EC merger control proceedings" (im Folgenden „Best Practices") unter http://ec.europa.eu/competition/mergers/legislation/proceedings.pdf

mit dem vereinfachten Verfahren haben gezeigt, dass auch Fälle, die für das vereinfachte Verfahren in Betracht kommen, komplexe Fragen beispielsweise in Bezug auf die Marktabgrenzung aufwerfen können (vgl. Randnummer 8), die am besten schon vor der Anmeldung geklärt werden sollten. Solche Kontakte geben der Kommission und den Anmeldern Gelegenheit festzustellen, welche Angaben die Anmeldung genau enthalten sollte. Die Anmelder sollten sich spätestens zwei Wochen vor der geplanten Anmeldung mit der Kommission in Verbindung setzen. Besonders empfohlen werden Vorabkontakte mit der Kommission, wenn die Anmelder in den unter Randnummer 6 genannten Fällen die Anwendung des vereinfachten Verfahrens beantragen. Nach der Fusionskontrollverordnung können die Anmelder den Zusammenschluss jederzeit anmelden, vorausgesetzt, die Anmeldung ist vollständig. Die Kommission bietet Anmeldern die Möglichkeit, das förmliche Fusionskontrollverfahren im Rahmen freiwilliger Vorabkontakte vorzubereiten. Vorabkontakte sind nicht vorgeschrieben, können aber sowohl für die Anmelder als auch für die Kommission äußerst nützlich sein, um unter anderem den genauen Informationsbedarf für die Anmeldung zu bestimmen; in den meisten Fällen kann dadurch die Menge der verlangten Angaben spürbar verringert werden.

23. In Fällen, die unter Randnummer 5 Buchstabe b fallen, d. h. in Fällen, in denen es keine betroffenen Märkte[24] gibt, da die beteiligten Unternehmen weder auf ein und demselben sachlich und räumlich relevanten Markt noch auf einem Produktmarkt tätig sind, der dem eines der anderen beteiligten Unternehmen vor- oder nachgelagert ist, sind Vorabkontakte, insbesondere die Vorlage eines Entwurfs der Anmeldung, jedoch unter Umständen weniger angezeigt. Unter diesen Umständen geben die Anmelder möglicherweise einer unmittelbaren Anmeldung ohne vorherige Übermittlung eines Anmeldungsentwurfs den Vorzug[25].

24. Die Frage, ob es vom Zusammenschluss betroffene Märkte gibt, ist nach Randnummer 8 dieser Bekanntmachung zu klären. Es liegt daher weiterhin in der Verantwortung des Anmelders, der Kommission alle Informationen zu übermitteln, die sie benötigt, um festzustellen, dass kein Markt im EWR von dem geplanten Zusammenschluss betroffen ist. Die Kommission wird von einer Anwendung des vereinfachten Verfahrens auf der Grundlage von Randnummer 5 Buchstabe b absehen, wenn sich die Feststellung, dass kein Markt von dem geplanten Zusammenschluss betroffen ist, als schwierig erweist. In diesen Fällen kann die Kommission zum regulären Verfahren zurückkehren und die Anmeldung nach Randnummer 26 dieser Bekanntmachung als in einem wesentlichen Punkt unvollständig betrachten.

Veröffentlichung der Anmeldung

25. Nach Eingang der Anmeldung sind folgende Angaben im *Amtsblatt der Europäischen Union* zu veröffentlichen[26]: die Namen der am Zusammenschluss beteiligten Unternehmen, ihr Herkunftsland, die Art des Zusammenschlusses und die betroffenen Wirtschaftszweige sowie ein Hinweis darauf, dass der Zusammenschluss aufgrund der vom Anmelder vorgelegten Informationen für ein vereinfachtes Verfahren in Frage kommt. Im Anschluss daran haben Dritte Gelegenheit, sich insbesondere zu Umständen, die eine Prüfung erforderlich machen könnten, zu äußern.

---

[24] Zur Definition der betroffenen Märkte siehe Abschnitt 6.2 des vereinfachten Formblattes CO (Anhang II zur Durchführungsverordnung).

[25] Vor dem Hintergrund der *Best Practices* möchte die Kommission die beteiligten Unternehmen jedoch bitten, im Voraus einen Antrag auf Zuweisung eines Case-Teams bei der GD Wettbewerb stellen.

[26] Artikel 4 Absatz 3 der Fusionskontrollverordnung.

Beschluss in Kurzform

26. Hat sich die Kommission davon überzeugt, dass der Zusammenschluss die Voraussetzungen für das vereinfachte Verfahren erfüllt (vgl. die Randnummern 5 und 6), wird sie normalerweise einen Beschluss in Kurzform erlassen. Dies gilt auch für Zusammenschlüsse, die wettbewerbsrechtlich unbedenklich sind und die bei der Kommission im regulären Verfahren angemeldet worden sind. Der Zusammenschluss wird somit innerhalb von 25 Arbeitstagen nach der Anmeldung nach Artikel 10 Absätze 1 und 6 der Fusionskontrollverordnung für mit dem Binnenmarkt vereinbar erklärt. Die Kommission wird den Beschluss in Kurzform sobald wie möglich nach Ablauf der Frist von 15 Arbeitstagen, innerhalb derer die Mitgliedstaaten eine Verweisung nach Artikel 9 der Fusionskontrollverordnung beantragen können, erlassen. Innerhalb der Frist von 25 Arbeitstagen hat die Kommission jedoch die Möglichkeit, zum regulären Fusionskontrollverfahren zurückzukehren und die üblichen Prüfungen vorzunehmen und/oder einen ausführlichen Beschluss zu erlassen, wenn sie dies im Einzelfall für zweckmäßig hält. In diesen Fällen kann die Kommission auch feststellen, dass die Anmeldung im Sinne des Artikels 5 Absatz 2 der Durchführungsverordnung in einem wesentlichen Punkt unvollständig ist, wenn sie bei ihr nicht im regulären Verfahren angemeldet worden ist.

Veröffentlichung des Beschlusses in Kurzform

27. Wie für jeden ausführlichen Beschluss zur Genehmigung eines Zusammenschlusses wird die Kommission auch für Beschlüsse in Kurzform einen Hinweis auf den Beschluss im *Amtsblatt* veröffentlichen. Die nichtvertrauliche Fassung des Beschlusses wird über die Website der GD Wettbewerb zugänglich gemacht. Der Beschluss in Kurzform wird die bei der Anmeldung im *Amtsblatt* veröffentlichten Angaben (beteiligte Unternehmen, Herkunftsland, Art des Zusammenschlusses und betroffene Wirtschaftszweige) sowie einen Hinweis darauf enthalten, dass der Zusammenschluss für mit dem Binnenmarkt vereinbar erklärt wurde, weil er unter eine oder mehrere der in dieser Bekanntmachung genannten Kategorien fällt, die dabei ausdrücklich genannt werden.

IV. Nebenabreden

28. Das vereinfachte Verfahren eignet sich nicht für Fälle, in denen die beteiligten Unternehmen ausdrücklich eine Würdigung der Wettbewerbseinschränkungen wünschen, die mit der Durchführung des Zusammenschlusses verbunden und für diese notwendig sind.

Anhang B 26. Verweisungsmitteilung

Bekanntmachung der Kommission über die Verweisung von Fusionssachen

(ABl. 2005 C56/2)

1. Zweck dieser Mitteilung ist es, in allgemeiner Form die Überlegungen zu erläutern, die dem Verweisungssystem der Artikel 4 Absätze 4 und 5 sowie 9 und 22 der Verordnung (EG) Nr. 139/2004 des Rates vom 20. Januar 2004 über die Kontrolle von Unternehmenszusammenschlüssen[1] (nachstehend: „Fusionskontrollverordnung" oder FKVO) zugrunde liegen; dargelegt werden auch die Neuerungen des Systems, die rechtlichen Voraussetzungen für eine Verweisung und die Faktoren, die bei der Entscheidung über Verweisungsanträge berücksichtigt werden. Die Mitteilung enthält darüber hinaus praktische Hinweise zur Funktionsweise des Verweisungssystems und insbesondere zur Verweisung vor der Anmeldung, wie sie in Artikel 4 Absätzen 4 und 5 Fusionskontrollverordnung vorgesehen ist. Diese Hinweise gelten entsprechend auch für die Verweisungsbestimmungen des EWR-Abkommen[2].

I. Einleitung

2. Die Zuständigkeit der Gemeinschaft für Fusionskontrollverfahren richtet sich nach den auf den Umsatz abstellenden Kriterien des Artikels 1 Absätze 2 und 3 Fusionskontrollverordnung. Es gibt keine konkurrierende Zuständigkeit der Kommission und der Mitgliedstaaten in Fusionskontrollsachen. Die Fusionskontrollverordnung sieht vielmehr eine klare Kompetenzabgrenzung vor. Zusammenschlüsse von „gemeinschaftsweiter Bedeutung", bei denen die Umsätze der fusionierenden Unternehmen über den in Artikel 1 Fusionskontrollverordnung festgelegten Schwellenwerten liegen, fallen in die ausschließliche Zuständigkeit der Kommission; nach Artikel 21 Fusionskontrollverordnung dürfen die Mitgliedstaaten ihr innerstaatliches Wettbewerbsrecht nicht auf solche Zusammenschlüsse anwenden. Zusammenschlüsse, bei denen diese Schwellenwerte nicht erreicht werden, verbleiben hingegen in der Zuständigkeit der Mitgliedstaaten; die Fusionskontrollverordnung begründet keine Zuständigkeit der Kommission.

3. Die Bestimmung der Zuständigkeit alleine aufgrund fester auf den Umsatz abstellender Kriterien bietet den fusionierenden Unternehmen Rechtssicherheit. Generell sind diese wirtschaftlichen Kennzahlen zur Herausfilterung jener Fallkategorien geeignet, bei denen sich eine Prüfung durch die Kommission anbietet, aber dieses grobe Schema der Kompetenzaufteilung wurde schon in der Verordnung (EWG) Nr. 4064/89 durch die Möglichkeit ergänzt, die Verweisung einer Fusionssache zwischen der Kommission und den Mitgliedstaaten zu beantragen, wenn bestimmte Kriterien erfüllt waren.

---

[1] ABl. L 24 vom 29.1.2004, S. 1. Sie ist eine Neufassung der Verordnung (EWG) Nr. 4064/89 des Rates vom 21. Dezember 1989 über die Kontrolle von Unternehmenszusammenschlüssen (ABl. L 395 vom 30.12.1989, S. 1. Berichtigte Fassung in ABl. L 257 vom 21.9.1990, S. 13).

[2] Beschluss des Gemeinsamen EWR-Ausschusses Nr. 78/2004 vom 8. Juni 2004. ABl. L 219 vom 8.6.2004, S. 13.

4. Beim Erlass der Verordnung (EWG) Nr. 4064/89 waren Rat und Kommission davon ausgegangen, dass Fusionssachen nur „in Ausnahmefällen" verwiesen würden, „in denen die Wettbewerbsinteressen des betreffenden Mitgliedstaates nicht auf andere Weise hinreichend geschützt werden könnten"[3]. Auch nach dem Erlass der Verordnung (EWG) Nr. 4064/89 ist die Entwicklung nicht stehen geblieben. Zum einen wurden in fast allen Mitgliedstaaten Vorschriften zur Fusionskontrolle erlassen. Zweitens hat die Kommission gemäß Artikel 9 in Ausübung ihres Ermessens eine Reihe von Fällen an die Mitgliedstaaten verwiesen, in denen sie der Auffassung war, dass der betreffende Mitgliedstaat eher als die Kommission zur Durchführung der Untersuchung geeignet war[4]. Ebenso haben Mitgliedstaaten mehrfach[5] gemeinsam eine Sache gemäß Artikel 22 an die Kommission verwiesen, wenn eine Prüfung durch sie als sinnvoller erschien[6]. Drittens hat die Zahl der Vorhaben, die die Schwellenwerte nach Artikel 1 Fusionskontrollverordnung nicht erreichen und in mehreren Mitgliedstaaten angemeldet werden müssen, zugenommen und dürfte angesichts der Erweiterung der Gemeinschaft weiter wachsen. Vielfach beeinträchtigen diese Vorhaben den Wettbewerb über das Hoheitsgebiet einzelner Mitgliedstaaten hinaus[7].

5. Mit der Überarbeitung des Verweisungssystems in der Fusionskontrollverordnung sollte die Umverteilung von Fällen zwischen der Kommission und den Mitgliedstaaten im Einklang mit dem Subsidiaritätsgrundsatz erleichtert werden, damit jeweils die besser geeignete Wettbewerbsbehörde mit dem betreffenden Zusammenschluss befasst wird. Gleichzeitig sollten die wesentlichen Errungenschaften des 1989 eingeführten Fusionskontrollsystems der Gemeinschaft, u. a. das Prinzip einer einzigen Anlaufstelle für die Untersuchung von Fusionen mit grenzübergreifenden Auswirkungen, und eine Alternative zur mehrfachen Anmeldung von Fusionsvorhaben, beibehalten werden[8]. Die Mehrfachanmeldungen verursachen oftmals hohe Kosten sowohl bei den Wettbewerbsbehörden als auch bei den Unternehmen.

6. Deswegen kann eine Verweisung im neuen System schon vor der Anmeldung in einem Mitgliedstaat vorgenommen werden, so dass die fusionierenden Unternehmen so früh wie möglich Gewissheit darüber erhalten, welche Wettbewerbsbehörde letzten Endes für ihr Vorhaben zuständig sein wird. Die Verweisung vor der Anmeldung vermeidet die mit einer späteren Verweisung verbundenen zusätzlichen, insbesondere durch die zeitliche Verzögerung bedingten Kosten.

7. Der Überarbeitung des Verweisungssystems mit der Verordnung (EG) Nr. 139/2004 lag der Wunsch zugrunde, die Kompetenzzuweisung so effizient und flexibel

[3] Siehe Anmerkungen zur Verordnung (EWG) Nr. 4064/89, in: „Die Fusionskontrolle in der Europäischen Union", Europäische Kommission, Brüssel-Luxemburg 1998, S. 54. Siehe auch Urteil in der Rs. T-119/02, Philips/Kommission, Slg. 2003, II-1433, (Sache M.2621 SEB/Moulinex), Rdnr. 354.

[4] Einige Zusammenschlüsse von gemeinschaftsweiter Bedeutung beeinträchtigen den Wettbewerb eher in nationalen oder noch kleineren Märkten innerhalb von Mitgliedstaaten.

[5] M.2698 Promatech/Sulzer; M.2738 GE/Unison; M.3136 GE/AGFA.

[6] Ebenso haben die Wettbewerbsbehörden der Mitgliedstaaten im Rahmen ihrer Zusammenarbeit eine Empfehlung mit Leitlinien erarbeitet, wie mit Fusionsvorhaben umzugehen ist, die für eine gemeinsame Verweisung nach Artikel 22 Fusionskontrollverordnung in Frage kommen – Principles on the application, by National Competition Authorities within the ECA network, of Article 22o f the EC Merger Regulation.

[7] Auch wenn mit dem 1997 eingeführten Artikel 1 Absatz 3 nunmehr einige dieser Fälle unter die Fusionskontrollverordnung fallen, bleiben die meisten Vorhaben davon unberührt. Siehe Ziff. 21 ff des Grünbuchs der Kommission vom 11. Dezember 2001 [KOM(2001) 745 endgültig].

[8] Erwägungsgründe 11, 12 und 14 der Fusionskontrollverordnung.

wie möglich zu gestalten[9], gleichzeitig aber den Wettbewerb wirksam zu schützen und so weit wie möglich zu verhindern, dass die Unternehmen sich die Wettbewerbsbehörde aussuchen, von der sie die für sie günstigste Entscheidung erwarten. Gerade aus Gründen der Rechtssicherheit ist jedoch zu betonen, dass Verweisungen auch weiterhin eine Ausnahme darstellen werden; die Regel bleibt die Kompetenzzuweisung mittels objektiver Umsatzschwellen. Darüber hinaus behalten die Kommission und die Mitgliedstaaten einen beträchtlichen Spielraum bei der Entscheidung, ob sie auf der Grundlage von Artikel 4 Absätze 4 und 5, Artikel 9 Absatz 2 Buchstabe a) und Artikel 22 in ihre „ursprüngliche Zuständigkeit" fallende Vorhaben verweisen oder nicht in ihre „ursprüngliche Zuständigkeit" fallende Vorhaben zur Prüfung annehmen[10]. Deswegen sollen in dieser Mitteilung lediglich allgemeine Orientierungshilfen zur Beantwortung der Frage gegeben werden, ob eine Verweisung bestimmter Fälle oder Fallkategorien angebracht ist.

II. Verweisung von Fusionssachen

Leitsätze

8. Die Vorschriften der Fusionskontrollverordnung einschließlich der Bestimmungen über die Verweisung von Fällen zwischen der Kommission und den Mitgliedstaaten entsprechen dem im EG-Vertrag verankerten Subsidiaritätsgrundsatz[11]. Verweisungsentscheidungen sollten sämtliche praktischen Aspekte dieses Grundsatzes berücksichtigen, insbesondere welche Behörde für die Prüfung geeigneter ist, die Vorteile einer einmaligen Prüfung und die Bedeutung der Rechtssicherheit in Zuständigkeitsfragen[12]. Diese Faktoren sind interdependent und fallspezifisch gegeneinander abzuwägen. Bei der Ermessensentscheidung, eine Verweisung vor- oder anzunehmen, sollten die Kommission und die Mitgliedstaaten den wirksamen Schutz des Wettbewerbs in allen von dem Vorhaben betroffenen Märkten im Blick haben[13].

---

[9] Erwägungsgrund 11 der Fusionskontrollverordnung.

[10] Siehe jedoch auch unten Fußnote 14. Darüber hinaus ist zu vermerken, dass die Kommission bei Verweisungsanträgen nach Artikel 4 Absatz 5 über keinerlei Ermessensspielraum bei der Entscheidung verfügt, ob sie eine ursprünglich nicht in ihre Zuständigkeit fallende Fusionssache annimmt oder nicht.

[11] Siehe Artikel 5 EG-Vertrag.

[12] Erwägungsgründe 11 und 14 der Fusionskontrollverordnung

[13] Siehe Artikel 9 Absatz 8 Fusionskontrollverordnung und Philips/Kommission (Rdnr. 343), wo das Gericht erster Instanz der Europäischen Gemeinschaften ausführt, „dass Artikel 9 Absatz 3 Unterabsatz 1 der Verordnung (EWG) Nr. 4064/89 der Kommission zwar ein weites Ermessen hinsichtlich der Frage verleiht, ob ein Zusammenschluss zu verweisen ist, dass die Kommission jedoch andererseits eine Verweisung nicht beschließen kann, wenn bei der Prüfung des Verweisungsantrags des Mitgliedstaats aufgrund einer Gesamtheit genauer und übereinstimmender Hinweise deutlich wird, dass die Verweisung nicht geeignet ist, auf den relevanten Märkten einen wirksamen Wettbewerb aufrechtzuerhalten oder wiederherzustellen"; siehe auch Urteil vom 30. September 2003 in den Rs. T-346/02 und Rs. T-347/02, Cableuropa SA/Kommission, noch nicht in der amtlichen Sammlung veröffentlicht (Rdnr. 215). Dabei berücksichtigt die Kommission u. a., ob ein Mitgliedstaat i) ein spezifisches Fusionskontrollrecht erlassen hat und Fachorgane tätig sind, um dieses Recht unter der Kontrolle der nationalen Gerichte umzusetzen, und ii) ob sie die Wettbewerbsprobleme, die durch den Zusammenschluss auf den relevanten Märkten in diesem Mitgliedstaat verursacht werden, korrekt identifiziert hat (siehe Rdnrn. 346–347 der o. g. Rs. Philips/Kommission).

Geeignetere Behörde

9. Grundsätzlich sollte eine Fusionssache nur an eine andere Wettbewerbsbehörde verwiesen werden, wenn diese angesichts der Besonderheiten des Falles und mit Rücksicht auf die ihr zur Verfügung stehenden Instrumente und Expertise besser geeignet ist. Besondere Bedeutung sollte dabei der Frage beigemessen werden, wo etwaige Wettbewerbsfolgen einer Fusion am wahrscheinlichsten auftreten werden. Auch der aus einer Verweisung resultierende Verwaltungsaufwand kann berücksichtigt werden[14].

10. Die Verweisung ist insbesondere dann zweckmäßig, wenn ein bestimmtes Vorhaben erhebliche Wettbewerbsfolgen nach sich zu ziehen droht und deswegen besonders sorgfältig untersucht werden sollte.

Grundsatz der einzigen Anlaufstelle

11. Bei Verweisungsentscheidungen sollten auch die Vorteile bedacht werden, die mit dem Grundsatz der einzigen Anlaufstelle, einem Kerngedanken der Fusionskontrollverordnung, verbunden sind[15]. Wenn nur eine einzige Behörde mit einem Fusionsvorhaben befasst wird, profitieren davon sowohl die Wettbewerbsbehörden als auch die Unternehmen. Die Bearbeitung ist effizienter, und Doppelarbeit, Fragmentierung der Durchsetzungsanstrengungen und möglicherweise eine widersprüchliche Behandlung durch mehrere Behörden (hinsichtlich der Untersuchung, der Beurteilung und der Abhilfen) werden vermieden. Für die Unternehmen, insbesondere die an der Fusion Beteiligten, verringern sich normalerweise die mit einer Mehrfachanmeldung verbundenen Kosten und Arbeiten und das mit der Würdigung eines Vorhabens durch mehrere Behörden auf der Grundlage unterschiedlicher Rechtsvorschriften einher gehende Risiko einander widersprechender Entscheidungen.

12. Deswegen sollten Verweisungen, die zu einer Aufspaltung einer Sache auf mehrere Behörden führen, so weit wie möglich[16] vermieden werden, es sei denn, der Schutz des Wettbewerbs auf sämtlichen durch das Vorhaben betroffenen Märkten kann durch mehrere Behörden offensichtlich besser geschützt werden. Teilverweisungen sind zwar nach Artikel 4 Absatz 4 und Artikel 9 möglich, aber in der Regel sollte das gesamte Vorhaben (oder zumindest alle miteinander zusammenhängenden Teile) von einer einzigen Behörde untersucht werden[17].

---

[14] Beispielsweise die relativen Kosten, Zeitverluste, Rechtsunsicherheit und möglicherweise einander widersprechende Entscheidungen, wenn eine Untersuchung ganz oder teilweise von mehreren Behörden durchgeführt wird.

[15] Erwägungsgrund 11 der Fusionskontrollverordnung.

[16] In der Rechtssache Philips/Kommission vertrat das Gericht erster Instanz die Auffassung, dass „eine derartige Fragmentierung" zwar durch die Anwendung von Artikel 9 hervorgerufen werden kann, aber „gewiss nicht wünschenswert ist angesichts des Grundsatzes einer einzigen Anlaufstelle, auf dem die Verordnung (EWG) Nr. 4064/89 beruht". Das Gericht erster Instanz räumte zwar ein, „dass bei einer teilweisen Verweisung an die nationalen Behörden die Gefahr, dass deren Entscheidung mit der Entscheidung der Kommission im Widerspruch steht oder mit dieser sogar unvereinbar ist, im Verweisungssystem des Artikels 9 begründet ist", stellte aber auch klar, dass eine solche Situation nach seiner Auffassung nicht wünschenswert sei (Rdnrn. 350 und 381).

[17] Das steht in Einklang mit der Entscheidung der Kommission in den Sachen M.2389 Shell/DEA und M.2533 BP/E.ON, die Prüfung sämtlicher Märkte nachgelagerter Mineralölprodukte an Deutschland zu verweisen. Die Kommission behielt hingegen die Zuständigkeit für die Prüfung der Fusionssachen mit Blick auf die vorgelagerten Märkte. So entschied sich die Kommission in der Sache M.2706 P&O Princess/Carnival in Wahrnehmung ihrer Ermessensbefugnis gegen die teilweise Verweisung des Vorhabens an das Vereinigte Königreich, um eine

Rechtssicherheit

13. Gebührend zu berücksichtigen ist ferner die Bedeutung, die der Rechtssicherheit hinsichtlich der Zuständigkeit für einen bestimmten Zusammenschluss für alle am Verfahren Beteiligten zukommt[18]. Eine Verweisung sollte nur dann vorgenommen werden, wenn es in der fraglichen Sache einen zwingenden Grund für ein Abweichen von der „ursprünglichen Zuständigkeit" gibt; das gilt insbesondere für Verweisungen nach der Anmeldung. Ebenso sollte, wenn die Sache bereits vor ihrer Anmeldung einmal verwiesen wurde, eine spätere erneute Verweisung unbedingt vermieden werden[19].

14. Rechtssicherheit spielt auch bei den rechtlichen Kriterien für eine Verweisung eine Rolle, insbesondere – angesichts der knappen Fristen – vor einer Anmeldung. Folglich sollten Verweisungen vor der Anmeldung auf Fälle beschränkt werden, in denen relativ eindeutig absehbar ist, welchen Umfang die betroffenen räumlichen Märkte aufweisen und/oder ob sich das Vorhaben auf den Wettbewerb auswirkt, damit über solche Anträge rasch entschieden werden kann.

Verweisung von Fusionssachen: rechtliche Anforderungen und sonstige zu berücksichtigende Umstände

Verweisung vor der Anmeldung

15. Das Verfahren für eine Verweisung vor der Anmeldung wird durch einen begründeten Antrag der an dem Zusammenschluss Beteiligten ausgelöst. Die Beteiligten müssen vor einem solchen Antrag prüfen, ob der einschlägige Verweisungstatbestand der Fusionskontrollverordnung erfüllt sind, und ob eine Verweisung vor der Anmeldung mit den o. a. Leitlinien in Einklang stehen würde.

Verweisung von der Kommission an die Mitgliedstaaten nach Artikel 4 Absatz 4

Rechtliche Voraussetzungen

16. Für die Verweisung einer Fusionssache von der Kommission an einen oder mehrere Mitgliedstaaten nach Artikel 4 Absatz 4 müssen zwei Tatbestandsmerkmale vorliegen:

i) Es müssen Anhaltspunkte dafür vorliegen, dass der Zusammenschluss den Wettbewerb in einem oder mehreren Märkten erheblich beeinträchtigen kann, und
ii) der fragliche Markt oder die fraglichen Märkte müssen sich in einem Mitgliedstaat befinden und alle Merkmale eines gesonderten Marktes aufweisen.

17. Mit Blick auf die erste Voraussetzung müssen die Antragsteller vor allem nachweisen, dass sich das Vorhaben möglicherweise auf den Wettbewerb in einem gesonderten Markt in einem Mitgliedstaat so erheblich auswirkt, dass eine genaue Untersuchung angezeigt ist. Die entsprechenden Anzeichen können durchaus vorläufiger Natur sein und greifen jedenfalls nicht dem Ergebnis der Untersuchung vor. Die Beteiligten müssen nicht nachweisen, dass sich der Zusammenschluss nachteilig auf den Wettbewerb auswirkt[20], sondern sich lediglich auf Indikatoren beziehen, die allge-

---

Fragmentierung der Sache zu vermeiden (siehe Pressemitteilung der Kommission vom 11.4.2002, IP/02/552).

[18] Erwägungsgrund 11 der Fusionskontrollverordnung.

[19] Erwägungsgrund 14 der Fusionskontrollverordnung. Das setzt natürlich voraus, dass die Beteiligten sämtliche einschlägigen Sachverhalte in ihrem Antrag auf Verweisung vor der Anmeldung vollständig und wahrheitsgemäß offen gelegt haben.

[20] Siehe 16. Erwägungsgrund der Fusionskontrollverordnung: „ohne dass dazu von den beteiligten Unternehmen der Nachweis verlangt werden sollte, dass die Auswirkungen des Zusammenschlusses wettbewerbsschädlich sein würden".

mein darauf schließen lassen, dass Auswirkungen auf den Wettbewerb zu erwarten sind[21].

18. Damit die zweite Voraussetzung als erfüllt gilt, müssen die Antragsteller nachweisen, dass der oder die räumlichen Märkte, auf denen die in Randnummer 17 beschriebenen Wettbewerbsfolgen zu erwarten sind, einen nationalen oder noch kleineren Umfang haben[22].

Sonstige zu berücksichtigende Umstände

19. Die Beteiligten sollten im Blick auf die Erfolgsaussichten des Verweisungsantrags nicht nur prüfen, ob die rechtlichen Voraussetzungen erfüllt sind, sondern auch, ob eine Verweisung als sachlich gerechtfertigt eingestuft werden dürfte. Dazu sind die Leitsätze (siehe Randnummern 8 bis 14) und insbesondere die Ausführungen zu der Frage heranzuziehen, ob die Wettbewerbsbehörde(n), an die eine Verweisung beantragt wird, tatsächlich am besten für die Prüfung des Vorhabens geeignet sind. Hierbei ist nicht nur zu erwägen, wo sich die Wettbewerbsfolgen des Vorhabens besonders bemerkbar machen, sondern auch, inwieweit die nationale Wettbewerbsbehörde zu einer Prüfung des Vorhabens in der Lage ist.

20. Fälle von gemeinschaftsweiter Bedeutung eignen sich am ehesten für eine Verweisung an einen Mitgliedstaat, wenn sie sich voraussichtlich auf den Wettbewerb in rein nationalen oder noch kleineren Märkten auswirken und sich in ihren wirtschaftlichen und sonstigen Konsequenzen im Wesentlichen auf einen Mitgliedstaat[23] beschränken. Das gilt insbesondere für Vorhaben, deren Folgen auf einem gesonderten Markt zu spüren wären, der keinen wesentlichen Teil des Gemeinsamen Marktes bildet. Soweit eine Sache lediglich an einen einzigen Mitgliedstaat verwiesen wird, bleibt auch der Vorteil der „einzigen Anlaufstelle" gewahrt.

21. Inwieweit sich ein Zusammenschluss von gemeinschaftsweiter Bedeutung, der zwar voraussichtlich beträchtliche Folgen in einem nationalen Markt hat, aber auch erhebliche grenzüberschreitende Wirkung entfalten könnte (z. B. weil die Folgen der Fusion in einem räumlichen Markt auch auf räumlichen Märkten in anderen Mitgliedstaaten massiv spürbar sind, oder weil Marktabschottungseffekte drohen und als Folge davon eine Aufsplitterung des Gemeinsamen Marktes zu befürchten ist[24]),

---

21 Wird nachgewiesen, dass es „betroffene Märkte" im Sinne des Formblatts RS gibt, können die Anforderungen von Artikel 4 Absatz 4 generell als erfüllt gelten. Den Beteiligten steht es jedoch frei, auch andere für die wettbewerbsrechtliche Analyse der Sache relevante Faktoren zu nennen (Überschneidungen, vertikale Integration etc.).

22 Deswegen sollten die Antragsteller alle Faktoren einbringen, die typischerweise auf nationale oder noch engere Märkte hindeuten, wie vor allem Produktmerkmale (z. B. geringer Wert gegenüber hohen Transportkosten), Nachfrage- und Angebotsbesonderheiten (z. B. Endverbraucher, die das Produkt in ihrem näheren Umfeld erwerben), erhebliche Unterschiede in Preis und Marktanteilen von einem Land zum anderen, landestypische Konsumgewohnheiten, Unterschiede in der Regulierung, unterschiedlicher Steuer- oder Rechtsrahmen. Näheres dazu enthält die Bekanntmachung der Kommission über die Definition des relevanten Marktes im Sinne des Wettbewerbsrechts der Gemeinschaft (ABl. C 372 vom 9. 12. 1997, S. 5).

23 Beispielsweise hat die Kommission die Untersuchung bestimmter gesonderter Öllager-Märkte an die französischen Behörden verwiesen; siehe Sachen M.1021 Compagnie Nationale de Navigation-SOGELF, M.1464 Total/Petrofina, und Sachen M.1628 Totalfina/Elf Aquitaine, M.1030 Lafarge/Redland, M.1220 Alliance Unichem/Unifarma, M.2760 Nehlsen/Rethmann/SWB/Bremerhavener Energiewirtschaft, sowie Sachen M.2154 C3D/Rhone/Go-ahead; M.2845 Sogecable/Canal Satelite Digital/Vias Digital.

24 In der Sache M.580 ABB/Daimler Benz hat die Kommission eine Verweisung an Deutschland nach Artikel 9 abgelehnt; zwar beschränkten sich die Wettbewerbsprobleme auf deutsche Märkte, das Vorhaben (mit dem der größte Schienenverkehrsanlagen-Anbieter der Welt ent-

für eine Verweisung eignet, wird von den Einzelfallumständen abhängen. Da in diesen Fällen die Kommission und die Mitgliedstaaten gleichermaßen zur Bearbeitung geeignet sein können, sollte den Behörden bei Verweisungsanträgen ein beträchtlicher Ermessensspielraum belassen werden.

22. Inwieweit sich Zusammenschlüsse von gemeinschaftsweiter Bedeutung, die den Wettbewerb in mehreren nationalen oder noch kleineren Märkten in mehr als einem Mitgliedstaat beeinträchtigen können, für eine Verweisung an die betreffenden Mitgliedstaaten eignen, wird von fallspezifischen Umständen wie der Zahl der potenziell erheblich betroffenen Märkte, der Aussicht auf die Beseitigung aller Wettbewerbsbedenken durch verhältnismäßige, einander nicht widersprechende Abhilfemaßnahmen und dem zu erwartenden Prüfungsaufwand abhängen. Sind Wettbewerbsprobleme in mehreren Mitgliedstaaten zu erwarten und koordinierte Untersuchungen und Abhilfemaßnahmen erforderlich, wäre es angebracht, dass die Kommission ihre Zuständigkeit für die Gesamtheit des Falles beibehält[25]. Soweit koordinierte Untersuchungen und Abhilfemaßnahmen trotz der Betroffenheit nationaler Märkte in mehr als einem Mitgliedstaat nicht erforderlich scheinen, kann eine Verweisung sinnvoll sein. In einigen wenigen Fällen hat die Kommission ein Vorhaben sogar an mehr als einen Mitgliedstaat verwiesen, weil sich die Wettbewerbsbedingungen auf den jeweiligen betroffenen Märkten signifikant unterschieden[26]. Die Aufteilung der Zuständigkeit für ein Fusionssachen nimmt den Beteiligten zwar die Vorteile einer einzigen Anlaufstelle, aber dieser Punkt ist bei Verweisungsanträgen vor der Anmeldung kaum von Belang, die ja gerade von den Beteiligten selbst ausgehen.

23. Soweit möglich sollten auch die etwaige besondere Erfahrung der nationalen Wettbewerbsbehörden, an die die Sache verwiesen werden soll, mit lokalen Märkten[27] oder etwa der Umstand berücksichtigt werden, dass sie gerade die Prüfung eines anderen Vorhabens in der gleichen Branche durchführen oder in Angriff nehmen[28].

---

standen wäre) hätte aber erhebliche Folgen in ganz Europa nach sich gezogen. Siehe auch Sache M.2434 Hidroelectrica del Cantabrico/EnBW/Grupo Vilar Mir, in der die Kommission trotz eines Verweisungsantrags der spanischen Behörden nach Artikel 9 die Untersuchung fortsetzte und eine Entscheidung gemäß Artikel 8 Absatz 2 erließ.

25 In der Sache Exxon Mobil (M.1383) hatte die Kommission den Antrag des Vereinigten Königreichs auf eine Verweisung der Aspekte des Falles, die sich auf den Kraftstoffeinzelhandel in Nordwesten Schottlands bezogen, mit der Begründung abgelehnt, dass zur Ausräumung der Wettbewerbsprobleme in der Branche ein einziges, kohärentes Paket von Abhilfemaßnahmen erforderlich war; in der Sache M.2706 P&O Princess/Carnival gab die Kommission einem teilweisen Verweisungsantrag nicht statt, obwohl die britischen Behörden ein konkurrierendes Übernahmeangebot von Royal Caribbean prüften, um eine Aufsplitterung der Zuständigkeit zu vermeiden und eine Gesamtuntersuchung der verschiedenen von dem Vorhaben betroffenen Märkte zu gewährleisten.

26 S. M. 2898, Le Roy Merlin/Brico, M. 1030, Redland/Lafarge, M. 1684, Carrefour/Promodes.

27 In der Sache M.330 MacCormick/CPC/Rabobank/Ostmann nahm die Kommission eine Verweisung an Deutschland vor, weil die deutschen Behörden besser platziert waren, um die örtlichen Bedingungen in 85 000 Zweigstellen zu bewerten; die Verweisung an die Niederlande in der Sache M.1060 Vendex/KBB erging wegen der Bedeutung einheimischer Verbraucherpräferenzen und -gewohnheiten; vgl. auch die Sachen M.1555 Heineken/Cruzcampo, M.2621 SEB/Moulinex (wo es um frankreichspezifische Verbräaucherpräferenzen und Vertriebs- und Werbepraktiken ging); M.2639 Compass/Restorama/RailGourmet/Gourmet und M.2662 Danish-Crown/Steff-Houlberg.

28 Die Sache M.716 Gehe/Lloyds Chemists wurde beispielsweise an die britischen Behörden verwiesen, weil für Lloyds noch ein anderes Übernahmeangebot unterbreitet worden war,

Rechtliche Voraussetzungen

24. Im Rahmen von Artikel 4 Absatz 5 müssen lediglich zwei Tatbestandsmerkmale vorliegen, damit die Beteiligten eine Verweisung ihres Vorhabens an die Kommission beantragen können: das Vorhaben muss ein Zusammenschluss im Sinne von Artikel 3 Fusionskontrollverordnung sein, und der Zusammenschluss muss nach dem innerstaatlichen Wettbewerbsrecht von mindestens drei Mitgliedstaaten geprüft werden können. (Siehe auch Randnummern 65ff. und 70ff.)

Sonstige zu berücksichtigende Umstände

25. Die Beteiligten sollten im Blick auf die Erfolgsaussichten des Verweisungsantrags nicht nur prüfen, ob die rechtlichen Voraussetzungen erfüllt sind, sondern auch, ob eine Verweisung als sachlich gerechtfertigt eingestuft werden dürfte. Dazu sind die obigen Leitsätze und insbesondere die Ausführungen zu der Frage heranzuziehen, ob die Kommission tatsächlich besser für die Prüfung des Vorhabens geeignet ist.

26. Nach Erwägungsgrund 16 Fusionskontrollverordnung wären solche Anträge auf eine Verweisung vor der Anmeldung an die Kommission insbesondere dann angebracht, wenn der betreffende Zusammenschluss den Wettbewerb über das Hoheitsgebiet eines Mitgliedstaats hinaus beeinträchtigen würde. Hierbei ist insbesondere zu erwägen, wo sich die Wettbewerbsfolgen des Vorhabens besonders bemerkbar machen, und inwieweit die Kommission zu einer Prüfung des Vorhabens in der Lage ist.

27. Deswegen ist u. a. die Frage zu beantworten, ob es sich um einen nach seinem Wesen im Hinblick auf seine Wettbewerbsfolgen und die zu seiner ordnungsgemäßen Bearbeitung erforderlichen Untersuchungs- und Vollstreckungsbefugnisse grenzüberschreitenden Zusammenschluss handelt. Hierfür ist insbesondere zu berücksichtigen, ob sich das Vorhaben möglicherweise auf den Wettbewerb in dem oder den betroffenen Märkten auswirkt. Die entsprechenden Anhaltspunkte können durchaus vorläufiger Natur sein[29] und greifen jedenfalls nicht dem Ergebnis der Untersuchung vor. Auch brauchen die Beteiligten nicht nachzuweisen, dass die Auswirkungen auf den Wettbewerb wahrscheinlich nachteilig wären.

---

das nicht unter die Schwellenwerte der Fusionskontrollverordnung fiel und für das deswegen das Vereinigte Königreich zuständig war. Auf diese Weise konnten beide Übernahmegebote von der gleichen Behörde geprüft werden. Die Vorhaben M.1001/M.1019 Preussag/Hapag-Lloyd/TUI wurden an Deutschland verwiesen, wo sie zusammen mit einem dritten, bei den deutschen Behörden angemeldeten Vorhaben Wettbewerbsprobleme verursacht hätten, so dass eine Verweisung im Sinne einer einheitlichen und ordnungsgemäßen Prüfung angezeigt war. Die Kommission verwies die Sache M.2044 Interbrew/Bass an die britischen Behörden, da diese gleichzeitig die Übernahme einer anderen Brauerei (Whitbread) durch Interbruw untersuchten und schon kurz zuvor Untersuchungen in den betroffenen Märkten vorgenommen hatten. Ähnliche Erwägungen gelten für die Sachen M.2760 Nehlsen/Rethmann/SWB/Bremerhavener Energiewirtschaft, M.2234 Metsäliitto Osuuskunta/Vapo Oy/JV, M.2495 Haniel/Fels, M.2881 Koninklijke BAM NBM/HBG, M.2857/M.3075–3080 ECS/IEH sowie sechs weitere Übernahmen örtlicher Verteilergesellschaften durch Electrabel. In der Sache M.2706 P&O Princess/Carnival sah die Kommission jedoch von der beantragten teilweisen Verweisung ab, obwohl die britischen Behörden ein konkurrierendes Übernahmeangebot von Royal Caribbean prüften, weil die Fusion auch auf anderen betroffenen nationalen Märkten wettbewerbsrechtlich bedenklich war und die Kommission eine Aufteilung der Sache vermeiden wollte (siehe Pressemitteilung IP/02/552 der Kommission vom 11.4.2002).

[29] Wird nachgewiesen, dass es „betroffene Märkte" im Sinne des Formblatts RS gibt, können die Anforderungen generell als erfüllt gelten. Den Beteiligten steht es jedoch frei, auch andere für die wettbewerbsrechtliche Analyse der Sache relevante Faktoren zu nennen (Überschneidungen, vertikale Integration etc.).

28. Am ehesten für eine Verweisung an die Kommission geeignet sind Vorhaben, bei denen die von etwaigen Wettbewerbsfolgen betroffenen räumlichen Märkte über die Staatsgrenzen hinausreichen[30] oder einige der möglicherweise betroffenen Märkte über die Staatsgrenzen hinausreichen und die wichtigsten wirtschaftlichen Folgen des Zusammenschlusses mit diesen Märkten in Zusammenhang stehen. Da die wettbewerbliche Dynamik in solchen Fällen über nationale Grenzen hinausreichende Gebiete erfasst und folglich Untersuchungen in mehreren Ländern und entsprechende Vollstreckungsbefugnisse erforderlich sein können, dürfte die Kommission die am besten geeignete Behörde sein.

29. Ebenso dürfte sich eine Prüfung durch die Kommission anbieten (sowohl was die Untersuchung und Würdigung als auch was mögliche Abhilfemaßnahmen angeht), wenn Vorhaben Wettbewerbsprobleme in einer ganzen Reihe nationaler oder noch kleinerer Märkte in mehreren Mitgliedstaaten verursachen könnten[31]. Die Eignung der Kommission zur Prüfung dieser Vorhaben ergibt sich aus dem Bedarf einer durchgehenden, wirksamen Untersuchung in allen betroffenen Ländern mittels der entsprechenden Untersuchungsbefugnisse und einer Ausräumung etwaiger Wettbewerbsprobleme durch miteinander vereinbare Abhilfemaßnahmen.

30. Analog zu den Ausführungen zu Verweisungen nach Artikel 4 Absatz 4 gilt auch hier: Inwieweit sich ein Zusammenschluss, der zwar voraussichtlich beträchtliche Folgen in einem nationalen Markt hat, aber auch erhebliche grenzüberschreitende Wirkung entfalten könnte, für eine Verweisung eignet, wird von den Einzelfallumständen abhängen. Da in diesen Fällen die Kommission und die Mitgliedstaaten gleichermaßen zur Bearbeitung geeignet sein können, sollte den Behörden bei Verweisungsanträgen ein beträchtlicher Ermessensspielraum belassen werden.

31. Soweit möglich sollte auch die besondere Eignung der Kommission für die Prüfung des Falles berücksichtigt werden, z. B. besondere sachliche Schwerpunkte oder branchenspezifische Erfahrungen. Je größer die Gefahr, dass ein Zusammenschluss den Wettbewerb über das Hoheitsgebiet eines einzelnen Mitgliedstaates hinaus beeinträchtigt, umso wahrscheinlicher ist die Kommission die geeignete Behörde zur Prüfung des Vorhabens, insbesondere wegen ihrer Ermittlungs- und Durchsetzungskompetenzen.

32. Außerdem sind die Beteiligten berechtigt anzuführen, dass es trotz augenscheinlich nicht vorhandener Wettbewerbsfolgen zwingende Gründe für eine Prüfung des Vorhabens durch die Kommission gibt, wie den Kosten- und Zeitaufwand einer Anmeldung bei mehreren Mitgliedstaaten[32].

---

[30] Hier sei auf die gemeinsame Verweisung eines weltweite Märkte betreffenden Vorhabens von sieben Mitgliedstaaten an die Kommission in der Sache M.2738 GE/Unison oder eines den weisteuropäischen Markt betreffenden Vorhabens von ebenfalls sieben Mitgliedstaaten an die Kommission in der Sache M.2698 Promatech/Sulzer hingewiesen; siehe auch Principles on the application, by National Competition Authorities within the ECA network, of Article 22o f the EC Merger Regulation, veröffentlicht von den Europäischen Wettbewerbsbehörden, Abschnitt 11.

[31] Das gilt beispielsweise für Vorhaben, bei denen die betroffenen Märkte zwar national (oder für die Zwecke der wettbewerbsrechtlichen Würdigung noch kleiner) sind, aber von europäischen oder Weltmarken, europa- oder weltweit gültigen geistigen Eigentumsrechten, oder zentralisierter Produktion oder Vermarktung geprägt werden, im letzteren Fall jedenfalls soweit diese zentrale Produktion oder Vermarktung für die Abhilfemaßnahmen von Belang ist.

[32] Erwägungsgründe 12 und 16 der Fusionskontrollverordnung.

Verweisung nach der Anmeldung

Verweisungen von der Kommission an Mitgliedstaaten gemäß Artikel 9

33. Nach Artikel 9 verfügt ein Mitgliedstaat, der eine Verweisung nach Anmeldung eines Vorhabens bei der Kommission beantragen möchte, über zwei Möglichkeiten: Artikel 9 Absatz 2 Buchstabe a) und Buchstabe b).

Artikel 9 Absatz 2 Buchstabe a)

Rechtliche Voraussetzungen

34. Für die Verweisung einer Fusionssache von der Kommission an einen oder mehrere Mitgliedstaaten nach Artikel 9 Absatz 2 Buchstabe a) müssen folgende rechtliche Voraussetzungen erfüllt sein:

i) der Zusammenschluss muss geeignet sein, den Wettbewerb *auf einem* Markt erheblich zu beeinträchtigen, und
ii) der fragliche Markt muss sich in dem antragstellenden Mitgliedstaat befinden und alle Merkmale eines gesonderten Marktes aufweisen.

35. In Bezug auf die erste Voraussetzung muss der antragstellende Mitgliedstaat nachweisen, dass nach einer vorläufigen Analyse ein wirkliches Risiko besteht, dass das Vorhaben erhebliche nachteilige Auswirkungen auf den Wettbewerb hat und daher genau geprüft werden sollte. Bei den vorläufigen Anhaltspunkten kann es sich durchaus um Anscheinsbeweise für mögliche erhebliche nachteilige Auswirkungen handeln, die jedenfalls nicht dem Ergebnis der eigentlichen Untersuchung vorgreifen.

36. In Bezug auf die zweite Voraussetzung muss der Mitgliedstaat nachweisen, dass der oder die räumlichen Märkte, auf denen der Wettbewerb durch das Vorhaben in der in Randnummer 35 beschriebenen Weise beeinträchtigt wird, einen nationalen oder noch kleineren Umfang haben[33].

Sonstige zu berücksichtigende Umstände

37. Neben den rechtlichen Voraussetzungen sollten weitere Umstände bei der Würdigung der Frage berücksichtigt werden, ob eine Verweisung voraussichtlich als gerechtfertigt angesehen wird. Dazu sind die obigen Leitsätze und insbesondere die Ausführungen zu der Frage heranzuziehen, ob die Wettbewerbsbehörde(n), die die Verweisung beantragen, tatsächlich am besten für die Prüfung des Vorhabens geeignet ist (sind). Hierbei ist nicht nur zu erwägen, wo sich die Wettbewerbsfolgen des Vorhabens besonders bemerkbar machen, sondern auch, inwieweit die nationale Wettbewerbsbehörde zu einer Prüfung des Vorhabens in der Lage ist (siehe Randnummern 19–23).

Artikel 9 Absatz 2 Buchstabe b)

Rechtliche Voraussetzungen

38. Für die Verweisung einer Fusionssache von der Kommission an einen oder mehrere Mitgliedstaaten nach Artikel 9 Absatz 2 Buchstabe b) müssen folgende Tatbestandsmerkmale vorliegen:

i) der Zusammenschluss muss den Wettbewerb auf einem Markt beeinträchtigen, und
ii) der fragliche Markt muss sich in dem antragstellenden Mitgliedstaat befinden und alle Merkmale eines gesonderten Marktes aufweisen, darf aber nicht einen wesentlichen Teil des Gemeinsamen Marktes bilden.

---

[33] Vgl. die Bekanntmachung der Kommission über die Definition des relevanten Marktes im Sinne des Wettbewerbsrechts der Gemeinschaft (ABl. C 372 vom 9.12.1997, S. 5).

39. In Bezug auf die erste Voraussetzung muss der antragstellende Mitgliedstaat nachweisen, dass der Zusammenschluss sich nach einer vorläufigen Analyse auf den Wettbewerb in einem Markt auswirkt. Bei den vorläufigen Anhaltspunkten kann es sich durchaus um Anscheinsbeweise für mögliche nachteilige Auswirkungen handeln, die jedenfalls nicht dem Ergebnis der eigentlichen Untersuchung vorgreifen.

40. Mit Blick auf die zweite Voraussetzung muss der antragstellende Mitgliedstaat nicht nur nachweisen, dass der Markt, in dem der Wettbewerb in der in Randnummer 38 beschriebenen Weise betroffen ist, einen gesonderten Markt innerhalb eines Mitgliedstaates bildet, sondern auch, dass dieser Markt kein wesentlicher Teil des Gemeinsamen Marktes ist. Nach bewährter Fallpraxis und ständiger Rechtsprechung kommen hierfür nur räumlich eng begrenzte Märkte innerhalb eines Mitgliedstaates in Frage[34].

41. Wenn diese Voraussetzungen vorliegen, ist die Kommission verpflichtet, die Sache zu verweisen.

Verweisungen von den Mitgliedstaaten an die Kommission gemäß Artikel 22

Rechtliche Voraussetzungen

42. Für die Verweisung einer Fusionssache von einem oder mehreren Mitgliedstaaten an die Kommission nach Artikel 22 müssen zwei Tatbestandsmerkmale vorliegen:

i) der Zusammenschluss muss den Handel zwischen Mitgliedstaaten beeinträchtigen und
ii) er muss den Wettbewerb im Hoheitsgebiet des beziehungsweise der antragstellenden Mitgliedstaates erheblich zu beeinträchtigen drohen.

---

[34] Verweisungen nach Artikel 9 Absatz 2 Buchstabe b) nahm die Kommission u. a. vor in den Sachen: M.2446, Govia/Connex South Central, wo der Zusammenschluss den Wettbewerb auf bestimmten Schienenstrecken im Raum London/Gatwick-Brighton im Vereinigten Königreich beeinträchtigte; M.2730, Connex/DNVBVG, wo es um öffentliche Nachverkehrsnetze in Riesa (Sachsen) ging; und M.3130, Arla Foods/Express Diaries, wo der Wettbewerb auf dem Markt der Belieferung von Haushalten mit Flaschenmilch in den britischen Gebieten London, Yorkshire und Lancashire betroffen war. Zur Klärung, was nicht wesentlicher Teil des Gemeinsamen Marktes ist, kann auch die Rechtsprechung zu Artikel 82 EGV herangezogen werden. Der Gerichtshof hat den Begriff „wesentlicher Teil" ziemlich weit ausgelegt und sich dabei u. a. auf empirische Belege gestützt. In der Rechtsprechung werden in erster Linie praktische Kriterien wie „Struktur und Umfang der Produktion und des Verbrauchs des in Betracht kommenden Erzeugnisses sowie die Gewohnheiten und die wirtschaftlichen Möglichkeiten der Verkäufer und der Käufer" herangezogen, siehe Rs. 40/73, Suiker Unie/Kommission, Slg. 1975, 1663. Siehe auch Rs. C-179/90, Porto di Genova, Slg. 1991, I-5889, in der der Hafen von Genua als wesentlicher Teil des Gemeinsamen Marktes angesehen wurde. In seiner Rechtsprechung hat der Gerichtshof mehrfach auch eine Reihe gesonderter Märkte zusammen als wesentlichen Teil des Gemeinsamen Marktes betrachtet. In der Rechtssache C-323/93, Centre d'insémination de la Crespelle, Slg. 1994, I-5077, Rdnr. 17 führte er beispielsweise aus: „Im vorliegenden Fall sind den Besamungsstationen durch die nationalen Rechtsvorschriften, wonach ihr Betrieb genehmigungspflichtig ist und jede Station ein bestimmtes Gebiet ausschließlich versorgt, ausschließliche Rechte eingeräumt worden. Diese nationalen Vorschriften schaffen dadurch, dass sie zugunsten dieser Unternehmen Monopole nebeneinanderstellen, die territorial begrenzt sind, in ihrer Gesamtheit aber das ganze Hoheitsgebiet eines Mitgliedstaats erfassen, eine beherrschende Stellung im Sinne von Artikel 86 EWG-Vertrag auf einem wesentlichen Teil des Gemeinsamen Marktes".

43. Die erste Voraussetzung ist erfüllt, wenn der Zusammenschluss erkennbaren Einfluss auf den Verlauf der Handelsströme zwischen Mitgliedstaaten nimmt[35].

44. In Bezug auf die zweite Voraussetzung nach Artikel 9 Absatz 2 Buchstabe a) muss der verweisende Mitgliedstaat im Kern nachweisen, dass nach einer vorläufigen Analyse ein wirkliches Risiko besteht, dass das Vorhaben erhebliche nachteiligen Auswirkungen auf den Wettbewerb hat und daher genau geprüft werden sollte. Bei den vorläufigen Anhaltspunkten kann es sich durchaus um Anscheinsbeweise für mögliche erhebliche nachteilige Auswirkungen handeln, die jedenfalls nicht dem Ergebnis der eigentlichen Untersuchung vorgreifen.

Sonstige zu berücksichtigende Umstände

45. Da Verweisungen an die Kommission nach der Anmeldung für die fusionierenden Unternehmen einen zusätzlichen Kosten- und Zeitaufwand nach sich ziehen können, sollten sie sich normalerweise auf solche Fälle beschränken, die eine wirkliche Gefahr nachteiliger Folgen für Wettbewerb und zwischenstaatlichen Handel in sich bergen, denen am besten auf Gemeinschaftsebene begegnet werden kann[36]. Folgende Fallkategorien kommen demgemäß in der Regel am ehesten für eine Verweisung an die Kommission nach Artikel 22 in Betracht:

– Vorhaben, bei denen ernste Wettbewerbsbedenken in Bezug auf einen oder mehrere räumliche Märkte bestehen, die über die Staatsgrenzen hinausreichen, oder bei denen einige der möglicherweise betroffenen Märkte über die Staatsgrenzen hinausreichen, und die wichtigsten wirtschaftlichen Folgen des Zusammenschlusses mit diesen Märkten in Zusammenhang stehen;
– Vorhaben, bei denen ernste Wettbewerbsbedenken in Bezug auf eine Reihe nationaler oder noch kleinerer Märkte in mehreren Mitgliedstaaten bestehen, die wichtigsten wirtschaftlichen Folgen des Zusammenschlusses mit diesen Märkten in Zusammenhang stehen und eine einheitliche Bearbeitung der Sache (im Hinblick sowohl auf mögliche Abhilfen als auch gegebenenfalls schon auf das Verfahren) wünschenswert wäre.

III. Funktionsweise des Verweisungssystems

A. Überblick

46. Maßgeblich für die Handhabung des Verweisungssystems sind die Rechtsvorschriften der Fusionskontrollverordnung. Die einzelnen Schritte einer Verweisung zwischen der Kommission und den Mitgliedstaaten sind in den Artikel 4 Absätze 4 und 5, Artikel 9 und Artikel 22 ausführlich geregelt.

47. Jede dieser vier Vorschriften enthält eine vollständige Verweisungsregelung für eine bestimmte Kategorie. Dabei handelt es sich um folgende Kategorien:

a) Verweisung vor der Anmeldung:
   i) von der Kommission an die Mitgliedstaaten (Artikel 4 Absatz 4)

---

[35] Vgl. analog dazu die Bekanntmachung der Kommission „Leitlinien über den Begriff der Beeinträchtigung des zwischenstaatlichen Handels in den Artikeln 81 und 82 des Vertrags", ABl. C 101 vom 27.4.2004, S. 81.

[36] Hier sei auf die gemeinsame Verweisung eines weltweite Märkte betreffenden Vorhabens von sieben Mitgliedstaaten an die Kommission in der Sache M.2738 GE/Unison oder eines den westeuropäischen Markt betreffenden Vorhabens von ebenfalls sieben Mitgliedstaaten an die Kommission in der Sache M.2698 Promatech/Sulzer hingewiesen; siehe auch Principles on the application, by National Competition Authorities within the ECA network, of Article 22 of the EC Merger Regulation, veröffentlicht von den Europäischen Wettbewerbsbehörden, Abschnitt 11.

ii) von den Mitgliedstaaten an die Kommission (Artikel 4 Absatz 5)

b) Verweisung nach der Anmeldung:

i) von der Kommission an die Mitgliedstaaten (Artikel 9)

ii) von den Mitgliedstaaten an die Kommission (Artikel 22)

48. Die Schaubilder in Anhang I zeigen die verschiedenen Verfahrensschritte bei Verweisungen Artikel 4 Absätze 4 und 5, Artikel 9 und Artikel 22.

Verweisung vor der Anmeldung

49. Nur die beteiligten Unternehmen können eine Verweisung vor der Anmeldung beantragen[37]. Die beteiligten Unternehmen müssen prüfen, ob die Verweisungsvoraussetzungen nach Artikel 4 Absatz 4 (Zusammenschluss von gemeinschaftsweiter Bedeutung, der aber den Wettbewerb in einem gesonderten Markt innerhalb eines Mitgliedstaates erheblich beeinträchtigen kann) oder Artikel 4 Absatz 5 (Zusammenschluss ohne gemeinschaftsweite Bedeutung, der aber in mindestens drei Mitgliedstaaten nach innerstaatlichem Wettbewerbsrecht geprüft werden kann) vorliegen. Anschließend können sie mit begründetem Antrag unter Verwendung des Formblatts RS eine Verweisung von der oder an die Kommission beantragen. Die Kommission leitet diesen Antrag unverzüglich an alle Mitgliedstaaten weiter. Die weiteren Verfahrensschritte bei Verweisungen nach Artikel 4 Absatz 4 bzw. Absatz 5 unterscheiden sich voneinander.

– Nach Artikel 4 Absatz 4 verfügen die betroffenen Mitgliedstaaten[38] über eine Frist von 15 Arbeitstagen ab Erhalt des Antrags, um diesem zuzustimmen oder ihn abzulehnen. Trifft der Mitgliedstaat keine Entscheidung, so gilt dies als Zustimmung[39]. Stimmen die betroffenen Mitgliedstaaten der Verweisung zu, muss die Kommission binnen ungefähr 10 Arbeitstagen (25 Arbeitstage ab Eingang des Formblatts RS bei der Kommission) über den Verweisungsantrag entscheiden. Trifft die Kommission keine Entscheidung, gilt dies als positive Entscheidung. Bei einer positiven Entscheidung wird das Vorhaben (ganz oder teilweise) an den oder die betroffenen Mitgliedstaaten verwiesen, wie von den Unternehmen beantragt. Der oder die betroffenen Mitgliedstaaten prüfen das Vorhaben bzw. die an sie verwiesenen Teile nach ihrem innerstaatlichen Wettbewerbsrecht[40]. Artikel 9 Absätze 6 bis 9 findet entsprechend Anwendung.

---

[37] Der Begriff der „beteiligten Unternehmen" schließt auch „Personen" i. S. v. Artikel 3 Absatz 1 Buchstabe b) ein.

[38] Die betroffenen Mitgliedstaaten sind jene Mitgliedstaaten, an die eine Verweisung beantragt wird.

[39] Dabei handelt es sich um eine wesentliche Regel in allen Verweisungsverfahren auf der Grundlage der Fusionskontrollverordnung. Sie kann als „zustimmendes Schweigen" oder Verzicht auf Widerspruch bezeichnet werden: bleibt eine Entscheidung der Kommission oder eines Mitgliedstaates aus, gilt das als Zustimmung bzw. Genehmigung. Diese Regel war bereits in Artikel 9 Absatz 5 der Verordnung (EWG) Nr. 4064/89 enthalten. Sie wurde in Artikel 4 Absatz 4 (Unterabsätze 2 und 4), Artikel 4 Absatz 5 (Unterabsatz 4), Artikel 9 Absatz 5 und Artikel 22 Absatz 3 (Unterabsatz 1, letzter Satz) der Fusionskontrollverordnung übernommen. Diese Regel ist jedoch nicht anwendbar auf Entscheidungen von Mitgliedstaaten, sich einem Antrag nach Artikel 22 Absatz 2 anzuschließen.

[40] Artikel 4 Absatz 4 erlaubt Anträge auf eine Verweisung sowohl des gesamten als auch von Teilen des Vorhabens. Die Kommission und die Mitgliedstaaten können diesen Antrag nur annehmen oder ablehnen; sie dürfen ihn nicht abändern, indem sie beispielsweise nur eine teilweise Verweisung beschließen, wenn die Verweisung des gesamten Vorhabens beantragt wurde. Im Falle einer teilweisen Verweisung prüfen die Mitgliedstaaten die an sie verwiesenen Teile nach ihrem innerstaatlichen Wettbewerbsrecht. Für die übrigen Teile des Vorhabens gilt unverändert die Fusionskontrollverordnung, d. h. die Unternehmen müssen die nicht verwie-

– Nach Artikel 4 Absatz 5 verfügen die betroffenen Mitgliedstaaten[41] über eine Frist von 15 Arbeitstagen ab Erhalt des Antrags, um diesem zuzustimmen oder ihn abzulehnen. Nach Ablauf der Frist prüft die Kommission, ob ein nach innerstaatlichem Wettbewerbsrecht zuständiger Mitgliedstaat den Antrag abgelehnt hat. Wenn keiner der zuständigen Mitgliedstaaten abgelehnt hat, so wird die gemeinschaftsweite Bedeutung des Zusammenschlusses vermutet und er ist bei der Kommission anzumelden, die alleine für seine Prüfung zuständig ist. Dann müssen die Beteiligten ihr Vorhaben mit dem Formblatt CO bei der Kommission anmelden. Hat jedoch mindestens ein zuständiger Mitgliedstaat den Verweisungsantrag abgelehnt, unterrichtet die Kommission sämtliche Mitgliedstaaten und die betroffenen Unternehmen unverzüglich über diese Ablehnung, und das Verweisungsverfahren ist beendet. Für die Beteiligten gelten dann die etwaigen nationalen Anmelderegeln.

Verweisung nach der Anmeldung

50. Gemäß Artikel 9 Absatz 2 und Artikel 22 Absatz 1 werden Verweisungen von den Mitgliedstaaten entweder von Amts wegen oder nach Aufforderung durch die Kommission nach Artikel 9 Absatz 2 oder Artikel 22 Absatz 5 veranlasst. Die Verfahren für Verweisungen von der und an die Kommission unterscheiden sich.

– Nach Artikel 9 kann ein Mitgliedstaat bei der Kommission beantragen, dass ein bei ihr angemeldeter Zusammenschluss mit gemeinschaftsweiter Bedeutung ganz oder teilweise an ihn verwiesen wird, wenn der Zusammenschluss den Wettbewerb auf einem gesonderten Markt in diesem Mitgliedstaat erheblich zu beeinträchtigen droht (Artikel 9 Absatz 2 Buchstabe a)), oder wenn er den Wettbewerb auf einem gesonderten Markt in diesem Mitgliedstaat beeinträchtigen würde, der keinen wesentlichen Teil des Gemeinsamen Marktes darstellt (Artikel 9 Absatz 2 Buchstabe b)). Dieser Antrag ist binnen 15 Arbeitstagen nach Eingang der Kopie des Formblatts CO beim Mitgliedstaat zu stellen. Die Kommission prüft zuerst, ob diese Tatbestandsmerkmale vorliegen. Ist dies der Fall, so entscheidet die Kommission unter Ausübung ihres Ermessens darüber, ob sie die Sache ganz oder teilweise verweist. Im Falle eines auf Artikel 9 Absatz 2 Buchstabe b) gestützten Verweisungsantrags ist die Kommission (ohne eigenen Ermessensspielraum) verpflichtet, die Sache zu verweisen, wenn die Tatbestandsmerkmale erfüllt sind. Die Entscheidung ist binnen 35 Arbeitstagen ab Anmeldung zu treffen, oder – wenn die Kommission das Verfahren eingeleitet hat – binnen 65 Arbeitstagen[42]. Im Falle einer Verweisung prüfen die Mitgliedstaaten das Vorhaben nach ihrem innerstaatlichen Wettbewerbsrecht und sind lediglich an Artikel 9 Absätze 6 und 8 gebunden.
– Nach Artikel 22 kann ein Mitgliedstaat bei der Kommission beantragen, jeden Zusammenschluss zu prüfen, der keine gemeinschaftsweite Bedeutung hat, aber den

---

senen Teile gemäß Artikel 4 Absatz 1 Fusionskontrollverordnung mittels des Formblatts CO anmelden. Wird jedoch das gesamte Vorhaben an einen Mitgliedstaat verwiesen, ist gemäß Artikel 4 Absatz 4 letzter Unterabsatz keine Anmeldung bei der Kommission erforderlich. Eine Prüfung des Vorhabens durch die Kommission unterbleibt. Der betreffende Mitgliedstaat prüft das gesamte Vorhaben gemäß seinem innerstaatlichen Wettbewerbsrecht; kein anderer Mitgliedstaat darf sein innerstaatliches Wettbewerbsrecht auf diesen Zusammenschluss anwenden.

[41] d. h. die Mitgliedstaaten, die für die Prüfung des Vorhabens nach ihrem innerstaatlichen Wettbewerbsrecht zuständig gewesen wären, wenn kein Verweisungsantrag gestellt worden wäre. Zum Zuständigkeitsbegriff siehe Abschnitt B5.

[42] In Fällen, in denen die Kommission vorbereitende Schritte unternommen hat, ist die Entscheidung binnen 65 Arbeitstagen zu treffen (siehe Artikel 9 Absatz 4 Buchstabe b) und Absatz 5).

Handel zwischen Mitgliedstaaten beeinträchtigt und den Wettbewerb in seinem Hoheitsgebiet erheblich zu beeinträchtigen droht. Der Antrag muss innerhalb von 15 Arbeitstagen, nachdem der Zusammenschluss bei dem betreffenden Mitgliedstaat angemeldet oder, falls eine Anmeldung nicht erforderlich ist, ihm „zur Kenntnis gebracht worden ist"[43], gestellt werden. Die Kommission leitet diesen Antrag an alle Mitgliedstaaten weiter. Jeder andere Mitgliedstaat kann sich innerhalb von 15 Arbeitstagen nach Erhalt einer Kopie des ersten Antrags diesem anschließen[44]. Alle nationalen Fristen sind währenddieser 15 Arbeitstage gehemmt, bis über die endgültige Prüfungskompetenz entschieden wurde. Ein Mitgliedstaat kann seine innerstaatlichen Fristen schon vor Ablauf der 15 Arbeitstage wieder in Gang setzen, indem er der Kommission mitteilt, dass er sich dem Antrag nicht anschließt. Nach Ablauf der 15-Tage-Frist hat die Kommission höchstens zehn Arbeitstage Zeit, um zu entscheiden, ob sie die Verweisung annimmt oder nicht. Akzeptiert die Kommission die Zuständigkeit für ein Vorhaben, enden die innerstaatlichen Verfahren in den verweisenden Mitgliedstaaten, und die Kommission prüft den Zusammenschluss nach Artikel 22 Absatz 4 Fusionskontrollverordnung für die antragstellenden Mitgliedstaaten[45]. Staaten, die keine Verweisung beantragt haben, können ihr innerstaatliches Recht weiterhin anwenden.

51. Im folgenden Abschnitt der Mitteilung werden Unternehmen, die einen Verweisungsantrag vor der Anmeldung in Betracht ziehen, oder die an einem Vorhaben beteiligt sind, das nach seiner Anmeldung verwiesen werden könnte, weitere Orientierungshilfen zu bestimmten Einzelheiten des Systems geboten.

B. Einzelne Aspekte des Verweisungssystems

52. In diesem Teil der Mitteilung werden Orientierungshilfen zu einzelnen Aspekten des Verweisungssystems des Artikels 4 Absätze 4 und 5 sowie der Artikel 9 und 22 Fusionskontrollverordnung geboten.

---

[43] Die Formel „zur Kenntnis gebracht worden ist" im Sinne des Wortlauts von Artikel 22 heißt in diesem Zusammenhang auch, dass ausreichende Informationen vorliegen, um zu prüfen, ob die Voraussetzungen für einen Verweisungsantrag nach Artikel 22 vorliegen.

[44] Nach Artikel 22 können sich die übrigen Mitgliedstaaten dem ursprünglichen Antrag folglich auch dann anschließen, wenn der Zusammenschluss nicht bei ihnen angemeldet wurde. Das mag jedoch daran scheitern, dass sie bei Erhalt der Kopie des ersten Verweisungsantrags noch nicht die erforderlichen Angaben von den fusionierenden Unternehmen erhalten haben. Unabhängig vom Recht der Mitgliedstaaten, mit den fusionierenden Unternehmen in Verbindung zu treten, um zu prüfen, ob sie gegebenenfalls für ihr Vorhaben zuständig sind, wird den Anmeldern nachdrücklich empfohlen, ihre Anmeldung nach Möglichkeit gleichzeitig bei sämtlichen zuständigen Mitgliedstaaten einzureichen.

[45] Bei einer Prüfung einer Zusammenschlusses im Namen eines oder mehrerer Mitgliedstaaten auf der Grundlage von Artikel 22 ist die Kommission nach Artikel 22 Absatz 4 Fusionskontrollverordnung auch zum Erlass von materiellrechtlichen Entscheidungen nach Artikel 6 und 8 Fusionskontrollverordnung berechtigt. Die Kommission prüft den Zusammenschluss auf Antrag und im Namen der antragstellenden Mitgliedstaaten. Diese Bestimmung sollte so ausgelegt werden, dass er die Kommission verpflichtet, die Folgen des Zusammenschlusses im Hoheitsgebiet dieser Mitgliedstaaten zu untersuchen. Die Folgen des Zusammenschlusses im Hoheitsgebiet der Mitgliedstaaten, die sich dem Antrag nicht angeschlossen haben, sind nur dann Gegenstand der Untersuchung, wenn ihre Analyse für die Würdigung seiner Folgen im Gebiet der antragstellenden Mitgliedstaaten erforderlich ist (z. B. wenn der räumliche Markt über das Hoheitsgebiet des antragstellenden Mitgliedstaates hinausreicht).

1. Das Netz der Wettbewerbsbehörden

53. Gemäß Artikel 19 Absatz 2 der Fusionskontrollverordnung führt die Kommission die in dieser Verordnung vorgesehenen Verfahren in enger und stetiger Verbindung mit den zuständigen Behörden der Mitgliedstaaten (den nationalen Wettbewerbsbehörden) durch. Die Zusammenarbeit und der Dialog zwischen der Kommission und den nationalen Wettbewerbsbehörden und unter den nationalen Wettbewerbsbehörden sind besonders bei Fusionssachen von Bedeutung, die nach der Fusionskontrollverordnung verwiesen werden können.

54. In Erwägungsgrund 14 der Fusionskontrollverordnung heißt es: „Die Kommission sollte gemeinsam mit den nationalen Wettbewerbsbehörden ein Netz von Behörden bilden, die ihre jeweiligen Zuständigkeiten in enger Zusammenarbeit durch effiziente Regelungen für Informationsaustausch und Konsultation wahrnehmen, um sicherzustellen, dass jeder Fall unter Beachtung des Subsidiaritätsprinzips von der für ihn am besten geeigneten Behörde behandelt wird und um Mehrfachanmeldungen weitestgehend auszuschließen."

55. Dieses Netz sollte eine effiziente Handhabung des Verweisungssystems nach den in Abschnitt II beschriebenen Grundsätzen ermöglichen, d. h. die reibungslose Anwendung des Systems der Verweisungen vor der Anmeldung erleichtern und im Rahmen des Vorhersehbaren eine möglichst frühe Identifizierung jener Fälle erlauben, die für eine Verweisung nach der Anmeldung in Betracht kommen[46].

56. Gemäß Artikel 4 Absätze 4 und 5 ist die Kommission verpflichtet, die begründeten Anträge der betroffenen Unternehmen „unverzüglich" weiterzuleiten[47]. Die Kommission wird sich darum bemühen, Schriftstücke an dem auf ihren Eingang oder ihren Erlass folgenden Arbeitstag weiterzuleiten. Der Informationsaustausch im Netz der Wettbewerbsbehörden erfolgt situationsabhängig über elektronische Post, normale Post, Boten, Fax oder Telefon. Sensible oder vertrauliche Angaben werden über geschützte elektronische oder sonstige Kommunikationswege ausgetauscht.

57. Sämtliche Mitglieder des Netzes, d. h. sowohl die Kommission als auch die nationalen Wettbewerbsbehörden sowie alle ihre Beamten und sonstigen Bediensteten, andere unter Aufsicht dieser Behörden tätige Personen, und schließlich Beamte und Bedienstete anderer Behörden der Mitgliedstaaten sind gemäß Artikel 17 Fusionskontrollverordnung verpflichtet, Berufsgeheimnisse zu wahren. Sie dürfen keine nicht für die Öffentlichkeit bestimmten Informationen, die sie in Anwendung der Fusionskontrollverordnung erworben haben, offen legen, sofern die natürliche oder juristische Person, von der sie die betreffende Information erhalten haben, ihrer Offenlegung nicht zugestimmt hat.

58. Konsultationen und Informationsaustausch innerhalb des Netzes gelten hingegen als Kontakte zwischen mit der Rechtsanwendung beauftragten Behörden und lassen die Rechte und Pflichten, die Unternehmen aus dem Gemeinschaftsrecht oder dem innerstaatlichen Recht entstehen, unberührt. Jede Wettbewerbsbehörde bleibt für die Gewährleistung des ordnungsgemäßen Verfahrensablaufs in den von ihr behandelten Fällen uneingeschränkt verantwortlich.

---

[46] Erhält die Kommission früh genug Kenntnis von der Möglichkeit eines Verweisungsantrags, kann sie diesen Umstand beispielsweise bei der Entscheidung über einen Antrag auf Freistellung vom Vollzugsaufschub nach Artikel 7 Absatz 3 Fusionskontrollverordnung berücksichtigen.

[47] Ebenso ist die Kommission nach Artikel 19 Absatz 1 Fusionskontrollverordnung verpflichtet, den nationalen Wettbewerbsbehörden Kopien der Anmeldungen und der wichtigsten bei ihr eingereichten oder von ihr erstellten Schriftstücke zu übermitteln.

2. Inanspruchnahme des Systems zur Verweisung vor der Anmeldung; von den Antragstellern vorzulegende Angaben

59. Für ein schnelles und reibungsloses Funktionieren des Verweisungssystem ist es unerlässlich, dass die Antragsteller, wann immer es erforderlich ist, vollständige und genaue Informationen rechtzeitig und so effizient wie möglich übermitteln. Welche Informationen vorzulegen sind und welche Folgen unrichtige, unvollständige oder irreführende Angaben haben können, ist in der Fusionskontrollverordnung, der Verordnung (EG) Nr. 802/2004 und dem Formblatt RS in rechtlich verbindlicher Weise festgelegt[48].

60. Wie im Formblatt RS angegeben, müssen sämtliche einem begründeten Antrag beigefügten Angaben richtig und vollständig sein. Im Falle unrichtiger oder unvollständiger Angaben kann die Kommission entweder eine Entscheidung nach Artikel 6 Absatz 1 Buchstabe a) Fusionskontrollverordnung erlassen (wenn sie während der Untersuchung erkennt, dass die Voraussetzungen von Artikel 4 Absatz 5 nicht erfüllt sind), oder eine auf eine Verweisung gemäß Artikel 4 Absatz 5 folgende Entscheidung nach Artikel 6 oder 8 gemäß Artikel 6 Absatz 3 Buchstabe a) oder Artikel 8 Absatz 6 Buchstabe a) Fusionskontrollverordnung widerrufen. Nach eine Entscheidung nach Artikel 6 Absatz 1 Buchstabe a) oder dem Widerruf gilt für das Vorhaben erneut innerstaatliches Wettbewerbsrecht. Beruht eine Verweisung nach Artikel 4 Absatz 4 auf unrichtigen oder unvollständigen Angaben, kann die Kommission eine Anmeldung nach Artikel 4 Absatz 1 verlangen. Ferner ist die Kommission befugt, eine Geldbuße gemäß Artikel 14 Absatz 1 Buchstabe a) Fusionskontrollverordnung zu verhängen. Schließlich können die Kommission und/oder die Mitgliedstaaten, wenn eine Verweisung aufgrund unrichtiger oder unvollständiger Angaben einschließlich jener im Formblatt RS vorgenommen wurde, die Sache nach der Anmeldung erneut verweisen, um die vor der Anmeldung erfolgte, auf diesen unrichtigen oder unvollständigen Angaben beruhende Verweisung zu korrigieren[49].

61. Nicht vorgesehen oder erforderlich ist, dass Unternehmen, die Angaben im Formblatt RS vorlegen oder einen Antrag auf Verweisung vor der Anmeldung stellen, nachweisen, dass die Auswirkungen des Zusammenschlusses wettbewerbsschädlich sein würden[50]. Sie sollten jedoch möglichst viele Angaben vorlegen, aus denen eindeutig hervorgeht, inwieweit die Verweisungskriterien nach Artikel 4 Absätze 4 und 5 erfüllt sind und warum die Wettbewerbsbehörde(n), an die die Sache verwiesen werden soll, für eine Prüfung des Vorhabens besonders geeignet ist (sind). Eine Veröffentlichung der Information, dass ein RS-Formblatt eingereicht wurde, ist in der Fusionskontrollverordnung nicht vorgeschrieben und auch nicht beabsichtigt. Ein nicht öffentlich bekanntes Vorhaben kann somit durchaus Gegenstand eines Verweisungsantrags sein.

62. Auch wenn die Kommission gemäß der Fusionskontrollverordnung Anträge mittels des Formblatts RS in allen Amtssprachen der Gemeinschaft entgegennimmt, werden die betroffenen Unternehmen, deren Angaben an das Netz der Wettbewerbsbehörden übermittelt werden sollen, nachdrücklich gebeten, eine Sprache zu verwenden, die von sämtlichen Adressaten ihrer Angaben verstanden wird. Damit soll den Mitgliedstaaten die Bearbeitung solcher Anträge erleichtert werden. Anträge auf

---

48 Das Formblatt RS ist der Verordnung (EG) Nr. 802/2004 der Kommission vom 7. April 2004 zur Durchführung der Verordnung (EG) Nr. 139/2004 des Rates über die Kontrolle von Unternehmenszusammenschlüssen (ABl. L 133 vom 30.4.2004, S. 1) als Anhang beigefügt.

49 Das wäre die geeignete „Abhilfemaßnahme", wenn zwar die Voraussetzungen von Artikel 4 Absatz 5 erfüllt sind, die Antragsteller aber unrichtige oder unvollständige Angaben vorgelegt haben und die Kommission sich dessen im Zuge ihrer Untersuchung bewusst wird.

50 Erwägungsgrund 16 der Fusionskontrollverordnung.

Verweisung an einen oder mehrere Mitgliedstaaten sollten im Übrigen auch in den Sprachen dieses Staates/dieser Staaten eingereicht werden.

63. Über die rechtlichen Anforderungen im Formblatt RS hinaus sollten die Unternehmen darauf vorbereitet sein, auf Anfrage zusätzliche Angaben zu unterbreiten und die Angelegenheit mit der Kommission und den nationalen Wettbewerbsbehörden offen zu besprechen, damit die Kommission und die nationalen Wettbewerbsbehörden die Berechtigung des Verweisungsantrags beurteilen können.

64. Vor und auch nach Einreichung des Formblatts RS sind informelle Kontakte zwischen den fusionierenden Unternehmen einerseits und der Kommission und den Behörden der Mitgliedstaaten andererseits ausdrücklich gewünscht. Die Kommission steht allen Unternehmen, die von der Möglichkeit einer Verweisung aufgrund von Artikel 4 Absätze 4 und 5 Fusionskontrollverordnung Gebrauch machen wollen, für frühzeitige informelle Beratung zur Verfügung[51].

3. Zusammenschlüsse, die für eine Verweisung in Frage kommen

65. Nur Zusammenschlüsse im Sinne von Artikel 3 der Fusionskontrollverordnung können auf der Grundlage von Artikel 4 Absatz 5 und Artikel 22 verwiesen werden. Auf der Grundlage von Artikel 4 Absatz 4 und Artikel 9 hingegen können nur Zusammenschlüsse verwiesen werden, die unter nationales Fusionskontrollrecht fallen[52].

66. Anträge nach Artikel 4 Absatz 4 oder 5 Fusionskontrollverordnung auf eine Verweisung vor der Anmeldung können nur für ausreichend konkrete Zusammenschlussvorhaben eingereicht werden. Die beteiligten Unternehmen müssen zumindest einen Zusammenschluss tatsächlich beabsichtigen oder im Fall eines Übernahmeangebots öffentlich ihre Absicht zur Abgabe eines solchen Angebots bekundet haben[53].

4. Das Konzept der Verweisung „vor der Anmeldung“ in Artikel 4 Absätze 4 und 5

67. Artikel 4 Absätze 4 und 5 ist nur vor der Anmeldung eines Zusammenschlussvorhabens anwendbar.

68. Nach Artikel 4 Absatz 4 können die beteiligten Unternehmen „vor der Anmeldung eines Zusammenschlusses gemäß Absatz 1“ einen begründeten Verweisungs-antrag (mittels des Formblatts RS) stellen. Das bedeutet, dass ein solcher Antrag nur möglich ist, wenn noch keine förmliche Anmeldung mit dem Formblatt CO nach Artikel 4 Absatz 1 erfolgt ist.

69. Ebenso ist ein Antrag nach Artikel 4 Absatz 5 ausdrücklich „vor einer Anmeldung bei den zuständigen [nationalen] Behörden“ zu stellen. Mit anderen Worten: diese Bestimmung ist nur anwendbar, wenn der betreffende Zusammenschluss zuvor bei keiner Fusionskontrollbehörde eines Mitgliedstaates angemeldet wurde. Selbst eine einzige Anmeldung innerhalb der Gemeinschaft nimmt den Beteiligten die Möglichkeit, Artikel 4 Absatz 5 in Anspruch zu nehmen. Nach Auffassung der Kommission sollte für die Nichtanmeldung eines Zusammenschlusses auf nationaler Ebene während der Bearbeitung eines Verweisungsantrags nach Artikel 4 Absatz 5 keine Geldbuße erhoben werden.

---

[51] Ein gemäß Artikel 7 Absatz 3 Fusionskontrollverordnung gestellter Antrag auf Freistellung von der aufschiebenden Wirkung würde normalerweise mit der Absicht unvereinbar sein, gemäß Artikel 4 Absatz 4 vor der Anmeldung einen Verweisungsantrag zu stellen.

[52] Das „innerstaatliche Wettbewerbsrecht“, auf das in Artikel 21 Absatz 3 und Artikel 22 Absatz 3 verwiesen wird, schließt hingegen sämtliche Bestandteile des nationalen Wettbewerbsrechts ein.

[53] Erwägungsgrund 34 und Artikel 4 Absatz 1 der Fusionskontrollverordnung.

5. Die Begriffe des Zusammenschlusses, der „nach nationalem Wettbewerbsrecht geprüft werden könnte", und des „zuständigen Mitgliedstaates" in Artikel 4 Absatz 5

70. Nach Artikel 4 Absatz 5 können die beteiligten Unternehmen die Verweisung eines Zusammenschlusses ohne gemeinschaftsweite Bedeutung beantragen, der „nach dem Wettbewerbsrecht mindestens dreier Mitgliedstaaten geprüft werden könnte".

71. Die Prüfbarkeit eines Zusammenschlusses durch einen Mitgliedstaat sollte als gegeben angesehen werden, wenn er im Hoheitsgebiet dieses Mitgliedstaates unter das innerstaatliche, auf Unternehmensfusionen anwendbare Wettbewerbsrecht fällt. Dazu ist nicht erforderlich, dass dieser Zusammenschluss nach dem innerstaatlichen Recht „anmeldepflichtig" ist[54].

72. Nach Artikel 4 Absatz 5 Unterabsätze 3 und 4 wird ein Vorhaben nicht verwiesen, wenn mindestens ein Mitgliedstaat, der „nach seinem Wettbewerbsrecht für die Prüfung des Zusammenschlusses zuständig ist", die Verweisung ablehnt. „Zuständig" ist ein Mitgliedstaat, in dessen Hoheitsgebiet das Vorhaben prüfbar ist, der folglich befugt ist, das Vorhaben nach innerstaatlichem Wettbewerbsrecht zu prüfen.

73. Sämtliche Mitgliedstaaten – und nicht nur die „zuständigen" – erhalten das Formblatt RS. Allerdings können laut Artikel 4 Absatz 5 Unterabsätze 3 und 4 nur die für die Prüfung des Vorhabens „zuständigen" Mitgliedstaaten eine Verweisung ablehnen. Nach Artikel 4 Absatz 5 Unterabsatz 3 verfügen die „zuständigen" Mitgliedstaaten über eine Frist von 15 Arbeitstagen ab Erhalt des Formblatts RS, um diesem zuzustimmen oder ihn abzulehnen. Stimmen alle diese Mitgliedstaaten dem Antrag zu, erhält er gemäß Artikel 4 Absatz 5 Unterabsatz 5 gemeinschaftsweite Bedeutung. Lehnt hingegen nur einer der „zuständigen" Mitgliedstaaten den Antrag ab, kommt nach Artikel 4 Absatz 5 Unterabsatz 4 überhaupt keine Verweisung zustande.

74. Angesichts dieser Regelung ist es für die reibungslose Handhabung von Artikel 4 Absatz 5 unerlässlich, dass sämtliche Mitgliedstaaten, in denen das Vorhaben nach innerstaatlichem Wettbewerbsrecht geprüft werden kann, und die damit für eine Untersuchung des Zusammenschlusses nach innerstaatlichem Wettbewerbsrecht „zuständig" sind, korrekt angegeben werden. Deswegen müssen die beteiligten Unternehmen im Formblatt RS ausreichende Angaben vorlegen, damit jeder Mitgliedstaat sich vergewissern kann, ob er nach seinem eigenen innerstaatlichen Wettbewerbsrecht für eine Prüfung des Vorhabens zuständig wäre.

75. Bei richtiger Ausfüllung des Formblatts RS ist nicht mit Problemen zu rechnen. Die beteiligten Unternehmen dürften dann korrekt alle „zuständigen" Mitglied-staaten angegeben haben. Probleme können jedoch auftreten, wenn die Unternehmen das Formblatt RS fehlerhaft ausgefüllt haben oder Meinungsverschiedenheiten darüber auftreten, welche Mitgliedstaaten „zuständig" sind.

– Während der in Artikel 4 Absatz 5 (Unterabsatz 3) vorgesehenen 15-Tage-Frist kann jeder Mitgliedstaat, der im Formblatt RS nicht als „zuständig" bezeichnet wurde, die Kommission von seiner Zuständigkeit unterrichten und wie alle anderen „zuständigen" Mitgliedstaaten dem Verweisungsantrag zustimmen oder ihn ablehnen.
– Ebenso kann während dieser 15-Tage-Frist jeder Mitgliedstaat, der im Formblatt RS als „zuständig" bezeichnet wurde, der Kommission mitteilen, dass er nicht „zuständig" ist. Eine Zustimmung oder Ablehnung durch diesen Mitgliedstaat würde dann für das Zustandekommen einer Verweisung nach Artikel 4 Absatz 5 keine Rolle spielen.

---

[54] Selbst wenn eine Anmeldung von Rechts wegen freiwillig vorgenommen werden kann, ist es möglich, dass die Beteiligten de facto eine Anmeldung wünschen oder sie von ihnen erwartet wird

76. Läuft die Frist von 15 Arbeitstagen ab, ohne dass ein zuständiger Mitgliedstaat den Antrag abgelehnt hat, gilt die Verweisung als zustande gekommen. Damit ist gewährleistet, dass auf Artikel 6 oder 8 der Fusionskontrollverordnung gestützte Kommissionsentscheidungen nach einer Verweisung gemäß Artikel 4 Absatz 5 Geltung erlangen.

77. Das heißt jedoch nicht, dass die beteiligten Unternehmen durch fahrlässige oder vorsätzliche Falschangaben u. a. zur Prüfungskompetenz der Mitgliedstaaten im Formblatt RS das System missbrauchen können. Wie in Randnummer 60 ausgeführt, kann die Kommission Maßnahmen ergreifen, um die Situation zu korrigieren und solchen Verstößen vorzubeugen. Außerdem sollten die beteiligten Unternehmen beachten, dass im Falle einer aufgrund unrichtiger oder unvollständiger Angaben zustande gekommenen Verweisung ein Mitgliedstaat, der sich für zuständig hält, aber wegen unrichtiger Angaben keine Gelegenheit hatte, den Antrag abzulehnen, eine Verweisung nach der Anmeldung beantragen kann.

6. Zustellung und Veröffentlichung von Entscheidungen

78. Nach Artikel 4 Absatz 4 (Unterabsatz 4), Artikel 4 Absatz 4 (Unterabsatz 4), Artikel 9 Absatz 1 und Artikel 22 Absatz 3 (Unterabsatz 2) ist die Kommission verpflichtet, die beteiligten Unternehmen und Personen und alle Mitgliedstaaten von auf diese Bestimmungen gestützten Entscheidungen über eine Verweisung zu unterrichten.

79. Dazu richtet die Kommission ein Schreiben an die beteiligten Unternehmen (oder bei Entscheidungen nach Artikel 9 Absatz 1 oder Artikel 22 Absatz 3 an den betreffenden Mitgliedstaat). Sämtliche Mitgliedstaaten erhalten eine Kopie des Schreibens.

80. Eine Veröffentlichung dieser Entscheidungen im Amtsblatt der Europäischen Union ist nicht erforderlich[55]. Die Kommission wird jedoch – unter Berücksichtigung etwaiger Vertraulichkeitserfordernisse – für eine angemessene Bekanntgabe dieser Entscheidungen auf den Internetseiten der GD Wettbewerb Sorge tragen.

7. Artikel 9 Absatz 6

81. Verweist die Kommission einen angemeldeten Zusammenschluss gemäß Artikel 4 Absatz 4 oder Artikel 9 Absatz 3 an einen Mitgliedstaat, muss die betreffende nationale Wettbewerbsbehörde nach Artikel 9 Absatz 6 das Vorhaben „ohne unangemessene Verzögerung" prüfen. Die zuständige Behörde sollte den Fall folglich so zügig wie möglich nach innerstaatlichem Wettbewerbsrecht bearbeiten.

82. Ferner muss gemäß Artikel 9 Absatz 6 die zuständige Behörde des betreffenden Mitgliedstaats innerhalb von 45 Arbeitstagen nach der Verweisung durch die Kommission oder der Anmeldung auf nationaler Ebene, sofern eine solche vorgeschrieben ist, den beteiligten Unternehmen das Ergebnis ihrer „vorläufigen wettbewerbsrechtlichen Prüfung" sowie gegebenenfalls die von ihr „beabsichtigten Maßnahmen" mitteilen. Den fusionierenden Unternehmen sollten demnach binnen 45 Arbeitstagen nach der Verweisung oder gegebenenfalls der Anmeldung ausreichende Angaben übermittelt werden, damit diese sich ein Bild über die etwaigen vorläufigen Wettbewerbsbedenken der Behörde, den wahrscheinlichen Umfang und die voraussichtliche Dauer der Untersuchung machen können. Der betreffende Mitgliedstaat kann diese Frist ausnahmsweise hemmen, wenn die beteiligten Unternehmen die nach seinem innerstaatlichen Wettbewerbsrecht zu übermittelnden Angaben nicht gemacht haben.

---

55 Sie ist nach Artikel 20 Fusionskontrollverordnung nur bei Entscheidungen nach Artikel 8 Absätze 1–6, sowie nach den Artikeln 14 und 15 vorgeschrieben.

IV. Aschließende Bemerkungen

83. Diese Mitteilung wird von Zeit zu Zeit und insbesondere nach einer Änderung der Verweisungsvorschriften in der Fusionskontrollverordnung aktualisiert. Nach Artikel 4 Absatz 6 Fusionskontrollverordnung berichtet die Kommission dem Rat spätestens bis 1. Juli 2009 über das Funktionieren des Systems der Verweisungen vor der Anmeldung des Artikels 4 Absätze 4 und 5.

84. Diese Mitteilung greift der Auslegung der einschlägigen Bestimmungen des EG-Vertrags und des abgeleiteten Gemeinschaftsrechts durch das Gericht erster Instanz und den Gerichtshof der Europäischen Gemeinschaften nicht vor.

ANHÄNGE

SCHAUBILDER ZUM VERWEISUNGSSYSTEM

Artikel 4 Absatz 4

Zusammenschluss von gemeinschaftsweiter Bedeutung

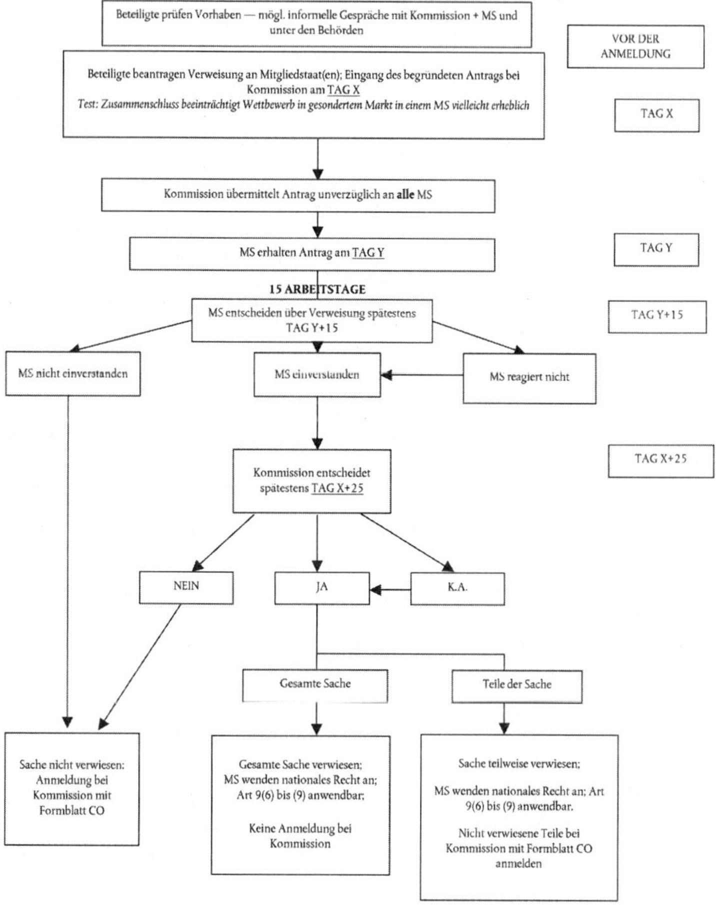

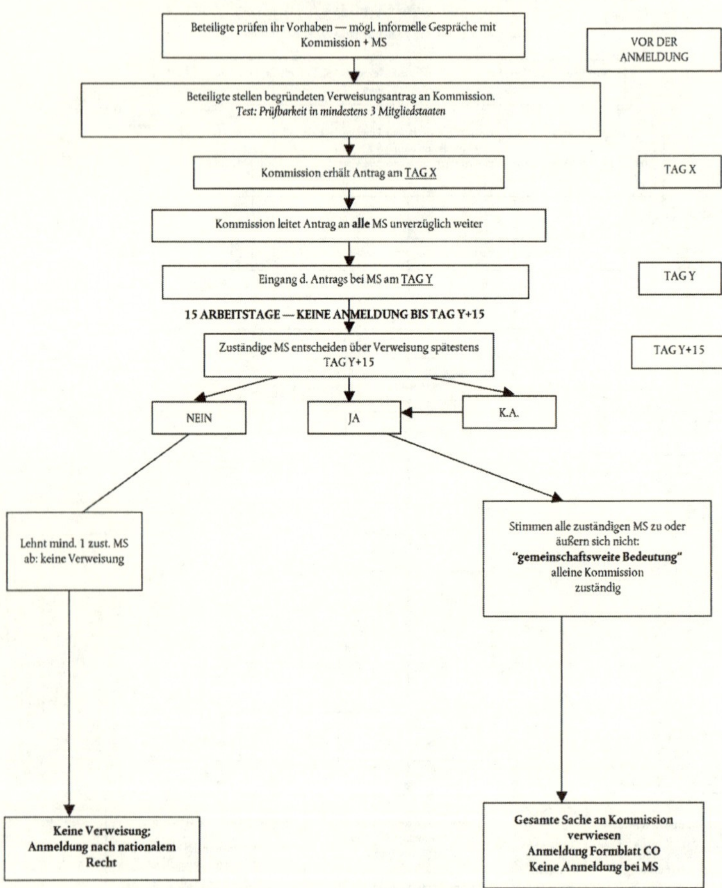
Artikel 4 Absatz 5
Zusammenschluss ohne gemeinschaftsweite Bedeutung,
der in mindestens drei Mitgliedstaaten nach innerstaatlichem Wettbewerbsrecht geprüft werden kann
Beteiligte prüfen ihr Vorhaben — mögl. informelle Gespräche mit Kommission + MS
VOR DER ANMELDUNG
Beteiligte stellen begründeten Verweisungsantrag an Kommission.
Test: Prüfbarkeit in mindestens 3 Mitgliedstaaten
Kommission erhält Antrag am TAG X
TAG X
Kommission leitet Antrag an alle MS unverzüglich weiter
Eingang d. Antrags bei MS am TAG Y
TAG Y
15 ARBEITSTAGE — KEINE ANMELDUNG BIS TAG Y+15
Zuständige MS entscheiden über Verweisung spätestens TAG Y+15
TAG Y+15
NEIN
JA
K.A.
Lehnt mind. 1 zust. MS ab: keine Verweisung
Stimmen alle zuständigen MS zu oder äußern sich nicht: "gemeinschaftsweite Bedeutung" alleine Kommission zuständig
Keine Verweisung: Anmeldung nach nationalem Recht
Gesamte Sache an Kommission verwiesen
Anmeldung Formblatt CO
Keine Anmeldung bei MS

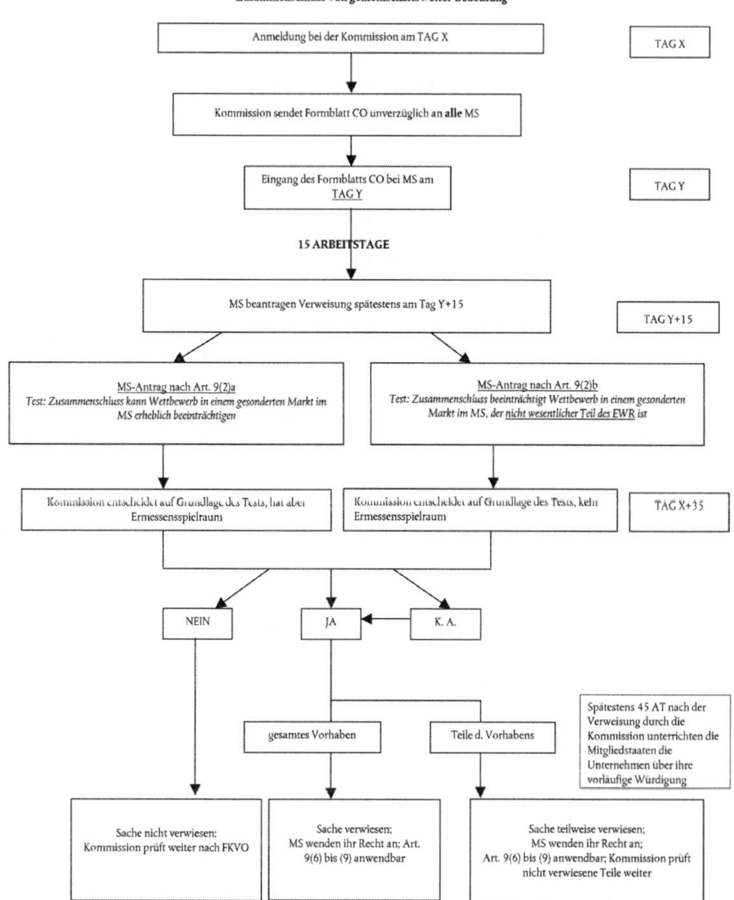
Artikel 9
Zusammenschluss von gemeinschaftsweiter Bedeutung
Anmeldung bei der Kommission am TAG X
TAG X
Kommission sendet Formblatt CO unverzüglich an alle MS
Eingang des Formblatts CO bei MS am TAG Y
TAG Y
15 ARBEITSTAGE
MS beantragen Verweisung spätestens am Tag Y+15
TAG Y+15
MS-Antrag nach Art. 9(2)a
Test: Zusammenschluss kann Wettbewerb in einem gesonderten Markt im MS erheblich beeinträchtigen
MS-Antrag nach Art. 9(2)b
Test: Zusammenschluss beeinträchtigt Wettbewerb in einem gesonderten Markt im MS, der nicht wesentlicher Teil des EWR ist
Kommission entscheidet auf Grundlage des Tests, hat aber Ermessensspielraum
Kommission entscheidet auf Grundlage des Tests, kein Ermessensspielraum
TAG X+35
NEIN
JA
K. A.
gesamtes Vorhaben
Teile d. Vorhabens
Spätestens 45 AT nach der Verweisung durch die Kommission unterrichten die Mitgliedstaaten die Unternehmen über ihre vorläufige Würdigung
Sache nicht verwiesen; Kommission prüft weiter nach FKVO
Sache verwiesen; MS wenden ihr Recht an; Art. 9(6) bis (9) anwendbar
Sache teilweise verwiesen; MS wenden ihr Recht an; Art. 9(6) bis (9) anwendbar; Kommission prüft nicht verwiesene Teile weiter

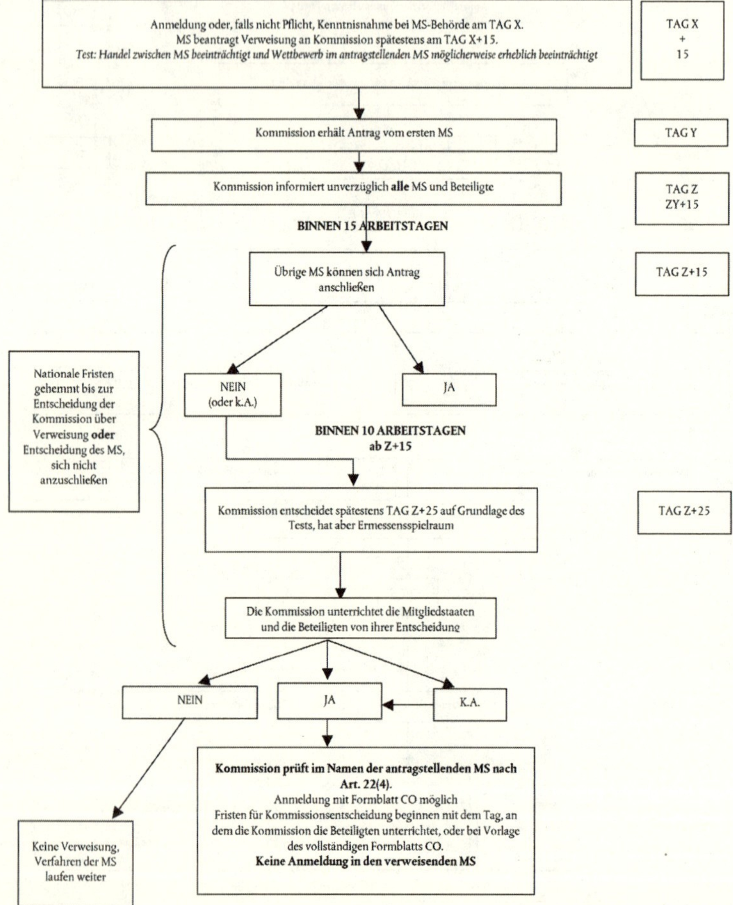
Artikel 22
Zusammenschluss ohne gemeinschaftsweite Bedeutung
Anmeldung oder, falls nicht Pflicht, Kenntnisnahme bei MS-Behörde am TAG X.
MS beantragt Verweisung an Kommission spätestens am TAG X+15.
Test: Handel zwischen MS beeinträchtigt und Wettbewerb im antragstellenden MS möglicherweise erheblich beeinträchtigt
TAG X + 15
Kommission erhält Antrag vom ersten MS
TAG Y
Kommission informiert unverzüglich alle MS und Beteiligte
TAG Z ZY+15
BINNEN 15 ARBEITSTAGEN
Übrige MS können sich Antrag anschließen
TAG Z+15
Nationale Fristen gehemmt bis zur Entscheidung der Kommission über Verweisung oder Entscheidung des MS, sich nicht anzuschließen
NEIN (oder k.A.)
JA
BINNEN 10 ARBEITSTAGEN ab Z+15
Kommission entscheidet spätestens TAG Z+25 auf Grundlage des Tests, hat aber Ermessensspielraum
TAG Z+25
Die Kommission unterrichtet die Mitgliedstaaten und die Beteiligten von ihrer Entscheidung
NEIN
JA
K.A.
Kommission prüft im Namen der antragstellenden MS nach Art. 22(4).
Anmeldung mit Formblatt CO möglich
Fristen für Kommissionsentscheidung beginnen mit dem Tag, an dem die Kommission die Beteiligten unterrichtet, oder bei Vorlage des vollständigen Formblatts CO.
Keine Anmeldung in den verweisenden MS
Keine Verweisung, Verfahren der MS laufen weiter

IV. Zusammenarbeit mit Behörden und Gerichten

Anhang B 27. Kooperationsbekanntmachung mit Gerichten

Bekanntmachung der Kommission über die Zusammenarbeit zwischen der Kommission und den Gerichten der EU-Mitgliedstaaten bei der Anwendung der Artikel 81 und 82 des Vertrags (Art. 101 und 102 AEUV)

(ABl. 2004 C 101/54)

I. Geltungsbereich der Bekanntmachung

1. Die vorliegende Bekanntmachung betrifft die Zusammenarbeit zwischen der Kommission und den Gerichten der EU-Mitgliedstaaten, wenn letztere die Artikel 81 und 82 des Vertrags anwenden. Im Sinne dieser Bekanntmachung sind unter „Gerichten der EU-Mitgliedstaaten" (nachstehend „einzelstaatliche Gerichte") die Gerichte innerhalb eines EU-Mitgliedstaats zu verstehen, die Artikel 81 und 82 des Vertrags anwenden können und nach Artikel 234 des Vertrags dazu berufen sind, dem Gerichtshof der Europäischen Gemeinschaften eine Frage zur Vorabentscheidung vorzulegen[1].

2. Die einzelstaatlichen Gerichte können dazu berufen sein, über die Anwendung von Artikel 81 oder 82 des Vertrags im Rahmen von zivilrechtlichen Streitigkeiten, beispielsweise Vertrags- und Schadensersatzklagen, zu entscheiden. Darüber hinaus können sie auch als öffentliches Durchsetzungsorgan oder als Rechtsmittelgericht handeln. Ein einzelstaatliches Gericht kann nämlich nach Artikel 35 Absatz 1 der Verordnung 1/2003 (nachstehend „die Verordnung") zur Wettbewerbsbehörde (nachstehend „einzelstaatliche Wettbewerbsbehörde") eines Mitgliedstaats bestimmt werden[2]. In diesem Fall ist für die Zusammenarbeit zwischen den einzelstaatlichen Gerichten und der Kommission nicht nur die vorliegende Bekanntmachung maßgeblich, sondern auch die Bekanntmachung über die Zusammenarbeit innerhalb des Netzes von Wettbewerbsbehörden[3].

---

[1] Zu den Kriterien für die Beantwortung der Frage, welche Einrichtungen als Gerichte im Sinne von Artikel 234 EG-Vertrag anzusehen sind, vgl. EuGH 30. Mai 2002, Schmid, Rechtssache C-516/99, Slg. 2002, I-4573, Randnr. 34: „Nach ständiger Rechtsprechung stellt der Gerichtshof ... auf eine Reihe von Gesichtspunkten ab, wie gesetzliche Grundlage der Einrichtung, ständiger Charakter, obligatorische Gerichtsbarkeit, streitiges Verfahren, Anwendung von Rechtsnormen durch diese Einrichtung sowie deren Unabhängigkeit".

[2] Verordnung (EG) Nr. 1/2003 des Rates vom 16. Dezember 2002 zur Durchführung der in den Artikeln 81 und 82 des Vertrags niederlegten Wettbewerbsregeln (ABl. L 1 vom 4.1.2003, S. 1).

[3] Bekanntmachung über die Zusammenarbeit innerhalb des Netzes von Wettbewerbsbehörden (ABl. C 101 vom 27.4.2004, S. 43). Im Sinne dieser Bekanntmachung gilt als „einzelstaatliche Wettbewerbsbehörde" die von einem Mitgliedstaat gemäß Artikel 35 Absatz 1 der Verordnung bestimmte Behörde.

II. Anwendung der EG-Wettbewerbsregeln durch einzelstaatliche Gerichte

A. Zuständigkeit einzelstaatlicher Gerichte für die Anwendung der EG-Wettbewerbsregeln

3. Soweit einzelstaatliche Gerichte für ein Verfahren zuständig sind[4], sind sie zur Anwendung der Artikel 81 und 82 des Vertrags befugt[5]. Ferner ist auf Folgendes hinzuweisen: Bei den Artikeln 81 und 82 des Vertrags handelt es sich um Vorschriften, die der öffentlichen Ordnung zuzurechnen sind und die für die Erfüllung der der Gemeinschaft übertragenen Aufgaben und insbesondere für das Funktionieren des Binnenmarktes[6] unerlässlich sind. Nach der Rechtsprechung des Gerichtshofes gilt Folgendes: In Fällen, in denen einzelstaatliche Gerichte von Amts wegen aufgrund des innerstaatlichen Rechts rechtliche Gesichtspunkte beachten müssen, die von den Verfahrensbeteiligten nicht geltend gemacht wurden, müssen sie auch bezüglich zwingendem Gemeinschaftsrecht, wie etwa den EG-Wettbewerbsregeln, entsprechend verfahren. Dies gilt auch für die Fälle, in denen das innerstaatliche Recht es den Gerichten überlässt, von Amts wegen bindende Rechtsvorschriften anzuwenden: Hier müssen die einzelstaatlichen Gerichte die EG-Wettbewerbsregeln auch dann anwenden, wenn sich eine Verfahrenspartei nicht auf diese Regeln berufen hat, sofern die einzelstaatlichen Gerichte nach innerstaatlichem Recht die EG-Wettbewerbsregeln anwenden können. Allerdings schreibt das Gemeinschaftsrecht nicht vor, dass die einzelstaatlichen Gerichte von Amts wegen einen Sachverhalt aufgreifen müssen, der eine Verletzung von Gemeinschaftsrecht betrifft, wenn die Prüfung dieses Sachverhalts die Gerichte zur Aufgabe ihrer passiven Rolle zwingen würde, weil sie über den von den Parteien festgelegten Gegenstand des Verfahrens hinausgehen und auf andere Tatsachen und Umstände zurückgreifen als diejenigen, auf die die klagende Partei ihren Anspruch stützt[7].

4. Je nachdem, welche Aufgaben ihnen das innerstaatliche Recht zuweist, können einzelstaatliche Gerichte in Verwaltungs-, Zivil- oder Strafsachen zur Anwendung von Artikel 81 und 82 des Vertrags berufen sein[8]. Insbesondere wenn natürliche oder juristische Personen vor einzelstaatlichen Gerichten ihre subjektiven Rechte geltend machen, spielen die Gerichte bei der Durchsetzung der Artikel 81 und 82 des Vertrags

---

[4] Die Zuständigkeit eines einzelstaatlichen Gerichts richtet sich nach innerstaatlichen, europäischen und internationalen Zuständigkeitsregeln. In diesem Zusammenhang sei daran erinnert, dass die Verordnung (EG) Nr. 44/2001 des Rates vom 22. Dezember 2000 über die gerichtliche Zuständigkeit und die Anerkennung und Vollstreckung von Entscheidungen in Zivil- und Handelssachen (ABl. L 12 vom 16.1.2001, S. 1) auf alle Wettbewerbssachen zivil- oder handelsrechtlicher Art anzuwenden ist.

[5] Vgl. Artikel 6 der Verordnung.

[6] Vgl. Artikel 2 und 3 EGV, EuGH 1. Juni 1999, Eco Swiss China Time Ltd/Benetton International NV, Rechtssache C-126/97, Slg. I-3055; EuGeI 27. Oktober 1994, Fiatagri UK und New Holland Ford/Kommission, Rechtssache T-34/92, Slg. 1994 II-905, 39 und EuGeI 12. Dezember 2000, Aéroports de Paris/Kommission Slg. 2000, II-3929, 241.

[7] EuGH 14. Dezember 1994, van Schijndel und van Veen/Stichting Pensioenfonds voor Fysiotherapeuten, Verbundene Rechtssachen C-430/93 und C-431/93, Slg. 1995, I-4705, Randnrn. 13 bis 22.

[8] Nach dem letzten Satz von Erwägungsgrund 8 der Verordnung 1/2003 gilt die vorliegende Verordnung nicht für innerstaatliche Rechtsvorschriften, mit denen natürlichen Personen strafrechtliche Sanktionen auferlegt werden, außer wenn solche Sanktionen als Mittel dienen, um die für Unternehmen geltenden Wettbewerbsregeln durchzusetzen.

eine besondere Rolle, die sich von der im öffentlichen Interesse gehandhabten Durchsetzung durch die Kommission oder einzelstaatliche Wettbewerbsbehörden unterscheidet[9]. Einzelstaatliche Gerichte können nämlich den Artikeln 81 und 82 des Vertrags Wirkung verleihen, indem sie Verträge für nichtig erklären oder Schadenersatz zuerkennen.

5. Einzelstaatliche Gerichte können Artikel 81 und 82 des Vertrags anwenden, ohne dass gleichzeitig nationales Wettbewerbsrecht angewandt werden muss. Wenden jedoch einzelstaatliche Gerichte nationales Wettbewerbsrecht auf Vereinbarungen zwischen Unternehmen, Beschlüsse von Unternehmensvereinigungen oder aufeinander abgestimmte Verhaltensweisen an, die den Handel zwischen Mitgliedstaaten im Sinne von Artikel 81 Absatz 1 des Vertrags[10] beeinträchtigen können oder auf nach Artikel 82 des Vertrags verbotene Missbräuche, müssen sie auch die EG-Wettbewerbsregeln auf diese Vereinbarungen, Beschlüsse oder Verhaltensweisen anwenden[11].

6. Die Verordnung ermächtigt nicht nur die einzelstaatlichen Gerichte zur Anwendung des EG-Wettbewerbsrechts. Die parallele Anwendung des innerstaatlichen Wettbewerbsrechts auf Vereinbarungen, Beschlüsse von Unternehmensvereinigungen und aufeinander abgestimmte Verhaltensweisen, die den Handel zwischen Mitgliedstaaten beeinträchtigen, darf zu keinem anderen Ergebnis führen als die Anwendung des EG-Wettbewerbsrechts. Gemäß Artikel 3 Absatz 2 dürfen Vereinbarungen, Beschlüsse oder abgestimmte Verhaltensweisen, die nicht gegen Artikel 81 Absatz 1 des Vertrags verstoßen oder die Voraussetzungen von Artikel 81 Absatz 3 des Vertrags erfüllen, auch nicht nach innerstaatlichem Wettbewerbsrecht verboten werden[12]. Andererseits hat der Europäische Gerichtshof entschieden, dass Vereinbarungen, Beschlüsse oder abgestimmte Verhaltensweisen, die gegen Artikel 81 Absatz 1 verstoßen und die Voraussetzungen von Artikel 81 Absatz 3 des Vertrags nicht erfüllen, nach einzelstaatlichem Wettbewerbsrecht nicht bestätigt werden dürfen[13]. Hinsichtlich der parallelen Anwendung von innerstaatlichem Wettbewerbsrecht und Artikel 82 des Vertrags bei einseitigen Verhaltensweisen sieht Artikel 3 der Verordnung keine solche Konvergenzverpflichtung vor. Bei sich widersprechenden Bestimmungen erfordert der allgemeine Grundsatz des Vorrangs des Gemeinschaftsrechts allerdings, dass die einzelstaatlichen Gerichte keine innerstaatliche Vorschrift anwenden, die gegen eine EG-Vorschrift verstößt, unabhängig davon, ob die innerstaatliche Vorschrift vor oder nach der EG-Vorschrift eingeführt wurde[14].

7. Neben der Anwendung der Artikel 81 und 82 des Vertrags sind die einzelstaatlichen Gerichte auch dafür zuständig, von EU-Organen erlassene Rechtsakte anzuwenden, die gemäß EG Vertrag oder gemäß den zur Durchsetzung des EG-Vertrags beschlossenen Maßnahmen erlassen wurden, soweit diese Rechtsakte unmittelbare

---

[9] EuGeI 18. September 1992, Automec SRL/Kommission, Rechtssache T-24/90, Slg. 1992, II-2223, Randnr. 85.

[10] Zur weiteren Klarstellung der Wirkung auf den Handelsbegriff vgl. die diesbezügliche Bekanntmachung (ABl. C 101 vom 27.4.2004, S. 81).

[11] Artikel 3 Absatz 1 der Verordnung.

[12] Vgl. auch die Bekanntmachung zur Anwendung von Artikel 81 Absatz 3 des Vertrags (ABl. C 101 vom 27.4.2004, S. 2).

[13] EuGH 13. Februar 1969, Walt Wilhelm und andere/Bundeskartellamt, Rechtssache 14/68, Slg. 1969, 1, und EuGH 10. Juli 1980, Procureur de la République und andere/Giry und Guerlain SA und andere, verbundene Rechtssachen 253/78 und 1 bis 3/79, Slg. 1980, 2327, Randnrn. 15 bis 17.

[14] EuGH 9 März 1978, Staatliche Finanzverwaltung/SPA Simmenthal, Rechtssache 106/77, Slg. 1978, 629, Randnr. 21 und Rechtssache C-198, Consorzio Industrie Fiammiferi (CIF), Slg. 2003 noch nicht veröffentlicht.

Wirkung haben. Einzelstaatliche Gerichte müssen somit gegebenenfalls Kommissionsentscheidungen[15] oder -verordnungen zur Anwendung von Artikel 81 Absatz 3 des Vertrags auf bestimmte Gruppen von Vereinbarungen, Beschlüssen oder abgestimmten Verhaltensweisen durchsetzen. Bei der Anwendung dieser EG-Wettbewerbsregeln handeln einzelstaatliche Gerichte im Rahmen des Gemeinschaftsrechts und sind demzufolge an die allgemeinen Grundsätze des Gemeinschaftsrechts gebunden[16].

8. Die Anwendung der Artikel 81 und 82 des Vertrags durch einzelstaatliche Gerichte hängt häufig von komplexen wirtschaftlichen und rechtlichen Bewertungen ab[17]. Bei der Anwendung der EG-Wettbewerbsregeln sind die einzelstaatlichen Gerichte an die Rechtsprechung der Gerichte der Europäischen Gemeinschaft sowie an Kommissionsverordnungen zur Anwendung von Artikel 81 Absatz 3 des Vertrags auf bestimmte Gruppen von Vereinbarungen, Beschlüssen oder abgestimmten Verhaltensweisen gebunden[18]. Zudem sind die einzelstaatlichen Gerichte an die Anwendung der Artikel 81 und 82 des Vertrags durch die Kommission gebunden, wenn sie EG-Wettbewerbsregeln im selben Fall zur gleichen Zeit wie die Kommission oder zeitlich nach ihr anwenden[19]. Unbeschadet der letztendlichen Auslegung des EG-Vertrags durch den Gerichtshof finden sich gewisse Orientierungshilfen für einzelstaatliche Gerichte in Verordnungen und Entscheidungen der Kommission, die analoge Elemente zu dem Fall aufweisen, mit dem sie sich gerade befassen, sowie in Bekanntmachungen und Leitlinien der Kommission zur Anwendung der Artikel 81 und 82 des Vertrags[20] und im Jahresbericht zur Wettbewerbspolitik[21].

B. Verfahrensaspekte bei Anwendung der EG-Wettbewerbsregeln durch einzelstaatliche Gerichte

9. Die verfahrensrechtlichen Voraussetzungen für die Durchsetzung der EG-Wettbewerbsregeln durch einzelstaatliche Gerichte und die Sanktionen, die diese bei Zuwiderhandlungen verhängen können, ergeben sich weitestgehend aus innerstaatlichem Recht. Bis zu einem gewissen Grad regelt das Gemeinschaftsrecht allerdings

---

[15] Ein einzelstaatliches Gericht kann z. B. aufgefordert werden, eine von der Kommission gemäß Artikel 7 oder gemäß Artikel 23 getroffene Entscheidung durchzusetzen.

[16] Vgl.: EuGH 13. Juli 1989, Wachauf/Bundesrepublik Deutschland, Rechtssache 5/88, Slg. 1989, 2609, Randnr. 19.

[17] EuGH 21. Januar 1999, Bagnasco/Banca Populare di Novara, verbundene Rechtssachen C-215/96 und C-216/96, Slg. 1999, I-135, Randnr. 50.

[18] EuGH 3. Februar 1976, Fonderies Roubaix/Société nouvelle des Fonderies A. Roux, Rechtssache 63/75, Slg. 1976, 111, Randnrn. 9 bis 11, sowie EuGH 28. Februar 1991, Delimitis/Henninger Bräu AG, Rechtssache C-234/89, Slg. 1991, I-935, Randnr. 46.

[19] Näheres zur parallelen oder zeitlich versetzten Anwendung von EG-Wettbewerbsregeln durch einzelstaatliche Gerichte und die Kommission in Ziffern 11 bis 14.

[20] EuGH 11. April 1989, Ahmed Saeed Flugreisen/Zentrale zur Bekämpfung unlauteren Wettbewerbs E.V., Rechtssache 66/86, Slg. 1989, 803, Randnr. 27 und EuGH 28. Februar 1991, Delimitis/Henninger Bräu AG, Rechtssache C-234/89, Slg. 1991, I-935, Randnr. 50. Eine Auflistung der Leitlinien, Bekanntmachungen und Verordnungen der Kommission im Bereich der Wettbewerbspolitik, insbesondere der Verordnungen zur Anwendung von Artikel 81 Absatz 3 EG-Vertrag auf bestimmte Gruppen von Vereinbarungen, Beschlüssen oder abgestimmten Verhaltensweisen, sind dieser Bekanntmachung als Anhang beigefügt. Zu den Entscheidungen der Kommission, mit denen die Artikel 81 und 82 EG-Vertrag angewandt werden (seit 1964), vgl. http://www.europa.eu.int/comm/competition/antitrust/cases/

[21] EuGH 12. Dezember 1995, Dijkstra/Friesland (Frico Domo) Cooeperatie BA, Verbundene Rechtssachen C-319/93, C-40/94 und C-224/94, Slg. 1994, I-4471, Randnr. 32.

auch die Voraussetzungen, unter denen die EG-Wettbewerbsregeln durchgesetzt werden. Diese gemeinschaftsrechtlichen Regelungen können den einzelstaatlichen Gerichten bestimmte Instrumente zur Verfügung stellen, wie z. B. die Möglichkeit einräumen, eine Stellungnahme der Kommission zu Fragen der Anwendung der EG-Wettbewerbsregeln einzuholen[22] oder Regelungen einführen, die zwingende Auswirkungen auf die Verfahren vor den einzelstaatlichen Gerichten haben; etwa können sie der Kommission und den einzelstaatlichen Wettbewerbsbehörden die Übermittlung schriftlicher Stellungnahmen bei anhängigen Verfahren gestatten[23]. Diese Bestimmungen des Gemeinschaftsrechts haben Vorrang vor nationalen Vorschriften. Demzufolge haben einzelstaatliche Gerichte innerstaatliche Vorschriften unberücksichtigt zu lassen, deren Anwendung mit diesen Bestimmungen des Gemeinschaftsrechts im Widerspruch stünde. Wenn Bestimmungen des Gemeinschaftsrechts direkt anwendbar sind, sind sie eine Quelle von Rechten und Pflichten für alle Betroffenen und müssen ab dem Tag ihres Inkrafttretens in vollem Umfang und einheitlich in allen Mitgliedstaaten angewendet werden[24].

10. Bei Fehlen von gemeinschaftsrechtlichen Bestimmungen zu Verfahren und Sanktionen in Bezug auf die Durchsetzung der EG-Wettbewerbsregeln durch einzelstaatliche Gerichte wenden letztere innerstaatliches Verfahrensrecht an und verhängen – soweit sie hierzu befugt sind – Sanktionen, die nach nationalem Recht vorgesehen sind. Allerdings muss die Anwendung der innerstaatlichen Bestimmungen mit den allgemeinen Grundsätzen des Gemeinschaftsrechts vereinbar sein. Diesbezüglich ist an die Rechtsprechung des Gerichtshofs zu erinnern, wonach

a) das innerstaatliche Recht bei Zuwiderhandlungen gegen das Gemeinschaftsrecht Sanktionen vorsehen muss, die wirksam, angemessen und abschreckend sind[25];
b) eine natürliche oder juristische Person bei Schädigung infolge von Zuwiderhandlungen gegen das Gemeinschaftsrecht in der Lage sein muss, bei einem einzelstaatlichen Gericht unter bestimmten Voraussetzungen Schadensersatzansprüche geltend zu machen[26];
c) die von einzelstaatlichen Gerichten zur Durchsetzung des Gemeinschaftsrechts angewandten Verfahren und Vorschriften

---

[22] Zur Möglichkeit für einzelstaatliche Gerichte, die Kommission um eine Stellungnahme zu ersuchen, vgl. Ziffern 28 bis 30.

[23] Zur Übermittlung von Stellungnahmen vgl. Ziffern 32 bis 35.

[24] EuGH 9. März 1978, Staatliche Finanzverwaltung/SPA Simmenthal, Rechtssache 106/77, Slg. 1978, 629, 14 und 15.

[25] EuGH 21. September 1989, Kommission/Griechenland, Rechtssache 68/88, Slg. 1989, 2965, Randnrn. 23 bis 25.

[26] Zu Schadensersatz bei einer Zuwiderhandlung durch ein Unternehmen vgl. EuGH 20. September 2001, Courage/Crehan und Crehan/Courage, Rechtssache C-453/99, Slg. 2001, I-6297, Randnrn. 26 und 27. Zu Schadensersatz bei einer Zuwiderhandlung durch einen Mitgliedstaat oder eine Behörde, die eine Verkörperung des Staates darstellt, sowie zu den Voraussetzungen dieser Staatshaftung vgl. beispielsweise EuGH 19. November 1991, Francovich/Italienische Republik, Rechtssachen C-6/90 und C-9/90, Slg. 1991, I-5357, Randnrn. 33 bis 36; EuGH 2. August 1993, Marshall/Southampton und South West Hampshire Area Health Authority, Rechtssache C-271/91, Slg. 1993, I-4367, Randnrn. 30 und 34 bis 35; EuGH 5. März 1996, Brasserie du Pêcheur/Bundesrepublik Deutschland und The Queen/Factortame, verbundene Rechtssachen C-46/93 und C-48/93, Slg. 1996, I-1029; EuGH 26. März 1996, The Queen/British Telecommunications, Rechtssache C-392/93, Slg. 1996, I-1631, Randnrn. 39 bis 46 und EuGH 8. Oktober 1996, Dillenkofer/Bundesrepublik Deutschland, verbundene Rechtssachen C-178/94, C-179/94 und C-188/94 bis 190/94, Slg. 1996, I-4845, Randnrn. 22 bis 26 und 72.

- die Durchsetzung nicht übermäßig erschweren oder praktisch unmöglich machen dürfen (Grundsatz der Wirksamkeit)[27] und
- nicht weniger günstig sein dürfen als die Vorschriften, die für die Durchsetzung gleichwertigen innerstaatlichen Rechts gelten (Grundsatz der Gleichwertigkeit)[28].

Wegen des Prinzips des Vorranges des Gemeinschaftsrechts darf ein einzelstaatliches Gericht keine innerstaatliche Rechtsvorschrift anwenden, die mit diesen Grundsätzen unvereinbar ist.

C. Gleichzeitige oder zeitliche versetzte Anwendung der EG-Wettbewerbsregeln durch die Kommission und einzelstaatliche Gerichte

11. Ein einzelstaatliches Gericht kann gleichzeitig mit der Kommission oder danach EG-Wettbewerbsrecht auf den Handel zwischen Mitgliedstaaten beeinträchtigende Vereinbarungen, Beschlüsse, abgestimmte Verhaltensweisen oder ein solches einseitiges Verhalten anwenden[29]. In den folgenden Absätzen soll auf einige der Verpflichtungen, die die einzelstaatlichen Gerichte dabei zu beachten haben, näher eingegangen werden.

12. Gelangt das einzelstaatliche Gericht noch vor der Kommission zu einer Entscheidung, so ist zu vermeiden, dass diese in Widerspruch zu einer von der Kommission in Erwägung gezogenen Entscheidung[30] steht. Hierzu kann das einzelstaatliche Gericht bei der Kommission anfragen, ob sie zu denselben Vereinbarungen, Beschlüssen oder Verhaltensweisen ein Verfahren eingeleitet hat[31] und wenn ja, wie weit das Verfahren fortgeschritten und wie wahrscheinlich eine Entscheidung ist[32]. Das einzelstaatliche Gericht kann aus Gründen der Rechtssicherheit auch eine Aussetzung seines Verfahrens in Erwägung ziehen, bis die Kommission zu einer Entscheidung ge-

---

27 Vgl. EuGH 16. Dezember 1976, Rewe/Landwirtschaftskammer für das Saarland, Rechtssache 33/76, Slg. 1976, 1989, Randnr. 5, sowie EuGH 16. Dezember 1976, Comet, Rechtssache 45/76, Slg. 1976, 2043, Randnr. 12, und EuGH 10. April 1984, Harz/Deutsche Tradax GmbH, Rechtssache 79/83, Slg. 1984, 1921, Randnrn. 18 und 23.

28 Vgl. z.B. EuGH 16. Dezember 1976, Rewe/Landwirtschaftskammer für das Saarland, Rechtssache 33/76, Slg. 1976, 1989, Randnr. 5; EuGH 7. Juli 1981, Rewe/Hauptzollamt Kiel, Rechtssache 158/80, Slg. 1981, 1805, Randnr. 44; EuGH 9. November 1983, San Giorgio, Rechtssache 199/82, Slg. 1983, 3595, Randnr. 12, und EuGH 15. September 1989, Edis/Ministero delle finanze, Rechtssache C-231/96, Slg. 1998, I-4951, Randnrn. 36 und 37.

29 Artikel 11 Absatz 6 i. V. m. Artikel 35 Absatz 3 und 4 der Verordnung verhindert eine parallele Anwendung der Artikel 81 oder 82 EG-Vertrag durch die Kommission und ein einzelstaatliches Gericht nur, wenn letzteres zur nationalen Wettbewerbsbehörde bestimmt worden ist.

30 Artikel 16 Absatz 1 der Verordnung.

31 Die Kommission gibt die Einleitung der Verfahren im Hinblick auf den Erlass einer Entscheidung nach den Artikeln 7 bis 10 der Verordnung bekannt (siehe Artikel 2 Absatz 2 der Verordnung (EG) der Kommission Nr. 773/2004 vom 7. April 2004 in Bezug auf Verfahren nach den Artikeln 81 und 82 EG-Vertrag (ABl. L 123 vom 27.4.2004)). Laut Gerichtshof setzt die Einleitung eines Verfahrens einen hoheitlichen Rechtsakt der Kommission voraus, der deren Willen zum Ausdruck bringt, eine Entscheidung herbeizuführen (EuGH 6. Februar 1973, Brasserie de Haecht/Wilkin, Rechtssache 48/72, Slg. 1973, 77, Randnr. 16).

32 EuGH 28. Februar 1991, Delimitis/Henninger Bräu AG, Rechtssache C-234/89, Slg. 1991, I-935, Randnr. 53, und EuGH 12. Dezember 1995, Dijkstra/Friesland (Frico Domo) Cooeperatie BA, verbundene Rechtssachen C-319/93, C-40/94 und C-224/94, Slg. 1995, I-4471, Randnr. 34. Näheres hierzu in Ziffer 21.

langt ist[33]. Die Kommission wird sich ihrerseits darum bemühen, die Fälle vorrangig zu behandeln, in denen ein Verfahren im Sinne von Artikel 2 Absatz 1 der Verordnung (EG) der Kommission Nr. 773/04 eingeleitet wurde und die Gegenstand eines derart ausgesetzten nationalen Verfahrens sind, insbesondere, wenn der Ausgang eines zivilrechtlichen Rechtsstreits hiervon abhängt. Hat das einzelstaatliche Gericht hinsichtlich der in Erwägung gezogenen Entscheidung der Kommission keine begründeten Zweifel oder hat die Kommission in einem ähnlichen Fall bereits entschieden, so kann das einzelstaatliche Gericht in dem anhängigen Verfahren in Übereinstimmung mit der in Erwägung gezogenen oder früheren Entscheidung zu einer Entscheidung kommen, ohne dass es notwendig ist, bei der Kommission die obengenannten Informationen zu erfragen oder deren Entscheidung abzuwarten.

13. Gelangt die Kommission in einem bestimmten Fall zu einer Entscheidung bevor das einzelstaatliche Gericht ein Urteil fällt, so kann letzteres keine Entscheidung treffen, die derjenigen der Kommission zuwiderläuft. Die bindende Wirkung der Kommissionsentscheidung berührt selbstverständlich nicht die Auslegung des Gemeinschaftsrechts durch den Gerichtshof. Daher kann das einzelstaatliche Gericht, wenn es die Rechtmäßigkeit der Kommissionsentscheidung bezweifelt, die Bindungswirkung der Kommissionsentscheidung nicht außer Acht lassen, es sei denn, ein gegenteiliges Urteil des Gerichtshofs liegt vor[34]. Demnach muss ein einzelstaatliches Gericht, wenn es die Absicht hat, eine Entscheidung zu treffen, die derjenigen der Kommission zuwiderläuft, dem Gerichtshof die Frage zur Vorabentscheidung nach Artikel 234 des Vertrags vorlegen. Letzterer wird daraufhin über die Vereinbarkeit der Kommissionsentscheidung mit dem Gemeinschaftsrecht entscheiden. Wird jedoch die Entscheidung der Kommission nach Artikel 230 des Vertrags vor den Gemeinschaftsgerichten angefochten und hängt der Ausgang des Verfahrens vor dem einzelstaatlichen Gericht von der Rechtskraft der Kommissionsentscheidung ab, so sollte das einzelstaatliche Gericht sein Verfahren aussetzen, bis die Gemeinschaftsgerichte über die Klage auf Aufhebung der Kommissionsentscheidung endgültig entschieden haben, es sei denn, es hält es unter den gegebenen Umständen für gerechtfertigt, dem Gerichtshof eine Vorabentscheidungsfrage über die Rechtmäßigkeit der Entscheidung der Kommission vorzulegen[35].

14. Setzt ein einzelstaatliches Gericht das Verfahren aus, beispielsweise um die Entscheidung der Kommission abzuwarten (wie in Ziffer 12 beschrieben) oder wegen eines noch ausstehenden rechtskräftigen Urteils der Gemeinschaftsgerichte in einer Aufhebungsklage oder in einem Verfahren zur Vorabentscheidung (wie in Ziffer 13 beschrieben), so hat es zu prüfen, ob zum Schutz der Interessen der Parteien einstweilige Maßnahmen zu treffen sind[36].

---

[33] Vgl. Artikel 16 Absatz 1 der Verordnung sowie EuGH 28. Februar 1991, Delimitis/Henninger Bräu AG, Rechtssache C-234/89, Slg. 1991, I-935, Randnr. 47, und EuGH 14. Dezember 2000, Masterfoods, Rechtssache C-344/98, Slg. 2000, I-11369, Randnr. 51.

[34] EuGH 22. Oktober 1987, Foto-Frost/Hauptzollamt Lübeck, Rechtssache 314/85, Slg. 1987, 4199, Randnrn. 12 bis 20.

[35] Vgl. Artikel 16 Absatz 1 der Verordnung sowie EuGH 14. Dezember 2000, Masterfoods/HB Ice Cream Ltd, Rechtssache C-344/98, Slg. 2000, I-11369, Randnrn. 52 bis 59.

[36] EuGH 14. Dezember 2000, Masterfoods/HB Ice Cream Ltd, Rechtssache C-344/98, Slg. 2000, I-11369, Randnr. 58.

III. Zusammenarbeit zwischen der Kommission und den einzelstaatlichen Gerichten

15. Abgesehen von dem Kooperationsmechanismus zwischen den einzelstaatlichen Gerichten und dem Gerichtshof gemäß Artikel 234 des Vertrags sieht der EG-Vertrag eine Zusammenarbeit zwischen den einzelstaatlichen Gerichten und der Kommission nicht ausdrücklich vor. Bei der Auslegung von Artikel 10 des Vertrags, der die Mitgliedstaaten dazu verpflichtet, der Gemeinschaft die Erfüllung ihrer Aufgaben zu erleichtern, haben die Gemeinschaftsgerichte jedoch festgestellt, dass diese Vorschrift des EG-Vertrags die europäischen Organe und die Mitgliedstaaten im Hinblick auf die Verwirklichung der Ziele des EG-Vertrags zur gegenseitigen loyalen Zusammenarbeit verpflichtet. Nach Artikel 10 des Vertrags muss die Kommission also die einzelstaatlichen Gerichte bei der Anwendung des Gemeinschaftsrechts unterstützen[37]. Gleichermaßen können einzelstaatliche Gerichte verpflichtet sein, die Kommission bei der Erfüllung ihrer Aufgaben zu unterstützen[38].

16. In diesem Zusammenhang ist auch auf die Zusammenarbeit zwischen den einzelstaatlichen Gerichten und den Behörden der Mitgliedstaaten – insbesondere den einzelstaatlichen Wettbewerbsbehörden – bei der Anwendung der Artikel 81 und 82 EG-Vertrag hinzuweisen. Während die Zusammenarbeit zwischen diesen staatlichen Stellen in erster Linie durch nationales Recht geregelt wird, sieht Artikel 15 Absatz 3 der Verordnung die Möglichkeit vor, dass einzelstaatliche Wettbewerbsbehörden den Gerichten ihres Mitgliedstaates schriftliche Stellungnahmen vorlegen können. Ziffer 31 sowie Ziffern 33 bis 35 der Bekanntmachung gelten hierfür mutatis mutandis.

A. Die Kommission als Sachverständiger Beistand („Amicus Curiae") im Verfahren

17. Um einzelstaatlichen Gerichten die Anwendung der EG-Wettbewerbsregeln zu erleichtern, ist die Kommission verpflichtet, den Gerichten Hilfestellung zu gewähren, wenn die Gerichte dies für die Entscheidung des Falles als notwendig erachten. Artikel 15 der Verordnung nennt die häufigsten Arten einer solchen Unterstützung: die Übermittlung von Informationen (Ziffer 21 bis 26) und die Stellungnahme der Kommission (Ziffer 27 bis 30) auf Ersuchen eines einzelstaatlichen Gerichts sowie die Möglichkeit der Kommission, Stellungnahmen zu übermitteln (Ziffer 31 bis 35). Da diese Arten der Unterstützung in der Verordnung vorgesehen sind, können sie nicht durch einzelstaatliche Vorschriften eingeschränkt werden. Vielmehr müssen die Mitgliedstaaten geeignete Verfahrensvorschriften erlassen, sollten diesbezügliche Verfahrensregeln der Gemeinschaft fehlen und zur Erleichterung dieser Formen der Unterstützung notwendig sein, damit sowohl die einzelstaatlichen Gerichte als auch die Kommission von den Möglichkeiten, welche die Verordnung bietet, uneingeschränkten Gebrauch machen können[39].

---

[37] EuGH 6. Dezember 1990, Zwartveld, Rechtssache C-2/88, Slg. 1990, I-3365, Randnrn. 16 bis 22, sowie EuGH 28. Februar 1991, Delimitis/Henninger Bräu AG, Rechtssache C-234/89, Slg. 1991, I-935, Randnr. 53.

[38] EuGeI 14. November 2002, Roquette Frères/Kommission, Rechtssache C-94/00, Slg. 2002, I-9011, 31.

[39] Zur Vereinbarkeit der innerstaatlichen Verfahrensvorschriften mit den allgemeinen Grundsätzen des Gemeinschaftsrechts, vgl. Ziffern 9 und 10.

18. Das einzelstaatliche Gericht kann sein Unterstützungsersuchen schriftlich an folgende Anschrift richten:

Europäische Kommission
Generaldirektion Wettbewerb
B-1049 Brüssel
oder elektronisch an comp-amicus@cec.eu.int

19. Doch unabhängig davon, welche Form die Zusammenarbeit mit einzelstaatlichen Gerichten annimmt, wird die Kommission die Unabhängigkeit dieser Gerichte beachten. Folglich ist die von der Kommission angebotene Hilfe für das einzelstaatliche Gericht nicht bindend. Die Kommission hat außerdem dafür zu sorgen, dass ihre Pflicht zur Wahrung des Berufsgeheimnisses beachtet und ihre eigene Handlungsfähigkeit und Unabhängigkeit sichergestellt wird[40]. Bei der Erfüllung ihrer Aufgabe nach Artikel 10 des Vertrags, die in der Unterstützung einzelstaatlicher Gerichte bei der Anwendung des EG-Wettbewerbsrechts besteht, ist die Kommission zur Neutralität und Objektivität verpflichtet. Entsprechend fällt die Unterstützung einzelstaatlicher Gerichte unter die Pflicht der Kommission, das öffentliche Interesse zu wahren. Ziel der Kommission ist es daher nicht, den privaten Interessen der am Verfahren beteiligten Parteien zu dienen. Dementsprechend wird die Kommission im Rahmen dieser Unterstützung keine der beteiligten Parteien anhören. Falls die Kommission eine der Parteien des anhängigen Verfahrens zu Fragen kontaktiert hat, die vor dem einzelstaatlichen Gericht aufgeworfen werden, so teilt sie dies dem Gericht mit und zwar unabhängig davon, ob diese Kontakte vor oder nach dem Kooperationsersuchen des einzelstaatlichen Gerichts stattgefunden haben.

20. Die Kommission wird in ihrem jährlichen Wettbewerbsbericht einen Überblick über die Zusammenarbeit mit den einzelstaatlichen Gerichten auf Grundlage dieser Bekanntmachung veröffentlichen. Gegebenenfalls werden die Stellungnahmen und Bemerkungen der Kommission auch auf ihrer Website veröffentlicht.

1. Verpflichtung der Kommission zur Übermittlung von in ihrem Besitz befindlichen Informationen an einzelstaatliche Gerichte

21. Die Pflicht der Kommission zur Unterstützung einzelstaatlicher Gerichte bei der Anwendung des EG-Wettbewerbsrechts spiegelt sich hauptsächlich in der Verpflichtung der Kommission wider, in ihrem Besitz befindliche Informationen an einzelstaatliche Gerichte zu übermitteln. So kann ein einzelstaatliches Gericht die Kommission um in ihrem Besitz befindliche Unterlagen oder um Auskünfte verfahrensmäßiger Art ersuchen, damit es feststellen kann, ob ein bestimmter Fall vor der Kommission anhängig ist, ob die Kommission ein Verfahren eingeleitet oder ob sie bereits Stellung bezogen hat. Ein einzelstaatliches Gericht kann sich bei der Kommission auch danach erkundigen, wann mit einer Entscheidung zu rechnen ist, um sich darüber Klarheit zu verschaffen, ob die Voraussetzungen für eine etwaige Aussetzung des Verfahrens gegeben oder ob einstweilige Maßnahmen zu beschließen sind[41].

22. Damit eine möglichst effiziente Zusammenarbeit mit einzelstaatlichen Gerichten sichergestellt ist, bemüht sich die Kommission darum, die erbetenen Informationen spätestens einen Monat nach Eingang des Ersuchens dem einzelstaatlichen Ge-

---

[40] Zu diesen Verpflichtungen vgl. z. B. Ziffern 23 bis 26 der Bekanntmachung.

[41] EuGH 28. Februar 1991, Delimitis/Henninger Bräu AG, Rechtssache C-234/89, Slg. 1991, I-935, Randnr. 53, und EuGH 12. Dezember 1995, Dijkstra/Friesland (Frico Domo) Cooeperatie BA und Cornelis van Roessel u. a./De cooeperatieve vereniging Zuivelcooeperatie Campina Melkunie VA und Willem de Bie u. a./De cooeperatieve vereniging Zuivelcooeperatie Campina Melkunie BA, verbundene Rechtssachen C-319/93, C-40/94 und C-224/94, Slg. 1995, I-4471, Randnr. 34.

richt zur Verfügung zu stellen. Wenn die Kommission das einzelstaatliche Gericht um eine weitere Erläuterung seines Ersuchens bitten oder mit den von der Informationsübermittlung unmittelbar Betroffenen Rücksprache halten muss, so läuft diese Frist ab dem Zeitpunkt, zu dem die verlangten Informationen eingegangen sind.

23. Die Kommission hat bei der Übermittlung von Informationen an einzelstaatliche Gerichte die Garantien zu wahren, die natürlichen und juristischen Personen nach Artikel 287 des Vertrags gewährt werden[42]. Artikel 287 des Vertrags hindert Mitglieder, Beamte und sonstige Bedienstete der Kommission an der Preisgabe von Auskünften, die unter die Verpflichtung zur Wahrung des Berufsgeheimnisses fallen. Bei den unter das Berufsgeheimnis fallenden Auskünften kann es sich sowohl um vertrauliche Informationen als auch Geschäftsgeheimnisse handeln. Geschäftsgeheimnisse sind Informationen, bei denen nicht nur deren Offenlegung, sondern auch die bloße Übermittlung an eine andere Person als die, die sie bereitgestellt hat, die Interessen letzterer ernstlich schädigen kann[43].

24. Die Auslegung der Artikel 10 in Verbindung mit Artikel 287 des Vertrags führt nicht zu einem absoluten Verbot der Übermittlung von Informationen an einzelstaatliche Gerichte, die unter die Verpflichtung zur Wahrung des Berufsgeheimnisses fallen. Durch die Rechtsprechung der Gemeinschaftsgerichte wird bestätigt, dass die Kommission aufgrund ihrer Verpflichtung zur loyalen Zusammenarbeit einem einzelstaatlichen Gericht alle Informationen zur Verfügung zu stellen hat, um welche das Gericht die Kommission ersucht hat, einschließlich der unter das Berufsgeheimnis fallenden Informationen. Allerdings darf die Kommission bei ihrer Zusammenarbeit mit einzelstaatlichen Gerichten die in Artikel 287 des Vertrags enthaltenen Garantien keinesfalls einschränken.

25. Demnach wird die Kommission vor der Übermittlung von Informationen, die unter das Berufsgeheimnis fallen, das einzelstaatliche Gericht darauf hinweisen, dass es nach dem Gemeinschaftsrecht zur Wahrung der Rechte verpflichtet ist, die natürlichen und juristischen Personen durch Artikel 287 des Vertrags verliehen werden, und das Gericht danach fragen, ob es den Schutz von vertraulichen Informationen und Geschäftsgeheimnissen gewährleisten kann und wird. Kann das einzelstaatliche Gericht diese Gewähr nicht bieten, so wird die Kommission die unter das Berufsgeheimnis fallenden Informationen nicht an das einzelstaatliche Gericht weiterleiten[44]. Nur dann, wenn das einzelstaatliche Gericht gewährleistet, die vertraulichen Informationen und die Geschäftsgeheimnisse zu schützen, übermittelt die Kommission die erbetenen Informationen; dabei gibt sie an, welche Teile unter das Berufsgeheimnis fallen bzw. für welche Teile dies nicht zutrifft und die folglich ohne Einschränkung zugänglich gemacht werden können.

26. Für die Verpflichtung der Kommission zur Offenlegung von Informationen gegenüber einzelstaatlichen Gerichten gelten allerdings Ausnahmen. Insbesondere darf die Kommission die Übermittlung von Informationen an einzelstaatliche Gerichte aus Gründen verweigern, die Vorrang haben und die sich auf die notwendige Sicherung der Gemeinschaftsinteressen beziehen, oder um einen etwaigen Eingriff in ihre Funktionsabläufe und ihre Unabhängigkeit, vor allem durch Gefährdung der

---

[42] EuGH 28. Februar 1991, Delimitis/Henninger Bräu AG, Rechtssache C-234/89, Slg. 1991, I-935, Randnr. 53.

[43] EuGeI 18. September 1996, Postbank/Kommission, Rechtssache T-353/94, Slg. 1996, II-921, Randnrn. 86 und 87 und EuGH 7. November 1985, Adams/Kommission, Rechtssache 145/83, Slg. 1985, 3539, Randnr. 34.

[44] EuGH 6. Dezember 1990, Zwartveld, Rechtssache C-2/88, Slg. 1990, I-4405, Randnrn. 10 und 11, sowie EuGeI 18. September 1996, Postbank/Kommission, Rechtssache T-353/94, Slg. 1996, II-921, Randnr. 93.

Erfüllung der ihr übertragenen Aufgaben, zu unterbinden[45]. Daher wird die Kommission keine von einem Antragsteller auf Kronzeugenbehandlung freiwillig bereit gestellten Informationen ohne dessen Einverständnis an einzelstaatliche Gerichte weitergeben.

2. Ersuchen um eine Stellungnahme zu Fragen hinsichtlich der Anwendung der EG-Wettbewerbsregeln

27. Ist ein einzelstaatliches Gericht aufgefordert, in einem anhängigen Fall die EG-Wettbewerbsregeln anzuwenden, so kann es sich zunächst an der Rechtsprechung der Gemeinschaftsgerichte oder an Verordnungen, Entscheidungen, Bekanntmachungen und Leitlinien der Kommission zur Anwendung der Artikel 81 und 82 des Vertrags orientieren[46]. Ergibt sich hieraus keine ausreichende Orientierungshilfe, so kann das einzelstaatliche Gericht die Kommission um eine Stellungnahme zu Fragen hinsichtlich der Anwendung der EG-Wettbewerbsregeln ersuchen. Das einzelstaatliche Gericht kann die Kommission um eine Stellungnahme zu wirtschaftlichen, sachlichen und rechtlichen Aspekten ersuchen[47]. Hiervon bleibt die Möglichkeit bzw. Verpflichtung des einzelstaatlichen Gerichts, dem Gerichtshof gemäß Artikel 234 des Vertrags eine Frage zur Vorabentscheidung über die Auslegung oder Rechtsgültigkeit von Gemeinschaftsrecht vorzulegen, selbstverständlich unberührt.

28. Im Hinblick auf die Abgabe einer sachdienlichen Stellungnahme kann die Kommission bei dem einzelstaatlichen Gericht zusätzliche Informationen anfordern[48]. Damit eine möglichst effiziente Zusammenarbeit mit einzelstaatlichen Gerichten sichergestellt ist, bemüht sich die Kommission, die erbetene Stellungnahme innerhalb von vier Monaten nach Eingang des Ersuchens dem einzelstaatlichen Gericht abzugeben. Wenn die Kommission weitere Auskünfte benötigt, um Stellung nehmen zu können, läuft die Frist ab dem Zeitpunkt, zu dem die ergänzenden Informationen eingegangen sind.

29. Bei ihrer Stellungnahme beschränkt sich die Kommission darauf, dem einzelstaatlichen Gericht die erbetenen Sachinformationen zu erteilen bzw. die gewünschte wirtschaftliche oder rechtliche Klarstellung zu geben, ohne auf den Klagegrund des anhängigen Verfahrens einzugehen. Zudem ist das einzelstaatliche Gericht – anders als bei der verbindlichen Auslegung des Gemeinschaftsrechts durch die Gemeinschaftsgerichte – nicht an die Stellungnahme der Kommission gebunden.

30. Entsprechend den Ausführungen in Ziffer 19 hört die Kommission die beteiligten Parteien vor Abgabe ihrer Stellungnahme nicht an. Das Gericht wird sich mit der Stellungnahme nach den einschlägigen innerstaatlichen Verfahrensvorschriften zu befassen haben, die ihrerseits die allgemeinen Grundsätze des Gemeinschaftsrechts beachten müssen.

---

[45] EuGH 6. Dezember 1990, Zwartveld, Rechtssache C-2/88, Slg. 1990, I-4405, Randnrn. 10 und 11, sowie EuGH 26. November 2002, Kommission/First and Franex, Rechtssache C-275/00, Slg. 2002, I-10943 Randnr. 49, und EuGeI 18. September 1996, Postbank/Kommission, Rechtssache T-353/94, Slg. 1996, II-921, Randnr. 93.

[46] Vgl. Ziffer 8 dieser Bekanntmachung.

[47] EuGH 28. Februar 1991, Delimitis/Henninger Bräu AG, Rechtssache C-234/89, Slg. 1991, I-935, Randnr. 53, und EuGH 12. Dezember 1995, Dijkstra, verbundene Rechtssachen C-319/93, C-40/94 und C-224/94, Slg. 1995, I-4471, Randnr. 34.

[48] Vergleiche EuGH 25. Mai 1982, Kommission/Niederlande, Rechtssache 96/81, Slg. 1982, S. 1791, Randnr. 7 und EuGH 22. September 1988, Kommission/Griechenland, Rechtssache 272/86, Slg. 1988, S. 4875, Randnr. 30.

3. Übermittlung von Stellungnahmen der Kommission an einzelstaatliche Gerichte

31. Nach Artikel 15 Absatz 3 der Verordnung können die einzelstaatlichen Wettbewerbsbehörden und die Kommission einem einzelstaatlichen Gericht, das zur Anwendung der Artikel 81 oder 82 des Vertrags berufen ist, schriftliche Stellungnahmen übermitteln. Die Verordnung unterscheidet zwischen schriftlichen Stellungnahmen, welche die einzelstaatlichen Wettbewerbsbehörden und die Kommission von sich aus übermitteln können, und mündlichen Stellungnahmen, die nur mit Erlaubnis des einzelstaatlichen Gerichts möglich sind[49].

32. In der Verordnung ist geregelt, dass die Kommission nur dann Stellungnahmen übermittelt, wenn dies zur kohärenten Anwendung der Artikel 81 oder 82 des Vertrags erforderlich ist. Folglich beschränkt die Kommission ihre Stellungnahmen auf eine wirtschaftliche und rechtliche Analyse des Sachverhalts, der dem vor dem einzelstaatlichen Gericht anhängigen Fall zugrunde liegt.

33. Damit die Kommission sinnvoll Stellung nehmen kann, können die einzelstaatlichen Gerichte ersucht werden, der Kommission eine Kopie aller zur Beurteilung des Falls notwendigen Schriftstücke zu übermitteln oder für deren Übermittlung an die Kommission zu sorgen. Gemäß Artikel 15 Absatz 3 zweiter Unterabsatz der Verordnung verwendet die Kommission diese Schriftstücke ausschließlich zum Zwecke der Ausarbeitung ihrer Stellungnahme[50].

34. Da die Verordnung keinen Verfahrensrahmen für die Übermittlung von Stellungnahmen vorgibt, sind die Verfahrensvorschriften und die Verfahrenspraxis der Mitgliedstaaten maßgebend. Hat ein Mitgliedstaat noch keinen entsprechenden Verfahrensrahmen festgelegt, muss das einzelstaatliche Gericht bestimmen, welche Verfahrensregeln für die Übermittlung von Stellungnahmen in dem anhängigen Verfahren angemessen sind.

35. Bei der Verfahrensweise für die Übermittlung von Stellungnahmen sollen die in Ziffer 10 aufgestellten Grundsätze beachtet werden. Hieraus ergibt sich unter anderem, dass der Verfahrensrahmen für die Übermittlung von Stellungnahmen zu Fragen hinsichtlich der Anwendung von Artikel 81 oder 82 des Vertrags

a) mit den allgemeinen Grundsätzen des Gemeinschaftsrechts vereinbar sein muss, insbesondere mit den Grundrechten der beteiligten Parteien;
b) die Übermittlung der Stellungnahmen nicht übermäßig erschweren oder praktisch unmöglich machen darf (Grundsatz der Wirksamkeit)[51] und
c) die Übermittlung der Stellungnahmen nicht schwieriger machen darf als die Übermittlung von Stellungnahmen in Gerichtsverfahren, in denen gleichwertiges innerstaatliches Recht angewandt wird (Grundsatz der Gleichwertigkeit).

---

[49] Gemäß Artikel 15 Absatz 4 der Verordnung werden umfassendere Befugnisse zur Abgabe von Stellungnahmen vor einem Gericht, die den Wettbewerbsbehörden der Mitgliedstaaten nach innerstaatlichem Recht zustehen, davon nicht berührt.

[50] Vgl. auch Artikel 28 Absatz 2 der Verordnung, wonach die Kommission keine Informationen preisgeben darf, die sie erlangt hat und die unter das Berufsgeheimnis fallen.

[51] EuGH 21. September 1989, Hoechst/Kommission, Verbundene Rechtssachen 46/87 und 227/88, Slg. 1989, 2859, Randnr. 33. Vgl. auch Artikel 15 Absatz 3 der Verordnung.

B. Einzelstaatliche Gerichte erleichtern der Kommission die Durchsetzung des EG-Wettbewerbsrechts

36. Da die Verpflichtung zur loyalen Zusammenarbeit auch bedeutet, dass die Behörden der Mitgliedstaaten die europäischen Organe bei der Verwirklichung der Ziele des EG-Vertrags unterstützen[52], sieht die Verordnung hierfür drei Beispiele vor: 1. die Übermittlung von Schriftstücken, die für die Beurteilung eines Falls notwendig sind, zu dem die Kommission Stellung nehmen möchte (siehe Ziffer 33), 2. die Übermittlung von Kopien der Urteile, bei denen Artikel 81 oder 82 des Vertrags angewandt wird, und 3. die Rolle einzelstaatlicher Gerichte bei einer Nachprüfung durch die Kommission.

1. Übermittlung von Kopien der Urteile einzelstaatlicher Gerichte über die Anwendung von Artikel 81 oder 82 des Vertrags

37. Nach Artikel 15 Absatz 2 der Verordnung übermitteln die Mitgliedstaaten der Kommission eine Kopie aller schriftlichen Urteile einzelstaatlicher Gerichte über die Anwendung von Artikel 81 oder 82 des Vertrags, sobald das vollständige schriftliche Urteil den Parteien zugestellt wurde. Die Übermittlung der Kopien einzelstaatlicher Urteile zur Anwendung von Artikel 81 oder 82 des Vertrags und sich hieraus ergebender Informationen zu Verfahren vor einzelstaatlichen Gerichten gestattet es der Kommission, rechtzeitig Kenntnis von Fällen zu erlangen, bei denen die Vorlage einer Stellungnahme zweckmäßig sein könnte, falls eine der Parteien gegen das Urteil Rechtsmittel einlegt.

2. Rolle einzelstaatlicher Gerichte bei einer Nachprüfung durch die Kommission

38. Schließlich können einzelstaatliche Gerichte bei einer Nachprüfung der Kommission bei Unternehmen und Unternehmensvereinigungen eine wichtige Rolle spielen. Die Rolle der einzelstaatlichen Gerichte hängt davon ab, ob die Nachprüfungen in Geschäftsräumen oder nicht geschäftlichen Räumlichkeiten durchgeführt werden.

39. Bei Nachprüfungen in Geschäftsräumen kann nach innerstaatlichem Recht die Einholung der Genehmigung eines einzelstaatlichen Gerichts vorgeschrieben sein, damit eine nationale Vollzugsbehörde für den Fall, dass sich das betroffene Unternehmen der Nachprüfung widersetzt, die Kommission unterstützen kann. Eine derartige Genehmigung kann auch vorsorglich beantragt werden. Bei der Bearbeitung des Antrags ist das einzelstaatliche Gericht befugt, die Echtheit der Entscheidung der Kommission sowie die Frage zu prüfen, ob die beantragten Zwangsmaßnahmen nicht willkürlich und, gemessen am Gegenstand der Nachprüfung, nicht unverhältnismäßig sind. Bei der Prüfung der Verhältnismäßigkeit der Zwangsmaßnahmen kann das einzelstaatliche Gericht von der Kommission unmittelbar oder über die nationale Wettbewerbsbehörde ausführliche Erläuterungen anfordern, und zwar insbesondere zu den Gründen, die die Kommission veranlasst haben, das Unternehmen einer Zuwiderhandlung gegen Artikel 81 oder 82 des Vertrags zu verdächtigen, sowie zur Schwere der angeblichen Zuwiderhandlung und zur Art der Beteiligung des betreffenden Unternehmens[53].

40. Bei Nachprüfungen in nicht geschäftlichen Räumlichkeiten schreibt die Verordnung die Genehmigung eines einzelstaatlichen Gerichts vor, bevor eine Kommis-

[52] EuGH 13. Dezember 1991, Kommission/Italien, Rechtssache C-69/90, Slg. 1991, I-6011, Randnr. 15.

[53] Artikel 20 Absätze 6 bis 8 der Verordnung sowie EuGeI 14. November 2002, Roquette Frères/Kommission, Rechtssache C-94/00, Slg. 2002, I-9011.

sionsentscheidung zur Anordnung einer derartigen Nachprüfung vollzogen werden kann. In diesem Fall kann das einzelstaatliche Gericht die Echtheit der Entscheidung der Kommission prüfen und dass die beabsichtigten Zwangsmaßnahmen weder willkürlich noch unverhältnismäßig sind – insbesondere gemessen an der Schwere der zur Last gelegten Zuwiderhandlung, der Wichtigkeit des gesuchten Beweismaterials, der Beteiligung des betreffenden Unternehmens und der begründeten Wahrscheinlichkeit, dass Bücher und Geschäftsunterlagen, die sich auf den Gegenstand der Nachprüfung beziehen, in den Räumlichkeiten aufbewahrt werden, für die die Genehmigung beantragt wird. Das einzelstaatliche Gericht kann die Kommission unmittelbar oder über die nationale Wettbewerbsbehörde um ausführliche Erläuterungen zu den Punkten ersuchen, deren Kenntnis zur Prüfung der Verhältnismäßigkeit der beabsichtigten Zwangsmaßnahmen erforderlich ist[54].

41. In den in Ziffer 39 und 40 genannten Fällen darf das einzelstaatliche Gericht die Rechtmäßigkeit der Kommissionsentscheidung oder die Notwendigkeit der Nachprüfung nicht in Frage stellen noch kann es Informationen aus der Akte der Kommission verlangen[55]. Zudem hat das einzelstaatliche Gericht wegen der Verpflichtung zur loyalen Zusammenarbeit seine Entscheidung innerhalb einer angemessenen Frist zu treffen, die der Kommission eine wirksame Durchführung ihrer Nachprüfung ermöglicht[56].

IV. Schlussbestimmungen

42. Diese Bekanntmachung soll die einzelstaatlichen Gerichte bei der Anwendung der Artikel 81 und 82 des Vertrags unterstützen. Sie ist weder für einzelstaatliche Gerichte bindend noch berührt sie die Rechte und Pflichten, die sich für die EU-Mitgliedstaaten sowie natürliche und juristische Personen aus dem Gemeinschaftsrecht ergeben.

43. Diese Bekanntmachung ersetzt die Bekanntmachung von 1993 über die Zusammenarbeit zwischen der Kommission und den Gerichten der Mitgliedstaaten bei der Anwendung der Artikel 85 und 86 des EWG-Vertrages[57].

---

[54] Artikel 21 Absatz 3 der Verordnung.

[55] EuGeI 14. November 2002, Roquette Frères/Kommission, Rechtssache C-94/00, Slg. 2002, I-9011, Randnrn. 39 und 62 bis 66.

[56] A. a. O., Randnrn. 91 und 92.

[57] ABl. C 39 vom 13.2.1993, S. 6.

Anhang B 28. Netzwerkbekanntmachung

Bekanntmachung der Kommission über die Zusammenarbeit innerhalb des Netzes der Wettbewerbsbehörden

(ABl. 2004 C 101/43)

1. Einleitung

1. Mit der Verordnung (EG) Nr. 1/2003 des Rates vom 16. Dezember 2002 zur Durchführung der in den Artikeln 81 und 82 des Vertrages niedergelegten Wettbewerbsregeln[1] (nachstehend „Ratsverordnung") wird ein System paralleler Zuständigkeiten geschaffen, in dessen Rahmen die Kommission und die Wettbewerbsbehörden der Mitgliedstaaten (nachstehend „nationale Wettbewerbsbehörden")[2] Artikel 81 und Artikel 82 des EG-Vertrags (nachstehend „Vertrag") anwenden können. Zusammen bilden die nationalen Wettbewerbsbehörden und die Kommission ein Netz von Behörden; diese handeln im öffentlichen Interesse und arbeiten beim Schutz des Wettbewerbs eng zusammen. Das Netz ist ein Diskussions- und Kooperationsforum für die Anwendung und Durchsetzung der EG-Wettbewerbspolitik. Es schafft einen Rahmen für die Zusammenarbeit europäischer Wettbewerbsbehörden in Fällen vor, in denen die Artikel 81 und 82 des Vertrags angewandt werden, und ist die Basis für die Schaffung und Wahrung einer gemeinsamen Wettbewerbskultur in Europa. Dieses Netz wird als „Europäisches Wettbewerbsnetz" (ECN) bezeichnet.

2. Der Aufbau der nationalen Wettbewerbsbehörden ist je nach Mitgliedstaat unterschiedlich. In einigen Mitgliedstaaten werden die Ermittlungen in den jeweiligen Fällen von derselben Stelle geführt, die auch alle Arten von Entscheidungen trifft. In anderen Mitgliedstaaten sind die Aufgaben zwischen zwei verschiedenen Stellen aufgeteilt, wovon eine für die Ermittlungen zuständig ist und die andere, häufig eine Kollegialorgan, zu entscheiden hat. In bestimmten Mitgliedstaaten schließlich können Verbotsentscheidungen und/oder Entscheidungen, mittels derer eine Geldbuße verhängt wird, ausschließlich von einem Gericht getroffen werden: eine andere Wettbewerbsbehörde nimmt die Funktion eines Staatsanwalts wahr, der den Fall vor dieses Gericht bringt. Vorbehaltlich des allgemeinen Grundsatzes der Effektivität überlässt es Artikel 35 der Ratsverordnung den Mitgliedstaaten, welche Stelle bzw. Stellen als nationale Wettbewerbsbehörden bestimmt und wie gegebenenfalls die Aufgaben zwischen ihnen verteilt werden. Nach den allgemeinen Grundsätzen des Gemeinschaftsrechts sind die Mitgliedstaaten verpflichtet, für Verstöße gegen EU-Recht[3] ein System von Sanktionen vorzusehen, die effektiv, angemessen und abschreckend sind. Die Durchsetzungsregelungen der Mitgliedstaaten unterscheiden sich zwar voneinan-

---

[1] ABl. L 1 vom 4. 1. 2003, S. 1.

[2] In der vorliegenden Bekanntmachung werden die Europäische Kommission und die nationalen Wettbewerbsbehörden gemeinsam als „Wettbewerbsbehörden" bezeichnet.

[3] Vgl. Urteil des EuGH in der Rs. 68/88 – Kommission gegen Griechenland, Slg. 1989, S. 2965, Entscheidungsgründe 23 bis 25.

der, doch erkennen die Mitgliedstaaten gegenseitig die jeweiligen Standards der anderen als Grundlage für die Zusammenarbeit an[4].

3. Das durch die Wettbewerbsbehörden gebildete Netz soll sowohl eine effiziente Arbeitsteilung als auch eine wirksame und kohärente Anwendung der EG-Wettbewerbsregeln sicherstellen. Die Ratsverordnung und die gemeinsame Erklärung des Rates und der Kommission zur Funktionsweise des Europäischen Wettbewerbsnetzes enthalten die wichtigsten Grundsätze für die Funktionsweise des Netzes. Die vorliegende Bekanntmachung stellt die Einzelheiten des Systems dar.

4. Konsultationen und Informationsaustausch innerhalb des Netzes sind eine Angelegenheit zwischen den Wettbewerbsbehörden und ändern in keiner Weise die Rechte und Pflichten von Unternehmen, die sich aus Gemeinschaftsrecht oder einzelstaatlichem Recht ergeben. Jede Wettbewerbsbehörde bleibt in vollem Umfang für einen ordnungsgemäßen Ablauf der Verfahren verantwortlich, mit denen sie befasst ist.

2. Arbeitsteilung

2.1 Grundsätze der Fallverteilung

5. Die Ratsverordnung beruht auf einem System paralleler Zuständigkeiten, bei dem sämtliche Wettbewerbsbehörden zur Anwendung von Artikel 81 oder 82 des Vertrags befugt sind und in dem sie in Bezug auf Fälle, in denen Ermittlungen für notwendig erachtet werden, für eine effiziente Arbeitsteilung zu sorgen haben. Gleichzeitig liegt es im vollen Ermessen jedes Netzmitglieds zu entscheiden, ob in einem bestimmten Fall Ermittlungen eingeleitet werden sollen oder nicht. Im Rahmen des Systems paralleler Zuständigkeiten erfolgt die Bearbeitung von Fällen durch

- eine einzelne nationale Wettbewerbsbehörde, ggf. mit Unterstützung der Wettbewerbsbehörden anderer Mitgliedstaaten, oder
- mehrere parallel handelnde nationale Wettbewerbsbehörden, oder
- die Kommission.

6. In den meisten Fällen bleibt die Behörde, welche eine Beschwerde erhalten hat oder von Amts wegen ein Verfahren[5] eingeleitet hat, auch weiterhin mit einem Fall befasst. Eine Umverteilung wird nur zu Beginn des Verfahrens in Betracht gezogen (vgl. unten Ziff. 18), wenn entweder die betreffende Behörde zu dem Schluss gelangt, dass sie nicht gut geeignet ist, sich des Falls anzunehmen, oder andere Behörden der Auffassung sind, dass sie ebenfalls gut geeignet sind, sich des Falls anzunehmen (vgl. unten Ziff. 8 bis 15).

7. Wird eine Umverteilung für einen wirksamen Schutz des Wettbewerbs und des Gemeinschaftsinteresses für notwendig erachtet, so bemühen sich die Netzmitglieder darum, den Fall möglichst einer einzigen Wettbewerbsbehörde zuzuordnen, die gut geeignet ist, sich des Falls anzunehmen[6]. Auf jeden Fall soll eine Umverteilung schnell und effizient vonstatten gehen und laufende Ermittlungen nicht verzögern.

---

[4] Vgl. Ziff. 8 der Gemeinsamen Erklärung des Rates und der Kommission zur Arbeitsweise des Netzes der Wettbewerbsbehörden. Abrufbar auf dem Ratsregister: http://register.consilium.eu.int (Dokument Nr. 15435/02 ADD 1).

[5] In der Bekanntmachung wird der Begriff „Verfahren" für Untersuchungen und/oder förmliche Prüfverfahren im Hinblick auf den Erlass einer Entscheidung gemäß der Ratsverordnung verwendet, die je nach Fall von einer nationalen Wettbewerbsbehörde oder von der Kommission durchgeführt werden.

[6] Vgl. Erwägungsgrund 18 der Ratsverordnung.

8. Bei einer Behörde kann dann davon ausgegangen werden, dass sie gut geeignet ist, sich eines Falls anzunehmen, wenn alle drei der folgenden Bedingungen erfüllt sind:

1. die Vereinbarung oder Verhaltensweise hat wesentliche unmittelbare tatsächliche oder absehbare Auswirkungen auf den Wettbewerb innerhalb des Hoheitsgebiets dieser Behörde, wird in deren Hoheitsgebiet umgesetzt oder hat in deren Hoheitsgebiet ihren Ursprung;
2. die Behörde kann die gesamte Zuwiderhandlung wirksam beenden, d. h. sie kann eine Verbotsentscheidung erlassen, deren Wirksamkeit ausreicht, die Zuwiderhandlung zu beenden, und sie kann ggf. die Zuwiderhandlung angemessen ahnden;
3. sie kann, ggf. mit Unterstützung anderer Behörden, die zum Nachweis der Zuwiderhandlung erforderlichen Beweise erheben.

9. Aus den obigen Kriterien ergibt sich, dass zwischen der Zuwiderhandlung und dem Hoheitsgebiet eines Mitgliedstaats eine wesentliche Verknüpfung bestehen muss, damit die Wettbewerbsbehörde dieses Mitgliedstaats als gut geeignet angesehen werden kann, sich des Falls anzunehmen. Zumeist dürften die Behörden der Mitgliedstaaten, in denen der Wettbewerb durch eine Zuwiderhandlung wesentlich beeinträchtigt wird, gut geeignet sein, sich dieses Falls anzunehmen, vorausgesetzt, dass sie die Zuwiderhandlung entweder durch alleiniges oder durch paralleles Vorgehen wirksam beenden können, es sei denn die Kommission ist besser geeignet, sich des Falls anzunehmen (vgl. unten Ziff. 14 und 15).

10. Hieraus folgt, dass eine einzelne nationale Wettbewerbsbehörde im Regelfall gut geeignet ist, Verfahren betreffend Vereinbarungen oder Verhaltensweisen durchzuführen, die den Wettbewerb hauptsächlich innerhalb ihres Hoheitsgebiets wesentlich beeinträchtigen.

Beispiel 1:
In Mitgliedstaat A ansässige Unternehmen sind an Preisabsprachen über Produkte beteiligt, die hauptsächlich in Mitgliedstaat A verkauft werden.
Die nationale Wettbewerbsbehörde in A ist gut geeignet, sich des Falls anzunehmen.

11. Des Weiteren kann das alleinige Tätigwerden einer nationalen Wettbewerbsbehörde angemessen sein, wenn dies – auch wenn mehr als eine nationale Wettbewerbsbehörde gut geeignet wäre, sich des Falls anzunehmen – ausreicht, um die gesamte Zuwiderhandlung zu beenden.

Beispiel 2:
Zwei Unternehmen haben in Mitgliedstaat A ein Gemeinschaftsunternehmen gegründet, das Dienstleistungen in den Mitgliedstaaten A und B erbringt und ein Wettbewerbsproblem aufwirft. Eine Verbotsentscheidung ist für ein wirksames Vorgehen in diesem Fall als ausreichend anzusehen, da die gesamte Zuwiderhandlung hierdurch beendet werden kann. Das Beweismaterial befindet sich hauptsächlich in den Geschäftsräumen des Gemeinschaftsunternehmens in Mitgliedstaat A.
Die nationalen Wettbewerbsbehörden in A und B sind beide gut geeignet, sich des Falls anzunehmen, ein alleiniges Tätigwerden durch die nationale Wettbewerbsbehörde in A wäre jedoch ausreichend und effizienter als ein alleiniges Vorgehen der Wettbewerbsbehörde in B oder ein paralleles Vorgehen durch beide nationale Wettbewerbsbehörden.

12. Ein paralleles Vorgehen durch zwei oder drei nationale Wettbewerbsbehörden kann dann angemessen sein, wenn eine Vereinbarung oder Verhaltensweise hauptsächlich in deren jeweiligen Hoheitsgebieten wesentliche Auswirkungen auf den Wettbewerb hat und das Vorgehen lediglich einer nationalen Wettbewerbsbehörde nicht ausreichen würde, die gesamte Zuwiderhandlung zu beenden bzw. sie angemessen zu ahnden. [...]

Beispiel 3:
Zwei Unternehmen treffen eine Marktaufteilungsvereinbarung, wonach die Tätigkeit des in Mitgliedstaat A ansässigen Unternehmens auf Mitgliedstaat A und die Tätigkeit des in Mitgliedstaat B ansässigen Unternehmens auf Mitgliedstaat B beschränkt ist.
Die nationalen Wettbewerbsbehörden in A and B sind gut geeignet, den Falls parallel zu behandeln, wobei jede im Hinblick auf ihr jeweiliges Hoheitsgebiet tätig wird.

13. Die mit einem Fall in parallelen Verfahren befassten Behörden werden sich darum bemühen, ihr Vorgehen so weit wie möglich untereinander abzustimmen. Dabei kann es zweckdienlich sein, eine von ihnen als federführende Behörde zu bestimmen und der federführenden Behörde bestimmte Aufgaben zu übertragen, beispielsweise die Koordinierung von Ermittlungsmaßnahmen, wobei aber jede Behörde für ihr eigenes Verfahren zuständig bleibt.

14. Die Kommission ist besonders gut geeignet, sich eines Falls anzunehmen, wenn eine oder mehrere Vereinbarungen oder Verhaltensweisen, darunter Netze ähnlicher Vereinbarungen oder Verhaltensweisen, in mehr als drei Mitgliedstaaten (grenzübergreifende Märkte, bei denen mehr als drei Mitgliedstaaten oder mehrere nationale Märkte betroffen sind) Auswirkungen auf den Wettbewerb haben.

Beispiel 4:
Zwei Unternehmen vereinbaren für das gesamte Gebiet der Gemeinschaft, Märkte aufzuteilen oder Preise abzusprechen. Die Kommission ist gut geeignet, sich des Falls anzunehmen.

Beispiel 5:
Ein Unternehmen, das in vier verschiedenen nationalen Märkten eine marktbeherrschende Stellung innehat, missbraucht seine Stellung dadurch, dass es seinen Händlern in allen diesen Märkten Treuerabatte einräumt. Die Kommission ist gut geeignet, sich des Falls anzunehmen. Sie könnte auch ein Verfahren für einem bestimmten nationalen Markt durchführen, um eine „Leitentscheidung" herbeizuführen, wobei die anderen nationalen Märkte den nationalen Wettbewerbsbehörden überlassen blieben, insbesondere dann, wenn jeder nationale Markt eine getrennte Bewertung erfordert.

15. Darüber hinaus ist die Kommission dann besonders gut geeignet, sich eines Falls anzunehmen, wenn dieser eng mit anderen Gemeinschaftsbestimmungen verknüpft ist, die ausschließlich oder effizienter von der Kommission angewandt werden können oder wenn das Gemeinschaftsinteresse eine Entscheidung der Kommission erfordert, um die gemeinschaftliche Wettbewerbspolitik weiter zu entwickeln, wenn neue Wettbewerbsfragen auftreten oder um eine wirksame Durchsetzung der Wettbewerbsregeln sicherzustellen.

2.2 Kooperationsmechanismen zur Fallverteilung und Unterstützung

2.2.1 Unterrichtung zu Verfahrensbeginn (Artikel 11 der Ratsverordnung)

16. Damit mehrfach geführte Verfahren festgestellt werden können und sichergestellt ist, dass die jeweiligen Fälle von einer Wettbewerbsbehörde bearbeitet werden, die gut geeignet ist, sich ihrer anzunehmen, müssen die Mitglieder des Netzes frühzeitig von Verfahren unterrichtet werden, die bei den verschiedenen Wettbewerbsbehörden anhängig sind[7]. Muss ein Fall umverteilt werden, so liegt es in der Tat im Interesse des Netzes und der betroffenen Unternehmen, dass die Umverteilung rasch erfolgt.

---

[7] Für Fälle, die aufgrund eines Antrags auf Kronzeugenbehandlung eingeleitet wurden, siehe Ziff. 37 ff.

17. Mit der Ratsverordnung wird ein Mechanismus zur gegenseitigen Information der Wettbewerbsbehörden geschaffen, um eine effiziente und schnelle Umverteilung sicherzustellen. Gemäß Artikel 11 Absatz 3 der Ratsverordnung sind die nationalen Wettbewerbsbehörden verpflichtet, die Kommission vor Beginn oder unverzüglich nach Einleitung der ersten förmlichen Ermittlungshandlung zu unterrichten, wenn sie nach Artikel 81 oder 82 des Vertrags tätig werden. Weiter heißt es, dass die Unterrichtung auch den anderen nationalen Wettbewerbsbehörden zugänglich gemacht werden kann[8]. Dieser Vorschrift liegt der Gedanke zugrunde, dass das Netz Mehrfachverfahren erkennen und sich mit möglichen Fragen der Umverteilung von Fällen befassen kann, sobald eine Behörde die Ermittlungen in einem Fall aufnimmt. Die Unterrichtung der nationalen Wettbewerbsbehörden und der Kommission soll daher vor oder kurz nach den ersten Maßnahmen erfolgen, die den Ermittlungsmaßnahmen vergleichbar sind, die von der Kommission nach Artikel 18 bis 21 der Ratsverordnung ergriffen werden können. Auf der Grundlage des Artikel 11 Absatz 2 der Ratsverordnung hat die Kommission eine entsprechende Verpflichtung gegenüber den nationalen Wettbewerbsbehörden übernommen. Die Netzmitglieder unterrichten einander über anhängige Fälle mittels eines Standardformblatts, der gewisse Einzelheiten des Falls enthält wie die das Verfahren durchführende Behörde, betroffene Produkte, Gebiete und Parteien, sowie mutmaßlicher Verstoß, vermutliche Dauer des Verstoßes und Ursprung des Falls. Ebenso halten sie einander über einschlägige Änderungen auf dem Laufenden.

18. Stellt sich die Frage der Umverteilung eines Falles, so sollte diese rasch gelöst werden, im Regelfall innerhalb eines Zeitraums von zwei Monaten nach dem Zeitpunkt der erstmaligen Unterrichtung des Netzes nach Artikel 11 der Ratsverordnung. Innerhalb dieser Frist bemühen sich die Wettbewerbsbehörden um eine Einigung über die Frage einer möglichen Umverteilung und ggf. über Modalitäten eines parallelen Vorgehens.

19. Grundsätzlich soll(en) die Wettbewerbsbehörde(n), die bei Ablauf des Fallverteilungszeitraums mit dem Fall befasst ist/sind, diesen auch bis zum Abschluss des Verfahrens weiter durchführen. Die Umverteilung eines Falls nach Ablauf der Verteilungsfrist von zwei Monaten soll nur erfolgen, wenn sich der bekannte Sachverhalt im Verlauf des Verfahrens wesentlich ändert.

2.2.2 Aussetzung oder Einstellung des Verfahrens (Artikel 13 der Ratsverordnung)

20. Liegt dieselbe Vereinbarung oder Verhaltensweise mehreren Wettbewerbsbehörden vor, sei es weil sie eine Beschwerde erhalten haben oder sei es weil ein Verfahren von Amts wegen eingeleitet wurde, bietet Artikel 13 der Ratsverordnung eine Rechtsgrundlage für die Aussetzung eines Verfahrens oder die Zurückweisung einer Beschwerde mit der Begründung, dass sich bereits eine andere Behörde mit dieser Beschwerde befasst oder befasst hat. Im Sinne von Artikel 13 der Ratsverordnung bedeutet „mit einer Beschwerde befasst sein" und „den Fall bearbeiten" nicht nur, dass eine Beschwerde bei einer anderen Behörde eingereicht wurde. Es bedeutet vielmehr, dass die andere Behörde in dem Fall ein eigenes Verfahren durchführt oder durchgeführt hat.

21. Artikel 13 der Ratsverordnung greift, wenn sich eine andere Behörde mit dem Wettbewerbsproblem, das von dem Beschwerdeführer aufgeworfen wurde, befasst oder befasst hat, auch dann, wenn die fragliche Behörde aufgrund einer Beschwerde eines anderen Beschwerdeführers oder von Amts wegen tätig wurde oder ist. Dies be-

[8] Die Absicht, gemäß Artikel 11 ausgetauschte Informationen allen Netzmitgliedern zur Verfügung zu stellen und leicht zugänglich zu machen, wird in der Gemeinsamen Erklärung zur Arbeitsweise des Netzes (Fußnote 4) zum Ausdruck gebracht.

deutet, dass eine Berufung auf Artikel 13 der Ratsverordnung möglich ist, wenn die Vereinbarung oder Verhaltensweise dieselbe(n) Zuwiderhandlung(en) auf den gleichen sachlich und räumlich relevanten Märkten betrifft.

22. Eine nationale Wettbewerbsbehörde kann ihr Verfahren aussetzen oder einstellen, ist hierzu jedoch nicht verpflichtet. Artikel 13 der Ratsverordnung lässt Spielraum zur Würdigung der Umstände des Einzelfalls. Diese Flexibilität ist deswegen von Bedeutung, weil einerseits in Fällen, in denen eine Beschwerde von einer Behörde nach Ermittlungen zum materiellen Gehalt zurückgewiesen wurde, eine andere Behörde möglicherweise nicht gewillt ist, den Fall erneut zu prüfen. Wurde andererseits eine Beschwerde aus anderen Gründen zurückgewiesen (weil die Behörde beispielsweise nicht in der Lage war, die zum Nachweis der Zuwiderhandlung notwendigen Beweismittel zu erheben), so kann eine andere Behörde gewillt sein, eigene Ermittlungen zu führen und sich mit dem Fall zu befassen. Diese Flexibilität spiegelt sich in anhängigen Verfahren auch darin wider, dass es jeder nationalen Wettbewerbsbehörde freisteht, ihr Verfahren einzustellen oder auszusetzen. Eine Behörde ist möglicherweise nicht zur Verfahrenseinstellung gewillt, solange der Ausgang des Verfahrens, das von einer anderen Behörde durchgeführt wird, nicht feststeht. Da die Behörde ihr Verfahren aussetzen kann, bleibt ihr die Möglichkeit, zu einem späteren Zeitpunkt zu entscheiden, ob sie ihr Verfahren zum Abschluss bringen will oder nicht. Diese Flexibilität erleichtert zudem die kohärente Anwendung der Vorschriften.

23. Wird ein Verfahren durch eine Behörde eingestellt oder ausgesetzt, weil sich eine andere Behörde mit dem Fall befasst, so kann sie – in Übereinstimmung mit Artikel 12 der Ratsverordnung – die durch den Beschwerdeführer bereitgestellten Informationen der Behörde übermitteln, die sich mit dem Fall befassen soll.

24. Artikel 13 der Ratsverordnung kann auch auf einen Teil einer Beschwerde oder eines Verfahrens angewandt werden. So kann es sein, dass sich eine Beschwerde oder ein von Amts wegen eingeleitetes Verfahren nur in Teilen mit einem Fall überschneidet, mit dem sich eine andere Wettbewerbsbehörde befasst hat oder befasst. In diesem Fall ist die Wettbewerbsbehörde, bei der die Beschwerde eingereicht wird, berechtigt, die Beschwerde auf der Grundlage von Artikel 13 der Ratsverordnung teilweise zurückzuweisen und sich mit den übrigen Teilen sachgerecht zu befassen. Derselbe Grundsatz gilt für die Verfahrenseinstellung.

25. Artikel 13 der Ratsverordnung ist nicht die einzige Rechtsgrundlage für die Aussetzung oder Einstellung von Amts wegen eingeleiteter Verfahren oder die Zurückweisung von Beschwerden. Die nationalen Wettbewerbsbehörden sind hierzu auch nach eigenem Verfahrensrecht in der Lage. Die Kommission kann eine Beschwerde auch wegen fehlenden Gemeinschaftsinteresses oder aus anderen Gründen zurückweisen, die sich auf die Art der Beschwerde beziehen[9].

2.2.3 Austausch und Verwendung vertraulicher Informationen (Artikel 12 der Ratsverordnung)

26. Ein zentrales Element der Funktionsweise des Netzes ist die Befugnis aller Wettbewerbsbehörden, Informationen auszutauschen und zu verwenden (darunter Schriftstücke, Erklärungen und digitale Informationen), die zwecks Anwendung von Artikel 81 oder Artikel 82 des Vertrags erhoben wurden. Diese Befugnis ist eine Voraussetzung für die effiziente und effektive Verteilung und Bearbeitung von Fällen.

27. Gemäß Artikel 12 der Ratsverordnung sind die Kommission und die Wettbewerbsbehörden der Mitgliedstaaten für die Zwecke der Anwendung der Artikel 81 und 82 des Vertrags befugt, einander tatsächliche oder rechtliche Umstände einschließlich vertraulicher Angaben mitzuteilen und diese Informationen als Beweis-

[9] Vgl. Bekanntmachung der Kommission zu Beschwerden.

mittel zu verwenden. Dies bedeutet, dass ein Informationsaustausch nicht nur zwischen einer nationalen Wettbewerbsbehörde und der Kommission, sondern auch zwischen den nationalen Wettbewerbsbehörden untereinander stattfinden darf. Artikel 12 der Ratsverordnung hat Vorrang vor etwaigen gegenteiligen Rechtsvorschriften eines Mitgliedstaats. Die Frage, ob die Informationen von der übermittelnden Behörde rechtmäßig erhoben wurden, regelt das für diese Behörde geltende Recht. Bei der Übermittlung von Informationen kann die übermittelnde Behörde die empfangende Behörde darüber unterrichten, ob die Einholung der Informationen angefochten wurde bzw. noch angefochten werden könnte.

28. Der Austausch und die Verwendung von Informationen ist insbesondere an folgende Schutzvorkehrungen zugunsten von Unternehmen und natürlichen Personen geknüpft.

a) Erstens sind gemäß Artikel 28 der Ratsverordnung „die Kommission und die Wettbewerbsbehörden der Mitgliedstaaten und ihre Beamten, ihre Bediensteten und andere unter ihrer Aufsicht tätige Personen [...] verpflichtet, keine Informationen preiszugeben, die sie bei der Anwendung" der Ratsverordnung „erlangt oder ausgetauscht haben und die ihrem Wesen nach unter das Berufsgeheimnis fallen". Allerdings darf das berechtigte Interesse von Unternehmen beim Schutz ihrer Geschäftsgeheimnisse die Offenlegung von zum Nachweis einer Zuwiderhandlung gegen die Artikel 81 und 82 des Vertrags notwendigen Informationen nicht beeinträchtigen. Der in Artikel 28 der Ratsverordnung verwendete Ausdruck „Berufsgeheimnis" ist ein Begriff des Gemeinschaftsrechts, der insbesondere Geschäftsgeheimnisse und andere vertrauliche Informationen umfasst. Hierdurch wird gemeinschaftsweit ein gemeinsamer Mindeststandard für den Schutz von vertraulichen Informationen geschaffen.
b) Die zweite Schutzvorkehrung zugunsten von Unternehmen bezieht sich auf die Verwendung von Informationen, die innerhalb des Netzes ausgetauscht worden sind. Nach Artikel 12 Absatz 2 der Ratsverordnung können derart ausgetauschte Informationen nur zur Anwendung der Artikel 81 und 82 des Vertrags sowie in Bezug auf den Untersuchungsgegenstand als Beweismittel verwendet werden, für den sie erhoben wurden[10]. Nach Artikel 12 Absatz 2 der Ratsverordnung können die ausgetauschten Informationen auch zum Zweck der parallelen Anwendung des nationalen Wettbewerbsrechts im gleichen Fall verwendet werden. Dies ist jedoch nur möglich, wenn die Anwendung nationalen Rechts nicht zu anderen Ergebnissen in Bezug auf die Feststellung einer Zuwiderhandlung führt als nach Artikel 81 und 82 des Vertrags.
c) Die dritte Schutzvorkehrung der Ratsverordnung bezieht sich auf Sanktionen gegen natürliche Personen auf der Grundlage von Informationen, die nach Artikel 12 Absatz 1 ausgetauscht wurden. Die Ratsverordnung sieht bei Verstößen gegen Artikel 81 und 82 des Vertrags nur Sanktionen gegen Unternehmen vor. Einige nationale Rechtsordnungen hingegen sehen auch Sanktionen gegen natürliche Personen bei Verstößen gegen Artikel 81 und 82 des Vertrags vor. In der Regel werden natürlichen Personen stärkere Verteidigungsrechte zugestanden (wie das Recht zu schweigen, während Unternehmen nur dann die Beantwortung von Fragen verweigern können, wenn sie damit eine Zuwiderhandlung zugeben würden[11]). Artikel 12 Absatz 3 der Ratsverordnung gewährleistet, dass die von Unternehmen erlangten Informationen nicht in einer Weise verwendet werden, die das für für natürliche Personen geltende höhere Schutzniveau umgehen würde. Diese

---

[10] Vgl. Urteil des EuGH in der Rs. 85/87 – Dow Benelux, Slg. 1989, S. 3137, Entscheidungsgründe 17–20.

[11] Vgl. Urteil des EuGH in der Rs. 374/87 – Orkem, Slg. 1989, S. 3283 und Urteil des GeI in der Rs. T-112/98 – Mannesmannröhren-Werke AG, Slg. 2001, S. II-729.

Bestimmung schließt aus, dass Sanktionen gegen natürliche Personen auf Grundlage von Informationen verhängt werden, die nach Maßgabe der Ratsverordnung ausgetauscht wurden, wenn die Rechtsordnungen der übermittelnden und empfangenden Behörden keine ähnlich gearteten Sanktionen in Bezug auf natürliche Personen vorsehen, es sei denn, die Rechte der natürlichen Person wurden von der übermittelnden Behörde nach demselben Maßstab gewahrt, wie sie von der empfangenden Behörde hinsichtlich der Erhebung von Beweismaterial gewährleistet werden. Die Einstufung der Sanktionen nach nationalem Recht („verwaltungsrechtlich" oder „strafrechtlich") ist für die Anwendung des Artikels 12 Absatz 3 der Ratsverordnung nicht relevant. Die Ratsverordnung möchte eine Unterscheidung zwischen Haftstrafen und anderen Sanktionen, z. B. gegen natürliche Personen verhängte Geldbußen und sonstige persönliche Sanktionen, schaffen. Sieht das Rechtssystem der übermittelnden und der empfangenden Behörde ähnlich geartete Sanktionen vor (wenn beispielsweise in beiden Mitgliedstaaten Geldbußen gegen Mitarbeiter eines Unternehmens verhängt werden können, die an Verstößen gegen Artikel 81 oder 82 des Vertrags beteiligt waren), können die gemäß Artikel 12 der Ratsverordnung ausgetauschten Informationen von der empfangenden Behörde verwendet werden. In diesem Fall werden die Schutzvorkehrungen beider Systeme als gleichwertig betrachtet. Sehen hingegen beide Rechtssysteme keine ähnlich gearteten Sanktionen vor, können die Informationen nur verwendet werden, wenn hinsichtlich der Wahrung der Rechte der natürlichen Person das gleiche Schutzniveau gewährleistet ist (vgl. Artikel 12 Absatz 3 der Ratsverordnung). Im letzteren Fall können aber nur dann Haftstrafen verhängt werden, wenn sowohl die übermittelnde als auch die empfangende Behörde hierzu befugt sind.

2.2.4 Ermittlungen (Artikel 22 der Ratsverordnung)

29. Die Ratsverordnung sieht vor, dass die Wettbewerbsbehörde eines Mitgliedstaats die Wettbewerbsbehörde eines anderen Mitgliedstaats um Amtshilfe ersuchen können, um in ihrem Namen Informationen zu erheben. Eine nationale Wettbewerbsbehörde kann eine andere nationale Wettbewerbsbehörde darum ersuchen, in ihrem Namen Maßnahmen zur Sachverhaltsaufklärung durchzuführen. Artikel 12 der Ratsverordnung ermächtigt die unterstützende nationale Wettbewerbsbehörde zur Übermittlung der von ihr erhobenen Informationen an die nationale Wettbewerbsbehörde, von der das entsprechende Ersuchen stammt. Jeder Austausch dieser Informationen zwischen den nationalen Wettbewerbsbehörden und deren Verwendung als Beweismittel ist auf der Grundlage von Artikel 12 der Verordnung durchzuführen. Handelt eine nationale Wettbewerbsbehörde im Namen einer anderen nationalen Wettbewerbsbehörde, so geht sie nach ihren eigenen Verfahrensregeln und im Rahmen ihrer eigenen Ermittlungsbefugnisse vor.

30. Nach Artikel 22 Absatz 2 der Ratsverordnung kann die Kommission eine nationale Wettbewerbsbehörde darum ersuchen, Nachprüfungen für sie vorzunehmen. Hierzu kann die Kommission entweder eine Entscheidung nach Artikel 20 Absatz 4 der Ratsverordnung erlassen oder eine einfache Bitte an die nationale Wettbewerbsbehörde richten. Die Beamten der nationalen Wettbewerbsbehörden üben ihre Befugnisse in Einklang mit dem nationalen Recht aus. Bedienstete der Kommission können die nationale Wettbewerbsbehörde bei der Nachprüfung unterstützen.

2.3 Rechtsstellung von Unternehmen

2.3.1 Allgemeines

31. Alle Netzmitglieder bemühen sich darum, dass die Verteilung von Fällen schnell und effizient erfolgt. Da mit der Ratsverordnung ein System paralleler Zustän-

digkeiten geschaffen wurde, stellt die Verteilung von Fällen zwischen den Mitgliedern lediglich eine Arbeitsteilung dar, bei der einige Behörden darauf verzichten, tätig zu werden. Durch die Verteilung von Fällen werden daher für Unternehmen, die an einer Zuwiderhandlung beteiligt oder davon betroffen sind, keinerlei Rechte dahingehend begründet, dass sich eine bestimmte Behörde mit einem Fall zu befassen habe.

32. Wird ein Fall an eine bestimmte Wettbewerbsbehörde umverteilt, dann deswegen, weil die Anwendung der oben dargelegten Verteilungskriterien zu dem Schluss geführt hat, dass diese Behörde gut geeignet ist, den Fall im Wege alleinigen oder parallelen Vorgehens zu behandeln. Die Wettbewerbsbehörde, die den Fall übernimmt, wäre auf jeden Fall in der Lage gewesen, von Amts wegen eine Untersuchung gegen die Zuwiderhandlung einzuleiten.

33. Außerdem wenden alle Wettbewerbsbehörden gemeinschaftliches Wettbewerbsrecht an, wobei die Ratsverordnung entsprechende Mechanismen vorsieht, damit die Vorschriften kohärent angewandt werden.

34. Wird ein Fall innerhalb des Netzes umverteilt, so werden die betroffenen Unternehmen sowie der oder der/die Beschwerdeführer hiervon so rasch wie möglich durch die betroffenen Wettbewerbsbehörden unterrichtet.

2.3.2 Rechtsstellung von Beschwerdeführern

35. Wird bei der Kommission nach Artikel 7 der Ratsverordnung Beschwerde erhoben und lehnt es die Kommission ab, zu der Beschwerde eine Untersuchung durchzuführen oder die beanstandete Vereinbarung oder Verhaltensweise zu verbieten, so hat der Beschwerdeführer das Recht, eine Entscheidung zu erwirken, mit der diese Beschwerde zurückgewiesen wird. Dies gilt unbeschadet Artikel 7 Absatz 3 der Durchführungsverordnung der Kommission[12]. Die Rechte von Beschwerdeführern, die bei einer nationalen Wettbewerbsbehörde Beschwerde einlegen, sind durch einschlägiges nationales Recht geregelt.

36. Darüber hinaus gibt Artikel 13 der Ratsverordnung den nationalen Wettbewerbsbehörden die Möglichkeit, die Behandlung einer Beschwerde auszusetzen oder die Beschwerde zurückzuweisen mit der Begründung, dass eine andere Wettbewerbsbehörde denselben Fall bereits bearbeitet oder bearbeitet hat. Ebenso kann die Kommission nach dieser Vorschrift eine Beschwerde zurückweisen mit der Begründung, dass eine nationale Wettbewerbsbehörde den Fall bereits behandelt oder behandelt hat. Artikel 12 der Ratsverordnung ermöglicht vorbehaltlich der Schutzvorkehrungen nach diesem Artikel (vgl. oben Ziff. 28) die Übermittlung von Informationen zwischen Wettbewerbsbehörden innerhalb des Netzes.

2.3.3 Rechtsstellung von Antragstellern, welche die Vorteile eines Kronzeugenprogramms in Anspruch nehmen

37. Nach Auffassung der Kommission[13] liegt es im Gemeinschaftsinteresse, Unternehmen, die mit ihr bei der Untersuchung von kartellrechtlichen Zuwiderhandlungen zusammenarbeiten, eine begünstigende Behandlung zu gewähren. Eine Reihe von Mitgliedstaaten hat ebenfalls Kronzeugenprogramme[14] im Rahmen von

---

[12] Verordnung (EG) Nr. 773/2004 der Kommission, ABl. L 123 vom 27.4.2004.

[13] ABl. C 45 vom 19.2.2002, S. 3, Ziffer 3.

[14] In der vorliegenden Bekanntmachung wird der Ausdruck „Kronzeugenprogramm" für alle Programme (auch das Programm der Kommission) verwendet, bei denen als Gegenleistung für die uneingeschränkt aus freien Stücken erfolgte Offenlegung von Informationen zu dem Kartell, die vor oder während der Ermittlungsphase des Verfahrens bestimmten Kriterien genügt, entweder völlige Straffreiheit oder eine wesentliche Reduzierung der Strafen gewährt wird, die andernfalls gegen einen Kartellbeteiligten verhängt worden wären. Der Ausdruck umfasst keine Strafminderungen, die aus anderen Gründen gewährt werden. Die Kommission

Kartellermittlungen eingeführt. Diese Kronzeugenprogramme sollen den Wettbewerbsbehörden die Aufdeckung von Kartellen erleichtern und somit auch als zusätzliche Abschreckung gegen die Beteiligung an unrechtmäßigen Kartellen wirken.

38. In Ermangelung eines gemeinschaftsweiten Systems vollständig harmonisierter Kronzeugenprogramme gilt ein bei einer bestimmten Behörde gestellter Antrag auf Kronzeugenbehandlung nicht als Antrag auf Kronzeugenbehandlung bei einer anderen Behörde. Daher liegt es im Interesse des Antragstellers, bei allen Wettbewerbsbehörden eine Kronzeugenbehandlung zu beantragen, die für die Anwendung von Artikel 81 des Vertrags auf dem von der Zuwiderhandlung betroffenen Gebiet zuständig sind und die gut geeignet sein können, gegen die fragliche Zuwiderhandlung vorzugehen[15]. Angesichts der Bedeutung, die bei der Mehrzahl der vorhandenen Kronzeugenprogramme dem Zeitpunkt des Antrags zukommt, müssen die Antragsteller auch in Erwägung ziehen, ob nicht eine gleichzeitige Beantragung von Kronzeugenregelungen bei den in Frage kommenden Behörden angebracht wäre. Es ist Sache des Antragstellers, die Maßnahmen zu ergreifen, die er zum Schutz seiner Position in Bezug auf mögliche Verfahren dieser Behörden für angebracht hält.

39. Wie bei allen Fällen der Anwendung von Artikel 81 und 82 des Vertrags ist auch dann, wenn eine nationale Wettbewerbsbehörde mit einem Verfahren befasst ist, das infolge eines Antrags auf Kronzeugenbehandlung eingeleitet wurde, die Kommission zu unterrichten und kann die Unterrichtung den anderen Mitgliedern des Netzes nach Artikel 11 Absatz 3 der Ratsverordnung (vgl. oben Ziff. 16ff.) zugänglich gemacht werden. Auf der Grundlage des Artikel 11 Absatz 2 der Ratsverordnung hat die Kommission gegenüber den nationalen Wettbewerbsbehörden eine entsprechende Verpflichtung zur Übermittlung von Information übernommen. In den genannten Fällen wird die Unterrichtung des Netzes nach Artikel 11 von anderen Mitgliedern des Netzes jedoch nicht als Grundlage für die Einleitung eigener Ermittlungen herangezogen, sei es nach den Wettbewerbsregeln des EG-Vertrags oder im Falle von nationalen Wettbewerbsbehörden nach nationalem Wettbewerbsrecht oder anderen Rechtsvorschriften[16]. Dies gilt unbeschadet sonstiger Befugnisse der Behörde, ein Ermittlungsverfahren aufgrund von Informationen aus anderen Quellen einzuleiten oder, vorbehaltlich der Ausführungen in Ziff. 40 und 41, gemäß Artikel 12 der Ratsverordnung von jedem Mitglied des Netzes, auch demjenigen, bei dem der Antrag auf Kronzeugenbehandlung gestellt wurde, Informationen anzufordern, zu erhalten und zu verwenden.

40. Vorbehaltlich der Ausführungen in Ziff. 41 werden die im Rahmen eines Antrags auf Kronzeugenbehandlung vom Antragsteller freiwillig vorgelegten Informationen nur mit dessen Einverständnis einem anderen Netzmitglied nach Artikel 12 der Ratsverordnung übermittelt. Desgleichen werden sonstige Informationen, die während oder nach einer Nachprüfung mittels oder nach sonstigen Maßnahmen zur Sachverhaltsaufklärung erlangt wurden, die jeweils nur infolge des Antrags auf Kronzeugenbehandlung durchgeführt werden konnten, nach Artikel 12 der Ratsverordnung an eine andere Behörde nur weitergeleitet, wenn der Antragsteller der Übermittlung der im Antrag auf Kronzeugenbehandlung freiwillig vorgelegten Informationen an diese Behörde zugestimmt hat. Die Netzmitglieder werden die Antragsteller von Kronzeugenregelungen dazu auffordern, ihre Zustimmung zu erteilen,

---

wird auf ihrer Webseite eine Liste der Behörden veröffentlichen, die ein Kronzeugenprogramm anbieten.

[15] Vgl. Ziff. 8 bis 15.

[16] Desgleichen dürfen Informationen, die übermittelt werden, um die Amtshilfe der empfangenden Behörde gemäß Artikel 20 oder 21 der Verordnung (EG) Nr. 1/2003 zu erhalten oder um Nachprüfungen und sonstige Maßnahmen nach Artikel 22 der Verordnung durchzuführen, nur zum Zwecke der Anwendung der genannten Artikel verwendet werden.

insbesondere in Bezug auf die Offenlegung gegenüber Behörden, bei denen es dem Antragsteller freistünde, eine Kronzeugenbehandlung zu erwirken. Hat der Antragsteller einmal die Zustimmung zur Übermittlung von Informationen an eine andere Behörde erteilt, so kann diese Zustimmung nicht mehr zurück genommen werden. Davon unberührt bleibt die Verantwortung des Antragstellers, eine Kronzeugenbehandlung bei den Behörden zu beantragen, bei denen dies aus seiner Sicht angebracht ist.

41. Ungeachtet der obigen Ausführungen ist das Einverständnis des Antragstellers zur Weiterleitung von Informationen an eine andere Behörde nach Artikel 12 der Ratsverordnung bei Vorliegen einer der folgenden Situationen nicht erforderlich:

1. Es ist kein Einverständnis erforderlich, wenn bei der empfangenden Behörde von demselben Antragsteller ebenfalls ein Antrag auf Kronzeugenbehandlung wie bei der übermittelnden Behörde eingegangen ist und dieser sich auf ein und dieselbe Zuwiderhandlung bezieht, sofern es den Antragsteller zu dem Zeitpunkt, zu dem die Information weitergeleitet wird, nicht freisteht, die der empfangenden Behörde vorgelegten Informationen zurückzuziehen.
2. Es ist kein Einverständnis erforderlich, wenn die empfangene Behörde eine schriftliche Verpflichtungszusage abgegeben hat, dass weder die ihr übermittelten Informationen noch sonstige Informationen, die sie möglicherweise nach dem von der übermittelnden Behörde angegebenen Datum und Zeitpunkt der Übermittlung erlangt, von ihr oder einer anderen Behörde, an die die Informationen nachfolgend weitergegeben werden, dazu verwendet werden, um Sanktionen zu verhängen gegen:
   a) den Antragsteller auf Kronzeugenbehandlung
   b) jede andere juristische oder natürliche Person, die durch die begünstigende Behandlung abgedeckt ist, welche die übermittelnde Behörde aufgrund der Beantragung einer Kronzeugenbehandlung gewährt;
   c) jeden Mitarbeiter oder ehemaligen Mitarbeiter der unter a) oder b) fallenden Personen.

   Dem Antragsteller wird eine Kopie der schriftlichen Zusage der empfangenden Behörde übermittelt.
3. Im Falle von Informationen, die von einem Netzmitglied nach Artikel 22 Absatz 1 der Ratsverordnung im Namen und auf Rechnung des Netzmitglieds erlangt wurden, bei dem der Antrag auf Kronzeugenbehandlung gestellt wurde, ist kein Einverständnis für die Übermittlung und Verwendung solcher Informationen durch das Netzmitglied erforderlich, bei dem der Antrag einging.

42. Informationen, die Fälle betreffen, die auf einem Antrag auf Kronzeugenbehandlung beruhen, und die der Kommission gemäß Artikel 11 Absatz 3 der Ratsverordnung[17] übermittelt wurden, werden nur den nationalen Wettbewerbsbehörden zugänglich gemacht, die sich verpflichtet haben, die oben dargestellten Grundsätze einzuhalten (vgl. Ziff. 72). Das gleiche gilt, wenn ein Fall von der Kommission auf der Grundlage eines bei ihr eingereichten Antrags auf Kronzeugenbehandlung eingeleitet wurde. Dies hat keine Auswirkungen auf die Befugnis der Behörden, Informationen gemäß Artikel 12 der Ratsverordnung zu erhalten, vorausgesetzt jedoch, dass die Bestimmungen der Ziff. 40 und 41 eingehalten werden.

[17] Vgl. Ziff. 17.

3. Kohärente Anwendung der EG-Wettbewerbsregeln[18]

3.1 Mechanismus der Zusammenarbeit (Artikel 11 Absatz 4 und Absatz 5 der Ratsverordnung)

43. Die Ratsverordnung verfolgt das Ziel, dass Artikel 81 und 82 des Vertrags in der gesamten Gemeinschaft kohärent angewandt werden. In diesem Sinne werden die nationalen Wettbewerbsbehörden die in Artikel 3 Absatz 2 der Ratsverordnung enthaltenen Konvergenzregeln beachten. Gemäß Artikel 16 Absatz 2 dürfen sie – wenn sie nach Artikel 81 und 82 des Vertrags über Vereinbarungen, Beschlüsse oder Verhaltensweisen zu befinden haben, die bereits Gegenstand einer Entscheidung der Kommission sind – keine Entscheidungen treffen, die der von der Kommission erlassenen Entscheidung zuwiderlaufen würden. Innerhalb des Netzes der Wettbewerbsbehörden trägt die Kommission als Hüterin der Verträge die letzte, jedoch nicht die alleinige Verantwortung für die Weiterentwicklung der Wettbewerbspolitik und die kohärente Anwendung des EG-Wettbewerbsrechts.

44. Gemäß Artikel 11 Absatz 4 der Ratsverordnung unterrichten die nationalen Wettbewerbsbehörden die Kommission spätestens 30 Tage vor Erlass einer Entscheidung zur Anwendung der Artikel 81 und 82 des Vertrags, mit der die Abstellung einer Zuwiderhandlung angeordnet wird, Verpflichtungszusagen angenommen werden oder der Rechtsvorteil einer Gruppenfreistellungsverordnung entzogen wird. Dabei haben sie der Kommission eine zusammenfassende Darstellung des Falls, die in Aussicht genommene Entscheidung oder, soweit diese noch nicht vorliegt, alle sonstigen Unterlagen, denen die geplante Vorgehensweise zu entnehmen ist, spätestens 30 Tage vor Erlass der Entscheidung zu übermitteln.

45. Wie nach Artikel 11 Absatz 3 der Ratsverordnung besteht die Verpflichtung darin, die Kommission zu unterrichten, aber die Informationen können von der Wettbewerbsbehörde, welche die Kommission unterrichtet, auch den anderen Mitgliedern des Netzes zugänglich gemacht werden.

46. Hat eine nationale Wettbewerbsbehörde die Kommission gemäß Artikel 11 Absatz 4 der Ratsverordnung unterrichtet und ist die 30-Tage-Frist abgelaufen, so kann die Entscheidung erlassen werden, solange die Kommission noch kein Verfahren eingeleitet hat. Die Kommission kann vor Erlass der Entscheidung durch die nationale Wettbewerbsbehörde zu dem Verfahren schriftlich Stellung nehmen. Die nationale Wettbewerbsbehörde und die Kommission unternehmen die gebotenen Anstrengungen, um die kohärente Anwendung des Gemeinschaftsrechts sicherzustellen (vgl. oben Ziff. 3).

47. Muss eine nationale Entscheidung wegen besonderer Umstände innerhalb von weniger als 30 Tagen nach der Unterrichtung gemäß Artikel 11 Absatz 4 der Ratsverordnung getroffen werden, kann die betroffene nationale Wettbewerbsbehörde die Kommission um eine schnellere Antwort ersuchen. Die Kommission wird sich um eine möglichst rasche Antwort bemühen.

48. Anders geartete Entscheidungen, d. h. Entscheidungen zur Abweisung von Beschwerden, Entscheidungen zur Einstellung eines von Amts wegen eingeleiteten Verfahrens oder Entscheidungen zur Anordnung vorläufiger Maßnahmen, können

[18] Nach Artikel 15 der Ratsverordnung können die einzelstaatlichen Wettbewerbsbehörden und die Kommission schriftliche, mit Erlaubnis des betreffenden Gerichts auch mündliche Stellungnahmen bei Gerichtsverfahren zur Anwendung der Artikel 81 und 82 des Vertrags übermitteln. Dies ist ein äußerst wichtiges Instrument, um eine kohärente Anwendung der Gemeinschaftsregeln zu gewährleisten. Die einzelstaatlichen Wettbewerbsbehörden und die Kommission werden bei der Ausübung dieser Befugnis eng zusammenarbeiten.

aus wettbewerbspolitischer Sicht ebenfalls bedeutsam sein und die Netzmitglieder können ein Interesse daran haben, sich gegenseitig über die Entscheidungen zu unterrichten und sie gegebenenfalls zu erörtern. Daher können die nationalen Wettbewerbsbehörden auf der Basis von Artikel 11 Absatz 5 der Ratsverordnung die Kommission und damit das Netz von jedem anderen Fall unterrichten, bei dem EG-Wettbewerbsrecht angewandt wird.

49. Alle Mitglieder des Netzes sollen einander von der Einstellung von Verfahren unterrichten, die dem Netz nach Artikel 11 Absätze 2 und 3 der Ratsverordnung mitgeteilt worden sind[19].

3.2 Verfahrenseinleitung durch die Kommission nach Artikel 11 Absatz 6 der Ratsverordnung

50. Nach der Rechtsprechung des Gerichtshofes ist die Kommission, die nach Artikel 85 Absatz 1 des Vertrags auf die Verwirklichung der in den Artikeln 81 und 82 des Vertrags niedergelegten Grundsätze zu achten hat, dafür zuständig, die Ausrichtung der gemeinschaftlichen Wettbewerbspolitik festzulegen und umzusetzen[20]. Sie kann jederzeit Einzelentscheidungen gemäß Artikel 81 und 82 des Vertrags erlassen.

51. Nach Artikel 11 Absatz 6 der Ratsverordnung entfällt die Zuständigkeit der nationalen Wettbewerbsbehörden für die Anwendung der Artikel 81 und 82 des Vertrags in Fällen, in denen die Kommission ein Verfahren zum Erlass einer Entscheidung nach der Ratsverordnung einleitet. Dies bedeutet, dass die nationalen Wettbewerbsbehörden, nachdem die Kommission ein Verfahren eröffnet hat, nicht mehr auf derselben Rechtsgrundlage gegen dieselbe(n) Vereinbarung(en) oder Verhaltensweise(n) derselben/desselben Unternehmen(s) auf demselben relevanten geografischen Markt und Produktmarkt vorgehen können.

52. Die Einleitung eines Verfahrens durch die Kommission ist ein förmlicher Rechtsakt[21]; damit zeigt die Kommission ihre Absicht an, eine Entscheidung nach Kapitel III der Ratsverordnung zu erlassen. Dies kann in jeder Ermittlungsphase geschehen. Allein die Tatsache, dass bei der Kommission eine Beschwerde eingegangen ist, reicht nicht aus, um die nationalen Wettbewerbsbehörden ihrer Zuständigkeit zu entheben.

53. Es können zwei Situationen auftreten. Hat die Kommission als erste Wettbewerbsbehörde ein Verfahren zum Erlass einer Entscheidung nach der Ratsverordnung eingeleitet, so können sich nationale Wettbewerbsbehörden nicht mehr mit dem Fall befassen. Artikel 11 Absatz 6 der Ratsverordnung sieht vor, dass die nationalen Wettbewerbsbehörden, nachdem die Kommission ein Verfahren eingeleitet hat, kein eigenes Verfahren mehr im Hinblick auf die Anwendung der Artikel 81 und 82 des Vertrags auf dieselbe(n) Vereinbarung(en) oder Verhaltensweise(n) derselben/desselben Unternehmens auf denselben relevanten geografischen Märkten und Produktmärkten einleiten können.

54. Die zweite Situation tritt auf, wenn eine oder mehrere nationale Wettbewerbsbehörden das Netz nach Artikel 11 Absatz 3 der Ratsverordnung davon unterrichtet haben, dass sie in einem bestimmten Fall tätig sind. Während der anfänglichen Fallverteilungsphase (Richtzeitraum zwei Monate, siehe oben Ziff. 18) kann die Kommission ein Verfahren mit der Wirkung von Artikel 11 Absatz 6 der Ratsverord-

[19] Vgl. Ziff. 24 der Gemeinsamen Erklärung zur Arbeitsweise des Netzes (Fußnote 4).

[20] Vgl. Urteil des EuGH in der Rs. C-344/98 – Masterfoods Ltd, Slg. 2000, S. I-11369.

[21] Der EuGH hat diesen Begriff in der Rs. 48/72 – SA Brasserie de Haecht (Slg. 1973, S. 77) folgendermaßen definiert: „Die Einleitung eines Verfahrens nach Artikel 9 der Verordnung Nr. 17 setzt einen hoheitlichen Rechtsakt der Kommission voraus, der deren Willen zum Ausdruck bringt, eine Entscheidung herbeizuführen."

nung einleiten, nachdem sie die betroffenen Behörden konsultiert hat. Nach der Fallverteilungsphase wendet die Kommission Artikel 11 Absatz 6 der Ratsverordnung im Prinzip nur an, wenn eine der folgenden Situationen vorliegt:

a) Netzmitglieder beabsichtigen im selben Fall den Erlass widersprüchlicher Entscheidungen.
b) Netzmitglieder beabsichtigen den Erlass einer Entscheidung, die offensichtlich in Widerspruch zur gesicherten Rechtsprechung steht; dabei sollen die in den Urteilen der Europäischen Gerichte und in früheren Entscheidungen und Verordnungen der Kommission aufgestellten Standards als Maßstab dienen; bei der Bewertung der Fakten (z. B. der Marktdefinition) wird nur eine erhebliche Abweichung ein Eingreifen der Kommission auslösen.
c) Ein oder mehrere Netzmitglieder ziehen Verfahren in dem Fall unangemessen in die Länge.
d) Eine Kommissionsentscheidung ist erforderlich zur Weiterentwicklung der gemeinschaftlichen Wettbewerbspolitik, insbesondere dann, wenn in mehreren Mitgliedstaaten ein ähnliches Wettbewerbsproblem auftritt, oder um eine effektive Durchsetzung sicherzustellen.
e) Die betroffene(n) nationale(n) Wettbewerbsbehörde(n) erhebt/erheben keine Einwände.

55. Ist eine nationale Wettbewerbsbehörde in einem Fall bereits tätig, so erläutert die Kommission der betroffenen nationalen Wettbewerbsbehörde und den anderen Mitgliedern des Netzes schriftlich ihre Gründe für die Anwendung von Artikel 11 Absatz 6 der Ratsverordnung[22].

56. Die Kommission teilt dem Netz rechtzeitig ihre Absicht mit, Artikel 11 Absatz 6 der Ratsverordnung anwenden zu wollen, so dass die Netzmitglieder die Möglichkeit haben, die Einberufung einer Sitzung des Beratenden Ausschusses zu der Angelegenheit zu verlangen, bevor die Kommission ein Verfahren einleitet.

57. Die Kommission wird im Regelfall – soweit das Gemeinschaftsinteresse nicht auf dem Spiel steht – keine Entscheidung erlassen, die zu der Entscheidung einer nationalen Wettbewerbsbehörde in Widerspruch steht, nachdem eine ordnungsgemäße Unterrichtung nach Artikel 11 Absatz 3 und 4 der Ratsverordnung stattgefunden und die Kommission Artikel 11 Absatz 6 der Ratsverordnung nicht in Anspruch genommen hat.

4. Rolle und Funktionsweise des beratenden Ausschusses nach dem neuen System

58. Der Beratende Ausschuss ist das Forum, in dem Fachleute aus den verschiedenen Wettbewerbsbehörden Einzelfälle und allgemeine Fragen des europäischen Wettbewerbsrechts[23] erörtern.

4.1 Umfang der Anhörung

4.1.1 Entscheidungen der Kommission

59. Vor jeder Entscheidung, die nach Maßgabe der Artikel 7, 8, 9, 10 und 23, Artikel 24 Absatz 2 und Artikel 29 Absatz 1 der Ratsverordnung ergeht, hört die Kom-

---

[22] Vgl. Ziff. 22 der in Fußnote 4 genannten Gemeinsamen Erklärung.

[23] Nach Artikel 14 Absatz 2 der Ratsverordnung können die Mitgliedstaaten dann, wenn bereichsübergreifende Fragen wie Gruppenfreistellungsverordnungen und Leitlinien erörtert werden, einen weiteren für Wettbewerbsfragen zuständigen Vertreter benennen, der nicht notwendigerweise der Wettbewerbsbehörde angehört.

mission den Beratenden Ausschuss. Die Kommission muss die Stellungnahme des Ausschusses soweit wie möglich berücksichtigen und unterrichtet den Ausschuss darüber, inwieweit sie seine Stellungnahme berücksichtigt hat.

60. Bei Entscheidungen zu vorläufigen Maßnahmen wird der Beratende Ausschuss nach einem schnelleren und einfacheren Verfahren auf der Grundlage einer kurzen Begründung und des verfügenden Teils der Entscheidung gehört.

4.1.2 Entscheidungen nationaler Wettbewerbsbehörden

61. Es liegt im Interesse des Netzes, dass wichtige Fälle, mit denen sich die nationalen Wettbewerbsbehörden nach Artikel 81 und 82 des Vertrags befassen, im Beratenden Ausschuss erörtert werden können. Die Ratsverordnung ermöglicht es der Kommission, einen konkreten Fall, mit dem sich eine nationale Wettbewerbsbehörde befasst, auf die Tagesordnung des Beratenden Ausschusses zu setzen. Die Erörterung eines Falls kann von der Kommission oder von jedem Mitgliedstaat verlangt werden. Die Kommission setzt den Fall nach Unterrichtung der betroffenen nationalen Wettbewerbsbehörde(n) auf die Tagesordnung. Die Fallbesprechung im Beratenden Ausschuss führt nicht zu einer förmlichen Stellungnahme.

62. Bei wichtigen Fällen kann der Beratende Ausschuss auch als Forum dienen, um Fragen der Fallverteilung zu erörtern. Insbesondere dann, wenn die Kommission nach der anfänglichen Verteilungsfrist beabsichtigt, Artikel 11 Absatz 6 der Ratsverordnung anzuwenden, kann der Fall im Beratenden Ausschuss erörtert werden, bevor die Kommission ein Verfahren einleitet. Der Beratende Ausschuss kann zu der Angelegenheit eine informelle Erklärung abgeben.

4.1.3 Durchführungsmaßnahmen, Gruppenfreistellungsverordnungen, Leitlinien und sonstige Bekanntmachungen (Artikel 33 der Ratsverordnung)

63. Der Beratende Ausschuss wird zu Verordnungsentwürfen der Kommission entsprechend den einschlägigen Verordnungen des Rates gehört.

64. Neben Verordnungen kann die Kommission auch Bekanntmachungen und Leitlinien erlassen. Diese flexibleren Instrumente sind sehr nützlich, um die Wettbewerbspolitik der Kommission darzustellen und publik zu machen und ihre Auslegung der Wettbewerbsregeln zu erläutern. Zu diesen Bekanntmachungen und Leitlinien wird der Beratende Ausschuss ebenfalls gehört.

4.2 Verfahren

4.2.1 Regelverfahren

65. Bei Anhörungen zu Entscheidungsvorschlägen der Kommission findet die Sitzung des Beratenden Ausschusses frühestens 14 Tage nach Absendung der Einladung zu der Sitzung durch die Kommission statt. Die Kommission fügt der Einladung eine Darstellung des Sachverhalts unter Angabe der wichtigsten Schriftstücke, d. h. der zur Bewertung des Falls erforderlichen Schriftstücke, sowie einen Entscheidungsvorschlag bei. Der Beratende Ausschuss gibt zu dem Entscheidungsvorschlag der Kommission eine Stellungnahme ab. Auf Antrag eines oder mehrerer Mitglieder wird diese Stellungnahme mit Gründen versehen.

66. Die Ratsverordnung sieht vor, dass die Mitgliedstaaten einem kürzeren Zeitraum zwischen der Absendung der Einladung und der Sitzung zustimmen können.

4.2.2 Schriftliches Verfahren

67. Die Ratsverordnung eröffnet die Möglichkeit eines schriftlichen Anhörungsverfahrens. Erhebt kein Mitgliedstaat Einwände, so kann die Kommission die Mit-

gliedstaaten dadurch hören, dass sie ihnen die Unterlagen unter Festsetzung einer Frist zusendet, innerhalb derer sie zu dem Entwurf Stellung nehmen können. Diese Frist ist mit Ausnahme von Entscheidungen über die Anordnung einstweiliger Maßnahmen gemäß Artikel 8 der Ratsverordnung im Regelfall nicht kürzer als 14 Tage. Beantragt ein Mitgliedstaat, dass eine Sitzung anberaumt wird, wird die Kommission eine Sitzung anberaumen.

4.3 Veröffentlichung der Stellungnahme des Beratenden Ausschusses

68. Der Beratende Ausschuss kann die Veröffentlichung seiner Stellungnahme empfehlen. In diesem Fall veröffentlicht die Kommission die Stellungnahme gleichzeitig mit der Entscheidung und trägt dabei dem berechtigten Interesse der Unternehmen am Schutz ihrer Geschäftsgeheimnisse Rechnung.

5. Schlussbemerkungen

69. Diese Bekanntmachung greift einer Auslegung der geltenden Vertrags- und anderen Rechtsvorschriften durch das Gericht erster Instanz und den Gerichtshof nicht vor.

70. Diese Bekanntmachung unterliegt periodischen Überprüfungen, die von den nationalen Wettbewerbsbehörden und der Kommission gemeinsam durchgeführt werden. Auf der Grundlage der gewonnenen Erfahrungen wird sie spätestens nach Ablauf von drei Jahren nach ihrer Annahme überprüft.

71. Diese Bekanntmachung ersetzt die 1997 veröffentlichte Bekanntmachung der Kommission über die Zusammenarbeit zwischen der Kommission und den Wettbewerbsbehörden der Mitgliedstaaten bei der Bearbeitung von Fällen im Anwendungsbereich der Artikel 85 und 86 des Vertrags[24].

6. Erklärung der anderen Netzmitglieder

72. Die in dieser Bekanntmachung niedergelegten Grundsätze werden auch von all jenen Wettbewerbsbehörden der Mitgliedstaaten beachtet, die eine Erklärung in Form der Anlage zu der Bekanntmachung unterzeichnet haben. Darin erkennen sie die Grundsätze dieser Bekanntmachung an, auch was den Schutz der Antragsteller auf Kronzeugenbehandlung[25] anbetrifft und erklären, dass sie diese einhalten werden. Eine Liste dieser Behörden wird auf der Website der Europäischen Kommission veröffentlicht und erforderlichenfalls aktualisiert.

---

[24] ABl. C 313 vom 15.10.1997, S. 3.

[25] Siehe Ziff. 37 ff.

Anlage

Erklärung zur Bekanntmachung der Kommission über die Zusammenarbeit innerhalb des Netzes der Wettbewerbsbehörden

Im Hinblick auf eine engere Zusammenarbeit zum Schutze des Wettbewerbs in der Europäischen Union und im Interesse der Verbraucher

1. erkennt dic unterzeichnende Wettbewerbsbehörde die in der Bekanntmachung über die Zusammenarbeit innerhalb des Netzes der Wettbewerbsbehörden ausgeführten Grundsätze an und
2. erklärt, dass sie diese Grundsätze in allen Fällen einhalten wird, in denen sie tätig wird oder tätig werden kann und auf die diese Grundsätze Anwendung finden, auch was den Schutz der Antragsteller auf Kronzeugenbehandlung anbetrifft.

....	....
(Ort)	(Datum)

Sachverzeichnis

Für die Einleitung wird auf „Einl.“ und Randnummer verwiesen.
Für die Artikel 101–106 AEUV wird jeweils auf den Artikel **101** (**102** usw.) bzw. die jeweilige Einführung („Einf.“) und die Randnummer (zB (**101,** 15)) verwiesen.
Bei den Verordnungen wird nur auf die Verordnungsnummer (ohne Jahreszahl), den Artikel bzw. die jeweilige Einführung („Einf.“) und die Randnummer verwiesen (Beispiel: **VO1 4,** 10 = Verordnung 1/2003, Artikel 4, Randnummer 10).
Bei der VO139/2004 wird auf die FKVO verwiesen
(zB **FKVO 3,** 15 = Fusionskontrollverordnung Artikel 3, Randnummer 15)

Sachverzeichnis

Sachverzeichnis

Sachverzeichnis

Sachverzeichnis